anglais
maxi

Le Robert QUIZ LANGUES, mon application de révision des verbes irréguliers

Une application ludique et efficace, idéale pour mémoriser facilement tous les verbes !

→ **Six packs de verbes de difficulté croissante**

→ **Un pack final pour tout réviser**

→ La possibilité d'ajouter des fiches aux favoris pour réviser plus tard

Pour y accéder :
rendez-vous sur les stores Google Play et App Store.
Recherchez et téléchargez l'application gratuite « Le Robert quiz langues ».

Télécharger dans l'App Store — DISPONIBLE SUR Google Play

minilienrobert.com/quiz-langues

580 phrases audio

→ **Pour s'entraîner et améliorer son accent**

→ Accessibles sur **https://activation.lerobert.com/audioanglais**

le Robert & Collins

anglais maxi

français-anglais / anglais-français

Published by Collins
An imprint of
HarperCollins Publishers
Westerhill Road
Bishopbriggs
Glasgow G64 2QT
Great Britain

HarperCollins Publishers
1st Floor, Watermarque Building, Ringsend Road, Dublin 4, Ireland

Huitième édition en France/
Eighth edition in France 2019

www.collinsdictionary.com

Dictionnaires Le Robert
92, avenue de France
75013 Paris, France

www.lerobert.com

ISBN Maxi+ 978-2-32101-780-6
ISBN Maxi 978-2-32101-777-6

Dépôt légal mai 2019
Achevé d'imprimer en mars 2023

Photocomposition/Typeset by
Davidson Publishing Solutions, Glasgow

Imprimé en Italie par/Printed in Italy by
Legoprint

DIRECTION ÉDITORIALE/
EDITORIAL DIRECTOR

Helen Newstead

CHEF DE PROJET/PROJECT EDITOR

Teresa Álvarez

COLLABORATEURS/CONTRIBUTORS

Phyllis Buchanan
Daphne Day
Laurence Larroche
Cordelia Lilly
Christian Salzédo
Anna Stevenson

INFORMATIQUE ÉDITORIALE/
TECHNICAL SUPPORT

Agnieszka Urbanowicz

POUR LA MAISON D'ÉDITION/
FOR THE PUBLISHER

Gerry Breslin
Kerry Ferguson
Hannah MacAskill

Ce livre est imprimé sur du papier issu de forêts gérées durablement.

Table des matières

Contents

Introduction

Vous désirez apprendre l'anglais ou approfondir des connaissances déjà solides. Vous voulez vous exprimer dans la langue de Shakespeare, lire ou rédiger des textes en anglais ou converser avec des interlocuteurs anglophones. Que vous soyez lycéen, étudiant, touriste, secrétaire ou chef d'entreprise, vous venez de choisir le compagnon de travail idéal pour vous exprimer et communiquer en anglais, à l'oral comme à l'écrit. Résolument pratique et moderne, ce dictionnaire fait une large place au vocabulaire de tous les jours, aux domaines de l'actualité, des affaires, de la bureautique et du tourisme. Comme dans tous nos dictionnaires, nous avons mis l'accent sur la langue contemporaine et les expressions idiomatiques.

Mode d'emploi

Vous trouverez ci-après quelques explications sur la manière dont les informations sont présentées dans ce dictionnaire.

Les articles

Voici les différents éléments dont se compose une entrée ou un article type du dictionnaire :

Transcription phonétique

La prononciation de tous les mots figure, entre crochets, immédiatement après l'entrée, qui est en caractères gras. Comme la plupart des dictionnaires modernes, nous avons opté pour le système dit « alphabet phonétique international ». Vous trouverez ci-dessous, aux pages xii et xiii, une liste complète des caractères utilisés.

Données grammaticales

Les mots appartiennent tous à une catégorie grammaticale donnée : substantif, verbe, adjectif, adverbe, pronom, article, conjonction. Les substantifs peuvent être singuliers ou pluriels et, en français, masculins ou féminins. Les verbes peuvent être transitifs, intransitifs, pronominaux (ou réfléchis) ou encore impersonnels. La catégorie grammaticale des mots est indiquée en PETITES CAPITALES, immédiatement après le mot.

Souvent un mot se subdivise en plusieurs catégories grammaticales. Ainsi le français **creux** peut-il être un adjectif ou un nom masculin et l'anglais **early** peut-il être soit un adverbe, soit un adjectif. De même le verbe **fumer** est parfois transitif (« fumer un cigare »), parfois intransitif (« défense de fumer »). Pour vous permettre de trouver plus rapidement le sens que vous cherchez, et pour aérer la présentation, nous avons séparé les différentes catégories grammaticales par un petit triangle bleu ▸.

Subdivisions sémantiques

La plupart des mots ont plus d'un sens ; ainsi **bouchon** peut être un objet servant à boucher une bouteille, ou, dans un sens figuré, un embouteillage. D'autres mots se traduisent différemment selon le contexte dans lequel ils sont employés : **couler** se traduira en anglais « to leak » ou « to sink » selon qu'il s'agit d'un stylo ou d'un bateau. Pour vous permettre de choisir la bonne traduction dans tous les contextes, nous avons subdivisé les articles en catégories de sens: chaque catégorie est introduite par une « indication d'emploi » entre parenthèses et en *italique*. Pour les exemples ci-dessus, les articles se présenteront donc comme suit :

> ★**bouchon** [buʃɔ̃] NM (*en liège*) cork; (*autre matière*) stopper; (*de tube*) top; (*fig: embouteillage*) holdup; (*Pêche*) float

> **couler** [kule] /1/ VI to flow, run; (*fuir: stylo, récipient*) to leak; (*: nez*) to run; (*sombrer: bateau*) to sink; **~ à pic** to sink

De même, certains mots changent de sens lorsqu'ils sont employés dans un domaine spécifique, comme par exemple **puce** que nous employons généralement dans son acception de « petit insecte sauteur », mais qui est aussi un terme d'informatique. Pour montrer à l'utilisateur quelle traduction choisir, nous avons donc ajouté, en *italique* entre parenthèses, et commençant par une majuscule, une indication de domaine, dans ce cas (*Informatique*), que nous avons abrégée pour gagner de la place en (*Inform*) :

> **puce** [pys] NF flea; (*Inform*) chip

Une liste complète des abréviations utilisées dans ce dictionnaire figure ci-dessous aux pages x et xi.

Traductions

La plupart des mots français se traduisent par un seul mot anglais, et vice-versa, comme dans les exemples ci-dessus. Parfois cependant, il arrive qu'il n'y ait pas d'équivalent exact dans la langue d'arrivée et nous avons donné un équivalent approximatif, indiqué par le signe ≈. C'est le cas par exemple pour le mot **baccalauréat**, dont l'équivalent anglais est « A levels » : il ne s'agit pas d'une traduction à proprement parler puisque les deux systèmes scolaires sont différents :

> **baccalauréat** [bakalɔʀea] NM ≈ A-levels *pl* (BRIT), ≈ high school diploma (*US*)

Parfois, il est même impossible de trouver un équivalent approximatif. C'est le cas par exemple pour les noms de plats régionaux, comme le plat languedocien suivant :

> **cassoulet** [kasulɛ] NM *sausage and bean hotpot*

L'explication remplace ici une traduction (qui n'existe pas) ; pour plus de clarté, cette explication, ou glose, est donnée en *italique*.

Souvent aussi, on ne peut traduire isolément un mot ou une acception particulière d'un mot. La traduction anglaise d'**éponge**, par exemple, est « sponge » ; cependant **passer l'éponge** se traduit par « to let bygones be bygones ». Dans cette phrase, « sponge » (la traduction d'**éponge**) n'est pas utilisé du tout. C'est là que votre dictionnaire se révélera particulièrement utile et complet, car il contient un maximum de composés, de phrases et d'expressions idiomatiques.

Registre

En français, vous saurez instinctivement quand dire **j'en ai assez** et quand dire **j'en ai marre** ou **j'en ai ras le bol**. Mais lorsque vous essayez de comprendre quelqu'un qui s'exprime en anglais, ou de vous exprimer vous-même en anglais, il est très important de savoir ce qui est poli et ce qui l'est moins. Nous avons donc ajouté les indications (*fam*) ou (*inf*) aux expressions de langue familière ; les expressions particulièrement grossières ou injurieuses se voient dotées d'un point d'exclamation entre parenthèses (*!*), vous incitant à une prudence accrue. Notez également que dans la partie anglais-français, les expressions qui appartiennent au registre vulgaire sont suivies de l'indication (*inf!*).

Mots fréquents

Le symbole ⋆ qui figure devant des mots tels que **capacité** et **acheter** a été introduit pour vous signaler le vocabulaire de base. Ce symbole vous aidera à identifier rapidement les mots qu'il faut connaître.

Mots-clés

Une importance particulière a été accordée aux mots qui figurent dans le texte sur fond bleu. Il s'agit de certains des mots les plus courants, comme **être** et **faire** ou leurs équivalents anglais **be** et **do**, que nous avons traités d'une manière plus approfondie parce que ce sont des éléments de base de la langue.

Notes culturelles

Les articles présentées sous forme de notices en-dessous de l'entrée expliquent certaines caractéristiques culturelles des pays francophones et anglophones. Les médias, l'éducation, la politique et les fêtes figurent parmi les sujets traités. Exemples : **afternoon tea**, **Super Bowl**, **Pacs** et **fête des rois**.

Notes linguistiques

De nombreuses notes sur la langue anglaise ont été introduites pour compléter les informations données dans les entrées. Ces notes d'usage permettent d'éviter un certain nombre d'erreurs courantes en anglais et d'expliquer plus en détail certaines différences entre les deux langues.

Abréviations		Abbreviations
abréviation	AB(B)R	abbreviation
adjectif, locution adjectivale	ADJ	adjective, adjectival phrase
administration	*Admin*	administration
adverbe, locution adverbiale	ADV	adverb, adverbial phrase
agriculture	*Agr*	agriculture
anatomie	*Anat*	anatomy
architecture	*Archit*	architecture
article défini	ART DÉF	definite article
article indéfini	ART INDÉF	indefinite article
automobile	*Aut(o)*	cars
aviation, voyages aériens	*Aviat*	flying, air travel
biologie	*Bio(l)*	biology
botanique	*Bot*	botany
anglais britannique	BRIT	British English
chimie	*Chem*	chemistry
cinéma	*Ciné, Cine*	cinema
commerce, finance, banque	*Comm*	commerce, finance, banking
informatique	*Comput*	computing
conjonction	CONJ	conjunction
construction	*Constr*	building
nom utilisé comme adjectif	CPD	compound element
cuisine	*Culin*	cookery
article défini	DEF ART	definite article
déterminant : article, adjectif démonstratif *ou* indéfini, etc	DÉT	determiner: article, demonstrative, etc
économie	*Écon, Econ*	economics
électricité, électronique	*Élec, Elec*	electricity, electronics
en particulier	*esp*	especially
exclamation, interjection	EXCL	exclamation, interjection
féminin	F, *f*	feminine
langue familière	*fam*	colloquial usage
emploi figuré	*fig*	figurative use
(verbe anglais) dont la particule est inséparable	FUS	(phrasal verb) where the particle is inseparable
généralement	*gén, gen*	generally
géographie, géologie	*Géo, Geo*	geography, geology
géométrie	*Géom, Geom*	geometry
histoire	*Hist*	history
humoristique	*hum*	humorous
langue familière (! emploi vulgaire)	*inf(!)*	colloquial usage (! particularly offensive)
infinitif	*infin*	infinitive
informatique	*Inform*	computing
invariable	INV, *inv*	invariable
irrégulier	*irrég, irreg*	irregular
domaine juridique	*Jur*	law
grammaire, linguistique	*Ling*	grammar, linguistics

Abréviations		Abbreviations
littéral	*lit*	literal
masculin	M, *m*	masculine
mathématiques	*Math*	mathematics
médecine	*Méd, Med*	medical term, medicine
masculin *ou* féminin	M/F, *m/f*	masculine *or* feminine
domaine militaire, armée	*Mil*	military matters
musique	*Mus*	music
nom	N	noun
navigation, nautisme	*Navig, Naut*	sailing, navigation
nom *ou* adjectif numéral	NUM	numeral noun *or* adjective
	o.s.	oneself
péjoratif	*péj, pej*	derogatory, pejorative
photographie	*Phot(o)*	photography
physiologie	*Physiol*	physiology
pluriel	PL, *pl*	plural
politique	*Pol*	politics
participe passé	*pp*	past participle
préposition	PRÉP, PREP	preposition
pronom	PRON	pronoun
psychologie, psychiatrie	*Psych*	psychology, psychiatry
temps du passé	*pt*	past tense
quelque chose	*qch*	
quelqu'un	*qn*	
religion, domaine ecclésiastique	*Rel*	religion
	sb	somebody
enseignement, système scolaire et universitaire	*Scol*	schooling, schools and universities
(verbe anglais) dont la particule est séparable	*sep*	(phrasal verb) where the particle is separable
singulier	*sg*	singular
	sth	something
subjonctif	*sub*	subjunctive
sujet (grammatical)	*su(b)j*	(grammatical) subject
superlatif	*superl*	superlative
technologie	*Tech*	technology
télécommunications	*Tél, Tel*	telecommunications
théâtre	*Théât, Theat*	theatre
télévision	*TV*	television
typographie	*Typ(o)*	typography, printing
anglais des USA	*US*	American English
verbe (auxiliaire)	VB (AUX)	(auxiliary) verb
verbe intransitif	VI	intransitive verb
verbe pronominal	VPR	pronominal verb
verbe transitif	VT	transitive verb
zoologie	*Zool*	zoology
marque déposée	®	registered trademark
vulgaire ou injurieux	*(!)*	offensive
indique une équivalence culturelle	≈	introduces a cultural equivalent

Transcription phonétique

Consonnes		Consonants
poupée	p	*puppy*
bombe	b	*baby*
tente thermal	t	*tent*
dinde	d	*daddy*
coq qui képi	k	*cork kiss chord*
gag bague	g	*gag guess*
sale ce nation	s	*so rice kiss*
zéro rose	z	*cousin buzz*
tache chat	ʃ	*sheep sugar*
gilet juge	ʒ	*pleasure beige*
	tʃ	*church*
	dʒ	*judge general*
fer phare	f	*farm raffle*
valve	v	*very rev*
	θ	*thin maths*
	ð	*that other*
lent salle	l	*little ball*
rare rentrer	ʀ	
	r	*rat rare*
maman femme	m	*mummy comb*
non nonne	n	*no ran*
agneau vigne	ɲ	
	ŋ	*singing bank*
hop !	h	*hat reheat*
yaourt paille	j	*yet*
nouer oui	w	*wall bewail*
huile lui	ɥ	
	x	*loch*

Divers		Miscellaneous
pour l'anglais : le **r** final se prononce en liaison devant une voyelle	ʳ	in English transcription: final **r** can be pronounced before a vowel
pour l'anglais : précède la syllabe accentuée	ˈ	in French wordlist: no liaison before aspirate **h**

NB : p, b, t, d, k, g sont suivis d'une aspiration en anglais.

NB: p, b, t, d, k, g are not aspirated in French.

En règle générale, la prononciation est donnée entre crochets après chaque entrée. Toutefois, du côté anglais-français et dans le cas des expressions composées de deux ou plusieurs mots non réunis par un trait d'union et faisant l'objet d'une entrée séparée, la prononciation doit être cherchée sous chacun des mots constitutifs de l'expression en question.

Phonetic transcription

Voyelles / Vowels

Voyelles		Vowels
ici vie lyrique	i iː	h*ee*l b*ea*d
	ɪ	h*i*t p*i*ty
jou*er* *été*	e	
l*ai*t jou*et* m*e*rci	ɛ	s*e*t t*e*nt
pl*a*t *a*mour	a æ	b*a*t *a*pple
b*a*s p*â*te	ɑ ɑː	*a*fter c*a*r c*a*lm
	ʌ	f*u*n c*ou*sin
l*e* premier	ə	ov*er* *a*bove
b*eu*rre p*eu*r	œ	
p*eu* d*eu*x	ø əː	*ur*gent f*er*n w*or*k
*o*r h*o*mme	ɔ	w*a*sh p*o*t
m*o*t *eau* g*au*che	o ɔː	b*o*rn c*o*rk
gen*ou* r*ou*e	u	f*u*ll h*oo*k
	uː	b*oo*m sh*oe*
r*u*e *u*rne	y	

Diphtongues / Diphthongs

Diphtongues		Diphthongs
	ɪə	b*eer* t*ier*
	ɛə	t*ear* f*air* th*ere*
	eɪ	d*a*te pl*ai*ce d*ay*
	aɪ	l*i*fe b*uy* cr*y*
	au	*ow*l f*ou*l n*ow*
	əu	l*ow* n*o*
	ɔɪ	b*oi*l b*oy* *oi*ly
	uə	p*oor* t*our*

Voyelles nasales / Nasal vowels

Voyelles nasales		Nasal vowels
mat*in* pl*ein*	ɛ̃	
br*un*	œ̃	
s*ang* *an* d*an*s	ɑ̃	
n*on* p*on*t	ɔ̃	

NB : La mise en équivalence de certains sons n'indique qu'une ressemblance approximative.

NB: The pairing of some vowel sounds only indicates approximate equivalence.

In general, we give the pronunciation of each entry in square brackets after the word in question. However, on the English-French side, where the entry is composed of two or more unhyphenated words, each of which is given elsewhere in this dictionary, you will find the pronunciation of each word in its alphabetical position.

Le verbe anglais

present	pt	pp
arise	arose	arisen
awake	awoke	awoken
be (am, is, are)	was, were	been
bear	bore	born(e)
beat	beat	beaten
become	became	become
befall	befell	befallen
begin	began	begun
behold	beheld	beheld
bend	bent	bent
beset	beset	beset
bet	bet, betted	bet, betted
bid *(at auction, cards)*	bid	bid
bid *(say)*	bade	bidden
bind	bound	bound
bite	bit	bitten
bleed	bled	bled
blow	blew	blown
break	broke	broken
breed	bred	bred
bring	brought	brought
build	built	built
burn	burnt, burned	burnt, burned
burst	burst	burst
buy	bought	bought
can	could	(been able)
cast	cast	cast
catch	caught	caught
choose	chose	chosen
cling	clung	clung
come	came	come
cost	cost	cost
cost *(work out price of)*	costed	costed
creep	crept	crept
cut	cut	cut
deal	dealt	dealt
dig	dug	dug
do *(3rd person:* **he/she/it does)**	did	done
draw	drew	drawn
dream	dreamed, dreamt	dreamed, dreamt
drink	drank	drunk
drive	drove	driven
dwell	dwelt	dwelt

present	pt	pp
eat	ate	eaten
fall	fell	fallen
feed	fed	fed
feel	felt	felt
fight	fought	fought
find	found	found
flee	fled	fled
fling	flung	flung
fly	flew	flown
forbid	forbad(e)	forbidden
forecast	forecast	forecast
forget	forgot	forgotten
forgive	forgave	forgiven
forsake	forsook	forsaken
freeze	froze	frozen
get	got	got, *(US)* gotten
give	gave	given
go (goes)	went	gone
grind	ground	ground
grow	grew	grown
hang	hung	hung
hang *(execute)*	hanged	hanged
have	had	had
hear	heard	heard
hide	hid	hidden
hit	hit	hit
hold	held	held
hurt	hurt	hurt
keep	kept	kept
kneel	knelt, kneeled	knelt, kneeled
know	knew	known
lay	laid	laid
lead	led	led
lean	leant, leaned	leant, leaned
leap	leapt, leaped	leapt, leaped
learn	learnt, learned	learnt, learned
leave	left	left
lend	lent	lent
let	let	let
lie	lay	lain
light	lit, lighted	lit, lighted
lose	lost	lost

present	pt	pp
make	made	made
may	might	—
mean	meant	meant
meet	met	met
mistake	mistook	mistaken
mow	mowed	mown, mowed
must	(had to)	(had to)
pay	paid	paid
put	put	put
quit	quit, quitted	quit, quitted
read	read	read
rid	rid	rid
ride	rode	ridden
ring	rang	rung
rise	rose	risen
run	ran	run
saw	sawed	sawed, sawn
say	said	said
see	saw	seen
seek	sought	sought
sell	sold	sold
send	sent	sent
set	set	set
sew	sewed	sewn
shake	shook	shaken
shear	sheared	shorn, sheared
shed	shed	shed
shine	shone, shined	shone, shined
shoot	shot	shot
show	showed	shown
shrink	shrank	shrunk
shut	shut	shut
sing	sang	sung
sink	sank	sunk
sit	sat	sat
slay	slew	slain
sleep	slept	slept
slide	slid	slid
sling	slung	slung
slit	slit	slit
smell	smelt, smelled	smelt, smelled
sow	sowed	sown, sowed

present	pt	pp
speak	spoke	spoken
speed	sped, speeded	sped, speeded
spell	spelt, spelled	spelt, spelled
spend	spent	spent
spill	spilt, spilled	spilt, spilled
spin	spun	spun
spit	spat	spat
spoil	spoiled, spoilt	spoiled, spoilt
spread	spread	spread
spring	sprang	sprung
stand	stood	stood
steal	stole	stolen
stick	stuck	stuck
sting	stung	stung
stink	stank	stunk
stride	strode	stridden
strike	struck	struck
strive	strove	striven
swear	swore	sworn
sweep	swept	swept
swell	swelled	swollen, swelled
swim	swam	swum
swing	swung	swung
take	took	taken
teach	taught	taught
tear	tore	torn
tell	told	told
think	thought	thought
throw	threw	thrown
thrust	thrust	thrust
tread	trod	trodden
wake	woke, waked	woken, waked
wear	wore	worn
weave	wove	woven
weave *(wind)*	weaved	weaved
wed	wedded, wed	wedded, wed
weep	wept	wept
win	won	won
wind	wound	wound
wring	wrung	wrung
write	wrote	written

Les nombres		Numbers
un (une)	1	one
deux	2	two
trois	3	three
quatre	4	four
cinq	5	five
six	6	six
sept	7	seven
huit	8	eight
neuf	9	nine
dix	10	ten
onze	11	eleven
douze	12	twelve
treize	13	thirteen
quatorze	14	fourteen
quinze	15	fifteen
seize	16	sixteen
dix-sept	17	seventeen
dix-huit	18	eighteen
dix-neuf	19	nineteen
vingt	20	twenty
vingt et un (une)	21	twenty-one
vingt-deux	22	twenty-two
trente	30	thirty
quarante	40	forty
cinquante	50	fifty
soixante	60	sixty
soixante-dix	70	seventy
soixante et onze	71	seventy-one
soixante-douze	72	seventy-two
quatre-vingts	80	eighty
quatre-vingt-un (-une)	81	eighty-one
quatre-vingt-dix	90	ninety
cent	100	a hundred, one hundred
cent un (une)	101	a hundred and one
deux cents	200	two hundred
deux cent un (une)	201	two hundred and one
quatre cents	400	four hundred
mille	1000	a thousand
cinq mille	5000	five thousand
un million	1000000	a million

Les nombres

premier (première), 1er (1ère)
deuxième, 2e *or* 2ème
troisième, 3e *or* 3ème
quatrième, 4e *or* 4ème
cinquième, 5e *or* 5ème
sixième, 6e *or* 6ème
septième
huitième
neuvième
dixième
onzième
douzième
treizième
quartorzième
quinzième
seizième
dix-septième
dix-huitième
dix-neuvième
vingtième
vingt et unième
vingt-deuxième
trentième
centième
cent-unième
millième

Numbers

first, 1st
second, 2nd
third, 3rd
fourth, 4th
fifth, 5th
sixth, 6th
seventh
eighth
ninth
tenth
eleventh
twelfth
thirteenth
fourteenth
fifteenth
sixteenth
seventeenth
eighteenth
nineteenth
twentieth
twenty-first
twenty-second
thirtieth
hundredth
hundred-and-first
thousandth

L'heure	The time
quelle heure est-il ?	*what time is it?*
il est ...	*it's ...*
minuit	midnight, twelve p.m.
une heure (du matin)	one o'clock (in the morning), one (a.m.)
une heure cinq	five past one
une heure dix	ten past one
une heure et quart	a quarter past one, one fifteen
une heure vingt-cinq	twenty-five past one, one twenty-five
une heure et demie, une heure trente	half-past one, one thirty
deux heures moins vingt-cinq, une heure trente-cinq	twenty-five to two, one thirty-five
deux heures moins vingt, une heure quarante	twenty to two, one forty
deux heures moins le quart, une heure quarante-cinq	a quarter to two, one forty-five
deux heures moins dix, une heure cinquante	ten to two, one fifty
midi	twelve o'clock, midday, noon
deux heures (de l'après-midi), quatorze heures	two o'clock (in the afternoon), two (p.m.)
sept heures (du soir), dix-neuf heures	seven o'clock (in the evening), seven (p.m.)
à quelle heure ?	*(at) what time?*
à minuit	at midnight
à sept heures	at seven o'clock
dans vingt minutes	in twenty minutes
il y a un quart d'heure	fifteen minutes ago

La date	The date
aujourd'hui	today
demain	tomorrow
après-demain	the day after tomorrow
hier	yesterday
avant-hier	the day before yesterday
la veille	the day before, the previous day
le lendemain	the next *or* following day
le matin	morning
le soir	evening
ce matin	this morning
ce soir	this evening
cet après-midi	this afternoon
hier matin	yesterday morning
hier soir	yesterday evening
demain matin	tomorrow morning
demain soir	tomorrow evening
dans la nuit du samedi au dimanche	during Saturday night, during the night of Saturday to Sunday
il viendra samedi	he's coming on Saturday
le samedi	on Saturdays
tous les samedis	every Saturday
samedi passé *ou* dernier	last Saturday
samedi prochain	next Saturday
samedi en huit	a week on Saturday
samedi en quinze	a fortnight *or* two weeks on Saturday
du lundi au samedi	from Monday to Saturday
tous les jours	every day
une fois par semaine	once a week
une fois par mois	once a month
deux fois par semaine	twice a week
il y a une semaine *ou* huit jours	a week ago
il y a quinze jours	a fortnight *or* two weeks ago
l'année dernière	last year
dans deux jours	in two days
dans huit jours *ou* une semaine	in a week
dans quinze jours	in a fortnight *or* two weeks
le mois prochain	next month
l'année prochaine	next year
quel jour sommes-nous ?	*what day is it?*
le 1er/24 octobre 2018	the 1st/24th of October 2018, October 1st/24th 2018
en 2018	in 2018
mille neuf cent quatre-vingt seize	nineteen ninety-six
deux mille dix-huit	two thousand (and) eighteen, twenty eighteen
44 av. J.-C.	44 BC
14 apr. J.-C.	14 AD
au XIXe (siècle)	in the nineteenth century
dans les années trente	in the thirties

FRANÇAIS – ANGLAIS

FRENCH – ENGLISH

A a

A, a [ɑ] NM INV A, a; **A comme Anatole** A for Andrew (BRIT) *ou* Able (US); **de a à z** from a to z; **prouver qch par a + b** to prove sth conclusively ▸ ABR = **anticyclone**; **are**; (*ampère*) amp; (*autoroute*) ≈ M (BRIT)

★**a** [a] VB *voir* **avoir**

à [a]

(*à + le* = **au**, *à + les* = **aux**) PRÉP **1** (*endroit, situation*) at, in; **être à Paris/au Portugal** to be in Paris/Portugal; **être à la maison/à l'école** to be at home/at school; **à la campagne** in the country; **c'est à 10 m/km/à 20 minutes (d'ici)** it's 10 m/km/20 minutes away

2 (*direction*) to; **aller à Paris/au Portugal** to go to Paris/Portugal; **aller à la maison/à l'école** to go home/to school; **à la campagne** to the country

3 (*temps*): **à 3 heures/minuit** at 3 o'clock/midnight; **au printemps** in the spring; **au mois de juin** in June; **à Noël/Pâques** at Christmas/Easter; **au départ** at the start, at the outset; **à demain/la semaine prochaine !** see you tomorrow/next week!; **visites de 5 heures à 6 heures** visiting from 5 to *ou* till 6 o'clock

4 (*attribution, appartenance*) to; **le livre est à Paul/à lui/à nous** this book is Paul's/his/ours; **donner qch à qn** to give sth to sb; **un ami à moi** a friend of mine; **c'est à moi de le faire** it's up to me to do it

5 (*moyen*) with; **se chauffer au gaz** to have gas heating; **à bicyclette** on a *ou* by bicycle; **à pied** on foot; **à la main/machine** by hand/machine; **à la télévision/la radio** on television/the radio

6 (*provenance*) from; **boire à la bouteille** to drink from the bottle

7 (*caractérisation, manière*): **l'homme aux yeux bleus** the man with the blue eyes; **à la russe** the Russian way; **glace à la framboise** raspberry ice cream

8 (*but, destination*): **tasse à café** coffee cup; **maison à vendre** house for sale; **je n'ai rien à lire** I don't have anything to read; **à bien réfléchir ...** thinking about it ..., on reflection ...; **problème à régler** problem to sort out

9 (*rapport, évaluation, distribution*): **100 km/unités à l'heure** 100 km/units per *ou* an hour; **payé à l'heure** paid by the hour; **cinq à six** five to six

10 (*conséquence, résultat*): **à ce qu'il prétend** according to him; **à leur grande surprise** much to their surprise; **à nous trois nous n'avons pas su le faire** we couldn't do it even between the three of us; **ils sont arrivés à quatre** four of them arrived (together)

AB ABR = **assez bien**

abaissement [abɛsmɑ̃] NM lowering; pulling down

abaisser [abese] /1/ VT to lower, bring down; (*manette*) to pull down; (*fig*) to debase; to humiliate ▪ **s'abaisser** VPR to go down; (*fig*) to demean o.s.; **s'~ à faire/à qch** to stoop *ou* descend to doing/to sth

abandon [abɑ̃dɔ̃] NM abandoning; deserting; giving up; withdrawal; surrender, relinquishing; (*fig*) lack of constraint; relaxed pose *ou* mood; **être à l'~** to be in a state of neglect; **laisser à l'~** to abandon

abandonné, e [abɑ̃dɔne] ADJ (*solitaire*) deserted; (*route, usine*) disused; (*jardin*) abandoned

abandonner [abɑ̃dɔne] /1/ VT (*personne*) to leave, abandon, desert; (*projet, activité*) to abandon, give up; (*Sport*) to retire *ou* withdraw from; (*Inform*) to abort; (*céder*) to surrender, relinquish; **~ qch à qn** to give sth up to sb ▪ **s'abandonner** VPR to let o.s. go; **s'~ à** (*paresse, plaisirs*) to give o.s. up to

abasourdi, e [abazuʀdi] ADJ stunned, dumbfounded

abasourdir [abazuʀdiʀ] /2/ VT to stun, stagger

abat *etc* [aba] VB *voir* **abattre**

abâtardi, e [abɑtaʀdi] ADJ (*style, langue*) bastardized, watered-down

abat-jour [abaʒuʀ] NM INV lampshade

abats [aba] VB *voir* **abattre** ▸ NMPL (*de bœuf, porc*) offal *sg* (BRIT), entrails (US); (*de volaille*) giblets

abattage [abataʒ] NM cutting down, felling

abattant [abatɑ̃] VB *voir* **abattre** ▸ NM leaf, flap

abattement [abatmɑ̃] NM (*physique*) enfeeblement; (*moral*) dejection, despondency; (*déduction*) reduction; **~ fiscal** ≈ tax allowance

abattis [abati] VB *voir* **abattre** ▸ NMPL giblets

abattoir [abatwaʀ] NM abattoir (BRIT), slaughterhouse

abattre [abatʀ] /41/ VT (*arbre*) to cut down, fell; (*mur, maison*) to pull down; (*avion, personne*) to shoot down; (*animal*) to shoot, kill; (*fig: physiquement*) to wear out, tire out; (*: moralement*) to demoralize; **~ ses cartes** (*aussi fig*) to lay one's cards on the table; **~ du travail** *ou* **de la besogne** to get through a lot of work; **ne pas se laisser ~** to keep one's spirits up, not to let things get one down ▪ **s'abattre** VPR to crash down; **s'~ sur** (*pluie*) to beat down on; (*coups, injures*) to rain down on

abattu, e [abaty] PP *de* **abattre** ▸ ADJ (*déprimé*) downcast
abbatiale [abasjal] NF abbey (*church*)
abbaye [abei] NF abbey
abbé [abe] NM priest; (*d'abbaye*) abbot; **M l'~** Father
abbesse [abɛs] NF abbess
abc, ABC [abese] NM alphabet primer; (*fig*) rudiments *pl*
abcès [apsɛ] NM abscess
abdication [abdikasjɔ̃] NF abdication
abdiquer [abdike] /1/ VI to abdicate ▸ VT to renounce, give up
abdomen [abdɔmɛn] NM abdomen
abdominal, e, -aux [abdɔminal, -o] ADJ abdominal ■ **abdominaux** NMPL: **faire des abdominaux** to do sit-ups
abdos [abdo] NMPL (*fam: muscles*) abs (*fam*); (*: exercices*) abdominal exercises, ab exercises (*fam*)
abécédaire [abesedɛʀ] NM alphabet primer
★**abeille** [abɛj] NF bee
aberrant, e [abeʀɑ̃, -ɑ̃t] ADJ absurd
aberration [abeʀasjɔ̃] NF aberration
abêtir [abetiʀ] /2/ VT to make idiots (*ou* an idiot) of
abêtissant, e [abetisɑ̃, -ɑ̃t] ADJ stultifying
abhorrer [abɔʀe] /1/ VT to abhor, loathe
abîme [abim] NM abyss, gulf
abîmé, e [abime] ADJ (*objet*) damaged; **~ dans la prière** deep in prayer, lost in prayer
abîmer [abime] /1/ VT to spoil, damage ■ **s'abîmer** VPR to get spoilt *ou* damaged; (*fruits*) to spoil; (*tomber*) to sink, founder; **s'~ les yeux** to ruin one's eyes *ou* eyesight
abject, e [abʒɛkt] ADJ abject, despicable
abjection [abʒɛksjɔ̃] NF abjectness
abjurer [abʒyʀe] /1/ VT to abjure, renounce
ablatif [ablatif] NM ablative
ablation [ablasjɔ̃] NF removal
ablutions [ablysjɔ̃] NFPL: **faire ses ~** to perform one's ablutions
abnégation [abnegasjɔ̃] NF (self-)abnegation
aboie *etc* [abwa] VB *voir* **aboyer**
aboiement [abwamɑ̃] NM bark, barking *no pl*
aboierai *etc* [abwaʀe] VB *voir* **aboyer**
abois [abwa] NMPL: **aux ~** at bay
abolir [abɔliʀ] /2/ VT to abolish
abolition [abɔlisjɔ̃] NF abolition
abolitionniste [abɔlisjɔnist] ADJ, NMF abolitionist
abominable [abɔminabl] ADJ abominable
abomination [abɔminasjɔ̃] NF abomination
abondamment [abɔ̃damɑ̃] ADV abundantly
abondance [abɔ̃dɑ̃s] NF abundance; (*richesse*) affluence; **en ~** in abundance
abondant, e [abɔ̃dɑ̃, -ɑ̃t] ADJ plentiful, abundant, copious
abonder [abɔ̃de] /1/ VI to abound, be plentiful; **~ en** to be full of, abound in; **~ dans le sens de qn** to concur with sb
abonné, e [abɔne] NM/F subscriber; season ticket holder ▸ ADJ: **être ~ à un journal** to subscribe to *ou* have a subscription to a periodical; **être ~ au téléphone** to be on the (tele)phone
abonnement [abɔnmɑ̃] NM subscription; (*pour transports en commun, concerts*) season ticket
abonner [abɔne] /1/: **s'abonner** VPR: **s'~ à** to subscribe to, take out a subscription to; **s'~ aux tweets de qn** to follow sb on Twitter
★**abord** [abɔʀ] NM: **être d'un ~ facile** to be approachable; **être d'un ~ difficile** (*personne*) to be unapproachable; (*lieu*) to be hard to reach *ou* difficult to get to; **de prime ~, au premier ~** at first sight, initially; **d'~** *adv* first; **tout d'~** first of all ■ **abords** NMPL (*environs*) surroundings
abordable [abɔʀdabl] ADJ (*personne*) approachable; (*marchandise*) reasonably priced; (*prix*) affordable, reasonable
abordage [abɔʀdaʒ] NM boarding
aborder [abɔʀde] /1/ VI to land ▸ VT (*sujet, difficulté*) to tackle; (*personne*) to approach; (*rivage etc*) to reach; (*Navig: attaquer*) to board; (*: heurter*) to collide with
aborigène [abɔʀiʒɛn] NMF aborigine, native
Abou Dhabî, Abu Dhabî [abudabi] N Abu Dhabi
abouler [abule] VT (*fam: payer*) to fork out (*fam*); **~ le fric** to fork out (*fam*)
abouti, e [abuti] ADJ accomplished
aboutir [abutiʀ] /2/ VI (*négociations*) to succeed; **~ à/dans/sur** to end up at/in/on; **n'~ à rien** to come to nothing
aboutissants [abutisɑ̃] NMPL *voir* **tenant**
aboutissement [abutismɑ̃] NM success; (*de concept, projet*) successful realization; (*d'années de travail*) successful conclusion
aboyer [abwaje] /8/ VI to bark
abracadabrant, e [abʀakadabʀɑ̃, -ɑ̃t] ADJ incredible, preposterous
abrasif, -ive [abʀazif, -iv] ADJ, NM abrasive
abrasion [abʀɑzjɔ̃] NF abrasion
abrégé [abʀeʒe] NM summary; **en ~** in a shortened *ou* abbreviated form
abréger [abʀeʒe] /3, 6/ VT (*texte*) to shorten, abridge; (*mot*) to shorten, abbreviate; (*réunion, voyage*) to cut short, shorten
abreuver [abʀœve] /1/ VT to water; (*fig*): **~ qn de** to shower *ou* swamp sb with; (*injures etc*) to shower sb with ■ **s'abreuver** VPR to drink
abreuvoir [abʀœvwaʀ] NM watering place
abréviation [abʀevjasjɔ̃] NF abbreviation
★**abri** [abʀi] NM shelter; **être à l'~** to be under cover; **se mettre à l'~** to shelter; **à l'~ de** sheltered from; (*danger*) safe from
Abribus® [abʀibys] NM bus shelter
★**abricot** [abʀiko] NM apricot
abricotier [abʀikɔtje] NM apricot tree
abrité, e [abʀite] ADJ sheltered
abriter [abʀite] /1/ VT to shelter; (*loger*) to accommodate ■ **s'abriter** VPR to shelter, take cover
abrogation [abʀɔgasjɔ̃] NF (*Jur*) repeal, abrogation
abroger [abʀɔʒe] /3/ VT to repeal, abrogate
abrupt, e [abʀypt] ADJ sheer, steep; (*ton*) abrupt

abruti, e [abʀyti] ADJ stunned, dazed; **~ de travail** overworked ▶ NM/F (*fam*) idiot

abrutir [abʀytiʀ] /2/ VT to daze; (*fatiguer*) to exhaust; (*abêtir*) to stupefy ■ **s'abrutir** VPR (*s'abêtir*) to vegetate; **s'~ de travail** to work o.s. stupid; **s'~ devant la télé** to vegetate in front of the TV

abrutissant, e [abʀytisɑ̃, -ɑ̃t] ADJ (*bruit, travail*) stupefying

abscisse [apsis] NF X axis, abscissa

abscons, e [apskɔ̃, -ɔ̃s] ADJ abstruse

★**absence** [apsɑ̃s] NF absence; (*Méd*) blackout; **en l'~ de** in the absence of; **avoir des absences** to have mental blanks

★**absent, e** [apsɑ̃, -ɑ̃t] ADJ absent; (*chose*) missing, lacking; (*distrait: air*) vacant, faraway ▶ NM/F absentee

absentéisme [apsɑ̃teism] NM absenteeism

absenter [apsɑ̃te] /1/: **s'absenter** VPR to take time off work; (*sortir*) to leave, go out

abside [apsid] NF (*Archit*) apse

absinthe [apsɛ̃t] NF (*boisson*) absinth(e); (*Bot*) wormwood, absinth(e)

absolu, e [apsɔly] ADJ absolute; (*caractère*) rigid, uncompromising ▶ NM (*Philosophie*): **l'~** the Absolute; **dans l'~** in the absolute, in a vacuum

★**absolument** [apsɔlymɑ̃] ADV absolutely

absolution [apsɔlysjɔ̃] NF absolution; (*Jur*) dismissal (*of case*)

absolutisme [apsɔlytism] NM absolutism

absolvais *etc* [apsɔlvɛ] VB *voir* **absoudre**

absorbant, e [apsɔʀbɑ̃, -ɑ̃t] ADJ absorbent; (*tâche*) absorbing, engrossing

absorbé, e [apsɔʀbe] ADJ absorbed, engrossed

absorber [apsɔʀbe] /1/ VT to absorb; (*Méd: manger, boire*) to take; (*Écon: firme*) to take over, absorb ■ **s'absorber** VPR: **s'~ dans** (*dans un travail, une activité*) to be absorbed in

absorption [apsɔʀpsjɔ̃] NF absorption

absoudre [apsudʀ] /51/ VT to absolve; (*Jur*) to dismiss

absous, -oute [apsu, -ut] PP *de* **absoudre**

abstenir [apstəniʀ] /22/: **s'abstenir** VPR (*Pol*) to abstain; **s'~ de qch/de faire** to refrain from sth/ from doing

abstention [apstɑ̃sjɔ̃] NF abstention

abstentionnisme [apstɑ̃sjɔnism] NM abstaining

abstentionniste [apstɑ̃sjɔnist] NMF abstentionist

abstenu, e [apstəny] PP *de* **abstenir**

abstiendrai [apstjɛ̃dʀe], **abstiens** *etc* [apstjɛ̃] VB *voir* **abstenir**

abstinence [apstinɑ̃s] NF abstinence; **faire ~** to abstain (*from meat on Fridays*)

abstint *etc* [apstɛ̃] VB *voir* **abstenir**

abstraction [apstʀaksjɔ̃] NF abstraction; **faire ~ de** to set *ou* leave aside; **~ faite de ...** leaving aside ...

abstraire [apstʀɛʀ] /50/ VT to abstract ■ **s'abstraire** VPR: **s'~ (de)** (*s'isoler*) to cut o.s. off (from)

abstrait, e [apstʀɛ, -ɛt] PP *de* **abstraire** ▶ ADJ abstract ▶ NM: **dans l'~** in the abstract

abstraitement [apstʀɛtmɑ̃] ADV abstractly

abstrayais *etc* [apstʀɛjɛ] VB *voir* **abstraire**

absurde [apsyʀd] ADJ absurd ▶ NM absurdity; (*Philosophie*): **l'~** absurd; **par l'~** ad absurdum

absurdité [apsyʀdite] NF absurdity

abus [aby] NM (*excès*) abuse, misuse; (*injustice*) abuse; **~ de biens sociaux** misuse of company assets; (*détournement de fonds*) embezzlement; **~ de confiance** breach of trust; **~ de pouvoir** abuse of power; **~ sexuels** sexual abuse *no pl*; **il y a de l'~ !** (*fam*) that's a bit much!

abuser [abyze] /1/ VI to go too far, overstep the mark ▶ VT to deceive, mislead; **~ de** (*force, droit*) to misuse; (*alcool*) to take to excess; (*violer, duper*) to take advantage of ■ **s'abuser** VPR (*se méprendre*) to be mistaken

abusif, -ive [abyzif, -iv] ADJ exorbitant; (*punition*) excessive; (*pratique*) improper

abusivement [abyzivmɑ̃] ADV exorbitantly; excessively; improperly

abyssal, e [abisal] ADJ (*Géo: faune*) abyssal; (*fig: déficit, décalage*) huge; **fosse abyssale** deep-sea trench

abysse [abis] NM (*fonds marins*) abyssal zone ■ **abysses** NMPL: **les abysses** the abyss

AC SIGLE F = **appellation contrôlée**

acabit [akabi] NM: **du même ~** of the same type

acacia [akasja] NM (*Bot*) acacia

académicien, ne [akademisjɛ̃, -ɛn] NM/F academician

académie [akademi] NF (*société*) learned society; (*école: d'art, de danse*) academy; (*Art: nu*) nude; (*Scol: circonscription*) ≈ regional education authority; **l'A~ (française)** the French Academy

> The **Académie française** was founded by Cardinal Richelieu in 1635, during the reign of Louis XIII. It is made up of forty elected scholars and writers who are known as *les Quarante* or *les Immortels*. One of the *Académie's* functions is to keep an eye on the development of the French language, and its recommendations are frequently the subject of lively public debate. It has produced several editions of its famous dictionary and also awards various literary prizes.

académique [akademik] ADJ academic

Acadie [akadi] NF: **l'~** the Maritime Provinces

acadien, ne [akadjɛ̃, -ɛn] ADJ Acadian, of *ou* from the Maritime Provinces

acajou [akaʒu] NM mahogany

acariâtre [akaʀjɑtʀ] ADJ sour(-tempered) (BRIT), cantankerous

acarien [akaʀjɛ̃] NM dust mite

accablant, e [akɑblɑ̃, -ɑ̃t] ADJ (*chaleur*) oppressive; (*témoignage, preuve*) overwhelming

accablé, e [akɑble] ADJ (*effondré*) overwhelmed; **l'air ~** looking overwhelmed; **~ de** (*dettes, soucis*) weighed down with; **~ de chagrin** grief-stricken

accablement [akɑbləmɑ̃] NM deep despondency

accabler [akɑble] /1/ VT (*suj: témoignage*) to condemn, damn; **~ qn d'injures** to heap *ou* shower abuse on sb; **~ qn de travail** to overwork sb

accalmie [akalmi] NF lull

a

accaparant, e [akaparɑ̃, -ɑ̃t] ADJ that takes up all one's time *ou* attention

accaparer [akapaʀe] /1/ VT to monopolize; (*travail etc*) to take up (all) the time *ou* attention of

accéder [aksede] /6/: **~ à** vt (*lieu*) to reach; (*fig: pouvoir*) to accede to (*: poste*) to attain; (*accorder: requête*) to grant, accede to

accélérateur [akseleʀatœʀ] NM accelerator

accélération [akseleʀasjɔ̃] NF speeding up; acceleration

accéléré [akseleʀe] NM: **en ~** (*Ciné*) speeded up

accélérer [akseleʀe] /6/ VT (*mouvement, travaux*) to speed up ▸ VI (*Auto*) to accelerate ■ **s'accélérer** VPR (*processus, rythme*) to speed up

★**accent** [aksɑ̃] NM accent; (*inflexions expressives*) tone (of voice); (*Phonétique, fig*) stress; **aux accents de** (*musique*) to the strains of; **mettre l'~ sur** (*fig*) to stress; **~ aigu/grave/circonflexe** acute/grave/circumflex accent

accentuation [aksɑ̃tɥasjɔ̃] NF accenting; stressing

accentué, e [aksɑ̃tɥe] ADJ marked, pronounced

accentuer [aksɑ̃tɥe] /1/ VT (*Ling: orthographe*) to accent; (*: phonétique*) to stress, accent; (*fig*) to accentuate, emphasize; (*effort, pression*) to increase ■ **s'accentuer** VPR to become more marked *ou* pronounced

acceptable [aksɛptabl] ADJ satisfactory, acceptable

acceptation [aksɛptasjɔ̃] NF acceptance

★**accepter** [aksɛpte] /1/ VT to accept; (*tolérer*): **~ que qn fasse** to agree to sb doing; **~ de faire** to agree to do

acception [aksɛpsjɔ̃] NF meaning, sense; **dans toute l'~ du terme** in the full sense *ou* meaning of the word

accès [aksɛ] NM (*à un lieu, Inform*) access; (*Méd*) attack; (*: de toux*) fit; (*: de fièvre*) bout; **d'~ facile/malaisé** easily/not easily accessible; **facile d'~** easy to get to; **donner ~ à** (*lieu*) to give access to; (*carrière*) to open the door to; **avoir ~ auprès de qn** to have access to sb; **l'~ aux quais est interdit aux personnes non munies d'un billet** ticket-holders only on platforms, no access to platforms without a ticket; **~ de colère** fit of anger; **~ de joie** burst of joy ▸ NMPL (*routes etc*) means of access, approaches

accessible [aksesibl] ADJ accessible; (*personne*) approachable; (*livre, sujet*): **~ à qn** within the reach of sb; (*sensible*): **~ à la pitié/l'amour** open to pity/love

accession [aksɛsjɔ̃] NF: **~ à** accession to; (*à un poste*) attainment of; **~ à la propriété** home-ownership

accessit [aksesit] NM (*Scol*) ≈ certificate of merit

accessoire [akseswaʀ] ADJ secondary, of secondary importance; (*frais*) incidental ▸ NM accessory; (*Théât*) prop

accessoirement [akseswaʀmɑ̃] ADV secondarily; incidentally

accessoiriste [akseswaʀist] NMF (*TV, Ciné*) property man/woman

★**accident** [aksidɑ̃] NM accident; **par ~** by chance; **~ de parcours** mishap; **~ de la route** road accident; **~ du travail** accident at work; industrial injury *ou* accident; **accidents de terrain** unevenness of the ground

accidenté, e [aksidɑ̃te] ADJ damaged *ou* injured (in an accident); (*relief, terrain*) uneven; hilly

accidentel, le [aksidɑ̃tɛl] ADJ accidental

accidentellement [aksidɑ̃tɛlmɑ̃] ADV (*par hasard*) accidentally; (*mourir*) in an accident

accise [ɑksiz] NF: **droit d'~(s)** excise duty

acclamation [aklamasjɔ̃] NF: **par ~** (*vote*) by acclamation ■ **acclamations** NFPL cheers, cheering *sg*

acclamer [aklame] /1/ VT to cheer, acclaim

acclimatation [aklimatasjɔ̃] NF acclimatization

acclimater [aklimate] /1/ VT to acclimatize ■ **s'acclimater** VPR to become acclimatized

accointances [akwɛ̃tɑ̃s] NFPL: **avoir des ~ avec** to have contacts with

accolade [akɔlad] NF (*amicale*) embrace; (*signe*) brace; **donner l'~ à qn** to embrace sb

accoler [akɔle] /1/ VT to place side by side

accommodant, e [akɔmɔdɑ̃, -ɑ̃t] ADJ accommodating, easy-going

accommodement [akɔmɔdmɑ̃] NM compromise

accommoder [akɔmɔde] /1/ VT (*Culin*) to prepare; (*points de vue*) to reconcile; **~ qch à** (*adapter*) to adapt sth to ■ **s'accommoder** VPR: **s'~ de** to put up with; (*se contenter de*) to make do with; **s'~ à** (*s'adapter*) to adapt to

accompagnateur, -trice [akɔ̃paɲatœʀ, -tʀis] NM/F (*Mus*) accompanist; (*de voyage*) guide; (*de voyage organisé*) courier; (*d'enfants*) accompanying adult

accompagnement [akɔ̃paɲmɑ̃] NM (*Mus*) accompaniment; (*Mil*) support

★**accompagner** [akɔ̃paɲe] /1/ VT to accompany, be *ou* go *ou* come with; (*Mus*) to accompany ■ **s'accompagner** VPR: **s'~ de** to bring, be accompanied by

accompli, e [akɔ̃pli] ADJ accomplished

accomplir [akɔ̃pliʀ] /2/ VT (*tâche, projet*) to carry out; (*souhait*) to fulfil ■ **s'accomplir** VPR to be fulfilled

accomplissement [akɔ̃plismɑ̃] NM carrying out; fulfilment (BRIT), fulfillment (US)

★**accord** [akɔʀ] NM (*entente, convention, Ling*) agreement; (*entre des styles, tons etc*) harmony; (*consentement*) agreement, consent; (*Mus*) chord; **donner son ~** to give one's agreement; **mettre deux personnes d'~** to make two people come to an agreement, reconcile two people; **se mettre d'~** to come to an agreement (with each other); **être d'~** to agree; **être d'~ avec qn** to agree with sb; **d'~ !** OK!, right!; **d'un commun ~** of one accord; **~ parfait** (*Mus*) tonic chord

accord-cadre [akɔʀkɑdʀ] (*pl* **accords-cadres**) NM framework *ou* outline agreement

accordéon [akɔʀdeɔ̃] NM (*Mus*) accordion

accordéoniste [akɔʀdeɔnist] NMF accordionist

accorder [akɔʀde] /1/ VT (*faveur, délai*) to grant; (*attribuer*): **~ de l'importance/de la valeur à qch** to attach importance/value to sth; (*harmoniser*) to match; (*Mus*) to tune; **je vous accorde que ...** I grant you that ... ■ **s'accorder** VPR to get on together; (*être d'accord*) to agree; (*couleurs, caractères*) to go together, match; (*Ling*) to agree

accordeur [akɔʀdœʀ] NM (*Mus*) tuner

accoster [akɔste] /1/ VT (*Navig*) to draw alongside; (*personne*) to accost ▶ VI (*Navig*) to berth

accotement [akɔtmɑ̃] NM (*de route*) verge (BRIT), shoulder; **~ stabilisé/non stabilisé** hard shoulder/soft verge *ou* shoulder

accoter [akɔte] /1/ VT: **~ qch contre/à** to lean *ou* rest sth against/on ■ **s'accoter** VPR: **s'~ contre/à** to lean against/on

accouchement [akuʃmɑ̃] NM delivery, (child) birth; (*travail*) labour (BRIT), labor (US); **~ à terme** delivery at (full) term; **~ sans douleur** natural childbirth

accoucher [akuʃe] /1/ VI to give birth, have a baby; (*être en travail*) to be in labour (BRIT) *ou* labor (US); **~ d'un garçon** to give birth to a boy ▶ VT to deliver

accoucheur [akuʃœʀ] NM: **(médecin) ~** obstetrician

accoucheuse [akuʃøz] NF midwife

accouder [akude] /1/: **s'accouder** VPR: **s'~ à/contre/sur** to rest one's elbows on/against/on; **accoudé à la fenêtre** leaning on the windowsill

accoudoir [akudwaʀ] NM armrest

accouplement [akupləmɑ̃] NM coupling; mating

accoupler [akuple] /1/ VT to couple; (*pour la reproduction*) to mate ■ **s'accoupler** VPR to mate

accourir [akuʀiʀ] /11/ VI to rush *ou* run up

accoutrement [akutʀəmɑ̃] NM (*péj*) getup (BRIT), outfit

accoutrer [akutʀe] /1/ VT (*péj*) to do *ou* get up ■ **s'accoutrer** VPR to do *ou* get o.s. up

accoutumance [akutymɑ̃s] NF (*gén*) adaptation; (*Méd*) addiction

accoutumé, e [akutyme] ADJ (*habituel*) customary, usual; **comme à l'accoutumée** as is customary *ou* usual

accoutumer [akutyme] /1/ VT: **~ qn à qch/faire** to accustom sb to sth/to doing ■ **s'accoutumer** VPR: **s'~ à** to get accustomed *ou* used to

accréditer [akʀedite] /1/ VT (*nouvelle*) to substantiate; **~ qn (auprès de)** to accredit sb (to)

accro [akʀo] NMF (*fam*: = *accroché(e)*) addict

accroc [akʀo] NM (*déchirure*) tear; (*fig*) hitch, snag; **sans ~** without a hitch; **faire un ~ à** (*vêtement*) to make a tear in, tear; (*fig*: *règle etc*) to infringe

accrochage [akʀɔʃaʒ] NM hanging (up); hitching (up); (*Auto*) (minor) collision; (*Mil*) encounter, engagement; (*dispute*) clash, brush

accroche-cœur [akʀɔʃkœʀ] NM kiss-curl

★**accrocher** [akʀɔʃe] /1/ VT (*suspendre*) to hang; (*fig*) to catch, attract; **~ qch à** (*suspendre*) to hang sth (up) on; (*attacher*: *remorque*) to hitch sth (up) to; (*déchirer*) to catch sth (on); **il a accroché ma voiture** he bumped into my car ▶ VI to stick, get stuck; (*fig*: *pourparlers etc*) to hit a snag; (*plaire*: *disque etc*) to catch on ■ **s'accrocher** VPR (*se disputer*) to have a clash *ou* brush; (*ne pas céder*) to hold one's own, hang on in (*fam*); **s'~ à** (*rester pris à*) to catch on; (*agripper, fig*) to hang on *ou* cling to

accrocheur, -euse [akʀɔʃœʀ, -øz] ADJ (*vendeur, concurrent*) tenacious; (*publicité*) eye-catching; (*titre*) catchy, eye-catching

accroire [akʀwaʀ] /44/ VT: **faire** *ou* **laisser ~ à qn qch/que** to give sb to believe sth/that

accrois [akʀwa], **accroissais** *etc* [akʀwasɛ] VB *voir* **accroître**

accroissement [akʀwasmɑ̃] NM increase

accroître [akʀwatʀ] /55/ VT to increase ■ **s'accroître** VPR to increase

accroupi, e [akʀupi] ADJ squatting, crouching (down)

accroupir [akʀupiʀ] /2/: **s'accroupir** VPR to squat, crouch (down)

accru, e [akʀy] PP *de* **accroître**

accu [aky] NM (*fam*: = *accumulateur*) accumulator, battery

★**accueil** [akœj] NM welcome; (*endroit*) reception (desk); (*dans une gare*) information kiosk; **comité/centre d'~** reception committee/centre

★**accueillant, e** [akœjɑ̃, -ɑ̃t] ADJ welcoming, friendly

★**accueillir** [akœjiʀ] /12/ VT to welcome; (*aller chercher*) to meet, collect; (*loger*) to accommodate

acculer [akyle] /1/ VT: **~ qn à** *ou* **contre** to drive sb back against; **~ qn dans** to corner sb in; **~ qn à** (*faillite*) to drive sb to the brink of

acculturation [akyltyʀasjɔ̃] NF acculturation

accumulateur [akymylatœʀ] NM accumulator, battery

accumulation [akymylasjɔ̃] NF accumulation; **chauffage/radiateur à ~** (night-)storage heating/heater

accumuler [akymyle] /1/ VT to accumulate, amass ■ **s'accumuler** VPR to accumulate; to pile up

accusateur, -trice [akyzatœʀ, -tʀis] NM/F accuser ▶ ADJ accusing; (*document, preuve*) incriminating

accusatif [akyzatif] NM (*Ling*) accusative

accusation [akyzasjɔ̃] NF (*gén*) accusation; (*Jur*) charge; (*partie*): **l'~** the prosecution; **mettre en ~** to indict; **acte d'~** bill of indictment

accusé, e [akyze] NM/F accused; (*prévenu(e)*) defendant ▶ NM: **~ de réception** acknowledgement of receipt

★**accuser** [akyze] /1/ VT to accuse; (*fig*) to emphasize, bring out; (: *montrer*) to show; **~ qn de** to accuse sb of; (*Jur*) to charge sb with; **~ qn/qch de qch** (*rendre responsable*) to blame sb/sth for sth; **~ réception de** to acknowledge receipt of; **~ le coup** (*fig*) to be visibly affected ■ **s'accuser** VPR (*s'accentuer*) to become more marked; **s'~ de qch/d'avoir fait qch** to admit sth/having done sth; to blame o.s. for sth/for having done sth

acerbe [asɛʀb] ADJ caustic, acid

acéré, e [aseʀe] ADJ sharp

acétate [asetat] NM acetate

acétique [asetik] ADJ: **acide ~** acetic acid

acétone [asetɔn] NF acetone

acétylène [asetilɛn] NM acetylene

ach. ABR = **achète**

achalandé, e [aʃalɑ̃de] ADJ: **bien ~** (*magasin*: *en marchandises*) well-stocked; (: *en clients*) with a large clientele

acharné, e [aʃaʀne] ADJ (*lutte, adversaire*) fierce, bitter; (*travail*) relentless, unremitting

acharnement [aʃaʀnəmɑ̃] NM fierceness; relentlessness
acharner [aʃaʀne] /1/: **s'acharner** VPR: **s'~ sur** to go at fiercely, hound; **s'~ contre** to set o.s. against; to dog, pursue; (*malchance*) to hound; **s'~ à faire** to try doggedly to do; to persist in doing
★**achat** [aʃa] NM buying *no pl*; (*article acheté*) purchase; **faire l'~ de** to buy, purchase; **faire des achats** to do some shopping, buy a few things
acheminement [aʃ(ə)minmɑ̃] NM conveyance
acheminer [aʃ(ə)mine] /1/ VT (*courrier*) to forward, dispatch; (*troupes*) to convey, transport; (*train*) to route ■ **s'acheminer vers** VPR to head for
★**acheter** [aʃ(ə)te] /5/ VT to buy, purchase; (*soudoyer*) to buy, bribe; **~ qch à** (*marchand*) to buy *ou* purchase sth from; (*ami etc: offrir*) to buy sth for; **~ à crédit** to buy on credit
acheteur, -euse [aʃ(ə)tœʀ, -øz] NM/F buyer; shopper; (*Comm*) buyer; (*Jur*) vendee, purchaser
achevé, e [aʃ(ə)ve] ADJ: **d'un ridicule ~** thoroughly *ou* absolutely ridiculous; **d'un comique ~** absolutely hilarious
achèvement [aʃɛvmɑ̃] NM completion, finishing
achever [aʃ(ə)ve] /5/ VT to complete, finish; (*blessé*) to finish off ■ **s'achever** VPR to end
achoppement [aʃɔpmɑ̃] NM: **pierre d'~** stumbling block
achopper [aʃɔpe] VI to stumble; **~ sur** (*problème*) to come up against
★**acide** [asid] ADJ sour, sharp; (*ton*) acid, biting; (*Chimie*) acid(ic) ▶ NM acid
acidifiant [asidifjɑ̃] NM acidifier
acidifier [asidifje] /7/ VT to acidify ■ **s'acidifier** VPR to acidify
acidité [asidite] NF sharpness; acidity
acidulé, e [asidyle] ADJ slightly acid; **bonbons acidulés** acid drops (BRIT), ≈ lemon drops (US)
acier [asje] NM steel; **~ inoxydable** stainless steel
aciérie [asjeʀi] NF steelworks *sg*
acné [akne] NF acne
acolyte [akɔlit] NM (*péj*) associate
acompte [akɔ̃t] NM deposit; (*versement régulier*) instalment; (*sur somme due*) payment on account; (*sur salaire*) advance; **un ~ de 10 euros** 10 euros on account
acoquiner [akɔkine] /1/: **s'acoquiner avec** VPR (*péj*) to team up with
Açores [asɔʀ] NFPL: **les ~** the Azores
à-côté [akote] NM side-issue; (*argent*) extra
à-coup [aku] NM (*du moteur*) (hic)cough; (*fig*) jolt; **sans à-coups** smoothly; **par à-coups** by fits and starts
acouphène [akufɛn] NM (*Méd*) tinnitus; **souffrir d'acouphènes** to have tinnitus
acoustique [akustik] NF (*d'une salle*) acoustics *pl*; (*science*) acoustics *sg* ▶ ADJ acoustic
acquéreur [akeʀœʀ] NM buyer, purchaser; **se porter/se rendre ~ de qch** to announce one's intention to purchase/to purchase sth
acquérir [akeʀiʀ] /21/ VT to acquire; (*par achat*) to purchase, acquire; (*valeur*) to gain; (*résultats*) to achieve; **ce que ses efforts lui ont acquis** what his efforts have won *ou* gained (for) him
acquiers *etc* [akjɛʀ] VB *voir* **acquérir**
acquiescement [akjɛsmɑ̃] NM acquiescence, agreement
acquiescer [akjese] /3/ VI (*opiner*) to agree; (*consentir*): **~ (à qch)** to acquiesce *ou* assent (to sth)
acquis, e [aki, -iz] PP *de* **acquérir** ▶ NM (accumulated) experience; (*avantage*) gain ▶ ADJ (*achat*) acquired; (*valeur*) gained; (*résultats*) achieved; **être ~ à** (*plan, idée*) to be in full agreement with; **son aide nous est acquise** we can count on *ou* be sure of his help; **tenir qch pour ~** to take sth for granted
acquisition [akizisjɔ̃] NF acquisition; (*achat*) purchase; **faire l'~ de** to acquire; to purchase
acquit [aki] VB *voir* **acquérir** ▶ NM (*quittance*) receipt; **pour ~** received; **par ~ de conscience** to set one's mind at rest
acquittement [akitmɑ̃] NM acquittal; payment, settlement
acquitter [akite] /1/ VT (*Jur*) to acquit; (*facture*) to pay, settle ■ **s'acquitter de** VPR to discharge; (*promesse, tâche*) to fulfil (BRIT), fulfill (US), carry out
âcre [ɑkʀ] ADJ acrid, pungent
âcreté [ɑkʀəte] NF acridness, pungency
acrimonie [akʀimɔni] NF acrimony
acrimonieux, -euse [akʀimɔnjø, -jøz] ADJ (*ton, débat*) acrimonious
acrobate [akʀɔbat] NMF acrobat
acrobatie [akʀɔbasi] NF (*art*) acrobatics *sg*; (*exercice*) acrobatic feat; **~ aérienne** aerobatics *sg*
acrobatique [akʀɔbatik] ADJ acrobatic
acronyme [akʀɔnim] NM acronym
Acropole [akʀɔpɔl] NF: **l'~** the Acropolis
acrosport [akʀospɔʀ] NM acrosport
acrostiche [akʀɔstiʃ] NM (*poème*) acrostic
acrylique [akʀilik] ADJ, NM acrylic
acte [akt] NM act, action; (*Théât*) act; **prendre ~ de** to note, take note of; **faire ~ de présence** to put in an appearance; **faire ~ de candidature** to submit an application; **~ d'accusation** charge (BRIT), bill of indictment; **~ de baptême** baptismal certificate; **~ de mariage/naissance** marriage/birth certificate; **~ de vente** bill of sale ■ **actes** NMPL (*compte-rendu*) proceedings
★**acteur** [aktœʀ] NM actor
★**actif, -ive** [aktif, -iv] ADJ active; **prendre une part active à qch** to take an active part in sth; **population active** working population ▶ NM (*Comm*) assets *pl*; (*Ling*) active (voice); (*fig*): **avoir à son ~** to have to one's credit; **mettre à son ~** to add to one's list of achievements; **~ toxique** toxic asset; **l'~ et le passif** assets and liabilities ■ **actifs** NMPL people in employment
action [aksjɔ̃] NF (*gén*) action; (*Comm*) share; **une bonne/mauvaise ~** a good/an unkind deed; **mettre en ~** to put into action; **passer à l'~** to take action; **sous l'~ de** under the effect of; **l'~ syndicale** (the) union action; **un film d'~** an action film *ou* movie; **~ en diffamation** libel action; **~ de grâce(s)** (*Rel*) thanksgiving
actionnaire [aksjɔnɛʀ] NMF shareholder
actionnariat [aksjɔnaʀja] NM (*statut*) shareholding; (*actionnaires*) shareholders *pl*
actionner [aksjɔne] /1/ VT to work; (*mécanisme*) to activate; (*machine*) to operate

activation [aktivasjɔ̃] NF (*de dispositif, logiciel*) activation; (*Bio, Chimie: de gène, cellule*) activation

active [aktiv] ADJ F *voir* **actif**

activement [aktivmɑ̃] ADV actively

activer [aktive] /1/ VT (*dispositif, logiciel*) to activate; (*Bio, Chimie*) to activate ▪ **s'activer** VPR (*s'affairer*) to bustle about; (*se hâter*) to hurry up

activisme [aktivism] NM activism

activiste [aktivist] NMF activist

activité [aktivite] NF activity; **en ~** (*volcan*) active; (*fonctionnaire*) in active life; (*militaire*) on active service

★**actrice** [aktʀis] NF actress

actualisation [aktɥalizasjɔ̃] NF (*de connaissances, réglementation, base de données*) updating; (*Finance: de valeur, coûts*) conversion to current value

actualiser [aktɥalize] /1/ VT (*connaissances*) to bring up to date; (*base de données*) to update

actualité [aktɥalite] NF (*d'un problème*) topicality; (*événements*): **l'~** current events; **les actualités** (*Ciné, TV*) the news; **l'~ politique/sportive** the political/sports *ou* sporting news; **les actualités télévisées** the television news; **d'~** topical

actuel, le [aktɥɛl] ADJ (*présent*) present; (*d'actualité*) topical; **à l'heure actuelle** at this moment in time, at the moment

---

actuel is not usually translated by *actual*.

★**actuellement** [aktɥɛlmɑ̃] ADV at present, at the present time

acuité [akɥite] NF acuteness

acuponcteur, acupuncteur [akypɔ̃ktœʀ] NM acupuncturist

acuponcture, acupuncture [akypɔ̃ktyʀ] NF acupuncture

adage [adaʒ] NM adage

adagio [ada(d)ʒjo] ADV, NM adagio

adaptable [adaptabl] ADJ adaptable

adaptateur, -trice [adaptatœʀ, -tʀis] NM/F adapter

adaptation [adaptasjɔ̃] NF adaptation

adapter [adapte] /1/ VT to adapt; **~ qch à** (*approprier*) to adapt sth to (fit); **~ qch sur/dans/à** (*fixer*) to fit sth on/into/to ▪ **s'adapter** VPR: **s'~ (à)** (*personne*) to adapt (to); (*objet, prise etc*) to apply (to)

addenda [adɛ̃da] NM INV addenda

addictologie [adiktɔlɔʒi] NF addiction studies *pl*

Addis-Ababa [adisababa], **Addis-Abeba** [adisabəba] N Addis Ababa

additif [aditif] NM additional clause; (*substance*) additive; **~ alimentaire** food additive

★**addition** [adisjɔ̃] NF addition; (*au café*) bill

additionnel, le [adisjɔnɛl] ADJ additional

additionner [adisjɔne] /1/ VT to add (up); **~ un produit d'eau** to add water to a product ▪ **s'additionner** VPR to add up

adduction [adyksjɔ̃] NF (*de gaz, d'eau*) conveyance

adepte [adɛpt] NMF follower

adéquat, e [adekwa(t), -at] ADJ appropriate, suitable

adéquation [adekwasjɔ̃] NF appropriateness; (*Ling*) adequacy

adhérence [adeʀɑ̃s] NF adhesion

adhérent, e [adeʀɑ̃, -ɑ̃t] NM/F (*de club*) member

adhérer [adeʀe] /6/ VI (*coller*) to adhere, stick; **~ à** (*coller*) to adhere *ou* stick to; (*se rallier à: parti, club*) to join, be a member of; (*: opinion, mouvement*) to support

adhésif, -ive [adezif, -iv] ADJ adhesive, sticky; **ruban ~** sticky *ou* adhesive tape ▸ NM adhesive

adhésion [adezjɔ̃] NF (*à un club*) joining; membership; (*à une opinion*) support

ad hoc [adɔk] ADJ INV ad hoc

adieu, x [adjø] EXCL goodbye ▸ NM farewell; **dire ~ à qn** to say goodbye *ou* farewell to sb; **dire ~ à qch** (*renoncer*) to say *ou* wave goodbye to sth

adipeux, -euse [adipø, -øz] ADJ bloated, fat; (*Anat*) adipose

adiposité [adipozite] NF adiposity

adjacent, e [adʒasɑ̃, -ɑ̃t] ADJ: **~ (à)** adjacent (to)

adjectif [adʒɛktif] NM adjective; **~ attribut** adjectival complement; **~ épithète** attributive adjective

adjectival, e, -aux [adʒɛktival, -o] ADJ adjectival

adjoignais *etc* [adʒwaɲɛ] VB *voir* **adjoindre**

adjoindre [adʒwɛ̃dʀ] /49/ VT: **~ qch à** to attach sth to; (*ajouter*) to add sth to; **~ qn à** (*personne*) to appoint sb as an assistant to; (*comité*) to appoint sb to, attach sb to ▪ **s'adjoindre** VPR (*collaborateur etc*) to take on, appoint

adjoint, e [adʒwɛ̃, -wɛ̃t] PP *de* **adjoindre** ▸ NM/F assistant; **~ au maire** deputy mayor; **directeur ~** assistant manager

adjonction [adʒɔ̃ksjɔ̃] NF attaching; addition; appointment

adjudant [adʒydɑ̃] NM (*Mil*) warrant officer; **adjudant-chef** ≈ warrant officer 1st class (Brit), ≈ chief warrant officer (US)

adjudicataire [adʒydikatɛʀ] NMF successful bidder, purchaser; (*pour travaux*) successful tenderer (Brit) *ou* bidder (US)

adjudicateur, -trice [adʒydikatœʀ, -tʀis] NM/F (*aux enchères*) seller

adjudication [adʒydikasjɔ̃] NF sale by auction; (*pour travaux*) invitation to tender (Brit) *ou* bid (US)

adjuger [adʒyʒe] /3/ VT (*prix, récompense*) to award; (*lors d'une vente*) to auction (off); **adjugé !** (*vendu*) gone!, sold! ▪ **s'adjuger** VPR to take for o.s.

adjurer [adʒyʀe] /1/ VT: **~ qn de faire** to implore *ou* beg sb to do

adjuvant [adʒyvɑ̃] NM (*médicament*) adjuvant; (*additif*) additive; (*stimulant*) stimulant

admettre [admɛtʀ] /56/ VT (*visiteur*) to admit, let in; (*candidat: Scol*) to pass; (*Tech: gaz, eau, air*) to admit; (*tolérer*) to allow, accept; (*reconnaître*) to admit, acknowledge; (*supposer*) to suppose; **j'admets que ...** I admit that ...; **je n'admets pas que tu fasses cela** I won't allow you to do that; **admettons que ...** let's suppose that ...; **admettons** let's suppose so

administrateur, -trice [administʀatœʀ, -tʀis] NM/F (*Comm*) director; (*Admin*) administrator; **~ délégué** managing director; **~ judiciaire** receiver

administratif, -ive [administʀatif, -iv] ADJ administrative

administration [administʀasjɔ̃] NF administration; **l'A~** ≈ the Civil Service
administrativement [administʀativmɑ̃] ADV (*rattaché, dépendre*) for administrative purposes
administré, e [administʀe] NM/F ≈ citizen
administrer [administʀe] /1/ VT (*firme*) to manage, run; (*biens, remède, sacrement etc*) to administer
admirable [admiʀabl] ADJ admirable, wonderful
admirablement [admiʀabləmɑ̃] ADV admirably
admirateur, -trice [admiʀatœʀ, -tʀis] NM/F admirer
admiratif, -ive [admiʀatif, -iv] ADJ admiring
admiration [admiʀasjɔ̃] NF admiration; **être en ~ devant** to be lost in admiration before
admirativement [admiʀativmɑ̃] ADV admiringly
★**admirer** [admiʀe] /1/ VT to admire
admis, e [admi, -iz] PP *de* **admettre**
admissibilité [admisibilite] NF eligibility; admissibility, acceptability
admissible [admisibl] ADJ (*candidat*) eligible; (*comportement*) admissible, acceptable; (*Jur*) receivable
admission [admisjɔ̃] NF admission; **tuyau d'~** intake pipe; **demande d'~** application for membership; **service des admissions** admissions
admonester [admɔnɛste] /1/ VT to admonish
ADN SIGLE M (= *acide désoxyribonucléique*) DNA
ado [ado] NMF (*fam*: = *adolescent(e)*) ado, teenager, adolescent
adolescence [adɔlesɑ̃s] NF adolescence
★**adolescent, e** [adɔlesɑ̃, -ɑ̃t] NM/F adolescent, teenager
adonner [adɔne] /1/: **s'adonner à** VPR (*sport*) to devote o.s. to; (*boisson*) to give o.s. over to
adopter [adɔpte] /1/ VT to adopt; (*projet de loi etc*) to pass
adoptif, -ive [adɔptif, -iv] ADJ (*parents*) adoptive; (*fils, patrie*) adopted
adoption [adɔpsjɔ̃] NF adoption; **son pays/sa ville d'~** his adopted country/town
adorable [adɔʀabl] ADJ adorable
adoration [adɔʀasjɔ̃] NF adoration; (*Rel*) worship; **être en ~ devant** to be lost in adoration before
★**adorer** [adɔʀe] /1/ VT to adore; (*Rel*) to worship
adossé, e [adose] ADJ: **~ à** (*mur, contreforts: personne*) leaning against; (: *maison*) built right up against
adosser [adose] /1/ VT: **~ qch à** *ou* **contre** to stand sth against ■ **s'adosser** VPR: **s'~ à** *ou* **contre** to lean with one's back against
adouber [adube] VT (*Hist: vassal*) to dub; (*nommer: successeur, ministre*) to name
adoucir [adusiʀ] /2/ VT (*goût, température*) to make milder; (*avec du sucre*) to sweeten; (*peau, voix, eau*) to soften; (*caractère, personne*) to mellow; (*peine*) to soothe, allay ■ **s'adoucir** VPR to become milder; to soften; (*caractère*) to mellow
adoucissant [adusisɑ̃] NM (*pour le linge*) fabric softener
adoucissement [adusismɑ̃] NM becoming milder; sweetening; softening; mellowing; soothing
adoucisseur [adusisœʀ] NM: **~ (d'eau)** water softener
adr. ABR = **adresse; adresser**
adrénaline [adʀenalin] NF adrenaline
★**adresse** [adʀɛs] NF skill, dexterity; (*domicile, Inform*) address; **à l'~ de** (*pour*) for the benefit of; **~ électronique** email address; **~ Web** web address
adresser [adʀese] /1/ VT (*lettre: expédier*) to send; (: *écrire l'adresse sur*) to address; (*injure, compliments*) to address; **~ qn à un docteur/bureau** to refer *ou* send sb to a doctor/an office; **~ la parole à qn** to speak to *ou* address sb ■ **s'adresser** VPR: **s'~ à** (*parler à*) to speak to, address; (*s'informer auprès de*) to go and see, go and speak to; (: *bureau*) to enquire at; (*livre, conseil*) to be aimed at
Adriatique [adʀijatik] NF: **l'~** the Adriatic
adroit, e [adʀwa, -wat] ADJ (*joueur, mécanicien*) skilful (BRIT), skillful (US), dext(e)rous; (*politicien etc*) shrewd, skilled
adroitement [adʀwatmɑ̃] ADV skilfully (BRIT), skillfully (US), dext(e)rously; shrewdly
AdS SIGLE F = **Académie des Sciences**
ADSL SIGLE M (= *asymmetrical digital subscriber line*) ADSL, broadband; **avoir l'~** to have broadband
adulation [adylasjɔ̃] NF adulation
aduler [adyle] /1/ VT to adulate
★**adulte** [adylt] NMF adult, grown-up; **formation/film pour adultes** adult training/film ▶ ADJ (*personne, attitude*) adult, grown-up; (*chien, arbre*) fully-grown, mature; **l'âge ~** adulthood
adultère [adyltɛʀ] ADJ adulterous ▶ NMF adulterer/adulteress ▶ NM (*acte*) adultery
adultérin, e [adylteʀɛ̃, -in] ADJ born of adultery
advenir [advəniʀ] /22/ VI to happen; **qu'est-il advenu de ...?** what has become of ...?; **quoi qu'il advienne** whatever befalls *ou* happens
adventiste [advɑ̃tist] NMF (*Rel*) Adventist
adverbe [advɛʀb] NM adverb; **~ de manière** adverb of manner
adverbial, e, -aux [advɛʀbjal, -o] ADJ adverbial
adversaire [advɛʀsɛʀ] NMF (*Sport, gén*) opponent, adversary; (*Mil*) adversary, enemy
adverse [advɛʀs] ADJ opposing
adversité [advɛʀsite] NF adversity
AELE SIGLE F (= *Association européenne de libre-échange*) EFTA (= *European Free Trade Association*)
AEN SIGLE F (= *Agence pour l'énergie nucléaire*) ≈ AEA (= *Atomic Energy Authority*)
aérateur [aeʀatœʀ] NM ventilator
aération [aeʀasjɔ̃] NF airing; (*circulation de l'air*) ventilation; **conduit d'~** ventilation shaft; **bouche d'~** air vent
aéré, e [aeʀe] ADJ (*pièce, local*) airy, well-ventilated; (*tissu*) loose-woven; **centre ~** outdoor centre
aérer [aeʀe] /6/ VT to air; (*fig*) to lighten ■ **s'aérer** VPR to get some (fresh) air
aérien, ne [aeʀjɛ̃, -ɛn] ADJ (*Aviat*) air *cpd*, aerial; (*câble, métro*) overhead; (*fig*) light; **compagnie aérienne** airline (company); **ligne aérienne** airline
aérobic [aeʀɔbik] NF aerobics *sg*
aérobie [aeʀɔbi] ADJ aerobic
aéro-club [aeʀɔklœb] NM flying club

aérodrome [aeʀɔdʀɔm] NM airfield, aerodrome

aérodynamique [aeʀɔdinamik] ADJ aerodynamic, streamlined ▸ NF aerodynamics *sg*

aérofrein [aeʀofʀɛ̃] NM air brake

aérogare [aeʀɔgaʀ] NF airport (buildings); (*en ville*) air terminal

aéroglisseur [aeʀɔglisœʀ] NM hovercraft

aérogramme [aeʀɔgʀam] NM air letter, aerogram(me)

aéromodélisme [aeʀɔmɔdelism] NM model aircraft making

aéronaute [aeʀɔnot] NMF aeronaut

aéronautique [aeʀɔnotik] ADJ aeronautical ▸ NF aeronautics *sg*

aéronaval, e [aeʀɔnaval] ADJ air and sea *cpd*

Aéronavale [aeʀɔnaval] NF ≈ Fleet Air Arm (BRIT), ≈ Naval Air Force (US)

aéronef [aeʀɔnɛf] NM aircraft

aérophagie [aeʀɔfaʒi] NF wind; (*Méd*) aerophagia; **il fait de l'~** he suffers from abdominal wind

aéroport [aeʀɔpɔʀ] NM airport; **~ d'embarquement** departure airport

aéroporté, e [aeʀɔpɔʀte] ADJ airborne, airlifted

aéroportuaire [aeʀɔpɔʀtɥɛʀ] ADJ of an *ou* the airport, airport *cpd*

aéropostal, e, -aux [aeʀɔpɔstal, -o] ADJ airmail *cpd*

aérosol [aeʀɔsɔl] NM aerosol

aérospatial, e, -aux [aeʀɔspasjal, -o] ADJ aerospace ▸ NF the aerospace industry

aérostat [aeʀɔsta] NM aerostat

aérotrain [aeʀɔtʀɛ̃] NM hovertrain

AF SIGLE FPL = **allocations familiales** ▸ SIGLE F (SUISSE) = **Assemblée fédérale**

affabilité [afabilite] NF affability

affable [afabl] ADJ affable

affabulateur, -trice [afabylatœʀ, -tʀis] NM/F storyteller

affabulation [afabylasjɔ̃] NF invention, fantasy

affabuler [afabyle] /1/ VI to make up stories

affacturage [afaktyʀaʒ] NM factoring

affadir [afadiʀ] /2/ VT to make insipid *ou* tasteless ■ **s'affadir** VPR to become insipid *ou* tasteless

affaibli, e [afebli] ADJ (*parti, autorité*) weakened; (*personne, voix*) weak

affaiblir [afebliʀ] /2/ VT (*parti, authorité*) to weaken ■ **s'affaiblir** VPR to weaken, grow weaker; (*vue*) to grow dim

affaiblissement [afeblismɑ̃] NM weakening

★**affaire** [afɛʀ] NF (*problème, question*) matter; (*criminelle, judiciaire*) case; (*scandaleuse etc*) affair; (*entreprise*) business; (*marché, transaction*) (business) deal, (piece of) business *no pl*; (*occasion intéressante*) good deal; **tirer qn/se tirer d'~** to get sb/o.s. out of trouble; **ceci fera l'~** this will do (nicely); **avoir ~ à** (*comme adversaire*) to be faced with; (*en contact*) to be dealing with; **tu auras ~ à moi !** (*menace*) you'll have me to contend with!; **c'est une ~ de goût/d'argent** it's a question *ou* matter of taste/money; **c'est l'~ d'une minute/heure** it'll only take a minute/an hour ■ **affaires** NFPL affairs; (*activité commerciale*) business *sg*; (*effets personnels*) things, belongings; **affaires de sport** sports gear; **ce sont mes affaires** (*cela me concerne*) that's my business; **occupe-toi de tes affaires !** mind your own business!; **toutes affaires cessantes** forthwith; **les affaires étrangères** (*Pol*) foreign affairs

affairé, e [afeʀe] ADJ busy

affairer [afeʀe] /1/: **s'affairer** VPR to busy o.s., bustle about

affairisme [afeʀism] NM wheeling and dealing

affairiste [afeʀist] NMF wheeler-dealer

affaissé, e [afese] ADJ (*sol, épaules*) sagging

affaissement [afɛsmɑ̃] NM subsidence; collapse

affaisser [afese] /1/: **s'affaisser** VPR (*terrain, immeuble*) to subside, sink; (*personne*) to collapse; (*dos, épaules*) to sag

affalé, e [afale] ADJ: **~ dans un fauteuil** slumped in an armchair; **~ sur un banc** slumped on a bench

affaler [afale] /1/: **s'affaler** VPR: **s'~ dans/sur** to collapse *ou* slump into/onto

affamé, e [afame] ADJ starving, famished

affamer [afame] /1/ VT to starve

affectation [afɛktasjɔ̃] NF allotment; appointment; posting; affectedness

affecté, e [afɛkte] ADJ affected

affecter [afɛkte] /1/ VT (*émouvoir*) to affect, move; (*feindre*) to affect, feign; (*telle ou telle forme etc*) to take on, assume; **~ qch à** to allocate *ou* allot sth to; **~ qn à** to appoint sb to; (*diplomate*) to post sb to; **~ qch de** (*de coefficient*) to modify sth by

affectif, -ive [afɛktif, -iv] ADJ emotional, affective

affection [afɛksjɔ̃] NF affection; (*mal*) ailment; **avoir de l'~ pour** to feel affection for; **prendre en ~** to become fond of

affectionner [afɛksjɔne] /1/ VT to be fond of

affectueusement [afɛktɥøzmɑ̃] ADV affectionately

affectueux, -euse [afɛktɥø, -øz] ADJ affectionate

afférent, e [afeʀɑ̃, -ɑ̃t] ADJ: **~ à** pertaining *ou* relating to

affermir [afɛʀmiʀ] /2/ VT to consolidate, strengthen ■ **s'affermir** VPR (*tendance, position*) to become stronger; (*peau, muscles*) to become firmer

affichage [afiʃaʒ] NM billposting, billsticking; (*électronique*) display; **« ~ interdit »** "stick no bills", "billsticking prohibited"; **~ à cristaux liquides** liquid crystal display, LCD; **~ numérique** *ou* **digital** digital display

★**affiche** [afiʃ] NF poster; (*officielle*) (public) notice; (*Théât*) bill; **être à l'~** (*Théât*) to be on; **tenir l'~** to run

affiché, e [afiʃe] ADJ (*ambition, volonté, optimisme*) declared

afficher [afiʃe] /1/ VT (*affiche*) to put up, post up; (*réunion*) to put up a notice about; (*électroniquement*) to display; (*fig*) to exhibit, display; **« défense d'~ »** "no bill posters" ■ **s'afficher** VPR (*péj*) to flaunt o.s.; (*électroniquement*) to be displayed

affichette [afiʃɛt] NF small poster *ou* notice

affilé, e [afile] ADJ sharp

affilée [afile]: **d'~** *adv* at a stretch
affiler [afile] /1/ VT to sharpen
affiliation [afiljasjɔ̃] NF affiliation
affilié, e [afilje] ADJ: **être ~ à** to be affiliated to ▶ NM/F affiliated party *ou* member
affilier [afilje] /7/: **s'affilier à** VPR to become affiliated to
affinage [afinaʒ] NM (*de fromages, des huîtres*) maturing; (*de métaux*) refining
affiner [afine] /1/ VT (*métaux, concept*) to refine; (*fromages*) to mature; (*huîtres*) to allow to mature ■ **s'affiner** VPR to become (more) refined
affinité [afinite] NF affinity
affirmatif, -ive [afiʀmatif, -iv] ADJ affirmative ▶ NF: **répondre par l'affirmative** to reply in the affirmative; **dans l'affirmative** (*si oui*) if (the answer is) yes ..., if he does (*ou* you do *etc*) ...
affirmation [afiʀmasjɔ̃] NF assertion
affirmativement [afiʀmativmɑ̃] ADV affirmatively, in the affirmative
affirmé, e [afiʀme] ADJ (*volonté*) declared; (*personnalité*) assertive
affirmer [afiʀme] /1/ VT (*prétendre*) to maintain, assert; (*autorité*) to assert ■ **s'affirmer** VPR to assert o.s.; to assert itself
affleurer [aflœʀe] /1/ VI to show on the surface
affliction [afliksjɔ̃] NF affliction
affligé, e [afliʒe] ADJ distressed, grieved; **~ de** (*maladie, tare*) afflicted with
affligeant, e [afliʒɑ̃, -ɑ̃t] ADJ distressing
affliger [afliʒe] /3/ VT (*peiner*) to distress, grieve ■ **s'affliger** VPR (*être attristé*): **s'~ de** to be distressed about
affluence [aflyɑ̃s] NF crowds *pl*; **heures d'~** rush hour *sg*; **jours d'~** busiest days
affluent [aflyɑ̃] NM tributary
affluer [aflye] /1/ VI (*secours, biens*) to flood in, pour in; (*sang*) to rush, flow
afflux [afly] NM flood, influx; rush
affolant, e [afɔlɑ̃, -ɑ̃t] ADJ terrifying
affolé, e [afɔle] ADJ panic-stricken, panicky
affolement [afɔlmɑ̃] NM panic
affoler [afɔle] /1/ VT to throw into a panic ■ **s'affoler** VPR to panic
affranchi, e [afʀɑ̃ʃi] ADJ (*lettre*) stamped; **~ de qch** (*conventions, entraves*) liberated from sth; **esprit ~** free spirit
affranchir [afʀɑ̃ʃiʀ] /2/ VT (*lettre*) to put a stamp *ou* stamps on; (*à la machine*) to frank (BRIT), meter (US); (*esclave*) to enfranchise, emancipate; (*fig*) to free, liberate; **machine à ~** franking machine, postage meter ■ **s'affranchir de** VPR to free o.s. from
affranchissement [afʀɑ̃ʃismɑ̃] NM (*Postes*) franking (BRIT), metering (US); (*prix payé*) postage; (*des esclaves*) freeing; **tarifs d'~** postage rates
affres [afʀ] NFPL: **dans les ~ de** in the throes of
affréter [afʀete] /6/ VT to charter
affreusement [afʀøzmɑ̃] ADV dreadfully, awfully
★**affreux, -euse** [afʀø, -øz] ADJ dreadful, awful
affriolant, e [afʀijɔlɑ̃, -ɑ̃t] ADJ tempting, enticing
affront [afʀɔ̃] NM affront
affrontement [afʀɔ̃tmɑ̃] NM (*Mil, Pol*) clash, confrontation
affronter [afʀɔ̃te] /1/ VT to confront, face ■ **s'affronter** VPR to confront each other
affubler [afyble] /1/ VT (*péj*): **~ qn de** to rig *ou* deck sb out in; (*surnom*) to attach to sb
affût [afy] NM (*de canon*) gun carriage; **à l'~ (de)** (*gibier*) lying in wait (for); (*fig*) on the look-out (for)
affûter [afyte] /1/ VT to sharpen, grind
afghan, e [afgɑ̃, -an] ADJ Afghan
Afghanistan [afganistɑ̃] NM: **l'~** Afghanistan
afin [afɛ̃]: **~ que** *conj* so that, in order that; **~ de faire** in order to do, so as to do
AFNOR [afnɔʀ] SIGLE F (= *Association française de normalisation*) *industrial standards authority*
a fortiori [afɔʀsjɔʀi] ADV all the more, a fortiori
AFP SIGLE F = **Agence France-Presse**
AFPA SIGLE F = **Association pour la formation professionnelle des adultes**
★**africain, e** [afʀikɛ̃, -ɛn] ADJ African ▶ NM/F: **Africain, e** African
afrikaans [afʀikɑ̃] NM, ADJ INV Afrikaans
afrikaner [afʀikanɛʀ] ADJ Afrikaner ▶ NM/F: **Afrikaner** Afrikaner
★**Afrique** [afʀik] NF: **l'~** Africa; **l'~ australe/du Nord/du Sud** southern/North/South Africa
afro [afʀo] ADJ INV: **coupe ~** afro hairstyle ▶ NMF: **Afro** Afro
afro-américain, e [afʀoameʀikɛ̃, -ɛn] ADJ Afro-American
AG SIGLE F = **assemblée générale**
ag. ABR = **agence**
agaçant, e [agasɑ̃, -ɑ̃t] ADJ irritating, aggravating
agacement [agasmɑ̃] NM irritation, aggravation
★**agacer** [agase] /3/ VT to pester, tease; (*involontairement*) to irritate, aggravate ■ **s'agacer** VPR to get annoyed; **s'~ de qch** to get annoyed about sth
agapes [agap] NFPL (*humoristique: festin*) feast
agate [agat] NF agate
agave [agav] NM agave
AGE SIGLE F = **assemblée générale extraordinaire**
★**âge** [ɑʒ] NM age; **quel ~ as-tu?** how old are you?; **une femme d'un certain ~** a middle-aged woman, a woman who is getting on (in years); **bien porter son ~** to wear well; **prendre de l'~** to be getting on (in years), grow older; **limite d'~** age limit; **dispense d'~** special exemption from age limit; **le troisième ~** (*personnes âgées*) senior citizens; (*période*) retirement; **l'~ ingrat** the awkward *ou* difficult age; **~ légal** legal age; **~ mental** mental age; **l'~ mûr** maturity, middle age; **~ de raison** age of reason
★**âgé, e** [ɑʒe] ADJ old, elderly; **~ de 10 ans** 10 years old
★**agence** [aʒɑ̃s] NF agency, office; (*succursale*) branch; **~ immobilière** estate agent's (office) (BRIT), real estate office (US); **~ matrimoniale** marriage bureau; **~ de placement** employment agency; **~ de publicité** advertising agency; **~ de voyages** travel agency

agencé, e [aʒɑ̃se] ADJ: **bien/mal ~** well/badly put together; well/badly laid out *ou* arranged
agencement [aʒɑ̃smɑ̃] NM putting together; arrangement, laying out
agencer [aʒɑ̃se] /3/ VT to put together; (*local*) to arrange, lay out
agenda [aʒɛ̃da] NM diary; **~ électronique** PDA
agenouillé, e [aʒ(ə)nuje] ADJ kneeling, kneeling down
agenouiller [aʒ(ə)nuje] /1/: **s'agenouiller** VPR to kneel (down)
agent, e [aʒɑ̃, -ɑ̃t] NM/F (*aussi:* **agent(e) de police**) policeman (policewoman); (*Admin*) official, officer; (*fig: élément, facteur*) agent; **~ d'assurances** insurance broker; **~ de change** stockbroker; **~ commercial** sales representative; **~ immobilier** estate agent (BRIT), realtor (US); **~ (secret)** (secret) agent
agglo [aglo] NM (*fam*) = **aggloméré**
agglomérat [aglɔmera] NM (*Géo*) agglomerate
agglomération [aglɔmerasjɔ̃] NF town; (*Auto*) built-up area; **l'~ parisienne** the urban area of Paris
aggloméré [aglɔmere] NM (*bois*) chipboard; (*pierre*) conglomerate
agglomérer [aglɔmere] /6/ VT to pile up; (*Tech: bois, pierre*) to compress ▪ **s'agglomérer** VPR to pile up
agglutiner [aglytine] /1/ VT to stick together ▪ **s'agglutiner** VPR to congregate
aggravant, e [agravɑ̃, -ɑ̃t] ADJ: **circonstances aggravantes** aggravating circumstances
aggravation [agravasjɔ̃] NF worsening, aggravation; increase
aggraver [agrave] /1/ VT to worsen, aggravate; (*Jur: peine*) to increase; **~ son cas** to make one's case worse ▪ **s'aggraver** VPR to worsen
agile [aʒil] ADJ agile, nimble
agilement [aʒilmɑ̃] ADV nimbly
agilité [aʒilite] NF agility, nimbleness
agios [aʒjo] NMPL bank charges, charges
★**agir** [aʒiʀ] /2/ VI (*se comporter*) to behave, act; (*faire quelque chose*) to act, take action; (*avoir de l'effet*) to act; **il s'agit de** it's a matter *ou* question of; (*ça traite de*) it is about; (*il importe que*): **il s'agit de faire** we (*ou* you *etc*) must do; **de quoi s'agit-il ?** what is it about?
agissements [aʒismɑ̃] NMPL (*péj*) schemes, intrigues
agitateur, -trice [aʒitatœʀ, -tʀis] NM/F agitator
agitation [aʒitasjɔ̃] NF (hustle and) bustle; (*trouble*) agitation, excitement; (*politique*) unrest, agitation
agité, e [aʒite] ADJ (*remuant*) fidgety, restless; (*troublé*) agitated, perturbed; (*journée*) hectic; (*mer*) rough; (*sommeil*) disturbed, broken
★**agiter** [aʒite] /1/ VT (*bouteille, chiffon*) to shake; (*bras, mains*) to wave; (*préoccuper, exciter*) to trouble, perturb; **« ~ avant l'emploi »** "shake before use" ▪ **s'agiter** VPR to bustle about; (*dormeur*) to toss and turn; (*enfant*) to fidget; (*Pol*) to grow restless
★**agneau, x** [aɲo] NM lamb; (*toison*) lambswool
agnelet [aɲ(ə)lɛ] NM little lamb
agnostique [agnɔstik] ADJ, NMF agnostic
agonie [agɔni] NF mortal agony, death pangs *pl*; (*fig*) death throes *pl*
agonir [agɔniʀ] /2/ VT: **~ qn d'injures** to hurl abuse at sb
agoniser [agɔnize] /1/ VI to be dying; (*fig*) to be in its death throes
agoraphobe [agɔʀafɔb] ADJ agoraphobic
agoraphobie [agɔʀafɔbi] NF agoraphobia
agrafe [agʀaf] NF (*de vêtement*) hook, fastener; (*de bureau*) staple; (*Méd*) clip
agrafer [agʀafe] /1/ VT to fasten; to staple
agrafeuse [agʀaføz] NF stapler
agraire [agʀɛʀ] ADJ agrarian; (*mesure, surface*) land *cpd*
★**agrandir** [agʀɑ̃diʀ] /2/ VT (*magasin, domaine*) to extend, enlarge; (*trou*) to enlarge, make bigger; (*Photo*) to enlarge, blow up ▪ **s'agrandir** VPR (*ville, famille*) to grow, expand; (*trou, écart*) to get bigger
agrandissement [agʀɑ̃dismɑ̃] NM extension; enlargement; (*photographie*) enlargement
agrandisseur [agʀɑ̃disœʀ] NM (*Photo*) enlarger
agréable [agʀeabl] ADJ pleasant, nice
agréablement [agʀeabləmɑ̃] ADV pleasantly
agréé, e [agʀee] ADJ: **concessionnaire ~** registered dealer; **magasin ~** registered dealer('s)
agréer [agʀee] /1/ VT (*requête*) to accept; **~ à** *vt* to please, suit; **veuillez ~, Monsieur/Madame, mes salutations distinguées** (*personne nommée*) yours sincerely; (*personne non nommée*) yours faithfully
agrég [agʀɛg] NF (*fam*) = **agrégation**
agrégat [agʀega] NM aggregate
agrégateur [agʀegatœʀ] NM (*Inform*) aggregator
agrégation [agʀegasjɔ̃] NF *highest teaching diploma in France*
agrégé, e [agʀeʒe] NM/F holder of the *agrégation*
agréger [agʀeʒe] /3/: **s'agréger** VPR to aggregate
agrément [agʀemɑ̃] NM (*accord*) consent, approval; (*attraits*) charm, attractiveness; (*plaisir*) pleasure; **voyage d'~** pleasure trip
agrémenter [agʀemɑ̃te] /1/ VT: **~ (de)** to embellish (with), adorn (with)
agrès [agʀɛ] NMPL (gymnastics) apparatus *sg*
agresser [agʀese] /1/ VT to attack
agresseur [agʀɛsœʀ] NM aggressor, attacker; (*Pol, Mil*) aggressor
agressif, -ive [agʀɛsif, -iv] ADJ aggressive
agression [agʀɛsjɔ̃] NF attack; (*Pol, Mil, Psych*) aggression
agressivement [agʀɛsivmɑ̃] ADV aggressively
agressivité [agʀɛsivite] NF aggressiveness
agreste [agʀɛst] ADJ rustic
★**agricole** [agʀikɔl] ADJ agricultural, farm *cpd*
★**agriculteur, -trice** [agʀikyltœʀ, -tʀis] NM/F farmer
★**agriculture** [agʀikyltyʀ] NF agriculture; farming
agripper [agʀipe] /1/ VT to grab, clutch; (*pour arracher*) to snatch, grab ▪ **s'agripper à** VPR to cling (on) to, clutch, grip
agritourisme [agʀituʀism] NM agritourism

agroalimentaire [agʀoalimɑ̃tɛʀ] ADJ farming *cpd* ▶ NM farm-produce industry; **l'~** agribusiness
agrocarburant [agʀokaʀbyʀɑ̃] NM agrofuel
agro-industrie [agʀoɛ̃dystʀi] NF: **l'~** agribusiness; **les agro-industries** agribusiness
agronome [agʀɔnɔm] NMF agronomist
agronomie [agʀɔnɔmi] NF agronomy
agronomique [agʀɔnɔmik] ADJ agronomic(al)
agrume [agʀym] NM citrus fruit
aguerri, e [ageʀi] ADJ (*soldat, sportif, homme politique*) battle-hardened
aguerrir [ageʀiʀ] /2/ VT to harden ■ **s'aguerrir** VPR: **s'~ (contre)** to become hardened (to)
aguets [agɛ]: **aux ~** *adv*: **être aux ~** to be on the look-out
aguichant, e [agiʃɑ̃, -ɑ̃t] ADJ enticing
aguicher [agiʃe] /1/ VT to entice
aguicheur, -euse [agiʃœʀ, -øz] ADJ enticing
ah [ɑ] EXCL ah!; **ah bon?** really?, is that so?; **ah mais ...** yes, but ...; **ah non!** oh no!
ahuri, e [ayʀi] ADJ (*stupéfait*) flabbergasted; (*idiot*) dim-witted
ahurir [ayʀiʀ] /2/ VT to stupefy, stagger
ahurissant, e [ayʀisɑ̃, -ɑ̃t] ADJ stupefying, staggering, mind-boggling
ai [ɛ] VB *voir* **avoir**
★**aide** [ɛd] NMF assistant; **~ de camp** *nmf* aide-de-camp; **~ comptable** *nmf* accountant's assistant; **~ électricien** *nmf* electrician's mate; **~ de laboratoire** *nmf* laboratory assistant ▶ NF assistance, help; (*secours financier*) aid; **à l'~ de** with the help *ou* aid of; **aller à l'~ de qn** to go to sb's aid, go to help sb; **venir en ~ à qn** to help sb, come to sb's assistance; **appeler (qn) à l'~** to call for help (from sb); **à l'~!** help!; **~ familiale** *nf* mother's help, ≈ home help; **~ judiciaire** *nf* legal aid; **~ ménagère** *nf* ≈ home help (BRIT) *ou* helper (US); **~ technique** *nf* ≈ VSO (BRIT), ≈ Peace Corps (US); **~ sociale** *nf* (*assistance*) state aid
aide-éducateur, -trice [ɛdedykatœʀ, -tʀis] NM/F classroom assistant
aide-mémoire [ɛdmemwaʀ] NM INV memoranda pages *pl*; (key facts) handbook
★**aider** [ede] /1/ VT to help; **~ à qch** to help (towards) sth; **~ qn à faire qch** to help sb to do sth ■ **s'aider de** VPR (*se servir de*) to use, make use of
aide-soignant, e [ɛdswanjɑ̃, -ɑ̃t] NM/F auxiliary nurse
aie *etc* [ɛ] VB *voir* **avoir**
aïe [aj] EXCL ouch!
AIEA SIGLE F (= *Agence internationale de l'énergie atomique*) IAEA (= *International Atomic Energy Agency*)
aïeul, e [ajœl] NM/F grandparent, grandfather/grandmother; (*ancêtre*) forebear
aïeux [ajø] NMPL grandparents; forebears, forefathers
aigle [ɛgl] NM eagle
aiglefin [ɛgləfɛ̃] NM = **églefin**
aigre [ɛgʀ] ADJ sour, sharp; (*fig*) sharp, cutting; **tourner à l'~** to turn sour
aigre-doux, -douce [ɛgʀədu, -dus] ADJ (*fruit*) bitter-sweet; (*sauce*) sweet and sour
aigrefin [ɛgʀəfɛ̃] NM swindler
aigrelet, te [ɛgʀəlɛ, -ɛt] ADJ (*goût*) sourish; (*voix, son*) sharpish
aigrette [ɛgʀɛt] NF (*plume*) feather
aigreur [ɛgʀœʀ] NF sourness; sharpness; **aigreurs d'estomac** heartburn *sg*
aigri, e [egʀi] ADJ embittered
aigrir [egʀiʀ] /2/ VT (*personne*) to embitter; (*caractère*) to sour ■ **s'aigrir** VPR to become embittered; to sour; (*lait etc*) to turn sour
★**aigu, ë** [egy] ADJ (*objet, arête*) sharp, pointed; (*son, voix*) high-pitched, shrill; (*note*) high(-pitched); (*douleur, intelligence*) acute, sharp
aigue-marine [ɛgmaʀin] (*pl* **aigues-marines**) NF aquamarine
aiguillage [egɥijaʒ] NM (*Rail*) points *pl*
aiguille [egɥij] NF needle; (*de montre*) hand; **~ à tricoter** knitting needle
aiguiller [egɥije] /1/ VT (*orienter*) to direct; (*Rail*) to shunt
aiguillette [egɥijɛt] NF (*Culin*) aiguillette
aiguilleur [egɥijœʀ] NM: **~ du ciel** air traffic controller
aiguillon [egɥijɔ̃] NM (*d'abeille*) sting; (*fig*) spur, stimulus
aiguillonner [egɥijɔne] /1/ VT to spur *ou* goad on
aiguiser [egize] /1/ VT to sharpen, grind; (*fig*) to stimulate; (*: esprit*) to sharpen; (*: sens*) to excite
aiguisoir [egizwaʀ] NM sharpener
aïkido [ajkido] NM aikido
★**ail** [aj] NM garlic
aile [ɛl] NF wing; (*de voiture*) wing (BRIT), fender (US); **battre de l'~** (*fig*) to be in a sorry state; **voler de ses propres ailes** to stand on one's own two feet; **~ libre** hang-glider
ailé, e [ele] ADJ winged
aileron [ɛlʀɔ̃] NM (*de requin*) fin; (*d'avion*) aileron
ailette [ɛlɛt] NF (*Tech*) fin; (*: de turbine*) blade
ailier [elje] NM (*Sport*) winger
aille *etc* [aj] VB *voir* **aller**
aillé, e [aje] ADJ (*pain, sauce*) garlic *cpd*
★**ailleurs** [ajœʀ] ADV elsewhere, somewhere else; **partout/nulle part ~** everywhere/nowhere else; **d'~** *adv* (*du reste*) moreover, besides; **par ~** *adv* (*d'autre part*) moreover, furthermore
ailloli [ajɔli] NM garlic mayonnaise
★**aimable** [ɛmabl] ADJ kind, nice; **vous êtes bien ~** that's very nice *ou* kind of you, how kind (of you)!
aimablement [ɛmabləmɑ̃] ADV kindly
aimant¹ [ɛmɑ̃] NM magnet
aimant², e [ɛmɑ̃, -ɑ̃t] ADJ loving, affectionate
aimanté, e [ɛmɑ̃te] ADJ magnetic
aimanter [ɛmɑ̃te] /1/ VT to magnetize
★**aimer** [eme] /1/ VT to love; (*d'amitié, affection, par goût*) to like; (*souhait*): **j'aimerais ...** I would like ...; **je n'aime pas beaucoup Paul** I don't like Paul much, I don't care much for Paul; **~ faire qch** to like doing sth, like to do sth; **j'aime faire du ski** I like skiing; **je t'aime** I love you; **aimeriez-vous que je vous accompagne?** would you like me to come with you?; **j'aimerais (bien) m'en aller** I should (really) like to go; **bien ~ qn/qch** to like

sb/sth; **j'aime mieux Paul (que Pierre)** I prefer Paul (to Pierre); **j'aime mieux** *ou* **autant vous dire que** I may as well tell you that; **j'aimerais autant** *ou* **mieux y aller maintenant** I'd sooner *ou* rather go now; **j'aime assez aller au cinéma** I quite like going to the cinema ■ **s'aimer** VPR to love each other; to like each other

aine [ɛn] NF groin

★**aîné, e** [ene] ADJ elder, older; (*le plus âgé*) eldest, oldest ▸ NM/F oldest child *ou* one, oldest boy *ou* son/girl *ou* daughter; **il est mon ~ (de 2 ans)** he's (2 years) older than me, he's (2 years) my senior ■ **aînés** NMPL (*fig: anciens*) elders

aînesse [ɛnɛs] NF: **droit d'~** birthright

★**ainsi** [ɛ̃si] ADV (*de cette façon*) like this, in this way, thus; (*ce faisant*) thus ▸ CONJ thus, so; **~ que** (*comme*) (just) as; (*et aussi*) as well as; **pour ~ dire** so to speak, as it were; **~ donc** and so; **~ soit-il** (*Rel*) so be it; **et ~ de suite** and so on (and so forth)

aïoli [ajɔli] NM = **ailloli**

★**air** [ɛʀ] NM air; (*mélodie*) tune; (*expression*) look, air; (*atmosphère, ambiance*): **dans l'~** in the air (*fig*); **prendre de grands airs (avec qn)** to give o.s. airs (with sb); **en l'~** (up) into the air; **tirer en l'~** to fire shots in the air; **paroles/menaces en l'~** empty words/threats; **prendre l'~** to get some (fresh) air; (*avion*) to take off; **avoir l'~** (*sembler*) to look, appear; **avoir l'~ triste** to look *ou* seem sad; **avoir l'~ de qch** to look like sth; **avoir l'~ de faire** to look as though one is doing, appear to be doing; **courant d'~** draught (BRIT), draft (US); **le grand ~** the open air; **mal de l'~** air-sickness; **tête en l'~** scatterbrain; **~ comprimé** compressed air; **~ conditionné** air-conditioning

airbag [ɛʀbag] NM airbag

aire [ɛʀ] NF (*zone, fig, Math*) area; (*nid*) eyrie (BRIT), aerie (US); **~ d'atterrissage** landing strip; landing patch; **~ de jeu** play area; **~ de lancement** launching site; **~ de stationnement** parking area

airelle [ɛʀɛl] NF bilberry

aisance [ɛzɑ̃s] NF ease; (*Couture*) easing, freedom of movement; (*richesse*) affluence; **être dans l'~** to be well-off *ou* affluent

aise [ɛz] NF comfort; **frémir d'~** to shudder with pleasure; **être à l'~** *ou* **à son ~** to be comfortable; (*pas embarrassé*) to be at ease; (*financièrement*) to be comfortably off; **se mettre à l'~** to make o.s. comfortable; **être mal à l'~** *ou* **à son ~** to be uncomfortable; (*gêné*) to be ill at ease; **mettre qn à l'~** to put sb at his (*ou* her) ease; **mettre qn mal à l'~** to make sb feel ill at ease; **à votre ~** please yourself, just as you like; **en faire à son ~** to do as one likes; **en prendre à son ~ avec qch** to be free and easy with sth, do as one likes with sth ▸ ADJ: **être bien ~ de/que** to be delighted to/that ■ **aises** NFPL: **aimer ses aises** to like one's (creature) comforts; **prendre ses aises** to make o.s. comfortable

aisé, e [eze] ADJ easy; (*assez riche*) well-to-do, well-off

aisément [ezemɑ̃] ADV easily

aisselle [ɛsɛl] NF armpit

ait [ɛ] VB *voir* **avoir**

ajonc [aʒɔ̃] NM gorse *no pl*

ajouré, e [aʒuʀe] ADJ openwork *cpd*

ajournement [aʒuʀnəmɑ̃] NM adjournment; deferment, postponement

ajourner [aʒuʀne] /1/ VT (*réunion*) to adjourn; (*décision*) to defer, postpone; (*candidat*) to refer; (*conscrit*) to defer

ajout [aʒu] NM addition; **merci pour l'~** (*Internet*) thanks for the add

★**ajouter** [aʒute] /1/ VT to add; **~ à** (*accroître*) to add to; **~ que** to add that; **~ foi à** to lend *ou* give credence to ■ **s'ajouter à** VPR to add to

ajustage [aʒystaʒ] NM fitting

ajusté, e [aʒyste] ADJ: **bien ~** (*robe etc*) close-fitting

ajustement [aʒystəmɑ̃] NM adjustment

ajuster [aʒyste] /1/ VT (*régler*) to adjust; (*vêtement*) to alter; (*coup de fusil*) to aim; (*cible*) to aim at; (*adapter*): **~ qch à** to fit sth to; **~ sa cravate** to adjust one's tie

ajusteur [aʒystœʀ] NM metal worker

alaise [alɛz] NF = **alèse**

alambic [alɑ̃bik] NM still

alambiqué, e [alɑ̃bike] ADJ convoluted, overcomplicated

alangui, e [alɑ̃gi] ADJ languid

alanguir [alɑ̃giʀ] /2/: **s'alanguir** VPR to grow languid

alarmant, e [alaʀmɑ̃, -ɑ̃t] ADJ alarming

alarme [alaʀm] NF alarm; **donner l'~** to give *ou* raise the alarm; **jeter l'~** to cause alarm

alarmer [alaʀme] /1/ VT to alarm ■ **s'alarmer** VPR to become alarmed

alarmiste [alaʀmist] ADJ alarmist

Alaska [alaska] NM: **l'~** Alaska

albanais, e [albanɛ, -ɛz] ADJ Albanian ▸ NM (*Ling*) Albanian ▸ NM/F: **Albanais, e** Albanian

Albanie [albani] NF: **l'~** Albania

albâtre [albɑtʀ] NM alabaster

albatros [albatʀos] NM albatross

albigeois, e [albiʒwa, -waz] ADJ of *ou* from Albi

albinos [albinos] NMF albino

album [albɔm] NM album; **~ à colorier** colouring book; **~ de timbres** stamp album

albumen [albymɛn] NM albumen

albumine [albymin] NF albumin; **avoir** *ou* **faire de l'~** to suffer from albuminuria

alcalin, e [alkalɛ̃, -in] ADJ alkaline

alchimie [alʃimi] NF alchemy

alchimiste [alʃimist] NMF alchemist

alco(o)lo [alkɔlo] (*fam*) ADJ alcoholic ▸ NMF alcoholic, alkie (*fam*)

★**alcool** [alkɔl] NM: **l'~** alcohol; **un ~** a spirit, a brandy; **bière sans ~** non-alcoholic *ou* alcohol-free beer; **~ à brûler** methylated spirits (BRIT), wood alcohol (US); **~ à 90°** surgical spirit; **~ camphré** camphorated alcohol; **~ de prune** *etc* plum *etc* brandy

alcoolémie [alkɔlemi] NF blood alcohol level

alcoolique [alkɔlik] ADJ, NMF alcoholic

alcoolisé, e [alkɔlize] ADJ alcoholic; **une boisson non alcoolisée** a soft drink

alcoolisme [alkɔlism] NM alcoholism

alcootest® [alkɔtɛst] NM (*objet*) Breathalyser®;

(*test*) breath-test; **faire subir l'~ à qn** to Breathalyse® sb

alcopop [alkopɔp] NM alcopop

alcôve [alkov] NF alcove, recess

aléas [alea] NMPL hazards

aléatoire [aleatwaʀ] ADJ uncertain; (*Inform, Statistique*) random

alémanique [alemanik] ADJ: **la Suisse ~** German-speaking Switzerland

ALENA [alena] SIGLE M (= *Accord de libre-échange nord-américain*) NAFTA (= *North American Free Trade Agreement*)

alentour [alɑ̃tuʀ] ADV around (about) ■ **alentours** NMPL surroundings; **aux alentours de** in the vicinity *ou* neighbourhood of, around about; (*temps*) around about

alerte [alɛʀt] ADJ agile, nimble; (*style*) brisk, lively ▶ NF alert; warning; **donner l'~** to give the alert; **à la première ~** at the first sign of trouble *ou* danger; **~ à la bombe** bomb scare

alerter [alɛʀte] /1/ VT to alert

alèse [alɛz] NF (*drap*) undersheet, draw-sheet

aléser [aleze] /6/ VT to ream

alevin [alvɛ̃] NM alevin, young fish

alevinage [alvinaʒ] NM fish farming

Alexandrie [alɛksɑ̃dʀi] N Alexandria

alexandrin [alɛksɑ̃dʀɛ̃] NM alexandrine

alezan, e [alzɑ̃, -an] ADJ chestnut

algarade [algaʀad] NF row, dispute

algèbre [alʒɛbʀ] NF algebra

algébrique [alʒebʀik] ADJ algebraic

Alger [alʒe] N Algiers

Algérie [alʒeʀi] NF: **l'~** Algeria

algérien, ne [alʒeʀjɛ̃, -ɛn] ADJ Algerian ▶ NM/F: **Algérien, ne** Algerian

algérois, e [alʒeʀwa, -waz] ADJ of *ou* from Algiers ▶ NM: **l'A~** (*région*) the Algiers region

algorithme [algɔʀitm] NM algorithm

algue [alg] NF seaweed *no pl*; (*Bot*) alga

alias [aljas] ADV alias

alibi [alibi] NM alibi

aliénation [aljenasjɔ̃] NF alienation

aliéné, e [aljene] NM/F insane person, lunatic (*péj*)

aliéner [aljene] /6/ VT to alienate; (*bien, liberté*) to give up ■ **s'aliéner** VPR to alienate

aligné, e [aliɲe] ADJ (*politiquement*) aligned; (*en rang*) in a line, lined up; **~ sur** aligned with; **pays non alignés** non-aligned countries

alignement [aliɲ(ə)mɑ̃] NM alignment, lining up; **à l'~** in line

aligner [aliɲe] /1/ VT to align, line up; (*idées, chiffres*) to string together; (*adapter*): **~ qch sur** to bring sth into alignment with ■ **s'aligner** VPR (*soldats etc*) to line up; **s'~ sur** (*Pol*) to align o.s. with

aliment [alimɑ̃] NM food; **~ complet** whole food

alimentaire [alimɑ̃tɛʀ] ADJ food *cpd*; (*péj*: *besogne*) done merely to earn a living; **produits alimentaires** foodstuffs, foods

★**alimentation** [alimɑ̃tasjɔ̃] NF feeding; (*en eau etc, de moteur*) supplying, supply; (*commerce*) food trade; (*produits*) groceries *pl*; (*régime*) diet; (*Inform*) feed; **~ (générale)** (general) grocer's; **~ de base** staple diet; **~ en feuilles/en continu/en papier** form/stream/sheet feed

alimenter [alimɑ̃te] /1/ VT to feed; (*Tech*): **~ (en)** to supply (with), feed (with); (*fig*) to sustain, keep going

alinéa [alinea] NM paragraph; **« nouvel ~ »** "new line"

alité, e [alite] ADJ (*malade*) confined to bed; **infirme ~** bedridden person *ou* invalid

aliter [alite] /1/: **s'aliter** VPR to take to one's bed

alizé [alize] ADJ, NM: **(vent) ~** trade wind

allaitement [alɛtmɑ̃] NM feeding; **~ maternel/au biberon** breast-/bottle-feeding; **~ mixte** mixed feeding

allaiter [alete] /1/ VT (*femme*) to (breast-)feed, nurse; (*animal*) to suckle; **~ au biberon** to bottle-feed

allant [alɑ̃] NM drive, go

alléchant, e [aleʃɑ̃, -ɑ̃t] ADJ tempting, enticing

allécher [aleʃe] /6/ VT: **~ qn** to make sb's mouth water; to tempt sb, entice sb

allée [ale] NF (*de jardin*) path; (*en ville*) avenue, drive; **allées et venues** comings and goings

allégation [alegasjɔ̃] NF allegation

allégé, e [aleʒe] ADJ (*yaourt etc*) low-fat

allègement [alɛʒmɑ̃] NM (*de charges*) lightening

alléger [aleʒe] /3, 6/ VT (*voiture*) to make lighter; (*chargement*) to lighten; (*souffrance*) to alleviate, soothe

allégorie [alegɔʀi] NF allegory

allégorique [alegɔʀik] ADJ allegorical

allègre [alɛgʀ] ADJ lively, jaunty (BRIT); (*personne*) gay, cheerful

allègrement [alɛgʀəmɑ̃] ADV cheerfully; (*péj*) blithely

allégresse [alegʀɛs] NF elation, gaiety

allegretto [al(l)egʀɛt(t)o] ADV, NM allegretto

allegro [al(l)egʀo] ADV, NM allegro

alléguer [alege] /6/ VT to put forward (as proof *ou* an excuse)

★**Allemagne** [almaɲ] NF: **l'~** Germany; **l'~ de l'Est/Ouest** East/West Germany; **l'~ fédérale (RFA)** the Federal Republic of Germany (FRG)

★**allemand, e** [almɑ̃, -ɑ̃d] ADJ German ▶ NM (*Ling*) German ▶ NM/F: **Allemand, e** German; **A~ de l'Est/l'Ouest** East/West German

★**aller** [ale] /9/ NM (*trajet*) outward journey; (*billet*) single (BRIT) *ou* one-way ticket (US); **~ simple** (*billet*) single (BRIT) *ou* one-way ticket; **~ (et) retour** (*trajet*) return trip *ou* journey (BRIT), round trip (US); (*billet*) return (BRIT) *ou* round-trip (US) ticket ▶ VI (*gén*) to go; **~ à** (*convenir*) to suit; (*forme, pointure etc*) to fit; **cela me va** (*couleur*) that suits me; (*vêtement*) that suits me; that fits me; (*projet, disposition*) that suits me, that's fine *ou* OK by me; **~ à la chasse/pêche** to go hunting/fishing; **~ avec** (*couleurs, style etc*) to go (well) with; **je vais le faire/me fâcher** I'm going to do it/to get angry; **~ voir/chercher qn** to go and see/look for sb; **comment allez-vous ?** how are you?; **comment ça va ?** how are you?; (*affaires etc*) how are things?; **ça va ? — oui (ça va) !** how are things? — fine!; **pour ~ à** how do I get to; **ça va (comme**

ça) that's fine (as it is); **il va bien/mal** he's well/not well, he's fine/ill; **ça va bien/mal** (*affaires etc*) it's going well/not going well; **tout va bien** everything's fine; **ça ne va pas !** (*mauvaise humeur etc*) that's not on!, hey, come on!; **ça ne va pas sans difficultés** it's not without difficulties; **~ mieux** to be better; **il y va de leur vie** their lives are at stake; **se laisser ~** to let o.s. go; **~ jusqu'à** to go as far as; **ça va de soi, ça va sans dire** that goes without saying; **tu y vas un peu fort** you're going a bit (too) far; **allez !** go on!; come on!; **allons !** come now!; **allons-y !** let's go!; **allez, au revoir !** right *ou* OK then, bye-bye!

allergène [alɛʀʒɛn] NM allergen

allergie [alɛʀʒi] NF allergy

allergique [alɛʀʒik] ADJ allergic; **~ à** allergic to

allergologue [alɛʀgɔlɔg] NMF allergist, allergy specialist

allez [ale] VB *voir* **aller**

alliage [aljaʒ] NM alloy

alliance [aljɑ̃s] NF (*Mil, Pol*) alliance; (*mariage*) marriage; (*bague*) wedding ring; **neveu par ~** nephew by marriage

allié, e [alje] NM/F ally; **parents et alliés** relatives and relatives by marriage

allier [alje] /7/ VT (*métaux*) to alloy; (*Pol, gén*) to ally; (*fig*) to combine ■ **s'allier** VPR to become allies; (*éléments, caractéristiques*) to combine; **s'~ à** to become allied to *ou* with

alligator [aligatɔʀ] NM alligator

allitération [aliteʀasjɔ̃] NF alliteration

allô [alo] EXCL hullo, hallo

allocataire [alɔkatɛʀ] NMF beneficiary

allocation [alɔkasjɔ̃] NF allowance; **~ (de) chômage** unemployment benefit; **~ (de) logement** rent allowance; **allocations familiales** ≈ child benefit *no pl*; **allocations de maternité** maternity allowance

allocs [alɔk] NFPL (*fam: allocations familiales*) ≈ child benefit *no pl*

allocution [alɔkysjɔ̃] NF short speech

allongé, e [alɔ̃ʒe] ADJ (*étendu*): **être ~** to be stretched out *ou* lying down; (*long*) long; (*étiré*) elongated; (*oblong*) oblong; **rester ~** to be lying down; **mine allongée** long face

allongement [alɔ̃ʒmɑ̃] NM (*de jours*) lengthening; (*de durée de travail*) extension

allonger [alɔ̃ʒe] /3/ VT to lengthen, make longer; (*étendre: bras, jambe*) to stretch (out); (*sauce*) to spin out, make go further; **~ le pas** to hasten one's step(s) ■ **s'allonger** VPR to get longer; (*se coucher*) to lie down, stretch out

allouer [alwe] /1/ VT: **~ qch à** to allocate sth to, allot sth to

allumage [alymaʒ] NM (*Auto*) ignition

allume-cigare [alymsigaʀ] NM INV cigar lighter

allume-gaz [alymgɑz] NM INV gas lighter

★**allumer** [alyme] /1/ VT (*lampe, phare, radio*) to put *ou* switch on; (*pièce*) to put *ou* switch the light(s) on in; (*feu, bougie, cigare, pipe, gaz*) to light; (*chauffage*) to put on; **~ (la lumière *ou* l'électricité)** to put on the light ■ **s'allumer** VPR (*lumière, lampe*) to come *ou* go on

★**allumette** [alymɛt] NF match; (*morceau de bois*) matchstick; (*Culin*): **~ au fromage** cheese straw; **~ de sûreté** safety match

allumeuse [alymøz] NF (*péj*) tease (*woman*)

allure [alyʀ] NF (*vitesse*) speed; (: *à pied*) pace; (*démarche*) walk; (*maintien*) bearing; (*aspect, air*) look; **avoir de l'~** to have style; **à toute ~** at full speed

allusion [a(l)lyzjɔ̃] NF allusion; (*sous-entendu*) hint; **faire ~ à** to allude *ou* refer to; to hint at

alluvions [alyvjɔ̃] NFPL alluvial deposits, alluvium *sg*

almanach [almana] NM almanac

aloès [alɔɛs] NM (*Bot*) aloe

aloi [alwa] NM: **de bon/mauvais ~** of genuine/doubtful worth *ou* quality

alors [alɔʀ]

ADV 1 (*à ce moment-là*) then, at that time; **il habitait alors à Paris** he lived in Paris at that time; **jusqu'alors** up till *ou* until then
2 (*par conséquent*) then; **tu as fini ? alors je m'en vais** have you finished? I'm going then
3 (*expressions*): **alors ? quoi de neuf ?** well *ou* so? what's new?; **et alors ?** so (what)?; **ça alors !** (well) really!
▸ CONJ 1: **alors que** (*au moment où*) when, as; **il est arrivé alors que je partais** he arrived as I was leaving
2: **alors que** (*tandis que*) whereas, while; **alors que son frère travaillait dur, lui se reposait** while his brother was working hard, HE would rest
3: **alors que** (*bien que*) even though; **il a été puni alors qu'il n'a rien fait** he was punished, even though he had done nothing
4: **alors que** (*pendant que*) while, when; **alors qu'il était à Paris, il a visité ...** while *ou* when he was in Paris, he visited ...

alouette [alwɛt] NF (sky)lark

alourdir [aluʀdiʀ] /2/ VT to weigh down, make heavy ■ **s'alourdir** VPR to grow heavy *ou* heavier

aloyau [alwajo] NM sirloin

alpaga [alpaga] NM (*tissu*) alpaca

alpage [alpaʒ] NM high mountain pasture

★**Alpes** [alp] NFPL: **les ~** the Alps

alpestre [alpɛstʀ] ADJ alpine

alphabet [alfabɛ] NM alphabet; (*livre*) ABC (book), primer

alphabétique [alfabetik] ADJ alphabetic(al); **par ordre ~** in alphabetical order

alphabétisation [alfabetizasjɔ̃] NF literacy teaching

alphabétiser [alfabetize] /1/ VT to teach to read and write; (*pays*) to eliminate illiteracy in

alphanumérique [alfanymeʀik] ADJ alphanumeric

alpin, e [alpɛ̃, -in] ADJ (*plante etc*) alpine; (*club*) climbing

★**alpinisme** [alpinism] NM mountaineering, climbing

alpiniste [alpinist] NMF mountaineer, climber

Alsace [alzas] NF Alsace; **l'~** Alsace

alsacien, ne [alzasjɛ̃, -ɛn] ADJ Alsatian ▶ NM/F: **Alsacien, ne** Alsatian
altercation [altɛʀkasjɔ̃] NF altercation
alter ego [altɛʀego] NM alter ego
altérer [alteʀe] /6/ VT (*faits, vérité*) to falsify, distort; (*qualité*) to debase, impair; (*données*) to corrupt; (*donner soif à*) to make thirsty ■ **s'altérer** VPR to deteriorate; to spoil
altermondialisation [altɛʀmɔ̃djalizasjɔ̃] NF anti-globalization
altermondialisme [altɛʀmɔ̃djalism] NM anti-globalism
altermondialiste [altɛʀmɔ̃djalist] ADJ, NMF anti-globalist
alternance [altɛʀnɑ̃s] NF alternation; **en ~** alternately; **formation en ~** sandwich course
alternateur [altɛʀnatœʀ] NM alternator
alternatif, -ive [altɛʀnatif, -iv] ADJ alternating
alternative NF (*choix*) alternative
alternativement [altɛʀnativmɑ̃] ADV alternately
alterner [altɛʀne] /1/ VT to alternate; **(faire) ~ qch avec qch** to alternate sth with sth ▶ VI: **~ (avec)** to alternate (with)
Altesse [altɛs] NF Highness
altier, -ière [altje, -jɛʀ] ADJ haughty
altimètre [altimɛtʀ] NM altimeter
altiport [altipɔʀ] NM mountain airfield
altiste [altist] NMF viola player, violist
altitude [altityd] NF altitude, height; **à 1000 m d'~** at a height *ou* an altitude of 1000 m; **en ~** at high altitudes; **perdre/prendre de l'~** to lose/gain height; **voler à haute/basse ~** to fly at a high/low altitude
alto [alto] NM (*instrument*) viola ▶ NF (contr)alto
altruisme [altʀɥism] NM altruism
altruiste [altʀɥist] ADJ altruistic
alu [aly] NM (*fam: aluminium*) foil; **en ~** foil
aluminium [alyminjɔm] NM aluminium (BRIT), aluminum (US)
alun [alœ̃] NM alum
alunir [alyniʀ] /2/ VI to land on the moon
alunissage [alynisaʒ] NM (moon) landing
alvéole [alveɔl] NM OU F (*de ruche*) alveolus
alvéolé, e [alveɔle] ADJ honeycombed
AM SIGLE F = **assurance maladie**
amabilité [amabilite] NF kindness; **il a eu l'~ de** he was kind *ou* good enough to
amadou [amadu] NM touchwood, amadou
amadouer [amadwe] /1/ VT to coax, cajole; (*adoucir*) to mollify, soothe
amaigri, e [amegʀi] ADJ (*visage, personne*): **je l'ai trouvée très amaigrie depuis ma dernière visite** I thought she was a lot thinner than the last time I visited her, I thought she'd lost a lot of weight since I last visited her
amaigrir [amegʀiʀ] /2/ VT to make thin *ou* thinner ■ **s'amaigrir** VPR to get thinner
amaigrissant, e [amegʀisɑ̃, -ɑ̃t] ADJ: **régime ~** slimming (BRIT) *ou* weight-reduction (US) diet
amalgame [amalgam] NM amalgam; (*fig: de gens, d'idées*) hotch-potch, mixture
amalgamer [amalgame] /1/ VT to amalgamate
amande [amɑ̃d] NF (*de l'amandier*) almond; (*de noyau de fruit*) kernel; **en ~** (*yeux*) almond *cpd*, almond-shaped
amandier [amɑ̃dje] NM almond (tree)
amanite [amanit] NF (*Bot*) *mushroom of the genus Amanita*; **~ tue-mouches** fly agaric
amant [amɑ̃] NM lover
amarre [amaʀ] NF (*Navig*) (mooring) rope *ou* line ■ **amarres** NFPL moorings
amarrer [amaʀe] /1/ VT (*Navig*) to moor; (*gén*) to make fast
amaryllis [amaʀilis] NF amaryllis
amas [amɑ] NM heap, pile
amasser [amɑse] /1/ VT to amass ■ **s'amasser** VPR to pile up, accumulate; (*foule*) to gather
★**amateur** [amatœʀ] NM amateur; **en ~** (*péj*) amateurishly; **musicien/sportif ~** amateur musician/sportsman; **~ de musique/sport** *etc* music/sport *etc* lover
amateurisme [amatœʀism] NM amateurism; (*péj*) amateurishness
Amazone [amazɔn] NF: **l'~** the Amazon
amazone [amazɔn] NF horsewoman; **en ~** sidesaddle
Amazonie [amazɔni] NF: **l'~** Amazonia
ambages [ɑ̃baʒ]: **sans ~** *adv* without beating about the bush, plainly
ambassade [ɑ̃basad] NF embassy; (*mission*): **en ~** on a mission; **l'~ de France** the French Embassy
ambassadeur, -drice [ɑ̃basadœʀ, -dʀis] NM/F ambassador/ambassadress
★**ambiance** [ɑ̃bjɑ̃s] NF atmosphere; **il y a de l'~** everyone's having a good time
ambiant, e [ɑ̃bjɑ̃, -ɑ̃t] ADJ (*air, milieu*) surrounding; (*température*) ambient
ambidextre [ɑ̃bidɛkstʀ] ADJ ambidextrous
ambigu, ë [ɑ̃bigy] ADJ ambiguous
ambiguïté [ɑ̃bigɥite] NF ambiguousness *no pl*, ambiguity
ambitieux, -euse [ɑ̃bisjø, -jøz] ADJ ambitious
★**ambition** [ɑ̃bisjɔ̃] NF ambition
ambitionner [ɑ̃bisjɔne] /1/ VT to have as one's aim *ou* ambition
ambivalence [ɑ̃bivalɑ̃s] NF ambivalence
ambivalent, e [ɑ̃bivalɑ̃, -ɑ̃t] ADJ ambivalent
amble [ɑ̃bl] NM: **aller l'~** to amble
ambre [ɑ̃bʀ] NM: **~ (jaune)** amber; **~ gris** ambergris
ambré, e [ɑ̃bʀe] ADJ (*couleur*) amber; (*parfum*) ambergris-scented
★**ambulance** [ɑ̃bylɑ̃s] NF ambulance
ambulancier, -ière [ɑ̃bylɑ̃sje, -jɛʀ] NM/F ambulanceman/-woman (BRIT), paramedic (US)
ambulant, e [ɑ̃bylɑ̃, -ɑ̃t] ADJ travelling, itinerant
âme [ɑm] NF soul; **rendre l'~** to give up the ghost; **bonne ~** (*aussi ironique*) kind soul; **un joueur/tricheur dans l'~** a gambler/cheat through and through; **~ sœur** kindred spirit
amélioration [ameljɔʀasjɔ̃] NF improvement
améliorer [ameljɔʀe] /1/ VT to improve ■ **s'améliorer** VPR to improve, get better

aménagé, e [amenaʒe] ADJ (*cave, grenier*) converted; **ferme aménagée** converted farmhouse

aménagement [amenaʒmɑ̃] NM fitting out; laying out; development; **l'~ du territoire** ≈ town and country planning ■ **aménagements** NMPL developments; **aménagements fiscaux** tax adjustments

aménager [amenaʒe] /3/ VT (*agencer: espace, local*) to fit out; (*: terrain*) to lay out; (*: quartier, territoire*) to develop; (*installer*) to fix up, put in

★**amende** [amɑ̃d] NF fine; **mettre à l'~** to penalize; **faire ~ honorable** to make amends

amendement [amɑ̃dmɑ̃] NM (*Jur*) amendment

amender [amɑ̃de] /1/ VT (*loi*) to amend; (*terre*) to enrich ■ **s'amender** VPR to mend one's ways

amène [amɛn] ADJ affable; **peu ~** unkind

★**amener** [am(ə)ne] /5/ VT to bring; (*causer*) to bring about; (*baisser: drapeau, voiles*) to strike; **~ qn à qch/à faire** to lead sb to sth/to do ■ **s'amener** VPR (*fam*) to show up, turn up

amenuiser [amənɥize] /1/: **s'amenuiser** VPR to dwindle; (*chances*) to grow slimmer, lessen

★**amer, amère** [amɛʀ] ADJ bitter

amèrement [amɛʀmɑ̃] ADV bitterly

américain, e [ameʀikɛ̃, -ɛn] ADJ American; **en vedette américaine** as a special guest (star) ▸ NM (*Ling*) American (English) ▸ NM/F: **Américain, e** American

américaniser [ameʀikanize] /1/ VT to Americanize

américanisme [ameʀikanism] NM Americanism

amérindien, ne [ameʀɛ̃djɛ̃, -ɛn] ADJ Amerindian, American Indian

Amérique [ameʀik] NF America; **l'~ centrale** Central America; **l'~ latine** Latin America; **l'~ du Nord** North America; **l'~ du Sud** South America

Amerloque [amɛʀlɔk] NMF (*fam*) Yank, Yankee

amerrir [ameʀiʀ] /2/ VI to land (on the sea); (*capsule spatiale*) to splash down

amerrissage [ameʀisaʒ] NM landing (on the sea); splash-down

amertume [amɛʀtym] NF bitterness

améthyste [ametist] NF amethyst

ameublement [amœbləmɑ̃] NM furnishing; (*meubles*) furniture; **articles d'~** furnishings; **tissus d'~** soft furnishings, furnishing fabrics

ameuter [amøte] /1/ VT (*badauds*) to draw a crowd of; (*peuple*) to rouse, stir up

★**ami, e** [ami] NM/F friend; (*amant/maîtresse*) boyfriend/girlfriend; **un ~ des arts** a patron of the arts; **un ~ des chiens** a dog lover; **petit ~/petite amie** boyfriend/girlfriend; **ajouter qn à sa liste d'amis** (*réseaux sociaux*) to friend sb; **supprimer qn de sa liste d'amis** (*réseaux sociaux*) to unfriend sb ▸ ADJ: **pays/groupe ~** friendly country/group; **être (très) ~ avec qn** to be (very) friendly with sb; **être ~ de l'ordre** to be a lover of order

amiable [amjabl]: **à l'~** *adv* (*Jur*) out of court; (*gén*) amicably

amiante [amjɑ̃t] NM asbestos

amibe [amib] NF amoeba

★**amical, e, -aux** [amikal, -o] ADJ friendly ▸ NF (*club*) association

★**amicalement** [amikalmɑ̃] ADV in a friendly way; (*formule épistolaire*) regards

amidon [amidɔ̃] NM starch

amidonner [amidɔne] /1/ VT to starch

amincir [amɛ̃siʀ] /2/ VT (*objet*) to thin (down); **~ qn** to make sb thinner *ou* slimmer; (*vêtement*) to make sb look slimmer ■ **s'amincir** VPR to get thinner *ou* slimmer

amincissant, e [amɛ̃sisɑ̃, -ɑ̃t] ADJ slimming; **régime ~** diet; **crème amincissante** slimming cream

aminé, e [amine] ADJ: **acide ~** amino acid

amiral, -aux [amiʀal, -o] NM admiral

amirauté [amiʀote] NF admiralty

amitié [amitje] NF friendship; **prendre en ~** to take a liking to; **faire** *ou* **présenter ses amitiés à qn** to send sb one's best wishes; **amitiés** (*formule épistolaire*) (with) best wishes

ammoniac [amɔnjak] NM: **(gaz) ~** ammonia

ammoniaque [amɔnjak] NF ammonia (water)

amnésie [amnezi] NF amnesia

amnésique [amnezik] ADJ amnesic

Amnesty International [amnɛsti-] N Amnesty International

amniocentèse [amnjosɛ̃tɛz] NF amniocentesis

amnistie [amnisti] NF amnesty

amnistier [amnistje] /7/ VT to amnesty

amocher [amɔʃe] /1/ VT (*fam*) to mess up

amoindrir [amwɛ̃dʀiʀ] /2/ VT to reduce

amollir [amɔliʀ] /2/ VT to soften

amonceler [amɔ̃s(ə)le] /4/ VT to pile *ou* heap up ■ **s'amonceler** VPR to pile *ou* heap up; (*fig*) to accumulate

amoncellement [amɔ̃sɛlmɑ̃] NM piling *ou* heaping up; accumulation; (*tas*) pile, heap; accumulation

amont [amɔ̃]: **en ~** *adv* upstream; (*sur une pente*) uphill; **en ~ de** *prép* upstream from; uphill from, above

amoral, e, -aux [amɔʀal, -o] ADJ amoral

amorce [amɔʀs] NF (*sur un hameçon*) bait; (*explosif*) cap; (*tube*) primer; (*: contenu*) priming; (*fig: début*) beginning(s), start

amorcer [amɔʀse] /3/ VT to bait; to prime; (*commencer*) to begin, start

amorphe [amɔʀf] ADJ passive, lifeless

amortir [amɔʀtiʀ] /2/ VT (*atténuer: choc*) to absorb, cushion; (*: bruit, douleur*) to deaden; (*Comm: dette*) to pay off, amortize; (*: mise de fonds, matériel*) to write off; **~ un abonnement** to make a season ticket pay (for itself)

amortissable [amɔʀtisabl] ADJ (*Comm*) that can be paid off

amortissement [amɔʀtismɑ̃] NM (*de matériel*) writing off; (*d'une dette*) paying off

amortisseur [amɔʀtisœʀ] NM shock absorber

★**amour** [amuʀ] NM love; (*liaison*) love affair, love; (*statuette etc*) cupid; **un ~ de** a lovely little; **faire l'~** to make love

amouracher [amuʀaʃe] /1/: **s'amouracher de** VPR (*péj*) to become infatuated with

amourette [amuʀɛt] NF passing fancy

amoureusement [amuʀøzmɑ̃] ADV lovingly

amoureux, -euse [amuʀø, -øz] ADJ (*regard, tempérament*) amorous; (*vie, problèmes*) love *cpd*; (*personne*): **être ~ (de qn)** to be in love (with sb); **tomber ~ de qn** to fall in love with sb; **être ~ de qch** to be passionately fond of sth ▶ NM/F lover; **un ~ de la nature** a nature lover

amour-propre [amuʀpʀɔpʀ] (*pl* **amours-propres**) NM self-esteem, pride

amovible [amɔvibl] ADJ removable, detachable

ampère [ɑ̃pɛʀ] NM amp(ere)

ampèremètre [ɑ̃pɛʀmɛtʀ] NM ammeter

amphétamine [ɑ̃fetamin] NF amphetamine

amphi [ɑ̃fi] NM (*Scol: fam:* = *amphithéâtre*) lecture hall *ou* theatre

amphibie [ɑ̃fibi] ADJ amphibious

amphibien [ɑ̃fibjɛ̃] NM (*Zool*) amphibian

amphithéâtre [ɑ̃fiteɑtʀ] NM amphitheatre; (*d'université*) lecture hall *ou* theatre

amphore [ɑ̃fɔʀ] NF amphora

ample [ɑ̃pl] ADJ (*vêtement*) roomy, ample; (*gestes, mouvement*) broad; (*ressources*) ample; **jusqu'à plus ~ informé** (*Admin*) until further details are available

amplement [ɑ̃pləmɑ̃] ADV amply; **~ suffisant** ample, more than enough

ampleur [ɑ̃plœʀ] NF scale, size; (*de dégâts, problème*) extent, magnitude

ampli [ɑ̃pli] NM (*fam:* = *amplificateur*) amplifier, amp

amplificateur [ɑ̃plifikatœʀ] NM amplifier

amplification [ɑ̃plifikasjɔ̃] NF amplification; expansion, increase

amplifier [ɑ̃plifje] /7/ VT (*son, oscillation*) to amplify; (*fig*) to expand, increase ■ **s'amplifier** VPR (*oscillations*) to become amplified; (*contestation*) to intensify

ampliforme [ɑ̃plifɔʀm] ADJ (*soutien-gorge*) maximizer *cpd*

amplitude [ɑ̃plityd] NF amplitude; (*des températures*) range

★**ampoule** [ɑ̃pul] NF (*électrique*) bulb; (*de médicament*) phial; (*aux mains, pieds*) blister

ampoulé, e [ɑ̃pule] ADJ (*péj*) pompous, bombastic

amputation [ɑ̃pytasjɔ̃] NF amputation

amputer [ɑ̃pyte] /1/ VT (*Méd*) to amputate; (*fig*) to cut *ou* reduce drastically; **~ qn d'un bras/pied** to amputate sb's arm/foot

Amsterdam [amstɛʀdam] N Amsterdam

amulette [amylɛt] NF amulet

★**amusant, e** [amyzɑ̃, -ɑ̃t] ADJ (*divertissant, spirituel*) entertaining, amusing; (*comique*) funny, amusing

amusé, e [amyze] ADJ amused

amuse-gueule [amyzgœl] NM INV appetizer, snack

amusement [amyzmɑ̃] NM (*voir amusé*) amusement; (*voir amuser*) entertaining, amusing; (*jeu etc*) pastime, diversion

★**amuser** [amyze] /1/ VT (*divertir*) to entertain, amuse; (*égayer, faire rire*) to amuse; (*détourner l'attention de*) to distract ■ **s'amuser** VPR (*jouer*) to amuse o.s., play; (*se divertir*) to enjoy o.s., have fun; (*fig*) to mess around; **s'~ de qch** (*trouver comique*) to find sth amusing; **s'~ avec** *ou* **de qn** (*duper*) to make a fool of sb

amusette [amyzɛt] NF idle pleasure, trivial pastime

amuseur [amyzœʀ] NM entertainer; (*péj*) clown

amygdale [amidal] NF tonsil; **opérer qn des amygdales** to take sb's tonsils out

amygdalite [amidalit] NF tonsillitis

AN SIGLE F = **Assemblée nationale**

★**an** [ɑ̃] NM year; **être âgé de** *ou* **avoir 3 ans** to be 3 (years old); **en l'an 1980** in the year 1980; **le jour de l'an, le premier de l'an, le nouvel an** New Year's Day

anabolisant [anabɔlizɑ̃] NM anabolic steroid

anachronique [anakʀɔnik] ADJ anachronistic

anachronisme [anakʀɔnism] NM anachronism

anaconda [anakɔ̃da] NM (*Zool*) anaconda

anaérobie [anaeʀɔbi] ADJ anaerobic

anagramme [anagʀam] NF anagram

ANAH SIGLE F = **Agence nationale de l'habitat**

anal, e, -aux [anal, -o] ADJ anal

analgésique [analʒezik] NM analgesic

anallergique [analɛʀʒik] ADJ hypoallergenic

analogie [analɔʒi] NF analogy

analogique [analɔʒik] ADJ (*Logique: raisonnement*) analogical; (*calculateur, montre etc*) analogue; (*Inform*) analog

analogue [analɔg] ADJ: **~ (à)** analogous (to), similar (to)

analphabète [analfabɛt] NMF illiterate

analphabétisme [analfabetism] NM illiteracy

analyse [analiz] NF analysis; (*Méd*) test; **faire l'~ de** to analyse; **une ~ approfondie** an in-depth analysis; **en dernière ~** in the last analysis; **avoir l'esprit d'~** to have an analytical turn of mind; **~ grammaticale** grammatical analysis, parsing (*Scol*)

analyser [analize] /1/ VT to analyse; (*Méd*) to test

analyste [analist] NMF analyst; (*psychanalyste*) (psycho)analyst

analyste-programmeur, -euse [analist-] (*pl* **analystes-programmeurs, analystes-programmeuses**) NM/F systems analyst

analytique [analitik] ADJ analytical

analytiquement [analitikmɑ̃] ADV analytically

★**ananas** [anana(s)] NM pineapple

anarchie [anaʀʃi] NF anarchy

anarchique [anaʀʃik] ADJ anarchic

anarchisme [anaʀʃism] NM anarchism

anarchiste [anaʀʃist] ADJ anarchistic ▶ NMF anarchist

anathème [anatɛm] NM: **jeter l'~ sur, lancer l'~ contre** to anathematize, curs

anatomie [anatɔmi] NF anatomy

anatomique [anatɔmik] ADJ anatomical

ancestral, e, -aux [ɑ̃sɛstʀal, -o] ADJ ancestral

ancêtre [ɑ̃sɛtʀ] NMF ancestor; (*fig*): **l'~ de** the forerunner of

anche [ɑ̃ʃ] NF reed

anchois [ɑ̃ʃwa] NM anchovy
★**ancien, ne** [ɑ̃sjɛ̃, -jɛn] ADJ old; *(de jadis, de l'antiquité)* ancient; *(précédent, ex-)* former, old; *(par l'expérience)* senior; **un ~ ministre** a former minister; **mon ancienne voiture** my previous car; **être plus ~ que qn dans une maison** to have been in a firm longer than sb; *(dans la hiérarchie)* to be senior to sb in a firm; **~ combattant** ex-serviceman; **~ (élève)** *(Scol)* ex-pupil (BRIT), alumnus *(US)* ▸ NM *(mobilier ancien)*: **l'~** antiques *pl* ▸ NM/F *(dans une tribu etc)* elder
anciennement [ɑ̃sjɛnmɑ̃] ADV formerly
ancienneté [ɑ̃sjɛnte] NF oldness; antiquity; *(Admin)* (length of) service; *(privilèges obtenus)* seniority
ancrage [ɑ̃kʀaʒ] NM anchoring; *(Navig)* anchorage; *(Constr)* anchor
ancre [ɑ̃kʀ] NF anchor; **jeter/lever l'~** to cast/weigh anchor; **à l'~** at anchor
ancrer [ɑ̃kʀe] /1/ VT *(Constr: câble etc)* to anchor; *(fig)* to fix firmly ▪ **s'ancrer** VPR *(Navig)* to (cast) anchor
andalou, -ouse [ɑ̃dalu, -uz] ADJ Andalusian
Andalousie [ɑ̃daluzi] NF: **l'~** Andalusia
andante [ɑ̃dɑ̃t] ADV, NM andante
Andes [ɑ̃d] NFPL: **les ~** the Andes
andin, e [ɑ̃dɛ̃, -in] ADJ Andean
Andorre [ɑ̃dɔʀ] NF Andorra
andouille [ɑ̃duj] NF *(Culin) sausage made of chitterlings*; *(fam)* clot, nit
andouillette [ɑ̃dujɛt] NF *small andouille*
androgyne [ɑ̃dʀɔʒin] ADJ *(allure, visage)* androgynous
âne [ɑn] NM donkey, ass; *(péj)* dunce, fool
anéantir [aneɑ̃tiʀ] /2/ VT *(ville, armée)* to annihilate, wipe out; *(fig: espoirs)* to dash, destroy; *(déprimer)* to overwhelm
anéantissement [aneɑ̃tismɑ̃] NM *(d'armée, ville)* annihilation; *(d'espoirs)* dashing
anecdote [anɛkdɔt] NF anecdote
anecdotique [anɛkdɔtik] ADJ anecdotal
anémie [anemi] NF anaemia
anémié, e [anemje] ADJ anaemic; *(fig)* enfeebled
anémique [anemik] ADJ anaemic
anémone [anemɔn] NF anemone; **~ de mer** sea anemone
ânerie [ɑnʀi] NF stupidity; *(parole etc)* stupid *ou* idiotic comment *etc*
anéroïde [aneʀɔid] ADJ *voir* **baromètre**
ânesse [ɑnɛs] NF she-ass
anesthésiant, e [anɛstezjɑ̃, -ɑ̃t] ADJ, NM anaesthetic
anesthésie [anɛstezi] NF anaesthesia; **sous ~** under anaesthetic; **~ générale/locale** general/local anaesthetic; **faire une ~ locale à qn** to give sb a local anaesthetic
anesthésier [anɛstezje] /7/ VT to anaesthetize
anesthésique [anɛstezik] ADJ, NM anaesthetic
anesthésiste [anɛstezist] NMF anaesthetist
aneth [anɛt] NM dill; **du saumon à l'~** salmon in dill
anfractuosité [ɑ̃fʀaktɥozite] NF crevice
ange [ɑ̃ʒ] NM angel; **être aux anges** to be over the moon; **~ gardien** guardian angel
angélique [ɑ̃ʒelik] ADJ angelic(al) ▸ NF angelica
angelot [ɑ̃ʒ(ə)lo] NM cherub
angélus [ɑ̃ʒelys] NM angelus; *(cloches)* evening bells *pl*
angevin, e [ɑ̃ʒ(ə)vɛ̃, -in] ADJ of *ou* from Anjou; of *ou* from Angers
angine [ɑ̃ʒin] NF sore throat, throat infection; **~ de poitrine** angina (pectoris)
angiome [ɑ̃ʒjom] NM angioma
★**anglais, e** [ɑ̃glɛ, -ɛz] ADJ English; **filer à l'anglaise** to take French leave; **à l'anglaise** *(Culin)* boiled ▸ NM *(Ling)* English ▸ NM/F: **Anglais, e** Englishman/-woman; **les A~** the English
anglaises [ɑ̃glɛz] NFPL *(cheveux)* ringlets
angle [ɑ̃gl] NM angle; *(coin)* corner; **~ droit/obtus/aigu/mort** right/obtuse/acute/dead angle
★**Angleterre** [ɑ̃glətɛʀ] NF: **l'~** England
anglican, e [ɑ̃glikɑ̃, -an] ADJ, NM/F Anglican
anglicanisme [ɑ̃glikanism] NM Anglicanism
anglicisme [ɑ̃glisism] NM anglicism
angliciste [ɑ̃glisist] NMF English scholar; *(étudiant)* student of English
anglo... [ɑ̃glɔ] PRÉFIXE Anglo(-)
anglo-américain, e [ɑ̃glɔameʀikɛ̃, -ɛn] ADJ Anglo-American ▸ NM *(Ling)* American English
anglo-arabe [ɑ̃glɔaʀab] ADJ Anglo-Arab
anglo-canadien, ne [ɑ̃glɔkanadjɛ̃, -ɛn] ADJ Anglo-Canadian ▸ NM *(Ling)* Canadian English
anglo-normand, e [ɑ̃glɔnɔʀmɑ̃, -ɑ̃d] ADJ Anglo-Norman; **les îles anglo-normandes** the Channel Islands
anglophile [ɑ̃glɔfil] ADJ Anglophilic
anglophobe [ɑ̃glɔfɔb] ADJ Anglophobic
anglophone [ɑ̃glɔfɔn] ADJ English-speaking
anglo-saxon, ne [ɑ̃glɔsaksɔ̃, -ɔn] ADJ Anglo-Saxon
angoissant, e [ɑ̃gwasɑ̃, -ɑ̃t] ADJ harrowing
angoisse [ɑ̃gwas] NF: **l'~** anguish *no pl*
angoissé, e [ɑ̃gwase] ADJ anguished; *(personne)* distressed
angoisser [ɑ̃gwase] /1/ VT to harrow, cause anguish to ▸ VI to worry, fret
Angola [ɑ̃gɔla] NM: **l'~** Angola
angolais, e [ɑ̃gɔlɛ, -ɛz] ADJ Angolan
angora [ɑ̃gɔʀa] ADJ, NM angora
anguille [ɑ̃gij] NF eel; **~ de mer** conger (eel); **il y a ~ sous roche** *(fig)* there's something going on, there's something beneath all this
angulaire [ɑ̃gylɛʀ] ADJ angular
anguleux, -euse [ɑ̃gylø, -øz] ADJ angular
anhydride [anidʀid] NM anhydride
anicroche [anikʀɔʃ] NF hitch, snag
★**animal, e, -aux** [animal, -o] ADJ, NM animal; **~ domestique/sauvage** domestic/wild animal
animalerie [animalʀi] NF *(magasin)* pet shop
animalier, -ière [animalje, -jɛʀ] ADJ: **peintre ~** animal painter
animalité [animalite] NF animality

★**animateur, -trice** [animatœʀ, -tʀis] NM/F (*de télévision*) host; (*de music-hall*) compère; (*de groupe*) leader, organizer; (*Ciné: technicien*) animator

animation [animasjɔ̃] NF (*voir animé*) busyness; liveliness; (*Ciné: technique*) animation; **centre d'~** ≈ community centre ■ **animations** NFPL (*activité*) activities

animé, e [anime] ADJ (*rue, lieu*) busy, lively; (*conversation, réunion*) lively, animated; (*opposé à inanimé, aussi Ling*) animate

animer [anime] /1/ VT (*ville, soirée*) to liven up, enliven; (*mettre en mouvement*) to drive; (*stimuler*) to drive, impel ■ **s'animer** VPR to liven up, come to life

animisme [animism] NM animism

animiste [animist] ADJ (*tribu, peuple*) animist

animosité [animozite] NF animosity

anis [ani(s)] NM (*Culin*) aniseed; (*Bot*) anise

anisé, e [anize] ADJ (*apéritif, goût*) aniseed

anisette [anizɛt] NF anisette

Ankara [ɑ̃kaʀa] N Ankara

ankyloser [ɑ̃kiloze] /1/: **s'ankyloser** VPR to get stiff

annales [anal] NFPL annals

anneau, x [ano] NM (*de rideau, bague*) ring; (*de chaîne*) link; (*Sport*): **exercices aux anneaux** ring exercises; **~ gastrique** (*Méd*) gastric band

année [ane] NF year; **souhaiter la bonne ~ à qn** to wish sb a Happy New Year; **tout au long de l'~** all year long; **d'une ~ à l'autre** from one year to the next; **d'~ en ~** from year to year; **l'~ scolaire/fiscale** the school/tax year

année-lumière [anelymjɛʀ] (*pl* **années-lumières**) NF light year

annexe [anɛks] ADJ (*problème*) related; (*document*) appended; (*salle*) adjoining ▸ NF (*bâtiment*) annex(e); (*de document, ouvrage*) annex, appendix; (*jointe à une lettre, un dossier*) enclosure

annexer [anɛkse] /1/ VT to annex; **~ qch à** (*joindre*) to append sth to ■ **s'annexer** VPR (*pays*) to annex

annexion [anɛksjɔ̃] NF annexation

annihiler [aniile] /1/ VT to annihilate

★**anniversaire** [anivɛʀsɛʀ] NM birthday; (*d'un événement, bâtiment*) anniversary ▸ ADJ: **jour ~** anniversary

★**annonce** [anɔ̃s] NF announcement; (*signe, indice*) sign; (*aussi:* **annonce publicitaire**) advertisement; (*Cartes*) declaration; **~ personnelle** personal message; **les petites annonces** the small *ou* classified ads

★**annoncer** [anɔ̃se] /3/ VT to announce; (*être le signe de*) to herald; (*Cartes*) to declare; **je vous annonce que …** I wish to tell you that …; **~ la couleur** (*fig*) to lay one's cards on the table ■ **s'annoncer** VPR: **s'~ bien/difficile** to look promising/difficult

annonceur, -euse [anɔ̃sœʀ, -øz] NM/F (*TV, Radio: speaker*) announcer; (*publicitaire*) advertiser

annonciateur, -trice [anɔ̃sjatœʀ, -tʀis] ADJ: **~ d'un événement** presaging an event

Annonciation [anɔ̃sjasjɔ̃] NF: **l'~** (*Rel*) the Annunciation; (*jour*) Annunciation Day

annotation [anɔtasjɔ̃] NF annotation

annoter [anɔte] /1/ VT to annotate

★**annuaire** [anɥɛʀ] NM yearbook, annual; **~ téléphonique** (telephone) directory, phone book

annuel, le [anɥɛl] ADJ annual, yearly

annuellement [anɥɛlmɑ̃] ADV annually, yearly

annuité [anɥite] NF annual instalment

annulaire [anylɛʀ] NM ring *ou* third finger

annulation [anylasjɔ̃] NF cancellation; annulment; quashing, repeal

★**annuler** [anyle] /1/ VT (*rendez-vous, voyage*) to cancel, call off; (*mariage*) to annul; (*jugement*) to quash (BRIT), repeal (US); (*résultats*) to declare void; (*Math, Physique*) to cancel out ■ **s'annuler** VPR to cancel each other out

anoblir [anɔbliʀ] /2/ VT to ennoble

anoblissement [anɔblismɑ̃] NM ennoblement

anode [anɔd] NF anode

anodin, e [anɔdɛ̃, -in] ADJ harmless; (*sans importance*) insignificant, trivial

anomalie [anɔmali] NF anomaly

ânon [ɑnɔ̃] NM baby donkey; (*petit âne*) little donkey

ânonner [ɑnɔne] /1/ VI, VT to read in a drone; (*hésiter*) to read in a fumbling manner

anonymat [anɔnima] NM anonymity; **garder l'~** to remain anonymous

★**anonyme** [anɔnim] ADJ anonymous; (*fig*) impersonal

anonymement [anɔnimmɑ̃] ADV anonymously

★**anorak** [anɔʀak] NM anorak

anorexie [anɔʀɛksi] NF anorexia

anorexique [anɔʀɛksik] ADJ, NMF anorexic

anormal, e, -aux [anɔʀmal, -o] ADJ abnormal; (*insolite*) unusual, abnormal

anormalement [anɔʀmalmɑ̃] ADV abnormally; unusually

anse [ɑ̃s] NF handle; (*Géo*) cove

antagonisme [ɑ̃tagɔnism] NM antagonism

antagoniste [ɑ̃tagɔnist] ADJ antagonistic ▸ NM antagonist

antalgique [ɑ̃talʒik] ADJ, NM analgesic

antan [ɑ̃tɑ̃]: **d'~** *adj* of yesteryear, of long ago

antarctique [ɑ̃taʀktik] ADJ Antarctic; **le cercle A~** the Antarctic Circle; **l'océan A~** the Antarctic Ocean ▸ NM: **l'A~** the Antarctic

antécédent [ɑ̃tesedɑ̃] NM (*Ling*) antecedent ■ **antécédents** NMPL (*Méd etc*) past history *sg*; **antécédents professionnels** record, career to date

antédiluvien, ne [ɑ̃tedilyvjɛ̃, -ɛn] ADJ (*fig*) ancient, antediluvian

anténatal, e, -aux [ɑ̃tenatal, -o] ADJ antenatal

★**antenne** [ɑ̃tɛn] NF (*de radio, télévision*) aerial; (*d'insecte*) antenna, feeler; (*poste avancé*) outpost; (*petite succursale*) sub-branch; **sur l'~** on the air; **passer à/avoir l'~** to go/be on the air; **deux heures d'~** two hours' broadcasting time; **hors ~** off the air; **~ chirurgicale** (*Mil*) advance surgical unit; **~ parabolique** satellite dish; **antenne-relais** mobile phone mast (BRIT), cell tower (US)

antépénultième [ɑ̃tepenyltjɛm] ADJ antepenultimate

antérieur, e [ɑ̃teʀjœʀ] ADJ (*d'avant*) previous, earlier; (*de devant*) front; **~ à** prior *ou* previous to; **passé/futur ~** (*Ling*) past/future anterior

antérieurement [ɑ̃teʀjœʀmɑ̃] ADV earlier; (*précédemment*) previously; **~ à** prior *ou* previous to

antériorité [ɑ̃teʀjɔʀite] NF precedence (*in time*)

anthologie [ɑ̃tɔlɔʒi] NF anthology

anthracite [ɑ̃tʀasit] NM anthracite ▸ ADJ: **(gris) ~** charcoal (grey)

anthropocentrisme [ɑ̃tʀɔposɑ̃tʀism] NM anthropocentrism

anthropologie [ɑ̃tʀɔpɔlɔʒi] NF anthropology

anthropologique [ɑ̃tʀɔpɔlɔʒik] ADJ anthropological

anthropologue [ɑ̃tʀɔpɔlɔg] NMF anthropologist

anthropomorphisme [ɑ̃tʀɔpɔmɔʀfism] NM anthropomorphism

anthropophage [ɑ̃tʀɔpɔfaʒ] ADJ cannibalistic

anthropophagie [ɑ̃tʀɔpɔfaʒi] NF cannibalism, anthropophagy

anti... [ɑ̃ti] PRÉFIXE anti...

antiaérien, ne [ɑ̃tiaeʀjɛ̃, -ɛn] ADJ anti-aircraft; **abri ~** air-raid shelter

antialcoolique [ɑ̃tialkɔlik] ADJ anti-alcohol; **ligue ~** temperance league

antiatomique [ɑ̃tiatɔmik] ADJ: **abri ~** fallout shelter

antibactérien, ne [ɑ̃tibakteʀjɛ̃, -jɛn] ADJ antibacterial

antibiotique [ɑ̃tibjɔtik] NM antibiotic

antibrouillard [ɑ̃tibʀujaʀ] ADJ: **phare ~** fog lamp

antibruit [ɑ̃tibʀɥi] ADJ INV: **mur ~** (*sur autoroute*) sound-muffling wall

antibuée [ɑ̃tibɥe] ADJ INV: **dispositif ~** demister; **bombe ~** demister spray

anticalcaire [ɑ̃tikalkɛʀ] ADJ INV anti-liming, anti-scale

anticancéreux, -euse [ɑ̃tikɑ̃seʀø, -øz] ADJ cancer *cpd*

anticapitaliste [ɑ̃tikapitalist] ADJ (*parti, mouvement*) anticapitalist

anticasseur, anticasseurs [ɑ̃tikɑsœʀ] ADJ: **loi/mesure ~(s)** law/measure against damage done by demonstrators

antichambre [ɑ̃tiʃɑ̃bʀ] NF antechamber, anteroom; **faire ~** to wait (for an audience)

antichar [ɑ̃tiʃaʀ] ADJ antitank

antichoc [ɑ̃tiʃɔk] ADJ shockproof

anticipation [ɑ̃tisipasjɔ̃] NF anticipation; (*Comm*) payment in advance; **par ~** in anticipation, in advance; **livre/film d'~** science fiction book/film

anticipé, e [ɑ̃tisipe] ADJ (*règlement, paiement*) early, in advance; (*joie etc*) anticipated, early; **avec mes remerciements anticipés** thanking you in advance *ou* anticipation

anticiper [ɑ̃tisipe] /1/ VT (*événement, coup*) to anticipate, foresee; (*paiement*) to pay *ou* make in advance ▸ VI to look *ou* think ahead; (*en racontant*) to jump ahead; (*prévoir*) to anticipate; **~ sur** to anticipate

anticlérical, e, -aux [ɑ̃tikleʀikal, -o] ADJ anticlerical

anticoagulant, e [ɑ̃tikɔagylɑ̃, -ɑ̃t] ADJ, NM anticoagulant

anticolonialisme [ɑ̃tikɔlɔnjalism] NM anticolonialism

anticonceptionnel, le [ɑ̃tikɔ̃sɛpsjɔnɛl] ADJ contraceptive

anticonformisme [ɑ̃tikɔ̃fɔʀmism] NM nonconformism

anticonformiste [ɑ̃tikɔ̃fɔʀmist] ADJ, NMF nonconformist

anticonstitutionnel, le [ɑ̃tikɔ̃stitysjɔnɛl] ADJ unconstitutional

anticorps [ɑ̃tikɔʀ] NM antibody

anticyclone [ɑ̃tisiklon] NM anticyclone

antidater [ɑ̃tidate] /1/ VT to backdate, predate

antidémocratique [ɑ̃tidemɔkʀatik] ADJ antidemocratic; (*peu démocratique*) undemocratic

antidépresseur [ɑ̃tidepʀesœʀ] NM antidepressant

antidérapant, e [ɑ̃tideʀapɑ̃, -ɑ̃t] ADJ nonskid

antidopage [ɑ̃tidɔpaʒ], **antidoping** [ɑ̃tidɔpiŋ] ADJ (*lutte*) antidoping; (*contrôle*) dope *cpd*

antidote [ɑ̃tidɔt] NM antidote

anti-émeute, antiémeute [ɑ̃tiemøt] ADJ (*police*) riot; (*lutte*) against rioting

antienne [ɑ̃tjɛn] NF (*fig*) chant, refrain

antieuropéen, ne [ɑ̃tiøʀɔpeɛ̃, -ɛn] ADJ, NM/F anti-European

antigang [ɑ̃tigɑ̃g] ADJ INV: **brigade ~** commando unit

antigel [ɑ̃tiʒɛl] NM antifreeze

antigène [ɑ̃tiʒɛn] NM antigen

antigouvernemental, e, -aux [ɑ̃tiguvɛʀnəmɑ̃tal, -o] ADJ antigovernment

Antigua et Barbude [ɑ̃tigaebaʀbyd] NF Antigua and Barbuda

antihéros [ɑ̃tieʀo] NM antihero

antihistaminique [ɑ̃tiistaminik] NM antihistamine

anti-inflammatoire [ɑ̃tiɛ̃flamatwaʀ] ADJ anti-inflammatory

anti-inflationniste [ɑ̃tiɛ̃flasjɔnist] ADJ anti-inflationary

antillais, e [ɑ̃tijɛ, -ɛz] ADJ West Indian, Caribbean ▸ NM/F: **Antillais, e** West Indian, Caribbean

Antilles [ɑ̃tij] NFPL: **les ~** the West Indies; **les Grandes/Petites ~** the Greater/Lesser Antilles

antilope [ɑ̃tilɔp] NF antelope

antimatière [ɑ̃timatjɛʀ] NF antimatter

antimilitarisme [ɑ̃timilitaʀism] NM antimilitarism

antimilitariste [ɑ̃timilitaʀist] ADJ antimilitarist

antimissile [ɑ̃timisil] ADJ antimissile

antimite, antimites [ɑ̃timit] ADJ, NM: **(produit) ~(s)** moth proofer, moth repellent

antimondialisation [ɑ̃timɔ̃djalizasjɔ̃] NF antiglobalization

antinucléaire [ɑ̃tinykleɛʀ] ADJ antinuclear

antioxydant [ɑ̃tiɔksidɑ̃] NM antioxidant

antiparasite [ɑ̃tipaʀazit] ADJ (*Radio, TV*) anti-interference; **dispositif ~** suppressor

antipathie [ɑ̃tipati] NF antipathy

antipathique [ɑ̃tipatik] ADJ unpleasant, disagreeable
antipelliculaire [ɑ̃tipelikylɛʀ] ADJ anti-dandruff
antipersonnel [ɑ̃tipɛʀsɔnɛl] ADJ INV (*mines*) antipersonnel
antiphrase [ɑ̃tifʀɑz] NF: **par ~** ironically
antipodes [ɑ̃tipɔd] NMPL (*Géo*): **les ~** the antipodes; (*fig*) **être aux ~ de** to be the opposite extreme of
antipoison [ɑ̃tipwazɔ̃] ADJ INV: **centre ~** poison centre
antipoliomyélitique [ɑ̃tipɔljɔmjelitik] ADJ polio *cpd*
antipollution [ɑ̃tipɔlysjɔ̃] ADJ environmentally friendly, eco-friendly
antiquaire [ɑ̃tikɛʀ] NMF antique dealer
antique [ɑ̃tik] ADJ antique; (*très vieux*) ancient, antiquated
antiquité [ɑ̃tikite] NF (*objet*) antique; **l'A~** Antiquity; **magasin/marchand d'antiquités** antique shop/dealer
antirabique [ɑ̃tiʀabik] ADJ rabies *cpd*
antiracisme [ɑ̃tiʀasism] NM anti-racism
antiraciste [ɑ̃tiʀasist] ADJ antiracist
antireflet [ɑ̃tiʀəflɛ] ADJ INV (*verres*) antireflective
antirépublicain, e [ɑ̃tiʀepyblikɛ̃, -ɛn] ADJ antirepublican
antirides [ɑ̃tiʀid] ADJ INV (*crème*) anti wrinkle
antirouille [ɑ̃tiʀuj] ADJ INV anti-rust *cpd*; **peinture ~** antirust paint; **traitement ~** rustproofing
antisémite [ɑ̃tisemit] ADJ anti-Semitic
antisémitisme [ɑ̃tisemitism] NM anti-Semitism
antiseptique [ɑ̃tisɛptik] ADJ, NM antiseptic
antisismique [ɑ̃tisismik] ADJ (*dispositif, protection*) earthquake *cpd*; (*construction*) earthquake-safe; **normes antisismiques** earthquake safety standards
antisocial, e, -aux [ɑ̃tisɔsjal, -o] ADJ antisocial
antispasmodique [ɑ̃tispasmɔdik] ADJ, NM antispasmodic
antisportif, -ive [ɑ̃tispɔʀtif, -iv] ADJ unsporting; (*hostile au sport*) antisport
antisystème [ɑ̃tisistɛm] ADJ INV anti-establishment
antitabac [ɑ̃titaba] ADJ INV (*lutte, campagne*) anti-smoking
antiterroriste [ɑ̃titeʀɔʀist] ADJ (*mesures, loi*) anti-terrorist
antitétanique [ɑ̃titetanik] ADJ tetanus *cpd*
antithèse [ɑ̃titɛz] NF antithesis
antitrust [ɑ̃titʀœst] ADJ INV (*loi, mesures*) antimonopoly
antituberculeux, -euse [ɑ̃titybɛʀkylø, -øz] ADJ tuberculosis *cpd*
antitussif, -ive [ɑ̃titysif, -iv] ADJ antitussive, cough *cpd*
antivariolique [ɑ̃tivaʀjɔlik] ADJ smallpox *cpd*
antiviral, e, -aux [ɑ̃tiviʀal, -o] ADJ (*Méd*) antiviral ▸ NM (*Méd*): **un ~** an antiviral
antivirus [ɑ̃tiviʀys] (*Inform*) ADJ INV (*protection, logiciel*) antivirus ▸ NM antivirus program
antivol [ɑ̃tivɔl] ADJ, NM: **(dispositif) ~** antitheft device; (*pour vélo*) padlock
antonyme [ɑ̃tɔnim] NM antonym
antre [ɑ̃tʀ] NM den, lair
anus [anys] NM anus
Anvers [ɑ̃vɛʀ] N Antwerp
anxiété [ɑ̃ksjete] NF anxiety
anxieusement [ɑ̃ksjøzmɑ̃] ADV anxiously
anxieux, -euse [ɑ̃ksjø, -jøz] ADJ anxious, worried; **être ~ de faire** to be anxious to do
anxiogène [ɑ̃ksjɔʒɛn] ADJ (*situation, climat*) stressful
anxiolytique [ɑ̃ksjɔlitik] NM anxiolytic
AOC SIGLE F (= *Appellation d'origine contrôlée*) *guarantee of quality of wine*
aorte [aɔʀt] NF aorta
août [u(t)] NM August; *voir aussi* **Assomption**; **juillet**
aoûtien, ne [ausjɛ̃, -ɛn] NM/F August holiday-maker
AP SIGLE F = **Assistance publique**
apaisant, e [apɛzɑ̃, -ɑ̃t] ADJ soothing
apaisement [apɛzmɑ̃] NM calming; soothing; (*aussi Pol*) appeasement ■ **apaisements** NMPL soothing reassurances; (*pour calmer*) pacifying words
apaiser [apeze] /1/ VT (*colère*) to calm, quell, soothe; (*faim*) to appease, assuage; (*douleur*) to soothe; (*personne*) to calm (down), pacify ■ **s'apaiser** VPR (*tempête, bruit*) to die down, subside; (*personne*) to calm down
apanage [apanaʒ] NM: **être l'~ de** to be the privilege *ou* prerogative of
aparté [apaʀte] NM (*Théât*) aside; (*entretien*) private conversation; **en ~** *adv* in an aside (BRIT); (*entretien*) in private
apartheid [apaʀtɛd] NM apartheid
apathie [apati] NF apathy
apathique [apatik] ADJ apathetic
apatride [apatʀid] NMF stateless person
APCE SIGLE F (= *Agence pour la création d'entreprises*) *business start-up agency*
★**apercevoir** [apɛʀsəvwaʀ] /28/ VT to see ■ **s'apercevoir de** VPR to notice; **s'~ que** to notice that; **sans s'en ~** without realizing *ou* noticing
aperçu, e [apɛʀsy] PP *de* **apercevoir** ▸ NM (*vue d'ensemble*) general survey; (*intuition*) insight
apéritif, -ive [apeʀitif, -iv] ADJ which stimulates the appetite ▸ NM (*boisson*) aperitif; (*réunion*) (pre-lunch *ou* -dinner) drinks *pl*; **prendre l'~** to have drinks (before lunch *ou* dinner) *ou* an aperitif
apéro [apeʀo] NM (*fam: apéritif*) aperitif, drink (*before lunch or dinner*); **prendre l'~** to have an aperitif
apesanteur [apəzɑ̃tœʀ] NF weightlessness
à-peu-près [apøpʀɛ] NM INV (*péj*) vague approximation
apeuré, e [apœʀe] ADJ frightened, scared
aphasie [afazi] NF aphasia
aphone [afɔn] ADJ voiceless
aphorisme [afɔʀism] NM aphorism
aphrodisiaque [afʀɔdizjak] ADJ, NM aphrodisiac
aphte [aft] NM mouth ulcer
aphteuse [aftøz] ADJ F: **fièvre ~** foot-and-mouth disease
à-pic [apik] NM cliff, drop

apicole [apikɔl] ADJ beekeeping *cpd*

apiculteur, -trice [apikyltœʀ, -tʀis] NM/F beekeeper

apiculture [apikyltyʀ] NF beekeeping, apiculture

apitoiement [apitwamɑ̃] NM pity, compassion

apitoyer [apitwaje] /8/ VT to move to pity; **~ qn sur qn/qch** to move sb to pity for sb/over sth ■ **s'apitoyer** VPR to feel pity *ou* compassion; **s'~ (sur qn/qch)** to feel pity *ou* compassion (for sb/over sth)

ap. J.-C. ABR (= *après Jésus-Christ*) AD

APL SIGLE F (= *aide personnalisée au logement*) *housing benefit*

aplanir [aplaniʀ] /2/ VT to level; (*fig*) to smooth away, iron out

aplati, e [aplati] ADJ flat, flattened

aplatir [aplatiʀ] /2/ VT to flatten ■ **s'aplatir** VPR to become flatter; (*écrasé*) to be flattened; (*fig*) to lie flat on the ground; (: *fam*) to fall flat on one's face; (: *péj*) to grovel

aplomb [aplɔ̃] NM (*équilibre*) balance, equilibrium; (*fig*) self-assurance; (: *péj*) nerve; **d'~** *adv* steady; (*Constr*) plumb

APN SIGLE M (= *appareil photo(graphique) numérique*) digital camera

apnée [apne] NF: **apnées du sommeil** sleep apnoea; **la plongée en ~** free-diving

apocalypse [apɔkalips] NF apocalypse

apocalyptique [apɔkaliptik] ADJ (*fig*) apocalyptic

apocryphe [apɔkʀif] ADJ apocryphal

apogée [apɔʒe] NM (*fig*) peak, apogee

apolitique [apɔlitik] ADJ (*indifférent*) apolitical; (*indépendant*) unpolitical, non-political

apologie [apɔlɔʒi] NF praise; (*Jur*) vindication

apoplexie [apɔplɛksi] NF apoplexy

a posteriori [apɔsteʀjɔʀi] ADV after the event, with hindsight, a posteriori

apostolat [apɔstɔla] NM (*Rel*) apostolate, discipleship; (*gén*) evangelism

apostolique [apɔstɔlik] ADJ apostolic

apostrophe [apɔstʀɔf] NF (*signe*) apostrophe; (*appel*) interpellation

apostropher [apɔstʀɔfe] /1/ VT (*interpeller*) to shout at, address sharply

apothéose [apɔteoz] NF pinnacle (of achievement); (*Mus etc*) grand finale

apothicaire [apɔtikɛʀ] NM apothecary

apôtre [apotʀ] NM apostle, disciple

apparaître [apaʀɛtʀ] /57/ VI to appear ▸ VB COPULE to appear, seem

apparat [apaʀa] NM: **tenue/dîner d'~** ceremonial dress/dinner

★**appareil** [apaʀɛj] NM (*outil, machine*) piece of apparatus, device; (*électrique etc*) appliance; (*politique, syndical*) machinery; (*avion*) (aero)plane (BRIT), (air)plane (US), aircraft *inv*; (*téléphonique*) telephone; (*dentier*) brace (BRIT), braces (US); **~ digestif/reproducteur** digestive/reproductive system *ou* apparatus; **l'~ productif** the means of production; **qui est à l'~ ?** who's speaking?; **dans le plus simple ~** in one's birthday suit; **~ (photo)** camera; **~ numérique** digital camera

appareillage [apaʀɛjaʒ] NM (*appareils*) equipment; (*Navig*) casting off, getting under way

appareiller [apaʀeje] /1/ VI (*Navig*) to cast off, get under way ▸ VT (*assortir*) to match up; (*Méd: prothèse*) to fit with a prosthesis; (: *appareil acoustique*) to fit with a hearing aid

appareil photo [apaʀɛjfɔtɔ] (*pl* **appareils photos**) NM camera

apparemment [apaʀamɑ̃] ADV apparently

apparence [apaʀɑ̃s] NF appearance; **malgré les apparences** despite appearances; **en ~** apparently, seemingly

apparent, e [apaʀɑ̃, -ɑ̃t] ADJ visible; (*évident*) obvious; (*superficiel*) apparent; **coutures apparentes** topstitched seams; **poutres apparentes** exposed beams

apparenté, e [apaʀɑ̃te] ADJ: **~ à** related to; (*fig*) similar to

apparenter [apaʀɑ̃te] /1/: **s'apparenter à** VPR to be similar to

apparier [apaʀje] /7/ VT (*gants*) to pair, match

appariteur [apaʀitœʀ] NM attendant, porter (*in French universities*)

apparition [apaʀisjɔ̃] NF appearance; (*surnaturelle*) apparition; **faire son ~** to appear

★**appartement** [apaʀtəmɑ̃] NM flat (BRIT), apartment (US)

appartenance [apaʀtənɑ̃s] NF: **~ à** belonging to, membership of

★**appartenir** [apaʀtəniʀ] /22/: **~ à** *vt* to belong to; (*faire partie de*) to belong to, be a member of; **il lui appartient de** it is up to him to

appartiendrai [apaʀtjɛ̃dʀe], **appartiens** *etc* [apaʀtjɛ̃] VB *voir* **appartenir**

apparu, e [apaʀy] PP *de* **apparaître**

appas [apɑ] NMPL (*d'une femme*) charms

appât [apɑ] NM (*Pêche*) bait; (*fig*) lure, bait

appâter [apɑte] /1/ VT (*hameçon*) to bait; (*poisson, fig*) to lure, entice

appauvrir [apovʀiʀ] /2/ VT to impoverish ■ **s'appauvrir** VPR to grow poorer, become impoverished

appauvrissement [apovʀismɑ̃] NM impoverishment

★**appel** [apɛl] NM call; (*nominal*) roll call; (: *Scol*) register; (*Mil: recrutement*) call-up; (*Jur*) appeal; **faire ~ à** (*invoquer*) to appeal to; (*avoir recours à*) to call on; (*nécessiter*) to call for, require; **faire** *ou* **interjeter ~** (*Jur*) to appeal, lodge an appeal; **faire l'~** to call the roll; (*Scol*) to call the register; **indicatif d'~** call sign; **numéro d'~** (*Tél*) number; **produit d'~** (*Comm*) loss leader; **sans ~** (*fig*) final, irrevocable; **~ d'air** in-draught; **~ d'offres** (*Comm*) invitation to tender; **faire un ~ de phares** to flash one's headlights; **~ (téléphonique)** (tele)phone call; **~ vidéo** video call

appelé [ap(ə)le] NM (*Mil*) conscript

★**appeler** [ap(ə)le] /4/ VT to call; (*Tél*) to call, ring; (*faire venir: médecin etc*) to call, send for; (*fig: nécessiter*) to call for, demand; **~ au secours** to call for help; **~ qn à l'aide** *ou* **au secours** to call to sb to help; **~ qn à un poste/des fonctions** to appoint sb to a post/assign duties to sb; **être appelé à** (*fig*) to be destined to; **~ qn à comparaître** (*Jur*) to summon sb to appear; **en ~ à** to appeal to

a

■ **s'appeler** VPR: **elle s'appelle Gabrielle** her name is Gabrielle, she's called Gabrielle; **comment vous appelez-vous?** what's your name?; **comment ça s'appelle?** what is it *ou* that called?

appellation [apelasjɔ̃] NF designation, appellation; **vin d'~ contrôlée** "appellation contrôlée" wine, *wine guaranteed of a certain quality*

appelle *etc* [apɛl] VB *voir* **appeler**

appendice [apɛ̃dis] NM appendix

appendicectomie [apɛ̃disɛktɔmi] NF appendicectomy, appendectomy (*US*)

appendicite [apɑ̃disit] NF appendicitis

appentis [apɑ̃ti] NM lean-to

appert [apɛʀ] VB: **il ~ que** it appears that, it is evident that

appesantir [apəzɑ̃tiʀ] /2/: **s'appesantir** VPR to grow heavier; **s'~ sur** (*fig*) to dwell at length on

appétissant, e [apetisɑ̃, -ɑ̃t] ADJ appetizing, mouth-watering

appétit [apeti] NM appetite; **couper l'~ à qn** to take away sb's appetite; **bon ~!** enjoy your meal!

applaudimètre [aplodimɛtʀ] NM applause meter

applaudir [aplodiʀ] /2/ VT to applaud ▸VI to applaud, clap; **~ à** *vt* (*décision*) to applaud, commend

applaudissements [aplodismɑ̃] NMPL applause *sg*, clapping *sg*

appli [apli] NF app

applicable [aplikabl] ADJ applicable

applicateur [aplikatœʀ] NM applicator

application [aplikasjɔ̃] NF application; (*d'une loi*) enforcement; **mettre en ~** to implement

applique [aplik] NF wall lamp

appliqué, e [aplike] ADJ (*élève etc*) industrious, assiduous; (*science*) applied

appliquer [aplike] /1/ VT to apply; (*loi*) to enforce; (*donner: gifle, châtiment*) to give ■ **s'appliquer** VPR (*élève etc*) to apply o.s.; **s'~ à** (*loi, remarque*) to apply to; **s'~ à faire qch** to apply o.s. to doing sth, take pains to do sth; **s'~ sur** (*coïncider avec*) to fit over

appoint [apwɛ̃] NM (extra) contribution *ou* help; **avoir/faire l'~** (*en payant*) to have/give the right change *ou* money; **chauffage d'~** extra heating

appointements [apwɛ̃tmɑ̃] NMPL salary *sg*, stipend

appointer [apwɛ̃te] /1/ VT: **être appointé à l'année/au mois** to be paid yearly/monthly

appontage [apɔ̃taʒ] NM landing (*on an aircraft carrier*)

appontement [apɔ̃tmɑ̃] NM landing stage, wharf

apponter [apɔ̃te] /1/ VI (*avion, hélicoptère*) to land

apport [apɔʀ] NM supply; (*argent, biens etc*) contribution

★**apporter** [apɔʀte] /1/ VT to bring; (*preuve*) to give, provide; (*modification*) to make; (*remarque*) to contribute, add

apposer [apoze] /1/ VT to append; (*sceau etc*) to affix

apposition [apozisjɔ̃] NF appending; affixing; (*Ling*): **en ~** in apposition

appréciable [apʀesjabl] ADJ (*important*) appreciable, significant

appréciation [apʀesjasjɔ̃] NF appreciation; estimation, assessment ■ **appréciations** NFPL (*avis*) assessment *sg*, appraisal *sg*

apprécier [apʀesje] /7/ VT to appreciate; (*évaluer*) to estimate, assess ■ **s'apprécier** VPR (*monnaie*) to rise; **l'euro s'est apprécié de 8,4% par rapport au dollar** the euro has risen 8.4% against the dollar

appréhender [apʀeɑ̃de] /1/ VT (*craindre*) to dread; (*arrêter*) to apprehend; **~ que** to fear that; **~ de faire** to dread doing

appréhensif, -ive [apʀeɑ̃sif, -iv] ADJ apprehensive

appréhension [apʀeɑ̃sjɔ̃] NF apprehension

★**apprendre** [apʀɑ̃dʀ] /58/ VT to learn; (*événement, résultats*) to learn of, hear of; **~ qch à qn** (*informer*) to tell sb (of) sth; (*enseigner*) to teach sb sth; **tu me l'apprends!** that's news to me!; **~ à faire qch** to learn to do sth; **~ à qn à faire qch** to teach sb to do sth

apprenti, e [apʀɑ̃ti] NM/F apprentice; (*fig*) novice, beginner

★**apprentissage** [apʀɑ̃tisaʒ] NM learning; (*Comm, Scol: période*) apprenticeship; **école** *ou* **centre d'~** training school *ou* centre; **faire l'~ de qch** (*fig*) to be initiated into sth

apprêt [apʀɛ] NM (*sur un cuir, une étoffe*) dressing; (*sur un mur*) size; (*sur un papier*) finish; **sans ~** (*fig*) without artifice, unaffectedly

apprêté, e [apʀete] ADJ (*fig*) affected

apprêter [apʀete] /1/ VT to dress, finish ■ **s'apprêter** VPR: **s'~ à qch/à faire qch** to prepare for sth/for doing sth

appris, e [apʀi, -iz] PP *de* **apprendre**

apprivoisé, e [apʀivwaze] ADJ tame, tamed

apprivoiser [apʀivwaze] /1/ VT to tame

approbateur, -trice [apʀɔbatœʀ, -tʀis] ADJ approving

approbatif, -ive [apʀɔbatif, -iv] ADJ approving

approbation [apʀɔbasjɔ̃] NF approval; **digne d'~** (*conduite, travail*) praiseworthy, commendable

approchant, e [apʀɔʃɑ̃, -ɑ̃t] ADJ similar, close; **quelque chose d'~** something similar

approche [apʀɔʃ] NF approaching; (*arrivée, attitude*) approach; **à l'~ du bateau/de l'ennemi** as the ship/enemy approached *ou* drew near; **l'~ d'un problème** the approach to a problem; **travaux d'~** (*fig*) manoeuvrings ■ **approches** NFPL (*abords*) surroundings

approché, e [apʀɔʃe] ADJ approximate

★**approcher** [apʀɔʃe] /1/ VI to approach, come near ▸VT (*vedette, artiste*) to approach, come close to; (*rapprocher*): **~ qch (de qch)** to bring *ou* put *ou* move sth near (to sth); **~ de** *vt* (*lieu, but*) to draw near to; (*quantité, moment*) to approach ■ **s'approcher de** VPR to approach, go *ou* come *ou* move near to; **approchez-vous** come *ou* go nearer

approfondi, e [apʀɔfɔ̃di] ADJ thorough, detailed

approfondir [apʀɔfɔ̃diʀ] /2/ VT to deepen; (*question*) to go further into; **sans ~** without going too deeply into it

approfondissement [apʀɔfɔ̃dismɑ̃] NM (*de connaissances*) deepening

appropriation [apʀɔpʀijasjɔ̃] NF appropriation

approprié, e [apRɔpRije] ADJ: **~ (à)** appropriate (to), suited (to)

approprier [apRɔpRije] /7/ VT (*adapter*) adapt ■ **s'approprier** VPR to appropriate, take over

approuver [apRuve] /1/ VT to agree with; (*autoriser: loi, projet*) to approve, pass; (*trouver louable*) to approve of; **je vous approuve entièrement/ne vous approuve pas** I agree with you entirely/don't agree with you; **lu et approuvé** (read and) approved

approvisionnement [apRɔvizjɔnmɑ̃] NM supplying; (*provisions*) supply, stock

approvisionner [apRɔvizjɔne] /1/ VT to supply; (*compte bancaire*) to pay funds into; **~ qn en** to supply sb with ■ **s'approvisionner** VPR: **s'~ dans un certain magasin/au marché** to shop in a certain shop/at the market; **s'~ en** to stock up with

approximatif, -ive [apRɔksimatif, -iv] ADJ approximate, rough; (*imprécis*) vague

approximation [apRɔksimasjɔ̃] NF approximation

approximativement [apRɔksimativmɑ̃] ADV approximately, roughly; vaguely

appt ABR = **appartement**

appui [apɥi] NM support; **prendre ~ sur** to lean on; (*objet*) to rest on; **point d'~** fulcrum; (*fig*) something to lean on; **à l'~ de** (*pour prouver*) in support of; **à l'~** *adv* to support one's argument; **l'~ de la fenêtre** the windowsill, the window ledge

appuie *etc* [apɥi] VB *voir* **appuyer**

appui-tête, appuie-tête [apɥitɛt] NM INV headrest

appuyé, e [apɥije] ADJ (*regard*) meaningful; (*: insistant*) intent, insistent; (*excessif: politesse, compliment*) exaggerated, overdone

★**appuyer** [apɥije] /8/ VT (*poser, soutenir: personne, demande*) to support, back (up); **~ qch sur/contre/à** to lean *ou* rest sth on/against ▶ VI: **~ sur** (*bouton*) to press, push; (*mot, détail*) to stress, emphasize; **~ sur le frein** to brake, apply the brakes; **~ sur le champignon** to put one's foot down; **~ contre** (*toucher: mur, porte*) to lean *ou* rest against; **~ à droite** *ou* **sur sa droite** to bear (to the) right ■ **s'appuyer sur** VPR (*chose: peser sur*) to lean on, rest (heavily) on, press against; (*compter sur*) to rely on; **s'~ sur qn** to lean on sb

apr. ABR = **après**

âpre [ɑpR] ADJ acrid, pungent; (*fig*) harsh; (*lutte*) bitter; **~ au gain** grasping, greedy

après [apRɛ] PRÉP after; **d'~** *prép* (*selon*) according to; **d'~ lui** according to him; **d'~ moi** in my opinion; **~ quoi** after which; **et (puis) ~?** so what? ▶ ADV afterwards; **deux heures ~** two hours later; **~ qu'il est parti/avoir fait** after he left/having done; **courir ~ qn** to run after sb; **crier ~ qn** to shout at sb; **~ coup** *adv* after the event, afterwards; **être toujours ~ qn** (*critiquer etc*) to be always on at sb; **~ tout** *adv* (*au fond*) after all

après-demain [apRɛdmɛ̃] ADV the day after tomorrow

après-guerre [apRɛgɛR] NM post-war years *pl*; **d'~** *adj* post-war

après-midi [apRɛmidi] NM OU F INV afternoon

après-rasage [apRɛRazaʒ] NM INV after-shave

après-shampooing [apRɛʃɑ̃pwɛ̃] NM INV conditioner

après-ski [apRɛski] NM INV (*chaussure*) snow boot; (*moment*) après-ski

après-soleil [apRɛsɔlɛj] ADJ INV after-sun *cpd* ▶ NM after-sun cream *ou* lotion

après-vente [apRɛvɑ̃t] ADJ INV after-sales *cpd*

âpreté [ɑpRəte] NF (*voir âpre*) pungency; harshness; bitterness

à-propos [apRɔpo] NM (*d'une remarque*) aptness; **faire preuve d'~** to show presence of mind, do the right thing; **avec ~** suitably, aptly

apte [apt] ADJ: **~ à qch/faire qch** capable of sth/doing sth; **~ (au service)** (*Mil*) fit (for service)

aptitude [aptityd] NF ability, aptitude

apurer [apyRe] /1/ VT (*Comm*) to clear

aquabike [akwabajk] NM aquabike

aquaculture [akwakyltyR] NF fish farming

aquagym® [akwaʒim] NF aquaerobics *sg*

aquaplanage [akwaplanaʒ] NM (*Auto*) aquaplaning

aquaplane [akwaplan] NM (*planche*) aquaplane; (*sport*) aquaplaning

aquaplaning [akwaplaniŋ] NM aquaplaning

aquarelle [akwaRɛl] NF (*tableau*) watercolour (BRIT), watercolor (US); (*genre*) watercolo(u)rs *pl*, aquarelle

aquarelliste [akwaRelist] NMF painter in watercolo(u)rs

aquarium [akwaRjɔm] NM aquarium

aquatique [akwatik] ADJ aquatic, water *cpd*

aqueduc [ak(ə)dyk] NM aqueduct

aqueux, -euse [akø, -øz] ADJ aqueous

aquilin [akilɛ̃] ADJ M: **nez ~** aquiline nose

AR SIGLE M = **accusé de réception**; (*Aviat, Rail etc*) = **aller (et) retour**; **lettre/paquet avec AR** recorded delivery letter/parcel ▶ ABR (*Auto*) = **arrière**

arabe [aRab] ADJ Arabic; (*désert, cheval*) Arabian; (*nation, peuple*) Arab ▶ NM (*Ling*) Arabic ▶ NMF: **Arabe** Arab

arabesque [aRabɛsk] NF arabesque

Arabie [aRabi] NF: **l'~** Arabia; **l'~ Saoudite** *ou* **Séoudite** Saudi Arabia

arable [aRabl] ADJ arable

arachide [aRaʃid] NF groundnut (plant); (*graine*) peanut, groundnut

araignée [aReɲe] NF spider; **~ de mer** spider crab

araser [aRaze] /1/ VT to level; (*en rabotant*) to plane (down)

aratoire [aRatwaR] ADJ: **instrument ~** ploughing implement

arbalète [aRbalɛt] NF crossbow

arbitrage [aRbitRaʒ] NM refereeing; umpiring; arbitration

arbitraire [aRbitRɛR] ADJ arbitrary

arbitrairement [aRbitRɛRmɑ̃] ADV arbitrarily

★**arbitre** [aRbitR] NMF (*Sport*) referee; (*: Tennis, Cricket*) umpire; (*fig*) arbiter, judge; (*Jur*) arbitrator

arbitrer [aRbitRe] /1/ VT to referee; to umpire; to arbitrate

arboré, e [aRbɔRe] ADJ (*jardin*) planted with trees

arborer [aʀbɔʀe] /1/ VT to bear, display; (*avec ostentation*) to sport
arborescence [aʀbɔʀesɑ̃s] NF tree structure
arboricole [aʀbɔʀikɔl] ADJ (*animal*) arboreal; (*technique*) arboricultural
arboriculture [aʀbɔʀikyltyʀ] NF arboriculture; **~ fruitière** fruit (tree) growing
★**arbre** [aʀbʀ] NM tree; (*Tech*) shaft; **~ à cames** (*Auto*) camshaft; **~ fruitier** fruit tree; **~ généalogique** family tree; **~ de Noël** Christmas tree; **~ de transmission** (*Auto*) drive shaft
arbrisseau, x [aʀbʀiso] NM shrub
arbuste [aʀbyst] NM small shrub, bush
arc [aʀk] NM (*arme*) bow; (*Géom*) arc; (*Archit*) arch; **~ de cercle** arc of a circle; **en ~ de cercle** *adj* semi-circular
arcade [aʀkad] NF arch(way); **~ sourcilière** arch of the eyebrows ■ **arcades** NFPL arcade *sg*, arches
arcanes [aʀkan] NMPL mysteries
arc-boutant [aʀkbutɑ̃] (*pl* **arcs-boutants**) NM flying buttress
arc-bouter [aʀkbute] /1/: **s'arc-bouter** VPR: **s'~ contre qch** to lean *ou* press against sth; (*fig*) to resist sth
arceau, x [aʀso] NM (*métallique etc*) hoop
arc-en-ciel [aʀkɑ̃sjɛl] (*pl* **arcs-en-ciel**) NM rainbow
archaïque [aʀkaik] ADJ archaic
archaïsme [aʀkaism] NM archaism
archange [aʀkɑ̃ʒ] NM archangel
arche [aʀʃ] NF arch; **~ de Noé** Noah's Ark
archéologie [aʀkeɔlɔʒi] NF arch(a)eology
archéologique [aʀkeɔlɔʒik] ADJ arch(a)eological
archéologue [aʀkeɔlɔg] NMF arch(a)eologist
archer [aʀʃe] NM archer
archet [aʀʃɛ] NM bow
archétype [aʀketip] NM (*modèle*) archetype; **être l'~ de qch** to epitomize sth
archevêché [aʀʃəveʃe] NM archbishopric; (*palais*) archbishop's palace
archevêque [aʀʃəvɛk] NM archbishop
archi... [aʀʃi] PRÉFIXE (*très*) dead, extra
archibondé, e [aʀʃibɔ̃de] ADJ chock-a-block (BRIT), packed solid
archiduc [aʀʃidyk] NM archduke
archiduchesse [aʀʃidyʃɛs] NF archduchess
archipel [aʀʃipɛl] NM archipelago
archisimple [aʀʃisɛ̃pl] ADJ dead easy *ou* simple
★**architecte** [aʀʃitɛkt] NMF architect
architectural, e, -aux [aʀʃitɛktyʀal, -o] ADJ architectural
architecture [aʀʃitɛktyʀ] NF architecture
architrave [aʀʃitʀav] NF (*Archit*) architrave
archivage [aʀʃivaʒ] NM filing
archive [aʀʃiv] NF file ■ **archives** NFPL (*collection*) archives
archiver [aʀʃive] /1/ VT to file
archiviste [aʀʃivist] NMF archivist
arçon [aʀsɔ̃] NM *voir* **cheval**
arctique [aʀktik] ADJ Arctic; **le cercle A~** the Arctic Circle; **l'océan A~** the Arctic Ocean ▸ NM: **l'A~** the Arctic
ardemment [aʀdamɑ̃] ADV ardently, fervently
ardent, e [aʀdɑ̃, -ɑ̃t] ADJ (*soleil*) blazing; (*fièvre*) raging; (*amour*) ardent, passionate; (*prière*) fervent
ardeur [aʀdœʀ] NF blazing heat; (*fig*) fervour, ardour
ardoise [aʀdwaz] NF slate
ardu, e [aʀdy] ADJ (*travail*) arduous; (*problème*) difficult; (*pente*) steep, abrupt
are [aʀ] NM are, 100 square metres
arène [aʀɛn] NF arena; (*fig*): **l'~ politique** the political arena ■ **arènes** NFPL bull-ring *sg*
arête [aʀɛt] NF (*de poisson*) bone; (*d'une montagne*) ridge; (*Géom etc*) edge (*where two faces meet*)
arg. ABR = **argus**
★**argent** [aʀʒɑ̃] NM (*métal*) silver; (*monnaie*) money; (*couleur*) silver; **en avoir pour son ~** to get value for money; **gagner beaucoup d'~** to earn a lot of money; **~ comptant** (hard) cash; **~ de poche** pocket money; **~ liquide** ready money, (ready) cash
argenté, e [aʀʒɑ̃te] ADJ silver(y); (*métal*) silver-plated
argenter [aʀʒɑ̃te] /1/ VT to silver(-plate)
argenterie [aʀʒɑ̃tʀi] NF silverware; (*en métal argenté*) silver plate
argentin, e [aʀʒɑ̃tɛ̃, -in] ADJ Argentinian, Argentine ▸ NM/F: **Argentin, e** Argentinian, Argentine
Argentine [aʀʒɑ̃tin] NF: **l'~** Argentina, the Argentine
argentique [aʀʒɑ̃tik] ADJ (*appareil photo*) film *cpd*
argile [aʀʒil] NF clay
argileux, -euse [aʀʒilø, -øz] ADJ clayey
argot [aʀgo] NM slang

> **Argot** was the term originally used to describe the jargon of the criminal underworld, characterized by colourful images and distinctive intonation and designed to confuse the outsider. Some French authors wrote in *argot* and so have helped it spread and grow. More generally, the special vocabulary used by any social or professional group is also known as *argot*.

argotique [aʀgɔtik] ADJ slang *cpd*; (*très familier*) slangy
arguer [aʀgɥe] /1/: **~ de** *vt* to put forward as a pretext *ou* reason; **~ que** to argue that
argument [aʀgymɑ̃] NM argument
argumentaire [aʀgymɑ̃tɛʀ] NM list of sales points; (*brochure*) sales leaflet
argumentation [aʀgymɑ̃tasjɔ̃] NF (*fait d'argumenter*) arguing; (*ensemble des arguments*) argument
argumenter [aʀgymɑ̃te] /1/ VI to argue
argus [aʀgys] NM *guide to second-hand car etc prices*
arguties [aʀgysi] NFPL pettifoggery *sg* (BRIT), quibbles
aride [aʀid] ADJ arid
aridité [aʀidite] NF aridity
arien, ne [aʀjɛ̃, -ɛn] ADJ Arian
aristocrate [aʀistɔkʀat] NMF aristocrat
aristocratie [aʀistɔkʀasi] NF aristocracy
aristocratique [aʀistɔkʀatik] ADJ aristocratic
arithmétique [aʀitmetik] ADJ arithmetic(al) ▸ NF arithmetic

armada [aʀmada] NF (*fig*) army

armagnac [aʀmaɲak] NM Armagnac

armateur [aʀmatœʀ] NM shipowner

armature [aʀmatyʀ] NF framework; (*de tente etc*) frame; (*de corset*) bone; (*de soutien-gorge*) wiring

★**arme** [aʀm] NF weapon; **se battre à l'~ blanche** to fight with blades; **~ à feu** firearm; (*section de l'armée*) arm ■ **armes** NFPL weapons, arms; (*blason*) (coat of) arms; **les armes** (*profession*) soldiering *sg*; **à armes égales** on equal terms; **en armes** up in arms; **passer par les armes** to execute (by firing squad); **prendre/présenter les armes** to take up/present arms; **armes de destruction massive** weapons of mass destruction

armé, e [aʀme] ADJ armed; **~ de** armed with

armée [aʀme] NF army; **~ de l'air** Air Force; **l'~ du Salut** the Salvation Army; **~ de terre** Army

armement [aʀməmɑ̃] NM (*matériel*) arms *pl*, weapons *pl*; (*: d'un pays*) arms *pl*, armament; (*action d'équiper: d'un navire*) fitting out; **armements nucléaires** nuclear armaments; **course aux armements** arms race

Arménie [aʀmeni] NF: **l'~** Armenia

arménien, ne [aʀmenjɛ̃, -ɛn] ADJ Armenian ▸ NM (*Ling*) Armenian ▸ NM/F: **Arménien, ne** Armenian

armer [aʀme] /1/ VT to arm; (*arme à feu*) to cock; (*appareil photo*) to wind on; **~ qch de** to fit sth with; (*renforcer*) to reinforce sth with; **~ qn de** to arm *ou* equip sb with ■ **s'armer** VPR: **s'~ de** to arm o.s. with

armistice [aʀmistis] NM armistice; **l'A~** ≈ Remembrance (BRIT) *ou* Veterans (US) Day

★**armoire** [aʀmwaʀ] NF (tall) cupboard; (*penderie*) wardrobe (BRIT), closet (US); **~ à pharmacie** medicine chest

armoiries [aʀmwaʀi] NFPL coat of arms *sg*

armure [aʀmyʀ] NF armour *no pl*, suit of armour

armurerie [aʀmyʀʀi] NF arms factory; (*magasin*) gunsmith's (shop)

armurier [aʀmyʀje] NM gunsmith; (*Mil, d'armes blanches*) armourer

ARN SIGLE M (= *acide ribonucléique*) RNA

arnaque [aʀnak] NF (*fam*) swindling; **c'est de l'~** it's daylight robbery

arnaquer [aʀnake] /1/ VT (*fam*) to do (*fam*), swindle; **se faire ~** to be had (*fam*) *ou* done

arnaqueur [aʀnakœʀ] NM swindler

arnica [aʀnika] NM: **(teinture d')arnica** arnica

arobase [aʀɔbaz] NF (*Inform*) "at" symbol, @; **« paul ~ société point fr »** "paul at société dot fr"

aromates [aʀɔmat] NMPL seasoning *sg*, herbs (and spices)

aromathérapie [aʀɔmateʀapi] NF aromatherapy

aromatique [aʀɔmatik] ADJ aromatic

aromatisé, e [aʀɔmatize] ADJ flavoured

arôme [aʀom] NM aroma; (*d'une fleur etc*) fragrance

arpège [aʀpɛʒ] NM arpeggio

arpentage [aʀpɑ̃taʒ] NM (land) surveying

arpenter [aʀpɑ̃te] /1/ VT to pace up and down

arpenteur [aʀpɑ̃tœʀ] NM land surveyor

ARPP SIGLE M (= *Autorité de régulation professionnelle de la publicité*) advertising standards authority

arqué, e [aʀke] ADJ arched; (*jambes*) bow *cpd*, bandy

arr. ABR = **arrondissement**

arrachage [aʀaʃaʒ] NM: **~ des mauvaises herbes** weeding

arraché [aʀaʃe] NM (*Sport*) snatch; **obtenir à l'~** (*fig*) to snatch

arrache-pied [aʀaʃpje]: **d'~** *adv* relentlessly

arracher [aʀaʃe] /1/ VT to pull out; (*page etc*) to tear off, tear out; (*déplanter: légume, herbe, souche*) to pull up; (*bras etc: par explosion*) to blow off; (*: par accident*) to tear off; **~ qch à qn** to snatch sth from sb; (*fig*) to wring sth out of sb, wrest sth from sb; **~ qn à** (*solitude, rêverie*) to drag sb out of; (*famille etc*) to tear *ou* wrench sb away from; **se faire ~ une dent** to have a tooth out *ou* pulled (US) ■ **s'arracher** VPR (*article très recherché*) to fight over; **s'~ de** (*lieu*) to tear o.s. away from; (*habitude*) to force o.s. out of

arraisonner [aʀɛzɔne] /1/ VT to board and search

arrangeant, e [aʀɑ̃ʒɑ̃, -ɑ̃t] ADJ accommodating, obliging

arrangement [aʀɑ̃ʒmɑ̃] NM arrangement

★**arranger** [aʀɑ̃ʒe] /3/ VT to arrange; (*réparer*) to fix, put right; (*régler*) to settle, sort out; (*convenir à*) to suit, be convenient for; **cela m'arrange** that suits me (fine) ■ **s'arranger** VPR (*se mettre d'accord*) to come to an agreement *ou* arrangement; (*s'améliorer: querelle, situation*) to be sorted out; (*se débrouiller*): **s'~ pour que ...** to arrange things so that ...; **je vais m'~** I'll manage; **ça va s'~** it'll sort itself out; **s'~ pour faire** to make sure that *ou* see to it that one can do

arrangeur [aʀɑ̃ʒœʀ] NM (*Mus*) arranger

arrestation [aʀɛstasjɔ̃] NF arrest

arrêt [aʀɛ] NM stopping; (*de bus etc*) stop; (*Jur*) judgment, decision; (*Football*) save; **être à l'~** to be stopped, have come to a halt; **rester** *ou* **tomber en ~ devant** to stop short in front of; **sans ~** without stopping, non-stop; (*fréquemment*) continually; **~ d'autobus** bus stop; **~ facultatif** request stop; **~ de mort** capital sentence; **~ de travail** stoppage (of work) ■ **arrêts** NMPL (*Mil*) arrest *sg*

arrêté, e [aʀete] ADJ (*idées*) firm, fixed ▸ NM order, decree; **~ municipal** ≈ bylaw, bye-law

arrêter [aʀete] /1/ VT to stop; (*chauffage etc*) to turn off, switch off; (*Comm: compte*) to settle; (*Couture: point*) to fasten off; (*fixer: date etc*) to appoint, decide on; (*criminel, suspect*) to arrest; **~ de faire** to stop doing; **arrête de te plaindre** stop complaining; **ne pas ~ de faire** to keep on doing ■ **s'arrêter** VPR to stop; (*s'interrompre*) to stop o.s.; **s'~ de faire** to stop doing; **s'~ sur** (*choix, regard*) to fall on

arrhes [aʀ] NFPL deposit *sg*

arrière [aʀjɛʀ] NM back; (*Sport*) fullback; **à l'~** *adv* behind, at the back; **en ~** *adv* behind; (*regarder*) back, behind; (*tomber, aller*) backwards; **en ~ de** *prép* behind ▸ ADJ INV: **siège/roue ~** back *ou* rear seat/wheel ■ **arrières** NMPL (*fig*): **protéger ses arrières** to protect the rear

arriéré, e [aʀjeʀe] ADJ (*péj*) backward ▸ NM (*d'argent*) arrears *pl*

arrière-boutique [aʀjɛʀbutik] NF back shop

arrière-cour [aʀjɛʀkuʀ] NF backyard

arrière-cuisine [aʀjɛʀkɥizin] NF scullery

arrière-garde [aʀjɛʀgaʀd] NF rearguard
arrière-goût [aʀjɛʀgu] NM aftertaste
arrière-grand-mère [aʀjɛʀgʀɑ̃mɛʀ] (*pl* **arrière-grands-mères**) NF great-grandmother
arrière-grand-père [aʀjɛʀgʀɑ̃pɛʀ] (*pl* **arrière-grands-pères**) NM great-grandfather
arrière-grands-parents [aʀjɛʀgʀɑ̃paʀɑ̃] NMPL great-grandparents
arrière-pays [aʀjɛʀpei] NM INV hinterland
arrière-pensée [aʀjɛʀpɑ̃se] NF ulterior motive; (*doute*) mental reservation
arrière-petite-fille [aʀjɛʀpətitfij] (*pl* **arrière-petites-filles**) NF great-granddaughter
arrière-petit-fils [aʀjɛʀpətifis] (*pl* **arrière-petits-fils**) NM great-grandson
arrière-petits-enfants [aʀjɛʀpətizɑ̃fɑ̃] NMPL great-grandchildren
arrière-plan [aʀjɛʀplɑ̃] NM background; **à l'~** in the background; **d'~** *adj* (*Inform*) background *cpd*
arrière-saison [aʀjɛʀsɛzɔ̃] NF late autumn
arrière-salle [aʀjɛʀsal] NF back room
arrière-train [aʀjɛʀtʀɛ̃] NM hindquarters *pl*
arrimer [aʀime] /1/ VT (*cargaison*) to stow; (*fixer*) to secure, fasten securely
arrivage [aʀivaʒ] NM consignment
arrivant, e [aʀivɑ̃, -ɑ̃t] NM/F newcomer
arrivée [aʀive] NF arrival; (*ligne d'arrivée*) finish; **~ d'air/de gaz** air/gas inlet; **courrier à l'~** incoming mail; **à mon ~** when I arrived
★**arriver** [aʀive] /1/ VI to arrive; (*survenir*) to happen, occur; **j'arrive !** (I'm) just coming!; **il arrive à Paris à 8 h** he gets to *ou* arrives in Paris at 8; **~ à destination** to arrive at one's destination; **~ à** (*atteindre*) to reach; **~ à (faire) qch** (*réussir*) to manage (to do) sth; **~ à échéance** to fall due; **en ~ à faire ...** to end up doing ..., get to the point of doing ...; **il arrive que ...** it happens that ...; **il lui arrive de faire ...** he sometimes does ...
arrivisme [aʀivism] NM ambition, ambitiousness
arriviste [aʀivist] NMF go-getter
arrobase [aʀɔbaz] NF (*Inform*) "at" symbol, @
arrogance [aʀɔgɑ̃s] NF arrogance
arrogant, e [aʀɔgɑ̃, -ɑ̃t] ADJ arrogant
arroger [aʀɔʒe] /3/: **s'arroger** VPR to assume (without right); **s'~ le droit de ...** to assume the right to ...
arrondi, e [aʀɔ̃di] ADJ round ▶ NM roundness
arrondir [aʀɔ̃diʀ] /2/ VT (*forme, objet*) to round; (*somme*) to round off; **~ ses fins de mois** to supplement one's pay ■ **s'arrondir** VPR to become round(ed)
★**arrondissement** [aʀɔ̃dismɑ̃] NM (*Admin*) ≈ district

An **arrondissement municipal** is an administrative subdivision of the cities of Paris, Lyon and Marseille, which have 20, 9 and 16 *arrondissements* respectively. Each *arrondissement* has an elected *conseil* which, in turn, chooses a mayor. It is not to be confused with the *arrondissement départemental*, which is a subdivision of a *département* made up of several *cantons*.

arrosage [aʀozaʒ] NM watering; **tuyau d'~** hose(pipe)
★**arroser** [aʀoze] /1/ VT to water; (*victoire etc*) to celebrate (over a drink); (*Culin*) to baste
arroseur [aʀozœʀ] NM (*tourniquet*) sprinkler
arroseuse [aʀozøz] NF water cart
arrosoir [aʀozwaʀ] NM watering can
arrt ABR = **arrondissement**
arsenal, -aux [aʀsənal, -o] NM (*Navig*) naval dockyard; (*Mil*) arsenal; (*fig*) gear, paraphernalia
arsenic [aʀsənik] NM arsenic
art [aʀ] NM art; **avoir l'~ de faire** (*fig: personne*) to have a talent for doing; **les arts** the arts; **livre/critique d'~** art book/ critic; **objet d'~** objet d'art; **~ dramatique** dramatic art; **arts martiaux** martial arts; **arts et métiers** applied arts and crafts; **arts ménagers** home economics *sg*; **arts plastiques** plastic arts
art. ABR = **article**
artère [aʀtɛʀ] NF (*Anat*) artery; (*rue*) main road
artériel, le [aʀteʀjɛl] ADJ arterial
artériosclérose [aʀteʀjɔskleʀoz] NF arteriosclerosis
arthrite [aʀtʀit] NF arthritis
arthropode [aʀtʀɔpɔd] NM arthropod
arthroscopie [aʀtʀɔskɔpi] NF arthroscopy
arthrose [aʀtʀoz] NF (degenerative) osteoarthritis
artichaut [aʀtiʃo] NM artichoke
★**article** [aʀtikl] NM article; (*Comm*) item, article; **faire l'~** (*Comm*) to do one's sales spiel; **faire l'~ de** (*fig*) to sing the praises of; **à l'~ de la mort** at the point of death; **~ défini/indéfini** definite/indefinite article; **~ de fond** (*Presse*) feature article; **articles de bureau** office equipment; **articles de voyage** travel goods *ou* items
articulaire [aʀtikylɛʀ] ADJ of the joints, articular
articulation [aʀtikylasjɔ̃] NF articulation; (*Anat*) joint
articulé, e [aʀtikyle] ADJ (*membre*) jointed; (*poupée*) with moving joints
articuler [aʀtikyle] /1/ VT to articulate ■ **s'articuler sur** VPR (*Anat, Tech*) to articulate (with); **s'~ autour de** (*fig*) to centre around *ou* on, turn on
artifice [aʀtifis] NM device, trick
artificiel, le [aʀtifisjɛl] ADJ artificial
artificiellement [aʀtifisjɛlmɑ̃] ADV artificially
artificier [aʀtifisje] NM pyrotechnist
artificieux, -euse [aʀtifisjø, -øz] ADJ guileful, deceitful
artillerie [aʀtijʀi] NF artillery, ordnance
artilleur [aʀtijœʀ] NM artilleryman, gunner
artisan [aʀtizɑ̃] NM artisan, (self-employed) craftsman; **l'~ de la victoire/du malheur** the architect of victory/of the disaster
artisanal, e, -aux [aʀtizanal, -o] ADJ of *ou* made by craftsmen; (*péj*) cottage industry *cpd*, unsophisticated; **de fabrication artisanale** home-made
artisanalement [aʀtizanalmɑ̃] ADV by craftsmen
artisanat [aʀtizana] NM arts and crafts *pl*

★**artiste** [aʀtist] NMF artist; (*Théât, Mus*) artist, performer; (*de variétés*) entertainer

artistique [aʀtistik] ADJ artistic

artistiquement [aʀtistikmɑ̃] ADV artistically

arum [aʀɔm] NM arum lily

aryen, ne [aʀjɛ̃, -ɛn] ADJ Aryan

AS SIGLE F (*Sport*: = *Association sportive*) ≈ FC (= *Football Club*)

as VB [a] *voir* **avoir** ▸ NM [ɑs] ace

a/s ABR (= *aux soins de*) c/o

ASBL SIGLE F (= *association sans but lucratif*) non-profit-making organization

asc. ABR = **ascenseur**

ascendance [asɑ̃dɑ̃s] NF (*origine*) ancestry; (*Astrologie*) ascendant

ascendant, e [asɑ̃dɑ̃, -ɑ̃t] ADJ upward ▸ NM influence ▪ **ascendants** NMPL ascendants

★**ascenseur** [asɑ̃sœʀ] NM lift (BRIT), elevator (US)

ascension [asɑ̃sjɔ̃] NF ascent; (*de montagne*) climb; **l'A~** (*Rel*) the Ascension (: *jour férié*) Ascension (Day); *see note*; **(île de) l'A~** Ascension Island

> The **fête de l'Ascension** is a public holiday in France. It always falls on a Thursday, usually in May. Many French people take the following Friday off work too and enjoy a long weekend, a practice known as *faire le pont* (see note at entry *pont*).

ascète [asɛt] NMF ascetic

ascétique [asetik] ADJ ascetic

ascétisme [asetism] NM asceticism

ascorbique [askɔʀbik] ADJ: **acide ~** ascorbic acid

ASE SIGLE F (= *Agence spatiale européenne*) ESA (= *European Space Agency*)

asepsie [asɛpsi] NF asepsis

aseptique [asɛptik] ADJ aseptic

aseptisé, e [asɛptize] ADJ (*péj*) sanitized

aseptiser [asɛptize] VT (*stériliser: pièce, instruments*) to sterilize; (*fig, péj*) to sanitize

asexué, e [asɛksɥe] ADJ asexual

ashkénaze [aʃkenɑz] ADJ, NMF Ashkenazi

asiatique [azjatik] ADJ Asian, Asiatic ▸ NMF: **Asiatique** Asian

★**Asie** [azi] NF: **l'~** Asia

asile [azil] NM (*refuge*) refuge, sanctuary; (*pour malades, vieillards etc*) home; **droit d'~** (*Pol*) (political) asylum; **accorder l'~ politique à qn** to grant *ou* give sb political asylum; **chercher/trouver ~ quelque part** to seek/find refuge somewhere

asocial, e, -aux [asɔsjal, -o] ADJ antisocial

aspartame [aspaʀtam] NM aspartame

aspect [aspɛ] NM appearance, look; (*fig*) aspect, side; (*Ling*) aspect; **à l'~ de** at the sight of

asperge [aspɛʀʒ] NF asparagus *no pl*

asperger [aspɛʀʒe] /3/ VT to spray, sprinkle

aspérité [aspeʀite] NF excrescence, protruding bit (of rock *etc*)

aspersion [aspɛʀsjɔ̃] NF spraying, sprinkling

asphalte [asfalt] NM asphalt

asphyxiant, e [asfiksjɑ̃, -ɑ̃t] ADJ suffocating; **gaz ~** poison gas

asphyxie [asfiksi] NF suffocation, asphyxia, asphyxiation

asphyxier [asfiksje] /7/ VT to suffocate, asphyxiate; (*fig*) to stifle; **mourir asphyxié** to die of suffocation *ou* asphyxiation

aspic [aspik] NM (*Zool*) asp; (*Culin*) aspic

aspirant, e [aspiʀɑ̃, -ɑ̃t] ADJ: **pompe aspirante** suction pump ▸ NM (*Navig*) midshipman

★**aspirateur** [aspiʀatœʀ] NM vacuum cleaner, hoover®; **passer l'~** to vacuum

aspiration [aspiʀasjɔ̃] NF inhalation, sucking (up); drawing up ▪ **aspirations** NFPL (*ambitions*) aspirations

aspirer [aspiʀe] /1/ VT (*air*) to inhale; (*liquide*) to suck (up); (*appareil*) to suck *ou* draw up; **~ à** *vt* to aspire to

★**aspirine** [aspiʀin] NF aspirin

assagir [asaʒiʀ] /2/ VT to quieten down, settle down ▪ **s'assagir** VPR to quieten down, settle down

assaillant, e [asajɑ̃, -ɑ̃t] NM/F assailant, attacker

assaillir [asajiʀ] /13/ VT to assail, attack; **~ qn de** (*questions*) to assail *ou* bombard sb with

assainir [aseniʀ] /2/ VT to clean up; (*eau, air*) to purify

assainissement [asenismɑ̃] NM cleaning up; purifying

assaisonnement [asɛzɔnmɑ̃] NM seasoning

assaisonner [asɛzɔne] /1/ VT to season; **bien assaisonné** highly seasoned

assassin [asasɛ̃] NM murderer; assassin

assassinat [asasina] NM murder; assassination

assassiner [asasine] /1/ VT to murder; (*Pol*) to assassinate

assaut [aso] NM assault, attack; **prendre d'~** to (take by) storm, assault; **donner l'~ (à)** to attack; **faire ~ de** (*rivaliser*) to vie with *ou* rival each other in

assèchement [asɛʃmɑ̃] NM draining, drainage

assécher [aseʃe] /6/ VT to drain

assemblage [asɑ̃blaʒ] NM (*action*) assembling; (*Menuiserie*) joint; **un ~ de** (*fig*) a collection of; **langage d'~** (*Inform*) assembly language

assemblée [asɑ̃ble] NF (*réunion*) meeting; (*public, assistance*) gathering; assembled people; (*Pol*) assembly; (*Rel*): **l'~ des fidèles** the congregation; **l'A~ nationale (AN)** the (French) National Assembly; *see note*

> The **Assemblée nationale** is the lower house of the French Parliament, the upper house being the *Sénat*. It is housed in the Palais Bourbon in Paris. Its members, or *députés*, are elected every five years.

assembler [asɑ̃ble] /1/ VT (*joindre, monter*) to assemble, put together; (*amasser*) to gather (together), collect (together) ▪ **s'assembler** VPR to gather, collect

assembleur [asɑ̃blœʀ] NM assembler, fitter; (*Inform*) assembler

assener, asséner [asene] /5/ VT: **~ un coup à qn** to deal sb a blow

assentiment [asɑ̃timɑ̃] NM assent, consent; (*approbation*) approval

★**asseoir** [aswaʀ] /26/ VT (*malade, bébé*) to sit up; (*personne debout*) to sit down; (*autorité, réputation*) to establish; **faire ~ qn** to ask sb to sit down; **~ qch sur** to build sth on; (*appuyer*) to base sth on ■ **s'asseoir** VPR to sit (o.s.) up; to sit (o.s.) down; **asseyez-vous !, assieds-toi !** sit down!

assermenté, e [asɛʀmɑ̃te] ADJ sworn, on oath

assertion [asɛʀsjɔ̃] NF assertion

asservir [asɛʀviʀ] /2/ VT to subjugate, enslave

asservissement [asɛʀvismɑ̃] NM (*action*) enslavement; (*état*) slavery

assesseur [asesœʀ] NM (*Jur*) assessor

asseyais *etc* [asɛjɛ] VB *voir* **asseoir**

★**assez** [ase] ADV (*suffisamment*) enough, sufficiently; (*passablement*) rather, quite, fairly; **~ !** enough!, that'll do!; **~/pas ~ cuit** well enough done/underdone; **est-il ~ fort/rapide ?** is he strong/fast enough?; **il est passé ~ vite** he went past rather *ou* quite *ou* fairly fast; **~ de pain/livres** enough *ou* sufficient bread/books; **vous en avez ~ ?** have you got enough?; **en avoir ~ de qch** (*en être fatigué*) to have had enough of sth; **j'en ai ~ !** I've had enough!; **travailler ~** to work (hard) enough

> **Fairly**, **quite** et **rather** servent tous à modifier un adjectif ou un adverbe, mais avec des nuances : **rather** est moins neutre que **quite** et **fairly**. Par exemple, **it's rather expensive** suggère que la personne qui parle trouve la chose en question un peu trop chère, alors que **it's quite** ou **fairly expensive** est plus neutre.

assidu, e [asidy] ADJ assiduous, painstaking; (*régulier*) regular; **~ auprès de qn** attentive towards sb

assiduité [asidɥite] NF assiduousness, painstaking regularity; attentiveness ■ **assiduités** NFPL assiduous attentions

assidûment [asidymɑ̃] ADV assiduously, painstakingly; attentively

assied *etc* [asje] VB *voir* **asseoir**

assiégé, e [asjeʒe] ADJ under siege, besieged

assiéger [asjeʒe] /3, 6/ VT to besiege, lay siege to; (*foule, touristes*) to mob, besiege

assiérai *etc* [asjeʀe] VB *voir* **asseoir**

★**assiette** [asjɛt] NF plate; (*contenu*) plate(ful); (*équilibre*) seat; (*de colonne*) seating; (*de navire*) trim; **il n'est pas dans son ~** he's not feeling quite himself; **~ à dessert** dessert *ou* side plate; **~ anglaise** assorted cold meats; **~ creuse** (soup) dish, soup plate; **~ de l'impôt** basis of (tax) assessment; **~ plate** (dinner) plate

assiettée [asjete] NF plateful

assignation [asiɲasjɔ̃] NF assignation; (*Jur*) summons; (: *de témoin*) subpoena; **~ à résidence** compulsory order of residence

assigner [asiɲe] /1/ VT: **~ qch à** to assign *ou* allot sth to; (*valeur, importance*) to attach sth to; (*somme*) to allocate sth to; (*limites*) to set *ou* fix sth to; (*cause, effet*) to ascribe *ou* attribute sth to; **~ qn à** (*affecter*) to assign sb to; **~ qn à résidence** (*Jur*) to give sb a compulsory order of residence

assimilable [asimilabl] ADJ easily assimilated *ou* absorbed

assimilation [asimilasjɔ̃] NF assimilation, absorption

assimilé, e [asimile] ADJ (*semblable*) similar; **ils sont assimilés aux infirmières** (*Admin*) they are classed as nurses ▶ NM: **cadres et assimilés** managers and those of equivalent grade

assimiler [asimile] /1/ VT to assimilate, absorb; (*comparer*): **~ qch/qn à** to liken *ou* compare sth/sb to ■ **s'assimiler** VPR (*s'intégrer*) to be assimilated *ou* absorbed

★**assis, e** [asi, -iz] PP *de* **asseoir** ▶ ADJ sitting (down), seated; **~ en tailleur** sitting cross-legged ▶ NF (*Constr*) course; (*Géo*) stratum (*pl* -a); (*fig*) basis (*pl* bases), foundation

assises [asiz] NFPL (*Jur*) assizes; (*congrès*) (annual) conference

assistanat [asistana] NM assistantship; (*à l'université*) probationary lectureship

assistance [asistɑ̃s] NF (*public*) audience; (*aide*) assistance; **porter** *ou* **prêter ~ à qn** to give sb assistance; **A~ publique** *public health service*; **enfant de l'A~ (publique)** child in care; **~ technique** technical aid

assistant, e [asistɑ̃, -ɑ̃t] NM/F assistant; (*d'université*) probationary lecturer; **assistante sociale** social worker ■ **assistants** NMPL (*auditeurs etc*) those present

assisté, e [asiste] ADJ (*Auto*) power-assisted; **~ par ordinateur** computer-assisted; **direction assistée** power steering ▶ NM/F (*péj*) person receiving aid from the State

★**assister** [asiste] /1/ VT to assist; **~ à** *vt* (*scène, événement*) to witness; (*conférence*) to attend, be (present) at; (*spectacle, match*) to be at, see

associatif, -ive [asɔsjatif, -iv] ADJ: **mouvement ~** community movement; **vie/radio associative** community life/radio; **tissu ~** fabric of community life

association [asɔsjasjɔ̃] NF association; (*Comm*) partnership; **~ d'idées/images** association of ideas/images

associé, e [asɔsje] NM/F associate; (*Comm*) partner

associer [asɔsje] /7/ VT to associate; **~ qn à** (*profits*) to give sb a share of; (*affaire*) to make sb a partner in; (*joie, triomphe*) to include sb in; **~ qch à** (*joindre, allier*) to combine sth with ■ **s'associer** VPR to join together; (*Comm*) to form a partnership; (*collaborateur*) to take on (as a partner); **s'~ à** (*couleurs, qualités*) to be combined with; (*opinions, joie de qn*) to share in; **s'~ à** *ou* **avec qn pour faire** to join (forces) *ou* join together with sb to do

assoie *etc* [aswa] VB *voir* **asseoir**

assoiffé, e [aswafe] ADJ thirsty; **~ de** (*sang*) thirsting for; (*gloire*) thirsting after

assoirai [asware], **assois** *etc* [aswa] VB *voir* **asseoir**

assolement [asɔlmɑ̃] NM (systematic) rotation of crops

assombrir [asɔ̃bʀiʀ] /2/ VT to darken; (*fig*) to fill with gloom ■ **s'assombrir** VPR to darken; (*devenir* *nuageux, fig: visage*) to cloud over; (*fig*) to become gloomy

assommant, e [asɔmɑ̃, -ɑ̃t] ADJ (*ennuyeux*) deadly boring, deadly dull; **c'est ~** it's a real bore

assommer [asɔme] /1/ VT to knock out, stun; (*fam: ennuyer*) to bore stiff

Assomption [asɔ̃psjɔ̃] NF: **l'~** the Assumption

> The **fête de l'Assomption**, more commonly known as *le 15 août*, is a national holiday in France. Traditionally, large numbers of people either set off on or return from their holidays on 15 August, frequently causing chaos on the roads.

assorti, e [asɔʀti] ADJ matched, matching; **fromages/légumes assortis** assorted cheeses/vegetables; **~ à** matching; **~ de** accompanied with; (*conditions, conseils*) coupled with; **bien/mal ~** well/ill-matched

assortiment [asɔʀtimɑ̃] NM (*choix*) assortment, selection; (*harmonie de couleurs, formes*) arrangement; (*Comm: lot, stock*) selection

assortir [asɔʀtiʀ] /2/ VT to match; **~ qch à** to match sth with; **~ qch de** to accompany sth with ■ **s'assortir** VPR to go well together, match; **s'~ de** to be accompanied by

assoupi, e [asupi] ADJ dozing, sleeping; (*fig*) (be) numbed; (*sens*) dulled

assoupir [asupiʀ] /2/: **s'assoupir** VPR (*personne*) to doze off; (*sens*) to go numb

assoupissement [asupismɑ̃] NM (*sommeil*) dozing; (*fig: somnolence*) drowsiness

assouplir [asupliʀ] /2/ VT to make supple, soften; (*membres, corps*) to limber up, make supple; (*fig*) to relax; (*: caractère*) to soften, make more flexible ■ **s'assouplir** VPR to soften; to limber up; to relax; to become more flexible

assouplissant [asuplisɑ̃] NM (fabric) softener

assouplissement [asuplismɑ̃] NM softening; limbering up; relaxation; **exercices d'~** limbering up exercises

assourdir [asuʀdiʀ] /2/ VT (*étouffer*) to deaden, muffle; (*bruit*) to deafen

assourdissant, e [asuʀdisɑ̃, -ɑ̃t] ADJ (*bruit*) deafening

assouvir [asuviʀ] /2/ VT to satisfy, appease

assouvissement [asuvismɑ̃] NM (*action, résultat*) satisfaction

assoyais *etc* [aswajɛ] VB *voir* **asseoir**

assujetti, e [asyʒeti] ADJ: **~ (à)** subject (to); (*Admin*) **~ à l'impôt** subject to tax(ation)

assujettir [asyʒetiʀ] /2/ VT to subject, subjugate; (*fixer: planches, tableau*) to fix securely; **~ qn à** (*règle, impôt*) to subject sb to

assujettissement [asyʒetismɑ̃] NM subjection, subjugation

assumer [asyme] /1/ VT (*fonction, emploi*) to assume, take on; (*accepter: conséquence, situation*) to accept

★**assurance** [asyʀɑ̃s] NF (*certitude*) assurance; (*confiance en soi*) (self-)confidence; (*contrat*) insurance (policy); (*secteur commercial*) insurance; **prendre une ~ contre** to take out insurance *ou* an insurance policy against; **~ contre l'incendie** fire insurance; **~ contre le vol** insurance against theft; **société d'~, compagnie d'assurances** insurance company; **~ au tiers** third party insurance; **~ maladie** health insurance; **~ tous risques** (*Auto*) comprehensive insurance; **assurances sociales** ≈ National Insurance (BRIT), ≈ Social Security (US)

assurance-vie [asyʀɑ̃svi] (*pl* **assurances-vie**) NF life assurance *ou* insurance

assurance-vol [asyʀɑ̃svɔl] (*pl* **assurances-vol**) NF insurance against theft

assuré, e [asyʀe] ADJ (*réussite, échec, victoire etc*) certain, sure; (*démarche, voix*) assured; (*pas*) steady, (self-)confident; (*certain*): **~ de** confident of; (*Assurances*) insured ▶ NM/F insured (person); **~ social** ≈ member of the National Insurance (BRIT) *ou* Social Security (US) scheme

assurément [asyʀemɑ̃] ADV assuredly, most certainly

★**assurer** [asyʀe] /1/ VT (*Comm*) to insure; (*stabiliser*) to steady, stabilize; (*victoire etc*) to ensure, make certain; (*frontières, pouvoir*) to make secure; (*service, garde*) to provide, operate; **~ qch à qn** (*garantir*) to secure *ou* guarantee sth for sb; (*certifier*) to assure sb of sth; **~ à qn que** to assure sb that; **je vous assure que non/si** I assure you that that is not the case/is the case; **~ qn de** to assure sb of; **~ ses arrières** (*fig*) to be sure one has something to fall back on ■ **s'assurer** VPR (*Comm*): **s'~ (contre)** to insure o.s. (against); **s'~ de/que** (*vérifier*) to make sure of/that; **s'~ (de)** (*aide de qn*) to secure; **s'~ sur la vie** to take out life insurance; **s'~ le concours/la collaboration de qn** to secure sb's aid/collaboration

assureur [asyʀœʀ] NM insurance agent; (*société*) insurers *pl*

Assyrie [asiʀi] NF: **l'~** Assyria

assyrien, ne [asiʀjɛ̃, -jɛn] ADJ Assyrian ▶ NM/F: **Assyrien, ne** Assyrian

astérisque [asteʀisk] NM asterisk

astéroïde [asteʀɔid] NM asteroid

asthénie [asteni] NF asthenia

asthmatique [asmatik] ADJ, NMF asthmatic

asthme [asm] NM asthma

asticot [astiko] NM maggot

asticoter [astikɔte] /1/ VT (*fam*) to needle, get at

astigmate [astigmat] ADJ (*Méd: personne*) astigmatic, having an astigmatism

astiquer [astike] /1/ VT to polish, shine

astrakan [astʀakɑ̃] NM astrakhan

astral, e, -aux [astʀal, -o] ADJ astral

astre [astʀ] NM star

astreignant, e [astʀɛɲɑ̃, -ɑ̃t] ADJ demanding

astreindre [astʀɛ̃dʀ] /49/ VT: **~ qn à qch** to force sth upon sb; **~ qn à faire** to compel *ou* force sb to do ■ **s'astreindre à** VPR to compel *ou* force o.s. to

astreinte [astʀɛ̃t] NF on-call duty; **être d'~** to be on call

astringent, e [astʀɛ̃ʒɑ̃, -ɑ̃t] ADJ astringent

astrologie [astʀɔlɔʒi] NF astrology

astrologique [astʀɔlɔʒik] ADJ astrological

astrologue [astʀɔlɔg] NMF astrologer

astronaute [astʀonot] NMF astronaut

astronautique [astʀɔnotik] NF astronautics *sg*

a

astronef [astʀɔnɛf] NM spacecraft, spaceship

astronome [astʀɔnɔm] NMF astronomer

astronomie [astʀɔnɔmi] NF astronomy

astronomique [astʀɔnɔmik] ADJ astronomic(al)

astrophysicien, ne [astʀɔfizisjɛ̃, -ɛn] NM/F astrophysicist

astrophysique [astʀɔfizik] NF astrophysics *sg*

astuce [astys] NF shrewdness, astuteness; (*truc*) trick, clever way; (*plaisanterie*) wisecrack

astucieusement [astysjøzmɑ̃] ADV shrewdly, cleverly, astutely

astucieux, -euse [astysjø, -øz] ADJ shrewd, clever, astute

asymétrie [asimetʀi] NF asymmetry

asymétrique [asimetʀik] ADJ asymmetric(al)

asymptomatique [asɛ̃ptɔmatik] ADJ (*maladie, sujet*) asymptomatic

AT SIGLE M (= *Ancien Testament*) OT

atavique [atavik] ADJ atavistic

atavisme [atavism] NM atavism, heredity

ataxie [ataksi] NF ataxia

★**atelier** [atəlje] NM workshop; (*de peintre*) studio

atermoiements [atɛʀmwamɑ̃] NMPL procrastination *sg*

atermoyer [atɛʀmwaje] /8/ VI to temporize, procrastinate

athée [ate] ADJ atheistic ▸ NMF atheist

athéisme [ateism] NM atheism

Athènes [atɛn] N Athens

athénien, ne [atenjɛ̃, -ɛn] ADJ Athenian

athlète [atlɛt] NMF (*Sport*) athlete; (*costaud*) muscleman

athlétique [atletik] ADJ athletic

athlétisme [atletism] NM athletics *sg*; **faire de l'~** to do athletics; **tournoi d'~** athletics meeting

Atlantide [atlɑ̃tid] NF: **l'~** Atlantis

★**atlantique** [atlɑ̃tik] ADJ Atlantic ▸ NM: **l'(océan) A~** the Atlantic (Ocean)

atlantiste [atlɑ̃tist] ADJ, NMF Atlanticist

Atlas [atlɑs] NM: **l'~** the Atlas Mountains

atlas [atlɑs] NM atlas

atmosphère [atmɔsfɛʀ] NF atmosphere

atmosphérique [atmɔsfeʀik] ADJ atmospheric

atoll [atɔl] NM atoll

atome [atom] NM atom

atomique [atɔmik] ADJ atomic, nuclear; (*usine*) nuclear; (*nombre, masse*) atomic

atomiser [atɔmize] VT (*vaporiser*) to spray

atomiseur [atɔmizœʀ] NM atomizer

atomiste [atɔmist] NMF (*aussi:* **savant atomiste**) atomic scientist

atone [atɔn] ADJ lifeless; (*Ling*) unstressed, unaccented

atours [atuʀ] NMPL attire *sg*, finery *sg*

atout [atu] NM trump; (*fig*) asset; (*: plus fort*) trump card; **« ~ pique/trèfle »** "spades/clubs are trumps"

ATP SIGLE F (= *Association des joueurs de tennis professionnels*) ATP (= *Association of Tennis Professionals*) ▸ SIGLE MPL = **arts et traditions populaires**; **musée des ~** ≈ folk museum

âtre [ɑtʀ] NM hearth

atroce [atʀɔs] ADJ atrocious, horrible

atrocement [atʀɔsmɑ̃] ADV atrociously, horribly

atrocité [atʀɔsite] NF atrocity

atrophie [atʀɔfi] NF atrophy

atrophier [atʀɔfje] /7/: **s'atrophier** VPR to atrophy

atropine [atʀɔpin] NF (*Chimie*) atropine

attablé, e [atable] ADJ: **être ~** to be sitting at the table

attabler [atable] /1/: **s'attabler** VPR to sit down at (the) table; **s'~ à la terrasse** to sit down (at a table) on the terrace

ATTAC SIGLE F (= *Association pour la taxation des transactions financières et pour l'action citoyenne*) ATTAC, *organization critical of globalization originally set up to demand a tax on foreign currency speculation*

attachant, e [ataʃɑ̃, -ɑ̃t] ADJ engaging, likeable

attache [ataʃ] NF clip, fastener; (*fig*) tie; **à l'~** (*chien*) tied up ■ **attaches** NFPL (*relations*) connections

attaché, e [ataʃe] ADJ: **être ~ à** (*aimer*) to be attached to ▸ NM/F (*Admin*) attaché; **~ de presse/d'ambassade** press/embassy attaché; **~ commercial** commercial attaché

attaché-case [ataʃekɛz] NM INV attaché case (BRIT), briefcase

attachement [ataʃmɑ̃] NM attachment

★**attacher** [ataʃe] /1/ VT to tie up; (*étiquette*) to attach, tie on; (*ceinture*) to fasten; (*souliers*) to do up; **~ qch à** to tie *ou* fasten *ou* attach sth to; **~ qn à** (*fig: lier*) to attach sb to; **~ du prix/de l'importance à** to attach great value/attach importance to ▸ VI (*poêle, riz*) to stick ■ **s'attacher** VPR (*robe etc*) to do up; **s'~ à** (*par affection*) to become attached to; **s'~ à faire qch** to endeavour to do sth

attaquant [atakɑ̃] NM (*Mil*) attacker; (*Sport*) striker, forward

attaque [atak] NF attack; (*cérébrale*) stroke; (*d'épilepsie*) fit; **être/se sentir d'~** to be/feel on form; **~ à main armée** armed attack

★**attaquer** [atake] /1/ VT to attack; (*en justice*) to sue, bring an action against; (*travail*) to tackle, set about ▸ VI to attack ■ **s'attaquer à** VPR (*personne*) to attack; (*épidémie, misère*) to tackle, attack

attardé, e [ataʀde] ADJ (*passants*) late; (*enfant*) backward; (*conceptions*) old-fashioned

attarder [ataʀde] /1/: **s'attarder** VPR (*sur qch, en chemin*) to linger; (*chez qn*) to stay on

atteignais *etc* [ateɲɛ] VB *voir* **atteindre**

atteindre [atɛ̃dʀ] /49/ VT to reach; (*blesser*) to hit; (*contacter*) to reach, contact, get in touch with; (*émouvoir*) to affect

atteint, e [atɛ̃, -ɛ̃t] PP *de* **atteindre** ▸ ADJ (*Méd*): **être ~ de** to be suffering from ▸ NF attack; **hors d'atteinte** out of reach; **porter atteinte à** to strike a blow at, undermine

attelage [at(ə)laʒ] NM (*de remorque etc*) coupling (BRIT), (trailer) hitch (US); (*animaux*) team; (*harnachement*) harness; (*: de bœufs*) yoke

atteler [at(ə)le] /4/ VT (*cheval, bœufs*) to hitch up; (*wagons*) to couple ■ **s'atteler à** VPR (*travail*) to buckle down to

attelle [atɛl] NF splint

attenant, e [at(ə)nɑ̃, -ɑ̃t] ADJ: **~ (à)** adjoining

★**attendant** [atɑ̃dɑ̃]: **en ~** *adv (dans l'intervalle)* meanwhile, in the meantime

★**attendre** [atɑ̃dʀ] /41/ VT to wait for; *(être destiné ou réservé à)* to await, be in store for; **je n'attends plus rien (de la vie)** I expect nothing more (from life); **attendez-moi, s'il vous plaît** wait for me, please; **~ un enfant** to be expecting a baby; **~ qch de** to expect sth of; **~ de pied ferme** to wait determinedly; **~ de faire/d'être** to wait until one does/is; **~ que** to wait until; **attendez qu'il vienne** wait until he comes; **faire ~ qn** to keep sb waiting; **se faire ~** to keep people *(ou us etc)* waiting; **en attendant** *adv voir* **attendant** ▶ VI to wait; **attendez que je réfléchisse** wait while I think ■ **s'attendre** VPR: **s'~ à (ce que)** *(escompter)* to expect (that); **je ne m'y attendais pas** I didn't expect that; **ce n'est pas ce à quoi je m'attendais** that's not what I expected

attendri, e [atɑ̃dʀi] ADJ tender

attendrir [atɑ̃dʀiʀ] /2/ VT to move (to pity); *(viande)* to tenderize ■ **s'attendrir** VPR: **s'~ (sur)** to be moved *ou* touched (by)

attendrissant, e [atɑ̃dʀisɑ̃, -ɑ̃t] ADJ moving, touching

attendrissement [atɑ̃dʀismɑ̃] NM *(tendre)* emotion; *(apitoyé)* pity

attendrisseur [atɑ̃dʀisœʀ] NM tenderizer

attendu, e [atɑ̃dy] PP *de* **attendre** ▶ ADJ *(événement)* long-awaited; *(prévu)* expected ▶ NM: **attendus** *reasons adduced for a judgment*; **~ que** *conj* considering that, since

attentat [atɑ̃ta] NM *(contre une personne)* assassination attempt; *(contre un bâtiment)* attack; **~ à la bombe** bomb attack; **~ à la pudeur** *(exhibitionnisme)* indecent exposure *no pl*; *(agression)* indecent assault *no pl*; **~ suicide** suicide bombing

attente [atɑ̃t] NF wait; *(espérance)* expectation; **contre toute ~** contrary to (all) expectations

attenter [atɑ̃te] /1/: **~ à** *vt (liberté)* to violate; **~ à la vie de qn** to make an attempt on sb's life; **~ à ses jours** to make an attempt on one's life

attentif, -ive [atɑ̃tif, -iv] ADJ *(auditeur)* attentive; *(soin)* scrupulous; *(travail)* careful; **~ à** paying attention to; *(devoir)* mindful of; **~ à faire** careful to do

★**attention** [atɑ̃sjɔ̃] NF attention; *(prévenance)* attention, thoughtfulness *no pl*; **mériter ~** to be worthy of attention; **à l'~ de** for the attention of; **porter qch à l'~ de qn** to bring sth to sb's attention; **attirer l'~ de qn sur qch** to draw sb's attention to sth; **faire ~ (à)** to be careful (of); **faire ~ (à ce) que** to be *ou* make sure that; **~!** careful!, watch!, watch out!; **~ à la voiture!** watch out for that car!; **~, si vous ouvrez cette lettre** *(sanction)* just watch out, if you open that letter; **~, respectez les consignes de sécurité** be sure to observe the safety instructions

attentionné, e [atɑ̃sjɔne] ADJ thoughtful, considerate

attentisme [atɑ̃tism] NM wait-and-see policy

attentiste [atɑ̃tist] ADJ *(politique)* wait-and-see ▶ NMF believer in a wait-and-see policy

attentivement [atɑ̃tivmɑ̃] ADV attentively

atténuant, e [atenɥɑ̃, -ɑ̃t] ADJ: **circonstances atténuantes** extenuating circumstances

atténuer [atenɥe] /1/ VT *(douleur)* to alleviate, ease; *(couleurs)* to soften; *(diminuer)* to lessen; *(amoindrir)* to mitigate the effects of ■ **s'atténuer** VPR to ease; *(violence etc)* to abate

atterrant, e [ateʀɑ̃, -ɑ̃t] ADJ appalling

atterrer [ateʀe] /1/ VT to dismay, appal

★**atterrir** [ateʀiʀ] /2/ VI to land

atterrissage [ateʀisaʒ] NM landing; **~ sur le ventre/sans visibilité/forcé** belly/blind/forced landing

attestation [atɛstasjɔ̃] NF certificate, testimonial; **~ médicale** doctor's certificate

attesté, e [atɛste] ADJ *(mot, emploi)* attested

attester [atɛste] /1/ VT to testify to, vouch for; *(démontrer)* to attest, testify to; **~ que** to testify that

attiédir [atjediʀ] /2/: **s'attiédir** VPR to become lukewarm; *(fig)* to cool down

attifé, e [atife] ADJ *(fam)* got up (BRIT), decked out

attifer [atife] /1/ VT to get (BRIT) *ou* do up, deck out

attique [atik] NM: **appartement en ~** penthouse (flat (BRIT) *ou* apartment (US))

attirail [atiʀaj] NM gear; *(péj)* paraphernalia

attirance [atiʀɑ̃s] NF attraction; *(séduction)* lure

attirant, e [atiʀɑ̃, -ɑ̃t] ADJ attractive, appealing

attirer [atiʀe] /1/ VT to attract; *(appâter)* to lure, entice; **~ qn dans un coin/vers soi** to draw sb into a corner/towards one; **~ l'attention de qn** to attract sb's attention; **~ l'attention de qn sur qch** to draw sb's attention to sth; **~ des ennuis à qn** to make trouble for sb ■ **s'attirer** VPR: **s'~ des ennuis** to bring trouble upon o.s., get into trouble

attiser [atize] /1/ VT *(feu)* to poke (up), stir up; *(fig)* to fan the flame of, stir up

attitré, e [atitʀe] ADJ qualified; *(agréé)* accredited, appointed

attitude [atityd] NF attitude; *(position du corps)* bearing

attouchements [atuʃmɑ̃] NMPL touching *sg*; *(sexuels)* fondling *sg*, stroking *sg*

attractif, -ive [atʀaktif, -iv] ADJ attractive

attraction [atʀaksjɔ̃] NF attraction; *(de cabaret, cirque)* number

attrait [atʀɛ] NM appeal, attraction; *(plus fort)* lure; **éprouver de l'~ pour** to be attracted to ■ **attraits** NMPL attractions

attrape [atʀap] NF *voir* **farce**

attrape-nigaud [atʀapnigo] NM con

★**attraper** [atʀape] /1/ VT to catch; *(habitude, amende)* to get, pick up; *(fam: duper)* to con, take in (BRIT); **se faire ~** *(fam)* to be told off

attrayant, e [atʀɛjɑ̃, -ɑ̃t] ADJ attractive

attribuer [atʀibɥe] /1/ VT *(prix)* to award; *(rôle, tâche)* to allocate, assign; *(imputer)*: **~ qch à** to attribute sth to, ascribe sth to, put sth down to ■ **s'attribuer** VPR *(s'approprier)* to claim for o.s.

attribut [atʀiby] NM attribute; *(Ling)* complement

attribution [atʀibysjɔ̃] NF *(voir attribuer)* awarding; allocation, assignment; attribution; **complément d'~** *(Ling)* indirect object ■ **attributions** NFPL *(compétence)* attributions

attristant, e [atʀistɑ̃, -ɑ̃t] ADJ saddening

attrister [atʀiste] /1/ VT to sadden ■ **s'attrister** VPR: **s'~ de qch** to be saddened by sth

attroupement [atʀupmɑ̃] NM crowd, mob

attrouper [atʀupe] /1/: **s'attrouper** VPR to gather

atypique [atipik] ADJ (*aussi Méd*) atypical

★**au** [o] PRÉP *voir* **à**

aubade [obad] NF dawn serenade

aubaine [obɛn] NF godsend; (*financière*) windfall; (*Comm*) bonanza

aube [ob] NF dawn, daybreak; (*Rel*) alb; **à l'~** at dawn *ou* daybreak; **à l'~ de** (*fig*) at the dawn of

aubépine [obepin] NF hawthorn

★**auberge** [obɛʀʒ] NF inn; **~ de jeunesse** youth hostel

aubergine [obɛʀʒin] NF aubergine (BRIT), eggplant (US)

aubergiste [obɛʀʒist] NMF inn-keeper, hotel-keeper

auburn [obœʀn] ADJ INV auburn

★**aucun, e** [okœ̃, -yn] ADJ, PRON no; (*positif*) any; **il n'y a ~ livre** there isn't any book, there is no book; **~ homme** no man; **sans ~ doute** without any doubt; **sans aucune hésitation** without hesitation; **en aucune façon** in no way at all ▸PRON none; (*positif*) any(one); **je n'en vois ~ qui ...** I can't see any which ..., I (can) see none which ...; **plus qu'~ autre** more than any other; **il le fera mieux qu'~ de nous** he'll do it better than any of us; **plus qu'~ de ceux qui ...** more than any of those who ...; **~ des deux** neither of the two; **~ d'entre eux** none of them; **d'aucuns** (*certains*) some

aucunement [okynmɑ̃] ADV in no way, not in the least

audace [odas] NF daring, boldness; (*péj*) audacity; **il a eu l'~ de ...** he had the audacity to ...; **vous ne manquez pas d'~ !** you're not lacking in nerve *ou* cheek!

audacieusement [odasjøzmɑ̃] ADV daringly

audacieux, -euse [odasjø, -øz] ADJ daring, bold

au-dedans [odədɑ̃] ADV, PRÉP inside

au-dehors [odəɔʀ] ADV, PRÉP outside

au-delà [od(ə)la] ADV beyond; **~ de** *prép* beyond ▸NM: **l'~** the hereafter

★**au-dessous** [odsu] ADV underneath; below; **~ de** *prép* under(neath), below; (*limite, somme etc*) below, under; (*dignité, condition*) below; **~ de tout** the (absolute) limit

★**au-dessus** [odsy] ADV above; **~ de** *prép* above

au-devant [od(ə)vɑ̃]: **~ de** *prép*: **aller ~ de** (*personne, danger*) to go (out) and meet; (*souhaits, désirs de qn*) to anticipate; **aller ~ de qn** to go out to meet sb; **aller ~ des ennuis** *ou* **difficultés** to be asking for trouble

audible [odibl] ADJ audible

audience [odjɑ̃s] NF audience; (*Jur: séance*) hearing; **trouver ~ auprès de** to arouse much interest among, get the (interested) attention of

audimat® [odimat] NM (*taux d'écoute*) ratings *pl*

audio [odjo] ADJ INV (*fichier, matériel*) audio

audiodescription [odjodɛskʀipsjɔ̃] NF audio-description

audioguide [odjogid] NM audio guide

audiovisuel, le, audio-visuel, le [odjovizɥɛl] ADJ audio-visual ▸NM (*équipement*) audio-visual aids *pl*; (*méthodes*) audio-visual methods *pl*; (*média, secteur*): **l'~** radio and television

audit [odit] NM audit

auditeur, -trice [oditœʀ, -tʀis] NM/F (*à la radio*) listener; (*à une conférence*) member of the audience, listener; **~ libre** unregistered student (*attending lectures*), auditor (US)

auditif, -ive [oditif, -iv] ADJ (*mémoire*) auditory; **appareil ~** hearing aid

audition [odisjɔ̃] NF (*ouïe, écoute*) hearing; (*Jur: de témoins*) examination; (*Mus, Théât: épreuve*) audition

auditionner [odisjɔne] /1/ VT, VI to audition

auditoire [oditwaʀ] NM audience

auditorium [oditɔʀjɔm] NM (public) studio

auge [oʒ] NF trough

★**augmentation** [ɔgmɑ̃tasjɔ̃] NF (*action*) increasing; raising; (*résultat*) increase; **~ (de salaire)** rise (in salary) (BRIT), (pay) raise (US)

★**augmenter** [ɔgmɑ̃te] /1/ VT to increase; (*salaire, prix*) to increase, raise, put up; (*employé*) to increase the salary of, give a (salary) rise (BRIT) *ou* (pay) raise (US) to ▸VI to increase; **~ de poids/volume** to gain (in) weight/volume

augure [ogyʀ] NM soothsayer, oracle; **de bon/mauvais ~** of good/ill omen

augurer [ɔgyʀe] /1/ VT: **~ qch de** to foresee sth (coming) from *ou* out of; **~ bien de** to augur well for

auguste [ɔgyst] ADJ august, noble, majestic

★**aujourd'hui** [oʒuʀdɥi] ADV today; **aujourd'hui en huit/quinze** a week/two weeks today, a week/two weeks from now; **à dater** *ou* **partir d'aujourd'hui** from today('s date)

aulne [o(l)n] NM alder

aumône [omon] NF alms *sg* (*pl inv*); **faire l'~ (à qn)** to give alms (to sb); **faire l'~ de qch à qn** (*fig*) to favour sb with sth

aumônerie [ɔmonʀi] NF chaplaincy

aumônier [ɔmonje] NM chaplain

★**auparavant** [opaʀavɑ̃] ADV before(hand)

auprès [opʀɛ]: **~ de** *prép* next to, close to; (*recourir, s'adresser*) to; (*en comparaison de*) compared with, next to; (*dans l'opinion de*) in the opinion of

auquel [okɛl] PRON *voir* **lequel**

aura *etc* [ɔʀa] VB *voir* **avoir**

aurai *etc* [ɔʀe] VB *voir* **avoir**

auréole [ɔʀeɔl] NF halo; (*tache*) ring

auréolé, e [ɔʀeɔle] ADJ (*fig*): **~ de gloire** crowned with *ou* in glory

auriculaire [ɔʀikylɛʀ] NM little finger

aurifère [ɔʀifɛʀ] ADJ gold-bearing

aurons *etc* [ɔʀɔ̃] VB *voir* **avoir**

aurore [ɔʀɔʀ] NF dawn, daybreak; **~ boréale** northern lights *pl*

auscultation [ɔskyltasjɔ̃] NF auscultation

ausculter [ɔskylte] /1/ VT to sound; **~ un patient** to listen to a patient's chest

auspices [ɔspis] NMPL: **sous les ~ de** under the patronage *ou* auspices of; **sous de bons/mauvais ~** under favourable/unfavourable auspices

★**aussi** [osi] ADV (*également*) also, too; (*de comparaison*) as; **~ fort que** as strong as; **moi ~** me too; **lui ~** (*sujet*) he too; (*objet*) him too; **~ bien que** (*de même que*) as well as ▸ CONJ therefore, consequently

> **Also** est rarement placé en fin de phrase, contrairement à **too**.
> *Il était aussi artiste.* **He was also an artist**.
> *Elle est chanteuse et aussi actrice.* **She's a singer and an actress too**.

aussitôt [osito] ADV straight away, immediately; **~ que** as soon as; **~ envoyé** as soon as it is (*ou* was) sent; **~ fait** no sooner done

austère [ɔstɛʀ] ADJ austere; (*sévère*) stern

austérité [ɔsteʀite] NF austerity; **plan/budget d'~** austerity plan/budget

austral, e [ɔstʀal] ADJ southern; **l'océan A~** the Antarctic Ocean; **les Terres Australes** Antarctica

★**Australie** [ostʀali] NF: **l'~** Australia

★**australien, ne** [ɔstʀaljɛ̃, -ɛn] ADJ Australian ▸ NM/F: **Australien, ne** Australian

★**autant** [otɑ̃] ADV so much; **je ne savais pas que tu la détestais ~** I didn't know you hated her so much; (*comparatif*): **~ (que)** as much (as); (*nombre*) as many (as); **~ (de)** so much (*ou* many); as much (*ou* many); **n'importe qui aurait pu en faire ~** anyone could have done the same *ou* as much; **~ partir** we (*ou* you *etc*) may as well leave; **~ ne rien dire** best not say anything; **~ dire que ...** one might as well say that ...; **fort ~ que courageux** as strong as he is brave; **pour ~** for all that; **il n'est pas découragé pour ~** he isn't discouraged for all that; **pour ~ que** *conj* assuming, as long as; **d'~** *adv* accordingly, in proportion; **d'~ plus/mieux (que)** all the more/the better (since)

autarcie [otaʀsi] NF autarky, self-sufficiency

autel [otɛl] NM altar

★**auteur** [otœʀ] NM author; **l'~ de cette remarque** the person who said that; **droit d'~** copyright

auteur-compositeur [otœʀkɔ̃pozitœʀ] (*pl* **auteurs-compositeurs**) NMF composer-songwriter

authenticité [ɔtɑ̃tisite] NF authenticity

authentification [ɔtɑ̃tifikasjɔ̃] NF authentication

authentifier [ɔtɑ̃tifje] /7/ VT to authenticate

authentique [otɑ̃tik] ADJ authentic, genuine

autisme [otism] NM autism

autiste [otist] ADJ autistic ▸ NMF autistic person

★**auto** [oto] NF car; **autos tamponneuses** bumper cars, Dodgems®

auto... [oto] PRÉFIXE auto..., self-

autobiographie [otobjɔgʀafi] NF autobiography

autobiographique [otobjɔgʀafik] ADJ autobiographical

autobronzant [otobʀɔ̃zɑ̃] NM self-tanning cream (*ou* lotion *etc*)

★**autobus** [ɔtɔbys] NM bus

★**autocar** [ɔtɔkaʀ] NM coach

autochtone [ɔtɔktɔn] NMF native

★**autocollant, e** [otokɔlɑ̃, -ɑ̃t] ADJ self-adhesive; (*enveloppe*) self-seal ▸ NM sticker

auto-couchettes [otokuʃɛt] ADJ INV: **train ~** car sleeper train, motorail® train (BRIT)

autocratie [otokʀasi] NF autocracy

autocratique [otokʀatik] ADJ autocratic

autocritique [otokʀitik] NF self-criticism

autocuiseur [otokwizœʀ] NM (*Culin*) pressure cooker

autodéfense [otodefɑ̃s] NF self-defence; **groupe d'~** vigilante committee

autodérision [otodeʀizjɔ̃] NF self-mockery

autodestruction [otodɛstʀyksjɔ̃] NF self-destruction

autodétermination [otodetɛʀminasjɔ̃] NF self-determination

autodidacte [otodidakt] NMF self-taught person

autodiscipline [otodisiplin] NF self-discipline

autodrome [otodʀom] NM motor-racing stadium

auto-école [otoekɔl] NF driving school

autoentrepreneur, -euse [otoɑ̃tʀəpʀənœʀ, øz] NM/F self-employed businessman/-woman

autofinancement [otofinɑ̃smɑ̃] NM self-financing

autogéré, e [otoʒeʀe] ADJ self-managed, managed internally

autogestion [otoʒɛstjɔ̃] NF joint worker-management control

autographe [otogʀaf] NM autograph

autoguidé, e [otogide] ADJ self-guided

automate [ɔtɔmat] NM (*robot*) automaton; (*machine*) (automatic) machine

automatique [ɔtɔmatik] ADJ automatic

automatiquement [ɔtɔmatikmɑ̃] ADV automatically

automatisation [ɔtɔmatizasjɔ̃] NF automation

automatiser [ɔtɔmatize] /1/ VT to automate

automatisme [ɔtɔmatism] NM (*Tech: mécanisme*) automatic device; (*activité*) automatic reflex; **devenir un ~** to become an automatic reflex

automédication [otomedikasjɔ̃] NF self-medication

automitrailleuse [otomitʀɑjøz] NF armoured car

automnal, e, -aux [ɔtɔnal, -o] ADJ autumnal

★**automne** [ɔtɔn] NM autumn (BRIT), fall (US)

★**automobile** [ɔtɔmɔbil] ADJ motor *cpd* ▸ NF (motor) car; **l'~** motoring; (*industrie*) the car *ou* automobile (*US*) industry

★**automobiliste** [ɔtɔmɔbilist] NMF motorist

automutilation [otomytilasjɔ̃] NF self-harm

automutiler [otomytile] /1/: **s'automutiler** VPR to self-harm

autonettoyant, e [otonɛtwajɑ̃, -ɑ̃t] ADJ: **four ~** self-cleaning oven

autonome [ɔtɔnɔm] ADJ autonomous

autonomie [ɔtɔnɔmi] NF autonomy; (*Pol*) self-government, autonomy; **~ de vol** range

autonomiste [ɔtɔnɔmist] NMF separatist

autoportrait [otopɔʀtʀɛ] NM self-portrait

autoproclamé, e [otopʀɔklame] ADJ (*leader, vainqueur*) self-proclaimed; **le président ~** the self-proclaimed president

autoproclamer [otopʀɔklame]: **s'autoproclamer** VPR to declare o.s.

autopsie [ɔtɔpsi] NF post-mortem (examination), autopsy

autopsier [ɔtɔpsje] /7/ VT to carry out a post-mortem *ou* an autopsy on

autoradio [otoʀadjo] NF car radio

autorail [otoʀɑj] NM railcar

autorisation [ɔtɔʀizasjɔ̃] NF permission, authorization; (*papiers*) permit; **donner à qn l'~ de** to give sb permission to, authorize sb to; **avoir l'~ de faire** to be allowed *ou* have permission to do, be authorized to do

autorisé, e [ɔtɔʀize] ADJ (*opinion, sources*) authoritative; (*permis*): **~ à faire** authorized *ou* permitted to do; **dans les milieux autorisés** in official circles

autoriser [ɔtɔʀize] /1/ VT to give permission for, authorize; (*fig*) to allow (of), sanction; **~ qn à faire** to give permission to sb to do, authorize sb to do ▪ **s'autoriser** VPR (*audace, dépenses*) to allow o.s.; **s'~ à faire** to permit o.s. to do; **il s'est autorisé à faire des commentaires** he permitted himself to make some remarks; **elle ne s'autorise que trois morceaux de chocolat par semaine** she only allows herself three pieces of chocolate a week

autoritaire [ɔtɔʀitɛʀ] ADJ authoritarian

autoritarisme [ɔtɔʀitaʀism] NM authoritarianism

autorité [ɔtɔʀite] NF authority; **faire ~** to be authoritative; **autorités constituées** constitutional authorities

★**autoroute** [otoʀut] NF motorway (BRIT), expressway (US); **~ de l'information** (*Inform*) information superhighway; *see note*

French **autoroutes**, indicated by blue road signs with the letter A followed by a number, are toll roads. The speed limit is 130 km/h (110 km/h when it is raining). At the tollgate, the lanes marked with an orange T are reserved for people who subscribe to *télépéage*, an electronic payment system.

autoroutier, -ière [otoʀutje, -jɛʀ] ADJ motorway *cpd* (BRIT), expressway *cpd* (US)

autosatisfaction [otosatisfaksjɔ̃] NF self-satisfaction

auto-stop [otostɔp] (*pl* **autos-stops**) NM: **l'~** hitch-hiking; **faire de l'~** to hitch-hike; **prendre qn en ~** to give sb a lift

auto-stoppeur, -euse [otostɔpœʀ, -øz] NM/F hitch-hiker, hitcher (BRIT)

autosuffisance [otosyfizɑ̃s] NF self-sufficiency

autosuffisant, e [otosyfizɑ̃, -ɑ̃t] ADJ self-sufficient

autosuggestion [otosygʒɛstjɔ̃] NF autosuggestion

★**autour** [otuʀ] ADV around; **~ de** *prép* around; (*environ*) around, about; **tout ~** *adv* all around

autre [otʀ]

ADJ **1** (*différent*) other, different; **je préférerais un autre verre** I'd prefer another *ou* a different glass; **d'autres verres** different glasses; **se sentir autre** to feel different; **la difficulté est autre** the difficulty is *ou* lies elsewhere

2 (*supplémentaire*) other; **je voudrais un autre verre d'eau** I'd like another glass of water

3: **autre chose** something else; **autre part** somewhere else; **d'autre part** on the other hand

▶ PRON **1**: **un autre** another (one); **nous/vous autres** us/you; **d'autres** others; **l'autre** the other (one); **les autres** the others; (*autrui*) others; **l'un et l'autre** both of them; **ni l'un ni l'autre** neither of them; **se détester l'un l'autre/les uns les autres** to hate each other *ou* one another; **d'une semaine/minute à l'autre** from one week/minute *ou* moment to the next; (*incessamment*) any week/minute *ou* moment now; **de temps à autre** from time to time; **entre autres** (*personnes*) among others; (*choses*) among other things

2 (*expressions*): **j'en ai vu d'autres** I've seen worse; **à d'autres !** pull the other one!

★**autrefois** [otʀəfwa] ADV in the past

★**autrement** [otʀəmɑ̃] ADV differently; (*d'une manière différente*) in another way; (*sinon*) otherwise; **je n'ai pas pu faire ~** I couldn't do anything else, I couldn't do otherwise; **~ dit** in other words; (*c'est-à-dire*) that is to say

★**Autriche** [otʀiʃ] NF: **l'~** Austria

★**autrichien, ne** [otʀiʃjɛ̃, -ɛn] ADJ Austrian ▶ NM/F: **Autrichien, ne** Austrian

autruche [otʀyʃ] NF ostrich; **faire l'~** (*fig*) to bury one's head in the sand

autrui [otʀɥi] PRON others

auvent [ovɑ̃] NM canopy

auvergnat, e [ɔvɛʀɲa, -at] ADJ of *ou* from the Auvergne

Auvergne [ɔvɛʀɲ] NF: **l'~** the Auvergne

★**aux** [o] PRÉP *voir* **à**

auxiliaire [ɔksiljɛʀ] ADJ, NMF auxiliary

auxquels, auxquelles [okɛl] PRON *voir* **lequel**

AV SIGLE M (*Banque*: = *avis de virement*) *advice of bank transfer* ▶ ABR (*Auto*) = **avant**

av. ABR (= *avenue*) Av(e)

avachi, e [avaʃi] ADJ limp, flabby; (*chaussure, vêtement*) out-of-shape; (*personne*): **~ sur qch** slumped on *ou* across sth

avais *etc* [avɛ] VB *voir* **avoir**

aval [aval] NM (*accord*) endorsement, backing; (*Géo*): **en ~** downstream, downriver; (*sur une pente*) downhill; **en ~ de** downstream *ou* downriver from; downhill from

avalanche [avalɑ̃ʃ] NF avalanche; **~ poudreuse** powder snow avalanche

★**avaler** [avale] /1/ VT to swallow

avaliser [avalize] /1/ VT (*plan, entreprise*) to back, support; (*Comm, Jur*) to guarantee

★**avance** [avɑ̃s] NF (*de troupes etc*) advance; (*progrès*) progress; (*d'argent*) advance; (*opposé à retard*) lead; being ahead of schedule; **une ~ de 300 m/4 h** (*Sport*)

a 300 m/4 hour lead; **(être) en ~** (to be) early; (*sur un programme*) (to be) ahead of schedule; **on n'est pas en ~ !** we're kind of late!; **être en ~ sur qn** to be ahead of sb; **d'~**, **à l'~**, **par ~** in advance; **~ (du) papier** (*Inform*) paper advance ■ **avances** NFPL overtures; (*amoureuses*) advances

★**avancé, e** [avɑ̃se] ADJ advanced; (*travail etc*) well on, well under way; (*fruit, fromage*) overripe; **il est ~ pour son âge** he is advanced for his age ▶ NF projection; overhang; (*progrès*) advance; **une avancée majeure** a major advance

avancement [avɑ̃smɑ̃] NM (*professionnel*) promotion; (*de travaux*) progress

avancer [avɑ̃se] /3/ VI to move forward, advance; (*projet, travail*) to make progress; (*être en saillie*) to overhang; to project; (*montre, réveil*) to be fast; (: *d'habitude*) to gain; **j'avance (d'une heure)** I'm (an hour) fast ▶ VT to move forward, advance; (*argent*) to advance; (*montre, pendule*) to put forward; (*faire progresser: travail etc*) to advance, move on ■ **s'avancer** VPR to move forward, advance; (*fig*) to commit o.s.; (*faire saillie*) to overhang; to project

avanies [avani] NFPL snubs (BRIT), insults

★**avant** [avɑ̃] PRÉP before; **~ tout** (*surtout*) above all; **en ~ de** in front of; **à l'~** (*dans un véhicule*) in (the) front; **~ qu'il parte/de partir** before he leaves/leaving; **~ qu'il (ne) pleuve** before it rains (*ou* rained) ▶ ADV: **trop/plus ~** too far/further forward; **en ~** (*se pencher, tomber*) forward(s); **partir en ~** to go on ahead ▶ ADJ INV: **siège/roue ~** front seat/wheel ▶ NM (*d'un véhicule, bâtiment*) front; (*Sport: joueur*) forward; **aller de l'~** to steam ahead (*fig*), make good progress

★**avantage** [avɑ̃taʒ] NM advantage; (*Tennis*): **~ service/dehors** advantage *ou* van (BRIT) *ou* ad (*US*) in/out; **tirer ~ de** to take advantage of; **vous auriez ~ à faire** you would be well-advised to do, it would be to your advantage to do; **à l'~ de qn** to sb's advantage; **être à son ~** to be at one's best; **avantages en nature** benefits in kind; **avantages sociaux** fringe benefits

avantager [avɑ̃taʒe] /3/ VT (*favoriser*) to favour; (*embellir*) to flatter

avantageusement [avɑ̃taʒøzmɑ̃] ADV: **remplacer ~ qch** to be a good replacement for sth

avantageux, -euse [avɑ̃taʒø, -øz] ADJ (*prix*) attractive; (*intéressant*) attractively priced; (*portrait, coiffure*) flattering; **conditions avantageuses** favourable terms

avant-bras [avɑ̃bʀa] NM INV forearm

avant-centre [avɑ̃sɑ̃tʀ] NM centre-forward

avant-coureur [avɑ̃kuʀœʀ] ADJ INV (*bruit etc*) precursory; **signe ~** advance indication *ou* sign

avant-dernier, -ière [avɑ̃dɛʀnje, -jɛʀ] ADJ, NM/F next to last, last but one

avant-garde [avɑ̃gaʀd] NF (*Mil*) vanguard; (*fig*) avant-garde; **d'~** avant-garde

avant-goût [avɑ̃gu] NM foretaste

★**avant-hier** [avɑ̃tjɛʀ] ADV the day before yesterday

avant-poste [avɑ̃pɔst] NM outpost

avant-première [avɑ̃pʀəmjɛʀ] NF (*de film*) preview; **en ~** as a preview, in a preview showing

avant-projet [avɑ̃pʀɔʒɛ] NM preliminary draft

avant-propos [avɑ̃pʀɔpo] NM foreword

avant-veille [avɑ̃vɛj] NF: **l'~** two days before

★**avare** [avaʀ] ADJ miserly, avaricious; **~ de compliments** stingy *ou* sparing with one's compliments ▶ NMF miser

avarice [avaʀis] NF avarice, miserliness

avarie [avaʀi] NF (*Navig*) damage *sg*; **en cas d'~** in the event of damage

avarié, e [avaʀje] ADJ (*viande, fruits*) rotting, going off (BRIT); (*Navig: navire*) damaged

avaries [avaʀi] NFPL (*Navig*) damage *sg*

avatar [avataʀ] NM misadventure; (*transformation*) metamorphosis

★**avec** [avɛk] PRÉP with; (*à l'égard de*) to(wards), with; **~ habileté/lenteur** skilfully/slowly; **~ eux/ces maladies** with them/these diseases; **~ ça** (*malgré ça*) for all that; **et ~ ça ?** (*dans un magasin*) anything *ou* something else? ▶ ADV (*fam*) with it (*ou* him etc)

avenant, e [av(ə)nɑ̃, -ɑ̃t] ADJ pleasant ▶ NM (*Assurances*) additional clause; **à l'~** *adv* in keeping

avènement [avɛnmɑ̃] NM (*d'un roi*) accession, succession; (*d'un changement*) advent; (*d'une politique, idée*) coming

★**avenir** [avniʀ] NM: **l'~** the future; **à l'~** in future; **sans ~** with no future, without a future; **carrière/politicien d'~** career/politician with prospects *ou* a future

Avent [avɑ̃] NM: **l'~** Advent

★**aventure** [avɑ̃tyʀ] NF: **l'~** adventure; **une ~** an adventure; (*amoureuse*) an affair; **partir à l'~** to go off in search of adventure; (*au hasard*) to go where one's fancy takes one; **roman/film d'~** adventure story/film

aventurer [avɑ̃tyʀe] /1/ VT (*somme, réputation, vie*) to stake; (*remarque, opinion*) to venture ■ **s'aventurer** VPR to venture; **s'~ à faire qch** to venture into sth

aventureux, -euse [avɑ̃tyʀø, -øz] ADJ adventurous, venturesome; (*projet*) risky, chancy

aventurier, -ière [avɑ̃tyʀje, -jɛʀ] NM/F adventurer ▶ NF (*péj*) adventuress

avenu, e [av(ə)ny] ADJ: **nul et non ~** null and void

★**avenue** [avny] NF avenue

avéré, e [aveʀe] ADJ recognized, acknowledged

avérer [aveʀe] /6/: **s'avérer** VPR: **s'~ faux/coûteux** to prove (to be) wrong/expensive

★**averse** [avɛʀs] NF shower

aversion [avɛʀsjɔ̃] NF aversion, loathing

averti, e [avɛʀti] ADJ (well-)informed

★**avertir** [avɛʀtiʀ] /2/ VT: **~ qn (de qch/que)** to warn sb (of sth/that); (*renseigner*) to inform sb (of sth/that); **~ qn de ne pas faire qch** to warn sb not to do sth

★**avertissement** [avɛʀtismɑ̃] NM warning

avertisseur [avɛʀtisœʀ] NM horn, siren; **~ (d'incendie)** (fire) alarm

aveu, x [avø] NM confession; **passer aux aveux** to make a confession; **de l'~ de** according to

aveuglant, e [avœglɑ̃, -ɑ̃t] ADJ blinding

★**aveugle** [avœgl] ADJ blind ▶ NMF blind person; **les aveugles** blind people; **test en (double) ~** (double) blind test

aveuglement [avœgləmɑ̃] NM blindness
aveuglément [avœglemɑ̃] ADV blindly
aveugler [avœgle] /1/ VT to blind
aveuglette [avœglɛt]: **à l'~** *adv* groping one's way along; (*fig*) in the dark, blindly
avez [ave] VB *voir* **avoir**
aviaire [avjɛʀ] ADJ avian
aviateur, -trice [avjatœʀ, -tʀis] NM/F aviator, pilot
aviation [avjasjɔ̃] NF (*secteur commercial*) aviation; (*sport, métier de pilote*) flying; (*Mil*) air force; **terrain d'~** airfield; **~ de chasse** fighter force
aviculteur, -trice [avikyltœʀ, -tʀis] NM/F poultry farmer; bird breeder
aviculture [avikyltyʀ] NF (*de volailles*) poultry farming
avide [avid] ADJ eager; (*péj*) greedy, grasping; **~ de** (*sang etc*) thirsting for; **~ d'honneurs/d'argent** greedy for honours/money; **~ de connaître/d'apprendre** eager to know/learn
avidement [avidmɑ̃] ADV avidly
avidité [avidite] NF (*péj*) greed; eagerness
avilir [aviliʀ] /2/ VT to debase
avilissant, e [avilisɑ̃, -ɑ̃t] ADJ degrading
avilissement [avilismɑ̃] NM (*abjection*) abasement
aviné, e [avine] ADJ drunken
★**avion** [avjɔ̃] NM (aero)plane (BRIT), (air)plane (US); **aller (quelque part) en ~** to go (somewhere) by plane, fly (somewhere); **par ~** by airmail; **~ de chasse** fighter; **~ de ligne** airliner; **~ à réaction** jet (plane)
avion-cargo [avjɔ̃kaʀgo] (*pl* **avions-cargos**) NM air freighter
avion-citerne [avjɔ̃sitɛʀn] (*pl* **avions-citernes**) NM air tanker
aviron [aviʀɔ̃] NM oar; (*sport*): **l'~** rowing
★**avis** [avi] NM opinion; (*notification*) notice; (*Comm*): **~ de crédit/débit** credit/debit advice; **à mon ~** in my opinion; **je suis de votre ~** I share your opinion, I am of your opinion; **être d'~ que** to be of the opinion that; **changer d'~** to change one's mind; **sauf ~ contraire** unless you hear to the contrary; **sans ~ préalable** without notice; **jusqu'à nouvel ~** until further notice; **~ de décès** death announcement
avisé, e [avize] ADJ sensible, wise; **être bien/mal ~ de faire** to be well-/ill-advised to do
aviser [avize] /1/ VT (*voir*) to notice, catch sight of; (*informer*): **~ qn de/que** to advise *ou* inform *ou* notify sb of/that ▶VI to think about things, assess the situation; **nous aviserons sur place** we'll work something out once we're there ■ **s'aviser** VPR: **s'~ de qch/que** to become suddenly aware of sth/that; **s'~ de faire** to take it into one's head to do
aviver [avive] /1/ VT (*douleur, chagrin*) to intensify; (*intérêt, désir*) to sharpen; (*colère, querelle*) to stir up; (*couleur*) to brighten up
av. J.-C. ABR (= *avant Jésus-Christ*) BC
★**avocat, e** [avɔka, -at] NM/F (*Jur*) ≈ barrister (BRIT), lawyer; (*fig*) advocate, champion; **se faire l'~ du diable** to be the devil's advocate; **l'~ de la défense/partie civile** the counsel for the defence/plaintiff; **~ d'affaires** business lawyer; **~ général** assistant public prosecutor ▶NM (*Culin*) avocado (pear)
avocat-conseil [avɔkakɔ̃sɛj] (*pl* **avocats-conseils**) NM ≈ barrister (BRIT)
avocat-stagiaire [avɔkastaʒjɛʀ] (*pl* **avocats-stagiaires**) NM ≈ barrister doing his articles (BRIT)
avoine [avwan] NF oats *pl*

avoir [avwaʀ]

/34/ VT **1** (*posséder*) to have; **elle a deux enfants/une belle maison** she has (got) two children/a lovely house; **il a les yeux bleus** he has (got) blue eyes; **vous avez du sel ?** do you have any salt?; **avoir du courage/de la patience** to be brave/patient
2 (*éprouver*): **qu'est-ce que tu as ?, qu'as-tu ?** what's wrong?, what's the matter?; **avoir de la peine** to be *ou* feel sad; *voir aussi* **faim**; **peur** *etc*
3 (*âge, dimensions*) to be; **il a 3 ans** he is 3 (years old); **le mur a 3 mètres de haut** the wall is 3 metres high
4 (*fam: duper*) to do, have; **on vous a eu !** you've been done *ou* had!; (*fait une plaisanterie*) we *ou* they had you there!
5: **en avoir contre qn** to have a grudge against sb; **en avoir assez** to be fed up; **j'en ai pour une demi-heure** it'll take me half an hour; **n'avoir que faire de qch** to have no use for sth
6 (*obtenir, attraper*) to get; **j'ai réussi à avoir mon train** I managed to get *ou* catch my train; **j'ai réussi à avoir le renseignement qu'il me fallait** I managed to get (hold of) the information I needed
▶VB AUX **1** to have; **avoir mangé/dormi** to have eaten/slept; **hier je n'ai pas mangé** I didn't eat yesterday
2 (*avoir +à +infinitif*): **avoir à faire qch** to have to do sth; **vous n'avez qu'à lui demander** you only have to ask him; **tu n'as pas à me poser des questions** it's not for you to ask me questions
▶VB IMPERS **1**: **il y a** (+ *singulier*) there is; (+ *pluriel*) there are; **il y avait du café/des gâteaux** there was coffee/there were cakes; **qu'y a-t-il ?, qu'est-ce qu'il y a ?** what's the matter?, what is it?; **il doit y avoir une explication** there must be an explanation; **il n'y a qu'à ...** we (*ou* you *etc*) will just have to ...; **il ne peut y en avoir qu'un** there can only be one
2: **il y a** (*temporel*): **il y a 10 ans** 10 years ago; **il y a 10 ans/longtemps que je le connais** I've known him for 10 years/a long time; **il y a 10 ans qu'il est arrivé** it's 10 years since he arrived
▶NM assets *pl*, resources *pl*; (*Comm*) credit; **avoir fiscal** tax credit

avoisinant, e [avwazinɑ̃, -ɑ̃t] ADJ neighbouring
avoisiner [avwazine] /1/ VT to be near *ou* close to; (*fig*) to border *ou* verge on
avons [avɔ̃] VB *voir* **avoir**
avorté, e [avɔʀte] ADJ (*tentative, révolution*) abortive
avortement [avɔʀtəmɑ̃] NM abortion
avorter [avɔʀte] /1/ VI (*Méd*) to have an abortion; (*fig*) to fail; **faire ~** to abort; **se faire ~** to have an abortion

avorton [avɔʀtɔ̃] NM (*péj*) little runt

avouable [avwabl] ADJ respectable; **des pensées non avouables** unrepeatable thoughts

avoué, e [avwe] ADJ avowed ▸NM (*Jur*) ≈ solicitor (BRIT), lawyer

avouer [avwe] /1/ VT (*crime, défaut*) to confess (to); **~ avoir fait/que** to admit *ou* confess to having done/that; **~ que oui/non** to admit that that is so/not so ▸VI (*se confesser*) to confess; (*admettre*) to admit

★**avril** [avʀil] NM April; *voir aussi* **juillet**

axe [aks] NM axis (*pl* axes); (*de roue etc*) axle; (*fig*) main line; **dans l'~ de** directly in line with; **~ routier** trunk road (BRIT), main road, highway (*US*)

axer [akse] /1/ VT: **~ qch sur** to centre sth on

axial, e, -aux [aksjal, -o] ADJ axial

axiome [aksjom] NM axiom

ayant [ɛjɑ̃] VB *voir* **avoir** ▸NM: **~ droit** assignee; **~ droit à** (*pension etc*) person eligible for *ou* entitled to

ayatollah [ajatɔla] NM ayatollah

ayons *etc* [ɛjɔ̃] VB *voir* **avoir**

azalée [azale] NF azalea

Azerbaïdjan [azɛʀbaidʒɑ̃] NM Azerbaijan

azerbaïdjanais, e [azɛʀbajdʒanɛ, -ɛz] ADJ Azerbaijani ▸NM/F: **Azerbaïdjanais, e** Azerbaijani

azimut [azimyt] NM azimuth; **tous azimuts** *adj* (*fig*) omnidirectional

azote [azɔt] NM nitrogen

azoté, e [azɔte] ADJ nitrogenous

AZT SIGLE M (= *azidothymidine*) AZT

aztèque [aztɛk] ADJ Aztec

azur [azyʀ] NM (*couleur*) azure, sky blue; (*ciel*) sky, skies *pl*

azyme [azim] ADJ: **pain ~** unleavened bread

Bb

B, b [be] NM INV B, b; **B comme Bertha** B for Benjamin (BRIT) *ou* Baker (US) ▸ ABR = **bien**

BA SIGLE F (= *bonne action*) good deed

baba [baba] ADJ INV: **en être ~** (*fam*) to be flabbergasted ▸ NM: **~ au rhum** rum baba

B.A.-BA [beaba] NMSG ABC; **le ~ de qch** the basics of sth

babil [babi] NM prattle

babillage [babijaʒ] NM chatter

babiller [babije] /1/ VI to prattle, chatter; (*bébé*) to babble

babines [babin] NFPL chops

babiole [babjɔl] NF (*bibelot*) trinket; (*vétille*) trifle

bâbord [bɑbɔʀ] NM: **à** *ou* **par ~** to port, on the port side

babouin [babwɛ̃] NM baboon

baby-foot [babifut] NM INV table football

Babylone [babilɔn] N Babylon

babylonien, ne [babilɔnjɛ̃, -ɛn] ADJ Babylonian

baby-sitter [babisitœʀ] NMF baby-sitter

★**baby-sitting** [babisitiŋ] NM baby-sitting; **faire du ~** to baby-sit

★**bac** [bak] NM (*Scol*) = **baccalauréat**; (*bateau*) ferry; (*récipient*) tub; (: *Photo etc*) tray; (: *Industrie*) tank; **~ à glace** ice-tray; **~ à légumes** vegetable compartment *ou* rack

baccalauréat [bakalɔʀea] NM ≈ A-levels *pl* (BRIT), ≈ high school diploma (US); *see note*

> The **baccalauréat**, more commonly known as the *bac*, is the school-leaving examination taken by final-year pupils at French *lycées*, when they are around 18 years old. It marks the end of seven years' secondary education. Several subject combinations are available, although in all cases a broad range is studied. Successful candidates can go on to study at university.

bâche [bɑʃ] NF tarpaulin, canvas sheet

bachelier, -ière [baʃəlje, -jɛʀ] NM/F *holder of the baccalauréat*

bâcher [bɑʃe] /1/ VT to cover (with a canvas sheet *ou* a tarpaulin)

bachot [baʃo] NM = **baccalauréat**

bachotage [baʃɔtaʒ] NM (*Scol*) cramming

bachoter [baʃɔte] /1/ VI (*Scol*) to cram (for an exam)

bacille [basil] NM bacillus

bâcler [bɑkle] /1/ VT to botch (up)

bacon [bekɔn] NM bacon

bactéricide [bakteʀisid] NM (*Méd*) bactericide

bactérie [bakteʀi] NF bacterium

bactérien, ne [bakteʀjɛ̃, -ɛn] ADJ bacterial

bactériologie [bakteʀjɔlɔʒi] NF bacteriology

bactériologique [bakteʀjɔlɔʒik] ADJ bacteriological

bactériologiste [bakteʀjɔlɔʒist] NMF bacteriologist

badaud, e [bado, -od] NM/F idle onlooker

baderne [badɛʀn] NF (*péj*): **(vieille) ~** old fossil

badge [badʒ] NM badge

badger [badʒe] VI to swipe one's card

badigeon [badiʒɔ̃] NM distemper; colourwash

badigeonner [badiʒɔne] /1/ VT to distemper; to colourwash; (*péj*: *barbouiller*) to daub; (*Méd*) to paint

badin, e [badɛ̃, -in] ADJ light-hearted, playful

badinage [badinaʒ] NM banter

badine [badin] NF switch (*stick*)

badiner [badine] /1/ VI: **~ avec qch** to treat sth lightly; **ne pas ~ avec qch** not to trifle with sth

badminton [badmintɔn] NM badminton

BAFA [bafa] SIGLE M (= *Brevet d'aptitude aux fonctions d'animation*) *diploma for youth leaders and workers*

baffe [baf] NF (*fam*) slap, clout

Baffin [bafin] NF: **terre de ~** Baffin Island

baffle [bɑfl] NM baffle (board)

bafouer [bafwe] /1/ VT to deride, ridicule

bafouillage [bafujaʒ] NM (*fam*: *propos incohérents*) jumble of words

bafouiller [bafuje] /1/ VI, VT to stammer

bâfrer [bɑfʀe] /1/ VI, VT (*fam*) to guzzle, gobble

bagage [bagaʒ] NM: **bagages** luggage *sg*, baggage *sg*; (*connaissances*) background, knowledge; **faire ses bagages** to pack (one's bags); **~ littéraire** (stock of) literary knowledge; **bagages à main** hand luggage

> **Luggage** est indénombrable: il ne peut pas désigner un seul sac ou une seule valise. Pour traduire *un bagage*, il faut dire **a piece of luggage**. Notez que **luggage** ne prend jamais de **-s** et s'emploie avec un verbe au singulier.
> *Vos bagages sont trop lourds.* **Your luggage *is* too heavy**
> *Vous avez droit à un seul bagage à main.* **You are only allowed one piece of hand luggage**.

bagagiste [bagaʒist] NMF baggage handler
bagarre [bagaʀ] NF fight, brawl; **il aime la ~** he loves a fight, he likes fighting
bagarrer [bagaʀe] /1/ VI to fight ■ **se bagarrer** VPR to (have a) fight
bagarreur, -euse [bagaʀœʀ, -øz] ADJ pugnacious ▶ NM/F: **c'est un ~** he loves a fight
bagatelle [bagatɛl] NF trifle, trifling sum (*ou* matter)
Bagdad, Baghdâd [bagdad] N Baghdad
bagnard [baɲaʀ] NM convict
bagne [baɲ] NM penal colony; **c'est le ~** (*fig*) it's forced labour
★**bagnole** [baɲɔl] NF (*fam*) car, wheels *pl* (BRIT)
bagout [bagu] NM glibness; **avoir du ~** to have the gift of the gab
★**bague** [bag] NF ring; **~ de fiançailles** engagement ring; **~ de serrage** clip
baguenauder [bagnode] /1/: **se baguenauder** VPR to trail around, loaf around
baguer [bage] /1/ VT to ring
★**baguette** [bagɛt] NF stick; (*cuisine chinoise*) chopstick; (*de chef d'orchestre*) baton; (*pain*) French stick, baguette; (*Constr: moulure*) beading; **mener qn à la ~** to rule sb with a rod of iron; **~ magique** magic wand; **~ de sourcier** divining rod; **~ de tambour** drumstick
Bahamas [baamas] NFPL: **les (îles) ~** the Bahamas
Bahreïn [baʀɛn] NM Bahrain *ou* Bahrein
bahut [bay] NM chest
bai, e [bɛ] ADJ (*cheval*) bay
baie [bɛ] NF (*Géo*) bay; (*fruit*) berry; **~ (vitrée)** picture window
baignade [bɛɲad] NF (*action*) bathing; (*bain*) bathe; (*endroit*) bathing place; **« ~ interdite »** "no bathing"
baigné, e [beɲe] ADJ: **~ de** bathed in; (*trempé*) soaked with; (*inondé*) flooded with
baigner [beɲe] /1/ VT (*bébé*) to bath ▶ VI: **~ dans son sang** to lie in a pool of blood; **~ dans la brume** to be shrouded in mist; **ça baigne!** (*fam*) everything's great! ■ **se baigner** VPR to go swimming *ou* bathing; (*dans une baignoire*) to have a bath
baigneur, -euse [bɛɲœʀ, -øz] NM/F bather ▶ NM (*poupée*) baby doll
★**baignoire** [bɛɲwaʀ] NF bath(tub); (*Théât*) ground-floor box
bail [baj] (*pl* **baux** [bo]) NM lease; **donner** *ou* **prendre qch à ~** to lease sth
bâillement [bɑjmɑ̃] NM yawn
bâiller [bɑje] /1/ VI to yawn; (*être ouvert*) to gape
bailleur [bajœʀ] NM: **~ de fonds** sponsor, backer; (*Comm*) sleeping *ou* silent partner
bâillon [bɑjɔ̃] NM gag
bâillonner [bɑjɔne] /1/ VT to gag
★**bain** [bɛ̃] NM (*dans une baignoire, Photo, Tech*) bath; (*dans la mer, une piscine*) swim; **costume de ~** bathing costume (BRIT), swimsuit; **prendre un ~** to have a bath; **se mettre dans le ~** (*fig*) to get into (the way of) it *ou* things; **~ de bouche** mouthwash; **~ de foule** walkabout; **~ moussant** bubble bath; **~ de pieds** footbath; (*au bord de la mer*) paddle; **~ de siège** hip bath; **~ de soleil** sunbathing *no pl*; **prendre un ~ de soleil** to sunbathe; **bains de mer** sea bathing *sg*; **bains(-douches) municipaux** public baths
bain-marie [bɛ̃maʀi] (*pl* **bains-marie**) NM double boiler; **faire chauffer au ~** (*boîte etc*) to immerse in boiling water
baïonnette [bajɔnɛt] NF bayonet; (*Élec*): **douille à ~** bayonet socket; **ampoule à ~** bulb with a bayonet fitting
baisemain [bɛzmɛ̃] NM kissing a lady's hand
★**baiser** [beze] /1/ NM kiss ▶ VT (*main, front*) to kiss; (!) to screw (!)
baisse [bɛs] NF fall, drop; (*Comm*): **« ~ sur la viande »** "meat prices down"; **en ~** (*cours, action*) falling; **à la ~** downwards
★**baisser** [bese] /1/ VT to lower; (*radio, chauffage*) to turn down; (*Auto: phares*) to dip (BRIT), lower (US) ▶ VI to fall, drop, go down; (*vue, santé*) to fail, dwindle ■ **se baisser** VPR to bend down
baissier, -ière [besje, -jɛʀ] ADJ (*Finance: à la baisse: marché, cycle*) bearish; **une spirale baissière** a downward spiral; **la tendance baissière** the downward trend
bajoues [baʒu] NFPL chaps, chops
★**bal** [bal] NM dance; (*grande soirée*) ball; **~ costumé/masqué** fancy-dress/masked ball; **~ musette** dance (*with accordion accompaniment*)
balade [balad] (*fam*) NF (*à pied*) walk, stroll; (*en voiture*) drive; **faire une ~** to go for a walk *ou* stroll; to go for a drive
balader [balade] /1/ VT (*fam: traîner*) to trail around ■ **se balader** VPR to go for a walk *ou* stroll; to go for a drive
★**baladeur** [baladœʀ] NM personal stereo, Walkman®; **~ numérique** MP3 player
baladeuse [baladøz] NF inspection lamp
baladin [baladɛ̃] NM wandering entertainer
baladodiffusion [baladodifyzjɔ̃] NF podcasting
balafre [balafʀ] NF gash, slash; (*cicatrice*) scar
balafrer [balafʀe] /1/ VT to gash, slash
balai [balɛ] NM broom, brush; (*Auto: d'essuie-glace*) blade; (*Mus: de batterie etc*) brush; **donner un coup de ~** to give the floor a sweep; **~ mécanique** carpet sweeper
balai-brosse [balɛbʀɔs] (*pl* **balais-brosses**) NM (long-handled) scrubbing brush
balance [balɑ̃s] NF (*à plateaux*) scales *pl*; (*de précision*) balance; (*Comm, Pol*): **~ des comptes** *ou* **paiements** balance of payments; (*signe*): **la B~** Libra, the Scales; **être de la B~** to be Libra; **~ commerciale** balance of trade; **~ des forces** balance of power; **~ romaine** steelyard
balancelle [balɑ̃sɛl] NF garden hammock-seat
balancer [balɑ̃se] /3/ VT to swing; (*lancer*) to fling, chuck; (*renvoyer, jeter*) to chuck out ▶ VI to swing ■ **se balancer** VPR to swing; (*bateau*) to rock; (*branche*) to sway; **se ~ de qch** (*fam*) not to give a toss about sth
balancier [balɑ̃sje] NM (*de pendule*) pendulum; (*de montre*) balance wheel; (*perche*) (balancing) pole
balançoire [balɑ̃swaʀ] NF swing; (*sur pivot*) seesaw

balayage [balɛjaʒ] NM sweeping; scanning

balayer [baleje] /8/ VT (*feuilles etc*) to sweep up, brush up; (*pièce, cour*) to sweep; (*chasser*) to sweep away *ou* aside; (*radar*) to scan; (*phares*) to sweep across

balayette [balɛjɛt] NF small brush

balayeur, -euse [balɛjœʀ, -øz] NM/F road sweeper ▸ NF (*engin*) road sweeper

balayures [balɛjyʀ] NFPL sweepings

balbutiement [balbysimɑ̃] NM (*paroles*) stammering *no pl* ▪ **balbutiements** NMPL (*fig: débuts*) first faltering steps

balbutier [balbysje] /7/ VI, VT to stammer

★**balcon** [balkɔ̃] NM balcony; (*Théât*) dress circle

balconnet [balkɔnɛ] NM half-cup bra (BRIT), demi-cup bra (US)

baldaquin [baldakɛ̃] NM canopy

Bâle [bɑl] N Basle *ou* Basel

Baléares [baleaʀ] NFPL: **les ~** the Balearic Islands, the Balearics

baleine [balɛn] NF whale; (*de parapluie*) rib; (*de corset*) bone

baleinier [balenje] NM (*Navig*) whaler

baleinière [balɛnjɛʀ] NF whaleboat

balisage [balizaʒ] NM (*signaux*) beacons *pl*; buoys *pl*; runway lights *pl*; signs *pl*, markers *pl*

balise [baliz] NF (*Navig*) beacon, (marker) buoy; (*Aviat*) runway light, beacon; (*Auto, Ski*) sign, marker

baliser [balize] /1/ VT to mark out (with beacons *ou* lights *etc*)

balistique [balistik] ADJ (*engin*) ballistic ▸ NF ballistics

balivernes [balivɛʀn] NFPL twaddle *sg* (BRIT), nonsense *sg*

balkanique [balkanik] ADJ Balkan

Balkans [balkɑ̃] NMPL: **les ~** the Balkans

ballade [balad] NF ballad

ballant, e [balɑ̃, -ɑ̃t] ADJ dangling

ballast [balast] NM ballast

★**balle** [bal] NF (*de fusil*) bullet; (*de sport*) ball; (*du blé*) chaff; (*paquet*) bale; (*fam: franc*) franc; **~ perdue** stray bullet

ballerine [bal(ə)ʀin] NF (*danseuse*) ballet dancer; (*chaussure*) pump, ballet shoe

ballet [balɛ] NM ballet; (*fig*): **~ diplomatique** diplomatic to-ings and fro-ings

★**ballon** [balɔ̃] NM (*de sport*) ball; (*jouet, Aviat, de bande dessinée*) balloon; (*de vin*) glass; **~ d'essai** (*météorologique*) pilot balloon; (*fig*) feeler(s); **~ de football** football; **~ d'oxygène** oxygen bottle

ballonné, e [balɔne] ADJ bloated; **se sentir ~** to feel bloated; **j'ai le ventre ~** my stomach's bloated

ballon-sonde [balɔ̃sɔ̃d] (*pl* **ballons-sondes**) NM sounding balloon

ballot [balo] NM bundle; (*péj*) nitwit

ballottage [balɔtaʒ] NM (*Pol*) second ballot

ballotter [balɔte] /1/ VI to roll around; (*bateau etc*) to toss ▸ VT to shake *ou* throw about; to toss; **être ballotté entre** (*fig*) to be shunted between; (*: indécis*) to be torn between

ballottine [balɔtin] NF (*Culin*): **~ de volaille** *meat loaf made with poultry*

ball-trap [baltʀap] NM (*appareil*) trap; (*tir*) clay pigeon shooting

balluchon [balyʃɔ̃] NM bundle (of clothes)

balnéaire [balneɛʀ] ADJ seaside *cpd*; **station ~** seaside resort

balnéothérapie [balneɔteʀapi] NF spa bath therapy

BALO SIGLE M (= *Bulletin des annonces légales obligatoires*) ≈ Public Notices (*in newspapers etc*)

balourd, e [baluʀ, -uʀd] ADJ clumsy ▸ NM/F clodhopper

balourdise [baluʀdiz] NF clumsiness; (*gaffe*) blunder

balsamique [balsamik] ADJ balsamic; **vinaigre ~** balsamic vinegar

balte [balt] ADJ Baltic ▸ NMF: **Balte** native of the Baltic States

baltique [baltik] ADJ Baltic ▸ NF: **la (mer) B~** the Baltic (Sea)

baluchon [balyʃɔ̃] NM = **balluchon**

balustrade [balystʀad] NF railings *pl*, handrail

bambin [bɑ̃bɛ̃] NM little child

bambou [bɑ̃bu] NM bamboo

ban [bɑ̃] NM round of applause, cheer; **être/mettre au ~ de** to be outlawed/to outlaw from; **le ~ et l'arrière-ban de sa famille** every last one of his relatives; **bans (de mariage)** banns, bans

banal, e [banal] ADJ banal, commonplace; (*péj*) trite; **four/moulin ~** village oven/mill

banalisé, e [banalize] ADJ (*voiture de police*) unmarked

banalité [banalite] NF banality; (*remarque*) truism, trite remark

★**banane** [banan] NF banana; (*sac*) waist-bag, bum-bag

bananeraie [bananʀɛ] NF banana plantation

bananier [bananje] NM banana tree; (*bateau*) banana boat

★**banc** [bɑ̃] NM seat, bench; (*de poissons*) shoal; **~ des accusés** dock; **~ d'essai** (*fig*) testing ground; **~ de sable** sandbank; **~ des témoins** witness box; **~ de touche** dugout

★**bancaire** [bɑ̃kɛʀ] ADJ banking; (*chèque, carte*) bank *cpd*

bancal, e [bɑ̃kal] ADJ wobbly; (*personne*) bow-legged; (*fig: projet*) shaky

bandage [bɑ̃daʒ] NM bandaging; (*pansement*) bandage; **~ herniaire** truss

★**bande** [bɑ̃d] NF (*de tissu etc*) strip; (*Méd*) bandage; (*motif, dessin*) stripe; (*Ciné*) film; (*Radio, groupe*) band; (*péj*): **une ~ de** a bunch *ou* crowd of; **par la ~** in a roundabout way; **donner de la ~** to list; **faire ~ à part** to keep to o.s.; **~ dessinée** strip cartoon (BRIT), comic strip; **~ magnétique** magnetic tape; **~ passante** (*Inform*) bandwidth; **~ perforée** punched tape; **~ de roulement** (*de pneu*) tread; **~ sonore** sound track; **~ de terre** strip of land; **~ Velpeau**® (*Méd*) crêpe bandage

bandé, e [bɑ̃de] ADJ bandaged; **les yeux bandés** blindfold

bande-annonce [bɑ̃danɔ̃s] (*pl* **bandes-annonces**) NF (*Ciné*) trailer

bandeau, x [bɑ̃do] NM headband; (*sur les yeux*) blindfold; (*Méd*) head bandage

bandelette [bɑ̃dlɛt] NF strip of cloth, bandage

bander [bɑ̃de] /1/ VT (*blessure*) to bandage; (*muscle*) to tense; (*arc*) to bend; **~ les yeux à qn** to blindfold sb ▶ VI (*!*) to have a hard on (*!*)

banderole [bɑ̃dʀɔl] NF banderole; (*dans un défilé etc*) streamer

bande-son [bɑ̃dsɔ̃] (*pl* **bandes-son**) NF (*Ciné*) soundtrack

bandit [bɑ̃di] NM bandit

banditisme [bɑ̃ditism] NM violent crime, armed robberies *pl*

bandoulière [bɑ̃duljɛʀ] NF: **en ~** (slung *ou* worn) across the shoulder

Bangkok [bɑ̃ŋkɔk] N Bangkok

Bangladesh [bɑ̃gladɛʃ] NM: **le ~** Bangladesh

banjo [bɑ̃(d)ʒo] NM banjo

★**banlieue** [bɑ̃ljø] NF suburbs *pl*; **quartiers de ~** suburban areas; **trains de ~** commuter trains

banlieusard, e [bɑ̃ljøzaʀ, -aʀd] NM/F suburbanite

bannière [banjɛʀ] NF banner

bannir [baniʀ] /2/ VT to banish

★**banque** [bɑ̃k] NF bank; (*activités*) banking; **~ des yeux/du sang** eye/blood bank; **~ d'affaires** merchant bank; **~ alimentaire** food bank; **~ de dépôt** deposit bank; **~ de données** (*Inform*) data bank; **~ d'émission** bank of issue; **~ en ligne** online banking

banqueroute [bɑ̃kʀut] NF bankruptcy

banquet [bɑ̃kɛ] NM (*de club*) dinner; (*de noces*) reception; (*d'apparat*) banquet

banquette [bɑ̃kɛt] NF seat

banquier [bɑ̃kje] NM banker

banquise [bɑ̃kiz] NF ice field

bantou, e [bɑ̃tu] ADJ Bantu

baobab [baɔbab] NM (*Bot*) baobab

baptême [batɛm] NM (*sacrement*) baptism; (*cérémonie*) christening; baptism; (*d'un navire*) launching; (*d'une cloche*) consecration, dedication; **~ de l'air** first flight

baptiser [batize] /1/ VT to christen; to baptize; to launch; to consecrate, dedicate

baptiste [batist] ADJ, NMF Baptist

baquer [bake]: **se baquer** VPR (*fam*) to go for a dip

baquet [bakɛ] NM tub, bucket

★**bar** [baʀ] NM bar; (*poisson*) bass

baragouin [baʀagwɛ̃] NM gibberish

baragouiner [baʀagwine] /1/ VI to gibber, jabber

baraque [baʀak] NF shed; (*fam*) house; **~ foraine** fairground stand

baraqué, e [baʀake] ADJ (*fam*) well-built, hefty

baraquements [baʀakmɑ̃] NMPL huts (*for refugees, workers etc*)

baratin [baʀatɛ̃] NM (*fam*) smooth talk, patter

baratiner [baʀatine] /1/ VT (*fam: fille*) to chat up

baratineur, -euse [baʀatinœʀ, -øz] NM/F (*fam*) smooth talker

baratte [baʀat] NF churn

Barbade [baʀbad] NF: **la ~** Barbados

★**barbant, e** [baʀbɑ̃, -ɑ̃t] ADJ (*fam*) deadly (boring)

barbare [baʀbaʀ] ADJ barbaric ▶ NMF barbarian

Barbarie [baʀbaʀi] NF: **la ~** the Barbary Coast

barbarie [baʀbaʀi] NF barbarism; (*cruauté*) barbarity

barbarisme [baʀbaʀism] NM (*Ling*) barbarism

★**barbe** [baʀb] NF beard; **(au nez et) à la ~ de qn** (*fig*) under sb's very nose; **la ~ !** (*fam*) damn it!; **quelle ~ !** (*fam*) what a drag *ou* bore!; **~ à papa** candy-floss (BRIT), cotton candy (US)

barbecue [baʀbəkju] NM barbecue

barbelé [baʀbəle] ADJ, NM: **(fil de fer) ~** barbed wire *no pl*

barber [baʀbe] /1/ VT (*fam*) to bore stiff ▪ **se barber** VPR (*fam*) to be bored stiff

barbiche [baʀbiʃ] NF goatee

barbichette [baʀbiʃɛt] NF small goatee

barbiturique [baʀbityʀik] NM barbiturate

barboter [baʀbɔte] /1/ VI to paddle, dabble ▶ VT (*fam*) to filch

barboteuse [baʀbɔtøz] NF rompers *pl*

barbouillé, e [baʀbuje] ADJ: **avoir l'estomac ~** to feel queasy

barbouiller [baʀbuje] /1/ VT to daub; (*péj: écrire, dessiner*) to scribble

barbu, e [baʀby] ADJ bearded

barbue [baʀby] NF (*poisson*) brill

Barcelone [baʀsəlɔn] N Barcelona

barda [baʀda] NM (*fam*) kit, gear

barde [baʀd] NF (*Culin*) piece of fat bacon ▶ NM (*poète*) bard

bardé, e [baʀde] ADJ: **~ de médailles** *etc* bedecked with medals *etc*

bardeaux [baʀdo] NMPL shingle *no pl*

barder [baʀde] /1/ VT (*Culin: rôti, volaille*) to bard ▶ VI (*fam*): **ça va ~** sparks will fly

barème [baʀɛm] NM (*Scol*) scale; (*liste*) table; **~ des salaires** salary scale

barge [baʀʒ] NF barge

barguigner [baʀgiɲe] VI: **sans ~** without any shilly-shallying

baril [baʀi(l)] NM (*tonneau*) barrel; (*de poudre*) keg

barillet [baʀijɛ] NM (*de revolver*) cylinder

bariolé, e [baʀjɔle] ADJ many-coloured, rainbow-coloured

barman [baʀman] NM barman

baromètre [baʀɔmɛtʀ] NM barometer; **~ anéroïde** aneroid barometer

baron [baʀɔ̃] NM baron

baronne [baʀɔn] NF baroness

baroque [baʀɔk] ADJ (*Art*) baroque; (*fig*) weird

baroud [baʀud] NM: **~ d'honneur** gallant last stand

baroudeur [baʀudœʀ] NM (*fam*) fighter

barque [baʀk] NF small boat

barquette [baʀkɛt] NF small boat-shaped tart; (*récipient: en aluminium*) tub; (*: en bois*) basket; (*pour repas*) tray; (*pour fruits*) punnet

barracuda [baʀakyda] NM barracuda

barrage [baʀaʒ] NM dam; (*sur route*) roadblock, barricade; **~ de police** police roadblock

barre [baʀ] NF (*de fer etc*) rod; (*Navig*) helm; (*écrite*) line, stroke; (*Danse*) barre; (*Jur*): **comparaître à la ~** to appear as a witness; (*niveau*): **la livre a franchi la ~ des 1,70 euros** the pound has broken the 1.70 euros barrier; **être à** *ou* **tenir la ~** (*Navig*) to be at the helm; **coup de ~** (*fig*): **c'est le coup de ~ !** it's daylight robbery!; **j'ai le coup de ~ !** I'm all in!; **~ fixe** (*Gym*) horizontal bar; **~ de mesure** (*Mus*) bar line; **~ à mine** crowbar; **barres parallèles/asymétriques** (*Gym*) parallel/asymmetric bars

barreau, x [baʀo] NM bar; (*Jur*): **le ~** the Bar

barrer [baʀe] /1/ VT (*route etc*) to block; (*mot*) to cross out; (*chèque*) to cross (BRIT); (*Navig*) to steer ▪ **se barrer** VPR (*fam*) to clear off

barrette [baʀɛt] NF (*pour cheveux*) (hair) slide (BRIT) *ou* clip (US); (*broche*) brooch

barreur [baʀœʀ] NM helmsman; (*aviron*) coxswain

barricade [baʀikad] NF barricade

barricader [baʀikade] /1/ VT to barricade ▪ **se barricader** VPR: **se ~ chez soi** (*fig*) to lock o.s. in

barrière [baʀjɛʀ] NF fence; (*obstacle*) barrier; (*porte*) gate; **la Grande B~** the Great Barrier Reef; **~ de dégel** (*Admin: on roadsigns*) no heavy vehicles — road liable to subsidence due to thaw; **barrières douanières** trade barriers

barrique [baʀik] NF barrel, cask

barrir [baʀiʀ] /2/ VI to trumpet

bar-tabac [baʀtaba] (*pl* **bars-tabacs**) NM bar (*which sells tobacco and stamps*)

baryton [baʀitɔ̃] NM baritone

★**bas, basse** [bɑ, bɑs] ADJ low; (*action*) low, ignoble; **la tête basse** with lowered head; (*fig*) with head hung low; **avoir la vue basse** to be short-sighted; **au ~ mot** at the lowest estimate; **enfant en ~ âge** infant, young child; **~ morceaux** (*viande*) cheap cuts ▸ ADV low; (*parler*) softly; **plus ~** lower down; more softly; (*dans un texte*) further on, below; **mettre ~** *vi* (*animal*) to give birth; **à ~ la dictature !** down with dictatorship! ▸ NM (*vêtement*) stocking; (*partie inférieure*): **le ~ de** the lower part *ou* foot *ou* bottom of; **de ~ en haut** upwards; from the bottom to the top; **des hauts et des ~** ups and downs; **en ~** down below; (*d'une liste, d'un mur etc*) at (*ou* to) the bottom; (*dans une maison*) downstairs; **en ~ de** at the bottom of; **un ~ de laine** (*fam: économies*) money under the mattress (*fig*) ▸ NF (*Mus*) bass

basalte [bazalt] NM basalt

basané, e [bazane] ADJ (*teint*) tanned, bronzed

bas-côté [bakote] NM (*de route*) verge (BRIT), shoulder (US); (*d'église*) (side) aisle

bascule [baskyl] NF: **(jeu de) ~** seesaw; **(balance à) ~** scales *pl*; **fauteuil à ~** rocking chair; **système à ~** tip-over device; rocker device

basculer [baskyle] /1/ VI to fall over, topple (over); (*benne*) to tip up ▸ VT (*aussi:* **faire basculer**) to topple over; (*: contenu*) to tip out; (*: benne*) tip up

base [bɑz] NF base; (*fondement, principe*) basis (*pl* bases); **la ~** (*Pol*) the rank and file, the grass roots; **jeter les bases de** to lay the foundations of; **à la ~ de** (*fig*) at the root of; **sur la ~ de** (*fig*) on the basis of; **de ~** basic; **à ~ de café** *etc* coffee *etc* -based; **~ de données** (*Inform*) database; **~ de lancement** launching site

base-ball [bɛzbol] NM baseball

baser [baze] /1/ VT: **~ qch sur** to base sth on; **se ~ sur** (*données, preuves*) to base one's argument on; **être basé à/dans** (*Mil*) to be based at/in

bas-fond [bɑfɔ̃] NM (*Navig*) shallow ▪ **bas-fonds** NMPL (*fig*) dregs

basilic [bazilik] NM (*Culin*) basil

basilique [bazilik] NF basilica

★**basket** [baskɛt], **basket-ball** [baskɛtbol] NM basketball

★**baskets** [baskɛt] NFPL (*chaussures*) trainers (BRIT), sneakers (US)

basketteur, -euse [baskɛtœʀ, -øz] NM/F basketball player

basquaise [baskɛz] ADJ F Basque ▸ NF: **B~** Basque

basque [bask] ADJ, NM (*Ling*) Basque; **le Pays ~** the Basque country ▸ NMF: **Basque** Basque

basques [bask] NFPL skirts; **pendu aux ~ de qn** constantly pestering sb; (*mère etc*) hanging on sb's apron strings

bas-relief [bɑʀəljɛf] NM bas-relief

basse [bɑs] ADJ *voir* **bas** ▸ NF (*Mus*) bass

basse-cour [bɑskuʀ] (*pl* **basses-cours**) NF farmyard; (*animaux*) farmyard animals

bassement [bɑsmɑ̃] ADV basely

bassesse [bɑsɛs] NF baseness; (*acte*) base act

basset [bɑsɛ] NM (*Zool*) basset (hound)

★**bassin** [basɛ̃] NM (*cuvette*) bowl; (*pièce d'eau*) pond, pool; (*de fontaine, Géo*) basin; (*Anat*) pelvis; (*portuaire*) dock; **~ houiller** coalfield

bassine [basin] NF basin; (*contenu*) bowl, bowlful

bassiner [basine] /1/ VT (*plaie*) to bathe; (*lit*) to warm with a warming pan; (*fam: ennuyer*) to bore; (*: importuner*) to bug, pester

bassiste [bɑsist] NMF (double) bass player

basson [bɑsɔ̃] NM bassoon

bastide [bastid] NF (*maison*) country house (*in Provence*); (*ville*) walled town (*in SW France*)

bastingage [bastɛ̃gaʒ] NM ship's rail, rail

bastion [bastjɔ̃] NM (*aussi fig, Pol*) bastion

baston [bastɔ̃] NM OU F (*fam*) fistfight, punch-up (BRIT)

bastonner [bastɔne] (*fam*): **se bastonner** VPR to have a punch-up (BRIT), to trade punches

bas-ventre [bɑvɑ̃tʀ] NM (lower part of the) stomach

bat [ba] VB *voir* **battre**

bât [bɑ] NM packsaddle

★**bataille** [bataj] NF battle; (*rixe*) fight; **en ~** (*en travers*) at an angle; (*en désordre*) awry; **elle avait les cheveux en ~** her hair was a mess; **~ rangée** pitched battle

bataillon [batajɔ̃] NM battalion

bâtard, e [bɑtaʀ, -aʀd] ADJ (*enfant*) illegitimate; (*fig*) hybrid; **chien ~** mongrel ▸ NM/F illegitimate child, bastard (*péj*) ▸ NM (*Boulangerie*) *short French stick ou baguette*

batavia [batavja] NF ≈ Webb lettuce

★**bateau, x** [bato] NM boat; **~ de pêche/à moteur/à voiles** fishing/motor/sailing boat ▸ ADJ INV (*banal, rebattu*) hackneyed

bateau-citerne [batositɛʀn] (*pl* **bateaux-citernes**) NM tanker

bateau-mouche [batomuʃ] (*pl* **bateaux-mouches**) NM (passenger) pleasure boat (*on the Seine*)

bateau-pilote [batopilɔt] (*pl* **bateaux-pilotes**) NM pilot ship

bateleur, -euse [batlœʀ, -øz] NM/F street performer

batelier, -ière [batəlje, -jɛʀ] NM/F ferryman/-woman

bat-flanc [baflɑ̃] NM *raised boards for sleeping, in cells, army huts etc*

bâti, e [bɑti] ADJ (*terrain*) developed; **bien ~** (*personne*) well-built ▸ NM (*armature*) frame; (*Couture*) tacking

batifoler [batifɔle] /1/ VI to frolic *ou* lark about

batik [batik] NM batik

bâtiment [bɑtimɑ̃] NM building; (*Navig*) ship, vessel; (*industrie*): **le ~** the building trade

bâtir [bɑtiʀ] /2/ VT to build; (*Couture: jupe, ourlet*) to tack; **fil à ~** (*Couture*) tacking thread

bâtisse [bɑtis] NF building

bâtisseur, -euse [bɑtisœʀ, -øz] NM/F builder

batiste [batist] NF (*Couture*) batiste, cambric

bâton [bɑtɔ̃] NM stick; **mettre des bâtons dans les roues à qn** to put a spoke in sb's wheel; **à bâtons rompus** informally; **parler à bâtons rompus** to chat about this and that; **~ de rouge (à lèvres)** lipstick; **~ de ski** ski stick

bâtonnet [bɑtɔnɛ] NM short stick *ou* rod

bâtonnier [bɑtɔnje] NM (*Jur*) ≈ President of the Bar

batraciens [batʀasjɛ̃] NMPL amphibians

bats [ba] VB *voir* **battre**

battage [bataʒ] NM (*publicité*) (hard) plugging

battant, e [batɑ̃, -ɑ̃t] VB *voir* **battre** ▸ ADJ: **pluie battante** lashing rain; **tambour ~** briskly ▸ NM (*de cloche*) clapper; (*de volets*) shutter, flap; (*de porte*) side; (*fig: personne*) fighter; **porte à double ~** double door

batte [bat] NF (*Sport*) bat

battement [batmɑ̃] NM (*de cœur*) beat; (*intervalle*) interval (*between classes, trains etc*); **~ de paupières** blinking *no pl* (of eyelids); **un ~ de 10 minutes, 10 minutes de ~** 10 minutes to spare

★**batterie** [batʀi] NF (*Mil, Élec*) battery; (*Mus*) drums *pl*, drum kit; **~ de cuisine** kitchen utensils *pl*; (*casseroles etc*) pots and pans *pl*; **une ~ de tests** a string of tests

batteur [batœʀ] NM (*Mus*) drummer; (*appareil*) whisk

batteuse [batøz] NF (*Agr*) threshing machine

battoir [batwaʀ] NM (*à linge*) beetle (*for laundry*); (*à tapis*) (carpet) beater

★**battre** [batʀ] /41/ VT to beat; (*pluie, vagues*) to beat *ou* lash against; (*œufs etc*) to beat up, whisk; (*blé*) to thresh; (*cartes*) to shuffle; (*passer au peigne fin*) to scour; **~ la mesure** to beat time; **~ en brèche** (*Mil: mur*) to batter; (*fig: théorie*) to demolish (*: institution etc*) to attack; **~ son plein** to be at its height, be going full swing; **~ pavillon britannique** to fly the British flag; **~ la semelle** to stamp one's feet ▸ VI (*cœur*) to beat; (*volets etc*) to bang, rattle; **~ des mains** to clap one's hands; **~ des ailes** to flap its wings; **~ de l'aile** (*fig*) to be in a bad way *ou* in bad shape; **~ en retraite** to beat a retreat ■ **se battre** VPR to fight

battu, e [baty] PP *de* **battre** ▸ NF (*chasse*) beat; (*policière etc*) search, hunt

baud [bo(d)] NM baud

baudruche [bodʀyʃ] NF: **ballon en ~** (toy) balloon; (*fig*) windbag

baume [bom] NM balm; **~ labial** lip balm; (*fig*): **mettre du ~ au cœur à qn** to hearten sb

bauxite [boksit] NF bauxite

★**bavard, e** [bavaʀ, -aʀd] ADJ (very) talkative; gossipy

bavardage [bavaʀdaʒ] NM chatter *no pl*; gossip *no pl*

★**bavarder** [bavaʀde] /1/ VI to chatter; (*indiscrètement*) to gossip; (*révéler un secret*) to blab

bavarois, e [bavaʀwa, -waz] ADJ Bavarian ▸ NM (*Culin*) bavarois ▸ NM/F: **Bavarois, e** Bavarian

bave [bav] NF dribble; (*de chien etc*) slobber, slaver (BRIT), drool (*US*); (*d'escargot*) slime

baver [bave] /1/ VI to dribble; (*chien*) to slobber, slaver (BRIT), drool (*US*); (*encre, couleur*) to run; **en ~** (*fam*) to have a hard time (of it)

bavette [bavɛt] NF bib

baveux, -euse [bavø, -øz] ADJ dribbling; (*omelette*) runny

Bavière [bavjɛʀ] NF: **la ~** Bavaria

bavoir [bavwaʀ] NM (*de bébé*) bib

bavure [bavyʀ] NF smudge; (*fig*) hitch; (*policière etc*) blunder

bayer [baje] /1/ VI: **~ aux corneilles** to stand gaping

bazar [bazaʀ] NM general store; (*fam*) jumble

bazarder [bazaʀde] /1/ VT (*fam*) to chuck out

BCBG SIGLE ADJ (= *bon chic bon genre*) smart and trendy, ≈ preppy

BCG SIGLE M (= *bacille Calmette-Guérin*) BCG

bcp ABR = **beaucoup**

BD SIGLE F = **bande dessinée**; (= *base de données*) DB

bd ABR = **boulevard**

b.d.c. ABR (*Typo*: = *bas de casse*) l.c.

beach-volley [bitʃvɔlɛ] NM beach volleyball

béant, e [beɑ̃, -ɑ̃t] ADJ gaping

béarnais, e [bearnɛ, -ɛz] ADJ of *ou* from the Béarn

béat, e [bea, -at] ADJ showing open-eyed wonder; (*sourire etc*) blissful

béatitude [beatityd] NF bliss

★**beau, bel, belle, beaux** [bo, bɛl] ADJ beautiful, lovely; (*homme*) handsome; **un ~ geste** (*fig*) a fine gesture; **un ~ salaire** a good salary; **un ~ gâchis/rhume** a fine mess/nasty cold; **le ~ monde** high society; **~ parleur** smooth talker; **un ~ jour** one (fine) day; **de plus belle** more than ever, even more; **bel et bien** well and truly; (*vraiment*) really (and truly); **il a ~ jeu de protester** *etc* it's easy for him to protest *etc* ▸ NF (*Sport*): **la belle** the decider; **en faire/dire de belles** to do/say (some) stupid things ▸ ADV: **il fait ~** the weather's fine; **on a ~ essayer** however hard *ou* no matter how hard we try ▸ NM: **avoir le sens du ~** to have an aesthetic sense; **le temps est au ~** the weather is set fair; **le plus ~ c'est que ...** the best of it is that ...; **c'est du ~ !** that's great, that is!; **faire le ~** (*chien*) to sit up and beg

beauceron, ne [bos(ə)ʀɔ̃, -ɔn] ADJ from the Beauce

b

beaucoup [boku]

ADV **1** a lot; **il boit beaucoup** he drinks a lot; **il ne boit pas beaucoup** he doesn't drink much *ou* a lot
2 (*suivi de plus, trop etc*) much, a lot, far; **il est beaucoup plus grand** he is much *ou* a lot *ou* far taller; **c'est beaucoup plus cher** it's a lot *ou* much more expensive; **il a beaucoup plus de temps que moi** he has much *ou* a lot more time than me; **il y a beaucoup plus de touristes ici** there are a lot *ou* many more tourists here; **beaucoup trop vite** much too fast; **il fume beaucoup trop** he smokes far too much
3: **beaucoup de** (*nombre*) many, a lot of; (*quantité*) a lot of; **pas beaucoup de** (*nombre*) not many, not a lot of; (*quantité*) not much, not a lot of; **beaucoup d'étudiants/de touristes** a lot of *ou* many students/tourists; **beaucoup de courage** a lot of courage; **il n'a pas beaucoup d'argent** he hasn't got much *ou* a lot of money; **il n'y a pas beaucoup de touristes** there aren't many *ou* a lot of tourists
4: **de beaucoup** by far
▸ PRON: **beaucoup le savent** lots of people know that

★**beau-fils** [bofis] (*pl* **beaux-fils**) NM son-in-law; (*remariage*) stepson
beau-frère [bofʀɛʀ] (*pl* **beaux-frères**) NM brother-in-law
beau-père [bopɛʀ] (*pl* **beaux-pères**) NM father-in-law; (*remariage*) stepfather
beauté [bote] NF beauty; **de toute ~** beautiful; **en ~** *adv* with a flourish, brilliantly; **finir qch en ~** to complete sth brilliantly
beaux-arts [bozaʀ] NMPL fine arts
beaux-parents [bopaʀɑ̃] NMPL wife's/husband's family, in-laws
bébé [bebe] NM baby
bébé-éprouvette [bebeepʀuvɛt] (*pl* **bébés-éprouvette**) NM test-tube baby
bec [bɛk] NM beak, bill; (*de plume*) nib; (*de cafetière etc*) spout; (*de casserole etc*) lip; (*d'une clarinette etc*) mouthpiece; (*fam*) mouth; **clouer le ~ à qn** (*fam*) to shut sb up; **ouvrir le ~** (*fam*) to open one's mouth; **~ de gaz** (street) gaslamp; **~ verseur** pouring lip
bécane [bekan] NF (*fam*) bike
bécarre [bekaʀ] NM (*Mus*) natural
bécasse [bekas] NF (*Zool*) woodcock; (*fam*) silly goose
bec-de-cane [bɛkdəkan] (*pl* **becs-de-cane**) NM (*poignée*) door handle
bec-de-lièvre [bɛkdəljɛvʀ] (*pl* **becs-de-lièvre**) NM harelip
béchamel [beʃamɛl] NF: **(sauce) ~** white sauce, bechamel sauce
bêche [bɛʃ] NF spade
bêcher [beʃe] /1/ VT (*terre*) to dig; (*personne: critiquer*) to slate; (*: snober*) to look down on
bêcheur, -euse [bɛʃœʀ, -øz] ADJ (*fam*) stuck-up ▸ NM/F fault-finder; (*snob*) stuck-up person
bécoter [bekɔte] /1/ (*fam*) VT to kiss ■ **se bécoter** VPR to smooch
becquée [beke] NF: **donner la ~ à** to feed
becqueter [bɛkte] /4/ VT (*fam*) to eat
bedaine [bədɛn] NF paunch
bédé [bede] NF (*fam*) = **bande dessinée**
bedeau, x [bədo] NM beadle
bedonnant, e [bədɔnɑ̃, -ɑ̃t] ADJ paunchy, potbellied
bée [be] ADJ: **bouche ~** gaping
beffroi [befʀwa] NM belfry
bégaiement [begɛmɑ̃] NM stammering, stuttering
bégayer [begeje] /8/ VT, VI to stammer
bégonia [begɔnja] NM (*Bot*) begonia
bègue [bɛg] NMF: **être ~** to have a stammer
bégueule [begœl] ADJ prudish
beige [bɛʒ] ADJ beige
beignet [bɛɲɛ] NM fritter
bel [bɛl] ADJ M *voir* **beau**
bêler [bele] /1/ VI to bleat
belette [bəlɛt] NF weasel
★**belge** [bɛlʒ] ADJ Belgian ▸ NMF: **Belge** Belgian
★**Belgique** [bɛlʒik] NF: **la ~** Belgium
Belgrade [bɛlgʀad] N Belgrade
bélier [belje] NM ram; (*engin*) (battering) ram; (*signe*): **le B~** Aries, the Ram; **être du B~** to be Aries
Bélize [beliz] NM: **le ~** Belize
bellâtre [bɛlɑtʀ] NM dandy
★**belle** [bɛl] ADJ, NF *voir* **beau**
belle-famille [bɛlfamij] (*pl* **belles-familles**) NF (*fam*) in-laws *pl*
★**belle-fille** [bɛlfij] (*pl* **belles-filles**) NF daughter-in-law; (*remariage*) stepdaughter
belle-mère [bɛlmɛʀ] (*pl* **belles-mères**) NF mother-in-law; (*remariage*) stepmother
belle-sœur [bɛlsœʀ] (*pl* **belles-sœurs**) NF sister-in-law
belliciste [belisist] ADJ warmongering
belligérance [beliʒeʀɑ̃s] NF belligerence
belligérant, e [beliʒeʀɑ̃, -ɑ̃t] ADJ belligerent
belliqueux, -euse [belikø, -øz] ADJ aggressive, warlike
belote [bəlɔt] NF belote (*card game*)
belvédère [bɛlvedɛʀ] NM panoramic viewpoint (*or small building there*)
bémol [bemɔl] NM (*Mus*) flat
ben [bɛ̃] EXCL (*fam*) well
bénédiction [benediksjɔ̃] NF blessing
bénéfice [benefis] NM (*Comm*) profit; (*avantage*) benefit; **au ~ de** in aid of
bénéficiaire [benefisjɛʀ] NMF beneficiary
bénéficier [benefisje] /7/ VI: **~ de** to enjoy; (*profiter*) to benefit by *ou* from; (*obtenir*) to get, be given
bénéfique [benefik] ADJ beneficial
Benelux [benelyks] NM: **le ~** Benelux, the Benelux countries
benêt [bənɛ] NM simpleton
bénévolat [benevɔla] NM voluntary service *ou* work
bénévole [benevɔl] ADJ voluntary, unpaid
bénévolement [benevɔlmɑ̃] ADV voluntarily

Bengale [bɛ̃gal] NM: **le ~** Bengal; **le golfe du ~** the Bay of Bengal

bengali [bɛ̃gali] ADJ Bengali, Bengalese ▸ NM (*Ling*) Bengali

Bénin [benɛ̃] NM: **le ~** Benin

bénin, -igne [benɛ̃, -iɲ] ADJ minor, mild; (*tumeur*) benign

bénir [beniʀ] /2/ VT to bless

bénit, e [beni, -it] ADJ consecrated; **eau bénite** holy water

bénitier [benitje] NM stoup, font (*for holy water*)

benjamin, e [bɛ̃ʒamɛ̃, -in] NM/F youngest child; (*Sport*) under-13

benne [bɛn] NF skip; (*de téléphérique*) (cable) car; **~ basculante** tipper (BRIT), dump *ou* dumper truck; **~ à ordures** (*amovible*) skip

benzine [bɛ̃zin] NF benzine

béotien, ne [beɔsjɛ̃, -ɛn] NM/F philistine

BEP SIGLE M (= *Brevet d'études professionnelles*) *school-leaving diploma, taken at approx. 18 years*

béquille [bekij] NF crutch; (*de bicyclette*) stand

berbère [bɛʀbɛʀ] ADJ Berber ▸ NM (*Ling*) Berber ▸ NMF: **Berbère** Berber

bercail [bɛʀkaj] NM fold

berceau, x [bɛʀso] NM cradle, crib

bercer [bɛʀse] /3/ VT to rock, cradle; (*musique etc*) to lull; **~ qn de** (*promesses etc*) to delude sb with

berceur, -euse [bɛʀsœʀ, -øz] ADJ soothing ▸ NF (*chanson*) lullaby

berceuse NF lullaby

Bercy [bɛʀsi] N *the offices of the French Ministry of Finance and Industry*

BERD [bɛʀd] SIGLE F (= *Banque européenne pour la reconstruction et le développement*) EBRD

béret [beʀɛ] NM (*aussi:* **béret basque**) beret

bergamote [bɛʀgamɔt] NF (*Bot*) bergamot

berge [bɛʀʒ] NF bank

berger, -ère [bɛʀʒe, -ɛʀ] NM/F shepherd/shepherdess; **~ allemand** (*chien*) alsatian (dog) (BRIT), German shepherd (dog) (US)

bergerie [bɛʀʒəʀi] NF sheep pen

bergeronnette [bɛʀʒəʀɔnɛt] NF wagtail

béribéri [beʀibeʀi] NM beriberi

Berlin [bɛʀlɛ̃] N Berlin; **Berlin-Est/-Ouest** East/West Berlin

berline [bɛʀlin] NF (*Auto*) saloon (car) (BRIT), sedan (US)

berlingot [bɛʀlɛ̃go] NM (*emballage*) carton (*pyramid shaped*); (*bonbon*) lozenge

berlinois, e [bɛʀlinwa, -waz] ADJ of *ou* from Berlin ▸ NM/F: **Berlinois, e** Berliner

berlue [bɛʀly] NF: **j'ai la ~** I must be seeing things

bermuda [bɛʀmyda] NM (*short*) Bermuda shorts

Bermudes [bɛʀmyd] NFPL: **les (îles) ~** Bermuda

Berne [bɛʀn] N Bern

berne [bɛʀn] NF: **en ~** at half-mast; **mettre en ~** to fly at half-mast

berner [bɛʀne] /1/ VT to fool

bernois, e [bɛʀnwa, -waz] ADJ Bernese

berrichon, ne [beʀiʃɔ̃, -ɔn] ADJ of *ou* from the Berry

besace [bəzas] NF beggar's bag

besogne [bəzɔɲ] NF work *no pl*, job

besogneux, -euse [bəzɔɲø, -øz] ADJ hard-working

★**besoin** [bəzwɛ̃] NM need; (*pauvreté*): **le ~** need, want; **le ~ d'argent/de gloire** the need for money/glory; **besoins (naturels)** nature's needs; **faire ses besoins** to relieve o.s.; **avoir ~ de qch/faire qch** to need sth/to do sth; **il n'y a pas ~ de (faire)** there is no need to (do); **au ~, si ~ est** if need be; **pour les besoins de la cause** for the purpose in hand; **être dans le ~** to be in need *ou* want

bestial, e, -aux [bɛstjal, -o] ADJ bestial, brutish ▸ NMPL cattle

bestiole [bɛstjɔl] NF (tiny) creature

bêta [beta] ADJ, NM INV beta

bétail [betaj] NM livestock, cattle *pl*

bétaillère [betajɛʀ] NF livestock truck

bête [bɛt] NF animal; (*bestiole*) bug, insect; **les bêtes** (the) animals; **chercher la petite ~** to nit-pick; **~ noire** pet hate, bugbear (BRIT); **~ sauvage** wild beast; **~ de somme** beast of burden ▸ ADJ stupid, silly

bêtement [bɛtmɑ̃] ADV stupidly; **tout ~** quite simply

Bethléem [bɛtleɛm] N Bethlehem

bêtifier [betifje] /7/ VI to talk nonsense

bêtise [betiz] NF stupidity; (*action, remarque*) stupid thing (to say *ou* do); (*bonbon*) type of mint sweet (BRIT) ou candy (US); **faire/dire une ~** to do/say something stupid

bêtisier [betizje] NM collection of howlers

béton [betɔ̃] NM concrete; **(en) ~** (*fig: alibi, argument*) cast iron; **~ armé** reinforced concrete; **~ précontraint** prestressed concrete

bétonner [betɔne] /1/ VT to concrete (over)

bétonnière [betɔnjɛʀ] NF cement mixer

bette [bɛt] NF (*Bot*) (Swiss) chard

betterave [bɛtʀav] NF (*rouge*) beetroot (BRIT), beet (US); **~ fourragère** mangel-wurzel; **~ sucrière** sugar beet

beugler [bøgle] /1/ VI to low; (*péj: radio etc*) to blare ▸ VT (*péj: chanson etc*) to bawl out

beur [bœʀ] ADJ, NMF *see note*

> **Beur** is a term used to refer to a person born in France of North African immigrant parents. It is not racist and is often used by the media, anti-racist groups and second-generation North Africans themselves. The term itself comes from the reversal of the word *arabe*. See entry *verlan*.

★**beurre** [bœʀ] NM butter; **mettre du ~ dans les épinards** (*fig*) to add a little to the kitty; **~ de cacao** cocoa butter; **~ noir** brown butter (sauce)

beurré, e [bœʀe] ADJ (*brioche, poêle*) buttered; (*fam: ivre*) plastered (*fam*); **une tartine beurrée** a piece of bread and butter

beurrer [bœʀe] /1/ VT to butter

beurrier [bœʀje] NM butter dish

beuverie [bœvʀi] NF drinking session

bévue [bevy] NF blunder

Beyrouth [beʀut] N Beirut
Bhoutan [butɑ̃] NM: **le ~** Bhutan
bi [bi] ADJ, NMF (*fam: = bisexuel*) bi (*fam*)
bi... [bi] PRÉFIXE bi..., two-
Biafra [bjafʀa] NM: **le ~** Biafra
biafrais, e [bjafʀɛ, -ɛz] ADJ Biafran
biais [bjɛ] NM (*moyen*) device, expedient; (*aspect*) angle; (*bande de tissu*) piece of cloth cut on the bias; **en ~, de ~** (*obliquement*) at an angle; (*fig*) indirectly; **par le ~ de** by means of
biaiser [bjeze] /1/ VI (*fig*) to sidestep the issue
biathlon [biatlɔ̃] NM biathlon
bibelot [biblo] NM trinket, curio
biberon [bibʀɔ̃] NM (feeding) bottle; **nourrir au ~** to bottle-feed
bible [bibl] NF bible
bibliobus [biblijɔbys] NM mobile library van
bibliographie [biblijɔgʀafi] NF bibliography
bibliophile [biblijɔfil] NMF book-lover
bibliothécaire [biblijɔtekɛʀ] NMF librarian
bibliothèque [biblijɔtɛk] NF library; (*meuble*) bookcase; **~ municipale** public library
biblique [biblik] ADJ biblical
bibliquement [biblikmɑ̃] ADV: **connaître qn ~** (*euphémisme*) to know sb in the biblical sense
★**bic®** [bik] NM Biro®
bicarbonate [bikaʀbɔnat] NM: **~ (de soude)** bicarbonate of soda
bicentenaire [bisɑ̃t(ə)nɛʀ] NM bicentenary
biceps [bisɛps] NM biceps
biche [biʃ] NF doe
bichonner [biʃɔne] /1/ VT to groom
bicolore [bikɔlɔʀ] ADJ two-coloured (BRIT), two-colored (US)
bicoque [bikɔk] NF (*péj*) shack, dump
bicorne [bikɔʀn] NM cocked hat
★**bicyclette** [bisiklɛt] NF bicycle
bidasse [bidas] NM (*fam*) squaddie (BRIT)
bide [bid] NM (*fam: ventre*) belly; (*Théât*) flop
★**bidet** [bidɛ] NM bidet
bidoche [bidɔʃ] NF (*fam*) meat
bidon [bidɔ̃] NM can ▸ ADJ INV (*fam*) phoney
bidonnant, e [bidɔnɑ̃, -ɑ̃t] ADJ (*fam*) hilarious
bidonville [bidɔ̃vil] NM shanty town
bidule [bidyl] NM (*fam*) thingamajig
bielle [bjɛl] NF connecting rod; (*Auto*) track rod
biélorusse [bjelɔʀys] ADJ Belarusian ▸ NM (*Ling*) Belarusian ▸ NMF: **Biélorusse** Belarusian
Biélorussie [bjelɔʀysi] NF Belorussia

bien [bjɛ̃]

NM **1** (*avantage, profit*): **faire le bien** to do good; **faire du bien à qn** to do sb good; **ça fait du bien de faire** it does you good to do; **dire du bien de** to speak well of; **c'est pour son bien** it's for his own good; **changer en bien** to change for the better; **le bien public** the public good; **vouloir du bien à qn** (*vouloir aider*) to have sb's (best) interests at heart; **je te veux du bien** (*pour mettre en confiance*) I don't wish you any harm
2 (*possession, patrimoine*) possession, property; **son bien le plus précieux** his most treasured possession; **avoir du bien** to have property; **biens (de consommation** *etc***)** (consumer *etc*) goods; **biens durables** (consumer) durables
3 (*moral*): **le bien** good; **distinguer le bien du mal** to tell good from evil
▸ ADV **1** (*de façon satisfaisante*) well; **elle travaille/mange bien** she works/eats well; **aller** *ou* **se porter bien** to be well; **croyant bien faire, je/il ...** thinking I/he was doing the right thing, I/he ...; **tiens-toi bien !** (*assieds-toi correctement*) sit up straight!; (*debout*) stand up straight!; (*sois sage*) behave yourself!; (*prépare-toi*) wait for it!
2 (*valeur intensive*) quite; **bien jeune** quite young; **bien assez** quite enough; **bien mieux** (very) much better; **bien du temps/des gens** quite a time/a number of people; **j'espère bien y aller** I do hope to go; **je veux bien le faire** (*concession*) I'm quite willing to do it; **il faut bien le faire** it has to be done; **il y a bien deux ans** at least two years ago; **cela fait bien deux ans que je ne l'ai pas vu** I haven't seen him for at least *ou* a good two years; **il semble bien que** it really seems that; **peut-être bien** it could well be; **aimer bien** to like; **Paul est bien venu, n'est-ce pas ?** Paul HAS come, hasn't he?; **où peut-il bien être passé ?** where on earth can he have got to?
3 (*conséquence, résultat*): **si bien que** with the result that; **on verra bien** we'll see; **faire bien de ...** to be right to ...
▸ EXCL right!, OK!, fine!; **eh bien !** well!; **(c'est) bien fait !** it serves you (*ou* him *etc*) right!; **bien sûr !, bien entendu !** certainly!, of course!
▸ ADJ INV **1** (*en bonne forme, à l'aise*): **je me sens bien, je suis bien** I feel fine; **je ne me sens pas bien, je ne suis pas bien** I don't feel well; **on est bien dans ce fauteuil** this chair is very comfortable
2 (*joli, beau*) good-looking; **tu es bien dans cette robe** you look good in that dress
3 (*satisfaisant*) good; **elle est bien, cette maison/secrétaire** it's a good house/she's a good secretary; **c'est très bien (comme ça)** it's fine (like that); **ce n'est pas si bien que ça** it's not as good *ou* great as all that; **c'est bien ?** is that all right?
4 (*moralement*) right; (: *personne*) good, nice; (*respectable*) respectable; **ce n'est pas bien de ...** it's not right to ...; **elle est bien, cette femme** she's a nice woman, she's a good sort; **des gens bien** respectable people
5 (*en bons termes*): **être bien avec qn** to be on good terms with sb

bien-aimé, e [bjɛ̃neme] ADJ, NM/F beloved
bien-être [bjɛ̃nɛtʀ] NM well-being
bienfaisance [bjɛ̃fəzɑ̃s] NF charity
bienfaisant, e [bjɛ̃fəzɑ̃, -ɑ̃t] ADJ (*chose*) beneficial
bienfait [bjɛ̃fɛ] NM act of generosity, benefaction; (*de la science etc*) benefit
bienfaiteur, -trice [bjɛ̃fɛtœʀ, -tʀis] NM/F benefactor/benefactress
bien-fondé [bjɛ̃fɔ̃de] NM soundness
bien-fonds [bjɛ̃fɔ̃] (*pl* **biens-fonds**) NM property
bienheureux, -euse [bjɛ̃nœʀø, -øz] ADJ happy; (*Rel*) blessed, blest
biennal, e, -aux [bjenal, -o] ADJ biennial

bien-pensant, e [bjɛ̃pɑ̃sɑ̃, -ɑ̃t] ADJ right-thinking ▸NM/F: **les bien-pensants** right-minded people

bien que [bjɛ̃k] CONJ although

bienséance [bjɛ̃seɑ̃s] NF propriety, decorum *no pl*; **les bienséances** (*convenances*) the proprieties

bienséant, e [bjɛ̃seɑ̃, -ɑ̃t] ADJ proper, seemly

bientôt [bjɛ̃to] ADV soon; **à ~** see you soon

bienveillance [bjɛ̃vɛjɑ̃s] NF kindness

bienveillant, e [bjɛ̃vɛjɑ̃, -ɑ̃t] ADJ kindly

★**bienvenu, e** [bjɛ̃vny] ADJ welcome ▸NM/F: **être le ~/la bienvenue** to be welcome ▸NF: **souhaiter la bienvenue à** to welcome; **bienvenue à** welcome to

bière [bjɛʀ] NF (*boisson*) beer; (*cercueil*) bier; **~ blonde** lager; **~ brune** brown ale (BRIT), dark beer (US); **~ (à la) pression** draught beer

biffer [bife] /1/ VT to cross out

★**bifteck** [biftɛk] NM steak

bifurcation [bifyʀkasjɔ̃] NF fork (*in road*); (*fig*) new direction

bifurquer [bifyʀke] /1/ VI (*route*) to fork; (*véhicule*) to turn off

bigame [bigam] ADJ bigamous

bigamie [bigami] NF bigamy

bigarré, e [bigaʀe] ADJ multicoloured (BRIT), multicolored (US); (*disparate*) motley

bigarreau, x [bigaʀo] NM *type of cherry*

bigleux, -euse [biglø, -øz] ADJ (*fam: qui louche*) cross-eyed; (*: qui voit mal*) short-sighted; **il est complètement ~** he's as blind as a bat

bigorneau, x [bigɔʀno] NM winkle

bigot, e [bigo, -ɔt] (*péj*) ADJ bigoted ▸NM/F bigot

bigoterie [bigɔtʀi] NF bigotry

bigoudi [bigudi] NM curler

bigrement [bigʀəmɑ̃] ADV (*fam*) fantastically

★**bijou, x** [biʒu] NM jewel

★**bijouterie** [biʒutʀi] NF (*magasin*) jeweller's (shop) (BRIT), jewelry store (US); (*bijoux*) jewellery, jewelry

bijoutier, -ière [biʒutje, -jɛʀ] NM/F jeweller (BRIT), jeweler (US)

bikini [bikini] NM bikini

bilan [bilɑ̃] NM (*Comm*) balance sheet(s); (*annuel*) end of year statement; (*fig*) (net) outcome; (*: de victimes*) toll; **faire le ~ de** to assess; to review; **déposer son ~** to file a bankruptcy statement; **~ de santé** (*Méd*) check-up; **~ social** *statement of a firm's policies towards its employees*

bilatéral, e, -aux [bilateʀal, -o] ADJ bilateral

bilboquet [bilbɔkɛ] NM (*jouet*) cup-and-ball game

bile [bil] NF bile; **se faire de la ~** (*fam*) to worry o.s. sick

biler [bile]: **se biler** VPR (*fam*) to get worked up

biliaire [biljɛʀ] ADJ biliary

bilieux, -euse [biljø, -øz] ADJ bilious; (*fig: colérique*) testy

bilingue [bilɛ̃g] ADJ bilingual

bilinguisme [bilɛ̃gɥism] NM bilingualism

billard [bijaʀ] NM billiards *sg*; (*table*) billiard table; **c'est du ~** (*fam*) it's a cinch; **passer sur le ~** (*fam*) to have an (*ou* one's) operation; **~ électrique** pinball

bille [bij] NF ball; (*du jeu de billes*) marble; (*de bois*) log; **jouer aux billes** to play marbles

★**billet** [bijɛ] NM (*aussi:* **billet de banque**) (bank) note; (*de cinéma, de bus etc*) ticket; (*courte lettre*) note; **~ à ordre** *ou* **de commerce** (*Comm*) promissory note, IOU; **~ d'avion/de train** plane/train ticket; **~ circulaire** round-trip ticket; **~ doux** love letter; **~ de faveur** complimentary ticket; **~ de loterie** lottery ticket; **~ de quai** platform ticket; **~ électronique** e-ticket

billetterie [bijɛtʀi] NF ticket office; (*distributeur*) ticket dispenser; (*Banque*) cash dispenser

billion [biljɔ̃] NM billion (BRIT), trillion (US)

billot [bijo] NM block

bimbeloterie [bɛ̃blɔtʀi] NF (*objets*) fancy goods

bimensuel, le [bimɑ̃sɥɛl] ADJ bimonthly, every two months

bimestriel, le [bimɛstʀijɛl] ADJ bimonthly, every two months

bimoteur [bimɔtœʀ] ADJ twin-engined

binaire [binɛʀ] ADJ binary

biner [bine] /1/ VT to hoe

binette [binɛt] NF (*outil*) hoe

binoclard, e [binɔklaʀ, -aʀd] (*fam*) ADJ specky ▸NM/F four-eyes

binocle [binɔkl] NM pince-nez ■ **binocles** NMPL glasses

binoculaire [binɔkylɛʀ] ADJ binocular

binôme [binom] NM binomial

bio [bjo] ADJ (*fam*) = **biologique**; (*produits, aliments*) organic

bio... [bjɔ] PRÉFIXE bio...

biocarburant [bjokaʀbyʀɑ̃] NM biofuel

biochimie [bjɔʃimi] NF biochemistry

biochimique [bjɔʃimik] ADJ biochemical

biochimiste [bjɔʃimist] NMF biochemist

biocompatible [bjokɔ̃patibl] ADJ biocompatible

biodégradable [bjɔdegʀadabl] ADJ biodegradable

biodiesel [bjodjezɛll] NM biodiesel

biodiversité [bjodivɛʀsite] NF biodiversity

bioéthique [bjoetik] NF bioethics *sg*

biogazole NM biodiesel

biographe [bjɔgʀaf] NMF biographer

biographie [bjɔgʀafi] NF biography

biographique [bjɔgʀafik] ADJ biographical

★**biologie** [bjɔlɔʒi] NF biology

biologique [bjɔlɔʒik] ADJ biological; (*produits*) organic

biologiste [bjɔlɔʒist] NMF biologist

biomasse [bjomas] NF biomass

biométrie NF biometrics

biométrique [bjometʀik] ADJ biometric

biopsie [bjɔpsi] NF (*Méd*) biopsy

biosphère [bjɔsfɛʀ] NF biosphere

biotechnologie [bjotɛknɔlɔʒi] NF biotechnology

bioterrorisme [bjotɛʀɔʀism] NM bioterrorism

bioterroriste [bjotɛʀɔʀist] NMF bioterrorist

biotope [bjɔtɔp] NM biotope

bip [bip] NM: **~ sonore** beep; **laissez votre message après le ~ sonore** leave a message after the beep
bipartisme [bipaʀtism] NM two-party system
bipartite [bipaʀtit] ADJ (*Pol*) two-party, bipartisan
bipède [bipɛd] NM biped, two-footed creature
biphasé, e [bifaze] ADJ (*Élec*) two-phase
biplace [biplas] ADJ, NM (*avion*) two-seater
biplan [biplɑ̃] NM biplane
bipolaire [bipɔlɛʀ] ADJ bipolar
bique [bik] NF nanny goat; (*péj*) old hag
biquet, te [bikɛ, -ɛt] NM/F: **mon ~** (*fam*) my lamb
BIRD [biʀd] SIGLE F (= *Banque internationale pour la reconstruction et le développement*) IBRD
biréacteur [biʀeaktœʀ] NM twin-engined jet
birman, e [biʀmɑ̃, -an] ADJ Burmese
Birmanie [biʀmani] NF Burma; **la ~** Burma
bis¹, e [bi, biz] ADJ (*couleur*) greyish brown ▸ NF (*baiser*) kiss; (*vent*) North wind; **faire une** *ou* **la bise à qn** to kiss sb; **grosses bises (de)** (*sur lettre*) love and kisses (from)
bis² [bis] ADV: **12 ~** 12a *ou* A ▸ EXCL, NM encore
bisaïeul, e [bisajœl] NM/F great-grandfather/great-grandmother
bisannuel, le [bizanɥɛl] ADJ biennial
bisbille [bisbij] NF: **être en ~ avec qn** to be at loggerheads with sb
biscornu, e [biskɔʀny] ADJ crooked; (*bizarre*) weird(-looking)
biscotte [biskɔt] NF toasted bread (*sold in packets*)
★**biscuit** [biskɥi] NM biscuit (BRIT), cookie (US); (*gâteau*) sponge cake; **~ à la cuiller** sponge finger
biscuiterie [biskɥitʀi] NF biscuit manufacturing
★**bise** [biz] ADJ F, NF *voir* **bis¹**
biseau, x [bizo] NM bevelled edge; **en ~** bevelled
biseauter [bizote] /1/ VT to bevel
bisexué, e [bisɛksɥe] ADJ bisexual
bisexuel, le [bisɛksɥɛl] ADJ, NM/F bisexual
bismuth [bismyt] NM bismuth
bison [bizɔ̃] NM bison
bisou [bizu] NM (*fam*) kiss
Bisounours [bizunuʀs] NMPL: **on n'est pas chez les ~** *ou* **au pays des ~** (*fam*) we're not in la-la land
bisque [bisk] NF: **~ d'écrevisses** shrimp bisque
bissectrice [bisɛktʀis] NF bisector
bisser [bise] /1/ VT (*faire rejouer: artiste, chanson*) to encore; (*rejouer: morceau*) to give an encore of
bissextile [bisɛkstil] ADJ: **année ~** leap year
bistouri [bistuʀi] NM lancet
bistre [bistʀ] ADJ (*couleur*) bistre; (*peau, teint*) tanned
bistro(t) [bistʀo] NM bistro, café
bistronomie [bistʀɔnɔmi] NF *affordable fine dining served in a bistro setting*
BIT SIGLE M (= *Bureau international du travail*) ILO
bit [bit] NM (*Inform*) bit
bite [bit] NF (*!: pénis*) prick (*!*)
biterrois, e [bitɛʀwa, -waz] ADJ of *ou* from Béziers
bitte [bit] NF: **~ d'amarrage** bollard (*Navig*)
bitume [bitym] NM asphalt
bitumer [bityme] /1/ VT to asphalt
bivalent, e [bivalɑ̃, -ɑ̃t] ADJ bivalent
bivouac [bivwak] NM bivouac
★**bizarre** [bizaʀ] ADJ strange, odd
bizarrement [bizaʀmɑ̃] ADV strangely, oddly
bizarrerie [bizaʀʀi] NF strangeness, oddness
blackbouler [blakbule] /1/ VT (*à une élection*) to blackball
blafard, e [blafaʀ, -aʀd] ADJ wan
blague [blag] NF (*propos*) joke; (*farce*) trick; **sans ~ !** no kidding!; **~ à tabac** tobacco pouch
blaguer [blage] /1/ VI to joke ▸ VT to tease
blagueur, -euse [blagœʀ, -øz] ADJ teasing ▸ NM/F joker
blair [blɛʀ] NM (*fam*) conk
blaireau, x [blɛʀo] NM (*Zool*) badger; (*brosse*) shaving brush
blairer [bleʀe] /1/ VT: **je ne peux pas le ~** I can't bear *ou* stand him
blâmable [blɑmabl] ADJ blameworthy
blâme [blɑm] NM blame; (*sanction*) reprimand
blâmer [blɑme] /1/ VT (*réprouver*) to blame; (*réprimander*) to reprimand
★**blanc, blanche** [blɑ̃, blɑ̃ʃ] ADJ white; (*non imprimé*) blank; (*innocent*) pure; **d'une voix blanche** in a toneless voice; **aux cheveux blancs** white-haired ▸ NM (*couleur*) white; (*linge*): **le ~** whites *pl*; (*espace non écrit*) blank; (*aussi:* **blanc d'œuf**) (egg-)white; (*aussi:* **blanc de poulet**) breast, white meat; (*aussi:* **vin blanc**) white wine; **le ~ de l'œil** the white of the eye; **laisser en ~** to leave blank; **chèque en ~** blank cheque; **à ~** *adv* (*chauffer*) white-hot; (*tirer, charger*) with blanks; **saigner à ~** to bleed white; **~ cassé** off-white ▸ NF (*Mus*) minim (BRIT), half-note (US); (*fam: drogue*) smack ▸ NM/F: **Blanc, Blanche** white, white man/woman
blanc-bec [blɑ̃bɛk] (*pl* **blancs-becs**) NM greenhorn
blanchâtre [blɑ̃ʃɑtʀ] ADJ (*teint, lumière*) whitish
blancheur [blɑ̃ʃœʀ] NF whiteness
blanchiment [blɑ̃ʃimɑ̃] NM money laundering; **le ~ d'argent sale/de capitaux** money laundering
blanchir [blɑ̃ʃiʀ] /2/ VT (*gén*) to whiten; (*linge, fig: argent*) to launder; (*Culin*) to blanch; (*fig: disculper*) to clear; **blanchi à la chaux** whitewashed ▸ VI to grow white; (*cheveux*) to go white
blanchissage [blɑ̃ʃisaʒ] NM (*du linge*) laundering
blanchisserie [blɑ̃ʃisʀi] NF laundry
blanchisseur, -euse [blɑ̃ʃisœʀ, -øz] NM/F launderer
blanc-seing [blɑ̃sɛ̃] (*pl* **blancs-seings**) NM signed blank paper
blanquette [blɑ̃kɛt] NF (*Culin*): **~ de veau** veal in a white sauce, blanquette de veau
blasé, e [blɑze] ADJ blasé
blaser [blɑze] /1/ VT to make blasé
blason [blɑzɔ̃] NM coat of arms
blasphémateur, -trice [blasfematœʀ, -tʀis] NM/F blasphemer

blasphématoire [blasfematwaʀ] ADJ blasphemous

blasphème [blasfɛm] NM blasphemy

blasphémer [blasfeme] /6/ VI to blaspheme ▸ VT to blaspheme against

blatte [blat] NF cockroach

blazer [blazɛʀ] NM blazer

blé [ble] NM wheat; **~ en herbe** wheat on the ear; **~ noir** buckwheat

bled [blɛd] NM (*péj*) hole; (*en Afrique du Nord*): **le ~** the interior

blême [blɛm] ADJ pale

blêmir [blemiʀ] /2/ VI (*personne*) to (turn) pale; (*lueur*) to grow pale

blennorragie [blenɔʀaʒi] NF blennorrhoea

blessant, e [blɛsɑ̃, -ɑ̃t] ADJ hurtful

blessé, e [blese] ADJ injured ▸ NM/F injured person, casualty; **un ~ grave, un grand ~** a seriously injured *ou* wounded person

★**blesser** [blese] /1/ VT to injure; (*délibérément: Mil etc*) to wound; (*souliers etc, offenser*) to hurt ■ **se blesser** VPR to injure o.s.; **se ~ au pied** *etc* to injure one's foot *etc*

★**blessure** [blesyʀ] NF (*accidentelle*) injury; (*intentionnelle*) wound

blet, te [blɛ, blɛt] ADJ overripe

blette [blɛt] NF = **bette**

★**bleu, e** [blø] ADJ blue; (*bifteck*) very rare; **avoir une peur bleue** to be scared stiff; **zone bleue** ≈ restricted parking area; **fromage ~** blue cheese ▸ NM (*couleur*) blue; (*novice*) greenhorn; (*contusion*) bruise; (*vêtement: aussi:* **bleus**) overalls *pl* (BRIT), coveralls *pl* (US); **au ~** (*Culin*) au bleu; **~ (de lessive)** ≈ blue bag; **~ de méthylène** (*Méd*) methylene blue; **~ marine/nuit/roi** navy/midnight/royal blue

bleuâtre [bløɑtʀ] ADJ (*fumée etc*) bluish, blueish

bleuet [bløɛ] NM cornflower

bleuir [bløiʀ] /2/ VT, VI to turn blue

bleuté, e [bløte] ADJ blue-shaded

blindage [blɛ̃daʒ] NM armo(u)r-plating

blinde [blɛ̃d] NF: **ça coûte une ~** (*fam*) it costs an arm and a leg

blindé, e [blɛ̃de] ADJ armoured (BRIT), armored (US); (*fig*) hardened ▸ NM armoured *ou* armored car; (*char*) tank

blinder [blɛ̃de] /1/ VT to armour (BRIT), armor (US); (*fig*) to harden

blizzard [blizaʀ] NM blizzard

bloc [blɔk] NM (*de pierre etc, Inform*) block; (*de papier à lettres*) pad; (*ensemble*) group, block; **serré à ~** tightened right down; **en ~** as a whole; wholesale; **faire ~** to unite; **~ opératoire** operating *ou* theatre block; **~ sanitaire** toilet block; **~ sténo** shorthand notebook

blocage [blɔkaʒ] NM (*voir bloquer*) blocking; jamming; (*des prix*) freezing; (*Psych*) hang-up

bloc-cuisine [blɔkkɥizin] (*pl* **blocs-cuisines**) NM kitchen unit

bloc-cylindres [blɔksilɛ̃dʀ] (*pl* **blocs-cylindres**) NM cylinder block

bloc-évier [blɔkevje] (*pl* **blocs-éviers**) NM sink unit

bloc-moteur [blɔkmɔtœʀ] (*pl* **blocs-moteurs**) NM engine block

bloc-notes [blɔknɔt] (*pl* **blocs-notes**) NM note pad

blocus [blɔkys] NM blockade

blog, blogue [blɔg] NM blog; **~ vidéo** vlog

blogging [blogiŋ] NM blogging

blogosphère [blɔgɔsfɛʀ] NF (*Inform*) blogosphere

★**bloguer** [blɔge] /1/ VI to blog

★**blogueur, -euse** [blogœʀ, øz] NM/F blogger

★**blond, e** [blɔ̃, -ɔ̃d] ADJ fair; (*plus clair*) blond; (*sable, blés*) golden; **~ cendré** ash blond ▸ NM/F fair-haired *ou* blond man/woman

blondeur [blɔ̃dœʀ] NF fairness; blondness

blondin, e [blɔ̃dɛ̃, -in] NM/F fair-haired *ou* blond child *ou* young person

blondinet, te [blɔ̃dinɛ, -ɛt] NM/F blondie

blondir [blɔ̃diʀ] /2/ VI (*personne, cheveux*) to go fair *ou* blond

bloquer [blɔke] /1/ VT (*passage*) to block; (*pièce mobile*) to jam; (*crédits, compte*) to freeze; (*personne, négociations etc*) to hold up; (*regrouper*) to group; **~ les freins** to jam on the brakes ■ **se bloquer** VPR (*pièce mobile*) to jam; (*tuyau*) to get blocked

blottir [blɔtiʀ] /2/: **se blottir** VPR to huddle up

blousant, e [bluzɑ̃, -ɑ̃t] ADJ blousing out

blouse [bluz] NF overall

blouser [bluze] /1/ VI to blouse out

★**blouson** [bluzɔ̃] NM blouson (jacket); **~ noir** (*fig*) ≈ rocker

blue-jean [bludʒin], **blue-jeans** [bludʒins] NM jeans

blues [bluz] NM blues *pl*

bluet [blyɛ] NM = **bleuet**

bluff [blœf] NM bluff

bluffer [blœfe] /1/ VI, VT to bluff

BNF SIGLE F = **Bibliothèque nationale de France**

boa [bɔa] NM (*Zool*): **~ (constricteur)** boa (constrictor); (*tour de cou*) (feather *ou* fur) boa

bob [bɔb] NM = **bobsleigh**

bobard [bɔbaʀ] NM (*fam*) tall story

bobèche [bɔbɛʃ] NF candle-ring

bobine [bɔbin] NF (*de fil*) reel; (*de machine à coudre*) spool; (*de machine à écrire*) ribbon; (*Élec*) coil; **~ (d'allumage)** (*Auto*) coil; **~ de pellicule** (*Photo*) roll of film

bobo [bobo] NMF (= *bourgeois bohème*) boho ▸ NM (*fam*) sore spot

boboïser [boboize] /1/: **se boboïser** VPR (*quartier, ville*) to become more boho

bobonne [bɔbɔn] NF (*péj, fam: nom donné à l'épouse légitime*) missus (*fam*)

bobsleigh [bɔbslɛg] NM bob(sleigh)

bocage [bɔkaʒ] NM (*Géo*) bocage, *farmland criss-crossed by hedges and trees*; (*bois*) grove, copse (BRIT)

bocal, -aux [bɔkal, -o] NM jar

bock [bɔk] NM (beer) glass; (*contenu*) glass of beer

body [bɔdi] NM body(suit); (*Sport*) leotard

bœuf [bœf] (*pl* **bœufs** [bø]) NM ox, steer; (*Culin*) beef; (*Mus: fam*) jam session

★**bof** [bɔf] EXCL (*fam: indifférence*) don't care!, meh; (*: pas terrible*) nothing special

Bogota [bɔgɔta] N Bogotá

bogue [bɔg] NF (*Bot*) husk ▸ NM (*Inform*) bug

Bohème [bɔɛm] NF: **la ~** Bohemia

bohème [bɔɛm] ADJ happy-go-lucky, unconventional

bohémien, ne [bɔemjɛ̃, -ɛn] ADJ Bohemian ▶ NM/F gipsy

★**boire** [bwaʀ] /53/ VT to drink; (*s'imprégner de*) to soak up; **~ un coup** to have a drink

★**bois** [bwɑ] VB *voir* **boire** ▶ NM wood; (*Zool*) antler; (*Mus*): **les ~** the woodwind; **de ~, en ~** wooden; **~ vert** green wood; **~ mort** deadwood; **~ de lit** bedstead

boisé, e [bwaze] ADJ woody, wooded

boiser [bwaze] /1/ VT (*galerie de mine*) to timber; (*chambre*) to panel; (*terrain*) to plant with trees

boiseries [bwazʀi] NFPL panelling *sg*

★**boisson** [bwasɔ̃] NF drink; **pris de ~** drunk, intoxicated; **boissons alcoolisées** alcoholic beverages *ou* drinks; **boissons non alcoolisées** soft drinks

boit [bwa] VB *voir* **boire**

boîte [bwat] NF box; (*fam: entreprise*) firm, company; **aliments en ~** canned *ou* tinned (BRIT) foods; **~ à gants** glove compartment; **~ à musique** musical box; **~ à ordures** dustbin (BRIT), trash can (*US*); **~ aux lettres** letter box, mailbox (*US*); (*Inform*) mailbox; **~ crânienne** cranium; **~ d'allumettes** box of matches; (*vide*) matchbox; **~ de conserves** can *ou* tin (BRIT) (of food); **~ d'envoi** (*pour courriels*) outbox; **~ de nuit** night club; **~ de sardines/petits pois** can *ou* tin (BRIT) of sardines/peas; **mettre qn en ~** (*fam*) to have a laugh at sb's expense; **~ de vitesses** gear box; **~ noire** (*Aviat*) black box; **~ postale** PO box; **~ vocale** voice mail

boiter [bwate] /1/ VI to limp; (*fig*) to wobble; (*: raisonnement*) to be shaky

boiteux, -euse [bwatø, -øz] ADJ lame; wobbly; shaky

boîtier [bwatje] NM case; (*d'appareil photo*) body; **~ de montre** watch case

boitiller [bwatije] /1/ VI to limp slightly, have a slight limp

boive *etc* [bwav] VB *voir* **boire**

★**bol** [bɔl] NM bowl; (*contenu*): **un ~ de café** *etc* a bowl of coffee *etc*; **un ~ d'air** a breath of fresh air; **en avoir ras le ~** (*fam*) to have had a bellyful; **avoir du ~** (*fam*) to be lucky

bolée [bɔle] NF bowlful

boléro [bɔleʀo] NM bolero

bolet [bɔlɛ] NM boletus (mushroom)

bolide [bɔlid] NM racing car; **comme un ~** like a rocket

Bolivie [bɔlivi] NF: **la ~** Bolivia

bolivien, ne [bɔlivjɛ̃, -ɛn] ADJ Bolivian ▶ NM/F: **Bolivien, ne** Bolivian

bolognais, e [bɔlɔɲɛ, -ɛz] ADJ Bolognese

Bologne [bɔlɔɲ] N Bologna

boloss, bolosse, bolos [bɔlɔs] (*péj, fam*) ADJ lame ▶ NMF loser

bombance [bɔ̃bɑ̃s] NF: **faire ~** to have a feast, revel

bombardement [bɔ̃baʀdəmɑ̃] NM bombing

bombarder [bɔ̃baʀde] /1/ VT to bomb; **~ qn de** (*cailloux, lettres*) to bombard sb with; **~ qn directeur** to thrust sb into the director's seat

bombardier [bɔ̃baʀdje] NM (*avion*) bomber; (*aviateur*) bombardier

bombe [bɔ̃b] NF bomb; (*atomiseur*) (aerosol) spray; (*Équitation*) riding cap; **faire la ~** (*fam*) to go on a binge; **~ atomique** atomic bomb; **~ à retardement** time bomb

bombé, e [bɔ̃be] ADJ rounded; (*mur*) bulging; (*front*) domed; (*route*) steeply cambered

bomber [bɔ̃be] /1/ VI to bulge; (*route*) to camber ▶ VT: **~ le torse** to swell out one's chest

bon, bonne [bɔ̃, bɔn]

ADJ 1 (*agréable, satisfaisant*) good; **un bon repas/restaurant** a good meal/restaurant; **être bon en maths** to be good at maths

2 (*charitable*): **être bon (envers)** to be good (to), be kind (to); **vous êtes trop bon** you're too kind

3 (*correct*) right; **le bon numéro/moment** the right number/moment

4 (*souhaits*): **bon anniversaire!** happy birthday!; **bon courage!** good luck!; **bon séjour!** enjoy your stay!; **bon voyage!** have a good trip!; **bon week-end!** have a good weekend!; **bonne année!** happy New Year!; **bonne chance!** good luck!; **bonne fête!** happy holiday!; **bonne nuit!** good night!

5 (*approprié*): **bon à/pour** fit to/for; **bon à jeter** fit for the bin; **c'est bon à savoir** that's useful to know; **à quoi bon (...)?** what's the point *ou* use (of ...)?

6 (*intensif*): **ça m'a pris deux bonnes heures** it took me a good two hours; **un bon nombre de** a good number of

7: **bon enfant** *adj inv* accommodating, easy-going; **bonne femme** (*péj*) woman; **de bonne heure** early; **bon marché** cheap; **bon mot** witticism; **pour faire bon poids ...** to make up for it ...; **bon sens** common sense; **bon vivant** jovial chap; **bonnes œuvres** charitable works, charities; **bonne sœur** nun

▶ NM 1 (*billet*) voucher; (*: aussi:* **bon cadeau**) gift voucher; **bon de caisse** cash voucher; **bon d'essence** petrol coupon; **bon à tirer** pass for press; **bon du Trésor** Treasury bond

2: **avoir du bon** to have its good points; **il y a du bon dans ce qu'il dit** there's some sense in what he says; **pour de bon** for good

▶ NM/F: **un bon à rien** a good-for-nothing

▶ ADV: **il fait bon** it's *ou* the weather is fine; **sentir bon** to smell good; **tenir bon** to stand firm; **juger bon de faire ...** to think fit to do ...

▶ EXCL right!, good!; **ah bon?** really?; **bon, je reste** right, I'll stay

voir aussi **bonne**

bonasse [bɔnas] ADJ soft, meek

★**bonbon** [bɔ̃bɔ̃] NM (boiled) sweet

bonbonne [bɔ̃bɔn] NF demijohn; carboy

bonbonnière [bɔ̃bɔnjɛʀ] NF sweet (BRIT) *ou* candy (*US*) box

bond [bɔ̃] NM leap; (*d'une balle*) rebound, ricochet; **faire un ~** to leap in the air; **d'un seul ~** in one bound, with one leap; **~ en avant** (*fig: progrès*) leap forward

bonde [bɔ̃d] NF (*d'évier etc*) plug; (*: trou*) plughole; (*de tonneau*) bung; bunghole

bondé, e [bɔ̃de] ADJ packed (full)

bondieuserie [bɔ̃djøzʀi] NF (*péj: objet*) religious knick-knack

bondir [bɔ̃diʀ] /2/ VI to leap; **~ de joie** (*fig*) to jump for joy; **~ de colère** (*fig*) to be hopping mad

★**bonheur** [bɔnœʀ] NM happiness; **avoir le ~ de** to have the good fortune to; **porter ~ (à qn)** to bring (sb) luck; **au petit ~** haphazardly; **par ~** fortunately

bonhomie [bɔnɔmi] NF good-naturedness

★**bonhomme** [bɔnɔm] (*pl* **bonshommes** [bɔ̃zɔm]) NM fellow; **un vieux ~** an old chap; **~ de neige** snowman; **aller son ~ de chemin** to carry on in one's own sweet way ▶ ADJ good-natured

boni [bɔni] NM profit

bonification [bɔnifikasjɔ̃] NF bonus

bonifier [bɔnifje] /7/: **se bonifier** VPR to improve

boniment [bɔnimɑ̃] NM patter *no pl*

★**bonjour** [bɔ̃ʒuʀ] EXCL, NM hello; (*selon l'heure*) good morning (*ou* afternoon); **donner** *ou* **souhaiter le ~ à qn** to bid sb good morning *ou* afternoon; **c'est simple comme ~ !** it's easy as pie!

Bonn [bɔn] N Bonn

bonne [bɔn] ADJ F *voir* **bon** ▶ NF (*domestique*) maid; **~ à toute faire** general help; **~ d'enfant** nanny

bonne-maman [bɔnmamɑ̃] (*pl* **bonnes-mamans**) NF granny, grandma, gran

bonnement [bɔnmɑ̃] ADV: **tout ~** quite simply

bonnet [bɔnɛ] NM bonnet, hat; (*de soutien-gorge*) cup; **~ d'âne** dunce's cap; **~ de bain** bathing cap; **~ de nuit** nightcap

bonneterie [bɔnɛtʀi] NF hosiery

bon-papa [bɔ̃papa] (*pl* **bons-papas**) NM grandpa, grandad

★**bonsoir** [bɔ̃swaʀ] EXCL good evening

bonté [bɔ̃te] NF kindness *no pl*; **avoir la ~ de** to be kind *ou* good enough to

bonus [bɔnys] NM (*Assurances*) no-claims bonus; (*de DVD*) extras *pl*

bonze [bɔ̃z] NM (*Rel*) bonze

boomerang [bumʀɑ̃g] NM boomerang

booster [buste] VT to boost

boots [buts] NFPL boots

borborygme [bɔʀbɔʀigm] NM rumbling noise

★**bord** [bɔʀ] NM (*de table, verre, falaise*) edge; (*de rivière, lac*) bank; (*de route*) side; (*de vêtement*) edge, border; (*de chapeau*) brim; **(monter) à ~** (to go) on board; **jeter par-dessus ~** to throw overboard; **le commandant de ~/les hommes du ~** the ship's master/crew; **du même ~** (*fig*) of the same opinion; **au ~ de la mer/route** at the seaside/roadside; **être au ~ des larmes** to be on the verge of tears; **virer de ~** (*Navig*) to tack; **sur les bords** (*fig*) slightly; **de tous bords** on all sides; **~ du trottoir** kerb (BRIT), curb (US)

bordeaux [bɔʀdo] NM Bordeaux ▶ ADJ INV maroon

bordée [bɔʀde] NF broadside; **une ~ d'injures** a volley of abuse; **tirer une ~** to go on the town

bordel [bɔʀdɛl] NM brothel; (*!*) bloody (BRIT) *ou* goddamn (US) mess (*!*) ▶ EXCL hell!

bordelais, e [bɔʀdəlɛ, -ɛz] ADJ of *ou* from Bordeaux

border [bɔʀde] /1/ VT (*être le long de*) to line, border; (*qn dans son lit*) to tuck up; **~ qch de** (*garnir*) to line sth with; to trim sth with

bordereau, x [bɔʀdəʀo] NM docket, slip

bordure [bɔʀdyʀ] NF border; (*sur un vêtement*) trim(ming), border; **en ~ de** on the edge of

boréal, e, -aux [bɔʀeal, -o] ADJ boreal, northern

borgne [bɔʀɲ] ADJ one-eyed; **hôtel ~** shady hotel; **fenêtre ~** obstructed window

bornage [bɔʀnaʒ] NM (*d'un terrain*) demarcation

borne [bɔʀn] NF boundary stone; (*aussi:* **borne kilométrique**) kilometre-marker, ≈ milestone; **sans ~(s)** boundless ■ **bornes** NFPL (*fig*) limits; **dépasser les bornes** to go too far

borné, e [bɔʀne] ADJ narrow; (*obtus: personne*) narrow-minded

Bornéo [bɔʀneo] NM: **le ~** Borneo

borner [bɔʀne] /1/ VT (*délimiter*) to limit; (*limiter*) to confine; **se ~ à faire** (*se contenter de*) to content o.s. with doing; (*se limiter à*) to limit o.s. to doing

bosniaque [bɔznjak] ADJ Bosniak ▶ NMF: **Bosniaque** Bosniak

Bosnie [bɔsni] NF Bosnia

Bosnie-Herzégovine [bɔsniɛʀzegɔvin] NF Bosnia-Herzegovina

bosnien, ne [bɔznjɛ̃, -ɛn] ADJ Bosnian ▶ NM (*Ling*) Bosnian ▶ NM/F: **Bosnien, ne** Bosnian

Bosphore [bɔsfɔʀ] NM: **le ~** the Bosphorus

bosquet [bɔskɛ] NM copse (BRIT), grove

bosse [bɔs] NF (*de terrain etc*) bump; (*enflure*) lump; (*du bossu, du chameau*) hump; **avoir la ~ des maths** *etc* (*fam*) to have a gift for maths *etc*; **il a roulé sa ~** (*fam*) he's been around

bosseler [bɔsle] /4/ VT (*ouvrer*) to emboss; (*abîmer*) to dent

bosser [bɔse] /1/ VI (*fam*) to work; (*: dur*) to slave (away), slog (hard) (BRIT)

bosseur, -euse [bɔsœʀ, -øz] NM/F (hard) worker, slogger (BRIT)

bossu, e [bɔsy] NM/F hunchback

bot [bo] ADJ M: **pied ~** club foot

botanique [bɔtanik] NF botany ▶ ADJ botanic(al)

botaniste [bɔtanist] NMF botanist

Botswana [bɔtswana] NM: **le ~** Botswana

★**botte** [bɔt] NF (*soulier*) (high) boot; (*Escrime*) thrust; (*gerbe*): **~ de paille** bundle of straw; **~ de radis/d'asperges** bunch of radishes/asparagus; **bottes de caoutchouc** wellington boots

botter [bɔte] /1/ VT to put boots on; (*donner un coup de pied à*) to kick; (*fam*): **ça me botte** I fancy that

bottier [bɔtje] NM bootmaker

bottillon [bɔtijɔ̃] NM bootee

bottin® [bɔtɛ̃] NM directory

bottine [bɔtin] NF ankle boot

botulisme [bɔtylism] NM botulism

bouc [buk] NM goat; (*barbe*) goatee; **~ émissaire** scapegoat

boucan [bukɑ̃] NM din, racket

★**bouche** [buʃ] NF mouth; **une ~ à nourrir** a mouth to feed; **les bouches inutiles** the non-productive members of the population; **faire du ~ à ~ à qn** to give sb the kiss of life (BRIT), give sb mouth-to-mouth resuscitation; **de ~ à oreille** confidentially; **pour la bonne ~** (*pour la fin*) till last; **faire venir l'eau à la ~** to make one's mouth water; **~ cousue !** mum's the word!; **rester ~ bée** to stand open-mouthed; **~ d'aération** air vent; **~ de chaleur** hot air vent; **~ d'égout** manhole; **~ d'incendie** fire hydrant; **~ de métro** métro entrance

★**bouché, e** [buʃe] ADJ (*flacon etc*) stoppered; (*temps, ciel*) overcast; (*carrière*) blocked; (*péj: personne*) thick; (*trompette*) muted; **avoir le nez ~** to have a blocked(-up) nose; **c'est un secteur ~** there's no future in that area; **l'évier est ~** the sink's blocked

bouchée [buʃe] NF mouthful; **ne faire qu'une ~ de** (*fig*) to make short work of; **pour une ~ de pain** (*fig*) for next to nothing; **bouchées à la reine** chicken vol-au-vents

★**boucher** [buʃe] /1/ NM butcher ▸ VT (*pour colmater*) to stop up; (*trou*) to fill up; (*obstruer*) to block (up) ▪ **se boucher** VPR (*tuyau etc*) to block up, get blocked up; **se ~ le nez** to hold one's nose

bouchère [buʃɛʀ] NF butcher; (*femme du boucher*) butcher's wife

★**boucherie** [buʃʀi] NF butcher's (shop); (*métier*) butchery; (*fig*) slaughter, butchery

bouche-trou [buʃtʀu] NM (*fig*) stop-gap

★**bouchon** [buʃɔ̃] NM (*en liège*) cork; (*autre matière*) stopper; (*de tube*) top; (*fig: embouteillage*) holdup; (*Pêche*) float; **~ doseur** measuring cap

bouchonner [buʃɔne] /1/ VT to rub down ▸ VI to form a traffic jam

bouchot [buʃo] NM mussel bed

bouclage [buklaʒ] NM sealing off

★**boucle** [bukl] NF (*forme, figure, aussi Inform*) loop; (*objet*) buckle; **~ (de cheveux)** curl; **~ d'oreille** earring

★**bouclé, e** [bukle] ADJ (*cheveux*) curly; (*tapis*) uncut

boucler [bukle] /1/ VT (*fermer: ceinture etc*) to fasten; (*: magasin*) to shut; (*terminer*) to finish off; (*: circuit*) to complete; (*budget*) to balance; (*enfermer*) to shut away; (*: condamné*) to lock up; (*: quartier*) to seal off; **~ la boucle** to loop the loop ▸ VI to curl; **faire ~** (*cheveux*) to curl

bouclette [buklɛt] NF small curl

bouclier [buklije] NM shield

bouddha [buda] NM Buddha

bouddhisme [budism] NM Buddhism

bouddhiste [budist] NMF Buddhist

bouder [bude] /1/ VI to sulk ▸ VT (*chose*) to turn one's nose up at; (*personne*) to refuse to have anything to do with

bouderie [budʀi] NF sulking *no pl*

boudeur, -euse [budœʀ, -øz] ADJ sullen, sulky

boudin [budɛ̃] NM (*Tech*) roll; (*Culin*): **~ (noir)** black pudding; **~ blanc** white pudding

boudiné, e [budine] ADJ (*doigt*) podgy; (*serré*): **~ dans** (*vêtement*) bulging out of

boudoir [budwaʀ] NM boudoir; (*biscuit*) sponge finger

boue [bu] NF mud

bouée [bwe] NF buoy; (*de baigneur*) rubber ring; **~ (de sauvetage)** lifebuoy; (*fig*) lifeline

boueux, -euse [bwø, -øz] ADJ muddy ▸ NM (*fam*) refuse (BRIT) *ou* garbage (*US*) collector

bouffant, e [bufɑ̃, -ɑ̃t] ADJ puffed out

bouffe [buf] NF (*fam*) grub, food

bouffée [bufe] NF (*de cigarette*) puff; **une ~ d'air pur** a breath of fresh air; **~ de chaleur** (*gén*) blast of hot air; (*Méd*) hot flush (BRIT) *ou* flash (*US*); **~ de fièvre/de honte** flush of fever/shame; **~ d'orgueil** fit of pride

bouffer [bufe] /1/ VI (*fam*) to eat; (*Couture*) to puff out ▸ VT (*fam*) to eat

bouffi, e [bufi] ADJ swollen

bouffon, ne [bufɔ̃, -ɔn] ADJ farcical, comical ▸ NM jester

bouge [buʒ] NM (*bar louche*) (low) dive; (*taudis*) hovel

bougeoir [buʒwaʀ] NM candlestick

bougeotte [buʒɔt] NF: **avoir la ~** to have the fidgets

★**bouger** [buʒe] /3/ VI to move; (*dent etc*) to be loose; (*changer*) to alter; (*agir*) to stir; (*s'activer*) to get moving; **les prix/les couleurs n'ont pas bougé** prices/colours haven't changed ▸ VT to move ▪ **se bouger** VPR (*fam*) to move (oneself)

bougie [buʒi] NF candle; (*Auto*) spark(ing) plug

bougon, ne [bugɔ̃, -ɔn] ADJ grumpy

bougonner [bugɔne] /1/ VI, VT to grumble

bougre [bugʀ] NM chap; (*fam*): **ce ~ de …** that confounded …

boui-boui [bwibwi] (*pl* **bouis-bouis**) NM (*fam*) greasy spoon

bouillabaisse [bujabɛs] NF *type of fish soup*

bouillant, e [bujɑ̃, -ɑ̃t] ADJ (*qui bout*) boiling; (*très chaud*) boiling (hot); (*fig: ardent*) hot-headed; **~ de colère** *etc* seething with anger *etc*

bouille [buj] NF (*fam*) mug

bouilleur [bujœʀ] NM: **~ de cru** (home) distiller

bouillie [buji] NF gruel; (*de bébé*) cereal; **en ~** (*fig*) crushed

bouillir [bujiʀ] /15/ VI to boil; **~ de colère** *etc* to seethe with anger *etc* ▸ VT (*Culin: aussi:* **faire bouillir**) to boil

bouilloire [bujwaʀ] NF kettle

bouillon [bujɔ̃] NM (*Culin*) stock *no pl*; (*bulles, écume*) bubble; **~ de culture** culture medium

bouillonnement [bujɔnmɑ̃] NM (*d'un liquide*) bubbling; (*des idées*) ferment

bouillonner [bujɔne] /1/ VI to bubble; (*fig: idées*) to bubble up; (*torrent*) to foam

bouillotte [bujɔt] NF hot-water bottle

★**boulanger, -ère** [bulɑ̃ʒe, -ɛʀ] NM/F baker ▸ NF (*femme du boulanger*) baker's wife

★**boulangerie** [bulɑ̃ʒʀi] NF bakery, baker's (shop); (*commerce*) bakery; **~ industrielle** bakery

boulangerie-pâtisserie [bulɑ̃ʒʀipɑtisʀi] (*pl* **boulangeries-pâtisseries**) NF baker's and confectioner's (shop)

★**boule** [bul] NF (*gén*) ball; (*de pétanque*) bowl; (*de machine à écrire*) golf ball; **roulé en ~** curled up in a ball; **se mettre en ~** (*fig*) to fly off the handle, blow one's top; **perdre la ~** (*fig: fam*) to go off one's rocker; **~ de gomme** (*bonbon*) gum(drop), pastille; **~ de neige** snowball; **faire ~ de neige** (*fig*) to snowball

bouleau, x [bulo] NM (silver) birch

bouledogue [buldɔg] NM bulldog
bouler [bule] /1/ VI (*fam*): **envoyer ~ qn** to send sb packing; **je me suis fait ~** (*à un examen*) they flunked me
boulet [bulɛ] NM (*aussi:* **boulet de canon**) cannonball; (*de bagnard*) ball and chain; (*charbon*) (coal) nut
boulette [bulɛt] NF (*de viande*) meatball
★**boulevard** [bulvaʀ] NM boulevard
bouleversant, e [bulvɛʀsɑ̃, -ɑ̃t] ADJ (*récit*) deeply distressing; (*nouvelle*) shattering
bouleversé, e [bulvɛʀse] ADJ (*ému*) deeply distressed; shattered
bouleversement [bulvɛʀsəmɑ̃] NM (*politique, social*) upheaval
bouleverser [bulvɛʀse] /1/ VT (*émouvoir*) to overwhelm; (*causer du chagrin à*) to distress; (*pays, vie*) to disrupt; (*papiers, objets*) to turn upside down, upset
boulier [bulje] NM abacus; (*de jeu*) scoring board
boulimie [bulimi] NF bulimia; compulsive eating
boulimique [bulimik] ADJ bulimic
boulingrin [bulɛ̃gʀɛ̃] NM lawn
bouliste [bulist] NMF bowler
boulocher [bulɔʃe] /1/ VI (*laine etc*) to develop little snarls
boulodrome [bulɔdʀɔm] NM bowling pitch
boulon [bulɔ̃] NM bolt
boulonner [bulɔne] /1/ VT to bolt
★**boulot¹** [bulo] NM (*fam: travail*) work
boulot², te [bulo, -ɔt] ADJ plump, tubby
★**boum** [bum] NM bang ▸ NF (*fam*) party
bouquet [bukɛ] NM (*de fleurs*) bunch (of flowers), bouquet; (*de persil etc*) bunch; (*parfum*) bouquet; (*fig*) crowning piece; **c'est le ~!** that's the last straw!; **~ garni** (*Culin*) bouquet garni
bouquetin [buk(ə)tɛ̃] NM ibex
bouquin [bukɛ̃] NM (*fam*) book
bouquiner [bukine] /1/ VI (*fam*) to read
bouquiniste [bukinist] NMF bookseller
bourbeux, -euse [buʀbø, -øz] ADJ muddy
bourbier [buʀbje] NM (quag)mire
bourde [buʀd] NF (*erreur*) howler; (*gaffe*) blunder
bourdon [buʀdɔ̃] NM bumblebee
bourdonnement [buʀdɔnmɑ̃] NM buzzing *no pl*, buzz; **avoir des bourdonnements d'oreilles** to have a buzzing (noise) in one's ears
bourdonner [buʀdɔne] /1/ VI to buzz; (*moteur*) to hum
bourg [buʀ] NM small market town (*ou* village)
bourgade [buʀgad] NF township
bourgeois, e [buʀʒwa, -waz] ADJ ≈ (upper) middle class; (*péj*) bourgeois; (*maison etc*) very comfortable ▸ NM/F (*autrefois*) burgher
bourgeoisie [buʀʒwazi] NF ≈ upper middle classes *pl*; bourgeoisie; **petite ~** middle classes
bourgeon [buʀʒɔ̃] NM bud
bourgeonner [buʀʒɔne] /1/ VI to bud
bourgogne [buʀgɔɲ] NM Burgundy (wine) ▸ NF: **la B~** Burgundy
bourguignon, ne [buʀgiɲɔ̃, -ɔn] ADJ of *ou* from Burgundy, Burgundian; **bœuf ~** bœuf bourguignon
bourlinguer [buʀlɛ̃ge] /1/ VI to knock about a lot, get around a lot
bourrade [buʀad] NF shove, thump
bourrage [buʀaʒ] NM (*papier*) jamming; **~ de crâne** brainwashing; (*Scol*) cramming
bourrasque [buʀask] NF squall
bourratif, -ive [buʀatif, -iv] ADJ (*fam*) filling, stodgy
bourre [buʀ] NF (*de coussin, matelas etc*) stuffing
bourré, e [buʀe] ADJ (*rempli*): **~ de** crammed full of; (*fam: ivre*) pickled, plastered
bourreau, x [buʀo] NM executioner; (*fig*) torturer; **~ de travail** workaholic, glutton for work
bourrelé, e [buʀ(ə)le] ADJ: **être ~ de remords** to be racked by remorse
bourrelet [buʀlɛ] NM draught (BRIT) *ou* draft (US) excluder; (*de peau*) fold *ou* roll (of flesh)
bourrer [buʀe] /1/ VT (*pipe*) to fill; (*poêle*) to pack; (*valise*) to cram (full); **~ de** to cram (full) with, stuff with; **~ de coups** to hammer blows on, pummel; **~ le crâne à qn** to pull the wool over sb's eyes; (*endoctriner*) to brainwash sb
bourricot [buʀiko] NM small donkey
bourrique [buʀik] NF (*âne*) ass
bourru, e [buʀy] ADJ surly, gruff
★**bourse** [buʀs] NF (*subvention*) grant; (*porte-monnaie*) purse; **sans ~ délier** without spending a penny; **la B~** the Stock Exchange; **~ du travail** ≈ trades union council (regional headquarters)
boursicoter [buʀsikɔte] /1/ VI (*Comm*) to dabble on the Stock Market
boursier, -ière [buʀsje, -jɛʀ] ADJ (*Comm*) Stock Market *cpd* ▸ NM/F (*Scol*) grant-holder
boursouflé, e [buʀsufle] ADJ swollen, puffy; (*fig*) bombastic, turgid
boursoufler [buʀsufle] /1/ VT to puff up, bloat ■ **se boursoufler** VPR (*visage*) to swell *ou* puff up; (*peinture*) to blister
boursouflure [buʀsuflyʀ] NF (*du visage*) swelling, puffiness; (*de la peinture*) blister; (*fig: du style*) pomposity
bous [bu] VB *voir* **bouillir**
bousculade [buskylad] NF (*hâte*) rush; (*poussée*) crush
bousculer [buskyle] /1/ VT to knock over; (*heurter*) to knock into; (*fig*) to push, rush ■ **se bousculer** VPR (*se presser*) to rush
bouse [buz] NF: **~ (de vache)** (cow) dung *no pl* (BRIT), manure *no pl*
bousiller [buzije] /1/ VT (*fam*) to wreck
boussole [busɔl] NF compass
★**bout** [bu] VB *voir* **bouillir** ▸ NM bit; (*extrémité: d'un bâton etc*) tip; (*: d'une ficelle, table, rue, période*) end; **au ~ de** at the end of, after; **au ~ du compte** at the end of the day; **pousser qn à ~** to push sb to the limit (of his patience); **venir à ~ de** to manage to finish (off) *ou* overcome; **~ à ~** end to end; **à tout ~ de champ** at every turn; **d'un ~ à l'autre, de ~ en ~** from one end to the other; **à ~ portant** at point-blank range; **un ~ de chou** (*enfant*) a little tot; **~ d'essai** (*Ciné etc*) screen test; **~ filtre** filter tip
boutade [butad] NF quip, sally

boute-en-train [butɑ̃trɛ̃] NM INV live wire (*fig*)
★**bouteille** [butɛj] NF bottle; (*de gaz butane*) cylinder
boutiquaire [butikɛʀ] ADJ: **niveau ~** shopping level
boutique [butik] NF shop (BRIT), store (US); (*de grand couturier, de mode*) boutique; **~ en ligne** online store
boutiquier, -ière [butikje, -jɛʀ] NM/F shopkeeper (BRIT), storekeeper (US)
boutoir [butwaʀ] NM: **coup de ~** (*choc*) thrust; (*fig: propos*) barb
★**bouton** [butɔ̃] NM (*de vêtement, électrique etc*) button; (*Bot*) bud; (*sur la peau*) spot; (*de porte*) knob; **~ de manchette** cuff-link; **~ d'or** buttercup
boutonnage [butɔnaʒ] NM (*action*) buttoning(-up); **un manteau à double ~** a coat with two rows of buttons
boutonner [butɔne] /1/ VT to button up, do up ■ **se boutonner** VPR to button one's clothes up
boutonneux, -euse [butɔnø, -øz] ADJ spotty
boutonnière [butɔnjɛʀ] NF buttonhole
bouton-poussoir [butɔ̃puswaʀ] (*pl* **boutons-poussoirs**) NM pushbutton
bouton-pression [butɔ̃pʀesjɔ̃] (*pl* **boutons-pression**) NM press stud, snap fastener
bouture [butyʀ] NF cutting; **faire des boutures** to take cuttings
bouvreuil [buvʀœj] NM bullfinch
bovidé [bɔvide] NM bovine
bovin, e [bɔvɛ̃, -in] ADJ bovine ▶ NM: **bovins** cattle *pl*
★**bowling** [boliŋ] NM (tenpin) bowling; (*salle*) bowling alley
box [bɔks] NM lock-up (garage); (*de salle, dortoir*) cubicle; (*d'écurie*) loose-box; (*aussi:* **box-calf**) box calf; **le ~ des accusés** the dock
boxe [bɔks] NF boxing
boxer [bɔkse] /1/ VI to box ▶ NM [bɔksɛʀ] (*chien*) boxer
boxeur [bɔksœʀ] NM boxer
boyau, x [bwajo] NM (*corde de raquette etc*) (cat) gut; (*galerie*) passage(way); (narrow) gallery; (*pneu de bicyclette*) tubeless tyre ■ **boyaux** NMPL (*viscères*) entrails, guts
boycottage [bɔikɔtaʒ] NM (*d'un produit*) boycotting
boycotter [bɔjkɔte] /1/ VT to boycott
BP SIGLE F = **boîte postale**
brabançon, ne [bʀabɑ̃sɔ̃, -ɔn] ADJ of *ou* from Brabant
Brabant [bʀabɑ̃] NM: **le ~** Brabant
bracelet [bʀaslɛ] NM bracelet
bracelet-montre [bʀaslɛmɔ̃tʀ] (*pl* **bracelets-montres**) NM wristwatch
braconnage [bʀakɔnaʒ] NM poaching
braconner [bʀakɔne] /1/ VI to poach
braconnier [bʀakɔnje] NM poacher
brader [bʀade] /1/ VT to sell off, sell cheaply
braderie [bʀadʀi] NF clearance sale; (*par des particuliers*) ≈ car boot sale (BRIT), ≈ garage sale (US); (*magasin*) discount store; (*sur marché*) cut-price (BRIT) *ou* cut-rate (US) stall
braguette [bʀagɛt] NF fly, flies *pl* (BRIT), zipper (US)
braillard, e [bʀajaʀ, -aʀd] ADJ (*fam*) bawling, yelling
braille [bʀaj] NM Braille
braillement [bʀajmɑ̃] NM (*cri*) bawling *no pl*, yelling *no pl*
brailler [bʀaje] /1/ VI to bawl, yell ▶ VT to bawl out, yell out
braire [bʀɛʀ] /50/ VI to bray
braise [bʀɛz] NF embers *pl*
braiser [bʀeze] /1/ VT to braise; **bœuf braisé** braised steak
bramer [bʀame] /1/ VI to bell; (*fig*) to wail
brancard [bʀɑ̃kaʀ] NM (*civière*) stretcher; (*bras, perche*) shaft
brancardier [bʀɑ̃kaʀdje] NM stretcher-bearer
branchages [bʀɑ̃ʃaʒ] NMPL branches, boughs
★**branche** [bʀɑ̃ʃ] NF branch; (*de lunettes*) side(-piece)
★**branché, e** [bʀɑ̃ʃe] ADJ (*fam*) switched-on, trendy ▶ NM/F (*fam*) trendy
branchement [bʀɑ̃ʃmɑ̃] NM connection
★**brancher** [bʀɑ̃ʃe] /1/ VT to connect (up); (*en mettant la prise*) to plug in; **~ qn/qch sur** (*fig*) to get sb/sth launched onto
branchies [bʀɑ̃ʃi] NFPL gills
brandade [bʀɑ̃dad] NF brandade (*cod dish*)
brandebourgeois, e [bʀɑ̃dəbuʀʒwa, -waz] ADJ of *ou* from Brandenburg
brandir [bʀɑ̃diʀ] /2/ VT (*arme*) to brandish, wield; (*document*) to flourish, wave
brandon [bʀɑ̃dɔ̃] NM firebrand
branlant, e [bʀɑ̃lɑ̃, -ɑ̃t] ADJ (*mur, meuble*) shaky
branle [bʀɑ̃l] NM: **mettre en ~** to set swinging; **donner le ~ à** to set in motion
branle-bas [bʀɑ̃lbɑ] NM INV commotion
branler [bʀɑ̃le] /1/ VI to be shaky, be loose ▶ VT: **~ la tête** to shake one's head ■ **se branler** VPR (*!: se masturber*) to jerk off (!), wank (!)
braquage [bʀakaʒ] NM (*fam*) stick-up, hold-up; (*Auto*): **rayon de ~** turning circle
braque [bʀak] NM (*Zool*) pointer
braquer [bʀake] /1/ VI (*Auto*) to turn (the wheel) ▶ VT (*revolver etc*): **~ qch sur** to aim sth at, point sth at; (*mettre en colère*): **~ qn** to antagonize sb, put sb's back up; **~ son regard sur** to fix one's gaze on ■ **se braquer** VPR: **se ~ (contre)** to take a stand (against)
★**bras** [bʀa] NM arm; (*de fleuve*) branch; **~ dessus ~ dessous** arm in arm; **à tour de ~** with all one's might; **~ droit** (*fig*) right hand man; **~ de fer** arm wrestling; **une partie de ~ de fer** (*fig*) a trial of strength; **~ de levier** lever arm; **~ de mer** arm of the sea, sound ▶ NMPL (*fig: travailleurs*) labour *sg* (BRIT), labor *sg* (US), hands; **à ~ raccourcis** with fists flying; **baisser les ~** to give up; **se retrouver avec qch sur les ~** (*fam*) to be landed with sth
brasero [bʀazeʀo] NM brazier
brasier [bʀazje] NM blaze, (blazing) inferno; (*fig*) inferno
Brasilia [bʀazilja] N Brasilia
bras-le-corps [bʀalkɔʀ]: **à ~** *adv* (a)round the waist
brassage [bʀasaʒ] NM (*de la bière*) brewing; (*fig*) mixing

brassard [bRasaR] NM armband

brasse [bRas] NF (*nage*) breast-stroke; (*mesure*) fathom; **~ papillon** butterfly(-stroke)

brassée [bRase] NF armful; **une ~ de** (*fig*) a number of

brasser [bRase] /1/ VT (*bière*) to brew; (*remuer: salade*) to toss; (: *cartes*) to shuffle; (*fig*) to mix; **~ l'argent/ les affaires** to handle a lot of money/ business

★**brasserie** [bRasRi] NF (*restaurant*) bar (*selling food*), brasserie; (*usine*) brewery

brasseur [bRasœR] NM (*de bière*) brewer; **~ d'affaires** big businessman

brassière [bRasjɛR] NF (baby's) vest (BRIT) *ou* undershirt (*US*); (*de sauvetage*) life jacket

bravache [bRavaʃ] NM blusterer, braggart

bravade [bRavad] NF: **par ~** out of bravado

brave [bRav] ADJ (*courageux*) brave; (*bon, gentil*) good, kind

bravement [bRavmɑ̃] ADV bravely; (*résolument*) boldly

braver [bRave] /1/ VT to defy

★**bravo** [bRavo] EXCL bravo! ▸ NM cheer

bravoure [bRavuR] NF bravery

BRB SIGLE F (*Police:* = *Brigade de répression du banditisme*) ≈ serious crime squad

break [bRɛk] NM (*Auto*) estate car (BRIT), station wagon (*US*)

brebis [bRəbi] NF ewe; **~ galeuse** black sheep

brèche [bRɛʃ] NF breach, gap; **être sur la ~** (*fig*) to be on the go

bredouille [bRəduj] ADJ empty-handed

bredouiller [bRəduje] /1/ VI, VT to mumble, stammer

★**bref, brève** [bRɛf, bRɛv] ADJ short, brief; **d'un ton ~** sharply, curtly; **en ~** in short, in brief; **à ~ délai** shortly ▸ ADV in short ▸ NF (*voyelle*) short vowel; (*information*) brief news item

brelan [bRəlɑ̃] NM: **un ~** three of a kind; **un ~ d'as** three aces

breloque [bRəlɔk] NF charm

brème [bRɛm] NF bream

Brésil [bRezil] NM: **le ~** Brazil

brésilien, ne [bReziljɛ̃, -ɛn] ADJ Brazilian ▸ NM/F: **Brésilien, ne** Brazilian

bressan, e [bRɛsɑ̃, -an] ADJ of *ou* from Bresse

★**Bretagne** [bRətaɲ] NF: **la ~** Brittany

bretelle [bRətɛl] NF (*de fusil etc*) sling; (*de vêtement*) strap; (*d'autoroute*) slip road (BRIT), entrance *ou* exit ramp (*US*); **~ de contournement** (*Auto*) bypass; **~ de raccordement** (*Auto*) access road ▪ **bretelles** NFPL (*pour pantalon*) braces (BRIT), suspenders (*US*)

breton, ne [bRətɔ̃, -ɔn] ADJ Breton ▸ NM (*Ling*) Breton ▸ NM/F: **Breton, ne** Breton

breuvage [bRœvaʒ] NM beverage, drink

brève [bRɛv] ADJ F, NF *voir* **bref**

brevet [bRəvɛ] NM diploma, certificate; **~ d'apprentissage** certificate of apprenticeship; **~ (des collèges)** *school certificate, taken at approx. 16 years*; **~ (d'invention)** patent

breveté, e [bRəv(ə)te] ADJ patented; (*diplômé*) qualified

breveter [bRəv(ə)te] /4/ VT to patent

bréviaire [bRevjɛR] NM breviary

BRGM SIGLE M = **Bureau de recherches géologiques et minières**

briard, e [bRijaR, -aRd] ADJ of *ou* from Brie ▸ NM (*chien*) briard

bribe [bRib] NF bit, scrap ▪ **bribes** NFPL (*d'une conversation*) snatches; **par bribes** piecemeal

bric [bRik]: **de ~ et de broc** *adv* with any old thing

bric-à-brac [bRikabRak] NM INV bric-a-brac, jumble

★**bricolage** [bRikɔlaʒ] NM: **le ~** do-it-yourself (jobs); (*péj*) patched-up job

bricole [bRikɔl] NF (*babiole, chose insignifiante*) trifle; (*petit travail*) small job

★**bricoler** [bRikɔle] /1/ VI to do odd jobs; (*en amateur*) to do DIY jobs; (*passe-temps*) to potter about ▸ VT (*réparer*) to fix up; (*mal réparer*) to tinker with; (*trafiquer: voiture etc*) to doctor, fix

bricoleur, -euse [bRikɔlœR, -øz] NM/F handy-man/-woman, DIY enthusiast

bridage [bRidaʒ] NM (*Auto*) speed governing

bride [bRid] NF bridle; (*d'un bonnet*) string, tie; **à ~ abattue** flat out, hell for leather; **tenir en ~** to keep in check; **lâcher la ~ à, laisser la ~ sur le cou à** to give free rein to

bridé, e [bRide] ADJ: **yeux bridés** slit eyes

brider [bRide] /1/ VT (*réprimer*) to keep in check; (*cheval*) to bridle; (*Culin: volaille*) to truss

bridge [bRidʒ] NM (*Cartes*) bridge

brie [bRi] NM Brie (*cheese*)

briefer [bRife] VT (*fam*) to brief

brièvement [bRijɛvmɑ̃] ADV briefly

brièveté [bRijɛvte] NF brevity

brigade [bRigad] NF (*Police*) squad; (*Mil*) brigade

brigadier [bRigadje] NM (*Police*) ≈ sergeant; (*Mil*) bombardier; corporal

brigadier-chef [bRigadjeʃɛf] (*pl* **brigadiers-chefs**) NM ≈ lance-sergeant

brigand [bRigɑ̃] NM brigand

brigandage [bRigɑ̃daʒ] NM robbery

briguer [bRige] /1/ VT to aspire to; (*suffrages*) to canvass

brillamment [bRijamɑ̃] ADV brilliantly

brillant, e [bRijɑ̃, -ɑ̃t] ADJ brilliant; (*remarquable*) bright; (*luisant*) shiny, shining ▸ NM (*diamant*) brilliant

★**briller** [bRije] /1/ VI to shine

brimade [bRimad] NF vexation, harassment *no pl*; bullying *no pl*

brimbaler [bRɛ̃bale] /1/ VB = **bringuebaler**

brimer [bRime] /1/ VT to harass; to bully

brin [bRɛ̃] NM (*de laine, ficelle etc*) strand; (*fig*): **un ~ de** a bit of; **un ~ mystérieux** *etc* (*fam*) a weeny bit mysterious *etc*; **~ d'herbe** blade of grass; **~ de muguet** sprig of lily of the valley; **~ de paille** wisp of straw

brindille [bRɛ̃dij] NF twig

bringue [bRɛ̃g] NF (*fam*): **faire la ~** to go on a binge

bringuebaler [bRɛ̃g(ə)bale] /1/ VI to shake (about) ▸ VT to cart about

brio [bRijo] NM brilliance; (*Mus*) brio; **avec ~** brilliantly, with panache

brioche [bRijɔʃ] NF brioche (bun); (*fam: ventre*) paunch

brioché, e [bRijɔʃe] ADJ brioche-style

★**brique** [bRik] NF brick; (*de lait*) carton; (*fam*) 10 000 francs ▸ ADJ INV brick red

briquer [bRike] /1/ VT (*fam*) to polish up

briquet [bRikɛ] NM (cigarette) lighter

briqueterie [bRik(ə)tRi] NF brickyard

bris [bRi] NM: **~ de clôture** (*Jur*) breaking in; **~ de glaces** (*Auto*) breaking of windows

brisant [bRizɑ̃] NM reef; (*vague*) breaker

brise [bRiz] NF breeze

brisé, e [bRize] ADJ broken; **~ (de fatigue)** exhausted; **d'une voix brisée** in a voice broken with emotion; **pâte brisée** shortcrust pastry

brisées [bRize] NFPL: **aller** *ou* **marcher sur les ~ de qn** to compete with sb in his own province

brise-glace, brise-glaces [bRizglas] NM INV (*navire*) icebreaker

brise-jet [bRizʒɛ] NM tap swirl

brise-lames [bRizlam] NM INV breakwater

briser [bRize] /1/ VT to break ■ **se briser** VPR to break

brise-tout [bRiztu] NM INV wrecker

briseur, -euse [bRizœR, -øz] NM/F: **~ de grève** strike-breaker

brise-vent [bRizvɑ̃] NM windbreak

bristol [bRistɔl] NM (*carte de visite*) visiting card

★**britannique** [bRitanik] ADJ British ▸ NMF: **Britannique** Briton, British person; **les Britanniques** the British

broc [bRo] NM pitcher

brocante [bRɔkɑ̃t] NF (*objets*) secondhand goods *pl*, junk; (*commerce*) secondhand trade; junk dealing

brocanteur, -euse [bRɔkɑ̃tœR, -øz] NM/F junk shop owner; junk dealer

brocart [bRɔkaR] NM brocade

broche [bRɔʃ] NF brooch; (*Culin*) spit; (*fiche*) spike, peg; (*Méd*) pin; **à la ~** spit-roasted, roasted on a spit

broché, e [bRɔʃe] ADJ (*livre*) paper-backed; (*tissu*) brocaded

brochet [bRɔʃɛ] NM pike *inv*

brochette [bRɔʃɛt] NF (*ustensile*) skewer; (*plat*) kebab; **~ de décorations** row of medals

★**brochure** [bRɔʃyR] NF pamphlet, brochure, booklet

brocoli [bRɔkɔli] NM broccoli

brodequins [bRɔdkɛ̃] NMPL (*de marche*) (lace-up) boots

broder [bRɔde] /1/ VT to embroider ▸ VI: **~ (sur des faits** *ou* **une histoire)** to embroider the facts

broderie [bRɔdRi] NF embroidery

bromure [bRɔmyR] NM bromide

broncher [bRɔ̃ʃe] /1/ VI: **sans ~** without flinching, without turning a hair

bronches [bRɔ̃ʃ] NFPL bronchial tubes

bronchite [bRɔ̃ʃit] NF bronchitis

bronchodilatateur [bRɔ̃kodilatatœR] NM bronchodilator

broncho-pneumonie [bRɔ̃kɔpnømɔni] NF broncho-pneumonia *no pl*

bronzage [bRɔ̃zaʒ] NM (*hâle*) (sun)tan

bronze [bRɔ̃z] NM bronze

bronzé, e [bRɔ̃ze] ADJ tanned

★**bronzer** [bRɔ̃ze] /1/ VT to tan ▸ VI to get a tan ■ **se bronzer** VPR to sunbathe

★**brosse** [bRɔs] NF brush; **donner un coup de ~ à qch** to give sth a brush; **coiffé en ~** with a crewcut; **~ à cheveux** hairbrush; **~ à dents** toothbrush; **~ à habits** clothesbrush

★**brosser** [bRɔse] /1/ VT (*nettoyer*) to brush; (*fig: tableau etc*) to paint; to draw ■ **se brosser** VPR to brush one's clothes; **se ~ les dents** to brush one's teeth; **tu peux te ~ !** (*fam*) you can sing for it!

brou [bRu] NM: **~ de noix** (*pour bois*) walnut stain; (*liqueur*) walnut liqueur

brouette [bRuɛt] NF wheelbarrow

brouhaha [bRuaa] NM hubbub

brouillage [bRujaʒ] NM (*d'une émission*) jamming

★**brouillard** [bRujaR] NM fog; **être dans le ~** (*fig*) to be all at sea

brouille [bRuj] NF quarrel

brouillé, e [bRuje] ADJ (*teint*) muddy; (*fâché*): **il est ~ avec ses parents** he has fallen out with his parents

brouiller [bRuje] /1/ VT (*œufs, message*) to scramble; (*idées*) to mix up; to confuse; (*Radio*) to cause interference to; (: *délibérément*) to jam; (*rendre trouble*) to cloud; (*désunir: amis*) to set at odds; **~ les pistes** to cover one's tracks; (*fig*) to confuse the issue ■ **se brouiller** VPR (*ciel, vue*) to cloud over; (*détails*) to become confused; **se ~ (avec)** to fall out (with)

brouillon, ne [bRujɔ̃, -ɔn] ADJ (*sans soin*) untidy; (*qui manque d'organisation*) disorganized, unmethodical ▸ NM (first) draft; **cahier de ~** rough (work) book; **(papier) ~** rough paper

broussailles [bRusɑj] NFPL undergrowth *sg*

broussailleux, -euse [bRusɑjø, -øz] ADJ bushy

brousse [bRus] NF: **la ~** the bush

brouter [bRute] /1/ VT to graze on ▸ VI to graze; (*Auto*) to judder

broutille [bRutij] NF trifle

broyer [bRwaje] /8/ VT to crush; **~ du noir** to be down in the dumps

bru [bRy] NF daughter-in-law

brucelles [bRysɛl] NFPL: **(pinces) ~** tweezers

brugnon [bRyɲɔ̃] NM nectarine

bruine [bRɥin] NF drizzle

bruiner [bRɥine] /1/ VB IMPERS: **il bruine** it's drizzling, there's a drizzle

bruire [bRɥiR] /2/ VI (*eau*) to murmur; (*feuilles, étoffe*) to rustle

bruissement [bRɥismɑ̃] NM murmuring; rustling

★**bruit** [bRɥi] NM: **un ~** a noise, a sound; (*fig: rumeur*) a rumour (BRIT), a rumor (US); **le ~** noise; **pas/trop de ~** no/too much noise; **sans ~** without a sound, noiselessly; **faire du ~** to make a noise; **~ de fond** background noise

bruitage [bRɥitaʒ] NM sound effects *pl*

bruiteur, -euse [bRɥitœR, -øz] NM/F sound-effects engineer

brûlant, e [bRylɑ̃, -ɑ̃t] ADJ burning (hot); (*liquide*) boiling (hot); (*regard*) fiery; (*sujet*) red-hot

brûlé, e [bRyle] ADJ burnt; (*fig: démasqué*) blown; (*: homme politique etc*) discredited ▶NM: **odeur de ~** smell of burning

brûle-pourpoint [bRylpuRpwɛ̃]: **à ~** *adv* point-blank

brûler [bRyle] /1/ VT to burn; (*eau bouillante*) to scald; (*consommer: électricité, essence*) to use; (*feu rouge, signal*) to go through (without stopping); **~ les étapes** to make rapid progress; (*aller trop vite*) to cut corners ▶VI to burn; **tu brûles** (*jeu*) you're getting warm *ou* hot; **~ (d'impatience) de faire qch** to burn with impatience to do sth, be dying to do sth ■ **se brûler** VPR to burn o.s.; (*s'ébouillanter*) to scald o.s.; **se ~ la cervelle** to blow one's brains out

brûleur [bRylœR] NM burner

brûlot [bRylo] NM (*Culin*) flaming brandy; **un ~ de contestation** (*fig*) a hotbed of dissent

brûlure [bRylyR] NF (*lésion*) burn; (*sensation*) burning *no pl*, burning sensation; **brûlures d'estomac** heartburn *sg*

brume [bRym] NF mist

brumeux, -euse [bRymø, -øz] ADJ misty; (*fig*) hazy

brumisateur [bRymizatœR] NM atomizer

★**brun, e** [bRœ̃, -yn] ADJ (*gén, bière*) brown; (*cheveux, personne, tabac*) dark; **elle est brune** she's got dark hair ▶NM (*couleur*) brown ▶NF (*cigarette*) *cigarette made of dark tobacco*; (*bière*) ≈ brown ale, ≈ stout

brunâtre [bRynɑtR] ADJ brownish

brunch [bRœntʃ] NM brunch

Brunei [bRynei] N Brunei; **le sultanat de ~** the Sultanate of Brunei

brunir [bRyniR] /2/ VI to get a tan

brushing [bRœʃiŋ] NM blow-dry

brusque [bRysk] ADJ (*soudain*) abrupt, sudden; (*rude*) abrupt, brusque

brusquement [bRyskəmɑ̃] ADV (*soudainement*) abruptly, suddenly

brusquer [bRyske] /1/ VT to rush

brusquerie [bRyskəRi] NF abruptness, brusqueness

brut, e [bRyt] ADJ raw, crude, rough; (*diamant*) uncut; (*soie, minéral, Inform: données*) raw; (*Comm*) gross; **(champagne) ~** brut champagne; **(pétrole) ~** crude (oil) ▶NF brute

brutal, e, -aux [bRytal, -o] ADJ brutal

brutalement [bRytalmɑ̃] ADV brutally

★**brutaliser** [bRytalize] /1/ VT to handle roughly, manhandle

brutalité [bRytalite] NF brutality *no pl*

brute [bRyt] ADJ F, NF *voir* **brut**

★**Bruxelles** [bRysɛl] N Brussels

bruxellois, e [bRysɛlwa, -waz] ADJ of *ou* from Brussels ▶NM/F: **Bruxellois, e** inhabitant *ou* native of Brussels

bruyamment [bRɥijamɑ̃] ADV noisily

★**bruyant, e** [bRɥijɑ̃, -ɑ̃t] ADJ noisy

bruyère [bRyjɛR] NF heather

BT SIGLE M (= *Brevet de technicien*) *vocational training certificate, taken at approx. 18 years*

BTA SIGLE M (= *Brevet de technicien agricole*) *agricultural training certificate, taken at approx. 18 years*

BTP SIGLE MPL (= *Bâtiments et travaux publics*) *public buildings and works sector*

BTS SIGLE M (= *Brevet de technicien supérieur*) *vocational training certificate taken at end of two-year higher education course*

BU SIGLE F = **Bibliothèque universitaire**

bu, e [by] PP *de* **boire**

buanderie [bɥɑ̃dRi] NF laundry

Bucarest [bykaRɛst] N Bucharest

buccal, e, -aux [bykal, -o] ADJ: **par voie buccale** orally

bûche [byʃ] NF log; **prendre une ~** (*fig*) to come a cropper (BRIT), fall flat on one's face; **~ de Noël** Yule log

bûcher [byʃe] /1/ NM (*funéraire*) pyre; bonfire; (*supplice*) stake ▶VI (*fam: étudier*) to swot (BRIT), grind (US), slave (away) ▶VT to swot up (BRIT), cram, slave away at

bûcheron [byʃRɔ̃] NM woodcutter

bûchette [byʃɛt] NF (*de bois*) stick, twig; (*pour compter*) rod

bûcheur, -euse [byʃœR, -øz] NM/F (*fam: étudiant*) swot (BRIT), grind (US)

bucolique [bykɔlik] ADJ bucolic, pastoral

Budapest [bydapɛst] N Budapest

★**budget** [bydʒɛ] NM budget

budgétaire [bydʒetɛR] ADJ budgetary, budget *cpd*

budgéter [bydʒete], **budgétiser** [bydʒetize] VT to budget (for)

buée [bɥe] NF (*sur une vitre*) mist; (*de l'haleine*) steam

Buenos Aires [bwenɔzɛR] N Buenos Aires

★**buffet** [byfɛ] NM (*meuble*) sideboard; (*de réception*) buffet; **~ (de gare)** (station) buffet, snack bar

buffle [byfl] NM buffalo

buis [bɥi] NM box tree; (*bois*) box(wood)

buisson [bɥisɔ̃] NM bush

buissonnière [bɥisɔnjɛR] ADJ F: **faire l'école ~** to play truant (BRIT), skip school

bulbe [bylb] NM (*Bot, Anat*) bulb; (*coupole*) onion-shaped dome

bulgare [bylgaR] ADJ Bulgarian ▶NM (*Ling*) Bulgarian ▶NMF: **Bulgare** Bulgarian, Bulgar

Bulgarie [bylgaRi] NF: **la ~** Bulgaria

bulldozer [buldozœR] NM bulldozer

bulle [byl] ADJ, NM: **(papier) ~** manil(l)a paper ▶NF bubble; (*de bande dessinée*) balloon; (*papale*) bull; **~ de savon** soap bubble

bulletin [byltɛ̃] NM (*communiqué, journal*) bulletin; (*papier*) form; (*: de bagages*) ticket; (*Scol*) report; **~ d'informations** news bulletin; **~ de naissance** birth certificate; **~ de salaire** pay slip; **~ de santé** medical bulletin; **~ (de vote)** ballot paper; **~ météorologique** weather report

buraliste [byRalist] NMF (*de bureau de tabac*) tobacconist; (*de poste*) clerk

bure [byR] NF homespun; (*de moine*) frock

★**bureau, x** [byRo] NM (*meuble*) desk; (*pièce, service*) office; (*Inform*) desktop; **~ de change** (foreign) exchange office *ou* bureau; **~ d'embauche** ≈ job centre; **~ d'études** design office; **~ de location** box office; **~ des objets trouvés** lost property office (BRIT), lost and found (US); **~ de placement** employment agency; **~ de poste** post office; **~ de tabac** tobacconist's (shop), smoke shop (US); **~ de vote** polling station

bureaucrate [byʀokʀat] NMF bureaucrat

bureaucratie [byʀokʀasi] NF bureaucracy

bureaucratique [byʀokʀatik] ADJ bureaucratic

bureautique [byʀɔtik] NF office automation

burette [byʀɛt] NF (*de mécanicien*) oilcan; (*de chimiste*) burette

burin [byʀɛ̃] NM cold chisel; (*Art*) burin

buriné, e [byʀine] ADJ (*fig: visage*) craggy, seamed

Burkina [byʀkina], **Burkina-Faso** [byʀkinafaso] NM: **le ~(-Faso)** Burkina Faso

burkinabé, e [byʀkinabe] ADJ Burkinabe ▸ NM/F: **Burkinabé, e** Burkinabe

burlesque [byʀlɛsk] ADJ ridiculous; (*Littérature*) burlesque

burnous [byʀnu(s)] NM burnous

Burundi [buʀundi] NM: **le ~** Burundi

★**bus¹** VB [by] *voir* **boire**

bus² NM [bys] (*véhicule, aussi Inform*) bus

busard [byzaʀ] NM harrier

buse [byz] NF buzzard

busqué, e [byske] ADJ: **nez ~** hook(ed) nose

buste [byst] NM (*Anat*) chest; (: *de femme*) bust; (*sculpture*) bust

bustier [bystje] NM (*soutien-gorge*) long-line bra

★**but** [by] VB *voir* **boire** ▸ NM (*cible*) target; (*fig*) goal, aim; (*Football etc*) goal; **de ~ en blanc** point-blank; **avoir pour ~ de faire** to aim to do; **dans le ~ de** with the intention of

butane [bytan] NM butane; (*domestique*) Calor gas® (BRIT), butane

buté, e [byte] ADJ stubborn, obstinate ▸ NF (*Archit*) abutment; (*Tech*) stop

buter [byte] /1/ VI: **~ contre** *ou* **sur** to bump into; (*trébucher*) to stumble against ▸ VT to antagonize ■ **se buter** VPR to get obstinate, dig in one's heels

buteur [bytœʀ] NM striker

butin [bytɛ̃] NM booty, spoils *pl*; (*d'un vol*) loot

butiner [bytine] /1/ VI (*abeilles*) to gather nectar

butor [bytɔʀ] NM (*fig*) lout

butte [byt] NF mound, hillock; **être en ~ à** to be exposed to

buvable [byvabl] ADJ (*eau, vin*) drinkable; (*Méd: ampoule etc*) to be taken orally; (*fig: roman etc*) reasonable

buvais *etc* [byvɛ] VB *voir* **boire**

buvard [byvaʀ] NM blotter

buvette [byvɛt] NF refreshment room *ou* stall; (*comptoir*) bar

buveur, -euse [byvœʀ, -øz] NM/F drinker

buvons *etc* [byvɔ̃] VB *voir* **boire**

buzz [bœz] NM (*fam*) buzz; **faire** *ou* **créer le ~** to create a buzz

Byzance [bizɑ̃s] N Byzantium

byzantin, e [bizɑ̃tɛ̃, -in] ADJ Byzantine

BZH ABR (= *Breizh*) Brittany

Cc

C, c [se] NM INV C, c; **C comme Célestin** C for Charlie ▸ ABR (= *centime*) c; (= *Celsius*) C

c' [s] PRON *voir* **ce**

CA SIGLE M = **chiffre d'affaires**; **conseil d'administration**; **corps d'armée** ▸ SIGLE F = **chambre d'agriculture**

★**ça** [sa] PRON (*pour désigner*) this; (: *plus loin*) that; (*comme sujet indéfini*) it; **ça m'étonne que** it surprises me that; **ça va ?** how are you?; how are things?; (*d'accord ?*) OK?, all right?; **où ça ?** where's that?; **pourquoi ça ?** why's that?; **qui ça ?** who's that?; **ça alors !** (*désapprobation*) well!, really!; (*étonnement*) heavens!; **c'est ça** that's right; **ça y est** that's it

çà [sa] ADV: **çà et là** here and there

cabale [kabal] NF (*Théât, Pol*) cabal, clique

caban [kabɑ̃] NM reefer jacket, donkey jacket

cabane [kaban] NF hut, cabin

cabanon [kabanɔ̃] NM chalet, (country) cottage

cabaret [kabaʀɛ] NM night club

cabas [kabɑ] NM shopping bag

cabestan [kabɛstɑ̃] NM capstan

cabillaud [kabijo] NM cod *inv*

★**cabine** [kabin] NF (*de bateau*) cabin; (*de plage*) (beach) hut; (*de piscine etc*) cubicle; (*de camion, train*) cab; (*d'avion*) cockpit; **~ (d'ascenseur)** lift cage; **~ d'essayage** fitting room; **~ de projection** projection room; **~ spatiale** space capsule; **~ (téléphonique)** call *ou* (tele)phone box, (tele)phone booth

cabinet [kabinɛ] NM (*petite pièce*) closet; (*de médecin*) surgery (BRIT), office (US); (*de notaire etc*) office; (: *clientèle*) practice; (*Pol*) cabinet; (*d'un ministre*) advisers *pl*; **~ d'affaires** business consultants' (bureau), business partnership; **~ de toilette** toilet; **~ de travail** study ■ **cabinets** NMPL (*w.-c.*) toilet *sg*

câble [kɑbl] NM cable; **le ~** (*TV*) cable television, cablevision (*US*)

câblé, e [kɑble] ADJ (*fam*) switched on; (*Tech*) linked to cable television

câbler [kɑble] /1/ VT to cable; **~ un quartier** (*TV*) to put cable television into an area

câblo-opérateur [kɑbloɔpeʀatœʀ] NM cable operator

cabossé, e [kabɔse] ADJ (*voiture, gueule*) battered

cabosser [kabɔse] /1/ VT to dent

cabot [kabo] NM (*péj: chien*) mutt

cabotage [kabɔtaʒ] NM coastal navigation

caboteur [kabɔtœʀ] NM coaster

cabotin, e [kabɔtɛ̃, -in] NM/F (*péj: personne maniérée*) poseur; (: *acteur*) ham ▸ ADJ dramatic, theatrical

cabotinage [kabɔtinaʒ] NM playacting; third-rate acting, ham acting

cabrer [kɑbʀe] /1/: **se cabrer** VPR (*cheval*) to rear up; (*avion*) to nose up; (*fig*) to revolt, rebel; to jib

cabri [kabʀi] NM kid

cabriole [kabʀijɔl] NF caper; (*gymnastique etc*) somersault

cabriolet [kabʀijɔlɛ] NM convertible

CAC [kak] SIGLE F = **Compagnie des agents de change**; **indice ~** ≈ FT index (BRIT), ≈ Dow Jones average (*US*)

caca [kaka] NM (*langage enfantin*) poo; (*couleur*): **~ d'oie** greeny-yellow; **faire ~** (*fam*) to do a poo

cacahuète [kakaɥɛt] NF peanut

cacao [kakao] NM cocoa (powder); (*boisson*) cocoa

cachalot [kaʃalo] NM sperm whale

cache [kaʃ] NM mask, card (*for masking*) ▸ NF hiding place

cache-cache [kaʃkaʃ] NM: **jouer à ~** to play hide-and-seek

cache-col [kaʃkɔl] NM scarf

cachemire [kaʃmiʀ] NM cashmere; **le C~** Kashmir ▸ ADJ: **dessin ~** paisley pattern

cache-nez [kaʃne] NM INV scarf, muffler

cache-pot [kaʃpo] NM flower-pot holder

cache-prise [kaʃpʀiz] NM socket cover

★**cacher** [kaʃe] /1/ VT to hide, conceal; **~ qch à qn** to hide *ou* conceal sth from sb ■ **se cacher** VPR (*volontairement*) to hide; (*être caché*) to be hidden *ou* concealed; **il ne s'en cache pas** he makes no secret of it

cache-sexe [kaʃsɛks] NM G-string

★**cachet** [kaʃɛ] NM (*comprimé*) tablet; (*sceau: du roi*) seal; (: *de la poste*) postmark; (*rétribution*) fee; (*fig*) style, character

cacheter [kaʃte] /4/ VT to seal; **vin cacheté** vintage wine

cachette [kaʃɛt] NF hiding place; **en ~** on the sly, secretly

cachot [kaʃo] NM dungeon

cachotterie [kaʃɔtʀi] NF mystery; **faire des cachotteries** to be secretive

cachottier, -ière [kaʃɔtje, -jɛʀ] ADJ secretive
cachou [kaʃu] NM cachou (*sweet*)
cacophonie [kakɔfɔni] NF cacophony, din
cacophonique [kakɔfɔnik] ADJ cacophonous
cactus [kaktys] NM cactus
c.-à-d. ABR (= *c'est-à-dire*) i.e.
cadastre [kadastʀ] NM land register
cadavéreux, -euse [kadɑveʀø, -øz] ADJ (*teint, visage*) deathly pale
cadavérique [kadɑveʀik] ADJ deathly (pale), deadly pale
cadavre [kadɑvʀ] NM corpse, (dead) body
Caddie® [kadi] NM (supermarket) trolley (BRIT), (grocery) cart (US)
★**cadeau, x** [kado] NM present, gift; **faire un ~ à qn** to give sb a present *ou* gift; **faire ~ de qch à qn** to make a present of sth to sb, give sb sth as a present
cadenas [kadnɑ] NM padlock
cadenasser [kadnase] /1/ VT to padlock
cadence [kadɑ̃s] NF (*Mus*) cadence; (: *rythme*) rhythm; (*de travail etc*) rate; **en ~** rhythmically; in time ■ **cadences** NFPL (*en usine*) production rate *sg*
cadencé, e [kadɑ̃se] ADJ rhythmic(al); **au pas ~** (*Mil*) in quick time
cadet, te [kadɛ, -ɛt] ADJ younger; (*le plus jeune*) youngest ▸ NM/F youngest child *ou* one, youngest boy *ou* son/girl *ou* daughter; **il est mon ~ de deux ans** he's two years younger than me, he's two years my junior; **les cadets** (*Sport*) the minors (*15–17 years*); **le ~ de mes soucis** the least of my worries
cadrage [kɑdʀaʒ] NM framing (*of shot*)
cadran [kɑdʀɑ̃] NM dial; **~ solaire** sundial
★**cadre** [kɑdʀ] NM frame; (*environnement*) surroundings *pl*; (*limites*) scope; **rayer qn des cadres** to discharge sb; to dismiss sb; **dans le ~ de** (*fig*) within the framework *ou* context of ▸ NMF (*Admin*) managerial employee, executive; **~ moyen/supérieur** (*Admin*) middle/senior management employee, junior/senior executive ▸ ADJ: **loi ~** outline *ou* blueprint law
★**cadré, e** [kadʀe] ADJ (*Photo*) centred; (*Inform*): **~ à gauche/à droite** positioned on the left/on the right; **la photo est mal cadrée** the photo is off-centre *ou* (US) off-center
cadrer [kɑdʀe] /1/ VI: **~ avec** to tally *ou* correspond with ▸ VT (*Ciné, Photo*) to frame
cadreur, -euse [kɑdʀœʀ, -øz] NM/F (*Ciné*) cameraman/-woman
caduc, -uque [kadyk] ADJ obsolete; (*Bot*) deciduous
CAF SIGLE F (= *Caisse d'allocations familiales*) *family allowance office*
caf ABR (*coût, assurance, fret*) cif
cafard [kafaʀ] NM cockroach; **avoir le ~** to be down in the dumps, be feeling low
cafardeux, -euse [kafaʀdø, -øz] ADJ (*personne, ambiance*) depressing, melancholy
café [kafe] NM coffee; (*bistro*) café; **~ crème** coffee with cream; **~ au lait** white coffee; **~ noir** black coffee; **~ en grains** coffee beans; **~ en poudre** instant coffee; **~ liégeois** *coffee ice cream with whipped cream* ▸ ADJ INV coffee *cpd*
café-concert [kafekɔ̃sɛʀ] (*pl* **cafés-concerts**) NM (*aussi:* **caf'conc'**) *café with a cabaret*
caféine [kafein] NF caffeine
café-tabac [kafetaba] NM *tobacconist's or newsagent's also serving coffee and spirits*
cafétéria [kafeteʀja] NF cafeteria
café-théâtre [kafeteɑtʀ] (*pl* **cafés-théâtres**) NM *café used as a venue by (experimental) theatre groups*
cafetière [kaftjɛʀ] NF (*pot*) coffee-pot
cafouillage [kafujaʒ] NM shambles *sg*
cafouiller [kafuje] /1/ VI to get in a shambles; (*machine etc*) to work in fits and starts
★**cage** [kaʒ] NF cage; **~ (des buts)** goal; **en ~** in a cage, caged up *ou* in; **~ d'ascenseur** lift shaft; **~ d'escalier** (stair)well; **~ thoracique** rib cage
cageot [kaʒo] NM crate
cagibi [kaʒibi] NM shed
cagneux, -euse [kaɲø, -øz] ADJ knock-kneed
cagnotte [kaɲɔt] NF kitty
cagoule [kagul] NF cowl; hood; (*Ski etc*) cagoule; (*passe-montagne*) balaclava
★**cahier** [kaje] NM notebook; (*Typo*) signature; (*revue*): **cahiers** journal; **~ de revendications/doléances** list of claims/grievances; **~ de brouillons** rough book, jotter; **~ des charges** specification; **~ d'exercices** exercise book
cahin-caha [kaɛ̃kaa] ADV: **aller ~** to jog along; (*fig*) to be so-so
cahot [kao] NM jolt, bump
cahoter [kaɔte] /1/ VI to bump along, jog along
cahoteux, -euse [kaɔtø, -øz] ADJ bumpy
cahute [kayt] NF shack, hut
caïd [kaid] NM big chief, boss
caillasse [kajas] NF (*pierraille*) loose stones *pl*
caille [kaj] NF quail
caillé, e [kaje] ADJ: **lait ~** curdled milk, curds *pl*
caillebotis [kajbɔti] NM duckboard
cailler [kaje] /1/ VI (*lait*) to curdle; (*sang*) to clot; (*fam*) to be cold
caillot [kajo] NM (blood) clot
caillou, x [kaju] NM (little) stone
caillouter [kajute] /1/ VT (*chemin*) to metal
caillouteux, -euse [kajutø, -øz] ADJ stony; pebbly
cailloutis [kajuti] NM (*petits graviers*) gravel
caïman [kaimɑ̃] NM cayman
Caïmans [kaimɑ̃] NFPL: **les ~** the Cayman Islands
Caire [kɛʀ] NM: **le ~** Cairo
★**caisse** [kɛs] NF box; (*où l'on met la recette*) cashbox; (: *machine*) till; (*où l'on paye*) cash desk (BRIT), checkout counter; (: *au supermarché*) checkout; (*de banque*) cashier's desk; (*Tech*) case, casing; **faire sa ~** (*Comm*) to count the takings; **~ claire** (*Mus*) side *ou* snare drum; **~ éclair** express checkout; **~ enregistreuse** cash register; **~ d'épargne** savings bank; **~ noire** slush fund; **~ de retraite** pension fund; **~ de sortie** checkout; *voir* **grosse**
★**caissier, -ière** [kesje, -jɛʀ] NM/F cashier

caisson [kɛsɔ̃] NM box, case
cajoler [kaʒɔle] /1/ VT to wheedle, coax; to surround with love and care, make a fuss of
cajoleries [kaʒɔlʀi] NFPL coaxing *sg*, flattery *sg*
cajou [kaʒu] NM: **noix de ~** cashew nut
cake [kɛk] NM fruit cake
cal [kal] NM callus
cal. ABR = **calorie**
calamar [kalamaʀ] NM = **calmar**
calaminé, e [kalamine] ADJ (*Auto*) coked up
calamité [kalamite] NF calamity, disaster
calandre [kalɑ̃dʀ] NF radiator grill; (*machine*) calender, mangle
calanque [kalɑ̃k] NF rocky inlet
calcaire [kalkɛʀ] NM limestone ▶ ADJ (*eau*) hard; (*Géo*) limestone *cpd*
calciné, e [kalsine] ADJ burnt to ashes
calcium [kalsjɔm] NM calcium
★**calcul** [kalkyl] NM calculation; **le ~** (*Scol*) arithmetic; **~ différentiel/intégral** differential/integral calculus; **~ mental** mental arithmetic; **~ (biliaire)** (gall)stone; **~ (rénal)** (kidney) stone; **d'après mes calculs** by my reckoning
calculateur [kalkylatœʀ] NM, **calculatrice** [kalkylatʀis] NF calculator
calculé, e [kalkyle] ADJ: **risque ~** calculated risk
★**calculer** [kalkyle] /1/ VT to calculate, work out, reckon; (*combiner*) to calculate; **~ qch de tête** to work sth out in one's head
calculette [kalkylɛt] NF (pocket) calculator
cale [kal] NF (*de bateau*) hold; (*en bois*) wedge, chock; **~ sèche** *ou* **de radoub** dry dock
calé, e [kale] ADJ (*fam*) clever, bright
calebasse [kalbɑs] NF calabash, gourd
calèche [kalɛʃ] NF horse-drawn carriage
caleçon [kalsɔ̃] NM (*d'homme*) boxer shorts; (*de femme*) leggings; **~ de bain** bathing trunks *pl*
calembour [kalɑ̃buʀ] NM pun
calendes [kalɑ̃d] NFPL: **renvoyer aux ~ grecques** to postpone indefinitely
calendrier [kalɑ̃dʀije] NM calendar; (*fig*) timetable
cale-pied [kalpje] NM toe clip
calepin [kalpɛ̃] NM notebook
caler [kale] /1/ VT to wedge, chock up; **~ (son moteur/véhicule)** to stall (one's engine/vehicle) ▶ VI (*moteur, véhicule*) to stall ■ **se caler** VPR: **se ~ dans un fauteuil** to make o.s. comfortable in an armchair
calfater [kalfate] /1/ VT to caulk
calfeutrage [kalføtʀaʒ] NM draughtproofing (BRIT), draftproofing (US)
calfeutrer [kalføtʀe] /1/ VT to (make) draughtproof (BRIT) *ou* draftproof (US) ■ **se calfeutrer** VPR to make o.s. snug and comfortable
calibre [kalibʀ] NM (*d'un fruit*) grade; (*d'une arme*) bore, calibre (BRIT), caliber (US); (*fig*) calibre, caliber
calibrer [kalibʀe] /1/ VT to grade
calice [kalis] NM (*Rel*) chalice; (*Bot*) calyx
calicot [kaliko] NM (*tissu*) calico
calife [kalif] NM caliph
Californie [kalifɔʀni] NF: **la ~** California
californien, ne [kalifɔʀnjɛ̃, -ɛn] ADJ Californian
califourchon [kalifuʀʃɔ̃]: **à ~** *adv* astride; **à ~ sur** astride, straddling
câlin, e [kɑlɛ̃, -in] ADJ cuddly, cuddlesome; (*regard, voix*) tender
câliner [kɑline] /1/ VT to fondle, cuddle
câlineries [kɑlinʀi] NFPL cuddles
calisson [kalisɔ̃] NM *diamond-shaped sweet or candy made with ground almonds*
calleux, -euse [kalø, -øz] ADJ horny, callous
calligraphie [kaligʀafi] NF calligraphy
callosité [kalozite] NF callus
calmant [kalmɑ̃] NM tranquillizer, sedative; (*contre la douleur*) painkiller
calmar [kalmaʀ] NM squid
★**calme** [kalm] ADJ calm, quiet ▶ NM calm(ness), quietness; **sans perdre son ~** without losing one's cool *ou* calmness; **~ plat** (*Navig*) dead calm
calmement [kalməmɑ̃] ADV calmly, quietly
calmer [kalme] /1/ VT to calm (down); (*douleur, inquiétude*) to ease, soothe ■ **se calmer** VPR to calm down
calomniateur, -trice [kalɔmnjatœʀ, -tʀis] NM/F slanderer; libeller
calomnie [kalɔmni] NF slander; (*écrite*) libel
calomnier [kalɔmnje] /7/ VT to slander; to libel
calomnieux, -euse [kalɔmnjø, -øz] ADJ slanderous; libellous
calorie [kalɔʀi] NF calorie
calorifère [kalɔʀifɛʀ] NM stove
calorifique [kalɔʀifik] ADJ calorific
calorifuge [kalɔʀifyʒ] ADJ (heat-)insulating, heat-retaining
calot [kalo] NM forage cap
calotte [kalɔt] NF (*coiffure*) skullcap; (*gifle*) slap; **la ~** (*péj: clergé*) the cloth, the clergy; **~ glaciaire** icecap
calque [kalk] NM (*aussi:* **papier calque**) tracing paper; (*dessin*) tracing; (*fig*) carbon copy
calquer [kalke] /1/ VT to trace; (*fig*) to copy exactly
calvados [kalvados] NM Calvados (*apple brandy*)
calvaire [kalvɛʀ] NM (*croix*) wayside cross, calvary; (*souffrances*) suffering, martyrdom
calvitie [kalvisi] NF baldness
camaïeu [kamajø] NM: **(motif en) ~** monochrome motif
★**camarade** [kamaʀad] NMF friend, pal; (*Pol*) comrade
camaraderie [kamaʀadʀi] NF friendship
camarguais, e [kamaʀgɛ, -ɛz] ADJ of *ou* from the Camargue
Camargue [kamaʀg] NF: **la ~** the Camargue
cambiste [kɑ̃bist] NM (*Comm*) foreign exchange dealer, exchange agent
Cambodge [kɑ̃bɔdʒ] NM: **le ~** Cambodia
cambodgien, ne [kɑ̃bɔdʒjɛ̃, -ɛn] ADJ Cambodian ▶ NM/F: **Cambodgien, ne** Cambodian

cambouis [kɑ̃bwi] NM dirty oil *ou* grease

cambré, e [kɑ̃bʀe] ADJ: **avoir les reins cambrés** to have an arched back; **avoir le pied très ~** to have very high arches *ou* insteps

cambrer [kɑ̃bʀe] /1/ VT to arch; **~ la taille** *ou* **les reins** to arch one's back ▪ **se cambrer** VPR to arch one's back

cambriolage [kɑ̃bʀijɔlaʒ] NM burglary

★**cambrioler** [kɑ̃bʀijɔle] /1/ VT to burgle (*Brit*), burglarize (*US*)

cambrioleur, -euse [kɑ̃bʀijɔlœʀ, -øz] NM/F burglar

cambrure [kɑ̃bʀyʀ] NF (*du pied*) arch; (*de la route*) camber; **~ des reins** small of the back

cambuse [kɑ̃byz] NF storeroom

came [kam] NF: **arbre à cames** camshaft; **arbre à cames en tête** overhead camshaft

camée [kame] NM cameo

caméléon [kameleɔ̃] NM chameleon

camélia [kamelja] NM camellia

camelot [kamlo] NM street pedlar

camelote [kamlɔt] NF (*fam*) rubbish, trash, junk

camembert [kamɑ̃bɛʀ] NM Camembert (*cheese*)

caméra [kameʀa] NF (*Ciné, TV*) camera; (*d'amateur*) cine-camera; **~ de vidéosurveillance** CCTV camera

caméraman [kameʀaman] NM cameraman/-woman

Cameroun [kamʀun] NM: **le ~** Cameroon

camerounais, e [kamʀunɛ, -ɛz] ADJ Cameroonian

caméscope® [kameskɔp] NM camcorder

★**camion** [kamjɔ̃] NM lorry (*Brit*), truck; (*plus petit, fermé*) van; (*charge*): **~ de sable/cailloux** lorry-load (*Brit*) *ou* truck-load of sand/stones; **~ de dépannage** breakdown (*Brit*) *ou* tow (*US*) truck

camion-citerne [kamjɔ̃sitɛʀn] (*pl* **camions-citernes**) NM tanker

camionnage [kamjɔnaʒ] NM haulage (*Brit*), trucking (*US*); **frais/entreprise de ~** haulage costs/business

★**camionnette** [kamjɔnɛt] NF (small) van

camionneur [kamjɔnœʀ] NM (*entrepreneur*) haulage contractor (*Brit*), trucker (*US*); (*chauffeur*) lorry (*Brit*) *ou* truck driver; van driver

camisole [kamizɔl] NF: **~ (de force)** straitjacket

camomille [kamɔmij] NF camomile; (*boisson*) camomile tea

camouflage [kamuflaʒ] NM camouflage

camoufler [kamufle] /1/ VT to camouflage; (*fig*) to conceal, cover up

camouflet [kamuflɛ] NM (*fam*) snub

camp [kɑ̃] NM camp; (*fig*) side; **~ de nudistes/vacances** nudist/holiday camp; **~ de concentration** concentration camp

campagnard, e [kɑ̃paɲaʀ, -aʀd] ADJ country *cpd* ▸ NM/F countryman/-woman

★**campagne** [kɑ̃paɲ] NF country, countryside; (*Mil, Pol, Comm*) campaign; **en ~** (*Mil*) in the field; **à la ~** in/to the country; **faire ~ pour** to campaign for; **~ électorale** election campaign; **~ de publicité** advertising campaign

> Bien que **country** et **countryside** soient souvent interchangeables, lorsqu'on parle plus précisément des paysages, notamment sous l'angle esthétique, on emploie plutôt **countryside**.
> *La campagne du Dorset est très belle.* **The Dorset countryside is beautiful**.

campanile [kɑ̃panil] NM (*tour*) bell tower

campé, e [kɑ̃pe] ADJ: **bien ~** (*personnage, tableau*) well-drawn

campement [kɑ̃pmɑ̃] NM camp, encampment

★**camper** [kɑ̃pe] /1/ VI to camp ▸ VT (*chapeau etc*) to pull *ou* put on firmly; (*dessin*) to sketch ▪ **se camper devant** VPR to plant o.s. in front of

campeur, -euse [kɑ̃pœʀ, -øz] NM/F camper

camphre [kɑ̃fʀ] NM camphor

camphré, e [kɑ̃fʀe] ADJ camphorated

★**camping** [kɑ̃piŋ] NM camping; **(terrain de) ~** campsite, camping site; **faire du ~** to go camping; **faire du ~ sauvage** to camp rough

camping-car [kɑ̃piŋkaʀ] NM camper, motor home (*US*)

camping-gaz® [kɑ̃piŋgaz] NM INV camp(ing) stove

campus [kɑ̃pys] NM campus

camus, e [kamy, -yz] ADJ: **nez ~** pug nose

★**Canada** [kanada] NM: **le ~** Canada

canadair® [kanadɛʀ] NM fire-fighting plane

★**canadien, ne** [kanadjɛ̃, -ɛn] ADJ Canadian ▸ NM/F: **Canadien, ne** Canadian ▸ NF (*veste*) fur-lined jacket

canaille [kanɑj] NF (*péj*) scoundrel; (*populace*) riff-raff ▸ ADJ raffish, rakish

canal, -aux [kanal, -o] NM canal; (*naturel, TV*) channel; (*Admin*): **par le ~ de** through (the medium of), via; **~ de distribution/télévision** distribution/television channel; **~ de Panama/Suez** Panama/Suez Canal

canalisation [kanalizasjɔ̃] NF (*tuyau*) pipe

canaliser [kanalize] /1/ VT to canalize; (*fig*) to channel

canapé [kanape] NM settee, sofa; (*Culin*) canapé, open sandwich

canapé-lit [kanapeli] (*pl* **canapés-lits**) NM sofa bed

canaque [kanak] ADJ, NMF = **kanak**

★**canard** [kanaʀ] NM duck; (*fam: journal*) rag

canari [kanaʀi] NM canary

Canaries [kanaʀi] NFPL: **les (îles) ~** the Canary Islands, the Canaries

cancaner [kɑ̃kane] /1/ VI to gossip (maliciously); (*canard*) to quack

cancanier, -ière [kɑ̃kanje, -jɛʀ] ADJ gossiping

cancans [kɑ̃kɑ̃] NMPL (malicious) gossip *sg*

★**cancer** [kɑ̃sɛʀ] NM cancer; (*signe*): **le C~** Cancer, the Crab; **être du C~** to be Cancer; **il a un ~** he has cancer

cancéreux, -euse [kɑ̃seʀø, -øz] ADJ cancerous; (*personne*) suffering from cancer

cancérigène [kɑ̃seʀiʒɛn] ADJ carcinogenic

cancérologue [kɑ̃seʀɔlɔg] NMF cancer specialist

cancre [kɑ̃kʀ] NM dunce

cancrelat [kɑ̃kʀəla] NM cockroach

candélabre [kɑ̃delɑbʀ] NM candelabrum; (*lampadaire*) street lamp, lamppost

candeur [kɑ̃dœʀ] NF ingenuousness

candi [kɑ̃di] ADJ INV: **sucre ~** (sugar-)candy

★**candidat, e** [kɑ̃dida, -at] NM/F candidate; (*à un poste*) applicant, candidate

candidater [kɑ̃didate] VI to apply

candidature [kɑ̃didatyʀ] NF (*Pol*) candidature; (*à poste*) application; **poser sa ~** to submit an application, apply; **poser sa ~ à un poste** to apply for a job; **~ spontanée** unsolicited job application

candide [kɑ̃did] ADJ ingenuous, guileless, naïve

cane [kan] NF (female) duck

caneton [kantɔ̃] NM duckling

canette [kanɛt] NF (*de bière*) (flip-top) bottle; (*de machine à coudre*) spool

canevas [kanvɑ] NM (*Couture*) canvas (for tapestry work); (*fig*) framework, structure

caniche [kaniʃ] NM poodle

caniculaire [kanikylɛʀ] ADJ (*chaleur, jour*) scorching

canicule [kanikyl] NF scorching heat; midsummer heat, dog days *pl*

canif [kanif] NM penknife, pocket knife

canin, e [kanɛ̃, -in] ADJ canine; **exposition canine** dog show ▸ NF canine (tooth), eye tooth

caniveau, x [kanivo] NM gutter

cannabis [kanabis] NM cannabis

canne [kan] NF (walking) stick; **~ à pêche** fishing rod; **~ à sucre** sugar cane; **les cannes blanches** (*les aveugles*) blind people

canné, e [kane] ADJ (*chaise*) cane *cpd*

cannelé, e [kanle] ADJ fluted

cannelle [kanɛl] NF cinnamon

cannelure [kan(ə)lyʀ] NF fluting *no pl*

canner [kane] /1/ VT (*chaise*) to make *ou* repair with cane

cannibale [kanibal] NMF cannibal

cannibalisme [kanibalism] NM cannibalism

canoë [kanɔe] NM canoe; (*sport*) canoeing; **~ (kayak)** kayak

canon [kanɔ̃] NM (*arme*) gun; (*Hist*) cannon; (*d'une arme*) barrel; (*fig*) model; (*Mus*) canon; **~ rayé** rifled barrel ▸ ADJ: **droit ~** canon law

cañon [kaɲɔ̃] NM canyon

canonique [kanɔnik] ADJ: **âge ~** respectable age

canoniser [kanɔnize] /1/ VT to canonize

canonnade [kanɔnad] NF cannonade

canonnier [kanɔnje] NM gunner

canonnière [kanɔnjɛʀ] NF gunboat

canopée [kanɔpe] NF canopy

canot [kano] NM boat, ding(h)y; **~ pneumatique** rubber *ou* inflatable ding(h)y; **~ de sauvetage** lifeboat

canotage [kanɔtaʒ] NM rowing

canoter [kanɔte] /1/ VI to go rowing

canoteur, -euse [kanɔtœʀ, -øz] NM/F rower

canotier [kanɔtje] NM boater

Cantal [kɑ̃tal] NM: **le ~** Cantal

cantate [kɑ̃tat] NF cantata

cantatrice [kɑ̃tatʀis] NF (opera) singer

cantilène [kɑ̃tilɛn] NF (*Mus*) cantilena

★**cantine** [kɑ̃tin] NF canteen; (*réfectoire d'école*) dining hall

cantique [kɑ̃tik] NM hymn

canton [kɑ̃tɔ̃] NM district (*consisting of several communes*); *see note*; (*en Suisse*) canton

> A French **canton** is the administrative division represented by a councillor in the *conseil départemental*. It comprises a number of *communes* and is, in turn, a subdivision of an *arrondissement départemental*. In Switzerland the *cantons* are the 23 autonomous political divisions which make up the Swiss confederation.

cantonade [kɑ̃tɔnad]: **à la ~** *adv* to everyone in general; (*crier*) from the rooftops

cantonais, e [kɑ̃tɔnɛ, -ɛz] ADJ Cantonese ▸ NM (*Ling*) Cantonese

cantonal, e, -aux [kɑ̃tɔnal, -o] ADJ cantonal, ≈ district

cantonnement [kɑ̃tɔnmɑ̃] NM (*lieu*) billet; (*action*) billeting

cantonner [kɑ̃tɔne] /1/ VT (*Mil*) to billet (BRIT), quarter; to station ▪ **se cantonner** VPR: **se ~ dans** to confine o.s. to

cantonnier [kɑ̃tɔnje] NM roadmender

canular [kanylaʀ] NM hoax

CAO SIGLE F (= *conception assistée par ordinateur*) CAD

caoutchouc [kautʃu] NM rubber; **~ mousse** foam rubber; **en ~** rubber *cpd*

caoutchouté, e [kautʃute] ADJ rubberized

caoutchouteux, -euse [kautʃutø, -øz] ADJ rubbery

CAP SIGLE M (= *Certificat d'aptitude professionnelle*) *vocational training certificate taken at secondary school*

cap [kap] NM (*Géo*) cape; (*promontoire*) headland; (*fig*) hurdle; (*: tournant*) watershed; (*Navig*): **changer de ~** to change course; **mettre le ~ sur** to head for; **doubler** *ou* **passer le ~** (*fig*) to get over the worst; **Le C~** Cape Town; **le ~ de Bonne Espérance** the Cape of Good Hope; **le ~ Horn** Cape Horn; **les îles du C~ Vert** (*aussi:* **le Cap-Vert**) the Cape Verde Islands

capable [kapabl] ADJ able, capable; **~ de qch/faire** capable of sth/doing; **il est ~ d'oublier** he could easily forget; **spectacle ~ d'intéresser** show likely to be of interest

capacité [kapasite] NF (*compétence*) ability; (*Jur, Inform, d'un récipient*) capacity; **~ (en droit)** *basic legal qualification*

caparaçonner [kapaʀasɔne] /1/ VT (*fig*) to clad

cape [kap] NF cape, cloak; **rire sous ~** to laugh up one's sleeve

capeline [kaplin] NF wide-brimmed hat

CAPES [kapɛs] SIGLE M (= *Certificat d'aptitude au professorat de l'enseignement du second degré*) *secondary teaching diploma*

capésien, ne [kapesjɛ̃, -ɛn] NM/F *person who holds the CAPES*

CAPET [kapɛt] SIGLE M (= *Certificat d'aptitude au professorat de l'enseignement technique*) *technical teaching diploma*

capharnaüm [kafaʀnaɔm] NM shambles *sg*

capillaire [kapilɛʀ] ADJ (*soins, lotion*) hair *cpd*; (*vaisseau etc*) capillary; **artiste ~** hair artist *ou* designer

capillarité [kapilaʀite] NF capillary action

capilotade [kapilɔtad]: **en ~** *adv* crushed to a pulp; smashed to pieces

capitaine [kapitɛn] NM captain; **~ des pompiers** fire chief (BRIT), fire marshal (US); **~ au long cours** master mariner

capitainerie [kapitɛnʀi] NF (*du port*) harbour (BRIT) *ou* harbor (US) master's (office)

capital, e, -aux [kapital, -o] ADJ (*œuvre*) major; (*question, rôle*) fundamental; (*Jur*) capital; **d'une importance capitale** of capital importance; **les sept péchés capitaux** the seven deadly sins; **peine capitale** capital punishment ▶ NM capital; (*fig*) stock; asset; **~ (social)** authorized capital; **~ d'exploitation** working capital ▶ NF (*ville*) capital; (*lettre*) capital (letter) ■ **capitaux** NMPL (*fonds*) capital *sg*, money *sg*

capitalisation [kapitalizasjɔ̃] NF (*de connaissances, innovations*) capitalizing on; (*de rentes, revenus*) capitalization

capitaliser [kapitalize] /1/ VT to amass, build up; (*Comm*) to capitalize ▶ VI to save

capitalisme [kapitalism] NM capitalism

capitaliste [kapitalist] ADJ, NMF capitalist

capital-risque, capital risque (*pl* **capitaux-risques**) NM venture capital

capiteux, -euse [kapitø, -øz] ADJ (*vin, parfum*) heady; (*sensuel*) sensuous, alluring

capitonnage [kapitɔnaʒ] NM padding

capitonné, e [kapitɔne] ADJ padded

capitonner [kapitɔne] /1/ VT to pad

capitulation [kapitylasjɔ̃] NF capitulation

capituler [kapityle] /1/ VI to capitulate

caporal, -aux [kapɔʀal, -o] NM lance corporal

caporal-chef [kapɔʀalʃɛf] (*pl* **caporaux-chefs** [kapɔʀo-]) NM corporal

capot [kapo] NM (*Auto*) bonnet (BRIT), hood (US)

capote [kapɔt] NF (*de voiture*) hood (BRIT), top (US); (*de soldat*) greatcoat; **~ (anglaise)** (*fam*) rubber, condom

capoter [kapɔte] /1/ VI to overturn; (*négociations*) to founder

câpre [kɑpʀ] NF caper

caprice [kapʀis] NM whim, caprice; passing fancy; **faire un ~** to throw a tantrum ■ **caprices** NMPL (*de la mode etc*) vagaries; **faire des caprices** to be temperamental

capricieux, -euse [kapʀisjø, -øz] ADJ (*fantasque*) capricious; whimsical; (*enfant*) temperamental

Capricorne [kapʀikɔʀn] NM: **le ~** Capricorn, the Goat; **être du ~** to be Capricorn

capsule [kapsyl] NF (*de bouteille*) cap; (*amorce*) primer; cap; (*Bot etc, spatiale*) capsule; **~ de café** coffee capsule

captage [kaptaʒ] NM (*d'une émission de radio*) picking-up; (*d'énergie, d'eau*) harnessing

capter [kapte] /1/ VT (*ondes radio*) to pick up; (*eau*) to harness; (*fig*) to win, capture

capteur [kaptœʀ] NM: **~ solaire** solar collector

captieux, -euse [kapsjø, -øz] ADJ specious

captif, -ive [kaptif, -iv] ADJ, NM/F captive

captivant, e [kaptivɑ̃, -ɑ̃t] ADJ captivating

captiver [kaptive] /1/ VT to captivate

captivité [kaptivite] NF captivity; **en ~** in captivity

capture [kaptyʀ] NF (*action*) capture, catching *no pl*; **~ d'écran** (*Inform*) screenshot; (*prise*) catch

capturer [kaptyʀe] /1/ VT to capture, catch

capuche [kapyʃ] NF hood

capuchon [kapyʃɔ̃] NM hood; (*de stylo*) cap, top

capucin [kapysɛ̃] NM Capuchin monk

capucine [kapysin] NF (*Bot*) nasturtium

capverdien, ne, cap-verdien, ne [kapvɛʀdjɛ̃, -jɛn] ADJ (*origine, musique*) Cape Verdean ▶ NM (*créole du Cap-Vert*) Cape Verdean creole

Cap-Vert [kabvɛʀ] NM: **le ~** Cape Verde

caquelon [kaklɔ̃] NM (*ustensile de cuisson*) fondue pot

caquet [kakɛ] NM: **rabattre le ~ à qn** to bring sb down a peg or two

caqueter [kakte] /4/ VI (*poule*) to cackle; (*fig*) to prattle

★**car** [kaʀ] NM coach (BRIT), bus; **~ de police** police van; **~ de reportage** broadcasting *ou* radio van ▶ CONJ because, for

carabine [kaʀabin] NF carbine, rifle; **~ à air comprimé** airgun

carabiné, e [kaʀabine] ADJ violent; (*cocktail, amende*) stiff

Caracas [kaʀakas] N Caracas

caracoler [kaʀakɔle] /1/ VI to caracole, prance

caractère [kaʀaktɛʀ] NM (*gén*) character; **en caractères gras** in bold type; **en petits caractères** in small print; **en caractères d'imprimerie** in block capitals; **avoir du ~** to have character; **avoir bon/mauvais ~** to be good-/ill-natured *ou* tempered; **~ de remplacement** wild card (*Inform*); **caractères/seconde (cps)** characters per second (cps)

caractériel, le [kaʀakteʀjɛl] ADJ (*enfant*) (emotionally) disturbed; **troubles caractériels** emotional problems ▶ NM/F problem child

caractérisé, e [kaʀakteʀize] ADJ: **c'est une grippe/de l'insubordination caractérisée** it is a clear(-cut) case of flu/insubordination

caractériser [kaʀakteʀize] /1/ VT to characterize; **se ~ par** to be characterized *ou* distinguished by

caractéristique [kaʀakteʀistik] ADJ, NF characteristic

★**carafe** [kaʀaf] NF decanter; (*pour eau, vin ordinaire*) carafe

carafon [kaʀafɔ̃] NM small carafe

caraïbe [kaʀaib] ADJ Caribbean ■ **les Caraïbes** NFPL the Caribbean (Islands); **la mer des Caraïbes** the Caribbean Sea

carambolage [kaʀɑ̃bɔlaʒ] NM multiple crash, pileup
caramel [kaʀamɛl] NM (*bonbon*) caramel, toffee; (*substance*) caramel
caraméliser [kaʀamelize] /1/ VT to caramelize
carapace [kaʀapas] NF shell
carapater [kaʀapate] /1/ (*fam*): **se carapater** VPR to take to one's heels, scram
carat [kaʀa] NM carat; **or à 18 carats** 18-carat gold
★**caravane** [kaʀavan] NF caravan
caravanier [kaʀavanje] NM caravanner
caravaning [kaʀavaniŋ] NM caravanning; (*emplacement*) caravan site
caravelle [kaʀavɛl] NF caravel
carbonate [kaʀbɔnat] NM (*Chimie*): **~ de soude** sodium carbonate
carbone [kaʀbɔn] NM carbon; (*feuille*) carbon, sheet of carbon paper; (*double*) carbon (copy); **compensation ~** carbon offset; **crédit de compensation ~** carbon offset credit
★**carbonique** [kaʀbɔnik] ADJ: **gaz ~** carbon dioxide; **neige ~** dry ice
carbonisé, e [kaʀbɔnize] ADJ charred; **mourir ~** to be burned to death
carboniser [kaʀbɔnize] /1/ VT to carbonize; (*brûler complètement*) to burn down, reduce to ashes
carburant [kaʀbyʀɑ̃] NM (motor) fuel
carburateur [kaʀbyʀatœʀ] NM carburettor
carburation [kaʀbyʀasjɔ̃] NF carburation
carburer [kaʀbyʀe] /1/ VI (*moteur*): **bien/mal ~** to be well/badly tuned
carcan [kaʀkɑ̃] NM (*fig*) yoke, shackles *pl*
carcasse [kaʀkas] NF carcass; (*de véhicule etc*) shell
carcéral, e, -aux [kaʀseʀal, -o] ADJ prison *cpd*
carcinogène [kaʀsinɔʒɛn] ADJ carcinogenic
cardan [kaʀdɑ̃] NM universal joint
carder [kaʀde] /1/ VT to card
cardiaque [kaʀdjak] ADJ cardiac, heart *cpd*; **être ~** to have a heart condition ▸ NMF heart patient
cardigan [kaʀdigɑ̃] NM cardigan
cardinal, e, -aux [kaʀdinal, -o] ADJ cardinal ▸ NM (*Rel*) cardinal
cardiologie [kaʀdjɔlɔʒi] NF cardiology
cardiologue [kaʀdjɔlɔg] NMF cardiologist, heart specialist
cardio-vasculaire [kaʀdjɔvaskylɛʀ] ADJ cardiovascular
cardon [kaʀdɔ̃] NM cardoon
carême [kaʀɛm] NM (*Rel*): **le ~** Lent
carence [kaʀɑ̃s] NF incompetence, inadequacy; (*manque*) deficiency; **~ vitaminique** vitamin deficiency
carène [kaʀɛn] NF hull
caréner [kaʀene] /6/ VT (*Navig*) to careen; (*carrosserie*) to streamline
caressant, e [kaʀɛsɑ̃, -ɑ̃t] ADJ affectionate; caressing, tender
caresse [kaʀɛs] NF caress
caresser [kaʀese] /1/ VT to caress; (*animal*) to stroke, fondle; (*fig: projet, espoir*) to toy with
cargaison [kaʀgɛzɔ̃] NF cargo, freight
cargo [kaʀgo] NM cargo boat, freighter; **~ mixte** cargo and passenger ship
cari [kaʀi] NM = **curry**
caricatural, e, -aux [kaʀikatyʀal, -o] ADJ caricatural, caricature-like
caricature [kaʀikatyʀ] NF caricature; (*politique etc*) (satirical) cartoon
caricaturer [kaʀikatyʀe] /1/ VT (*personne*) to caricature; (*politique etc*) to satirize
caricaturiste [kaʀikatyʀist] NMF caricaturist, (satirical) cartoonist
carie [kaʀi] NF: **la ~ (dentaire)** tooth decay; **une ~** a bad tooth
carié, e [kaʀje] ADJ: **dent cariée** bad *ou* decayed tooth
carillon [kaʀijɔ̃] NM (*d'église*) bells *pl*; (*de pendule*) chimes *pl*; (*de porte*): **~ (électrique)** (electric) door chime *ou* bell
carillonner [kaʀijɔne] /1/ VI to ring, chime, peal
★**caritatif, -ive** [kaʀitatif, -iv] ADJ charitable
carlingue [kaʀlɛ̃g] NF cabin
carmélite [kaʀmelit] NF Carmelite nun
carmin [kaʀmɛ̃] ADJ INV crimson
carnage [kaʀnaʒ] NM carnage, slaughter
carnassier, -ière [kaʀnasje, -jɛʀ] ADJ carnivorous ▸ NM carnivore
carnation [kaʀnasjɔ̃] NF complexion ■ **carnations** NFPL (*Peinture*) flesh tones
carnaval [kaʀnaval] NM carnival
carné, e [kaʀne] ADJ meat *cpd*, meat-based
★**carnet** [kaʀnɛ] NM (*calepin*) notebook; (*de tickets, timbres etc*) book; (*d'école*) school report; (*journal intime*) diary; **~ d'adresses** address book; **~ de chèques** cheque book (BRIT), checkbook (US); **~ de commandes** order book; **~ de notes** (*Scol*) (school) report; **~ à souches** counterfoil book
carnier [kaʀnje] NM gamebag
carnivore [kaʀnivɔʀ] ADJ carnivorous ▸ NM carnivore
Carolines [kaʀɔlin] NFPL: **les ~** the Caroline Islands
carotide [kaʀɔtid] NF carotid (artery)
★**carotte** [kaʀɔt] NF (*aussi fig*) carrot
Carpates [kaʀpat] NFPL: **les ~** the Carpathians, the Carpathian Mountains
carpe [kaʀp] NF carp
carpette [kaʀpɛt] NF rug
carquois [kaʀkwa] NM quiver
carre [kaʀ] NF (*de ski*) edge
★**carré, e** [kaʀe] ADJ square; (*fig: franc*) straightforward; **mètre/kilomètre ~** square metre/kilometre ▸ NM (*de terrain, jardin*) patch, plot; (*Math*) square; (*Navig: salle*) wardroom; **~ blanc** (*TV*) "adults only" symbol; **~ d'as/de rois** (*Cartes*) four aces/kings; **élever un nombre au ~** to square a number; **~ de soie** silk headsquare *ou* headscarf; **~ d'agneau** loin of lamb
carreau, x [kaʀo] NM (*en faïence etc*) (floor) tile; (*au mur*) (wall) tile; (*de fenêtre*) (window) pane; (*motif*) check, square; (*Cartes: couleur*) diamonds *pl*; (*: carte*) diamond; **tissu à carreaux** checked fabric; **papier à carreaux** squared paper

C

★**carrefour** [karfur] NM crossroads *sg*
carrelage [karlaʒ] NM tiling; (*sol*) (tiled) floor
carreler [karle] /**4**/ VT to tile
carrelet [karlɛ] NM (*poisson*) plaice
carreleur [karlœr] NM (floor) tiler
carrément [karemɑ̃] ADV (*franchement*) straight out, bluntly; (*sans détours, sans hésiter*) straight; (*nettement*) definitely; (*intensif*) completely; **c'est ~ impossible** it's completely impossible; **il l'a ~ mis à la porte** he threw him straight out
carrer [kare] /**1**/: **se carrer** VPR: **se ~ dans un fauteuil** to settle o.s. comfortably *ou* ensconce o.s. in an armchair
carrier [karje] NM: **(ouvrier) ~** quarryman, quarrier
carrière [karjɛr] NF (*de roches*) quarry; (*métier*) career; **militaire de ~** professional soldier; **faire ~ dans** to make one's career in
carriériste [karjerist] NMF careerist
carriole [karjɔl] NF (*péj*) old cart
carrossable [karɔsabl] ADJ suitable for (motor) vehicles
carrosse [karɔs] NM (horse-drawn) coach
carrosserie [karɔsri] NF body, bodywork *no pl* (BRIT); (*activité, commerce*) coachwork (BRIT), (car) body manufacturing; **atelier de ~** (*pour réparations*) body shop, panel beaters' (yard) (BRIT)
carrossier [karɔsje] NM coachbuilder (BRIT), (car) body repairer; (*dessinateur*) car designer
carrousel [karuzɛl] NM (*Équitation*) carousel; (*fig*) merry-go-round
carrure [karyr] NF build; (*fig*) stature, calibre
★**cartable** [kartabl] NM (*d'écolier*) satchel, (school) bag
★**carte** [kart] NF (*de géographie*) map; (*marine, du ciel*) chart; (*de fichier, d'abonnement etc, à jouer*) card; (*au restaurant*) menu; (*aussi:* **carte postale**) (post)card; (*aussi:* **carte de visite**) (visiting) card; **avoir/donner ~ blanche** to have/give carte blanche *ou* a free hand; **tirer les cartes à qn** to read sb's cards; **jouer aux cartes** to play cards; **jouer cartes sur table** (*fig*) to put one's cards on the table; **à la ~** (*au restaurant*) à la carte; (*télévision*) on demand; **~ à circuit imprimé** printed circuit; **~ à puce** smartcard, chip and PIN card; **~ bancaire** cash card; **C~ Bleue**® debit card; **~ de crédit** credit card; **~ de fidélité** loyalty card; **la ~ des vins** the wine list; **~ d'état-major** ≈ Ordnance (BRIT) *ou* Geological (US) Survey map; **~ d'identité** identity card; **la ~ grise** (*Auto*) ≈ the (car) registration document; **~ jeune** young person's railcard; **~ mémoire** (*d'appareil photo numérique*) memory card; **~ perforée** punch(ed) card; **~ routière** road map; **~ de séjour** residence permit; **~ SIM** SIM card; **~ téléphonique** phonecard; **la ~ verte** (*Auto*) the green card; **~ vitale** *see note*

> The French national healthcare system issues everyone over the age of 16 with a **carte vitale**, a smartcard with a chip containing the medical insurance details of its holder. Doctors and other healthcare services use a card reader to directly submit costs incurred to health insurance providers so that the patient can later be reimbursed.

cartel [kartɛl] NM cartel
carte-lettre [kartəlɛtr] (*pl* **cartes-lettres**) NF letter-card
carte-mère [kartəmɛr] (*pl* **cartes-mères**) NF (*Inform*) mother board
carter [kartɛr] NM (*Auto: d'huile*) sump (BRIT), oil pan (US); (*: de la boîte de vitesses*) casing; (*de bicyclette*) chain guard
carte-réponse [kart(ə)repɔ̃s] (*pl* **cartes-réponses**) NF reply card
cartésien, ne [kartezjɛ̃, -ɛn] ADJ Cartesian
Carthage [kartɑʒ] N Carthage
carthaginois, e [kartaʒinwa, -waz] ADJ Carthaginian
cartilage [kartilaʒ] NM (*Anat*) cartilage
cartilagineux, -euse [kartilaʒinø, -øz] ADJ (*viande*) gristly
cartographe [kartɔgraf] NMF cartographer
cartographie [kartɔgrafi] NF cartography, map-making
cartographier [kartɔgrafje] VT (*faire une carte de: littoral, végétation*) to map; (*représenter: processus, répartition*) to chart
cartomancie [kartɔmɑ̃si] NF fortune-telling, card-reading
cartomancien, ne [kartɔmɑ̃sjɛ̃, -ɛn] NM/F fortune-teller (*with cards*)
★**carton** [kartɔ̃] NM (*matériau*) cardboard; (*boîte*) (cardboard) box; (*d'invitation*) invitation card; (*Art*) sketch; cartoon; **en ~** cardboard *cpd*; **faire un ~** (*au tir*) to have a go at the rifle range; to score a hit; **~ (à dessin)** portfolio
cartonnage [kartɔnaʒ] NM cardboard (packing)
cartonné, e [kartɔne] ADJ (*livre*) hardback, cased
carton-pâte [kartɔ̃pɑt] (*pl* **cartons-pâtes**) NM pasteboard; **de ~** (*fig*) cardboard *cpd*
cartouche [kartuʃ] NF cartridge; (*de cigarettes*) carton
cartouchière [kartuʃjɛr] NF cartridge belt
★**cas** [kɑ] NM case; **faire peu de ~/grand ~ de** to attach little/great importance to; **ne faire aucun ~ de** to take no notice of; **le ~ échéant** if need be; **en aucun ~** on no account, under no circumstances (whatsoever); **au ~ où** in case; **dans ce ~** in that case; **en ~ de** in case of, in the event of; **en ~ de besoin** if need be; **en ~ d'urgence** in an emergency; **en ce ~** in that case; **en tout ~** in any case, at any rate; **~ de conscience** matter of conscience; **~ de force majeure** case of absolute necessity; (*Assurances*) act of God; **~ limite** borderline case; **~ social** social problem
Casablanca [kazablɑ̃ka] N Casablanca
casanier, -ière [kazanje, -jɛr] ADJ stay-at-home
casaque [kazak] NF (*de jockey*) blouse
cascade [kaskad] NF waterfall, cascade; (*fig*) stream, torrent
cascadeur, -euse [kaskadœr, -øz] NM/F stuntman/stuntwoman
★**case** [kɑz] NF (*hutte*) hut; (*compartiment*) compartment; (*pour le courrier*) pigeonhole; (*d'échiquier*) square; (*sur un formulaire, de mots croisés*) box
casemate [kazmat] NF blockhouse

caser [kɑze] /1/ (*fam*) VT (*mettre*) to put; (*loger*) to put up; (*péj*) to find a job for; to marry off ▪ **se caser** VPR (*se marier*) to settle down; (*trouver un emploi*) to find a (steady) job

caserne [kazɛʀn] NF barracks

casernement [kazɛʀnəmɑ̃] NM barrack buildings *pl*

cash [kaʃ] ADV: **payer ~** to pay cash down

casier [kɑzje] NM (*à journaux etc*) rack; (*de bureau*) filing cabinet; (: *à cases*) set of pigeonholes; (*case*) compartment; (*pour courrier*) pigeonhole; (: *à clef*) locker; (*Pêche*) lobster pot; **~ à bouteilles** bottle rack; **~ judiciaire** police record

casino [kazino] NM casino

★**casque** [kask] NM helmet; (*chez le coiffeur*) (hair-)dryer; (*pour audition*) (head-)phones *pl*, headset; **les Casques bleus** the UN peacekeeping force

casquer [kaske] /1/ VI (*fam*) to cough up, stump up (BRIT)

★**casquette** [kaskɛt] NF cap

cassable [kɑsabl] ADJ (*fragile*) breakable

cassant, e [kɑsɑ̃, -ɑ̃t] ADJ brittle; (*fig*) brusque, abrupt

cassate [kasat] NF: **(glace) ~** cassata

cassation [kasasjɔ̃] NF: **se pourvoir en ~** to lodge an appeal; **recours en ~** appeal to the Supreme Court

casse [kɑs] NF (*pour voitures*): **mettre à la ~** to scrap, send to the breakers (BRIT); (*dégâts*): **il y a eu de la ~** there were a lot of breakages; (*Typo*): **haut/bas de ~** upper/lower case

cassé, e [kɑse] ADJ (*voix*) cracked; (*vieillard*) bent

casse-cou [kɑsku] ADJ INV daredevil, reckless; **crier ~ à qn** to warn sb (*against a risky undertaking*)

casse-croûte [kɑskʀut] NM INV snack

casse-noisettes [kɑsnwazɛt], **casse-noix** [kɑsnwa] NM INV nutcrackers *pl*

★**casse-pieds** [kɑspje] NMF INV (*fam*): **il est ~, c'est un ~** he's a pain (in the neck)

★**casser** [kɑse] /1/ VT to break; (*Admin*: *gradé*) to demote; (*Jur*) to quash; (*Comm*): **~ les prix** to slash prices; **~ les pieds à qn** (*fam*: *irriter*) to get on sb's nerves; **à tout ~** fantastic, brilliant ▪ **se casser** VPR to break; (*fam*) to go, leave; **se ~ la jambe/une jambe** to break one's leg/a leg; **se ~ la tête** (*fam*) to go to a lot of trouble; **se ~ net** to break clean off

★**casserole** [kasʀɔl] NF saucepan; **à la ~** (*Culin*) braised

casse-tête [kɑstɛt] NM INV (*fig*) brain teaser; (*difficultés*) headache (*fig*)

cassette [kasɛt] NF (*bande magnétique*) cassette; (*coffret*) casket; **~ numérique** digital compact cassette; **~ vidéo** video

casseur [kɑsœʀ] NM hooligan; rioter

★**cassis** [kasis] NM blackcurrant; (*de la route*) dip, bump

cassonade [kasɔnad] NF brown sugar

cassoulet [kasulɛ] NM *sausage and bean hotpot*

cassure [kɑsyʀ] NF break, crack

castagnettes [kastaɲɛt] NFPL castanets

caste [kast] NF caste

castillan, e [kastijɑ̃, -an] ADJ Castilian ▸ NM (*Ling*) Castilian

Castille [kastij] NF: **la ~** Castile

castor [kastɔʀ] NM beaver

castrer [kastʀe] /1/ VT (*mâle*) to castrate; (*femelle*) to spay; (*cheval*) to geld; (*chat, chien*) to doctor (BRIT), fix (*US*)

cataclysme [kataklism] NM cataclysm

catacombes [katakɔ̃b] NFPL catacombs

catadioptre [katadjɔptʀ] NM = **cataphote**

catafalque [katafalk] NM catafalque

catalan, e [katalɑ̃, -an] ADJ Catalan, Catalonian ▸ NM (*Ling*) Catalan

Catalogne [katalɔɲ] NF: **la ~** Catalonia

catalogue [katalɔg] NM catalogue

cataloguer [katalɔge] /1/ VT to catalogue, list; (*péj*) to put a label on

catalyse [kataliz] NF catalysis

catalyser [katalize] /1/ VT to catalyze

catalyseur [katalizœʀ] NM catalyst

catalytique [katalitik] ADJ catalytic; **pot ~** catalytic converter

catamaran [katamaʀɑ̃] NM (*voilier*) catamaran

cataphote [katafɔt] NM reflector

cataplasme [kataplasm] NM poultice

catapulte [katapylt] NF catapult

catapulter [katapylte] /1/ VT to catapult

cataracte [kataʀakt] NF cataract; **opérer qn de la ~** to operate on sb for a cataract

catarrhe [kataʀ] NM catarrh

catarrheux, -euse [kataʀø, -øz] ADJ catarrhal

★**catastrophe** [katastʀɔf] NF catastrophe, disaster; **atterrir en ~** to make an emergency landing; **partir en ~** to rush away

catastropher [katastʀɔfe] /1/ VT (*personne*) to shatter

catastrophique [katastʀɔfik] ADJ catastrophic, disastrous

catch [katʃ] NM (all-in) wrestling

catcheur, -euse [katʃœʀ, -øz] NM/F (all-in) wrestler

catéchiser [kateʃize] /1/ VT to indoctrinate; to lecture

catéchisme [kateʃism] NM catechism

catéchumène [katekymɛn] NMF catechumen, *person attending religious instruction prior to baptism*

catégorie [kategɔʀi] NF category; (*Boucherie*): **morceaux de première/deuxième ~** prime/second cuts

catégorique [kategɔʀik] ADJ categorical

catégoriquement [kategɔʀikmɑ̃] ADV categorically

catégoriser [kategɔʀize] /1/ VT to categorize

caténaire [katenɛʀ] NF (*Rail*) catenary

cathédrale [katedʀal] NF cathedral

cathéter [katetɛʀ] NM (*Méd*) catheter

cathode [katɔd] NF cathode

cathodique [katɔdik] ADJ: **rayons cathodiques** cathode rays; **tube/écran ~** cathode-ray tube/screen

catholicisme [katɔlisism] NM (Roman) Catholicism

catholique [katɔlik] ADJ, NMF (Roman) Catholic; **pas très ~** a bit shady *ou* fishy
catimini [katimini]: **en ~** *adv* on the sly, on the quiet
catogan [katɔgɑ̃] NM bow (*tying hair on neck*)
Caucase [kɔkɑz] NM: **le ~** the Caucasus (Mountains)
caucasien, ne [kɔkɑzjɛ̃, -ɛn] ADJ Caucasian
★**cauchemar** [koʃmaʀ] NM nightmare
cauchemardesque [kɔʃmaʀdɛsk] ADJ nightmarish
caudal, e, -aux [kodal, -o] ADJ: **la nageoire caudale** the caudal fin, the tail fin
causal, e [kozal] ADJ causal
causalité [kozalite] NF causality
causant, e [kozɑ̃, -ɑ̃t] ADJ chatty, talkative
★**cause** [koz] NF cause; (*Jur*) lawsuit, case; brief; **faire ~ commune avec qn** to take sides with sb; **être ~ de** to be the cause of; **à ~ de** because of, owing to; **pour ~ de** on account of; owing to; **(et) pour ~** and for (a very) good reason; **être en ~** (*intérêts*) to be at stake; (*personne*) to be involved; (*qualité*) to be in question; **mettre en ~** to implicate; to call into question; **remettre en ~** to challenge, call into question; **c'est hors de ~** it's out of the question; **en tout état de ~** in any case
causer [koze] /1/ VT to cause ▸ VI to chat, talk
causerie [kozʀi] NF talk
causette [kozɛt] NF: **faire la** *ou* **un brin de ~** to have a chat
caustique [kostik] ADJ caustic
cauteleux, -euse [kotlø, -øz] ADJ wily
cautériser [kɔteʀize] /1/ VT to cauterize
caution [kosjɔ̃] NF guarantee, security; deposit; (*Jur*) bail (bond); (*fig*) backing, support; **payer la ~ de qn** to stand bail for sb; **se porter ~ pour qn** to stand security for sb; **libéré sous ~** released on bail; **sujet à ~** unconfirmed
cautionnement [kosjɔnmɑ̃] NM (*somme*) guarantee, security
cautionner [kosjɔne] /1/ VT to guarantee; (*soutenir*) to support
cavalcade [kavalkad] NF (*fig*) stampede
cavale [kaval] NF: **en ~** on the run
cavalerie [kavalʀi] NF cavalry
cavalier, -ière [kavalje, -jɛʀ] ADJ (*désinvolte*) offhand; **allée** *ou* **piste cavalière** riding path ▸ NM/F rider; (*au bal*) partner ▸ NM (*Échecs*) knight; **faire ~ seul** to go it alone
cavalièrement [kavaljɛʀmɑ̃] ADV offhandedly
★**cave** [kav] NF cellar; (*cabaret*) (cellar) nightclub ▸ ADJ: **yeux caves** sunken eyes; **joues caves** hollow cheeks; **~ à vin** wine cellar
caveau, x [kavo] NM vault
caverne [kavɛʀn] NF cave
caverneux, -euse [kavɛʀnø, -øz] ADJ cavernous
caviar [kavjaʀ] NM caviar(e)
caviste [kavist] NMF wine merchant; (*dans un restaurant*) sommelier
cavité [kavite] NF cavity
Cayenne [kajɛn] N Cayenne

CB [sibi] SIGLE F (= *citizens' band; canaux banalisés*) CB; = **carte bancaire**
CC SIGLE M = **le corps consulaire; compte courant**
CCI SIGLE F = **chambre de commerce et d'industrie**
CCP SIGLE M = **compte chèque postal**
★**CD** SIGLE M (= *chemin départemental*) secondary road, ≈ B road (BRIT); (*Pol*) = **le corps diplomatique**; (= *compact disc*) CD; (= *comité directeur*) steering committee
CDD SIGLE M (= *contrat à durée déterminée*) fixed-term contract
★**CDI** SIGLE M (= *Centre de documentation et d'information*) school library; (= *contrat à durée indéterminée*) permanent *ou* open-ended contract
CD-ROM [sedeʀɔm] NM INV (= *Compact Disc Read Only Memory*) CD-Rom
CE SIGLE F (= *Communauté européenne*) EC; (*Comm*) = **caisse d'épargne** ▸ SIGLE M (*Industrie*) = **comité d'entreprise**; (*Scol*) = **cours élémentaire**

ce, cette [sə, sɛt]

(*devant nm* **cet** + *voyelle ou h aspiré*) (*pl* **ces**) ADJ DÉM (*proximité*) this; these *pl*; (*non-proximité*) that; those *pl*; **cette maison(-ci/là)** this/that house; **cette nuit** (*qui vient*) tonight; (*passée*) last night
▸ PRON **1**: **c'est** it's, it is; **c'est petit/grand/un livre** it's *ou* it is small/big/a book; **c'est un peintre** he's *ou* he is a painter; **ce sont des peintres** they're *ou* they are painters; **c'est le facteur** *etc* (*à la porte*) it's the postman *etc*; **qui est-ce ?** who is it?; (*en désignant*) who is he/she?; **qu'est-ce ?** what is it?; **c'est toi qui lui as parlé** it was you who spoke to him
2: **c'est que**: **c'est qu'il est lent/qu'il n'a pas faim** the fact is, he's slow/he's not hungry
3 (*expressions*): **c'est ça** (*correct*) that's it, that's right; **c'est toi qui le dis !** that's what YOU say!; *voir aussi* **c'est-à-dire**; *voir* **-ci**; **est-ce que**; **n'est-ce pas**
4: **ce qui, ce que** what; **ce qui me plaît, c'est sa franchise** what I like about him *ou* her is his *ou* her frankness; (*chose qui*): **il est bête, ce qui me chagrine** he's stupid, which saddens me; **tout ce qui bouge** everything that *ou* which moves; **tout ce que je sais** all I know; **ce dont j'ai parlé** what I talked about; **ce que c'est grand !** it's so big!

CEA SIGLE M ≈ AEA (BRIT), ≈ AEC (US)
CECA [seka] SIGLE F (= *Communauté européenne du charbon et de l'acier*) ECSC (= *European Coal and Steel Community*)
ceci [səsi] PRON this
cécité [sesite] NF blindness
céder [sede] /6/ VT to give up ▸ VI (*pont, barrage*) to give way; (*personne*) to give in; **~ à** to yield to, give in to
cédérom [sedeʀɔm] NM CD-ROM
CEDEX [sedɛks] SIGLE M (= *courrier d'entreprise à distribution exceptionnelle*) *accelerated postal service for bulk users*
cédille [sedij] NF cedilla
cèdre [sɛdʀ] NM cedar
CEE SIGLE F (= *Communauté économique européenne*) EEC

CEI SIGLE F (= *Communauté des États indépendants*) CIS
ceindre [sɛ̃dʀ] /52/ VT (*mettre*) to put on; (*entourer*): **~ qch de qch** to put sth round sth
★**ceinture** [sɛ̃tyʀ] NF belt; (*taille*) waist; (*fig*) ring; belt; circle; **~ de sauvetage** lifebelt (BRIT), life preserver (US); **~ de sécurité** safety *ou* seat belt; **~ (de sécurité) à enrouleur** inertia reel seat belt; **~ verte** green belt
ceinturer [sɛ̃tyʀe] /1/ VT (*saisir*) to grasp (round the waist); (*entourer*) to surround
ceinturon [sɛ̃tyʀɔ̃] NM belt
cela [s(ə)la] PRON that; (*comme sujet indéfini*) it; **~ m'étonne que** it surprises me that; **quand/où ~ ?** when/where (was that)?
célébrant [selebʀɑ̃] NM (*Rel*) celebrant
célébration [selebʀasjɔ̃] NF celebration
célèbre [selɛbʀ] ADJ famous
célébrer [selebʀe] /6/ VT to celebrate; (*louer*) to extol
célébrité [selebʀite] NF fame; (*star*) celebrity
céleri [sɛlʀi] NM: **~(-rave)** celeriac; **~ (en branche)** celery
célérité [seleʀite] NF speed, swiftness
céleste [selɛst] ADJ celestial; heavenly
célibat [seliba] NM celibacy, bachelor/spinsterhood
célibataire [selibatɛʀ] ADJ single, unmarried; **mère ~** single mother ▶ NMF bachelor/unmarried *ou* single woman
celle, celles [sɛl] PRON *voir* **celui**
cellier [selje] NM storeroom
cellophane® [selɔfan] NF cellophane
cellulaire [selylɛʀ] ADJ (*Bio*) cell *cpd*, cellular; **voiture** *ou* **fourgon ~** prison *ou* police van; **régime ~** confinement
cellule [selyl] NF (*gén*) cell; **~ (photo-électrique)** electronic eye; **~ souche** stem cell
cellulite [selylit] NF cellulite
celluloïd® [selylɔid] NM Celluloid
cellulose [selyloz] NF cellulose
celte [sɛlt], **celtique** [sɛltik] ADJ Celt, Celtic

celui, celle [səlɥi, sɛl]

(*mpl* **ceux**, *fpl* **celles**) PRON **1**: **celui-ci/là, celle-ci/là** this one/that one; **ceux-ci, celles-ci** these (ones); **ceux-là, celles-là** those (ones); **celui de mon frère** my brother's; **celui du salon/du dessous** the one in (*ou* from) the lounge/below
2 (+ *relatif*): **celui qui bouge** the one which *ou* that moves; (*personne*) the one who moves; **celui que je vois** the one (which *ou* that) I see; (*personne*) the one (whom) I see; **celui dont je parle** the one I'm talking about
3 (*valeur indéfinie*): **celui qui veut** whoever wants

cénacle [senakl] NM (literary) coterie *ou* set
cendre [sɑ̃dʀ] NF ash; **cendres** (*d'un foyer*) ash(es), cinders; (*volcaniques*) ash *sg*; (*d'un défunt*) ashes; **sous la ~** (*Culin*) in (the) embers
cendré, e [sɑ̃dʀe] ADJ (*couleur*) ashen; **(piste) cendrée** cinder track
cendreux, -euse [sɑ̃dʀø, -øz] ADJ (*terrain, substance*) cindery; (*teint*) ashen
★**cendrier** [sɑ̃dʀije] NM ashtray
cène [sɛn] NF: **la ~** (Holy) Communion; (*Art*) the Last Supper
censé, e [sɑ̃se] ADJ: **être ~ faire** to be supposed to do
censément [sɑ̃semɑ̃] ADV supposedly
censeur [sɑ̃sœʀ] NM (*Scol*) deputy head (BRIT), vice-principal (US); (*Ciné, Pol*) censor
censure [sɑ̃syʀ] NF censorship
censurer [sɑ̃syʀe] /1/ VT (*Ciné, Presse*) to censor; (*Pol*) to censure
★**cent** [sɑ̃] NUM a hundred, one hundred; **pour ~ (%)** per cent (%); **faire les ~ pas** to pace up and down ▶ NM (*US, Canada, partie de l'euro etc*) cent
centaine [sɑ̃tɛn] NF: **une ~ (de)** about a hundred, a hundred or so; (*Comm*) a hundred; **plusieurs centaines (de)** several hundred; **des centaines (de)** hundreds (of)
centenaire [sɑ̃t(ə)nɛʀ] ADJ hundred-year-old ▶ NMF centenarian ▶ NM (*anniversaire*) centenary; (*monnaie*) cent
centième [sɑ̃tjɛm] NUM hundredth
centigrade [sɑ̃tigʀad] NM centigrade
centigramme [sɑ̃tigʀam] NM centigramme
centilitre [sɑ̃tilitʀ] NM centilitre (BRIT), centiliter (US)
★**centime** [sɑ̃tim] NM centime; **~ d'euro** euro cent
centimètre [sɑ̃timɛtʀ] NM centimetre (BRIT), centimeter (US); (*ruban*) tape measure, measuring tape
centrafricain, e [sɑ̃tʀafʀikɛ̃, -ɛn] ADJ of *ou* from the Central African Republic
central, e, -aux [sɑ̃tʀal, -o] ADJ central ▶ NM: **~ (téléphonique)** (telephone) exchange ▶ NF power station; **centrale d'achat** (*Comm*) central buying service; **centrale électrique/nucléaire** electric/nuclear power station; **centrale syndicale** group of affiliated trade unions
centralisation [sɑ̃tʀalizasjɔ̃] NF centralization
centraliser [sɑ̃tʀalize] /1/ VT to centralize
centralisme [sɑ̃tʀalism] NM centralism
centraméricain, e [sɑ̃tʀameʀikɛ̃, -ɛn] ADJ Central American
★**centre** [sɑ̃tʀ] NM centre (BRIT), center (US); **~ commercial/sportif/culturel** shopping/sports/arts centre; **~ aéré** outdoor centre; **~ d'appels** call centre; **~ d'apprentissage** training college; **~ d'attraction** centre of attraction; **~ de gravité** centre of gravity; **~ de loisirs** leisure centre; **~ d'enfouissement des déchets** landfill site; **~ hospitalier** hospital complex; **~ de tri** (*Postes*) sorting office; **centres nerveux** (*Anat*) nerve centres
centrer [sɑ̃tʀe] /1/ VT to centre (BRIT), center (US) ▶ VI (*Football*) to centre the ball
★**centre-ville** [sɑ̃tʀəvil] (*pl* **centres-villes**) NM town centre (BRIT) *ou* center (US), downtown (area) (US)
centrifuge [sɑ̃tʀifyʒ] ADJ: **force ~** centrifugal force
centrifuger [sɑ̃tʀifyʒe] /3/ VT to centrifuge
centrifugeuse [sɑ̃tʀifyʒøz] NF (*pour fruits*) juice extractor
centripète [sɑ̃tʀipɛt] ADJ: **force ~** centripetal force

C

centrisme [sɑ̃tʀism] NM centrism
centriste [sɑ̃tʀist] ADJ, NMF centrist
centuple [sɑ̃typl] NM: **le ~ de qch** a hundred times sth; **au ~** a hundredfold
centupler [sɑ̃typle] /1/ VI, VT to increase a hundredfold
cep [sɛp] NM (vine) stock
cépage [sepaʒ] NM (type of) vine
cèpe [sɛp] NM (edible) boletus
★**cependant** [s(ə)pɑ̃dɑ̃] ADV however, nevertheless
céramique [seʀamik] ADJ ceramic ▸ NF ceramic; (*art*) ceramics *sg*
céramiste [seʀamist] NMF ceramist
cerbère [sɛʀbɛʀ] NM (*fig: péj*) bad-tempered doorkeeper
cerceau, x [sɛʀso] NM (*d'enfant, de tonnelle*) hoop
★**cercle** [sɛʀkl] NM circle; (*objet*) band, hoop; **décrire un ~** (*avion*) to circle; (*projectile*) to describe a circle; **~ d'amis** circle of friends; **~ de famille** family circle; **~ vicieux** vicious circle
cercler [sɛʀkle] /1/ VT: **lunettes cerclées d'or** gold-rimmed glasses
cercueil [sɛʀkœj] NM coffin
céréale [seʀeal] NF cereal
céréalier, -ière [seʀealje, -jɛʀ] ADJ (*production, cultures*) cereal *cpd*
cérébral, e, -aux [seʀebʀal, -o] ADJ (*Anat*) cerebral, brain *cpd*; (*fig*) mental, cerebral
cérémonial [seʀemɔnjal] NM ceremonial
cérémonie [seʀemɔni] NF ceremony; **sans ~** (*inviter, manger*) informally ■ **cérémonies** NFPL (*péj*) fuss *sg*, to-do *sg*
cérémonieux, -euse [seʀemɔnjø, -øz] ADJ ceremonious, formal
cerf [sɛʀ] NM stag
cerfeuil [sɛʀfœj] NM chervil
cerf-volant [sɛʀvɔlɑ̃] (*pl* **cerfs-volants**) NM kite; **jouer au ~** to fly a kite
cerisaie [s(ə)ʀizɛ] NF cherry orchard
★**cerise** [s(ə)ʀiz] NF cherry
cerisier [s(ə)ʀizje] NM cherry (tree)
CERN [sɛʀn] SIGLE M (= *Centre européen de recherche nucléaire*) CERN
cerné, e [sɛʀne] ADJ: **les yeux cernés** with dark rings *ou* shadows under the eyes
cerner [sɛʀne] /1/ VT (*Mil etc*) to surround; (*fig: problème*) to delimit, define
cernes [sɛʀn] NFPL (dark) rings, shadows (under the eyes)
★**certain, e** [sɛʀtɛ̃, -ɛn] ADJ certain; (*sûr*): **~ (de/que)** certain *ou* sure (of/that); **d'un ~ âge** past one's prime, not so young; **un ~ temps** (quite) some time; **sûr et ~** absolutely certain; **un ~ Georges** someone called Georges; **certains** *pron, adj* some
★**certainement** [sɛʀtɛnmɑ̃] ADV (*probablement*) most probably *ou* likely; (*bien sûr*) certainly, of course
certes [sɛʀt] ADV (*sans doute*) admittedly; (*bien sûr*) of course; indeed (yes)
★**certificat** [sɛʀtifika] NM certificate; **C~ d'études (primaires)** *former school leaving certificate* (*taken at the end of primary education*); **C~ de fin d'études secondaires** school leaving certificate
certifié, e [sɛʀtifje] ADJ: **professeur ~** qualified teacher; (*Admin*) **copie certifiée conforme (à l'original)** certified copy (of the original)
certifier [sɛʀtifje] /7/ VT to certify, guarantee; **~ à qn que** to assure sb that, guarantee to sb that; **~ qch à qn** to guarantee sth to sb
certitude [sɛʀtityd] NF certainty
cérumen [seʀymɛn] NM (ear)wax
cerveau, x [sɛʀvo] NM brain; **~ électronique** electronic brain
cervelas [sɛʀvəla] NM saveloy
cervelle [sɛʀvɛl] NF (*Anat*) brain; (*Culin*) brain(s); **se creuser la ~** to rack one's brains
cervical, e, -aux [sɛʀvikal, -o] ADJ cervical
cervidé [sɛʀvide] NM cervid
★**ces** [se] ADJ DÉM *voir* **ce**
césarienne [sezaʀjɛn] NF caesarean (BRIT) *ou* cesarean (US) (section)
cessantes [sesɑ̃t] ADJ FPL: **toutes affaires ~** forthwith
cessation [sesasjɔ̃] NF: **~ des hostilités** cessation of hostilities; **~ de paiements/commerce** suspension of payments/trading
cesse [sɛs]: **sans ~** *adv* (*tout le temps*) continually, constantly; (*sans interruption*) continuously; **il n'avait de ~ que** he would not rest until
cesser [sese] /1/ VT to stop; **~ de faire** to stop doing ▸ VI to stop, cease; **faire ~** (*bruit, scandale*) to put a stop to
cessez-le-feu [sesel(ə)fø] NM INV ceasefire
cession [sɛsjɔ̃] NF transfer
c'est [sɛ] = **ce**
c'est-à-dire [sɛtadiʀ] ADV that is (to say); (*demander de préciser*): **c'est-à-dire ?** what does that mean?; **c'est-à-dire que …** (*en conséquence*) which means that …; (*manière d'excuse*) well, in fact …
cet [sɛt] ADJ DÉM *voir* **ce**
cétacé [setase] NM cetacean
★**cette** [sɛt] ADJ DÉM *voir* **ce**
ceux [sø] PRON *voir* **celui**
cévenol, e [sevnɔl] ADJ of *ou* from the Cévennes region
cf. ABR (= *confer*) cf, cp
CFAO SIGLE F (= *conception de fabrication assistée par ordinateur*) CAM
CFC SIGLE MPL (= *chlorofluorocarbures*) CFC
CFDT SIGLE F (= *Confédération française démocratique du travail*) *trade union*
CFF SIGLE M (= *Chemins de fer fédéraux*) *Swiss railways*
CFL SIGLE M (= *Chemins de fer luxembourgeois*) *Luxembourg railways*
CFP SIGLE M = **Centre de formation professionnelle** ▸ SIGLE F = **Compagnie française des pétroles**
CFTC SIGLE F (= *Confédération française des travailleurs chrétiens*) *trade union*
CGC SIGLE F (= *Confédération générale des cadres*) *management union*

CGT SIGLE F (= *Confédération générale du travail*) *trade union*

CH ABR (= *Confédération helvétique*) CH

ch. ABR = **charges**; **chauffage**; **cherche**

chacal [ʃakal] NM jackal

★**chacun, e** [ʃakœ̃, -yn] PRON each; (*indéfini*) everyone, everybody

> **Everyone** et **everybody** sont suivis d'un verbe au singulier, mais le possessif qui s'y rapporte doit être au pluriel.
> *Chacun a sa propre opinion à ce sujet.* ***Everyone has their* own view on this**.

chagrin, e [ʃagʀɛ̃, -in] ADJ morose ▸ NM grief, sorrow; **avoir du ~** to be grieved *ou* sorrowful

chagriner [ʃagʀine] /1/ VT to grieve, distress; (*contrarier*) to bother, worry

chahut [ʃay] NM uproar

chahuter [ʃayte] /1/ VT to rag, bait ▸ VI to make an uproar

chahuteur, -euse [ʃaytœʀ, -øz] NM/F rowdy

chai [ʃɛ] NM wine and spirit store(house)

chaîne [ʃɛn] NF chain; (*TV*) channel; (*Inform*) string; **travail à la ~** production line work; **réactions en ~** chain reactions; **faire la ~** to form a (human) chain; **~ alimentaire** food chain; **~ compacte** music centre; **~ d'entraide** mutual aid association; **~ (haute-fidélité** *ou* **hi-fi)** hi-fi system; **~ (de montage** *ou* **de fabrication)** production *ou* assembly line; **~ (de montagnes)** (mountain) range; **~ de solidarité** solidarity network; **~ (stéréo** *ou* **audio)** stereo (system) ▪ **chaînes** NFPL (*liens, asservissement*) fetters, bonds

chaînette [ʃɛnɛt] NF (small) chain

chaînon [ʃɛnɔ̃] NM link

chair [ʃɛʀ] NF flesh; **avoir la ~ de poule** to have goose pimples *ou* goose flesh; **bien en ~** plump, well-padded; **en ~ et en os** in the flesh; **~ à saucisse** sausage meat ▸ ADJ INV: **(couleur) ~** flesh-coloured

chaire [ʃɛʀ] NF (*d'église*) pulpit; (*d'université*) chair

★**chaise** [ʃɛz] NF chair; **~ de bébé** high chair; **~ électrique** electric chair; **~ longue** deckchair

chaland [ʃalɑ̃] NM (*bateau*) barge

châle [ʃɑl] NM shawl

chalet [ʃalɛ] NM chalet

★**chaleur** [ʃalœʀ] NF heat; (*fig: d'accueil*) warmth; fire, fervour (BRIT), fervor (US); heat; **en ~** (*Zool*) on heat

chaleureusement [ʃalœʀøzmɑ̃] ADV warmly

chaleureux, -euse [ʃalœʀø, -øz] ADJ warm

challenge [ʃalɑ̃ʒ] NM contest, tournament

challenger [ʃalɑ̃ʒɛʀ] NM (*Sport*) challenger

chaloupe [ʃalup] NF launch; (*de sauvetage*) lifeboat

chalumeau, x [ʃalymo] NM blowlamp (BRIT), blowtorch

chalut [ʃaly] NM trawl (net); **pêcher au ~** to trawl

chalutier [ʃalytje] NM trawler; (*pêcheur*) trawlerman

chamade [ʃamad] NF: **battre la ~** to beat wildly

chamailler [ʃamɑje] /1/: **se chamailler** VPR to squabble, bicker

chamarré, e [ʃamaʀe] ADJ richly brocaded

chambard [ʃɑ̃baʀ] NM rumpus

chambardement [ʃɑ̃baʀdəmɑ̃] NM: **c'est le grand ~** everything has been (*ou* is being) turned upside down

chambarder [ʃɑ̃baʀde] /1/ VT to turn upside down

chamboulé, e [ʃɑ̃bule] ADJ (*fam*) turned upside down; **se trouver ~** to be turned upside down

chamboulement [ʃɑ̃bulmɑ̃] NM (*fam*) disruption

chambouler [ʃɑ̃bule] /1/ VT (*fam*) to turn upside down

chambranle [ʃɑ̃bʀɑ̃l] NM (door) frame

★**chambre** [ʃɑ̃bʀ] NF bedroom; (*Tech*) chamber; (*Pol*) chamber, house; (*Jur*) court; (*Comm*) chamber; federation; **faire ~ à part** to sleep in separate rooms; **stratège/alpiniste en ~** armchair strategist/mountaineer; **~ à un lit/deux lits** single/twin-bedded room; **~ pour une/deux personne(s)** single/double room; **~ d'accusation** court of criminal appeal; **~ d'agriculture** *body responsible for the agricultural interests of a département*; **~ à air** (*de pneu*) (inner) tube; **~ d'amis** spare *ou* guest room; **~ de combustion** combustion chamber; **~ de commerce et d'industrie** chamber of commerce and industry; **~ à coucher** bedroom; **la C~ des députés** the Chamber of Deputies, ≈ the House (of Commons) (BRIT), ≈ the House of Representatives (US); **~ forte** strongroom; **~ froide** *ou* **frigorifique** cold room; **~ à gaz** gas chamber; **~ d'hôte** ≈ bed and breakfast (*in private home*); **~ des machines** engine-room; **~ des métiers** *chamber of commerce for trades*; **~ meublée** bedsit(ter) (BRIT), furnished room; **~ noire** (*Photo*) dark room

chambrée [ʃɑ̃bʀe] NF room

chambrer [ʃɑ̃bʀe] /1/ VT (*vin*) to bring to room temperature

★**chameau, x** [ʃamo] NM camel

chamois [ʃamwa] NM chamois ▸ ADJ INV: **(couleur) ~** fawn, buff

★**champ** [ʃɑ̃] NM (*aussi Inform*) field; (*Photo*): **dans le ~** in the picture; **prendre du ~** to draw back; **laisser le ~ libre à qn** to leave sb a clear field; **~ d'action** sphere of operation(s); **~ de bataille** battlefield; **~ de courses** racecourse; **~ d'honneur** field of honour; **~ de manœuvre** (*Mil*) parade ground; **~ de mines** minefield; **~ de tir** shooting *ou* rifle range; **~ visuel** field of vision

Champagne [ʃɑ̃paɲ] NF: **la ~** Champagne, the Champagne region

champagne [ʃɑ̃paɲ] NM champagne

champenois, e [ʃɑ̃pənwa, -waz] ADJ of *ou* from Champagne; (*vin*): **méthode champenoise** champagne-type

champêtre [ʃɑ̃pɛtʀ] ADJ country *cpd*, rural

★**champignon** [ʃɑ̃piɲɔ̃] NM mushroom; (*terme générique*) fungus; (*fam: accélérateur*) accelerator, gas pedal (US); **~ de couche** *ou* **de Paris** button mushroom; **~ vénéneux** toadstool, poisonous mushroom

★**champion, ne** [ʃɑ̃pjɔ̃, -ɔn] ADJ, NM/F champion

★**championnat** [ʃɑ̃pjɔna] NM championship

★**chance** [ʃɑ̃s] NF: **la ~** luck; **une ~** a stroke *ou* piece of luck *ou* good fortune; (*occasion*) a lucky break;

avoir de la ~ to be lucky; **bonne ~!** good luck!; **encore une ~ que tu viennes!** it's lucky you're coming!; **je n'ai pas de ~** I'm out of luck; (*toujours*) I never have any luck; **donner sa ~ à qn** to give sb a chance ■ **chances** NFPL (*probabilités*) chances; **il a des chances de gagner** he has a chance of winning; **il y a de fortes chances pour que Paul soit malade** it's highly probable that Paul is ill

chancelant, e [ʃɑ̃s(ə)lɑ̃, -ɑ̃t] ADJ (*personne*) tottering; (*santé*) failing

chanceler [ʃɑ̃s(ə)le] /4/ VI to totter

chancelier [ʃɑ̃səlje] NM (*allemand*) chancellor; (*d'ambassade*) secretary

chancellerie [ʃɑ̃sɛlʀi] NF (*en France*) ministry of justice; (*en Allemagne*) chancellery; (*d'ambassade*) chancery

chanceux, -euse [ʃɑ̃sø, -øz] ADJ lucky, fortunate

chancre [ʃɑ̃kʀ] NM canker

chandail [ʃɑ̃daj] NM (thick) jumper *ou* sweater

Chandeleur [ʃɑ̃dlœʀ] NF: **la ~** Candlemas

chandelier [ʃɑ̃dəlje] NM candlestick; (*à plusieurs branches*) candelabra

chandelle [ʃɑ̃dɛl] NF (tallow) candle; (*Tennis*): **faire une ~** to lob; (*Aviat*): **monter en ~** to climb vertically; **tenir la ~** to play gooseberry; **dîner aux chandelles** candlelight dinner

change [ʃɑ̃ʒ] NM (*Comm*) exchange; **opérations de ~** (foreign) exchange transactions; **contrôle des changes** exchange control; **gagner/perdre au ~** to be better/worse off (for it); **donner le ~ à qn** (*fig*) to lead sb up the garden path

changeant, e [ʃɑ̃ʒɑ̃, -ɑ̃t] ADJ changeable, fickle

★**changement** [ʃɑ̃ʒmɑ̃] NM change; **~ climatique** climate change; **~ de vitesse** (*dispositif*) gears *pl*; (*action*) gear change

★**changer** [ʃɑ̃ʒe] /3/ VT (*modifier*) to change, alter; (*remplacer, Comm, rhabiller*) to change; **~ de** (*remplacer: adresse, nom, voiture etc*) to change one's; **~ de train** to change trains; **~ d'air** to get a change of air; **~ de couleur/direction** to change colour/direction; **~ d'avis, ~ d'idée** to change one's mind; **~ de place avec qn** to change places with sb; **~ de vitesse** (*Auto*) to change gear; **~ qn/qch de place** to move sb/sth to another place; **~ (de bus** *etc***)** to change (buses *etc*); **~ qch en** to change sth into ▸ VI to change, alter ■ **se changer** VPR to change (o.s.)

changeur [ʃɑ̃ʒœʀ] NM (*personne*) moneychanger; **~ automatique** change machine; **~ de disques** record changer, autochange

chanoine [ʃanwan] NM canon

★**chanson** [ʃɑ̃sɔ̃] NF song

chansonnette [ʃɑ̃sɔnɛt] NF ditty

chansonnier [ʃɑ̃sɔnje] NM cabaret artist (*specializing in political satire*); (*recueil*) song book

chant [ʃɑ̃] NM song; (*art vocal*) singing; (*d'église*) hymn; (*de poème*) canto; (*Tech*): **posé de** *ou* **sur ~** placed edgeways; **~ de Noël** Christmas carol

chantage [ʃɑ̃taʒ] NM blackmail; **faire du ~** to use blackmail; **soumettre qn à un ~** to blackmail sb

chantant, e [ʃɑ̃tɑ̃, -ɑ̃t] ADJ (*accent, voix*) sing-song

★**chanter** [ʃɑ̃te] /1/ VT, VI to sing; **~ juste/faux** to sing in tune/out of tune; **si cela lui chante** (*fam*) if he feels like it *ou* fancies it

chanterelle [ʃɑ̃tʀɛl] NF chanterelle (*edible mushroom*)

★**chanteur, -euse** [ʃɑ̃tœʀ, -øz] NM/F singer; **~ de charme** crooner

chantier [ʃɑ̃tje] NM (building) site; (*sur une route*) roadworks *pl*; **mettre en ~** to start work on; **~ naval** shipyard

chantilly [ʃɑ̃tiji] NF *voir* **crème**

chantonner [ʃɑ̃tɔne] /1/ VI, VT to sing to oneself, hum

chantre [ʃɑ̃tʀ] NM (*fig*) eulogist

chanvre [ʃɑ̃vʀ] NM hemp

chaos [kao] NM chaos

chaotique [kaɔtik] ADJ chaotic

chap. ABR (= *chapitre*) ch

chapardage [ʃapaʀdaʒ] NM pilfering

chaparder [ʃapaʀde] /1/ VT to pinch

★**chapeau, x** [ʃapo] NM hat; (*Presse*) introductory paragraph; **~!** well done!; **~ melon** bowler hat; **~ mou** trilby; **chapeaux de roues** hub caps

chapeauter [ʃapote] /1/ VT (*Admin*) to head, oversee

chapelain [ʃaplɛ̃] NM (*Rel*) chaplain

chapelet [ʃaplɛ] NM (*Rel*) rosary; (*fig*): **un ~ de** a string of; **dire son ~** to tell one's beads

chapelier, -ière [ʃapəlje, -jɛʀ] NM/F hatter; milliner

chapelle [ʃapɛl] NF chapel; **~ ardente** chapel of rest

chapellerie [ʃapɛlʀi] NF (*magasin*) hat shop; (*commerce*) hat trade

chapelure [ʃaplyʀ] NF (dried) breadcrumbs *pl*

chaperon [ʃapʀɔ̃] NM chaperon

chaperonner [ʃapʀɔne] /1/ VT to chaperon

chapiteau, x [ʃapito] NM (*Archit*) capital; (*de cirque*) marquee, big top

chapitrage [ʃapitʀaʒ] NM (*d'un DVD*) chaptering

chapitre [ʃapitʀ] NM chapter; (*fig*) subject, matter; **avoir voix au ~** to have a say in the matter

chapitrer [ʃapitʀe] /1/ VT to lecture, reprimand

chapon [ʃapɔ̃] NM capon

★**chaque** [ʃak] ADJ each, every; (*indéfini*) every

> **Each** désigne chaque élément (personne ou chose) d'un groupe, pour insister sur son individualité. On utilise **every** pour englober tous les membres d'un groupe de plus de deux éléments, autrement dit pour signifier *tous les*.
> *Chaque membre du personnel est chargé d'une tâche particulière.* **Each member of staff is responsible for a specific task.**
> *des chances égales pour chaque enfant* **an equal chance for every child**

char [ʃaʀ] NM (*à foin etc*) cart, waggon; (*de carnaval*) float; **~ (d'assaut)** tank; **~ à voile** sand yacht

charabia [ʃaʀabja] NM (*péj*) gibberish, gobbledygook (BRIT)

charade [ʃaʀad] NF riddle; (*mimée*) charade

★**charbon** [ʃaʀbɔ̃] NM coal; **~ de bois** charcoal

charbonnage [ʃaʀbɔnaʒ] NM: **les charbonnages de France** the (French) Coal Board *sg*

charbonnier [ʃaʀbɔnje] NM coalman

★**charcuterie** [ʃaʀkytʀi] NF (*magasin*) pork butcher's shop and delicatessen; (*produits*) cooked pork meats *pl*

★**charcutier, -ière** [ʃaʀkytje, -jɛʀ] NM/F pork butcher

chardon [ʃaʀdɔ̃] NM thistle

chardonneret [ʃaʀdɔnʀɛ] NM goldfinch

charentais, e [ʃaʀɑ̃tɛ, -ɛz] ADJ of *ou* from Charente ▶NF (*pantoufle*) carpet slipper ▶NM/F: **Charentais, e** person from the Charente region

charge [ʃaʀʒ] NF (*fardeau*) load; (*explosif, Élec, Mil, Jur*) charge; (*rôle, mission*) responsibility; **à la ~ de** (*dépendant de*) dependent upon, supported by; (*aux frais de*) chargeable to, payable by; **j'accepte, à ~ de revanche** I accept, provided I can do the same for you (in return) one day; **prendre en ~** to take charge of; (*véhicule*) to take on; (*dépenses*) to take care of; **~ utile** (*Auto*) live load; (*Comm*) payload ■ **charges** NFPL (*du loyer*) service charges; **charges sociales** social security contributions

chargé [ʃaʀʒe] ADJ (*voiture, animal, personne*) laden; (*fusil, batterie, caméra*) loaded; (*occupé: emploi du temps, journée*) busy, full; (*estomac*) heavy, full; (*langue*) furred; (*décoration, style*) heavy, ornate; **~ de** (*responsable de*) responsible for ▶NM/F: **~ d'affaires** chargé d'affaires; **~ de cours** ≈ lecturer

chargement [ʃaʀʒəmɑ̃] NM (*action*) loading; charging; (*objets*) load

★**charger** [ʃaʀʒe] /3/ VT (*voiture, fusil, caméra*) to load; (*batterie*) to charge; **~ qn de qch/faire qch** to give sb the responsibility for sth/of doing sth; to put sb in charge of sth/doing sth ▶VI (*Mil etc*) to charge ■ **se charger de** VPR to see to, take care of; **se ~ de faire qch** to take it upon o.s. to do sth

chargeur [ʃaʀʒœʀ] NM (*dispositif: de batterie*) charger; (*: d'arme à feu*) magazine; (*: Photo*) cartridge

★**chariot** [ʃaʀjo] NM trolley; (*charrette*) waggon; (*de machine à écrire*) carriage; **~ élévateur** fork-lift truck

charisme [kaʀism] NM charisma

charitable [ʃaʀitabl] ADJ charitable; kind

charité [ʃaʀite] NF charity; **faire la ~** to give to charity; to do charitable works; **faire la ~ à** to give (something) to; **fête/vente de ~** fête/sale in aid of charity

charivari [ʃaʀivaʀi] NM hullabaloo

charlatan [ʃaʀlatɑ̃] NM charlatan

charlotte [ʃaʀlɔt] NF (*Culin*) charlotte

★**charmant, e** [ʃaʀmɑ̃, -ɑ̃t] ADJ charming

charme [ʃaʀm] NM charm; (*Bot*) hornbeam; **c'est ce qui en fait le ~** that is its attraction; **faire du ~** to be charming, turn on the charm; **aller** *ou* **se porter comme un ~** to be in the pink ■ **charmes** NMPL (*appas*) charms

charmer [ʃaʀme] /1/ VT to charm; **je suis charmé de ...** I'm delighted to ...

charmeur, -euse [ʃaʀmœʀ, -øz] NM/F charmer; **~ de serpents** snake charmer

charnel, le [ʃaʀnɛl] ADJ carnal

charnier [ʃaʀnje] NM mass grave

charnière [ʃaʀnjɛʀ] NF hinge; (*fig*) turning-point

charnu, e [ʃaʀny] ADJ fleshy

charogne [ʃaʀɔɲ] NF carrion *no pl*; (*!*) bastard (*!*)

charolais, e [ʃaʀɔlɛ, -ɛz] ADJ of *ou* from the Charolais

charpente [ʃaʀpɑ̃t] NF frame(work); (*fig*) structure, framework; (*carrure*) build, frame

charpenté, e [ʃaʀpɑ̃te] ADJ: **bien** *ou* **solidement ~** (*personne*) well-built; (*texte*) well-constructed

charpenterie [ʃaʀpɑ̃tʀi] NF carpentry

charpentier [ʃaʀpɑ̃tje] NM carpenter

charpie [ʃaʀpi] NF: **en ~** (*fig*) in shreds *ou* ribbons

charretier [ʃaʀtje] NM carter; (*péj: langage, manières*): **de ~** uncouth

charrette [ʃaʀɛt] NF cart

charrier [ʃaʀje] /7/ VT to carry (along); to cart, carry ▶VI (*fam*) to exaggerate

charrue [ʃaʀy] NF plough (BRIT), plow (US)

charte [ʃaʀt] NF charter

charter [ʃaʀtɛʀ] NM (*vol*) charter flight; (*avion*) charter plane

★**chasse** [ʃas] NF hunting; (*au fusil*) shooting; (*poursuite*) chase; (*aussi:* **chasse d'eau**) flush; **la ~ est ouverte** the hunting season is open; **la ~ est fermée** it is the close (BRIT) *ou* closed (US) season; **aller à la ~** to go hunting; **prendre en ~**, **donner la ~ à** to give chase to; **tirer la ~ (d'eau)** to flush the toilet, pull the chain; **~ aérienne** aerial pursuit; **~ à courre** hunting; **~ à l'homme** manhunt; **~ gardée** private hunting grounds *pl*; **~ sous-marine** underwater fishing

châsse [ʃɑs] NF reliquary, shrine

chassé-croisé [ʃasekʀwaze] (*pl* **chassés-croisés**) NM (*Danse*) chassé-croisé; (*fig*) mix-up (*where people miss each other in turn*)

chasse-neige [ʃasnɛʒ] NM INV snowplough (BRIT), snowplow (US)

★**chasser** [ʃase] /1/ VT to hunt; (*expulser*) to chase away *ou* out, drive away *ou* out; (*dissiper*) to chase *ou* sweep away; to dispel, drive away

chasseur, -euse [ʃasœʀ, -øz] NM/F hunter; **~ d'images** roving photographer; **~ de têtes** (*fig*) headhunter ▶NM (*avion*) fighter; (*domestique*) page (boy), messenger (boy); **chasseurs alpins** mountain infantry

chassieux, -euse [ʃasjø, -øz] ADJ sticky, gummy

châssis [ʃɑsi] NM (*Auto*) chassis; (*cadre*) frame; (*de jardin*) cold frame

chaste [ʃast] ADJ chaste

chasteté [ʃastəte] NF chastity

chasuble [ʃazybl] NF chasuble; **robe ~** pinafore dress (BRIT), jumper (US)

★**chat**[1] [ʃa] NM cat; **~ sauvage** wildcat

chat[2] [tʃat] NM (*Internet: salon*) chat room; (*: conversation*) chat

châtaigne [ʃɑtɛɲ] NF chestnut

châtaignier [ʃɑteɲe] NM chestnut (tree)

châtain [ʃɑtɛ̃] ADJ INV chestnut (brown); (*personne*) chestnut-haired

château, x [ʃɑto] NM (*forteresse*) castle; (*résidence royale*) palace; (*manoir*) mansion; **~ d'eau** water tower; **~ fort** stronghold, fortified castle; **~ de sable** sand castle

châtelain, e [ʃɑt(ə)lɛ̃, -ɛn] NM/F lord/lady of the manor ▶NF (*ceinture*) chatelaine

châtié, e [ʃɑtje] ADJ (*langage*) refined; (*style*) polished, refined

châtier [ʃɑtje] /7/ VT to punish, castigate; (*fig: style*) to polish, refine

chatière [ʃatjɛʀ] NF (*porte*) cat flap

châtiment [ʃɑtimɑ̃] NM punishment, castigation; **~ corporel** corporal punishment

chatoiement [ʃatwamɑ̃] NM shimmer(ing)

chaton [ʃatɔ̃] NM (*Zool*) kitten; (*Bot*) catkin; (*de bague*) bezel; stone

chatouillement [ʃatujmɑ̃] NM (*gén*) tickling; (*dans le nez, la gorge*) tickle

chatouiller [ʃatuje] /1/ VT to tickle; (*l'odorat, le palais*) to titillate

chatouilleux, -euse [ʃatujø, -øz] ADJ ticklish; (*fig*) touchy, over-sensitive

chatoyant, e [ʃatwajɑ̃, -ɑ̃t] ADJ (*reflet, étoffe*) shimmering; (*couleurs*) sparkling

chatoyer [ʃatwaje] /8/ VI to shimmer

châtrer [ʃɑtʀe] /1/ VT (*mâle*) to castrate; (*femelle*) to spay; (*cheval*) to geld; (*chat, chien*) to doctor (BRIT), fix (*US*); (*fig*) to mutilate

★**chatte** [ʃat] NF (she-)cat

chatter [tʃate] /1/ VI (*Internet*) to chat

chatterton [ʃatɛʀtɔn] NM (*ruban isolant: Élec*) (adhesive) insulating tape

★**chaud, e** [ʃo, -od] ADJ (*gén*) warm; (*très chaud*) hot; (*fig: félicitations*) hearty; (*discussion*) heated ▸ NM: **tenir au ~** to keep in a warm place; **il fait ~** it's warm; it's hot; **manger ~** to have something hot to eat; **avoir ~** to be warm; to be hot; **tenir ~** to keep hot; **ça me tient ~** it keeps me warm; **rester au ~** to stay in the warm

chaudement [ʃodmɑ̃] ADV warmly; (*fig*) hotly

chaudière [ʃodjɛʀ] NF boiler

chaudron [ʃodʀɔ̃] NM cauldron

chaudronnerie [ʃodʀɔnʀi] NF (*usine*) boilerworks; (*activité*) boilermaking; (*boutique*) coppersmith's workshop

★**chauffage** [ʃofaʒ] NM heating; **~ au gaz/à l'électricité/au charbon** gas/electric/solid fuel heating; **~ central** central heating; **~ par le sol** underfloor heating

chauffagiste [ʃofaʒist] NM (*installateur*) heating engineer

chauffant, e [ʃofɑ̃, -ɑ̃t] ADJ: **couverture chauffante** electric blanket; **plaque chauffante** hotplate

chauffard [ʃofaʀ] NM (*péj*) reckless driver; road hog; (*: après un accident*) hit-and-run driver

chauffe-bain [ʃofbɛ̃] NM = **chauffe-eau**

chauffe-biberon [ʃofbibʀɔ̃] NM (baby's) bottle warmer

chauffe-eau [ʃofo] NM INV water heater

chauffe-plats [ʃofpla] NM INV dish warmer

chauffer [ʃofe] /1/ VT to heat ▸ VI to heat up, warm up; (*trop chauffer: moteur*) to overheat ■ **se chauffer** VPR (*se mettre en train*) to warm up; (*au soleil*) to warm o.s.

chaufferie [ʃofʀi] NF boiler room

★**chauffeur** [ʃofœʀ] NM driver; (*privé*) chauffeur; **voiture avec/sans ~** chauffeur-driven/self-drive car; **~ de taxi** taxi driver

chauffeuse [ʃoføz] NF fireside chair

chauler [ʃole] /1/ VT (*mur*) to whitewash

chaume [ʃom] NM (*du toit*) thatch; (*tiges*) stubble

chaumière [ʃomjɛʀ] NF (thatched) cottage

chaussée [ʃose] NF road(way); (*digue*) causeway

chausse-pied [ʃospje] NM shoe-horn

chausser [ʃose] /1/ VT (*bottes, skis*) to put on; (*enfant*) to put shoes on; **~ du 38/42** to take size 38/42 ▸ VI (*souliers*): **~ grand/bien** to be big-/well-fitting ■ **se chausser** VPR to put one's shoes on

chausse-trappe [ʃostʀap] NF trap

★**chaussette** [ʃosɛt] NF sock

chausseur [ʃosœʀ] NM (*marchand*) footwear specialist, shoemaker

★**chausson** [ʃosɔ̃] NM slipper; (*de bébé*) bootee; **~ (aux pommes)** (apple) turnover

★**chaussure** [ʃosyʀ] NF shoe; (*commerce*): **la ~** the shoe industry *ou* trade; **chaussures basses** flat shoes; **chaussures montantes** ankle boots; **chaussures de ski** ski boots

chaut [ʃo] VB: **peu me ~** it matters little to me

★**chauve** [ʃov] ADJ bald

chauve-souris [ʃovsuʀi] (*pl* **chauves-souris**) NF bat

chauvin, e [ʃovɛ̃, -in] ADJ chauvinistic; jingoistic

chauvinisme [ʃovinism] NM chauvinism; jingoism

chaux [ʃo] NF lime; **blanchi à la ~** whitewashed

chavirer [ʃaviʀe] /1/ VI to capsize, overturn

★**chef** [ʃɛf] NM head, leader; (*patron*) boss; (*de cuisine*) chef; **au premier ~** extremely, to the nth degree; **de son propre ~** on his *ou* her own initiative; **général/commandant en ~** general-/commander-in-chief; **~ d'accusation** (*Jur*) charge, count (of indictment); **~ d'atelier** (shop) foreman; **~ de bureau** head clerk; **~ de clinique** senior hospital lecturer; **~ d'entreprise** company head; **~ d'équipe** team leader; **~ d'état** head of state; **~ de famille** head of the family; **~ de file** (*de parti etc*) leader; **~ de gare** station master; **~ d'orchestre** conductor (BRIT), leader (*US*); **~ de rayon** department(al) supervisor; **~ de service** departmental head

> *chef* is not the most common translation of the French word **chef**.

chef-d'œuvre [ʃɛdœvʀ] (*pl* **chefs-d'œuvre**) NM masterpiece

chef-lieu [ʃɛfljø] (*pl* **chefs-lieux**) NM county town

cheftaine [ʃɛftɛn] NF (guide) captain

cheik, cheikh [ʃɛk] NM sheik

chelou [ʃəlu] ADJ INV (*fam*) shady, dodgy (BRIT)

★**chemin** [ʃ(ə)mɛ̃] NM path; (*itinéraire, direction, trajet*) way; **en ~, ~ faisant** on the way; **~ de fer** railway (BRIT), railroad (*US*); **par ~ de fer** by rail; **les chemins de fer** the railways (BRIT), the railroad (*US*); **~ de terre** dirt track

cheminée [ʃ(ə)mine] NF chimney; (*à l'intérieur*) chimney piece, fireplace; (*de bateau*) funnel

cheminement [ʃ(ə)minmɑ̃] NM progress; course

cheminer [ʃ(ə)mine] /1/ VI to walk (along)

cheminot [ʃ(ə)mino] NM railwayman (BRIT), railroad worker (*US*)

★**chemise** [ʃ(ə)miz] NF shirt; (*dossier*) folder; **~ de nuit** nightdress

chemiserie [ʃ(ə)mizʀi] NF (gentlemen's) outfitters'

chemisette [ʃ(ə)mizɛt] NF short-sleeved shirt

★**chemisier** [ʃ(ə)mizje] NM blouse

chenal, -aux [ʃənal, -o] NM channel

chenapan [ʃ(ə)napɑ̃] NM (*garnement*) rascal; (*péj*: *vaurien*) rogue

chêne [ʃɛn] NM oak (tree); (*bois*) oak

chenet [ʃ(ə)nɛ] NM fire-dog, andiron

chenil [ʃ(ə)nil] NM kennels *pl*

chenille [ʃ(ə)nij] NF (*Zool*) caterpillar; (*Auto*) caterpillar track; **véhicule à chenilles** tracked vehicle, caterpillar

chenillette [ʃ(ə)nijɛt] NF tracked vehicle

cheptel [ʃɛptɛl] NM livestock

chèque [ʃɛk] NM cheque (BRIT), check (US); **faire/toucher un ~** to write/cash a cheque; **par ~** by cheque; **~ barré/sans provision** crossed (BRIT)/bad cheque; **~ en blanc** blank cheque; **~ au porteur** cheque to bearer; **~ postal** post office cheque, ≈ giro cheque (BRIT); **~ de voyage** traveller's cheque

chèque-cadeau [ʃɛkkado] (*pl* **chèques-cadeaux**) NM gift token

chèque-repas [ʃɛkʀəpɑ] (*pl* **chèques-repas**), **chèque-restaurant** [ʃɛkʀɛstɔʀɑ̃] (*pl* **chèques-restaurant**) NM ≈ luncheon voucher

chéquier [ʃekje] NM cheque book (BRIT), checkbook (US)

★**cher, -ère** [ʃɛʀ] ADJ (*aimé*) dear; (*coûteux*) expensive, dear; **mon ~, ma chère** my dear ▸ ADV: **coûter/payer ~** to cost/pay a lot; **cela coûte ~** it's expensive, it costs a lot of money ▸ NF: **la bonne chère** good food

★**chercher** [ʃɛʀʃe] /1/ VT to look for; (*gloire etc*) to seek; **~ des ennuis/la bagarre** to be looking for trouble/a fight; **aller ~** to go for, go and fetch; **~ à faire** to try to do

chercheur, -euse [ʃɛʀʃœʀ, -øz] NM/F researcher, research worker; **~ de** seeker of; hunter of; **~ d'or** gold digger

chère [ʃɛʀ] ADJ F, NF *voir* **cher**

chèrement [ʃɛʀmɑ̃] ADV dearly

chéri, e [ʃeʀi] ADJ beloved, dear; **(mon) ~** darling

chérir [ʃeʀiʀ] /2/ VT to cherish

cherté [ʃɛʀte] NF: **la ~ de la vie** the high cost of living

chérubin [ʃeʀybɛ̃] NM cherub

chétif, -ive [ʃetif, -iv] ADJ puny, stunted

★**cheval, -aux** [ʃ(ə)val, -o] NM horse; (*Auto*): **~ (vapeur)** horsepower *no pl*; **50 chevaux (au frein)** 50 brake horsepower, 50 b.h.p.; **10 chevaux (fiscaux)** 10 horsepower (*for tax purposes*); **faire du ~** to ride; **à ~** on horseback; **à ~ sur** astride, straddling; (*fig*) overlapping; **~ d'arçons** vaulting horse; **~ à bascule** rocking horse; **~ de bataille** charger; (*fig*) hobby-horse; **~ de course** race horse; **chevaux de bois** (*des manèges*) wooden (fairground) horses; (*manège*) merry-go-round

chevaleresque [ʃ(ə)valʀɛsk] ADJ chivalrous

chevalerie [ʃ(ə)valʀi] NF chivalry; knighthood

chevalet [ʃ(ə)valɛ] NM easel

chevalier [ʃ(ə)valje] NM knight; **~ servant** escort

chevalière [ʃ(ə)valjɛʀ] NF signet ring

chevalin, e [ʃ(ə)valɛ̃, -in] ADJ of horses, equine; (*péj*) horsy; **boucherie chevaline** horse-meat butcher's

cheval-vapeur [ʃəvalvapœʀ] (*pl* **chevaux-vapeur**) NM *voir* **cheval**

chevauchée [ʃ(ə)voʃe] NF ride; cavalcade

chevauchement [ʃ(ə)voʃmɑ̃] NM overlap

chevaucher [ʃ(ə)voʃe] /1/ VI (*aussi*: **se chevaucher**) to overlap (each other) ▸ VT to be astride, straddle

chevaux [ʃəvo] NMPL *voir* **cheval**

chevelu, e [ʃəv(ə)ly] ADJ with a good head of hair, hairy (*péj*)

chevelure [ʃəv(ə)lyʀ] NF hair *no pl*

chevet [ʃ(ə)vɛ] NM: **au ~ de qn** at sb's bedside; **lampe de ~** bedside lamp

cheveu, x [ʃ(ə)vø] NM hair ▸ NMPL (*chevelure*) hair *sg*; **avoir les cheveux courts/en brosse** to have short hair/a crew cut; **se faire couper les cheveux** to get *ou* have one's hair cut; **tiré par les cheveux** (*histoire*) far-fetched

★**cheville** [ʃ(ə)vij] NF (*Anat*) ankle; (*de bois*) peg; (*pour enfoncer une vis*) plug; **être en ~ avec qn** to be in cahoots with sb; **~ ouvrière** (*fig*) kingpin

chèvre [ʃɛvʀ] NF (she-)goat; **ménager la ~ et le chou** to try to please everyone

chevreau, x [ʃəvʀo] NM kid

chèvrefeuille [ʃɛvʀəfœj] NM honeysuckle

chevreuil [ʃəvʀœj] NM roe deer *inv*; (*Culin*) venison

chevron [ʃəvʀɔ̃] NM (*poutre*) rafter; (*motif*) chevron, v(-shape); **à chevrons** chevron-patterned; (*petits*) herringbone

chevronné, e [ʃəvʀɔne] ADJ seasoned, experienced

chevrotant, e [ʃəvʀɔtɑ̃, -ɑ̃t] ADJ quavering

chevroter [ʃəvʀɔte] /1/ VI (*personne, voix*) to quaver

chevrotine [ʃəvʀɔtin] NF buckshot *no pl*

chewing-gum [ʃwiŋgɔm] NM chewing gum

chez [ʃe]

PRÉP **1** (*à la demeure de*) at; (: *direction*) to; **chez qn** at/to sb's house *ou* place; **je suis chez moi** I'm at home; **je rentre chez moi** I'm going home; **allons chez Nathalie** let's go to Nathalie's

2 (*+profession*) at; (: *direction*) to; **chez le boulanger/dentiste** at *ou* to the baker's/dentist's

3 (*dans le caractère, l'œuvre de*) in; **chez les renards/Racine** in foxes/Racine; **chez ce poète** in this poet's work; **chez les Français** among the French; **chez lui, c'est un devoir** for him, it's a duty; **c'est ce que je préfère chez lui** that's what I like best about him

4 (*à l'entreprise de*): **il travaille chez Renault** he works for Renault, he works at Renault('s)

▸ NM INV: **mon chez moi/ton chez toi** *etc* my/your *etc* home *ou* place

chez-soi [ʃeswa] NM INV home

Chf. cent. ABR (= *chauffage central*) c.h.

chiadé, e [ʃjade] ADJ (*fam: fignolé, soigné*) wicked

chialer [ʃjale] /1/ VI (*fam*) to blubber; **arrête de ~ !** stop blubbering!

chiant, e [ʃjɑ̃, -ɑ̃t] ADJ (*!*) bloody annoying (BRIT *!*), damn annoying; **qu'est-ce qu'il est ~ !** he's such a bloody pain! (*!*)

★**chic** [ʃik] ADJ INV chic, smart; (*généreux*) nice, decent ▸NM stylishness; **avoir le ~ de** *ou* **pour** to have the knack of *ou* for; **de ~** *adv* off the cuff; **~ !** great!, terrific!

chicane [ʃikan] NF (*obstacle*) zigzag; (*querelle*) squabble

chicaner [ʃikane] /1/ VI (*ergoter*): **~ sur** to quibble about

chiche [ʃiʃ] ADJ (*mesquin*) niggardly, mean; (*pauvre*) meagre (BRIT), meager (US) ▸EXCL (*en réponse à un défi*) you're on!; **tu n'es pas ~ de lui parler !** you wouldn't (dare) speak to her!

chichement [ʃiʃmɑ̃] ADV (*pauvrement*) meagrely (BRIT), meagerly (US); (*mesquinement*) meanly

chichis [ʃiʃi] NMPL (*fam*) fuss; **faire des ~** to make a fuss

chicorée [ʃikɔʀe] NF (*café*) chicory; (*salade*) endive; **~ frisée** curly endive

chicot [ʃiko] NM stump

★**chien** [ʃjɛ̃] NM dog; (*de pistolet*) hammer; **temps de ~** rotten weather; **vie de ~** dog's life; **couché en ~ de fusil** curled up; **~ d'aveugle** guide dog; **~ de chasse** gun dog; **~ de garde** guard dog; **~ policier** police dog; **~ de race** pedigree dog; **~ de traîneau** husky

chiendent [ʃjɛ̃dɑ̃] NM couch grass

chien-loup [ʃjɛ̃lu] (*pl* **chiens-loups**) NM wolf-hound

★**chienne** [ʃjɛn] NF (she-)dog, bitch

chier [ʃje] /7/ VI (*!*) to crap (*!*), shit (*!*); **faire ~ qn** (*importuner*) to bug sb; (*causer des ennuis à*) to piss sb around (*!*); **se faire ~** (*s'ennuyer*) to be bored rigid

chiffe [ʃif] NF: **il est mou comme une ~, c'est une ~ molle** he's spineless *ou* wet

chiffon [ʃifɔ̃] NM (piece of) rag

chiffonné, e [ʃifɔne] ADJ (*fatigué: visage*) worn-looking

chiffonner [ʃifɔne] /1/ VT to crumple, crease; (*tracasser*) to concern

chiffonnier [ʃifɔnje] NM ragman, rag-and-bone man; (*meuble*) chiffonier

chiffrable [ʃifʀabl] ADJ numerable

★**chiffre** [ʃifʀ] NM (*représentant un nombre*) figure; numeral; (*montant, total*) total, sum; (*d'un code*) code, cipher; **chiffres romains/arabes** Roman/Arabic figures *ou* numerals; **en chiffres ronds** in round figures; **écrire un nombre en chiffres** to write a number in figures; **~ d'affaires** turnover; **~ de ventes** sales figures

chiffrer [ʃifʀe] /1/ VT (*dépense*) to put a figure to, assess; (*message*) to (en)code, cipher ▸VI (*fam*) to add up ■ **se chiffrer à** VPR to add up to

chignole [ʃiɲɔl] NF drill

chignon [ʃiɲɔ̃] NM chignon, bun

chiite [ʃiit] ADJ, NMF Shiite

Chili [ʃili] NM: **le ~** Chile

chilien, ne [ʃiljɛ̃, -ɛn] ADJ Chilean ▸NM/F: **Chilien, ne** Chilean

chimère [ʃimɛʀ] NF (wild) dream, pipe dream, idle fancy

chimérique [ʃimeʀik] ADJ (*utopique*) fanciful

★**chimie** [ʃimi] NF chemistry

chimio [ʃimjɔ], **chimiothérapie** [ʃimjɔteʀapi] NF chemotherapy

chimiothérapie [ʃimjɔteʀapi] NF chemotherapy

★**chimique** [ʃimik] ADJ chemical; **produits chimiques** chemicals

chimiste [ʃimist] NMF chemist

chimpanzé [ʃɛ̃pɑ̃ze] NM chimpanzee

chinchilla [ʃɛ̃ʃila] NM chinchilla

★**Chine** [ʃin] NF: **la ~** China; **la République de ~** the Republic of China, Nationalist China (*Taiwan*)

chine [ʃin] NM rice paper; (*porcelaine*) china (vase)

chiné, e [ʃine] ADJ flecked

★**chinois, e** [ʃinwa, -waz] ADJ Chinese; (*fig: péj*) pernickety, fussy ▸NM (*Ling*) Chinese ▸NM/F: **Chinois, e** Chinese

chinoiserie [ʃinwazʀi] NF, **chinoiseries** NFPL (*péj*) red tape, fuss

chiot [ʃjo] NM pup(py)

chiper [ʃipe] /1/ VT (*fam*) to pinch

chipie [ʃipi] NF shrew

chipolata [ʃipɔlata] NF chipolata

chipoter [ʃipɔte] /1/ VI (*manger*) to nibble; (*ergoter*) to quibble, haggle

★**chips** [ʃips] NFPL (*aussi:* **pommes chips**) crisps (BRIT), (potato) chips (US)

chique [ʃik] NF quid, chew

chiquenaude [ʃiknod] NF flick, flip

chiquer [ʃike] /1/ VI to chew tobacco

chiromancie [kiʀɔmɑ̃si] NF palmistry

chiromancien, ne [kiʀɔmɑ̃sjɛ̃, -ɛn] NM/F palmist

chiropracteur [kiʀɔpʀaktœʀ] NM, **chiropraticien, ne** [kiʀɔpʀatisjɛ̃, -ɛn] NM/F chiropractor

chirurgical, e, -aux [ʃiʀyʀʒikal, -o] ADJ surgical

chirurgie [ʃiʀyʀʒi] NF surgery; **~ esthétique** cosmetic *ou* plastic surgery

★**chirurgien, ne** [ʃiʀyʀʒjɛ̃] NM/F surgeon; **~ dentiste** dental surgeon

chiure [ʃjyʀ] NF: **chiures de mouche** fly specks

ch.-l. ABR = **chef-lieu**

chlore [klɔʀ] NM chlorine

chloroforme [klɔʀɔfɔʀm] NM chloroform

chlorophylle [klɔʀɔfil] NF chlorophyll

chlorure [klɔʀyʀ] NM chloride

choc [ʃɔk] NM (*heurt*) impact; (*Méd, Psych*) shock; (*collision*) crash; (*affrontement*) clash; **de ~** (*troupe, traitement*) shock *cpd*; (*patron etc*) high-powered; **~ opératoire/nerveux** post-operative/nervous shock; **~ en retour** return shock; (*fig*) backlash ▸ADJ (*pl* **~** *ou* **chocs**): **prix ~** amazing *ou* incredible price/prices

★**chocolat** [ʃɔkɔla] NM chocolate; (*boisson*) (hot) chocolate; **~ chaud** hot chocolate; **~ à cuire** cooking chocolate; **~ au lait** milk chocolate; **~ en poudre** drinking chocolate

chocolaté, e [ʃɔkɔlate] ADJ chocolate *cpd*, chocolate-flavoured
chocolaterie [ʃɔkɔlatʀi] NF (*fabrique*) chocolate factory
chocolatier, -ière [ʃɔkɔlatje, -jɛʀ] NM/F chocolate maker
chœur [kœʀ] NM (*chorale*) choir; (*Opéra, Théât*) chorus; (*Archit*) choir, chancel; **en ~** in chorus
choir [ʃwaʀ] VI to fall
choisi, e [ʃwazi] ADJ (*de premier choix*) carefully chosen; select; **textes choisis** selected writings
★**choisir** [ʃwaziʀ] /**2**/ VT to choose; (*entre plusieurs*) to choose, select; **~ de faire qch** to choose *ou* opt to do sth
★**choix** [ʃwa] NM choice; selection; **avoir le ~** to have the choice; **je n'avais pas le ~** I had no choice; **de premier ~** (*Comm*) class *ou* grade one; **de ~** choice *cpd*, selected; **au ~** as you wish *ou* prefer; **de mon/son ~** of my/his *ou* her choosing
choléra [kɔleʀa] NM cholera
cholestérol [kɔlɛsteʀɔl] NM cholesterol
chômage [ʃomaʒ] NM unemployment; **mettre au ~** to make redundant, put out of work; **être au ~** to be unemployed *ou* out of work; **~ partiel** short-time working; **~ structurel** structural unemployment; **~ technique** lay-offs *pl*
chômé [ʃome] ADJ: **jour ~** public holiday
chômer [ʃome] /**1**/ VI to be unemployed, be idle
chômeur, -euse [ʃomœʀ, -øz] NM/F unemployed person, person out of work
chope [ʃɔp] NF tankard
choper [ʃɔpe] /**1**/ VT (*fam: objet, maladie*) to catch
choquant, e [ʃɔkɑ̃, -ɑ̃t] ADJ shocking
choquer [ʃɔke] /**1**/ VT (*offenser*) to shock; (*commotionner*) to shake (up)
choral, e [kɔʀal] ADJ choral ▶ NF choral society, choir
★**chorale** [kɔʀal] NF choir
chorégraphe [kɔʀegʀaf] NMF choreographer
chorégraphie [kɔʀegʀafi] NF choreography
choriste [kɔʀist] NMF choir member; (*Opéra*) chorus member
chorus [kɔʀys] NM: **faire ~ (avec)** to voice one's agreement (with)
★**chose** [ʃoz] NF thing; **dire bien des choses à qn** to give sb's regards to sb; **parler de ~(s) et d'autre(s)** to talk about one thing and another; **c'est peu de ~** it's nothing much ▶ ADJ INV: **être/se sentir tout ~** (*bizarre*) to be/feel a bit odd; (*malade*) to be/feel out of sorts ▶ NM (*fam: machin*) thingamajig
★**chou, x** [ʃu] NM cabbage; **mon petit ~** (my) sweetheart; **faire ~ blanc** to draw a blank; **feuille de ~** (*fig: journal*) rag; **~ à la crème** cream bun (*made of choux pastry*); **~ de Bruxelles** Brussels sprout ▶ ADJ INV cute
choucas [ʃuka] NM jackdaw
chouchou, te [ʃuʃu, -ut] NM/F (*Scol*) teacher's pet
chouchouter [ʃuʃute] /**1**/ VT to pet
choucroute [ʃukʀut] NF sauerkraut; **~ garnie** sauerkraut with cooked meats and potatoes
★**chouette** [ʃwɛt] NF owl ▶ ADJ (*fam*) great, smashing
★**chou-fleur** [ʃuflœʀ] (*pl* **choux-fleurs**) NM cauliflower
chou-rave [ʃuʀav] (*pl* **choux-raves**) NM kohlrabi
chouraver [ʃuʀave] VT (*fam*) to nick (BRIT), to pinch
choyer [ʃwaje] /**8**/ VT to cherish; to pamper
CHR SIGLE M = **Centre hospitalier régional**
chrétien, ne [kʀetjɛ̃, -ɛn] ADJ, NM/F Christian
chrétiennement [kʀetjɛnmɑ̃] ADV in a Christian way *ou* spirit
chrétienté [kʀetjɛ̃te] NF Christendom
Christ [kʀist] NM: **le ~** Christ; **christ** (*crucifix etc*) figure of Christ; **Jésus ~** Jesus Christ
christianiser [kʀistjanize] /**1**/ VT to convert to Christianity
christianisme [kʀistjanism] NM Christianity
chromatique [kʀɔmatik] ADJ chromatic
chrome [kʀom] NM chromium; (*revêtement*) chrome, chromium
chromé, e [kʀome] ADJ chrome-plated, chromium-plated
chromosome [kʀɔmozom] NM chromosome
chronique [kʀɔnik] ADJ chronic ▶ NF (*de journal*) column, page; (*historique*) chronicle; (*Radio, TV*): **la ~ sportive/théâtrale** the sports/theatre review; **la ~ locale** local news and gossip
chroniqueur, -euse [kʀɔnikœʀ, -øz] NM, NF columnist; chronicler
chrono [kʀɔno] NM (*fam*) = **chronomètre**
chronologie [kʀɔnɔlɔʒi] NF chronology
chronologique [kʀɔnɔlɔʒik] ADJ chronological
chronologiquement [kʀɔnɔlɔʒikmɑ̃] ADV chronologically
chronomètre [kʀɔnɔmɛtʀ] NM stopwatch
chronométrer [kʀɔnɔmetʀe] /**6**/ VT to time
chronométreur [kʀɔnɔmetʀœʀ] NM timekeeper
chrysalide [kʀizalid] NF chrysalis
chrysanthème [kʀizɑ̃tɛm] NM chrysanthemum

Chrysanthèmes are strongly associated with funerals in France and it is customary to lay them on graves on All Saints' Day (1 November). Because of this association they are never given as gifts.

CHU SIGLE M (= *Centre hospitalo-universitaire*) ≈ (teaching) hospital
chu, e [ʃy] PP *de* **choir**
chuchotement [ʃyʃɔtmɑ̃] NM whisper
chuchoter [ʃyʃɔte] /**1**/ VT, VI to whisper
chuintement [ʃɥɛ̃tmɑ̃] NM hiss
chuinter [ʃɥɛ̃te] /**1**/ VI to hiss
chut [ʃyt] EXCL sh! ▶ VB [ʃy] *voir* **choir**
chute [ʃyt] NF fall; (*de bois, papier: déchet*) scrap; **la ~ des cheveux** hair loss; **faire une ~ (de 10 m)** to fall (10 m); **chutes de pluie/neige** rain/snowfalls; **~ (d'eau)** waterfall; **~ du jour** nightfall; **~ libre** free fall; **~ de reins** small of the back
chuter [ʃyte] VI to fall; **~ lourdement** to fall heavily; **~ dans les sondages** (*Premier ministre*) to slip in the polls; **faire ~** (*gouvernement*) to bring down,

topple; (*champion*) to topple; **faire ~ les cours** to bring prices down
Chypre [ʃipʀ] NMF Cyprus
chypriote [ʃipʀijɔt] ADJ, NMF = **cypriote**
-ci, ci- [si] ADV *voir* **par; ci-contre; ci-joint** *etc* ▶ ADJ DÉM: **ce garçon-ci/-là** this/that boy; **ces femmes-ci/-là** these/those women
CIA SIGLE F CIA
cial ABR = **commercial**
ciao [tʃao] EXCL (*fam*) (bye-)bye
ci-après [siapʀɛ] ADV hereafter
cibiste [sibist] NMF CB enthusiast
cible [sibl] NF target
cibler [sible] /1/ VT to target
ciboire [sibwaʀ] NM ciborium (*vessel*)
ciboule [sibul] NF (large) chive
ciboulette [sibulɛt] NF (small) chive
ciboulot [sibulo] NM (*fam*) head, nut; **il n'a rien dans le ~** he's got nothing between his ears
cicatrice [sikatʀis] NF scar
cicatriser [sikatʀize] /1/ VT to heal ■ **se cicatriser** VPR to heal (up), form a scar
ci-contre [sikɔ̃tʀ] ADV opposite
CICR SIGLE M (= *Comité international de la Croix-Rouge*) ICRC
ci-dessous [sidəsu] ADV below
ci-dessus [sidəsy] ADV above
ci-devant [sidəvɑ̃] NMF INV *aristocrat who lost his/her title in the French Revolution*
CIDJ SIGLE M (= *Centre d'information et de documentation de la jeunesse*) *careers advisory service*
★**cidre** [sidʀ] NM cider
cidrerie [sidʀəʀi] NF cider factory
Cie ABR (= *compagnie*) Co
★**ciel** [sjɛl] NM sky; (*Rel*) heaven; **à ~ ouvert** open-air; (*mine*) opencast; **tomber du ~** (*arriver à l'improviste*) to appear out of the blue; (*être stupéfait*) to be unable to believe one's eyes; **C~!** good heavens!; **~ de lit** canopy ■ **ciels** NMPL (*Peinture etc*) skies ■ **cieux** NMPL sky *sg*, skies; (*Rel*) heaven *sg*
cierge [sjɛʀʒ] NM candle; **~ pascal** Easter candle
cieux [sjø] NMPL *voir* **ciel**
cigale [sigal] NF cicada
cigare [sigaʀ] NM cigar
★**cigarette** [sigaʀɛt] NF cigarette; **~ (à) bout filtre** filter cigarette; **~ électronique** e-cigarette
ci-gît [siʒi] ADV here lies
cigogne [sigɔɲ] NF stork
ciguë [sigy] NF hemlock
ci-inclus, e [siɛ̃kly, -yz] ADJ, ADV enclosed
ci-joint, e [siʒwɛ̃, -ɛ̃t] ADJ, ADV enclosed; (*to email*) attached; **veuillez trouver ~** please find enclosed *ou* attached
cil [sil] NM (eye)lash
ciller [sije] /1/ VI to blink
cimaise [simɛz] NF picture rail
cime [sim] NF top; (*montagne*) peak
ciment [simɑ̃] NM cement; **~ armé** reinforced concrete
cimenter [simɑ̃te] /1/ VT to cement
cimenterie [simɑ̃tʀi] NF cement works *sg*
cimetière [simtjɛʀ] NM cemetery; (*d'église*) churchyard; **~ de voitures** scrapyard
cinéaste [sineast] NMF film-maker
ciné-club [sineklœb] NM film club; film society
cinéma [sinema] NM cinema; **aller au ~** to go to the cinema *ou* pictures *ou* movies; **~ d'animation** cartoon (film)
cinémascope® [sinemaskɔp] NM Cinemascope®
cinémathèque [sinematɛk] NF film archives *pl ou* library
cinématographie [sinematɔgʀafi] NF cinematography
cinématographique [sinematɔgʀafik] ADJ film *cpd*, cinema *cpd*
cinéphile [sinefil] NMF film buff
cinérama® [sineʀama] NM: **en ~** in Cinerama®
cinétique [sinetik] ADJ kinetic
cingalais, e, cinghalais, e [sɛ̃galɛ, -ɛz] ADJ Sin(g)halese
cinglant, e [sɛ̃glɑ̃, -ɑ̃t] ADJ (*propos, ironie*) scathing, biting; (*échec*) crushing
cinglé, e [sɛ̃gle] ADJ (*fam*) crazy
cingler [sɛ̃gle] /1/ VT to lash; (*fig*) to sting ▶ VI (*Navig*): **~ vers** to make *ou* head for
★**cinq** [sɛ̃k] NUM five
cinquantaine [sɛ̃kɑ̃tɛn] NF: **une ~ (de)** about fifty; **avoir la ~** (*âge*) to be around fifty
★**cinquante** [sɛ̃kɑ̃t] NUM fifty
cinquantenaire [sɛ̃kɑ̃tnɛʀ] ADJ, NMF fifty-year-old
cinquantième [sɛ̃kɑ̃tjɛm] NUM fiftieth
cinquième [sɛ̃kjɛm] NUM fifth ▶ NF (*Scol*) year 8 (BRIT), seventh grade (*US*)
cinquièmement [sɛ̃kjɛmmɑ̃] ADV fifthly
cintre [sɛ̃tʀ] NM coat-hanger; (*Archit*) arch; **plein ~** semicircular arch
cintré, e [sɛ̃tʀe] ADJ curved; (*chemise*) fitted, slim-fitting
CIO SIGLE M (= *Comité international olympique*) IOC (= *International Olympic Committee*); (= *Centre d'information et d'orientation*) careers advisory centre
cirage [siʀaʒ] NM (shoe) polish
circoncis, e [siʀkɔ̃si, -iz] ADJ circumcised
circoncision [siʀkɔ̃sizjɔ̃] NF circumcision
circonférence [siʀkɔ̃feʀɑ̃s] NF circumference
circonflexe [siʀkɔ̃flɛks] ADJ: **accent ~** circumflex accent
circonlocution [siʀkɔ̃lɔkysjɔ̃] NF circumlocution
circonscription [siʀkɔ̃skʀipsjɔ̃] NF district; **~ électorale** (*d'un député*) constituency; **~ militaire** military area
circonscrire [siʀkɔ̃skʀiʀ] /39/ VT to define, delimit; (*incendie*) to contain; (*propriété*) to mark out; (*sujet*) to define
circonspect, e [siʀkɔ̃spɛkt] ADJ circumspect, cautious
circonspection [siʀkɔ̃spɛksjɔ̃] NF circumspection, caution

circonstance [siʀkɔ̃stɑ̃s] NF circumstance; (*occasion*) occasion; **œuvre de ~** occasional work; **air de ~** fitting air; **tête de ~** appropriate demeanour (BRIT) *ou* demeanor (*US*); **circonstances atténuantes** mitigating circumstances

circonstancié, e [siʀkɔ̃stɑ̃sje] ADJ detailed

circonstanciel, le [siʀkɔ̃stɑ̃sjɛl] ADJ: **complément/proposition ~(le)** adverbial phrase/clause

circonvenir [siʀkɔ̃v(ə)niʀ] /**22**/ VT to circumvent

circonvolutions [siʀkɔ̃vɔlysjɔ̃] NFPL twists, convolutions

circuit [siʀkɥi] NM (*trajet*) tour, (round) trip; (*Élec, Tech*) circuit; **~ automobile** motor circuit; **~ de distribution** distribution network; **~ fermé** closed circuit; **~ intégré** integrated circuit

circulaire [siʀkylɛʀ] ADJ, NF circular

★**circulation** [siʀkylasjɔ̃] NF circulation; (*Auto*): **la ~** (the) traffic; **bonne/mauvaise ~** good/bad circulation; **mettre en ~** to put into circulation

circulatoire [siʀkylatwaʀ] ADJ: **avoir des troubles circulatoires** to have problems with one's circulation

circuler [siʀkyle] /**1**/ VI (*véhicules*) to drive (along); (*passants*) to walk along; (*train etc*) to run; (*sang, devises*) to circulate; **faire ~** (*nouvelle*) to spread (about), circulate; (*badauds*) to move on

cire [siʀ] NF wax; **~ à cacheter** sealing wax

ciré [siʀe] NM oilskin

cirer [siʀe] /**1**/ VT to wax, polish

cireur [siʀœʀ] NM shoeshine boy

cireuse [siʀøz] NF floor polisher

cireux, -euse [siʀø, -øz] ADJ (*fig: teint*) sallow, waxen

★**cirque** [siʀk] NM circus; (*arène*) amphitheatre (BRIT), amphitheater (*US*); (*Géo*) cirque; (*fig: désordre*) chaos, bedlam; (: *chichis*) carry-on; **quel ~!** what a carry-on!

cirrhose [siʀoz] NF: **~ du foie** cirrhosis of the liver

cisaille [sizɑj] NF, **cisailles** NFPL (gardening) shears *pl*

cisailler [sizɑje] /**1**/ VT to clip

ciseau, x [sizo] NM: **~ (à bois)** chisel; **~ à froid** cold chisel ▶ NMPL (*paire de ciseaux*) (pair of) scissors; **sauter en ciseaux** to do a scissors jump

ciseler [siz(ə)le] /**5**/ VT to chisel, carve

ciselure [siz(ə)lyʀ] NF engraving; (*bois*) carving

Cisjordanie [sisʒɔʀdani] NF: **la ~** the West Bank (of Jordan)

citadelle [sitadɛl] NF citadel

citadin, e [sitadɛ̃, -in] NM/F city dweller ▶ ADJ town *cpd*, city *cpd*, urban

citation [sitasjɔ̃] NF (*d'auteur*) quotation; (*Jur*) summons *sg*; (*Mil: récompense*) mention

cité [site] NF town; (*plus grande*) city; **~ ouvrière** (workers') housing estate; **~ universitaire** students' residences *pl*

cité-dortoir [sitedɔʀtwaʀ] (*pl* **cités-dortoirs**) NF dormitory town

cité-jardin [siteʒaʀdɛ̃] (*pl* **cités-jardins**) NF garden city

citer [site] /**1**/ VT (*un auteur*) to quote (from); (*nommer*) to name; (*Jur*) to summon; **~ (en exemple)** (*personne*) to hold up (as an example); **je ne veux ~ personne** I don't want to name names

citerne [sitɛʀn] NF tank

cithare [sitaʀ] NF zither

citoyen, ne [sitwajɛ̃, -ɛn] NM/F citizen ▶ ADJ (*mouvement, rencontre*) citizens *cpd*; **initiative citoyenne** citizens' initiative

citoyenneté [sitwajɛnte] NF citizenship

citrique [sitʀik] ADJ: **acide ~** citric acid

★**citron** [sitʀɔ̃] NM lemon; **~ pressé** (fresh) lemon juice; **~ vert** lime

citronnade [sitʀɔnad] NF still lemonade

citronné, e [sitʀɔne] ADJ (*boisson*) lemon-flavoured (BRIT) *ou* -flavored (*US*); (*eau de toilette*) lemon-scented

citronnelle [sitʀɔnɛl] NF citronella

citronnier [sitʀɔnje] NM lemon tree

citrouille [sitʀuj] NF pumpkin

cive [siv] NF chive

civet [sivɛ] NM stew; **~ de lièvre** jugged hare; **~ de lapin** rabbit stew

civette [sivɛt] NF (*Bot*) chives *pl*; (*Zool*) civet (cat)

civière [sivjɛʀ] NF stretcher

civil, e [sivil] ADJ (*Jur, Admin, poli*) civil; (*non militaire*) civilian ▶ NM/F civilian ▶ NM: **en ~** in civilian clothes; **dans le ~** in civilian life

civilement [sivilmɑ̃] ADV (*poliment*) civilly; **se marier ~** to have a civil wedding

civilisation [sivilizasjɔ̃] NF civilization

civilisé, e [sivilize] ADJ civilized

civiliser [sivilize] /**1**/ VT to civilize

civilité [sivilite] NF civility; **présenter ses civilités** to present one's compliments

civique [sivik] ADJ civic; **instruction ~** (*Scol*) civics *sg*

civisme [sivism] NM public-spiritedness

cl. ABR (= *centilitre*) cl

clafoutis [klafuti] NM batter pudding (*containing fruit*)

claie [klɛ] NF grid, riddle

★**clair, e** [klɛʀ] ADJ light; (*chambre*) light, bright; (*eau, son, fig*) clear; **bleu ~** light blue; **pour être ~** so as to make it plain; **le plus ~ de son temps/argent** the better part of his time/money ▶ ADV: **voir ~** to see clearly; **y voir ~** (*comprendre*) to understand, see ▶ NM: **mettre au ~** (*notes etc*) to tidy up; **tirer qch au ~** to clear sth up, clarify sth; **en ~** (*non codé*) in clear; **~ de lune** moonlight

claire [klɛʀ] NF: **(huître de) ~** fattened oyster

clairement [klɛʀmɑ̃] ADV clearly

claire-voie [klɛʀvwa]: **à ~** *adj* letting the light through; openwork *cpd*

clairière [klɛʀjɛʀ] NF clearing

clair-obscur [klɛʀɔpskyʀ] (*pl* **clairs-obscurs**) NM half-light; (*fig*) uncertainty

clairon [klɛʀɔ̃] NM bugle

claironner [klɛʀɔne] /**1**/ VT (*fig*) to trumpet, shout from the rooftops

clairsemé, e [klɛʀsəme] ADJ sparse

clairvoyance [klɛʀvwajɑ̃s] NF clear-sightedness

clairvoyant, e [klɛʀvwajɑ̃, -ɑ̃t] ADJ perceptive, clear-sighted

clam [klam] NM (*Zool*) clam

clamer [klame] /1/ VT to proclaim
clameur [klamœʀ] NF clamour (BRIT), clamor (US)
clan [klɑ̃] NM clan
clandestin, e [klɑ̃dɛstɛ̃, -in] ADJ clandestine, covert; (*Pol*) underground, clandestine; (*travailleur, immigration*) illegal; **passager ~** stowaway
clandestinement [klɑ̃dɛstinmɑ̃] ADV secretly; **s'embarquer ~** to stow away
clandestinité [klɑ̃dɛstinite] NF: **dans la ~** (*en secret*) under cover; (*en se cachant: vivre*) underground; **entrer dans la ~** to go underground
clapet [klapɛ] NM (*Tech*) valve
clapier [klapje] NM (rabbit) hutch
clapotement [klapɔtmɑ̃] NM lap(ping)
clapoter [klapɔte] /1/ VI to lap
clapotis [klapɔti] NM lap(ping)
claquage [klakaʒ] NM pulled *ou* strained muscle
claque [klak] NF (*gifle*) slap; (*Théât*) claque ▸ NM (*chapeau*) opera hat
claqué, e [klake] ADJ (*fam: épuisé*) dead beat (*fam*)
claquement [klakmɑ̃] NM (*de porte: bruit répété*) banging; (*: bruit isolé*) slam
claquemurer [klakmyʀe] /1/: **se claquemurer** VPR to shut o.s. away, closet o.s.
claquer [klake] /1/ VI (*drapeau*) to flap; (*porte*) to bang, slam; (*fam: mourir*) to snuff it; (*coup de feu*) to ring out; **elle claquait des dents** her teeth were chattering ▸ VT (*porte*) to slam, bang; (*doigts*) to snap; (*fam: dépenser*) to blow ■ **se claquer** VPR: **se ~ un muscle** to pull *ou* strain a muscle
claquettes [klakɛt] NFPL tap-dancing *sg*; (*chaussures*) flip-flops
clarification [klaʀifikasjɔ̃] NF (*fig*) clarification
clarifier [klaʀifje] /7/ VT (*fig*) to clarify
clarinette [klaʀinɛt] NF clarinet
clarinettiste [klaʀinetist] NMF clarinettist
clarté [klaʀte] NF lightness; brightness; (*d'un son, de l'eau*) clearness; (*d'une explication*) clarity
clash [klaʃ] NM clash
clasher [klaʃe] (*fam*) VT to slag off (BRIT), to badmouth (US) ▸ VI (*personnes*) to clash; **ça va ~** it's going to kick off
★**classe** [klɑs] NF class; (*Scol: local*) class(room); (*: leçon, élèves*) class, form; **1ère/2ème ~** 1st/2nd class; **un (soldat de) deuxième ~** (*Mil: armée de terre*) ≈ private (soldier); (*: armée de l'air*) ≈ aircraftman (BRIT), ≈ airman basic (US); **de ~** luxury *cpd*; **faire ses classes** (*Mil*) to do one's (recruit's) training; **faire la ~** (*Scol*) to be a *ou* the teacher; to teach; **aller en ~** to go to school; **aller en ~ verte/de neige/de mer** to go to the countryside/skiing/to the seaside with the school; **~ préparatoire** *class which prepares students for the Grandes Écoles entry exams; see note*; **~ sociale** social class; **~ touriste** economy class

> **Classes préparatoires**, commonly known as *prépas*, are the two years of intensive study to prepare students for the competitive entry examinations to the *grandes écoles* (see entry *grand*). These extremely demanding courses follow the *baccalauréat* and are usually done at a *lycée*. Schools which provide such classes are more highly regarded than those which do not.

classement [klɑsmɑ̃] NM classifying; filing; grading; closing; (*rang: Scol*) place; (*: Sport*) placing; (*liste: Scol*) class list (in order of merit); (*: Sport*) placings *pl*; **premier au ~ général** (*Sport*) first overall
classer [klɑse] /1/ VT (*idées, livres*) to classify; (*papiers*) to file; (*candidat, concurrent*) to grade; (*personne: juger: péj*) to rate; (*Jur: affaire*) to close; **se ~ premier/dernier** to come first/last; (*Sport*) to finish first/last
★**classeur** [klɑsœʀ] NM (*cahier*) file; (*meuble*) filing cabinet; **~ à feuillets mobiles** ring binder
classification [klasifikasjɔ̃] NF classification
classifier [klasifje] /7/ VT to classify
★**classique** [klasik] ADJ (*sobre: coupe etc*) classic(al), classical; (*habituel*) standard, classic; **études classiques** classical studies, classics ▸ NM classic; classical author
claudication [klodikasjɔ̃] NF limp
clause [kloz] NF clause
claustrer [klostʀe] /1/ VT to confine
claustrophobie [klostʀɔfɔbi] NF claustrophobia
clavecin [klav(ə)sɛ̃] NM harpsichord
claveciniste [klav(ə)sinist] NMF harpsichordist
clavicule [klavikyl] NF clavicle, collarbone
★**clavier** [klavje] NM keyboard; (*de portable*) keypad
clé, clef [kle] NF key; (*Mus*) clef; (*de mécanicien*) spanner (BRIT), wrench (US); **mettre sous ~** to place under lock and key; **prendre la ~ des champs** to run away, make off; **prix clés en main** (*d'une voiture*) on-the-road price; (*d'un appartement*) price with immediate entry; **~ de sol/de fa/d'ut** treble/bass/alto clef; **livre/film** *etc* **à ~** *book/film etc in which real people are depicted under fictitious names*; **à la ~** (*à la fin*) at the end of it all; **~ anglaise** *ou* **~ à molette** adjustable spanner (BRIT) *ou* wrench, monkey wrench; **~ de contact** ignition key; **~ USB** (*Inform*) USB key, flash drive; **~ de voûte** keystone ▸ ADJ INV: **problème/position ~** key problem/position
clématite [klematit] NF clematis
clémence [klemɑ̃s] NF mildness; leniency
clément, e [klemɑ̃, -ɑ̃t] ADJ (*temps*) mild; (*indulgent*) lenient
clémentine [klemɑ̃tin] NF (*Bot*) clementine
clenche [klɑ̃ʃ] NF latch
cleptomane [klɛptɔman] NMF = **kleptomane**
clerc [klɛʀ] NM: **~ de notaire** *ou* **d'avoué** lawyer's clerk
clergé [klɛʀʒe] NM clergy
clérical, e, -aux [kleʀikal, -o] ADJ clerical
clic [klik] NM (*Inform*) click
cliché [kliʃe] NM (*fig*) cliché; (*Photo*) negative; print; (*Typo*) (printing) plate; (*Ling*) cliché
★**client, e** [klijɑ̃, -ɑ̃t] NM/F (*acheteur*) customer, client; (*d'hôtel*) guest, patron; (*du docteur*) patient; (*de l'avocat*) client
clientèle [klijɑ̃tɛl] NF (*du magasin*) customers *pl*, clientèle; (*du docteur, de l'avocat*) practice; **accorder sa ~ à** to give one's custom to; **retirer sa ~ à** to take one's business away from
cligner [kliɲe] /1/ VI: **~ des yeux** to blink (one's eyes); **~ de l'œil** to wink

clignotant [kliɲɔtɑ̃] NM (*Auto*) indicator
clignoter [kliɲɔte] /1/ VI (*étoiles etc*) to twinkle; (*lumière: à intervalles réguliers*) to flash; (: *vaciller*) to flicker; (*yeux*) to blink
★**climat** [klima] NM climate
climatique [klimatik] ADJ climatic
★**climatisation** [klimatizasjɔ̃] NF air conditioning
climatisé, e [klimatize] ADJ air-conditioned
climatiseur [klimatizœʀ] NM air conditioner
clin d'œil [klɛ̃dœj] NM wink; **en un ~** in a flash
★**clinique** [klinik] ADJ clinical ▸ NF nursing home, (private) clinic
clinquant, e [klɛ̃kɑ̃, -ɑ̃t] ADJ flashy
clip [klip] NM (*pince*) clip; (*boucle d'oreille*) clip-on; **(vidéo) ~** pop (*ou* promotional) video
clique [klik] NF (*péj: bande*) clique, set; **prendre ses cliques et ses claques** to pack one's bags
★**cliquer** [klikɛ] /1/ VI (*Inform*) to click; **~ deux fois** to double-click; **~ sur** to click on ▸ VT to click
cliqueter [klik(ə)te] /4/ VI to clash; (*ferraille, clefs, monnaie*) to jangle, jingle; (*verres*) to chink
cliquetis [klik(ə)ti] NM jangle; jingle; chink
clitoris [klitɔʀis] NM clitoris
clivage [klivaʒ] NM cleavage; (*fig*) rift, split
clivant, e [klivɑ̃, ɑ̃t] ADJ divisive
cloaque [klɔak] NM (*fig*) cesspit
clochard, e [klɔʃaʀ, -aʀd] NM/F tramp
★**cloche** [klɔʃ] NF (*d'église*) bell; (*fam*) clot; (*chapeau*) cloche (hat); **~ à fromage** cheese-cover
cloche-pied [klɔʃpje]: **à ~** *adv* on one leg, hopping (along)
clocher [klɔʃe] /1/ NM church tower; (*en pointe*) steeple; **de ~** (*péj*) parochial ▸ VI (*fam*) to be *ou* go wrong
clocheton [klɔʃtɔ̃] NM pinnacle
clochette [klɔʃɛt] NF bell
clodo [klɔdo] NM (*fam: = clochard*) tramp
cloison [klwazɔ̃] NF partition (wall); **~ étanche** (*fig*) impenetrable barrier, brick wall (*fig*)
cloisonner [klwazɔne] /1/ VT to partition (off), divide up; (*fig*) to compartmentalize
cloître [klwatʀ] NM cloister
cloîtrer [klwatʀe] /1/: **se cloîtrer** VPR to shut o.s. away; (*Rel*) to enter a convent *ou* monastery
clonage [klonaʒ] NM cloning
clone [klon] NM clone
cloner [klone] /1/ VT to clone
clope [klɔp] NM OU F (*fam*) fag (BRIT), cigarette
clopin-clopant [klɔpɛ̃klɔpɑ̃] ADV hobbling along; (*fig*) so-so
clopiner [klɔpine] /1/ VI to hobble along
cloporte [klɔpɔʀt] NM woodlouse
cloque [klɔk] NF blister
cloqué, e [klɔke] ADJ: **étoffe cloquée** seersucker
cloquer [klɔke] /1/ VI (*peau, peinture*) to blister
clore [klɔʀ] /45/ VT to close; **~ une session** (*Inform*) to log out
clos, e [klo, -oz] PP *de* **clore** ▸ ADJ *voir* **maison**; **huis**; **vase** ▸ NM (enclosed) field
clôt [klo] VB *voir* **clore**
clôture [klotyʀ] NF closure, closing; (*barrière*) enclosure, fence
clôturer [klotyʀe] /1/ VT (*terrain*) to enclose, close off; (*festival, débats*) to close
★**clou** [klu] NM nail; (*Méd*) boil; **le ~ du spectacle** the highlight of the show; **~ de girofle** clove; **pneus à clous** studded tyres ■ **clous** NMPL = **passage clouté**
cloud computing NM cloud computing
clouer [klue] /1/ VT to nail down (*ou* up); (*fig*): **~ sur/contre** to pin to/against
clouté, e [klute] ADJ studded
clown [klun] NM clown; **faire le ~** (*fig*) to clown (about), play the fool
clownerie [klunʀi] NF clowning *no pl*; **faire des clowneries** to clown around
★**club** [klœb] NM club
CM SIGLE F = **chambre des métiers** ▸ SIGLE M = **conseil municipal**; (*Scol*) = **cours moyen**
cm. ABR (= *centimètre*) cm
CMU SIGLE F (= *couverture maladie universelle*) *system of free health care for those on low incomes*
CNAT SIGLE F (= *Commission nationale d'aménagement du territoire*) *national development agency*
CNC SIGLE M (= *Conseil national de la consommation*) *national consumers' council*
CNE SIGLE M (*vieilli*: = *Contrat nouvelles embauches*) *less stringent type of employment contract for use by small companies*
CNED SIGLE M (= *Centre national d'enseignement à distance*) ≈ Open University
CNIL SIGLE F (= *Commission nationale de l'informatique et des libertés*) *board which enforces law on data protection*
CNIT SIGLE M (= *Centre des nouvelles industries et technologies*) *exhibition centre in Paris*
CNJA SIGLE M (= *Centre national des jeunes agriculteurs*) *farmers' union*
CNL SIGLE F (= *Confédération nationale du logement*) *consumer group for housing*
CNRS SIGLE M (= *Centre national de la recherche scientifique*) ≈ SERC (BRIT), ≈ NSF (US)
c/o ABR (= *care of*) c/o
coagulant [kɔagylɑ̃] NM (*Méd*) coagulant
coaguler [kɔagyle] /1/ VI, VT to coagulate ■ **se coaguler** VPR (*sang*) to coagulate
coaliser [kɔalize] /1/: **se coaliser** VPR to unite, join forces
coalition [kɔalisjɔ̃] NF coalition
coasser [kɔase] /1/ VI to croak
coauteur [kɔotœʀ] NM co-author
coaxial, e, -aux [koaksjal, -o] ADJ coaxial
cobaye [kɔbaj] NM guinea-pig
COBOL, Cobol [kɔbɔl] NM COBOL, Cobol
cobra [kɔbʀa] NM cobra
★**coca**® [kɔka] NM Coke®
cocagne [kɔkaɲ] NF: **pays de ~** land of plenty; **mât de ~** greasy pole (*fig*)
cocaïne [kɔkain] NF cocaine
cocarde [kɔkaʀd] NF rosette
cocardier, -ière [kɔkaʀdje, -jɛʀ] ADJ jingoistic, chauvinistic; militaristic

C

cocasse [kɔkas] ADJ comical, funny

coccinelle [kɔksinɛl] NF ladybird (BRIT), ladybug (US)

coccyx [kɔksis] NM coccyx

★**cocher** [kɔʃe] /1/ NM coachman ▶ VT to tick off; (*entailler*) to notch

cochère [kɔʃɛʀ] ADJ F *voir* **porte**

★**cochon, ne** [kɔʃɔ̃, -ɔn] NM pig; **~ d'Inde** guinea pig; **~ de lait** (*Culin*) sucking pig ▶ NM/F (*péj: sale*) (filthy) pig; (: *méchant*) swine ▶ ADJ (*fam*) dirty, smutty

cochonnaille [kɔʃɔnaj] NF (*péj: charcuterie*) (cold) pork

cochonnerie [kɔʃɔnʀi] NF (*fam: saleté*) filth; (: *marchandises*) rubbish, trash

cochonnet [kɔʃɔnɛ] NM (*Boules*) jack

cocker [kɔkɛʀ] NM cocker spaniel

cocktail [kɔktɛl] NM cocktail; (*réception*) cocktail party

coco [kɔko] NM *voir* **noix**; (*fam*) bloke (BRIT), dude (US)

cocon [kɔkɔ̃] NM cocoon

cocorico [kɔkɔʀiko] EXCL, NM cock-a-doodle-do

cocotier [kɔkɔtje] NM coconut palm

cocotte [kɔkɔt] NF (*en fonte*) casserole; **ma ~** (*fam*) sweetie (pie); **~ (minute)®** pressure cooker; **~ en papier** paper shape

cocu [kɔky] NM (*fam*) cuckold

cocufier [kɔkyfje] VT (*fam*) to be unfaithful to

★**code** [kɔd] NM code; **~ (à) barres** bar code; **~ de caractère** (*Inform*) character code; **~ civil** Common Law; **~ machine** machine code; **~ pénal** penal code; **~ postal** (*numéro*) postcode (BRIT), zip code (US); **~ de la route** highway code; **~ secret** cipher; **se mettre en ~(s)** to dip (BRIT) *ou* dim (US) one's (head)lights ▶ ADJ: **phares codes** dipped lights

codéine [kɔdein] NF codeine

coder [kɔde] /1/ VT to (en)code

codétenu, e [kodet(ə)ny] NM/F fellow prisoner *ou* inmate

codicille [kɔdisil] NM codicil

codifier [kɔdifje] /7/ VT to codify

codirecteur, -trice [kɔdiʀɛktœʀ, -tʀis] NM/F co-director

coéditeur, -trice [kɔeditœʀ, -tʀis] NM/F co-publisher; (*rédacteur*) co-editor

coefficient [kɔefisjɑ̃] NM coefficient; **~ d'erreur** margin of error

coéquipier, -ière [kɔekipje, -jɛʀ] NM/F team-mate, partner

coercitif, -ive [kɔɛʀsitif, iv] ADJ (*mesures, moyens*) coercive

coercition [kɔɛʀsisjɔ̃] NF coercion

cœur [kœʀ] NM heart; (*Cartes: couleur*) hearts *pl*; (: *carte*) heart; (*Culin*): **~ de laitue/d'artichaut** lettuce/artichoke heart; (*fig*): **~ du débat** heart of the debate; **~ de l'été** height of summer; **~ de la forêt** depths *pl* of the forest; **affaire de ~** love affair; **avoir bon ~** to be kind-hearted; **avoir mal au ~** to feel sick; **contre** *ou* **sur son ~** to one's breast; **opérer qn à ~ ouvert** to perform open-heart surgery on sb; **recevoir qn à ~ ouvert** to welcome sb with open arms; **parler à ~ ouvert** to open one's heart; **de tout son ~** with all one's heart; **avoir le ~ gros** *ou* **serré** to have a heavy heart; **en avoir le ~ net** to be clear in one's own mind (about it); **par ~** by heart; **de bon ~** willingly; **avoir à ~ de faire** to be very keen to do; **cela lui tient à ~** that's (very) close to his heart; **prendre les choses à ~** to take things to heart; **à ~ joie** to one's heart's content; **être de tout ~ avec qn** to be (completely) in accord with sb

coexistence [kɔɛgzistɑ̃s] NF coexistence

coexister [kɔegziste] /1/ VI to coexist

coffrage [kɔfʀaʒ] NM (*Constr: dispositif*) form(work)

★**coffre** [kɔfʀ] NM (*meuble*) chest; (*coffre-fort*) safe; (*d'auto*) boot (BRIT), trunk (US); **avoir du ~** (*fam*) to have a lot of puff

coffre-fort [kɔfʀəfɔʀ] (*pl* **coffres-forts**) NM safe

coffrer [kɔfʀe] /1/ VT (*fam*) to put inside, lock up

coffret [kɔfʀɛ] NM casket; **~ à bijoux** jewel box

cogérant, e [kɔʒeʀɑ̃, -ɑ̃t] NM/F joint manager/manageress

cogestion [kɔʒestjɔ̃] NF joint management

cogiter [kɔʒite] /1/ VI to cogitate

cognac [kɔɲak] NM brandy, cognac

cognement [kɔɲmɑ̃] NM knocking

★**cogner** [kɔɲe] /1/ VI to knock, bang ■ **se cogner** VPR to bump o.s.; **se ~ contre** to knock *ou* bump into; **se ~ la tête** to bang one's head

cohabitation [kɔabitasjɔ̃] NF living together; (*Pol, Jur*) cohabitation

cohabiter [kɔabite] /1/ VI to live together

cohérence [kɔeʀɑ̃s] NF coherence

cohérent, e [kɔeʀɑ̃, -ɑ̃t] ADJ coherent, consistent

cohésion [kɔezjɔ̃] NF cohesion

cohorte [kɔɔʀt] NF troop

cohue [kɔy] NF crowd

coi, coite [kwa, kwat] ADJ: **rester ~** to remain silent

coiffe [kwaf] NF headdress

coiffé, e [kwafe] ADJ: **bien/mal ~** with tidy/untidy hair; **~ d'un béret** wearing a beret; **~ en arrière** with one's hair brushed *ou* combed back; **~ en brosse** with a crew cut

coiffer [kwafe] /1/ VT (*fig: surmonter*) to cover, top; **~ qn** to do sb's hair; **~ qn d'un béret** to put a beret on sb ■ **se coiffer** VPR to do one's hair; to put on a *ou* one's hat

★**coiffeur, -euse** [kwafœʀ, -øz] NM/F hairdresser ▶ NF (*table*) dressing table

★**coiffure** [kwafyʀ] NF (*cheveux*) hairstyle, hairdo; (*chapeau*) hat, headgear *no pl*; (*art*): **la ~** hairdressing

★**coin** [kwɛ̃] NM corner; (*pour graver*) die; (*pour coincer*) wedge; (*poinçon*) hallmark; **l'épicerie du ~** the local grocer; **dans le ~** (*aux alentours*) in the area, around about; (*habiter*) locally; **je ne suis pas du ~** I'm not from here; **au ~ du feu** by the fireside; **du ~ de l'œil** out of the corner of one's eye; **regard en ~** side(ways) glance; **sourire en ~** half-smile

coincé, e [kwɛ̃se] ADJ stuck, jammed; (*fig: inhibé*) inhibited, with hang-ups

coincer [kwɛ̃se] /3/ VT to jam; (*fam*) to catch (out); to nab ■ **se coincer** VPR to get stuck *ou* jammed

coïncidence [kɔɛ̃sidɑ̃s] NF coincidence
coïncider [kɔɛ̃side] /1/ VI: **~ (avec)** to coincide (with); (*correspondre: témoignage etc*) to correspond *ou* tally (with)
coin-coin [kwɛ̃kwɛ̃] NM INV quack
coing [kwɛ̃] NM quince
coït [kɔit] NM coitus
coite [kwat] ADJ F *voir* **coi**
coke [kɔk] NM coke
col [kɔl] NM (*de chemise*) collar; (*encolure, cou*) neck; (*de montagne*) pass; **~ roulé** polo-neck; **~ de l'utérus** cervix
coléoptère [kɔleɔptɛʀ] NM beetle
colère [kɔlɛʀ] NF anger; **une ~** a fit of anger; **être en ~ (contre qn)** to be angry (with sb); **mettre qn en ~** to make sb angry; **se mettre en ~ contre qn** to get angry with sb; **se mettre en ~** to get angry
coléreux, -euse [kɔleʀø, -øz], **colérique** [kɔleʀik] ADJ quick-tempered, irascible
colibacille [kɔlibasil] NM colon bacillus
colibacillose [kɔlibasiloz] NF colibacillosis
colifichet [kɔlifiʃɛ] NM trinket
colimaçon [kɔlimasɔ̃] NM: **escalier en ~** spiral staircase
colin [kɔlɛ̃] NM hake
colin-maillard [kɔlɛ̃majaʀ] NM (*jeu*) blind man's buff
colique [kɔlik] NF diarrhoea (BRIT), diarrhea (US); (*douleurs*) colic (pains *pl*); (*fam: personne ou chose ennuyeuse*) pain
★**colis** [kɔli] NM parcel; **par ~ postal** by parcel post
colistier, -ière [kɔlistje, -jɛʀ] NM/F fellow candidate
colite [kɔlit] NF colitis
coll. ABR = **collection**; **collaborateurs**; **et ~** et al.
collaborateur, -trice [kɔlabɔʀatœʀ, -tʀis] NM/F (*aussi Pol*) collaborator; (*d'une revue*) contributor
collaboration [kɔlabɔʀasjɔ̃] NF collaboration
collaboratif, -ive [kɔlabɔʀatif, -iv] ADJ collaborative
collaborer [kɔ(l)labɔʀe] /1/ VI to collaborate; **~ à** to collaborate on; (*revue*) to contribute to
collage [kɔlaʒ] NM (*Art*) collage
collagène [kɔlaʒɛn] NM collagen
★**collant, e** [kɔlɑ̃, -ɑ̃t] ADJ sticky; (*robe etc*) clinging, skintight; (*péj*) clinging ▸NM (*bas*) tights *pl*; (*de danseur*) leotard
collatéral, e, -aux [kɔlateʀal, -o] NM/F collateral
collation [kɔlasjɔ̃] NF light meal
★**colle** [kɔl] NF glue; (*à papiers peints*) (wallpaper) paste; (*devinette*) teaser, riddle; (*Scol: fam*) detention; **~ forte** superglue®
collecte [kɔlɛkt] NF collection; **faire une ~** to take up a collection
collecter [kɔlɛkte] /1/ VT to collect
collecteur [kɔlɛktœʀ] NM (*égout*) main sewer
collectif, -ive [kɔlɛktif, -iv] ADJ collective; (*visite, billet etc*) group *cpd*; **immeuble ~** block of flats ▸NM: **~ budgétaire** mini-budget (BRIT), mid-term budget
★**collection** [kɔlɛksjɔ̃] NF collection; (*Édition*) series; **pièce de ~** collector's item; **faire (la) ~ de** to collect; **(toute) une ~ de ...** (*fig*) a (complete) set of ...
★**collectionner** [kɔlɛksjɔne] /1/ VT (*tableaux, timbres*) to collect
collectionneur, -euse [kɔlɛksjɔnœʀ, -øz] NM/F collector
collectivement [kɔlɛktivmɑ̃] ADV collectively
collectiviser [kɔlɛktivize] /1/ VT to collectivize
collectivisme [kɔlɛktivism] NM collectivism
collectiviste [kɔlɛktivist] ADJ collectivist
collectivité [kɔlɛktivite] NF group; **la ~** the community, the collectivity; **les collectivités locales** local authorities
collège [kɔlɛʒ] NM (*école*) (secondary) school; *see note*; (*assemblée*) body; **~ électoral** electoral college

> A **collège** is a secondary school for children between 11 and 15 years of age. Pupils follow a national curriculum consisting of several core subjects, all compulsory, along with several options. Schools are free to arrange their own timetable and choose their own teaching methods. Before leaving this phase of their education, students are assessed by examination and course work for their *brevet des collèges*.

collégial, e, -aux [kɔleʒjal, -o] ADJ collegiate
collégien, ne [kɔleʒjɛ̃, -ɛn] NM/F secondary school pupil (BRIT), high school student (US)
collègue [kɔ(l)lɛg] NMF colleague
★**coller** [kɔle] /1/ VT (*papier, timbre*) to stick (on); (*affiche*) to stick up; (*appuyer, placer contre*): **~ son front à la vitre** to press one's face to the window; (*enveloppe*) to stick down; (*morceaux*) to stick *ou* glue together; (*Inform*) to paste; (*fam: mettre, fourrer*) to stick, shove; (*Scol: fam*) to keep in, give detention to; **~ qch sur** to stick (*ou* paste *ou* glue) sth on(to); **être collé à un examen** (*fam*) to fail an exam ▸VI (*être collant*) to be sticky; (*adhérer*) to stick; **~ à** to stick to; (*fig*) to cling to
collerette [kɔlʀɛt] NF ruff; (*Tech*) flange
collet [kɔlɛ] NM (*piège*) snare, noose; (*cou*): **prendre qn au ~** to grab sb by the throat; **~ monté** *adj inv* straight-laced
colleter [kɔlte] /4/ VT (*adversaire*) to collar, grab by the throat; **se ~ avec** to wrestle with
colleur, -euse [kɔlœʀ, -øz] NM/F: **~ d'affiches** bill-poster
★**collier** [kɔlje] NM (*bijou*) necklace; (*de chien, Tech*) collar; **~ (de barbe), barbe en ~** narrow beard along the line of the jaw; **~ de serrage** choke collar
collimateur [kɔlimatœʀ] NM: **être dans le ~** (*fig*) to be in the firing line; **avoir qn/qch dans le ~** (*fig*) to have sb/sth in one's sights
★**colline** [kɔlin] NF hill
collision [kɔlizjɔ̃] NF collision, crash; **entrer en ~ (avec)** to collide (with)
colloque [kɔlɔk] NM colloquium, symposium
collusion [kɔlyzjɔ̃] NF collusion
collutoire [kɔlytwaʀ] NM (*Méd*) oral medication; (*en bombe*) throat spray
collyre [kɔliʀ] NM (*Méd*) eye lotion
colmater [kɔlmate] /1/ VT (*fuite*) to seal off; (*brèche*) to plug, fill in

coloc [kɔlɔk] NMF (*fam: dans un appartement*) flatmate (BRIT), roommate (US); (*: dans une maison*) housemate (BRIT), roommate (US)

colocation [kɔlɔkasjɔ̃] NF shared flat (BRIT), shared apartment (US); **être en ~** to share a flat (BRIT) *ou* apartment (US)

Cologne [kɔlɔɲ] N Cologne

colombage [kɔlɔ̃baʒ] NM half-timbering; **une maison à colombages** a half-timbered house

colombe [kɔlɔ̃b] NF dove

Colombie [kɔlɔ̃bi] NF: **la ~** Colombia

colombien, ne [kɔlɔ̃bjɛ̃, -ɛn] ADJ Colombian ▸ NM/F: **Colombien, ne** Colombian

colon [kɔlɔ̃] NM settler; (*enfant*) boarder (*in children's holiday camp*)

côlon [kolɔ̃] NM colon (*Méd*)

colonel [kɔlɔnɛl] NM colonel; (*de l'armée de l'air*) group captain

colonial, e, -aux [kɔlɔnjal, -o] ADJ colonial

colonialisme [kɔlɔnjalism] NM colonialism

colonialiste [kɔlɔnjalist] ADJ, NMF colonialist

★**colonie** [kɔlɔni] NF colony; **~ (de vacances)** holiday camp (*for children*)

colonisation [kɔlɔnizasjɔ̃] NF colonization

coloniser [kɔlɔnize] /1/ VT to colonize

colonnade [kɔlɔnad] NF colonnade

colonne [kɔlɔn] NF column; **se mettre en ~ par deux/quatre** to get into twos/fours; **en ~ par deux** in double file; **~ de secours** rescue party; **~ (vertébrale)** spine, spinal column

colonnette [kɔlɔnɛt] NF small column

colophane [kɔlɔfan] NF rosin

colorant [kɔlɔʀɑ̃] NM colouring

coloration [kɔlɔʀasjɔ̃] NF colour(ing); **se faire faire une ~** (*chez le coiffeur*) to have one's hair dyed

coloré, e [kɔlɔʀe] ADJ (*fig*) colourful

colorer [kɔlɔʀe] /1/ VT to colour ■ **se colorer** VPR to turn red; to blush

coloriage [kɔlɔʀjaʒ] NM colouring

colorier [kɔlɔʀje] /7/ VT to colour (in); **album à ~** colouring book

coloris [kɔlɔʀi] NM colour, shade

coloriste [kɔlɔʀist] NMF colourist

colossal, e, -aux [kɔlɔsal, -o] ADJ colossal, huge

colosse [kɔlɔs] NM giant

colostrum [kɔlɔstʀɔm] NM colostrum

colporter [kɔlpɔʀte] /1/ VT to peddle

colporteur, -euse [kɔlpɔʀtœʀ, -øz] NM/F hawker, pedlar

colt [kɔlt] NM revolver, Colt®

coltiner [kɔltine] /1/ VT to lug about

colza [kɔlza] NM rape(seed)

COM [kɔm] SIGLE M, SIGLE MPL (= *Collectivité(s) d'outre-mer*) French overseas departments and regions; *voir aussi* **DOM-ROM**

coma [kɔma] NM coma; **être dans le ~** to be in a coma

comateux, -euse [kɔmatø, -øz] ADJ comatose

combat [kɔ̃ba] VB *voir* **combattre** ▸ NM fight; fighting *no pl*; **~ de boxe** boxing match; **~ de rues** street fighting *no pl*; **~ singulier** single combat

combatif, -ive [kɔ̃batif, -iv] ADJ with a lot of fight

combativité [kɔ̃bativite] NF fighting spirit

combattant [kɔ̃batɑ̃] VB *voir* **combattre** ▸ NM combatant; (*d'une rixe*) brawler; **ancien ~** war veteran

combattre [kɔ̃batʀ] /41/ VI to fight ▸ VT to fight; (*épidémie, ignorance*) to combat, fight against

★**combien** [kɔ̃bjɛ̃] ADV (*quantité*) how much; (*nombre*) how many; (*exclamatif*) how; **~ de** how much; (*nombre*) how many; **~ de temps** how long, how much time; **c'est ~ ?, ça fait ~ ?** how much is it?; **~ coûte/pèse ceci ?** how much does this cost/weigh?; **vous mesurez ~ ?** what size are you?; **ça fait ~ en largeur ?** how wide is that?; **on est le ~ aujourd'hui ?** (*fam*) what's the date today?

combinaison [kɔ̃binɛzɔ̃] NF combination; (*astuce*) device, scheme; (*de femme*) slip; (*d'aviateur*) flying suit; (*de plongée*) wetsuit; (*bleu de travail*) boilersuit (BRIT), coveralls *pl* (US)

combine [kɔ̃bin] NF trick; (*péj*) scheme, fiddle (BRIT)

combiné [kɔ̃bine] NM (*aussi:* **combiné téléphonique**) receiver; (*Ski*) combination (event); (*vêtement de femme*) corselet

combiner [kɔ̃bine] /1/ VT to combine; (*plan, horaire*) to work out, devise

comble [kɔ̃bl] ADJ (*salle*) packed (full) ▸ NM (*du bonheur, plaisir*) height; **de fond en ~** from top to bottom; **pour ~ de malchance** to cap it all; **c'est le ~ !** that beats everything!, that takes the biscuit! (BRIT) ■ **combles** NMPL (*Constr*) attic *sg*, loft *sg*; **sous les combles** in the attic

combler [kɔ̃ble] /1/ VT (*trou*) to fill in; (*besoin, lacune*) to fill; (*déficit*) to make good; (*satisfaire*) to gratify, fulfil (BRIT), fulfill (US); **~ qn de joie** to fill sb with joy; **~ qn d'honneurs** to shower sb with honours

combustible [kɔ̃bystibl] ADJ combustible ▸ NM fuel

combustion [kɔ̃bystjɔ̃] NF combustion

COMECON [kɔmekɔn] SIGLE M Comecon

comédie [kɔmedi] NF comedy; (*fig*) playacting *no pl*; **jouer la ~** (*fig*) to put on an act; **faire une ~** (*fig*) to make a fuss; **la Comédie-Française** *see note*; **~ musicale** musical

> Founded in 1680 by Louis XIV, the **Comédie-Française** is the French national theatre. The company is subsidized by the state and mainly performs in the *Palais-Royal* in Paris. Its repertoire includes classical French plays as well as more contemporary drama and works from other countries.

comédien, ne [kɔmedjɛ̃, -ɛn] NM/F actor/actress; (*comique*) comedy actor/actress, comedian/comedienne; (*fig*) sham

comestible [kɔmɛstibl] ADJ edible ■ **comestibles** NMPL foods

comète [kɔmɛt] NF comet

comice [kɔmis] NM: **~ agricole** agricultural show

★**comique** [kɔmik] ADJ (*drôle*) comical; (*Théât*) comic ▸ NMF (*artiste*) comic, comedian ▸ NM: **le ~ de qch** the funny *ou* comical side of sth

comité [kɔmite] NM committee; **petit ~** select group; **~ directeur** management committee; **~ d'entreprise** works council; **~ des fêtes** festival committee

commandant [kɔmɑ̃dɑ̃] NM *(gén)* commander, commandant; *(Mil: grade)* major; (: *armée de l'air*) squadron leader; *(Navig)* captain; **~ (de bord)** *(Aviat)* captain

★**commande** [kɔmɑ̃d] NF *(Comm)* order; *(Inform)* command; **passer une ~ (de)** to put in an order (for); **sur ~** to order; **~ à distance** remote control; **à ~ vocale** *(appareil, dispositif)* voice-activated; **véhicule à double ~** vehicle with dual controls ■ **commandes** NFPL *(Aviat etc)* controls

commandement [kɔmɑ̃dmɑ̃] NM command; *(ordre)* command, order; *(Rel)* commandment

★**commander** [kɔmɑ̃de] /1/ VT *(Comm)* to order; *(diriger, ordonner)* to command; **~ à** *(Mil)* to command; *(contrôler, maîtriser)* to have control over; **~ à qn de faire** to command *ou* order sb to do

commanditaire [kɔmɑ̃ditɛʀ] NM sleeping (BRIT) *ou* silent (US) partner

commandite [kɔmɑ̃dit] NF: **(société en) ~** limited partnership

commanditer [kɔmɑ̃dite] /1/ VT *(Comm)* to finance, back; to commission

commando [kɔmɑ̃do] NM commando (squad)

comme [kɔm]

PRÉP **1** *(comparaison)* like; **tout comme son père** just like his father; **fort comme un bœuf** as strong as an ox; **joli comme tout** ever so pretty
2 *(manière)* like; **faites-le comme ça** do it like this, do it this way; **comme ça** *ou* **cela on n'aura pas d'ennuis** that way we won't have any problems; **comme ci, comme ça** so-so, middling; **comment ça va ? — comme ça** how are things? — OK; **comme on dit** as they say
3 *(en tant que)* as a; **donner comme prix** to give as a prize; **travailler comme secrétaire** to work as a secretary
4: **comme quoi** *(d'où il s'ensuit que)* which shows that; **il a écrit une lettre comme quoi il ...** he's written a letter saying that ...
5: **comme il faut** *adv* properly; *adj* *(correct)* proper, correct
▸ CONJ **1** *(ainsi que)* as; **elle écrit comme elle parle** she writes as she talks; **il est malin comme c'est pas permis** he's as smart as anything; **comme si** as if
2 *(au moment où, alors que)* as; **il est parti comme j'arrivais** he left as I arrived
3 *(parce que, puisque)* as, since; **comme il était en retard, il ...** as he was late, he ...
▸ ADV: **comme il est fort/c'est bon !** he's so strong/it's so good!

commémoratif, -ive [kɔmemɔʀatif, -iv] ADJ commemorative; **un monument ~** a memorial

commémoration [kɔmemɔʀasjɔ̃] NF commemoration

commémorer [kɔmemɔʀe] /1/ VT to commemorate

★**commencement** [kɔmɑ̃smɑ̃] NM beginning, start, commencement ■ **commencements** NMPL *(débuts)* beginnings

★**commencer** [kɔmɑ̃se] /3/ VT to begin, start, commence; **~ à** *ou* **de faire** to begin *ou* start doing; **~ par qch** to begin with sth; **~ par faire qch** to begin by doing sth ▸ VI to begin, start, commence

commensal, e, -aux [kɔmɑ̃sal, -o] NM/F companion at table

★**comment** [kɔmɑ̃] ADV how; **~ ?** *(que dites-vous)* (I beg your) pardon?; **~ !** what!; **et ~ !** and how!; **~ donc !** of course!; **~ faire ?** how will we do it?; **~ se fait-il que ... ?** how is it that ...? ▸ NM: **le ~ et le pourquoi** the whys and wherefores

commentaire [kɔmɑ̃tɛʀ] NM comment; remark; **~ (de texte)** *(Scol)* commentary; **~ sur image** voice-over

commentateur, -trice [kɔmɑ̃tatœʀ, -tʀis] NM/F commentator

commenter [kɔmɑ̃te] /1/ VT *(jugement, événement)* to comment (up)on; *(Radio, TV: match, manifestation)* to cover, give a commentary on

commérages [kɔmeʀaʒ] NMPL gossip *sg*

commerçant, e [kɔmɛʀsɑ̃, -ɑ̃t] ADJ commercial; trading; *(rue)* shopping *cpd*; *(personne)* commercially shrewd ▸ NM/F shopkeeper, trader

commerce [kɔmɛʀs] NM *(activité)* trade, commerce; *(boutique)* business; **le petit ~** small shop owners *pl*, small traders *pl*; **faire ~ de** to trade in; *(fig: péj)* to trade on; **chambre de ~** Chamber of Commerce; **livres de ~** (account) books; **vendu dans le ~** sold in the shops; **vendu hors-commerce** sold directly to the public; **~ en** *ou* **de gros/détail** wholesale/retail trade; **~ électronique** e-commerce; **~ équitable** fair trade; **~ intérieur/extérieur** home/foreign trade; **~ de proximité** local shop

commercer [kɔmɛʀse] /3/ VI: **~ avec** to trade with

commercial, e, -aux [kɔmɛʀsjal, -o] ADJ commercial, trading; *(péj)* commercial ▸ NM: **les commerciaux** the commercial people

commercialisable [kɔmɛʀsjalizabl] ADJ marketable

commercialisation [kɔmɛʀsjalizasjɔ̃] NF marketing

commercialiser [kɔmɛʀsjalize] /1/ VT to market

commère [kɔmɛʀ] NF gossip

commettant [kɔmetɑ̃] VB *voir* **commettre** ▸ NM *(Jur)* principal

commettre [kɔmɛtʀ] /56/ VT to commit ■ **se commettre** VPR to compromise one's good name

commis¹ [kɔmi] NM *(de magasin)* (shop) assistant (BRIT), sales clerk (US); *(de banque)* clerk; **~ voyageur** commercial traveller (BRIT) *ou* traveler (US)

commis², e [kɔmi, -iz] PP *de* **commettre**

commisération [kɔmizeʀasjɔ̃] NF commiseration

commissaire [kɔmisɛʀ] NM *(de police)* ≈ (police) superintendent (BRIT), ≈ (police) captain (US); *(de rencontre sportive etc)* steward; **~ du bord** *(Navig)* purser; **~ aux comptes** *(Admin)* auditor

commissaire-priseur [kɔmisɛʀpʀizœʀ] *(pl* **commissaires-priseurs)** NM (official) auctioneer

★**commissariat** [kɔmisaʀja] NM *(aussi:* **commissariat de police)** police station; *(Admin)* commissionership

commission [kɔmisjɔ̃] NF (*comité, pourcentage*) commission; (*message*) message; (*course*) errand; **~ d'examen** examining board ■ **commissions** NFPL (*achats*) shopping *sg*

commissionnaire [kɔmisjɔnɛʀ] NM delivery boy (*ou* man); messenger; (*Transports*) (forwarding) agent

commissure [kɔmisyʀ] NF: **les commissures des lèvres** the corners of the mouth

★**commode** [kɔmɔd] ADJ (*pratique*) convenient, handy; (*facile*) easy; (*air, personne*) easy-going; (*personne*): **pas ~** awkward (to deal with) ▸ NF chest of drawers

commodité [kɔmɔdite] NF convenience

commotion [kɔmosjɔ̃] NF: **~ (cérébrale)** concussion

commotionné, e [kɔmosjɔne] ADJ shocked, shaken

commuer [kɔmɥe] /1/ VT to commute

★**commun, e** [kɔmœ̃, -yn] ADJ common; (*pièce*) communal, shared; (*réunion, effort*) joint; **d'un ~ accord** of one accord; with one accord; **être ~ à** (*chose*) to be shared by; **en ~** (*faire*) jointly; **mettre en ~** to pool, share; **peu ~** unusual; **sans commune mesure** incomparable ▸ NMSG: **le ~ des mortels** the common run of people; **cela sort du ~** it's out of the ordinary ▸ NF (*Admin*) commune, ≈ district; (*: urbaine*) ≈ borough ■ **communs** NMPL (*bâtiments*) outbuildings

communal, e, -aux [kɔmynal, -o] ADJ (*Admin*) of the commune, ≈ (district *ou* borough) council *cpd*

communard, e [kɔmynaʀ, -aʀd] NM/F (*Hist*) Communard; (*péj: communiste*) commie

communautaire [kɔmynotɛʀ] ADJ community *cpd*

communauté [kɔmynote] NF community; (*Jur*): **régime de la ~** communal estate settlement

commune [kɔmyn] ADJ F, NF *voir* **commun**

communément [kɔmynemɑ̃] ADV commonly

Communes [kɔmyn] NFPL (*en Grande-Bretagne: parlement*) Commons

communiant, e [kɔmynjɑ̃, -ɑ̃t] NM/F communicant; **premier ~** child taking his first communion

communicant, e [kɔmynikɑ̃, -ɑ̃t] ADJ communicating

communicatif, -ive [kɔmynikatif, -iv] ADJ (*personne*) communicative; (*rire*) infectious

★**communication** [kɔmynikasjɔ̃] NF communication; **~ (téléphonique)** (telephone) call; **avoir la ~ (avec)** to get *ou* be through (to); **vous avez la ~** you're through; **donnez-moi la ~ avec** put me through to; **mettre qn en ~ avec qn** (*en contact*) to put sb in touch with sb; (*au téléphone*) to connect sb with sb; **~ interurbaine** long-distance call; **~ en PCV** reverse charge (BRIT) *ou* collect (US) call; **~ avec préavis** personal call

communier [kɔmynje] /7/ VI (*Rel*) to receive communion; (*fig*) to be united

communion [kɔmynjɔ̃] NF communion

communiqué [kɔmynike] NM communiqué; **~ de presse** press release

communiquer [kɔmynike] /1/ VT (*nouvelle, dossier*) to pass on, convey; (*maladie*) to pass on; (*peur etc*) to communicate; (*chaleur, mouvement*) to transmit ▸ VI to communicate; **~ avec** (*salle*) to communicate with ■ **se communiquer à** VPR (*se propager*) to spread to

communisme [kɔmynism] NM communism

communiste [kɔmynist] ADJ, NMF communist

commutateur [kɔmytatœʀ] NM (*Élec*) (changeover) switch, commutator

commutation [kɔmytasjɔ̃] NF (*Inform*): **~ de messages** message switching; **~ de paquets** packet switching

Comores [kɔmɔʀ] NFPL: **les (îles) ~** the Comoros (Islands)

comorien, ne [kɔmɔʀjɛ̃, -ɛn] ADJ of *ou* from the Comoros

compact, e [kɔ̃pakt] ADJ (*dense*) dense; (*appareil*) compact

compagne [kɔ̃paɲ] NF companion

compagnie [kɔ̃paɲi] NF (*firme, Mil*) company; (*groupe*) gathering; (*présence*): **la ~ de qn** sb's company; **homme/femme de ~** escort; **tenir ~ à qn** to keep sb company; **fausser ~ à qn** to give sb the slip, slip *ou* sneak away from sb; **en ~ de** in the company of; **Dupont et ~, Dupont et Cie** Dupont and Company, Dupont and Co; **~ aérienne** airline (company)

compagnon [kɔ̃paɲɔ̃] NM companion; (*autrefois: ouvrier*) craftsman; journeyman

comparable [kɔ̃paʀabl] ADJ: **~ (à)** comparable (to)

comparaison [kɔ̃paʀɛzɔ̃] NF comparison; (*métaphore*) simile; **en ~ (de)** in comparison (with); **par ~ (à)** by comparison (with)

comparaître [kɔ̃paʀɛtʀ] /57/ VI: **~ (devant)** to appear (before)

comparatif, -ive [kɔ̃paʀatif, -iv] ADJ, NM comparative

comparativement [kɔ̃paʀativmɑ̃] ADV comparatively; **~ à** by comparison with

comparé, e [kɔ̃paʀe] ADJ: **littérature** *etc* **comparée** comparative literature *etc*

★**comparer** [kɔ̃paʀe] /1/ VT to compare; **~ qch/qn à** *ou* **et** (*pour choisir*) to compare sth/sb with *ou* and; (*pour établir une similitude*) to compare sth/sb to *ou* and

comparse [kɔ̃paʀs] NMF (*péj*) associate, stooge

★**compartiment** [kɔ̃paʀtimɑ̃] NM compartment

compartimenté, e [kɔ̃paʀtimɑ̃te] ADJ partitioned; (*fig*) compartmentalized

comparu, e [kɔ̃paʀy] PP *de* **comparaître**

comparution [kɔ̃paʀysjɔ̃] NF appearance

compas [kɔ̃pɑ] NM (*Géom*) (pair of) compasses *pl*; (*Navig*) compass

compassé, e [kɔ̃pɑse] ADJ starchy, formal

compassion [kɔ̃pasjɔ̃] NF compassion

compatibilité [kɔ̃patibilite] NF compatibility

compatible [kɔ̃patibl] ADJ compatible; **~ (avec)** compatible (with)

compatir [kɔ̃patiʀ] /2/ VI: **~ (à)** to sympathize (with)

compatissant, e [kɔ̃patisɑ̃, -ɑ̃t] ADJ sympathetic

compatriote [kɔ̃patʀijɔt] NMF compatriot, fellow countryman/-woman

compensateur, -trice [kɔ̃pɑ̃satœʀ, -tʀis] ADJ compensatory

compensation [kɔ̃pɑ̃sasjɔ̃] NF compensation; (*Banque*) clearing; **en ~** in *ou* as compensation

compensé, e [kɔ̃pɑ̃se] ADJ: **semelle compensée** platform sole

compenser [kɔ̃pɑ̃se] /1/ VT to compensate for, make up for

compère [kɔ̃pɛʀ] NM accomplice; fellow musician *ou* comedian *etc*

compétence [kɔ̃petɑ̃s] NF competence

compétent, e [kɔ̃petɑ̃, -ɑ̃t] ADJ (*apte*) competent, capable; (*Jur*) competent

compétitif, -ive [kɔ̃petitif, -iv] ADJ competitive

compétition [kɔ̃petisjɔ̃] NF (*gén*) competition; (*Sport: épreuve*) event; **la ~** competitive sport; **être en ~ avec** to be competing with; **la ~ automobile** motor racing

compétitivité [kɔ̃petitivite] NF competitiveness

compilateur [kɔ̃pilatœʀ] NM (*Inform*) compiler

compilation [kɔ̃pilasjɔ̃] NF compilation

compiler [kɔ̃pile] /1/ VT to compile

complainte [kɔ̃plɛ̃t] NF lament

complaire [kɔ̃plɛʀ] /54/: **se complaire** VPR: **se ~ dans/parmi** to take pleasure in/in being among

complaisais *etc* [kɔ̃plɛzɛ] VB *voir* **complaire**

complaisamment [kɔ̃plɛzamɑ̃] ADV kindly; complacently

complaisance [kɔ̃plɛzɑ̃s] NF kindness; (*péj*) indulgence; (*: fatuité*) complacency; **attestation de ~** *certificate produced to oblige a patient etc*; **pavillon de ~** flag of convenience

complaisant, e [kɔ̃plɛzɑ̃, -ɑ̃t] VB *voir* **complaire** ▶ ADJ (*aimable*) kind; obliging; (*péj*) accommodating; (*: fat*) complacent

complaît [kɔ̃plɛ] VB *voir* **complaire**

complément [kɔ̃plemɑ̃] NM complement; (*reste*) remainder; (*Ling*) complement; **~ d'information** (*Admin*) supplementary *ou* further information; **~ d'agent** agent; **~ (d'objet) direct/indirect** direct/indirect object; **~ (circonstanciel) de lieu/temps** adverbial phrase of place/time; **~ de nom** possessive phrase

complémentaire [kɔ̃plemɑ̃tɛʀ] ADJ complementary; (*additionnel*) supplementary

★**complet, -ète** [kɔ̃plɛ, -ɛt] ADJ complete; (*plein: hôtel etc*) full; **pain ~** wholemeal bread ▶ NM (*aussi:* **complet-veston**) suit; **au (grand) ~** all together

complètement [kɔ̃plɛtmɑ̃] ADV (*en entier*) completely; (*absolument: fou, faux etc*) absolutely; (*à fond: étudier etc*) fully, in depth

compléter [kɔ̃plete] /6/ VT (*porter à la quantité voulue*) to complete; (*augmenter: connaissances, études*) to complement, supplement; (*: garde-robe*) to add to ■ **se compléter** VPR (*personnes*) to complement one another; (*collection etc*) to become complete

complexe [kɔ̃plɛks] ADJ complex ▶ NM (*Psych*) complex, hang-up; (*bâtiments*): **~ hospitalier/industriel** hospital/industrial complex

complexé, e [kɔ̃plɛkse] ADJ mixed-up, hung-up

complexité [kɔ̃plɛksite] NF complexity

complication [kɔ̃plikasjɔ̃] NF complexity, intricacy; (*difficulté, ennui*) complication ■ **complications** NFPL (*Méd*) complications

complice [kɔ̃plis] NMF accomplice

complicité [kɔ̃plisite] NF complicity

★**compliment** [kɔ̃plimɑ̃] NM (*louange*) compliment ■ **compliments** NMPL (*félicitations*) congratulations

complimenter [kɔ̃plimɑ̃te] /1/ VT: **~ qn (sur** *ou* **de)** to congratulate *ou* compliment sb (on)

compliqué, e [kɔ̃plike] ADJ complicated, complex, intricate; (*personne*) complicated

compliquer [kɔ̃plike] /1/ VT to complicate ■ **se compliquer** VPR (*situation*) to become complicated; **se ~ la vie** to make life difficult *ou* complicated for o.s.

complot [kɔ̃plo] NM plot

comploter [kɔ̃plɔte] /1/ VI, VT to plot

complotiste [kɔ̃plotist] ADJ (*théorie, thèse*) conspiracy *cpd* ▶ NMF conspiracy theorist

complu, e [kɔ̃ply] PP *de* **complaire**

comportement [kɔ̃pɔʀtəmɑ̃] NM behaviour (BRIT), behavior (US); (*Tech: d'une pièce, d'un véhicule*) behavio(u)r, performance

comporter [kɔ̃pɔʀte] /1/ VT (*consister en*) to consist of, be composed of, comprise; (*être équipé de*) to have; (*impliquer*) to entail, involve ■ **se comporter** VPR to behave; (*Tech*) to behave, perform

composant [kɔ̃pozɑ̃] NM component, constituent

composante [kɔ̃pozɑ̃t] NF component

composé, e [kɔ̃poze] ADJ (*visage, air*) studied; (*Bio, Chimie, Ling*) compound; **~ de** made up of ▶ NM (*Chimie, Ling*) compound

★**composer** [kɔ̃poze] /1/ VT (*musique, texte*) to compose; (*mélange, équipe*) to make up; (*faire partie de*) to make up, form; (*Typo*) to (type)set; **~ un numéro** to dial a number ▶ VI (*Scol*) to sit *ou* do a test; (*transiger*) to come to terms ■ **se composer de** VPR to be composed of, be made up of

composite [kɔ̃pozit] ADJ heterogeneous

compositeur, -trice [kɔ̃pozitœʀ, -tʀis] NM/F (*Mus*) composer; (*Typo*) compositor, typesetter

composition [kɔ̃pozisjɔ̃] NF composition; (*Scol*) test; (*Typo*) (type)setting, composition; **de bonne ~** (*accommodant*) easy to deal with; **amener qn à ~** to get sb to come to terms; **~ française** (*Scol*) French essay

compost [kɔ̃pɔst] NM compost

★**composter** [kɔ̃pɔste] /1/ VT to date-stamp; (*billet*) to punch; *see note*

> At train stations in France you have to punch (**composter**) your ticket on the platform to validate it before getting on the train. Travellers who fail to do so may be asked to pay a supplementary fare once on board, although tickets bought online and printed out at home are not subject to this rule.

composteur [kɔ̃pɔstœʀ] NM date stamp; punch; (*Typo*) composing stick

compote [kɔ̃pɔt] NF stewed fruit *no pl*; **~ de pommes** stewed apples

compotier [kɔ̃pɔtje] NM fruit dish *ou* bowl

compréhensible [kɔ̃pʀeɑ̃sibl] ADJ comprehensible; (*attitude*) understandable

compréhensif, -ive [kɔ̃pʀeɑ̃sif, -iv] ADJ understanding

compréhension [kɔ̃pʀeɑ̃sjɔ̃] NF understanding; comprehension

★**comprendre** [kɔ̃pʀɑ̃dʀ] /**58**/ VT to understand; (*se composer de*) to comprise, consist of; (*inclure*) to include; **se faire ~** to make o.s. understood; to get one's ideas across; **mal ~** to misunderstand

compresse [kɔ̃pʀɛs] NF compress

compresser [kɔ̃pʀese] /**1**/ VT to squash in, crush together; (*Inform*) to zip

compresseur [kɔ̃pʀesœʀ] ADJ M *voir* **rouleau**

compressible [kɔ̃pʀesibl] ADJ (*Physique*) compressible; (*dépenses*) reducible

compression [kɔ̃pʀesjɔ̃] NF compression; (*d'un crédit etc*) reduction

comprimé, e [kɔ̃pʀime] ADJ: **air ~** compressed air ▸ NM tablet

comprimer [kɔ̃pʀime] /**1**/ VT to compress; (*fig: crédit etc*) to reduce, cut down

★**compris, e** [kɔ̃pʀi, -iz] PP *de* **comprendre** ▸ ADJ (*inclus*) included; **~?** understood?, is that clear?; **~ entre** (*situé*) contained between; **la maison comprise/non comprise, y/non ~ la maison** including/excluding the house; **service ~** service (charge) included; **100 euros tout ~** 100 euros all inclusive *ou* all-in

compromettant, e [kɔ̃pʀɔmetɑ̃, -ɑ̃t] ADJ compromising

compromettre [kɔ̃pʀɔmɛtʀ] /**56**/ VT to compromise

compromis [kɔ̃pʀɔmi] VB *voir* **compromettre** ▸ NM compromise

compromission [kɔ̃pʀɔmisjɔ̃] NF compromise, deal

comptabiliser [kɔ̃tabilize] /**1**/ VT (*valeur*) to post; (*fig*) to evaluate

comptabilité [kɔ̃tabilite] NF (*activité, technique*) accounting, accountancy; (*d'une société: comptes*) accounts *pl*, books *pl*; (*: service*) accounts office *ou* department; **~ à partie double** double-entry book-keeping

★**comptable** [kɔ̃tabl] NMF accountant ▸ ADJ accounts *cpd*, accounting

comptant [kɔ̃tɑ̃] ADV: **payer ~** to pay cash; **acheter ~** to buy for cash

★**compte** [kɔ̃t] NM count, counting; (*total, montant*) count, (right) number; (*bancaire, facture*) account; **ouvrir un ~** to open an account; **faire le ~ de** to count up, make a count of; **tout ~ fait** on the whole; **à ce compte-là** (*dans ce cas*) in that case; (*à ce train-là*) at that rate; **en fin de ~** (*fig*) all things considered, weighing it all up; **au bout du ~** in the final analysis; **à bon ~** at a favourable price; (*fig*) lightly; **avoir son ~** (*fig: fam*) to have had it; **s'en tirer à bon ~** to get off lightly; **pour le ~ de** on behalf of; **pour son propre ~** for one's own benefit; **sur le ~ de qn** (*à son sujet*) about sb; **travailler à son ~** to work for oneself; **mettre qch sur le ~ de qn** (*le rendre responsable*) to attribute sth to sb; **prendre qch à son ~** to take responsibility for sth; **trouver son ~ à qch** to do well out of sth; **régler un ~** (*s'acquitter de qch*) to settle an account; (*se venger*) to get one's own back; **rendre ~ (à qn) de qch** to give (sb) an account of sth; **tenir ~ de qch** to take sth into account; **~ tenu de** taking into account; **~ en banque** bank account; **~ chèque(s)** current account; **~ chèque postal** Post Office account; **~ client** (*sur bilan*) accounts receivable; **~ courant** current account; **~ de dépôt** deposit account; **~ d'exploitation** operating account; **~ fournisseur** (*sur bilan*) accounts payable; **~ à rebours** countdown; **~ rendu** account, report; (*de film, livre*) review ▪ **comptes** NMPL accounts, books; (*fig*) explanation *sg*; **rendre des comptes à qn** (*fig*) to be answerable to sb

compte-gouttes [kɔ̃tgut] NM INV dropper

★**compter** [kɔ̃te] /**1**/ VT to count; (*facturer*) to charge for; (*avoir à son actif, comporter*) to have; (*prévoir*) to allow, reckon; (*tenir compte de, inclure*) to include; (*penser, espérer*): **~ réussir/revenir** to expect to succeed/return; **sans ~ que** besides which ▸ VI to count; (*être économe*) to economize; (*être non négligeable*) to count, matter; (*valoir*): **~ pour** to count for; (*figurer*): **~ parmi** to be *ou* rank among; **~ sur** to count (up)on; **~ avec qch/qn** to reckon with *ou* take account of sth/sb; **~ sans qch/qn** to reckon without sth/sb; **à ~ du 10 janvier** (*Comm*) (as) from 10th January

compte-tours [kɔ̃ttuʀ] NM INV rev(olution) counter

compteur [kɔ̃tœʀ] NM meter; **~ de vitesse** speedometer

comptine [kɔ̃tin] NF nursery rhyme

★**comptoir** [kɔ̃twaʀ] NM (*de magasin*) counter; (*de café*) counter, bar; (*colonial*) trading post

compulser [kɔ̃pylse] /**1**/ VT to consult

comte, comtesse [kɔ̃t, kɔ̃tɛs] NM/F count/countess

con, ne [kɔ̃, kɔn] ADJ (!) bloody (BRIT !) *ou* damned stupid

concasser [kɔ̃kase] /**1**/ VT (*pierre, sucre*) to crush; (*poivre*) to grind

concave [kɔ̃kav] ADJ concave

concéder [kɔ̃sede] /**6**/ VT to grant; (*défaite, point*) to concede; **~ que** to concede that

concentration [kɔ̃sɑ̃tʀasjɔ̃] NF concentration

concentrationnaire [kɔ̃sɑ̃tʀasjɔnɛʀ] ADJ of *ou* in concentration camps

concentré [kɔ̃sɑ̃tʀe] NM concentrate; **~ de tomates** tomato purée

concentrer [kɔ̃sɑ̃tʀe] /**1**/ VT to concentrate ▪ **se concentrer** VPR to concentrate

concentrique [kɔ̃sɑ̃tʀik] ADJ concentric

concept [kɔ̃sɛpt] NM concept

concepteur, -trice [kɔ̃sɛptœʀ, -tʀis] NM/F designer

conception [kɔ̃sɛpsjɔ̃] NF conception; (*d'une machine etc*) design

concernant [kɔ̃sɛʀnɑ̃] PRÉP (*se rapportant à*) concerning; (*en ce qui concerne*) as regards

concerner [kɔ̃sɛʀne] /**1**/ VT to concern; **en ce qui me concerne** as far as I am concerned; **en ce qui concerne ceci** as far as this is concerned, with regard to this

★**concert** [kɔ̃sɛʀ] NM concert; **de ~** *adv* in unison; together; (*décider*) unanimously

concertation [kɔ̃sɛʀtasjɔ̃] NF (*échange de vues*) dialogue; (*rencontre*) meeting

concerter [kɔ̃sɛʀte] /1/ VT to devise ■ **se concerter** VPR (*collaborateurs etc*) to put our (*ou* their *etc*) heads together, consult (each other)

concertiste [kɔ̃sɛʀtist] NMF concert artist

concerto [kɔ̃sɛʀto] NM concerto

concession [kɔ̃sesjɔ̃] NF concession

concessionnaire [kɔ̃sesjɔnɛʀ] NMF agent, dealer

concevable [kɔ̃s(ə)vabl] ADJ conceivable

concevoir [kɔ̃s(ə)vwaʀ] /28/ VT (*idée, projet*) to conceive (of); (*méthode, plan*) design; (*comprendre*) to understand, conceive; (*enfant*) to conceive ■ **se concevoir** VPR to be conceivable; **ça se conçoit** it's understandable

★**concierge** [kɔ̃sjɛʀʒ] NMF caretaker; (*d'hôtel*) head porter

conciergerie [kɔ̃sjɛʀʒəʀi] NF caretaker's lodge

concile [kɔ̃sil] NM council, synod

conciliable [kɔ̃siljabl] ADJ (*opinions etc*) reconcilable

conciliabules [kɔ̃siljabyl] NMPL (private) discussions, confabulations (BRIT)

conciliant, e [kɔ̃siljɑ̃, -ɑ̃t] ADJ conciliatory

conciliateur, -trice [kɔ̃siljatœʀ, -tʀis] NM/F mediator, go-between

conciliation [kɔ̃siljasjɔ̃] NF conciliation

concilier [kɔ̃silje] /7/ VT to reconcile; **se ~ qn/l'appui de qn** to win sb over/sb's support

concis, e [kɔ̃si, -iz] ADJ concise

concision [kɔ̃sizjɔ̃] NF concision, conciseness

concitoyen, ne [kɔ̃sitwajɛ̃, -ɛn] NM/F fellow citizen

conclave [kɔ̃klav] NM conclave

concluant, e [kɔ̃klyɑ̃, -ɑ̃t] VB *voir* **conclure** ▶ ADJ conclusive

conclure [kɔ̃klyʀ] /35/ VT to conclude; (*signer: accord, pacte*) to enter into; (*déduire*): **~ qch de qch** to deduce sth from sth; **~ à l'acquittement** to decide in favour of an acquittal; **~ au suicide** to come to the conclusion (*ou* (*Jur*) to pronounce) that it is a case of suicide; **~ un marché** to clinch a deal; **j'en conclus que** from that I conclude that

conclusion [kɔ̃klyzjɔ̃] NF conclusion; **en ~** in conclusion ■ **conclusions** NFPL (*Jur*) submissions; findings

concocter [kɔ̃kɔkte] /1/ VT to concoct

conçois [kɔ̃swa], **conçoive** *etc* [kɔ̃swav] VB *voir* **concevoir**

★**concombre** [kɔ̃kɔ̃bʀ] NM cucumber

concomitant, e [kɔ̃kɔmitɑ̃, -ɑ̃t] ADJ concomitant

concordance [kɔ̃kɔʀdɑ̃s] NF concordance; **la ~ des temps** (*Ling*) the sequence of tenses

concordant, e [kɔ̃kɔʀdɑ̃, -ɑ̃t] ADJ (*témoignages, versions*) corroborating

concorde [kɔ̃kɔʀd] NF concord

concorder [kɔ̃kɔʀde] /1/ VI to tally, agree

concourir [kɔ̃kuʀiʀ] /11/ VI (*Sport*) to compete; **~ à** *vt* (*effet etc*) to work towards

★**concours** [kɔ̃kuʀ] VB *voir* **concourir** ▶ NM competition; (*Scol*) competitive examination; (*assistance*) aid, help; **recrutement par voie de ~** recruitment by (competitive) examination; **apporter son ~ à** to give one's support to; **~ de circonstances** combination of circumstances; **~ hippique** horse show; *voir* **hors-concours**

concret, -ète [kɔ̃kʀɛ, -ɛt] ADJ concrete

concrètement [kɔ̃kʀɛtmɑ̃] ADV in concrete terms

concrétisation [kɔ̃kʀetizasjɔ̃] NF realization

concrétiser [kɔ̃kʀetize] /1/ VT to realize ■ **se concrétiser** VPR to materialize

conçu, e [kɔ̃sy] PP *de* **concevoir** ▶ ADJ: **maison bien/mal conçue** well-/badly-designed *ou* -planned house

concubin, e [kɔ̃kybɛ̃, -in] NM/F (*Jur*) cohabitant

concubinage [kɔ̃kybinaʒ] NM (*Jur*) cohabitation

concupiscence [kɔ̃kypisɑ̃s] NF concupiscence

concurremment [kɔ̃kyʀamɑ̃] ADV concurrently; jointly

concurrence [kɔ̃kyʀɑ̃s] NF competition; **jusqu'à ~ de** up to; **faire ~ à** to be in competition with; **~ déloyale** unfair competition

concurrencer [kɔ̃kyʀɑ̃se] /3/ VT to compete with; **ils nous concurrencent dangereusement** they are a serious threat to us

concurrent, e [kɔ̃kyʀɑ̃, -ɑ̃t] ADJ competing ▶ NM/F (*Sport, Écon etc*) competitor; (*Scol*) candidate

concurrentiel, le [kɔ̃kyʀɑ̃sjɛl] ADJ competitive

conçus [kɔ̃sy] VB *voir* **concevoir**

condamnable [kɔ̃danabl] ADJ (*action, opinion*) reprehensible

condamnation [kɔ̃danasjɔ̃] NF (*action*) condemnation; sentencing; (*peine*) sentence; conviction; **~ à mort** death sentence

condamné, e [kɔ̃dane] NM/F (*Jur*) convict

condamner [kɔ̃dane] /1/ VT (*blâmer*) to condemn; (*Jur*) to sentence; (*porte, ouverture*) to fill in, block up; (*malade*) to give up (hope for); (*obliger*): **~ qn à qch/à faire** to condemn sb to sth/to do; **~ qn à deux ans de prison** to sentence sb to two years' imprisonment; **~ qn à une amende** to impose a fine on sb

condensateur [kɔ̃dɑ̃satœʀ] NM condenser

condensation [kɔ̃dɑ̃sasjɔ̃] NF condensation

condensé [kɔ̃dɑ̃se] NM digest

condenser [kɔ̃dɑ̃se] /1/: **se condenser** VPR to condense

condescendance [kɔ̃desɑ̃dɑ̃s] NF condescension

condescendant, e [kɔ̃desɑ̃dɑ̃, -ɑ̃t] ADJ (*personne, attitude*) condescending

condescendre [kɔ̃desɑ̃dʀ] /41/ VI: **~ à** to condescend to

condiment [kɔ̃dimɑ̃] NM condiment

condisciple [kɔ̃disipl] NMF school fellow, fellow student

condition [kɔ̃disjɔ̃] NF condition; **sans ~** *adj* unconditional; *adv* unconditionally; **sous ~ que** on condition that; **à ~ de** *ou* **que** provided that; **en bonne ~** in good condition; **mettre en ~** (*Sport etc*) to get fit; (*Psych*) to condition (mentally) ■ **conditions** NFPL (*tarif, prix*) terms; (*circonstances*) conditions; **conditions de vie** living conditions

conditionné, e [kɔ̃disjɔne] ADJ: **air ~** air conditioning; **réflexe ~** conditioned reflex

conditionnel, le [kɔ̃disjɔnɛl] ADJ conditional ▶ NM conditional (tense)

conditionnement [kɔ̃disjɔnmɑ̃] NM (*emballage*) packaging; (*fig*) conditioning

conditionner [kɔ̃disjɔne] /1/ VT (*déterminer*) to determine; (*Comm: produit*) to package; (*fig: personne*) to condition

condoléances [kɔ̃dɔleɑ̃s] NFPL condolences

★**conducteur, -trice** [kɔ̃dyktœʀ, -tʀis] ADJ (*Élec*) conducting ▶ NM/F (*Auto etc*) driver; (*d'une machine*) operator ▶ NM (*Élec etc*) conductor

conducteur does not usually mean *conductor*.

★**conduire** [kɔ̃dɥiʀ] /38/ VT (*véhicule, passager*) to drive; (*délégation, troupeau*) to lead; **~ qn quelque part** to take sb somewhere; to drive sb somewhere ▶ VI: **~ vers/à** to lead towards/to ■ **se conduire** VPR to behave

conduit, e [kɔ̃dɥi, -it] PP *de* **conduire** ▶ NM (*Tech*) conduit, pipe; (*Anat*) duct, canal

conduite [kɔ̃dɥit] NF (*en auto*) driving; (*comportement*) behaviour (BRIT), behavior (US); (*d'eau, de gaz*) pipe; **sous la ~ de** led by; **~ forcée** pressure pipe; **~ à gauche** left-hand drive; **~ intérieure** saloon (car); **~ sous l'emprise de stupéfiants** drug-driving

cône [kon] NM cone; **en forme de ~** cone-shaped

conf. ABR = **confort**; **tt ~** all mod cons (BRIT)

confection [kɔ̃fɛksjɔ̃] NF (*fabrication*) making; (*Couture*): **la ~** the clothing industry, the rag trade (*fam*); **vêtement de ~** ready-to-wear *ou* off-the-peg garment

confectionner [kɔ̃fɛksjɔne] /1/ VT to make

confédération [kɔ̃fedeʀasjɔ̃] NF confederation

conférence [kɔ̃feʀɑ̃s] NF (*exposé*) lecture; (*pourparlers*) conference; **~ de presse** press conference; **~ au sommet** summit (conference)

conférencier, -ière [kɔ̃feʀɑ̃sje, -jɛʀ] NM/F lecturer

conférer [kɔ̃feʀe] /6/ VT: **~ à qn** (*titre, grade*) to confer on sb; **~ à qch/qn** (*aspect etc*) to endow sth/sb with, give (to) sth/sb

confesser [kɔ̃fese] /1/ VT to confess ■ **se confesser** VPR (*Rel*) to go to confession

confesseur [kɔ̃fesœʀ] NM confessor

confession [kɔ̃fɛsjɔ̃] NF confession; (*culte: catholique etc*) denomination

confessionnal, -aux [kɔ̃fesjɔnal, -o] NM confessional

confessionnel, le [kɔ̃fesjɔnɛl] ADJ denominational

confetti [kɔ̃feti] NM confetti *no pl*

★**confiance** [kɔ̃fjɑ̃s] NF (*en l'honnêteté de qn*) confidence, trust; (*en la valeur de qch*) faith; **avoir ~ en** to have confidence *ou* faith in, trust; **faire ~ à** to trust; **en toute ~** with complete confidence; **de ~** trustworthy, reliable; **mettre qn en ~** to win sb's trust; **vote de ~** (*Pol*) vote of confidence; **inspirer ~ à** to inspire confidence in; **~ en soi** self-confidence; *voir* **question**

confiant, e [kɔ̃fjɑ̃, -ɑ̃t] ADJ confident; trusting

confidence [kɔ̃fidɑ̃s] NF confidence

confident, e [kɔ̃fidɑ̃, -ɑ̃t] NM/F confidant/confidante

confidentiel, le [kɔ̃fidɑ̃sjɛl] ADJ confidential

confidentiellement [kɔfidɑ̃sjɛlmɑ̃] ADV in confidence, confidentially

confier [kɔ̃fje] /7/ VT: **~ à qn** (*objet en dépôt, travail etc*) to entrust to sb; (*secret, pensée*) to confide to sb; **se ~ à qn** to confide in sb

configuration [kɔ̃figyʀasjɔ̃] NF configuration, layout; (*Inform*) configuration

configurer [kɔ̃figyʀe] /1/ VT to configure

confiné, e [kɔ̃fine] ADJ enclosed; (*air*) stale

confiner [kɔ̃fine] /1/ VT: **~ à** to confine to; (*toucher*) to border on; **se ~ dans** *ou* **à** to confine o.s. to

confins [kɔ̃fɛ̃] NMPL: **aux ~ de** on the borders of

confirmation [kɔ̃fiʀmasjɔ̃] NF confirmation

confirmé, e [kɔ̃fiʀme] ADJ (*personne*) experienced

★**confirmer** [kɔ̃fiʀme] /1/ VT to confirm; **~ qn dans une croyance/ses fonctions** to strengthen sb in a belief/his duties

confiscation [kɔ̃fiskasjɔ̃] NF confiscation

★**confiserie** [kɔ̃fizʀi] NF (*magasin*) confectioner's *ou* sweet shop (BRIT), candy store (US) ■ **confiseries** NFPL (*bonbons*) confectionery *sg*, sweets, candy *no pl*

confiseur, -euse [kɔ̃fizœʀ, -øz] NM/F confectioner

confisquer [kɔ̃fiske] /1/ VT to confiscate

confit, e [kɔ̃fi, -it] ADJ: **fruits confits** crystallized fruits ▶ NM: **~ d'oie** potted goose

★**confiture** [kɔ̃fityʀ] NF jam; **~ d'oranges** (orange) marmalade

conflagration [kɔ̃flagʀasjɔ̃] NF cataclysm

conflictuel, le [kɔ̃fliktɥɛl] ADJ full of clashes *ou* conflicts

conflit [kɔ̃fli] NM conflict; **~ d'intérêts** conflict of interests

confluent [kɔ̃flyɑ̃] NM confluence

confondre [kɔ̃fɔ̃dʀ] /41/ VT (*jumeaux, faits*) to confuse, mix up; (*témoin, menteur*) to confound; **~ qch/qn avec qch/qn d'autre** to mistake sth/sb for sth/sb else ■ **se confondre** VPR to merge; **se ~ en excuses** to offer profuse apologies, apologize profusely

confondu, e [kɔ̃fɔ̃dy] PP *de* **confondre** ▶ ADJ (*stupéfait*) speechless, overcome; **toutes catégories confondues** taking all categories together

conformation [kɔ̃fɔʀmasjɔ̃] NF conformation

conforme [kɔ̃fɔʀm] ADJ: **~ à** (*en accord avec: loi, règle*) in accordance with, in keeping with; (*identique à*) true to; **copie certifiée ~** (*Admin*) certified copy; **~ à la commande** as per order

conformé, e [kɔ̃fɔʀme] ADJ: **bien ~** well-formed

conformément [kɔ̃fɔʀmemɑ̃] ADV: **~ à** in accordance with

conformer [kɔ̃fɔʀme] /1/ VT: **~ qch à** to model sth on; **se ~ à** to conform to

conformisme [kɔ̃fɔʀmism] NM conformity

conformiste [kɔ̃fɔʀmist] ADJ, NMF conformist

conformité [kɔ̃fɔʀmite] NF conformity; agreement; **en ~ avec** in accordance with

★**confort** [kɔ̃fɔʀ] NM comfort; **tout ~** (*Comm*) with all mod cons (BRIT) *ou* modern conveniences
★**confortable** [kɔ̃fɔʀtabl] ADJ comfortable
confortablement [kɔ̃fɔʀtabləmɑ̃] ADV comfortably
conforter [kɔ̃fɔʀte] /1/ VT to reinforce, strengthen
confrère [kɔ̃fʀɛʀ] NM colleague; fellow member
confrérie [kɔ̃fʀeʀi] NF brotherhood
confrontation [kɔ̃fʀɔ̃tasjɔ̃] NF confrontation
confronté, e [kɔ̃fʀɔ̃te] ADJ: **~ à** confronted by, facing
confronter [kɔ̃fʀɔ̃te] /1/ VT to confront; (*textes*) to compare, collate
confus, e [kɔ̃fy, -yz] ADJ (*vague*) confused; (*embarrassé*) embarrassed
confusément [kɔ̃fyzemɑ̃] ADV (*distinguer, ressentir*) vaguely; (*parler*) confusedly
confusion [kɔ̃fyzjɔ̃] NF (*voir confus*) confusion; embarrassment; (*voir confondre*) confusion; mixing up; (*erreur*) confusion; **~ des peines** (*Jur*) concurrency of sentences
congé [kɔ̃ʒe] NM (*vacances*) holiday; (*arrêt de travail*) time off *no pl*, leave *no pl*; (*Mil*) leave *no pl*; (*avis de départ*) notice; **en ~** on holiday; off (work); on leave; **semaine/jour de ~** week/day off; **prendre ~ de qn** to take one's leave of sb; **donner son ~ à** to hand *ou* give in one's notice to; **~ de maladie** sick leave; **~ de maternité** maternity leave; **congés payés** paid holiday *ou* leave
congédier [kɔ̃ʒedje] /7/ VT to dismiss
congélateur [kɔ̃ʒelatœʀ] NM freezer, deep freeze
congélation [kɔ̃ʒelasjɔ̃] NF freezing; (*de l'huile*) congealing
★**congeler** [kɔ̃ʒ(ə)le] /5/ VT to freeze; **les produits congelés** frozen foods ▪ **se congeler** VPR to freeze
congénère [kɔ̃ʒenɛʀ] NMF fellow (bear *ou* lion *etc*), fellow creature
congénital, e, -aux [kɔ̃ʒenital, -o] ADJ congenital
congère [kɔ̃ʒɛʀ] NF snowdrift
congestion [kɔ̃ʒɛstjɔ̃] NF congestion; **~ cérébrale** stroke; **~ pulmonaire** congestion of the lungs
congestionner [kɔ̃ʒɛstjɔne] /1/ VT to congest; (*Méd*) to flush
conglomérat [kɔ̃glɔmeʀa] NM conglomerate
Congo [kɔ̃o] NM: **le ~** (*pays, fleuve*) the Congo
congolais, e [kɔ̃gɔlɛ, -ɛz] ADJ Congolese ▸ NM/F: **Congolais, e** Congolese
congratuler [kɔ̃gʀatyle] /1/ VT to congratulate
congre [kɔ̃gʀ] NM conger (eel)
congrégation [kɔ̃gʀegasjɔ̃] NF (*Rel*) congregation; (*gén*) assembly; gathering
congrès [kɔ̃gʀɛ] NM congress
congressiste [kɔ̃gʀesist] NMF delegate, participant (at a congress)
congru, e [kɔ̃gʀy] ADJ: **la portion congrue** the smallest *ou* meanest share
conifère [kɔnifɛʀ] NM conifer
conique [kɔnik] ADJ conical
conjecture [kɔ̃ʒɛktyʀ] NF conjecture, speculation *no pl*
conjecturer [kɔ̃ʒɛktyʀe] /1/ VT, VI to conjecture
conjoint, e [kɔ̃ʒwɛ̃, -wɛ̃t] ADJ joint ▸ NM/F spouse
conjointement [kɔ̃ʒwɛ̃tmɑ̃] ADV jointly
conjonctif, -ive [kɔ̃ʒɔ̃ktif, -iv] ADJ: **tissu ~** connective tissue
conjonction [kɔ̃ʒɔ̃ksjɔ̃] NF (*Ling*) conjunction
conjonctivite [kɔ̃ʒɔ̃ktivit] NF conjunctivitis
conjoncture [kɔ̃ʒɔ̃ktyʀ] NF circumstances *pl*; **la ~ (économique)** the economic climate *ou* situation
conjoncturel, le [kɔ̃ʒɔ̃ktyʀɛl] ADJ: **variations/tendances conjoncturelles** economic fluctuations/trends
conjugaison [kɔ̃ʒygɛzɔ̃] NF (*Ling*) conjugation
conjugal, e, -aux [kɔ̃ʒygal, -o] ADJ conjugal; married
conjugué, e [kɔ̃ʒyge] ADJ combined
conjuguer [kɔ̃ʒyge] /1/ VT (*Ling*) to conjugate; (*efforts etc*) to combine
conjuration [kɔ̃ʒyʀasjɔ̃] NF conspiracy
conjuré, e [kɔ̃ʒyʀe] NM/F conspirator
conjurer [kɔ̃ʒyʀe] /1/ VT (*sort, maladie*) to avert; (*implorer*): **~ qn de faire qch** to beseech *ou* entreat sb to do sth
connais [kɔnɛ], **connaissais** *etc* [kɔnɛsɛ] VB *voir* **connaître**
★**connaissance** [kɔnɛsɑ̃s] NF (*savoir*) knowledge *no pl*; (*personne connue*) acquaintance; (*conscience*) consciousness; **être sans ~** to be unconscious; **perdre/reprendre ~** to lose/regain consciousness; **à ma/sa ~** to (the best of) my/his knowledge; **faire ~ avec qn** *ou* **la ~ de qn** (*rencontrer*) to meet sb; (*apprendre à connaître*) to get to know sb; **avoir ~ de** to be aware of; **prendre ~ de** (*document etc*) to peruse; **en ~ de cause** with full knowledge of the facts; **de ~** (*personne, visage*) familiar ▪ **connaissances** NFPL knowledge *no pl*
connaissant *etc* [kɔnɛsɑ̃] VB *voir* **connaître**
connaissement [kɔnɛsmɑ̃] NM bill of lading
connaisseur, -euse [kɔnɛsœʀ, -øz] NM/F connoisseur ▸ ADJ expert
connaître [kɔnɛtʀ] /57/ VT to know; (*éprouver*) to experience; (*avoir: succès*) to have; to enjoy; **~ de nom/vue** to know by name/sight ▪ **se connaître** VPR to know each other; (*soi-même*) to know o.s.; **ils se sont connus à Genève** they (first) met in Geneva; **s'y ~ en qch** to know about sth
connasse [kɔnas] NF (!) stupid bitch (!) *ou* cow (!)
connecté, e [kɔnɛkte] ADJ (*Inform*) online
connecter [kɔnɛkte] /1/ VT to connect; **se ~ à Internet** to log onto the internet
connectique [kɔnɛktik] NF connectors *pl*
connectivité [kɔnɛktivite] NF (*Inform*) connectivity
connerie [kɔnʀi] NF (*fam*) (bloody) stupid (BRIT) *ou* damn-fool (US) thing to do *ou* say
connexe [kɔnɛks] ADJ closely related
connexion [kɔnɛksjɔ̃] NF connection
connivence [kɔnivɑ̃s] NF connivance

C

connotation [kɔnɔtasjɔ̃] NF connotation

connu, e [kɔny] PP *de* **connaître** ▸ ADJ (*célèbre*) well-known

conque [kɔ̃k] NF (*coquille*) conch (shell)

conquérant, e [kɔ̃keʀɑ̃, -ɑ̃t] NM/F conqueror

conquérir [kɔ̃keʀiʀ] /21/ VT to conquer, win

conquerrai *etc* [kɔ̃kɛʀʀe] VB *voir* **conquérir**

conquête [kɔ̃kɛt] NF conquest

conquière, conquiers *etc* [kɔ̃kjɛʀ] VB *voir* **conquérir**

conquis, e [kɔ̃ki, -iz] PP *de* **conquérir**

★**consacrer** [kɔ̃sakʀe] /1/ VT (*Rel*) to consecrate; (*fig: usage etc*) to sanction, establish; **~ qch à** (*employer*) to devote *ou* dedicate sth to; (*Rel*) to consecrate sth to; **se ~ à qch/faire** to dedicate *ou* devote o.s. to sth/to doing

consanguin, e [kɔ̃sɑ̃gɛ̃, -in] ADJ between blood relations; **frère ~** half-brother (*on father's side*); **mariage ~** intermarriage

consciemment [kɔ̃sjamɑ̃] ADV consciously

conscience [kɔ̃sjɑ̃s] NF conscience; (*perception*) consciousness; **avoir/prendre ~ de** to be/become aware of; **perdre/reprendre ~** to lose/regain consciousness; **avoir bonne/mauvaise ~** to have a clear/guilty conscience; **en (toute) ~** in all conscience

consciencieux, -euse [kɔ̃sjɑ̃sjø, -øz] ADJ conscientious

conscient, e [kɔ̃sjɑ̃, -ɑ̃t] ADJ conscious; **~ de** aware *ou* conscious of

conscription [kɔ̃skʀipsjɔ̃] NF conscription

conscrit [kɔ̃skʀi] NM conscript

consécration [kɔ̃sekʀasjɔ̃] NF consecration

consécutif, -ive [kɔ̃sekytif, -iv] ADJ consecutive; **~ à** following upon

consécutivement [kɔ̃sekytivmɑ̃] ADV consecutively; **~ à** following on

★**conseil** [kɔ̃sɛj] NM (*avis*) piece of advice, advice *no pl*; (*assemblée*) council; (*expert*): **~ en recrutement** recruitment consultant; **tenir ~** to hold a meeting; to deliberate; **donner un ~** *ou* **des conseils à qn** to give sb (a piece of) advice; **demander ~ à qn** to ask sb's advice; **prendre ~ (auprès de qn)** to take advice (from sb); **~ d'administration** board (of directors); **~ de classe** (*Scol*) *meeting of teachers, parents and class representatives to discuss pupils' progress*; **~ départemental** regional council; *see note*; **~ de discipline** disciplinary committee; **~ de guerre** court-martial; **le ~ des ministres** ≈ the Cabinet; **~ municipal** town council; **~ régional** *regional board of elected representatives*; **~ de révision** recruitment *ou* draft (*US*) board ▸ ADJ: **ingénieur-conseil** engineering consultant

> Each *département* of France is run by a **conseil départemental**, whose remit includes maintenance of school buildings, transport and road infrastructure, housing, the fire and rescue service, the environment, tourism and culture. The council is made up of *conseillers généraux* elected for a six-year term under a specific voting system: two *conseillers*, a man and a woman, are jointly elected to represent their *canton*.

> **Advice** est indénombrable, c'est-à-dire qu'il ne peut pas désigner un seul avis. Pour traduire *un conseil*, il faut dire **a piece of advice**. Notez que **advice** ne prend jamais de **-s** et s'emploie avec un verbe au singulier.
> *Leurs conseils m'ont été précieux.* **Their advice *was* invaluable to me.**
> *C'est le meilleur conseil qu'on m'ait jamais donné.* **This is the best piece of advice I have ever been given.**

★**conseiller**[1] [kɔ̃seje] VT (*personne*) to advise; (*méthode, action*) to recommend, advise; **~ qch à qn** to recommend sth to sb; **~ à qn de faire qch** to advise sb to do sth

conseiller[2]**, -ère** [kɔ̃seje, -ɛʀ] NM/F adviser; **~ général** regional councillor; **~ matrimonial** marriage guidance counsellor; **~ municipal** town councillor; **~ d'orientation** (*Scol*) careers adviser (BRIT), (school) counselor (US)

consensuel, le [kɔ̃sɑ̃sɥɛl] ADJ consensual

consensus [kɔ̃sɛ̃sys] NM consensus

consentement [kɔ̃sɑ̃tmɑ̃] NM consent

consentir [kɔ̃sɑ̃tiʀ] /16/ VT: **~ (à qch/faire)** to agree *ou* consent (to sth/to doing); **~ qch à qn** to grant sb sth

conséquence [kɔ̃sekɑ̃s] NF consequence, outcome; **en ~** (*donc*) consequently; (*de façon appropriée*) accordingly; **ne pas tirer à ~** to be unlikely to have any repercussions; **sans ~** unimportant; **de ~** important ■ **conséquences** NFPL consequences, repercussions

conséquent, e [kɔ̃sekɑ̃, -ɑ̃t] ADJ logical, rational; (*fam: important*) substantial; **par ~** consequently

conservateur, -trice [kɔ̃sɛʀvatœʀ, -tʀis] ADJ conservative ▸ NM/F (*Pol*) conservative; (*de musée*) curator ▸ NM (*pour aliments*) preservative

conservation [kɔ̃sɛʀvasjɔ̃] NF retention; keeping; preserving, preservation

conservatisme [kɔ̃sɛʀvatism] NM conservatism

conservatoire [kɔ̃sɛʀvatwaʀ] NM academy; (*Écologie*) conservation area

conserve [kɔ̃sɛʀv] NF (*gén pl*) canned *ou* tinned (BRIT) food; **conserves de poisson** canned *ou* tinned (BRIT) fish; **en ~** canned, tinned (BRIT); **de ~** (*ensemble*) in concert; (*naviguer*) in convoy

conservé, e [kɔ̃sɛʀve] ADJ: **bien ~** (*personne*) well-preserved

conserver [kɔ̃sɛʀve] /1/ VT (*faculté*) to retain, keep; (*habitude*) to keep up; (*amis, livres*) to keep; (*préserver, Culin*) to preserve; **« ~ au frais »** "store in a cool place" ■ **se conserver** VPR (*aliments*) to keep

conserverie [kɔ̃sɛʀvəʀi] NF canning factory

considérable [kɔ̃sideʀabl] ADJ considerable, significant, extensive

considérablement [kɔ̃sideʀabləmɑ̃] ADV considerably, significantly

considération [kɔ̃sideʀasjɔ̃] NF consideration; (*estime*) esteem, respect; **prendre en ~** to take into consideration *ou* account; **ceci mérite ~** this is worth considering; **en ~ de** given, because of ■ **considérations** NFPL (*remarques*) reflections

considéré, e [kɔ̃sideʀe] ADJ respected; **tout bien ~** all things considered

considérer [kɔ̃sideʀe] /6/ VT to consider; (*regarder*) to consider, study; ~ **qch comme** to regard sth as

★**consigne** [kɔ̃siɲ] NF (*Comm*) deposit; (*de gare*) left luggage (office) (BRIT), checkroom (US); (*punition: Scol*) detention; (: *Mil*) confinement to barracks; (*ordre, instruction*) instructions *pl*; ~ **automatique** left-luggage locker; **consignes de sécurité** safety instructions

consigné, e [kɔ̃siɲe] ADJ (*Comm: bouteille, emballage*) returnable; **non** ~ non-returnable

consigner [kɔ̃siɲe] /1/ VT (*note, pensée*) to record; (*marchandises*) to deposit; (*punir: Mil*) to confine to barracks; (: *élève*) to put in detention; (*Comm*) to put a deposit on

consistance [kɔ̃sistɑ̃s] NF consistency

consistant, e [kɔ̃sistɑ̃, -ɑ̃t] ADJ thick; solid

consister [kɔ̃siste] /1/ VI: ~ **en/dans/à faire** to consist of/in/in doing

consœur [kɔ̃sœʀ] NF (lady) colleague; fellow member

consolation [kɔ̃sɔlasjɔ̃] NF consolation *no pl*, comfort *no pl*

console [kɔ̃sɔl] NF console; ~ **graphique** *ou* **de visualisation** (*Inform*) visual display unit, VDU; ~ **de jeux** games console

consoler [kɔ̃sɔle] /1/ VT to console; **se ~ (de qch)** to console o.s. (for sth)

consolider [kɔ̃sɔlide] /1/ VT to strengthen, reinforce; (*fig*) to consolidate; **bilan consolidé** consolidated balance sheet

consommateur, -trice [kɔ̃sɔmatœʀ, -tʀis] NM/F (*Écon*) consumer; (*dans un café*) customer

consommation [kɔ̃sɔmasjɔ̃] NF (*Écon*) consumption; (*Jur*) consummation; (*boisson*) drink; ~ **aux 100 km** (*Auto*) (fuel) consumption per 100 km, ≈ miles per gallon (mpg), ≈ gas mileage (US); **de ~** (*biens, société*) consumer *cpd*

consommé, e [kɔ̃sɔme] ADJ consummate ▸ NM consommé

★**consommer** [kɔ̃sɔme] /1/ VT (*personne*) to eat *ou* drink, consume; (*voiture, usine, poêle*) to use, consume; (*Jur: mariage*) to consummate ▸ VI (*dans un café*) to (have a) drink

consonance [kɔ̃sɔnɑ̃s] NF consonance; **nom à ~ étrangère** foreign-sounding name

consonne [kɔ̃sɔn] NF consonant

consortium [kɔ̃sɔʀsjɔm] NM consortium

consorts [kɔ̃sɔʀ] NMPL: **et ~** (*péj*) and company, and his bunch *ou* like

conspirateur, -trice [kɔ̃spiʀatœʀ, -tʀis] NM/F conspirator, plotter

conspiration [kɔ̃spiʀasjɔ̃] NF conspiracy

conspirationniste [kɔ̃spiʀasjɔnist] NMF conspiracy theorist ▸ ADJ (*théorie*) conspiracy

conspirer [kɔ̃spiʀe] /1/ VI to conspire, plot; ~ **à** (*tendre à*) to conspire to

conspuer [kɔ̃spɥe] /1/ VT to boo, shout down

constamment [kɔ̃stamɑ̃] ADV constantly

constance [kɔ̃stɑ̃s] NF permanence, constancy; (*d'une amitié*) steadfastness; **travailler avec ~** to work steadily; **il faut de la ~ pour la supporter** (*fam*) you need a lot of patience to put up with her

constant, e [kɔ̃stɑ̃, -ɑ̃t] ADJ constant; (*personne*) steadfast ▸ NF constant

Constantinople [kɔ̃stɑ̃tinɔpl] N Constantinople

constat [kɔ̃sta] NM (*d'huissier*) certified report (*by bailiff*); (*de police*) report; (*observation*) (observed) fact, observation; (*affirmation*) statement; ~ **(à l'amiable)** (*jointly agreed*) *statement for insurance purposes*; ~ **d'échec** acknowledgement of failure

constatation [kɔ̃statasjɔ̃] NF noticing; certifying; (*remarque*) observation

constater [kɔ̃state] /1/ VT (*remarquer*) to note, notice; (*Admin, Jur: attester*) to certify; (*dégâts*) to note; ~ **que** (*dire*) to state that

constellation [kɔ̃stelasjɔ̃] NF constellation

constellé, e [kɔ̃stele] ADJ: ~ **de** (*étoiles*) studded *ou* spangled with; (*taches*) spotted with

consternant, e [kɔ̃stɛʀnɑ̃, -ɑ̃t] ADJ (*nouvelle*) dismaying; (*attristant, étonnant: bêtise*) appalling

consternation [kɔ̃stɛʀnasjɔ̃] NF consternation, dismay

consterner [kɔ̃stɛʀne] /1/ VT to dismay

constipation [kɔ̃stipasjɔ̃] NF constipation

constipé, e [kɔ̃stipe] ADJ constipated; (*fig*) stiff

constituant, e [kɔ̃stitɥɑ̃, -ɑ̃t] ADJ (*élément*) constituent; **assemblée constituante** (*Pol*) constituent assembly

constitué, e [kɔ̃stitɥe] ADJ: ~ **de** made up *ou* composed of; **bien ~** of sound constitution; well-formed

constituer [kɔ̃stitɥe] /1/ VT (*comité, équipe*) to set up, form; (*dossier, collection*) to put together, build up; (*éléments, parties: composer*) to make up, constitute; (: *représenter, être*) to constitute; **se ~ prisonnier** to give o.s. up; **se ~ partie civile** *to bring an independent action for damages*

constitution [kɔ̃stitysjɔ̃] NF setting up; building up; (*composition*) composition, make-up; (*santé, Pol*) constitution

constitutionnel, le [kɔ̃stitysjɔnɛl] ADJ constitutional

constructeur [kɔ̃stʀyktœʀ] NM manufacturer, builder

constructif, -ive [kɔ̃stʀyktif, -iv] ADJ (*positif*) constructive

construction [kɔ̃stʀyksjɔ̃] NF construction, building

★**construire** [kɔ̃stʀɥiʀ] /38/ VT to build, construct ■ **se construire** VPR: **l'immeuble s'est construit très vite** the building went up *ou* was built very quickly

consul [kɔ̃syl] NM consul

consulaire [kɔ̃sylɛʀ] ADJ consular

consulat [kɔ̃syla] NM consulate

consultant, e [kɔ̃syltɑ̃, -ɑ̃t] ADJ, NM consultant

consultatif, -ive [kɔ̃syltatif, -iv] ADJ advisory

consultation [kɔ̃syltasjɔ̃] NF consultation; **être en ~** (*délibération*) to be in consultation; (*médecin*) to be consulting; **aller à la ~** (*Méd*) to go to the surgery (BRIT) *ou* doctor's office (US); **heures de ~** (*Méd*) surgery (BRIT) *ou* office (US) hours ■ **consultations** NFPL (*Pol*) talks

consulter [kɔ̃sylte] /1/ VT to consult ▸ VI (*médecin*) to hold surgery (BRIT), be in (the office) (US) ■ **se consulter** VPR to confer

consumer [kɔ̃syme] /1/ VT to consume ▪ **se consumer** VPR to burn; **se ~ de chagrin/douleur** to be consumed with sorrow/grief

consumérisme [kɔ̃symeʀism] NM consumerism

contact [kɔ̃takt] NM contact; **au ~ de** (*air, peau*) on contact with; (*gens*) through contact with; **mettre/couper le ~** (*Auto*) to switch on/off the ignition; **entrer en ~** (*fils, objets*) to come into contact, make contact; **se mettre en ~ avec** (*Radio*) to make contact with; **prendre ~ avec** (*relation d'affaires, connaissance*) to get in touch *ou* contact with

★**contacter** [kɔ̃takte] /1/ VT to contact, get in touch with

contagieux, -euse [kɔ̃taʒjø, -øz] ADJ infectious; (*par le contact*) contagious

contagion [kɔ̃taʒjɔ̃] NF contagion

container [kɔ̃tɛnɛʀ] NM container

contamination [kɔ̃taminasjɔ̃] NF infection; contamination

contaminer [kɔ̃tamine] /1/ VT (*par un virus*) to infect; (*par des radiations*) to contaminate

conte [kɔ̃t] NM tale; **~ de fées** fairy tale

contemplatif, -ive [kɔ̃tɑ̃platif, -iv] ADJ contemplative

contemplation [kɔ̃tɑ̃plasjɔ̃] NF contemplation; (*Rel, Philosophie*) meditation

contempler [kɔ̃tɑ̃ple] /1/ VT to contemplate, gaze at

contemporain, e [kɔ̃tɑ̃pɔʀɛ̃, -ɛn] ADJ, NM/F contemporary

contenance [kɔ̃t(ə)nɑ̃s] NF (*d'un récipient*) capacity; (*attitude*) bearing, attitude; **perdre ~** to lose one's composure; **se donner une ~** to give the impression of composure; **faire bonne ~ (devant)** to put on a bold front (in the face of)

conteneur [kɔ̃t(ə)nœʀ] NM container; **~ (de bouteilles)** bottle bank

conteneurisation [kɔ̃t(ə)nœʀizasjɔ̃] NF containerization

★**contenir** [kɔ̃t(ə)niʀ] /22/ VT to contain; (*avoir une capacité de*) to hold ▪ **se contenir** VPR (*se retenir*) to control o.s. *ou* one's emotions, contain o.s.

★**content, e** [kɔ̃tɑ̃, -ɑ̃t] ADJ pleased, glad; **~ de** pleased with; **je serais ~ que tu ...** I would be pleased if you ...

contentement [kɔ̃tɑ̃tmɑ̃] NM contentment, satisfaction

contenter [kɔ̃tɑ̃te] /1/ VT to satisfy, please; (*envie*) to satisfy ▪ **se contenter de** VPR to content o.s. with

contentieux [kɔ̃tɑ̃sjø] NM (*Comm*) litigation; (*: service*) litigation department; (*Pol etc*) contentious issues *pl*

contenu, e [kɔ̃t(ə)ny] PP *de* **contenir** ▸ NM (*d'un bol*) contents *pl*; (*d'un texte*) content

conter [kɔ̃te] /1/ VT to recount, relate; **en ~ de belles à qn** to tell tall stories to sb

contestable [kɔ̃tɛstabl] ADJ questionable

contestataire [kɔ̃tɛstatɛʀ] ADJ (*journal, étudiant*) anti-establishment ▸ NMF (anti-establishment) protester

contestation [kɔ̃tɛstasjɔ̃] NF questioning, contesting; (*Pol*): **la ~** anti-establishment activity, protest

conteste [kɔ̃tɛst]: **sans ~** *adv* unquestionably, indisputably

contesté, e [kɔ̃tɛste] ADJ (*roman, écrivain*) controversial

contester [kɔ̃tɛste] /1/ VT to question, contest ▸ VI (*Pol: gén*) to rebel (against established authority), protest

conteur, -euse [kɔ̃tœʀ, -øz] NM/F story-teller

contexte [kɔ̃tɛkst] NM context

contiendrai [kɔ̃tjɛ̃dʀe], **contiens** *etc* [kɔ̃tjɛ̃] VB *voir* **contenir**

contigu, ë [kɔ̃tigy] ADJ: **~ (à)** adjacent (to)

continent [kɔ̃tinɑ̃] NM continent

continental, e, -aux [kɔ̃tinɑ̃tal, -o] ADJ continental

contingences [kɔ̃tɛ̃ʒɑ̃s] NFPL contingencies

contingent [kɔ̃tɛ̃ʒɑ̃] NM (*Mil*) contingent; (*Comm*) quota

contingenter [kɔ̃tɛ̃ʒɑ̃te] /1/ VT (*Comm*) to fix a quota on

contins *etc* [kɔ̃tɛ̃] VB *voir* **contenir**

continu, e [kɔ̃tiny] ADJ continuous; **faire la journée continue** to work without taking a full lunch break; **(courant) ~** direct current, DC

continuation [kɔ̃tinɥasjɔ̃] NF continuation

continuel, le [kɔ̃tinɥɛl] ADJ (*qui se répète*) constant, continual; (*continu*) continuous

continuellement [kɔ̃tinɥɛlmɑ̃] ADV continually; continuously

★**continuer** [kɔ̃tinɥe] /1/ VT (*travail, voyage etc*) to continue (with), carry on (with), go on with; (*prolonger: alignement, rue*) to continue; **~ à** *ou* **de faire** to go on *ou* continue doing ▸ VI (*pluie, vie, bruit*) to continue, go on; (*voyageur*) to go on ▪ **se continuer** VPR to carry on

continuité [kɔ̃tinɥite] NF continuity; continuation

contondant, e [kɔ̃tɔ̃dɑ̃, -ɑ̃t] ADJ: **arme contondante** blunt instrument

contorsion [kɔ̃tɔʀsjɔ̃] NF contortion

contorsionner [kɔ̃tɔʀsjɔne] /1/: **se contorsionner** VPR to contort o.s., writhe about

contorsionniste [kɔ̃tɔʀsjɔnist] NMF contortionist

contour [kɔ̃tuʀ] NM outline, contour ▪ **contours** NMPL (*d'une rivière etc*) windings

contourner [kɔ̃tuʀne] /1/ VT to bypass, walk *ou* drive round; (*difficulté*) to get round

contraceptif, -ive [kɔ̃tʀasɛptif, -iv] ADJ, NM contraceptive

contraception [kɔ̃tʀasɛpsjɔ̃] NF contraception

contracté, e [kɔ̃tʀakte] ADJ (*muscle*) tense, contracted; (*personne: tendu*) tense, tensed up; **article ~** (*Ling*) contracted article

contracter [kɔ̃tʀakte] /1/ VT (*muscle etc*) to tense, contract; (*maladie, dette, obligation*) to contract; (*assurance*) to take out ▪ **se contracter** VPR (*métal, muscles*) to contract

contraction [kɔ̃tʀaksjɔ̃] NF contraction

contractuel, le [kɔ̃tʀaktɥɛl] ADJ contractual ▸ NM/F (*agent*) traffic warden; (*employé*) contract employee

contradiction [kɔ̃tʀadiksjɔ̃] NF contradiction

contradictoire [kɔ̃tʀadiktwaʀ] ADJ contradictory, conflicting; **débat ~** (open) debate

contraignant, e [kɔ̃tʀɛɲɑ̃, -ɑ̃t] VB *voir* **contraindre** ▶ ADJ restricting

contraindre [kɔ̃tʀɛ̃dʀ] /52/ VT: **~ qn à faire** to force *ou* compel sb to do

contraint, e [kɔ̃tʀɛ̃, -ɛ̃t] PP *de* **contraindre** ▶ NF constraint; **sans contrainte** unrestrainedly, unconstrainedly

★**contraire** [kɔ̃tʀɛʀ] ADJ, NM opposite; **~ à** contrary to; **au ~** *adv* on the contrary

contrairement [kɔ̃tʀɛʀmɑ̃] ADV: **~ à** contrary to, unlike

contralto [kɔ̃tʀalto] NM contralto

contrariant, e [kɔ̃tʀaʀjɑ̃, -ɑ̃t] ADJ (*personne*) contrary, perverse; (*incident*) annoying

contrarier [kɔ̃tʀaʀje] /7/ VT (*personne*) to annoy, bother; (*fig*) to impede; (*projets*) to thwart, frustrate

contrariété [kɔ̃tʀaʀjete] NF annoyance

contraste [kɔ̃tʀast] NM contrast

contraster [kɔ̃tʀaste] /1/ VT, VI to contrast

★**contrat** [kɔ̃tʀa] NM contract; (*fig: accord, pacte*) agreement; **~ de travail** employment contract

contravention [kɔ̃tʀavɑ̃sjɔ̃] NF (*infraction*): **~ à** contravention of; (*amende*) fine; (*PV pour stationnement interdit*) parking ticket; **dresser ~ à** (*automobiliste*) to book; to write out a parking ticket for

★**contre** [kɔ̃tʀ] PRÉP against; (*en échange*) (in exchange) for; **par ~** on the other hand

contre-amiral, -aux [kɔ̃tʀamiʀal, -o] NM rear admiral

contre-attaque [kɔ̃tʀatak] NF counterattack

contre-attaquer [kɔ̃tʀatake] /1/ VI to counterattack

contrebalancer [kɔ̃tʀəbalɑ̃se] VT to counterbalance; (*fig*) to offset

contre-balancer [kɔ̃tʀəbalɑ̃se] /3/ VT to counterbalance; (*fig*) to offset

contrebande [kɔ̃tʀəbɑ̃d] NF (*trafic*) contraband, smuggling; (*marchandise*) contraband, smuggled goods *pl*; **faire la ~ de** to smuggle

contrebandier, -ière [kɔ̃tʀəbɑ̃dje, -jɛʀ] NM/F smuggler

contrebas [kɔ̃tʀəbɑ]: **en ~** *adv* (down) below

contrebasse [kɔ̃tʀəbɑs] NF (double) bass

contrebassiste [kɔ̃tʀəbɑsist] NMF (double) bass player

contre-braquer [kɔ̃tʀəbʀake] /1/ VI to steer into a skid

contrecarrer [kɔ̃tʀəkaʀe] /1/ VT to thwart

contrechamp [kɔ̃tʀəʃɑ̃] NM (*Ciné*) reverse shot

contrecœur [kɔ̃tʀəkœʀ]: **à ~** *adv* (be)grudgingly, reluctantly

contrecoup [kɔ̃tʀəku] NM repercussions *pl*; **par ~** as an indirect consequence

contre-courant [kɔ̃tʀəkuʀɑ̃]: **à ~** *adv* against the current

contredire [kɔ̃tʀədiʀ] /37/ VT (*personne*) to contradict; (*témoignage, assertion, faits*) to refute ■ **se contredire** VPR to contradict o.s.

contredit, e [kɔ̃tʀədi, -it] PP *de* **contredire** ▶ NM: **sans ~** without question

contrée [kɔ̃tʀe] NF region; land

contre-écrou [kɔ̃tʀekʀu] NM lock nut

contre-enquête [kɔ̃tʀɑ̃kɛt] NF counter-inquiry

contre-espionnage [kɔ̃tʀɛspjɔnaʒ] NM counter-espionage

contre-exemple [kɔ̃tʀɛgzɑ̃pl(ə)] NF counter-example

contre-expertise [kɔ̃tʀɛkspɛʀtiz] NF second (expert) assessment

contrefaçon [kɔ̃tʀəfasɔ̃] NF forgery; **~ de brevet** patent infringement

contrefaire [kɔ̃tʀəfɛʀ] /60/ VT (*document, signature*) to forge, counterfeit; (*personne, démarche*) to mimic; (*dénaturer: sa voix etc*) to disguise

contrefait, e [kɔ̃tʀəfɛ, -ɛt] PP *de* **contrefaire** ▶ ADJ misshapen, deformed

contrefasse [kɔ̃tʀəfas], **contreferai** *etc* [kɔ̃tʀəfʀe] VB *voir* **contrefaire**

contre-filet [kɔ̃tʀəfilɛ] NM (*Culin*) sirloin

contreforts [kɔ̃tʀəfɔʀ] NMPL foothills

contre-haut [kɔ̃tʀəo]: **en ~** *adv* (up) above

contre-indication [kɔ̃tʀɛ̃dikasjɔ̃] (*pl* **contre-indications**) NF (*Méd*) contra-indication; **« ~ en cas d'eczéma »** "should not be used by people with eczema"

contre-indiqué, e [kɔ̃tʀɛ̃dike] ADJ (*Méd*) contraindicated; (*déconseillé*) unadvisable, ill-advised

contre-interrogatoire [kɔ̃tʀɛ̃teʀɔgatwaʀ] NM: **faire subir un ~ à qn** to cross-examine sb

contre-jour [kɔ̃tʀəʒuʀ]: **à ~** *adv* against the light

contremaître [kɔ̃tʀəmɛtʀ] NM foreman

contre-manifestant, e [kɔ̃tʀəmanifɛstɑ̃, -ɑ̃t] NM/F counter-demonstrator

contre-manifestation [kɔ̃tʀəmanifɛstasjɔ̃] NF counter-demonstration

contremarque [kɔ̃tʀəmaʀk] NF (*ticket*) pass-out ticket

contre-offensive [kɔ̃tʀɔfɑ̃siv] NF counteroffensive

contre-ordre [kɔ̃tʀɔʀdʀ] NM = **contrordre**

contrepartie [kɔ̃tʀəpaʀti] NF compensation; **en ~** in compensation; in return

contre-performance [kɔ̃tʀəpɛʀfɔʀmɑ̃s] NF below-average performance

contrepèterie [kɔ̃tʀəpetʀi] NF spoonerism

contre-pied [kɔ̃tʀəpje] NM (*inverse, opposé*): **le ~ de ...** the exact opposite of ...; **prendre le ~ de** to take the opposing view of; to take the opposite course to; **prendre qn à ~** (*Sport*) to wrong-foot sb

contre-plaqué [kɔ̃tʀəplake] NM plywood

contre-plongée [kɔ̃tʀəplɔ̃ʒe] NF low-angle shot

contrepoids [kɔ̃tʀəpwa] NM counterweight, counterbalance; **faire ~** to act as a counterbalance

contre-poil [kɔ̃tʀəpwal]: **à ~** *adv* the wrong way

contrepoint [kɔ̃tʀəpwɛ̃] NM counterpoint

contrepoison [kɔ̃tʀəpwazɔ̃] NM antidote

contrer [kɔ̃tʀe] /1/ VT to counter

contre-révolution [kɔ̃tʀəʀevɔlysjɔ̃] NF counter-revolution
contre-révolutionnaire [kɔ̃tʀəʀevɔlysjɔnɛʀ] NMF counter-revolutionary
contresens [kɔ̃tʀəsɑ̃s] NM (*erreur*) misinterpretation; (*mauvaise traduction*) mistranslation; (*absurdité*) nonsense *no pl*; **à ~** *adv* the wrong way
contresigner [kɔ̃tʀəsiɲe] /1/ VT to countersign
contretemps [kɔ̃tʀətɑ̃] NM hitch, contretemps; **à ~** *adv* (*Mus*) out of time; (*fig*) at an inopportune moment
contre-terrorisme [kɔ̃tʀətɛʀɔʀism] NM counter-terrorism
contre-terroriste [kɔ̃tʀətɛʀɔʀist(ə)] NMF counter-terrorist
contre-torpilleur [kɔ̃tʀətɔʀpijœʀ] NM destroyer
contrevenant, e [kɔ̃tʀəv(ə)nɑ̃, -ɑ̃t] VB *voir* **contrevenir** ▶ NM/F offender
contrevenir [kɔ̃tʀəv(ə)niʀ] /22/: **~ à** *vt* to contravene
contre-voie [kɔ̃tʀəvwa]: **à ~** *adv* (*en sens inverse*) on the wrong track; (*du mauvais côté*) on the wrong side
contribuable [kɔ̃tʀibɥabl] NMF taxpayer
★**contribuer** [kɔ̃tʀibɥe] /1/: **~ à** *vt* to contribute towards
contribution [kɔ̃tʀibysjɔ̃] NF contribution; **les contributions** (*bureaux*) the tax office; **mettre à ~** to call upon; **contributions directes/indirectes** direct/indirect taxation
contrit, e [kɔ̃tʀi, -it] ADJ contrite
contrôlable [kɔ̃tʀolabl] ADJ (*maîtrisable: situation, débit*) controllable; (*alibi, déclarations*) verifiable
contrôle [kɔ̃tʀol] NM checking *no pl*, check; supervision; monitoring; (*test*) test, examination; **perdre le ~ de son véhicule** to lose control of one's vehicle; **~ des changes** (*Comm*) exchange controls; **~ continu** (*Scol*) continuous assessment; **~ d'identité** identity check; **~ des naissances** birth control; **~ des prix** price control
contrôler [kɔ̃tʀole] /1/ VT (*vérifier*) to check; (*surveiller: opérations*) to supervise; (*: prix*) to monitor, control; (*maîtriser, Comm: firme*) to control ■ **se contrôler** VPR to control o.s.
contrôleur, -euse [kɔ̃tʀolœʀ, -øz] NM/F (*de train*) (ticket) inspector; (*de bus*) (bus) conductor/tress; **~ de la navigation aérienne, ~ aérien** air traffic controller; **~ financier** financial controller
contrordre [kɔ̃tʀɔʀdʀ] NM counter-order, countermand; **sauf ~** unless otherwise directed
controverse [kɔ̃tʀɔvɛʀs] NF controversy
controversé, e [kɔ̃tʀɔvɛʀse] ADJ (*personnage, question*) controversial
contumace [kɔ̃tymas]: **par ~** *adv* in absentia
contusion [kɔ̃tyzjɔ̃] NF bruise, contusion
contusionné, e [kɔ̃tyzjɔne] ADJ bruised
conurbation [kɔnyʀbasjɔ̃] NF conurbation
convaincant, e [kɔ̃vɛ̃kɑ̃, -ɑ̃t] VB *voir* **convaincre** ▶ ADJ convincing
convaincre [kɔ̃vɛ̃kʀ] /42/ VT: **~ qn (de qch)** to convince sb (of sth); **~ qn (de faire)** to persuade sb (to do); **~ qn de** (*Jur: délit*) to convict sb of
convaincu, e [kɔ̃vɛ̃ky] PP *de* **convaincre** ▶ ADJ: **d'un ton ~** with conviction
convainquais *etc* [kɔ̃vɛ̃kɛ] VB *voir* **convaincre**
convalescence [kɔ̃valesɑ̃s] NF convalescence; **maison de ~** convalescent home
convalescent, e [kɔ̃valesɑ̃, -ɑ̃t] ADJ, NM/F convalescent
convenable [kɔ̃vnabl] ADJ suitable; (*décent*) acceptable, proper; (*assez bon*) decent, acceptable; adequate, passable
convenablement [kɔ̃vnabləmɑ̃] ADV (*placé, choisi*) suitably; (*s'habiller, s'exprimer*) properly; (*payé, logé*) decently
convenance [kɔ̃vnɑ̃s] NF: **à ma/votre ~** to my/your liking ■ **convenances** NFPL proprieties
convenir [kɔ̃vniʀ] /22/ VI to be suitable; **~ à** to suit; **il convient de** it is advisable to; (*bienséant*) it is right *ou* proper to; **~ de** (*bien-fondé de qch*) to admit (to), acknowledge; (*date, somme etc*) to agree upon; **~ que** (*admettre*) to admit that, acknowledge the fact that; **~ de faire qch** to agree to do sth; **il a été convenu que** it has been agreed that; **comme convenu** as agreed
convention [kɔ̃vɑ̃sjɔ̃] NF convention; **de ~** conventional; **~ collective** (*Écon*) collective agreement ■ **conventions** NFPL (*convenances*) convention *sg*, social conventions
conventionnalisme [kɔ̃vɑ̃sjɔnalism(ə)] NM (*des idées*) conventionality
conventionné, e [kɔ̃vɑ̃sjɔne] ADJ (*Admin*) *applying charges laid down by the state*
conventionnel, le [kɔ̃vɑ̃sjɔnɛl] ADJ conventional
conventionnellement [kɔ̃vɑ̃sjɔnɛlmɑ̃] ADV conventionally
conventuel, le [kɔ̃vɑ̃tɥɛl] ADJ monastic; monastery *cpd*, conventual, convent *cpd*
convenu, e [kɔ̃vny] PP *de* **convenir** ▶ ADJ agreed
convergence [kɔ̃vɛʀʒɑ̃s] NF convergence; **les critères de ~** the convergence criteria
convergent, e [kɔ̃vɛʀʒɑ̃, -ɑ̃t] ADJ convergent
converger [kɔ̃vɛʀʒe] /3/ VI to converge; **~ vers** *ou* **sur** to converge on
★**conversation** [kɔ̃vɛʀsasjɔ̃] NF conversation; **avoir de la ~** to be a good conversationalist
converser [kɔ̃vɛʀse] /1/ VI to converse
conversion [kɔ̃vɛʀsjɔ̃] NF conversion; (*Ski*) kick turn
convertible [kɔ̃vɛʀtibl] ADJ (*Écon*) convertible; **(canapé) ~** sofa bed
convertir [kɔ̃vɛʀtiʀ] /2/ VT: **~ qn (à)** to convert sb (to); **~ qch en** to convert sth into ■ **se convertir (à)** VPR to be converted (to)
convertisseur [kɔ̃vɛʀtisœʀ] NM (*Élec*) converter
convexe [kɔ̃vɛks] ADJ convex
conviction [kɔ̃viksjɔ̃] NF conviction
conviendrai [kɔ̃vjɛ̃dʀe], **conviens** *etc* [kɔ̃vjɛ̃] VB *voir* **convenir**
convienne *etc* [kɔ̃vjɛn] VB *voir* **convenir**
convier [kɔ̃vje] /7/ VT: **~ qn à** (*dîner etc*) to (cordially) invite sb to; **~ qn à faire** to urge sb to do
convint *etc* [kɔ̃vɛ̃] VB *voir* **convenir**
convive [kɔ̃viv] NMF guest (*at table*)

convivial, e [kɔ̃vivjal] ADJ (*ambiance, lieu*) convivial; (*Inform*) user-friendly

convocation [kɔ̃vɔkasjɔ̃] NF (*voir convoquer*) convening, convoking; summoning; invitation; (*document*) notification to attend; (*Jur*) summons *sg*

convoi [kɔ̃vwa] NM (*de voitures, prisonniers*) convoy; (*train*) train; **~ (funèbre)** funeral procession

convoité, e [kɔ̃vwate] ADJ (*richesses, terres*) coveted; **très ~** much coveted ▸ PP *de* **convoiter**

convoiter [kɔ̃vwate] /1/ VT to covet

convoitise [kɔ̃vwatiz] NF covetousness; (*sexuelle*) lust, desire

convoler [kɔ̃vɔle] /1/ VI: **~ (en justes noces)** to be wed

convoquer [kɔ̃vɔke] /1/ VT (*assemblée*) to convene, convoke; (*subordonné, témoin*) to summon; (*candidat*) to ask to attend; **~ qn (à)** (*réunion*) to invite sb (to attend)

convoyer [kɔ̃vwaje] /8/ VT to escort

convoyeur [kɔ̃vwajœʀ] NM (*Navig*) escort ship; **~ de fonds** security guard

convulsé, e [kɔ̃vylse] ADJ (*visage*) distorted

convulsif, -ive [kɔ̃vylsif, -iv] ADJ convulsive

convulsions [kɔ̃vylsjɔ̃] NFPL convulsions

cookie [kuki] NM (*Inform*) cookie

coopérant [kɔɔpeʀɑ̃] NM ≈ person doing Voluntary Service Overseas (BRIT), ≈ member of the Peace Corps (*US*)

coopératif, -ive [kɔɔpeʀatif, -iv] ADJ, NF co-operative

coopération [kɔɔpeʀasjɔ̃] NF co-operation; (*Admin*): **la C~** ≈ Voluntary Service Overseas (BRIT) *ou* the Peace Corps (*US: done as alternative to military service*)

coopérer [kɔɔpeʀe] /6/ VI: **~ (à)** to co-operate (in)

coordination [kɔɔʀdinasjɔ̃] NF coordination

coordonnateur, -trice [kɔɔʀdɔnatœʀ, -tʀis] ADJ coordinating ▸ NM/F coordinator

coordonné, e [kɔɔʀdɔne] ADJ coordinated ▸ NF (*Ling*) coordinate clause ■ **coordonnés** NMPL (*vêtements*) coordinates ■ **coordonnées** NFPL (*Math*) coordinates; (*détails personnels*) details, whereabouts; **donnez-moi vos coordonnées** (*fam*) can I have your details please?

coordonner [kɔɔʀdɔne] /1/ VT to coordinate

★**copain, copine** [kɔpɛ̃, kɔpin] NM/F mate (BRIT), pal; (*petit ami/petite amie*) boyfriend/girlfriend ▸ ADJ: **être ~ avec** to be pally with

copeau, x [kɔpo] NM shaving; (*de métal*) turning

Copenhague [kɔpənag] N Copenhagen

★**copie** [kɔpi] NF copy; (*Scol*) script, paper; exercise; **~ certifiée conforme** certified copy; **~ papier** (*Inform*) hard copy

★**copier** [kɔpje] /7/ VT, VI to copy; **~ sur** to copy from

copier-coller [kɔpjekɔle] NM INV copy and paste; **faire un ~** to copy and paste

copieur [kɔpjœʀ] NM (photo)copier

copieusement [kɔpjøzmɑ̃] ADV copiously

copieux, -euse [kɔpjø, -øz] ADJ copious, hearty

copilote [kɔpilɔt] NM (*Aviat*) co-pilot; (*Auto*) co-driver, navigator

copinage [kɔpinaʒ] NM: **obtenir qch par ~** to get sth through contacts

copinaute [kɔpinot] NMF (*fam*) online friend

★**copine** [kɔpin] NF *voir* **copain**

copiste [kɔpist] NMF copyist, transcriber

coproduction [kɔpʀɔdyksjɔ̃] NF coproduction, joint production

copropriétaire [kɔpʀɔpʀijetɛʀ] NMF co-owner

copropriété [kɔpʀɔpʀijete] NF co-ownership, joint ownership; **acheter en ~** to buy on a co-ownership basis

C

copulation [kɔpylasjɔ̃] NF copulation

copuler [kɔpyle] VI to copulate

copyright [kɔpiʀajt] NM copyright

★**coq** [kɔk] NM cockerel, rooster; **~ de bruyère** grouse; **~ du village** (*fig: péj*) ladykiller; **~ au vin** coq au vin ▸ ADJ INV (*Boxe*): **poids ~** bantamweight

coq-à-l'âne [kɔkalɑn] NM INV abrupt change of subject

coque [kɔk] NF (*de noix, mollusque*) shell; (*de bateau*) hull; **à la ~** (*Culin*) (soft-)boiled

coquelet [kɔklɛ] NM (*Culin*) cockerel

coquelicot [kɔkliko] NM poppy

coqueluche [kɔklyʃ] NF whooping-cough; (*fig*): **être la ~ de qn** to be sb's flavour of the month

coquet, te [kɔkɛ, -ɛt] ADJ appearance-conscious; (*joli*) pretty; (*logement*) smart, charming

coquetier [kɔk(ə)tje] NM egg-cup

coquettement [kɔkɛtmɑ̃] ADV (*s'habiller*) attractively; (*meubler*) prettily

coquetterie [kɔkɛtʀi] NF appearance-consciousness

★**coquillage** [kɔkijaʒ] NM (*mollusque*) shellfish *inv*; (*coquille*) shell

coquille [kɔkij] NF shell; (*Typo*) misprint; **~ de beurre** shell of butter; **~ d'œuf** *adj* (*couleur*) eggshell; **~ de noix** nutshell; **~ St Jacques** scallop

coquillettes [kɔkijɛt] NFPL pasta shells

coquin, e [kɔkɛ̃, -in] ADJ mischievous, roguish; (*polisson*) naughty ▸ NM/F (*péj*) rascal

cor [kɔʀ] NM (*Mus*) horn; (*Méd*): **~ (au pied)** corn; **réclamer à ~ et à cri** to clamour for; **~ anglais** cor anglais; **~ de chasse** hunting horn

corail, -aux [kɔʀaj, -o] NM coral *no pl*

Coran [kɔʀɑ̃] NM: **le ~** the Koran

coraux [kɔʀo] NMPL *de* **corail**

corbeau, x [kɔʀbo] NM crow

corbeille [kɔʀbɛj] NF basket; (*Inform*) recycle bin; (*Bourse*): **la ~** ≈ the floor (of the Stock Exchange); **~ de mariage** (*fig*) wedding presents *pl*; **~ à ouvrage** work-basket; **~ à pain** bread-basket; **~ à papier** waste paper basket *ou* bin

corbillard [kɔʀbijaʀ] NM hearse

cordage [kɔʀdaʒ] NM rope ■ **cordages** NMPL (*de voilure*) rigging *sg*

★**corde** [kɔʀd] NF rope; (*de violon, raquette, d'arc*) string; (*trame*): **la ~** the thread; (*Athlétisme, Auto*): **la ~** the rails *pl*; **les cordes** (*Boxe*) the ropes; **les (instruments à) cordes** (*Mus*) the strings, the stringed instruments; **semelles de ~** rope soles; **tenir la ~** (*Athlétisme, Auto*) to be in the inside lane; **tomber des cordes** to rain cats and dogs; **tirer sur la ~** to go too far; **la ~ sensible** the right chord; **usé jusqu'à la ~** threadbare; **~ à linge** washing *ou* clothes line; ~ **lisse** (climbing) rope; ~ **à nœuds** knotted climbing rope; ~ **raide** tightrope; ~ **à sauter** skipping rope; **cordes vocales** vocal cords

cordeau, x [kɔʀdo] NM string, line; **tracé au ~** as straight as a die

cordée [kɔʀde] NF *(d'alpinistes)* rope, roped party

cordelière [kɔʀdəljɛʀ] NF cord (belt)

cordial, e, -aux [kɔʀdjal, -o] ADJ warm, cordial ▶ NM cordial, pick-me-up

cordialement [kɔʀdjalmɑ̃] ADV cordially, heartily; *(formule épistolaire)* (kind) regards

cordialité [kɔʀdjalite] NF warmth, cordiality

cordillère [kɔʀdijɛʀ] NF: **la ~ des Andes** the Andes cordillera *ou* range

cordon [kɔʀdɔ̃] NM cord, string; ~ **sanitaire/de police** sanitary/police cordon; ~ **littoral** sandbank, sandbar; ~ **ombilical** umbilical cord

cordon-bleu [kɔʀdɔ̃blø] *(pl* **cordons-bleus***)* ADJ, NMF cordon bleu

cordonnerie [kɔʀdɔnʀi] NF shoe repairer's *ou* mender's (shop)

cordonnier [kɔʀdɔnje] NM shoe repairer *ou* mender, cobbler

cordouan, e [kɔʀduɑ̃, -an] ADJ Cordovan

Cordoue [kɔʀdu] N Cordoba

Corée [kɔʀe] NF: **la ~** Korea; **la ~ du Sud/du Nord** South/North Korea; **la République (démocratique populaire) de ~** the (Democratic People's) Republic of Korea

coréen, ne [kɔʀeɛ̃, -ɛn] ADJ Korean ▶ NM *(Ling)* Korean ▶ NM/F: **Coréen, ne** Korean

coreligionnaire [kɔʀ(ə)liʒjɔnɛʀ] NMF fellow Christian/Muslim/Jew *etc*

Corfou [kɔʀfu] N Corfu

coriace [kɔʀjas] ADJ tough

coriandre [kɔʀjɑ̃dʀ] NF coriander

Corinthe [kɔʀɛ̃t] N Corinth

cormoran [kɔʀmɔʀɑ̃] NM cormorant

cornac [kɔʀnak] NM elephant driver

corne [kɔʀn] NF horn; *(de cerf)* antler; *(de la peau)* callus; ~ **d'abondance** horn of plenty; ~ **de brume** *(Navig)* foghorn

cornée [kɔʀne] NF cornea

corneille [kɔʀnɛj] NF crow

cornélien, ne [kɔʀneljɛ̃, -ɛn] ADJ *(débat etc)* where love and duty conflict

cornemuse [kɔʀnəmyz] NF bagpipes *pl*; **joueur de ~** piper

corner[1] [kɔʀnɛʀ] NM *(Football)* corner (kick)

corner[2] [kɔʀne] VT *(pages)* to make dog-eared ▶ VI *(klaxonner)* to blare out

cornet [kɔʀnɛ] NM (paper) cone; *(de glace)* cornet, cone; ~ **à pistons** cornet

cornette [kɔʀnɛt] NF cornet *(headgear)*

corniaud [kɔʀnjo] NM *(chien)* mongrel; *(péj)* twit, clot

corniche [kɔʀniʃ] NF *(de meuble, neigeuse)* cornice; *(route)* coast road

cornichon [kɔʀniʃɔ̃] NM gherkin

Cornouailles [kɔʀnwaj] FPL Cornwall

cornue [kɔʀny] NF retort

corollaire [kɔʀɔlɛʀ] NM corollary

corolle [kɔʀɔl] NF corolla

coron [kɔʀɔ̃] NM mining cottage; mining village

coronaire [kɔʀɔnɛʀ] ADJ coronary

corporation [kɔʀpɔʀasjɔ̃] NF corporate body; *(au Moyen-Âge)* guild

corporel, le [kɔʀpɔʀɛl] ADJ bodily; *(punition)* corporal; **soins corporels** care *sg* of the body

★**corps** [kɔʀ] NM *(gén)* body; *(cadavre)* (dead) body; **à son ~ défendant** against one's will; **à ~ perdu** headlong; **perdu ~ et biens** lost with all hands; **prendre ~** to take shape; **faire ~ avec** to be joined to; to form one body with; ~ **d'armée** army corps; ~ **de ballet** corps de ballet; ~ **constitués** *(Pol)* constitutional bodies; **le ~ consulaire** the consular corps; ~ **à ~** *adv* hand-to-hand; *nm* clinch; **le ~ du délit** *(Jur)* corpus delicti; **le ~ diplomatique** the diplomatic corps; **le ~ électoral** the electorate; **le ~ enseignant** the teaching profession; ~ **étranger** *(Méd)* foreign body; ~ **expéditionnaire** task force; ~ **de garde** guardroom; ~ **législatif** legislative body; **le ~ médical** the medical profession

corpulence [kɔʀpylɑ̃s] NF build; *(embonpoint)* stoutness (BRIT), corpulence; **de forte ~** of large build

corpulent, e [kɔʀpylɑ̃, -ɑ̃t] ADJ stout (BRIT), corpulent

corpus [kɔʀpys] NM *(Ling)* corpus

★**correct, e** [kɔʀɛkt] ADJ *(exact)* accurate, correct; *(bienséant, honnête)* correct; *(passable)* adequate

correctement [kɔʀɛktəmɑ̃] ADV accurately; correctly; adequately

correcteur, -trice [kɔʀɛktœʀ, -tʀis] NM/F *(Scol)* examiner, marker; *(Typo)* proofreader

correctif, -ive [kɔʀɛktif, -iv] ADJ corrective ▶ NM *(mise au point)* rider, qualification

correction [kɔʀɛksjɔ̃] NF *(voir corriger)* correction; marking; *(voir correct)* correctness; *(rature, surcharge)* correction, emendation; *(coups)* thrashing; ~ **sur écran** *(Inform)* screen editing; ~ **(des épreuves)** proofreading

correctionnel, le [kɔʀɛksjɔnɛl] ADJ *(Jur)*: **tribunal ~** ≈ criminal court

corrélation [kɔʀelasjɔ̃] NF correlation

★**correspondance** [kɔʀɛspɔ̃dɑ̃s] NF correspondence; *(de train, d'avion)* connection; **ce train assure la ~ avec l'avion de 10 heures** this train connects with the 10 o'clock plane; **cours par ~** correspondence course; **vente par ~** mail-order business

correspondancier, -ière [kɔʀɛspɔ̃dɑ̃sje, -jɛʀ] NM/F correspondence clerk

★**correspondant, e** [kɔʀɛspɔ̃dɑ̃, -ɑ̃t] NM/F correspondent; *(Tél)* person phoning *(ou* being phoned)

★**correspondre** [kɔʀɛspɔ̃dʀ] /41/ VI *(données, témoignages)* to correspond, tally; *(chambres)* to communicate; **~ à** to correspond to; **~ avec qn** to correspond with sb

Corrèze [kɔʀɛz] NF: **la ~** the Corrèze

corrézien, ne [kɔʀezjɛ̃, -ɛn] ADJ of *ou* from the Corrèze

corrida [kɔʀida] NF bullfight

corridor [kɔʀidɔʀ] NM corridor, passage

corrigé [kɔʀiʒe] NM (*Scol: d'exercice*) correct version; fair copy

★**corriger** [kɔʀiʒe] /**3**/ VT (*devoir*) to correct, mark; (*texte*) to correct, emend; (*erreur, défaut*) to correct, put right; (*punir*) to thrash; **~ qn de** (*défaut*) to cure sb of; **se ~ de** to cure o.s. of

corroborer [kɔʀɔbɔʀe] /**1**/ VT to corroborate

corroder [kɔʀɔde] /**1**/ VT to corrode

corrompre [kɔʀɔ̃pʀ] /**41**/ VT (*dépraver*) to corrupt; (*acheter: témoin etc*) to bribe

corrompu, e [kɔʀɔ̃py] ADJ corrupt

corrosif, -ive [kɔʀozif, -iv] ADJ corrosive

corrosion [kɔʀozjɔ̃] NF corrosion

corruption [kɔʀypsjɔ̃] NF corruption; (*de témoins*) bribery

corsage [kɔʀsaʒ] NM (*d'une robe*) bodice; (*chemisier*) blouse

corsaire [kɔʀsɛʀ] NM pirate, corsair; privateer

★**corse** [kɔʀs] ADJ Corsican ▶ NMF: **Corse** Corsican ▶ NF: **la C~** Corsica

corsé, e [kɔʀse] ADJ vigorous; (*café etc*) full-flavoured (BRIT) *ou* -flavored (US); (*goût*) full; (*sauce*) spicy; (*problème*) tough, tricky

corselet [kɔʀsəlɛ] NM corselet

corser [kɔʀse] /**1**/ VT (*difficulté*) to aggravate; (*intrigue*) to liven up; (*sauce*) to add spice to

corset [kɔʀsɛ] NM corset; (*d'une robe*) bodice; **~ orthopédique** surgical corset

corso [kɔʀso] NM: **~ fleuri** procession of floral floats

cortège [kɔʀtɛʒ] NM procession

cortisone [kɔʀtizɔn] NF (*Méd*) cortisone

corvée [kɔʀve] NF chore, drudgery *no pl*; (*Mil*) fatigue (duty)

cosaque [kɔzak] NM cossack

cosignataire [kɔsiɲatɛʀ] ADJ, NMF co-signatory

cosinus [kɔsinys] NM (*Math*) cosine

cosmétique [kɔsmetik] NM (*pour les cheveux*) hair oil; (*produit de beauté*) beauty care product

cosmétologie [kɔsmetɔlɔʒi] NF beauty care

cosmique [kɔsmik] ADJ cosmic

cosmonaute [kɔsmɔnot] NMF cosmonaut, astronaut

cosmopolite [kɔsmɔpɔlit] ADJ cosmopolitan

cosmos [kɔsmɔs] NM outer space; cosmos

cosse [kɔs] NF (*Bot*) pod, hull

cossu, e [kɔsy] ADJ opulent-looking, well-to-do

Costa Rica [kɔstaʀika] NM: **le ~** Costa Rica

costaricien, ne [kɔstaʀisjɛ̃, -ɛn] ADJ Costa Rican ▶ NM/F: **Costaricien, ne** Costa Rican

costaud, e [kɔsto, -od] ADJ strong, sturdy

★**costume** [kɔstym] NM (*d'homme*) suit; (*de théâtre*) costume

costumé, e [kɔstyme] ADJ dressed up

costumier, -ière [kɔstymje, -jɛʀ] NM/F (*fabricant, loueur*) costumier; (*Théât*) wardrobe master/mistress

cotangente [kɔtɑ̃ʒɑ̃t] NF (*Math*) cotangent

cotation [kɔtasjɔ̃] NF quoted value

cote [kɔt] NF (*en Bourse etc*) quotation; quoted value; (*d'un candidat etc*) rating; (*mesure: sur une carte*) spot height; (*: sur un croquis*) dimension; (*de classement*) (classification) mark; reference number; **la ~ de** (*d'un cheval*) the odds *pl* on; **avoir la ~** to be very popular; **inscrit à la ~** quoted on the Stock Exchange; **~ d'alerte** danger *ou* flood level; **~ mal taillée** (*fig*) compromise; **~ de popularité** popularity rating

coté, e [kɔte] ADJ: **être ~** to be listed *ou* quoted; **être ~ en Bourse** to be quoted on the Stock Exchange; **être bien/mal ~** to be highly/poorly rated

★**côte** [kot] NF (*rivage*) coast(line); (*pente*) slope; (*: sur une route*) hill; (*Anat*) rib; (*d'un tricot, tissu*) rib, ribbing *no pl*; **~ à ~** *adv* side by side; **la C~ (d'Azur)** the (French) Riviera; **la C~ d'Ivoire** the Ivory Coast; **~ de porc** pork chop

★**côté** [kote] NM (*gén*) side; (*direction*) way, direction; **de chaque ~ (de)** on each side of; **de tous les côtés** from all directions; **de quel ~ est-il parti ?** which way *ou* in which direction did he go?; **de ce/de l'autre ~** this/the other way; **d'un ~ ... de l'autre ~ ...** (*alternative*) on (the) one hand ... on the other (hand) ...; **du ~ de** (*provenance*) from; (*direction*) towards; **du ~ de Lyon** (*proximité*) near Lyons; **du ~ gauche** on the left-hand side; **de ~** *adv* (*regarder*) sideways; on one side; to one side; aside; **laisser de ~** to leave on one side; **mettre de ~** to put aside, put on one side; **mettre de l'argent de ~** to save some money; **de mon ~** (*quant à moi*) for my part; **à ~** *adv* (right) nearby; (*voisins*) next door; (*d'autre part*) besides; **à ~ de** beside; next to; (*fig*) in comparison to; **à ~ (de la cible)** off target, wide (of the mark); **être aux côtés de** to be by the side of

coteau, x [kɔto] NM hill

Côte d'Ivoire [kotdivwaʀ] NF: **la ~** Côte d'Ivoire, the Ivory Coast

côtelé, e [kot(ə)le] ADJ ribbed; **pantalon en velours ~** corduroy trousers *pl*

côtelette [kotlɛt] NF chop

coter [kɔte] /**1**/ VT (*Bourse*) to quote

coterie [kɔtʀi] NF set

côtier, -ière [kotje, -jɛʀ] ADJ coastal

cotisation [kɔtizasjɔ̃] NF subscription, dues *pl*; (*pour une pension*) contributions *pl*

cotiser [kɔtize] /**1**/ VI: **~ (à)** to pay contributions (to); (*à une association*) to subscribe (to) ■ **se cotiser** VPR to club together

★**coton** [kɔtɔ̃] NM cotton; **~ hydrophile** cotton wool (BRIT), absorbent cotton (US)

cotonnade [kɔtɔnad] NF cotton (fabric)

Coton-Tige® [kɔtɔ̃tiʒ] (*pl* **Cotons-Tiges**) NM cotton bud

côtoyer [kotwaje] /**8**/ VT to be close to; (*rencontrer*) to rub shoulders with; (*longer*) to run alongside; (*fig: friser*) to be bordering *ou* verging on

cotte [kɔt] NF: **~ de mailles** coat of mail

★**cou** [ku] NM neck

couac [kwak] NM (*fam*) bum note

couard, e [kwaʀ, -aʀd] ADJ cowardly

couchage [kuʃaʒ] NM *voir* **sac**

couchant, e [kuʃɑ̃, ɑ̃t] ADJ: **soleil ~** setting sun

★**couche** [kuʃ] NF (*strate: gén, Géo*) layer, stratum (*pl* -a); (*de peinture, vernis*) coat; (*de poussière, crème*) layer; (*de bébé*) nappy (BRIT), diaper (*US*); **~ d'ozone** ozone layer ■ **couches** NFPL (*Méd*) confinement *sg*; **couches sociales** social levels *ou* strata

★**couché, e** [kuʃe] ADJ (*étendu*) lying down; (*au lit*) in bed

couche-culotte [kuʃkylɔt] (*pl* **couches-culottes**) NF (plastic-coated) disposable nappy (BRIT) *ou* diaper (US)

★**coucher** [kuʃe] /1/ NM (*du soleil*) setting; **à prendre avant le ~** (*Méd*) take at night *ou* before going to bed; **~ de soleil** sunset ▸ VT (*personne*) to put to bed; (*: loger*) to put up; (*objet*) to lay on its side; (*écrire*) to inscribe, couch ▸ VI (*dormir*) to sleep, spend the night; **~ avec qn** to sleep with sb, go to bed with sb ■ **se coucher** VPR (*pour dormir*) to go to bed; (*pour se reposer*) to lie down; (*soleil*) to set, go down

★**couchette** [kuʃɛt] NF couchette; (*de marin*) bunk; (*pour voyageur, sur bateau*) berth

coucheur [kuʃœʀ] NM: **mauvais ~** awkward customer

couci-couça [kusikusa] ADV (*fam*) so-so

coucou [kuku] NM cuckoo ▸ EXCL peek-a-boo

★**coude** [kud] NM (*Anat*) elbow; (*de tuyau, de la route*) bend; **~ à ~** *adv* shoulder to shoulder, side by side

coudée [kude] NF: **avoir ses coudées franches** (*fig*) to have a free rein

cou-de-pied [kudpje] (*pl* **cous-de-pied**) NM instep

coudoyer [kudwaje] /8/ VT to brush past *ou* against; (*fig*) to rub shoulders with

★**coudre** [kudʀ] /48/ VT (*bouton*) to sew on; (*robe*) to sew (up) ▸ VI to sew

couenne [kwan] NF (*de lard*) rind

couette [kwɛt] NF duvet ■ **couettes** NFPL (*cheveux*) bunches

couffin [kufɛ̃] NM Moses basket; (straw) basket

couilles [kuj] NFPL (*!*) balls (*!*)

couillu, e [kujy] ADJ (*fam: courageux: personne*) ballsy (*fam*)

couiner [kwine] /1/ VI to squeal

coulage [kulaʒ] NM (*Comm*) loss of stock (*due to theft or negligence*)

coulant, e [kulɑ̃, -ɑ̃t] ADJ (*indulgent*) easy-going; (*fromage etc*) runny

coulée [kule] NF (*de lave, métal en fusion*) flow; **~ de neige** snowslide

couler [kule] /1/ VI to flow, run; (*fuir: stylo, récipient*) to leak; (*: nez*) to run; (*sombrer: bateau*) to sink; **~ à pic** to sink *ou* go straight to the bottom; **~ de source** to follow on naturally; **faire ~** (*eau*) to run; **faire ~ un bain** to run a bath ▸ VT (*cloche, sculpture*) to cast; (*bateau*) to sink; (*personne*) to bring down, ruin; **~ une vie heureuse** to enjoy a happy life; **il a coulé une bielle** (*Auto*) his big end went ■ **se couler** VPR (*se glisser*): **se ~ dans** (*interstice, ouverture*) to slip into; (*fig*): **se ~ dans le moule** to fit the mould (BRIT) *ou* mold (US)

★**couleur** [kulœʀ] NF colour (BRIT), color (US); (*Cartes*) suit; **de ~** (*homme, femme: vieilli*) colo(u)red; **sous ~ de** on the pretext of; **de quelle ~** of what colo(u)r ■ **couleurs** NFPL (*du teint*) colo(u)r *sg*; **les couleurs** (*Mil*) the colo(u)rs; **en couleurs** (*film*) in colo(u)r; **télévision en couleurs** colo(u)r television

couleuvre [kulœvʀ] NF grass snake

coulissant, e [kulisɑ̃, -ɑ̃t] ADJ (*porte, fenêtre*) sliding

coulisse [kulis] NF (*Tech*) runner; **porte à ~** sliding door ■ **coulisses** NFPL (*Théât*) wings; (*fig*): **dans les coulisses** behind the scenes

coulisser [kulise] /1/ VI to slide, run

★**couloir** [kulwaʀ] NM corridor, passage; (*d'avion*) aisle; (*de bus*) gangway; (*: sur la route*) bus lane; (*Sport: de piste*) lane; (*Géo*) gully; **~ aérien** air corridor *ou* lane; **~ de navigation** shipping lane

coulpe [kulp] NF: **battre sa ~** to repent openly

★**coup** [ku] NM (*heurt, choc*) knock; (*affectif*) blow, shock; (*agressif*) blow; (*avec arme à feu*) shot; (*de l'horloge*) chime, stroke; (*Sport: golf*) stroke; (*: tennis*) shot; (*Échecs*) move; (*fam: fois*) time; **~ de coude/genou** nudge (with the elbow)/ with the knee; **à coups de hache/marteau** (hitting) with an axe/a hammer; **~ de tonnerre** clap of thunder; **~ de sonnette** ring of the bell; **~ de crayon/pinceau** stroke of the pencil/brush; **donner un ~ de balai** to give the floor a sweep, sweep up; **donner un ~ de chiffon** to go round with the duster; **avoir le ~** (*fig*) to have the knack; **être dans le/hors du ~** to be/not to be in on it; (*à la page*) to be hip *ou* trendy; **du ~** as a result; **boire un ~** to have a drink; **d'un seul ~** (*subitement*) suddenly; (*à la fois*) at one go in one blow; **du ~** so (you see); **du premier ~** first time *ou* go, at the first attempt; **du même ~** at the same time; **à ~ sûr** definitely, without fail; **après ~** afterwards; **~ sur ~** in quick succession; **être sur un ~** to be on to something; **sur le ~** outright; **sous le ~ de** (*surprise etc*) under the influence of; **tomber sous le ~ de la loi** to constitute a statutory offence; **à tous les coups** every time; **tenir le ~** to hold out; **il a raté son ~** he missed his turn; **pour le ~** for once; **~ bas** (*fig*): **donner un ~ bas à qn** to hit sb below the belt; **~ de chance** stroke of luck; **~ de chapeau** (*fig*) pat on the back; **~ de couteau** stab (of a knife); **~ dur** hard blow; **~ d'éclat** (great) feat; **~ d'envoi** kick-off; **~ d'essai** first attempt; **~ d'État** coup d'état; **~ de feu** shot; **~ de filet** (*Police*) haul; **~ de foudre** (*fig*) love at first sight; **~ fourré** stab in the back; **~ franc** free kick; **~ de frein** (sharp) braking *no pl*; **~ de fusil** rifle shot; **~ de grâce** coup de grâce; **~ du lapin** (*Auto*) whiplash; **~ de main**: **donner un ~ de main à qn** to give sb a (helping) hand; **~ de maître** master stroke; **~ d'œil** glance; **~ de pied** kick; **~ de poing** punch; **~ de soleil** sunburn *no pl*; **~ de sonnette** ring of the bell; **~ de téléphone** phone call; **~ de tête** (*fig*) (sudden) impulse; **~ de théâtre** (*fig*) dramatic turn of events; **~ de tonnerre** clap of thunder; **~ de vent** gust of wind; **en ~ de vent** (*rapidement*) in a tearing hurry

★**coupable** [kupabl] ADJ guilty; (*pensée*) guilty, culpable; **~ de** guilty of ▸ NMF (*gén*) culprit; (*Jur*) guilty party

coupant, e [kupɑ̃, -ɑ̃t] ADJ (*lame*) sharp; (*fig: voix, ton*) cutting

coupe [kup] NF (*verre*) goblet; (*à fruits*) dish; (*Sport*) cup; (*de cheveux, de vêtement*) cut; (*graphique, plan*) (cross) section; **être sous la ~ de** to be under the control of; **faire des coupes sombres dans** to make drastic cuts in

coupé, e [kupe] ADJ (*communications, route*) cut, blocked; (*vêtement*): **bien/mal ~** well/badly cut ▸ NM (*Auto*) coupé ▸ NF (*Navig*) gangway

coupe-circuit [kupsiʀkɥi] NM INV cutout, circuit breaker

coupe-faim [kupfɛ̃] NM INV appetite suppressant

coupe-feu [kupfø] NM firebreak

coupe-gorge [kupgɔʀʒ] NM INV cut-throats' den

coupe-ongles [kupɔ̃gl] NM INV (*pince*) nail clippers; (*ciseaux*) nail scissors

coupe-papier [kuppapje] NM INV paper knife

★**couper** [kupe] /1/ VT to cut; (*retrancher*) to cut (out), take out; (*route, courant*) to cut off; (*appétit*) to take away; (*fièvre*) to take down, reduce; (*vin, cidre*) to blend; (*: à table*) to dilute (with water); **~ l'appétit à qn** to spoil sb's appetite; **~ la parole à qn** to cut sb short; **~ les vivres à qn** to cut off sb's vital supplies; **~ le contact** *ou* **l'allumage** (*Auto*) to turn off the ignition; **~ les ponts avec qn** to break with sb; **se faire ~ les cheveux** to have *ou* get one's hair cut; **nous avons été coupés** we've been cut off ▶ VI to cut; (*prendre un raccourci*) to take a short-cut; (*Cartes: diviser le paquet*) to cut; (*: avec l'atout*) to trump ■ **se couper** VPR (*se blesser*) to cut o.s.; (*en témoignant etc*) to give o.s. away

couper-coller [kupekɔle] NM INV cut and paste; **faire un ~** to cut and paste

couperet [kupʀɛ] NM cleaver, chopper

couperosé, e [kupʀoze] ADJ blotchy

coupe-vent [kupvɑ̃] (*pl* **~(s)**) NM windcheater, Windbreaker® (US)

couple [kupl] NM couple; **~ de torsion** torque

coupler [kuple] /1/ VT to couple (together)

couplet [kuplɛ] NM verse

coupleur [kuplœʀ] NM: **~ acoustique** acoustic coupler

coupole [kupɔl] NF dome; cupola

coupon [kupɔ̃] NM (*ticket*) coupon; (*de tissu*) remnant; roll

coupon-réponse [kupɔ̃ʀepɔ̃s] (*pl* **coupons-réponses**) NM reply coupon

coupure [kupyʀ] NF cut; (*billet de banque*) note; (*de journal*) cutting; **~ de courant** power cut

★**cour** [kuʀ] NF (*de ferme, jardin*) (court)yard; (*d'immeuble*) back yard; (*Jur, royale*) court; **faire la ~ à qn** to court sb; **~ d'appel** appeal court (BRIT), appellate court (US); **~ d'assises** court of assizes, ≈ Crown Court (BRIT); **~ de cassation** final court of appeal; **~ des comptes** (*Admin*) revenue court; **~ martiale** court-martial; **~ de récréation** (*Scol*) playground, schoolyard

★**courage** [kuʀaʒ] NM courage, bravery

courageusement [kuʀaʒøzmɑ̃] ADV bravely, courageously

★**courageux, -euse** [kuʀaʒø, -øz] ADJ brave, courageous

★**couramment** [kuʀamɑ̃] ADV commonly; (*parler*) fluently

★**courant, e** [kuʀɑ̃, -ɑ̃t] ADJ (*fréquent*) common; (*Comm, gén: normal*) standard; (*en cours*) current; **~ octobre** *etc* in the course of October *etc*; **le 10 ~** (*Comm*) the 10th inst. ▶ NM current; (*fig*) movement; (*: d'opinion*) trend; **être au ~ (de)** (*fait, nouvelle*) to know (about); **mettre qn au ~ (de)** (*fait, nouvelle*) to tell sb (about); (*nouveau travail etc*) to teach sb the basics (of), brief sb (about); **se tenir au ~ (de)** (*techniques etc*) to keep o.s. up-to-date (on); **dans le ~ de** (*pendant*) in the course of; **~ d'air** draught (BRIT), draft (US); **~ électrique** (electric) current, power

courbature [kuʀbatyʀ] NF ache

courbaturé, e [kuʀbatyʀe] ADJ aching

courbe [kuʀb] ADJ curved ▶ NF curve; **~ de niveau** contour line

courber [kuʀbe] /1/ VT to bend; **~ la tête** to bow one's head ■ **se courber** VPR (*branche etc*) to bend, curve; (*personne*) to bend (down)

courbette [kuʀbɛt] NF low bow

coure *etc* [kuʀ] VB *voir* **courir**

coureur, -euse [kuʀœʀ, -øz] NM/F (*Sport*) runner (*ou* driver); (*péj*) womanizer/manhunter; **~ cycliste/automobile** racing cyclist/driver

courge [kuʀʒ] NF (*Bot*) gourd; (*Culin*) marrow

courgette [kuʀʒɛt] NF courgette (BRIT), zucchini (US)

★**courir** [kuʀiʀ] /11/ VI (*gén*) to run; (*se dépêcher*) to rush; (*fig: rumeurs*) to go round; (*Comm: intérêt*) to accrue; **le bruit court que** the rumour is going round that; **par les temps qui courent** at the present time; **~ après qn** to run after sb, chase (after) sb; **laisser ~** to let things alone; **faire ~ qn** to make sb run around (all over the place); **tu peux (toujours) ~ !** you've got a hope! ▶ VT (*Sport: épreuve*) to compete in; (*risque*) to run; (*danger*) to face; **~ les cafés/bals** to do the rounds of the cafés/dances

couronne [kuʀɔn] NF crown; (*de fleurs*) wreath, circlet; **~ (funéraire** *ou* **mortuaire)** (funeral) wreath

couronnement [kuʀɔnmɑ̃] NM coronation, crowning; (*fig*) crowning achievement

couronner [kuʀɔne] /1/ VT to crown

courons [kuʀɔ̃], **courrai** *etc* [kuʀe] VB *voir* **courir**

courre [kuʀ] VB *voir* **chasse**

courriel [kuʀjɛl] NM email; **envoyer qch par ~** to email sth

★**courrier** [kuʀje] NM mail, post; (*lettres à écrire*) letters *pl*; (*rubrique*) column; **qualité ~** letter quality; **long/moyen ~** *adj* (*Aviat*) long-/medium-haul; **~ du cœur** problem page; **est-ce que j'ai du ~ ?** are there any letters for me?; **~ électronique** electronic mail, email

> **courrier** does not mean *courier*.

courroie [kuʀwa] NF strap; (*Tech*) belt; **~ de transmission/de ventilateur** driving/fan belt

courrons *etc* [kuʀɔ̃] VB *voir* **courir**

courroucé, e [kuʀuse] ADJ wrathful

★**cours** [kuʀ] VB *voir* **courir** ▶ NM (*leçon*) class; (*: particulier*) lesson; (*série de leçons*) course; (*cheminement*) course; (*écoulement*) flow; (*avenue*) walk; (*Comm: de devises*) rate; (*: de denrées*) price; (*Bourse*) quotation; **donner libre ~ à** to give free expression to; **avoir ~** (*monnaie*) to be legal tender; (*fig*) to be current; (*Scol*) to have a class *ou* lecture; **en ~** (*année*) current; (*travaux*) in progress; **en ~ de route** on the way; **au ~ de** in the course of, during; **le ~ du change** the exchange rate; **~ d'eau** waterway; **~ élémentaire** *2nd and 3rd years of primary school*; **~ moyen** *4th and 5th years of primary school*; **~ préparatoire** ≈ infants' class (BRIT), ≈ 1st grade (US); **~ du soir** night school

★**course** [kuʀs] NF running; (*Sport: épreuve*) race; (*trajet: du soleil*) course; (*: d'un projectile*) flight; (*: d'une pièce mécanique*) travel; (*excursion*) outing; (*ascension*) climb; (*d'un taxi, autocar*) journey, trip; (*petite mission*) errand; **à bout de ~** (*épuisé*) exhausted; **~ automobile** car race; **~ de côte** (*Auto*) hill climb; **~ par étapes** *ou* **d'étapes** race in stages; **~ d'obstacles** obstacle race; **~ à pied** walking race; **~ de vitesse** sprint ▪ **courses** NFPL (*achats*) shopping *sg*; (*Hippisme*) races; **faire les** *ou* **ses courses** to go shopping; **jouer aux courses** to bet on the races; **courses de chevaux** horse racing

coursier, -ière [kuʀsje, -jɛʀ] NM/F courier

★**court, e** [kuʀ, kuʀt] ADJ short; **ça fait ~** that's not very long; **tirer à la courte paille** to draw lots; **faire la courte échelle à qn** to give sb a leg up; **~ métrage** (*Ciné*) short (film) ▸ ADV short; **tourner ~** to come to a sudden end; **couper ~ à** to cut short; **à ~ de** short of; **prendre qn de ~** to catch sb unawares; **pour faire ~** briefly, to cut a long story short ▸ NM: **~ (de tennis)** (tennis) court

court-bouillon [kuʀbujɔ̃] (*pl* **courts-bouillons**) NM court-bouillon

court-circuit [kuʀsiʀkɥi] (*pl* **courts-circuits**) NM short-circuit

court-circuiter [kuʀsiʀkɥite] /1/ VT (*fig*) to bypass

courtier, -ière [kuʀtje, -jɛʀ] NM/F broker

courtisan [kuʀtizɑ̃] NM courtier

courtisane [kuʀtizan] NF courtesan

courtiser [kuʀtize] /1/ VT to court, woo

courtois, e [kuʀtwa, -waz] ADJ courteous

courtoisement [kuʀtwazmɑ̃] ADV courteously

courtoisie [kuʀtwazi] NF courtesy

couru, e [kuʀy] PP *de* **courir** ▸ ADJ (*spectacle etc*) popular; **c'est ~ (d'avance)!** (*fam*) it's a safe bet!

cousais *etc* [kuzɛ] VB *voir* **coudre**

couscous [kuskus] NM couscous

★**cousin, e** [kuzɛ̃, -in] NM/F cousin; **~ germain** first cousin ▸ NM (*Zool*) mosquito

cousons *etc* [kuzɔ̃] VB *voir* **coudre**

★**coussin** [kusɛ̃] NM cushion; **~ d'air** (*Tech*) air cushion

cousu, e [kuzy] PP *de* **coudre** ▸ ADJ: **~ d'or** rolling in riches

coût [ku] NM cost; **le ~ de la vie** the cost of living

coûtant [kutɑ̃] ADJ M: **au prix ~** at cost price

★**couteau, x** [kuto] NM knife; **~ à cran d'arrêt** flick-knife; **~ de cuisine** kitchen knife; **~ à pain** bread knife; **~ de poche** pocket knife

couteau-scie [kutosi] (*pl* **couteaux-scies**) NM serrated(-edged) knife

coutelier, -ière [kutəlje, -jɛʀ] ADJ: **l'industrie coutelière** the cutlery industry ▸ NM/F cutler

coutellerie [kutɛlʀi] NF cutlery shop; cutlery

coûter [kute] /1/ VT to cost ▸ VI to cost; **~ à qn** to cost sb a lot; **~ cher** to be expensive; **~ cher à qn** (*fig*) to cost sb dear *ou* dearly; **combien ça coûte?** how much is it?, what does it cost?; **coûte que coûte** at all costs

coûteux, -euse [kutø, -øz] ADJ costly, expensive

coutume [kutym] NF custom; **de ~** usual, customary

coutumier, -ière [kutymje, -jɛʀ] ADJ customary; **elle est coutumière du fait** that's her usual trick

★**couture** [kutyʀ] NF sewing; (*profession*) dressmaking; (*points*) seam

couturier [kutyʀje] NM fashion designer, couturier

couturière [kutyʀjɛʀ] NF dressmaker

couvade [kuvad] NF couvade syndrome, sympathetic pregnancy

couvée [kuve] NF brood, clutch

couvent [kuvɑ̃] NM (*de sœurs*) convent; (*de frères*) monastery; (*établissement scolaire*) convent (school)

couver [kuve] /1/ VT to hatch; (*maladie*) to be sickening for; **~ qn/qch des yeux** to look lovingly at sb/sth; (*convoiter*) to look longingly at sb/sth ▸ VI (*feu*) to smoulder (BRIT), smolder (US); (*révolte*) to be brewing

couvercle [kuvɛʀkl] NM lid; (*de bombe aérosol etc, qui se visse*) cap, top

★**couvert, e** [kuvɛʀ, -ɛʀt] PP *de* **couvrir** ▸ ADJ (*ciel*) overcast; (*coiffé d'un chapeau*) wearing a hat; **~ de** covered with *ou* in; **bien ~** (*habillé*) well wrapped up ▸ NM place setting; (*place à table*) place; (*au restaurant*) cover charge; **mettre le ~** to lay the table; **à ~** under cover; **sous le ~ de** under the shelter of; (*fig*) under cover of ▪ **couverts** NMPL place settings; (*ustensiles*) cutlery *sg*

★**couverture** [kuvɛʀtyʀ] NF (*de lit*) blanket; (*de bâtiment*) roofing; (*de livre, fig: d'un espion etc, Assurances*) cover; (*Presse*) coverage; **de ~** (*lettre etc*) covering; **~ chauffante** electric blanket

couveuse [kuvøz] NF (*à poules*) sitter, brooder; (*de maternité*) incubator

couvre *etc* [kuvʀ] VB *voir* **couvrir**

couvre-chef [kuvʀəʃɛf] NM hat

couvre-feu, x [kuvʀəfø] NM curfew

couvre-lit [kuvʀəli] NM bedspread

couvre-pieds [kuvʀəpje] NM INV quilt

couvreur [kuvʀœʀ] NM roofer

★**couvrir** [kuvʀiʀ] /18/ VT to cover; (*dominer, étouffer: voix, pas*) to drown out; (*erreur*) to cover up; (*Zool: s'accoupler à*) to cover ▪ **se couvrir** VPR (*ciel*) to cloud over; (*s'habiller*) to cover up, wrap up; (*se coiffer*) to put on one's hat; (*par une assurance*) to cover o.s.; **se ~ de** (*fleurs, boutons*) to become covered in

cover-girl [kɔvœʀgœʀl] NF model

covoiturage [kovwatyʀaʒ] NM car sharing (BRIT), ridesharing (US)

cow-boy [kobɔj] NM cowboy

coyote [kɔjɔt] NM coyote

CP SIGLE M = **cours préparatoire**

CPAM SIGLE F (= *Caisse primaire d'assurances maladie*) *health insurance office*

CPME SIGLE F = **Confédération des Petites et Moyennes Entreprises**

cps ABR (= *caractères par seconde*) cps

cpt ABR = **comptant**

CQFD ABR (= *ce qu'il fallait démontrer*) QED (= *quod erat demonstrandum*)

CR SIGLE M = **compte rendu**
★**crabe** [kʀɑb] NM crab
crachat [kʀaʃa] NM spittle *no pl*, spit *no pl*
craché, e [kʀaʃe] ADJ: **son père tout ~** the spitting image of his (*ou* her) father
★**cracher** [kʀaʃe] /1/ VI to spit ▸ VT to spit out; (*fig: lave etc*) to belch (out); **~ du sang** to spit blood
crachin [kʀaʃɛ̃] NM drizzle
crachiner [kʀaʃine] /1/ VI to drizzle
crachoir [kʀaʃwaʀ] NM spittoon; (*de dentiste*) bowl
crachotement [kʀaʃɔtmɑ̃] NM crackling *no pl*
crachoter [kʀaʃɔte] /1/ VI (*haut-parleur, radio*) to crackle
crack [kʀak] NM (*intellectuel*) whiz kid; (*sportif*) ace; (*poulain*) hot favourite (BRIT) *ou* favorite (US)
Cracovie [kʀakɔvi] N Cracow
crade [kʀad], **cradingue** [kʀadɛ̃g] ADJ (*fam*) disgustingly dirty, filthy-dirty
craie [kʀɛ] NF chalk
craignais *etc* [kʀɛɲɛ] VB *voir* **craindre**
craindre [kʀɛ̃dʀ] /52/ VT to fear, be afraid of; (*être sensible à: chaleur, froid*) to be easily damaged by; **~ de/que** to be afraid of/that; **je crains qu'il (ne) vienne** I am afraid he may come
crainte [kʀɛ̃t] NF fear; **de ~ de/que** for fear of/that
craintif, -ive [kʀɛ̃tif, -iv] ADJ timid
craintivement [kʀɛ̃tivmɑ̃] ADV timidly
cramer [kʀame] /1/ VI (*fam*) to burn
cramoisi, e [kʀamwazi] ADJ crimson
crampe [kʀɑ̃p] NF cramp; **~ d'estomac** stomach cramp; **j'ai une ~ à la jambe** I've got cramp in my leg
crampon [kʀɑ̃pɔ̃] NM (*de semelle*) stud; (*Alpinisme*) crampon
cramponner [kʀɑ̃pɔne] /1/: **se cramponner** VPR: **se ~ (à)** to hang *ou* cling on (to)
cran [kʀɑ̃] NM (*entaille*) notch; (*de courroie*) hole; (*courage*) guts *pl*; **~ d'arrêt/de sûreté** safety catch; **~ de mire** bead
crâne [kʀɑn] NM skull
crânement [kʀɑnmɑ̃] ADV (*fièrement*) proudly
crâner [kʀɑne] /1/ VI (*fam*) to swank, show off
crânien, ne [kʀɑnjɛ̃, -ɛn] ADJ cranial, skull *cpd*, brain *cpd*
crapaud [kʀapo] NM toad
crapule [kʀapyl] NF villain
crapuleux, -euse [kʀapylø, -øz] ADJ: **crime ~** villainous crime
craquelure [kʀaklyʀ] NF crack; crackle *no pl*
craquement [kʀakmɑ̃] NM crack, snap; (*du plancher*) creak, creaking *no pl*
craquer [kʀake] /1/ VI (*bois, plancher*) to creak; (*fil, branche*) to snap; (*couture*) to come apart, burst; (*fig: accusé*) to break down, fall apart; (*: être enthousiasmé*) to go wild; **j'ai craqué** (*fam*) I couldn't resist it ▸ VT: **~ une allumette** to strike a match
crash [kʀaʃ] (*pl* **crashs** *ou* **crashes**) NM crash; **~ boursier** stock market crash
crasher [kʀaʃe] (*fam*): **se crasher** VPR to crash
crasse [kʀas] NF grime, filth ▸ ADJ (*fig: ignorance*) crass
crasseux, -euse [kʀasø, -øz] ADJ filthy
crassier [kʀasje] NM slag heap
cratère [kʀatɛʀ] NM crater
cravache [kʀavaʃ] NF (riding) crop
cravacher [kʀavaʃe] /1/ VT to use the crop on
★**cravate** [kʀavat] NF tie
cravater [kʀavate] /1/ VT to put a tie on; (*fig*) to grab round the neck
crawl [kʀol] NM crawl
crawlé, e [kʀole] ADJ: **dos ~** backstroke
crayeux, -euse [kʀɛjø, -øz] ADJ chalky
★**crayon** [kʀɛjɔ̃] NM pencil; (*de rouge à lèvres etc*) stick, pencil; **écrire au ~** to write in pencil; **~ à bille** ball-point pen; **~ de couleur** crayon; **~ optique** light pen
crayon-feutre [kʀɛjɔ̃føtʀ] (*pl* **crayons-feutres**) NM felt(-tip) pen
crayonner [kʀɛjɔne] /1/ VT to scribble, sketch
CRDP SIGLE M (= *Centre régional de documentation pédagogique*) *teachers' resource centre*
créance [kʀeɑ̃s] NF (*Comm*) (financial) claim, (recoverable) debt; **donner ~ à qch** to lend credence to sth
créancier, -ière [kʀeɑ̃sje, -jɛʀ] NM/F creditor
créateur, -trice [kʀeatœʀ, -tʀis] ADJ creative ▸ NM/F creator ▸ NM: **le C~** (*Rel*) the Creator
créatif, -ive [kʀeatif, -iv] ADJ creative
création [kʀeasjɔ̃] NF creation
créativité [kʀeativite] NF creativity
créature [kʀeatyʀ] NF creature
crécelle [kʀesɛl] NF rattle
crèche [kʀɛʃ] NF (*de Noël*) crib; (*garderie*) crèche, day nursery
crédence [kʀedɑ̃s] NF (small) sideboard
crédibilité [kʀedibilite] NF credibility
crédible [kʀedibl] ADJ credible
crédit [kʀedi] NM (*gén*) credit; **acheter à ~** to buy on credit *ou* on easy terms; **faire ~ à qn** to give sb credit; **~ municipal** pawnshop; **~ relais** bridging loan; **~ carbone** carbon credit ▪ **crédits** NMPL funds
crédit-bail [kʀedibɑj] (*pl* **crédits-bails**) NM (*Écon*) leasing
créditer [kʀedite] /1/ VT: **~ un compte (de)** to credit an account (with)
créditeur, -trice [kʀeditœʀ, -tʀis] ADJ in credit, credit *cpd* ▸ NM/F customer in credit
credo [kʀedo] NM credo, creed
crédule [kʀedyl] ADJ credulous, gullible
crédulité [kʀedylite] NF credulity, gullibility
créer [kʀee] /1/ VT to create; (*Théât: pièce*) to produce (for the first time); (*: rôle*) to create
crémaillère [kʀemajɛʀ] NF (*Rail*) rack; (*tige crantée*) trammel; **direction à ~** (*Auto*) rack and pinion steering; **pendre la ~** to have a house-warming party
crémation [kʀemasjɔ̃] NF cremation
crématoire [kʀematwaʀ] ADJ: **four ~** crematorium
crématorium [kʀematɔʀjɔm] NM crematorium
crème [kʀɛm] NF cream; (*entremets*) cream dessert; **~ anglaise** (egg) custard; **~ chantilly** whipped

cream, crème Chantilly; **~ fouettée** whipped cream; **~ glacée** ice cream; **~ à raser** shaving cream; **~ solaire** sun cream ▶ ADJ INV cream; **un (café) ~** ≈ a white coffee

crémerie [kʀɛmʀi] NF dairy; (*tearoom*) teashop

crémeux, -euse [kʀemø, -øz] ADJ creamy

crémier, -ière [kʀemje, -jɛʀ] NM/F dairyman/-woman

créneau, x [kʀeno] NM (*de fortification*) crenel(le); (*fig, aussi Comm*) gap, slot; (*Auto*): **faire un ~** to reverse into a parking space (*between cars alongside the kerb*)

créole [kʀeɔl] ADJ, NMF Creole

créosote [kʀeɔzɔt] NF creosote

crêpe [kʀɛp] NF (*galette*) pancake ▶ NM (*tissu*) crêpe; (*de deuil*) black mourning crêpe; (*ruban*) black armband (*ou* hatband *ou* ribbon); **semelle (de) ~** crêpe sole; **~ de Chine** crêpe de Chine

crêpé, e [kʀepe] ADJ (*cheveux*) backcombed

crêperie [kʀɛpʀi] NF pancake shop *ou* restaurant

crépi [kʀepi] NM roughcast

crépir [kʀepiʀ] /2/ VT to roughcast

crépitement [kʀepitmɑ̃] NM (*du feu*) crackling *no pl*; (*d'une arme automatique*) rattle *no pl*

crépiter [kʀepite] /1/ VI to sputter, splutter, crackle

crépon [kʀepɔ̃] NM seersucker

CREPS [kʀɛps] SIGLE M (= *Centres de ressources, d'expertise et de performance sportives*) ≈ sports *ou* leisure centre

crépu, e [kʀepy] ADJ frizzy, fuzzy

crépuscule [kʀepyskyl] NM twilight, dusk

crescendo [kʀeʃɛndo] NM, ADV (*Mus*) crescendo; **aller ~** (*fig*) to rise higher and higher, grow ever greater

cresson [kʀesɔ̃] NM watercress

Crète [kʀɛt] NF: **la ~** Crete

crête [kʀɛt] NF (*de coq*) comb; (*de vague, montagne*) crest

crétin, e [kʀetɛ̃, -in] NM/F cretin

crétois, e [kʀetwa, -waz] ADJ Cretan

cretonne [kʀətɔn] NF cretonne

★**creuser** [kʀøze] /1/ VT (*trou, tunnel*) to dig; (*sol*) to dig a hole in; (*bois*) to hollow out; (*fig*) to go (deeply) into; **ça creuse** that gives you a real appetite; **se ~ (la cervelle)** to rack one's brains

creuset [kʀøzɛ] NM crucible; (*fig*) melting pot, (severe) test

creux, -euse [kʀø, -øz] ADJ hollow; **heures creuses** slack periods; (*électricité, téléphone*) off-peak periods ▶ NM hollow; (*fig: sur graphique etc*) trough; **le ~ de l'estomac** the pit of the stomach; **avoir un ~** (*fam*) to be hungry

crevaison [kʀəvɛzɔ̃] NF puncture, flat

crevant, e [kʀəvɑ, -ɑ̃t] ADJ (*fam: fatigant*) knackering; (: *très drôle*) priceless

crevasse [kʀəvas] NF (*dans le sol*) crack, fissure; (*de glacier*) crevasse; (*de la peau*) crack

crevé, e [kʀəve] ADJ (*fam: fatigué*) shattered (BRIT), exhausted

crève-cœur [kʀɛvkœʀ] NM heartbreak

crever [kʀəve] /5/ VT (*papier*) to tear, break; (*tambour, ballon*) to burst; **cela lui a crevé un œil** it blinded him in one eye; **~ l'écran** to have real screen presence ▶ VI (*pneu*) to burst; (*automobiliste*) to have a puncture (BRIT) *ou* a flat (tire) (US); (*abcès, outre, nuage*) to burst (open); (*fam: mourir*) to kick the bucket

★**crevette** [kʀəvɛt] NF: **~ (rose)** prawn; **~ grise** shrimp

CRF SIGLE F (= *Croix-Rouge française*) French Red Cross

★**cri** [kʀi] NM cry, shout; (*d'animal: spécifique*) cry, call; **à grands cris** at the top of one's voice; **c'est le dernier ~** (*fig*) it's the latest fashion

criant, e [kʀijɑ̃, -ɑ̃t] ADJ (*injustice*) glaring

criard, e [kʀijaʀ, -aʀd] ADJ (*couleur*) garish, loud; (*voix*) yelling

crible [kʀibl] NM riddle; (*mécanique*) screen, jig; **passer qch au ~** to put sth through a riddle; (*fig*) to go over sth with a fine-tooth comb

criblé, e [kʀible] ADJ: **~ de** riddled with

cric [kʀik] NM (*Auto*) jack

cricket [kʀikɛt] NM cricket

criée [kʀije] NF: **(vente à la) ~** (sale by) auction

★**crier** [kʀije] /7/ VI (*pour appeler*) to shout, cry (out); (*de peur, de douleur etc*) to scream, yell; (*fig: grincer*) to squeal, screech ▶ VT (*ordre, injure*) to shout (out), yell (out); **sans ~ gare** without warning; **~ grâce** to cry for mercy; **~ au secours** to shout for help

> **crier** does not mean *to cry* in the sense of 'weep'.

crieur, -euse [kʀijœʀ, -øz] NM/F: **~ de journaux** newspaper seller

★**crime** [kʀim] NM crime; (*meurtre*) murder

Crimée [kʀime] NF: **la ~** the Crimea

criminalité [kʀiminalite] NF criminality, crime

criminel, le [kʀiminɛl] ADJ criminal ▶ NM/F criminal; murderer; **~ de guerre** war criminal

criminologie [kʀiminɔlɔʒi] NF criminology

criminologiste [kʀiminɔlɔʒist] NMF criminologist

criminologue [kʀiminɔlɔg] NMF criminologist

crin [kʀɛ̃] NM (*de cheval*) hair *no pl*; (*fibre*) horsehair; **à tous crins, à tout ~** diehard, out-and-out

crinière [kʀinjɛʀ] NF mane

crique [kʀik] NF creek, inlet

criquet [kʀikɛ] NM grasshopper

★**crise** [kʀiz] NF crisis (*pl* crises); (*Méd*) attack; (: *d'épilepsie*) fit; **~ cardiaque** heart attack; **~ de foi** crisis of belief; **avoir une ~ de foie** to have really bad indigestion; **~ de nerfs** attack of nerves; **piquer une ~ de nerfs** to go hysterical

crispant, e [kʀispɑ̃, -ɑ̃t] ADJ annoying, irritating

crispation [kʀispasjɔ̃] NF (*spasme*) twitch; (*contraction*) contraction; tenseness

crispé, e [kʀispe] ADJ tense, nervous

crisper [kʀispe] /1/ VT to tense; (*poings*) to clench ■ **se crisper** VPR to tense; to clench; (*personne*) to get tense

crissement [kʀismɑ̃] NM crunch; rustle; screech

crisser [kʀise] /1/ VI (*neige*) to crunch; (*tissu*) to rustle; (*pneu*) to screech

cristal, -aux [kʀistal, -o] NM crystal; **~ de plomb** (lead) crystal; **~ de roche** rock-crystal ■ **cristaux** NMPL (*objets*) crystal(ware) *sg*; **cristaux de soude** washing soda *sg*

cristallin, e [kʀistalɛ̃, -in] ADJ crystal-clear ▶ NM (*Anat*) crystalline lens

cristalliser [kʀistalize] /1/ VI, VT to crystallize ■ **se cristalliser** VPR to crystallize

critère [kʀitɛʀ] NM criterion (*pl* criteria)

critiquable [kritikabl] ADJ open to criticism

critique [kʀitik] ADJ critical ▶ NMF (*de théâtre, musique*) critic ▶ NF criticism; (*Théât etc: article*) review; **la ~** (*activité*) criticism; (*personnes*) the critics *pl*

★**critiquer** [kʀitike] /1/ VT (*dénigrer*) to criticize; (*évaluer, juger*) to assess, examine (critically)

croasser [kʀɔase] /1/ VI to caw

croate [kʀɔat] ADJ Croatian ▶ NM (*Ling*) Croat, Croatian ▶ NMF: **Croate** Croat, Croatian

Croatie [kʀɔasi] NF: **la ~** Croatia

croc [kʀo] NM (*dent*) fang; (*de boucher*) hook

croc-en-jambe [kʀɔkɑ̃ʒɑ̃b] (*pl* **crocs-en-jambe**) NM: **faire un ~ à qn** to trip sb up

croche [kʀɔʃ] NF (*Mus*) quaver (BRIT), eighth note (US); **double ~** semiquaver (BRIT), sixteenth note (US)

croche-pied [kʀɔʃpje] NM = **croc-en-jambe**

crochet [kʀɔʃɛ] NM hook; (*clef*) picklock; (*détour*) detour; (*Boxe*): **~ du gauche** left hook; (*Tricot: aiguille*) crochet hook; (: *technique*) crochet ■ **crochets** NMPL (*Typo*) square brackets; **vivre aux crochets de qn** to live *ou* sponge off sb

crocheter [kʀɔʃte] /5/ VT (*serrure*) to pick

crochu, e [kʀɔʃy] ADJ hooked; claw-like

crocodile [kʀɔkɔdil] NM crocodile

crocus [kʀɔkys] NM crocus

★**croire** [kʀwaʀ] /44/ VT to believe; **~ qn honnête** to believe sb (to be) honest; **se ~ fort** to think one is strong; **~ que** to believe *ou* think that; **vous croyez ?** do you think so?; **~ être/faire** to think one is/does; **~ à, ~ en** to believe in

croîs *etc* [kʀwa] VB *voir* **croître**

croisade [kʀwazad] NF crusade

croisé, e [kʀwaze] ADJ (*veston*) double-breasted; (*Football: tir, tête*) to the far post; (*Tennis: revers, coup droit*) cross-court ▶ NM (*guerrier*) crusader ▶ NF (*fenêtre*) window, casement; **croisée d'ogives** intersecting ribs; **à la croisée des chemins** at the crossroads

croisement [kʀwazmɑ̃] NM (*carrefour*) crossroads *sg*; (*Bio*) crossing; (: *résultat*) crossbreed

croiser [kʀwaze] /1/ VT (*personne, voiture*) to pass; (*route*) to cross, cut across; (*Bio*) to cross; **~ les jambes/bras** to cross one's legs/ fold one's arms ▶ VI (*Navig*) to cruise ■ **se croiser** VPR (*personnes, véhicules*) to pass each other; (*routes*) to cross, intersect; (*lettres*) to cross (in the post); (*regards*) to meet; **se ~ les bras** (*fig*) to fold one's arms, twiddle one's thumbs

croiseur [kʀwazœʀ] NM cruiser (*warship*)

croisière [kʀwazjɛʀ] NF cruise; **vitesse de ~** (*Auto etc*) cruising speed

croisillon [kʀwazijɔ̃] NM: **motif/fenêtre à croisillons** lattice pattern/window

croissais *etc* [kʀwasɛ] VB *voir* **croître**

croissance [kʀwasɑ̃s] NF growing, growth; **troubles de la ~** growing pains; **maladie de ~** growth disease; **~ économique** economic growth

★**croissant, e** [kʀwasɑ̃, -ɑ̃t] VB *voir* **croître** ▶ ADJ growing; rising ▶ NM (*à manger*) croissant; (*motif*) crescent; **~ de lune** crescent moon

croître [kʀwatʀ] /55/ VI to grow; (*lune*) to wax

★**croix** [kʀwa] NF cross; **en ~** *adj, adv* in the form of a cross; **la C~ Rouge** the Red Cross

croquant, e [kʀɔkɑ̃, -ɑ̃t] ADJ crisp, crunchy ▶ NM/F (*péj*) yokel, (country) bumpkin

★**croque-madame** [kʀɔkmadam] NM INV *toasted cheese sandwich with a fried egg on top*

croque-mitaine [kʀɔkmitɛn] NM bog(e)y-man (*pl* -men)

★**croque-monsieur** [kʀɔkməsjø] NM INV *toasted ham and cheese sandwich*

croque-mort [kʀɔkmɔʀ] NM (*péj*) pallbearer

croquer [kʀɔke] /1/ VT (*manger*) to crunch; (: *fruit*) to munch; (*dessiner*) to sketch; **chocolat à ~** plain dessert chocolate ▶ VI to be crisp *ou* crunchy

croquet [kʀɔkɛ] NM croquet

croquette [kʀɔkɛt] NF croquette

croquis [kʀɔki] NM sketch

cross [kʀɔs], **cross-country** [kʀɔskuntʀi] (*pl* **~(-countries)**) NM cross-country race *ou* run; cross-country racing *ou* running

crosse [kʀɔs] NF (*de fusil*) butt; (*de revolver*) grip; (*d'évêque*) crook, crosier; (*de hockey*) hockey stick

crotale [kʀɔtal] NM rattlesnake

crotte [kʀɔt] NF droppings *pl*; **~ !** (*fam*) damn!

crotté, e [kʀɔte] ADJ muddy, mucky

crottin [kʀɔtɛ̃] NM dung, manure; (*fromage*) (small round) cheese (*made of goat's milk*)

croulant, e [kʀulɑ̃, -ɑ̃t] NM/F (*fam*) old fogey

crouler [kʀule] /1/ VI (*s'effondrer*) to collapse; (*être délabré*) to be crumbling

croupe [kʀup] NF croup, rump; **en ~** pillion

croupi, croupie [kʀupi] ADJ F stagnant; **eau croupie** stagnant water

croupier, ière [kʀupje, -jɛʀ] NM/F croupier ▶ NFPL: **tailler des croupières à qn** (*Écon, Comm*) to steal a march on sb

croupion [kʀupjɔ̃] NM (*d'un oiseau*) rump; (*Culin*) parson's nose

croupir [kʀupiʀ] /2/ VI to stagnate; **~ en prison** to rot in prison

CROUS [kʀus] SIGLE M (= *Centre régional des œuvres universitaires et scolaires*) *students' representative body*

croustade [kʀustad] NF (*Culin*) croustade

croustillant, e [kʀustijɑ̃, -ɑ̃t] ADJ crisp; (*fig*) spicy

croustiller [kʀustije] /1/ VI to be crisp *ou* crusty

croûte [kʀut] NF crust; (*du fromage*) rind; (*de vol-au-vent*) case; (*Méd*) scab; **en ~** (*Culin*) in pastry, in a pie; **~ aux champignons** mushrooms on toast; **~ au fromage** cheese on toast *no pl*; **~ de pain** (*morceau*) crust (of bread); **~ terrestre** earth's crust

croûton [kʀutɔ̃] NM (*Culin*) crouton; (*bout du pain*) crust, heel

C

croyable [kʀwajabl] ADJ believable, credible
croyais *etc* [kʀwajɛ] VB *voir* **croire**
croyance [kʀwajɑ̃s] NF belief
croyant, e [kʀwajɑ̃, -ɑ̃t] VB *voir* **croire** ▶ ADJ: **être/ne pas être ~** to be/not to be a believer ▶ NM/F believer
Crozet [kʀɔzɛ] N: **les îles ~** the Crozet Islands
CRS SIGLE FPL (= *Compagnies républicaines de sécurité*) *state security police force* ▶ SIGLE M *member of the CRS*
★**cru, e** [kʀy] PP *de* **croire** ▶ ADJ (*non cuit*) raw; (*lumière, couleur*) harsh; (*description*) crude; (*paroles, langage: franc*) blunt; (: *grossier*) crude; **jambon ~** cured ham; **monter à ~** to ride bareback ▶ NM (*vignoble*) vineyard; (*vin*) wine; **un grand ~** a grand cru; **de son (propre) ~** (*fig*) of his own devising; **du ~** local ▶ NF (*d'un cours d'eau*) swelling, rising; **en crue** in spate
crû [kʀy] PP *de* **croître**
cruauté [kʀyote] NF cruelty
cruche [kʀyʃ] NF pitcher, (earthenware) jug
crucial, e, -aux [kʀysjal, -o] ADJ crucial
crucifier [kʀysifje] /7/ VT to crucify
crucifix [kʀysifi] NM crucifix
crucifixion [kʀysifiksjɔ̃] NF crucifixion
cruciforme [kʀysifɔʀm] ADJ cruciform, cross-shaped
cruciverbiste [kʀysivɛʀbist] NMF crossword puzzle enthusiast
crudité [kʀydite] NF crudeness *no pl*; harshness *no pl* ■ **crudités** NFPL (*Culin*) selection of raw vegetables
crue [kʀy] NF (*inondation*) flood; *voir aussi* **cru**
cruel, le [kʀyɛl] ADJ cruel
cruellement [kʀyɛlmɑ̃] ADV cruelly
crûment [kʀymɑ̃] ADV (*voir cru*) harshly; bluntly; crudely
crus, crûs *etc* [kʀy] VB *voir* **croire**; **croître**
crustacés [kʀystase] NMPL shellfish
cryptage [kʀiptaʒ] NM (*de données*) encryption
crypte [kʀipt] NF crypt
crypté, e [kʀipte] ADJ (*télévision*) encrypted; (*chaînes*) encrypted, scrambled
crypter [kʀipte] VT (*Inform, Tél*) to encrypt
cryptogramme [kʀiptogʀam] NM (*de carte de crédit*) security code
CSA SIGLE M (= *Conseil supérieur de l'audiovisuel*) *French broadcasting regulatory body* ≈ IBA (BRIT), ≈ FCC (US)
cse ABR = **cause**
CSEN SIGLE F (= *Confédération syndicale de l'éducation nationale*) *group of teachers' unions*
CSG SIGLE F (= *contribution sociale généralisée*) *supplementary social security contribution in aid of the underprivileged*
CSM SIGLE M (= *Conseil supérieur de la magistrature*) *French magistrates' council*
Cte ABR = **Comtesse**
CU SIGLE F = **communauté urbaine**
Cuba [kyba] N Cuba
cubage [kybaʒ] NM cubage, cubic content
cubain, e [kybɛ̃, -ɛn] ADJ Cuban ▶ NM/F: **Cubain, e** Cuban
cube [kyb] NM cube; (*jouet*) brick, building block; **gros ~** powerful motorbike; **mètre ~** cubic metre; **2 au ~ = 8** 2 cubed is 8; **élever au ~** to cube
cubique [kybik] ADJ cubic
cubisme [kybism] NM cubism
cubiste [kybist] ADJ, NMF cubist
cubitus [kybitys] NM ulna
cueillette [kœjɛt] NF picking; (*quantité*) crop, harvest
★**cueillir** [kœjiʀ] /12/ VT (*fruits, fleurs*) to pick, gather; (*fig*) to catch
★**cuiller, cuillère** [kɥijɛʀ] NF spoon; **~ à café** coffee spoon; (*Culin*) ≈ teaspoonful; **~ à soupe** soup spoon; (*Culin*) ≈ tablespoonful
cuillerée [kɥijʀe] NF spoonful; (*Culin*): **~ à soupe/café** tablespoonful/teaspoonful
★**cuir** [kɥiʀ] NM leather; (*avant tannage*) hide; **~ chevelu** scalp
cuirasse [kɥiʀas] NF breastplate
cuirassé [kɥiʀase] NM (*Navig*) battleship
★**cuire** [kɥiʀ] /38/ VT: **(faire) ~** (*aliments*) to cook; (*au four*) to bake; (*poterie*) to fire ▶ VI to cook; (*picoter*) to smart, sting, burn
cuisant, e [kɥizɑ̃, -ɑ̃t] VB *voir* **cuire** ▶ ADJ (*douleur*) smarting, burning; (*fig: souvenir, échec*) bitter
★**cuisine** [kɥizin] NF (*pièce*) kitchen; (*art culinaire*) cookery, cooking; (*nourriture*) cooking, food; **faire la ~** to cook
cuisiné, e [kɥizine] ADJ: **plat ~** ready-made meal *ou* dish
★**cuisiner** [kɥizine] /1/ VT to cook; (*fam*) to grill ▶ VI to cook
cuisinette [kɥizinɛt] NF kitchenette
★**cuisinier, -ière** [kɥizinje, -jɛʀ] NM/F cook ▶ NF (*poêle*) cooker; **cuisinière électrique/à gaz** electric/gas cooker

> Bien qu'en anglais beaucoup de noms de professions se terminent en **-er** (**teacher, bus driver, photographer**, etc.), *cuisinier* se traduit par **cook**, à ne pas confondre avec **cooker**, qui désigne la cuisinière au sens d'appareil électroménager.

cuisis *etc* [kɥizi] VB *voir* **cuire**
cuissardes [kɥisaʀd] NFPL (*de pêcheur*) waders; (*de femme*) thigh boots
cuisse [kɥis] NF (*Anat*) thigh; (*Culin*) leg
cuisson [kɥisɔ̃] NF cooking; (*de poterie*) firing
cuissot [kɥiso] NM haunch
cuistre [kɥistʀ] NM prig
cuit, e [kɥi, -it] PP *de* **cuire** ▶ ADJ (*viande*): **bien ~** well done; **trop ~** overdone; **pas assez ~** underdone; **~ à point** medium done; done to a turn ▶ NF (*fam*): **prendre une cuite** to get plastered *ou* smashed
cuiter [kɥite]: **se cuiter** VPR (*fam*) to get smashed
cuivre [kɥivʀ] NM copper; **les cuivres** (*Mus*) the brass; **~ rouge** copper; **~ jaune** brass
cuivré, e [kɥivʀe] ADJ coppery; (*peau*) bronzed
cul [ky] NM (*!*) arse (BRIT *!*), ass (US *!*), bum (BRIT); **~ de bouteille** bottom of a bottle
culasse [kylas] NF (*Auto*) cylinder-head; (*de fusil*) breech

culbute [kylbyt] NF somersault; (*accidentelle*) tumble, fall

culbuter [kylbyte] /1/ VI to (take a) tumble, fall (head over heels)

culbuteur [kylbytœʀ] NM (*Auto*) rocker arm

cul-de-jatte [kydʒat] (*pl* **culs-de-jatte**) NM/F legless cripple (*péj*)

cul-de-sac [kydsak] (*pl* **culs-de-sac**) NM cul-de-sac

culinaire [kylinɛʀ] ADJ culinary

culminant, e [kylminɑ̃, -ɑ̃t] ADJ: **point ~** highest point; (*fig*) height, climax

culminer [kylmine] /1/ VI to reach its highest point; to tower

culot [kylo] NM (*d'ampoule*) cap; (*fam: effronterie*) cheek, nerve

★**culotte** [kylɔt] NF (*de femme*) panties *pl*, knickers *pl* (BRIT); (*d'homme*) underpants *pl*; (*pantalon*) trousers *pl* (BRIT), pants *pl* (US); **~ de cheval** riding breeches *pl*

culotté, e [kylɔte] ADJ (*pipe*) seasoned; (*cuir*) mellowed; (*effronté*) cheeky

culpabiliser [kylpabilize] /1/ VT: **~ qn** to make sb feel guilty

culpabilité [kylpabilite] NF guilt

culte [kylt] ADJ: **livre/film ~** cult film/book ▶ NM (*religion*) religion; (*hommage, vénération*) worship; (*protestant*) service

cultivable [kyltivabl] ADJ cultivable

cultivateur, -trice [kyltivatœʀ, -tʀis] NM/F farmer

cultivé, e [kyltive] ADJ (*personne*) cultured, cultivated

★**cultiver** [kyltive] /1/ VT to cultivate; (*légumes*) to grow, cultivate ▪ **se cultiver** VPR to educate o.s.

★**culture** [kyltyʀ] NF cultivation; growing; (*connaissances etc*) culture; **(champs de) cultures** land(s) under cultivation; **les cultures intensives** intensive farming; **~ OGM** GM crop; **~ physique** physical training

culturel, le [kyltyʀɛl] ADJ cultural

culturisme [kyltyʀism] NM body-building

culturiste [kyltyʀist] NMF body-builder

cumin [kymɛ̃] NM (*Culin*) cumin

cumul [kymyl] NM (*voir cumuler*) holding (*ou* drawing) concurrently; **~ de peines** sentences to run consecutively

cumulable [kymylabl] ADJ (*fonctions*) which may be held concurrently

cumuler [kymyle] /1/ VT (*emplois, honneurs*) to hold concurrently; (*salaires*) to draw concurrently; (*Jur: droits*) to accumulate

cupide [kypid] ADJ greedy, grasping

cupidité [kypidite] NF greed

curable [kyʀabl] ADJ curable

curaçao [kyʀaso] NM curaçao ▶ N: **C~** Curaçao

curare [kyʀaʀ] NM curare

curatif, -ive [kyʀatif, -iv] ADJ curative

cure [kyʀ] NF (*Méd*) course of treatment; (*Rel*) cure, ≈ living; presbytery, ≈ vicarage; **faire une ~ de fruits** to go on a fruit cure *ou* diet; **faire une ~ thermale** to take the waters; **n'avoir ~ de** to pay no attention to; **~ d'amaigrissement** slimming course; **~ de repos** rest cure; **~ de sommeil** sleep therapy *no pl*

curé [kyʀe] NM parish priest; **M le ~** ≈ Vicar

cure-dent [kyʀdɑ̃] NM toothpick

curée [kyʀe] NF (*fig*) scramble for the pickings

cure-ongles [kyʀɔ̃gl] NM INV nail cleaner

cure-pipe [kyʀpip] NM pipe cleaner

curer [kyʀe] /1/ VT to clean out; **se ~ les dents** to pick one's teeth

C

curetage [kyʀtaʒ] NM (*Méd*) curettage

curieusement [kyʀjøzmɑ̃] ADV oddly

★**curieux, -euse** [kyʀjø, -øz] ADJ (*étrange*) strange, curious; (*indiscret*) curious, inquisitive; (*intéressé*) inquiring, curious ▶ NMPL (*badauds*) onlookers, bystanders

curiosité [kyʀjozite] NF curiosity, inquisitiveness; (*objet*) curio(sity); (*site*) unusual feature *ou* sight

curiste [kyʀist] NMF *person taking the waters at a spa*

curriculum vitae [kyʀikylɔmvite] NM INV curriculum vitae

curry [kyʀi] NM curry; **poulet au ~** curried chicken, chicken curry

★**curseur** [kyʀsœʀ] NM (*Inform*) cursor; (*de règle*) slide; (*de fermeture-éclair*) slider

cursif, -ive [kyʀsif, -iv] ADJ: **écriture cursive** cursive script

cursus [kyʀsys] NM degree course

curviligne [kyʀviliɲ] ADJ curvilinear

cutané, e [kytane] ADJ cutaneous, skin *cpd*

cuti-réaction [kytiʀeaksjɔ̃] NF (*Méd*) skin-test

cuve [kyv] NF vat; (*à mazout etc*) tank

cuvée [kyve] NF vintage

cuvette [kyvɛt] NF (*récipient*) bowl, basin; (*du lavabo*) (wash)basin; (*des w.-c.*) pan; (*Géo*) basin

CV SIGLE M (*Auto*) = **cheval (vapeur)**; (*Admin*) = **curriculum vitae**

CVS SIGLE ADJ (= *corrigées des variations saisonnières*) seasonally adjusted

cx ABR (= *coefficient de pénétration dans l'air*) drag coefficient

cyanure [sjanyʀ] NM cyanide

cyberattaque [sibɛʀatak] NF cyberattack

cybercafé [sibɛʀkafe] NM internet café

cyberculture [sibɛʀkyltyʀ] NF cyberculture

cyberespace [sibɛʀɛspas] NM cyberspace

cyberespionnage [sibɛʀɛspjɔnaʒ] NM cyber espionage

cyberfraude [sibɛʀfʀod] NF cyber fraud

cyberharcèlement [sibɛʀaʀsɛlmɑ̃] NM, **cyber-intimidation** [sibɛʀɛ̃timidasjɔ̃] NF cyberbullying

cybernaute [sibɛʀnot] NMF cybernaut

cybernétique [sibɛʀnetik] NF cybernetics *sg*

cybersécurité [sibɛʀsekyʀite] NF cybersecurity

cyclable [siklabl] ADJ: **piste ~** cycle track

cyclamen [siklamɛn] NM cyclamen

cycle [sikl] NM cycle; (*Scol*): **premier/second ~** ≈ middle/upper school (BRIT), ≈ junior/senior high school (US)

cyclique [siklik] ADJ cyclic(al)

★**cyclisme** [siklism] NM cycling

★**cycliste** [siklist] NMF cyclist ▸ ADJ cycle *cpd*; **coureur ~** racing cyclist

cyclo-cross [siklɔkʀɔs] NM (*Sport*) cyclo-cross; (*épreuve*) cyclo-cross race

cyclomoteur [siklomɔtœʀ] NM moped

cyclomotoriste [siklɔmɔtɔʀist] NMF moped rider

cyclone [siklon] NM hurricane

cyclotourisme [siklɔtuʀism] NM (bi)cycle touring

cygne [siɲ] NM swan

cylindre [silɛ̃dʀ] NM cylinder; **moteur à 4 cylindres en ligne** straight-4 engine

cylindrée [silɛ̃dʀe] NF (*Auto*) (cubic) capacity; **une (voiture de) grosse ~** a big-engined car

cylindrique [silɛ̃dʀik] ADJ cylindrical

cymbale [sɛ̃bal] NF cymbal

cynique [sinik] ADJ cynical

cyniquement [sinikmɑ̃] ADV cynically

cynisme [sinism] NM cynicism

cyprès [sipʀɛ] NM cypress

cypriote [sipʀijɔt] ADJ Cypriot ▸ NMF: **Cypriote** Cypriot

cyrillique [siʀilik] ADJ Cyrillic

cystite [sistit] NF cystitis

cytise [sitiz] NM laburnum

cytologie [sitɔlɔʒi] NF cytology

Dd

D, d [de] NM INV D, d; **D comme Désiré** D for David (BRIT) *ou* Dog (US) ▶ ABR: **D** (*Météorologie*: = *dépression*) low, depression; *voir* **système**

d' PRÉP, ART *voir* **de**

D1 NF (*Football*: = *première division*) Div 1; **monter en D1** to go up to Div 1

D2 NF (*Football*: = *deuxième division*) Div 2; **la relégation en D2** relegation to Div 2

DAB [dab] NM (= *distributeur automatique de billets*) ATM

Dacca [daka] N Dacca

dactylo [daktilo] NF (*aussi*: **dactylographe**) typist; (*aussi*: **dactylographie**) typing, typewriting

dactylographier [daktilɔgʀafje] /7/ VT to type (out)

dada [dada] NM hobby-horse

dadais [dadɛ] NM ninny, lump

dague [dag] NF dagger

dahlia [dalja] NM dahlia

dahoméen, ne [daɔmeɛ̃, -ɛn] ADJ Dahomean

Dahomey [daɔme] NM: **le ~** Dahomey

daigner [deɲe] /1/ VT to deign

daim [dɛ̃] NM (fallow) deer *inv*; (*peau*) buckskin; (*cuir suédé*) suede

dais [dɛ] NM (*tenture*) canopy

Dakar [dakaʀ] N Dakar

dal. ABR (= *décalitre*) dal.

dallage [dalaʒ] NM paving

dalle [dal] NF slab; (*au sol*) paving stone, flag(stone); **que ~** nothing at all, damn all (BRIT)

daller [dale] /1/ VT to pave

dalmatien, ne [dalmasjɛ̃, -ɛn] NM/F (*chien*) Dalmatian

daltonien, ne [daltɔnjɛ̃, -ɛn] ADJ colour-blind (BRIT), color-blind (US)

daltonisme [daltɔnism] NM colour (BRIT) *ou* color (US) blindness

dam [dam] NM: **au grand ~ de** much to the detriment (*ou* annoyance) of

Damas [dama] N Damascus

damas [dama] NM (*étoffe*) damask

damassé, e [damase] ADJ damask *cpd*

★**dame** [dam] NF lady; (*Cartes, Échecs*) queen; **~ de charité** benefactress; **~ de compagnie** lady's companion ■ **dames** NFPL (*jeu*) draughts *sg* (BRIT), checkers *sg* (US); **les (toilettes des) dames** the ladies' (toilets)

dame-jeanne [damʒan] (*pl* **dames-jeannes**) NF demijohn

damer [dame] /1/ VT to ram *ou* pack down; **~ le pion à** (*fig*) to get the better of

damier [damje] NM draughts board (BRIT), checkerboard (US); (*dessin*) check (pattern); **en ~** check

damner [dɑne] /1/ VT to damn ■ **se damner** VPR to damn o.s.; **être à se ~** (*dessert, beauté*) to be to-die-for; **belle à se ~** stunningly beautiful

dancing [dɑ̃siŋ] NM dance hall

dandiner [dɑ̃dine] /1/: **se dandiner** VPR to sway about; (*en marchant*) to waddle along

★**Danemark** [danmaʀk] NM: **le ~** Denmark

★**danger** [dɑ̃ʒe] NM danger; **mettre en ~** (*personne*) to put in danger; (*projet, carrière*) to jeopardize; **être en ~** (*personne*) to be in danger; **être en ~ de mort** to be in peril of one's life; **être hors de ~** to be out of danger

dangereusement [dɑ̃ʒʀøzmɑ̃] ADV dangerously

★**dangereux, -euse** [dɑ̃ʒʀø, -øz] ADJ dangerous

★**danois, e** [danwa, -waz] ADJ Danish ▶ NM (*Ling*) Danish ▶ NM/F: **Danois, e** Dane

dans [dɑ̃]

PRÉP **1** (*position*) in; (: *à l'intérieur de*) inside; **c'est dans le tiroir/le salon** it's in the drawer/lounge; **dans la boîte** in *ou* inside the box; **marcher dans la ville/la rue** to walk about the town/along the street; **je l'ai lu dans le journal** I read it in the newspaper; **être dans les meilleurs** to be among *ou* one of the best

2 (*direction*) into; **elle a couru dans le salon** she ran into the lounge; **monter dans une voiture/le bus** to get into a car/on to the bus

3 (*provenance*) out of, from; **je l'ai pris dans le tiroir/salon** I took it out of *ou* from the drawer/lounge; **boire dans un verre** to drink out of *ou* from a glass

4 (*temps*) in; **dans deux mois** in two months, in two months' time

5 (*approximation*) about; **dans les 20 euros** about 20 euros

dansant, e [dɑ̃sɑ̃, -ɑ̃t] ADJ: **soirée dansante** evening of dancing; (*bal*) dinner dance

danse [dɑ̃s] NF: **la ~** dancing; (*classique*) (ballet) dancing; **une ~** a dance; **~ du ventre** belly dancing

★**danser** [dɑ̃se] /1/ VI, VT to dance

danseur, -euse [dɑ̃sœʀ, -øz] NM/F ballet dancer; (*au bal etc*) dancer; (: *cavalier*) partner; **~ de claquettes** tap-dancer; **en danseuse** (*à vélo*) standing on the pedals

Danube [danyb] NM: **le ~** the Danube

DAO SIGLE M (= *dessin assisté par ordinateur*) CAD

dard [daʀ] NM sting (*organ*)

darder [daʀde] /1/ VT to shoot, send forth

dare-dare [daʀdaʀ] ADV in double quick time

Dar-es-Salaam, Dar-es-Salam [daʀɛsalam] N Dar-es-Salaam

darne [daʀn] NF steak (*of fish*)

darse [daʀs] NF sheltered dock (*in a Mediterranean port*)

dartre [daʀtʀ] NF (*Méd*) sore

datation [datasjɔ̃] NF dating

★**date** [dat] NF date; **faire ~** to mark a milestone; **de longue ~** *adj* longstanding; **~ de naissance** date of birth; **~ limite** deadline; **~ limite de vente** sell-by date

dater [date] /1/ VT, VI to date; **~ de** to date from, go back to; **à ~ de** (as) from

dateur [datœʀ] NM (*de montre*) date indicator; **timbre ~** date stamp

datif [datif] NM dative

datte [dat] NF date

dattier [datje] NM date palm

daube [dob] NF: **bœuf en ~** beef casserole

dauphin [dofɛ̃] NM (*Zool*) dolphin; (*Hist*) dauphin; (*fig*) heir apparent

★**dauphine** [dofin] NF (*Hist*) dauphine; (*fig*) heir apparent ▸ ADJ INV (*Culin*): **pommes ~** *crispy potato balls*

Dauphiné [dofine] NM: **le ~** the Dauphiné

dauphinois, e [dofinwa, -waz] ADJ of *ou* from the Dauphiné

daurade [dɔʀad] NF sea bream

davantage [davɑ̃taʒ] ADV more; (*plus longtemps*) longer; **~ de** more; **~ que** more than

DB SIGLE F (*Mil*) = **division blindée**

DCA SIGLE F (= *défense contre avions*) anti-aircraft defence

DCT SIGLE M (= *diphtérie coqueluche tétanos*) DPT

DDASS [dɑs] SIGLE F (*vieilli*) ≈ DWP (BRIT), ≈ SSA (US)

DDT SIGLE M (= *dichloro-diphénol-trichloréthane*) DDT

de, d' [də, d]

(*de + le* = **du**, *de + les* = **des**) PRÉP **1** (*appartenance*) of; **le toit de la maison** the roof of the house; **la voiture d'Elisabeth/de mes parents** Elizabeth's/my parents' car

2 (*provenance*) from; **il vient de Londres** he comes from London; **de Londres à Paris** from London to Paris; **elle est sortie du cinéma** she came out of the cinema

3 (*moyen*) with; **je l'ai fait de mes propres mains** I did it with my own two hands

4 (*caractérisation, mesure*): **un mur de brique/bureau d'acajou** a brick wall/mahogany desk; **un billet de 10 euros** a 10 euro note; **une pièce de 2 m de large** *ou* **large de 2 m** a room 2 m wide, a 2m-wide room; **un bébé de 10 mois** a 10-month-old baby; **12 mois de crédit/travail** 12 months' credit/work; **elle est payée 20 euros de l'heure** she's paid 20 euros an hour *ou* per hour; **augmenter de 10 euros** to increase by 10 euros; **trois jours de libres** three free days, three days free; **un verre d'eau** a glass of water; **il mange de tout** he'll eat anything

5 (*rapport*) from; **de quatre à six** from four to six

6 (*cause*): **mourir de faim** to die of hunger; **rouge de colère** red with fury

7 (*vb + de + infin*) to; **il m'a dit de rester** he told me to stay

8 (*de la part de*): **estimé de ses collègues** respected by his colleagues

9 (*en apposition*): **cet imbécile de Paul** that idiot Paul; **le terme de « franglais »** the term "franglais"

▸ ART **1** (*phrases affirmatives*) some (*souvent omis*); **du vin, de l'eau, des pommes** (some) wine, (some) water, (some) apples; **des enfants sont venus** some children came; **pendant des mois** for months

2 (*phrases interrogatives et négatives*) any; **a-t-il du vin ?** has he got any wine?; **il n'a pas de pommes/d'enfants** he hasn't (got) any apples/children, he has no apples/children

dé [de] NM (*à jouer*) die *ou* dice; (*aussi:* **dé à coudre**) thimble ■ **dés** NMPL (*jeu*) (game of) dice; **un coup de dés** a throw of the dice; **couper en dés** (*Culin*) to dice

DEA SIGLE M (= *Diplôme d'études approfondies*) *post-graduate diploma*

dealer [dilœʀ] NM (*fam*) (drug) pusher

déambulateur [deɑ̃bylatœʀ] NM Zimmer®

déambuler [deɑ̃byle] /1/ VI to stroll about

déb. ABR = **débutant**; (*Comm*) = **à débattre**

débâcle [debɑkl] NF rout

déballage [debalaʒ] NM (*de marchandises*) display (*of loose goods*); (*fig: fam*) outpourings *pl*

déballer [debale] /1/ VT to unpack

débandade [debɑ̃dad] NF scattering; (*déroute*) rout

débander [debɑ̃de] /1/ VT to unbandage

débaptiser [debatize] /1/ VT (*rue*) to rename

débarbouiller [debaʀbuje] /1/ VT to wash ■ **se débarbouiller** VPR to wash (one's face)

débarcadère [debaʀkadɛʀ] NM landing stage (BRIT), wharf

débardeur [debaʀdœʀ] NM docker, stevedore; (*maillot*) slipover; (*pour femme*) vest top; (*pour homme*) sleeveless top

débarquement [debaʀkəmɑ̃] NM unloading, landing; disembarkation; (*Mil*) landing; **le D~** the Normandy landings

débarquer [debaʀke] /1/ VT to unload, land ▸ VI to disembark; (*fig*) to turn up

débarras [debaʀɑ] NM (*pièce*) lumber room; (*placard*) junk cupboard; (*remise*) outhouse; **bon ~ !** good riddance!

débarrasser [debaʀase] /1/ VT to clear; **~ qn de** (*vêtements, paquets*) to relieve sb of; (*habitude, ennemi*) to rid sb of; **~ qch de** (*fouillis etc*) to clear sth of ▸ VI (*enlever le couvert*) to clear away ■ **se débarrasser de** VPR to get rid of; to rid o.s. of

débat [deba] VB *voir* **débattre** ▸ NM discussion, debate ▪ **débats** NMPL (*Pol*) proceedings, debates

débattre [debatʀ] /41/ VT to discuss, debate ▪ **se débattre** VPR to struggle

débauchage [deboʃaʒ] NM (*licenciement*) laying off (of staff); (*par un concurrent*) poaching

débauche [deboʃ] NF debauchery; **une ~ de** (*fig*) a profusion of (: *de couleurs*) a riot of

débauché, e [deboʃe] ADJ debauched ▸ NM/F profligate

débaucher [deboʃe] /1/ VT (*licencier*) to lay off, dismiss; (*salarié d'une autre entreprise*) to poach; (*entraîner*) to lead astray, debauch; (*inciter à la grève*) to incite

débile [debil] ADJ weak, feeble; (*fam: idiot*) dim-witted

débilitant, e [debilitɑ̃, -ɑ̃t] ADJ debilitating

débilité [debilite] NF debility; (*fam: idiotie*) stupidity; **~ mentale** mental debility

débiner [debine] /1/: **se débiner** VPR (*fam*) to do a bunk (BRIT *fam*), clear off (*fam*)

débit [debi] NM (*d'un liquide, fleuve*) (rate of) flow; (*d'un magasin*) turnover (of goods); (*élocution*) delivery; (*bancaire*) debit; **avoir un ~ de 10 euros** to be 10 euros in debit; **~ de boissons** drinking establishment; **~ de tabac** tobacconist's (shop) (BRIT), tobacco *ou* smoke shop (*US*)

débiter [debite] /1/ VT (*compte*) to debit; (*liquide, gaz*) to yield, produce, give out; (*couper: bois, viande*) to cut up; (*vendre*) to retail; (*péj: paroles etc*) to come out with, churn out

débiteur, -trice [debitœʀ, -tʀis] NM/F debtor ▸ ADJ in debit; (*compte*) debit *cpd*

déblai [deblɛ] NM (*nettoyage*) clearing ▪ **déblais** NMPL (*terre*) earth; (*décombres*) rubble

déblaiement [deblɛmɑ̃] NM clearing; **travaux de ~** earth moving *sg*

déblatérer [deblateʀe] /6/ VI: **~ contre** to go on about

déblayer [debleje] /8/ VT to clear; **~ le terrain** (*fig*) to clear the ground

déblocage [deblɔkaʒ] NM (*des prix, cours*) unfreezing

débloquer [deblɔke] /1/ VT (*frein, fonds*) to release; (*prix, crédits*) to free ▸ VI (*fam*) to talk rubbish

débobiner [debɔbine] /1/ VT to unwind

déboires [debwaʀ] NMPL setbacks

déboisement [debwazmɑ̃] NM deforestation

déboiser [debwaze] /1/ VT to clear of trees; (*région*) to deforest ▪ **se déboiser** VPR (*colline, montagne*) to become bare of trees

déboîter [debwate] /1/ VT (*Auto*) to pull out; **se ~ le genou** *etc* to dislocate one's knee *etc*

débonnaire [debɔnɛʀ] ADJ easy-going, good-natured

débordant, e [debɔʀdɑ̃, -ɑ̃t] ADJ (*joie*) unbounded; (*activité*) exuberant

débordé, e [debɔʀde] ADJ: **être ~ de** (*travail, demandes*) to be snowed under with

débordement [debɔʀdəmɑ̃] NM overflowing

déborder [debɔʀde] /1/ VI to overflow; (*lait etc*) to boil over; **~ de qch** (*dépasser*) to extend beyond sth; **~ de** (*joie, zèle*) to be brimming over with *ou* bursting with ▸ VT (*Mil, Sport*) to outflank

débouché [debuʃe] NM (*pour vendre*) outlet; (*perspective d'emploi*) opening; (*sortie*): **au ~ de la vallée** where the valley opens out (onto the plain)

déboucher [debuʃe] /1/ VT (*évier, tuyau etc*) to unblock; (*bouteille*) to uncork, open ▸ VI: **~ de** to emerge from, come out of; **~ sur** to come out onto; to open out onto; (*fig*) to arrive at, lead up to; (*études*) to lead on to

débouler [debule] /1/ VI to go (*ou* come) tumbling down; (*sans tomber*) to come careering down ▸ VT: **~ l'escalier** to belt down the stairs

déboulonner [debulɔne] /1/ VT to dismantle; (*fig: renvoyer*) to dismiss; (: *détruire le prestige de*) to discredit

débours [debuʀ] NMPL outlay

débourser [debuʀse] /1/ VT to pay out, lay out

déboussoler [debusɔle] /1/ VT to disorientate, disorient

★**debout** [d(ə)bu] ADV: **être ~** (*personne*) to be standing, stand; (*levé, éveillé*) to be up (and about); (*chose*) to be upright; **être encore ~** (*fig: en état*) to be still going; to be still standing; to be still up; **mettre qn ~** to get sb to his feet; **mettre qch ~** to stand sth up; **se mettre ~** to get up (on one's feet); **se tenir ~** to stand; **~ !** stand up!; (*du lit*) get up!; **cette histoire ne tient pas ~** this story doesn't hold water

débouter [debute] /1/ VT (*Jur*) to dismiss; **~ qn de sa demande** to dismiss sb's petition

déboutonner [debutɔne] /1/ VT to undo, unbutton ▪ **se déboutonner** VPR to come undone *ou* unbuttoned

débraillé, e [debʀɑje] ADJ slovenly, untidy

débrancher [debʀɑ̃ʃe] /1/ VT (*appareil électrique*) to unplug; (*téléphone, courant électrique*) to disconnect, cut off

débrayage [debʀɛjaʒ] NM (*Auto*) clutch; (: *action*) disengaging the clutch; (*grève*) stoppage; **faire un double ~** to double-declutch

débrayer [debʀeje] /8/ VI (*Auto*) to declutch, disengage the clutch; (*cesser le travail*) to stop work

débridé, e [debʀide] ADJ unbridled, unrestrained

débrider [debʀide] /1/ VT (*cheval*) to unbridle; (*Culin: volaille*) to untruss

débriefer [debʀife] VT to debrief

débris [debʀi] NM (*fragment*) fragment ▸ NMPL (*déchets*) pieces, debris *sg*; rubbish *sg* (BRIT), garbage *sg* (*US*); **des ~ de verre** bits of glass

débrouillard, e [debʀujaʀ, -aʀd] ADJ smart, resourceful

débrouillardise [debʀujaʀdiz] NF smartness, resourcefulness

débrouiller [debʀuje] /1/ VT to disentangle, untangle; (*fig*) to sort out, unravel ▪ **se débrouiller** VPR to manage; **débrouillez-vous** you'll have to sort things out yourself

débroussailler [debʀusɑje] /1/ VT to clear (of brushwood)

débroussailleuse [debʀusɑjøz] NF grass trimmer

débusquer [debyske] /1/ VT to drive out (from cover)

début [deby] NM beginning, start; **au ~** in *ou* at the beginning, at first; **au ~ de** at the beginning *ou* start of; **dès le ~** from the start; **~ juin** in early June ▪ **débuts** NMPL beginnings; (*de carrière*) début *sg*; **faire ses débuts** to start out

débutant, e [debytɑ̃, -ɑ̃t] NM/F beginner, novice

débuter [debyte] /1/ VI to begin, start; (*faire ses débuts*) to start out

deçà [dəsa]: **en ~ de** *prép* this side of; **en ~** *adv* on this side

décacheter [dekaʃ(ə)te] /4/ VT to unseal, open

décade [dekad] NF (*10 jours*) (period of) ten days; (*10 ans*) decade

décadence [dekadɑ̃s] NF decadence; decline

décadent, e [dekadɑ̃, -ɑ̃t] ADJ decadent

décaféiné, e [dekafeine] ADJ decaffeinated, caffeine-free

décalage [dekalaʒ] NM move forward *ou* back; shift forward *ou* back; (*écart*) gap; (*désaccord*) discrepancy; **~ horaire** time difference (between time zones), time-lag

décalaminer [dekalamine] /1/ VT to decoke

décalcification [dekalsifikasjɔ̃] NF decalcification

décalcifier [dekalsifje] /7/: **se décalcifier** VPR to decalcify

décalcomanie [dekalkɔmani] NF transfer

décalé, e [dekale] ADJ (*humour, style*) offbeat

décaler [dekale] /1/ VT (*dans le temps: avancer*) to bring forward; (: *retarder*) to put back; (*changer de position*) to shift forward *ou* back; **~ de 10 cm** to move forward *ou* back by 10 cm; **~ de deux heures** to bring *ou* move forward two hours; to put back two hours

décalitre [dekalitʀ] NM decalitre (BRIT), decaliter (US)

décalogue [dekalɔg] NM Decalogue

décalquer [dekalke] /1/ VT to trace; (*par pression*) to transfer

décamètre [dekamɛtʀ] NM decametre (BRIT), decameter (US)

décamper [dekɑ̃pe] /1/ VI to clear out *ou* off

décan [dekɑ̃] NM (*Astrologie*) decan

décanter [dekɑ̃te] /1/ VT to (allow to) settle (and decant) ▪ **se décanter** VPR to settle

décapage [dekapaʒ] NM stripping; scouring; sanding

décapant [dekapɑ̃] NM acid solution; scouring agent; paint stripper

décaper [dekape] /1/ VT to strip; (*avec abrasif*) to scour; (*avec papier de verre*) to sand

décapiter [dekapite] /1/ VT to behead; (*par accident*) to decapitate; (*fig*) to cut the top off; (: *organisation*) to remove the top people from

décapotable [dekapɔtabl] ADJ convertible

décapoter [dekapɔte] /1/ VT to put down the top of

décapsuler [dekapsyle] /1/ VT to take the cap *ou* top off

décapsuleur [dekapsylœʀ] NM bottle-opener

décarcasser [dekaʀkase] /1/ VT: **se ~ pour qn/pour faire qch** (*fam*) to slog one's guts out for sb/to do sth

décathlon [dekatlɔ̃] NM decathlon

décati, e [dekati] ADJ faded, aged

décédé, e [desede] ADJ deceased

décéder [desede] /6/ VI to die

décelable [des(ə)labl] ADJ discernible

déceler [des(ə)le] /5/ VT to discover, detect; (*révéler*) to indicate, reveal

décélération [deseleʀasjɔ̃] NF deceleration

décélérer [deseleʀe] /1/ VI to decelerate, slow down

décembre [desɑ̃bʀ] NM December; *voir aussi* **juillet**

décemment [desamɑ̃] ADV decently

décence [desɑ̃s] NF decency

décennal, e, -aux [desenal, -o] ADJ (*qui dure dix ans*) having a term of ten years, ten-year; (*qui revient tous les dix ans*) ten-yearly

décennie [deseni] NF decade

décent, e [desɑ̃, -ɑ̃t] ADJ decent

décentralisation [desɑ̃tʀalizasjɔ̃] NF decentralization

décentraliser [desɑ̃tʀalize] /1/ VT to decentralize

décentrer [desɑ̃tʀe] /1/ VT to throw off centre ▪ **se décentrer** VPR to move off-centre

déception [desɛpsjɔ̃] NF disappointment

décerner [desɛʀne] /1/ VT to award

décès [desɛ] NM death, decease; **acte de ~** death certificate

décevant, e [des(ə)vɑ̃, -ɑ̃t] ADJ disappointing

décevoir [des(ə)vwaʀ] /28/ VT to disappoint

déchaîné, e [deʃene] ADJ unbridled, raging

déchaînement [deʃɛnmɑ̃] NM (*de haine, violence*) outbreak, outburst

déchaîner [deʃene] /1/ VT (*passions, colère*) to unleash; (*rires etc*) to give rise to, arouse ▪ **se déchaîner** VPR to be unleashed; (*rires*) to burst out; (*se mettre en colère*) to fly into a rage; **se ~ contre qn** to unleash one's fury on sb

déchanter [deʃɑ̃te] /1/ VI to become disillusioned

décharge [deʃaʀʒ] NF (*dépôt d'ordures*) rubbish tip *ou* dump; (*électrique*) electrical discharge; (*salve*) volley of shots; **à la ~ de** in defence of

déchargement [deʃaʀʒəmɑ̃] NM unloading

décharger [deʃaʀʒe] /3/ VT (*marchandise, véhicule*) to unload; (*Élec*) to discharge; (*arme: neutraliser*) to unload; (: *faire feu*) to discharge, fire; **~ qn de** (*responsabilité*) to relieve sb of, release sb from; **~ sa colère (sur)** to vent one's anger (on); **~ sa conscience** to unburden one's conscience; **se ~ dans** (*se déverser*) to flow into; **se ~ d'une affaire sur qn** to hand a matter over to sb

décharné, e [deʃaʀne] ADJ bony, emaciated, fleshless

déchaussé, e [deʃose] ADJ (*dent*) loose

déchausser [deʃose] /1/ VT (*personne*) to take the shoes off; (*skis*) to take off ▪ **se déchausser** VPR to take off one's shoes; (*dent*) to come *ou* work loose

dèche [dɛʃ] NF (*fam*): **être dans la ~** to be flat broke

déchéance [deʃeɑ̃s] NF (*déclin*) degeneration, decay, decline; (*chute*) fall; **~ de nationalité** deprivation of nationality

déchet [deʃɛ] NM (*de bois, tissu etc*) scrap; (*perte gén Comm*) wastage, waste ▪ **déchets** NMPL (*ordures*) refuse *sg*, rubbish *sg* (BRIT), garbage *sg* (US); **déchets nucléaires** nuclear waste; **déchets radioactifs** radioactive waste

déchétarien, ne [deʃetaʀjɛ̃, jɛn] NM/F freegan
déchiffrage [deʃifʀaʒ] NM sight-reading
déchiffrer [deʃifʀe] /1/ VT to decipher
déchiqueté, e [deʃik(ə)te] ADJ jagged(-edged), ragged
déchiqueter [deʃik(ə)te] /4/ VT to tear *ou* pull to pieces
déchirant, e [deʃiʀɑ̃, -ɑ̃t] ADJ heart-breaking, heart-rending
déchiré, e [deʃiʀe] ADJ torn; (*fig*) heart-broken
déchirement [deʃiʀmɑ̃] NM (*chagrin*) wrench, heartbreak; (*gén pl*: *conflit*) rift, split
déchirer [deʃiʀe] /1/ VT to tear, rip; (*mettre en morceaux*) to tear up; (*pour ouvrir*) to tear off; (*arracher*) to tear out; (*fig*) to tear apart ■ **se déchirer** VPR to tear, rip; **se ~ un muscle/tendon** to tear a muscle/ tendon
déchirure [deʃiʀyʀ] NF (*accroc*) tear, rip; **~ musculaire** torn muscle
déchoir [deʃwaʀ] /25/ VI (*personne*) to lower o.s., demean o.s.; **~ de** to fall from
déchu, e [deʃy] PP *de* **déchoir** ▸ ADJ fallen; (*roi*) deposed
décibel [desibɛl] NM decibel
décidé, e [deside] ADJ (*personne, air*) determined; **c'est ~** it's decided; **être ~ à faire** to be determined to do
décidément [desidemɑ̃] ADV undoubtedly; really
décider [deside] /1/ VT: **~ qch** to decide on sth; **~ de faire/que** to decide to do/that; **~ qn (à faire qch)** to persuade *ou* induce sb (to do sth); **~ de qch** to decide upon sth; (*chose*) to determine sth ■ **se décider** VPR (*personne*) to decide, make up one's mind; (*problème, affaire*) to be resolved; **se ~ à qch** to decide on sth; **se ~ à faire** to decide *ou* make up one's mind to do; **se ~ pour qch** to decide on *ou* in favour of sth
décideur [desidœʀ] NM decision-maker
décilitre [desilitʀ] NM decilitre (BRIT), deciliter (*US*)
décimal, e, -aux [desimal, -o] ADJ, NF decimal
décimalisation [desimalizasjɔ̃] NF decimalization
décimaliser [desimalize] /1/ VT to decimalize
décimer [desime] /1/ VT to decimate
décimètre [desimɛtʀ] NM decimetre (BRIT), decimeter (*US*); **double ~** (20 cm) ruler
décisif, -ive [desizif, -iv] ADJ decisive; (*qui l'emporte*): **le facteur/l'argument ~** the deciding factor/argument
décision [desizjɔ̃] NF decision; (*fermeté*) decisiveness, decision; **prendre une ~** to make a decision; **prendre la ~ de faire** to take the decision to do; **emporter** *ou* **faire la ~** to be decisive
déclamation [deklamasjɔ̃] NF declamation; (*péj*) ranting, spouting
déclamatoire [deklamatwaʀ] ADJ declamatory
déclamer [deklame] /1/ VT to declaim; (*péj*) to spout ▸ VI: **~ contre** to rail against
déclarable [deklaʀabl] ADJ (*marchandise*) dutiable; (*revenus*) declarable
déclaration [deklaʀasjɔ̃] NF declaration; registration; (*discours*: *Pol etc*) statement; (*compte rendu*) report; **fausse ~** misrepresentation; **~ (d'amour)** declaration; **~ de décès** registration of death; **~ de guerre** declaration of war; **~ (d'impôts)** statement of income, tax declaration, ≈ tax return; **~ (de sinistre)** (insurance) claim; **~ de revenus** statement of income; **faire une ~ de vol** to report a theft
déclaré, e [deklaʀe] ADJ (*juré*) avowed
déclarer [deklaʀe] /1/ VT to declare, announce; (*revenus, employés, marchandises*) to declare; (*décès, naissance*) to register; (*vol etc*: *à la police*) to report; **~ la guerre** to declare war; **rien à ~** nothing to declare ■ **se déclarer** VPR (*feu, maladie*) to break out
déclassé, e [deklɑse] ADJ relegated, downgraded; (*matériel*) (to be) sold off
déclassement [deklɑsmɑ̃] NM relegation, downgrading; (*Rail etc*) change of class
déclasser [deklɑse] /1/ VT to relegate, downgrade; (*déranger*: *fiches, livres*) to get out of order
déclenchant, e [deklɑ̃ʃɑ̃, -ɑ̃t] ADJ (*situation, cause*) trigger *cpd*; **facteur ~** trigger
déclenchement [deklɑ̃ʃmɑ̃] NM release; setting off
déclencher [deklɑ̃ʃe] /1/ VT (*mécanisme*) to release; (*sonnerie*) to set off, activate; (*attaque, grève*) to launch; (*provoquer*) to trigger off ■ **se déclencher** VPR to release itself; (*sonnerie*) to go off
déclencheur [deklɑ̃ʃœʀ] NM release mechanism
déclic [deklik] NM trigger mechanism; (*bruit*) click
déclin [deklɛ̃] NM decline
déclinable [deklinabl] ADJ: **~ en qch** available in sth; **~ à l'infini** infinitely adaptable
déclinaison [deklinɛzɔ̃] NF declension
décliner [dekline] /1/ VI (*santé, jour*) to decline ▸ VT (*invitation*) to decline, refuse; (*responsabilité*) to refuse to accept; (*nom, adresse*) to state; (*Ling*) to decline ■ **se décliner** VPR (*Ling*) to decline
déclivité [deklivite] NF slope, incline; **en ~** sloping, on the incline
décloisonner [deklwazɔne] /1/ VT to decompartmentalize
déclouer [deklue] /1/ VT to unnail
décocher [dekɔʃe] /1/ VT to hurl; (*flèche, regard*) to shoot
décoction [dekɔksjɔ̃] NF decoction
décodage [dekɔdaʒ] NM deciphering, decoding
décoder [dekɔde] /1/ VT to decipher, decode
décodeur [dekɔdœʀ] NM decoder
décoiffant, e [dekwafɑ̃, -ɑ̃t] ADJ (*fam*) mind-blowing
décoiffé, e [dekwafe] ADJ: **elle est toute décoiffée** her hair is in a mess
décoiffer [dekwafe] /1/ VT: **~ qn** to mess up sb's hair ■ **se décoiffer** VPR to take off one's hat
décoincer [dekwɛ̃se] /3/ VT to unjam, loosen ■ **se décoincer** VPR (*objet*) to come loose; (*fig*: *fam*: *personne*) to let one's hair down; **ça s'est décoincé tout seul** it came loose all by itself; **il s'est décoincé un peu depuis qu'il n'habite plus chez ses parents** he's loosened up a bit since he stopped living with his parents

d

déçois *etc* [deswa], **déçoive** *etc* [deswav] VB *voir* **décevoir**

décolérer [dekɔleʀe] /6/ VI: **il ne décolère pas** he's still angry, he hasn't calmed down

décollage [dekɔlaʒ] NM (*Aviat, Écon*) takeoff

décollé, e [dekɔle] ADJ: **oreilles décollées** sticking-out ears

décollement [dekɔlmɑ̃] NM (*Méd*): **~ de la rétine** retinal detachment

décoller [dekɔle] /1/ VT to unstick ▸ VI (*avion*) to take off; (*projet, entreprise*) to take off, get off the ground ■ **se décoller** VPR to come unstuck

décolleté, e [dekɔlte] ADJ low-necked, low-cut; (*femme*) wearing a low-cut dress ▸ NM low neck(line); (*épaules*) (bare) neck and shoulders; (*plongeant*) cleavage

décolleter [dekɔlte] /4/ VT (*vêtement*) to give a low neckline to; (*Tech*) to cut

décolonisation [dekɔlɔnizasjɔ̃] NF decolonization

décoloniser [dekɔlɔnize] /1/ VT to decolonize

décolorant [dekɔlɔʀɑ̃] NM decolorant, bleaching agent

décoloration [dekɔlɔʀasjɔ̃] NF: **se faire faire une ~** (*chez le coiffeur*) to have one's hair bleached *ou* lightened

décoloré, e [dekɔlɔʀe] ADJ (*vêtement*) faded; (*cheveux*) bleached

décolorer [dekɔlɔʀe] /1/ VT (*tissu*) to fade; (*cheveux*) to bleach, lighten; **se faire ~ les cheveux** to have one's hair bleached ■ **se décolorer** VPR to fade

décombres [dekɔ̃bʀ] NMPL rubble *sg*, debris *sg*

décommander [dekɔmɑ̃de] /1/ VT to cancel; (*invités*) to put off ■ **se décommander** VPR to cancel, cry off

décomplexé, e [dekɔ̃plɛkse] ADJ self-assured

décomposé, e [dekɔ̃poze] ADJ (*pourri*) decomposed; (*visage*) haggard, distorted

décomposer [dekɔ̃poze] /1/ VT to break up; (*Chimie*) to decompose; (*Math*) to factorize ■ **se décomposer** VPR to decompose

décomposition [dekɔ̃pozisjɔ̃] NF breaking up; decomposition; factorization; **en ~** (*organisme*) in a state of decay, decomposing

décompresser [dekɔ̃pʀese] /1/ VI (*fam: se détendre*) to unwind

décompresseur [dekɔ̃pʀesœʀ] NM decompressor

décompression [dekɔ̃pʀesjɔ̃] NF decompression

décomprimer [dekɔ̃pʀime] /1/ VT to decompress

décompte [dekɔ̃t] NM deduction; (*facture*) breakdown (of an account), detailed account

décompter [dekɔ̃te] /1/ VT to deduct

déconcentration [dekɔ̃sɑ̃tʀasjɔ̃] NF (*des industries etc*) dispersal; **~ des pouvoirs** devolution

déconcentré, e [dekɔ̃sɑ̃tʀe] ADJ (*sportif etc*) who has lost (his/her) concentration

déconcentrer [dekɔ̃sɑ̃tʀe] /1/ VT (*Admin*) to disperse ■ **se déconcentrer** VPR to lose (one's) concentration

déconcertant, e [dekɔ̃sɛʀtɑ̃, -ɑ̃t] ADJ disconcerting

déconcerter [dekɔ̃sɛʀte] /1/ VT to disconcert, confound

déconditionner [dekɔ̃disjɔne] /1/ VT: **~ l'opinion américaine** to change the way the Americans have been forced to think

déconfit, e [dekɔ̃fi, -it] ADJ crestfallen, downcast

déconfiture [dekɔ̃fityʀ] NF collapse, ruin; (*morale*) defeat

décongélation [dekɔ̃ʒelasjɔ̃] NF defrosting, thawing

décongelé, e [dekɔ̃ʒle] ADJ defrosted; **« ne jamais recongeler un produit ~ »** "never refreeze a product that has been defrosted"

décongeler [dekɔ̃ʒ(ə)le] /5/ VT to thaw (out)

décongestionner [dekɔ̃ʒɛstjɔne] /1/ VT (*Méd*) to decongest; (*rues*) to relieve congestion in

déconnecté, e [dekɔnɛkte] ADJ: **~ des réalités** out of touch with reality

déconnecter [dekɔnɛkte] /1/ VT to disconnect

déconner [dekɔne] /1/ VI (*!: en parlant*) to talk (a load of) rubbish (BRIT) *ou* garbage (US); (*: faire des bêtises*) to muck about; **sans ~** no kidding

déconnexion [dekɔnɛksjɔ̃] NF disconnection; **droit à la ~** right to disconnect, *the employee's legal right not to reply to work emails outside working hours*

déconseillé, e [dekɔ̃seje] ADJ not recommended; **fortement ~** highly inadvisable; **c'est ~** it's not recommended, it's inadvisable

déconseiller [dekɔ̃seje] /1/ VT: **~ qch (à qn)** to advise (sb) against sth; **~ à qn de faire** to advise sb against doing

déconsidérer [dekɔ̃sideʀe] /6/ VT to discredit

décontamination [dekɔ̃taminasjɔ̃] NF decontamination

décontaminer [dekɔ̃tamine] /1/ VT to decontaminate

décontenancé, e [dekɔ̃tnɑ̃se] ADJ disconcerted

décontenancer [dekɔ̃t(ə)nɑ̃se] /3/ VT to disconcert, discountenance

décontracté, e [dekɔ̃tʀakte] ADJ relaxed, laid-back (*fam*)

décontracter [dekɔ̃tʀakte] /1/ VT to relax ■ **se décontracter** VPR to relax

décontraction [dekɔ̃tʀaksjɔ̃] NF relaxation

déconventionnement [dekɔ̃vɑ̃sjɔnmɑ̃] NM (*de médecins*) opting out

déconventionner [dekɔ̃vɑ̃sjɔne] VT (*médecin: pour faute*) to strike off

déconvenue [dekɔ̃v(ə)ny] NF disappointment

décor [dekɔʀ] NM décor; (*paysage*) scenery; **changement de ~** (*fig*) change of scene; **entrer dans le ~** (*fig*) to run off the road; **en ~ naturel** (*Ciné*) on location ■ **décors** NMPL (*Théât*) scenery *sg*, decor *sg*; (*Ciné*) set *sg*

décorateur, -trice [dekɔʀatœʀ, -tʀis] NM/F (interior) decorator; (*Ciné*) set designer

décoratif, -ive [dekɔʀatif, -iv] ADJ decorative

décoration [dekɔʀasjɔ̃] NF decoration

décorer [dekɔʀe] /1/ VT to decorate

décortiqué, e [dekɔʀtike] ADJ shelled; hulled

décortiquer [dekɔʀtike] /1/ VT to shell; (*riz*) to hull; (*fig: texte*) to dissect

décorum [dekɔʀɔm] NM decorum; etiquette

décote [dekɔt] NF tax relief

découcher [dekuʃe] /1/ VI to spend the night away

découdre [dekudʀ] /48/ VT (*vêtement, couture*) to unpick, take the stitching out of; (*bouton*) to take off ▸ VI: **en ~** (*fig*) to fight, do battle ■ **se découdre** VPR to come unstitched; (*bouton*) to come off

découler [dekule] /1/ VI: **~ de** to ensue *ou* follow from

découpage [dekupaʒ] NM cutting up; carving; (*image*) cut-out (figure); **~ électoral** division into constituencies

découpe [dekup] NF (*de viande*) carving; (*Tech: découpage: de pièces, documents*) cutting; (*forme*) shape

découper [dekupe] /1/ VT (*papier, tissu*) to cut up; (*volaille, viande*) to carve; (*détacher: manche, article*) to cut out; **se ~ sur** (*ciel, fond*) to stand out against

découplé, e [dekuple] ADJ: **bien ~** well-built, well-proportioned

découpures [dekupyʀ] NFPL (*morceaux*) cut-out bits; (*d'une côte, arête*) indentations, jagged outline *sg*

décourageant, e [dekuʀaʒɑ̃, -ɑ̃t] ADJ discouraging; (*personne, attitude*) negative

découragement [dekuʀaʒmɑ̃] NM discouragement, despondency

décourager [dekuʀaʒe] /3/ VT to discourage, dishearten; (*dissuader*) to discourage, put off; **~ qn de faire/de qch** to discourage sb from doing/from sth, put sb off doing/sth ■ **se décourager** VPR to lose heart, become discouraged

décousu, e [dekuzy] PP *de* **découdre** ▸ ADJ unstitched; (*fig*) disjointed, disconnected

découvert, e [dekuvɛʀ, -ɛʀt] PP *de* **découvrir** ▸ ADJ (*tête*) bare, uncovered; (*lieu*) open, exposed; **à visage ~** openly ▸ NM (*bancaire*) overdraft; **à ~** *adv* (*Mil*) exposed, without cover; (*fig*) openly; (*Comm*) *adj* overdrawn

découverte [dekuvɛʀt(ə)] NF discovery; **aller à la ~ de** (*lieu*) to go off to explore; **partir à la ~ du monde** to go off to explore the world; **faire la ~ de** to discover ▸ ADJ INV (*itinéraire, sentier, séjour*) scenic

découvrir [dekuvʀiʀ] /18/ VT to discover; (*apercevoir*) to see; (*enlever ce qui couvre ou protège*) to uncover; (*montrer, dévoiler*) to reveal ■ **se découvrir** VPR (*chapeau*) to take off one's hat; (*se déshabiller*) to take something off; (*au lit*) to uncover o.s.; (*ciel*) to clear; **se ~ des talents** to find hidden talents in o.s.

décrassage [dekʀasaʒ] NM (*Sport*) warm-down; **une séance de ~** a warm-down session

décrasser [dekʀase] /1/ VT to clean

décrêper [dekʀepe] /1/ VT (*cheveux*) to straighten

décrépi, e [dekʀepi] ADJ peeling; with roughcast rendering removed

décrépit, e [dekʀepi, -it] ADJ decrepit

décrépitude [dekʀepityd] NF decrepitude; decay

decrescendo [dekʀeʃɛndo] NM (*Mus*) decrescendo; **aller ~** (*fig*) to decline, be on the wane

décret [dekʀɛ] NM decree

décréter [dekʀete] /6/ VT to decree; (*ordonner*) to order

décret-loi [dekʀɛlwa] (*pl* **décrets-lois**) NM statutory order

décrié, e [dekʀije] ADJ disparaged

décrire [dekʀiʀ] /39/ VT to describe; (*courbe, cercle*) to follow, describe

décrisper [dekʀispe] /1/ VT to defuse ■ **se décrisper** VPR (*personne, visage*) to relax; (*relations, situation*) to ease; (*ambiance*) to become more relaxed

décrit, e [dekʀi, -it] PP *de* **décrire**

décrivais *etc* [dekʀivɛ] VB *voir* **décrire**

décrochage [dekʀɔʃaʒ] NM: **~ scolaire** (*Scol*) ≈ truancy

décrochement [dekʀɔʃmɑ̃] NM (*d'un mur etc*) recess

décrocher [dekʀɔʃe] /1/ VT (*dépendre*) to take down; (*téléphone*) to take off the hook; (*fig: contrat etc*) to get, land; **~ (le téléphone)** (*pour répondre*) to pick up *ou* lift the receiver ▸ VI (*fam: abandonner*) to drop out; (*: cesser d'écouter*) to switch off ■ **se décrocher** VPR (*tableau, rideau*) to fall down

décrois *etc* [dekʀwa] VB *voir* **décroître**

décroisé, e [dekʀwaze] ADJ (*Football: tir, tête*) to the near post; (*Tennis: revers, coup droit*) down-the-line

décroiser [dekʀwaze] /1/ VT (*bras*) to unfold; (*jambes*) to uncross

décroissance [dekʀwasɑ̃s] NF (*diminution*) decline, decrease; (*Écon*) degrowth

décroissant, e [dekʀwasɑ̃, -ɑ̃t] VB *voir* **décroître** ▸ ADJ decreasing, declining, diminishing; **par ordre ~** in descending order

décroître [dekʀwatʀ] /55/ VI to decrease, decline, diminish

décrotter [dekʀɔte] /1/ VT (*chaussures*) to clean the mud from; **se ~ le nez** to pick one's nose

décru, e [dekʀy] PP *de* **décroître**

décrue [dekʀy] NF drop in level (of the waters)

décryptage [dekʀiptaʒ] NM (*de génome, médias, information*) decoding; (*Inform: de fichiers, données, DVD*) decryption; **le ~ du génome humain** the decoding of the human genome

décrypter [dekʀipte] /1/ VT to decipher; (*Inform, Tél*) to decrypt

déçu, e [desy] PP *de* **décevoir** ▸ ADJ disappointed

déculotter [dekylɔte] /1/ VT: **~ qn** to take off *ou* down sb's trousers ■ **se déculotter** VPR to take off *ou* down one's trousers

déculpabiliser [dekylpabilize] /1/ VT (*personne*) to relieve of guilt; (*chose*) to decriminalize ■ **se déculpabiliser** VPR to stop feeling guilty

décuple [dekypl] NM: **le ~ de** ten times; **au ~** tenfold

décupler [dekyple] /1/ VT, VI to increase tenfold

déçut *etc* [desy] VB *voir* **décevoir**

dédaignable [dedɛɲabl] ADJ: **pas ~** not to be despised

dédaigner [dedeɲe] /1/ VT to despise, scorn; (*négliger*) to disregard, spurn; **~ de faire** to consider it beneath one to do, not deign to do

dédaigneusement [dedɛɲøzmɑ̃] ADV scornfully, disdainfully

dédaigneux, -euse [dedɛɲø, -øz] ADJ scornful, disdainful

dédain [dedɛ̃] NM scorn, disdain

dédale [dedal] NM maze

d

★**dedans** [dədɑ̃] ADV inside; (*pas en plein air*) indoors, inside; **en ~** (*vers l'intérieur*) inwards ▸ NM inside; **au ~** on the inside; inside; *voir aussi* **là**

dédicace [dedikas] NF (*imprimée*) dedication; (*manuscrite, sur une photo etc*) inscription

dédicacer [dedikase] /3/ VT: **~ (à qn)** to sign (for sb), autograph (for sb), inscribe (to sb)

dédié, e [dedje] ADJ: **~ à qch** dedicated to sth; **ordinateur ~** dedicated computer

dédier [dedje] /7/ VT to dedicate; **~ à** to dedicate to ■ **se dédier** VPR (*se consacrer*): **se ~ à qn/qch** to dedicate o.s. to sb/sth

dédire [dediʀ] /37/: **se dédire** VPR to go back on one's word; (*se rétracter*) to retract, recant

dédit, e [dedi, -it] PP *de* **dédire** ▸ NM (*Comm*) forfeit, penalty

dédommagement [dedɔmaʒmɑ̃] NM compensation

dédommager [dedɔmaʒe] /3/ VT: **~ qn (de)** to compensate sb (for); (*fig*) to repay sb (for)

dédouaner [dedwane] /1/ VT to clear through customs; (*fig*) to clear sb's name ■ **se dédouaner** VPR to clear one's name; **se ~ de qch** (*responsabilités, accusation*) to clear o.s. of sth

dédoublement [dedubləmɑ̃] NM splitting; (*Psych*): **~ de la personnalité** split *ou* dual personality

dédoubler [deduble] /1/ VT (*classe, effectifs*) to split (into two); (*couverture etc*) to unfold; (*manteau*) to remove the lining of; **~ un train/les trains** to run a relief train/additional trains ■ **se dédoubler** VPR (*Psych*) to have a split personality

dédramatiser [dedʀamatize] /1/ VT (*situation*) to defuse; (*événement*) to play down

déductible [dedyktibl] ADJ deductible

déduction [dedyksjɔ̃] NF (*d'argent*) deduction; (*raisonnement*) deduction, inference

déduire [dedɥiʀ] /38/ VT: **~ qch (de)** (*ôter*) to deduct sth (from); (*conclure*) to deduce *ou* infer sth (from)

déesse [deɛs] NF goddess

DEFA SIGLE M (= *Diplôme d'État relatif aux fonctions d'animation*) *diploma for senior youth leaders*

défaillance [defajɑ̃s] NF (*syncope*) blackout; (*fatigue*) (sudden) weakness *no pl*; (*technique*) fault, failure; (*morale etc*) weakness; **~ cardiaque** heart failure

défaillant, e [defajɑ̃, -ɑ̃t] ADJ defective; (*Jur: témoin*) defaulting

défaillir [defajiʀ] /13/ VI to faint; to feel faint; (*mémoire etc*) to fail

défaire [defɛʀ] /60/ VT (*installation, échafaudage*) to take down, dismantle; (*paquet etc, nœud, vêtement*) to undo; (*bagages*) to unpack; (*ouvrage*) to undo, unpick; (*cheveux*) to take out; **~ le lit** (*pour changer les draps*) to strip the bed; (*pour se coucher*) to turn back the bedclothes ■ **se défaire** VPR to come undone; **se ~ de** (*se débarrasser de*) to get rid of; (*se séparer de*) to part with

défait, e [defɛ, -ɛt] PP *de* **défaire** ▸ ADJ (*visage*) haggard, ravaged ▸ NF defeat; **une défaite annoncée** a predicted defeat; **cinq défaites consécutives** five consecutive defeats

défaites [defɛt] VB *voir* **défaire**

défaitisme [defetism] NM defeatism

défaitiste [defetist] ADJ, NMF defeatist

défalcation [defalkasjɔ̃] NF deduction

défalquer [defalke] /1/ VT to deduct

défasse *etc* [defas] VB *voir* **défaire**

défausser [defose] /1/ VT to get rid of ■ **se défausser** VPR (*Cartes*) to discard

défaut [defo] NM (*moral*) fault, failing, defect; (*d'étoffe, métal*) fault, flaw, defect; (*Inform*) bug; (*manque, carence*): **~ de** lack of; shortage of; **~ de la cuirasse** (*fig*) chink in the armour (BRIT) *ou* armor (US); **en ~** at fault; in the wrong; **prendre qn en ~** to catch sb out; **faire ~** (*manquer*) to be lacking; **à ~** *adv* failing that; **à ~ de** for lack *ou* want of; **par ~** (*Jur*) in his (*ou* her *etc*) absence

défaveur [defavœʀ] NF disfavour (BRIT), disfavor (US)

défavorable [defavɔʀabl] ADJ unfavourable (BRIT), unfavorable (US)

défavoriser [defavɔʀize] /1/ VT to put at a disadvantage

défectif, -ive [defɛktif, -iv] ADJ: **verbe ~** defective verb

défection [defɛksjɔ̃] NF defection, failure to give support *ou* assistance; failure to appear; **faire ~** (*d'un parti etc*) to withdraw one's support, leave

défectueux, -euse [defɛktɥø, -øz] ADJ faulty, defective

défectuosité [defɛktɥozite] NF defectiveness *no pl*; (*défaut*) defect, fault

défendable [defɑ̃dabl] ADJ defensible

défendeur, -eresse [defɑ̃dœʀ, -dʀɛs] NM/F (*Jur*) defendant

défendre [defɑ̃dʀ] /41/ VT to defend; (*interdire*) to forbid; **~ à qn qch/de faire** to forbid sb sth/to do ■ **se défendre** VPR to defend o.s.; **il se défend** (*fig*) he can hold his own; **ça se défend** (*fig*) it holds together; **se ~ de/contre** (*se protéger*) to protect o.s. from/against; **se ~ de** (*se garder de*) to refrain from; (*nier*) **se ~ de vouloir** to deny wanting

défendu, e [defɑ̃dy] ADJ: **c'est ~** it is forbidden; **le fruit ~** the forbidden fruit

défenestrer [defənɛstʀe] /1/ VT to throw out of the window ■ **se défenestrer** VPR to defenestrate o.s

défense [defɑ̃s] NF defence (BRIT), defense (US); (*d'éléphant etc*) tusk; **ministre de la ~** Minister of Defence (BRIT), Defence Secretary; **la ~ nationale** defence, the defence of the realm (BRIT); **la ~ contre avions** anti-aircraft defence; **« ~ de fumer/cracher »** "no smoking/spitting", "smoking/spitting prohibited"; **prendre la ~ de qn** to stand up for sb; **~ des consommateurs** consumerism

défenseur [defɑ̃sœʀ] NM defender; (*Jur*) counsel for the defence

défensif, -ive [defɑ̃sif, -iv] ADJ, NF defensive; **être sur la défensive** to be on the defensive

déféquer [defeke] /6/ VI to defecate

déferai *etc* [defʀe] VB *voir* **défaire**

déférence [defeʀɑ̃s] NF deference

déférent, e [defeʀɑ̃, -ɑ̃t] ADJ (*poli*) deferential, deferent

déférer [defeʀe] /6/ VT (*Jur*) to refer; **~ à** *vt* (*requête, décision*) to defer to; **~ qn à la justice** to hand sb over to justice

déferlant, e [defɛʀlɑ̃, -ɑ̃t] ADJ: **vague déferlante** breaker

déferlement [defɛʀləmɑ̃] NM breaking; surge

déferler [defɛʀle] /1/ VI (*vagues*) to break; (*fig*) to surge

défi [defi] NM (*provocation*) challenge; (*bravade*) defiance; **mettre qn au ~ de faire qch** to challenge sb to do sth; **relever un ~** to take up *ou* accept a challenge; **lancer un ~ à qn** to challenge sb; **sur un ton de ~** defiantly

défiance [defjɑ̃s] NF mistrust, distrust

déficeler [defis(ə)le] /4/ VT (*paquet*) to undo, untie

déficience [defisjɑ̃s] NF deficiency

déficient, e [defisjɑ̃, -ɑ̃t] ADJ deficient

déficit [defisit] NM (*Comm*) deficit; (*Psych etc: manque*) defect; **~ budgétaire** budget deficit; **être en ~** to be in deficit

déficitaire [defisitɛʀ] ADJ (*année, récolte*) bad; **entreprise/budget ~** business/budget in deficit

défier [defje] /7/ VT (*provoquer*) to challenge; (*fig*) to defy, brave; **se ~ de** (*se méfier de*) to distrust, mistrust; **~ qn de faire** to challenge *ou* defy sb to do; **~ qn à** to challenge sb to; **~ toute comparaison/concurrence** to be incomparable/unbeatable

défigurer [defigyʀe] /1/ VT to disfigure; (*boutons etc*) to mar *ou* spoil (the looks of); (*fig: œuvre*) to mutilate, deface

défilé [defile] NM (*Géo*) (narrow) gorge *ou* pass; (*soldats*) parade; (*manifestants*) procession, march; **un ~ de** (*voitures, visiteurs etc*) a stream of

défiler [defile] /1/ VI (*troupes*) to march past; (*sportifs*) to parade; (*manifestants*) to march; (*visiteurs*) to pour, stream; **faire ~** (*bande, film*) to fast forward; (*Inform*) to scroll; **faire ~ un document** to scroll a document ■ **se défiler** VPR (*se dérober*) to slip away, sneak off; **il s'est défilé** (*fam*) he wriggled out of it

défini, e [defini] ADJ definite

définir [definiʀ] /2/ VT to define

définissable [definisabl] ADJ definable

définitif, -ive [definitif, -iv] ADJ (*final*) final, definitive; (*pour longtemps*) permanent, definitive; (*sans appel*) final, definite ▸ NF: **en définitive** eventually; (*somme toute*) when all is said and done

définition [definisjɔ̃] NF definition; (*de mots croisés*) clue; (TV) (picture) resolution

définitivement [definitivmɑ̃] ADV definitively; permanently; definitely

défiscaliser [defiskalize] VT to make tax-exempt

défit *etc* [defi] VB *voir* **défaire**

déflagration [deflagʀasjɔ̃] NF explosion

déflation [deflasjɔ̃] NF deflation

déflationniste [deflasjɔnist] ADJ deflationist, deflationary

déflecteur [deflɛktœʀ] NM (*Auto*) quarterlight (BRIT), deflector (US)

déflorer [deflɔʀe] /1/ VT (*jeune fille*) to deflower; (*fig*) to spoil the charm of

défoncé, e [defɔ̃se] ADJ smashed in; broken down; (*route*) full of potholes ▸ NM/F addict

défoncer [defɔ̃se] /3/ VT (*caisse*) to stave in; (*porte*) to smash in *ou* down; (*lit, fauteuil*) to burst (the springs of); (*terrain, route*) to rip *ou* plough up ■ **se défoncer** VPR (*se donner à fond*) to give it all one's got

défont [defɔ̃] VB *voir* **défaire**

déforestation [defɔʀɛstasjɔ̃] NF deforestation

déformant, e [defɔʀmɑ̃, -ɑ̃t] ADJ: **glace déformante** *ou* **miroir ~** distorting mirror

déformation [defɔʀmasjɔ̃] NF loss of shape; deformation; distortion; **~ professionnelle** conditioning by one's job

déformer [defɔʀme] /1/ VT to put out of shape; (*corps*) to deform; (*pensée, fait*) to distort ■ **se déformer** VPR to lose its shape

défoulement [defulmɑ̃] NM release of tension; unwinding

défouler [defule] /1/: **se défouler** VPR (*Psych*) to work off one's tensions, release one's pent-up feelings; (*gén*) to unwind, let off steam

défraîchi, e [defʀeʃi] ADJ faded; (*article à vendre*) shop-soiled

défraîchir [defʀeʃiʀ] /2/: **se défraîchir** VPR to fade; to become shop-soiled

défrayer [defʀeje] /8/ VT: **~ qn** to pay sb's expenses; **~ la chronique** to be in the news; **~ la conversation** to be the main topic of conversation

défrichement [defʀiʃmɑ̃] NM clearance

défricher [defʀiʃe] /1/ VT to clear (for cultivation)

défriser [defʀize] /1/ VT (*cheveux*) to straighten; (*fig*) to annoy

défroisser [defʀwase] /1/ VT to smooth out

défroque [defʀɔk] NF cast-off

défroqué, e [defʀɔke] ADJ (*moine, prêtre, religieuse*) defrocked ▸ NM former monk (*ou* priest)

défroquer [defʀɔke] /1/ VI (*aussi:* **se défroquer**) to give up the cloth, renounce one's vows

défunt, e [defœ̃, -œ̃t] ADJ: **son ~ père** his late father ▸ NM/F deceased

dégagé, e [degaʒe] ADJ (*route, ciel*) clear; (*ton, air*) casual, jaunty; **sur un ton ~** casually

dégagement [degaʒmɑ̃] NM emission; freeing; clearing; (*espace libre*) clearing; passage; clearance; (*Football*) clearance; **voie de ~** slip road; **itinéraire de ~** alternative route (*to relieve traffic congestion*)

dégager [degaʒe] /3/ VT (*exhaler*) to give off, emit; (*délivrer*) to free, extricate; (*Mil: troupes*) to relieve; (*désencombrer*) to clear; (*isoler, mettre en valeur*) to bring out; (*crédits*) to release; **~ qn de** (*engagement, parole*) to release *ou* free sb from ■ **se dégager** VPR (*odeur*) to emanate, be given off; (*passage, ciel*) to clear; **se ~ de** (*fig: engagement*) to get out of (*: promesse*) to go back on

dégaine [degɛn] NF (*fam*) look

dégainer [degene] /1/ VT to draw

dégarni, e [degaʀni] ADJ bald

dégarnir [degaʀniʀ] /2/ VT (*vider*) to empty, clear ■ **se dégarnir** VPR to empty; to be cleaned out *ou* cleared; (*tempes, crâne*) to go bald

dégâts [degɑ] NMPL damage *sg*; **faire des ~** to damage

dégauchir [degoʃiʀ] /2/ VT (*Tech*) to surface

dégazer [degɑze] /1/ VI (*pétrolier*) to clean its tanks

dégel [deʒɛl] NM thaw; (*fig: des prix etc*) unfreezing

d

dégeler [deʒ(ə)le] /5/ VT to thaw (out); (*fig*) to unfreeze ▶ VI to thaw (out) ■ **se dégeler** VPR (*fig*) to thaw out

dégénéré, e [deʒeneʀe] ADJ, NM/F degenerate

dégénérer [deʒeneʀe] /6/ VI to degenerate; (*empirer*) to go from bad to worse; (*devenir*): **~ en** to degenerate into

dégénérescence [deʒeneʀesɑ̃s] NF degeneration

dégingandé, e [deʒɛ̃gɑ̃de] ADJ gangling, lanky

dégivrage [deʒivʀaʒ] NM defrosting; de-icing

dégivrer [deʒivʀe] /1/ VT (*frigo*) to defrost; (*vitres*) to de-ice

dégivreur [deʒivʀœʀ] NM defroster; de-icer

déglinguer [deglɛ̃ge] /1/ VT to bust

déglutir [deglytiʀ] /2/ VT, VI to swallow

déglutition [deglytisjɔ̃] NF swallowing

dégonflé, e [degɔ̃fle] ADJ (*pneu*) flat; (*fam*) chicken ▶ NM/F (*fam*) chicken

dégonfler [degɔ̃fle] /1/ VT (*pneu, ballon*) to let down, deflate ▶ VI (*désenfler*) to go down ■ **se dégonfler** VPR (*fam*) to chicken out

dégorger [degɔʀʒe] /3/ VI (*Culin*): **faire ~** to leave to sweat; (*rivière*): **(se) ~ dans** to flow into ▶ VT to disgorge

dégoter [degɔte] /1/ VT (*fam*) to dig up, find

dégouliner [deguline] /1/ VI to trickle, drip; **~ de** to be dripping with

dégoupiller [degupije] /1/ VT (*grenade*) to take the pin out of

dégourdi, e [deguʀdi] ADJ smart, resourceful

dégourdir [deguʀdiʀ] /2/ VT to warm (up) ■ **se dégourdir** VPR: **se ~ les jambes** to stretch one's legs

dégoût [degu] NM disgust, distaste

dégoûtant, e [degutɑ̃, -ɑ̃t] ADJ disgusting

dégoûté, e [degute] ADJ disgusted; **~ de** sick of

dégoûter [degute] /1/ VT to disgust; **cela me dégoûte** I find this disgusting *ou* revolting; **~ qn de qch** to put sb off sth ■ **se dégoûter de** VPR to get *ou* become sick of

dégoutter [degute] /1/ VI to drip; **~ de** to be dripping with

dégradant, e [degʀadɑ̃, -ɑ̃t] ADJ degrading

dégradation [degʀadasjɔ̃] NF reduction in rank; defacement; degradation, debasement; deterioration; (*aussi:* **dégradations**: *dégâts*) damage *no pl*

dégradé, e [degʀade] ADJ (*couleur*) shaded off; (*teintes*) faded; (*cheveux*) layered ▶ NM (*Peinture*) gradation

dégrader [degʀade] /1/ VT (*Mil: officier*) to degrade; (*abîmer*) to damage, deface; (*avilir*) to degrade, debase ■ **se dégrader** VPR (*relations, situation*) to deteriorate

dégrafer [degʀafe] /1/ VT to unclip, unhook, unfasten

dégraissage [degʀɛsaʒ] NM (*Écon*) cutbacks *pl*; **~ et nettoyage à sec** dry cleaning

dégraissant [degʀɛsɑ̃] NM spot remover

dégraisser [degʀese] /1/ VT (*soupe*) to skim; (*vêtement*) to take the grease marks out of; (*Écon*) to cut back; (*: entreprise*) to slim down

degré [dəgʀe] NM degree; (*d'escalier*) step; **brûlure au 1er/2ème ~** 1st/2nd degree burn; **équation du 1er/2ème ~** linear/quadratic equation; **le premier ~** (*Scol*) primary level; **alcool à 90 degrés** surgical spirit; **vin de 10 degrés** 10° wine (*on Gay-Lussac scale*); **par degré(s)** *adv* by degrees, gradually

dégressif, -ive [degʀesif, -iv] ADJ on a decreasing scale, degressive; **tarif ~** decreasing rate of charge

dégrèvement [degʀɛvmɑ̃] NM tax relief

dégrever [degʀəve] /5/ VT to grant tax relief to; to reduce the tax burden on

dégriffé, e [degʀife] ADJ (*vêtement*) sold without the designer's label; **voyage ~** discount holiday

dégringolade [degʀɛ̃gɔlad] NF tumble; (*fig*) collapse

dégringoler [degʀɛ̃gɔle] /1/ VI to tumble (down); (*fig: prix, monnaie etc*) to collapse

dégriser [degʀize] /1/ VT to sober up

dégrossir [degʀosiʀ] /2/ VT (*bois*) to trim; (*fig*) to work out roughly; (*: personne*) to knock the rough edges off

dégroupage [degʀupaʒ] NM (*Internet*) unbundling

dégroupé, e [degʀupe] ADJ (*Internet: zone, ADSL*) unbundled

déguenillé, e [deg(ə)nije] ADJ ragged, tattered

déguerpir [degɛʀpiʀ] /2/ VI to clear off

dégueulasse [degœlas] ADJ (*fam*) disgusting

dégueuler [degœle] /1/ VI (*fam*) to puke, throw up

déguisé, e [degize] ADJ disguised; dressed up; **~ en** disguised (*ou* dressed up) as

déguisement [degizmɑ̃] NM disguise; (*habits: pour s'amuser*) fancy dress; (*: pour tromper*) disguise

déguiser [degize] /1/ VT to disguise ■ **se déguiser (en)** VPR (*se costumer*) to dress up (as); (*pour tromper*) to disguise o.s. (as)

dégustation [degystasjɔ̃] NF tasting; (*de fromages etc*) sampling; savouring (Brit), savoring (US); (*séance*): **~ de vin(s)** wine-tasting

déguster [degyste] /1/ VT (*vins*) to taste; (*fromages etc*) to sample; (*savourer*) to enjoy, savour (Brit), savor (US)

déhancher [deɑ̃ʃe] /1/: **se déhancher** VPR to sway one's hips; to lean (one's weight) on one hip

★**dehors** [dəɔʀ] ADV outside; (*en plein air*) outdoors, outside; **mettre** *ou* **jeter ~** to throw out; **en ~** outside; outwards; **en ~ de** apart from ▶ NM outside; **au ~** outside; (*en apparence*) outwardly; **au ~ de** outside; **de ~** from outside ▶ NMPL (*apparences*) appearances, exterior *sg*

déifier [deifje] /7/ VT to deify

déjà [deʒa] ADV already; (*auparavant*) before, already; **as-tu ~ été en France ?** have you been to France before?; **c'est ~ pas mal** that's not too bad (at all); **c'est ~ quelque chose** (at least) it's better than nothing; **quel nom, ~ ?** what was the name again?

déjanté, e [deʒɑ̃te] ADJ (*fam: personne*) nutty; (*: spectacle*) off-the-wall

déjanter [deʒɑ̃te] /1/: **se déjanter** VPR (*pneu*) to come off the rim

déjà-vu [deʒavy] NM: **c'est du ~** there's nothing new in that
déjeté, e [deʒ(ə)te] ADJ lop-sided, crooked
déjeuner [deʒœne] /1/ VI to (have) lunch; (*le matin*) to have breakfast ▸ NM lunch; (*petit déjeuner*) breakfast; **~ d'affaires** business lunch
déjouer [deʒwe] /1/ VT to elude, foil, thwart
déjuger [deʒyʒe] /3/: **se déjuger** VPR to go back on one's opinion
delà [dəla] ADV: **par ~, en ~ (de), au ~ (de)** beyond
délabré, e [delɑbʀe] ADJ dilapidated, broken-down
délabrement [delɑbʀəmɑ̃] NM decay, dilapidation
délabrer [delɑbʀe] /1/: **se délabrer** VPR to fall into decay, become dilapidated
délacer [delase] /3/ VT (*chaussures*) to undo, unlace
délai [delɛ] NM (*attente*) waiting period; (*sursis*) extension (of time); (*temps accordé: aussi:* **délais**) time limit; **sans ~** without delay; **à bref ~** shortly, very soon; at short notice; **dans les délais** within the time limit; **un ~ de 30 jours** a period of 30 days; **comptez un ~ de livraison de 10 jours** allow 10 days for delivery
délaissé, e [delese] ADJ abandoned, deserted; neglected
délaisser [delese] /1/ VT (*abandonner*) to abandon, desert; (*négliger*) to neglect
délassant, e [delɑsɑ̃, -ɑ̃t] ADJ relaxing
délassement [delɑsmɑ̃] NM relaxation
délasser [delɑse] /1/ VT (*reposer*) to relax; (*divertir*) to divert, entertain ■ **se délasser** VPR to relax
délateur, -trice [delatœʀ, -tʀis] NM/F informer
délation [delasjɔ̃] NF denouncement, informing
délavé, e [delave] ADJ faded
délayage [delɛjaʒ] NM mixing; thinning down
délayer [deleje] /8/ VT (*Culin*) to mix (with water *etc*); (*peinture*) to thin down; (*fig*) to pad out, spin out
delco® [dɛlko] NM (*Auto*) distributor; **tête de ~** distributor cap
délectation [delɛktasjɔ̃] NF delight
délecter [delɛkte] /1/: **se délecter** VPR: **se ~ de** to revel *ou* delight in
délégation [delegasjɔ̃] NF delegation; **~ de pouvoir** delegation of power
délégué, e [delege] ADJ delegated; **ministre ~ à** minister with special responsibility for ▸ NM/F delegate; representative
déléguer [delege] /6/ VT to delegate
délestage [delɛstaʒ] NM: **itinéraire de ~** alternative route (*to relieve traffic congestion*)
délester [delɛste] /1/ VT (*navire*) to unballast; **~ une route** to relieve traffic congestion on a road by diverting traffic
délétère [deletɛʀ] ADJ (*atmosphère, climat*) poisonous; (*Méd: effet*) deleterious; (*: rôle*) harmful
Delhi [dɛli] N Delhi
délibérant, e [delibeʀɑ̃, -ɑ̃t] ADJ: **assemblée délibérante** deliberative assembly
délibératif, -ive [delibeʀatif, -iv] ADJ: **avoir voix délibérative** to have voting rights
délibération [delibeʀasjɔ̃] NF deliberation
délibéré, e [delibeʀe] ADJ (*conscient*) deliberate; (*déterminé*) determined, resolute; **de propos ~** (*à dessein, exprès*) intentionally
délibérément [delibeʀemɑ̃] ADV deliberately; (*résolument*) resolutely
délibérer [delibeʀe] /6/ VI to deliberate
délicat, e [delika, -at] ADJ delicate; (*plein de tact*) tactful; (*attentionné*) thoughtful; (*exigeant*) fussy, particular; **procédés peu délicats** unscrupulous methods
délicatement [delikatmɑ̃] ADV delicately; (*avec douceur*) gently
délicatesse [delikatɛs] NF delicacy; tactfulness; thoughtfulness ■ **délicatesses** NFPL attentions, consideration *sg*
délice [delis] NM delight
délicieusement [delisjøzmɑ̃] ADV deliciously; delightfully
délicieux, -euse [delisjø, -øz] ADJ (*au goût*) delicious; (*sensation, impression*) delightful
délictueux, -euse [deliktɥø, -øz] ADJ criminal
délié, e [delje] ADJ nimble, agile; (*mince*) slender, fine ▸ NM: **les déliés** the upstrokes (*in handwriting*)
délier [delje] /7/ VT to untie; **~ qn de** (*serment etc*) to free *ou* release sb from
délimitation [delimitasjɔ̃] NF delimitation
délimiter [delimite] /1/ VT (*terrain*) to delimit, demarcate
délinquance [delɛ̃kɑ̃s] NF criminality; **~ juvénile** juvenile delinquency
délinquant, e [delɛ̃kɑ̃, -ɑ̃t] ADJ, NM/F delinquent
déliquescence [delikesɑ̃s] NF: **en ~** in a state of decay
déliquescent, e [delikesɑ̃, -ɑ̃t] ADJ decaying
délirant, e [deliʀɑ̃, -ɑ̃t] ADJ (*Méd: fièvre*) delirious; (*imagination*) frenzied; (*fam: déraisonnable*) crazy
délire [deliʀ] NM (*fièvre*) delirium; (*fig*) frenzy; (*: folie*) lunacy
délirer [deliʀe] /1/ VI to be delirious; **tu délires!** (*fam*) you're crazy!
délit [deli] NM (criminal) offence; **~ de droit commun** violation of common law; **~ de fuite** failure to stop after an accident; **~ d'initiés** insider dealing *ou* trading; **~ de presse** violation of the press laws
délivrance [delivʀɑ̃s] NF freeing, release; (*sentiment*) relief
délivrer [delivʀe] /1/ VT (*prisonnier*) to (set) free, release; (*passeport, certificat*) to issue; **~ qn de** (*ennemis*) to rid sb of; (*fig: poids, tourment*) to release sb from; **délivrez-nous du mal** deliver us from evil ■ **se délivrer** VPR: **se ~ de** to free o.s. from; **se ~ de l'emprise de qch** to free o.s. from the clutches of sth
délocalisation [delɔkalizasjɔ̃] NF relocation
délocaliser [delɔkalize] /1/ VT (*entreprise, emplois*) relocate
déloger [delɔʒe] /3/ VT (*locataire*) to turn out; (*objet coincé, ennemi*) to dislodge
déloyal, e, -aux [delwajal, -o] ADJ (*personne, conduite*) disloyal; (*procédé*) unfair
Delphes [dɛlf] N Delphi

d

delta [dɛlta] NM (*Géo*) delta

deltaplane® [dɛltaplan] NM hang-glider

déluge [delyʒ] NM (*biblique*) Flood, Deluge; (*grosse pluie*) downpour, deluge; (*grand nombre*): **~ de** flood of

déluré, e [delyʀe] ADJ smart, resourceful; (*péj*) forward, pert

démagnétiser [demaɲetize] /1/ VT to demagnetize

démagogie [demagɔʒi] NF demagogy

démagogique [demagɔʒik] ADJ demagogic, popularity-seeking; (*Pol*) vote-catching

démagogue [demagɔg] ADJ demagogic ▸ NM demagogue

démaillé, e [demɑje] ADJ (*bas*) laddered (BRIT), with a run (*ou* runs)

★**demain** [d(ə)mɛ̃] ADV tomorrow; **~ matin/soir** tomorrow morning/evening; **~ midi** tomorrow at midday; **à ~ !** see you tomorrow!

demande [d(ə)mɑ̃d] NF (*requête*) request; (*revendication*) demand; (*Admin, formulaire*) application; (*Écon*): **la ~** demand; **«demandes d'emploi»** "situations wanted"; **à la ~ générale** by popular request; **~ en mariage** (marriage) proposal; **faire sa ~ (en mariage)** to propose (marriage); **~ de naturalisation** application for naturalization; **~ de poste** job application

demandé, e [d(ə)mɑ̃de] ADJ (*article etc*): **très ~** (very) much in demand

★**demander** [d(ə)mɑ̃de] /1/ VT to ask for; (*question, date, heure, chemin*) to ask; (*requérir, nécessiter*) to require, demand; **~ qch à qn** to ask sb for sth, ask sb sth; **ils demandent deux secrétaires et un ingénieur** they're looking for two secretaries and an engineer; **~ la main de qn** to ask for sb's hand (in marriage); **~ pardon à qn** to apologize to sb; **~ à** *ou* **de voir/faire** to ask to see/ask if one can do; **~ à qn de faire** to ask sb to do; **~ que/pourquoi** to ask that/why; **se ~ si/pourquoi** *etc* to wonder if/why *etc*; (*sens purement réfléchi*) to ask o.s. if/why *etc*; **on vous demande au téléphone** you're wanted on the phone, there's someone for you on the phone; **il ne demande que ça** that's all he wants; **je ne demande pas mieux** I'm asking nothing more; **il ne demande qu'à faire** all he wants is to do

---

demander is not usually translated by *to demand*.

---

demandeur, -euse [dəmɑ̃dœʀ, -øz] NM/F: **~ d'asile** asylum-seeker; **~ d'emploi** job-seeker

démangeaison [demɑ̃ʒɛzɔ̃] NF itching; **avoir des démangeaisons** to be itching

démanger [demɑ̃ʒe] /3/ VI to itch; **la main me démange** my hand is itching; **l'envie** *ou* **ça me démange de faire** I'm itching to do

démantèlement [demɑ̃tɛlmɑ̃] NM breaking up

démanteler [demɑ̃t(ə)le] /5/ VT to break up; to demolish

démaquillant [demakijɑ̃] NM make-up remover

démaquiller [demakije] /1/: **se démaquiller** VPR to remove one's make-up

démarcage [demaʀkaʒ] NM = **démarquage**

démarcation [demaʀkasjɔ̃] NF demarcation

démarchage [demaʀʃaʒ] NM (*Comm*) door-to-door selling

démarche [demaʀʃ] NF (*allure*) gait, walk; (*intervention*) step; approach; (*fig: intellectuelle*) thought processes *pl*; approach; **faire** *ou* **entreprendre des démarches** to take action; **faire des démarches auprès de qn** to approach sb; **faire les démarches nécessaires (pour obtenir qch)** to take the necessary steps (to obtain sth)

démarcheur, -euse [demaʀʃœʀ, -øz] NM/F (*Comm*) door-to-door salesman/-woman; (*Pol etc*) canvasser

démarquage [demaʀkaʒ] NM marking down

démarque [demaʀk] NF (*Comm: d'un article*) mark-down

démarqué, e [demaʀke] ADJ (*Football*) unmarked; (*Comm*) reduced; **prix démarqués** marked-down prices

démarquer [demaʀke] /1/ VT (*prix*) to mark down; (*joueur*) to stop marking ▪ **se démarquer** VPR (*Sport*) to shake off one's marker

démarrage [demaʀaʒ] NM starting *no pl*, start; **~ en côte** hill start

démarrer [demaʀe] /1/ VT to start up ▸ VI (*conducteur*) to start (up); (*véhicule*) to move off; (*travaux, affaire*) to get moving; (*coureur: accélérer*) to pull away

démarreur [demaʀœʀ] NM (*Auto*) starter

démasquer [demaske] /1/ VT to unmask ▪ **se démasquer** VPR to unmask; (*fig*) to drop one's mask

démâter [demɑte] /1/ VT to dismast ▸ VI to be dismasted

démêlant, e [demelɑ̃, -ɑ̃t] ADJ: **baume ~, crème démêlante** (hair) conditioner ▸ NM conditioner

démêler [demele] /1/ VT to untangle, disentangle

démêlés [demele] NMPL problems

démembrement [demɑ̃bʀəmɑ̃] NM dismemberment

démembrer [demɑ̃bʀe] /1/ VT to dismember

déménagement [demenaʒmɑ̃] NM (*du point de vue du locataire etc*) move; (*: du déménageur*) removal (BRIT), moving (*US*); **entreprise/camion de ~** removal (BRIT) *ou* moving (*US*) firm/van

déménager [demenaʒe] /3/ VT (*meubles*) to (re) move ▸ VI to move (house)

déménageur [demenaʒœʀ] NM removal man (BRIT), (furniture) mover (*US*); (*entrepreneur*) furniture remover

démence [demɑ̃s] NF madness, insanity; (*Méd*) dementia

démener [dem(ə)ne] /5/: **se démener** VPR to thrash about; (*fig*) to exert o.s.

dément, e [demɑ̃, -ɑ̃t] VB *voir* **démentir** ▸ ADJ (*fou*) mad (BRIT), crazy; (*fam*) brilliant, fantastic

démenti [demɑ̃ti] NM refutation

démentiel, le [demɑ̃sjɛl] ADJ insane

démentir [demɑ̃tiʀ] /16/ VT (*nouvelle, témoin*) to refute; (*faits etc*) to belie, refute; **~ que** to deny that; **ne pas se ~** not to fail, keep up

démerder [demɛʀde] /1/: **se démerder** VPR (*!*) to bloody well manage for o.s.

démériter [demeʀite] /1/ VI: **~ auprès de qn** to come down in sb's esteem

démesure [dem(ə)zyʀ] NF immoderation, immoderateness
démesuré, e [dem(ə)zyʀe] ADJ immoderate, disproportionate
démesurément [dem(ə)zyʀemɑ̃] ADV disproportionately
démettre [demɛtʀ] /56/ VT: **~ qn de** (*fonction, poste*) to dismiss sb from ■ **se démettre** VPR: **se ~ (de ses fonctions)** to resign (from) one's duties; **se ~ l'épaule** *etc* to dislocate one's shoulder *etc*
demeurant [d(ə)mœʀɑ̃]: **au ~** *adv* for all that
demeure [d(ə)mœʀ] NF residence; **dernière ~** (*fig*) last resting place; **mettre qn en ~ de faire** to enjoin *ou* order sb to do; **à ~** *adv* permanently
demeuré, e [d(ə)mœʀe] ADJ backward ▸NM/F backward person
demeurer [d(ə)mœʀe] /1/ VI (*habiter*) to live; (*séjourner*) to stay; (*rester*) to remain; **en ~ là** (*personne*) to leave it at that; (*choses*) to be left at that
★**demi, e** [dəmi] ADJ half; **et ~: trois heures/bouteilles et demie** three and a half hours/bottles; **il est 2 heures et demie** it's half past 2; **il est midi et ~** it's half past 12; **à ~** *adv* half-; **ouvrir à ~** to half-open; **faire les choses à ~** to do things by halves ▸NM (*bière: = 0.25 litre*) ≈ half-pint; (*Football*) half-back; **~ de mêlée/d'ouverture** (*Rugby*) scrum/fly half ▸NF: **à la demie** (*heure*) on the half-hour
demi... [dəmi] PRÉFIXE half-, semi..., demi-
demi-bas [dəmibɑ] NM INV (*chaussette*) knee-sock
demi-bouteille [dəmibutɛj] NF half-bottle
demi-cercle [dəmisɛʀkl] NM semicircle; **en ~** *adj* semicircular; *adv* in a semicircle
demi-douzaine [dəmiduzɛn] NF half-dozen, half a dozen
demi-finale [dəmifinal] NF semifinal
demi-finaliste [dəmifinalist] NMF semifinalist
demi-fond [dəmifɔ̃] NM (*Sport*) medium-distance running
demi-frère [dəmifʀɛʀ] NM half-brother
demi-gros [dəmigʀo] NM INV wholesale trade
demi-heure [dəmijœʀ] NF: **une ~** a half-hour, half an hour
demi-jour [dəmiʒuʀ] NM half-light
demi-journée [dəmiʒuʀne] NF half-day, half a day
démilitariser [demilitaʀize] /1/ VT to demilitarize
demi-litre [dəmilitʀ] NM half-litre (BRIT), half-liter (US), half a litre *ou* liter
demi-livre [dəmilivʀ] NF half-pound, half a pound
demi-longueur [dəmilɔ̃gœʀ] NF (*Sport*) half-length, half a length
demi-lune [dəmilyn]: **en ~** *adj inv* semicircular
demi-mal [dəmimal] NM: **il n'y a que ~** there's not much harm done
demi-mesure [dəmimzyʀ] NF half-measure
demi-mot [dəmimo]: **à ~** *adv* without having to spell things out
déminer [demine] /1/ VT to clear of mines
démineur [deminœʀ] NM bomb disposal expert
★**demi-pension** [dəmipɑ̃sjɔ̃] NF half-board; **être en ~** (*Scol*) to take school meals
★**demi-pensionnaire** [dəmipɑ̃sjɔnɛʀ] NMF: **être ~** to take school lunches
demi-place [dəmiplas] NF half-price; (*Transports*) half-fare
démis, e [demi, -iz] PP *de* **démettre** ▸ADJ (*épaule etc*) dislocated
demi-saison [dəmisɛzɔ̃] NF: **vêtements de ~** spring *ou* autumn clothing
demi-sel [dəmisɛl] ADJ INV slightly salted
demi-sœur [dəmisœʀ] NF half-sister
demi-sommeil [dəmisɔmɛj] NM doze
demi-soupir [dəmisupiʀ] NM (*Mus*) quaver (BRIT) *ou* eighth note (US) rest
démission [demisjɔ̃] NF resignation; **donner sa ~** to give *ou* hand in one's notice, hand in one's resignation
démissionnaire [demisjɔnɛʀ] ADJ outgoing ▸NMF person resigning
démissionner [demisjɔne] /1/ VI (*de son poste*) to resign, give *ou* hand in one's notice
demi-tarif [dəmitaʀif] NM half-price; (*Transports*) half-fare; **voyager à ~** to travel half-fare
demi-teinte [d(ə)mitɛ̃t] NF: **en ~** (*résultats, bilan*) mixed; (*rentrée*) subdued
demi-ton [dəmitɔ̃] NM (*Mus*) semitone
demi-tour [dəmituʀ] NM about-turn; **faire un ~** (*Mil etc*) to make an about-turn; **faire ~** to turn (and go) back; (*Auto*) to do a U-turn
démobilisation [demɔbilizasjɔ̃] NF demobilization; (*fig*) demotivation, demoralization
démobiliser [demɔbilize] /1/ VT to demobilize; (*fig*) to demotivate, demoralize
démocrate [demɔkʀat] ADJ democratic ▸NMF democrat
démocrate-chrétien, ne [demɔkʀatkʀetjɛ̃, -ɛn] NM/F Christian Democrat
démocratie [demɔkʀasi] NF democracy; **~ populaire/libérale** people's/liberal democracy
démocratique [demɔkʀatik] ADJ democratic
démocratiquement [demɔkʀatikmɑ̃] ADV democratically
démocratisation [demɔkʀatizasjɔ̃] NF democratization
démocratiser [demɔkʀatize] /1/ VT to democratize ■ **se démocratiser** VPR to become more democratic
démodé, e [demɔde] ADJ old-fashioned
démoder [demɔde] /1/: **se démoder** VPR to go out of fashion
démographe [demɔgʀaf] NMF demographer
démographie [demɔgʀafi] NF demography
démographique [demɔgʀafik] ADJ demographic; **poussée ~** increase in population
demoiselle [d(ə)mwazɛl] NF (*jeune fille*) young lady; (*célibataire*) single lady, maiden lady; **~ d'honneur** bridesmaid
démolir [demɔliʀ] /2/ VT to demolish; (*fig: personne*) to do for
démolisseur [demɔlisœʀ] NM demolition worker
démolition [demɔlisjɔ̃] NF demolition

démon [demɔ̃] NM demon, fiend; evil spirit; (*enfant turbulent*) devil, demon; **le ~ du jeu/des femmes** a mania for gambling/women; **le D~** the Devil
démonétiser [demɔnetize] /1/ VT to demonetize
démoniaque [demɔnjak] ADJ fiendish
démonstrateur, -trice [demɔ̃stratœr, -tris] NM/F demonstrator
démonstratif, -ive [demɔ̃stratif, -iv] ADJ, NM (*aussi Ling*) demonstrative
démonstration [demɔ̃strasjɔ̃] NF demonstration; (*aérienne, navale*) display
démontable [demɔ̃tabl] ADJ folding
démontage [demɔ̃taʒ] NM dismantling
démonté, e [demɔ̃te] ADJ (*fig*) raging, wild
démonte-pneu [demɔ̃t(ə)pnø] NM tyre lever (BRIT), tire iron (US)
démonter [demɔ̃te] /1/ VT (*machine etc*) to take down, dismantle; (*pneu, porte*) to take off; (*cavalier*) to throw, unseat; (*fig: personne*) to disconcert ■ **se démonter** VPR (*meuble*) to be dismantled, be taken to pieces; (*personne*) to lose countenance
démontrable [demɔ̃trabl] ADJ demonstrable
démontrer [demɔ̃tre] /1/ VT to demonstrate, show
démoralisant, e [demɔralizɑ̃, -ɑ̃t] ADJ demoralizing
démoralisateur, -trice [demɔralizatœr, -tris] ADJ demoralizing
démoraliser [demɔralize] /1/ VT to demoralize ■ **se démoraliser** VPR to lose heart
démordre [demɔrdr] /41/ VI: **ne pas ~ de** to refuse to give up, stick to
démotiver [demɔtive] VT to demotivate ■ **se démotiver** VPR to lose one's motivation
démouler [demule] /1/ VT (*gâteau*) to turn out
démultiplication [demyltiplikasjɔ̃] NF reduction; reduction ratio
démuni, e [demyni] ADJ (*sans argent*) impoverished; **~ de** without, lacking in
démunir [demynir] /2/ VT: **~ qn de** to deprive sb of; **se ~ de** to part with, give up
démuseler [demyzle] /4/ VT to unmuzzle
démystifier [demistifje] /7/ VT to demystify
démythifier [demitifje] /7/ VT to demythologize
dénatalité [denatalite] NF fall in the birth rate
dénationalisation [denasjɔnalizasjɔ̃] NF denationalization
dénationaliser [denasjɔnalize] /1/ VT to denationalize
dénaturé, e [denatyre] ADJ (*alcool*) denaturized; (*goûts*) unnatural
dénaturer [denatyre] /1/ VT (*goût*) to alter (completely); (*pensée, fait*) to distort, misrepresent
dénégations [denegasjɔ̃] NFPL denials
déneigement [denɛʒmɑ̃] NM snow clearance
déneiger [deneʒe] /3/ VT to clear snow from
dengue [dɛ̃g] NF dengue fever
déni [deni] NM: **~ (de justice)** denial of justice
déniaiser [denjeze] /1/ VT: **~ qn** to teach sb about life
dénicher [deniʃe] /1/ VT (*fam: objet*) to unearth; (*: restaurant etc*) to discover
dénicotinisé, e [denikɔtinize] ADJ nicotine-free
denier [dənje] NM (*monnaie*) *formerly, a coin of small value*; (*de bas*) denier; **~ du culte** contribution to parish upkeep; **deniers publics** public money; **de ses (propres) deniers** out of one's own pocket
dénier [denje] /7/ VT to deny; **~ qch à qn** to deny sb sth
dénigrement [denigrəmɑ̃] NM denigration; **campagne de ~** smear campaign
dénigrer [denigre] /1/ VT to denigrate, run down
dénivelé, e [denivle] ADJ (*chaussée*) on a lower level ▸ NM difference in height
déniveler [deniv(ə)le] /4/ VT to make uneven; to put on a lower level
dénivellation [denivelasjɔ̃] NF, **dénivellement** [denivɛlmɑ̃] NM difference in level; (*pente*) ramp; (*creux*) dip
dénombrer [denɔ̃bre] /1/ VT (*compter*) to count; (*énumérer*) to enumerate, list
dénominateur [denɔminatœr] NM denominator; **~ commun** common denominator
dénomination [denɔminasjɔ̃] NF designation, appellation
dénommé, e [denɔme] ADJ: **le ~ Dupont** the man by the name of Dupont
dénommer [denɔme] /1/ VT to name
dénoncer [denɔ̃se] /3/ VT to denounce ■ **se dénoncer** VPR to give o.s. up, come forward
dénonciation [denɔ̃sjasjɔ̃] NF denunciation
dénoter [denɔte] /1/ VT to denote
dénouement [denumɑ̃] NM outcome, conclusion; (*Théât*) dénouement
dénouer [denwe] /1/ VT to unknot, undo
dénoyauter [denwajote] /1/ VT to stone; **appareil à ~** stoner
dénoyauteur [denwajotœr] NM stoner
denrée [dɑ̃re] NF commodity; (*aussi:* **denrée alimentaire**) food(stuff)
dense [dɑ̃s] ADJ dense
densité [dɑ̃site] NF denseness; (*Physique*) density
★**dent** [dɑ̃] NF tooth; **avoir/garder une ~ contre qn** to have/hold a grudge against sb; **se mettre qch sous la ~** to eat sth; **être sur les dents** to be on one's last legs; **faire ses dents** to teethe, cut (one's) teeth; **en dents de scie** serrated; (*irrégulier*) jagged; **avoir les dents longues** (*fig*) to be ruthlessly ambitious; **~ de lait/sagesse** milk/wisdom tooth
dentaire [dɑ̃tɛr] ADJ dental; **cabinet ~** dental surgery; **école ~** dental school
denté, e [dɑ̃te] ADJ: **roue dentée** cog wheel
dentelé, e [dɑ̃t(ə)le] ADJ jagged, indented
dentelle [dɑ̃tɛl] NF lace *no pl*
dentelure [dɑ̃t(ə)lyr] NF (*aussi:* **dentelures**) jagged outline
dentier [dɑ̃tje] NM denture
★**dentifrice** [dɑ̃tifris] ADJ, NM: **(pâte) ~** toothpaste; **eau ~** mouthwash
★**dentiste** [dɑ̃tist] NMF dentist
dentition [dɑ̃tisjɔ̃] NF teeth *pl*, dentition
dénucléariser [denyklearize] /1/ VT to make nuclear-free
dénudé, e [denyde] ADJ bare

dénuder [denyde] /1/ VT to bare ▪ **se dénuder** VPR (*personne*) to strip

dénué, e [denɥe] ADJ: **~ de** lacking in; (*intérêt*) devoid of

dénuement [denymɑ̃] NM destitution

dénutrition [denytʀisjɔ̃] NF undernourishment

déodorant [deɔdɔʀɑ̃] NM deodorant

déodoriser [deɔdɔʀize] /1/ VT to deodorize

déontologie [deɔ̃tɔlɔʒi] NF code of ethics; (*professionnelle*) (professional) code of practice

déontologique [deɔ̃tɔlɔʒik] ADJ (*cadre, charte*) ethical; **les règles déontologiques** rules of professional ethics

dép. ABR (= *département*) dept; (= *départ*) dep.

dépannage [depanaʒ] NM: **service/camion de ~** (*Auto*) breakdown service/truck

dépanner [depane] /1/ VT (*voiture, télévision*) to fix, repair; (*fig*) to bail out, help out

dépanneur [depanœʀ] NM (*Auto*) breakdown mechanic; (*TV*) television engineer

dépanneuse [depanøz] NF breakdown lorry (BRIT), tow truck (US)

dépareillé, e [depaʀeje] ADJ (*collection, service*) incomplete; (*gant, volume, objet*) odd

déparer [depaʀe] /1/ VT to spoil, mar

départ [depaʀ] NM leaving *no pl*, departure; (*Sport*) start; (*sur un horaire*) departure; **à son ~** when he left; **au ~** (*au début*) initially, at the start; **courrier au ~** outgoing mail; **la veille de son ~** the day before he leaves/left

départager [depaʀtaʒe] /3/ VT to decide between

département [depaʀtəmɑ̃] NM department; *see note*

France is divided into administrative units called **départements**. There are 96 of these in metropolitan France and a further five overseas. These local government divisions are headed by a state-appointed *préfet* and administered by an elected *conseil départemental*. *Départements* are usually named after prominent geographical features such as rivers or mountain ranges.

départemental, e, -aux [depaʀtəmɑ̃tal, -o] ADJ departmental

départementaliser [depaʀtəmɑ̃talize] /1/ VT to devolve authority (to the département)

départir [depaʀtiʀ] /16/: **se ~ de** *vt* to abandon, depart from

dépassé, e [depɑse] ADJ superseded, outmoded; (*fig*) out of one's depth

dépassement [depɑsmɑ̃] NM (*Auto*) overtaking *no pl*

dépasser [depɑse] /1/ VT (*véhicule, concurrent*) to overtake; (*endroit*) to pass, go past; (*somme, limite*) to exceed; (*fig: en beauté etc*) to surpass, outshine; (*être en saillie sur*) to jut out above (*ou* in front of); (*dérouter*): **cela me dépasse** it's beyond me ▸ VI (*Auto*) to overtake; (*jupon*) to show ▪ **se dépasser** VPR to excel o.s.

dépassionner [depasjɔne] /1/ VT (*débat etc*) to take the heat out of

dépaver [depave] /1/ VT to remove the cobblestones from

dépaysé, e [depeize] ADJ disoriented

dépaysement [depeizmɑ̃] NM disorientation; change of scenery

dépayser [depeize] /1/ VT (*désorienter*) to disorientate; (*changer agréablement*) to provide with a change of scenery.

dépecer [depəse] /5/ VT (*boucher*) to joint, cut up; (*animal*) to dismember

dépêche [depɛʃ] NF dispatch; **~ (télégraphique)** telegram, wire

dépêcher [depeʃe] /1/ VT to dispatch ▪ **se dépêcher** VPR to hurry; **se ~ de faire qch** to hasten to do sth, hurry (in order) to do sth

dépeindre [depɛ̃dʀ] /52/ VT to depict

dépénalisation [depenalizasjɔ̃] NF decriminalization

dépendance [depɑ̃dɑ̃s] NF (*interdépendance*) dependence *no pl*, dependency; (*bâtiment*) outbuilding

dépendant, e [depɑ̃dɑ̃, -ɑ̃t] VB *voir* **dépendre** ▸ ADJ (*financièrement*) dependent

dépendre [depɑ̃dʀ] /41/ VT (*tableau*) to take down; **~ de** *vt* to depend on, be dependent on; (*appartenir*) to belong to; **ça dépend** it depends

dépens [depɑ̃] NMPL: **aux ~ de** at the expense of

dépense [depɑ̃s] NF spending *no pl*, expense, expenditure *no pl*; (*fig*) consumption; (*: de temps, de forces*) expenditure; **pousser qn à la ~** to make sb incur an expense; **~ physique** (physical) exertion; **dépenses de fonctionnement** revenue expenditure; **dépenses d'investissement** capital expenditure; **dépenses publiques** public expenditure

dépenser [depɑ̃se] /1/ VT to spend; (*gaz, eau*) to use; (*fig*) to expend, use up ▪ **se dépenser** VPR (*se fatiguer*) to exert o.s.

dépensier, -ière [depɑ̃sje, -jɛʀ] ADJ: **il est ~** he's a spendthrift

déperdition [depɛʀdisjɔ̃] NF loss

dépérir [depeʀiʀ] /2/ VI (*personne*) to waste away; (*plante*) to wither

dépersonnaliser [depɛʀsɔnalize] /1/ VT to depersonalize

dépêtrer [depetʀe] /1/ VT: **se ~ de** (*situation*) to extricate o.s. from

dépeuplé, e [depœple] ADJ depopulated

dépeuplement [depœpləmɑ̃] NM depopulation

dépeupler [depœple] /1/ VT to depopulate ▪ **se dépeupler** VPR to become depopulated

déphasage [defɑzaʒ] NM (*fig*) being out of touch

déphasé, e [defɑze] ADJ (*Élec*) out of phase; (*fig*) out of touch

déphaser [defɑze] /1/ VT (*fig*) to put out of touch

dépiauter [depjote] VT (*retirer la peau de: lapin, raie*) to skin; (*retirer: emballage*) to take off; (*fig: démonter: appareil*) to take apart

dépilation [depilasjɔ̃] NF hair loss; hair removal

dépilatoire [depilatwaʀ] ADJ depilatory, hair-removing; **crème ~** hair-removing *ou* depilatory cream

dépiler [depile] /1/ VT (*épiler*) to depilate, remove hair from

dépistage [depistaʒ] NM (*Méd*) screening

dépister [depiste] /1/ VT to detect; (*Méd*) to screen; (*voleur*) to track down; (*poursuivants*) to throw off the scent

dépit [depi] NM vexation, frustration; **en ~ de** *prép* in spite of; **en ~ du bon sens** contrary to all good sense

dépité, e [depite] ADJ vexed, frustrated

dépiter [depite] /1/ VT to vex, frustrate

déplacé, e [deplase] ADJ (*propos*) out of place, uncalled-for; **personne déplacée** displaced person

déplacement [deplasmɑ̃] NM moving; shifting; transfer; (*voyage*) trip, travelling *no pl* (BRIT), traveling *no pl* (US); **en ~** away (on a trip); **~ d'air** displacement of air; **~ de vertèbre** slipped disc

déplacer [deplase] /3/ VT (*table, voiture*) to move, shift; (*employé*) to transfer, move ■ **se déplacer** VPR (*objet*) to move; (*organe*) to become displaced; (*personne: bouger*) to move, walk; (: *voyager*) to travel; **se ~ une vertèbre** to slip a disc

déplafonnement [deplafɔnmɑ̃] NM (*de dépenses, allocations, loyers*) raising the ceiling, lifting the ceiling; **le ~ des cotisations employeurs** lifting the ceiling on employer contributions

déplafonner [deplafɔne] VT (*allocations, cotisations*) to raise the ceiling on, lift the ceiling on

déplaire [deplɛʀ] /54/ VI: **ceci me déplaît** I don't like this, I dislike this; **il cherche à nous ~** he's trying to displease us *ou* be disagreeable to us ■ **se déplaire** VPR: **se ~ quelque part** to dislike it *ou* be unhappy somewhere

déplaisant, e [deplɛzɑ̃, -ɑ̃t] VB *voir* **déplaire** ▸ ADJ disagreeable, unpleasant

déplaisir [deplezir] NM displeasure, annoyance

déplaît [deplɛ] VB *voir* **déplaire**

dépliant [deplijɑ̃] NM leaflet

déplier [deplije] /7/ VT to unfold ■ **se déplier** VPR (*parachute*) to open

déplisser [deplise] /1/ VT to smooth out

déploiement [deplwamɑ̃] NM (*voir déployer*) deployment; display

déplomber [deplɔ̃be] /1/ VT (*caisse, compteur*) to break (open) the seal of; (*Inform*) to hack into

déplorable [deplɔʀabl] ADJ deplorable; lamentable

déplorer [deplɔʀe] /1/ VT (*regretter*) to deplore; (*pleurer sur*) to lament

déployer [deplwaje] /8/ VT to open out, spread; (*Mil*) to deploy; (*montrer*) to display, exhibit ■ **se déployer** VPR (*ailes*) to open out; (*tanks*) to be deployed; (*forces, troupes*) to deploy

déplu [deply] PP *de* **déplaire**

déplumé, e [deplyme] ADJ (*volaille*) plucked; (*au plumage épars ou absent*) featherless; (*fam: dégarni*) balding

déplumer [deplyme]: **se déplumer** VPR (*fam: perdre ses cheveux*) to go bald; (*oiseau*) to lose its feathers; (*arbre*) to lose its leaves

dépointer [depwɛ̃te] /1/ VI to clock out

dépoli, e [depɔli] ADJ: **verre ~** frosted glass

dépolitiser [depɔlitize] /1/ VT to depoliticize

dépopulation [depɔpylasjɔ̃] NF depopulation

déportation [depɔʀtasjɔ̃] NF deportation

déporté, e [depɔʀte] NM/F deportee; (*1939–45*) concentration camp prisoner

déporter [depɔʀte] /1/ VT (*Pol*) to deport; (*dévier*) to carry off course ■ **se déporter** VPR (*voiture*) to swerve

déposant, e [depozɑ̃, -ɑ̃t] NM/F (*épargnant*) depositor

dépose [depoz] NF taking out; taking down

déposé, e [depoze] ADJ registered; *voir aussi* **marque**

déposer [depoze] /1/ VT (*gén: mettre, poser*) to lay down, put down, set down; (*à la banque, à la consigne*) to deposit; (*caution*) to put down; (*passager*) to drop (off), set down; (*démonter: serrure, moteur*) to take out; (: *rideau*) to take down; (*roi*) to depose; (*Admin: faire enregistrer*) to file; (*marque*) to register; (*plainte*) to lodge; **~ son bilan** (*Comm*) to go into (voluntary) liquidation ▸ VI to form a sediment *ou* deposit; (*Jur*): **~ (contre)** to testify *ou* give evidence (against) ■ **se déposer** VPR to settle

dépositaire [depozitɛʀ] NMF (*Jur*) depository; (*Comm*) agent; **~ agréé** authorized agent

déposition [depozisjɔ̃] NF (*Jur*) deposition, statement

déposséder [depɔsede] /6/ VT to dispossess

dépôt [depo] NM (*à la banque, sédiment*) deposit; (*entrepôt, réserve*) warehouse, store; (*gare*) depot; (*prison*) cells *pl*; **~ d'ordures** rubbish (BRIT) *ou* garbage (US) dump, tip (BRIT); **~ de bilan** (voluntary) liquidation; **~ légal** registration of copyright

dépoter [depɔte] /1/ VT (*plante*) to take from the pot, transplant

dépotoir [depɔtwaʀ] NM dumping ground, rubbish (BRIT) *ou* garbage (US) dump; **~ nucléaire** nuclear (waste) dump

dépouille [depuj] NF (*d'animal*) skin, hide; (*humaine*): **~ (mortelle)** mortal remains *pl*

dépouillé, e [depuje] ADJ (*fig*) bare, bald; **~ de** stripped of; lacking in

dépouillement [depujmɑ̃] NM (*de scrutin*) count, counting *no pl*

dépouiller [depuje] /1/ VT (*animal*) to skin; (*spolier*) to deprive of one's possessions; (*documents*) to go through, peruse; **~ qn/qch de** to strip sb/sth of; **~ le scrutin** to count the votes

dépourvu, e [depuʀvy] ADJ: **~ de** lacking in, without; **au ~** *adv*: **prendre qn au ~** to catch sb unawares

dépoussiérer [depusjeʀe] /6/ VT to remove dust from

dépravation [depʀavasjɔ̃] NF depravity

dépravé, e [depʀave] ADJ depraved

dépraver [depʀave] /1/ VT to deprave

dépréciation [depʀesjasjɔ̃] NF depreciation

déprécier [depʀesje] /7/ VT to reduce the value of ■ **se déprécier** VPR to depreciate

déprédations [depʀedasjɔ̃] NFPL damage *sg*

dépressif, -ive [depʀesif, -iv] ADJ depressive

dépression [depʀɛsjɔ̃] NF depression; **~ (nerveuse)** (nervous) breakdown

déprimant, e [depʀimɑ̃, -ɑ̃t] ADJ depressing

déprime [depʀim] NF (*fam*): **la ~** depression

déprimé, e [depʀime] ADJ (*découragé*) depressed

déprimer [depʀime] /1/ VT to depress

déprogrammer [depʀɔgʀame] /1/ VT (*supprimer*) to cancel
DEPS ABR (= *dernier entré premier sorti*) LIFO (= *last in first out*)
dépt ABR (= *département*) dept
dépuceler [depys(ə)le] /4/ VT (*fam*) to take the virginity of

depuis [dəpɥi]

PRÉP 1 (*point de départ dans le temps*) since; **il habite Paris depuis 1983/l'an dernier** he has been living in Paris since 1983/last year; **depuis quand?** since when?; **depuis quand le connaissez-vous?** how long have you known him?; **depuis lors** since then
2 (*temps écoulé*) for; **il habite Paris depuis cinq ans** he has been living in Paris for five years; **je le connais depuis trois ans** I've known him for three years; **depuis combien de temps êtes-vous ici?** how long have you been here?
3 (*lieu*): **il a plu depuis Metz** it's been raining since Metz; **elle a téléphoné depuis Valence** she rang from Valence
4 (*quantité, rang*) from; **depuis les plus petits jusqu'aux plus grands** from the youngest to the oldest
▶ ADV (*temps*) since (then); **je ne lui ai pas parlé depuis** I haven't spoken to him since (then); **depuis que** *conj* (ever) since; **depuis qu'il m'a dit ça** (ever) since he said that to me

dépuratif, -ive [depyʀatif, -iv] ADJ depurative, purgative
députation [depytasjɔ̃] NF deputation; (*fonction*) position of deputy, ≈ parliamentary seat (BRIT), ≈ seat in Congress (US)
député, e [depyte] NM/F (*Pol*) deputy, ≈ Member of Parliament (BRIT), ≈ Congressman/-woman (US)
députer [depyte] /1/ VT to delegate; **~ qn auprès de** to send sb (as a representative) to
déracinement [deʀasinmɑ̃] NM (*gén*) uprooting; (*d'un préjugé*) eradication
déraciner [deʀasine] /1/ VT to uproot
déradicaliser [deʀadikalize] VT to deradicalize
déraillement [deʀɑjmɑ̃] NM derailment
dérailler [deʀɑje] /1/ VI (*train*) to be derailed, go off *ou* jump the rails; (*fam*) to be completely off the track; **faire ~** to derail
dérailleur [deʀɑjœʀ] NM (*de vélo*) dérailleur gears *pl*
déraison [deʀɛzɔ̃] NF unreasonableness
déraisonnable [deʀɛzɔnabl] ADJ unreasonable
déraisonner [deʀɛzɔne] /1/ VI to talk nonsense, rave
dérangeant, e [deʀɑ̃ʒɑ̃, -ɑ̃t] ADJ (*question*) troubling; (*scène*) disturbing
dérangement [deʀɑ̃ʒmɑ̃] NM (*gêne, déplacement*) trouble; (*gastrique*) disorder; **en ~** (*téléphone*) out of order
déranger [deʀɑ̃ʒe] /3/ VT (*personne*) to trouble, bother, disturb; (*projets*) to disrupt, upset; (*objets, vêtements*) to disarrange; **est-ce que cela vous dérange si ...?** do you mind if ...?; **ça te dérangerait de faire ...?** would you mind doing ...? ■ **se déranger** VPR to put o.s. out; **surtout ne vous dérangez pas pour moi** please don't put yourself out on my account; (*se déplacer*) to (take the trouble to) come (*ou* go) out; **ne vous dérangez pas** don't go to any trouble, don't disturb yourself
dérapage [deʀapaʒ] NM skid, skidding *no pl*; going out of control
déraper [deʀape] /1/ VI (*voiture*) to skid; (*personne, semelles, couteau*) to slip; (*fig: économie etc*) to go out of control
dératé, e [deʀate] NM/F: **courir comme un ~** to run like the clappers
dératiser [deʀatize] /1/ VT to rid of rats
déréglé, e [deʀegle] ADJ (*machine, appareil*) not working properly; (*mœurs*) dissolute
dérèglement [deʀɛgləmɑ̃] NM upsetting *no pl*, upset
déréglementation [deʀɛgləmɑ̃tasjɔ̃] NF deregulation
déréglementer [deʀɛgləmɑ̃te] VT (*marché, économie*) to deregulate ▶ VI to deregulate
dérégler [deʀegle] /6/ VT (*mécanisme*) to put out of order, cause to break down; (*estomac*) to upset ■ **se dérégler** VPR to break down, go wrong
dérégulation [deʀegylasjɔ̃] NF (*déréglementation: des télécoms, transports*) deregulation; (*du métabolisme*) upsetting
déréguler [deʀegyle] VT (*déréglementer: secteur*) to deregulate; (*Bio*) to disturb ▶ VI (*Écon*) to deregulate
déremboursement [deʀɑ̃buʀs(ə)mɑ̃] NM (*de médicaments*) *scaling down of system whereby patients claimed the cost of medicines*
dérider [deʀide] /1/ VT to cheer up ■ **se dérider** VPR to cheer up
dérision [deʀizjɔ̃] NF derision; **tourner en ~** to deride; **par ~** in mockery
dérisoire [deʀizwaʀ] ADJ derisory
dérivatif [deʀivatif] NM distraction
dérivation [deʀivasjɔ̃] NF derivation; diversion
dérive [deʀiv] NF (*de dériveur*) centre-board; **aller à la ~** (*Navig, fig*) to drift; **~ des continents** (*Géo*) continental drift
dérivé, e [deʀive] ADJ derived ▶ NM (*Ling*) derivative; (*Tech*) by-product ▶ NF (*Math*) derivative
dériver [deʀive] /1/ VT (*Math*) to derive; (*cours d'eau etc*) to divert; **~ de** to derive from ▶ VI (*bateau*) to drift
dériveur [deʀivœʀ] NM sailing dinghy
dermatite [dɛʀmatit] NF dermatitis
dermato [dɛʀmato] NMF (*fam: = dermatologue*) dermatologist
dermatologie [dɛʀmatɔlɔʒi] NF dermatology
dermatologue [dɛʀmatɔlɔg] NMF dermatologist
dermatose [dɛʀmatoz] NF dermatosis
dermite [dɛʀmit] NF = **dermatite**
★**dernier, -ière** [dɛʀnje, -jɛʀ] ADJ (*dans le temps, l'espace*) last; (*le plus récent: gén avant n*) latest, last; (*final, ultime: effort*) final; (*: échelon, grade*) top, highest; **lundi/le mois ~** last Monday/month; **du ~ chic** extremely smart; **le ~ cri** the last word (in fashion); **les derniers honneurs** the last tribute; **rendre le ~ soupir** to breathe one's last; **en ~** *adv* last ▶ NM (*étage*) top floor ▶ NM/F: **ce ~, cette dernière** the latter

d

dernièrement [dɛʀnjɛʀmɑ̃] ADV recently
dernier-né, dernière-née [dɛʀnjene, dɛʀnjɛʀne] NM/F (*enfant*) last-born
dérobade [deʀɔbad] NF side-stepping *no pl*
dérobé, e [deʀɔbe] ADJ (*porte*) secret, hidden; **à la dérobée** surreptitiously
dérober [deʀɔbe] /1/ VT to steal; (*cacher*): **~ qch à (la vue de) qn** to conceal *ou* hide sth from sb('s view) ■ **se dérober** VPR (*s'esquiver*) to slip away; (*fig*) to shy away; **se ~ sous** (*s'effondrer*) to give way beneath; **se ~ à** (*justice, regards*) to hide from; (*obligation*) to shirk
dérogation [deʀɔgasjɔ̃] NF (special) dispensation
déroger [deʀɔʒe] /3/: **~ à** *vt* to go against, depart from
dérouiller [deʀuje] /1/: **se dérouiller** VPR: **se ~ les jambes** to stretch one's legs (*fig*)
déroulant, e [deʀulɑ̃, -ɑ̃t] ADJ (*menus, liste*) drop-down
déroulement [deʀulmɑ̃] NM (*d'une opération*) progress
dérouler [deʀule] /1/ VT (*ficelle*) to unwind; (*papier*) to unroll ■ **se dérouler** VPR to unwind; to unroll, come unrolled; (*avoir lieu*) to take place; (*se passer*) to go; **tout s'est déroulé comme prévu** everything went as planned
déroutant, e [deʀutɑ̃, -ɑ̃t] ADJ disconcerting
déroute [deʀut] NF (*Mil*) rout; (*fig*) total collapse; **mettre en ~** to rout; **en ~** routed
dérouter [deʀute] /1/ VT (*avion, train*) to reroute, divert; (*étonner*) to disconcert, throw (out)
derrick [deʀik] NM derrick (*over oil well*)
derrière [dɛʀjɛʀ] ADV, PRÉP behind; **les pattes de ~** the back legs, the hind legs; **par ~** from behind; (*fig*) in an underhand way, behind one's back ▶ NM (*d'une maison*) back; (*postérieur*) behind, bottom
derviche [dɛʀviʃ] NM dervish
DES SIGLE M (= *diplôme d'études supérieures*) *university post-graduate degree*
★**des** [de] ART *voir* **de**
★**dès** [dɛ] PRÉP from; **~ que** *conj* as soon as; **~ à présent** here and now; **~ son retour** as soon as he was (*ou* is) back; **~ réception** upon receipt; **~ lors** *adv* from then on; **~ lors que** *conj* from the moment (that)
désabusé, e [dezabyze] ADJ disillusioned
désaccord [dezakɔʀ] NM disagreement
désaccordé, e [dezakɔʀde] ADJ (*Mus*) out of tune
désacraliser [desakʀalize] /1/ VT to deconsecrate; (*fig: profession, institution*) to take the mystique out of
désaffecté, e [dezafɛkte] ADJ disused
désaffection [dezafɛksjɔ̃] NF: **~ pour** estrangement from
désagréable [dezagʀeabl] ADJ unpleasant, disagreeable
désagréablement [dezagʀeabləmɑ̃] ADV disagreeably, unpleasantly
désagrégation [dezagʀegasjɔ̃] NF disintegration
désagréger [dezagʀeʒe] /3/: **se désagréger** VPR to disintegrate, break up
désagrément [dezagʀemɑ̃] NM annoyance, trouble *no pl*
désaltérant, e [dezalteʀɑ̃, -ɑ̃t] ADJ thirst-quenching
désaltérer [dezalteʀe] /6/: **se désaltérer** VPR to quench one's thirst; **ça désaltère** it's thirst-quenching, it quenches your thirst
désamorcer [dezamɔʀse] /3/ VT to remove the primer from; (*fig*) to defuse; (*: prévenir*) to forestall
désappointé, e [dezapwɛ̃te] ADJ disappointed
désapprobateur, -trice [dezapʀɔbatœʀ, -tʀis] ADJ disapproving
désapprobation [dezapʀɔbasjɔ̃] NF disapproval
désapprouver [dezapʀuve] /1/ VT to disapprove of
désarçonner [dezaʀsɔne] /1/ VT to unseat, throw; (*fig*) to throw, nonplus (BRIT), disconcert
désargenté, e [dezaʀʒɑ̃te] ADJ impoverished
désarmant, e [dezaʀmɑ̃, -ɑ̃t] ADJ disarming
désarmé, e [dezaʀme] ADJ (*fig*) disarmed
désarmement [dezaʀməmɑ̃] NM disarmament
désarmer [dezaʀme] /1/ VT (*Mil, aussi fig*) to disarm; (*Navig*) to lay up; (*fusil*) to unload; (*: mettre le cran de sûreté*) to put the safety catch on ▶ VI (*pays*) to disarm; (*haine*) to wane; (*personne*) to give up
désarroi [dezaʀwa] NM helplessness, disarray
désarticulé, e [dezaʀtikyle] ADJ (*pantin, corps*) dislocated
désarticuler [dezaʀtikyle] /1/: **se désarticuler** VPR to contort (o.s.)
désassorti, e [dezasɔʀti] ADJ non-matching, unmatched; (*magasin, marchand*) sold out
désastre [dezastʀ] NM disaster
désastreux, -euse [dezastʀø, -øz] ADJ disastrous
désavantage [dezavɑ̃taʒ] NM disadvantage; (*inconvénient*) drawback, disadvantage
désavantager [dezavɑ̃taʒe] /3/ VT to put at a disadvantage
désavantageux, -euse [dezavɑ̃taʒø, -øz] ADJ unfavourable, disadvantageous
désaveu [dezavø] NM repudiation; (*déni*) disclaimer
désavouer [dezavwe] /1/ VT to disown, repudiate, disclaim
désaxé, e [dezakse] ADJ (*fig*) unbalanced
désaxer [dezakse] /1/ VT (*roue*) to put out of true; (*personne*) to throw off balance
desceller [desele] /1/ VT (*pierre*) to pull free
descendance [desɑ̃dɑ̃s] NF (*famille*) descendants *pl*, issue; (*origine*) descent
descendant, e [desɑ̃dɑ̃, -ɑ̃t] VB *voir* **descendre** ▶ NM/F descendant
descendeur, -euse [desɑ̃dœʀ, -øz] NM/F (*Sport*) downhiller
★**descendre** [desɑ̃dʀ] /41/ VT (*escalier, montagne*) to go (*ou* come) down; (*valise, paquet*) to take *ou* get down; (*étagère etc*) to lower; (*fam: abattre*) to shoot down; (*: boire*) to knock back ▶ VI to go (*ou* come) down; (*passager: s'arrêter*) to get out, alight; (*niveau, température*) to go *ou* come down, fall, drop; (*marée*) to go out; **~ à pied/en voiture** to walk/drive down, go down on foot/by car; **~ de** (*famille*) to be

descended from; **~ du train** to get out of *ou* off the train; **~ d'un arbre** to climb down from a tree; **~ de cheval** to dismount, get off one's horse; **~ à l'hôtel** to stay at a hotel; **~ dans la rue** (*manifester*) to take to the streets; **~ en ville** to go into town, go down town

descente [desɑ̃t] NF descent, going down; (*chemin*) way down; (*Ski*) downhill (race); **au milieu de la ~** halfway down; **freinez dans les descentes** use the brakes going downhill; **~ de lit** bedside rug; **~ (de police)** (police) raid

descriptif, -ive [dɛskʀiptif, -iv] ADJ descriptive ▸ NM explanatory leaflet

★**description** [dɛskʀipsjɔ̃] NF description

désembourber [dezɑ̃buʀbe] /1/ VT to pull out of the mud

désembourgeoiser [dezɑ̃buʀʒwaze] /1/ VT: **~ qn** to get sb out of his (*ou* her) middle-class attitudes

désembuer [dezɑ̃bɥe] /1/ VT to demist

désemparé, e [dezɑ̃paʀe] ADJ bewildered, distraught; (*bateau, avion*) crippled

désemparer [dezɑ̃paʀe] /1/ VI: **sans ~** without stopping

désemplir [dezɑ̃pliʀ] /2/ VI: **ne pas ~** to be always full

désenchanté, e [dezɑ̃ʃɑ̃te] ADJ disenchanted, disillusioned

désenchantement [dezɑ̃ʃɑ̃tmɑ̃] NM disenchantment, disillusion

désenclaver [dezɑ̃klave] /1/ VT to open up

désencombrer [dezɑ̃kɔ̃bʀe] /1/ VT to clear

désenfler [dezɑ̃fle] /1/ VI to become less swollen

désengagement [dezɑ̃gaʒmɑ̃] NM (*Pol*) disengagement

désensabler [dezɑ̃sɑble] /1/ VT to pull out of the sand

désensibiliser [desɑ̃sibilize] /1/ VT (*Méd*) to desensitize

désenvenimer [dezɑ̃vnime] /1/ VT (*plaie*) to remove the poison from; (*fig*) to take the sting out of

désépaissir [dezepesiʀ] /2/ VT to thin (out)

déséquilibre [dezekilibʀ] NM (*fig: des forces, du budget*) imbalance; (*Psych*) unbalance; (*position*): **être en ~** to be unsteady

déséquilibré, e [dezekilibʀe] NM/F (*Psych*) unbalanced person

déséquilibrer [dezekilibʀe] /1/ VT to throw off balance

désert, e [dezɛʀ, -ɛʀt] ADJ deserted ▸ NM desert

déserter [dezɛʀte] /1/ VI, VT to desert

déserteur [dezɛʀtœʀ] NM deserter

désertion [dezɛʀsjɔ̃] NF desertion

désertique [dezɛʀtik] ADJ desert *cpd*; (*inculte*) barren, empty

désescalade [dezɛskalad] NF (*Mil*) de-escalation

désespérant, e [dezɛspeʀɑ̃, -ɑ̃t] ADJ hopeless, despairing

désespéré, e [dezɛspeʀe] ADJ desperate; (*regard*) despairing; **état ~** (*Méd*) hopeless condition

désespérément [dezɛspeʀemɑ̃] ADV desperately

désespérer [dezɛspeʀe] /6/ VT to drive to despair ▸ VI: **~ de** to despair of ■ **se désespérer** VPR to despair

désespoir [dezɛspwaʀ] NM despair; **être** *ou* **faire le ~ de qn** to be the despair of sb; **en ~ de cause** in desperation

déshabillé, e [dezabije] ADJ undressed ▸ NM négligée

déshabiller [dezabije] /1/ VT to undress ■ **se déshabiller** VPR to undress (o.s.)

déshabituer [dezabitɥe] /1/ VT: **se ~ de** to get out of the habit of

d

désherbant [dezɛʀbɑ̃] NM weed-killer

désherber [dezɛʀbe] /1/ VT to weed

déshérité, e [dezeʀite] ADJ disinherited ▸ NM/F: **les déshérités** (*pauvres*) the underprivileged, the deprived

déshériter [dezeʀite] /1/ VT to disinherit

déshonneur [dezɔnœʀ] NM dishonour (BRIT), dishonor (US), disgrace

déshonorer [dezɔnɔʀe] /1/ VT to dishonour (BRIT), dishonor (US), bring disgrace upon ■ **se déshonorer** VPR to bring dishono(u)r on o.s.

déshumaniser [dezymanize] /1/ VT to dehumanize

déshydratation [dezidʀatasjɔ̃] NF dehydration

déshydraté, e [dezidʀate] ADJ dehydrated

déshydrater [dezidʀate] /1/ VT to dehydrate

desiderata [dezideʀata] NMPL requirements

design [dizajn] ADJ (*mobilier*) designer *cpd* ▸ NM (industrial) design

désignation [deziɲasjɔ̃] NF naming, appointment; (*signe, mot*) name, designation

designer [dizajnɛʀ] NM designer

désigner [deziɲe] /1/ VT (*montrer*) to point out, indicate; (*dénommer*) to denote, refer to; (*nommer: candidat etc*) to name, appoint

désillusion [dezilyzjɔ̃] NF disillusion(ment)

désillusionner [dezilyzjɔne] /1/ VT to disillusion

désincarné, e [dezɛ̃kaʀne] ADJ disembodied

désinence [dezinɑ̃s] NF ending, inflexion

désinfectant, e [dezɛ̃fɛktɑ̃, -ɑ̃t] ADJ, NM disinfectant

désinfecter [dezɛ̃fɛkte] /1/ VT to disinfect

désinfection [dezɛ̃fɛksjɔ̃] NF disinfection

désinformation [dezɛ̃fɔʀmasjɔ̃] NF disinformation

désinscrire [dezɛ̃skʀiʀ] /39/ VT to unsubscribe ■ **se désinscrire** VPR to unsubscribe

désinstaller [dezɛ̃stale] /1/ VT to uninstall

désintégration [dezɛ̃tegʀasjɔ̃] NF disintegration

désintégrer [dezɛ̃tegʀe] /6/ VT to break up ■ **se désintégrer** VPR to disintegrate

désintéressé, e [dezɛ̃teʀese] ADJ (*généreux, bénévole*) disinterested, unselfish

désintéressement [dezɛ̃teʀɛsmɑ̃] NM (*générosité*) disinterestedness

désintéresser [dezɛ̃teʀese] /1/: **se désintéresser (de)** VPR to lose interest (in)

désintérêt [dezɛ̃teʀɛ] NM (*indifférence*) disinterest

désintoxication [dezɛ̃tɔksikasjɔ̃] NF treatment for alcoholism (*ou* drug addiction); **faire une**

cure de ~ to have *ou* undergo treatment for alcoholism (*ou* drug addiction)
désintoxiquer [dezɛ̃tɔksike] /1/ VT to treat for alcoholism (*ou* drug addiction) ■ **se désintoxiquer** VPR: **se ~ de qch** (*drogue, alcool, tabac*) to get off sth; (*fig: se déshabituer*) to wean o.s. off sth; (*drogué*) to be treated for drug addiction; (*alcoolique*) to be treated for alcoholism
désinvolte [dezɛ̃vɔlt] ADJ casual, off-hand
désinvolture [dezɛ̃vɔltyʀ] NF casualness
désir [deziʀ] NM wish; (*fort, sensuel*) desire
désirable [deziʀabl] ADJ desirable
désirer [deziʀe] /1/ VT to want, wish for; (*sexuellement*) to desire; **je désire ...** (*formule de politesse*) I would like ...; **il désire que tu l'aides** he would like *ou* he wants you to help him; **~ faire** to want *ou* wish to do; **ça laisse à ~** it leaves something to be desired
désireux, -euse [deziʀø, -øz] ADJ: **~ de faire** anxious to do
désistement [dezistəmɑ̃] NM withdrawal
désister [deziste] /1/: **se désister** VPR to stand down, withdraw
désobéir [dezɔbeiʀ] /2/ VI: **~ (à qn/qch)** to disobey (sb/sth)
désobéissance [dezɔbeisɑ̃s] NF disobedience
désobéissant, e [dezɔbeisɑ̃, -ɑ̃t] ADJ disobedient
désobligeant, e [dezɔbliʒɑ̃, -ɑ̃t] ADJ disagreeable, unpleasant
désobliger [dezɔbliʒe] /3/ VT to offend
désodorisant [dezɔdɔʀizɑ̃] NM air freshener, deodorizer
désodoriser [dezɔdɔʀize] /1/ VT to deodorize
désœuvré, e [dezœvʀe] ADJ idle
désœuvrement [dezœvʀəmɑ̃] NM idleness
désolant, e [dezɔlɑ̃, -ɑ̃t] ADJ distressing
désolation [dezɔlasjɔ̃] NF (*affliction*) distress, grief; (*d'un paysage etc*) desolation, devastation
désolé, e [dezɔle] ADJ (*paysage*) desolate; **je suis ~** I'm sorry
désoler [dezɔle] /1/ VT to distress, grieve ■ **se désoler** VPR to be upset
désolidariser [desɔlidaʀize] /1/ VT: **se ~ de** *ou* **d'avec** to dissociate o.s. from
désopilant, e [dezɔpilɑ̃, -ɑ̃t] ADJ screamingly funny, hilarious
désordonné, e [dezɔʀdɔne] ADJ untidy, disorderly
désordre [dezɔʀdʀ] NM disorder(liness), untidiness; (*anarchie*) disorder; **en ~** in a mess, untidy ■ **désordres** NMPL (*Pol*) disturbances, disorder *sg*
désorganisation [dezɔʀganizasjɔ̃] NF (*désordre*) disorganization; **en pleine ~** in complete disarray
désorganisé, e [dezɔʀganize] ADJ (*personne*) disorganized
désorganiser [dezɔʀganize] /1/ VT to disorganize
désorienté, e [dezɔʀjɑ̃te] ADJ disorientated; (*fig*) bewildered
désorienter [dezɔʀjɑ̃te] /1/ VT (*fig*) to confuse
désormais [dezɔʀmɛ] ADV in future, from now on
désosser [dezɔse] /1/ VT to bone
despote [dɛspɔt] NM despot; (*fig*) tyrant
despotique [dɛspɔtik] ADJ despotic
despotisme [dɛspɔtism] NM despotism
desquamer [dɛskwame] /1/: **se desquamer** VPR to flake off
desquels, desquelles [dekɛl] *voir* **lequel**
DESS SIGLE M (= *Diplôme d'études supérieures spécialisées*) *post-graduate diploma*
dessaisir [desezіʀ] /2/ VT: **~ un tribunal d'une affaire** to remove a case from a court ■ **se dessaisir de** VPR to give up, part with
dessaler [desale] /1/ VT (*eau de mer*) to desalinate; (*Culin: morue etc*) to soak; (*fig: fam: délurer*): **~ qn** to teach sb a thing or two ▸ VI (*voilier*) to capsize
Desse ABR = **duchesse**
desséché, e [deseʃe] ADJ dried up
dessèchement [desɛʃmɑ̃] NM drying out; dryness; hardness
dessécher [deseʃe] /6/ VT (*terre, plante*) to dry out, parch; (*peau*) to dry out; (*volontairement: aliments etc*) to dry, dehydrate; (*fig: cœur*) to harden ■ **se dessécher** VPR to dry out; (*peau, lèvres*) to go dry
dessein [desɛ̃] NM design; **dans le ~ de** with the intention of; **à ~** intentionally, deliberately
desseller [desele] /1/ VT to unsaddle
desserrer [deseʀe] /1/ VT to loosen; (*frein*) to release; (*poing, dents*) to unclench; **ne pas ~ les dents** not to open one's mouth ■ **se desserrer** VPR (*liens*) to come loose; (*fig*): **l'étau se desserre** the vice-like grip is relaxing
★**dessert** [desɛʀ] VB *voir* **desservir** ▸ NM dessert, pudding
desserte [desɛʀt] NF (*table*) side table; (*transport*): **la ~ du village est assurée par autocar** there is a coach service to the village; **chemin** *ou* **voie de ~** service road
desservir [desɛʀviʀ] /14/ VT (*ville, quartier*) to serve; (*: voie de communication*) to lead into; (*vicaire, paroisse*) to serve; (*nuire à: personne*) to do a disservice to; (*débarrasser*): **~ (la table)** to clear the table
dessiller [desije] /1/ VT (*fig*): **~ les yeux à qn** to open sb's eyes
★**dessin** [desɛ̃] NM (*œuvre, art*) drawing; (*motif*) pattern, design; (*contour*) (out)line; **le ~ industriel** draughtsmanship (BRIT), draftsmanship (US); **~ animé** cartoon (film); **~ humoristique** cartoon
★**dessinateur, -trice** [desinatœʀ, -tʀis] NM/F drawer; (*de bandes dessinées*) cartoonist; (*industriel*) draughtsman (BRIT), draftsman (US); **dessinatrice de mode** fashion designer
★**dessiner** [desine] /1/ VT to draw; (*concevoir: carrosserie, maison*) to design; (*robe, taille*) to show off ■ **se dessiner** VPR (*forme*) to be outlined; (*fig: solution*) to emerge
dessoûler [desule] /1/ VT, VI to sober up
★**dessous** [d(ə)su] ADV, PRÉP underneath, beneath; **en ~** underneath, below; (*fig: en catimini*) slyly, on the sly; **de ~ le lit** from under the bed; *voir* **ci-dessous**; **là-dessous** ▸ NM underside; (*étage inférieur*): **les voisins du ~** the downstairs neighbours; **avoir le ~** to get the worst of it ▸ NMPL (*sous-vêtements*) underwear *sg*; (*fig*) hidden aspects
dessous-de-bouteille [dəsudbutɛj] NM INV bottle mat

dessous-de-plat [dəsudpla] NM INV tablemat

dessous-de-table [dəsudtabl] NM INV (*fig*) bribe, under-the-counter payment

★**dessus** [d(ə)sy] ADV on top; (*collé, écrit*) on it; **en ~** above; **bras ~ bras dessous** arm in arm; **sens ~ dessous** upside down ▶NM top; (*étage supérieur*): **les voisins/l'appartement du ~** the upstairs neighbours/flat; **avoir/prendre le ~** to have/get the upper hand; **reprendre le ~** to get over it; *voir* **ci-dessus; là-dessus**

dessus-de-lit [dəsydli] NM INV bedspread

déstabilisation [destabilizasjɔ̃] NF destabilization

déstabiliser [destabilize] /1/ VT (*Pol*) to destabilize

destin [dɛstɛ̃] NM fate; (*avenir*) destiny

destinataire [dɛstinatɛʀ] NMF (*Postes*) addressee; (*d'un colis*) consignee; (*d'un mandat*) payee; **aux risques et périls du ~** at owner's risk

★**destination** [dɛstinasjɔ̃] NF (*lieu*) destination; (*usage*) purpose; **à ~ de** (*avion etc*) bound for; (*voyageur*) bound for, travelling to

destiné, e [dɛstine] ADJ (*promis*): **être ~ à qch** (*carrière, avenir*) to be destined for sth; (*prévu*): **être ~ à** (*usage*) to be intended for, be meant for; (*réservé*): **être ~ à** (*sort*) to be in store for; (*remarque*) to be intended for; **être ~ à faire qch** to be destined to do sth

destinée [dɛstine] NF fate; (*existence, avenir*) destiny

destiner [dɛstine] /1/ VT: **~ qn à** (*poste, sort*) to destine sb for; **~ qch à** (*envisager d'affecter*) to intend to use sth for; **~ qch à qn** (*envisager de donner*) to intend sb to have sth, intend to give sth to sb; (*adresser*) to intend sth for sb; **~ qn/qch à** (*prédestiner*) to mark sb/sth out for ▪ **se destiner à** VPR: **se ~ à l'enseignement** to intend to become a teacher

destituer [dɛstitɥe] /1/ VT to depose; **~ qn de ses fonctions** to relieve sb of his duties

destitution [dɛstitysjɔ̃] NF deposition

déstresser [destʀese] VI to unwind

destructeur, -trice [dɛstʀyktœʀ, -tʀis] ADJ destructive

destructif, -ive [dɛstʀyktif, -iv] ADJ destructive

destruction [dɛstʀyksjɔ̃] NF destruction

déstructuré, e [destʀyktyʀe] ADJ: **vêtements déstructurés** casual clothes

déstructurer [destʀyktyʀe] /1/ VT to break down, take to pieces

désuet, -ète [desɥɛ, -ɛt] ADJ outdated, outmoded

désuétude [desɥetyd] NF: **tomber en ~** to fall into disuse, become obsolete

désuni, e [dezyni] ADJ divided, disunited

désunion [dezynjɔ̃] NF disunity

désunir [dezyniʀ] /2/ VT to disunite ▪ **se désunir** VPR (*athlète*) to get out of one's stride

détachable [detaʃabl] ADJ (*coupon etc*) tear-off *cpd*; (*capuche etc*) detachable

détachant [detaʃɑ̃] NM stain remover

détaché, e [detaʃe] ADJ (*fig*) detached ▶NM/F (*représentant*) person on secondment (BRIT) *ou* a posting

détachement [detaʃmɑ̃] NM detachment; (*fonctionnaire, employé*): **être en ~** to be on secondment (BRIT) *ou* a posting

détacher [detaʃe] /1/ VT (*enlever*) to detach, remove; (*délier*) to untie; (*Admin*): **~ qn (auprès de** *ou* **à)** to post sb (to), send sb on secondment (to) (BRIT); (*Mil*) to detail; (*vêtement: nettoyer*) to remove the stains from ▪ **se détacher** VPR (*se séparer*) to come off; (*page*) to come out; (*se défaire*) to come undone; (*Sport*) to pull *ou* break away; (*se délier: chien, prisonnier*) to break loose; **se ~ sur** to stand out against; **se ~ de** (*se désintéresser*) to grow away from

détail [detaj] NM detail; (*Comm*): **le ~** retail; **prix de ~** retail price; **au ~** *adv* (*Comm*) retail (: *individuellement*) separately; **donner le ~ de** to give a detailed account of; (*compte*) to give a breakdown of; **en ~** in detail

détaillant, e [detajɑ̃, -ɑ̃t] NM/F retailer

détaillé, e [detaje] ADJ (*récit, plan, explications*) detailed; (*facture*) itemized

détailler [detaje] /1/ VT (*Comm*) to sell retail; to sell separately; (*expliquer*) to explain in detail; to detail; (*examiner*) to look over, examine

détaler [detale] /1/ VI (*lapin*) to scamper off; (*fam: personne*) to make off, scarper (*fam*)

détartrage [detaʀtʀaʒ] NM descaling; (*de dents*) scaling

détartrant [detaʀtʀɑ̃] NM descaling agent (BRIT), scale remover

détartrer [detaʀtʀe] /1/ VT to descale; (*dents*) to scale

détaxe [detaks] NF (*réduction*) reduction in tax; (*suppression*) removal of tax; (*remboursement*) tax refund

détaxé, e [detakse] ADJ (*produits*) tax-free, duty-free

détaxer [detakse] /1/ VT (*réduire*) to reduce the tax on; (*ôter*) to remove the tax on

détecter [detɛkte] /1/ VT to detect

détecteur [detɛktœʀ] NM detector, sensor; **~ de fatigue** (*de véhicule*) (driver) drowsiness detector; **~ de fumée** smoke detector; **~ de mensonges** lie detector; **~ (de mines)** mine detector

détection [detɛksjɔ̃] NF detection

détective [detɛktiv] NM detective; **~ (privé)** private detective *ou* investigator

déteindre [detɛ̃dʀ] /52/ VI to fade; (*au lavage*) to run; **~ sur** (*vêtement*) to run into; (*fig*) to rub off on

déteint, e [detɛ̃, -ɛ̃t] PP *de* **déteindre**

dételer [det(ə)le] /4/ VT to unharness; (*voiture, wagon*) to unhitch ▶VI (*fig: s'arrêter*) to leave off (working)

détendeur [detɑ̃dœʀ] NM (*de bouteille à gaz*) regulator

détendre [detɑ̃dʀ] /41/ VT (*fil*) to slacken, loosen; (*personne, atmosphère, corps, esprit*) to relax; (*situation*) to relieve ▪ **se détendre** VPR (*ressort*) to lose its tension; (*personne*) to relax

détendu, e [detɑ̃dy] ADJ relaxed

détenir [det(ə)niʀ] /22/ VT (*fortune, objet, secret*) to be in possession of; (*prisonnier*) to detain; (*record*) to hold; **~ le pouvoir** to be in power

détente [detɑ̃t] NF relaxation; (*Pol*) détente; (*d'une arme*) trigger; (*d'un athlète qui saute*) spring

d

détenteur, -trice [detɑ̃tœʀ, -tʀis] NM/F holder

détention [detɑ̃sjɔ̃] NF (*de fortune, objet, secret*) possession; (*captivité*) detention; (*de record*) holding; **~ préventive** (pre-trial) custody

détenu, e [det(ə)ny] PP *de* **détenir** ▸ NM/F prisoner

détergent [detɛʀʒɑ̃] NM detergent

détérioration [deteʀjɔʀasjɔ̃] NF damaging; deterioration

détériorer [deteʀjɔʀe] /1/ VT to damage ■ **se détériorer** VPR to deteriorate

déterminant, e [detɛʀminɑ̃, -ɑ̃t] ADJ: **un facteur ~** a determining factor ▸ NM (*Ling*) determiner

détermination [detɛʀminasjɔ̃] NF determining; (*résolution*) decision; (*fermeté*) determination

déterminé, e [detɛʀmine] ADJ (*résolu*) determined; (*précis*) specific, definite

déterminer [detɛʀmine] /1/ VT (*fixer*) to determine; (*décider*): **~ qn à faire** to decide sb to do; **se ~ à faire** to make up one's mind to do

déterminisme [detɛʀminism] NM determinism

déterré, e [deteʀe] NM/F: **avoir une mine de ~** to look like death warmed up (BRIT) *ou* warmed over (*US*)

déterrer [deteʀe] /1/ VT to dig up

détersif, -ive [detɛʀsif, -iv] ADJ, NM detergent

détestable [detɛstabl] ADJ foul, detestable

détester [detɛste] /1/ VT to hate, detest

détiendrai [detjɛ̃dʀe], **détiens** *etc* [detjɛ̃] VB *voir* **détenir**

détonant, e [detɔnɑ̃, -ɑ̃t] ADJ: **mélange ~** explosive mixture

détonateur [detɔnatœʀ] NM detonator

détonation [detɔnasjɔ̃] NF detonation, bang, report (of a gun)

détoner [detɔne] /1/ VI to detonate, explode

détonner [detɔne] /1/ VI (*Mus*) to go out of tune; (*fig*) to clash

détordre [detɔʀdʀ] /41/ VT to untwist, unwind

détour [detuʀ] NM detour; (*tournant*) bend, curve; (*fig: subterfuge*) roundabout means; **ça vaut le ~** it's worth the trip; **sans ~** (*fig*) plainly

détourné, e [detuʀne] ADJ (*sentier, chemin, moyen*) roundabout

détournement [detuʀnəmɑ̃] NM diversion, rerouting; **~ d'avion** hijacking; **~ (de fonds)** embezzlement *ou* misappropriation (of funds); **~ de mineur** corruption of a minor

détourner [detuʀne] /1/ VT to divert; (*avion*) to divert, reroute; (*: par la force*) to hijack; (*yeux, tête*) to turn away; (*de l'argent*) to embezzle, misappropriate; **~ la conversation** to change the subject; **~ qn de son devoir** to divert sb from his duty; **~ l'attention (de qn)** to distract *ou* divert (sb's) attention ■ **se détourner** VPR to turn away

détoxifier [detɔksifje] /7/ VT (*organisme, corps*) to detox

détracteur, -trice [detʀaktœʀ, -tʀis] NM/F disparager, critic

détraqué, e [detʀake] ADJ (*machine, santé*) broken-down ▸ NM/F (*fam*): **c'est un ~** he's unhinged

détraquer [detʀake] /1/ VT to put out of order; (*estomac*) to upset ■ **se détraquer** VPR to go wrong

détrempe [detʀɑ̃p] NF (*Art*) tempera

détrempé, e [detʀɑ̃pe] ADJ (*sol*) sodden, waterlogged

détremper [detʀɑ̃pe] /1/ VT (*peinture*) to water down

détresse [detʀɛs] NF distress; **en ~** (*avion etc*) in distress; **appel/signal de ~** distress call/signal

détriment [detʀimɑ̃] NM: **au ~ de** to the detriment of

détritus [detʀitys] NMPL rubbish *sg*, refuse *sg*, garbage *sg* (*US*)

détroit [detʀwa] NM strait; **le ~ de Bering** *ou* **Behring** the Bering Strait; **le ~ de Gibraltar** the Straits of Gibraltar; **le ~ du Bosphore** the Bosphorus; **le ~ de Magellan** the Strait of Magellan, the Magellan Strait

détromper [detʀɔ̃pe] /1/ VT to disabuse ■ **se détromper** VPR: **détrompez-vous** don't believe it

détrôner [detʀone] /1/ VT to dethrone, depose; (*fig*) to oust, dethrone

détrousser [detʀuse] /1/ VT to rob

détruire [detʀɥiʀ] /38/ VT to destroy; (*fig: santé, réputation*) to ruin; (*documents*) to shred

détruit, e [detʀɥi, -it] PP *de* **détruire**

★**dette** [dɛt] NF debt; **~ publique** *ou* **de l'État** national debt

DEUG [døg] SIGLE M = **Diplôme d'études universitaires générales**

deuil [dœj] NM (*perte*) bereavement; (*période*) mourning; (*chagrin*) grief; **porter le ~** to wear mourning; **prendre le/être en ~** to go into/be in mourning

DEUST [dœst] SIGLE M = **Diplôme d'études universitaires scientifiques et techniques**

deutérium [døteʀjɔm] NM deuterium

★**deux** [dø] NUM two; **les ~** both; **ses ~ mains** both his hands, his two hands; **à ~ pas** a short distance away; **tous les ~ mois** every two months, every other month; **~ fois** twice

deuxième [døzjɛm] NUM second

deuxièmement [døzjɛmmɑ̃] ADV secondly, in the second place

deux-pièces [døpjɛs] NM INV (*tailleur*) two-piece (suit); (*de bain*) two-piece (swimsuit); (*appartement*) two-roomed flat (BRIT) *ou* apartment (*US*)

deux-points [døpwɛ̃] NM INV colon *sg*

deux-roues [døʀu] NM INV two-wheeled vehicle

deux-temps [døtɑ̃] ADJ INV two-stroke

devais *etc* [dəvɛ] VB *voir* **devoir**

dévaler [devale] /1/ VT to hurtle down

dévaliser [devalize] /1/ VT to rob, burgle

dévalorisant, e [devalɔʀizɑ̃, -ɑ̃t] ADJ depreciatory

dévalorisation [devalɔʀizasjɔ̃] NF depreciation

dévaloriser [devalɔʀize] /1/ VT to reduce the value of ■ **se dévaloriser** VPR to depreciate

dévaluation [devalɥasjɔ̃] NF depreciation; (*Écon: mesure*) devaluation

dévaluer [devalɥe] /1/ VT to devalue ■ **se dévaluer** VPR to devalue

devancer [d(ə)vɑ̃se] /3/ VT to be ahead of; (*distancer*) to get ahead of; (*arriver avant*) to arrive before; (*prévenir*) to anticipate; **~ l'appel** (*Mil*) to enlist before call-up

devancier, -ière [d(ə)vɑ̃sje, -jɛʀ] NM/F precursor

★**devant** [d(ə)vɑ̃] VB *voir* **devoir** ▸ ADV in front; (*à distance: en avant*) ahead; (*avec mouvement: passer*) past ▸ PRÉP in front of; (*en avant*) ahead of; (*fig*) before, in front of; (*: face à*) faced with, in the face of; (*: vu*) in view of ▸ NM front; **prendre les devants** to make the first move; **de ~** (*roue, porte*) front; **les pattes de ~** the front legs, the forelegs

devanture [d(ə)vɑ̃tyʀ] NF (*façade*) (shop) front; (*étalage*) display; (*vitrine*) (shop) window

dévastateur, -trice [devastatœʀ, -tʀis] ADJ devastating

dévastation [devastasjɔ̃] NF devastation

dévaster [devaste] /1/ VT to devastate

déveine [devɛn] NF rotten luck *no pl*

développement [dev(ə)lɔpmɑ̃] NM development; **pays en voie de ~** developing countries; **~ durable** sustainable development

développer [dev(ə)lɔpe] /1/ VT to develop ▪ **se développer** VPR to develop

développeur, -euse [dev(ə)lɔpœʀ, -øz] NM/F (*de logiciels*) developer

★**devenir** [dəv(ə)niʀ] /22/ VI to become; **~ instituteur** to become a teacher; **que sont-ils devenus ?** what has become of them?

devenu, e [dəvny] PP *de* **devenir**

dévergondé, e [devɛʀgɔ̃de] ADJ wild, shameless

dévergonder [devɛʀgɔ̃de] /1/ VT to get into bad ways ▪ **se dévergonder** VPR to get into bad ways

déverrouiller [devɛʀuje] /1/ VT to unbolt

devers [dəvɛʀ] ADV: **par ~ soi** to oneself

déverser [devɛʀse] /1/ VT (*liquide*) to pour (out); (*ordures*) to tip (out) ▪ **se déverser dans** VPR (*fleuve, mer*) to flow into

déversoir [devɛʀswaʀ] NM overflow

dévêtir [devetiʀ] /20/ VT to undress ▪ **se dévêtir** VPR to undress

devez [dəve] VB *voir* **devoir**

déviation [devjasjɔ̃] NF deviation; (*Auto*) diversion (BRIT), detour (US); **~ de la colonne (vertébrale)** curvature of the spine

dévider [devide] /1/ VT to unwind

dévidoir [devidwaʀ] NM reel

deviendrai [dəvjɛ̃dʀe], **deviens** *etc* [dəvjɛ̃] VB *voir* **devenir**

devienne *etc* [dəvjɛn] VB *voir* **devenir**

dévier [devje] /7/ VT (*fleuve, circulation*) to divert; (*coup*) to deflect ▸ VI to veer (off course); **faire ~** (*projectile*) to deflect; (*véhicule*) to push off course

devin [dəvɛ̃] NM soothsayer, seer

★**deviner** [d(ə)vine] /1/ VT to guess; (*prévoir*) to foretell, foresee; (*apercevoir*) to distinguish

devinette [d(ə)vinɛt] NF riddle

devint *etc* [dəvɛ̃] VB *voir* **devenir**

devis [d(ə)vi] NM estimate, quotation; **~ descriptif/estimatif** detailed/preliminary estimate

dévisager [devizaʒe] /3/ VT to stare at

devise [dəviz] NF (*formule*) motto, watchword; (*Écon: monnaie*) currency ▪ **devises** NFPL (*argent*) currency *sg*

deviser [dəvize] /1/ VI to converse

dévisser [devise] /1/ VT to unscrew, undo ▪ **se dévisser** VPR to come unscrewed

de visu [devizy] ADV: **se rendre compte de qch ~** to see sth for o.s.

dévitaliser [devitalize] /1/ VT (*dent*) to remove the nerve from

dévoiler [devwale] /1/ VT to unveil ▪ **se dévoiler** VPR (*mystère, raisons*) to be revealed

★**devoir** [d(ə)vwaʀ] /28/ NM duty; (*Scol*) piece of homework, homework *no pl*; (*: en classe*) exercise; **se faire un ~ de faire qch** to make it one's duty to do sth; **devoirs de vacances** homework set for the holidays ▸ VT (*argent, respect*): **~ qch (à qn)** to owe (sb) sth; **combien est-ce que je vous dois ?** how much do I owe you?; **il doit le faire** (*obligation*) he has to do it, he must do it; **cela devait arriver un jour** (*fatalité*) it was bound to happen; **il doit partir demain** (*intention*) he is due to leave tomorrow; **il doit être tard** (*probabilité*) it must be late; **je devrais faire** I ought to *ou* should do; **tu n'aurais pas dû** you ought not to have *ou* shouldn't have ▪ **se devoir** VPR: **se ~ de faire qch** to be duty bound to do sth; **comme il se doit** (*comme il faut*) as is right and proper

dévolu, e [devɔly] ADJ: **~ à** allotted to ▸ NM: **jeter son ~ sur** to fix one's choice on

devons [dəvɔ̃] VB *voir* **devoir**

dévorant, e [devɔʀɑ̃, -ɑ̃t] ADJ (*faim, passion*) raging

dévorer [devɔʀe] /1/ VT to devour; (*feu, soucis*) to consume; **~ qn/qch des yeux** *ou* **du regard** (*fig*) to eye sb/sth intently; (*convoitise*) to eye sb/sth greedily

dévot, e [devo, -ɔt] ADJ devout, pious ▸ NM/F devout person; **un faux ~** a falsely pious person

dévotion [devosjɔ̃] NF devoutness; **être à la ~ de qn** to be totally devoted to sb; **avoir une ~ pour qn** to worship sb

dévoué, e [devwe] ADJ devoted

dévouement [devumɑ̃] NM devotion, dedication

dévouer [devwe] /1/: **se dévouer** VPR (*se sacrifier*): **se ~ (pour)** to sacrifice o.s. (for); (*se consacrer*): **se ~ à** to devote *ou* dedicate o.s. to

dévoyé, e [devwaje] ADJ delinquent

dévoyer [devwaje] /8/ VT to lead astray; **~ l'opinion publique** to influence public opinion ▪ **se dévoyer** VPR to go off the rails

devrai *etc* [dəvʀe] VB *voir* **devoir**

dextérité [dɛksteʀite] NF skill, dexterity

dextrose [dɛkstʀoz] NM dextrose

dézipper [dezipe] /1/ VT (*Inform*) to unzip

dfc ABR (= *désire faire connaissance*) *WLTM* (= *would like to meet*)

DG SIGLE M = **directeur général**

dg. ABR (= *décigramme*) dg.

DGE SIGLE F (= *Dotation globale d'équipement*) *state contribution to local government budget*

DGSE SIGLE F (= *Direction générale de la sécurité extérieure*) ≈ MI6 (BRIT), ≈ CIA (US)

DGSI SIGLE F (= *Direction Générale de la Sécurité Intérieure*) *internal security service* ≈ MI5 (BRIT)

diabète [djabɛt] NM diabetes *sg*

d

diabétique [djabetik] NMF diabetic
diable [djɑbl] NM devil; **une musique du ~** an unholy racket; **il fait une chaleur du ~** it's fiendishly hot; **avoir le ~ au corps** to be the very devil
diablement [djɑbləmɑ̃] ADV fiendishly
diableries [djɑbləʀi] NFPL (*d'enfant*) devilment *sg*, mischief *sg*
diablesse [djɑblɛs] NF (*petite fille*) little devil
diablotin [djɑblɔtɛ̃] NM imp; (*pétard*) cracker
diabolique [djɑbɔlik] ADJ diabolical
diaboliser [djabɔlize] VT to demonize
diabolo [djabɔlo] NM (*jeu*) diabolo; (*boisson*) lemonade and fruit cordial; **~(-menthe)** lemonade and mint cordial
diacre [djakʀ] NM deacon
diadème [djadɛm] NM diadem
diagnostic [djagnɔstik] NM diagnosis *sg*
diagnostiquer [djagnɔstike] /1/ VT to diagnose
diagonal, e, -aux [djagɔnal, -o] ADJ, NF diagonal; **en diagonale** diagonally; **lire en diagonale** (*fig*) to skim through
diagramme [djagʀam] NM chart, graph
dialecte [djalɛkt] NM dialect
dialectique [djalɛktik] ADJ dialectic(al)
dialogue [djalɔg] NM dialogue; **~ de sourds** dialogue of the deaf
dialoguer [djalɔge] /1/ VI to converse; (*Pol*) to have a dialogue
dialoguiste [djalɔgist] NMF dialogue writer
dialyse [djaliz] NF dialysis
diamant [djamɑ̃] NM diamond
diamantaire [djamɑ̃tɛʀ] NM diamond dealer
diamétralement [djametʀalmɑ̃] ADV diametrically; **~ opposés** (*opinions*) diametrically opposed
diamètre [djamɛtʀ] NM diameter
diapason [djapazɔ̃] NM tuning fork; (*fig*): **être/se mettre au ~ (de)** to be/get in tune (with)
diaphane [djafan] ADJ diaphanous
diaphragme [djafʀagm] NM (*Anat, Photo*) diaphragm; (*contraceptif*) diaphragm, cap; **ouverture du ~** (*Photo*) aperture
diapo [djapo], **diapositive** [djapozitiv] NF transparency, slide
diaporama [djapɔʀama] NM slide show
diapré, e [djapʀe] ADJ many-coloured (BRIT), many-colored (US)
diarrhée [djaʀe] NF diarrhoea (BRIT), diarrhea (US)
diaspora [djaspɔʀa] NF (*de Juifs*) Diaspora; (*de communauté*) diaspora
diatribe [djatʀib] NF diatribe
dichotomie [dikɔtɔmi] NF dichotomy
dico [diko] NM (*fam*) dictionary
dictaphone [diktafɔn] NM Dictaphone®
dictateur [diktatœʀ] NM dictator
dictatorial, e, -aux [diktatɔʀjal, -o] ADJ dictatorial
dictature [diktatyʀ] NF dictatorship
dictée [dikte] NF dictation; **prendre sous ~** to take down (*sth dictated*)
dicter [dikte] /1/ VT to dictate
diction [diksjɔ̃] NF diction, delivery; **cours de ~** speech production lesson(s)
★**dictionnaire** [diksjɔnɛʀ] NM dictionary; **~ géographique** gazetteer
dicton [diktɔ̃] NM saying, dictum
didacticiel [didaktisjɛl] NM educational software
didactique [didaktik] ADJ didactic
dièse [djɛz] NM (*Mus*) sharp
diesel [djezɛl] NM, ADJ INV diesel
diète [djɛt] NF (*jeûne*) starvation diet; (*régime*) diet; **être à la ~** to be on a diet
diététicien, ne [djetetisjɛ̃, -ɛn] NM/F dietician
diététique [djetetik] NF dietetics *sg* ▸ ADJ: **magasin ~** health food shop (BRIT) *ou* store (US)
dieu, x [djø] NM god; **D~** God; **le bon D~** the good Lord; **mon D~ !** good heavens!
diffamant, e [difamɑ̃, -ɑ̃t] ADJ slanderous, defamatory; libellous
diffamation [difamasjɔ̃] NF slander; (*écrite*) libel; **attaquer qn en ~** to sue sb for slander (*ou* libel)
diffamatoire [difamatwaʀ] ADJ slanderous, defamatory; libellous
diffamer [difame] /1/ VT to slander, defame; to libel
différé [difeʀe] ADJ: **crédit ~** deferred credit; **traitement ~** (*Inform*) batch processing ▸ NM (*TV*): **en ~** (pre-)recorded
différemment [difeʀamɑ̃] ADV differently
différence [difeʀɑ̃s] NF difference; **à la ~ de** unlike
différenciation [difeʀɑ̃sjasjɔ̃] NF differentiation
différencier [difeʀɑ̃sje] /7/ VT to differentiate ■ **se différencier** VPR (*organisme*) to become differentiated; **se ~ de** to differentiate o.s. from; (*être différent*) to differ from
différend [difeʀɑ̃] NM difference (of opinion), disagreement
différent, e [difeʀɑ̃, -ɑ̃t] ADJ (*dissemblable*) different; **~ de** different from; **différents objets** different *ou* various objects; **à différentes reprises** on various occasions
différentiel, le [difeʀɑ̃sjɛl] ADJ, NM differential
différer [difeʀe] /6/ VT to postpone, put off ▸ VI: **~ (de)** to differ (from); **~ de faire** (*tarder*) to delay doing
★**difficile** [difisil] ADJ difficult; (*exigeant*) hard to please, difficult (to please); **faire le** *ou* **la ~** to be hard to please, be difficult
difficilement [difisilmɑ̃] ADV (*marcher, s'expliquer etc*) with difficulty; **~ lisible/compréhensible** difficult *ou* hard to read/understand
difficulté [difikylte] NF difficulty; **en ~** (*bateau, alpiniste*) in trouble *ou* difficulties; **avoir de la ~ à faire** to have difficulty (in) doing
difforme [difɔʀm] ADJ deformed, misshapen
difformité [difɔʀmite] NF deformity
diffracter [difʀakte] /1/ VT to diffract
diffus, e [dify, -yz] ADJ diffuse
diffuser [difyze] /1/ VT (*chaleur, bruit, lumière*) to diffuse; (*émission, musique*) to broadcast; (*nouvelle, idée*) to circulate; (*Comm: livres, journaux*) to distribute
diffuseur [difyzœʀ] NM diffuser; distributor

diffusion [difyzjɔ̃] NF diffusion; broadcast(ing); circulation; distribution

digérer [diʒeʀe] /6/ VT (*personne*) to digest; (*machine*) to process; (*fig: accepter*) to stomach, put up with

digeste [diʒɛst] ADJ easily digestible

digestible [diʒɛstibl] ADJ digestible

digestif, -ive [diʒɛstif, -iv] ADJ digestive ▶ NM (after-dinner) liqueur

digestion [diʒɛstjɔ̃] NF digestion

Digicode® [diʒikɔd] NM entry system (*using code numbers*)

digit [didʒit] NM: **~ binaire** binary digit

digital, e, -aux [diʒital, -o] ADJ digital

digitale [diʒital] NF digitalis, foxglove

digne [diɲ] ADJ dignified; **~ de** worthy of; **~ de foi** trustworthy

dignement [diɲ(ə)mɑ̃] ADV (*comme il se doit*) fittingly; (*dans la dignité*) with dignity

dignitaire [diɲitɛʀ] NM dignitary

dignité [diɲite] NF dignity

digresser [digʀese] VI to digress

digression [digʀesjɔ̃] NF digression

digue [dig] NF dike, dyke; (*pour protéger la côte*) sea wall

dijonnais, e [diʒɔnɛ, -ɛz] ADJ of *ou* from Dijon ▶ NM/F: **Dijonnais, e** inhabitant *ou* native of Dijon

diktat [diktat] NM diktat

dilapidation [dilapidasjɔ̃] NF (*voir vb*) squandering; embezzlement, misappropriation

dilapider [dilapide] /1/ VT to squander, waste; (*détourner: biens, fonds publics*) to embezzle, misappropriate

dilatation [dilatasjɔ̃] NF (*de gaz, métal*) expansion; (*de pupille, vaisseau, orifice*) dilation; (*d'estomac*) distension

dilater [dilate] /1/ VT (*pupilles, orifice*) to dilate; (*gaz, métal*) to cause to expand; (*estomac*) to distend ■ **se dilater** VPR (*gaz, métal*) to expand; (*pupilles*) to dilate

dilemme [dilɛm] NM dilemma

dilettante [dilɛtɑ̃t] NMF dilettante; **en ~** in a dilettantish way

dilettantisme [dilɛtɑ̃tism] NM dilettant(e)ism

diligence [diliʒɑ̃s] NF stagecoach, diligence; (*empressement*) despatch; **faire ~** to make haste

diligent, e [diliʒɑ̃, -ɑ̃t] ADJ prompt and efficient; diligent

diluant [dilɥɑ̃] NM thinner(s)

diluer [dilɥe] /1/ VT to dilute

dilution [dilysjɔ̃] NF dilution

diluvien, ne [dilyvjɛ̃, -ɛn] ADJ: **pluie diluvienne** torrential rain

★**dimanche** [dimɑ̃ʃ] NM Sunday; **le ~ des Rameaux/de Pâques** Palm/Easter Sunday; *voir aussi* **lundi**

dîme [dim] NF tithe

dimension [dimɑ̃sjɔ̃] NF (*grandeur*) size; (*gén pl: cotes, Math: de l'espace*) dimension; (*dimensions*) dimensions

diminué, e [diminɥe] ADJ (*personne: physiquement*) run-down; (*: mentalement*) less alert

★**diminuer** [diminɥe] /1/ VT to reduce, decrease; (*ardeur etc*) to lessen; (*personne: physiquement*) to undermine; (*dénigrer*) to belittle ▶ VI to decrease, diminish

diminutif [diminytif] NM (*Ling*) diminutive; (*surnom*) pet name

diminution [diminysjɔ̃] NF decreasing, diminishing

dînatoire [dinatwaʀ] ADJ: **goûter ~** ≈ high tea (BRIT); **apéritif ~** ≈ evening buffet

★**dinde** [dɛ̃d] NF turkey; (*femme stupide*) goose

dindon [dɛ̃dɔ̃] NM turkey

dindonneau, x [dɛ̃dɔno] NM turkey poult

dîner [dine] /1/ NM dinner; **~ d'affaires/de famille** business/family dinner ▶ VI to have dinner

dînette [dinɛt] NF (*jeu*): **jouer à la ~** to play at tea parties

dingue [dɛ̃g] ADJ (*fam*) crazy

dinosaure [dinɔzɔʀ] NM dinosaur

diocèse [djɔsɛz] NM diocese

diode [djɔd] NF diode

dioxine [diɔksin] NF dioxin

dioxyde [diɔksid] NM dioxide

diphasé, e [difɑze] ADJ (*Élec*) two-phase

diphtérie [difteʀi] NF diphtheria

diphtongue [diftɔ̃g] NF diphthong

diplodocus [diplɔdɔkys] NM diplodocus

diplomate [diplɔmat] ADJ diplomatic ▶ NM diplomat; (*fig: personne habile*) diplomatist; (*Culin: gâteau*) *dessert made of sponge cake, candied fruit and custard*, ≈ trifle (BRIT)

diplomatie [diplɔmasi] NF diplomacy

diplomatique [diplɔmatik] ADJ diplomatic

diplomatiquement [diplɔmatikmɑ̃] ADV diplomatically

diplôme [diplom] NM diploma, certificate; (*examen*) (diploma) examination; **avoir des diplômes** to have qualifications

diplômé, e [diplome] ADJ qualified

diptère [diptɛʀ] ADJ, NM dipteran

diptyque [diptik] NM (*tableau*) diptych; (*film*) two-part film; (*livre*) novel in two parts

★**dire** [diʀ] /37/ VT to say; (*secret, mensonge*) to tell; **~ l'heure/la vérité** to tell the time/the truth; **dis pardon/merci** say sorry/thank you; **~ qch à qn** to tell sb sth; **~ à qn qu'il fasse** *ou* **de faire** to tell sb to do; **~ que** to say that; **on dit que** they say that; **comme on dit** as they say; **on dirait que** it looks (*ou* sounds *etc*) as though; **on dirait du vin** you'd *ou* one would think it was wine; **que dites-vous de** (*penser*) what do you think of; **si cela lui dit** if he feels like it, if he fancies it; **cela ne me dit rien** that doesn't appeal to me; **à vrai ~** truth to tell; **pour ainsi ~** so to speak; **cela va sans ~** that goes without saying; **dis donc!, dites donc!** (*pour attirer l'attention*) hey!; (*au fait*) by the way; **et ~ que ...** and to think that ...; **ceci** *ou* **cela dit** that being said; (*à ces mots*) whereupon; **c'est dit, voilà qui est dit** so that's settled; **il n'y a pas à ~** there's no getting away from it; **c'est ~ si ...** that just shows that ...; **c'est beaucoup/peu ~** that's saying a lot/not saying much ▶ NM: **au ~ de** according to; **leurs dires** what they say ■ **se dire**

d

VPR (*à soi-même*) to say to oneself; **ça ne se dit pas** (*impoli*) you shouldn't say that; (*pas en usage*) you don't say that; **cela ne se dit pas comme ça** you don't say it like that; **se ~ au revoir** to say good-bye (to each other); **ça se dit ... en anglais** that is ... in English

Seul **say** s'emploie pour citer les paroles de quelqu'un, directement ou indirectement.
Il a dit : « Je ne me sens pas bien ». **He said, "I don't feel well."**
Il a dit qu'il ne se sentait pas bien. **He said (that) he didn't feel well.**
Lorsque la personne à qui on s'adresse est mentionnée, on peut employer soit **say**, soit **tell**, mais attention à la construction : **say ... to somebody**, mais **tell somebody ...**
Elle a dit à sa sœur qu'elle allait partir. **She said to her sister (that) she was going to leave**. *ou* **She told her sister (that) she was going to leave**.

★**direct, e** [diʀɛkt] ADJ direct; **train/bus ~** express train/bus ▸ NM (*train*) through train; **en ~** (*émission*) live

directement [diʀɛktəmɑ̃] ADV directly

★**directeur, -trice** [diʀɛktœʀ, -tʀis] NM/F (*d'entreprise*) director; (*de service*) manager/eress; (*d'école*) head(teacher) (BRIT), principal (US); **comité ~** management *ou* steering committee; **~ général** general manager; **~ de thèse** ≈ PhD supervisor

★**direction** [diʀɛksjɔ̃] NF (*d'entreprise*) management; conducting; supervision; (*Auto*) steering; (*sens*) direction; **sous la ~ de** (*Mus*) conducted by; **en ~ de** (*avion, train, bateau*) for; **« toutes directions »** (*Auto*) "all routes"

directive [diʀɛktiv] NF directive, instruction; **directives anticipées** (*Méd*) living will

directoire [diʀɛktwaʀ] NM (*de société anonyme*) board of directors

directorial, e, -aux [diʀɛktɔʀjal, -o] ADJ (*bureau*) director's; manager's; head teacher's

★**directrice** [diʀɛktʀis] ADJ F, NF *voir* **directeur**

dirent [diʀ] VB *voir* **dire**

dirigeable [diʀiʒabl] ADJ, NM: **(ballon) ~** dirigible

dirigeant, e [diʀiʒɑ̃, -ɑ̃t] ADJ managerial; (*classes*) ruling ▸ NM/F (*d'un parti etc*) leader; (*d'entreprise*) manager, member of the management

★**diriger** [diʀiʒe] /3/ VT (*entreprise*) to manage, run; (*véhicule*) to steer; (*orchestre*) to conduct; (*recherches, travaux*) to supervise, be in charge of; (*braquer: arme*): **~ sur** to point *ou* level *ou* aim at; (*fig: critiques*): **~ contre** to aim at; **~ son regard sur** to look in the direction of ■ **se diriger** VPR (*s'orienter*) to find one's way; **se ~ vers** *ou* **sur** to make *ou* head for

dirigisme [diʀiʒism] NM (*Écon*) state intervention, interventionism

dirigiste [diʀiʒist] ADJ interventionist

dirlo [diʀlo] NMF (*fam*) head (BRIT), principal (US)

dis [di], **disais** *etc* [dizɛ] VB *voir* **dire**

discal, e, -aux [diskal, -o] ADJ (*Méd*): **hernie discale** slipped disc

discernement [disɛʀnəmɑ̃] NM discernment, judgment

discerner [disɛʀne] /1/ VT to discern, make out

disciple [disipl] NMF disciple

disciplinaire [disiplinɛʀ] ADJ disciplinary

discipline [disiplin] NF discipline

discipliné, e [disipline] ADJ (well-)disciplined

discipliner [disipline] /1/ VT to discipline; (*cheveux*) to control

disc-jockey [diskʒɔkɛ] (*pl* **disc-jockeys**) NM disc jockey, DJ

disco [disko] ADJ INV, NM disco

discobole [diskɔbɔl] NMF discus thrower

discographie [diskɔgʀafi] NF discography

discontinu, e [diskɔ̃tiny] ADJ intermittent; (*bande: sur la route*) broken

discontinuer [diskɔ̃tinɥe] /1/ VI: **sans ~** without stopping, without a break

disconvenir [diskɔ̃v(ə)niʀ] /22/ VI: **ne pas ~ de qch/que** not to deny sth/that

discophile [diskɔfil] NMF record enthusiast

discordance [diskɔʀdɑ̃s] NF discordance; conflict

discordant, e [diskɔʀdɑ̃, -ɑ̃t] ADJ discordant; conflicting

discorde [diskɔʀd] NF discord, dissension

discothèque [diskɔtɛk] NF (*boîte de nuit*) disco(thèque); (*disques*) record collection; (*dans une bibliothèque*): **~ (de prêt)** record library

discourais *etc* [diskuʀɛ] VB *voir* **discourir**

discourir [diskuʀiʀ] /11/ VI to discourse, hold forth

★**discours** [diskuʀ] VB *voir* **discourir** ▸ NM speech; **~ direct/indirect** (*Ling*) direct/indirect *ou* reported speech

discourtois, e [diskuʀtwa, -waz] ADJ discourteous

discrédit [diskʀedi] NM: **jeter le ~ sur** to discredit

discréditer [diskʀedite] /1/ VT to discredit

discret, -ète [diskʀɛ, -ɛt] ADJ discreet; (*fig: musique, style, maquillage*) unobtrusive; (*: endroit*) quiet

discrètement [diskʀɛtmɑ̃] ADV discreetly

discrétion [diskʀesjɔ̃] NF discretion; **à la ~ de qn** at sb's discretion; in sb's hands; **à ~** (*boisson etc*) unlimited, as much as one wants

discrétionnaire [diskʀesjɔnɛʀ] ADJ discretionary

discrimination [diskʀiminasjɔ̃] NF discrimination; **sans ~** indiscriminately

discriminatoire [diskʀiminatwaʀ] ADJ discriminatory

disculper [diskylpe] /1/ VT to exonerate

discussion [diskysjɔ̃] NF discussion

discutable [diskytabl] ADJ (*contestable*) doubtful; (*à débattre*) debatable

discutailler [diskytaje] VI to quibble

discuté, e [diskyte] ADJ controversial

★**discuter** [diskyte] /1/ VT (*contester*) to question, dispute; (*débattre: prix*) to discuss; **~ de** to discuss ▸ VI to talk; (*protester*) to argue ■ **se discuter** VPR: **ça se discute** that's debatable

dise *etc* [diz] VB *voir* **dire**

disert, e [dizɛʀ, -ɛʀt] ADJ loquacious

disette [dizɛt] NF food shortage

diseuse [dizøz] NF: **~ de bonne aventure** fortune-teller

disgrâce [disgʀɑs] NF disgrace; **être en ~** to be in disgrace

disgracié, e [disgʀasje] ADJ (*en disgrâce*) disgraced

disgracieux, -euse [disgʀasjø, -øz] ADJ ungainly, awkward

disjoindre [disʒwɛ̃dʀ] /**49**/ VT to take apart ■ **se disjoindre** VPR to come apart

disjoint, e [disʒwɛ̃, -wɛ̃t] PP *de* **disjoindre** ▸ ADJ loose

disjoncter [disʒɔ̃kte] VI (*disjoncteur*) to trip; (*fam*: *personne*) to crack up (*fam*)

disjoncteur [disʒɔ̃ktœʀ] NM (*Élec*) circuit breaker

dislocation [dislɔkasjɔ̃] NF dislocation

disloquer [dislɔke] /**1**/ VT (*membre*) to dislocate; (*chaise*) to dismantle; (*troupe*) to disperse ■ **se disloquer** VPR (*parti, empire*) to break up; (*meuble*) to come apart; **se ~ l'épaule** to dislocate one's shoulder

disons *etc* [dizɔ̃] VB *voir* **dire**

disparaître [dispaʀɛtʀ] /**57**/ VI to disappear; (*à la vue*) to vanish, disappear; to be hidden *ou* concealed; (*être manquant*) to go missing, disappear; (*se perdre*: *traditions etc*) to die out; (*personne*: *mourir*) to die; **faire ~** (*objet, tache, trace*) to remove; (*personne, douleur*) to get rid of

disparate [dispaʀat] ADJ disparate; (*couleurs*) ill-assorted

disparité [dispaʀite] NF disparity

disparition [dispaʀisjɔ̃] NF disappearance; **espèce en voie de ~** endangered species

★**disparu, e** [dispaʀy] PP *de* **disparaître** ▸ NM/F missing person; (*défunt*) departed; **être porté ~** to be reported missing

dispendieux, -euse [dispɑ̃djø, -øz] ADJ extravagant, expensive

dispensaire [dispɑ̃sɛʀ] NM community clinic

dispense [dispɑ̃s] NF exemption; (*permission*) special permission; **~ d'âge** special exemption from age limit

dispenser [dispɑ̃se] /**1**/ VT (*donner*) to lavish, bestow; (*exempter*): **~ qn de** to exempt sb from ■ **se dispenser** VPR: **se ~ de qch** to avoid sth, get out of sth

disperser [dispɛʀse] /**1**/ VT to scatter; (*fig*: *son attention*) to dissipate ■ **se disperser** VPR to scatter; (*fig*) to dissipate one's efforts

dispersion [dispɛʀsjɔ̃] NF scattering; (*des efforts*) dissipation

disponibilité [dispɔnibilite] NF availability; (*Admin*): **être en ~** to be on leave of absence ■ **disponibilités** NFPL (*Comm*) liquid assets

★**disponible** [dispɔnibl] ADJ available

dispos [dispo] ADJ M: **(frais et) ~** fresh (as a daisy)

disposé, e [dispoze] ADJ (*d'une certaine manière*) arranged, laid-out; **bien/mal ~** (*humeur*) in a good/bad mood; **bien/mal ~ pour** *ou* **envers qn** well/badly disposed towards sb; **~ à** (*prêt à*) willing *ou* prepared to

disposer [dispoze] /**1**/ VT (*arranger, placer*) to arrange; (*inciter*): **~ qn à qch/faire qch** to dispose *ou* incline sb towards sth/to do sth ▸ VI: **vous pouvez ~** you may leave; **~ de** to have (at one's disposal) ■ **se disposer à faire** VPR to prepare to do, be about to do

dispositif [dispozitif] NM device; (*fig*) system, plan of action; set-up; (*d'un texte de loi*) operative part; **~ de sûreté** safety device

disposition [dispozisjɔ̃] NF (*arrangement*) arrangement, layout; (*humeur*) mood; (*tendance*) tendency; **à la ~ de qn** at sb's disposal; **je suis à votre ~** I am at your service ■ **dispositions** NFPL (*mesures*) steps, measures; (*préparatifs*) arrangements; (*de loi, testament*) provisions; (*aptitudes*) bent *sg*, aptitude *sg*; **prendre ses dispositions** to make arrangements; **avoir des dispositions pour la musique** *etc* to have a special aptitude for music *etc*

disproportion [dispʀɔpɔʀsjɔ̃] NF disproportion

disproportionné, e [dispʀɔpɔʀsjɔne] ADJ disproportionate, out of all proportion

★**dispute** [dispyt] NF quarrel, argument

★**disputer** [dispyte] /**1**/ VT (*match*) to play; (*combat*) to fight; (*course*) to run; **~ qch à qn** to fight with sb for *ou* over sth ■ **se disputer** VPR to quarrel, have a quarrel; (*match, combat, course*) to take place

disquaire [diskɛʀ] NMF record dealer

disqualification [diskalifikasjɔ̃] NF disqualification

disqualifier [diskalifje] /**7**/ VT to disqualify ■ **se disqualifier** VPR to bring discredit on o.s.

★**disque** [disk] NM (*Mus*) record; (*Inform*) disk, disc; (*forme, pièce*) disc; (*Sport*) discus; **~ compact** compact disc; **~ compact interactif** CD-I®; **~ dur** hard drive; **~ d'embrayage** (*Auto*) clutch plate; **~ laser** compact disc; **~ de stationnement** parking disc; **~ système** system disk

disquette [diskɛt] NF floppy (disk), diskette

dissection [disɛksjɔ̃] NF dissection

dissemblable [disɑ̃blabl] ADJ dissimilar

dissemblance [disɑ̃blɑ̃s] NF dissimilarity, difference

dissémination [diseminasjɔ̃] NF (*voir vb*) scattering; dispersal; (*des armes*) proliferation

disséminer [disemine] /**1**/ VT to scatter; (*troupes*: *sur un territoire*) to disperse

dissension [disɑ̃sjɔ̃] NF dissension ■ **dissensions** NFPL dissension

disséquer [diseke] /**6**/ VT to dissect

dissertation [disɛʀtasjɔ̃] NF (*Scol*) essay

disserter [disɛʀte] /**1**/ VI: **~ sur** to discourse upon

dissidence [disidɑ̃s] NF (*concept*) dissidence; **rejoindre la ~** to join the dissidents

dissident, e [disidɑ̃, -ɑ̃t] ADJ, NM/F dissident

dissimilitude [disimilityd] NF dissimilarity

dissimulateur, -trice [disimylatœʀ, -tʀis] ADJ dissembling ▸ NM/F dissembler

dissimulation [disimylasjɔ̃] NF concealing; (*duplicité*) dissimulation; **~ de bénéfices/de revenus** concealment of profits/income

dissimulé, e [disimyle] ADJ (*personne*: *secret*) secretive; (: *fourbe, hypocrite*) deceitful

dissimuler [disimyle] /**1**/ VT to conceal ■ **se dissimuler** VPR to conceal o.s.; to be concealed

dissipation [disipasjɔ̃] NF squandering; unruliness; (*débauche*) dissipation

d

dissipé, e [disipe] ADJ (*indiscipliné*) unruly
dissiper [disipe] /1/ VT to dissipate; (*fortune*) to squander, fritter away ■ **se dissiper** VPR (*brouillard*) to clear, disperse; (*doutes*) to disappear, melt away; (*élève*) to become undisciplined *ou* unruly
dissociable [disɔsjabl] ADJ separable
dissocier [disɔsje] /7/ VT to dissociate ■ **se dissocier** VPR (*éléments, groupe*) to break up, split up; **se ~ de** (*groupe, point de vue*) to dissociate o.s. from
dissolu, e [disɔly] ADJ dissolute
dissoluble [disɔlybl] ADJ (*Pol: assemblée*) dissolvable
dissolution [disɔlysjɔ̃] NF dissolving; (*Pol, Jur*) dissolution
dissolvant, e [disɔlvɑ̃, -ɑ̃t] VB *voir* **dissoudre** ▶ NM (*Chimie*) solvent; **~ (gras)** nail polish remover
dissonant, e [disɔnɑ̃, -ɑ̃t] ADJ discordant
dissoudre [disudʀ] /51/ VT to dissolve ■ **se dissoudre** VPR to dissolve
dissous, -oute [disu, -ut] PP *de* **dissoudre**
dissuader [disɥade] /1/ VT: **~ qn de faire/de qch** to dissuade sb from doing/from sth
dissuasif, -ive [disɥazif, -iv] ADJ dissuasive
dissuasion [disɥazjɔ̃] NF dissuasion; **force de ~** deterrent power
★**distance** [distɑ̃s] NF distance; (*fig: écart*) gap; **à ~** at *ou* from a distance; (*mettre en marche, commander*) by remote control; **(situé) à ~** (*Inform*) remote; **tenir qn à ~** to keep sb at a distance; **se tenir à ~** to keep one's distance; **à une ~ de 10 km, à 10 km de ~** 10 km away, at a distance of 10 km; **à deux ans de ~** with a gap of two years; **prendre ses distances** to space out; **garder ses distances** to keep one's distance; **tenir la ~** (*Sport*) to cover the distance, last the course; **~ focale** (*Photo*) focal length
distancer [distɑ̃se] /3/ VT to outdistance, leave behind
distanciation [distɑ̃sjasjɔ̃] NF detachment
distanciel, le [distɑ̃sjɛl] ADJ (*formation, enseignement*) distance
distancier [distɑ̃sje] /7/: **se distancier** VPR to distance o.s.
distant, e [distɑ̃, -ɑ̃t] ADJ (*réservé*) distant, aloof; (*éloigné*) distant, far away; **~ de** (*lieu*) far away *ou* a long way from; **~ de 5 km (d'un lieu)** 5 km away (from a place)
distendre [distɑ̃dʀ] /41/ VT to distend ■ **se distendre** VPR to distend
distillation [distilasjɔ̃] NF distillation, distilling
distillé, e [distile] ADJ: **eau distillée** distilled water
distiller [distile] /1/ VT to distil; (*fig*) to exude; to elaborate
distillerie [distilʀi] NF distillery
distinct, e [distɛ̃(kt), distɛ̃kt] ADJ distinct
distinctement [distɛ̃ktəmɑ̃] ADV distinctly
distinctif, -ive [distɛ̃ktif, -iv] ADJ distinctive
distinction [distɛ̃ksjɔ̃] NF distinction
distingué, e [distɛ̃ge] ADJ distinguished
distinguer [distɛ̃ge] /1/ VT to distinguish ■ **se distinguer** VPR (*s'illustrer*) to distinguish o.s.; (*différer*): **se ~ (de)** to distinguish o.s. *ou* be distinguished (from)
distinguo [distɛ̃go] NM distinction
distorsion [distɔʀsjɔ̃] NF (*gén*) distortion; (*fig: déséquilibre*) disparity, imbalance
★**distraction** [distʀaksjɔ̃] NF (*manque d'attention*) absent-mindedness; (*oubli*) lapse (in concentration *ou* attention); (*détente*) diversion, recreation; (*passe-temps*) distraction, entertainment
distraire [distʀɛʀ] /50/ VT (*déranger*) to distract; (*divertir*) to entertain, divert; (*détourner: somme d'argent*) to divert, misappropriate ■ **se distraire** VPR to amuse *ou* enjoy o.s.
distrait, e [distʀɛ, -ɛt] PP *de* **distraire** ▶ ADJ absent-minded
distraitement [distʀɛtmɑ̃] ADV absent-mindedly
distrayant, e [distʀɛjɑ̃, -ɑ̃t] VB *voir* **distraire** ▶ ADJ entertaining
★**distribuer** [distʀibɥe] /1/ VT to distribute; to hand out; (*Cartes*) to deal (out); (*courrier*) to deliver
★**distributeur** [distʀibytœʀ] NM (*Auto, Comm*) distributor; (*automatique*) (vending) machine; **~ de billets** (*Rail*) ticket machine; (*Banque*) cash dispenser
distribution [distʀibysjɔ̃] NF distribution; (*postale*) delivery; (*choix d'acteurs*) casting; **circuits de ~** (*Comm*) distribution network; **~ des prix** (*Scol*) prize giving
district [distʀik(t)] NM district
dit, e [di, dit] PP *de* **dire** ▶ ADJ (*fixé*): **le jour ~** the arranged day; (*surnommé*) **X, ~ Pierrot** X, known as *ou* called Pierrot
dites [dit] VB *voir* **dire**
dithyrambique [ditiʀɑ̃bik] ADJ eulogistic
DIU SIGLE M (= *dispositif intra-utérin*) IUD
diurétique [djyʀetik] ADJ, NM diuretic
diurne [djyʀn] ADJ diurnal, daytime *cpd*
divagations [divagasjɔ̃] NFPL ramblings; ravings
divaguer [divage] /1/ VI to ramble; (*malade*) to rave
divan [divɑ̃] NM divan
divan-lit [divɑ̃li] (*pl* **divans-lits**) NM divan (bed)
divergence [divɛʀʒɑ̃s] NF divergence; **des divergences d'opinion au sein de …** differences of opinion within …
divergent, e [divɛʀʒɑ̃, -ɑ̃t] ADJ divergent
diverger [divɛʀʒe] /3/ VI to diverge
divers, e [divɛʀ, -ɛʀs] ADJ (*varié*) diverse, varied; (*différent*) different, various; **(frais) ~** (*Comm*) sundries, miscellaneous (expenses); **« ~ »** (*rubrique*) "miscellaneous"; **diverses personnes** various *ou* several people
diversement [divɛʀsəmɑ̃] ADV in various *ou* diverse ways
diversification [divɛʀsifikasjɔ̃] NF diversification
diversifier [divɛʀsifje] /7/ VT to diversify ■ **se diversifier** VPR to diversify
diversion [divɛʀsjɔ̃] NF diversion; **faire ~** to create a diversion
diversité [divɛʀsite] NF diversity, variety
divertir [divɛʀtiʀ] /2/ VT to amuse, entertain ■ **se divertir** VPR to amuse *ou* enjoy o.s.
divertissant, e [divɛʀtisɑ̃, -ɑ̃t] ADJ entertaining

divertissement [divɛʀtismɑ̃] NM entertainment; (*Mus*) divertimento, divertissement
dividende [dividɑ̃d] NM (*Math, Comm*) dividend
divin, e [divɛ̃, -in] ADJ divine; (*fig: excellent*) heavenly, divine
divinateur, -trice [divinatœʀ, -tʀis] ADJ perspicacious
divinatoire [divinatwaʀ] ADJ (*art, science*) divinatory; **baguette ~** divining rod
divinement [divinmɑ̃] ADV (*merveilleusement bien*) divinely; **un dessert ~ bon** a heavenly dessert
diviniser [divinize] /1/ VT to deify
divinité [divinite] NF divinity
divisé, e [divize] ADJ divided
★**diviser** [divize] /1/ VT (*gén, Math*) to divide; (*morceler, subdiviser*) to divide (up), split (up); **~ par** to divide by ■ **se diviser en** VPR to divide into
diviseur [divizœʀ] NM (*Math*) divisor
divisible [divizibl] ADJ divisible
division [divizjɔ̃] NF (*gén*) division; **~ du travail** (*Écon*) division of labour
divisionnaire [divisjɔnɛʀ] ADJ: **commissaire ~** ≈ chief superintendent (BRIT), ≈ police chief (US)
★**divorce** [divɔʀs] NM divorce
★**divorcé, e** [divɔʀse] NM/F divorcee
★**divorcer** [divɔʀse] /3/ VI to get a divorce, get divorced; **~ de** *ou* **d'avec qn** to divorce sb
divulgation [divylgasjɔ̃] NF disclosure
divulguer [divylge] /1/ VT to disclose, divulge
★**dix** [di, dis, diz] NUM ten
★**dix-huit** [dizɥit] NUM eighteen
dix-huitième [dizɥitjɛm] NUM eighteenth
dixième [dizjɛm] NUM tenth
★**dix-neuf** [diznœf] NUM nineteen
dix-neuvième [diznœvjɛm] NUM nineteenth
★**dix-sept** [disɛt] NUM seventeen
dix-septième [disɛtjɛm] NUM seventeenth
★**dizaine** [dizɛn] NF (10) ten; (*environ 10*): **une ~ (de)** about ten, ten or so
Djakarta [dʒakaʀta] N Djakarta
Djibouti [dʒibuti] N Djibouti
djihad [dʒi(j)ad] NF jihad
djihadiste [dʒi(j)adist] ADJ, NMF jihadist
dl ABR (= *décilitre*) dl
dm. ABR (= *décimètre*) dm.
DNB SIGLE M (= *Diplôme national du brevet*) *school certificate (taken at approx. 16 years)*
do [do] NM (*note*) C; (*en chantant la gamme*) do(h)
docile [dɔsil] ADJ docile
docilement [dɔsilmɑ̃] ADV docilely
docilité [dɔsilite] NF docility
dock [dɔk] NM dock; (*hangar, bâtiment*) warehouse
docker [dɔkɛʀ] NM docker
docte [dɔkt] ADJ (*péj*) learned
★**docteur, e** [dɔktœʀ] NM/F doctor; **~ en médecine** doctor of medicine
doctoral, e, -aux [dɔktɔʀal, -o] ADJ pompous, bombastic
doctorat [dɔktɔʀa] NM: **~ (d'Université)** ≈ doctorate; **~ d'État** ≈ PhD; **~ de troisième cycle** ≈ doctorate

Students who hold a *master* and wish to go on to do a further postgraduate degree can study for a **doctorat**. This involves three or four years of intensive research and the writing of a thesis. This option often leads to a research job in a state-funded laboratory or private company, or to a lecturing post in various types of higher education institution.

doctoresse [dɔktɔʀɛs] NF lady doctor
doctrinaire [dɔktʀinɛʀ] ADJ doctrinaire; (*sentencieux*) pompous, sententious
doctrinal, e, -aux [dɔktʀinal, -o] ADJ doctrinal
doctrine [dɔktʀin] NF doctrine
document [dɔkymɑ̃] NM document
★**documentaire** [dɔkymɑ̃tɛʀ] ADJ, NM documentary
documentaliste [dɔkymɑ̃talist] NMF archivist; (*Presse, TV*) researcher
documentation [dɔkymɑ̃tasjɔ̃] NF documentation, literature; (*Presse, TV: service*) research
documenté, e [dɔkymɑ̃te] ADJ well-informed, well-documented; well-researched
documenter [dɔkymɑ̃te] /1/ VT: **se ~ (sur)** to gather information *ou* material (on *ou* about)
Dodécanèse [dɔdekanɛz] NM Dodecanese (Islands)
dodeliner [dɔd(ə)line] /1/ VI: **~ de la tête** to nod one's head gently
dodo [dɔdo] NM: **aller faire ~** to go to beddy-byes
dodu, e [dɔdy] ADJ plump
dogmatique [dɔgmatik] ADJ dogmatic
dogmatisme [dɔgmatism] NM dogmatism
dogme [dɔgm] NM dogma
dogue [dɔg] NM mastiff
★**doigt** [dwa] NM finger; **à deux doigts de** within an ace (BRIT) *ou* an inch of; **un ~ de lait/whisky** a drop of milk/whisky; **désigner** *ou* **montrer du ~** to point at; **au ~ et à l'œil** to the letter; **connaître qch sur le bout des doigts** to know sth backwards; **mettre le ~ sur la plaie** (*fig*) to find the sensitive spot; **~ de pied** toe
doigté [dwate] NM (*Mus*) fingering; (*fig: habileté*) diplomacy, tact
doigtier [dwatje] NM fingerstall
dois *etc* [dwa] VB *voir* **devoir**
doit *etc* [dwa] VB *voir* **devoir**
doive *etc* [dwav] VB *voir* **devoir**
doléances [dɔleɑ̃s] NFPL complaints; (*réclamations*) grievances
dolent, e [dɔlɑ̃, -ɑ̃t] ADJ doleful, mournful
dollar [dɔlaʀ] NM dollar
dolmen [dɔlmɛn] NM dolmen
DOM [dɔm] SIGLE M(PL) = **Département(s) d'outre-mer**
domaine [dɔmɛn] NM estate, property; (*fig*) domain, field; **dans le ~ de qch** in the field of sth; **dans tous les domaines** in all areas; **tomber dans le ~ public** (*livre, chanson*) to be out of copyright; **~ skiable** ski slopes *pl*
domanial, e, -aux [dɔmanjal, -o] ADJ national, state *cpd*
dôme [dom] NM dome

d

domestication [dɔmɛstikasjɔ̃] NF (*voir domestiquer*) domestication; harnessing

domesticité [dɔmɛstisite] NF (domestic) staff

domestique [dɔmɛstik] ADJ domestic ▸ NMF servant, domestic

domestiquer [dɔmɛstike] /1/ VT to domesticate; (*vent, marées*) to harness

domicile [dɔmisil] NM home, place of residence; **à ~** at home; **élire ~ à** to take up residence in; **sans ~ fixe** of no fixed abode; **~ conjugal** marital home; **~ légal** domicile; **livrer à ~** to deliver

domiciliation [dɔmisiljasjɔ̃] NF (*Jur: d'entreprise, société*) domiciliation

domicilié, e [dɔmisilje] ADJ: **être ~ à** to have one's home in *ou* at

dominant, e [dɔminɑ̃, -ɑ̃t] ADJ dominant; (*plus important: opinion*) predominant ▸ NF (*caractéristique*) dominant characteristic; (*couleur*) dominant colour

dominateur, -trice [dɔminatœʀ, -tʀis] ADJ dominating; (*qui aime à dominer*) domineering

domination [dɔminasjɔ̃] NF domination

dominer [dɔmine] /1/ VT to dominate; (*passions etc*) to control, master; (*sujet*) to master; (*surpasser*) to outclass, surpass; (*surplomber*) to tower above, dominate ▸ VI to be in the dominant position ■ **se dominer** VPR to control o.s.

dominicain, e [dɔminikɛ̃, -ɛn] ADJ Dominican

dominical, e, -aux [dɔminikal, -o] ADJ Sunday *cpd*, dominical

Dominique [dɔminik] NF: **la ~** Dominica

domino [dɔmino] NM domino ■ **dominos** NMPL (*jeu*) dominoes *sg*

★**dommage** [dɔmaʒ] NM (*préjudice*) harm, injury; **c'est ~ de faire/que** it's a shame *ou* pity to do/that; **quel ~!, c'est ~!** what a pity *ou* shame! ■ **dommages** NMPL (*dégâts, pertes*) damage *no pl*; **dommages corporels** physical injury

dommageable [dɔmaʒabl] ADJ (*conséquences*) detrimental; **~ pour qn/qch** detrimental to sb/sth; **~ pour l'environnement** harmful to the environment

dommages-intérêts [dɔmaʒ(əz)ɛ̃teʀɛ] NMPL damages

domotique [dɔmɔtik] NF home automation

dompter [dɔ̃(p)te] /1/ VT to tame

dompteur, -euse [dɔ̃tœʀ, -øz] NM/F trainer; (*de lion*) lion tamer

DOM-ROM [dɔmʀɔm], **DOM-TOM** [dɔmtɔm] SIGLE M, SIGLE MPL (= *Département(s) et Région/Territoire(s) d'outre-mer*) *French overseas departments and regions; see note*

> There are five *départements d'outre-mer* or **DOM**s: Guadeloupe, Martinique, La Réunion, French Guyana and Mayotte. They are run in the same way as metropolitan *départements* and their inhabitants are French citizens. In administrative terms they are also *régions*, and in this regard are also referred to as **ROM**s (*régions d'outre-mer*). The term **DOM-TOM** is still commonly used, but the term *territoire d'outre-mer* has been superseded by that of *collectivité d'outre-mer* (**COM**). There are seven **COM**s, each of which is independent but supervised by a representative of the French government.

don [dɔ̃] NM (*cadeau*) gift; (*charité*) donation; (*aptitude*) gift, talent; **avoir des dons pour** to have a gift *ou* talent for; **faire ~ de** to make a gift of; **~ en argent** cash donation; **elle a le ~ de m'énerver** she's got a knack of getting on my nerves

donateur, -trice [dɔnatœʀ, -tʀis] NM/F donor

donation [dɔnasjɔ̃] NF donation

★**donc** [dɔ̃k] CONJ therefore, so; (*après une digression*) so, then; (*intensif*): **voilà ~ la solution** so there's the solution; **je disais ~ que ...** as I was saying, ...; **venez ~ dîner à la maison** do come for dinner; **allons ~!** come now!; **faites ~** go ahead

dongle [dɔ̃gl] NM dongle

donjon [dɔ̃ʒɔ̃] NM keep

don Juan [dɔ̃ʒɥɑ̃] NM Don Juan

donnant, e [dɔnɑ̃, -ɑ̃t] ADJ: **~, ~** fair's fair

donne [dɔn] NF (*Cartes*): **il y a mauvaise** *ou* **fausse ~** there's been a misdeal

donné, e [dɔne] ADJ (*convenu: lieu, heure*) given; (*pas cher*) very cheap; **c'est ~** it's a gift; **étant ~ que ...** given that ... ■ **données** NFPL (*Math, Inform, gén*) data

★**donner** [dɔne] /1/ VT to give; (*vieux habits etc*) to give away; (*spectacle*) to put on; (*film*) to show; **~ qch à qn** to give sb sth, give sth to sb; **~ sur** (*fenêtre, chambre*) to look (out) onto; **~ dans** (*piège etc*) to fall into; **faire ~ l'infanterie** (*Mil*) to send in the infantry; **~ l'heure à qn** to tell sb the time; **~ le ton** (*fig*) to set the tone; **~ à penser/entendre que ...** to make one think/give one to understand that ...; **ça donne soif/faim** it makes you (feel) thirsty/hungry; **se ~ à fond (à son travail)** to give one's all (to one's work); **se ~ du mal** *ou* **de la peine (pour faire qch)** to go to a lot of trouble (to do sth); **s'en ~ à cœur joie** (*fam*) to have a great time (of it)

donneur, -euse [dɔnœʀ, -øz] NM/F (*Méd*) donor; (*Cartes*) dealer; **~ de sang** blood donor

donneur d'ordres, donneur d'ordre NM (*Jur*) principal

> **dont** [dɔ̃]
>
> PRON RELATIF **1** (*appartenance: objets*) whose, of which; (*: êtres animés*) whose; **la maison dont le toit est rouge** the house the roof of which is red, the house whose roof is red; **l'homme dont je connais la sœur** the man whose sister I know
>
> **2** (*parmi lesquel(le)s*): **deux livres, dont l'un est ...** two books, one of which is ...; **il y avait plusieurs personnes, dont Gabrielle** there were several people, among them Gabrielle; **10 blessés, dont 2 grièvement** 10 injured, 2 of them seriously
>
> **3** (*complément d'adjectif: de verbe*): **le fils dont il est si fier** the son he's so proud of; **le pays dont il est originaire** the country he's from; **ce dont je parle** what I'm talking about; **la façon dont il l'a fait** the way (in which) he did it

donzelle [dɔ̃zɛl] NF (*péj*) young madam

dopage [dɔpaʒ] NM (*Sport*) drug use; (*de cheval*) doping

dopant [dɔpɑ̃] NM dope

doper [dɔpe] /1/ VT to dope ■ **se doper** VPR to take dope

doping [dɔpiŋ] NM doping; (*excitant*) dope
dorade [dɔʀad] NF = **daurade**
doré, e [dɔʀe] ADJ golden; (*avec dorure*) gilt, gilded
dorénavant [dɔʀenavɑ̃] ADV from now on, henceforth
dorer [dɔʀe] /1/ VT (*cadre*) to gild; **(faire) ~** (*Culin*) to brown (: *gâteau*) to glaze; **~ la pilule à qn** to sugar the pill for sb ■ **se dorer** VPR: **se ~ au soleil** to sunbathe
dorloter [dɔʀlɔte] /1/ VT to pamper, cosset (BRIT); **se faire ~** to be pampered *ou* cosseted
dormant, e [dɔʀmɑ̃, -ɑ̃t] ADJ: **eau dormante** still water
dorme *etc* [dɔʀm] VB *voir* **dormir**
dormeur, -euse [dɔʀmœʀ, -øz] NM/F sleeper
★**dormir** [dɔʀmiʀ] /16/ VI to sleep; (*être endormi*) to be asleep; **~ à poings fermés** to sleep very soundly
dorsal, e, -aux [dɔʀsal, -o] ADJ dorsal
★**dortoir** [dɔʀtwaʀ] NM dormitory
dorure [dɔʀyʀ] NF gilding
doryphore [dɔʀifɔʀ] NM Colorado beetle
★**dos** [do] NM back; (*de livre*) spine; **« voir au ~ »** "see over"; **robe décolletée dans le ~** low-backed dress; **de ~** from the back, from behind; **~ à ~** back to back; **sur le ~** on one's back; **à ~ de chameau** riding on a camel; **avoir bon ~** to be a good excuse; **se mettre qn à ~** to turn sb against one
dosage [dozaʒ] NM mixture
dos-d'âne [dodɑn] NM humpback; **pont en ~** humpbacked bridge
dose [doz] NF (*Méd*) dose; **forcer la ~** (*fig*) to overstep the mark
doser [doze] /1/ VT to measure out; (*mélanger*) to mix in the correct proportions; (*fig*) to expend in the right amounts *ou* proportions; to strike a balance between; **il faut savoir ~ ses efforts** you have to be able to pace yourself
doseur [dozœʀ] NM measure; **bouchon ~** measuring cap
dossard [dosaʀ] NM number (*worn by competitor*)
dossier [dosje] NM (*renseignements, fichier*) file; (*enveloppe*) folder, file; (*de chaise*) back; (*Presse*) feature; (*Inform*) folder; **un ~ scolaire** a school report; **le ~ social/monétaire** (*fig*) the social/financial question; **~ suspendu** suspension file
dot [dɔt] NF dowry
dotation [dɔtasjɔ̃] NF block grant; endowment
doté, e [dɔte] ADJ: **~ de** equipped with
doter [dɔte] /1/ VT: **~ qn/qch de** to equip sb/sth with
douairière [dwɛʀjɛʀ] NF dowager
★**douane** [dwan] NF (*poste, bureau*) customs *pl*; (*taxes*) (customs) duty; **passer la ~** to go through customs; **en ~** (*marchandises, entrepôt*) bonded
douanier, -ière [dwanje, -jɛʀ] ADJ customs *cpd* ▶ NM/F customs officer
doublage [dublaʒ] NM (*Ciné*) dubbing
★**double** [dubl] ADJ, ADV double; **voir ~** to see double; **en ~ (exemplaire)** in duplicate; **faire ~ emploi** to be redundant; **à ~ sens** with a double meaning; **à ~ tranchant** two-edged; **~ carburateur** twin carburettor; **à doubles commandes** dual-control; **~ toit** (*de tente*) fly sheet; **~ vue** second sight ▶ NM (*autre exemplaire*) duplicate, copy; (*sosie*) double; (*Tennis*) doubles *sg*; (*2 fois plus*): **le ~ (de)** twice as much (*ou* many) (as), double the amount (*ou* number) (of); **~ messieurs/mixte** men's/mixed doubles *sg*
doublé, e [duble] ADJ (*vêtement*): **~ (de)** lined (with)
double-clic [dubl(ə)klik] (*pl* **doubles-clics**) NM double-click
double-cliquer [dubl(ə)klike] /1/ VI (*Inform*) to double-click
doublement [dubləmɑ̃] NM doubling; twofold increase ▶ ADV doubly; (*pour deux raisons*) in two ways, on two counts
★**doubler** [duble] /1/ VT (*multiplier par 2*) to double; (*vêtement*) to line; (*dépasser*) to overtake, pass; (*film*) to dub; (*acteur*) to stand in for; **~ (la classe)** (*Scol*) to repeat a year; **~ un cap** (*Navig*) to round a cape; (*fig*) to get over a hurdle ▶ VI to double, increase twofold ■ **se doubler de** VPR to be coupled with
doublure [dublyʀ] NF lining; (*Ciné*) stand-in
douce [dus] ADJ F *voir* **doux**
douceâtre [dusɑtʀ] ADJ sickly sweet
★**doucement** [dusmɑ̃] ADV gently; (*à voix basse*) softly; (*lentement*) slowly
doucereux, -euse [dus(ə)ʀø, -øz] ADJ (*péj*) sugary
douceur [dusœʀ] NF softness; sweetness; (*de climat*) mildness; (*de quelqu'un*) gentleness; **en ~** gently ■ **douceurs** NFPL (*friandises*) sweets (BRIT), candy *sg* (US)
★**douche** [duʃ] NF shower; **prendre une ~** to have *ou* take a shower; **~ écossaise**, (*fig*) **~ froide** (*fig*) let-down ■ **douches** NFPL shower room *sg*
★**doucher** [duʃe] /1/ VT: **~ qn** to give sb a shower; (*mouiller*) to drench sb; (*fig*) to give sb a telling-off ■ **se doucher** VPR to have *ou* take a shower
doudou [dudu] (*fam*) NM (*morceau de tissu*) comfort blanket; (*peluche*) cuddly toy
doudoune [dudun] NF padded jacket; (*fam*) boob
doué, e [dwe] ADJ gifted, talented; **~ de** endowed with; **être ~ pour** to have a gift for
douille [duj] NF (*Élec*) socket; (*de projectile*) case
douillet, te [dujɛ, -ɛt] ADJ cosy; (*péj: à la douleur*) soft
★**douleur** [dulœʀ] NF pain; (*chagrin*) grief, distress; **ressentir des douleurs** to feel pain; **il a eu la ~ de perdre son père** he suffered the grief of losing his father
douloureux, -euse [duluʀø, -øz] ADJ painful
★**doute** [dut] NM doubt; **sans ~** *adv* no doubt; (*probablement*) probably; **sans nul** *ou* **aucun ~** without (a) doubt; **hors de ~** beyond doubt; **nul ~ que** there's no doubt that; **mettre en ~** to call into question; **mettre en ~ que** to question whether
★**douter** [dute] /1/ VT to doubt; **~ de** *vt* (*allié, sincérité de qn*) to have (one's) doubts about, doubt; (*résultat, réussite*) to be doubtful of; **~ que** to doubt whether *ou* if; **j'en doute** I have my doubts ■ **se douter** VPR: **se ~ de qch/que** to suspect sth/that; **je m'en doutais** I suspected as much; **il ne se doutait de rien** he didn't suspect a thing
douteux, -euse [dutø, -øz] ADJ (*incertain*) doubtful; (*discutable*) dubious, questionable; (*péj*) dubious-looking

d

douve [duv] NF (*de château*) moat; (*de tonneau*) stave

★**Douvres** [duvʀ] N Dover

★**doux, douce** [du, dus] ADJ (*lisse, moelleux, pas vif: couleur, non calcaire: eau*) soft; (*sucré, agréable*) sweet; (*peu fort: moutarde etc, clément: climat*) mild; (*pas brusque*) gentle; **en douce** (*partir etc*) on the quiet

★**douzaine** [duzɛn] NF (12) dozen; (*environ 12*): **une ~ (de)** a dozen or so, twelve or so

douze [duz] NUM twelve

douzième [duzjɛm] NUM twelfth

doyen, ne [dwajɛ̃, -ɛn] NM/F (*en âge, ancienneté*) most senior member; (*de faculté*) dean

DPLG ABR (= *diplômé par le gouvernement*) *extra certificate for architects, engineers etc*

Dr ABR (= *docteur*) Dr

dr. ABR (= *droit(e)*) R, r

draconien, ne [dʀakɔnjɛ̃, -ɛn] ADJ draconian, stringent

dragage [dʀagaʒ] NM dredging

dragée [dʀaʒe] NF sugared almond; (*Méd*) (sugar-coated) pill

dragéifié, e [dʀaʒeifje] ADJ (*Méd*) sugar-coated

dragon [dʀagɔ̃] NM dragon

drague [dʀag] NF (*filet*) dragnet; (*bateau*) dredger

draguer [dʀage] /1/ VT (*rivière: pour nettoyer*) to dredge; (*: pour trouver qch*) to drag; (*fam*) to try and pick up, chat up (BRIT) ▸ VI (*fam*) to try and pick sb up, chat sb up (BRIT)

dragueur [dʀagœʀ] NM (*aussi:* **dragueur de mines**) minesweeper; (*fam*): **quel ~ !** he's a great one for picking up girls!

drain [dʀɛ̃] NM (*Méd*) drain

drainage [dʀɛnaʒ] NM drainage

drainer [dʀene] /1/ VT to drain; (*fig: visiteurs, région*) to drain off

dramatique [dʀamatik] ADJ dramatic; (*tragique*) tragic ▸ NF (TV) (television) drama

dramatisation [dʀamatizasjɔ̃] NF dramatization

dramatiser [dʀamatize] /1/ VT to dramatize

dramaturge [dʀamatyʀʒ] NM dramatist, playwright

drame [dʀam] NM (*Théât*) drama; (*catastrophe*) drama, tragedy; **~ familial** family drama

★**drap** [dʀa] NM (*de lit*) sheet; (*tissu*) woollen fabric; **~ de plage** beach towel

drapé [dʀape] NM (*d'un vêtement*) hang

★**drapeau, x** [dʀapo] NM flag; **sous les drapeaux** with the colours (BRIT) *ou* colors (US), in the army

draper [dʀape] /1/ VT to drape; (*robe, jupe*) to arrange

draperies [dʀapʀi] NFPL hangings

drap-housse [dʀaus] (*pl* **draps-housses**) NM fitted sheet

drapier [dʀapje] NM (woollen) cloth manufacturer; (*marchand*) clothier

drastique [dʀastik] ADJ drastic

drépanocytose [dʀepanositoz] NF sickle-cell anaemia

dressage [dʀesaʒ] NM training

dresser [dʀese] /1/ VT (*mettre vertical, monter: tente*) to put up, erect; (*fig: liste, bilan, contrat*) to draw up; (*animal*) to train; **~ l'oreille** to prick up one's ears; **~ la table** to set *ou* lay the table; **~ qn contre qn d'autre** to set sb against sb else; **~ un procès-verbal** *ou* **une contravention à qn** to book sb ■ **se dresser** VPR (*falaise, obstacle*) to stand; (*avec grandeur, menace*) to tower (up); (*personne*) to draw o.s. up

dresseur, -euse [dʀesœʀ, -øz] NM/F trainer

dressoir [dʀeswaʀ] NM dresser

dribbler [dʀible] /1/ VT, VI (*Sport*) to dribble

drille [dʀij] NM: **joyeux ~** cheerful sort

★**drogue** [dʀɔg] NF drug; **la ~** drugs *pl*; **~ dure/douce** hard/soft drugs *pl*

drogué, e [dʀɔge] NM/F drug addict

★**droguer** [dʀɔge] /1/ VT (*victime*) to drug; (*malade*) to give drugs to ■ **se droguer** VPR (*aux stupéfiants*) to take drugs; (*péj: de médicaments*) to dose o.s. up

droguerie [dʀɔgʀi] NF ≈ hardware shop (BRIT) *ou* store (US)

droguiste [dʀɔgist] NM ≈ keeper (*ou* owner) of a hardware shop *ou* store

★**droit, e** [dʀwa, dʀwat] ADJ (*non courbe*) straight; (*vertical*) upright, straight; (*fig: loyal, franc*) upright, straight(forward); (*opposé à gauche*) right, right-hand ▸ ADV straight; **~ au but** *ou* **au fait/cœur** straight to the point/heart ▸ NM (*prérogative, Boxe*) right; (*taxe*) duty, tax; (*: d'inscription*) fee; (*lois*): **le ~** law; **avoir le ~ de** to be allowed to; **avoir ~ à** to be entitled to; **être en ~ de** to have a *ou* the right to; **faire ~ à** to grant, accede to; **être dans son ~** to be within one's rights; **à bon ~** (*justement*) with good reason; **de quel ~ ?** by what right?; **à qui de ~** to whom it may concern; **~ d'auteur** copyright; **avoir ~ de cité (dans)** (*fig*) to belong (to); **~ coutumier** common law; **~ de regard** right of access *ou* inspection; **~ de réponse** right to reply; **~ de visite** (right of) access; **~ de vote** (right to) vote; **droits d'auteur** (*rémunération*) royalties; **droits de douane** customs duties; **droits de l'homme** human rights; **droits d'inscription** enrolment *ou* registration fees ▸ NF (*Pol*) right (wing); (*ligne*) straight line; **à droite** on the right; (*direction*) (to the) right; **à droite de** to the right of; **de droite** (*Pol*) right-wing; **sur votre droite** on your right

droitement [dʀwatmɑ̃] ADV (*agir*) uprightly

droit-fil [dʀwafil] (*pl* **droits-fils**) NM: **être dans le ~ de qch** to be wholly in keeping with sth

droitier, -ière [dʀwatje, -jɛʀ] NM/F right-handed person ▸ ADJ right-handed

droiture [dʀwatyʀ] NF uprightness, straightness

drôle [dʀol] ADJ (*amusant*) funny, amusing; (*bizarre*) funny, peculiar; **un ~ de …** (*bizarre*) a strange *ou* funny …; (*intensif*) an incredible …, a terrific …

drôlement [dʀolmɑ̃] ADV funnily; peculiarly; (*très*) terribly, awfully; **il fait ~ froid** it's awfully cold

drôlerie [dʀolʀi] NF funniness; funny thing

dromadaire [dʀɔmadɛʀ] NM dromedary

drone [dʀon] NM (*Aviat*) drone

dru, e [dʀy] ADJ (*cheveux*) thick, bushy; (*pluie*) heavy ▸ ADV (*pousser*) thickly; (*tomber*) heavily

drugstore [dʀœgstɔʀ] NM drugstore

druide [dʀɥid] NM Druid

ds ABR = **dans**
DT SIGLE M (= *diphtérie tétanos*) *vaccine*
DTCP SIGLE M (= *diphtérie tétanos coqueluche polio*) *vaccine*
DTP SIGLE M (= *diphtérie tétanos polio*) *vaccine*
DTTAB SIGLE M (= *diphtérie tétanos typhoïde A et B*) *vaccine*
★**du** [dy] ART *voir* **de**
dû, due [dy] PP *de* **devoir** ▶ ADJ (*somme*) owing, owed; (: *venant à échéance*) due; (*causé par*): **dû à** due to ▶ NM due; (*somme*) dues *pl*
dualisme [dɥalism] NM dualism
Dubaï, Dubay [dybaj] N Dubai
dubitatif, -ive [dybitatif, -iv] ADJ doubtful, dubious
Dublin [dyblɛ̃] N Dublin
duc [dyk] NM duke
duché [dyʃe] NM dukedom, duchy
duchesse [dyʃɛs] NF duchess
duel [dɥɛl] NM duel
duettiste [dɥetist] NMF duettist
duffel-coat [dœfœlkot] NM duffel coat
dûment [dymɑ̃] ADV duly
dumping [dœmpiŋ] NM dumping
dune [dyn] NF dune
Dunkerque [dœ̃kɛʀk] N Dunkirk
duo [dɥo] NM (*Mus*) duet; (*fig: couple*) duo, pair
dupe [dyp] NF dupe ▶ ADJ: **(ne pas) être ~ de** (not) to be taken in by
duper [dype] /1/ VT to dupe, deceive
duperie [dypʀi] NF deception, dupery
duplex [dyplɛks] NM (*appartement*) split-level apartment, duplex; (TV): **émission en ~** link-up
duplicata [dyplikata] NM duplicate
duplicateur [dyplikatœʀ] NM duplicator; **~ à alcool** spirit duplicator
duplicité [dyplisite] NF duplicity
duquel [dykɛl] *voir* **lequel**
★**dur, e** [dyʀ] ADJ (*pierre, siège, travail, problème*) hard; (*lumière, voix, climat*) harsh; (*sévère*) hard, harsh; (*cruel*) hard(-hearted); (*porte, col*) stiff; (*viande*) tough; **mener la vie dure à qn** to give sb a hard time; **~ d'oreille** hard of hearing ▶ ADV hard ▶ NM (*fam: meneur*) tough nut ▶ NF: **à la dure** rough
durabilité [dyʀabilite] NF durability
durable [dyʀabl] ADJ lasting
durablement [dyʀabləmɑ̃] ADV for the long term
durant [dyʀɑ̃] PRÉP (*au cours de*) during; (*pendant*) for; **~ des mois, des mois ~** for months
durcir [dyʀsiʀ] /2/ VT, VI to harden ▪ **se durcir** VPR to harden
durcissement [dyʀsismɑ̃] NM hardening
durée [dyʀe] NF length; (*d'une pile etc*) life; (*déroulement: des opérations etc*) duration; **pour une ~ illimitée** for an unlimited length of time; **de courte ~** (*séjour, répit*) brief, short-term; **de longue ~** (*effet*) long-term; **pile de longue ~** long-life battery
durement [dyʀmɑ̃] ADV harshly
durent [dyʀ] VB *voir* **devoir**
★**durer** [dyʀe] /1/ VI to last
dureté [dyʀte] NF (*voir dur*) hardness; harshness; stiffness; toughness
durillon [dyʀijɔ̃] NM callus
durit® [dyʀit] NF (car radiator) hose
DUT SIGLE M = **Diplôme universitaire de technologie**
dut *etc* [dy] VB *voir* **devoir**
duvet [dyvɛ] NM down; **(sac de couchage en) ~** down-filled sleeping bag
duveteux, -euse [dyv(ə)tø, -øz] ADJ downy
DVD SIGLE M (= *digital versatile disc*) DVD
★**dynamique** [dinamik] ADJ dynamic
dynamiser [dinamize] /1/ VT to pep up, enliven; (*équipe, service*) to inject some dynamism into
dynamisme [dinamism] NM dynamism
dynamite [dinamit] NF dynamite
dynamiter [dinamite] /1/ VT to (blow up with) dynamite
dynamo [dinamo] NF dynamo
dynastie [dinasti] NF dynasty
dysenterie [disɑ̃tʀi] NF dysentery
dysfonctionnement [disfɔ̃ksjɔnmɑ̃] NM malfunctioning
dyslexie [dislɛksi] NF dyslexia, word blindness
dyslexique [dislɛksik] ADJ dyslexic
dyspepsie [dispɛpsi] NF dyspepsia

d

Ee

E, e [ə] NM INV E, e ▸ ABR (= *Est*) E; **E comme Eugène** E for Edward (BRIT) *ou* Easy (*US*)

EAO SIGLE M (= *enseignement assisté par ordinateur*) CAL (= *computer-aided learning*)

★**EAU** SIGLE MPL (= *Émirats arabes unis*) UAE (= *United Arab Emirates*)

★**eau, x** [o] NF water; **prendre l'~** (*chaussure etc*) to leak, let in water; **faire ~** to leak; **tomber à l'~** (*fig*) to fall through; **à l'~ de rose** slushy, sentimental; **~ bénite** holy water; **~ de Cologne** eau de Cologne; **~ courante** running water; **~ distillée** distilled water; **~ douce** fresh water; **~ gazeuse** sparkling (mineral) water; **~ de Javel** bleach; **~ lourde** heavy water; **~ minérale** mineral water; **~ oxygénée** hydrogen peroxide; **~ plate** still water; **~ de pluie** rainwater; **~ salée** salt water; **~ de toilette** toilet water ▸ NFPL (*Méd*) waters; **prendre les eaux** to take the waters; **eaux ménagères** dirty water (*from washing up etc*); **eaux territoriales** territorial waters; **eaux usées** liquid waste

eau-de-vie [odvi] (*pl* **eaux-de-vie**) NF brandy

eau-forte [ofɔʀt] (*pl* **eaux-fortes**) NF etching

ébahi, e [ebai] ADJ dumbfounded, flabbergasted

ébahir [ebaiʀ] /2/ VT to astonish, astound

ébats [eba] VB *voir* **ébattre** ▸ NMPL frolics, gambols

ébattre [ebatʀ] /41/: **s'ébattre** VPR to frolic

ébauche [eboʃ] NF (rough) outline, sketch

ébaucher [eboʃe] /1/ VT to sketch out, outline; (*fig*): **~ un sourire/geste** to give a hint of a smile/make a slight gesture ▪ **s'ébaucher** VPR to take shape

ébène [ebɛn] NF ebony

ébéniste [ebenist] NM cabinetmaker

ébénisterie [ebenist(ə)ʀi] NF cabinetmaking; (*bâti*) cabinetwork

éberlué, e [ebɛʀlɥe] ADJ astounded, flabbergasted

éblouir [ebluiʀ] /2/ VT to dazzle

éblouissant, e [ebluisɑ̃, -ɑ̃t] ADJ dazzling

éblouissement [ebluismɑ̃] NM dazzle; (*faiblesse*) dizzy turn

ébonite [ebɔnit] NF vulcanite

éborgner [ebɔʀɲe] /1/ VT: **~ qn** to blind sb in one eye

éboueur [ebwœʀ] NM dustman (BRIT), garbage man (*US*)

ébouillanter [ebujɑ̃te] /1/ VT to scald; (*Culin*) to blanch ▪ **s'ébouillanter** VPR to scald o.s.

éboulement [ebulmɑ̃] NM falling rocks *pl*, rock fall; (*amas*) heap of boulders *etc*

ébouler [ebule] /1/: **s'ébouler** VPR to crumble, collapse

éboulis [ebuli] NMPL fallen rocks

ébouriffant, e [ebuʀifɑ̃, -ɑ̃t] ADJ hair-raising

ébouriffé, e [ebuʀife] ADJ tousled, ruffled

ébouriffer [ebuʀife] /1/ VT to tousle, ruffle

ébranlement [ebʀɑ̃lmɑ̃] NM shaking

ébranler [ebʀɑ̃le] /1/ VT to shake; (*rendre instable: mur, santé*) to weaken ▪ **s'ébranler** VPR (*partir*) to move off

ébrécher [ebʀeʃe] /6/ VT to chip

ébriété [ebʀijete] NF: **en état d'~** in a state of intoxication

ébrouer [ebʀue] /1/: **s'ébrouer** VPR (*souffler*) to snort; (*s'agiter*) to shake o.s.

ébruiter [ebʀɥite] /1/ VT to spread ▪ **s'ébruiter** VPR to spread

ébullition [ebylisjɔ̃] NF boiling point; **en ~** boiling; (*fig*) in an uproar

écaille [ekaj] NF (*de poisson*) scale; (*de coquillage*) shell; (*matière*) tortoiseshell; (*de roc etc*) flake

écaillé, e [ekaje] ADJ (*peinture*) flaking

écailler [ekaje] /1/ VT (*poisson*) to scale; (*huître*) to open ▪ **s'écailler** VPR to flake *ou* peel (off)

écaler [ekale] VT (*œuf dur*) to shell, peel

écarlate [ekaʀlat] ADJ scarlet

écarquiller [ekaʀkije] /1/ VT: **~ les yeux** to stare wide-eyed

écart [ekaʀ] NM gap; (*embardée*) swerve; (*saut*) sideways leap; (*fig*) departure, deviation; **à l'~** *adv* out of the way; **à l'~ de** *prép* away from; (*fig*) out of; **faire un ~** (*voiture*) to swerve; **faire le grand ~** (*Danse, Gym*) to do the splits; **~ de conduite** misdemeanour

écarté, e [ekaʀte] ADJ (*lieu*) out-of-the-way, remote; (*ouvert*): **les jambes écartées** legs apart; **les bras écartés** arms outstretched

écarteler [ekaʀtəle] /5/ VT to quarter; (*fig*) to tear

écartement [ekaʀtəmɑ̃] NM space, gap; (*Rail*) gauge

écarter [ekaʀte] /1/ VT (*séparer*) to move apart, separate; (*éloigner*) to push back, move away; (*ouvrir: bras, jambes*) to spread, open; (*: rideau*) to draw (back); (*éliminer: candidat, possibilité*) to dismiss;

(*Cartes*) to discard ▪ **s'écarter** VPR to part; (*personne*) to move away; **s'~ de** to wander from

ecchymose [ekimoz] NF bruise

ecclésiastique [eklezjastik] ADJ ecclesiastical ▶ NM ecclesiastic

écervelé, e [esɛʀvəle] ADJ scatterbrained, featherbrained

ECG SIGLE M (= *électrocardiogramme*) ECG

échafaud [eʃafo] NM scaffold

échafaudage [eʃafodaʒ] NM scaffolding; (*fig*) heap, pile

échafauder [eʃafode] /1/ VT (*plan*) to construct

échalas [eʃala] NM stake, pole; (*personne*) beanpole

échalote [eʃalɔt] NF shallot

échancré, e [eʃɑ̃kʀe] ADJ (*robe, corsage*) low-necked; (*côte*) indented

échancrure [eʃɑ̃kʀyʀ] NF (*de robe*) scoop neckline; (*de côte, arête rocheuse*) indentation

échange [eʃɑ̃ʒ] NM exchange; **en ~** in exchange; **en ~ de** in exchange *ou* return for; **libre ~** free trade; **~ de lettres/politesses/vues** exchange of letters/civilities/views; **échanges commerciaux** trade; **échanges culturels** cultural exchanges

échangeable [eʃɑ̃ʒabl] ADJ exchangeable

échanger [eʃɑ̃ʒe] /3/ VT: **~ qch (contre)** to exchange sth (for)

échangeur [eʃɑ̃ʒœʀ] NM (*Auto*) interchange

échangisme [eʃɑ̃ʒism] NM swinging, partner-swapping

échangiste [eʃɑ̃ʒist] ADJ (*club*) swinging, partner-swapping ▶ NMF swinger, partner swapper

échantillon [eʃɑ̃tijɔ̃] NM sample

échantillonnage [eʃɑ̃tijɔnaʒ] NM selection of samples

échantillonner [eʃɑ̃tijɔne] VT (*prélever des échantillons de*) to take samples of; (*Inform*) to digitize; (*Mus*) to sample

échappatoire [eʃapatwaʀ] NF way out

échappée [eʃape] NF (*vue*) vista; (*Cyclisme*) breakaway

échappement [eʃapmɑ̃] NM (*Auto*) exhaust; **~ libre** cutout

échapper [eʃape] /1/: **~ à** *vt* (*gardien*) to escape (from); (*punition, péril*) to escape; **~ à qn** (*détail, sens*) to escape sb; (*objet qu'on tient: aussi:* **échapper des mains de qn**) to slip out of sb's hands; **laisser ~** to let fall; (*cri etc*) to let out; **l'~ belle** to have a narrow escape

écharde [eʃaʀd] NF splinter (of wood)

écharpe [eʃaʀp] NF scarf; (*de maire*) sash; (*Méd*) sling; **avoir le bras en ~** to have one's arm in a sling; **prendre en ~** (*dans une collision*) to hit sideways on

écharper [eʃaʀpe] /1/ VT to tear to pieces

échasse [eʃɑs] NF stilt

échassier [eʃasje] NM wader

échauder [eʃode] /1/ VT: **se faire ~** (*fig*) to get one's fingers burnt

échauffement [eʃofmɑ̃] NM overheating; (*Sport*) warm-up

échauffer [eʃofe] /1/ VT (*métal, moteur*) to overheat; (*fig: exciter*) to fire, excite ▪ **s'échauffer** VPR (*Sport*) to warm up; (*discussion*) to become heated

échauffourée [eʃofuʀe] NF clash, brawl; (*Mil*) skirmish

échéance [eʃeɑ̃s] NF (*d'un paiement: date*) settlement date; (: *somme due*) financial commitment(s); (*fig*) deadline; **à brève/longue ~** *adj* short-/long-term; *adv* in the short/long term

échéancier [eʃeɑ̃sje] NM schedule

échéant [eʃeɑ̃]: **le cas ~** *adv* if the case arises

échec [eʃɛk] NM failure; (*Échecs*): **~ et mat/au roi** checkmate/check; **mettre en ~** to put in check; **tenir en ~** to hold in check; **faire ~ à** to foil, thwart ▪ **échecs** NMPL (*jeu*) chess *sg*

échelle [eʃɛl] NF ladder; (*fig, d'une carte*) scale; **à l'~ de** on the scale of; **sur une grande/petite ~** on a large/small scale; **faire la courte ~ à qn** to give sb a leg up; **~ de corde** rope ladder

échelon [eʃ(ə)lɔ̃] NM (*d'échelle*) rung; (*Admin*) grade

échelonnement [eʃ(ə)lɔnmɑ̃] NM (*de paiements*) spacing out

échelonner [eʃ(ə)lɔne] /1/ VT to space out, spread out; **versements échelonnés** instalments ▪ **s'échelonner** VPR (*être compris*): **s'~ entre X et Y** to range between X and Y; **s'~ de X à Y** to range from X to Y

écheveau, x [eʃ(ə)vo] NM skein, hank

échevelé, e [eʃəv(ə)le] ADJ tousled, dishevelled; (*fig*) wild, frenzied

échine [eʃin] NF backbone, spine

échiner [eʃine] /1/: **s'échiner** VPR: **s'~ à faire qch** to break one's back doing sth

échiquier [eʃikje] NM chessboard

écho [eko] NM echo; **rester sans ~** (*suggestion etc*) to come to nothing; **se faire l'~ de** to repeat, spread about ▪ **échos** NMPL (*potins*) gossip *sg*, rumours; (*Presse: rubrique*) "news in brief"

échographie [ekɔgʀafi] NF ultrasound (scan); **passer une ~** to have a scan

échoir [eʃwaʀ] VI (*dette*) to fall due; (*délais*) to expire; **~ à** *vt* to fall to

échoppe [eʃɔp] NF stall, booth

échouer [eʃwe] /1/ VI to fail; (*débris etc: sur la plage*) to be washed up; (*aboutir: personne dans un café etc*) to arrive ▶ VT (*bateau*) to ground ▪ **s'échouer** VPR to run aground

échu, e [eʃy] PP *de* **échoir** ▶ ADJ due, mature

échut *etc* [eʃy] VB *voir* **échoir**

éclabousser [eklabuse] /1/ VT to splash; (*fig*) to tarnish

éclaboussure [eklabusyʀ] NF splash; (*fig*) stain

éclair [eklɛʀ] NM (*d'orage*) flash of lightning, lightning *no pl*; (*Photo: de flash*) flash; (*fig*) flash, spark; (*gâteau*) éclair

éclairage [eklɛʀaʒ] NM lighting

éclairagiste [eklɛʀaʒist] NMF lighting engineer

éclairant, e [eklɛʀɑ̃, -ɑ̃t] ADJ (*loupe*) illuminated; **fusée éclairante** flare

éclaircie [eklɛʀsi] NF bright *ou* sunny interval

éclaircir [eklɛʀsiʀ] /2/ VT to lighten; (*fig: mystère*) to clear up; (*point*) to clarify; (*Culin*) to thin (down) ▪ **s'éclaircir** VPR (*ciel*) to brighten up, clear; (*che-*

e

veux) to go thin; (*situation etc*) to become clearer; **s'~ la voix** to clear one's throat

éclaircissement [eklɛʀsismɑ̃] NM clearing up, clarification

éclairé, e [ekleʀe] ADJ (*esprit, amateur*) enlightened

éclairer [ekleʀe] /1/ VT (*lieu*) to light (up); (*personne: avec une lampe de poche etc*) to light the way for; (*fig: instruire*) to enlighten; (*: rendre compréhensible*) to shed light on ▸ VI: **~ mal/bien** to give a poor/good light ▪ **s'éclairer** VPR (*phare, rue*) to light up; (*situation etc*) to become clearer; **s'~ à la bougie/l'électricité** to use candlelight/have electric lighting

éclaireur, -euse [eklɛʀœʀ, -øz] NM/F (*scout*) (boy) scout/(girl) guide ▸ NM (*Mil*) scout; **partir en ~** to go off to reconnoitre

éclat [ekla] NM (*de bombe, de verre*) fragment; (*du soleil, d'une couleur etc*) brightness, brilliance; (*d'une cérémonie*) splendour; (*scandale*): **faire un ~** to cause a commotion; **action d'~** outstanding action; **voler en éclats** to shatter; **des éclats de verre** broken glass; flying glass; **~ de rire** burst *ou* roar of laughter; **~ de voix** shout

éclatant, e [eklatɑ̃, -ɑ̃t] ADJ brilliant, bright; (*succès*) resounding; (*revanche*) devastating

éclatement [eklatmɑ̃] NM (*de groupe, parti*) break-up

éclater [eklate] /1/ VI (*pneu*) to burst; (*bombe*) to explode; (*guerre, épidémie*) to break out; (*groupe, parti*) to break up; **~ de rire/en sanglots** to burst out laughing/sobbing

éclectique [eklɛktik] ADJ eclectic

éclectisme [eklɛktism] NM eclecticism

éclipse [eklips] NF eclipse

éclipser [eklipse] /1/ VT to eclipse ▪ **s'éclipser** VPR to slip away

éclopé, e [eklɔpe] ADJ lame

éclore [eklɔʀ] /45/ VI (*œuf*) to hatch; (*fleur*) to open (out)

éclosion [eklozjɔ̃] NF blossoming

écluse [eklyz] NF lock

écluser [eklyze] (*fam*) VT to down (*fam*), knock back (*fam*) ▸ VI to knock it back (*fam*)

éclusier [eklyzje] NM lock keeper

éco- [eko] PRÉFIXE eco-

écobuage [ekɔbyaʒ] NM swidden, slash-and-burn farming

écocertification [ekosɛʀtifikasjɔ̃] NF eco-labelling, environmental certification

écœurant, e [ekœʀɑ̃, -ɑ̃t] ADJ sickening; (*gâteau etc*) sickly

écœurement [ekœʀmɑ̃] NM disgust

écœurer [ekœʀe] VT: **~ qn** (*nourriture*) to make sb feel sick; (*fig: conduite, personne*) to disgust sb

école [ekɔl] NF school; **aller à l'~** to go to school; **faire ~** to collect a following; **les grandes écoles** *prestige university-level colleges with competitive entrance examinations*; **~ maternelle** nursery school (BRIT), kindergarten (US); *see note*; **~ primaire** primary (BRIT) *ou* grade (US) school; **~ secondaire** secondary (BRIT) *ou* high (US) school; **~ privée/publique/élémentaire** private/state/elementary school; **~ de dessin/danse/musique** art/dancing/music school; **~ hôtelière** catering college; **~ normale (d'instituteurs)** *primary school teachers' training college*; **~ normale supérieure** *grande école for training secondary school teachers*; **~ de secrétariat** secretarial college

> **L'école maternelle** (nursery school or kindergarten) is publicly funded in France and, though not compulsory, is attended by most children between the ages of three and six. Statutory education begins with primary (grade) school (**l'école primaire**) and is attended by children between the ages of six and 10 or 11.

> Quand le mot **school** désigne l'institution en général, il n'est jamais précédé de l'article défini. Ce n'est pas le cas quand il désigne plus précisément le bâtiment.
> *J'ai appris à jouer du violon quand j'étais à l'école.* **I learned to play the violin when I was at school.**
> *Nous avons dû aller à l'école pour parler à l'instituteur de notre fils.* **We had to go to the school to talk to our son's teacher.**

écolier, -ière [ekɔlje, -jɛʀ] NM/F schoolboy/girl

écolo [ekɔlo] NMF (*fam*) ecologist ▸ ADJ ecological

écologie [ekɔlɔʒi] NF ecology; (*sujet scolaire*) environmental studies *pl*

écologique [ekɔlɔʒik] ADJ ecological; environment-friendly

écologiste [ekɔlɔʒist] NMF ecologist; environmentalist

écomusée [ekomyze] NM ecomuseum

éconduire [ekɔ̃dɥiʀ] /38/ VT to dismiss

économat [ekɔnɔma] NM (*fonction*) bursarship (BRIT), treasurership (US); (*bureau*) bursar's office (BRIT), treasury (US)

économe [ekɔnɔm] ADJ thrifty ▸ NMF (*de lycée etc*) bursar (BRIT), treasurer (US)

économétrie [ekɔnɔmetʀi] NF econometrics *sg*

économie [ekɔnɔmi] NF (*vertu*) economy, thrift; (*gain: d'argent, de temps etc*) saving; (*science*) economics *sg*; (*situation économique*) economy; **une ~ de temps/d'argent** a saving in time/of money; **~ collaborative** sharing economy; **~ dirigée** planned economy; **~ de marché** market economy ▪ **économies** NFPL (*pécule*) savings; **faire des économies** to save up

économique [ekɔnɔmik] ADJ (*avantageux*) economical; (*Écon*) economic

économiquement [ekɔnɔmikmɑ̃] ADV economically; **les ~ faibles** (*Admin*) the low-paid, people on low incomes

économiser [ekɔnɔmize] /1/ VT, VI to save

économiseur [ekɔnɔmizœʀ] NM: **~ d'écran** (*Inform*) screen saver

économiste [ekɔnɔmist] NMF economist

écoper [ekɔpe] /1/ VI to bale out; (*fig*) to cop it; **~ (de)** *vt* to get

écorce [ekɔʀs] NF bark; (*de fruit*) peel

écorcer [ekɔʀse] /3/ VT to bark

écorché, e [ekɔʀʃe] ADJ: **~ vif** flayed alive ▸ NM cut-away drawing

écorcher [ekɔʀʃe] /1/ VT (*animal*) to skin; (*égratigner*) to graze; **~ une langue** to speak a language brokenly; **s'~ le genou** *etc* to scrape *ou* graze one's knee *etc*
écorchure [ekɔʀʃyʀ] NF graze
écoresponsable [ekɔʀɛspɔ̃sabl] ADJ environmentally responsible
écorner [ekɔʀne] /1/ VT (*taureau*) to dehorn; (*livre*) to make dog-eared
écossais, e [ekɔsɛ, -ɛz] ADJ Scottish, Scots; (*whisky, confiture*) Scotch; (*écharpe, tissu*) tartan ▸ NM (*Ling*) Scots; (: *gaélique*) Gaelic; (*tissu*) tartan (cloth) ▸ NM/F: **Écossais, e** Scot, Scotsman/-woman; **les É~** the Scots
Écosse [ekɔs] NF: **l'~** Scotland
écosser [ekɔse] /1/ VT to shell
écosystème [ekɔsistɛm] NM ecosystem
écot [eko] NM: **payer son ~** to pay one's share
écotaxe [ekotaks] NF green tax
écotourisme [ekotuʀism] NM ecotourism
écoulement [ekulmɑ̃] NM (*de faux billets*) circulation; (*de stock*) selling
écouler [ekule] /1/ VT to dispose of ■ **s'écouler** VPR (*eau*) to flow (out); (*foule*) to drift away; (*jours, temps*) to pass (by)
écourter [ekuʀte] /1/ VT to curtail, cut short
écoute [ekut] NF (*Navig: cordage*) sheet; (*Radio, TV*): **temps d'~** (listening *ou* viewing) time; **heure de grande ~** peak listening *ou* viewing time; **prendre l'~** to tune in; **rester à l'~ (de)** to stay tuned in (to); **écoutes téléphoniques** phone tapping *sg*
écouter [ekute] /1/ VT to listen to ■ **s'écouter** VPR: **si je m'écoutais** if I followed my instincts
écouteur [ekutœʀ] NM (*Tél*) receiver ■ **écouteurs** NMPL (*casque*) headphones, headset *sg*
écoutille [ekutij] NF hatch
écr. ABR = **écrire**
écrabouiller [ekʀabuje] /1/ VT to squash, crush
écran [ekʀɑ̃] NM screen; (*Inform*) screen, VDU; **~ de fumée/d'eau** curtain of smoke/water; **porter à l'~** (*Ciné*) to adapt for the screen; **le petit ~** television, the small screen; **~ tactile** touchscreen; **~ total** sunblock
écrasant, e [ekʀɑzɑ̃, -ɑ̃t] ADJ overwhelming
écraser [ekʀɑze] /1/ VT to crush; (*piéton*) to run over; (*Inform*) to overwrite; **se faire ~** to be run over; **écrase(-toi) !** shut up!; **s'~ (au sol)** *vi* to crash; **s'~ contre** to crash into
écrémage [ekʀemaʒ] NM (*sélection*) creaming off
écrémé, e [ekʀeme] ADJ (*lait*) skimmed
écrémer [ekʀeme] /6/ VT to skim
écrevisse [ekʀəvis] NF crayfish *inv*
écrier [ekʀije] /7/: **s'écrier** VPR to exclaim
écrin [ekʀɛ̃] NM case, box
écrire [ekʀiʀ] /39/ VT, VI to write; **~ à qn que** to write and tell sb that ■ **s'écrire** VPR to write to one another; **ça s'écrit comment ?** how is it spelt?
écrit, e [ekʀi, -it] PP *de* **écrire** ▸ ADJ: **bien/mal ~** well/badly written ▸ NM document; (*examen*) written paper; **par ~** in writing
écriteau, x [ekʀito] NM notice, sign
écritoire [ekʀitwaʀ] NF writing case
écriture [ekʀityʀ] NF writing; (*Comm*) entry; **l'É~ (sainte), les Écritures** the Scriptures ■ **écritures** NFPL (*Comm*) accounts, books
écrivaillon, ne [ekʀivajɔ̃, -ɔn] NM/F scribbler
écrivain [ekʀivɛ̃] NM writer
écrivais *etc* [ekʀivɛ] VB *voir* **écrire**
écrou [ekʀu] NM nut
écrouer [ekʀue] /1/ VT to imprison; (*provisoirement*) to remand in custody
écroulé, e [ekʀule] ADJ (*de fatigue*) exhausted; (*par un malheur*) overwhelmed; **~ (de rire)** in stitches
écroulement [ekʀulmɑ̃] NM collapse
écrouler [ekʀule] /1/: **s'écrouler** VPR to collapse
écru, e [ekʀy] ADJ (*toile*) raw, unbleached; (*couleur*) off-white, écru
écu [eky] NM (*bouclier*) shield; (*monnaie: ancienne*) crown; (: *de la CEE*) ecu
écueil [ekœj] NM reef; (*fig*) pitfall; stumbling block
écuelle [ekɥɛl] NF bowl
éculé, e [ekyle] ADJ (*chaussure*) down-at-heel; (*fig: péj*) hackneyed
écume [ekym] NF foam; (*Culin*) scum; **~ de mer** meerschaum
écumer [ekyme] /1/ VT (*Culin*) to skim; (*fig*) to plunder ▸ VI (*mer*) to foam; (*fig*) to boil with rage
écumoire [ekymwaʀ] NF skimmer
écureuil [ekyʀœj] NM squirrel
écurie [ekyʀi] NF stable
écusson [ekysɔ̃] NM badge
écuyer, -ère [ekɥije, -ɛʀ] NM/F rider
eczéma [ɛgzema] NM eczema
éd. ABR = **édition**
édam [edam] NM (*fromage*) Edam
edelweiss [edɛlvajs] NM INV edelweiss
éden [edɛn] NM Eden
édenté, e [edɑ̃te] ADJ toothless
EDF SIGLE F (= *Électricité de France*) *national electricity company*
édifiant, e [edifjɑ̃, -ɑ̃t] ADJ edifying
édification [edifikasjɔ̃] NF (*d'un bâtiment*) building, erection
édifice [edifis] NM building, edifice
édifier [edifje] /7/ VT to build, erect; (*fig*) to edify
édiles [edil] NMPL city fathers
Édimbourg [edɛ̃buʀ] N Edinburgh
édit [edi] NM edict
édit. ABR = **éditeur**
éditer [edite] /1/ VT (*publier*) to publish; (: *disque*) to produce; (*préparer: texte, Inform: annoter*) to edit
éditeur, -trice [editœʀ, -tʀis] NM/F publisher; editor; **~ de textes** (*Inform*) text editor
édition [edisjɔ̃] NF editing *no pl*; (*série d'exemplaires*) edition; (*industrie du livre*): **l'~** publishing; **~ sur écran** (*Inform*) screen editing
édito [edito] NM (*fam: éditorial*) editorial, leader
éditorial, -aux [editɔʀjal, -o] NM editorial, leader
éditorialiste [editɔʀjalist] NMF editorial *ou* leader writer

e

édredon [edʀədɔ̃] NM eiderdown, comforter (*US*)
éducateur, -trice [edykatœʀ, -tʀis] NM/F teacher; (*en école spécialisée*) instructor; **~ spécialisé** specialist teacher
éducatif, -ive [edykatif, -iv] ADJ educational
éducation [edykasjɔ̃] NF education; (*familiale*) upbringing; (*manières*) (good) manners *pl*; **bonne/mauvaise ~** good/bad upbringing; **sans ~** bad-mannered, ill-bred; **l'É~ (nationale)** ≈ the Department for Education; **~ à la citoyenneté** citizenship education; **~ permanente** continuing education; **~ physique** physical education
édulcorant [edylkɔʀɑ̃] NM sweetener
édulcorer [edylkɔʀe] /1/ VT to sweeten; (*fig*) to tone down
éduquer [edyke] /1/ VT to educate; (*élever*) to bring up; (*faculté*) to train; **bien/mal éduqué** well/badly brought up
EEG SIGLE M (= *électroencéphalogramme*) EEG
effaçable [efasabl] ADJ (*feutre, CD*) erasable
effacé, e [efase] ADJ (*fig*) retiring, unassuming
★**effacer** [efase] /3/ VT to erase, rub out; (*bande magnétique*) to erase; (*Inform: fichier, fiche*) to delete; **~ le ventre** to pull one's stomach in ■ **s'effacer** VPR (*inscription etc*) to wear off; (*pour laisser passer*) to step aside
effaceur [efasœʀ] NM eraser pen
effarant, e [efaʀɑ̃, -ɑ̃t] ADJ alarming
effaré, e [efaʀe] ADJ alarmed
effarement [efaʀmɑ̃] NM alarm
effarer [efaʀe] /1/ VT to alarm
effarouchement [efaʀuʃmɑ̃] NM alarm
effaroucher [efaʀuʃe] /1/ VT to frighten *ou* scare away; (*personne*) to alarm
effectif, -ive [efɛktif, -iv] ADJ real; effective ▶ NM (*Mil*) strength; (*Scol*) total number of pupils, size; **effectifs** numbers, strength *sg*; (*Comm*) manpower *sg*; **réduire l'~ de** to downsize
★**effectivement** [efɛktivmɑ̃] ADV effectively; (*réellement*) actually, really; (*en effet*) indeed
effectuer [efɛktɥe] /1/ VT (*opération, mission*) to carry out; (*déplacement, trajet*) to make, complete; (*mouvement*) to execute, make ■ **s'effectuer** VPR to be carried out
efféminé, e [efemine] ADJ effeminate
effervescence [efɛʀvesɑ̃s] NF (*fig*): **en ~** in a turmoil
effervescent, e [efɛʀvesɑ̃, -ɑ̃t] ADJ (*cachet, boisson*) effervescent; (*fig*) agitated, in a turmoil
★**effet** [efɛ] NM (*résultat, artifice*) effect; (*impression*) impression; (*Comm*) bill; (*Jur: d'une loi, d'un jugement*): **avec ~ rétroactif** applied retrospectively; **~ de style/couleur/lumière** stylistic/colour/lighting effect; **faire ~** (*médicament*) to take effect; **faire de l'~** (*médicament, menace*) to have an effect, be effective; (*impressionner*) to make an impression; **faire bon/mauvais ~ sur qn** to make a good/bad impression on sb; **sous l'~ de** under the effect of; **donner de l'~ à une balle** (*Tennis*) to put some spin on a ball; **à cet ~** to that end; **en ~** *adv* indeed; **~ (de commerce)** bill of exchange; **~ de serre** greenhouse effect ■ **effets** NMPL (*vêtements etc*) things; **effets de voix** dramatic effects with one's voice; **effets spéciaux** (*Ciné*) special effects

effeuiller [efœje] /1/ VT to remove the leaves (*ou* petals) from
★**efficace** [efikas] ADJ (*personne*) efficient; (*action, médicament*) effective
efficacement [efikasmɑ̃] ADV effectively; **pour présenter ~ vos idées** so as to present your ideas effectively
efficacité [efikasite] NF (*d'une personne*) efficiency; (*d'un médicament*) effectiveness
effigie [efiʒi] NF effigy; **brûler qn en ~** to burn an effigy of sb
effilé, e [efile] ADJ slender; (*pointe*) sharp; (*carrosserie*) streamlined
effiler [efile] /1/ VT (*cheveux*) to thin (out); (*tissu*) to fray
effilocher [efilɔʃe] /1/: **s'effilocher** VPR to fray
efflanqué, e [eflɑ̃ke] ADJ emaciated
effleurement [eflœʀmɑ̃] NM: **touche à ~** touch-sensitive control *ou* key
effleurer [eflœʀe] /1/ VT to brush (against); (*sujet*) to touch upon; (*idée, pensée*): **~ qn** to cross sb's mind
effluves [eflyv] NMPL exhalation(s)
effondré, e [efɔ̃dʀe] ADJ (*abattu*) overwhelmed
effondrement [efɔ̃dʀəmɑ̃] NM collapse
effondrer [efɔ̃dʀe] /1/: **s'effondrer** VPR to collapse
efforcer [efɔʀse] /3/: **s'efforcer de** VPR: **s'~ de faire** to try hard to do
effort [efɔʀ] NM effort; **faire un ~** to make an effort; **faire tous ses efforts** to try one's hardest; **faire l'~ de ...** to make the effort to ...; **sans ~** *adj* effortless; *adv* effortlessly; **~ de mémoire** attempt to remember; **~ de volonté** effort of will
effraction [efʀaksjɔ̃] NF breaking-in; **s'introduire par ~ dans** to break into
effrangé, e [efʀɑ̃ʒe] ADJ fringed; (*effiloché*) frayed
★**effrayant, e** [efʀɛjɑ̃, -ɑ̃t] ADJ frightening, fearsome; (*sens affaibli*) dreadful
effrayé, e [efʀeje] ADJ frightened, scared
effrayer [efʀeje] /8/ VT to frighten, scare; (*rebuter*) to put off ■ **s'effrayer (de)** VPR to be frightened *ou* scared (by)
effréné, e [efʀene] ADJ wild
effritement [efʀitmɑ̃] NM crumbling; erosion; slackening off
effriter [efʀite] /1/: **s'effriter** VPR to crumble; (*monnaie*) to be eroded; (*valeurs*) to slacken off
effroi [efʀwɑ] NM terror, dread *no pl*
effronté, e [efʀɔ̃te] ADJ insolent
effrontément [efʀɔ̃temɑ̃] ADV insolently
effronterie [efʀɔ̃tʀi] NF insolence
effroyable [efʀwajabl] ADJ horrifying, appalling
effroyablement [efʀwajabləmɑ̃] ADV horribly
effusion [efyzjɔ̃] NF effusion; **sans ~ de sang** without bloodshed
égailler [egaje] /1/: **s'égailler** VPR to scatter, disperse
égal, e, -aux [egal, -o] ADJ (*identique, ayant les mêmes droits*) equal; (*plan: surface*) even, level; (*constant: vitesse*) steady; (*équitable*) even; **être ~ à** (*prix, nombre*) to be equal to; **ça m'est ~** it's all the

same to me, it doesn't matter to me, I don't mind; **c'est ~, ...** all the same, ... ▸ NM/F equal; **sans ~** matchless, unequalled; **à l'~ de** (*comme*) just like; **d'~ à ~** as equals

également [egalmɑ̃] ADV (*aussi*) too, as well; (*répartir*) equally; (*étaler*) evenly

égaler [egale] /1/ VT to equal

égalisateur, -trice [egalizatœʀ, -tʀis] ADJ (*Sport*): **but ~** equalizing goal, equalizer

égalisation [egalizasjɔ̃] NF (*Sport*) equalization

égaliser [egalize] /1/ VT (*sol, salaires*) to level (out); (*chances*) to equalize ▸ VI (*Sport*) to equalize

égalitaire [egalitɛʀ] ADJ egalitarian

égalitarisme [egalitaʀism] NM egalitarianism

égalitariste [egalitaʀist] ADJ (*idéologie, mouvement*) egalitarian

égalité [egalite] NF (*politique, sociale*) equality; (*Math*) identity; **~ de droits** equality of rights; **~ des chances** equal opportunities; **~ d'humeur** evenness of temper; **être à ~ (de points)** to be level

égard [egaʀ] NM, **égards** NMPL consideration *sg*; **à cet ~** in this respect; **à certains égards/tous égards** in certain respects/all respects; **eu ~ à** in view of; **par ~ pour** out of consideration for; **sans ~ pour** without regard for; **à l'~ de** *prép* towards; (*en ce qui concerne*) concerning, as regards

égaré, e [egaʀe] ADJ lost

égarement [egaʀmɑ̃] NM distraction; aberration

égarer [egaʀe] /1/ VT (*objet*) to mislay; (*moralement*) to lead astray ▪ **s'égarer** VPR to get lost, lose one's way; (*objet*) to go astray; (*fig: dans une discussion*) to wander

égayer [egeje] /8/ VT (*personne*) to amuse; (: *remonter*) to cheer up; (*récit, endroit*) to brighten up, liven up

Égée [eʒe] ADJ: **la mer ~** the Aegean (Sea)

égéen, ne [eʒeɛ̃, -ɛn] ADJ Aegean

égérie [eʒeʀi] NF: **l'~ de qn/qch** the brains behind sb/sth

égide [eʒid] NF: **sous l'~ de** under the aegis of

églantier [eglɑ̃tje] NM wild *ou* dog rose(-bush)

églantine [eglɑ̃tin] NF wild *ou* dog rose

églefin [egləfɛ̃] NM haddock

église [egliz] NF church; **aller à l'~** to go to church

ego [ego] NM ego

égocentrique [egɔsɑ̃tʀik] ADJ egocentric, self-centred

égocentrisme [egɔsɑ̃tʀism] NM egocentricity

égoïne [egɔin] NF handsaw

égoïsme [egɔism] NM selfishness, egoism

égoïste [egɔist] ADJ selfish, egoistic ▸ NMF egoist

égoïstement [egɔistəmɑ̃] ADV selfishly

égorger [egɔʀʒe] /3/ VT to cut the throat of

égosiller [egozije] /1/: **s'égosiller** VPR to shout o.s. hoarse

égotisme [egɔtism] NM egotism, egoism

égout [egu] NM sewer; **eaux d'~** sewage

égoutier [egutje] NM sewer worker

égoutter [egute] /1/ VT (*linge*) to wring out; (*vaisselle, fromage*) to drain ▸ VI to drip ▪ **s'égoutter** VPR to drip

égouttoir [egutwaʀ] NM draining board; (*mobile*) draining rack

égratigner [egʀatiɲe] /1/ VT to scratch ▪ **s'égratigner** VPR to scratch o.s.

égratignure [egʀatiɲyʀ] NF scratch

égrener [egʀəne] /5/ VT: **~ une grappe, ~ des raisins** to pick grapes off a bunch ▪ **s'égrener** VPR (*fig: heures etc*) to pass by; (: *notes*) to chime out

égrillard, e [egʀijaʀ, -aʀd] ADJ ribald, bawdy

Égypte [eʒipt] NF: **l'~** Egypt

égyptien, ne [eʒipsjɛ̃, -ɛn] ADJ Egyptian ▸ NM/F: **Égyptien, ne** Egyptian

égyptologie [eʒiptɔlɔʒi] NF Egyptology

égyptologue [eʒiptɔlɔg] NMF Egyptologist

eh [e] EXCL hey!; **eh bien** well

éhonté, e [eɔ̃te] ADJ shameless, brazen (BRIT)

éjaculation [eʒakylasjɔ̃] NF ejaculation

éjaculer [eʒakyle] /1/ VI to ejaculate

éjectable [eʒɛktabl] ADJ: **siège ~** ejector seat

éjecter [eʒɛkte] /1/ VT (*Tech*) to eject; (*fam*) to kick *ou* chuck out

éjection [eʒɛksjɔ̃] NF ejection

élaboration [elabɔʀasjɔ̃] NF elaboration

élaboré, e [elabɔʀe] ADJ (*complexe*) elaborate

élaborer [elabɔʀe] /1/ VT to elaborate; (*projet, stratégie*) to work out; (*rapport*) to draft

élagage [elagaʒ] NM pruning

élaguer [elage] /1/ VT to prune

élagueur, -euse [elagœʀ, -øz] NM/F (*personne*) tree surgeon ▸ NF (*machine*) pruner

élan [elɑ̃] NM (*Zool*) elk, moose; (*Sport: avant le saut*) run up; (*de véhicule*) momentum; (*fig: de tendresse etc*) surge; **prendre son ~/de l'~** to take a run up/gather speed; **perdre son ~** to lose one's momentum

élancé, e [elɑ̃se] ADJ slender

élancement [elɑ̃smɑ̃] NM shooting pain

élancer [elɑ̃se] /3/: **s'élancer** VPR to dash, hurl o.s.; (*fig: arbre, clocher*) to soar (upwards)

élargir [elaʀʒiʀ] /2/ VT to widen; (*vêtement*) to let out; (*Jur*) to release ▪ **s'élargir** VPR to widen; (*vêtement*) to stretch

élargissement [elaʀʒismɑ̃] NM widening; letting out

élasticité [elastisite] NF (*aussi Écon*) elasticity; **~ de l'offre/de la demande** flexibility of supply/demand

élastique [elastik] ADJ elastic ▸ NM (*de bureau*) rubber band; (*pour la couture*) elastic *no pl*

élastomère [elastɔmɛʀ] NM elastomer

Elbe [ɛlb] NF: **l'île d'~** (the Island of) Elba; (*fleuve*) **l'~** the Elbe

eldorado [ɛldɔʀado] NM Eldorado

électeur, -trice [elɛktœʀ, -tʀis] NM/F elector, voter

électif, -ive [elɛktif, -iv] ADJ elective

élection [elɛksjɔ̃] NF (*gén, Pol*) election; **sa terre/patrie d'~** the land/country of one's choice;

e

~ partielle ≈ by-election; **élections législatives/présidentielles** general/presidential election *sg*; **élections municipales** local elections

Élections législatives are held in France every five years to elect *députés* to the *Assemblée nationale*. The president is chosen in the **élection présidentielle**, which also takes place every five years. Voting is by direct universal suffrage and is divided into two rounds with the ballots always taking place on a Sunday. Local elections (**élections municipales**) are held every six years to choose *conseillers municipaux*, who in turn then elect the mayor and the deputy mayors.

électoral, e, -aux [elɛktɔʀal, -o] ADJ electoral, election *cpd*
électoralisme [elɛktɔʀalism] NM electioneering
électorat [elɛktɔʀa] NM electorate
électricien, ne [elɛktʀisjɛ̃, -ɛn] NM/F electrician
électricité [elɛktʀisite] NF electricity; **allumer/éteindre l'~** to put on/off the light; **~ statique** static electricity
électrification [elɛktʀifikasjɔ̃] NF (*Rail*) electrification; (*d'un village etc*) laying on of electricity
électrifier [elɛktʀifje] /7/ VT (*Rail*) to electrify
électrique [elɛktʀik] ADJ electric(al)

L'adjectif *électrique* se traduit par **electric** quand il s'agit d'appareils, mais par **electrical** dans les contextes plus techniques ou scientifiques, ou en association avec certains mots précis.
une guitare électrique **an electric guitar**
un ingénieur en génie électrique **an electrical engineer**
un appareil électrique **an electrical appliance**.

électriser [elɛktʀize] /1/ VT to electrify
électro- [elɛktʀɔ] ADJ electro- ▸ NF (*Mus*) electronic (music), electro
électro-aimant [elɛktʀoɛmɑ̃] NM electromagnet
électrocardiogramme [elɛktʀokaʀdjɔgʀam] NM electrocardiogram
électrocardiographe [elɛktʀokaʀdjɔgʀaf] NM electrocardiograph
électrochoc [elɛktʀoʃɔk] NM electric shock treatment
électrocuter [elɛktʀɔkyte] /1/ VT to electrocute
électrocution [elɛktʀɔkysjɔ̃] NF electrocution
électrode [elɛktʀɔd] NF electrode
électro-encéphalogramme [elɛktʀoɑ̃sefalɔgʀam] NM electroencephalogram
électrogène [elɛktʀɔʒɛn] ADJ: **groupe ~** generating set
électroluminescence [elɛktʀolyminesɑ̃s] NF electroluminescence
électroluminescent, e [elɛktʀolyminesɑ̃, -ɑ̃t] ADJ electroluminescent
électrolyse [elɛktʀɔliz] NF electrolysis *sg*
électromagnétique [elɛktʀomaɲetik] ADJ electromagnetic
électroménager [elɛktʀomenaʒe] ADJ M: **appareils électroménagers** domestic (electrical) appliances ▸ NM: **l'~** household appliances
électron [elɛktʀɔ̃] NM electron
électronicien, ne [elɛktʀɔnisjɛ̃, -ɛn] NM/F electronics (BRIT) *ou* electrical (*US*) engineer
électronique [elɛktʀɔnik] ADJ electronic ▸ NF (*science*) electronics *sg*
électronucléaire [elɛktʀonykleɛʀ] ADJ nuclear power *cpd* ▸ NM: **l'~** nuclear power
électrophone [elɛktʀɔfɔn] NM record player
électrostatique [elɛktʀostatik] ADJ electrostatic ▸ NF electrostatics *sg*
électrothérapie [elɛktʀoteʀapi] NF electrotherapy
élégamment [elegamɑ̃] ADV elegantly
élégance [elegɑ̃s] NF elegance
élégant, e [elegɑ̃, -ɑ̃t] ADJ elegant; (*solution*) neat, elegant; (*attitude, procédé*) courteous, civilized
élégiaque [eleʒjak] ADJ (*style, œuvre*) elegiac
élégie [eleʒi] NF elegy
élément [elemɑ̃] NM element; (*pièce*) component, part ■ **éléments** NMPL elements
élémentaire [elemɑ̃tɛʀ] ADJ elementary; (*Chimie*) elemental
éléphant [elefɑ̃] NM elephant; **~ de mer** elephant seal
éléphanteau, x [elefɑ̃to] NM baby elephant
éléphantesque [elefɑ̃tɛsk] ADJ elephantine
élevage [el(ə)vaʒ] NM breeding; (*de bovins*) cattle breeding *ou* rearing; (*ferme*) cattle farm; **truite d'~** farmed trout
élévateur [elevatœʀ] NM elevator
élévation [elevasjɔ̃] NF (*gén*) elevation; (*voir élever*) raising; (*voir s'élever*) rise
élevé, e [el(ə)ve] ADJ (*prix, sommet*) high; (*fig: noble*) elevated; **bien/mal ~** well-/ill-mannered
élève [elɛv] NMF pupil; **~ infirmière** student nurse
élever [el(ə)ve] /5/ VT (*enfant*) to bring up, raise; (*bétail, volaille*) to breed; (*abeilles*) to keep; (*hausser: taux, niveau*) to raise; (*fig: âme, esprit*) to elevate; (*édifier: monument*) to put up, erect; **~ la voix** to raise one's voice; **~ une protestation/critique** to raise a protest/make a criticism; **~ qn au rang de** to raise *ou* elevate sb to the rank of; **~ un nombre au carré/au cube** to square/cube a number ■ **s'élever** VPR (*avion, alpiniste*) to go up; (*niveau, température, aussi: cri etc*) to rise; (*survenir: difficultés*) to arise; **s'~ à** (*frais, dégâts*) to amount to, add up to; **s'~ contre** to rise up against
éleveur, -euse [el(ə)vœʀ, -øz] NM/F stock breeder
elfe [ɛlf] NM elf
élidé, e [elide] ADJ elided
élider [elide] /1/ VT to elide
éligibilité [eliʒibilite] NF eligibility
éligible [eliʒibl] ADJ eligible
élimé, e [elime] ADJ worn (thin), threadbare
élimer [elime]: **s'élimer** VPR to wear thin, become threadbare
élimination [eliminasjɔ̃] NF elimination
éliminatoire [eliminatwaʀ] ADJ eliminatory; (*Sport*) disqualifying ▸ NF (*Sport*) heat
éliminer [elimine] /1/ VT to eliminate
élire [eliʀ] /43/ VT to elect; **~ domicile à** to take up residence in *ou* at
élisabéthain, e [elizabetɛ̃, -ɛn] ADJ Elizabethan

élision [elizjɔ̃] NF elision
élite [elit] NF elite; **tireur d'~** crack rifleman; **chercheur d'~** top-notch researcher
élitisme [elitism] NM elitism
élitiste [elitist] ADJ elitist
élixir [eliksiʀ] NM elixir
★**elle** [ɛl] PRON (*sujet*) she; (*: chose*) it; (*complément*) her; it; **elles** (*sujet*) they; (*complément*) them; **elle-même** herself; itself; **elles-mêmes** themselves; *voir* **il**
ellipse [elips] NF ellipse; (*Ling*) ellipsis *sg*
elliptique [eliptik] ADJ elliptical
élocution [elɔkysjɔ̃] NF delivery; **défaut d'~** speech impediment
éloge [elɔʒ] NM praise *gén no pl*; **faire l'~ de** to praise
élogieusement [elɔʒjøzmɑ̃] ADV very favourably
élogieux, -euse [elɔʒjø, -øz] ADJ laudatory, full of praise
éloigné, e [elwaɲe] ADJ distant, far-off; (*parent*) distant
éloignement [elwaɲmɑ̃] NM removal; putting off; estrangement; (*fig: distance*) distance
éloigner [elwaɲe] /1/ VT (*échéance*) to put off, postpone; (*soupçons, danger*) to ward off; **~ qch (de)** to move *ou* take sth away (from); **~ qn (de)** to take sb away *ou* remove sb (from) ■ **s'éloigner (de)** VPR (*personne*) to go away (from); (*véhicule*) to move away (from); (*affectivement*) to become estranged (from)
élongation [elɔ̃gasjɔ̃] NF strained muscle
éloquence [elɔkɑ̃s] NF eloquence
éloquent, e [elɔkɑ̃, -ɑ̃t] ADJ eloquent
élu, e [ely] PP *de* **élire** ▶ NM/F (*Pol*) elected representative
élucider [elyside] /1/ VT to elucidate
élucubrations [elykybʀasjɔ̃] NFPL wild imaginings
éluder [elyde] /1/ VT to evade
élusif, -ive [elyzif, -iv] ADJ elusive
Élysée [elize] NM: **(le palais de) l'~** the Élysée palace; **les Champs-Élysées** the Champs-Élysées

The **palais de l'Élysée**, situated in the heart of Paris just off the Champs-Élysées, is the official residence of the French President. Built in the eighteenth century, it has performed its present function since 1874. A shorter form of its name, **l'Élysée**, is frequently used to refer to the presidency itself.

émacié, e [emasje] ADJ emaciated
émail, -aux [emaj, -o] NM enamel
e-mail [imɛl] NM email; **envoyer qch par ~** to email sth
émaillé, e [emaje] ADJ enamelled; (*fig*): **~ de** dotted with
émailler [emaje] /1/ VT to enamel
émanation [emanasjɔ̃] NF emanation
émancipation [emɑ̃sipasjɔ̃] NF emancipation
émancipé, e [emɑ̃sipe] ADJ emancipated
émanciper [emɑ̃sipe] /1/ VT to emancipate ■ **s'émanciper** VPR (*fig*) to become emancipated *ou* liberated
émaner [emane] /1/: **~ de** *vt* to emanate from; (*Admin*) to proceed from
émarger [emaʀʒe] /3/ VT to sign; **~ de 1000 euros à un budget** to receive 1000 euros out of a budget
émasculer [emaskyle] /1/ VT to emasculate
★**emballage** [ɑ̃balaʒ] NM wrapping; packing; (*papier*) wrapping; (*carton*) packaging
emballant, e [ɑ̃balɑ̃, -ɑ̃t] ADJ exciting
★**emballer** [ɑ̃bale] /1/ VT to wrap (up); (*dans un carton*) to pack (up); (*fig: fam*) to thrill (to bits) ■ **s'emballer** VPR (*moteur*) to race; (*cheval*) to bolt; (*fig: personne*) to get carried away
emballeur, -euse [ɑ̃balœʀ, -øz] NM/F packer
embarcadère [ɑ̃baʀkadɛʀ] NM landing stage (BRIT), pier
embarcation [ɑ̃baʀkasjɔ̃] NF (small) boat, (small) craft *inv*
embardée [ɑ̃baʀde] NF swerve; **faire une ~** to swerve
embargo [ɑ̃baʀgo] NM embargo; **mettre l'~ sur** to put an embargo on, embargo
embarqué, e [ɑ̃baʀke] ADJ (*électronique, équipement: Auto*) in-car *cpd*; (*Aviat, Navig*) on-board *cpd*
★**embarquement** [ɑ̃baʀkəmɑ̃] NM embarkation; (*de marchandises*) loading; (*de passagers*) boarding
embarquer [ɑ̃baʀke] /1/ VT (*personne*) to embark; (*marchandise*) to load; (*fam*) to cart off; (*: arrêter*) to nick ▶ VI (*passager*) to board; (*Navig*) to ship water ■ **s'embarquer** VPR to board; **s'~ dans** (*affaire, aventure*) to embark upon
embarras [ɑ̃baʀa] NM (*obstacle*) hindrance; (*confusion*) embarrassment; **être dans l'~** (*ennuis*) to be in a predicament *ou* an awkward position; (*gêne financière*) to be in difficulties; **~ gastrique** stomach upset; **vous n'avez que l'~ du choix** the only problem is choosing
embarrassant, e [ɑ̃baʀasɑ̃, -ɑ̃t] ADJ cumbersome; embarrassing; awkward
embarrassé, e [ɑ̃baʀase] ADJ (*encombré*) encumbered; (*gêné*) embarrassed; (*explications etc*) awkward
embarrasser [ɑ̃baʀase] /1/ VT (*encombrer*) to clutter (up); (*gêner*) to hinder, hamper; (*fig*) to cause embarrassment to; to put in an awkward position ■ **s'embarrasser de** VPR to burden o.s. with
embauche [ɑ̃boʃ] NF hiring; **bureau d'~** labour office
embaucher [ɑ̃boʃe] /1/ VT to take on, hire ■ **s'embaucher comme** VPR to get (o.s.) a job as
embauchoir [ɑ̃boʃwaʀ] NM shoetree
embaumement [ɑ̃bommɑ̃] NM embalming
embaumer [ɑ̃bome] /1/ VT to embalm; (*parfumer*) to fill with its fragrance; **~ la lavande** to be fragrant with (the scent of) lavender
embellie [ɑ̃beli] NF bright spell, brighter period
embellir [ɑ̃beliʀ] /2/ VT to make more attractive; (*une histoire*) to embellish ▶ VI to grow lovelier *ou* more attractive
embellissement [ɑ̃belismɑ̃] NM embellishment
emberlificoter [ɑ̃bɛʀlifikɔte]: **s'emberlificoter** VPR (*fam*): **s'~ dans qch** to get tangled up in sth
embêtant, e [ɑ̃bɛtɑ̃, -ɑ̃t] ADJ annoying
embêté, e [ɑ̃bete] ADJ bothered

embêtement [ɑ̃bɛtmɑ̃] NM problem, difficulty ■ **embêtements** NMPL trouble *sg*

embêter (*fam*) [ɑ̃bete] /1/ VT to bother; **ça m'embête** it bothers me ■ **s'embêter** VPR (*s'ennuyer*) to be bored; **il ne s'embête pas !** (*ironique*) he does all right for himself!

emblée [ɑ̃ble]: **d'~** *adv* straightaway

emblématique [ɑ̃blematik] ADJ emblematic; **figure ~ de qch** emblem of sth

emblème [ɑ̃blɛm] NM emblem

embobiner [ɑ̃bɔbine] /1/ VT (*enjôler*): **~ qn** to get round sb

emboîtable [ɑ̃bwatabl] ADJ interlocking

emboîtement [ɑ̃bwatmɑ̃] NM: **les lames s'assemblent par ~** the blades interlock *ou* fit together

emboîter [ɑ̃bwate] /1/ VT to fit together; **~ le pas à qn** to follow in sb's footsteps ■ **s'emboîter dans** VPR to fit into; **s'~ (l'un dans l'autre)** to fit together

embolie [ɑ̃bɔli] NF embolism

embonpoint [ɑ̃bɔ̃pwɛ̃] NM stoutness (BRIT), corpulence; **prendre de l'~** to grow stout (BRIT) *ou* corpulent

embouché, e [ɑ̃buʃe] ADJ: **mal ~** foul-mouthed

embouchure [ɑ̃buʃyʀ] NF (*Géo*) mouth; (*Mus*) mouthpiece

embourber [ɑ̃buʀbe] /1/: **s'embourber** VPR to get stuck in the mud; (*fig*): **s'~ dans** to sink into

embourgeoiser [ɑ̃buʀʒwaze] /1/: **s'embourgeoiser** VPR to adopt a middle-class outlook

embout [ɑ̃bu] NM (*de canne*) tip; (*de tuyau*) nozzle

★**embouteillage** [ɑ̃butɛjaʒ] NM traffic jam, (traffic) holdup (BRIT)

embouteiller [ɑ̃buteje] /1/ VT (*véhicules etc*) to block

emboutir [ɑ̃butiʀ] /2/ VT (*Tech*) to stamp; (*heurter*) to crash into, ram

embranchement [ɑ̃bʀɑ̃ʃmɑ̃] NM (*routier*) junction; (*classification*) branch

embrancher [ɑ̃bʀɑ̃ʃe] /1/ VT (*tuyaux*) to join; **~ qch sur** to join sth to

embrasement [ɑ̃bʀazmɑ̃] NM unrest; **ils craignent un nouvel ~ de la région** they fear more unrest in the region

embraser [ɑ̃bʀaze] /1/: **s'embraser** VPR to flare up

embrassade [ɑ̃bʀasad] NF (*gén pl*) hugging and kissing *no pl*

embrasse [ɑ̃bʀas] NF (*de rideau*) tie-back, loop

★**embrasser** [ɑ̃bʀase] /1/ VT to kiss; (*sujet, période*) to embrace, encompass; (*carrière*) to embark on; (*métier*) to go in for, take up; **~ du regard** to take in (with eyes) ■ **s'embrasser** VPR to kiss (each other)

embrasure [ɑ̃bʀazyʀ] NF: **dans l'~ de la porte** in the door(way)

embrayage [ɑ̃bʀɛjaʒ] NM clutch

embrayer [ɑ̃bʀeje] /8/ VI (*Auto*) to let in the clutch; **~ sur qch** to begin on sth ▸ VT (*fig: affaire*) to set in motion

embrigadement [ɑ̃bʀigadmɑ̃] NM (*péj*) recruiting

embrigader [ɑ̃bʀigade] /1/ VT (*péj*) to recruit

embringuer [ɑ̃bʀɛ̃ge] (*fam*) VT to drag in; **~ qn dans qch** to drag sb into sth ■ **s'embringuer** VPR: **s'~ dans qch** to get dragged into sth; **se laisser ~ dans qch** to get dragged into sth

embrocher [ɑ̃bʀɔʃe] /1/ VT to (put on a) spit (*ou* skewer)

embrouillamini [ɑ̃bʀujamini] NM (*fam*) muddle

embrouille [ɑ̃bʀuj] NF (*fam: tromperie*) dodgy dealings (*fam*)

embrouillé, e [ɑ̃bʀuje] ADJ (*affaire*) confused, muddled

embrouiller [ɑ̃bʀuje] /1/ VT (*fils*) to tangle (up); (*fiches, idées, personne*) to muddle up ■ **s'embrouiller** VPR to get in a muddle

embroussaillé, e [ɑ̃bʀusaje] ADJ overgrown, scrubby; (*cheveux*) bushy, shaggy

embrumé, e [ɑ̃bʀyme] ADJ (*paysage, horizon*) misty; (*cerveau, esprit*) befuddled

embruns [ɑ̃bʀœ̃] NMPL sea spray *sg*

embryologie [ɑ̃bʀijɔlɔʒi] NF embryology

embryon [ɑ̃bʀijɔ̃] NM embryo

embryonnaire [ɑ̃bʀijɔnɛʀ] ADJ embryonic

embûches [ɑ̃byʃ] NFPL pitfalls, traps

embué, e [ɑ̃bɥe] ADJ misted up; **yeux embués de larmes** eyes misty with tears

embuscade [ɑ̃byskad] NF ambush; **tendre une ~ à** to lay an ambush for

embusqué, e [ɑ̃byske] ADJ in ambush ▸ NM (*péj*) shirker, skiver (BRIT)

embusquer [ɑ̃byske] /1/: **s'embusquer** VPR to take up position (for an ambush)

éméché, e [emeʃe] ADJ tipsy, merry

émeraude [em(ə)ʀod] NF emerald ▸ ADJ INV emerald-green

émergence [emɛʀʒɑ̃s] NF (*fig*) emergence

émergent, e [emɛʀʒɑ̃, -ɑ̃t] ADJ (*pays, économie*) emerging; (*marché*) emerging, developing

émerger [emɛʀʒe] /3/ VI to emerge; (*faire saillie, aussi fig*) to stand out

émeri [em(ə)ʀi] NM: **toile** *ou* **papier ~** emery paper

émérite [emeʀit] ADJ highly skilled

émerveillement [emɛʀvɛjmɑ̃] NM wonderment

émerveiller [emɛʀveje] /1/ VT to fill with wonder ■ **s'émerveiller de** VPR to marvel at

émet *etc* [emɛ] VB *voir* **émettre**

émétique [emetik] NM emetic

émetteur, -trice [emetœʀ, -tʀis] ADJ transmitting; **(poste) ~** transmitter

émetteur-récepteur [emetœʀʀesɛptœʀ] (*pl* **émetteurs-récepteurs**) NM transceiver

émettre [emɛtʀ] /56/ VT (*son, lumière*) to give out, emit; (*message etc: Radio*) to transmit; (*billet, timbre, emprunt, chèque*) to issue; (*hypothèse, avis*) to voice, put forward; (*vœu*) to express ▸ VI to broadcast; **~ sur ondes courtes** to broadcast on short wave

émeus *etc* [emø] VB *voir* **émouvoir**

émeute [emøt] NF riot

émeutier, -ière [emøtje, -jɛʀ] NM/F rioter

émeuve *etc* [emœv] VB *voir* **émouvoir**

émietter [emjete] /1/ VT (*pain, terre*) to crumble; (*fig*) to split up, disperse ■ **s'émietter** VPR (*pain, terre*) to crumble

émigrant, e [emigʀɑ̃, -ɑ̃t] NM/F emigrant
émigration [emigʀasjɔ̃] NF emigration
émigré, e [emigʀe] NM/F expatriate
émigrer [emigʀe] /1/ VI to emigrate **émincé** [emɛ̃se] ADJ thinly sliced ▸ NM: **un ~ de veau** thin slices of veal
émincer [emɛ̃se] /3/ VT (*Culin*) to slice thinly
éminemment [eminamɑ̃] ADV eminently
éminence [eminɑ̃s] NF distinction; (*colline*) knoll, hill; **Son É~** His Eminence; **~ grise** éminence grise
éminent, e [eminɑ̃, -ɑ̃t] ADJ distinguished
émir [emiʀ] NM emir
émirat [emiʀa] NM emirate; **les Émirats arabes unis (EAU)** the United Arab Emirates (UAE)
émis, e [emi, -iz] PP *de* **émettre**
émissaire [emisɛʀ] NM emissary
émission [emisjɔ̃] NF (*voir émettre*) emission; (*d'un message*) transmission; (*de billet, timbre, emprunt, chèque*) issue; (Radio, TV) programme, broadcast
émit *etc* [emi] VB *voir* **émettre**
emmagasinage [ɑ̃magazinaʒ] NM storage; storing away
emmagasiner [ɑ̃magazine] /1/ VT to (put into) store; (*fig*) to store up
emmailloter [ɑ̃majɔte] /1/ VT to wrap up
emmanchure [ɑ̃mɑ̃ʃyʀ] NF armhole
emmêlement [ɑ̃mɛlmɑ̃] NM (*état*) tangle
emmêler [ɑ̃mele] /1/ VT to tangle (up); (*fig*) to muddle up ■ **s'emmêler** VPR to get into a tangle
emménagement [ɑ̃menaʒmɑ̃] NM settling in
emménager [ɑ̃menaʒe] /3/ VI to move in; **~ dans** to move into
★**emmener** [ɑ̃m(ə)ne] /5/ VT to take (with one); (*comme otage, capture*) to take away; **~ qn au cinéma** to take sb to the cinema
emmental, emmenthal [emɛ̃tal] NM (*fromage*) Emmenthal
emmerdement [ɑ̃mɛʀdəmɑ̃] NM (*fam: plus souvent au pluriel: ennui*) trouble *no pl*; **la loi de l'~ maximum** Sod's law (*fam*), Murphy's law
emmerder [ɑ̃mɛʀde] /1/ (!) VT to bug, bother; **je t'emmerde !** to hell with you! ■ **s'emmerder** VPR (*s'ennuyer*) to be bored stiff
emmitoufler [ɑ̃mitufle] /1/ VT to wrap up (warmly) ■ **s'emmitoufler** VPR to wrap (o.s.) up (warmly)
emmurer [ɑ̃myʀe] /1/ VT to wall up, immure
émoi [emwa] NM (*agitation, effervescence*) commotion; (*trouble*) agitation; **en ~** (*sens*) excited, stirred
émollient, e [emɔljɑ̃, -ɑ̃t] ADJ (*Méd*) emollient
émoluments [emɔlymɑ̃] NMPL remuneration *sg*, fee *sg*
émonder [emɔ̃de] /1/ VT (*arbre etc*) to prune; (*amande etc*) to blanch
émoticone [emɔtikon] NM (*Inform*) smiley
émotif, -ive [emɔtif, -iv] ADJ emotional
émotion [emosjɔ̃] NF emotion; **avoir des émotions** (*fig*) to get a fright; **donner des émotions à** to give a fright to; **sans ~** without emotion, coldly
émotionnel, le [emosjɔnɛl] ADJ emotional
émoulu, e [emuly] ADJ: **frais ~ de** fresh from, just out of
émoussé, e [emuse] ADJ blunt
émousser [emuse] /1/ VT to blunt; (*fig*) to dull
émoustiller [emustije] /1/ VT to titillate, arouse
émouvant, e [emuvɑ̃, -ɑ̃t] ADJ moving
émouvoir [emuvwaʀ] /27/ VT (*troubler*) to stir, affect; (*toucher, attendrir*) to move; (*indigner*) to rouse; (*effrayer*) to disturb, worry ■ **s'émouvoir** VPR to be affected; to be moved; to be roused; to be disturbed *ou* worried
empailler [ɑ̃pɑje] /1/ VT to stuff
empailleur, -euse [ɑ̃pɑjœʀ, -øz] NM/F (*d'animaux*) taxidermist
empaler [ɑ̃pale] /1/ VT to impale
empaquetage [ɑ̃paktaʒ] NM packing, packaging
empaqueter [ɑ̃pakte] /4/ VT to pack up
emparer [ɑ̃paʀe] /1/: **s'emparer de** VPR (*objet*) to seize, grab; (*comme otage, Mil*) to seize; (*peur etc*) to take hold of
empâter [ɑ̃pɑte] /1/: **s'empâter** VPR to thicken out
empathie [ɑ̃pati] NF (*Psych*) empathy
empattement [ɑ̃patmɑ̃] NM (*Auto*) wheelbase; (*Typo*) serif
empêché, e [ɑ̃peʃe] ADJ detained
empêchement [ɑ̃pɛʃmɑ̃] NM (unexpected) obstacle, hitch
empêcher [ɑ̃peʃe] /1/ VT to prevent; **~ qn de faire** to prevent *ou* stop sb (from) doing; **~ que qch (n')arrive/qn (ne) fasse** to prevent sth from happening/sb from doing; **il n'empêche que** nevertheless, be that as it may; **il n'a pas pu s'~ de rire** he couldn't help laughing
empêcheur [ɑ̃pɛʃœʀ] NM: **~ de danser en rond** spoilsport, killjoy (BRIT)
empeigne [ɑ̃pɛɲ] NF upper (*of shoe*)
empennage [ɑ̃pɛnaʒ] NM (*Aviat*) tailplane
empereur [ɑ̃pʀœʀ] NM emperor
empesé, e [ɑ̃pəze] ADJ (*fig*) stiff, starchy
empeser [ɑ̃pəze] /5/ VT to starch
empester [ɑ̃pɛste] /1/ VT (*lieu*) to stink out ▸ VI to stink, reek; **~ le tabac/le vin** to stink *ou* reek of tobacco/wine
empêtrer [ɑ̃petʀe] /1/: **s'empêtrer dans** VPR (*fils, contradictions, aussi fig*) to get tangled up in
emphase [ɑ̃fɑz] NF pomposity, bombast; **avec ~** pompously
emphatique [ɑ̃fatik] ADJ emphatic
empiècement [ɑ̃pjɛsmɑ̃] NM (*Couture*) yoke
empierrer [ɑ̃pjeʀe] /1/ VT (*route*) to metal
empiéter [ɑ̃pjete] /6/: **~ sur** *vt* to encroach upon
empiffrer [ɑ̃pifʀe] /1/: **s'empiffrer** VPR (*péj*) to stuff o.s.
empiler [ɑ̃pile] /1/ VT to pile (up), stack (up) ■ **s'empiler** VPR to pile up
empire [ɑ̃piʀ] NM empire; (*fig*) influence; **style E~** Empire style; **sous l'~ de** in the grip of
empirer [ɑ̃piʀe] /1/ VI to worsen, deteriorate
empirique [ɑ̃piʀik] ADJ empirical
empirisme [ɑ̃piʀism] NM empiricism

★**emplacement** [ɑ̃plasmɑ̃] NM site; **sur l'~ de** on the site of

emplâtre [ɑ̃plɑtʀ] NM plaster; (*fam*) twit

emplette [ɑ̃plɛt] NF: **faire l'~ de** to purchase ■ **emplettes** shopping *sg*; **faire des emplettes** to go shopping

emplir [ɑ̃pliʀ] /2/ VT to fill ■ **s'emplir (de)** VPR to fill (with)

★**emploi** [ɑ̃plwa] NM use; (*poste*) job, situation; **l'~** (*Comm, Écon*) employment; **d'~ facile** easy to use; **le plein ~** full employment; **mode d'~** directions for use; **~ du temps** timetable, schedule

emploie *etc* [ɑ̃plwa] VB *voir* **employer**

employé, e [ɑ̃plwaje] NM/F employee; **~ de bureau/banque** office/bank employee *ou* clerk; **~ de maison** domestic (servant)

★**employer** [ɑ̃plwaje] /8/ VT (*outil, moyen, méthode, mot*) to use; (*ouvrier, main-d'œuvre*) to employ; **s'~ à qch/à faire** to apply *ou* devote o.s. to sth/to doing

employeur, -euse [ɑ̃plwajœʀ, -øz] NM/F employer

empocher [ɑ̃pɔʃe] /1/ VT to pocket

empoignade [ɑ̃pwaɲad] NF row, set-to

empoigne [ɑ̃pwaɲ] NF: **foire d'~** free-for-all

empoigner [ɑ̃pwaɲe] /1/ VT to grab ■ **s'empoigner** VPR (*fig*) to have a row *ou* set-to

empois [ɑ̃pwa] NM starch

empoisonné, e [ɑ̃pwazɔne] ADJ (*nourriture, vin*) poisoned; (*fig*): **un cadeau ~** a poisoned chalice; **des flèches empoisonnées** poisoned arrows

empoisonnement [ɑ̃pwazɔnmɑ̃] NM poisoning

empoisonner [ɑ̃pwazɔne] /1/ VT to poison; (*empester: air, pièce*) to stink out; (*fam*): **~ qn** to drive sb mad; **~ l'atmosphère** (*aussi fig*) to poison the atmosphere; **il nous empoisonne l'existence** he's the bane of our life ■ **s'empoisonner** VPR to poison o.s.

empoissonner [ɑ̃pwasɔne] /1/ VT (*étang, rivière*) to stock with fish

emporté, e [ɑ̃pɔʀte] ADJ (*personne, caractère*) fiery

emportement [ɑ̃pɔʀtəmɑ̃] NM fit of rage, anger *no pl*

emporte-pièce [ɑ̃pɔʀtəpjɛs] NM INV (*Tech*) punch; **à l'~** *adj* (*fig*) incisive

★**emporter** [ɑ̃pɔʀte] /1/ VT to take (with one); (*emmener: blessés, voyageurs*) to take away; (*entraîner*) to carry away *ou* along; (*arracher*) to tear off; (*rivière, vent*) to carry away; (*Mil: position*) to take; (*avantage, approbation*) to win; **la maladie qui l'a emporté** the illness which caused his death; **l'~** to gain victory; **l'~ (sur)** to get the upper hand (of); (*méthode etc*) to prevail (over); **boissons à ~** take-away drinks; **plats à ~** take-away meals ■ **s'emporter** VPR to fly into a rage, lose one's temper

empoté, e [ɑ̃pɔte] ADJ (*maladroit*) clumsy

empourpré, e [ɑ̃puʀpʀe] ADJ crimson

empreint, e [ɑ̃pʀɛ̃, -ɛ̃t] ADJ: **~ de** marked with; tinged with ▸ NF (*marque*) print; (: *de pied*) footprint; (: *de main*) handprint; (*fig*) stamp, mark; **des empreintes de pas** footprints; **empreintes digitales** fingerprints; **empreinte écologique** carbon footprint

empressé, e [ɑ̃pʀese] ADJ attentive

empressement [ɑ̃pʀɛsmɑ̃] NM eagerness

empresser [ɑ̃pʀese] /1/: **s'empresser** VPR: **s'~ auprès de qn** to surround sb with attentions; **s'~ de faire** to hasten to do

emprise [ɑ̃pʀiz] NF hold, ascendancy; **sous l'~ de** under the influence of

emprisonnement [ɑ̃pʀizɔnmɑ̃] NM imprisonment

emprisonner [ɑ̃pʀizɔne] /1/ VT to imprison, jail

emprunt [ɑ̃pʀœ̃] NM borrowing *no pl*, loan (*from debtor's point of view*); (*Ling etc*) borrowing; **nom d'~** assumed name; **~ d'État** government *ou* state loan; **~ public à 5%** 5% public loan

emprunté, e [ɑ̃pʀœ̃te] ADJ (*fig*) ill-at-ease, awkward

★**emprunter** [ɑ̃pʀœ̃te] /1/ VT to borrow; (*itinéraire*) to take, follow; (*style, manière*) to adopt, assume

emprunteur, -euse [ɑ̃pʀœ̃tœʀ, -øz] NM/F borrower

empuantir [ɑ̃pɥɑ̃tiʀ] /2/ VT to stink out

ému, e [emy] PP *de* **émouvoir** ▸ ADJ excited; (*gratitude*) touched; (*compassion*) moved

émulation [emylasjɔ̃] NF emulation

émule [emyl] NMF imitator

émulsion [emylsjɔ̃] NF emulsion; (*cosmétique*) (water-based) lotion

émut *etc* [emy] VB *voir* **émouvoir**

EN SIGLE F = **l'Éducation (nationale)**; *voir* **éducation**

en [ɑ̃]

PRÉP **1** (*endroit, pays*) in; (: *direction*) to; **habiter en France/ville** to live in France/town; **aller en France/ville** to go to France/town

2 (*moment, temps*) in; **en été/juin** in summer/June; **en 3 jours/20 ans** in 3 days/20 years

3 (*moyen*) by; **en avion/taxi** by plane/taxi

4 (*composition*) made of; **c'est en verre/coton/laine** it's (made of) glass/cotton/wool; **en métal/plastique** made of metal/plastic; **un collier en argent** a silver necklace; **en deux volumes/une pièce** in two volumes/one piece

5 (*description: état*): **une femme (habillée) en rouge** a woman (dressed) in red; **peindre qch en rouge** to paint sth red; **en T/étoile** T-/star-shaped; **en chemise/chaussettes** in one's shirt sleeves/socks; **en soldat** as a soldier; **en civil** in civilian clothes; **cassé en plusieurs morceaux** broken into several pieces; **en réparation** being repaired, under repair; **en vacances** on holiday; **en bonne santé** healthy, in good health; **en deuil** in mourning; **le même en plus grand** the same but *ou* only bigger

6 (*avec gérondif*) while; on; **en dormant** while sleeping, as one sleeps; **en sortant** on going out, as he *etc* went out; **sortir en courant** to run out; **en apprenant la nouvelle, il s'est évanoui** he fainted at the news *ou* when he heard the news

7 (*matière*): **fort en math** good at maths; **expert en** expert in

8 (*conformité*): **en tant que** as; **en bon politicien, il ...** good politician that he is, he ..., like a good *ou* true politician, he ...; **je te parle en ami** I'm talking to you as a friend

▸ PRON **1** (*indéfini*): **j'en ai/veux** I have/want

some; **en as-tu ?** have you got any?; **il n'y en a pas** there isn't *ou* aren't any; **je n'en veux pas** I don't want any; **j'en ai deux** I've got two; **combien y en a-t-il ?** how many (of them) are there?; **j'en ai assez** I've got enough (of it *ou* them); *(j'en ai marre)* I've had enough; **où en étais-je ?** where was I?
2 *(provenance)* from there; **j'en viens** I've come from there
3 *(cause)*: **il en est malade/perd le sommeil** he is ill/can't sleep because of it
4 *(de la part de)*: **elle en est aimée** she is loved by him *(ou them etc)*
5 *(complément de nom, d'adjectif, de verbe)*: **j'en connais les dangers** I know its *ou* the dangers; **j'en suis fier/ai besoin** I am proud of it/need it; **il en est ainsi** *ou* **de même pour moi** it's the same for me, same here

ENA [ena] SIGLE F (= *École nationale d'administration*) *grande école for training civil servants*
énarque [enaʀk] NMF former ENA student
encablure [ɑ̃kablyʀ] NF *(Navig)* cable's length
encadrement [ɑ̃kɑdʀəmɑ̃] NM framing; training; *(de porte)* frame; **~ du crédit** credit restrictions
encadrer [ɑ̃kɑdʀe] /1/ VT *(tableau, image)* to frame; *(fig: entourer)* to surround; *(personnel, soldats etc)* to train; *(Comm: crédit)* to restrict
encadreur [ɑ̃kɑdʀœʀ] NM (picture) framer
encaisse [ɑ̃kɛs] NF cash in hand; **~ or/métallique** gold/gold and silver reserves
encaissé, e [ɑ̃kese] ADJ *(vallée)* steep-sided; *(rivière)* with steep banks
encaisser [ɑ̃kese] /1/ VT *(chèque)* to cash; *(argent)* to collect; *(fig: coup, défaite)* to take
encaisseur [ɑ̃kɛsœʀ] NM collector *(of debts etc)*
encan [ɑ̃kɑ̃]: **à l'~** *adv* by auction
encanailler [ɑ̃kanɑje] /1/: **s'encanailler** VPR to become vulgar *ou* common; to mix with the riff-raff
encart [ɑ̃kaʀ] NM insert; **~ publicitaire** publicity insert
encarter [ɑ̃kaʀte] /1/ VT to insert
en-cas [ɑ̃kɑ] NM INV snack
encastrable [ɑ̃kastʀabl] ADJ *(four, élément)* that can be built in
encastré, e [ɑ̃kastʀe] ADJ *(four, baignoire)* built-in
encastrer [ɑ̃kastʀe] /1/ VT: **~ qch dans** *(mur)* to embed sth in(to); *(boîtier)* to fit sth into ■ **s'encastrer dans** VPR to fit into; *(heurter)* to crash into
encaustique [ɑ̃kɔstik] NF polish, wax
encaustiquer [ɑ̃kɔstike] /1/ VT to polish, wax
enceinte [ɑ̃sɛ̃t] ADJ F: **~ (de six mois)** (six months) pregnant ▸ NF *(mur)* wall; *(espace)* enclosure; **~ (acoustique)** speaker
encens [ɑ̃sɑ̃] NM incense
encenser [ɑ̃sɑ̃se] /1/ VT to (in)cense; *(fig)* to praise to the skies
encensoir [ɑ̃sɑ̃swaʀ] NM thurible (BRIT), censer
encéphalogramme [ɑ̃sefalɔgʀam] NM encephalogram
encercler [ɑ̃sɛʀkle] /1/ VT to surround
enchaîné [ɑ̃ʃene] NM *(Ciné)* link shot
enchaînement [ɑ̃ʃɛnmɑ̃] NM *(fig)* linking
enchaîner [ɑ̃ʃene] /1/ VT to chain up; *(mouvements, séquences)* to link (together) ▸ VI to carry on
enchanté, e [ɑ̃ʃɑ̃te] ADJ *(ravi)* delighted; *(ensorcelé)* enchanted; **~ (de faire votre connaissance)** pleased to meet you, how do you do?
enchantement [ɑ̃ʃɑ̃tmɑ̃] NM delight; *(magie)* enchantment; **comme par ~** as if by magic
enchanter [ɑ̃ʃɑ̃te] /1/ VT to delight
enchanteur, -teresse [ɑ̃ʃɑ̃tœʀ, -tʀɛs] ADJ enchanting
enchâsser [ɑ̃ʃɑse] /1/ VT: **~ qch (dans)** to set sth (in)
enchère [ɑ̃ʃɛʀ] NF bid; **faire une ~** to (make a) bid; **mettre/vendre aux enchères** to put up for (sale by)/sell by auction; **les enchères montent** the bids are rising; **faire monter les enchères** *(fig)* to raise the bidding
enchérir [ɑ̃ʃeʀiʀ] /2/ VI: **~ sur qn** *(aux enchères, aussi fig)* to outbid sb
enchérisseur, -euse [ɑ̃ʃeʀisœʀ, -øz] NM/F bidder
enchevêtré, e [ɑ̃ʃ(ə)vetʀe] ADJ tangled, tangled up
enchevêtrement [ɑ̃ʃ(ə)vɛtʀəmɑ̃] NM tangle
enchevêtrer [ɑ̃ʃ(ə)vɛtʀe] /1/ VT to tangle (up)
enclave [ɑ̃klav] NF enclave
enclaver [ɑ̃klave] /1/ VT to enclose, hem in
enclencher [ɑ̃klɑ̃ʃe] /1/ VT *(mécanisme)* to engage; *(fig: affaire)* to set in motion ■ **s'enclencher** VPR to engage
enclin, e [ɑ̃klɛ̃, -in] ADJ: **~ à qch/à faire** inclined *ou* prone to sth/to do
enclore [ɑ̃klɔʀ] /45/ VT to enclose
enclos [ɑ̃klo] NM enclosure; *(clôture)* fence
enclume [ɑ̃klym] NF anvil
encoche [ɑ̃kɔʃ] NF notch
encoder [ɑ̃kɔde] /1/ VT to encode
encodeur [ɑ̃kɔdœʀ] NM encoder
encoignure [ɑ̃kɔɲyʀ] NF corner
encoller [ɑ̃kɔle] /1/ VT to paste
encolure [ɑ̃kɔlyʀ] NF *(tour de cou)* collar size; *(col, cou)* neck
encombrant, e [ɑ̃kɔ̃bʀɑ̃, -ɑ̃t] ADJ cumbersome, bulky
encombre [ɑ̃kɔ̃bʀ]: **sans ~** *adv* without mishap *ou* incident
encombré, e [ɑ̃kɔ̃bʀe] ADJ *(pièce, passage)* cluttered; *(lignes téléphoniques)* engaged; *(marché)* saturated
encombrement [ɑ̃kɔ̃bʀəmɑ̃] NM *(d'un lieu)* cluttering (up); *(d'un objet: dimensions)* bulk; **être pris dans un ~** to be stuck in a traffic jam
encombrer [ɑ̃kɔ̃bʀe] /1/ VT to clutter (up); *(gêner)* to hamper; **~ le passage** to block *ou* obstruct the way ■ **s'encombrer de** VPR *(bagages etc)* to load *ou* burden o.s. with
encontre [ɑ̃kɔ̃tʀ]: **à l'~ de** *prép* against, counter to
encorbellement [ɑ̃kɔʀbɛlmɑ̃] NM: **fenêtre en ~** oriel window
encorder [ɑ̃kɔʀde] /1/ VT *(Alpinisme)* to rope up ■ **s'encorder** VPR *(Alpinisme)* to rope up

encore [ɑ̃kɔʀ]

ADV **1** (*continuation*) still; **il y travaille encore** he's still working on it; **pas encore** not yet
2 (*de nouveau*) again; **j'irai encore demain** I'll go again tomorrow; **encore une fois** (once) again
3 (*en plus*) more; **encore un peu de viande?** a little more meat?; **encore un effort** one last effort; **encore deux jours** two more days
4 (*intensif*) even, still; **encore plus fort/mieux** even louder/better, louder/better still; **hier encore** even yesterday; **non seulement …, mais encore …** not only …, but also …; **encore!** (*insatisfaction*) not again!; **quoi encore?** what now?
5 (*restriction*) even so *ou* then, only; **encore pourrais-je le faire si …** even so, I might be able to do it if …; **si encore** if only; **encore que** *conj* although

encourageant, e [ɑ̃kuʀaʒɑ̃, -ɑ̃t] ADJ encouraging

encouragement [ɑ̃kuʀaʒmɑ̃] NM encouragement; (*récompense*) incentive

★**encourager** [ɑ̃kuʀaʒe] /3/ VT to encourage; **~ qn à faire qch** to encourage sb to do sth

encourir [ɑ̃kuʀiʀ] /11/ VT to incur

encrasser [ɑ̃kʀase] /1/ VT to foul up; (*Auto*) to soot up ▪ **s'encrasser** VPR (*tuyau, filtre*) to get fouled up; (*bougies d'allumage*) to get sooted up

encre [ɑ̃kʀ] NF ink; **~ de Chine** Indian ink; **~ indélébile** indelible ink; **~ sympathique** invisible ink

encrer [ɑ̃kʀe] /1/ VT to ink

encreur [ɑ̃kʀœʀ] ADJ M: **rouleau ~** inking roller

encrier [ɑ̃kʀije] NM inkwell

encroûter [ɑ̃kʀute] /1/: **s'encroûter** VPR (*fig*) to get into a rut, get set in one's ways

encyclique [ɑ̃siklik] NF encyclical

encyclopédie [ɑ̃siklɔpedi] NF encyclopaedia (BRIT), encyclopedia (US)

encyclopédique [ɑ̃siklɔpedik] ADJ encyclopaedic (BRIT), encyclopedic (US)

endémique [ɑ̃demik] ADJ endemic

endetté, e [ɑ̃dete] ADJ in debt; (*fig*): **très ~ envers qn** deeply indebted to sb

endettement [ɑ̃dɛtmɑ̃] NM debts *pl*

endetter [ɑ̃dete] /1/ VT to get into debt ▪ **s'endetter** VPR to get into debt

endeuiller [ɑ̃dœje] /1/ VT to plunge into mourning; **manifestation endeuillée par** event over which a tragic shadow was cast by

endiablé, e [ɑ̃djɑble] ADJ furious; (*enfant*) boisterous

endiguer [ɑ̃dige] /1/ VT to dyke (up); (*fig*) to check, hold back

endimanché, e [ɑ̃dimɑ̃ʃe] ADJ in one's Sunday best; **avoir l'air ~** to be all done up to the nines (*fam*)

endimancher [ɑ̃dimɑ̃ʃe] /1/: **s'endimancher** VPR to put on one's Sunday best

endive [ɑ̃div] NF chicory *no pl*

endocrine [ɑ̃dɔkʀin] ADJ F: **glande ~** endocrine (gland)

endoctrinement [ɑ̃dɔktʀinmɑ̃] NM indoctrination

endoctriner [ɑ̃dɔktʀine] /1/ VT to indoctrinate

endolori, e [ɑ̃dɔlɔʀi] ADJ painful

★**endommager** [ɑ̃dɔmaʒe] /3/ VT to damage

endormant, e [ɑ̃dɔʀmɑ̃, -ɑ̃t] ADJ dull, boring

endormi, e [ɑ̃dɔʀmi] PP *de* **endormir** ▸ ADJ (*personne*) asleep; (*fig: indolent, lent*) sluggish; (*engourdi: main, pied*) numb

endormir [ɑ̃dɔʀmiʀ] /16/ VT to put to sleep; (*chaleur etc*) to send to sleep; (*Méd: dent, nerf*) to anaesthetize; (*fig: soupçons*) to allay ▪ **s'endormir** VPR to fall asleep, go to sleep

endoscope [ɑ̃dɔskɔp] NM (*Méd*) endoscope

endoscopie [ɑ̃dɔskɔpi] NF endoscopy

endosser [ɑ̃dose] /1/ VT (*responsabilité*) to take, shoulder; (*chèque*) to endorse; (*uniforme, tenue*) to put on, don

★**endroit** [ɑ̃dʀwa] NM place; (*localité*): **les gens de l'~** the local people; (*opposé à l'envers*) right side; **à cet ~** in this place; **à l'~** right side out; the right way up; (*vêtement*) the right way out; (*objet posé*) the right way round; **à l'~ de** *prép* regarding, with regard to; **par endroits** in places

enduire [ɑ̃dɥiʀ] /38/ VT to coat; **~ qch de** to coat sth with

enduit, e [ɑ̃dɥi, -it] PP *de* **enduire** ▸ NM coating

endurance [ɑ̃dyʀɑ̃s] NF endurance

endurant, e [ɑ̃dyʀɑ̃, -ɑ̃t] ADJ tough, hardy

endurcir [ɑ̃dyʀsiʀ] /2/ VT (*physiquement*) to toughen; (*moralement*) to harden ▪ **s'endurcir** VPR (*physiquement*) to become tougher; (*moralement*) to become hardened

endurer [ɑ̃dyʀe] /1/ VT to endure, bear

énergétique [enɛʀʒetik] ADJ (*ressources etc*) energy *cpd*; (*aliment*) energizing

énergie [enɛʀʒi] NF (*Physique*) energy; (*Tech*) power; (*fig: physique*) energy; (*: morale*) vigour, spirit; **~ éolienne/solaire** wind/solar power

énergique [enɛʀʒik] ADJ energetic; vigorous; (*mesures*) drastic, stringent

énergiquement [enɛʀʒikmɑ̃] ADV energetically; drastically

énergisant, e [enɛʀʒizɑ̃, -ɑ̃t] ADJ energizing

énergumène [enɛʀgymɛn] NM rowdy character *ou* customer

énervant, e [enɛʀvɑ̃, -ɑ̃t] ADJ irritating, annoying

énervé, e [enɛʀve] ADJ nervy, on edge; (*agacé*) irritated

énervement [enɛʀvəmɑ̃] NM nerviness; irritation

énerver [enɛʀve] /1/ VT to irritate, annoy ▪ **s'énerver** VPR to get excited, get worked up

enfance [ɑ̃fɑ̃s] NF (*âge*) childhood; (*fig*) infancy; (*enfants*) children *pl*; **c'est l'~ de l'art** it's child's play; **petite ~** infancy; **souvenir/ami d'~** childhood memory/friend; **retomber en ~** to lapse into one's second childhood

★**enfant** [ɑ̃fɑ̃] NMF child; **~ adoptif/naturel** adopted/natural child; **bon ~** *adj* good-natured, easy-going; **~ de chœur** *nm* (*Rel*) altar boy; **~ prodige** child prodigy; **~ unique** only child

enfanter [ɑ̃fɑ̃te] /1/ VI to give birth ▸ VT to give birth to

enfantillage [ɑ̃fɑ̃tijaʒ] NM (*péj*) childish behaviour *no pl*

enfantin, e [ɑ̃fɑ̃tɛ̃, -in] ADJ childlike; (*péj*) childish; (*langage*) children's *cpd*

enfer [ɑ̃fɛʀ] NM hell; **allure/bruit d'~** horrendous speed/noise

★**enfermer** [ɑ̃fɛʀme] /1/ VT to shut up; (*à clef, interner*) to lock up ▪ **s'enfermer** VPR to shut o.s. away; **s'~ à clé** to lock o.s. in; **s'~ dans la solitude/le mutisme** to retreat into solitude/silence

enferrer [ɑ̃feʀe] /1/: **s'enferrer** VPR: **s'~ dans** to tangle o.s. up in

enfiévré, e [ɑ̃fjevʀe] ADJ (*fig*) feverish

enfilade [ɑ̃filad] NF: **une ~ de** a series *ou* line of; **prendre des rues en ~** to cross directly from one street into the next

enfiler [ɑ̃file] /1/ VT (*vêtement*) to slip on; (*rue, couloir*) to take; (*perles*) to string; (*aiguille*) to thread; (*insérer*): **~ qch dans** to stick sth into; **~ un tee-shirt** to slip into a T-shirt ▪ **s'enfiler dans** VPR to disappear into

★**enfin** [ɑ̃fɛ̃] ADV at last; (*en énumérant*) lastly; (*de restriction, résignation*) still; (*eh bien*) well; (*pour conclure*) in a word; (*somme toute*) after all

enflammé, e [ɑ̃flame] ADJ (*torche, allumette*) burning; (*Méd: plaie*) inflamed; (*fig: nature, discours, déclaration*) fiery

enflammer [ɑ̃flɑme] /1/ VT to set fire to; (*Méd*) to inflame ▪ **s'enflammer** VPR to catch fire; (*Méd*) to become inflamed

enflé, e [ɑ̃fle] ADJ swollen; (*péj: style*) bombastic, turgid

enfler [ɑ̃fle] /1/ VI to swell (up) ▪ **s'enfler** VPR to swell

enflure [ɑ̃flyʀ] NF swelling

enfoncé, e [ɑ̃fɔ̃se] ADJ staved-in, smashed-in; (*yeux*) deep-set

enfoncement [ɑ̃fɔ̃smɑ̃] NM (*recoin*) nook

enfoncer [ɑ̃fɔ̃se] /3/ VT (*clou*) to drive in; (*faire pénétrer*): **~ qch dans** to push (*ou* drive) sth into; (*forcer: porte*) to break open; (*: plancher*) to cause to cave in; (*défoncer: côtes etc*) to smash; (*fam: surpasser*) to lick, beat (hollow); **~ un chapeau sur la tête** to cram *ou* jam a hat on one's head; **~ qn dans la dette** to drag sb into debt ▪ **s'enfoncer** VPR to sink; (*sol, surface porteuse*) to give way; **s'~ dans** to sink into; (*forêt, ville*) to disappear into

enfouir [ɑ̃fwiʀ] /2/ VT (*dans le sol*) to bury; (*dans un tiroir etc*) to tuck away ▪ **s'enfouir dans/sous** VPR to bury o.s. in/under

enfourcher [ɑ̃fuʀʃe] /1/ VT to mount; **~ son dada** (*fig*) to get on one's hobby-horse

enfourner [ɑ̃fuʀne] /1/ VT (*poterie*) to put in the oven, put in the kiln; **~ qch dans** to shove *ou* stuff sth into ▪ **s'enfourner dans** VPR (*personne*) to dive into

enfreignais *etc* [ɑ̃fʀɛɲɛ] VB *voir* **enfreindre**

enfreindre [ɑ̃fʀɛ̃dʀ] /52/ VT to infringe, break

enfuir [ɑ̃fɥiʀ] /17/: **s'enfuir** VPR to run away *ou* off

enfumé, e [ɑ̃fyme] ADJ (*salon, bar*) smoky

enfumer [ɑ̃fyme] /1/ VT to smoke out

enfuyais *etc* [ɑ̃fɥijɛ] VB *voir* **enfuir**

engagé, e [ɑ̃gaʒe] ADJ (*littérature etc*) engagé, committed

engageant, e [ɑ̃gaʒɑ̃, -ɑ̃t] ADJ attractive, appealing

engagement [ɑ̃gaʒmɑ̃] NM taking on, engaging; starting; investing; (*promesse*) commitment; (*Mil: combat*) engagement; (*: recrutement*) enlistment; (*Sport*) entry; **prendre l'~ de faire** to undertake to do; **sans ~** (*Comm*) without obligation

engager [ɑ̃gaʒe] /3/ VT (*embaucher*) to take on; (*: artiste*) to engage; (*commencer*) to start; (*lier*) to bind, commit; (*impliquer, entraîner*) to involve; (*investir*) to invest, lay out; (*faire intervenir*) to engage; (*Sport: concurrents, chevaux*) to enter; (*introduire: clé*) to insert; (*inciter*): **~ qn à faire** to urge sb to do; (*faire pénétrer*): **~ qch dans** to insert sth into; **~ qn à qch** to urge sth on sb ▪ **s'engager** VPR to get taken on; (*Mil*) to enlist; (*promettre, politiquement*) to commit o.s.; (*débuter: conversation etc*) to start (up); **s'~ à faire** to undertake to do; **s'~ dans** (*rue, passage*) to turn into, enter; (*s'emboîter*) to engage *ou* fit into; (*fig: affaire, discussion*) to enter into, embark on

engazonner [ɑ̃gɑzɔne] /1/ VT to turf

engeance [ɑ̃ʒɑ̃s] NF mob

engelures [ɑ̃ʒlyʀ] NFPL chilblains

engendrer [ɑ̃ʒɑ̃dʀe] /1/ VT to father; (*fig*) to create, breed

engin [ɑ̃ʒɛ̃] NM machine; (*outil*) instrument; (*Auto*) vehicle; (*péj*) gadget; (*Aviat: avion*) aircraft *inv*; (*: missile*) missile; **~ blindé** armoured vehicle; **~ (explosif)** (explosive) device; **engins (spéciaux)** missiles; **~ explosif improvisé** improvised explosive device

englober [ɑ̃glɔbe] /1/ VT to include

engloutir [ɑ̃glutiʀ] /2/ VT to swallow up; (*fig: dépenses*) to devour ▪ **s'engloutir** VPR to be engulfed

englué, e [ɑ̃glye] ADJ sticky

engoncé, e [ɑ̃gɔ̃se] ADJ: **~ dans** cramped in

engorgement [ɑ̃gɔʀʒəmɑ̃] NM blocking; (*Méd*) engorgement

engorger [ɑ̃gɔʀʒe] /3/ VT to obstruct, block ▪ **s'engorger** VPR to become blocked

engouement [ɑ̃gumɑ̃] NM (sudden) passion

engouffrer [ɑ̃gufʀe] /1/ VT to swallow up, devour ▪ **s'engouffrer dans** VPR to rush into

engourdi, e [ɑ̃guʀdi] ADJ numb

engourdir [ɑ̃guʀdiʀ] /2/ VT to numb; (*fig*) to dull, blunt ▪ **s'engourdir** VPR to go numb

engourdissement [ɑ̃guʀdismɑ̃] NM numbness

engrais [ɑ̃gʀɛ] NM manure; **~ (chimique)** (chemical) fertilizer; **~ organique/inorganique** organic/inorganic fertilizer

engraisser [ɑ̃gʀese] /1/ VT to fatten (up); (*terre: fertiliser*) to fertilize ▸ VI (*péj*) to get fat(ter)

engranger [ɑ̃gʀɑ̃ʒe] /3/ VT (*foin*) to bring in; (*fig*) to store away

engrenage [ɑ̃gʀənaʒ] NM gears *pl*, gearing; (*fig*) chain

engueulade [ɑ̃gœlad] NF (*fam*) telling off

engueuler [ɑ̃gœle] /1/ VT (*fam*) to bawl at *ou* out

enguirlander [ɑ̃giʀlɑ̃de] /1/ VT (*fam*) to give sb a bawling out, bawl at

enhardir [ɑ̃aʀdiʀ] /2/: **s'enhardir** VPR to grow bolder

e

énième [enjɛm] ADJ = **nième**

énigmatique [enigmatik] ADJ enigmatic

énigmatiquement [enigmatikmɑ̃] ADV enigmatically

énigme [enigm] NF riddle

enivrant, e [ɑ̃nivʀɑ̃, -ɑ̃t] ADJ intoxicating

enivrer [ɑ̃nivʀe] /1/: **s'enivrer** VPR to get drunk; **s'~ de** (*fig*) to become intoxicated with

enjambée [ɑ̃ʒɑ̃be] NF stride; **d'une ~** with one stride

enjambement [ɑ̃ʒɑ̃bmɑ̃] NM (*en poésie*) enjambement

enjamber [ɑ̃ʒɑ̃be] /1/ VT to stride over; (*pont etc*) to span, straddle

enjeu, x [ɑ̃ʒø] NM stakes *pl*

enjoindre [ɑ̃ʒwɛ̃dʀ] /49/ VT: **~ à qn de faire** to enjoin *ou* order sb to do

enjôler [ɑ̃ʒole] /1/ VT to coax, wheedle

enjôleur, -euse [ɑ̃ʒolœʀ, -øz] ADJ (*sourire, paroles*) winning

enjolivement [ɑ̃ʒɔlivmɑ̃] NM embellishment

enjoliver [ɑ̃ʒɔlive] /1/ VT to embellish

enjoliveur [ɑ̃ʒɔlivœʀ] NM (*Auto*) hub cap

enjoué, e [ɑ̃ʒwe] ADJ playful

enlacer [ɑ̃lase] /3/ VT (*étreindre*) to embrace, hug; (*lianes*) to wind round, entwine

enlaidir [ɑ̃lediʀ] /2/ VT to make ugly ▸ VI to become ugly

enlevé, e [ɑ̃l(ə)ve] ADJ (*morceau de musique*) played brightly

enlèvement [ɑ̃lɛvmɑ̃] NM removal; (*rapt*) abduction, kidnapping; **l'~ des ordures ménagères** refuse collection

★**enlever** [ɑ̃l(ə)ve] /5/ VT (*ôter: gén*) to remove; (: *vêtement, lunettes*) to take off; (: *Méd: organe*) to remove; (*emporter: ordures etc*) to collect, take away; (*kidnapper*) to abduct, kidnap; (*obtenir: prix, contrat*) to win; (*Mil: position*) to take; (*morceau de piano etc*) to execute with spirit *ou* brio; (*prendre*): **~ qch à qn** to take sth (away) from sb; **la maladie qui nous l'a enlevé** (*euphémisme*) the illness which took him from us ▪ **s'enlever** VPR (*tache*) to come out *ou* off

enlisement [ɑ̃lizmɑ̃] NM getting stuck; (*fig: de négociations, conflit*) stalemate

enliser [ɑ̃lize] /1/: **s'enliser** VPR to sink, get stuck; (*dialogue etc*) to get bogged down

enluminure [ɑ̃lyminyʀ] NF illumination

ENM SIGLE F (= *École nationale de la magistrature*) *grande école for law students*

enneigé, e [ɑ̃neʒe] ADJ snowy; (*fam*) snowed-up; (*maison*) snowed-in

enneigement [ɑ̃nɛʒmɑ̃] NM depth of snow, snowfall; **bulletin d'~** snow report

★**ennemi, e** [ɛnmi] ADJ hostile; (*Mil*) enemy *cpd*; **être ~ de** to be strongly averse *ou* opposed to ▸ NM/F enemy

ennième [ɛnjɛm] ADJ = **nième**

ennoblir [ɑ̃nɔbliʀ] /2/ VT to ennoble

★**ennui** [ɑ̃nɥi] NM (*lassitude*) boredom; (*difficulté*) trouble *no pl*; **avoir des ennuis** to have problems; **s'attirer des ennuis** to cause problems for o.s.

ennuie *etc* [ɑ̃nɥi] VB *voir* **ennuyer**

ennuyé, e [ɑ̃nɥije] ADJ (*air, personne*) preoccupied, worried

★**ennuyer** [ɑ̃nɥije] /8/ VT to bother; (*lasser*) to bore ▪ **s'ennuyer** VPR to be bored; (*s'ennuyer de: regretter*) to miss; **si cela ne vous ennuie pas** if it's no trouble to you

★**ennuyeux, -euse** [ɑ̃nɥijø, -øz] ADJ boring, tedious; (*agaçant*) annoying

énoncé [enɔ̃se] NM terms *pl*; wording; (*Ling*) utterance

énoncer [enɔ̃se] /3/ VT to say, express; (*conditions*) to set out, lay down, state

énonciation [enɔ̃sjasjɔ̃] NF statement

enorgueillir [ɑ̃nɔʀgœjiʀ] /2/: **s'enorgueillir de** VPR to pride o.s. on; to boast

énorme [enɔʀm] ADJ enormous, huge

énormément [enɔʀmemɑ̃] ADV enormously, tremendously; **~ de neige/gens** an enormous amount of snow/number of people

énormité [enɔʀmite] NF enormity, hugeness; (*propos*) outrageous remark

en part. ABR (= *en particulier*) esp.

enquérir [ɑ̃keʀiʀ] /21/: **s'enquérir de** VPR to inquire about

enquête [ɑ̃kɛt] NF (*de journaliste, de police*) investigation; (*judiciaire, administrative*) inquiry; (*sondage d'opinion*) survey

enquêter [ɑ̃kete] /1/ VI to investigate; to hold an inquiry; (*faire un sondage*): **~ (sur)** to do a survey (on), carry out an opinion poll (on)

enquêteur, -euse, -trice [ɑ̃kɛtœʀ, -øz, -tʀis] NM/F officer in charge of an investigation; person conducting a survey; pollster

enquiers, enquière *etc* [ɑ̃kjɛʀ, ɑ̃kjɛʀ] VB *voir* **enquérir**

enquiquiner [ɑ̃kikine] /1/ VT to rile, irritate

enquiquineur, -euse [ɑ̃kikinœʀ, -øz] NM/F (*fam*) pain (*fam*)

enquis, e [ɑ̃ki, -iz] PP *de* **enquérir**

enraciné, e [ɑ̃ʀasine] ADJ deep-rooted

enragé, e [ɑ̃ʀaʒe] ADJ (*Méd*) rabid, with rabies; (*furieux*) furiously angry; (*fig*) fanatical; **~ de** wild about

enrageant, e [ɑ̃ʀaʒɑ̃, -ɑ̃t] ADJ infuriating

enrager [ɑ̃ʀaʒe] /3/ VI to be furious, be in a rage; **faire ~ qn** to make sb wild with anger

enrayer [ɑ̃ʀeje] /8/ VT to check, stop ▪ **s'enrayer** VPR (*arme à feu*) to jam

enrégimenter [ɑ̃ʀeʒimɑ̃te] /1/ VT (*péj*) to enlist

enregistrement [ɑ̃ʀ(ə)ʒistʀəmɑ̃] NM recording; (*Admin*) registration; **~ des bagages** (*à l'aéroport*) baggage check-in; **~ magnétique** tape-recording

★**enregistrer** [ɑ̃ʀ(ə)ʒistʀe] /1/ VT (*Mus*) to record; (*Inform*) to save; (*remarquer, noter*) to note, record; (*Comm: commande*) to note, enter; (*fig: mémoriser*) to make a mental note of; (*Admin*) to register; (*bagages: aussi:* **faire enregistrer**: *par train*) to register; (: *à l'aéroport*) to check in

enregistreur, -euse [ɑ̃ʀ(ə)ʒistʀœʀ, -øz] ADJ (*machine*) recording *cpd* ▸ NM (*appareil*): **~ de vol** (*Aviat*) flight recorder

enrhumé, e [ɑ̃ʀyme] ADJ: **il est ~** he has a cold

enrhumer [ɑ̃ʀyme] /1/: **s'enrhumer** VPR to catch a cold

enrichi, e [ɑ̃ʀiʃi] ADJ (*personne*) rich; (*uranium*) enriched

enrichir [ɑ̃ʀiʃiʀ] /2/ VT to make rich(er); (*fig*) to enrich ▪ **s'enrichir** VPR to get rich(er)

enrichissant, e [ɑ̃ʀiʃisɑ̃, -ɑ̃t] ADJ instructive

enrichissement [ɑ̃ʀiʃismɑ̃] NM enrichment

enrobé, e [ɑ̃ʀɔbe] ADJ (*comprimé*) coated

enrober [ɑ̃ʀɔbe] /1/ VT: **~ qch de** to coat sth with; (*fig*) to wrap sth up in

enrôlement [ɑ̃ʀolmɑ̃] NM enlistment

enrôler [ɑ̃ʀole] /1/ VT to enlist ▪ **s'enrôler (dans)** VPR to enlist (in)

enroué, e [ɑ̃ʀwe] ADJ hoarse

enrouer [ɑ̃ʀwe] /1/: **s'enrouer** VPR to go hoarse

enrouler [ɑ̃ʀule] /1/ VT (*fil, corde*) to wind (up); **~ qch autour de** to wind sth (a)round ▪ **s'enrouler** VPR to coil up

enrouleur, -euse [ɑ̃ʀulœʀ, -øz] ADJ (*Tech*) winding ▸ NM *voir* **ceinture**

enrubanné, e [ɑ̃ʀybane] ADJ trimmed with ribbon

ENS SIGLE F = **école normale supérieure**

ensablement [ɑ̃sɑbləmɑ̃] NM (*de port, canal*) silting up; (*d'embarcation*) stranding

ensabler [ɑ̃sɑble] /1/ VT (*port, canal*) to silt up, sand up; (*embarcation*) to strand (on a sandbank) ▪ **s'ensabler** VPR to silt up; to get stranded

ensacher [ɑ̃saʃe] /1/ VT to pack into bags

ensanglanté, e [ɑ̃sɑ̃glɑ̃te] ADJ covered with blood

★**enseignant, e** [ɑ̃sɛɲɑ̃, -ɑ̃t] ADJ teaching ▸ NM/F teacher

enseigne [ɑ̃sɛɲ] NF sign; **à telle ~ que** so much so that; **être logés à la même ~** (*fig*) to be in the same boat; **~ lumineuse** neon sign ▸ NM: **~ de vaisseau** lieutenant

★**enseignement** [ɑ̃sɛɲ(ə)mɑ̃] NM teaching; (*Admin*) education; **~ ménager** home economics; **~ primaire** primary (BRIT) *ou* grade school (US) education; **~ secondaire** secondary (BRIT) *ou* high school (US) education

★**enseigner** [ɑ̃seɲe] /1/ VT, VI to teach; **~ qch à qn/à qn que** to teach sb sth/sb that

★**ensemble** [ɑ̃sɑ̃bl] ADV together; **aller ~** to go together ▸ NM (*assemblage, Math*) set; (*vêtements*) outfit; (*vêtement féminin*) ensemble, suit; (*unité, harmonie*) unity; (*résidentiel*) housing development; **l'~ du/de la** (*totalité*) the whole *ou* entire; **impression/idée d'~** overall *ou* general impression/idea; **dans l'~** (*en gros*) on the whole; **dans son ~** overall, in general; **~ vocal/musical** vocal/musical ensemble

ensemblier [ɑ̃sɑ̃blije] NM interior designer

ensemencement [ɑ̃s(ə)mɑ̃smɑ̃] NM sowing

ensemencer [ɑ̃s(ə)mɑ̃se] /3/ VT to sow

enserrer [ɑ̃seʀe] /1/ VT to hug (tightly)

ensevelir [ɑ̃səv(ə)liʀ] /2/ VT to bury

ensilage [ɑ̃silaʒ] NM (*aliment*) silage

ensoleillé, e [ɑ̃sɔleje] ADJ sunny

ensoleillement [ɑ̃sɔlɛjmɑ̃] NM period *ou* hours *pl* of sunshine

ensommeillé, e [ɑ̃sɔmeje] ADJ sleepy, drowsy

ensorcelant, e [ɑ̃sɔʀsəlɑ̃, -ɑ̃t] ADJ (*regard, sourire*) bewitching

ensorceler [ɑ̃sɔʀsəle] /4/ VT to enchant, bewitch

★**ensuite** [ɑ̃sɥit] ADV then, next; (*plus tard*) afterwards, later; **~ de quoi** after which

ensuivre [ɑ̃sɥivʀ] /40/: **s'ensuivre** VPR to follow, ensue; **il s'ensuit que ...** it follows that ...; **et tout ce qui s'ensuit** and all that goes with it

ENT [øɛnte] SIGLE M (*Scol, Université*: = *espace numérique de travail*) VLE (= *virtual learning environment*)

entaché, e [ɑ̃taʃe] ADJ: **~ de** marred by; **~ de nullité** null and void

entacher [ɑ̃taʃe] /1/ VT to soil

entaille [ɑ̃taj] NF (*encoche*) notch; (*blessure*) cut; **se faire une ~** to cut o.s.

entailler [ɑ̃taje] /1/ VT to notch; to cut; **s'~ le doigt** to cut one's finger

entamer [ɑ̃tame] /1/ VT (*pain, bouteille*) to start; (*hostilités, pourparlers*) to open; (*fig: altérer*) to make a dent in; to damage

entartrer [ɑ̃taʀtʀe] /1/: **s'entartrer** VPR to fur up; (*dents*) to become covered with plaque

entassement [ɑ̃tɑsmɑ̃] NM (*tas*) pile, heap

entasser [ɑ̃tɑse] /1/ VT (*empiler*) to pile up, heap up; (*tenir à l'étroit*) to cram together ▪ **s'entasser** VPR (*s'amonceler*) to pile up; to cram; **s'~ dans** to cram into

entendant [ɑ̃tɑ̃dɑ̃] NM hearing person

entendement [ɑ̃tɑ̃dmɑ̃] NM understanding

entendeur [ɑ̃tɑ̃dœʀ] NM: **à bon ~, salut !** a word to the wise!

★**entendre** [ɑ̃tɑ̃dʀ] /41/ VT to hear; (*comprendre*) to understand; (*vouloir dire*) to mean; (*vouloir*): **~ être obéi/que** to intend *ou* mean to be obeyed/that; **j'ai entendu dire que** I've heard (it said) that; **je suis heureux de vous l'~ dire** I'm pleased to hear you say it; **~ parler de** to hear of; **laisser ~ que, donner à ~ que** to let it be understood that; **~ raison** to see sense, listen to reason; **qu'est-ce qu'il ne faut pas ~ !** whatever next!; **j'ai mal entendu** I didn't catch what was said; **je vous entends très mal** I can hardly hear you ▪ **s'entendre** VPR (*sympathiser*) to get on; (*se mettre d'accord*) to agree; **s'~ à qch/à faire** (*être compétent*) to be good at sth/doing; **ça s'entend** (*est audible*) it's audible; **je m'entends** I mean; **entendons-nous !** let's be clear what we mean

entendu, e [ɑ̃tɑ̃dy] PP *de* **entendre** ▸ ADJ (*réglé*) agreed; (*au courant: air*) knowing; **étant ~ que** since (it's understood *ou* agreed that); **(c'est) ~** all right, agreed; **c'est ~** (*concession*) all right, granted; **bien ~** of course

entente [ɑ̃tɑ̃t] NF (*entre amis, pays*) understanding, harmony; (*accord, traité*) agreement, understanding; **à double ~** (*sens*) with a double meaning

entériner [ɑ̃teʀine] /1/ VT to ratify, confirm

entérite [ɑ̃teʀit] NF enteritis *no pl*

enterrement [ɑ̃tɛʀmɑ̃] NM burying; (*cérémonie*) funeral, burial; (*cortège funèbre*) funeral procession

enterrer [ɑ̃teʀe] /1/ VT to bury

entêtant, e [ɑ̃tɛtɑ̃, -ɑ̃t] ADJ heady

e

en-tête [ɑ̃tɛt] NM heading; (*de papier à lettres*) letterhead; **papier à ~** headed notepaper

entêté, e [ɑ̃tete] ADJ stubborn

entêtement [ɑ̃tɛtmɑ̃] NM stubbornness

entêter [ɑ̃tete] /1/: **s'entêter** VPR: **s'~ (à faire)** to persist (in doing)

enthousiasmant, e [ɑ̃tuzjasmɑ̃, -ɑ̃t] ADJ exciting

★**enthousiasme** [ɑ̃tuzjasm] NM enthusiasm; **avec ~** enthusiastically

enthousiasmé, e [ɑ̃tuzjasme] ADJ filled with enthusiasm

enthousiasmer [ɑ̃tuzjasme] /1/ VT to fill with enthusiasm ▪ **s'enthousiasmer** VPR: **s'~ (pour qch)** to get enthusiastic (about sth)

enthousiaste [ɑ̃tuzjast] ADJ enthusiastic

enticher [ɑ̃tiʃe] /1/: **s'enticher de** VPR to become infatuated with

★**entier, -ière** [ɑ̃tje, -jɛʀ] ADJ (*non entamé, en totalité*) whole; (*total, complet: satisfaction etc*) complete; (*fig: caractère*) unbending, averse to compromise; **se donner tout ~ à qch** to devote o.s. completely to sth; **lait ~** full-cream milk; **nombre ~** whole number ▸ NM (*Math*) whole; **en ~** totally; in its entirety

entièrement [ɑ̃tjɛʀmɑ̃] ADV entirely, completely, wholly

entité [ɑ̃tite] NF entity

entomologie [ɑ̃tɔmɔlɔʒi] NF entomology

entomologique [ɑ̃tɔmɔlɔʒik] ADJ entomological

entomologiste [ɑ̃tɔmɔlɔʒist] NMF entomologist

entonner [ɑ̃tɔne] /1/ VT (*chanson*) to strike up

entonnoir [ɑ̃tɔnwaʀ] NM (*ustensile*) funnel; (*trou*) shell-hole, crater

entorse [ɑ̃tɔʀs] NF (*Méd*) sprain; (*fig*): **~ à la loi/au règlement** infringement of the law/rule; **se faire une ~ à la cheville/au poignet** to sprain one's ankle/wrist

entortiller [ɑ̃tɔʀtije] /1/ VT: **~ qch dans/avec** (*envelopper*) to wrap sth in/with ▪ **s'entortiller** VPR: **s'~ dans** (*draps*) to roll o.s. up in; (*réponses*) to get tangled up in

entourage [ɑ̃tuʀaʒ] NM circle; (*famille*) family (circle); (*d'une vedette etc*) entourage; (*ce qui enclôt*) surround

entouré, e [ɑ̃tuʀe] ADJ (*recherché, admiré*) popular; **~ de** surrounded by

★**entourer** [ɑ̃tuʀe] /1/ VT to surround; (*apporter son soutien à*) to rally round; **~ de** to surround with; (*trait*) to encircle with ▪ **s'entourer de** VPR to surround o.s. with; **s'~ de précautions** to take all possible precautions

entourloupe [ɑ̃tuʀlup], **entourloupette** [ɑ̃tuʀlupɛt] NF (*fam*) mean trick

entournures [ɑ̃tuʀnyʀ] NFPL: **gêné aux ~** in financial difficulties; (*fig*) a bit awkward

★**entracte** [ɑ̃tʀakt] NM interval

entraide [ɑ̃tʀɛd] NF mutual aid *ou* assistance

entraider [ɑ̃tʀede] /1/: **s'entraider** VPR to help each other

entrailles [ɑ̃tʀɑj] NFPL entrails; (*humaines*) bowels

entrain [ɑ̃tʀɛ̃] NM spirit; **avec ~** (*répondre, travailler*) energetically; **faire qch sans ~** to do sth half-heartedly *ou* without enthusiasm

entraînant, e [ɑ̃tʀɛnɑ̃, -ɑ̃t] ADJ (*musique*) stirring, rousing

entraînement [ɑ̃tʀɛnmɑ̃] NM training; (*Tech*): **~ à chaîne/galet** chain/wheel drive; **manquer d'~** to be unfit; **~ par ergots/friction** (*Inform*) tractor/friction feed

entraîner [ɑ̃tʀene] /1/ VT (*tirer: wagons*) to pull; (*charrier*) to carry *ou* drag along; (*Tech*) to drive; (*emmener: personne*) to take (off); (*mener à l'assaut, influencer*) to lead; (*Sport*) to train; (*impliquer*) to entail; (*causer*) to lead to, bring about; **~ qn à faire** (*inciter*) to lead sb to do ▪ **s'entraîner** VPR (*Sport*) to train; **s'~ à qch/à faire** to train o.s. for sth/to do

entraîneur [ɑ̃tʀɛnœʀ] NMF (*Sport*) coach, trainer ▸ NM (*Hippisme*) trainer

entraîneuse [ɑ̃tʀɛnøz] NF (*de bar*) hostess

entrapercevoir [ɑ̃tʀapɛʀsəvwaʀ] /28/ VT to catch a glimpse of

entrave [ɑ̃tʀav] NF hindrance

entraver [ɑ̃tʀave] /1/ VT (*circulation*) to hold up; (*action, progrès*) to hinder, hamper

★**entre** [ɑ̃tʀ] PRÉP between; (*parmi*) among(st); **l'un d'~ eux/nous** one of them/us; **le meilleur d'~ eux/nous** the best of them/us; **ils préfèrent rester ~ eux** they prefer to keep to themselves; **~ autres (choses)** among other things; **~ nous, ...** between ourselves ..., between you and me ...; **ils se battent ~ eux** they are fighting among(st) themselves

entrebâillé, e [ɑ̃tʀəbɑje] ADJ half-open, ajar

entrebâillement [ɑ̃tʀəbɑjmɑ̃] NM: **dans l'~ (de la porte)** in the half-open door

entrebâiller [ɑ̃tʀəbɑje] /1/ VT to half open

entrechat [ɑ̃tʀəʃa] NM leap

entrechoquer [ɑ̃tʀəʃɔke] /1/: **s'entrechoquer** VPR to knock *ou* bang together

entrecôte [ɑ̃tʀəkot] NF entrecôte *ou* rib steak

entrecoupé, e [ɑ̃tʀəkupe] ADJ (*paroles, voix*) broken

entrecouper [ɑ̃tʀəkupe] /1/ VT: **~ qch de** to intersperse sth with; **~ un récit/voyage de** to interrupt a story/journey with ▪ **s'entrecouper** VPR (*traits, lignes*) to cut across each other

entrecroiser [ɑ̃tʀəkʀwaze] /1/ VT to intertwine ▪ **s'entrecroiser** VPR to intertwine

entrée [ɑ̃tʀe] NF entrance; (*accès: au cinéma etc*) admission; (*billet*) (admission) ticket; (*Culin*) first course; (*Comm: de marchandises*) entry; (*Inform*) entry, input; **d'~** *adv* from the outset; **erreur d'~** input error; **« ~ interdite »** "no admittance *ou* entry"; **~ des artistes** stage door; **~ en matière** introduction; **~ principale** main entrance; **~ en scène** entrance; **~ de service** service entrance ▪ **entrées** NFPL: **avoir ses entrées chez** *ou* **auprès de** to be a welcome visitor to

entrefaites [ɑ̃tʀəfɛt]: **sur ces ~** *adv* at this juncture

entrefilet [ɑ̃tʀəfilɛ] NM (*article*) paragraph, short report

entregent [ɑ̃tʀəʒɑ̃] NM: **avoir de l'~** to have an easy manner

entrejambe [ɑ̃tʀəʒɑ̃b] NM crotch

entrelacement [ɑ̃tʀəlasmɑ̃] NM: **un ~ de ...** a network of ...

entrelacer [ɑ̃tʀəlase] /3/ VT to intertwine ■ **s'entrelacer** VPR to intertwine

entrelacs [ɑ̃tʀəla] NM tracery

entrelarder [ɑ̃tʀəlaʀde] /1/ VT to lard; (*fig*): **entrelardé de** interspersed with

entremêler [ɑ̃tʀəmele] /1/ VT: **~ qch de** to (inter) mingle sth with

entremets [ɑ̃tʀəmɛ] NM (cream) dessert

entremetteur, -euse [ɑ̃tʀəmɛtœʀ, -øz] NM/F go-between

entremettre [ɑ̃tʀəmɛtʀ] /56/: **s'entremettre** VPR to intervene

entremise [ɑ̃tʀəmiz] NF intervention; **par l'~ de** through

entrepont [ɑ̃tʀəpɔ̃] NM steerage; **dans l'~** in steerage

entreposer [ɑ̃tʀəpoze] /1/ VT to store, put into storage

entrepôt [ɑ̃tʀəpo] NM warehouse

entreprenant, e [ɑ̃tʀəpʀənɑ̃, -ɑ̃t] VB *voir* **entreprendre** ▸ ADJ (*actif*) enterprising; (*trop galant*) forward

entreprendre [ɑ̃tʀəpʀɑ̃dʀ] /58/ VT (*se lancer dans*) to undertake; (*commencer*) to begin *ou* start (upon); (*personne*) to buttonhole; **~ qn sur un sujet** to tackle sb on a subject; **~ de faire** to undertake to do

entrepreneur, -euse [ɑ̃tʀəpʀənœʀ, -øz] NM/F: **~ (en bâtiment)** (building) contractor; **~ de pompes funèbres** funeral director, undertaker

entrepreneuriat [ɑ̃tʀəpʀənœʀja], **entreprenariat** [ɑ̃tʀəpʀənaʀja] NM entrepreneurship

entreprenne *etc* [ɑ̃tʀəpʀɛn] VB *voir* **entreprendre**

entrepris, e [ɑ̃tʀəpʀi, -iz] PP *de* **entreprendre** ▸ NF (*société*) company, business; (*action*) undertaking, venture; **en entreprise** in a company, for a company; **entreprise familiale** family business

★**entrer** [ɑ̃tʀe] /1/ VI to go (*ou* come) in, enter; **~ dans** (*gén*) to enter; (*pièce*) to go (*ou* come) into, enter; (*club*) to join; (*heurter*) to run into; (*partager*: *vues, craintes de qn*) to share; (*être une composante de*) to go into; (*faire partie de*) to form part of; **faire ~ qch dans** to get sth into; **~ au couvent** to enter a convent; **~ à l'hôpital** to go into hospital; **~ dans le système** (*Inform*) to log in; **~ en fureur** to become angry; **~ en ébullition** (*fig*) to come to the boil; **~ en scène** to come on stage; **laisser ~ qn/qch** to let sb/sth in; **faire ~** (*visiteur*) to show in ▸ VT (*Inform*) to input, enter

> *Entrer dans* se traduit le plus souvent par **come into** ou **go into**, selon que le mouvement se rapproche ou s'éloigne de la personne qui parle.
> *Le chat est entré dans la chambre où nous dormions.* **The cat came into the room we were sleeping in.**
> *Je les ai vus entrer dans la maison abandonnée.* **I saw them go into the abandoned house.**
> En revanche, **come** et **go** peuvent être remplacés par d'autres verbes de mouvement si la formulation française décrit la façon d'entrer avec le gérondif (*en ...ant*).
> *Les enfants sont entrés en courant dans la classe.* **The children ran into the classroom.**

entresol [ɑ̃tʀəsɔl] NM entresol, mezzanine

entre-temps [ɑ̃tʀətɑ̃] ADV meanwhile, (in the) meantime

entretenir [ɑ̃tʀət(ə)niʀ] /22/ VT to maintain; (*amitié*) to keep alive; (*famille, maîtresse*) to support, keep; **~ qn (de)** to speak to sb (about); **~ qn dans l'erreur** to let sb remain in ignorance ■ **s'entretenir (de)** VPR to converse (about)

entretenu, e [ɑ̃tʀət(ə)ny] PP *de* **entretenir** ▸ ADJ (*femme*) kept; **bien/mal ~** (*maison, jardin*) well/badly kept

★**entretien** [ɑ̃tʀətjɛ̃] NM maintenance; (*discussion*) discussion, talk; (*pour un emploi*) interview; **frais d'~** maintenance charges

entretiendrai [ɑ̃tʀətjɛ̃dʀe], **entretiens** *etc* [ɑ̃tʀətjɛ̃] VB *voir* **entretenir**

entretuer [ɑ̃tʀətɥe] /1/: **s'entretuer** VPR to kill one another

entreverrai [ɑ̃tʀ(ə)veʀe], **entrevit** *etc* [ɑ̃tʀəvi] VB *voir* **entrevoir**

entrevoir [ɑ̃tʀəvwaʀ] /30/ VT (*à peine*) to make out; (*brièvement*) to catch a glimpse of

entrevu, e [ɑ̃tʀəvy] PP *de* **entrevoir** ▸ NF meeting; (*audience*) interview

entrouvert, e [ɑ̃tʀuvɛʀ, -ɛʀt] PP *de* **entrouvrir** ▸ ADJ half-open

entrouvrir [ɑ̃tʀuvʀiʀ] /18/ VT to half open ■ **s'entrouvrir** VPR to half open

entuber [ɑ̃tybe] VT (*fam*): **se faire ~** to be had (*fam*)

énucléer [enyklee] VT (*cellule*) to enucleate

énumération [enymeʀasjɔ̃] NF enumeration

énumérer [enymeʀe] /6/ VT to list, enumerate

énurésie [enyʀezi] NF (*Méd*) enuresis

★**envahir** [ɑ̃vaiʀ] /2/ VT to invade; (*inquiétude, peur*) to come over

envahissant, e [ɑ̃vaisɑ̃, -ɑ̃t] ADJ (*péj*: *personne*) interfering, intrusive

envahissement [ɑ̃vaismɑ̃] NM invasion

envahisseur [ɑ̃vaisœʀ] NM (*Mil*) invader

envasement [ɑ̃nvɑzmɑ̃] NM silting up

envaser [ɑ̃vɑze] /1/: **s'envaser** VPR to get bogged down (in the mud)

★**enveloppe** [ɑ̃v(ə)lɔp] NF (*de lettre*) envelope; (*Tech*) casing; outer layer; (*crédits*) budget; **mettre sous ~** to put in an envelope; **~ autocollante** self-seal envelope; **~ budgétaire** budget; **~ à fenêtre** window envelope

enveloppé, e [ɑ̃vlɔpe] ADJ (*grassouillet*) well-padded, plump

★**envelopper** [ɑ̃v(ə)lɔpe] /1/ VT to wrap; (*fig*) to envelop, shroud; **s'~ dans un châle/une couverture** to wrap o.s. in a shawl/blanket

envenimer [ɑ̃v(ə)nime] /1/ VT to aggravate ■ **s'envenimer** VPR (*plaie*) to fester; (*situation, relations*) to worsen

envergure [ɑ̃vɛʀgyʀ] NF (*d'un oiseau, avion*) wingspan; (*fig*: *étendue*) scope; (: *valeur*) calibre

enverrai *etc* [ɑ̃vɛʀe] VB *voir* **envoyer**

★**envers** [ɑ̃vɛʀ] PRÉP towards, to; **~ et contre tous** *ou* **tout** against all opposition ▸ NM other side; (*d'une étoffe*) wrong side; **à l'~** (*verticalement*) upside down; (*pull*) back to front; (*vêtement*) inside out

enviable [ɑ̃vjabl] ADJ enviable; **peu ~** unenviable

★**envie** [ɑ̃vi] NF (*sentiment*) envy; (*souhait*) desire, wish; (*tache sur la peau*) birthmark; (*filet de peau*) hangnail; **avoir ~ de** to feel like; (*désir plus fort*) to want; **avoir ~ de faire** to feel like doing; to want to do; **avoir ~ que** to wish that; **donner à qn l'~ de faire** to make sb want to do; **cette glace me fait ~** I fancy some of that ice cream

envier [ɑ̃vje] /7/ VT to envy; **~ qch à qn** to envy sb sth; **n'avoir rien à ~ à** to have no cause to be envious of

envieux, -euse [ɑ̃vjø, -øz] ADJ envious

★**environ** [ɑ̃viʀɔ̃] ADV: **~ 3 h/2 km, 3 h/2km ~** (around) about 3 o'clock/2 km, 3 o'clock/2 km or so; *voir aussi* **environs**

environnant, e [ɑ̃viʀɔnɑ̃, -ɑ̃t] ADJ surrounding

★**environnement** [ɑ̃viʀɔnmɑ̃] NM environment

environnemental, e, -aux [ɑ̃viʀɔnmɑ̃tal, -o] ADJ environmental

environnementaliste [ɑ̃viʀɔnmɑ̃talist] NMF environmentalist

environner [ɑ̃viʀɔne] /1/ VT to surround

environs [ɑ̃viʀɔ̃] NMPL surroundings; **aux ~ de** around

envisageable [ɑ̃vizaʒabl] ADJ conceivable

envisager [ɑ̃vizaʒe] /3/ VT (*examiner, considérer*) to contemplate, view; (*avoir en vue*) to envisage; **~ de faire** to consider doing

envoi [ɑ̃vwa] NM sending; (*paquet*) parcel, consignment; **~ contre remboursement** (*Comm*) cash on delivery

envoie *etc* [ɑ̃vwa] VB *voir* **envoyer**

envol [ɑ̃vɔl] NM takeoff

envolée [ɑ̃vɔle] NF (*fig*) flight

envoler [ɑ̃vɔle] /1/: **s'envoler** VPR (*oiseau*) to fly away *ou* off; (*avion*) to take off; (*papier, feuille*) to blow away; (*fig*) to vanish (into thin air)

envoûtant, e [ɑ̃vutɑ̃, -ɑ̃t] ADJ enchanting

envoûtement [ɑ̃vutmɑ̃] NM bewitchment

envoûter [ɑ̃vute] /1/ VT to bewitch

envoyé, e [ɑ̃vwaje] NM/F (*Pol*) envoy; (*Presse*) correspondent; **~ spécial** special correspondent ▸ ADJ: **bien ~** (*remarque, réponse*) well-aimed

★**envoyer** [ɑ̃vwaje] /8/ VT to send; (*lancer*) to hurl, throw; **~ une gifle/un sourire à qn** to aim a blow/flash a smile at sb; **~ les couleurs** to run up the colours; **~ chercher** to send for; **~ par le fond** (*bateau*) to send to the bottom; **~ promener qn** (*fam*) to send sb packing; **~ un SMS à qn** to text sb

envoyeur, -euse [ɑ̃vwajœʀ, -øz] NM/F sender

enzyme [ɑ̃zim] NM OU F enzyme

éolien, ne [eɔljɛ̃, -ɛn] ADJ wind *cpd*; **pompe éolienne** windpump ▸ NF wind turbine

EOR SIGLE M (= *élève officier de réserve*) ≈ military cadet

éosine [eɔzin] NF eosin (*antiseptic used in France to treat skin ailments*)

épagneul, e [epaɲœl] NM/F spaniel

épais, se [epɛ, -ɛs] ADJ thick

épaisseur [epɛsœʀ] NF thickness

épaissir [epesiʀ] /2/ VT to thicken ■ **s'épaissir** VPR to thicken

épaississant [epesisɑ̃] NM thickener

épaississement [epesismɑ̃] NM thickening

épanchement [epɑ̃ʃmɑ̃] NM: **un ~ de synovie** water on the knee ■ **épanchements** NMPL (*fig*) (sentimental) outpourings

épancher [epɑ̃ʃe] /1/ VT to give vent to ■ **s'épancher** VPR to open one's heart; (*liquide*) to pour out

épandage [epɑ̃daʒ] NM manure spreading

épanoui, e [epanwi] ADJ (*éclos, ouvert, développé*) blooming; (*radieux*) radiant

épanouir [epanwiʀ] /2/: **s'épanouir** VPR (*fleur*) to bloom, open out; (*visage*) to light up; (*fig: se développer*) to blossom (out); (: *mentalement*) to open up

épanouissement [epanwismɑ̃] NM blossoming; opening up

épargnant, e [epaʀɲɑ̃, -ɑ̃t] NM/F saver, investor

épargne [epaʀɲ] NF saving; **l'épargne-logement** property investment

épargner [epaʀɲe] /1/ VT to save; (*ne pas tuer ou endommager*) to spare; **~ qch à qn** to spare sb sth ▸ VI to save

éparpillement [epaʀpijmɑ̃] NM (*de papier*) scattering; (*des efforts*) dissipation

éparpiller [epaʀpije] /1/ VT to scatter; (*pour répartir*) to disperse; (*fig: efforts*) to dissipate ■ **s'éparpiller** VPR to scatter; (*fig*) to dissipate one's efforts

épars, e [epaʀ, -aʀs] ADJ (*maisons*) scattered; (*cheveux*) sparse

épatant, e [epatɑ̃, -ɑ̃t] ADJ (*fam*) super, splendid

épaté, e [epate] ADJ: **nez ~** flat nose (with wide nostrils)

épater [epate] /1/ VT (*fam*) to amaze; (: *impressionner*) to impress

épaule [epol] NF shoulder

épaulé-jeté [epoleʒ(ə)te] (*pl* **épaulés-jetés**) NM (*Sport*) clean-and-jerk

épaulement [epolmɑ̃] NM escarpment; (*mur*) retaining wall

épauler [epole] /1/ VT (*aider*) to back up, support; (*arme*) to raise (to one's shoulder) ▸ VI to (take) aim

épaulette [epolɛt] NF (*Mil, d'un veston*) epaulette; (*de combinaison*) shoulder strap

épave [epav] NF wreck

épeautre [epotʀ] NM spelt

épée [epe] NF sword

épeler [ep(ə)le] /4/ VT to spell

épépiner [epepine] VT to take the seeds out of

éperdu, e [epɛʀdy] ADJ (*personne*) overcome; (*sentiment*) passionate; (*fuite*) frantic

éperdument [epɛʀdymɑ̃] ADV (*aimer*) wildly; **~ amoureux (de)** hopelessly in love (with)

éperlan [epɛʀlɑ̃] NM (*Zool*) smelt

éperon [epʀɔ̃] NM spur

éperonner [epʀɔne] /1/ VT to spur (on); (*navire*) to ram

épervier [epɛʀvje] NM (*Zool*) sparrowhawk; (*Pêche*) casting net

éphèbe [efɛb] NM beautiful young man

éphémère [efemɛʀ] ADJ ephemeral, fleeting

éphéméride [efemeʀid] NF block *ou* tear-off calendar

épi [epi] NM (*de blé, d'orge*) ear; (*de maïs*) cob; **~ de cheveux** tuft of hair; **stationnement/se garer en ~** parking/to park at an angle to the kerb
épice [epis] NF spice
épicé, e [epise] ADJ highly spiced, spicy; (*fig*) spicy
épicéa [episea] NM spruce
épicentre [episɑ̃tʀ] NM epicentre
épicer [epise] /3/ VT to spice; (*fig*) to add spice to
épicerie [episʀi] NF (*magasin*) grocer's shop; (*denrées*) groceries *pl*; **~ fine** delicatessen (shop)
épicier, -ière [episje, -jɛʀ] NM/F grocer
épicurien, ne [epikyʀjɛ̃, -ɛn] ADJ epicurean
épicurisme [epikyʀism] NM (*hédonisme*) Epicureanism
épidémie [epidemi] NF epidemic
épidémiologie [epidemjɔlɔʒi] NF epidemiology
épidémiologique [epidemjɔlɔʒik] ADJ epidemiological
épidémiologiste [epidemjɔlɔʒist] NMF epidemiologist
épidémique [epidemik] ADJ epidemic
épiderme [epidɛʀm] NM skin, epidermis
épidermique [epidɛʀmik] ADJ skin *cpd*, epidermic
épier [epje] /7/ VT to spy on, watch closely; (*occasion*) to look out for
épieu, x [epjø] NM (hunting-)spear
épigramme [epigʀam] NF epigram
épigraphe [epigʀaf] NF epigraph
épilation [epilasjɔ̃] NF removal of unwanted hair
épilatoire [epilatwaʀ] ADJ depilatory, hair-removing
épilepsie [epilɛpsi] NF epilepsy
épileptique [epilɛptik] ADJ, NMF epileptic
épiler [epile] /1/ VT (*jambes*) to remove the hair from; (*sourcils*) to pluck; **s'~ les jambes** to remove the hair from one's legs; **s'~ les sourcils** to pluck one's eyebrows; **se faire ~** to get unwanted hair removed; **crème à ~** hair-removing *ou* depilatory cream; **pince à ~** eyebrow tweezers
épilogue [epilɔg] NM (*fig*) conclusion, dénouement
épiloguer [epilɔge] /1/ VI: **~ sur** to hold forth on
épinards [epinaʀ] NMPL spinach *sg*
épine [epin] NF thorn, prickle; (*d'oursin etc*) spine, prickle; **~ dorsale** backbone
épinette [epinɛt] NF (*petit clavecin*) spinet
épineux, -euse [epinø, -øz] ADJ thorny, prickly
épinglage [epɛ̃glaʒ] NM pinning
épingle [epɛ̃gl] NF pin; **tirer son ~ du jeu** to play one's game well; **tiré à quatre épingles** well turned-out; **monter qch en ~** to build sth up, make a thing of sth (*fam*); **~ à chapeau** hatpin; **~ à cheveux** hairpin; **virage en ~ à cheveux** hairpin bend; **~ de cravate** tie pin; **~ de nourrice** *ou* **de sûreté** *ou* **double** safety pin, nappy (BRIT) *ou* diaper (US) pin
épingler [epɛ̃gle] /1/ VT (*badge, décoration*): **~ qch sur** to pin sth on(to); (*Couture: tissu, robe*) to pin together; (*fam*) to catch, nick
épinière [epinjɛʀ] ADJ F *voir* **moelle**
épinoche [epinɔʃ] NF stickleback
Épiphanie [epifani] NF Epiphany
épiphénomène [epifenɔmɛn] NM epiphenomenon, by-product
épique [epik] ADJ epic
épiscopal, e, -aux [episkɔpal, -o] ADJ episcopal
épiscopat [episkɔpa] NM bishopric, episcopate
épisiotomie [epizjɔtomi] NF (*Méd*) episiotomy
épisode [epizɔd] NM episode; **film/roman à épisodes** serialized film/novel, serial
épisodique [epizɔdik] ADJ occasional; **mémoire ~** (*Science*) episodic memory
épisodiquement [epizɔdikmɑ̃] ADV occasionally
épissure [episyʀ] NF splice
épistémologie [epistemɔlɔʒi] NF epistemology
épistémologique [epistemɔlɔʒik] ADJ epistemological
épistolaire [epistɔlɛʀ] ADJ epistolary; **être en relations épistolaires avec qn** to correspond with sb
épitaphe [epitaf] NF epitaph
épithète [epitɛt] NF (*nom, surnom*) epithet; **adjectif ~** attributive adjective
épître [epitʀ] NF epistle
épizootie [epizɔɔti, -epizooti] NF epizootic, epizootic disease
éploré, e [eplɔʀe] ADJ in tears, tearful
épluchage [eplyʃaʒ] NM peeling; (*de dossier etc*) careful reading *ou* analysis
épluche-légumes [eplyʃlegym] NM INV potato peeler
éplucher [eplyʃe] /1/ VT (*fruit, légumes*) to peel; (*comptes, dossier*) to go over with a fine-tooth comb
éplucheur [eplyʃœʀ] NM (automatic) peeler
épluchures [eplyʃyʀ] NFPL peelings
épointer [epwɛ̃te] /1/ VT to blunt
éponge [epɔ̃ʒ] NF sponge; **passer l'~ (sur)** (*fig*) to let bygones be bygones (with regard to); **jeter l'~** (*fig*) to throw in the towel; **~ métallique** scourer
éponger [epɔ̃ʒe] /3/ VT (*liquide*) to mop *ou* sponge up; (*surface*) to sponge; (*fig: déficit*) to soak up, absorb; **s'~ le front** to mop one's brow
éponyme [epɔnim] ADJ (*rôle*) eponymous
épopée [epɔpe] NF epic
époque [epɔk] NF (*de l'histoire*) age, era; (*de l'année, la vie*) time; **d'~** *adj* (*meuble*) period *cpd*; **à cette ~** at this (*ou* that) time *ou* period; **faire ~** to make history
épouiller [epuje] /1/ VT to pick lice off; (*avec un produit*) to delouse
époumoner [epumɔne] /1/: **s'époumoner** VPR to shout (*ou* sing) o.s. hoarse
épouse [epuz] NF wife
épouser [epuze] /1/ VT to marry; (*fig: idées*) to espouse; (*: forme*) to fit
époussetage [epustaʒ] NM dusting
épousseter [epuste] /4/ VT to dust
époustouflant, e [epustuflɑ̃, -ɑ̃t] ADJ staggering, mind-boggling
époustoufler [epustufle] /1/ VT to flabbergast, astound

épouvantable [epuvɑ̃tabl] ADJ appalling, dreadful
épouvantablement [epuvɑ̃tabləmɑ̃] ADV terribly, dreadfully
épouvantail [epuvɑ̃taj] NM (*à moineaux*) scarecrow; (*fig*) bog(e)y; bugbear
épouvante [epuvɑ̃t] NF terror; **film d'~** horror film
épouvanter [epuvɑ̃te] /1/ VT to terrify
époux [epu] NM husband ▸ NMPL: **les ~** the (married) couple, the husband and wife
éprendre [eprɑ̃dr] /58/: **s'éprendre de** VPR to fall in love with
épreuve [eprœv] NF (*d'examen*) test; (*malheur, difficulté*) trial, ordeal; (*Photo*) print; (*Typo*) proof; (*Sport*) event; **à l'~ des balles/du feu** (*vêtement*) bulletproof/fireproof; **à toute ~** unfailing; **mettre à l'~** to put to the test; **~ de force** trial of strength; (*fig*) showdown; **~ de résistance** test of resistance; **~ de sélection** (*Sport*) heat
épris, e [epri, -iz] VB *voir* **éprendre** ▸ ADJ: **~ de** in love with
éprouvant, e [epruvɑ̃, -ɑ̃t] ADJ trying
éprouvé, e [epruve] ADJ tested, proven
éprouver [epruve] /1/ VT (*tester*) to test; (*mettre à l'épreuve*) to put to the test; (*marquer, faire souffrir*) to afflict, distress; (*ressentir*) to experience
éprouvette [epruvɛt] NF test tube
★**EPS** SIGLE F (= *Éducation physique et sportive*) ≈ PE
épuisant, e [epɥizɑ̃, -ɑ̃t] ADJ exhausting
épuisé, e [epɥize] ADJ exhausted; (*livre*) out of print
épuisement [epɥizmɑ̃] NM exhaustion; **jusqu'à ~ des stocks** while stocks last
épuiser [epɥize] /1/ VT (*fatiguer*) to exhaust, wear *ou* tire out; (*stock, sujet*) to exhaust ■ **s'épuiser** VPR to wear *ou* tire o.s. out, exhaust o.s.; (*stock*) to run out
épuisette [epɥizɛt] NF landing net; shrimping net
épuration [epyrasjɔ̃] NF purification; purging; refinement
épure [epyr] NF working drawing
épurer [epyre] /1/ VT (*liquide*) to purify; (*parti, administration*) to purge; (*langue, texte*) to refine
équarrir [ekarir] /2/ VT (*pierre, arbre*) to square (off); (*animal*) to quarter
équarrissage [ekarisaʒ] NM (*d'animal*) quartering; (*de pierre, tronc*) squaring off
équateur [ekwatœr] NM equator; **(la république de) l'É~** Ecuador
équation [ekwasjɔ̃] NF equation; **mettre en ~** to equate; **~ du premier/second degré** simple/quadratic equation
équatorial, e, -aux [ekwatɔrjal, -o] ADJ equatorial
équatorien, ne [ekwatɔrjɛ̃, -ɛn] ADJ Ecuadorian ▸ NM/F: **Équatorien, ne** Ecuadorian
équerre [ekɛr] NF (*à dessin*) (set) square; (*pour fixer*) brace; **en ~** at right angles; **à l'~, d'~** straight; **double ~** T-square
équestre [ekɛstr] ADJ equestrian
équeuter [ekøte] /1/ VT (*Culin*) to remove the stalk(s) from

équidé [ekide] NM (*Zool*) member of the horse family
équidistance [ekɥidistɑ̃s] NF: **à ~ (de)** equidistant (from)
équidistant, e [ekɥidistɑ̃, -ɑ̃t] ADJ: **~ (de)** equidistant (from)
équilatéral, e, -aux [ekɥilateral, -o] ADJ equilateral
équilibrage [ekilibraʒ] NM (*Auto*): **~ des roues** wheel balancing
équilibre [ekilibr] NM balance; (*d'une balance*) equilibrium; **~ budgétaire** balanced budget; **garder/perdre l'~** to keep/lose one's balance; **être en ~** to be balanced; **mettre en ~** to make steady; **avoir le sens de l'~** to be well-balanced
équilibré, e [ekilibre] ADJ (*fig*) well-balanced, stable
équilibrer [ekilibre] /1/ VT to balance ■ **s'équilibrer** VPR (*poids*) to balance; (*fig: défauts etc*) to balance each other out
équilibriste [ekilibrist] NMF tightrope walker
équinoxe [ekinɔks] NM equinox
équipage [ekipaʒ] NM crew; **en grand ~** in great array
équipe [ekip] NF team; (*bande: parfois péj*) bunch; **travailler par équipes** to work in shifts; **travailler en ~** to work as a team; **faire ~ avec** to team up with; **~ de chercheurs** research team; **~ de secours** *ou* **de sauvetage** rescue team
équipé, e [ekipe] ADJ (*cuisine etc*) equipped, fitted(-out); **bien/mal ~** well-/poorly-equipped ▸ NF escapade
équipement [ekipmɑ̃] NM equipment; **biens/dépenses d'~** capital goods/expenditure; **ministère de l'É~** department of public works ■ **équipements** NMPL amenities, facilities; installations; **équipements sportifs/collectifs** sports/community facilities *ou* resources
équiper [ekipe] /1/ VT to equip; (*voiture, cuisine*) to equip, fit out; **~ qn/qch de** to equip sb/sth with ■ **s'équiper** VPR (*sportif*) to equip o.s., kit o.s. out
équipier, -ière [ekipje, -jɛr] NM/F team member
équitable [ekitabl] ADJ fair
équitablement [ekitabləmɑ̃] ADV fairly, equitably
équitation [ekitasjɔ̃] NF (horse-)riding; **faire de l'~** to go (horse-)riding
équité [ekite] NF equity
équivaille *etc* [ekivaj] VB *voir* **équivaloir**
équivalence [ekivalɑ̃s] NF equivalence
équivalent, e [ekivalɑ̃, -ɑ̃t] ADJ, NM equivalent
équivaloir [ekivalwar] /29/: **~ à** *vt* to be equivalent to; (*représenter*) to amount to
équivaut *etc* [ekivo] VB *voir* **équivaloir**
équivoque [ekivɔk] ADJ equivocal, ambiguous; (*louche*) dubious ▸ NF ambiguity
érable [erabl] NM maple
éradication [eradikasjɔ̃] NF eradication
éradiquer [eradike] /1/ VT to eradicate
érafler [erɑfle] /1/ VT to scratch; **s'~ la main/les jambes** to scrape *ou* scratch one's hand/legs
éraflure [erɑflyr] NF scratch
éraillé, e [erɑje] ADJ (*voix*) rasping, hoarse

ère [ɛʀ] NF era; **en l'an 1050 de notre ~** in the year 1050 A.D.
érectile [eʀɛktil] ADJ (*organe, corps*) erectile
érection [eʀɛksjɔ̃] NF erection
éreintant, e [eʀɛ̃tɑ̃, -ɑ̃t] ADJ exhausting
éreinté, e [eʀɛ̃te] ADJ exhausted
éreintement [eʀɛ̃tmɑ̃] NM exhaustion
éreinter [eʀɛ̃te] /1/ VT to exhaust, wear out; (*fig: critiquer*) to slate; **s'~ (à faire qch/à qch)** to wear o.s. out (doing sth/with sth)
ergonomie [ɛʀgɔnɔmi] NF ergonomics *sg*
ergonomique [ɛʀgɔnɔmik] ADJ ergonomic
ergot [ɛʀgo] NM (*de coq*) spur; (*Tech*) lug
ergoter [ɛʀgɔte] /1/ VI to split hairs, argue over details
ergoteur, -euse [ɛʀgɔtœʀ, -øz] NM/F hair-splitter
ergothérapeute [ɛʀgoteʀapøt] NM/F occupational therapist
ergothérapie [ɛʀgoteʀapi] NF occupational therapy
ériger [eʀiʒe] /3/ VT (*monument*) to erect; **~ qch en principe/loi** to make sth a principle/law; **s'~ en critique (de)** to set o.s. up as a critic (of)
ermitage [ɛʀmitaʒ] NM retreat
ermite [ɛʀmit] NM hermit
éroder [eʀɔde] /1/ VT to erode
érogène [eʀɔʒɛn] ADJ erogenous
érosion [eʀozjɔ̃] NF erosion
érotique [eʀɔtik] ADJ erotic
érotiquement [eʀɔtikmɑ̃] ADV erotically
érotisme [eʀɔtism] NM eroticism
érotomane [eʀɔtɔman] NM/F erotomaniac
errance [ɛʀɑ̃s] NF wandering
errant, e [ɛʀɑ̃, -ɑ̃t] ADJ: **un chien ~** a stray dog
erratum [ɛʀatɔm] (*pl* **errata** [ɛʀata]) NM erratum
errements [ɛʀmɑ̃] NMPL misguided ways
errer [eʀe] /1/ VI to wander
★**erreur** [ɛʀœʀ] NF mistake, error; (*Inform*) error; **être dans l'~** to be wrong; **induire qn en ~** to mislead sb; **par ~** by mistake; **sauf ~** unless I'm mistaken; **faire ~** to be mistaken; **~ de date** mistake in the date; **~ de fait** error of fact; **~ d'impression** (*Typo*) misprint; **~ judiciaire** miscarriage of justice; **~ de jugement** error of judgment; **~ matérielle** *ou* **d'écriture** clerical error; **~ tactique** tactical error ■ **erreurs** NFPL (*morale*) errors
erroné, e [eʀɔne] ADJ wrong, erroneous
ersatz [ɛʀzats] NM substitute, ersatz; **~ de café** coffee substitute
éructer [eʀykte] /1/ VI to belch
érudit, e [eʀydi, -it] ADJ erudite, learned ▶ NM/F scholar
érudition [eʀydisjɔ̃] NF erudition, scholarship
éruptif, -ive [eʀyptif, -iv] ADJ eruptive
éruption [eʀypsjɔ̃] NF eruption; (*cutanée*) outbreak; (*: boutons*) rash; (*fig: de joie, colère, folie*) outburst
érythème [eʀitɛm] NM rash; **~ fessier** nappy rash
E/S ABR (= *entrée/sortie*) I/O (= *in/out*)
es [ɛ] VB *voir* **être**
ès [ɛs] PRÉP: **licencié ès lettres/sciences** ≈ Bachelor of Arts/Science; **docteur ès lettres** ≈ doctor of philosophy, ≈ PhD
ESB SIGLE F (= *encéphalopathie spongiforme bovine*) BSE
esbroufe [ɛsbʀuf] NF: **faire de l'~** to have people on
escabeau, x [ɛskabo] NM (*tabouret*) stool; (*échelle*) stepladder
escadre [ɛskadʀ] NF (*Navig*) squadron; (*Aviat*) wing
escadrille [ɛskadʀij] NF (*Aviat*) flight
escadron [ɛskadʀɔ̃] NM squadron
★**escalade** [ɛskalad] NF climbing *no pl*; (*Pol etc*) escalation
escalader [ɛskalade] /1/ VT to climb, scale
escalator [ɛskalatɔʀ] NM escalator
escale [ɛskal] NF (*Navig: durée*) call; (*: port*) port of call; (*Aviat*) stop(over); **faire ~ à** (*Navig*) to put in at, call in at; (*Aviat*) to stop over at; **~ technique** refuelling stop; **vol sans ~** nonstop flight
★**escalier** [ɛskalje] NM stairs *pl*; **dans l'~** *ou* **les escaliers** on the stairs; **descendre l'~** *ou* **les escaliers** to go downstairs; **~ mécanique** *ou* **roulant** escalator; **~ de secours** fire escape; **~ de service** backstairs; **~ à vis** *ou* **en colimaçon** spiral staircase
escalope [ɛskalɔp] NF escalope
escamotable [ɛskamɔtabl] ADJ (*train d'atterrissage, antenne*) retractable; (*table, lit*) fold-away
escamoter [ɛskamɔte] /1/ VT (*esquiver*) to get round, evade; (*faire disparaître*) to conjure away; (*dérober: portefeuille etc*) to snatch; (*train d'atterrissage*) to retract; (*mots*) to miss out
escampette [ɛskɑ̃pɛt] NF: **prendre la poudre d'~** to make off, do a bunk (*fam*)
escapade [ɛskapad] NF: **faire une ~** to go on a jaunt; (*s'enfuir*) to run away *ou* off
escarbille [ɛskaʀbij] NF bit of grit
escarcelle [ɛskaʀsɛl] NF: **faire tomber dans l'~** (*argent*) to bring in
★**escargot** [ɛskaʀgo] NM snail
escarmouche [ɛskaʀmuʃ] NF (*Mil*) skirmish; (*fig: propos hostiles*) angry exchange
escarpé, e [ɛskaʀpe] ADJ steep
escarpement [ɛskaʀpəmɑ̃] NM steep slope
escarpin [ɛskaʀpɛ̃] NM flat(-heeled) shoe
escarpolette [ɛskaʀpɔlɛt] NF swing
escarre [ɛskaʀ] NF bedsore
Escaut [ɛsko] NM: **l'~** the Scheldt
eschatologique [ɛskatɔlɔʒik] ADJ eschatological
escient [esjɑ̃] NM: **à bon ~** advisedly
esclaffer [ɛsklafe] /1/: **s'esclaffer** VPR to guffaw
esclandre [ɛsklɑ̃dʀ] NM scene, fracas
esclavage [ɛsklavaʒ] NM slavery
esclavagiste [ɛsklavaʒist] ADJ pro-slavery ▶ NMF supporter of slavery
esclave [ɛsklav] NMF slave; **être ~ de** (*fig*) to be a slave of
escogriffe [ɛskɔgʀif] NM (*péj*) beanpole
escompte [ɛskɔ̃t] NM discount
escompter [ɛskɔ̃te] /1/ VT (*Comm*) to discount; (*espérer*) to expect, reckon upon; **~ que** to reckon *ou* expect that

escorte [ɛskɔʀt] NF escort; **faire ~ à** to escort
escorter [ɛskɔʀte] /1/ VT to escort
escorteur [ɛskɔʀtœʀ] NM (*Navig*) escort (ship)
escouade [ɛskwad] NF squad; (*fig: groupe de personnes*) group
★**escrime** [ɛskʀim] NF fencing; **faire de l'~** to fence
escrimer [ɛskʀime] /1/: **s'escrimer** VPR: **s'~ à faire** to wear o.s. out doing
escrimeur, -euse [ɛskʀimœʀ, -øz] NM/F fencer
escroc [ɛskʀo] NM swindler, con-man
escroquer [ɛskʀɔke] /1/ VT: **~ qn (de qch)/qch à qn** to swindle sb (out of sth)/sth out of sb
escroquerie [ɛskʀɔkʀi] NF swindle
esgourdes [ɛzguʀd] NFPL (*fam*) lugs (BRIT *fam*)
ésotérique [ezɔteʀik] ADJ esoteric
ésotérisme [ezɔteʀism] NM (*doctrine*) esotericism; (*caractère obscur*) esoteric nature
★**espace** [ɛspas] NM space; **~ publicitaire** advertising space; **~ vital** living space
espacé, e [ɛspase] ADJ spaced out
espacement [ɛspasmɑ̃] NM: **~ proportionnel** proportional spacing (*on printer*)
espacer [ɛspase] /3/ VT to space out ■ **s'espacer** VPR (*visites etc*) to become less frequent
espadon [ɛspadɔ̃] NM swordfish *inv*
espadrille [ɛspadʀij] NF rope-soled sandal
★**Espagne** [ɛspaɲ] NF: **l'~** Spain
★**espagnol, e** [ɛspaɲɔl] ADJ Spanish ▶ NM (*Ling*) Spanish ▶ NM/F: **Espagnol, e** Spaniard
espagnolette [ɛspaɲɔlɛt] NF (window) catch; **fermé à l'~** resting on the catch
espalier [ɛspalje] NM (*arbre fruitier*) espalier
ESPE SIGLE F = **écoles supérieures du professorat et de l'éducation**
espèce [ɛspɛs] NF (*Bio, Bot, Zool*) species *inv*; (*gén: sorte*) sort, kind, type; (*péj*): **~ de maladroit/de brute!** you clumsy oaf/you brute!; **de toute ~** of all kinds *ou* sorts; **en l'~** *adv* in the case in point; **cas d'~** individual case; **l'~ humaine** humankind ■ **espèces** NFPL (*Comm*) cash *sg*; (*Rel*) species; **payer en espèces** to pay (in) cash
espérance [ɛspeʀɑ̃s] NF hope; **~ de vie** life expectancy
espéranto [ɛspeʀɑ̃to] NM Esperanto
espérer [ɛspeʀe] /6/ VT to hope for; **j'espère (bien)** I hope so; **~ que/faire** to hope that/to do; **~ en** to trust in
espiègle [ɛspjɛgl] ADJ mischievous
espièglerie [ɛspjɛgləʀi] NF mischievousness; (*tour, farce*) piece of mischief, prank
espion, ne [ɛspjɔ̃, -ɔn] NM/F spy; **avion ~** spy plane
espionnage [ɛspjɔnaʒ] NM espionage, spying; **film/roman d'~** spy film/novel
espionner [ɛspjɔne] /1/ VT to spy (up)on
esplanade [ɛsplanad] NF esplanade
★**espoir** [ɛspwaʀ] NM hope; **l'~ de qch/de faire qch** the hope of sth/of doing sth; **avoir bon ~ que ...** to have high hopes that ...; **garder l'~ que ...** to remain hopeful that ...; **dans l'~ de/que** in the hope of/that; **reprendre ~** not to lose hope; **un ~ de la boxe/du ski** one of boxing's/skiing's hopefuls, one of the hopes of boxing/skiing; **sans ~** *adj* hopeless
esprit [ɛspʀi] NM (*pensée, intellect*) mind; (*humour, ironie*) wit; (*mentalité, d'une loi etc, fantôme etc*) spirit; **l'~ d'équipe/de compétition** team/competitive spirit; **faire de l'~** to try to be witty; **reprendre ses esprits** to come to; **perdre l'~** to lose one's mind; **avoir bon/mauvais ~** to be of a good/bad disposition; **avoir l'~ à faire qch** to have a mind to do sth; **avoir l'~ critique** to be critical; **~ de contradiction** contrariness; **~ de corps** esprit de corps; **~ de famille** family loyalty; **l'~ malin** (*le diable*) the Evil One; **esprits chagrins** fault-finders
esquif [ɛskif] NM skiff
esquille [ɛskij] NF (*fragment d'os*) splinter
esquimau, de, x [ɛskimo, -od] ADJ Eskimo; **chien ~** husky ▶ NM (*Ling*) Eskimo; (*glace*): **E~**® ice lolly (BRIT), popsicle (*US*) ▶ NM/F: **Esquimau, de** Eskimo
esquinter [ɛskɛ̃te] /1/ (*fam*) VT to mess up ■ **s'esquinter** VPR: **s'~ à faire qch** to knock o.s. out doing sth
esquisse [ɛskis] NF sketch; **l'~ d'un sourire/changement** a hint of a smile/of change
esquisser [ɛskise] /1/ VT to sketch; **~ un sourire** to give a hint of a smile ■ **s'esquisser** VPR (*amélioration*) to begin to be detectable
esquive [ɛskiv] NF (*Boxe*) dodging; (*fig*) sidestepping
esquiver [ɛskive] /1/ VT to dodge ■ **s'esquiver** VPR to slip away
essai [esɛ] NM trying; (*tentative*) attempt, try; (*de produit*) testing; (*Rugby*) try; (*Littérature*) essay; **à l'~** on a trial basis; **mettre à l'~** to put to the test; **~ gratuit** (*Comm*) free trial ■ **essais** NMPL (*Auto*) trials
essaim [esɛ̃] NM swarm
essaimer [eseme] /1/ VI to swarm; (*fig*) to spread, expand
essayage [esɛjaʒ] NM (*d'un vêtement*) trying on, fitting; **salon d'~** fitting room; **cabine d'~** fitting room (*cubicle*)
★**essayer** [eseje] /8/ VT (*gén*) to try; (*vêtement, chaussures*) to try (on); (*restaurant, méthode, voiture*) to try (out); **~ de faire** to try *ou* attempt to do ▶ VI to try; **essayez un peu!** (*menace*) just you try! ■ **s'essayer à faire** VPR to try one's hand at doing
essayeur, -euse [esɛjœʀ, -øz] NM/F (*chez un tailleur etc*) fitter
essayiste [esejist] NMF essayist
ESSEC [esɛk] SIGLE F (= *École supérieure des sciences économiques et sociales*) *grande école for management and business studies*
★**essence** [esɑ̃s] NF (*de voiture*) petrol (BRIT), gas(oline) (*US*); (*extrait de plante, Philosophie*) essence; (*espèce: d'arbre*) species *inv*; **prendre de l'~** to get (some) petrol *ou* gas; **par ~** (*essentiellement*) essentially; **~ de citron/rose** lemon/rose oil; **~ sans plomb** unleaded petrol; **~ de térébenthine** turpentine
★**essentiel, le** [esɑ̃sjɛl] ADJ essential ▶ NM: **l'~ d'un discours/d'une œuvre** the essence of a speech/work of art; **emporter l'~** to take the essentials; **c'est l'~** (*ce qui importe*) that's the main thing; **l'~ de** (*la majeure partie*) the main part of

essentiellement [esɑ̃sjɛlmɑ̃] ADV essentially
esseulé, e [esœle] ADJ forlorn
essieu, x [esjø] NM axle
essor [esɔʀ] NM (*de l'économie etc*) rapid expansion; **prendre son ~** (*oiseau*) to fly off
essorage [esɔʀaʒ] NM wringing out; spin-drying; spinning; shaking
essorer [esɔʀe] /1/ VT (*en tordant*) to wring (out); (*par la force centrifuge*) to spin-dry; (*salade*) to spin; (: *en secouant*) to shake dry
essoreuse [esɔʀøz] NF mangle, wringer; (*à tambour*) spin-dryer
essoufflé, e [esufle] ADJ out of breath, breathless
essoufflement [esufləmɑ̃] NM (*de personne*) breathlessness; (*ralentissement: de croissance, économie, activité*) slowing, running out of steam; **l'~ de la croissance** the slowing of economic growth
essouffler [esufle] /1/ VT to make breathless ■ **s'essouffler** VPR to get out of breath; (*fig: économie*) to run out of steam
essuie *etc* [esɥi] VB *voir* **essuyer**
essuie-glace [esɥiglas] NM windscreen (BRIT) *ou* windshield (*US*) wiper
essuie-mains [esɥimɛ̃] NM hand towel
essuierai *etc* [esɥiʀe] VB *voir* **essuyer**
essuie-tout [esɥitu] NM INV kitchen paper
★**essuyer** [esɥije] /8/ VT to wipe; (*fig: subir*) to suffer; **~ la vaisselle** to dry up, dry the dishes ■ **s'essuyer** VPR (*après le bain*) to dry o.s.
★**est** VB [ɛ] *voir* **être** ▸ NM [ɛst]: **l'~** the east; **à l'~** in the east; (*direction*) to the east, east(wards); **à l'~ de** (to the) east of; **les pays de l'E~** the eastern countries ▸ ADJ INV [ɛst] east; (*région*) east(ern)
estafette [ɛstafɛt] NF (*Mil*) dispatch rider
estafilade [ɛstafilad] NF gash, slash
est-allemand, e [ɛstalmɑ̃, -ɑ̃d] ADJ East German
estaminet [ɛstaminɛ] NM tavern
estampe [ɛstɑ̃p] NF print, engraving
estamper [ɛstɑ̃pe] /1/ VT (*monnaies etc*) to stamp; (*fam: escroquer*) to swindle
estampille [ɛstɑ̃pij] NF stamp
★**est-ce que** [ɛskə] ADV: **~ c'est cher/c'était bon ?** is it expensive/was it good?; **quand est-ce qu'il part ?** when does he leave?, when is he leaving?; **où est-ce qu'il va ?** where's he going?; *voir aussi* **que**
este [ɛst] ADJ Estonian ▸ NMF: **Este** Estonian
esthète [ɛstɛt] NMF aesthete
esthéticienne [ɛstetisjɛn] NF beautician
esthétique [ɛstetik] ADJ (*sens, jugement*) aesthetic; (*beau*) attractive, aesthetically pleasing ▸ NF aesthetics *sg*; **l'~ industrielle** industrial design
esthétiquement [ɛstetikmɑ̃] ADV aesthetically
estimable [ɛstimabl] ADJ respected
estimatif, -ive [ɛstimatif, -iv] ADJ estimated
estimation [ɛstimasjɔ̃] NF valuation; assessment; (*chiffre*) estimate; **d'après mes estimations** according to my calculations
estime [ɛstim] NF esteem, regard; **avoir de l'~ pour qn** to think highly of sb
estimer [ɛstime] /1/ VT (*respecter*) to esteem, hold in high regard; (*expertiser: bijou*) to value; (*évaluer: coût etc*) to assess, estimate; (*penser*): **~ que/être** to consider that/o.s. to be; **j'estime la distance à 10 km** I reckon the distance to be 10 km ■ **s'estimer** VPR: **s'~ satisfait/heureux** to feel satisfied/happy
estival, e, -aux [ɛstival, -o] ADJ summer *cpd*; **station estivale** (summer) holiday resort
estivant, e [ɛstivɑ̃, -ɑ̃t] NM/F (summer) holiday-maker
estoc [ɛstɔk] NM: **frapper d'~ et de taille** to cut and thrust
estocade [ɛstɔkad] NF death-blow
★**estomac** [ɛstɔma] NM stomach; **avoir mal à l'~** to have stomach ache; **avoir l'~ creux** to have an empty stomach
estomaqué, e [ɛstɔmake] ADJ flabbergasted
estomaquer [ɛstɔmake] VT (*fam*) to flabbergast
estompe [ɛstɔ̃p] NF stump; (*dessin*) stump drawing
estompé, e [ɛstɔ̃pe] ADJ blurred
estomper [ɛstɔ̃mpe] /1/ VT (*Art*) to shade off; (*fig*) to blur, dim ■ **s'estomper** VPR (*sentiments*) to soften; (*contour*) to become blurred
Estonie [ɛstɔni] NF: **l'~** Estonia
estonien, ne [ɛstɔnjɛ̃, -ɛn] ADJ Estonian ▸ NM (*Ling*) Estonian ▸ NM/F: **Estonien, ne** Estonian
estourbir [ɛstuʀbiʀ] VT (*fam: personne: assommer*) to knock out; (: *animal: tuer*) to knock out
estrade [ɛstʀad] NF platform, rostrum
estragon [ɛstʀagɔ̃] NM tarragon
estropié, e [ɛstʀɔpje] NM/F cripple (*péj*)
estropier [ɛstʀɔpje] /7/ VT to cripple, maim; (*fig*) to twist, distort
estuaire [ɛstɥɛʀ] NM estuary
estudiantin, e [ɛstydjɑ̃tɛ̃, -in] ADJ student *cpd*
esturgeon [ɛstyʀʒɔ̃] NM sturgeon
★**et** [e] CONJ and; **et lui ?** what about him?; **et alors ?, et (puis) après ?** so what?; (*ensuite*) and then?
ét. ABR = **étage**
ETA [eta] SIGLE M (*Pol*) ETA
étable [etabl] NF cowshed
établi, e [etabli] ADJ established ▸ NM (work) bench
établir [etabliʀ] /2/ VT (*papiers d'identité, facture*) to make out; (*liste, programme*) to draw up; (*gouvernement, artisan etc: aider à s'installer*) to set up, establish; (*entreprise, atelier, camp*) to set up; (*réputation, usage, fait, culpabilité, relations*) to establish; (*Sport: record*) to set ■ **s'établir** VPR (*se faire: entente etc*) to be established; **s'~ (à son compte)** to set up in business; **s'~ à/près de** to settle in/near
établissement [etablismɑ̃] NM making out; drawing up; setting up, establishing; (*entreprise, institution*) establishment; **~ de crédit** credit institution; **~ hospitalier** hospital complex; **~ industriel** industrial plant, factory; **~ scolaire** school, educational establishment
étage [etaʒ] NM (*d'immeuble*) storey (BRIT), story (*US*), floor; (*de fusée*) stage; (*Géo: de culture, végétation*) level; **au 2ème ~** on the 2nd (BRIT) *ou* 3rd (*US*) floor; **à l'~** upstairs; **maison à deux étages** two-storey house; **c'est à quel ~ ?** what floor is it on?; **de bas ~** *adj* low-born; (*médiocre*) inferior

étager [etaʒe] /3/ VT (*cultures*) to lay out in tiers ■ **s'étager** VPR (*prix*) to range; (*zones, cultures*) to lie on different levels

étagère [etaʒɛʀ] NF (*rayon*) shelf; (*meuble*) shelves *pl*, set of shelves

étai [etɛ] NM stay, prop

étain [etɛ̃] NM tin; (*Bijouterie*) pewter *no pl*

étais *etc* [etɛ] VB *voir* **être**

étal [etal] NM stall

étalage [etalaʒ] NM display; (*vitrine*) display window; **faire ~ de** to show off, parade

étalagiste [etalaʒist] NMF window-dresser

étale [etal] ADJ (*mer*) slack

étalement [etalmɑ̃] NM spreading; (*échelonnement*) staggering

étaler [etale] /1/ VT (*carte, nappe*) to spread (out); (*peinture, liquide*) to spread; (*échelonner: paiements, dates, vacances*) to spread, stagger; (*exposer: marchandises*) to display; (*richesses, connaissances*) to parade ■ **s'étaler** VPR (*liquide*) to spread out; (*fam*) to fall flat on one's face, come a cropper (BRIT); **s'~ sur** (*paiements etc*) to be spread over

étalon [etalɔ̃] NM (*mesure*) standard; (*cheval*) stallion; **l'étalon-or** the gold standard

étalonnage [etalɔnaʒ] NM calibration

étalonner [etalɔne] /1/ VT to calibrate

étamer [etame] /1/ VT (*casserole*) to tin(plate); (*glace*) to silver

étamine [etamin] NF (*Bot*) stamen; (*tissu*) butter muslin

étanche [etɑ̃ʃ] ADJ (*récipient, aussi fig*) watertight; (*montre, vêtement*) waterproof; **~ à l'air** airtight

étanchéité [etɑ̃ʃeite] NF watertightness; airtightness

étancher [etɑ̃ʃe] /1/ VT (*liquide*) to stop (flowing); **~ sa soif** to quench *ou* slake one's thirst

étançon [etɑ̃sɔ̃] NM (*Tech*) prop

étançonner [etɑ̃sɔne] /1/ VT to prop up

étang [etɑ̃] NM pond

étant [etɑ̃] VB *voir* **être**; **donné**

étape [etap] NF stage; (*lieu d'arrivée*) stopping place; (*: Cyclisme*) staging point; **faire ~ à** to stop off at; **brûler les étapes** (*fig*) to cut corners

état [eta] NM (*condition*) state; (*d'un article d'occasion*) condition, state; (*liste*) inventory, statement; (*avec une majuscule: Pol*) state; **l'É~** the State; **les États du Golfe** the Gulf States; **en bon/mauvais ~** in good/poor condition; **en ~ (de marche)** in (working) order; **remettre en ~** to repair; **hors d'~** out of order; **être en ~/hors d'~ de faire** to be in a state/in no fit state to do; **en tout ~ de cause** in any event; **être dans tous ses états** to be in a state; **faire ~ de** (*alléguer*) to put forward; **en ~ d'arrestation** under arrest; **~ de grâce** (*Rel*) state of grace; (*fig*) honeymoon period; **en ~ de grâce** (*fig*) inspired; **en ~ d'ivresse** under the influence of drink; **~ de choses** (*situation*) state of affairs; **~ civil** civil status; (*bureau*) registry office (BRIT); **~ d'esprit** frame of mind; **~ des lieux** inventory of fixtures; **~ de santé** state of health; **~ de siège/d'urgence** state of siege/emergency; **~ de veille** (*Psych*) waking state; **états d'âme** moods; **états de service** service record *sg*

étatique [etatik] ADJ state *cpd*, State *cpd*

étatisation [etatizasjɔ̃] NF nationalization

étatiser [etatize] /1/ VT to bring under state control

étatisme [etatism] NM state control

étatiste [etatist] ADJ (*doctrine etc*) of state control ▸ NMF partisan of state control

état-major [etamaʒɔʀ] (*pl* **états-majors**) NM (*Mil*) staff; (*d'un parti etc*) top advisers *pl*; (*d'une entreprise*) top management

État-providence [etapʀɔvidɑ̃s] (*pl* **États-providence**) NM welfare state

États-Unis [etazyni] NMPL: **les ~ (d'Amérique)** the United States (of America)

étau, x [eto] NM vice (BRIT), vise (US)

étayer [eteje] /8/ VT to prop *ou* shore up; (*fig*) to back up

et cætera, et cetera, etc. [ɛtseteʀa] ADV et cetera, and so on, etc

été [ete] PP *de* **être** ▸ NM summer; **en ~** in summer

éteignais *etc* [etɛɲɛ] VB *voir* **éteindre**

éteignoir [etɛɲwaʀ] NM (candle) snuffer; (*péj*) killjoy, wet blanket

éteindre [etɛ̃dʀ] /52/ VT (*lampe, lumière, radio, chauffage*) to turn *ou* switch off; (*cigarette, incendie, bougie*) to put out, extinguish; (*Jur: dette*) to extinguish ■ **s'éteindre** VPR to go off; (*feu, lumière*) to go out; (*mourir*) to pass away

éteint, e [etɛ̃, -ɛ̃t] PP *de* **éteindre** ▸ ADJ (*fig*) lacklustre, dull; (*volcan*) extinct; **tous feux éteints** (*Auto: rouler*) without lights

étendard [etɑ̃daʀ] NM standard

étendoir [etɑ̃dwaʀ] NM drying rack

étendre [etɑ̃dʀ] /41/ VT (*appliquer: pâte, liquide*) to spread; (*déployer: carte etc*) to spread out; (*sur un fil: lessive, linge*) to hang up *ou* out; (*bras, jambes, par terre: blessé*) to stretch out; (*diluer*) to dilute, thin; (*fig: agrandir*) to extend; (*fam: adversaire*) to floor ■ **s'étendre** VPR (*augmenter, se propager*) to spread; (*terrain, forêt etc*): **s'~ jusqu'à/de ... à** to stretch as far as/from ... to; **s'~ (sur)** (*s'allonger*) to stretch out (upon); (*se coucher*) to lie down (on); (*fig: expliquer*) to elaborate *ou* enlarge (upon)

étendu, e [etɑ̃dy] ADJ extensive ▸ NF (*d'eau, de sable*) stretch, expanse; (*de problème*) extent

éternel, le [etɛʀnɛl] ADJ eternal; **les neiges éternelles** perpetual snow

éternellement [etɛʀnɛlmɑ̃] ADV eternally

éterniser [etɛʀnize] /1/: **s'éterniser** VPR to last for ages; (*personne*) to stay for ages

éternité [etɛʀnite] NF eternity; **il y a** *ou* **ça fait une ~ que** it's ages since; **de toute ~** from time immemorial; **ça a duré une ~** it lasted for ages

éternuement [etɛʀnymɑ̃] NM sneeze

éternuer [etɛʀnɥe] /1/ VI to sneeze

êtes [ɛt(z)] VB *voir* **être**

étêter [etete] /1/ VT (*arbre*) to poll(ard); (*clou, poisson*) to cut the head off

éthanol [etanɔl] NM ethanol

éther [etɛʀ] NM ether

éthéré, e [eteʀe] ADJ ethereal

Éthiopie [etjɔpi] NF: **l'~** Ethiopia

éthiopien, ne [etjɔpjɛ̃, -ɛn] ADJ Ethiopian

éthique [etik] ADJ ethical ▶ NF ethics *sg*
ethnicité [ɛtnisite] NF ethnicity
ethnie [ɛtni] NF ethnic group
ethnique [ɛtnik] ADJ ethnic
ethnocentrique [ɛtnɔsɑ̃tʀik] ADJ (*vision, discours*) ethnocentric
ethnocentrisme [ɛtnosɑ̃tʀism] NM ethnocentrism
ethnographe [ɛtnɔgʀaf] NMF ethnographer
ethnographie [ɛtnɔgʀafi] NF ethnography
ethnographique [ɛtnɔgʀafik] ADJ ethnographic(al)
ethnologie [ɛtnɔlɔʒi] NF ethnology
ethnologique [ɛtnɔlɔʒik] ADJ ethnological
ethnologue [ɛtnɔlɔg] NMF ethnologist
éthologie [etɔlɔʒi] NF ethology
éthylique [etilik] ADJ alcoholic
éthylisme [etilism] NM alcoholism
éthylomètre [etilɔmɛtʀ] NM Breathalyser®
éthylotest [etilɔtest] NM Breathalyser®
étiage [etjaʒ] NM low water
étiez [etjɛ] VB *voir* **être**
étincelant, e [etɛ̃s(ə)lɑ̃, -ɑ̃t] ADJ sparkling
étinceler [etɛ̃s(ə)le] /4/ VI to sparkle
étincelle [etɛ̃sɛl] NF spark
étioler [etjɔle] /1/: **s'étioler** VPR to wilt
étions [etjɔ̃] VB *voir* **être**
étique [etik] ADJ skinny, bony
étiquetage [etik(ə)taʒ] NM labelling
étiqueter [etik(ə)te] /4/ VT to label
étiquette [etikɛt] NF label; (*protocole*): **l'~** etiquette
étirement [etiʀmɑ̃] NM (*de muscle*) stretching; **faire des étirements** to do some stretching, to do stretching exercises
étirer [etiʀe] /1/ VT to stretch; (*ressort*) to stretch out ■ **s'étirer** VPR (*personne*) to stretch; (*convoi, route*): **s'~ sur** to stretch out over
étoffe [etɔf] NF material, fabric; **avoir l'~ d'un chef** *etc* to be cut out to be a leader *etc*; **avoir de l'~** to be a forceful personality
étoffer [etɔfe] /1/ VT to flesh out ■ **s'étoffer** VPR to fill out
étoile [etwal] NF star; **la bonne/mauvaise ~ de qn** sb's lucky/unlucky star; **à la belle ~** (out) in the open; **~ filante** shooting star; **~ de mer** starfish; **~ polaire** pole star ▶ ADJ: **danseuse** *ou* **danseur ~** leading dancer
étoilé, e [etwale] ADJ starry
étole [etɔl] NF stole
étonnamment [etɔnamɑ̃] ADV amazingly
étonnant, e [etɔnɑ̃, -ɑ̃t] ADJ surprising
étonné, e [etɔne] ADJ surprised
étonnement [etɔnmɑ̃] NM surprise, amazement; **à mon grand ~ ...** to my great surprise *ou* amazement ...
étonner [etɔne] /1/ VT to surprise, amaze; **cela m'étonnerait (que)** (*j'en doute*) I'd be (very) surprised (if) ■ **s'étonner que/de** VPR to be surprised that/at
étouffant, e [etufɑ̃, -ɑ̃t] ADJ stifling
étouffé, e [etufe] ADJ (*asphyxié*) suffocated; (*assourdi: cris, rires*) smothered ▶ NF: **à l'étouffée** (*Culin: poisson, légumes*) steamed; (*: viande*) braised
étouffement [etufmɑ̃] NM suffocation
étouffer [etufe] /1/ VT to suffocate; (*bruit*) to muffle; (*scandale*) to hush up ▶ VI to suffocate; (*avoir trop chaud, aussi fig*) to feel stifled; **on étouffe** it's stifling ■ **s'étouffer** VPR (*en mangeant etc*) to choke
étouffoir [etufwaʀ] NM (*Mus*) damper
étoupe [etup] NF tow
étourderie [etuʀdəʀi] NF (*caractère*) absent-mindedness *no pl*; (*faute*) thoughtless blunder; **faute d'~** careless mistake
étourdi, e [etuʀdi] ADJ (*distrait*) scatterbrained, heedless
étourdiment [etuʀdimɑ̃] ADV rashly
étourdir [etuʀdiʀ] /2/ VT (*assommer*) to stun, daze; (*griser*) to make dizzy *ou* giddy
étourdissant, e [etuʀdisɑ̃, -ɑ̃t] ADJ staggering
étourdissement [etuʀdismɑ̃] NM dizzy spell
étourneau, x [etuʀno] NM starling
étrange [etʀɑ̃ʒ] ADJ strange
étrangement [etʀɑ̃ʒmɑ̃] ADV strangely
étranger, -ère [etʀɑ̃ʒe, -ɛʀ] ADJ foreign; (*pas de la famille, non familier*) strange; **~ à** (*mal connu*) unfamiliar to; (*sans rapport*) irrelevant to ▶ NM/F foreigner; stranger ▶ NM: **l'~** foreign countries; **à l'~** abroad; **de l'~** from abroad
étrangeté [etʀɑ̃ʒte] NF strangeness
étranglé, e [etʀɑ̃gle] ADJ: **d'une voix étranglée** in a strangled voice
étranglement [etʀɑ̃gləmɑ̃] NM (*d'une vallée etc*) constriction, narrow passage
étrangler [etʀɑ̃gle] /1/ VT to strangle; (*fig: presse, libertés*) to stifle ■ **s'étrangler** VPR (*en mangeant etc*) to choke; (*se resserrer*) to make a bottleneck
étrave [etʀav] NF stem

être [ɛtʀ]

/61/ NM being; **être humain** human being
▶ VB COPULE **1** (*état, description*) to be; **il est instituteur** he is *ou* he's a teacher; **vous êtes grand/intelligent/fatigué** you are *ou* you're tall/clever/tired
2 (*+à: appartenir*) to be; **le livre est à Paul** the book is Paul's *ou* belongs to Paul; **c'est à moi/eux** it is *ou* it's mine/theirs
3 (*+de: provenance*): **il est de Paris** he is from Paris; (*: appartenance*): **il est des nôtres** he is one of us
4 (*date*): **nous sommes le 10 janvier** it's the 10th of January (today)
▶ VI to be; **je ne serai pas ici demain** I won't be here tomorrow
▶ VB AUX **1** to have; to be; **être arrivé/allé** to have arrived/gone; **il est parti** he has left, he has gone
2 (*forme passive*) to be; **être fait par** to be made by; **il a été promu** he has been promoted
3 (*+à +inf: obligation, but*): **c'est à réparer** it needs repairing; **c'est à essayer** it should be tried; **il est à espérer que ...** it is *ou* it's to be hoped that ...

▶ VB IMPERS **1**: **il est** (+ *adj*) it is; **il est impossible de le faire** it's impossible to do it
2: **il est** (*heure, date*): **il est 10 heures** it is *ou* it's 10 o'clock
3 (*emphatique*): **c'est moi** it's me; **c'est à lui de le faire** it's up to him to do it
voir aussi **est-ce que**; **n'est-ce pas**; **c'est-à-dire**; **ce**

étreindre [etʀɛ̃dʀ] /**52**/ VT to clutch, grip; (*amoureusement, amicalement*) to embrace ■ **s'étreindre** VPR to embrace

étreinte [etʀɛ̃t] NF clutch, grip; embrace; **resserrer son ~ autour de** (*fig*) to tighten one's grip on *ou* around

étrenner [etʀene] /**1**/ VT to use (*ou* wear) for the first time

étrennes [etʀɛn] NFPL (*cadeaux*) New Year's present; (*gratifications*) ≈ Christmas box *sg*, ≈ Christmas bonus

étrier [etʀije] NM stirrup

étrille [etʀij] NF (*brosse*) currycomb; (*Zool*) velvet crab

étriller [etʀije] /**1**/ VT (*cheval*) to curry; (*fam: battre*) to slaughter (*fig*)

étriper [etʀipe] /**1**/ VT to gut; (*fam*): **~ qn** to tear sb's guts out

étriqué, e [etʀike] ADJ skimpy

étroit, e [etʀwa, -wat] ADJ narrow; (*vêtement*) tight; (*fig: liens, collaboration*) close, tight; **à l'~** cramped; **~ d'esprit** narrow-minded

étroitement [etʀwatmɑ̃] ADV closely

étroitesse [etʀwatɛs] NF narrowness; **~ d'esprit** narrow-mindedness

étron [etʀɔ̃] NM (*fam*) turd (*fam*)

étrusque [etʀysk] ADJ Etruscan

étude [etyd] NF studying; (*ouvrage, rapport, Mus*) study; (*de notaire: bureau*) office; (: *charge*) practice; (*Scol: salle de travail*) study room; **être à l'~** (*projet etc*) to be under consideration; **~ de cas** case study; **~ de faisabilité** feasibility study; **~ de marché** (*Écon*) market research ■ **études** NFPL (*Scol*) studies; **faire des études (de droit/médecine)** to study (law/medicine); **études secondaires/supérieures** secondary/higher education

étudiant, e [etydjɑ̃, -ɑ̃t] ADJ, NM/F student

étudié, e [etydje] ADJ (*démarche*) studied; (*système*) carefully designed; (*prix*) keen

étudier [etydje] /**7**/ VT, VI to study

étui [etɥi] NM case

étuve [etyv] NF steamroom; (*appareil*) sterilizer

étuvée [etyve]: **à l'~** *adv* braised

étymologie [etimɔlɔʒi] NF etymology

étymologique [etimɔlɔʒik] ADJ etymological

EU SIGLE MPL (= *États-Unis*) US

eu, eue [y] PP *de* **avoir**

EUA SIGLE MPL (= *États-Unis d'Amérique*) USA

eucalyptus [økaliptys] NM eucalyptus

Eucharistie [økaʀisti] NF: **l'~** the Eucharist, the Lord's Supper

eucharistique [økaʀistik] ADJ eucharistic

euclidien, ne [øklidjɛ̃, -ɛn] ADJ Euclidian

eugénique [øʒenik] ADJ eugenic ▶ NF eugenics *sg*

eugénisme [øʒenism] NM eugenics *sg*

euh [ø] EXCL er

eunuque [ønyk] NM eunuch

euphémique [øfemik] ADJ euphemistic

euphémisme [øfemism] NM euphemism

euphonie [øfɔni] NF euphony

euphorbe [øfɔʀb] NF (*Bot*) spurge

euphorie [øfɔʀi] NF euphoria

euphorique [øfɔʀik] ADJ euphoric

euphorisant, e [øfɔʀizɑ̃, -ɑ̃t] ADJ exhilarating

eurafricain, e [øʀafʀikɛ̃, -ɛn] ADJ Eurafrican

eurasiatique [øʀazjatik] ADJ Eurasiatic

Eurasie [øʀazi] NF: **l'~** Eurasia

eurasien, ne [øʀazjɛ̃, -ɛn] ADJ Eurasian

EURATOM [øʀatɔm] SIGLE F (= *European Atomic Energy Community*) Euratom

eurent [yʀ] VB *voir* **avoir**

★**euro** [øʀo] NM euro

euro- [øʀo] PRÉFIXE Euro-

eurocrate [øʀɔkʀat] NMF (*péj*) Eurocrat

eurodevise [øʀɔdəviz] NF Eurocurrency

eurodollar [øʀɔdɔlaʀ] NM Eurodollar

Euroland [øʀɔlɑ̃d] NM Euroland

euromonnaie [øʀɔmɔnɛ] NF Eurocurrency

★**Europe** [øʀɔp] NF: **l'~** Europe; **l'~ centrale** Central Europe; **l'~ verte** European agriculture

européanisation [øʀɔpeanizasjɔ̃] NF Europeanization

européaniser [øʀɔpeanize] /**1**/ VT to Europeanize

européen, ne [øʀɔpeɛ̃, -ɛn] ADJ European ▶ NM/F: **Européen, ne** European

europhile [øʀofil] ADJ (*homme politique, pays*) Europhile, pro-Europe ▶ NMF Europhile, pro-European

europhobe [øʀofɔb] ADJ Europhobic ▶ NMF Europhobe

eurosceptique [øʀosɛptik] ADJ, NMF Eurosceptic

Eurovision [øʀovizjɔ̃] NF Eurovision; **émission en ~** Eurovision broadcast

eus *etc* [y] VB *voir* **avoir**

euthanasie [øtanazi] NF euthanasia

euthanasier [øtanazje] VT (*animal*) to put down, put to sleep; (*personne*) to euthanize

eux [ø] PRON (*sujet*) they; (*objet*) them; **~, ils ont fait ...** THEY did ...

évacuation [evakɥasjɔ̃] NF evacuation

évacué, e [evakɥe] NM/F evacuee

évacuer [evakɥe] /**1**/ VT (*salle, région*) to evacuate, clear; (*occupants, population*) to evacuate; (*toxine etc*) to evacuate, discharge

évadé, e [evade] ADJ escaped ▶ NM/F escapee

évader [evade] /**1**/: **s'évader** VPR to escape

évaluation [evalɥasjɔ̃] NF assessment, evaluation

évaluer [evalɥe] /**1**/ VT (*expertiser*) to assess, evaluate; (*juger approximativement*) to estimate

évanescent, e [evanesɑ̃, -ɑ̃t] ADJ evanescent

évangélique [evɑ̃ʒelik] ADJ evangelical

évangélisation [evɑ̃gelizasjɔ̃] NF evangelization

évangéliser [evɑ̃ʒelize] /**1**/ VT to evangelize

évangéliste [evɑ̃ʒelist] NM evangelist

évangile [evɑ̃ʒil] NM gospel; (*texte de la Bible*): **l'É~** the Gospel; **ce n'est pas l'É~** (*fig*) it's not gospel

évanoui, e [evanwi] ADJ in a faint; **tomber ~** to faint

évanouir [evanwiʀ] /2/: **s'évanouir** VPR to faint, pass out; (*disparaître*) to vanish, disappear

évanouissement [evanwismɑ̃] NM (*syncope*) fainting fit; (*Méd*) loss of consciousness

évaporation [evapɔʀasjɔ̃] NF evaporation

évaporé, e [evapɔʀe] ADJ giddy, scatterbrained

évaporer [evapɔʀe] /1/: **s'évaporer** VPR to evaporate

évasé, e [evɑze] ADJ (*jupe etc*) flared

évaser [evɑze] /1/ VT (*tuyau*) to widen, open out; (*jupe, pantalon*) to flare ■ **s'évaser** VPR to widen, open out

évasif, -ive [evazif, -iv] ADJ evasive

évasion [evazjɔ̃] NF escape; **littérature d'~** escapist literature; **~ des capitaux** (*Écon*) flight of capital; **~ fiscale** tax avoidance

évasivement [evazivmɑ̃] ADV evasively

évêché [eveʃe] NM (*fonction*) bishopric; (*palais*) bishop's palace

éveil [evɛj] NM awakening; **être en ~** to be alert; **mettre qn en ~**, **donner l'~ à qn** to arouse sb's suspicions; **activités d'~** early-learning activities

éveillé, e [eveje] ADJ awake; (*vif*) alert, sharp

éveiller [eveje] /1/ VT to (a)waken; (*soupçons etc*) to arouse ■ **s'éveiller** VPR to (a)waken; (*fig*) to be aroused

événement [evɛnmɑ̃] NM event

événementiel, le [evɛnmɑ̃sjɛl] ADJ (*histoire*) factual; (*agence, animateur, communication*) event cpd, events cpd ▶ NM (*spectacles, grandes manifestations*) events management

éventail [evɑ̃taj] NM fan; (*choix*) range; **en ~** fanned out; fan-shaped

éventaire [evɑ̃tɛʀ] NM stall, stand

éventé, e [evɑ̃te] ADJ (*parfum, vin*) stale

éventer [evɑ̃te] /1/ VT (*secret, complot*) to uncover; (*avec un éventail*) to fan ■ **s'éventer** VPR (*parfum, vin*) to go stale

éventrer [evɑ̃tʀe] /1/ VT to disembowel; (*fig*) to tear *ou* rip open

éventualité [evɑ̃tɥalite] NF eventuality; possibility; **dans l'~ de** in the event of; **parer à toute ~** to guard against all eventualities

éventuel, le [evɑ̃tɥɛl] ADJ possible

éventuellement [evɑ̃tɥɛlmɑ̃] ADV possibly

évêque [evɛk] NM bishop

Everest [ɛv(ə)ʀɛst] NM: **(mont) ~** (Mount) Everest

évertuer [evɛʀtɥe] /1/: **s'évertuer** VPR: **s'~ à faire** to try very hard to do

éviction [eviksjɔ̃] NF ousting, supplanting; (*de locataire*) eviction

évidemment [evidamɑ̃] ADV (*bien sûr*) of course; (*certainement*) obviously

évidence [evidɑ̃s] NF obviousness; (*fait*) obvious fact; **se rendre à l'~** to bow before the evidence; **nier l'~** to deny the evidence; **à l'~** evidently; **de toute ~** quite obviously *ou* evidently; **en ~** conspicuous; **être en ~** to be clearly visible; **mettre en ~** (*fait*) to highlight

évident, e [evidɑ̃, -ɑ̃t] ADJ obvious, evident; **ce n'est pas ~** (*cela pose des problèmes*) it's not (all that) straightforward, it's not as simple as all that

évider [evide] /1/ VT to scoop out

évier [evje] NM (kitchen) sink

évincer [evɛ̃se] /3/ VT to oust, supplant

éviscérer [evisеʀe] VT to eviscerate

évitable [evitabl] ADJ avoidable

évitement [evitmɑ̃] NM: **place d'~** (*Auto*) passing place

éviter [evite] /1/ VT to avoid; **~ de faire/que qch ne se passe** to avoid doing/sth happening; **~ qch à qn** to spare sb sth

évocateur, -trice [evɔkatœʀ, -tʀis] ADJ evocative, suggestive

évocation [evɔkasjɔ̃] NF evocation

évolué, e [evɔlɥe] ADJ advanced; (*personne*) broad-minded

évoluer [evɔlɥe] /1/ VI (*enfant, maladie*) to develop; (*situation, moralement*) to evolve, develop; (*aller et venir: danseur etc*) to move about, circle

évolutif, -ive [evɔlytif, -iv] ADJ evolving

évolution [evɔlysjɔ̃] NF development; evolution ■ **évolutions** NFPL movements

évolutionnisme [evɔlysjɔnism] NM evolutionism

évoquer [evɔke] /1/ VT to call to mind, evoke; (*mentionner*) to mention

ex. ABR (= *exemple*) ex.

ex- [ɛks] PRÉFIXE ex-; **son ex-mari** her ex-husband; **son ex-femme** his ex-wife

exacerbé, e [ɛgzasɛʀbe] ADJ (*orgueil, sensibilité*) exaggerated

exacerber [ɛgzasɛʀbe] /1/ VT to exacerbate

★**exact, e** [ɛgza(kt), ɛgzakt] ADJ (*précis*) exact, accurate, precise; (*correct*) correct; (*ponctuel*) punctual; **l'heure exacte** the right *ou* exact time

★**exactement** [ɛgzaktəmɑ̃] ADV exactly, accurately, precisely; correctly; (*c'est cela même*) exactly

exaction [ɛgzaksjɔ̃] NF (*d'argent*) exaction; (*gén pl: actes de violence*) abuse(s)

exactitude [ɛgzaktityd] NF exactitude, accurateness, precision

ex aequo [ɛgzeko] ADJ INV equally placed; **classé 1er ~** placed equal first; **arriver ~** to finish neck and neck

exagération [ɛgzaʒeʀasjɔ̃] NF exaggeration

exagéré, e [ɛgzaʒeʀe] ADJ (*prix etc*) excessive

exagérément [ɛgzaʒeʀemɑ̃] ADV excessively

exagérer [ɛgzaʒeʀe] /6/ VT to exaggerate ▶ VI (*abuser*) to go too far; (*dépasser les bornes*) to overstep the mark; (*déformer les faits*) to exaggerate ■ **s'exagérer qch** VPR to exaggerate sth

exaltant, e [ɛgzaltɑ̃, -ɑ̃t] ADJ exhilarating

exaltation [ɛgzaltasjɔ̃] NF exaltation

exalté, e [ɛgzalte] ADJ (over)excited ▶ NM/F (*péj*) fanatic

exalter [ɛgzalte] /1/ VT (*enthousiasmer*) to excite, elate; (*glorifier*) to exalt

★**examen** [ɛgzamɛ̃] NM examination; (*Scol*) exam, examination; **à l'~** (*dossier, projet*) under consideration; (*Comm*) on approval; **~ blanc** mock

e

exam(ination); **~ de la vue** sight test; **~ médical** (medical) examination; (*analyse*) test

examinateur, -trice [ɛgzaminatœʀ, -tʀis] NM/F examiner

examiner [ɛgzamine] /1/ VT to examine

exaspérant, e [ɛgzaspeʀɑ̃, -ɑ̃t] ADJ exasperating

exaspération [ɛgzaspeʀasjɔ̃] NF exasperation

exaspéré, e [egzaspeʀe] ADJ exasperated

exaspérer [ɛgzaspeʀe] /6/ VT to exasperate; (*aggraver*) to exacerbate

exaucer [ɛgzose] /3/ VT (*vœu*) to grant, fulfil; **~ qn** to grant sb's wishes

ex cathedra [ɛkskatedʀa] ADJ INV, ADV ex cathedra

excavateur [ɛkskavatœʀ] NM excavator, mechanical digger

excavation [ɛkskavasjɔ̃] NF excavation

excavatrice [ɛkskavatʀis] NF = **excavateur**

excédé, e [ɛksede] ADJ (*à bout*) exasperated; **~ de fatigue** exhausted; **~ de travail** worn out with work

excédent [ɛksedɑ̃] NM surplus; **en ~** surplus; **payer 60 euros d'~** (*de bagages*) to pay 60 euros excess baggage; **~ de bagages** excess baggage; **~ commercial** trade surplus

excédentaire [ɛksedɑ̃tɛʀ] ADJ surplus, excess

excéder [ɛksede] /6/ VT (*dépasser*) to exceed; (*agacer*) to exasperate

excellence [ɛkselɑ̃s] NF excellence; (*titre*) Excellency; **par ~** par excellence

★**excellent, e** [ɛkselɑ̃, -ɑ̃t] ADJ excellent

exceller [ɛksele] /1/ VI: **~ (dans)** to excel (in)

excentré, e [ɛksɑ̃tʀe] ADJ (*quartier*) out of the way

excentricité [ɛksɑ̃tʀisite] NF eccentricity

excentrique [ɛksɑ̃tʀik] ADJ eccentric; (*quartier*) outlying ▶ NMF eccentric

excentriquement [ɛksɑ̃tʀikmɑ̃] ADV eccentrically

excepté, e [ɛksɛpte] ADJ, PRÉP: **les élèves exceptés, ~ les élèves** except for *ou* apart from the pupils; **~ si/quand** except if/when; **~ que** except that

excepter [ɛksɛpte] /1/ VT to except

exception [ɛksɛpsjɔ̃] NF exception; **faire ~** to be an exception; **faire une ~** to make an exception; **sans ~** without exception; **à l'~ de** except for, with the exception of; **d'~** (*mesure, loi*) special, exceptional

★**exceptionnel, le** [ɛksɛpsjɔnɛl] ADJ exceptional; (*prix*) special

exceptionnellement [ɛksɛpsjɔnɛlmɑ̃] ADV exceptionally; (*par exception*) by way of an exception, on this occasion

excès [ɛksɛ] NM excess, surplus; **à l'~** (*méticuleux, généreux*) to excess; **avec ~** to excess; **sans ~** in moderation; **tomber dans l'~ inverse** to go to the opposite extreme; **~ de langage** immoderate language; **~ de pouvoir** abuse of power; **~ de vitesse** speeding *no pl*, exceeding the speed limit; **~ de zèle** overzealousness *no pl* ▶ NMPL excesses; **faire des ~** to overindulge

excessif, -ive [ɛksesif, -iv] ADJ excessive

excessivement [ɛksesivmɑ̃] ADV (*trop: cher*) excessively, inordinately; (*très: riche, laid*) extremely, incredibly; **manger/boire ~** to eat/drink to excess

exciper [ɛksipe] /1/: **~ de** *vt* to plead

excipient [ɛksipjɑ̃] NM (*Méd*) inert base, excipient

exciser [ɛksize] /1/ VT (*Méd*) to excise

excision [ɛksizjɔ̃] NF (*Méd*) excision; (*rituelle*) circumcision

excitant, e [ɛksitɑ̃, -ɑ̃t] ADJ exciting ▶ NM stimulant

excitation [ɛksitasjɔ̃] NF (*état*) excitement

excité, e [ɛksite] ADJ excited

exciter [ɛksite] /1/ VT to excite; (*café etc*) to stimulate; **~ qn à** (*révolte etc*) to incite sb to ■ **s'exciter** VPR to get excited

exclamation [ɛksklamasjɔ̃] NF exclamation

exclamer [ɛksklame] /1/: **s'exclamer** VPR to exclaim

exclu, e [ɛkskly] PP *de* **exclure** ▶ ADJ: **il est/n'est pas ~ que ...** it's out of the question/not impossible that ...; **ce n'est pas ~** it's not impossible, I don't rule that out ■ **exclus** NMPL: **les exclus** the socially excluded, the underclass

exclure [ɛksklyʀ] /35/ VT (*faire sortir*) to expel; (*ne pas compter*) to exclude, leave out; (*rendre impossible*) to exclude, rule out

exclusif, -ive [ɛksklyzif, -iv] ADJ exclusive; **avec la mission exclusive/dans le but ~ de ...** with the sole mission/aim of ...; **agent ~** sole agent

exclusion [ɛksklyzjɔ̃] NF expulsion; **à l'~ de** with the exclusion *ou* exception of

exclusivement [ɛksklyzivmɑ̃] ADV exclusively

exclusivité [ɛksklyzivite] NF exclusiveness; (*Comm*) exclusive rights *pl*; **film passant en ~ à** film showing only at

excommunication [ɛkskɔmynikasjɔ̃] NF (*Rel*) excommunication

excommunier [ɛkskɔmynje] /7/ VT to excommunicate

excréments [ɛkskʀemɑ̃] NMPL excrement *sg*, faeces

excréter [ɛkskʀete] /6/ VT to excrete

excrétion [ɛkskʀesjɔ̃] NF excretion

excroissance [ɛkskʀwasɑ̃s] NF excrescence, outgrowth

★**excursion** [ɛkskyʀsjɔ̃] NF (*en autocar*) excursion, trip; (*à pied*) walk, hike; **faire une ~** to go on an excursion *ou* a trip; to go on a walk *ou* hike

excursionniste [ɛkskyʀsjɔnist] NMF tripper; hiker

excusable [ɛkskyzabl] ADJ excusable

★**excuse** [ɛkskyz] NF excuse; **mot d'~** (*Scol*) note from one's parent(s) (*to explain absence etc*) ■ **excuses** NFPL (*regret*) apology *sg*, apologies; **faire des excuses** to apologize; **faire ses excuses** to offer one's apologies; **lettre d'excuses** letter of apology

★**excuser** [ɛkskyze] /1/ VT to excuse; **~ qn de qch** (*dispenser*) to excuse sb from sth; **« excusez-moi »** "I'm sorry"; (*pour attirer l'attention*) "excuse me"; **se faire ~** to ask to be excused ■ **s'excuser (de)** VPR to apologize (for)

exécrable [ɛgzekʀabl] ADJ atrocious

exécrer [ɛgzekʀe] /6/ VT to loathe, abhor

exécutable [ɛgzekytabl] (*Inform*) ADJ, NM executable

exécutant, e [ɛgzekytɑ̃, -ɑ̃t] NM/F performer

exécuter [ɛgzekyte] /1/ VT (*prisonnier*) to execute; (*tâche etc*) to execute, carry out; (*Mus: jouer*) to perform, execute; (*Inform*) to run ■ **s'exécuter** VPR to comply

exécuteur, -trice [ɛgzekytœʀ, -tʀis] NM/F (*testamentaire*) executor ▸ NM (*bourreau*) executioner

exécutif, -ive [ɛgzekytif, -iv] ADJ, NM (*Pol*) executive

exécution [ɛgzekysjɔ̃] NF execution; carrying out; **mettre à ~** to carry out

exécutoire [ɛgzekytwaʀ] ADJ (*Jur*) (legally) binding

exégèse [ɛgzeʒɛz] NF exegesis

exégète [ɛgzeʒɛt] NM exegete

exemplaire [ɛgzɑ̃plɛʀ] ADJ exemplary ▸ NM copy

★**exemple** [ɛgzɑ̃pl] NM example; **par ~** for instance, for example; (*valeur intensive*) really!; **sans ~** (*bêtise, gourmandise etc*) unparalleled; **donner l'~** to set an example; **prendre ~ sur** to take as a model; **à l'~ de** just like; **pour l'~** (*punir*) as an example

exempt, e [ɛgzɑ̃, -ɑ̃t] ADJ: **~ de** (*dispensé de*) exempt from; (*sans*) free from; **~ de taxes** tax-free

exempter [ɛgzɑ̃te] /1/ VT: **~ de** to exempt from

exemption [ɛgzɑ̃psjɔ̃] NF (*de taxes, visa*) exemption

exercé, e [ɛgzɛʀse] ADJ trained

exercer [ɛgzɛʀse] /3/ VT (*pratiquer*) to exercise, practise; (*faire usage de: prérogative*) to exercise; (*influence, contrôle, pression*) to exert; (*former*) to exercise, train ▸ VI (*médecin*) to be in practice ■ **s'exercer** VPR (*sportif, musicien*) to practise; (*se faire sentir: pression etc*): **s'~ (sur** *ou* **contre)** to be exerted (on); **s'~ à faire qch** to train o.s. to do sth

★**exercice** [ɛgzɛʀsis] NM practice; exercising; (*tâche, travail*) exercise; (*Comm, Admin: période*) accounting period; (*Mil*) drill; **l'~** (*sportif etc*) exercise; **en ~** (*juge*) in office; (*médecin*) practising; **dans l'~ de ses fonctions** in the discharge of his duties; **exercices d'assouplissement** limbering-up (exercises)

exergue [ɛgzɛʀg] NM: **mettre en ~** (*inscription*) to inscribe; **porter en ~** to be inscribed with

exfoliant, e [ɛksfɔljɑ̃, -jɑ̃t] ADJ (*savon, gel*) exfoliating ▸ NM exfoliator, exfoliant

exfoliation [ɛksfɔljasjɔ̃] NF (*gommage*) exfoliation

exfolier [ɛksfɔlje] VT (*peau*) to exfoliate

exhalaison [ɛgzalɛzɔ̃] NF exhalation

exhaler [ɛgzale] /1/ VT (*parfum*) to exhale; (*souffle, son, soupir*) to utter, breathe ■ **s'exhaler** VPR to rise (up)

exhausser [ɛgzose] /1/ VT to raise (up)

exhausteur [ɛgzostœʀ] NM extractor fan

exhaustif, -ive [ɛgzostif, -iv] ADJ exhaustive

exhiber [ɛgzibe] /1/ VT (*montrer: papiers, certificat*) to present, produce; (*péj*) to display, flaunt ■ **s'exhiber** VPR (*personne*) to parade; (*exhibitionniste*) to expose o.s.

exhibition [ɛgzibisjɔ̃] NF (*Sport*) exhibition match

exhibitionnisme [ɛgzibisjɔnism] NM exhibitionism

exhibitionniste [ɛgzibisjɔnist] NMF exhibitionist

exhortation [ɛgzɔʀtasjɔ̃] NF exhortation

exhorter [ɛgzɔʀte] /1/ VT: **~ qn à faire** to urge sb to do

exhumation [ɛgzymasjɔ̃] NF (*de corps*) exhumation

exhumer [ɛgzyme] /1/ VT to exhume

exigeant, e [ɛgziʒɑ̃, -ɑ̃t] ADJ demanding; (*péj*) hard to please

exigence [ɛgziʒɑ̃s] NF demand, requirement

exiger [ɛgziʒe] /3/ VT to demand, require

exigible [ɛgziʒibl] ADJ (*Comm, Jur*) payable

exigu, ë [ɛgzigy] ADJ cramped, tiny

exiguïté [ɛgziɡɥite] NF (*d'un lieu*) cramped nature

exil [ɛgzil] NM exile; **en ~** in exile

exilé, e [ɛgzile] NM/F exile

exiler [ɛgzile] /1/ VT to exile ■ **s'exiler** VPR to go into exile

existant, e [ɛgzistɑ̃, -ɑ̃t] ADJ (*actuel, présent*) existing

existence [ɛgzistɑ̃s] NF existence; **dans l'~** in life

existentialisme [ɛgzistɑ̃sjalism] NM existentialism

existentialiste [ɛgzistɑ̃sjalist] ADJ, NMF existentialist

existentiel, le [ɛgzistɑ̃sjɛl] ADJ existential

★**exister** [ɛgziste] /1/ VI to exist; **il existe un/des** there is a/are (some)

exocet [ɛgzɔsɛ] NM (*poisson*) flying fish; (*missile*) Exocet®

exode [ɛgzɔd] NM exodus

exogamie [ɛgzɔgami] NF (*Sociol, Bio*) exogamy

exonération [ɛgzɔneʀasjɔ̃] NF exemption

exonéré, e [ɛgzɔneʀe] ADJ: **~ de TVA** zero-rated (for VAT)

exonérer [ɛgzɔneʀe] /6/ VT: **~ de** to exempt from

exoplanète [ɛgzoplanɛt] NF exoplanet

exorbitant, e [ɛgzɔʀbitɑ̃, -ɑ̃t] ADJ exorbitant

exorbité, e [ɛgzɔʀbite] ADJ: **yeux exorbités** bulging eyes

exorciser [ɛgzɔʀsize] /1/ VT to exorcize

exorcisme [ɛgzɔʀsism] NM (*Rel*) exorcism

exorciste [ɛgzɔʀsist] NMF exorcist

exorde [ɛgzɔʀd] NM introduction

exotique [ɛgzɔtik] ADJ exotic; **yaourt aux fruits exotiques** tropical fruit yoghurt

exotisme [ɛgzɔtism] NM exoticism

expansif, -ive [ɛkspɑ̃sif, -iv] ADJ expansive, communicative

expansion [ɛkspɑ̃sjɔ̃] NF expansion

expansionnisme [ɛkspɑ̃sjɔnism] NM expansionism

expansionniste [ɛkspɑ̃sjɔnist] ADJ expansionist

expansivité [ɛkspɑ̃sivite] NF expansiveness

expatrié, e [ɛkspatʀije] NM/F expatriate

expatrier [ɛkspatʀije] /7/ VT (*argent*) to take *ou* send out of the country ■ **s'expatrier** VPR to leave one's country

expectative [ɛkspɛktativ] NF: **être dans l'~** to be waiting to see

expectorant, e [ɛkspɛktɔʀɑ̃, -ɑ̃t] ADJ: **sirop ~** expectorant (syrup)

expectorer [ɛkspɛktɔʀe] /1/ VI to expectorate

expédient [ɛkspedjɑ̃] NM (*parfois péj*) expedient; **vivre d'expédients** to live by one's wits

expédier [ɛkspedje] /7/ VT (*lettre, paquet*) to send; (*troupes, renfort*) to dispatch; (*péj: travail etc*) to dispose of, dispatch

expéditeur, -trice [ɛkspeditœʀ, -tʀis] NM/F (*Postes*) sender

expéditif, -ive [ɛkspeditif, -iv] ADJ quick, expeditious

expédition [ɛkspedisjɔ̃] NF sending; (*scientifique, sportive, Mil*) expedition; **~ punitive** punitive raid

expéditionnaire [ɛkspedisjɔnɛʀ] ADJ: **corps ~** (*Mil*) task force

expérience [ɛkspeʀjɑ̃s] NF (*de la vie, des choses*) experience; (*scientifique*) experiment; **avoir de l'~** to have experience, be experienced; **avoir l'~ de** to have experience of; **faire l'~ de qch** to experience sth; **~ de chimie/d'électricité** chemical/ electrical experiment

expérimental, e, -aux [ɛkspeʀimɑ̃tal, -o] ADJ experimental

expérimentalement [ɛkspeʀimɑ̃talmɑ̃] ADV experimentally

expérimentation [ɛkspeʀimɑ̃tasjɔ̃] NF (*fait d'expérimenter*) testing; (*Science*) experimentation

expérimenté, e [ɛkspeʀimɑ̃te] ADJ experienced

expérimenter [ɛkspeʀimɑ̃te] /1/ VT (*machine, technique*) to test out, experiment with

expert, e [ɛkspɛʀ, -ɛʀt] ADJ: **~ en** expert in ▸ NM/F (*spécialiste*) expert; **~ en assurances** insurance valuer

expert-comptable [ɛkspɛʀkɔ̃tabl] (*pl* **experts-comptables**) NM ≈ chartered (BRIT) *ou* certified public (*US*) accountant

expertise [ɛkspɛʀtiz] NF valuation; assessment; valuer's (*ou* assessor's) report; (*Jur*) (forensic) examination

expertiser [ɛkspɛʀtize] /1/ VT (*objet de valeur*) to value; (*voiture accidentée etc*) to assess damage to

expiation [ɛkspjasjɔ̃] NF (*Rel*) expiation

expiatoire [ɛkspjatwaʀ] ADJ (*sacrifice*) expiatory

expier [ɛkspje] /7/ VT to expiate, atone for

expiration [ɛkspiʀasjɔ̃] NF expiry (BRIT), expiration; breathing out *no pl*

expirer [ɛkspiʀe] /1/ VI (*prendre fin, lit: mourir*) to expire; (*respirer*) to breathe out

explétif, -ive [ɛkspletif, -iv] ADJ (*Ling*) expletive

explicable [ɛksplikabl] ADJ: **pas ~** inexplicable

explicatif, -ive [ɛksplikatif, -iv] ADJ (*mot, texte, note*) explanatory

★**explication** [ɛksplikasjɔ̃] NF explanation; (*discussion*) discussion; (*dispute*) argument; **~ de texte** (*Scol*) critical analysis (of a text)

explicite [ɛksplisit] ADJ explicit

explicitement [ɛksplisitmɑ̃] ADV explicitly

expliciter [ɛksplisite] /1/ VT to make explicit

★**expliquer** [ɛksplike] /1/ VT to explain; **~ (à qn) comment/que** to point out *ou* explain (to sb) how/that ■ **s'expliquer** VPR (*se faire comprendre: personne*) to explain o.s.; (*se disputer*) to have it out; (*comprendre*): **je m'explique son retard/absence** I understand his lateness/absence; **son erreur s'explique** one can understand his mistake; **s'~ avec qn** (*discuter*) to explain o.s. to sb

> Lorsque le verbe **explain** est suivi d'un complément d'objet indirect, il faut utiliser la préposition **to** devant ce complément.
> *Explique-moi comment ça fonctionne.* **Explain to me how it works**.

exploit [ɛksplwa] NM exploit, feat

exploitable [ɛskplwatabl] ADJ (*gisement etc*) that can be exploited; **~ par une machine** machine-readable

exploitant [ɛksplwatɑ̃] NMF: **~ (agricole)** farmer

exploitation [ɛksplwatasjɔ̃] NF exploitation; (*d'une entreprise*) running; (*entreprise*): **~ agricole** farming concern

exploiter [ɛksplwate] /1/ VT (*personne, don*) to exploit; (*entreprise, ferme*) to run, operate; (*mine*) to exploit, work

exploiteur, -euse [ɛksplwatœʀ, -øz] NM/F (*péj*) exploiter

explorateur, -trice [ɛksplɔʀatœʀ, -tʀis] NM/F explorer

exploration [ɛksplɔʀasjɔ̃] NF exploration

explorer [ɛksplɔʀe] /1/ VT to explore

exploser [ɛksploze] /1/ VI to explode, blow up; (*engin explosif*) to go off; (*fig: joie, colère*) to burst out, explode; (*: personne: de colère*) to explode, flare up; **faire ~** (*bombe*) to explode, detonate; (*bâtiment, véhicule*) to blow up ▸ VT (*fam: adversaire*) to destroy; (*: budget*) to blow; **ce n'est pas qu'ils les ont dominés : ils les ont explosés** they didn't just beat them; they absolutely massacred them; **je vais raccrocher sinon je vais ~ mon forfait** I'm going to hang up otherwise I'm going to go way over my limit

explosif, -ive [ɛksplozif, -iv] ADJ, NM explosive

explosion [ɛksplozjɔ̃] NF explosion; **~ de joie/ colère** outburst of joy/rage; **~ démographique** population explosion

expo [ɛkspo] NF (*fam*) exhibition

exponentiel, le [ɛkspɔnɑ̃sjɛl] ADJ exponential

export [ɛkspɔʀ] NM export

exportable [ɛkspɔʀtabl] ADJ exportable

exportateur, -trice [ɛkspɔʀtatœʀ, -tʀis] ADJ export *cpd*, exporting ▸ NM/F exporter

exportation [ɛkspɔʀtasjɔ̃] NF (*action*) exportation; (*produit*) export

exporter [ɛkspɔʀte] /1/ VT to export

exposant [ɛkspozɑ̃] NM exhibitor; (*Math*) exponent

exposé, e [ɛkspoze] NM (*écrit*) exposé; (*oral*) talk ▸ ADJ: **~ au sud** facing south, with a southern aspect; **bien ~** well situated; **très ~** very exposed

exposer [ɛkspoze] /1/ VT (*montrer: marchandise*) to display; (*: peinture*) to exhibit, show; (*parler de: problème, situation*) to explain, expose, set out; (*mettre en danger, orienter: Photo*) to expose; **~ qn/qch à** to expose sb/sth to; **~ sa vie** to risk one's life ■ **s'exposer à** VPR (*soleil, danger*) to expose o.s. to; (*critiques, punition*) to lay o.s. open to

★**exposition** [ɛkspozisjɔ̃] NF (*voir exposer*) displaying; exhibiting; explanation, exposition; exposure; (*voir exposé*) aspect, situation; (*manifestation*)

exhibition; (*Photo*) exposure; (*introduction*) exposition

exprès¹ [ɛkspʀɛ] ADV (*délibérément*) on purpose; (*spécialement*) specially; **faire ~ de faire qch** to do sth on purpose

exprès², -esse [ɛkspʀɛs] ADJ (*ordre, défense*) express, formal ▸ ADJ INV, ADV (*Postes: lettre, colis*) express; **envoyer qch en ~** to send sth express

express [ɛkspʀɛs] ADJ INV, NM INV: **(café) ~** espresso; **(train) ~** fast train

expressément [ɛkspʀesemɑ̃] ADV expressly, specifically

expressif, -ive [ɛkspʀesif, -iv] ADJ expressive

★**expression** [ɛkspʀesjɔ̃] NF expression; **réduit à sa plus simple ~** reduced to its simplest terms; **liberté/moyens d'~** freedom/means of expression; **~ toute faite** set phrase

expressionnisme [ɛkspʀesjɔnism] NM expressionism

expressivité [ɛkspʀesivite] NF expressiveness

exprimer [ɛkspʀime] /1/ VT (*sentiment, idée*) to express; (*faire sortir: jus, liquide*) to press out ■ **s'exprimer** VPR (*personne*) to express o.s.

expropriation [ɛkspʀɔpʀijasjɔ̃] NF expropriation; **frapper d'~** to put a compulsory purchase order on

exproprier [ɛkspʀɔpʀije] /7/ VT to buy up (*ou* buy the property of) by compulsory purchase, expropriate

expulser [ɛkspylse] /1/ VT (*d'une salle, d'un groupe*) to expel; (*locataire*) to evict; (*Football*) to send off

expulsion [ɛkspylsjɔ̃] NF expulsion; eviction; sending off

expurger [ɛkspyʀʒe] /3/ VT to expurgate, bowdlerize

exquis, e [ɛkski, -iz] ADJ (*gâteau, parfum, élégance*) exquisite; (*personne, temps*) delightful

exsangue [ɛksɑ̃g] ADJ bloodless, drained of blood

exsuder [ɛksyde] /1/ VT to exude

extase [ɛkstɑz] NF ecstasy; **être en ~** to be in raptures

extasier [ɛkstɑzje] /7/: **s'extasier** VPR: **s'~ sur** to go into raptures over

extatique [ɛkstatik] ADJ ecstatic

extenseur [ɛkstɑ̃sœʀ] NM (*Sport*) chest expander

extensible [ɛkstɑ̃sibl] ADJ extensible

extensif, -ive [ɛkstɑ̃sif, -iv] ADJ extensive

extension [ɛkstɑ̃sjɔ̃] NF (*d'un muscle, ressort*) stretching; (*fig*) extension; expansion; **à l'~** (*Méd*) in traction

exténuant, e [ɛkstenɥɑ̃, -ɑ̃t] ADJ exhausting

exténuer [ɛkstenɥe] /1/ VT to exhaust

extérieur, e [ɛksteʀjœʀ] ADJ (*de dehors: porte, mur etc*) outer, outside; (*: commerce, politique*) foreign; (*: influences, pressions*) external; (*au dehors: escalier, WC*) outside; (*apparent: calme, gaieté etc*) outer ▸ NM (*d'une maison, d'un récipient etc*) outside, exterior; (*d'une personne: apparence*) exterior; (*d'un pays, d'un groupe social*): **l'~** the outside world; **à l'~** (*dehors*) outside; (*fig: à l'étranger*) abroad

extérieurement [ɛksteʀjœʀmɑ̃] ADV (*de dehors*) on the outside; (*en apparence*) on the surface

extérioriser [ɛksteʀjɔʀize] /1/ VT to exteriorize

exterminateur, -trice [ɛkstɛʀminatœʀ, -tʀis] ADJ (*ange, folie*) exterminating

extermination [ɛkstɛʀminasjɔ̃] NF extermination, wiping out

exterminer [ɛkstɛʀmine] /1/ VT to exterminate, wipe out

externaliser [ɛkstɛʀnalize] VT (*services, missions*) to outsource

externat [ɛkstɛʀna] NM day school

externe [ɛkstɛʀn] ADJ external, outer ▸ NMF (*Méd*) non-resident medical student, extern (*US*); (*Scol*) day pupil

extincteur [ɛkstɛ̃ktœʀ] NM (fire) extinguisher

extinction [ɛkstɛ̃ksjɔ̃] NF extinction; (*Jur: d'une dette*) extinguishment; **~ de voix** (*Méd*) loss of voice

extirper [ɛkstiʀpe] /1/ VT (*tumeur*) to extirpate; (*plante*) to root out, pull up; (*préjugés*) to eradicate

extorquer [ɛkstɔʀke] /1/ VT (*de l'argent, un renseignement*): **~ qch à qn** to extort sth from sb

extorsion [ɛkstɔʀsjɔ̃] NF: **~ de fonds** extortion of money

extra [ɛkstʀa] ADJ INV first-rate; (*fam*) fantastic; (*marchandises*) top-quality ▸ NM INV extra help ▸ PRÉFIXE extra(-)

extracommunautaire [ɛkstʀakɔmynotɛʀ] ADJ (*extérieur à la CE: échanges, origine*) non-EU, outside the EU

extraconjugal, e, -aux [ɛkstʀakɔ̃ʒygal, -o] ADJ (*aventure*) extramarital

extracteur [ɛkstʀaktœʀ] NM (*d'air, chaleur*) extractor fan

extraction [ɛkstʀaksjɔ̃] NF extraction

extrader [ɛkstʀade] /1/ VT to extradite

extradition [ɛkstʀadisjɔ̃] NF extradition

extra-fin, e [ɛkstʀafɛ̃, -in] ADJ extra-fine

extra-fort, e [ɛkstʀafɔʀ, -ɔʀt] ADJ extra strong

extraire [ɛkstʀɛʀ] /50/ VT to extract; **~ qch de** to extract sth from

extrait, e [ɛkstʀɛ, -ɛt] PP *de* **extraire** ▸ NM (*de plante*) extract; (*de film, livre*) extract, excerpt; **~ de naissance** birth certificate

extra-lucide [ɛkstʀalysid] ADJ: **voyante ~** clairvoyant

★**extraordinaire** [ɛkstʀaɔʀdinɛʀ] ADJ extraordinary; (*Pol, Admin: mesures etc*) special; **ambassadeur ~** ambassador extraordinary; **assemblée ~** extraordinary meeting; **par ~** by some unlikely chance

extraordinairement [ɛkstʀaɔʀdinɛʀmɑ̃] ADV extraordinarily

extrapoler [ɛkstʀapɔle] /1/ VT, VI to extrapolate

extra-sensoriel, le [ɛkstʀasɑ̃sɔʀjɛl] ADJ extrasensory

extra-terrestre [ɛkstʀatɛʀɛstʀ] NMF extraterrestrial

extra-utérin, e [ɛkstʀayteʀɛ̃, -in] ADJ extrauterine

extravagance [ɛkstʀavagɑ̃s] NF extravagance *no pl*; extravagant behaviour *no pl*

extravagant, e [ɛkstʀavagɑ̃, -ɑ̃t] ADJ (*personne, attitude*) extravagant; (*idée*) wild

extraverti, e [ɛkstʀavɛʀti] ADJ extrovert

e

extrayais *etc* [ɛkstʀɛjɛ] VB *voir* **extraire**

extrême [ɛkstʀɛm] ADJ, NM extreme; (*intensif*): **d'une ~ simplicité/brutalité** extremely simple/brutal; **d'un ~ à l'autre** from one extreme to another; **à l'~** in the extreme; **à l'~ rigueur** in the absolute extreme

extrêmement [ɛkstʀɛmmɑ̃] ADV extremely

extrême-onction [ɛkstʀɛmɔ̃ksjɔ̃] (*pl* **extrêmes-onctions**) NF (*Rel*) last rites *pl*, Extreme Unction

Extrême-Orient [ɛkstʀɛmɔʀjɑ̃] NM: **l'~** the Far East

extrême-oriental, e, -aux [ɛkstʀɛmɔʀjɑ̃tal, -o] ADJ Far Eastern

extrémisme [ɛkstʀemism] NM extremism

extrémiste [ɛkstʀemist] ADJ, NMF extremist

extrémité [ɛkstʀemite] NF (*bout*) end; (*situation*) straits *pl*, plight; (*geste désespéré*) extreme action; **à la dernière ~** (*à l'agonie*) on the point of death ■ **extrémités** NFPL (*pieds et mains*) extremities

extroverti, e [ɛkstʀɔvɛʀti] ADJ = **extraverti**

extrusion [ɛkstʀyzjɔ̃] NF (*Tech*) extrusion

exubérance [ɛgzybeʀɑ̃s] NF exuberance

exubérant, e [ɛgzybeʀɑ̃, -ɑ̃t] ADJ exuberant

exulter [ɛgzylte] /1/ VI to exult

exutoire [ɛgzytwaʀ] NM outlet, release

ex-voto [ɛksvɔto] NM INV ex-voto

eye-liner [ajlajnœʀ] NM eyeliner

Ff

F, f [ɛf] NM INV F, f ▸ ABR = **féminin**; (*appartement*) **un F2/F3** a 2-/3-roomed flat (BRIT) *ou* apartment (*US*); (= *Fahrenheit*) F; (= *frère*) Br(o).; (= *femme*) W; **F comme François** F for Frederick (BRIT) *ou* Fox (*US*)

fa [fɑ] NM INV (*Mus*) F; (*en chantant la gamme*) fa

fable [fɑbl] NF fable; (*mensonge*) story, tale

fabricant, e [fabʀikɑ̃, -ɑ̃t] NM/F manufacturer, maker

fabrication [fabʀikasjɔ̃] NF manufacture, making

fabrique [fabʀik] NF factory

★**fabriquer** [fabʀike] /1/ VT to make; (*industriellement*) to manufacture, make; (*construire: voiture*) to manufacture, build; (*: maison*) to build; (*fig: inventer: histoire, alibi*) to make up; (*fam*): **qu'est-ce qu'il fabrique?** what is he up to?; **~ en série** to mass-produce

fabulateur, -trice [fabylatœʀ, -tʀis] NM/F: **c'est un ~** he fantasizes, he makes up stories

fabulation [fabylasjɔ̃] NF (*Psych*) fantasizing

fabuleusement [fabyløzmɑ̃] ADV fabulously, fantastically

fabuleux, -euse [fabylø, -øz] ADJ fabulous, fantastic

★**fac** [fak] NF (*fam: Scol: = faculté*) Uni (BRIT *fam*), ≈ college (*US*)

façade [fasad] NF front, façade; (*fig*) façade

★**face** [fas] NF face; (*fig: aspect*) side; **perdre/sauver la ~** to lose/save face; **regarder qn en ~** to look sb in the face; **la maison/le trottoir d'en ~** the house/pavement opposite; **en ~ de** *prép* opposite; (*fig*) in front of; **de ~** *adv* from the front; face on; **~ à** *prép* facing; (*fig*) faced with, in the face of; **faire ~ à** to face; **faire ~ à la demande** (*Comm*) to meet the demand; **~ à ~** *adv* face to face ▸ ADJ: **le côté ~** heads

face-à-face [fasafas] NM INV encounter

face-à-main [fasamɛ̃] (*pl* **faces-à-main**) NM lorgnette

Facebook® [feisbuk] M Facebook®; **elle m'a envoyé un message sur ~** she facebooked me

facéties [fasesi] NFPL jokes, pranks

facétieux, -euse [fasesjø, -øz] ADJ mischievous

facette [fasɛt] NF facet

fâché, e [fɑʃe] ADJ angry; (*désolé*) sorry

fâcher [fɑʃe] /1/ VT to anger ■ **se fâcher** VPR to get angry; **se ~ avec** (*se brouiller*) to fall out with

fâcherie [fɑʃʀi] NF quarrel

fâcheusement [fɑʃøzmɑ̃] ADV unpleasantly; (*impressionné etc*) badly; **avoir ~ tendance à** to have an irritating tendency to

fâcheux, -euse [fɑʃø, -øz] ADJ unfortunate, regrettable

facho [faʃo] ADJ, NMF (*fam: = fasciste*) fascist

facial, e, -aux [fasjal, -o] ADJ facial

faciès [fasjɛs] NM (*visage*) features *pl*

★**facile** [fasil] ADJ easy; (*accommodant: caractère*) easy-going

facilement [fasilmɑ̃] ADV easily

facilité [fasilite] NF easiness; (*disposition, don*) aptitude; (*moyen, occasion, possibilité*): **il a la ~ de rencontrer les gens** he has every opportunity to meet people ■ **facilités** NFPL (*possibilités*) facilities; (*Comm*) terms; **facilités de crédit** credit terms; **facilités de paiement** easy terms

faciliter [fasilite] /1/ VT to make easier

façon [fasɔ̃] NF (*manière*) way; (*d'une robe etc*) making-up; cut; (*main-d'œuvre*) labour (BRIT), labor (*US*); **châle ~ cachemire** (*imitation*) cashmere-style shawl; **de quelle ~?** (in) what way?; **sans ~** *adv* without fuss; *adj* unaffected; **non merci, sans ~** no thanks, honestly; **d'une autre ~** in another way; **en aucune ~** in no way; **de ~ à** so as to; **de ~ à ce que, de (telle) ~ que** so that; **de toute ~** anyway, in any case; **c'est une ~ de parler** it's a way of putting it; **travail à ~** tailoring ■ **façons** NFPL (*péj*) fuss *sg*; **faire des façons** (*péj: être affecté*) to be affected (*: faire des histoires*) to make a fuss

faconde [fakɔ̃d] NF (*liter*) loquacity

façonnage [fasɔnaʒ] NM (*fabrication: de vêtements*) making; (*de verre*) shaping

façonner [fasɔne] /1/ VT (*fabriquer*) to manufacture; (*travailler: matière*) to shape, fashion; (*fig*) to mould, shape

fac-similé [faksimile] NM facsimile

★**facteur, -trice** [faktœʀ, -tʀis] NM/F postman/-woman (BRIT), mailman/-woman (*US*); **~/factrice d'orgues** organ builder; **~/factrice de pianos** piano maker ▸ NM (*Math, gén: élément*) factor; **~ rhésus** rhesus factor

factice [faktis] ADJ artificial

faction [faksjɔ̃] NF (*groupe*) faction; (*Mil*) guard *ou* sentry (duty); watch; **en ~** on guard; standing watch

factionnaire [faksjɔnɛʀ] NM guard, sentry

factoriel, le [faktɔʀjɛl] ADJ, NF factorial
factotum [faktɔtɔm] NM odd-job man, dogsbody (BRIT)
factuel, le [faktɥɛl] ADJ factual
facturation [faktyʀasjɔ̃] NF invoicing; (*bureau*) invoicing (office)
facture [faktyʀ] NF (*à payer: gén*) bill; (*: Comm*) invoice; (*d'un artisan, artiste*) technique, workmanship
facturer [faktyʀe] /1/ VT to invoice
facturette [faktyʀɛt] NF credit card slip
facturier, -ière [faktyʀje, -jɛʀ] NM/F invoice clerk
facultatif, -ive [fakyltatif, -iv] ADJ optional; (*arrêt de bus*) request *cpd*
faculté [fakylte] NF (*intellectuelle, d'université*) faculty; (*pouvoir, possibilité*) power
fada [fada] (*fam*) ADJ cracked (*fam*) ▸ NM crackpot (*fam*)
fadaises [fadɛz] NFPL twaddle *sg*
fade [fad] ADJ insipid
fadette [fadɛt] NF (*Tél*) mobile phone records (BRIT), cellphone records (US)
fadeur [fadœʀ] NF (*de plat*) blandness; (*de couleur, style*) dullness
fading [fadiŋ] NM (*Radio*) fading
fagot [fago] NM (*de bois*) bundle of sticks
fagoté, e [fagɔte] ADJ (*fam*): **drôlement ~** oddly dressed
FAI SIGLE M (= *fournisseur d'accès à Internet*) ISP (= *internet service provider*)
faiblard, e [fɛblaʀ, -aʀd] ADJ (*fam, péj: raisonnement, argument, personne*) feeble; (*: son, lumière*) weak
★**faible** [fɛbl] ADJ weak; (*voix, lumière, vent*) faint; (*élève, copie*) poor; (*rendement, intensité, revenu etc*) low ▸ NM weak point; (*pour quelqu'un*) weakness, soft spot; **~ d'esprit** feeble-minded
faiblement [fɛbləmɑ̃] ADV weakly; (*peu: éclairer etc*) faintly
faiblesse [fɛblɛs] NF weakness
faiblir [feblir] /2/ VI to weaken; (*lumière*) to dim; (*vent*) to drop
faïence [fajɑ̃s] NF earthenware *no pl*; (*objet*) piece of earthenware
faignant, e [fɛɲɑ̃, -ɑ̃t] NM/F = **fainéant**
faille [faj] VB *voir* **falloir** ▸ NF (*Géo*) fault; (*fig*) flaw, weakness
failli, e [faji] ADJ, NM/F bankrupt
faillible [fajibl] ADJ fallible
faillir [fajiʀ] /2/ VI: **j'ai failli tomber/lui dire** I almost *ou* nearly fell/told him; **~ à une promesse/un engagement** to break a promise/an agreement
faillite [fajit] NF bankruptcy; (*échec: d'une politique etc*) collapse; **être en ~** to be bankrupt; **faire ~** to go bankrupt
★**faim** [fɛ̃] NF hunger; (*fig*): **~ d'amour/de richesse** hunger *ou* yearning for love/wealth; **avoir ~** to be hungry; **rester sur sa ~** (*aussi fig*) to be left wanting more
fainéant, e [fɛneɑ̃, -ɑ̃t] NM/F idler, loafer
fainéanter [fɛneɑ̃te] VI to laze around
fainéantise [fɛneɑ̃tiz] NF idleness, laziness

faire [fɛʀ]

/60/ VT **1** (*fabriquer, être l'auteur de*) to make; (*produire*) to produce; (*construire: maison, bateau*) to build; **faire du vin/une offre/un film** to make wine/an offer/a film; **faire du bruit** to make a noise
2 (*effectuer: travail, opération*) to do; **que faites-vous?** (*quel métier etc*) what do you do?; (*quelle activité: au moment de la question*) what are you doing?; **que faire?** what are we going to do?, what can be done (about it)?; **faire la lessive/le ménage** to do the washing/the housework
3 (*études*) to do; (*sport, musique*) to play; **faire du droit/du français** to do law/French; **faire du rugby/piano** to play rugby/the piano; **faire du cheval/du ski** to go riding/skiing
4 (*visiter*): **faire les magasins** to go shopping; **faire l'Europe** to tour *ou* do Europe
5 (*vitesse, distance*): **faire du 50 (à l'heure)** to do 50 (km an hour); **nous avons fait 1000 km en 2 jours** we did *ou* covered 1000 km in 2 days
6 (*simuler*): **faire le malade/l'ignorant** to act the invalid/the fool
7 (*transformer, avoir un effet sur*): **faire de qn un frustré/avocat** to make sb frustrated/a lawyer; **ça ne me fait rien** (*m'est égal*) I don't care *ou* mind; (*me laisse froid*) it has no effect on me; **ça ne fait rien** it doesn't matter; **faire que** (*impliquer*) to mean that
8 (*calculs, prix, mesures*): **deux et deux font quatre** two and two are *ou* make four; **ça fait 10 m/15 euros** it's 10 m/15 euros; **je vous le fais 10 euros** I'll let you have it for 10 euros; **je fais du 40** I take a size 40
9 (*vb+de*): **qu'a-t-il fait de sa valise/de sa sœur?** what has he done with his case/his sister?
10: **ne faire que: il ne fait que critiquer** (*sans cesse*) all he (ever) does is criticize; (*seulement*) he's only criticizing
11 (*dire*) to say; **vraiment? fit-il** really? he said
12 (*maladie*) to have; **faire du diabète/de la tension** to have diabetes *sg*/high blood pressure
▸ VI **1** (*agir, s'y prendre*) to act, do; **il faut faire vite** we (*ou you etc*) must act quickly; **comment a-t-il fait pour?** how did he manage to?; **faites comme chez vous** make yourself at home; **je n'ai pas pu faire autrement** there was nothing else I could do
2 (*paraître*) to look; **faire vieux/démodé** to look old/old-fashioned; **ça fait bien** it looks good; **tu fais jeune dans cette robe** that dress makes you look young(er)
3 (*remplaçant un autre verbe*) to do; **ne le casse pas comme je l'ai fait** don't break it as I did; **je peux le voir? — faites!** can I see it? — please do!; **remets-le en place — je viens de le faire** put it back in its place — I just have (done)
▸ VB IMPERS **1**: **il fait beau** *etc* the weather is fine *etc*; *voir aussi* **jour**; **froid** *etc*
2 (*temps écoulé: durée*): **ça fait deux ans qu'il est parti** it's two years since he left; **ça fait deux ans qu'il y est** he's been there for two years
▸ VB AUX **1**: **faire** +*infinitif* (*action directe*) to make; **faire tomber/bouger qch** to make sth fall/move; **faire démarrer un moteur/chauffer de l'eau** to start up an engine/heat some water; **cela fait dormir** it makes you sleep; **faire travailler les enfants** to make the children work

ou get the children to work; **il m'a fait traverser la rue** he helped me to cross the road
2: **faire** *+infinitif (indirectement, par un intermédiaire)*: **faire réparer qch** to get *ou* have sth repaired; **faire punir les enfants** to have the children punished; **il m'a fait ouvrir la porte** he got me to open the door
■ **se faire** VPR 1 *(vin, fromage)* to mature
2 *(être convenable)*: **cela se fait beaucoup/ne se fait pas** it's done a lot/not done
3 *+nom ou pron*: **se faire une jupe** to make o.s. a skirt; **se faire des amis** to make friends; **se faire du souci** to worry; **se faire des illusions** to delude o.s.; **se faire beaucoup d'argent** to make a lot of money; **il ne s'en fait pas** he doesn't worry
4 *+adj (devenir)*: **se faire vieux** to be getting old; (: *délibérément*): **se faire beau** to do o.s. up
5: **se faire à** *(s'habituer)* to get used to; **je n'arrive pas à me faire à la nourriture/au climat** I can't get used to the food/climate
6 *+infinitif*: **se faire examiner la vue/opérer** to have one's eyes tested/have an operation; **se faire couper les cheveux** to get one's hair cut; **il va se faire tuer/punir** he's going to get himself killed/get (himself) punished; **il s'est fait aider** he got somebody to help him; **il s'est fait aider par Simon** he got Simon to help him; **se faire faire un vêtement** to get a garment made for o.s.
7 *(impersonnel)*: **comment se fait-il/faisait-il que ?** how is it/was it that?; **il peut se faire que nous utilisions ...** it's possible that we could use ...

faire-part [fɛʀpaʀ] NM INV announcement *(of birth, marriage etc)*

fair-play [fɛʀplɛ] ADJ INV fair play

fais [fɛ] VB *voir* **faire**

faisabilité [fəzabilite] NF feasibility

faisable [fəzabl] ADJ feasible

faisais *etc* [fəzɛ] VB *voir* **faire**

faisan, e [fəzɑ̃, -an] NM/F pheasant

faisandé, e [fəzɑ̃de] ADJ high *(bad)*; *(fig: péj)* corrupt, decadent

faisceau, x [fɛso] NM *(de lumière etc)* beam; *(de branches etc)* bundle

faiseur, -euse [fəzœʀ, -øz] NM/F *(gén: péj)*: **~ de** maker of; **~ de projets** schemer ▸ NM (bespoke) tailor

faisons *etc* [fəzɔ̃] VB *voir* **faire**

faisselle [fɛsɛl] NF cheese strainer

fait[1] [fɛ] VB *voir* **faire** ▸ NM *(événement)* event, occurrence; *(réalité, donnée)* fact; **le ~ que/de manger** the fact that/of eating; **être le ~ de** *(causé par)* to be the work of; **être au ~ (de)** to be informed (of); **mettre qn au ~** to inform sb, put sb in the picture; **au ~** *(à propos)* by the way; **en venir au ~** to get to the point; **de ~** *adj (opposé à: de droit)* de facto; *adv* in fact; **du ~ de ceci/qu'il a menti** because of *ou* on account of this/his having lied; **de ce ~** therefore, for this reason; **en ~** in fact; **en ~ de repas** by way of a meal; **prendre ~ et cause pour qn** to support sb, side with sb; **prendre qn sur le ~** to catch sb in the act; **dire à qn son ~** to give sb a piece of one's mind; **hauts faits** *(exploits)* exploits; **~ d'armes** feat of arms; **~ divers** (short) news item; **les faits et gestes de qn** sb's actions *ou* doings

fait[2]**, e** [fɛ, fɛt] PP *de* **faire** ▸ ADJ *(mûr: fromage, melon)* ripe; *(maquillé: yeux)* made-up; *(vernis: ongles)* painted, polished; **un homme ~** a grown man; **tout(e) ~(e)** *(préparé à l'avance)* ready-made; **c'en est ~ de notre tranquillité** that's the end of our peace; **c'est bien ~ (pour lui** *ou* **eux** *etc***)** it serves him (*ou* them *etc*) right

faîte [fɛt] NM top; *(fig)* pinnacle, height

faites [fɛt] VB *voir* **faire**

faîtière [fɛtjɛʀ] NF *(de tente)* ridge pole

faitout [fɛtu] NM stewpot

fakir [fakiʀ] NM *(Théât)* wizard

falaise [falɛz] NF cliff

falbalas [falbala] NMPL fripperies, frills

fallacieux, -euse [fa(l)lasjø, -øz] ADJ *(raisonnement)* fallacious; *(apparences)* deceptive; *(espoir)* illusory

★**falloir** [falwaʀ] /29/ VB IMPERS: **il faut faire les lits** we (*ou* you *etc*) have to *ou* must make the beds; **il faut que je fasse les lits** I have to *ou* must make the beds; **il a fallu qu'il parte** he had to leave; **il faudrait qu'elle rentre** she should come *ou* go back, she ought to come *ou* go back; **il faut faire attention** you have to be careful; **il me faudrait 100 euros** I would need 100 euros; **il doit ~ du temps** that must take time; **il vous faut tourner à gauche après l'église** you have to turn left past the church; **nous avons ce qu'il (nous) faut** we have what we need; **il faut qu'il ait oublié** he must have forgotten; **il a fallu qu'il l'apprenne** he would have to hear about it; **il ne fallait pas** *(pour remercier)* you shouldn't have (done); **faut le faire !** *(fam)* (it) takes some doing!; **comme il faut** *adj* proper; *adv* properly ■ **s'en falloir** VPR: **il s'en est fallu de 10 euros/5 minutes** we (*ou* they *etc*) were 10 euros short/5 minutes late (*ou* early); **il s'en faut de beaucoup qu'il soit ...** he is far from being ...; **il s'en est fallu de peu que cela n'arrive** it very nearly happened; **ou peu s'en faut** or just about, or as good as

fallu [faly] PP *de* **falloir**

falot, e [falo, -ɔt] ADJ dreary, colourless (BRIT), colorless (US) ▸ NM lantern

falsification [falsifikasjɔ̃] NF falsification

falsifier [falsifje] /7/ VT to falsify

famé, e [fame] ADJ: **mal ~** disreputable, of ill repute

famélique [famelik] ADJ half-starved

fameux, -euse [famø, -øz] ADJ *(illustre parfois péj)* famous; *(bon: repas, plat etc)* first-rate, first-class; *(intensif)*: **un ~ problème** *etc* a real problem *etc*; **pas ~** not great, not much good

familial, e, -aux [familjal, -o] ADJ family *cpd* ▸ NF *(Auto)* family estate car (BRIT), station wagon (US)

familiariser [familjaʀize] /1/ VT: **~ qn avec** to familiarize sb with; **se ~ avec** to familiarize o.s. with

familiarité [familjaʀite] NF familiarity; informality; **~ avec** *(sujet, science)* familiarity with ■ **familiarités** NFPL familiarities

familier, -ière [familje, -jɛʀ] ADJ *(connu, impertinent)* familiar; *(atmosphère)* informal, friendly; *(Ling)* informal, colloquial ▸ NM regular (visitor)

familièrement [familjɛʀmɑ̃] ADV (*sans façon: s'entretenir*) informally; (*cavalièrement*) familiarly

★**famille** [famij] NF family; **il a de la ~ à Paris** he has relatives in Paris

> En anglais britannique, le mot **family** peut fonctionner comme un singulier ou un pluriel selon que l'accent est mis sur le groupe en général ou sur ses membres. Le verbe qui suit peut donc être au singulier ou au pluriel.
> *La famille, c'est très important pour moi.* **Family is very important to me.**
> *Sa famille l'aide beaucoup.* **Her family *help* her a lot.**

famine [famin] NF famine

fan [fan] NMF fan ▸ NF **~ zone** *a space which is temporarily set up for public screenings of major sporting events*

fana [fana] ADJ, NMF (*fam*) = **fanatique**

fanal, -aux [fanal, -o] NM beacon; lantern

fanatique [fanatik] ADJ: **~ (de)** fanatical (about) ▸ NMF fanatic

fanatiser [fanatize] VT to make fanatical

fanatisme [fanatism] NM fanaticism

fane [fan] NF (*de carotte, de radis*) top

fané, e [fane] ADJ faded

faner [fane] /1/: **se faner** VPR to fade

fanes [fan] NFPL tops; **des ~ de radis** radish tops

faneur, -euse [fanœʀ, -øz] NM/F haymaker ▸ NF (*Tech*) tedder

fanfare [fɑ̃faʀ] NF (*orchestre*) brass band; (*musique*) fanfare; **en ~** (*avec bruit*) noisily

fanfaron, ne [fɑ̃faʀɔ̃, -ɔn] NM/F braggart

fanfaronnades [fɑ̃faʀɔnad] NFPL bragging *no pl*

fanfaronner [fɑ̃faʀɔne] VI to brag, boast

fanfreluches [fɑ̃fʀəlyʃ] NFPL trimming *no pl*

fange [fɑ̃ʒ] NF mire

fanion [fanjɔ̃] NM pennant

fanon [fanɔ̃] NM (*de baleine*) plate of baleen; (*repli de peau*) dewlap, wattle

fantaisie [fɑ̃tezi] NF (*spontanéité*) fancy, imagination; (*caprice*) whim; extravagance; (*Mus*) fantasia ▸ ADJ: **bijou ~** (piece of) costume jewellery (BRIT) *ou* jewelry (*US*); **pain ~** fancy bread

fantaisiste [fɑ̃tezist] ADJ (*péj*) unorthodox, eccentric ▸ NMF (*de music-hall*) variety artist *ou* entertainer

fantasmagorique [fɑ̃tasmagɔʀik] ADJ phantasmagorical

fantasmatique [fɑ̃tasmatik] ADJ fantastical

fantasme [fɑ̃tasm] NM fantasy

fantasmer [fɑ̃tasme] /1/ VI to fantasize

fantasque [fɑ̃task] ADJ whimsical, capricious; fantastic

fantassin [fɑ̃tasɛ̃] NM infantryman

★**fantastique** [fɑ̃tastik] ADJ fantastic

fantoche [fɑ̃tɔʃ] NM (*péj*) puppet

fantomatique [fɑ̃tomatik] ADJ ghostly

fantôme [fɑ̃tom] NM ghost, phantom

FAO SIGLE F (= *Food and Agricultural Organization*) FAO

faon [fɑ̃] NM fawn (*deer*)

FAQ SIGLE F (= *foire aux questions*) FAQ *pl* (= *frequently asked questions*)

far [faʀ] NM (*aussi:* **far breton**) prune custard flan

faramineux, -euse [faʀaminø, -øz] ADJ (*fam*) fantastic

farandole [faʀɑ̃dɔl] NF farandole

farce [faʀs] NF (*viande*) stuffing; (*blague*) (practical) joke; (*Théât*) farce; **faire une ~ à qn** to play a (practical) joke on sb; **farces et attrapes** jokes and novelties

farceur, -euse [faʀsœʀ, -øz] NM/F practical joker; (*fumiste*) clown

farci, e [faʀsi] ADJ (*Culin*) stuffed

farcir [faʀsiʀ] /2/ VT (*viande*) to stuff; (*fig*): **~ qch de** to stuff sth with ▪ **se farcir** VPR (*fam*): **je me suis farci la vaisselle** I've got stuck *ou* landed with the washing-up

fard [faʀ] NM make-up; **~ à joues** blusher

fardeau, x [faʀdo] NM burden

farder [faʀde] /1/ VT to make up; (*vérité*) to disguise ▪ **se farder** VPR to make o.s. up

farfadet [faʀfadɛ] NM elf

farfelu, e [faʀfəly] ADJ wacky (*fam*), hare-brained

farfouiller [faʀfuje] /1/ VI (*péj*) to rummage around

fariboles [faʀibɔl] NFPL nonsense *no pl*

★**farine** [faʀin] NF flour; **~ de blé** wheatflour; **~ de maïs** cornflour (BRIT), cornstarch (*US*); **~ lactée** (*pour bouillie*) baby cereal

fariner [faʀine] /1/ VT to flour

farineux, -euse [faʀinø, -øz] ADJ (*sauce, pomme*) floury ▸ NMPL (*aliments*) starchy foods

farniente [faʀnjɛnte] NM idleness

farouche [faʀuʃ] ADJ shy, timid; (*sauvage*) savage, wild; (*violent*) fierce

farouchement [faʀuʃmɑ̃] ADV fiercely

fart [faʀt] NM (ski) wax

farter [faʀte] /1/ VT to wax

fascicule [fasikyl] NM volume

fascinant, e [fasinɑ̃, -ɑ̃t] ADJ fascinating

fascination [fasinasjɔ̃] NF fascination

fasciner [fasine] /1/ VT to fascinate

fascisant, e [faʃizɑ̃, -ɑ̃t] ADJ fascistic

fascisme [faʃism] NM fascism

fasciste [faʃist] ADJ, NMF fascist

fasse *etc* [fas] VB *voir* **faire**

faste [fast] NM splendour (BRIT), splendor (*US*) ▸ ADJ: **c'est un jour ~** it's his (*ou our etc*) lucky day

fast-food [fastfud] (*pl* **fast-foods**) NM fast food; (*restaurant*) snack bar

fastidieux, -euse [fastidjø, -øz] ADJ tedious, tiresome

fastoche [fastɔʃ] ADJ (*fam*) easy-peasy (*fam*)

fastueux, -euse [fastɥø, -øz] ADJ sumptuous, luxurious

fat [fa(t)] ADJ M conceited, smug

fatal, e [fatal] ADJ fatal; (*inévitable*) inevitable

fatalement [fatalmɑ̃] ADV inevitably

fatalisme [fatalism] NM fatalism

fataliste [fatalist] ADJ fatalistic

fatalité [fatalite] NF (*destin*) fate; (*coïncidence*) fateful coincidence; (*caractère inévitable*) inevitability

fatidique [fatidik] ADJ fateful

★**fatigant, e** [fatigɑ̃, -ɑ̃t] ADJ tiring; (*agaçant*) tiresome

★**fatigue** [fatig] NF tiredness, fatigue; (*détérioration*) fatigue; **les fatigues du voyage** the wear and tear of the journey

★**fatigué, e** [fatige] ADJ tired

★**fatiguer** [fatige] /1/ VT to tire, make tired; (*Tech*) to put a strain on, strain; (*fig: agacer*) to annoy ▸ VI (*moteur*) to labour (BRIT), labor (US), strain ▪ **se fatiguer** VPR to get tired; to tire o.s. (out); **se ~ à faire qch** to tire o.s. out doing sth

fatras [fatʀɑ] NM jumble, hotchpotch

fatuité [fatɥite] NF conceitedness, smugness

faubourg [fobuʀ] NM suburb

faubourien, ne [fobuʀjɛ̃, -ɛn] ADJ (*accent*) working-class

fauche [foʃ] NF (*de pré*) mowing; (*de blé*) cutting; (*fam: vol*) theft

fauché, e [foʃe] ADJ (*fam*) broke

faucher [foʃe] /1/ VT (*herbe*) to cut; (*champs, blés*) to reap; (*fig*) to cut down; (*véhicule*) to mow down; (*fam: voler*) to pinch, nick

faucheur, -euse [foʃœʀ, -øz] NM/F reaper, mower

faucheux [foʃø] NM (*araignée*) harvestman

faucille [fosij] NF sickle

faucon [fokɔ̃] NM falcon, hawk

fauconnerie [fokɔnʀi] NF (*dressage*) falconry; (*chasse*) hawking, falconry

faudra *etc* [fodʀa] VB *voir* **falloir**

faufil [fofil] NM (*Couture*) tacking thread

faufilage [fofilaʒ] NM (*Couture*) tacking

faufiler [fofile] /1/ VT to tack, baste ▪ **se faufiler** VPR: **se ~ dans** to edge one's way into; **se ~ parmi/entre** to thread one's way among/between

faune [fon] NF (*Zool*) wildlife, fauna; (*fig: péj*) set, crowd; **~ marine** marine (animal) life ▸ NM faun

faussaire [fosɛʀ] NMF forger

fausse [fos] ADJ F *voir* **faux²**

faussement [fosmɑ̃] ADV (*accuser*) wrongly, wrongfully; (*croire*) falsely, erroneously

fausser [fose] /1/ VT (*objet*) to bend, buckle; (*fig*) to distort; **~ compagnie à qn** to give sb the slip

fausset [fosɛ] NM: **voix de ~** falsetto voice

fausseté [foste] NF wrongness; falseness

faut [fo] VB *voir* **falloir**

★**faute** [fot] NF (*erreur*) mistake, error; (*péché, manquement*) misdemeanour; (*Football etc*) offence; (*Tennis*) fault; (*responsabilité*): **par la ~ de** through the fault of, because of; **c'est de sa/ma ~** it's his/my fault; **être en ~** to be in the wrong; **prendre qn en ~** to catch sb out; **~ de** (*temps, argent*) for *ou* through lack of; **~ de mieux** for want of anything *ou* something better; **sans ~** *adv* without fail; **~ de frappe** typing error; **~ d'inattention** careless mistake; **~ d'orthographe** spelling mistake; **~ professionnelle** professional misconduct *no pl*

fauter [fote] VI (*commettre une faute*) to be at fault; (*vieilli: femme, fille*) to stray

★**fauteuil** [fotœj] NM armchair; **~ à bascule** rocking chair; **~ club** (big) easy chair; **~ d'orchestre** seat in the front stalls (BRIT) *ou* the orchestra (US); **~ roulant** wheelchair

fauteur [fotœʀ] NM: **~ de troubles** trouble-maker

fautif, -ive [fotif, -iv] ADJ (*incorrect*) incorrect, inaccurate; (*responsable*) at fault, in the wrong; **il se sentait ~** he felt he was at fault ▸ NM/F culprit

fauve [fov] NM wildcat; (*peintre*) Fauve ▸ ADJ (*couleur*) fawn

fauvette [fovɛt] NF warbler

fauvisme [fovism] NM (*Art*) Fauvism

★**faux¹** [fo] NF scythe

faux², fausse [fo, fos] ADJ (*inexact*) wrong; (*piano, voix*) out of tune; (*falsifié: billet*) fake, forged; (*sournois, postiche*) false; **~ ami** (*Ling*) faux ami; **faire ~ bond à qn** to let sb down; **~ col** detachable collar; **~ départ** (*Sport, fig*) false start; **faire fausse route** to go the wrong way; **un ~ numéro** a wrong number; **~ frais** *nmpl* extras, incidental expenses; **~ frère** (*fig: péj*) false friend; **~ mouvement** awkward movement; **~ nez** false nose; **~ nom** assumed name; **~ pas** tripping *no pl*; (*fig*) faux pas; **faire un ~ pas** to trip; (*fig*) to make a faux pas; **~ témoignage** perjury; **fausse alerte** false alarm; **fausse clé** fake key; **fausse couche** (*Méd*) miscarriage; **fausse joie** vain joy; **fausse note** wrong note ▸ ADV (*chanter, jouer*) out of tune ▸ NM (*copie*) fake, forgery; (*opposé au vrai*): **le ~** falsehood

faux-filet [fofilɛ] NM sirloin

faux-fuyant [fofɥijɑ̃] NM equivocation

faux-monnayeur [fomɔnɛjœʀ] NM counterfeiter, forger

faux-semblant [fosɑ̃blɑ̃] NM pretence (BRIT), pretense (US)

faux-sens [fosɑ̃s] NM mistranslation

faveur [favœʀ] NF favour (BRIT), favor (US); **traitement de ~** preferential treatment; **à la ~ de** under cover of; (*grâce à*) thanks to; **en ~ de** in favo(u)r of

favorable [favɔʀabl] ADJ favo(u)rable

favorablement [favɔʀabləmɑ̃] ADV (*juger, accueillir*) favourably (BRIT), favorably (US)

★**favori, te** [favɔʀi, -it] ADJ, NM/F favo(u)rite

favoris [favɔʀi] NMPL (*barbe*) sideboards (BRIT), sideburns

favoriser [favɔʀize] /1/ VT to favour (BRIT), favor (US)

favoritisme [favɔʀitism] NM (*péj*) favo(u)ritism

fax [faks] NM fax

faxer [fakse] /1/ VT to fax

fayot [fajo] NM (*fam*) crawler

fayoter [fajɔte] VI (*fam: élève*) to crawl (*fam*)

FBI SIGLE M FBI

FC SIGLE M (= *Football Club*) FC

fébrile [febʀil] ADJ feverish, febrile; **capitaux fébriles** (*Écon*) hot money

fébrilement [febʀilmɑ̃] ADV feverishly

fécal, e, -aux [fekal, -o] ADJ *voir* **matière**

fécond, e [fekɔ̃, -ɔ̃d] ADJ fertile

fécondation [fekɔ̃dasjɔ̃] NF fertilization

féconder [fekɔ̃de] /1/ VT to fertilize

fécondité [fekɔ̃dite] NF fertility

fécule [fekyl] NF potato flour

féculent [fekylɑ̃] NM starchy food

fédéral, e, -aux [federal, -o] ADJ federal
fédéralisme [federalism] NM federalism
fédéraliste [federalist] ADJ federalist
fédérateur, -trice [federatœr, -tris] ADJ (*mouvement, événement*) unifying
fédération [federasjɔ̃] NF federation; **la F~ française de football** the French football association
fédérer [federe] VT (*États*) to federate; (*secteur, membres d'une profession*) to unite ■ **se fédérer** VPR to federate
fée [fe] NF fairy
feeling [filiŋ] NM (*fam: intuition*) feel, instinct; **au ~** by feel, by instinct
féerie [feri] NF enchantment
féerique [ferik] ADJ magical, fairytale *cpd*
feignant, e [fɛɲɑ̃, -ɑ̃t] NM/F = **fainéant**
feindre [fɛ̃dr] /**52**/ VT to feign; **~ de faire** to pretend to do ▸ VI (*liter*) to dissemble
feint, e [fɛ̃, fɛ̃t] PP *de* **feindre** ▸ ADJ feigned ▸ NF (*Sport: escrime*) feint; (: *Football, Rugby*) dummy (BRIT), fake (US); (*fam: ruse*) sham
feinter [fɛ̃te] /**1**/ VI (*Sport: escrime*) to feint; (: *Football, Rugby*) to dummy (BRIT), fake (US) ▸ VT (*fam: tromper*) to fool
fêlé, e [fele] ADJ (*aussi fig*) cracked
fêler [fele] /**1**/ VT to crack
félicitations [felisitasjɔ̃] NFPL congratulations
félicité [felisite] NF bliss
féliciter [felisite] /**1**/ VT: **~ qn (de)** to congratulate sb (on)
félidé [felide] NM felid
félin, e [felɛ̃, -in] ADJ, NM feline
fellaga, fellagha [fɛlaga] NM North African freedom fighter
fellation [felasjɔ̃] NF fellatio
félon, ne [felɔ̃, -ɔn] ADJ perfidious, treacherous
félonie [felɔni] NF treachery
felouque [fəluk] NF felucca
fêlure [felyr] NF crack
femelle [fəmɛl] ADJ (*aussi Élec, Tech*) female ▸ NF female
féminin, e [feminɛ̃, -in] ADJ feminine; (*sexe*) female; (*équipe, vêtements etc*) women's; (*parfois péj: homme*) effeminate ▸ NM (*Ling*) feminine
féminisation [feminizasjɔ̃] NF (*de marché du travail, profession, noms de métier*) feminization
féminiser [feminize] /**1**/ VT to feminize; (*rendre efféminé*) to make effeminate ■ **se féminiser** VPR: **cette profession se féminise** this profession is attracting more women
féminisme [feminism] NM feminism
féministe [feminist] ADJ, NF feminist
féminité [feminite] NF femininity
★**femme** [fam] NF woman; (*épouse*) wife; **être très ~** to be very much a woman; **devenir ~** to attain womanhood; **~ d'affaires** businesswoman; **~ de chambre** chambermaid; **~ fatale** femme fatale; **~ au foyer** housewife; **~ d'intérieur** (real) homemaker; **~ de ménage** domestic help, cleaning lady; **~ du monde** society woman; **femme-objet** sex object; **~ de tête** determined, intellectual woman
femmelette [famlɛt] NF (*fam, péj*) wimp
fémoral, e, -aux [femɔral, -o] ADJ femoral
fémur [femyr] NM femur, thighbone
FEN [fɛn] SIGLE F (= *Fédération de l'Éducation nationale*) *teachers' trades union*
fenaison [fənɛzɔ̃] NF haymaking
fendillé, e [fɑ̃dije] ADJ (*terre*) crazed
fendiller [fɑ̃dije]: **se fendiller** VPR (*terre*) to crack, craze; (*peau*) to crack
fendre [fɑ̃dr] /**41**/ VT (*bois*) to split; (*pierre*) to crack; (*fig: air, eau*) to cut through; (*foule*) to push one's way through; **il gèle à pierre ~** it's freezing hard ■ **se fendre** VPR to crack
fendu, e [fɑ̃dy] ADJ (*sol, mur*) cracked; (*jupe*) slit
fenêtre [f(ə)nɛtr] NF window; **~ à guillotine** sash window
fennec [fenɛk] NM fennec
fenouil [fənuj] NM fennel
fente [fɑ̃t] NF (*fissure*) crack; (*de boîte à lettres etc*) slit
féodal, e, -aux [feɔdal, -o] ADJ feudal
féodalisme [feɔdalism] NM feudalism
féodalité [feɔdalite] NF feudalism
★**fer** [fɛr] NM iron; (*de cheval*) shoe; **au ~ rouge** with a red-hot iron; **santé/main de ~** iron constitution/hand; **~ à cheval** horseshoe; **en ~ à cheval** (*fig*) horseshoe-shaped; **~ forgé** wrought iron; **~ à friser** curling tongs; **~ de lance** spearhead; **~ (à repasser)** iron; **~ à souder** soldering iron ■ **fers** NMPL (*Méd*) forceps; **mettre aux fers** (*enchaîner*) to put in chains
ferai *etc* [fəre] VB *voir* **faire**
fer-blanc [fɛrblɑ̃] (*pl* **fers-blancs**) NM tin(plate)
ferblanterie [fɛrblɑ̃tri] NF tinplate making; (*produit*) tinware
ferblantier [fɛrblɑ̃tje] NM tinsmith
férié, e [ferje] ADJ: **jour ~** public holiday
ferions *etc* [fərjɔ̃] VB *voir* **faire**
férir [ferir]: **sans coup ~** *adv* without meeting any opposition
fermage [fɛrmaʒ] NM tenant farming
★**ferme** [fɛrm] ADJ firm ▸ ADV (*travailler*) hard; (*discuter*) ardently; **tenir ~** to stand firm ▸ NF (*exploitation*) farm; (*maison*) farmhouse
★**fermé, e** [fɛrme] ADJ closed, shut; (*gaz, eau etc*) off; (*fig: personne*) uncommunicative; (: *milieu*) exclusive
fermement [fɛrməmɑ̃] ADV firmly
ferment [fɛrmɑ̃] NM ferment
fermentation [fɛrmɑ̃tasjɔ̃] NF fermentation
fermenter [fɛrmɑ̃te] /**1**/ VI to ferment
★**fermer** [fɛrme] /**1**/ VT to close, shut; (*cesser l'exploitation de*) to close down, shut down; (*eau, gaz, robinet*) to turn off; (*aéroport, route*) to close; **~ à clef** to lock; **~ au verrou** to bolt; **~ les yeux (sur qch)** (*fig*) to close one's eyes (to sth) ▸ VI to close, shut; (*magasin: définitivement*) to close down, shut down ■ **se fermer** VPR (*yeux*) to close, shut; (*fleur, blessure*) to close up; **se ~ à** (*pitié, amour*) to close one's heart *ou* mind to
fermeté [fɛrməte] NF firmness
fermette [fɛrmɛt] NF farmhouse

★**fermeture** [fɛʀmətyʀ] NF closing; shutting; closing *ou* shutting down; putting *ou* turning off; (*dispositif*) catch; fastening, fastener; **heure de ~** (*Comm*) closing time; **jour de ~** (*Comm*) day on which the shop (*etc*) is closed; **~ éclair®**, **~ à glissière** zip (fastener) (BRIT), zipper (US); *voir* **fermer**

★**fermier, -ière** [fɛʀmje, -jɛʀ] NM/F farmer ▶ NF (*femme de fermier*) farmer's wife ▶ ADJ: **beurre/cidre ~** farm butter/cider

fermoir [fɛʀmwaʀ] NM clasp

féroce [feʀɔs] ADJ ferocious, fierce

férocement [feʀɔsmɑ̃] ADV ferociously

férocité [feʀɔsite] NF ferocity, ferociousness

ferons *etc* [fəʀɔ̃] VB *voir* **faire**

ferrage [feʀaʒ] NM (*de cheval*) shoeing

ferraille [feʀɑj] NF scrap iron; **mettre à la ~** to scrap; **bruit de ~** clanking

ferrailler [feʀɑje] /1/ VI to clank

ferrailleur [feʀɑjœʀ] NM scrap merchant

ferrant [fɛʀɑ̃] ADJ M *voir* **maréchal-ferrant**

ferré, e [feʀe] ADJ (*chaussure*) hobnailed; (*canne*) steel-tipped; **~ sur** (*fam: savant*) well up on

ferrer [feʀe] /1/ VT (*cheval*) to shoe; (*chaussure*) to nail; (*canne*) to tip; (*poisson*) to strike

ferreux, -euse [feʀø, -øz] ADJ ferrous

ferronnerie [feʀɔnʀi] NF ironwork; **~ d'art** wrought iron work

ferronnier [feʀɔnje] NM craftsman in wrought iron; (*marchand*) ironware merchant

ferroviaire [feʀɔvjɛʀ] ADJ rail *cpd*, railway *cpd* (BRIT), railroad *cpd* (US)

ferrugineux, -euse [feʀyʒinø, -øz] ADJ ferruginous

ferrure [feʀyʀ] NF (ornamental) hinge

ferry(-boat) [fɛʀe(bot)] NM ferry

fertile [fɛʀtil] ADJ fertile; **~ en incidents** eventful, packed with incidents

fertilisant [fɛʀtilizɑ̃] NM fertilizer

fertilisation [fɛʀtilizasjɔ̃] NF fertilization

fertiliser [fɛʀtilize] /1/ VT to fertilize

fertilité [fɛʀtilite] NF fertility

féru, e [feʀy] ADJ: **~ de** with a keen interest in

férule [feʀyl] NF: **être sous la ~ de qn** to be under sb's (iron) rule

fervent, e [fɛʀvɑ̃, -ɑ̃t] ADJ fervent

ferveur [fɛʀvœʀ] NF fervour (BRIT), fervor (US)

fesse [fɛs] NF buttock; **les fesses** the bottom *sg*, the buttocks

fessée [fese] NF spanking

fesser [fese] VT to spank

fessier [fesje] NM (*fam*) behind

festif, -ive [fɛstif, -iv] ADJ (*ambiance, soirée*) festive, party *cpd*

festin [fɛstɛ̃] NM feast

festival [fɛstival] NM festival

festivalier [fɛstivalje] NM festival-goer

festivités [fɛstivite] NFPL festivities, merrymaking *sg*

feston [fɛstɔ̃] NM (*Archit*) festoon; (*Couture*) scallop

festoyer [fɛstwaje] /8/ VI to feast

fêtard, e [fɛtaʀ, -aʀd] NM/F (*fam, péj*) high liver, merrymaker

fête [fɛt] NF (*religieuse*) feast; (*publique*) holiday; (*en famille etc*) celebration; (*réception*) party; (*kermesse*) fête, fair, festival; (*du nom*) feast day, name day; **faire la ~** to live it up; **faire ~ à qn** to give sb a warm welcome; **se faire une ~ de** to look forward to; to enjoy; **ça va être sa ~!** (*fam*) he's going to get it!; **jour de ~** holiday; **les fêtes (de fin d'année)** the festive season; **la salle/le comité des fêtes** the village hall/festival committee; **la ~ des Mères/Pères** Mother's/Father's Day; **~ de charité** charity fair *ou* fête; **~ foraine** (fun)fair; **la ~ de la musique** *see note*; **~ mobile** movable feast (day); **la F~ Nationale** the national holiday

> The **Fête de la Musique** is a music festival which has taken place every year since 1981. On 21 June throughout France thousands of musicians, both amateur and professional, perform free of charge in parks, streets and squares.

f

Fête-Dieu [fɛtdjø] (*pl* **Fêtes-Dieu**) NF: **la ~** Corpus Christi

fêter [fete] /1/ VT to celebrate; (*personne*) to have a celebration for

fétiche [fetiʃ] NM fetish; **animal ~**, **objet ~** mascot

fétichisme [fetiʃism] NM fetishism

fétichiste [fetiʃist] ADJ fetishist

fétide [fetid] ADJ fetid

fétu [fety] NM: **~ de paille** wisp of straw

★**feu**[1] [fø] ADJ INV: **~ sa mère** his late mother

feu[2]**, x** [fø] NM (*gén*) fire; (*signal lumineux*) light; (*de cuisinière*) ring; (*sensation de brûlure*) burning (sensation); **au ~!** fire!; **à ~ doux/vif** over a slow/brisk heat; **à petit ~** (*Culin*) over a gentle heat; (*fig*) slowly; **faire ~** to fire; **ne pas faire long ~** (*fig*) not to last long; **commander le ~** (*Mil*) to give the order to (open) fire; **tué au ~** (*Mil*) killed in action; **mettre à ~** (*fusée*) to fire off; **pris entre deux feux** caught in the crossfire; **en ~** on fire; **être tout ~ tout flamme** (*passion*) to be aflame with passion; (*enthousiasme*) to be burning with enthusiasm; **prendre ~** to catch fire; **mettre le ~ à** to set fire to, set on fire; **faire du ~** to make a fire; **avez-vous du ~?** have you (got) a light?; **~ rouge/vert/orange** (*Auto*) red/green/amber (BRIT) *ou* yellow (US) light; **donner le ~ vert à qch/qn** (*fig*) to give sth/sb the go-ahead *ou* green light; **~ arrière** (*Auto*) rear light; **~ d'artifice** firework; (*spectacle*) fireworks *pl*; **~ de camp** campfire; **~ de cheminée** chimney fire; **~ de joie** bonfire; **~ de paille** (*fig*) flash in the pan ■ **feux** NMPL fire *sg*; (*Auto*) (traffic) lights; **tous feux éteints** (*Navig, Auto*) without lights; **feux de brouillard** (*Auto*) fog lights *ou* lamps; **feux de croisement** (*Auto*) dipped (BRIT) *ou* dimmed (US) headlights; **feux de position** (*Auto*) sidelights; **feux de route** (*Auto*) headlights (on full (BRIT) *ou* high (US) beam); **feux de stationnement** parking lights

feuillage [fœjaʒ] NM foliage, leaves *pl*

feuillaison [fœjɛzɔ̃] NF foliation

★**feuille** [fœj] NF (*d'arbre*) leaf; **~ (de papier)** sheet (of paper); **rendre ~ blanche** (*Scol*) to give in a blank paper; **~ de calcul** spreadsheet; **~ d'or/de métal** gold/metal leaf; **~ de chou** (*péj: journal*) rag; **~ d'impôts** tax form; **~ de maladie** medical expenses claim form; **~ morte** dead leaf; **~ de paie, ~ de paye** pay slip; **~ de présence** attendance sheet; **~ de température** temperature chart; **~ de vigne** (*Bot*) vine leaf; (*sur statue*) fig leaf; **~ volante** loose sheet

feuillet [fœjɛ] NM leaf, page

feuilletage [fœjtaʒ] NM (*aspect feuilleté*) flakiness

feuilleté, e [fœjte] ADJ (*Culin*) flaky; (*verre*) laminated; **pâte ~** flaky pastry

★**feuilleter** [fœjte] /4/ VT (*livre*) to leaf through

★**feuilleton** [fœjtɔ̃] NM serial

feuillette *etc* [fœjɛt] VB *voir* **feuilleter**

feuillu, e [fœjy] ADJ leafy ▸ NM broad-leaved tree

feulement [følmɑ̃] NM growl

★**feutre** [føtʀ] NM felt; (*chapeau*) felt hat; (*stylo*) felt-tip(ped pen)

feutré, e [føtʀe] ADJ feltlike; (*pas, voix, atmosphère*) muffled

feutrer [føtʀe] /1/ VT to line with felt; (*fig: bruits*) to muffle ▸ VI (*tissu*) to felt ■ **se feutrer** VPR (*tissu*) to felt

feutrine [føtʀin] NF (lightweight) felt

fève [fɛv] NF broad bean; (*dans la galette des Rois*) charm (*hidden in cake eaten on Twelfth Night*)

février [fevʀije] NM February; *voir aussi* **juillet**

fez [fɛz] NM fez

FFF ABR = **Fédération française de football**

FFL SIGLE FPL (= *Forces françaises libres*) Free French Army

Fg ABR = **faubourg**

FGAO SIGLE M (= *Fonds de Garantie des Assurances Obligatoires de dommages*) *fund financed through insurance premiums, to compensate victims of uninsured losses*

FGEN SIGLE F (= *Fédération générale de l'éducation nationale*) *teachers' trade union*

fi [fi] EXCL: **faire fi de** to snap one's fingers at

fiabilité [fjabilite] NF reliability

fiable [fjabl] ADJ reliable

fiacre [fjakʀ] NM (hackney) cab *ou* carriage

fiançailles [fjɑ̃sɑj] NFPL engagement *sg*

fiancé, e [fjɑ̃se] NM/F fiancé (fiancée) ▸ ADJ: **être ~ (à)** to be engaged (to)

fiancer [fjɑ̃se] /3/: **se fiancer** VPR: **se ~ (avec)** to become engaged (to)

fiasco [fjasko] NM fiasco

fibranne [fibʀan] NF bonded fibre *ou* fiber (*US*)

fibre [fibʀ] NF fibre, fiber (*US*); **avoir la ~ paternelle/militaire** to be a born father/soldier; **~ optique** optical fibre *ou* fiber; **~ de verre** fibreglass (BRIT), fiberglass (*US*), glass fibre *ou* fiber

fibreux, -euse [fibʀø, -øz] ADJ fibrous; (*viande*) stringy

fibrillation [fibʀijasjɔ̃] NF (*Méd*) fibrillation

fibrociment [fibʀosimɑ̃] NM fibrocement

fibrome [fibʀom] NM (*Méd*) fibroma

fibroscopie [fibʀɔskɔpi] NF fibrescope (BRIT) *ou* fiberscope (*US*) inspection

fibule [fibyl] NF fibula (*brooch*)

ficelage [fis(ə)laʒ] NM tying (up)

ficelé, e [fis(ə)le] ADJ (*fam*): **être mal ~** (*habillé*) to be badly got up; **bien/mal ~** (*conçu: roman, projet*) well/badly put together

ficeler [fis(ə)le] /4/ VT to tie up

ficelle [fisɛl] NF string; (*morceau*) piece *ou* length of string; (*pain*) thin stick of French bread; **tirer sur la ~** (*fig*) to go too far ■ **ficelles** NFPL (*fig*) strings

fichage [fiʃaʒ] NM: **le ~ des salariés** recording information about employees

★**fiche** [fiʃ] NF (*carte*) (index) card; (*formulaire*) form; (*Élec*) plug; **~ de paye** pay slip; **~ signalétique** (*Police*) identification card; **~ technique** data sheet, specification *ou* spec sheet

ficher [fiʃe] /1/ VT (*dans un fichier*) to file; (*: Police*) to put on file; (*fam: faire*) to do; (*: donner*) to give; (*: mettre*) to stick *ou* shove; (*planter*): **~ qch dans** to stick *ou* drive sth into; **~ qn à la porte** (*fam*) to chuck sb out; **fiche(-moi) le camp** (*fam*) clear off; **fiche-moi la paix** (*fam*) leave me alone; **se ~ dans** (*s'enfoncer*) to get stuck in, embed itself in; **se ~ de** (*fam: rire de*) to make fun of; (*être indifférent à*) not to care about

★**fichier** [fiʃje] NM (*gén, Inform*) file; (*à cartes*) card index; **~ actif** *ou* **en cours d'utilisation** (*Inform*) active file; **~ d'adresses** mailing list; **~ d'archives** (*Inform*) archive file; **~ joint** (*Inform*) attachment

fichtre [fiʃtʀ] EXCL (*vieilli, humoristique*) gosh! (*fam*)

fichtrement [fiʃtʀəmɑ̃] ADV (*vieilli, humoristique*) jolly (BRIT *fam*), darned (*fam*)

fichu, e [fiʃy] PP *de* **ficher** ▸ ADJ (*fam: fini, inutilisable*) bust, done for; (*: intensif*) wretched, darned; **être ~ de** to be capable of; **mal ~** feeling lousy; useless; **bien ~** great ▸ NM (*foulard*) (head)scarf

fictif, -ive [fiktif, -iv] ADJ fictitious

fiction [fiksjɔ̃] NF fiction; (*fait imaginé*) invention

fictivement [fiktivmɑ̃] ADV fictitiously

fidèle [fidɛl] ADJ: **~ (à)** faithful (to) ▸ NMF (*Rel*): **les fidèles** the faithful; (*à l'église*) the congregation

fidèlement [fidɛlmɑ̃] ADV faithfully

fidélisation [fidelizasjɔ̃] NF (*de clientèle*) gaining the loyalty of

fidéliser [fidelize] /1/ VT (*clientèle*) to gain the loyalty of

fidélité [fidelite] NF (*d'un conjoint*) fidelity, faithfulness; (*d'un ami, client*) loyalty

Fidji [fidʒi] NFPL: **(les îles) ~** Fiji

fiduciaire [fidysjɛʀ] ADJ fiduciary; **héritier ~** heir, trustee; **monnaie ~** flat money

fief [fjɛf] NM fief; (*fig*) preserve; stronghold

fieffé, e [fjefe] ADJ (*ivrogne, menteur*) arrant, out-and-out

fiel [fjɛl] NM gall

fiente [fjɑ̃t] NF (bird) droppings *pl*

★**fier¹** [fje]: **se fier à** VPR to trust

fier², fière [fjɛʀ] ADJ proud; **~ de** proud of; **avoir fière allure** to cut a fine figure

fièrement [fjɛʀmɑ̃] ADV proudly

fierté [fjɛʀte] NF pride

fièvre [fjɛvʀ] NF fever; **avoir de la ~/39 de ~** to have a high temperature/a temperature of 39°C; **~ typhoïde** typhoid fever

fiévreusement [fjevʀøzmɑ̃] ADV (*fig*) feverishly

fiévreux, -euse [fjevʀø, -øz] ADJ feverish

FIFA [fifa] SIGLE F (= *Fédération internationale de Football association*) FIFA

fifre [fifʀ] NM fife; (*personne*) fife-player

fig ABR (= *figure*) fig

figé, e [fiʒe] ADJ (*manières*) stiff; (*société*) rigid; (*sourire*) set

figer [fiʒe] /3/ VT to congeal; (*fig: personne*) to freeze, root to the spot ■ **se figer** VPR to congeal; (*personne*) to freeze; (*institutions etc*) to become set, stop evolving

fignoler [fiɲɔle] /1/ VT to put the finishing touches to

figue [fig] NF fig

figuier [figje] NM fig tree

figurant, e [figyʀɑ̃, -ɑ̃t] NM/F (*Théât*) walk-on; (*Ciné*) extra

figuratif, -ive [figyʀatif, -iv] ADJ representational, figurative

figuration [figyʀasjɔ̃] NF walk-on parts *pl*; extras *pl*

★**figure** [figyʀ] NF (*visage*) face; (*image, tracé, forme, personnage*) figure; (*illustration*) picture, diagram; **faire ~ de** to look like; **faire bonne ~** to put up a good show; **faire triste ~** to be a sorry sight; **~ de rhétorique** figure of speech

★**figuré, e** [figyʀe] ADJ (*sens*) figurative

figurer [figyʀe] /1/ VI to appear ▸ VT to represent ■ **se figurer que** VPR to imagine that; **figurez-vous que ...** would you believe that ...?

figurine [figyʀin] NF figurine

fil [fil] NM (*brin, fig: d'une histoire*) thread; (*du téléphone*) cable, wire; (*textile de lin*) linen; (*d'un couteau: tranchant*) edge; **au ~ des années** with the passing of the years; **au ~ de l'eau** with the stream *ou* current; **de ~ en aiguille** one thing leading to another; **ne tenir qu'à un ~** (*vie, réussite etc*) to hang by a thread; **donner du ~ à retordre à qn** to make life difficult for sb; **coup de ~** (*fam*) phone call; **donner/recevoir un coup de ~** to make/get a phone call; **~ à coudre** (sewing) thread *ou* yarn; **~ dentaire** dental floss; **~ électrique** electric wire; **~ de fer** wire; **~ de fer barbelé** barbed wire; **~ à pêche** fishing line; **~ à plomb** plumb line; **~ à souder** soldering wire

filaire [filɛʀ] ADJ (*téléphone*) corded

filament [filamɑ̃] NM (*Élec*) filament; (*de liquide*) trickle, thread

filandreux, -euse [filɑ̃dʀø, -øz] ADJ stringy

filant, e [filɑ̃, -ɑ̃t] ADJ: **étoile filante** shooting star

filasse [filas] ADJ INV white blond

filature [filatyʀ] NF (*fabrique*) mill; (*policière*) shadowing *no pl*, tailing *no pl*; **prendre qn en ~** to shadow *ou* tail sb

fil-de-feriste, fildeferiste [fildəfeʀist] NMF high-wire artist

file [fil] NF line; (*Auto*) lane; **~ (d'attente)** queue (BRIT), line (US); **prendre la ~** to join the (end of the) queue *ou* line; **prendre la ~ de droite** (*Auto*) to move into the right-hand lane; **se mettre en ~** to form a line; (*Auto*) to get into lane; **stationner en double ~** (*Auto*) to double-park; **à la ~** *adv* (*d'affilée*) in succession; (*à la suite*) one after another; **à la** *ou* **en ~ indienne** in single file

filer [file] /1/ VT (*tissu, toile, verre*) to spin; (*dérouler: câble etc*) to pay *ou* let out; (*prendre en filature*) to shadow, tail; (*fam: donner*): **~ qch à qn** to slip sb sth; **~ un mauvais coton** to be in a bad way ▸ VI (*bas, maille, liquide, pâte*) to run; (*aller vite*) to fly past *ou* by; (*fam: partir*) to make off; **~ à l'anglaise** to take French leave; **~ doux** to behave o.s., toe the line

filet [filɛ] NM net; (*Culin*) fillet; (*d'eau, de sang*) trickle; **tendre un ~** (*police*) to set a trap; **~ (à bagages)** (*Rail*) luggage rack; **~ (à provisions)** string bag

filetage [filtaʒ] NM threading; thread

fileter [filte] /5/ VT to thread

filial, e, -aux [filjal, -o] ADJ filial ▸ NF (*Comm*) subsidiary; affiliate

filiation [filjasjɔ̃] NF filiation

filière [filjɛʀ] NF (*carrière*) path; **passer par la ~** to go through the (administrative) channels; **suivre la ~** to work one's way up (through the hierarchy)

filiforme [filifɔʀm] ADJ spindly; threadlike

filigrane [filigʀan] NM (*d'un billet, timbre*) watermark; **en ~** (*fig*) showing just beneath the surface

filin [filɛ̃] NM (*Navig*) rope

★**fille** [fij] NF girl; (*opposé à fils*) daughter; **vieille ~** old maid; **~ de joie** prostitute; **~ de salle** waitress

fille-mère [fijmɛʀ] (*pl* **filles-mères**) NF unmarried mother

fillette [fijɛt] NF (little) girl

filleul, e [fijœl] NM/F godchild, godson (goddaughter)

★**film** [film] NM (*pour photo*) (roll of) film; (*œuvre*) film, picture, movie; (*couche*) film; **~ muet/parlant** silent/talking picture *ou* movie; **~ alimentaire** clingfilm; **~ d'amour/d'animation/d'horreur** romantic/animated/horror film; **~ comique** comedy; **~ policier** thriller

filmer [filme] /1/ VT to film

filmique [filmik] ADJ (*analyse, langage*) film *cpd*, movie *cpd*

filmographie [filmɔgʀafi] NF (*de réalisateur, acteur*) filmography

filon [filɔ̃] NM vein, lode; (*fig*) lucrative line, money-spinner

filou [filu] NM (*escroc*) swindler

★**fils** [fis] NM son; **~ de famille** moneyed young man; **~ à papa** (*péj*) daddy's boy

filtrage [filtʀaʒ] NM filtering

filtrant, e [filtʀɑ̃, -ɑ̃t] ADJ (*huile solaire etc*) filtering

filtre [filtʀ] NM filter; **« ~ ou sans ~ ? »** (*cigarettes*) "tipped or plain?"; **~ à air** air filter

filtrer [filtʀe] /1/ VT to filter; (*fig: candidats, visiteurs*) to screen ▸ VI to filter (through)

★**fin**[1] [fɛ̃] NF end; **à (la) ~ mai, ~ mai** at the end of May; **en ~ de semaine** at the end of the week; **prendre ~** to come to an end; **toucher à sa ~** to be drawing to a close; **mettre ~ à** to put an end to; **mener à bonne ~** to bring to a successful conclusion; **à cette ~** to this end; **à la ~** in the end, eventually; **en ~ de compte** in the end; **sans ~** *adj* endless; *adv* endlessly; **~ de non-recevoir** (*Jur, Admin*) objection; **~ de section** (*de ligne d'autobus*) (fare) stage ■ **fins** NFPL (*but*) ends; **à toutes fins utiles** for your information

fin[2]**, e** [fɛ̃, fin] ADJ (*papier, couche, fil*) thin; (*cheveux, poudre, pointe, visage*) fine; (*taille*) neat, slim; (*esprit, remarque*) subtle; shrewd; **c'est ~ !** (*ironique*) how clever!; **un ~ gourmet** a gourmet; **un ~ tireur** a crack shot; **avoir la vue/l'ouïe fine** to have keen eyesight/hearing, have sharp eyes/ears; **or/linge/vin ~** fine gold/linen/wine; **le ~ fond de** the very depths of; **le ~ mot de** the real story behind; **la fine fleur de** the flower of; **une fine mouche** (*fig*) a sly customer; **fines herbes** mixed herbs; **vouloir jouer au plus ~ (avec qn)** to try to outsmart sb ▸ ADV (*moudre, couper*) finely; **~ prêt/soûl** quite ready/drunk ▸ NF (*alcool*) liqueur brandy

final, e [final] (*mpl* **finaux** [-o], **finals**) ADJ final ▸ NF finals, final; **parvenir en finale** to get through to the finals *ou* final; **quarts de finale** quarter finals; **8èmes/16èmes de finale** 2nd/1st round (*in 5 round knock-out competition*) ▸ NM (*Mus*) finale

★**finalement** [finalmɑ̃] ADV finally, in the end; (*après tout*) after all

finalisation [finalizasjɔ̃] NF (*de vente, commande*) completion

finaliser [finalize] VT (*vente, projet*) to complete

finaliste [finalist] NMF finalist

finalité [finalite] NF (*but*) aim, goal; (*fonction*) purpose

finance [finɑ̃s] NF finance; **moyennant ~** for a fee *ou* consideration ■ **finances** NFPL (*situation*) finances; (*activités*) finance *sg*

financement [finɑ̃smɑ̃] NM financing; **~ participatif** crowdfunding

financer [finɑ̃se] /3/ VT to finance

financiariser [finɑ̃sjaʀize] VT to financialize

financier, -ière [finɑ̃sje, -jɛʀ] ADJ financial ▸ NM financier

financièrement [finɑ̃sjɛʀmɑ̃] ADV financially

finasser [finase] /1/ VI (*péj*) to wheel and deal

finaud, e [fino, -od] ADJ wily

fine [fin] ADJ F, NF *voir* **fin²**

finement [finmɑ̃] ADV thinly; finely; neatly, slimly; subtly; shrewdly

finesse [finɛs] NF thinness; (*raffinement*) fineness; neatness, slimness; (*subtilité*) subtlety; shrewdness ■ **finesses** NFPL (*subtilités*) niceties; finer points

fini, e [fini] ADJ finished; (*Math*) finite; (*intensif*): **un menteur ~** a liar through and through ▸ NM (*d'un objet manufacturé*) finish

★**finir** [finiʀ] /2/ VT to finish; **~ de faire** to finish doing; (*cesser*) to stop doing ▸ VI to finish, end; **~ quelque part** to end *ou* finish up somewhere; **~ par faire** to end *ou* finish up doing; **il finit par m'agacer** he's beginning to get on my nerves; **~ en pointe/tragédie** to end in a point/in tragedy; **en ~ avec** to be *ou* have done with; **à n'en plus ~** (*route, discussions*) never-ending; **il va mal ~** he will come to a bad end; **c'est bientôt fini ?** (*reproche*) have you quite finished?

finish [finiʃ] NM (*Sport*) finish

finissage [finisaʒ] NM finishing

finisseur, -euse [finisœʀ, -øz] NM/F (*Sport*) strong finisher

finition [finisjɔ̃] NF finishing; (*résultat*) finish

★**finlandais, e** [fɛ̃lɑ̃dɛ, -ɛz] ADJ Finnish ▸ NM/F: **Finlandais, e** Finn

★**Finlande** [fɛ̃lɑ̃d] NF: **la ~** Finland

finnois, e [finwa, -waz] ADJ Finnish ▸ NM (*Ling*) Finnish

fiole [fjɔl] NF phial

fiord [fjɔʀ(d)] NM = **fjord**

fioriture [fjɔʀityʀ] NF embellishment, flourish

fioul [fjul] NM fuel oil

firent [fiʀ] VB *voir* **faire**

firmament [fiʀmamɑ̃] NM firmament, skies *pl*

firme [fiʀm] NF firm

fis [fi] VB *voir* **faire**

fisc [fisk] NM tax authorities *pl*, ≈ Inland Revenue (BRIT), ≈ Internal Revenue Service (US)

fiscal, e, -aux [fiskal, -o] ADJ tax *cpd*, fiscal

fiscaliser [fiskalize] /1/ VT to subject to tax

fiscaliste [fiskalist] NMF tax specialist

fiscalité [fiskalite] NF tax system; (*charges*) taxation

fissa [fisa] ADV (*fam*) in double-quick time

fissible [fisibl] ADJ fissile

fission [fisjɔ̃] NF fission

fissure [fisyʀ] NF crack

fissurer [fisyʀe] /1/ VT to crack ■ **se fissurer** VPR to crack

fiston [fistɔ̃] NM (*fam*) son, lad

fistule [fistyl] NF (*Méd*) fistula

fit [fi] VB *voir* **faire**

FIV SIGLE F (= *fécondation in vitro*) IVF

fixage [fiksaʒ] NM (*Photo*) fixing

fixateur [fiksatœʀ] NM (*Photo*) fixer; (*pour cheveux*) hair cream

fixatif [fiksatif] NM fixative

fixation [fiksasjɔ̃] NF fixing; (*attache*) fastening; setting; (*de ski*) binding; (*Psych*) fixation

★**fixe** [fiks] ADJ fixed; (*emploi*) steady, regular; **à heure ~** at a set time; **menu à prix ~** set menu ▸ NM (*salaire*) basic salary; (*téléphone*) landline

fixé, e [fikse] ADJ (*heure, jour*) appointed; **être ~ (sur)** (*savoir à quoi s'en tenir*) to have made up one's mind (about); to know for certain (about)

fixement [fiksəmɑ̃] ADV fixedly, steadily

fixer [fikse] /1/ VT (*attacher*): **~ qch (à/sur)** to fix *ou* fasten sth (to/onto); (*déterminer*) to fix, set; (*Chimie, Photo*) to fix; (*poser son regard sur*) to stare at, look hard at; **~ son choix sur qch** to decide on sth ■ **se fixer** VPR (*s'établir*) to settle down; **se ~ sur** (*attention*) to focus on

fixité [fiksite] NF fixedness

fjord [fjɔʀ(d)] NM fjord, fiord

fl. ABR (= *fleuve*) r, R; (= *florin*) fl

★**flacon** [flakɔ̃] NM bottle

flagada [flagada] ADJ INV (*fam: fatigué*) shattered

flagellation [flaʒɛlasjɔ̃] NF flogging

flageller [flaʒele] /1/ VT to flog, scourge

flageolant, e [flaʒɔlɑ̃, -ɑ̃t] ADJ (*personne, jambes*) trembling

flageoler [flaʒɔle] /1/ VI to have knees like jelly

flageolet [flaʒɔlɛ] NM (*Mus*) flageolet; (*Culin*) dwarf kidney bean

flagornerie [flagɔʀnəʀi] NF toadying, fawning

flagorneur, -euse [flagɔʀnœʀ, -øz] NM/F toady, fawner

flagrant, e [flagʀɑ̃, -ɑ̃t] ADJ flagrant, blatant; **en ~ délit** in the act, in flagrante delicto

flair [flɛʀ] NM sense of smell; (*fig*) intuition

flairer [fleʀe] /1/ VT (*humer*) to sniff (at); (*détecter*) to scent

flamand, e [flamɑ̃, -ɑ̃d] ADJ Flemish ▸ NM (*Ling*) Flemish ▸ NM/F: **Flamand, e** Fleming; **les Flamands** the Flemish

flamant [flamɑ̃] NM flamingo

flambant [flɑ̃bɑ̃] ADV: **~ neuf** brand new

flambé, e [flɑ̃be] ADJ (*Culin*) flambé ▸ NF blaze; (*fig*) flaring-up, explosion

flambeau, x [flɑ̃bo] NM (flaming) torch; **se passer le ~** (*fig*) to hand down the (*ou* a) tradition

flambée [flɑ̃be] NF (*feu*) blaze; (*Comm*): **~ des prix** (sudden) shooting up of prices

flamber [flɑ̃be] /1/ VI to blaze (up) ▸ VT (*poulet*) to singe; (*aiguille*) to sterilize

flambeur, -euse [flɑ̃bœʀ, -øz] NM/F big-time gambler

flamboyant, e [flɑ̃bwajɑ̃, -ɑ̃t] ADJ blazing; flaming

flamboyer [flɑ̃bwaje] /8/ VI to blaze (up); (*fig*) to flame

flamenco [flamɛnko] NM flamenco

flamingant, e [flamɛ̃gɑ̃, -ɑ̃t] ADJ Flemish-speaking ▸ NM/F: **Flamingant, e** Flemish speaker; (*Pol*) Flemish nationalist

flamme [flɑm] NF flame; (*fig*) fire, fervour; **en flammes** on fire, ablaze

flammèche [flamɛʃ] NF (flying) spark

flammerole [flamʀɔl] NF will-o'-the-wisp

flan [flɑ̃] NM (*Culin*) custard tart *ou* pie

flanc [flɑ̃] NM side; (*Mil*) flank; **à ~ de colline** on the hillside; **prêter le ~ à** (*fig*) to lay o.s. open to

flancher [flɑ̃ʃe] /1/ VI (*cesser de fonctionner*) to fail, pack up; (*armée*) to quit

Flandre [flɑ̃dʀ] NF: **la ~** (*aussi:* **les Flandres**) Flanders

flanelle [flanɛl] NF flannel

flâner [flɑne] /1/ VI to stroll

flânerie [flɑnʀi] NF stroll

flâneur, -euse [flɑnœʀ, -øz] ADJ idle ▸ NM/F stroller

flanquer [flɑ̃ke] /1/ VT to flank; (*fam: mettre*) to chuck, shove; **~ par terre/à la porte** (*jeter*) to fling to the ground/chuck out; **~ la frousse à qn** (*donner*) to put the wind up sb, give sb an awful fright

flapi, e [flapi] ADJ dog-tired

flaque [flak] NF (*d'eau*) puddle; (*d'huile, de sang etc*) pool

flash [flaʃ] (*pl* **flashes**) NM (*Photo*) flash; **~ (d'information)** newsflash

flash-back [flaʃbak] NM (*Ciné*) flashback

flasque [flask] ADJ flabby ▸ NF (*flacon*) flask

flatter [flate] /1/ VT to flatter; (*caresser*) to stroke; **se ~ de qch** to pride o.s. on sth

flatterie [flatʀi] NF flattery

flatteur, -euse [flatœʀ, -øz] ADJ flattering ▸ NM/F flatterer

flatulence [flatylɑ̃s], **flatuosité** [flatɥozite] NF (*Méd*) flatulence, wind

FLB ABR (= *franco long du bord*) FAS ▸ SIGLE M (*Pol*) = **Front de libération de la Bretagne**

FLC SIGLE M = **Front de libération de la Corse**

fléau, x [fleo] NM scourge, curse; (*de balance*) beam; (*pour le blé*) flail

fléchage [fleʃaʒ] NM (*d'un itinéraire*) signposting

flèche [flɛʃ] NF arrow; (*de clocher*) spire; (*de grue*) jib; (*trait d'esprit, critique*) shaft; **monter en ~** (*fig*) to soar, rocket; **partir en ~** (*fig*) to be off like a shot; **à ~ variable** (*avion*) swing-wing *cpd*

flécher [fleʃe] /1/ VT to arrow, mark with arrows

fléchette [fleʃɛt] NF dart ▪ **fléchettes** NFPL (*jeu*) darts *sg*

fléchir [fleʃiʀ] /2/ VT (*corps, genou*) to bend; (*fig*) to sway, weaken ▸ VI (*poutre*) to sag, bend; (*fig*) to weaken, flag; (*: baisser: prix*) to fall off

fléchissement [fleʃismɑ̃] NM bending; sagging; flagging; (*de l'économie*) dullness

flegmatique [flɛgmatik] ADJ phlegmatic

flegme [flɛgm] NM composure

flemmard, e [flemaʀ, -aʀd] NM/F lazybones *sg*, loafer

flemmarder [flemaʀde] VI (*fam*) to loaf around (*fam*)

flemme [flɛm] NF (*fam*): **j'ai la ~ de le faire** I can't be bothered

flétan [fletɑ̃] NM (*Zool*) halibut

flétri, e [fletʀi] ADJ (*fleur, peau*) withered; (*beauté*) faded

flétrir [fletʀiʀ] /2/ VT to wither; (*stigmatiser*) to condemn (in the most severe terms) ▪ **se flétrir** VPR to wither

flétrissement [fletʀismɑ̃] NM (*de fleur, peau*) withering

★**fleur** [flœʀ] NF flower; (*d'un arbre*) blossom; **être en ~** (*arbre*) to be in blossom; **tissu à fleurs** flowered *ou* flowery fabric; **la (fine) ~ de** (*fig*) the flower of; **être ~ bleue** to be soppy *ou* sentimental; **à ~ de terre** just above the ground; **faire une ~ à qn** to do sb a favour (BRIT) *ou* favor (US); **~ de lis** fleur-de-lis

fleurer [flœʀe] /1/ VT: **~ la lavande** to have the scent of lavender

fleuret [flœʀɛ] NM (*arme*) foil; (*sport*) fencing

fleurette [flœʀɛt] NF: **conter ~ à qn** to whisper sweet nothings to sb

fleurettiste [flœʀɛtist] NMF foil fencer

fleuri, e [flœʀi] ADJ (*jardin*) in flower *ou* bloom; surrounded by flowers; (*fig: style, tissu, papier*) flowery; (*: teint*) glowing

fleurir [flœʀiʀ] /2/ VI (*rose*) to flower; (*arbre*) to blossom; (*fig*) to flourish ▸ VT (*tombe*) to put flowers on; (*chambre*) to decorate with flowers

★**fleuriste** [flœʀist] NMF florist

fleuron [flœʀɔ̃] NM jewel (*fig*)

★**fleuve** [flœv] NM river; **roman-fleuve** saga; **discours-fleuve** interminable speech

flexibiliser [flɛksibilize] VT (*salaires, horaires de travail*) to make (more) flexible

flexibilité [flɛksibilite] NF flexibility
flexible [flɛksibl] ADJ flexible
flexion [flɛksjɔ̃] NF flexing, bending; (*Ling*) inflection
flibustier [flibystje] NM buccaneer
flic [flik] NM (*fam, péj*) cop
flicage [flikaʒ] NM (*fam, péj*) policing
flicaille [flikɑj] NF (*fam, péj*) cops *pl* (*fam*)
flingue [flɛ̃g] NM (*fam*) shooter
flinguer [flɛ̃ge] VT (*fam: tirer sur*) to blow away (*fam*), shoot; (*: détruire: moteur*) to wreck (*fam*); **se faire ~** to get shot
flippant, e [flipɑ̃, -ɑ̃t] ADJ (*fam: angoissant*) freaky (*fam*), creepy (*fam*); (*: déprimant*): **c'est ~** it gets you down
flipper [flipœʀ] NM pinball (machine) ▸ VI [flipe] /1/ (*fam: être déprimé*) to feel down, be on a downer; (*: être exalté*) to freak out
fliquer [flike] VT (*fam, péj: personnel*) to police
flirt [flœʀt] NM flirting; (*personne*) boyfriend, girlfriend
flirter [flœʀte] /1/ VI to flirt
FLNKS SIGLE M (= *Front de libération nationale kanak et socialiste*) *political movement in New Caledonia*
flocon [flɔkɔ̃] NM flake; (*de laine etc: boulette*) flock; **flocons d'avoine** oat flakes, porridge oats
floconneux, -euse [flɔkɔnø, -øz] ADJ fluffy, fleecy
flonflons [flɔ̃flɔ̃] NMPL blare *sg*
flop [flɔp] NM (*échec*) flop; **faire un ~** to flop
flopée [flɔpe] NF: **une ~ de** loads of
floraison [flɔʀɛzɔ̃] NF flowering; blossoming; flourishing; *voir* **fleurir**
floral, e, -aux [flɔʀal, -o] ADJ floral, flower *cpd*
floralies [flɔʀali] NFPL flower show *sg*
flore [flɔʀ] NF flora
Florence [flɔʀɑ̃s] N (*ville*) Florence
florentin, e [flɔʀɑ̃tɛ̃, -in] ADJ Florentine
floriculture [flɔʀikyltyʀ] NF flower-growing
florilège [flɔʀilɛʒ] NM (*de textes, poèmes*) anthology; (*de sites web, citations*): **un ~ de ...** a list of the top ...
florissant, e [flɔʀisɑ̃, -ɑ̃t] VB *voir* **fleurir** ▸ ADJ (*économie*) flourishing; (*santé, teint, mine*) blooming
flot [flo] NM flood, stream; (*marée*) flood tide; **être à ~** (*Navig*) to be afloat; (*fig*) to be on an even keel ▪ **flots** NMPL (*de la mer*) waves; **à flots** (*couler*) in torrents; **entrer à flots** to stream *ou* pour in
flottage [flɔtaʒ] NM (*du bois*) floating
flottaison [flɔtɛzɔ̃] NF: **ligne de ~** waterline
flottant, e [flɔtɑ̃, -ɑ̃t] ADJ (*vêtement*) loose(-fitting); (*cours, barême*) floating
flotte [flɔt] NF (*Navig*) fleet; (*fam: eau*) water; (*: pluie*) rain
flottement [flɔtmɑ̃] NM (*fig*) wavering, hesitation; (*Écon*) floating
flotter [flɔte] /1/ VI to float; (*nuage, odeur*) to drift; (*drapeau*) to fly; (*vêtements*) to hang loose; **faire ~** to float ▸ VB IMPERS (*fam: pleuvoir*): **il flotte** it's raining ▸ VT to float
flotteur [flɔtœʀ] NM float
flottille [flɔtij] NF flotilla
flou, e [flu] ADJ fuzzy, blurred; (*fig*) woolly (BRIT), vague; (*non ajusté: robe*) loose(-fitting); **~ artistique** (*Photo*) soft focus
flouer [flue] /1/ VT to swindle
flouze [fluz] NM (*fam*) dough (*fam*)
FLQ ABR (= *franco long du quai*) FAQ
fluctuant, e [flyktɥɑ̃, -ɑ̃t] ADJ (*prix, cours*) fluctuating; (*opinions*) changing
fluctuation [flyktɥasjɔ̃] NF fluctuation
fluctuer [flyktɥe] /1/ VI to fluctuate
fluet, te [flyɛ, -ɛt] ADJ thin, slight; (*voix*) thin
fluide [flyid] ADJ fluid; (*circulation etc*) flowing freely ▸ NM fluid; (*force*) (mysterious) power
fluidifier [flyidifje] /7/ VT to make fluid ▪ **se fluidifier** VPR (*sang*) to thin; (*circulation*) to move more freely; (*échanges*) to take place more easily
fluidité [flyidite] NF fluidity; free flow
fluor [flyɔʀ] NM fluorine; **dentifrice au ~** fluoride toothpaste
fluoration [flyɔʀasjɔ̃] NF (*d'eau*) fluoridation
fluoré, e [flyɔʀe] ADJ fluoridated
fluorescence [flyɔʀesɑ̃s] NF fluorescence
fluorescent, e [flyɔʀesɑ̃, -ɑ̃t] ADJ fluorescent
flûte [flyt] NF (*aussi:* **flûte traversière**) flute; (*verre*) flute glass; (*pain*) (thin) baguette; **petite ~** piccolo; **~ !** drat it!; **~ (à bec)** recorder; **~ de Pan** panpipes *pl*
flûté, e [flyte] ADJ (*voix*) reedy, piping
flûtiste [flytist] NMF flautist, flute player
fluvial, e, -aux [flyvjal, -o] ADJ river *cpd*, fluvial
flux [fly] NM incoming tide; (*écoulement*) flow; **le ~ et le reflux** the ebb and flow
fluxion [flyksjɔ̃] NF: **~ de poitrine** pneumonia
FM SIGLE F (= *frequency modulation*) FM
Fme ABR (= *femme*) W
FMI SIGLE M (= *Fonds monétaire international*) IMF
FN SIGLE M (= *Front national*) ≈ NF (= *National Front*)
FNAC [fnak] SIGLE F (= *Fédération nationale des achats des cadres*) *chain of discount shops (hi-fi, photo etc)*
FNSEA SIGLE F (= *Fédération nationale des syndicats d'exploitants agricoles*) *farmers' union*
FO SIGLE F (= *Force ouvrière*) *trades union*
foc [fɔk] NM jib
focal, e, -aux [fɔkal, -o] ADJ focal ▸ NF focal length
focaliser [fɔkalize] /1/ VT to focus
foehn [føn] NM foehn, föhn
fœtal, e, -aux [fetal, -o] ADJ fetal, foetal (BRIT)
fœtus [fetys] NM fetus, foetus (BRIT)
foi [fwa] NF faith; **sous la ~ du serment** under *ou* on oath; **ajouter ~ à** to lend credence to; **faire ~** (*prouver*) to be evidence; **digne de ~** reliable; **sur la ~ de** on the word *ou* strength of; **être de bonne/mauvaise ~** to be in good faith/not to be in good faith; **ma ~ !** well!
★**foie** [fwa] NM liver; **~ gras** foie gras; **crise de ~** stomach upset
foin [fwɛ̃] NM hay; **faire les foins** to make hay; **faire du ~** (*fam*) to kick up a row

★**foire** [fwaʀ] NF fair; (*fête foraine*) (fun)fair; (*fig: désordre, confusion*) bear garden; **~ aux questions** (*Internet*) frequently asked questions; **faire la ~** to whoop it up; **~ d'exposition** trade fair

foirer [fwaʀe] VI (*fam: échouer*) to come to nothing; **faire ~ qch** to balls sth up (BRIT *fam*), cock sth up (*fam*)

foireux, -euse [fwaʀø, -øz] ADJ (*fam: plan, idée*) half-baked (*fam*)

★**fois** [fwa] NF time; **une/deux ~** once/twice; **trois/vingt ~** three/twenty times; **deux ~ deux** twice two; **deux/quatre ~ plus grand (que)** twice/four times as big (as); **une ~** (*passé*) once; (*futur*) sometime; **une (bonne) ~ pour toutes** once and for all; **encore une ~** again, once more; **il était une ~** once upon a time; **une ~ que c'est fait** once it's done; **une ~ parti** once he (*ou* I *etc*) had left; **des ~** (*parfois*) sometimes; **si des ~ …** (*fam*) if ever …; **non mais des ~ !** (*fam*) (now) look here!; **à la ~** (*ensemble*) (all) at once; **à la ~ grand et beau** both tall and handsome

foison [fwazɔ̃] NF: **une ~ de** an abundance of; **à ~** *adv* in plenty

foisonnant, e [fwazɔnɑ̃, -ɑ̃t] ADJ teeming

foisonnement [fwazɔnmɑ̃] NM profusion, abundance

foisonner [fwazɔne] /1/ VI to abound; **~ en** *ou* **de** to abound in

fol [fɔl] ADJ M *voir* **fou**

folâtre [fɔlɑtʀ] ADJ playful

folâtrer [fɔlɑtʀe] /1/ VI to frolic (about)

foldingue [fɔldɛ̃g] ADJ (*fam*) crazy (*fam*)

folichon, ne [fɔliʃɔ̃, -ɔn] ADJ: **ça n'a rien de ~** it's not a lot of fun

folie [fɔli] NF (*d'une décision, d'un acte*) madness, folly; (*état*) madness, insanity; (*acte*) folly; **la ~ des grandeurs** delusions of grandeur; **faire des folies** (*en dépenses*) to be extravagant

folk [fɔlk] NM folk music ▶ ADJ INV folk

folklore [fɔlklɔʀ] NM folklore

folklorique [fɔlklɔʀik] ADJ folk *cpd*; (*fam*) weird

★**folle** [fɔl] ADJ F, NF *voir* **fou**

follement [fɔlmɑ̃] ADV (*très*) madly, wildly

follet [fɔlɛ] ADJ M: **feu ~** will-o'-the-wisp

fomentateur, -trice [fɔmɑ̃tatœʀ, -tʀis] NM/F agitator

fomenter [fɔmɑ̃te] /1/ VT to stir up, foment

foncé, e [fɔ̃se] ADJ dark; **bleu ~** dark blue

foncer [fɔ̃se] /3/ VT to make darker; (*Culin: moule etc*) to line ▶ VI to go darker; (*fam: aller vite*) to tear *ou* belt along; **~ sur** to charge at

fonceur, -euse [fɔ̃sœʀ, -øz] NM/F whizz kid

foncier, -ière [fɔ̃sje, -jɛʀ] ADJ (*honnêteté etc*) basic, fundamental; (*malhonnêteté*) deep-rooted; (*Comm*) real estate *cpd*

foncièrement [fɔ̃sjɛʀmɑ̃] ADV basically; (*absolument*) thoroughly

fonction [fɔ̃ksjɔ̃] NF (*rôle, Math, Ling*) function; (*emploi, poste*) post, position; **entrer en ~(s)** to take up one's post *ou* duties; to take up office; **voiture de ~** company car; **être ~ de** (*dépendre de*) to depend on; **en ~ de** (*par rapport à*) according to; **faire ~ de** to serve as; **la ~ publique** the state *ou* civil (BRIT) service ▪ **fonctions** NFPL (*professionnelles*) duties

★**fonctionnaire** [fɔ̃ksjɔnɛʀ] NMF state employee *ou* official; (*dans l'administration*) ≈ civil servant (BRIT)

fonctionnalité [fɔ̃ksjɔnalite] NF (*Inform*) functionality

fonctionnariat [fɔ̃ksjɔnaʀja] NM state employee status

fonctionnariser [fɔ̃ksjɔnaʀize] /1/ VT (*Admin: personne*) to give the status of a state employee to

fonctionnel, le [fɔ̃ksjɔnɛl] ADJ functional

fonctionnellement [fɔ̃ksjɔnɛlmɑ̃] ADV functionally

fonctionnement [fɔ̃ksjɔnmɑ̃] NM working; functioning; operation

★**fonctionner** [fɔ̃ksjɔne] /1/ VI to work, function; (*entreprise*) to operate, function; **faire ~** to work, operate

★**fond** [fɔ̃] NM *voir aussi* **fonds**; (*d'un récipient, trou*) bottom; (*d'une salle, scène*) back; (*d'un tableau, décor*) background; (*opposé à la forme*) content; (*petite quantité*): **un ~ de verre** a drop; (*Sport*): **le ~** long distance (running); **course/épreuve de ~** long-distance race/trial; **au ~ de** at the bottom of; at the back of; **aller au ~ des choses** to get to the root of things; **le ~ de sa pensée** his (*ou* her) true thoughts *ou* feelings; **sans ~** *adj* bottomless; **envoyer par le ~** (*Navig: couler*) to sink, scuttle; **à ~** *adv* (*connaître, soutenir*) thoroughly; (*appuyer, visser*) right down *ou* home; **à ~ (de train)** *adv* (*fam*) full tilt; **dans le ~, au ~** *adv* (*en somme*) basically, really; **de ~ en comble** *adv* from top to bottom; **~ sonore** background noise; background music; **~ de teint** foundation

fondamental, e, -aux [fɔ̃damɑ̃tal, -o] ADJ fundamental

fondamentalement [fɔ̃damɑ̃talmɑ̃] ADV fundamentally

fondamentalisme [fɔ̃damɑ̃talism] NM fundamentalism

fondamentaliste [fɔ̃damɑ̃talist] ADJ, NMF fundamentalist

fondant, e [fɔ̃dɑ̃, -ɑ̃t] ADJ (*neige*) melting; (*poire*) that melts in the mouth; (*chocolat*) fondant

fondateur, -trice [fɔ̃datœʀ, -tʀis] NM/F founder; **membre ~** founder (BRIT) *ou* founding (US) member

fondation [fɔ̃dasjɔ̃] NF founding; (*établissement*) foundation; **travail de ~** foundation works *pl* ▪ **fondations** NFPL (*d'une maison*) foundations

fondé, e [fɔ̃de] ADJ (*accusation etc*) well-founded ▶ NMF: **~ de pouvoir** authorized representative

fondement [fɔ̃dmɑ̃] NM basis; (*derrière*) behind; **sans ~** *adj* (*rumeur etc*) groundless, unfounded ▪ **fondements** NMPL foundations

fonder [fɔ̃de] /1/ VT to found; (*fig*): **~ qch sur** to base sth on; **se ~ sur** (*personne*) to base o.s. on; **~ un foyer** (*se marier*) to set up home

fonderie [fɔ̃dʀi] NF smelting works *sg*

fondeur, -euse [fɔ̃dœʀ, -øz] NM/F (*skieur*) cross-country skier ▶ NM: **(ouvrier) ~** caster

★**fondre** [fɔ̃dʀ] /41/ VT (*aussi:* **faire fondre**) to melt; (: *dans l'eau: sucre, sel*) to dissolve; (*fig: mélanger*) to merge, blend ▶ VI (*à la chaleur*) to melt; to dissolve;

f

(*fig*) to melt away; (*se précipiter*): **~ sur** to swoop down on; **~ en larmes** to dissolve into tears ▪ **se fondre** VPR (*se combiner, se confondre*) to merge into each other; to dissolve

fondrière [fɔ̃dʀijɛʀ] NF rut

fonds [fɔ̃] NM (*de bibliothèque*) collection; (*Comm*): **~ (de commerce)** business; (*fig*): **~ de probité** *etc* fund of integrity *etc*; **F~ monétaire international (FMI)** International Monetary Fund (IMF); **~ de roulement** float ▸ NMPL (*argent*) funds; **à ~ perdus** *adv* with little or no hope of getting the money back; **être en ~** to be in funds; **mise de ~** investment, (capital) outlay

fondu, e [fɔ̃dy] ADJ (*beurre, neige*) melted; (*métal*) molten ▸ NM (*Ciné*): **~ (enchaîné)** dissolve ▸ NF (*Culin*) fondue

fongicide [fɔ̃ʒisid] NM fungicide

font [fɔ̃] VB *voir* **faire**

★**fontaine** [fɔ̃tɛn] NF fountain; (*source*) spring

fontanelle [fɔ̃tanɛl] NF fontanelle

fonte [fɔ̃t] NF melting; (*métal*) cast iron; **la ~ des neiges** the (spring) thaw

fonts baptismaux [fɔ̃batismo] NMPL (baptismal) font *sg*

★**foot** [fut], **football** [futbol] NM football, soccer

footballeur, -euse [futbolœʀ, -øz] NM/F footballer (BRIT), football *ou* soccer player

footeux, -euse [futø, -øz] NM/F (*fam*) footie fan (*fam*)

footing [futiŋ] NM jogging; **faire du ~** to go jogging

for [fɔʀ] NM: **dans** *ou* **en son ~ intérieur** in one's heart of hearts

forage [fɔʀaʒ] NM drilling, boring

forain, e [fɔʀɛ̃, -ɛn] ADJ fairground *cpd* ▸ NM (*marchand*) stallholder; (*acteur etc*) fairground entertainer

forban [fɔʀbɑ̃] NM (*pirate*) pirate; (*escroc*) crook

forçat [fɔʀsa] NM convict

force [fɔʀs] NF strength; (*puissance: surnaturelle etc*) power; (*Physique, Mécanique*) force; **avoir de la ~** to be strong; **être à bout de ~** to have no strength left; **à la ~ du poignet** (*fig*) by the sweat of one's brow; **à ~ de faire** by dint of doing; **arriver en ~** (*nombreux*) to arrive in force; **cas de ~ majeure** case of absolute necessity; (*Assurances*) act of God; **~ de la nature** natural force; **de ~** *adv* forcibly, by force; **de toutes mes/ses forces** with all my/his strength; **par la ~** using force; **par la ~ des choses/de l'habitude** by force of circumstances/habit; **à toute ~** (*absolument*) at all costs; **faire ~ de rames/voiles** to ply the oars/cram on sail; **être de ~ à faire** to be up to doing; **de première ~** first class; **la ~ armée** (*les troupes*) the army; **~ d'âme** fortitude; **~ de frappe** strike force; **~ d'inertie** force of inertia; **la ~ publique** the authorities responsible for public order; **dans la ~ de l'âge** in the prime of life ▪ **forces** NFPL (*physiques*) strength *sg*; (*Mil*) forces; (*effectifs*): **d'importantes forces de police** large contingents of police; **forces d'intervention** (*Mil, Police*) peace-keeping force *sg*; **les forces de l'ordre** the police

forcé, e [fɔʀse] ADJ forced; (*bain*) unintended; (*inévitable*): **c'est ~ !** it's inevitable!, it HAS to be!

forcément [fɔʀsemɑ̃] ADV necessarily; inevitably; (*bien sûr*) of course; **pas ~** not necessarily

forcené, e [fɔʀsəne] ADJ frenzied ▸ NM/F maniac

forceps [fɔʀsɛps] NM forceps *pl*

forcer [fɔʀse] /3/ VT (*porte, serrure, plante*) to force; (*moteur, voix*) to strain; **~ qn à faire** to force sb to do; **~ la dose/l'allure** to overdo it/increase the pace; **~ l'attention/le respect** to command attention/respect; **~ la consigne** to bypass orders ▸ VI (*Sport*) to overtax o.s. ▪ **se forcer** VPR: **se ~ à faire qch** to force o.s. to do sth

forcing [fɔʀsiŋ] NM (*Sport*): **faire le ~** to pile on the pressure

forcir [fɔʀsiʀ] /2/ VI (*grossir*) to broaden out; (*vent*) to freshen

forclore [fɔʀklɔʀ] /45/ VT (*Jur: personne*) to debar

forclusion [fɔʀklyzjɔ̃] NF (*Jur*) debarment

forer [fɔʀe] /1/ VT to drill, bore

forestier, -ière [fɔʀɛstje, -jɛʀ] ADJ forest *cpd*

foret [fɔʀɛ] NM drill

★**forêt** [fɔʀɛ] NF forest; **Office National des Forêts** (*Admin*) ≈ Forestry Commission (BRIT), ≈ National Forest Service (*US*); **la F~ Noire** the Black Forest

foreuse [fɔʀøz] NF (electric) drill

forfait [fɔʀfɛ] NM (*Comm: prix fixe*) fixed *ou* set price; (*: prix tout compris*) all-in deal *ou* price; (*crime*) infamy; **~ de (téléphone) portable** phone plan, cell plan; **déclarer ~** to withdraw; **gagner par ~** to win by a walkover; **travailler à ~** to work for a lump sum

forfaitaire [fɔʀfɛtɛʀ] ADJ set; inclusive

forfait-vacances [fɔʀfɛvakɑ̃s] (*pl* **forfaits-vacances**) NM package holiday

forfanterie [fɔʀfɑ̃tʀi] NF boastfulness *no pl*

forge [fɔʀʒ] NF forge, smithy

forgé, e [fɔʀʒe] ADJ: **~ de toutes pièces** (*histoire*) completely fabricated

forger [fɔʀʒe] /3/ VT to forge; (*fig: personnalité*) to form; (*: prétexte*) to contrive, make up

forgeron [fɔʀʒəʀɔ̃] NM (black)smith

formaliser [fɔʀmalize] /1/: **se formaliser** VPR: **se ~ (de)** to take offence (at)

formalisme [fɔʀmalism] NM formality

formaliste [fɔʀmalist] ADJ (*religion, approche*) formalistic; (*Art*) formalist

formalité [fɔʀmalite] NF formality; **simple ~** mere formality

format [fɔʀma] NM size; **petit ~** small size; (*Photo*) 35 mm (film)

formatage [fɔʀmataʒ] NM (*de disque*) formatting

formater [fɔʀmate] /1/ VT (*disque*) to format; (*fig: esprits, élèves*) to brainwash; **non formaté** unformatted

formateur, -trice [fɔʀmatœʀ, -tʀis] ADJ formative

formation [fɔʀmasjɔ̃] NF forming; (*éducation*) training; (*Mus*) group; (*Mil, Aviat, Géo*) formation; **la ~ permanente** *ou* **continue** continuing education; **la ~ professionnelle** vocational training

★**forme** [fɔʀm] NF (*gén*) form; (*d'un objet*) shape, form; **en ~ de poire** pear-shaped, in the shape of a pear; **sous ~ de** in the form of; in the guise of; **sous ~ de cachets** in the form of tablets; **être en (bonne** *ou* **pleine) ~**, **avoir la ~** (*Sport etc*) to be on form; **en bonne et due ~** in due form; **pour la ~** for the sake of form; **sans autre ~ de procès** (*fig*) without further ado; **prendre ~** to take shape ■ **formes** NFPL (*bonnes manières*) proprieties; (*d'une femme*) figure *sg*

formé, e [fɔʀme] ADJ (*adolescente*) fully developed; (*goût, jugement*) mature

formel, le [fɔʀmɛl] ADJ (*preuve, décision*) definite, positive; (*logique*) formal

formellement [fɔʀmɛlmɑ̃] ADV (*interdit*) strictly; (*absolument*) positively

former [fɔʀme] /1/ VT (*gén*) to form; (*éduquer: soldat, ingénieur etc*) to train ■ **se former** VPR to form; to train

formica® [fɔʀmika] NM Formica®; **en ~** (*mélaminé*) Formica® *cpd*

★**formidable** [fɔʀmidabl] ADJ tremendous

formidablement [fɔʀmidabləmɑ̃] ADV tremendously

formol [fɔʀmɔl] NM formalin, formol

formosan, e [fɔʀmozɑ̃, -an] ADJ Formosan

Formose [fɔʀmoz] NM Formosa

★**formulaire** [fɔʀmylɛʀ] NM form

formulation [fɔʀmylasjɔ̃] NF formulation; expression; *voir* **formuler**

formule [fɔʀmyl] NF (*gén*) formula; (*formulaire*) form; (*expression*) phrase; **selon la ~ consacrée** as one says; **~ de politesse** polite phrase; (*en fin de lettre*) letter ending

formuler [fɔʀmyle] /1/ VT (*émettre: réponse, vœux*) to formulate; (*expliciter: sa pensée*) to express

fornication [fɔʀnikasjɔ̃] NF fornication

forniquer [fɔʀnike] /1/ VI to fornicate

forsythia [fɔʀsisja] NM forsythia

★**fort, e** [fɔʀ, fɔʀt] ADJ strong; (*intensité, rendement*) high, great; (*corpulent*) large; (*doué*): **être ~ (en)** to be good (at); **c'est un peu ~ !** it's a bit much!; **à plus forte raison** even more so, all the more reason; **se faire ~ de faire** to claim one can do; **forte tête** rebel ▶ ADV (*serrer, frapper*) hard; (*sonner*) loud(ly); (*beaucoup*) greatly, very much; (*très*) very; **avoir ~ à faire avec qn** to have a hard job with sb; **~ bien/peu** very well/few ▶ NM (*édifice*) fort; (*point fort*) strong point, forte; (*gén pl: personne, pays*): **le ~, les forts** the strong; **au plus ~ de** (*au milieu de*) in the thick of, at the height of

fortement [fɔʀtəmɑ̃] ADV strongly; (*s'intéresser*) deeply

forteresse [fɔʀtəʀɛs] NF fortress

fortiche [fɔʀtiʃ] ADJ (*fam*) very clever

fortifiant [fɔʀtifjɑ̃] NM tonic

fortifications [fɔʀtifikasjɔ̃] NFPL fortifications

fortifier [fɔʀtifje] /7/ VT to strengthen, fortify; (*Mil*) to fortify ■ **se fortifier** VPR (*personne, santé*) to grow stronger

fortin [fɔʀtɛ̃] NM (small) fort

fortiori [fɔʀtjɔʀi]: **à ~** *adv* all the more so

FORTRAN [fɔʀtʀɑ̃] NM FORTRAN

fortuit, e [fɔʀtɥi, -it] ADJ fortuitous, chance *cpd*

fortuitement [fɔʀtɥitmɑ̃] ADV fortuitously

fortune [fɔʀtyn] NF fortune; **faire ~** to make one's fortune; **de ~** *adj* makeshift; (*compagnon*) chance *cpd*

fortuné, e [fɔʀtyne] ADJ wealthy, well-off

forum [fɔʀɔm] NM forum; **~ de discussion** (*Internet*) message board

fosse [fos] NF (*grand trou*) pit; (*tombe*) grave; **la ~ aux lions/ours** the lions' den/bear pit; **~ commune** common *ou* communal grave; **~ (d'orchestre)** (orchestra) pit; **~ à purin** cesspit; **~ septique** septic tank; **fosses nasales** nasal fossae

fossé [fose] NM ditch; (*fig*) gulf, gap

fossette [fosɛt] NF dimple

fossile [fosil] NM fossil ▶ ADJ fossilized, fossil *cpd*

fossilisé, e [fosilize] ADJ fossilized

fossoyeur [foswajœʀ] NM gravedigger

★**fou, fol, folle** [fu, fɔl] ADJ mad, crazy; (*déréglé etc*) wild, erratic; (*mèche*) stray; (*herbe*) wild; (*fam: extrême, très grand*) terrific, tremendous; **~ à lier, ~ furieux (folle furieuse)** raving mad; **être ~ de** to be mad *ou* crazy about; (*chagrin, joie, colère*) to be wild with; **faire le ~** to play *ou* act the fool; **avoir le ~ rire** to have the giggles ▶ NM/F madman/-woman ▶ NM (*du roi*) jester, fool; (*Échecs*) bishop

foucade [fukad] NF caprice

foudre [fudʀ] NF: **la ~** lightning ■ **foudres** NFPL (*fig: colère*) wrath *sg*

foudroyant, e [fudʀwajɑ̃, -ɑ̃t] ADJ devastating; (*progrès*) lightning *cpd*; (*succès*) stunning; (*maladie, poison*) violent

foudroyer [fudʀwaje] /8/ VT to strike down; **~ qn du regard** to look daggers at sb; **il a été foudroyé** he was struck by lightning

fouet [fwɛ] NM whip; (*Culin*) whisk; **de plein ~** *adv* (*se heurter*) head on

fouettement [fwɛtmɑ̃] NM lashing *no pl*

fouetter [fwete] /1/ VT to whip; (*crème*) to whisk

fougasse [fugas] NF *type of flat pastry*

fougère [fuʒɛʀ] NF fern

fougue [fug] NF ardour (BRIT), ardor (US), spirit

fougueusement [fugøzmɑ̃] ADV ardently

fougueux, -euse [fugø, -øz] ADJ fiery, ardent

fouille [fuj] NF search; **passer à la ~** to be searched ■ **fouilles** NFPL (*archéologiques*) excavations

fouillé, e [fuje] ADJ detailed

fouiller [fuje] /1/ VT to search; (*creuser*) to dig; (: *archéologue*) to excavate; (*approfondir: étude etc*) to go into ▶ VI (*archéologue*) to excavate; **~ dans/parmi** to rummage in/among

fouillis [fuji] NM jumble, muddle

fouine [fwin] NF stone marten

fouiner [fwine] /1/ VI (*péj*): **~ dans** to nose around *ou* about in

fouineur, -euse [fwinœʀ, -øz] ADJ nosey ▶ NM/F nosey parker, snooper

fouir [fwiʀ] /2/ VT to dig

fouisseur, -euse [fwisœʀ, -øz] ADJ burrowing

foulage [fulaʒ] NM pressing

foulante [fulɑ̃t] ADJ F: **pompe ~** force pump

★**foulard** [fulaʀ] NM scarf

★**foule** [ful] NF crowd; **la ~** crowds *pl*; **une ~ de** masses of; **venir en ~** to come in droves

foulée [fule] NF stride; **dans la ~ de** on the heels of

fouler [fule] /1/ VT to press; (*sol*) to tread upon; **~ aux pieds** (*fig*) to trample on ■ **se fouler** VPR (*fam*)

f

to overexert o.s.; **ne pas se ~** not to overexert o.s.; **il ne se foule pas** he doesn't put himself out; **se ~ la cheville** to sprain one's ankle

foultitude [fultityd] NF: **une ~ de qch** (*humoristique*) oodles of sth

foulure [fulyʀ] NF sprain

★**four** [fuʀ] NM oven; (*de potier*) kiln; (*Théât: échec*) flop; **allant au ~** ovenproof

fourbe [fuʀb] ADJ deceitful

fourberie [fuʀbəʀi] NF deceit

fourbi [fuʀbi] NM (*fam*) gear, junk

fourbir [fuʀbiʀ] /2/ VT: **~ ses armes** (*fig*) to get ready for the fray

fourbu, e [fuʀby] ADJ exhausted

fourche [fuʀʃ] NF pitchfork; (*de bicyclette*) fork

fourcher [fuʀʃe] /1/ VI: **ma langue a fourché** it was a slip of the tongue

★**fourchette** [fuʀʃɛt] NF fork; (*Statistique*) bracket, margin

fourchu, e [fuʀʃy] ADJ split; (*arbre etc*) forked

fourgon [fuʀgɔ̃] NM van; (*Rail*) wag(g)on; **~ mortuaire** hearse

fourgonnette [fuʀgɔnɛt] NF (delivery) van

fourguer [fuʀge] VT (*fam: vendre*) to flog (*fam*)

fourme [fuʀm] NF *blue-veined cow's milk cheese*

fourmi [fuʀmi] NF ant; **avoir des fourmis dans les jambes/mains** to have pins and needles in one's legs/hands

fourmilier [fuʀmilje] NM (*mammifère*) anteater

fourmilière [fuʀmiljɛʀ] NF ant-hill; (*fig*) hive of activity

fourmillement [fuʀmijmɑ̃] NM (*démangeaison*) pins and needles *pl*; (*grouillement*) swarming *no pl*

fourmiller [fuʀmije] /1/ VI to swarm; **~ de** to be teeming with, be swarming with

fournaise [fuʀnɛz] NF blaze; (*fig*) furnace, oven

fourneau, x [fuʀno] NM stove

fournée [fuʀne] NF batch

fourni, e [fuʀni] ADJ (*barbe, cheveux*) thick; (*magasin*): **bien ~ (en)** well stocked (with)

fournil [fuʀni] NM bakehouse

fournir [fuʀniʀ] /2/ VT to supply; (*preuve, exemple*) to provide, supply; (*effort*) to put in; **~ qch à qn** to supply sth to sb, supply *ou* provide sb with sth; **~ qn en** (*Comm*) to supply sb with; **se ~ chez** to shop at

fournisseur, -euse [fuʀnisœʀ, -øz] NM/F supplier; (*Internet*): **~ d'accès à Internet** (internet) service provider, ISP

fourniture [fuʀnityʀ] NF supply(ing) ■ **fournitures** NFPL supplies; **fournitures de bureau** office supplies, stationery; **fournitures scolaires** school stationery

fourrage [fuʀaʒ] NM fodder

fourrager[1] [fuʀaʒe] VI: **~ dans/parmi** to rummage through/among

fourrager[2], **-ère** [fuʀaʒe, -ɛʀ] ADJ fodder *cpd* ▶ NF (*Mil*) fourragère

fourré, e [fuʀe] ADJ (*bonbon, chocolat*) filled; (*manteau, botte*) fur-lined ▶ NM thicket

fourreau, x [fuʀo] NM sheath; (*de parapluie*) cover; **robe ~** figure-hugging dress

fourrer [fuʀe] /1/ VT (*fam*) to stick, shove; **~ qch dans** to stick *ou* shove sth into; **se ~ dans/sous** to get into/under; **se ~ dans** (*une mauvaise situation*) to land o.s. in

fourre-tout [fuʀtu] NM INV (*sac*) holdall; (*péj*) junk room (*ou* cupboard); (*fig*) rag-bag

fourreur [fuʀœʀ] NM furrier

fourrière [fuʀjɛʀ] NF pound

fourrure [fuʀyʀ] NF fur; (*sur l'animal*) coat; **manteau/col de ~** fur coat/collar

fourvoyer [fuʀvwaje] /8/: **se fourvoyer** VPR to go astray, stray; **se ~ dans** to stray into

foutaise [futɛz] NF (*fam*): **c'est de la ~** (*bêtises*) silly nonsense

foutoir [futwaʀ] NM (*fam*) bloody shambles (*fam*); **c'est le ~ ici !** it's a bloody shambles in here!

foutraque [futʀak] ADJ (*fam*) eccentric

foutre [futʀ] VT (*!*) = **ficher**

foutrement [futʀəmɑ̃] ADV (*fam*) bloody (BRIT *fam*)

foutu, e [futy] ADJ (*!*) = **fichu**

foyer [fwaje] NM (*de cheminée*) hearth; (*fig*) seat, centre; (*famille*) family; (*domicile*) home; (*local de réunion*) (social) club; (*résidence*) hostel; (*salon*) foyer; (*Optique, Photo*) focus; **lunettes à double ~** bi-focal glasses

FP SIGLE F (= *franchise postale*) *exemption from postage*

FPA SIGLE F (= *Formation professionnelle pour adultes*) adult education

FPLP SIGLE M (= *Front populaire de libération de la Palestine*) PFLP (= *Popular Front for the Liberation of Palestine*)

frac [fʀak] NM (*vieilli*) morning coat

fracas [fʀaka] NM din; crash

fracassant, e [fʀakasɑ̃, -ɑ̃t] ADJ (*succès*) sensational, staggering

fracasser [fʀakase] /1/ VT to smash ■ **se fracasser** VPR: **se ~ contre** *ou* **sur** to crash against

fraction [fʀaksjɔ̃] NF fraction

fractionnement [fʀaksjɔnmɑ̃] NM division

fractionner [fʀaksjɔne] /1/ VT to divide (up), split (up)

fracturation [fʀaktyʀasjɔ̃] F: **~ hydraulique** fracking

fracture [fʀaktyʀ] NF fracture; **~ du crâne** fractured skull; **~ de la jambe** broken leg; **~ numérique** digital gap; **~ sociale** social divide

fracturer [fʀaktyʀe] /1/ VT (*coffre, serrure*) to break open; (*os, membre*) to fracture; **se ~ le crâne** to fracture one's skull

★**fragile** [fʀaʒil] ADJ fragile, delicate; (*fig*) frail

fragilisation [fʀaʒilizasjɔ̃] NF (*de matériau*) weakening; (*de peau*) making more sensitive; (*fig*) weakening

fragiliser [fʀaʒilize] /1/ VT to weaken, make fragile

fragilité [fʀaʒilite] NF fragility

fragment [fʀagmɑ̃] NM (*d'un objet*) fragment, piece; (*d'un texte*) passage, extract

fragmentaire [fʀagmɑ̃tɛʀ] ADJ sketchy

fragmentation [fʀagmɑ̃tasjɔ̃] NF (*de molécules, territoire, groupe*) fragmentation; **bombes à ~** cluster bombs

fragmenter [fʀagmɑ̃te] /1/ VT to split up

frai [fʀɛ] NM spawn; (*ponte*) spawning

fraîche [fʀɛʃ] ADJ F *voir* **frais**

fraîchement [fʀɛʃmɑ̃] ADV (*sans enthousiasme*) coolly; (*récemment*) freshly, newly

fraîcheur [fʀɛʃœʀ] NF coolness; (*d'un aliment*) freshness

fraîchir [fʀɛʃiʀ] /2/ VI (*température*) to get cooler; (*vent*) to freshen

★**frais, fraîche** [fʀɛ, fʀɛʃ] ADJ (*air, eau, accueil*) cool; (*petit pois, œufs, nouvelles, couleur, troupes*) fresh; **le voilà ~ !** he's in a (right) mess! ▸ ADV (*récemment*) newly, fresh(ly); **il fait ~** it's cool; **servir ~** chill before serving, serve chilled ▸ NM: **mettre au ~** to put in a cool place; **prendre le ~** to take a breath of cool air ▸ NMPL (*débours*) expenses; (*Comm*) costs; charges; **faire des ~** to spend; to go to a lot of expense; **faire les ~ de** to bear the brunt of; **faire les ~ de la conversation** (*parler*) to do most of the talking; (*en être le sujet*) to be the topic of conversation; **il en a été pour ses ~** he could have spared himself the trouble; **rentrer dans ses ~** to recover one's expenses; **~ de déplacement** travel(ling) expenses; **~ d'entretien** upkeep; **~ généraux** overheads; **~ de scolarité** school fees (BRIT), tuition (US)

★**fraise** [fʀɛz] NF strawberry; (*Tech*) countersink (bit); (*de dentiste*) drill; **~ des bois** wild strawberry

fraiser [fʀeze] /1/ VT to countersink; (*Culin: pâte*) to knead

fraiseur, -euse [fʀɛzœʀ, -øz] NM/F (*ouvrier*) cutter

fraiseuse [fʀɛzøz] NF (*Tech*) milling machine

fraisier [fʀezje] NM strawberry plant

★**framboise** [fʀɑ̃bwaz] NF raspberry

framboisier [fʀɑ̃bwazje] NM raspberry bush

★**franc, franche** [fʀɑ̃, fʀɑ̃ʃ] ADJ (*personne*) frank, straightforward; (*visage*) open; (*net: refus, couleur*) clear; (*: coupure*) clean; (*intensif*) downright; (*exempt*): **~ de port** post free, postage paid; (*zone, port*) free; (*boutique*) duty-free ▸ ADV: **parler ~** to be frank *ou* candid ▸ NM franc

français, e [fʀɑ̃sɛ, -ɛz] ADJ French ▸ NM (*Ling*) French ▸ NM/F: **Français, e** Frenchman/ -woman; **les F~** the French

franc-comtois, e [fʀɑ̃kɔ̃twa, -waz] (*mpl* **francs-comtois**) ADJ of *ou* from (the) Franche-Comté

★**France** [fʀɑ̃s] NF: **la ~** France; **en ~** in France

Francfort [fʀɑ̃kfɔʀ] N Frankfurt

franche [fʀɑ̃ʃ] ADJ F *voir* **franc**

Franche-Comté [fʀɑ̃ʃkɔ̃te] NF Franche-Comté

★**franchement** [fʀɑ̃ʃmɑ̃] ADV frankly; clearly; (*nettement*) definitely; (*tout à fait*) downright ▸ EXCL well, really!; *voir* **franc**

franchir [fʀɑ̃ʃiʀ] /2/ VT (*obstacle*) to clear, get over; (*seuil, ligne, rivière*) to cross; (*distance*) to cover

franchisage [fʀɑ̃ʃizaʒ] NM (*Comm*) franchising

franchise [fʀɑ̃ʃiz] NF frankness; (*douanière, d'impôt*) exemption; (*Assurances*) excess; (*Comm*) franchise; **~ de bagages** baggage allowance

franchisé, e [fʀɑ̃ʃize] ADJ franchised ▸ NM/F franchisee

franchissable [fʀɑ̃ʃisabl] ADJ (*obstacle*) surmountable

franchissement [fʀɑ̃ʃismɑ̃] NM (*d'obstacle*) clearing; (*de rivière, frontière*) crossing

franchouillard, e [fʀɑ̃ʃujaʀ, -aʀd] ADJ (*péj*) typically French (*in an annoying way*)

francilien, ne [fʀɑ̃siljɛ̃, -ɛn] ADJ of *ou* from the Île-de-France region ▸ NM/F: **Francilien, ne** person from the Île-de-France region

francisation [fʀɑ̃sizasjɔ̃] NF (*de mot, nom*) Gallicization

franciscain, e [fʀɑ̃siskɛ̃, -ɛn] ADJ Franciscan

franciser [fʀɑ̃size] /1/ VT to Gallicize, Frenchify

franc-jeu [fʀɑ̃ʒø] (*pl* **francs-jeux**) NM: **jouer ~** to play fair

franc-maçon [fʀɑ̃masɔ̃] (*pl* **francs-maçons**) NM Freemason

franc-maçonnerie [fʀɑ̃masɔnʀi] NF Freemasonry

franco [fʀɑ̃ko] ADV (*Comm*): **~ (de port)** postage paid

franco... [fʀɑ̃ko] PRÉFIXE franco-

franco-canadien [fʀɑ̃kokanadjɛ̃] NM (*Ling*) Canadian French

francophile [fʀɑ̃kɔfil] ADJ Francophile

francophobe [fʀɑ̃kɔfɔb] ADJ Francophobe

francophone [fʀɑ̃kɔfɔn] ADJ French-speaking ▸ NMF French speaker

francophonie [fʀɑ̃kɔfɔni] NF French-speaking communities *pl*

franco-québécois [fʀɑ̃kokebekwa] NM (*Ling*) Quebec French

franc-parler [fʀɑ̃paʀle] NM INV outspokenness; **avoir son ~** to speak one's mind

franc-tireur [fʀɑ̃tiʀœʀ] NM (*Mil*) irregular; (*fig*) freelance

frange [fʀɑ̃ʒ] NF fringe; (*cheveux*) fringe (BRIT), bangs (US)

frangé, e [fʀɑ̃ʒe] ADJ (*tapis, nappe*): **~ de** trimmed with

frangin [fʀɑ̃ʒɛ̃] NM (*fam*) brother

frangine [fʀɑ̃ʒin] NF (*fam*) sis, sister

frangipane [fʀɑ̃ʒipan] NF almond paste

frangipanier [fʀɑ̃ʒipanje] NM frangipani

franglais [fʀɑ̃glɛ] NM Franglais

franquette [fʀɑ̃kɛt]: **à la bonne ~** *adv* without any fuss

franquisme [fʀɑ̃kism] NM Francoism

franquiste [fʀɑ̃kist] ADJ, NMF Francoist

frappant, e [fʀapɑ̃, -ɑ̃t] ADJ striking

frappe [fʀap] NF (*d'une dactylo, pianiste, machine à écrire*) touch; (*Boxe*) punch; (*péj*) hood, thug

frappé, e [fʀape] ADJ (*Culin*) iced; **~ de panique** panic-stricken; **~ de stupeur** thunderstruck, dumbfounded

★**frapper** [fʀape] /1/ VT to hit, strike; (*étonner*) to strike; (*monnaie*) to strike, stamp; **~ à la porte** to knock at the door; **~ dans ses mains** to clap one's hands; **~ du poing sur** to bang one's fist on; **~ un grand coup** (*fig*) to strike a blow ■ **se frapper** VPR (*s'inquiéter*) to get worked up

frasques [fʀask] NFPL escapades; **faire des ~** to get up to mischief

fraternel, le [fʀatɛʀnɛl] ADJ brotherly, fraternal

fraternellement [fʀatɛʀnɛlmɑ̃] ADV in a brotherly way

fraternisation [fʀatɛʀnizasjɔ̃] NF fraternization

fraterniser [fʀatɛʀnize] /1/ VI to fraternize
fraternité [fʀatɛʀnite] NF brotherhood
fratricide [fʀatʀisid] ADJ fratricidal
fratrie [fʀatʀi] NF siblings *pl*
fraude [fʀod] NF fraud; (*Scol*) cheating; **passer qch en ~** to smuggle sth in (*ou* out); **~ fiscale** tax evasion
frauder [fʀode] /1/ VI, VT to cheat; **~ le fisc** to evade paying tax(es)
fraudeur, -euse [fʀodœʀ, -øz] NM/F person guilty of fraud; (*candidat*) candidate who cheats; (*au fisc*) tax evader
frauduleusement [fʀodyløzmɑ̃] ADV fraudulently
frauduleux, -euse [fʀodylø, -øz] ADJ fraudulent
frayer [fʀeje] /8/ VT to open up, clear ▶ VI to spawn; (*fréquenter*): **~ avec** to mix *ou* associate with ■ **se frayer** VPR: **se ~ un passage dans** to clear o.s. a path through, force one's way through
frayeur [fʀɛjœʀ] NF fright
fredaines [fʀədɛn] NFPL mischief *sg*, escapades
fredonner [fʀədɔne] /1/ VT to hum
freesia [fʀezja] NM freesia
freezer [fʀizœʀ] NM freezing compartment
frégate [fʀegat] NF frigate
★**frein** [fʀɛ̃] NM brake; **mettre un ~ à** (*fig*) to put a brake on, check; **sans ~** (*sans limites*) unchecked; **~ à main** handbrake; **~ moteur** engine braking; **freins à disques** disc brakes; **freins à tambour** drum brakes
freinage [fʀenaʒ] NM braking; **distance de ~** braking distance; **traces de ~** tyre (BRIT) *ou* tire (*US*) marks
★**freiner** [fʀene] /1/ VI to brake ▶ VT (*progrès etc*) to check
frelaté, e [fʀəlate] ADJ adulterated; (*fig*) tainted
frêle [fʀɛl] ADJ frail, fragile
frelon [fʀəlɔ̃] NM hornet
freluquet [fʀəlykɛ] NM (*péj*) whippersnapper
frémir [fʀemiʀ] /2/ VI (*de froid, de peur*) to shudder, shiver; (*de colère*) to shake; (*de joie, feuillage*) to quiver; (*eau*) to (begin to) bubble
frémissement [fʀemismɑ̃] NM shiver; quiver; bubbling *no pl*
frêne [fʀɛn] NM ash (tree)
frénésie [fʀenezi] NF frenzy
frénétique [fʀenetik] ADJ frenzied, frenetic
frénétiquement [fʀenetikmɑ̃] ADV frenetically
fréon® [fʀeɔ̃] NM Freon®
fréquemment [fʀekamɑ̃] ADV frequently
fréquence [fʀekɑ̃s] NF frequency
fréquent, e [fʀekɑ̃, -ɑ̃t] ADJ frequent
fréquentable [fʀekɑ̃tabl] ADJ: **il est peu ~** he's not the type one can associate oneself with
fréquentation [fʀekɑ̃tasjɔ̃] NF frequenting; seeing ■ **fréquentations** NFPL (*relations*) company *sg*; **avoir de mauvaises fréquentations** to be in with the wrong crowd, keep bad company
fréquenté, e [fʀekɑ̃te] ADJ: **très ~** (very) busy; **mal ~** patronized by disreputable elements
fréquenter [fʀekɑ̃te] /1/ VT (*lieu*) to frequent; (*personne*) to see ■ **se fréquenter** VPR to see a lot of each other
frère [fʀɛʀ] NM brother ▶ ADJ: **partis/pays frères** sister parties/countries
frérot [fʀeʀo] NM (*fam*) bro (*fam*)
fresque [fʀɛsk] NF (*Art*) fresco
fret [fʀɛ(t)] NM freight
fréter [fʀete] /6/ VT to charter
frétillant, e [fʀetijɑ̃, -ɑ̃t] ADJ (*poisson*) wriggling; (*queue*) wagging
frétiller [fʀetije] /1/ VI to wriggle; to quiver; **~ de la queue** to wag its tail
fretin [fʀətɛ̃] NM: **le menu ~** the small fry
freudien, ne [fʀødjɛ̃, -ɛn] ADJ Freudian
freux [fʀø] NM (*Zool*) rook
friable [fʀijabl] ADJ crumbly
friand, e [fʀijɑ̃, -ɑ̃d] ADJ: **~ de** very fond of ▶ NM (*Culin*) small minced-meat (BRIT) *ou* ground-meat (*US*) pie; (: *sucré*) small almond cake; **~ au fromage** cheese puff
friandise [fʀijɑ̃diz] NF sweet
fric [fʀik] NM (*fam*) cash, bread
fricassée [fʀikase] NF fricassee
fricative [fʀikativ] NF (*Ling*) fricative
fric-frac [fʀikfʀak] NM (*fam*) break-in
friche [fʀiʃ]: **en ~** *adj, adv* (lying) fallow
fricoter [fʀikɔte] VI (*fam*): **~ avec qn** to knock about with sb (*fam*)
friction [fʀiksjɔ̃] NF (*massage*) rub, rub-down; (*chez le coiffeur*) scalp massage; (*Tech, fig*) friction
frictionner [fʀiksjɔne] /1/ VT to rub (down); to massage
frigidaire® [fʀiʒidɛʀ] NM refrigerator
frigide [fʀiʒid] ADJ frigid
frigidité [fʀiʒidite] NF frigidity
★**frigo** [fʀigo] NM (= *frigidaire*) fridge
frigorifier [fʀigɔʀifje] /7/ VT to refrigerate; (*fig: personne*) to freeze
frigorifique [fʀigɔʀifik] ADJ refrigerating
frileusement [fʀiløzmɑ̃] ADV with a shiver
frileux, -euse [fʀilø, -øz] ADJ sensitive to (the) cold; (*fig*) overcautious
frilosité [fʀilozite] NF (*manque d'audace*) overcautiousness
frimas [fʀimɑ] NMPL wintry weather *sg*
frime [fʀim] NF (*fam*): **c'est de la ~** it's all put on; **pour la ~** just for show
frimer [fʀime] /1/ VI (*fam*) to show off
frimeur, -euse [fʀimœʀ, -øz] NM/F poser
frimousse [fʀimus] NF (sweet) little face
fringale [fʀɛ̃gal] NF (*fam*): **avoir la ~** to be ravenous
fringant, e [fʀɛ̃gɑ̃, -ɑ̃t] ADJ dashing
fringuer [fʀɛ̃ge] VT (*fam: habiller*) to tog up (*fam*) ■ **se fringuer** VPR to tog o.s. up (*fam*)
fringues [fʀɛ̃g] NFPL (*fam*) clothes, gear *no pl*
fripé, e [fʀipe] ADJ crumpled
friperie [fʀipʀi] NF (*commerce*) secondhand clothes shop; (*vêtements*) secondhand clothes

fripes [fʀip] NFPL secondhand clothes
fripier, -ière [fʀipje, -jɛʀ] NM/F secondhand clothes dealer
fripon, ne [fʀipɔ̃, -ɔn] ADJ roguish, mischievous ▶ NM/F rascal, rogue
fripouille [fʀipuj] NF scoundrel
friqué, e [fʀike] ADJ (*fam*) loaded (*fam*)
frire [fʀiʀ] VT to fry ▶ VI to fry
Frisbee® [fʀizbi] NM Frisbee®
frise [fʀiz] NF frieze
★**frisé, e** [fʀize] ADJ (*cheveux*) curly; (*personne*) curly-haired ▶ NF: **(chicorée) frisée** curly endive
friser [fʀize] /1/ VT to curl; (*fig: surface*) to skim, graze; (*: mort*) to come within a hair's breadth of; (*: hérésie*) to verge on ▶ VI (*cheveux*) to curl; (*personne*) to have curly hair; **se faire ~** to have one's hair curled
frisette [fʀizɛt] NF little curl
frisotter [fʀizɔte] /1/ VI (*cheveux*) to curl tightly
frisquet [fʀiskɛ] ADJ M chilly
frisson [fʀisɔ̃], **frissonnement** [fʀisɔnmɑ̃] NM (*de froid*) shiver; (*de peur*) shudder; quiver
frissonnant, e [fʀisɔnɑ̃, -ɑ̃t] ADJ (*de froid, d'épouvante*) shuddering; (*: feuilles, animal*) quivering
frissonner [fʀisɔne] /1/ VI (*de fièvre, froid*) to shiver; (*d'horreur*) to shudder; (*feuilles*) to quiver
frit, e [fʀi, fʀit] PP *de* **frire** ▶ ADJ fried ▶ NF: **(pommes) frites** chips (BRIT), French fries
friterie [fʀitʀi] NF ≈ chip shop (BRIT), ≈ hamburger stand (US)
friteuse [fʀitøz] NF deep fryer, chip pan (BRIT); **~ électrique** electric fryer
friture [fʀityʀ] NF (*huile*) (deep) fat; (*plat*): **~ (de poissons)** fried fish; (*Radio*) crackle, crackling *no pl* ■ **fritures** NFPL (*aliments frits*) fried food *sg*
frivole [fʀivɔl] ADJ frivolous
frivolité [fʀivɔlite] NF frivolity
froc [fʀɔk] NM (*Rel*) habit; (*fam: pantalon*) trousers *pl*, pants *pl*
★**froid, e** [fʀwa, fʀwad] ADJ cold; **battre ~ à qn** to give sb the cold shoulder; **à ~** *adv* (*démarrer*) (from) cold ▶ NM cold; (*absence de sympathie*) coolness *no pl*; **il fait ~** it's cold; **avoir ~** to be cold; **prendre ~** to catch a chill *ou* cold; **(pendant) les grands froids** (in) the depths of winter, (during) the cold season; **jeter un ~** (*fig*) to cast a chill; **être en ~ avec** to be on bad terms with
froidement [fʀwadmɑ̃] ADV (*accueillir*) coldly; (*décider*) coolly
froideur [fʀwadœʀ] NF coolness *no pl*
froissé, e [fʀwase] ADJ (*tissu, vêtement*) crumpled
froisser [fʀwase] /1/ VT to crumple (up), crease; (*fig*) to hurt, offend ■ **se froisser** VPR to crumple, crease; (*personne*) to take offence (BRIT) *ou* offense (US); **se ~ un muscle** to strain a muscle
frôlement [fʀolmɑ̃] NM (*contact*) light touch
frôler [fʀole] /1/ VT to brush against; (*projectile*) to skim past; (*fig*) to come very close to, come within a hair's breadth of
★**fromage** [fʀɔmaʒ] NM cheese; **~ blanc** soft white cheese; **~ de tête** pork brawn
fromager, -ère [fʀɔmaʒe, -ɛʀ] NM/F cheese merchant ▶ ADJ (*industrie*) cheese *cpd*
fromagerie [fʀɔmaʒʀi] NF cheese dairy
froment [fʀɔmɑ̃] NM wheat
fronce [fʀɔ̃s] NF (*de tissu*) gather
froncé, e [fʀɔ̃se] ADJ (*encolure, jupe*) gathered
froncement [fʀɔ̃smɑ̃] NM: **~ de sourcils** frown
froncer [fʀɔ̃se] /3/ VT to gather; **~ les sourcils** to frown
frondaisons [fʀɔ̃dɛzɔ̃] NFPL foliage *sg*
fronde [fʀɔ̃d] NF sling; (*fig*) rebellion, rebelliousness
frondeur, -euse [fʀɔ̃dœʀ, -øz] ADJ rebellious
front [fʀɔ̃] NM forehead, brow; (*Mil, Météorologie, Pol*) front; **avoir le ~ de faire** to have the effrontery to do; **de ~** *adv* (*se heurter*) head-on; (*rouler*) together (*2 or 3 abreast*); (*simultanément*) at once; **faire ~ à** to face up to; **~ de mer** (sea) front
frontal, e, -aux [fʀɔ̃tal, -o] ADJ frontal
frontalier, -ière [fʀɔ̃talje, -jɛʀ] ADJ border *cpd*, frontier *cpd* ▶ NM/F: **(travailleurs) frontaliers** workers who cross the border to go to work, commuters from across the border
frontière [fʀɔ̃tjɛʀ] NF (*Géo, Pol*) frontier, border; (*fig*) frontier, boundary
frontispice [fʀɔ̃tispis] NM frontispiece
frontiste [fʀɔ̃tist] ADJ (*électorat*) National Front *cpd*
fronton [fʀɔ̃tɔ̃] NM pediment; (*de pelote basque*) (front) wall
frottement [fʀɔtmɑ̃] NM rubbing, scraping ■ **frottements** NMPL (*fig: difficultés*) friction *sg*
frotter [fʀɔte] /1/ VI to rub, scrape ▶ VT to rub; (*pour nettoyer*) to rub (up); (*: avec une brosse: pommes de terre, plancher*) to scrub; **~ une allumette** to strike a match ■ **se frotter** VPR: **se ~ à qn** to cross swords with sb; **se ~ à qch** to come up against sth; **se ~ les mains** (*fig*) to rub one's hands (gleefully)
frottis [fʀɔti] NM (*Méd*) smear
frottoir [fʀɔtwaʀ] NM (*d'allumettes*) friction strip; (*pour encaustiquer*) (long-handled) brush
frou-frou [fʀufʀu] (*pl* **frous-frous**) NM rustle
froufroutant, e [fʀufʀutɑ̃, -ɑ̃t] ADJ rustling
froussard, e [fʀusaʀ, -aʀd] ADJ (*fam*): **être ~** to be a chicken (*fam*) ▶ NM/F chicken (*fam*)
frousse [fʀus] NF (*fam: peur*): **avoir la ~** to be in a blue funk
fructifier [fʀyktifje] /7/ VI to yield a profit; **faire ~** to turn to good account
fructose [fʀyktoz] NM fructose
fructueux, -euse [fʀyktɥø, -øz] ADJ fruitful; profitable
frugal, e, -aux [fʀygal, -o] ADJ frugal
frugalement [fʀygalmɑ̃] ADV frugally
frugalité [fʀygalite] NF frugality
★**fruit** [fʀɥi] NM fruit *no pl*; **fruits de mer** (*Culin*) seafood *sg*; **fruits secs** dried fruit *sg*
fruité, e [fʀɥite] ADJ (*vin*) fruity
fruiterie [fʀɥitʀi] NF (*boutique*) greengrocer's (BRIT), fruit (and vegetable) store (US)
fruitier, -ière [fʀɥitje, -jɛʀ] ADJ: **arbre ~** fruit tree ▶ NM/F fruiterer (BRIT), fruit merchant (US)
frusques [fʀysk] NFPL (*péj*) rags; **de vieilles ~** old rags
fruste [fʀyst] ADJ unpolished, uncultivated

frustrant, e [fʀystʀɑ̃, -ɑ̃t] ADJ frustrating
frustration [fʀystʀasjɔ̃] NF frustration
frustré, e [fʀystʀe] ADJ frustrated
frustrer [fʀystʀe] /1/ VT to frustrate; (*priver*): **~ qn de qch** to deprive sb of sth
FS ABR (= *franc suisse*) FS, SF
FSE SIGLE M (= *foyer socio-éducatif*) community home
FTP SIGLE MPL (= *Francs-tireurs et partisans*) *Communist Resistance in 1940–45*
fuchsia [fyʃja] NM fuchsia
fuel(-oil) [fjul(ɔjl)] NM fuel oil; (*pour chauffer*) heating oil
fugace [fygas] ADJ fleeting
fugitif, -ive [fyʒitif, -iv] ADJ (*lueur, amour*) fleeting; (*prisonnier etc*) runaway ▸ NM/F fugitive, runaway
fugue [fyg] NF (*d'un enfant*) running away *no pl*; (*Mus*) fugue; **faire une ~** to run away, abscond
fuguer [fyge] VI to run away
fugueur, -euse [fygœʀ, -øz] ADJ, NM/F runaway
fuir [fɥiʀ] /17/ VT to flee from; (*éviter*) to shun ▸ VI to run away; (*gaz, robinet*) to leak
fuite [fɥit] NF flight; (*écoulement*) leak, leakage; (*divulgation*) leak; **être en ~** to be on the run; **mettre en ~** to put to flight; **prendre la ~** to take flight
fuiter [fɥite] VI to leak out
fulgurant, e [fylgyʀɑ̃, -ɑ̃t] ADJ lightning *cpd*, dazzling
fulminant, e [fylminɑ̃, -ɑ̃t] ADJ (*lettre, regard*) furious; **~ de colère** raging with anger
fulminer [fylmine] /1/ VI: **~ (contre)** to thunder forth (against)
fumant, e [fymɑ̃, -ɑ̃t] ADJ smoking; (*liquide*) steaming; **un coup ~** (*fam*) a master stroke
fumé, e [fyme] ADJ (*Culin*) smoked; (*verre*) tinted ▸ NF smoke; **partir en fumée** to go up in smoke
fume-cigarette [fymsigaʀɛt] NM cigarette holder
★**fumer** [fyme] /1/ VI to smoke; (*liquide*) to steam ▸ VT to smoke; (*terre, champ*) to manure
fumerie [fymʀi] NF: **~ d'opium** opium den
fumerolles [fymʀɔl] NFPL gas and smoke (*from volcano*)
fûmes [fym] VB *voir* **être**
fumet [fymɛ] NM aroma
fumette [fymɛt] NF (*fam: fait de fumer de la drogue*) smoking joints
★**fumeur, -euse** [fymœʀ, -øz] NM/F smoker
fumeux, -euse [fymø, -øz] ADJ (*péj*) woolly (BRIT), hazy
fumier [fymje] NM manure
fumigation [fymigasjɔ̃] NF fumigation
fumigène [fymiʒɛn] ADJ smoke *cpd*
fumiste [fymist] NM (*ramoneur*) chimney sweep ▸ NMF (*péj: paresseux*) shirker; (*: charlatan*) phoney
fumisterie [fymistəʀi] NF (*péj*) fraud, con
fumoir [fymwaʀ] NM smoking room
funambule [fynɑ̃byl] NM tightrope walker
funboard [fœnbɔʀd] NM funboarding
funboarder, funboardeur, -euse [fœnbɔʀdœʀ, -øz] NM/F funboarder
funèbre [fynɛbʀ] ADJ funeral *cpd*; (*fig*) doleful; funereal
funérailles [fyneʀɑj] NFPL funeral *sg*
funéraire [fyneʀɛʀ] ADJ funeral *cpd*, funerary
funérarium [fyneʀaʀjɔm] NM funeral parlour (BRIT), funeral parlor (*US*)
funeste [fynɛst] ADJ disastrous; deathly
funiculaire [fynikylɛʀ] NM funicular (railway)
funky [fœnki] ADJ (*album, chanson*) funky
FUNU [fyny] SIGLE F (= *Force d'urgence des Nations unies*) UNEF (= *United Nations Emergency Forces*)
fur [fyʀ]: **au ~ et à mesure** *adv* as one goes along; **au ~ et à mesure que** as; **au ~ et à mesure de leur progression** as they advance (*ou* advanced)
furax [fyʀaks] ADJ INV (*fam*) livid
furent [fyʀ] VB *voir* **être**
furet [fyʀɛ] NM ferret
fureter [fyʀ(ə)te] /5/ VI (*péj*) to nose about
fureteur [fyʀ(ə)tœʀ] NM (*Internet*: CANADA: *navigateur*) browser
fureur [fyʀœʀ] NF fury; (*passion*): **~ de** passion for; **être en ~** to be infuriated; **faire ~** to be all the rage
furibard, e [fyʀibaʀ, -aʀd] ADJ (*fam*) livid, absolutely furious
furibond, e [fyʀibɔ̃, -ɔ̃d] ADJ livid, absolutely furious
furie [fyʀi] NF fury; (*femme*) shrew, vixen; **en ~** (*mer*) raging
furieusement [fyʀjøzmɑ̃] ADV furiously
★**furieux, -euse** [fyʀjø, -øz] ADJ furious
furoncle [fyʀɔ̃kl] NM boil
furtif, -ive [fyʀtif, -iv] ADJ furtive
furtivement [fyʀtivmɑ̃] ADV furtively
fus [fy] VB *voir* **être**
fusain [fyzɛ̃] NM (*Bot*) spindle-tree; (*Art*) charcoal
fuseau, x [fyzo] NM (*pantalon*) (ski-)pants *pl*; (*pour filer*) spindle; **en ~** (*jambes*) tapering; (*colonne*) bulging; **~ horaire** time zone
fusée [fyze] NF rocket; **~ éclairante** flare
fuselage [fyz(ə)laʒ] NM fuselage
fuselé, e [fyz(ə)le] ADJ slender; (*galbé*) tapering
fuser [fyze] /1/ VI (*rires etc*) to burst forth
fusible [fyzibl] NM (*Élec: fil*) fuse wire; (*: fiche*) fuse
★**fusil** [fyzi] NM (*de guerre, à canon rayé*) rifle, gun; (*de chasse, à canon lisse*) shotgun, gun; **~ à deux coups** double-barrelled rifle *ou* shotgun; **~ sous-marin** spear-gun
fusilier [fyzilje] NM (*Mil*) rifleman
fusillade [fyzijad] NF gunfire *no pl*, shooting *no pl*; (*combat*) gun battle
fusiller [fyzije] /1/ VT to shoot; **~ qn du regard** to look daggers at sb
fusil-mitrailleur [fyzimitʀɑjœʀ] (*pl* **fusils-mitrailleurs**) NM machine gun
fusion [fyzjɔ̃] NF fusion, melting; (*fig*) merging; (*Comm*) merger; **en ~** (*métal, roches*) molten
fusionnement [fyzjɔnmɑ̃] NM merger
fusionner [fyzjɔne] /1/ VI to merge
fustiger [fystiʒe] /3/ VT to denounce
fut [fy] VB *voir* **être**

fût [fy] VB *voir* **être** ▸ NM (*tonneau*) barrel, cask; (*de canon*) stock; (*d'arbre*) bole, trunk; (*de colonne*) shaft

futaie [fytɛ] NF forest, plantation

futé, e [fyte] ADJ crafty; **Bison ~**® *TV and radio traffic monitoring service*

fûtes [fyt] VB *voir* **être**

futile [fytil] ADJ (*inutile*) futile; (*frivole*) frivolous

futilement [fytilmɑ̃] ADV frivolously

futilité [fytilite] NF futility; frivolousness; (*chose futile*) futile pursuit (*ou* thing *etc*)

futon [fytɔ̃] NM futon

★**futur, e** [fytyʀ] ADJ, NM future; **son ~ époux** her husband-to-be; **au ~** (*Ling*) in the future

futurisme [fytyʀism] NM futurism

futuriste [fytyʀist] ADJ futuristic

futurologie [fytyʀɔlɔʒi] NF futurology

fuyant, e [fɥijɑ̃, -ɑ̃t] VB *voir* **fuir** ▸ ADJ (*regard etc*) evasive; (*lignes etc*) receding; (*perspective*) vanishing

fuyard, e [fɥijaʀ, -aʀd] NM/F runaway

fuyons *etc* [fɥijɔ̃] VB *voir* **fuir**

f

Gg

G, g [ʒe] NM INV G, g ▸ ABR (= *gramme*) g; (= *gauche*) L, l; **G comme Gaston** G for George; **le G8** (*Pol*) the G8 nations, the Group of Eight
gabardine [gabaʀdin] NF gabardine
gabarit [gabaʀi] NM (*fig: dimension, taille*) size; (*: valeur*) calibre; (*Tech*) template; **du même ~** (*fig*) of the same type, of that ilk
gabegie [gabʒi] NF (*péj*) chaos
Gabon [gabɔ̃] NM: **le ~** Gabon
gabonais, e [gabɔnɛ, -ɛz] ADJ Gabonese
gâcher [gɑʃe] /1/ VT (*gâter*) to spoil, ruin; (*gaspiller*) to waste; (*plâtre*) to temper; (*mortier*) to mix
gâchette [gɑʃɛt] NF trigger
gâchis [gɑʃi] NM (*désordre*) mess; (*gaspillage*) waste *no pl*
gadget [gadʒɛt] NM thingumajig; (*nouveauté*) gimmick
gadin [gadɛ̃] NM (*fam*): **prendre un ~** to come a cropper (BRIT)
gadoue [gadu] NF sludge
gaélique [gaelik] ADJ Gaelic ▸ NM (*Ling*) Gaelic
gaffe [gaf] NF (*instrument*) boat hook; (*fam: erreur*) blunder; **faire ~** (*fam*) to watch out
gaffer [gafe] /1/ VI to blunder
gaffeur, -euse [gafœʀ, -øz] NM/F blunderer
gag [gag] NM gag
gaga [gaga] ADJ (*fam*) gaga
gage [gaʒ] NM (*dans un jeu*) forfeit; (*fig: de fidélité*) token; **mettre en ~** to pawn; **laisser en ~** to leave as security ▪ **gages** NMPL (*salaire*) wages; (*garantie*) guarantee *sg*
gager [gaʒe] /3/ VT: **~ que** to bet *ou* wager that
gageure [gaʒyʀ] NF: **c'est une ~** it's attempting the impossible
gagnable [gaɲabl] ADJ (*match, circonscription*) winnable
gagnant, e [gaɲɑ̃, -ɑ̃t] ADJ: **billet/numéro ~** winning ticket/number ▸ ADV: **jouer ~** (*aux courses*) to be bound to win ▸ NM/F winner
gagne-pain [gaɲpɛ̃] NM INV job
gagne-petit [gaɲpəti] NM INV low wage earner
★**gagner** [gaɲe] /1/ VT (*concours, procès, pari*) to win; (*somme d'argent, revenu*) to earn; (*aller vers, atteindre*) to reach; (*s'emparer de*) to overcome; (*envahir*) to spread to; (*se concilier*): **~ qn** to win sb over; **~ du temps/de la place** to gain time/save space; **~ sa vie** to earn one's living; **~ du terrain** (*aussi fig*) to gain ground; **~ qn de vitesse** to outstrip sb ▸ VI to win; (*fig*) to gain; **~ à faire** (*s'en trouver bien*) to be better off doing; **il y gagne** it's in his interest, it's to his advantage
gagneur [gaɲœʀ] NM winner
gai, e [ge] ADJ cheerful; (*livre, pièce de théâtre*) light-hearted; (*un peu ivre*) merry
gaiement [gemɑ̃] ADV cheerfully
gaieté [gete] NF cheerfulness; **de ~ de cœur** with a light heart ▪ **gaietés** NFPL (*souvent ironique*) delights
gaillard, e [gajaʀ, -aʀd] ADJ (*robuste*) sprightly; (*grivois*) bawdy, ribald ▸ NM/F (strapping) fellow/wench
gaillardement [gajaʀdəmɑ̃] ADV cheerfully
gain [gɛ̃] NM (*revenu*) earnings *pl*; (*bénéfice: gén pl*) profits *pl*; (*au jeu: gén pl*) winnings *pl*; (*fig: de temps, place*) saving; (*: avantage*) benefit; (*: lucre*) gain; **avoir ~ de cause** to win the case; (*fig*) to be proved right; **obtenir ~ de cause** (*fig*) to win out
gaine [gɛn] NF (*corset*) girdle; (*fourreau*) sheath; (*de fil électrique etc*) outer covering
gaine-culotte [gɛnkylɔt] (*pl* **gaines-culottes**) NF pantie girdle
gainer [gene] /1/ VT to cover
gala [gala] NM official reception; **soirée de ~** gala evening
galamment [galamɑ̃] ADV courteously
galant, e [galɑ̃, -ɑ̃t] ADJ (*courtois*) courteous, gentlemanly; (*entreprenant*) flirtatious, gallant; (*aventure, poésie*) amorous; (*scène, rendez-vous*) romantic; **en galante compagnie** (*homme*) with a lady friend; (*femme*) with a gentleman friend
galanterie [galɑ̃tʀi] NF gallantry
galantine [galɑ̃tin] NF galantine
Galapagos [galapagɔs] NFPL: **les (îles) ~** the Galapagos Islands
galaxie [galaksi] NF galaxy
galbe [galb] NM curve(s); shapeliness
galbé, e [galbe] ADJ (*jambes*) (well-)rounded; **bien ~** shapely
gale [gal] NF (*Méd*) scabies *sg*; (*de chien*) mange
galéjade [galeʒad] NF tall story
galère [galɛʀ] NF galley
galérer [galeʀe] /6/ VI (*fam*) to work hard, slave (away)
galerie [galʀi] NF gallery; (*Théât*) circle; (*de voiture*) roof rack; (*fig: spectateurs*) audience; **~ marchande** shopping mall; **~ de peinture** (private) art gallery

galérien [galeʀjɛ̃] NM galley slave
galeriste [galʀist] NMF gallery owner
galet [galɛ] NM pebble; (*Tech*) wheel ■ **galets** NMPL pebbles, shingle *sg*
galette [galɛt] NF (*gâteau*) flat pastry cake; (*crêpe*) savoury pancake; **la ~ des Rois** *cake traditionally eaten on Twelfth Night*
galeux, -euse [galø, -øz] ADJ: **un chien ~** a mangy dog
Galice [galis] NF: **la ~** Galicia (*in Spain*)
Galicie [galisi] NF: **la ~** Galicia (*in Central Europe*)
galiléen, ne [galileɛ̃, -ɛn] ADJ Galilean
galimatias [galimatja] NM (*péj*) gibberish
galion [galjɔ̃] NM galleon
galipette [galipɛt] NF somersault; **faire des galipettes** to turn somersaults
Galles [gal] NFPL: **le pays de ~** Wales
gallicisme [galisism] NM French idiom; (*tournure fautive*) gallicism
gallinacé [galinase] NM gallinacean
★**gallois, e** [galwa, -waz] ADJ Welsh ▸ NM (*Ling*) Welsh ▸ NM/F: **Gallois, e** Welshman(-woman)
gallo-romain, e [galoʀɔmɛ̃, -ɛn] ADJ Gallo-Roman
galoche [galɔʃ] NF clog
galocher [galɔʃe] VT (*fam*) to French kiss
galon [galɔ̃] NM (*Mil*) stripe; (*décoratif*) piece of braid; **prendre du ~** to be promoted
galop [galo] NM gallop; **au ~** at a gallop; **~ d'essai** (*fig*) trial run
galopade [galɔpad] NF stampede
galopant, e [galɔpɑ̃, -ɑ̃t] ADJ: **inflation galopante** galloping inflation; **démographie galopante** exploding population
galoper [galɔpe] /1/ VI to gallop
galopin [galɔpɛ̃] NM urchin, ragamuffin
galurin [galyʀɛ̃] NM (*fam*) hat, titfer (*fam*)
galvaniser [galvanize] /1/ VT to galvanize
galvaudé, e [galvode] ADJ (*expression*) hackneyed; (*mot*) clichéd
galvauder [galvode] /1/ VT to debase
gambade [gɑ̃bad] NF: **faire des gambades** to skip *ou* frisk about
gambader [gɑ̃bade] /1/ VI (*animal, enfant*) to leap about
gamberger [gɑ̃bɛʀʒe] /3/ (*fam*) VI to (have a) think ▸ VT to dream up
gambette [gɑ̃bɛt] NF (*fam*) leg
Gambie [gɑ̃bi] NF: **la ~** (*pays*) Gambia; (*fleuve*) the Gambia
gambiller [gɑ̃bije] VI (*fam: danser*) to jig about (*fam*)
gamelle [gamɛl] NF mess tin; billy can; (*fam*): **ramasser une ~** to fall flat on one's face
gamète [gamɛt] NM gamete
gamin, e [gamɛ̃, -in] NM/F kid ▸ ADJ mischievous, playful
gaminerie [gaminʀi] NF mischievousness, playfulness
gamme [gam] NF (*Mus*) scale; (*fig*) range
gammé, e [game] ADJ: **croix gammée** swastika
ganache [ganaʃ] NF (*crème*) chocolate cream filling, ganache
Gand [gɑ̃] N Ghent
gang [gɑ̃g] NM (*de criminels*) gang
Gange [gɑ̃ʒ] NM: **le ~** the Ganges
ganglion [gɑ̃glijɔ̃] NM ganglion; (*lymphatique*) gland; **avoir des ganglions** to have swollen glands
gangrène [gɑ̃gʀɛn] NF gangrene; (*fig*) corruption; corrupting influence
gangrener [gɑ̃gʀəne] VT (*fig: esprits, relations*) to corrupt ■ **se gangrener** VPR to turn gangrenous
gangster [gɑ̃gstɛʀ] NM gangster
gangstérisme [gɑ̃gsteʀism] NM gangsterism
gangue [gɑ̃g] NF coating
ganse [gɑ̃s] NF braid
★**gant** [gɑ̃] NM glove; **prendre des gants** (*fig*) to handle the situation with kid gloves; **relever le ~** (*fig*) to take up the gauntlet; **~ de crin** massage glove; **~ de toilette** (face) flannel (BRIT), face cloth; **gants de boxe** boxing gloves; **gants de caoutchouc** rubber gloves
ganté, e [gɑ̃te] ADJ: **~ de blanc** wearing white gloves
ganterie [gɑ̃tʀi] NF glove trade; (*magasin*) glove shop
★**garage** [gaʀaʒ] NM garage; **~ à vélos** bicycle shed
★**garagiste** [gaʀaʒist] NMF (*propriétaire*) garage owner; (*mécanicien*) garage mechanic
garant, e [gaʀɑ̃, -ɑ̃t] NM/F guarantor; **se porter ~ de** to vouch for; to be answerable for ▸ NM guarantee
garantie [gaʀɑ̃ti] NF guarantee, warranty; (*gage*) security, surety; **(bon de) ~** guarantee *ou* warranty slip; **~ de bonne exécution** performance bond
garantir [gaʀɑ̃tiʀ] /2/ VT to guarantee; (*protéger*): **~ de** to protect from; **je vous garantis que** I can assure you that; **garanti pure laine/2 ans** guaranteed pure wool/for 2 years
garce [gaʀs] NF (*péj*) bitch (*!*)
garçon [gaʀsɔ̃] NM boy; (*jeune homme*) boy, lad; (*aussi:* **garçon de café**) waiter; **vieux ~** (*célibataire*) bachelor; **~ boucher/coiffeur** butcher's/hairdresser's assistant; **~ de courses** messenger; **~ d'écurie** stable lad; **~ manqué** tomboy
garçonnet [gaʀsɔnɛ] NM small boy
garçonnière [gaʀsɔnjɛʀ] NF bachelor flat
★**garde** [gaʀd(ə)] NM (*de prisonnier*) guard; (*de domaine etc*) warden; (*soldat, sentinelle*) guardsman; **~ champêtre** rural policeman; **~ du corps** bodyguard; **~ forestier** forest warden; **~ des Sceaux** ≈ Lord Chancellor (BRIT), ≈ Attorney General (*US*); **~ mobile** *nmf* mobile guard ▸ NF guarding; looking after; (*soldats, Boxe, Escrime*) guard; (*faction*) watch; (*d'une arme*) hilt; (*Typo: aussi:* **page** *ou* **feuille de garde**) flyleaf; (*: collée*) endpaper; **de ~** *adj, adv* on duty; **~ d'enfants** child minder; **~ à vue** (*Jur*) ≈ police custody; **monter la ~** to stand guard; **être sur ses gardes** to be on one's guard; **mettre en ~** to warn; **mise en ~** warning; **prendre ~ (à)** to be careful (of); **avoir la ~ des enfants** (*après divorce*) to have custody of the children
garde-à-vous [gaʀdavu] NM INV: **être/se mettre au ~** to be at/stand to attention; **~ (fixe)!** (*Mil*) attention!

garde-barrière [gaʀdəbaʀjɛʀ] (*pl* **gardes-barrière(s)**) NM/F level-crossing keeper

garde-boue [gaʀdəbu] NM INV mudguard

garde-chasse [gaʀdəʃas] (*pl* **gardes-chasse(s)**) NM gamekeeper

garde-côte [gaʀdəkot] NM (*vaisseau*) coastguard boat

garde-feu [gaʀdəfø] NM fender

garde-fou [gaʀdəfu] NM railing, parapet

garde-malade [gaʀdəmalad] (*pl* **gardes-malade(s)**) NF home nurse

garde-manger [gaʀdmɑ̃ʒe] NM INV (*boîte*) meat safe; (*placard*) pantry, larder

garde-meuble [gaʀdəmœbl] NM furniture depository

gardénal [gaʀdenal] NM phenobarbitone

gardénia [gaʀdenja] NM gardenia

garde-pêche [gaʀdəpɛʃ] NM (*personne*) water bailiff; (*navire*) fisheries protection ship

★**garder** [gaʀde] /1/ VT (*conserver*) to keep; (: *sur soi: vêtement, chapeau*) to keep on; (*surveiller: enfants*) to look after; (: *immeuble, lieu, prisonnier*) to guard; **~ le lit/la chambre** to stay in bed/indoors; **~ le silence** to keep silent *ou* quiet; **~ la ligne** to keep one's figure; **~ à vue** to keep in custody; **pêche/chasse gardée** private fishing/hunting (ground) ■ **se garder** VPR (*aliment: se conserver*) to keep; **se ~ de faire** to be careful not to do

garderie [gaʀdəʀi] NF day nursery, crèche

garde-robe [gaʀdəʀɔb] NF wardrobe

gardeur, -euse [gaʀdœʀ, -øz] NM/F (*de vaches*) cowherd; (*de chèvres*) goatherd

gardian [gaʀdjɑ̃] NM cowboy (*in the Camargue*)

★**gardien, ne** [gaʀdjɛ̃, -ɛn] NM/F (*garde*) guard; (*de prison*) warder; (*de domaine, réserve*) warden; (*de musée etc*) attendant; (*de phare, cimetière*) keeper; (*d'immeuble*) caretaker; (*fig*) guardian; **~ de but** goalkeeper; **~ de nuit** night watchman; **~ de la paix** policeman

gardiennage [gaʀdjɛnaʒ] NM (*emploi*) caretaking; **société de ~** security firm

gardon [gaʀdɔ̃] NM roach

★**gare** [gaʀ] NF (railway) station, train station (*US*); **~ maritime** harbour station; **~ routière** bus station; (*de camions*) haulage (BRIT) *ou* trucking (*US*) depot; **~ de triage** marshalling yard ▶ EXCL: **~ à ...** mind ...!, watch out for ...!; **~ à ne pas ...** mind you don't ...; **~ à toi!** watch out!; **sans crier ~** without warning

garenne [gaʀɛn] NF *voir* **lapin**

★**garer** [gaʀe] /1/ VT to park ■ **se garer** VPR to park; (*pour laisser passer*) to draw into the side

gargantuesque [gaʀgɑ̃tɥɛsk] ADJ gargantuan

gargariser [gaʀgaʀize] /1/: **se gargariser** VPR to gargle; **se ~ de** (*fig*) to revel in

gargarisme [gaʀgaʀism] NM gargling *no pl*; (*produit*) gargle

gargote [gaʀgɔt] NF cheap restaurant, greasy spoon (*fam*)

gargouille [gaʀguj] NF gargoyle

gargouillement [gaʀgujmɑ̃] NM = **gargouillis**

gargouiller [gaʀguje] /1/ VI (*estomac*) to rumble; (*eau*) to gurgle

gargouillis [gaʀguji] NM (*gén pl*) rumbling; gurgling

garnement [gaʀnəmɑ̃] NM rascal, scallywag

garni, e [gaʀni] ADJ (*plat*) served with vegetables (*and chips, pasta or rice*) ▶ NM (*appartement*) furnished accommodation *no pl* (BRIT) *ou* accommodations *pl* (*US*)

garnir [gaʀniʀ] /2/ VT to decorate; (*remplir*) to fill; (*recouvrir*) to cover; **~ qch de** (*orner*) to decorate sth with; to trim sth with; (*approvisionner*) to fill *ou* stock sth with; (*protéger*) to fit sth with; (*Culin*) to garnish sth with ■ **se garnir** VPR (*pièce, salle*) to fill up

garnison [gaʀnizɔ̃] NF garrison

garnissage [gaʀnisaʒ] NM (*bourre*) stuffing

garniture [gaʀnityʀ] NF (*Culin: légumes*) vegetables *pl*; (: *persil etc*) garnish; (: *farce*) filling; (*décoration*) trimming; (*protection*) fittings *pl*; **~ de cheminée** mantelpiece ornaments *pl*; **~ de frein** (*Auto*) brake lining; **~ intérieure** (*Auto*) interior trim; **~ périodique** sanitary towel (BRIT) *ou* napkin (*US*)

garrigue [gaʀig] NF scrubland

garrot [gaʀo] NM (*Méd*) tourniquet; (*torture*) garrotte

garrotter [gaʀɔte] /1/ VT to tie up; (*fig*) to muzzle

gars [gɑ] NM lad; (*type*) guy

Gascogne [gaskɔɲ] NF: **la ~** Gascony; **le golfe de ~** the Bay of Biscay

gascon, ne [gaskɔ̃, -ɔn] ADJ Gascon ▶ NM: **G~** (*hâbleur*) braggart

gas-oil [gɑzɔjl] NM diesel oil

gaspillage [gaspijaʒ] NM waste

gaspiller [gaspije] /1/ VT to waste

gaspilleur, -euse [gaspijœʀ, -øz] ADJ wasteful

gastéropode [gasteʀɔpɔd] NM gastropod

gastrique [gastʀik] ADJ gastric, stomach *cpd*

gastrite [gastʀit] NF gastritis

gastro-entérite [gastʀoɑ̃teʀit] NF (*Méd*) gastroenteritis

gastroentérologue [gastʀoɑ̃teʀɔlɔg] NM/F gastroenterologist

gastro-intestinal, e, -aux [gastʀoɛ̃tɛstinal, -o] ADJ gastrointestinal

gastronome [gastʀɔnɔm] NMF gourmet

gastronomie [gastʀɔnɔmi] NF gastronomy

gastronomique [gastʀɔnɔmik] ADJ gastronomic; **menu ~** gourmet menu

gâté, e [gɑte] ADJ (*fruit*) bruised; (*enfant*) spoiled *ou* spoilt

gâteau, x [gɑto] NM cake; **~ d'anniversaire** birthday cake; **~ de riz** ≈ rice pudding; **~ sec** biscuit ▶ ADJ INV (*fam: trop indulgent*): **papa-/maman-gâteau** doting father/mother

gâter [gɑte] /1/ VT to spoil ■ **se gâter** VPR (*dent, fruit*) to go bad; (*temps, situation*) to change for the worse

gâterie [gɑtʀi] NF little treat

gâteux, -euse [gɑtø, -øz] ADJ senile

gâtisme [gɑtism] NM senility

★**gauche** [goʃ] ADJ left, left-hand; (*maladroit*) awkward, clumsy; **le bras ~** the left arm; **le côté ~** the left-hand side ▶ NF (*Pol*) left (wing); (*Boxe*) left; **à ~** on the left; (*direction*) (to the) left; **à ~ de** (on *ou* to the) left of; **à la ~ de** to the left of; **sur votre ~** on your left; **de ~** (*Pol*) left-wing

gauchement [goʃmɑ̃] ADV awkwardly, clumsily

gaucher, -ère [goʃe, -ɛʀ] ADJ left-handed

gaucherie [goʃʀi] NF awkwardness, clumsiness

gauchir [goʃiʀ] /2/ VT (*planche, objet*) to warp; (*fig: fait, idée*) to distort

gauchisant, e [goʃizɑ̃, -ɑ̃t] ADJ with left-wing tendencies

gauchisme [goʃism] NM leftism

gauchiste [goʃist] ADJ, NMF leftist

gaudriole [godʀijɔl] NF hanky panky; (*fam*): **il ne pense qu'à la ~** he has a one-track mind

gaufre [gofʀ] NF (*pâtisserie*) waffle; (*de cire*) honeycomb

gaufrer [gofʀe] /1/ VT (*papier*) to emboss; (*tissu*) to goffer

gaufrette [gofʀɛt] NF wafer

gaufrier [gofʀije] NM (*moule*) waffle iron

Gaule [gol] NF: **la ~** Gaul

gaule [gol] NF (*perche*) (long) pole; (*canne à pêche*) fishing rod

gauler [gole] /1/ VT (*arbre*) to beat (*using a long pole to bring down fruit*); (*fruits*) to beat down (*with a pole*)

gaullisme [golism] NM Gaullism

gaulliste [golist] ADJ, NMF Gaullist

gaulois, e [golwa, -waz] ADJ Gallic; (*grivois*) bawdy ▶ NM/F: **Gaulois, e** Gaul

gauloiserie [golwazʀi] NF bawdiness

gausser [gose] /1/: **se gausser de** VPR to deride

gavage [gavaʒ] NM (*d'animaux*) force-feeding

gaver [gave] /1/ VT to force-feed; (*fig*): **~ de** to cram with, fill up with; **se ~ de** to stuff o.s. with

gay [gɛ] ADJ, NM (*fam*) gay

★**gaz** [gɑz] NM INV gas; **mettre les ~** (*Auto*) to put one's foot down; **chambre/masque à ~** gas chamber/mask; **~ en bouteille** bottled gas; **~ butane** Calor gas® (BRIT), butane gas; **~ carbonique** carbon dioxide; **~ hilarant** laughing gas; **~ lacrymogène** tear gas; **~ naturel** natural gas; **~ de ville** town gas (BRIT), manufactured domestic gas; **ça sent le ~** I can smell gas, there's a smell of gas

gazage [gɑzaʒ] NM gassing

gaze [gɑz] NF gauze

gazéifié, e [gazeifje] ADJ carbonated, aerated

gazelle [gazɛl] NF gazelle

gazer [gɑze] /1/ VT to gas ▶ VI (*fam*) to be going *ou* working well

gazette [gazɛt] NF news sheet

gazeux, -euse [gɑzø, -øz] ADJ gaseous; (*eau*) sparkling; (*boisson*) fizzy

gazinière [gɑzinjɛʀ] NF gas cooker, gas stove

gazoduc [gɑzodyk] NM gas pipeline

gazole [gɑzɔl] NM = **gas-oil**

gazomètre [gɑzɔmɛtʀ] NM gasometer

★**gazon** [gɑzɔ̃] NM (*herbe*) turf, grass; (*pelouse*) lawn

gazonné, e [gɑzɔne] ADJ grassed

gazonner [gɑzɔne] /1/ VT (*terrain*) to grass over

gazouillement [gazujmɑ̃] NM (*voir vb*) chirping; babbling

gazouiller [gazuje] /1/ VI (*oiseau*) to chirp; (*enfant*) to babble

gazouillis [gazuji] NMPL chirp *sg*

GB SIGLE F (= *Grande-Bretagne*) GB

gd ABR (= *grand*) L

GDF SIGLE M (*vieilli:* = *Gaz de France*) *national gas company*

geai [ʒɛ] NM jay

géant, e [ʒeɑ̃, -ɑ̃t] ADJ gigantic, giant; (*Comm*) giant-size ▶ NM/F giant

gecko [ʒeko] NM gecko

gégène [ʒeʒɛn] NF (*torture*) electroshock torture

geignard, e [ʒɛɲaʀ, -aʀd] ADJ (*fam*) moaning

geignement [ʒɛɲmɑ̃] NM groaning, moaning

geindre [ʒɛ̃dʀ] /52/ VI to groan, moan

gel [ʒɛl] NM frost; (*de l'eau*) freezing; (*fig: des salaires, prix*) freeze; freezing; (*produit de beauté*) gel; **~ douche** shower gel

gélatine [ʒelatin] NF gelatine

gélatineux, -euse [ʒelatinø, -øz] ADJ jelly-like, gelatinous

gelé, e [ʒ(ə)le] ADJ frozen ▶ NF (*Culin: de fruits*) jelly; (*gel*) frost; **en gelée** in aspic; **gelée blanche** hoarfrost, white frost

★**geler** [ʒ(ə)le] /5/ VT, VI to freeze; **il gèle** it's freezing

gélifiant [ʒelifjɑ̃] NM gelling agent

gélule [ʒelyl] NF (*Méd*) capsule

gelures [ʒ(ə)lyʀ] NFPL frostbite *sg*

Gémeaux [ʒemo] NMPL: **les ~** Gemini, the Twins; **être des ~** to be Gemini

gémir [ʒemiʀ] /2/ VI to groan, moan

gémissement [ʒemismɑ̃] NM groan, moan

gemme [ʒɛm] NF gem(stone)

gémonies [ʒemɔni] NFPL: **vouer qn aux ~** to subject sb to public scorn

gén. ABR (= *généralement*) gen.

gênant, e [ʒɛnɑ̃, -ɑ̃t] ADJ (*objet*) awkward, in the way; (*histoire, personne*) embarrassing

gencive [ʒɑ̃siv] NF gum

★**gendarme** [ʒɑ̃daʀm] NM gendarme

gendarmer [ʒɑ̃daʀme] /1/: **se gendarmer** VPR to kick up a fuss

★**gendarmerie** [ʒɑ̃daʀməʀi] NF *military police force in countryside and small towns; their police station or barracks*

gendre [ʒɑ̃dʀ] NM son-in-law

gène [ʒɛn] NM (*Bio*) gene

gêne [ʒɛn] NF (*à respirer, bouger*) discomfort, difficulty; (*dérangement*) bother, trouble; (*manque d'argent*) financial difficulties *pl ou* straits *pl*; (*confusion*) embarrassment; **sans ~** *adj* inconsiderate

gêné, e [ʒene] ADJ embarrassed; (*dépourvu d'argent*) short (of money)

généalogie [ʒenealɔʒi] NF genealogy

généalogique [ʒenealɔʒik] ADJ genealogical

généalogiste [ʒenealɔʒist] NMF genealogist

gêner [ʒene] /1/ VT (*incommoder*) to bother; (*encombrer*) to hamper; (*bloquer le passage*) to be in the way of; (*déranger*) to bother; (*embarrasser*): **~ qn** to make sb feel ill-at-ease ▪ **se gêner** VPR to put o.s. out; **ne vous gênez pas!** (*ironique*) go right ahead!, don't mind me!; **je vais me ~!** (*ironique*) why should I care?

général, e, -aux [ʒeneʀal, -o] ADJ, NM general ▸ NF: **(répétition) générale** final dress rehearsal; **en ~** usually, in general; **à la satisfaction générale** to everyone's satisfaction

généralement [ʒeneʀalmɑ̃] ADV generally

généralisable [ʒeneʀalizabl] ADJ generally applicable

généralisation [ʒeneʀalizasjɔ̃] NF generalization

généraliser [ʒeneʀalize] /1/ VT, VI to generalize ▪ **se généraliser** VPR to become widespread

généraliste [ʒeneʀalist] NMF (*Méd*) general practitioner, GP

généralité [ʒeneʀalite] NF: **la ~ des ...** the majority of ... ▪ **généralités** NFPL generalities; (*introduction*) general points

générateur, -trice [ʒeneʀatœʀ, -tʀis] ADJ: **~ de** which causes *ou* brings about ▸ NF (*Élec*) generator

génération [ʒeneʀasjɔ̃] NF generation

générer [ʒeneʀe] VT (*emplois, chiffre d'affaires*) to generate

généreusement [ʒeneʀøzmɑ̃] ADV generously

généreux, -euse [ʒeneʀø, -øz] ADJ generous

générique [ʒeneʀik] ADJ generic ▸ NM (*Ciné, TV*) credits *pl*, credit titles *pl*

générosité [ʒeneʀozite] NF generosity

Gênes [ʒɛn] N Genoa

genèse [ʒənɛz] NF genesis

genêt [ʒ(ə)nɛ] NM (*Bot*) broom *no pl*

généticien, ne [ʒenetisjɛ̃, -ɛn] NM/F geneticist

génétique [ʒenetik] ADJ genetic ▸ NF genetics *sg*

génétiquement [ʒenetikmɑ̃] ADV genetically

gêneur, -euse [ʒɛnœʀ, -øz] NM/F (*personne qui gêne*) obstacle; (*importun*) intruder

Genève [ʒ(ə)nɛv] N Geneva

genevois, e [ʒən(ə)vwa, -waz] ADJ Genevan

genévrier [ʒənevʀije] NM juniper

génial, e, -aux [ʒenjal, -o] ADJ of genius; (*fam: formidable*) fantastic, brilliant

génie [ʒeni] NM genius; (*Mil*): **le ~** ≈ the Engineers *pl*; **avoir du ~** to have genius; **~ civil** civil engineering; **~ génétique** genetic engineering

genièvre [ʒənjɛvʀ] NM (*Bot*) juniper (tree); (*boisson*) Dutch gin; **grain de ~** juniper berry

génique [ʒenik] ADJ (*Bio*) gene *cpd*

génisse [ʒenis] NF heifer; **foie de ~** ox liver

génital, e, -aux [ʒenital, -o] ADJ genital; **les parties génitales** the genitals

géniteur, -trice [ʒenitœʀ, -tʀis] NM/F (*humoristique*) parent

génitif [ʒenitif] NM genitive

génocide [ʒenɔsid] NM genocide

génois, e [ʒenwa, -waz] ADJ Genoese ▸ NF (*gâteau*) ≈ sponge cake

génoise [ʒenwaz] NF (*gâteau*) ≈ sponge cake

génome [ʒenom] NM genome

génotype [ʒenotip] (*Bio*) NM genotype

★**genou, x** [ʒ(ə)nu] NM knee; **à genoux** on one's knees; **se mettre à genoux** to kneel down

genouillère [ʒ(ə)nujɛʀ] NF (*Sport*) kneepad

★**genre** [ʒɑ̃ʀ] NM (*espèce, sorte*) kind, type, sort; (*allure*) manner; (*Ling*) gender; (*Art*) genre; (*Zool etc*) genus; **se donner du ~** to give o.s. airs; **avoir bon ~** to look a nice sort; **avoir mauvais ~** to be coarse-looking; **ce n'est pas son ~** it's not like him

★**gens** [ʒɑ̃] NMPL (*f in some phrases*) people *pl*; **les ~ d'Église** the clergy; **les ~ du monde** society people; **~ de maison** domestics

gentiane [ʒɑ̃sjan] NF gentian

★**gentil, le** [ʒɑ̃ti, -ij] ADJ kind; (*enfant: sage*) good; (*sympathique: endroit etc*) nice; **c'est très ~ à vous** it's very kind *ou* good *ou* nice of you

gentilhomme [ʒɑ̃tizɔm] NM (*noble*) gentleman

gentilhommière [ʒɑ̃tijɔmjɛʀ] NF (small) manor house *ou* country seat

gentillesse [ʒɑ̃tijɛs] NF kindness

gentillet, te [ʒɑ̃tijɛ, -ɛt] ADJ nice little

gentiment [ʒɑ̃timɑ̃] ADV kindly

gentleman [dʒɑ̃tləmɛn] NM (*homme courtois*) gentleman

génuflexion [ʒenyflɛksjɔ̃] NF genuflexion

géo ABR (= *géographie*) geography

géodésie [ʒeɔdezi] NF geodesy

géodésique [ʒeɔdezik] ADJ geodesic

géographe [ʒeɔgʀaf] NMF geographer

géographie [ʒeɔgʀafi] NF geography

géographique [ʒeɔgʀafik] ADJ geographical

geôlier [ʒolje] NM jailer

géolocalisation [ʒeolokalizasjɔ̃] NF geolocation

géolocaliser [ʒeolokalize] /1/ VT to geolocate

géologie [ʒeɔlɔʒi] NF geology

géologique [ʒeɔlɔʒik] ADJ geological

géologiquement [ʒeɔlɔʒikmɑ̃] ADV geologically

géologue [ʒeɔlɔg] NMF geologist

géomancie [ʒeɔmɑ̃si] NF geomancy

géomètre [ʒeɔmɛtʀ] NM: **(arpenteur-)géomètre** (land) surveyor

géométrie [ʒeɔmetʀi] NF geometry; **à ~ variable** (*Aviat*) swing-wing

géométrique [ʒeɔmetʀik] ADJ geometric

géophysicien, ne [ʒeofizisjɛ̃, -jɛn] NM/F geophysicist

géophysique [ʒeɔfizik] NF geophysics *sg*

géopolitique [ʒeɔpɔlitik] NF geopolitics *sg*

Géorgie [ʒeɔʀʒi] NF: **la ~** (*Caucase, USA*) Georgia; **la ~ du Sud** South Georgia

géorgien, ne [ʒeɔʀʒjɛ̃, -ɛn] ADJ Georgian

géostationnaire [ʒeɔstasjɔnɛʀ] ADJ geostationary

géothermie [ʒeotɛʀmi] NF (*énergie*) geothermal energy

géothermique [ʒeɔtɛʀmik] ADJ: **énergie ~** geothermal energy

gérable [ʒeʀabl] ADJ (*situation, projet*) manageable; (*douleur, désagrément*) bearable

gérance [ʒeʀɑ̃s] NF management; **mettre en ~** to appoint a manager for; **prendre en ~** to take over (the management of)

géranium [ʒeʀanjɔm] NM geranium
gérant, e [ʒeʀɑ̃, -ɑ̃t] NM/F manager (manageress); **~ d'immeuble** managing agent
gerbe [ʒɛʀb] NF (*de fleurs, d'eau*) spray; (*de blé*) sheaf; (*fig*) shower, burst
gerber [ʒɛʀbe] VI (*fam: vomir*) to puke
gercé, e [ʒɛʀse] ADJ chapped
gercer [ʒɛʀse] /3/ VI to chap ■ **se gercer** VPR to chap
gerçure [ʒɛʀsyʀ] NF crack
gérer [ʒeʀe] /6/ VT to manage
gerfaut [ʒɛʀfo] NM (*rapace*) gyrfalcon
gériatrie [ʒeʀjatʀi] NF geriatrics *sg*
gériatrique [ʒeʀjatʀik] ADJ geriatric
germain, e [ʒɛʀmɛ̃, -ɛn] ADJ: **cousin ~** first cousin
germanique [ʒɛʀmanik] ADJ Germanic
germaniste [ʒɛʀmanist] NMF German scholar
germanophone [ʒɛʀmanɔfɔn] ADJ German-speaking ▸ NMF German-speaker
germanopratin, e [ʒɛʀmanɔpʀatɛ̃, -in] ADJ from Saint-Germain-des-Prés
germe [ʒɛʀm] NM germ
germer [ʒɛʀme] /1/ VI to sprout; (*semence, aussi fig*) to germinate
gérondif [ʒeʀɔ̃dif] NM gerund; (*en latin*) gerundive
gérontocratie [ʒeʀɔ̃tɔkʀasi] NF gerontocracy
gérontologie [ʒeʀɔ̃tɔlɔʒi] NF gerontology
gérontologue [ʒeʀɔ̃tɔlɔg] NMF gerontologist
GES SIGLE M (= *gaz à effet de serre*) GHG (= *greenhouse gas*)
gésier [ʒezje] NM gizzard
gésir [ʒeziʀ] VI to be lying (down); *voir aussi* **ci-gît**
gestation [ʒɛstasjɔ̃] NF gestation
geste [ʒɛst] NM gesture; move; motion; **il fit un ~ de la main pour m'appeler** he signed to me to come over, he waved me over; **ne faites pas un ~** (*ne bougez pas*) don't move
gesticuler [ʒɛstikyle] /1/ VI to gesticulate
gestion [ʒɛstjɔ̃] NF management; **~ des disques** (*Inform*) housekeeping; **~ de fichier(s)** (*Inform*) file management
gestionnaire [ʒɛstjɔnɛʀ] NMF administrator; **~ de fichiers** (*Inform*) file manager
gestuelle [ʒɛstɥɛl] NF body movements
geyser [ʒɛzɛʀ] NM geyser
Ghana [gana] NM: **le ~** Ghana
ghetto [gɛto] NM ghetto
ghettoïsation [getoizasjɔ̃] NF ghettoization
ghettoïser [getoize] VT to ghettoize
gibbon [ʒibɔ̃] NM gibbon
gibecière [ʒib(ə)sjɛʀ] NF (*de chasseur*) gamebag; (*sac en bandoulière*) shoulder bag
gibelotte [ʒiblɔt] NF *rabbit fricassee in white wine*
gibet [ʒibɛ] NM gallows *pl*
gibier [ʒibje] NM (*animaux*) game; (*fig*) prey
giboulée [ʒibule] NF sudden shower
giboyeux, -euse [ʒibwajø, -øz] ADJ well-stocked with game
Gibraltar [ʒibʀaltaʀ] NM Gibraltar
gibus [ʒibys] NM opera hat
giclée [ʒikle] NF spurt, squirt
gicler [ʒikle] /1/ VI to spurt, squirt
gicleur [ʒiklœʀ] NM (*Auto*) jet
GIE SIGLE M = **groupement d'intérêt économique**
gifle [ʒifl] NF slap (in the face)
gifler [ʒifle] /1/ VT to slap (in the face)
gigantesque [ʒigɑ̃tɛsk] ADJ gigantic
gigantisme [ʒigɑ̃tism] NM (*Méd*) gigantism; (*des mégalopoles*) vastness
gigaoctet [ʒigaɔktɛ] NM gigabyte
GIGN SIGLE M (= *Groupe d'intervention de la gendarmerie nationale*) *special crack force of the gendarmerie*, ≈ SAS (BRIT)
gigogne [ʒigɔɲ] ADJ: **lits gigognes** truckle (BRIT) *ou* trundle (US) beds; **tables/poupées gigognes** nest of tables/dolls
gigolo [ʒigɔlo] NM gigolo
gigot [ʒigo] NM leg (of mutton *ou* lamb)
gigoter [ʒigɔte] /1/ VI to wriggle (about)
gigue [ʒig] NF (*fam*): **grande ~** beanpole
★**gilet** [ʒilɛ] NM waistcoat; (*pull*) cardigan; (*de corps*) vest; **~ de sauvetage** life jacket; **~ de sécurité** safety vest; **~ pare-balles** bulletproof jacket
gin [dʒin] NM gin; **gin-tonic** gin and tonic
gingembre [ʒɛ̃ʒɑ̃bʀ] NM ginger
gingivite [ʒɛ̃ʒivit] NF inflammation of the gums, gingivitis
ginseng [ʒinsɛŋ] NM ginseng
girafe [ʒiʀaf] NF giraffe
giratoire [ʒiʀatwaʀ] ADJ: **sens ~** roundabout
girofle [ʒiʀɔfl] NM: **clou de ~** clove
giroflée [ʒiʀɔfle] NF wallflower
girolle [ʒiʀɔl] NF chanterelle
giron [ʒiʀɔ̃] NM (*genoux*) lap; (*fig: sein*) bosom
Gironde [ʒiʀɔ̃d] NF: **la ~** the Gironde
gironde [ʒiʀɔ̃d] ADJ F (*fam: bien faite*) well-rounded
Girondin, e [ʒiʀɔ̃dɛ̃, -in] NM/F (*habitant de la Gironde*) person who lives in the Gironde; (*Hist*) Girondin
girophare [ʒiʀɔfaʀ] NM revolving (flashing) light
girouette [ʒiʀwɛt] NF weather vane *ou* cock
gis [ʒi], **gisais** *etc* [ʒizɛ] VB *voir* **gésir**
gisant [ʒizɑ̃] NM recumbent statue
gisement [ʒizmɑ̃] NM deposit
gît [ʒi] VB *voir* **gésir**
gitan, e [ʒitɑ̃, -an] NM/F gipsy
gîte [ʒit] NM (*maison*) home; (*abri*) shelter; (*du lièvre*) form; **~ (rural)** (country) holiday cottage *ou* apartment, gîte (*self-catering accommodation in the country*)

A **gîte rural** is a high-quality holiday rental, usually typical of the region and with access to an outdoor space. *Gîtes ruraux* are mostly detached houses situated, as their name implies, in rural areas. They are classified into 5 categories, from 1 to 5 *épis* (ears of wheat), according to how comfortable and well-equipped they are, how much outdoor space there is, whether they have a swimming pool, and so on.

gîter [ʒite] /1/ VI (*Navig*) to list
givrage [ʒivʀaʒ] NM icing
givrant, e [ʒivʀɑ̃, -ɑ̃t] ADJ: **brouillard ~** freezing fog
givre [ʒivʀ] NM (hoar) frost
givré, e [ʒivʀe] ADJ covered in frost; (*fam: fou*) nuts; **citron ~/orange givrée** lemon/orange sorbet (*served in fruit skin*)
glabre [glɑbʀ] ADJ hairless; (*menton*) clean-shaven
glaçage [glasaʒ] NM (*au sucre*) icing; (*au blanc d'œuf, de la viande*) glazing
★**glace** [glas] NF ice; (*crème glacée*) ice cream; (*verre*) sheet of glass; (*miroir*) mirror; (*de voiture*) window; **de ~** (*fig: accueil, visage*) frosty, icy; **rester de ~** to remain unmoved ▪ **glaces** NFPL (*Géo*) ice sheets, ice *sg*
glacé, e [glase] ADJ (*mains, vent, pluie*) freezing; (*lac*) frozen; (*boisson*) iced
glacer [glase] /3/ VT to freeze; (*boisson*) to chill, ice; (*gâteau*) to ice (BRIT), frost (US); (*papier, tissu*) to glaze; (*fig*): **~ qn** (*intimider*) to chill sb; (*effrayer*) to make sb's blood run cold
glaciaire [glasjɛʀ] ADJ (*période*) ice *cpd*; (*relief*) glacial
glacial, e [glasjal] ADJ icy
glaciation [glasjasjɔ̃] NF (*période*) glaciation
glacier [glasje] NM (*Géo*) glacier; (*marchand*) ice-cream maker
glacière [glasjɛʀ] NF icebox
glaçon [glasɔ̃] NM icicle; (*pour boisson*) ice cube
gladiateur [gladjatœʀ] NM gladiator
glaïeul [glajœl] NM gladiola
glaire [glɛʀ] NF (*Méd*) phlegm *no pl*
glaise [glɛz] NF clay
glaive [glɛv] NM two-edged sword
glamour [glamuʀ] ADJ glamorous
gland [glɑ̃] NM (*de chêne*) acorn; (*décoration*) tassel; (*Anat*) glans
glande [glɑ̃d] NF gland
glander [glɑ̃de] /1/ VI (*fam*) to fart around (BRIT !), screw around (US !)
glandeur, -euse [glɑ̃dœʀ, -øz] NM/F (*fam*) lazy sod (*fam*)
glandouiller [glɑ̃duje] VI (*fam*) to bum around (*fam*)
glaner [glane] /1/ VT, VI to glean
glapir [glapiʀ] /2/ VI to yelp
glapissement [glapismɑ̃] NM yelping
glas [glɑ] NM knell, toll
glaucome [glokom] NM glaucoma
glauque [glok] ADJ dull blue-green
glissade [glisad] NF (*par jeu*) slide; (*chute*) slip; (*dérapage*) skid; **faire des glissades** to slide
glissant, e [glisɑ̃, -ɑ̃t] ADJ slippery
glisse [glis] NF: **sports de ~** *sports involving sliding or gliding (eg skiing, surfing, windsurfing)*
glissement [glismɑ̃] NM sliding; (*fig*) shift; **~ de terrain** landslide
★**glisser** [glise] /1/ VI (*avancer*) to glide *ou* slide along; (*coulisser, tomber*) to slide; (*déraper*) to slip; (*être glissant*) to be slippery; **~ sur** (*fig: détail etc*) to skate over ▸ VT to slip; **~ qch sous/dans/à** to slip sth under/into/to ▪ **se glisser dans/entre** VPR to slip into/between
glisser-déposer [glisedepoze] NM INV drag-and-drop operation ▸ VT to drag and drop
glissière [glisjɛʀ] NF slide channel; **à ~** (*porte, fenêtre*) sliding; **~ de sécurité** (*Auto*) crash barrier
glissoire [gliswaʀ] NF slide
global, e, -aux [glɔbal, -o] ADJ overall
globalement [glɔbalmɑ̃] ADV taken as a whole
globalisation [glɔbalizasjɔ̃] NF globalization
globalité [glɔbalite] NF: **dans sa ~** in its entirety
globe [glɔb] NM globe; **sous ~** under glass; **~ oculaire** eyeball; **le ~ terrestre** the globe
globe-trotter [glɔbtʀɔtœʀ] NM globe-trotter
globulaire [glɔbylɛʀ] ADJ (*Astronomie: amas*) globular; (*Méd*): **numération ~** blood count; **volume ~** blood volume
globule [glɔbyl] NM (*du sang*): **~ blanc/rouge** white/red corpuscle
globuleux, -euse [glɔbylø, -øz] ADJ: **yeux ~** protruding eyes
gloire [glwaʀ] NF glory; (*mérite*) distinction, credit; (*personne*) celebrity
glorieux, -euse [glɔʀjø, -øz] ADJ glorious
glorifier [glɔʀifje] /7/ VT to glorify, extol ▪ **se glorifier de** VPR to glory in
gloriole [glɔʀjɔl] NF vainglory
glose [gloz] NF gloss
gloser [gloze] VI: **~ sur qch** to hold forth on sth
glossaire [glɔsɛʀ] NM glossary
glotte [glɔt] NF (*Anat*) glottis
glouglouter [gluglute] /1/ VI to gurgle
gloussement [glusmɑ̃] NM (*de poule*) cluck; (*rire*) chuckle
glousser [gluse] /1/ VI to cluck; (*rire*) to chuckle
glouton, ne [glutɔ̃, -ɔn] ADJ gluttonous, greedy
gloutonnerie [glutɔnʀi] NF gluttony
glu [gly] NF birdlime
gluant, e [glyɑ̃, -ɑ̃t] ADJ sticky, gummy
glucide [glysid] NM carbohydrate, (*fam*) carb; **alimentation** *ou* **régime pauvre en glucides** low-carb diet
glucose [glykoz] NM glucose
glutamate [glytamat] NM: **~ de sodium** monosodium glutamate
gluten [glytɛn] NM gluten
glycémie [glisemi] NF blood sugar level
glycérine [gliseʀin] NF glycerine
glycine [glisin] NF wisteria
GMT SIGLE ADJ (= *Greenwich Mean Time*) GMT
gnangnan [ɲɑ̃ɲɑ̃] ADJ INV (*fam: livre, film*) soppy
GNL SIGLE M (= *gaz naturel liquéfié*) LNG (= *liquefied natural gas*)
gnognote, gnognotte [ɲɔɲɔt] NF (*fam: petite bière*): **c'est de la ~ à côté du mien** it's not a patch on mine; **c'est pas de la ~** it's quite something
gnôle [njol] NF (*fam*) booze *no pl*; **un petit verre de ~** a drop of the hard stuff
gnome [gnom] NM gnome
gnon [ɲɔ̃] NM (*fam: coup de poing*) bash; (*: marque*) dent

gnou [gnu] NM gnu
GO SIGLE FPL (= *grandes ondes*) LW ▸ SIGLE M (= *gentil organisateur*) *title given to leaders on Club Méditerranée holidays; extended to refer to easy-going leader of any group*
Go ABR (= *gigaoctet*) GB
go [go]: **tout de go** *adv* straight out
goal [gol] NM goalkeeper
gobelet [gɔblɛ] NM (*en métal*) tumbler; (*en plastique*) beaker; (*à dés*) cup
gober [gɔbe] /1/ VT to swallow
goberger [gɔbɛʀʒe] /3/: **se goberger** VPR to cosset o.s.
Gobi [gɔbi] N: **désert de ~** Gobi Desert
godasse [gɔdas] NF (*fam*) shoe
godet [gɔdɛ] NM pot; (*Couture*) unpressed pleat
godiche [gɔdiʃ] (*fam*) NF clumsy oaf ▸ ADJ clumsy
godille [gɔdij] NF (*Navig*) steering oar; (*Ski*) wedeln
godiller [gɔdije] /1/ VI (*Navig*) to scull; (*Ski*) to wedeln
godillot [gɔdijo] NM (*fam: gros soulier*) clodhopper (*fam*)
goéland [gɔelɑ̃] NM (sea)gull
goélette [gɔelɛt] NF schooner
goémon [gɔemɔ̃] NM wrack
gogo [gɔgo] NM (*péj*) mug, sucker; **à ~** *adv* galore
goguenard, e [gɔg(ə)naʀ, -aʀd] ADJ mocking
goguette [gɔgɛt] NF: **en ~** on the binge
goinfre [gwɛ̃fʀ] NM glutton
goinfrer [gwɛ̃fʀe] /1/: **se goinfrer** VPR to make a pig of o.s.; **se ~ de** to guzzle
goinfrerie [gwɛ̃fʀəʀi] NF greed
goitre [gwatʀ] NM goitre
★**golf** [gɔlf] NM (*jeu*) golf; (*terrain*) golf course; **~ miniature** crazy *ou* miniature golf
golfe [gɔlf] NM gulf; (*petit*) bay; **le ~ d'Aden** the Gulf of Aden; **le ~ de Gascogne** the Bay of Biscay; **le ~ du Lion** the Gulf of Lions; **le ~ Persique** the Persian Gulf
golfeur, -euse [gɔlfœʀ, -øz] NM/F golfer
gominé, e [gɔmine] ADJ slicked down
gommage [gɔmaʒ] NM (*de peau*) scrub
★**gomme** [gɔm] NF (*à effacer*) rubber (BRIT), eraser; (*résine*) gum; **boule** *ou* **pastille de ~** throat pastille
gommé, e [gɔme] ADJ: **papier ~** gummed paper
gommer [gɔme] /1/ VT (*effacer*) to rub out (BRIT), erase; (*enduire de gomme*) to gum
gond [gɔ̃] NM hinge; **sortir de ses gonds** (*fig*) to fly off the handle
gondole [gɔ̃dɔl] NF gondola; (*pour l'étalage*) shelves *pl*, gondola
gondoler [gɔ̃dɔle] /1/: **se gondoler** VPR to warp, buckle; (*fam: rire*) to hoot with laughter; to be in stitches
gondolier [gɔ̃dɔlje] NM gondolier
gonflable [gɔ̃flabl] ADJ inflatable
gonflage [gɔ̃flaʒ] NM inflating, blowing up
gonflant, e [gɔ̃flɑ̃, -ɑ̃t] ADJ (*fam: ennuyeux*) boring
gonflé, e [gɔ̃fle] ADJ swollen; (*ventre*) bloated; **il est ~** (*fam: courageux*) he's got some nerve (*: impertinent*) he's got a nerve
gonflement [gɔ̃fləmɑ̃] NM inflation; (*Méd*) swelling
★**gonfler** [gɔ̃fle] /1/ VT (*pneu, ballon*) to inflate, blow up; (*nombre, importance*) to inflate ▸ VI (*pied etc*) to swell (up); (*Culin: pâte*) to rise
gonflette [gɔ̃flɛt] NF (*fam, péj*): **faire de la ~** to pump iron
gonfleur [gɔ̃flœʀ] NM air pump
gong [gɔ̃g] NM gong
gonzesse [gɔ̃zɛs] NF (*fam*) chick, bird (BRIT)
googler [gugle] /1/ VT to google
goret [gɔʀɛ] NM piglet
★**gorge** [gɔʀʒ] NF (*Anat*) throat; (*poitrine*) breast; (*Géo*) gorge; (*rainure*) groove; **avoir mal à la ~** to have a sore throat; **avoir la ~ serrée** to have a lump in one's throat
gorgé, e [gɔʀʒe] ADJ: **~ de** filled with; (*eau*) saturated with ▸ NF mouthful; (*petite*) sip; (*grande*) gulp; **boire à petites/grandes gorgées** to take little sips/big gulps
gorger [gɔʀʒe]: **se gorger** VPR: **se ~ de qch** to gorge o.s on sth; (*se remplir*) to fill to bursting with sth; **se ~ d'eau** to become saturated; **se ~ de lait** to become engorged
gorgone [gɔʀgɔn] NF (*Mythologie, Art*) gorgon
gorille [gɔʀij] NM gorilla; (*fam*) bodyguard
gosier [gozje] NM throat
gosse [gɔs] NMF kid
gotha [gɔta] NM (*élite*) elite
gothique [gɔtik] ADJ Gothic
gouache [gwaʃ] NF gouache
gouaille [gwaj] NF street wit, cocky humour (BRIT) *ou* humor (US)
goudron [gudʀɔ̃] NM (*asphalte*) tar(mac) (BRIT), asphalt; (*du tabac*) tar
goudronner [gudʀɔne] /1/ VT to tar(mac) (BRIT), asphalt (US)
gouffre [gufʀ] NM abyss, gulf
gougère [guʒɛʀ] NF *choux pastry filled with cheese*
goujat [guʒa] NM boor
goujaterie [guʒatʀi] NF (*comportement*) boorishness
goujon [guʒɔ̃] NM gudgeon
goulée [gule] NF gulp
goulet [gulɛ] NM bottleneck
gouleyant, e [gulɛjɑ̃, -ɑ̃t] ADJ (*vin*) lively
goulot [gulo] NM (*de bouteille*) (bottle)neck; **boire au ~** to drink from the bottle; **~ d'étranglement** (*fig*) bottleneck
goulu, e [guly] ADJ greedy
goulûment [gulymɑ̃] ADV greedily
goupille [gupij] NF (metal) pin
goupiller [gupije] /1/ VT to pin (together) ▪ **se goupiller** VPR (*fam*): **ça s'est bien goupillé** it's turned out well; **ça s'est mal goupillé** it didn't work out
goupillon [gupijɔ̃] NM (*Rel*) sprinkler; (*brosse*) bottle brush; **le ~** (*fig*) the cloth, the clergy
gourd, e [guʀ, guʀd] ADJ numb (with cold)
gourde [guʀd] NF (*récipient*) flask; (*fam*) (clumsy) clot *ou* oaf ▸ ADJ oafish

g

gourdin [gurdɛ̃] NM club, bludgeon

gourer [gure] /1/ *(fam)*: **se gourer** VPR to boob

gourmand, e [gurmɑ̃, -ɑ̃d] ADJ greedy

gourmandise [gurmɑ̃diz] NF greed; *(bonbon)* sweet (BRIT), piece of candy (US)

gourmet [gurmɛ] NM epicure

gourmette [gurmɛt] NF chain bracelet

gourou [guru] NM guru

gousse [gus] NF *(de vanille etc)* pod; **~ d'ail** clove of garlic

gousset [gusɛ] NM *(de gilet)* fob

goût [gu] NM taste; *(fig: appréciation)* taste, liking; **le (bon) ~** good taste; **de bon ~** in good taste, tasteful; **de mauvais ~** in bad taste, tasteless; **avoir bon/mauvais ~** *(aliment)* to taste nice/nasty; *(personne)* to have good/bad taste; **avoir du/manquer de ~** to have/lack taste; **avoir du ~ pour** to have a liking for; **prendre ~ à** to develop a taste *ou* a liking for

goûter [gute] /1/ VT *(essayer)* to taste; *(apprécier)* to enjoy; **~ à** to taste, sample; **~ de** to have a taste of; **je peux ~ ?** can I have a taste? ▸ VI to have (afternoon) tea ▸ NM (afternoon) tea; **~ d'enfants/d'anniversaire** children's tea/birthday party

★**goutte** [gut] NF drop; *(Méd)* gout; *(alcool)* nip (BRIT), tot (BRIT), drop (US); **~ à ~** *adv* a drop at a time; **tomber ~ à ~** to drip ■ **gouttes** NFPL *(Méd)* drops

goutte-à-goutte [gutagut] NM INV *(Méd)* drip; **alimenter au ~** to drip-feed

gouttelette [gut(ə)lɛt] NF droplet

goutter [gute] /1/ VI to drip

gouttière [gutjɛr] NF gutter

gouvernail [guvɛrnaj] NM rudder; *(barre)* helm, tiller

gouvernant, e [guvɛrnɑ̃, -ɑ̃t] ADJ ruling *cpd* ▸ NF *(de maison)* housekeeper; *(d'un enfant)* governess

gouverne [guvɛrn] NF: **pour sa ~** for his guidance

★**gouvernement** [guvɛrnəmɑ̃] NM government

> En anglais britannique, le mot **government** peut fonctionner comme un singulier ou un pluriel selon que l'accent est mis sur l'institution en général ou sur ses membres. Le verbe qui suit peut donc être au singulier ou au pluriel.
> *Le gouvernement a annoncé de nouvelles mesures.*
> **The government *has* announced new measures.**
> *Le gouvernement n'est pas en phase avec l'électorat.*
> **The government *are* out of touch with the electorate.**

gouvernemental, e, -aux [guvɛrnəmɑ̃tal, -o] ADJ *(politique)* government *cpd*; *(journal, parti)* pro-government

gouverner [guvɛrne] /1/ VT to govern; *(diriger)* to steer; *(fig)* to control

gouverneur [guvɛrnœr] NM governor; *(Mil)* commanding officer

goyave [gɔjav] NF guava

GPA SIGLE F (= *gestation pour autrui*) gestational surrogacy

GPL SIGLE M (= *gaz de pétrole liquéfié*) LPG (= *liquefied petroleum gas*)

GPS SIGLE M (= *global positioning system*) GPS

GQG SIGLE M (= *grand quartier général*) GHQ

graal [gral] NM *(Rel, aussi fig)* Holy Grail

grabataire [grabatɛr] ADJ bedridden ▸ NMF bedridden invalid

grabuge [grabyʒ] NM *(fam)* scrap

grâce [grɑs] NF *(charme, Rel)* grace; *(faveur)* favour; *(Jur)* pardon; **de bonne/mauvaise ~** with (a) good/bad grace; **~ à** *prép* thanks to; **faire ~ à qn de qch** to spare sb sth; **rendre ~(s) à** to give thanks to; **demander ~** to beg for mercy; **droit de ~** right of reprieve; **recours en ~** plea for pardon ■ **grâces** NFPL *(Rel)* grace *sg*; **dans les bonnes grâces de qn** in favour with sb

gracier [grasje] /7/ VT to pardon

gracieusement [grasjøzmɑ̃] ADV graciously, kindly; *(gratuitement)* freely; *(avec grâce)* gracefully

gracieux, -euse [grasjø, -øz] ADJ *(charmant, élégant)* graceful; *(aimable)* gracious, kind; **à titre ~** free of charge

gracile [grasil] ADJ slender

gradation [gradasjɔ̃] NF gradation

grade [grad] NM *(Mil)* rank; *(Scol)* degree; **monter en ~** to be promoted

gradé [grade] NM *(Mil)* officer

gradin [gradɛ̃] NM *(dans un théâtre)* tier; *(de stade)* step ■ **gradins** NMPL *(de stade)* terracing *no pl* (BRIT), standing area; **en gradins** terraced

graduation [gradɥasjɔ̃] NF graduation

gradué, e [gradɥe] ADJ *(exercices)* graded (for difficulty); *(thermomètre)* graduated; **verre ~** measuring jug

graduel, le [gradɥɛl] ADJ gradual; progressive

graduer [gradɥe] /1/ VT *(effort etc)* to increase gradually; *(règle, verre)* to graduate

graff [graf] NM graffiti

graffeur, -euse [grafœr, øz] NM/F graffiti artist

graffiti [grafiti] NMPL graffiti

grailler [grɑje] VI *(fam: manger)* to nosh; *(corneille)* to caw

grain [grɛ̃] NM *(gén)* grain; *(de chapelet)* bead; *(Navig)* squall; *(averse)* heavy shower; *(fig: petite quantité)*: **un ~ de** a touch of; **~ de beauté** beauty spot; **~ de café** coffee bean; **~ de poivre** peppercorn; **~ de poussière** speck of dust; **~ de raisin** grape

graine [grɛn] NF seed; **mauvaise ~** *(mauvais sujet)* bad lot; **une ~ de voyou** a hooligan in the making

graineterie [grɛntri] NF seed merchant's (shop)

grainetier, -ière [grɛntje, -jɛr] NM/F seed merchant

graissage [grɛsaʒ] NM lubrication, greasing

graisse [grɛs] NF fat; *(lubrifiant)* grease; **~ saturée** saturated fat

graisser [grese] /1/ VT to lubricate, grease; *(tacher)* to make greasy

graisseux, -euse [grɛsø, -øz] ADJ greasy; *(Anat)* fatty

graminée [gramine] NF *(Bot)* grass; **~ ornementale** ornamental grass

grammaire [gramɛr] NF grammar

grammatical, e, -aux [gramatikal, -o] ADJ grammatical

★**gramme** [gram] NM gramme

★**grand, e** [gʀɑ̃, gʀɑ̃d] ADJ (*haut*) tall; (*gros, vaste, large*) big, large; (*long*) long; (*plus âgé*) big; (*adulte*) grown-up; (*important, brillant*) great; **un ~ buveur** a heavy drinker; **un ~ homme** a great man; **son ~ frère** his big *ou* older brother; **avoir ~ besoin de** to be in dire *ou* desperate need of; **il est ~ temps de** it's high time to; **il est assez ~ pour** he's big *ou* old enough to; **en ~** on a large scale; **au ~ air** in the open (air); **les grands blessés/brûlés** the severely injured/burned; **de ~ matin** at the crack of dawn; **~ écart** splits *pl*; **~ ensemble** housing scheme; **~ jour** broad daylight; **~ livre** (*Comm*) ledger; **~ magasin** department store; **~ malade** very sick person; **~ public** general public; **grande personne** grown-up; **grande surface** hypermarket, superstore; **grandes écoles** *prestige university-level colleges with competitive entrance examinations; see note*; **grandes lignes** (*Rail*) main lines; **grandes vacances** summer holidays (BRIT) *ou* vacation (*US*) ▸ ADV: **~ ouvert** wide open; **voir ~** to think big

The **grandes écoles** are highly respected institutes of higher education which train students for specific careers. Students who have spent two years after the *baccalauréat* in the *classes préparatoires* are recruited by competitive entry examination. The prestigious *grandes écoles* have a strong corporate identity and tend to furnish France with its intellectual, administrative and political élite.

Large et **big** s'emploient pour parler de la taille, mais contrairement à **large**, **big** peut aussi désigner une chose importante ou impressionnante : *les grands clubs de foot* **the big football clubs**.
Large et **great** peuvent caractériser une quantité : *une grande quantité de nourriture* **a large amount of food**.
Ils ont participé en grand nombre. **They took part in great numbers**.

grand-angle [gʀɑ̃tɑ̃gl] (*pl* **grands-angles**) NM (*Photo*) wide-angle lens

grand-angulaire [gʀɑ̃tɑ̃gylɛʀ] (*pl* **grands-angulaires**) NM (*Photo*) wide-angle lens

★**grand-chose** [gʀɑ̃ʃoz] NMF INV: **pas ~** not much

★**Grande-Bretagne** [gʀɑ̃dbʀətaɲ] NF: **la ~** (Great) Britain; **en ~** in (Great) Britain

grandement [gʀɑ̃dmɑ̃] ADV (*tout à fait*) greatly; (*largement*) easily; (*généreusement*) lavishly

grandeur [gʀɑ̃dœʀ] NF (*dimension*) size; (*fig: ampleur, importance*) magnitude; (*: gloire, puissance*) greatness; **~ nature** *adj* life-size

grand-guignolesque [gʀɑ̃giɲɔlɛsk] ADJ gruesome

grandiloquence [gʀɑ̃dilɔkɑ̃s] NF bombast, grandiloquence

grandiloquent, e [gʀɑ̃dilɔkɑ̃, -ɑ̃t] ADJ bombastic, grandiloquent

grandiose [gʀɑ̃djoz] ADJ (*paysage, spectacle*) imposing

grandir [gʀɑ̃diʀ] /2/ VI (*enfant, arbre*) to grow; (*bruit, hostilité*) to increase, grow ▸ VT: **~ qn** (*vêtement, chaussure*) to make sb look taller; (*fig*) to make sb grow in stature

grandissant, e [gʀɑ̃disɑ̃, -ɑ̃t] ADJ growing

grand-mère [gʀɑ̃mɛʀ] (*pl* **grands-mères**) NF grandmother

grand-messe [gʀɑ̃mɛs] (*pl* **grands-messes**) NF high mass

grand-oncle [gʀɑ̃tɔ̃kl] (*pl* **grands-oncles**) NM great-uncle

grand-peine [gʀɑ̃pɛn]: **à ~** *adv* with (great) difficulty

grand-père [gʀɑ̃pɛʀ] (*pl* **grands-pères**) NM grandfather

grand-route [gʀɑ̃ʀut] NF main road

grand-rue [gʀɑ̃ʀy] NF high street

★**grands-parents** [gʀɑ̃paʀɑ̃] NMPL grandparents

grand-tante [gʀɑ̃tɑ̃t] (*pl* **grands-tantes**) NF great-aunt

grand-voile [gʀɑ̃vwal] (*pl* **grands-voiles**) NF mainsail

grange [gʀɑ̃ʒ] NF barn

granit, granite [gʀanit] NM granite

granité [gʀanite] NM (*sorbet*) granita

granitique [gʀanitik] ADJ granite; (*terrain*) granitic

granulaire [gʀanylɛʀ] ADJ (*Science*) granular

granule [gʀanyl] NM small pill

granulé [gʀanyle] NM granule

granuleux, -euse [gʀanylø, -øz] ADJ granular

graphe [gʀaf] NM graph

graphème [gʀafɛm] NM grapheme

graphie [gʀafi] NF written form

graphique [gʀafik] ADJ graphic ▸ NM graph

graphisme [gʀafism] NM graphic arts *pl*; graphics *sg*; (*écriture*) handwriting

graphiste [gʀafist] NMF graphic designer

graphite [gʀafit] NM graphite

graphologie [gʀafɔlɔʒi] NF graphology

graphologue [gʀafɔlɔg] NMF graphologist

grappe [gʀap] NF cluster; **~ de raisin** bunch of grapes

grappiller [gʀapije] /1/ VT to glean

grappin [gʀapɛ̃] NM grapnel; **mettre le ~ sur** (*fig*) to get one's claws on

★**gras, se** [gʀɑ, gʀɑs] ADJ (*viande, soupe*) fatty; (*personne*) fat; (*surface, main, cheveux*) greasy; (*terre*) sticky; (*toux*) loose, phlegmy; (*rire*) throaty; (*plaisanterie*) coarse; (*crayon*) soft-lead; (*Typo*) bold; **faire la grasse matinée** to have a lie-in (BRIT), sleep late; **matière grasse** fat (content) ▸ NM (*Culin*) fat

gras-double [gʀɑdubl] NM (*Culin*) tripe

grassement [gʀɑsmɑ̃] ADV (*généreusement*): **~ payé** handsomely paid; (*grossièrement: rire*) coarsely

grassouillet, te [gʀɑsujɛ, -ɛt] ADJ podgy, plump

gratifiant, e [gʀatifjɑ̃, -ɑ̃t] ADJ gratifying, rewarding

gratification [gʀatifikasjɔ̃] NF bonus

gratifier [gʀatifje] /7/ VT: **~ qn de** to favour (BRIT) *ou* favor (*US*) sb with; to reward sb with; (*sourire etc*) to favo(u)r sb with

gratin [gʀatɛ̃] NM (*Culin*) cheese- (*ou* crumb-)topped dish; (*: croûte*) topping; **au ~** au gratin; **tout le ~ parisien** all the best people of Paris

gratiné [gʀatine] ADJ (*Culin*) au gratin; (*fam*) hellish ▸ NF (*soupe*) onion soup au gratin

gratiner [gʀatine] VI to bake until golden-brown; **faire ~ qch** to bake sth until golden-brown

gratis [gʀatis] ADV, ADJ INV free

gratitude [gʀatityd] NF gratitude

gratouiller, grattouiller [gʀatuje] VT (*fam*) to make itch

★**gratte-ciel** [gʀatsjɛl] NM INV skyscraper

grattement [gʀatmɑ̃] NM (*bruit*) scratching (noise)

gratte-papier [gʀatpapje] NM INV (*péj*) penpusher

gratter [gʀate] /1/ VT (*frotter*) to scrape; (*avec un ongle: bras, bouton*) to scratch; (*enlever: avec un outil*) to scrape off; (: *avec un ongle*) to scratch off ▸ VI (*irriter*) to be scratchy; (*démanger*) to itch ■ **se gratter** VPR to scratch o.s.

grattoir [gʀatwaʀ] NM scraper

★**gratuit, e** [gʀatɥi, -ɥit] ADJ (*entrée*) free; (*billet*) free, complimentary; (*fig*) gratuitous

gratuité [gʀatɥite] NF being free (of charge); gratuitousness

gratuitement [gʀatɥitmɑ̃] ADV (*sans payer*) free; (*sans preuve, motif*) gratuitously

gravats [gʀavɑ] NMPL rubble *sg*

★**grave** [gʀav] ADJ (*maladie, accident*) serious, bad; (*sujet, problème*) serious, grave; (*personne, air*) grave, solemn; (*voix, son*) deep, low-pitched; **ce n'est pas ~!** it's all right, don't worry; **blessé ~** seriously injured person ▸ NM (*Mus*) low register

graveleux, -euse [gʀav(ə)lø, -øz] ADJ (*terre*) gravelly; (*fruit*) gritty; (*contes, propos*) smutty

gravement [gʀavmɑ̃] ADV seriously; badly; (*parler, regarder*) gravely

graver [gʀave] /1/ VT (*plaque, nom*) to engrave; (CD, DVD) to burn; (*fig*): **~ qch dans son esprit/sa mémoire** to etch sth in one's mind/memory

graveur [gʀavœʀ] NM engraver; **~ de CD/DVD** CD/DVD burner *ou* writer

gravier [gʀavje] NM (loose) gravel *no pl*

gravillons [gʀavijɔ̃] NMPL gravel *sg*, loose chippings *ou* gravel

gravir [gʀaviʀ] /2/ VT to climb (up)

gravissime [gʀavisim] ADJ very serious

gravitation [gʀavitasjɔ̃] NF gravitation

gravité [gʀavite] NF (*de maladie, d'accident*) seriousness; (*de sujet, problème*) gravity; (*Physique*) gravity

graviter [gʀavite] /1/ VI to revolve; **~ autour de** to revolve around

gravure [gʀavyʀ] NF engraving; (*reproduction*) print; plate

gré [gʀe] NM: **à son ~** *adj* to his liking; *adv* as he pleases; **au ~ de** according to, following; **contre le ~ de qn** against sb's will; **de son (plein) ~** of one's own free will; **de ~ ou de force** whether one likes it or not; **de bon ~** willingly; **bon ~ mal ~** like it or not; willy-nilly; **de ~ à ~** (*Comm*) by mutual agreement; **savoir (bien) ~ à qn de qch** to be (most) grateful to sb for sth

★**grec, grecque** [gʀɛk] ADJ Greek; (*classique: vase etc*) Grecian ▸ NM (*Ling*) Greek ▸ NM/F: **Grec, Grecque** Greek

Grèce [gʀɛs] NF: **la ~** Greece

gredin, e [gʀədɛ̃, -in] NM/F rogue, rascal

gréement [gʀemɑ̃] NM rigging

greffe [gʀɛf] NF (*Bot, Méd: de tissu*) graft; (*Méd: d'organe*) transplant ▸ NM (*Jur*) office

greffer [gʀefe] /1/ VT (*Bot, Méd: tissu*) to graft; (*Méd: organe*) to transplant

greffier [gʀefje] NM clerk of the court

greffon [gʀefɔ̃] NM (*Bot, Méd: partie greffée ou transplantée*) graft

grégaire [gʀegɛʀ] ADJ gregarious

grège [gʀɛʒ] ADJ: **soie ~** raw silk

grégorien, ne [gʀegɔʀjɛ̃, -jɛn] ADJ (*chant*) Gregorian

grêle [gʀɛl] ADJ (very) thin ▸ NF hail

grêlé, e [gʀele] ADJ pockmarked; **la région a été grêlée** the region was damaged by hail

grêler [gʀele] /1/ VB IMPERS: **il grêle** it's hailing

grêlon [gʀɛlɔ̃] NM hailstone

grelot [gʀəlo] NM little bell

grelottant, e [gʀəlɔtɑ̃, -ɑ̃t] ADJ shivering, shivery

grelotter [gʀəlɔte] /1/ VI (*trembler*) to shiver

Grenade [gʀənad] N Granada ▸ NF (*île*) Grenada

grenade [gʀənad] NF (*explosive*) grenade; (*Bot*) pomegranate; **~ lacrymogène** teargas grenade

grenadier [gʀənadje] NM (*Mil*) grenadier; (*Bot*) pomegranate tree

grenadine [gʀənadin] NF grenadine

grenat [gʀəna] ADJ INV dark red

★**grenier** [gʀənje] NM (*de maison*) attic; (*de ferme*) loft

★**grenouille** [gʀənuj] NF frog

grenouillère [gʀənujɛʀ] NF (*de bébé*) leggings; (: *combinaison*) sleepsuit

grenu, e [gʀəny] ADJ grainy, grained

grès [gʀɛ] NM (*roche*) sandstone; (*poterie*) stoneware

grésil [gʀezi] NM (fine) hail

grésillement [gʀezijmɑ̃] NM sizzling; crackling

grésiller [gʀezije] /1/ VI to sizzle; (*Radio*) to crackle

gressin [gʀesɛ̃] NM breadstick

grève [gʀɛv] NF (*d'ouvriers*) strike; (*plage*) shore; **se mettre en/faire ~** to go on/be on strike; **~ bouchon** partial strike (*in key areas of a company*); **~ de la faim** hunger strike; **~ perlée** go-slow (BRIT), slowdown (US); **~ sauvage** wildcat strike; **~ de solidarité** sympathy strike; **~ surprise** lightning strike; **~ sur le tas** sit down strike; **~ tournante** strike by rota; **~ du zèle** work-to-rule (BRIT), slowdown (US)

grever [gʀəve] /5/ VT (*budget, économie*) to put a strain on; **grevé d'impôts** crippled by taxes; **grevé d'hypothèques** heavily mortgaged

gréviste [gʀevist] NMF striker

gribouillage [gʀibujaʒ] NM scribble, scrawl

gribouiller [gʀibuje] /1/ VT to scribble, scrawl ▸ VI to doodle

gribouillis [gʀibuji] NM (*dessin*) doodle; (*action*) doodling *no pl*; (*écriture*) scribble

grief [gʀijɛf] NM grievance; **faire ~ à qn de** to reproach sb for

grièvement [gʀijɛvmɑ̃] ADV seriously

griffe [gRif] NF claw; (*fig*) signature; (: *d'un couturier, parfumeur*) label, signature
griffé, e [gRife] ADJ designer(-label) *cpd*
griffer [gRife] /1/ VT to scratch
griffon [gRifɔ̃] NM (*chien*) griffon
griffonnage [gRifɔnaʒ] NM scribble
griffonner [gRifɔne] /1/ VT to scribble
griffure [gRifyR] NF scratch
grignotage [gRiɲɔtaʒ] NM snacking
grignoter [gRiɲɔte] /1/ VT (*personne*) to nibble at; (*souris*) to gnaw at ▸ VI to nibble
grigri [gRigRi] NM grigri, gris-gris
gril [gRil] NM steak *ou* grill pan
★**grillade** [gRijad] NF grill
grillage [gRijaʒ] NM (*treillis*) wire netting; (*clôture*) wire fencing
grillager [gRijaʒe] /3/ VT (*objet*) to put wire netting on; (*périmètre, jardin*) to put wire fencing around
★**grille** [gRij] NF (*portail*) (metal) gate; (*clôture*) railings *pl*; (*d'égout*) (metal) grate; (*fig*) grid
grille-pain [gRijpɛ̃] (*pl* **grille-pain(s)**) NM toaster
★**griller** [gRije] /1/ VT (*aussi*: **faire griller**: *pain*) to toast; (: *viande*) to grill (BRIT), broil (US); (: *café, châtaignes*) to roast; (*fig*: *ampoule etc*) to burn out, blow; **~ un feu rouge** to jump the lights (BRIT), run a stoplight (US) ▸ VI (*brûler*) to be roasting
grillon [gRijɔ̃] NM (*Zool*) cricket
grimaçant, e [gRimasɑ̃, -ɑ̃t] ADJ grimacing
grimace [gRimas] NF grimace; (*pour faire rire*): **faire des grimaces** to pull *ou* make faces
grimacer [gRimase] /3/ VI to grimace
grimacier, -ière [gRimasje, -jɛR] ADJ: **c'est un enfant ~** that child is always pulling faces
grimer [gRime] /1/ VT to make up
grimoire [gRimwaR] NM (*illisible*) unreadable scribble; (*livre de magie*) book of magic spells
grimpant, e [gRɛ̃pɑ̃, -ɑ̃t] ADJ: **plante grimpante** climbing plant, climber
★**grimper** [gRɛ̃pe] /1/ VI, VT to climb; **~ à/sur** to climb (up)/climb onto ▸ NM: **le ~** (*Sport*) rope-climbing
grimpeur, -euse [gRɛ̃pœR, -øz] NM/F climber
grinçant, e [gRɛ̃sɑ̃, -ɑ̃t] ADJ grating
grincement [gRɛ̃smɑ̃] NM grating (noise); creaking (noise)
grincer [gRɛ̃se] /3/ VI (*porte, roue*) to grate; (*plancher*) to creak; **~ des dents** to grind one's teeth
grincheux, -euse [gRɛ̃ʃø, -øz] ADJ grumpy
gringalet [gRɛ̃galɛ] ADJ M puny ▸ NM weakling
gringue [gRɛ̃g] NM (*fam*): **faire du ~ à qn** to flirt with sb
griotte [gRijɔt] NF Morello cherry
grippal, e, -aux [gRipal, -o] ADJ (*état*) flu-like
★**grippe** [gRip] NF flu, influenza; **avoir la ~** to have (the) flu; **prendre qn/qch en ~** (*fig*) to take a sudden dislike to sb/sth; **~ A** swine flu; **~ aviaire** bird flu; **~ porcine** swine flu
grippé, e [gRipe] ADJ: **être ~** to have (the) flu; (*moteur*) to have seized up (BRIT) *ou* jammed
gripper [gRipe] /1/ VT, VI to jam
grippe-sou [gRipsu] NMF penny pincher
★**gris, e** [gRi, gRiz] ADJ grey (BRIT), gray (US); (*ivre*) tipsy; **il fait ~** it's a dull *ou* grey day; **faire grise mine** to look miserable *ou* morose; **faire grise mine à qn** to give sb a cool reception ▸ NM (*couleur*) grey (BRIT), gray (US)
grisaille [gRizɑj] NF greyness (BRIT), grayness (US), dullness
grisant, e [gRizɑ̃, -ɑ̃t] ADJ intoxicating, exhilarating
grisâtre [gRizɑtR] ADJ greyish (BRIT), grayish (US)
grisé [gRize] ADJ (*Inform*: *cadre, bandeau*) grey
griser [gRize] /1/ VT to intoxicate; **se ~ de** (*fig*) to become intoxicated with
griserie [gRizRi] NF intoxication
grisonnant, e [gRizɔnɑ̃, -ɑ̃t] ADJ greying (BRIT), graying (US)
grisonner [gRizɔne] /1/ VI to be going grey (BRIT) *ou* gray (US)
Grisons [gRizɔ̃] NMPL: **les ~** Graubünden
grisou [gRizu] NM firedamp
gris-vert [gRivɛR] ADJ grey-green
grive [gRiv] NF (*Zool*) thrush
grivois, e [gRivwa, -waz] ADJ saucy
grivoiserie [gRivwazRi] NF sauciness
Groenland [gRɔɛnlɑ̃d] NM: **le ~** Greenland
groenlandais, e [gRɔɛnlɑ̃dɛ, -ɛz] ADJ Greenlandic ▸ NM (*Ling*) Greenlandic ▸ NM/F: **Groenlandais, e** Greenlander
grog [gRɔg] NM grog
groggy [gRɔgi] ADJ INV dazed
grogne [gRɔɲ] NF grumble
grognement [gRɔɲmɑ̃] NM grunt; growl
grogner [gRɔɲe] /1/ VI to growl; (*fig*) to grumble
grognon, ne [gRɔ̃ɲɔ̃, -ɔn] ADJ grumpy, grouchy
groin [gRwɛ̃] NM snout
grolle [gRɔl] NF (*fam*: *chaussure*) shoe
grommeler [gRɔm(ə)le] /4/ VI to mutter to o.s.
grondement [gRɔ̃dmɑ̃] NM rumble; growl
gronder [gRɔ̃de] /1/ VI (*canon, moteur, tonnerre*) to rumble; (*animal*) to growl; (*fig*: *révolte*) to be brewing ▸ VT to scold; **se faire ~** to get a telling-off
grondin [gRɔ̃dɛ̃] NM gurnard
groom [gRum] NM page, bellhop (US)
★**gros, se** [gRo, gRos] ADJ big, large; (*obèse*) fat; (*problème, quantité*) great; (*travaux, dégâts*) extensive; (*large*: *trait, fil*) thick; (*rhume, averse*) heavy; **par ~ temps/grosse mer** in rough weather/heavy seas; **~ intestin** large intestine; **~ lot** jackpot; **~ mot** swearword, vulgarity; **~ œuvre** shell (of building); **~ plan** (*Photo*) close-up; **~ porteur** wide-bodied aircraft, jumbo (jet); **~ sel** cooking salt; **~ titre** headline; **grosse caisse** big drum ▸ ADV: **risquer/gagner ~** to risk/win a lot; **écrire ~** to write in big letters; **en avoir ~ sur le cœur** to be upset ▸ NM/F fat man/woman ▸ NM (*Comm*): **le ~** the wholesale business; **prix de ~** wholesale price; **le ~ de** the main body of; (*du travail etc*) the bulk of; **en ~** roughly; (*Comm*) wholesale
groseille [gRozɛj] NF: **~ (rouge)/(blanche)** red/white currant; **~ à maquereau** gooseberry
groseillier [gRozeje] NM red *ou* white currant bush; gooseberry bush

grosse [gros] ADJ F *voir* **gros** ▸ NF (*Comm*) gross
grossesse [grosɛs] NF pregnancy; **~ nerveuse** phantom pregnancy
grosseur [grosœr] NF size; fatness; (*tumeur*) lump
grossier, -ière [grosje, -jɛr] ADJ coarse; (*insolent*) rude; (*dessin*) rough; (*travail*) roughly done; (*imitation, instrument*) crude; (*évident: erreur*) gross
grossièrement [grosjɛrmɑ̃] ADV (*vulgairement*) coarsely; (*sommairement*) roughly; crudely; (*en gros*) roughly
grossièreté [grosjɛrte] NF coarseness; rudeness; (*mot*): **dire des grossièretés** to use coarse language
grossir [grosir] /2/ VI (*personne*) to put on weight; (*fig*) to grow, get bigger; (*rivière*) to swell ▸ VT to increase; (*exagérer*) to exaggerate; (*au microscope*) to magnify, enlarge; (*vêtement*): **~ qn** to make sb look fatter
grossissant, e [grosisɑ̃, -ɑ̃t] ADJ magnifying, enlarging
grossissement [grosismɑ̃] NM (*optique*) magnification
grossiste [grosist] NMF wholesaler
grosso modo [grosomodo] ADV roughly
grotesque [grɔtɛsk] ADJ (*extravagant*) grotesque; (*ridicule*) ludicrous
grotte [grɔt] NF cave
grouiller [gruje] /1/ VI (*foule*) to mill about; (*fourmis*) to swarm about; **~ de** to be swarming with
★**groupe** [grup] NM group; **cabinet de ~** group practice; **médecine de ~** group practice; **~ électrogène** generator; **~ de parole** support group; **~ de pression** pressure group; **~ sanguin** blood group; **~ scolaire** school complex
groupement [grupmɑ̃] NM grouping; (*groupe*) group; **~ d'intérêt économique** ≈ trade association
grouper [grupe] /1/ VT to group; (*ressources, moyens*) to pool ■ **se grouper** VPR to get together
groupie [grupi] NF (*de vedette*) groupie
groupuscule [grupyskyl] NM clique
gruau [gryo] NM: **pain de ~** wheaten bread
grue [gry] NF crane; **faire le pied de ~** (*fam*) to hang around (waiting), kick one's heels (BRIT)
gruger [gryʒe] /3/ VT to cheat, dupe
grumeaux [grymo] NMPL (*Culin*) lumps
grumeleux, -euse [grym(ə)lø, -øz] ADJ (*sauce etc*) lumpy; (*peau etc*) bumpy
grutier [grytje] NM crane driver
gruyère [gryjɛr] NM gruyère (BRIT) *ou* Swiss cheese
GSM NM, ADJ (= *Global System for Mobile Communications*) GSM
Guadeloupe [gwadlup] NF: **la ~** Guadeloupe
guadeloupéen, ne [gwadlupeɛ̃, -ɛn] ADJ Guadelupian
Guatémala, Guatemala [gwatemala] NM: **le ~** Guatemala
guatémalien, ne [gwatemaljɛ̃, -ɛn] ADJ Guatemalan
guatémaltèque [gwatemaltɛk] ADJ Guatemalan
gué [ge] NM ford; **passer à ~** to ford
guenilles [gənij] NFPL rags
guenon [gənɔ̃] NF female monkey
guépard [gepar] NM cheetah
guêpe [gɛp] NF wasp
guêpier [gepje] NM (*fig*) trap
guêpière [gɛpjɛr] NF basque
guère [gɛr] ADV (*avec adjectif, adverbe*): **ne ... ~** hardly; (*avec verbe: pas beaucoup*) **ne ... ~** (*tournure négative*) much; (*pas souvent*) hardly ever; (*tournure négative*) (very) long; **il n'y a ~ que/de** there's hardly anybody (*ou* anything) but/hardly any; **ce n'est ~ difficile** it's hardly difficult; **nous n'avons ~ de temps** we have hardly any time
guéri, e [geri] ADJ (*rétabli*) cured
guéridon [geridɔ̃] NM pedestal table
guérilla [gerija] NF guerrilla warfare
guérillero [gerijero] NM guerrilla
guérir [gerir] /2/ VT (*personne, maladie*) to cure; (*membre, plaie*) to heal; **~ de** to be cured of, recover from; **~ qn de** to cure sb of ▸ VI (*personne, malade*) to recover, be cured; (*maladie*) to be cured; (*plaie, chagrin, blessure*) to heal
guérison [gerizɔ̃] NF (*de maladie*) curing; (*de membre, plaie*) healing; (*de malade*) recovery
guérissable [gerisabl] ADJ curable
guérisseur, -euse [gerisœr, -øz] NM/F healer
guérite [gerit] NF (*Mil*) sentry box; (*sur un chantier*) (workman's) hut
Guernesey [gɛrn(ə)zɛ] NF Guernsey
guernesiais, e [gɛrnəzjɛ, -ɛz] ADJ of *ou* from Guernsey
★**guerre** [gɛr] NF war; (*méthode*): **~ atomique/de tranchées** atomic/trench warfare *no pl*; **en ~** at war; **faire la ~ à** to wage war against; **de ~ lasse** (*fig*) tired of fighting *ou* resisting; **de bonne ~** fair and square; **~ civile/mondiale** civil/world war; **~ froide/sainte** cold/holy war; **~ d'usure** war of attrition
guerrier, -ière [gɛrje, -jɛr] ADJ warlike ▸ NM/F warrior
guerroyer [gɛrwaje] /8/ VI to wage war
guet [gɛ] NM: **faire le ~** to be on the watch *ou* look-out
guet-apens [gɛtapɑ̃] (*pl* **guets-apens**) NM ambush
guêtre [gɛtr(ə)] NF gaiter
guetter [gete] /1/ VT (*épier*) to watch (intently); (*attendre*) to watch (out) for; (*: pour surprendre*) to be lying in wait for
guetteur [gɛtœr] NM look-out
gueulante [gœlɑ̃t] NF (*fam*): **pousser une ~ (contre)** to have a good rant (about) (*fam*)
gueulard, e [gœlar, -ard] (*fam*) ADJ (*personne, musique*) loud ▸ NM/F loudmouth (*fam*)
gueule [gœl] NF (*d'animal*) mouth; (*fam: visage*) mug; (*: bouche*) gob (!), mouth; **ta ~ !** (*fam*) shut up!; **avoir la ~ de bois** (*fam*) to have a hangover, be hung over
gueule-de-loup [gœldəlu] (*pl* **gueules-de-loup**) NF snapdragon
gueuler [gœle] /1/ VI (*fam*) to bawl
gueuleton [gœltɔ̃] NM (*fam*) blowout (BRIT), big meal
gueux [gø] NM beggar; (*coquin*) rogue

gugusse [gygys] NM (*fam*) bloke
gui [gi] NM mistletoe
guibole, guibolle [gibɔl] NF (*fam: jambe*) pin (*fam*)
★**guichet** [giʃɛ] NM (*de bureau, banque*) counter, window; (*d'une porte*) wicket, hatch; **les guichets** (*à la gare, au théâtre*) the ticket office; **jouer à guichets fermés** to play to a full house
guichetier, -ière [giʃ(ə)tje, -jɛʀ] NM/F counter clerk
★**guide** [gid] NM (*personne*) guide; (*livre*) guide(book) ▸ NF (*fille scout*) (girl) guide (BRIT), girl scout (US) ▪ **guides** NFPL (*d'un cheval*) reins
guider [gide] /1/ VT to guide
guidon [gidɔ̃] NM handlebars *pl*
guigne [giɲ] NF (*fam*): **avoir la ~** to be jinxed
guigner [giɲe] VT (*convoiter*) to have one's eye on; (*regarder à la dérobée*) to eye
guignol [giɲɔl] NM ≈ Punch and Judy show; (*fig*) clown
guili-guili [giligili] NM (*fam*) tickle tickle; **faire des guili-guilis à qn** to tickle sb
guillemets [gijmɛ] NMPL: **entre ~** in inverted commas *ou* quotation marks; **~ de répétition** ditto marks
guilleret, te [gijʀɛ, -ɛt] ADJ perky, bright
guillotine [gijɔtin] NF guillotine
guillotiner [gijɔtine] /1/ VT to guillotine
guimauve [gimov] NF (*Bot*) marshmallow; (*fig*) sentimentality, sloppiness
guimbarde [gɛ̃baʀd] NF old banger (BRIT), jalopy
guincher [gɛ̃ʃe] VI (*fam*) to dance
guindé, e [gɛ̃de] ADJ (*personne, air*) stiff, starchy; (*style*) stilted
Guinée [gine] NF: **la (République de) ~** (the Republic of) Guinea; **la ~ équatoriale** Equatorial Guinea
Guinée-Bissau [ginebiso] NF: **la ~** Guinea-Bissau
guinéen, ne [gineɛ̃, -ɛn] ADJ Guinean
guingois [gɛ̃gwa]: **de ~** *adv* askew
guinguette [gɛ̃gɛt] NF *open-air café or dance hall*
guirlande [giʀlɑ̃d] NF (*fleurs*) garland; (*de papier*) paper chain; **~ lumineuse** lights *pl*, fairy lights *pl* (BRIT); **~ de Noël** tinsel *no pl*
guise [giz] NF: **à votre ~** as you wish *ou* please; **en ~ de** by way of
★**guitare** [gitaʀ] NF guitar
guitariste [gitaʀist] NMF guitarist, guitar player
gustatif, -ive [gystatif, -iv] ADJ gustatory; *voir* **papille**
guttural, e, -aux [gytyʀal, -o] ADJ guttural
guyanais, e [gɥijanɛ, -ɛz] ADJ Guyanese, Guyanan; (*français*) Guianese, Guianan
Guyane [gɥijan] NF: **la ~** Guyana; **la ~ (française)** (French) Guiana
gvt ABR (= *gouvernement*) govt
★**gym** [ʒim] NF (*exercices*) gym
gymkhana [ʒimkana] NM rally; **~ motocycliste** (motorbike) scramble (BRIT), motocross
★**gymnase** [ʒimnɑz] NM gym(nasium)
gymnaste [ʒimnast] NMF gymnast
★**gymnastique** [ʒimnastik] NF gymnastics *sg*; (*au réveil etc*) keep-fit exercises *pl*; **~ corrective** remedial gymnastics
gynéco [ʒineko] NMF (*fam: gynécologue*) gynaecologist (BRIT), gynecologist (US)
gynécologie [ʒinekɔlɔʒi] NF gynaecology (BRIT), gynecology (US)
gynécologique [ʒinekɔlɔʒik] ADJ gynaecological (BRIT), gynecological (US)
gynécologue [ʒinekɔlɔg] NMF gynaecologist (BRIT), gynecologist (US)
gypse [ʒips] NM gypsum
gyrophare [ʒiʀɔfaʀ] NM (*sur une voiture*) revolving (flashing) light

Hh

H, h [aʃ] NM INV H, h ▸ ABR (= *homme*) M; (= *hydrogène*) H; = **heure**; **à l'heure H** at zero hour; **bombe H** H bomb; **H comme Henri** H for Harry (BRIT) *ou* How (US)

'ha[1] ['a] ABR (= *hectare*) ha.

'ha[2] ['a] EXCL oh ▸ NM INV: **pousser des ho ! et des ha !** (*s'extasier*) to ooh and ah

hab. ABR = **habitant**

★**habile** [abil] ADJ skilful; (*malin*) clever

habilement [abilmɑ̃] ADV skilfully; cleverly

habileté [abilte] NF skill, skilfulness; cleverness

habilité, e [abilite] ADJ: **~ à faire** entitled to do, empowered to do

habiliter [abilite] /1/ VT to empower, entitle

habillage [abijaʒ] NM dressing

habillé, e [abije] ADJ dressed; (*chic*) dressy; **~ de** (*Tech*) covered with; encased in

habillement [abijmɑ̃] NM clothes *pl*; (*profession*) clothing industry

habiller [abije] /1/ VT to dress; (*fournir en vêtements*) to clothe; (*couvrir*) to cover ■ **s'habiller** VPR to dress (o.s.); (*se déguiser, mettre des vêtements chic*) to dress up; **s'~ de/en** to dress in/dress up as; **s'~ chez/à** to buy one's clothes from/at

habilleuse [abijøz] NF (*Ciné, Théât*) dresser

habit [abi] NM outfit; **~ (de soirée)** evening dress; (*pour homme*) tails *pl*; **prendre l'~** (*Rel: entrer en religion*) to enter (holy) orders ■ **habits** NMPL (*vêtements*) clothes

habitabilité [abitabilite] NF (*de logement*) fitness for habitation; (*de voiture*) capacity

habitable [abitabl] ADJ (in)habitable

habitacle [abitakl] NM cockpit; (*Auto*) passenger cell

★**habitant, e** [abitɑ̃, -ɑ̃t] NM/F inhabitant; (*d'une maison*) occupant, occupier; **loger chez l'~** to stay with the locals

habitat [abita] NM housing conditions *pl*; (*Bot, Zool*) habitat

habitation [abitasjɔ̃] NF living; (*demeure*) residence, home; (*maison*) house; **habitations à loyer modéré (HLM)** *low-rent, state-owned housing*, ≈ council flats (BRIT), ≈ public housing units (US)

habité, e [abite] ADJ inhabited; lived in

★**habiter** [abite] /1/ VT to live in; (*sentiment*) to dwell in ▸ VI: **~ à/dans** to live in *ou* at/in; **~ chez** *ou* **avec qn** to live with sb; **~ 16 rue Montmartre** to live at number 16 rue Montmartre; **~ rue Montmartre** to live in rue Montmartre

★**habitude** [abityd] NF habit; **avoir l'~ de faire** to be in the habit of doing; (*expérience*) to be used to doing; **avoir l'~ des enfants** to be used to children; **prendre l'~ de faire qch** to get into the habit of doing sth; **perdre une ~** to get out of a habit; **d'~** usually; **comme d'~** as usual; **par ~** out of habit

habitué, e [abitɥe] ADJ: **être ~ à** to be used *ou* accustomed to ▸ NM/F (*de maison*) regular visitor; (*client*) regular (customer)

habituel, le [abitɥɛl] ADJ usual

habituellement [abitɥɛlmɑ̃] ADV usually

habituer [abitɥe] /1/ VT: **~ qn à** to get sb used to ■ **s'habituer à** VPR to get used to

'hâbleur, -euse ['ɑblœʀ, -øz] ADJ boastful

'hache ['aʃ] NF axe

'haché, e ['aʃe] ADJ minced (BRIT), ground (US); (*persil*) chopped; (*fig*) jerky

'hache-légumes ['aʃlegym] NM INV vegetable chopper

'hacher ['aʃe] /1/ VT (*viande*) to mince (BRIT), grind (US); (*persil*) to chop; **hacher menu** to mince *ou* grind finely; to chop finely

'hachette ['aʃɛt] NF hatchet

'hache-viande ['aʃvjɑ̃d] NM (meat) mincer (BRIT) *ou* grinder (US); (*couteau*) (meat) cleaver

'hachis ['aʃi] NM mince *no pl* (BRIT), hamburger meat (US); **hachis de viande** minced (BRIT) *ou* ground (US) meat; **hachis Parmentier** ≈ shepherd's pie

'hachisch ['aʃiʃ] NM hashish

'hachoir ['aʃwaʀ] NM chopper; (meat) mincer (BRIT) *ou* grinder (US); (*planche*) chopping board

'hachurer ['aʃyʀe] /1/ VT to hatch

'hachures ['aʃyʀ] NFPL hatching *sg*

'hagard, e ['agaʀ, -aʀd] ADJ wild, distraught

hagiographie [aʒjɔgʀafi] NF hagiography

'hah ['a] EXCL oh

★**'haie** ['ɛ] NF hedge; (*Sport*) hurdle; (*fig: rang*) line, row; **200 m haies** 200 m hurdles; **haie d'honneur** guard of honour

'haillons ['ɑjɔ̃] NMPL rags

'haine ['ɛn] NF hatred

'haineux, -euse ['ɛnø, -øz] ADJ full of hatred

'haïr ['aiʀ] /10/ VT to detest, hate ■ **se haïr** VPR to hate each other

'hais ['ɛ], **'haïs** *etc* ['ai] VB *voir* **haïr**
'haïssable ['aisabl] ADJ detestable
Haïti [aiti] N Haiti
haïtien, ne [aisjɛ̃, -ɛn] ADJ Haitian
'halage ['alaʒ] NM: **chemin de halage** towpath
'hâle ['ɑl] NM (sun)tan
'hâlé, e ['ɑle] ADJ (sun)tanned, sunburnt
haleine [alɛn] NF breath; **perdre ~** to get out of breath; **à perdre ~** until one is gasping for breath; **avoir mauvaise ~** to have bad breath; **reprendre ~** to get one's breath back; **hors d'~** out of breath; **tenir en ~** (*attention*) to hold spellbound; (*en attente*) to keep in suspense; **de longue ~** *adj* long-term
'haler ['ale] /1/ VT to haul in; (*remorquer*) to tow
haletant, e ['al(ə)tɑ̃, -ɑ̃t] ADJ (*personne, animal*) panting; (*match, rencontre*) gripping
'haleter ['alte] /5/ VI to pant
'hall ['ol] NM hall
hallali [alali] NM kill
'halle ['al] NF (covered) market ■ **halles** NFPL (*d'une grande ville*) central food market *sg*
'hallebarde ['albaʀd] NF halberd; **il pleut des hallebardes** (*fam*) it's bucketing down
hallucinant, e [alysinɑ̃, -ɑ̃t] ADJ staggering
hallucination [alysinasjɔ̃] NF hallucination
hallucinatoire [alysinatwaʀ] ADJ hallucinatory
halluciné, e [alysine] NM/F person suffering from hallucinations; (*fou*) (raving) lunatic
halluciner [a(l)lysine] VI (*fam*): **j'hallucine!** I can't believe it!; **~ sur qch** to be staggered by sth
hallucinogène [a(l)lysinɔʒɛn] ADJ hallucinogenic ▸ NM hallucinogen
'halo ['alo] NM halo
halogène [alɔʒɛn] NM: **lampe (à) ~** halogen lamp
'halte ['alt] NF stop, break; (*escale*) stopping place; (*Rail*) halt ▸ EXCL stop!; **faire halte** to stop
'halte-garderie ['altgaʀdəʀi] (*pl* **haltes-garderies**) NF crèche
haltère [altɛʀ] NM (*à boules, disques*) dumbbell, barbell; **(poids et) haltères** (*activité*) weightlifting *sg*
haltérophile [alteʀɔfil] NMF weightlifter
haltérophilie [alteʀɔfili] NF weightlifting
'hamac ['amak] NM hammock
'Hambourg ['ɑ̃buʀ] N Hamburg
★**'hamburger** ['ɑ̃buʀgœʀ] NM hamburger
'hameau, x ['amo] NM hamlet
hameçon [amsɔ̃] NM (fish) hook
hameçonnage [amsɔnaʒ] NM (*Internet*) phishing
'hampe ['ɑ̃p] NF (*de drapeau etc*) pole; (*de lance*) shaft
★**'hamster** ['amstɛʀ] NM hamster
'hanche ['ɑ̃ʃ] NF hip
'hand ['ɑ̃d] NM (*fam*) handball
'hand-ball ['ɑ̃dbal] NM handball
'handballeur, -euse ['ɑ̃dbalœʀ, -øz] NM/F handball player
'handicap ['ɑ̃dikap] NM (*Méd*) disability; (*fig, Sport*) handicap
'handicapé, e ['ɑ̃dikape] ADJ disabled ▸ NM/F person with a disability; **handicapé mental/physique** person with learning difficulties/a disability; **handicapé moteur** person with a motor disability
'handicaper ['ɑ̃dikape] /1/ VT to handicap
handisport ['ɑ̃dispɔʀ] ADJ *ou* ADJ INV (*tennis, handball*) wheelchair *cpd*, disabled *cpd*; **jeux olympiques ~(s)** disabled Olympics
'hangar ['ɑ̃gaʀ] NM shed; (*Aviat*) hangar
'hanneton ['antɔ̃] NM cockchafer
'Hanovre ['anɔvʀ] N Hanover
'hanté, e ['ɑ̃te] ADJ (*maison, château*) haunted
'hanter ['ɑ̃te] /1/ VT to haunt
'hantise ['ɑ̃tiz] NF obsessive fear
'happer ['ape] /1/ VT to snatch; (*train etc*) to hit
'harangue ['aʀɑ̃g] NF harangue
'haranguer ['aʀɑ̃ge] /1/ VT to harangue
'haras ['aʀɑ] NM stud farm
'harassant, e ['aʀasɑ̃, -ɑ̃t] ADJ exhausting
harassé, e ['aʀase] ADJ (*épuisé*) exhausted
'harcèlement ['aʀsɛlmɑ̃] NM harassment; **harcèlement sexuel** sexual harassment
'harceler ['aʀsəle] /5/ VT (*Mil, Chasse*) to harass, harry; (*importuner*) to plague; **harceler qn de questions** to plague sb with questions
'harceleur, euse ['aʀsəlœʀ, -øz] NM/F harasser
'hardes ['aʀd] NFPL rags
'hardi, e ['aʀdi] ADJ bold, daring
'hardiesse ['aʀdjɛs] NF audacity
'hardiment ['aʀdimɑ̃] ADV boldly
'harem ['aʀɛm] NM harem
'hareng ['aʀɑ̃] NM herring; **hareng saur** kipper, smoked herring
'hargne ['aʀɲ] NF aggressivity, aggressiveness
'hargneusement ['aʀɲøzmɑ̃] ADV belligerently, aggressively
'hargneux, -euse ['aʀɲø, -øz] ADJ (*propos, personne*) belligerent, aggressive; (*chien*) fierce
★**'haricot** ['aʀiko] NM bean; **haricot blanc/rouge** haricot/kidney bean; **haricot vert** French (BRIT) *ou* green bean
harissa [aʀisa] NF harissa
'harki ['aʀki] NM *Algerian soldier who fought on the French side during the War of Independence*
harmonica [aʀmɔnika] NM mouth organ
harmonie [aʀmɔni] NF harmony
harmonieusement [aʀmɔnjøzmɑ̃] ADV harmoniously
harmonieux, -euse [aʀmɔnjø, -øz] ADJ harmonious; (*couleurs, couple*) well-matched
harmonique [aʀmɔnik] ADJ, NM OU F harmonic
harmoniser [aʀmɔnize] /1/ VT to harmonize ■ **s'harmoniser** VPR (*couleurs, teintes*) to go well together
harmonium [aʀmɔnjɔm] NM harmonium
'harnaché, e ['aʀnaʃe] ADJ (*fig*) rigged out
'harnachement ['aʀnaʃmɑ̃] NM (*habillement*) rigout; (*équipement*) harness, equipment
'harnacher ['aʀnaʃe] /1/ VT to harness
'harnais ['aʀnɛ] NM harness
'haro ['aʀo] NM: **crier haro sur qn/qch** to inveigh against sb/sth

'harpe ['aʀp] NF harp

'harpie ['aʀpi] NF harpy

'harpiste ['aʀpist] NMF harpist

'harpon ['aʀpɔ̃] NM harpoon

'harponner ['aʀpɔne] /1/ VT to harpoon; (*fam*) to collar

★**'hasard** ['azaʀ] NM: **le hasard** chance, fate; **un hasard** a coincidence; (*aubaine, chance*) a stroke of luck; **au hasard** (*sans but*) aimlessly; (*à l'aveuglette*) at random, haphazardly; **par hasard** by chance; **comme par hasard** as if by chance; **à tout hasard** (*en espérant trouver ce qu'on cherche*) on the off chance; (*en cas de besoin*) just in case

'hasarder ['azaʀde] /1/ VT (*mot*) to venture; (*fortune*) to risk; **se hasarder à faire** to risk doing, venture to do

'hasardeux, -euse ['azaʀdø, -øz] ADJ hazardous, risky; (*hypothèse*) rash

'hasch ['aʃ] NM (*fam*) hash (*fam*)

'haschisch ['aʃiʃ] NM hashish

hassidique [asidik] ADJ (*chant, tradition*) Hassidic

'hâte ['ɑt] NF haste; **à la hâte** hurriedly, hastily; **en hâte** post-haste, with all possible speed; **avoir hâte de** to be eager *ou* anxious to

'hâter ['ɑte] /1/ VT to hasten ▪ **se hâter** VPR to hurry; **se hâter de** to hurry *ou* hasten to

'hâtif, -ive ['ɑtif, -iv] ADJ (*travail*) hurried; (*décision*) hasty; (*légume*) early

'hâtivement ['ɑtivmɑ̃] ADV hurriedly; hastily

'hauban ['obɑ̃] NM (*Navig*) shroud

'hausse ['os] NF rise, increase; (*de fusil*) backsight adjuster; **à la hausse** upwards; **en hausse** rising; **être en hausse** to be going up

'haussement ['osmɑ̃] NM: **haussement d'épaules** shrug; **haussement de sourcils** raising of eyebrows;

'hausser ['ose] /1/ VT to raise; **hausser les épaules** to shrug (one's shoulders); **se hausser sur la pointe des pieds** to stand (up) on tiptoe *ou* tippy-toe (*US*)

'haussier, -ière ['osje, -jɛʀ] ADJ (*Finance: marché, scénario*) bullish

★**'haut, e** ['o, 'ot] ADJ high; (*grand*) tall; (*son, voix*) high(-pitched); **haut de 3 m** 3 m high; **haut débit** (*Inform*) broadband; **haute fidélité** hi-fi, high fidelity; **la haute finance** high finance; **haute trahison** high treason; **haut en couleur** (*chose*) highly coloured; (*personne*) **un personnage haut en couleur** a colourful character; **la haute couture/coiffure** haute couture/coiffure; **à haute voix** aloud, out loud; **en haute montagne** in the high mountains; **en haut lieu** in high places ▸ ADV high; **haut les mains!** hands up!, stick 'em up!; **plus haut** higher up, further up; (*dans un texte*) above; (*parler*) louder; **en haut** up above; (*être/aller*) at (*ou* to) the top; (*dans une maison*) upstairs; **en haut de** at the top of; **tout haut** aloud, out loud; **tomber de haut** to fall from a height; (*fig*) to have one's hopes dashed; **dire qch bien haut** to say sth plainly; **prendre qch de (très) haut** to react haughtily to sth; **traiter qn de haut** to treat sb with disdain; **de haut en bas** from top to bottom; downwards ▸ NM top (part); **de 3 m de haut** 3 m high, 3 m in height; **des hauts et des bas** ups and downs; **du haut de** from the top of

'hautain, e ['otɛ̃, -ɛn] ADJ (*personne, regard*) haughty

'hautbois ['obwɑ] NM oboe

'hautboïste ['obɔist] NMF oboist

'haut-commissaire ['okɔmisɛʀ] (*pl* **hauts-commissaires**) NMF High Commissioner

'haut-commissariat ['okɔmisaʀja] (*pl* **hauts-commissariats**) NM High Commission

'haut débit, 'haut-débit ['odebi] ADJ INV (*connexion, ligne*) high-speed ▸ NM: **le haut débit** the high-speed internet

'haut-de-forme ['odfɔʀm] (*pl* **hauts-de-forme**) NM top hat

'haute-contre ['otkɔ̃tʀ] (*pl* **hautes-contre**) NF counter-tenor

'hautement ['otmɑ̃] ADV (*ouvertement*) openly; (*supérieurement*): **hautement qualifié** highly qualified

★**'hauteur** ['otœʀ] NF height; (*Géo*) height, hill; (*fig*) loftiness; haughtiness; **à hauteur de** up to (the level of); **à hauteur des yeux** at eye level; **à la hauteur de** (*sur la même ligne*) level with; by; (*fig: tâche, situation*) equal to; **à la hauteur** (*fig*) up to it, equal to the task

'Haute-Volta ['otvɔlta] NF: **la Haute-Volta** Upper Volta

'haut-fond ['ofɔ̃] (*pl* **hauts-fonds**) NM shallow

'haut-fourneau ['ofuʀno] (*pl* **hauts-fourneaux**) NM blast *ou* smelting furnace

'haut-le-cœur ['olkœʀ] NM INV retch, heave

'haut-le-corps ['olkɔʀ] NM INV start, jump

'haut-parleur ['opaʀlœʀ] (*pl* **haut-parleurs**) NM (loud)speaker

'hauturier, -ière ['otyʀje, -jɛʀ] ADJ (*Navig*) deep-sea

'havanais, e ['avanɛ, -ɛz] ADJ of *ou* from Havana

'havane ['avan] NM (*cigare*) Havana (cigar) ▸ NF: **la Havane** Havana

'hâve ['ɑv] ADJ gaunt

'havrais, e ['ɑvʀɛ, -ɛz] ADJ of *ou* from Le Havre

'havre ['ɑvʀ] NM haven

'havresac ['ɑvʀəsak] NM haversack

Hawaï [awai] N Hawaii; **les îles ~** the Hawaiian Islands

hawaïen, ne [awajɛ̃, -ɛn] ADJ Hawaiian ▸ NM (*Ling*) Hawaiian

'Haye ['ɛ] N: **la Haye** the Hague

'hayon ['ɛjɔ̃] NM tailgate

HCR SIGLE M (= *Haut-Commissariat des Nations unies pour les réfugiés*) UNHCR

hdb. ABR (= *heures de bureau*) o.h. (= *office hours*)

'hé ['e] EXCL hey!

hebdo [ɛbdo] NM (*fam*) weekly

hebdomadaire [ɛbdɔmadɛʀ] ADJ, NM weekly

hébergement [ebɛʀʒəmɑ̃] NM accommodation, lodging; taking in

héberger [ebɛʀʒe] /3/ VT (*touristes*) to accommodate, lodge; (*amis*) to put up; (*réfugiés*) to take in

hébergeur [ebɛʀʒœʀ] NM (*Internet*) host

hébété, e [ebete] ADJ dazed

hébétude [ebetyd] NF stupor
hébraïque [ebʀaik] ADJ Hebrew, Hebraic
hébreu, x [ebʀø] ADJ M, NM Hebrew
Hébrides [ebʀid] NF: **les ~** the Hebrides
HEC SIGLE FPL (= *École des hautes études commerciales*) *grande école for management and business studies*
hécatombe [ekatɔ̃b] NF slaughter
hectare [ɛktaʀ] NM hectare, 10,000 square metres
hecto... [ɛkto] PRÉFIXE hecto...
hectolitre [ɛktɔlitʀ] NM hectolitre
hectomètre [ɛktomɛtʀ] NM hectometre (BRIT), hectometer (US)
hédonisme [edɔnism] NM (*Philosophie*) hedonism
hédoniste [edɔnist] ADJ hedonistic
hégémonie [eʒemɔni] NF hegemony
hégémonique [eʒemɔnik] ADJ (*politique*) hegemonic
'hein ['ɛ̃] EXCL eh?; (*sollicitant l'approbation*): **tu m'approuves, hein?** so I did the right thing then?; **Paul est venu, hein?** Paul came, did he?; **que fais-tu, hein?** hey! what are you doing?
'hélas ['elɑs] EXCL alas! ▸ ADV unfortunately
'héler ['ele] /6/ VT to hail
hélice [elis] NF propeller
hélicoïdal, e, -aux [elikɔidal, -o] ADJ helical; helicoid
hélicoptère [elikɔptɛʀ] NM helicopter
héliogravure [eljɔgʀavyʀ] NF heliogravure
héliomarin, e [eljɔmaʀɛ̃, -in] ADJ: **centre ~** *centre offering sea and sun therapy*
héliotrope [eljɔtʀɔp] NM (*Bot*) heliotrope
héliport [elipɔʀ] NM heliport
héliporté, e [elipɔʀte] ADJ transported by helicopter
hélitreuillage [litʀœjaʒ] NM winching up into a helicopter
hélitreuiller [elitʀœje] VT to winch up into a helicopter
hélium [eljɔm] NM helium
hellène [elɛn] ADJ Hellenic ▸ NMF: **H~** Hellene
hellénique [elenik] ADJ Hellenic
helléniste [elenist] NMF Hellenist
Helsinki [ɛlzinki] N Helsinki
helvète [ɛlvɛt] ADJ Helvetian ▸ NMF: **Helvète** Helvetian
Helvétie [ɛlvesi] NF: **la ~** Helvetia
helvétique [ɛlvetik] ADJ Swiss
hématite [ematit] NF (*pierre*) hematite
hématologie [ematɔlɔʒi] NF (*Méd*) haematology.
hématome [ematom] NM haematoma
hémicycle [emisikl] NM semicircle; (*Pol*): **l'~** *the benches (in French parliament)*
hémiplégie [emipleʒi] NF paralysis of one side, hemiplegia
hémiplégique [emipleʒik] ADJ, NMF hemiplegic
hémisphère [emisfɛʀ] NM: **~ nord/sud** northern/southern hemisphere
hémisphérique [emisferik] ADJ hemispherical
hémistiche [emistiʃ] NM hemistich
hémodialyse [emodjaliz] NF haemodialysis (BRIT), hemodialysis (US)
hémoglobine [emɔglɔbin] NF haemoglobin (BRIT), hemoglobin (US)
hémophile [emɔfil] ADJ haemophiliac (BRIT), hemophiliac (US)
hémophilie [emɔfili] NF haemophilia (BRIT), hemophilia (US)
hémorragie [emɔʀaʒi] NF bleeding *no pl*, haemorrhage (BRIT), hemorrhage (US); **~ cérébrale** cerebral haemorrhage; **~ interne** internal bleeding *ou* haemorrhage
hémorragique [emɔʀaʒik] ADJ haemorrhagic (BRIT), hemorrhagic (US)
hémorroïdes [emɔʀɔid] NFPL piles, haemorrhoids (BRIT), hemorrhoids (US)
hémostatique [emɔstatik] ADJ haemostatic (BRIT), hemostatic (US)
'henné ['ene] NM henna
'hennir ['eniʀ] /2/ VI to neigh, whinny
'hennissement ['enismɑ̃] NM neighing, whinnying
'hep ['ɛp] EXCL hey!
hépatique [epatik] ADJ (*relatif au foie*) hepatic; (*qui souffre du foie*) suffering from a liver complaint
hépatite [epatit] NF hepatitis, liver infection
heptathlon [ɛptatlɔ̃] NM heptathlon
héraldique [eʀaldik] ADJ heraldry
herbacé, e [ɛʀbase] ADJ herbaceous
herbage [ɛʀbaʒ] NM pasture
★**herbe** [ɛʀb] NF grass; (*Culin, Méd*) herb; **herbes de Provence** mixed herbs; **en ~** unripe; (*fig*) budding; **touffe/brin d'~** clump/blade of grass
herbeux, -euse [ɛʀbø, -øz] ADJ grassy
herbicide [ɛʀbisid] NM weed-killer
herbier [ɛʀbje] NM herbarium
herbivore [ɛʀbivɔʀ] NM herbivore
herboriser [ɛʀbɔʀize] /1/ VI to collect plants
herboriste [ɛʀbɔʀist] NMF herbalist
herboristerie [ɛʀbɔʀistʀi] NF (*magasin*) herbalist's shop; (*commerce*) herb trade
hercule [ɛʀkyl] NM (*forain*) strongman; (*Mythologie*): **H~** Hercules
herculéen, ne [ɛʀkyleɛ̃, -ɛn] ADJ (*fig*) herculean
'hère ['ɛʀ] NM: **pauvre hère** poor wretch
héréditaire [eʀeditɛʀ] ADJ hereditary
hérédité [eʀedite] NF heredity
hérésie [eʀezi] NF heresy
hérétique [eʀetik] NMF heretic
'hérissé, e ['eʀise] ADJ bristling; **hérissé de** spiked with; (*fig*) bristling with
'hérisser ['eʀise] /1/ VT: **hérisser qn** (*fig*) to ruffle sb ■ **se hérisser** VPR to bristle, bristle up
'hérisson ['eʀisɔ̃] NM hedgehog
héritage [eʀitaʒ] NM inheritance; (*fig: coutumes, système*) heritage; (: *legs*) legacy; **faire un (petit) ~** to come into (a little) money
hériter [eʀite] /1/ VI: **~ de qch (de qn)** to inherit sth (from sb); **~ de qn** to inherit sb's property
héritier, -ière [eʀitje, -jɛʀ] NM/F heir/heiress

hermaphrodite [ɛʀmafʀɔdit] ADJ (*Bot, Zool*) hermaphrodite

hermétique [ɛʀmetik] ADJ (*à l'air*) airtight; (*à l'eau*) watertight; (*fig: écrivain, style*) abstruse; (*: visage*) impenetrable

hermétiquement [ɛʀmetikmɑ̃] ADV hermetically

hermine [ɛʀmin] NF ermine

'herniaire ['ɛʀnjɛʀ] ADJ (*sac*) hernial; **bandage herniaire** truss

'hernie ['ɛʀni] NF hernia

héroïne [eʀɔin] NF heroine; (*drogue*) heroin

héroïnomane [eʀɔinɔman] NMF heroin addict

héroïque [eʀɔik] ADJ heroic

héroïquement [eʀɔikmɑ̃] ADV heroically

héroïsme [eʀɔism] NM heroism

'héron ['eʀɔ̃] NM heron

'héros ['eʀo] NM hero

herpès [ɛʀpɛs] NM herpes

'herse ['ɛʀs] NF harrow; (*de château*) portcullis

hertz [ɛʀts] NM (*Élec*) hertz

hertzien, ne [ɛʀtsjɛ̃, -ɛn] ADJ (*Élec*) Hertzian

hésitant, e [ezitɑ̃, -ɑ̃t] ADJ hesitant

hésitation [ezitasjɔ̃] NF hesitation

hésiter [ezite] /1/ VI: **~ (à faire)** to hesitate (to do); **~ sur qch** to hesitate over sth

hétéro [etero] ADJ (*hétérosexuel*) hetero

hétéroclite [eteʀɔklit] ADJ heterogeneous; (*objets*) sundry

hétérogène [eteʀɔʒɛn] ADJ heterogeneous

hétérogénéité [eteʀɔʒeneite] NF heterogeneity

hétérosexualité [eteʀosɛksɥalite] NF heterosexuality

hétérosexuel, le [eteʀɔsɛkɥɛl] ADJ heterosexual

hétérozygote [eteʀozigɔt] ADJ heterozygote

'hêtre ['ɛtʀ] NM beech

★**heure** [œʀ] NF hour; (*Scol*) period; (*moment, moment fixé*) time; **c'est l'~** it's time; **pourriez-vous me donner l'~, s'il vous plaît ?** could you tell me the time, please?; **quelle ~ est-il ?** what time is it?; **2 heures (du matin)** 2 o'clock (in the morning); **à la bonne ~ !** (*parfois ironique*) splendid!; **être à l'~** to be on time; (*montre*) to be right; **le bus passe à l'~** the bus runs on the hour; **mettre à l'~** to set right; **100 km à l'~** ≈ 60 miles an *ou* per hour; **à toute ~** at any time; **24 heures sur 24** round the clock, 24 hours a day; **à l'~ qu'il est** at this time (of day); (*fig*) now; **à l'~ actuelle** at the present time; **sur l'~** at once; **pour l'~** for the time being; **d'~ en ~** from one hour to the next; (*régulièrement*) hourly; **d'une ~ à l'autre** from hour to hour; **à une ~ avancée (de la nuit)** at a late hour (of the night); **de bonne ~** early; **deux heures de marche/travail** two hours' walking/work; **une ~ d'arrêt** an hour's break *ou* stop; **~ d'été** summer time (BRIT), daylight saving time (US); **~ de pointe** rush hour; (*téléphone*) peak period; **heures de bureau** office hours; **heures supplémentaires** overtime *sg*

★**heureusement** [œʀøzmɑ̃] ADV (*par bonheur*) fortunately, luckily; **~ que ...** it's a good job that ..., fortunately ...

★**heureux, -euse** [œʀø, -øz] ADJ happy; (*chanceux*) lucky, fortunate; (*judicieux*) felicitous, fortunate; **être ~ de qch** to be pleased *ou* happy about sth; **être ~ de faire/que** to be pleased *ou* happy to do/that; **s'estimer ~ de qch/que** to consider o.s. fortunate with sth/that; **encore ~ que ...** just as well that ...

'heurt ['œʀ] NM (*choc*) collision ▪ **heurts** NMPL (*fig*) clashes

'heurté, e ['œʀte] ADJ (*fig*) jerky, uneven; (*: couleurs*) clashing

'heurter ['œʀte] /1/ VT (*mur*) to strike, hit; (*personne*) to collide with; (*fig*) to go against, upset; **heurter qn de front** to clash head-on with sb ▪ **se heurter** VPR (*couleurs, tons*) to clash; **se heurter à** to collide with; (*fig*) to come up against

'heurtoir ['œʀtwaʀ] NM door knocker

hévéa [evea] NM rubber tree

hexadécimal, e [egzadesimal, -o] ADJ hexadecimal

hexagonal, e, -aux [ɛgzagɔnal, -o] ADJ hexagonal; (*français*) French (*see note at hexagone*)

hexagone [ɛgzagɔn] NM hexagon; **l'H~** (*la France*) France (*because of its roughly hexagonal shape*)

HF SIGLE F (= *haute fréquence*) HF

'hiatal, e ['jatal, -o] ADJ: **hernie hiatale** hiatus hernia

hiatus [jatys] NM hiatus

hibernation [ibɛʀnasjɔ̃] NF hibernation

hiberner [ibɛʀne] /1/ VI to hibernate

hibiscus [ibiskys] NM hibiscus

'hibou, x ['ibu] NM owl

'hic ['ik] NM (*fam*) snag

'hideusement ['idøzmɑ̃] ADV hideously

'hideux, -euse ['idø, -øz] ADJ hideous

★**hier** [jɛʀ] ADV yesterday; **~ matin/soir/midi** yesterday morning/evening/lunchtime; **toute la journée d'~** all day yesterday; **toute la matinée d'~** all yesterday morning

'hiérarchie ['jeʀaʀʃi] NF hierarchy

'hiérarchique ['jeʀaʀʃik] ADJ hierarchic

'hiérarchiquement ['jeʀaʀʃikmɑ̃] ADV hierarchically

'hiérarchiser ['jeʀaʀʃize] /1/ VT to organize into a hierarchy

'hiérarque ['jeʀaʀk] NM (*de parti, organisme*) senior figure

'hiéroglyphe ['jeʀɔglif] NM hieroglyphic

'hiéroglyphique ['jeʀɔglifik] ADJ hieroglyphic

'hi-fi ['ifi] NF INV hi-fi

hilarant, e [ilaʀɑ̃, -ɑ̃t] ADJ hilarious

hilare [ilaʀ] ADJ mirthful

hilarité [ilaʀite] NF hilarity, mirth

Himalaya [imalaja] NM: **l'~** the Himalayas *pl*

himalayen, ne [imalajɛ̃, -ɛn] ADJ Himalayan

hindou, e [ɛ̃du] ADJ Hindu ▸ NM/F: **Hindou, e** Hindu; (*vieilli: Indien*) Indian

hindouisme [ɛ̃duism] NM Hinduism

Hindoustan [ɛ̃dustɑ̃] NM: **l'~** Hindustan

'hippie ['ipi] NMF hippy

hippique [ipik] ADJ equestrian, horse *cpd*; **un club ~** a riding centre; **un concours ~** a horse show

hippisme [ipism] NM (horse-)riding

hippocampe [ipɔkɑ̃p] NM sea horse

hippodrome [ipɔdʀom] NM racecourse

hippophagique [ipɔfaʒik] ADJ: **boucherie ~** horse butcher's

hippopotame [ipɔpɔtam] NM hippopotamus

hirondelle [iʀɔ̃dɛl] NF swallow

hirsute [iʀsyt] ADJ (*personne*) hairy; (*barbe*) shaggy; (*tête*) tousled

hispanique [ispanik] ADJ Hispanic

hispanisant, e [ispanizɑ̃, -ɑ̃t] NM/F, **hispaniste** [ispanist] NMF Hispanist

hispano-américain, e [ispanoameʀikɛ̃, -ɛn] ADJ Spanish-American

hispano-arabe [ispanoaʀab] ADJ Hispano-Moresque

hispanophone [ispanɔfɔn] ADJ Spanish-speaking ▸ NMF Spanish speaker

'hisser ['ise] /1/ VT to hoist, haul up ■ **se hisser sur** VPR to haul o.s. up onto

★**histoire** [istwaʀ] NF (*science, événements*) history; (*anecdote, récit, mensonge*) story; (*affaire*) business *no pl*; (*chichis: gén pl*) fuss *no pl*; **l'~ de France** French history, the history of France; **l'~ sainte** biblical history; **~ géo** (*fam*) history and geography; **une ~ de** (*fig*) a question of ■ **histoires** NFPL (*ennuis*) trouble *sg*

histologie [istɔlɔʒi] NF histology

historien, ne [istɔʀjɛ̃, -ɛn] NM/F historian

★**historique** [istɔʀik] ADJ historical; (*important*) historic ▸ NM (*exposé, récit*): **faire l'~ de** to give the background to

historiquement [istɔʀikmɑ̃] ADV historically

hitlérien, ne [itlɛʀjɛ̃, -jɛn] ADJ (*Hist*) Hitlerian; **les Jeunesses hitlériennes** (*Hist*) Hitler Youth

'hit-parade ['itpaʀad] NM: **le hit-parade** the charts

'hittite ['itit] ADJ Hittite ▸ NMF: **Hittite** Hittite

★**hiver** [ivɛʀ] NM winter; **en ~** in winter

hivernal, e, -aux [ivɛʀnal, -o] ADJ (*de l'hiver*) winter *cpd*; (*comme en hiver*) wintry

hivernant, e [ivɛʀnɑ̃, -ɑ̃t] NM/F winter holiday-maker

hiverner [ivɛʀne] /1/ VI to winter

★**HLM** SIGLE MF (= *habitations à loyer modéré*) *low-rent, state-owned housing*; **un(e) ~** ≈ a council flat (*ou* house) (BRIT), ≈ a public housing unit (US)

Hme ABR (= *homme*) M

HO ABR (= *hors œuvre*) labour not included (*on invoices*)

'hobby ['ɔbi] NM hobby

'hochement ['ɔʃmɑ̃] NM: **hochement de tête** nod; shake of the head

'hocher ['ɔʃe] /1/ VT: **hocher la tête** to nod; (*signe négatif ou dubitatif*) to shake one's head

'hochet ['ɔʃɛ] NM rattle

★**'hockey** ['ɔkɛ] NM: **hockey (sur glace/gazon)** (ice/field) hockey

'hockeyeur, -euse ['ɔkɛjœʀ, -øz] NM/F hockey player

'holà ['ɔla] NM: **mettre le holà à qch** to put a stop to sth

'holding ['ɔldiŋ] NM holding company

'hold-up ['ɔldœp] NM INV hold-up

holistique [ɔlistik] ADJ holistic

★**'hollandais, e** ['ɔlɑ̃dɛ, -ɛz] ADJ Dutch ▸ NM (*Ling*) Dutch ▸ NM/F: **Hollandais, e** Dutchman/-woman; **les Hollandais** the Dutch

★**'hollande** ['ɔlɑ̃d] NM (*fromage*) Dutch cheese ▸ NF: **la Hollande** Holland

hollywoodien, ne ['ɔliwudjɛ̃, -jɛn] ADJ (*cinéma, film*) Hollywood *cpd*

holocauste [ɔlɔkost] NM holocaust

hologramme [ɔlɔgʀam] NM hologram

'homard ['ɔmaʀ] NM lobster

homélie [ɔmeli] NF homily

homéopathe [ɔmeɔpat] N homoeopath

homéopathie [ɔmeɔpati] NF homoeopathy

homéopathique [ɔmeɔpatik] ADJ homoeopathic

homérique [ɔmeʀik] ADJ Homeric

homicide [ɔmisid] NM murder; **~ involontaire** manslaughter ▸ NMF murderer (murderess)

hominidé [ɔminide] NM hominid

hommage [ɔmaʒ] NM tribute; **rendre ~ à** to pay tribute *ou* homage to; **en ~ de** as a token of; **faire ~ de qch à qn** to present sb with sth ■ **hommages** NMPL: **présenter ses hommages** to pay one's respects

★**homme** [ɔm] NM man; (*espèce humaine*): **l'~** man, mankind; **~ d'affaires** businessman; **~ des cavernes** caveman; **~ d'Église** churchman, clergyman; **~ d'État** statesman; **~ de loi** lawyer; **~ de main** hired man; **~ de paille** stooge; **~ politique** politician; **l'~ de la rue** the man in the street; **~ à tout faire** odd-job man

homme-grenouille [ɔmgʀənuj] (*pl* **hommes-grenouilles**) NM frogman

homme-orchestre [ɔmɔʀkɛstʀ] (*pl* **hommes-orchestres**) NM one-man band

homme-sandwich [ɔmsɑ̃dwitʃ] (*pl* **hommes-sandwichs**) NM sandwich (board) man

homo [ɔmo] ADJ, NMF = **homosexuel**

homogène [ɔmɔʒɛn] ADJ homogeneous

homogénéisé, e [ɔmɔʒeneize] ADJ: **lait ~** homogenized milk

homogénéité [ɔmɔʒeneite] NF homogeneity

homographe [ɔmɔgʀaf] NM homograph

homologation [ɔmɔlɔgasjɔ̃] NF ratification; official recognition

homologue [ɔmɔlɔg] NMF counterpart, opposite number

homologué, e [ɔmɔlɔge] ADJ (*Sport*) officially recognized, ratified; (*tarif*) authorized

homologuer [ɔmɔlɔge] /1/ VT (*Jur*) to ratify; (*Sport*) to recognize officially, ratify

homonyme [ɔmɔnim] NM (*Ling*) homonym; (*d'une personne*) namesake

homoparental, e, -aux [ɔmɔpaʀɑ̃tal, -o] ADJ (*famille*) same-sex

homophobe [ɔmɔfɔb] ADJ (*personne, propos*) homophobic ▸ NMF homophobe

homophobie [ɔmɔfɔbi] NF homophobia

homophone [ɔmɔfɔn] NM homophone

homosexualité [ɔmɔsɛksɥalite] NF homosexuality

homosexuel, le [ɔmɔsɛksɥɛl] ADJ homosexual

homozygote [omozigɔt] ADJ homozygote

'Honduras ['ɔ̃dyʀas] NM: **le Honduras** Honduras

'hondurien, ne ['ɔ̃dyʀjɛ̃, -ɛn] ADJ Honduran

'Hong-Kong ['ɔ̃gkɔ̃g] N Hong Kong

'hongre ['ɔ̃gʀ] ADJ (*cheval*) gelded ▸ NM gelding

'Hongrie ['ɔ̃gʀi] NF: **la Hongrie** Hungary

'hongrois, e ['ɔ̃gʀwa, -waz] ADJ Hungarian ▸ NM (*Ling*) Hungarian ▸ NM/F: **Hongrois, e** Hungarian

honnête [ɔnɛt] ADJ (*intègre*) honest; (*juste, satisfaisant*) fair

honnêtement [ɔnɛtmɑ̃] ADV honestly

honnêteté [ɔnɛtte] NF honesty

honneur [ɔnœʀ] NM honour; (*mérite*): **l'~ lui revient** the credit is his; **à qui ai-je l'~ ?** to whom have I the pleasure of speaking?; **« j'ai l'~ de ... »** "I have the honour of ..."; **en l'~ de** (*personne*) in honour of; (*événement*) on the occasion of; **faire ~ à** (*engagements*) to honour; (*famille, professeur*) to be a credit to; (*fig: repas etc*) to do justice to; **être à l'~** to be in the place of honour; **être en ~** to be in favour; **membre d'~** honorary member; **table d'~** top table

Honolulu [ɔnɔlyly] N Honolulu

honorable [ɔnɔʀabl] ADJ worthy, honourable; (*suffisant*) decent

honorablement [ɔnɔʀabləmɑ̃] ADV honourably; decently

honoraire [ɔnɔʀɛʀ] ADJ honorary; **professeur ~** professor emeritus ■ **honoraires** NMPL fees

honorer [ɔnɔʀe] /1/ VT to honour; (*estimer*) to hold in high regard; (*faire honneur à*) to do credit to; **~ qn de** to honour sb with ■ **s'honorer de** VPR to pride o.s. upon

honorifique [ɔnɔʀifik] ADJ honorary

★**'honte** ['ɔ̃t] NF shame; **avoir honte de** to be ashamed of; **faire honte à qn** to make sb (feel) ashamed

'honteusement ['ɔ̃tøzmɑ̃] ADV ashamedly; shamefully

'honteux, -euse ['ɔ̃tø, -øz] ADJ ashamed; (*conduite, acte*) shameful, disgraceful

'hop ['ɔp] EXCL (*vas-y !*): **« allez hop ! »** "off you go!"; (*et voilà*): **et hop !** bingo!; **un clic de souris et hop ! la commande est enregistrée** one click of the mouse and bingo! the order has gone in

hôpital, -aux [ɔpital, -o] NM hospital; **où est l'~ le plus proche ?** where is the nearest hospital?

> Quand le mot **hospital** désigne l'institution en général, il n'est jamais précédé de l'article défini. Ce n'est pas le cas quand il désigne plus précisément le bâtiment.
> *Ma grand-mère est à l'hôpital depuis une semaine.*
> **My grandmother has been in hospital for a week.**
> *Ce soir, je vais à l'hôpital voir ma grand-mère.*
> **Tonight I'm going to the hospital to visit my grandmother.**

'hoquet ['ɔkɛ] NM hiccup, hiccough; **avoir le hoquet** to have (the) hiccups *ou* hiccoughs

'hoqueter ['ɔkte] /4/ VI to hiccough

★**horaire** [ɔʀɛʀ] ADJ hourly ▸ NM timetable, schedule; **~ flexible** *ou* **mobile** *ou* **à la carte** *ou* **souple** flex(i)time ■ **horaires** NMPL (*heures de travail*) hours

'horde ['ɔʀd] NF horde

'horions ['ɔʀjɔ̃] NMPL blows

horizon [ɔʀizɔ̃] NM horizon; (*paysage*) landscape, view; **sur l'~** on the skyline *ou* horizon

horizontal, e, -aux [ɔʀizɔ̃tal, -o] ADJ horizontal ▸ NF: **à l'horizontale** on the horizontal

horizontalement [ɔʀizɔ̃talmɑ̃] ADV horizontally

★**horloge** [ɔʀlɔʒ] NF clock; **l'~ parlante** the speaking clock; **~ normande** grandfather clock; **~ physiologique** biological clock

horloger, -ère [ɔʀlɔʒe, -ɛʀ] NM/F watchmaker; clockmaker

horlogerie [ɔʀlɔʒʀi] NF watchmaking; watchmaker's (shop); clockmaker's (shop); **pièces d'~** watch parts *ou* components

'hormis ['ɔʀmi] PRÉP save

hormonal, e, -aux [ɔʀmɔnal, -o] ADJ hormonal

hormone [ɔʀmɔn] NF hormone

horodaté, e [ɔʀɔdate] ADJ (*ticket*) time- and date-stamped; (*stationnement*) pay and display

horodateur, -trice [ɔʀɔdatœʀ, -tʀis] ADJ (*appareil*) for stamping the time and date ▸ NM/F (parking) ticket machine

horoscope [ɔʀɔskɔp] NM horoscope

★**horreur** [ɔʀœʀ] NF horror; **avoir ~ de** to loathe, detest; **quelle ~ !** how awful!; **avoir ~ de** to loathe *ou* detest

horrible [ɔʀibl] ADJ horrible

horriblement [ɔʀibləmɑ̃] ADV horribly

horrifiant, e [ɔʀifjɑ̃, -ɑ̃t] ADJ horrifying

horrifier [ɔʀifje] /7/ VT to horrify

horrifique [ɔʀifik] ADJ horrific

horripilant, e [ɔʀipilɑ̃, -ɑ̃t] ADJ exasperating

horripiler [ɔʀipile] /1/ VT to exasperate

'hors ['ɔʀ] PRÉP except (for); **hors de** out of; **hors ligne** (*Inform*) off line; **hors pair** outstanding; **hors de propos** inopportune; **hors série** (*sur mesure*) made-to-order; (*exceptionnel*) exceptional; **hors service (HS), hors d'usage** out of service; **être hors de soi** to be beside o.s.

'hors-bord ['ɔʀbɔʀ] (*pl* **hors-bord(s)**) NM outboard motor; (*canot*) speedboat (with outboard motor)

'hors-concours ['ɔʀkɔ̃kuʀ] ADJ INV ineligible to compete; (*fig*) in a class of one's own

'hors-d'œuvre ['ɔʀdœvʀ] NM INV hors d'œuvre

'hors-jeu ['ɔʀʒø] (*pl* **hors-jeu(x)**) NM being offside *no pl*

'hors-la-loi ['ɔʀlalwa] NM INV outlaw

'hors-piste ['ɔʀpist] (*pl* **hors-pistes**) NM (*Ski*) cross-country

'hors-taxe [ɔʀtaks] ADJ (*sur une facture, prix*) excluding VAT; (*boutique, marchandises*) duty-free

'hors-texte ['ɔʀtɛkst] (*pl* **hors-textes**) NM plate
hortensia [ɔʀtɑ̃sja] NM hydrangea
horticole [ɔʀtikɔl] ADJ horticultural
horticulteur, -trice [ɔʀtikyltœʀ, -tʀis] NM/F horticulturalist (BRIT), horticulturist (US)
horticulture [ɔʀtikyltyʀ] NF horticulture
hospice [ɔspis] NM (*de vieillards*) home; (*asile*) hospice
hospitalier, -ière [ɔspitalje, -jɛʀ] ADJ (*accueillant*) hospitable; (*Méd: service, centre*) hospital *cpd*
hospitalisation [ɔspitalizasjɔ̃] NF hospitalization
hospitaliser [ɔspitalize] /1/ VT to take (*ou* send) to hospital, hospitalize
hospitalité [ɔspitalite] NF hospitality
hospitalo-universitaire [ɔspitalɔynivɛʀsitɛʀ] ADJ: **centre ~ (CHU)** ≈ (teaching) hospital
hostie [ɔsti] NF host
hostile [ɔstil] ADJ hostile
hostilité [ɔstilite] NF hostility ■ **hostilités** NFPL hostilities
hosto [ɔsto] NM (*fam*) hospital
hôte [ot] NM (*maître de maison*) host; (*client*) patron; (*fig*) inhabitant, occupant ▶ NMF (*invité*) guest; **~ payant** paying guest
hôtel [otɛl] NM hotel; **aller à l'~** to stay in a hotel; **~ (particulier)** (private) mansion; **~ de ville** town hall; *see note*

There are five categories of **hôtel** in France, from 1 star to 5 stars. Prices quoted include VAT but not breakfast. In some towns, guests pay a small additional tourist tax, the *taxe de séjour*, used to offset tourism-related costs incurred by the town.

hôtelier, -ière [otəlje, -jɛʀ] ADJ hotel *cpd* ▶ NM/F hotelier, hotel-keeper
hôtellerie [otɛlʀi] NF (*profession*) hotel business; (*auberge*) inn
hôtesse [otɛs] NF hostess; **~ de l'air** flight attendant; **~ (d'accueil)** receptionist
'hotte ['ɔt] NF (*panier*) basket (*carried on the back*); (*de cheminée*) hood; **hotte aspirante** cooker hood
'houblon ['ublɔ̃] NM (*Bot*) hop; (*pour la bière*) hops *pl*
'houe ['u] NF hoe
'houille ['uj] NF coal; **houille blanche** hydroelectric power
'houiller, -ère ['uje, -ɛʀ] ADJ coal *cpd*; (*terrain*) coal-bearing ▶ NF coal mine
'houle ['ul] NF swell
'houlette ['ulɛt] NF: **sous la houlette de** under the guidance of
'houleux, -euse ['ulø, -øz] ADJ heavy, swelling; (*fig*) stormy, turbulent
'houppe ['up], **'houppette** ['upɛt] NF powder puff; (*cheveux*) tuft
'houppelande ['uplɑ̃d] NF cloak
'hourra ['uʀa] NM cheer ▶ EXCL hurrah!
'houspiller ['uspije] /1/ VT to scold
'housse ['us] NF cover; (*pour protéger provisoirement*) dust cover; (*pour recouvrir à neuf*) loose *ou* stretch cover; **housse (penderie)** hanging wardrobe
'houx ['u] NM holly
hovercraft [ɔvœʀkʀaft] NM hovercraft
HS ABR = **hors service**
HT ABR = **hors taxe**
'hublot ['yblo] NM porthole
'huche ['yʃ] NF: **huche à pain** bread bin
'huées ['ɥe] NFPL boos
'huer ['ɥe] /1/ VT to boo; (*hibou, chouette*) to hoot
'huguenot ['yg(ə)no] NM Huguenot
★**huile** [ɥil] NF oil; (*Art*) oil painting; (*fam*) bigwig; **mer d'~** (*très calme*) glassy sea, sea of glass; **faire tache d'~** (*fig*) to spread; **~ d'arachide** groundnut oil; **~ essentielle** essential oil; **~ de foie de morue** cod-liver oil; **~ de ricin** castor oil; **~ solaire** suntan oil; **~ de table** salad oil
huiler [ɥile] /1/ VT to oil
huilerie [ɥilʀi] NF (*usine*) oil-works
huileux, -euse [ɥilø, -øz] ADJ oily
huilier [ɥilje] NM (oil and vinegar) cruet
huis [ɥi] NM: **à ~ clos** in camera
huissier [ɥisje] NM usher; (*Jur*) ≈ bailiff
★**'huit** ['ɥi(t)] NUM eight; **samedi en huit** a week on Saturday; **dans huit jours** in a week('s time)
'huitaine ['ɥitɛn] NF: **une huitaine de** about eight, eight or so; **une huitaine de jours** a week or so
'huitante ['ɥitɑ̃t] NUM (SUISSE) eighty
'huitième ['ɥitjɛm] NUM eighth
huître [ɥitʀ] NF oyster
'hululement ['ylylmɑ̃] NM hooting
'hululer ['ylyle] /1/ VI to hoot
humain, e [ymɛ̃, -ɛn] ADJ human; (*compatissant*) humane ▶ NM human (being)
humainement [ymɛnmɑ̃] ADV humanly; humanely
humanisation [ymanizasjɑ̃] NF humanization
humaniser [ymanize] /1/ VT to humanize
humanisme [ymanism] NM humanism
humaniste [ymanist] ADJ, NMF humanist
humanitaire [ymanitɛʀ] ADJ humanitarian
humanitarisme [ymanitaʀism] NM humanitarianism
humanité [ymanite] NF humanity
humanoïde [ymanɔid] NMF humanoid
humble [œ̃bl] ADJ humble
humblement [œ̃bləmɑ̃] ADV humbly
humecter [ymɛkte] /1/ VT to dampen; **s'~ les lèvres** to moisten one's lips
'humer ['yme] /1/ VT (*parfum*) to inhale; (*pour sentir*) to smell
humérus [ymeʀys] NM (*Anat*) humerus
★**humeur** [ymœʀ] NF mood; (*tempérament*) temper; (*irritation*) bad temper; **de bonne/mauvaise ~** in a good/bad mood; **être d'~ à faire qch** to be in the mood for doing sth
★**humide** [ymid] ADJ (*linge*) damp; (*main, yeux*) moist; (*climat, chaleur*) humid; (*saison, route*) wet
humidificateur [ymidifikatœʀ] NM humidifier
humidifier [ymidifje] /7/ VT to humidify
humidité [ymidite] NF humidity; dampness; **traces d'~** traces of moisture *ou* damp

h

humiliant, e [ymiljɑ̃, -ɑ̃t] ADJ humiliating
humiliation [ymiljasjɔ̃] NF humiliation
★**humilier** [ymilje] /7/ VT to humiliate; **s'~ devant qn** to humble o.s. before sb
humilité [ymilite] NF humility, humbleness
humoriste [ymɔʀist] NMF humorist
humoristique [ymɔʀistik] ADJ humorous; humoristic
★**humour** [ymuʀ] NM humour; **avoir de l'~** to have a sense of humour; **~ noir** sick humour
humus [ymys] NM humus
'**huppé, e** ['ype] ADJ crested; (*fam*) posh
'**hurlement** ['yʀləmɑ̃] NM howling *no pl*, howl; yelling *no pl*, yell
'**hurler** ['yʀle] /1/ VI to howl, yell; (*fig: vent*) to howl; (*: couleurs etc*) to clash; **hurler à la mort** (*chien*) to bay at the moon
hurluberlu [yʀlybɛʀly] NM (*péj*) crank ▶ ADJ cranky
'**husky** ['œski] NM (*chien*) husky
'**hutte** ['yt] NF hut
hybridation [ibʀidasjɔ̃] NF (*Bot*) hybridization; (*Zool*) cross-breeding
hybride [ibʀid] ADJ, NM hybrid
hydratant, e [idʀatɑ̃, -ɑ̃t] ADJ (*crème*) moisturizing
hydratation [idʀatasjɔ̃] NF (*de personne*) hydration; (*de peau*) moisturization
hydrate [idʀat] NM: **hydrates de carbone** carbohydrates
hydrater [idʀate] /1/ VT to hydrate ■ **s'hydrater** VPR (*personne*) to drink fluids
hydraulique [idʀolik] ADJ hydraulic
hydravion [idʀavjɔ̃] NM seaplane, hydroplane
hydro... [idʀɔ] PRÉFIXE hydro...
hydrocarbure [idʀɔkaʀbyʀ] NM hydrocarbon
hydrocéphale [idʀosefal] ADJ hydrocephalic, hydrocephalous
hydrocution [idʀɔkysjɔ̃] NF immersion syncope
hydroélectricité [idʀoelɛktʀisite] NF hydroelectricity
hydroélectrique, hydro-électrique [idʀɔelɛktʀik] ADJ hydroelectric
hydrogène [idʀɔʒɛn] NM hydrogen
hydrogéné, e [idʀɔʒene] ADJ (*huile*) hydrogenated
hydroglisseur [idʀɔglisœʀ] NM hydroplane
hydrographie [idʀɔgʀafi] NF (*fleuves*) hydrography
hydrographique [idʀogʀafik] ADJ hydrographic, hydrographical
hydrolyse [idʀɔliz] NF hydrolysis
hydromassage [idʀomasaʒ] NM hydromassage
hydrophile [idʀɔfil] ADJ *voir* **coton**
hydroponique [idʀopɔnik] ADJ: **culture ~** hydroponics *sg*
hyène [jɛn] NF hyena
hygiaphone® [iʒjafɔn] NM grill (*for speaking through on ticket counters*)
hygiène [iʒjɛn] NF hygiene; **~ intime** personal hygiene
hygiénique [iʒjenik] ADJ hygienic
hyménoptère [imenɔptɛʀ] NM hymenopteran
hymne [imn] NM hymn; **~ national** national anthem
hyper... [ipɛʀ] PRÉFIXE hyper...
hyperactif, -ive [ipɛʀaktif, -iv] ADJ hyperactive
hyperactivité [ipɛʀaktivite] NF hyperactivity
hyperappel [ipɛʀapɛl] NM (*Inform*) hypercall
hyperbole [ipɛʀbɔl] NF (*figure de style*) hyperbole; (*Math*) hyperbola
hyperinflation [ipɛʀɛ̃flasjɔ̃] NF hyperinflation
hyperlien [ipɛʀljɛ̃] NM (*Inform*) hyperlink
hypermarché [ipɛʀmaʀʃe] NM hypermarket
hypermétrope [ipɛʀmetʀɔp] ADJ long-sighted
hypernerveux, -euse [ipɛʀnɛʀvø, -øz] ADJ highly-strung
hyperréalisme [ipɛʀʀealism] NM hyperrealism
hyperréaliste [ipɛʀʀealist] ADJ hyperrealistic
hypersensibilité [ipɛʀsɑ̃sibilite] NF hypersensitivity
hypersensible [ipɛʀsɑ̃sibl] ADJ hypersensitive
hypertendu, e [ipɛʀtɑ̃dy] ADJ having high blood pressure, hypertensive
hypertension [ipɛʀtɑ̃sjɔ̃] NF high blood pressure, hypertension
hypertexte [ipɛʀtɛkst] NM (*Inform*) hypertext
hypertrophie [ipɛʀtʀɔfi] NF (*Méd*) hypertrophy
hypertrophié, e [ipɛʀtʀɔfje] ADJ hypertrophic
hypnose [ipnoz] NF hypnosis
hypnothérapie [ipnɔterapi] NF hypnotherapy
hypnotique [ipnɔtik] ADJ hypnotic
hypnotiser [ipnɔtize] /1/ VT to hypnotize
hypnotiseur [ipnɔtizœʀ] NM hypnotist
hypnotisme [ipnɔtism] NM hypnotism
hypoallergénique [ipoalɛʀʒik] ADJ hypoallergenic
hypocalorique [ipokalɔʀik] ADJ low-calorie
hypocondriaque [ipɔkɔ̃dʀijak] ADJ hypochondriac
hypocrisie [ipɔkʀizi] NF hypocrisy
hypocrite [ipɔkʀit] ADJ hypocritical ▶ NMF hypocrite
hypocritement [ipɔkʀitmɑ̃] ADV hypocritically
hypodermique [ipɔdɛʀmik] ADJ (*seringue*) hypodermic
hypoglycémie [ipoglisemi] NF hypoglycaemia (BRIT), hypoglycemia (US)
hypokhâgne [ipɔkaɲ] NF *first year of preparatory course for arts section of the École normale supérieure*
hypotendu, e [ipɔtɑ̃dy] ADJ having low blood pressure, hypotensive
hypotension [ipɔtɑ̃sjɔ̃] NF low blood pressure, hypotension
hypoténuse [ipɔtenyz] NF hypotenuse
hypothécaire [ipɔtekɛʀ] ADJ mortgage; **garantie/prêt ~** mortgage security/loan
hypothèque [ipɔtɛk] NF mortgage
hypothéquer [ipɔteke] /6/ VT to mortgage
hypothermie [ipɔtɛʀmi] NF hypothermia

hypothèse [ipɔtɛz] NF hypothesis; **dans l'~ où** assuming that

hypothétique [ipɔtetik] ADJ hypothetical

hypothétiquement [ipɔtetikmɑ̃] ADV hypothetically

hystérectomie [isterɛktɔmi] NF hysterectomy

hystérie [isteʀi] NF hysteria; **~ collective** mass hysteria

hystérique [isteʀik] ADJ hysterical

Hz ABR (= *Hertz*) Hz

h

I i

I, i [i] NM INV I, i; **I comme Irma** I for Isaac (BRIT) *ou* Item (US)

IAC SIGLE F (= *insémination artificielle entre conjoints*) AIH

IAD SIGLE F (= *insémination artificielle par donneur extérieur*) AID

ibère [ibɛʀ] ADJ Iberian ▸ NMF: **Ibère** Iberian

ibérique [ibeʀik] ADJ: **la péninsule ~** the Iberian peninsula

ibid. ABR (= *ibidem*) ibid., ib.

ibis [ibis] NM ibis

iceberg [isbɛʀg] NM iceberg

★**ici** [isi] ADV here; **jusqu'~** as far as this; (*temporel*) until now; **d'~ là** by then; **d'~ demain** by tomorrow; (*en attendant*) in the meantime; **d'~ peu** before long

icône [ikon] NF (*aussi Inform*) icon

iconoclaste [ikɔnɔklast] NMF iconoclast

iconographie [ikɔnɔgʀafi] NF iconography; (*illustrations*) (collection of) illustrations

iconographique [ikɔnɔgʀafik] ADJ (*sources, ressources*) image *cpd*, picture *cpd*; **fonds ~** image bank

idéal, e, -aux [ideal, -o] ADJ ideal ▸ NM ideal; (*système de valeurs*) ideals *pl*

idéalement [idealmɑ̃] ADV ideally

idéalisation [idealizasjɔ̃] NF idealization

idéaliser [idealize] /1/ VT to idealize

idéalisme [idealism] NM idealism

idéaliste [idealist] ADJ idealistic ▸ NMF idealist

idée [ide] NF idea; (*illusion*): **se faire des idées** to imagine things, get ideas into one's head; **avoir dans l'~ que** to have an idea that; **mon ~, c'est que ...** I suggest that ..., I think that ...; **à l'~ de/que** at the idea of/that, at the thought of/that; **je n'en ai pas la moindre ~** I haven't the faintest idea; **avoir ~ que** to have an idea that; **avoir des idées larges/étroites** to be broad-/narrow-minded; **venir à l'~ de qn** to occur to sb; **en voilà des idées !** the very idea!; **~ fixe** idée fixe, obsession; **idées noires** black *ou* dark thoughts; **idées reçues** accepted ideas *ou* wisdom

idée-force [idefɔʀs] (*pl* **idées-force(s)**) NF main idea

identifiable [idɑ̃tifjabl] ADJ identifiable

identifiant [idɑ̃tifjɑ̃] NM (*Inform*) login

identification [idɑ̃tifikasjɔ̃] NF identification

identifier [idɑ̃tifje] /7/ VT to identify; **~ qch/qn à** to identify sth/sb with ▪ **s'identifier** VPR: **s'~ avec** *ou* **à qn/qch** (*héros etc*) to identify with sb/sth

identique [idɑ̃tik] ADJ: **~ (à)** identical (to)

identitaire [idɑ̃titɛʀ] ADJ: **une crise ~** an identity crisis; **une quête ~** a search for identity

identité [idɑ̃tite] NF identity; **~ judiciaire** (*Police*) ≈ Criminal Records Office

idéogramme [ideɔgʀam] NM ideogram

idéologie [ideɔlɔʒi] NF ideology

idéologique [ideɔlɔʒik] ADJ ideological

idéologue [ideɔlɔg] NMF ideologue

idiomatique [idjɔmatik] ADJ: **expression ~** idiom, idiomatic expression

idiome [idjom] NM (*Ling*) idiom

★**idiot, e** [idjo, idjɔt] ADJ idiotic ▸ NM/F idiot

idiotie [idjɔsi] NF idiocy; (*propos*) idiotic remark

idiotisme [idjɔtism] NM idiom, idiomatic phrase

idoine [idwan] ADJ fitting

idolâtrer [idɔlatʀe] /1/ VT to idolize

idolâtrie [idɔlatʀi] NF idolatry

idole [idɔl] NF idol

idylle [idil] NF idyll

idyllique [idilik] ADJ idyllic

if [if] NM yew

IFOP [ifɔp] SIGLE M (= *Institut français d'opinion publique*) *French market research institute*

IGH SIGLE M (= *immeuble de grande hauteur*) *high-rise building*

igloo [iglu] NM igloo

IGN SIGLE M (= *Institut géographique national*) *French national geographical institute*

ignare [iɲaʀ] ADJ ignorant

ignifuge [ignifyʒ] ADJ fireproofing ▸ NM fireproofing (substance)

ignifuger [ignifyʒe] /3/ VT to fireproof

ignoble [iɲɔbl] ADJ vile

ignominie [iɲɔmini] NF ignominy; (*acte*) ignominious *ou* base act

ignominieux, -euse [iɲɔminjø, -øz] ADJ ignominious

ignorance [iɲɔʀɑ̃s] NF ignorance; **dans l'~ de** in ignorance of, ignorant of

ignorant, e [iɲɔʀɑ̃, -ɑ̃t] ADJ ignorant; **~ de** ignorant of, not aware of; **~ en** ignorant of, knowing nothing of ▸ NM/F: **faire l'~** to pretend one doesn't know

ignoré, e [iɲɔʀe] ADJ unknown

ignorer [iɲɔʀe] /1/ VT (*ne pas connaître*) not to know, be unaware *ou* ignorant of; (*être sans expérience de: plaisir, guerre etc*) not to know about, have no experience of; (*bouder: personne*) to ignore; **j'ignore comment/si** I do not know how/if; **~ que** to be unaware that, not to know that; **je n'ignore pas que ...** I'm not forgetting that ..., I'm not unaware that ...; **je l'ignore** I don't know

IGPN SIGLE F (= *Inspection générale de la police nationale*) *police disciplinary body*

iguane [igwan] NM iguana

★**il** [il] PRON he; (*animal, chose, en tournure impersonnelle*) it; **ils** they; **il neige** it's snowing; **Pierre est-il arrivé ?** has Pierre arrived?; **il a gagné** he won; *voir aussi* **avoir**

île [il] NF island; **les Îles** the West Indies; **l'~ de Beauté** Corsica; **l'~ Maurice** Mauritius; **les îles anglo-normandes** the Channel Islands; **les îles Britanniques** the British Isles; **les îles Cocos** *ou* **Keeling** the Cocos *ou* Keeling Islands; **les îles Cook** the Cook Islands; **les îles Scilly** the Scilly Isles, the Scillies; **les îles Shetland** the Shetland Islands, Shetland; **les îles Sorlingues** = **les îles Scilly**; **les îles Vierges** the Virgin Islands

iliaque [iljak] ADJ (*Anat*): **os/artère ~** iliac bone/artery

îlien, ne [iljɛ̃, -ɛn] ADJ island *cpd* ▸ NM/F islander

illégal, e, -aux [ilegal, -o] ADJ illegal, unlawful (*Admin*)

illégalement [ilegalmɑ̃] ADV illegally

illégalité [ilegalite] NF illegality; unlawfulness; **être dans l'~** to be outside the law

illégitime [ileʒitim] ADJ illegitimate; (*optimisme, sévérité*) unjustified, unwarranted

illégitimement [ileʒitimmɑ̃] ADV illegitimately

illégitimité [ileʒitimite] NF illegitimacy; **gouverner dans l'~** to rule illegally

illettré, e [iletʀe] ADJ, NM/F illiterate

illettrisme [iletʀism] NM illiteracy

illicite [ilisit] ADJ illicit

illicitement [ilisitmɑ̃] ADV illicitly

illico [iliko] ADV (*fam*) pronto

illimité, e [ilimite] ADJ (*immense*) boundless, unlimited; (*congé, durée*) indefinite, unlimited

illisible [ilizibl] ADJ illegible; (*roman*) unreadable

illisiblement [iliziblәmɑ̃] ADV illegibly

illogique [ilɔʒik] ADJ illogical

illogisme [ilɔʒism] NM illogicality

illumination [ilyminasjɔ̃] NF illumination, floodlighting; (*inspiration*) flash of inspiration ▪ **illuminations** NFPL illuminations, lights

illuminé, e [ilymine] ADJ lit up; illuminated, floodlit ▸ NM/F (*fig: péj*) crank

illuminer [ilymine] /1/ VT to light up; (*monument, rue: pour une fête*) to illuminate; (*: au moyen de projecteurs*) to floodlight ▪ **s'illuminer** VPR to light up

illusion [ilyzjɔ̃] NF illusion; **se faire des illusions** to delude o.s.; **faire ~** to delude *ou* fool people; **~ d'optique** optical illusion

illusionner [ilyzjɔne] /1/ VT to delude ▪ **s'illusionner** VPR: **s'~ (sur qn/qch)** to delude o.s. (about sb/sth)

illusionnisme [ilyzjɔnism] NM conjuring

illusionniste [ilyzjɔnist] NMF conjuror

illusoire [ilyzwaʀ] ADJ illusory, illusive

illustrateur, -trice [ilystʀatœʀ, -tʀis] NM/F illustrator

illustratif, -ive [ilystʀatif, -iv] ADJ illustrative

★**illustration** [ilystʀasjɔ̃] NF illustration; (*d'un ouvrage: photos*) illustrations *pl*

illustre [ilystʀ] ADJ illustrious, renowned

★**illustré, e** [ilystʀe] ADJ illustrated ▸ NM illustrated magazine; (*pour enfants*) comic

illustrer [ilystʀe] /1/ VT to illustrate ▪ **s'illustrer** VPR to become famous, win fame

îlot [ilo] NM small island, islet; (*de maisons*) block; (*petite zone*): **un ~ de verdure** an island of greenery, a patch of green

îlotage [ilɔtaʒ] NM community policing

îlotier, -ière [ilɔtje, -jɛʀ] NM community police officer

★**ils** [il] PRON they

★**image** [imaʒ] NF (*gén*) picture; (*comparaison, ressemblance, Optique*) image; **~ de** picture *ou* image of; **~ d'Épinal** (social) stereotype; **~ de marque** brand image; (*d'une personne*) (public) image; (*d'une entreprise*) corporate image; **~ pieuse** holy picture

imagé, e [imaʒe] ADJ (*texte*) full of imagery; (*langage*) colourful

imagerie [imaʒʀi] NF (*Tech*) imagery; **centre d'imagerie médicale** medical imaging centre (BRIT) *ou* center (US); **~ satellitaire** satellite imaging

imaginable [imaʒinabl] ADJ imaginable; **difficilement ~** hard to imagine

imaginaire [imaʒinɛʀ] ADJ imaginary

imaginatif, -ive [imaʒinatif, -iv] ADJ imaginative

imagination [imaʒinasjɔ̃] NF imagination; (*chimère*) fancy, imagining; **avoir de l'~** to be imaginative, have a good imagination

★**imaginer** [imaʒine] /1/ VT to imagine; (*croire*): **qu'allez-vous ~ là ?** what on earth are you thinking of?; (*inventer: expédient, mesure*) to devise, think up; **j'imagine qu'il a voulu plaisanter** I suppose he was joking; **~ de faire** (*se mettre dans l'idée de*) to dream up the idea of doing ▪ **s'imaginer** VPR (*se figurer: scène etc*) to imagine, picture; **s'~ à 60 ans** to picture *ou* imagine o.s. at 60; **s'~ que** to imagine that; **s'~ pouvoir faire qch** to think one can do sth

imam [imam] NM imam

imbattable [ɛ̃batabl] ADJ unbeatable

imbécile [ɛ̃besil] ADJ idiotic ▸ NMF idiot; (*Méd*) imbecile

imbécillité [ɛ̃besilite] NF idiocy; imbecility; idiotic action (*ou* remark *etc*)

imberbe [ɛ̃bɛʀb] ADJ beardless

imbibé, e [ɛ̃bibe] ADJ: **~ de** (*liquide*) dipped in; **~ d'eau** (*chaussures, étoffe*) saturated; (*terre*) waterlogged

imbiber [ɛ̃bibe] /1/ VT: **~ qch de** to moisten *ou* wet sth with ▪ **s'imbiber de** VPR to become saturated with

imbitable, imbittable [ɛ̃bitabl] ADJ (*fam: incompréhensible*) meaningless; **c'est ~** it's gibberish

imbriqué, e [ɛ̃bʀike] ADJ overlapping
imbriquer [ɛ̃bʀike] /1/: **s'imbriquer** VPR to overlap (each other); (*fig*) to become interlinked *ou* interwoven
imbroglio [ɛ̃bʀɔljo] NM imbroglio
imbu, e [ɛ̃by] ADJ: **~ de** full of; **~ de soi-même/sa supériorité** full of oneself/one's superiority
imbuvable [ɛ̃byvabl] ADJ undrinkable
imitable [imitabl] ADJ imitable; **facilement ~** easily imitated
imitateur, -trice [imitatœʀ, -tʀis] NM/F (*gén*) imitator; (*Music-Hall: d'une personnalité*) impersonator
imitation [imitasjɔ̃] NF imitation; (*de personnalité*) impersonation; **sac ~ cuir** bag in imitation *ou* simulated leather; **à l'~ de** in imitation of
imiter [imite] /1/ VT to imitate; (*personne*) to imitate, impersonate; (*contrefaire: signature, document*) to forge, copy; (*ressembler à*) to look like; **il se leva et je l'imitai** he got up and I did likewise
imm. ABR = **immeuble**
immaculé, e [imakyle] ADJ spotless, immaculate; **l'Immaculée Conception** (*Rel*) the Immaculate Conception
immanent, e [imanɑ̃, -ɑ̃t] ADJ immanent
immangeable [ɛ̃mɑ̃ʒabl] ADJ inedible, uneatable
immanquable [ɛ̃mɑ̃kabl] ADJ (*cible*) impossible to miss; (*fatal, inévitable*) bound to happen, inevitable
immanquablement [ɛ̃mɑ̃kabləmɑ̃] ADV inevitably
immatériel, le [imateʀjɛl] ADJ ethereal; (*Philosophie*) immaterial
immatriculation [imatʀikylasjɔ̃] NF registration

French **plaques d'immatriculation** (licence plates) can bear the number of the *département* the vehicle is registered in, if the owner of the vehicle so wishes. For example, a car registered in Paris can display the number 75 on its licence plate.

immatriculer [imatʀikyle] /1/ VT to register; **faire/se faire ~** to register; **voiture immatriculée dans la Somme** car with a Somme registration (number)
immature [imatyʀ] ADJ immature
immaturité [imatyʀite] NF immaturity
immédiat, e [imedja, -at] ADJ immediate; **dans le voisinage ~ de** in the immediate vicinity of ▶ NM: **dans l'~** for the time being
immédiatement [imedjatmɑ̃] ADV immediately
immémorial, e, -aux [imemɔʀjal, -o] ADJ ancient, age-old
immense [imɑ̃s] ADJ immense
immensément [imɑ̃semɑ̃] ADV immensely
immensité [imɑ̃site] NF immensity
immergé, e [imɛʀʒe] ADJ (*terres, partie*) submerged
immerger [imɛʀʒe] /3/ VT to immerse, submerge; (*câble*) to lay under water; (*déchets*) to dump at sea ■ **s'immerger** VPR (*sous-marin*) to dive, submerge
immérité, e [imeʀite] ADJ undeserved
immersion [imɛʀsjɔ̃] NF immersion
immettable [ɛ̃mɛtabl] ADJ unwearable
★**immeuble** [imœbl] NM building ▶ ADJ (*Jur*) immovable, real; **~ locatif** block of rented flats (BRIT), rental building (US); **~ de rapport** investment property
immigrant, e [imigʀɑ̃, -ɑ̃t] NM/F immigrant
immigration [imigʀasjɔ̃] NF immigration
immigré, e [imigʀe] NM/F immigrant
immigrer [imigʀe] /1/ VI to immigrate
imminence [iminɑ̃s] NF imminence
imminent, e [iminɑ̃, -ɑ̃t] ADJ imminent, impending
immiscer [imise] /3/: **s'immiscer** VPR: **s'~ dans** to interfere in *ou* with
immixtion [imiksjɔ̃] NF interference
immobile [imɔbil] ADJ still, motionless; (*pièce de machine*) fixed; (*fig*) unchanging; **rester/se tenir ~** to stay/keep still
immobilier, -ière [imɔbilje, -jɛʀ] ADJ property *cpd*, real-estate ▶ NM: **l'~** real estate
immobilisation [imɔbilizasjɔ̃] NF immobilization ■ **immobilisations** NFPL (*Jur*) fixed assets
immobiliser [imɔbilize] /1/ VT (*gén*) to immobilize; (*circulation, véhicule, affaires*) to bring to a standstill ■ **s'immobiliser** VPR (*personne*) to stand still; (*machine, véhicule*) to come to a halt *ou* a standstill
immobilisme [imɔbilism] NM strong resistance *ou* opposition to change
immobilité [imɔbilite] NF immobility
immodéré, e [imɔdeʀe] ADJ immoderate, inordinate
immodérément [imɔdeʀemɑ̃] ADV immoderately
immolation [imɔlasjɔ̃] NF immolation; **~ par le feu** immolation
immoler [imɔle] /1/ VT to sacrifice ■ **s'immoler** VPR to sacrifice o.s.; **s'~ par le feu** to set fire to o.s.
immonde [imɔ̃d] ADJ foul; (*sale: ruelle, taudis*) squalid
immondices [imɔ̃dis] NFPL (*ordures*) refuse *sg*; (*saletés*) filth *sg*
immoral, e, -aux [imɔʀal, -o] ADJ immoral
immoralisme [imɔʀalism] NM immoralism
immoralité [imɔʀalite] NF immorality
immortaliser [imɔʀtalize] /1/ VT to immortalize
immortalité [imɔʀtalite] NF immortality
immortel, le [imɔʀtɛl] ADJ immortal ▶ NF (*Bot*) everlasting (flower) ▶ NMPL: **les Immortels** *name given to the members of the Académie française*
immuable [imɥabl] ADJ (*inébranlable*) immutable; (*qui ne change pas*) unchanging; (*personne*): **~ dans ses convictions** immoveable (in one's convictions)
immuablement [imɥabləmɑ̃] ADV immutably
immunisation [imynizasjɔ̃] NF immunization
immunisé, e [im(m)ynize] ADJ: **~ contre** immune to
immuniser [imynize] /1/ VT (*Méd*) to immunize; **~ qn contre** to immunize sb against; (*fig*) to make sb immune to

immunitaire [imynitɛʀ] ADJ immune
immunité [imynite] NF immunity; **~ diplomatique** diplomatic immunity; **~ parlementaire** parliamentary privilege
immunodéficience [imynodefisjɑ̃s] NF immunodeficiency
immunodéprimé, e [imynodepʀime] ADJ immunocompromised ▸ NM/F immunocompromised person
immunologie [imynɔlɔʒi] NF immunology
immunosuppresseur [imynosypʀesœʀ] ADJ immunosuppressive, immunosuppressant ▸ NM immunosuppressive, immunosuppressant
immutabilité [imytabilite] NF immutability
impact [ɛ̃pakt] NM impact; **point d'~** point of impact
impacter [ɛ̃pakte] /1/ VT to impact on, have an impact on
impair, e [ɛ̃pɛʀ] ADJ odd; **nombres impairs** odd numbers ▸ NM faux pas, blunder
impalpable [ɛ̃palpabl] ADJ impalpable
impaludation [ɛ̃palydasjɔ̃] NF inoculation against malaria
imparable [ɛ̃paʀabl] ADJ unstoppable
impardonnable [ɛ̃paʀdɔnabl] ADJ unpardonable, unforgivable; **vous êtes ~ d'avoir fait cela** it's unforgivable of you to have done that
imparfait, e [ɛ̃paʀfɛ, -ɛt] ADJ imperfect ▸ NM (*Ling*) imperfect (tense)
imparfaitement [ɛ̃paʀfɛtmɑ̃] ADV imperfectly
impartial, e, -aux [ɛ̃paʀsjal, -o] ADJ impartial, unbiased
impartialement [ɛ̃paʀsjalmɑ̃] ADV impartially
impartialité [ɛ̃paʀsjalite] NF impartiality
impartir [ɛ̃paʀtiʀ] /2/ VT: **~ qch à qn** to assign sth to sb; (*dons*) to bestow sth upon sb; **dans les délais impartis** in the time allowed
impasse [ɛ̃pɑs] NF dead-end, cul-de-sac; (*fig*) deadlock; **être dans l'~** (*négociations*) to have reached deadlock; **~ budgétaire** budget deficit
impassibilité [ɛ̃pasibilite] NF impassiveness
impassible [ɛ̃pasibl] ADJ impassive
impassiblement [ɛ̃pasibləmɑ̃] ADV impassively
impatiemment [ɛ̃pasjamɑ̃] ADV impatiently
impatience [ɛ̃pasjɑ̃s] NF impatience
impatient, e [ɛ̃pasjɑ̃, -ɑ̃t] ADJ impatient; **~ de faire qch** keen *ou* impatient to do sth
impatienter [ɛ̃pasjɑ̃te] /1/ VT to irritate, annoy ■ **s'impatienter** VPR to get impatient; **s'~ de/contre** to lose patience at/with, grow impatient at/with
impavide [ɛ̃pavid] ADJ unruffled
impayable [ɛ̃pɛjabl] ADJ (*drôle*) priceless
impayé, e [ɛ̃peje] ADJ unpaid, outstanding
impeccable [ɛ̃pekabl] ADJ faultless, impeccable; (*propre*) spotlessly clean; (*chic*) impeccably dressed; (*fam*) smashing
impeccablement [ɛ̃pekabləmɑ̃] ADV impeccably
impénétrable [ɛ̃penetʀabl] ADJ impenetrable
impénitent, e [ɛ̃penitɑ̃, -ɑ̃t] ADJ unrepentant
impensable [ɛ̃pɑ̃sabl] ADJ (*événement hypothétique*) unthinkable; (*événement qui a eu lieu*) unbelievable
imper [ɛ̃pɛʀ] NM (*imperméable*) mac
impératif, -ive [ɛ̃peʀatif, -iv] ADJ imperative; (*Jur*) mandatory ▸ NM (*Ling*) imperative ■ **impératifs** NMPL (*exigences: d'une fonction, d'une charge*) requirements; (*: de la mode*) demands
impérativement [ɛ̃peʀativmɑ̃] ADV imperatively
impératrice [ɛ̃peʀatʀis] NF empress
imperceptible [ɛ̃pɛʀsɛptibl] ADJ imperceptible
imperceptiblement [ɛ̃pɛʀsɛptibləmɑ̃] ADV imperceptibly
imperdable [ɛ̃pɛʀdabl] ADJ that cannot be lost
imperfectible [ɛ̃pɛʀfɛktibl] ADJ which cannot be perfected
imperfection [ɛ̃pɛʀfɛksjɔ̃] NF imperfection
impérial, e, -aux [ɛ̃peʀjal, -o] ADJ imperial ▸ NF upper deck; **autobus à impériale** double-decker bus
impérialisme [ɛ̃peʀjalism] NM imperialism
impérialiste [ɛ̃peʀjalist] ADJ, NMF imperialist
impérieusement [ɛ̃peʀjøzmɑ̃] ADV: **avoir ~ besoin de qch** to have urgent need of sth
impérieux, -euse [ɛ̃peʀjø, -øz] ADJ (*caractère, ton*) imperious; (*obligation, besoin*) pressing, urgent
impérissable [ɛ̃peʀisabl] ADJ undying, imperishable
imperméabilisation [ɛ̃pɛʀmeabilizasjɔ̃] NF waterproofing
imperméabiliser [ɛ̃pɛʀmeabilize] /1/ VT to waterproof
imperméabilité [ɛ̃pɛʀmeabilite] NF: **pour assurer l'~ du tissu** to make the material waterproof
imperméable [ɛ̃pɛʀmeabl] ADJ waterproof; (*Géo*) impermeable; (*fig*): **~ à** impervious to; **~ à l'air** airtight ▸ NM raincoat
impersonnel, le [ɛ̃pɛʀsɔnɛl] ADJ impersonal
impertinemment [ɛ̃pɛʀtinamɑ̃] ADV impertinently
impertinence [ɛ̃pɛʀtinɑ̃s] NF impertinence
impertinent, e [ɛ̃pɛʀtinɑ̃, -ɑ̃t] ADJ impertinent
imperturbable [ɛ̃pɛʀtyʀbabl] ADJ (*personne*) imperturbable; (*sang-froid*) unshakeable; **rester ~** to remain unruffled
imperturbablement [ɛ̃pɛʀtyʀbabləmɑ̃] ADV imperturbably; unshakeably
impétigo [ɛ̃petigo] NM impetigo
impétrant, e [ɛ̃petʀɑ̃, -ɑ̃t] NM/F (*Jur*) applicant
impétueux, -euse [ɛ̃petɥø, -øz] ADJ fiery
impétuosité [ɛ̃petɥozite] NF fieriness
impie [ɛ̃pi] ADJ impious, ungodly
impiété [ɛ̃pjete] NF impiety
impitoyable [ɛ̃pitwajabl] ADJ pitiless, merciless
impitoyablement [ɛ̃pitwajabləmɑ̃] ADV mercilessly
implacable [ɛ̃plakabl] ADJ implacable
implacablement [ɛ̃plakabləmɑ̃] ADV implacably
implant [ɛ̃plɑ̃] NM (*Méd*) implant
implantation [ɛ̃plɑ̃tasjɔ̃] NF (*d'usine, d'usage*) establishment; (*de colons*) settling; (*d'idée, de préjugé*) implantation

implanter [ɛ̃plɑ̃te] /1/ VT (*usine, industrie, usage*) to establish; (*colons*) to settle; (*idée, préjugé*) to implant ▪ **s'implanter dans** VPR to be established in; to settle in; to become implanted in
implémenter [ɛ̃plemɑ̃te] /1/ VT (*aussi Inform*) to implement
implication [ɛ̃plikasjɔ̃] NF implication
implicite [ɛ̃plisit] ADJ implicit
implicitement [ɛ̃plisitmɑ̃] ADV implicitly
impliquer [ɛ̃plike] /1/ VT to imply; **~ qn (dans)** to implicate sb (in)
implorant, e [ɛ̃plɔʀɑ̃, -ɑ̃t] ADJ imploring
implorer [ɛ̃plɔʀe] /1/ VT to implore
imploser [ɛ̃ploze] /1/ VI to implode
implosion [ɛ̃plozjɔ̃] NF implosion
impoli, e [ɛ̃pɔli] ADJ impolite, rude
impoliment [ɛ̃pɔlimɑ̃] ADV impolitely
impolitesse [ɛ̃pɔlitɛs] NF impoliteness, rudeness; (*propos*) impolite *ou* rude remark
impondérable [ɛ̃pɔ̃deʀabl] NM imponderable
impopulaire [ɛ̃pɔpylɛʀ] ADJ unpopular
impopularité [ɛ̃pɔpylaʀite] NF unpopularity
importable [ɛ̃pɔʀtabl] ADJ (*Comm*: *marchandise*) importable; (*vêtement*: *immettable*) unwearable
importance [ɛ̃pɔʀtɑ̃s] NF importance; (*de somme*) size; **avoir de l'~** to be important; **sans ~** unimportant; **d'~** important, considerable; **quelle ~ ?** what does it matter?
★**important, e** [ɛ̃pɔʀtɑ̃, -ɑ̃t] ADJ important; (*en quantité*: *somme, retard*) considerable, sizeable; (: *gamme, dégâts*) extensive; (*péj*: *airs, ton*) self-important ▸ NM: **l'~** the important thing
importateur, -trice [ɛ̃pɔʀtatœʀ, -tʀis] ADJ importing; **pays ~ de blé** wheat-importing country ▸ NM/F importer
importation [ɛ̃pɔʀtasjɔ̃] NF import; introduction; (*produit*) import
importer [ɛ̃pɔʀte] /1/ VT (*Comm*) to import; (*maladies, plantes*) to introduce ▸ VI (*être important*) to matter; **~ à qn** to matter to sb; **il importe de** it is important to; **il importe qu'il fasse** he must do, it is important that he should do; **peu m'importe** (*je n'ai pas de préférence*) I don't mind; (*je m'en moque*) I don't care; **peu importe (que)** it doesn't matter (if); **peu importe le prix** never mind the price; *voir aussi* **n'importe**
import-export [ɛ̃pɔʀɛkspɔʀ] (*pl* **imports-exports**) NM import-export business
importun, e [ɛ̃pɔʀtœ̃, -yn] ADJ irksome, importunate; (*arrivée, visite*) inopportune, ill-timed ▸ NM intruder
importuner [ɛ̃pɔʀtyne] /1/ VT to bother
imposable [ɛ̃pozabl] ADJ taxable
imposant, e [ɛ̃pozɑ̃, -ɑ̃t] ADJ imposing
imposé, e [ɛ̃poze] ADJ (*soumis à l'impôt*) taxed; (*Gym etc*: *figures*) set
imposer [ɛ̃poze] /1/ VT (*taxer*) to tax; (*Rel*): **~ les mains** to lay on hands; **~ qch à qn** to impose sth on sb; **en ~** to be imposing; **en ~ à** to impress ▪ **s'imposer** VPR (*être nécessaire*) to be imperative; (*montrer sa proéminence*) to stand out, emerge; (*artiste*: *se faire connaître*) to win recognition, come to the fore; **s'~ comme** to emerge as; **s'~ par** to win recognition through; **ça s'impose** it's essential, it's vital
imposition [ɛ̃pozisjɔ̃] NF (*Admin*) taxation
impossibilité [ɛ̃pɔsibilite] NF impossibility; **être dans l'~ de faire** to be unable to do, find it impossible to do
★**impossible** [ɛ̃pɔsibl] ADJ impossible; **~ à faire** impossible to do; **il m'est ~ de le faire** it is impossible for me to do it, I can't possibly do it ▸ NM: **l'~** the impossible; **faire l'~ (pour que)** to do one's utmost (so that); **si, par ~ …** if, by some miracle …
imposteur [ɛ̃pɔstœʀ] NM impostor
imposture [ɛ̃pɔstyʀ] NF imposture, deception
impôt [ɛ̃po] NM tax; (*taxes*) taxation, taxes *pl*; **~ direct/indirect** direct/indirect tax; **~ sur le chiffre d'affaires** corporation (BRIT) *ou* corporate (US) tax; **~ foncier** land tax; **~ sur la fortune** wealth tax; **~ sur les plus-values** capital gains tax; **~ sur le revenu** income tax; **~ sur les sociétés** tax on companies ▪ **impôts** NMPL (*contributions*) (income) tax *sg*; **payer 1000 euros d'impôts** to pay 1,000 euros in tax; **impôts locaux** rates, local taxes (US), ≈ council tax (BRIT)
impotence [ɛ̃pɔtɑ̃s] NF disability
impotent, e [ɛ̃pɔtɑ̃, -ɑ̃t] ADJ disabled
impraticable [ɛ̃pʀatikabl] ADJ (*projet*) impracticable, unworkable; (*piste*) impassable
imprécation [ɛ̃pʀekasjɔ̃] NF imprecation
imprécis, e [ɛ̃pʀesi, -iz] ADJ (*contours, souvenir*) imprecise, vague; (*tir*) inaccurate, imprecise
imprécision [ɛ̃pʀesizjɔ̃] NF imprecision
imprégnation [ɛ̃pʀeɲasjɔ̃] NF impregnation
imprégner [ɛ̃pʀeɲe] /6/ VT (*amertume, ironie*) to pervade; **~ (de)** (*tissu, tampon*) to soak *ou* impregnate (with); (*lieu, air*) to fill (with) ▪ **s'imprégner de** VPR to become impregnated with; to be filled with; (*fig*) to absorb
imprenable [ɛ̃pʀənabl] ADJ (*forteresse*) impregnable; **vue ~** unimpeded outlook
impresario [ɛ̃pʀesaʀjo] NM manager, impresario
★**impression** [ɛ̃pʀesjɔ̃] NF impression; (*d'un ouvrage, tissu*) printing; (*Photo*) exposure; **faire bonne/mauvaise ~** to make a good/bad impression; **donner une ~ de/l'~ que** to give the impression of/that; **avoir l'~ de/que** to have the impression of/that; **faire ~** to make an impression; **impressions de voyage** impressions of one's journey
impressionnable [ɛ̃pʀesjɔnabl] ADJ impressionable
★**impressionnant, e** [ɛ̃pʀesjɔnɑ̃, -ɑ̃t] ADJ (*imposant*) impressive; (*bouleversant*) upsetting
impressionner [ɛ̃pʀesjɔne] /1/ VT (*frapper*) to impress; (*troubler*) to upset; (*Photo*) to expose
impressionnisme [ɛ̃pʀesjɔnism] NM impressionism
impressionniste [ɛ̃pʀesjɔnist] ADJ, NMF impressionist
imprévisible [ɛ̃pʀevizibl] ADJ unforeseeable; (*réaction, personne*) unpredictable
imprévoyance [ɛ̃pʀevwajɑ̃s] NF lack of foresight
imprévoyant, e [ɛ̃pʀevwajɑ̃, -ɑ̃t] ADJ lacking in foresight; (*en matière d'argent*) improvident

imprévu, e [ɛ̃pʀevy] ADJ unforeseen, unexpected ▶ NM (*incident*) unexpected incident; **l'~** the unexpected; **des vacances pleines d'~** holidays full of surprises; **en cas d'~** if anything unexpected happens; **sauf ~** unless anything unexpected crops up

imprimable [ɛ̃pʀimabl] ADJ (*version, catalogue*) printable

★**imprimante** [ɛ̃pʀimɑ̃t] NF (*Inform*) printer; **~ à bulle d'encre** bubble jet printer; **~ à jet d'encre** ink-jet printer; **~ à laser** laser printer; **~ (ligne par) ligne** line printer; **~ à marguerite** daisywheel printer

imprimé [ɛ̃pʀime] NM (*formulaire*) printed form; (*Postes*) printed matter *no pl*; (*tissu*) printed fabric; **un ~ à fleurs/pois** (*tissu*) a floral/polka-dot print

★**imprimer** [ɛ̃pʀime] /1/ VT to print; (*Inform*) to print (out); (*apposer: visa, cachet*) to stamp; (*: empreinte etc*) to imprint; (*publier*) to publish; (*communiquer: mouvement, impulsion*) to impart, transmit

imprimerie [ɛ̃pʀimʀi] NF printing; (*établissement*) printing works *sg*; (*atelier*) printing house, printery

imprimeur [ɛ̃pʀimœʀ] NM printer; **imprimeur-éditeur/-libraire** printer and publisher/bookseller

improbable [ɛ̃pʀɔbabl] ADJ unlikely, improbable

improductif, -ive [ɛ̃pʀɔdyktif, -iv] ADJ unproductive

impromptu, e [ɛ̃pʀɔ̃pty] ADJ impromptu; (*départ*) sudden

imprononçable [ɛ̃pʀɔnɔ̃sabl] ADJ unpronounceable

impropre [ɛ̃pʀɔpʀ] ADJ inappropriate; **~ à** unsuitable for

improprement [ɛ̃pʀɔpʀəmɑ̃] ADV improperly

impropriété [ɛ̃pʀɔpʀijete] NF: **~ (de langage)** incorrect usage *no pl*

improvisation [ɛ̃pʀɔvizasjɔ̃] NF improvisation

improvisé, e [ɛ̃pʀɔvize] ADJ makeshift, improvised; (*jeu etc*) scratch, improvised; **avec des moyens improvisés** using whatever comes to hand

improviser [ɛ̃pʀɔvize] /1/ VT, VI to improvise; **~ qn cuisinier** to get sb to act as cook ■ **s'improviser** VPR (*secours, réunion*) to be improvised; **s'~ cuisinier** to (decide to) act as cook

improviste [ɛ̃pʀɔvist]: **à l'~** *adv* unexpectedly, without warning

imprudemment [ɛ̃pʀydamɑ̃] ADV carelessly; unwisely, imprudently

imprudence [ɛ̃pʀydɑ̃s] NF (*d'une personne, d'une action*) carelessness *no pl*; (*d'une remarque*) imprudence *no pl*; act of carelessness; foolish *ou* unwise action; **commettre une ~** to do something foolish

★**imprudent, e** [ɛ̃pʀydɑ̃, -ɑ̃t] ADJ (*conducteur, geste, action*) careless; (*remarque*) unwise, imprudent; (*projet*) foolhardy

impubère [ɛ̃pybɛʀ] ADJ below the age of puberty

impubliable [ɛ̃pyblijabl] ADJ unpublishable

impudemment [ɛ̃pydamɑ̃] ADV impudently

impudence [ɛ̃pydɑ̃s] NF impudence

impudent, e [ɛ̃pydɑ̃, -ɑ̃t] ADJ impudent

impudeur [ɛ̃pydœʀ] NF shamelessness

impudique [ɛ̃pydik] ADJ shameless

impuissance [ɛ̃pɥisɑ̃s] NF helplessness; ineffectualness; impotence

impuissant, e [ɛ̃pɥisɑ̃, -ɑ̃t] ADJ helpless; (*sans effet*) ineffectual; (*sexuellement*) impotent; **~ à faire qch** powerless to do sth ▶ NM impotent man

impulsif, -ive [ɛ̃pylsif, -iv] ADJ impulsive

impulsion [ɛ̃pylsjɔ̃] NF (*Élec, instinct*) impulse; (*élan, influence*) impetus

impulsivement [ɛ̃pylsivmɑ̃] ADV impulsively

impulsivité [ɛ̃pylsivite] NF impulsiveness

impunément [ɛ̃pynemɑ̃] ADV with impunity

impuni, e [ɛ̃pyni] ADJ unpunished

impunité [ɛ̃pynite] NF impunity

impur, e [ɛ̃pyʀ] ADJ impure

impureté [ɛ̃pyʀte] NF impurity

imputable [ɛ̃pytabl] ADJ (*attribuable*): **~ à** imputable to, ascribable to; (*Comm: somme*) **~ sur** chargeable to

imputation [ɛ̃pytasjɔ̃] NF imputation, charge

imputer [ɛ̃pyte] /1/ VT (*attribuer*): **~ qch à** to ascribe *ou* impute sth to; (*Comm*) **~ qch à** *ou* **sur** to charge sth to

imputrescible [ɛ̃pytʀesibl] ADJ rotproof

in [in] ADJ INV in, trendy

INA [ina] SIGLE M (= *Institut national de l'audiovisuel*) *library of television archives*

inabordable [inabɔʀdabl] ADJ (*lieu*) inaccessible; (*cher*) prohibitive

inaccentué, e [inaksɑ̃tɥe] ADJ (*Ling*) unstressed

inacceptable [inaksɛptabl] ADJ unacceptable

inaccessible [inaksesibl] ADJ inaccessible; (*objectif*) unattainable; (*insensible*): **~ à** impervious to

inaccoutumé, e [inakutyme] ADJ unaccustomed

inachevé, e [inaʃ(ə)ve] ADJ unfinished

inactif, -ive [inaktif, -iv] ADJ inactive, idle; (*remède*) ineffective; (*Bourse: marché*) slack

inaction [inaksjɔ̃] NF inactivity

inactivité [inaktivite] NF (*Admin*): **en ~** out of active service

inadaptation [inadaptasjɔ̃] NF (*Psych*) maladjustment

inadapté, e [inadapte] ADJ (*Psych: adulte, enfant*) maladjusted; **~ à** not adapted to, unsuited to ▶ NM/F (*péj: adulte: asocial*) misfit

inadéquat, e [inadekwa, -wat] ADJ inadequate

inadéquation [inadekwasjɔ̃] NF inadequacy

inadmissible [inadmisibl] ADJ inadmissible

inadvertance [inadvɛʀtɑ̃s]: **par ~** *adv* inadvertently

inaliénable [inaljenabl] ADJ inalienable

inaltérable [inalteʀabl] ADJ (*matière*) stable; (*fig*) unchanging; **~ à** unaffected by; **couleur ~ (au lavage/à la lumière)** fast colour/fade-resistant colour

inamovible [inamɔvibl] ADJ fixed; (*Jur*) irremovable

inanimé, e [inanime] ADJ (*matière*) inanimate; (*évanoui*) unconscious; (*sans vie*) lifeless

inanité [inanite] NF futility

inanition [inanisjɔ̃] NF: **tomber d'~** to faint with hunger (and exhaustion)
inaperçu, e [inapɛʀsy] ADJ: **passer ~** to go unnoticed
inappétence [inapetɑ̃s] NF lack of appetite
inapplicable [inaplikabl] ADJ inapplicable
inapplication [inaplikasjɔ̃] NF lack of application
inappliqué, e [inaplike] ADJ lacking in application
inappréciable [inapʀesjabl] ADJ (*service*) invaluable; (*différence, nuance*) inappreciable
inapproprié, e [inapʀɔpʀije] ADJ inappropriate
inapte [inapt] ADJ: **~ à** incapable of; (*Mil*) unfit for
inaptitude [inaptityd] NF inaptitude; unfitness
inarticulé, e [inaʀtikyle] ADJ inarticulate
inassimilable [inasimilabl] ADJ that cannot be assimilated
inassouvi, e [inasuvi] ADJ unsatisfied, unfulfilled
inattaquable [inatakabl] ADJ (*Mil*) unassailable; (*texte, preuve*) irrefutable
inattendu, e [inatɑ̃dy] ADJ unexpected ▶ NM: **l'~** the unexpected
inattentif, -ive [inatɑ̃tif, -iv] ADJ inattentive; **~ à** (*dangers, détails*) heedless of
inattention [inatɑ̃sjɔ̃] NF inattention; (*inadvertance*): **une minute d'~** a minute of inattention, a minute's carelessness; **par ~** inadvertently; **faute d'~** careless mistake
inaudible [inodibl] ADJ inaudible
inaugural, e, -aux [inɔgyʀal, -o] ADJ (*cérémonie*) inaugural, opening; (*vol, voyage*) maiden
inauguration [inɔgyʀasjɔ̃] NF unveiling; opening; **discours/cérémonie d'~** inaugural speech/ceremony
inaugurer [inɔgyʀe] /1/ VT (*monument*) to unveil; (*exposition, usine*) to open; (*fig*) to inaugurate
inauthenticité [inɔtɑ̃tisite] NF inauthenticity
inavouable [inavwabl] ADJ (*bénéfices*) undisclosable; (*honteux*) shameful
inavoué, e [inavwe] ADJ unavowed
INC SIGLE M (= *Institut national de la consommation*) *consumer research organization*
inca [ɛ̃ka] ADJ Inca ▶ NMF: **Inca** Inca
incalculable [ɛ̃kalkylabl] ADJ incalculable; **un nombre ~ de** countless numbers of
incandescence [ɛ̃kɑ̃desɑ̃s] NF incandescence; **en ~** incandescent, white-hot; **porter à ~** to heat white-hot; **lampe/manchon à ~** incandescent lamp/(gas) mantle
incandescent, e [ɛ̃kɑ̃desɑ̃, -ɑ̃t] ADJ incandescent, white-hot
incantation [ɛ̃kɑ̃tasjɔ̃] NF incantation
incantatoire [ɛ̃kɑ̃tatwaʀ] ADJ: **formule ~** incantation
incapable [ɛ̃kapabl] ADJ incapable; **~ de faire** incapable of doing; (*empêché*) unable to do
incapacitant, e [ɛ̃kapasitɑ̃, -ɑ̃t] ADJ (*Mil*) incapacitating
incapacité [ɛ̃kapasite] NF (*incompétence*) incapability; (*Jur: impossibilité*) incapacity; **être dans l'~ de faire** to be unable to do; **~ permanente/de travail** permanent/industrial disablement; **~ électorale** ineligibility to vote
incarcération [ɛ̃kaʀseʀasjɔ̃] NF incarceration
incarcérer [ɛ̃kaʀseʀe] /6/ VT to incarcerate, imprison
incarnat, e [ɛ̃kaʀna, -at] ADJ (rosy) pink
incarnation [ɛ̃kaʀnasjɔ̃] NF incarnation
incarné, e [ɛ̃kaʀne] ADJ incarnate; (*ongle*) ingrown
incarner [ɛ̃kaʀne] /1/ VT to embody, personify; (*Théât*) to play; (*Rel*) to incarnate ▪ **s'incarner dans** VPR (*Rel*) to be incarnate in
incartade [ɛ̃kaʀtad] NF prank, escapade
incassable [ɛ̃kɑsabl] ADJ unbreakable
incendiaire [ɛ̃sɑ̃djɛʀ] ADJ incendiary; (*fig: discours*) inflammatory ▶ NMF fire-raiser, arsonist
★**incendie** [ɛ̃sɑ̃di] NM fire; **~ criminel** arson *no pl*; **~ de forêt** forest fire
incendier [ɛ̃sɑ̃dje] /7/ VT (*mettre le feu à*) to set fire to, set alight; (*brûler complètement*) to burn down
incertain, e [ɛ̃sɛʀtɛ̃, -ɛn] ADJ uncertain; (*temps*) uncertain, unsettled; (*imprécis: contours*) indistinct, blurred
incertitude [ɛ̃sɛʀtityd] NF uncertainty
incessamment [ɛ̃sesamɑ̃] ADV very shortly
incessant, e [ɛ̃sɛsɑ̃, -ɑ̃t] ADJ incessant, unceasing
incessible [ɛ̃sesibl] ADJ (*Jur*) non-transferable
inceste [ɛ̃sɛst] NM incest
incestueux, -euse [ɛ̃sɛstɥø, -øz] ADJ incestuous
inchangé, e [ɛ̃ʃɑ̃ʒe] ADJ unchanged, unaltered
inchantable [ɛ̃ʃɑ̃tabl] ADJ unsingable
inchauffable [ɛ̃ʃofabl] ADJ impossible to heat
incidemment [ɛ̃sidamɑ̃] ADV in passing
incidence [ɛ̃sidɑ̃s] NF (*effet, influence*) effect; (*Physique*) incidence
★**incident** [ɛ̃sidɑ̃] NM incident; **~ de frontière** border incident; **~ de parcours** minor hitch *ou* setback; **~ technique** technical difficulties *pl*, technical hitch
incinérateur [ɛ̃sineʀatœʀ] NM incinerator
incinération [ɛ̃sineʀasjɔ̃] NF (*d'ordures*) incineration; (*crémation*) cremation
incinérer [ɛ̃sineʀe] /6/ VT (*ordures*) to incinerate; (*mort*) to cremate
incise [ɛ̃siz] NF (*Ling*) interpolated clause
inciser [ɛ̃size] /1/ VT to make an incision in; (*abcès*) to lance
incisif, -ive [ɛ̃sizif, -iv] ADJ incisive, cutting ▶ NF incisor
incision [ɛ̃sizjɔ̃] NF incision; (*d'un abcès*) lancing
incitatif, -ive [ɛ̃sitatif, -iv] ADJ: **mesures incitatives** incentives; **mesures fiscales incitatives** tax incentives
incitation [ɛ̃sitasjɔ̃] NF (*encouragement*) incentive; (*provocation*) incitement
inciter [ɛ̃site] /1/ VT: **~ qn à (faire) qch** to prompt *ou* encourage sb to do sth; (*à la révolte etc*) to incite sb to do sth

incivil, e [ɛ̃sivil] ADJ uncivil
incivilité [ɛ̃sivilite] NF (*grossièreté*) incivility ■ **incivilités** NFPL antisocial behaviour *sg*
inclassable [ɛ̃klɑsabl] ADJ unclassifiable
inclinable [ɛ̃klinabl] ADJ (*dossier etc*) tilting; **siège à dossier ~** reclining seat
inclinaison [ɛ̃klinɛzɔ̃] NF (*déclivité: d'une route etc*) incline; (: *d'un toit*) slope; (*état penché: d'un mur*) lean; (: *de la tête*) tilt; (: *d'un navire*) list
inclination [ɛ̃klinasjɔ̃] NF (*penchant*) inclination, tendency; **montrer de l'~ pour les sciences** *etc* to show an inclination for the sciences *etc*; **inclinations égoïstes/altruistes** egoistic/altruistic tendencies; **~ de (la) tête** nod (of the head); **~ (de buste)** bow
incliné, e [ɛ̃kline] ADJ (*plan*) sloping; (*tête*) to one side
incliner [ɛ̃kline] /1/ VT (*bouteille*) to tilt; (*tête*) to incline; (*inciter*): **~ qn à qch/à faire** to encourage sb towards sth/to do ▸VI: **~ à qch/à faire** (*tendre à, pencher pour*) to incline towards sth/doing, tend towards sth/to do ■ **s'incliner** VPR (*route*) to slope; (*toit*) to be sloping; **s'~ (devant)** to bow (before)
inclure [ɛ̃klyʀ] /35/ VT to include; (*joindre à un envoi*) to enclose
inclus, e [ɛ̃kly, -yz] PP *de* **inclure** ▸ADJ included; (*joint à un envoi*) enclosed; (*compris: frais, dépense*) included; (*Math: ensemble*): **~ dans** included in; **jusqu'au troisième chapitre ~** up to and including the third chapter; **jusqu'au 10 mars ~** until 10th March inclusive
inclusion [ɛ̃klyzjɔ̃] NF (*voir inclure*) inclusion; enclosing
inclusivement [ɛ̃klyzivmɑ̃] ADV inclusively
inclut [ɛ̃kly] VB *voir* **inclure**
incoercible [ɛ̃kɔɛʀsibl] ADJ uncontrollable
incognito [ɛ̃kɔɲito] ADV incognito ▸NM: **garder l'~** to remain incognito
incohérence [ɛ̃kɔeʀɑ̃s] NF inconsistency; incoherence
incohérent, e [ɛ̃kɔeʀɑ̃, -ɑ̃t] ADJ (*comportement*) inconsistent; (*geste, langage, texte*) incoherent
incollable [ɛ̃kɔlabl] ADJ (*riz*) that does not stick; (*fam: personne*): **il est ~** he's got all the answers
incolore [ɛ̃kɔlɔʀ] ADJ colourless
incomber [ɛ̃kɔ̃be] /1/: **~ à** *vt* (*devoirs, responsabilité*) to rest *ou* be incumbent upon (: *frais, travail*) to be the responsibility of
incombustible [ɛ̃kɔ̃bystibl] ADJ incombustible
incommensurable [ɛ̃kɔmɑ̃syʀabl] ADJ immeasurable
incommodant, e [ɛ̃kɔmɔdɑ̃, -ɑ̃t] ADJ (*bruit*) annoying; (*chaleur*) uncomfortable
incommode [ɛ̃kɔmɔd] ADJ inconvenient; (*posture, siège*) uncomfortable
incommodément [ɛ̃kɔmɔdemɑ̃] ADV (*installé, assis*) uncomfortably; (*logé, situé*) inconveniently
incommoder [ɛ̃kɔmɔde] /1/ VT: **~ qn** (*chaleur, odeur*) to bother *ou* inconvenience sb; (*embarrasser*) to make sb feel uncomfortable *ou* ill at ease
incommodité [ɛ̃kɔmɔdite] NF inconvenience
incommunicabilité [ɛ̃kɔmynikabilite] NF (*entre personnes*) absence of communication
incommunicable [ɛ̃kɔmynikabl] ADJ (*Jur: droits, privilèges*) non-transferable; (: *pensée*) incommunicable
incomparable [ɛ̃kɔ̃paʀabl] ADJ not comparable; (*inégalable*) incomparable, matchless
incomparablement [ɛ̃kɔ̃paʀabləmɑ̃] ADV incomparably
incompatibilité [ɛ̃kɔ̃patibilite] NF incompatibility; **~ d'humeur** (mutual) incompatibility
incompatible [ɛ̃kɔ̃patibl] ADJ incompatible
incompétence [ɛ̃kɔ̃petɑ̃s] NF lack of expertise; incompetence
incompétent, e [ɛ̃kɔ̃petɑ̃, -ɑ̃t] ADJ (*ignorant*) inexpert; (*incapable*) incompetent, not competent
incomplet, -ète [ɛ̃kɔ̃plɛ, -ɛt] ADJ incomplete
incomplètement [ɛ̃kɔ̃plɛtmɑ̃] ADV not completely, incompletely
incompréhensible [ɛ̃kɔ̃pʀeɑ̃sibl] ADJ incomprehensible
incompréhensif, -ive [ɛ̃kɔ̃pʀeɑ̃sif, -iv] ADJ lacking in understanding, unsympathetic
incompréhension [ɛ̃kɔ̃pʀeɑ̃sjɔ̃] NF lack of understanding
incompressible [ɛ̃kɔ̃pʀesibl] ADJ (*Physique*) incompressible; (*fig: dépenses*) that cannot be reduced; (*Jur: peine*) irreducible
incompris, e [ɛ̃kɔ̃pʀi, -iz] ADJ misunderstood
inconcevable [ɛ̃kɔ̃s(ə)vabl] ADJ (*conduite etc*) inconceivable; (*mystère*) incredible
inconciliable [ɛ̃kɔ̃siljabl] ADJ irreconcilable
inconditionnel, le [ɛ̃kɔ̃disjɔnɛl] ADJ unconditional; (*partisan*) unquestioning ▸NM/F (*partisan*) unquestioning supporter
inconditionnellement [ɛ̃kɔ̃disjɔnɛlmɑ̃] ADV unconditionally
inconduite [ɛ̃kɔ̃dɥit] NF bad *ou* unsuitable behaviour *no pl*
inconfort [ɛ̃kɔ̃fɔʀ] NM lack of comfort, discomfort
inconfortable [ɛ̃kɔ̃fɔʀtabl] ADJ uncomfortable
inconfortablement [ɛ̃kɔ̃fɔʀtabləmɑ̃] ADV uncomfortably
incongru, e [ɛ̃kɔ̃gʀy] ADJ unseemly; (*remarque*) ill-chosen, incongruous
incongruité [ɛ̃kɔ̃gʀyite] NF unseemliness; incongruity; (*parole incongrue*) ill-chosen remark
inconnu, e [ɛ̃kɔny] ADJ unknown; (*sentiment, plaisir*) new, strange ▸NM/F stranger; unknown person (*ou* artist *etc*) ▸NM: **l'~** the unknown ▸NF (*Math*) unknown; (*fig*) unknown factor
inconsciemment [ɛ̃kɔ̃sjamɑ̃] ADV unconsciously
inconscience [ɛ̃kɔ̃sjɑ̃s] NF unconsciousness; recklessness
inconscient, e [ɛ̃kɔ̃sjɑ̃, -ɑ̃t] ADJ unconscious; (*irréfléchi*) thoughtless, reckless; (*sentiment*) subconscious; **~ de** unaware of ▸NM (*Psych*): **l'~** the unconscious
inconséquence [ɛ̃kɔ̃sekɑ̃s] NF inconsistency; thoughtlessness; (*action, parole*) thoughtless thing to do (*ou* say)
inconséquent, e [ɛ̃kɔ̃sekɑ̃, -ɑ̃t] ADJ (*illogique*) inconsistent; (*irréfléchi*) thoughtless

i

inconsidéré, e [ɛ̃kɔ̃sideʀe] ADJ ill-considered
inconsidérément [ɛ̃kɔ̃sideʀemɑ̃] ADV thoughtlessly
inconsistance [ɛ̃kɔ̃sistɑ̃s] NF (*de personne*) lack of character; (*d'argument*) flimsiness
inconsistant, e [ɛ̃kɔ̃sistɑ̃, -ɑ̃t] ADJ flimsy, weak; (*crème etc*) runny
inconsolable [ɛ̃kɔ̃sɔlabl] ADJ inconsolable
inconstance [ɛ̃kɔ̃stɑ̃s] NF inconstancy, fickleness
inconstant, e [ɛ̃kɔ̃stɑ̃, -ɑ̃t] ADJ inconstant, fickle
inconstitutionnel, le [ɛ̃kɔ̃stitysjɔnɛl] ADJ unconstitutional
incontestable [ɛ̃kɔ̃tɛstabl] ADJ unquestionable, indisputable
incontestablement [ɛ̃kɔ̃tɛstabləmɑ̃] ADV unquestionably, indisputably
incontesté, e [ɛ̃kɔ̃tɛste] ADJ undisputed
incontinence [ɛ̃kɔ̃tinɑ̃s] NF (*Méd*) incontinence
incontinent, e [ɛ̃kɔ̃tinɑ̃, -ɑ̃t] ADJ (*Méd*) incontinent ▸ ADV (*tout de suite*) forthwith
incontournable [ɛ̃kɔ̃tuʀnabl] ADJ unavoidable
incontrôlable [ɛ̃kɔ̃tʀolabl] ADJ unverifiable; (*irrépressible*) uncontrollable
incontrôlé, e [ɛ̃kɔ̃tʀole] ADJ uncontrolled
inconvenance [ɛ̃kɔ̃v(ə)nɑ̃s] NF (*parole, action*) impropriety
inconvenant, e [ɛ̃kɔ̃v(ə)nɑ̃, -ɑ̃t] ADJ unseemly, improper
inconvénient [ɛ̃kɔ̃venjɑ̃] NM (*d'une situation, d'un projet*) disadvantage, drawback; (*d'un remède, changement etc*) risk, inconvenience; **si vous n'y voyez pas d'~** if you have no objections; **y a-t-il un ~ à ...?** (*risque*) is there a risk in ...?; (*objection*) is there any objection to ...?
inconvertible [ɛ̃kɔ̃vɛʀtibl] ADJ inconvertible
incorporation [ɛ̃kɔʀpɔʀasjɔ̃] NF (*Mil*) call-up
incorporé, e [ɛ̃kɔʀpɔʀe] ADJ (*micro etc*) built-in
incorporel, le [ɛ̃kɔʀpɔʀɛl] ADJ (*Jur*): **biens incorporels** intangible property
incorporer [ɛ̃kɔʀpɔʀe] /1/ VT: **~ (à)** to mix in (with); **~ (dans)** (*paragraphe etc*) to incorporate (in); (*territoire, immigrants*) to incorporate (into); (*Mil: appeler*) to recruit (into), call up; (*: affecter*): **~ qn dans** to enlist sb into ■ **s'incorporer** VPR: **il a très bien su s'~ à notre groupe** he was very easily incorporated into our group
incorrect, e [ɛ̃kɔʀɛkt] ADJ (*impropre, inconvenant*) improper; (*défectueux*) faulty; (*inexact*) incorrect; (*impoli*) impolite; (*déloyal*) underhand
incorrectement [ɛ̃kɔʀɛktəmɑ̃] ADV improperly; faultily; incorrectly; impolitely; in an underhand way
incorrection [ɛ̃kɔʀɛksjɔ̃] NF impropriety; incorrectness; underhand nature; (*terme impropre*) impropriety; (*action, remarque*) improper behaviour (*ou* remark)
incorrigible [ɛ̃kɔʀiʒibl] ADJ incorrigible
incorruptible [ɛ̃kɔʀyptibl] ADJ incorruptible
incrédibilité [ɛ̃kʀedibilite] NF incredibility
incrédule [ɛ̃kʀedyl] ADJ incredulous; (*Rel*) unbelieving
incrédulité [ɛ̃kʀedylite] NF incredulity; **avec ~** incredulously
increvable [ɛ̃kʀəvabl] ADJ (*pneu*) puncture-proof; (*fam*) tireless
incriminé, e [ɛ̃kʀimine] ADJ (*article, livre*) offending; **l'article ~** the offending article
incriminer [ɛ̃kʀimine] /1/ VT (*personne*) to incriminate; (*action, conduite*) to bring under attack; (*bonne foi, honnêteté*) to call into question
incrochetable [ɛ̃kʀɔʃ(ə)tabl] ADJ (*serrure*) that can't be picked, burglarproof
★**incroyable** [ɛ̃kʀwajabl] ADJ incredible, unbelievable
incroyablement [ɛ̃kʀwajabləmɑ̃] ADV incredibly, unbelievably
incroyant, e [ɛ̃kʀwajɑ̃, -ɑ̃t] NM/F non-believer
incrustation [ɛ̃kʀystasjɔ̃] NF inlaying *no pl*; inlay; (*dans une chaudière etc*) fur *no pl*, scale *no pl*
incruster [ɛ̃kʀyste] /1/ VT (*radiateur etc*) to coat with scale *ou* fur; **~ qch dans/qch de** (*Art*) to inlay sth into/sth with ■ **s'incruster** VPR (*invité*) to take root; (*radiateur etc*) to become coated with scale *ou* fur; **s'~ dans** (*corps étranger, caillou*) to become embedded in
incubateur [ɛ̃kybatœʀ] NM incubator
incubation [ɛ̃kybasjɔ̃] NF incubation
inculpation [ɛ̃kylpasjɔ̃] NF charging *no pl*; charge; **sous l'~ de** on a charge of
inculpé, e [ɛ̃kylpe] NM/F accused
inculper [ɛ̃kylpe] /1/ VT: **~ (de)** to charge (with)
inculquer [ɛ̃kylke] /1/ VT: **~ qch à** to inculcate sth in, instil sth into
inculte [ɛ̃kylt] ADJ uncultivated; (*esprit, peuple*) uncultured; (*barbe*) unkempt
incultivable [ɛ̃kyltivabl] ADJ (*terrain*) unworkable
inculture [ɛ̃kyltyʀ] NF lack of education
incunable [ɛ̃kynabl] NM incunabulum
incurable [ɛ̃kyʀabl] ADJ incurable
incurie [ɛ̃kyʀi] NF carelessness
incursion [ɛ̃kyʀsjɔ̃] NF incursion, foray
incurvé, e [ɛ̃kyʀve] ADJ curved
incurver [ɛ̃kyʀve] /1/ VT (*barre de fer*) to bend into a curve ■ **s'incurver** VPR (*planche, route*) to bend
★**Inde** [ɛ̃d] NF: **l'~** India
indéboulonnable [ɛ̃debulɔnabl] ADJ impossible to budge
indécelable [ɛ̃des(ə)labl] ADJ undetectable
indécemment [ɛ̃desamɑ̃] ADV indecently
indécence [ɛ̃desɑ̃s] NF indecency; (*propos, acte*) indecent remark (*ou* act *etc*)
indécent, e [ɛ̃desɑ̃, -ɑ̃t] ADJ indecent
indéchiffrable [ɛ̃deʃifʀabl] ADJ indecipherable
indéchirable [ɛ̃deʃiʀabl] ADJ tear-proof
indécis, e [ɛ̃desi, -iz] ADJ (*par nature*) indecisive; (*perplexe*) undecided
indécision [ɛ̃desizjɔ̃] NF indecision, indecisiveness
indéclinable [ɛ̃deklinabl] ADJ (*Ling: mot*) indeclinable
indécomposable [ɛ̃dekɔ̃pozabl] ADJ that cannot be broken down

indécrottable [ɛ̃dekʀɔtabl] ADJ (*fam*) hopeless

indéfectible [ɛ̃defɛktibl] ADJ (*attachement*) indestructible

indéfendable [ɛ̃defɑ̃dabl] ADJ indefensible

indéfini, e [ɛ̃defini] ADJ (*imprécis, incertain*) undefined; (*illimité, Ling*) indefinite

indéfiniment [ɛ̃definimɑ̃] ADV indefinitely

indéfinissable [ɛ̃definisabl] ADJ indefinable

indéformable [ɛ̃defɔʀmabl] ADJ that keeps its shape

indélébile [ɛ̃delebil] ADJ indelible

indélicat, e [ɛ̃delika, -at] ADJ tactless; (*malhonnête*) dishonest

indélicatesse [ɛ̃delikatɛs] NF tactlessness; dishonesty

indémaillable [ɛ̃demɑjabl] ADJ run-resist

indemne [ɛ̃dɛmn] ADJ unharmed

indemnisable [ɛ̃dɛmnizabl] ADJ entitled to compensation

indemnisation [ɛ̃dɛmnizasjɔ̃] NF (*somme*) indemnity, compensation

indemniser [ɛ̃dɛmnize] /1/ VT: **~ qn (de)** to compensate sb (for); **se faire ~** to get compensation

indemnité [ɛ̃dɛmnite] NF (*dédommagement*) compensation *no pl*; (*allocation*) allowance; **~ de licenciement** redundancy payment; **~ de logement** housing allowance; **~ parlementaire** ≈ MP's (BRIT) *ou* Congressman's (US) salary

indémodable [ɛ̃demɔdabl] ADJ (*vêtement, style*) classic, timeless, that won't go out of fashion

indémontable [ɛ̃demɔ̃tabl] ADJ (*meuble etc*) that cannot be dismantled, in one piece

indéniable [ɛ̃denjabl] ADJ undeniable, indisputable

indéniablement [ɛ̃denjabləmɑ̃] ADV undeniably

indépendamment [ɛ̃depɑ̃damɑ̃] ADV independently; **~ de** independently of; (*abstraction faite de*) irrespective of; (*en plus de*) over and above

indépendance [ɛ̃depɑ̃dɑ̃s] NF independence; **~ matérielle** financial independence

indépendant, e [ɛ̃depɑ̃dɑ̃, -ɑ̃t] ADJ independent; **~ de** independent of; **chambre indépendante** room with private entrance; **travailleur ~** self-employed worker

indépendantisme [ɛ̃depɑ̃dɑ̃tism] NM separatism

indépendantiste [ɛ̃depɑ̃dɑ̃tist] ADJ, NMF separatist

indéracinable [ɛ̃deʀasinabl] ADJ (*fig: croyance etc*) ineradicable

indéréglable [ɛ̃deʀeglabl] ADJ which will not break down

indescriptible [ɛ̃dɛskʀiptibl] ADJ indescribable

indésirable [ɛ̃deziʀabl] ADJ undesirable

indestructible [ɛ̃dɛstʀyktibl] ADJ indestructible; (*marque, impression*) indelible

indétectable [ɛ̃detɛktabl] ADJ undetectable

indéterminable [ɛ̃detɛʀminabl] ADJ indeterminable

indétermination [ɛ̃detɛʀminasjɔ̃] NF indecision, indecisiveness

indéterminé, e [ɛ̃detɛʀmine] ADJ (*date, cause, nature*) unspecified; (*forme, longueur, quantité*) indeterminate; indeterminable

index [ɛ̃dɛks] NM (*doigt*) index finger; (*d'un livre etc*) index; **mettre à l'~** to blacklist

indexation [ɛ̃dɛksasjɔ̃] NF indexing

indexé, e [ɛ̃dɛkse] ADJ (*Écon*): **~ (sur)** index-linked (to)

indexer [ɛ̃dɛkse] /1/ VT (*salaire, emprunt*): **~ (sur)** to index (on)

indic [ɛ̃dik] NMF (*fam: informateur*) informer, grass (BRIT *fam*)

indicateur, -trice [ɛ̃dikatœʀ, -tʀis] NM/F (*Police*) informer ▸ NM (*livre*) guide; (: *liste*) directory; (*Tech*) gauge; indicator; (*Écon*) indicator; **~ des chemins de fer** railway timetable; **~ de direction** (*Auto*) indicator; **~ immobilier** property gazette; **~ de niveau** level, gauge; **~ de pression** pressure gauge; **~ de rues** street directory; **~ de vitesse** speedometer ▸ ADJ: **poteau ~** signpost; **tableau ~** indicator (board)

★**indicatif, -ive** [ɛ̃dikatif, -iv] ADJ: **à titre ~** for (your) information ▸ NM (*Ling*) indicative; (*d'une émission*) theme *ou* signature tune; (*Tél*) dialling code (BRIT), area code (US); **~ d'appel** (*Radio*) call sign; **quel est l'~ de ...** what's the code for ...?

indication [ɛ̃dikasjɔ̃] NF indication; (*renseignement*) information *no pl*; **~ d'origine** (*Comm*) place of origin ■ **indications** NFPL (*directives*) instructions

indice [ɛ̃dis] NM (*marque, signe*) indication, sign; (*Police: lors d'une enquête*) clue; (*Jur: présomption*) piece of evidence; (*Science, Écon, Tech*) index; (*Admin*) grading; rating; **~ du coût de la vie** cost-of-living index; **~ inférieur** subscript; **~ d'octane** octane rating; **~ des prix** price index; **~ de traitement** salary grading; **~ de protection** (sun protection) factor

indicible [ɛ̃disibl] ADJ inexpressible

★**indien, ne** [ɛ̃djɛ̃, -ɛn] ADJ Indian ▸ NM/F: **Indien, ne** (*d'Amérique*) Native American; (*d'Inde*) Indian

indifféremment [ɛ̃difeʀamɑ̃] ADV (*sans distinction*) equally; indiscriminately

indifférence [ɛ̃difeʀɑ̃s] NF indifference

indifférencié, e [ɛ̃difeʀɑ̃sje] ADJ undifferentiated

indifférent, e [ɛ̃difeʀɑ̃, -ɑ̃t] ADJ (*peu intéressé*) indifferent; **~ à** (*insensible à*) indifferent to, unconcerned about; (*peu intéressant pour*) indifferent to; immaterial to; **ça m'est ~ (que ...)** it doesn't matter to me (whether ...); **elle m'est indifférente** I am indifferent to her

indifférer [ɛ̃difeʀe] /6/ VT: **cela m'indiffère** I'm indifferent about it

indigence [ɛ̃diʒɑ̃s] NF poverty; **être dans l'~** to be destitute

indigène [ɛ̃diʒɛn] ADJ native, indigenous; (*de la région*) local ▸ NMF native

indigent, e [ɛ̃diʒɑ̃, -ɑ̃t] ADJ destitute, poverty-stricken; (*fig*) poor

indigeste [ɛ̃diʒɛst] ADJ indigestible

indigestion [ɛ̃diʒɛstjɔ̃] NF indigestion *no pl*; **avoir une ~** to have indigestion

indignation [ɛ̃diɲasjɔ̃] NF indignation; **avec ~** indignantly

indigne [ɛ̃diɲ] ADJ: **~ (de)** unworthy (of)

indigné, e [ɛ̃diɲe] ADJ indignant

indignement [ɛ̃diɲmɑ̃] ADV shamefully

indigner [ɛ̃diɲe] /1/ VT to make indignant ■ **s'indigner (de/contre)** VPR to be (*ou* become) indignant (at)

indignité [ɛ̃diɲite] NF unworthiness *no pl*; (*acte*) shameful act

indigo [ɛ̃digo] NM indigo

indiqué, e [ɛ̃dike] ADJ (*date, lieu*) given, appointed; (*adéquat*) appropriate, suitable; (*conseillé*) advisable; (*remède, traitement*) appropriate

★**indiquer** [ɛ̃dike] /1/ VT: **~ qch/qn à qn** (*désigner*) to point sth/sb out to sb; (*faire connaître: médecin, lieu, restaurant*) to tell sb of sth/sb; (*suj: pendule, aiguille*) to show; (*: étiquette, plan*) to show, indicate; (*renseigner sur*) to point out, tell; (*déterminer: date, lieu*) to give, state; (*dénoter*) to indicate, point to; **~ du doigt** to point out; **~ de la main** to indicate with one's hand; **~ du regard** to glance towards *ou* in the direction of; **pourriez-vous m'~ les toilettes/l'heure ?** could you direct me to the toilets/tell me the time?

indirect, e [ɛ̃dirɛkt] ADJ indirect

indirectement [ɛ̃dirɛktəmɑ̃] ADV indirectly; (*apprendre*) in a roundabout way

indiscernable [ɛ̃disɛrnabl] ADJ indiscernible

indiscipline [ɛ̃disiplin] NF lack of discipline

indiscipliné, e [ɛ̃disipline] ADJ undisciplined; (*fig*) unmanageable

indiscret, -ète [ɛ̃diskrɛ, -ɛt] ADJ indiscreet

indiscrétion [ɛ̃diskresjɔ̃] NF indiscretion; **sans ~, …** without wishing to be indiscreet, …

indiscutable [ɛ̃diskytabl] ADJ indisputable

indiscutablement [ɛ̃diskytabləmɑ̃] ADV indisputably

indiscuté, e [ɛ̃diskyte] ADJ (*incontesté: droit, chef*) undisputed

★**indispensable** [ɛ̃dispɑ̃sabl] ADJ indispensable, essential; **~ à qn/pour faire qch** essential for sb/to do sth

indisponibilité [ɛ̃dispɔnibilite] NF unavailability

indisponible [ɛ̃dispɔnibl] ADJ unavailable

indisposé, e [ɛ̃dispoze] ADJ indisposed, unwell

indisposer [ɛ̃dispoze] /1/ VT (*incommoder*) to upset; (*déplaire à*) to antagonize

indisposition [ɛ̃dispozisjɔ̃] NF (slight) illness, indisposition

indissociable [ɛ̃disɔsjabl] ADJ indissociable

indissoluble [ɛ̃disɔlybl] ADJ indissoluble

indissolublement [ɛ̃disɔlybləmɑ̃] ADV indissolubly

indistinct, e [ɛ̃distɛ̃, -ɛ̃kt] ADJ indistinct

indistinctement [ɛ̃distɛ̃ktəmɑ̃] ADV (*voir, prononcer*) indistinctly; (*sans distinction*) without distinction, indiscriminately

individu [ɛ̃dividy] NM individual

individualiser [ɛ̃dividɥalize] /1/ VT to individualize; (*personnaliser*) to tailor to individual requirements ■ **s'individualiser** VPR to develop one's own identity

individualisme [ɛ̃dividɥalism] NM individualism

individualiste [ɛ̃dividɥalist] NMF individualist

individualité [ɛ̃dividɥalite] NF individuality

individuel, le [ɛ̃dividɥɛl] ADJ (*gén*) individual; (*opinion, livret, contrôle, avantages*) personal; **chambre individuelle** single room; **maison individuelle** detached house; **propriété individuelle** personal *ou* private property

individuellement [ɛ̃dividɥɛlmɑ̃] ADV individually

indivis, e [ɛ̃divi, -iz] ADJ (*Jur: bien, succession*) indivisible; (*: cohéritiers, propriétaires*) joint

indivisible [ɛ̃divizibl] ADJ indivisible

Indochine [ɛ̃dɔʃin] NF: **l'~** Indochina

indochinois, e [ɛ̃dɔʃinwa, -waz] ADJ Indochinese

indocile [ɛ̃dɔsil] ADJ unruly

indo-européen, ne [ɛ̃dɔøʀɔpeɛ̃, -ɛn] ADJ Indo-European ▸ NM (*Ling*) Indo-European

indolence [ɛ̃dɔlɑ̃s] NF indolence

indolent, e [ɛ̃dɔlɑ̃, -ɑ̃t] ADJ indolent

indolore [ɛ̃dɔlɔʀ] ADJ painless

indomptable [ɛ̃dɔ̃tabl] ADJ untameable; (*fig*) invincible, indomitable

indompté, e [ɛ̃dɔ̃te] ADJ (*cheval*) unbroken

Indonésie [ɛ̃dɔnezi] NF: **l'~** Indonesia

indonésien, ne [ɛ̃dɔnezjɛ̃, -ɛn] ADJ Indonesian ▸ NM/F: **Indonésien, ne** Indonesian

indu, e [ɛ̃dy] ADJ: **à une heure indue** at some ungodly hour

indubitable [ɛ̃dybitabl] ADJ indubitable

indubitablement [ɛ̃dybitabləmɑ̃] ADV indubitably

induction [ɛ̃dyksjɔ̃] NF induction

induire [ɛ̃dɥiʀ] /38/ VT: **~ qch de** to induce sth from; **~ qn en erreur** to lead sb astray, mislead sb

indulgence [ɛ̃dylʒɑ̃s] NF indulgence; leniency; **avec ~** indulgently; leniently

indulgent, e [ɛ̃dylʒɑ̃, -ɑ̃t] ADJ (*parent, regard*) indulgent; (*juge, examinateur*) lenient

indûment [ɛ̃dymɑ̃] ADV without due cause; (*illégitimement*) wrongfully

industrialisation [ɛ̃dystʀijalizasjɔ̃] NF industrialization

industrialisé, e [ɛ̃dystʀijalize] ADJ industrialized

industrialiser [ɛ̃dystʀijalize] /1/ VT to industrialize ■ **s'industrialiser** VPR to become industrialized

★**industrie** [ɛ̃dystʀi] NF industry; **~ automobile/textile** car/textile industry; **~ du spectacle** entertainment business

★**industriel, le** [ɛ̃dystʀijɛl] ADJ industrial; (*produit industriellement: pain etc*) mass-produced, factory-produced ▸ NM industrialist; (*fabricant*) manufacturer

industriellement [ɛ̃dystʀijɛlmɑ̃] ADV industrially

industrieux, -euse [ɛ̃dystʀijø, -øz] ADJ industrious

inébranlable [inebʀɑ̃labl] ADJ (*masse, colonne*) solid; (*personne, certitude, foi*) steadfast, unwavering
inédit, e [inedi, -it] ADJ (*correspondance etc*) (hitherto) unpublished; (*spectacle, moyen*) novel, original; (*film*) unreleased
ineffable [inefabl] ADJ inexpressible, ineffable
ineffaçable [inefasabl] ADJ indelible
inefficace [inefikas] ADJ (*remède, moyen*) ineffective; (*machine, employé*) inefficient
inefficacité [inefikasite] NF ineffectiveness; inefficiency
inégal, e, -aux [inegal, -o] ADJ unequal; (*irrégulier*) uneven
inégalable [inegalabl] ADJ matchless
inégalé, e [inegale] ADJ (*record*) unmatched, unequalled; (*beauté*) unrivalled
inégalement [inegalmɑ̃] ADV unequally
inégalitaire [inegalitɛʀ] ADJ (*société, système*) unequal
inégalité [inegalite] NF inequality; unevenness *no pl*; **~ de deux hauteurs** difference *ou* disparity between two heights; **inégalités de terrain** uneven ground
inélégance [inelegɑ̃s] NF inelegance
inélégant, e [inelegɑ̃, -ɑ̃t] ADJ inelegant; (*indélicat*) discourteous
inéligibilité [ineliʒibilite] NF ineligibility
inéligible [ineliʒibl] ADJ ineligible
inéluctable [inelyktabl] ADJ inescapable
inéluctablement [inelyktabləmɑ̃] ADV inescapably
inemployable [inɑ̃plwajabl] ADJ unusable
inemployé, e [inɑ̃plwaje] ADJ unused
inénarrable [inenaʀabl] ADJ hilarious
inepte [inɛpt] ADJ inept
ineptie [inɛpsi] NF ineptitude; (*propos*) nonsense *no pl*
inépuisable [inepɥizabl] ADJ inexhaustible
inéquitable [inekitabl] ADJ inequitable
inerte [inɛʀt] ADJ (*immobile*) lifeless; (*apathique*) passive, inert; (*Physique, Chimie*) inert
inertie [inɛʀsi] NF inertia
inescompté, e [inɛskɔ̃te] ADJ unexpected, unhoped-for
inespéré, e [inɛspeʀe] ADJ unhoped-for, unexpected
inesthétique [inɛstetik] ADJ unsightly
inestimable [inɛstimabl] ADJ priceless; (*fig: bienfait*) invaluable
inévitable [inevitabl] ADJ unavoidable; (*fatal, habituel*) inevitable
inévitablement [inevitabləmɑ̃] ADV inevitably
inexact, e [inɛgzakt] ADJ inaccurate, inexact; (*non ponctuel*) unpunctual
inexactement [inɛgzaktəmɑ̃] ADV inaccurately
inexactitude [inɛgzaktityd] NF inaccuracy
inexcusable [inɛkskyzabl] ADJ inexcusable, unforgivable
inexécutable [inɛgzekytabl] ADJ impracticable, unworkable; (*Mus*) unplayable
inexistant, e [inɛgzistɑ̃, -ɑ̃t] ADJ non-existent
inexistence [inɛgzistɑ̃s] NF nonexistence
inexorable [inɛgzɔʀabl] ADJ inexorable; (*personne: dur*): **~ (à)** unmoved (by)
inexorablement [inɛgzɔʀabləmɑ̃] ADV inexorably
inexpérience [inɛkspeʀjɑ̃s] NF inexperience, lack of experience
inexpérimenté, e [inɛkspeʀimɑ̃te] ADJ inexperienced; (*arme, procédé*) untested
inexplicable [inɛksplikabl] ADJ inexplicable
inexplicablement [inɛksplikabləmɑ̃] ADV inexplicably
inexpliqué, e [inɛksplike] ADJ unexplained
inexploitable [inɛksplwatabl] ADJ (*gisement, richesse*) unexploitable; (*données, renseignements*) unusable
inexploité, e [inɛksplwate] ADJ unexploited, untapped
inexploré, e [inɛksplɔʀe] ADJ unexplored
inexpressif, -ive [inɛkspʀesif, -iv] ADJ inexpressive; (*regard etc*) expressionless
inexpressivité [inɛkspʀesivite] NF expressionlessness
inexprimable [inɛkspʀimabl] ADJ inexpressible
inexprimé, e [inɛkspʀime] ADJ unspoken, unexpressed
inexpugnable [inɛkspygnabl] ADJ impregnable
inextensible [inɛkstɑ̃sibl] ADJ (*tissu*) non-stretch
in extenso [inɛkstɛ̃so] ADV in full
inextinguible [inɛkstɛ̃gibl] ADJ (*soif*) unquenchable; (*rire*) uncontrollable
in extremis [inɛkstʀemis] ADV at the last minute ▶ ADJ INV last-minute; (*testament*) death bed *cpd*
inextricable [inɛkstʀikabl] ADJ inextricable
inextricablement [inɛkstʀikabləmɑ̃] ADV inextricably
infaillibilité [ɛ̃fajibilite] NF infallibility
infaillible [ɛ̃fajibl] ADJ infallible; (*instinct*) infallible, unerring
infailliblement [ɛ̃fajibləmɑ̃] ADV (*certainement*) without fail
infaisable [ɛ̃fəzabl] ADJ (*travail etc*) impossible, impractical
infalsifiable [ɛ̃falsifjabl] ADJ impossible to forge, unforgeable
infamant, e [ɛ̃famɑ̃, -ɑ̃t] ADJ libellous, defamatory
infâme [ɛ̃fɑm] ADJ vile
infamie [ɛ̃fami] NF infamy
infanterie [ɛ̃fɑ̃tʀi] NF infantry
infanticide [ɛ̃fɑ̃tisid] NMF child-murderer/-murderess ▶ NM (*meurtre*) infanticide
infantile [ɛ̃fɑ̃til] ADJ (*Méd*) infantile, child *cpd*; (*péj: ton, réaction*) infantile, childish
infantilisation [ɛ̃fɑ̃tilizasjɔ̃] NF infantilization
infantiliser [ɛ̃fɑ̃tilize] VT to infantilize
infantilisme [ɛ̃fɑ̃tilism] NM infantilism
infarctus [ɛ̃faʀktys] NM: **~ (du myocarde)** coronary (thrombosis)
infatigable [ɛ̃fatigabl] ADJ tireless, indefatigable

infatigablement [ɛ̃fatigabləmɑ̃] ADV tirelessly, indefatigably

infatué, e [ɛ̃fatɥe] ADJ conceited; **~ de** full of

infécond, e [ɛ̃fekɔ̃, -ɔ̃d] ADJ infertile, barren

infect, e [ɛ̃fɛkt] ADJ revolting; (*repas, vin*) revolting, foul; (*personne*) obnoxious; (*temps*) foul

infecter [ɛ̃fɛkte] /1/ VT (*atmosphère, eau*) to contaminate; (*Méd*) to infect ■ **s'infecter** VPR to become infected *ou* septic

infectieux, -euse [ɛ̃fɛksjø, -øz] ADJ infectious

infection [ɛ̃fɛksjɔ̃] NF infection; (*puanteur*) stench

inféodé, e [ɛ̃feɔde] ADJ: **être ~ à** to be the vassal of

inféoder [ɛ̃feɔde] /1/: **s'inféoder à** VPR to pledge allegiance to

inférer [ɛ̃fere] /6/ VT: **~ qch de** to infer sth from

inférieur, e [ɛ̃ferjœr] ADJ lower; (*en qualité, intelligence*) inferior; **~ à** (*somme, quantité*) less *ou* smaller than; (*moins bon que*) inferior to; (*tâche: pas à la hauteur de*) unequal to ▶ NM/F inferior

infériorité [ɛ̃ferjɔrite] NF inferiority; **~ en nombre** inferiority in numbers

infernal, e, -aux [ɛ̃fɛrnal, -o] ADJ (*insupportable: chaleur, rythme*) infernal; (*: enfant*) horrid; (*méchanceté, complot*) diabolical

infester [ɛ̃fɛste] /1/ VT to infest; **infesté de moustiques** infested with mosquitoes, mosquito-ridden

infichu, e [ɛ̃fiʃy] ADJ (*fam*): **être ~ de faire qch** to be utterly incapable of doing sth

infidèle [ɛ̃fidɛl] ADJ unfaithful; (*Rel*) infidel

infidélité [ɛ̃fidelite] NF unfaithfulness *no pl*

infiltration [ɛ̃filtrasjɔ̃] NF infiltration

infiltrer [ɛ̃filtre] /1/: **s'infiltrer** VPR: **s'~ dans** to penetrate into; (*liquide*) to seep into; (*fig: noyauter*) to infiltrate

infime [ɛ̃fim] ADJ minute, tiny; (*inférieur*) lowly

infini, e [ɛ̃fini] ADJ infinite ▶ NM infinity; **à l'~** (*Math*) to infinity; (*discourir*) ad infinitum, endlessly; (*agrandir, varier*) infinitely; (*à perte de vue*) endlessly (into the distance)

infiniment [ɛ̃finimɑ̃] ADV infinitely; **~ grand/petit** (*Math*) infinitely great/infinitesimal

infinité [ɛ̃finite] NF: **une ~ de** an infinite number of

infinitésimal, e, -aux [ɛ̃finitezimal, -o] ADJ infinitesimal

infinitif, -ive [ɛ̃finitif, -iv] ADJ, NM infinitive

infirme [ɛ̃firm] ADJ disabled ▶ NMF person with a disability; **~ de guerre** person disabled during the war; **~ du travail** industrially disabled person

infirmer [ɛ̃firme] /1/ VT to invalidate

infirmerie [ɛ̃firməri] NF sick bay

★**infirmier, -ière** [ɛ̃firmje, -jɛr] NM/F nurse; **infirmière chef** sister; **infirmière diplômée** registered nurse; **infirmière visiteuse** visiting nurse, ≈ district nurse (BRIT) ▶ ADJ: **élève ~** student nurse

infirmité [ɛ̃firmite] NF disability

inflammable [ɛ̃flamabl] ADJ (in)flammable

inflammation [ɛ̃flamasjɔ̃] NF inflammation

inflammatoire [ɛ̃flamatwar] ADJ (*Méd*) inflammatory

inflation [ɛ̃flasjɔ̃] NF inflation; **~ rampante/galopante** creeping/galloping inflation

inflationniste [ɛ̃flasjɔnist] ADJ inflationist

infléchir [ɛ̃fleʃir] /2/ VT (*fig: politique*) to reorientate, redirect ■ **s'infléchir** VPR (*poutre, tringle*) to bend, sag

inflexibilité [ɛ̃flɛksibilite] NF inflexibility

inflexible [ɛ̃flɛksibl] ADJ inflexible

inflexion [ɛ̃flɛksjɔ̃] NF inflexion; **~ de la tête** slight nod (of the head)

infliger [ɛ̃fliʒe] /3/ VT: **~ qch (à qn)** to inflict sth (on sb); (*amende, sanction*) to impose sth (on sb)

influençable [ɛ̃flyɑ̃sabl] ADJ easily influenced

influence [ɛ̃flyɑ̃s] NF influence; (*d'un médicament*) effect

influencer [ɛ̃flyɑ̃se] /3/ VT to influence

influenceur [ɛ̃flyɑ̃sœr] NM influencer

influent, e [ɛ̃flyɑ̃, -ɑ̃t] ADJ influential

influer [ɛ̃flye] /1/: **~ sur** *vt* to have an influence upon

influx [ɛ̃fly] NM: **~ nerveux** (nervous) impulse

info [ɛ̃fo] NF (*renseignement*) piece of information, info *no pl*; (*Presse, TV: nouvelle*) news item; **une ~ de dernière minute** a last-minute news item ■ **infos** NFPL (*TV*) news *sg*; **tu as écouté les infos ?** did you listen to the news?

infobulle [ɛ̃fobyl] NF (*Inform*) help bubble

infographie [ɛ̃fɔgrafi] NF computer graphics *sg*

infographiste [ɛ̃fɔgrafist] NMF computer graphics artist, computer graphics designer

infondé, e [ɛ̃fɔ̃de] ADJ (*accusation, critique*) unfounded

informateur, -trice [ɛ̃fɔrmatœr, -tris] NM/F informant

★**informaticien, ne** [ɛ̃fɔrmatisjɛ̃, -ɛn] NM/F computer scientist

informatif, -ive [ɛ̃fɔrmatif, -iv] ADJ informative

information [ɛ̃fɔrmasjɔ̃] NF (*renseignement*) piece of information; (*Presse, TV: nouvelle*) item of news; (*diffusion de renseignements, Inform*) information; (*Jur*) inquiry, investigation; **voyage d'~** fact-finding trip; **agence d'~** news agency; **journal d'~** quality (BRIT) *ou* serious newspaper ■ **informations** NFPL (*TV, Radio*) news *sg*

> **Information** est indénombrable, c'est-à-dire qu'il ne peut pas désigner un seul renseignement. Pour traduire *une information*, il faut dire **a piece of information**. Notez qu'en anglais, **information** ne prend jamais de **-s** et s'emploie avec un verbe au singulier.
> *Ces informations sont très intéressantes.* **This information *is* very interesting**.
> *Ils m'ont fourni une information précieuse.* **They gave me a valuable piece of information**.

★**informatique** [ɛ̃fɔrmatik] NF (*technique*) data processing; (*science*) computer science; **~ en nuage** cloud computing ▶ ADJ computer *cpd*

informatisation [ɛ̃fɔrmatizasjɔ̃] NF computerization

informatiser [ɛ̃fɔrmatize] /1/ VT to computerize

informe [ɛ̃fɔʀm] ADJ shapeless
informé, e [ɛ̃fɔʀme] ADJ: **jusqu'à plus ample ~** until further information is available
informel, le [ɛ̃fɔʀmɛl] ADJ informal
informer [ɛ̃fɔʀme] /1/ VT: **~ qn (de)** to inform sb (of) ▸ VI (*Jur*): **~ contre qn/sur qch** to initiate inquiries about sb/sth ▪ **s'informer (sur)** VPR to inform o.s. (about); **s'~ (de qch/si)** to inquire *ou* find out (about sth/whether *ou* if)
informulé, e [ɛ̃fɔʀmyle] ADJ unformulated
infortune [ɛ̃fɔʀtyn] NF misfortune
infortuné, e [ɛ̃fɔʀtyne] ADJ wretched, unfortunate
infos [ɛ̃fo] NFPL (= *informations*) news
infoutu, e [ɛ̃futy] ADJ (*fam*): **être ~ de faire qch** to be utterly incapable of doing sth
infraction [ɛ̃fʀaksjɔ̃] NF offence; **~ à** violation *ou* breach of; **être en ~** to be in breach of the law
infranchissable [ɛ̃fʀɑ̃ʃisabl] ADJ impassable; (*fig*) insuperable
infrarouge [ɛ̃fʀaʀuʒ] ADJ, NM infrared
infrason [ɛ̃fʀasɔ̃] NM infrasonic vibration
infrastructure [ɛ̃fʀastʀyktyʀ] NF (*d'une route etc*) substructure; (*Aviat, Mil*) ground installations *pl*; (*Écon: touristique etc*) facilities *pl*
infréquentable [ɛ̃fʀekɑ̃tabl] ADJ not to be associated with
infroissable [ɛ̃fʀwasabl] ADJ crease-resistant
infructueux, -euse [ɛ̃fʀyktɥø, -øz] ADJ fruitless, unfruitful
infus, e [ɛ̃fy, -yz] ADJ: **avoir la science infuse** to have innate knowledge
infuser [ɛ̃fyze] /1/ VT (*aussi:* **faire infuser**: *thé*) to brew; (: *tisane*) to infuse ▸ VI to brew; to infuse; **laisser ~** (to leave) to brew
infusion [ɛ̃fyzjɔ̃] NF (*tisane*) infusion, herb tea
ingambe [ɛ̃gɑ̃b] ADJ spry, nimble
ingénier [ɛ̃ʒenje] /7/: **s'ingénier** VPR: **s'~ à faire** to strive to do
ingénierie [ɛ̃ʒeniʀi] NF engineering
ingénieur [ɛ̃ʒenjœʀ] NM engineer; **~ agronome/chimiste** agricultural/chemical engineer; **~ conseil** consulting engineer; **~ du son** sound engineer
ingénieusement [ɛ̃ʒenjøzmɑ̃] ADV ingeniously
ingénieux, -euse [ɛ̃ʒenjø, -øz] ADJ ingenious, clever
ingéniosité [ɛ̃ʒenjozite] NF ingenuity
ingénu, e [ɛ̃ʒeny] ADJ ingenuous, artless ▸ NF (*Théât*) ingénue
ingénuité [ɛ̃ʒenɥite] NF ingenuousness
ingénument [ɛ̃ʒenymɑ̃] ADV ingenuously
ingérable [ɛ̃ʒeʀabl] ADJ (*situation, crise*) unmanageable
ingérence [ɛ̃ʒeʀɑ̃s] NF interference
ingérer [ɛ̃ʒeʀe] /6/: **s'ingérer** VPR: **s'~ dans** to interfere in ▸ VT to ingest; **« ne pas ingérer »** "do not swallow"
ingestion [ɛ̃ʒɛstjɔ̃] NF ingestion
ingouvernable [ɛ̃guvɛʀnabl] ADJ ungovernable
ingrat, e [ɛ̃gʀa, -at] ADJ (*personne*) ungrateful; (*sol*) poor; (*travail, sujet*) arid, thankless; (*visage*) unprepossessing
ingratitude [ɛ̃gʀatityd] NF ingratitude
ingrédient [ɛ̃gʀedjɑ̃] NM ingredient
inguérissable [ɛ̃geʀisabl] ADJ incurable
inguinal, e [ɛ̃gɥinal] ADJ inguinal
ingurgiter [ɛ̃gyʀʒite] /1/ VT to swallow; **faire ~ qch à qn** to make sb swallow sth; (*fig: connaissances*) to force sth into sb
inhabile [inabil] ADJ clumsy; (*fig*) inept
inhabitable [inabitabl] ADJ uninhabitable
inhabité, e [inabite] ADJ (*régions*) uninhabited; (*maison*) unoccupied
inhabituel, le [inabitɥɛl] ADJ unusual
inhalateur [inalatœʀ] NM inhaler; **~ d'oxygène** oxygen mask
inhalation [inalasjɔ̃] NF (*Méd*) inhalation; **faire des inhalations** to use an inhalation bath
inhaler [inale] /1/ VT to inhale
inhérent, e [ineʀɑ̃, -ɑ̃t] ADJ: **~ à** inherent in
inhibé, e [inibe] ADJ inhibited
inhiber [inibe] /1/ VT to inhibit
inhibiteur [inibitœʀ] NM inhibitor
inhibition [inibisjɔ̃] NF inhibition
inhospitalier, -ière [inɔspitalje, -jɛʀ] ADJ inhospitable
inhumain, e [inymɛ̃, -ɛn] ADJ inhuman
inhumation [inymasjɔ̃] NF interment, burial
inhumer [inyme] /1/ VT to inter, bury
inimaginable [inimaʒinabl] ADJ unimaginable
inimitable [inimitabl] ADJ inimitable
inimitié [inimitje] NF enmity
ininflammable [inɛ̃flamabl] ADJ non-flammable
inintelligent, e [inɛ̃teliʒɑ̃, -ɑ̃t] ADJ unintelligent
inintelligible [inɛ̃teliʒibl] ADJ unintelligible
inintelligiblement [inɛ̃teliʒibləmɑ̃] ADV unintelligibly
inintéressant, e [inɛ̃teʀɛsɑ̃, -ɑ̃t] ADJ uninteresting
ininterrompu, e [inɛ̃teʀɔ̃py] ADJ (*file, série*) unbroken; (*flot, vacarme*) uninterrupted, non-stop; (*effort*) unremitting, continuous; (*suite, ligne*) unbroken
inique [inik] ADJ iniquitous
iniquité [inikite] NF iniquity
initial, e, -aux [inisjal, -o] ADJ, NF initial ▪ **initiales** NFPL initials
initialement [inisjalmɑ̃] ADV initially
initialisation [inisjalisasjɔ̃] NF initialization
initialiser [inisjalize] /1/ VT to initialize
initiateur, -trice [inisjatœʀ, -tʀis] NM/F initiator; (*d'une mode, technique*) innovator, pioneer
initiation [inisjasjɔ̃] NF initiation; **~ à** introduction to
initiatique [inisjatik] ADJ (*rites, épreuves*) initiatory
initiative [inisjativ] NF initiative; **prendre l'~ de qch/de faire** to take the initiative for sth/of doing; **avoir de l'~** to have initiative, show enterprise; **esprit/qualités d'~** spirit/qualities of initiative; **à** *ou* **sur l'~ de qn** on sb's initiative; **de sa propre ~** on one's own initiative
initié, e [inisje] ADJ initiated ▸ NM/F initiate

i

initier [inisje] /7/ VT to initiate; **~ qn à** to initiate sb into; (*faire découvrir: art, jeu*) to introduce sb to ■ **s'initier à** VPR (*métier, profession, technique*) to become initiated into
injectable [ɛ̃ʒɛktabl] ADJ injectable
injecté, e [ɛ̃ʒɛkte] ADJ: **yeux injectés de sang** bloodshot eyes
injecter [ɛ̃ʒɛkte] /1/ VT to inject
injection [ɛ̃ʒɛksjɔ̃] NF injection; **à ~** (*Auto*) fuel injection *cpd*
injoignable [ɛ̃ʒwaɲabl] ADJ: **il est ~** he can't be reached, he can't be reached on the phone
injonction [ɛ̃ʒɔ̃ksjɔ̃] NF injunction, order; **~ de payer** (*Jur*) order to pay
injouable [ɛ̃jwabl] ADJ unplayable
injure [ɛ̃ʒyʀ] NF insult, abuse *no pl*
injurier [ɛ̃ʒyʀje] /7/ VT to insult, abuse
injurieux, -euse [ɛ̃ʒyʀjø, -øz] ADJ abusive, insulting
injuste [ɛ̃ʒyst] ADJ unjust, unfair
injustement [ɛ̃ʒystəmɑ̃] ADV unjustly, unfairly
injustice [ɛ̃ʒystis] NF injustice
injustifiable [ɛ̃ʒystifjabl] ADJ unjustifiable
injustifié, e [ɛ̃ʒystifje] ADJ unjustified, unwarranted
inlassable [ɛ̃lɑsabl] ADJ tireless, indefatigable
inlassablement [ɛ̃lasabləmɑ̃] ADV tirelessly
inné, e [ine] ADJ innate, inborn
innocemment [inɔsamɑ̃] ADV innocently
innocence [inɔsɑ̃s] NF innocence
innocent, e [inɔsɑ̃, -ɑ̃t] ADJ innocent ▶ NM/F innocent person; **faire l'~** to play *ou* come the innocent
innocenter [inɔsɑ̃te] /1/ VT to clear, prove innocent
innocuité [inɔkɥite] NF innocuousness
innombrable [inɔ̃bʀabl] ADJ innumerable
innommable [inɔmabl] ADJ unspeakable
innovant, e [inɔvɑ̃, -ɑ̃t] ADJ (*produit, technologie*) innovative
innovateur, -trice [inɔvatœʀ, -tʀis] ADJ innovatory
innovation [inɔvasjɔ̃] NF innovation
innover [inɔve] /1/ VI: **~ en matière de** to break new ground in the field of
inobservance [inɔpsɛʀvɑ̃s] NF non-observance
inobservation [inɔpsɛʀvasjɔ̃] NF non-observation, inobservance
inoccupé, e [inɔkype] ADJ unoccupied
inoculation [inɔkylasjɔ̃] NF inoculation
inoculer [inɔkyle] /1/ VT: **~ qch à qn** (*volontairement*) to inoculate sb with sth; (*accidentellement*) to infect sb with sth; **~ qn contre** to inoculate sb against
inodore [inɔdɔʀ] ADJ (*gaz*) odourless; (*fleur*) scentless
inoffensif, -ive [inɔfɑ̃sif, -iv] ADJ harmless, innocuous
inondable [inɔ̃dabl] ADJ (*zone*) liable to flooding
★**inondation** [inɔ̃dasjɔ̃] NF flooding *no pl*; (*torrent, eau*) flood
inondé, e [inɔ̃de] ADJ (*terres, zone*) flooded
inonder [inɔ̃de] /1/ VT to flood; (*fig*) to inundate, overrun; **~ de** (*fig*) to flood *ou* swamp with
inopérable [inɔpeʀabl] ADJ inoperable
inopérant, e [inɔpeʀɑ̃, -ɑ̃t] ADJ inoperative, ineffective
inopiné, e [inɔpine] ADJ unexpected, sudden
inopinément [inɔpinemɑ̃] ADV unexpectedly
inopportun, e [inɔpɔʀtœ̃, -yn] ADJ ill-timed, untimely; inappropriate; (*moment*) inopportune
inopportunément [inɔpɔʀtynemɑ̃] ADV at an inopportune moment
inorganisation [inɔʀganizasjɔ̃] NF lack of organization
inorganisé, e [inɔʀganize] ADJ (*travailleurs*) non-organized
inoubliable [inublijabl] ADJ unforgettable
inouï, e [inwi] ADJ unheard-of, extraordinary
inox [inɔks] ADJ INV, NM (= *inoxydable*) stainless (steel)
inoxydable [inɔksidabl] ADJ stainless; (*couverts*) stainless steel *cpd*
inqualifiable [ɛ̃kalifjabl] ADJ unspeakable
★**inquiet, -ète** [ɛ̃kjɛ, -ɛt] ADJ (*par nature*) anxious; (*momentanément*) worried; **~ de qch/au sujet de qn** worried about sth/sb
inquiétant, e [ɛ̃kjetɑ̃, -ɑ̃t] ADJ worrying, disturbing
inquiéter [ɛ̃kjete] /6/ VT to worry, disturb; (*harceler*) to harass ■ **s'inquiéter** VPR to worry, become anxious; **s'~ de** to worry about; (*s'enquérir de*) to inquire about
inquiétude [ɛ̃kjetyd] NF anxiety; **donner de l'~** *ou* **des inquiétudes à** to worry; **avoir de l'~** *ou* **des inquiétudes au sujet de** to feel anxious *ou* worried about
inquisiteur, -trice [ɛ̃kizitœʀ, -tʀis] ADJ (*regards, questions*) inquisitive, prying
inquisition [ɛ̃kizisjɔ̃] NF inquisition
INRA [inʀa] SIGLE M = **Institut national de la recherche agronomique**
inracontable [ɛ̃ʀakɔ̃tabl] ADJ (*trop osé*) unrepeatable; (*trop compliqué*): **l'histoire est ~** the story is too complicated to relate
inrayable [ɛ̃ʀɛjabl] ADJ (CD, DVD) scratch-proof
insaisissable [ɛ̃sezisabl] ADJ (*fugitif, ennemi*) elusive; (*différence, nuance*) imperceptible
insalubre [ɛ̃salybʀ] ADJ unhealthy, insalubrious
insalubrité [ɛ̃salybʀite] NF unhealthiness, insalubrity
insanité [ɛ̃sanite] NF madness *no pl*, insanity *no pl*
insatiable [ɛ̃sasjabl] ADJ insatiable
insatisfaction [ɛ̃satisfaksjɔ̃] NF dissatisfaction
insatisfait, e [ɛ̃satisfɛ, -ɛt] ADJ (*non comblé*) unsatisfied; (*: passion, envie*) unfulfilled; (*mécontent*) dissatisfied
inscriptible [ɛ̃skʀiptibl] ADJ (CD, DVD) writable
inscription [ɛ̃skʀipsjɔ̃] NF (*sur un mur, écriteau etc*) inscription; (*à une institution: voir s'inscrire*) enrolment; registration
inscrire [ɛ̃skʀiʀ] /39/ VT (*marquer: sur son calepin etc*) to note *ou* write down; (*: sur un mur, une affiche etc*) to

write; (: *dans la pierre, le métal*) to inscribe; (*mettre: sur une liste, un budget etc*) to put down; (*enrôler: soldat*) to enlist; **~ qn à** (*club, école etc*) to enrol sb at ■ **s'inscrire** VPR (*pour une excursion etc*) to put one's name down; **s'~ (à)** (*club, parti*) to join; (*université*) to register *ou* enrol (at); (*examen, concours*) to register *ou* enter (for); **s'~ dans** (*se situer: négociations etc*) to come within the scope of; **s'~ en faux contre** to deny (strongly); (*Jur*) to challenge

inscrit, e [ɛ̃skʀi, -it] PP *de* **inscrire** ▸ ADJ (*étudiant, électeur etc*) registered

insécable [ɛ̃sekabl] ADJ (*Inform*) indivisible; **espace ~** hard space

★**insecte** [ɛ̃sɛkt] NM insect

insecticide [ɛ̃sɛktisid] NM insecticide

insectivore [ɛ̃sɛktivɔʀ] NM insectivore ▸ ADJ insectivorous

insécurité [ɛ̃sekyʀite] NF insecurity, lack of security

INSEE [inse] SIGLE M (= *Institut national de la statistique et des études économiques*) *national institute of statistical and economic information*

insémination [ɛ̃seminasjɔ̃] NF insemination

insensé, e [ɛ̃sɑ̃se] ADJ insane, mad

insensibiliser [ɛ̃sɑ̃sibilize] /1/ VT to anaesthetize; (*à une allergie*) to desensitize; **~ à qch** (*fig*) to cause to become insensitive to sth

insensibilité [ɛ̃sɑ̃sibilite] NF insensitivity

insensible [ɛ̃sɑ̃sibl] ADJ (*nerf, membre*) numb; (*dur, indifférent*) insensitive; (*imperceptible*) imperceptible

insensiblement [ɛ̃sɑ̃sibləmɑ̃] ADV (*doucement, peu à peu*) imperceptibly

inséparable [ɛ̃separabl] ADJ: **~ (de)** inseparable (from) ▸ NMPL: **inséparables** (*oiseaux*) lovebirds

insérer [ɛ̃seʀe] /6/ VT to insert ■ **s'insérer dans** VPR to fit into; (*fig*) to come within

INSERM [insɛʀm] SIGLE M (= *Institut national de la santé et de la recherche médicale*) *national institute for medical research*

insert [ɛ̃sɛʀ] NM *enclosed fireplace burning solid fuel*

insertion [ɛ̃sɛʀsjɔ̃] NF (*d'une personne*) integration

insidieusement [ɛ̃sidjøzmɑ̃] ADV insidiously

insidieux, -euse [ɛ̃sidjø, -øz] ADJ insidious

insigne [ɛ̃siɲ] NM (*d'un parti, club*) badge ▸ ADJ distinguished ■ **insignes** NMPL (*d'une fonction*) insignia *pl*

insignifiance [ɛ̃siɲifjɑ̃s] NF insignificance

insignifiant, e [ɛ̃siɲifjɑ̃, -ɑ̃t] ADJ insignificant; (*somme, affaire, détail*) trivial, insignificant

insinuant, e [ɛ̃sinɥɑ̃, -ɑ̃t] ADJ ingratiating

insinuation [ɛ̃sinɥasjɔ̃] NF innuendo, insinuation

insinuer [ɛ̃sinɥe] /1/ VT to insinuate, imply ■ **s'insinuer dans** VPR to seep into; (*fig*) to worm one's way into, creep into

insipide [ɛ̃sipid] ADJ insipid

insistance [ɛ̃sistɑ̃s] NF insistence; **avec ~** insistently

insistant, e [ɛ̃sistɑ̃, -ɑ̃t] ADJ insistent

insister [ɛ̃siste] /1/ VI to insist; (*s'obstiner*) to keep on; **~ sur** (*détail, note*) to stress; **~ pour qch/pour faire qch** to be insistent about sth/about doing sth

insociable [ɛ̃sɔsjabl] ADJ unsociable

★**insolation** [ɛ̃sɔlasjɔ̃] NF (*Méd*) sunstroke *no pl*; (*ensoleillement*) period of sunshine

insolence [ɛ̃sɔlɑ̃s] NF insolence *no pl*; **avec ~** insolently

insolent, e [ɛ̃sɔlɑ̃, -ɑ̃t] ADJ insolent

insolite [ɛ̃sɔlit] ADJ strange, unusual

insoluble [ɛ̃sɔlybl] ADJ insoluble

insolvabilité [ɛ̃sɔlvabilite] NF insolvency

insolvable [ɛ̃sɔlvabl] ADJ insolvent

insomniaque [ɛ̃sɔmnjak] ADJ, NMF insomniac

insomnie [ɛ̃sɔmni] NF insomnia *no pl*, sleeplessness *no pl*; **avoir des insomnies** to sleep badly, suffer from insomnia

insondable [ɛ̃sɔ̃dabl] ADJ unfathomable

insonore [ɛ̃sɔnɔʀ] ADJ soundproof

insonorisation [ɛ̃sɔnɔʀizasjɔ̃] NF soundproofing

insonoriser [ɛ̃sɔnɔʀize] /1/ VT to soundproof

insouciance [ɛ̃susjɑ̃s] NF carefree attitude; heedless attitude

insouciant, e [ɛ̃susjɑ̃, -ɑ̃t] ADJ carefree; (*imprévoyant*) heedless; **~ du danger** heedless of (the) danger

insoumis, e [ɛ̃sumi, -iz] ADJ (*caractère, enfant*) rebellious, refractory; (*contrée, tribu*) unsubdued; (*Mil: soldat*) absent without leave ▸ NM (*Mil: soldat*) absentee

insoumission [ɛ̃sumisjɔ̃] NF rebelliousness; (*Mil*) absence without leave

insoupçonnable [ɛ̃supsɔnabl] ADJ unsuspected; (*personne*) above suspicion

insoupçonné, e [ɛ̃supsɔne] ADJ unsuspected

insoutenable [ɛ̃sut(ə)nabl] ADJ (*argument*) untenable; (*chaleur*) unbearable

inspecter [ɛ̃spɛkte] /1/ VT to inspect

inspecteur, -trice [ɛ̃spɛktœʀ, -tʀis] NM/F inspector; (*des assurances*) assessor; **~ d'Académie** (regional) director of education; **~ (de l'enseignement) primaire** primary school inspector; **~ des finances** ≈ tax inspector (BRIT), ≈ Internal Revenue Service agent (US); **~ (de police)** (police) inspector

inspection [ɛ̃spɛksjɔ̃] NF inspection

inspirateur, -trice [ɛ̃spiʀatœʀ, -tʀis] NM/F (*instigateur*) instigator; (*animateur*) inspirer

inspiration [ɛ̃spiʀasjɔ̃] NF inspiration; breathing in *no pl*; (*idée*) flash of inspiration, brainwave; **sous l'~ de** prompted by

inspiré, e [ɛ̃spiʀe] ADJ: **être bien/mal ~ de faire qch** to be well-advised/ill-advised to do sth

inspirer [ɛ̃spiʀe] /1/ VT (*gén*) to inspire; **~ qch à qn** (*œuvre, projet, action*) to inspire sb with sth; (*dégoût, crainte, horreur*) to fill sb with sth; **ça ne m'inspire pas** I'm not keen on the idea ▸ VI (*aspirer*) to breathe in ■ **s'inspirer de** VPR (*artiste*) to draw one's inspiration from; (*tableau*) to be inspired by

instabilité [ɛ̃stabilite] NF instability

instable [ɛ̃stabl] ADJ (*meuble, équilibre*) unsteady; (*population, temps*) unsettled; (*paix, régime, caractère*) unstable

installateur [ɛ̃stalatœʀ] NM fitter

installation [ɛ̃stalasjɔ̃] NF (*mise en place*) installation; putting in *ou* up; fitting out; settling in; (*appareils etc*) fittings *pl*, installations *pl*; **l'~ électrique** the wiring ■ **installations** NFPL

i

installations; (*industrielles*) plant *sg*; (*de sport, dans un camping*) facilities

installé, e [ɛ̃stale] ADJ: **bien/mal ~** well/poorly equipped; (*personne*) well/not very well set up *ou* organized

★**installer** [ɛ̃stale] /1/ VT (*asseoir, coucher*) to settle (down); (*placer*) to put, place; (*meuble*) to put in; (*rideau, étagère, tente*) to put up; (*gaz, électricité etc*) to put in, install; (*appartement*) to fit out; **~ qn** (*loger*) to get sb settled, install sb; **~ une salle de bains dans une pièce** to fit out a room with a bathroom suite ■ **s'installer** VPR (*s'établir: artisan, dentiste etc*) to set o.s. up; (*emménager*) to settle in; (*sur un siège, à un emplacement*) to settle (down); (*fig: maladie, grève*) to take a firm hold *ou* grip; **s'~ à l'hôtel/chez qn** to move into a hotel/in with sb

installeur [ɛ̃stalœʀ] NM (*Inform*) installer

instamment [ɛ̃stamɑ̃] ADV urgently

instance [ɛ̃stɑ̃s] NF (*Jur: procédure*) (legal) proceedings *pl*; (*Admin: autorité*) authority; **affaire en ~** matter pending; **courrier en ~** mail ready for posting; **être en ~ de divorce** to be awaiting a divorce; **train en ~ de départ** train on the point of departure; **tribunal de première ~** court of first instance; **en seconde ~** on appeal ■ **instances** NFPL (*prières*) entreaties

★**instant** [ɛ̃stɑ̃] NM moment, instant; **dans un ~** in a moment; **à l'~** this instant; **je l'ai vu à l'~** I've just this minute seen him, I saw him a moment ago; **à l'~ (même) où** at the (very) moment that *ou* when, (just) as; **à chaque ~, à tout ~** at any moment; constantly; **pour l'~** for the moment, for the time being; **par instants** at times; **de tous les instants** perpetual; **dès l'~ où** *ou* **que …** from the moment when …, since that moment when …

instantané, e [ɛ̃stɑ̃tane] ADJ (*lait, café*) instant; (*explosion, mort*) instantaneous ▸ NM snapshot

instantanément [ɛ̃stɑ̃tanemɑ̃] ADV instantaneously

instar [ɛ̃staʀ]: **à l'~ de** *prép* following the example of, like

instauration [ɛ̃stɔʀasjɔ̃] NF (*de régime, démocratie*) establishment

instaurer [ɛ̃stɔʀe] /1/ VT to institute; (*démocratie, régime*) to establish; (*couvre-feu*) to impose ■ **s'instaurer** VPR to set o.s. up; (*collaboration, paix*) to be established; (*doute*) to set in

instigateur, -trice [ɛ̃stigatœʀ, -tʀis] NM/F instigator

instigation [ɛ̃stigasjɔ̃] NF: **à l'~ de qn** at sb's instigation

instiller [ɛ̃stile] /1/ VT to instil, apply

instinct [ɛ̃stɛ̃] NM instinct; **d'~** (*spontanément*) instinctively; **~ grégaire** herd instinct; **~ de conservation** instinct of self-preservation

instinctif, -ive [ɛ̃stɛ̃ktif, -iv] ADJ instinctive

instinctivement [ɛ̃stɛ̃ktivmɑ̃] ADV instinctively

instit [ɛ̃stit] NMF (*fam*) (primary school) teacher

instituer [ɛ̃stitɥe] /1/ VT to establish, institute ■ **s'instituer** VPR: **s'~ défenseur d'une cause** to set o.s. up as defender of a cause

institut [ɛ̃stity] NM institute; **~ de beauté** beauty salon; **~ médico-légal** mortuary; **I~ universitaire de technologie** ≈ Institute of technology

★**instituteur, -trice** [ɛ̃stitytœʀ, -tʀis] NM/F (primary (BRIT) *ou* grade (US) school) teacher

institution [ɛ̃stitysjɔ̃] NF institution; (*collège*) private school ■ **institutions** NFPL (*structures politiques et sociales*) institutions

institutionnaliser [ɛ̃stitysjɔnalize] /1/ VT to institutionalize

institutionnel, le [ɛ̃stitysjɔnɛl] ADJ institutional

instructeur, -trice [ɛ̃stʀyktœʀ, -tʀis] ADJ (*Mil*): **sergent ~** drill sergeant; (*Jur*): **juge ~** examining (BRIT) *ou* committing (US) magistrate ▸ NM/F instructor

instructif, -ive [ɛ̃stʀyktif, -iv] ADJ instructive

instruction [ɛ̃stʀyksjɔ̃] NF (*enseignement, savoir*) education; (*Jur*) (preliminary) investigation and hearing; (*directive*) instruction; (*Admin: document*) directive; **~ civique** civics *sg*; **~ primaire/publique** primary/public education; **~ religieuse** religious instruction; **~ professionnelle** vocational training ■ **instructions** NFPL instructions; (*mode d'emploi*) directions, instructions

instruire [ɛ̃stʀɥiʀ] /38/ VT (*élèves*) to teach; (*recrues*) to train; (*Jur: affaire*) to conduct the investigation for; **~ qn de qch** (*informer*) to inform *ou* advise sb of sth ■ **s'instruire** VPR to educate o.s.; **s'~ auprès de qn de qch** (*s'informer*) to find sth out from sb ▸ VI: **~ contre qn** (*Jur*) to investigate sb

instruit, e [ɛ̃stʀɥi, -it] PP *de* **instruire** ▸ ADJ educated

★**instrument** [ɛ̃stʀymɑ̃] NM instrument; **~ à cordes/vent** stringed/wind instrument; **~ de mesure** measuring instrument; **~ de musique** musical instrument; **~ de travail** (working) tool

instrumental, e, -aux [ɛ̃stʀymɑ̃tal, -o] ADJ instrumental

instrumentation [ɛ̃stʀymɑ̃tasjɔ̃] NF instrumentation

instrumentiste [ɛ̃stʀymɑ̃tist] NMF instrumentalist

insu [ɛ̃sy] NM: **à l'~ de qn** without sb knowing

insubmersible [ɛ̃sybmɛʀsibl] ADJ unsinkable

insubordination [ɛ̃sybɔʀdinasjɔ̃] NF rebelliousness; (*Mil*) insubordination

insubordonné, e [ɛ̃sybɔʀdɔne] ADJ insubordinate

insuccès [ɛ̃syksɛ] NM failure

insuffisamment [ɛ̃syfizamɑ̃] ADV insufficiently

insuffisance [ɛ̃syfizɑ̃s] NF insufficiency; inadequacy; **~ cardiaque** cardiac insufficiency *no pl*; **~ hépatique** liver deficiency ■ **insuffisances** NFPL (*lacunes*) inadequacies

insuffisant, e [ɛ̃syfizɑ̃, -ɑ̃t] ADJ (*en quantité*) insufficient; (*en qualité: élève, travail*) inadequate; (*sur une copie*) poor

insuffler [ɛ̃syfle] /1/ VT: **~ qch dans** to blow sth into; **~ qch à qn** to inspire sb with sth

insulaire [ɛ̃sylɛʀ] ADJ island *cpd*; (*attitude*) insular

insularité [ɛ̃sylaʀite] NF insularity

insuline [ɛ̃sylin] NF insulin

insulinodépendant, e [ɛ̃sylinɔdepɑ̃dɑ̃, -ɑ̃t] ADJ (*diabète, diabétique*) insulin-dependent

insultant, e [ɛ̃syltɑ̃, -ɑ̃t] ADJ insulting

insulte [ɛ̃sylt] NF insult

★**insulter** [ɛ̃sylte] /1/ VT to insult
★**insupportable** [ɛ̃sypɔʀtabl] ADJ unbearable
insupporter [ɛ̃sypɔʀte] VT: **il m'insupporte** I find him intolerable
insurgé, e [ɛ̃syʀʒe] ADJ, NM/F insurgent, rebel
insurger [ɛ̃syʀʒe] /3/: **s'insurger** VPR: **s'~ (contre)** to rise up *ou* rebel (against)
insurmontable [ɛ̃syʀmɔ̃tabl] ADJ (*difficulté*) insuperable; (*aversion*) unconquerable
insurpassable [ɛ̃syʀpɑsabl] ADJ unsurpassable, unsurpassed
insurrection [ɛ̃syʀɛksjɔ̃] NF insurrection, revolt
insurrectionnel, le [ɛ̃syʀɛksjɔnɛl] ADJ insurrectionary
intact, e [ɛ̃takt] ADJ intact
intangible [ɛ̃tɑ̃ʒibl] ADJ intangible; (*principe*) inviolable
intarissable [ɛ̃taʀisabl] ADJ inexhaustible
intégral, e, -aux [ɛ̃tegʀal, -o] ADJ complete; **texte ~** unabridged version; **bronzage ~** all-over suntan ▶NF (*Math*) integral; (*œuvres complètes*) complete works
intégralement [ɛ̃tegʀalmɑ̃] ADV in full, fully
intégralité [ɛ̃tegʀalite] NF (*d'une somme, d'un revenu*) whole (*ou* full) amount; **dans son ~** in its entirety
intégrant, e [ɛ̃tegʀɑ̃, -ɑ̃t] ADJ: **faire partie intégrante de** to be an integral part of, be part and parcel of
intégration [ɛ̃tegʀasjɔ̃] NF integration
intégrationniste [ɛ̃tegʀasjɔnist] ADJ, NMF integrationist
intègre [ɛ̃tɛgʀ] ADJ perfectly honest, upright
intégré, e [ɛ̃tegʀe] ADJ: **circuit ~** integrated circuit
intégrer [ɛ̃tegʀe] /6/ VT: **~ qch à** *ou* **dans** to integrate sth into ■ **s'intégrer** VPR: **s'~ à** *ou* **dans** to become integrated into; **bien s'~** to fit in
intégrisme [ɛ̃tegʀism] NM fundamentalism
intégriste [ɛ̃tegʀist] ADJ, NMF fundamentalist
intégrité [ɛ̃tegʀite] NF integrity
intellect [ɛ̃telɛkt] NM intellect
intellectualiser [ɛ̃telɛktɥalize] VT, VI to intellectualize
intellectualisme [ɛ̃telɛktɥalism] NM intellectualism
intellectuel, le [ɛ̃telɛktɥɛl] ADJ, NM/F intellectual; (*péj*) highbrow
intellectuellement [ɛ̃telɛktɥɛlmɑ̃] ADV intellectually
intelligemment [ɛ̃teliʒamɑ̃] ADV intelligently
intelligence [ɛ̃teliʒɑ̃s] NF intelligence; (*compréhension*): **l'~ de** the understanding of; (*complicité*): **regard d'~** glance of complicity, meaningful *ou* knowing look; (*accord*): **vivre en bonne ~ avec qn** to be on good terms with sb; **être d'~** to have an understanding; **~ artificielle** artificial intelligence (A.I.) ■ **intelligences** NFPL (*Mil, fig*) secret contacts
★**intelligent, e** [ɛ̃teliʒɑ̃, -ɑ̃t] ADJ intelligent; (*capable*): **~ en affaires** competent in business
intelligentsia [ɛ̃telidʒɛnsja] NF intelligentsia
intelligible [ɛ̃teliʒibl] ADJ intelligible
intello [ɛ̃telo] ADJ, NMF (*fam*) highbrow
intempérance [ɛ̃tɑ̃peʀɑ̃s] NF overindulgence *no pl*; intemperance *no pl*
intempérant, e [ɛ̃tɑ̃peʀɑ̃, -ɑ̃t] ADJ overindulgent; (*moralement*) intemperate
intempéries [ɛ̃tɑ̃peʀi] NFPL bad weather *sg*
intempestif, -ive [ɛ̃tɑ̃pɛstif, -iv] ADJ untimely
intemporel, le [ɛ̃tɑ̃pɔʀɛl] ADJ (*élégance, vêtement*) timeless
intenable [ɛ̃t(ə)nabl] ADJ unbearable
intendance [ɛ̃tɑ̃dɑ̃s] NF (*Mil*) supply corps; (: *bureau*) supplies office; (*Scol*) bursar's office
intendant, e [ɛ̃tɑ̃dɑ̃, -ɑ̃t] NM/F (*Mil*) quartermaster; (*Scol*) bursar; (*d'une propriété*) steward
intense [ɛ̃tɑ̃s] ADJ intense
intensément [ɛ̃tɑsemɑ̃] ADV intensely
intensif, -ive [ɛ̃tɑ̃sif, -iv] ADJ intensive; **cours ~** crash course; **~ en main-d'œuvre** labour-intensive; **~ en capital** capital-intensive
intensification [ɛ̃tɑ̃sifikasjɔ̃] NF intensification
intensifier [ɛ̃tɑ̃sifje] /7/: **s'intensifier** VPR to intensify
intensité [ɛ̃tɑ̃site] NF intensity
intensivement [ɛ̃tɑ̃sivmɑ̃] ADV intensively
intenter [ɛ̃tɑ̃te] /1/ VT: **~ un procès contre** *ou* **à qn** to start proceedings against sb
★**intention** [ɛ̃tɑ̃sjɔ̃] NF intention; (*Jur*) intent; **avoir l'~ de faire** to intend to do, have the intention of doing; **dans l'~ de faire qch** with a view to doing sth; **à l'~ de** *prép* for; (*renseignement*) for the benefit *ou* information of; (*film, ouvrage*) aimed at; **à cette ~** with this aim in view; **sans ~** unintentionally; **faire qch sans mauvaise ~** to do sth without ill intent; **agir dans une bonne ~** to act with good intentions
intentionné, e [ɛ̃tɑ̃sjɔne] ADJ: **bien ~** well-meaning *ou* -intentioned; **mal ~** ill-intentioned
intentionnel, le [ɛ̃tɑ̃sjɔnɛl] ADJ intentional, deliberate
intentionnellement [ɛ̃tɑ̃sjɔnɛlmɑ̃] ADV intentionally, deliberately
inter [ɛ̃tɛʀ] NM (*Tél: interurbain*) long-distance call service; (*Sport*): **~ gauche/droit** inside-left/-right
interactif, -ive [ɛ̃tɛʀaktif, -iv] ADJ (*aussi Inform*) interactive
interaction [ɛ̃tɛʀaksjɔ̃] NF interaction
interactivité [ɛ̃tɛʀaktivite] NF interactivity
interagir [ɛ̃tɛʀaʒiʀ] VI: **~ avec** to interact with
interbancaire [ɛ̃tɛʀbɑ̃kɛʀ] ADJ interbank
intercalaire [ɛ̃tɛʀkalɛʀ] ADJ, NM: **(feuillet) ~** insert; **(fiche) ~** divider
intercaler [ɛ̃tɛʀkale] /1/ VT to insert ■ **s'intercaler entre** VPR to come in between; to slip in between
intercéder [ɛ̃tɛʀsede] /6/ VI: **~ (pour qn)** to intercede (on behalf of sb)
intercepter [ɛ̃tɛʀsɛpte] /1/ VT to intercept; (*lumière, chaleur*) to cut off
intercepteur [ɛ̃tɛʀsɛptœʀ] NM (*Aviat*) interceptor
interception [ɛ̃tɛʀsɛpsjɔ̃] NF interception; **avion d'~** interceptor

i

intercession [ɛ̃tɛʀsesjɔ̃] NF intercession

interchangeable [ɛ̃tɛʀʃɑ̃ʒabl] ADJ interchangeable

interclasse [ɛ̃tɛʀklɑs] NM (*Scol*) break (between classes)

interclubs [ɛ̃tɛʀklœb] ADJ INV interclub

intercommunal, e, -aux [ɛ̃tɛʀkɔmynal, -o] ADJ intervillage, intercommunity

intercommunautaire [ɛ̃tɛʀkɔmynotɛʀ] ADJ intercommunity

interconnecté, e [ɛ̃tɛʀkɔnɛkte] ADJ (*réseaux, zones*) interconnected

interconnexion [ɛ̃tɛʀkɔnɛksjɔ̃] NF (*Inform*) networking

intercontinental, e, -aux [ɛ̃tɛʀkɔ̃tinɑ̃tal, -o] ADJ intercontinental

intercostal, e, -aux [ɛ̃tɛʀkɔstal, -o] ADJ intercostal, between the ribs

interdépartemental, e, -aux [ɛ̃tɛʀdepaʀtəmɑ̃tal, -o] ADJ interdepartmental

interdépendance [ɛ̃tɛʀdepɑ̃dɑ̃s] NF interdependence

interdépendant, e [ɛ̃tɛʀdepɑ̃dɑ̃, -ɑ̃t] ADJ interdependent

interdiction [ɛ̃tɛʀdiksjɔ̃] NF ban; **~ de faire qch** ban on doing sth; **~ de séjour** (*Jur*) *order banning ex-prisoner from frequenting specified places*; **~ de fumer** no smoking

★**interdire** [ɛ̃tɛʀdiʀ] /**37**/ VT to forbid; (*Admin: stationnement, meeting, passage*) to ban, prohibit; (*: journal, livre*) to ban; **~ qch à qn** to forbid sb sth; **~ à qn de faire** to forbid sb to do, prohibit sb from doing; (*empêchement*) to prevent *ou* preclude sb from doing ■ **s'interdire** VPR (*éviter*): **s'~ qch** to refrain *ou* abstain from sth; (*se refuser*): **il s'interdit d'y penser** he doesn't allow himself to think about it

interdisciplinaire [ɛ̃tɛʀdisiplinɛʀ] ADJ interdisciplinary

★**interdit, e** [ɛ̃tɛʀdi, -it] PP *de* **interdire** ▶ ADJ (*défendu*) forbidden, prohibited; (*stupéfait*) taken aback; **film ~ aux moins de 18/12 ans** ≈ 18-/12A-rated film; **sens ~** one way; **stationnement ~** no parking; **~ de chéquier** having cheque book facilities suspended; **~ de séjour** subject to an "interdiction de séjour" ▶ NM interdict, prohibition

intéressant, e [ɛ̃teʀesɑ̃, -ɑ̃t] ADJ interesting; (*avantageux*) attractive; **faire l'~** to draw attention to o.s.

intéressé, e [ɛ̃teʀese] ADJ (*parties*) involved, concerned; (*amitié, motifs*) self-interested ▶ NM/F: **l'~** the interested party; **les intéressés** those concerned *ou* involved

intéressement [ɛ̃teʀɛsmɑ̃] NM (*Comm*) profit-sharing

intéresser [ɛ̃teʀese] /**1**/ VT (*captiver*) to interest; (*toucher*) to be of interest *ou* concern to; (*Admin: concerner*) to affect, concern; (*Comm: travailleur*) to give a share in the profits to; (*: partenaire*) to interest (in the business); **~ qn à qch** to get sb interested in sth ■ **s'intéresser à** VPR to take an interest in, be interested in

intérêt [ɛ̃teʀɛ] NM (*aussi Comm*) interest; (*égoïsme*) self-interest; **porter de l'~ à qn** to take an interest in sb; **agir par ~** to act out of self-interest; **avoir des intérêts dans** (*Comm*) to have a financial interest *ou* a stake in; **avoir ~ à faire** to do well to do; **tu as ~ à accepter** it's in your interest to accept; **tu as ~ à te dépêcher** you'd better hurry; **il y a ~ à ...** it would be a good thing to ...; **~ composé** compound interest

interface [ɛ̃tɛʀfɑs] NF (*Inform*) interface

interférence [ɛ̃tɛʀfeʀɑ̃s] NF interference

interférer [ɛ̃tɛʀfeʀe] /**6**/ VI: **~ (avec)** to interfere (with)

interféron [ɛ̃tɛʀfeʀɔ̃] NM interferon

intergalactique [ɛ̃tɛʀgalaktik] ADJ intergalactic

intergouvernemental, e, -aux [ɛ̃tɛʀguvɛʀnəmɑ̃tal, -o] ADJ intergovernmental

intérieur, e [ɛ̃teʀjœʀ] ADJ (*mur, escalier, poche*) inside; (*commerce, politique*) domestic; (*cour, calme, vie*) inner; (*navigation*) inland ▶ NM (*d'une maison, d'un récipient etc*) inside; (*d'un pays: aussi décor, mobilier*) interior; (*Pol*): **l'I~** (the Department of) the Interior, ≈ the Home Office (BRIT); **à l'~ (de)** inside; (*fig*) within; **de l'~** (*fig*) from the inside; **en ~** (*Ciné*) in the studio; **vêtement d'~** indoor garment

intérieurement [ɛ̃teʀjœʀmɑ̃] ADV inwardly

intérim [ɛ̃teʀim] NM (*période*) interim period; (*travail*) temping; **agence d'~** temping agency; **assurer l'~ (de)** to deputize (for); **président par ~** interim president; **travailler en ~, faire de l'~** to temp

intérimaire [ɛ̃teʀimɛʀ] ADJ (*directeur, ministre*) acting; (*secrétaire, personnel*) temporary, interim ▶ NMF (*secrétaire etc*) temporary, temp (BRIT); (*suppléant*) deputy

intérioriser [ɛ̃teʀjɔʀize] /**1**/ VT to internalize

interjection [ɛ̃tɛʀʒɛksjɔ̃] NF interjection

interjeter [ɛ̃tɛʀʒəte] /**4**/ VT (*Jur*): **~ appel** to lodge an appeal

interligne [ɛ̃tɛʀliɲ] NM inter-line space; **simple/double ~** single/double spacing ▶ NF (*Typo*) lead, leading

interlocuteur, -trice [ɛ̃tɛʀlɔkytœʀ, -tʀis] NM/F speaker; (*Pol*): **~ valable** valid representative; **son ~** the person he *ou* she was speaking to

interlope [ɛ̃tɛʀlɔp] ADJ illicit; (*milieu, bar*) shady

interloquer [ɛ̃tɛʀlɔke] /**1**/ VT to take aback

interlude [ɛ̃tɛʀlyd] NM interlude

intermède [ɛ̃tɛʀmɛd] NM interlude

intermédiaire [ɛ̃tɛʀmedjɛʀ] ADJ intermediate; middle; half-way; (*solution*) temporary ▶ NMF intermediary; (*Comm*) middleman; **sans ~** directly; **par l'~ de** through

interminable [ɛ̃tɛʀminabl] ADJ never-ending

interminablement [ɛ̃tɛʀminabləmɑ̃] ADV interminably

interministériel, le [ɛ̃tɛʀministeʀjɛl] ADJ: **comité ~** interdepartmental committee

intermittence [ɛ̃tɛʀmitɑ̃s] NF: **par ~** intermittently, sporadically

intermittent, e [ɛ̃tɛʀmitɑ̃, -ɑ̃t] ADJ intermittent, sporadic

internat [ɛ̃tɛʀna] NM (*Scol*) boarding school

★**international, e, -aux** [ɛ̃tɛʀnasjɔnal, -o] ADJ, NM/F international

internationalisation [ɛ̃tɛʀnasjɔnalizasjɔ̃] NF internationalization

internationaliser [ɛ̃tɛʀnasjɔnalize] /1/ VT to internationalize

internationalisme [ɛ̃tɛʀnasjɔnalism] NM internationalism

internaute [ɛ̃tɛʀnot] NMF internet user

★**interne** [ɛ̃tɛʀn] ADJ internal ▸ NMF (*Scol*) boarder; (*Méd*) houseman (BRIT), intern (US)

internement [ɛ̃tɛʀnəmɑ̃] NM (*Pol*) internment; (*Méd*) confinement

interner [ɛ̃tɛʀne] /1/ VT (*Pol*) to intern; (*Méd*) to confine to a psychiatric hospital

Internet [ɛ̃tɛʀnɛt] NM: **l'~** the internet

interparlementaire [ɛ̃tɛʀparləmɑ̃tɛʀ] ADJ interparliamentary

interpellation [ɛ̃tɛʀpelasjɔ̃] NF interpellation; (*Pol*) question

interpeller [ɛ̃tɛʀpele] /1/ VT (*appeler*) to call out to; (*apostropher*) to shout at; (*Police*) to take in for questioning; (*Pol*) to question; (*concerner*) to concern ■ **s'interpeller** VPR (*s'apostropher*) to shout at each other

interphone [ɛ̃tɛʀfɔn] NM intercom; (*d'immeuble*) entry phone

interplanétaire [ɛ̃tɛʀplanetɛʀ] ADJ interplanetary

Interpol [ɛ̃tɛʀpɔl] SIGLE M Interpol

interpoler [ɛ̃tɛʀpɔle] /1/ VT to interpolate

interposer [ɛ̃tɛʀpoze] /1/ VT to interpose; **par personnes interposées** through a third party ■ **s'interposer** VPR to intervene

interprétariat [ɛ̃tɛʀpʀetaʀja] NM interpreting

interprétation [ɛ̃tɛʀpʀetasjɔ̃] NF interpretation

interprète [ɛ̃tɛʀpʀɛt] NMF interpreter; (*porte-parole*) spokesman

interpréter [ɛ̃tɛʀpʀete] /6/ VT to interpret; (*jouer*) to play; (*chanter*) to sing

interprofessionnel, le [ɛ̃tɛʀpʀɔfesjɔnɛl] ADJ interprofessional

interrègne [ɛ̃tɛʀʀɛɲ] NM interregnum

interrogateur, -trice [ɛ̃teʀɔgatœʀ, -tʀis] ADJ questioning, inquiring ▸ NM/F (*Scol*) (oral) examiner

interrogatif, -ive [ɛ̃teʀɔgatif, -iv] ADJ (*Ling*) interrogative

interrogation [ɛ̃teʀɔgasjɔ̃] NF question; (*Scol*) (written *ou* oral) test

interrogatoire [ɛ̃teʀɔgatwaʀ] NM (*Police*) questioning *no pl*; (*Jur, aussi fig*) cross-examination, interrogation

interrogé, e [ɛ̃teʀɔʒe] ADJ: **55% des personnes interrogées** 55% of respondents, 55% of those polled

interroger [ɛ̃teʀɔʒe] /3/ VT to question; (*Inform*) to search; (*Scol: candidat*) to test; **~ qn (sur qch)** to question sb (about sth); **~ qn du regard** to look questioningly at sb, give sb a questioning look ■ **s'interroger** VPR to wonder; **s'~ sur qch** to ask o.s. about sth, ponder (about) sth

interrompre [ɛ̃teʀɔ̃pʀ] /41/ VT (*gén*) to interrupt; (*travail, voyage*) to break off, interrupt; (*négociations*) to break off; (*match*) to stop ■ **s'interrompre** VPR to break off

interrupteur [ɛ̃teʀyptœʀ] NM switch

interruption [ɛ̃teʀypsjɔ̃] NF interruption; (*pause*) break; **sans ~** without a break; **~ de grossesse** termination of pregnancy; **~ volontaire de grossesse** voluntary termination of pregnancy, abortion

interscolaire [ɛ̃tɛʀskɔlɛʀ] ADJ interschool(s)

intersection [ɛ̃tɛʀsɛksjɔ̃] NF intersection

intersidéral, e, -aux [ɛ̃tɛʀsideʀal, -o] ADJ interstellar

interstice [ɛ̃tɛʀstis] NM crack, slit

intersyndical, e, -aux [ɛ̃tɛʀsɛ̃dikal, -o] ADJ interunion

intertitre [ɛ̃tɛʀtitʀ] NM (*Ciné*) caption, subtitle

interurbain, e [ɛ̃teʀyʀbɛ̃, -ɛn] (*Tél*) NM long-distance call service ▸ ADJ long-distance

intervalle [ɛ̃tɛʀval] NM (*espace*) space; (*de temps*) interval; **dans l'~** in the meantime; **à deux jours d'~** two days apart; **à intervalles rapprochés** at close intervals; **par intervalles** at intervals

intervenant, e [ɛ̃tɛʀvənɑ̃, -ɑ̃t] VB *voir* **intervenir** ▸ NM/F speaker (*at conference*)

intervenir [ɛ̃tɛʀvəniʀ] /22/ VI (*gén*) to intervene; (*survenir*) to take place; (*faire une conférence*) to give a talk *ou* lecture; **~ auprès de/en faveur de qn** to intervene with/on behalf of sb; **la police a dû ~** police had to step in *ou* intervene; **les médecins ont dû ~** the doctors had to operate

intervention [ɛ̃tɛʀvɑ̃sjɔ̃] NF intervention; (*conférence*) talk, paper; (*discours*) speech; **~ (chirurgicale)** operation

interventionnisme [ɛ̃tɛʀvɑ̃sjɔnism] NM interventionism

interventionniste [ɛ̃tɛʀvɑ̃sjɔnist] ADJ interventionist

intervenu, e [ɛ̃tɛʀv(ə)ny] PP *de* **intervenir**

intervertible [ɛ̃tɛʀvɛʀtibl] ADJ interchangeable

intervertir [ɛ̃tɛʀvɛʀtiʀ] /2/ VT to invert (the order of), reverse

interviendrai [ɛ̃tɛʀvjɛ̃dʀe], **interviens** *etc* [ɛ̃tɛʀvjɛ̃] VB *voir* **intervenir**

★**interview** [ɛ̃tɛʀvju] NF interview

interviewer [ɛ̃tɛʀvjuve] /1/ VT to interview ▸ NM [ɛ̃tɛʀvjuvœʀ] (*journaliste*) interviewer

intervins *etc* [ɛ̃tɛʀvɛ̃] VB *voir* **intervenir**

intestat [ɛ̃tɛsta] ADJ (*Jur*): **décéder ~** to die intestate

intestin, e [ɛ̃tɛstɛ̃, -in] ADJ internal ▸ NM intestine; **~ grêle** small intestine

intestinal, e, -aux [ɛ̃tɛstinal, -o] ADJ intestinal

intifada [intifada] NF intifada

intime [ɛ̃tim] ADJ intimate; (*vie, journal*) private; (*hygiène, confidences*) personal; (*convictions*) inmost; (*dîner, cérémonie*) held among friends, quiet; **un journal ~** a private diary/journal ▸ NMF close friend

intimement [ɛ̃timmɑ̃] ADV (*profondément*) deeply, firmly; (*étroitement*) intimately

intimer [ɛ̃time] /1/ VT (*Jur*) to notify; **~ à qn l'ordre de faire** to order sb to do

intimidant, e [ɛ̃timidɑ̃, -ɑ̃t] ADJ intimidating

i

intimidation [ɛ̃timidasjɔ̃] NF intimidation; **manœuvres d'~** (*action*) acts of intimidation; (*stratégie*) intimidatory tactics

intimider [ɛ̃timide] /1/ VT to intimidate

intimiste [ɛ̃timist] ADJ (*œuvre, film*) intimist

intimité [ɛ̃timite] NF intimacy; (*vie privée*) privacy; private life; **dans l'~** in private; (*sans formalités*) with only a few friends, quietly

intitulé [ɛ̃tityle] NM title

intituler [ɛ̃tityle] /1/ VT: **comment a-t-il intitulé son livre ?** what title did he give his book? ■ **s'intituler** VPR to be entitled; (*personne*) to call o.s.

intolérable [ɛ̃tɔlerabl] ADJ intolerable

intolérance [ɛ̃tɔlerɑ̃s] NF intolerance; **~ aux antibiotiques** intolerance to antibiotics

intolérant, e [ɛ̃tɔlerɑ̃, -ɑ̃t] ADJ intolerant

intonation [ɛ̃tɔnasjɔ̃] NF intonation

intouchable [ɛ̃tuʃabl] ADJ (*fig*) above the law, sacrosanct; (*Rel*) untouchable

intox [ɛ̃tɔks] NF (*fam*) brainwashing

intoxication [ɛ̃tɔksikasjɔ̃] NF poisoning *no pl*; (*toxicomanie*) drug addiction; (*fig*) brainwashing; **~ alimentaire** food poisoning

intoxiqué, e [ɛ̃tɔksike] NM/F addict

intoxiquer [ɛ̃tɔksike] /1/ VT to poison; (*fig*) to brainwash ■ **s'intoxiquer** VPR to poison o.s.

intradermique [ɛ̃tradɛrmik] ADJ, NF: **(injection) ~** intradermal *ou* intracutaneous injection

intraduisible [ɛ̃tradɥizibl] ADJ untranslatable; (*fig*) inexpressible

intraitable [ɛ̃trɛtabl] ADJ inflexible, uncompromising

intramusculaire [ɛ̃tramyskylɛr] ADJ, NF: **(injection) ~** intramuscular injection

intranet [ɛ̃tranɛt] NM intranet

intransigeance [ɛ̃trɑ̃ziʒɑ̃s] NF intransigence

intransigeant, e [ɛ̃trɑ̃ziʒɑ̃, -ɑ̃t] ADJ intransigent; (*morale, passion*) uncompromising

intransitif, -ive [ɛ̃trɑ̃zitif, -iv] ADJ (*Ling*) intransitive

intransportable [ɛ̃trɑ̃spɔrtabl] ADJ (*blessé*) unable to travel

intrant [ɛ̃trɑ̃] NM (*Écon, Agr*) input

intraveineux, -euse [ɛ̃travɛnø, -øz] ADJ intravenous ▶ NF (*aussi:* **injection intraveineuse**) intravenous injection

intrépide [ɛ̃trepid] ADJ dauntless, intrepid

intrépidité [ɛ̃trepidite] NF dauntlessness

intrigant, e [ɛ̃trigɑ̃, -ɑ̃t] NM/F schemer

intrigue [ɛ̃trig] NF intrigue; (*scénario*) plot

intrigué, e [ɛ̃trige] ADJ (*personne, air*) puzzled; **~ par** puzzled by

intriguer [ɛ̃trige] /1/ VI to scheme ▶ VT to puzzle, intrigue

intrinsèque [ɛ̃trɛ̃sɛk] ADJ intrinsic

intrinsèquement [ɛ̃trɛ̃sɛkmɑ̃] ADV intrinsically

intro [ɛ̃tro] NF (*fam: de texte, chanson*) intro (*fam*)

introductif, -ive [ɛ̃trɔdyktif, -iv] ADJ introductory

introduction [ɛ̃trɔdyksjɔ̃] NF introduction; **paroles/chapitre d'~** introductory words/chapter; **lettre/mot d'~** letter/note of introduction

introduire [ɛ̃trɔdɥir] /38/ VT to introduce; (*visiteur*) to show in; (*aiguille, clef*): **~ qch dans** to insert sth into; (*personne*): **~ à qch** to introduce to sth; (: *présenter*): **~ qn à qn/dans un club** to introduce sb to sb/to a club ■ **s'introduire** VPR (*techniques, usages*) to be introduced; **s'~ dans** to gain entry into; (*dans un groupe*) to get o.s. accepted into; (*eau, fumée*) to get into

introduire is often translated by a word other than *to introduce*.

introduit, e [ɛ̃trɔdɥi, -it] PP *de* **introduire** ▶ ADJ: **bien ~** (*personne*) well-received

intronisation [ɛ̃trɔnizasjɔ̃] NF (*de pape, roi*) enthronement

introniser [ɛ̃trɔnize] /1/ VT to enthrone

introspectif, -ive [ɛ̃trɔspɛktif, -iv] ADJ (*personne, œuvre*) introspective

introspection [ɛ̃trɔspɛksjɔ̃] NF introspection

introuvable [ɛ̃truvabl] ADJ which cannot be found; (*Comm*) unobtainable

introverti, e [ɛ̃trɔvɛrti] NM/F introvert

intrus, e [ɛ̃try, -yz] NM/F intruder

intrusion [ɛ̃tryzjɔ̃] NF intrusion; (*ingérence*) interference

intubation [ɛ̃tybasjɔ̃] NF (*Méd*) intubation

intuber [ɛ̃tybe] VT (*Méd*) to intubate

intuitif, -ive [ɛ̃tɥitif, -iv] ADJ intuitive

intuition [ɛ̃tɥisjɔ̃] NF intuition; **avoir une ~** to have a feeling; **avoir l'~ de qch** to have an intuition of sth; **avoir de l'~** to have intuition

intuitivement [ɛ̃tɥitivmɑ̃] ADV intuitively

inuit [inɥit] ADJ Inuit ▶ NMF: **Inuit** Inuit

inusable [inyzabl] ADJ hard-wearing

inusité, e [inyzite] ADJ rarely used

★**inutile** [inytil] ADJ useless; (*superflu*) unnecessary

inutilement [inytilmɑ̃] ADV needlessly

inutilisable [inytilizabl] ADJ unusable

inutilisé, e [inytilize] ADJ unused

inutilité [inytilite] NF uselessness

invaincu, e [ɛ̃vɛ̃ky] ADJ unbeaten; (*armée, peuple*) unconquered

invalide [ɛ̃valid] ADJ disabled ▶ NMF: **~ de guerre** disabled ex-serviceman; **~ du travail** industrially disabled person

invalider [ɛ̃valide] /1/ VT to invalidate

invalidité [ɛ̃validite] NF disability

invariable [ɛ̃varjabl] ADJ invariable

invariablement [ɛ̃varjabləmɑ̃] ADV invariably

invasif, -ive [ɛ̃vazif, -iv] ADJ (*traitement*) invasive

invasion [ɛ̃vazjɔ̃] NF invasion

invective [ɛ̃vɛktiv] NF invective

invectiver [ɛ̃vɛktive] /1/ VT to hurl abuse at ▶ VI: **~ contre** to rail against

invendable [ɛ̃vɑ̃dabl] ADJ unsaleable, unmarketable

invendu, e [ɛ̃vɑ̃dy] ADJ unsold ▶ NM return ■ **invendus** NMPL unsold goods

inventaire [ɛ̃vɑ̃tɛr] NM inventory; (*Comm: liste*) stocklist; (: *opération*) stocktaking *no pl*; (*fig*) survey; **faire un ~** to make an inventory; (*Comm*) to take stock; **faire** *ou* **procéder à l'~** to take stock

★**inventer** [ɛ̃vɑ̃te] /1/ VT to invent; (*subterfuge*) to devise, invent; (*histoire, excuse*) to make up, invent; **~ de faire** to hit on the idea of doing

inventeur, -trice [ɛ̃vɑ̃tœʀ, -tʀis] NM/F inventor

inventif, -ive [ɛ̃vɑ̃tif, -iv] ADJ inventive

invention [ɛ̃vɑ̃sjɔ̃] NF invention; (*imagination, inspiration*) inventiveness

inventivité [ɛ̃vɑ̃tivite] NF inventiveness

inventorier [ɛ̃vɑ̃tɔʀje] /7/ VT to make an inventory of

invérifiable [ɛ̃veʀifjabl] ADJ unverifiable

inverse [ɛ̃vɛʀs] ADJ (*ordre*) reverse; (*sens*) opposite; (*rapport*) inverse; **dans l'ordre ~** in the reverse order; **en proportion ~** in inverse proportion; **dans le sens ~ des aiguilles d'une montre** anti-clockwise; **en sens ~** in (*ou* from) the opposite direction ▸ NM reverse; inverse; **l'~** the opposite; **à l'~** conversely

inversement [ɛ̃vɛʀsəmɑ̃] ADV conversely

inverser [ɛ̃vɛʀse] /1/ VT to reverse, invert; (*Élec*) to reverse

inversion [ɛ̃vɛʀsjɔ̃] NF reversal; inversion

invertébré, e [ɛ̃vɛʀtebʀe] ADJ, NM invertebrate

inverti, e [ɛ̃vɛʀti] NM/F homosexual

investigation [ɛ̃vɛstigasjɔ̃] NF investigation, inquiry

investir [ɛ̃vɛstiʀ] /2/ VT to invest; **~ qn de** (*d'une fonction, d'un pouvoir*) to vest *ou* invest sb with ■ **s'investir** VPR (*Psych*) to involve o.s.; **s'~ dans** to put a lot into

investissement [ɛ̃vɛstismɑ̃] NM investment; (*Psych*) involvement

investisseur [ɛ̃vɛstisœʀ] NM investor

investiture [ɛ̃vɛstityʀ] NF investiture; (*à une élection*) nomination

invétéré, e [ɛ̃veteʀe] ADJ (*habitude*) ingrained; (*bavard, buveur*) inveterate

invincibilité [ɛ̃vɛ̃sibilite] NF invincibility

invincible [ɛ̃vɛ̃sibl] ADJ invincible, unconquerable

invinciblement [ɛ̃vɛ̃sibləmɑ̃] ADV (*fig*) invincibly

inviolabilité [ɛ̃vjɔlabilite] NF: **~ parlementaire** parliamentary immunity

inviolable [ɛ̃vjɔlabl] ADJ inviolable

inviolé, e [ɛ̃vjɔle] ADJ (*nature, région*) inviolate

invisibilité [ɛ̃vizibilite] NF invisibility

invisible [ɛ̃vizibl] ADJ invisible; (*fig: personne*) not available

★**invitation** [ɛ̃vitasjɔ̃] NF invitation; **à/sur l'~ de qn** at/on sb's invitation; **carte/lettre d'~** invitation card/letter

invite [ɛ̃vit] NF invitation

invité, e [ɛ̃vite] NM/F guest

★**inviter** [ɛ̃vite] /1/ VT to invite; **~ qn à faire qch** to invite sb to do sth; (*suj: chose*) to induce *ou* tempt sb to do sth

invivable [ɛ̃vivabl] ADJ unbearable, impossible

invocation [ɛ̃vɔkasjɔ̃] NF (*prière*) invocation

involontaire [ɛ̃vɔlɔ̃tɛʀ] ADJ (*mouvement*) involuntary; (*insulte*) unintentional; (*complice*) unwitting

involontairement [ɛ̃vɔlɔ̃tɛʀmɑ̃] ADV involuntarily

invoquer [ɛ̃vɔke] /1/ VT (*Dieu, muse*) to call upon, invoke; (*prétexte*) to put forward (as an excuse); (*témoignage*) to call upon; (*loi, texte*) to refer to; **~ la clémence de qn** to beg sb *ou* appeal to sb for clemency

invraisemblable [ɛ̃vʀɛsɑ̃blabl] ADJ (*fait, nouvelle*) unlikely, improbable; (*bizarre*) incredible

invraisemblance [ɛ̃vʀɛsɑ̃blɑ̃s] NF unlikelihood *no pl*, improbability

invulnérabilité [ɛ̃vylneʀabilite] NF invulnerability

invulnérable [ɛ̃vylneʀabl] ADJ invulnerable

iode [jɔd] NM iodine

iodé, e [jɔde] ADJ iodized

ion [jɔ̃] NM ion

ionique [jɔnik] ADJ (*Archit*) Ionic; (*Science*) ionic

ionisant, e [jɔnizɑ̃, -ɑ̃t] ADJ ionizing

ionisation [jɔnizasjɔ̃] NF ionization

ioniseur [jɔnizœʀ] NM ionizer

iota [jɔta] NM: **sans changer un ~** without changing one iota *ou* the tiniest bit

iPad® [aipad] NM iPad®

IPC SIGLE M (= *Indice des prix à la consommation*) CPI

iPhone® [aifɔn] NM iPhone®

IR ABR = **infrarouge**

IRA [iʀa] SIGLE F (= *Irish Republican Army*) IRA

irai *etc* [iʀe] VB *voir* **aller**

Irak [iʀak] NM: **l'~** Iraq *ou* Irak

irakien, ne [iʀakjɛ̃, -ɛn] ADJ Iraqi ▸ NM/F: **Irakien, ne** Iraqi

Iran [iʀɑ̃] NM: **l'~** Iran

iranien, ne [iʀanjɛ̃, -ɛn] ADJ Iranian ▸ NM/F: **Iranien, ne** Iranian

Iraq [iʀɑk] NM = **Irak**

iraquien, ne [iʀakjɛ̃, -ɛn] ADJ, NM/F = **irakien**

irascible [iʀasibl] ADJ short-tempered, irascible

iridescent, e [iʀidesɑ̃, -ɑ̃t] ADJ iridescent

irions *etc* [iʀjɔ̃] VB *voir* **aller**

iris [iʀis] NM iris

irisé, e [iʀize] ADJ iridescent

★**irlandais, e** [iʀlɑ̃dɛ, -ɛz] ADJ, NM (*Ling*) Irish ▸ NM/F: **Irlandais, e** Irishman/-woman; **les I~** the Irish

★**Irlande** [iʀlɑ̃d] NF: **l'~** (*pays*) Ireland; **la République d'~** the Irish Republic, the Republic of Ireland, Eire; **~ du Nord** Northern Ireland, Ulster; **~ du Sud** Southern Ireland, Irish Republic, Eire; **la mer d'~** the Irish Sea

IRM SIGLE F (= *imagerie par résonance magnétique*) MRI scan

ironie [iʀɔni] NF irony

ironique [iʀɔnik] ADJ ironical

ironiquement [iʀɔnikmɑ̃] ADV ironically

ironiser [iʀɔnize] /1/ VI to be ironical

irons *etc* [iʀɔ̃] VB *voir* **aller**

iroquois, e [iʀɔkwa, -waz] ADJ Iroquois ▸ NM/F: **Iroquois, e** Iroquois

IRPP SIGLE M (= *impôt sur le revenu des personnes physiques*) income tax

irradiation [iʀadjasjɔ̃] NF irradiation

irradier [iʀadje] /7/ VI to radiate ▸ VT to irradiate

irraisonné, e [iʀɛzɔne] ADJ irrational, unreasoned

irrationnel, le [iʀasjɔnɛl] ADJ irrational

irrattrapable [iʀatʀapabl] ADJ (*retard*) that cannot be made up; (*bévue*) that cannot be made good
irréalisable [iʀealizabl] ADJ unrealizable; (*projet*) impracticable
irréalisme [iʀealism] NM lack of realism
irréaliste [iʀealist] ADJ unrealistic
irréalité [iʀealite] NF unreality
irrecevable [iʀəs(ə)vabl] ADJ unacceptable
irréconciliable [iʀekɔ̃siljabl] ADJ irreconcilable
irrécouvrable [iʀekuvʀabl] ADJ irrecoverable
irrécupérable [iʀekypeʀabl] ADJ unreclaimable, beyond repair; (*personne*) beyond redemption *ou* recall
irrécusable [iʀekyzabl] ADJ (*témoignage*) unimpeachable; (*preuve*) incontestable, indisputable
irréductible [iʀedyktibl] ADJ indomitable, implacable; (*Math: fraction, équation*) irreducible
irréductiblement [iʀedyktibləmɑ̃] ADV implacably
irréel, le [iʀeɛl] ADJ unreal
irréfléchi, e [iʀefleʃi] ADJ thoughtless
irréfutable [iʀefytabl] ADJ irrefutable
irréfutablement [iʀefytabləmɑ̃] ADV irrefutably
irrégularité [iʀegylaʀite] NF irregularity; (*de travail, d'effort, de qualité*) unevenness *no pl*
irrégulier, -ière [iʀegylje, -jɛʀ] ADJ irregular; (*surface, rythme, écriture*) uneven, irregular; (*travail, effort, qualité*) uneven; (*élève, athlète*) erratic
irrégulièrement [iʀegyljɛʀmɑ̃] ADV irregularly
irrémédiable [iʀemedjabl] ADJ irreparable
irrémédiablement [iʀemedjabləmɑ̃] ADV irreparably
irremplaçable [iʀɑ̃plasabl] ADJ irreplaceable
irréparable [iʀepaʀabl] ADJ beyond repair, irreparable; (*fig*) irreparable
irrépréhensible [iʀepʀeɑ̃sibl] ADJ irreproachable
irrépressible [iʀepʀesibl] ADJ irrepressible
irréprochable [iʀepʀɔʃabl] ADJ irreproachable, beyond reproach; (*tenue, toilette*) impeccable
irrésistible [iʀezistibl] ADJ irresistible; (*preuve, logique*) compelling; (*amusant*) hilarious
irrésistiblement [iʀezistibləmɑ̃] ADV irresistibly
irrésolu, e [iʀezɔly] ADJ irresolute
irrésolution [iʀezɔlysjɔ̃] NF irresoluteness
irrespectueux, -euse [iʀɛspɛktɥø, -øz] ADJ disrespectful
irrespirable [iʀɛspiʀabl] ADJ unbreathable; (*fig*) oppressive, stifling
irresponsabilité [iʀɛspɔ̃sabilite] NF irresponsibility
irresponsable [iʀɛspɔ̃sabl] ADJ irresponsible
irrévérence [iʀeveʀɑ̃s] NF irreverence
irrévérencieux, -euse [iʀeveʀɑ̃sjø, -øz] ADJ irreverent
irréversible [iʀevɛʀsibl] ADJ irreversible
irréversiblement [iʀevɛʀsibləmɑ̃] ADV irreversibly
irrévocable [iʀevɔkabl] ADJ irrevocable
irrévocablement [iʀevɔkabləmɑ̃] ADV irrevocably
irrigation [iʀigasjɔ̃] NF irrigation
irriguer [iʀige] /1/ VT to irrigate
irritabilité [iʀitabilite] NF irritability
irritable [iʀitabl] ADJ irritable
irritant, e [iʀitɑ̃, -ɑ̃t] ADJ irritating; (*Méd*) irritant
irritation [iʀitasjɔ̃] NF irritation
irrité, e [iʀite] ADJ irritated
irriter [iʀite] /1/ VT (*agacer*) to irritate, annoy; (*Méd: enflammer*) to irritate ■ **s'irriter** VPR: **s'~ contre qn/de qch** to get annoyed *ou* irritated with sb/at sth
irruption [iʀypsjɔ̃] NF irruption *no pl*; **faire ~ dans** to burst into; **faire ~ chez qn** to burst in on sb
isard [izaʀ] NM izard
ISBN SIGLE M (= *International Standard Book Number*) ISBN
ISF SIGLE M (= *impôt de solidarité sur la fortune*) wealth tax
Islam [islam] NM: **l'~** Islam
islamique [islamik] ADJ Islamic
islamisme [islamism] NM Islamism
islamiste [islamist] ADJ, NMF Islamist
islamophobie [islamafɔbi] NF Islamophobia
islandais, e [islɑ̃dɛ, -ɛz] ADJ Icelandic ▸ NM (*Ling*) Icelandic ▸ NM/F: **Islandais, e** Icelander
Islande [islɑ̃d] NF: **l'~** Iceland
ISMH SIGLE M = **Inventaire supplémentaire des monuments historiques; monument inscrit à l'~** ≈ listed building
isocèle [izɔsɛl] ADJ isoceles
isolant, e [izɔlɑ̃, -ɑ̃t] ADJ insulating; (*insonorisant*) soundproofing ▸ NM insulator
isolateur [izɔlatœʀ] NM (*Élec*) insulator
isolation [izɔlasjɔ̃] NF insulation; **~ thermique** thermal insulation; **~ acoustique** soundproofing
isolationnisme [izɔlasjɔnism] NM isolationism
isolationniste [izɔlasjɔnist] ADJ, NMF isolationist
isolé, e [izɔle] ADJ isolated; (*Élec: contre le froid*) insulated
isolement [izɔlmɑ̃] NM isolation; solitary confinement
isolément [izɔlemɑ̃] ADV in isolation
isoler [izɔle] /1/ VT to isolate; (*prisonnier*) to put in solitary confinement; (*ville*) to cut off, isolate; (*Élec: contre le froid*) to insulate ■ **s'isoler** VPR to isolate o.s.
isoloir [izɔlwaʀ] NM polling booth
isorel® [izɔʀɛl] NM hardboard
isotherme [izɔtɛʀm] ADJ (*camion*) refrigerated
isotope [izɔtɔp] NM isotope
Israël [israɛl] NM Israel
israélien, ne [isʀaeljɛ̃, -ɛn] ADJ Israeli ▸ NM/F: **Israélien, ne** Israeli
israélite [isʀaelit] ADJ Jewish; (*dans l'Ancien Testament*) Israelite ▸ NMF: **Israélite** Jew *m*; Israelite
issu, e [isy] ADJ: **~ de** (*né de*) descended from; (*résultant de*) stemming from ▸ NF (*ouverture, sortie*) exit; (*solution*) way out, solution; (*dénouement*) outcome; **à l'issue de** at the conclusion *ou* close of;

rue sans issue, **voie sans issue** dead end, no through road (BRIT), no outlet (*US*); **issue de secours** emergency exit

The French word **issue** is not translated by the English word *issue*.

Istamboul, Istanbul [istɑ̃bul] N Istanbul

isthme [ism] NM isthmus

★**Italie** [itali] NF: **l'~** Italy

★**italien, ne** [italjɛ̃, -ɛn] ADJ Italian ▸ NM (*Ling*) Italian ▸ NM/F: **Italien, ne** Italian

italique [italik] NM: **en ~(s)** in italics

item [itɛm] NM item; (*question*) question, test

itinéraire [itineʀɛʀ] NM itinerary, route; **~ bis** alternative route

itinérance [itineʀɑ̃s] NF (*Tél*) roaming

itinérant, e [itineʀɑ̃, -ɑ̃t] ADJ itinerant, travelling

itou [itu] ADV (*fam: aussi*) too; **le sol est crade, les murs ~** the floor is grotty, the walls too

ITP SIGLE M (= *ingénieur des travaux publics*) civil engineer

IUT SIGLE M = **Institut universitaire de technologie**

IVG SIGLE F (= *interruption volontaire de grossesse*) abortion

ivoire [ivwaʀ] NM ivory

ivoirien, ne [ivwaʀjɛ̃, -ɛn] ADJ of *ou* from the Ivory Coast

ivraie [ivʀɛ] NF: **séparer le bon grain de l'~** (*fig*) to separate the wheat from the chaff

★**ivre** [ivʀ] ADJ drunk; **~ de** (*colère*) wild with; (*bonheur*) drunk *ou* intoxicated with; **~ mort** dead drunk

ivresse [ivʀɛs] NF drunkenness; (*euphorie*) intoxication

ivrogne [ivʀɔɲ] NMF drunkard

ivrognerie [ivʀɔɲʀi] NF drunkenness

i

Jj

J, j [ʒi] NM INV J, j ▸ ABR (= *Joule*) J; = **jour**; **jour J** D-day; **J comme Joseph** J for Jack (BRIT) *ou* Jig (US)

★**j'** [ʒ] PRON *voir* **je**

jabot [ʒabo] NM (*Zool*) crop; (*de vêtement*) jabot

jacasser [ʒakase] /1/ VI to chatter

jacasseries [ʒakasʀi] NFPL (*bavardages*) chitter-chatter *sg*

jachère [ʒaʃɛʀ] NF: **(être) en ~** (to lie) fallow

jacinthe [ʒasɛ̃t] NF hyacinth; **~ des bois** bluebell

jack [dʒak] NM jack plug

jackpot [(d)ʒakpɔt] NM jackpot; **toucher le ~** (*fig*) to hit the jackpot

jacquard [ʒakaʀ] ADJ INV Fair Isle

jacquerie [ʒakʀi] NF riot

jacuzzi® [ʒakuzi] NM Jacuzzi®

jade [ʒad] NM jade

jadis [ʒɑdis] ADV in times past, formerly

jaguar [ʒagwaʀ] NM (*Zool*) jaguar

jaillir [ʒajiʀ] /2/ VI (*liquide*) to spurt out, gush out; (*lumière*) to flood out; (*fig*) to rear up; (*cris, réponses*) to burst out

jaillissement [ʒajismɑ̃] NM spurt, gush

jais [ʒɛ] NM jet; **(d'un noir) de ~** jet-black

jalon [ʒalɔ̃] NM range pole; (*fig*) milestone; **poser des jalons** (*fig*) to pave the way

jalonner [ʒalɔne] /1/ VT to mark out; (*fig*) to mark, punctuate

jalousement [ʒaluzmɑ̃] ADV jealously

jalouser [ʒaluze] /1/ VT to be jealous of

jalousie [ʒaluzi] NF jealousy; (*store*) (venetian) blind

★**jaloux, -ouse** [ʒalu, -uz] ADJ jealous; **être ~ de qn/qch** to be jealous of sb/sth

jamaïquain, e, jamaïcain, e [ʒamaikɛ̃, -ɛn] ADJ Jamaican ▸ NM/F: **Jamaïquain, e** Jamaican

Jamaïque [ʒamaik] NF: **la ~** Jamaica

★**jamais** [ʒamɛ] ADV never; (*sans négation*) ever; **ne ... ~** never; **~ de la vie !** never!; **si ~ ...** if ever ...; **à (tout) ~, pour ~** for ever, for ever and ever; **je ne suis ~ allé en Espagne** I've never been to Spain

> **Never** s'emploie avec un verbe à la forme affirmative ; c'est la traduction de *jamais* dans son sens le plus courant.
> *Elle ne lui pardonnera jamais.* **She will never forgive him.**
> **Ever** s'emploie pour traduire des phrases où *jamais* a un sens positif ou pour donner de la force à une déclaration.
> *C'est le plus beau tableau que j'aie jamais vu.* **It's the most beautiful painting I have ever seen.**
> *Ne refais jamais ça !* **Don't ever do that again!**

jambage [ʒɑ̃baʒ] NM (*de lettre*) downstroke; (*de porte*) jamb

★**jambe** [ʒɑ̃b] NF leg; **à toutes jambes** as fast as one's legs can carry one

jambières [ʒɑ̃bjɛʀ] NFPL legwarmers; (*Sport*) shin pads

★**jambon** [ʒɑ̃bɔ̃] NM ham; **~ fumé** (*Culin*) smoked ham

jambonneau, x [ʒɑ̃bɔno] NM knuckle of ham

jante [ʒɑ̃t] NF (wheel) rim

★**janvier** [ʒɑ̃vje] NM January; *voir aussi* **juillet**

★**Japon** [ʒapɔ̃] NM: **le ~** Japan

★**japonais, e** [ʒapɔnɛ, -ɛz] ADJ Japanese ▸ NM (*Ling*) Japanese ▸ NM/F: **Japonais, e** Japanese

japonaiserie [ʒapɔnɛzʀi] NF (*bibelot*) Japanese curio

japonisant, e [ʒapɔnizɑ̃, -ɑ̃t] ADJ (*style, décor*) Japanese-inspired

jappement [ʒapmɑ̃] NM yap, yelp

japper [ʒape] /1/ VI to yap, yelp

jaquette [ʒakɛt] NF (*de cérémonie*) morning coat; (*de femme*) jacket; (*de livre*) dust cover, (dust) jacket

★**jardin** [ʒaʀdɛ̃] NM garden; **~ d'acclimatation** zoological gardens *pl*; **~ botanique** botanical gardens *pl*; **~ d'enfants** nursery school; **~ potager** vegetable garden; **~ public** (public) park, public gardens *pl*; **jardins suspendus** hanging gardens; **~ zoologique** zoological gardens

jardinage [ʒaʀdinaʒ] NM gardening

jardiner [ʒaʀdine] /1/ VI to garden, do some gardening

jardinerie [ʒaʀdinʀi] NF garden centre (BRIT), garden center (US)

jardinet [ʒaʀdinɛ] NM little garden

★**jardinier, -ière** [ʒaʀdinje, -jɛʀ] NM/F gardener ▸ NF (*de fenêtre*) window box; **jardinière d'enfants** nursery school teacher; **jardinière (de légumes)** (*Culin*) mixed vegetables

jargon [ʒaʀgɔ̃] NM (*charabia*) gibberish; (*publicitaire, scientifique etc*) jargon

jarre [ʒaʀ] NF (earthenware) jar

jarret [ʒaʀɛ] NM back of knee; (*Culin*) knuckle, shin

jarretelle [ʒaʀtɛl] NF suspender (BRIT), garter (US)

jarretière [ʒaʀtjɛʀ] NF garter
jars [ʒaʀ] NM (*Zool*) gander
jaser [ʒɑze] /1/ VI to chatter, prattle; (*indiscrètement*) to gossip
jasmin [ʒasmɛ̃] NM jasmine
jaspe [ʒasp] NM jasper
jaspé, e [ʒaspe] ADJ marbled, mottled
jatte [ʒat] NF basin, bowl
jauge [ʒoʒ] NF (*capacité*) capacity, tonnage; (*instrument*) gauge; **~ (de niveau) d'huile** (*Auto*) dipstick
jauger [ʒoʒe] /3/ VT to gauge the capacity of; (*fig*) to size up; **~ 3 000 tonneaux** to measure 3,000 tons
jaunâtre [ʒonɑtʀ] ADJ (*couleur, teint*) yellowish
★**jaune** [ʒon] ADJ, NM yellow; **~ d'œuf** (egg) yolk ▶ NMF (*briseur de grève*) blackleg ▶ ADV (*fam*): **rire ~** to laugh on the other side of one's face
jaunir [ʒoniʀ] /2/ VI, VT to turn yellow
jaunisse [ʒonis] NF jaundice
Java [ʒava] NF Java
java [ʒava] NF (*fam*): **faire la ~** to live it up, have a real party
javanais, e [ʒavanɛ, -ɛz] ADJ Javanese
Javel [ʒavɛl] NF: **eau de ~** bleach
javel [ʒavɛl] NF (*fam*) bleach; *voir* **Javel**; **de la ~** some bleach
javelliser [ʒavelise] /1/ VT (*eau*) to chlorinate
javelot [ʒavlo] NM javelin; (*Athlétisme*): **faire du ~** to throw the javelin
jazz [dʒaz] NM jazz
jazzy [dʒɑzi] ADJ INV (*morceau, voix*) jazzy
J.-C. ABR = **Jésus-Christ**
JDC SIGLE F = **journée défense et citoyenneté**

All 16- and 17-year-olds, both male and female, are required to attend a one-day course, the **JDC** (*Journée défense et citoyenneté*), which covers basic information on the principles and organization of defence in France, on citizens' rights and duties and on career opportunities in the military and the voluntary sector. There is also an introduction to first aid and a French language test. This course is compulsory – without it, young people cannot take their driving test or any competitive examinations for the public sector.

★**je, j'** [ʒə, ʒ] PRON I
★**jean** [dʒin] NM jeans *pl*
jeannette [ʒanɛt] NF (*planchette*) sleeve board; (*petite fille scout*) Brownie
jeep® [(d)ʒip] NF (*Auto*) Jeep®
jérémiades [ʒeʀemjad] NFPL moaning *sg*
jerrycan [ʒeʀikan] NM jerry can
Jersey [ʒɛʀzɛ] NF Jersey
jersey [ʒɛʀzɛ] NM jersey; (*Tricot*): **point de ~** stocking stitch
jersiais, e [ʒɛʀzjɛ, -ɛz] ADJ Jersey *cpd*, of *ou* from Jersey
Jérusalem [ʒeʀyzalɛm] N Jerusalem
jésuite [ʒezɥit] NM Jesuit
Jésus-Christ [ʒezykʀi(st)] N Jesus Christ; **600 avant/après ~** 600 B.C./A.D.

jet[1] [ʒɛ] NM (*lancer: action*) throwing *no pl*; (*: résultat*) throw; (*jaillissement: d'eaux*) jet; (*: de sang*) spurt; (*de tuyau*) nozzle; (*fig*): **premier ~** (*ébauche*) rough outline; **arroser au ~** to hose; **d'un (seul) ~** (*d'un seul coup*) at (*ou* in) one go; **du premier ~** at the first attempt *ou* shot; **~ d'eau** spray; (*fontaine*) fountain
jet[2] [dʒɛt] NM (*avion*) jet
jetable [ʒ(ə)tabl] ADJ disposable
jeté [ʒ(ə)te] NM (*Tricot*): **un ~** make one; **~ de table** (table) runner; **~ de lit** bedspread
jetée [ʒəte] NF jetty; (*grande*) pier
★**jeter** [ʒ(ə)te] /4/ VT (*gén*) to throw; (*se défaire de*) to throw away *ou* out; (*son, lueur etc*) to give out; **~ qch à qn** to throw sth to sb; (*de façon agressive*) to throw sth at sb; **~ l'ancre** (*Navig*) to cast anchor; **~ un coup d'œil (à)** to take a look (at); **~ les bras en avant/la tête en arrière** to throw one's arms forward/one's head back(ward); **~ l'effroi parmi** to spread fear among; **~ un sort à qn** to cast a spell on sb; **~ qn dans la misère** to reduce sb to poverty; **~ qn dehors/en prison** to throw sb out/into prison; **~ l'éponge** (*fig*) to throw in the towel; **~ des fleurs à qn** (*fig*) to say lovely things to sb; **~ la pierre à qn** (*accuser, blâmer*) to accuse sb ■ **se jeter** VPR: **se ~ sur** to throw o.s. onto; **se ~ dans** (*fleuve*) to flow into; **se ~ par la fenêtre** to throw o.s. out of the window; **se ~ à l'eau** (*fig*) to take the plunge
jeton [ʒ(ə)tɔ̃] NM (*au jeu*) counter; (*de téléphone*) token; **jetons de présence** (director's) fees
jette *etc* [ʒɛt] VB *voir* **jeter**
★**jeu, x** [ʒø] NM (*divertissement, Tech: d'une pièce*) play; (*défini par des règles, Tennis: partie, Football etc: façon de jouer*) game; (*Théât etc*) acting; (*fonctionnement*) working, interplay; (*série d'objets, jouet*) set; (*Cartes*) hand; (*au casino*): **le ~** gambling; **cacher son ~** (*fig*) to keep one's cards hidden, conceal one's hand; **c'est un ~ d'enfant !** (*fig*) it's child's play!; **en ~** at stake; at work; (*Football*) in play; **remettre en ~** to throw in; **entrer/mettre en ~** to come/bring into play; **par ~** (*pour s'amuser*) for fun; **d'entrée de ~** (*tout de suite, dès le début*) from the outset; **entrer dans le ~/le ~ de qn** (*fig*) to play the game/sb's game; **jouer gros ~** to play for high stakes; **se piquer/se prendre au ~** to get excited over/get caught up in the game; **~ d'arcade** video game; **~ de boules** game of bowls; (*endroit*) bowling pitch; (*boules*) set of bowls; **~ de cartes** card game; (*paquet*) pack of cards; **~ de construction** building set; **~ d'échecs** chess set; **~ d'écritures** (*Comm*) paper transaction; **~ électronique** electronic game; **~ de hasard** game of chance; **~ de mots** pun; **le ~ de l'oie** snakes and ladders *sg*; **~ d'orgue(s)** organ stop; **~ de patience** puzzle; **~ de physionomie** facial expressions *pl*; **~ de société** board game; **~ télévisé** television quiz; **~ vidéo** video game; **jeux de lumière** lighting effects; **Jeux olympiques** Olympic Games®
jeu-concours [jøkɔ̃kuʀ] (*pl* **jeux-concours**) NM competition
★**jeudi** [ʒødi] NM Thursday; **~ saint** Maundy Thursday; *voir aussi* **lundi**
jeun [ʒœ̃]: **à ~** *adv* on an empty stomach; **être à ~** to have eaten nothing; **rester à ~** not to eat anything
★**jeune** [ʒœn] ADJ young; **~ fille** girl; **~ homme** young man; **~ loup** (*Pol, Écon*) young go-getter; **~ premier** leading man; **jeunes gens** young people; **jeunes**

J

mariés newly weds ▶ ADV: **faire/s'habiller ~** to look/dress young ▶ NMF: **les jeunes** young people, the young

★**jeûne** [ʒøn] NM fast

jeûner [ʒøne] /1/ VI to fast, go without food

★**jeunesse** [ʒœnɛs] NF youth; (*aspect*) youthfulness; (*jeunes*) young people *pl*, youth

jeunisme [ʒœnism] NM cult of youth, youthism

jeunot, te [ʒœno, -ɔt] (*fam*) ADJ young ▶ NM young lad ▶ NF young woman

jf SIGLE F = **jeune fille**

jh SIGLE M = **jeune homme**

JI SIGLE M = **juge d'instruction**

jiu-jitsu [ʒyʒitsy] NM (*Sport*) jujitsu

JMF SIGLE F (= *Jeunesses musicales de France*) *association to promote music among the young*

JO SIGLE M = **le Journal officiel (de la République française)** ▶ SIGLE MPL = **Jeux olympiques**

joaillerie [ʒɔajʀi] NF jewel trade; jewellery (BRIT), jewelry (US)

joaillier, -ière [ʒɔaje, -jɛʀ] NM/F jeweller (BRIT), jeweler (US)

job [dʒɔb] NM job

jobard [ʒɔbaʀ] NM (*péj*) sucker, mug

jockey [ʒɔkɛ] NM jockey

jodler [ʒɔdle] /1/ VI to yodel

joggeur, -euse [dʒɔgœʀ, -øz] NM/F jogger

jogging [dʒɔgiŋ] NM jogging; (*survêtement*) tracksuit (BRIT), sweatsuit (US); **faire du ~** to go jogging, jog

joie [ʒwa] NF joy

joignable [ʒwaɲabl] ADJ contactable; **le médecin de garde doit être ~ à tout moment** the duty doctor must be contactable at all times

joignais *etc* [ʒwaɲɛ] VB *voir* **joindre**

joindre [ʒwɛ̃dʀ] /49/ VT to join; (*contacter*) to contact, get in touch with; **~ qch à** (*à une lettre*) to enclose sth with; **~ un fichier à un mail** (*Inform*) to attach a file to an email; **~ les mains/talons** to put one's hands/heels together; **~ les deux bouts** (*fig*) to make ends meet ■ **se joindre** VPR (*mains etc*) to come together; **se ~ à qn** to join sb; **se ~ à qch** to join in sth

joint, e [ʒwɛ̃, -ɛ̃t] PP *de* **joindre** ▶ ADJ: **~ (à)** (*lettre, paquet*) attached (to), enclosed (with) ▶ NM joint; (*ligne*) join; (*de ciment etc*) pointing *no pl*; **pièce jointe** (*de lettre*) enclosure; (*de mail*) attachment; **chercher/trouver le ~** (*fig*) to look for/come up with the answer; **~ de cardan** cardan joint; **~ de culasse** cylinder head gasket; **~ de robinet** washer; **~ universel** universal joint

jointure [ʒwɛ̃tyʀ] NF (*Anat: articulation*) joint; (*Tech: assemblage*) joint; (*: ligne*) join

jojo [ʒoʒo] (*fam*) ADJ INV: **pas ~** (*pas joli*) not a pretty sight ▶ NM: **un affreux ~** a little rascal

jojoba [ʒɔʒɔba] NM jojoba

joker [ʒɔkɛʀ] NM (*Cartes*) joker; (*Inform*): **(caractère) ~** wild card

★**joli, e** [ʒɔli] ADJ pretty, attractive; **une jolie somme/situation** a nice little sum/situation; **un ~ gâchis** *etc* a nice mess *etc*; **c'est du ~ !** (*ironique*) that's very nice!; **tout ça, c'est bien ~ mais …** that's all very well but …

joliment [ʒɔlimɑ̃] ADV prettily, attractively; (*fam: très*) pretty

jonc [ʒɔ̃] NM (bul)rush; (*bague, bracelet*) band

joncher [ʒɔ̃ʃe] /1/ VT (*choses*) to be strewed on; **jonché de** strewn with

jonction [ʒɔ̃ksjɔ̃] NF junction, joining; **(point de) ~** (*de routes*) junction; (*de fleuves*) confluence; **opérer une ~** (*Mil etc*) to rendez-vous

jongler [ʒɔ̃gle] /1/ VI to juggle; (*fig*): **~ avec** to juggle with, play with

jongleur, -euse [ʒɔ̃glœʀ, -øz] NM/F juggler

jonque [ʒɔ̃k] NF (*bateau*) junk

jonquille [ʒɔ̃kij] NF daffodil

Jordanie [ʒɔʀdani] NF: **la ~** Jordan

jordanien, ne [ʒɔʀdanjɛ̃, -ɛn] ADJ Jordanian ▶ NM/F: **Jordanien, ne** Jordanian

jouabilité [ʒuabilite] NF (*d'un jeu*) playability

jouable [ʒwabl] ADJ playable

joual [ʒwal] NM joual (*working-class speech of French-speaking Canadians*)

joue [ʒu] NF cheek; **mettre en ~** to take aim at

★**jouer** [ʒwe] /1/ VT (*partie, carte, coup, Mus: morceau*) to play; (*somme d'argent, réputation*) to stake, wager; (*pièce, rôle*) to perform; (*film*) to show; (*simuler: sentiment*) to affect, feign; **on joue Hamlet au théâtre X** Hamlet is on at the X theatre; **~ un tour à qn** to play a trick on sb; **~ la comédie** (*fig*) to put on an act, put it on ▶ VI to play; (*Théât, Ciné*) to act, perform; (*au casino*) to gamble; (*bois, porte: se voiler*) to warp; (*clef, pièce: avoir du jeu*) to be loose; (*entrer ou être en jeu*) to come into play, come into it; **~ à** (*jeu, sport, roulette*) to play; **~ avec** (*risquer*) to gamble with; **~ de** (*Mus*) to play; **~ sur** (*miser*) to gamble on; **~ au héros** to act *ou* play the hero; **~ aux courses** to back horses, bet on horses; **~ du couteau/des coudes** to use knives/one's elbows; **~ à la baisse/hausse** (*Bourse*) to play for a fall/rise; **~ serré** to play a close game; **~ de malchance** to be dogged with ill-luck; **~ sur les mots** to play with words; **à toi/nous de ~** it's your/our go *ou* turn; **bien joué !** well done! ■ **se jouer** VPR: **se ~ de** (*difficultés*) to make light of; **se ~ de qn** to deceive *ou* dupe sb

★**jouet** [ʒwɛ] NM toy; **être le ~ de** (*illusion etc*) to be the victim of

★**joueur, -euse** [ʒwœʀ, -øz] NM/F player; **être beau/mauvais ~** to be a good/bad loser ▶ ADJ (*enfant, chat*) playful

joufflu, e [ʒufly] ADJ chubby(-cheeked)

joug [ʒu] NM yoke

jouir [ʒwiʀ] /2/ VI (*sexe: fam*) to come ▶ VT: **~ de** to enjoy

jouissance [ʒwisɑ̃s] NF pleasure; (*Jur*) use

jouisseur, -euse [ʒwisœʀ, -øz] NM/F sensualist

jouissif, -ive [ʒwisif, -iv] ADJ (*fam: génial*) brilliant, brilliant fun (*fam*)

joujou, x [ʒuʒu] NM (*fam*) toy

joule [ʒul] NM joule

★**jour** [ʒuʀ] NM day; (*opposé à la nuit*) day, daytime; (*clarté*) daylight; (*fig: aspect, ouverture*) opening; (*Couture*) openwork *no pl*; **sous un ~ favorable/nouveau** in a favourable/new light; **de ~** (*crème, service*) day *cpd*; **travailler de ~** to work during the day; **voyager de ~** to travel by day; **au ~ le ~** from day to day; **de nos jours** these days, nowadays;

tous les jours every day; **de ~ en ~** day by day; **d'un ~ à l'autre** from one day to the next; **du ~ au lendemain** overnight; **il fait ~** it's daylight; **en plein ~** in broad daylight; **au ~** in daylight; **au petit ~** at daybreak; **au grand ~** (*fig*) in the open; **mettre au ~** to disclose, uncover; **être à ~** to be up to date; **mettre à ~** to bring up to date, update; **mise à ~** updating; **donner le ~ à** to give birth to; **voir le ~** to be born; **se faire ~** (*fig*) to become clear; **~ férié** public holiday; **le ~ J** D-day; **~ ouvrable** working day

Jourdain [ʒuʀdɛ̃] NM: **le ~** the (River) Jordan

★**journal, -aux** [ʒuʀnal, -o] NM (news)paper; (*personnel*) journal; (*intime*) diary; **~ de bord** log; **~ de mode** fashion magazine; **le J~ officiel (de la République française)** *bulletin giving details of laws and official announcements*; **~ parlé** radio news *sg*; **~ télévisé** television news *sg*

journalier, -ière [ʒuʀnalje, -jɛʀ] ADJ daily; (*banal*) everyday ▸ NM day labourer

journalisme [ʒuʀnalism] NM journalism

★**journaliste** [ʒuʀnalist] NMF journalist

journalistique [ʒuʀnalistik] ADJ journalistic

journée [ʒuʀne] NF day; **la ~ continue** the 9 to 5 working day (*with short lunch break*)

journellement [ʒuʀnɛlmɑ̃] ADV (*tous les jours*) daily; (*souvent*) every day

joute [ʒut] NF (*tournoi*) duel; (*verbale*) duel, battle of words

jouvence [ʒuvɑ̃s] NF: **bain de ~** rejuvenating experience

jouxter [ʒukste] /1/ VT to adjoin

jovial, e, -aux [ʒɔvjal, -o] ADJ jovial, jolly

jovialité [ʒɔvjalite] NF joviality

joyau, x [ʒwajo] NM gem, jewel

joyeusement [ʒwajøzmɑ̃] ADV joyfully, gladly

joyeusetés [ʒwajøzte] NFPL (*ironique*): **... et autres ~** ... and other joys

★**joyeux, -euse** [ʒwajø, -øz] ADJ joyful, merry; **~ Noël !** Merry *ou* Happy Christmas!; **joyeuses Pâques !** Happy Easter!; **~ anniversaire !** many happy returns!

joystick [dʒɔjstik] NM joystick

JT SIGLE M = **journal télévisé**

jubilation [ʒybilasjɔ̃] NF jubilation

jubilatoire [ʒybilatwaʀ] ADJ exhilarating

jubilé [ʒybile] NM jubilee

jubiler [ʒybile] /1/ VI to be jubilant, exult

jucher [ʒyʃe] /1/ VT: **~ qch sur** to perch sth (up)on ▸ VI (*oiseau*): **~ sur** to perch (up)on ■ **se jucher sur** VPR to perch o.s. (up)on

judaïque [ʒydaik] ADJ (*loi*) Judaic; (*religion*) Jewish

judaïsme [ʒydaism] NM Judaism

judas [ʒyda] NM (*trou*) spy-hole

Judée [ʒyde] NF: **la ~** Jud(a)ea

judéité [ʒydeite], **judaïté** [ʒydaite] NF Jewishness

judéo- [ʒydeɔ] PRÉFIXE Judeo-

judéo-allemand, e [ʒydeɔalmɑ̃, -ɑ̃d] ADJ, NM Yiddish

judéo-chrétien, ne [ʒydeɔkʀetjɛ̃, -ɛn] ADJ Judeo-Christian

judiciaire [ʒydisjɛʀ] ADJ judicial

judicieusement [ʒydisjøzmɑ̃] ADV judiciously

judicieux, -euse [ʒydisjø, -øz] ADJ judicious

★**judo** [ʒydo] NM judo

judoka [ʒydɔka] NMF judoka

★**juge** [ʒyʒ] NM judge; **~ d'instruction** examining (BRIT) *ou* committing (*US*) magistrate; **~ de paix** justice of the peace; **~ de touche** linesman

jugé [ʒyʒe]: **au ~** *adv* by guesswork

jugement [ʒyʒmɑ̃] NM judgment; (*Jur: au pénal*) sentence; (: *au civil*) decision; **~ de valeur** value judgment

jugeote [ʒyʒɔt] NF (*fam*) gumption

juger [ʒyʒe] /3/ VT to judge; (*estimer*) to consider; **~ qn/qch satisfaisant** to consider sb/sth (to be) satisfactory; **~ que** to think *ou* consider that; **~ bon de faire** to consider it a good idea to do, see fit to do; **~ de** to judge; **jugez de ma surprise** imagine my surprise ▸ NM: **au ~** by guesswork

jugulaire [ʒygylɛʀ] ADJ jugular ▸ NF (*Mil*) chinstrap

juguler [ʒygyle] /1/ VT (*maladie*) to halt; (*révolte*) to suppress; (*inflation etc*) to control, curb

★**juif, -ive** [ʒɥif, -iv] ADJ Jewish ▸ NM/F: **Juif, -ive** Jewish man/woman *ou* Jew

★**juillet** [ʒɥijɛ] NM July; **le premier ~** the first of July (BRIT), July first (*US*); **le deux/onze ~** the second/eleventh of July, July second/eleventh; **il est venu le 5 ~** he came on 5th July *ou* July 5th; **en ~** in July; **début/fin ~** at the beginning/end of July; *see note*

> **Le 14 juillet** is a national holiday in France and commemorates the storming of the Bastille during the French Revolution. Throughout the country there are celebrations, which feature parades, music, dancing and firework displays. In Paris a military parade along the Champs-Élysées is attended by the President.

★**juin** [ʒɥɛ̃] NM June; *voir aussi* **juillet**

juive [ʒwiv] ADJ, NF *voir* **juif**

jules [ʒyl] NM (*fam: mari*) hubby; (: *petit ami*) boyfriend

julienne [ʒyljɛn] NF (*Culin*) julienne

★**jumeau, -elle, x** [ʒymo, -ɛl] ADJ, NM/F twin; **maisons jumelles** semidetached houses

jumelage [ʒym(ə)laʒ] NM twinning

jumeler [ʒym(ə)le] /4/ VT to twin; **roues jumelées** double wheels; **billets de loterie jumelés** double series lottery tickets; **pari jumelé** double bet

★**jumelle** [ʒymɛl] ADJ F, NF *voir* **jumeau**

jumelles [ʒymɛl] NFPL binoculars

jument [ʒymɑ̃] NF mare

jungle [ʒɔ̃gl] NF jungle

junior [ʒynjɔʀ] ADJ junior

junte [ʒœ̃t] NF junta

★**jupe** [ʒyp] NF skirt

jupe-culotte [ʒypkylɔt] (*pl* **jupes-culottes**) NF divided skirt, culotte(s)

jupette [ʒypɛt] NF short skirt

jupon [ʒypɔ̃] NM waist slip *ou* petticoat

Jura [ʒyʀɑ] NM: **le ~** the Jura (Mountains)

jurassien, ne [ʒyʀasjɛ̃, -ɛn] ADJ of *ou* from the Jura Mountains

juré, e [ʒyʀe] NM/F juror ▸ ADJ: **ennemi ~** sworn *ou* avowed enemy

jurer [ʒyʀe] /1/ VT (*obéissance etc*) to swear, vow; **~ de faire/que** (*s'engager*) to swear *ou* vow to do/that; **~ que** (*affirmer*) to swear *ou* vouch that; **~ de qch** (*s'en porter garant*) to swear to sth; **ils ne jurent que par lui** they swear by him ▸ VI (*dire des jurons*) to swear, curse; (*dissoner*): **~ (avec)** to clash (with); **je vous jure !** honestly!

juridiction [ʒyʀidiksjɔ̃] NF jurisdiction; (*tribunal, tribunaux*) court(s) of law

juridictionnel, le [ʒyʀidiksjɔnɛl] ADJ jurisdictional

juridique [ʒyʀidik] ADJ legal

juridiquement [ʒyʀidikmɑ̃] ADV (*devant la justice*) juridically; (*du point de vue du droit*) legally

jurisconsulte [ʒyʀiskɔ̃sylt] NM jurisconsult

jurisprudence [ʒyʀispʀydɑ̃s] NF (*Jur: décisions*) (legal) precedents; (*: principes juridiques*) jurisprudence; **faire ~** (*faire autorité*) to set a precedent

juriste [ʒyʀist] NMF jurist; lawyer

juron [ʒyʀɔ̃] NM curse, swearword

jury [ʒyʀi] NM (*Jur*) jury; (*Art, Sport*) panel of judges; (*Scol*) board (of examiners), jury

★**jus** [ʒy] NM juice; (*de viande*) gravy, (meat) juice; **~ de fruits** fruit juice; **~ de raisin/tomates** grape/tomato juice

jusant [ʒyzɑ̃] NM ebb (tide)

jusqu'au-boutiste [ʒyskobutist] NMF extremist, hardliner

★**jusque** [ʒysk]: **jusqu'à** *prép* (*endroit*) as far as, (up) to; (*moment*) until, till; (*limite*) up to; **~ sur/dans** up to, as far as; (*y compris*) even on/in; **~ vers** until about; **jusqu'à ce que** *conj* until; **jusque-là** (*temps*) until then; (*espace*) up to there; **jusqu'ici** (*temps*) until now; (*espace*) up to here; **jusqu'à présent** *ou* **maintenant** until now, so far; **jusqu'où ?** how far?

justaucorps [ʒystokɔʀ] NM INV (*Danse, Sport*) leotard

★**juste** [ʒyst] ADJ (*équitable*) just, fair; (*légitime*) just, justified; (*exact, vrai*) right; (*pertinent*) apt; (*étroit*) tight; (*insuffisant*) on the short side; **le ~ milieu** the happy medium; **à ~ titre** rightfully; **c'était ~** it was a close thing ▸ ADV right; tight; (*chanter*) in tune; (*seulement*) just; **~ assez/au-dessus** just enough/above; **pouvoir tout ~ faire** to be only just able to do; **au ~** exactly, actually; **comme de ~** of course, naturally

justement [ʒystəmɑ̃] ADV rightly; justly; (*précisément*) just, precisely; **c'est ~ ce qu'il fallait faire** that's just *ou* precisely what needed doing

justesse [ʒystɛs] NF (*précision*) accuracy; (*d'une remarque*) aptness; (*d'une opinion*) soundness; **de ~** only just, by a narrow margin

justice [ʒystis] NF (*équité*) fairness, justice; (*Admin*) justice; **rendre la ~** to dispense justice; **traduire en ~** to bring before the courts; **obtenir ~** to obtain justice; **rendre ~ à qn** to do sb justice; **se faire ~** to take the law into one's own hands; (*se suicider*) to take one's life

justiciable [ʒystisjabl] ADJ: **~ de** (*Jur*) answerable to

justicier, -ière [ʒystisje, -jɛʀ] NM/F judge, righter of wrongs

justifiable [ʒystifjabl] ADJ justifiable

justificatif, -ive [ʒystifikatif, -iv] ADJ (*document etc*) supporting; **pièce justificative** written proof ▸ NM supporting proof

justification [ʒystifikasjɔ̃] NF justification

justifié, e [ʒystifje] ADJ justified; (*Inform*): **~ à droite/gauche** right-/left-justified; **non ~** unjustified

justifier [ʒystifje] /7/ VT to justify; **~ de** to prove

jute [ʒyt] NM jute

juteux, -euse [ʒytø, -øz] ADJ juicy

juvénile [ʒyvenil] ADJ young, youthful; *voir aussi* **délinquance**

juxtaposer [ʒykstapoze] /1/ VT to juxtapose

juxtaposition [ʒykstapozisjɔ̃] NF juxtaposition

Kk

K, k [kɑ] NM INV K, k ▸ ABR (= *kilo*) kg; **K comme Kléber** K for King
K 7 [kasɛt] NF cassette
Kaboul, Kabul [kabul] N Kabul
kabyle [kabil] ADJ Kabyle ▸ NM (*Ling*) Kabyle ▸ NMF: **Kabyle** Kabyle
Kabylie [kabili] NF: **la ~** Kabylia
kafkaïen, ne [kafkajɛ̃, -ɛn] ADJ Kafkaesque
kaki [kaki] ADJ INV khaki
Kalahari [kalaaʀi] N: **le (désert du) ~** the Kalahari (Desert)
kaléidoscope [kaleidɔskɔp] NM kaleidoscope
Kampala [kɑ̃pala] N Kampala
kanak, e, canaque [kanak] ADJ Kanak; **les coutumes kanakes** Kanak customs ▸ NM/F: **Kanak, e** Kanak
kangourou [kɑ̃guʀu] NM kangaroo
kaolin [kaɔlɛ̃] NM kaolin
kapok [kapɔk] NM kapok
karaoke [kaʀaoke] NM karaoke
karaoké [kaʀaɔke] NM karaoke
karaté [kaʀate] NM karate
karité [kaʀite] NM shea; **beurre de ~** shea butter
kart [kaʀt] NM go-cart
karting [kaʀtiŋ] NM go-carting, karting
kascher [kaʃɛʀ] ADJ INV kosher
kayak [kajak] NM kayak; **faire du ~** to go kayaking
Kazakhstan [kaʒakstɑ̃] NM Kazakhstan
Kenya [kenja] NM: **le ~** Kenya
kényan, e, kenyan, e [kenjɑ̃, -an] ADJ Kenyan ▸ NM/F: **Kényan, e** Kenyan
képi [kepi] NM kepi
kératine [keʀatin] NF keratin, ceratin
Kerguelen [kɛʀgelɛn] NFPL: **les (îles) ~** Kerguelen
kermesse [kɛʀmɛs] NF bazaar, (charity) fête; village fair
kérosène [keʀozɛn] NM jet fuel; rocket fuel
ketchup [kɛtʃœp] NM ketchup
kg ABR (= *kilogramme*) kg
KGB SIGLE M KGB
khâgne [kaɲ] NF *second year of preparatory course for arts section of the École normale supérieure*
khmer, -ère [kmɛʀ] ADJ Khmer ▸ NM (*Ling*) Khmer
khôl [kol] NM kohl
kibboutz [kibuts] NM kibbutz
kidnapper [kidnape] /1/ VT to kidnap
kidnappeur, -euse [kidnapœʀ, -øz] NM/F kidnapper
kidnapping [kidnapiŋ] NM kidnapping
kiffer [kife] /1/ (!) VT to like, be into; **je la kiffe trop cette meuf** I'm really into this woman ▸ VI: **ça me fait ~** I like it; **on a kiffé un max** we had a blast
kif-kif [kifkif] ADJ INV (*fam*): **c'est ~** it's all the same
Kilimandjaro [kilimɑ̃dʒaʀo] NM: **le ~** Mount Kilimanjaro
★**kilo** [kilo] NM kilo
★**kilogramme** [kilɔgʀam] NM kilogramme (BRIT), kilogram (*US*)
kilométrage [kilɔmetʀaʒ] NM number of kilometres travelled, ≈ mileage
kilomètre [kilɔmɛtʀ] NM kilometre (BRIT), kilometer (*US*); **kilomètres-heure** kilometres per hour
kilométrique [kilɔmetʀik] ADJ (*distance*) in kilometres; **compteur ~** ≈ mileage indicator
kilooctet [kilɔɔktɛ] NM kilobyte
kilowatt [kilɔwat] NM kilowatt
kilt [kilt] NM (*traditionnel*) kilt; (*de femme*) kilt, pleated tartan skirt
kimono [kimɔno] NM kimono
Kindle® [kindl] NM Kindle®
kiné [kine] NMF (*fam: kinésithérapeute*) physio (BRIT *fam*)
kinésithérapeute [kineziteʀapøt] NMF physiotherapist
kinésithérapie [kineziteʀapi] NF physiotherapy
kiosque [kjɔsk] NM kiosk, stall; (*Tél etc*) *telephone and/or videotext information service*; **~ à journaux** newspaper kiosk
kippa [kipa] NF kippa, skullcap
kir [kiʀ] NM kir (*white wine with blackcurrant liqueur*)
Kirghizistan [kiʀgizistɑ̃] NM Kirghizia
kirsch [kiʀʃ] NM kirsch
kit [kit] NM kit; **~ piéton** *ou* **mains libres** hands-free kit; **en ~** in kit form
kitchenette [kitʃ(ə)nɛt] NF kitchenette
kitsch [kitʃ] ADJ INV (*objet, décor*) kitsch, kitschy ▸ NM (*style, genre*) kitsch
kiwi [kiwi] NM (*Zool*) kiwi; (*Bot*) kiwi (fruit)
klaxon [klaksɔn, klaksɔ̃] NM horn
klaxonner [klaksɔne] /1/ VI, VT to hoot (BRIT), honk (one's horn) (*US*)
kleptomane [klɛptɔman] NMF kleptomaniac

km ABR (= *kilomètre*) km
km/h ABR (= *kilomètres/heure*) km/h, kph
knock-out [nɔkawt] NM knock-out
Ko ABR (*Inform*: = *kilooctet*) kB
K.-O. [kao] ADJ INV (*fam*) shattered, knackered
koala [kɔala] NM koala (bear)
kolkhoze [kɔlkoz] NM kolkhoz
Kosovo [kɔsɔvo] NM: **le ~** Kosovo
Koweït, Koweit [kɔwɛt] NM: **le ~** Kuwait, Koweit
koweïtien, ne, koweitien, ne [kɔwɛtjɛ̃, -ɛn] ADJ Kuwaiti ▸ NM/F: **Koweïtien, ne, Koweitien, ne** Kuwaiti
krach [kʀak] NM (*Écon*) crash
kraft [kʀaft] NM brown *ou* kraft paper
Kremlin [kʀɛmlɛ̃] NM: **le ~** the Kremlin
Kuala Lumpur [kwalalympuʀ] N Kuala Lumpur
kumquat [kɔmkwat] NM kumquat
kurde [kyʀd] ADJ Kurdish ▸ NM (*Ling*) Kurdish ▸ NMF: **Kurde** Kurd
Kurdistan [kyʀdistɑ̃] NM: **le ~** Kurdistan
Kuweit [kɔwɛt] NM = **Koweït**
kW ABR (= *kilowatt*) kW
K-way® [kawɛ] NM (lightweight nylon) cagoule
kW/h ABR (= *kilowatt/heure*) kW/h
kyrielle [kiʀjɛl] NF: **une ~ de** a stream of
kyste [kist] NM cyst

Ll

L, l [ɛl] NM INV L, l ▸ ABR (= *litre*) l; **L comme Louis** L for Lucy (BRIT) *ou* Love (US)

★**l'** [l] ART DÉF *voir* **le**

★**la** [la] ART DÉF, PRON *voir* **le** ▸ NM (*Mus*) A; (*en chantant la gamme*) la

★**là** [la] ADV there; (*ici*) here; (*dans le temps*) then; **est-ce que Catherine est là ?** is Catherine there (*ou* here)?; **elle n'est pas là** she isn't here; **c'est là que** this is where; **là où** where; **de là** (*fig*) hence; **par là** (*fig*) by that; **tout est là** (*fig*) that's what it's all about; *voir aussi* **-ci**; **celui**

là-bas [labɑ] ADV there

label [labɛl] NM stamp, seal

labelliser [labelize] VT (*certifier, approuver*) to give one's seal of approval to; **être labellisé** to be approved; **La Bergerie, studio labellisé Gîtes de France** La Bergerie, a Gîtes de France approved flat

labeur [labœʀ] NM toil *no pl*, toiling *no pl*

labial, e, -aux [labjal, -o] ADJ (*Anat, Ling*) labial ▸ NF (*Ling*) labial

labo [labo] NM (= *laboratoire*) lab

laborantin, e [labɔʀɑ̃tɛ̃, -in] NM/F laboratory assistant

★**laboratoire** [labɔʀatwaʀ] NM laboratory; **~ de langues/d'analyses** language/(medical) analysis laboratory

laborieusement [labɔʀjøzmɑ̃] ADV laboriously

laborieux, -euse [labɔʀjø, -øz] ADJ (*tâche*) laborious; **classes laborieuses** working classes

labour [labuʀ] NM ploughing *no pl* (BRIT), plowing *no pl* (US); **cheval de ~** plough- *ou* cart-horse; **bœuf de ~** ox ■ **labours** NMPL (*champs*) ploughed fields

labourage [labuʀaʒ] NM ploughing (BRIT), plowing (US)

labourer [labuʀe] /1/ VT to plough (BRIT), plow (US); (*fig*) to make deep gashes *ou* furrows in

laboureur [labuʀœʀ] NM ploughman (BRIT), plowman (US)

labrador [labʀadɔʀ] NM (*chien*) labrador; (*Géo*): **le L~** Labrador

labyrinthe [labiʀɛ̃t] NM labyrinth, maze

★**lac** [lak] NM lake; **le ~ Léman** Lake Geneva; **les Grands Lacs** the Great Lakes; *voir aussi* **lacs**

lacer [lase] /3/ VT to lace *ou* do up

lacération [laseʀasjɔ̃] NF (*Méd*) laceration

lacérer [laseʀe] /6/ VT to tear to shreds

lacet [lasɛ] NM (*de chaussure*) lace; (*de route*) sharp bend; (*piège*) snare; **chaussures à lacets** lace-up *ou* lacing shoes

lâche [lɑʃ] ADJ (*poltron*) cowardly; (*desserré*) loose, slack; (*morale, mœurs*) lax ▸ NMF coward

lâchement [lɑʃmɑ̃] ADV (*par peur*) like a coward; (*par bassesse*) despicably

lâcher [lɑʃe] /1/ NM (*de ballons, oiseaux*) release ▸ VT (*main*) to let go of; (*verre*) to drop; (*libérer*) to release; (*fig: mot, remarque*) to let slip, come out with; (*Sport: distancer*) to leave behind; **~ prise** to let go ▸ VI (*fil, amarres*) to break, give way; (*freins*) to fail ■ **se lâcher** VPR (*fam*) to let o.s. go

lâcheté [lɑʃte] NF cowardice; (*bassesse*) lowness

lacis [lasi] NM (*de ruelles*) maze

laconique [lakɔnik] ADJ laconic

laconiquement [lakɔnikmɑ̃] ADV laconically

lacrymal, e, -aux [lakʀimal, -o] ADJ (*canal, glande*) tear *cpd*

lacrymogène [lakʀimɔʒɛn] ADJ: **grenade/gaz ~** tear gas grenade/tear gas

lacs [lɑ] NM (*piège*) snare

lactation [laktasjɔ̃] NF lactation

lacté, e [lakte] ADJ milk *cpd*

lactique [laktik] ADJ: **acide/ferment ~** lactic acid/ferment

lactose [laktoz] NM lactose, milk sugar

lactosérum [laktoseʀɔm] NM (*petit lait*) whey

lacune [lakyn] NF gap

lacustre [lakystʀ] ADJ lake *cpd*, lakeside *cpd*

lad [lad] NM stable-lad

là-dedans [ladədɑ̃] ADV inside (there), in it; (*fig*) in that

là-dehors [ladəɔʀ] ADV out there

là-derrière [ladɛʀjɛʀ] ADV behind there; (*fig*) behind that

là-dessous [ladsu] ADV underneath, under there; (*fig*) behind that

là-dessus [ladsy] ADV on there; (*fig: sur ces mots*) at that point; (*: à ce sujet*) about that

là-devant [ladvɑ̃] ADV there (in front)

ladite [ladit] ADJ *voir* **ledit**

ladre [lɑdʀ] ADJ miserly

lagon [lagɔ̃] NM lagoon

lagopède [lagɔpɛd] NM grouse; **~ des Alpes** ptarmigan

Lagos [lagɔs] N Lagos

lagune [lagyn] NF lagoon
là-haut [lao] ADV up there
laïc [laik] ADJ M, NM = **laïque**
laïciser [laisize] /1/ VT to secularize
laïcité [laisite] NF secularity, secularism

Laïcité, or secularism, is one of the main tenets of the French Republic and is enshrined in its constitution. The Revolution gave rise to the idea of a separation between church and state, the main expression of which is in the educational sphere: all French state schools are secular, both in their everyday running and in the national curriculum. In recent years, the concept of *laïcité* has been challenged by the need to accommodate a significant Muslim population whilst banning ostentatious displays of religious belief in state schools, for instance the wearing of the hijab.

★**laid, e** [lɛ, lɛd] ADJ ugly; (*fig: acte*) mean, cheap
laideron [lɛdʀɔ̃] NM ugly girl
laideur [lɛdœʀ] NF ugliness *no pl*; meanness *no pl*
laie [lɛ] NF wild sow
lainage [lɛnaʒ] NM (*vêtement*) woollen garment; (*étoffe*) woollen material
★**laine** [lɛn] NF wool; **~ peignée** worsted (wool); **~ à tricoter** knitting wool; **~ de verre** glass wool; **~ vierge** new wool
laineux, -euse [lɛnø, -øz] ADJ woolly
lainier, -ière [lɛnje, -jɛʀ] ADJ (*industrie etc*) woollen
laïque [laik] ADJ lay, civil; (*Scol*) state *cpd* (*as opposed to Roman Catholic*) ▸ NMF layman(-woman)
laisse [lɛs] NF (*de chien*) lead, leash; **tenir en ~** to keep on a lead *ou* leash
laissé-pour-compte, laissée-pour-compte [lesepuʀkɔ̃t] (*pl* **laissés-pour-compte**) ADJ (*Comm*) unsold; (: *refusé*) returned ▸ NM/F (*fig*) reject; **les laissés-pour-compte de la reprise économique** those who are left out of the economic upturn
★**laisser** [lese] /1/ VT to leave ▸ VB AUX to let; **~ qn faire** to let sb do; **~ qn tranquille** to let *ou* leave sb alone; **laisse-moi faire** let me do it; **rien ne laisse penser que …** there is no reason to think that …; **cela ne laisse pas de surprendre** nonetheless it is surprising ■ **se laisser** VPR: **se ~ aller** to let o.s. go; **se ~ exploiter** to let o.s. be exploited
laisser-aller [leseale] NM carelessness, slovenliness
laisser-faire [lesefɛʀ] NM laissez-faire
laissez-passer [lesepɑse] NM INV pass
★**lait** [lɛ] NM milk; **frère/sœur de ~** foster brother/sister; **~ écrémé/entier/concentré/condensé** skimmed/full-fat/condensed/evaporated milk; **~ en poudre** powdered milk, milk powder; **~ de chèvre/vache** goat's/cow's milk; **~ maternel** mother's milk; **~ démaquillant/de beauté** cleansing/beauty lotion
laitage [lɛtaʒ] NM dairy product
laiterie [lɛtʀi] NF dairy
laiteux, -euse [lɛtø, -øz] ADJ milky
laitier, -ière [letje, -jɛʀ] ADJ dairy *cpd* ▸ NM/F milkman (dairywoman)
laiton [lɛtɔ̃] NM brass
★**laitue** [lety] NF lettuce

laïus [lajys] NM (*péj*) spiel
lama [lama] NM llama
lamantin [lamɑ̃tɛ̃] NM manatee
lamaserie [lamazʀi] NF lamasery
lambda [lɑ̃bda] NM (*lettre grecque*) lambda ▸ ADJ INV (*fam: moyen*) average
lambeau, x [lɑ̃bo] NM scrap; **en lambeaux** in tatters, tattered
lambin, e [lɑ̃bɛ̃, -in] ADJ (*péj*) slow
lambiner [lɑ̃bine] /1/ VI (*péj*) to dawdle
lambris [lɑ̃bʀi] NM panelling *no pl*
lambrissé, e [lɑ̃bʀise] ADJ panelled
lame [lam] NF blade; (*vague*) wave; (*lamelle*) strip; **~ de fond** ground swell *no pl*; **~ de rasoir** razor blade
lamé [lame] NM lamé
lamelle [lamɛl] NF (*lame*) small blade; (*morceau*) sliver; (*de champignon*) gill; **couper en lamelles** to slice thinly
lamellé-collé [lamelekɔle] (*pl* **lamellés-collés**) NM laminated timber
lamellibranche [lamelibʀɑ̃ʃ] NM lamellibranch
lamentable [lamɑ̃tabl] ADJ (*déplorable*) appalling; (*pitoyable*) pitiful
lamentablement [lamɑ̃tabləmɑ̃] ADV (*échouer*) miserably; (*se conduire*) appallingly
lamentation [lamɑ̃tasjɔ̃] NF wailing *no pl*, lamentation; moaning *no pl*
lamenter [lamɑ̃te] /1/: **se lamenter** VPR: **se ~ (sur)** to moan (over)
laminage [laminaʒ] NM lamination
laminer [lamine] /1/ VT to laminate; (*fig: écraser*) to wipe out
laminoir [laminwaʀ] NM rolling mill; **passer au ~** (*fig*) to go (*ou* put) through the mill
lampadaire [lɑ̃padɛʀ] NM (*de salon*) standard lamp; (*dans la rue*) street lamp
★**lampe** [lɑ̃p] NF lamp; (*Tech*) valve; **~ à alcool** spirit lamp; **~ à pétrole** oil lamp; **~ à bronzer** sunlamp; **~ de poche** torch (BRIT), flashlight (US); **~ à souder** blowlamp; **~ témoin** warning light; **~ halogène** halogen lamp
lampée [lɑ̃pe] NF gulp, swig
lampe-tempête [lɑ̃ptɑ̃pɛt] (*pl* **lampes-tempête**) NF storm lantern
lampion [lɑ̃pjɔ̃] NM Chinese lantern
lampiste [lɑ̃pist] NM light (maintenance) man; (*fig*) underling
lamproie [lɑ̃pʀwa] NF lamprey
lance [lɑ̃s] NF spear; **~ d'arrosage** garden hose; **~ à eau** water hose; **~ d'incendie** fire hose
lancée [lɑ̃se] NF: **être/continuer sur sa ~** to be under way/keep going
lance-flammes [lɑ̃sflam] NM INV flamethrower
lance-fusées [lɑ̃sfyze] NM INV rocket launcher
lance-grenades [lɑ̃sgʀənad] NM INV grenade launcher
lancement [lɑ̃smɑ̃] NM launching *no pl*, launch; **offre de ~** introductory offer
lance-missiles [lɑ̃smisil] NM INV missile launcher
lance-pierres [lɑ̃spjɛʀ] NM INV catapult

★**lancer** [lɑ̃se] /3/ NM (*Athlétisme*) throwing *no pl*, throw; **~ du javelot/du disque/du marteau** javelin/discus/hammer throw *ou* throwing; **~ du poids** shot put; (*Pêche*) rod and reel fishing ▸VT to throw; (*émettre, projeter*) to throw out, send out; (*produit, fusée, bateau, artiste*) to launch; (*injure*) to hurl, fling; (*proclamation, mandat d'arrêt*) to issue; (*emprunt*) to float; (*moteur*) to send roaring away; **~ qch à qn** to throw sth to sb; (*de façon agressive*) to throw sth at sb; **~ un cri** *ou* **un appel** to shout *ou* call out ▪ **se lancer** VPR (*prendre de l'élan*) to build up speed; (*se précipiter*): **se ~ sur** *ou* **contre** to rush at; **se ~ dans** (*discussion*) to launch into; (*aventure*) to embark on; (*les affaires, la politique*) to go into

lance-roquettes [lɑ̃sʀɔkɛt] NM INV rocket launcher

lance-torpilles [lɑ̃stɔʀpij] NM INV torpedo tube

lanceur, -euse [lɑ̃sœʀ, -øz] NM/F bowler; (*Baseball*) pitcher; **~ d'alerte** whistleblower ▸NM (*Espace*) launcher

lancinant, e [lɑ̃sinɑ̃, -ɑ̃t] ADJ (*regrets etc*) haunting; (*douleur*) shooting

lanciner [lɑ̃sine] /1/ VI to throb; (*fig*) to nag

landais, e [lɑ̃dɛ, -ɛz] ADJ of *ou* from the Landes

landau [lɑ̃do] NM pram (BRIT), baby carriage (US)

lande [lɑ̃d] NF moor

Landes [lɑ̃d] NFPL: **les ~** the Landes

langage [lɑ̃gaʒ] NM language; **~ d'assemblage** (*Inform*) assembly language; **~ du corps** body language; **~ évolué/machine** (*Inform*) high-level/machine language; **~ de programmation** (*Inform*) programming language

lange [lɑ̃ʒ] NM flannel blanket ▪ **langes** NMPL swaddling clothes

langer [lɑ̃ʒe] /3/ VT to change (the nappy (BRIT) *ou* diaper (US) of); **table à ~** changing table

langoureusement [lɑ̃guʀøzmɑ̃] ADV languorously

langoureux, -euse [lɑ̃guʀø, -øz] ADJ languorous

langouste [lɑ̃gust] NF crayfish *inv*

langoustine [lɑ̃gustin] NF Dublin Bay prawn

★**langue** [lɑ̃g] NF (*Anat, Culin*) tongue; (*Ling*) language; (*bande*): **~ de terre** spit of land; **tirer la ~ (à)** to stick out one's tongue (at); **donner sa ~ au chat** to give up, give in; **de ~ française** French-speaking; **~ de bois** officialese; **~ maternelle** native language, mother tongue; **~ verte** slang; **langues vivantes** modern languages

For a long time, in the name of national unity, the use of French **langues régionales** was systematically discouraged or banned. As a result, speakers of Breton, Alsatian, Occitan, Catalan, Basque, Corsican and Flemish today represent a very small fraction of the population, despite efforts to teach those languages in special schools. The situation is very different overseas, where regional languages are much more widely spoken.

langue-de-chat [lɑ̃gdəʃa] (*pl* **langues-de-chat**) NF finger biscuit

languedocien, ne [lɑ̃gdɔsjɛ̃, -ɛn] ADJ of *ou* from the Languedoc

languette [lɑ̃gɛt] NF tongue

langueur [lɑ̃gœʀ] NF languidness

languide [lɑ̃gid] ADJ languid

languir [lɑ̃giʀ] /2/ VI to languish; (*conversation*) to flag; **faire ~ qn** to keep sb waiting ▪ **se languir** VPR to be languishing

languissant, e [lɑ̃gisɑ̃, -ɑ̃t] ADJ languid

lanière [lanjɛʀ] NF (*de fouet*) lash; (*de valise, bretelle*) strap

lanoline [lanɔlin] NF lanolin

lanterne [lɑ̃tɛʀn] NF (*portable*) lantern; (*électrique*) light, lamp; (*de voiture*) (side)light; **~ rouge** (*fig*) tail-ender; **~ vénitienne** Chinese lantern

lanterneau, x [lɑ̃tɛʀno] NM skylight

lanterner [lɑ̃tɛʀne] /1/ VI: **faire ~ qn** to keep sb hanging around

Laos [laɔs] NM: **le ~** Laos

laotien, ne [laɔsjɛ̃, -ɛn] ADJ Laotian

lapalissade [lapalisad] NF statement of the obvious

laparotomie [lapaʀɔtɔmi] NF laparotomy

La Paz [lapaz] N La Paz

laper [lape] /1/ VT to lap up

lapereau, x [lapʀo] NM young rabbit

lapidaire [lapidɛʀ] ADJ stone *cpd*; (*fig*) terse

lapidation [lapidasjɔ̃] NF stoning

lapider [lapide] /1/ VT to stone

★**lapin** [lapɛ̃] NM rabbit; (*peau*) rabbitskin; (*fourrure*) cony; **coup du ~** rabbit punch; **poser un ~ à qn** to stand sb up; **~ de garenne** wild rabbit

lapis [lapis], **lapis-lazuli** [lapislazyli] NM INV lapis lazuli

lapon, e [lapɔ̃, -ɔn] ADJ Lapp, Lappish ▸NM (*Ling*) Lapp, Lappish ▸NM/F: **Lapon, e** Lapp, Laplander

Laponie [lapɔni] NF: **la ~** Lapland

laps [laps] NM: **~ de temps** space of time, time *no pl*

lapsus [lapsys] NM slip

laquais [lakɛ] NM lackey

laque [lak] NF (*vernis*) lacquer; (*brute*) shellac; (*pour cheveux*) hair spray ▸NM lacquer; piece of lacquer ware

laqué, e [lake] ADJ lacquered

laquelle [lakɛl] PRON *voir* **lequel**

larbin [laʀbɛ̃] NM (*péj*) flunkey

larcin [laʀsɛ̃] NM theft

lard [laʀ] NM (*graisse*) fat; (*bacon*) (streaky) bacon

larder [laʀde] /1/ VT (*Culin*) to lard

lardon [laʀdɔ̃] NM (*Culin*) piece of chopped bacon; (*fam: enfant*) kid

largage [laʀgaʒ] NM (*de bombe, parachutistes*) dropping; (*de sonde*) release

★**large** [laʀʒ] ADJ wide; broad; (*fig*) generous; **~ d'esprit** broad-minded ▸ADV: **calculer/voir ~** to allow extra/think big; **ne pas en mener ~** to have one's heart in one's boots ▸NM (*largeur*): **5 m de ~** 5 m wide *ou* in width; (*mer*) **le ~** the open sea; **en ~** *adv* sideways; **au ~ de** off

largement [laʀʒəmɑ̃] ADV widely; (*de loin*) greatly; (*amplement, au minimum*) easily; (*sans compter: donner etc*) generously; **c'est ~ suffisant** that's ample

largesse [laʀʒɛs] NF generosity ▪ **largesses** NFPL (*dons*) liberalities

largeur [laʀʒœʀ] NF (*qu'on mesure*) width; (*impression visuelle*) wideness, width; breadth; (*d'esprit*) broadness

l

larguer [laʀge] /1/ VT to drop; (*fam: se débarrasser de*) to get rid of; **~ les amarres** to cast off (the moorings)
larme [laʀm] NF tear; (*fig*): **une ~ de** a drop of; **en larmes** in tears; **pleurer à chaudes larmes** to cry one's eyes out, cry bitterly
larmoyant, e [laʀmwajɑ̃, -ɑ̃t] ADJ tearful
larmoyer [laʀmwaje] /8/ VI (*yeux*) to water; (*se plaindre*) to whimper
larron [laʀɔ̃] NM thief
larvaire [laʀvɛʀ] ADJ (*Bio*) larval; **à l'état ~** in the larval state
larve [laʀv] NF (*Zool*) larva; (*fig*) worm
larvé, e [laʀve] ADJ (*fig*) latent
laryngite [laʀɛ̃ʒit] NF laryngitis
laryngologiste [laʀɛ̃gɔlɔʒist] NMF throat specialist
larynx [laʀɛ̃ks] NM larynx
las, lasse [lɑ, lɑs] ADJ weary
lasagnes [lazaɲ] NFPL lasagne
lascar [laskaʀ] NM character; (*malin*) rogue
lascif, -ive [lasif, -iv] ADJ lascivious
lascivement [lasivmɑ̃] ADV lasciviously
lascivité [lasivite] NF lasciviousness
laser [lazɛʀ] NM: **(rayon) ~** laser (beam); **chaîne** *ou* **platine ~** compact disc (player); **disque ~** compact disc
lassant, e [lɑsɑ̃, -ɑ̃t] ADJ tiresome, wearisome
lasse [lɑs] ADJ F *voir* **las**
lasser [lɑse] /1/ VT to weary, tire; **se ~ de** to grow weary *ou* tired of
lassitude [lɑsityd] NF lassitude, weariness
lasso [laso] NM lasso; **prendre au ~** to lasso
latent, e [latɑ̃, -ɑ̃t] ADJ latent
latéral, e, -aux [lateʀal, -o] ADJ side *cpd*, lateral
latéralement [lateʀalmɑ̃] ADV edgeways; (*arriver, souffler*) from the side
latex [latɛks] NM INV latex
★**latin, e** [latɛ̃, -in] ADJ Latin ▸ NM (*Ling*) Latin; **j'y perds mon ~** it's all Greek to me ▸ NM/F: **Latin, e** Latin
latiniste [latinist] NMF Latin scholar (*ou* student)
latino-américain, e [latinɔameʀikɛ̃, -ɛn] ADJ Latin-American
latitude [latityd] NF latitude; (*fig*): **avoir la ~ de faire** to be left free *ou* be at liberty to do; **à 48° de ~ Nord** at latitude 48° North; **sous toutes les latitudes** (*fig*) world-wide, throughout the world
latrines [latʀin] NFPL latrines
latte [lat] NF lath, slat; (*de plancher*) board
lattis [lati] NM lathwork
laudanum [lodanɔm] NM laudanum
laudatif, -ive [lodatif, -iv] ADJ laudatory
lauréat, e [lɔʀea, -at] NM/F winner
laurier [lɔʀje] NM (*Bot*) laurel; (*Culin*) bay leaves *pl* ■ **lauriers** NMPL (*fig*) laurels
laurier-rose [lɔʀjeʀoz] (*pl* **lauriers-roses**) NM oleander
laurier-tin [lɔʀjetɛ̃] (*pl* **lauriers-tins**) NM laurustinus
lavable [lavabl] ADJ washable
★**lavabo** [lavabo] NM washbasin ■ **lavabos** NMPL toilet *sg*
lavage [lavaʒ] NM washing *no pl*, wash; **~ d'estomac/d'intestin** stomach/intestinal wash; **~ de cerveau** brainwashing *no pl*
lavallière [lavaljɛʀ] NF floppy necktie
lavande [lavɑ̃d] NF lavender
lavandière [lavɑ̃djɛʀ] NF washerwoman
lave [lav] NF lava *no pl*
lave-glace [lavglas] NM (*Auto*) windscreen (BRIT) *ou* windshield (*US*) washer
lave-linge [lavlɛ̃ʒ] NM INV washing machine
lavement [lavmɑ̃] NM (*Méd*) enema
★**laver** [lave] /1/ VT to wash; (*tache*) to wash off; (*fig: affront*) to avenge; **~ la vaisselle/le linge** to wash the dishes/clothes; **~ qn de** (*accusation*) to clear sb of ■ **se laver** VPR to have a wash, wash; **se ~ les mains/dents** to wash one's hands/clean one's teeth
laverie [lavʀi] NF: **~ (automatique)** Launderette® (BRIT), Laundromat® (*US*)
lavette [lavɛt] NF (*chiffon*) dish cloth; (*brosse*) dish mop; (*fam: homme*) wimp, drip
laveur, -euse [lavœʀ, -øz] NM/F cleaner
★**lave-vaisselle** [lavvɛsɛl] NM INV dishwasher
lavis [lavi] NM (*technique*) washing; (*dessin*) wash drawing
lavoir [lavwaʀ] NM wash house; (*bac*) washtub; (*évier*) sink
laxatif, -ive [laksatif, -iv] ADJ, NM laxative
laxisme [laksism] NM laxity
laxiste [laksist] ADJ lax
layette [lɛjɛt] NF layette
layon [lɛjɔ̃] NM trail
lazaret [lazaʀɛ] NM quarantine area
lazzi [ladzi] NM gibe

le, la, l' [lə, la, l]

(*pl* **les**) ART DÉF **1** the; **le livre/la pomme/l'arbre** the book/the apple/the tree; **les étudiants** the students
2 (*noms abstraits*): **le courage/l'amour/la jeunesse** courage/love/youth
3 (*indiquant la possession*): **se casser la jambe** *etc* to break one's leg *etc*; **levez la main** put your hand up; **avoir les yeux gris/le nez rouge** to have grey eyes/a red nose
4 (*temps*): **le matin/soir** in the morning/evening; mornings/evenings; **le jeudi** *etc* (*d'habitude*) on Thursdays *etc*; (*ce jeudi-là etc*) on (the) Thursday; **nous venons le 3 décembre** (*parlé*) we're coming on the 3rd of December *ou* on December the 3rd; (*écrit*) we're coming (on) 3rd *ou* 3 December
5 (*distribution, évaluation*) a, an; **trois euros le mètre/kilo** three euros a *ou* per metre/kilo; **le tiers/quart de** a third/quarter of
▸ PRON **1** (*personne: mâle*) him; (*: femelle*) her; (*: pluriel*) them; **je le/la/les vois** I can see him/her/them
2 (*animal, chose: singulier*) it; (*: pluriel*) them; **je le (ou la) vois** I can see it; **je les vois** I can see them
3 (*remplaçant une phrase*): **je ne le savais pas** I didn't know (about it); **il était riche et ne l'est plus** he was once rich but no longer is

lé [le] NM (*de tissu*) width; (*de papier peint*) strip, length

leader [lidœʀ] NM leader
leadership [lidœʀʃip] NM (*Pol*) leadership
leasing [liziŋ] NM leasing
lèche [lɛʃ] NF (*fam*): **faire de la ~ à qn** to suck up to sb (*fam*), lick sb's boots (*fam*)
lèche-bottes [lɛʃbɔt] NMF INV bootlicker
lèchefrite [lɛʃfʀit] NF dripping pan *ou* tray
lécher [leʃe] /6/ VT to lick; (*laper: lait, eau*) to lick *ou* lap up; (*finir, polir*) to over-refine; **~ les vitrines** to go window-shopping ■ **se lécher** VPR: **se ~ les doigts/lèvres** to lick one's fingers/lips
lèche-vitrines [lɛʃvitʀin] NM INV: **faire du ~** to go window-shopping
lécithine [lesitin] NF lecithin; **~ de soja** soy lecithin
leçon [l(ə)sɔ̃] NF lesson; **faire la ~** to teach; **faire la ~ à** (*fig*) to give a lecture to; **leçons de conduite** driving lessons; **leçons particulières** private lessons *ou* tuition *sg* (BRIT)
★**lecteur, -trice** [lɛktœʀ, -tʀis] NM/F reader; (*d'université*) (foreign language) assistant (BRIT), (foreign) teaching assistant (*US*) ▸ NM (*Tech*): **~ de cassettes** cassette player; **~ de disquette(s)** disk drive; **~ de CD/DVD** (*d'ordinateur*) CD/DVD drive; (*de salon*) CD/DVD player; **~ MP3** MP3 player
lectorat [lɛktɔʀa] NM (foreign language *ou* teaching) assistantship
★**lecture** [lɛktyʀ] NF reading

The French word **lecture** is not translated by the English word *lecture*.

LED [lɛd] SIGLE F (= *light emitting diode*) LED
ledit, ladite [lədi, ladit] (*mpl* **lesdits** [ledi], *fpl* **lesdites** [ledit]) ADJ the aforesaid
légal, e, -aux [legal, -o] ADJ legal
légalement [legalmɑ̃] ADV legally
légalisation [legalizasjɔ̃] NF legalization
légaliser [legalize] /1/ VT to legalize
légaliste [legalist] ADJ (*personne, approche*) legalistic
légalité [legalite] NF legality, lawfulness; **être dans/sortir de la ~** to be within/step outside the law
légat [lega] NM (*Rel*) legate
légataire [legatɛʀ] NM legatee
légendaire [leʒɑ̃dɛʀ] ADJ legendary
légende [leʒɑ̃d] NF (*mythe*) legend; (*de carte, plan*) key, legend; (*de dessin*) caption
légender [leʒɑ̃de] VT (*carte, plan*) to provide with a key; (*dessin*) to caption, provide with a caption; **une carte légendée** a map with a key; **un dessin légendé** a drawing with a caption
léger, -ère [leʒe, -ɛʀ] ADJ light; (*bruit, retard*) slight; (*boisson, parfum*) weak; (*couche, étoffe*) thin; (*superficiel*) thoughtless; (*volage*) free and easy; flighty; (*peu sérieux*) lightweight; **blessé ~** slightly injured person; **à la légère** *adv* (*parler, agir*) rashly, thoughtlessly
légèrement [leʒɛʀmɑ̃] ADV (*s'habiller, bouger*) lightly; thoughtlessly, rashly; **~ plus grand** slightly bigger; **manger ~** to eat a light meal
légèreté [leʒɛʀte] NF lightness; thoughtlessness; (*d'une remarque*) flippancy
légiférer [leʒifeʀe] /6/ VI to legislate
légion [leʒjɔ̃] NF legion; **la L~ étrangère** the Foreign Legion; **la L~ d'honneur** the Legion of Honour

Created by Napoleon in 1802, the **Légion d'honneur** is the highest decoration that can be awarded in France, with recipients admitted to the *Ordre national de la Légion d'honneur*. The award can be conferred upon anyone (not necessarily a French citizen) the order wishes to reward for bravery or service to the French nation. The French President serves as the *Grand Maître* (grand master) of the order.

légionellose [leʒjɔneloz] NF legionnaire's disease, legionnaires' disease
légionnaire [leʒjɔnɛʀ] NM (*Mil*) legionnaire; (*de la Légion d'honneur*) holder of the Legion of Honour
législateur [leʒislatœʀ] NM legislator, lawmaker
législatif, -ive [leʒislatif, -iv] ADJ legislative ■ **législatives** NFPL general election *sg*
législation [leʒislasjɔ̃] NF legislation
législature [leʒislatyʀ] NF legislature; (*période*) term (of office)
légiste [leʒist] NMF jurist ▸ ADJ: **médecin ~** forensic scientist (BRIT), medical examiner (*US*)
légitimation [leʒitimasjɔ̃] NF (*Jur*) legitimization
légitime [leʒitim] ADJ (*Jur*) lawful, legitimate; (*enfant*) legitimate; (*fig*) rightful, legitimate; **en état de ~ défense** in self-defence
légitimement [leʒitimmɑ̃] ADV lawfully; legitimately; rightfully
légitimer [leʒitime] /1/ VT (*enfant*) to legitimize; (*justifier: conduite*) to justify
légitimité [leʒitimite] NF (*Jur*) legitimacy
legs [lɛg] NM legacy
léguer [lege] /6/ VT: **~ qch à qn** (*Jur*) to bequeath sth to sb; (*fig*) to hand sth down *ou* pass sth on to sb
légume [legym] NM vegetable; **légumes verts** green vegetables; **légumes secs** pulses
légumier [legymje] NM vegetable dish
leitmotiv [lejtmɔtiv] NM leitmotiv, leitmotif
Léman [lemɑ̃] NM *voir* **lac**
lémurien [lemyʀjɛ̃] NM lemur
★**lendemain** [lɑ̃dmɛ̃] NM: **le ~** the next *ou* following day; **le ~ matin/soir** the next *ou* following morning/evening; **le ~ de** the day after; **au ~ de** in the days following; in the wake of; **penser au ~** to think of the future; **sans ~** short-lived; **de beaux lendemains** bright prospects; **des lendemains qui chantent** a rosy future
lénifiant, e [lenifjɑ̃, -ɑ̃t] ADJ soothing
léniniste [leninist] ADJ, NMF Leninist
★**lent, e** [lɑ̃, lɑ̃t] ADJ slow
lente [lɑ̃t] NF nit
★**lentement** [lɑ̃tmɑ̃] ADV slowly
lenteur [lɑ̃tœʀ] NF slowness *no pl* ■ **lenteurs** NFPL (*actions, décisions lentes*) slowness *sg*
lentille [lɑ̃tij] NF (*Optique*) lens *sg*; (*Bot*) lentil; **~ d'eau** duckweed; **lentilles de contact** contact lenses
léonin, e [leɔnɛ̃, -in] ADJ (*fig: contrat etc*) one-sided

léopard [leɔpaʀ] NM leopard
LEP [lɛp] SIGLE M (= *lycée d'enseignement professionnel*) *secondary school for vocational training, pre-1986*
lépidoptère [lepidɔptɛʀ] NM lepidopteran
lèpre [lɛpʀ] NF leprosy
lépreux, -euse [lepʀø, -øz] NM/F leper ▶ ADJ (*fig*) flaking, peeling
léproserie [lepʀozʀi] NF leper hospital

lequel, laquelle [ləkɛl, lakɛl]

(*mpl* **lesquels**, *fpl* **lesquelles**) (*à + lequel* = **auquel**, *de + lequel* = **duquel**) PRON 1 (*interrogatif*) which, which one; **lequel des deux ?** which one?
2 (*relatif: personne: sujet*) who; (*: objet, après préposition*) whom; (*: possessif*) whose; (*: chose*) which; **je l'ai proposé au directeur, lequel est d'accord** I suggested it to the director, who agrees; **la femme à laquelle j'ai acheté mon chien** the woman from whom I bought my dog; **le pont sur lequel nous sommes passés** the bridge (over) which we crossed; **un homme sur la compétence duquel on peut compter** a man whose competence one can count on
▶ ADJ: **auquel cas** in which case

les [le] ART DÉF, PRON *voir* **le**
lesbienne [lɛsbjɛn] NF lesbian
lesdits, lesdites [ledi, ledit] ADJ *voir* **ledit**
lèse-majesté [lɛzmaʒɛste] NF INV: **crime de ~** crime of lese-majesty
léser [leze] /6/ VT to wrong; (*Méd*) to injure
lésiner [lezine] /1/ VI: **ne pas ~ sur les moyens** (*pour mariage etc*) to push the boat out
lésion [lezjɔ̃] NF lesion, damage *no pl*; **lésions cérébrales** brain damage
Lesotho [lezɔto] NM: **le ~** Lesotho
lesquels, lesquelles [lekɛl] PRON *voir* **lequel**
lessivable [lesivabl] ADJ washable
lessivage [lesivaʒ] NM (*de murs*) washing
★**lessive** [lesiv] NF (*poudre*) washing powder; (*linge*) washing *no pl*, wash; (*opération*) washing *no pl*; **faire la ~** to do the washing
lessivé, e [lesive] ADJ (*fam*) washed out
lessiver [lesive] /1/ VT to wash; (*fam: fatiguer*) to tire out, exhaust
lessiveuse [lesivøz] NF (*récipient*) washtub
lessiviel, le [lesivjɛl] ADJ detergent
lest [lɛst] NM ballast; **jeter** *ou* **lâcher du ~** (*fig*) to make concessions
leste [lɛst] ADJ (*personne, mouvement*) sprightly, nimble; (*désinvolte: manières*) offhand; (*osé: plaisanterie*) risqué
lestement [lɛstəmɑ̃] ADV nimbly
lester [lɛste] /1/ VT to ballast
letchi [lɛtʃi] NM = **litchi**
léthargie [letaʀʒi] NF lethargy
léthargique [letaʀʒik] ADJ lethargic
letton, ne [lɛtɔ̃, -ɔn] ADJ Latvian, Lett
Lettonie [lɛtɔni] NF: **la ~** Latvia
★**lettre** [lɛtʀ] NF letter; **à la ~** (*au sens propre*) literally; (*ponctuellement*) to the letter; **~ de change** bill of exchange; **~ piégée** letter bomb; **~ de voiture (aérienne)** (air) waybill, (air) bill of lading ■ **lettres** NFPL (*étude, culture*) literature *sg*; (*Scol*) arts (subjects); **en lettres majuscules** *ou* **capitales** in capital letters, in capitals; **en toutes lettres** in words, in full; **lettres de noblesse** pedigree
lettré, e [letʀe] ADJ well-read, scholarly
lettre-transfert [lɛtʀətʀɑ̃sfɛʀ] (*pl* **lettres-transferts**) NF (pressure) transfer
lettrine [letʀin] NF dropped initial capital letter
leu [lø] NM *voir* **queue**
leucémie [løsemi] NF leukaemia
leucocyte [løkɔsit] NM leucocyte, leukocyte (*US*)

leur [lœʀ]

ADJ POSS their; **leur maison** their house; **leurs amis** their friends; **à leur approche** as they came near; **à leur vue** at the sight of them
▶ PRON 1 (*objet indirect*) (to) them; **je leur ai dit la vérité** I told them the truth; **je le leur ai donné** I gave it to them, I gave them it
2 (*possessif*): **le (la) leur, les leurs** theirs

leurre [lœʀ] NM (*appât*) lure; (*fig*) delusion; (*: piège*) snare
leurrer [lœʀe] /1/ VT to delude, deceive
★**leurs** [lœʀ] ADJ *voir* **leur**
levage [ləvaʒ] NM (*de charge*) lifting; **appareil de ~** lifting apparatus
levain [ləvɛ̃] NM leaven; **sans ~** unleavened
levant, e [ləvɑ̃, -ɑ̃t] ADJ: **soleil ~** rising sun; **au soleil ~** at sunrise ▶ NM: **le L~** the Levant
levantin, e [ləvɑ̃tɛ̃, -in] ADJ Levantine ▶ NM/F: **Levantin, e** Levantine
levé, e [ləve] ADJ: **être ~** to be up; **à mains levées** (*vote*) by a show of hands; **au pied ~** at a moment's notice ▶ NM: **~ de terrain** land survey
levée [ləve] NF (*Postes*) collection; (*Cartes*) trick; **~ de boucliers** general outcry; **~ du corps** *collection of the body from house of the deceased, before funeral*; **~ d'écrou** release from custody; **~ de terre** levee; **~ de troupes** levy
★**lever** [l(ə)ve] /5/ VT (*vitre, bras etc*) to raise; (*soulever de terre, supprimer: interdiction, siège*) to lift; (*: difficulté*) to remove; (*séance*) to close; (*impôts, armée*) to levy; (*Chasse: lièvre*) to start; (*: perdrix*) to flush; (*fam: fille*) to pick up ▶ VI (*Culin*) to rise ▶ NM: **au ~** on getting up; **~ du jour** daybreak; **~ du rideau** (*Théât*) curtain; **~ de rideau** (*pièce*) curtain raiser; **~ de soleil** sunrise ■ **se lever** VPR to get up; (*soleil*) to rise; (*jour*) to break; (*brouillard*) to lift; **levez-vous !, lève-toi !** stand up!, get up!; **ça va se ~** (*temps*) it's going to clear up
lève-tard [lɛvtaʀ] NMF INV late riser
lève-tôt [lɛvto] NMF INV early riser, early bird
levier [ləvje] NM lever; **faire ~ sur** to lever up (*ou* off); **~ de changement de vitesse** gear lever
lévitation [levitasjɔ̃] NF levitation
léviter [levite] VI to levitate
levraut [ləvʀo] NM (*Zool*) leveret
lèvre [lɛvʀ] NF lip ■ **lèvres** NFPL (*d'une plaie*) edges; **petites/grandes lèvres** labia minora/majora; **du bout des lèvres** half-heartedly

lévrier [levʀije] NM greyhound

levure [l(ə)vyʀ] NF yeast; **~ chimique** baking powder

lexical, e, -aux [lɛksikal, -o] ADJ lexical

lexicographe [lɛksikɔgʀaf] NMF lexicographer

lexicographie [lɛksikɔgʀafi] NF lexicography, dictionary writing

lexicologie [lɛksikɔlɔʒi] NF lexicology

lexicologue [lɛksikɔlɔg] NMF lexicologist

lexique [lɛksik] NM vocabulary, lexicon; (*glossaire*) vocabulary

lézard [lezaʀ] NM lizard; (*peau*) lizard skin

lézarde [lezaʀd] NF crack

lézarder [lezaʀde] /1/: **se lézarder** VPR to crack

LGBT SIGLE PL (= *lesbiennes, gays, bisexuels et transgenres*) LGBT (= *lesbian, gay, bisexual and transgender*)

liaison [ljɛzɔ̃] NF (*rapport*) connection, link; (*Rail, Aviat etc*) link; (*relation: d'amitié*) friendship; (*: d'affaires*) relationship; (*: amoureuse*) affair; (*Culin, Phonétique*) liaison; **entrer/être en ~ avec** to get/be in contact with; **~ radio** radio contact; **~ (de transmission de données)** (*Inform*) data link

liane [ljan] NF creeper

liant, e [ljɑ̃, -ɑ̃t] ADJ sociable

liasse [ljas] NF wad, bundle

Liban [libɑ̃] NM: **le ~** (the) Lebanon

libanais, e [libanɛ, -ɛz] ADJ Lebanese ▶ NM/F: **Libanais, e** Lebanese

libations [libasjɔ̃] NFPL libations

libelle [libɛl] NM lampoon

libellé [libele] NM wording

libeller [libele] /1/ VT (*chèque, mandat*): **~ (au nom de)** to make out (to); (*lettre*) to word

libellule [libelyl] NF dragonfly

libéral, e, -aux [libeʀal, -o] ADJ, NM/F liberal; **les professions libérales** liberal professions

libéralement [libeʀalmɑ̃] ADV liberally

libéralisation [libeʀalizasjɔ̃] NF liberalization; **~ du commerce** easing of trade restrictions

libéraliser [libeʀalize] /1/ VT to liberalize

libéralisme [libeʀalism] NM liberalism

libéralité [libeʀalite] NF liberality *no pl*, generosity *no pl*

libérateur, -trice [libeʀatœʀ, -tʀis] ADJ liberating ▶ NM/F liberator

libération [libeʀasjɔ̃] NF liberation, freeing; release; discharge; **~ conditionnelle** release on parole

libéré, e [libeʀe] ADJ liberated; **~ de** freed from; **être ~ sous caution/sur parole** to be released on bail/on parole

libérer [libeʀe] /6/ VT (*délivrer*) to free, liberate; (*: moralement, Psych*) to liberate; (*relâcher: prisonnier*) to discharge, release; (*: soldat*) to discharge; (*dégager: gaz, cran d'arrêt*) to release; (*Écon: échanges commerciaux*) to ease restrictions on; **~ qn de** (*liens, dette*) to free sb from; (*promesse*) to release sb from ▪ **se libérer** VPR (*de rendez-vous*) to get out of previous engagements, try and be free

Libéria [libeʀja] NM: **le ~** Liberia

libérien, ne [libeʀjɛ̃, -ɛn] ADJ Liberian ▶ NM/F: **Libérien, ne** Liberian

libéro [libeʀo] NM (*Football*) sweeper

libertaire [libɛʀtɛʀ] ADJ libertarian

liberté [libɛʀte] NF freedom; (*loisir*) free time; **mettre/être en ~** to set/be free; **en ~ provisoire/surveillée/conditionnelle** on bail/probation/parole; **~ d'association** right of association; **~ de conscience** freedom of conscience; **~ du culte** freedom of worship; **~ d'esprit** independence of mind; **~ d'opinion** freedom of thought; **~ de la presse** freedom of the press; **~ de réunion** right to hold meetings; **~ syndicale** union rights *pl* ▪ **libertés** NFPL (*privautés*) liberties; **libertés individuelles** personal freedom *sg*; **libertés publiques** civil rights

liberticide [libɛʀtisid] ADJ (*loi*) that destroys freedom

libertin, e [libɛʀtɛ̃, -in] ADJ libertine, licentious

libertinage [libɛʀtinaʒ] NM licentiousness

libidineux, -euse [libidinø, -øz] ADJ lustful

libido [libido] NF libido

libraire [libʀɛʀ] NMF bookseller

libraire-éditeur [libʀɛʀeditœʀ] (*pl* **libraires-éditeurs**) NM publisher and bookseller

★**librairie** [libʀeʀi] NF bookshop

librairie-papeterie [libʀeʀipapetʀi] (*pl* **librairies-papeteries**) NF bookseller's and stationer's

★**libre** [libʀ] ADJ free; (*route*) clear; (*place etc*) vacant, free; (*fig: propos, manières*) open; (*ligne*) not engaged; (*Scol*) non-state, private and Roman Catholic (*as opposed to "laïque"*); **de ~** (*place*) free; **~ de qch/de faire** free from sth/to do; **vente ~** (*Comm*) unrestricted sale; **~ arbitre** free will; **~ concurrence** free-market economy; **~ entreprise** free enterprise

libre-échange [libʀeʃɑ̃ʒ] (*pl* **libres-échanges**) NM free trade

librement [libʀəmɑ̃] ADV freely

libre-penseur, -euse [libʀəpɑ̃sœʀ, -øz] NM/F free thinker

★**libre-service** [libʀəsɛʀvis] NM INV (*magasin*) self-service store; (*restaurant*) self-service restaurant

librettiste [libʀetist] NMF librettist

Libye [libi] NF: **la ~** Libya

libyen, ne [libjɛ̃, -ɛn] ADJ Libyan ▶ NM/F: **Libyen, ne** Libyan

lice [lis] NF: **entrer en ~** (*fig*) to enter the lists

★**licence** [lisɑ̃s] NF (*permis*) permit; (*diplôme*) (first) degree; *see note*; (*liberté*) liberty; (*poétique, orthographique*) licence (BRIT), license (US); (*des mœurs*) licentiousness; **~ ès lettres/en droit** arts/law degree

> The **licence générale** is a three-year university course undertaken in a mainstream subject after completing secondary education. The second and third years are more specialized than the first. The course involves at least one period of work experience. The **licence professionnelle** is a one-year course in a vocational subject open to students already in possession of a university-level technical qualification or having completed the first two years of a *licence générale*. Admission to a *licence professionnelle* course is selective and places are usually heavily oversubscribed.

licencié, e [lisɑ̃sje] NM/F (*Scol*): **~ ès lettres/en droit** ≈ Bachelor of Arts/Law, arts/law graduate; (*Sport*) permit-holder

licenciement [lisɑ̃simɑ̃] NM dismissal; redundancy; laying off *no pl*

★**licencier** [lisɑ̃sje] /7/ VT (*renvoyer*) to dismiss; (*débaucher*) to make redundant; to lay off

licencieux, -euse [lisɑ̃sjø, -øz] ADJ licentious

lichen [likɛn] NM lichen

licite [lisit] ADJ lawful

licorne [likɔʀn] NF unicorn

licou [liku] NM halter

lie [li] NF dregs *pl*, sediment

lié, e [lje] ADJ: **très ~ avec** (*fig*) very friendly with *ou* close to; **~ par** (*serment, promesse*) bound by; **avoir partie liée (avec qn)** to be involved (with sb)

Liechtenstein [liʃtɛnʃtajn] NM: **le ~** Liechtenstein

lie-de-vin [lidvɛ̃] ADJ INV wine(-coloured)

liège [ljɛʒ] NM cork

liégeois, e [ljeʒwa, -waz] ADJ of *ou* from Liège; **café/chocolat ~** *coffee/chocolate ice cream topped with whipped cream* ▶ NM/F: **Liégeois, e** inhabitant *ou* native of Liège

★**lien** [ljɛ̃] NM (*corde, fig: affectif, culturel*) bond; (*rapport*) link, connection; (*analogie*) link; **~ de parenté** family tie; **~ hypertexte** hyperlink

lier [lje] /7/ VT (*attacher*) to tie up; (*joindre*) to link up; (*fig: unir, engager*) to bind; (*Culin*) to thicken; **~ qch à** (*attacher*) to tie sth to; (*associer*) to link sth to; **~ conversation (avec)** to strike up a conversation (with); **se ~ avec** to make friends with; **~ connaissance avec** to get to know

lierre [ljɛʀ] NM ivy

liesse [ljɛs] NF: **être en ~** to be jubilant

★**lieu, x** [ljø] NM place; **en ~ sûr** in a safe place; **en haut ~** in high places; **en premier ~** in the first place; **en dernier ~** lastly; **avoir ~** to take place; **avoir ~ de faire** to have grounds *ou* good reason for doing; **tenir ~ de** to take the place of; (*servir de*) to serve as; **donner ~ à** to give rise to, give cause for; **au ~ de** instead of; **au ~ qu'il y aille** instead of him going; **~ commun** commonplace; **~ géométrique** locus; **~ de naissance** place of birth ■ **lieux** NMPL (*locaux*) premises; (*endroit: d'un accident etc*) scene *sg*; **vider** *ou* **quitter les lieux** to leave the premises; **arriver/être sur les lieux** to arrive/be on the scene

lieu-dit [ljødi] (*pl* **lieux-dits**) NM locality

lieue [ljø] NF league

lieutenant [ljøt(ə)nɑ̃] NM lieutenant; **~ de vaisseau** (*Navig*) lieutenant

lieutenant-colonel [ljøtnɑ̃kɔlɔnɛl] (*pl* **lieutenants-colonels**) NM (*armée de terre*) lieutenant colonel; (*armée de l'air*) wing commander (BRIT), lieutenant colonel (US)

lièvre [ljɛvʀ] NM hare; (*coureur*) pacemaker; **lever un ~** (*fig*) to bring up a prickly subject

liftier, -ière [liftje, -jɛʀ] NM/F lift (BRIT) *ou* elevator (US) attendant

lifting [liftiŋ] NM face lift

ligament [ligamɑ̃] NM ligament

ligature [ligatyʀ] NF ligature

lige [liʒ] ADJ: **homme ~** (*péj*) henchman

★**ligne** [liɲ] NF (*gén*) line; (*Transports: liaison*) service; (*: trajet*) route; (*silhouette*) figure; **garder la ~** to keep one's figure; **en ~** (*Inform*) online; **en ~ droite** as the crow flies; **« à la ~ »** "new paragraph"; **entrer en ~ de compte** to be taken into account; to come into it; **~ de but/médiane** goal/halfway line; **~ d'arrivée/de départ** finishing/starting line; **~ de conduite** course of action; **~ directrice** guiding line; **~ fixe** (*Tél*) landline; **~ d'horizon** skyline; **~ de mire** line of sight; **~ de touche** touchline

ligné, e [liɲe] ADJ: **papier ~** ruled paper ▶ NF (*race, famille*) line, lineage; (*postérité*) descendants *pl*

ligneux, -euse [liɲø, -øz] ADJ ligneous, woody

lignite [liɲit] NM lignite

ligoter [ligɔte] /1/ VT to tie up

ligue [lig] NF league

liguer [lige] /1/: **se liguer** VPR to form a league; **se ~ contre** (*fig*) to combine against

lilas [lilɑ] NM lilac

lillois, e [lilwa, -waz] ADJ of *ou* from Lille

Lima [lima] N Lima

limace [limas] NF slug

limaille [limɑj] NF: **~ de fer** iron filings *pl*

limande [limɑ̃d] NF dab

limande-sole [limɑ̃dsol] (*pl* **limandes-soles**) NF lemon sole

limbes [lɛ̃b] NMPL limbo *sg*; **être dans les ~** (*fig: projet etc*) to be up in the air

lime [lim] NF (*Tech*) file; (*Bot*) lime; **~ à ongles** nail file

limer [lime] /1/ VT (*bois, métal*) to file (down); (*ongles*) to file; (*fig: prix*) to pare down

limier [limje] NM (*Zool*) bloodhound; (*détective*) sleuth

liminaire [liminɛʀ] ADJ (*propos*) introductory

limitatif, -ive [limitatif, -iv] ADJ restrictive

limitation [limitasjɔ̃] NF limitation, restriction; **sans ~ de temps** with no time limit; **~ des naissances** birth control; **~ de vitesse** speed limit

limite [limit] NF (*de terrain*) boundary; (*partie ou point extrême*) limit; **dans la ~ de** within the limits of; **à la ~** (*au pire*) if the worst comes (*ou* came) to the worst; **sans limites** (*bêtise, richesse, pouvoir*) limitless, boundless; **vitesse/charge ~** maximum speed/load; **cas ~** borderline case; **date ~** deadline; **date ~ de vente/consommation** sell-by/best-before date; **prix ~** upper price limit; **~ d'âge** maximum age, age limit

limiter [limite] /1/ VT (*restreindre*) to limit, restrict; (*délimiter*) to border, form the boundary of ■ **se limiter** VPR: **se ~ (à qch/à faire)** (*personne*) to limit *ou* confine o.s. (to sth/to doing sth); (*chose*) to be limited to

limitrophe [limitʀɔf] ADJ border *cpd*; **~ de** bordering on

limogeage [limɔʒaʒ] NM dismissal

limoger [limɔʒe] /3/ VT to dismiss

limon [limɔ̃] NM silt

★**limonade** [limɔnad] NF lemonade (BRIT), (lemon) soda (US)

limonadier, -ière [limɔnadje, -jɛʀ] NM/F (*commerçant*) café owner; (*fabricant de limonade*) soft drinks manufacturer

limoneux, -euse [limɔnø, -øz] ADJ muddy

limousin, e [limuzɛ̃, -in] ADJ of *ou* from Limousin ▸NM (*région*): **le L~** the Limousin ▸NF limousine

limpide [lɛ̃pid] ADJ limpid

lin [lɛ̃] NM (*Bot*) flax; (*tissu, toile*) linen

linceul [lɛ̃sœl] NM shroud

linéaire [lineɛʀ] ADJ linear ▸NM: **~ (de vente)** shelves *pl*

linéament [lineamɑ̃] NM outline

★**linge** [lɛ̃ʒ] NM (*serviettes etc*) linen; (*pièce de tissu*) cloth; (*aussi:* **linge de corps**) underwear; (*aussi:* **linge de toilette**) towel; (*lessive*) washing; **~ sale** dirty linen

lingère [lɛ̃ʒɛʀ] NF linen maid

lingerie [lɛ̃ʒʀi] NF lingerie, underwear

lingette [lɛ̃ʒɛt] NF wipe

lingot [lɛ̃go] NM ingot

linguiste [lɛ̃gɥist] NMF linguist

linguistique [lɛ̃gɥistik] ADJ linguistic ▸NF linguistics *sg*

lino [linɔ] NM (*fam*) lino

linoléum [linɔleɔm] NM linoleum

linotte [linɔt] NF: **tête de ~** bird brain

linteau, x [lɛ̃to] NM lintel

★**lion, ne** [ljɔ̃, ljɔn] NM/F lion (lioness); (*signe*): **le L~** Leo, the Lion; **être du L~** to be Leo; **~ de mer** sea lion

lionceau, x [ljɔ̃so] NM lion cub

liposuccion [liposy(k)sjɔ̃] NF liposuction

lippu, e [lipy] ADJ thick-lipped

liquéfier [likefje] /7/ VT to liquefy ■ **se liquéfier** VPR (*gaz etc*) to liquefy; (*fig: personne*) to succumb

liqueur [likœʀ] NF liqueur

liquidateur, -trice [likidatœʀ, -tʀis] NM/F (*Jur*) receiver; **~ judiciaire** official liquidator

liquidation [likidasjɔ̃] NF (*vente*) sale, liquidation; (*Comm*) clearance (sale); **~ judiciaire** compulsory liquidation

liquide [likid] ADJ liquid ▸NM liquid; (*Comm*): **en ~** in ready money *ou* cash; **je n'ai pas de ~** I haven't got any cash

liquider [likide] /1/ VT (*société, biens, témoin gênant*) to liquidate; (*compte, problème*) to settle; (*Comm: articles*) to clear, sell off

liquidités [likidite] NFPL (*Comm*) liquid assets

liquoreux, -euse [likɔʀø, -øz] ADJ syrupy

★**lire** [liʀ] /43/ NF (*monnaie*) lira ▸VT, VI to read; **~ qch à qn** to read sth (out) to sb

lis VB [li] *voir* **lire** ▸NM [lis] = **lys**

lisais *etc* [lizɛ] VB *voir* **lire**

Lisbonne [lizbɔn] N Lisbon

lise *etc* [liz] VB *voir* **lire**

liseré [lizʀe] NM border, edging

liseron [lizʀɔ̃] NM bindweed

liseuse [lizøz] NF book-cover; (*veste*) bed jacket; (*Inform*) e-reader

lisible [lizibl] ADJ legible; (*digne d'être lu*) readable

lisiblement [liziblәmɑ̃] ADV legibly

lisière [lizjɛʀ] NF (*de forêt*) edge; (*de tissu*) selvage

lisons [lizɔ̃] VB *voir* **lire**

lisse [lis] ADJ smooth

lisser [lise] /1/ VT to smooth

lisseur [lisøʀ] NM straighteners *pl*

listage [listaʒ] NM (*Inform*) listing

★**liste** [list] NF list; (*Inform*) listing; **faire la ~ de** to list, make out a list of; **~ d'attente** waiting list; **~ civile** civil list; **~ électorale** electoral roll; **~ de mariage** wedding (present) list; **~ noire** black list

lister [liste] /1/ VT to list

listéria [listeʀja] NF listeria

listing [listiŋ] NM (*Inform*) printout; **qualité ~** draft quality

★**lit** [li] NM (*gén*) bed; **petit ~, ~ à une place** single bed; **grand ~, ~ à deux places** double bed; **faire son ~** to make one's bed; **aller/se mettre au ~** to go to/get into bed; **chambre avec un grand ~** room with a double bed; **prendre le ~** to take to one's bed; **d'un premier ~** (*Jur*) of a first marriage; **~ de camp** camp bed (BRIT), cot (US); **~ d'enfant** cot (BRIT), crib (US)

litanie [litani] NF litany

lit-cage [likaʒ] (*pl* **lits-cages**) NM folding bed

litchi [litʃi] NM lychee

literie [litʀi] NF bedding; (*linge*) bedding, bedclothes *pl*

litho [lito], **lithographie** [litɔgʀafi] NF litho(graphy); (*épreuve*) litho(graph)

litière [litjɛʀ] NF litter

litige [litiʒ] NM dispute; **en ~** in contention

litigieux, -euse [litiʒjø, -øz] ADJ litigious, contentious

litote [litɔt] NF understatement

★**litre** [litʀ] NM litre; (*récipient*) litre measure

littéraire [liteʀɛʀ] ADJ literary; **elle est très ~** she's very literary ▸NMF arts student

littéral, e, -aux [liteʀal, -o] ADJ literal

littéralement [liteʀalmɑ̃] ADV literally

littérature [liteʀatyʀ] NF literature

littoral, e, -aux [litɔʀal, -o] ADJ coastal ▸NM coast

Lituanie [litɥani] NF: **la ~** Lithuania

lituanien, ne [litɥanjɛ̃, -ɛn] ADJ Lithuanian ▸NM (*Ling*) Lithuanian ▸NM/F: **Lituanien, ne** Lithuanian

liturgie [lityʀʒi] NF liturgy

liturgique [lityʀʒik] ADJ liturgical

livide [livid] ADJ livid, pallid

living [liviŋ], **living-room** [liviŋʀum] NM living room

livrable [livʀabl] ADJ (*Comm*) that can be delivered

livraison [livʀɛzɔ̃] NF delivery; **~ à domicile** home delivery (service)

★**livre** [livʀ] NM book; (*secteur*): **le ~** the book industry; **traduire qch à ~ ouvert** to translate sth off the cuff *ou* at sight; **~ blanc** official report (*on war, natural disaster etc, prepared by independent body*); **~ de bord** (*Navig*) logbook; **~ de comptes** account(s) book; **~ de cuisine** cookery book (BRIT), cookbook; **~ de messe** mass *ou* prayer book; **~ numérique** e-book; **~ d'or** visitors' book; **~ de poche** paperback ▸NF (*poids, monnaie*) pound; **~ sterling** pound sterling; **~ verte** green pound

L

livré, e [livʀe] ADJ: **~ à** (*l'anarchie etc*) given over to; **~ à soi-même** left to oneself *ou* one's own devices ▶ NF livery

★**livrer** [livʀe] /1/ VT (*Comm*) to deliver; (*otage, coupable*) to hand over; (*secret, information*) to give away; **~ bataille** to give battle ■ **se livrer** VPR: **se ~ à** (*se confier*) to confide in; (*se rendre*) to give o.s. up to; (*s'abandonner à: débauche etc*) to give o.s. up *ou* over to; (*faire: pratiques, actes*) to indulge in (: *travail*) to be engaged in, engage in; (: *sport*) to practise; (: *enquête*) to carry out

livresque [livʀɛsk] ADJ (*péj*) bookish

livret [livʀɛ] NM booklet; (*d'opéra*) libretto; **~ de caisse d'épargne** (savings) bank-book; **~ de famille** (official) family record book; **~ scolaire** (school) report book

livreur, -euse [livʀœʀ, -øz] NM/F delivery boy *ou* man/girl *ou* woman

LO SIGLE F (= *Lutte ouvrière*) *political party*

lob [lɔb] NM lob

lobby [lɔbi] (*pl* **lobbys** *ou* **lobbies**) NM lobby

lobe [lɔb] NM: **~ de l'oreille** ear lobe

lobé, e [lɔbe] ADJ (*Archit*) foiled

lober [lɔbe] /1/ VT to lob

local, e, -aux [lɔkal, -o] ADJ local ▶ NM (*salle*) premises *pl* ▶ NMPL premises

localement [lɔkalmɑ̃] ADV locally

localisé, e [lɔkalize] ADJ localized

localiser [lɔkalize] /1/ VT (*repérer*) to locate, place; (*limiter*) to localize, confine

localité [lɔkalite] NF locality

locataire [lɔkatɛʀ] NMF tenant; (*de chambre*) lodger

locatif, -ive [lɔkatif, -iv] ADJ (*charges, réparations*) incumbent upon the tenant; (*valeur*) rental; (*immeuble*) with rented flats, used as a letting *ou* rental (*US*) concern

location [lɔkasjɔ̃] NF (*par le locataire*) renting; (*par l'usager: de voiture etc*) hiring (BRIT), renting (*US*); (*par le propriétaire*) renting out, letting; hiring out (BRIT); (*de billets, places*) booking; (*bureau*) booking office; **« ~ de voitures »** "car hire (BRIT) *ou* rental (*US*)"; **habiter en ~** to live in rented accommodation; **prendre une ~ (pour les vacances)** to rent a house *etc* (for the holidays)

location-vente [lɔkasjɔ̃vɑ̃t] (*pl* **locations-ventes**) NF form of hire purchase (BRIT) ou installment plan (*US*)

lock-out [lɔkawt] NM lockout

locomoteur, -trice [lɔkɔmɔtœʀ, -tʀis] ADJ, NF locomotive

locomotion [lɔkɔmosjɔ̃] NF locomotion

locomotive [lɔkɔmɔtiv] NF locomotive, engine; (*fig*) pacesetter, pacemaker

locuteur, -trice [lɔkytœʀ, -tʀis] NM/F (*Ling*) speaker

locution [lɔkysjɔ̃] NF phrase

loden [lɔdɛn] NM loden

lofer [lɔfe] /1/ VI (*Navig*) to luff

logarithme [lɔgaʀitm] NM logarithm

loge [lɔʒ] NF (*Théât: d'artiste*) dressing room; (: *de spectateurs*) box; (*de concierge, franc-maçon*) lodge

logeable [lɔʒabl] ADJ habitable; (*spacieux*) roomy

★**logement** [lɔʒmɑ̃] NM flat (BRIT), apartment (*US*); accommodation *no pl* (BRIT), accommodations *pl* (*US*); (*Pol, Admin*): **le ~** housing; **chercher un ~** to look for a flat *ou* an apartment, look for accommodation(s); **construire des logements bon marché** to build cheap housing; **crise du ~** housing shortage; **~ de fonction** (*Admin*) company flat *ou* apartment, accommodation(s) provided with one's job

★**loger** [lɔʒe] /3/ VT to accommodate; **être logé, nourri** to have board and lodging ▶ VI to live ■ **se loger** VPR: **trouver à se ~** to find accommodation; **se ~ dans** (*balle, flèche*) to lodge itself in

logeur, -euse [lɔʒœʀ, -øz] NM/F landlord (landlady)

loggia [lɔdʒja] NF loggia

★**logiciel** [lɔʒisjɛl] NM (*Inform*) piece of software

logicien, ne [lɔʒisjɛ̃, -ɛn] NM/F logician

★**logique** [lɔʒik] ADJ logical; **c'est ~** it stands to reason ▶ NF logic

logiquement [lɔʒikmɑ̃] ADV logically

logis [lɔʒi] NM home; abode, dwelling

logisticien, ne [lɔʒistisjɛ̃, -ɛn] NM/F logistician

logistique [lɔʒistik] NF logistics *sg* ▶ ADJ logistic

logo [lɔgo], **logotype** [lɔgɔtip] NM logo

★**loi** [lwa] NF law; **faire la ~** to lay down the law; **les lois de la mode** (*fig*) the dictates of fashion; **proposition de ~** (private member's) bill; **projet de ~** (government) bill

loi-cadre [lwakadʀ(ə)] (*pl* **lois-cadres**) NF (*Pol*) blueprint law

★**loin** [lwɛ̃] ADV far; (*dans le temps: futur*) a long way off; (: *passé*) a long time ago; **plus ~** further; **moins ~ (que)** not as far (as); **~ de** far from; **~ d'ici** a long way from here; **pas ~ de 100 euros** not far off 100 euros; **au ~** far off; **de ~** *adv* from a distance; (*fig: de beaucoup*) by far; **il vient de ~** he's come a long way; he comes from a long way away; **de ~ en ~** here and there; (*de temps en temps*) (every) now and then; **~ de là** (*au contraire*) far from it

lointain, e [lwɛ̃tɛ̃, -ɛn] ADJ faraway, distant; (*dans le futur, passé*) distant, far-off; (*cause, parent*) remote, distant ▶ NM: **dans le ~** in the distance

loi-programme [lwapʀɔgʀam] (*pl* **lois-programmes**) NF (*Pol*) *act providing framework for government programme*

loir [lwaʀ] NM dormouse

Loire [lwaʀ] NF: **la ~** the Loire

loisible [lwazibl] ADJ: **il vous est ~ de ...** you are free to ...

loisir [lwaziʀ] NM: **heures de ~** spare time; **avoir le ~ de faire** to have the time *ou* opportunity to do; **(tout) à ~** (*en prenant son temps*) at leisure; (*autant qu'on le désire*) at one's pleasure ■ **loisirs** NMPL (*temps libre*) leisure *sg*; (*activités*) leisure activities

lombaire [lɔ̃bɛʀ] ADJ lumbar

lombalgie [lɔ̃balʒi] NF back pain

londonien, ne [lɔ̃dɔnjɛ̃, -ɛn] ADJ London *cpd*, of London ▶ NM/F: **Londonien, ne** Londoner

★**Londres** [lɔ̃dʀ] N London

★**long, longue** [lɔ̃, lɔ̃g] ADJ long; **faire ~ feu** to fizzle out; **ne pas faire ~ feu** not to last long; **au ~ cours** (*Navig*) ocean *cpd*, ocean-going; **de longue date** *adj* long-standing; **longue durée** *adj* long-term;

de longue haleine *adj* long-term; **être ~ à faire** to take a long time to do ▸ ADV: **en savoir ~** to know a great deal ▸ NM: **de 3 m de ~** 3 m long, 3 m in length; **en ~** *adv* lengthwise, lengthways; **(tout) le ~ de** (all) along; **tout au ~ de** (*année, vie*) throughout; **de ~ en large** (*marcher*) to and fro, up and down; **en ~ et en large** (*fig*) in every detail ▸ NF: **à la longue** in the end

longanimité [lɔ̃ganimite] NF forbearance

long-courrier [lɔ̃kuʀje] NM (*Aviat*) long-haul aircraft

longe [lɔ̃ʒ] NF (*corde: pour attacher*) tether; (: *pour mener*) lead; (*Culin*) loin

longer [lɔ̃ʒe] /3/ VT to go (*ou* walk *ou* drive) along(side); (*mur, route*) to border

longévité [lɔ̃ʒevite] NF longevity

longiligne [lɔ̃ʒiliɲ] ADJ long-limbed

longitude [lɔ̃ʒityd] NF longitude; **à 45° de ~ ouest** at 45° longitude west

longitudinal, e, -aux [lɔ̃ʒitydinal, -o] ADJ longitudinal, lengthways; (*entaille, vallée*) running lengthways

★**longtemps** [lɔ̃tɑ̃] ADV (for) a long time, (for) long; **ça ne va pas durer ~** it won't last long; **avant ~** before long; **pour/pendant ~** for a long time; **je n'en ai pas pour ~** I shan't be long; **mettre ~ à faire** to take a long time to do; **il en a pour ~** he'll be a long time; **il y a ~ que je travaille** I have been working (for) a long time; **il n'y a pas ~ que je l'ai rencontré** it's not long since I met him

longuement [lɔ̃gmɑ̃] ADV (*longtemps: parler, regarder*) for a long time; (*en détail: expliquer, raconter*) at length

longueur [lɔ̃gœʀ] NF length; **sur une ~ de 10 km** for *ou* over 10 km; **en ~** *adv* lengthwise, lengthways; **tirer en ~** to drag on; **à ~ de journée** all day long; **d'une ~** (*gagner*) by a length; **~ d'onde** wavelength ▪ **longueurs** NFPL (*fig: d'un film etc*) tedious parts

longue-vue [lɔ̃gvy] (*pl* **longues-vues**) NF telescope

look [luk] NM (*fam*) look, image

looping [lupiŋ] NM (*Aviat*): **faire des loopings** to loop the loop

lopin [lɔpɛ̃] NM: **~ de terre** patch of land

loquace [lɔkas] ADJ talkative, loquacious

loque [lɔk] NF (*personne*) wreck ▪ **loques** NFPL (*habits*) rags; **être** *ou* **tomber en loques** to be in rags

loquet [lɔkɛ] NM latch

lorgner [lɔʀɲe] /1/ VT to eye; (*fig: convoiter*) to have one's eye on

lorgnette [lɔʀɲɛt] NF opera glasses *pl*

lorgnon [lɔʀɲɔ̃] NM (*face-à-main*) lorgnette; (*pince-nez*) pince-nez

loriot [lɔʀjo] NM (golden) oriole

lorrain, e [lɔʀɛ̃, -ɛn] ADJ of *ou* from Lorraine; **quiche lorraine** quiche

lors [lɔʀ]: **~ de** *prép* (*au moment de*) at the time of; (*pendant*) during; **~ même que** even though

lorsque [lɔʀsk] CONJ when, as

losange [lɔzɑ̃ʒ] NM diamond; (*Géom*) lozenge; **en ~** diamond-shaped

lot [lo] NM (*part*) share; (*de loterie*) prize; (*fig: destin*) fate, lot; (*Comm, Inform*) batch; **le gros ~** the jackpot; **~ de consolation** consolation prize

loterie [lɔtʀi] NF lottery; (*tombola*) raffle; **L~ nationale** *French national lottery*

loti, e [lɔti] ADJ: **bien/mal ~** well-/badly off, lucky/unlucky

lotion [losjɔ̃] NF lotion; **~ après rasage** aftershave (lotion); **~ capillaire** hair lotion

lotir [lɔtiʀ] /2/ VT (*terrain: diviser*) to divide into plots; (: *vendre*) to sell by lots

lotissement [lɔtismɑ̃] NM (*groupe de maisons, d'immeubles*) housing development; (*parcelle*) (building) plot, lot

loto [lɔto] NM lotto

lotte [lɔt] NF (*Zool: de rivière*) burbot; (: *de mer*) monkfish

louable [lwabl] ADJ (*appartement, garage*) rentable; (*action, personne*) praiseworthy, commendable

louage [lwaʒ] NM: **voiture de ~** hired (BRIT) *ou* rented (US) car; (*à louer*) hire (BRIT) *ou* rental (US) car

louange [lwɑ̃ʒ] NF: **à la ~ de** in praise of ▪ **louanges** NFPL praise *sg*

loubard, -e [lubaʀ, -aʀd] NM/F (*fam*) lout

louche [luʃ] ADJ shady, dubious ▸ NF ladle

loucher [luʃe] /1/ VI to squint; (*fig*): **~ sur** to have one's (beady) eye on

★**louer** [lwe] /1/ VT (*maison: propriétaire*) to let, rent (out); (: *locataire*) to rent; (*voiture etc: entreprise*) to hire out (BRIT), rent (out); (: *locataire*) to hire (BRIT), rent; (*réserver*) to book; (*faire l'éloge de*) to praise; **« à ~ »** "to let" (BRIT), "for rent" (US); **~ qn de** to praise sb for ▪ **se louer** VPR: **se ~ de** to congratulate o.s. on

loueur, -euse [lwœʀ, -øz] NM/F (*compagnie*): **~ de voitures** car hire (BRIT) *ou* rental (US) company; (*personne*) renter

loufoque [lufɔk] ADJ (*fam*) crazy, zany

loukoum [lukum] NM Turkish delight

loulou [lulu] NM (*chien*) spitz; **~ de Poméranie** Pomeranian (dog)

★**loup** [lu] NM wolf; (*poisson*) bass; (*masque*) (eye) mask; **jeune ~** young go-getter; **~ de mer** (*marin*) old seadog

loupe [lup] NF magnifying glass; **~ de noyer** burr walnut; **à la ~** (*fig*) in minute detail

louper [lupe] /1/ VT (*fam: manquer*) to miss; (*gâcher*) to mess up, bungle; (*examen*) to flunk

★**lourd, e** [luʀ, luʀd] ADJ heavy; (*chaleur, temps*) sultry; (*fig: personne, style*) heavy-handed; **~ de** (*menaces*) charged with; (*conséquences*) fraught with; **artillerie/industrie lourde** heavy artillery/industry ▸ ADV: **peser ~** to be heavy

lourdaud, e [luʀdo, -od] ADJ clumsy

lourdement [luʀdəmɑ̃] ADV heavily; **se tromper ~** to make a big mistake

lourdeur [luʀdœʀ] NF heaviness; **~ d'estomac** indigestion *no pl*

loustic [lustik] NM (*fam, péj*) joker

loutre [lutʀ] NF otter; (*fourrure*) otter skin

louve [luv] NF she-wolf

louveteau, x [luv(ə)to] NM (*Zool*) wolf-cub; (*scout*) cub (scout)

L

louvoyer [luvwaje] /8/ VI (*Navig*) to tack; (*fig*) to hedge, evade the issue
lover [lɔve] /1/: **se lover** VPR to coil up
loyal, e, -aux [lwajal, -o] ADJ (*fidèle*) loyal, faithful; (*fair-play*) fair
loyalement [lwajalmɑ̃] ADV loyally, faithfully; fairly
loyalisme [lwajalism] NM loyalty
loyauté [lwajote] NF loyalty, faithfulness; fairness
★**loyer** [lwaje] NM rent; **~ de l'argent** interest rate
LP SIGLE M (= *lycée professionnel*) *secondary school for vocational training*
LPO SIGLE F (= *Ligue pour la protection des oiseaux*) *bird protection society*
LSD SIGLE M (= *Lyserg Säure Diäthylamid*) LSD
lu, e [ly] PP *de* **lire**
lubie [lybi] NF whim, craze
lubricité [lybʀisite] NF lust
lubrifiant [lybʀifjɑ̃] NM lubricant
lubrifier [lybʀifje] /7/ VT to lubricate
lubrique [lybʀik] ADJ lecherous
lucarne [lykaʀn] NF skylight
lucide [lysid] ADJ (*conscient*) lucid; (*accidenté*) conscious; (*perspicace*) clear-headed
lucidité [lysidite] NF lucidity
luciole [lysjɔl] NF firefly
lucratif, -ive [lykʀatif, -iv] ADJ lucrative; profitable; **à but non ~** non profit-making
ludique [lydik] ADJ play *cpd*, playing
ludothèque [lydɔtɛk] NF toy library
luette [lɥɛt] NF uvula
lueur [lɥœʀ] NF (*chatoyante*) glimmer *no pl*; (*métallique, mouillée*) gleam *no pl*; (*rougeoyante*) glow *no pl*; (*pâle*) (faint) light; (*fig*) spark; (: *d'espérance*) glimmer, gleam
luge [lyʒ] NF sledge (BRIT), sled (US); **faire de la ~** to sledge (BRIT), sled (US), toboggan
lugubre [lygybʀ] ADJ gloomy; dismal

lui [lɥi]

PP *de* **luire**
▶ PRON **1** (*objet indirect: mâle*) (to) him; (: *femelle*) (to) her; (: *chose, animal*) (to) it; **je lui ai parlé** I have spoken to him (*ou* to her); **il lui a offert un cadeau** he gave him (*ou* her) a present; **je le lui ai donné** I gave it to him (*ou* her)
2 (*après préposition, comparatif: personne*) him; (: *chose, animal*) it; **elle est contente de lui** she is pleased with him; **je la connais mieux que lui** I know her better than he does; I know her better than him; **cette voiture est à lui** this car belongs to him, this is HIS car; **c'est à lui de jouer** it's his turn *ou* go
3 (*sujet, forme emphatique*) he; **lui, il est à Paris** HE is in Paris; **c'est lui qui l'a fait** HE did it
4 (*objet, forme emphatique*) him; **c'est lui que j'attends** I'm waiting for HIM
5: **lui-même** himself; itself

lui-même [lɥimɛm] PRON (*personne*) himself; (*chose*) itself
luire [lɥiʀ] /38/ VI (*gén*) to shine, gleam; (*surface mouillée*) to glisten; (*reflets chauds, cuivrés*) to glow
luisant, e [lɥizɑ̃, -ɑ̃t] VB *voir* **luire** ▶ ADJ shining, gleaming
lumbago [lɔ̃bago] NM lumbago
lumière [lymjɛʀ] NF light; **à la ~ de** by the light of; (*fig: événements*) in the light of; **faire (toute) la ~ sur** (*fig*) to clarify (completely); **fais de la ~** let's have some light, give us some light; **mettre en ~** (*fig*) to highlight; **~ du jour/soleil** day/sunlight ■ **lumières** NFPL (*d'une personne*) knowledge *sg*, wisdom *sg*
luminaire [luminɛʀ] NM lamp, light
lumineux, -euse [lyminø, -øz] ADJ (*émettant de la lumière*) luminous; (*éclairé*) illuminated; (*ciel, journée, couleur*) bright; (*relatif à la lumière: rayon etc*) of light, light *cpd*; (*fig: regard*) radiant
luminosité [lyminɔzite] NF (*Tech*) luminosity
lump [lœ̃p] NM: **œufs de ~** lump-fish roe
lunaire [lynɛʀ] ADJ lunar, moon *cpd*
lunatique [lynatik] ADJ whimsical, temperamental
lunch [lœntʃ] NM (*réception*) buffet lunch
★**lundi** [lœ̃di] NM Monday; **on est ~** it's Monday; **le ~ 20 août** Monday 20th August; **il est venu ~** he came on Monday; **le(s) ~(s)** on Mondays; **à ~ !** see you (on) Monday!; **~ de Pâques** Easter Monday; **~ de Pentecôte** Whit Monday (BRIT)
★**lune** [lyn] NF moon; **pleine/nouvelle ~** full/new moon; **être dans la ~** (*distrait*) to have one's head in the clouds; **~ de miel** honeymoon
luné, e [lyne] ADJ: **bien/mal ~** in a good/bad mood
lunette [lynɛt] NF: **~ d'approche** telescope; **~ arrière** (*Auto*) rear window ■ **lunettes** NFPL glasses, spectacles; (*protectrices*) goggles; **lunettes noires** dark glasses; **lunettes de soleil** sunglasses
lurent [lyʀ] VB *voir* **lire**
lurette [lyʀɛt] NF: **il y a belle ~** ages ago
luron, ne [lyʀɔ̃, -ɔn] NM/F lad/lass; **joyeux** *ou* **gai ~** gay dog
lus *etc* [ly] VB *voir* **lire**
lustre [lystʀ] NM (*de plafond*) chandelier; (*fig: éclat*) lustre
lustrer [lystʀe] /1/ VT: **~ qch** (*faire briller*) to make sth shine; (*user*) to make sth shiny
lut [ly] VB *voir* **lire**
luth [lyt] NM lute
luthier [lytje] NM (stringed-)instrument maker
lutin [lytɛ̃] NM imp, goblin
lutrin [lytʀɛ̃] NM lectern
lutte [lyt] NF (*conflit*) struggle; (*Sport*): **la ~** wrestling; **de haute ~** after a hard-fought struggle; **~ des classes** class struggle; **~ libre** (*Sport*) all-in wrestling
★**lutter** [lyte] /1/ VI to fight, struggle; (*Sport*) to wrestle
lutteur, -euse [lytœʀ, -øz] NM/F (*Sport*) wrestler; (*fig*) battler, fighter
luxation [lyksasjɔ̃] NF dislocation
luxe [lyks] NM luxury; **un ~ de** (*détails, précautions*) a wealth of; **de ~** *adj* luxury *cpd*
Luxembourg [lyksɑ̃buʀ] NM: **le ~** Luxembourg
luxembourgeois, e [lyksɑ̃buʀʒwa, -waz] ADJ of *ou* from Luxembourg ▶ NM/F: **Luxembourgeois, e** inhabitant *ou* native of Luxembourg

luxer [lykse] /1/ VT: **se ~ l'épaule** to dislocate one's shoulder
luxueusement [lyksɥøzmɑ̃] ADV luxuriously
★**luxueux, -euse** [lyksɥø, -øz] ADJ luxurious
luxure [lyksyʀ] NF lust
luxuriant, e [lyksyʀjɑ̃, -ɑ̃t] ADJ luxuriant, lush
luzerne [lyzɛʀn] NF lucerne, alfalfa
lycée [lise] NM (state) secondary (BRIT) *ou* high (US) school; *see note*

French pupils spend the last three years of their secondary education at a **lycée**, where they sit their *baccalauréat* before leaving school or going on to higher education. There are two types of *lycée*: *lycée d'enseignement général et technologique*, offering mainstream and technical courses, and *lycée professionnel*, offering vocational courses. Some *lycées*, particularly those with a wide catchment area or those which offer more specialized courses, have facilities for pupils to board.

lycéen, ne [liseɛ̃, -ɛn] NM/F secondary school pupil
Lycra® [likʀa] NM Lycra®
lymphatique [lɛ̃fatik] ADJ (*fig*) lethargic, sluggish
lymphe [lɛ̃f] NF lymph
lyncher [lɛ̃ʃe] /1/ VT to lynch
lynx [lɛ̃ks] NM lynx
Lyon [ljɔ̃] N Lyons
lyonnais, e [ljɔnɛ, -ɛz] ADJ of *ou* from Lyons; (*Culin*) Lyonnaise
lyophilisé, e [ljɔfilize] ADJ (*café*) freeze-dried
lyre [liʀ] NF lyre
lyrique [liʀik] ADJ lyrical; (*Opéra*) lyric; **artiste ~** opera singer; **comédie ~** comic opera; **théâtre ~** opera house (*for light opera*)
lyrisme [liʀism] NM lyricism
lys [lis] NM lily

Mm

M, m [ɛm] NM INV M, m ▸ ABR = **masculin**; **Monsieur**; **mètre**; (= *million*) M; **M comme Marcel** M for Mike

★**m'** [m] PRON *voir* **me**

★**ma** [ma] ADJ POSS *voir* **mon**

maboul, e [mabul] ADJ (*fam*) loony

macabre [makɑbʀ] ADJ macabre, gruesome

macadam [makadam] NM tarmac (BRIT), asphalt

Macao [makao] N Macao

macaque [makak] NM (*singe*) macaque

macareux [makaʀø] NM puffin

macaron [makaʀɔ̃] NM (*gâteau*) macaroon; (*insigne*) (round) badge

macaroni [makaʀɔni] NM: **des macaronis au fromage, un gratin de macaronis** macaroni cheese (BRIT), macaroni and cheese (*US*)

macchabée [makabe] NM (*fam*) stiff (*fam*), corpse

macédoine [masedwan] NF: **~ de fruits** fruit salad; **~ de légumes** mixed vegetables *pl*; **la M~** (*pays, région*) Macedonia

macédonien, ne [masedɔnjɛ̃, -jɛn] ADJ Macedonian ▸ NM/F: **Macédonien, ne** Macedonian

macérer [maseʀe] /6/ VI, VT to macerate; (*dans du vinaigre*) to pickle

mâche [mɑʃ] NF (*salade*) lamb's lettuce

mâchefer [mɑʃfɛʀ] NM clinker, cinders *pl*

mâcher [mɑʃe] /1/ VT to chew; **ne pas ~ ses mots** not to mince one's words; **~ le travail à qn** (*fig*) to spoon-feed sb, do half sb's work for him

machette [maʃɛt] NF machete

machiavélique [makjavelik] ADJ Machiavellian

machiavélisme [makjavelism] NM Machiavellianism

★**machin** [maʃɛ̃] NM (*fam*) thingamajig, thing; (*personne*): **M~** what's-his-name

machinal, e, -aux [maʃinal, -o] ADJ mechanical, automatic

machinalement [maʃinalmɑ̃] ADV mechanically, automatically

machination [maʃinasjɔ̃] NF scheming, frame-up

★**machine** [maʃin] NF machine; (*locomotive*: *de navire etc*) engine; (*fig*: *rouages*) machinery; (*fam*: *personne*): **M~** what's-her-name; **faire ~ arrière** (*Navig*) to go astern; (*fig*) to back-pedal; **~ à laver/coudre/tricoter** washing/sewing/knitting machine; **~ à écrire** typewriter; **~ à sous** fruit machine; **~ à vapeur** steam engine

machine-outil [maʃinuti] (*pl* **machines-outils**) NF machine tool

machinerie [maʃinʀi] NF machinery, plant; (*d'un navire*) engine room

machinisme [maʃinism] NM mechanization

machiniste [maʃinist] NM (*Théât*) scene shifter; (*de bus, métro*) driver

machisme [ma(t)ʃism] NM male chauvinism

machiste [ma(t)ʃist] ADJ, NMF male chauvinist

macho [matʃo] (*fam*) ADJ macho (*fam*) ▸ NM male chauvinist

mâchoire [mɑʃwaʀ] NF jaw; **~ de frein** brake shoe

mâchonner [mɑʃɔne] /1/ VT to chew (at)

mâchouiller [mɑʃuje] VT to chew on

maçon [masɔ̃] NM bricklayer; (*constructeur*) builder

mâcon [mɑkɔ̃] NM Mâcon wine

maçonner [masɔne] /1/ VT (*revêtir*) to face, render (with cement); (*boucher*) to brick up

maçonnerie [masɔnʀi] NF (*murs*: *de brique*) brickwork; (: *de pierre*) masonry, stonework; (*activité*) bricklaying; building; **~ de béton** concrete

maçonnique [masɔnik] ADJ masonic

macramé [makʀame] NM macramé

macro [makʀo] NF (*Inform*) macro

macrobiotique [makʀɔbjɔtik] ADJ macrobiotic

macrocéphale [makʀosefal] ADJ macrocephalic

macrocosme [makʀɔkɔsm] NM macrocosm

macroéconomie [makʀoekɔnɔmi] NF macroeconomics *sg*

macrophotographie [makʀofɔtɔgʀafi] NF macrophotography

maculer [makyle] /1/ VT to stain; (*Typo*) to mackle

Madagascar [madagaskaʀ] NF Madagascar

★**Madame** [madam] (*pl* **Mesdames** [medam]) NF: **~ X** Mrs X; **occupez-vous de ~/Monsieur/Mademoiselle** please serve this lady/gentleman/(young) lady; **bonjour ~/Monsieur/Mademoiselle** good morning; (*ton déférent*) good morning Madam/Sir/Madam; (*le nom est connu*) good morning Mrs X/Mr X/Miss X/Ms X; **~/Monsieur/Mademoiselle !** (*pour appeler*) excuse me!; (*ton déférent*) Madam/Sir/Miss!; **~/Monsieur/Mademoiselle** (*sur lettre*) Dear Madam/Sir/Madam; **chère ~/cher Monsieur/chère Mademoiselle** Dear Mrs X/Mr X/Miss X/Ms X; **~ la Directrice** the director; the manageress; the head teacher; **Mesdames** Ladies; **mesdames, mesdemoiselles, messieurs** ladies and gentlemen

Ms est un titre utilisé devant le nom de famille à la place de **Mrs** pour éviter la distinction traditionnelle entre femmes mariées et non mariées.

Madeleine [madlɛn]: **îles de la ~** *nfpl* Magdalen Islands

madeleine [madlɛn] NF madeleine, ≈ sponge finger cake

★**Mademoiselle** [madmwazɛl] (*pl* **Mesdemoiselles** [medmwazɛl]) NF Miss; *voir aussi* **Madame**

madère [madɛʀ] NM Madeira (wine) ▶ NF: **M~** Madeira

madone [madɔn] NF Madonna

madré, e [madʀe] ADJ crafty, wily

Madrid [madʀid] N Madrid

madrier [madʀije] NM beam

madrigal, -aux [madʀigal, -o] NM madrigal

madrilène [madʀilɛn] ADJ of *ou* from Madrid

maestria [maɛstʀija] NF (masterly) skill

maestro [maɛstʀo] NM maestro

mafia, maffia [mafja] NF Maf(f)ia

mafieux, -euse [mafjø, -øz] ADJ Mafia ▶ NM/F Mafioso

★**magasin** [magazɛ̃] NM (*boutique*) shop; (*entrepôt*) warehouse; (*d'arme*) magazine; **en ~** (*Comm*) in stock; **faire les magasins** to go (a)round the shops, do the shops; **~ d'alimentation** grocer's (shop) (BRIT), grocery store (US); **~ de déstockage** ≈ factory outlet

In France, **magasins** are usually open all day in bigger towns and shopping centres. In smaller towns, they tend to close for lunch, normally between noon and 2pm. Throughout France, most shops are closed on Sundays, with some in smaller towns also closing on Mondays.

magasinier [magazinje] NM warehouseman

★**magazine** [magazin] NM magazine

mage [maʒ] NM: **les Rois Mages** the Magi, the (Three) Wise Men

magenta [maʒɛ̃ta] NM magenta

Maghreb [magʀɛb] NM: **le ~** the Maghreb, North(-West) Africa

maghrébin, e [magʀebɛ̃, -in] ADJ of *ou* from the Maghreb, North African ▶ NM/F: **Maghrébin, e** North African, Maghrebi

magicien, ne [maʒisjɛ̃, -ɛn] NM/F magician

magie [maʒi] NF magic; **~ noire** black magic

magique [maʒik] ADJ (*occulte*) magic; (*fig*) magical

magistral, e, -aux [maʒistʀal, -o] ADJ (*œuvre, adresse*) masterly; (*ton*) authoritative; (*gifle etc*) sound, resounding; (*ex cathedra*): **enseignement ~** lecturing, lectures *pl*; **cours ~** lecture

magistralement [maʒistʀalmɑ̃] ADV brilliantly; **~ interprété par** beautifully acted by

magistrat [maʒistʀa] NM magistrate

magistrature [maʒistʀatyʀ] NF magistracy, magistrature; **~ assise** judges *pl*, bench; **~ debout** state prosecutors *pl*

magma [magma] NM (*Géo*) magma; (*fig*) jumble

magnanerie [maɲanʀi] NF silk farm

magnanime [maɲanim] ADJ magnanimous

magnanimité [maɲanimite] NF magnanimity

magnat [magna] NM tycoon, magnate

magner [maɲe] /1/: **se magner** VPR (*fam*) to get a move on

magnésie [maɲezi] NF magnesia

magnésium [maɲezjɔm] NM magnesium

magnétique [maɲetik] ADJ magnetic

magnétiser [maɲetize] /1/ VT to magnetize; (*fig*) to mesmerize, hypnotize

magnétiseur, -euse [maɲetizœʀ, -øz] NM/F hypnotist

magnétisme [maɲetism] NM magnetism

magnéto [maɲeto] NM (*à cassette*) cassette deck; (*magnétophone*) tape recorder

magnétocassette [maɲetokasɛt] NM cassette deck

magnétophone [maɲetɔfɔn] NM tape recorder; **~ à cassettes** cassette recorder

magnétoscope [maɲetɔskɔp] NM: **~ (à cassette)** video (recorder)

magnificence [maɲifisɑ̃s] NF (*faste*) magnificence, splendour (BRIT), splendor (US); (*générosité*) munificence, lavishness

magnifier [maɲifje] /7/ VT (*glorifier*) to glorify; (*idéaliser*) to idealize

★**magnifique** [maɲifik] ADJ magnificent

magnifiquement [maɲifikmɑ̃] ADV magnificently

magnitude [maɲityd] NF (*de séisme*) magnitude; **un séisme de ~ 4 sur l'échelle de Richter** an earthquake measuring 4 on the Richter scale

magnolia [maɲɔlja] NM magnolia

magnum [magnɔm] NM magnum

magot [mago] NM (*argent*) pile (of money); (*économies*) nest egg

magouille [maguj] NF (*fam*) scheming

magouiller [maguje] VI (*fam*) to scheme

magret [magʀɛ] NM: **~ de canard** duck breast

mahométan, e [maɔmetɑ̃, -an] ADJ Mohammedan, Mahometan

★**mai** [mɛ] NM May; *voir aussi* **juillet**

Le premier mai is a public holiday in France and marks the achievements of workers and the labour movement. Sprigs of lily of the valley are traditionally exchanged. *Le 8 mai* is also a public holiday and commemorates the surrender of the German army to Eisenhower on 7 May 1945. It is marked by parades of ex-servicemen and ex-servicewomen in most towns. The social upheavals of May and June 1968, with their student demonstrations, workers' strikes and general rioting, are usually referred to as *les événements de mai 68*. De Gaulle's government survived, but reforms in education and a move towards decentralization ensued.

★**maigre** [mɛgʀ] ADJ (very) thin, skinny; (*viande*) lean; (*fromage*) low-fat; (*végétation*) thin, sparse; (*fig*) poor; **jours maigres** days of abstinence, fish days ▶ ADV: **faire ~** not to eat meat

maigrelet, te [mɛgʀəlɛ, -ɛt] ADJ skinny, scrawny

m

maigreur [mɛgʀœʀ] NF thinness

maigrichon, ne [megʀiʃɔ̃, -ɔn] ADJ = **maigrelet**

maigrir [megʀiʀ] /2/ VI to get thinner, lose weight; **~ de 2 kilos** to lose 2 kilos ▸VT: **~ qn** (*vêtement*) to make sb look slim(mer)

mail [mɛl] NM email; **~ groupé** group email

mailing [mɛliŋ] NM direct mail *no pl*; **un ~** a mailshot

maille [mɑj] NF (*boucle*) stitch; (*ouverture*) hole (in the mesh); **avoir ~ à partir avec qn** to have a brush with sb; **~ à l'endroit/à l'envers** knit one/purl one; (*boucle*) plain/purl stitch

maillechort [majʃɔʀ] NM nickel silver

maillet [majɛ] NM mallet

maillon [mɑjɔ̃] NM link

maillot [majo] NM (*aussi:* **maillot de corps**) vest; (*de danseur*) leotard; (*de sportif*) jersey; **~ de bain** swimming *ou* bathing (BRIT) costume, swimsuit; (*d'homme*) (swimming *ou* bathing (BRIT)) trunks *pl*; **~ deux pièces** two-piece swimsuit, bikini; **~ jaune** yellow jersey

★**main** [mɛ̃] NF hand; **la ~ dans la ~** hand in hand; **à deux mains** with both hands; **à une ~** with one hand; **à la ~** (*tenir, avoir*) in one's hand; (*faire, tricoter etc*) by hand; **se donner la ~** to hold hands; **donner** *ou* **tendre la ~ à qn** to hold out one's hand to sb; **se serrer la ~** to shake hands; **serrer la ~ à qn** to shake hands with sb; **sous la ~** to *ou* at hand; **haut les mains !** hands up!; **à ~ levée** (*Art*) freehand; **à mains levées** (*voter*) with a show of hands; **attaque à ~ armée** armed attack; **à ~ droite/gauche** to the right/left; **à remettre en mains propres** to be delivered personally; **de première ~** (*renseignement*) first-hand; (*Comm: voiture etc*) with only one previous owner; **faire ~ basse sur** to help o.s. to; **mettre la dernière ~ à** to put the finishing touches to; **mettre la ~ à la pâte** (*fig*) to lend a hand; **avoir/passer la ~** (*Cartes*) to lead/hand over the lead; **s'en laver les mains** (*fig*) to wash one's hands of it; **se faire/perdre la ~** to get one's hand in/lose one's touch; **avoir qch bien en ~** to have got the hang of sth; **en un tour de ~** (*fig*) in the twinkling of an eye; **~ courante** handrail

mainate [mɛnat] NM myna(h) bird

main-d'œuvre [mɛ̃dœvʀ] (*pl* **mains-d'œuvre**) NF manpower, labour (BRIT), labor (US)

main-forte [mɛ̃fɔʀt] NF: **prêter ~ à qn** to come to sb's assistance

mainmise [mɛ̃miz] NF seizure; (*fig*): **avoir la ~ sur** to have a grip *ou* stranglehold on

mains-libres [mɛ̃libʀ] ADJ INV (*téléphone, kit*) hands-free

maint, e [mɛ̃, mɛ̃t] ADJ many a; **maints** many; **à maintes reprises** time and (time) again

maintenance [mɛ̃t(ə)nɑ̃s] NF maintenance, servicing

★**maintenant** [mɛ̃t(ə)nɑ̃] ADV now; (*actuellement*) nowadays

maintenir [mɛ̃t(ə)niʀ] /22/ VT (*retenir, soutenir*) to support; (*contenir: foule etc*) to keep in check, hold back; (*conserver*) to maintain, uphold; (*affirmer*) to maintain ■ **se maintenir** VPR (*paix, temps*) to hold; (*prix*) to keep steady; (*préjugé*) to persist; (*malade*) to remain stable

maintien [mɛ̃tjɛ̃] NM maintaining, upholding; (*attitude*) bearing; **~ de l'ordre** maintenance of law and order

maintiendrai [mɛ̃tjɛ̃dʀe], **maintiens** *etc* [mɛ̃tjɛ̃] VB *voir* **maintenir**

★**maire** [mɛʀ] NM mayor

★**mairie** [meʀi] NF (*bâtiment*) town hall; (*administration*) town council

★**mais** [mɛ] CONJ but; **~ non !** of course not!; **~ enfin** but after all; (*indignation*) look here!; **~ encore ?** is that all?

maïs [mais] NM maize (BRIT), corn (US)

★**maison** [mɛzɔ̃] NF (*bâtiment*) house; (*chez-soi*) home; (*Comm*) firm; (*famille*): **ami de la ~** friend of the family ▸ADJ INV (*Culin*) home-made; (*: au restaurant*) made by the chef; (*Comm*) in-house, own; (*fam*) first-rate; **à la ~** at home; (*direction*) home; **~ d'arrêt** (short-stay) prison; **~ centrale** prison; **~ close** brothel; **~ de correction** ≈ remand home (BRIT), ≈ reformatory (US); **~ de la culture** ≈ arts centre; **~ des jeunes** ≈ youth club; **~ mère** parent company; **~ de passe** = **maison close**; **~ de repos** convalescent home; **~ de retraite** old people's home; **~ de santé** psychiatric facility

Maison-Blanche [mɛzɔ̃blɑ̃ʃ] NF: **la ~** the White House

maisonnée [mɛzɔne] NF household, family

maisonnette [mɛzɔnɛt] NF small house

maître, -esse [mɛtʀ, mɛtʀɛs] NM/F master (mistress); (*Scol*) teacher, schoolmaster(-mistress) ▸NM (*peintre etc*) master; (*titre*): **M~** Maître (*term of address for lawyers etc*) ▸NF (*amante*) mistress ▸ADJ (*principal, essentiel*) main; **maison de ~** family seat; **être ~ de** (*soi-même, situation*) to be in control of; **se rendre ~ de** (*pays, ville*) to gain control of; (*situation, incendie*) to bring under control; **être passé ~ dans l'art de** to be a (past) master in the art of; **une maîtresse femme** a forceful woman; **~ d'armes** fencing master; **~ auxiliaire** (*Scol*) temporary teacher; **~ chanteur** blackmailer; **~ de chapelle** choirmaster; **~ de conférences** ≈ senior lecturer (BRIT), ≈ assistant professor (US); **~/maîtresse d'école** teacher, schoolmaster/-mistress; **~ d'hôtel** (*domestique*) butler; (*d'hôtel*) head waiter; **~ de maison** host; **~ nageur** lifeguard; **~ d'œuvre** (*Constr*) project manager; **~ d'ouvrage** (*Constr*) client; **~ queux** chef; **maîtresse de maison** hostess; (*ménagère*) housewife

maître-assistant, e [mɛtʀasistɑ̃, -ɑ̃t] (*pl* **maîtres-assistants, es**) NM/F ≈ lecturer

maître-autel [mɛtʀotɛl] (*pl* **maîtres-autels**) NM high altar

maîtrise [metʀiz] NF (*aussi:* **maîtrise de soi**) self-control, self-possession; (*habileté*) skill, mastery; (*suprématie*) mastery, command; (*diplôme*) ≈ master's degree; (*chefs d'équipe*) supervisory staff

maîtriser [metʀize] /1/ VT (*cheval, incendie*) to (bring under) control; (*sujet*) to master; (*émotion*) to control, master ■ **se maîtriser** VPR to control o.s.

maïzena® [maizena] NF cornflour (BRIT), cornstarch (US)

majesté [maʒɛste] NF majesty

majestueusement [maʒɛstɥøzmɑ̃] ADV majestically

majestueux, -euse [maʒɛstɥø, -øz] ADJ majestic

★**majeur, e** [maʒœʀ] ADJ (*important*) major; (*Jur*) of age; (*fig*) adult; **en majeure partie** for the most part; **la majeure partie de** most of ▸ NM/F (*Jur*) person who has come of age *ou* attained his (*ou* her) majority ▸ NM (*doigt*) middle finger

major [maʒɔʀ] NM adjutant; (*Scol*): **~ de la promotion** first in one's year

majoration [maʒɔʀasjɔ̃] NF increase

majordome [maʒɔʀdɔm] NM major-domo

majorer [maʒɔʀe] /1/ VT to increase

majorette [maʒɔʀɛt] NF majorette

majoritaire [maʒɔʀitɛʀ] ADJ majority *cpd*; **système/scrutin ~** majority system/ballot

majorité [maʒɔʀite] NF (*gén*) majority; (*parti*) party in power; **en ~** (*composé etc*) mainly; **avoir la ~** to have the majority

Majorque [maʒɔʀk] NF Majorca

majorquin, e [maʒɔʀkɛ̃, -in] ADJ Majorcan ▸ NM/F: **Majorquin, e** Majorcan

majuscule [maʒyskyl] ADJ, NF: **(lettre) ~** capital (letter)

★**mal** (*pl* **maux**) [mal, mo] NM (*opposé au bien*) evil; (*tort, dommage*) harm; (*douleur physique*) pain, ache; (*maladie*) illness, sickness *no pl*; (*difficulté, peine*) trouble; (*souffrance morale*) pain; **dire/penser du ~ de** to speak/think ill of; **ne vouloir de ~ à personne** to wish nobody any ill; **avoir du ~ à faire qch** to have trouble doing sth; **se donner du ~ pour faire qch** to go to a lot of trouble to do sth; **ne voir aucun ~ à** to see no harm in, see nothing wrong in; **sans penser** *ou* **songer à ~** without meaning any harm; **faire du ~ à qn** to hurt sb; to harm sb; **se faire ~** to hurt o.s.; **se faire ~ au pied** to hurt one's foot; **ça fait ~** it hurts; **j'ai ~ (ici)** it hurts (here); **j'ai ~ au dos** my back aches, I've got a pain in my back; **avoir ~ à la tête/à la gorge** to have a headache/a sore throat; **avoir ~ aux dents/à l'oreille** to have toothache/earache; **avoir le ~ de l'air** to be airsick; **avoir le ~ du pays** to be homesick; **~ de mer** seasickness; **~ de la route** carsickness; **maux de ventre** stomach ache *sg*; *voir aussi* **cœur** ▸ ADV badly; **il comprend ~** he has difficulty in understanding; **il a ~ compris** he misunderstood; **se sentir** *ou* **se trouver ~** to feel ill *ou* unwell; **~ tourner** to go wrong; **être au plus ~** (*malade*) to be very bad; (*brouillé*) to be at daggers drawn; **craignant ~ faire** fearing he *etc* was doing the wrong thing; **~ en point** in a bad state; **être ~ (à l'aise)** to be uncomfortable; **être ~ avec qn** to be on bad terms with sb ▸ ADJ: **c'est ~ (de faire)** it's bad *ou* wrong (to do); **il n'a rien fait de ~** he has done nothing wrong

malabar [malabaʀ] NM (*fam*) muscle man

malachite [malaʃit] NF malachite

★**malade** [malad] ADJ ill, sick; (*poitrine, jambe*) bad; (*plante*) diseased; (*fig: entreprise, monde*) ailing; **tomber ~** to fall ill; **être ~ du cœur** to have heart trouble *ou* a bad heart ▸ NMF invalid, sick person; (*à l'hôpital etc*) patient; **grand ~** seriously ill person; **~ mental** mentally ill person

> Les mots **ill** et **sick** ont souvent un sens et un emploi très comparables, mais en anglais britannique **sick** est surtout employé pour parler d'une personne souffrant de nausées ou de vomissements.
>
> *Il s'occupe de sa mère, qui est très malade.* **He looks after his mum, who is very sick** *ou* **ill**.
> *Elle a été malade dans l'avion.* **She was sick on the plane**.

★**maladie** [maladi] NF (*spécifique*) disease, illness; (*mauvaise santé*) illness, sickness; (*fig: manie*) mania; **être rongé par la ~** to be wasting away (through illness); **~ d'Alzheimer** Alzheimer's disease; **~ de peau** skin disease

maladif, -ive [maladif, -iv] ADJ sickly; (*curiosité, besoin*) pathological

maladresse [maladʀɛs] NF clumsiness *no pl*; (*gaffe*) blunder

★**maladroit, e** [maladʀwa, -wat] ADJ clumsy

maladroitement [maladʀwatmɑ̃] ADV clumsily

mal-aimé, e [maleme] NM/F unpopular person; (*de la scène politique, de la société*) persona non grata

malais, e [malɛ, -ɛz] ADJ Malay, Malayan ▸ NM (*Ling*) Malay ▸ NM/F: **Malais, e** Malay, Malayan

malaise [malɛz] NM (*Méd*) feeling of faintness; feeling of discomfort; (*fig*) uneasiness, malaise; **avoir un ~** to feel faint *ou* dizzy

malaisé, e [maleze] ADJ difficult

Malaisie [malɛzi] NF: **la ~** Malaysia; **la péninsule de ~** the Malay Peninsula

malappris, e [malapʀi, -iz] NM/F ill-mannered *ou* boorish person

malaria [malaʀja] NF malaria

malavisé, e [malavize] ADJ ill-advised, unwise

Malawi [malawi] NM: **le ~** Malawi

malaxer [malakse] /1/ VT (*pétrir*) to knead; (*mêler*) to mix

malaxeur [malaksœʀ] NM mixer

malbouffe [malbuf] NF (*fam*): **la ~** junk food

malchance [malʃɑ̃s] NF misfortune, ill luck *no pl*; **par ~** unfortunately; **quelle ~ !** what bad luck!

malchanceux, -euse [malʃɑ̃sø, -øz] ADJ unlucky

malcommode [malkɔmɔd] ADJ impractical, inconvenient

Maldives [maldiv] NFPL: **les ~** the Maldive Islands

maldonne [maldɔn] NF (*Cartes*) misdeal; **il y a ~** (*fig*) there's been a misunderstanding

mâle [mɑl] ADJ (*Élec, Tech*) male; (*viril: voix, traits*) manly ▸ NM male

malédiction [malediksjɔ̃] NF curse

maléfice [malefis] NM evil spell

maléfique [malefik] ADJ evil, baleful

malencontreusement [malɑ̃kɔ̃tʀøzmɑ̃] ADV (*arriver*) at the wrong moment; (*rappeler, mentionner*) inopportunely

malencontreux, -euse [malɑ̃kɔ̃tʀø, -øz] ADJ unfortunate, untoward

malentendant, e [malɑ̃tɑ̃dɑ̃, -ɑ̃t] NM/F: **les malentendants** the hard of hearing

malentendu [malɑ̃tɑ̃dy] NM misunderstanding; **il y a eu un ~** there's been a misunderstanding

malfaçon [malfasɔ̃] NF fault

malfaisant, e [malfəzɑ̃, -ɑ̃t] ADJ evil, harmful

malfaiteur [malfɛtœʀ] NM lawbreaker, criminal; (*voleur*) burglar, thief

m

malfamé, e [malfame] ADJ disreputable, of ill repute

malformation [malfɔʀmasjɔ̃] NF malformation

malfrat [malfʀa] NM villain, crook

malgache [malgaʃ] ADJ Malagasy, Madagascan ▸ NM (*Ling*) Malagasy ▸ NMF: **Malgache** Malagasy, Madagascan

malgré [malgʀe] PRÉP in spite of, despite; **~ tout** *adv* in spite of everything

malhabile [malabil] ADJ clumsy

malheur [malœʀ] NM (*situation*) adversity, misfortune; (*événement*) misfortune; (: *plus fort*) disaster, tragedy; **par ~** unfortunately; **quel ~!** what a shame *ou* pity!; **faire un ~** (*fam: un éclat*) to do something desperate; (: *avoir du succès*) to be a smash hit

★**malheureusement** [malœʀøzmɑ̃] ADV unfortunately

★**malheureux, -euse** [malœʀø, -øz] ADJ (*triste*) unhappy, miserable; (*infortuné, regrettable*) unfortunate; (*malchanceux*) unlucky; (*insignifiant*) wretched; **avoir la main malheureuse** (*au jeu*) to be unlucky; (*tout casser*) to be ham-fisted ▸ NM/F (*infortuné, misérable*) poor soul; (*indigent, miséreux*) unfortunate creature; **les ~** the destitute

malhonnête [malɔnɛt] ADJ dishonest

malhonnêtement [malɔnɛtmɑ̃] ADV dishonestly

malhonnêteté [malɔnɛtte] NF dishonesty; rudeness *no pl*

Mali [mali] NM: **le ~** Mali

malice [malis] NF mischievousness; (*méchanceté*): **par ~** out of malice *ou* spite; **sans ~** guileless

malicieusement [malisjøzmɑ̃] ADV mischievously

malicieux, -euse [malisjø, -øz] ADJ mischievous

malien, ne [maljɛ̃, -ɛn] ADJ Malian

malignité [maliɲite] NF (*d'une tumeur, d'un mal*) malignancy

malin, -igne [malɛ̃, -iɲ] ADJ (*futé: f fam:* **maline**) smart, shrewd; (*sourire*) knowing; (*Méd, influence*) malignant; **faire le ~** to show off; **éprouver un ~ plaisir à** to take malicious pleasure in

malingre [malɛ̃gʀ] ADJ puny

malintentionné, e [malɛ̃tɑ̃sjɔne] ADJ ill-intentioned, malicious

malle [mal] NF trunk; (*Auto*): **~ (arrière)** boot (BRIT), trunk (US)

malléabilité [maleabilite] NF (*de matériau*) malleability

malléable [maleabl] ADJ malleable

malle-poste [malpɔst] (*pl* **malles-poste**) NF mail coach

mallette [malɛt] NF (*valise*) (small) suitcase; (*aussi:* **mallette de voyage**) overnight case; (*pour documents*) attaché case

malmener [malməne] /5/ VT to manhandle; (*fig*) to give a rough ride to

malnutrition [malnytʀisjɔ̃] NF malnutrition

malodorant, e [malɔdɔʀɑ̃, -ɑ̃t] ADJ foul-smelling

malotru [malɔtʀy] NM lout, boor

malouin, e [malwɛ̃, -in] ADJ from Saint Malo

Malouines [malwin] NFPL: **les ~** the Falklands, the Falkland Islands

malpoli, e [malpɔli] NM/F rude individual ▸ ADJ impolite

malpropre [malpʀɔpʀ] ADJ (*personne, vêtement*) dirty; (*travail*) slovenly; (*histoire, plaisanterie*) unsavoury (BRIT), unsavory (US), smutty; (*malhonnête*) dishonest

malpropreté [malpʀɔpʀəte] NF dirtiness

malsain, e [malsɛ̃, -ɛn] ADJ unhealthy

malséant, e [malseɑ̃, -ɑ̃t] ADJ unseemly, unbecoming

malsonnant, e [malsɔnɑ̃, -ɑ̃t] ADJ offensive

malt [malt] NM malt; **pur ~** (*whisky*) malt (whisky)

maltais, e [maltɛ, -ɛz] ADJ Maltese

Malte [malt] NF Malta

malté, e [malte] ADJ (*lait etc*) malted

maltraitance [maltʀɛtɑ̃s] NF ill-treatment; **la ~ à enfants** ill-treatment of children, child abuse

maltraiter [maltʀete] /1/ VT (*brutaliser*) to manhandle, ill-treat; (*critiquer, éreinter*) to slate (BRIT), roast

malus [malys] NM (*Assurances*) car insurance weighting, penalty

malveillance [malvɛjɑ̃s] NF (*animosité*) ill will; (*intention de nuire*) malevolence; (*Jur*) malicious intent *no pl*

malveillant, e [malvɛjɑ̃, -ɑ̃t] ADJ malevolent, malicious

malvenu, e [malvəny] ADJ: **être ~ de** *ou* **à faire qch** not to be in a position to do sth

malversation [malvɛʀsasjɔ̃] NF embezzlement, misappropriation (of funds)

mal-vivre [malvivʀ] NM INV malaise

malvoyant, e [malvwajɑ̃, -ɑ̃t] NM/F partially sighted person

★**maman** [mamɑ̃] NF mum(my) (BRIT), mom (US)

mamelle [mamɛl] NF teat

mamelon [mam(ə)lɔ̃] NM (*Anat*) nipple; (*colline*) knoll, hillock

mamie [mami] NF (*fam*) granny

mammaire [mamɛʀ] ADJ mammary

mammectomie [mamɛktɔmi] NF mammectomy

mammifère [mamifɛʀ] NM mammal

mammographie [mamɔgʀafi] NF mammography

mammoplastie [mamɔplasti] NF mammoplasty

mammouth [mamut] NM mammoth

mamours [mamuʀ] NMPL (*fam*): **se faire des ~** to bill and coo

management [manadʒmɛnt] NM management

manager [manadʒɛʀ] NM (*Sport*) manager; (*Comm*): **~ commercial** commercial director

managérial, e [manaʒeʀjal] ADJ managerial

manant [manɑ̃] NM (*vilain*) villein

manceau, -elle, -aux [mɑ̃so, -sɛl] ADJ of Le Mans

★**manche** [mɑ̃ʃ] NF (*de vêtement*) sleeve; (*d'un jeu, tournoi*) round; (*Géo*): **la M~** the (English) Channel; **faire la ~** to pass the hat; **~ à air** (*Aviat*) windsock; **à manches courtes/longues** short-/long-sleeved ▸ NM (*d'outil, casserole*) handle; (*de pelle, pioche etc*) shaft; (*de violon, guitare*) neck; (*fam*) clumsy oaf; **~ à balai** broomstick; (*Aviat*) joystick

manchette [mɑ̃ʃɛt] NF (*de chemise*) cuff; (*coup*) forearm blow; (*titre*) headline

manchon [mɑ̃ʃɔ̃] NM (*de fourrure*) muff; **~ à incandescence** incandescent (gas) mantle

manchot [mɑ̃ʃo] NM one-armed man; armless man; (*Zool*) penguin

mandale [mɑ̃dal] NF (*fam*) slap, clout (BRIT *fam*)

mandarin [mɑ̃daʀɛ̃] NM (*haut fonctionnaire chinois*) mandarin; (*ponte*) mandarin; (*langue*) Mandarin, Mandarin Chinese

mandarine [mɑ̃daʀin] NF mandarin (orange), tangerine

mandarinier [mɑ̃daʀinje] NM mandarin tree

mandat [mɑ̃da] NM (*postal*) postal *ou* money order; (*d'un député etc*) mandate; (*procuration*) power of attorney, proxy; (*Police*) warrant; **~ d'amener** summons *sg*; **~ d'arrêt** warrant for arrest; **~ de dépôt** committal order; **~ de perquisition** (*Police*) search warrant

mandataire [mɑ̃datɛʀ] NMF (*représentant, délégué*) representative; (*Jur*) proxy

mandat-carte [mɑ̃dakaʀt] (*pl* **mandats-cartes**) NM money order (*in postcard form*)

mandater [mɑ̃date] /1/ VT (*personne*) to appoint; (*Pol: député*) to elect

mandat-lettre [mɑ̃dalɛtʀ] (*pl* **mandats-lettres**) NM money order (*with space for correspondence*)

mandchou, e [mɑ̃tʃu] ADJ Manchu, Manchurian ▸ NM (*Ling*) Manchu ▸ NM/F: **Mandchou, e** Manchu

Mandchourie [mɑ̃tʃuʀi] NF: **la ~** Manchuria

mander [mɑ̃de] /1/ VT to summon

mandibule [mɑ̃dibyl] NF mandible

mandoline [mɑ̃dɔlin] NF mandolin(e)

manège [manɛʒ] NM riding school; (*à la foire*) roundabout (BRIT), merry-go-round; (*fig*) game, ploy; **faire un tour de ~** to go for a ride on a *ou* the roundabout *etc*; **~ (de chevaux de bois)** roundabout (BRIT), merry-go-round

manette [manɛt] NF lever, tap; **~ de jeu** (*Inform*) joystick

manganèse [mɑ̃ganɛz] NM manganese

mangeable [mɑ̃ʒabl] ADJ edible, eatable

mangeaille [mɑ̃ʒɑj] NF (*péj*) grub

mangeoire [mɑ̃ʒwaʀ] NF trough, manger

★**manger** [mɑ̃ʒe] /3/ VT to eat; (*ronger: rouille etc*) to eat into *ou* away; (*utiliser, consommer*) to eat up ▸ VI to eat; **donner à ~ à** (*enfant*) to feed

mange-tout [mɑ̃ʒtu] NM INV mange-tout

mangeur, -euse [mɑ̃ʒœʀ, -øz] NM/F eater

mangouste [mɑ̃gust] NF mongoose

mangrove [mɑ̃gʀɔv] NF mangrove

mangue [mɑ̃g] NF mango

maniabilité [manjabilite] NF (*d'un outil*) handiness; (*d'un véhicule, voilier*) manoeuvrability (BRIT), maneuverability (US)

maniable [manjabl] ADJ (*outil*) handy; (*voiture, voilier*) easy to handle; manoeuvrable (BRIT), maneuverable (US); (*fig: personne*) easily influenced, manipulable

maniaque [manjak] ADJ (*pointilleux, méticuleux*) finicky, fussy; (*atteint de manie*) suffering from a mania ▸ NMF (*méticuleux*) fusspot; (*fou*) maniac

manichéen, ne [manikeɛ̃, -ɛn] ADJ Manichean, Manichaean

manie [mani] NF mania; (*tic*) odd habit; **avoir la ~ de** to be obsessive about

maniement [manimɑ̃] NM handling; **~ d'armes** arms drill

manier [manje] /7/ VT to handle ■ **se manier** VPR (*fam*) to get a move on

manière [manjɛʀ] NF (*façon*) way, manner; (*genre, style*) style; **de ~ à** so as to; **de telle ~ que** in such a way that; **de cette ~** in this way *ou* manner; **d'une ~ générale** generally speaking, as a general rule; **de toute ~** in any case; **d'une certaine ~** in a (certain) way; **employer la ~ forte** to use strong-arm tactics ■ **manières** NFPL (*attitude*) manners; (*chichis*) fuss *sg*; **faire des manières** to put on airs

maniéré, e [manjeʀe] ADJ affected

manif [manif] NF (*manifestation*) demo

manifestant, e [manifɛstɑ̃, -ɑ̃t] NM/F demonstrator

★**manifestation** [manifɛstasjɔ̃] NF (*de joie, mécontentement*) expression, demonstration; (*symptôme*) outward sign; (*fête etc*) event; (*Pol*) demonstration

manifeste [manifɛst] ADJ obvious, evident ▸ NM manifesto

manifestement [manifɛstəmɑ̃] ADV obviously

manifester [manifɛste] /1/ VT (*volonté, intentions*) to show, indicate; (*joie, peur*) to express, show ▸ VI (*Pol*) to demonstrate ■ **se manifester** VPR (*émotion*) to show *ou* express itself; (*difficultés*) to arise; (*symptômes*) to appear; (*témoin etc*) to come forward

manigance [manigɑ̃s] NF scheme

manigancer [manigɑ̃se] /3/ VT to plot, devise

Manille [manij] N Manila

manioc [manjɔk] NM cassava, manioc

manip [manip] NF (*fam: Inform*) operation; **quelle est la ~ pour créer un fichier pdf ?** how do you go about creating a PDF file?; **faire une fausse ~** to do sth wrong

manipulateur, -trice [manipylatœʀ, -tʀis] NM/F (*technicien*) technician, operator; (*prestidigitateur*) conjurer; (*péj*) manipulator

manipulation [manipylasjɔ̃] NF handling; (*Pol, génétique*) manipulation

manipuler [manipyle] /1/ VT to handle; (*fig*) to manipulate

manique [manik] NF (*pour saisir les plats chauds*) oven glove

manitou [manitu] NM (*chez les Indiens d'Amérique*) manitou; (*fam: chef*): **grand ~** big shot (*fam*)

manivelle [manivɛl] NF crank

manne [man] NF (*Rel*) manna; (*fig*) godsend

★**mannequin** [mankɛ̃] NM (*Couture*) dummy; (*Mode*) model

manœuvrabilité [manœvʀabilite] NF (*de bateau, véhicule*) handling, manoeuvrability (BRIT), maneuverability (US)

manœuvrable [manœvʀabl] ADJ (*bateau, véhicule*) manoeuvrable (BRIT), maneuverable (US)

manœuvre [manœvʀ] NF (*gén*) manoeuvre (BRIT), maneuver (US) ▸ NM (*ouvrier*) labourer (BRIT), laborer (US)

m

manœuvrer [manœvʀe] /1/ VT to manoeuvre (BRIT), maneuver (US); (*levier, machine*) to operate; (*personne*) to manipulate ▸ VI to manoeuvre *ou* maneuver

manoir [manwaʀ] NM manor *ou* country house

manomètre [manɔmɛtʀ] NM gauge, manometer

manouche [manuʃ] NMF gipsy

manquant, e [mɑ̃kɑ̃, -ɑ̃t] ADJ missing

manque [mɑ̃k] NM (*insuffisance, vide*) emptiness, gap; (*Méd*) withdrawal; **~ de** lack of; **par ~ de** for want of; **~ à gagner** loss of profit *ou* earnings; **être en état de ~** to suffer withdrawal symptoms ▪ **manques** NMPL (*lacunes*) faults, defects

★**manqué** [mɑ̃ke] ADJ failed; **garçon ~** tomboy

manquement [mɑ̃kmɑ̃] NM: **~ à** (*discipline, règle*) breach of

★**manquer** [mɑ̃ke] /1/ VI (*faire défaut*) to be lacking; (*être absent*) to be missing; (*échouer*) to fail; **l'argent qui leur manque** the money they need *ou* are short of; **la voix lui manqua** his voice failed him; **~ à qn** (*absent etc*): **il/cela me manque** I miss him/that ▸ VT to miss; **~ de** to lack; (*Comm*) to be out of (stock of); **ne pas ~ de faire**: **je ne manquerai pas de le lui dire** I'll be sure to tell him; **~ (de) faire**: **il a manqué (de) se tuer** he very nearly got killed; **~ à** (*règles etc*) to be in breach of, fail to observe; **je n'y manquerai pas** leave it to me, I'll definitely do it ▸ VB IMPERS: **il (nous) manque encore 10 euros** we are still 10 euros short; **il manque des pages (au livre)** there are some pages missing *ou* some pages are missing (from the book); **il ne manquerait plus qu'il fasse** all we need now is for him to do

mansarde [mɑ̃saʀd] NF attic

mansardé, e [mɑ̃saʀde] ADJ: **chambre mansardée** attic room

mansuétude [mɑ̃sɥetyd] NF leniency

mante [mɑ̃t] NF: **~ religieuse** praying mantis

★**manteau, x** [mɑ̃to] NM coat; **~ de cheminée** mantelpiece; **sous le ~** (*fig*) under cover

mantille [mɑ̃tij] NF mantilla

manucure [manykyʀ] NF manicurist

manucuré, e [manykyʀe] ADJ manicured

★**manuel, le** [manɥɛl] ADJ manual ▸ NM/F manually gifted person ▸ NM (*ouvrage*) manual, handbook

manuellement [manɥɛlmɑ̃] ADV manually

manufacture [manyfaktyʀ] NF (*établissement*) factory; (*fabrication*) manufacture

manufacturé, e [manyfaktyʀe] ADJ manufactured

manufacturier, -ière [manyfaktyʀje, -jɛʀ] NM/F factory owner

manuscrit, e [manyskʀi, -it] ADJ handwritten ▸ NM manuscript

manutention [manytɑ̃sjɔ̃] NF (*Comm*) handling; (*local*) storehouse

manutentionnaire [manytɑ̃sjɔnɛʀ] NMF warehouse man(-woman), packer

manutentionner [manytɑ̃sjɔne] /1/ VT to handle

maoïste [maɔist] ADJ Maoist ▸ NMF Maoist

maori, e [maɔʀi] ADJ Maori ▸ NM (*Ling*) Maori ▸ NM/F: **Maori, e** Maori

maous, se [maus] ADJ (*fam*) massive

mappemonde [mapmɔ̃d] NF (*plan*) map of the world; (*sphère*) globe

maquereau, x [makʀo] NM (*Zool*) mackerel *inv*; (*fam: proxénète*) pimp

maquerelle [makʀɛl] NF (*fam*) madam

maquette [makɛt] NF (*d'un décor, bâtiment, véhicule*) (scale) model; (*Typo*) mockup; (*: d'une page illustrée, affiche*) paste-up; (*: prête à la reproduction*) artwork

maquettiste [maketist] NMF (*Inform*) layout artist; (*Archit*) model maker

maquignon [makiɲɔ̃] NM horse-dealer

★**maquillage** [makijaʒ] NM making up; faking; (*produits*) make-up

★**maquiller** [makije] /1/ VT (*personne, visage*) to make up; (*truquer: passeport, statistique*) to fake; (*: voiture volée*) to do over (*respray etc*) ▪ **se maquiller** VPR to make o.s. up

maquilleur, -euse [makijœʀ, -øz] NM/F make-up artist

maquis [maki] NM (*Géo*) scrub; (*fig*) tangle; (*Mil*) maquis, underground fighting *no pl*

maquisard, e [makizaʀ, -aʀd] NM/F maquis, member of the Resistance

marabout [maʀabu] NM (*Zool*) marabou(t)

maraîcher, -ère [maʀeʃe, -ɛʀ] ADJ: **cultures maraîchères** market gardening *sg* ▸ NM/F market gardener

marais [maʀɛ] NM marsh, swamp; **~ salant** saltworks

marasme [maʀasm] NM (*Pol, Écon*) stagnation, sluggishness; (*accablement*) dejection, depression

marathon [maʀatɔ̃] NM marathon

marathonien, ne [maʀatɔnjɛ̃, -jɛn] NM/F marathon runner

marâtre [maʀɑtʀ] NF cruel mother

maraude [maʀod] NF pilfering, thieving (*of poultry, crops*); (*dans un verger*) scrumping; (*vagabondage*) prowling; **en ~** on the prowl; (*taxi*) cruising

maraudeur, -euse [maʀodœʀ, -øz] NM/F marauder; prowler

marbre [maʀbʀ] NM (*pierre, statue*) marble; (*d'une table, commode*) marble top; (*Typo*) stone, bed; **rester de ~** to remain stonily indifferent

marbré, e [maʀbʀe] ADJ (*peau*) mottled, blotchy; (*matériau*) marbled; **un gâteau ~** a marble cake ▸ NM (*gâteau*) marble cake

marbrer [maʀbʀe] /1/ VT to mottle, blotch; (*Tech: papier*) to marble

marbrerie [maʀbʀəʀi] NF (*atelier*) marble mason's workshop; (*industrie*) marble industry

marbrier, -ière [maʀbʀije, -jɛʀ] NM/F monumental mason ▸ NF marble quarry

marbrures [maʀbʀyʀ] NFPL blotches *pl*; (*Tech*) marbling *sg*

marc [maʀ] NM (*de raisin, pommes*) marc; **~ de café** coffee grounds *pl ou* dregs *pl*

marcassin [maʀkasɛ̃] NM young wild boar

★**marchand, e** [maʀʃɑ̃, -ɑ̃d] NM/F shopkeeper, tradesman(-woman); (*au marché*) stallholder; (*spécifique*): **~ de cycles/tapis** bicycle/carpet dealer; **~ de charbon/vins** coal/wine merchant; **~ en gros/au détail** wholesaler/retailer; **~ de biens** real estate agent; **~ de canons** (*péj*) arms dealer; **~ de couleurs** ironmonger (BRIT), hardware dealer (US); **~ de fruits** fruiterer (BRIT), fruit seller (US); **~ de journaux** newsagent; **~ de légumes** greengrocer (BRIT), produce dealer (US); **~ de poisson** fishmonger (BRIT), fish seller (US); **~ de(s) quatre-saisons** costermonger (BRIT), street vendor (selling fresh fruit and vegetables); **~ de sable** (*fig*) sandman; **~ de tableaux** art dealer ▸ ADJ: **prix/valeur ~(e)** market price/value; **qualité marchande** standard quality

marchandage [maʀʃɑ̃daʒ] NM bargaining; (*péj: électoral*) bargaining, manoeuvring (BRIT), maneuvering (US)

marchander [maʀʃɑ̃de] /1/ VT (*article*) to bargain *ou* haggle over; (*éloges*) to be sparing with ▸ VI to bargain, haggle

marchandisage [maʀʃɑ̃dizaʒ] NM merchandising

marchandise [maʀʃɑ̃diz] NF goods *pl*, merchandise *no pl*

marche [maʀʃ] NF (*d'escalier*) step; (*activité*) walking; (*promenade, trajet, allure*) walk; (*démarche*) walk, gait; (*Mil, Mus*) march; (*fonctionnement*) running; (*progression*) progress; (*des événements*) course; **à une heure de ~** an hour's walk (away); **ouvrir/fermer la ~** to lead the way/bring up the rear; **dans le sens de la ~** (*Rail*) facing the engine; **en ~** (*monter etc*) while the vehicle is moving *ou* in motion; **mettre en ~** to start; **remettre qch en ~** to set *ou* start sth going again; **se mettre en ~** (*personne*) to get moving; (*machine*) to start; **être en état de ~** to be in working order; **~ arrière** (*Auto*) reverse (gear); **faire ~ arrière** (*Auto*) to reverse; (*fig*) to backtrack, back-pedal; **~ à suivre** (correct) procedure; (*sur notice*) (step by step) instructions *pl*

★**marché** [maʀʃe] NM (*lieu, Comm, Écon*) market; (*ville*) trading centre; (*transaction*) bargain, deal; **par-dessus le ~** into the bargain; **faire son ~** to do one's shopping; **mettre le ~ en main à qn** to tell sb to take it or leave it; **~ au comptant** (*Bourse*) spot market; **~ aux fleurs** flower market; **~ noir** black market; **faire du ~ noir** to buy and sell on the black market; **~ aux puces** flea market; **~ à terme** (*Bourse*) forward market; **~ du travail** labour market

marchepied [maʀʃəpje] NM (*Rail*) step; (*Auto*) running board; (*fig*) stepping stone

★**marcher** [maʀʃe] /1/ VI to walk; (*Mil*) to march; (*aller: voiture, train, affaires*) to go; (*prospérer*) to go well; (*fonctionner*) to work, run; (*fam: consentir*) to go along, agree; (*: croire naïvement*) to be taken in; **~ sur** to walk on; (*mettre le pied sur*) to step on *ou* in; (*Mil*) to march upon; **~ dans** (*herbe etc*) to walk in *ou* on; (*flaque*) to step in; **faire ~ qn** (*pour rire*) to pull sb's leg; (*pour tromper*) to lead sb up the garden path

marcheur, -euse [maʀʃœʀ, -øz] NM/F walker

marcotter [maʀkɔte] VT (*Jardinage*) to layer

★**mardi** [maʀdi] NM Tuesday; **M~ gras** Shrove Tuesday; *voir aussi* **lundi**

mare [maʀ] NF pond; (*flaque*) pool; **~ de sang** pool of blood

marécage [maʀekaʒ] NM marsh, swamp

marécageux, -euse [maʀekaʒø, -øz] ADJ marshy, swampy

maréchal, -aux [maʀeʃal, -o] NM marshal; **~ des logis** (*Mil*) sergeant

maréchal-ferrant [maʀeʃalfɛʀɑ̃] (*pl* **maréchaux-ferrants** [maʀeʃo-]) NM blacksmith

maréchaussée [maʀeʃose] NF (*humoristique: gendarmes*) constabulary (BRIT), police

marée [maʀe] NF tide; (*poissons*) fresh (sea) fish; **~ haute/basse** high/low tide; **~ montante/descendante** rising/ebb tide; **~ noire** oil slick

marelle [maʀɛl] NF: **(jouer à) la ~** (to play) hopscotch

marémotrice [maʀemɔtʀis] ADJ F tidal

mareyeur, -euse [maʀɛjœʀ, -øz] NM/F wholesale (sea) fish merchant

margarine [maʀgaʀin] NF margarine

marge [maʀʒ] NF margin; **en ~** in the margin; **en ~ de** (*fig*) on the fringe of; (*en dehors de*) cut off from; (*qui se rapporte à*) connected with; **~ bénéficiaire** profit margin, mark-up; **~ de sécurité** safety margin

margelle [maʀʒɛl] NF coping

margeur [maʀʒœʀ] NM margin stop

marginal, e, -aux [maʀʒinal, -o] ADJ marginal ▸ NM/F (*original*) eccentric; (*déshérité*) dropout

marginalisation [maʀʒinalizasjɔ̃] NF marginalization

marginaliser [maʀʒinalize] VT to marginalize

marginalité [maʀʒinalite] NF marginality

marguerite [maʀgəʀit] NF marguerite, (oxeye) daisy; (*d'imprimante*) daisy-wheel

marguillier [maʀgije] NM churchwarden

★**mari** [maʀi] NM husband

★**mariage** [maʀjaʒ] NM (*union, état, fig*) marriage; (*noce*) wedding; **~ civil/religieux** registry office (BRIT) *ou* civil/church wedding; **un ~ de raison/d'amour** a marriage of convenience/a love match; **~ blanc** marriage of convenience, sham marriage; **~ en blanc** white wedding; *see note*

> Since May 2013 same-sex marriage and adoption have been legal in France. The passing of the **Loi sur le mariage pour tous** led to major nationwide protests from conservative, mostly Catholic citizens. Ultimately, however, President François Hollande kept his campaign promise to allow same-sex couples to marry.

marié, e [maʀje] ADJ married ▸ NM/F (bride) groom/bride; **les mariés** the bride and groom; **les (jeunes) mariés** the newly-weds

★**marier** [maʀje] /7/ VT (*maire, prêtre*) to marry; (*fig*) to blend ■ **se marier** VPR: **se ~ (avec)** to marry, get married (to); (*fig*) to blend (with)

marijuana [maʀiʒwana] NF marijuana

marin, e [maʀɛ̃, -in] ADJ sea *cpd*, marine; **avoir le pied ~** (*garder son équilibre*) to have one's sea legs ▸ NM sailor ▸ NF navy; (*Art*) seascape; (*couleur*) navy (blue); **marine de guerre** navy; **marine marchande** merchant navy; **marine à voiles** sailing ships *pl*

marina [maʀina] NF marina

marinade [maʀinad] NF marinade

marine [maʀin] ADJ F, NF *voir* **marin** ▸ ADJ INV navy (blue) ▸ NM (*Mil*) marine

m

mariner [maʀine] /1/ VI, VT to marinate, marinade

marinier [maʀinje] NM bargee

marinière [maʀinjɛʀ] NF (*blouse*) sailor top, Breton (striped) top ▸ ADJ INV: **moules ~** (*Culin*) mussels in white wine

marionnette [maʀjɔnɛt] NF puppet

marionnettiste [maʀjɔnetist] NMF puppeteer

marital, e, -aux [maʀital, -o] ADJ: **autorisation maritale** husband's permission

maritalement [maʀitalmɑ̃] ADV: **vivre ~** to live together (as husband and wife)

maritime [maʀitim] ADJ sea *cpd*, maritime; (*ville*) coastal, seaside; (*droit*) shipping, maritime

marjolaine [maʀʒɔlɛn] NF marjoram

mark [maʀk] NM mark

marketing [maʀkətiŋ] NM (*Comm*) marketing

marmaille [maʀmɑj] NF (*péj*) (gang of) brats *pl*

marmelade [maʀməlad] NF (*compote*) stewed fruit, compote; **~ d'oranges** (orange) marmalade; **en ~** (*fig*) crushed (to a pulp)

marmite [maʀmit] NF (cooking-)pot

marmiton [maʀmitɔ̃] NM kitchen boy

marmonner [maʀmɔne] /1/ VT, VI to mumble, mutter

marmot [maʀmo] NM (*fam*) brat

marmotte [maʀmɔt] NF marmot

marmotter [maʀmɔte] /1/ VT (*prière*) to mumble, mutter

marne [maʀn] NF (*Géo*) marl

★**Maroc** [maʀɔk] NM: **le ~** Morocco

★**marocain, e** [maʀɔkɛ̃, -ɛn] ADJ Moroccan ▸ NM/F: **Marocain, e** Moroccan

maronite [maʀɔnit] ADJ Maronite ▸ NMF Maronite

maroquin [maʀɔkɛ̃] NM (*peau*) morocco (leather); (*fig*) (minister's) portfolio

maroquinerie [maʀɔkinʀi] NF (*industrie*) leather craft; (*commerce*) leather shop; (*articles*) fine leather goods *pl*

maroquinier [maʀɔkinje] NM (*fabricant*) leather craftsman; (*marchand*) leather dealer

marotte [maʀɔt] NF fad

marquage [maʀkaʒ] NM (*Sport*) marking; (*de bétail*) branding; (*d'arbre*) marking; **une erreur de ~** a defensive error, a marking error; **~ à la culotte** close marking

marquant, e [maʀkɑ̃, -ɑ̃t] ADJ outstanding

★**marque** [maʀk] NF mark; (*Sport, Jeu*) score; (*Comm: de nourriture*) brand; (*: de voiture, produits manufacturés*) make; (*insigne: d'une fonction*) badge; (*fig*): **~ d'affection** token of affection; **~ de joie** sign of joy; **à vos marques !** (*Sport*) on your marks!; **de ~** *adj* (*Comm*) brand-name *cpd*; proprietary; (*fig*) high-class (*: personnage, hôte*) distinguished; **produit de ~** quality product; **~ déposée** registered trademark; **~ de fabrique** trademark; **une grande ~ de vin** a well-known brand of wine

marqué, e [maʀke] ADJ marked

★**marquer** [maʀke] /1/ VT to mark; (*inscrire*) to write down; (*bétail*) to brand; (*Sport: but etc*) to score; (*: joueur*) to mark; (*accentuer: taille etc*) to emphasize; (*manifester: refus, intérêt*) to show; **~ qn de son influence/empreinte** to have an influence/leave its impression on sb; **~ un temps d'arrêt** to pause momentarily; **~ le pas** (*fig*) to mark time; **un jour à ~ d'une pierre blanche** a red-letter day; **~ les points** (*tenir la marque*) to keep the score ▸ VI (*événement, personnalité*) to stand out, be outstanding; (*Sport*) to score

marqueté, e [maʀkəte] ADJ inlaid

marqueterie [maʀkɛtʀi] NF inlaid work, marquetry

marqueur, -euse [maʀkœʀ, -øz] NM/F (*Sport: de but*) scorer ▸ NM (*crayon feutre*) marker pen

marquis, e [maʀki, -iz] NM/F marquis *ou* marquess (marchioness) ▸ NF (*auvent*) glass canopy *ou* awning ▸ NFPL: **les (îles) Marquises** the Marquesas Islands

marraine [maʀɛn] NF godmother; (*d'un navire, d'une rose etc*) namer

Marrakech [maʀakɛʃ] N Marrakech *ou* Marrakesh

★**marrant, e** [maʀɑ̃, -ɑ̃t] ADJ (*fam*) funny

★**marre** [maʀ] ADV (*fam*): **en avoir ~ de** to be fed up with

marrer [maʀe] /1/: **se marrer** VPR (*fam*) to have a (good) laugh

★**marron, ne** [maʀɔ̃, -ɔn] NM (*fruit*) chestnut; **marrons glacés** marrons glacés ▸ ADJ INV brown ▸ ADJ (*péj*) crooked; (*: faux*) bogus

marronnier [maʀɔnje] NM chestnut (tree)

★**Mars** [maʀs] NF Mars

★**mars** [maʀs] NM March; *voir aussi* **juillet**

marseillais, e [maʀsɛjɛ, -ɛz] ADJ of *ou* from Marseille ▸ NF: **la Marseillaise** *the French national anthem*

> The **Marseillaise** has been France's national anthem since 1795. The words of the *Chant de guerre de l'armée du Rhin*, as the song was originally called, were written to an anonymous tune by an army captain called *Rouget de Lisle* in 1792. Adopted as a marching song by the Marseille battalion, it was finally popularized as the *Marseillaise*.

Marseille [maʀsɛj] N Marseille

marsouin [maʀswɛ̃] NM porpoise

marsupial, e, -aux [maʀsypjal, -jo] NM marsupial ▸ ADJ: **une souris marsupiale** a marsupial mouse

marteau, x [maʀto] NM hammer; (*de porte*) knocker; **~ pneumatique** pneumatic drill; **être ~** (*fam*) to be nuts

marteau-pilon [maʀtopilɔ̃] (*pl* **marteaux-pilons**) NM power hammer

marteau-piqueur [maʀtopikœʀ] (*pl* **marteaux-piqueurs**) NM pneumatic drill

martel [maʀtɛl] NM: **se mettre ~ en tête** to worry o.s.

martèlement [maʀtɛlmɑ̃] NM hammering

marteler [maʀtəle] /5/ VT to hammer; (*mots, phrases*) to rap out

martial, e, -aux [maʀsjal, -o] ADJ martial; **cour martiale** court-martial

martien, ne [maʀsjɛ̃, -ɛn] ADJ Martian, of *ou* from Mars

martinet [maʀtinɛ] NM (*fouet*) small whip; (*Zool*) swift
martingale [maʀtɛ̃gal] NF (*Couture*) half-belt; (*Jeu*) winning formula
martiniquais, e [maʀtinikɛ, -ɛz] ADJ of *ou* from Martinique
Martinique [maʀtinik] NF: **la ~** Martinique
martin-pêcheur [maʀtɛ̃pɛʃœʀ] (*pl* **martins-pêcheurs**) NM kingfisher
martre [maʀtʀ] NF marten; **~ zibeline** sable
martyr, e [maʀtiʀ] NM/F martyr ▸ ADJ martyred; **enfants martyrs** battered children
martyre [maʀtiʀ] NM martyrdom; (*fig: sens affaibli*) agony, torture; **souffrir le ~** to suffer agonies
martyriser [maʀtiʀize] /1/ VT (*Rel*) to martyr; (*fig*) to bully; (*: enfant*) to batter
marxisme [maʀksism] NM Marxism
marxiste [maʀksist] ADJ, NMF Marxist
mas [mɑ(s)] NM *traditional house or farm in Provence*
mascara [maskaʀa] NM mascara
mascarade [maskaʀad] NF masquerade
mascotte [maskɔt] NF mascot
masculin, e [maskylɛ̃, -in] ADJ masculine; (*sexe, population*) male; (*équipe, vêtements*) men's; (*viril*) manly ▸ NM masculine
masculinité [maskylinite] NF masculinity
maso [mazo] (*fam*) ADJ (*masochiste*) masochistic ▸ NMF masochist
masochisme [mazɔʃism] NM masochism
masochiste [mazɔʃist] ADJ masochistic ▸ NMF masochist
masque [mask] NM mask; **~ de beauté** face pack; **~ à gaz** gas mask; **~ de plongée** diving mask
masqué, e [maske] ADJ masked
masquer [maske] /1/ VT (*cacher: porte, goût*) to hide, conceal; (*dissimuler: vérité, projet*) to mask, obscure
massacrant, e [masakʀɑ̃, -ɑ̃t] ADJ: **humeur massacrante** foul temper
massacre [masakʀ] NM massacre, slaughter; **jeu de ~** (*fig*) wholesale slaughter
massacrer [masakʀe] /1/ VT to massacre, slaughter; (*fig: adversaire*) to slaughter; (*: texte etc*) to murder
massage [masaʒ] NM massage
masse [mas] NF mass; (*Élec*) earth; (*maillet*) sledgehammer; **une ~ de, des masses de** (*fam*) masses *ou* loads of; **la ~** (*péj*) the masses *pl*; **en ~** *adv* (*en bloc*) in bulk; (*en foule*) en masse; *adj* (*exécutions, production*) mass *cpd*; **~ monétaire** (*Écon*) money supply; **~ salariale** (*Comm*) wage(s) bill ■ **masses** NFPL masses
massepain [maspɛ̃] NM marzipan
masser [mase] /1/ VT (*assembler: gens*) to gather; (*pétrir*) to massage ■ **se masser** VPR (*foule*) to gather
masseur, -euse [masœʀ, -øz] NM/F (*personne*) masseur(-euse) ▸ NM (*appareil*) massager
massicot [masiko] NM (*Typo*) guillotine
massicotier, -ière [masikɔtje, -jɛʀ] NM/F (*Typo*) guillotine operator
massif, -ive [masif, -iv] ADJ (*porte*) solid, massive; (*visage*) heavy, large; (*bois, or*) solid; (*dose*) massive; (*déportations etc*) mass *cpd* ▸ NM (*montagneux*) massif; (*de fleurs*) clump, bank; **le M~ Central** the Massif Central
massivement [masivmɑ̃] ADV (*répondre*) en masse; (*administrer, injecter*) in massive doses
massue [masy] NF club, bludgeon ▸ ADJ INV: **argument ~** sledgehammer argument
mastectomie [mastɛktɔmi] NF mastectomy
master [mastɛʀ] NM (*Scol*) Master's (degree)

> The **master** diploma is awarded to students who have completed two years of study after the *licence*. It includes classes in theoretical and applied topics, an introduction to research and sometimes a period of work experience. A *master* is required to be able to enter some professions, most notably teaching.

mastère [mastɛʀ] NM ≈ Master's degree (*from a business school or an institute of technology*)
mastic [mastik] NM (*pour vitres*) putty; (*pour fentes*) filler
masticage [mastikaʒ] NM (*d'une fente*) filling; (*d'une vitre*) puttying
mastication [mastikasjɔ̃] NF chewing, mastication
mastiquer [mastike] /1/ VT (*aliment*) to chew, masticate; (*fente*) to fill; (*vitre*) to putty
mastoc [mastɔk] ADJ INV (*fam*) hefty
mastodonte [mastɔdɔ̃t] NM monster (*fig*)
masturbation [mastyʀbasjɔ̃] NF masturbation
masturber [mastyʀbe] /1/: **se masturber** VPR to masturbate
m'as-tu-vu [matyvy] NMF INV show-off
masure [mazyʀ] NF tumbledown cottage
mat, e [mat] ADJ (*couleur, métal*) mat(t); (*bruit, son*) dull ▸ ADJ INV (*Échecs*): **être ~** to be checkmate
mât [mɑ] NM (*Navig*) mast; (*poteau*) pole, post
matamore [matamɔʀ] NM braggart, blusterer
★**match** [matʃ] NM match; **~ nul** draw (BRIT), tie (US); **faire ~ nul** to draw (BRIT), tie (US); **~ aller** first leg; **~ retour** second leg, return match
★**matelas** [mat(ə)lɑ] NM mattress; **~ pneumatique** air bed *ou* mattress; **~ à ressorts** spring *ou* interior-sprung mattress
matelassé, e [mat(ə)lase] ADJ padded; (*tissu*) quilted
matelasser [mat(ə)lase] /1/ VT to pad
matelot [mat(ə)lo] NM sailor, seaman
mater [mate] /1/ VT (*personne*) to bring to heel, subdue; (*révolte*) to put down; (*fam*) to watch, look at
matérialisation [mateʀjalizasjɔ̃] NF materialization
matérialiser [mateʀjalize] /1/: **se matérialiser** VPR to materialize
matérialisme [mateʀjalism] NM materialism
matérialiste [mateʀjalist] ADJ materialistic ▸ NMF materialist
matériau, x [mateʀjo] NM material ■ **matériaux** NMPL material(s); **matériaux de construction** building materials
matériel, le [mateʀjɛl] ADJ material; (*organisation, aide, obstacle*) practical; (*fig: péj: personne*) material-

istic; **il n'a pas le temps ~ de le faire** he doesn't have the time (needed) to do it ▸ NM equipment *no pl*; (*de camping etc*) gear *no pl*; (*Inform*) hardware; **~ d'exploitation** (*Comm*) plant; **~ roulant** rolling stock

matériellement [materjɛlmɑ̃] ADJ (*financièrement*) materially; **~ à l'aise** comfortably off; **je n'en ai ~ pas le temps** I simply do not have the time

maternel, le [matɛrnɛl] ADJ (*amour, geste*) motherly, maternal; (*grand-père, oncle*) maternal ▸ NF (*aussi:* **école maternelle**) (state) nursery school

materner [matɛrne] /1/ VT (*personne*) to mother

maternisé, e [matɛrnize] ADJ: **lait ~** (infant) formula

maternité [matɛrnite] NF (*établissement*) maternity hospital; (*état de mère*) motherhood, maternity; (*grossesse*) pregnancy; **congé de ~** maternity leave

math [mat] NFPL maths (BRIT), math (US)

mathématicien, ne [matematisjɛ̃, -ɛn] NM/F mathematician

mathématique [matematik] ADJ mathematical

mathématiques [matematik] NFPL mathematics *sg*

matheux, -euse [matø, -øz] NM/F (*fam*) maths (BRIT) *ou* math (US) student; (*fort en math*) mathematical genius

★**maths** [mat] NFPL maths (BRIT), math (US)

matière [matjɛr] NF (*Physique*) matter; (*Comm, Tech*) material; matter *no pl*; (*fig: d'un livre etc*) subject matter, material; (*Scol*) subject; **en ~ de** as regards; **donner ~ à** to give cause to; **~ plastique** plastic; **matières fécales** faeces; **matières grasses** fat (content) *sg*; **matières premières** raw materials

MATIF [matif] SIGLE M (= *Marché à terme des instruments financiers*) *body which regulates the activities of the French Stock Exchange*

Matignon [matiɲɔ̃] NM: **(l'hôtel) ~** *the French Prime Minister's residence*

The **hôtel Matignon** is the Paris office and residence of the French Prime Minister. By extension, the term *Matignon* is often used to refer to the Prime Minister and his or her staff.

★**matin** [matɛ̃] NM, ADV morning; **le ~** (*pendant le matin*) in the morning; **demain/hier/dimanche ~** tomorrow/yesterday/Sunday morning; **tous les matins** every morning; **le lendemain ~** (the) next morning; **du ~ au soir** from morning till night; **une heure du ~** one o'clock in the morning; **de grand** *ou* **bon ~** early in the morning

matinal, e, -aux [matinal, -o] ADJ (*toilette, gymnastique*) morning *cpd*; (*de bonne heure*) early; **être ~** (*personne*) to be up early; (*: habituellement*) to be an early riser

mâtiné, e [mɑtine] ADJ: **qch ~ de qch** sth mixed with sth, a mixture of sth and sth

matinée [matine] NF morning; (*spectacle*) matinée, afternoon performance

matois, e [matwa, -waz] ADJ wily

matos [matos] NM (*fam*) gear, stuff

matou [matu] NM tom(cat)

matraquage [matrakaʒ] NM beating up; **~ publicitaire** plug, plugging

matraque [matrak] NF (*de malfaiteur*) cosh (BRIT), club; (*de policier*) truncheon (BRIT), billy (US)

matraquer [matrake] /1/ VT to beat up (with a truncheon *ou* billy); to cosh (BRIT), club; (*fig: touristes etc*) to rip off; (*: disque*) to plug

matriarcal, e, -aux [matrijarkal, -o] ADJ matriarchal

matrice [matris] NF (*Anat*) womb; (*Tech*) mould; (*Math etc*) matrix

matricule [matrikyl] NF (*aussi:* **registre matricule**) roll, register ▸ NM (*aussi:* **numéro matricule**: *Mil*) regimental number; (*: Admin*) reference number

matrimonial, e, -aux [matrimɔnjal, -o] ADJ marital, marriage *cpd*

matrone [matrɔn] NF matron

mâture [mɑtyr] NF masts *pl*

maturité [matyrite] NF maturity; (*d'un fruit*) ripeness, maturity

maudire [modir] /2/ VT to curse

maudit, e [modi, -it] ADJ (*fam: satané*) blasted, confounded

maugréer [mogree] /1/ VI to grumble

mauresque [mɔrɛsk] ADJ Moorish

Maurice [mɔris] NF: **(l'île) ~** Mauritius

mauricien, ne [mɔrisjɛ̃, -ɛn] ADJ Mauritian ▸ NM/F: **Mauricien, ne** Mauritian

Mauritanie [mɔritani] NF: **la ~** Mauritania

mauritanien, ne [mɔritanjɛ̃, -ɛn] ADJ Mauritanian ▸ NM/F: **Mauritanien, ne** Mauritanian

mausolée [mozɔle] NM mausoleum

maussade [mosad] ADJ (*air, personne*) sullen; (*ciel, temps*) gloomy

★**mauvais, e** [mɔvɛ, -ɛz] ADJ bad; (*méchant, malveillant*) malicious, spiteful; (*faux*): **un ~ numéro** a wrong number; **la mer est mauvaise** the sea is rough; **~ coucheur** awkward customer; **~ coup** (*fig*) criminal venture; **~ garçon** tough; **~ pas** tight spot; **~ plaisant** hoaxer; **mauvaise plaisanterie** nasty trick; **~ traitements** ill treatment *sg*; **~ joueur** bad *ou* sore loser; **mauvaise herbe** weed; **mauvaise langue** gossip, scandalmonger (BRIT); **mauvaise passe** difficult situation; (*période*) bad patch; **mauvaise tête** rebellious *ou* headstrong customer ▸ ADV: **il fait ~** the weather is bad; **sentir ~** to have a nasty smell, smell bad *ou* nasty

mauve [mov] ADJ (*couleur*) mauve ▸ NF (*Bot*) mallow

mauviette [movjɛt] NF (*péj*) weakling

maux [mo] NMPL *voir* **mal**

max. ABR (= *maximum*) max

maxillaire [maksilɛr] NM jaw; **~ inférieur** lower jaw; **de puissants maxillaires** a strong jaw

maximal, e, -aux [maksimal, -o] ADJ maximal

maxime [maksim] NF maxim

maximiser [maksimize] VT to maximize; **~ ses profits** to maximize profits

maximum [maksimɔm] ADJ, NM maximum; **atteindre un/son ~** to reach a/his peak; **au ~** *adv* (*le plus possible*) to the full; as much as one can; (*: tout au plus*) at the (very) most *ou* maximum; **faire le ~** to do one's level best

Mayence [majɑ̃s] N Mainz
★**mayonnaise** [majɔnɛz] NF mayonnaise
Mayotte [majɔt] NF Mayotte
mazout [mazut] NM (fuel) oil; **chaudière/poêle à ~** oil-fired boiler/stove
mazouté, e [mazute] ADJ oil-polluted
MDM SIGLE MPL (= *Médecins du Monde*) *medical association for aid to Third-World countries*
MDR SIGLE ADJ (= *mort de rire*) LOL (= *laughing out loud*)
Me ABR = **Maître**
★**me, m'** [mə, m] PRON (*direct: téléphoner, attendre etc*) me; (*indirect: parler, donner etc*) (to) me; (*réfléchi*) myself
mea-culpa [meakylpa] NM INV: **faire son ~** to admit one's guilt
méandres [meɑ̃dʀ] NMPL meanderings
mec [mɛk] NM (*fam*) guy, bloke (BRIT)
mécanicien, ne [mekanisjɛ̃, -ɛn] NM/F mechanic; (*Rail*) (train *ou* engine) driver; **~ navigant** *ou* **de bord** (*Aviat*) flight engineer
mécanique [mekanik] ADJ mechanical; **ennui ~** engine trouble *no pl* ▸ NF (*science*) mechanics *sg*; (*technologie*) mechanical engineering; (*mécanisme*) mechanism; engineering; works *pl*; **s'y connaître en ~** to be mechanically minded; **~ hydraulique** hydraulics *sg*; **~ ondulatoire** wave mechanics *sg*
mécaniquement [mekanikmɑ̃] ADV mechanically
mécanisation [mekanizasjɔ̃] NF mechanization
mécaniser [mekanize] /1/ VT to mechanize
mécanisme [mekanism] NM mechanism; **~ des taux de change** exchange rate mechanism
mécano [mekano] NM (*fam*) mechanic
mécénat [mesena] NM (*appui, promotion*) patronage; (*soutien financier*) sponsorship
mécène [mesɛn] NMF (*of the arts*) patron
méchamment [meʃamɑ̃] ADV nastily, maliciously; spitefully; viciously
méchanceté [meʃɑ̃ste] NF (*d'une personne, d'une parole*) nastiness, maliciousness, spitefulness; (*parole, action*) nasty *ou* spiteful *ou* malicious remark (*ou* action); **dire des méchancetés à qn** to say spiteful things to sb
méchant, e [meʃɑ̃, -ɑ̃t] ADJ nasty, malicious, spiteful; (*enfant: pas sage*) naughty; (*animal*) vicious; (*avant le nom: péj*) nasty
mèche [mɛʃ] NF (*de lampe, bougie*) wick; (*d'un explosif*) fuse; (*Méd*) pack, dressing; (*de vilebrequin, perceuse*) bit; (*de dentiste*) drill; (*de fouet*) lash; (*de cheveux*) lock; **se faire faire des mèches** (*chez le coiffeur*) to have highlights put in one's hair, have one's hair streaked; **vendre la ~** to give the game away; **de ~ avec** in league with
méchoui [meʃwi] NM *whole sheep barbecue*
mécompte [mekɔ̃t] NM (*erreur*) miscalculation; (*déception*) disappointment
méconnais *etc* [mekɔnɛ] VB *voir* **méconnaître**
méconnaissable [mekɔnɛsabl] ADJ unrecognizable
méconnaissais *etc* [mekɔnɛsɛ] VB *voir* **méconnaître**
méconnaissance [mekɔnɛsɑ̃s] NF ignorance
méconnaître [mekɔnɛtʀ] /57/ VT (*ignorer*) to be unaware of; (*mésestimer*) to misjudge
méconnu, e [mekɔny] PP *de* **méconnaître** ▸ ADJ (*génie etc*) unrecognized
mécontent, e [mekɔ̃tɑ̃, -ɑ̃t] ADJ: **~ (de)** (*insatisfait*) discontented *ou* dissatisfied *ou* displeased (with); (*contrarié*) annoyed (at) ▸ NM/F malcontent, dissatisfied person
mécontentement [mekɔ̃tɑ̃tmɑ̃] NM dissatisfaction, discontent, displeasure; (*irritation*) annoyance
mécontenter [mekɔ̃tɑ̃te] /1/ VT to displease
Mecque [mɛk] NF: **la ~** Mecca
mécréant, e [mekʀeɑ̃, -ɑ̃t] ADJ (*peuple*) infidel; (*personne*) atheistic
méd. ABR = **médecin**
médaille [medaj] NF medal
médaillé, e [medaje] NM/F (*Sport*) medal-holder
médaillon [medajɔ̃] NM (*portrait*) medallion; (*bijou*) locket; (*Culin*) médaillon; **en ~** *adj* (*carte etc*) inset
médecin [med(ə)sɛ̃] NM doctor; **~ du bord** (*Navig*) ship's doctor; **~ généraliste** general practitioner, GP; **~ légiste** forensic scientist (BRIT), medical examiner (US); **~ traitant** family doctor, GP
médecine [med(ə)sin] NF medicine; **~ générale** general medicine; **~ infantile** paediatrics *sg* (BRIT), pediatrics *sg* (US); **~ légale** forensic medicine; **~ préventive** preventive medicine; **~ du travail** occupational *ou* industrial medicine; **médecines parallèles** *ou* **douces** alternative medicine
MEDEF [medɛf] NM (= *Mouvement des entreprises de France*) *national confederation of French employers*, ≈ CBI (BRIT)
média [medja] NM media; **les médias** the media; **les médias sociaux** social media
médian, e [medjɑ̃, -an] ADJ median
médiateur, -trice [medjatœʀ, -tʀis] NM/F mediator; arbitrator
médiathèque [medjatɛk] NF media library
médiation [medjasjɔ̃] NF mediation; (*dans conflit social etc*) arbitration
médiatique [medjatik] ADJ media *cpd*
médiatisation [medjatizasjɔ̃] NF media coverage
médiatisé, e [medjatize] ADJ reported in the media; **être ~** to get media attention; **ce procès a été très ~** this trial got a great deal of media attention
médiatiser [medjatize] VT to give a lot of media coverage to; **~ un conflit** to turn a conflict into a media event
médiator [medjatɔʀ] NM plectrum
médical, e, -aux [medikal, -o] ADJ medical; **visiteur** *ou* **délégué ~** medical rep *ou* representative; **passer une visite médicale** to have a medical
médicalement [medikalmɑ̃] ADV medically
médicalisation [medikalizasjɔ̃] NF (*traitement: d'accouchement, vieillesse*) management; (*recours abusif à la médecine*) medicalization
médicament [medikamɑ̃] NM medicine, drug
médicamenteux, -euse [medikamɑ̃tø, -øz] ADJ medicinal

m

médication [medikasjɔ̃] NF medication
médicinal, e, -aux [medisinal, -o] ADJ medicinal
médico-légal, e, -aux [medikɔlegal, -o] ADJ forensic
médico-social, e, -aux [medikɔsɔsjal, -o] ADJ: **assistance médico-sociale** medical and social assistance
médiéval, e, -aux [medjeval, -o] ADJ medieval
médiocre [medjɔkʀ] ADJ mediocre, poor
médiocrité [medjɔkʀite] NF mediocrity
médire [mediʀ] /37/ VI: **~ de** to speak ill of
médisance [medizɑ̃s] NF scandalmongering *no pl* (BRIT), mud-slinging *no pl*; (*propos*) piece of scandal *ou* malicious gossip
médisant, e [medizɑ̃, -ɑ̃t] VB *voir* **médire** ▸ADJ slanderous, malicious
médit, e [medi, -it] PP *de* **médire**
méditatif, -ive [meditatif, -iv] ADJ thoughtful
méditation [meditasjɔ̃] NF meditation
méditer [medite] /1/ VT (*approfondir*) to meditate on, ponder (over); (*combiner*) to meditate ▸VI to meditate; **~ de faire** to contemplate doing, plan to do
Méditerranée [mediteʀane] NF: **la (mer) ~** the Mediterranean (Sea)
méditerranéen, ne [mediteʀaneɛ̃, -ɛn] ADJ Mediterranean ▸NM/F: **Méditerranéen, ne** Mediterranean
médium [medjɔm] NM medium (*spiritualist*)
médius [medjys] NM middle finger
médoc [medɔk] NM (*vin*) Médoc
méduse [medyz] NF jellyfish
méduser [medyze] /1/ VT to dumbfound
meeting [mitiŋ] NM (*Pol, Sport*) rally, meeting; **~ d'aviation** air show
méfait [mefɛ] NM (*faute*) misdemeanour, wrongdoing ■ **méfaits** NMPL (*ravages*) ravages, damage *sg*
méfiance [mefjɑ̃s] NF mistrust, distrust
méfiant, e [mefjɑ̃, -ɑ̃t] ADJ mistrustful, distrustful
méfier [mefje] /7/: **se méfier** VPR to be wary; (*faire attention*) to be careful; **se ~ de** *vt* to mistrust, distrust, be wary of; to be careful about
mégabit [megabit] NM (*Inform*) megabit
mégadonnées [megadɔne] NFPL (*Inform*) big data
mégahertz [megaɛʀts] NM megahertz
mégalo [megalo] ADJ, NMF (*fam*) megalomaniac
mégalomane [megalɔman] ADJ, NMF megalomaniac
mégalomanie [megalɔmani] NF megalomania
mégalopole [megalɔpɔl] NF megalopolis
méga-octet [megaɔktɛ] NM megabyte
mégarde [megaʀd] NF: **par ~** (*accidentellement*) accidentally; (*par erreur*) by mistake
mégatonne [megatɔn] NF megaton
mégawatt [megawat] NM megawatt
mégère [meʒɛʀ] NF (*péj: femme*) shrew
mégot [mego] NM cigarette end *ou* butt
mégoter [megɔte] /1/ VI to nitpick
★**meilleur, e** [mɛjœʀ] ADJ, ADV better; (*valeur superlative*) best; **il fait ~ qu'hier** it's better weather than yesterday; **de meilleure heure** earlier; **~ marché** cheaper ▸NM: **le ~** (*celui qui ...*) the best (one); (*ce qui ...*) the best; **le ~ des deux** the better of the two ▸NF: **la meilleure** the best (one)
méjuger [meʒyʒe] /3/ VT to misjudge
mél [mɛl] NM email
mélancolie [melɑ̃kɔli] NF melancholy, gloom
mélancolique [melɑ̃kɔlik] ADJ melancholy, gloomy
mélanésien, ne [melanezjɛ̃, -jɛn] ADJ Melanesian ▸NM/F: **Mélanésien, ne** Melanesian
mélange [melɑ̃ʒ] NM (*opération*) mixing; blending; (*résultat*) mixture; blend; **sans ~** unadulterated
mélanger [melɑ̃ʒe] /3/ VT (*substances*) to mix; (*vins, couleurs*) to blend; (*mettre en désordre, confondre*) to mix up, muddle (up) ■ **se mélanger** VPR (*liquides, couleurs*) to blend, mix
mélangeur [melɑ̃ʒœʀ] NM (*robinet*) mixer tap (BRIT), mixer faucet (*US*); (*machine*) mixer
mélanine [melanin] NF melanin
mélanome [melanom] NM melanoma
mélasse [melas] NF treacle, molasses *sg*
mêlée [mele] NF (*bataille, cohue*) mêlée, scramble; (*lutte, conflit*) tussle, scuffle; (*Rugby*) scrum(mage)
mêler [mele] /1/ VT (*substances, odeurs*) to mix; **~ à** *ou* **avec** *ou* **de** to mix with; to mingle with; **~ qn à** (*affaire*) to get sb mixed up *ou* involved in ■ **se mêler** VPR to mix; (*se joindre, s'allier*) to mingle; **se ~ à** (*personne*) to join; (*s'associer à*) to mix with (*: odeurs etc*) to mingle with; **se ~ de** (*personne*) to meddle with, interfere in; **mêle-toi de tes affaires!** mind your own business!
méli-mélo [melimelo] NM INV (*fam*) jumble
mélo [melo] NM, ADJ = **mélodrame; mélodramatique**
mélodie [melɔdi] NF melody
mélodieux, -euse [melɔdjø, -øz] ADJ melodious, tuneful
mélodique [melɔdik] ADJ melodic
mélodramatique [melɔdʀamatik] ADJ melodramatic
mélodrame [melɔdʀam] NM melodrama
mélomane [melɔman] NMF music lover
★**melon** [m(ə)lɔ̃] NM (*Bot*) (honeydew) melon; (*aussi: **chapeau melon***) bowler (hat); **~ d'eau** watermelon
mélopée [melɔpe] NF monotonous chant
membrane [mɑ̃bʀan] NF membrane
★**membre** [mɑ̃bʀ] NM (*Anat*) limb; **~ (viril)** (male) organ ▸NMF (*personne, pays, élément*) member; **être ~ de** to be a member of ▸ADJ member *cpd*
mémé [meme] NF (*fam*) granny; (*: vieille femme*) old dear

même [mɛm]

ADJ **1** (*avant le nom*) same; **en même temps** at the same time; **ils ont les mêmes goûts** they have the same *ou* similar tastes
2 (*après le nom: renforcement*): **il est la loyauté**

même he is loyalty itself; **ce sont ses paroles mêmes** they are his very words
▸ PRON: **le (la) même** the same one
▸ ADV 1 (*renforcement*): **il n'a même pas pleuré** he didn't even cry; **même lui l'a dit** even HE said it; **ici même** at this very place; **même si** even if
2: **à même**: **à même la bouteille** straight from the bottle; **à même la peau** next to the skin; **être à même de faire** to be in a position to do, be able to do; **mettre qn à même de faire** to enable sb to do
3: **de même** likewise; **faire de même** to do likewise *ou* the same; **lui de même** so does (*ou* did *ou* is) he; **de même que** just as; **il en va de même pour** the same goes for

mémento [memɛ̃to] NM (*agenda*) appointments diary; (*ouvrage*) summary

mémère [memɛʀ] NF (*fam, péj*) old granny

mémo [memo] NM (*fam*) memo

mémoire [memwaʀ] NF memory; **avoir la ~ des visages/chiffres** to have a (good) memory for faces/figures; **n'avoir aucune ~** to have a terrible memory; **avoir de la ~** to have a good memory; **à la ~ de** to the *ou* in memory of; **pour ~** *adv* for the record; **de ~** *adv* from memory; **de ~ d'homme** in living memory; **mettre en ~** (*Inform*) to store; **~ morte** read-only memory, ROM; **~ vive** random access memory, RAM ▸ NM (*Admin, Jur*) memorandum; (*Université*) dissertation, paper ▸ NMPL memoirs

mémorable [memɔʀabl] ADJ memorable

mémorandum [memɔʀɑ̃dɔm] NM memorandum; (*carnet*) notebook

mémorial, -aux [memɔʀjal, -o] NM memorial

mémorisable [memɔʀizabl] ADJ: **facilement ~** easy to remember

mémoriser [memɔʀize] /1/ VT to memorize; (*Inform*) to store

menaçant, e [mənasɑ̃, -ɑ̃t] ADJ threatening, menacing

menace [mənas] NF threat; **~ en l'air** empty threat

★**menacer** [mənase] /3/ VT to threaten; **~ qn de qch/de faire qch** to threaten sb with sth/to do sth

ménage [menaʒ] NM (*travail*) housekeeping, housework; (*couple*) (married) couple; (*famille, Admin*) household; **faire le ~** to do the housework; **faire des ménages** to work as a cleaner (*in private homes*); **monter son ~** to set up house; **se mettre en ~ (avec)** to set up house (with); **heureux en ~** happily married; **faire bon ~ avec** to get on well with; **~ de poupée** doll's kitchen set; **~ à trois** love triangle

ménagement [menaʒmɑ̃] NM care and attention ■ **ménagements** NMPL (*égards*) consideration *sg*, attention *sg*

ménager¹ [menaʒe] VT (*traiter avec mesure*) to handle with tact; to treat considerately; (*utiliser*) to use with care; (: *avec économie*) to use sparingly; (*prendre soin de*) to take (great) care of, look after; (*organiser*) to arrange; (*installer*) to put in; to make; **~ qch à qn** (*réserver*) to have sth in store for sb ■ **se ménager** VPR to look after o.s.

ménager², -ère [menaʒe, -ɛʀ] ADJ household *cpd*, domestic ▸ NF (*femme*) housewife; (*couverts*) canteen (of cutlery)

ménagerie [menaʒʀi] NF menagerie

mendiant, e [mɑ̃djɑ̃, -ɑ̃t] NM/F beggar

mendicité [mɑ̃disite] NF begging

mendier [mɑ̃dje] /7/ VI to beg ▸ VT to beg (for); (*fig: éloges, compliments*) to fish for

menées [məne] NFPL intrigues, manœuvres (BRIT), maneuvers (US); (*Comm*) activities

★**mener** [m(ə)ne] /5/ VT to lead; (*enquête*) to conduct; (*affaires*) to manage, conduct, run; **~ qch à bonne fin** *ou* **à terme** *ou* **à bien** to see sth through (to a successful conclusion), complete sth successfully ▸ VI: **~ (à la marque)** to lead, be in the lead; **~ à/dans** (*emmener*) to take to/into

meneur, -euse [mənœʀ, -øz] NM/F leader; (*péj: agitateur*) ringleader; **~ d'hommes** born leader; **~ de jeu** host, quizmaster (BRIT)

menhir [meniʀ] NM standing stone

méninges [menɛ̃ʒ] NFPL (*Anat*) meninges; (*fam*): **se creuser les ~** to rack one's brains

méningite [menɛ̃ʒit] NF meningitis *no pl*

ménisque [menisk] NM (*Anat*) meniscus

ménopause [menopoz] NF menopause

ménopausée [menopoze] ADJ F post-menopausal

menotte [mənɔt] NF (*langage enfantin*) handie ■ **menottes** NFPL handcuffs; **passer les menottes à** to handcuff

menotter [mənɔte] VT to handcuff

mens [mɑ̃] VB *voir* **mentir**

mensonge [mɑ̃sɔ̃ʒ] NM: **le ~** lying *no pl*; **un ~** a lie

mensonger, -ère [mɑ̃sɔ̃ʒe, -ɛʀ] ADJ false

menstruation [mɑ̃stʀyasjɔ̃] NF menstruation

menstruel, le [mɑ̃stʀyɛl] ADJ menstrual

mensualisation [mɑ̃sɥalizasjɔ̃] NF (*des salaires*) monthly payment; **les paiements par ~** payment by monthly instalments

mensualiser [mɑ̃sɥalize] /1/ VT to pay monthly

mensualité [mɑ̃sɥalite] NF (*somme payée*) monthly payment; (*somme perçue*) monthly salary

mensuel, le [mɑ̃sɥɛl] ADJ monthly ▸ NM/F (*employé*) employee paid monthly ▸ NM (*Presse*) monthly

mensuellement [mɑ̃sɥɛlmɑ̃] ADV monthly

mensurations [mɑ̃syʀasjɔ̃] NFPL measurements

mentais *etc* [mɑ̃tɛ] VB *voir* **mentir**

mental, e, -aux [mɑ̃tal, -o] ADJ mental

mentalement [mɑ̃talmɑ̃] ADV in one's head, mentally

mentalité [mɑ̃talite] NF mentality

menteur, -euse [mɑ̃tœʀ, -øz] NM/F liar

menthe [mɑ̃t] NF mint; **~ (à l'eau)** peppermint cordial

menthol [mɑ̃tɔl] NM menthol

mentholé, e [mɑ̃tɔle] ADJ menthol *cpd*, mentholated

mention [mɑ̃sjɔ̃] NF (*note*) note, comment; (*Scol*): **~ (très) bien/passable** (*very*) *good/satisfactory pass*; **faire ~ de** to mention; **« rayer la ~ inutile »** "delete as appropriate"

m

mentionner [mɑ̃sjɔne] /1/ VT to mention
★**mentir** [mɑ̃tiʀ] /16/ VI to lie
★**menton** [mɑ̃tɔ̃] NM chin
mentonnière [mɑ̃tɔnjɛʀ] NF chin strap
★**menu, e** [məny] ADJ (*mince*) slim, slight; (*petit*) tiny; (*frais, difficulté*) minor; **menue monnaie** small change ▸ ADV (*couper, hacher*) very fine ▸ NM menu; **par le ~** (*raconter*) in minute detail; **~ touristique** popular *ou* tourist menu
menuet [mənɥɛ] NM minuet
menuiserie [mənɥizʀi] NF (*travail*) joinery, carpentry; (*d'amateur*) woodwork; (*local*) joiner's workshop; (*ouvrages*) woodwork *no pl*
menuisier [mənɥizje] NM joiner, carpenter
méprendre [mepʀɑ̃dʀ] /58/: **se méprendre** VPR: **se ~ sur** to be mistaken about
mépris, e [mepʀi, -iz] PP *de* **méprendre** ▸ NM (*dédain*) contempt, scorn; (*indifférence*): **le ~ de** contempt *ou* disregard for; **au ~ de** regardless of, in defiance of
méprisable [mepʀizabl] ADJ contemptible, despicable
méprisant, e [mepʀizɑ̃, -ɑ̃t] ADJ contemptuous, scornful
méprise [mepʀiz] NF mistake, error; (*malentendu*) misunderstanding
mépriser [mepʀize] /1/ VT to scorn, despise; (*gloire, danger*) to scorn, spurn
★**mer** [mɛʀ] NF sea; (*marée*) tide; **~ fermée** inland sea; **en ~** at sea; **prendre la ~** to put out to sea; **en haute** *ou* **pleine ~** off shore, on the open sea; **la ~ Adriatique** the Adriatic (Sea); **la ~ des Antilles** *ou* **des Caraïbes** the Caribbean (Sea); **la ~ Baltique** the Baltic (Sea); **la ~ Caspienne** the Caspian Sea; **la ~ de Corail** the Coral Sea; **la ~ Égée** the Aegean (Sea); **la ~ Ionienne** the Ionian Sea; **la ~ Morte** the Dead Sea; **la ~ Noire** the Black Sea; **la ~ du Nord** the North Sea; **la ~ Rouge** the Red Sea; **la ~ des Sargasses** the Sargasso Sea; **les mers du Sud** the South Seas; **la ~ Tyrrhénienne** the Tyrrhenian Sea
mercantile [mɛʀkɑ̃til] ADJ (*péj*) mercenary
mercantilisme [mɛʀkɑ̃tilism] NM (*esprit mercantile*) mercenary attitude
mercenaire [mɛʀsənɛʀ] NM mercenary, hired soldier
mercerie [mɛʀsəʀi] NF (*Couture*) haberdashery (BRIT), notions *pl* (*US*); (*boutique*) haberdasher's (shop) (BRIT), notions store (*US*)
★**merci** [mɛʀsi] EXCL thank you; **~ beaucoup** thank you very much; **~ de** *ou* **pour** thank you for ▸ NF: **à la ~ de qn/qch** at sb's mercy/the mercy of sth; **sans ~** *adj* merciless; *adv* mercilessly
mercier, -ière [mɛʀsje, -jɛʀ] NM/F haberdasher
★**mercredi** [mɛʀkʀədi] NM Wednesday; **~ des Cendres** Ash Wednesday; *voir aussi* **lundi**
mercure [mɛʀkyʀ] NM mercury
merde [mɛʀd] (*!*) NF shit (*!*) ▸ EXCL (bloody) hell (*!*)
merder [mɛʀde] VI (*!: personne*) to screw up (*fam*)
merdeux, -euse [mɛʀdø, -øz] NM/F (*!*) little bugger (BRIT *!*), little devil
merdier [mɛʀdje] NM (*!: désordre*) bloody shambles (*!*); (*: situation*) bloody mess (*!*)
merdique [mɛʀdik] ADJ (*!*) shitty (*!*)
mère [mɛʀ] NF mother; **~ célibataire** single mother; **~ de famille** housewife, mother ▸ ADJ INV mother *cpd*
★**merguez** [mɛʀgɛz] NF *spicy North African sausage*
méridien [meʀidjɛ̃] NM meridian
méridional, e, -aux [meʀidjɔnal, -o] ADJ southern; (*du midi de la France*) Southern (French) ▸ NM/F Southerner
meringue [məʀɛ̃g] NF meringue
mérinos [meʀinos] NM merino
merisier [məʀizje] NM wild cherry (tree)
méritant, e [meʀitɑ̃, -ɑ̃t] ADJ deserving
mérite [meʀit] NM merit; **avoir du ~ (à faire qch)** to deserve credit (for doing sth); **le ~ (de ceci) lui revient** the credit (for this) is his
mériter [meʀite] /1/ VT to deserve; **~ de réussir** to deserve to succeed; **il mérite qu'on fasse ...** he deserves people to do ...
méritocratie [meʀitɔkʀasi] NF meritocracy
méritoire [meʀitwaʀ] ADJ praiseworthy, commendable
merlan [mɛʀlɑ̃] NM whiting
merle [mɛʀl] NM blackbird
merlu [mɛʀly] NM hake
mérou [meʀu] NM grouper (*fish*)
merveille [mɛʀvɛj] NF marvel, wonder; **faire ~** *ou* **des merveilles** to work wonders; **à ~** perfectly, wonderfully
merveilleusement [mɛʀvɛjøzmɑ̃] ADV beautifully; **~ bien** wonderfully well
★**merveilleux, -euse** [mɛʀvɛjø, -øz] ADJ marvellous, wonderful
★**mes** [me] ADJ POSS *voir* **mon**
mésalliance [mezaljɑ̃s] NF misalliance, mismatch
mésallier [mezalje] /7/: **se mésallier** VPR to marry beneath (*ou* above) o.s.
mésange [mezɑ̃ʒ] NF tit(mouse); **~ bleue** bluetit
mésaventure [mezavɑ̃tyʀ] NF misadventure, misfortune
Mesdames [medam] NFPL *voir* **Madame**
Mesdemoiselles [medmwazɛl] NFPL *voir* **Mademoiselle**
mésentente [mezɑ̃tɑ̃t] NF dissension, disagreement
mésestimer [mezɛstime] /1/ VT to underestimate, underrate
Mésopotamie [mezɔpɔtami] NF: **la ~** Mesopotamia
mesquin, e [mɛskɛ̃, -in] ADJ mean, petty
mesquinerie [mɛskinʀi] NF meanness *no pl*, pettiness *no pl*; (*procédé*) mean trick
mess [mɛs] NM mess
★**message** [mesaʒ] NM message; **~ d'erreur** (*Inform*) error message; **~ électronique** (*Inform*) email; **~ instantané** instant message; **~ publicitaire** ad, advertisement; **~ téléphoné** telegram dictated by telephone; **~ SMS** text message; **elle m'a envoyé un ~ sur Facebook** she messaged me on Facebook
messager, -ère [mesaʒe, -ɛʀ] NM/F messenger

messagerie [mesaʒʀi] NF: **messageries aériennes/maritimes** air freight/shipping service *sg*; (*Internet*): **~ électronique** electronic mail, email; **messageries de presse** press distribution service; **~ instantanée** instant messenger, IM; **~ rose** *lonely hearts and contact service on videotext*; **~ vocale** voice mail

★**messe** [mɛs] NF mass; **aller à la ~** to go to mass; **~ de minuit** midnight mass; **faire des messes basses** (*fig, péj*) to mutter

messie [mesi] NM: **le M~** the Messiah

Messieurs [mesjø] NMPL *voir* **Monsieur**

mesurable [məzyʀabl] ADJ measurable; **difficilement ~** difficult to quantify.

mesure [m(ə)zyʀ] NF (*évaluation, dimension*) measurement; (*étalon, récipient, contenu*) measure; (*Mus: cadence*) time, tempo; (*: division*) bar; (*retenue*) moderation; (*disposition*) measure, step; **unité/système de ~** unit/system of measurement; **sur ~** (*costume*) made-to-measure; (*fig*) personally adapted; **à la ~ de** (*fig: personne*) worthy of; (*chambre etc*) on the same scale as; **dans la ~ où** insofar as, inasmuch as; **dans une certaine ~** to some *ou* a certain extent; **à ~ que** as; **en ~** (*Mus*) in time *ou* tempo; **être en ~ de** to be in a position to; **dépasser la ~** (*fig*) to overstep the mark

mesuré, e [məzyʀe] ADJ (*ton, effort*) measured; (*personne*) restrained

★**mesurer** [məzyʀe] /1/ VT to measure; (*juger*) to weigh up, assess; (*limiter*) to limit, ration; (*modérer: ses paroles etc*) to moderate; (*proportionner*): **~ qch à** to match sth to, gear sth to; **il mesure 1 m 80** he's 1 m 80 tall ▪ **se mesurer** VPR: **se ~ avec** to have a confrontation with; to tackle

met [mɛ] VB *voir* **mettre**

métabolisme [metabɔlism] NM metabolism

métairie [meteʀi] NF smallholding

métal, -aux [metal, -o] NM metal

métalangage [metalɑ̃gaʒ] NM metalanguage

métallique [metalik] ADJ metallic

métallisé, e [metalize] ADJ metallic

métallo [metalo] NMF (*fam: métallurgiste*) metal worker

métallurgie [metalyʀʒi] NF metallurgy

métallurgique [metalyʀʒik] ADJ steel *cpd*, metal *cpd*

métallurgiste [metalyʀʒist] NMF (*ouvrier*) steel *ou* metal worker; (*industriel*) metallurgist

métamorphose [metamɔʀfoz] NF metamorphosis

métamorphoser [metamɔʀfoze] /1/ VT to transform ▪ **se métamorphoser** VPR (*chenille, larve*) to metamorphose; **se ~ en qch** to metamorphose into sth

métaphore [metafɔʀ] NF metaphor

métaphorique [metafɔʀik] ADJ metaphorical, figurative

métaphoriquement [metafɔʀikmɑ̃] ADV metaphorically

métaphysique [metafizik] NF metaphysics *sg* ▸ ADJ metaphysical

métapsychique [metapsiʃik] ADJ psychic, parapsychological

métastase [metastɑz] NF (*Méd*) metastasis

métatarse [metataʀs] NM metatarsus

métayer, -ère [meteje, -jɛʀ] NM/F (tenant) farmer

météo [meteo] NF (*bulletin*) (weather) forecast; (*service*) ≈ Met Office (BRIT), ≈ National Weather Service (US)

météore [meteɔʀ] NM meteor

météorique [meteɔʀik] ADJ (*Astronomie*) meteoric; (*fig: carrière, parcours*) meteoric

météorite [meteɔʀit] NM OU F meteorite

météorologie [meteɔʀɔlɔʒi] NF (*étude*) meteorology; (*service*) ≈ Meteorological Office (BRIT), ≈ National Weather Service (US)

météorologique [meteɔʀɔlɔʒik] ADJ meteorological, weather *cpd*

météorologue [meteɔʀɔlɔg], **météorologiste** [meteɔʀɔlɔʒist] NMF meteorologist, weather forecaster

métèque [metɛk] NM (*péj*) wop (!)

méthane [metan] NM methane

méthanier [metanje] NM (*bateau*) (liquefied) gas carrier *ou* tanker

méthode [metɔd] NF method; (*livre, ouvrage*) manual, tutor

méthodique [metɔdik] ADJ methodical

méthodiquement [metɔdikmɑ̃] ADV methodically

méthodiste [metɔdist] ADJ, NMF (*Rel*) Methodist

méthodologie [metɔdɔlɔʒi] NF methodology

méthodologique [metɔdɔlɔʒik] ADJ methodological

méthylène [metilɛn] NM: **bleu de ~** methylene blue

méticuleusement [metikyløzmɑ̃] ADV meticulously

méticuleux, -euse [metikylø, -øz] ADJ meticulous

métier [metje] NM (*profession: gén*) job; (*: manuel*) trade; (*: artisanal*) craft; (*technique, expérience*) (acquired) skill *ou* technique; (*aussi:* **métier à tisser**) (weaving) loom; **être du ~** to be in the trade *ou* profession

métis, se [metis] ADJ of mixed race ▸ NM/F person of mixed race

métissage [metisaʒ] NM (*de cultures, populations*) mix; **le ~ de la société** the cultural mix of society

métissé, e [metise] ADJ: **une culture métissée** an ethnically diverse culture

métisser [metise] /1/ VT (*plantes, animaux*) to cross(breed)

métonymie [metɔnimi] NF metonymy; **par ~** by metonymy

métrage [metʀaʒ] NM (*de tissu*) length; (*Ciné*) footage, length; **long/moyen/court ~** feature *ou* full-length/medium-length/short film

mètre [mɛtʀ] NM metre (BRIT), meter (US); (*règle*) metre rule, meter rule; (*ruban*) tape measure; **~ carré/cube** square/cubic metre *ou* meter

métrer [metʀe] /6/ VT (*Tech*) to measure (in metres *ou* meters); (*Constr*) to survey

métreur, -euse [metʀœʀ, -øz] NM/F: **~ (vérificateur)** (quantity) surveyor

métrique [metʀik] ADJ metric ▸ NF metrics *sg*

m

métro [metʀo] NM underground (BRIT), subway (US)

métronome [metʀɔnɔm] NM metronome

métropole [metʀɔpɔl] NF (*capitale*) metropolis; (*pays*) home country

métropolitain, e [metʀɔpɔlitɛ̃, -ɛn] ADJ metropolitan

mets [mɛ] NM dish ▶ VB *voir* **mettre**

mettable [mɛtabl] ADJ fit to be worn, decent

metteur, -euse [mɛtœʀ, -øz] NM/F: **~ en scène** (*Théât*) producer; (*Ciné*) director; **~ en ondes** (*Radio*) producer

mettre [mɛtʀ]

/56/ VT 1 (*placer*) to put; **mettre en bouteille/en sac** to bottle/put in bags *ou* sacks; **mettre qch à la poste** to post sth (BRIT), mail sth (US); **mettre en examen (pour)** to charge (with) (BRIT), indict (for) (US); **mettre une note gaie/amusante** to inject a cheerful/an amusing note; **mettre qn debout/assis** to help sb up *ou* to their feet/help sb to sit down

2 (*vêtements: revêtir*) to put on; (: *porter*) to wear; **mets ton gilet** put your cardigan on; **je ne mets plus mon manteau** I no longer wear my coat

3 (*faire fonctionner: chauffage, électricité*) to put on; (: *réveil, minuteur*) to set; **mettre en marche** to start up

4 (*installer: gaz, eau*) to put in, lay on

5 (*consacrer*): **mettre du temps/deux heures à faire qch** to take time/two hours to do sth; **y mettre du sien** to pull one's weight

6 (*noter, écrire*) to say, put (down); **qu'est-ce qu'il a mis sur la carte ?** what did he say *ou* write on the card?; **mettez au pluriel ...** put ... into the plural

7 (*supposer*): **mettons que ...** let's suppose *ou* say that ...

8 (*faire + vb*): **faire mettre le gaz/l'électricité** to have gas/electricity put in *ou* installed

■ **se mettre** VPR 1 (*se placer*): **vous pouvez vous mettre là** you can sit (*ou* stand) there; **où ça se met ?** where does it go?; **se mettre au lit** to get into bed; **se mettre au piano** to sit down at the piano; **se mettre à l'eau** to get into the water; **se mettre de l'encre sur les doigts** to get ink on one's fingers

2 (*s'habiller*): **se mettre en maillot de bain** to get into *ou* put on a swimsuit; **n'avoir rien à se mettre** to have nothing to wear

3 (*dans rapports*): **se mettre bien/mal avec qn** to get on the right/wrong side of sb; **se mettre qn à dos** to get on sb's bad side; **se mettre avec qn** (*prendre parti*) to side with sb; (*faire équipe*) to team up with sb; (*en ménage*) to move in with sb

4: **se mettre à** to begin, start; **se mettre à faire** to begin *ou* start doing *ou* to do; **se mettre au piano** to start learning the piano; **se mettre au régime** to go on a diet; **se mettre au travail/à l'étude** to get down to work/one's studies; **il est temps de s'y mettre** it's time we got down to it *ou* got on with it

★**meuble** [mœbl] NM (*objet*) piece of furniture; (*ameublement*) furniture *no pl* ▶ ADJ (*terre*) loose, friable; (*Jur*): **biens meubles** movables

Furniture est indénombrable : il ne peut pas désigner une seule armoire, un seul canapé, etc. Pour traduire *un meuble*, il faut dire **a piece of furniture**. Notez que **furniture** ne prend jamais de **-s** et s'emploie avec un verbe au singulier.
Tous nos meubles sont d'occasion. **All our furniture *is* second-hand.**
un meuble très lourd **a very heavy piece of furniture**

meublé [mœble] NM (*pièce*) furnished room; (*appartement*) furnished flat (BRIT) *ou* apartment (US)

meubler [mœble] /1/ VT to furnish; (*fig*): **~ qch (de)** to fill sth (with) ■ **se meubler** VPR to furnish one's house

meuf [mœf] NF (*fam*) woman

meuglement [møgləmɑ̃] NM (*de vaches*) mooing, lowing

meugler [møgle] /1/ VI to low, moo

meule [møl] NF (*à broyer*) millstone; (*à aiguiser*) grindstone; (*à polir*) buff wheel; (*de foin, blé*) stack; (*de fromage*) round

meunerie [mønʀi] NF (*industrie*) flour trade; (*métier*) milling

meunier, -ière [mønje, -jɛʀ] NM miller ▶ NF miller's wife ▶ ADJ F (*Culin*) meunière

meurs *etc* [mœʀ] VB *voir* **mourir**

★**meurtre** [mœʀtʀ] NM murder

meurtrier, -ière [mœʀtʀije, -jɛʀ] ADJ (*arme, épidémie, combat*) deadly; (*accident*) fatal; (*carrefour, route*) lethal; (*fureur, instincts*) murderous ▶ NM/F murderer(-ess) ▶ NF (*ouverture*) loophole

meurtrir [mœʀtʀiʀ] /2/ VT to bruise; (*fig*) to wound

meurtrissure [mœʀtʀisyʀ] NF bruise; (*fig*) scar

meus *etc* [mœ] VB *voir* **mouvoir**

Meuse [mœz] NF: **la ~** the Meuse

meute [møt] NF pack

meuve *etc* [mœv] VB *voir* **mouvoir**

mévente [mevɑ̃t] NF slump (in sales)

mexicain, e [mɛksikɛ̃, -ɛn] ADJ Mexican ▶ NM/F: **Mexicain, e** Mexican

Mexico [mɛksiko] N Mexico City

Mexique [mɛksik] NM: **le ~** Mexico

mezzanine [mɛdzanin] NF mezzanine (floor)

MF SIGLE MPL = **millions de francs** ▶ SIGLE F (*Radio*: = *modulation de fréquence*) FM

Mgr ABR = **monseigneur**

mi [mi] NM (*Mus*) E; (*en chantant la gamme*) mi

mi- [mi] PRÉFIXE half, mid-; **à la mi-janvier** in mid-January; **mi-bureau, mi-chambre** half office, half bedroom; **à mi-jambes** to the knees; **à mi-corps** to the waist; **à mi-hauteur** (*en montant*) halfway up; (*en descendant*) halfway down; **à mi-pente** (*en montant*) halfway up the hill; (*en descendant*) halfway down the hill

miam-miam [mjammjam] EXCL (*fam*) yum-yum (*fam*), yummy (*fam*)

miaou [mjau] NM miaow

miasmes [mjasm] NMPL noxious air

miaulement [mjolmɑ̃] NM (*cri*) miaow; (*continu*) miaowing *no pl*

miauler [mjole] /1/ VI to miaow

mi-bas [mibɑ] NM INV knee-length sock
mica [mika] NM mica
mi-carême [mikaʀɛm] NF: **la ~** the third Thursday in Lent
miche [miʃ] NF round *ou* cob loaf
mi-chemin [miʃmɛ̃]: **à ~** *adv* halfway, midway
mi-clos, e [miklo, -kloz] ADJ half-closed
micmac [mikmak] NM (*péj*) carry-on
mi-côte [mikot]: **à ~** *adv* halfway up (*ou* down) the hill
mi-course [mikuʀs]: **à ~** *adv* halfway through the race
micro [mikʀo] NM mike, microphone; (*Inform*) micro; **~ cravate** lapel mike
microbe [mikʀɔb] NM germ, microbe
microbien, ne [mikʀɔbjɛ̃, -jɛn] ADJ (*vie, infection*) microbial
microbiologie [mikʀɔbjɔlɔʒi] NF microbiology
microchirurgie [mikʀɔʃiʀyʀʒi] NF microsurgery
microclimat [mikʀoklima] NM microclimate
microcosme [mikʀɔkɔsm] NM microcosm
micro-édition [mikʀɔedisjɔ̃] NF desktop publishing
micro-électronique [mikʀɔelɛktʀɔnik] NF microelectronics *sg*
microfiche [mikʀɔfiʃ] NF microfiche
microfilm [mikʀɔfilm] NM microfilm
micro-onde [mikʀɔɔ̃d] NF: **four à micro-ondes** microwave oven
micro-ordinateur [mikʀɔɔʀdinatœʀ] NM microcomputer
micro-organisme [mikʀɔɔʀganism] NM micro-organism
microphone [mikʀɔfɔn] NM microphone
microplaquette [mikʀɔplakɛt] NF microchip
microprocesseur [mikʀɔpʀɔsɛsœʀ] NM microprocessor
microscope [mikʀɔskɔp] NM microscope; **au ~** under *ou* through the microscope
microscopique [mikʀɔskɔpik] ADJ microscopic
microsillon [mikʀɔsijɔ̃] NM long-playing record
MIDEM [midɛm] SIGLE M (= *Marché international du disque et de l'édition musicale*) *music industry trade fair*
★**midi** [midi] NM (*milieu du jour*) midday, noon; (*moment du déjeuner*) lunchtime; (*sud*) south; **le M~** (*de la France*) the South (of France), the Midi; **à ~** at 12 (o'clock) *ou* midday *ou* noon; **tous les midis** every lunchtime; **le repas de ~** lunch; **en plein ~** (right) in the middle of the day; (*sud*) facing south
midinette [midinɛt] NF silly young townie
mie [mi] NF inside (of the loaf)
★**miel** [mjɛl] NM honey; **être tout ~** (*fig*) to be all sweetness and light
mielleux, -euse [mjɛlø, -øz] ADJ (*péj: personne*) sugary, syrupy
mien, ne [mjɛ̃, mjɛn] ADJ, PRON: **le (la) ~(ne), les ~(ne)s** mine; **les miens** (*ma famille*) my family
miette [mjɛt] NF (*de pain, gâteau*) crumb; (*fig: de la conversation etc*) scrap; **en miettes** (*fig*) in pieces *ou* bits

mieux [mjø]

ADV **1** (*d'une meilleure façon*): **mieux (que)** better (than); **elle travaille/mange mieux** she works/eats better; **aimer mieux** to prefer; **j'attendais mieux de vous** I expected better of you; **elle va mieux** she is better; **de mieux en mieux** better and better
2 (*de la meilleure façon*) best; **ce que je sais le mieux** what I know best; **les livres les mieux faits** the best made books
3 (*intensif*): **vous feriez mieux de faire ...** you would be better to do ...; **crier à qui mieux mieux** to try to shout each other down
▶ ADJ INV **1** (*plus à l'aise, en meilleure forme*) better; **se sentir mieux** to feel better
2 (*plus satisfaisant*) better; **c'est mieux ainsi** it's better like this; **c'est le mieux des deux** it's the better of the two; **le/la mieux, les mieux** the best; **demandez-lui, c'est le mieux** ask him, it's the best thing
3 (*plus joli*) better-looking; (*plus gentil*) nicer; **il est mieux que son frère** (*plus beau*) he's better-looking than his brother; (*plus gentil*) he's nicer than his brother; **il est mieux sans moustache** he looks better without a moustache
4: **au mieux** at best; **au mieux avec** on the best of terms with; **pour le mieux** for the best; **qui mieux est** even better, better still
▶ NM **1** (*progrès*) improvement
2: **de mon/ton mieux** as best I/you can (*ou* could); **faire de son mieux** to do one's best; **du mieux qu'il peut** the best he can; **faute de mieux** for lack *ou* want of anything better, failing anything better

mieux-être [mjøzɛtʀ] NM greater well-being; (*financier*) improved standard of living
mièvre [mjɛvʀ] ADJ sickly sentimental
mièvrerie [mjɛvʀəʀi] NF soppiness, sickly sentimentality
★**mignon, ne** [miɲɔ̃, -ɔn] ADJ sweet, cute
migraine [migʀɛn] NF headache; (*Méd*) migraine
migrant, e [migʀɑ̃, -ɑ̃t] ADJ, NM/F migrant
migrateur, -trice [migʀatœʀ, -tʀis] ADJ migratory
migration [migʀasjɔ̃] NF migration
migratoire [migʀatwaʀ] ADJ migratory; **les flux migratoires** flow of migrants
migrer [migʀe] VI to migrate
mijaurée [miʒɔʀe] NF pretentious (young) madam
mijoter [miʒɔte] /1/ VT to simmer; (*préparer avec soin*) to cook lovingly; (*affaire, projet*) to plot, cook up ▶ VI to simmer
mil [mil] NUM = **mille**
milan [milɑ̃] NM (*oiseau*) kite; **~ royal** red kite ▶ N: **M~** Milan
milanais, e [milanɛ, -ɛz] ADJ Milanese ▶ NM/F: **Milanais, e** Milanese
mildiou [mildju] NM mildew
mile [majl] NM mile
milice [milis] NF militia
milicien, ne [milisjɛ̃, -ɛn] NM/F militiaman(-woman)

m

★**milieu, x** [miljø] NM *(centre)* middle; *(fig)* middle course *ou* way; *(aussi:* **juste milieu**) happy medium; *(Bio, Géo)* environment; *(entourage social)* milieu; *(familial)* background; circle; *(pègre)*: **le ~** the underworld; **au ~ de** in the middle of; **au beau** *ou* **en plein ~ (de)** right in the middle (of); **~ de terrain** *(Football: joueur)* midfield player; *(: joueurs)* midfield

★**militaire** [militɛʀ] ADJ military, army *cpd*; **service ~** military service ▸ NM serviceman (servicewoman)

militant, e [militɑ̃, -ɑ̃t] ADJ, NM/F militant

militantisme [militɑ̃tism] NM militancy

militarisation [militaʀizasjɔ̃] NF militarization

militarisé, e [militaʀize] ADJ *(zone)* militarized

militariser [militaʀize] /1/ VT to militarize

militarisme [militaʀism] NM *(péj)* militarism

militer [milite] /1/ VI to be a militant; **~ pour/contre** to militate in favour of/against

milk-shake [milkʃɛk] NM milk shake

mille [mil] NUM a *ou* one thousand; **mettre dans le ~** to hit the bull's-eye; *(fig)* to be bang on (target) ▸ NM *(mesure)*: **~ (marin)** nautical mile

millefeuille [milfœj] NM cream *ou* vanilla slice

millénaire [milenɛʀ] NM millennium ▸ ADJ thousand-year-old; *(fig)* ancient

millénarisme [milenaʀism] NM millenarianism

mille-pattes [milpat] NM INV centipede

millepertuis [milpɛʀtɥi] NM *(plante)* St John's wort

millésime [milezim] NM vintage

millésimé, e [milezime] ADJ vintage *cpd*

millet [mijɛ] NM millet

milliard [miljaʀ] NM milliard, thousand million (BRIT), billion *(US)*

milliardaire [miljaʀdɛʀ] NMF multimillionaire (BRIT), billionaire *(US)*

millième [miljɛm] NUM thousandth

millier [milje] NM thousand; **un ~ (de)** a thousand or so, about a thousand; **par milliers** in (their) thousands, by the thousand

milligramme [miligʀam] NM milligramme (BRIT), milligram *(US)*

millilitre [mililitʀ] NM millilitre (BRIT), milliliter *(US)*

millimètre [milimɛtʀ] NM millimetre (BRIT), millimeter *(US)*

millimétré, e [milimetʀe] ADJ: **papier ~** graph paper

millimétrique [milimetʀik] ADJ millimetric; **d'une précision ~** 100% accurate

★**million** [miljɔ̃] NM million; **deux millions de** two million; **riche à millions** worth millions

millionième [miljɔnjɛm] NUM millionth

millionnaire [miljɔnɛʀ] NMF millionaire

mi-lourd [miluʀ] ADJ M, NM light heavyweight

mime [mim] NMF *(acteur)* mime(r); *(imitateur)* mimic ▸ NM *(art)* mime, miming

mimer [mime] /1/ VT to mime; *(singer)* to mimic, take off

mimétisme [mimetism] NM *(Bio)* mimicry

mimi [mimi] ADJ INV *(fam: mignon)* cute ▸ NM *(langage enfantin: baiser)* little kiss

mimique [mimik] NF (funny) face; *(signes)* gesticulations *pl*, sign language *no pl*

mimosa [mimoza] NM mimosa

mi-moyen [mimwajɛ̃] ADJ M, NM welterweight

MIN SIGLE M (= *Marché d'intérêt national*) *wholesale market for fruit, vegetables and agricultural produce*

min. ABR (= *minimum*) min

minable [minabl] ADJ *(personne)* shabby(-looking); *(travail)* pathetic

minaret [minaʀɛ] NM minaret

minauder [minode] /1/ VI to mince, simper

minauderies [minodʀi] NFPL simpering *sg*

★**mince** [mɛ̃s] ADJ thin; *(personne, taille)* slim, slender; *(fig: profit, connaissances)* slight, small; *(: prétexte)* weak ▸ EXCL: **~ (alors)!** darn it!

minceur [mɛ̃sœʀ] NF thinness; *(d'une personne)* slimness, slenderness

mincir [mɛ̃siʀ] /2/ VI to get slimmer *ou* thinner

mine [min] NF *(physionomie)* expression, look; *(extérieur)* exterior, appearance; *(de crayon)* lead; *(gisement, exploitation, explosif)* mine; **avoir bonne ~** *(personne)* to look well; *(ironique)* to look an utter idiot; **avoir mauvaise ~** to look unwell; **faire ~ de faire** to make a pretence of doing; **ne pas payer de ~** to be not much to look at; **~ de rien** *adv* with a casual air; although you wouldn't think so; **~ de charbon** coal mine; **~ à ciel ouvert** opencast (BRIT) *ou* open-air *(US)* mine ■ **mines** NFPL *(péj)* simpering airs; **les Mines** *(Admin) the national mining and geological service, the government vehicle testing department*

miner [mine] /1/ VT *(saper)* to undermine, erode; *(Mil)* to mine

minerai [minʀɛ] NM ore

minéral, e, -aux [mineʀal, -o] ADJ mineral; *(Chimie)* inorganic ▸ NM mineral

minéralier [mineʀalje] NM *(bateau)* ore tanker

minéralisé, e [mineʀalize] ADJ mineralized

minéralogie [mineʀalɔʒi] NF mineralogy

minéralogique [mineʀalɔʒik] ADJ mineralogical; **plaque ~** number (BRIT) *ou* license *(US)* plate; **numéro ~** registration (BRIT) *ou* license *(US)* number

minet, te [minɛ, -ɛt] NM/F *(chat)* pussy-cat; *(péj)* young trendy

★**mineur, e** [minœʀ] ADJ minor ▸ NM/F *(Jur)* minor ▸ NM *(travailleur)* miner; *(Mil)* sapper; **~ de fond** face worker

miniature [minjatyʀ] ADJ, NF miniature

miniaturisation [minjatyʀizasjɔ̃] NF miniaturization

miniaturiser [minjatyʀize] /1/ VT to miniaturize

minibus [minibys] NM minibus

minichaîne [miniʃɛn] NF mini system

minier, -ière [minje, -jɛʀ] ADJ mining

minigolf [minigɔlf] NM miniature golf

mini-jupe [miniʒyp] NF mini-skirt

minimal, e, -aux [minimal, -o] ADJ minimum

minimalisme [minimalism] NM minimalism

minimaliste [minimalist] ADJ minimalist

minime [minim] ADJ minor, minimal ▶ NMF (*Sport*) junior

minimessage [minimesaʒ] NM text message

minimiser [minimize] /1/ VT to minimize; (*fig*) to play down

minimum [minimɔm] ADJ, NM minimum; **au ~** at the very least; **~ vital** (*salaire*) living wage; (*niveau de vie*) subsistence level

mini-ordinateur [miniɔʀdinatœʀ] NM mini-computer

ministère [ministɛʀ] NM (*cabinet*) government; (*département*) ministry (BRIT), department; (*Rel*) ministry; **~ public** (*Jur*) Prosecution, State Prosecutor

ministériel, le [ministeʀjɛl] ADJ government *cpd*; ministerial, departmental; (*partisan*) pro-government

ministrable [ministʀabl] ADJ (*Pol*): **il est ~** he's a potential minister

★**ministre** [ministʀ] NM minister (BRIT), secretary; (*Rel*) minister; **~ d'État** senior minister *ou* secretary

minium [minjɔm] NM red lead paint

minois [minwa] NM little face

minorer [minɔʀe] /1/ VT to cut, reduce

minoritaire [minɔʀitɛʀ] ADJ minority *cpd*

minorité [minɔʀite] NF minority; **être en ~** to be in the *ou* a minority; **mettre en ~** (*Pol*) to defeat

Minorque [minɔʀk] NF Minorca

minorquin, e [minɔʀkɛ̃, -in] ADJ Minorcan

minoterie [minɔtʀi] NF flour-mill

minou [minu] NM (*langage enfantin: chat*) pussy (*fam*)

★**minuit** [minɥi] NM midnight

minus [minys] NMF (*fam, péj*) loser (*fam*)

minuscule [minyskyl] ADJ minute, tiny ▶ NF: **(lettre) ~** small letter

minutage [minytaʒ] NM timing

★**minute** [minyt] NF minute; (*Jur: original*) minute, draft; **à la ~** (*présent*) (just) this instant; (*passé*) there and then; **entrecôte** *ou* **steak ~** minute steak ▶ EXCL just a minute!, hang on!

minuter [minyte] /1/ VT to time

minuterie [minytʀi] NF time switch

minuteur [minytœʀ] NM timer

minutie [minysi] NF meticulousness; minute detail; **avec ~** meticulously; in minute detail

minutieusement [minysjøzmɑ̃] ADV (*organiser, travailler*) meticulously; (*examiner*) minutely

minutieux, -euse [minysjø, -øz] ADJ (*personne*) meticulous; (*inspection*) minutely detailed; (*travail*) requiring painstaking attention to detail

mioche [mjɔʃ] NM (*fam*) nipper, brat

mirabelle [miʀabɛl] NF (*fruit*) (cherry) plum; (*eau-de-vie*) plum brandy

miracle [miʀɑkl] NM miracle

miraculé, e [miʀakyle] ADJ who has been miraculously cured (*ou* rescued)

miraculeux, -euse [miʀakylø, -øz] ADJ miraculous

mirador [miʀadɔʀ] NM (*Mil*) watchtower

mirage [miʀaʒ] NM mirage

mire [miʀ] NF (*d'un fusil*) sight; (*TV*) test card; **point de ~** target; (*fig*) focal point; **ligne de ~** line of sight

mirent [miʀ] VB *voir* **mettre**

mirer [miʀe] /1/ VT (*œufs*) to candle ■ **se mirer** VPR: **se ~ dans** (*personne*) to gaze at one's reflection in; (*chose*) to be mirrored in

mirettes [miʀɛt] NFPL (*fam: yeux*) peepers (*fam*); **en prendre plein les ~** to be dazzled

mirifique [miʀifik] ADJ wonderful

mirobolant, e [miʀɔbɔlɑ̃, -ɑ̃t] ADJ fantastic

★**miroir** [miʀwaʀ] NM mirror

miroiter [miʀwate] /1/ VI to sparkle, shimmer; **faire ~ qch à qn** to paint sth in glowing colours for sb, dangle sth in front of sb's eyes

miroiterie [miʀwatʀi] NF (*usine*) mirror factory; (*magasin*) mirror dealer's (shop)

Mis ABR = **marquis**

mis, e [mi, miz] PP *de* **mettre** ▶ ADJ (*couvert, table*) set, laid; (*personne*): **bien ~** well dressed ▶ NF (*argent: au jeu*) stake; (*tenue*) clothing; attire; **être de mise** to be acceptable *ou* in season; **mise en bouteilles** bottling; **mise en examen** charging, indictment; **mise à feu** blast-off; **mise de fonds** capital outlay; **mise à jour** (*Inform*) update; **mise à mort** kill; **mise à pied** (*d'un employé*) suspension; lay-off; **mise sur pied** (*d'une affaire, entreprise*) setting up; **mise en plis** set; **mise au point** (*Photo*) focusing; (*fig*) clarification; **mise à prix** reserve (BRIT) *ou* upset price; **mise en scène** production

misaine [mizɛn] NF: **mât de ~** foremast

misanthrope [mizɑ̃tʀɔp] NMF misanthropist

Mise ABR = **marquise**

mise [miz] ADJ F, NF *voir* **mis**

miser [mize] /1/ VT (*enjeu*) to stake, bet; **~ sur** (*cheval, numéro*) to bet on; (*fig*) to bank *ou* count on

misérable [mizeʀabl] ADJ (*lamentable, malheureux*) pitiful, wretched; (*pauvre*) poverty-stricken; (*insignifiant, mesquin*) miserable ▶ NMF wretch; (*miséreux*) poor wretch

misère [mizɛʀ] NF (*pauvreté*) (extreme) poverty, destitution; **être dans la ~** to be destitute *ou* poverty-stricken; **salaire de ~** starvation wage; **~ noire** utter destitution, abject poverty ■ **misères** NFPL (*malheurs*) woes, miseries; (*ennuis*) little troubles; **faire des misères à qn** to torment sb

miséreux, -euse [mizeʀø, -øz] ADJ poverty-stricken ▶ NM/F down-and-out

miséricorde [mizeʀikɔʀd] NF mercy, forgiveness

miséricordieux, -euse [mizeʀikɔʀdjø, -øz] ADJ merciful, forgiving

misogyne [mizɔʒin] ADJ misogynous ▶ NMF misogynist

misogynie [mizɔʒini] NF misogyny

missel [misɛl] NM missal

missile [misil] NM missile

mission [misjɔ̃] NF mission; **partir en ~** (*Admin, Pol*) to go on an assignment

missionnaire [misjɔnɛʀ] NMF missionary

missive [misiv] NF missive

mistral [mistʀal] NM mistral (wind)

mit [mi] VB *voir* **mettre**

mitaine [mitɛn] NF mitt(en)

mitaines [mitɛn] NFPL fingerless gloves; (CANADA: *moufles*) mittens
mitard [mitaʀ] NM (*fam*) cooler (*fam*), solitary
mite [mit] NF clothes moth
mité, e [mite] ADJ moth-eaten
★**mi-temps** [mitɑ̃] NF INV (*Sport: période*) half; (*: pause*) half-time; **à ~** *adj, adv* part-time
miteux, -euse [mitø, -øz] ADJ seedy, shabby
mitigé, e [mitiʒe] ADJ (*conviction, ardeur*) lukewarm; (*sentiments*) mixed
mitochondrie [mitɔkɔ̃dʀi] NF mitochondrion
mitonner [mitɔne] /1/ VT (*préparer*) to cook with loving care; (*fig*) to cook up quietly
mitoyen, ne [mitwajɛ̃, -ɛn] ADJ (*mur*) common, party *cpd*; **maisons mitoyennes** semi-detached houses; (*plus de deux*) terraced (BRIT) *ou* row (US) houses
mitraillage [mitʀɑjaʒ] NM (*avec une mitrailleuse*) machine-gunning; (*fig: avec un appareil photo*) clicking, snapping
mitraille [mitʀɑj] NF (*balles de fonte*) grapeshot; (*décharge d'obus*) shellfire
mitrailler [mitʀɑje] /1/ VT to machine-gun; (*fig: photographier*) to snap away at; **~ qn de** to pelt *ou* bombard sb with
mitraillette [mitʀɑjɛt] NF submachine gun
mitrailleur [mitʀɑjœʀ] NM machine gunner ▶ ADJ M: **fusil ~** machine gun
mitrailleuse [mitʀɑjøz] NF machine gun
mitre [mitʀ] NF mitre
mitron [mitʀɔ̃] NM baker's boy
mi-voix [mivwa]: **à ~** *adv* in a low *ou* hushed voice
mix [miks] NM (*aussi Mus*) mix; **~ énergétique** (*Tech*) energy mix
mixage [miksaʒ] NM (*Ciné*) (sound) mixing
mixer, mixeur [miksœʀ] NM (*Culin*) (food) mixer
mixité [miksite] NF (*Scol*) coeducation
★**mixte** [mikst] ADJ (*gén*) mixed; (*Scol*) mixed, coeducational; **à usage ~** dual-purpose; **cuisinière ~** combined gas and electric cooker; **équipe ~** combined team
mixture [mikstyʀ] NF mixture; (*fig*) concoction
MJC SIGLE F (= *maison des jeunes et de la culture*) *community arts centre and youth club*
ml ABR (= *millilitre*) ml
MLF SIGLE M (= *Mouvement de libération des femmes*) Women's Movement
Mlle (*pl* **Mlles**) ABR = **Mademoiselle**
MM ABR = **Messieurs**; *voir* **Monsieur**
mm ABR (= *millimètre; millimètres*) mm
Mme (*pl* **Mmes**) ABR = **Madame**
MMS SIGLE M (= *Multimedia messaging service*) MMS
mn ABR (= *minute*) min
mnémotechnique [mnemɔtɛknik] ADJ mnemonic
MNS SIGLE M (= *maître nageur sauveteur*) ≈ lifeguard
MO SIGLE F (= *main-d'œuvre*) *labour costs (on invoices)*
Mo ABR = **méga-octet; métro**
★**mobile** [mɔbil] ADJ mobile; (*amovible*) loose, removable; (*pièce de machine*) moving; (*élément de meuble etc*) movable ▶ NM (*motif*) motive; (*œuvre d'art*) mobile; (*Physique*) moving object *ou* body; **(téléphone) ~** mobile (phone) (BRIT), cell (phone) (US)
mobilier, -ière [mɔbilje, -jɛʀ] ADJ (*Jur*) personal; **valeurs mobilières** transferable securities; **vente mobilière** sale of personal property *ou* chattels ▶ NM (*meubles*) furniture
mobilisateur, -trice [mɔbilizatœʀ, -tʀis] ADJ (*projet, thème*) inspiring
mobilisation [mɔbilizasjɔ̃] NF mobilization
mobiliser [mɔbilize] /1/ VT (*Mil, gén*) to mobilize
mobilité [mɔbilite] NF mobility
★**mobylette®** [mɔbilɛt] NF moped
mocassin [mɔkasɛ̃] NM moccasin
★**moche** [mɔʃ] ADJ (*fam: laid*) ugly; (*mauvais, méprisable*) rotten
mocheté [mɔʃte] NF (*fam: laideur*) ugliness; (*: chose laide*) eyesore; (*: péj: femme*) ugly woman
modalité [mɔdalite] NF form, mode ■ **modalités** NFPL (*d'un accord etc*) clauses, terms; **modalités de paiement** methods of payment
★**mode** [mɔd] NF fashion; (*commerce*) fashion trade *ou* industry; **travailler dans la ~** to be in the fashion business; **à la ~** fashionable, in fashion ▶ NM (*manière*) form, mode, method; (*Ling*) mood; (*Inform, Mus*) mode; **~ dialogué** (*Inform*) interactive *ou* conversational mode; **~ d'emploi** directions *pl* (for use); **~ de paiement** method of payment; **~ de vie** way of life
modelage [mɔd(ə)laʒ] NM modelling
modelé [mɔd(ə)le] NM (*Géo*) relief; (*du corps etc*) contours *pl*
modèle [mɔdɛl] ADJ model ▶ NM model; (*qui pose: de peintre*) sitter; (*type*) type; (*gabarit, patron*) pattern; **~ courant** *ou* **de série** (*Comm*) production model; **~ déposé** registered design; **~ réduit** small-scale model
modeler [mɔd(ə)le] /5/ VT (*Art*) to model, mould; (*vêtement, érosion*) to mould, shape; **~ qch sur/d'après** to model sth on ■ **se modeler** VPR: **se ~ sur** to model o.s. on
modélisation [mɔdelizasjɔ̃] NF (*Math*) modelling
modélisme [mɔdelism] NM model-making
modéliste [mɔdelist] NMF (*Couture*) designer; (*de modèles réduits*) model maker
modem [mɔdɛm] NM (*Inform*) modem
modérateur, -trice [mɔdeʀatœʀ, -tʀis] ADJ moderating ▶ NM/F moderator
modération [mɔdeʀasjɔ̃] NF moderation; **à consommer avec ~** (*sur les bouteilles d'alcool*) please drink responsibly; **~ de peine** reduction of sentence
modéré, e [mɔdeʀe] ADJ, NM/F moderate
modérément [mɔdeʀemɑ̃] ADV moderately, in moderation
modérer [mɔdeʀe] /6/ VT to moderate ■ **se modérer** VPR to restrain o.s.
★**moderne** [mɔdɛʀn] ADJ modern ▶ NM (*Art*) modern style; (*ameublement*) modern furniture
modernisation [mɔdɛʀnizasjɔ̃] NF modernization
moderniser [mɔdɛʀnize] /1/ VT to modernize
modernisme [mɔdɛʀnism] NM modernism
moderniste [mɔdɛʀnist] ADJ, NMF modernist

modernité [mɔdɛʀnite] NF modernity
modeste [mɔdɛst] ADJ modest; (*origine*) humble, lowly
modestement [mɔdɛstəmɑ̃] ADV modestly
modestie [mɔdɛsti] NF modesty; **fausse ~** false modesty
modicité [mɔdisite] NF: **la ~ des prix** *etc* the low prices *etc*
modifiable [mɔdifjabl] ADJ modifiable
modificatif, -ive [mɔdifikatif, -iv] ADJ modifying
modification [mɔdifikasjɔ̃] NF modification
modifier [mɔdifje] /7/ VT to modify, alter; (*Ling*) to modify ▪ **se modifier** VPR to alter
modique [mɔdik] ADJ (*salaire, somme*) modest
modiste [mɔdist] NF milliner
modulable [mɔdylabl] ADJ (*mobilier, canapé*) adjustable; (*prêt*) flexible
modulaire [mɔdylɛʀ] ADJ modular
modularité [mɔdylaʀite] NF (*de mobilier, habitacle*) modularity
modulation [mɔdylasjɔ̃] NF modulation; **~ de fréquence (FM** *ou* **MF)** frequency modulation (FM)
module [mɔdyl] NM module
moduler [mɔdyle] /1/ VT to modulate; (*air*) to warble
moelle [mwal] NF marrow; (*fig*) pith, core; **~ épinière** spinal cord
moelleux, -euse [mwalø, -øz] ADJ soft; (*au goût, à l'ouïe*) mellow; (*gracieux, souple*) smooth; (*gâteau*) light and moist
moellon [mwalɔ̃] NM rubble stone
mœurs [mœʀ(s)] NFPL (*conduite*) morals; (*manières*) manners; (*pratiques sociales*) habits; (*mode de vie*) life style *sg*; (*d'une espèce animale*) behaviour *sg* (BRIT), behavior *sg* (*US*); **femme de mauvaises ~** loose woman; **passer dans les ~** to become the custom; **contraire aux bonnes ~** contrary to proprieties
mohair [mɔɛʀ] NM mohair
★**moi** [mwa] PRON me; (*emphatique*): **~, je ...** for my part, I ..., I myself ...; **c'est ~ qui l'ai fait** I did it, it was me who did it; **apporte-le-moi** bring it to me; **à ~** mine; (*dans un jeu*) my turn; **à ~ !** (*à l'aide*) help (me)! ▸ NM INV (*Psych*) ego, self
moignon [mwaɲɔ̃] NM stump
moi-même [mwamɛm] PRON myself; (*emphatique*) I myself
moindre [mwɛ̃dʀ] ADJ lesser; lower; **le (la) ~, les moindres** the least; the slightest; **le (la) ~ de** the least of; **c'est la ~ des choses** it's nothing at all
moindrement [mwɛ̃dʀəmɑ̃] ADV: **pas le ~** not in the least
moine [mwan] NM monk, friar
moineau, x [mwano] NM sparrow

moins [mwɛ̃]

ADV **1** *comparatif*: **moins (que)** less (than); **moins grand que** less tall than, not as tall as; **il a trois ans de moins que moi** he's three years younger than me; **il est moins intelligent que moi** he's not as clever as me, he's less clever than me; **moins je travaille, mieux je me porte** the less I work, the better I feel
2 *superlatif*: **le moins** (the) least; **c'est ce que j'aime le moins** it's what I like (the) least; **le (la) moins doué(e)** the least gifted; **au moins, du moins** at least; **pour le moins** at the very least
3: **moins de** (*quantité*) less (than); (*nombre*) fewer (than); **moins de sable/d'eau** less sand/water; **moins de livres/gens** fewer books/people; **moins de deux ans** less than two years; **moins de midi** not yet midday
4: **de moins, en moins**: **100 euros/3 jours de moins** 100 euros/3 days less; **trois livres en moins** three books fewer; three books too few; **de l'argent en moins** less money; **le soleil en moins** but for the sun, minus the sun; **de moins en moins** less and less; **en moins de deux** in a flash *ou* a trice
5: **à moins de, à moins que** unless; **à moins de faire** unless we do (*ou* he does *etc*); **à moins que tu ne fasses** unless you do; **à moins d'un accident** barring any accident
▸ PRÉP: **quatre moins deux** four minus two; **dix heures moins cinq** five to ten; **il fait moins cinq** it's five (degrees) below (freezing), it's minus five; **il est moins cinq** it's five to
▸ NM (*signe*) minus sign

moins-value [mwɛ̃valy] NF (*Écon, Comm*) depreciation
moire [mwaʀ] NF moiré
moiré, e [mwaʀe] ADJ (*tissu, papier*) moiré, watered; (*reflets*) shimmering
★**mois** [mwa] NM month; (*salaire, somme due*) (monthly) pay *ou* salary; **treizième ~, double ~** extra month's salary
moïse [mɔiz] NM Moses basket
moisi, e [mwazi] ADJ mouldy (BRIT), moldy (*US*), mildewed ▸ NM mould, mold, mildew; **odeur de ~** musty smell
moisir [mwaziʀ] /2/ VI to go mouldy (BRIT) *ou* moldy (*US*); (*fig*) to rot; (*personne*) to hang about ▸ VT to make mouldy *ou* moldy
moisissure [mwazisyʀ] NF mould *no pl* (BRIT), mold *no pl* (*US*)
moisson [mwasɔ̃] NF harvest; (*époque*) harvest (time); (*fig*): **faire une ~ de** to gather a wealth of
moissonner [mwasɔne] /1/ VT to harvest, reap; (*fig*) to collect
moissonneur, -euse [mwasɔnœʀ, -øz] NM/F harvester, reaper ▸ NF (*machine*) harvester
moissonneuse-batteuse [mwasɔnøzbatøz] (*pl* **moissonneuses-batteuses**) NF combine harvester
moite [mwat] ADJ (*peau, mains*) sweaty, sticky; (*atmosphère*) muggy
moiteur [mwatœʀ] NF (*d'air*) mugginess; (*de peau*) sweatiness
moitié [mwatje] NF half; (*épouse*): **sa ~** his better half; **la ~** half; **la ~ de** half (of), half the amount (*ou* number) of; **la ~ du temps/des gens** half the time/the people; **à la ~ de** halfway through; **~ moins grand** half as tall; **~ plus long** half as long again, longer by half; **à ~** half (*avant le verbe*), half- (*avant l'adjectif*); **à ~ prix** (at) half price, half-price; **de ~** by half; **~ ~** half-and-half

m

moka [mɔka] NM (*café*) mocha coffee; (*gâteau*) mocha cake

mol [mɔl] ADJ M *voir* **mou**

molaire [mɔlɛʀ] NF molar

moldave [mɔldav] ADJ Moldavian

Moldavie [mɔldavi] NF: **la ~** Moldavia

môle [mol] NM jetty

moléculaire [mɔlekylɛʀ] ADJ molecular

molécule [mɔlekyl] NF molecule

moleskine [mɔlɛskin] NF imitation leather

molester [mɔlɛste] /1/ VT to manhandle, maul (about)

molette [mɔlɛt] NF toothed *ou* cutting wheel

mollard [mɔlaʀ] NM (!) gob (of spit) (*fam*)

mollasse [mɔlas] ADJ (*péj: sans énergie*) sluggish; (*: flasque*) flabby

mollasson, ne [mɔlasɔ̃, -ɔn] (*fam*) ADJ sluggish ▶ NM/F lazy lump (*fam*)

molle [mɔl] ADJ F *voir* **mou**

mollement [mɔlmɑ̃] ADV softly; (*péj: travailler*) sluggishly; (*protester*) feebly

mollesse [mɔlɛs] NF (*voir mou*) softness; flabbiness; limpness; sluggishness; feebleness

mollet [mɔlɛ] NM calf ▶ ADJ M: **œuf ~** soft-boiled egg

molletière [mɔltjɛʀ] ADJ F: **bande ~** puttee

molleton [mɔltɔ̃] NM (*Textiles*) felt

molletonné, e [mɔltɔne] ADJ (*gants etc*) fleece-lined

mollir [mɔliʀ] /2/ VI (*jambes*) to give way; (*substance*) to go soft; (*Navig: vent*) to drop, die down; (*fig: personne*) to relent; (*: courage*) to fail, flag

mollo [mɔlo] ADV (*fam*): **y aller ~** to take it easy; **vas-y ~ !** take it easy!

mollusque [mɔlysk] NM (*Zool*) mollusc; (*fig: personne*) lazy lump

molosse [mɔlɔs] NM big ferocious dog

môme [mom] NMF (*fam: enfant*) brat; (*: fille*) bird (BRIT), chick

★**moment** [mɔmɑ̃] NM moment; (*occasion*): **profiter du ~** to take (advantage of) the opportunity; **ce n'est pas le ~** this is not the right time; **à un certain ~** at some point; **à un ~ donné** at a certain point; **à quel ~ ?** when exactly?; **au même ~** at the same time; (*instant*) at the same moment; **pour un bon ~** for a good while; **pour le ~** for the moment, for the time being; **au ~ de** at the time of; **au ~ où** as; at a time when; **à tout ~** at any time *ou* moment; (*continuellement*) constantly, continually; **en ce ~** at the moment; (*aujourd'hui*) at present; **sur le ~** at the time; **par moments** now and then, at times; **d'un ~ à l'autre** any time (now); **du ~ où** *ou* **que** seeing that, since; **n'avoir pas un ~ à soi** not to have a minute to oneself

momentané, e [mɔmɑ̃tane] ADJ temporary, momentary

momentanément [mɔmɑ̃tanemɑ̃] ADV for a moment, for a while

momie [mɔmi] NF mummy

momifier [mɔmifje] VT to mummify

★**mon, ma** (*pl* **mes**) [mɔ̃, ma, me] ADJ POSS my

monacal, e, -aux [mɔnakal, -o] ADJ monastic

Monaco [mɔnako] N Monaco

monarchie [mɔnaʀʃi] NF monarchy

monarchique [mɔnaʀʃik] ADJ monarchical

monarchisme [mɔnaʀʃism] NM monarchism

monarchiste [mɔnaʀʃist] ADJ, NMF monarchist

monarque [mɔnaʀk] NM monarch

monastère [mɔnastɛʀ] NM monastery

monastique [mɔnastik] ADJ monastic

monceau, x [mɔ̃so] NM heap

mondain, e [mɔ̃dɛ̃, -ɛn] ADJ (*soirée, vie*) society *cpd*; (*obligations*) social; (*peintre, écrivain*) fashionable; (*personne*) society *cpd* ▶ NM/F society man/woman, socialite ▶ NF: **la Mondaine, la police mondaine** ≈ the vice squad

mondanités [mɔ̃danite] NFPL (*vie mondaine*) society life *sg*; (*paroles*) (society) small talk *sg*; (*Presse*) (society) gossip column *sg*

★**monde** [mɔ̃d] NM world; **le ~** (*personnes mondaines*) (high) society; **être du même ~** (*milieu*) to move in the same circles; **il y a du ~** (*beaucoup de gens*) there are a lot of people; (*quelques personnes*) there are some people; **y a-t-il du ~ dans le salon ?** is there anybody in the lounge?; **beaucoup/peu de ~** many/few people; **le meilleur** *etc* **du ~** the best *etc* in the world; **mettre au ~** to bring into the world; **pas le moins du ~** not in the least; **se faire un ~ de qch** to make a great deal of fuss about sth; **tour du ~** round-the-world trip; **homme/femme du ~** society man/woman

★**mondial, e, -aux** [mɔ̃djal, -o] ADJ (*population*) world *cpd*; (*influence*) world-wide

mondialement [mɔ̃djalmɑ̃] ADV throughout the world

mondialisation [mɔ̃djalizasjɔ̃] NF globalization; (*d'une technique*) global application; (*d'un conflit*) global spread

mondialiser [mɔ̃djalize]: **se mondialiser** VPR (*économie, marché, politique*) to become globalized

mondialiste [mɔ̃djalist] ADJ internationalist

mondovision [mɔ̃dɔvizjɔ̃] NF (world coverage by) satellite television

monégasque [mɔnegask] ADJ Monegasque, of *ou* from Monaco ▶ NMF: **Monégasque** Monegasque

monétaire [mɔnetɛʀ] ADJ monetary

monétarisme [mɔnetaʀism] NM monetarism

monétariste [mɔnetaʀist] ADJ monetarist

monétique [mɔnetik] NF electronic money

mongol, e [mɔ̃gɔl] ADJ Mongol, Mongolian ▶ NM (*Ling*) Mongolian ▶ NM/F: **Mongol, e** (*de la Mongolie*) Mongolian

Mongolie [mɔ̃gɔli] NF: **la ~** Mongolia

mongolien, ne [mɔ̃gɔljɛ̃, -ɛn] ADJ, NM/F mongol

mongolisme [mɔ̃gɔlism] NM mongolism, Down's syndrome

★**moniteur, -trice** [mɔnitœʀ, -tʀis] NM/F (*Sport*) instructor (instructress); (*de colonie de vacances*) supervisor; **~ d'auto-école** driving instructor ▶ NM (*écran*) monitor; **~ cardiaque** cardiac monitor

monitorage [mɔnitɔʀaʒ] NM monitoring

monitorat [mɔnitɔʀa] NM (*formation*) instructor's training (course); (*fonction*) instructorship

★**monnaie** [mɔnɛ] NF (*pièce*) coin; (*Écon: moyen d'échange*) currency; (*petites pièces*): **avoir de la ~** to have (some) change; **faire de la ~** to get (some) change; **avoir/faire la ~ de 20 euros** to have change of/get change for 20 euros; **faire** *ou* **donner à qn la ~ de 20 euros** to give sb change for 20 euros, change 20 euros for sb; **rendre à qn la ~ (sur 20 euros)** to give sb the change (from *ou* out of 20 euros); **servir de ~ d'échange** (*fig*) to be used as a bargaining counter *ou* as bargaining counters; **payer qn en ~ de singe** to fob sb off with empty promises; **c'est ~ courante** it's a common occurrence; **~ légale** legal tender

monnayable [mɔnɛjabl] ADJ (*vendable*) convertible into cash; **mes services sont monnayables** my services are worth money

monnayer [mɔneje] /**8**/ VT to convert into cash; (*talent*) to capitalize on

monnayeur [mɔnɛjœʀ] NM *voir* **faux-monnayeur**

mono [mɔno] NF (*monophonie*) mono ▶ NM (*monoski*) monoski

monochrome [mɔnɔkʀom] ADJ monochrome

monocle [mɔnɔkl] NM monocle, eyeglass

monocoque [mɔnɔkɔk] ADJ (*voiture*) monocoque ▶ NM (*voilier*) monohull

monocorde [mɔnɔkɔʀd] ADJ monotonous

monoculture [mɔnɔkyltyʀ] NF single-crop farming, monoculture

monogame [mɔnɔgam] ADJ monogamous

monogamie [mɔnɔgami] NF monogamy

monogramme [mɔnɔgʀam] NM monogram

monographie [mɔnɔgʀafi] NF monograph

monokini [mɔnɔkini] NM one-piece bikini, bikini pants *pl*

monolingue [mɔnɔlɛ̃g] ADJ monolingual

monolithe [mɔnɔlit] NM monolith

monolithique [mɔnɔlitik] ADJ (*lit, fig*) monolithic

monolithisme [mɔnɔlitism] NM monolithic nature

monologue [mɔnɔlɔg] NM monologue, soliloquy; **~ intérieur** stream of consciousness

monologuer [mɔnɔlɔge] /**1**/ VI to soliloquize

monôme [mɔnom] NM (*Math*) monomial; (*d'étudiants*) students' rag procession

mononucléose [mɔnɔnykleoz] NF (*Méd*): **~ infectieuse** infectious mononucleosis, glandular fever (BRIT)

monoparental, e, -aux [mɔnɔpaʀɑ̃tal, -o] ADJ: **famille monoparentale** single-parent *ou* one-parent family

monophasé, e [mɔnɔfaze] ADJ single-phase *cpd*

monophonie [mɔnɔfɔni] NF monophony

monoplace [mɔnɔplas] ADJ, NMF single-seater, one-seater

monoplan [mɔnɔplɑ̃] NM monoplane

monopole [mɔnɔpɔl] NM monopoly

monopolisation [mɔnɔpɔlizasjɔ̃] NF monopolization

monopoliser [mɔnɔpɔlize] /**1**/ VT to monopolize

monopolistique [mɔnɔpɔlistik] ADJ monopolistic

monorail [mɔnɔʀaj] NM monorail; monorail train

monoski [mɔnɔski] NM monoski

monosyllabe [mɔnosilab] NM monosyllable, word of one syllable

monosyllabique [mɔnosilabik] ADJ monosyllabic

monothéisme [mɔnɔteism] NM monotheism

monothéiste [mɔnɔteist] ADJ monotheist

monotone [mɔnɔtɔn] ADJ monotonous

monotonie [mɔnɔtɔni] NF monotony

monoxyde [mɔnɔksid] NM monoxide; **~ de carbone** carbon monoxide

monseigneur [mɔ̃sɛɲœʀ] NM (*archevêque, évêque*) Your (*ou* His) Grace; (*cardinal*) Your (*ou* His) Eminence; **M~ Thomas** Bishop Thomas; Cardinal Thomas

★**Monsieur** [məsjø] (*pl* **Messieurs** [mesjø]) NM (*titre*) Mr; **un/le monsieur** (*homme quelconque*) a/the gentleman; **~, …** (*en tête de lettre*) Dear Sir, …; *voir aussi* **Madame**

★**monstre** [mɔ̃stʀ] NM monster; **~ sacré** superstar ▶ ADJ (*fam: effet, publicité*) massive; **un travail ~** a fantastic amount of work; an enormous job

monstrueux, -euse [mɔ̃stʀyø, -øz] ADJ monstrous

monstruosité [mɔ̃stʀyozite] NF monstrosity

mont [mɔ̃] NM: **par monts et par vaux** up hill and down dale; **le M~ Blanc** Mont Blanc; **~ de Vénus** mons veneris

montage [mɔ̃taʒ] NM putting up; (*d'un bijou*) mounting, setting; (*d'une machine etc*) assembly; (*Photo*) photomontage; (*Ciné*) editing; **~ sonore** sound editing

montagnard, e [mɔ̃taɲaʀ, -aʀd] ADJ mountain *cpd* ▶ NM/F mountain-dweller

★**montagne** [mɔ̃taɲ] NF (*cime*) mountain; (*région*): **la ~** the mountains *pl*; **la haute ~** the high mountains; **les montagnes Rocheuses** the Rocky Mountains, the Rockies; **montagnes russes** big dipper *sg*, switchback *sg*

montagneux, -euse [mɔ̃taɲø, -øz] ADJ mountainous; (*basse montagne*) hilly

montant, e [mɔ̃tɑ̃, -ɑ̃t] ADJ (*mouvement, marée*) rising; (*chemin*) uphill; (*robe, corsage*) high-necked ▶ NM (*somme, total*) (sum) total, (total) amount; (*de fenêtre*) upright; (*de lit*) post

mont-de-piété [mɔ̃dpjete] (*pl* **monts-de-piété**) NM pawnshop

monte [mɔ̃t] NF (*accouplement*): **la ~** stud; (*d'un jockey*) seat

monté, e [mɔ̃te] ADJ: **être ~ contre qn** to be angry with sb; (*fourni, équipé*) **~ en** equipped with

monte-charge [mɔ̃tʃaʀʒ] NM INV goods lift, hoist

montée [mɔ̃te] NF rising, rise; (*escalade*) ascent, climb; (*chemin*) way up; (*côte*) hill; **au milieu de la ~** halfway up; **le moteur chauffe dans les montées** the engine overheats going uphill

Monténégro [mɔ̃tenegʀo] NM: **le ~** Montenegro

monte-plats [mɔ̃tpla] NM INV service lift

★**monter** [mɔ̃te] /**1**/ VT (*escalier, côte*) to go (*ou* come) up; (*valise, paquet*) to take (*ou* bring) up; (*cheval*) to mount; (*femelle*) to cover, serve; (*étagère*) to raise; (*tente, échafaudage*) to put up; (*machine*) to assemble; (*bijou*) to mount, set; (*Couture*) to sew on; (*: manche*) to set in; (*Ciné*) to edit; (*Théât*) to put on,

m

stage; (*société, coup etc*) to set up; (*fournir, équiper*) to equip; **~ qn contre qn** to set sb against sb; **~ la tête à qn** to give sb ideas ▶ VI to go (*ou* come) up; (*avion, voiture*) to climb, go up; (*chemin, niveau, température, voix, prix*) to go up, rise; (*brouillard, bruit*) to rise, come up; (*passager*) to get on; (*à cheval*): **~ bien/mal** to ride well/badly; **~ à cheval** to get on *ou* mount a horse; (*faire du cheval*) to ride (a horse); **~ à bicyclette** to get on *ou* mount a bicycle; (*faire du vélo*) to (ride a) bicycle; **~ à pied/en voiture** to walk/ drive up, go up on foot/by car; **~ dans le train/l'avion** to get into the train/plane, board the train/plane; **~ sur** to climb up onto; **~ sur** *ou* **à un arbre/une échelle** to climb (up) a tree/ladder; **~ à bord** to (get on) board; **~ à la tête de qn** to go to sb's head; **~ sur les planches** to go on the stage; **~ en grade** to be promoted ■ **se monter** VPR (*s'équiper*) to equip o.s., get kitted out (BRIT); **se ~ à** (*frais etc*) to add up to, come to

monteur, -euse [mɔ̃tœʀ, -øz] NM/F (*Tech*) fitter; (*Ciné*) (film) editor

montgolfière [mɔ̃gɔlfjɛʀ] NF hot-air balloon

monticule [mɔ̃tikyl] NM mound

montmartrois, e [mɔ̃maʀtʀwa, -waz] ADJ of *ou* from Montmartre

★**montre** [mɔ̃tʀ] NF watch; (*ostentation*): **pour la ~** for show; **~ en main** exactly, to the minute; **faire ~ de** to show, display; **contre la ~** (*Sport*) against the clock; **~ de plongée** diver's watch

Montréal [mɔ̃ʀeal] N Montreal

montréalais, e [mɔ̃ʀealɛ, -ɛz] ADJ of *ou* from Montreal ▶ NM/F: **Montréalais, e** Montrealer

montre-bracelet [mɔ̃tʀəbʀaslɛ] (*pl* **montres-bracelets**) NF wrist watch

★**montrer** [mɔ̃tʀe] /1/ VT to show; **~ qch à qn** to show sb sth; **~ qch du doigt** to point to sth, point one's finger at sth ■ **se montrer** VPR to appear; **se ~ intelligent** to prove (to be) intelligent

montreur, -euse [mɔ̃tʀœʀ, -øz] NM/F: **~ de marionnettes** puppeteer

monture [mɔ̃tyʀ] NF (*bête*) mount; (*d'une bague*) setting; (*de lunettes*) frame

★**monument** [mɔnymɑ̃] NM monument; **~ aux morts** war memorial

monumental, e, -aux [mɔnymɑ̃tal, -o] ADJ monumental

mooc [muk] NM (= *massive online open course*) MOOC

moquer [mɔke] /1/: **se moquer** VPR: **se ~ de** to make fun of, laugh at; (*se désintéresser de*) not to care about; (*tromper*) **se ~ de qn** to take sb for a ride

moquerie [mɔkʀi] NF mockery *no pl*

★**moquette** [mɔkɛt] NF fitted carpet, wall-to-wall carpeting *no pl*

moquetter [mɔkete] /1/ VT to carpet

moqueur, -euse [mɔkœʀ, -øz] ADJ mocking

moraine [mɔʀɛn] NF moraine

★**moral, e, -aux** [mɔʀal, -o] ADJ moral; **sur le plan ~** morally ▶ NM morale; **avoir le ~** (*fam*) to be in good spirits; **avoir le ~ à zéro** to be really down ▶ NF (*conduite*) morals *pl* (*règles*), moral code, ethic; (*valeurs*) moral standards *pl*, morality; (*science*) ethics *sg*, moral philosophy; (*conclusion: d'une fable*) moral; **contraire à la morale** immoral; **faire la morale à** to lecture, preach at

moralement [mɔʀalmɑ̃] ADV morally

moralisateur, -trice [mɔʀalizatœʀ, -tʀis] ADJ moralizing, sanctimonious ▶ NM/F moralizer

moraliser [mɔʀalize] /1/ VT (*sermonner*) to lecture, preach at

moraliste [mɔʀalist] NMF moralist ▶ ADJ moralistic

moralité [mɔʀalite] NF (*d'une action, attitude*) morality; (*conduite*) morals *pl*; (*conclusion, enseignement*) moral

moratoire [mɔʀatwaʀ] ADJ M: **intérêts moratoires** (*Écon*) interest on arrears

morbide [mɔʀbid] ADJ morbid

morbidité [mɔʀbidite] NF (*Méd*) morbidity; **taux de ~** morbidity rate

★**morceau, x** [mɔʀso] NM piece, bit; (*d'une œuvre*) passage, extract; (*Mus*) piece; (*Culin: de viande*) cut; (*: de sucre*) lump; **mettre en morceaux** to pull to pieces *ou* bits; **manger un ~** to have a bite (to eat)

morceler [mɔʀsəle] /4/ VT to break up, divide up

morcellement [mɔʀsɛlmɑ̃] NM breaking up

mordant, e [mɔʀdɑ̃, -ɑ̃t] ADJ (*ton, remarque*) scathing, cutting; (*froid*) biting ▶ NM (*dynamisme, énergie*) spirit; (*fougue*) bite, punch

mordicus [mɔʀdikys] ADV (*fam*) obstinately, stubbornly

mordiller [mɔʀdije] /1/ VT to nibble at, chew at

mordoré, e [mɔʀdɔʀe] ADJ lustrous bronze

★**mordre** [mɔʀdʀ] /41/ VT to bite; (*lime, vis*) to bite into ▶ VI (*poisson*) to bite; **~ dans** to bite into; **~ sur** (*fig*) to go over into, overlap into; **~ à qch** (*comprendre, aimer*) to take to; **~ à l'hameçon** to bite, rise to the bait

mordu, e [mɔʀdy] PP *de* **mordre** ▶ ADJ (*amoureux*) smitten ▶ NM/F enthusiast; **un ~ de jazz/de voile** a jazz/sailing fanatic *ou* buff

morfal, e [mɔʀfal] NM/F (*fam*) greedy guts (*fam*)

morfler [mɔʀfle] VI (*fam*) to get it (*fam*), catch it (*fam*)

morfondre [mɔʀfɔ̃dʀ] /41/: **se morfondre** VPR to mope

morgue [mɔʀg] NF (*arrogance*) haughtiness; (*lieu: de la police*) morgue; (*: à l'hôpital*) mortuary

moribond, e [mɔʀibɔ̃, -ɔ̃d] ADJ dying, moribund

morille [mɔʀij] NF morel (*mushroom*)

mormon, e [mɔʀmɔ̃, -ɔn] ADJ, NM/F Mormon

morne [mɔʀn] ADJ (*personne, visage*) glum, gloomy; (*temps, vie*) dismal, dreary

morose [mɔʀoz] ADJ sullen, morose; (*marché*) sluggish

morosité [mɔʀozite] NF (*de personne*) sullenness; (*d'économie, marché*) sluggishness

morphine [mɔʀfin] NF morphine

morphinomane [mɔʀfinɔman] NMF morphine addict

morphologie [mɔʀfɔlɔʒi] NF morphology

morphologique [mɔʀfɔlɔʒik] ADJ morphological

mors [mɔʀ] NM bit

morse [mɔʀs] NM (*Zool*) walrus; (*Tél*) Morse (code)

morsure [mɔʀsyʀ] NF bite

★**mort¹** [mɔʀ] NF death; **se donner la ~** to take one's own life; **de ~** (*silence, pâleur*) deathly; **blessé à ~** fatally wounded *ou* injured; **à la vie, à la ~** for better, for worse; **~ clinique** brain death; **~ subite du nourrisson, ~ au berceau** cot death

mort², e [mɔʀ, mɔʀt] PP *de* **mourir** ▶ ADJ dead; **~ ou vif** dead or alive; **~ de peur/fatigue** frightened to death/dead tired ▶ NM/F (*défunt*) dead man/woman; (*victime*): **il y a eu plusieurs morts** several people were killed, there were several killed; **morts et blessés** casualties ▶ NM (*Cartes*) dummy; **faire le ~** to play dead; (*fig*) to lie low

mortadelle [mɔʀtadɛl] NF mortadella

mortaise [mɔʀtɛz] NF mortise

mortalité [mɔʀtalite] NF mortality, death rate

mort-aux-rats [mɔʀ(t)oʀa] NF INV rat poison

mortel, le [mɔʀtɛl] ADJ (*poison etc*) deadly, lethal; (*accident, blessure*) fatal; (*silence, ennemi*) deadly; (*Rel: danger, frayeur, péché*) mortal; (*fig: froid*) deathly; (*: ennui, soirée*) deadly (boring) ▶ NM/F mortal

mortellement [mɔʀtɛlmɑ̃] ADV (*blessé etc*) fatally, mortally; (*pâle etc*) deathly; (*fig: ennuyeux etc*) deadly

morte-saison [mɔʀt(ə)sɛzɔ̃] (*pl* **mortes-saisons**) NF slack *ou* off season

mortier [mɔʀtje] NM (*gén*) mortar

mortifier [mɔʀtifje] /7/ VT to mortify

mort-né, e [mɔʀne] ADJ (*enfant*) stillborn; (*fig*) abortive

mortuaire [mɔʀtɥɛʀ] ADJ funeral *cpd*; **avis mortuaires** death announcements, intimations; **chapelle ~** mortuary chapel; **couronne ~** (funeral) wreath; **domicile ~** house of the deceased; **drap ~** pall

morue [mɔʀy] NF (*Zool*) cod *inv*; (*Culin: salée*) salt-cod

morvandeau, -elle, x [mɔʀvɑ̃do, -ɛl] ADJ of *ou* from the Morvan region

morve [mɔʀv] NF (*fam*) snot (*fam*)

morveux, -euse [mɔʀvø, -øz] ADJ (*fam*) snotty-nosed

mosaïque [mɔzaik] NF (*Art*) mosaic; (*fig*) patchwork

Moscou [mɔsku] N Moscow

moscovite [mɔskɔvit] ADJ of *ou* from Moscow, Moscow *cpd* ▶ NMF: **Moscovite** Muscovite

mosquée [mɔske] NF mosque

★**mot** [mo] NM word; (*message*) line, note; (*bon mot etc*) saying; **le ~ de la fin** the last word; **~ à ~** *adj, adv* word for word; **~ pour ~** word for word, verbatim; **sur** *ou* **à ces mots** with these words; **en un ~** in a word; **à mots couverts** in veiled terms; **prendre qn au ~** to take sb at his word; **se donner le ~** to send the word round; **avoir son ~ à dire** to have a say; **~ d'ordre** watchword; **~ de passe** password; **mots croisés** crossword (puzzle) *sg*

motard, e [mɔtaʀ, -aʀd] NM/F biker; (*policier*) motorcycle cop

mot-dièse [modjɛz] NM (*Inform: Twitter*) hashtag

motel [mɔtɛl] NM motel

★**moteur, -trice** [mɔtœʀ, -tʀis] ADJ (*Anat, Physiol*) motor; (*Tech*) driving; (*Auto*): **à 4 roues motrices** 4-wheel drive ▶ NM engine, motor; (*fig*) mover, mainspring; **à ~** power-driven, motor *cpd*; **~ (à) deux temps** two-stroke engine; **~ à explosion** internal combustion engine; **~ à réaction** jet engine; **~ de recherche** search engine; **~ thermique** combustion engine

motif [mɔtif] NM (*cause*) motive; (*décoratif*) design, pattern, motif; (*d'un tableau*) subject, motif; (*Mus*) figure, motif; **sans ~** *adj* groundless ■ **motifs** NMPL (*Jur*) grounds *pl*

motion [mosjɔ̃] NF motion; **~ de censure** motion of censure, vote of no confidence

motivant, e [mɔtivɑ̃, -ɑ̃t] ADJ (*salaire*) attractive; (*travail*) rewarding

motivation [mɔtivasjɔ̃] NF motivation

motivé, e [mɔtive] ADJ (*acte*) justified; (*personne*) motivated

motiver [mɔtive] /1/ VT (*justifier*) to justify, account for; (*Admin, Jur, Psych*) to motivate

★**moto** [moto] NF (motor)bike; **~ verte** *ou* **de trial** trail (BRIT) *ou* dirt (US) bike

moto-cross [mɔtɔkʀɔs] NM motocross

motoculteur [mɔtɔkyltœʀ] NM (motorized) cultivator

motocyclette [mɔtɔsiklɛt] NF motorbike, motorcycle

motocyclisme [mɔtɔsiklism] NM motorcycle racing

motocycliste [mɔtɔsiklist] NMF motorcyclist

motoneige [mɔtɔnɛʒ] NF snow bike

motorisé, e [mɔtɔʀize] ADJ (*troupe*) motorized; (*personne*) having one's own transport

motrice [mɔtʀis] ADJ F *voir* **moteur**

motricité [mɔtʀisite] NF motivity

motte [mɔt] NF: **~ de terre** lump of earth, clod (of earth); **~ de gazon** turf, sod; **~ de beurre** lump of butter

motus [mɔtys] EXCL: **~ (et bouche cousue) !** mum's the word!

mou, mol, molle [mu, mɔl] ADJ soft; (*péj: visage, traits*) flabby; (*: geste*) limp; (*: personne*) sluggish; (*: résistance, protestations*) feeble; **avoir les jambes molles** to be weak at the knees ▶ NM (*homme mou*) wimp; (*abats*) lights *pl*, lungs *pl*; (*de la corde*): **avoir du ~** to be slack; **donner du ~ à qch** to slacken sth, loosen sth

moucharabieh [muʃaʀabje] NM wooden lattice, moucharaby

mouchard, e [muʃaʀ, -aʀd] NM/F (*péj: Scol*) sneak; (*: Police*) stool pigeon, grass (BRIT) ▶ NM (*appareil*) control device; (*: de camion*) tachograph

moucharder [muʃaʀde] VI (*fam*) to inform, grass (*fam*), squeal (*fam*)

★**mouche** [muʃ] NF fly; (*Escrime*) button; (*de taffetas*) patch; **prendre la ~** to go into a huff; **faire ~** to score a bull's-eye

moucher [muʃe] /1/ VT (*enfant*) to blow the nose of; (*chandelle*) to snuff (out) ■ **se moucher** VPR to blow one's nose

moucheron [muʃʀɔ̃] NM midge

moucheté, e [muʃ(ə)te] ADJ (*cheval*) dappled; (*laine*) flecked; (*Escrime*) buttoned

★**mouchoir** [muʃwaʀ] NM handkerchief, hanky; **~ en papier** tissue, paper hanky

moudre [mudʀ] /47/ VT to grind

m

moue [mu] NF pout; **faire la ~** to pout; (*fig*) to pull a face

mouette [mwɛt] NF (sea)gull

moufette, mouffette [mufɛt] NF skunk

moufle [mufl] NF (*gant*) mitt(en); (*Tech*) pulley block

mouflet [muflɛ] NM (*fam*) kid (*fam*)

mouflon [muflɔ̃] NM mouf(f)lon

moufter [mufte] VI (*fam*): **ne pas ~** to keep one's mouth shut; **il n'a pas moufté quand le principal est venu lui parler en personne** he kept his mouth shut when the headmaster came to speak to him in person; **sans ~** (*accepter, obéir*) without batting an eyelid

mouillage [mujaʒ] NM (*Navig: lieu*) anchorage, moorings *pl*

mouillé, e [muje] ADJ wet

mouiller [muje] /1/ VT (*humecter*) to wet, moisten; (*tremper*): **~ qn/qch** to make sb/sth wet; (*Culin: ragoût*) to add stock *ou* wine to; (*couper, diluer*) to water down; (*mine etc*) to lay; **~ l'ancre** to drop *ou* cast anchor ▸ VI (*Navig*) to lie *ou* be at anchor ▪ **se mouiller** VPR to get wet; (*fam: prendre des risques*) to commit o.s; to get (o.s.) involved

mouillette [mujɛt] NF (bread) finger

mouillure [mujyʀ] NF wet *no pl*; (*tache*) wet patch

mouise [mwiz] NF (*fam*): **être dans la ~** to be up the creek (*fam*); (*financièrement*) to be stony broke (*fam*); **c'est la ~** it's a bugger (*fam*)

moulage [mulaʒ] NM moulding (BRIT), molding (US); casting; (*objet*) cast

moulais *etc* [mulɛ] VB *voir* **moudre**

moulant, e [mulɑ̃, -ɑ̃t] ADJ figure-hugging

★**moule** [mul] VB *voir* **moudre** ▸ NF (*mollusque*) mussel ▸ NM (*creux, Culin*) mould (BRIT), mold (US); (*modèle plein*) cast; **~ à gâteau** cake tin (BRIT) *ou* pan (US); **~ à gaufre** waffle iron; **~ à tarte** pie *ou* flan dish

moulent [mul] VB *voir* **moudre**; **mouler**

mouler [mule] /1/ VT (*brique*) to mould (BRIT), mold (US); (*statue*) to cast; (*visage, bas-relief*) to make a cast of; (*lettre*) to shape with care; (*vêtement*) to hug, fit closely round; **~ qch sur** (*fig*) to model sth on

moulin [mulɛ̃] NM mill; (*fam*) engine; **~ à café** coffee mill; **~ à eau** watermill; **~ à légumes** (vegetable) shredder; **~ à paroles** (*fig*) chatterbox; **~ à poivre** pepper mill; **~ à prières** prayer wheel; **~ à vent** windmill

mouliner [muline] /1/ VT to shred

moulinet [mulinɛ] NM (*de treuil*) winch; (*de canne à pêche*) reel; (*mouvement*): **faire des moulinets avec qch** to whirl sth around

moulinette® [mulinɛt] NF (vegetable) shredder

moulons *etc* [mulɔ̃] VB *voir* **moudre**

moulu, e [muly] PP *de* **moudre** ▸ ADJ (*café*) ground

moulure [mulyʀ] NF (*ornement*) moulding (BRIT), molding (US)

moumoute [mumut] NF (*fam: perruque*) wig

mourant, e [muʀɑ̃, -ɑ̃t] VB *voir* **mourir** ▸ ADJ dying ▸ NM/F dying man/woman

★**mourir** [muʀiʀ] /1/ VI to die; (*civilisation*) to die out; **~ assassiné** to be murdered; **~ de froid/faim/vieillesse** to die of exposure/hunger/old age; **~ de faim/d'ennui** (*fig*) to be starving/be bored to death; **~ d'envie de faire** to be dying to do; **s'ennuyer à ~** to be bored to death

mouroir [muʀwaʀ] NM (*péj*) *place where people are left to die*

mouron [muʀɔ̃] NM: **se faire du ~** (*fam*) to worry, fret

mousquetaire [muskətɛʀ] NM musketeer

mousqueton [muskətɔ̃] NM (*fusil*) carbine; (*anneau*) snap-link, karabiner

moussant, e [musɑ̃, -ɑ̃t] ADJ foaming; **bain ~** foam *ou* bubble bath, bath foam

mousse [mus] NF (*Bot*) moss; (*de savon*) lather; (*écume: sur eau, bière*) froth, foam; (: *shampooing*) lather; (*de champagne*) bubbles *pl*; (*Culin*) mousse; (*en caoutchouc etc*) foam; **bain (de) ~** bubble bath; **bas ~** stretch stockings; **balle ~** foam ball; **~ carbonique** (fire-fighting) foam; **~ de nylon** nylon foam; (*tissu*) stretch nylon; **~ à raser** shaving foam ▸ NM (*Navig*) ship's boy

mousseline [muslin] NF (*Textiles*) muslin; chiffon; **pommes ~** (*Culin*) creamed potatoes

mousser [muse] /1/ VI (*bière, détergent*) to foam; (*savon*) to lather

mousseron [musʀɔ̃] NM St. George's Mushroom

mousseux, -euse [musø, -øz] ADJ (*chocolat*) frothy; (*eau*) foamy, frothy; (*vin*) sparkling ▸ NM: **(vin) ~** sparkling wine

mousson [musɔ̃] NF monsoon

moussu, e [musy] ADJ mossy

★**moustache** [mustaʃ] NF moustache ▪ **moustaches** NFPL (*d'animal*) whiskers *pl*

moustachu, e [mustaʃy] ADJ with a moustache

moustiquaire [mustikɛʀ] NF (*rideau*) mosquito net; (*chassis*) mosquito screen

★**moustique** [mustik] NM mosquito; **~ tigre** tiger mosquito

moût [mu] NM (*de vin*) must; (*de bière*) wort

★**moutarde** [mutaʀd] NF mustard ▸ ADJ INV mustard(-coloured)

moutardier [mutaʀdje] NM mustard jar

★**mouton** [mutɔ̃] NM (*Zool, péj*) sheep *inv*; (*peau*) sheepskin; (*Culin*) mutton

mouture [mutyʀ] NF grinding; (*péj*) rehash

mouvance [muvɑ̃s] NF movements *pl*

mouvant, e [muvɑ̃, -ɑ̃t] ADJ unsettled; changing; shifting

★**mouvement** [muvmɑ̃] NM (*gén, aussi: mécanisme*) movement; (*ligne courbe*) contours *pl*; (*fig: tumulte, agitation*) activity, bustle; (: *impulsion*) impulse; reaction; (*geste*) gesture; (*Mus: rythme*) tempo; **en ~** in motion; on the move; **mettre qch en ~** to set sth in motion, set sth going; **~ d'humeur** fit *ou* burst of temper; **~ d'opinion** trend of (public) opinion; **le ~ perpétuel** perpetual motion

mouvementé, e [muvmɑ̃te] ADJ (*vie, poursuite*) eventful; (*réunion*) turbulent

mouvoir [muvwaʀ] /27/ VT (*levier, membre*) to move; (*machine*) to drive ▪ **se mouvoir** VPR to move

★**moyen, ne** [mwajɛ̃, -ɛn] ADJ average; (*tailles, prix*) medium; (*de grandeur moyenne*) medium-sized; **très ~** (*résultats*) pretty poor; **M~ Âge** Middle Ages;

moyenne entreprise (*Comm*) medium-sized firm ▶ NM (*façon*) means *sg*, way; **au ~ de** by means of; **y a-t-il ~ de ... ?** is it possible to ...?, can one ...?; **par quel ~ ?** how?, which way?, by which means?; **par tous les moyens** by every possible means, every possible way; **~ de locomotion/d'expression** means of transport/expression; **~ de transport** means of transport ▶ NF average; (*Statistique*) mean; (*Scol: à l'examen*) pass mark; (*Auto*) average speed; **en moyenne** on (an) average; **faire la moyenne** to work out the average; **moyenne d'âge** average age; **faire la moyenne** to work out the average; **au-dessus de la moyenne** (*résultats*) above-average; **être au-dessus de la moyenne** to be above average ■ **moyens** NMPL (*capacités*) means; **je n'en ai pas les moyens** I can't afford it; **avec les moyens du bord** (*fig*) with what's available *ou* what comes to hand; **employer les grands moyens** to resort to drastic measures; **par ses propres moyens** all by oneself

moyenâgeux, -euse [mwajɛnaʒø, -øz] ADJ medieval

moyen-courrier [mwajɛ̃kuʀje] NM (*Aviat*) medium-haul aircraft

moyennant [mwajɛnɑ̃] PRÉP (*somme*) for; (*service, conditions*) in return for; (*travail, effort*) with

moyennement [mwajɛnmɑ̃] ADV fairly, moderately; **il a ~ réussi** he did fairly *ou* moderately well

Moyen-Orient [mwajɛnɔʀjɑ̃] NM: **le ~** the Middle East

moyeu, x [mwajø] NM hub

mozambicain, e [mɔzɑ̃bikɛ̃, -ɛn] ADJ Mozambican

Mozambique [mɔzɑ̃bik] NM: **le ~** Mozambique

MRAP SIGLE M (= *Mouvement contre le racisme et pour l'amitié entre les peuples*) *anti-racism organization*

ms ABR (= *manuscrit*) MS., ms

MSF SIGLE MPL (= *Médecins sans frontières*) *medical aid charity*

MST SIGLE F (= *maladie sexuellement transmissible*) STD (= *sexually transmitted disease*)

mû, mue [my] PP *de* **mouvoir**

mucosité [mykozite] NF mucus *no pl*

mucoviscidose [mykovisidoz] NF cystic fibrosis

mucus [mykys] NM mucus *no pl*

mue [my] PP *de* **mouvoir** ▶ NF moulting (BRIT), molting (US); sloughing; breaking of the voice

muer [mɥe] /1/ VI (*oiseau, mammifère*) to moult (BRIT), molt (US); (*serpent*) to slough (its skin); (*jeune garçon*): **il mue** his voice is breaking ■ **se muer** VPR: **se ~ en** to transform into

muet, te [mɥɛ, -ɛt] ADJ with a speech impairment; (*fig*): **~ d'admiration** *etc* speechless with admiration *etc*; (*joie, douleur, Ciné*) silent; (*Ling: lettre*) silent, mute; (*carte*) blank ▶ NM: **le ~** (*Ciné*) the silent cinema *ou* (*esp US*) movies

mufle [myfl] NM muzzle; (*goujat*) boor ▶ ADJ boorish

muflerie [myfləʀi] NF boorishness

mugir [myʒiʀ] /2/ VI (*bœuf*) to bellow; (*vache*) to low, moo; (*fig*) to howl

mugissement [myʒismɑ̃] NM (*voir mugir*) bellowing; lowing, mooing; howling

muguet [mygɛ] NM (*Bot*) lily of the valley; (*Méd*) thrush

mulâtre, -tresse [mylɑtʀ, -tʀɛs] NM/F mulatto (!)

mule [myl] NF (*Zool*) (she-)mule

mules [myl] NFPL (*pantoufles*) mules

mulet [mylɛ] NM (*Zool*) (he-)mule; (*poisson*) mullet

muletier, -ière [myl(ə)tje, -jɛʀ] ADJ: **sentier** *ou* **chemin ~** mule track

mulot [mylo] NM fieldmouse

multicarte [myltikaʀt] ADJ: **VRP ~** rep acting for several firms

multicolore [myltikɔlɔʀ] ADJ multicoloured (BRIT), multicolored (US)

multicoque [myltikɔk] NM multihull

multiculturel, le [myltikyltyʀɛl] ADJ multicultural

multidisciplinaire [myltidisiplinɛʀ] ADJ multidisciplinary

multiforme [myltifɔʀm] ADJ many-sided

multilatéral, e, -aux [myltilateʀal, -o] ADJ multilateral

multimédia [myltimedja] ADJ (*produits, encyclopédie*) multimedia ▶ NM: **le ~** multimedia

multimilliardaire [myltimiljaʀdɛʀ], **multimillionnaire** [myltimiljɔnɛʀ] ADJ, NMF multimillionaire

multinational, e, -aux [myltinasjɔnal, -o] ADJ, NF multinational

multiple [myltipl] ADJ multiple, numerous; (*varié*) many, manifold ▶ NM (*Math*) multiple

multiplex [myltiplɛks] NM (*Radio*) live link-up

multiplicateur [myltiplikatœʀ] NM multiplier

multiplication [myltiplikasjɔ̃] NF multiplication

multiplicité [myltiplisite] NF multiplicity

multiplier [myltiplije] /7/ VT to multiply ■ **se multiplier** VPR to multiply; (*fig: personne*) to be everywhere at once

multiprogrammation [myltipʀɔgʀamasjɔ̃] NF (*Inform*) multiprogramming

multipropriété [myltipʀɔpʀijete] NF timesharing *no pl*

multirécidiviste [myltiʀesidivist] ADJ: **délinquant ~** persistent offender ▶ NM/F persistent offender

multirisque [myltiʀisk] ADJ: **assurance ~** multiple-risk insurance

multisalles [myltisal] ADJ INV: **(cinéma) ~** multiplex (cinema)

multitâche [myltitɑʃ] ADJ (*aussi Inform*) multitasking; **être ~** to multitask

multitraitement [myltitʀɛtmɑ̃] NM (*Inform*) multiprocessing

multitude [myltityd] NF multitude; mass; **une ~ de** a vast number of, a multitude of

Munich [mynik] N Munich

munichois, e [mynikwa, -waz] ADJ of *ou* from Munich

municipal, e, -aux [mynisipal, -o] ADJ (*élections, stade*) municipal; (*conseil*) town *cpd*; **piscine/bibliothèque municipale** public swimming pool/library

m

municipalité [mynisipalite] NF (*corps municipal*) town council, corporation; (*commune*) town, municipality

munificence [mynifisɑ̃s] NF munificence

munir [myniʀ] /2/ VT: **~ qn/qch de** to equip sb/sth with ■ **se munir** VPR: **se ~ de** to provide o.s. with

munitions [mynisjɔ̃] NFPL ammunition *sg*

muqueuse [mykøz] NF mucous membrane

★**mur** [myʀ] NM wall; (*fig*) stone *ou* brick wall; **faire le ~** (*interne, soldat*) to jump the wall; **~ (payant)** (*Inform*) paywall; **~ du son** sound barrier

★**mûr, e** [myʀ] ADJ ripe; (*personne*) mature ▸ NF (*de la ronce*) blackberry; (*du mûrier*) mulberry

muraille [myʀɑj] NF (high) wall

mural, e, -aux [myʀal, -o] ADJ wall *cpd* ▸ NM (*Art*) mural

mûre [myʀ] NF blackberry

mûrement [myʀmɑ̃] ADV: **ayant ~ réfléchi** having given the matter much thought

murène [myʀɛn] NF moray (eel)

murer [myʀe] /1/ VT (*enclos*) to wall (in); (*porte, issue*) to wall up; (*personne*) to wall up *ou* in ■ **se murer** VPR: **se ~ dans le silence** to retreat into silence

muret [myʀɛ] NM low wall

mûrier [myʀje] NM mulberry tree; (*ronce*) blackberry bush

mûrir [myʀiʀ] /2/ VI (*fruit, blé*) to ripen; (*abcès, furoncle*) to come to a head; (*fig: idée, personne*) to mature; (*projet*) to develop ▸ VT (*fruit, blé*) to ripen; (*personne*) to (make) mature; (*pensée, projet*) to nurture

murmure [myʀmyʀ] NM murmur ■ **murmures** NMPL (*plaintes*) murmurings, mutterings

murmurer [myʀmyʀe] /1/ VI to murmur; (*se plaindre*) to mutter, grumble

mus *etc* [my] VB *voir* **mouvoir**

musaraigne [myzaʀɛɲ] NF shrew

musarder [myzaʀde] /1/ VI to idle (about); (*en marchant*) to dawdle (along)

musc [mysk] NM musk

muscade [myskad] NF (*aussi:* **noix (de) muscade**) nutmeg

muscat [myska] NM (*raisin*) muscat grape; (*vin*) muscatel (wine)

muscle [myskl] NM muscle

musclé, e [myskle] ADJ (*personne, corps*) muscular; (*fig: politique, régime etc*) strong-arm *cpd*

muscler [myskle] /1/ VT to develop the muscles of

musculaire [myskylɛʀ] ADJ muscular

musculation [myskylasjɔ̃] NF: **exercices de ~** muscle-developing exercises

musculature [myskylatyʀ] NF muscle structure, muscles *pl*, musculature

muse [myz] NF muse

museau, x [myzo] NM muzzle; (*Culin*) brawn

musée [myze] NM museum; (*de peinture*) art gallery

museler [myz(ə)le] /4/ VT to muzzle

muselière [myzəljɛʀ] NF muzzle

musette [myzɛt] NF (*sac*) lunch bag ▸ ADJ INV (*orchestre etc*) accordion *cpd*

muséum [myzeɔm] NM museum

musical, e, -aux [myzikal, -o] ADJ musical

musicalement [myzikalmɑ̃] ADV musically

musicalité [myzikalite] NF (*de mot, vers*) musicality

music-hall [myzikol] NM (*salle*) variety theatre; (*genre*) variety

★**musicien, ne** [myzisjɛ̃, -ɛn] ADJ musical ▸ NM/F musician

musicologie [myzikɔlɔʒi] NF musicology

★**musique** [myzik] NF music; (*fanfare*) band; **faire de la ~** to make music; (*jouer d'un instrument*) to play an instrument; **~ de chambre** chamber music; **~ de fond** background music

musqué, e [myske] ADJ musky

must [mœst] NM must

★**musulman, e** [myzylmɑ̃, -an] ADJ, NM/F Moslem, Muslim

mutant, e [mytɑ̃, -ɑ̃t] NM/F mutant

mutation [mytasjɔ̃] NF (*Admin*) transfer; (*Bio*) mutation

muter [myte] /1/ VT (*Admin*) to transfer, move

mutilation [mytilasjɔ̃] NF mutilation

mutilé, e [mytile] NM/F person with a disability (*through loss of limbs*); **~ de guerre** disabled ex-serviceman; **grand ~** person with a severe disability

mutiler [mytile] /1/ VT to mutilate, maim; (*fig*) to mutilate, deface

mutin, e [mytɛ̃, -in] ADJ (*enfant, air, ton*) mischievous, impish ▸ NM/F (*Mil, Navig*) mutineer

mutiner [mytine] /1/: **se mutiner** VPR to mutiny

mutinerie [mytinʀi] NF mutiny

mutisme [mytism] NM silence

mutualiste [mytɥalist] ADJ: **société ~** mutual benefit society, ≈ Friendly Society

mutualité [mytɥalite] NF (*assurance*) mutual (benefit) insurance scheme

mutuel, le [mytɥɛl] ADJ mutual ▸ NF mutual benefit society

> Additional insurance covers most health care costs that are not covered by basic national health insurance. It is based on the principle of solidarity. The **mutuelles**, which individuals can choose freely, are becoming proportionally more important as the amounts reimbursed by national health insurance decline.

mutuellement [mytɥɛlmɑ̃] ADV each other, one another

Myanmar [mjanmaʀ] NM Myanmar

mycose [mikoz] NF mycosis, fungal infection

mygale [migal] NF tarantula

myocarde [mjɔkaʀd] NM *voir* **infarctus**

myopathe [mjɔpat] ADJ (*atteint de myopathie*) suffering from myopathy; (*atteint de myopathie primitive progressive*) suffering from muscular dystrophy ▸ NMF person suffering from muscular dystrophy

myopathie [mjɔpati] NF myopathy; (*aussi:* **myopathie primitive progressive**) muscular dystrophy

myope [mjɔp] ADJ short-sighted

myopie [mjɔpi] NF short-sightedness, myopia
myosotis [mjɔzɔtis] NM forget-me-not
myriade [miʀjad] NF myriad
myrtille [miʀtij] NF blueberry, bilberry (BRIT)
mystère [mistɛʀ] NM mystery
mystérieusement [misteʀjøzmɑ̃] ADV mysteriously
mystérieux, -euse [misteʀjø, -øz] ADJ mysterious
mysticisme [mistisism] NM mysticism
mystificateur, -trice [mistifikatœʀ, -tʀis] NM/F hoaxer, practical joker
mystification [mistifikasjɔ̃] NF (*tromperie, mensonge*) hoax; (*mythe*) mystification
mystifier [mistifje] /7/ VT to fool, take in; (*tromper*) to mystify
mystique [mistik] ADJ mystic, mystical ▸ NMF mystic
mythe [mit] NM myth
mythifier [mitifje] /7/ VT to turn into a myth, mythologize
mythique [mitik] ADJ mythical
mythologie [mitɔlɔʒi] NF mythology
mythologique [mitɔlɔʒik] ADJ mythological
mythomane [mitɔman] ADJ, NMF mythomaniac
mythomanie [mitɔmani] NF mythomania
mytiliculture [mitilikyltyʀ] NF mussel farming

Nn

N, n [ɛn] NM INV N, n ▸ ABR (= *nord*) N; **N comme Nicolas** N for Nelly (BRIT) *ou* Nan (US)

n' [n] ADV *voir* **ne**

nº ABR (*numéro*) no

nabot [nabo] NM (*péj*) dwarf (*!*)

nacelle [nasɛl] NF (*de ballon*) basket

nacre [nakʀ] NF mother-of-pearl

nacré, e [nakʀe] ADJ pearly

nage [naʒ] NF swimming; (*manière*) style of swimming, stroke; **traverser/s'éloigner à la ~** to swim across/away; **en ~** bathed in sweat; **~ indienne** sidestroke; **~ libre** freestyle; **~ papillon** butterfly

nageoire [naʒwaʀ] NF fin

★**nager** [naʒe] /3/ VI to swim; (*fig: ne rien comprendre*) to be all at sea; **~ dans** to be swimming in; (*vêtements*) to be lost in; **~ dans le bonheur** to be overjoyed

nageur, -euse [naʒœʀ, -øz] NM/F swimmer

naguère [nagɛʀ] ADV (*il y a peu de temps*) not long ago; (*autrefois*) formerly

naïade [najad] NF naiad

naïf, -ïve [naif, naiv] ADJ naïve

nain, e [nɛ̃, nɛn] ADJ, NM/F (*péj*) person of small stature

Nairobi [naiʀɔbi] N Nairobi

nais [nɛ], **naissais** *etc* [nɛsɛ] VB *voir* **naître**

★**naissance** [nɛsɑ̃s] NF birth; **donner ~ à** to give birth to; (*fig*) to give rise to; **prendre ~** to originate; **aveugle de ~** born blind; **Français de ~** French by birth; **à la ~ des cheveux** at the roots of the hair; **lieu de ~** place of birth

naissant, e [nɛsɑ̃, -ɑ̃t] VB *voir* **naître** ▸ ADJ budding, incipient; (*jour*) dawning

naît [nɛ] VB *voir* **naître**

naître [nɛtʀ] /59/ VI to be born; (*conflit, complications*): **~ de** to arise from, be born out of; **~ à** (*amour, poésie*) to awaken to; **je suis né en 1960** I was born in 1960; **il naît plus de filles que de garçons** there are more girls born than boys; **faire ~** (*fig*) to give rise to, arouse

naïvement [naivmɑ̃] ADV naïvely

naïveté [naivte] NF naivety

Namibie [namibi] NF: **la ~** Namibia

nana [nana] NF (*fam: fille*) bird (BRIT), chick

nancéien, ne [nɑ̃sejɛ̃, -jɛn] ADJ from Nancy

nanisme [nanism] NM dwarfism

nanoparticule [nanopaʀtikyl] NF nanoparticle

nanosciences [nanosjɑ̃s] NFPL nanosciences

nanotechnologies [nanotɛknɔlɔʒi] NFPL nanotechnologies

nantais, e [nɑ̃tɛ, -ɛz] ADJ of *ou* from Nantes

nantir [nɑ̃tiʀ] /2/ VT: **~ qn de** to provide sb with; **les nantis** (*péj*) the well-to-do

napalm [napalm] NM napalm

naphtaline [naftalin] NF: **boules de ~** mothballs

Naples [napl] N Naples

napolitain, e [napɔlitɛ̃, -ɛn] ADJ Neapolitan; **tranche napolitaine** Neapolitan ice cream

nappage [napaʒ] NM (*couche*) coating

nappe [nap] NF tablecloth; (*fig*) sheet; (*de pétrole, gaz*) layer; **~ de mazout** oil slick; **~ (phréatique)** water table

napper [nape] /1/ VT: **~ qch de** to coat sth with

napperon [napʀɔ̃] NM table-mat; **~ individuel** place mat

naquit [naki] VB *voir* **naître**

narcisse [naʀsis] NM narcissus

narcissique [naʀsisik] ADJ narcissistic

narcissisme [naʀsisism] NM narcissism

narcodollars [naʀkodɔlaʀ] NMPL drug money *no pl*

narcolepsie [naʀkɔlɛpsi] NF narcolepsy

narcotique [naʀkɔtik] ADJ, NM narcotic

narcotrafic [naʀkotʀafik] NM narco-trafficking

narcotrafiquant [naʀkotʀafikɑ̃] NM narco-trafficker

narguer [naʀge] /1/ VT to taunt

narine [naʀin] NF nostril

narquois, e [naʀkwa, -waz] ADJ derisive, mocking

narrateur, -trice [naʀatœʀ, -tʀis] NM/F narrator

narratif, -ive [naʀatif, -iv] ADJ narrative

narration [naʀasjɔ̃] NF narration, narrative; (*Scol*) essay

narrer [naʀe] /1/ VT to tell the story of, recount

narval [naʀval] NM narwhal

NASA [nasa] SIGLE F (= *National Aeronautics and Space Administration*) NASA

nasal, e, -aux [nazal, -o] ADJ nasal

nase, naze [nɑz] ADJ (*fam*) knackered (*fam*)

naseau, x [nazo] NM nostril

nasillard, e [nazijaʀ, -aʀd] ADJ nasal

nasiller [nazije] /1/ VI to speak with a (nasal) twang

nasse [nas] NF fish-trap

natal, e [natal] ADJ native

nataliste [natalist] ADJ supporting a rising birth rate

natalité [natalite] NF birth rate

★**natation** [natasjɔ̃] NF swimming; **faire de la ~** to go swimming (*regularly*)

natif, -ive [natif, -iv] ADJ native ▶ NM/F: **~ numérique** digital native

nation [nasjɔ̃] NF nation; **les Nations unies (NU)** the United Nations (UN)

★**national, e, -aux** [nasjɔnal, -o] ADJ national; **obsèques nationales** state funeral ▶ NF: **(route) nationale** ≈ A road (BRIT), ≈ state highway (US)

nationalisation [nasjɔnalizasjɔ̃] NF nationalization

nationaliser [nasjɔnalize] /1/ VT to nationalize

nationalisme [nasjɔnalism] NM nationalism

nationaliste [nasjɔnalist] ADJ, NMF nationalist

nationalité [nasjɔnalite] NF nationality; **de ~ française** of French nationality

nativité [nativite] NF (*tableau, sculpture*) nativity scene

natte [nat] NF (*tapis*) mat; (*cheveux*) plait

natter [nate] /1/ VT (*cheveux*) to plait

naturalisation [natyʀalizasjɔ̃] NF naturalization

naturaliser [natyʀalize] /1/ VT to naturalize; (*empailler*) to stuff

naturalisme [natyʀalism] NM naturalism

naturaliste [natyʀalist] NMF naturalist; (*empailleur*) taxidermist

★**nature** [natyʀ] NF nature; **payer en ~** to pay in kind; **peint d'après ~** painted from life; **être de ~ à faire qch** (*propre à*) to be the sort of thing (*ou* person) to do sth; **~ morte** still-life ▶ ADJ (*Culin*) plain, without seasoning or sweetening; (*café, thé: sans lait*) black; (*: sans sucre*) without sugar; (*yaourt*) natural

★**naturel, le** [natyʀɛl] ADJ natural ▶ NM naturalness; (*caractère*) disposition, nature; (*autochtone*) native; **au ~** (*Culin*) in water; in its own juices

naturellement [natyʀɛlmɑ̃] ADV naturally; (*bien sûr*) of course

naturisme [natyʀism] NM naturism

naturiste [natyʀist] NMF naturist

naufrage [nofʀaʒ] NM (ship)wreck; (*fig*) wreck; **faire ~** to be shipwrecked

naufragé, e [nofʀaʒe] NM/F shipwreck victim, castaway

nauséabond, e [nozeabɔ̃, -ɔ̃d] ADJ foul, nauseous

nausée [noze] NF nausea; **avoir la ~** to feel sick; **avoir des nausées** to have waves of nausea, feel nauseous *ou* sick

nauséeux, -euse [noseø, øz] ADJ nauseous; **état ~** nausea

★**nautique** [notik] ADJ nautical, water *cpd*; **sports nautiques** water sports

nautisme [notism] NM water sports *pl*

naval, e [naval] ADJ naval; (*industrie*) shipbuilding

navarin [navaʀɛ̃] NM navarin, mutton stew

navarrais, e [navaʀɛ, -ɛz] ADJ Navarrese

navet [navɛ] NM turnip; (*péj: film*) third-rate film

navette [navɛt] NF shuttle; (*en car etc*) shuttle (service); **faire la ~ (entre)** to go to and fro (between), shuttle (between); **~ spatiale** space shuttle

navigabilité [navigabilite] NF (*d'un navire*) seaworthiness; (*d'un avion*) airworthiness

navigable [navigabl] ADJ navigable

navigant, e [navigɑ̃, -ɑ̃t] ADJ (*Aviat: personnel*) flying ▶ NM/F: **les navigants** the flying staff *ou* personnel

navigateur [navigatœʀ] NM (*Navig*) seafarer, sailor; (*Aviat*) navigator; (*Inform*) browser

navigation [navigasjɔ̃] NF navigation, sailing; (*Comm*) shipping; **compagnie de ~** shipping company; **~ spatiale** space navigation

naviguer [navige] /1/ VI to navigate, sail; **~ sur Internet** to browse the internet

navire [naviʀ] NM ship; **~ de guerre** warship; **~ marchand** merchantman

navire-citerne [naviʀsitɛʀn] (*pl* **navires-citernes**) NM tanker

navire-hôpital [naviʀɔpital] (*pl* **navires-hôpitaux** [-o]) NM hospital ship

navrant, e [navʀɑ̃, -ɑ̃t] ADJ (*affligeant*) upsetting; (*consternant*) annoying

navré, e [navʀe] ADJ (*désolé: personne*) sorry; **l'air ~** (*annoncer, regarder*) unhappily; **je suis ~ de faire** I'm so sorry for doing; **je suis ~ que** (+ *subjonctif*) I'm so sorry that; **il était ~ de ce qu'il voyait** he was saddened by what he saw

navrer [navʀe] /1/ VT to upset, distress

nazaréen, ne [nazaʀeɛ̃, -ɛn] ADJ Nazarene

Nazareth [nazaʀɛt] N Nazareth

nazi, e [nazi] ADJ Nazi ▶ NM/F Nazi

nazisme [nazism] NM Nazism

NB ABR (= *nota bene*) NB

nbr. ABR = **nombreux**

nbses ABR = **nombreuses**

ND SIGLE F = **Notre Dame**

NDA SIGLE F = **note de l'auteur**

NDE SIGLE F = **note de l'éditeur**

NDLR SIGLE F = **note de la rédaction**

NDT SIGLE F = **note du traducteur**

★**ne, n'** [nə, n] ADV *voir* **pas**¹; **plus**²; **jamais** *etc*; (*sans valeur négative: non traduit*): **c'est plus loin que je ne le croyais** it's further than I thought

★**né, e** [ne] PP *de* **naître** ▶ ADJ: **un comédien né** a born comedian; **né en 1960** born in 1960; **née Scott** née Scott; **né de ... et de ...** son/daughter of ... and of ...; **né d'une mère française** having a French mother; **né pour commander** born to lead

néanmoins [neɑ̃mwɛ̃] ADV nevertheless, yet

néant [neɑ̃] NM nothingness; **réduire à ~** to bring to nought; (*espoir*) to dash

nébuleux, -euse [nebylø, -øz] ADJ (*ciel*) cloudy; (*fig*) nebulous ▶ NF (*Astronomie*) nebula; (*fig*) complex web

nébuliser [nebylize] /1/ VT (*liquide*) to spray

nébulosité [nebylozite] NF cloud cover; **~ variable** cloudy in places

nécessaire [nesesɛʀ] ADJ necessary ▶ NM necessary; (*sac*) kit; **faire le ~** to do the necessary; **n'emporter que le strict ~** to take only what is strictly necessary; **~ de couture** sewing kit; **~ de toilette** toilet bag; **~ de voyage** overnight bag

nécessairement [nesesɛʀmɑ̃] ADV necessarily

n

nécessité [nesesite] NF necessity; **se trouver dans la ~ de faire qch** to find it necessary to do sth; **par ~** out of necessity
nécessiter [nesesite] /1/ VT to require
nécessiteux, -euse [nesesitø, -øz] ADJ needy
nec plus ultra [nekplysyltʀa] NM: **le ~ de** the last word in
nécrologie [nekʀɔlɔʒi] NF obituary
nécrologique [nekʀɔlɔʒik] ADJ: **article ~** obituary; **rubrique ~** obituary column
nécromancie [nekʀɔmɑ̃si] NF necromancy
nécromancien, ne [nekʀɔmɑ̃sjɛ̃, -jɛn] NM/F necromancer
nécropole [nekʀɔpɔl] NF necropolis
nécrose [nekʀoz] NF necrosis
nécrosé, e [nekʀoze] ADJ necrosed
nectar [nɛktaʀ] NM nectar
nectarine [nɛktaʀin] NF nectarine
néerlandais, e [neɛʀlɑ̃dɛ, -ɛz] ADJ Dutch, of the Netherlands ▸ NM (*Ling*) Dutch ▸ NM/F: **Néerlandais, e** Dutchman/-woman; **les N~** the Dutch
nef [nɛf] NF (*d'église*) nave
néfaste [nefast] ADJ (*nuisible*) harmful; (*funeste*) ill-fated
négatif, -ive [negatif, -iv] ADJ negative ▸ NM (*Photo*) negative
négation [negasjɔ̃] NF denial; (*Ling*) negation
négationnisme [negasjɔnism] NM negationism
négationniste [negasjɔnist] ADJ (*auteur, ouvrage*) negationist ▸ NMF negationist
négativement [negativmɑ̃] ADV: **répondre ~** to give a negative response
négligé, e [negliʒe] ADJ (*en désordre*) slovenly ▸ NM (*tenue*) negligee
négligeable [negliʒabl] ADJ insignificant, negligible
négligemment [negliʒamɑ̃] ADV carelessly
négligence [negliʒɑ̃s] NF carelessness *no pl*; (*faute*) careless omission
négligent, e [negliʒɑ̃, -ɑ̃t] ADJ careless; (*Jur etc*) negligent
négliger [negliʒe] /3/ VT (*épouse, jardin*) to neglect; (*tenue*) to be careless about; (*avis, précautions*) to disregard, overlook; **~ de faire** to fail to do, not bother to do ■ **se négliger** VPR to neglect o.s.
négoce [negɔs] NM trade
négociable [negɔsjabl] ADJ negotiable
négociant, e [negɔsjɑ̃, -jɑ̃t] NM/F merchant
négociateur [negɔsjatœʀ] NM negotiator
négociation [negɔsjasjɔ̃] NF negotiation; **négociations collectives** collective bargaining *sg*
négocier [negɔsje] /7/ VI, VT to negotiate
nègre [nɛgʀ] NM (*péj*) Negro (*!*); (*péj: écrivain*) ghost writer ▸ ADJ (*péj*) Negro (*!*)
négresse [negʀɛs] NF (*péj*) Negress (*!*)
négrier [negʀije] NM (*fig*) slave driver
négroïde [negʀɔid] ADJ negroid
★**neige** [nɛʒ] NF snow; **battre les œufs en ~** (*Culin*) to whip *ou* beat the egg whites until stiff; **~ carbonique** dry ice; **~ fondue** (*par terre*) slush; (*qui tombe*) sleet; **~ poudreuse** powdery snow
★**neiger** [neʒe] /3/ VI to snow
neigeux, -euse [nɛʒø, -øz] ADJ snowy, snow-covered
nématode [nematɔd] NM nematode
nénuphar [nenyfaʀ] NM water-lily
néo-calédonien, ne [neɔkaledɔnjɛ̃, -ɛn] ADJ New Caledonian ▸ NM/F: **Néo-calédonien, ne** New Caledonian
néocapitalisme [neokapitalism] NM neocapitalism
néoclassique [neoklasik] ADJ neoclassical, neo-classical
néocolonialisme [neokɔlɔnjalism] NM neo-colonialism
néocolonialiste [neokɔlɔnjalist] ADJ neo-colonial
néolithique [neɔlitik] ADJ, NM Neolithic
néologisme [neɔlɔʒism] NM neologism
néon [neɔ̃] NM neon
néonatal, e, néo-natal, e [neonatal] ADJ neo-natal, neo-natal
néonazi, e [neonazi] ADJ, NM/F neo-Nazi
néophyte [neɔfit] NMF novice
néo-zélandais, e [neɔzelɑ̃dɛ, -ɛz] ADJ New Zealand *cpd* ▸ NM/F: **Néo-zélandais, e** New Zealander
Népal [nepal] NM: **le ~** Nepal
népalais, e [nepalɛ, -ɛz] ADJ Nepalese, Nepali ▸ NM (*Ling*) Nepalese, Nepali ▸ NM/F: **Népalais, e** Nepalese, Nepali
néphrétique [nefʀetik] ADJ (*Méd: colique*) nephritic
néphrite [nefʀit] NF (*Méd*) nephritis
népotisme [nepɔtism] NM nepotism
nerf [nɛʀ] NM nerve; (*fig*) spirit; (*: forces*) stamina ■ **nerfs** NMPL nerves; **être** *ou* **vivre sur les nerfs** to live on one's nerves; **être à bout de nerfs** to be at the end of one's tether; **passer ses nerfs sur qn** to take it out on sb
nerveusement [nɛʀvøzmɑ̃] ADV nervously
★**nerveux, -euse** [nɛʀvø, -øz] ADJ nervous; (*cheval*) highly-strung; (*irritable*) touchy, nervy; (*voiture*) nippy, responsive; (*tendineux*) sinewy
nervosité [nɛʀvozite] NF nervousness; (*émotivité*) excitability, tenseness
nervure [nɛʀvyʀ] NF (*de feuille*) vein; (*Archit, Tech*) rib
n'est-ce pas [nɛspɑ] ADV isn't it?, won't you? *etc* (*selon le verbe qui précède*); **c'est bon, ~?** it's good, isn't it?; **il a peur, ~?** he's afraid, isn't he?; **~ que c'est bon?** don't you think it's good?; **lui, ~, il peut se le permettre** he, of course, can afford to do that, can't he?
Net [nɛt] NM (*Internet*): **le ~** the Net
net, nette [nɛt] ADJ (*sans équivoque, distinct*) clear; (*photo*) sharp; (*évident*) definite; (*amélioration, différence*) marked, distinct; (*propre*) neat, clean; (*Comm: prix, salaire, poids*) net; **faire place nette** to make a clean sweep; **~ d'impôt** after tax ▸ ADV (*refuser*) flatly; **s'arrêter ~** to stop dead; **la lame a cassé ~** the blade snapped clean through ▸ NM: **mettre au ~** to copy out
netiquette [netikɛt] NF netiquette
nettement [nɛtmɑ̃] ADV (*distinctement*) clearly; (*évidemment*) definitely; (*incontestablement*) decid-

edly; *(avec comparatif, superlatif)*: **~ mieux** definitely *ou* clearly better

netteté [nɛtte] NF clearness

nettoie *etc* [netwa] VB *voir* **nettoyer**

nettoiement [netwamɑ̃] NM *(Admin)* cleaning; **service du ~** refuse collection

nettoierai *etc* [netwaʀe] VB *voir* **nettoyer**

nettoyage [netwajaʒ] NM cleaning; **~ à sec** dry cleaning

nettoyant [netwajɑ̃] NM *(produit)* cleaning agent

★**nettoyer** [netwaje] /8/ VT to clean; *(fig)* to clean out

★**neuf**[1] [nœf] NUM nine

neuf[2]**, neuve** [nœf, nœv] ADJ new ▸ NM: **repeindre à ~** to redecorate; **remettre à ~** to do up (as good as new), refurbish; **n'acheter que du ~** to buy everything new; **quoi de ~?** what's new?

neurasthénie [nøʀasteni] NF neurasthenia

neurasthénique [nøʀastenik] ADJ neurasthenic

neurobiologie [nøʀobjɔlɔʒi] NF neurobiology

neurochirurgie [nøʀoʃiʀyʀʒi] NF neurosurgery

neurochirurgien [nøʀoʃiʀyʀʒjɛ̃] NM neurosurgeon

neuroleptique [nøʀɔlɛptik] ADJ neuroleptic

neurologie [nøʀɔlɔʒi] NF neurology

neurologique [nøʀɔlɔʒik] ADJ neurological

neurologue [nøʀɔlɔg] NMF neurologist

neurone [nøʀɔn] NM neuron(e)

neuropsychiatre [nøʀopsikjatʀ] NMF neuropsychiatrist

neuropsychiatrie [nøʀopsikjatʀi] NF neuropsychiatry

neurosciences [nøʀosjɑ̃s] NFPL neuroscience *sg*

neutralisation [nøtʀalizasjɔ̃] NF neutralization

neutraliser [nøtʀalize] /1/ VT to neutralize

neutralisme [nøtʀalism] NM neutralism

neutraliste [nøtʀalist] ADJ neutralist

neutralité [nøtʀalite] NF neutrality

neutre [nøtʀ] ADJ neutral; **~ en carbone** carbon neutral ▸ NM *(Ling)* neuter

neutrino [nøtʀino] NM neutrino

neutron [nøtʀɔ̃] NM neutron

neuve [nœv] ADJ F *voir* **neuf**[2]

neuvième [nœvjɛm] NUM ninth

névé [neve] NM névé

★**neveu, x** [n(ə)vø] NM nephew

névralgie [nevʀalʒi] NF neuralgia

névralgique [nevʀalʒik] ADJ *(fig: sensible)* sensitive; **centre ~** nerve centre

névrite [nevʀit] NF neuritis

névrose [nevʀoz] NF neurosis

névrosé, e [nevʀoze] ADJ, NM/F neurotic

névrotique [nevʀɔtik] ADJ neurotic

New York [njujɔʀk] N New York

new-yorkais, e [njujɔʀkɛ, -ɛz] ADJ of *ou* from New York, New York *cpd* ▸ NM/F: **New-Yorkais, e** New Yorker

★**nez** [ne] NM nose; **rire au ~ de qn** to laugh in sb's face; **avoir du ~** to have flair; **avoir le ~ fin** to have foresight; **~ à ~ avec** face to face with; **à vue de ~** roughly

NF SIGLE MPL = **nouveaux francs** ▸ SIGLE F *(Industrie: = norme française) industrial standard*

★**ni** [ni] CONJ: **ni ... ni** neither ... nor; **je n'aime ni les lentilles ni les épinards** I like neither lentils nor spinach; **il n'a dit ni oui ni non** he didn't say either yes or no; **elles ne sont venues ni l'une ni l'autre** neither of them came; **il n'a rien vu ni entendu** he didn't see or hear anything

Niagara [njagaʀa] NM: **les chutes du ~** the Niagara Falls

niais, e [njɛ, njɛz] ADJ silly, thick

niaiserie [njɛzʀi] NF gullibility; *(action, propos, futilité)* silliness

Nicaragua [nikaʀagwa] NM: **le ~** Nicaragua

nicaraguayen, ne [nikaʀagwajɛ̃, -ɛn] ADJ Nicaraguan ▸ NM/F: **Nicaraguayen, ne** Nicaraguan

Nice [nis] N Nice

niche [niʃ] NF *(du chien)* kennel; *(de mur)* recess, niche; *(farce)* trick

nichée [niʃe] NF brood, nest

nicher [niʃe] /1/ VI to nest ■ **se nicher** VPR: **se ~ dans** *(personne: se blottir)* to snuggle into; *(: se cacher)* to hide in; *(objet)* to lodge itself in

nichon [niʃɔ̃] NM *(fam)* boob, tit

nickel [nikɛl] NM nickel

niçois, e [niswa, -waz] ADJ of *ou* from Nice; *(Culin)* Nicoise

nicotine [nikɔtin] NF nicotine

nid [ni] NM nest; *(fig: repaire etc)* den, lair; **~ d'abeilles** *(Couture, Textiles)* honeycomb stitch; **~ de poule** pothole

nièce [njɛs] NF niece

nième [ɛnjɛm] ADJ: **la ~ fois** the nth *ou* umpteenth time

nier [nje] /7/ VT to deny

nigaud, e [nigo, -od] NM/F booby, fool

Niger [niʒɛʀ] NM: **le ~** Niger; *(fleuve)* the Niger

Nigéria [niʒeʀja] NM Nigeria

nigérian, e [niʒeʀjɑ̃, -an] ADJ Nigerian ▸ NM/F: **Nigérian, e** Nigerian

nigérien, ne [niʒeʀjɛ̃, -ɛn] ADJ of *ou* from Niger

night-club [najtklœb] NM nightclub

nihilisme [niilism] NM nihilism

nihiliste [niilist] ADJ nihilist, nihilistic

Nil [nil] NM: **le ~** the Nile

★**n'importe** [nɛ̃pɔʀt] ADV: **n'importe!** no matter!; **n'importe qui/quoi/où** anybody/anything/anywhere; **n'importe quoi!** *(fam: désapprobation)* what rubbish!; **n'importe quand** any time; **n'importe quel/quelle** any; **n'importe lequel/laquelle** any (one); **n'importe comment** *(sans soin)* carelessly; **n'importe comment, il part ce soir** he's leaving tonight in any case

nippes [nip] NFPL *(fam)* togs

nippon, e *ou* **ne** [nipɔ̃, -ɔn] ADJ Japanese

nique [nik] NF: **faire la ~ à** to thumb one's nose at *(fig)*

niquer [nike] VT *(!: arnaquer)* to shaft (!), screw (!); *(: baiser)* to screw (!), shag (BRIT !)

nitouche [nituʃ] NF *(péj)*: **c'est une sainte ~** she looks as if butter wouldn't melt in her mouth

nitrate [nitʀat] NM nitrate

nitrique [nitʀik] ADJ: **acide ~** nitric acid

n

nitroglycérine [nitʀɔgliseʀin] NF nitroglycerin(e)

★**niveau, x** [nivo] NM level; (*des élèves, études*) standard; **au ~ de** at the level of; (*personne*) on a level with; **de ~ (avec)** level (with); **le ~ de la mer** sea level; **~ (à bulle)** spirit level; **~ (d'eau)** water level; **~ de vie** standard of living

niveler [niv(ə)le] /**4**/ VT to level

niveleuse [niv(ə)løz] NF (*Tech*) grader

nivellement [nivɛlmɑ̃] NM levelling

nivernais, e [nivɛʀnɛ, -ɛz] ADJ of *ou* from Nevers (and region) ▸ NM/F: **Nivernais, e** inhabitant *ou* native of Nevers (and region)

NL SIGLE F = **nouvelle lune**

nobiliaire [nɔbiljɛʀ] ADJ F *voir* **particule**

noble [nɔbl] ADJ noble; (*de qualité: métal etc*) precious ▸ NMF noble(man/-woman)

noblement [nɔbləmɑ̃] ADV (*agir*) nobly

noblesse [nɔblɛs] NF (*classe sociale*) nobility; (*d'une action etc*) nobleness

noce [nɔs] NF wedding; (*gens*) wedding party (*ou* guests *pl*); **il l'a épousée en secondes noces** she was his second wife; **faire la ~** (*fam*) to go on a binge; **noces d'or/d'argent/de diamant** golden/silver/diamond wedding

noceur [nɔsœʀ] NM (*fam*): **c'est un sacré ~** he's a real party animal

nocif, -ive [nɔsif, -iv] ADJ harmful, noxious

nocivité [nɔsivite] NF (*de substance*) toxicity; (*fig*) harmfulness

noctambule [nɔktɑ̃byl] NMF night-bird

nocturne [nɔktyʀn] ADJ nocturnal ▸ NF (*Sport*) floodlit fixture; (*d'un magasin*) late opening

nodule [nɔdyl] NM (*Méd*) nodule

Noël [nɔɛl] NM Christmas; **la (fête de) ~** Christmas time

nœud [nø] NM (*de corde, du bois, Navig*) knot; (*ruban*) bow; (*fig: liens*) bond, tie; (*: d'une question*) crux; (*: Théât etc*): **le ~ de l'action** the web of events; **~ coulant** noose; **~ gordien** Gordian knot; **~ papillon** bow tie

noie *etc* [nwa] VB *voir* **noyer**

★**noir, e** [nwaʀ] ADJ black; (*obscur, sombre*) dark ▸ NM/F: **un N~/une Noire** a black man/woman ▸ NM: **dans le ~** in the dark; **il fait ~** it is dark; **au ~** *adv* (*acheter, vendre*) on the black market; **travail au ~** undeclared work, illegal work; **travailler au ~** to work in the black economy ▸ NF (*Mus*) crotchet (Brit), quarter note (US)

noirâtre [nwaʀɑtʀ] ADJ (*teinte*) blackish

noirceur [nwaʀsœʀ] NF blackness; darkness

noircir [nwaʀsiʀ] /**2**/ VT, VI to blacken

noise [nwaz] NF: **chercher ~ à** to try and pick a quarrel with

noisetier [nwaz(ə)tje] NM hazel (tree)

noisette [nwazɛt] NF hazelnut; (*morceau: de beurre etc*) small knob ▸ ADJ INV (*yeux*) hazel

★**noix** [nwa] NF walnut; (*fam*) twit; (*Culin*): **une ~ de beurre** a knob of butter; **à la ~** (*fam*) worthless; **~ de cajou** cashew nut; **~ de coco** coconut; **~ (de) muscade** nutmeg; **~ de veau** (*Culin*) round fillet of veal

★**nom** [nɔ̃] NM name; (*Ling*) noun; **connaître qn de ~** to know sb by name; **au ~ de** in the name of; **~ d'une pipe** *ou* **d'un chien !** (*fam*) for goodness' sake!; **~ de Dieu !** (!) bloody hell! (Brit); **~ commun/propre** common/proper noun; **~ composé** (*Ling*) compound noun; **~ déposé** trade name; **~ d'emprunt** assumed name; **~ de famille** surname; **~ de fichier** file name; **~ de jeune fille** maiden name; **~ d'utilisateur** username

nomade [nɔmad] ADJ nomadic ▸ NMF nomad

nomadisme [nɔmadism] NM (*mode de vie*) nomadism; (*mode de travail*) mobile working

★**nombre** [nɔ̃bʀ] NM number; **venir en ~** to come in large numbers; **ils sont au ~ de trois** there are three of them; **au ~ de mes amis** among my friends; **sans ~** countless; **(bon) ~ de** (*beaucoup, plusieurs*) a (large) number of; **depuis ~ d'années** for many years; **~ premier/entier** prime/whole number

★**nombreux, -euse** [nɔ̃bʀø, -øz] ADJ many, numerous; (*avec nom sg: foule etc*) large; **peu ~** few; small; **de ~ cas** many cases

nombril [nɔ̃bʀi(l)] NM navel

nombrilisme [nɔ̃bʀilism] NM navel-gazing, self-absorption

nombriliste [nɔ̃bʀilist] ADJ self-absorbed

nomenclature [nɔmɑ̃klatyʀ] NF wordlist; list of items

nominal, e, -aux [nɔminal, -o] ADJ nominal; (*appel, liste*) of names

nominatif, -ive [nɔminatif, -iv] NM (*Ling*) nominative ▸ ADJ: **liste nominative** list of names; **carte nominative** calling card; **titre ~** registered name

nomination [nɔminasjɔ̃] NF nomination

nommément [nɔmemɑ̃] ADV (*désigner*) by name

nommer [nɔme] /**1**/ VT (*baptiser*) to name, give a name to; (*qualifier*) to call; (*mentionner*) to name, give the name of; (*élire*) to appoint, nominate ▪ **se nommer** VPR: **il se nomme Pascal** his name's Pascal, he's called Pascal

nomophobe [nɔmɔfɔb] ADJ nomophobic ▸ NMF nomophobe

★**non** [nɔ̃] ADV (*réponse*) no; (*suivi d'un adjectif, adverbe*) not; **Paul est venu, ~ ?** Paul came, didn't he?; **répondre** *ou* **dire que ~** to say no; **~ pas que** not that; **~ plus: moi ~ plus** neither do I, I don't either; **je préférerais que ~** I would prefer not; **il se trouve que ~** perhaps not; **je pense que ~** I don't think so; **~ mais !** well really!; **~ mais des fois !** you must be joking!; **~ alcoolisé** non-alcoholic; **~ loin/seulement** not far/only

nonagénaire [nɔnaʒenɛʀ] NMF nonagenarian

non-agression [nɔnagʀesjɔ̃] NF: **pacte de ~** non-aggression pact

non alcoolisé, e [nɔnalkɔlize] ADJ non-alcoholic

nonante [nɔnɑ̃t] NUM (Belgique, Suisse) ninety

non-assistance [nɔnasistɑ̃s] NF (*Jur*): **~ à personne en danger** *failure to render assistance to a person in danger*

nonce [nɔ̃s] NM (*Rel*) nuncio

nonchalamment [nɔ̃ʃalamɑ̃] ADV nonchalantly

nonchalance [nɔ̃ʃalɑ̃s] NF nonchalance, casualness

nonchalant, e [nɔ̃ʃalɑ̃, -ɑ̃t] ADJ nonchalant, casual

non-conformisme [nɔ̃kɔ̃fɔʀmism] NM nonconformism

non-conformiste [nɔ̃kɔ̃fɔʀmist] ADJ, NMF nonconformist

non-conformité [nɔ̃kɔ̃fɔʀmite] NF nonconformity

non-croyant, e [nɔ̃kʀwajɑ̃, -ɑ̃t] NM/F (*Rel*) non-believer

non-engagé, e [nɔnɑ̃gaʒe] ADJ non-aligned

★**non-fumeur, -euse** [nɔ̃fymœʀ, -øz] NM/F non-smoker

non-ingérence [nɔnɛ̃ʒeʀɑ̃s] NF non-interference

non-initié, e [nɔ̃ninisje] NM/F lay person; **les non-initiés** the uninitiated

non-inscrit, e [nɔnɛ̃skʀi, -it] NM/F (*Pol: député*) independent

non-intervention [nɔnɛ̃tɛʀvɑ̃sjɔ̃] NF non-intervention

non-lieu [nɔ̃ljø] NM: **il y a eu ~** the case was dismissed

nonne [nɔn] NF nun

nonobstant [nɔnɔpstɑ̃] PRÉP notwithstanding

non-paiement [nɔ̃pɛmɑ̃] NM non-payment

non-prolifération [nɔ̃pʀɔlifeʀasjɔ̃] NF non-proliferation

non-résident [nɔ̃ʀesidɑ̃] NM (*Écon*) non-resident

non-retour [nɔ̃ʀətuʀ] NM: **point de ~** point of no return

non-sens [nɔ̃sɑ̃s] NM absurdity

non-spécialiste [nɔ̃spesjalist] NMF non-specialist

non-stop [nɔnstɔp] ADJ INV nonstop

non-syndiqué, e [nɔ̃sɛ̃dike] NM/F non-union member

non-violence [nɔ̃vjɔlɑ̃s] NF nonviolence

non-violent, e [nɔ̃vjɔlɑ̃, -ɑ̃t] ADJ non-violent

non-voyant, e [nɔvwajɔ̃, ɑ̃t] NM/F blind person

★**nord** [nɔʀ] NM North; **au ~** (*situation*) in the north; (*direction*) to the north; **au ~ de** north of, to the north of; **perdre le ~** to lose one's way (*fig*) ▸ ADJ INV northern; north

nord-africain, e [nɔʀafʀikɛ̃, -ɛn] ADJ North African ▸ NM/F: **Nord-Africain, e** North African

nord-américain, e [nɔʀameʀikɛ̃, -ɛn] ADJ North American ▸ NM/F: **Nord-Américain, e** North American

nord-coréen, ne [nɔʀkɔʀeɛ̃, -ɛn] ADJ North Korean ▸ NM/F: **Nord-Coréen, ne** North Korean

nord-est [nɔʀɛst] NM North-East

nordique [nɔʀdik] ADJ (*pays*) Nordic; (*langues*) Scandinavian, Nordic ▸ NMF: **Nordique** Scandinavian

nord-ouest [nɔʀwɛst] NM North-West

nord-vietnamien, ne [nɔʀvjɛtnamjɛ̃, -ɛn] ADJ North Vietnamese ▸ NM/F: **Nord-Vietnamien, ne** North Vietnamese

noria [nɔʀja] NF (*machine*) noria

★**normal, e, -aux** [nɔʀmal, -o] ADJ normal; **c'est tout à fait ~** it's perfectly natural; **vous trouvez ça ~ ?** does it seem right to you? ▸ NF: **la normale** the norm, the average

★**normalement** [nɔʀmalmɑ̃] ADV (*en général*) normally; (*comme prévu*): **~, il le fera demain** he should be doing it tomorrow, he's supposed to do it tomorrow

normalien, ne [nɔʀmaljɛ̃, -ɛn] NM/F *student of École normale supérieure*

normalisation [nɔʀmalizasjɔ̃] NF standardization; normalization

normaliser [nɔʀmalize] /1/ VT (*Comm, Tech*) to standardize; (*Pol*) to normalize

normalité [nɔʀmalite] NF normality

normand, e [nɔʀmɑ̃, -ɑ̃d] ADJ (*de Normandie*) Norman ▸ NM/F: **Normand, e** (*de Normandie*) Norman

★**Normandie** [nɔʀmɑ̃di] NF: **la ~** Normandy

norme [nɔʀm] NF norm; (*Tech*) standard

Norvège [nɔʀvɛʒ] NF: **la ~** Norway

norvégien, ne [nɔʀveʒjɛ̃, -ɛn] ADJ Norwegian ▸ NM (*Ling*) Norwegian ▸ NM/F: **Norvégien, ne** Norwegian

★**nos** [no] ADJ POSS *voir* **notre**

nosocomial, e, -aux [nozɔkɔmjal, -o] ADJ (*infection*) nosocomial

nostalgie [nɔstalʒi] NF nostalgia

nostalgique [nɔstalʒik] ADJ nostalgic

notable [nɔtabl] ADJ notable, noteworthy; (*marqué*) noticeable, marked ▸ NM prominent citizen

notablement [nɔtabləmɑ̃] ADV notably; (*sensiblement*) noticeably

notaire [nɔtɛʀ] NM notary; solicitor

notamment [nɔtamɑ̃] ADV in particular, among others

notariat [nɔtaʀja] NM profession of notary (*ou* solicitor)

notarié, e [nɔtaʀje] ADJ: **acte ~** deed drawn up by a notary (*ou* solicitor)

notation [nɔtasjɔ̃] NF notation

★**note** [nɔt] NF (*écrite, Mus*) note; (*Scol*) mark (BRIT), grade; (*facture*) bill; **prendre des notes** to take notes; **prendre ~ de** to note; (*par écrit*) to note, write down; **dans la ~** exactly right; **forcer la ~** to exaggerate; **une ~ de tristesse/de gaieté** a sad/happy note; **~ de service** memorandum

noté, e [nɔte] ADJ: **être bien/mal ~** (*employé etc*) to have a good/bad record

noter [nɔte] /1/ VT (*écrire*) to write down, note; (*remarquer*) to note, notice; (*Scol, Admin: donner une appréciation: devoir*) to mark, give a grade to; **notez bien que …** (please) note that …

notice [nɔtis] NF summary, short article; (*brochure*): **~ explicative** explanatory leaflet, instruction booklet

notification [nɔtifikasjɔ̃] NF notification

notifier [nɔtifje] /7/ VT: **~ qch à qn** to notify sb of sth, notify sth to sb

notion [nosjɔ̃] NF notion, idea ■ **notions** NFPL (*rudiments*) rudiments

notoire [nɔtwaʀ] ADJ widely known; (*en mal*) notorious; **le fait est ~** the fact is common knowledge

notoirement [nɔtwaʀmɑ̃] ADV (*insuffisant*) notoriously

notoriété [nɔtɔʀjete] NF: **c'est de ~ publique** it's common knowledge

★**notre** [nɔtʀ] (*pl* **nos** [no]) ADJ POSS our

n

nôtre [notʀ] PRON: **le/la ~** ours; **les nôtres** ours; (*alliés etc*) our own people; **soyez des nôtres** join us ▶ ADJ ours

nouba [nuba] NF (*fam*): **faire la ~** to live it up

noué, e [nwe] ADJ: **avoir la gorge nouée** to have a lump in one's throat; **avoir l'estomac ~** to have a knot in one's stomach

nouer [nwe] /1/ VT to tie, knot; (*fig: alliance etc*) to strike up; **~ la conversation** to start a conversation ■ **se nouer** VPR: **c'est là où l'intrigue se noue** it's at that point that the strands of the plot come together; **ma gorge se noua** a lump came to my throat

noueux, -euse [nwø, -øz] ADJ gnarled

nougat [nuga] NM nougat

nougatine [nugatin] NF *kind of nougat*

nouille [nuj] NF (*fam*) noodle (Brit), fathead ■ **nouilles** NFPL (*pâtes*) noodles; pasta *sg*

nounou [nunu] NF nanny

nounours [nunuʀs] NM teddy (bear)

nourri, e [nuʀi] ADJ (*feu etc*) sustained

nourrice [nuʀis] NF ≈ child-minder; (*autrefois*) wet-nurse

nourricier, -ère [nuʀisje, -jɛʀ] ADJ sustaining

nourrir [nuʀiʀ] /2/ VT to feed; (*fig: espoir*) to harbour, nurse; **logé nourri** with board and lodging; **~ au sein** to breast-feed ■ **se nourrir** VPR: **se ~ de légumes** to live on vegetables

nourrissant, e [nuʀisɑ̃, -ɑ̃t] ADJ nourishing, nutritious

nourrisson [nuʀisɔ̃] NM (unweaned) infant

★**nourriture** [nuʀityʀ] NF food

★**nous** [nu] PRON (*sujet*) we; (*objet*) us

nous-mêmes [numɛm] PRON ourselves

★**nouveau, nouvel, -elle, x** [nuvo, -ɛl] ADJ new; (*original*) novel; **de ~, à ~** again; **Nouvel An** New Year; **~ venu, nouvelle venue** newcomer; **nouveaux mariés** newly-weds; **nouvelle vague** new wave ▶ NM/F new pupil (*ou* employee) ▶ NM: **il y a du ~** there's something new ▶ NF (piece of) news *sg*; (*Littérature*) short story ■ **nouvelles** NFPL (*Presse, TV*) news; **je suis sans nouvelles de lui** I haven't heard from him

> **News** s'emploie avec un verbe au singulier, même lorsqu'il traduit un pluriel français.
> *Les nouvelles sont préoccupantes.* **The news is worrying**.
> Pour traduire *une nouvelle*, il faut dire soit **a piece of news**, soit **(some) news**.
> *J'ai une nouvelle à vous annoncer.* **I have some news for you**.
> *une nouvelle étonnante* **a surprising piece of news**

nouveau-né, e [nuvone] NM/F newborn (baby)

nouveauté [nuvote] NF novelty; (*chose nouvelle*) innovation, something new; (*Comm*) new film (*ou* book *ou* creation *etc*)

nouvel, -elle [nuvɛl] ADJ, NF *voir* **nouveau**

Nouvelle-Angleterre [nuvɛlɑ̃glətɛʀ] NF: **la ~** New England

Nouvelle-Calédonie [nuvɛlkaledɔni] NF: **la ~** New Caledonia

Nouvelle-Écosse [nuvɛlekɔs] NF: **la ~** Nova Scotia

Nouvelle-Galles du Sud [nuvɛlgaldysyd] NF: **la ~** New South Wales

Nouvelle-Guinée [nuvɛlgine] NF: **la ~** New Guinea

nouvellement [nuvɛlmɑ̃] ADV (*arrivé*) recently, newly

Nouvelle-Orléans [nuvɛlɔʀleɑ̃] NF: **la ~** New Orleans

Nouvelles-Hébrides [nuvɛlzebʀid] NFPL: **les ~** the New Hebrides

Nouvelle-Zélande [nuvɛlzelɑ̃d] NF: **la ~** New Zealand

nouvelliste [nuvelist] NMF editor *ou* writer of short stories

novateur, -trice [nɔvatœʀ, -tʀis] ADJ innovative ▶ NM/F innovator

★**novembre** [nɔvɑ̃bʀ] NM November; *see note*; *voir aussi* **juillet**

> **Le 11 novembre** is a public holiday in France and commemorates those who died for France in all wars.

novice [nɔvis] ADJ inexperienced ▶ NMF novice

noviciat [nɔvisja] NM (*Rel*) noviciate

noyade [nwajad] NF drowning *no pl*

noyau, x [nwajo] NM (*de fruit*) stone; (*Bio, Physique*) nucleus; (*Élec, Géo, fig: centre*) core; (*fig: d'artistes etc*) group; (*: de résistants etc*) cell

noyautage [nwajotaʒ] NM (*Pol*) infiltration

noyauter [nwajote] /1/ VT (*Pol*) to infiltrate

noyé, e [nwaje] NM/F drowning (*ou* drowned) man/woman ▶ ADJ (*fig: dépassé*) out of one's depth

★**noyer** [nwaje] /8/ NM walnut (tree); (*bois*) walnut ▶ VT to drown; (*fig*) to flood; to submerge; (*Auto: moteur*) to flood; **~ son chagrin** to drown one's sorrows; **~ le poisson** to duck the issue ■ **se noyer** VPR to be drowned, drown; (*suicide*) to drown o.s.

NSP SIGLE M (*Rel*) = **Notre Saint Père**; (*dans les sondages: = ne sais pas*) don't know

NT SIGLE M (= *Nouveau Testament*) NT

NTIC FPL (= *nouvelles technologies de l'information et de la communication*) NICT (= *new information and communication technologies*)

nu, e [ny] ADJ naked; (*membres*) naked, bare; (*chambre, fil, plaine*) bare; **tout nu** stark naked; **se mettre nu** to strip; **mettre à nu** to bare ▶ NM (*Art*) nude; **le nu intégral** total nudity

★**nuage** [nɥaʒ] NM (*aussi Inform*) cloud; **être dans les nuages** (*distrait*) to have one's head in the clouds; **informatique en ~** cloud computing; **~ de lait** drop of milk

★**nuageux, -euse** [nɥaʒø, -øz] ADJ cloudy

nuance [nɥɑ̃s] NF (*de couleur, sens*) shade; **il y a une ~ (entre)** there's a slight difference (between); **une ~ de tristesse** a tinge of sadness

nuancé, e [nɥɑ̃se] ADJ (*opinion*) finely-shaded, subtly differing; **être ~ dans ses opinions** to have finely-shaded opinions

nuancer [nɥɑ̃se] /3/ VT (*pensée, opinion*) to qualify

nuancier [nɥɑ̃sje] NM colour chart (Brit), color chart (US)

nubile [nybil] ADJ nubile

nucléaire [nykleɛʀ] ADJ nuclear ▸ NM: **le ~** nuclear power
nudisme [nydism] NM nudism
nudiste [nydist] ADJ, NMF nudist
nudité [nydite] NF nudity, nakedness; bareness
nuée [nɥe] NF: **une ~ de** a cloud *ou* host *ou* swarm of
nues [ny] NFPL: **tomber des ~** to be taken aback; **porter qn aux ~** to praise sb to the skies
nui [nɥi] PP *de* **nuire**
nuire [nɥiʀ] /38/ VI to be harmful; **~ à** to harm, do damage to
nuisance [nɥizɑ̃s] NF nuisance ▪ **nuisances** NFPL pollution *sg*
nuisette [nɥizɛt] NF very short nightie
nuisible [nɥizibl] ADJ harmful; **(animal) ~** pest
nuisis *etc* [nɥizi] VB *voir* **nuire**
★**nuit** [nɥi] NF night; **payer sa ~** to pay for one's overnight accommodation; **il fait ~** it's dark; **cette ~** (*hier*) last night; (*aujourd'hui*) tonight; **de ~** (*vol, service*) night *cpd*; **~ blanche** sleepless night; **~ de noces** wedding night; **~ de Noël** Christmas Eve
nuitamment [nɥitamɑ̃] ADV by night
nuitée [nɥite] NF overnight stay
★**nul, nulle** [nyl] ADJ (*aucun*) no; (*minime*) nil, non-existent; (*non valable*) null; (*péj*) useless, hopeless; **résultat ~, match ~** draw; **nulle part** *adv* nowhere ▸ PRON none, no one
nullement [nylmɑ̃] ADV by no means
nullité [nylite] NF nullity; (*péj*) hopelessness; (: *personne*) hopeless individual, nonentity
numéraire [nymeʀɛʀ] NM cash; metal currency
numéral, e, -aux [nymeʀal, -o] ADJ numeral
numérateur [nymeʀatœʀ] NM numerator
numération [nymeʀasjɔ̃] NF: **~ décimale/binaire** decimal/binary notation; **~ globulaire** blood count
numérique [nymeʀik] ADJ numerical; (*Inform, TV: affichage, son, télévision*) digital
numériquement [nymeʀikmɑ̃] ADV numerically; (*Inform*) digitally
numérisation [nymeʀizasjɔ̃] NF (*Inform*) digitization
numériser [nymeʀize] /1/ VT (*Inform*) to digitize
numéro [nymeʀo] NM number; (*spectacle*) act, turn; (*Presse*) issue, number; **faire** *ou* **composer un ~** to dial a number; **~ d'identification personnel** personal identification number (PIN); **~ d'immatriculation** *ou* **minéralogique** *ou* **de police** registration (BRIT) *ou* license (US) number; **~ de téléphone** (tele)phone number; **~ vert** ≈ Freefone® number (BRIT), ≈ toll-free number (US)
numérologie [nymeʀɔlɔʒi] NF numerology
numérotage [nymeʀɔtaʒ] NM numbering
numérotation [nymeʀɔtasjɔ̃] NF numeration
numéroter [nymeʀɔte] /1/ VT to number
numerus clausus [nymeʀysklozys] NM INV restriction *ou* limitation of numbers
numismate [nymismat] NMF numismatist, coin collector
numismatique [nymismatik] NF numismatics *sg*
nunuche [nynyʃ] (*fam*) ADJ silly ▸ NF ninny (*fam*)
nu-pieds [nypje] NM sandal ▸ ADJ INV barefoot
nuptial, e, -aux [nypsjal, -o] ADJ nuptial; wedding *cpd*
nuptialité [nypsjalite] NF: **taux de ~** marriage rate
nuque [nyk] NF nape of the neck
nu-tête [nytɛt] ADJ INV bareheaded
nutriment [nytʀimɑ̃] NM nutriment
nutritif, -ive [nytʀitif, -iv] ADJ (*besoins, valeur*) nutritional; (*aliment*) nutritious, nourishing
nutrition [nytʀisjɔ̃] NF nutrition
nutritionnel, le [nytʀisjɔnɛl] ADJ nutritional
nutritionniste [nytʀisjɔnist] NMF nutritionist
nylon® [nilɔ̃] NM nylon
nymphe [nɛ̃f] NF (*Mythologie*) nymph
nymphéa [nɛ̃fea] NM Nymphaea
nymphette [nɛ̃fɛt] NF nymphet
nymphomane [nɛ̃fɔman] ADJ, NF nymphomaniac
nymphomanie [nɛ̃fɔmani] NF nymphomania

Oo

O, o [o] NM INV O, o ▸ ABR (= *ouest*) W; **O comme Oscar** O for Oliver (BRIT) *ou* Oboe (*US*)

oasis [ɔazis] NM OU F oasis

obédience [ɔbedjɑ̃s] NF allegiance

obéir [ɔbeiʀ] /2/ VI to obey; **~ à** to obey; (*moteur, véhicule*) to respond to

obéissance [ɔbeisɑ̃s] NF obedience

obéissant, e [ɔbeisɑ̃, -ɑ̃t] ADJ obedient

obélisque [ɔbelisk] NM obelisk

obèse [ɔbɛz] ADJ obese

obésité [ɔbezite] NF obesity

objecter [ɔbʒɛkte] /1/ VT (*prétexter*) to plead, put forward as an excuse; **~ qch à** (*argument*) to put forward sth against; **~ (à qn) que** to object (to sb) that

objecteur [ɔbʒɛktœʀ] NM: **~ de conscience** conscientious objector

objectif, -ive [ɔbʒɛktif, -iv] ADJ objective ▸ NM (*Optique, Photo*) lens *sg*; (*Mil, fig*) objective; **~ grand angulaire/à focale variable** wide-angle/zoom lens

objection [ɔbʒɛksjɔ̃] NF objection; **~ de conscience** conscientious objection

objectivement [ɔbʒɛktivmɑ̃] ADV objectively

objectivité [ɔbʒɛktivite] NF objectivity

★**objet** [ɔbʒɛ] NM (*chose*) object; (*d'une discussion, recherche*) subject; **être** *ou* **faire l'~ de** (*discussion*) to be the subject of; (*soins*) to be given *ou* shown; **sans ~** *adj* purposeless; (*sans fondement*) groundless; **~ d'art** objet d'art; **objets personnels** personal items; **objets de toilette** toiletries; **objets trouvés** lost property *sg* (BRIT), lost-and-found *sg* (*US*); **objets de valeur** valuables

obligataire [ɔbligatɛʀ] ADJ bond *cpd* ▸ NMF bondholder, debenture holder

obligation [ɔbligasjɔ̃] NF obligation; (*gén pl: devoir*) duty; (*Comm*) bond, debenture; **sans ~ d'achat** with no obligation (to buy); **être dans l'~ de faire** to be obliged to do; **avoir l'~ de faire** to be under an obligation to do; **obligations familiales** family obligations *ou* responsibilities; **obligations militaires** military obligations *ou* duties

★**obligatoire** [ɔbligatwaʀ] ADJ compulsory, obligatory

obligatoirement [ɔbligatwaʀmɑ̃] ADV compulsorily; (*fatalement*) necessarily; (*fam: sans aucun doute*) inevitably

obligé, e [ɔbliʒe] ADJ (*redevable*): **être très ~ à qn** to be most obliged to sb; (*contraint*): **je suis (bien) ~ (de le faire)** I have to (do it); (*nécessaire: conséquence*) necessary; **c'est ~ !** it's inevitable!

obligeamment [ɔbliʒamɑ̃] ADV obligingly

obligeance [ɔbliʒɑ̃s] NF: **avoir l'~ de** to be kind *ou* good enough to

obligeant, e [ɔbliʒɑ̃, -ɑ̃t] ADJ obliging; kind

★**obliger** [ɔbliʒe] /3/ VT (*contraindre*): **~ qn à faire** to force *ou* oblige sb to do; (*Jur: engager*) to bind; (*rendre service à*) to oblige; **je suis bien obligé (de le faire)** I have to (do it)

oblique [ɔblik] ADJ oblique; **regard ~** sidelong glance; **en ~** *adv* diagonally

obliquer [ɔblike] /1/ VI: **~ vers** to turn off towards

oblitération [ɔbliteʀasjɔ̃] NF cancelling *no pl*, cancellation; obstruction

oblitérer [ɔbliteʀe] /6/ VT (*timbre-poste*) to cancel; (*Méd: canal, vaisseau*) to obstruct

oblong, oblongue [ɔblɔ̃, ɔblɔ̃g] ADJ oblong

obnubiler [ɔbnybile] /1/ VT to obsess

obole [ɔbɔl] NF offering

obscène [ɔpsɛn] ADJ obscene

obscénité [ɔpsenite] NF obscenity

obscur, e [ɔpskyʀ] ADJ (*sombre*) dark; (*fig: raisons*) obscure; (*: sentiment, malaise*) vague; (*: personne, vie*) humble, lowly

obscurantisme [ɔpskyʀɑ̃tism] NM obscurantism

obscurcir [ɔpskyʀsiʀ] /2/ VT to darken; (*fig*) to obscure ■ **s'obscurcir** VPR to grow dark

obscurément [ɔpskyʀemɑ̃] ADV (*sentir*) vaguely

obscurité [ɔpskyʀite] NF darkness; **dans l'~** in the dark, in darkness; (*anonymat, médiocrité*) in obscurity

obsédant, e [ɔpsedɑ̃, -ɑ̃t] ADJ obsessive

obsédé, e [ɔpsede] NM/F fanatic; **~ sexuel** sex maniac

obséder [ɔpsede] /6/ VT to obsess, haunt

obsèques [ɔpsɛk] NFPL funeral *sg*

obséquieux, -euse [ɔpsekjø, -øz] ADJ obsequious

observable [ɔpsɛʀvabl] ADJ (*phénomènes, critères*) observable

observance [ɔpsɛʀvɑ̃s] NF observance

observateur, -trice [ɔpsɛʀvatœʀ, -tʀis] ADJ observant, perceptive ▸ NM/F observer

observation [ɔpsɛʀvasjɔ̃] NF observation; (*d'un*

règlement etc) observance; (*commentaire*) observation, remark; (*reproche*) reproof; **en ~** (*Méd*) under observation

observatoire [ɔpsɛʀvatwaʀ] NM observatory; (*lieu élevé*) observation post, vantage point

observer [ɔpsɛʀve] /1/ VT (*regarder*) to observe, watch; (*examiner*) to examine; (*scientifiquement, aussi: règlement, jeûne etc*) to observe; (*surveiller*) to watch; (*remarquer*) to observe, notice; **faire ~ qch à qn** (*dire*) to point out sth to sb ▪ **s'observer** VPR (*se surveiller*) to keep a check on o.s.

obsession [ɔpsesjɔ̃] NF obsession; **avoir l'~ de** to have an obsession with

obsessionnel, le [ɔpsesjɔnɛl] ADJ obsessive

obsidienne [ɔpsidjɛn] NF (*roche*) obsidian

obsolescent, e [ɔpsɔlesɑ̃, -ɑ̃t] ADJ obsolescent

obsolète [ɔpsɔlɛt] ADJ obsolete

obstacle [ɔpstakl] NM obstacle; (*Équitation*) jump, hurdle; **faire ~ à** (*lumière*) to block out; (*projet*) to hinder, put obstacles in the path of; **obstacles antichars** tank defences

obstétricien, ne [ɔpstetʀisjɛ̃, -ɛn] NM/F obstetrician

obstétrique [ɔpstetʀik] NF obstetrics *sg*

obstination [ɔpstinasjɔ̃] NF obstinacy

obstiné, e [ɔpstine] ADJ obstinate

obstinément [ɔpstinemɑ̃] ADV obstinately

obstiner [ɔpstine] /1/: **s'obstiner** VPR to insist, dig one's heels in; **s'~ à faire** to persist (obstinately) in doing; **s'~ sur qch** to keep working at sth, labour away at sth

obstruction [ɔpstʀyksjɔ̃] NF obstruction, blockage; (*Sport*) obstruction; **faire de l'~** (*fig*) to be obstructive

obstruer [ɔpstʀye] /1/ VT to block, obstruct ▪ **s'obstruer** VPR to become blocked

obtempérer [ɔptɑ̃peʀe] /6/ VI to obey; **~ à** to obey, comply with

obtenir [ɔptəniʀ] /22/ VT to obtain, get; (*total*) to arrive at, reach; (*résultat*) to achieve, obtain; **~ de pouvoir faire** to obtain permission to do; **~ qch à qn** to obtain sth for sb; **~ de qn qu'il fasse** to get sb to agree to do(ing)

obtention [ɔptɑ̃sjɔ̃] NF obtaining

obtenu, e [ɔpt(ə)ny] PP *de* **obtenir**

obtiendrai [ɔptjɛ̃dʀe], **obtiens** [ɔptjɛ̃], **obtint** *etc* [ɔptɛ̃] VB *voir* **obtenir**

obturateur [ɔptyʀatœʀ] NM (*Photo*) shutter; **~ à rideau** focal plane shutter

obturation [ɔptyʀasjɔ̃] NF closing (up); **~ (dentaire)** filling; **vitesse d'~** (*Photo*) shutter speed

obturer [ɔptyʀe] /1/ VT to close (up); (*dent*) to fill

obtus, e [ɔpty, -yz] ADJ obtuse

obus [ɔby] NM shell; **~ explosif** high-explosive shell; **~ incendiaire** incendiary device, fire bomb

obvier [ɔbvje] /7/: **~ à** *vt* to obviate

OC SIGLE FPL (= *ondes courtes*) SW

occase [ɔkɑz] NF (*fam: occasion*) bargain

★**occasion** [ɔkazjɔ̃] NF (*aubaine, possibilité*) opportunity; (*circonstance*) occasion; (*Comm: article non neuf*) secondhand buy; (*: acquisition avantageuse*) bargain; **à plusieurs occasions** on several occasions; **à la première ~** at the first *ou* earliest opportunity; **avoir l'~ de faire** to have the opportunity to do; **être l'~ de** to occasion, give rise to; **à l'~** *adv* sometimes, on occasions; (*un jour*) some time; **à l'~ de** on the occasion of; **d'~** *adj, adv* secondhand

occasionnel, le [ɔkazjɔnɛl] ADJ (*fortuit*) chance *cpd*; (*non régulier*) occasional; (*: travail*) casual

occasionnellement [ɔkazjɔnɛlmɑ̃] ADV occasionally, from time to time

occasionner [ɔkazjɔne] /1/ VT to cause, bring about; **~ qch à qn** to cause sb sth

occident [ɔksidɑ̃] NM: **l'O~** the West

occidental, e, -aux [ɔksidɑ̃tal, -o] ADJ western; (*Pol*) Western ▸ NM/F Westerner

occidentaliser [ɔksidɑ̃talize] /1/ VT (*coutumes, mœurs*) to westernize

occiput [ɔksipyt] NM back of the head, occiput

occire [ɔksiʀ] VT to slay

occitan, e [ɔksitɑ̃, -an] ADJ of the langue d'oc, of Provençal French

occlusion [ɔklyzjɔ̃] NF: **~ intestinale** obstruction of the bowel

occulte [ɔkylt] ADJ occult, supernatural

occulter [ɔkylte] /1/ VT (*fig*) to overshadow

occultisme [ɔkyltism] NM occultism

occupant, e [ɔkypɑ̃, -ɑ̃t] ADJ occupying ▸ NM/F (*d'un appartement*) occupier, occupant; (*d'un véhicule*) occupant ▸ NM (*Mil*) occupying forces *pl*; (*Pol: d'usine etc*) occupier

occupation [ɔkypasjɔ̃] NF occupation; **l'O~** the Occupation (of France)

occupationnel, le [ɔkypasjɔnɛl] ADJ: **thérapie occupationnelle** occupational therapy

occupé, e [ɔkype] ADJ (*Mil, Pol*) occupied; (*personne: affairé, pris*) busy; (*esprit: absorbé*) occupied; (*place, sièges*) taken; (*toilettes*) engaged; **la ligne est occupée** the line's engaged (BRIT) *ou* busy (US)

occuper [ɔkype] /1/ VT to occupy; (*poste, fonction*) to hold; (*main-d'œuvre*) to employ; **ça occupe trop de place** it takes up too much room ▪ **s'occuper** VPR: **s'~ (à qch)** to occupy o.s. *ou* keep o.s. busy (with sth); **s'~ de** (*être responsable de*) to be in charge of; (*se charger de: affaire*) to take charge of, deal with; (*: clients etc*) to attend to; (*s'intéresser à, pratiquer: politique etc*) to be involved in

occurrence [ɔkyʀɑ̃s] NF: **en l'~** in this case

OCDE SIGLE F (= *Organisation de coopération et de développement économique*) OECD

océan [ɔseɑ̃] NM ocean; **l'~ Indien** the Indian Ocean

Océanie [ɔseani] NF: **l'~** Oceania, South Sea Islands

océanique [ɔseanik] ADJ oceanic

océanographe [ɔseanɔgʀaf] NMF oceanographer

océanographie [ɔseanɔgʀafi] NF oceanography

océanologie [ɔseanɔlɔʒi] NF oceanology

ocelot [ɔs(ə)lo] NM (*Zool*) ocelot; (*fourrure*) ocelot fur

ocre [ɔkʀ] ADJ INV ochre

octane [ɔktan] NM octane

octante [ɔktɑ̃t] NUM (BELGIQUE, SUISSE) eighty

octave [ɔktav] NF octave

octet [ɔktɛ] NM byte
★**octobre** [ɔktɔbʀ] NM October; *voir aussi* **juillet**
octogénaire [ɔktɔʒenɛʀ] ADJ, NMF octogenarian
octogonal, e, -aux [ɔktɔgɔnal, -o] ADJ octagonal
octogone [ɔktɔgɔn] NM octagon
octroi [ɔktʀwa] NM granting
octroyer [ɔktʀwaje] /8/ VT: **~ qch à qn** to grant sth to sb, grant sb sth
oculaire [ɔkylɛʀ] ADJ ocular, eye *cpd* ▸ NM (*de microscope*) eyepiece
oculiste [ɔkylist] NMF eye specialist, oculist
ode [ɔd] NF ode
★**odeur** [ɔdœʀ] NF smell
odieusement [ɔdjøzmɑ̃] ADV odiously
odieux, -euse [ɔdjø, -øz] ADJ odious, hateful
odontologie [ɔdɔ̃tɔlɔʒi] NF odontology
odorant, e [ɔdɔʀɑ̃, -ɑ̃t] ADJ sweet-smelling, fragrant
odorat [ɔdɔʀa] NM (sense of) smell; **avoir l'~ fin** to have a keen sense of smell
odoriférant, e [ɔdɔʀifeʀɑ̃, -ɑ̃t] ADJ sweet-smelling, fragrant
odyssée [ɔdise] NF odyssey
OEA SIGLE F (= *Organisation des États américains*) OAS
œcuménique [ekymenik] ADJ ecumenical
œdème [edɛm] NM oedema (BRIT), edema (US)
œil [œj] (*pl* **yeux** [jø]) NM eye; **avoir un ~ poché** *ou* **au beurre noir** to have a black eye; **à l'~** (*fam*) for free; **à l'~ nu** with the naked eye; **tenir qn à l'~** to keep an eye *ou* a watch on sb; **avoir l'~ à** to keep an eye on; **faire de l'~ à qn** to make eyes at sb; **voir qch d'un bon/mauvais ~** to view sth in a favourable/an unfavourable light; **à l'~ vif** with a lively expression; **à mes/ses yeux** in my/his eyes; **de ses propres yeux** with his own eyes; **fermer les yeux (sur)** (*fig*) to turn a blind eye (to); **les yeux fermés** (*aussi fig*) with one's eyes shut; **ouvrir l'~** (*fig*) to keep one's eyes open *ou* an eye out; **fermer l'~** to get a moment's sleep; **~ pour ~, dent pour dent** an eye for an eye, a tooth for a tooth; **pour les beaux yeux de qn** (*fig*) for love of sb; **~ de verre** glass eye
œil-de-bœuf [œjdəbœf] (*pl* **œils-de-bœuf**) NM bull's-eye (window)
œillade [œjad] NF: **lancer une ~ à qn** to wink at sb, give sb a wink; **faire des œillades à** to make eyes at
œillères [œjɛʀ] NFPL blinkers (BRIT), blinders (US); **avoir des ~** (*fig*) to be blinkered, wear blinders
œillet [œjɛ] NM (*Bot*) carnation; (*trou*) eyelet
œnologue [enɔlɔg] NMF wine expert
œsophage [ezɔfaʒ] NM oesophagus (BRIT), esophagus (US)
œstrogène [ɛstʀɔʒɛn] ADJ oestrogen (BRIT), estrogen (US)
œuf [œf] NM egg; **étouffer dans l'~** to nip in the bud; **~ à la coque/dur/mollet** boiled/hard-boiled/soft-boiled egg; **~ au plat/poché** fried/poached egg; **œufs brouillés** scrambled eggs; **~ de Pâques** Easter egg; **~ à repriser** darning egg
œuvre [œvʀ] NF (*tâche*) task, undertaking; (*ouvrage achevé, livre, tableau etc*) work; (*ensemble de la production artistique*) works *pl*; (*organisation charitable*) charity; **être/se mettre à l'~** to be at/get (down) to work; **mettre en ~** (*moyens*) to make use of; (*plan, loi, projet etc*) to implement; **~ d'art** work of art ▸ NM (*d'un artiste*) works *pl*; (*Constr*): **le gros ~** the shell ■ **œuvres** NFPL (*actes*) deeds, works; **bonnes œuvres** good works *ou* deeds; **œuvres de bienfaisance** charitable works
OFCE SIGLE M (= *Observatoire français des conjonctures économiques*) *economic research institute*
offensant, e [ɔfɑ̃sɑ̃, -ɑ̃t] ADJ offensive, insulting
offense [ɔfɑ̃s] NF (*affront*) insult; (*Rel: péché*) transgression, trespass
offenser [ɔfɑ̃se] /1/ VT to offend, hurt; (*principes, Dieu*) to offend against ■ **s'offenser de** VPR to take offence (BRIT) *ou* offense (US) at
offensif, -ive [ɔfɑ̃sif, -iv] ADJ (*armes, guerre*) offensive ▸ NF offensive; (*fig: du froid, de l'hiver*) onslaught; **passer à l'offensive** to go into the attack *ou* offensive
offert, e [ɔfɛʀ, -ɛʀt] PP *de* **offrir**
offertoire [ɔfɛʀtwaʀ] NM offertory
office [ɔfis] NM (*charge*) office; (*agence*) bureau, agency; (*Rel*) service; **faire ~ de** to act as; to do duty as; **d'~** *adv* automatically; **bons offices** (*Pol*) good offices; **~ du tourisme** tourist office ▸ NM OU F (*pièce*) pantry
officialiser [ɔfisjalize] /1/ VT to make official
officiel, le [ɔfisjɛl] ADJ, NM/F official
officiellement [ɔfisjɛlmɑ̃] ADV officially
officier [ɔfisje] /7/ NM officer; **~ de l'état-civil** registrar; **~ ministériel** member of the legal profession; **~ de police** ≈ police officer ▸ VI (*Rel*) to officiate
officieusement [ɔfisjøzmɑ̃] ADV unofficially
officieux, -euse [ɔfisjø, -øz] ADJ unofficial

officieux does not mean *officious*.

officinal, e, -aux [ɔfisinal, -o] ADJ: **plantes officinales** medicinal plants
officine [ɔfisin] NF (*de pharmacie*) dispensary; (*Admin: pharmacie*) pharmacy; (*gén péj: bureau*) agency, office
offrais *etc* [ɔfʀɛ] VB *voir* **offrir**
offrande [ɔfʀɑ̃d] NF offering
offrant [ɔfʀɑ̃] NM: **au plus ~** to the highest bidder
offre [ɔfʀ] VB *voir* **offrir** ▸ NF offer; (*aux enchères*) bid; (*Admin: soumission*) tender; (*Écon*): **l'~ et la demande** supply and demand; **~ d'emploi** job advertised; **« offres d'emploi »** "situations vacant"; **~ publique d'achat** takeover bid; **offres de service** offer of service
★**offrir** [ɔfʀiʀ] /18/ VT: **~ qch à qn** to offer sth to sb, offer sb sth; (*faire cadeau*) to give sth to sb, give sb sth; **~ (à qn) de faire qch** to offer to do sth (for sb); **~ à boire à qn** (*chez soi*) to offer sb a drink; **je vous offre un verre** I'll buy you a drink ■ **s'offrir** VPR (*se présenter: occasion, paysage*) to present itself; (*se payer: vacances, voiture*) to treat o.s. to; **s'~ à faire qch** to offer *ou* volunteer to do sth; **s'~ comme guide/en otage** to offer one's services as (a) guide/offer o.s. as (a) hostage; **s'~ aux regards** (*personne*) to expose o.s. to the public gaze

offset [ɔfsɛt] NM offset (printing)

offusquer [ɔfyske] /1/ VT to offend ■ **s'offusquer de** VPR to take offence (BRIT) *ou* offense (US) at, be offended by

ogive [ɔʒiv] NF (*Archit*) diagonal rib; (*d'obus, de missile*) nose cone; **voûte en ~** rib vault; **arc en ~** lancet arch; **~ nucléaire** nuclear warhead

OGM SIGLE M (= *organisme génétiquement modifié*) GMO (= *genetically modified organism*); **culture ~** GM crop

ogre [ɔgʀ] NM ogre

oh [o] EXCL oh!; **oh là là !** oh (dear)!; **pousser des oh ! et des ah !** to gasp with admiration

oie [wa] NF (*Zool*) goose; **~ blanche** (*fig*) young innocent

★**oignon** [ɔɲɔ̃] NM (*Culin*) onion; (*de tulipe etc: bulbe*) bulb; (*Méd*) bunion; **ce ne sont pas tes oignons** (*fam*) that's none of your business

oindre [wɛ̃dʀ] /49/ VT to anoint

★**oiseau, x** [wazo] NM bird; **~ de proie** bird of prey

oiseau-mouche [wazomuʃ] (*pl* **oiseaux-mouches**) NM hummingbird

oiseleur [waz(ə)lœʀ] NM bird-catcher

oiselier, -ière [wazəlje, -jɛʀ] NM/F bird-seller

oisellerie [wazɛlʀi] NF bird shop

oiseux, -euse [wazø, -øz] ADJ pointless, idle; (*sans valeur, importance*) trivial

oisif, -ive [wazif, -iv] ADJ idle ▶ NM/F (*péj*) man/lady of leisure

oisillon [wazijɔ̃] NM little *ou* baby bird

oisiveté [wazivte] NF idleness

OIT SIGLE F (= *Organisation internationale du travail*) ILO

OK [okɛ] EXCL OK!, all right!

OL SIGLE FPL (= *ondes longues*) LW

oléagineux, -euse [ɔleaʒinø, -øz] ADJ oleaginous, oil-producing

oléiculture [ɔleikyltyʀ] NF olive growing

oléoduc [ɔleɔdyk] NM (oil) pipeline

olfactif, -ive [ɔlfaktif, -iv] ADJ olfactory

olibrius [ɔlibʀijys] NM oddball

oligarchie [ɔligaʀʃi] NF oligarchy

oligo-élément [ɔligɔelemɑ̃] NM trace element

oligopole [ɔligɔpɔl] NM oligopoly

olivâtre [ɔlivɑtʀ] ADJ olive-greenish; (*teint*) sallow

olive [ɔliv] NF (*Bot*) olive ▶ ADJ INV olive-green

oliveraie [ɔlivʀɛ] NF olive grove

olivette [ɔlivɛt] NF (*tomate allongée*) plum tomato

olivier [ɔlivje] NM olive (tree); (*bois*) olive (wood)

olographe [ɔlɔgʀaf] ADJ: **testament ~** *will written, dated and signed by the testator*

OLP SIGLE F (= *Organisation de libération de la Palestine*) PLO

olympiade [ɔlɛ̃pjad] NF (*période*) Olympiad; **les olympiades** (*jeux*) the Olympiad *sg*

olympien, ne [ɔlɛ̃pjɛ̃, -ɛn] ADJ Olympian, of Olympian aloofness

olympique [ɔlɛ̃pik] ADJ Olympic

OM SIGLE FPL (= *ondes moyennes*) MW

Oman [ɔman] N Oman; **le sultanat d'~** the Sultanate of Oman

ombilical, e, -aux [ɔ̃bilikal, -o] ADJ umbilical

ombrage [ɔ̃bʀaʒ] NM (*ombre*) (leafy) shade; (*fig*): **prendre ~ de** to take umbrage at; **faire** *ou* **porter ~ à qn** to offend sb

ombragé, e [ɔ̃bʀaʒe] ADJ shaded, shady

ombrageux, -euse [ɔ̃bʀaʒø, -øz] ADJ (*cheval*) skittish, nervous; (*personne*) touchy, easily offended

★**ombre** [ɔ̃bʀ] NF (*espace non ensoleillé*) shade; (*ombre portée, tache*) shadow; **à l'~** in the shade; (*fam: en prison*) behind bars; **à l'~ de** in the shade of; (*tout près de, fig*) in the shadow of; **tu me fais de l'~** you're in my light; **ça nous donne de l'~** it gives us (some) shade; **il n'y a pas l'~ d'un doute** there's not the shadow of a doubt; **dans l'~** in the shade; (*fig*) in the dark; **vivre dans l'~** (*fig*) to live in obscurity; **laisser dans l'~** (*fig*) to leave in the dark; **~ à paupières** eye shadow; **~ portée** shadow; **ombres chinoises** (*spectacle*) shadow show *sg*

ombrelle [ɔ̃bʀɛl] NF parasol, sunshade

ombrer [ɔ̃bʀe] /1/ VT to shade

OMC SIGLE F (= *organisation mondiale du commerce*) WTO

★**omelette** [ɔmlɛt] NF omelette; **~ baveuse** runny omelette; **~ au fromage/au jambon** cheese/ham omelette; **~ aux herbes** omelette with herbs; **~ norvégienne** baked Alaska

omerta [ɔmɛʀta] NF code of silence; **briser l'~** to break the code of silence

omettre [ɔmɛtʀ] /56/ VT to omit, leave out; **~ de faire** to fail *ou* omit to do

omis, e [ɔmi, -iz] PP *de* **omettre**

omission [ɔmisjɔ̃] NF omission

omnibus [ɔmnibys] NM slow *ou* stopping train

omnipotent, e [ɔmnipɔtɑ̃, -ɑ̃t] ADJ omnipotent

omnipraticien, ne [ɔmnipʀatisjɛ̃, -ɛn] NM/F (*Méd*) general practitioner

omniprésent, e [ɔmnipʀezɑ̃, -ɑ̃t] ADJ omnipresent

omniscient, e [ɔmnisjɑ̃, -ɑ̃t] ADJ omniscient

omnisports [ɔmnispɔʀ] ADJ INV (*club*) general sports *cpd*; (*salle*) multi-purpose *cpd*; (*terrain*) all-purpose *cpd*

omnium [ɔmnjɔm] NM (*Comm*) corporation; (*Cyclisme*) omnium; (*Courses*) open handicap

omnivore [ɔmnivɔʀ] ADJ omnivorous

omoplate [ɔmɔplat] NF shoulder blade

OMS SIGLE F (= *Organisation mondiale de la santé*) WHO

on [ɔ̃]

PRON **1** (*indéterminé*) you, one; **on peut le faire ainsi** you *ou* one can do it like this, it can be done like this; **on dit que ...** they say that ..., it is said that ...

2 (*quelqu'un*): **on les a attaqués** they were attacked; **on vous demande au téléphone** there's a phone call for you, you're wanted on the phone; **on frappe à la porte** someone's knocking at the door

O

3 (*nous*) we; **on va y aller demain** we're going tomorrow
4 (*les gens*) they; **autrefois, on croyait ...** they used to believe ...
5: **on ne peut plus** *adv*: **on ne peut plus stupide** as stupid as can be

onagre [ɔnagʀ] NF (*plante*) evening primrose
once [ɔ̃s] NF: **une ~ de** an ounce of
★**oncle** [ɔ̃kl] NM uncle
oncologue [ɔ̃kɔlɔg] NMF (*médecin*) oncologist
onction [ɔ̃ksjɔ̃] NF *voir* **extrême-onction**
onctueux, -euse [ɔ̃ktɥø, -øz] ADJ creamy, smooth; (*fig*) smooth, unctuous
onde [ɔ̃d] NF (*Physique*) wave; **sur l'~** on the waters; **sur les ondes** on the radio; **mettre en ondes** to produce for the radio; **~ de choc** shock wave; **ondes courtes (OC)** short wave *sg*; **petites ondes (PO), ondes moyennes (OM)** medium wave *sg*; **grandes ondes (GO), ondes longues (OL)** long wave *sg*; **ondes sonores** sound waves
ondée [ɔ̃de] NF shower
on-dit [ɔ̃di] NM INV rumour
ondoyer [ɔ̃dwaje] /8/ VI to ripple, wave ▸ VT (*Rel*) to baptize (*in an emergency*)
ondulant, e [ɔ̃dylɑ̃, -ɑ̃t] ADJ (*démarche*) swaying; (*ligne*) undulating
ondulation [ɔ̃dylasjɔ̃] NF undulation; wave
ondulatoire [ɔ̃dylatwaʀ] ADJ (*Science*) wave *cpd*; **la mécanique ~** wave mechanics
ondulé, e [ɔ̃dyle] ADJ undulating; wavy
onduler [ɔ̃dyle] /1/ VI to undulate; (*cheveux*) to wave
onéreux, -euse [ɔneʀø, -øz] ADJ costly; **à titre ~** in return for payment
ONF SIGLE M (= *Office national des forêts*) ≈ Forestry Commission (BRIT), ≈ National Forest Service (*US*)
ONG SIGLE F (= *organisation non gouvernementale*) NGO
★**ongle** [ɔ̃gl] NM (*Anat*) nail; **manger** *ou* **ronger ses ongles** to bite one's nails; **se faire les ongles** to do one's nails
onglet [ɔ̃glɛ] NM (*rainure*) (thumbnail) groove; (*bande de papier*) tab; (*Internet*) tab; **navigation par onglets** tab browsing
onguent [ɔ̃gɑ̃] NM ointment
onirique [ɔniʀik] ADJ dreamlike, dream *cpd*
onirisme [ɔniʀism] NM dreams *pl*
onomatopée [ɔnɔmatɔpe] NF onomatopoeia
ont [ɔ̃] VB *voir* **avoir**
ontarien, ne [ɔ̃taʀjɛ̃, -ɛn] ADJ Ontarian
ONU [ɔny] SIGLE F (= *Organisation des Nations unies*) UN(O)
ONUAA SIGLE F (= *Organisation des Nations unies pour l'alimentation et l'agriculture*) FAO (= *Food and Agriculture Organization*)
onusien, ne [ɔnyzjɛ̃, -ɛn] ADJ of the UN(O), of the United Nations (Organization)
onyx [ɔniks] NM onyx
★**onze** [ɔ̃z] NUM eleven
onzième [ɔ̃zjɛm] NUM eleventh

op [ɔp] NF (*opération*): **salle d'op** (operating) theatre
OPA SIGLE F = **offre publique d'achat**
opacité [ɔpasite] NF opaqueness
opale [ɔpal] NF opal
opalescent, e [ɔpalesɑ̃, -ɑ̃t] ADJ opalescent
opalin, e [ɔpalɛ̃, -in] ADJ, NF opaline
opaque [ɔpak] ADJ (*vitre, verre*) opaque; (*brouillard, nuit*) impenetrable
OPE SIGLE F (= *offre publique d'échange*) *take-over bid where bidder offers shares in his company in exchange for shares in target company*
OPEP [ɔpɛp] SIGLE F (= *Organisation des pays exportateurs de pétrole*) OPEC
opéra [ɔpeʀa] NM opera; (*édifice*) opera house
opérable [ɔpeʀabl] ADJ operable
opéra-comique [ɔpeʀakɔmik] (*pl* **opéras-comiques**) NM light opera, opéra comique
opérant, e [ɔpeʀɑ̃, -ɑ̃t] ADJ (*mesure*) effective
opérateur, -trice [ɔpeʀatœʀ, -tʀis] NM/F operator; **~ (de prise de vues)** cameraman
opération [ɔpeʀasjɔ̃] NF operation; (*Comm*) dealing; **salle/table d'~** operating theatre/table; **~ de sauvetage** rescue operation; **~ à cœur ouvert** open-heart surgery *no pl*
opérationnel, le [ɔpeʀasjɔnel] ADJ operational
opératoire [ɔpeʀatwaʀ] ADJ (*manœuvre, méthode*) operating; (*choc etc*) post-operative
opéré, e [ɔpeʀe] NM/F post-operative patient
opérer [ɔpeʀe] /6/ VT (*Méd*) to operate on; (*faire, exécuter*) to carry out, make; **se faire ~** to have an operation; **se faire ~ des amygdales/du cœur** to have one's tonsils out/have a heart operation ▸ VI (*remède: faire effet*) to act, work; (*procéder*) to proceed; (*Méd*) to operate ■ **s'opérer** VPR (*avoir lieu*) to occur, take place
opérette [ɔpeʀɛt] NF operetta, light opera
ophtalmique [ɔftalmik] ADJ ophthalmic
ophtalmo [ɔftalmo] NMF (*fam: ophtalmologue*) ophthalmologist
ophtalmologie [ɔftalmɔlɔʒi] NF ophthalmology
ophtalmologue [ɔftalmɔlɔg] NMF ophthalmologist
opiacé, e [ɔpjase] ADJ opiate
opiner [ɔpine] /1/ VI: **~ de la tête** to nod assent ▸ VT: **~ à** to consent to
opiniâtre [ɔpinjɑtʀ] ADJ stubborn
opiniâtreté [ɔpinjɑtʀəte] NF stubbornness
★**opinion** [ɔpinjɔ̃] NF opinion; **l'~ (publique)** public opinion; **avoir bonne/mauvaise ~ de** to have a high/low opinion of
opiomane [ɔpjɔman] NMF opium addict
opium [ɔpjɔm] NM opium
OPJ SIGLE M (= *officier de police judiciaire*) ≈ DC (= *Detective Constable*)
opportun, e [ɔpɔʀtœ̃, -yn] ADJ timely, opportune; **en temps ~** at the appropriate time
opportunément [ɔpɔʀtynemɑ̃] ADV opportunely
opportunisme [ɔpɔʀtynism] NM opportunism
opportuniste [ɔpɔʀtynist] ADJ, NMF opportunist

opportunité [ɔpɔʀtynite] NF timeliness, opportuneness

opposant, e [ɔpozɑ̃, -ɑ̃t] ADJ opposing ▸ NM/F opponent

opposé, e [ɔpoze] ADJ (*direction, rive*) opposite; (*faction*) opposing; (*couleurs*) contrasting; (*opinions, intérêts*) conflicting; (*contre*): **~ à** opposed to, against; **être ~ à** to be opposed to ▸ NM: **l'~** the other *ou* opposite side (*ou* direction); (*contraire*) the opposite; **à l'~** (*fig*) on the other hand; **à l'~ de** on the other *ou* opposite side from; (*fig*) contrary to, unlike

opposer [ɔpoze] /1/ VT (*meubles, objets*) to place opposite each other; (*personnes, armées, équipes*) to oppose; (*couleurs, termes, tons*) to contrast; (*comparer: livres, avantages*) to contrast; **~ qch à** (*comme obstacle, défense*) to set sth against; (*comme objection*) to put sth forward against; (*en contraste*) to set sth opposite; to match sth with ■ **s'opposer** VPR (*équipes*) to confront each other; (*opinions*) to conflict; (*couleurs, styles*) to contrast; **s'~ à** (*interdire, empêcher*) to oppose; (*tenir tête à*) to rebel against; **sa religion s'y oppose** it's against his religion; **s'~ à ce que qn fasse** to be opposed to sb's doing

opposition [ɔpozisjɔ̃] NF opposition; **par ~** in contrast; **par ~ à** as opposed to, in contrast with; **entrer en ~ avec** to come into conflict with; **être en ~ avec** (*idées, conduite*) to be at variance with; **faire ~ à un chèque** to stop a cheque

oppressant, e [ɔpʀesɑ̃, -ɑ̃t] ADJ oppressive

oppresser [ɔpʀese] /1/ VT to oppress; **se sentir oppressé** to feel breathless

oppresseur [ɔpʀesœʀ] NM oppressor

oppressif, -ive [ɔpʀesif, -iv] ADJ oppressive

oppression [ɔpʀesjɔ̃] NF oppression; (*malaise*) feeling of suffocation

opprimer [ɔpʀime] /1/ VT (*asservir: peuple, faibles*) to oppress; (*étouffer: liberté, opinion*) to suppress, stifle; (*suj: chaleur etc*) to suffocate, oppress

opprobre [ɔpʀɔbʀ] NM disgrace

opter [ɔpte] /1/ VI: **~ pour** to opt for; **~ entre** to choose between

★**opticien, ne** [ɔptisjɛ̃, -ɛn] NM/F optician

optimal, e, -aux [ɔptimal, -o] ADJ optimal

optimisation [ɔptimizasjɔ̃] NF optimization

optimiser [ɔptimize] /1/ VT to optimize

optimisme [ɔptimism] NM optimism

★**optimiste** [ɔptimist] ADJ optimistic ▸ NMF optimist

optimum [ɔptimɔm] ADJ, NM optimum

★**option** [ɔpsjɔ̃] NF option; (*Auto: supplément*) optional extra; **matière à ~** (*Scol*) optional subject (BRIT), elective (*US*); **prendre une ~ sur** to take (out) an option on; **~ par défaut** (*Inform*) default (option)

optionnel, le [ɔpsjɔnɛl] ADJ optional

optique [ɔptik] ADJ (*nerf*) optic; (*verres*) optical ▸ NF (*Photo: lentilles etc*) optics *pl*; (*science, industrie*) optics *sg*; (*fig: manière de voir*) perspective

opulence [ɔpylɑ̃s] NF wealth, opulence

opulent, e [ɔpylɑ̃, -ɑ̃t] ADJ wealthy, opulent; (*formes, poitrine*) ample, generous

opuscule [ɔpyskyl] NM booklet

OPV SIGLE F (= *offre publique de vente*) public offer of sale

★**or** [ɔʀ] NM gold; **d'or** (*fig*) golden; **en or** gold *cpd*; (*occasion*) golden; **un mari/enfant en or** a treasure; **une affaire en or** (*achat*) a real bargain; (*commerce*) a gold mine; **plaqué or** gold-plated; **or noir** black gold ▸ CONJ now, but; **il croyait gagner or il a perdu** he was sure he would win and yet he lost

oracle [ɔʀɑkl] NM oracle

★**orage** [ɔʀaʒ] NM (thunder)storm

★**orageux, -euse** [ɔʀaʒø, -øz] ADJ stormy

oraison [ɔʀɛzɔ̃] NF orison, prayer; **~ funèbre** funeral oration

★**oral, e, -aux** [ɔʀal, -o] ADJ (*déposition, promesse*) oral, verbal; (*Méd*): **par voie orale** by mouth, orally ▸ NM (*Scol*) oral

oralement [ɔʀalmɑ̃] ADV orally

oralité [ɔʀalite] NF the spoken word, orality

★**orange** [ɔʀɑ̃ʒ] ADJ INV, NF orange; **~ sanguine** blood orange; **~ pressée** freshly-squeezed orange juice

orangé, e [ɔʀɑ̃ʒe] ADJ orangey, orange-coloured

orangeade [ɔʀɑ̃ʒad] NF orangeade

oranger [ɔʀɑ̃ʒe] NM orange tree

orangeraie [ɔʀɑ̃ʒʀɛ] NF orange grove

orangerie [ɔʀɑ̃ʒʀi] NF orangery

orang-outan, orang-outang [ɔʀɑ̃utɑ̃] (*pl* **orangs-outans** *ou* **orangs-outangs**) NM orang-utan

orateur [ɔʀatœʀ] NM speaker; orator

oratoire [ɔʀatwaʀ] NM (*lieu, chapelle*) oratory; (*au bord du chemin*) wayside shrine ▸ ADJ oratorical

oratorio [ɔʀatɔʀjo] NM oratorio

orbital, e, -aux [ɔʀbital, -o] ADJ orbital; **station orbitale** space station

orbite [ɔʀbit] NF (*Anat*) (eye-)socket; (*Astronomie*) orbit; **mettre sur ~** to put into orbit; (*fig*) to launch; **dans l'~ de** (*fig*) within the sphere of influence of

orbiter [ɔʀbite] VI (*Astronomie*): **~ autour de** to orbit

Orcades [ɔʀkad] NFPL: **les ~** the Orkneys, the Orkney Islands

orchestral, e, -aux [ɔʀkɛstʀal, -o] ADJ orchestral

orchestrateur, -trice [ɔʀkɛstʀatœʀ, -tʀis] NM/F orchestrator

orchestration [ɔʀkɛstʀasjɔ̃] NF orchestration

★**orchestre** [ɔʀkɛstʀ] NM orchestra; (*de jazz, danse*) band; (*places*) stalls *pl* (BRIT), orchestra (*US*)

orchestrer [ɔʀkɛstʀe] /1/ VT (*Mus*) to orchestrate; (*fig*) to mount, stage-manage

orchidée [ɔʀkide] NF orchid

★**ordinaire** [ɔʀdinɛʀ] ADJ ordinary; (*coutumier: maladresse etc*) usual; (*de tous les jours*) everyday; (*modèle, qualité*) standard; (*péj: commun*) common ▸ NM ordinary; (*menus*) everyday fare; **d'~** usually, normally; **à l'~** usually, ordinarily; **comme à l'~** as usual ▸ NF (*essence*) ≈ two-star (petrol) (BRIT), ≈ regular (gas) (*US*)

ordinairement [ɔʀdinɛʀmɑ̃] ADV ordinarily, usually

ordinal, e, -aux [ɔʀdinal, -o] ADJ ordinal

O

★**ordinateur** [ɔʀdinatœʀ] NM computer; **mettre sur ~** to computerize, put on computer; **~ de bureau** desktop computer; **~ individuel** *ou* **personnel** personal computer; **~ portable** laptop (computer)

ordination [ɔʀdinasjɔ̃] NF ordination

★**ordonnance** [ɔʀdɔnɑ̃s] NF (*Méd*) prescription; (*groupement, disposition*) layout; (*Jur*) order; (*Mil*) orderly, batman (BRIT); **d'~** (*Mil*) regulation *cpd*; **officier d'~** aide-de-camp

ordonnancement [ɔʀdɔnɑ̃smɑ̃] NM (*agencement*) arrangement, layout; (*Tech: de production, tâches*) scheduling; (*Inform: de paquets*) sequencing

ordonnateur, -trice [ɔʀdɔnatœʀ, -tʀis] NM/F (*d'une cérémonie, fête*) organizer; **~ des pompes funèbres** funeral director

ordonné, e [ɔʀdɔne] ADJ tidy, orderly; (*Math*) ordered ▶ NF (*Math*) Y-axis, ordinate

ordonner [ɔʀdɔne] /1/ VT (*agencer*) to organize, arrange; (*meubles, appartement*) to lay out, arrange; (*donner un ordre*): **~ à qn de faire** to order sb to do; (*Math*) to (arrange in) order; (*Rel*) to ordain; (*Méd*) to prescribe; (*Jur*) to order ■ **s'ordonner** VPR (*faits*) to organize themselves

★**ordre** [ɔʀdʀ] NM (*gén*) order; (*propreté et soin*) orderliness, tidiness; (*association professionnelle, honorifique*) association; (*Comm*): **à l'~ de** payable to; (*nature*): **d'~ pratique** of a practical nature; **avoir de l'~** to be tidy *ou* orderly; **mettre en ~** to tidy (up), put in order; **mettre bon ~ à** to put to rights, sort out; **procéder par ~** to take things one at a time; **par ~ alphabétique/d'importance** in alphabetical order/in order of importance; **rappeler qn à l'~** to call sb to order; **jusqu'à nouvel ~** until further notice; **dans le même ~ d'idées** in this connection; **par ~ d'entrée en scène** in order of appearance; **un ~ de grandeur** some idea of the size (*ou* amount); **de premier ~** first-rate; **~ de grève** strike call; **~ du jour** (*d'une réunion*) agenda; (*Mil*) order of the day; **à l'~ du jour** on the agenda; (*fig*) topical; (*Mil: citer*) in dispatches; **~ de mission** (*Mil*) orders *pl*; **~ public** law and order; **~ de route** marching orders *pl* ■ **ordres** NMPL (*Rel*) holy orders; **être aux ordres de qn/sous les ordres de qn** to be at sb's disposal/under sb's command

ordure [ɔʀdyʀ] NF filth *no pl*; (*propos, écrit*) obscenity, (piece of) filth ■ **ordures** NFPL (*balayures, déchets*) rubbish *sg*, refuse *sg*; **ordures ménagères** household refuse

ordurier, -ière [ɔʀdyʀje, -jɛʀ] ADJ lewd, filthy

★**oreille** [ɔʀɛj] NF (*Anat*) ear; (*Tech: d'un écrou*) wing; **avoir de l'~** to have a good ear (for music); **avoir l'~ fine** to have good *ou* sharp ears; **l'~ basse** crestfallen, dejected; **se faire tirer l'~** to take a lot of persuading; **dire qch à l'~ de qn** to have a word in sb's ear (about sth)

★**oreiller** [ɔʀeje] NM pillow

oreillette [ɔʀɛjɛt] NF (*Anat*) auricle

oreillons [ɔʀɛjɔ̃] NMPL mumps *sg*

ores [ɔʀ]: **d'~ et déjà** *adv* already

orfèvre [ɔʀfɛvʀ] NM goldsmith; silversmith

orfèvrerie [ɔʀfɛvʀəʀi] NF (*art, métier*) goldsmith's (*ou* silversmith's) trade; (*ouvrage*) (silver *ou* gold) plate

orfraie [ɔʀfʀɛ] NM white-tailed eagle; **pousser des cris d'~** to yell at the top of one's voice

organe [ɔʀgan] NM organ; (*véhicule, instrument*) instrument; (*voix*) voice; (*porte-parole*) representative, mouthpiece; **organes de commande** (*Tech*) controls; **organes de transmission** (*Tech*) transmission system *sg*

organigramme [ɔʀganigʀam] NM (*hiérarchique, structure*) organization chart; (*des opérations*) flow chart

organique [ɔʀganik] ADJ organic

organisateur, -trice [ɔʀganizatœʀ, -tʀis] NM/F organizer

organisation [ɔʀganizasjɔ̃] NF organization; **O~ des Nations unies (ONU)** United Nations (Organization) (UN(O)); **O~ mondiale de la santé (OMS)** World Health Organization (WHO); **O~ du traité de l'Atlantique Nord (OTAN)** North Atlantic Treaty Organization (NATO)

organisationnel, le [ɔʀganizasjɔnɛl] ADJ organizational

★**organiser** [ɔʀganize] /1/ VT to organize; (*mettre sur pied: service etc*) to set up ■ **s'organiser** VPR to get organized

organisme [ɔʀganism] NM (*Bio*) organism; (*corps humain*) body; (*Admin, Pol etc*) body, organism

organiste [ɔʀganist] NMF organist

orgasme [ɔʀgasm] NM orgasm, climax

orge [ɔʀʒ] NF barley

orgeat [ɔʀʒa] NM: **sirop d'~** barley water

orgelet [ɔʀʒəlɛ] NM sty(e)

orgie [ɔʀʒi] NF orgy

orgue [ɔʀg] NM organ; **~ de Barbarie** barrel *ou* street organ ■ **orgues** NFPL organ *sg*

orgueil [ɔʀgœj] NM pride

orgueilleux, -euse [ɔʀgœjø, -øz] ADJ proud

Orient [ɔʀjɑ̃] NM: **l'~** the East, the Orient

orientable [ɔʀjɑ̃tabl] ADJ (*phare, lampe etc*) adjustable

oriental, e, -aux [ɔʀjɑ̃tal, -o] ADJ (*langue, produit*) oriental, eastern; (*frontière*) eastern ▶ NM/F: **Oriental, e** Oriental

orientation [ɔʀjɑ̃tasjɔ̃] NF positioning; adjustment; (*de recherches*) orientation; direction; (*d'une maison etc*) aspect; (*d'un journal*) leanings *pl*; **avoir le sens de l'~** to have a (good) sense of direction; **course d'~** orienteering exercise; **~ professionnelle** careers advice *ou* guidance; (*service*) careers advisory service

orienté, e [ɔʀjɑ̃te] ADJ (*fig: article, journal*) slanted; **bien/mal ~** (*appartement*) well/badly positioned; **~ au sud** facing south, with a southern aspect

orienter [ɔʀjɑ̃te] /1/ VT (*situer*) to position; (*placer, disposer: pièce mobile*) to adjust, position; (*tourner: antenne*) to direct, turn; (*voyageur, touriste, recherches*) to direct; (*fig: élève*) to orientate ■ **s'orienter** VPR (*se repérer*) to find one's bearings; **s'~ vers** (*fig*) to turn towards

orienteur, -euse [ɔʀjɑ̃tœʀ, -øz] NM/F (*Scol*) careers adviser

orifice [ɔʀifis] NM opening, orifice

oriflamme [ɔʀiflam] NF banner, standard

origan [ɔʀigɑ̃] NM oregano

originaire [ɔʀiʒinɛʀ] ADJ original; **être ~ de** (*pays,* *lieu*) to be a native of; (*provenir de*) to originate from; to be native to

★**original, e, -aux** [ɔʀiʒinal, -o] ADJ original; (*bizarre*) eccentric ▶ NM/F (*fam: excentrique*) eccentric; (: *fantaisiste*) joker ▶ NM (*document etc, Art*) original; (*dactylographie*) top copy

originalité [ɔʀiʒinalite] NF (*d'un nouveau modèle*) originality *no pl*; (*excentricité, bizarrerie*) eccentricity

origine [ɔʀiʒin] NF origin; (*d'un message, appel téléphonique*) source; (*d'une révolution, réussite*) root; **d'~** (*pays*) of origin; (*pneus etc*) original; (*bureau postal*) dispatching; **d'~ française** of French origin; **dès l'~** at *ou* from the outset; **à l'~** originally; **avoir son ~ dans** to have its origins in, originate in ■ **origines** NFPL (*d'une personne*) origins

originel, le [ɔʀiʒinɛl] ADJ original

originellement [ɔʀiʒinɛlmɑ̃] ADV (*à l'origine*) originally; (*dès l'origine*) from the beginning

oripeaux [ɔʀipo] NMPL rags

ORL SIGLE F (= *oto-rhino-laryngologie*) ENT; **être en ~** (*malade*) to be in the ENT hospital *ou* department ▶ SIGLE MF (= *oto-rhino-laryngologiste*) ENT specialist

orme [ɔʀm] NM elm

orné, e [ɔʀne] ADJ ornate; **~ de** adorned *ou* decorated with

ornement [ɔʀnəmɑ̃] NM ornament; (*fig*) embellishment, adornment; **ornements sacerdotaux** vestments

ornemental, e, -aux [ɔʀnəmɑ̃tal, -o] ADJ ornamental

ornementer [ɔʀnəmɑ̃te] /1/ VT to ornament

orner [ɔʀne] /1/ VT to decorate, adorn; **~ qch de** to decorate sth with

ornière [ɔʀnjɛʀ] NF rut; (*fig*): **sortir de l'~** (*routine*) to get out of the rut; (*impasse*) to get out of a spot

ornithologie [ɔʀnitɔlɔʒi] NF ornithology

ornithologue [ɔʀnitɔlɔg] NMF ornithologist; **~ amateur** birdwatcher

orphelin, e [ɔʀfəlɛ̃, -in] ADJ orphan(ed); **~ de père/mère** fatherless/motherless ▶ NM/F orphan

orphelinat [ɔʀfəlina] NM orphanage

ORSEC [ɔʀsɛk] SIGLE F = **Organisation de la réponse de sécurité civile**; **le plan ~** *disaster contingency plan*

ORSECRAD [ɔʀsekʀad] SIGLE M = **ORSEC en cas d'accident nucléaire**

orteil [ɔʀtɛj] NM toe; **gros ~** big toe

orthodontiste [ɔʀtɔdɔ̃tist] NMF orthodontist

orthodoxe [ɔʀtɔdɔks] ADJ orthodox

orthodoxie [ɔʀtɔdɔksi] NF orthodoxy

orthogénie [ɔʀtɔʒeni] NF family planning

orthographe [ɔʀtɔgʀaf] NF spelling

orthographier [ɔʀtɔgʀafje] /7/ VT to spell; **mal orthographié** misspelt

orthopédie [ɔʀtɔpedi] NF orthopaedics *sg* (BRIT), orthopedics *sg* (US)

orthopédique [ɔʀtɔpedik] ADJ orthopaedic (BRIT), orthopedic (US)

orthopédiste [ɔʀtɔpedist] NMF orthopaedic (BRIT) *ou* orthopedic (US) specialist

orthophonie [ɔʀtɔfɔni] NF (*Méd*) speech therapy; (*Ling*) correct pronunciation

orthophoniste [ɔʀtɔfɔnist] NMF speech therapist

ortie [ɔʀti] NF (stinging) nettle; **~ blanche** white dead-nettle

★**os** [ɔs] NM bone; **sans os** (*Boucherie*) off the bone, boned; **os à moelle** marrowbone

oscillation [ɔsilasjɔ̃] NF oscillation ■ **oscillations** NFPL (*fig*) fluctuations

osciller [ɔsile] /1/ VI (*pendule*) to swing; (*au vent etc*) to rock; (*Tech*) to oscillate; (*fig*): **~ entre** to waver *ou* fluctuate between

osé, e [oze] ADJ daring, bold

oseille [ozɛj] NF sorrel

★**oser** [oze] /1/ VI, VT to dare; **~ faire** to dare (to) do

osier [ozje] NM (*Bot*) willow; **d'~, en ~** wicker(work) *cpd*

Oslo [ɔslo] N Oslo

osmose [ɔsmoz] NF osmosis

ossature [ɔsatyʀ] NF (*Anat: squelette*) frame, skeletal structure; (: *du visage*) bone structure; (*fig*) framework

osselet [ɔslɛ] NM (*Anat*) ossicle; **jouer aux osselets** to play jacks

ossements [ɔsmɑ̃] NMPL bones

osseux, -euse [ɔsø, -øz] ADJ bony; (*tissu, maladie, greffe*) bone *cpd*

ossifier [ɔsifje] /7/: **s'ossifier** VPR to ossify

ossuaire [ɔsɥɛʀ] NM ossuary

Ostende [ɔstɑ̃d] N Ostend

ostensible [ɔstɑ̃sibl] ADJ conspicuous

ostensiblement [ɔstɑ̃sibləmɑ̃] ADV conspicuously

ostensoir [ɔstɑ̃swaʀ] NM monstrance

ostentation [ɔstɑ̃tasjɔ̃] NF ostentation; **faire ~ de** to parade, make a display of

ostentatoire [ɔstɑ̃tatwaʀ] ADJ ostentatious

ostraciser [ɔstʀasize] VT to ostracize

ostracisme [ɔstʀasism] NM ostracism; **frapper d'~** to ostracize

ostréicole [ɔstʀeikɔl] ADJ oyster *cpd*

ostréiculteur, -trice [ɔstʀeikyltœʀ, -tʀis] NM/F oyster farmer, oyster grower

ostréiculture [ɔstʀeikyltyʀ] NF oyster-farming

otage [ɔtaʒ] NM hostage; **prendre qn en ~** to take sb hostage

OTAN [ɔtɑ̃] SIGLE F (= *Organisation du traité de l'Atlantique Nord*) NATO

otarie [ɔtaʀi] NF sea-lion

ôter [ote] /1/ VT to remove; (*soustraire*) to take away; **~ qch à qn** to take sth (away) from sb; **~ qch de** to remove sth from; **six ôté de dix égale quatre** six from ten equals *ou* is four

otite [ɔtit] NF ear infection

oto-rhino [ɔtɔʀino], **oto-rhino-laryngologiste** [ɔtɔʀinɔlaʀɛ̃gɔlɔʒist] NMF ear, nose and throat specialist

ottomane [ɔtɔman] NF ottoman

O

★**ou** [u] CONJ or; **ou ... ou** either ... or; **ou bien** or (else)

où [u]

PRON RELATIF **1** (*position, situation*) where, that (*souvent omis*); **la chambre où il était** the room (that) he was in, the room where he was; **la ville où je l'ai rencontré** the town where I met him; **la pièce d'où il est sorti** the room he came out of; **le village d'où je viens** the village I come from; **les villes par où il est passé** the towns he went through
2 (*temps, état*) that (*souvent omis*); **le jour où il est parti** the day (that) he left; **au prix où c'est** at the price it is
▶ ADV **1** (*interrogation*) where; **où est-il/va-t-il ?** where is he/is he going?; **par où ?** which way?; **d'où vient que ... ?** how come ...?
2 (*position*) where; **je sais où il est** I know where he is; **où que l'on aille** wherever you go

ouah [ˈwa] EXCL woof!; (*fam: admiratif*) wow!

ouais [wɛ] EXCL yeah

ouate [wat] NF cotton wool (BRIT), cotton (US); (*bourre*) padding, wadding; **~ (hydrophile)** cotton wool (BRIT), (absorbent) cotton (US)

ouaté, e [wate] ADJ cotton-wool; (*doublé*) padded; (*fig: atmosphère*) cocoon-like; (*: pas, bruit*) muffled

oubli [ubli] NM (*acte*): **l'~ de** forgetting; (*trou de mémoire*) lapse of memory; (*étourderie*) forgetfulness *no pl*; (*négligence*) omission, oversight; (*absence de souvenirs*) oblivion; **~ de soi** self-effacement, self-negation; **tomber dans l'~** to sink into oblivion; **le droit à l'~** (*Internet, Méd*) the right to be forgotten

★**oublier** [ublije] /7/ VT (*gén*) to forget; (*ne pas voir: erreurs etc*) to miss; (*ne pas mettre: virgule, nom*) to leave out, forget; (*laisser quelque part: chapeau etc*) to leave behind; **~ l'heure** to forget (about) the time ■ **s'oublier** VPR to forget o.s.; (*enfant, animal*) to have an accident (*euphemism*)

oubliettes [ublijɛt] NFPL dungeon *sg*; **(jeter) aux ~** (*fig*) (to put) completely out of mind

oublieux, -euse [ublijø, -øz] ADJ forgetful

oued [wɛd] NM wadi

★**ouest** [wɛst] NM west; **à l'~** in the west; (*direction*) (to the) west, westwards; **à l'~ de** (to the) west of; **vent d'~** westerly wind ▶ ADJ INV west; (*région*) western

ouest-allemand, e [wɛstalmɑ̃, -ɑ̃d] ADJ West German

ouf [uf] EXCL phew!

Ouganda [ugɑ̃da] NM: **l'~** Uganda

ougandais, e [ugɑ̃dɛ, -ɛz] ADJ Ugandan

★**oui** [wi] ADV yes; **répondre (par) ~** to answer yes; **mais ~, bien sûr** yes, of course; **je pense que ~** I think so; **pour un ~ ou pour un non** for no apparent reason

ouï-dire [widiʀ]: **par ~** *adv* by hearsay

ouïe [wi] NF hearing ■ **ouïes** NFPL (*de poisson*) gills; (*de violon*) sound-hole *sg*

ouïr [wiʀ] /10/ VT to hear; **avoir ouï dire que** to have heard it said that

ouistiti [wistiti] NM marmoset

oukase [ukaz] NM (*Hist*) ukase; (*fig: décision arbitraire*) edict

ouragan [uʀagɑ̃] NM hurricane; (*fig*) storm

Oural [uʀal] NM: **l'~** (*fleuve*) the Ural; (*aussi:* **les monts Oural**) the Urals, the Ural Mountains

ourdir [uʀdiʀ] /2/ VT (*complot*) to hatch

ourdou, e [uʀdu] ADJ Urdu ▶ NM (*Ling*) Urdu

ourlé, e [uʀle] ADJ hemmed; (*fig*) rimmed

ourler [uʀle] /1/ VT to hem

ourlet [uʀlɛ] NM hem; (*de l'oreille*) rim; **faire un ~ à** to hem

★**ours** [uʀs] NM bear; **~ brun/blanc** brown/polar bear; **~ marin** fur seal; **~ mal léché** uncouth fellow; **~ (en peluche)** teddy (bear)

ourse [uʀs] NF (*Zool*) she-bear; **la Grande/Petite O~** the Great/Little Bear, Ursa Major/Minor

oursin [uʀsɛ̃] NM sea urchin

ourson [uʀsɔ̃] NM (bear-)cub

ouste [ust] EXCL hop it!

★**outil** [uti] NM tool

outillage [utijaʒ] NM set of tools; (*d'atelier*) equipment *no pl*

outiller [utije] /1/ VT (*ouvrier, usine*) to equip

outrage [utʀaʒ] NM insult; **faire subir les derniers outrages à** (*femme*) to ravish; **~ aux bonnes mœurs** (*Jur*) outrage to public decency; **~ à magistrat** (*Jur*) contempt of court; **~ à la pudeur** (*Jur*) indecent behaviour *no pl*

outragé, e [utʀaʒe] ADJ offended; outraged

outrageant, e [utʀaʒɑ̃, -ɑ̃t] ADJ offensive

outrager [utʀaʒe] /3/ VT to offend gravely; (*fig: contrevenir à*) to outrage, insult

outrageusement [utʀaʒøzmɑ̃] ADV outrageously

outrance [utʀɑ̃s] NF excessiveness *no pl*, excess; **à ~** *adv* excessively, to excess

outrancier, -ière [utʀɑ̃sje, -jɛʀ] ADJ extreme

outre [utʀ] NF goatskin, water skin ▶ PRÉP besides; **en ~** besides, moreover; **~ que** apart from the fact that; **~ mesure** to excess; (*manger, boire*) immoderately ▶ ADV: **passer ~** to carry on regardless; **passer ~ à** to disregard, take no notice of

outré, e [utʀe] ADJ (*flatterie, éloge*) excessive, exaggerated; (*indigné, scandalisé*) outraged

outre-Atlantique [utʀatlɑ̃tik] ADV across the Atlantic

outrecuidance [utʀəkɥidɑ̃s] NF presumptuousness *no pl*

outre-Manche [utʀəmɑ̃ʃ] ADV across the Channel

outremer [utʀəmɛʀ] ADJ INV ultramarine

outre-mer [utʀəmɛʀ] ADV overseas; **d'~** overseas

outrepasser [utʀəpɑse] /1/ VT to go beyond, exceed

outrer [utʀe] /1/ VT (*pensée, attitude*) to exaggerate; (*indigner: personne*) to outrage

outre-Rhin [utʀəʀɛ̃] ADV across the Rhine, in Germany

outsider [awtsajdœʀ] NM outsider

★**ouvert, e** [uvɛʀ, -ɛʀt] PP *de* **ouvrir** ▶ ADJ open; (*robinet, gaz etc*) on; **à bras ouverts** with open arms

ouvertement [uvɛʀtəmɑ̃] ADV openly

ouverture [uvɛʀtyʀ] NF opening; (*Mus*) overture; (*Pol*): **l'~** the widening of the political spectrum; (*Photo*): **~ (du diaphragme)** aperture; **~ d'esprit** open-mindedness; **heures d'~** (*Comm*) opening hours; **jours d'~** (*Comm*) days of opening ■ **ouvertures** NFPL (*propositions*) overtures

ouvrable [uvʀabl] ADJ: **jour ~** working day, weekday; **heures ouvrables** business hours

ouvrage [uvʀaʒ] NM (*tâche, de tricot etc, Mil*) work *no pl*; (*objet: Couture, Art*) (piece of) work; (*texte, livre*) work; **panier** *ou* **corbeille à ~** work basket; **~ d'art** (*Génie Civil*) *bridge or tunnel etc*

ouvragé, e [uvʀaʒe] ADJ finely embroidered (*ou* worked *ou* carved)

ouvrant, e [uvʀɑ̃, -ɑ̃t] VB *voir* **ouvrir** ▶ ADJ: **toit ~** sunroof

ouvré, e [uvʀe] ADJ finely-worked; **jour ~** working day

ouvre-boîte(s) [uvʀəbwat] NM INV tin (BRIT) *ou* can opener

ouvre-bouteille(s) [uvʀəbutɛj] NM INV bottle-opener

ouvreuse [uvʀøz] NF usherette

★**ouvrier, -ière** [uvʀije, -jɛʀ] NM/F worker; **~ agricole** farmworker; **~ qualifié** skilled worker; **~ spécialisé** semiskilled worker; **~ d'usine** factory worker ▶ NF (*Zool*) worker (bee) ▶ ADJ working-class; (*problèmes, conflit*) industrial; (*mouvement*) labour *cpd* (BRIT), labor *cpd* (US); (*revendications*) workers'; **classe ouvrière** working class

★**ouvrir** [uvʀiʀ] /18/ VT (*gén*) to open; (*brèche, passage*) to open up; (*commencer l'exploitation de, créer*) to open (up); (*eau, électricité, chauffage, robinet*) to turn on; (*Méd: abcès*) to open up, cut open; **~ l'appétit à qn** to whet sb's appetite; **~ des horizons** to open up new horizons; **~ l'esprit** to broaden one's horizons; **~ une session** (*Inform*) to log in ▶ VI to open; to open up; (*Cartes*): **~ à trèfle** to open in clubs; **~ sur** to open onto ■ **s'ouvrir** VPR to open; **s'~ à** (*art etc*) to open one's mind to; **s'~ à qn (de qch)** to open one's heart to sb (about sth); **s'~ les veines** to slash *ou* cut one's wrists

ouvroir [uvʀwaʀ] NM workroom, sewing room

ovaire [ɔvɛʀ] NM ovary

ovale [ɔval] ADJ oval

ovation [ɔvasjɔ̃] NF ovation

ovationner [ɔvasjɔne] /1/ VT: **~ qn** to give sb an ovation

ovin, e [ɔvɛ̃, -in] ADJ ovine

OVNI [ɔvni] SIGLE M (= *objet volant non identifié*) UFO

ovoïde [ɔvɔid] ADJ egg-shaped

ovulation [ɔvylasjɔ̃] NF (*Physiol*) ovulation

ovule [ɔvyl] NM (*Physiol*) ovum; (*Méd*) pessary

oxfordien, ne [ɔksfɔʀdjɛ̃, -ɛn] ADJ Oxonian ▶ NM/F: **Oxfordien, ne** Oxonian

oxydable [ɔksidabl] ADJ liable to rust

oxyde [ɔksid] NM oxide; **~ de carbone** carbon monoxide

oxyder [ɔkside] /1/: **s'oxyder** VPR to become oxidized

oxygène [ɔksiʒɛn] NM oxygen

oxygéné, e [ɔksiʒene] ADJ: **eau oxygénée** hydrogen peroxide; **cheveux oxygénés** bleached hair

ozone [ozon] NM ozone; **trou dans la couche d'~** hole in the ozone layer

Pp

P, p [pe] NM INV P, p ▸ ABR (= *Père*) Fr; (= *page*) p; **P comme Pierre** P for Peter

PA SIGLE FPL = **les petites annonces**

PAC SIGLE F (= *Politique agricole commune*) CAP

PACA [paka] SIGLE F (*région:* = *Provence-Alpes-Côte d'Azur*) *administrative region in south-east France*; **en ~** in Provence-Alpes-Côte d'Azur

pacage [pakaʒ] NM grazing, pasture

pacemaker [pɛsmɛkœʀ] NM pacemaker

pachyderme [paʃidɛʀm] NM pachyderm; elephant

pacificateur, -trice [pasifikatœʀ, -tʀis] ADJ pacificatory

pacification [pasifikasjɔ̃] NF pacification

pacifier [pasifje] /7/ VT to pacify

pacifique [pasifik] ADJ (*personne*) peaceable; (*intentions, coexistence*) peaceful ▸ NM: **le P~, l'océan P~** the Pacific (Ocean)

pacifiquement [pasifikmɑ̃] ADV peaceably; peacefully

pacifisme [pasifism] NM pacifism

pacifiste [pasifist] NMF pacifist

pack [pak] NM pack

pacotille [pakɔtij] NF (*péj*) cheap junk *pl*; **de ~** cheap

Pacs [paks] SIGLE M (= *pacte civil de solidarité*) ≈ civil partnership

> The *Pacte civil de solidarité*, or **Pacs**, is a contract entered into by two single people of 18 or over, allowing them to formally and legally register their relationship and enter into a civil partnership. The parties can be a man and a woman or two people of the same sex. The contract carries with it the mutual obligation to take care of each other and provide each other with financial support. Although it carries rights similar to those of married couples, it is less advantageous in certain areas, for instance as far as inheritance is concerned.

pacsé, e [pakse] ADJ: **être ~** ≈ to have registered a civil partnership ▸ NM/F *person who has registered a civil partnership*

pacser [pakse] /1/: **se pacser** VPR ≈ to form a civil partnership

pacte [pakt] NM pact, treaty

pactiser [paktize] /1/ VI: **~ avec** to come to terms with

pactole [paktɔl] NM gold mine (*fig*)

paddock [padɔk] NM paddock

Padoue [padu] N Padua

PAF SIGLE F (= *Police de l'air et des frontières*) *police authority responsible for civil aviation, border control etc* ▸ SIGLE M (= *paysage audiovisuel français*) *French broadcasting*

pagaie [pagɛ] NF paddle

pagaille [pagaj] NF (*fam*) mess, shambles *sg*; **il y en a en ~** there are loads *ou* heaps of them

paganisme [paganism] NM paganism

pagayer [pageje] /8/ VI to paddle

★**page** [paʒ] NF page; (*passage: d'un roman*) passage; **mettre en pages** to make up (into pages); **mise en ~** layout; **à la ~** (*fig*) up-to-date; **~ d'accueil** (*Inform*) home page; **~ blanche** blank page; **~ de garde** endpaper; **~ Web** web page ▸ NM page (boy)

page-écran [paʒekʀɑ̃] (*pl* **pages-écrans**) NF (*Inform*) screen page

pagination [paʒinasjɔ̃] NF pagination

paginer [paʒine] /1/ VT to paginate

pagne [paɲ] NM loincloth

pagode [pagɔd] NF pagoda

paie [pɛ] NF = **paye**

paiement [pɛmɑ̃] NM = **payement**

païen, ne [pajɛ̃, -ɛn] ADJ, NM/F pagan, heathen

paillard, e [pajaʀ, -aʀd] ADJ bawdy

paillasse [pajas] NF (*matelas*) straw mattress; (*d'un évier*) draining board

paillasson [pajasɔ̃] NM doormat

paille [pɑj] NF straw; (*défaut*) flaw; **être sur la ~** to be ruined; **~ de fer** steel wool

paillé, e [pɑje] ADJ with a straw seat

pailleté, e [pɑj(ə)te] ADJ sequined

paillette [pajɛt] NF speck, flake ■ **paillettes** NFPL (*décoratives*) sequins, spangles; **lessive en paillettes** soapflakes *pl*

★**pain** [pɛ̃] NM (*substance*) bread; (*unité*) loaf (of bread); (*morceau*): **~ de cire** *etc* bar of wax *etc*; (*Culin*): **~ de poisson/légumes** fish/vegetable loaf; **petit ~** (bread) roll; **~ bis/complet** brown/wholemeal (BRIT) *ou* wholewheat (US) bread; **~ de campagne** farmhouse bread; **~ d'épice** ≈ gingerbread; **~ grillé** toast; **~ de mie** sandwich loaf; **~ perdu** French toast; **~ de seigle** rye bread; **~ de sucre** sugar loaf; **~ au chocolat** pain au chocolat; **~ aux raisins** currant pastry

pair, e [pɛʀ] ADJ (*nombre*) even ▶ NM peer; **aller de ~ (avec)** to go hand in hand *ou* together (with); **au ~** (*Finance*) at par; **valeur au ~** par value; **jeune fille au ~** au pair

★**paire** [pɛʀ] NF pair; **une ~ de lunettes/tenailles** a pair of glasses/pincers; **les deux font la ~** they are two of a kind

pais [pɛ] VB *voir* **paître**

paisible [pezibl] ADJ peaceful, quiet

paisiblement [peziblәmɑ̃] ADV peacefully, quietly

paître [pɛtʀ] /57/ VI to graze

★**paix** [pɛ] NF peace; (*fig*) peacefulness, peace; **faire la ~ avec** to make peace with; **avoir la ~** to have peace (and quiet); **fiche-lui la ~ !** (*fam*) leave him alone!

Pakistan [pakistɑ̃] NM: **le ~** Pakistan

pakistanais, e [pakistanɛ, -ɛz] ADJ Pakistani

PAL SIGLE M (= *Phase Alternation Line*) PAL

palabrer [palabʀe] /1/ VI to argue endlessly

palabres [palabʀ] NFPL endless arguments

palace [palas] NM luxury hotel

★**palais** [palɛ] NM palace; (*Anat*) palate; **le P~ Bourbon** *the seat of the French National Assembly*; **le P~ de l'Élysée** the Élysée Palace; **~ des expositions** exhibition centre (BRIT) *ou* center (US); **le P~ de Justice** the Law Courts *pl*

palan [palɑ̃] NM hoist

pale [pal] NF (*d'hélice, de rame*) blade; (*de roue*) paddle

★**pâle** [pɑl] ADJ pale; (*fig*): **une ~ imitation** a pale imitation; **bleu ~** pale blue; **~ de colère** white *ou* pale with anger

palefrenier [palfʀәnje] NM groom (*for horses*)

paléontologie [paleɔ̃tɔlɔʒi] NF paleontology

paléontologiste [paleɔ̃tɔlɔʒist], **paléontologue** [paleɔ̃tɔlɔg] NMF paleontologist

Palerme [palɛʀm] N Palermo

Palestine [palɛstin] NF: **la ~** Palestine

palestinien, ne [palɛstinjɛ̃, -ɛn] ADJ Palestinian ▶ NM/F: **Palestinien, ne** Palestinian

palet [palɛ] NM disc; (*Hockey*) puck

paletot [palto] NM (short) coat

palette [palɛt] NF (*de peintre*) palette; (*de produits*) range

palétuvier [paletyvje] NM mangrove

pâleur [pɑlœʀ] NF paleness

palier [palje] NM (*d'escalier*) landing; (*fig*) level, plateau; (: *phase stable*) levelling (BRIT) *ou* leveling (US) off, new level; (*Tech*) bearing; **nos voisins de ~** our neighbo(u)rs across the landing (BRIT) *ou* the hall (US); **en ~** *adv* level; **par paliers** in stages

palière [paljɛʀ] ADJ F landing *cpd*

pâlir [pɑliʀ] /2/ VI to turn *ou* go pale; (*couleur*) to fade; **faire ~ qn** (*de jalousie*) to make sb green (with envy)

palissade [palisad] NF fence

palissandre [palisɑ̃dʀ] NM rosewood

palliatif [paljatif] NM palliative; (*expédient*) stopgap measure

pallier [palje] /7/ VT: **~ (à)** to offset, make up for

palmarès [palmaʀɛs] NM record (of achievements); (*Scol*) prize list; (*Sport*) list of winners

palme [palm] NF (*Bot*) palm leaf; (*symbole*) palm; (*de plongeur*) flipper; **palmes (académiques)** *decoration for services to education*

palmé, e [palme] ADJ (*pattes*) webbed

palmeraie [palmәʀɛ] NF palm grove

palmier [palmje] NM palm tree; (*gâteau*) *heart-shaped biscuit made of flaky pastry*

palmipède [palmipɛd] NM palmiped, webfooted bird

palois, e [palwa, -waz] ADJ of *ou* from Pau ▶ NM/F: **Palois, e** inhabitant *ou* native of Pau

palombe [palɔ̃b] NF woodpigeon, ringdove

pâlot, te [pɑlo, -ɔt] ADJ pale, peaky

palourde [paluʀd] NF clam

palpable [palpabl] ADJ tangible, palpable

palper [palpe] /1/ VT to feel, finger

palpitant, e [palpitɑ̃, -ɑ̃t] ADJ thrilling, gripping

palpitation [palpitasjɔ̃] NF palpitation

palpiter [palpite] /1/ VI (*cœur, pouls*) to beat; (: *plus fort*) to pound, throb; (*narines, chair*) to quiver

paludisme [palydism] NM malaria

palustre [palystʀ] ADJ (*coquillage etc*) marsh *cpd*; (*fièvre*) malarial

pâmer [pɑme] /1/: **se pâmer** VPR to swoon; (*fig*): **se ~ devant** to go into raptures over

pâmoison [pɑmwazɔ̃] NF: **tomber en ~** to swoon

pampa [pɑ̃pa] NF pampas *pl*

pamphlet [pɑ̃flɛ] NM lampoon, satirical tract

pamphlétaire [pɑ̃fletɛʀ] NMF lampoonist

★**pamplemousse** [pɑ̃plәmus] NM grapefruit

pan [pɑ̃] NM section, piece; (*côté: d'un prisme, d'une tour*) side, face; **~ de chemise** shirt tail; **~ de mur** section of wall ▶ EXCL bang!

panacée [panase] NF panacea

panachage [panaʃaʒ] NM blend, mix; (*Pol*) *voting for candidates from different parties instead of for the set list of one party*

panache [panaʃ] NM plume; (*fig*) spirit, panache

panaché, e [panaʃe] ADJ: **œillet ~** variegated carnation; **glace panachée** mixed ice cream; **salade panachée** mixed salad ▶ NM (*bière*) shandy

panais [panɛ] NM parsnip

Panama [panama] NM: **le ~** Panama

panaméen, ne [panameɛ̃, -ɛn] ADJ Panamanian ▶ NM/F: **Panaméen, ne** Panamanian

panaris [panaʀi] NM whitlow

pancarte [pɑ̃kaʀt] NF sign, notice; (*dans un défilé*) placard

pancréas [pɑ̃kʀeɑs] NM pancreas

panda [pɑ̃da] NM panda

pandémie [pɑ̃demi] NF pandemic

pané, e [pane] ADJ fried in breadcrumbs

panégyrique [paneʒiʀik] NM: **faire le ~ de qn** to extol sb's merits *ou* virtues

★**panier** [panje] NM basket; (*à diapositives*) magazine; **mettre au ~** to chuck away; **~ de crabes**: **c'est un ~ de crabes** (*fig*) they're constantly at one another's throats; **~ percé** (*fig*) spendthrift; **~ à provisions** shopping basket; **~ à salade** (*Culin*) salad shaker; (*Police*) paddy wagon, police van

panier-repas [panjeʀ(ə)pɑ] (*pl* **paniers-repas**) NM packed lunch

panification [panifikasjɔ̃] NF bread-making

panique [panik] ADJ panicky ▶ NF panic

paniquer [panike] /1/ VI to panic

★**panne** [pan] NF (*d'un mécanisme, moteur*) breakdown; **être/tomber en ~** to have broken down/break down; **être en ~ d'essence** *ou* **en ~ sèche** to have run out of petrol (BRIT) *ou* gas (US); **mettre en ~** (*Navig*) to bring to; **~ d'électricité** *ou* **de courant** power *ou* electrical failure

★**panneau, x** [pano] NM (*écriteau*) sign, notice; (*de boiserie, de tapisserie etc*) panel; **tomber dans le ~** (*fig*) to walk into the trap; **~ d'affichage** notice (BRIT) *ou* bulletin (US) board; **~ électoral** board for election poster; **~ indicateur** signpost; **~ publicitaire** hoarding (BRIT), billboard (US); **~ de signalisation** roadsign; **~ solaire** solar panel

panonceau, x [panɔ̃so] NM (*de magasin etc*) sign; (*de médecin etc*) plaque

panoplie [panɔpli] NF (*jouet*) outfit; (*d'armes*) display; (*fig*) array

panorama [panɔʀama] NM (*vue*) all-round view, panorama; (*peinture*) panorama; (*fig: étude complète*) complete overview

panoramique [panɔʀamik] ADJ panoramic; (*carrosserie*) with panoramic windows ▶ NM (*Ciné, TV*) panoramic shot

panse [pɑ̃s] NF paunch

★**pansement** [pɑ̃smɑ̃] NM dressing, bandage; **~ adhésif** sticking plaster (BRIT), bandaid® (US)

panser [pɑ̃se] /1/ VT (*plaie*) to dress, bandage; (*bras*) to put a dressing on, bandage; (*cheval*) to groom

pantacourt [pɑ̃takuʀ] NM cropped trousers *pl* (BRIT) *ou* pants *pl* (US)

★**pantalon** [pɑ̃talɔ̃] NM trousers *pl* (BRIT), pants *pl* (US), pair of trousers *ou* pants; **~ de ski** ski pants *pl*

pantalonnade [pɑ̃talɔnad] NF slapstick (comedy)

pantelant, e [pɑ̃t(ə)lɑ̃, -ɑ̃t] ADJ gasping for breath, panting

panthère [pɑ̃tɛʀ] NF panther

pantin [pɑ̃tɛ̃] NM (*jouet*) jumping jack; (*péj: personne*) puppet

pantois, e [pɑ̃twa, -waz] ADJ M: **rester ~** to be flabbergasted

pantomime [pɑ̃tɔmim] NF mime; (*pièce*) mime show; (*péj*) fuss, carry-on

pantouflard, e [pɑ̃tuflaʀ, -aʀd] ADJ (*péj*) stay-at-home

★**pantoufle** [pɑ̃tufl] NF slipper

panure [panyʀ] NF breadcrumbs *pl*

PAO SIGLE F (= *publication assistée par ordinateur*) DTP

paon [pɑ̃] NM peacock

★**papa** [papa] NM dad(dy)

papauté [papote] NF papacy

papaye [papaj] NF papaya, pawpaw

pape [pap] NM pope

paperasse [papʀas] NF (*péj*) bumf *no pl*, papers *pl*; forms *pl*

paperasserie [papʀasʀi] NF (*péj*) red tape *no pl*; paperwork *no pl*

★**papeterie** [papetʀi] NF (*fabrication du papier*) paper-making (industry); (*usine*) paper mill; (*magasin*) stationer's (shop) (BRIT), stationery store (US); (*articles*) stationery

papetier, -ière [pap(ə)tje, -jɛʀ] NM/F paper-maker; stationer

papetier-libraire [pap(ə)tjelibʀɛʀ] (*pl* **papetiers-libraires**) NM bookseller and stationer

papi [papi] NM (*fam*) granddad

★**papier** [papje] NM paper; (*feuille*) sheet *ou* piece of paper; (*article*) article; (*écrit officiel*) document; **sur le ~** (*théoriquement*) on paper; **noircir du ~** to write page after page; **~ couché/glacé** art/glazed paper; **~ (d')aluminium** aluminium (BRIT) *ou* aluminum (US) foil, tinfoil; **~ d'Arménie** incense paper; **~ bible** India *ou* bible paper; **~ de brouillon** rough *ou* scrap paper; **~ bulle** manil(l)a paper; **~ buvard** blotting paper; **~ calque** tracing paper; **~ carbone** carbon paper; **~ collant** Sellotape® (BRIT), Scotch tape® (US), sticky tape; **~ en continu** continuous stationery; **~ à dessin** drawing paper; **~ d'emballage** wrapping paper; **~ gommé** gummed paper; **~ hygiénique** *ou* **(de) toilette** toilet paper; **~ journal** newsprint; (*pour emballer*) newspaper; **~ à lettres** writing paper, notepaper; **~ mâché** papier-mâché; **~ machine** typing paper; **~ peint** wallpaper; **~ pelure** India paper; **~ à pliage accordéon** fanfold paper; **~ de soie** tissue paper; **~ thermique** thermal paper; **~ de tournesol** litmus paper; **~ de verre** sandpaper ■ **papiers** NMPL (*aussi:* **papiers d'identité**) (identity) papers

papier-filtre [papjefiltʀ] (*pl* **papiers-filtres**) NM filter paper

papier-monnaie [papjemɔnɛ] (*pl* **papiers-monnaies**) NM paper money

papille [papij] NF: **papilles gustatives** taste buds

papillon [papijɔ̃] NM butterfly; (*fam: contravention*) (parking) ticket; (*Tech: écrou*) wing *ou* butterfly nut; **~ de nuit** moth

papillonner [papijɔne] /1/ VI to flit from one thing (*ou* person) to another

papillote [papijɔt] NF (*pour cheveux*) curlpaper; (*de gigot*) (paper) frill; **en ~** cooked in tinfoil *ou* baking parchment

papilloter [papijɔte] /1/ VI (*yeux*) to blink; (*paupières*) to flutter; (*lumière*) to flicker

papotage [papɔtaʒ] NM chitchat

papoter [papɔte] /1/ VI to chatter

papou, e [papu] ADJ Papuan

Papouasie-Nouvelle-Guinée [papwazinuvɛlgine] NF: **la ~** Papua-New-Guinea

paprika [papʀika] NM paprika

papyrus [papiʀys] NM papyrus

pâque [pɑk] NF: **la ~** Passover; *voir aussi* **Pâques**

paquebot [pak(ə)bo] NM liner

pâquerette [pɑkʀɛt] NF daisy

Pâques [pɑk] NFPL Easter; **faire ses ~** to do one's Easter duties; **l'île de ~** Easter Island

> In France, Easter eggs (**œufs de Pâques**) are said to be brought by the Easter bells, or *cloches de Pâques*, which fly from Rome and drop the eggs in people's gardens.

★**paquet** [pakɛ] NM packet; *(colis)* parcel; *(ballot)* bundle; *(dans négociations)* package (deal); *(fig: tas)*: **~ de** pile *ou* heap of; **mettre le ~** *(fam)* to give one's all; **~ de mer** big wave; **~ fiscal** fiscal package, tax package ▪ **paquets** NMPL *(bagages)* bags

paquetage [pak(ə)taʒ] NM *(Mil)* kit, pack

paquet-cadeau [pakɛkado] *(pl* **paquets-cadeaux)** NM gift-wrapped parcel; **je vous fais un ~ ?** shall I (gift-)wrap it for you?

★**par** [paʀ] PRÉP by; **finir** *etc* **~** to end *etc* with; **~ amour** out of love; **passer ~ Lyon/la côte** to go via *ou* through Lyons/along by the coast; **~ la fenêtre** *(jeter, regarder)* out of the window; **trois ~ jour/personne** three a *ou* per day/head; **deux ~ deux** two at a time; *(marcher etc)* in twos; **~ où ?** which way?; **~ ici** this way; *(dans le coin)* round here; **par-ci, par-là** here and there; **~ temps de pluie** in wet weather

para [paʀa] NM *(parachutiste)* para

parabole [paʀabɔl] NF *(Rel)* parable; *(Géom)* parabola

parabolique [paʀabɔlik] ADJ parabolic; **antenne ~** satellite dish

parachever [paʀaʃ(ə)ve] /5/ VT to perfect

parachutage [paʀaʃytaʒ] NM *(de soldats, vivres)* parachuting-in; **nous sommes contre le ~ d'un candidat parisien dans notre circonscription** *(Pol, fig)* we are against a Parisian candidate being landed on us

parachute [paʀaʃyt] NM parachute

parachuter [paʀaʃyte] /1/ VT *(soldat etc)* to parachute; *(fig)* to pitchfork; **il a été parachuté à la tête de l'entreprise** he was brought in from outside as head of the company

parachutisme [paʀaʃytism] NM parachuting

parachutiste [paʀaʃytist] NMF parachutist; *(Mil)* paratrooper

parade [paʀad] NF *(spectacle, défilé)* parade; *(Escrime, Boxe)* parry; *(ostentation)*: **faire ~ de** to display, show off; *(défense, riposte)*: **trouver la ~ à une attaque** to find the answer to an attack; **de ~** *adj* ceremonial

parader [paʀade] /1/ VI to swagger (around), show off

paradis [paʀadi] NM heaven, paradise; **P~ terrestre** *(Rel)* Garden of Eden; *(fig)* heaven on earth

paradisiaque [paʀadizjak] ADJ heavenly, divine

paradoxal, e, -aux [paʀadɔksal, -o] ADJ paradoxical

paradoxalement [paʀadɔksalmɑ̃] ADV paradoxically

paradoxe [paʀadɔks] NM paradox

parafe [paʀaf] NM = **paraphe**

parafer [paʀafe] VT = **parapher**

paraffine [paʀafin] NF paraffin; paraffin wax

paraffiné, e [paʀafine] ADJ: **papier ~** wax(ed) paper

parafoudre [paʀafudʀ] NM *(Élec)* lightning conductor

parages [paʀaʒ] NMPL *(Navig)* waters; **dans les ~ (de)** in the area *ou* vicinity (of)

paragraphe [paʀagʀaf] NM paragraph

Paraguay [paʀagwɛ] NM: **le ~** Paraguay

paraguayen, ne [paʀagwajɛ̃, -ɛn] ADJ Paraguayan ▸ NM/F: **Paraguayen, ne** Paraguayan

paraître [paʀɛtʀ] /57/ VB COPULE to seem, look, appear; **il ne paraît pas son âge** he doesn't look his age ▸ VI to appear; *(être visible)* to show; *(Presse, Édition)* to be published, come out, appear; *(briller)* to show off; **laisser ~ qch** to let sth show; **~ en justice** to appear before the court(s); **~ en scène/en public/à l'écran** to appear on stage/in public/on the screen ▸ VB IMPERS: **il paraît que** it seems *ou* appears that; **il me paraît que** it seems to me that; **il paraît absurde de** it seems absurd to

parallèle [paʀalɛl] ADJ parallel; *(police, marché)* unofficial; *(société, énergie)* alternative ▸ NM *(comparaison)*: **faire un ~ entre** to draw a parallel between; *(Géo)* parallel; **mettre en ~** *(choses opposées)* to compare; *(choses semblables)* to parallel ▸ NF parallel (line); **en ~** in parallel

parallèlement [paʀalɛlmɑ̃] ADV in parallel; *(fig: en même temps)* at the same time

parallélépipède [paʀalelepipɛd] NM parallelepiped

parallélisme [paʀalelism] NM parallelism; *(Auto)* wheel alignment

parallélogramme [paʀalelɔgʀam] NM parallelogram

paralympique [paʀalɛ̃pik] ADJ Paralympic; **Jeux paralympiques** Paralympics, Paralympic Games

paralyser [paʀalize] /1/ VT to paralyze

paralysie [paʀalizi] NF paralysis

paralytique [paʀalitik] ADJ, NMF paralytic

paramédical, e, -aux [paʀamedikal, -o] ADJ paramedical; **personnel ~** paramedics *pl*, paramedical workers *pl*

paramétrage [paʀametʀaʒ] NM *(de logiciel, installation)* configuration

paramètre [paʀamɛtʀ] NM parameter

paramétrer [paʀametʀe] VT *(logiciel, installation)* to configure

paramilitaire [paʀamilitɛʀ] ADJ paramilitary

paranoïa [paʀanɔja] NF paranoia

paranoïaque [paʀanɔjak] NMF paranoiac

paranormal, e, -aux [paʀanɔʀmal, -o] ADJ paranormal

parapet [paʀapɛ] NM parapet

parapharmacie [paʀafaʀmasi] NF *(industrie, produits)* over-the-counter drugs and personal hygiene products; *(boutique)* chemist's (BRIT), drugstore (US); **disponible en ~** available in chemists, sold in chemists

paraphe [paʀaf] NM *(trait)* flourish; *(signature)* initials *pl*; signature

parapher [paʀafe] /1/ VT to initial; to sign

paraphrase [paʀafʀɑz] NF paraphrase

paraphraser [paʀafʀɑze] /1/ VT to paraphrase

paraplégie [paʀapleʒi] NF paraplegia

paraplégique [paʀapleʒik] ADJ, NMF paraplegic

★**parapluie** [paʀaplɥi] NM umbrella; **~ atomique** *ou* **nucléaire** nuclear umbrella; **~ pliant** telescopic umbrella

P

parapsychique [parapsiʃik] ADJ parapsychological

parapsychologie [parapsikɔlɔʒi] NF parapsychology

parapublic, -ique [parapyblik] ADJ partly state-controlled

parascolaire [paraskɔlɛr] ADJ extracurricular

parasitaire [paraziter] ADJ parasitic(al)

parasite [parazit] NM parasite ▶ ADJ (*Bot, Bio*) parasitic(al) ■ **parasites** NMPL (*Tél*) interference *sg*

parasitisme [parazitism] NM parasitism

★**parasol** [parasɔl] NM parasol, sunshade

paratonnerre [paratɔnɛr] NM lightning conductor

paravent [paravɑ̃] NM folding screen; (*fig*) screen

★**parc** [park] NM (public) park, gardens *pl*; (*de château etc*) grounds *pl*; (*pour le bétail*) pen, enclosure; (*d'enfant*) playpen; (*Mil: entrepôt*) depot; (*ensemble d'unités*) stock; (*de voitures etc*) fleet; **~ d'attractions** amusement park; **~ automobile** (*d'un pays*) number of cars on the roads; **~ éolien** wind farm; **~ à huîtres** oyster bed; **~ national** national park; **~ naturel** nature reserve; **~ de stationnement** car park; **~ à thème** theme park; **~ zoologique** zoological gardens *pl*

parcelle [parsɛl] NF fragment, scrap; (*de terrain*) plot, parcel

parcelliser [parselize] /1/ VT to divide *ou* split up

★**parce que** [pars(ə)kə] CONJ because

parchemin [parʃəmɛ̃] NM parchment

parcheminé, e [parʃəmine] ADJ wrinkled; (*papier*) with a parchment finish

parcimonie [parsimɔni] NF parsimony, parsimoniousness

parcimonieux, -euse [parsimɔnjø, -øz] ADJ parsimonious, miserly

parc(o)mètre [park(ɔ)mɛtr] NM parking meter

parcotrain [parkɔtrɛ̃] NM station car park (BRIT) *ou* parking lot (US), park-and-ride car park (BRIT)

parcourir [parkurir] /11/ VT (*trajet, distance*) to cover; (*article, livre*) to skim *ou* glance through; (*lieu*) to go all over, travel up and down; (*suj: frisson, vibration*) to run through; **~ des yeux** to run one's eye over

parcours [parkur] VB *voir* **parcourir** ▶ NM (*trajet*) journey; (*itinéraire*) route; (*Sport: terrain*) course; (*: tour*) round; run; lap; **~ du combattant** assault course

parcouru, e [parkury] PP *de* **parcourir**

par-delà [pardəla] PRÉP beyond

par-dessous [pard(ə)su] PRÉP, ADV under(neath)

pardessus [pardəsy] NM overcoat

par-dessus [pard(ə)sy] PRÉP over (the top of); **~ le marché** what's more, into the bargain; **~ tout** above all; **en avoir ~ la tête** to have had enough ▶ ADV over (the top)

par-devant [pard(ə)vɑ̃] PRÉP in the presence of, before; **~ notaire** in the presence of a notary ▶ ADV (*boutonner*) at the front; (*passer*) round the front; (*entrer*) the front way

★**pardon** [pardɔ̃] NM forgiveness *no pl*; **demander ~ à qn (de)** to apologize to sb (for); **je vous demande ~** I'm sorry; (*pour interpeller*) excuse me; (*demander de répéter*) (I beg your) pardon? (BRIT), pardon me? (US) ▶ EXCL (*excuses*) (I'm) sorry; (*pour interpeller etc*) excuse me

pardonnable [pardɔnabl] ADJ forgivable, excusable

pardonner [pardɔne] /1/ VT to forgive; **~ qch à qn** to forgive sb for sth; **qui ne pardonne pas** (*maladie, erreur*) fatal

paré, e [pare] ADJ ready, prepared

pare-balles [parbal] ADJ INV bulletproof

pare-boue [parbu] NM INV mudflap

★**pare-brise** [parbriz] NM INV windscreen (BRIT), windshield (US)

pare-chocs [parʃɔk] NM INV bumper (BRIT), fender (US)

pare-étincelles [paretɛ̃sɛl] NM INV fireguard

pare-feu [parfø] NM INV (*de foyer*) fireguard; (*Inform*) firewall ▶ ADJ INV: **portes ~** fire (resistant) doors

★**pareil, le** [parɛj] ADJ (*identique*) the same, alike; (*similaire*) similar; (*tel*): **un courage/livre ~** such courage/a book, courage/a book like this; **de pareils livres** such books; **j'en veux un ~** I'd like one just like it; **rien de ~** no (*ou* any) such thing, nothing (*ou* anything) like it; **~ à** the same as; similar to; **en ~ cas** in such a case ▶ ADV: **habillés ~** dressed the same (way), dressed alike; **faire ~** to do the same (thing) ▶ NM/F: **ne pas avoir son (sa) ~(le)** to be second to none; **sans ~** unparalleled, unequalled; **ses pareils** one's fellow men; one's peers ▶ NM: **c'est du ~ au même** it comes to the same thing, it's six (of one) and half-a-dozen (of the other) ▶ NF: **rendre la pareille à qn** to pay sb back in his *ou* her own coin

pareillement [parɛjmɑ̃] ADV the same, alike; in such a way; (*également*) likewise

parement [parmɑ̃] NM (*Constr, revers d'un col, d'une manche*) facing; (*Rel*): **~ d'autel** antependium

parent, e [parɑ̃, -ɑ̃t] NM/F: **un/une ~(e)** a relative *ou* relation; **~ unique** single *ou* lone parent ▶ ADJ: **être ~ de** to be related to ■ **parents** NMPL (*père et mère*) parents; (*famille, proches*) relatives, relations; **parents par alliance** relatives *ou* relations by marriage; **parents en ligne directe** blood relatives *ou* relations

parental, e, -aux [parɑ̃tal, -o] ADJ parental

parentalité [parɑ̃talite] NF parenthood

parenté [parɑ̃te] NF (*lien*) relationship; (*personnes*) relatives *pl*, relations *pl*

parenthèse [parɑ̃tɛz] NF (*ponctuation*) bracket, parenthesis; (*Math*) bracket; (*digression*) parenthesis, digression; **ouvrir/fermer la ~** to open/close brackets; **entre parenthèses** in brackets; (*fig*) incidentally

parer [pare] /1/ VT to adorn; (*Culin*) to dress, trim; (*éviter*) to ward off; **~ à** (*danger*) to ward off; (*inconvénient*) to deal with; **~ à toute éventualité** to be ready for every eventuality; **~ au plus pressé** to attend to what's most urgent ■ **se parer** VPR: **se ~ de** (*fig: qualité, titre*) to assume

pare-soleil [parsɔlɛj] NM INV sun visor

paresse [parɛs] NF laziness

paresser [parese] /1/ VI to laze around

paresseusement [paʀesøzmɑ̃] ADV lazily; sluggishly

★**paresseux, -euse** [paʀesø, -øz] ADJ lazy; (*fig*) slow, sluggish ▶ NM (*Zool*) sloth

parfaire [paʀfɛʀ] /60/ VT to perfect, complete

★**parfait, e** [paʀfɛ, -ɛt] PP *de* **parfaire** ▶ ADJ perfect ▶ NM (*Ling*) perfect (tense); (*Culin*) parfait ▶ EXCL perfect

parfaitement [paʀfɛtmɑ̃] ADV perfectly ▶ EXCL absolutely

★**parfois** [paʀfwa] ADV sometimes

★**parfum** [paʀfœ̃] NM (*produit*) perfume, scent; (*odeur: de fleur*) scent, fragrance; (: *de tabac, vin*) aroma; (*goût: de glace, milk-shake*) flavour (BRIT), flavor (US)

parfumé, e [paʀfyme] ADJ (*fleur, fruit*) fragrant; (*papier à lettres etc*) scented; (*femme*) wearing perfume *ou* scent, perfumed; (*aromatisé*): **~ au café** coffee-flavoured (BRIT) *ou* -flavored (US)

parfumer [paʀfyme] /1/ VT (*odeur, bouquet*) to perfume; (*mouchoir*) to put scent *ou* perfume on; (*crème, gâteau*) to flavour (BRIT), flavor (US) ■ **se parfumer** VPR to put on (some) perfume *ou* scent; (*d'habitude*) to use perfume *ou* scent

★**parfumerie** [paʀfymʀi] NF (*commerce*) perfumery; (*produits*) perfumes; (*boutique*) perfume shop (BRIT) *ou* store (US)

pari [paʀi] NM bet, wager; (*Sport*) bet; **~ mutuel urbain (PMU)** *system of betting on horses*

paria [paʀja] NM pariah, outcast

parier [paʀje] /7/ VT to bet; **j'aurais parié que si/non** I'd have said he (*ou* you *etc*) would/wouldn't

parieur [paʀjœʀ] NM (*turfiste etc*) punter

★**Paris** [paʀi] N Paris

★**parisien, ne** [paʀizjɛ̃, -ɛn] ADJ Parisian; (*Géo, Admin*) Paris *cpd* ▶ NM/F: **Parisien, ne** Parisian

paritaire [paʀitɛʀ] ADJ: **commission ~** joint commission

parité [paʀite] NF parity; **~ de change** (*Écon*) exchange parity; **~ hommes-femmes** (*Pol*) balanced representation of men and women

parjure [paʀʒyʀ] NM (*faux serment*) false oath, perjury; (*violation de serment*) breach of oath, perjury ▶ NMF perjurer

parjurer [paʀʒyʀe] /1/: **se parjurer** VPR to perjure o.s.

parka [paʀka] NF parka

★**parking** [paʀkiŋ] NM (*lieu*) car park (BRIT), parking lot (US); **parking-relais** park and ride

parlant, e [paʀlɑ̃, -ɑ̃t] ADJ (*fig*) graphic, vivid; (*comparaison, preuve*) eloquent; (*Ciné*) talking ▶ ADV: **généralement ~** generally speaking

parlé, e [paʀle] ADJ: **langue parlée** spoken language

parlement [paʀləmɑ̃] NM parliament; **le P~ européen** the European Parliament

parlementaire [paʀləmɑ̃tɛʀ] ADJ parliamentary ▶ NMF (*député*) ≈ Member of Parliament (BRIT) *ou* Congress (US); parliamentarian; (*négociateur*) negotiator, mediator

parlementarisme [paʀləmɑ̃taʀism] NM parliamentary government

parlementer [paʀləmɑ̃te] /1/ VI (*ennemis*) to negotiate, parley; (*s'entretenir, discuter*) to argue at length, have lengthy talks

★**parler** [paʀle] /1/ VI to speak, talk; (*avouer*) to talk; **~ pour qn** (*intercéder*) to speak for sb; **~ en l'air** to say the first thing that comes into one's head; **~ en français** to speak in French; **~ en dormant/du nez** to talk in one's sleep/through one's nose; **tu parles !** you must be joking!; (*bien sûr*) you bet! ▶ VT: **~ affaires** to talk business; **~ (le) français** to speak French; **~ (à qn) de** to talk *ou* speak (to sb) about; **n'en parlons plus !** let's forget it!; **sans ~ de** not to mention, to say nothing of ■ **se parler** VPR to talk, to talk to each other; **on vient de se ~ au téléphone** we were just talking on the phone ▶ NM speech; dialect

> Quand on emploie **talk**, on met l'accent sur le fait qu'il y a une conversation entre deux ou plusieurs personnes, tandis que **speak** décrit plus spécifiquement le fait d'émettre des sons. Il est donc logique de dire **to speak French/English**. **Speak** étant d'un registre légèrement plus soutenu que **talk**, il s'emploie plus volontiers pour faire une demande polie.
> *Pourrais-je parler à monsieur Sylvester ?* **May I speak to Mr Sylvester?**

parleur [paʀlœʀ] NM: **beau ~** fine talker

parloir [paʀlwaʀ] NM (*d'une prison, d'un hôpital*) visiting room; (*Rel*) parlour (BRIT), parlor (US)

parlote [paʀlɔt] NF chitchat

Parme [paʀm] N Parma

parme [paʀm(ə)] ADJ violet (blue)

parmesan [paʀməzɑ̃] NM Parmesan (cheese)

★**parmi** [paʀmi] PRÉP among(st)

parodie [paʀɔdi] NF parody

parodier [paʀɔdje] /7/ VT (*œuvre, auteur*) to parody

paroi [paʀwa] NF wall; (*cloison*) partition; **~ rocheuse** rock face

paroisse [paʀwas] NF parish

paroissial, e, -aux [paʀwasjal, -o] ADJ parish *cpd*

paroissien, ne [paʀwasjɛ̃, -ɛn] NM/F parishioner ▶ NM prayer book

parole [paʀɔl] NF (*mot, promesse*) word; (*faculté*): **la ~** speech; **la bonne ~** (*Rel*) the word of God; **tenir ~** to keep one's word; **avoir la ~** to have the floor; **n'avoir qu'une ~** to be true to one's word; **donner la ~ à qn** to hand over to sb; **prendre la ~** to speak; **demander la ~** to ask for permission to speak; **perdre la ~** to lose the power of speech; (*fig*) to lose one's tongue; **je le crois sur ~** I'll take his word for it, I'll take him at his word; **temps de ~** (*TV, Radio etc*) discussion time; **ma ~ !** my word!, good heavens!; **~ d'honneur** word of honour (BRIT) *ou* honor (US) ■ **paroles** NFPL (*Mus*) words, lyrics

parolier, -ière [paʀɔlje, -jɛʀ] NM/F lyricist; (*Opéra*) librettist

paroxysme [paʀɔksism] NM height, paroxysm

parpaing [paʀpɛ̃] NM breeze block (BRIT), cinder block (US)

parquer [paʀke] /1/ VT (*voiture, matériel*) to park; (*bestiaux*) to pen (in *ou* up); (*prisonniers*) to pack in

P

parquet [paʀkɛ] NM (parquet) floor; (*Jur: bureau*) public prosecutor's office; **le ~ (général)** (*magistrats*) ≈ the Bench

parqueter [paʀkəte] /4/ VT to lay a parquet floor in

parrain [paʀɛ̃] NM godfather; (*d'un navire*) namer; (*d'un nouvel adhérent*) sponsor, proposer

parrainage [paʀɛnaʒ] NM sponsorship

parrainer [paʀene] /1/ VT (*nouvel adhérent*) to sponsor, propose; (*entreprise*) to promote, sponsor

parricide [paʀisid] NMF parricide

pars [paʀ] VB *voir* **partir**

parsemer [paʀsəme] /5/ VT (*feuilles, papiers*) to be scattered over; **~ qch de** to scatter sth with

parsi, e [paʀsi] ADJ Parsee

★**part** [paʀ] VB *voir* **partir** ▸ NF (*qui revient à qn*) share; (*fraction, partie*) part; (*de gâteau, fromage*) portion; (*Finance*) (non-voting) share; **prendre ~ à** (*débat etc*) to take part in; (*soucis, douleur de qn*) to share in; **faire ~ de qch à qn** to announce sth to sb, inform sb of sth; **pour ma ~** as for me, as far as I'm concerned; **à ~ entière** *adj* full; **de la ~ de** (*au nom de*) on behalf of; (*donné par*) from; **c'est de la ~ de qui ?** (*au téléphone*) who's calling *ou* speaking (please)?; **de toute(s) ~(s)** from all sides *ou* quarters; **de ~ et d'autre** on both sides, on either side; **de ~ en ~** right through; **d'une ~ ... d'autre ~** on the one hand ... on the other hand; **d'autre ~** (*de plus*) moreover; **nulle/autre/quelque ~** nowhere/elsewhere/somewhere; **à ~** *adv* separately; (*de côté*) aside; *prép* apart from, except for; *adj* exceptional, special; **pour une large** *ou* **bonne ~** to a great extent; **prendre qch en bonne/mauvaise ~** to take sth well/badly; **faire la ~ des choses** to make allowances; **faire la ~ du feu** (*fig*) to cut one's losses; **faire la ~ (trop) belle à qn** to give sb more than his (*ou* her) share

part. ABR = **particulier**

partage [paʀtaʒ] NM sharing (out) *no pl*, share-out; dividing up; (*Pol: de suffrages*) share; **recevoir qch en ~** to receive sth as one's share *ou* lot; **sans ~** undivided; **~ de fichiers** (*Inform*) file sharing

partagé, e [paʀtaʒe] ADJ (*opinions etc*) divided; (*amour*) shared; **être ~ entre** to be shared between; **être ~ sur** to be divided about

★**partager** [paʀtaʒe] /3/ VT to share; (*distribuer, répartir*) to share (out); (*morceler, diviser*) to divide (up) ▪ **se partager** VPR (*héritage etc*) to share between themselves (*ou* ourselves *etc*)

partance [paʀtɑ̃s]: **en ~** *adv* outbound, due to leave; **en ~ pour** (bound) for

partant, e [paʀtɑ̃, -ɑ̃t] VB *voir* **partir** ▸ ADJ: **être ~ pour qch** (*d'accord pour*) to be quite ready for sth ▸ NM (*Sport*) starter; (*Hippisme*) runner

★**partenaire** [paʀtənɛʀ] NMF partner; **partenaires sociaux** management and workforce

parterre [paʀtɛʀ] NM (*de fleurs*) (flower) bed, border; (*Théât*) stalls *pl*

parti [paʀti] NM (*Pol*) party; (*décision*) course of action; (*personne à marier*) match; **tirer ~ de** to take advantage of, turn to good account; **prendre le ~ de faire** to make up one's mind to do, resolve to do; **prendre le ~ de qn** to stand up for sb, side with sb; **prendre ~ (pour/contre)** to take sides *ou* a stand (for/against); **prendre son ~ de** to come to terms with; **~ pris** bias

partial, e, -aux [paʀsjal, -o] ADJ biased, partial

partialement [paʀsjalmɑ̃] ADV in a biased way

partialité [paʀsjalite] NF bias, partiality

participant, e [paʀtisipɑ̃, -ɑ̃t] NM/F participant; (*à un concours*) entrant; (*d'une société*) member

participation [paʀtisipasjɔ̃] NF participation; (*financière*) contribution; sharing; (*Comm*) interest; **la ~ aux bénéfices** profit-sharing; **la ~ ouvrière** worker participation; **« avec la ~ de ... »** "featuring ..."

participe [paʀtisip] NM participle; **~ passé/présent** past/present participle

★**participer** [paʀtisipe] /1/: **~ à** *vt* (*course, réunion*) to take part in; (*profits etc*) to share in; (*frais etc*) to contribute to; (*entreprise: financièrement*) to cooperate in; (*chagrin, succès de qn*) to share (in); **~ de** *vt* to partake of

particulariser [paʀtikylaʀize] /1/: **se particulariser** VPR to mark o.s. out

particularisme [paʀtikylaʀism] NM sense of identity

particularité [paʀtikylaʀite] NF particularity; (*distinctive*) characteristic, feature

particule [paʀtikyl] NF particle; **~ (nobiliaire)** nobiliary particle; **particules fines** fine particulate matter

★**particulier, -ière** [paʀtikylje, -jɛʀ] ADJ (*personnel, privé*) private; (*étrange*) peculiar, odd; (*spécial*) special, particular; (*caractéristique*) characteristic, distinctive; (*spécifique*) particular; **~ à** peculiar to; **en ~** *adv* (*surtout*) in particular, particularly; (*à part*) separately; (*en privé*) in private ▸ NM (*individu: Admin*) private individual; **« ~ vend ... »** (*Comm*) "for sale privately ...", "for sale by owner ..." (*US*)

particulièrement [paʀtikyljɛʀmɑ̃] ADV particularly

★**partie** [paʀti] NF (*gén*) part; (*profession, spécialité*) field, subject; (*Jur etc: protagonistes*) party; (*de cartes, tennis etc*) game; (*fig: lutte, combat*) struggle, fight; **une ~ de campagne/de pêche** an outing in the country/a fishing party *ou* trip; **en ~** *adv* partly, in part; **faire ~ de** to belong to; (*chose*) to be part of; **prendre qn à ~** to take sb to task; (*malmener*) to set on sb; **en grande ~** largely, in the main; **ce n'est que ~ remise** it will be for another time *ou* the next time; **avoir ~ liée avec qn** to be in league with sb; **~ civile** (*Jur*) *party claiming damages in a criminal case*

partiel, le [paʀsjɛl] ADJ partial ▸ NM (*Scol*) class exam

partiellement [paʀsjɛlmɑ̃] ADV partially, partly

★**partir** [paʀtiʀ] /16/ VI (*gén*) to go; (*quitter*) to go, leave; (*s'éloigner*) to go (*ou* drive *etc*) away *ou* off; (*moteur*) to start; (*pétard*) to go off; (*bouchon*) to come out; (*bouton*) to come off; (*tache*) to go, come out; **~ de** (*lieu: quitter*) to leave; (*: commencer à*) to start from; (*date*) to run *ou* start from; **~ pour/à** (*lieu, pays etc*) to leave for/go off to; **à ~ de** from

partisan, e [paʀtizɑ̃, -an] NM/F partisan; (*d'un parti, régime etc*) supporter ▸ ADJ (*lutte, querelle*) partisan, one-sided; **être ~ de qch/faire** to be in favour (BRIT) *ou* favor (*US*) of sth/doing

partitif, -ive [paʀtitif, -iv] ADJ: **article ~** partitive article

partition [paʀtisjɔ̃] NF (*Mus*) score

★**partout** [paʀtu] ADV everywhere; **~ où il allait** everywhere *ou* wherever he went; **trente ~** (*Tennis*) thirty all

paru [paʀy] PP *de* **paraître**

parure [paʀyʀ] NF (*bijoux etc*) finery *no pl*; jewellery *no pl* (BRIT), jewelry *no pl* (US); (*assortiment*) set

parus *etc* [paʀy] VB *voir* **paraître**

parution [paʀysjɔ̃] NF publication, appearance

parvenir [paʀvəniʀ] /22/: **~ à** *vt* (*atteindre*) to reach; (*obtenir, arriver à*) to attain; (*réussir*) **~ à faire** to manage to do, succeed in doing; **faire ~ qch à qn** to have sth sent to sb

parvenu, e [paʀvəny] PP *de* **parvenir** ▶ NM/F (*péj*) parvenu, upstart

parviendrai [paʀvjɛ̃dʀe], **parviens** *etc* [paʀvjɛ̃] VB *voir* **parvenir**

parvis [paʀvi] NM square (*in front of a church*)

pas¹ [pɑ]

ADV **1** (*en corrélation avec ne, non etc*) not; **il ne pleure pas** (*habituellement*) he does not *ou* doesn't cry; (*maintenant*) he's not *ou* isn't crying; **je ne mange pas de viande** I don't *ou* do not eat meat; **il n'a pas pleuré/ne pleurera pas** he did not *ou* didn't/will not *ou* won't cry; **ils n'ont pas de voiture/d'enfants** they haven't got a car/ any children, they have no car/children; **il m'a dit de ne pas le faire** he told me not to do it; **non pas que ...** not that ...

2 (*employé sans ne etc*): **pas moi** not me, not I, I don't (*ou can't etc*); **elle travaille, (mais) lui pas** *ou* **pas lui** she works but he doesn't *ou* does not; **une pomme pas mûre** an apple which isn't ripe; **pas plus tard qu'hier** only yesterday; **pas du tout** not at all; **pas de sucre, merci** no sugar, thanks; **ceci est à vous ou pas ?** is this yours or not?, is this yours or isn't it?

3: **pas mal** (*joli: personne, maison*) not bad; **pas mal fait** not badly done *ou* made; **comment ça va ? — pas mal** how are things? — not bad; **pas mal de** quite a lot of

pas² [pɑ] NM (*démarche*) tread; (*enjambée, Danse, fig: étape*) step; (*bruit*) (foot)step; (*trace*) footprint; (*allure, mesure*) pace; (*d'un cheval*) walk; (*Tech: de vis, d'écrou*) thread; **~ à ~** step by step; **au ~** at a walking pace; **de ce ~** (*à l'instant même*) straightaway, at once; **marcher à grands ~** to stride along; **mettre qn au ~** to bring sb to heel; **au ~ de gymnastique/ de course** at a jog trot/at a run; **à ~ de loup** stealthily; **faire les cent ~** to pace up and down; **faire le premier ~** to make the first move; **retourner** *ou* **revenir sur ses ~** to retrace one's steps; **se tirer d'un mauvais ~** to get o.s. out of a tight spot; **sur le ~ de la porte** on the doorstep; **le ~ de Calais** (*détroit*) the Straits *pl* of Dover; **~ de porte** (*fig*) key money

pascal, e, -aux [paskal, -o] ADJ Easter *cpd*

passable [pɑsabl] ADJ passable, tolerable

passablement [pɑsabləmɑ̃] ADV (*pas trop mal*) reasonably well; (*beaucoup*) quite a lot

passade [pɑsad] NF passing fancy, whim

★**passage** [pɑsaʒ] NM (*fait de passer*) *voir* **passer**; (*lieu, prix de la traversée, extrait de livre etc*) passage; (*chemin*) way; (*itinéraire*): **sur le ~ du cortège** along the route of the procession; **« laissez/n'obstruez pas le ~ »** "keep clear/do not obstruct"; **au ~** (*en passant*) as I (*ou he etc*) went by; **de ~** (*touristes*) passing through; (*amants etc*) casual; **~ clouté** pedestrian crossing; **« ~ interdit »** "no entry"; **~ à niveau** level (BRIT) *ou* grade (US) crossing; **« ~ protégé »** *right of way over secondary road(s) on your right*; **~ souterrain** subway (BRIT), underpass; **~ à tabac** beating-up; **~ à vide** (*fig*) bad patch

★**passager, -ère** [pɑsaʒe, -ɛʀ] ADJ passing; (*hôte*) short-stay *cpd* ▶ NM/F passenger; **~ clandestin** stowaway

passagèrement [pɑsaʒɛʀmɑ̃] ADV temporarily, for a short time

★**passant, e** [pɑsɑ̃, -ɑ̃t] ADJ (*rue, endroit*) busy ▶ NM/F passer-by ▶ NM (*pour ceinture etc*) loop

passation [pɑsasjɔ̃] NF (*Jur: d'un acte*) signing; **~ des pouvoirs** transfer *ou* handover of power

passe [pɑs] NF (*Sport, magnétique*) pass; (*Navig*) channel; **être en ~ de faire** to be on the way to doing; **être dans une mauvaise ~** (*fig*) to be going through a bad patch; **être dans une bonne ~** (*fig*) to be in a healthy situation; **~ d'armes** (*fig*) heated exchange ▶ NM (*passe-partout*) master *ou* skeleton key

★**passé, e** [pɑse] ADJ (*événement, temps*) past; (*dernier: semaine etc*) last; (*couleur, tapisserie*) faded; **il est midi ~** it's gone (BRIT) *ou* past twelve; **~ de mode** out of fashion ▶ NM past; (*Ling*) past (tense); **~ composé** perfect (tense); **~ simple** past historic ▶ PRÉP after

passe-droit [pɑsdʀwa] NM special privilege

passéiste [paseist] ADJ backward-looking

passementerie [pɑsmɑ̃tʀi] NF trimmings *pl*

passe-montagne [pɑsmɔ̃taɲ] NM balaclava

passe-partout [pɑspaʀtu] NM INV master *ou* skeleton key ▶ ADJ INV all-purpose

passe-passe [pɑspɑs] NM: **tour de ~** trick, sleight of hand *no pl*

passe-plat [pɑspla] NM serving hatch

★**passeport** [pɑspɔʀ] NM passport

★**passer** [pɑse] /1/ VI (*se rendre, aller*) to go; (*voiture, piétons: défiler*) to pass (by), go by; (*faire une halte rapide: facteur, laitier etc*) to come, call; (*: pour rendre visite*) to call *ou* drop in; (*courant, air, lumière, franchir un obstacle etc*) to get through; (*accusé, projet de loi*): **~ devant** to come before; (*film, émission*) to be on; (*temps, jours*) to pass, go by; (*liquide, café*) to go through; (*être digéré, avalé*) to go down; (*couleur, papier*) to fade; (*mode*) to die out; (*douleur*) to pass, go away; (*Cartes*) to pass; (*Scol*): **~ dans la classe supérieure** to go up (to the next class); (*devenir*): **~ président** to be appointed *ou* become president; **en passant** in passing; **remarquer qch en passant** to notice sth in passing; **~ par** to go through; **passez devant/par ici** go in front/this way; **~ sur** (*faute, détail inutile*) to pass over; **~ dans les mœurs/ l'usage** to become the custom/normal usage; **~ avant qch/qn** (*fig*) to come before sth/sb; **laisser ~** (*air, lumière, personne*) to let through; (*occasion*) to let slip, miss; (*erreur*) to overlook; **faire ~ à qn le goût de qch** to cure sb of his (*ou* her) taste for sth; **~ à la radio/fouille** to be X-rayed/searched; **~ à la**

P

radio/télévision to be on the radio/on television; **~ à table** to sit down to eat; **~ au salon** to go through to *ou* into the sitting room; **~ à l'opposition** to go over to the opposition; **~ aux aveux** to confess, make a confession; **~ à l'action** to go into action; **~ pour riche** to be taken for a rich man; **il passait pour avoir** he was said to have; **faire ~ qn/qch pour** to make sb/sth out to be; **passe encore de le penser, mais de le dire !** it's one thing to think it, but to say it!; **passons !** let's say no more (about it); **et j'en passe !** and that's not all!; **~ en seconde, ~ la seconde** (*Auto*) to change into second ▸ VT (*frontière, rivière etc*) to cross; (*douane*) to go through; (*examen*) to sit, take; (*visite médicale etc*) to have; (*journée, temps*) to spend; (*donner*): **~ qch à qn** (*sel etc*) to pass sth to sb; (*prêter*) to lend sb sth; (*lettre, message*) to pass sth on to sb; (*tolérer*) to let sb get away with sth; (*transmettre*) to pass sth on to sb; (*enfiler: vêtement*) to slip on; (*faire entrer, mettre*): **(faire) ~ qch dans/par** to get sth into/through; (*café*) to pour the water on; (*thé, soupe*) to strain; (*film, pièce*) to show, put on; (*disque*) to play, put on; (*commande*) to place; (*marché, accord*) to agree on; **~ un coup de fil à qn** (*fam*) to give sb a ring; **faire ~** (*message*) to get over *ou* across; **~ son tour** to miss one's turn; **~ qch en fraude** to smuggle sth in (*ou* out); **~ la main par la portière** to stick one's hand out of the door; **~ le balai/l'aspirateur** to sweep up/hoover; **~ commande/la parole à qn** to hand over to sb; **je vous passe M. Dupont** I'm putting you through to Mr Dupont; (*je lui passe l'appareil*) here is Mr Dupont, I'll hand you over to Mr Dupont; **~ prendre** to (come and) collect ■ **se passer** VPR (*avoir lieu: scène, action*) to take place; (*se dérouler: entretien etc*) to go; (*arriver*): **que s'est-il passé ?** what happened?; (*s'écouler: semaine etc*) to pass, go by; **se ~ de** to go *ou* do without; **se ~ les mains sous l'eau/de l'eau sur le visage** to put one's hands under the tap/run water over one's face

passereau, x [pasʀo] NM sparrow

passerelle [pasʀɛl] NF footbridge; (*de navire, avion*) gangway; (*Navig*): **~ (de commandement)** bridge

★**passe-temps** [pastɑ̃] NM INV pastime

passette [pasɛt] NF (tea-)strainer

passeur, -euse [pasœʀ, -øz] NM/F smuggler

passible [pasibl] ADJ: **~ de** liable to

passif, -ive [pasif, -iv] ADJ passive ▸ NM (*Ling*) passive; (*Comm*) liabilities *pl*

★**passion** [pasjɔ̃] NF passion; **avoir la ~ de** to have a passion for; **fruit de la ~** passion fruit

★**passionnant, e** [pasjɔnɑ̃, -ɑ̃t] ADJ fascinating

passionné, e [pasjɔne] ADJ (*personne, tempérament*) passionate; (*description, récit*) impassioned; **être ~ de** *ou* **pour qch** to have a passion for sth ▸ NM/F: **c'est un ~ d'échecs** he's a chess fanatic

passionnel, le [pasjɔnɛl] ADJ of passion

passionnément [pasjɔnemɑ̃] ADV passionately

passionner [pasjɔne] /1/ VT (*personne*) to fascinate, grip; (*débat, discussion*) to inflame ■ **se passionner** VPR: **se ~ pour** to take an avid interest in; to have a passion for

passivement [pasivmɑ̃] ADV passively

passivité [pasivite] NF passivity, passiveness

passoire [paswaʀ] NF sieve; (*à légumes*) colander; (*à thé*) strainer

pastel [pastɛl] NM, ADJ INV (*Art*) pastel

pastèque [pastɛk] NF watermelon

pasteur [pastœʀ] NM (*protestant*) minister, pastor

pasteurisation [pastœʀizasjɔ̃] NF pasteurization

pasteurisé, e [pastœʀize] ADJ pasteurized

pasteuriser [pastœʀize] /1/ VT to pasteurize

pastiche [pastiʃ] NM pastiche

★**pastille** [pastij] NF (*à sucer*) lozenge, pastille; (*de papier etc*) (small) disc (BRIT) *ou* disk (US); **pastilles pour la toux** cough drops *ou* lozenges

pastis [pastis] NM *anise-flavoured alcoholic drink*

pastoral, e, -aux [pastɔʀal, -o] ADJ pastoral

patagon, ne [patagɔ̃, -ɔn] ADJ Patagonian

Patagonie [patagɔni] NF: **la ~** Patagonia

patate [patat] NF (*fam*) spud (*fam*); **~ douce** sweet potato

pataud, e [pato, -od] ADJ lumbering

patauger [patoʒe] /3/ VI (*pour s'amuser*) to splash about; (*avec effort*) to wade about; (*fig*) to flounder; **~ dans** (*en marchant*) to wade through

patch [patʃ] NM nicotine patch

patchouli [patʃuli] NM patchouli

patchwork [patʃwœʀk] NM patchwork

pâte [pɑt] NF (*à tarte*) pastry; (*à pain*) dough; (*à frire*) batter; (*substance molle*) paste; cream; **fromage à ~ dure/molle** hard/soft cheese; **~ d'amandes** almond paste, marzipan; **~ brisée** shortcrust (BRIT) *ou* pie crust (US) pastry; **~ à choux/feuilletée** choux/puff *ou* flaky (BRIT) pastry; **~ de fruits** crystallized fruit *no pl*; **~ à modeler** modelling (BRIT) *ou* modeling (US) clay, Plasticine® (BRIT); **~ à papier** paper pulp ■ **pâtes** NFPL (*macaronis etc*) pasta *sg*

pâté [pɑte] NM (*charcuterie, terrine*) pâté; (*tache*) ink blot; (*de sable*) sandpie; **~ (en croûte)** ≈ meat pie; **~ de foie** liver pâté; **~ de maisons** block (of houses)

pâtée [pɑte] NF mash, feed

patelin [patlɛ̃] NM little place

patente [patɑ̃t] NF (*Comm*) trading licence (BRIT) *ou* license (US)

patenté, e [patɑ̃te] ADJ (*Comm*) licensed; (*fig: attitré*) registered, (officially) recognized

patère [patɛʀ] NF (coat-)peg

paternalisme [patɛʀnalism] NM paternalism

paternaliste [patɛʀnalist] ADJ paternalistic

paternel, le [patɛʀnɛl] ADJ (*amour, soins*) fatherly; (*ligne, autorité*) paternal

paternité [patɛʀnite] NF paternity, fatherhood

pâteux, -euse [pɑtø, -øz] ADJ thick; pasty; **avoir la bouche** *ou* **langue pâteuse** to have a furred (BRIT) *ou* coated tongue

pathétique [patetik] ADJ pathetic, moving

pathologie [patɔlɔʒi] NF pathology

pathologique [patɔlɔʒik] ADJ pathological

patibulaire [patibylɛʀ] ADJ sinister

patiemment [pasjamɑ̃] ADV patiently

patience [pasjɑ̃s] NF patience; **être à bout de ~** to have run out of patience; **perdre/prendre ~** to lose (one's)/have patience

★**patient, e** [pasjɑ̃, -ɑ̃t] ADJ, NM/F patient

patienter [pasjɑ̃te] /1/ VI to wait

★**patin** [patɛ̃] NM skate; (*sport*) skating; (*de traîneau, luge*) runner; (*pièce de tissu*) cloth pad (*used as slippers to protect polished floor*); **~ (de frein)** brake block; **patins (à glace)** (ice) skates; **patins à roulettes** roller skates

★**patinage** [patinaʒ] NM skating; **~ artistique/de vitesse** figure/speed skating

patine [patin] NF sheen

★**patiner** [patine] /1/ VI to skate; (*embrayage*) to slip; (*roue, voiture*) to spin ■ **se patiner** VPR (*meuble, cuir*) to acquire a sheen, become polished

patineur, -euse [patinœʀ, -øz] NM/F skater

★**patinoire** [patinwaʀ] NF skating rink, (ice) rink

patio [patjo] NM patio

pâtir [pɑtiʀ] /2/: **~ de** *vt* to suffer because of

pâtisserie [pɑtisʀi] NF (*boutique*) cake shop, pâtisserie; (*à la maison*) pastry- *ou* cake-making, baking ■ **pâtisseries** NFPL (*gâteaux*) pastries, cakes

pâtissier, -ière [pɑtisje, -jɛʀ] NM/F pastry chef; confectioner

patois [patwa] NM dialect, patois

patraque [patʀak] ADJ (*fam*) peaky, off-colour (BRIT), off-color (US)

patriarche [patʀijaʀʃ] NM patriarch

patrie [patʀi] NF homeland

patrimoine [patʀimwan] NM inheritance, patrimony; (*culture*) heritage; **~ génétique** *ou* **héréditaire** genetic inheritance

patriote [patʀijɔt] ADJ patriotic ▸ NMF patriot

patriotique [patʀijɔtik] ADJ patriotic

patriotisme [patʀijɔtism] NM patriotism

★**patron, ne** [patʀɔ̃, -ɔn] NM/F (*chef*) boss, manager (manageress); (*propriétaire*) owner, proprietor (proprietress); (*employeur*) employer; (*Méd*) ≈ senior consultant; (*Rel*) patron saint; **~ de thèse** supervisor (of postgraduate thesis) ▸ NM (*Couture*) pattern

> The French word **patron** is not usually translated by the English word *patron*.

patronage [patʀɔnaʒ] NM patronage; (*organisation, club*) (parish) youth club; (parish) children's club

patronal, e, -aux [patʀɔnal, -o] ADJ (*syndicat, intérêts*) employers'

patronat [patʀɔna] NM employers *pl*

patronner [patʀɔne] /1/ VT to sponsor, support

patronyme [patʀɔnim] NM name

patronymique [patʀɔnimik] ADJ: **nom ~** patronymic (name)

patrouille [patʀuj] NF patrol

patrouiller [patʀuje] /1/ VI to patrol, be on patrol

patrouilleur [patʀujœʀ] NM (*Aviat*) scout (plane); (*Navig*) patrol boat

★**patte** [pat] NF (*jambe*) leg; (*pied: de chien, chat*) paw; (*: d'oiseau*) foot; (*languette*) strap; (*: de poche*) flap; (*favoris*): **pattes (de lapin)** (short) sideburns; **à pattes d'éléphant** *adj* (*pantalon*) flared; **pattes de mouche** (*fig*) spidery scrawl *sg*; **pattes d'oie** (*fig*) crow's feet

pattemouille [patmuj] NF damp cloth (*for ironing*)

pâturage [pɑtyʀaʒ] NM pasture

pâture [pɑtyʀ] NF food

paume [pom] NF palm

paumé, e [pome] NM/F (*fam*) drop-out (*fam*)

paumer [pome] /1/ VT (*fam*) to lose

paupérisation [popeʀizasjɔ̃] NF pauperization

paupérisme [popeʀism] NM pauperism

paupière [popjɛʀ] NF eyelid

paupiette [popjɛt] NF: **paupiettes de veau** veal olives

★**pause** [poz] NF (*arrêt*) break; (*en parlant, Mus*) pause; **~ de midi** lunch break

pause-café [pozkafe] (*pl* **pauses-café**) NF coffee break

pause-repas [pozʀ(ə)pɑ] (*pl* **pauses-repas**) NF lunch break

★**pauvre** [povʀ] ADJ poor; **~ en calcium** low in calcium ▸ NMF poor man/woman; **les pauvres** the poor

pauvrement [povʀəmɑ̃] ADV poorly

pauvreté [povʀəte] NF (*état*) poverty; **~ énergétique** fuel poverty

pavage [pavaʒ] NM paving; cobbles *pl*

pavaner [pavane] /1/: **se pavaner** VPR to strut about

pavé, e [pave] ADJ (*cour*) paved; (*rue*) cobbled ▸ NM (*bloc*) paving stone; cobblestone; (*pavage*) paving; (*bifteck*) slab of steak; (*fam: livre*) hefty tome; **être sur le ~** (*sans domicile*) to be on the streets; (*sans emploi*) to be out of a job; **~ numérique** (*Inform*) keypad

pavillon [pavijɔ̃] NM (*de banlieue*) small (detached) house; (*kiosque*) lodge; pavilion; (*d'hôpital*) ward; (*Mus: de cor etc*) bell; (*Anat: de l'oreille*) pavilion, pinna; (*Navig*) flag; **~ de complaisance** flag of convenience

pavoiser [pavwaze] /1/ VT to deck with flags ▸ VI to put out flags; (*fig*) to rejoice, exult

pavot [pavo] NM poppy

payable [pɛjabl] ADJ payable

payant, e [pɛjɑ̃, -ɑ̃t] ADJ (*spectateurs etc*) paying; (*billet*) that you pay for, to be paid for; (*fig: entreprise*) profitable; (*effort*) which pays off; **c'est ~** you have to pay, there is a charge

paye [pɛj] NF pay, wages *pl*

payement [pɛjmɑ̃] NM payment

★**payer** [peje] /8/ VT (*créancier, employé, loyer*) to pay; (*achat, réparations, fig: faute*) to pay for; **être bien/mal payé** to be well/badly paid; **il me l'a fait ~ 10 euros** he charged me 10 euros for it; **~ qn de** (*ses efforts, peines*) to reward sb for; **~ qch à qn** to buy sth for sb, buy sb sth; **ils nous ont payé le voyage** they paid for our trip; **~ cher qch** to pay dear(ly) for sth ▸ VI to pay; (*métier*) to be well-paid, pay; (*effort, tactique etc*) to pay off; **~ de sa personne** to give of oneself; **~ d'audace** to act with great daring; **cela ne paie pas de mine** it doesn't look much ■ **se payer** VPR: **se ~ qch** to buy o.s. sth; **se ~ de mots** to shoot one's mouth off; **se ~ la tête de qn** to take the mickey out of sb (BRIT), make a fool of sb; (*duper*) to take sb for a ride

payeur, -euse [pɛjœʀ, -øz] ADJ (*organisme, bureau*) payments *cpd* ▸ NM/F payer

P

★**pays** [pei] NM (*territoire, habitants*) country, land; (*région*) region; (*village*) village; **du ~** *adj* local; **le ~ de Galles** Wales

★**paysage** [peizaʒ] NM landscape

paysager, -ère [peizaʒe, -ɛʀ] ADJ (*jardin, parc*) landscaped

paysagiste [peizaʒist] NMF (*de jardin*) landscape gardener; (*Art*) landscapist, landscape painter

paysan, ne [peizɑ̃, -an] NM/F countryman/-woman; farmer; (*péj*) peasant ▸ ADJ (*rural*) country *cpd*; (*agricole*) farming, farmers'

paysannat [peizana] NM peasantry

★**Pays-Bas** [peiba] NMPL: **les ~** the Netherlands

★**PC** SIGLE M (*Pol*) = **parti communiste**; (*Inform*: = *personal computer*) PC; (*Constr*) = **permis de construire**; (*Mil*) = **poste de commandement**; (= *prêt conventionné*) *type of loan for house purchase*

pcc ABR (= *pour copie conforme*) cc

Pce ABR = **prince**

Pcesse ABR = **princesse**

PDA SIGLE M (= *personal digital assistant*) PDA

p de p ABR = **pas de porte**

PDG SIGLE M = **président directeur général**

p.-ê. ABR = **peut-être**

PEA SIGLE M (= *plan d'épargne en actions*) *building society savings plan*

péage [peaʒ] NM toll; (*endroit*) tollgate; **pont à ~** toll bridge

★**peau, x** [po] NF skin; (*cuir*): **gants de ~** leather gloves; **être bien/mal dans sa ~** to be at ease/ill-at-ease; **se mettre dans la ~ de qn** to put o.s. in sb's place *ou* shoes; **faire ~ neuve** (*se renouveler*) to change one's image; **~ de chamois** (*chiffon*) chamois leather, shammy; **~ d'orange** orange peel

peaufiner [pofine] /1/ VT to polish (up)

peccadille [pekadij] NF trifle, peccadillo

péché [peʃe] NM sin; **~ mignon** weakness

pêche [pɛʃ] NF (*sport, activité*) fishing; (*poissons pêchés*) catch; (*fruit*) peach; **aller à la ~** to go fishing; **avoir la ~** (*fam*) to be on (top) form; **~ à la ligne** (*en rivière*) angling; **~ sous-marine** deep-sea fishing

pêche-abricot [pɛʃabʀiko] (*pl* **pêches-abricots**) NF yellow peach

pécher [peʃe] /6/ VI (*Rel*) to sin; (*fig*: *personne*) to err; (: *chose*) to be flawed; **~ contre la bienséance** to break the rules of good behaviour

pêcher [peʃe] /1/ VI to go fishing; (*en rivière*) to go angling; **~ au chalut** to trawl ▸ VT (*attraper*) to catch, land; (*chercher*) to fish for ▸ NM peach tree

pécheur, -eresse [peʃœʀ, peʃʀɛs] NM/F sinner

pêcheur [pɛʃœʀ] NM fisherman; (*à la ligne*) angler; **~ de perles** pearl diver

pectine [pɛktin] NF pectin

pectoral, e, -aux [pɛktɔʀal, -o] ADJ (*Anat*) pectoral; (*sirop*) throat *cpd*, cough *cpd* ▸ NMPL pectoral muscles

pécule [pekyl] NM savings *pl*, nest egg; (*d'un détenu*) earnings *pl* (*paid on release*)

pécuniaire [pekynjɛʀ] ADJ financial

pédagogie [pedagɔʒi] NF educational methods *pl*, pedagogy

pédagogique [pedagɔʒik] ADJ educational; **formation ~** teacher training

pédagogue [pedagɔg] NMF teacher, education(al)ist

pédale [pedal] NF pedal; **mettre la ~ douce** to soft-pedal

pédaler [pedale] /1/ VI to pedal

pédalier [pedalje] NM pedal and gear mechanism

pédalo [pedalo] NM pedalo, pedal-boat

pédant, e [pedɑ̃, -ɑ̃t] ADJ pedantic ▸ NM/F pedant

pédantisme [pedɑ̃tism] NM pedantry

pédéraste [pedeʀast] NM homosexual, pederast

pédérastie [pedeʀasti] NF homosexuality, pederasty

pédestre [pedɛstʀ] ADJ: **tourisme ~** hiking; **randonnée ~** (*activité*) rambling; (*excursion*) ramble; **sentier ~** pedestrian footpath

pédiatre [pedjatʀ] NMF paediatrician (BRIT), pediatrician *ou* pediatrist (*US*), child specialist

pédiatrie [pedjatʀi] NF paediatrics *sg* (BRIT), pediatrics *sg* (*US*)

pédicure [pedikyʀ] NMF chiropodist, podiatrist

pedigree [pedigʀe] NM pedigree

peeling [piliŋ] NM peel (*skin treatment*)

PEEP SIGLE F = **Fédération des parents d'élèves de l'enseignement public**

pègre [pɛgʀ] NF underworld

peignais *etc* [peɲɛ] VB *voir* **peindre**; **peigner**

★**peigne** [pɛɲ] VB *voir* **peindre**; **peigner** ▸ NM comb

peigné, e [peɲe] ADJ: **laine peignée** wool worsted; combed wool

peignée [peɲe] NF (*fam*) beating (*fam*); **flanquer une ~ à qn** to give sb a beating

peigner [peɲe] /1/ VT to comb (the hair of) ■ **se peigner** VPR to comb one's hair

peignez *etc* [pɛɲe] VB *voir* **peindre**; **peigner**

peignoir [pɛɲwaʀ] NM dressing gown; **~ de bain** bathrobe; **~ de plage** beach robe

peignons [pɛɲɔ̃] VB *voir* **peindre**; **peigner**

peinard, e [pɛnaʀ, -aʀd] ADJ (*emploi*) cushy (BRIT), easy; (*personne*): **on est ~ ici** we're left in peace here

★**peindre** [pɛ̃dʀ] /52/ VT to paint; (*fig*) to portray, depict

★**peine** [pɛn] NF (*affliction*) sorrow, sadness *no pl*; (*mal, effort*) trouble *no pl*, effort; (*difficulté*) difficulty; (*punition, châtiment*) punishment; (*Jur*) sentence; **faire de la ~ à qn** to distress *ou* upset sb; **prendre la ~ de faire** to go to the trouble of doing; **se donner de la ~** to make an effort; **ce n'est pas la ~ de faire** there's no point in doing, it's not worth doing; **ce n'est pas la ~ que vous fassiez** there's no point (in) you doing; **avoir de la ~** to be sad; **avoir de la ~ à faire** to have difficulty doing; **donnez-vous** *ou* **veuillez vous donner la ~ d'entrer** please do come in; **c'est ~ perdue** it's a waste of time (and effort); **à ~** *adv* scarcely, hardly, barely; **à ~ ... que** hardly ... than, no sooner ... than; **c'est à ~ si ...** it's (*ou* it was) a job to ...; **sous ~**: **sous ~ d'être puni** for fear of being punished; **défense d'afficher sous ~ d'amende** billposters will be fined; **~ capitale** capital punishment; **~ de mort** death sentence *ou* penalty

> **Hardly** et **scarcely** s'emploient devant le verbe principal et après un auxiliaire ou un modal. **Scarcely** est moins courant que **hardly**.
> *Il pouvait à peine parler après l'accident.* **He could hardly speak after the accident**.
> Devant un chiffre, on utilise le plus souvent **barely**.
> *Le garçon avait à peine 10 ans.* **The boy was barely 10 years old**.

peiner [pene] /1/ VI to work hard; to struggle; (*moteur, voiture*) to labour (BRIT), labor (US) ▸ VT to grieve, sadden

peint, e [pɛ̃, pɛ̃t] PP *de* **peindre**

★**peintre** [pɛ̃tʀ] NM painter; **~ en bâtiment** house painter, painter and decorator; **~ d'enseignes** signwriter

★**peinture** [pɛ̃tyʀ] NF painting; (*couche de couleur, couleur*) paint; (*surfaces peintes: aussi:* **peintures**) paintwork; **je ne peux pas le voir en ~** I can't stand the sight of him; **~ mate/brillante** matt/gloss paint; **« ~ fraîche »** "wet paint"

peinturluré, e [pɛ̃tyʀlyʀe] ADJ (*visage*) garishly made-up

péjoratif, -ive [peʒɔʀatif, -iv] ADJ pejorative, derogatory

Pékin [pekɛ̃] N Beijing

pékinois, e [pekinwa, -waz] ADJ Pekin(g)ese ▸ NM (*chien*) peke, pekin(g)ese; (*Ling*) Mandarin, Pekin(g)ese ▸ NM/F: **Pékinois, e** Pekin(g)ese

PEL SIGLE M (= *plan d'épargne logement*) *savings scheme providing lower-interest mortgages*

pelade [pəlad] NF alopecia

pelage [pəlaʒ] NM coat, fur

pelé, e [pəle] ADJ (*chien*) hairless; (*vêtement*) threadbare; (*terrain*) bare

pêle-mêle [pɛlmɛl] ADV higgledy-piggledy

peler [pəle] /5/ VT, VI to peel

pèlerin [pɛlʀɛ̃] NM pilgrim

pèlerinage [pɛlʀinaʒ] NM (*voyage*) pilgrimage; (*lieu*) place of pilgrimage, shrine

pèlerine [pɛlʀin] NF cape

pélican [pelikɑ̃] NM pelican

pelisse [pəlis] NF fur-lined cloak

pelle [pɛl] NF shovel; (*d'enfant, de terrassier*) spade; **~ à gâteau** cake slice; **~ mécanique** mechanical digger

pelletée [pɛlte] NF shovelful; spadeful

pelleter [pɛlte] /4/ VT to shovel (up)

pelleteuse [pɛltøz] NF mechanical digger, excavator

pelletier [pɛltje] NM furrier

pellicule [pelikyl] NF film ■ **pellicules** NFPL (*dans les cheveux*) dandruff *sg*

Péloponnèse [pelɔpɔnɛz] NM: **le ~** the Peloponnese

pelote [p(ə)lɔt] NF (*de fil, laine*) ball; (*d'épingles*) pin cushion; **~ basque** pelota

peloter [p(ə)lɔte] /1/ VT (*fam*) to feel (up) ■ **se peloter** VPR to pet

peloton [p(ə)lɔtɔ̃] NM (*groupe: de personnes*) group; (*: de pompiers, gendarmes*) squad; (*: Sport*) pack; (*de laine*) ball; **~ d'exécution** firing squad

pelotonner [p(ə)lɔtɔne] /1/: **se pelotonner** VPR to curl (o.s.) up

★**pelouse** [p(ə)luz] NF lawn; (*Hippisme*) *spectating area inside racetrack*

peluche [p(ə)lyʃ] NF (bit of) fluff; **animal en ~** soft toy, fluffy animal; **chien/lapin en ~** fluffy dog/rabbit

pelucher [p(ə)lyʃe] /1/ VI to become fluffy, fluff up

pelucheux, -euse [p(ə)lyʃø, -øz] ADJ fluffy

pelure [p(ə)lyʀ] NF peeling, peel *no pl*; **~ d'oignon** onion skin

pénal, e, -aux [penal, -o] ADJ penal

pénalisation [penalizasjɔ̃] NF (*Sport*) sanction, penalty

pénaliser [penalize] /1/ VT to penalize

pénaliste [penalist] NMF criminal lawyer

pénalité [penalite] NF penalty

penalty, -ies [penalti, -z] NM (*Sport*) penalty (kick)

pénard, e [penaʀ, -aʀd] ADJ = **peinard**

pénates [penat] NMPL: **regagner ses ~** to return to the bosom of one's family

penaud, e [pəno, -od] ADJ sheepish, contrite

penchant [pɑ̃ʃɑ̃] NM: **un ~ à faire/à qch** a tendency to do/to sth; **un ~ pour qch** a liking *ou* fondness for sth

penché, e [pɑ̃ʃe] ADJ slanting

★**pencher** [pɑ̃ʃe] /1/ VI to tilt, lean over; **~ pour** to be inclined to favour (BRIT) *ou* favor (US) ▸ VT to tilt ■ **se pencher** VPR to lean over; (*se baisser*) to bend down; **se ~ sur** to bend over; (*fig: problème*) to look into; **se ~ au dehors** to lean out

pendable [pɑ̃dabl] ADJ: **tour ~** rotten trick; **c'est un cas ~ !** he (*ou* she) deserves to be shot!

pendaison [pɑ̃dɛzɔ̃] NF hanging

★**pendant, e** [pɑ̃dɑ̃, -ɑ̃t] ADJ hanging (out); (*Admin, Jur*) pending ▸ NM counterpart; matching piece; **faire ~ à** to match; to be the counterpart of; **pendants d'oreilles** drop *ou* pendant earrings ▸ PRÉP (*au cours de*) during; (*indiquant la durée*) for; **~ que** while

pendeloque [pɑ̃d(ə)lɔk] NF pendant

pendentif [pɑ̃dɑ̃tif] NM pendant

penderie [pɑ̃dʀi] NF wardrobe; (*placard*) walk-in cupboard

pendiller [pɑ̃dije] /1/ VI to flap (about)

pendre [pɑ̃dʀ] /41/ VT, VI to hang; **~ à** to hang (down) from; **~ qch à** (*mur*) to hang sth (up) on; (*plafond*) to hang sth (up) from ■ **se pendre** VPR: **se ~ (à)** (*se suicider*) to hang o.s. (on); **se ~ à** (*se suspendre*) to hang from

> Le prétérit et le participe passé de **hang** est **hung**, sauf quand on parle d'un meurtre ou d'un suicide ; dans ce cas, le prétérit et le participe passé est **hanged**.
> *Ses longs cheveux pendaient dans son dos.* **His long hair hung down his back**.
> *Elle s'est pendue.* **She hanged herself**.

pendu, e [pɑ̃dy] PP *de* **pendre** ▸ NM/F hanged man (*ou* woman)

pendulaire [pɑ̃dylɛʀ] ADJ pendular, of a pendulum

★**pendule** [pɑ̃dyl] NF clock ▸ NM pendulum

pendulette [pɑ̃dylɛt] NF small clock

pêne [pɛn] NM bolt

pénétrant, e [penetʀɑ̃, -ɑ̃t] ADJ (*air, froid*) biting; (*pluie*) that soaks right through you; (*fig: odeur*) noticeable; (*œil, regard*) piercing; (*clairvoyant, perspicace*) perceptive ▸ NF (*route*) expressway

pénétration [penetʀasjɔ̃] NF (*fig: d'idées etc*) penetration; (*perspicacité*) perception

pénétré, e [penetʀe] ADJ (*air, ton*) earnest; **être ~ de soi-même/son importance** to be full of oneself/one's own importance

pénétrer [penetʀe] /6/ VI to come *ou* get in; **~ dans** to enter; (*suj: froid, projectile*) to penetrate (*: air, eau*) to come into, get into ▸ VT to penetrate; (*mystère, secret*) to fathom, penetrate ■ **se pénétrer** VPR: **se ~ de qch** to get sth firmly set in one's mind

pénible [penibl] ADJ (*astreignant*) hard; (*affligeant*) painful; (*personne, caractère*) tiresome; **il m'est ~ de ...** I'm sorry to ...

péniblement [penibləmɑ̃] ADV with difficulty

péniche [peniʃ] NF barge; **~ de débarquement** landing craft *inv*

pénicilline [penisilin] NF penicillin

péninsulaire [penɛ̃sylɛʀ] ADJ peninsular

péninsule [penɛ̃syl] NF peninsula

pénis [penis] NM penis

pénitence [penitɑ̃s] NF (*repentir*) penitence; (*peine*) penance; (*punition, châtiment*) punishment; **mettre un enfant en ~** ≈ to make a child stand in the corner; **faire ~** to do a penance

pénitencier [penitɑ̃sje] NM prison, penitentiary (*US*)

pénitent, e [penitɑ̃, -ɑ̃t] ADJ penitent

pénitentiaire [penitɑ̃sjɛʀ] ADJ prison *cpd*, penitentiary (*US*)

pénombre [penɔ̃bʀ] NF (*faible clarté*) half-light; (*obscurité*) darkness

pensable [pɑ̃sabl] ADJ: **ce n'est pas ~** it's unthinkable

pensant, e [pɑ̃sɑ̃, -ɑ̃t] ADJ: **bien ~** right-thinking

pense-bête [pɑ̃sbɛt] NM aide-mémoire, mnemonic device

pensée [pɑ̃se] NF thought; (*démarche, doctrine*) thinking *no pl*; (*Bot*) pansy; **se représenter qch par la ~** to conjure up a mental picture of sth; **en ~** in one's mind

★**penser** [pɑ̃se] /1/ VI to think; **~ à** (*prévoir*) to think of; (*songer à: ami, vacances*) to think of *ou* about; **~ à faire qch** to think of doing sth; **faire ~ à** to remind one of; **n'y pensons plus** let's forget it; **vous n'y pensez pas!** don't let it bother you!; **sans ~ à mal** without meaning any harm ▸ VT to think; (*concevoir: problème, machine*) to think out; **~ faire qch** to be thinking of doing sth, intend to do sth; **je le pense aussi** I think so too; **je pense que oui/non** I think so/don't think so

penseur [pɑ̃sœʀ] NM thinker; **libre ~** free-thinker

pensif, -ive [pɑ̃sif, -iv] ADJ pensive, thoughtful

pension [pɑ̃sjɔ̃] NF (*allocation*) pension; (*prix du logement*) board and lodging, bed and board; (*maison particulière*) boarding house; (*hôtel*) guesthouse, hotel; (*école*) boarding school; **prendre ~ chez** to take board and lodging at; **prendre qn en ~** to take sb (in) as a lodger; **mettre en ~** to send to boarding school; **~ alimentaire** (*d'étudiant*) living allowance; (*de divorcée*) maintenance allowance; alimony; **~ complète** full board; **~ de famille** boarding house, guesthouse; **~ de guerre/d'invalidité** war/disability pension

pensionnaire [pɑ̃sjɔnɛʀ] NMF (*Scol*) boarder; guest

---
pensionnaire does not mean *pensioner*.

---

pensionnat [pɑ̃sjɔna] NM boarding school

pensionné, e [pɑ̃sjɔne] NM/F pensioner

pensivement [pɑ̃sivmɑ̃] ADV pensively, thoughtfully

pensum [pɛ̃sɔm] NM (*Scol*) punishment exercise; (*fig*) chore

pentagone [pɛ̃tagɔn] NM pentagon; **le P~** the Pentagon

pentathlon [pɛ̃tatlɔ̃] NM pentathlon

★**pente** [pɑ̃t] NF slope; **en ~** *adj* sloping

Pentecôte [pɑ̃tkot] NF: **la ~** Whitsun (BRIT), Pentecost; (*dimanche*) Whitsunday (BRIT); **lundi de ~** Whit Monday (BRIT)

pénurie [penyʀi] NF shortage; **~ de main-d'œuvre** undermanning

PEP [pɛp] SIGLE M (= *plan d'épargne populaire*) *individual savings plan*

pépé [pepe] NM (*fam*) grandad

pépée [pepe] NF (*fam: femme*) bird (BRIT *fam*), chick (*US fam*)

pépère [pepɛʀ] (*fam*) ADJ cushy (*fam*); quiet ▸ NM grandad

pépier [pepje] /7/ VI to chirp, tweet

pépin [pepɛ̃] NM (*Bot: graine*) pip; (*fam: ennui*) snag, hitch; (*: parapluie*) brolly (BRIT), umbrella

pépinière [pepinjɛʀ] NF nursery; (*fig*) nest, breeding-ground

pépiniériste [pepinjeʀist] NM nurseryman

pépite [pepit] NF nugget

péplum [peplɔm] NM (*film*) epic (*set in Roman times*); (*Hist*) peplum

PEPS ABR (= *premier entré premier sorti*) first in first out

péquenaud, e [pɛkno, od] NM/F yokel (BRIT), hick (*US*)

PER [pɛʀ] SIGLE M (= *plan d'épargne retraite*) *type of personal pension plan*

perçant, e [pɛʀsɑ̃, -ɑ̃t] ADJ (*vue, regard, yeux*) sharp, keen; (*cri, voix*) piercing, shrill

percée [pɛʀse] NF (*trouée*) opening; (*Mil, Comm: fig*) breakthrough; (*Sport*) break

perce-neige [pɛʀsənɛʒ] NM OU F INV snowdrop

perce-oreille [pɛʀsɔʀɛj] NM earwig

percepteur, -trice [pɛʀsɛptœʀ, -tʀis] NM/F tax collector

perceptible [pɛʀsɛptibl] ADJ (*son, différence*) perceptible; (*impôt*) payable, collectable

perception [pɛʀsɛpsjɔ̃] NF perception; (*d'impôts etc*) collection; (*bureau*) tax (collector's) office

percer [pɛʀse] /3/ VT to pierce; (*ouverture etc*) to make; (*mystère, énigme*) to penetrate; **~ une dent** to cut a tooth ▸ VI to come through; (*réussir*) to break through
perceuse [pɛʀsøz] NF drill; **~ à percussion** hammer drill
percevable [pɛʀsəvabl] ADJ collectable, payable
percevoir [pɛʀsəvwaʀ] /28/ VT (*distinguer*) to perceive, detect; (*taxe, impôt*) to collect; (*revenu, indemnité*) to receive
perche [pɛʀʃ] NF (*bâton*) pole; (*Zool*) perch; **~ à selfie** selfie stick; **~ à son** (sound) boom
percher [pɛʀʃe] /1/ VT to perch; **~ qch sur** to perch sth on ■ **se percher** VPR (*oiseau*) to perch
perchiste [pɛʀʃist] NMF (*Sport*) pole vaulter; (*TV etc*) boom operator
perchoir [pɛʀʃwaʀ] NM perch; (*fig*) *presidency of the French National Assembly*
perclus, e [pɛʀkly, -yz] ADJ: **~ de** (*rhumatismes*) crippled with
perçois *etc* [pɛʀswa] VB *voir* **percevoir**
percolateur [pɛʀkɔlatœʀ] NM percolator
perçu, e [pɛʀsy] PP *de* **percevoir**
percussion [pɛʀkysjɔ̃] NF percussion
percussionniste [pɛʀkysjɔnist] NMF percussionist
percutant, e [pɛʀkytɑ̃, -ɑ̃t] ADJ (*article etc*) resounding, forceful
percuter [pɛʀkyte] /1/ VT to strike; (*véhicule*) to crash into ▸ VI: **~ contre** to crash into
percuteur [pɛʀkytœʀ] NM firing pin, hammer
perdant, e [pɛʀdɑ̃, -ɑ̃t] NM/F loser ▸ ADJ losing
perdition [pɛʀdisjɔ̃] NF (*morale*) ruin; **en ~** (*Navig*) in distress; **lieu de ~** den of vice
★**perdre** [pɛʀdʀ] /41/ VT to lose; (*gaspiller: temps, argent*) to waste; (*: occasion*) to waste, miss; (*personne*) to ruin; **il ne perd rien pour attendre** he's got it coming to him ▸ VI to lose; (*sur une vente etc*) to lose out; (*récipient*) to leak ■ **se perdre** VPR (*s'égarer*) to get lost, lose one's way; (*fig: se gâter*) to go to waste; (*disparaître*) to disappear, vanish; **je me suis perdu** (*et je le suis encore*) I'm lost; (*et je ne le suis plus*) I got lost
perdreau, x [pɛʀdʀo] NM (young) partridge
perdrix [pɛʀdʀi] NF partridge
perdu, e [pɛʀdy] PP *de* **perdre** ▸ ADJ (*enfant, cause, objet*) lost; (*isolé*) out-of-the-way; (*Comm: emballage*) non-returnable; (*récolte etc*) ruined; (*malade*): **il est ~** there's no hope left for him; **à vos moments perdus** in your spare time
père [pɛʀ] NM father; **de ~ en fils** from father to son; **~ de famille** father; family man; **mon ~** (*Rel*) Father; **le ~ Noël** Father Christmas ■ **pères** NMPL (*ancêtres*) forefathers
pérégrinations [peʀegʀinasjɔ̃] NFPL travels
péremption [peʀɑ̃psjɔ̃] NF: **date de ~** expiry date
péremptoire [peʀɑ̃ptwaʀ] ADJ peremptory
pérenne [peʀɛn] ADJ (*agriculture, emplois*) sustainable
pérenniser [peʀenize] VT (*emplois, ressources*) to ensure the continued existence of
pérennité [peʀenite] NF durability, lasting quality

péréquation [peʀekwasjɔ̃] NF (*des salaires*) realignment; (*des prix, impôts*) equalization
perfectible [pɛʀfɛktibl] ADJ perfectible
perfection [pɛʀfɛksjɔ̃] NF perfection; **à la ~** *adv* to perfection
perfectionné, e [pɛʀfɛksjɔne] ADJ sophisticated
perfectionnement [pɛʀfɛksjɔnmɑ̃] NM improvement
perfectionner [pɛʀfɛksjɔne] /1/ VT to improve, perfect ■ **se perfectionner** VPR (*dans un sport, une matière*) to improve; **se ~ en anglais** to improve one's English
perfectionniste [pɛʀfɛksjɔnist] NMF perfectionist
perfide [pɛʀfid] ADJ perfidious, treacherous
perfidie [pɛʀfidi] NF treachery
perforant, e [pɛʀfɔʀɑ̃, -ɑ̃t] ADJ (*balle*) armour-piercing (BRIT), armor-piercing (US)
perforateur, -trice [pɛʀfɔʀatœʀ, -tʀis] NM/F punch-card operator ▸ NM (*perceuse*) borer; drill ▸ NF (*perceuse*) borer; drill; (*pour cartes*) card-punch; (*de bureau*) punch
perforation [pɛʀfɔʀasjɔ̃] NF perforation; punching; (*trou*) hole
perforatrice [pɛʀfɔʀatʀis] NF *voir* **perforateur**
perforé, e [pɛʀfɔʀe] ADJ: **bande ~** punched tape; **carte ~** punch card
perforer [pɛʀfɔʀe] /1/ VT to perforate, punch a hole (*ou* holes) in; (*ticket, bande, carte*) to punch
perforeuse [pɛʀfɔʀøz] NF (*machine*) (card) punch; (*personne*) card punch operator
performance [pɛʀfɔʀmɑ̃s] NF performance
performant, e [pɛʀfɔʀmɑ̃, -ɑ̃t] ADJ (*Écon: produit, entreprise*) high-return *cpd*; (*Tech*): **très ~** (*appareil, machine*) high-performance *cpd*
perfusion [pɛʀfyzjɔ̃] NF perfusion; **faire une ~ à qn** to put sb on a drip
péricliter [peʀiklite] /1/ VI to go downhill
péridurale [peʀidyʀal] NF epidural
périgourdin, e [peʀiguʀdɛ̃, -in] ADJ of *ou* from the Perigord
péril [peʀil] NM peril; **au ~ de sa vie** at the risk of his (*ou* her) life; **à ses risques et périls** at his (*ou* her) own risk
périlleux, -euse [peʀijø, -øz] ADJ perilous
périmé, e [peʀime] ADJ (out)dated; (*Admin*) out-of-date, expired
périmètre [peʀimɛtʀ] NM perimeter
périnatal, e [peʀinatal] ADJ perinatal
période [peʀjɔd] NF period
périodique [peʀjɔdik] ADJ (*phases*) periodic; (*publication*) periodical; (*Math: fraction*) recurring; **garniture** *ou* **serviette ~** sanitary towel (BRIT) *ou* napkin (US) ▸ NM periodical
périodiquement [peʀjɔdikmɑ̃] ADV periodically
péripéties [peʀipesi] NFPL events, episodes
périphérie [peʀifeʀi] NF periphery; (*d'une ville*) outskirts *pl*
périphérique [peʀifeʀik] ADJ (*quartiers*) outlying; (*Anat, Tech*) peripheral; (*station de radio*) operating from a neighbouring country ▸ NM (*Inform*) peripheral; (*Auto*): **(boulevard) ~** ring road (BRIT), beltway (US)

P

périphrase [peʀifʀɑz] NF circumlocution
périple [peʀipl] NM journey
périr [peʀiʀ] /2/ VI to die, perish
périscolaire [peʀiskɔlɛʀ] ADJ extracurricular
périscope [peʀiskɔp] NM periscope
périssable [peʀisabl] ADJ perishable
péristyle [peʀistil] NM peristyle
péritonite [peʀitɔnit] NF peritonitis
perle [pɛʀl] NF pearl; (*de plastique, métal, sueur*) bead; (*personne, chose*) gem, treasure; (*erreur*) gem, howler
perlé, e [pɛʀle] ADJ (*rire*) rippling, tinkling; (*travail*) exquisite; (*orge*) pearl *cpd*; **grève perlée** go-slow, selective strike (action)
perler [pɛʀle] /1/ VI to form in droplets
perlier, -ière [pɛʀlje, -jɛʀ] ADJ pearl *cpd*
permanence [pɛʀmanɑ̃s] NF permanence; (*local*) (duty) office, strike headquarters; (*service des urgences*) emergency service; (*Scol*) study room; **assurer une ~** (*service public, bureaux*) to operate *ou* maintain a basic service; **être de ~** to be on call *ou* duty; **en ~** *adv* (*toujours*) permanently; (*continûment*) continuously
permanent, e [pɛʀmanɑ̃, -ɑ̃t] ADJ permanent; (*spectacle*) continuous; (*armée, comité*) standing ▸ NF perm ▸ NM/F (*d'un syndicat, parti*) paid official
perméable [pɛʀmeabl] ADJ (*terrain*) permeable; **~ à** (*fig*) receptive *ou* open to
★**permettre** [pɛʀmɛtʀ] /56/ VT to allow, permit; **~ à qn de faire/qch** to allow sb to do/sth; **permettez !** excuse me! ■ **se permettre** VPR: **se ~ de faire qch** to take the liberty of doing sth
★**permis, e** [pɛʀmi, -iz] PP *de* **permettre** ▸ NM permit, licence (BRIT), license (US); **~ de chasse** hunting permit; **~ (de conduire)** (driving) licence (BRIT), (driver's) license (US); **~ de construire** planning permission (BRIT), building permit (US); **~ d'inhumer** burial certificate; **~ poids lourds** ≈ HGV (driving) licence (BRIT), ≈ class E (driver's) license (US); **~ de séjour** residence permit; **~ de travail** work permit
permissif, -ive [pɛʀmisif, -iv] ADJ permissive
★**permission** [pɛʀmisjɔ̃] NF permission; (*Mil*) leave; (*: papier*) pass; **en ~** on leave; **avoir la ~ de faire** to have permission to do, be allowed to do
permissionnaire [pɛʀmisjɔnɛʀ] NM soldier on leave
permutable [pɛʀmytabl] ADJ which can be changed *ou* switched around
permuter [pɛʀmyte] /1/ VT to change *ou* switch around ▸ VI to change, swap
pernicieux, -euse [pɛʀnisjø, -øz] ADJ pernicious
péroné [peʀɔne] NM fibula
pérorer [peʀɔʀe] /1/ VI to hold forth
Pérou [peʀu] NM: **le ~** Peru
perpendiculaire [pɛʀpɑ̃dikylɛʀ] ADJ, NF perpendicular
perpendiculairement [pɛʀpɑ̃dikylɛʀmɑ̃] ADV perpendicularly
perpète [pɛʀpɛt] NF: **à ~** (*fam: loin*) miles away (*: longtemps*) forever
perpétrer [pɛʀpetʀe] /6/ VT to perpetrate
perpétuel, le [pɛʀpetɥɛl] ADJ perpetual, constant; (*Admin etc*) permanent; for life
perpétuellement [pɛʀpetɥɛlmɑ̃] ADV perpetually, constantly
perpétuer [pɛʀpetɥe] /1/ VT to perpetuate ■ **se perpétuer** VPR (*usage, injustice*) to be perpetuated; (*espèces*) to survive
perpétuité [pɛʀpetɥite] NF: **à ~** for life; **être condamné à ~** to be sentenced to life imprisonment, receive a life sentence
perplexe [pɛʀplɛks] ADJ perplexed, puzzled
perplexité [pɛʀplɛksite] NF perplexity
perquisition [pɛʀkizisjɔ̃] NF (police) search
perquisitionner [pɛʀkizisjɔne] /1/ VI to carry out a search
perron [peʀɔ̃] NM steps *pl* (*in front of mansion etc*)
★**perroquet** [peʀɔkɛ] NM parrot
★**perruche** [peʀyʃ] NF budgerigar (BRIT), budgie (BRIT), parakeet (US)
perruque [peʀyk] NF wig
persan, e [pɛʀsɑ̃, -an] ADJ Persian ▸ NM (*Ling*) Persian
perse [pɛʀs] ADJ Persian ▸ NM (*Ling*) Persian ▸ NMF: **Perse** Persian ▸ NF: **la P~** Persia
persécuter [pɛʀsekyte] /1/ VT to persecute
persécution [pɛʀsekysjɔ̃] NF persecution
persévérance [pɛʀseveʀɑ̃s] NF perseverance
persévérant, e [pɛʀseveʀɑ̃, -ɑ̃t] ADJ persevering
persévérer [pɛʀseveʀe] /6/ VI to persevere; **~ à croire que** to continue to believe that
persiennes [pɛʀsjɛn] NFPL (slatted) shutters
persiflage [pɛʀsiflaʒ] NM mockery *no pl*
persifleur, -euse [pɛʀsiflœʀ, -øz] ADJ mocking
persil [pɛʀsi] NM parsley
persillé, e [pɛʀsije] ADJ (sprinkled) with parsley; (*fromage*) veined; (*viande*) marbled, with fat running through
Persique [pɛʀsik] ADJ: **le golfe ~** the (Persian) Gulf
persistance [pɛʀsistɑ̃s] NF persistence
persistant, e [pɛʀsistɑ̃, -ɑ̃t] ADJ persistent; (*feuilles*) evergreen; **à feuillage ~** evergreen
persister [pɛʀsiste] /1/ VI to persist; **~ à faire qch** to persist in doing sth
★**personnage** [pɛʀsɔnaʒ] NM (*notable*) personality; figure; (*individu*) character, individual; (*Théât: de roman, film*) character; (*Peinture*) figure
personnaliser [pɛʀsɔnalize] /1/ VT to personalize; (*appartement*) to give a personal touch to; (*véhicule, téléphone*) to customize
personnalité [pɛʀsɔnalite] NF personality; (*personnage*) prominent figure
★**personne** [pɛʀsɔn] NF person; **10 euros par ~** 10 euros per person *ou* a head; **en ~** personally, in person; **~ âgée** elderly person; **~ à charge** (*Jur*) dependent; **~ morale** *ou* **civile** (*Jur*) legal entity ▸ PRON nobody, no one; (*avec négation en anglais*) anybody, anyone; **il n'y a ~** there's nobody in *ou* there, there isn't anybody in *ou* there ■ **personnes** NFPL people *pl*
★**personnel, le** [pɛʀsɔnɛl] ADJ personal; (*égoïste: personne*) selfish, self-centred; (*idée, opinion*): **j'ai des idées personnelles à ce sujet** I have my own

ideas about that ▸ NM personnel, staff; **service du ~** personnel department

personnellement [pɛʀsɔnɛlmɑ̃] ADV personally

personnification [pɛʀsɔnifikasjɔ̃] NF personification

personnifier [pɛʀsɔnifje] /7/ VT to personify; to typify; **c'est l'honnêteté personnifiée** he (*ou* she *etc*) is honesty personified

perspective [pɛʀspɛktiv] NF (*Art*) perspective; (*vue, coup d'œil*) view; (*point de vue*) viewpoint, angle; (*chose escomptée, envisagée*) prospect; **en ~** in prospect

perspicace [pɛʀspikas] ADJ clear-sighted, gifted with (*ou* showing) insight

perspicacité [pɛʀspikasite] NF insight, perspicacity

persuader [pɛʀsɥade] /1/ VT: **~ qn (de/de faire)** to persuade sb (of/to do); **j'en suis persuadé** I'm quite sure *ou* convinced (of it)

persuasif, -ive [pɛʀsɥazif, -iv] ADJ persuasive

persuasion [pɛʀsɥazjɔ̃] NF persuasion

★**perte** [pɛʀt] NF loss; (*de temps*) waste; (*fig: morale*) ruin; **à ~** (*Comm*) at a loss; **à ~ de vue** as far as the eye can (*ou* could) see; (*fig*) interminably; **en pure ~** for absolutely nothing; **courir à sa ~** to be on the road to ruin; **être en ~ de vitesse** (*fig*) to be losing momentum; **avec ~ et fracas** forcibly; **~ de chaleur** heat loss; **~ sèche** dead loss ■ **pertes** NFPL losses; **pertes blanches** (vaginal) discharge *sg*

pertinemment [pɛʀtinamɑ̃] ADV to the point; (*savoir*) perfectly well, full well

pertinence [pɛʀtinɑ̃s] NF pertinence, relevance; discernment

pertinent, e [pɛʀtinɑ̃, -ɑ̃t] ADJ (*remarque*) apt, pertinent, relevant; (*analyse*) discerning, judicious

perturbateur, -trice [pɛʀtyʀbatœʀ, -tʀis] ADJ disruptive

perturbation [pɛʀtyʀbasjɔ̃] NF (*dans un service public*) disruption; (*agitation, trouble*) perturbation; **~ (atmosphérique)** atmospheric disturbance

perturber [pɛʀtyʀbe] /1/ VT to disrupt; (*Psych*) to perturb, disturb

péruvien, ne [peʀyvjɛ̃, -ɛn] ADJ Peruvian ▸ NM/F: **Péruvien, ne** Peruvian

pervenche [pɛʀvɑ̃ʃ] NF periwinkle; (*fam*) traffic warden (BRIT), meter maid (US)

pervers, e [pɛʀvɛʀ, -ɛʀs] ADJ perverted, depraved; (*malfaisant*) perverse

perversion [pɛʀvɛʀsjɔ̃] NF perversion

perversité [pɛʀvɛʀsite] NF depravity; perversity

perverti, e [pɛʀvɛʀti] NM/F pervert

pervertir [pɛʀvɛʀtiʀ] /2/ VT to pervert

pesage [pəzaʒ] NM weighing; (*Hippisme: action*) weigh-in; (*: salle*) weighing room; (*: enceinte*) enclosure

pesamment [pəzamɑ̃] ADV heavily

pesant, e [pəzɑ̃, -ɑ̃t] ADJ heavy; (*fig: présence*) burdensome ▸ NM: **valoir son ~ de** to be worth one's weight in

pesanteur [pəzɑ̃tœʀ] NF gravity

pèse-bébé [pɛzbebe] NM (baby) scales *pl*

pesée [pəze] NF weighing; (*Boxe*) weigh-in; (*pression*) pressure

pèse-lettre [pɛzlɛtʀ] NM letter scales *pl*

pèse-personne [pɛzpɛʀsɔn] NM (bathroom) scales *pl*

★**peser** [pəze] /5/ VT to weigh; (*considérer, comparer*) to weigh up ▸ VI to be heavy; (*fig: avoir de l'importance*) to carry weight; **~ sur** (*levier, bouton*) to press, push; (*fig: accabler*) to lie heavy on (*: influencer*) to influence; **~ à qn** to weigh heavy on sb

pessaire [pesɛʀ] NM pessary

pessimisme [pesimism] NM pessimism

★**pessimiste** [pesimist] ADJ pessimistic ▸ NMF pessimist

peste [pɛst] NF plague; (*fig*) pest, nuisance

pester [pɛste] /1/ VI: **~ contre** to curse

pesticide [pɛstisid] NM pesticide

pestiféré, e [pɛstifeʀe] NM/F plague victim

pestilentiel, le [pɛstilɑ̃sjɛl] ADJ foul

pet [pɛ] NM (*!*) fart (*!*)

pétale [petal] NM petal

pétanque [petɑ̃k] NF *type of bowls*

pétaradant, e [petaʀadɑ̃, -ɑ̃t] ADJ spluttering

pétarade [petaʀad] NF backfiring *no pl*

pétarader [petaʀade] /1/ VI to backfire

pétard [petaʀ] NM (*feu d'artifice*) banger (BRIT), firecracker; (*de cotillon*) cracker; (*Rail*) detonator

pétasse [petas] NF (*!: femme*) slut (*!*)

pétaudière [petodjɛʀ] NF bedlam; **être une ~** to be bedlam

pet-de-nonne [pɛd(ə)nɔn] (*pl* **pets-de-nonne**) NM ≈ choux bun

pété, e [pete] ADJ (*fam: cassé: objet*) bust (*fam*), knackered (BRIT *fam*); (*: ivre*): **être ~** to be out of it (*fam*), be pissed (BRIT *fam*)

péter [pete] /6/ VI (*fam: casser, sauter*) to burst; to bust; (*!*) to fart (*!*); **~ une durite** *ou* **un fusible** *ou* **un plomb** (*s'emporter*) to blow a gasket (*fam*) ■ **se péter** VPR (*fam: bras, jambe*) to do in (*fam*); **se ~ la gueule** (*tomber*) to take a header (*fam*)

pète-sec [pɛtsɛk] ADJ INV (*fam*) abrupt, sharp(-tongued)

pétillant, e [petijɑ̃, -ɑ̃t] ADJ (*eau*) sparkling

pétiller [petije] /1/ VI (*flamme, bois*) to crackle; (*mousse, champagne*) to bubble; (*pierre, métal*) to glisten; (*yeux*) to sparkle; (*fig*): **~ d'esprit** to sparkle with wit

★**petit, e** [p(ə)ti, -it] ADJ (*gén*) small; (*avec nuance affective*) little; (*main, objet, colline, en âge: enfant*) small, little; (*mince, fin: personne, taille, pluie*) slight; (*voyage*) short, little; (*bruit etc*) faint, slight; (*mesquin*) mean; (*peu important*) minor; **en ~** in miniature; **~ à ~** bit by bit, gradually; **~(e) ami(e)** boyfriend/girlfriend; **les petites annonces** the small ads; **~ déjeuner** breakfast; **~ doigt** little finger; **le ~ écran** the small screen; **~ four** petit four; **~ pain** (bread) roll; **petite monnaie** small change; **petite vérole** smallpox; **petits pois** petit pois *pl*, garden peas; **petites gens** people of modest means ▸ NM/F (*petit enfant*) little one, child; **mon ~** son; little one; **ma petite** dear; little one; **pauvre ~(e)** poor little thing ■ **petits** NMPL (*d'un animal*) young *pl*; **faire des petits** to have kittens (*ou* puppies *etc*); **la classe des petits** the infant class; **pour petits et grands** for children and adults; **les tout-petits** toddlers

P

petit-beurre [pətibœʀ] (*pl* **petits-beurre**) NM sweet butter biscuit (BRIT) ou cookie (US)

petit-bourgeois, petite-bourgeoise [pətibuʀʒwa, pətitbuʀʒwaz] (*pl* **petit(e)s-bourgeois(es)**) ADJ (*péj*) petit-bourgeois, middle-class

★**petite-fille** [pətitfij] (*pl* **petites-filles**) NF granddaughter

petitement [pətitmɑ̃] ADV poorly; meanly; **être logé ~** to be in cramped accommodation

petitesse [p(ə)titɛs] NF smallness; (*d'un salaire, de revenus*) modestness; (*mesquinerie*) meanness

★**petit-fils** [pətifis] (*pl* **petits-fils**) NM grandson

pétition [petisjɔ̃] NF petition; **faire signer une ~** to get up a petition

pétitionnaire [petisjɔnɛʀ] NMF petitioner

pétitionner [petisjɔne] /1/ VI to petition

petit-lait [pətilɛ] (*pl* **petits-laits**) NM whey *no pl*

petit-nègre [pətinɛgʀ] NM (*péj*) pidgin French

★**petits-enfants** [pətizɑ̃fɑ̃] NMPL grandchildren

petit-suisse [pətisɥis] (*pl* **petits-suisses**) NM *small individual pot of cream cheese*

pétoche [petɔʃ] NF (*fam*): **avoir la ~** to be scared out of one's wits

pétoire [petwaʀ] NF (*fam: tromblon*) old gun

peton [pətɔ̃] NM (*fam: pied*) foot

pétoncle [petɔ̃kl] NM scallop

pétri, e [petʀi] ADJ: **~ d'orgueil** filled with pride

pétrifier [petʀifje] /7/ VT to petrify; (*fig*) to paralyze, transfix

pétrin [petʀɛ̃] NM kneading-trough; (*fig*): **dans le ~** in a jam *ou* fix

pétrir [petʀiʀ] /2/ VT to knead

pétrissage [petʀisaʒ] NM kneading

pétrochimie [petʀɔʃimi] NF petrochemistry

pétrochimique [petʀɔʃimik] ADJ petrochemical

pétrodollar [petʀodɔlaʀ] NM petrodollar

pétrole [petʀɔl] NM oil; (*aussi:* **pétrole lampant**: *pour lampe, réchaud etc*) paraffin (BRIT), kerosene (US)

pétrolette [petʀɔlɛt] NF (*fam: cyclomoteur*) moped

pétrolier, -ière [petʀɔlje, -jɛʀ] ADJ oil *cpd*; (*pays*) oil-producing ▸ NM (*navire*) oil tanker; (*financier*) oilman; (*technicien*) petroleum engineer

pétrolifère [petʀɔlifɛʀ] ADJ oil(-bearing)

pétulant, e [petylɑ̃, -ɑ̃t] ADJ exuberant

pétunia [petynja] NM petunia

peu [pø]

ADV **1** (*modifiant verbe: adjectif: adverbe*): **il boit peu** he doesn't drink (very) much; **il est peu bavard** he's not very talkative; **peu avant/après** shortly before/afterwards; **pour peu qu'il fasse** if he should do, if by any chance he does

2 (*modifiant nom*): **peu de**: **peu de gens/d'arbres** few *ou* not (very) many people/trees; **il a peu d'espoir** he hasn't (got) much hope, he has little hope; **pour peu de temps** for (only) a short while; **à peu de frais** for very little cost; **c'est peu de chose** it's nothing

3: **peu à peu** little by little; **à peu près** just about, more or less; **à peu près 10 kg/10 euros** approximately 10 kg/10 euros

▸ NM **1**: **le peu de gens qui** the few people who; **le peu de sable qui** what little sand, the little sand which

2: **un peu** a little; **un petit peu** a little bit; **un peu d'espoir** a little hope; **elle est un peu bavarde** she's rather talkative; **un peu plus de** slightly more than; **un peu moins de** slightly less than; (*avec pluriel*) slightly fewer than; **pour un peu il ..., un peu plus et il ...** he very nearly *ou* all but ...; **essayez un peu !** have a go!, just try it!

▸ PRON: **peu le savent** few know (it); **avant** *ou* **sous peu** shortly, before long; **depuis peu** for a short *ou* little while; (*au passé*) a short *ou* little while ago; **de peu** (only) just; **il est de peu mon cadet** he's just a little *ou* bit younger than me

Bien que **little** (+ nom singulier) et **few** (+ nom pluriel) soient possibles, l'anglais utilise plus volontiers une construction négative pour traduire *peu de* : **not much/not many** (mot à mot *pas beaucoup de*).
J'ai peu de travail en ce moment. **I don't have much work at the moment**.
Peu de gens sont au courant. **Not many people know about it**.
Avec un adjectif ou un verbe, la construction négative est également l'option la plus courante.
C'est une expression peu courante. **It isn't a very common expression**.
Elle a peu changé. **She hasn't changed much**.

peuplade [pœplad] NF (*horde, tribu*) tribe, people

peuple [pœpl] NM people; (*masse*): **un ~ de vacanciers** a crowd of holiday-makers; **il y a du ~** (*fam*) there are a lot of people

peuplé, e [pœple] ADJ: **très/peu ~** densely/sparsely populated

peuplement [pœpləmɑ̃] NM (*de pays, territoire*) population, populating; **colonie de ~** settlement

peupler [pœple] /1/ VT (*pays, région*) to populate; (*étang*) to stock; (*hommes, poissons*) to inhabit; (*fig: imagination, rêves*) to fill ▪ **se peupler** VPR (*ville, région*) to become populated; (*fig: s'animer*) to fill (up), be filled

peuplier [pøplije] NM poplar (tree)

★**peur** [pœʀ] NF fear; **avoir ~ (de/de faire/que)** to be frightened *ou* afraid (of/of doing/that); **prendre ~** to take fright; **faire ~ à** to frighten; **de ~ de/que** for fear of/that; **j'ai ~ qu'il ne soit trop tard** I'm afraid it might be too late; **j'ai ~ qu'il (ne) vienne (pas)** I'm afraid he may (not) come

peureux, -euse [pœʀø, -øz] ADJ fearful, timorous

peut [pø] VB *voir* **pouvoir**

peut-être [pøtɛtʀ] ADV perhaps, maybe; **~ que** perhaps, maybe; **~ bien qu'il fera/est** he may well do/be

peuvent [pœv], **peux** *etc* [pø] VB *voir* **pouvoir**

p. ex. ABR (= *par exemple*) e.g.

pèze [pɛz] NM (*fam: argent*) dosh (BRIT *fam*), dough (*fam*)

phacochère [fakɔʃɛʀ] NM warthog

phagocyter [fagɔsite] VT (*Bio*) to ingest by phagocytosis; (*fig: concurrent, entreprise*) to swallow up
phalange [falɑ̃ʒ] NF (*Anat*) phalanx; (*Mil: fig*) phalanx
phallique [falik] ADJ phallic
phallocrate [falɔkʀat] NM male chauvinist
phallocratie [falɔkʀasi] NF male chauvinism
phallus [falys] NM phallus
pharaon [faʀaɔ̃] NM Pharaoh
pharaonique [faʀaɔnik] ADJ (*Hist*) Pharaonic; (*fig: gigantesque*) colossal; **un projet ~** a colossal project
★**phare** [faʀ] NM (*en mer*) lighthouse; (*d'aéroport*) beacon; (*de véhicule*) headlight, headlamp (BRIT); **se mettre en phares, mettre ses phares** to put on one's headlights; **phares de recul** reversing (BRIT) *ou* back-up (*US*) lights ▸ ADJ: **produit ~** leading product
pharmaceutique [faʀmasøtik] ADJ pharmaceutic(al)
★**pharmacie** [faʀmasi] NF (*science*) pharmacology; (*magasin*) chemist's (BRIT), pharmacy; (*officine*) dispensary; (*produits*) pharmaceuticals *pl*; (*armoire*) medicine chest *ou* cupboard, first-aid cupboard
★**pharmacien, ne** [faʀmasjɛ̃, -ɛn] NM/F pharmacist, chemist (BRIT)
pharmacodépendance [faʀmakodepɑ̃dɑ̃s] NF prescription drug addiction
pharmacologie [faʀmakɔlɔʒi] NF pharmacology
pharmacopée [faʀmakɔpe] NF pharmacopoeia
pharyngite [faʀɛ̃ʒit] NF pharyngitis *no pl*
pharynx [faʀɛ̃ks] NM pharynx
phase [fɑz] NF phase
phénoménal, e, -aux [fenɔmenal, -o] ADJ phenomenal
phénomène [fenɔmɛn] NM phenomenon; (*monstre*) freak
phénoménologie [fenɔmenɔlɔʒi] NF phenomenology
phéromone [feʀɔmɔn] NF pheromone
philanthrope [filɑ̃tʀɔp] NMF philanthropist
philanthropie [filɑ̃tʀɔpi] NF philanthropy
philanthropique [filɑ̃tʀɔpik] ADJ philanthropic
philatélie [filateli] NF philately, stamp collecting
philatélique [filatelik] ADJ philatelic
philatéliste [filatelist] NMF philatelist, stamp collector
philharmonique [filaʀmɔnik] ADJ philharmonic
philippin, e [filipɛ̃, -in] ADJ Filipino
Philippines [filipin] NFPL: **les ~** the Philippines
philistin [filistɛ̃] NM philistine
philo [filo] NF (*fam: = philosophie*) philosophy
philologie [filɔlɔʒi] NF philology
philosophal, e [filɔsɔfal] ADJ: **la pierre philosophale** the philosopher's stone
philosophe [filɔzɔf] NMF philosopher ▸ ADJ philosophical
philosopher [filɔzɔfe] /1/ VI to philosophize
philosophie [filɔzɔfi] NF philosophy
philosophique [filɔzɔfik] ADJ philosophical
philosophiquement [filɔzɔfikmɑ̃] ADV philosophically
philtre [filtʀ] NM philtre, love potion
phlébite [flebit] NF phlebitis
phlébologue [flebɔlɔg] NMF vein specialist
phobie [fɔbi] NF phobia
phocéen, ne [fɔseɛ̃, -ɛn] ADJ (*marseillais*) Marseille *cpd*; **la cité phocéenne** Marseille
phonétique [fɔnetik] ADJ phonetic ▸ NF phonetics *sg*
phonétiquement [fɔnetikmɑ̃] ADV phonetically
phonique [fɔnik] ADJ (*isolation, protection*) sound *cpd*
phonographe [fɔnɔgʀaf] NM (wind-up) gramophone
phoque [fɔk] NM seal; (*fourrure*) sealskin
phosphate [fɔsfat] NM phosphate
phosphaté, e [fɔsfate] ADJ phosphate-enriched
phosphore [fɔsfɔʀ] NM phosphorus
phosphoré, e [fɔsfɔʀe] ADJ phosphorous
phosphorescent, e [fɔsfɔʀesɑ̃, -ɑ̃t] ADJ luminous
phosphorique [fɔsfɔʀik] ADJ: **acide ~** phosphoric acid
★**photo** [fɔto] NF (*photographie*) photo; **en ~** in *ou* on a photo; **prendre en ~** to take a photo of; **aimer la/faire de la ~** to like photography/taking photos; **~ en couleurs** colour photo; **~ d'identité** passport photo ▸ ADJ: **appareil/pellicule ~** camera/film
photo... [fɔtɔ] PRÉFIXE photo...
photocomposition [fɔtokɔ̃pozisjɔ̃] NF photocomposition, phototypesetting
★**photocopie** [fɔtɔkɔpi] NF (*procédé*) photocopying; (*document*) photocopy
photocopier [fɔtɔkɔpje] /7/ VT to photocopy
photocopieur [fɔtɔkɔpjœʀ] NM, **photocopieuse** [fɔtɔkɔpjøz] NF (photo)copier
photo-électrique [fɔtɔelɛktʀik] ADJ photoelectric
photo-finish [fɔtofiniʃ] (*pl* **photos-finish**) NF (*photo*) photo finish picture; **il y a eu ~ pour la troisième place** there was a photo finish for third place
photogénique [fɔtɔʒenik] ADJ photogenic
★**photographe** [fɔtɔgʀaf] NMF photographer
★**photographie** [fɔtɔgʀafi] NF (*procédé, technique*) photography; (*cliché*) photograph; **faire de la ~** to do photography as a hobby; (*comme métier*) to be a photographer
photographier [fɔtɔgʀafje] /7/ VT to photograph, take a photograph *ou* photographs of
photographique [fɔtɔgʀafik] ADJ photographic
photogravure [fɔtɔgʀavyʀ] NF photoengraving
photomaton® [fɔtɔmatɔ̃] NM photo-booth, photomat
photomontage [fɔtɔmɔ̃taʒ] NM photomontage
photon [fɔtɔ̃] NM photon
photophone [fɔtɔfɔn] NM camera phone
photophore [fɔtofɔʀ] NM (*pour bougie*) glass tealight holder

P

photoreportage [fɔtɔʀəpɔʀtaʒ] NM (*journalisme*) photojournalism; (*reportage*) photo report
photoreporter [fɔtɔʀəpɔʀtɛʀ] NMF photojournalist
photo-robot [fɔtɔʀɔbo] (*pl* **photos-robots**) NF Identikit® (picture)
photosensible [fɔtɔsɑ̃sibl] ADJ photosensitive
photostat [fɔtɔsta] NM photostat
photosynthèse [fɔtosɛ̃tɛz] NF photosynthesis
photothérapie [fɔtoteʀapi] NF phototherapy
photovoltaïque [fɔtovɔltaik] ADJ (*cellule*) photovoltaic
★**phrase** [fʀɑz] NF (*Ling*) sentence; (*propos, Mus*) phrase ■ **phrases** NFPL (*péj*) flowery language *sg*
phrasé [fʀaze] NM phrasing
phraséologie [fʀazeɔlɔʒi] NF phraseology; (*rhétorique*) flowery language
phraseur, -euse [fʀazœʀ, -øz] NM/F: **c'est un ~** he uses such flowery language
phréatique [fʀeatik] ADJ *voir* **nappe**
phrygien, ne [fʀiʒjɛ̃, -ɛn] ADJ: **bonnet ~** Phrygian cap
phtisie [ftizi] NF consumption
phylloxéra [filɔkseʀa] NM phylloxera
physicien, ne [fizisjɛ̃, -ɛn] NM/F physicist
physiologie [fizjɔlɔʒi] NF physiology
physiologique [fizjɔlɔʒik] ADJ physiological
physiologiquement [fizjɔlɔʒikmɑ̃] ADV physiologically
physiologiste [fizjɔlɔʒist] NMF physiologist
physionomie [fizjɔnɔmi] NF face; (*d'un paysage etc*) physiognomy
physionomiste [fizjɔnɔmist] NMF (*de boîte de nuit*) bouncer ▸ ADJ: **être ~** to have a good memory for faces
physiothérapeute [fizjoteʀapøt] NMF physiotherapist (BRIT), physical therapist (US)
physiothérapie [fizjɔteʀapi] NF natural medicine, alternative medicine
★**physique** [fizik] ADJ physical ▸ NM physique; **au ~** physically ▸ NF physics *sg*
physiquement [fizikmɑ̃] ADV physically
phytoplancton [fitoplɑ̃ktɔ̃] NM phytoplankton
phytothérapie [fitoteʀapi] NF herbal medicine
piaffer [pjafe] /1/ VI to stamp
piaillement [pjɑjmɑ̃] NM squawking *no pl*
piailler [pjɑje] /1/ VI to squawk
pianiste [pjanist] NMF pianist
★**piano** [pjano] NM piano; **~ à queue** grand piano
pianoter [pjanɔte] /1/ VI to tinkle away (at the piano); (*tapoter*): **~ sur** to drum one's fingers on
piaule [pjol] NF (*fam*) pad
piauler [pjole] /1/ VI (*enfant*) to whimper; (*oiseau*) to cheep
PIB SIGLE M (= *produit intérieur brut*) GDP
pic [pik] NM (*instrument*) pick(axe); (*montagne*) peak; (*Zool*) woodpecker; **à ~** *adv* vertically; (*fig: tomber, arriver*) just at the right time; **couler à ~** (*bateau*) to go straight down; **~ à glace** ice pick
picard, e [pikaʀ, -aʀd] ADJ of *ou* from Picardy
Picardie [pikaʀdi] NF: **la ~** Picardy
picaresque [pikaʀɛsk] ADJ picaresque
piccolo [pikɔlo] NM piccolo
pichenette [piʃnɛt] NF flick
pichet [piʃɛ] NM jug
pickpocket [pikpɔkɛt] NM pickpocket
pick-up [pikœp] NM record player
picoler [pikɔle] (*fam*) VI to drink, booze (*fam*); **~ dur, ~ sec** to knock it back (*fam*); **on a un peu picolé hier soir** we were knocking it back a bit last night ▸ VT to drink, knock back (*fam*)
picorer [pikɔʀe] /1/ VT to peck
picot [piko] NM sprocket; **entraînement par roue à picots** sprocket feed
picotement [pikɔtmɑ̃] NM smarting *no pl*, prickling *no pl*
picoter [pikɔte] /1/ VT (*oiseau*) to peck ▸ VI (*irriter*) to smart, prickle
pictogramme [piktɔgʀam] NM pictogram
pictural, e, -aux [piktyʀal, -o] ADJ pictorial
pie [pi] NF magpie; (*fig*) chatterbox ▸ ADJ INV: **cheval ~** piebald; **vache ~** black and white cow
pièce [pjɛs] NF (*d'un logement*) room; (*Théât*) play; (*de mécanisme, machine*) part; (*de monnaie*) coin; (*Couture*) patch; (*document*) document; (*de drap, fragment, d'une collection*) piece; (*de bétail*) head; **mettre en pièces** to smash to pieces; **deux euros ~** two euros each; **vendre à la ~** to sell separately *ou* individually; **travailler/payer à la ~** to do piecework/pay piece rate; **c'est inventé de toutes pièces** it's a complete fabrication; **un maillot une ~** a one-piece swimsuit; **un deux-pièces cuisine** a two-room(ed) flat (BRIT) *ou* apartment (US) with kitchen; **tout d'une ~** (*personne: franc*) blunt; (*: sans souplesse*) inflexible; **~ à conviction** exhibit; **~ d'eau** ornamental lake *ou* pond; **~ d'identité**: **avez-vous une ~ d'identité ?** have you got any (means of) identification?; **~ jointe** (*Inform*) attachment; **~ montée** tiered cake; **~ de rechange** spare (part); **~ de résistance** pièce de résistance; (*plat*) main dish; **pièces détachées** spares, (spare) parts; **en pièces détachées** (*à monter*) in kit form; **pièces justificatives** supporting documents
piécette [pjesɛt] NF small coin
★**pied** [pje] NM foot; (*de verre*) stem; (*de table*) leg; (*de lampe*) base; (*plante*) plant; **pieds nus** barefoot; **à ~** on foot; **à ~ sec** without getting one's feet wet; **à ~ d'œuvre** ready to start (work); **au ~ de la lettre** literally; **au ~ levé** at a moment's notice; **de ~ en cap** from head to foot; **en ~** (*portrait*) full-length; **avoir ~** to be able to touch the bottom, not to be out of one's depth; **avoir le ~ marin** to be a good sailor; **perdre ~** to lose one's footing; (*fig*) to get out of one's depth; **sur ~** (*Agr*) on the stalk, uncut; (*debout, rétabli*) up and about; **mettre sur ~** (*entreprise*) to set up; **mettre à ~** to suspend; to lay off; **mettre qn au ~ du mur** to get sb with his (*ou* her) back to the wall; **sur le ~ de guerre** ready for action; **sur un ~ d'égalité** on an equal footing; **sur ~ d'intervention** on stand-by; **faire du ~ à qn** (*prévenir*) to give sb a (warning) kick; (*galamment*) to play footsie with sb; **mettre les pieds quelque part** to set foot somewhere; **faire des pieds et des mains**

(*fig*) to move heaven and earth, pull out all the stops; **c'est le ~ !** (*fam*) it's brilliant!; **mettre les pieds dans le plat** (*fam*) to put one's foot in it; **il se débrouille comme un ~** (*fam*) he's completely useless; **se lever du bon ~/du ~ gauche** to get out of bed on the right/wrong side; **~ de lit** footboard; **faire un ~ de nez à** to thumb one's nose at; **~ de vigne** vine

pied-à-terre [pjetatɛʀ] NM INV pied-à-terre

pied-bot [pjebo] (*pl* **pieds-bots**) NM person with a club foot

pied-de-biche [pjedbiʃ] (*pl* **pieds-de-biche**) NM claw; (*Couture*) presser foot

pied-de-poule [pjedpul] ADJ INV hound's-tooth

piédestal, -aux [pjedɛstal, -o] NM pedestal

pied-noir [pjenwaʀ] (*pl* **pieds-noirs**) NMF Algerian-born French national

piège [pjɛʒ] NM trap; **prendre au ~** to trap

piéger [pjeʒe] /3, 6/ VT (*animal, fig*) to trap; (*avec une bombe*) to booby-trap; **lettre/voiture piégée** letter-/car-bomb

piercing [pjɛʀsiŋ] NM piercing

pierraille [pjɛʀɑj] NF loose stones *pl*

★**pierre** [pjɛʀ] NF stone; **première ~** (*d'un édifice*) foundation stone; **mur de pierres sèches** dry-stone wall; **faire d'une ~ deux coups** to kill two birds with one stone; **~ à briquet** flint; **~ fine** semiprecious stone; **~ ponce** pumice stone; **~ de taille** freestone *no pl*; **~ tombale** tombstone, gravestone; **~ de touche** touchstone

pierreries [pjɛʀʀi] NFPL gems, precious stones

pierreux, -euse [pjɛʀø, -øz] ADJ stony

piété [pjete] NF piety

piétinement [pjetinmɑ̃] NM stamping *no pl*

piétiner [pjetine] /1/ VI (*trépigner*) to stamp (one's foot); (*marquer le pas*) to stand about; (*fig*) to be at a standstill ▸ VT to trample on

piéton, ne [pjetɔ̃, -ɔn] NM/F pedestrian ▸ ADJ pedestrian *cpd*

piétonnier, -ière [pjetɔnje, -jɛʀ] ADJ pedestrian *cpd*

piètre [pjɛtʀ] ADJ poor, mediocre

pieu, x [pjø] NM (*piquet*) post; (*pointu*) stake; (*fam: lit*) bed

pieusement [pjøzmɑ̃] ADV piously

pieuvre [pjœvʀ] NF octopus

pieux, -euse [pjø, -øz] ADJ pious

pif [pif] NM (*fam*) conk (BRIT), beak; **au ~** *voir* **pifomètre**

piffer [pife] /1/ VT (*fam*): **je ne peux pas le ~** I can't stand him

pifomètre [pifɔmɛtʀ] NM (*fam*): **choisir** *etc* **au ~** to follow one's nose when choosing *etc*

pige [piʒ] NF piecework rate

pigeon [piʒɔ̃] NM pigeon; **~ voyageur** homing pigeon

pigeonnant, e [piʒɔnɑ̃, -ɑ̃t] ADJ full, well-developed

pigeonneau, x [piʒɔno] NM young pigeon

pigeonner [piʒɔne] VT (*fam: duper*): **~ qn** to take sb for a ride (*fam*); **se faire ~** to be taken for a ride (*fam*)

pigeonnier [piʒɔnje] NM pigeon loft, dovecot(e)

piger [piʒe] /3/ (*fam*) VI to get it ▸ VT to get, understand

pigiste [piʒist] NMF (*typographe*) typesetter on piecework; (*journaliste*) freelance journalist (*paid by the line*)

pigment [pigmɑ̃] NM pigment

pigmentation [pigmɑ̃tasjɔ̃] NF pigmentation

pignon [piɲɔ̃] NM (*de mur*) gable; (*d'engrenage*) cog(wheel), gearwheel; (*graine*) pine kernel; **avoir ~ sur rue** (*fig*) to have a prosperous business

★**pile** [pil] NF (*tas, pilier*) pile; (*Élec*) battery ▸ ADJ: **le côté ~** tails; **jouer à ~ ou face** to toss for it; **~ ou face ?** heads or tails? ▸ ADV (*net, brusquement*) dead; (*à temps, à point nommé*) just at the right time; **à deux heures ~** at two on the dot

piler [pile] /1/ VT to crush, pound

pileux, -euse [pilø, -øz] ADJ: **système ~** (body) hair

pilier [pilje] NM (*colonne, support*) pillar; (*personne*) mainstay; (*Rugby*) prop (forward)

pillage [pijaʒ] NM pillaging, plundering, looting

pillard, e [pijaʀ, -aʀd] NM/F looter, plunderer

piller [pije] /1/ VT to pillage, plunder, loot

pilleur, -euse [pijœʀ, -øz] NM/F looter

pilon [pilɔ̃] NM (*instrument*) pestle; (*de volaille*) drumstick; **mettre un livre au ~** to pulp a book

pilonnage [pilɔnaʒ] NM (*bombardement*) bombardment; (*de livre*) pulping; **~ médiatique** (*fig*) media hype

pilonner [pilɔne] /1/ VT to pound

pilori [pilɔʀi] NM: **mettre** *ou* **clouer au ~** to pillory

pilotage [pilɔtaʒ] NM piloting; flying; **~ automatique** automatic piloting; **~ sans visibilité** blind flying

★**pilote** [pilɔt] NMF pilot; (*de char, voiture*) driver; **~ de chasse/d'essai/de ligne** fighter/test/airline pilot; **~ de course** racing driver ▸ ADJ pilot *cpd*; **usine/ferme ~** experimental factory/farm

piloter [pilɔte] /1/ VT (*navire*) to pilot; (*avion*) to fly; (*automobile*) to drive; (*fig*): **~ qn** to guide sb round

pilotis [pilɔti] NM pile; stilt

★**pilule** [pilyl] NF pill; **prendre la ~** to be on the pill; **~ du lendemain** morning-after pill

pimbêche [pɛ̃bɛʃ] NF (*péj*) stuck-up girl

piment [pimɑ̃] NM (*Bot*) pepper, capsicum; (*fig*) spice, piquancy; **~ rouge** (*Culin*) chilli

pimenté, e [pimɑ̃te] ADJ (*plat*) hot, spicy

pimenter [pimɑ̃te] /1/ VT (*plat*) to add spice to, to spice up; (*fig*) to add *ou* give spice to

pimpant, e [pɛ̃pɑ̃, -ɑ̃t] ADJ spruce

pin [pɛ̃] NM pine (tree); (*bois*) pine(wood)

pinacle [pinakl] NM: **porter qn au ~** (*fig*) to praise sb to the skies

pinailler [pinɑje] VI (*fam*) to quibble; **~ sur qch** to quibble over *ou* about sth

pinailleur, euse [pinɑjœʀ, -øz] (*fam*) ADJ nit-picking ▸ NM/F nit-picker

pinard [pinaʀ] NM (*fam*) (cheap) wine, plonk (BRIT)

pince [pɛ̃s] NF (*outil*) pliers *pl*; (*de homard, crabe*) pincer, claw; (*Couture: pli*) dart; **~ à sucre/glace** sugar/ice tongs *pl*; **~ à épiler** tweezers *pl*; **~ à linge**

P

clothes peg (BRIT) *ou* pin (*US*); ~ **universelle** (universal) pliers *pl*; **pinces de cycliste** bicycle clips

pincé, e [pɛ̃se] ADJ (*air*) stiff; (*mince: bouche*) pinched ▸ NF (*de sel, épice*) pinch; (*fig: de malice*) touch

pinceau, x [pɛ̃so] NM (paint)brush

pincement [pɛ̃smɑ̃] NM: ~ **au cœur** twinge of regret

pince-monseigneur (*pl* **pinces-monseigneur**) [pɛ̃smɔ̃sɛɲœʀ] NF crowbar

pince-nez [pɛ̃sne] NM INV pince-nez

pincer [pɛ̃se] /3/ VT to pinch; (*Mus: cordes*) to pluck; (*Couture*) to dart, put darts in; (*fam*) to nab ■ **se pincer** VPR: **se ~ le doigt** to squeeze *ou* nip one's finger; **se ~ le nez** to hold one's nose

pince-sans-rire [pɛ̃ssɑ̃ʀiʀ] ADJ INV deadpan

pincettes [pɛ̃sɛt] NFPL tweezers; (*pour le feu*) (fire) tongs

pinçon [pɛ̃sɔ̃] NM pinch mark

pinède [pinɛd] NF pinewood, pine forest

pingouin [pɛ̃gwɛ̃] NM penguin

★**ping-pong** [piŋpɔ̃g] NM table tennis

pingre [pɛ̃gʀ] ADJ stingy

pingrerie [pɛ̃gʀəʀi] NF stinginess

pinson [pɛ̃sɔ̃] NM chaffinch

pintade [pɛ̃tad] NF guinea-fowl

pinte [pɛ̃t] NF pint

pin up [pinœp] NF INV pin-up (girl)

pioche [pjɔʃ] NF pickaxe

piocher [pjɔʃe] /1/ VT to dig up (with a pickaxe); (*fam*) to swot (BRIT) *ou* grind (*US*) at; ~ **dans** to dig into

piolet [pjɔlɛ] NM ice axe

pion, ne [pjɔ̃, pjɔn] NM/F (*Scol*) *student paid to supervise schoolchildren* ▸ NM (*Échecs*) pawn; (*Dames*) piece, draught (BRIT), checker (*US*)

pioncer [pjɔ̃se] VI (*fam: dormir*) to sleep, to kip (BRIT *fam*)

pionnier [pjɔnje] NM pioneer

pipe [pip] NF pipe; **fumer la** *ou* **une ~** to smoke a pipe; ~ **de bruyère** briar pipe

pipeau, x [pipo] NM (reed-)pipe

pipe-line [piplin] NM pipeline

piper [pipe] /1/ VT (*dé*) to load; (*carte*) to mark; **sans ~ mot** (*fam*) without a squeak; **les dés sont pipés** (*fig*) the dice are loaded

pipette [pipɛt] NF pipette

pipi [pipi] NM (*fam*): **faire ~** to have a wee

pipole [pipɔl] NMF (*presse, événement*) celebrity ▸ ADJ *ou* ADJ INV: **la presse ~** the celebrity press; **les magazines pipoles** *ou* ~ celebrity magazines

★**piquant, e** [pikɑ̃, -ɑ̃t] ADJ (*barbe, rosier etc*) prickly; (*saveur, sauce*) hot, pungent; (*fig: détail*) titillating; (*: mordant, caustique*) biting ▸ NM (*épine*) thorn, prickle; (*de hérisson*) quill, spine; (*fig*) spiciness, spice

pique [pik] NF (*arme*) pike; **envoyer** *ou* **lancer des piques à qn** (*fig*) to make cutting remarks to sb ▸ NM (*Cartes: couleur*) spades *pl*; (*: carte*) spade

piqué, e [pike] ADJ (*Couture*) (machine-)stitched; quilted; (*livre, glace*) mildewed; (*vin*) sour; (*Mus: note*) staccato; (*fam: personne*) nuts ▸ NM (*Aviat*) dive; (*Textiles*) piqué

pique-assiette [pikasjɛt] NMF (*péj*) scrounger, sponger

pique-fleurs [pikflœʀ] NM INV flower holder

★**pique-nique** [piknik] NM picnic

pique-niquer [piknike] /1/ VI to (have a) picnic

pique-niqueur, -euse [piknikœʀ, -øz] NM/F picnicker

★**piquer** [pike] /1/ VT (*percer*) to prick; (*Méd*) to give an injection to; (*: animal blessé etc*) to put to sleep; (*insecte, fumée, ortie*) to sting; (*moustique*) to bite; (*poivre*) to burn; (*froid*) to bite; (*Couture*) to machine (stitch); (*intérêt etc*) to arouse; (*fam: prendre*) to pick up; (*: voler*) to pinch; (*: arrêter*) to nab; (*planter*): ~ **qch dans** to stick sth into; (*fixer*): ~ **qch à** *ou* **sur** to pin sth onto; ~ **une tête** (*plonger*) to dive headfirst; ~ **un galop/un cent mètres** to break into a gallop/put on a sprint; ~ **une crise** to throw a fit; ~ **au vif** (*fig*) to sting ▸ VI (*oiseau, avion*) to go into a dive; (*saveur*) to be pungent; to be sour; ~ **sur** to swoop down on; to head straight for; ~ **du nez** (*avion*) to go into a nose-dive ■ **se piquer** VPR (*avec une aiguille*) to prick o.s.; (*se faire une piqûre*) to inject o.s.; (*se vexer*) to get annoyed; **se ~ de faire** to pride o.s. on doing

piquet [pikɛ] NM (*pieu*) post, stake; (*de tente*) peg; **mettre un élève au ~** to make a pupil stand in the corner; ~ **de grève** (strike) picket; ~ **d'incendie** fire-fighting squad

piqueté, e [pikte] ADJ: ~ **de** dotted with

piquette [pikɛt] NF (*fam*) cheap wine, plonk (BRIT)

piqûre [pikyʀ] NF (*d'épingle*) prick; (*d'ortie*) sting; (*de moustique*) bite; (*Méd*) injection, shot (*US*); (*Couture*) (straight) stitch; straight stitching; (*de ver*) hole; (*tache*) (spot of) mildew; **faire une ~ à qn** to give sb an injection

piranha [piʀana] NM piranha

piratage [piʀataʒ] NM (*Inform*) piracy

pirate [piʀat] ADJ pirate *cpd* ▸ NM pirate; (*fig: escroc*) crook, shark; (*Inform*) hacker; ~ **de l'air** hijacker

pirater [piʀate] /1/ (*Inform*) VI to hack ▸ VT to hack into

piraterie [piʀatʀi] NF (act of) piracy; ~ **aérienne** hijacking

★**pire** [piʀ] ADJ (*comparatif*) worse; (*superlatif*): **le (la) ~ ...** the worst ... ▸ NM: **le ~ (de)** the worst (of); **au ~** at (the very) worst

Pirée [piʀe] N Piraeus

pirogue [piʀɔg] NF dugout (canoe)

pirouette [piʀwɛt] NF pirouette; (*fig: volte-face*) about-turn

pis [pi] NM (*de vache*) udder; (*pire*): **le ~** the worst ▸ ADJ INV, ADV worse; **qui ~ est** what is worse; **au ~ aller** if the worst comes to the worst, at worst; **de mal en ~** from bad to worse

pis-aller [pizale] NM INV stopgap

pisciculture [pisikyltyʀ] NF fish farming

★**piscine** [pisin] NF (swimming) pool; ~ **couverte** indoor (swimming) pool

Pise [piz] N Pisa

pissaladière [pisaladjɛʀ] NF *onion, anchovy and olive pizza*

pisse [pis] NF (!) piss (*fam*)

pissenlit [pisɑ̃li] NM dandelion
pisser [pise] /1/ VI (!) to piss (*fam*)
pissotière [pisɔtjɛʀ] NF (*fam*) public urinal
pistache [pistaʃ] NF pistachio (nut)
pistard [pistaʀ] NM (*Cyclisme*) track cyclist
★**piste** [pist] NF (*d'un animal, sentier*) track, trail; (*indice*) lead; (*de stade, de magnétophone*) track; (*de cirque*) ring; (*de danse*) floor; (*de patinage*) rink; (*de ski*) run; (*Aviat*) runway; **~ cavalière** bridle path; **~ cyclable** cycle track, bikeway (*US*); **~ sonore** sound track
pister [piste] /1/ VT to track, trail
pisteur [pistœʀ] NM (*Ski*) member of the ski patrol
pistil [pistil] NM pistil
pistolet [pistɔlɛ] NM (*arme*) pistol, gun; (*à peinture*) spray gun; **~ à bouchon/air comprimé** popgun/airgun; **~ à eau** water pistol
pistolet-mitrailleur (*pl* **pistolets-mitrailleurs**) [pistɔlɛmitʀajœʀ] NM submachine gun
piston [pistɔ̃] NM (*Tech*) piston; (*Mus*) valve; (*fam: appui*) string-pulling; **avoir du ~** (*fam*) to have friends in the right places
pistonner [pistɔne] /1/ VT (*fam: candidat*) to pull strings for
pistou [pistu] NM pesto
pitance [pitɑ̃s] NF (*péj*) (means of) sustenance
piteusement [pitøzmɑ̃] ADV (*échouer*) miserably
piteux, -euse [pitø, -øz] ADJ pitiful, sorry (*avant le nom*); **en ~ état** in a sorry state
pitié [pitje] NF pity; **sans ~** *adj* pitiless, merciless; **faire ~** to inspire pity; **il me fait ~** I pity him, I feel sorry for him; **avoir ~ de** (*compassion*) to pity, feel sorry for; (*merci*) to have pity *ou* mercy on; **par ~!** for pity's sake!
piton [pitɔ̃] NM (*clou*) peg, bolt; **~ rocheux** rocky outcrop
pitoyable [pitwajabl] ADJ pitiful
pitre [pitʀ] NM clown
pitrerie [pitʀəʀi] NF tomfoolery *no pl*
★**pittoresque** [pitɔʀɛsk] ADJ picturesque; (*expression, détail*) colourful (BRIT), colorful (*US*)
pivert [pivɛʀ] NM green woodpecker
pivoine [pivwan] NF peony
pivot [pivo] NM pivot; (*d'une dent*) post
pivoter [pivɔte] /1/ VI (*fauteuil*) to swivel; (*porte*) to revolve; **~ sur ses talons** to swing round
pixel [piksɛl] NM pixel
pixélisation [pikselizasjɔ̃], **pixellisation** [piksɛlizasjɔ̃] NF (*Inform*) pixelation
pixéliser [pikselize], **pixelliser** [piksɛlize] VT, VI (*Inform*) to pixelate
★**pizza** [pidza] NF pizza
PJ SIGLE F (= *police judiciaire*) ≈ CID (BRIT), ≈ FBI (*US*) ▸ SIGLE FPL (= *pièces jointes*) encl
PL SIGLE M (*Auto*) = **poids lourd**
Pl. ABR = **place**
placage [plakaʒ] NM (*bois*) veneer
★**placard** [plakaʀ] NM (*armoire*) cupboard; (*affiche*) poster, notice; (*Typo*) galley; **~ publicitaire** display advertisement
placarder [plakaʀde] /1/ VT (*affiche*) to put up; (*mur*) to stick posters on
★**place** [plas] NF (*emplacement, situation, classement*) place; (*de ville, village*) square; (*espace libre*) room, space; (*de parking*) space; (*siège: de train, cinéma, voiture*) seat; (*prix: au cinéma etc*) price; (*: dans un bus, taxi*) fare; (*emploi*) job; **~ financière/boursière** money/stock market; **en ~** (*mettre*) in its place; **de ~ en ~, par places** here and there, in places; **sur ~** on the spot; **faire ~ à** to give way to; **faire de la ~ à** to make room for; **ça prend de la ~** it takes up a lot of room *ou* space; **prendre ~** to take one's place; **remettre qn à sa ~** to put sb in his (*ou* her) place; **ne pas rester** *ou* **tenir en ~** to be always on the go; **à la ~ de** in place of, instead of; **à votre ~ ...** if I were you ...; **se mettre à la ~ de qn** to put o.s. in sb's place *ou* in sb's shoes; **une quatre places** (*Auto*) a four-seater; **il y a 20 places assises/debout** there are 20 seats/there is standing room for 20; **~ forte** fortified town; **~ d'honneur** place (*ou* seat) of honour (BRIT) *ou* honor (*US*)
placé, e [plase] ADJ (*Hippisme*) placed; **haut ~** (*fig*) high-ranking; **être bien/mal ~** to be well/badly placed; (*spectateur*) to have a good/bad seat; **être bien/mal ~ pour faire** to be in/not to be in a position to do; **il est bien ~ pour le savoir** he is in a position to know
placebo [plasebo] NM placebo
placement [plasmɑ̃] NM placing; (*Finance*) investment; **agence** *ou* **bureau de ~** employment agency
placenta [plasɛ̃ta] NM placenta
placer [plase] /3/ VT to place, put; (*convive, spectateur*) to seat; (*capital, argent*) to place, invest; (*dans la conversation*) to put *ou* get in; **~ qn chez** to get sb a job at (*ou* with); **se ~ au premier rang** to go and stand (*ou* sit) in the first row
placide [plasid] ADJ placid
placidité [plasidite] NF placidity
placier, -ière [plasje, -jɛʀ] NM/F commercial rep(resentative), salesman/woman
Placoplâtre® [plakoplɑtʀ] NM plasterboard
★**plafond** [plafɔ̃] NM ceiling
plafonnement [plafɔnmɑ̃] NM (*limite imposée*): **un ~ des aides** an upper limit on aid; **instaurer un ~ de** to set a ceiling on
plafonner [plafɔne] /1/ VT (*pièce*) to put a ceiling (up) in ▸ VI to reach one's (*ou* a) ceiling
plafonnier [plafɔnje] NM ceiling light; (*Auto*) interior light
★**plage** [plaʒ] NF beach; (*station*) (seaside) resort; (*fig*) band, bracket; (*de disque*) track; **~ arrière** (*Auto*) parcel *ou* back shelf
plagiaire [plaʒjɛʀ] NMF plagiarist
plagiat [plaʒja] NM plagiarism
plagier [plaʒje] /7/ VT to plagiarize
plagiste [plaʒist] NMF beach attendant
plaid [plɛd] NM (tartan) car rug, lap robe (*US*)
plaidant, e [plɛdɑ̃, -ɑ̃t] ADJ (*Jur*) litigant
plaider [plede] /1/ VI (*avocat*) to plead; (*plaignant*) to go to court, litigate; **~ pour** (*fig*) to speak for ▸ VT (*Jur*) to plead
plaider-coupable, plaider coupable [pledekupabl] NM (*Jur*) guilty plea
plaideur, -euse [plɛdœʀ, -øz] NM/F (*Jur*) litigant

P

plaidoirie [plɛdwaʀi] NF (*Jur*) speech for the defence (BRIT) *ou* defense (US)

plaidoyer [plɛdwaje] NM (*Jur*) speech for the defence (BRIT) *ou* defense (US); (*fig*) plea

plaie [plɛ] NF wound

plaignant, e [plɛɲɑ̃, -ɑ̃t] VB *voir* **plaindre** ▸ NM/F plaintiff

★**plaindre** [plɛ̃dʀ] /**52**/ VT to pity, feel sorry for ▪ **se plaindre** VPR (*gémir*) to moan; (*protester, rouspéter*): **se ~ (à qn) (de)** to complain (to sb) (about); **se ~ de** (*souffrir*) to complain of

plaine [plɛn] NF plain

plain-pied [plɛ̃pje] ADV: **de ~** at street-level; (*fig*) straight; **de ~ (avec)** on the same level (as)

plaint, e [plɛ̃, -ɛ̃t] PP *de* **plaindre** ▸ NF (*gémissement*) moan, groan; (*doléance*) complaint; **porter plainte** to lodge a complaint

plaintif, -ive [plɛ̃tif, -iv] ADJ plaintive

★**plaire** [plɛʀ] /**54**/ VI to be a success, be successful; to please; **cela me plaît** I like it; **ça plaît beaucoup aux jeunes** it's very popular with young people; **essayer de ~ à qn** (*en étant serviable etc*) to try and please sb; **elle plaît aux hommes** she's a success with men, men like her ▸ VB IMPERS: **ce qu'il vous plaira** what(ever) you like *ou* wish; **s'il vous plaît, s'il te plaît** please ▪ **se plaire** VPR: **se ~ quelque part** to like being somewhere, like it somewhere; **se ~ à faire** to take pleasure in doing

plaisamment [plɛzamɑ̃] ADV pleasantly

plaisance [plɛzɑ̃s] NF (*aussi:* **navigation de plaisance**) (pleasure) sailing, yachting

plaisancier [plɛzɑ̃sje] NM amateur sailor, yachting enthusiast

plaisant, e [plɛzɑ̃, -ɑ̃t] ADJ pleasant; (*histoire, anecdote*) amusing

plaisanter [plɛzɑ̃te] /**1**/ VI to joke; **pour ~** for a joke; **on ne plaisante pas avec cela** that's no joking matter; **tu plaisantes!** you're joking *ou* kidding! ▸ VT (*personne*) to tease, make fun of

★**plaisanterie** [plɛzɑ̃tʀi] NF joke; joking *no pl*

plaisantin [plɛzɑ̃tɛ̃] NM joker; (*fumiste*) fly-by-night

plaise *etc* [plɛz] VB *voir* **plaire**

★**plaisir** [pleziʀ] NM pleasure; **faire ~ à qn** (*délibérément*) to be nice to sb, please sb; **ça me fait ~** (*cadeau, nouvelle etc*) I'm delighted *ou* very pleased with this; **j'espère que ça te fera ~** I hope you'll like it; **prendre ~ à/à faire** to take pleasure in/in doing; **j'ai le ~ de ...** it is with great pleasure that I ...; **M. et Mme X ont le ~ de vous faire part de ...** M. and Mme X are pleased to announce ...; **se faire un ~ de faire qch** to be (only too) pleased to do sth; **faites-moi le ~ de ...** would you mind ..., would you be kind enough to ...; **à ~** freely; for the sake of it; **au ~ (de vous revoir)** (I hope to) see you again; **pour le** *ou* **pour son** *ou* **par ~** for pleasure

plaît [plɛ] VB *voir* **plaire**

★**plan, e** [plɑ̃, -an] ADJ flat ▸ NM plan; (*Géom*) plane; (*fig*) level, plane; (*Ciné*) shot; **au premier/second ~** in the foreground/middle distance; **mettre qch au premier ~** (*fig*) to consider sth to be of primary importance; **sur le ~ sexuel** sexually, as far as sex is concerned; **laisser/rester en ~** to abandon/be abandoned; **~ d'action** plan of action; **~ directeur** (*Écon*) master plan; **~ d'eau** lake; pond; **~ de travail** worktop, work surface; **~ de vol** (*Aviat*) flight plan

★**planche** [plɑ̃ʃ] NF (*pièce de bois*) plank, (wooden) board; (*illustration*) plate; (*de salades, radis, poireaux*) bed; (*d'un plongeoir*) (diving) board; **les planches** (*Théât*) the boards; **en planches** *adj* wooden; **faire la ~** (*dans l'eau*) to float on one's back; **avoir du pain sur la ~** to have one's work cut out; **~ à découper** chopping board; **~ à dessin** drawing board; **~ à pain** breadboard; **~ à repasser** ironing board; **~ (à roulettes)** (*planche*) skateboard; (*sport*) skateboarding; **~ de salut** (*fig*) lifeline; **~ à voile** (*planche*) windsurfer, sailboard; (*sport*) windsurfing

plancher [plɑ̃ʃe] /**1**/ NM floor; (*planches*) floorboards *pl*; (*fig*) minimum level ▸ VI to work hard

planchiste [plɑ̃ʃist] NMF windsurfer

plancton [plɑ̃ktɔ̃] NM plankton

planer [plane] /**1**/ VI (*oiseau, avion*) to glide; (*fumée, vapeur*) to float, hover; (*drogué*) to be (on a) high; (*fam: rêveur*) to have one's head in the clouds; **~ sur** (*danger*) to hang over; to hover above

planétaire [planetɛʀ] ADJ planetary

planétarium [planetaʀjɔm] NM planetarium

planète [planɛt] NF planet

planeur [planœʀ] NM glider

planification [planifikasjɔ̃] NF (economic) planning

planifier [planifje] /**7**/ VT to plan

planisphère [planisfɛʀ] NM planisphere

planning [planiŋ] NM programme (BRIT), program (US), schedule; **~ familial** family planning

planque [plɑ̃k] NF (*fam: combine, filon*) cushy (BRIT) *ou* easy number; (*: cachette*) hideout

planquer [plɑ̃ke] /**1**/ (*fam*) VT to hide (away), stash away ▪ **se planquer** VPR to hide

plant [plɑ̃] NM seedling, young plant

plantage [plɑ̃taʒ] NM (*d'ordinateur*) crash

plantaire [plɑ̃tɛʀ] ADJ *voir* **voûte**

plantation [plɑ̃tasjɔ̃] NF planting; (*de fleurs, légumes*) bed; (*exploitation*) plantation

★**plante** [plɑ̃t] NF plant; **~ d'appartement** house *ou* pot plant; **~ du pied** sole (of the foot); **~ verte** house plant

planter [plɑ̃te] /**1**/ VT (*plante*) to plant; (*enfoncer*) to hammer *ou* drive in; (*tente*) to put up, pitch; (*drapeau, échelle, décors*) to put up; (*fam: mettre*) to dump; (*: abandonner*): **~ là** to ditch; **~ qch dans** to hammer *ou* drive sth into; to stick sth into ▪ **se planter** VPR (*fam: se tromper*) to get it wrong; **se ~ dans** to sink into; to get stuck in; **se ~ devant** to plant o.s. in front of

planteur [plɑ̃tœʀ] NM planter

plantigrade [plɑ̃tigʀad] NM, ADJ plantigrade

planton [plɑ̃tɔ̃] NM orderly

plantureux, -euse [plɑ̃tyʀø, -øz] ADJ (*repas*) copious, lavish; (*femme*) buxom

plaquage [plakaʒ] NM (*Rugby*) tackle

plaque [plak] NF plate; (*de verre*) sheet; (*de verglas, d'eczéma*) patch; (*dentaire*) plaque; (*avec inscription*) plaque; **~ (minéralogique** *ou* **de police** *ou* **d'immatriculation)** number (BRIT) *ou* license (US) plate; ~ **de beurre** slab of butter; ~ **chauffante** hotplate; ~ **de chocolat** bar of chocolate; ~ **de cuisson** hob; ~ **d'identité** identity disc; ~ **tournante** (*fig*) centre (BRIT), center (US)

plaqué, e [plake] ADJ: ~ **or/argent** gold-/silver-plated; ~ **acajou** with a mahogany veneer ▸ NM: ~ **or/argent** gold/silver plate

plaquer [plake] /1/ VT (*bijou*) to plate; (*bois*) to veneer; (*aplatir*): ~ **qch sur/contre** to make sth stick *ou* cling to; (*Rugby*) to bring down; (*fam: laisser tomber*) to drop, ditch; ~ **qn contre** to pin sb to ■ **se plaquer** VPR: **se** ~ **contre** to flatten o.s. against

plaquette [plakɛt] NF tablet; (*de chocolat*) bar; (*de beurre*) slab, packet; (*livre*) small volume; (*Méd: de pilules, gélules*) pack, packet; ~ **de frein** (*Auto*) brake pad

plasma [plasma] NM plasma

plastic [plastik] NM plastic explosive

plasticien, ne [plastisjɛ̃, -jɛn] NM/F (*artiste*) visual artist ▸ ADJ: **artiste** ~ visual artist

plastifié, e [plastifje] ADJ plastic-coated

plastifier [plastifje] /7/ VT (*document, photo*) to laminate

plastiquage [plastikaʒ] NM bombing, bomb attack

★**plastique** [plastik] ADJ plastic ▸ NM plastic ▸ NF plastic arts *pl*; (*d'une statue*) modelling

plastiquer [plastike] /1/ VT to blow up

plastiqueur [plastikœʀ] NM terrorist (*planting a plastic bomb*)

plastron [plastʀɔ̃] NM shirt front

plastronner [plastʀɔne] /1/ VI to swagger

plasturgie [plastyʀʒi] NF plastics manufacturing

★**plat, e** [pla, -at] ADJ flat; (*fade: vin*) flat-tasting, insipid; (*personne, livre*) dull; (*style*) flat, dull; **à** ~ **ventre** *adv* face down; (*tomber*) flat on one's face; **à** ~ *adj* (*pneu, batterie*) flat; (*fam: fatigué*) dead beat, tired out ▸ NM (*récipient, Culin*) dish; (*d'un repas*) course; **le premier** ~ the first course; (*partie plate*): **le** ~ **de la main** the flat of the hand; (: *d'une route*) flat (part); ~ **cuisiné** ready meal; ~ **du jour** dish of the day; ~ **principal** *ou* **de résistance** main course; **plats préparés** convenience food(s)

platane [platan] NM plane tree

★**plateau, x** [plato] NM (*support*) tray; (*d'une table*) top; (*d'une balance*) pan; (*Géo*) plateau; (*de tourne-disques*) turntable; (*Ciné*) set; (*TV*): **nous avons deux journalistes sur le** ~ **ce soir** we have two journalists with us tonight; ~ **à fromages** cheeseboard

plateau-repas (*pl* **plateaux-repas**) [platoʀəpɑ] NM tray meal, TV dinner

plate-bande (*pl* **plates-bandes**) [platbɑ̃d] NF flower bed

platée [plate] NF dish(ful)

plate-forme (*pl* **plates-formes**) [platfɔʀm] NF platform; ~ **de forage/pétrolière** drilling/oil rig

platine [platin] NM platinum ▸ NF (*d'un tourne-disque*) turntable; ~ **disque/cassette** record/cassette deck; ~ **laser** *ou* **compact-disc** compact disc (player)

platitude [platityd] NF platitude

platonique [platɔnik] ADJ platonic

plâtras [plɑtʀɑ] NM rubble *no pl*

plâtre [plɑtʀ] NM (*matériau*) plaster; (*statue*) plaster statue; (*Méd*) (plaster) cast; **avoir un bras dans le** ~ to have an arm in plaster ■ **plâtres** NMPL plasterwork *sg*

plâtrer [plɑtʀe] /1/ VT to plaster; (*Méd*) to set *ou* put in a (plaster) cast

plâtrier [plɑtʀije] NM plasterer

plausibilité [plozibilite] NF plausibility

plausible [plozibl] ADJ plausible

play-back [plɛbak] NM miming

play-boy [plɛbɔj] NM playboy

plébiscite [plebisit] NM plebiscite

plébisciter [plebisite] /1/ VT (*approuver*) to give overwhelming support to; (*élire*) to elect by an overwhelming majority

plectre [plɛktʀ] NM plectrum

pléiade [plejad] NF (*groupe*) host; **toute une** ~ **de** a whole host of

★**plein, e** [plɛ̃, plɛn] ADJ full; (*porte, roue*) solid; (*chienne, jument*) big (with young); ~ **de** full of; **avoir les mains pleines** to have one's hands full; **à pleines mains** (*ramasser*) in handfuls; (*empoigner*) firmly; **à** ~ **régime** at maximum revs; (*fig*) at full speed; **à** ~ **temps** full-time; **en** ~ **air** in the open air; **jeux en** ~ **air** outdoor games; **en pleine mer** on the open sea; **en** ~ **soleil** in direct sunlight; **en pleine nuit/rue** in the middle of the night/street; **en** ~ **milieu** right in the middle; **en** ~ **jour** in broad daylight ▸ NM: **faire le** ~ **(d'essence)** to fill up (with petrol (BRIT) *ou* gas (US)); **faire le** ~ **de voix** to get the maximum number of votes possible; **les pleins** the downstrokes (*in handwriting*) ▸ PRÉP: **avoir de l'argent** ~ **les poches** to have loads of money; **en** ~ **sur** right on; **en avoir** ~ **le dos** (*fam*) to have had it up to here

pleinement [plɛnmɑ̃] ADV fully; to the full

plein-emploi [plɛnɑ̃plwa] NM full employment

plénière [plenjɛʀ] ADJ F: **assemblée** ~ plenary assembly

plénipotentiaire [plenipɔtɑ̃sjɛʀ] NM plenipotentiary

plénitude [plenityd] NF fullness

pléthore [pletɔʀ] NF: ~ **de** overabundance *ou* plethora of

pléthorique [pletɔʀik] ADJ (*classes*) overcrowded; (*documentation*) excessive

★**pleurer** [plœʀe] /1/ VI to cry; (*yeux*) to water; ~ **sur** to lament (over), bemoan; ~ **de rire** to cry with laughter ▸ VT to mourn (for)

pleurésie [plœʀezi] NF pleurisy

pleureuse [plœʀøz] NF professional mourner

pleurnichard, e [plœʀniʃaʀ, -aʀd] ADJ (*personne, ton*) whining

pleurnicher [plœʀniʃe] /1/ VI to snivel, whine

pleurote [plœʀɔt] NM (*Bot*) oyster mushroom

pleurs [plœʀ] NMPL: **en** ~ in tears

pleut [plø] VB *voir* **pleuvoir**

pleutre [pløtʀ] ADJ cowardly

pleuvait *etc* [pløvɛ] VB *voir* **pleuvoir**

pleuviner [pløvine] /1/ VB IMPERS to drizzle

P

★**pleuvoir** [pløvwaʀ] /23/ VB IMPERS to rain; **il pleut** it's raining; **il pleut des cordes** *ou* **à verse** *ou* **à torrents** it's pouring (down), it's raining cats and dogs ▸ VI (*fig: coups*) to rain down; (*critiques, invitations*) to shower down

pleuvra *etc* [pløvʀa] VB *voir* **pleuvoir**

plexiglas® [plɛksiglɑs] NM Perspex® (BRIT), Plexiglas® (US)

pli [pli] NM fold; (*de jupe*) pleat; (*de pantalon*) crease; (*aussi:* **faux pli**) crease; (*enveloppe*) envelope; (*lettre*) letter; (*Cartes*) trick; **prendre le ~ de faire** to get into the habit of doing; **ça ne fait pas un ~ !** don't you worry!; **~ d'aisance** inverted pleat

pliable [plijabl] ADJ pliable, flexible

pliage [plijaʒ] NM folding; (*Art*) origami

pliant, e [plijɑ̃, -ɑ̃t] ADJ folding ▸ NM folding stool, campstool

★**plier** [plije] /7/ VT to fold; (*pour ranger*) to fold up; (*table pliante*) to fold down; (*genou, bras*) to bend ▸ VI to bend; (*fig*) to yield; **~ bagages** (*fig*) to pack up (and go) ■ **se plier** VPR: **se ~ à** to submit to

plinthe [plɛ̃t] NF skirting board

plissé, e [plise] ADJ (*jupe, robe*) pleated; (*peau*) wrinkled; (*Géo*) folded ▸ NM (*Couture*) pleats *pl*

plissement [plismɑ̃] NM (*Géo*) fold

plisser [plise] /1/ VT (*chiffonner: papier, étoffe*) to crease; (*rider: yeux*) to screw up; (*: front*) to furrow, wrinkle; (*: bouche*) to pucker; (*jupe*) to put pleats in ■ **se plisser** VPR (*vêtement, étoffe*) to crease

pliure [plijyʀ] NF (*du bras, genou*) bend; (*d'un ourlet*) fold

plomb [plɔ̃] NM (*métal*) lead; (*d'une cartouche*) (lead) shot; (*Pêche*) sinker; (*sceau*) (lead) seal; (*Élec*) fuse; **de ~** (*soleil*) blazing; **sans ~** (*essence*) unleaded; **sommeil de ~** heavy *ou* very deep sleep; **mettre à ~** to plumb

plombage [plɔ̃baʒ] NM (*de dent*) filling

plombémie [plɔ̃bemi] NF blood lead

plomber [plɔ̃be] /1/ VT (*dent*) to fill (BRIT), stop (US); (*fam: compromettre: finances, comptes, relations*) to compromise; (*canne, ligne*) to weight (with lead); (*colis, wagon*) to put a lead seal on; (*Tech: mur*) to plumb; (*Inform*) to protect; **~ l'ambiance** to spoil the atmosphere

plomberie [plɔ̃bʀi] NF plumbing

★**plombier** [plɔ̃bje] NM plumber

plonge [plɔ̃ʒ] NF: **faire la ~** to be a washer-up (BRIT) *ou* dishwasher (*person*)

plongeant, e [plɔ̃ʒɑ̃, -ɑ̃t] ADJ (*vue*) from above; (*tir, décolleté*) plunging

plongée [plɔ̃ʒe] NF (*Sport*) diving *no pl*; (*: sans scaphandre*) skin diving; (*de sous-marin*) submersion, dive; **en ~** (*sous-marin*) submerged; (*prise de vue*) high angle; **~ sous-marine** diving

plongeoir [plɔ̃ʒwaʀ] NM diving board

plongeon [plɔ̃ʒɔ̃] NM dive

★**plonger** [plɔ̃ʒe] /3/ VI to dive; **~ dans un sommeil profond** to sink straight into a deep sleep ▸ VT: **~ qch dans** to plunge sth into; **~ qn dans l'embarras** to throw sb into a state of confusion ■ **se plonger** VPR: **se ~ dans** (*études, lecture*) to bury *ou* immerse o.s. in; **se ~ dans un livre** to get absorbed in a book

plongeur, -euse [plɔ̃ʒœʀ, -øz] NM/F diver; (*de café*) washer-up (BRIT), dishwasher (*person*)

plot [plo] NM (*Élec*) contact

plouc [pluk] NMF (*fam, péj*) yokel

ploutocratie [plutɔkʀasi] NF plutocracy

ploutocratique [plutɔkʀatik] ADJ plutocratic

ployer [plwaje] /8/ VT to bend ▸ VI to bend; (*plancher*) to sag

plu [ply] PP *de* **plaire**; **pleuvoir**

★**pluie** [plɥi] NF rain; (*averse, ondée*): **une ~ brève** a shower; (*fig*): **~ de** shower of; **une ~ fine** fine rain; **retomber en ~** to shower down; **sous la ~** in the rain

plumage [plymaʒ] NM plumage *no pl*, feathers *pl*

★**plume** [plym] NF feather; (*pour écrire*) (pen) nib; (*fig*) pen; **dessin à la ~** pen and ink drawing

plumeau, x [plymo] NM feather duster

plumer [plyme] /1/ VT to pluck

plumet [plymɛ] NM plume

plumier [plymje] NM pencil box

★**plupart** [plypaʀ]: **la ~** *pron* the majority, most (of them); **la ~ des** most, the majority of; **la ~ du temps/d'entre nous** most of the time/of us; **pour la ~** *adv* for the most part, mostly

pluralisme [plyʀalism] NM pluralism

pluraliste [plyʀalist] ADJ pluralist

pluralité [plyʀalite] NF plurality

pluriannuel, le [plyʀianɥɛl] ADJ long-term

pluridisciplinaire [plyʀidisiplinɛʀ] ADJ multidisciplinary

pluriel [plyʀjɛl] NM plural; **au ~** in the plural

pluriethnique [plyʀiɛtnik] ADJ multi-ethnic

★**plus**[1] [ply] VB *voir* **plaire**

plus[2] [ply]

ADV **1** (*forme négative*): **ne ... plus** no more, no longer; **je n'ai plus d'argent** I've got no more money *ou* no money left; **il ne travaille plus** he's no longer working, he doesn't work any more

2 [ply, (*+voyelle*) plyz] (*comparatif*) more, ...+er; (*superlatif*): **le plus** the most, the ...+est; **plus grand/intelligent (que)** bigger/more intelligent (than); **le plus grand/intelligent** the biggest/most intelligent; **tout au plus** at the very most

3 (*davantage*) [plys, (*+voyelle*) plyz] more; **il travaille plus (que)** he works more (than); **plus il travaille, plus il est heureux** the more he works, the happier he is; **plus de pain** more bread; **plus de 10 personnes/trois heures/quatre kilos** more than *ou* over 10 people/three hours/four kilos; **trois heures de plus que** three hours more than; **plus de minuit** after *ou* past midnight; **de plus** what's more, moreover; **il a trois ans de plus que moi** he's three years older than me; **trois kilos en plus** three kilos more; **en plus de** in addition to; **de plus en plus** more and more; **en plus de cela ...** what is more ...; **plus ou moins** more or less; **ni plus ni moins** no more, no less; **sans plus** (but) no more than that, (but) that's all; **qui plus est** what is more

▸ PRÉP [plys]: **quatre plus deux** four plus two

★**plusieurs** [plyzjœʀ] ADJ, PRON several; **ils sont ~** there are several of them

plus-que-parfait [plyskəpaʀfɛ] NM pluperfect, past perfect

plus-value [plyvaly] NF *(d'un bien)* appreciation; *(bénéfice)* capital gain; *(budgétaire)* surplus

plut [ply] VB *voir* **plaire; pleuvoir**

plutonium [plytɔnjɔm] NM plutonium

plutôt [plyto] ADV rather; **je ferais ~ ceci** I'd rather *ou* sooner do this; **fais ~ comme ça** try this way instead; **~ que (de) faire** rather than *ou* instead of doing

pluvial, e, -aux [plyvjal, -o] ADJ *(eaux)* rain *cpd*

pluvieux, -euse [plyvjø, -øz] ADJ rainy, wet

pluviométrie [plyvjɔmetʀi] NF recorded rainfall

pluviosité [plyvjɔzite] NF rainfall

PM SIGLE F = **Police militaire**

p.m. ABR (= *pour mémoire*) for the record

PMA [peɛma] SIGLE NMPL (= *pays les moins avancés*) LDCs (= *least developed countries*) ▸ SIGLE F = **procréation médicalement assistée**

PME SIGLE FPL (= *petites et moyennes entreprises*) small businesses

PMI SIGLE FPL = **petites et moyennes industries** ▸ SIGLE F = **protection maternelle et infantile**

PMU SIGLE M (= *pari mutuel urbain*) betting agency

The **PMU** *(pari mutuel urbain)* is a government-regulated network of betting counters run from bars displaying the *PMU* sign or online. Punters buy fixed-price tickets predicting winners or finishing positions in horse races. The traditional bet is the *tiercé*, a triple bet, although other multiple bets *(quarté* and so on) are becoming increasingly popular.

PNB SIGLE M (= *produit national brut*) GNP

★**pneu** [pnø] NM *(de roue)* tyre (BRIT), tire (US); *(message)* letter sent by pneumatic tube

pneumatique [pnømatik] ADJ pneumatic; *(gonflable)* inflatable ▸ NM tyre (BRIT), tire (US)

pneumonie [pnømɔni] NF pneumonia

pneumopathie [pnømopati] NF acute respiratory disease

PO SIGLE FPL (= *petites ondes*) MW

po [po] ABR *voir* **science**

Pô [po] NM: **le Pô** the Po

p.o. ABR (= *par ordre*) p.p. *(on letters etc)*

★**poche** [pɔʃ] NF pocket; *(déformation)*: **faire une/des ~(s)** to bag; *(sous les yeux)* bag, pouch; *(Zool)* pouch; **de ~** pocket *cpd*; **en être de sa ~** to be out of pocket; **c'est dans la ~** it's in the bag; **argent de ~** pocket money ▸ NM *(livre de poche)* (pocket-size) paperback

poché, e [pɔʃe] ADJ: **œuf ~** poached egg; **œil ~** black eye

pocher [pɔʃe] /1/ VT *(Culin)* to poach; *(Art)* to sketch ▸ VI *(vêtement)* to bag

poche-revolver [pɔʃʀəvɔlvɛʀ] *(pl* **poches-revolver**) NF hip pocket

pochette [pɔʃɛt] NF *(de timbres)* wallet, envelope; *(d'aiguilles etc)* case; *(sac: de femme)* clutch bag, purse; *(: d'homme)* bag; *(sur veston)* breast pocket; *(mouchoir)* breast pocket handkerchief; **~ d'allumettes** book of matches; **~ de disque** record sleeve; **~ surprise** lucky bag

pochoir [pɔʃwaʀ] NM *(Art: cache)* stencil; *(: tampon)* transfer

podcast [pɔdkast] NM *(Inform)* podcast

podcaster [pɔdkaste] /1/ VI *(Inform)* to podcast

podium [pɔdjɔm] NM podium

podologue [pɔdɔlɔg] NMF podiatrist

poêle [pwɑl] NM stove ▸ NF: **~ (à frire)** frying pan

poêlée [pwale] NF: **une ~ de** a frying pan full of

poêler [pwale] VT to fry

poêlon [pwɑlɔ̃] NM casserole

poème [pɔɛm] NM poem

poésie [pɔezi] NF *(poème)* poem; *(art)*: **la ~** poetry

poète [pɔɛt] NM poet; *(fig)* dreamer ▸ ADJ poetic

poétesse [pɔetɛs] NF poetess

poétique [pɔetik] ADJ poetic

pognon [pɔɲɔ̃] NM *(fam: argent)* dough

★**poids** [pwa] NM weight; *(Sport)* shot; **vendre au ~** to sell by weight; **de ~** *adj (argument etc)* weighty; **perdre/prendre du ~** to lose/put on weight; **faire le ~** *(fig)* to measure up; **~ plume/mouche/coq/moyen** *(Boxe)* feather/fly/bantam/middleweight; **~ et haltères** weight lifting *sg*; **~ lourd** *(Boxe)* heavyweight; *(camion: aussi:* **PL**) (big) lorry (BRIT), truck (US); *(Admin)* large goods vehicle (BRIT), truck (US); **~ mort** dead weight; **~ utile** net weight

poignant, e [pwaɲɑ̃, -ɑ̃t] ADJ poignant, harrowing

poignard [pwaɲaʀ] NM dagger

poignarder [pwaɲaʀde] /1/ VT to stab, knife

poigne [pwaɲ] NF grip; *(fig)* firm-handedness; **à ~** firm-handed; **avoir de la ~** *(fig)* to rule with a firm hand

poignée [pwaɲe] NF *(de sel etc, fig)* handful; *(de couvercle, porte)* handle; **~ de main** handshake

★**poignet** [pwaɲɛ] NM *(Anat)* wrist; *(de chemise)* cuff

poil [pwal] NM *(Anat)* hair; *(de pinceau, brosse)* bristle; *(de tapis, tissu)* strand; *(pelage)* coat; *(ensemble des poils)*: **avoir du ~ sur la poitrine** to have hair(s) on one's chest, have a hairy chest; **à ~** *adj (fam)* starkers; **au ~** *adj (fam)* hunky-dory; **de tout ~** of all kinds; **être de bon/mauvais ~** *(fam)* to be in a good/bad mood; **~ à gratter** itching powder

poilant, e [pwalɑ̃, -ɑ̃t] ADJ *(fam)* uproarious

poilu, e [pwaly] ADJ hairy

poinçon [pwɛ̃sɔ̃] NM awl; bodkin; *(marque)* hallmark

poinçonner [pwɛ̃sɔne] /1/ VT *(marchandise)* to stamp; *(bijou etc)* to hallmark; *(billet, ticket)* to punch, clip

poinçonneuse [pwɛ̃sɔnøz] NF *(outil)* punch

poindre [pwɛ̃dʀ] /49/ VI *(fleur)* to come up; *(aube)* to break; *(jour)* to dawn

★**poing** [pwɛ̃] NM fist; **coup de ~** punch; **dormir à poings fermés** to sleep soundly

★**point** [pwɛ̃] VB *voir* **poindre** ▸ NM *(marque, signe)* dot; *(de ponctuation)* full stop, period (US); *(moment, de score etc, fig: question)* point; *(endroit)* spot; *(Couture, Tricot)* stitch; **faire le ~** *(Navig)* to take a bearing; *(fig)* to take stock (of the situation); **faire le ~ sur** to review; **en tout ~** in every respect; **sur le ~ de**

P

faire (just) about to do; **au ~ que, à tel ~ que** so much so that; **mettre au ~** (*mécanisme, procédé*) to develop; (*appareil photo*) to focus; (*affaire*) to settle; **à ~** (*Culin: viande*) medium; **à ~ (nommé)** just at the right time; **~ de croix/tige/chaînette** (*Couture*) cross/stem/chain stitch; **~ mousse/jersey** (*Tricot*) garter/stocking stitch; **~ de départ/d'arrivée/d'arrêt** departure/arrival/stopping point; **~ chaud** (*Mil, Pol*) hot spot; **~ de chute** landing place; (*fig*) stopping-off point; **~ (de côté)** stitch (*pain*); **~ culminant** summit; (*fig*) height, climax; **~ d'eau** spring, water point; **~ d'exclamation** exclamation mark; **~ faible** weak spot; **~ final** full stop, period (*US*); **~ d'interrogation** question mark; **~ mort** (*Finance*) break-even point; **au ~ mort** (*Auto*) in neutral; (*affaire, entreprise*) at a standstill; **~ noir** (*sur le visage*) blackhead; (*Auto*) accident black spot; **~ de non-retour** point of no return; **~ de repère** landmark; (*dans le temps*) point of reference; **~ de vente** retail outlet; **~ de vue** viewpoint; (*fig: opinion*) point of view; **du ~ de vue de** from the point of view of; **points cardinaux** points of the compass, cardinal points; **points de suspension** suspension points ▸ ADV = **pas¹**; **ne ... ~** not (at all)

pointage [pwɛ̃taʒ] NM ticking off; checking in

pointe [pwɛ̃t] NF point; (*de la côte*) headland; (*allusion*) dig; sally; (*clou*) tack ■ **pointes** NFPL (*Danse*) points, point shoes; **une ~ d'ail/d'accent** a touch *ou* hint of garlic/of an accent; **être à la ~ de** (*fig*) to be in the forefront of; **faire** *ou* **pousser une ~ jusqu'à ...** to press on as far as ...; **sur la ~ des pieds** on tiptoe; **en ~** *adv* (*tailler*) into a point; *adj* pointed, tapered; **de ~** *adj* (*technique, technologie etc*) leading, cutting-edge (: *vitesse*) maximum, top; **heures/jours de ~** peak hours/days; **faire du 180 en ~** (*Auto*) to have a top *ou* maximum speed of 180; **faire des pointes** (*Danse*) to dance on points; **~ d'asperge** asparagus tip; **~ de courant** surge (of current); **~ de vitesse** burst of speed

pointer [pwɛ̃te] /1/ VT (*cocher*) to tick off (BRIT), to check off (*US*); (*diriger: canon, longue-vue, doigt*): **~ vers qch**, **~ sur qch** to point at sth; (*Mus: note*) to dot; **~ les oreilles** (*chien*) to prick up its ears ▸ VI (*employé*) to clock in *ou* on; (*pousses*) to come through; (*jour*) to break ■ **se pointer** VPR (*fam: arriver, apparaître*) to turn up

pointeur, -euse [pwɛ̃tœʀ, -øz] NM/F time-keeper ▸ NF timeclock ▸ NM (*Inform*) cursor

pointillé [pwɛ̃tije] NM (*trait*) dotted line; (*Art*) stippling *no pl*

pointilleux, -euse [pwɛ̃tijø, -øz] ADJ particular, pernickety

pointu, e [pwɛ̃ty] ADJ pointed; (*clou*) sharp; (*voix*) shrill; (*analyse*) precise

★**pointure** [pwɛ̃tyʀ] NF size

point-virgule (*pl* **points-virgules**) [pwɛ̃viʀgyl] NM semi-colon

★**poire** [pwaʀ] NF pear; (*fam, péj*) mug; **~ électrique** (*pear-shaped*) switch; **~ à injections** syringe

★**poireau, x** [pwaʀo] NM leek

poireauter [pwaʀote] /1/ VI (*fam*) to hang about (waiting)

poirier [pwaʀje] NM pear tree; (*Sport*): **faire le ~** to do a headstand

★**pois** [pwa] NM (*Bot*) pea; (*sur une étoffe*) dot, spot; **à ~** (*cravate etc*) spotted, polka-dot *cpd*; **~ chiche** chickpea; **~ de senteur** sweet pea; **~ cassés** split peas

poison [pwazɔ̃] NM poison

poisse [pwas] NF rotten luck

poisser [pwase] /1/ VT to make sticky

poisseux, -euse [pwasø, -øz] ADJ sticky

★**poisson** [pwasɔ̃] NM fish *gén inv*; **les Poissons** (*Astrologie: signe*) Pisces, the Fish; **être des Poissons** to be Pisces; **pêcher** *ou* **prendre du ~** *ou* **des poissons** to fish; **~ d'avril** April fool; (*blague*) April Fools' Day trick; **~ rouge** goldfish

The traditional April Fools' Day prank in France involves attaching a cut-out paper fish, known as a **poisson d'avril**, to the back of one's victim without being caught. In modern-day France people often play practical jokes on each other and say *'Poisson d'avril!'* to the victim when the joke is revealed. Hoax news stories are often reported on TV and in the press, and companies may advertise fake products as part of the joke.

poisson-chat (*pl* **poissons-chats**) [pwasɔ̃ʃa] NM catfish

★**poissonnerie** [pwasɔnʀi] NF fishmonger's (BRIT), fish store (*US*)

poissonneux, -euse [pwasɔnø, -øz] ADJ abounding in fish

poissonnier, -ière [pwasɔnje, -jɛʀ] NM/F fishmonger (BRIT), fish merchant (*US*) ▸ NF (*ustensile*) fish kettle

poisson-scie (*pl* **poissons-scies**) [pwasɔ̃si] NM sawfish

poitevin, e [pwat(ə)vɛ̃, -in] ADJ (*région*) of *ou* from Poitou; (*ville*) of *ou* from Poitiers

poitrail [pwatʀaj] NM (*d'un cheval etc*) breast

★**poitrine** [pwatʀin] NF (*Anat*) chest; (*seins*) bust, bosom; (*Culin*) breast; **~ de bœuf** brisket

★**poivre** [pwavʀ] NM pepper; **~ en grains/moulu** whole/ground pepper; **~ de cayenne** cayenne (pepper); **~ et sel** *adj* (*cheveux*) pepper-and-salt

poivré, e [pwavʀe] ADJ peppery

poivrer [pwavʀe] /1/ VT to pepper

poivrier [pwavʀije] NM (*Bot*) pepper plant

poivrière [pwavʀijɛʀ] NF pepperpot, pepper shaker (*US*)

★**poivron** [pwavʀɔ̃] NM pepper, capsicum; **~ vert/rouge** green/red pepper

poivrot, e [pwavʀo, -ɔt] NM/F (*fam: ivrogne*) wino (*fam*)

poix [pwa] NF pitch (*tar*)

poker [pɔkɛʀ] NM: **le ~** poker; **partie de ~** (*fig*) gamble; **~ d'as** four aces

polaire [pɔlɛʀ] ADJ polar

polar [pɔlaʀ] NM (*fam*) detective novel

polarisation [pɔlaʀizasjɔ̃] NF polarization; (*fig*) focusing

polariser [pɔlaʀize] /1/ VT to polarize; (*fig: attirer*) to attract; (: *réunir, concentrer*) to focus; **être polarisé sur** (*personne*) to be completely bound up with *ou* absorbed by

pôle [pol] NM (*Géo, Élec*) pole; **le ~ Nord/Sud** the North/South Pole; **~ d'attraction** (*fig*) centre of attraction; **P~ Emploi** employment office

polémique [pɔlemik] ADJ controversial, polemic(al) ▸ NF controversy

polémiquer [pɔlemike] /1/ VI to be involved in controversy

polémiste [pɔlemist] NMF polemist, polemicist

★**poli, e** [pɔli] ADJ polite; (*lisse*) smooth; polished

★**police** [pɔlis] NF police; (*discipline*): **assurer la ~ de** *ou* **dans** to keep order in; **peine de simple ~** *sentence given by a magistrates' or police court*; **~ (d'assurance)** (insurance) policy; **~ (de caractères)** (*Typo, Inform*) font, typeface; **~ judiciaire (PJ)** ≈ Criminal Investigation Department (CID) (BRIT), ≈ Federal Bureau of Investigation (FBI) (US); **~ des mœurs** ≈ vice squad; **~ secours** ≈ emergency services *pl* (BRIT), ≈ paramedics *pl* (US)

> En anglais britannique, le mot **police** peut fonctionner comme un singulier ou un pluriel selon que l'accent est mis sur le corps en général ou sur ses membres. Le verbe qui suit peut donc être au singulier ou au pluriel.
> *La police est chargée de faire régner l'ordre.* **The police *is* responsible for maintaining law and order**.
> *La police a arrêté vingt manifestants.* **The police *have* arrested twenty demonstrators**.

policé, e [pɔlise] ADJ civilized

polichinelle [pɔliʃinɛl] NM Punch; (*péj*) buffoon; **secret de ~** open secret

★**policier, -ière** [pɔlisje, -jɛʀ] ADJ police *cpd* ▸ NM policeman; (*aussi:* **roman policier**) detective novel

policlinique [pɔliklinik] NF ≈ outpatients *sg* (clinic)

poliment [pɔlimɑ̃] ADV politely

polio [pɔljo] NF (*aussi:* **poliomyélite**) polio ▸ NMF (*aussi:* **poliomyélitique**) polio patient *ou* case

poliomyélite [pɔljɔmjelit] NF poliomyelitis

poliomyélitique [pɔljɔmjelitik] NMF polio patient *ou* case

polir [pɔliʀ] /2/ VT to polish

polisson, ne [pɔlisɔ̃, -ɔn] ADJ naughty

politesse [pɔlitɛs] NF politeness; **rendre la ~ à qn** to return sb's favour (BRIT) *ou* favor (US) ■ **politesses** NFPL (exchange of) courtesies

politicard [pɔlitikaʀ] NM (*péj*) politico, political schemer

politicien, ne [pɔlitisjɛ̃, -ɛn] ADJ political ▸ NM/F (*péj*) politician

★**politique** [pɔlitik] ADJ political ▸ NF (*science, activité*) politics *sg*; (*principes, tactique*) policy, policies *pl*; **~ étrangère/intérieure** foreign/domestic policy ▸ NM (*politicien*) politician

politique-fiction [pɔlitikfiksjɔ̃] (*pl* **politiques-fictions**) NF political fiction

politiquement [pɔlitikmɑ̃] ADV politically; **~ correct** politically correct

politisation [pɔlitizasjɔ̃] NF politicization

politiser [pɔlitize] /1/ VT to politicize ■ **se politiser** VPR (*débat*) to become politicized

politologue [pɔlitɔlɔg] NMF political commentator

pollen [pɔlɛn] NM pollen

polluant, e [pɔlɥɑ̃, -ɑ̃t] ADJ polluting; **non ~** non-polluting ▸ NM polluting agent, pollutant

★**polluer** [pɔlɥe] /1/ VT to pollute

pollueur, -euse [pɔlɥœʀ, -øz] NM/F polluter

★**pollution** [pɔlysjɔ̃] NF pollution

polo [pɔlo] NM (*sport*) polo; (*tricot*) polo shirt

★**Pologne** [pɔlɔɲ] NF: **la ~** Poland

★**polonais, e** [pɔlɔnɛ, -ɛz] ADJ Polish ▸ NM (*Ling*) Polish ▸ NM/F: **Polonais, e** Pole

poltron, ne [pɔltʀɔ̃, -ɔn] ADJ cowardly

poly... [pɔli] PRÉFIXE poly...

polyamide [pɔliamid] NF polyamide

polychrome [pɔlikʀom] ADJ polychrome, polychromatic

polyclinique [pɔliklinik] NF (private) clinic (*treating different illnesses*)

polycopie [pɔlikɔpi] NF (*procédé*) duplicating; (*reproduction*) duplicated copy

polycopié, e [pɔlikɔpje] ADJ duplicated ▸ NM handout, duplicated notes *pl*

polycopier [pɔlikɔpje] /7/ VT to duplicate

polyculture [pɔlikyltyʀ] NF mixed farming

polyester [pɔliɛstɛʀ] NM polyester

polyéthylène [pɔlietilɛn] NM polyethylene

polygame [pɔligam] ADJ polygamous

polygamie [pɔligami] NF polygamy

polyglotte [pɔliglɔt] ADJ polyglot

polygone [pɔligɔn] NM polygon

polymère [pɔlimɛʀ] NM polymer

polymorphe [pɔlimɔʀf] ADJ polymorphous

Polynésie [pɔlinezi] NF: **la ~** Polynesia; **la ~ française** French Polynesia

polynésien, ne [pɔlinezjɛ̃, -ɛn] ADJ Polynesian

polynôme [pɔlinom] NM polynomial

polype [pɔlip] NM polyp

polyphonie [pɔlifɔni] NF (*Mus: technique*) polyphony; (*: chant*) polyphony

polyphonique [pɔlifɔnik] ADJ (*Mus*) polyphonic

polysémie [pɔlisemi] NF polysemy

polysémique [pɔlisemik] ADJ polysemous

polystyrène [pɔlistiʀɛn] NM polystyrene

polytechnicien, ne [pɔlitɛknisjɛ̃, -ɛn] NM/F *student or former student of the École polytechnique*

Polytechnique [pɔlitɛknik] NF: **(École) ~** *prestigious military academy producing high-ranking officers and engineers*

polyuréthane [pɔliyʀetan] NM polyurethane

polyvalent, e [pɔlivalɑ̃, -ɑ̃t] ADJ (*vaccin*) polyvalent; (*personne*) versatile; (*rôle*) varied; (*salle*) multi-purpose ▸ NM ≈ tax inspector

pomélo [pɔmelo] NM pomelo, grapefruit

pommade [pɔmad] NF ointment, cream

★**pomme** [pɔm] NF (*Bot*) apple; (*boule décorative*) knob; (*pomme de terre*): **steak pommes (frites)** steak and chips (BRIT) *ou* (French) fries (US); **tomber dans les pommes** (*fam*) to pass out; **~ d'Adam** Adam's apple; **pommes allumettes** French fries (*thin-cut*); **~ d'arrosoir** (sprinkler) rose; **~ de pin** pine *ou* fir cone; **~ de terre** potato; **pommes vapeur** boiled potatoes

P

pommé, e [pɔme] ADJ (*chou etc*) firm
pommeau, x [pɔmo] NM (*boule*) knob; (*de selle*) pommel
pommelé, e [pɔm(ə)le] ADJ: **gris ~** dapple grey
pommette [pɔmɛt] NF cheekbone
pommier [pɔmje] NM apple tree
pompe [pɔ̃p] NF pump; (*faste*) pomp (and ceremony); **~ à eau/essence** water/petrol pump; **~ à huile** oil pump; **~ à incendie** fire engine (*apparatus*); **pompes funèbres** undertaker's *sg*, funeral parlour *sg* (BRIT), mortician's *sg* (US)
Pompéi [pɔ̃pei] N Pompeii
pompéien, ne [pɔ̃pejɛ̃, -ɛn] ADJ Pompeiian
pomper [pɔ̃pe] /1/ VT to pump; (*évacuer*) to pump out; (*aspirer*) to pump up; (*absorber*) to soak up ▸ VI to pump
pompeusement [pɔ̃pøzmɑ̃] ADV pompously
pompeux, -euse [pɔ̃pø, -øz] ADJ pompous
★**pompier** [pɔ̃pje] NM fireman ▸ ADJ M (*style*) pretentious, pompous
pompiste [pɔ̃pist] NMF petrol (BRIT) *ou* gas (US) pump attendant
pompon [pɔ̃pɔ̃] NM pompom, bobble
pomponner [pɔ̃pɔne] /1/ VT to titivate (BRIT), dress up
ponçage [pɔ̃saʒ] NM sanding
ponce [pɔ̃s] NF: **pierre ~** pumice stone
poncer [pɔ̃se] /3/ VT to sand (down)
ponceuse [pɔ̃søz] NF sander
poncif [pɔ̃sif] NM cliché
ponction [pɔ̃ksjɔ̃] NF (*d'argent etc*) withdrawal; **~ lombaire** lumbar puncture
ponctionner [pɔ̃ksjɔne] VT (*fonds, ressources*) to draw off; (*personne, organisme*) to tax
ponctualité [pɔ̃ktɥalite] NF punctuality
ponctuation [pɔ̃ktɥasjɔ̃] NF punctuation
ponctuel, le [pɔ̃ktɥɛl] ADJ (*à l'heure, Tech*) punctual; (*fig: opération etc*) one-off, single; (*scrupuleux*) punctilious, meticulous
ponctuellement [pɔ̃ktɥɛlmɑ̃] ADV punctually; punctiliously, meticulously
ponctuer [pɔ̃ktɥe] /1/ VT to punctuate; (*Mus*) to phrase
pondéré, e [pɔ̃deʀe] ADJ level-headed, composed
pondérer [pɔ̃deʀe] /6/ VT to balance
pondeuse [pɔ̃døz] NF layer, laying hen
pondre [pɔ̃dʀ] /41/ VT to lay; (*fig*) to produce ▸ VI to lay
poney [pɔnɛ] NM pony
pongiste [pɔ̃ʒist] NMF table tennis player
★**pont** [pɔ̃] NM bridge; (*Auto*): **~ arrière/avant** rear/front axle; (*Navig*) deck; **faire le ~** to take an extra day off; **faire un ~ d'or à qn** to offer sb a fortune to take a job; **~ aérien** airlift; **~ basculant** bascule bridge; **~ d'envol** flight deck; **~ élévateur** hydraulic ramp; **~ de graissage** ramp (*in garage*); **~ à péage** tollbridge; **~ roulant** travelling crane; **~ suspendu** suspension bridge; **~ tournant** swing bridge; **Ponts et Chaussées** highways department

> The expression **faire le pont** refers to the practice of taking a Monday or Friday off to make a long weekend if a public holiday falls on a Tuesday or Thursday. This is very common at the time of the Ascension Day holiday, which always falls on a Thursday.

pontage [pɔ̃taʒ] NM: **~ coronarien** coronary bypass
ponte [pɔ̃t] NF laying; (*œufs pondus*) clutch ▸ NM (*fam*) big shot
pontife [pɔ̃tif] NM pontiff
pontifiant, e [pɔ̃tifjɑ̃, -jɑ̃t] ADJ (*personne, propos*) pontificating
pontificat [pɔ̃tifika] NM (*papauté*) pontificate; (*durée*) pontificate
pontifier [pɔ̃tifje] /7/ VI to pontificate
pont-levis (*pl* **ponts-levis**) [pɔ̃lvi] NM drawbridge
ponton [pɔ̃tɔ̃] NM pontoon (*on water*)
pop [pɔp] ADJ INV pop ▸ NF: **la ~** pop (music)
pop-corn [pɔpkɔʀn] NM popcorn
popeline [pɔplin] NF poplin
populace [pɔpylas] NF (*péj*) rabble
★**populaire** [pɔpylɛʀ] ADJ popular; (*manifestation*) mass *cpd*, of the people; (*milieux, clientèle*) working-class; (*Ling: mot etc*) used by the lower classes (of society)
populariser [pɔpylaʀize] /1/ VT to popularize
popularité [pɔpylaʀite] NF popularity
population [pɔpylasjɔ̃] NF population; **~ active/agricole** working/farming population
populeux, -euse [pɔpylø, -øz] ADJ densely populated
populisme [pɔpylism] NM populism
populiste [pɔpylist] ADJ populist
★**porc** [pɔʀ] NM (*Zool*) pig; (*Culin*) pork; (*peau*) pigskin
porcelaine [pɔʀsəlɛn] NF (*substance*) porcelain, china; (*objet*) piece of china(ware)
porcelet [pɔʀsəlɛ] NM piglet
porc-épic (*pl* **porcs-épics**) [pɔʀkepik] NM porcupine
porche [pɔʀʃ] NM porch
porcher, -ère [pɔʀʃe, -ɛʀ] NM/F pig-keeper
porcherie [pɔʀʃəʀi] NF pigsty
porcin, e [pɔʀsɛ̃, -in] ADJ (*race*) porcine; (*élevage*) pig *cpd*; (*fig*) piglike
pore [pɔʀ] NM pore
poreux, -euse [pɔʀø, -øz] ADJ porous
porno [pɔʀno] ADJ porno ▸ NM porn
pornographie [pɔʀnɔgʀafi] NF pornography
pornographique [pɔʀnɔgʀafik] ADJ pornographic
porosité [pɔʀozite] NF (*de matériau, roche*) porosity
★**port** [pɔʀ] NM (*Navig*) harbour (BRIT), harbor (US), port; (*ville, Inform*) port; (*de l'uniforme etc*) wearing; (*pour lettre*) postage; (*pour colis, aussi: posture*) carriage; **~ de commerce/de pêche** commercial/fishing port; **arriver à bon ~** to arrive safe and sound; **~ d'arme** (*Jur*) carrying of a firearm; **~ d'attache** (*Navig*) port of registry; (*fig*) home base; **~ d'escale** port of call; **~ franc** free port; **~ payé** postage paid

★**portable** [pɔʀtabl] ADJ (*vêtement*) wearable; (*portatif*) portable; (*téléphone*) mobile (BRIT), cell (US) ▸NM (*Inform*) laptop (computer); (*téléphone*) mobile (phone) (BRIT), cell (phone) (US)

portail [pɔʀtaj] NM gate; (*de cathédrale*) portal

portant, e [pɔʀtɑ̃, -ɑ̃t] ADJ (*murs*) structural, supporting; (*roues*) running; **bien/mal ~** in good/poor health

portatif, -ive [pɔʀtatif, -iv] ADJ portable

★**porte** [pɔʀt] NF door; (*de ville, forteresse, Ski*) gate; **mettre à la ~** to throw out; **prendre la ~** to leave, go away; **à ma/sa ~** (*tout près*) on my/his (*ou* her) doorstep; **~ (d'embarquement)** (*Aviat*) (departure) gate; **~ d'entrée** front door; **~ à ~** *nm* door-to-door selling; **~ de secours** emergency exit; **~ de service** service entrance

porté, e [pɔʀte] ADJ: **être ~ à faire qch** to be apt *ou* inclined to do sth; **être ~ sur qch** to be partial to sth

porte-à-faux [pɔʀtafo] NM: **en ~** cantilevered; (*fig*) in an awkward position

porte-aiguilles [pɔʀteɡɥij] NM INV needle case

porte-avions [pɔʀtavjɔ̃] NM INV aircraft carrier

porte-bagages [pɔʀt(ə)bagaʒ] NM INV luggage rack (*ou* basket *etc*)

porte-bébé [pɔʀt(ə)bebe] NM baby sling *ou* carrier

porte-bonheur [pɔʀt(ə)bɔnœʀ] NM INV lucky charm

porte-bouteilles [pɔʀt(ə)butɛj] NM INV bottle carrier; (*à casiers*) wine rack

porte-cartes [pɔʀt(ə)kaʀt] NM INV (*de cartes d'identité*) card holder; (*de cartes géographiques*) map wallet

porte-cigarettes [pɔʀt(ə)sigaʀɛt] NM INV cigarette case

porte-clefs [pɔʀt(ə)kle] NM INV key ring

porte-conteneurs [pɔʀt(ə)kɔ̃t(ə)nœʀ] NM INV container ship

porte-couteau, x [pɔʀt(ə)kuto] NM knife rest

porte-crayon [pɔʀt(ə)kʀɛjɔ̃] NM pencil holder

porte-documents [pɔʀt(ə)dɔkymɑ̃] NM INV attaché *ou* document case

porte-drapeau, x [pɔʀt(ə)dʀapo] NM standard bearer

portée [pɔʀte] NF (*d'une arme*) range; (*fig: importance*) impact, import; (*: capacités*) scope, capability; (*de chatte etc*) litter; (*Mus*) stave, staff; **à/hors de ~ (de)** within/out of reach (of); **à ~ de (la) main** within (arm's) reach; **à ~ de voix** within earshot; **à la ~ de qn** (*fig*) at sb's level, within sb's capabilities; **à la ~ de toutes les bourses** to suit every pocket, within everyone's means

portefaix [pɔʀtəfɛ] NM INV porter

porte-fenêtre (*pl* **portes-fenêtres**) [pɔʀt(ə)fənɛtʀ] NF French window

★**portefeuille** [pɔʀtəfœj] NM wallet; (*Pol, Bourse*) portfolio; **faire un lit en ~** to make an apple-pie bed

porte-jarretelles [pɔʀt(ə)ʒaʀtɛl] NM INV suspender belt (BRIT), garter belt (US)

porte-jupe [pɔʀtəʒyp] NM skirt hanger

portemanteau, x [pɔʀt(ə)mɑ̃to] NM coat rack; (*cintre*) coat hanger

porte-mine [pɔʀtəmin] NM propelling (BRIT) *ou* mechanical (US) pencil

★**porte-monnaie** [pɔʀt(ə)mɔnɛ] NM INV purse (BRIT), coin purse (US)

porte-parapluies [pɔʀt(ə)paʀaplɥi] NM umbrella stand

porte-parole [pɔʀt(ə)paʀɔl] NM INV spokesperson

porte-plume [pɔʀtəplym] NM INV penholder

★**porter** [pɔʀte] /1/ VT (*charge ou sac etc, aussi: fœtus*) to carry; (*sur soi: vêtement, barbe, bague*) to wear; (*fig: responsabilité etc*) to bear, carry; (*inscription, marque, titre, patronyme, arbre, fruits, fleurs*) to bear; (*coup*) to deal; (*attention*) to turn; (*jugement*) to pass; (*apporter*): **~ qch quelque part/à qn** to take sth somewhere/to sb; (*inscrire*): **~ qch sur** to put sth down on; to enter sth in; **elle portait le nom de Rosalie** she was called Rosalie; **~ qn au pouvoir** to bring sb to power; **~ bonheur à qn** to bring sb luck; **~ qn à croire** to lead sb to believe; **~ son âge** to look one's age; **~ un toast** to drink a toast; **~ de l'argent au crédit d'un compte** to credit an account with some money; **se faire ~ malade** to report sick; **~ la main à son chapeau** to raise one's hand to one's hat; **~ son effort sur** to direct one's efforts towards; **~ un fait à la connaissance de qn** to bring a fact to sb's attention *ou* notice ▸VI (*voix, regard, canon*) to carry; (*coup, argument*) to hit home; **~ sur** (*peser*) to rest on; (*accent*) to fall on; (*conférence etc*) to concern; (*heurter*) to strike ▸**se porter** VPR (*se sentir*): **se ~ bien/mal** to be well/unwell; (*aller*): **se ~ vers** to go towards; **se ~ partie civile** *to associate in a court action with the public prosecutor*; **se ~ garant de qch** to guarantee sth, vouch for sth; **se ~ candidat à la députation** ≈ to stand for Parliament (BRIT), ≈ run for Congress (US)

porte-savon [pɔʀt(ə)savɔ̃] NM soap dish

porte-serviettes [pɔʀt(ə)sɛʀvjɛt] NM INV towel rail

portes-ouvertes [pɔʀtuvɛʀt] ADJ INV: **journée ~** open day

porteur, -euse [pɔʀtœʀ, -øz] ADJ (*Comm*) strong, promising; (*nouvelle, chèque etc*): **être ~ de** to be the bearer of ▸NM/F (*de messages*) bearer ▸NM (*de bagages*) porter; (*Comm: de chèque*) bearer; (*: d'actions*) holder; **(avion) gros ~** wide-bodied aircraft, jumbo (jet)

porte-voix [pɔʀtəvwa] NM INV megaphone, loudhailer (BRIT)

portier [pɔʀtje] NM doorman, commissionnaire (BRIT)

portière [pɔʀtjɛʀ] NF door

portillon [pɔʀtijɔ̃] NM gate

portion [pɔʀsjɔ̃] NF (*part*) portion, share; (*partie*) portion, section

portique [pɔʀtik] NM (*Sport*) crossbar; (*Archit*) portico; (*Rail*) gantry

porto [pɔʀto] NM port (wine)

portoricain, e [pɔʀtɔʀikɛ̃, -ɛn] ADJ Puerto Rican

Porto Rico [pɔʀtɔʀiko] NF Puerto Rico

portrait [pɔʀtʀɛ] NM portrait; (*photographie*) photograph; **elle est le ~ de sa mère** (*fig*) she's the image of her mother

portraitiste [pɔʀtʀetist] NMF portrait painter

P

portrait-robot [pɔʀtʀɛʀɔbo] (*pl* **portraits-robots**) NM Identikit® *ou* Photo-fit® (BRIT) picture

portuaire [pɔʀtɥɛʀ] ADJ port *cpd*, harbour *cpd* (BRIT), harbor *cpd* (US)

★**portugais, e** [pɔʀtygɛ, -ɛz] ADJ Portuguese ▸ NM (*Ling*) Portuguese ▸ NM/F: **Portugais, e** Portuguese

★**Portugal** [pɔʀtygal] NM: **le ~** Portugal

POS SIGLE M (= *plan d'occupation des sols*) zoning ordinances *ou* regulations

pose [poz] NF (*de moquette, carrelage*) laying; (*de rideaux, papier peint*) hanging; (*attitude, d'un modèle*) pose; (*Photo*) exposure

posé, e [poze] ADJ calm, unruffled

posément [pozemɑ̃] ADV calmly

posemètre [pozmɛtʀ] NM exposure meter

★**poser** [poze] /1/ VT (*place*) to put down, put; (*moquette, carrelage*) to lay; (*rideaux, papier peint*) to hang; (*Math: chiffre*) to put (down); (*question*) to ask; (*principe, conditions*) to lay *ou* set down; (*problème*) to formulate; (*difficulté*) to pose; (*personne: mettre en valeur*) to give standing to; **~ qch (sur)** to put sth down (on); **~ qch sur qch/quelque part** to put sth on sth/somewhere; **~ son** *ou* **un regard sur qn/qch** to turn one's gaze on sb/sth; **~ sa candidature à un poste** to apply for a post; (*Pol*) to put o.s. up (BRIT) *ou* run (US) for election ▸ VI (*modèle*) to pose; to sit ■ **se poser** VPR (*oiseau, avion*) to land; (*question*) to arise; **se ~ en** to pass o.s. off as, pose as

poseur, -euse [pozœʀ, -øz] NM/F (*péj*) show-off, poseur; **~ de parquets/carrelages** floor/tile layer

★**positif, -ive** [pozitif, -iv] ADJ positive

position [pozisjɔ̃] NF position; **prendre ~** (*fig*) to take a stand

positionnement [pozisjɔnmɑ̃] NM (*disposition, localisation aussi Comm*) positioning; **un ~ habile sur le marché** clever positioning in the market; **le ~ d'un produit** the positioning of a product

positionner [pozisjɔne] /1/ VT to position; (*compte en banque*) to calculate the balance of ■ **se positionner** VPR (*se placer*) to position o.s.; (*troupes*) to take up one's position; (*prendre parti*) to take one's stand; (*Comm: entreprise, produit*) to position itself

positivement [pozitivmɑ̃] ADV positively

positiver [pozitive] VI to think positively

posologie [pozɔlɔʒi] NF directions *pl* for use, dosage

possédant, e [pɔsedɑ̃, -ɑ̃t] ADJ (*classe*) wealthy ▸ NM/F: **les possédants** the haves, the wealthy

possédé, e [pɔsede] NM/F person possessed

posséder [pɔsede] /6/ VT to own, possess; (*qualité, talent*) to have, possess; (*bien connaître: métier, langue*) to have mastered, have a thorough knowledge of; (*sexuellement, aussi: suj, colère*) to possess; (*fam: duper*) to take in

possesseur [pɔsesœʀ] NM owner

possessif, -ive [pɔsesif, -iv] ADJ, NM (*Ling*) possessive

possession [pɔsesjɔ̃] NF ownership *no pl*; possession; **être en ~ de qch** to be in possession of sth; **prendre ~ de qch** to take possession of sth

possessivité [pɔsesivite] NF possessiveness

possibilité [pɔsibilite] NF possibility; **avoir la ~ de faire** to be in a position to do; to have the opportunity to do ■ **possibilités** NFPL (*moyens*) means; (*potentiel*) potential *sg*

★**possible** [pɔsibl] ADJ possible; (*projet, entreprise*) feasible; **(ce n'est) pas ~ !** impossible!; **le plus/moins de livres ~** as many/few books as possible; **le plus vite ~** as quickly as possible; **dès que ~** as soon as possible ▸ NM: **faire son ~** to do all one can, do one's utmost; **gentil** *etc* **au ~** as nice *etc* as it is possible to be

post [pɔst] NM (*Inform*) post

postal, e, -aux [pɔstal, -o] ADJ postal, post office *cpd*; **sac ~** mailbag, postbag (BRIT)

postdater [pɔstdate] /1/ VT to postdate

postdoctoral, e, -aux [pɔstdɔktɔʀal, -o] ADJ post-doctoral

postdoctorant, e [pɔstdɔktɔʀɑ̃, -ɑ̃t] NM/F post-doctoral student

★**poste¹** [pɔst] NF (*service*) post, postal service; (*administration, bureau*) post office; **mettre à la ~** to mail, to post (BRIT); **~ restante** poste restante (BRIT), general delivery (US) ■ **postes** NFPL post office *sg*; **agent** *ou* **employé des postes** post office worker

poste² [pɔst] NM (*fonction, Mil*) post; (*Tél*) extension; (*de radio etc*) set; (*de budget*) item; **~ de commandement** (*Mil etc*) headquarters; **~ de contrôle** checkpoint; **~ de douane** customs post; **~ émetteur** transmitting set; **~ d'essence** filling station; **~ d'incendie** fire point; **~ de péage** tollgate; **~ de pilotage** cockpit, flight deck; **~ (de police)** police station; **~ de radio/de télévision** radio/television set; **~ de secours** first-aid post; **~ de travail** work station

★**poster** /1/ VT [pɔste] (*Inform*) to post ▸ NM [pɔstɛʀ] poster ■ **se poster** VPR to position o.s.

postérieur, e [pɔsteʀjœʀ] ADJ (*date*) later; (*partie*) back ▸ NM (*fam*) behind

postérieurement [pɔsteʀjœʀmɑ̃] ADV later, subsequently; **~ à** after

posteriori [pɔsteʀjɔʀi]: **a ~** *adv* with hindsight, a posteriori

postérité [pɔsteʀite] NF posterity

postface [pɔstfas] NF appendix

posthume [pɔstym] ADJ posthumous

postiche [pɔstiʃ] ADJ false ▸ NM hairpiece

postier, -ière [pɔstje, -jɛʀ] NM/F post office worker

postillon [pɔstijɔ̃] NM: **envoyer des postillons** to splutter

postillonner [pɔstijɔne] /1/ VI to splutter

postmoderne [pɔstmɔdɛʀn] ADJ post-modern

postmodernisme [pɔstmɔdɛʀnism] NM post-modernism

postnatal, e, post-natal, e [pɔstnatal] ADJ postnatal

postopératoire [pɔstɔpeʀatwaʀ] ADJ post-operative

postproduction [pɔstpʀɔdyksjɔ̃] NF post-production

postscolaire [pɔstskɔlɛʀ] ADJ further, continuing

post-scriptum [pɔstskʀiptɔm] NM INV postscript

postsynchronisation [pɔstsɛ̃kʀɔnizasjɔ̃] NF dubbing

postsynchroniser [pɔstsɛ̃kʀɔnize] /1/ VT to dub

postulant, e [pɔstylɑ̃, -ɑ̃t] NM/F (*candidat*) applicant; (*Rel*) postulant

postulat [pɔstyla] NM postulate

postuler [pɔstyle] /1/ VT (*emploi*) to apply for, put in for ▶ VI: **~ à** *ou* **pour un emploi** to apply for a job

posture [pɔstyʀ] NF posture, position; (*fig*) position

★**pot** [po] NM (*en verre*) jar; (*en terre*) pot; (*en plastique, carton*) carton; (*en métal*) tin; (*fam: chance*) luck; **avoir du ~** (*fam*) to be lucky; **boire** *ou* **prendre un ~** (*fam*) to have a drink; **petit ~ (pour bébé)** (jar of) baby food; **découvrir le ~ aux roses** to find out what's been going on; **~ catalytique** catalytic converter; **~ (de chambre)** (chamber)pot; **~ d'échappement** exhaust pipe (BRIT), tail pipe (US); **~ de fleurs** plant pot, flowerpot; (*plante*) pot plant; **~ à tabac** tobacco jar

★**potable** [pɔtabl] ADJ (*fig: boisson*) drinkable; (*: travail, devoir*) decent; **eau (non) ~** (not) drinking water

potache [pɔtaʃ] NM schoolboy

★**potage** [pɔtaʒ] NM soup

potager, -ère [pɔtaʒe, -ɛʀ] ADJ (*plante*) edible, vegetable *cpd*; **(jardin) ~** kitchen *ou* vegetable garden

potasse [pɔtas] NF potassium hydroxide; (*engrais*) potash

potasser [pɔtase] /1/ VT (*fam*) to swot up (BRIT), cram

potassium [pɔtasjɔm] NM potassium

pot-au-feu [pɔtofø] NM INV (beef) stew; (*viande*) stewing beef ▶ ADJ (*fam: personne*) stay-at-home

pot-de-vin [podvɛ̃] (*pl* **pots-de-vin**) NM bribe

pote [pɔt] NM (*fam*) mate (BRIT), pal

poteau, x [pɔto] NM post; **~ de départ/d'arrivée** starting/finishing post; **~ (d'exécution)** execution post, stake; **~ indicateur** signpost; **~ télégraphique** telegraph pole; **poteaux (de but)** goal-posts

potée [pɔte] NF hotpot (*of pork and cabbage*)

potelé, e [pɔt(ə)le] ADJ plump, chubby

potence [pɔtɑ̃s] NF gallows *sg*; **en ~** T-shaped

potentat [pɔtɑ̃ta] NM potentate; (*fig: péj*) despot

potentiel, le [pɔtɑ̃sjɛl] ADJ, NM potential

potentiellement [pɔtɑ̃sjɛlmɑ̃] ADV potentially

potentiomètre [pɔtɑ̃sjɔmɛtʀ] NM potentiometer

poterie [pɔtʀi] NF (*fabrication*) pottery; (*objet*) piece of pottery

potiche [pɔtiʃ] NF large vase

potier, -ière [pɔtje, -jɛʀ] NM/F potter

potins [pɔtɛ̃] NMPL gossip *sg*

potion [posjɔ̃] NF potion

potiron [pɔtiʀɔ̃] NM pumpkin

pot-pourri [popuʀi] (*pl* **pots-pourris**) NM (*Mus*) medley

pou, x [pu] NM louse

pouah [pwa] EXCL ugh!, yuk!

★**poubelle** [pubɛl] NF (dust)bin (BRIT), garbage can (US)

pouce [pus] NM thumb; **se tourner** *ou* **se rouler les pouces** (*fig*) to twiddle one's thumbs; **manger sur le ~** to eat on the run, snatch something to eat

★**poudre** [pudʀ] NF powder; (*fard*) (face) powder; (*explosif*) gunpowder; **en ~**: **café en ~** instant coffee; **savon en ~** soap powder; **lait en ~** dried *ou* powdered milk; **~ à canon** gunpowder; **~ à éternuer** sneezing powder; **~ à récurer** scouring powder; **~ de riz** face powder

poudrer [pudʀe] /1/ VT to powder

poudreux, -euse [pudʀø, -øz] ADJ dusty; (*neige*) powdery, powder *cpd*

poudrier [pudʀije] NM (powder) compact

poudrière [pudʀijɛʀ] NF powder magazine; (*fig*) powder keg

pouf [puf] NM pouffe

pouffer [pufe] /1/ VI: **~ (de rire)** to burst out laughing

pouffiasse [pufjas] NF (*fam*) fat cow; (*prostituée*) tart

pouilleux, -euse [pujø, -øz] ADJ flea-ridden; (*fig*) seedy

poujadisme [puʒadism] NM (*Hist*) Poujadism (*conservative reactionary movement founded to protect the business interests of small traders in 1950s France*); (*péj*) reactionary petit-bourgeois attitudes

poujadiste [puʒadist] NMF, ADJ (*Hist*) Poujadist; (*péj*) petit-bourgeois reactionary

poulailler [pulɑje] NM henhouse; (*Théât*): **le ~** the gods *sg*

poulain [pulɛ̃] NM foal; (*fig*) protégé

poularde [pulaʀd] NF fatted chicken

★**poule** [pul] NF (*Zool*) hen; (*Culin*) (boiling) fowl; (*Sport*) (round-robin) tournament; (*Rugby*) group; (*fam*) bird (BRIT), chick, broad (US); (*fam: prostituée*) tart; **~ d'eau** moorhen; **~ mouillée** coward; **~ pondeuse** laying hen, layer; **~ au riz** boiled chicken and rice

★**poulet** [pulɛ] NM chicken; (*fam*) cop

poulette [pulɛt] NF (*jeune poule*) pullet

pouliche [puliʃ] NF filly

poulie [puli] NF pulley

poulpe [pulp] NM octopus

pouls [pu] NM pulse; **prendre le ~ de qn** to take sb's pulse

★**poumon** [pumɔ̃] NM lung; **~ d'acier** *ou* **artificiel** iron *ou* artificial lung

poupe [pup] NF stern; **en ~** astern

poupée [pupe] NF doll; **jouer à la ~** to play with one's doll (*ou* dolls); **de ~** (*très petit*): **jardin de ~** doll's garden, pocket-handkerchief-sized garden

poupin, e [pupɛ̃, -in] ADJ chubby

poupon [pupɔ̃] NM babe-in-arms

pouponner [pupɔne] /1/ VI to fuss (around)

pouponnière [pupɔnjɛʀ] NF crèche, day nursery

★**pour** [puʀ] PRÉP for; **~ faire** (so as) to do, in order to do; **~ avoir fait** for having done; **~ que** so that, in order that; **fermé ~ (cause de) travaux** closed for refurbishment *ou* alterations; **c'est ~ ça que ...** that's why ...; **~ quoi faire ?** what for?; **~ moi** (*à mon avis, pour ma part*) for my part, personally; **~ riche qu'il soit** rich though he may be; **~ 20 euros**

P

d'essence 20 euros' worth of petrol (BRIT) *ou* gas (US); **~ cent** per cent; **~ ce qui est de** as for; **y être ~ quelque chose** to have something to do with it ▸ NM: **le ~ et le contre** the pros and cons

★**pourboire** [puʀbwaʀ] NM tip

pourcentage [puʀsɑ̃taʒ] NM percentage; **travailler au ~** to work on commission

pourchasser [puʀʃase] /1/ VT to pursue

pourfendeur [puʀfɑ̃dœʀ] NM sworn opponent

pourfendre [puʀfɑ̃dʀ] /41/ VT to assail

pourlécher [puʀleʃe] /6/: **se pourlécher** VPR to lick one's lips

pourparlers [puʀpaʀle] NMPL talks, negotiations; **être en ~ avec** to be having talks with

pourpre [puʀpʀ] ADJ crimson

★**pourquoi** [puʀkwa] ADV, CONJ why ▸ NM INV: **le ~ (de)** the why and wherefore (of)

pourrai *etc* [puʀe] VB *voir* **pouvoir**

pourri, e [puʀi] ADJ rotten; (*roche, pierre*) crumbling; (*temps, climat*) filthy, foul ▸ NM: **sentir le ~** to smell rotten

pourriel [puʀjɛl] NM (*Inform*) spam

pourrir [puʀiʀ] /2/ VI to rot; (*fruit*) to go rotten *ou* bad; (*fig: situation*) to deteriorate ▸ VT to rot; (*fig: corrompre: personne*) to corrupt; (: *gâter: enfant*) to spoil thoroughly

pourrissement [puʀismɑ̃] NM deterioration

pourriture [puʀityʀ] NF rot

pourrons *etc* [puʀɔ̃] VB *voir* **pouvoir**

poursuis *etc* [puʀsɥi] VB *voir* **poursuivre**

poursuite [puʀsɥit] NF pursuit, chase; **(course) ~** track race; (*fig*) chase ■ **poursuites** NFPL (*Jur*) legal proceedings

poursuivant, e [puʀsɥivɑ̃, -ɑ̃t] VB *voir* **poursuivre** ▸ NM/F pursuer; (*Jur*) plaintiff

poursuivre [puʀsɥivʀ] /40/ VT to pursue, chase (after); (*relancer*) to hound, harry; (*obséder*) to haunt; (*Jur*) to bring proceedings against, prosecute; (: *au civil*) to sue; (*but*) to strive towards; (*voyage, études*) to carry on with, continue ▸ VI to carry on, go on ■ **se poursuivre** VPR to go on, continue

★**pourtant** [puʀtɑ̃] ADV yet; **mais ~** but nevertheless, but even so; **c'est ~ facile** (and) yet it's easy

pourtour [puʀtuʀ] NM perimeter

pourvoi [puʀvwa] NM appeal

pourvoir [puʀvwaʀ] /25/ VT (*emploi*) to fill; **~ qch/qn de** to equip sth/sb with ▸ VI: **~ à** to provide for ■ **se pourvoir** VPR (*Jur*): **se ~ en cassation** to take one's case to the Court of Appeal

pourvoyeur, -euse [puʀvwajœʀ, -øz] NM/F supplier

pourvu, e [puʀvy] PP *de* **pourvoir** ▸ ADJ: **~ de** equipped with ▸ CONJ: **~ que** (*si*) provided that, so long as; (*espérons que*) let's hope (that)

pousse [pus] NF growth; (*bourgeon*) shoot

poussé, e [puse] ADJ sophisticated, advanced; (*moteur*) souped-up

pousse-café [puskafe] NM (after-dinner) liqueur

poussée [puse] NF thrust; (*coup*) push; (*Méd: d'acné*) eruption; (*fig: prix*) upsurge

pousse-pousse [puspus] NM INV rickshaw

★**pousser** [puse] /1/ VT to push; (*moteur, voiture*) to drive hard; (*émettre: cri etc*) to give; (*stimuler: élève*) to urge on; to drive hard; (*poursuivre: études, discussion*) to carry on; **~ qn à faire qch** (*inciter*) to urge *ou* press sb to do sth; (*acculer*) to drive sb to do sth; **~ le dévouement** *etc* **jusqu'à ...** to take devotion *etc* as far as ... ▸ VI to push; (*croître*) to grow; (*aller*): **~ plus loin** to push on a bit further; **faire ~** (*plante*) to grow ■ **se pousser** VPR to move over

poussette [pusɛt] NF (*voiture d'enfant*) pushchair (BRIT), stroller (US)

poussette-canne [pusɛtkan] (*pl* **poussettes-cannes**) NF baby buggy (BRIT), (folding) stroller (US)

poussier [pusje] NM coal dust

poussière [pusjɛʀ] NF dust; (*grain*) speck of dust; **et des poussières** (*fig*) and a bit; **~ de charbon** coal dust

poussiéreux, -euse [pusjeʀø, -øz] ADJ dusty

poussif, -ive [pusif, -iv] ADJ wheezy, wheezing

poussin [pusɛ̃] NM chick

poussoir [puswaʀ] NM button

poutre [putʀ] NF beam; (*en fer, ciment armé*) girder; **poutres apparentes** exposed beams

poutrelle [putʀɛl] NF (*petite poutre*) small beam; (*barre d'acier*) girder

pouvoir [puvwaʀ]

/33/ NM power; (*dirigeants*): **le pouvoir** those in power; **les pouvoirs publics** the authorities; **avoir pouvoir de faire** (*autorisation*) to have (the) authority to do; (*droit*) to have the right to do; **pouvoir absolu** absolute power; **pouvoir absorbant** absorbency; **pouvoir d'achat** purchasing power; **pouvoir calorifique** calorific value

▸ VB AUX **1** (*être en état de*) can, be able to; **je ne peux pas le réparer** I can't *ou* I am not able to repair it; **déçu de ne pas pouvoir le faire** disappointed not to be able to do it

2 (*avoir la permission de*) can, may, be allowed to; **vous pouvez aller au cinéma** you can *ou* may go to the cinema (BRIT) *ou* movies (US)

3 (*probabilité, hypothèse*) may, might, could; **il a pu avoir un accident** he may *ou* might *ou* could have had an accident; **il aurait pu le dire!** he might *ou* could have said (so)!

4 (*expressions*): **tu ne peux pas savoir!** you have no idea!; **tu peux le dire!** you can say that again!

▸ VB IMPERS may, might, could; **il peut arriver que** it may *ou* might *ou* could happen that; **il pourrait pleuvoir** it might rain

▸ VT **1** can, be able to; **j'ai fait tout ce que j'ai pu** I did all I could; **je n'en peux plus** (*épuisé*) I'm exhausted; (*à bout*) I can't take any more

2 (*vb +adj ou adv comparatif*): **je me porte on ne peut mieux** I'm absolutely fine, I couldn't be better; **elle est on ne peut plus gentille** she couldn't be nicer, she's as nice as can be

■ **se pouvoir** VPR: **il se peut que** it may *ou* might be that; **cela se pourrait** that's quite possible

PP SIGLE F (= *préventive de la pellagre: vitamine*) niacin ▸ ABR (= *pages*) pp

p.p.c.m. SIGLE M (*Math: = plus petit commun multiple*) LCM (= *lowest common multiple*)
PQ SIGLE F (CANADA: = *province de Québec*) PQ
PR SIGLE F = **poste restante**
Pr ABR = **professeur**
pr ABR = **pour**
pragmatique [pʀagmatik] ADJ pragmatic
pragmatisme [pʀagmatism] NM pragmatism
Prague [pʀag] N Prague
prairie [pʀeʀi] NF meadow
praline [pʀalin] NF (*bonbon*) sugared almond; (*au chocolat*) praline
praliné, e [pʀaline] ADJ (*amande*) sugared; (*chocolat, glace*) praline *cpd*
praticable [pʀatikabl] ADJ (*route etc*) passable, practicable; (*projet*) practicable
praticien, ne [pʀatisjɛ̃, -ɛn] NM/F practitioner
pratiquant, e [pʀatikɑ̃, -ɑ̃t] ADJ practising (BRIT), practicing (US) ▸ NM/F (regular) churchgoer
★**pratique** [pʀatik] NF practice; **dans la ~** in (actual) practice; **mettre en ~** to put into practice ▸ ADJ practical; (*commode: horaire etc*) convenient; (*: outil*) handy, useful
pratiquement [pʀatikmɑ̃] ADV (*dans la pratique*) in practice; (*pour ainsi dire*) practically, virtually
pratiquer [pʀatike] /1/ VT to practise (BRIT), practice (US); (*l'équitation, la pêche*) to go in for; (*le golf, le football*) to play; (*appliquer: méthode, théorie*) to apply; (*intervention, opération*) to carry out; (*ouverture, abri*) to make ▸ VI (*Rel*) to be a churchgoer
pré [pʀe] NM meadow
préado [pʀeado] NMF (*fam*) pre-teen
préadolescent, e [pʀeadɔlesɑ̃, -ɑ̃t] NM/F pre-teenager, pre-teen ▸ ADJ pre-teenage, pre-teen
préalable [pʀealabl] ADJ preliminary; **condition ~ (de)** precondition (for), prerequisite (for); **sans avis ~** without prior *ou* previous notice; **au ~** first, beforehand
préalablement [pʀealabləmɑ̃] ADV first, beforehand
Préalpes [pʀealp] NFPL: **les ~** the Pre-Alps
préalpin, e [pʀealpɛ̃, -in] ADJ of the Pre-Alps
préambule [pʀeɑ̃byl] NM preamble; (*fig*) prelude; **sans ~** straight away
préau, x [pʀeo] NM (*d'une cour d'école*) covered playground; (*d'un monastère, d'une prison*) inner courtyard
préavis [pʀeavi] NM notice; **~ de congé** notice; **communication avec ~** (*Tél*) personal *ou* person-to-person call
prébende [pʀebɑ̃d] NF (*péj*) remuneration
précaire [pʀekɛʀ] ADJ (*situation*) precarious; (*Écon: emplois*) lacking security
précarisation [pʀekaʀizasjɔ̃] NF (*d'emploi*) casualization; **dans ce secteur la ~ tend à devenir la règle** in this industry casual labour is becoming the norm
précarisé, e [pʀekaʀize] ADJ lacking job security
précarité [pʀekaʀite] NF (*de situation*) precariousness; (*Pol, Écon*): **la ~ (de l'emploi)** job insecurity, lack of job security
précaution [pʀekosjɔ̃] NF precaution; **avec ~** cautiously; **le principe de ~** the precautionary principle; **prendre des** *ou* **ses précautions** to take precautions; **par ~** as a precaution; **pour plus de ~** to be on the safe side; **précautions oratoires** carefully phrased remarks
précautionneusement [pʀekosjɔnøzmɑ̃] ADV (*prudemment*) cautiously; (*soigneusement*) carefully
précautionneux, -euse [pʀekosjɔnø, -øz] ADJ (*prudent*) cautious; (*soigneux*) careful
précédemment [pʀesedamɑ̃] ADV before, previously
précédent, e [pʀesedɑ̃, -ɑ̃t] ADJ previous; **le jour ~** the day before, the previous day ▸ NM precedent; **sans ~** unprecedented
précéder [pʀesede] /6/ VT to precede; (*marcher ou rouler devant*) to be in front of; (*arriver avant*) to get ahead of
précepte [pʀesɛpt] NM precept
précepteur, -trice [pʀesɛptœʀ, -tʀis] NM/F (private) tutor
préchauffage [pʀeʃofaʒ] NM (*de four*) preheating; (*de moteur*) warming up
préchauffer [pʀeʃofe] /1/ VT (*four*) to preheat; (*moteur*) to warm up
prêcher [pʀeʃe] /1/ VT, VI to preach
prêcheur, -euse [pʀɛʃœʀ, -øz] ADJ moralizing ▸ NM/F (*Rel*) preacher; (*fig*) moralizer
précieusement [pʀesjøzmɑ̃] ADV (*avec soin*) carefully; (*conserver*) preciously
précieux, -euse [pʀesjø, -øz] ADJ precious; (*collaborateur, conseils*) invaluable; (*style, écrivain*) précieux, precious
préciosité [pʀesjozite] NF preciosity, preciousness
précipice [pʀesipis] NM drop, chasm; (*fig*) abyss; **au bord du ~** at the edge of the precipice
précipitamment [pʀesipitamɑ̃] ADV hurriedly, hastily
précipitation [pʀesipitasjɔ̃] NF (*hâte*) haste ■ **précipitations (atmosphériques)** NFPL precipitation *sg*
précipité, e [pʀesipite] ADJ (*respiration*) fast; (*pas*) hurried; (*départ*) hasty
précipiter [pʀesipite] /1/ VT (*hâter: marche*) to quicken; (*: départ*) to hasten; **~ qn/qch du haut de** (*faire tomber*) to throw *ou* hurl sb/sth off *ou* from ■ **se précipiter** VPR (*événements*) to move faster; (*respiration*) to speed up; **se ~ sur/vers** to rush at/towards; **se ~ au-devant de qn** to throw o.s. before sb
précis, e [pʀesi, -iz] ADJ precise; (*tir, mesures*) accurate, precise; **à 4 heures précises** at 4 o'clock sharp ▸ NM handbook
précisément [pʀesizemɑ̃] ADV precisely; **ma vie n'est pas ~ distrayante** my life is not exactly entertaining
préciser [pʀesize] /1/ VT (*expliquer*) to be more specific about, clarify; (*spécifier*) to state, specify ■ **se préciser** VPR to become clear(er)
précision [pʀesizjɔ̃] NF precision; accuracy; (*détail*) point *ou* detail (*made clear or to be clarified*)
précoce [pʀekɔs] ADJ early; (*enfant*) precocious; (*calvitie*) premature

P

précocité [prekɔsite] NF earliness; precociousness
préconçu, e [prekɔ̃sy] ADJ preconceived
préconiser [prekɔnize] /1/ VT to advocate
précontraint, e [prekɔ̃trɛ̃, -ɛ̃t] ADJ: **béton ~** prestressed concrete
précuit, e [prekɥi, -it] ADJ precooked
précurseur [prekyrsœr] ADJ M precursory ▸ NM forerunner, precursor
prédateur [predatœr] NM predator
prédation [predasjɔ̃] NF (*Bio*) predation
prédécesseur [predesesœr] NM predecessor
prédécoupé, e [predekupe] ADJ pre-cut
prédestiné, e [predɛstine] ADJ predestined; **être ~ à** to be predestined to; **au nom ~** aptly named
prédestiner [predɛstine] /1/ VT: **~ qn à qch/à faire** to predestine sb for sth/to do
prédicateur [predikatœr] NM preacher
prédiction [prediksjɔ̃] NF prediction
prédilection [predilɛksjɔ̃] NF: **avoir une ~ pour** to be partial to; **de ~** favourite (BRIT), favorite (US)
prédire [predir] /37/ VT to predict
prédisposer [predispoze] /1/ VT: **~ qn à qch/à faire** to predispose sb to sth/to do
prédisposition [predispozisjɔ̃] NF predisposition
prédit, e [predi, -it] PP *de* **prédire**
prédominance [predɔminɑ̃s] NF predominance
prédominant, e [predɔminɑ̃, -ɑ̃t] ADJ predominant; prevailing
prédominer [predɔmine] /1/ VI to predominate; (*avis*) to prevail
pré-électoral, e, -aux [preelɛktɔral, -o] ADJ pre-election *cpd*
pré-emballé, e [preɑ̃bale] ADJ pre-packed
prééminent, e [preeminɑ̃, -ɑ̃t] ADJ pre-eminent
préempter [preɑ̃pte] VT (*Jur: fig*) to pre-empt
préemption [preɑ̃psjɔ̃] NF: **droit de ~** (*Jur*) pre-emptive right
pré-encollé, e [preɑ̃kɔle] ADJ pre-pasted
préétabli, e [preetabli] ADJ pre-established
préexistant, e [preɛgzistɑ̃, -ɑ̃t] ADJ pre-existing
préfabriqué, e [prefabrike] ADJ prefabricated; (*péj: sourire*) artificial ▸ NM prefabricated material
préface [prefas] NF preface
préfacer [prefase] /3/ VT to write a preface for
préfectoral, e, -aux [prefɛktɔral, -o] ADJ prefectorial
préfecture [prefɛktyr] NF prefecture; **~ de police** police headquarters

> The **préfecture** is the administrative headquarters of the *département*. The *préfet*, a senior civil servant appointed by the government, is responsible for putting government policy into practice and for maintaining law and order and public safety. France's regions, each comprising a number of *départements*, also have a *préfet de région*.

préférable [preferabl] ADJ preferable
préféré, e [prefere] ADJ, NM/F favourite (BRIT), favorite (US)
préférence [preferɑ̃s] NF preference; **de ~** preferably; **de** *ou* **par ~ à** in preference to, rather than; **donner la ~ à qn** to give preference to sb; **par ordre de ~** in order of preference; **obtenir la ~ sur** to have preference over
préférentiel, le [preferɑ̃sjɛl] ADJ preferential
préférer [prefere] /6/ VT: **~ qn/qch (à)** to prefer sb/sth (to), like sb/sth better (than); **~ faire** to prefer to do; **je préférerais du thé** I would rather have tea, I'd prefer tea
préfet [prefɛ] NM prefect; **~ de police** ≈ Chief Constable (BRIT), ≈ Police Commissioner (US)
préfigurer [prefigyre] /1/ VT to prefigure
préfixe [prefiks] NM prefix
préhension [preɑ̃sjɔ̃] NF prehension
préhistoire [preistwar] NF prehistory
préhistorique [preistɔrik] ADJ prehistoric
préinscription [preɛ̃skripsjɔ̃] NF (*Admin*) preregistration
préinstallé, e [preɛ̃stale] ADJ (*logiciel, appli*) preinstalled
préjudice [preʒydis] NM (*matériel*) loss; (*moral*) harm *no pl*; **porter ~ à** to harm, be detrimental to; **au ~ de** at the expense of
préjudiciable [preʒydisjabl] ADJ: **~ à** prejudicial *ou* harmful to
préjugé [preʒyʒe] NM prejudice; **avoir un ~ contre** to be prejudiced against; **bénéficier d'un ~ favorable** to be viewed favourably
préjuger [preʒyʒe] /3/: **~ de** *vt* to prejudge
prélasser [prelɑse] /1/: **se prélasser** VPR to lounge
prélat [prela] NM prelate
prélavage [prelavaʒ] NM pre-wash
prélèvement [prelɛvmɑ̃] NM (*montant*) deduction; withdrawal; **faire un ~ de sang** to take a blood sample; **les paiements par ~** payment by direct debit
prélever [prel(ə)ve] /5/ VT (*échantillon*) to take; **~ (sur)** (*argent*) to deduct (from) (*: sur son compte*) to withdraw (from)
préliminaire [preliminɛr] ADJ preliminary
■ **préliminaires** NMPL preliminaries; (*négociations*) preliminary talks
prélude [prelyd] NM prelude; (*avant le concert*) warm-up
préluder [prelyde]: **~ à qch** *vt* to be the prelude to sth
prématuré, e [prematyre] ADJ premature; (*retraite*) early ▸ NM premature baby
prématurément [prematyremɑ̃] ADV prematurely
prématurité [prematyrite] NF premature birth
préméditation [premeditasjɔ̃] NF: **avec ~** *adj* premeditated; *adv* with intent
préméditer [premedite] /1/ VT to premeditate, plan
prémices [premis] NFPL beginnings
★**premier, -ière** [prəmje, -jɛr] ADJ first; (*rang*) front; (*branche, marche, grade*) bottom; (*fig: fondamental*) basic; prime; (*en importance*) first, foremost; **au ~ abord** at first sight; **au** *ou* **du ~ coup** at the first attempt *ou* go; **de ~ ordre** first-class,

first-rate; **de première qualité, de ~ choix** best *ou* top quality; **de première importance** of the highest importance; **de première nécessité** absolutely essential; **le ~ venu** the first person to come along; **enfant du ~ lit** child of a first marriage; **en ~ lieu** in the first place; **le ~ âge** (*d'un enfant*) the first three months (of life); **P~ ministre** Prime Minister ▶ NM (*premier étage*) first (BRIT) *ou* second (US) floor; **jeune ~** leading man; **le ~ de l'an** New Year's Day ▶ NF (*Auto*) first (gear); (*Rail, Aviat etc*) first class; (*Scol*) year 12 (BRIT), eleventh grade (US); (*Théât*) first night; (*Ciné*) première; (*exploit*) first

premièrement [pʀəmjɛʀmɑ̃] ADV firstly

première-née [pʀəmjɛʀne] (*pl* **premières-nées**) NF first-born

premier-né [pʀəmjene] (*pl* **premiers-nés**) NM first-born

prémisse [pʀemis] NF premise

prémolaire [pʀemɔlɛʀ] NF premolar

prémonition [pʀemɔnisjɔ̃] NF premonition

prémonitoire [pʀemɔnitwaʀ] ADJ premonitory

prémunir [pʀemyniʀ] /2/: **se prémunir** VPR: **se ~ contre** to protect o.s. from, guard against

prenant, e [pʀənɑ̃, -ɑ̃t] VB *voir* **prendre** ▶ ADJ absorbing, engrossing

prénatal, e [pʀenatal] ADJ (*Méd*) antenatal; (*allocation*) maternity *cpd*

★**prendre** [pʀɑ̃dʀ] /58/ VT to take; (*repas*) to have; (*aller chercher*) to get, fetch; (*se procurer*) to get; (*réserver: place*) to book; (*acquérir: du poids, de la valeur*) to put on, gain; (*malfaiteur, poisson*) to catch; (*passager*) to pick up; (*personnel, aussi: couleur, goût*) to take on; (*locataire*) to take in; (*traiter: enfant, problème*) to handle; (*voix, ton*) to put on; (*prélever: pourcentage, argent*) to take off; (*ôter*): **~ qch à** to take sth from; **~ froid** to catch cold; **~ son origine** *ou* **sa source** (*mot*) to originate; (*rivière*) to begin; **~ qn pour** to take sb for; **~ qn en sympathie/horreur** to get to like/loathe sb; **à tout ~** all things considered ▶ VI (*liquide, ciment*) to set; (*greffe, vaccin*) to take; (*mensonge*) to be successful; (*feu: foyer*) to go; (*: incendie*) to start; (*allumette*) to light; (*se diriger*): **~ à gauche** to turn (to the) left; **~ sur soi de faire qch** to take it upon o.s. to do sth ■ **se prendre** VPR: **se ~ pour** to think one is; **s'en ~ à** (*agresser*) to set about; (*passer sa colère sur*) to take it out on; (*critiquer*) to attack; (*remettre en question*) to challenge; **s'y ~** (*procéder*) to set about it; **s'y ~ à l'avance** to see to it in advance; **s'y ~ à deux fois** to try twice, make two attempts; **se ~ d'amitié/d'affection pour** to befriend/become fond of; **se ~ les doigts dans** to get one's fingers caught in

preneur, -euse [pʀənœʀ, -øz] NM/F: **être ~** to be willing to buy; **trouver ~** to find a buyer

preniez [pʀənje] VB *voir* **prendre**

prenne *etc* [pʀɛn] VB *voir* **prendre**

prénom [pʀenɔ̃] NM first name

prénommer [pʀenɔme] /1/: **se prénommer** VPR: **elle se prénomme Claude** her (first) name is Claude

prénuptial, e, -aux [pʀenypsjal, -o] ADJ premarital

préoccupant, e [pʀeɔkypɑ̃, -ɑ̃t] ADJ worrying

préoccupation [pʀeɔkypasjɔ̃] NF (*souci*) concern; (*idée fixe*) preoccupation

préoccupé, e [pʀeɔkype] ADJ concerned; preoccupied

préoccuper [pʀeɔkype] /1/ VT (*tourmenter, tracasser*) to concern; (*absorber, obséder*) to preoccupy ■ **se préoccuper** VPR: **se ~ de qch** to be concerned about sth; to show concern about sth

préparateur, -trice [pʀepaʀatœʀ, -tʀis] NM/F assistant

préparatifs [pʀepaʀatif] NMPL preparations

préparation [pʀepaʀasjɔ̃] NF preparation; (*Scol*) piece of homework

préparatoire [pʀepaʀatwaʀ] ADJ preparatory

préparer [pʀepaʀe] /1/ VT to prepare; (*café, repas*) to make; (*examen*) to prepare for; (*voyage, entreprise*) to plan; **~ qch à qn** (*surprise etc*) to have sth in store for sb; **~ qn à qch** (*nouvelle etc*) to prepare sb for sth ■ **se préparer** VPR (*orage, tragédie*) to brew, be in the air; **se ~ (à qch/à faire)** to prepare (o.s.) *ou* get ready (for sth/to do)

prépayé, e [pʀepeje] ADJ prepaid; **carte téléphonique prépayée** prepaid phonecard

prépondérance [pʀepɔ̃deʀɑ̃s] NF: **~ (sur)** predominance (over)

prépondérant, e [pʀepɔ̃deʀɑ̃, -ɑ̃t] ADJ major, dominating; **voix prépondérante** casting vote

préposé, e [pʀepoze] ADJ: **~ à** in charge of ▶ NM/F (*gén: employé*) employee; (*Admin: facteur*) postman/woman (BRIT), mailman/woman (US); (*de la douane etc*) official; (*de vestiaire*) attendant

préposer [pʀepoze] /1/ VT: **~ qn à qch** to appoint sb to sth

préposition [pʀepozisjɔ̃] NF preposition

préquel NM, **préquelle** NF [pʀekɛl] prequel

prérentrée [pʀeʀɑ̃tʀe] NF *in-service training period before start of school term*

préretraite [pʀeʀ(ə)tʀɛt] NF early retirement

prérogative [pʀeʀɔgativ] NF prerogative

près [pʀɛ] ADV near, close; **~ de** *prép* near (to), close to; (*environ*) nearly, almost; **~ d'ici** near here; **de ~** *adv* closely; **à cinq kg ~** to within about five kg; **à cela ~ que** apart from the fact that; **je ne suis pas ~ de lui pardonner** I'm nowhere near ready to forgive him; **on n'est pas à un jour ~** one day (either way) won't make any difference, we're not going to quibble over the odd day; **il n'est pas à 10 minutes ~** he can spare 10 minutes

présage [pʀezaʒ] NM omen

présager [pʀezaʒe] /3/ VT (*prévoir*) to foresee; (*annoncer*) to portend

pré-salé (*pl* **prés-salés**) [pʀesale] NM (*Culin*) salt-marsh lamb

presbyte [pʀɛsbit] ADJ long-sighted (BRIT), far-sighted (US)

presbytère [pʀɛsbitɛʀ] NM presbytery

presbytérien, ne [pʀɛsbiteʀjɛ̃, -ɛn] ADJ, NM/F Presbyterian

presbytie [pʀɛsbisi] NF long-sightedness (BRIT), far-sightedness (US)

prescience [pʀesjɑ̃s] NF prescience, foresight

préscolaire [pʀeskɔlɛʀ] ADJ preschool *cpd*

P

prescripteur, -trice [pʀɛskʀiptœʀ, -tʀis] ADJ (*Méd*): **médecin ~** prescribing doctor; (*rôle, pouvoir*) controlling ▸ NM/F (*Méd*) prescribing doctor

prescription [pʀɛskʀipsjɔ̃] NF (*instruction*) order, instruction; (*Méd, Jur*) prescription

prescrire [pʀɛskʀiʀ] /**39**/ VT to prescribe ■ **se prescrire** VPR (*Jur*) to lapse

prescrit, e [pʀɛskʀi, -it] PP de **prescrire** ▸ ADJ (*date etc*) stipulated

préséance [pʀeseɑ̃s] NF precedence *no pl*

présélection [pʀeselɛksjɔ̃] NF (*de candidats*) short-listing; **effectuer une ~** to draw up a shortlist

présélectionner [pʀeselɛksjɔne] /**1**/ VT to preselect; (*dispositif*) to preset; (*candidats*) to make an initial selection from among, short-list

présence [pʀezɑ̃s] NF presence; (*au bureau etc*) attendance; **en ~** face to face; **en ~ de** in (the) presence of; (*fig*) in the face of; **faire acte de ~** to put in a token appearance; **~ d'esprit** presence of mind

présent, e [pʀezɑ̃, -ɑ̃t] ADJ present; **la présente lettre/loi** this letter/law ▸ NM present; **à ~** now, at present; **dès à ~** here and now; **jusqu'à ~** up till now, until now; **à ~ que** now that ▸ NM/F: **les présents** (*personnes*) those present ▸ NF (*Comm: lettre*): **la présente** this letter

présentable [pʀezɑ̃tabl] ADJ presentable

présentateur, -trice [pʀezɑ̃tatœʀ, -tʀis] NM/F presenter

présentation [pʀezɑ̃tasjɔ̃] NF presentation; (*de nouveau venu*) introduction; (*allure*) appearance; **faire les présentations** to do the introductions

présenter [pʀezɑ̃te] /**1**/ VT to present; (*invité, candidat*) to introduce; (*félicitations, condoléances*) to offer; (*montrer: billet, pièce d'identité*) to show, produce; (*faire inscrire: candidat*) to put forward; (*soumettre*) to submit; **~ qn à** to introduce sb to; **je vous présente Nadine** this is Nadine ▸ VI: **~ mal/bien** to have an unattractive/a pleasing appearance ■ **se présenter** VPR (*sur convocation*) to report, come; (*se faire connaître*) to come forward; (*à une élection*) to stand; (*occasion*) to arise; **se ~ à un examen** to sit an exam; **se ~ bien/mal** (*situation*) to look good/not too good

présentoir [pʀesɑ̃twaʀ] NM (*étagère*) display shelf; (*vitrine*) showcase; (*étal*) display stand

préservatif [pʀezɛʀvatif] NM condom, sheath

préservation [pʀezɛʀvasjɔ̃] NF protection, preservation

préserver [pʀezɛʀve] /**1**/ VT: **~ de** (*protéger*) to protect from; (*sauver*) to save from

présidence [pʀezidɑ̃s] NF presidency; chairmanship

président [pʀezidɑ̃] NM (*Pol*) president; (*d'une assemblée, Comm*) chairman; **~ directeur général** chairman and managing director (BRIT), chief executive officer (US); **~ du jury** (*Jur*) foreman of the jury; (*d'examen*) chief examiner

> The **président de la République** is the French head of state, elected for a five-year term by direct universal suffrage. He appoints the Prime Minister and, on the latter's recommendation, the members of the French government. He presides over the *Conseil des ministres*, enacts laws and is the commander-in-chief of the French armed forces. He has the power to dissolve the *Assemblée nationale* and, in an emergency, can exercise special powers.

présidente [pʀezidɑ̃t] NF president; (*femme du président*) president's wife; (*d'une réunion*) chairwoman

présidentiable [pʀezidɑ̃sjabl] NMF potential president ▸ ADJ: **être ~** to be a possible *ou* potential president

présidentiel, le [pʀezidɑ̃sjɛl] ADJ presidential ■ **présidentielles** NFPL presidential election(s)

présider [pʀezide] /**1**/ VT to preside over; (*dîner*) to be the guest of honour (BRIT) *ou* honor (US) at; **~ à** *vt* to direct; to govern

présomption [pʀezɔ̃psjɔ̃] NF presumption

présomptueux, -euse [pʀezɔ̃ptɥø, -øz] ADJ presumptuous

★**presque** [pʀɛsk] ADV almost, nearly; **~ rien** hardly anything; **~ pas** hardly (at all); **~ pas de** hardly any; **personne, ou ~** next to nobody, hardly anyone; **la ~ totalité (de)** almost *ou* nearly all

> *Presque* peut se traduire par **almost** ou **nearly** dans les phrases affirmatives, mais pour traduire une phrase française négative il est plus courant d'utiliser **hardly**. **Hardly** n'est jamais suivi d'un autre mot négatif.
> *Tu n'as presque rien mangé!* **You hardly ate anything!**
> *Il ne se trompe presque jamais.* **He hardly ever makes a mistake.**

presqu'île [pʀɛskil] NF peninsula

pressage [pʀesaʒ] NM (*de disque, raisin, olives*) pressing

pressant, e [pʀɛsɑ̃, -ɑ̃t] ADJ urgent; (*personne*) insistent; **se faire ~** to become insistent

presse [pʀɛs] NF press; (*affluence*): **heures de ~** busy times; **sous ~** gone to press; **mettre sous ~** to send to press; **avoir une bonne/mauvaise ~** to have a good/bad press; **~ féminine** women's magazines *pl*; **~ d'information** quality newspapers *pl*

★**pressé, e** [pʀese] ADJ in a hurry; (*air*) hurried; (*besogne*) urgent; **être ~ de faire qch** to be in a hurry to do sth; **orange pressée** freshly squeezed orange juice ▸ NM: **aller au plus ~** to see to first things first

presse-agrumes [pʀɛsagʀym] NM INV juicer

presse-citron [pʀɛssitʀɔ̃] NM INV lemon squeezer

presse-fruits [pʀɛsfʀɥi] NM INV lemon squeezer

pressentiment [pʀesɑ̃timɑ̃] NM foreboding, premonition

pressentir [pʀesɑ̃tiʀ] /**16**/ VT to sense; (*prendre contact avec*) to approach

presse-papiers [pʀɛspapje] NM INV paperweight

presse-purée [pʀɛspyʀe] NM INV potato masher

presser [pʀese] /**1**/ VT (*fruit, éponge*) to squeeze; (*interrupteur, bouton*) to press, push; (*allure, affaire*) to speed up; (*débiteur etc*) to press; (*inciter*): **~ qn de faire** to urge *ou* press sb to do; **~ le pas** to quicken one's step; **~ qn entre ses bras** to squeeze sb tight ▸ VI to be urgent; **rien ne presse** there's no hurry;

le temps presse there's not much time ▪ **se presser** VPR (*se hâter*) to hurry (up); (*se grouper*) to crowd; **se ~ contre qn** to squeeze up against sb

pressing [pʀesiŋ] NM (*repassage*) steam-pressing; (*magasin*) dry-cleaner's

pression [pʀesjɔ̃] NF pressure; (*bouton*) press stud (BRIT), snap fastener (US); (*fam: bière*) draught beer; **faire ~ sur** to put pressure on; **sous ~** pressurized, under pressure; (*fig*) keyed up; **~ artérielle** blood pressure

pressoir [pʀeswaʀ] NM (wine *ou* oil *etc*) press

pressurer [pʀesyʀe] /1/ VT (*fig*) to squeeze

pressurisation [pʀesyʀizasjɔ̃] NF pressurization

pressurisé, e [pʀesyʀize] ADJ pressurized

prestance [pʀestɑ̃s] NF presence, imposing bearing

prestataire [pʀestatɛʀ] NMF person receiving benefits; (*Comm*): **~ de services** provider of services

prestation [pʀestasjɔ̃] NF (*allocation*) benefit; (*d'une assurance*) cover *no pl*; (*d'une entreprise*) service provided; (*d'un joueur, artiste*) performance; **~ de serment** taking the oath; **~ de service** provision of a service; **prestations familiales** ≈ child benefit

preste [pʀɛst] ADJ nimble

prestement [pʀestəmɑ̃] ADV nimbly

prestidigitateur, -trice [pʀestidiʒitatœʀ, -tʀis] NM/F conjurer

prestidigitation [pʀestidiʒitasjɔ̃] NF conjuring

prestige [pʀestiʒ] NM prestige

prestigieux, -euse [pʀestiʒjø, -øz] ADJ prestigious

présumer [pʀezyme] /1/ VT: **~ que** to presume *ou* assume that; **~ de** to overrate; **~ qn coupable** to presume sb guilty

présupposé [pʀesypoze] NM presupposition

présupposer [pʀesypoze] /1/ VT to presuppose

présupposition [pʀesypozisjɔ̃] NF presupposition

présure [pʀezyʀ] NF rennet

prêt, e [pʀɛ, pʀɛt] ADJ ready; **~ à faire** ready to do; **~ à tout** ready for anything ▸ NM lending *no pl*; (*somme prêtée*) loan; **~ sur gages** pawnbroking *no pl*

prêt-à-porter [pʀetapɔʀte] (*pl* **prêts-à-porter**) NM ready-to-wear *ou* off-the-peg (BRIT) clothes *pl*

prétendant [pʀetɑ̃dɑ̃] NM pretender; (*d'une femme*) suitor

prétendre [pʀetɑ̃dʀ] /41/ VT (*affirmer*): **~ que** to claim that; **~ faire qch** (*avoir l'intention de*) to mean *ou* intend to do sth; **~ à** (*droit, titre*) to lay claim to

prétendu, e [pʀetɑ̃dy] ADJ (*supposé*) so-called

prétendument [pʀetɑ̃dymɑ̃] ADV allegedly

prête-nom [pʀetnɔ̃] NM (*péj*) figurehead; (*Comm etc*) dummy

prétentieux, -euse [pʀetɑ̃sjø, -øz] ADJ pretentious

prétention [pʀetɑ̃sjɔ̃] NF pretentiousness; (*exigence, ambition*) claim; **sans ~** unpretentious

prêter [pʀete] /1/ VT: **~ qch à qn** (*livres, argent*) to lend sth to sb; (*caractère, propos*) to attribute sth to sb; **~ à** (*commentaires etc*) to be open to, give rise to; **~ assistance à** to give help to; **~ attention** to pay attention; **~ serment** to take the oath; **~ l'oreille** to listen ▪ **se prêter** VPR (*tissu, cuir*) to give; **se ~ à** to lend o.s. to; (*manigances etc*) to go along with

prêteur, -euse [pʀetœʀ, -øz] NM/F moneylender; **~ sur gages** pawnbroker

prétexte [pʀetɛkst] NM pretext, excuse; **sous aucun ~** on no account; **sous (le) ~ que/de** on the pretext that/of

prétexter [pʀetɛkste] /1/ VT to give as a pretext *ou* an excuse

prétoire [pʀetwaʀ] NM court

prêtre [pʀɛtʀ] NM priest

prêtre-ouvrier [pʀɛtʀuvʀije] (*pl* **prêtres-ouvriers**) NM worker-priest

prêtrise [pʀetʀiz] NF priesthood

preuve [pʀœv] NF proof; (*indice*) proof, evidence *no pl*; **jusqu'à ~ du contraire** until proved otherwise; **faire ~ de** to show; **faire ses preuves** to prove o.s.; **~ matérielle** material evidence

prévaloir [pʀevalwaʀ] /29/ VI to prevail ▪ **se prévaloir** VPR: **se ~ de** *vt* to take advantage of; (*tirer vanité de*) to pride o.s. on

prévarication [pʀevaʀikasjɔ̃] NF maladministration

prévaut *etc* [pʀevo] VB *voir* **prévaloir**

prévenance [pʀev(ə)nɑ̃s] NF thoughtfulness *sg* ▪ **prévenances** NFPL consideration *sg*

prévenant, e [pʀev(ə)nɑ̃, -ɑ̃t] ADJ thoughtful, kind

prévenir [pʀev(ə)niʀ] /22/ VT (*éviter: catastrophe etc*) to avoid, prevent; (*anticiper: désirs, besoins*) to anticipate; **~ qn (de)** (*avertir*) to warn sb (about); (*informer*) to tell *ou* inform sb (about); **~ qn contre** (*influencer*) to prejudice sb against

préventif, -ive [pʀevɑ̃tif, -iv] ADJ preventive

prévention [pʀevɑ̃sjɔ̃] NF prevention; (*préjugé*) prejudice; (*Jur*) custody, detention; **~ routière** road safety

préventivement [pʀevɑ̃tivmɑ̃] ADV preventively

prévenu, e [pʀev(ə)ny] NM/F (*Jur*) defendant, accused

prévisible [pʀevizibl] ADJ foreseeable

prévision [pʀevizjɔ̃] NF: **prévisions** predictions; forecast *sg*; **prévisions météorologiques** *ou* **du temps** weather forecast *sg*; **en ~ de** in anticipation of

prévisionnel, le [pʀevizjɔnɛl] ADJ concerned with future requirements

prévit *etc* [pʀevi] VB *voir* **prévoir**

prévoir [pʀevwaʀ] /24/ VT (*deviner*) to foresee; (*s'attendre à*) to expect, reckon on; (*prévenir*) to anticipate; (*organiser: voyage*) to plan; (*préparer, réserver*) to allow

prévoyance [pʀevwajɑ̃s] NF foresight; **société/caisse de ~** provident society/contingency fund

prévoyant, e [pʀevwajɑ̃, -ɑ̃t] VB *voir* **prévoir** ▸ ADJ gifted with (*ou* showing) foresight, far-sighted

prévu, e [pʀevy] PP *de* **prévoir** ▸ ADJ: **comme ~** as planned; **~ pour quatre personnes** designed for four people; **~ pour 10 h** scheduled for 10 o'clock

PRG SIGLE M (= *Parti Radical de Gauche*) *political party*

P

prier [pʀije] /7/ VI to pray ▸ VT (*Dieu*) to pray to; (*implorer*) to beg; (*demander*): **~ qn de faire** to ask sb to do; **~ qn à dîner** to invite sb to dinner; **se faire ~** to need coaxing *ou* persuading; **je vous en prie** (*allez-y*) please do; (*de rien*) don't mention it; **je vous prie de faire** please (would you) do

prière [pʀijɛʀ] NF prayer; (*demande instante*) plea, entreaty; **« ~ de faire ... »** "please do ..."

★**primaire** [pʀimɛʀ] ADJ primary; (*péj*: *personne*) simple-minded; (: *idées*) simplistic ▸ NM (*Scol*) primary education

primauté [pʀimote] NF (*fig*) primacy

prime [pʀim] NF (*bonification*) bonus; (*subside*) allowance; (*Comm*: *cadeau*) free gift; (*Assurances, Bourse*) premium; **~ de risque** danger money *no pl*; **~ de transport** travel allowance ▸ ADJ: **de ~ abord** at first glance

primer [pʀime] /1/ VT (*l'emporter sur*) to prevail over; (*récompenser*) to award a prize to ▸ VI to dominate, prevail

primesautier, -ière [pʀimsotje, -jɛʀ] ADJ impulsive

primeur [pʀimœʀ] NF: **avoir la ~ de** to be the first to hear (*ou see etc*) ■ **primeurs** NFPL (*fruits, légumes*) early fruits and vegetables; **marchand de primeurs** greengrocer (BRIT), produce dealer (US)

primevère [pʀimvɛʀ] NF primrose

primipare [pʀimipaʀ] NF primipara

primitif, -ive [pʀimitif, -iv] ADJ primitive; (*originel*) original ▸ NM/F primitive

primo [pʀimo] ADV first (of all), firstly

primordial, e, -aux [pʀimɔʀdjal, -o] ADJ essential, primordial

prince [pʀɛ̃s] NM prince; **~ charmant** Prince Charming; **~ de Galles** *n inv* (*tissu*) Prince of Wales check; **~ héritier** crown prince

princesse [pʀɛ̃sɛs] NF princess

princier, -ière [pʀɛ̃sje, -jɛʀ] ADJ princely

★**principal, e, -aux** [pʀɛ̃sipal, -o] ADJ principal, main; **(proposition) principale** (*Ling*) main clause ▸ NM/F (*Scol*) head (teacher) (BRIT), principal (US) ▸ NM (*essentiel*) main thing

principalement [pʀɛ̃sipalmɑ̃] ADV principally, mainly

principauté [pʀɛ̃sipote] NF principality

principe [pʀɛ̃sip] NM principle; **partir du ~ que** to work on the principle *ou* assumption that; **pour le ~** on principle, for the sake of it; **de ~** *adj* (*hostilité*) automatic; (*accord*) in principle; **par ~** on principle; **en ~** (*habituellement*) as a rule; (*théoriquement*) in principle

printanier, -ière [pʀɛ̃tanje, -jɛʀ] ADJ spring, spring-like

★**printemps** [pʀɛ̃tɑ̃] NM spring; **au ~** in spring

priori [pʀijɔʀi]: **a ~** *adv* at first glance, initially; a priori

prioritaire [pʀijɔʀitɛʀ] ADJ having priority; (*Auto*) having right of way; (*Inform*) foreground

prioritairement [pʀijɔʀitɛʀmɑ̃] ADV (*en priorité*) as a priority

priorité [pʀijɔʀite] NF priority; (*Auto*): **avoir la ~ (sur)** to have right of way (over); **~ à droite** right of way to vehicles coming from the right; **en ~** as a (matter of) priority

pris, e [pʀi, pʀiz] PP *de* **prendre** ▸ ADJ (*place*) taken; (*billets*) sold; (*journée, mains*) full; (*personne*) busy; (*crème, ciment*) set; **avoir le nez/la gorge ~(e)** to have a stuffy nose/a bad throat; **être ~ de peur/de fatigue/de panique** to be stricken with fear/overcome with fatigue/panic-stricken

★**prise** [pʀiz] NF (*d'une ville*) capture; (*Pêche, Chasse*) catch; (*de judo ou catch, point d'appui ou pour empoigner*) hold; (*Élec*: *fiche*) plug; (: *femelle*) socket; (: *au mur*) point; **en ~** (*Auto*) in gear; **être aux prises avec** to be grappling with; to be battling with; **lâcher ~** to let go; **donner ~ à** (*fig*) to give rise to; **avoir ~ sur qn** to have a hold over sb; **~ en charge** (*taxe*) pick-up charge; (*par la sécurité sociale*) *undertaking to reimburse costs*; **~ de contact** initial meeting, first contact; **~ de courant** power point; **~ d'eau** water (supply) point; tap; **~ multiple** adaptor; **~ d'otages** hostage-taking; **~ à partie** (*Jur*) *action against a judge*; **~ péritel** SCART socket; **~ de sang** blood test; **~ de son** sound recording; **~ de tabac** pinch of snuff; **~ de terre** earth; **~ de vue** (*photo*) shot; **~ de vue(s)** (*action*) filming, shooting

prisé, e [pʀize] ADJ: **très ~** greatly prized

priser [pʀize] /1/ VT (*tabac, héroïne*) to take; (*estimer*) to prize, value ▸ VI to take snuff

prisme [pʀism] NM prism

★**prison** [pʀizɔ̃] NF prison; **aller/être en ~** to go to/be in prison *ou* jail; **faire de la ~** to serve time; **être condamné à cinq ans de ~** to be sentenced to five years' imprisonment *ou* five years in prison

> Quand les mots **prison** et **jail** désignent l'institution en général, il ne sont jamais précédés de l'article défini. Ce n'est pas le cas quand ils désignent plus précisément le bâtiment.
> *La vie après la prison n'est pas facile.* **Life after prison isn't easy**.
> *Il travaille à la prison.* **He works at the prison**.

★**prisonnier, -ière** [pʀizɔnje, -jɛʀ] NM/F prisoner ▸ ADJ captive; **faire qn ~** to take sb prisoner

prit [pʀi] VB *voir* **prendre**

privatif, -ive [pʀivatif, -iv] ADJ (*jardin etc*) private; (*peine*) which deprives one of one's liberties

privations [pʀivasjɔ̃] NFPL privations, hardships

privatisation [pʀivatizasjɔ̃] NF privatization

privatiser [pʀivatize] /1/ VT to privatize

privautés [pʀivote] NFPL liberties

privé, e [pʀive] ADJ private; (*dépourvu*): **~ de** without, lacking; (*en punition*): **tu es ~ de télé !** no TV for you! ▸ NM (*Comm*) private sector; **en ~**, **dans le ~** in private

priver [pʀive] /1/ VT: **~ qn de** to deprive sb of; **se ~ de** to go *ou* do without; **ne pas se ~ de faire** not to refrain from doing

privilège [pʀivilɛʒ] NM privilege

privilégié, e [pʀivileʒje] ADJ privileged

privilégier [pʀivileʒje] /7/ VT to favour (BRIT), favor (US)

★**prix** [pʀi] NM (*valeur*) price; (*récompense, Scol*) prize; **mettre à ~** to set a reserve (BRIT) *ou* an upset (US) price on; **au ~ fort** at a very high price; **acheter qch à ~ d'or** to pay a (small) fortune for sth; **hors de ~** exorbitantly priced; **à aucun ~** not at any price; **à tout ~** at all costs; **grand ~** (*Sport*) Grand

Prix; **~ d'achat/de vente/de revient** purchasing/selling/cost price; **~ conseillé** manufacturer's recommended price (MRP)

pro [pRo] NM (= *professionnel*) pro

proactif, -ive [pRɔaktif, -iv] ADJ proactive

probabilité [pRɔbabilite] NF probability; **selon toute ~** in all probability

probable [pRɔbabl] ADJ likely, probable

★**probablement** [pRɔbabləmɑ̃] ADV probably

probant, e [pRɔbɑ̃, -ɑ̃t] ADJ convincing

probatoire [pRɔbatwaR] ADJ (*examen, test*) preliminary; (*stage*) probationary, trial *cpd*

probité [pRɔbite] NF integrity, probity

problématique [pRɔblematik] ADJ problematic(al) ▶ NF problematics *sg*; (*problème*) problem

problème [pRɔblɛm] NM problem

procédé [pRɔsede] NM (*méthode*) process; (*comportement*) behaviour *no pl* (BRIT), behavior *no pl* (US)

procéder [pRɔsede] /6/ VI to proceed; (*moralement*) to behave; **~ à** *vt* to carry out

procédure [pRɔsedyR] NF (*Admin, Jur*) procedure

procédurier, -ière [pRɔsedyRje, -jɛR] ADJ (*domaine, cadre*) procedural; (*personne*) litigious; **avoir l'esprit ~** to be of a litigious temperament ▶ NM/F (*spécialiste*) procedural expert; (*péj*) litigious person

procès [pRɔsɛ] NM (*Jur*) trial; (*: poursuites*) proceedings *pl*; **être en ~ avec** to be involved in a lawsuit with; **faire le ~ de qn/qch** (*fig*) to put sb/sth on trial; **sans autre forme de ~** without further ado

processeur [pRɔsesœR] NM processor

procession [pRɔsesjɔ̃] NF procession

processus [pRɔsesys] NM process

procès-verbal, -aux [pRɔsɛvɛRbal, -o] NM (*constat*) statement; (*de réunion*) minutes *pl*; (*aussi: PV*): **avoir un ~** to get a parking ticket, to be booked

★**prochain, e** [pRɔʃɛ̃, -ɛn] ADJ next; (*proche: départ, arrivée*) impending; near; **la prochaine fois/semaine prochaine** next time/week; **à la prochaine !** (*fam*), **à la prochaine fois !** see you!, see you next time!; **un ~ jour** (some day) soon ▶ NM fellow man

prochainement [pRɔʃɛnmɑ̃] ADV soon, shortly

proche [pRɔʃ] ADJ nearby; (*dans le temps*) imminent; close at hand; (*parent, ami*) close; **être ~ (de)** to be near, be close (to); **de ~ en ~** gradually ■ **proches** NMPL (*parents*) close relatives, next of kin; (*amis*): **l'un de ses proches** one of those close to him (*ou* her)

Proche-Orient [pRɔʃɔRjɑ̃] NM: **le ~** the Near East

proclamation [pRɔklamasjɔ̃] NF proclamation

proclamer [pRɔklame] /1/ VT to proclaim; (*résultat d'un examen*) to announce

procréation [pRɔkReasjɔ̃] NF procreation; **~ médicalement assistée, assistance médicale à la ~** assisted reproduction

procréer [pRɔkRee] /1/ VT to procreate

procuration [pRɔkyRasjɔ̃] NF proxy; power of attorney; **voter par ~** to vote by proxy

procurer [pRɔkyRe] /1/ VT (*fournir*): **~ qch à qn** (*obtenir*) to get *ou* obtain sth for sb; (*plaisir etc*) to bring *ou* give sb sth ■ **se procurer** VPR to get

procureur [pRɔkyRœR] NM public prosecutor; **~ général** public prosecutor (*in appeal court*)

prodigalité [pRɔdigalite] NF (*générosité*) generosity; (*extravagance*) extravagance, wastefulness

prodige [pRɔdiʒ] NM (*miracle, merveille*) marvel, wonder; (*personne*) prodigy

prodigieusement [pRɔdiʒjøzmɑ̃] ADV prodigiously, phenomenally

prodigieux, -euse [pRɔdiʒjø, -øz] ADJ prodigious; phenomenal

prodigue [pRɔdig] ADJ (*généreux*) generous; (*dépensier*) extravagant, wasteful; **fils ~** prodigal son

prodiguer [pRɔdige] /1/ VT (*argent, biens*) to be lavish with; (*soins, attentions*): **~ qch à qn** to lavish sth on sb

producteur, -trice [pRɔdyktœR, -tRis] ADJ: **~ de blé** (*pays, région*) wheat-producing; **société productrice** (*Ciné*) film *ou* movie company ▶ NM/F producer

productif, -ive [pRɔdyktif, -iv] ADJ productive

production [pRɔdyksjɔ̃] NF (*gén*) production; (*rendement*) output; (*produits*) products *pl*, goods *pl*; (*œuvres*): **la ~ dramatique du XVIIe siècle** the plays of the 17th century

productiviste [pRɔdyktivist] ADJ productivist

productivité [pRɔdyktivite] NF productivity

★**produire** [pRɔdɥiR] /38/ VT, VI to produce ■ **se produire** VPR (*acteur*) to perform, appear; (*événement*) to happen, occur

★**produit, e** [pRɔdɥi, -it] PP *de* **produire** ▶ NM (*gén*) product; **~ chimique** chemical; **~ d'entretien** cleaning product; **~ national brut (PNB)** gross national product (GNP); **~ net** net profit; **~ (pour la) vaisselle** washing-up (BRIT) *ou* dish-washing (US) liquid; **~ des ventes** income from sales; **produits agricoles** farm produce *sg*; **produits alimentaires** foodstuffs; **produits de beauté** beauty products, cosmetics

proéminent, e [pRɔeminɑ̃, -ɑ̃t] ADJ prominent

★**prof** [pRɔf] NMF (*fam: = professeur*) teacher; professor; lecturer

prof. [pRɔf] ABR = **professeur**; **professionnel**

profanation [pRɔfanasjɔ̃] NF (*de cimetière*) desecration

profane [pRɔfan] ADJ (*Rel*) secular; (*ignorant, non initié*) uninitiated ▶ NMF layman

profaner [pRɔfane] /1/ VT to desecrate; (*fig: sentiment*) to defile; (*: talent*) to debase

proférer [pRɔfeRe] /6/ VT to utter

professer [pRɔfese] /1/ VT to profess

★**professeur, e** [pRɔfesœR] NM/F teacher; (*titulaire d'une chaire*) professor; **~ (de faculté)** (university) lecturer

★**profession** [pRɔfesjɔ̃] NF (*libérale*) profession; (*gén*) occupation; **faire ~ de** (*opinion, religion*) to profess; **de ~** by profession; **« sans ~ »** "unemployed"; (*femme mariée*) "housewife"

professionnaliser [pRɔfesjɔnalize] VT to professionalize ■ **se professionnaliser** VPR to become professionalized

professionnalisme [pRɔfesjɔnalism] NM professionalism

★**professionnel, le** [pRɔfesjɔnɛl] ADJ professional ▶ NM/F professional; (*ouvrier qualifié*) skilled worker

professoral, e, -aux [pRɔfesɔRal, -o] ADJ professorial; **le corps ~** the teaching profession

P

professorat [pʀɔfɛsɔʀa] NM: **le ~** the teaching profession

profil [pʀɔfil] NM profile; (*d'une voiture*) line, contour; **de ~** in profile

profilé, e [pʀɔfile] ADJ shaped; (*aile etc*) streamlined

profiler [pʀɔfile] /1/ VT to streamline ■ **se profiler** VPR (*arbre, tour*) to stand out, be silhouetted

profit [pʀɔfi] NM (*avantage*) benefit, advantage; (*Comm, Finance*) profit; **au ~ de** in aid of; **tirer** *ou* **retirer ~ de** to profit from; **mettre à ~** to take advantage of; to turn to good account; **profits et pertes** (*Comm*) profit and loss(es)

profitabilité [pʀɔfitabilite] NF profitability

profitable [pʀɔfitabl] ADJ (*utile*) beneficial; (*lucratif*) profitable

profiter [pʀɔfite] /1/ VI: **~ de** (*situation, occasion*) to take advantage of; (*vacances, jeunesse etc*) to make the most of; **~ de ce que ...** to take advantage of the fact that ...; **~ à** to be of benefit to, benefit; to be profitable to

profiteur, -euse [pʀɔfitœʀ, -øz] NM/F (*péj*) profiteer

★**profond, e** [pʀɔfɔ̃, -ɔ̃d] ADJ deep; (*méditation, mépris*) profound; **peu ~** (*eau, vallée, puits*) shallow; (*coupure*) superficial; **au plus ~ de** in the depths of, at the (very) bottom of; **la France profonde** the heartlands of France

profondément [pʀɔfɔ̃demɑ̃] ADV deeply; profoundly; **il dort ~** he is sound asleep

★**profondeur** [pʀɔfɔ̃dœʀ] NF depth; **l'eau a quelle ~?** how deep is the water?

profusément [pʀɔfyzemɑ̃] ADV profusely

profusion [pʀɔfyzjɔ̃] NF profusion; **à ~** in plenty

progéniture [pʀɔʒenityʀ] NF offspring *inv*

progiciel [pʀɔʒisjɛl] NM (*Inform*) (software) package; **~ d'application** applications package, applications software *no pl*

progouvernemental, e, -aux [pʀɔguvɛʀnəmɑ̃tal, -o] ADJ pro-government *cpd*

programmable [pʀɔgʀamabl] ADJ programmable

programmateur, -trice [pʀɔgʀamatœʀ, -tʀis] NM/F (*Ciné, TV*) programme (BRIT) *ou* program (US) planner ▸ NM (*de machine à laver etc*) timer

programmation [pʀɔgʀamasjɔ̃] NF programming

★**programme** [pʀɔgʀam] NM programme (BRIT), program (US); (*TV, Radio*) program(me)s *pl*; (*Scol*) syllabus, curriculum; (*Inform*) program; **au ~ de ce soir** (*TV*) among tonight's program(me)s

programmé, e [pʀɔgʀame] ADJ: **enseignement ~** programmed learning

programmer [pʀɔgʀame] /1/ VT (*TV, Radio*) to put on, show; (*organiser, prévoir: émission*) to schedule; (*Inform*) to program

★**programmeur, -euse** [pʀɔgʀamœʀ, -øz] NM/F (computer) programmer

progrès [pʀɔgʀɛ] NM progress *no pl*; **faire des/être en ~** to make/be making progress

progresser [pʀɔgʀese] /1/ VI to progress; (*troupes etc*) to make headway *ou* progress

progressif, -ive [pʀɔgʀesif, -iv] ADJ progressive

progression [pʀɔgʀesjɔ̃] NF progression; (*d'une troupe etc*) advance, progress

progressiste [pʀɔgʀesist] ADJ progressive

progressivement [pʀɔgʀesivmɑ̃] ADV progressively

prohiber [pʀɔibe] /1/ VT to prohibit, ban

prohibitif, -ive [pʀɔibitif, -iv] ADJ prohibitive

prohibition [pʀɔibisjɔ̃] NF ban, prohibition; (*Hist*) Prohibition

proie [pʀwɑ] NF prey *no pl*; **être la ~ de** to fall prey to; **être en ~ à** (*doutes, sentiment*) to be prey to; (*douleur, mal*) to be suffering

★**projecteur** [pʀɔʒɛktœʀ] NM projector; (*de théâtre, cirque*) spotlight

projectile [pʀɔʒɛktil] NM missile; (*d'arme*) projectile, bullet (*ou* shell *etc*)

projection [pʀɔʒɛksjɔ̃] NF projection; (*séance*) showing; **conférence avec projections** lecture with slides (*ou* a film)

projectionniste [pʀɔʒɛksjɔnist] NMF (*Ciné*) projectionist

★**projet** [pʀɔʒɛ] NM plan; (*ébauche*) draft; **faire des projets** to make plans; **~ de loi** bill

projeter [pʀɔʒ(ə)te] /4/ VT (*envisager*) to plan; (*film, photos*) to project; (*passer*) to show; (*ombre, lueur*) to throw, cast, project; (*jeter*) to throw up (*ou* off *ou* out); **~ de faire qch** to plan to do sth

prolétaire [pʀɔletɛʀ] ADJ, NMF proletarian

prolétariat [pʀɔletaʀja] NM proletariat

prolétarien, ne [pʀɔletaʀjɛ̃, -ɛn] ADJ proletarian

prolifération [pʀɔlifeʀasjɔ̃] NF proliferation

proliférer [pʀɔlifeʀe] /6/ VI to proliferate

prolifique [pʀɔlifik] ADJ prolific

prolixe [pʀɔliks] ADJ verbose

prolo [pʀɔlo] NMF (*fam: = prolétaire*) prole (*péj*)

prologue [pʀɔlɔg] NM prologue

prolongateur [pʀɔlɔ̃gatœʀ] NM (*Élec*) extension cable

prolongation [pʀɔlɔ̃gasjɔ̃] NF prolongation; extension ■ **prolongations** NFPL (*Football*) extra time *sg*

prolongement [pʀɔlɔ̃ʒmɑ̃] NM extension; **dans le ~ de** running on from ■ **prolongements** NMPL (*fig*) repercussions, effects

prolonger [pʀɔlɔ̃ʒe] /3/ VT (*débat, séjour*) to prolong; (*délai, billet, rue*) to extend; (*chose*) to be a continuation *ou* an extension of ■ **se prolonger** VPR to go on

★**promenade** [pʀɔm(ə)nad] NF walk (*ou* drive *ou* ride); **faire une ~** to go for a walk; **une ~ (à pied)/en voiture/à vélo** a walk/drive/(bicycle) ride

★**promener** [pʀɔm(ə)ne] /5/ VT (*personne, chien*) to take out for a walk; (*fig*) to carry around; to trail round; (*doigts, regard*): **~ qch sur** to run sth over ■ **se promener** VPR (*à pied*) to go for (*ou* be out for) a walk; (*en voiture*) to go for (*ou* be out for) a drive; (*fig*): **se ~ sur** to wander over

promeneur, -euse [pʀɔm(ə)nœʀ, -øz] NM/F walker, stroller

promenoir [pʀɔm(ə)nwaʀ] NM gallery, (covered) walkway

promesse [pʀɔmɛs] NF promise; **~ d'achat** commitment to buy

prometteur, -euse [pʀɔmɛtœʀ, -øz] ADJ promising

★**promettre** [pʀɔmɛtʀ] /56/ VT to promise; **~ à qn de faire** to promise sb that one will do ▸ VI (*récolte, arbre*) to look promising; (*enfant, musicien*) to be promising ■ **se promettre** VPR: **se ~ de faire** to resolve *ou* mean to do

promeus *etc* [pʀɔmø] VB *voir* **promouvoir**

promis, e [pʀɔmi, -iz] PP *de* **promettre** ▸ ADJ: **être ~ à qch** (*destiné*) to be destined for sth

promiscuité [pʀɔmiskɥite] NF crowding; lack of privacy

promit [pʀɔmi] VB *voir* **promettre**

promo [pʀɔmo] NF (*fam: Scol: promotion*) year (BRIT), class; **~ 95** the class of 95

promontoire [pʀɔmɔ̃twaʀ] NM headland

promoteur, -trice [pʀɔmɔtœʀ, -tʀis] NM/F (*instigateur*) instigator, promoter; **~ (immobilier)** property developer (BRIT), real estate promoter (US)

promotion [pʀɔmosjɔ̃] NF (*avancement*) promotion; (*Scol*) year (BRIT), class; **en ~** (*Comm*) on promotion, on (special) offer

promotionnel, le [pʀɔmɔsjɔnɛl] ADJ (*article*) on promotion, on (special) offer; (*vente*) promotional

promouvoir [pʀɔmuvwaʀ] /27/ VT to promote

prompt, e [pʀɔ̃, pʀɔ̃t] ADJ swift, rapid; (*intervention, changement*) sudden; **~ à faire qch** quick to do sth

promptement [pʀɔ̃ptəmɑ̃] ADV swiftly

prompteur® [pʀɔ̃ptœʀ] NM Autocue® (BRIT), Teleprompter® (US)

promptitude [pʀɔ̃(p)tityd] NF swiftness, rapidity

promu, e [pʀɔmy] PP *de* **promouvoir**

promulgation [pʀɔmylgasjɔ̃] NF (*de loi*) promulgation

promulguer [pʀɔmylge] /1/ VT to promulgate

prôner [pʀone] /1/ VT (*louer*) to laud, extol; (*préconiser*) to advocate, commend

pronom [pʀɔnɔ̃] NM pronoun

pronominal, e, -aux [pʀɔnɔminal, -o] ADJ pronominal; (*verbe*) reflexive, pronominal

prononçable [pʀɔnɔ̃sabl] ADJ pronounceable; **difficilement ~** hard to pronounce

prononcé, e [pʀɔnɔ̃se] ADJ pronounced, marked

★**prononcer** [pʀɔnɔ̃se] /3/ VT (*son, mot, jugement*) to pronounce; (*dire*) to utter; (*discours*) to deliver ▸ VI (*Jur*) to deliver *ou* give a verdict; **~ bien/mal** to have good/poor pronunciation ■ **se prononcer** VPR (*mot*) to be pronounced; **se ~ (sur)** (*se décider*) to reach a decision (on *ou* about), give a verdict (on); **se ~ contre** to come down against; **ça se prononce comment ?** how do you pronounce this?

prononciation [pʀɔnɔ̃sjasjɔ̃] NF pronunciation

pronostic [pʀɔnɔstik] NM (*Méd*) prognosis; (*fig: aussi:* **pronostics**) forecast

pronostiquer [pʀɔnɔstike] /1/ VT (*Méd*) to prognosticate; (*annoncer, prévoir*) to forecast, foretell

pronostiqueur, -euse [pʀɔnɔstikœʀ, -øz] NM/F forecaster

propagande [pʀɔpagɑ̃d] NF propaganda; **faire de la ~ pour qch** to plug *ou* push sth

propagandiste [pʀɔpagɑ̃dist] NMF propagandist

propagation [pʀɔpagasjɔ̃] NF propagation

propager [pʀɔpaʒe] /3/ VT to spread ■ **se propager** VPR to spread; (*Physique*) to be propagated

propane [pʀɔpan] NM propane

propension [pʀɔpɑ̃sjɔ̃] NF: **~ à qch** propensity for sth; **~ à faire qch** propensity to do sth

prophète, prophétesse [pʀɔfɛt, pʀɔfetɛs] NM/F prophet(ess)

prophétie [pʀɔfesi] NF prophecy

prophétique [pʀɔfetik] ADJ prophetic

prophétiser [pʀɔfetize] /1/ VT to prophesy

prophylactique [pʀɔfilaktik] ADJ prophylactic

prophylaxie [pʀɔfilaksi] NF prophylaxis

propice [pʀɔpis] ADJ favourable (BRIT), favorable (US)

proportion [pʀɔpɔʀsjɔ̃] NF proportion; **il n'y a aucune ~ entre le prix demandé et le prix réel** the asking price bears no relation to the real price; **à ~ de** proportionally to, in proportion to; **en ~ (de)** in proportion (to); **hors de ~** out of proportion; **toute(s) ~(s) gardée(s)** making due allowance(s)

proportionnalité [pʀɔpɔʀsjɔnalite] NF proportionality; (*de système électoral*) proportional representation

proportionné, e [pʀɔpɔʀsjɔne] ADJ: **bien ~** well-proportioned; **~ à** proportionate to

proportionnel, le [pʀɔpɔʀsjɔnɛl] ADJ proportional; **~ à** proportional to ▸ NF proportional representation

proportionnellement [pʀɔpɔʀsjɔnɛlmɑ̃] ADV proportionally, proportionately

proportionner [pʀɔpɔʀsjɔne] /1/ VT: **~ qch à** to proportion *ou* adjust sth to

propos [pʀɔpo] NM (*paroles*) talk *no pl*, remark; (*intention, but*) intention, aim; (*sujet*): **à quel ~ ?** what about?; **à ~ de** about, regarding; **à tout ~** for no reason at all; **à ce ~** on that subject, in this connection; **à ~** *adv* by the way; (*opportunément*) (just) at the right moment; **hors de ~, mal à ~** *adv* at the wrong moment

★**proposer** [pʀɔpoze] /1/ VT (*loi, motion*) to propose; (*candidat*) to nominate, put forward; **~ qch (à qn)/ de faire** (*suggérer*) to suggest sth (to sb)/doing, propose sth (to sb)/to do; (*offrir*) to offer (sb) sth/to do ■ **se proposer** VPR: **se ~ (pour faire)** to offer one's services (to do); **se ~ de faire** to intend *ou* propose to do

★**proposition** [pʀɔpozisjɔ̃] NF suggestion; proposal; offer; (*Ling*) clause; **sur la ~ de** at the suggestion of; **~ de loi** private bill

★**propre** [pʀɔpʀ] ADJ clean; (*net*) neat, tidy; (*qui ne salit pas: chien, chat*) house-trained; (*: enfant*) toilet-trained; (*fig: honnête*) honest; (*possessif*) own; (*sens*) literal; (*particulier*): **~ à** peculiar to, characteristic of; (*approprié*): **~ à** suitable *ou* appropriate for; (*de nature à*): **~ à faire** likely to do, that will do ▸ NM: **recopier au ~** to make a fair copy of; (*particularité*): **le ~ de** the peculiarity of, the distinctive feature of; **au ~** (*Ling*) literally; **appartenir à qn en ~** to belong to sb (exclusively); **~ à rien** *nmf* (*péj*) good-for-nothing

P

proprement [pʀɔpʀəmɑ̃] ADV (*avec propreté*) cleanly; neatly, tidily; **à ~ parler** strictly speaking; **le village ~ dit** the actual village, the village itself

propret, te [pʀɔpʀɛ, -ɛt] ADJ neat and tidy, spick-and-span

propreté [pʀɔpʀəte] NF cleanliness, cleanness; neatness, tidiness

propriétaire [pʀɔpʀijetɛʀ] NMF owner; (*d'hôtel etc*) proprietor(-tress), owner; (*pour le locataire*) landlord(-lady); **~ (immobilier)** house-owner; householder; **~ récoltant** grower; **~ (terrien)** landowner

propriété [pʀɔpʀijete] NF (*droit*) ownership; (*objet, immeuble etc*) property *gén no pl*; (*villa*) residence, property; (*terres*) property *gén no pl*, land *gén no pl*; (*qualité, Chimie, Math*) property; (*correction*) appropriateness, suitability; **~ artistique et littéraire** artistic and literary copyright; **~ industrielle** patent rights *pl*

proprio [pʀɔpʀijo] NMF (*fam: propriétaire*) landlord(-lady)

propulser [pʀɔpylse] /1/ VT (*missile*) to propel; (*projeter*) to hurl, fling

propulseur [pʀɔpylsœʀ] ADJ M propulsive ▸ NM propulsion unit; **~ d'appoint** booster; **~ à hélice** propeller; **~ à réaction** jet engine

propulsion [pʀɔpylsjɔ̃] NF propulsion

prorata [pʀɔʀata] NM INV: **au ~ de** in proportion to, on the basis of

prorogation [pʀɔʀɔgasjɔ̃] NF deferment; extension; adjournment

proroger [pʀɔʀɔʒe] /3/ VT to put back, defer; (*prolonger*) to extend; (*assemblée*) to adjourn, prorogue

prosaïque [pʀozaik] ADJ mundane, prosaic

prosaïquement [pʀozaikmɑ̃] ADV prosaically; **plus ~** more prosaically

proscription [pʀɔskʀipsjɔ̃] NF banishment; (*interdiction*) banning; prohibition

proscrire [pʀɔskʀiʀ] /39/ VT (*bannir*) to banish; (*interdire*) to ban, prohibit

prose [pʀoz] NF prose (*style*)

prosélyte [pʀɔzelit] NMF proselyte, convert

prospecter [pʀɔspɛkte] /1/ VT to prospect; (*Comm*) to canvass

prospecteur, -trice [pʀɔspɛktœʀ, -tʀis] NM/F (*d'or*) prospector; (*Comm*) canvasser

prospecteur-placier [pʀɔspɛktœʀplasje] (*pl* **prospecteurs-placiers**) NM placement officer

prospectif, -ive [pʀɔspɛktif, -iv] ADJ prospective

prospection [pʀɔspɛksjɔ̃] NF (*pétrolière, minière*) prospecting; (*de marchés*) exploration

prospectus [pʀɔspɛktys] NM (*feuille*) leaflet; (*dépliant*) brochure, leaflet

prospère [pʀɔspɛʀ] ADJ prosperous; (*santé, entreprise*) thriving, flourishing

prospérer [pʀɔspeʀe] /6/ VI to thrive

prospérité [pʀɔspeʀite] NF prosperity

prostate [pʀɔstat] NF prostate (gland)

prosterner [pʀɔstɛʀne] /1/: **se prosterner** VPR to bow low, prostrate o.s.

prostitué, e [pʀɔstitɥe] NM male prostitute ▸ NF prostitute

prostituer [pʀɔstitɥe]: **se prostituer** VPR to work as a prostitute

prostitution [pʀɔstitysjɔ̃] NF prostitution

prostré, e [pʀɔstʀe] ADJ prostrate

protagoniste [pʀɔtagɔnist] NMF protagonist

protecteur, -trice [pʀɔtɛktœʀ, -tʀis] ADJ protective; (*air, ton: péj*) patronizing ▸ NM/F (*défenseur*) protector; (*des arts*) patron

protection [pʀɔtɛksjɔ̃] NF protection; (*d'un personnage influent: aide*) patronage; **écran de ~** protective screen; **~ civile** *state-financed civilian rescue service*; **~ maternelle et infantile** *social service concerned with child welfare*

protectionnisme [pʀɔtɛksjɔnism] NM protectionism

protectionniste [pʀɔtɛksjɔnist] ADJ protectionist

protectorat [pʀɔtɛktɔʀa] NM protectorate; **sous ~ français** under French protectorate

protégé, e [pʀɔteʒe] NM/F protégé(e)

protège-cahier [pʀɔtɛʒkaje] NM exercise book cover

protéger [pʀɔteʒe] /6, 3/ VT to protect; (*aider, patronner: personne, arts*) to be a patron of; (*: carrière*) to further ▪ **se protéger** VPR: **se ~ (de/contre)** to protect o.s. (from)

protège-slip [pʀɔtɛʒslip] NM panty liner

protéine [pʀɔtein] NF protein

protestant, e [pʀɔtɛstɑ̃, -ɑ̃t] ADJ, NM/F Protestant

protestantisme [pʀɔtɛstɑ̃tism] NM Protestantism

protestataire [pʀɔtɛstatɛʀ] NMF protestor

protestation [pʀɔtɛstasjɔ̃] NF (*plainte*) protest; (*déclaration*) protestation, profession

protester [pʀɔtɛste] /1/ VI: **~ (contre)** to protest (against *ou* about); **~ de** (*son innocence, sa loyauté*) to protest

prothèse [pʀɔtɛz] NF artificial limb, prosthesis; **~ dentaire** (*appareil*) denture; (*science*) dental engineering

protocolaire [pʀɔtɔkɔlɛʀ] ADJ formal; (*questions, règles*) of protocol

protocole [pʀɔtɔkɔl] NM protocol; (*fig*) etiquette; **~ d'accord** draft treaty; **~ opératoire** (*Méd*) operating procedure

proton [pʀɔtɔ̃] NM proton

prototype [pʀɔtɔtip] NM prototype

protubérance [pʀɔtybeʀɑ̃s] NF bulge, protuberance

protubérant, e [pʀɔtybeʀɑ̃, -ɑ̃t] ADJ protruding, bulging, protuberant

proue [pʀu] NF bow(s *pl*), prow

prouesse [pʀuɛs] NF feat

prouvé [pʀuve] ADJ: **scientifiquement ~** scientifically proven; **c'est ~** it's a proven fact

prouver [pʀuve] /1/ VT to prove

provenance [pʀɔv(ə)nɑ̃s] NF origin; (*de mot, coutume*) source; **avion en ~ de** plane (arriving) from

provençal, e, -aux [pʀɔvɑ̃sal, -o] ADJ Provençal ▸ NM (*Ling*) Provençal

Provence [pʀɔvɑ̃s] NF: **la ~** Provence

provenir [pʀɔv(ə)niʀ] /22/: **~ de** *vt* to come from; (*résulter de*) to be due to, be the result of
proverbe [pʀɔvɛʀb] NM proverb
proverbial, e, -aux [pʀɔvɛʀbjal, -o] ADJ proverbial
providence [pʀɔvidɑ̃s] NF: **la ~** providence
providentiel, le [pʀɔvidɑ̃sjɛl] ADJ providential
province [pʀɔvɛ̃s] NF province
provincial, e, -aux [pʀɔvɛ̃sjal, -o] ADJ, NM/F provincial
★**proviseur** [pʀɔvizœʀ] NM ≈ head (teacher) (BRIT), ≈ principal (*US*)
★**provision** [pʀɔvizjɔ̃] NF (*réserve*) stock, supply; (*avance: à un avocat*) retainer, retaining fee; (*Comm*) funds *pl* (in account); reserve; **faire ~ de** to stock up with ■ **provisions** NFPL (*vivres*) provisions, food *no pl*; **placard** *ou* **armoire à provisions** food cupboard
provisionnel, le [pʀɔvizjɔnɛl] ADJ *voir* **tiers**
★**provisoire** [pʀɔvizwaʀ] ADJ temporary; (*Jur*) provisional; **mise en liberté ~** release on bail
provisoirement [pʀɔvizwaʀmɑ̃] ADV temporarily, for the time being
provocant, e [pʀɔvɔkɑ̃, -ɑ̃t] ADJ provocative
provocateur, -trice [pʀɔvɔkatœʀ, -tʀis] ADJ provocative ▶ NM (*meneur*) agitator
provocation [pʀɔvɔkasjɔ̃] NF provocation
provoquer [pʀɔvɔke] /1/ VT (*défier*) to provoke; (*causer*) to cause, bring about; (*: curiosité*) to arouse, give rise to; (*: aveux*) to prompt, elicit; (*inciter*): **~ qn à** to incite sb to
prox. ABR = **proximité**
proxénète [pʀɔksenɛt] NMF procurer
proxénétisme [pʀɔksenetism] NM procuring
proximité [pʀɔksimite] NF nearness, closeness, proximity; (*dans le temps*) imminence, closeness; **à ~** near *ou* close by; **à ~ de** near (to), close to
prude [pʀyd] ADJ prudish
prudemment [pʀydamɑ̃] ADV carefully; cautiously; prudently; wisely, sensibly
prudence [pʀydɑ̃s] NF carefulness; caution; prudence; **avec ~** carefully; cautiously; wisely; **par (mesure de) ~** as a precaution
prudent, e [pʀydɑ̃, -ɑ̃t] ADJ (*pas téméraire*) careful, cautious, prudent; (*: en général*) safety-conscious; (*sage, conseillé*) wise, sensible; (*réservé*) cautious; **c'est plus ~** it's wiser; **ce n'est pas ~** it's risky; it's not sensible; **soyez ~** take care, be careful
★**prune** [pʀyn] NF plum
pruneau, x [pʀyno] NM prune
prunelle [pʀynɛl] NF pupil; (*œil*) eye; (*Bot*) sloe; (*eau-de-vie*) sloe gin
prunier [pʀynje] NM plum tree
prurit [pʀyʀit] NM (*Méd*) pruritus
Prusse [pʀys] NF: **la ~** Prussia
PS SIGLE M = **parti socialiste**; (= *post-scriptum*) PS
psalmodier [psalmɔdje] /7/ VT to chant; (*fig*) to drone out
psaume [psom] NM psalm
pseudonyme [psødɔnim] NM (*gén*) false name; (*d'écrivain*) pseudonym, pen name; (*de comédien*) stage name
PSIG SIGLE M (= *Peloton de surveillance et d'intervention de gendarmerie*) *type of police commando squad*
psoriasis [psɔʀjazis] NM psoriasis
psy [psi] NMF (*fam: = psychiatre, psychologue*) shrink
psychanalyse [psikanaliz] NF psychoanalysis
psychanalyser [psikanalize] /1/ VT to psychoanalyze; **se faire ~** to undergo (psycho)analysis
psychanalyste [psikanalist] NMF psychoanalyst
psychanalytique [psikanalitik] ADJ psychoanalytical
psyché [psiʃe] NF psyche
psychédélique [psikedelik] ADJ psychedelic
psychiatre [psikjatʀ] NMF psychiatrist
psychiatrie [psikjatʀi] NF psychiatry
psychiatrique [psikjatʀik] ADJ psychiatric; (*hôpital*) mental, psychiatric
psychique [psiʃik] ADJ psychological
psychisme [psiʃism] NM psyche
psychologie [psikɔlɔʒi] NF psychology
psychologique [psikɔlɔʒik] ADJ psychological
psychologiquement [psikɔlɔʒikmɑ̃] ADV psychologically
psychologue [psikɔlɔg] NMF psychologist; **être ~** (*fig*) to be a good psychologist
psychomoteur, -trice [psikɔmɔtœʀ, -tʀis] ADJ psychomotor
psychopathe [psikɔpat] NMF psychopath
psychopédagogie [psikɔpedagɔʒi] NF educational psychology
psychose [psikoz] NF (*Méd*) psychosis; (*obsession, idée fixe*) obsessive fear
psychosomatique [psikɔsɔmatik] ADJ psychosomatic
psychothérapie [psikɔteʀapi] NF psychotherapy
psychotique [psikɔtik] ADJ psychotic
Pte ABR = **porte**
pte ABR (= *pointe*) pt
PTMA SIGLE M (= *poids total maximum autorisé*) maximum loaded weight
PTT SIGLE FPL (= *Postes, Télégraphes et Téléphone*) *formerly the French post office and telecommunications service*
pu [py] PP *de* **pouvoir**
puant, e [pɥɑ̃, pɥɑ̃t] ADJ (*nauséabond*) stinking, foul; (*odieux, prétentieux*) pompous
puanteur [pɥɑ̃tœʀ] NF stink, stench
pub [pyb] NF (*fam*) (= *publicité*): **la ~** advertising; **une ~** an ad
pubalgie [pybalʒi] NF groin strain
pubère [pybɛʀ] ADJ pubescent
puberté [pybɛʀte] NF puberty
pubis [pybis] NM (*bas-ventre*) pubes *pl*; (*os*) pubis
publiable [pyblijabl] ADJ publishable
★**public, -ique** [pyblik] ADJ public; (*école, instruction*) state *cpd*; (*scrutin*) open ▶ NM public; (*assistance*) audience; **en ~** in public; **le grand ~** the general public
publication [pyblikasjɔ̃] NF publication
publiciste [pyblisist] NMF advertising executive

P

publicitaire [pyblisitɛʀ] ADJ advertising *cpd*; (*film, voiture*) publicity *cpd*; (*vente*) promotional; **rédacteur ~** copywriter ▸ NMF advertising executive

publicité [pyblisite] NF (*méthode, profession*) advertising; (*annonce*) advertisement; (*révélations*) publicity

publier [pyblije] /7/ VT to publish; (*nouvelle*) to publicize, make public

publipostage [pyblipɔstaʒ] NM mailshot, (mass) mailing

publique [pyblik] ADJ F *voir* **public**

publiquement [pyblikmɑ̃] ADV publicly

puce [pys] NF flea; (*Inform*) chip; **carte à ~** smart card; **(marché aux) puces** flea market *sg*; **mettre la ~ à l'oreille de qn** to give sb something to think about

puceau, x [pyso] ADJ M (*fam*): **être ~** to be a virgin

pucelle [pysɛl] ADJ F (*fam*): **être ~** to be a virgin

puceron [pys(ə)ʀɔ̃] NM aphid

pudding [pudiŋ] NM (*à base de pain rassis*) bread pudding; (*plum-pudding*) Christmas pudding, plum pudding

pudeur [pydœʀ] NF modesty

pudibond, e [pydibɔ̃, -ɔ̃d] ADJ prudish

pudique [pydik] ADJ (*chaste*) modest; (*discret*) discreet

pudiquement [pydikmɑ̃] ADV modestly

puer [pɥe] /1/ (*péj*) VI to stink ▸ VT to stink of, reek of

puériculteur, -trice [pɥeʀikyltœʀ, -tʀis] NM/F (*aussi:* **infirmier puériculteur, infirmière puéricultrice**) nursery nurse

puériculture [pɥeʀikyltyʀ] NF infant care

puéril, e [pɥeʀil] ADJ childish

puérilement [pɥeʀilmɑ̃] ADV childishly

puérilité [pɥeʀilite] NF childishness; (*acte, idée*) childish thing

pugilat [pyʒila] NM (fist) fight

pugnace [pygnas] ADJ pugnacious

pugnacité [pygnasite] NF pugnacity

★**puis** [pɥi] VB *voir* **pouvoir** ▸ ADV (*ensuite*) then; (*dans une énumération*) next; (*en outre*): **et ~** and (then); **et ~ (après** *ou* **quoi) ?** so (what)?

puisard [pɥizaʀ] NM (*égout*) cesspool

puiser [pɥize] /1/ VT: **~ (dans)** to draw (from); **~ dans qch** to dip into sth

★**puisque** [pɥisk] CONJ since; (*valeur intensive*): **~ je te le dis !** I'm telling you!

puissamment [pɥisamɑ̃] ADV powerfully

★**puissance** [pɥisɑ̃s] NF power; **en ~** *adj* potential; **deux (à la) ~ cinq** two to the power (of) five

puissant, e [pɥisɑ̃, -ɑ̃t] ADJ powerful

puisse *etc* [pɥis] VB *voir* **pouvoir**

puits [pɥi] NM well; **~ artésien** artesian well; **~ de mine** mine shaft; **~ de science** fount of knowledge

★**pull(-over)** [pyl(ɔvœʀ)] NM sweater, jumper (BRIT)

pulluler [pylyle] /1/ VI to swarm; (*fig: erreurs*) to abound, proliferate

pulmonaire [pylmɔnɛʀ] ADJ lung *cpd*; (*artère*) pulmonary

pulpe [pylp] NF pulp

pulpeux, -euse [pylpø, -øz] ADJ (*bouche*) fleshy; (*femme*) curvaceous

pulsation [pylsasjɔ̃] NF (*Méd*) beat

pulsé [pylse] ADJ M: **chauffage à air ~** warm air heating

pulser [pylse] VT (*air*) to pump (out) ▸ VI: **ça pulse** (*fam: musique, spectacle*) it has a real vibe (*fam*)

pulsion [pylsjɔ̃] NF (*Psych*) drive, urge

pulvérisateur [pylveʀizatœʀ] NM spray

pulvérisation [pylveʀizasjɔ̃] NF spraying

pulvériser [pylveʀize] /1/ VT (*solide*) to pulverize; (*liquide*) to spray; (*fig: anéantir: adversaire*) to pulverize; (*: record*) to smash, shatter; (*: argument*) to demolish

puma [pyma] NM puma, cougar

punaise [pynɛz] NF (*Zool*) bug; (*clou*) drawing pin (BRIT), thumb tack (*US*)

punaiser [pyneze] VT (*affiche*) to pin up, tack up (*US*)

punch [pɔ̃ʃ] NM (*boisson*) punch; (*Boxe*) [pœnʃ] punching ability; (*fig*) punch

punching-ball [pœnʃiŋbol] NM punchball

★**punir** [pyniʀ] /2/ VT to punish; **~ qn de qch** to punish sb for sth

punitif, -ive [pynitif, -iv] ADJ punitive

punition [pynisjɔ̃] NF punishment

punk [pœ̃k] ADJ INV, NMF, NM punk

pupille [pypij] NF (*Anat*) pupil ▸ NMF (*enfant*) ward; **~ de l'État** child in care; **~ de la Nation** war orphan

pupitre [pypitʀ] NM (*Scol*) desk; (*Rel*) lectern; (*de chef d'orchestre*) rostrum; **~ de commande** control panel

pur, e [pyʀ] ADJ pure; (*vin*) undiluted; (*whisky*) neat; (*intentions*) honourable (BRIT), honorable (*US*); **en pure perte** fruitlessly, to no avail; **c'est de la folie pure** it's sheer madness ▸ NM (*personne*) hardliner

purée [pyʀe] NF: **~ (de pommes de terre)** ≈ mashed potatoes *pl*; **~ de marrons** chestnut purée; **~ de pois** (*fig*) peasoup(er)

purement [pyʀmɑ̃] ADV purely

pureté [pyʀte] NF purity

purgatif [pyʀgatif] NM purgative, purge

purgatoire [pyʀgatwaʀ] NM purgatory

purge [pyʀʒ] NF (*Pol*) purge; (*Méd*) purging *no pl*; purge

purger [pyʀʒe] /3/ VT (*radiateur*) to flush (out), drain; (*circuit hydraulique*) to bleed; (*Méd, Pol*) to purge; (*Jur: peine*) to serve

purification [pyʀifikasjɔ̃] NF (*de l'eau*) purification; **~ ethnique** ethnic cleansing

purifier [pyʀifje] /7/ VT to purify; (*Tech: métal*) to refine

purin [pyʀɛ̃] NM liquid manure

puriste [pyʀist] NMF purist

puritain, e [pyʀitɛ̃, -ɛn] ADJ, NM/F Puritan

puritanisme [pyʀitanism] NM Puritanism

pur-sang [pyʀsɑ̃] NM INV thoroughbred, purebred

purulent, e [pyʀylɑ̃, -ɑ̃t] ADJ purulent

pus [py] VB *voir* **pouvoir** ▸ NM pus
pusillanime [pyzilanim] ADJ fainthearted
pustule [pystyl] NF pustule
putain [pytɛ̃] NF (!) whore (!); **ce/cette ~ de ...** this bloody (*BRIT*) *ou* goddamn (*US*)... (!)
pute [pyt] NF (!) whore
putois [pytwa] NM polecat; **crier comme un ~** to yell one's head off
putréfaction [pytʀefaksjɔ̃] NF putrefaction
putréfier [pytʀefje] /7/ VT to putrefy, rot ▪ **se putréfier** VPR to putrefy, rot
putride [pytʀid] ADJ putrid
putsch [putʃ] NM (*Pol*) putsch
puzzle [pœzl] NM jigsaw (puzzle)
PV SIGLE M = **procès-verbal**
PVC SIGLE F (= *polychlorure de vinyle*) PVC
Px ABR = **prix**
pygmée [pigme] NM pygmy
★**pyjama** [piʒama] NM pyjamas *pl* (*BRIT*), pajamas *pl* (*US*)
pylône [pilon] NM pylon
pyramide [piʀamid] NF pyramid
pyrénéen, ne [piʀeneɛ̃, -ɛn] ADJ Pyrenean
Pyrénées [piʀene] NFPL: **les ~** the Pyrenees
pyrex® [piʀɛks] NM Pyrex®
pyrogravure [piʀɔgʀavyʀ] NF poker-work
pyromane [piʀɔman] NMF arsonist
pyrotechnique [piʀɔtɛknik] ADJ (*effets*) pyrotechnic; **spectacle ~** firework display
python [pitɔ̃] NM python

P

Qq

Q, q [ky] NM INV Q, q ▸ ABR (= *quintal*) q; **Q comme Quintal** Q for Queen

Qatar [kataʀ] NM: **le ~** Qatar

QCM SIGLE M (= *questionnaire à choix multiples*) multiple-choice test

QG SIGLE M (= *quartier général*) HQ

QHS SIGLE M (= *quartier de haute sécurité*) high-security wing *ou* prison

QI SIGLE M (= *quotient intellectuel*) IQ

QPPV SIGLE M = **quartier prioritaire de la politique de la ville**

qqch. ABR (= *quelque chose*) sth

qqe ABR = **quelque**

qqes ABR = **quelques**

qqn ABR (= *quelqu'un*) sb, s.o.

quad [kwad] NM quad bike

quadra [k(w)adʀa] NMF (*fam:* = *quadragénaire*) person in his (*ou* her) forties; **les quadras** forty somethings (*fam*)

quadragénaire [kadʀaʒenɛʀ] NMF (*de quarante ans*) forty-year-old; (*de quarante à cinquante ans*) man/woman in his/her forties

quadrangulaire [kwadʀɑ̃gylɛʀ] ADJ quadrangular

quadrature [kwadʀatyʀ] NF: **c'est la ~ du cercle** it's like trying to square the circle

quadrichromie [kwadʀikʀɔmi] NF four-colour (BRIT) *ou* -color (US) printing

quadrilatère [k(w)adʀilatɛʀ] NM (*Géom, Mil*) quadrilateral; (*terrain*) four-sided area

quadrillage [kadʀijaʒ] NM (*lignes etc*) square pattern, criss-cross pattern

quadrillé, e [kadʀije] ADJ (*papier*) squared

quadriller [kadʀije] /1/ VT (*papier*) to mark out in squares; (*Police: ville, région etc*) to keep under tight control, be positioned throughout

quadrimoteur [k(w)adʀimɔtœʀ] NM four-engined plane

quadripartite [kwadʀipaʀtit] ADJ (*entre pays*) four-power; (*entre partis*) four-party

quadriphonie [kadʀifɔni] NF quadraphony

quadriréacteur [k(w)adʀiʀeaktœʀ] NM four-engined jet

quadrupède [k(w)adʀypɛd] NM quadruped

quadruple [k(w)adʀypl] NM: **le ~ de** four times as much as

quadrupler [k(w)adʀyple] /1/ VT, VI to quadruple, increase fourfold

quadruplés, -ées [k(w)adʀyple] NM/FPL quadruplets, quads

★**quai** [ke] NM (*de port*) quay; (*de gare*) platform; (*de cours d'eau, canal*) embankment; **être à ~** (*navire*) to be alongside; (*train*) to be in the station; **le Q~ d'Orsay** *offices of the French Ministry for Foreign Affairs*; **le Q~ des Orfèvres** *central police headquarters*

qualifiable [kalifjabl] ADJ: **ce n'est pas ~** it defies description

qualificatif, -ive [kalifikatif, -iv] ADJ (*Ling*) qualifying ▸ NM (*terme*) term; (*Ling*) qualifier

qualification [kalifikasjɔ̃] NF qualification

qualifié, e [kalifje] ADJ qualified; (*main-d'œuvre*) skilled; **être ~ pour** to be qualified for

qualifier [kalifje] /7/ VT to qualify; (*appeler*): **~ qch/qn de** to describe sth/sb as ▪ **se qualifier** VPR (*Sport*) to qualify

qualitatif, -ive [kalitatif, -iv] ADJ qualitative

qualité [kalite] NF quality; (*titre, fonction*) position; **en ~ de** in one's capacity as; **ès qualités** in an official capacity; **avoir ~ pour** to have authority to; **de ~** *adj* quality *cpd*; **rapport qualité-prix** value (for money)

★**quand** [kɑ̃] CONJ, ADV when; **~ je serai riche** when I'm rich; **~ même** (*cependant, pourtant*) nevertheless; (*tout de même*) all the same; **~ même, il exagère!** really, he overdoes it!; **~ bien même** even though

quant [kɑ̃]: **~ à** *prép* (*pour ce qui est de*) as for, as to; (*au sujet de*) regarding

quant-à-soi [kɑ̃taswa] NM: **rester sur son ~** to remain aloof

quantième [kɑ̃tjɛm] NM date, day (of the month)

quantifiable [kɑ̃tifjabl] ADJ quantifiable

quantifier [kɑ̃tifje] /7/ VT to quantify

quantique [k(w)ɑ̃tik] ADJ (*mécanique, physique*) quantum

quantitatif, -ive [kɑ̃titatif, -iv] ADJ quantitative

quantitativement [kɑ̃titativmɑ̃] ADV quantitatively

quantité [kɑ̃tite] NF quantity, amount; (*Science*) quantity; **une** *ou* **des ~(s) de** (*grand nombre*) a great deal of; a lot of; **en grande ~** in large quantities; **en quantités industrielles** in vast amounts; **du travail en ~** a great deal of work; **~ de** many

quarantaine [kaʀɑ̃tɛn] NF (*isolement*) quarantine; **une ~ (de)** forty or so, about forty; **avoir la ~** (*âge*) to be around forty; **mettre en ~** to put into quarantine; (*fig*) to send to Coventry (BRIT), ostracize

★**quarante** [kaʀɑ̃t] NUM forty

quarantième [kaʀɑ̃tjɛm] NUM fortieth

quark [kwaʀk] NM quark

★**quart** [kaʀ] NM (*fraction*) quarter; (*surveillance*) watch; (*partie*): **un ~ de poulet/fromage** a chicken quarter/a quarter of a cheese; **un ~ de beurre** a quarter kilo of butter, ≈ a half pound of butter; **un ~ de vin** a quarter litre of wine; **une livre un ~** *ou* **et ~** one and a quarter pounds; **le ~ de** a quarter of; **~ d'heure** quarter of an hour; **deux heures et** *ou* **un ~** (a) quarter past two, (a) quarter after two (US); **il est le ~** it's (a) quarter past *ou* after (US); **une heure moins le ~** (a) quarter to one, (a) quarter of one (US); **il est moins le ~** it's (a) quarter to; **être de/prendre le ~** to keep/take the watch; **~ de tour** quarter turn; **au ~ de tour** (*fig*) straight off; **quarts de finale** (*Sport*) quarter finals

quarté [kaʀte] NM (*Courses*) *system of forecast betting giving first four horses*

quarteron [kaʀtəʀɔ̃] NM (*péj*) small bunch, handful

quartette [kwaʀtɛt] NM quartet(te)

★**quartier** [kaʀtje] NM (*de ville*) district, area; (*de bœuf, de la lune*) quarter; (*de fruit, fromage*) piece; **cinéma/salle de ~** local cinema/hall; **avoir ~ libre** to be free; (*Mil*) to have leave from barracks; **ne pas faire de ~** to spare no one, give no quarter; **~ commerçant/résidentiel** shopping/residential area; **~ général (QG)** headquarters (HQ) ■ **quartiers** NMPL (*Mil*) quarters

quartier-maître [kaʀtjemɛtʀ] (*pl* **quartiers-maîtres**) NM ≈ leading seaman

quartz [kwaʀts] NM quartz

quasi [kazi] ADV almost, nearly ▶ PRÉFIXE: **quasi-certitude** near certainty

quasiment [kazimɑ̃] ADV almost, (very) nearly; **~ jamais** hardly ever

quaternaire [kwatɛʀnɛʀ] ADJ (*Géo*) Quaternary

★**quatorze** [katɔʀz] NUM fourteen

quatorzième [katɔʀzjɛm] NUM fourteenth

quatrain [katʀɛ̃] NM quatrain

★**quatre** [katʀ] NUM four; **à ~ pattes** on all fours; **tiré à ~ épingles** dressed up to the nines; **faire les ~ cent coups** to be a bit wild; **se mettre en ~ pour qn** to go out of one's way for sb; **~ à ~** (*monter, descendre*) four at a time; **à ~ mains** (*jouer*) four-handed

quatre-vingt-dix [katʀəvɛ̃dis] NUM ninety

★**quatre-vingts** [katʀəvɛ̃] NUM eighty

quatre-vingt-un NUM eighty-one

quatrième [katʀijɛm] NUM fourth ▶ NF (*Scol*) year 9 (BRIT), eighth grade (US)

quatrièmement [katʀijɛmmɑ̃] ADV fourthly

quatuor [kwatɥɔʀ] NM quartet(te)

que [kə]

CONJ **1** (*introduisant complétive*) that; **il sait que tu es là** he knows (that) you're here; **je veux que tu acceptes** I want you to accept; **il a dit que oui** he said he would (*ou* it was *etc*)
2 (*reprise d'autres conjonctions*): **quand il rentrera et qu'il aura mangé** when he gets back and (when) he has eaten; **si vous y allez ou que vous ...** if you go there or if you ...
3 (*en tête de phrase: hypothèse, souhait etc*): **qu'il le veuille ou non** whether he likes it or not; **qu'il fasse ce qu'il voudra !** let him do as he pleases!
4 (*but*): **tenez-le qu'il ne tombe pas** hold it so (that) it doesn't fall
5 (*après comparatif*) than; as; *voir aussi* **plus²**; **aussi**; **autant** *etc*
6 (*seulement*): **ne ... que** only; **il ne boit que de l'eau** he only drinks water
7 (*temps*): **elle venait à peine de sortir qu'il se mit à pleuvoir** she had just gone out when it started to rain, no sooner had she gone out than it started to rain; **il y a quatre ans qu'il est parti** it is four years since he left, he left four years ago
▶ ADV (*exclamation*): **qu'il** *ou* **qu'est-ce qu'il est bête/court vite !** he's so silly!/he runs so fast!; **que de livres !** what a lot of books!
▶ PRON **1** (*relatif: personne*) whom; (: *chose*) that, which; **l'homme que je vois** the man (whom) I see; **le livre que tu vois** the book (that *ou* which) you see; **un jour que j'étais ...** a day when I was ...
2 (*interrogatif*) what; **que fais-tu ?, qu'est-ce que tu fais ?** what are you doing?; **qu'est-ce que c'est ?** what is it?, what's that?; **que faire ?** what can one do?; **que préfères-tu, celui-ci ou celui-là ?** which (one) do you prefer, this one or that one?

Québec [kebɛk] N (*ville*) Quebec ▶ NM: **le ~** Quebec (Province)

québécisme [kebesism] NM *word used in Quebec*

québécois, e [kebekwa, -waz] ADJ Quebec *cpd* ▶ NM (*Ling*) Quebec French ▶ NM/F: **Québécois, e** Quebecois, Quebec(k)er

quel, quelle [kɛl]

ADJ **1** (*interrogatif: personne*) who; (: *chose*) what; which; **quel est cet homme ?** who is this man?; **quel est ce livre ?** what is this book?; **quel livre/homme ?** what book/man?; (*parmi un certain choix*) which book/man?; **quels acteurs préférez-vous ?** which actors do you prefer?; **dans quels pays êtes-vous allé ?** which *ou* what countries did you go to?
2 (*exclamatif*): **quelle surprise/coïncidence !** what a surprise/coincidence!
3: **quel que soit le coupable** whoever is guilty; **quel que soit votre avis** whatever your opinion (may be)

quelconque [kɛlkɔ̃k] ADJ (*médiocre: repas*) indifferent, poor; (*sans attrait*) ordinary, plain; (*indéfini*): **un ami/prétexte ~** some friend/pretext or other; **un livre ~ suffira** any book will do; **pour une raison ~** for some reason (or other)

quelque [kɛlk]

ADJ **1** (*au singulier*) some; (*au pluriel*) a few, some; (*tournure interrogative*) any; **quelque espoir** some hope; **il a quelques amis** he has a few *ou* some friends; **a-t-il quelques amis ?** does he have any friends?; **les quelques livres qui** the few books which; **20 kg et quelque(s)** a bit over 20 kg;

il habite à quelque distance d'ici he lives some distance *ou* way (away) from here
2: **quelque … que** whatever, whichever; **quelque livre qu'il choisisse** whatever (*ou* whichever) book he chooses; **par quelque temps qu'il fasse** whatever the weather
3: **quelque chose** something; (*tournure interrogative*) anything; **quelque chose d'autre** something else; anything else; **y être pour quelque chose** to have something to do with it; **faire quelque chose à qn** to have an effect on sb, do something to sb; **quelque part** somewhere; anywhere; **en quelque sorte** as it were
▶ ADV **1** (*environ*): **quelque 100 mètres** some 100 metres
2: **quelque peu** rather, somewhat

★**quelquefois** [kɛlkəfwa] ADV sometimes

★**quelques-uns, -unes** [kɛlkəzœ̃, -yn] PRON some, a few; **~ des lecteurs** some of the readers

★**quelqu'un** [kɛlkœ̃] PRON someone, somebody; (+ *tournure interrogative ou négative*) anyone, anybody; **quelqu'un d'autre** someone *ou* somebody else; anybody else

Someone/somebody et **anyone/anybody** sont suivis d'un verbe au singulier, mais le possessif qui s'y rapporte doit être au pluriel.
Quelqu'un a écrit son nom sur le mur. **Somebody *has* written *their* name on the wall.**
Est-ce que quelqu'un a apporté sa carte de crédit ? ***Has* anyone brought *their* credit card?**

quémander [kemɑ̃de] /1/ VT to beg for

qu'en-dira-t-on [kɑ̃diratɔ̃] NM INV: **le qu'en-dira-t-on** gossip, what people say

quenelle [kənɛl] NF quenelle

quenotte [kənɔt] NF (*fam*) toothy-peg (*fam*)

quenouille [kənuj] NF distaff

querelle [kərɛl] NF quarrel; **chercher ~ à qn** to pick a quarrel with sb

quereller [kərele] /1/: **se quereller** VPR to quarrel

querelleur, -euse [kərɛlœr, -øz] ADJ quarrelsome

quérir [keriR] VT (*liter*) to seek; **aller ~** to go in quest of

qu'est-ce que [kɛskə] *voir* **que**

qu'est-ce qui [kɛski] *voir* **qui**

★**question** [kɛstjɔ̃] NF (*gén*) question; (*fig*) matter; issue; **il a été ~ de** we (*ou* they) spoke about; **il est ~ de les emprisonner** there's talk of them being jailed; **c'est une ~ de temps** it's a matter *ou* question of time; **de quoi est-il ~ ?** what is it about?; **il n'en est pas ~** there's no question of it; **en ~** in question; **hors de ~** out of the question; **je ne me suis jamais posé la ~** I've never thought about it; **(re)mettre en ~** (*autorité, science*) to question; **poser la ~ de confiance** (*Pol*) to ask for a vote of confidence; **~ piège** (*d'apparence facile*) trick question; (*pour nuire*) loaded question; **~ subsidiaire** tiebreaker

questionnaire [kɛstjɔnɛR] NM questionnaire

questionnement [kɛstjɔnmɑ̃] NM (*réflexion*) questioning

questionner [kɛstjɔne] /1/ VT to question

quête [kɛt] NF (*collecte*) collection; (*recherche*) quest, search; **faire la ~** (*à l'église*) to take the collection; (*artiste*) to pass the hat round; **se mettre en ~ de qch** to go in search of sth

quêter [kete] /1/ VI (*à l'église*) to take the collection; (*dans la rue*) to collect money (for charity) ▶ VT to seek

quetsche [kwɛtʃ] NF damson

★**queue** [kø] NF tail; (*fig: du classement*) bottom; (*: de poêle*) handle; (*: de fruit, feuille*) stalk; (*: de train, colonne, file*) rear; (*file: de personnes*) queue (BRIT), line (US); **en ~ (de train)** at the rear (of the train); **faire la ~** to queue (up) (BRIT), line up (US); **se mettre à la ~** to join the queue *ou* line; **histoire sans ~ ni tête** cock and bull story; **à la ~ leu leu** in single file; (*fig*) one after the other; **~ de cheval** ponytail; **~ de poisson**: **faire une ~ de poisson à qn** (*Auto*) to cut in front of sb; **finir en ~ de poisson** (*film*) to come to an abrupt end

queue-de-pie [kødpi] (*pl* **queues-de-pie**) NF (*habit*) tails *pl*, tail coat

queux [kø] ADJ M *voir* **maître**

qui [ki]

PRON **1** (*interrogatif: personne*) who; (*: avec préposition*) whom; (*: chose, animal*) which, that; (*: interrogatif indirect: sujet*): **je me demande qui est là** I wonder who is there; (*: objet*): **elle ne sait à qui se plaindre** she doesn't know who to complain to *ou* to whom to complain; (*: chose*): **qu'est-ce qui est sur la table ?** what is on the table?; **qui est-ce qui ?** who?; **qui est-ce que ?** who?; **à qui est ce sac ?** whose bag is this?; **à qui parlais-tu ?** who were you talking to?, to whom were you talking?; **chez qui allez-vous ?** whose house are you going to?
2 (*relatif: personne*) who; (*+prép*) whom; **l'ami de qui je vous ai parlé** the friend I told you about; **la dame chez qui je suis allé** the lady whose house I went to
3 (*sans antécédent*): **amenez qui vous voulez** bring who you like; **qui que ce soit** whoever it may be

quiche [kiʃ] NF quiche; **~ lorraine** quiche Lorraine

quiconque [kikɔ̃k] PRON (*celui qui*) whoever, anyone who; (*n'importe qui, personne*) anyone, anybody

quidam [k(ɥ)idam] NM (*humoristique*) fellow

quiétude [kjetyd] NF (*d'un lieu*) quiet, tranquillity; (*d'une personne*) peace (of mind), serenity; **en toute ~** in complete peace; (*mentale*) with complete peace of mind

quignon [kiɲɔ̃] NM: **~ de pain** (*croûton*) crust of bread; (*morceau*) hunk of bread

quille [kij] NF bowling, skittle (BRIT); (*Navig: d'un bateau*) keel; **(jeu de) quilles** skittles *sg* (BRIT), bowling (US)

quincaillerie [kɛ̃kɑjRi] NF (*ustensiles, métier*) hardware, ironmongery (BRIT); (*magasin*) hardware shop *ou* store (US), ironmonger's (BRIT)

quincaillier, -ière [kɛ̃kɑje, -jɛR] NM/F hardware dealer, ironmonger (BRIT)

quinconce [kɛ̃kɔ̃s] NM: **en ~** in staggered rows

quinine [kinin] NF quinine

quinqua [kɛ̃ka] NMF (*fam*: = *quinquagénaire*) person in his (*ou* her) fifties; **les quinquas** fifty somethings (*fam*)

quinquagénaire [kɛ̃kaʒenɛʀ] NMF (*de cinquante ans*) fifty-year old; (*de cinquante à soixante ans*) man/woman in his/her fifties

quinquennal, e, -aux [kɛ̃kenal, -o] ADJ five-year, quinquennial

quinquennat [kɛ̃kena] NM *five year term of office (of French President)*

quinquina [kɛ̃kina] NM cinchona

quintal, -aux [kɛ̃tal, -o] NM quintal (*100 kg*)

quinte [kɛ̃t] NF: **~ (de toux)** coughing fit

quinté [kɛ̃te] NM (*Courses*) *system of forecast betting giving first five horses*

quintessence [kɛ̃tesɑ̃s] NF quintessence, very essence

quintette [kɛ̃tɛt] NM quintet(te)

quintuple [kɛ̃typl] NM: **le ~ de** five times as much as

quintupler [kɛ̃typle] /1/ VT, VI to increase fivefold

quintuplés, -ées [kɛ̃typle] NM/FPL quintuplets, quins

quinzaine [kɛ̃zɛn] NF: **une ~ (de)** about fifteen, fifteen or so; **une ~ (de jours)** (*deux semaines*) a fortnight (BRIT), two weeks; **~ publicitaire** *ou* **commerciale** (two-week) sale

★**quinze** [kɛ̃z] NUM fifteen; **demain en ~** a fortnight (BRIT) *ou* two weeks tomorrow; **dans ~ jours** in a fortnight('s time) (BRIT), in two weeks(' time)

quinzième [kɛ̃zjɛm] NUM fifteenth

quiproquo [kipʀɔko] NM (*méprise sur une personne*) mistake; (*malentendu sur un sujet*) misunderstanding; (*Théât*) (case of) mistaken identity

Quito [kito] N Quito

quittance [kitɑ̃s] NF (*reçu*) receipt; (*facture*) bill

quitte [kit] ADJ: **être ~ envers qn** to be no longer in sb's debt; (*fig*) to be quits with sb; **être ~ de** (*obligation*) to be clear of; **en être ~ à bon compte** to have got off lightly; **~ à faire** even if it means doing; **~ ou double** (*jeu*) double or quits; (*fig*) **c'est du ~ ou double** it's a big risk

★**quitter** [kite] /1/ VT to leave; (*espoir, illusion*) to give up; (*vêtement*) to take off; **ne pas ~ qn d'une semelle** to stick to sb like glue ▸VI: **ne quittez pas** (*au téléphone*) hold the line ■ **se quitter** VPR (*couples, interlocuteurs*) to part

quitus [kitys] NM final discharge; **donner ~ à** to discharge

qui-vive [kiviv] NM INV: **être sur le ~** to be on the alert

quoi [kwa]

PRON INTERROG **1** what; **quoi de neuf ?** what's new?; **quoi ?** (*qu'est-ce que tu dis ?*) what?
2 (*avec prép*): **à quoi tu penses ?** what are you thinking about?; **de quoi parlez-vous ?** what are you talking about?; **à quoi bon ?** what's the use?
▸ PRON RELATIF: **as-tu de quoi écrire ?** do you have anything to write with?; **il n'a pas de quoi se l'acheter** he can't afford it, he hasn't got the money to buy it; **il y a de quoi être fier** that's something to be proud of; **il n'y a pas de quoi** (please) don't mention it; **il n'y a pas de quoi rire** there's nothing to laugh about
▸ PRON (*locutions*): **quoi qu'il arrive** whatever happens; **quoi qu'il en soit** be that as it may; **quoi que ce soit** anything at all; **en quoi puis-je vous aider ?** how can I help you?; **et puis quoi encore !** what(ever) next!; **quoi faire ?** what's to be done?; **sans quoi** (*ou sinon*) otherwise
▸ EXCL what!

quoique [kwak] CONJ (al)though

quolibet [kɔlibɛ] NM gibe, jeer

quorum [kɔʀɔm] NM quorum

quota [kwɔta] NM quota

quote-part [kɔtpaʀ] (*pl* **quotes-parts**) NF share

★**quotidien, ne** [kɔtidjɛ̃, -ɛn] ADJ (*journalier*) daily; (*banal*) ordinary, everyday ▸NM (*journal*) daily (paper); (*vie quotidienne*) daily life, day-to-day existence; **les grands quotidiens** the big (national) dailies

quotidiennement [kɔtidjɛnmɑ̃] ADV daily, every day

quotient [kɔsjɑ̃] NM (*Math*) quotient; **~ intellectuel (QI)** intelligence quotient (IQ)

quotité [kɔtite] NF (*Finance*) quota

q

Rr

R, r [ɛʀ] NM INV R, r ▸ ABR = **route; rue; R comme Raoul** R for Robert (BRIT) *ou* Roger (US)

rab [ʀab] NM (*fam: nourriture*) extra, more; **est-ce qu'il y a du ~ ?** are there any seconds?

rabâcher [ʀabɑʃe] /1/ VI to harp on ▸ VT to keep on repeating

rabais [ʀabɛ] NM reduction, discount; **au ~** at a reduction *ou* discount

rabaisser [ʀabese] /1/ VT (*rabattre: prix*) to reduce; (*dénigrer*) to belittle

rabane [ʀaban] NF raffia (matting)

Rabat [ʀaba(t)] N Rabat

rabat [ʀaba] VB *voir* **rabattre** ▸ NM flap

rabat-joie [ʀabaʒwa] NMF INV killjoy (BRIT), spoilsport

rabattable [ʀabatabl] ADJ (*banquette, siège*) folding

rabatteur, -euse [ʀabatœʀ, -øz] NM/F (*de gibier*) beater; (*péj*) tout

rabattre [ʀabatʀ] /41/ VT (*couvercle, siège*) to pull down; (*fam*) to turn down; (*couture*) to stitch down; (*gibier*) to drive; (*somme d'un prix*) to deduct, take off; (*orgueil, prétentions*) to humble; (*Tricot*) to decrease; (*déduire*) to reduce ▪ **se rabattre** VPR (*bords, couvercle*) to fall shut; (*véhicule, coureur*) to cut in; **se ~ sur** (*accepter*) to fall back on

rabattu, e [ʀabaty] PP *de* **rabattre** ▸ ADJ turned down

rabbin [ʀabɛ̃] NM rabbi

rabiot [ʀabjo] NM = **rab**

rabique [ʀabik] ADJ rabies *cpd*

râble [ʀɑbl] NM back; (*Culin*) saddle

râblé, e [ʀɑble] ADJ broad-backed, stocky

rabot [ʀabo] NM plane

raboter [ʀabɔte] /1/ VT to plane (down)

raboteux, -euse [ʀabɔtø, -øz] ADJ uneven, rough

rabougri, e [ʀabugʀi] ADJ stunted

rabrouer [ʀabʀue] /1/ VT to snub, rebuff

★**racaille** [ʀakɑj] NF (*péj*) rabble, riffraff

raccommodage [ʀakɔmɔdaʒ] NM mending *no pl*, repairing *no pl*; darning *no pl*

raccommoder [ʀakɔmɔde] /1/ VT to mend, repair; (*chaussette etc*) to darn; (*fam: réconcilier: amis, ménage*) to bring together again ▪ **se raccommoder** VPR: **se ~ (avec)** (*fam*) to patch it up (with)

raccompagner [ʀakɔ̃paɲe] /1/ VT to take *ou* see back

raccord [ʀakɔʀ] NM link; **~ de maçonnerie** pointing *no pl*; **~ de peinture** join; (*retouche*) touch-up

raccordement [ʀakɔʀdəmɑ̃] NM joining up; connection

raccorder [ʀakɔʀde] /1/ VT to join (up), link up; (*pont etc*) to connect, link; **~ au réseau du téléphone** to connect to the telephone service ▪ **se raccorder à** VPR to join up with; (*fig: se rattacher à*) to tie in with

raccourci [ʀakuʀsi] NM short cut; **en ~** in brief

raccourcir [ʀakuʀsiʀ] /2/ VT to shorten ▸ VI (*vêtement*) to shrink; (*jours*) to grow shorter, draw in

raccourcissement [ʀakuʀsismɑ̃] NM (*de durée, longueur*) shortening

raccroc [ʀakʀo]: **par ~** *adv* by chance

★**raccrocher** [ʀakʀɔʃe] /1/ VT (*tableau, vêtement*) to hang back up; (*récepteur*) to put down; (*fig: affaire*) to save ▸ VI (*Tél*) to hang up, ring off; **ne raccrochez pas** (*Tél*) hold on, don't hang up ▪ **se raccrocher à** VPR to cling to, hang on to

race [ʀas] NF race; (*d'animaux, fig: espèce*) breed; (*ascendance, origine*) stock, race; **de ~** *adj* purebred, pedigree

racé, e [ʀase] ADJ thoroughbred

rachat [ʀaʃa] NM buying; (*du même objet*) buying back; redemption; atonement

racheter [ʀaʃ(ə)te] /5/ VT (*article perdu*) to buy another; (*davantage*) to buy more; (*après avoir vendu*) to buy back; (*d'occasion*) to buy; (*Comm: part, firme*) to buy up; (*pension, rente*) to redeem; (*Rel: pécheur*) to redeem; (*: péché*) to atone for, expiate; (*mauvaise conduite, oubli, défaut*) to make up for; **~ du lait/trois œufs** to buy more milk/another three eggs *ou* three more eggs ▪ **se racheter** VPR (*Rel*) to redeem o.s.; (*gén*) to make amends, make up for it

rachidien, ne [ʀaʃidjɛ̃, -jɛn] ADJ (*bulbe, canal*) spinal

rachitique [ʀaʃitik] ADJ suffering from rickets; (*fig*) scraggy, scrawny

rachitisme [ʀaʃitism] NM rickets *sg*

racial, e, -aux [ʀasjal, -o] ADJ racial

racine [ʀasin] NF root; (*fig: attache*) roots *pl*; **~ carrée/cubique** square/cube root; **prendre ~** (*fig*) to take root; to put down roots

★**racisme** [ʀasism] NM racism

raciste [ʀasist] ADJ, NMF racist

racket [ʀakɛt] NM racketeering *no pl*

racketter [ʀakete] VT to extort money from

racketteur, -euse [ʀakɛtœʀ, -øz] NM/F racketeer

raclée [ʀɑkle] NF (*fam*) hiding, thrashing
raclement [ʀɑkləmɑ̃] NM (*bruit*) scraping (noise)
racler [ʀɑkle] /1/ VT (*os, plat*) to scrape; (*tache, boue*) to scrape off; (*fig: instrument*) to scrape on; (*chose: frotter contre*) to scrape (against); **se ~ la gorge** to clear one's throat
raclette [ʀɑklɛt] NF (*Culin*) raclette (*Swiss cheese dish*)
racloir [ʀɑklwaʀ] NM (*outil*) scraper
racolage [ʀakɔlaʒ] NM soliciting; touting
racoler [ʀakɔle] /1/ VT (*attirer: prostituée*) to solicit; (*: parti, marchand*) to tout for; (*attraper*) to pick up
racoleur, -euse [ʀakɔlœʀ, -øz] ADJ (*péj*) lurid ▶ NM (*péj: de clients*) tout ▶ NF streetwalker
racontars [ʀakɔ̃taʀ] NMPL stories, gossip *sg*
★**raconter** [ʀakɔ̃te] /1/ VT: **~ (à qn)** (*décrire*) to relate (to sb), tell (sb) about; (*dire*) to tell (sb); **~ une histoire** to tell a story
racorni, e [ʀakɔʀni] ADJ hard(ened)
racornir [ʀakɔʀniʀ] /2/ VT to harden
radar [ʀadaʀ] NM radar; **système ~** radar system; **écran ~** radar screen; **~ (automatique)** (*Auto*) speed camera
rade [ʀad] NF (natural) harbour; **en ~ de Toulon** in Toulon harbour; **rester en ~** (*fig*) to be left stranded
radeau, x [ʀado] NM raft; **~ de sauvetage** life raft
radial, e, -aux [ʀadjal, -o] ADJ radial
radiant, e [ʀadjɑ̃, -ɑ̃t] ADJ radiant
★**radiateur** [ʀadjatœʀ] NM radiator, heater; (*Auto*) radiator; **~ électrique/à gaz** electric/gas heater *ou* fire
radiation [ʀadjasjɔ̃] NF (*d'un nom etc*) striking off *no pl*; (*Physique*) radiation
radical, e, -aux [ʀadikal, -o] ADJ radical ▶ NM (*Ling*) stem; (*Math*) root sign; (*Pol*) radical
radicalement [ʀadikalmɑ̃] ADV radically, completely
radicalisation [ʀadikalizasjɔ̃] NF (*durcissement*) radicalization
radicaliser [ʀadikalize] /1/ VT (*durcir: opinions etc*) to harden ■ **se radicaliser** VPR (*mouvement etc*) to become more radical
radicalisme [ʀadikalism] NM (*Pol*) radicalism
radier [ʀadje] /7/ VT to strike off
radiesthésie [ʀadjɛstezi] NF divination (by radiation)
radiesthésiste [ʀadjɛstezist] NMF diviner
radieux, -euse [ʀadjø, -øz] ADJ (*visage, personne*) radiant; (*journée, soleil*) brilliant, glorious
radin, e [ʀadɛ̃, -in] ADJ (*fam*) stingy (*fam*)
radinerie [ʀadinʀi] NF (*fam*) stinginess (*fam*)
★**radio** [ʀadjo] NF radio; (*Méd*) X-ray; **à la ~** on the radio; **avoir la ~** to have a radio; **passer à la ~** to be on the radio; **se faire faire une ~/une ~ des poumons** to have an X-ray/a chest X-ray ▶ NM (*personne*) radio operator
radio... [ʀadjɔ] PRÉFIXE radio...
radioactif, -ive [ʀadjɔaktif, -iv] ADJ radioactive
radioactivité [ʀadjɔaktivite] NF radioactivity
radioamateur [ʀadjɔamatœʀ] NM (radio) ham
radiobalise [ʀadjɔbaliz] NF radio beacon
radiocassette [ʀadjɔkasɛt] NF cassette radio
radiodiffuser [ʀadjɔdifyze] /1/ VT to broadcast
radiodiffusion [ʀadjɔdifyzjɔ̃] NF (radio) broadcasting
radioélectrique [ʀadjɔelɛktʀik] ADJ radio *cpd*
radiographie [ʀadjɔgʀafi] NF radiography; (*photo*) X-ray photograph, radiograph
radiographier [ʀadjɔgʀafje] /7/ VT to X-ray; **se faire ~** to have an X-ray
radioguidage [ʀadjɔgidaʒ] NM (*Navig, Aviat*) radio control; (*Auto*) (broadcast of) traffic information
radioguider [ʀadjɔgide] /1/ VT (*Navig, Aviat*) to guide by radio, control by radio
radiologie [ʀadjɔlɔʒi] NF radiology **radiologique** [ʀadjɔlɔʒik] ADJ radiological
radiologue [ʀadjɔlɔg] NMF radiologist
radiophare [ʀadjofaʀ] NM radio beacon
radiophonique [ʀadjɔfɔnik] ADJ radio *cpd*; **programme/émission/jeu ~** radio programme/broadcast/game
radioreportage [ʀadjoʀ(ə)pɔʀtaʒ] NM radio report
radio-réveil [ʀadjɔʀevɛj] (*pl* **radios-réveils**) NM radio alarm (clock)
radioscopie [ʀadjɔskɔpi] NF radioscopy
radio-taxi [ʀadjɔtaksi] NM radio taxi
radiotéléphone [ʀadjotelefɔn] NM radio telephone
radiotélescope [ʀadjɔtelɛskɔp] NM radio telescope
radiotélévisé, e [ʀadjɔtelevize] ADJ broadcast on radio and television
radiothérapie [ʀadjɔteʀapi] NF radiotherapy
radis [ʀadi] NM radish; **~ noir** black radish
radium [ʀadjɔm] NM radium
radius [ʀadjys] NM (*Anat*) radius
radoter [ʀadɔte] /1/ VI to ramble on
radoub [ʀadu] NM: **bassin** *ou* **cale de ~** dry dock
radouber [ʀadube] /1/ VT to repair, refit
radoucir [ʀadusiʀ] /2/: **se radoucir** VPR (*se réchauffer*) to become milder; (*se calmer*) to calm down; to soften
radoucissement [ʀadusismɑ̃] NM milder period, better weather
rafale [ʀafal] NF (*vent*) gust (of wind); (*de balles, d'applaudissements*) burst; **~ de mitrailleuse** burst of machine-gun fire
raffermir [ʀafɛʀmiʀ] /2/ VT (*tissus, muscle*) to firm up; (*fig*) to strengthen ■ **se raffermir** VPR (*tissus, muscle*) to firm up; (*fig*) to strengthen
raffermissement [ʀafɛʀmismɑ̃] NM (*fig*) strengthening
raffinage [ʀafinaʒ] NM refining
raffiné, e [ʀafine] ADJ refined
raffinement [ʀafinmɑ̃] NM refinement
raffiner [ʀafine] /1/ VT to refine
raffinerie [ʀafinʀi] NF refinery
raffoler [ʀafɔle] /1/: **~ de** *vt* to be very keen on
raffut [ʀafy] NM (*fam*) row, racket
rafiot [ʀafjo] NM tub

rafistolage [ʀafistɔlaʒ] NM (*fam*) patching up, makeshift repair
rafistoler [ʀafistɔle] /1/ VT (*fam*) to patch up
rafle [ʀɑfl] NF (*de police*) roundup, raid
rafler [ʀɑfle] /1/ VT (*fam*) to swipe, nick
rafraîchir [ʀafʀeʃiʀ] /2/ VT (*atmosphère, température*) to cool (down); (*boisson*) to chill; (*air, eau*) to freshen up; (*fig: rénover*) to brighten up; **~ la mémoire à qn** to refresh sb's memory ▸ VI: **mettre du vin/une boisson à ~** to chill wine/a drink ▪ **se rafraîchir** VPR to grow cooler; (*personne: en se lavant*) to freshen up; (*en buvant etc*) to refresh o.s.
rafraîchissant, e [ʀafʀeʃisɑ̃, -ɑ̃t] ADJ refreshing
rafraîchissement [ʀafʀeʃismɑ̃] NM cooling; (*boisson*) cool drink ▪ **rafraîchissements** NMPL (*boissons, fruits etc*) refreshments
ragaillardir [ʀagajaʀdiʀ] /2/ VT (*fam*) to perk *ou* buck up
rage [ʀaʒ] NF (*Méd*): **la ~** rabies; (*fureur*) rage, fury; **faire ~** to rage; **~ de dents** (raging) toothache
rageant, e [ʀaʒɑ̃, -ɑ̃t] ADJ infuriating
rager [ʀaʒe] /3/ VI to fume (with rage); **faire ~ qn** to enrage sb, make sb furious
rageur, -euse [ʀaʒœʀ, -øz] ADJ raging, fuming; ill-tempered
rageusement [ʀaʒøzmɑ̃] ADV furiously
raglan [ʀaglɑ̃] ADJ INV raglan
ragot [ʀago] NM (*fam*) malicious gossip *no pl*
ragoût [ʀagu] NM (*plat*) stew
ragoûtant, e [ʀagutɑ̃, -ɑ̃t] ADJ: **peu ~** unpalatable
rai [ʀɛ] NM: **un ~ de soleil/lumière** a shaft of sunlight/light
raï [ʀaj] NM Rai music
raid [ʀɛd] NM (*Mil*) raid; (*attaque aérienne*) air raid; (*Sport*) long-distance trek
★**raide** [ʀɛd] ADJ (*tendu*) taut, tight; (*escarpé*) steep; (*droit: cheveux*) straight; (*ankylosé, dur, guindé*) stiff; (*fam: cher*) steep, stiff; (*: sans argent*) flat broke ▸ ADV (*en pente*) steeply; **~ mort** stone dead
raideur [ʀɛdœʀ] NF steepness; (*rigidité*) stiffness; **avec ~** (*répondre*) stiffly, abruptly
raidillon [ʀedijɔ̃] NM steep path
raidir [ʀediʀ] /2/ VT (*muscles*) to stiffen; (*câble*) to pull taut, tighten ▪ **se raidir** VPR to stiffen; to become taut; (*personne: se crisper*) to tense up; (*: se préparer moralement*) to brace o.s.; (*fig: devenir intransigeant*) to harden
raidissement [ʀedismɑ̃] NM stiffening; tightening; hardening
raie [ʀɛ] NF (*Zool*) skate, ray; (*rayure*) stripe; (*des cheveux*) parting
raifort [ʀɛfɔʀ] NM horseradish
rail [ʀɑj] NM (*barre d'acier*) rail; (*chemins de fer*) railways *pl* (BRIT), railroads *pl* (US); **les rails** (*la voie ferrée*) the rails, the track *sg*; **par ~** by rail; **~ conducteur** live *ou* conductor rail
railler [ʀɑje] /1/ VT to scoff at, jeer at
raillerie [ʀɑjʀi] NF mockery
railleur, -euse [ʀɑjœʀ, -øz] ADJ mocking
rail-route [ʀɑjʀut] (*pl* **rails-routes**) NM road-rail
rainurage [ʀenyʀaʒ] NM (*Auto*) uneven road surface
rainure [ʀenyʀ] NF groove; slot
rais [ʀɛ] NM INV = **rai**
★**raisin** [ʀɛzɛ̃] NM (*aussi:* **raisins**) grapes *pl*; (*variété*): **~ blanc/noir** white (*ou* green)/black grape; **~ muscat** muscat grape; **raisins secs** raisins
★**raison** [ʀɛzɔ̃] NF reason; **avoir ~** to be right; **donner ~ à qn** (*personne*) to agree with sb; (*fait*) to prove sb right; **avoir ~ de qn/qch** to get the better of sb/sth; **se faire une ~** to learn to live with it; **perdre la ~** to become insane; (*fig*) to take leave of one's senses; **recouvrer la ~** to come to one's senses; **ramener qn à la ~** to make sb see sense; **demander ~ à qn de** (*affront etc*) to demand satisfaction from sb for; **entendre ~** to listen to reason, see reason; **plus que de ~** too much, more than is reasonable; **~ de plus** all the more reason; **à plus forte ~** all the more so; **sans ~** for no reason; **en ~ de** (*à cause de*) because of; (*à proportion de*) in proportion to; **à ~ de** at the rate of; **~ d'État** reason of state; **~ d'être** raison d'être; **~ sociale** corporate name
raisonnable [ʀɛzɔnabl] ADJ reasonable, sensible
raisonnablement [ʀɛzɔnabləmɑ̃] ADV reasonably
raisonné, e [ʀɛzɔne] ADJ reasoned
raisonnement [ʀɛzɔnmɑ̃] NM reasoning; arguing; argument
raisonner [ʀɛzɔne] /1/ VI (*penser*) to reason; (*argumenter, discuter*) to argue ▸ VT (*personne*) to reason with; (*attitude: justifier*) to reason out ▪ **se raisonner** VPR to reason with oneself
raisonneur, -euse [ʀɛzɔnœʀ, -øz] ADJ (*péj*) quibbling
rajeunir [ʀaʒœniʀ] /2/ VT (*cure*) to rejuvenate; (*fig: rafraîchir*) to brighten up; (*: moderniser*) to give a new look to; (*: en recrutant*) to inject new blood into; **~ qn** (*coiffure, robe*) to make sb look younger ▸ VI (*personne*) to feel (*ou* look) younger; (*entreprise, quartier*) to be modernized
rajeunissement [ʀaʒœnismɑ̃] NM (*de population, effectifs*): **des mesures gouvernementales en faveur du ~ des effectifs** government measures to bring down the average age of the workforce; (*personne, aspect*) rejuvenation; **méthodes de ~ de la peau** ways of rejuvenating one's skin
rajout [ʀaʒu] NM addition
rajouter [ʀaʒute] /1/ VT (*commentaire*) to add; **~ du sel/un œuf** to add some more salt/another egg; **~ que** to add that; **en ~** to lay it on thick
rajustement [ʀaʒystəmɑ̃] NM adjustment
rajuster [ʀaʒyste] /1/ VT (*vêtement*) to straighten, tidy; (*salaires*) to adjust; (*machine*) to readjust ▪ **se rajuster** VPR to tidy *ou* straighten o.s. up
râle [ʀɑl] NM groan; **~ d'agonie** death rattle
ralenti [ʀalɑ̃ti] NM: **au ~** (*Ciné*) in slow motion; (*fig*) at a slower pace; **tourner au ~** (*Auto*) to tick over, idle
★**ralentir** [ʀalɑ̃tiʀ] /2/ VT, VI to slow down ▪ **se ralentir** VPR to slow down
ralentissement [ʀalɑ̃tismɑ̃] NM slowing down
ralentisseur [ʀalɑ̃tisœʀ] NM speed bump
râler [ʀɑle] /1/ VI to groan; (*fam*) to grouse, moan (and groan)

râleur, -euse [ʀɑlœʀ, -øz] (*fam*) NM/F moaner ▶ ADJ: **être ~** to be a moaner

ralliement [ʀalimɑ̃] NM (*rassemblement*) rallying; (*adhésion: à une cause, une opinion*) winning over; **point/signe de ~** rallying point/sign

rallier [ʀalje] /7/ VT (*rassembler*) to rally; (*rejoindre*) to rejoin; (*gagner à sa cause*) to win over ■ **se rallier à** VPR (*avis*) to come over *ou* round to

rallonge [ʀalɔ̃ʒ] NF (*de table*) (extra) leaf; (*Élec*) extension (cable *ou* flex); (*fig: de crédit*) extension; (*argent*) extra *no pl*

rallongement [ʀalɔ̃ʒmɑ̃] NM (*de durée, piste*) extension

rallonger [ʀalɔ̃ʒe] /3/ VT to lengthen

rallumer [ʀalyme] /1/ VT to light up again, relight; (*fig*) to revive ■ **se rallumer** VPR (*lumière*) to come on again

rallye [ʀali] NM rally; (*Pol*) march

ramadan [ʀamadɑ̃] NM Ramadan; **faire le ~** to observe Ramadan

ramages [ʀamaʒ] NMPL (*dessin*) leaf pattern *sg*; (*chants*) songs

ramassage [ʀamɑsaʒ] NM: **~ scolaire** school bus service

ramassé, e [ʀamɑse] ADJ (*trapu*) squat, stocky; (*concis: expression etc*) compact

ramasse-miettes [ʀamɑsmjɛt] NM INV table-tidy

ramasse-monnaie [ʀamɑsmɔnɛ] NM INV change-tray

★**ramasser** [ʀamɑse] /1/ VT (*objet tombé ou par terre*) to pick up; (*recueillir: copies, ordures*) to collect; (*récolter*) to gather; (*: pommes de terre*) to lift ■ **se ramasser** VPR (*sur soi-même*) to huddle up; to crouch

ramasseur, -euse [ʀamɑsœʀ, -øz] NM/F: **~ de balles** ball boy (*ou* girl)

ramassis [ʀamɑsi] NM (*péj: de voyous*) bunch; (*: de choses*) jumble

rambarde [ʀɑ̃baʀd] NF guardrail

rame [ʀam] NF (*aviron*) oar; (*de métro*) train; (*de papier*) ream; **~ de haricots** bean support; **faire force de rames** to row hard

rameau, x [ʀamo] NM (small) branch; (*fig*) branch; **les Rameaux** (*Rel*) Palm Sunday *sg*

ramener [ʀam(ə)ne] /5/ VT to bring back; (*reconduire*) to take back; **~ qch sur** (*rabattre: couverture, visière*) to pull sth back over; **~ qch à** (*réduire à, Math*) to reduce sth to; **~ qn à la vie/raison** to bring sb back to life/bring sb to his (*ou* her) senses ■ **se ramener** VPR (*fam*) to roll *ou* turn up; **se ~ à** (*se réduire à*) to come *ou* boil down to

ramequin [ʀamkɛ̃] NM ramekin

★**ramer** [ʀame] /1/ VI to row

rameur, -euse [ʀamœʀ, -øz] NM/F rower

rameuter [ʀamøte] /1/ VT to gather together

ramier [ʀamje] NM: **(pigeon) ~** woodpigeon

ramification [ʀamifikasjɔ̃] NF ramification

ramifié, e [ʀamifje] ADJ (*organisation, réseau*): **un réseau d'agences fortement ~** a network of agencies with many branches; (*tige*) branched; **un arbre très ~** a tree with many branches

ramifier [ʀamifje] /7/: **se ramifier** VPR: **se ~ (en)** (*tige, secte, réseau*) to branch out (into); (*veines, nerfs*) to ramify

ramolli, e [ʀamɔli] ADJ soft

ramollir [ʀamɔliʀ] /2/ VT to soften ■ **se ramollir** VPR (*os, tissus*) to get *ou* go soft; (*beurre, asphalte*) to soften

ramollissement [ʀamɔlismɑ̃] NM (*d'os, beurre, asphalte*) softening; (*fig: de croissance*) slowdown

ramonage [ʀamɔnaʒ] NM (chimney-)sweeping

ramoner [ʀamɔne] /1/ VT (*cheminée*) to sweep; (*pipe*) to clean

ramoneur [ʀamɔnœʀ] NM (chimney) sweep

rampe [ʀɑ̃p] NF (*d'escalier*) banister(s *pl*); (*dans un garage, d'un terrain*) ramp; (*lampes: lumineuse, de balisage*) floodlights *pl*; **la ~** (*Théât*) the footlights *pl*; **passer la ~** (*toucher le public*) to get across to the audience; **~ de lancement** launching pad

ramper [ʀɑ̃pe] /1/ VI (*reptile, animal*) to crawl; (*plante*) to creep

rancard [ʀɑ̃kaʀ] NM (*fam: rendez-vous*) date; (*: renseignement*) tip

rancarder [ʀɑ̃kaʀde] (*fam*) VT to give information to ■ **se rancarder** VPR to find out (about)

rancart [ʀɑ̃kaʀ] NM: **mettre au ~** (*article, projet*) to scrap; (*personne*) to put on the scrapheap

rance [ʀɑ̃s] ADJ rancid

rancir [ʀɑ̃siʀ] /2/ VI to go off, go rancid

rancœur [ʀɑ̃kœʀ] NF rancour (BRIT), rancor (US), resentment

rançon [ʀɑ̃sɔ̃] NF ransom; **la ~ du succès** *etc* (*fig*) the price of success *etc*

rançonner [ʀɑ̃sɔne] /1/ VT to hold to ransom

rancune [ʀɑ̃kyn] NF grudge, rancour (BRIT), rancor (US); **garder ~ à qn (de qch)** to bear sb a grudge (for sth); **sans ~ !** no hard feelings!

rancunier, -ière [ʀɑ̃kynje, -jɛʀ] ADJ vindictive, spiteful

randonnée [ʀɑ̃dɔne] NF ride; (*à pied*) walk, ramble; (*en montagne*) hike; **la ~** (*activité*) hiking, walking; **une ~ à cheval** a horse ride

randonneur, -euse [ʀɑ̃dɔnœʀ, -øz] NM/F hiker

rang [ʀɑ̃] NM (*rangée*) row; (*de perles*) row, string, rope; (*grade, condition sociale, classement*) rank; **se mettre en rangs/sur un ~** to get into *ou* form rows/a line; **sur trois rangs** (lined up) three deep; **se mettre en rangs par quatre** to form fours *ou* rows of four; **au premier ~** in the first row; (*fig*) ranking first; **rentrer dans le ~** to get into line; **au ~ de** (*au nombre de*) among (the ranks of); **avoir ~ de** to hold the rank of ■ **rangs** NMPL (*Mil*) ranks; **se mettre sur les rangs** (*fig*) to get into the running

rangé, e [ʀɑ̃ʒe] ADJ (*vie*) well-ordered; (*personne*) orderly, steady ▶ NF row

rangement [ʀɑ̃ʒmɑ̃] NM tidying-up, putting-away; **faire des rangements** to tidy up

★**ranger** [ʀɑ̃ʒe] /3/ VT (*classer, grouper*) to order, arrange; (*mettre à sa place*) to put away; (*voiture dans la rue*) to park; (*mettre de l'ordre dans*) to tidy up; (*arranger, disposer: en cercle etc*) to arrange; **~ qn/qch parmi** (*fig: classer*) to rank sb/sth among ■ **se ranger** VPR (*se placer, se disposer: autour d'une table etc*) to take one's place, sit round; (*véhicule, conducteur: s'écarter*) to pull over *ou* in; (*: s'arrêter*) to pull in; (*piéton*) to step aside; (*s'assagir*) to settle down; **se ~ à** (*avis*) to come round to, fall in with

r

ranimer [Ranime] /1/ VT (*personne évanouie*) to bring round; (*revigorer: forces, courage*) to restore; (*réconforter: troupes etc*) to kindle new life in; (*douleur, souvenir*) to revive; (*feu*) to rekindle

rap [Rap] NM rap (music)

rapace [Rapas] NM bird of prey; **~ diurne/nocturne** diurnal/nocturnal bird of prey ▸ ADJ (*péj*) rapacious, grasping

rapacité [Rapasite] NF rapacity, greed

rapatrié, e [RapatRije] NM/F repatriate (*esp French North African settler*)

rapatriement [RapatRimɑ̃] NM repatriation

rapatrier [RapatRije] /7/ VT to repatriate; (*capitaux*) to bring (back) into the country

râpe [Rɑp] NF (*Culin*) grater; (*à bois*) rasp

râpé, e [Rɑpe] ADJ (*tissu*) threadbare; (*Culin*) grated

râper [Rɑpe] /1/ VT (*Culin*) to grate; (*gratter, râcler*) to rasp

rapetasser [Rap(ə)tase] /1/ VT (*fam*) to patch up

rapetisser [Rap(ə)tise] /1/ VT: **~ qch** to shorten sth; to make sth look smaller ▸ VI to shrink

râpeux, -euse [Rɑpø, -øz] ADJ rough

raphia [Rafja] NM raffia

★**rapide** [Rapid] ADJ fast; (*prompt: intelligence, coup d'œil, mouvement*) quick ▸ NM express (train); (*de cours d'eau*) rapid

★**rapidement** [Rapidmɑ̃] ADV fast; quickly

rapidité [Rapidite] NF speed; quickness

rapiécer [Rapjese] /3, 6/ VT to patch

rapine [Rapin] NF (*vol*) stealing, theft; (*: en temps de guerre*) plundering; **vivre de ~** (*vagabond, délinquant*) to steal for a living; (*bande armée*) to live by plundering

rappel [Rapɛl] NM (*d'un ambassadeur, Mil*) recall; (*Théât*) curtain call; (*Méd: vaccination*) booster; (*Admin: de salaire*) back pay *no pl*; (*d'une aventure, d'un nom*) reminder; (*de limitation de vitesse: sur écriteau*) speed limit sign (*reminder*); (*Tech*) return; (*Navig*) sitting out; (*Alpinisme: aussi:* **rappel de corde**) abseiling *no pl*, roping down *no pl*; abseil; **~ à l'ordre** call to order

★**rappeler** [Rap(ə)le] /4/ VT (*pour faire revenir, retéléphoner*) to call back; (*ambassadeur, Mil*) to recall; (*acteur*) to call back (onto the stage); (*faire se souvenir*): **~ qch à qn** to remind sb of sth; **~ qn à la vie** to bring sb back to life; **ça rappelle la Provence** it's reminiscent of Provence, it reminds you of Provence ▪ **se rappeler** VPR (*se souvenir de*) to remember, recall; **se ~ que...** to remember that...

rappelle *etc* [Rapɛl] VB *voir* **rappeler**

rappeur, -euse [RapœR, -øz] NM/F rapper

rappliquer [Raplike] /1/ VI (*fam*) to turn up

rapport [RapɔR] NM (*compte rendu*) report; (*profit*) yield, return; revenue; (*lien, analogie*) relationship; (*corrélation*) connection; (*proportion: Math, Tech*) ratio; **avoir ~ à** to have something to do with, concern; **être en ~ avec** (*corrélation*) to be related to; **être/se mettre en ~ avec qn** to be/get in touch with sb; **par ~ à** (*comparé à*) in relation to; (*à propos de*) with regard to; **sous le ~ de** from the point of view of; **~ qualité-prix** value (for money) ▪ **rapports** NMPL (*entre personnes, pays*) relations; **sous tous (les) rapports** in all respects; **rapports (sexuels)** (sexual) intercourse *sg*

rapporté, e [RapɔRte] ADJ: **pièce rapportée** (*Couture*) patch

rapporter [RapɔRte] /1/ VT (*rendre, ramener*) to bring back; (*apporter davantage*) to bring more; (*Couture*) to sew on; (*investissement*) to yield; (*: activité*) to bring in; (*relater*) to report; (*Jur: annuler*) to revoke; **~ qch à** (*fig: rattacher*) to relate sth to ▸ VI (*investissement*) to give a good return *ou* yield; (*activité*) to be very profitable; (*péj: moucharder*) to tell ▪ **se rapporter à** VPR (*correspondre à*) to relate to; **s'en ~ à** to rely on

rapporteur, -euse [RapɔRtœR, -øz] NM/F (*de procès, commission*) reporter; (*péj*) telltale ▸ NM (*Géom*) protractor

rapproché, e [RapRɔʃe] ADJ (*proche*) near, close at hand; **rapprochés** (*l'un de l'autre*) at close intervals

rapprochement [RapRɔʃmɑ̃] NM (*réconciliation: de nations, familles*) reconciliation; (*analogie, rapport*) parallel

rapprocher [RapRɔʃe] /1/ VT (*deux objets*) to bring closer together; (*réunir: ennemis, partis etc*) to bring together; (*comparer*) to establish a parallel between; (*chaise d'une table*): **~ qch (de)** to bring sth closer (to) ▪ **se rapprocher** VPR to draw closer *ou* nearer; (*fig: familles, pays*) to come together; to come closer together; **se ~ de** to come closer to; (*présenter une analogie avec*) to be close to

rapt [Rapt] NM abduction

raquette [Rakɛt] NF (*de tennis*) racket; (*de ping-pong*) bat; (*à neige*) snowshoe

★**rare** [RɑR] ADJ rare; (*main-d'œuvre, denrées*) scarce; (*cheveux, herbe*) sparse; **il est ~ que** it's rare that, it's unusual that; **se faire ~** to become scarce; (*fig: personne*) to make oneself scarce

raréfaction [Rarefaksjɔ̃] NF scarcity; (*de l'air*) rarefaction

raréfier [Rarefje] /7/: **se raréfier** VPR to grow scarce; (*air*) to rarefy

★**rarement** [RaRmɑ̃] ADV rarely, seldom

rareté [RaRte] NF rarity; scarcity

rarissime [RaRisim] ADJ extremely rare

RAS ABR = **rien à signaler**

ras, e [Rɑ, Rɑz] ADJ (*tête, cheveux*) close-cropped; (*poil, herbe*) short; (*mesure, cuillère*) level; **faire table rase** to make a clean sweep; **en rase campagne** in open country; **à ~ bords** to the brim; **au ~ de** level with; **~ du cou** *adj* (*pull, robe*) crew-neck ▸ ADV (*couper*) short; **en avoir ~ le bol** (*fam*) to be fed up

rasade [Rɑzad] NF glassful

rasant, e [Rɑzɑ̃, -ɑ̃t] ADJ (*Mil: balle, tir*) grazing; (*fam*) boring

rascasse [Raskas] NF (*Zool*) scorpion fish

rasé, e [Rɑze] ADJ: **~ de frais** freshly shaven; **~ de près** close-shaven

rase-mottes [Rɑzmɔt] NM INV: **faire du ~** to hedgehop; **vol en ~** hedgehopping

★**raser** [Rɑze] /1/ VT (*barbe, cheveux*) to shave off; (*menton, personne*) to shave; (*fam: ennuyer*) to bore; (*démolir*) to raze (to the ground); (*frôler*) to graze, skim ▪ **se raser** VPR to shave; (*fam*) to be bored (to tears)

★**rasoir** [RɑzwaR] NM razor; **~ électrique** electric shaver *ou* razor; **~ mécanique** *ou* **de sûreté** safety razor

rassasié, e [Rasazje] ADJ (*repu: personne*) full, satisfied; (*fig: curiosité, désir*) satisfied; **être ~** to be full, have eaten one's fill ▸ PP *de* **rassasier**

rassasier [Rasazje] /7/ VT to satisfy ■ **se rassasier** VPR to eat one's fill; **se ~ de qch** to eat one's fill of sth

rassemblement [Rasɑ̃bləmɑ̃] NM (*groupe*) gathering; (*Pol*) union; association; (*Mil*): **le ~** parade

rassembler [Rasɑ̃ble] /1/ VT (*réunir*) to assemble, gather; (*regrouper, amasser: documents, notes*) to gather together, collect; **~ ses idées/ses esprits/son courage** to collect one's thoughts/gather one's wits/screw up one's courage ■ **se rassembler** VPR to gather

rasseoir [RaswaR] /26/: **se rasseoir** VPR to sit back down, to sit down again

rasséréné, e [RaseRene] ADJ (*personne*) calm, calmer

rasséréner [RaseRene] VT (*personne*) to calm down ■ **se rasséréner** VPR to calm down

rassir [RasiR] /2/ VI to go stale

rassis, e [Rasi, -iz] ADJ (*pain*) stale

rassurant, e [RasyRɑ̃, -ɑ̃t] ADJ (*nouvelles etc*) reassuring

rassuré, e [RasyRe] ADJ: **ne pas être très ~** to be rather ill at ease

rassurer [RasyRe] /1/ VT to reassure ■ **se rassurer** VPR to be reassured; **rassure-toi** don't worry

rat [Ra] NM rat; **~ d'hôtel** hotel thief; **~ musqué** muskrat

ratage [Rataʒ] NM failure

ratatiné, e [Ratatine] ADJ (*pomme*) shrivelled (up); (*personne*) wrinkled

ratatiner [Ratatine] /1/ VT to shrivel; (*peau*) to wrinkle ■ **se ratatiner** VPR to shrivel; to become wrinkled

ratatouille [Ratatuj] NF (*Culin*) ratatouille

rate [Rat] NF female rat; (*Anat*) spleen

raté, e [Rate] ADJ (*tentative*) unsuccessful, failed ▸ NM/F (*fam: personne*) failure ▸ NM misfiring *no pl*

râteau, x [Rɑto] NM rake

râtelier [Rɑtəlje] NM rack; (*fam*) false teeth *pl*

★**rater** [Rate] /1/ VI (*ne pas partir: coup de feu*) to fail to go off; (*affaire, projet etc*) to go wrong, fail ▸ VT (*cible, train, occasion*) to miss; (*démonstration, plat*) to spoil; (*examen*) to fail; **~ son coup** to fail, not to bring it off

raticide [Ratisid] NM rat poison

ratification [Ratifikasjɔ̃] NF ratification

ratifier [Ratifje] /7/ VT to ratify

ratio [Rasjo] NM ratio

ration [Rasjɔ̃] NF ration; (*fig*) share; **~ alimentaire** food intake

rationalisation [Rasjɔnalizasjɔ̃] NF rationalization

rationaliser [Rasjɔnalize] /1/ VT to rationalize

rationalité [Rasjɔnalite] NF rationality

rationnel, le [Rasjɔnɛl] ADJ rational

rationnellement [Rasjɔnɛlmɑ̃] ADV rationally

rationnement [Rasjɔnmɑ̃] NM rationing; **ticket de ~** ration coupon

rationner [Rasjɔne] /1/ VT to ration; (*personne*) to put on rations ■ **se rationner** VPR to ration o.s.

ratisser [Ratise] /1/ VT (*allée*) to rake; (*feuilles*) to rake up; (*armée, police*) to comb; **~ large** to cast one's net wide

raton [Ratɔ̃] NM: **~ laveur** raccoon

RATP SIGLE F (= *Régie autonome des transports parisiens*) *Paris transport authority*

rattachement [Rataʃmɑ̃] NM (*de territoire*) incorporation; (*Admin: d'employé, personnel*) attachment

rattacher [Rataʃe] /1/ VT (*animal, cheveux*) to tie up again; **~ qch à** to join sth to, unite sth with; **~ qn à** to bind *ou* tie sb to ■ **se rattacher** VPR: **se ~ à** (*avoir un lien avec*) to be linked *ou* connected with

rattrapage [RatRapaʒ] NM (*Scol*) remedial classes *pl*; (*Écon*) catching up

rattraper [RatRape] /1/ VT (*fugitif*) to recapture; (*retenir, empêcher de tomber*) to catch (hold of); (*atteindre, rejoindre*) to catch up with; (*réparer: erreur*) to make up for; **~ son retard/le temps perdu** to make up (for) lost time ■ **se rattraper** VPR (*regagner: du temps*) to make up for lost time; (*: de l'argent etc*) to make good one's losses; (*réparer une gaffe etc*) to make up for it; **se ~ (à)** (*se raccrocher*) to stop o.s. falling (by catching hold of)

rature [RatyR] NF deletion, erasure

raturer [RatyRe] /1/ VT to cross out, delete, erase

rauque [Rok] ADJ raucous; (*voix*) hoarse

ravagé, e [Ravaʒe] ADJ (*visage*) harrowed

ravager [Ravaʒe] /3/ VT to devastate, ravage

ravages [Ravaʒ] NMPL ravages; **faire des ~** to wreak havoc; (*fig: séducteur*) to break hearts

ravageur, euse [RavaʒœR, -øz] ADJ (*destructeur*) destructive; (*fig: humour*) scathing; (*: sourire*) devastating

ravalement [Ravalmɑ̃] NM restoration

ravaler [Ravale] /1/ VT (*mur, façade*) to restore; (*déprécier*) to lower; (*avaler de nouveau*) to swallow again; **~ sa colère/son dégoût** to stifle one's anger/swallow one's distaste

ravaudage [Ravodaʒ] NM (*de chaussettes*) mending

ravauder [Ravode] /1/ VT to repair, mend

rave [Rav] NF (*Bot*) root vegetable

raveur, -euse [RɛvœR, -øz] NM/F raver

ravi, e [Ravi] ADJ delighted; **être ~ de/que** to be delighted with/that

ravier [Ravje] NM hors d'œuvre dish

ravigote [Ravigɔt] ADJ: **sauce ~** *oil and vinegar dressing with shallots*

ravigoter [Ravigɔte] /1/ VT (*fam*) to buck up

ravin [Ravɛ̃] NM gully, ravine

ravine [Ravin] NF gully

raviner [Ravine] /1/ VT to furrow, gully

raviolis [Ravjɔli] NMPL ravioli *sg*

ravir [RaviR] /2/ VT (*enchanter*) to delight; (*enlever*): **~ qch à qn** to rob sb of sth; **à ~** *adv* delightfully, beautifully; **être beau à ~** to be ravishingly beautiful

raviser [Ravize] /1/: **se raviser** VPR to change one's mind

ravissant, e [Ravisɑ̃, -ɑ̃t] ADJ delightful

ravissement [Ravismɑ̃] NM (*enchantement, délice*) rapture

r

ravisseur, -euse [ʀavisœʀ, -øz] NM/F abductor, kidnapper

ravitaillement [ʀavitajmɑ̃] NM resupplying; refuelling; (*provisions*) supplies *pl*; **aller au ~** to go for fresh supplies; **~ en vol** (*Aviat*) in-flight refuelling

ravitailler [ʀavitaje] /1/ VT (*en vivres, munitions*) to provide with fresh supplies; (*véhicule*) to refuel ▪ **se ravitailler** VPR to get fresh supplies

raviver [ʀavive] /1/ VT (*feu*) to rekindle, revive; (*douleur*) to revive; (*couleurs*) to brighten up

ravoir [ʀavwaʀ] /34/ VT to get back

rayé, e [ʀeje] ADJ (*à rayures*) striped; (*éraflé*) scratched

rayer [ʀeje] /8/ VT (*érafler*) to scratch; (*barrer*) to cross *ou* score out; (*d'une liste: radier*) to cross *ou* strike off

★**rayon** [ʀɛjɔ̃] NM (*de soleil etc*) ray; (*Géom*) radius; (*de roue*) spoke; (*étagère*) shelf; (*de grand magasin*) department; (*fig: domaine*) responsibility, concern; (*de ruche*) (honey)comb; **dans un ~ de** within a radius of; **~ d'action** range; **~ de braquage** (*Auto*) turning circle; **~ laser** laser beam; **~ de soleil** sunbeam, ray of sunlight *ou* sunshine ▪ **rayons** NMPL (*radiothérapie*) radiation; **rayons X** X-rays

rayonnage [ʀɛjɔnaʒ] NM set of shelves

rayonnant, e [ʀɛjɔnɑ̃, -ɑ̃t] ADJ radiant

rayonne [ʀɛjɔn] NF rayon

rayonnement [ʀɛjɔnmɑ̃] NM radiation; (*fig: éclat*) radiance; (*influence: d'une culture*) influence

rayonner [ʀɛjɔne] /1/ VI (*chaleur, énergie*) to radiate; (*fig: émotion*) to shine forth; (*: visage, personne*) to be radiant; (*avenues, axes*) to radiate; (*touriste*) to go touring (*from one base*)

rayure [ʀejyʀ] NF (*motif*) stripe; (*éraflure*) scratch; (*rainure, d'un fusil*) groove; **à rayures** striped

raz-de-marée [ʀɑdmaʀe] NM INV tidal wave

razzia [ʀazja] NF raid, foray

RBE SIGLE M (= *revenu brut d'exploitation*) gross profit (*of a farm*)

R-D SIGLE F (= *Recherche-Développement*) R & D

RDA SIGLE F (*Hist:* = *République démocratique allemande*) GDR

RDB SIGLE M (= *revenu disponible brut*) *total disposable income*

rdc ABR = **rez-de-chaussée**

ré [ʀe] NM (*Mus*) D; (*en chantant la gamme*) re

réabonnement [ʀeabɔnmɑ̃] NM renewal of subscription

réabonner [ʀeabɔne] /1/ VT: **~ qn (à)** to renew sb's subscription (to) ▪ **se réabonner** VPR: **se ~ (à)** to renew one's subscription (to)

réac [ʀeak] ADJ, NMF (*fam:* = *réactionnaire*) reactionary

réacteur [ʀeaktœʀ] NM jet engine; **~ nucléaire** nuclear reactor

réactif [ʀeaktif] NM reagent

réaction [ʀeaksjɔ̃] NF reaction; **par ~** jet-propelled; **avion/moteur à ~** jet (plane)/jet engine; **~ en chaîne** chain reaction

réactionnaire [ʀeaksjɔnɛʀ] ADJ, NMF reactionary

réactiver [ʀeaktive] VT (*relancer: marché, controverse*) to revive; (*: projet*) to restart; (*machine, compte*) to reactivate

réactivité [ʀeaktivite] NF (*Physique, Chimie: de métaux*) reactivity; (*capacité à réagir*) responsiveness

réactualiser [ʀeaktɥalize] /1/ VT to update, bring up to date

réadaptation [ʀeadaptasjɔ̃] NF readjustment; (*Méd*) rehabilitation

réadapter [ʀeadapte] /1/ VT to readjust; (*Méd*) to rehabilitate ▪ **se réadapter (à)** VPR to readjust (to)

réaffirmation [ʀeafiʀmasjɔ̃] NF reaffirmation

réaffirmer [ʀeafiʀme] /1/ VT to reaffirm, reassert

réagir [ʀeaʒiʀ] /2/ VI to react

réajuster [ʀeaʒyste] /1/ VT = **rajuster**

réalisable [ʀealizabl] ADJ (*projet, plan*) feasible; (*Comm: valeur*) realizable

réalisateur, -trice [ʀealizatœʀ, -tʀis] NM/F (*TV, Ciné*) director

réalisation [ʀealizasjɔ̃] NF carrying out; realization; fulfilment; achievement; (*TV, Ciné*) production; (*œuvre*) production, work; (*création*) creation; **en cours de ~** under way

réaliser [ʀealize] /1/ VT (*projet, opération*) to carry out, realize; (*rêve, souhait*) to realize, fulfil; (*exploit*) to achieve; (*achat, vente*) to make; (*TV, Ciné*) to produce; (*se rendre compte de, Comm: bien, capital*) to realize ▪ **se réaliser** VPR to be realized

réalisme [ʀealism] NM realism

réaliste [ʀealist] ADJ realistic; (*peintre, roman*) realist ▸ NMF realist

réalité [ʀealite] NF reality; **en ~** in (actual) fact; **dans la ~** in reality; **~ augmentée** augmented reality; **~ virtuelle** virtual reality

réaménager [ʀeamenaʒe] VT (*lieu*) to refurbish; (*horaires, calendrier*) to reorganize; (*règlement, texte*) to rework

réanimation [ʀeanimasjɔ̃] NF (*Méd*) resuscitation; **service de ~** intensive care unit

réanimer [ʀeanime] /1/ VT (*Méd*) to resuscitate

réapparaître [ʀeapaʀɛtʀ] /57/ VI to reappear

réapparition [ʀeapaʀisjɔ̃] NF reappearance

réappropriation [ʀeapʀɔpʀijasjɔ̃] NF (*objet*) recovery, reappropriation; (*fig: de patrimoine*) taking back; (*: de mémoire*) recovery

réapprovisionner [ʀeapʀɔvizjɔne] /1/ VT (*magasin*) to restock ▪ **se réapprovisionner** VPR: **se ~ (en)** to restock (with)

réarmement [ʀeaʀməmɑ̃] NM rearmament

réarmer [ʀeaʀme] /1/ VT (*arme*) to reload ▸ VI (*état*) to rearm

réassortiment [ʀeasɔʀtimɑ̃] NM (*Comm*) restocking

réassortir [ʀeasɔʀtiʀ] /2/ VT to match up; (*Comm*) to restock

réassurance [ʀeasyʀɑ̃s] NF reinsurance

réassurer [ʀeasyʀe] /1/ VT to reinsure

réassureur [ʀeasyʀœʀ] NM reinsurer

rebaptiser [ʀ(ə)batize] /1/ VT (*rue*) to rename

rébarbatif, -ive [ʀebaʀbatif, -iv] ADJ forbidding; (*style*) off-putting (*Brit*), daunting

rebattre [R(ə)batR] /41/ VT: **~ les oreilles à qn de qch** to keep harping on to sb about sth

rebattu, e [R(ə)baty] PP *de* **rebattre** ▸ ADJ hackneyed

rebelle [Rəbɛl] NMF rebel ▸ ADJ (*troupes*) rebel; (*enfant*) rebellious; (*mèche etc*) unruly; **~ à qch** unamenable to sth; **~ à faire** unwilling to do

rebeller [R(ə)bele] /1/: **se rebeller** VPR to rebel

rébellion [Rebeljɔ̃] NF rebellion; (*rebelles*) rebel forces *pl*

rebiffer [R(ə)bife] /1/: **se rebiffer** VPR to fight back

reboisement [R(ə)bwazmɑ̃] NM reafforestation

reboiser [R(ə)bwaze] /1/ VT to replant with trees, reafforest

rebond [R(ə)bɔ̃] NM (*voir rebondir*) bounce; rebound

rebondi, e [R(ə)bɔ̃di] ADJ (*ventre*) rounded; (*joues*) chubby, well-rounded

rebondir [R(ə)bɔ̃diR] /2/ VI (*ballon: au sol*) to bounce; (: *contre un mur*) to rebound; (*fig: procès, action, conversation*) to get moving again, be suddenly revived

rebondissement [Rəbɔ̃dis(ə)mɑ̃] NM new development

rebonjour [Rəbɔ̃ʒuR] EXCL hello again

rebord [R(ə)bɔR] NM edge; **le ~ de la fenêtre** the windowsill

reboucher [R(ə)buʃe] /1/ VT (*flacon*) to put the stopper *ou* top back on, recork; (*trou*) to stop up

rebours [R(ə)buR]: **à ~** *adv* the wrong way

rebouteux, -euse [Rəbutø, -øz] NM/F (*péj*) bonesetter

reboutonner [R(ə)butɔne] /1/ VT (*vêtement*) to button up (again)

rebrousse-poil [RəbRuspwal]: **à ~** *adv* the wrong way

rebrousser [R(ə)bRuse] /1/ VT (*cheveux, poils*) to brush back, brush up; **~ chemin** to turn back

rebuffade [R(ə)byfad] NF rebuff

rébus [Rebys] NM INV (*jeu d'esprit*) rebus; (*fig*) puzzle

rebut [Rəby] NM: **mettre au ~** to scrap, discard

rebutant, e [R(ə)bytɑ̃, -ɑ̃t] ADJ (*travail, démarche*) off-putting, disagreeable

rebuter [R(ə)byte] /1/ VT to put off

recadrage [R(ə)kadRaʒ] NM (*de programme, objectifs*) refocusing; (*Photo, Ciné*) cropping

récalcitrant, e [RekalsitRɑ̃, -ɑ̃t] ADJ refractory, recalcitrant

recaler [R(ə)kale] /1/ VT (*Scol*) to fail

récapitulatif, -ive [Rekapitylatif, -iv] ADJ (*liste, tableau*) summary *cpd*, that sums up

récapituler [Rekapityle] /1/ VT to recapitulate; (*résumer*) to sum up

recel [Rəsɛl] NM receiving (stolen goods)

receler [R(ə)səle] /5/ VT (*produit d'un vol*) to receive; (*malfaiteur*) to harbour; (*fig*) to conceal

receleur, -euse [R(ə)səlœR, -øz] NM/F receiver

récemment [Resamɑ̃] ADV recently

recensement [R(ə)sɑ̃smɑ̃] NM census; inventory

recenser [R(ə)sɑ̃se] /1/ VT (*population*) to take a census of; (*inventorier*) to make an inventory of; (*dénombrer*) to list

récent, e [Resɑ̃, -ɑ̃t] ADJ recent

recentrer [R(ə)sɑ̃tRe] VT (*Pol*) to move towards the centre (BRIT) *ou* center (US)

récépissé [Resepise] NM receipt

réceptacle [Resɛptakl] NM (*où les choses aboutissent*) recipient; (*où les choses sont stockées*) repository; (*Bot*) receptacle

récepteur, -trice [ResɛptœR, -tRis] ADJ receiving ▸ NM receiver; **~ (de radio)** radio set *ou* receiver

réceptif, -ive [Resɛptif, -iv] ADJ: **~ (à)** receptive (to)

réception [Resɛpsjɔ̃] NF receiving *no pl*; (*d'une marchandise, commande*) receipt; (*accueil*) reception, welcome; (*bureau*) reception (desk); (*réunion mondaine*) reception, party; (*pièces*) reception rooms *pl*; (*Sport: après un saut*) landing; (*du ballon*) catching *no pl*; **jour/heures de ~** day/hours for receiving visitors (*ou* students *etc*)

réceptionnaire [ResɛpsjɔnɛR] NMF receiving clerk

réceptionner [Resɛpsjɔne] /1/ VT (*Comm*) to take delivery of; (*Sport: ballon*) to catch (and control)

réceptionniste [Resɛpsjɔnist] NMF receptionist

réceptivité [Resɛptivite] NF (*à une influence*) receptiveness; (*à une maladie*) susceptibility

récessif, -ive [Resesif, -iv] ADJ (*Bio*) recessive

récession [Resesjɔ̃] NF recession

★**recette** [R(ə)sɛt] NF (*Culin*) recipe; (*fig*) formula, recipe; (*Comm*) takings *pl*; (*Admin: bureau*) tax *ou* revenue office; **faire ~** (*spectacle, exposition*) to be a winner ■ **recettes** NFPL (*Comm: rentrées*) receipts

recevabilité [R(ə)səvabilite] NF (*Admin: de dossier, plainte*) admissibility

recevable [R(ə)səvabl] ADJ (*Admin: dossier, plainte*) admissible; (*argument*) acceptable

receveur, -euse [R(ə)səvœR, -øz] NM/F (*des contributions*) tax collector; (*des postes*) postmaster/mistress; (*d'autobus*) conductor/conductress; (*Méd: de sang, organe*) recipient

★**recevoir** [R(ə)səvwaR] /28/ VT to receive; (*lettre, prime*) to receive, get; (*client, patient, représentant*) to see; (*jour, soleil, pièce*) to get; (*Scol: candidat*) to pass; **~ qn à dîner** to invite sb to dinner ▸ VI to receive visitors; to give parties; to see patients *etc*; **il reçoit de 8 à 10** he's at home from 8 to 10, he will see visitors from 8 to 10; (*docteur, dentiste etc*) he sees patients from 8 to 10 ■ **se recevoir** VPR (*athlète*) to land

rechange [R(ə)ʃɑ̃ʒ]: **de ~** *adj* (*pièces, roue*) spare; (*fig: solution*) alternative; **des vêtements de ~** a change of clothes

rechaper [R(ə)ʃape] /1/ VT to remould (BRIT), remold (US), retread

réchapper [Reʃape] /1/: **~ de** *ou* **à** *vt* (*accident, maladie*) to come through; **va-t-il en ~ ?** is he going to get over it?, is he going to come through (it)?

recharge [R(ə)ʃaRʒ] NF refill

rechargeable [R(ə)ʃaRʒabl] ADJ (*briquet, stylo*) refillable; (*batterie*) rechargeable

recharger [R(ə)ʃaRʒe] /3/ VT (*camion, fusil, appareil photo*) to reload; (*briquet, stylo*) to refill; (*batterie*) to recharge

réchaud [Reʃo] NM (portable) stove, plate-warmer

réchauffé [Reʃofe] NM (*nourriture*) reheated food; (*fig*) stale news (*ou* joke *etc*)

réchauffement [reʃofmɑ̃] NM warming (up); **le ~ de la planète** global warming

réchauffer [reʃofe] /1/ VT (*plat*) to reheat; (*mains, personne*) to warm ■ **se réchauffer** VPR (*température*) to get warmer; (*personne*) to warm o.s. (up); **se ~ les doigts** to warm (up) one's fingers

rêche [ʀɛʃ] ADJ rough

★**recherche** [ʀ(ə)ʃɛʀʃ] NF (*action*): **la ~ de** the search for; (*raffinement*) affectedness, studied elegance; (*scientifique etc*): **la ~** research; **être/se mettre à la ~ de** to be/go in search of ■ **recherches** NFPL (*de la police*) investigations; (*scientifiques*) research *sg*

recherché, e [ʀ(ə)ʃɛʀʃe] ADJ (*rare, demandé*) much sought-after; (*entouré: acteur, femme*) in demand; (*raffiné*) studied, affected; (*tenue*) elegant

rechercher [ʀ(ə)ʃɛʀʃe] /1/ VT (*objet égaré, personne*) to look for, search for; (*témoins, coupable, main-d'œuvre*) to look for; (*causes d'un phénomène, nouveau procédé*) to try to find; (*bonheur etc, l'amitié de qn*) to seek; **« ~ et remplacer »** (*Inform*) "find and replace"

rechigner [ʀ(ə)ʃiɲe] /1/ VI: **~ (à)** to balk (at)

rechute [ʀ(ə)ʃyt] NF (*Méd*) relapse; (*dans le péché, le vice*) lapse; **faire une ~** to have a relapse

rechuter [ʀ(ə)ʃyte] /1/ VI (*Méd*) to relapse

récidive [ʀesidiv] NF (*Jur*) second (*ou* subsequent) offence; (*fig*) repetition; (*Méd*) recurrence

récidiver [ʀesidive] /1/ VI to commit a second (*ou* subsequent) offence; (*fig*) to do it again

récidiviste [ʀesidivist] NMF second (*ou* habitual) offender, recidivist

récif [ʀesif] NM reef

récipiendaire [ʀesipjɑ̃dɛʀ] NM (*d'un diplôme*) recipient; (*d'une société*) newly elected member

récipient [ʀesipjɑ̃] NM container

réciprocité [ʀesipʀɔsite] NF reciprocity

réciproque [ʀesipʀɔk] ADJ reciprocal ▶ NF: **la ~** (*l'inverse*) the converse

réciproquement [ʀesipʀɔkmɑ̃] ADV reciprocally; **et ~** and vice versa

récit [ʀesi] NM (*action de narrer*) telling; (*conte, histoire*) story

récital [ʀesital] NM recital

récitant, e [ʀesitɑ̃, -ɑ̃t] NM/F narrator

récitation [ʀesitasjɔ̃] NF recitation

réciter [ʀesite] /1/ VT to recite

réclamation [ʀeklamasjɔ̃] NF complaint ■ **réclamations** NFPL (*bureau*) complaints department *sg*

réclame [ʀeklɑm] NF: **la ~** advertising; **une ~** an ad(vertisement), an advert (Brit); **faire de la ~ (pour qch/qn)** to advertise (sth/sb); **article en ~** special offer

réclamer [ʀeklame] /1/ VT (*aide, nourriture etc*) to ask for; (*revendiquer: dû, part, indemnité*) to claim, demand; (*nécessiter*) to demand, require ▶ VI to complain ■ **se réclamer de** VPR to identify with

reclassement [ʀ(ə)klɑsmɑ̃] NM reclassifying; regrading; rehabilitation

reclasser [ʀ(ə)klɑse] /1/ VT (*fiches, dossiers*) to reclassify; (*fig: fonctionnaire etc*) to regrade; (*: ouvrier licencié*) to place, rehabilitate

reclus, e [ʀəkly, -yz] NM/F recluse

réclusion [ʀeklyzjɔ̃] NF imprisonment; **~ à perpétuité** life imprisonment

recoiffer [ʀ(ə)kwafe] /1/ VT: **~ un enfant** to do a child's hair again ■ **se recoiffer** VPR to do one's hair again

recoin [ʀəkwɛ̃] NM nook, corner; (*fig*) hidden recess

reçois *etc* [ʀəswa] VB *voir* **recevoir**

reçoive *etc* [ʀəswav] VB *voir* **recevoir**

recoller [ʀ(ə)kɔle] /1/ VT (*enveloppe*) to stick back down

récoltant, e [ʀekɔltɑ̃, -ɑ̃t] NM/F grower, farmer ▶ ADJ *voir* **propriétaire**

récolte [ʀekɔlt] NF harvesting, gathering; (*produits*) harvest, crop; (*fig*) crop, collection; (*: d'observations*) findings

récolter [ʀekɔlte] /1/ VT to harvest, gather (in); (*fig*) to get

recommandable [ʀ(ə)kɔmɑ̃dabl] ADJ commendable; **peu ~** not very commendable

recommandation [ʀ(ə)kɔmɑ̃dasjɔ̃] NF recommendation

recommandé [ʀ(ə)kɔmɑ̃de] NM (*méthode etc*) recommended; **en ~** (*Postes*) by registered mail

recommander [ʀ(ə)kɔmɑ̃de] /1/ VT to recommend; (*qualités etc*) to commend; (*Postes*) to register; **~ qch à qn** to recommend sth to sb; **~ à qn de faire** to recommend sb to do; **~ qn auprès de qn** *ou* **à qn** to recommend sb to sb; **il est recommandé de faire …** it is recommended that one does …; **se ~ à qn** to commend o.s. to sb; **se ~ de qn** to give sb's name as a reference

recommencer [ʀ(ə)kɔmɑ̃se] /3/ VT (*reprendre: lutte, séance*) to resume, start again; (*refaire: travail, explications*) to start afresh, start (over) again; (*récidiver: erreur*) to make again ▶ VI to start again; (*récidiver*) to do it again; **~ à faire** to start doing again; **ne recommence pas !** don't do that again!

récompense [ʀekɔ̃pɑ̃s] NF reward; (*prix*) award; **recevoir qch en ~** to get sth as a reward, be rewarded with sth

récompenser [ʀekɔ̃pɑ̃se] /1/ VT: **~ qn (de** *ou* **pour)** to reward sb (for)

réconciliation [ʀekɔ̃siljasjɔ̃] NF reconciliation

réconcilier [ʀekɔ̃silje] /7/ VT to reconcile; **~ qn avec qn** to reconcile sb with sb; **~ qn avec qch** to reconcile sb to sth ■ **se réconcilier (avec)** VPR to be reconciled (with)

reconductible [ʀ(ə)kɔ̃dyktibl] ADJ (*Jur: contrat, bail*) renewable

reconduction [ʀ(ə)kɔ̃dyksjɔ̃] NF renewal; (*Pol: d'une politique*) continuation

reconduire [ʀ(ə)kɔ̃dɥiʀ] /38/ VT (*raccompagner*) to take *ou* see back; (*: à la porte*) to show out; (*: à son domicile*) to see home, take home; (*Jur, Pol: renouveler*) to renew

réconfort [ʀekɔ̃fɔʀ] NM comfort

réconfortant, e [ʀekɔ̃fɔʀtɑ̃, -ɑ̃t] ADJ (*idée, paroles*) comforting; (*boisson*) fortifying

réconforter [ʀekɔ̃fɔʀte] /1/ VT (*consoler*) to comfort; (*revigorer*) to fortify

reconnais *etc* [ʀ(ə)kɔnɛ] VB *voir* **reconnaître**

reconnaissable [ʀ(ə)kɔnɛsabl] ADJ recognizable

reconnaissais [ʀ(ə)kɔnɛsɛ] VB *voir* **reconnaître**

reconnaissance [ʀ(ə)kɔnɛsɑ̃s] NF (*action de reconnaître*) recognition; acknowledgement; (*gratitude*)

gratitude, gratefulness; (*Mil*) reconnaissance, recce; **en ~** (*Mil*) on reconnaissance; **~ de dette** acknowledgement of a debt, IOU

★**reconnaissant, e** [R(ə)kɔnɛsɑ̃, -ɑ̃t] VB *voir* **reconnaître** ▶ ADJ grateful; **je vous serais ~ de bien vouloir** I should be most grateful if you would (kindly)

reconnaître [R(ə)kɔnɛtR] /**57**/ VT to recognize; (*Mil: lieu*) to reconnoitre; (*Jur: enfant, dette, droit*) to acknowledge; **~ que** to admit *ou* acknowledge that; **~ qn/qch à** (*l'identifier grâce à*) to recognize sb/sth by; **je lui reconnais certaines qualités** I recognize certain qualities in him; **se ~ quelque part** (*s'y retrouver*) to find one's way around (a place)

reconnu, e [R(ə)kɔny] PP *de* **reconnaître** ▶ ADJ (*indiscuté, connu*) recognized

reconquérir [R(ə)kɔ̃keRiR] /**21**/ VT to reconquer, recapture; (*sa dignité etc*) to recover

reconquête [R(ə)kɔ̃kɛt] NF recapture; recovery

reconsidérer [R(ə)kɔ̃sideRe] /**6**/ VT to reconsider

reconstituant, e [R(ə)kɔ̃stitɥɑ̃, -ɑ̃t] ADJ (*régime*) strength-building ▶ NM tonic, pick-me-up

reconstituer [R(ə)kɔ̃stitɥe] /**1**/ VT (*monument ancien*) to recreate, build a replica of; (*fresque, vase brisé*) to piece together, reconstitute; (*événement, accident*) to reconstruct; (*fortune, patrimoine*) to rebuild; (*Bio: tissus etc*) to regenerate

reconstitution [R(ə)kɔ̃stitysjɔ̃] NF (*d'un accident etc*) reconstruction

reconstruction [R(ə)kɔ̃stRyksjɔ̃] NF rebuilding, reconstruction

reconstruire [R(ə)kɔ̃stRɥiR] /**38**/ VT to rebuild, reconstruct

recontacter [R(ə)kɔ̃takte] VT to contact again, get back in touch with

reconversion [R(ə)kɔ̃vɛRsjɔ̃] NF (*du personnel*) redeployment **reconvertir** [R(ə)kɔ̃vɛRtiR] /**2**/ VT (*usine*) to reconvert; (*personnel, troupes etc*) to redeploy; **se ~ dans** (*un métier, une branche*) to move into, be redeployed into

recopier [R(ə)kɔpje] /**7**/ VT (*transcrire*) to copy out again, write out again; (*mettre au propre: devoir*) to make a clean *ou* fair copy of

record [R(ə)kɔR] NM, ADJ record; **~ du monde** world record

recoucher [R(ə)kuʃe] /**1**/ VT (*enfant*) to put back to bed

recoudre [R(ə)kudR] /**48**/ VT (*bouton*) to sew back on; (*plaie, incision*) to sew (back) up, stitch up

recoupement [R(ə)kupmɑ̃] NM: **faire un ~** *ou* **des recoupements** to cross-check; **par ~** by cross-checking

recouper [R(ə)kupe] /**1**/ VT (*tranche*) to cut again; (*vêtement*) to recut ▶ VI (*Cartes*) to cut again ■ **se recouper** VPR (*témoignages*) to tie *ou* match up

recourais *etc* [RəkuRɛ] VB *voir* **recourir**

recourbé, e [R(ə)kuRbe] ADJ curved; hooked; bent

recourber [R(ə)kuRbe] /**1**/ VT (*branche, tige de métal*) to bend ■ **se recourber** VPR to curve (up), bend (up)

recourir [R(ə)kuRiR] /**11**/ VT: **~ à** (*ami, agence*) to turn *ou* appeal to; (*force, ruse, emprunt*) to resort to, have recourse to ▶ VI (*courir de nouveau*) to run again; (*refaire une course*) to race again

recours [R(ə)kuR] VB *voir* **recourir** ▶ NM (*Jur*) appeal; **avoir ~ à** = **recourir à**; **en dernier ~** as a last resort; **sans ~** final; with no way out; **~ en grâce** plea for clemency (*ou* pardon)

recouru, e [RəkuRy] PP *de* **recourir**

recousu, e [Rəkuzy] PP *de* **recoudre**

recouvert, e [RəkuvɛR, -ɛRt] PP *de* **recouvrir**

recouvrable [R(ə)kuvRabl] ADJ (*somme*) recoverable

recouvrais *etc* [RəkuvRɛ] VB *voir* **recouvrer**; **recouvrir**

recouvrement [R(ə)kuvRəmɑ̃] NM recovery

recouvrer [R(ə)kuvRe] /**1**/ VT (*vue, santé etc*) to recover, regain; (*impôts*) to collect; (*créance*) to recover

recouvrir [R(ə)kuvRiR] /**18**/ VT (*couvrir à nouveau*) to re-cover; (*couvrir entièrement aussi fig*) to cover; (*cacher, masquer*) to conceal, hide ■ **se recouvrir** VPR (*se superposer*) to overlap

recracher [R(ə)kRaʃe] /**1**/ VT to spit out

récréatif, -ive [RekReatif, -iv] ADJ of entertainment; recreational

récréation [RekReasjɔ̃] NF recreation, entertainment; (*Scol*) break

recréditer [R(ə)kRedite] VT (*compte, carte*) to recredit

recréer [R(ə)kRee] /**1**/ VT to recreate

récrier [RekRije] /**7**/: **se récrier** VPR to exclaim

récriminations [RekRiminasjɔ̃] NFPL remonstrations, complaints

récriminer [RekRimine] /**1**/ VI: **~ contre qn/qch** to remonstrate against sb/sth

recroquevillé, e [R(ə)kRɔk(ə)vije] ADJ (*personne*) curled up; (*feuilles*) shrivelled up, curled up

recroqueviller [R(ə)kRɔk(ə)vije] /**1**/: **se recroqueviller** VPR (*feuilles*) to shrivel *ou* curl up; (*personne*) to huddle up

recru, e [RəkRy] ADJ: **~ de fatigue** exhausted ▶ NF recruit

recrudescence [R(ə)kRydesɑ̃s] NF fresh outbreak

recrue [RəkRy] NF recruit; **une nouvelle ~** a new recruit

recrutement [R(ə)kRytmɑ̃] NM recruiting, recruitment

recruter [R(ə)kRyte] /**1**/ VT to recruit

recruteur, -euse [R(ə)kRytœR, -øz] NM/F recruiter

rectal, e, -aux [Rɛktal, -o] ADJ: **par voie rectale** rectally

rectangle [Rɛktɑ̃gl] NM rectangle

rectangulaire [Rɛktɑ̃gylɛR] ADJ rectangular

recteur [Rɛktœr] NM ≈ (regional) director of education (BRIT), ≈ state superintendent of education (US)

rectificatif, -ive [Rɛktifikatif, -iv] ADJ corrected ▶ NM correction

rectification [Rɛktifikasjɔ̃] NF correction

rectifier [Rɛktifje] /**7**/ VT (*tracé, virage*) to straighten; (*calcul, adresse*) to correct; (*erreur, faute*) to rectify, put right

rectiligne [Rɛktiliɲ] ADJ straight; (*Géom*) rectilinear

r

rectitude [ʀɛktityd] NF rectitude, uprightness

recto [ʀɛkto] NM front (*of a sheet of paper*); **~ verso** on both sides (of the page)

rectorat [ʀɛktɔʀa] NM (*fonction*) *position of recteur*; (*bureau*) *recteur's office*; *voir aussi* **recteur**

rectum [ʀɛktɔm] NM rectum

reçu, e [ʀ(ə)sy] PP *de* **recevoir** ▸ ADJ (*candidat*) successful; (*admis, consacré*) accepted; **être ~** (*à un examen*) to pass; **être bien/mal ~** to be well/badly received ▸ NM (*Comm*) receipt

recueil [ʀəkœj] NM collection

recueillement [ʀ(ə)kœjmɑ̃] NM meditation, contemplation

recueilli, e [ʀ(ə)kœji] ADJ contemplative

recueillir [ʀ(ə)kœjiʀ] /**12**/ VT to collect; (*voix, suffrages*) to win; (*accueillir: réfugiés, chat*) to take in ■ **se recueillir** VPR to gather one's thoughts; to meditate

recuire [ʀ(ə)kɥiʀ] /**38**/ VI: **faire ~** to recook

recul [ʀ(ə)kyl] NM retreat; recession; (*déclin*) decline; (*éloignement*) distance; (*d'arme à feu*) recoil, kick; **avoir un mouvement de ~** to recoil, step back; **prendre du ~** to stand back; **être en ~** to be on the decline; **avec le ~** with the passing of time, in retrospect

reculade [ʀ(ə)kylad] NF (*péj*) climb-down

reculé, e [ʀ(ə)kyle] ADJ remote

★**reculer** [ʀ(ə)kyle] /**1**/ VI to move back, back away; (*Auto*) to reverse, back (up); (*fig: civilisation, épidémie*) to (be on the) decline; (*: se dérober*) to shrink back; **~ devant** (*danger, difficulté*) to shrink from; **~ pour mieux sauter** (*fig*) to take a step back to see the bigger picture ▸ VT to move back; (*véhicule*) to reverse, back (up); (*fig: possibilités, limites*) to extend; (*: date, décision*) to postpone

reculons [ʀ(ə)kylɔ̃]: **à ~** *adv* backwards

récupérable [ʀekypeʀabl] ADJ (*créance*) recoverable; (*heures*) which can be made up; (*ferraille*) salvageable

récupérateur, -trice [ʀekypeʀatœʀ, -tʀis] NM/F (*de métaux*) scrap merchant ▸ ADJ (*Football*): **milieu ~** central midfielder

récupération [ʀekypeʀasjɔ̃] NF (*de métaux etc*) salvage, reprocessing; (*Pol*) hijacking (*of policies*)

récupérer [ʀekypeʀe] /**6**/ VT (*rentrer en possession de*) to recover, get back; (*: forces*) to recover; (*déchets etc*) to salvage (for reprocessing); (*remplacer: journée, heures de travail*) to make up; (*délinquant etc*) to rehabilitate; (*Pol*) to hijack (*policies*) ▸ VI to recover

récurer [ʀekyʀe] /**1**/ VT to scour; **poudre à ~** scouring powder

récurrence [ʀekyʀɑ̃s] NF recurrence

récurrent, e [ʀekyʀɑ̃, -ɑ̃t] ADJ (*problème*) recurrent

reçus *etc* [ʀəsy] VB *voir* **recevoir**

récusable [ʀekyzabl] ADJ (*témoin*) challengeable; (*témoignage*) impugnable

récusation [ʀekyzasjɔ̃] NF (*Jur: d'idée, principe*) challenge

récuser [ʀekyze] /**1**/ VT to challenge ■ **se récuser** VPR to decline to give an opinion

reçut [ʀ(ə)sy] VB *voir* **recevoir**

recyclable [ʀ(ə)siklabl] ADJ recyclable

recyclage [ʀ(ə)siklaʒ] NM reorientation; retraining; recycling; **cours de ~** retraining course

★**recycler** [ʀ(ə)sikle] /**1**/ VT (*Scol*) to reorientate; (*employés*) to retrain; (*matériau*) to recycle ■ **se recycler** VPR to retrain; to go on a retraining course

rédacteur, -trice [ʀedaktœʀ, -tʀis] NM/F (*journaliste*) writer; subeditor; (*d'ouvrage de référence*) editor, compiler; **~ en chef** chief editor; **~ publicitaire** copywriter

rédaction [ʀedaksjɔ̃] NF writing; (*rédacteurs*) editorial staff; (*bureau*) editorial office(s); (*Scol: devoir*) essay, composition

rédactionnel, le [ʀedaksjɔnɛl] ADJ (*Presse: équipe, ligne*) editorial; (*capacités*) writing; **d'excellentes capacités rédactionnelles** excellent writing skills

reddition [ʀedisjɔ̃] NF surrender

redécoller [ʀ(ə)dekɔle] VI (*avion, ventes*) to take off again

redécouvrir [ʀ(ə)dekuvʀiʀ] VT to rediscover

redéfinir [ʀ(ə)definiʀ] /**2**/ VT to redefine

redéfinition [ʀ(ə)definisjɔ̃] NF redefinition

redemander [ʀədmɑ̃de] /**1**/ VT (*renseignement*) to ask again for; (*objet prêté*): **~ qch** to ask for sth back; **~ de** (*nourriture*) to ask for more (*ou* another)

redémarrage [ʀ(ə)demaʀaʒ] NM (*de machine: aussi: Inform*) restarting; (*fig*): **un ~ de qch** (*industrie, activité*) an upturn in sth

redémarrer [ʀ(ə)demaʀe] /**1**/ VI (*véhicule*) to start again, get going again; (*ordinateur*) to restart; (*fig: industrie*) to get going again

rédemption [ʀedɑ̃psjɔ̃] NF redemption

redéploiement [ʀ(ə)deplwamɑ̃] NM redeployment

redescendre [ʀ(ə)desɑ̃dʀ] /**41**/ VI (*à nouveau*) to go back down; (*après la montée*) to go down (again) ▸ VT (*pente etc*) to go down

redevable [ʀ(ə)dəvabl] ADJ: **être ~ de qch à qn** (*somme*) to owe sb sth; (*fig*) to be indebted to sb for sth

redevance [ʀ(ə)dəvɑ̃s] NF (*Tél*) rental charge; (*TV*) licence (*Brit*) *ou* license (*US*) fee

redevenir [ʀ(ə)dəv(ə)niʀ] /**22**/ VI to become again

rédhibitoire [ʀedibitwaʀ] ADJ: **vice ~** (*Jur*) *latent defect in merchandise that renders the sales contract void*; (*fig: défaut*) crippling

rediffuser [ʀ(ə)difyze] /**1**/ VT (*Radio, TV*) to repeat, broadcast again

rediffusion [ʀ(ə)difyzjɔ̃] NF repeat (programme)

rédiger [ʀediʒe] /**3**/ VT to write; (*contrat*) to draw up

redire [ʀ(ə)diʀ] /**37**/ VT to repeat; **trouver à ~ à** to find fault with

redistribuer [ʀ(ə)distʀibɥe] /**1**/ VT (*cartes etc*) to deal again; (*richesses, revenus*) to redistribute; (*tâches*) to reallocate

redistribution [ʀ(ə)distʀibysjɔ̃] NF (*de richesses, revenus*) redistribution; (*de tâches*) reallocation; **~ des cartes** new deal; (*fig*) new situation; (*politique*) new order

redite [ʀ(ə)dit] NF (needless) repetition

redondance [ʀ(ə)dɔ̃dɑ̃s] NF redundancy

redondant, e [ʀədɔ̃dɑ, ɑ̃t] ADJ redundant

redonner [R(ə)dɔne] /1/ VT (*restituer*) to give back, return; (*du courage, des forces*) to restore

redorer [R(ə)dɔRe] VT to regild; **~ son blason** (*fig*) to restore one's image

redoublant, e [R(ə)dublɑ̃, -ɑ̃t] NM/F (*Scol*) student repeating a year

redoublé, e [Rəduble] ADJ: **à coups redoublés** even harder, twice as hard

redoublement [R(ə)dubləmɑ̃] NM (*Scol*) repeating a year; (*intensification*): **~ d'effort/d'attention** increased effort/attention; (*Ling: de lettre*) doubling

★**redoubler** [R(ə)duble] /1/ VI (*tempête, violence*) to intensify, get even stronger *ou* fiercer *etc*; (*Scol*) to repeat a year; **le vent redouble de violence** the wind is blowing twice as hard; **~ de patience/prudence** to be doubly patient/careful ▸ VT (*Scol: classe*) to repeat; (*Ling: lettre*) to double

redoutable [R(ə)dutabl] ADJ formidable, fearsome

redouter [R(ə)dute] /1/ VT to fear; (*appréhender*) to dread; **~ de faire** to dread doing

redoux [Rədu] NM milder spell

redressement [R(ə)dRɛsmɑ̃] NM (*économique*) recovery; (*de l'économie etc*) putting right; **maison de ~** reformatory; **~ fiscal** repayment of back taxes

redresser [R(ə)dRese] /1/ VT (*arbre, mât*) to set upright, right; (*pièce tordue*) to straighten out; (*Aviat, Auto*) to straighten up; (*situation, économie*) to put right; **~ (les roues)** (*Auto*) to straighten up ■ **se redresser** VPR (*objet penché*) to right itself; to straighten up; (*personne*) to sit (*ou* stand) up; to sit (*ou* stand) up straight; (*fig: pays, situation*) to recover

redresseur [R(ə)dResœR] NM: **~ de torts** righter of wrongs

réducteur, -trice [RedyktœR, -tRis] ADJ simplistic

réduction [Redyksjɔ̃] NF reduction; **en ~** *adv* in miniature, scaled-down

réduire [RedɥiR] /38/ VT (*gén, Culin, Math*) to reduce; (*prix, dépenses*) to cut, reduce; (*carte*) to scale down, reduce; (*Méd: fracture*) to set; **~ qn/qch à** to reduce sb/sth to ■ **se réduire** VPR: **se ~ à** (*revenir à*) to boil down to; **se ~ en** (*se transformer en*) to be reduced to; **en être réduit à** to be reduced to

réduit, e [Redɥi, -it] PP *de* **réduire** ▸ ADJ (*prix, tarif, échelle*) reduced; (*mécanisme*) scaled-down; (*vitesse*) reduced ▸ NM tiny room; recess

redynamiser [R(ə)dinamize] VT to make more dynamic

rééchelonnement [Reeʃ(ə)lɔnmɑ̃] NM (*de dette*) rescheduling

rééchelonner [Reeʃ(ə)lɔne] VT (*dette*) to reschedule

rééditer [Reedite] /1/ VT to republish; (*fig: exploit*) to repeat

réédition [Reedisjɔ̃] NF new edition

rééducation [Reedykasjɔ̃] NF (*d'un membre*) re-education; (*de délinquants, d'un blessé*) rehabilitation; **~ de la parole** speech therapy; **centre de ~** physiotherapy centre (BRIT) *ou* physical therapy center (*US*)

rééduquer [Reedyke] /1/ VT to re-educate; to rehabilitate

réel, le [Reɛl] ADJ real ▸ NM: **le ~** reality

réélection [Reelɛksjɔ̃] NF re-election

rééligible [Reeliʒibl] ADJ re-eligible

réélire [ReeliR] /43/ VT to re-elect

réellement [Reɛlmɑ̃] ADV really

réembaucher [Reɑ̃boʃe] /1/ VT to take on again

réemploi [Reɑ̃plwa] NM = **remploi**

réemployer [Reɑ̃plwaje] /8/ VT (*méthode, produit*) to re-use; (*argent*) to reinvest; (*personnel, employé*) to re-employ

rééquilibrer [ReekilibRe] /1/ VT (*budget*) to balance (again)

réescompte [Reɛskɔ̃t] NM rediscount

réessayer [Reeseje] /8/ VT to try on again

réévaluation [Reevalɥasjɔ̃] NF revaluation

réévaluer [Reevalɥe] /1/ VT to revalue

réexamen [Reɛgzamɛ̃] NM (*de dossier*) re-examination; (*de demande*) reconsideration

réexaminer [Reɛgzamine] /1/ VT (*dossier*) to re-examine; (*demande*) to reconsider

réexpédier [Reɛkspedje] /7/ VT (*à l'envoyeur*) to return, send back; (*au destinataire*) to send on, forward

réexporter [Reɛkspɔrte] /1/ VT to re-export

réf. ABR = **référence(s)**; **V/~** Your ref

refaire [R(ə)fɛR] /60/ VT (*faire de nouveau, recommencer*) to do again; (*sport*) to take up again; (*réparer, restaurer*) to do up ■ **se refaire** VPR (*en argent*) to make up one's losses; **se ~ une santé** to recuperate; **se ~ à qch** (*se réhabituer à*) to get used to sth again

refasse *etc* [Rəfas] VB *voir* **refaire**

réfection [Refɛksjɔ̃] NF repair; **en ~** under repair

réfectoire [RefɛktwaR] NM refectory

referai *etc* [R(ə)fRe] VB *voir* **refaire**

référé [RefeRe] NM (*Jur*) *emergency interim proceedings ou ruling*

référence [RefeRɑ̃s] NF reference; **faire ~ à** to refer to; **ouvrage de ~** reference work; **ce n'est pas une ~** (*fig*) that's no recommendation ■ **références** NFPL (*recommandations*) reference *sg*

référencement [RefeRɑ̃smɑ̃] NM (*Internet: de site Web*) referencing

référencer [RefeRɑ̃se] VT (*Internet: site Web, produit*) to reference

référendum [RefeRɑ̃dɔm] NM referendum

référer [RefeRe] /6/: **~ à** *vt* to refer to, relate to; **en ~ à qn** to refer the matter to sb ■ **se référer** VPR: **se ~ à** to refer to

refermer [R(ə)fɛRme] /1/ VT to close again, shut again ■ **se refermer** VPR (*porte*) to close *ou* shut (again)

refiler [R(ə)file] /1/ VT (*fam*): **~ qch à qn** to palm (BRIT) *ou* fob sth off on sb; to pass sth on to sb

refit *etc* [Rəfi] VB *voir* **refaire**

réfléchi, e [Refleʃi] ADJ (*caractère*) thoughtful; (*action*) well-thought-out; (*Ling*) reflexive; **c'est tout ~** my mind's made up

réfléchir [Refleʃir] /2/ VT to reflect ▸ VI to think; **~ à** *ou* **sur** to think about

réflecteur [ʀeflɛktœʀ] NM (*Auto*) reflector
reflet [ʀ(ə)flɛ] NM reflection; (*sur l'eau etc*) sheen *no pl*, glint ■ **reflets** NMPL gleam *sg*
refléter [ʀ(ə)flete] /**6**/ VT to reflect ■ **se refléter** VPR to be reflected
refleurir [ʀ(ə)flœʀiʀ] VI (*plante*) to flower again; (*fig*) to flourish again
réflex [ʀeflɛks] ADJ INV (*Photo*) reflex
réflexe [ʀeflɛks] ADJ, NM reflex; **~ conditionné** conditioned reflex
réflexion [ʀeflɛksjɔ̃] NF (*de la lumière etc, pensée*) reflection; (*fait de penser*) thought; (*remarque*) remark; **sans ~** without thinking; **~ faite, à la ~, après ~** on reflection; **délai de ~** cooling-off period; **groupe de ~** think tank ■ **réflexions** NFPL (*méditations*) thought *sg*, reflection *sg*
réflexologie [ʀeflɛksɔlɔʒi] NF reflexology
refluer [ʀ(ə)flye] /**1**/ VI to flow back; (*foule*) to surge back
reflux [ʀəfly] NM (*de la mer*) ebb; (*fig*) backward surge
refondation [ʀ(ə)fɔ̃dasjɔ̃] NF (*de parti, institution*) reorganization
refondre [ʀ(ə)fɔ̃dʀ] /**41**/ VT (*texte*) to revise; (*système*) to overhaul
refont [ʀ(ə)fɔ̃] VB *voir* **refaire**
refonte [ʀ(ə)fɔ̃t] NF (*de texte*) reworking
reformater [ʀ(ə)fɔʀmate] /**1**/ VT to reformat
réformateur, -trice [ʀefɔʀmatœʀ, -tʀis] NM/F reformer ▸ ADJ (*mesures*) reforming
Réformation [ʀefɔʀmasjɔ̃] NF: **la ~** the Reformation
réforme [ʀefɔʀm] NF reform; (*Mil*) declaration of unfitness for service; discharge (*on health grounds*); (*Rel*): **la R~** the Reformation
réformé, e [ʀefɔʀme] ADJ, NM/F (*Rel*) Protestant
reformer [ʀ(ə)fɔʀme] /**1**/ VT to reform; **~ les rangs** (*Mil*) to fall in again ■ **se reformer** VPR to reform
réformer [ʀefɔʀme] /**1**/ VT to reform; (*Mil: recrue*) to declare unfit for service; (*: soldat*) to discharge, invalid out; (*matériel*) to scrap
réformisme [ʀefɔʀmism] NM reformism, policy of reform
réformiste [ʀefɔʀmist] ADJ, NMF (*Pol*) reformist
reformuler [ʀ(ə)fɔʀmyle] VT (*question*) to reword, rephrase; (*redéfinir*) to reformulate
refoulé, e [ʀ(ə)fule] ADJ (*Psych*) repressed
refoulement [ʀ(ə)fulmɑ̃] NM (*d'une armée*) driving back; (*Psych*) repression
refouler [ʀ(ə)fule] /**1**/ VT (*envahisseurs*) to drive back, repulse; (*liquide, larmes*) to force back; (*fig*) to suppress; (*Psych: désir, colère*) to repress
réfractaire [ʀefʀaktɛʀ] ADJ (*minerai*) refractory; (*brique*) fire *cpd*; (*maladie*) which is resistant to treatment; (*prêtre*) nonjuring; **soldat ~** draft evader; **être ~ à** to resist
réfracter [ʀefʀakte] /**1**/ VT to refract
réfraction [ʀefʀaksjɔ̃] NF refraction
refrain [ʀ(ə)fʀɛ̃] NM (*Mus*) refrain, chorus; (*air, fig*) tune
refréner, réfréner [ʀəfʀene, ʀefʀene] /**6**/ VT to curb, check
réfrigérant, e [ʀefʀiʒeʀɑ̃, -ɑ̃t] ADJ refrigerant, cooling
réfrigérateur [ʀefʀiʒeʀatœʀ] NM refrigerator; **réfrigérateur-congélateur** fridge-freezer (BRIT), refrigerator and freezer (US)
réfrigération [ʀefʀiʒeʀasjɔ̃] NF refrigeration
réfrigéré, e [ʀefʀiʒeʀe] ADJ (*camion, wagon*) refrigerated
réfrigérer [ʀefʀiʒeʀe] /**6**/ VT to refrigerate; (*fam: glacer aussi fig*) to cool
refroidir [ʀ(ə)fʀwadiʀ] /**2**/ VT to cool; (*fig*) to have a cooling effect on; (*: personne*) to put off ▸ VI to cool (down) ■ **se refroidir** VPR (*prendre froid*) to catch a chill; (*temps*) to get cooler *ou* colder; (*fig: ardeur*) to cool (off)
refroidissement [ʀ(ə)fʀwadismɑ̃] NM cooling; (*grippe etc*) chill
refuge [ʀ(ə)fyʒ] NM refuge; (*pour piétons*) (traffic) island; **demander ~ à qn** to ask sb for refuge
réfugié, e [ʀefyʒje] ADJ, NM/F refugee
réfugier [ʀefyʒje] /**7**/: **se réfugier** VPR to take refuge
refus [ʀ(ə)fy] NM refusal; **ce n'est pas de ~** I won't say no, it's very welcome
★**refuser** [ʀ(ə)fyze] /**1**/ VT to refuse; (*Scol: candidat*) to fail; **~ qch à qn/de faire** to refuse sb sth/to do; **~ du monde** to have to turn people away ▸ VI to refuse ■ **se refuser** VPR: **se ~ à qch** *ou* **à faire qch** to refuse to do sth; **il ne se refuse rien** he doesn't stint himself; **se ~ à qn** to refuse sb
réfutable [ʀefytabl] ADJ refutable
réfuter [ʀefyte] /**1**/ VT to refute
regagner [ʀ(ə)gaɲe] /**1**/ VT (*argent, faveur*) to win back; (*lieu*) to get back to; **~ le temps perdu** to make up for lost time; **~ du terrain** to regain ground
regain [ʀəgɛ̃] NM (*herbe*) second crop of hay; (*renouveau*): **~ de qch** renewed sth
régal [ʀegal] NM treat; **un ~ pour les yeux** a pleasure *ou* delight to look at
régalade [ʀegalad] ADV: **à la ~** from the bottle (*held away from the lips*)
régaler [ʀegale] /**1**/ VT: **~ qn** to treat sb to a delicious meal; **~ qn de** to treat sb to ■ **se régaler** VPR to have a delicious meal; (*fig*) to enjoy o.s.
régalien, ne [ʀegaljɛ̃, -jɛn] ADJ sovereign
regard [ʀ(ə)gaʀ] NM (*coup d'œil*) look, glance; (*expression*) look (in one's eye); **parcourir/menacer du ~** to cast an eye over/look threateningly at; **au ~ de** (*loi, morale*) from the point of view of; **en ~** (*vis à vis*) opposite; **en ~ de** in comparison with
regardant, e [ʀ(ə)gaʀdɑ̃, -ɑ̃t] ADJ: **très/peu ~ (sur)** quite fussy/very free (about); (*économe*) very tight-fisted/quite generous (with)
★**regarder** [ʀ(ə)gaʀde] /**1**/ VT (*examiner, observer, lire*) to look at; (*film, télévision, match*) to watch; (*envisager: situation, avenir*) to view; (*être orienté vers*): **~ (vers)** to face; (*concerner*) to concern; **~ (qch) dans le dictionnaire** to look (sth up) in the dictionary; **cela me regarde** it concerns me, it's my business ▸ VI to look; **~ par la fenêtre** to look out of the window; **~ à** (*dépense, qualité*) to be fussy with *ou* over; **dépenser sans ~** to spend freely; **ne pas ~ à la dépense** to spare no expense ■ **se regarder**

VPR: **se ~ dans les yeux** to look into each other's eyes; **se ~ en chiens de faïence** to glare at each other

régate NF, **régates** NFPL [Regat] regatta

régénérateur, -trice [Reʒeneratœr, -tris] ADJ regenerative

régénérer [Reʒenere] /6/ VT to regenerate; (*fig*) to revive ■ **se régénérer** VPR (*cellules*) to regenerate

régent [Reʒɑ̃] NM regent

régenter [Reʒɑ̃te] /1/ VT to rule over; to dictate to

régie [Reʒi] NF (*Comm, Industrie*) state-owned company; (*Théât, Ciné*) production; (*Radio, TV*) control room; **la ~ de l'État** state control

regimber [R(ə)ʒɛ̃be] /1/ VI to balk, jib

régime [Reʒim] NM (*Pol*) régime; (*Admin: carcéral, fiscal etc*) system; (*Méd*) diet; (*Tech*) (engine) speed; (*fig*) rate, pace; (*de bananes, dattes*) bunch; **se mettre au/suivre un ~** to go on/be on a diet; **~ sans sel** salt-free diet; **à bas/haut ~** (*Auto*) at low/high revs; **à plein ~** flat out, at full speed; **~ matrimonial** marriage settlement

régiment [Reʒimɑ̃] NM (*Mil: unité*) regiment; (*fig: fam*): **un ~ de** an army of; **un copain de ~** a pal from military service *ou* (one's) army days

région [Reʒjɔ̃] NF region; **la ~ parisienne** the Paris area

régional, e, -aux [Reʒjɔnal, -o] ADJ regional

régionalisation [Reʒjɔnalizasjɔ̃] NF regionalisation

régionalisme [Reʒjɔnalism] NM regionalism

régir [ReʒiR] /2/ VT to govern

régisseur [Reʒisœr] NM (*d'un domaine*) steward; (*Ciné, TV*) assistant director; (*Théât*) stage manager

registre [Rəʒistr] NM (*livre*) register; logbook; ledger; (*Mus, Ling*) register; (*d'orgue*) stop; **~ de comptabilité** ledger; **~ de l'état civil** register of births, marriages and deaths

réglable [Reglabl] ADJ (*siège, flamme etc*) adjustable; (*achat*) payable

réglage [Reglaʒ] NM (*d'un mécanisme, d'une machine*) adjustment; (*d'un moteur*) tuning

règle [Rɛgl] NF (*instrument*) ruler; (*loi, prescription*) rule; **avoir pour ~ de** to make it a rule that *ou* to; **en ~** (*papiers d'identité*) in order; **être/se mettre en ~** to be/put o.s. straight with the authorities; **en ~ générale** as a (general) rule; **être la ~** to be the rule; **être de ~** to be usual; **~ à calcul** slide rule; **~ de trois** (*Math*) rule of three ■ **règles** NFPL (*Physiol*) period *sg*

réglé, e [Regle] ADJ well-ordered; stable, steady; (*papier*) ruled; (*arrangé*) settled

règlement [Rɛgləmɑ̃] NM settling; (*paiement*) settlement; (*arrêté*) regulation; (*règles, statuts*) regulations *pl*, rules *pl*; **~ à la commande** cash with order; **~ de compte(s)** settling of scores; **~ en espèces/par chèque** payment in cash/by cheque; **~ intérieur** (*Scol*) school rules *pl*; (*Admin*) by-laws *pl*; **~ judiciaire** compulsory liquidation

réglementaire [Rɛgləmɑ̃tɛR] ADJ conforming to the regulations; (*tenue, uniforme*) regulation *cpd*

réglementation [Rɛgləmɑ̃tasjɔ̃] NF regulation, control; (*règlements*) regulations *pl*

réglementer [Rɛgləmɑ̃te] /1/ VT to regulate, control

régler [Regle] /6/ VT (*mécanisme, machine*) to regulate, adjust; (*moteur*) to tune; (*thermostat*) to set, adjust; (*emploi du temps*) to organize, plan; (*question, conflit, facture, dette*) to settle; (*fournisseur*) to settle up with, pay; (*papier*) to rule; **~ qch sur** to model sth on; **~ son compte à qn** to sort sb out, settle sb; **~ un compte** to settle a score ■ **se régler** VPR (*mécanisme, thermostat*) to be set; **ça se règle comment ?** how do you set it?

réglisse [Reglis] NM OU F liquorice; **bâton de ~** liquorice stick

règne [Rɛɲ] NM (*d'un roi etc, fig*) reign; (*Bio*): **le ~ végétal/animal** the vegetable/animal kingdom

régner [Reɲe] /6/ VI (*roi*) to rule, reign; (*fig*) to reign

regonfler [R(ə)gɔ̃fle] /1/ VT (*ballon, pneu*) to reinflate, blow up again

regorger [R(ə)gɔRʒe] /3/ VI to overflow; **~ de** to overflow with, be bursting with

régresser [Regrese] /1/ VI (*phénomène*) to decline; (*enfant, malade*) to regress

régressif, -ive [Regresif, -iv] ADJ regressive

régression [Regresjɔ̃] NF decline; regression; **être en ~** to be on the decline

regret [R(ə)gRɛ] NM regret; **à ~** with regret; **avec ~** regretfully; **sans ~** with no regrets; **être au ~ de devoir/ne pas pouvoir faire** to regret to have to/that one is unable to do; **j'ai le ~ de vous informer que ...** I regret to inform you that ...

regrettable [R(ə)gretabl] ADJ regrettable

★**regretter** [R(ə)grete] /1/ VT to regret; (*personne*) to miss; **~ d'avoir fait** to regret doing; **~ que** to regret that, be sorry that; **non, je regrette** no, I'm sorry

regroupement [R(ə)gRupmɑ̃] NM grouping together; (*groupe*) group

regrouper [R(ə)gRupe] /1/ VT (*grouper*) to group together; (*contenir*) to include, comprise ■ **se regrouper** VPR to gather (together)

régularisation [RegylaRizasjɔ̃] NF (*de papiers, passeport*) putting in order; (*de sa situation: par le mariage*) regularization; (*d'un mécanisme*) regulation

régulariser [RegylaRize] /1/ VT (*fonctionnement, trafic*) to regulate; (*passeport, papiers*) to put in order; (*sa situation*) to straighten out, regularize

régularité [RegylaRite] NF regularity

régulateur, -trice [Regylatœr, -tris] ADJ regulating ▶ NM (*Tech*): **~ de vitesse/de température** speed/temperature regulator

régulation [Regylasjɔ̃] NF (*du trafic*) regulation; **~ des naissances** birth control

réguler [Regyle] VT (*marché, température*) to regulate

régulier, -ière [Regylje, -jɛR] ADJ (*gén*) regular; (*vitesse, qualité*) steady; (*répartition, pression*) even; (*Transports: ligne, service*) scheduled, regular; (*légal, réglementaire*) lawful, in order; (*fam: correct*) straight, on the level

régulièrement [RegyljɛRmɑ̃] ADV regularly; steadily; evenly; normally

régurgiter [RegyRʒite] /1/ VT to regurgitate

réhabiliter [Reabilite] /1/ VT to rehabilitate; (*fig*) to restore to favour (BRIT) *ou* favor (US)

réhabituer [reabitɥe] /1/ VT: **se ~ à qch/à faire qch** to get used to sth again/to doing sth again
rehausser [ʀəose] /1/ VT (*relever*) to heighten, raise; (*fig: souligner*) to set off, enhance
réhydrater [ʀeidʀate] VT to rehydrate
réimporter [ʀeɛ̃pɔʀte] /1/ VT to reimport
réimposer [ʀeɛ̃poze] /1/ VT (*Finance*) to reimpose; to tax again
réimpression [ʀeɛ̃pʀɛsjɔ̃] NF reprinting; (*ouvrage*) reprint
réimprimer [ʀeɛ̃pʀime] /1/ VT to reprint
Reims [ʀɛ̃s] N Rheims
rein [ʀɛ̃] NM kidney; **~ artificiel** kidney machine ■ **reins** NMPL (*dos*) lower back *sg*; **avoir mal aux reins** to have backache
réincarnation [ʀeɛ̃kaʀnasjɔ̃] NF reincarnation
réincarner [ʀeɛ̃kaʀne] /1/: **se réincarner** VPR to be reincarnated
★**reine** [ʀɛn] NF queen
reine-claude [ʀɛnklod] (*pl* **reines-claudes**) NF greengage
reinette [ʀɛnɛt] NF rennet, pippin
réinitialisation [ʀeinisjalizasjɔ̃] NF (*Inform*) reset
réinitialiser [ʀeinisjalize] VT (*Inform*) to reset
réinjecter [ʀeɛ̃ʒɛkte] VT (*ressources, argent aussi Méd*) to reinject
réinscriptible [ʀeɛ̃skʀiptibl] ADJ (*CD, DVD*) rewritable
réinscription [ʀeɛ̃skʀipsjɔ̃] NF re-enrolment
réinscrire [ʀeɛ̃skʀiʀ] VT: **~ qn** (*à l'école, à l'université*) to re-enrol sb; (*sur une liste, un registre*) to put sb's name down again ■ **se réinscrire** VPR (*à l'école, à l'université*) to re-enrol; (*sur une liste*) to put one's name down again
réinsérer [ʀeɛ̃seʀe] /6/ VT (*délinquant, handicapé etc*) to rehabilitate
réinsertion [ʀeɛ̃sɛʀsjɔ̃] NF (*de délinquant, handicapé*) rehabilitation
réinstallation [ʀeɛ̃stalasjɔ̃] NF (*de personne, famille*) relocation, resettlement; (*de locaux*) refitting; (*Inform*) reinstallation
réinstaller [ʀeɛ̃stale] VT (*locaux*) to refit; (*personne, famille*) to relocate, resettle; (*direction*) to reinstate; (*Inform*) to reinstall ■ **se réinstaller** VPR (*personne, famille*) to move back; (*firme*) to relocate; (*doute, inquiétude*) to settle in again
réintégration [ʀeɛ̃tegʀasjɔ̃] NF (*de salarié, fonctionnaire*) reinstatement
réintégrer [ʀeɛ̃tegʀe] /6/ VT (*lieu*) to return to; (*salarié, fonctionnaire*) to reinstate
réintroduction [ʀeɛ̃tʀɔdyksjɔ̃] NF (*d'espèce, de pratique*) reintroduction
réintroduire [ʀeɛ̃tʀɔdɥiʀ] VT (*espèce, pratique*) to reintroduce
réinventer [ʀeɛ̃vɑ̃te] VT to reinvent
réitérer [ʀeiteʀe] /6/ VT to repeat, reiterate
rejaillir [ʀ(ə)ʒajiʀ] /2/ VI to splash up; to fall upon; **~ sur** to splash up onto; (*fig: scandale*) to rebound on; (*: gloire*) to be reflected on
rejet [ʀəʒɛ] NM (*action, aussi Méd*) rejection; (*Poésie*) enjambement, rejet; (*Bot*) shoot
rejeter [ʀəʒ(ə)te] /4/ VT (*relancer*) to throw back; (*vomir*) to bring *ou* throw up; (*écarter*) to reject; (*déverser*) to throw out, discharge; (*reporter*): **~ un mot à la fin d'une phrase** to transpose a word to the end of a sentence; **~ la tête/les épaules en arrière** to throw one's head/pull one's shoulders back; **~ la responsabilité de qch sur qn** to lay the responsibility for sth at sb's door ■ **se rejeter** VPR: **se ~ en arrière** to jump back
rejeton [ʀəʒ(ə)tɔ̃] NM offspring
rejette *etc* [ʀ(ə)ʒɛt] VB *voir* **rejeter**
rejoignais *etc* [ʀ(ə)ʒwaɲɛ] VB *voir* **rejoindre**
rejoindre [ʀ(ə)ʒwɛ̃dʀ] /49/ VT (*famille, régiment*) to rejoin, return to; (*lieu*) to get (back) to; (*route etc*) to meet, join; (*rattraper*) to catch up (with); **je te rejoins au café** I'll see *ou* meet you at the café ■ **se rejoindre** VPR to meet
réjoui, e [ʀeʒwi] ADJ joyous
réjouir [ʀeʒwiʀ] /2/ VT to delight ■ **se réjouir** VPR to be delighted; **se ~ de qch/de faire** to be delighted about sth/to do; **se ~ que** to be delighted that
réjouissances [ʀeʒwisɑ̃s] NFPL (*joie*) rejoicing *sg*; (*fête*) festivities, merry-making *sg*
réjouissant, e [ʀeʒwisɑ̃, -ɑ̃t] ADJ heartening, delightful
relâche [ʀəlɑʃ]: **faire ~** *vi* (*navire*) to put into port; (*Théât, Ciné*) to be closed; **c'est le jour de ~** (*Théât, Ciné*) it's closed today; **sans ~** *adv* without respite *ou* a break
relâché, e [ʀ(ə)lɑʃe] ADJ loose, lax
relâchement [ʀ(ə)lɑʃmɑ̃] NM (*d'un prisonnier*) release; (*de la discipline, musculaire*) relaxation
relâcher [ʀ(ə)lɑʃe] /1/ VT (*ressort, prisonnier*) to release; (*étreinte, cordes*) to loosen; (*discipline*) to relax ▸ VI (*Navig*) to put into port ■ **se relâcher** VPR to loosen; (*discipline*) to become slack *ou* lax; (*élève etc*) to slacken off
relais [ʀ(ə)lɛ] NM (*Sport*): **(course de) ~** relay (race); (*Radio, TV*) relay; (*intermédiaire*) go-between; **équipe de ~** shift team; (*Sport*) relay team; **prendre le ~ (de)** to take over (from); **~ de poste** post house, coaching inn; **~ routier** ≈ transport café (BRIT), ≈ truck stop (US)
relance [ʀəlɑ̃s] NF boosting, revival; (*Écon*) reflation
relancer [ʀ(ə)lɑ̃se] /3/ VT (*balle*) to throw back (again); (*moteur*) to restart; (*fig*) to boost, revive; (*personne*): **~ qn** to pester sb; to get on to sb again
relater [ʀ(ə)late] /1/ VT to relate, recount
relatif, -ive [ʀ(ə)latif, -iv] ADJ relative
relation [ʀ(ə)lasjɔ̃] NF (*récit*) account, report; (*rapport*) relation(ship); (*connaissance*) acquaintance; **être/entrer en ~(s) avec** to be in contact *ou* be dealing/get in contact with; **mettre qn en ~(s) avec** to put sb in touch with ■ **relations** NFPL (*rapports*) relations; relationship; (*connaissances*) connections; **relations internationales** international relations; **relations publiques** public relations; **relations (sexuelles)** sexual relations, (sexual) intercourse *sg*
relationnel, le [ʀ(ə)lasjɔnɛl] ADJ (*problèmes*) interpersonal
relativement [ʀ(ə)lativmɑ̃] ADV relatively; **~ à** in relation to

relativiser [Rəlativize] /1/ VT to see in relation to; to put into context
relativité [R(ə)lativite] NF relativity
relax [Rəlaks] ADJ INV, **relaxe** [Rəlaks] ADJ relaxed, informal, casual; easy-going; **(fauteuil-)relax** *nm* reclining chair
relaxant, e [R(ə)laksɑ̃, -ɑ̃t] ADJ (*cure, médicament*) relaxant; (*ambiance*) relaxing
relaxation [R(ə)laksasjɔ̃] NF relaxation
relaxer [Rəlakse] /1/ VT to relax; (*Jur*) to discharge ■ **se relaxer** VPR to relax
relayer [R(ə)leje] /8/ VT (*collaborateur, coureur etc*) to relieve, take over from; (*Radio, TV*) to relay ■ **se relayer** VPR (*dans une activité*) to take it in turns
relecture [R(ə)lɛktyR] NF rereading
relégation [R(ə)legasjɔ̃] NF (*Sport*) relegation
reléguer [R(ə)lege] /6/ VT to relegate; **~ au second plan** to push into the background
relent [Rəlɑ̃] NM, **relents** NMPL stench *sg*
relevé, e [Rəl(ə)ve] ADJ (*bord de chapeau*) turned-up; (*manches*) rolled-up; (*fig: style*) elevated; (*: sauce*) highly-seasoned ▶ NM (*lecture*) reading; (*de cotes*) plotting; (*liste*) statement; list; (*facture*) account; **~ bancaire** *ou* **de compte** bank statement; **~ d'identité bancaire** bank account details
relève [Rəlɛv] NF (*personne*) relief; (*équipe*) relief team (*ou* troops *pl*); **prendre la ~** to take over
relèvement [R(ə)lɛvmɑ̃] NM (*d'un taux, niveau*) raising
relever [Rəl(ə)ve] /5/ VT (*statue, meuble*) to stand up again; (*personne tombée*) to help up; (*vitre, plafond, niveau de vie*) to raise; (*pays, économie, entreprise*) to put back on its feet; (*col*) to turn up; (*style, conversation*) to elevate; (*plat, sauce*) to season; (*sentinelle, équipe*) to relieve; (*souligner: fautes, points*) to pick out; (*constater: traces etc*) to find, pick up; (*répliquer à: remarque*) to react to, reply to; (*: défi*) to accept, take up; (*noter: adresse etc*) to take down, note; (*: plan*) to sketch; (*: cotes etc*) to plot; (*compteur*) to read; (*ramasser: cahiers, copies*) to collect, take in; **~ qn de** (*vœux*) to release sb from; (*fonctions*) to relieve sb of; **~ la tête** to look up; to hold up one's head ▶ VI: **~ de** *vt* (*maladie*) to be recovering from; (*être du ressort de*) to be a matter for; (*Admin: dépendre de*) to come under; (*fig*) to pertain to ■ **se relever** VPR (*se remettre debout*) to get up; (*fig*): **se ~ (de)** to recover (from)
relief [Rəljɛf] NM relief; (*de pneu*) tread pattern; **en ~** in relief; (*photographie*) three-dimensional; **mettre en ~** (*fig*) to bring out, highlight ■ **reliefs** NMPL (*restes*) remains
relier [Rəlje] /7/ VT to link up; (*livre*) to bind; **~ qch à** to link sth to; **livre relié cuir** leather-bound book
relieur, -euse [RəljœR, -øz] NM/F (book)binder
religieusement [R(ə)liʒjøzmɑ̃] ADV religiously; (*enterré, mariés*) in church; **vivre ~** to lead a religious life
★**religieux, -euse** [R(ə)liʒjø, -øz] ADJ religious ▶ NM monk ▶ NF nun; (*gâteau*) cream puff
★**religion** [R(ə)liʒjɔ̃] NF religion; (*piété, dévotion*) faith; **entrer en ~** to take one's vows
reliquaire [RəlikɛR] NM reliquary
reliquat [Rəlika] NM (*d'une somme*) balance; (*Jur: de succession*) residue
relique [Rəlik] NF relic
relire [R(ə)liR] /43/ VT (*à nouveau*) to reread, read again; (*vérifier*) to read over ■ **se relire** VPR to read through what one has written
reliure [RəljyR] NF binding; (*art, métier*): **la ~** bookbinding
reloger [R(ə)lɔʒe] /3/ VT (*locataires, sinistrés*) to rehouse
relooker [Rəluke] /1/ VT: **~ qn** to give sb a makeover
relooking [R(ə)lukiŋ] NM (*fam: de personne, entreprise*) makeover; (*: de produit*) repackaging
relu, e [Rəly] PP *de* **relire**
reluire [R(ə)lɥiR] /38/ VI to gleam
reluisant, e [R(ə)lɥizɑ̃, -ɑ̃t] VB *voir* **reluire** ▶ ADJ gleaming; **peu ~** (*fig*) unattractive; unsavoury (BRIT), unsavory (US)
reluquer [R(ə)lyke] /1/ VT (*fam*) to eye (up), ogle
remâcher [R(ə)mɑʃe] /1/ VT to chew *ou* ruminate over
remailler [R(ə)mɑje] /1/ VT (*tricot*) to darn; (*filet*) to mend
remake [Rimɛk] NM (*Ciné*) remake
remaniement [R(ə)manimɑ̃] NM: **~ ministériel** Cabinet reshuffle
remanier [R(ə)manje] /7/ VT to reshape, recast; (*Pol*) to reshuffle
remariage [R(ə)maRjaʒ] NM second marriage
remarier [R(ə)maRje] /7/: **se remarier** VPR to remarry, get married again
remarquable [R(ə)maRkabl] ADJ remarkable
remarquablement [R(ə)maRkabləmɑ̃] ADV remarkably
remarque [R(ə)maRk] NF remark; (*écrite*) note
★**remarquer** [R(ə)maRke] /1/ VT (*voir*) to notice; (*dire*): **~ que** to remark that; **se faire ~** to draw attention to o.s.; **faire ~ (à qn) que** to point out (to sb) that; **faire ~ qch (à qn)** to point sth out (to sb); **remarquez, ...** mind you, ... ■ **se remarquer** VPR to be noticeable
remastériser [R(ə)masteRize] VT (*album, film*) to remaster
remballer [Rɑ̃bale] /1/ VT to wrap up (again); (*dans un carton*) to pack up (again)
rembarrer [Rɑ̃baRe] /1/ VT: **~ qn** (*repousser*) to rebuff sb; (*remettre à sa place*) to put sb in his (*ou* her) place
remblai [Rɑ̃blɛ] NM embankment
remblayer [Rɑ̃bleje] /8/ VT to bank up; (*fossé*) to fill in
rembobiner [Rɑ̃bɔbine] /1/ VT to rewind
rembourrage [Rɑ̃buRaʒ] NM stuffing; padding
rembourré, e [Rɑ̃buRe] ADJ padded
rembourrer [Rɑ̃buRe] /1/ VT to stuff; (*dossier, vêtement, souliers*) to pad
remboursable [Rɑ̃buRsabl] ADJ repayable
remboursement [Rɑ̃buRsəmɑ̃] NM (*de dette, d'emprunt*) repayment; (*de frais*) refund; **envoi contre ~** cash on delivery
★**rembourser** [Rɑ̃buRse] /1/ VT to pay back, repay; (*frais, billet etc*) to refund; **se faire ~** to get a refund
rembrunir [Rɑ̃bRyniR] /2/: **se rembrunir** VPR to grow sombre (BRIT) *ou* somber (US)

r

remède [R(ə)mɛd] NM (*médicament*) medicine; (*traitement, fig*) remedy, cure; **trouver un ~ à** (*Méd, fig*) to find a cure for

remédier [R(ə)medje] /7/: **~ à** *vt* to remedy

remembrement [R(ə)mɑ̃bRəmɑ̃] NM (*Agr*) regrouping of lands

remémorer [R(ə)memɔRe] /1/: **se remémorer** VPR to recall, recollect

remerciements [R(ə)mɛRsimɑ̃] NMPL thanks; **(avec) tous mes ~** (with) grateful *ou* many thanks

★**remercier** [R(ə)mɛRsje] /7/ VT to thank; (*congédier*) to dismiss; **~ qn de/d'avoir fait** to thank sb for/ for having done; **non, je vous remercie** no thank you

remettre [R(ə)mɛtR] /56/ VT (*vêtement*): **~ qch** to put sth back on, put sth on again; (*replacer*): **~ qch quelque part** to put sth back somewhere; (*ajouter*): **~ du sel/un sucre** to add more salt/ another lump of sugar; (*ajourner*): **~ qch (à)** to postpone sth *ou* put sth off (until); **~ qn** (*rétablir: personne*) to set sb back on his (*ou* her) feet; **~ qch à qn** (*rendre, restituer*) to give sth back to sb, return sth to sb; (*confier: paquet, argent*) to hand sth over to sb, deliver sth to sb; (*donner: lettre, clé etc*) to hand over sth to sb; (*: prix, décoration*) to present sb with sth; **~ une pendule à l'heure** to put a clock right; **~ un moteur/une machine en marche** to get an engine/a machine going again; **~ en état/en ordre** to repair/sort out; **~ en cause/question** to challenge, to call into question; **~ sa démission** to hand in one's notice; **~ qch à neuf** to make sth as good as new; **~ qn à sa place** (*fig*) to put sb in his (*ou* her) place ▪ **se remettre** VPR to get better, recover; **se ~ de** to recover from, get over; **s'en ~ à** to leave it (up) to; **se ~ à faire/qch** to start doing/ sth again

réminiscence [Reminisɑ̃s] NF reminiscence

remis, e [Rəmi, -iz] PP *de* **remettre**

remise [R(ə)miz] NF (*de lettre*) delivery; (*de décoration*) presentation; (*rabais*) discount; (*local*) shed; **~ à neuf** restoration; **~ de fonds** remittance; **une ~ de 10%** a 10% discount; **~ en cause** calling into question, challenging; **~ en jeu** (*Football*) throw-in; **~ en marche** starting up again; **~ en ordre** sorting out; **~ en question** calling into question, challenging

remiser [R(ə)mize] /1/ VT to put away

rémission [Remisjɔ̃] NF (*Méd*) remission; **sans ~** *adj* irremediable *adv* unremittingly

remobiliser [R(ə)mɔbilize] VT (*électorat, communauté*) to rally; **~ les troupes** (*fig*) to rally the troops

remodeler [R(ə)mɔd(ə)le] /5/ VT to remodel; (*fig: restructurer*) to restructure

rémois, e [Remwa, -waz] ADJ of *ou* from Reims ▸ NM/F: **Rémois, e** inhabitant *ou* native of Reims

remontant [R(ə)mɔ̃tɑ̃] NM tonic, pick-me-up

remontée [R(ə)mɔ̃te] NF rising; ascent; **remontées mécaniques** (*Ski*) ski lifts, ski tows

remonte-pente [R(ə)mɔ̃tpɑ̃t] NM ski lift, ski tow

remonter [R(ə)mɔ̃te] /1/ VI (*à nouveau*) to go back up; (*à cheval*) to remount; (*après une descente*) to go up (again); (*prix, température*) to go up again; (*en voiture*) to get back in; (*jupe*) to ride up; **~ à** (*dater de*) to date *ou* go back to; **~ en voiture** to get back into the car ▸ VT (*pente*) to go up; (*fleuve*) to sail (*ou* swim *etc*) up; (*manches, pantalon*) to roll up; (*fam*) to turn up; (*niveau, limite*) to raise; (*fig: personne*) to buck up; (*moteur, meuble*) to put back together, reassemble; (*garde-robe etc*) to renew, replenish; (*montre, mécanisme*) to wind up; **~ le moral à qn** to cheer sb up, to raise sb's spirits

remontoir [R(ə)mɔ̃twaR] NM winding mechanism, winder

remontrance [R(ə)mɔ̃tRɑ̃s] NF reproof, reprimand

remontrer [R(ə)mɔ̃tRe] /1/ VT (*montrer de nouveau*): **~ qch (à qn)** to show sth again (to sb); (*fig*) **en ~ à** to prove one's superiority over

remords [R(ə)mɔR] NM remorse *no pl*; **avoir des ~** to feel remorse, be conscience-stricken

remorque [R(ə)mɔRk] NF trailer; **prendre/être en ~** to tow/be on tow; **être à la ~** (*fig*) to tag along (behind)

remorquer [R(ə)mɔRke] /1/ VT to tow

remorqueur [R(ə)mɔRkœR] NM tug(boat)

rémoulade [Remulad] NF *dressing with mustard and herbs*

rémouleur [RemulœR] NM (knife- *ou* scissor-) grinder

remous [Rəmu] NM (*d'un navire*) (back)wash *no pl*; (*de rivière*) swirl, eddy *pl*; (*fig*) stir *sg*

rempailler [Rɑ̃pɑje] /1/ VT to reseat (*with straw*)

rempart [Rɑ̃paR] NM rampart; **faire à qn un ~ de son corps** to shield sb with one's (own) body

remparts [Rɑ̃paR] NMPL walls, ramparts

rempiler [Rɑ̃pile] /1/ VT (*dossiers, livres etc*) to pile up again ▸ VI (*Mil: fam*) to join up again

remplaçant, e [Rɑ̃plasɑ̃, -ɑ̃t] NM/F replacement, substitute, stand-in; (*Théât*) understudy; (*Scol*) supply (BRIT) *ou* substitute (US) teacher

remplacement [Rɑ̃plasmɑ̃] NM replacement; (*job*) replacement work *no pl*; (*suppléance: Scol*) supply (BRIT) *ou* substitute (US) teacher; **assurer le ~ de qn** (*remplaçant*) to stand in *ou* substitute for sb; **faire des remplacements** (*professeur*) to do supply (BRIT) *ou* substitute (US) teaching; (*médecin*) to do locum work; (*secrétaire*) to temp

★**remplacer** [Rɑ̃plase] /3/ VT to replace; (*prendre temporairement la place de*) to stand in for; (*tenir lieu de*) to take the place of, act as a substitute for; **~ qch/qn par** to replace sth/sb with

rempli, e [Rɑ̃pli] ADJ (*emploi du temps*) full, busy; **~ de** full of, filled with

★**remplir** [Rɑ̃pliR] /2/ VT to fill (up); (*questionnaire*) to fill in (BRIT) *ou* out (US); (*obligations, fonction, condition*) to fulfil; **~ qch de** to fill sth with ▪ **se remplir** VPR to fill up

remplissage [Rɑ̃plisaʒ] NM (*fig: péj*) padding

remploi [Rɑ̃plwa] NM re-use

rempocher [Rɑ̃pɔʃe] /1/ VT to put back into one's pocket

remporter [Rɑ̃pɔRte] /1/ VT (*marchandise*) to take away; (*fig*) to win, achieve

rempoter [Rɑ̃pɔte] /1/ VT to repot

remuant, e [Rəmɥɑ̃, -ɑ̃t] ADJ restless

remue-ménage [R(ə)mymenaʒ] NM INV commotion

remuer [Rəmɥe] /1/ VT to move; (*café, sauce*) to stir ▸ VI to move; (*fig: opposants*) to show signs of unrest ■ **se remuer** VPR to move; (*se démener*) to stir o.s.; (*fam: s'activer*) to get a move on

rémunérateur, -trice [RemyneRatœR, -tRis] ADJ remunerative, lucrative

rémunération [RemyneRasjɔ̃] NF remuneration

rémunérer [RemyneRe] /6/ VT to remunerate, pay

renâcler [R(ə)nɑkle] /1/ VI to snort; (*fig*) to grumble, balk

renaissance [R(ə)nɛsɑ̃s] NF rebirth, revival; **la R~** the Renaissance

renaître [R(ə)nɛtR] /59/ VI to be revived; **~ à la vie** to take on a new lease of life; **~ à l'espoir** to find fresh hope

rénal, e, -aux [Renal, -o] ADJ renal, kidney *cpd*

★**renard** [R(ə)naR] NM fox

renardeau, x [R(ə)naRdo] NM fox cub

rencard [Rɑ̃kaR] NM = **rancard**

rencart [Rɑ̃kaR] NM = **rancart**

renchérir [Rɑ̃ʃeRiR] /2/ VI to become more expensive; (*fig*): **~ (sur)** (*en paroles*) to add something (to)

renchérissement [Rɑ̃ʃeRismɑ̃] NM increase (in the cost *ou* price of)

rencontre [Rɑ̃kɔ̃tR] NF (*de cours d'eau*) confluence; (*de véhicules*) collision; (*entrevue, congrès, match etc*) meeting; (*imprévue*) encounter; **faire la ~ de qn** to meet sb; **aller à la ~ de qn** to go and meet sb; **amours de ~** casual love affairs

★**rencontrer** [Rɑ̃kɔ̃tRe] /1/ VT to meet; (*mot, expression*) to come across; (*difficultés*) to meet with ■ **se rencontrer** VPR to meet; (*véhicules*) to collide

rendement [Rɑ̃dmɑ̃] NM (*d'un travailleur, d'une machine*) output; (*d'une culture, d'un champ*) yield; (*d'un investissement*) return; **à plein ~** at full capacity

★**rendez-vous** [Rɑ̃devu] NM (*rencontre*) appointment; (: *d'amoureux*) date; (*lieu*) meeting place; **donner ~ à qn** to arrange to meet sb; **recevoir sur ~** to have an appointment system; **fixer un ~ à qn** to give sb an appointment; **avoir/prendre ~ (avec)** to have/make an appointment (with); **prendre ~ chez le médecin** to make an appointment with the doctor; **~ spatial** *ou* **orbital** docking (in space)

rendormir [Rɑ̃dɔRmiR] /16/: **se rendormir** VPR to go back to sleep

★**rendre** [Rɑ̃dR] /41/ VT (*livre, argent etc*) to give back, return; (*otages, visite, politesse, invitation, Jur: verdict*) to return; (*honneurs*) to pay; (*sang, aliments*) to bring up; (*sons, instrument*) to produce, make; (*exprimer, traduire*) to render; (*jugement*) to pronounce, render; (*faire devenir*): **~ qn célèbre/qch possible** to make sb famous/sth possible; **~ la vue/la santé à qn** to restore sb's sight/health; **~ la liberté à qn** to set sb free; **~ la monnaie** to give change ■ **se rendre** VPR (*capituler*) to surrender, give o.s. up; (*aller*): **se ~ quelque part** to go somewhere; **se ~ à** (*arguments etc*) to bow to; (*ordres*) to comply with; **se ~ compte de qch** to realize sth; **se ~ insupportable/malade** to become unbearable/make o.s. ill

rendu, e [Rɑ̃dy] PP *de* **rendre** ▸ ADJ (*fatigué*) exhausted

renégat, e [Rənega, -at] NM/F renegade

renégocier [Rənegɔsje] /7/ VT to renegotiate

rênes [Rɛn] NFPL reins

renfermé, e [Rɑ̃fɛRme] ADJ (*fig*) withdrawn ▸ NM: **sentir le ~** to smell stuffy

renfermer [Rɑ̃fɛRme] /1/ VT to contain ■ **se renfermer (sur soi-même)** VPR to withdraw into o.s.

renfiler [Rɑ̃file] /1/ VT (*collier*) to rethread; (*pull*) to slip on

renflé, e [Rɑ̃fle] ADJ bulging, bulbous

renflement [Rɑ̃fləmɑ̃] NM bulge

renflouement [Rɑ̃flumɑ̃] NM (*d'épave*) raising, refloating; (*fig: de commerce, affaire*) bailing out

renflouer [Rɑ̃flue] /1/ VT (*épave*) to raise, refloat; (*fig: commerce, affaire*) to bail out; **~ les caisses** to refill the coffers

renfoncement [Rɑ̃fɔ̃smɑ̃] NM recess

renforcer [Rɑ̃fɔRse] /3/ VT to reinforce; **~ qn dans ses opinions** to confirm sb's opinion

renfort [Rɑ̃fɔR] NM: **renforts** *nmpl* reinforcements; **en ~** as a back-up; **à grand ~ de** with a great deal of

renfrogné, e [Rɑ̃fRɔɲe] ADJ sullen, scowling

renfrogner [Rɑ̃fRɔɲe] /1/: **se renfrogner** VPR to scowl

rengager [Rɑ̃gaʒe] /3/ VT (*personnel*) to take on again ■ **se rengager** VPR (*Mil*) to re-enlist

rengaine [Rɑ̃gɛn] NF (*péj*) old tune

rengainer [Rɑ̃gene] /1/ VT (*revolver*) to put back in its holster; (*épée*) to sheathe; (*fam: compliment, discours*) to save, withhold

rengorger [Rɑ̃gɔRʒe] /3/: **se rengorger** VPR (*fig*) to puff o.s. up

renier [Rənje] /7/ VT (*parents*) to disown, repudiate; (*engagements*) to go back on; (*foi*) to renounce

renifler [R(ə)nifle] /1/ VI to sniff ▸ VT (*odeur, tabac*) to sniff

rennais, e [Rɛnɛ, -ɛz] ADJ of *ou* from Rennes ▸ NM/F: **Rennais, e** inhabitant *ou* native of Rennes

renne [Rɛn] NM reindeer *inv*

renom [Rənɔ̃] NM reputation; (*célébrité*) renown; **vin de grand ~** celebrated *ou* highly renowned wine

renommé, e [R(ə)nɔme] ADJ celebrated, renowned ▸ NF fame

renoncement [R(ə)nɔ̃smɑ̃] NM abnegation, renunciation

★**renoncer** [R(ə)nɔ̃se] /3/: **~ à** *vt* to give up; **~ à faire** to give up the idea of doing; **j'y renonce !** I give up!

renouer [Rənwe] /1/ VT (*cravate etc*) to retie; (*fig: conversation, liaison*) to renew, resume; **~ avec** (*tradition*) to revive; (*habitude*) to take up again; **~ avec qn** to take up with sb again

renouveau, x [R(ə)nuvo] NM revival; **~ de succès** renewed success

★**renouvelable** [R(ə)nuv(ə)labl] ADJ (*contrat, bail, énergie*) renewable; (*expérience*) which can be repeated

renouveler [R(ə)nuv(ə)le] /4/ VT (*contrat, bail*) to renew; (*exploit, méfait*) to repeat ■ **se renouveler**

r

VPR (*incident*) to recur, happen again, be repeated; (*cellules etc*) to be renewed *ou* replaced; (*artiste, écrivain*) to try something new

renouvellement [R(ə)nuvɛlmɑ̃] NM renewal; recurrence

rénovation [Renɔvasjɔ̃] NF renovation; restoration; reform(ing); redevelopment

rénover [Renɔve] /1/ VT (*immeuble*) to renovate, do up; (*meuble*) to restore; (*enseignement*) to reform; (*quartier*) to redevelop

★**renseignement** [Rɑ̃sɛɲmɑ̃] NM information *no pl*, piece of information; (*Mil*) intelligence *no pl*; **prendre des renseignements sur** to make inquiries about, ask for information about; **(guichet des) renseignements** information desk; **(service des) renseignements** (*Tél*) directory inquiries (BRIT), information (*US*); **service de renseignements** (*Mil*) intelligence service; **les renseignements généraux** ≈ the secret police

★**renseigner** [Rɑ̃seɲe] /1/ VT: **~ qn (sur)** to give information to sb (about) ▪ **se renseigner** VPR to ask for information, make inquiries

rentabiliser [Rɑ̃tabilize] /1/ VT (*capitaux, production*) to make profitable

rentabilité [Rɑ̃tabilite] NF profitability; cost-effectiveness; (*d'un investissement*) return; **seuil de ~** break-even point

rentable [Rɑ̃tabl] ADJ profitable; cost-effective

rente [Rɑ̃t] NF income; (*pension*) pension; (*titre*) government stock *ou* bond; **~ viagère** life annuity

rentier, -ière [Rɑ̃tje, -jɛR] NM/F person of private *ou* independent means

rentrée [Rɑ̃tRe] NF: **~ (d'argent)** cash *no pl* coming in; **la ~ (des classes** *ou* **scolaire)** the start of the new school year; **la ~ (parlementaire)** the reopening *ou* reassembly of parliament

> **La rentrée** in September each year has wider connotations than just the start of the new school year. It is also the time when political and social life picks up again after the long summer break, and so is an important point in the French calendar. The *rentrée littéraire* marks the start of the new publishing season, with books by leading writers usually published in September and October.

★**rentrer** [Rɑ̃tRe] /1/ VI (*entrer de nouveau*) to go (*ou* come) back in; (*entrer*) to go (*ou* come) in; (*revenir chez soi*) to go (*ou* come) (back) home; (*air, clou: pénétrer*) to go in; (*revenu, argent*) to come in; **~ dans** to go (*ou* come) back into; to go (*ou* come) into; (*famille, patrie*) to go back *ou* return to; (*heurter*) to crash into; (*appartenir à*) to be included in (: *catégorie etc*) to fall into; **~ dans l'ordre** to get back to normal; **~ dans ses frais** to recover one's expenses *ou* initial outlay ▸ VT (*foins*) to bring in; (*véhicule*) to put away; (*chemise dans pantalon etc*) to tuck in; (*griffes*) to draw in; (*train d'atterrissage*) to raise; (*fig: larmes, colère etc*) to hold back; **~ le ventre** to pull in one's stomach

renverrai *etc* [Rɑ̃vɛRe] VB *voir* **renvoyer**

renversant, e [Rɑ̃vɛRsɑ̃, -ɑ̃t] ADJ amazing, astounding

renverse [Rɑ̃vɛRs]: **à la ~** *adv* backwards

renversé, e [Rɑ̃vɛRse] ADJ (*écriture*) backhand; (*image*) reversed; (*stupéfait*) staggered

renversement [Rɑ̃vɛRsəmɑ̃] NM (*d'un régime, des traditions*) overthrow; **~ de la situation** reversal of the situation

★**renverser** [Rɑ̃vɛRse] /1/ VT (*faire tomber: chaise, verre*) to knock over, overturn; (: *piéton*) to knock down; (: *liquide, contenu*) to spill, upset; (*retourner: verre, image*) to turn upside down, invert; (: *ordre des mots etc*) to reverse; (*fig: gouvernement etc*) to overthrow; (*stupéfier*) to bowl over, stagger; **~ la tête/le corps (en arrière)** to tip one's head back/throw oneself back; **~ la vapeur** (*fig*) to change course ▪ **se renverser** VPR (*verre, vase*) to fall over; to overturn; (*contenu*) to spill; **se ~ (en arrière)** to lean back

renvoi [Rɑ̃vwa] NM (*d'employé*) dismissal; return; reflection; postponement; (*d'élève*) expulsion; (*référence*) cross-reference; (*éructation*) belch

★**renvoyer** [Rɑ̃vwaje] /8/ VT to send back; (*employé*) to dismiss; (*Tennis*) to return; (*élève: définitivement*) to expel; (*lumière*) to reflect; (*son*) to echo; (*ajourner*): **~ qch (à)** to postpone sth (until); **~ qch à qn** (*rendre*) to return sth to sb; **~ qn à** (*fig*) to refer sb to

réorganisation [ReɔRganizasjɔ̃] NF reorganization

réorganiser [ReɔRganize] /1/ VT to reorganize

réorienter [ReɔRjɑ̃te] /1/ VT to reorient(ate), redirect

réouverture [ReuvɛRtyR] NF reopening

repaire [R(ə)pɛR] NM den

repaître [RəpɛtR] /57/ VT to feast; to feed ▪ **se repaître** VPR: **se ~ de** (*animal*) to feed on; (*fig*) to wallow *ou* revel in

répandre [Repɑ̃dR] /41/ VT (*renverser*) to spill; (*étaler, diffuser*) to spread; (*lumière*) to shed; (*chaleur, odeur*) to give off ▪ **se répandre** VPR to spill; to spread; **se ~ en** (*injures etc*) to pour out

répandu, e [Repɑ̃dy] PP *de* **répandre** ▸ ADJ (*opinion, usage*) widespread

réparable [RepaRabl] ADJ (*montre etc*) repairable; (*perte etc*) which can be made up for

reparaître [R(ə)paRɛtR] /57/ VI to reappear

réparateur, -trice [RepaRatœR, -tRis] NM/F repairer

réparation [RepaRasjɔ̃] NF repairing *no pl*, repair; **en ~** (*machine etc*) under repair; **demander à qn ~ de** (*offense etc*) to ask sb to make amends for

réparer [RepaRe] /1/ VT to repair; (*fig: offense*) to make up for, atone for; (: *oubli, erreur*) to put right

reparler [R(ə)paRle] /1/ VI: **~ de qn/qch** to talk about sb/sth again; **~ à qn** to speak to sb again

repars *etc* [RəpaR] VB *voir* **repartir**

répartie, repartie [Reparti] NF retort; **avoir de la ~** to be quick at repartee, to be always ready with a reply

repartir [RəpaRtiR] /16/ VI to set off again; (*voyageur*) to leave again; (*fig*) to get going again, pick up again; **~ à zéro** to start from scratch

répartir [RepaRtiR] /2/ VT (*pour attribuer*) to share out; (*pour disperser, disposer*) to divide up; (*poids, chaleur*) to distribute; **~ sur** (*étaler: dans le temps*) to spread over; (*classer, diviser*): **~ en** to divide into, split up into ▪ **se répartir** VPR (*travail, rôles*) to share out between themselves

répartiteur, -trice [repartitœr, -tris] NM (*Auto: d'ABS*) distributor; (*Méd*) distributor; (*Tél*) main distribution frame ▸ NM/F (*distributeur*) distributor

répartition [repartisjɔ̃] NF sharing out; dividing up; (*des richesses etc*) distribution

reparution [r(ə)parysjɔ̃] NF (*de livre*) republication

★**repas** [r(ə)pɑ] NM meal; **à l'heure des ~** at mealtimes

repassable [r(ə)pasabl] ADJ (*vêtement*) ironable; **non ~** non-ironable

repassage [r(ə)pɑsaʒ] NM ironing

★**repasser** [r(ə)pɑse] /1/ VI to come (*ou* go) back ▸ VT (*vêtement, tissu*) to iron; (*examen*) to retake, resit; (*film*) to show again; (*lame*) to sharpen; (*leçon, rôle: revoir*) to go over (again); (*plat, pain*): **~ qch à qn** to pass sth back to sb

repasseuse [r(ə)pɑsøz] NF (*machine*) ironing machine

repayer [r(ə)peje] /8/ VT to pay again

repêchage [r(ə)peʃaʒ] NM (*Scol*): **question de ~** question to give candidates a second chance

repêcher [r(ə)peʃe] /1/ VT (*noyé*) to recover the body of, fish out; (*fam: candidat*) to pass (*by inflating marks*); to give a second chance to

repeindre [r(ə)pɛ̃dr] /52/ VT to repaint

repenser [r(ə)pɑ̃se] VT (*question, organisation*) to rethink; (*événement*) to take a fresh look at ▸ VI: **~ à qch** (*se remémorer*) to think about sth again

repentance [r(ə)pɑ̃tɑ̃s] NF repentance; **faire acte de ~** to show repentance

repentant, e [r(ə)pɑ̃tɑ̃, -ɑ̃t] ADJ, NM/F repentant

repenti, e [r(ə)pɑ̃ti] ADJ repentant ▸ NM/F (*ancien mafieux*) pentito, *former mafioso turned police witness*

repentir [r(ə)pɑ̃tir] /16/ NM repentance ■ **se repentir** VPR to repent; **se ~ d'avoir fait qch** (*regretter*) to regret having done sth

repérable [r(ə)perabl] ADJ noticeable; **être ~ à qch** to be easy to spot because of sth

repérage [r(ə)peraʒ] NM (*d'objectif, lieux*) reconnaissance

répercussions [repɛrkysjɔ̃] NFPL repercussions

répercuter [repɛrkyte] /1/ VT (*réfléchir, renvoyer: son, voix*) to reflect; (*faire transmettre: consignes, charges etc*) to pass on ■ **se répercuter** VPR (*bruit*) to reverberate; **se ~ sur** (*fig*) to have repercussions on

repère [r(ə)pɛr] NM mark; (*monument etc*) landmark; **(point de) ~** point of reference

repérer [r(ə)pere] /6/ VT (*erreur, connaissance*) to spot; (*abri, ennemi*) to locate; **se faire ~** to be spotted ■ **se repérer** VPR to get one's bearings

répertoire [repɛrtwar] NM (*liste*) (alphabetical) list; (*carnet*) index notebook; (*Inform*) directory; (*de carnet*) thumb index; (*indicateur*) directory, index; (*d'un théâtre, artiste*) repertoire

répertorier [repɛrtɔrje] /7/ VT to itemize, list

répéter [repete] /6/ VT to repeat; (*préparer: leçon*) to learn, go over; (*Théât*) to rehearse ■ **se répéter** VPR (*redire*) to repeat o.s.; (*se reproduire*) to be repeated, recur

répéteur [repetœr] NM (*Tél*) repeater

répétitif, -ive [repetitif, -iv] ADJ repetitive

répétition [repetisjɔ̃] NF repetition; (*Théât*) rehearsal; **armes à ~** repeater weapons; **~ générale** final dress rehearsal ■ **répétitions** NFPL (*leçons*) private coaching *sg*

répétitivité [repetitivite] NF repetitiveness

repeuplement [r(ə)pœpləmɑ̃] NM (*de village, région*) repopulation; (*de forêt*) replanting; (*de rivière*) restocking

repeupler [r(ə)pœple] /1/ VT to repopulate; (*forêt*) to replant; (*rivière*) to restock

repiquage [r(ə)pikaʒ] NM pricking out, planting out; re-recording

repiquer [r(ə)pike] /1/ VT (*plants*) to prick out, plant out; (*enregistrement*) to re-record

répit [repi] NM respite; **sans ~** without letting up

replacer [r(ə)plase] /3/ VT to replace, put back

replanter [r(ə)plɑ̃te] /1/ VT to replant

replat [rəpla] NM ledge

replâtrer [r(ə)plɑtre] /1/ VT (*mur*) to replaster

replet, -ète [rəplɛ, -ɛt] ADJ chubby, fat

repli [rəpli] NM (*d'une étoffe*) fold; (*Mil, fig*) withdrawal

replier [r(ə)plije] /7/ VT (*rabattre*) to fold down *ou* over ■ **se replier** VPR (*armée*) to withdraw, fall back; **se ~ sur soi-même** to withdraw into oneself

réplique [replik] NF (*repartie, fig*) reply; (*objection*) retort; (*Théât*) line; (*copie*) replica; **donner la ~ à** to play opposite; **sans ~** *adj* no-nonsense; irrefutable

répliquer [replike] /1/ VI to reply; (*avec impertinence*) to answer back; (*riposter*) to retaliate

replonger [r(ə)plɔ̃ʒe] /3/ VT: **~ qch dans** to plunge sth back into ■ **se replonger** VPR: **se ~ dans** (*journal etc*) to immerse o.s. in again

répondant, e [repɔ̃dɑ̃, -ɑ̃t] NM/F (*garant*) guarantor, surety

répondeur [repɔ̃dœr] NM: **~ (automatique)** (*Tél*) answering machine

répondre [repɔ̃dr] /41/ VI to answer, reply; (*freins, mécanisme*) to respond; **~ à** *vt* to reply to, answer; (*invitation, convocation*) to reply to; (*affection, salut*) to return; (*provocation, mécanisme etc*) to respond to; (*correspondre à: besoin*) to answer; (*: conditions*) to meet; (*: description*) to match; **~ à qn** (*avec impertinence*) to answer sb back; **~ que** to answer *ou* reply that; **~ de** to answer for

réponse [repɔ̃s] NF answer, reply; **avec ~ payée** (*Postes*) reply-paid, post-paid (*US*); **avoir ~ à tout** to have an answer for everything; **en ~ à** in reply to; **carte-/bulletin-réponse** reply card/slip

report [rəpɔr] NM postponement; transfer; **~ d'incorporation** (*Mil*) deferment

reportage [r(ə)pɔrtaʒ] NM (*bref*) report; (*écrit: documentaire*) story; article; (*en direct*) commentary; (*genre, activité*): **le ~** reporting

reporter[1] [r(ə)pɔrtɛr] NMF reporter

reporter[2] [r(ə)pɔrte] VT (*total*): **~ qch sur** to carry sth forward *ou* over to; (*ajourner*): **~ qch (à)** to postpone sth (until); (*transférer*): **~ qch sur** to transfer sth to ■ **se reporter** VPR: **se ~ à** (*époque*) to think back to; (*document*) to refer to

repos [r(ə)po] NM rest; (*fig*) peace (and quiet); (*mental*) peace of mind; (*Mil*): **~ !** (stand) at ease!;

r

en ~ at rest; **au ~** at rest; (*soldat*) at ease; **de tout ~** safe; **ce n'est pas de tout ~ !** it's no picnic!

reposant, e [R(ə)pozɑ̃, -ɑ̃t] ADJ restful; (*sommeil*) refreshing

repose [R(ə)poz] NF refitting

reposé, e [R(ə)poze] ADJ fresh, rested; **à tête reposée** with a clear head

repose-pied [Rəpozpje] NM footrest

★**reposer** [R(ə)poze] /1/ VT (*verre, livre*) to put down; (*rideaux, carreaux*) to put back; (*délasser*) to rest; (*problème*) to reformulate ▶ VI (*liquide, pâte*) to settle, rest; **laisser ~** (*pâte*) to leave to stand; **ici repose ...** (*personne*) here lies ...; **~ sur** to be built on; (*fig*) to rest on ■ **se reposer** VPR to rest; **se ~ sur qn** to rely on sb

repositionnement [R(ə)pɔzisjɔnmɑ̃] NM (*stratégique, commercial*) repositioning

repositionner [R(ə)pɔzisjɔne]: **se repositionner** VPR (*firme*) to reposition itself

repoussant, e [R(ə)pusɑ̃, -ɑ̃t] ADJ repulsive

repoussé, e [R(ə)puse] ADJ (*cuir*) embossed (by hand)

repousser [R(ə)puse] /1/ VI to grow again ▶ VT to repel, repulse; (*offre*) to turn down, reject; (*tiroir, personne*) to push back; (*différer*) to put back

répréhensible [RepReɑ̃sibl] ADJ reprehensible

★**reprendre** [R(ə)pRɑ̃dR] /58/ VT (*prisonnier, ville*) to recapture; (*objet prêté, donné*) to take back; (*Comm: article usagé*) to take back; to take in part exchange; (*: firme, entreprise*) to take over; (*emprunter: argument, idée*) to take up, use; (*refaire: article etc*) to go over again; (*jupe etc*) to alter; (*émission, pièce*) to put on again; (*réprimander*) to tell off; (*corriger*) to correct; (*travail, promenade*) to resume; (*chercher*): **je viendrai te ~ à 4 h** I'll come and fetch you *ou* I'll come back for you at 4; (*se resservir de*): **~ du pain/un œuf** to take (*ou* eat) more bread/another egg; **~ des forces** to recover one's strength; **~ courage** to take new heart; **~ ses habitudes/sa liberté** to get back into one's old habits/regain one's freedom; **~ la route** to resume one's journey, set off again; **~ connaissance** to come to, regain consciousness; **~ haleine** *ou* **son souffle** to get one's breath back; **~ la parole** to speak again ▶ VI (*classes, pluie*) to start (up) again; (*activités, travaux, combats*) to resume, start (up) again; (*affaires, industrie*) to pick up; (*dire*): **reprit-il** he went on ■ **se reprendre** VPR (*se ressaisir*) to recover, pull o.s. together; **s'y ~** to make another attempt

repreneur [R(ə)pRənœR] NM company fixer *ou* doctor

reprenne *etc* [R(ə)pRɛn] VB *voir* **reprendre**

représailles [R(ə)pRezɑj] NFPL reprisals, retaliation *sg*

représentant, e [R(ə)pRezɑ̃tɑ̃, -ɑ̃t] NM/F representative

représentatif, -ive [R(ə)pRezɑ̃tatif, -iv] ADJ representative

représentation [R(ə)pRezɑ̃tasjɔ̃] NF representation; (*symbole, image*) representation; (*spectacle*) performance; **la ~** (*Comm*) commercial travelling; sales representation; **frais de ~** (*d'un diplomate*) entertainment allowance

représenter [R(ə)pRezɑ̃te] /1/ VT to represent; (*donner: pièce, opéra*) to perform ■ **se représenter** VPR (*se figurer*) to imagine; to visualize; **se ~ à** (*Pol*) to stand (BRIT) *ou* run (US) for; (*Scol*) to resit

répressif, -ive [RepResif, -iv] ADJ repressive

répression [RepResjɔ̃] NF suppression; repression; (*Pol*): **la ~** repression; **mesures de ~** repressive measures

réprimande [RepRimɑ̃d] NF reprimand, rebuke

réprimander [RepRimɑ̃de] /1/ VT to reprimand, rebuke

réprimer [RepRime] /1/ VT (*émotions*) to suppress; (*peuple etc*) to repress

repris, e [R(ə)pRi, -iz] PP *de* **reprendre** ▶ NM: **~ de justice** ex-prisoner, ex-convict

reprise [R(ə)pRiz] NF (*recommencement*) resumption; (*économique*) recovery; (*TV*) repeat; (*Ciné*) rerun; (*Boxe etc*) round; (*Auto*) acceleration *no pl*; (*Comm*) trade-in, part exchange; (*de location*) *sum asked for any extras or improvements made to the property*; (*raccommodage*) darn, mend; **la ~ des hostilités** the resumption of hostilities; **à plusieurs reprises** on several occasions, several times

repriser [R(ə)pRize] /1/ VT (*chaussette, lainage*) to darn; (*tissu*) to mend; **aiguille/coton à ~** darning needle/thread

réprobateur, -trice [RepRɔbatœR, -tRis] ADJ reproving

réprobation [RepRɔbasjɔ̃] NF reprobation

reproche [R(ə)pRɔʃ] NM (*remontrance*) reproach; **ton/air de ~** reproachful tone/look; **faire des reproches à qn** to reproach sb; **faire ~ à qn de qch** to reproach sb for sth; **sans ~(s)** beyond *ou* above reproach

reprocher [R(ə)pRɔʃe] /1/ VT: **~ qch à qn** to reproach *ou* blame sb for sth; **~ qch à** (*machine, théorie*) to have sth against; **se ~ qch/d'avoir fait qch** to blame o.s. for sth/for doing sth

reproducteur, -trice [R(ə)pRɔdyktœR, -tRis] ADJ reproductive

reproductif, -ive [R(ə)pRɔdyktif, -iv] ADJ reproductive

reproduction [R(ə)pRɔdyksjɔ̃] NF reproduction; **~ interdite** all rights (of reproduction) reserved

reproduire [R(ə)pRɔdɥiR] /38/ VT to reproduce ■ **se reproduire** VPR (*Bio*) to reproduce; (*recommencer*) to recur, re-occur

reprographie [R(ə)pRɔgRafi] NF (photo)copying

réprouvé, e [RepRuve] NM/F reprobate

réprouver [RepRuve] /1/ VT to reprove

reptation [Rɛptasjɔ̃] NF crawling

reptile [Rɛptil] NM reptile

repu, e [Rəpy] PP *de* **repaître** ▶ ADJ satisfied, sated

républicain, e [Repyblikɛ̃, -ɛn] ADJ, NM/F republican

république [Repyblik] NF republic; **R~ arabe du Yémen** Yemen Arab Republic; **R~ Centrafricaine** Central African Republic; **R~ de Corée** South Korea; **R~ dominicaine** Dominican Republic; **R~ d'Irlande** Irish Republic, Eire; **R~ populaire de Chine** People's Republic of China; **R~ populaire démocratique de Corée** Democratic People's Republic of Korea; **R~ populaire du Yémen** People's Democratic Republic of Yemen

répudiation [Repydjasjɔ̃] NF (*de femme*) repudiation; (*de doctrine*) renunciation

répudier [ʀepydje] /7/ VT (*femme*) to repudiate; (*doctrine*) to renounce

répugnance [ʀepyɲɑ̃s] NF repugnance, loathing; **avoir** *ou* **éprouver de la ~ pour** (*médicament, comportement, travail etc*) to have an aversion to; **avoir** *ou* **éprouver de la ~ à faire qch** to be loath *ou* reluctant to do sth

répugnant, e [ʀepyɲɑ̃, -ɑ̃t] ADJ repulsive, loathsome

répugner [ʀepyɲe] /1/: **~ à** *vt*: **~ à qn** to repel *ou* disgust sb; **~ à faire** to be loath *ou* reluctant to do

répulsion [ʀepylsjɔ̃] NF repulsion

réputation [ʀepytasjɔ̃] NF reputation; **avoir la ~ d'être …** to have a reputation for being …; **connaître qn/qch de ~** to know sb/sth by reputation; **de ~ mondiale** world-renowned

réputé, e [ʀepyte] ADJ renowned; **être ~ pour** to have a reputation for, be renowned for

requérir [ʀəkeʀiʀ] /21/ VT (*nécessiter*) to require, call for; (*au nom de la loi*) to call upon; (*Jur: peine*) to call for, demand

requête [ʀəkɛt] NF request, petition; (*Jur*) petition

requiem [ʀekɥijɛm] NM requiem

requiers *etc* [ʀəkjɛʀ] VB *voir* **requérir**

requin [ʀəkɛ̃] NM shark

requinquer [ʀ(ə)kɛ̃ke] /1/ VT to perk up, pep up

requis, e [ʀəki, -iz] PP *de* **requérir** ▶ ADJ required

réquisition [ʀekizisjɔ̃] NF requisition

réquisitionner [ʀekizisjɔne] /1/ VT to requisition

réquisitoire [ʀekizitwaʀ] NM (*Jur*) closing speech for the prosecution; **~ contre** (*fig*) indictment of

RER SIGLE M (= *Réseau express régional*) *Greater Paris high-speed train service*

rescapé, e [ʀɛskape] NM/F survivor

rescousse [ʀɛskus] NF: **aller à la ~ de qn** to go to sb's aid *ou* rescue; **appeler qn à la ~** to call on sb for help

réseau, x [ʀezo] NM network; **~ social** social network

réseautage [ʀezotaʒ] NM social networking

réséda [ʀezeda] NM (*Bot*) reseda, mignonette

réservation [ʀezɛʀvasjɔ̃] NF reservation; booking

réserve [ʀezɛʀv] NF (*retenue*) reserve; (*entrepôt*) storeroom; (*restriction, aussi: d'Indiens*) reservation; (*de pêche, chasse*) preserve; (*restrictions*): **faire des réserves** to have reservations; **officier de ~** reserve officer; **sous toutes réserves** with all reserve; (*dire*) with reservations; **sous ~ de** subject to; **sans ~** *adv* unreservedly; **en ~** in reserve; **de ~** (*provisions etc*) in reserve

réservé, e [ʀezɛʀve] ADJ (*discret*) reserved; (*chasse, pêche*) private; **~ à** *ou* **pour** reserved for

réserver [ʀezɛʀve] /1/ VT (*gén*) to reserve; (*chambre, billet etc*) to book, reserve; (*mettre de côté, garder*): **~ qch pour** *ou* **à** to keep *ou* save sth for; **~ qch à qn** to reserve *ou* book sth for sb; (*fig: destiner*) to have sth in store for sb; **se ~ le droit de faire** to reserve the right to do

réserviste [ʀezɛʀvist] NMF reservist

réservoir [ʀezɛʀvwaʀ] NM tank

résidence [ʀezidɑ̃s] NF residence; **~ principale/secondaire** main/second home; **~ universitaire** hall of residence (BRIT), dormitory (US); **(en) ~ surveillée** (under) house arrest

résident, e [ʀezidɑ̃, -ɑ̃t] NM/F (*ressortissant*) foreign resident; (*d'un immeuble*) resident ▶ ADJ (*Inform*) resident

résidentiel, le [ʀezidɑ̃sjɛl] ADJ residential

résider [ʀezide] /1/ VI: **~ à** *ou* **dans** *ou* **en** to reside in; **~ dans** (*fig*) to lie in

résidu [ʀezidy] NM residue *no pl*

résiduel, le [ʀezidɥɛl] ADJ residual

résignation [ʀeziɲasjɔ̃] NF resignation

résigné, e [ʀeziɲe] ADJ resigned

résigner [ʀeziɲe] /1/ VT to relinquish, resign ■ **se résigner** VPR: **se ~ (à qch/à faire)** to resign o.s. (to sth/to doing)

résiliable [ʀeziljabl] ADJ which can be terminated

résiliation [ʀeziljasjɔ̃] NF (*de contrat, abonnement*) termination

résilier [ʀezilje] /7/ VT to terminate

résille [ʀezij] NF (hair)net

résine [ʀezin] NF resin

résiné, e [ʀezine] ADJ: **vin ~** retsina

résineux, -euse [ʀezinø, -øz] ADJ resinous ▶ NM coniferous tree

résistance [ʀezistɑ̃s] NF resistance; (*de réchaud, bouilloire: fil*) element

résistant, e [ʀezistɑ̃, -ɑ̃t] ADJ (*personne*) robust, tough; (*matériau*) strong, hard-wearing ▶ NM/F (*patriote*) Resistance worker *ou* fighter

résister [ʀeziste] /1/ VI to resist; **~ à** *vt* (*assaut, tentation*) to resist; (*effort, souffrance*) to withstand; (*matériau, plante*) to withstand, stand up to; (*personne: désobéir à*) to stand up to, oppose

résolu, e [ʀezɔly] PP *de* **résoudre** ▶ ADJ (*ferme*) resolute; **être ~ à qch/faire** to be set upon sth/doing

résolument [ʀezɔlymɑ̃] ADV resolutely, steadfastly; **~ contre qch** firmly against sth

résolution [ʀezɔlysjɔ̃] NF solving; (*fermeté, décision, Inform*) resolution; (*d'un problème*) solution; **prendre la ~ de** to make a resolution to

résolvais *etc* [ʀezɔlvɛ] VB *voir* **résoudre**

résonance [ʀezɔnɑ̃s] NF resonance

résonner [ʀezɔne] /1/ VI (*cloche, pas*) to reverberate, resound; (*salle*) to be resonant; **~ de** to resound with

résorber [ʀezɔʀbe] /1/ VT (*chômage, déficit*) to reduce ■ **se résorber** VPR (*Méd*) to be resorbed; (*fig: chômage, déficit*) to be brought down

résorption [ʀezɔʀpsjɔ̃] NF (*de chômage, déficit*) reduction

résoudre [ʀezudʀ] /51/ VT to solve; **~ qn à faire qch** to get sb to make up his (*ou* her) mind to do sth; **~ de faire** to resolve to do; **se ~ à faire** to bring o.s. to do

respect [ʀɛspɛ] NM respect; **tenir en ~** to keep at bay; **présenter ses respects à qn** to pay one's respects to sb

respectabilité [ʀɛspɛktabilite] NF respectability

respectable [ʀɛspɛktabl] ADJ respectable

r

★**respecter** [ʀɛspɛkte] /1/ VT to respect; **faire ~** to enforce ■ **se respecter** VPR to respect o.s.; **le lexicographe qui se respecte** (*fig*) any self-respecting lexicographer

respectif, -ive [ʀɛspɛktif, -iv] ADJ respective

respectivement [ʀɛspɛktivmɑ̃] ADV respectively

respectueusement [ʀɛspɛktɥøzmɑ̃] ADV respectfully

respectueux, -euse [ʀɛspɛktɥø, -øz] ADJ respectful; **~ de** respectful of

respirable [ʀɛspiʀabl] ADJ: **peu ~** unbreathable

respiration [ʀɛspiʀasjɔ̃] NF breathing *no pl*; **faire une ~ complète** to breathe in and out; **retenir sa ~** to hold one's breath; **~ artificielle** artificial respiration

respiratoire [ʀɛspiʀatwaʀ] ADJ respiratory

★**respirer** [ʀɛspiʀe] /1/ VI to breathe; (*fig: se reposer*) to get one's breath, have a break; (*: être soulagé*) to breathe again ▸ VT to breathe (in), inhale; (*manifester: santé, calme etc*) to exude

resplendir [ʀɛsplɑ̃diʀ] /2/ VI to shine; (*fig*): **~ (de)** to be radiant (with)

resplendissant, e [ʀɛsplɑ̃disɑ̃, -ɑ̃t] ADJ radiant

responsabiliser [ʀɛspɔ̃sabilize] VT to give a sense of responsibility to

responsabilité [ʀɛspɔ̃sabilite] NF responsibility; (*légale*) liability; **refuser la ~ de** to deny responsibility (*ou* liability) for; **prendre ses responsabilités** to assume responsibility for one's actions; **~ civile** civil liability; **~ pénale/morale/collective** criminal/moral/collective responsibility

★**responsable** [ʀɛspɔ̃sabl] ADJ responsible; **~ de** responsible for; (*légalement: de dégâts etc*) liable for; (*chargé de*) in charge of, responsible for ▸ NMF (*personne coupable*) person responsible; (*du ravitaillement etc*) person in charge; (*de parti, syndicat*) official

resquiller [ʀɛskije] /1/ VI (*au cinéma, au stade*) to get in on the sly; (*dans le train*) to fiddle a free ride

resquilleur, -euse [ʀɛskijœʀ, -øz] NM/F (*qui n'est pas invité*) gatecrasher; (*qui ne paie pas*) fare dodger

ressac [ʀəsak] NM backwash

ressaisir [ʀ(ə)seziʀ] /2/: **se ressaisir** VPR to regain one's self-control; (*équipe sportive*) to rally

ressasser [ʀ(ə)sase] /1/ VT (*remâcher*) to keep turning over; (*redire*) to keep trotting out

ressemblance [ʀ(ə)sɑ̃blɑ̃s] NF (*visuelle*) resemblance, similarity, likeness; (*: Art*) likeness; (*analogie, trait commun*) similarity

ressemblant, e [ʀ(ə)sɑ̃blɑ̃, -ɑ̃t] ADJ (*portrait*) lifelike, true to life

★**ressembler** [ʀ(ə)sɑ̃ble] /1/: **~ à** *vt* to be like, resemble; (*visuellement*) to look like ■ **se ressembler** VPR to be (*ou* look) alike

ressemeler [ʀ(ə)səm(ə)le] /4/ VT to (re)sole

ressens *etc* [ʀ(ə)sɑ̃] VB *voir* **ressentir**

ressentiment [ʀ(ə)sɑ̃timɑ̃] NM resentment

ressentir [ʀ(ə)sɑ̃tiʀ] /16/ VT to feel; **se ~ de** to feel (*ou* show) the effects of

resserre [ʀəsɛʀ] NF shed

resserrement [ʀ(ə)sɛʀmɑ̃] NM narrowing; strengthening; (*goulet*) narrow part

resserrer [ʀ(ə)seʀe] /1/ VT (*pores*) to close; (*nœud, boulon*) to tighten (up); (*fig: liens*) to strengthen ■ **se resserrer** VPR (*route, vallée*) to narrow; (*liens*) to strengthen; **se ~ (autour de)** to draw closer (around), close in (on)

ressers *etc* [ʀ(ə)sɛʀ] VB *voir* **resservir**

resservir [ʀ(ə)sɛʀviʀ] /14/ VI to do *ou* serve again ▸ VT: **~ qch (à qn)** to serve sth up again (to sb); **~ de qch (à qn)** to serve (sb) a second helping of sth; **~ qn (d'un plat)** to give sb a second helping (of a dish) ■ **se resservir** VPR: **se ~ de** (*plat*) to take a second helping of; (*outil etc*) to use again

ressort [ʀəsɔʀ] VB *voir* **ressortir** ▸ NM (*pièce*) spring; (*force morale*) spirit; **en dernier ~** as a last resort; **être du ~ de** to fall within the competence of

ressortir [ʀəsɔʀtiʀ] /16/ VI to go (*ou* come) out (again); (*contraster*) to stand out; **~ de** (*résulter de*): **il ressort de ceci que** it emerges from this that; **~ à** (*Jur*) to come under the jurisdiction of; (*Admin*) to be the concern of; **faire ~** (*fig: souligner*) to bring out

ressortissant, e [ʀ(ə)sɔʀtisɑ̃, -ɑ̃t] NM/F national

ressouder [ʀ(ə)sude] /1/ VT to solder together again

ressource [ʀ(ə)suʀs] NF: **avoir la ~ de** to have the possibility of; **leur seule ~ était de** the only course open to them was to ■ **ressources** NFPL resources; (*fig*) possibilities; **ressources d'énergie** energy resources

ressourcer [ʀ(ə)suʀse]: **se ressourcer** VPR (*se régénérer*) to recharge one's batteries

ressurgir [ʀ(ə)syʀʒiʀ] VI = **resurgir**

ressusciter [ʀesysite] /1/ VT to resuscitate, restore to life; (*fig*) to revive, bring back ▸ VI to rise (from the dead); (*fig: pays*) to come back to life

restant, e [ʀɛstɑ̃, -ɑ̃t] ADJ remaining ▸ NM: **le ~ (de)** the remainder (of); **un ~ de** (*de trop*) some leftover; (*fig*) a remnant *ou* last trace of

restau [ʀɛsto] NM (*fam*) restaurant

★**restaurant** [ʀɛstɔʀɑ̃] NM restaurant; **manger au ~** to eat out; **~ d'entreprise** staff canteen *ou* cafeteria (*US*); **~ universitaire** university refectory *ou* cafeteria (*US*)

restaurateur, -trice [ʀɛstɔʀatœʀ, -tʀis] NM/F restaurant owner, restaurateur; (*de tableaux*) restorer

restauration [ʀɛstɔʀasjɔ̃] NF restoration; (*hôtellerie*) catering; **~ rapide** fast food

restaurer [ʀɛstɔʀe] /1/ VT to restore ■ **se restaurer** VPR to have something to eat

restauroute [ʀɛstɔʀut] NM = **restoroute**

★**reste** [ʀɛst] NM (*Math*) remainder; (*restant*): **le ~ (de)** the rest (of); (*de trop*): **un ~ (de)** some leftover; (*vestige*): **un ~ de** a remnant *ou* last trace of; **avoir du temps de ~** to have time to spare; **ne voulant pas être en ~** not wishing to be outdone; **partir sans attendre** *ou* **demander son ~** (*fig*) to leave without waiting to hear more; **du ~, au ~** *adv* besides, moreover; **pour le ~, quant au ~** *adv* as for the rest ■ **restes** NMPL leftovers; (*d'une cité etc, dépouille mortelle*) remains

★**rester** [ʀɛste] /1/ VI (*dans un lieu, un état, une position*) to stay, remain; (*subsister*) to remain, be left; (*durer*)

to last, live on; **en ~ à** (*stade, menaces*) to go no further than, only go as far as; **restons-en là** let's leave it at that; **~ sur une impression** to retain an impression; **il a failli y ~** he nearly met his end ▸ VB IMPERS: **il reste du pain/deux œufs** there's some bread/there are two eggs left (over); **il reste du temps/10 minutes** there's some time/there are 10 minutes left; **il me reste assez de temps** I have enough time left; **il ne me reste plus qu'à …** I've just got to …; **voilà tout ce qui (me) reste** that's all I've got left; **ce qui reste à faire** what remains to be done; **ce qui me reste à faire** what remains for me to do; **(il) reste à savoir/établir si …** it remains to be seen/established if *ou* whether …; **il n'en reste pas moins que …** the fact remains that …, it's nevertheless a fact that …

rester does not mean *to rest*.

restituer [rɛstitɥe] /1/ VT (*objet, somme*): **~ qch (à qn)** to return *ou* restore sth (to sb); (*énergie*) to release; (*son*) to reproduce

restitution [rɛstitysjɔ̃] NF restoration

resto [rɛsto] NM (*fam*) restaurant

restoroute [rɛstɔrut] NM motorway (BRIT) *ou* highway (*US*) restaurant

restreindre [rɛstrɛ̃dr] /52/ VT to restrict, limit ■ **se restreindre** VPR (*dans ses dépenses etc*) to cut down; (*champ de recherches*) to narrow

restreint, e [rɛstrɛ̃, -ɛ̃t] PP *de* **restreindre** ▸ ADJ restricted, limited

restrictif, -ive [rɛstriktif, -iv] ADJ restrictive, limiting

restriction [rɛstriksjɔ̃] NF restriction; (*condition*) qualification; **sans ~** *adv* unreservedly ■ **restrictions** NFPL (*rationnement*) restrictions; (*mentales*) reservations

restructuration [rəstryktyrasjɔ̃] NF restructuring

restructurer [rəstryktyre] /1/ VT to restructure

résultante [rezyltɑ̃t] NF (*conséquence*) result, consequence

résultat [rezylta] NM result; (*conséquence*) outcome *no pl*, result; (*d'élection etc*) results *pl* ■ **résultats** NMPL (*d'une enquête*) findings; **résultats sportifs** sports results

résulter [rezylte] /1/: **~ de** *vt* to result from, be the result of; **il résulte de ceci que …** the result of this is that …

résumé [rezyme] NM summary, résumé; **faire le ~ de** to summarize; **en ~** *adv* in brief; (*pour conclure*) to sum up

résumer [rezyme] /1/ VT (*texte*) to summarize; (*récapituler*) to sum up; (*fig*) to epitomize, typify ■ **se résumer** VPR (*personne*) to sum up (one's ideas); **se ~ à** to come down to

résurgence [rezyrʒɑ̃s] NF resurgence

resurgir [r(ə)syrʒir] /2/ VI to reappear, re-emerge

résurrection [rezyrɛksjɔ̃] NF resurrection; (*fig*) revival

rétablir [retablir] /2/ VT to restore, re-establish; (*personne: traitement*): **~ qn** to restore sb to health, help sb recover; (*Admin*): **~ qn dans son emploi/ses droits** to reinstate sb in his (*ou* her) post/restore sb's rights ■ **se rétablir** VPR (*guérir*) to recover; (*silence, calme*) to return, be restored; (*Gym etc*): **se ~ (sur)** to pull o.s. up (onto)

rétablissement [retablismɑ̃] NM restoring; (*guérison*) recovery; (*Gym*) pull-up

rétamer [retame] /1/ VT to re-coat ■ **se rétamer** VPR (*fam: tomber*) to take a tumble (*fam*), come a cropper (BRIT *fam*)

rétameur [retamœr] NM tinker

retaper [r(ə)tape] /1/ VT (*maison, voiture etc*) to do up; (*fam: revigorer*) to buck up; (*redactylographier*) to retype

★**retard** [r(ə)tar] NM (*d'une personne attendue*) lateness *no pl*; (*sur l'horaire, un programme, une échéance*) delay; (*fig*: !: *scolaire, mental etc*) learning difficulty; **être en ~** (*pays*) to be backward; (*dans paiement, travail*) to be behind; **en ~ (de deux heures)** (two hours) late; **désolé d'être en ~** sorry I'm late; **avoir un ~ de deux km** (*Sport*) to be two km behind; **rattraper son ~** to catch up; **avoir du ~** to be late; (*sur un programme*) to be behind (schedule); **prendre du ~** (*train, avion*) to be delayed; (*montre*) to lose (time); **sans ~** *adv* without delay; **~ à l'allumage** (*Auto*) retarded spark; **~ scolaire** learning difficulty

retardataire [r(ə)tardatɛr] ADJ late; (*idées*) backward (*péj*) ▸ NMF latecomer; child with a learning difficulty

retardé, e [r(ə)tarde] ADJ backward

retardement [r(ə)tardəmɑ̃]: **à ~** *adj* delayed action *cpd*; **bombe à ~** time bomb

retarder [r(ə)tarde] /1/ VT to delay; (*horloge*) to put back; (*sur un horaire*): **~ qn (d'une heure)** to delay sb (an hour); (*sur un programme*): **~ qn (de trois mois)** to set sb back *ou* delay sb (three months); (*départ, date*): **~ qch (de deux jours)** to put sth back (two days), delay sth (for *ou* by two days) ▸ VI (*montre*) to be slow; (: *habituellement*) to lose (time); **je retarde (d'une heure)** I'm (an hour) slow

retendre [r(ə)tɑ̃dr] /41/ VT (*câble etc*) to stretch again; (*Mus: cordes*) to retighten

retenir [rət(ə)nir] /22/ VT (*garder, retarder*) to keep, detain; (*maintenir: objet qui glisse, fig: colère, larmes, rire*) to hold back; (: *objet suspendu*) to hold; (: *chaleur, odeur*) to retain; (*se rappeler*) to retain; (*réserver*) to reserve; (*accepter*) to accept; (*fig: empêcher d'agir*): **~ qn (de faire)** to hold sb back (from doing); (*prélever*): **~ qch (sur)** to deduct sth (from) ■ **se retenir** VPR (*euphémisme*) to hold on; (*se raccrocher*): **se ~ à** to hold onto; (*se contenir*): **se ~ de faire** to restrain o.s. from doing

rétention [retɑ̃sjɔ̃] NF: **~ d'urine** urine retention

retentir [r(ə)tɑ̃tir] /2/ VI to ring out; (*salle*): **~ de** to ring *ou* resound with; **~ sur** *vt* (*fig*) to have an effect upon

retentissant, e [r(ə)tɑ̃tisɑ̃, -ɑ̃t] ADJ resounding; (*fig*) impact-making

retentissement [r(ə)tɑ̃tismɑ̃] NM (*retombées*) repercussions *pl*; effect, impact

retenu, e [rət(ə)ny] PP *de* **retenir** ▸ ADJ (*place*) reserved; (*personne: empêché*) held up; (*propos: contenu, discret*) restrained ▸ NF (*prélèvement*) deduction; (*Math*) number to carry over; (*Scol*) detention; (*modération*) (self-)restraint; (*réserve*) reserve, reticence; (*Auto*) tailback

r

réticence [ʀetisɑ̃s] NF reticence *no pl*, reluctance *no pl*; **sans ~** without hesitation

réticent, e [ʀetisɑ̃, -ɑ̃t] ADJ reticent, reluctant

retiendrai [ʀətjɛ̃dʀe], **retiens** *etc* [ʀətjɛ̃] VB *voir* **retenir**

rétif, -ive [ʀetif, -iv] ADJ restive

rétine [ʀetin] NF retina

retint *etc* [ʀətɛ̃] VB *voir* **retenir**

retiré, e [ʀ(ə)tiʀe] ADJ (*solitaire*) secluded; (*éloigné*) remote

★**retirer** [ʀ(ə)tiʀe] /1/ VT (*argent, plainte*) to withdraw; (*vêtement*) to take off, remove; (*reprendre: billets*) to collect, pick up; (*enlever*): **~ qch à qn** to take sth from sb; (*extraire*): **~ qn/qch de** to take sb away from/sth out of, remove sb/sth from; **~ des avantages de** to derive advantages from ■ **se retirer** VPR (*partir, reculer*) to withdraw; (*prendre sa retraite*) to retire; **se ~ de** to withdraw from; to retire from

retombées [ʀətɔ̃be] NFPL (*radioactives*) fallout *sg*; (*fig*) fallout; spin-offs

retomber [ʀ(ə)tɔ̃be] /1/ VI (*à nouveau*) to fall again; (*atterrir: après un saut etc*) to land; (*tomber, redescendre*) to fall back; (*pendre*) to fall, hang (down); (*rechuter*): **~ malade** to fall ill again; (*échoir*): **~ sur qn** to fall on sb

retoquer [ʀ(ə)tɔke] /1/ VT to reject; **se faire ~** (*à un examen*) to fail; (*à un poste*) to be turned down

retordre [ʀ(ə)tɔʀdʀ] /41/ VT: **donner du fil à ~ à qn** to make life difficult for sb

rétorquer [ʀetɔʀke] /1/ VT: **~ (à qn) que** to retort (to sb) that

retors, e [ʀətɔʀ, -ɔʀs] ADJ wily

rétorsion [ʀetɔʀsjɔ̃] NF: **mesures de ~** reprisals

retouche [ʀ(ə)tuʃ] NF touching up *no pl*; (*sur vêtement*) alteration; **faire une ~** *ou* **des retouches à** to touch up

retoucher [ʀ(ə)tuʃe] /1/ VT (*photographie, tableau*) to touch up; (*texte, vêtement*) to alter

★**retour** [ʀ(ə)tuʀ] NM return; **au ~** (*en arrivant*) when we (*ou* they *etc*) get (*ou* got) back; (*en route*) on the way back; **pendant le ~** on the way *ou* journey back; **à mon/ton ~** on my/your return; **au ~ de** on the return of; **être de ~ (de)** to be back (from); **de ~ à .../chez moi** back at .../back home; **quand serons-nous de ~ ?** when do we get back?; **en ~** *adv* in return; **par ~ du courrier** by return of post; **par un juste ~ des choses** by a favourable twist of fate; **match ~** return match; **~ en arrière** (*Ciné*) flashback; (*mesure*) backward step; **~ de bâton** kickback; **~ de chariot** carriage return; **~ à l'envoyeur** (*Postes*) return to sender; **~ de flamme** backfire; **~ (automatique) à la ligne** (*Inform*) wordwrap; **~ de manivelle** (*fig*) backfire; **~ offensif** renewed attack; **~ aux sources** (*fig*) return to basics

retournement [ʀ(ə)tuʀnəmɑ̃] NM (*d'une personne: revirement*) turning (round); **~ de la situation** reversal of the situation

★**retourner** [ʀ(ə)tuʀne] /1/ VT (*dans l'autre sens: matelas, crêpe*) to turn (over); (*: caisse*) to turn upside down; (*: sac, vêtement*) to turn inside out; (*fig: argument*) to turn back; (*en remuant: terre, sol, foin*) to turn over; (*émouvoir: personne*) to shake; (*renvoyer, restituer*): **~ qch à qn** to return sth to sb; **~ sa veste** (*fig*) to change sides ▸ VI (*aller, revenir*): **~ quelque part/à** to go back *ou* return somewhere/to; **~ à** (*état, activité*) to return to, go back to; **savoir de quoi il retourne** to know what it is all about; **~ en arrière** *ou* **sur ses pas** to turn back, retrace one's steps; **~ aux sources** to go back to basics ■ **se retourner** VPR to turn over; (*tourner la tête*) to turn round; **s'en ~** to go back; **se ~ contre** (*fig*) to turn against

retracer [ʀ(ə)tʀase] /3/ VT to relate, recount

rétractable [ʀetʀaktabl] ADJ (*poignée, toit*) retractable

rétracter [ʀetʀakte] /1/ VT to retract ■ **se rétracter** VPR to retract

retraduire [ʀ(ə)tʀadɥiʀ] /38/ VT to translate again; (*dans la langue de départ*) to translate back

retrait [ʀ(ə)tʀɛ] NM (*d'argent*) withdrawal; collection; (*rétrécissement*) shrinkage; **en ~** *adj* set back; **écrire en ~** to indent; **~ du permis (de conduire)** disqualification from driving (BRIT), revocation of driver's license (US)

★**retraite** [ʀ(ə)tʀɛt] NF (*d'une armée, Rel, refuge*) retreat; (*d'un employé*) retirement; (*revenu*) (retirement) pension; **être/mettre à la ~** to be retired/pension off *ou* retire; **prendre sa ~** to retire; **~ anticipée** early retirement; **~ aux flambeaux** torchlight tattoo

retraité, e [ʀ(ə)tʀete] ADJ retired ▸ NM/F (old age) pensioner

retraitement [ʀ(ə)tʀɛtmɑ̃] NM reprocessing

retraiter [ʀ(ə)tʀete] /1/ VT to reprocess

retranchement [ʀ(ə)tʀɑ̃ʃmɑ̃] NM entrenchment; **pousser qn dans ses derniers retranchements** to drive sb into a corner

retrancher [ʀ(ə)tʀɑ̃ʃe] /1/ VT (*passage, détails*) to take out, remove; (*couper*) to cut off; **~ qch de** (*nombre, somme*) to take *ou* deduct sth from; **se ~ derrière/dans** to entrench o.s. behind/in; (*fig*) to take refuge behind/in

retranscription [ʀ(ə)tʀɑ̃skʀipsjɔ̃] NF (*d'entretien, débat*) retranscription

retranscrire [ʀ(ə)tʀɑ̃skʀiʀ] /39/ VT to retranscribe

retransmettre [ʀ(ə)tʀɑ̃smɛtʀ] /56/ VT (*Radio*) to broadcast, relay; (*TV*) to show

retransmission [ʀ(ə)tʀɑ̃smisjɔ̃] NF broadcast; showing

retravailler [ʀ(ə)tʀavaje] /1/ VI to start work again ▸ VT to work on again

retraverser [ʀ(ə)tʀavɛʀse] /1/ VT (*dans l'autre sens*) to cross back over

rétréci, e [ʀetʀesi] ADJ (*idées, esprit*) narrow

rétrécir [ʀetʀesiʀ] /2/ VT (*vêtement*) to take in ▸ VI to shrink ■ **se rétrécir** VPR (*route, vallée*) to narrow

rétrécissement [ʀetʀesismɑ̃] NM narrowing

retremper [ʀ(ə)tʀɑ̃pe] /1/: **se retremper** VPR: **se ~ dans** (*fig*) to reimmerse o.s. in

rétribuer [ʀetʀibɥe] /1/ VT (*travail*) to pay for; (*personne*) to pay

rétribution [ʀetʀibysjɔ̃] NF payment

rétro [ʀetʀo] ADJ old-style; **la mode ~** vintage *ou* retro fashion ▸ NM (*rétroviseur*) (rear-view) mirror

rétroactif, -ive [ʀetʀɔaktif, -iv] ADJ retroactive

rétroactivement [ʀetʀoaktivmɑ̃] ADV retroactively

rétroactivité [retroaktivite] NF retroactivity
rétrocéder [retrɔsede] /6/ VT to retrocede
rétrocession [retrɔsesjɔ̃] NF retrocession
rétroéclairage [retroeklɛraʒ] NM (*Tech*) backlighting
rétroéclairé, e [retroeklere] ADJ (*Tech*) back-lit
rétrofusée [retrɔfyze] NF retrorocket
rétrogradation [retrɔgradasjɔ̃] NF (*aussi Sport*) demotion
rétrograde [retrɔgrad] ADJ reactionary, backward-looking
rétrograder [retrɔgrade] /1/ VI (*Auto*) to change down; (*au classement*): **~ à la cinquième place** to slip back to fifth place
rétroprojecteur [retroprɔʒɛktœr] NM overhead projector
rétrospectif, -ive [retrɔspɛktif, -iv] ADJ retrospective ▸ NF (*Art*) retrospective; (*Ciné*) season, retrospective
rétrospectivement [retrɔspɛktivmɑ̃] ADV in retrospect
retroussé, e [r(ə)truse] ADJ: **nez ~** turned-up nose
retrousser [r(ə)truse] /1/ VT to roll up; (*fig: nez*) to wrinkle; (*: lèvres*) to curl ■ **se retrousser** VPR: **se ~ les manches** (*fig*) to roll up one's sleeves
retrouvailles [r(ə)truvɑj] NFPL reunion *sg*
★**retrouver** [r(ə)truve] /1/ VT (*fugitif, objet perdu*) to find; (*occasion*) to find again; (*calme, santé*) to regain; (*reconnaître: expression, style*) to recognize; (*revoir*) to see again; (*rejoindre*) to meet (again), join ■ **se retrouver** VPR to meet; (*s'orienter*) to find one's way; **se ~ quelque part** to find o.s. somewhere; to end up somewhere; **se ~ seul/sans argent** to find o.s. alone/with no money; **se ~ dans** (*calculs, dossiers, désordre*) to make sense of; **s'y ~** (*y voir clair*) to make sense of it; (*rentrer dans ses frais*) to break even
rétroviral, e, -aux [retroviral, -o] ADJ retroviral
rétrovirus [retrovirys] NM retrovirus
rétroviseur [retrɔvizœr] NM (rear-view) mirror
retweet [rətwit] NM (*Inform: Twitter*) retweet
retweeter [rətwite] /1/ VT (*Inform: Twitter*) to retweet
réunifier [reynifje] /7/ VT to reunify
Réunion [reynjɔ̃] NF: **la ~, l'île de la ~** Réunion
réunion [reynjɔ̃] NF bringing together; joining; (*séance*) meeting
réunionite, réunionnite [reynjɔnit] NF mania for meetings, meetingitis (*fam*)
réunionnais, e [reynjɔnɛ, -ɛz] ADJ of *ou* from Réunion
réunir [reynir] /2/ VT (*convoquer*) to call together; (*rassembler*) to gather together; (*inviter: amis, famille*) to have round, have in; (*cumuler: qualités etc*) to combine; (*rapprocher: ennemis*) to bring together (again), reunite; (*rattacher: parties*) to join (together) ■ **se réunir** VPR (*se rencontrer*) to meet; (*s'allier*) to unite
réussi, e [reysi] ADJ successful
réussir [reysir] /2/ VI to succeed, be successful; (*à un examen*) to pass; (*plante, culture*) to thrive, do well; **~ à faire** to succeed in doing; **~ à qn** to go right for sb; (*être bénéfique à*) to agree with sb; **le travail/le mariage lui réussit** work/married life agrees with him ▸ VT to make a success of; to bring off
réussite [reysit] NF success; (*Cartes*) patience
réutilisable [reytilizabl] ADJ reusable
réutilisation [reytilizasjɔ̃] NF reuse
réutiliser [reytilize] /1/ VT to re-use
revaloir [r(ə)valwar] /29/ VT: **je vous revaudrai cela** I'll repay you some day; (*en mal*) I'll pay you back for this
revalorisation [r(ə)valɔrizasjɔ̃] NF revaluation; raising
revaloriser [r(ə)valɔrize] /1/ VT (*monnaie*) to revalue; (*salaires, pensions*) to raise the level of; (*institution, tradition*) to reassert the value of
revanchard, e [r(ə)vɑ̃ʃar, -ard] ADJ vengeful
revanche [r(ə)vɑ̃ʃ] NF revenge; (*sport*) revenge match; **prendre sa ~ (sur)** to take one's revenge (on); **en ~** (*par contre*) on the other hand; (*en compensation*) in return
rêvasser [rɛvase] /1/ VI to daydream
rêve [rɛv] NM dream; (*activité psychique*): **le ~** dreaming; **de ~** dream *cpd*; **faire un ~** to have a dream; **~ éveillé** daydreaming *no pl*, daydream
rêvé, e [reve] ADJ (*endroit, mari etc*) ideal
revêche [rəvɛʃ] ADJ surly, sour-tempered
réveil [revɛj] NM (*d'un dormeur*) waking up *no pl*; (*fig*) awakening; (*pendule*) alarm (clock); **au ~** when I (*ou* you *etc*) wake (*ou* woke) up, on waking (up); **sonner le ~** (*Mil*) to sound the reveille
réveille-matin [revɛjmatɛ̃] NM INV alarm clock
réveiller [reveje] /1/ VT (*personne*) to wake up; (*fig*) to awaken, revive ■ **se réveiller** VPR to wake up; (*fig*) to be revived, reawaken
réveillon [revɛjɔ̃] NM Christmas Eve; (*de la Saint-Sylvestre*) New Year's Eve; Christmas Eve (*ou* New Year's Eve) party *ou* dinner
réveillonner [revɛjɔne] /1/ VI to celebrate Christmas Eve (*ou* New Year's Eve)
révélateur, -trice [revelatœr, -tris] ADJ: **~ (de qch)** revealing (sth) ▸ NM (*Photo*) developer
révélation [revelasjɔ̃] NF revelation
révéler [revele] /6/ VT (*gén*) to reveal; (*divulguer*) to disclose, reveal; (*dénoter*) to reveal, show; (*faire connaître au public*): **~ qn/qch** to make sb/sth widely known, bring sb/sth to the public's notice ■ **se révéler** VPR to be revealed, reveal itself; **se ~ facile/faux** to prove (to be) easy/false; **se ~ cruel/un allié sûr** to show o.s. to be cruel/a trustworthy ally
revenant, e [r(ə)vənɑ̃, -ɑ̃t] NM/F ghost
revendeur, -euse [r(ə)vɑ̃dœr, -øz] NM/F (*détaillant*) retailer; (*d'occasions*) secondhand dealer; (*de drogue*) (drug-)dealer
revendicatif, -ive [r(ə)vɑ̃dikatif, -iv] ADJ (*mouvement*) protest *cpd*
revendication [r(ə)vɑ̃dikasjɔ̃] NF claim, demand; **journée de ~** day of action (in support of one's claims)
revendiquer [r(ə)vɑ̃dike] /1/ VT to claim, demand; (*responsabilité*) to claim ▸ VI to agitate in favour of one's claims

r

revendre [R(ə)vɑ̃dR] /**41**/ VT (*d'occasion*) to resell; (*détailler*) to sell; (*vendre davantage de*): **~ du sucre/un foulard/deux bagues** to sell more sugar/another scarf/another two rings; **à ~** *adv* (*en abondance*) to spare

★**revenir** [Rəv(ə)niR] /**22**/ VI to come back; **faire ~** (*Culin*) to brown; **~ cher/à 100 euros (à qn)** to cost (sb) a lot/100 euros; **~ à** (*reprendre: études, projet*) to return to, go back to; (*équivaloir à*) to amount to; **~ à qn** (*rumeur, nouvelle*) to get back to sb, reach sb's ears; (*part, honneur*) to go to sb, be sb's; (*souvenir, nom*) to come back to sb; **~ de** (*fig: maladie, étonnement*) to recover from; **~ sur** (*question, sujet*) to go back over; (*engagement*) to go back on; **~ à la charge** to return to the attack; **~ à soi** to come round; **je n'en reviens pas** I can't get over it; **~ sur ses pas** to retrace one's steps; **cela revient à dire que/au même** it amounts to saying that/to the same thing; **~ de loin** (*fig*) to have been at death's door

revente [R(ə)vɑ̃t] NF resale

revenu, e [Rəv(ə)ny] PP *de* **revenir** ▸ NM income; (*de l'État*) revenue; (*d'un capital*) yield; **~ national brut** gross national income ■ **revenus** NMPL income *sg*

rêver [Reve] /**1**/ VI, VT to dream; (*rêvasser*) to (day) dream; **~ de** (*voir en rêve*) to dream of *ou* about; **~ de qch/de faire** to dream of sth/of doing; **~ à** to dream of

réverbération [ReveRbeRasjɔ̃] NF reflection

réverbère [ReveRbeR] NM street lamp *ou* light

réverbérer [ReveRbeRe] /**6**/ VT to reflect

reverdir [R(ə)veRdiR] /**2**/ VI (*arbre etc*) to turn green again

révérence [ReveRɑ̃s] NF (*vénération*) reverence; (*salut: d'homme*) bow; (*: de femme*) curtsey

révérencieux, -euse [ReveRɑ̃sjø, -øz] ADJ reverent

révérend, e [ReveRɑ̃, -ɑ̃d] ADJ: **le ~ père Pascal** the Reverend Father Pascal

révérer [ReveRe] /**6**/ VT to revere

rêverie [RɛvRi] NF daydreaming *no pl*, daydream

reverrai *etc* [RəvɛRe] VB *voir* **revoir**

revers [R(ə)vɛR] NM (*de feuille, main*) back; (*d'étoffe*) wrong side; (*de pièce, médaille*) back, reverse; (*Tennis, Ping-Pong*) backhand; (*de veston*) lapel; (*de pantalon*) turn-up (BRIT), cuff (US); (*fig: échec*) setback; **~ de fortune** reverse of fortune; **d'un ~ de main** with the back of one's hand; **le ~ de la médaille** (*fig*) the other side of the coin; **prendre à ~** (*Mil*) to take from the rear

reverser [R(ə)vɛRse] /**1**/ VT (*reporter: somme etc*): **~ sur** to put back into; (*liquide*) **~ (dans)** to pour some more (into)

réversibilité [ReveRsibilite] NF reversibility

réversible [ReveRsibl] ADJ reversible

revêtement [R(ə)vɛtmɑ̃] NM (*de paroi*) facing; (*des sols*) flooring; (*de chaussée*) surface; (*de tuyau etc: enduit*) coating

revêtir [R(ə)vetiR] /**20**/ VT (*habit*) to don, put on; (*prendre: importance, apparence*) to take on; **~ qn de** to dress sb in; (*fig*) to endow *ou* invest sb with; **~ qch de** to cover sth with; (*fig*) to cloak sth in; **~ d'un visa** to append a visa to

rêveur, -euse [RɛvœR, -øz] ADJ dreamy ▸ NM/F dreamer

rêveusement [Rɛvøzmɑ̃] ADV dreamily

reviendrai *etc* [Rəvjɛ̃dRe] VB *voir* **revenir**

revienne *etc* [Rəvjɛn] VB *voir* **revenir**

revient [Rəvjɛ̃] VB *voir* **revenir** ▸ NM: **prix de ~** cost price

revigorant, e [R(ə)vigɔRɑ̃, -ɑ̃t] ADJ (*climat, bain*) invigorating; (*intellectuellement*) refreshing

revigorer [R(ə)vigɔRe] /**1**/ VT (*air frais*) to invigorate, refresh; (*repas, boisson*) to revive, buck up

revint *etc* [Rəvɛ̃] VB *voir* **revenir**

revirement [R(ə)viRmɑ̃] NM change of mind; (*d'une situation*) reversal

revis *etc* [Rəvi] VB *voir* **revoir**

révisable [Revizabl] ADJ (*procès, taux etc*) reviewable, subject to review

réviser [Revize] /**1**/ VT (*texte, Scol: matière*) to revise; (*comptes*) to audit; (*machine, installation, moteur*) to overhaul, service; (*Jur: procès*) to review

révision [Revizjɔ̃] NF revision; auditing *no pl*; (*de voiture*) overhaul, servicing *no pl*; review; **conseil de ~** (*Mil*) recruiting board; **faire ses révisions** (*Scol*) to do one's revision (BRIT), revise (BRIT), review (US); **la ~ des 10 000 km** (*Auto*) the 10,000 km service

révisionnisme [Revizjɔnism] NM revisionism

révisionniste [Revizjɔnist] ADJ, NMF revisionist

revisiter [R(ə)vizite] VT (*œuvre, auteur*) to revisit

revisser [R(ə)vise] /**1**/ VT to screw back again

revit [Rəvi] VB *voir* **revoir**

revitalisant, e [R(ə)vitalizɑ̃, -ɑ̃t] ADJ (*effet, crème*) revitalizing ▸ NM (*cosmétique*) revitalizer

revitalisation [R(ə)vitalizasjɔ̃] NF revitalization

revitaliser [R(ə)vitalize] /**1**/ VT to revitalize

revivifier [R(ə)vivifje] /**7**/ VT to revitalize

revivre [R(ə)vivR] /**46**/ VI (*reprendre des forces*) to come alive again; (*traditions*) to be revived; **faire ~** (*mode, institution, usage*) to bring back to life ▸ VT (*épreuve, moment*) to relive

révocable [Revɔkabl] ADJ (*délégué*) dismissible; (*contrat*) revocable

révocation [Revɔkasjɔ̃] NF dismissal; revocation

★**revoir** [R(ə)vwaR] /**30**/ VT to see again; (*réviser*) to revise (BRIT), review (US) ▸ NM: **au ~** goodbye; **dire au ~ à qn** to say goodbye to sb ■ **se revoir** VPR (*amis*) to meet (again), see each other again

révoltant, e [Revɔltɑ̃, -ɑ̃t] ADJ revolting, appalling

révolte [Revɔlt] NF rebellion, revolt

révolter [Revɔlte] /**1**/ VT to revolt, outrage ■ **se révolter** VPR: **se ~ (contre)** to rebel (against); **se ~ (à)** to be outraged (by)

révolu, e [Revɔly] ADJ past; (*Admin*): **âgé de 18 ans révolus** over 18 years of age; **après trois ans révolus** when three full years have passed

révolution [Revɔlysjɔ̃] NF revolution; **être en ~** (*pays etc*) to be in revolt; **la ~ industrielle** the industrial revolution

révolutionnaire [RevɔlysjɔnɛR] ADJ, NMF revolutionary

révolutionner [Revɔlysjɔne] /**1**/ VT to revolutionize; (*fig*) to stir up

revolver [RevɔlvɛR] NM gun; (*à barillet*) revolver

révoquer [Revɔke] /**1**/ VT (*fonctionnaire*) to dismiss, remove from office; (*arrêt, contrat*) to revoke

revoyais *etc* [ʀəvwajɛ] VB *voir* **revoir**

revu, e [ʀəvy] PP *de* **revoir** ▸ NF (*périodique*) magazine; (*inventaire*) review; (*Mil: défilé*) review, march past; (*inspection*) inspection, review; (*de music-hall*) variety show; (*pièce satirique*) revue; **passer en revue** (*troupes*) to review, inspect; (*fig: mentalement*) to review, to go through; (*Sport: défense*) to get past, beat; **revue de presse** press review

révulsé, e [ʀevylse] ADJ (*yeux*) rolled upwards; (*visage*) contorted

Reykjavik [ʀekjavik] N Reykjavik

rez-de-chaussée [ʀed(ə)ʃose] NM INV ground floor (BRIT), first floor (US)

rez-de-jardin [ʀed(ə)ʒaʀdɛ̃] NM INV garden level

RF SIGLE F = **République française**

RFA SIGLE F (= *République fédérale d'Allemagne*) FRG

RFO SIGLE F (= *Radio-Télévision Française d'Outre-mer*) *French overseas broadcasting service*

rhabiller [ʀabije] /1/: **se rhabiller** VPR to get dressed again, put one's clothes on again

rhapsodie [ʀapsɔdi] NF rhapsody

rhéostat [ʀeɔsta] NM rheostat

rhésus [ʀezys] ADJ INV, NM rhesus; **~ positif/négatif** rhesus positive/negative

rhétorique [ʀetɔʀik] NF rhetoric ▸ ADJ rhetorical

★**Rhin** [ʀɛ̃] NM: **le ~** the Rhine

rhinite [ʀinit] NF rhinitis

rhinocéros [ʀinɔseʀɔs] NM rhinoceros

rhinopharyngite [ʀinɔfaʀɛ̃ʒit] NF throat infection

rhodanien, ne [ʀɔdanjɛ̃, -ɛn] ADJ Rhône *cpd*, of *ou* from the Rhône

Rhodes [ʀɔd] N: **(l'île de) ~** Rhodes

Rhodésie [ʀɔdezi] NF (*Hist*): **la ~** Rhodesia

rhodésien, ne [ʀɔdezjɛ̃, -ɛn] ADJ (*Hist*) Rhodesian

rhododendron [ʀɔdɔdɛ̃dʀɔ̃] NM rhododendron

Rhône [ʀon] NM: **le ~** the Rhone

rhubarbe [ʀybaʀb] NF rhubarb

rhum [ʀɔm] NM rum

rhumatisant, e [ʀymatizɑ̃, -ɑ̃t] ADJ, NM/F rheumatic

rhumatismal, e, -aux [ʀymatismal, -o] ADJ rheumatic

rhumatisme [ʀymatism] NM rheumatism *no pl*

rhumatologie [ʀymatɔlɔʒi] NF rheumatology

rhumatologue [ʀymatɔlɔg] NMF rheumatologist

★**rhume** [ʀym] NM cold; **~ de cerveau** head cold; **le ~ des foins** hay fever

rhumerie [ʀɔmʀi] NF (*distillerie*) rum distillery

RI SIGLE M (*Mil*) = **régiment d'infanterie**

ri [ʀi] PP *de* **rire**

riant, e [ʀjɑ̃, -ɑ̃t] VB *voir* **rire** ▸ ADJ smiling, cheerful; (*campagne, paysage*) pleasant

RIB SIGLE M = **relevé d'identité bancaire**

ribambelle [ʀibɑ̃bɛl] NF: **une ~ de** a herd *ou* swarm of

ricain, e [ʀikɛ̃, -ɛn] ADJ (*fam*) Yank, Yankee

ricanement [ʀikanmɑ̃] NM snigger; giggle

ricaner [ʀikane] /1/ VI (*avec méchanceté*) to snigger; (*bêtement, avec gêne*) to giggle

★**riche** [ʀiʃ] ADJ (*gén*) rich; (*personne, pays*) rich, wealthy; **~ en** rich in; **~ de** full of; rich in

richement [ʀiʃmɑ̃] ADV richly

richesse [ʀiʃɛs] NF wealth; (*fig: de sol, musée etc*) richness; **~ en vitamines** high vitamin content ▪ **richesses** NFPL (*ressources, argent*) wealth *sg*; (*fig: trésors*) treasures

richissime [ʀiʃisim] ADJ extremely rich *ou* wealthy

ricin [ʀisɛ̃] NM: **huile de ~** castor oil

ricocher [ʀikɔʃe] /1/ VI: **~ (sur)** to rebound (off); (*sur l'eau*) to bounce (on *ou* off); **faire ~** (*galet*) to skim

ricochet [ʀikɔʃɛ] NM rebound; bounce; **faire ~** to rebound, bounce; (*fig*) to rebound; **faire des ricochets** to skip stones; **par ~** *adv* on the rebound; (*fig*) as an indirect result

rictus [ʀiktys] NM grin, (snarling) grimace

ride [ʀid] NF wrinkle; (*fig*) ripple

ridé, e [ʀide] ADJ wrinkled

★**rideau, x** [ʀido] NM curtain; **tirer/ouvrir les rideaux** to draw/open the curtains; **~ de fer** (*lit*) metal shutter; **le ~ de fer** (*Pol*) the Iron Curtain

ridelle [ʀidɛl] NF slatted side (*of truck*)

rider [ʀide] /1/ VT to wrinkle; (*fig*) to ripple, ruffle the surface of ▪ **se rider** VPR to become wrinkled

★**ridicule** [ʀidikyl] ADJ ridiculous ▸ NM ridiculousness *no pl*; (*travers: gén pl*) absurdities *pl*; **le ~** ridicule; **tourner en ~** to ridicule

ridiculement [ʀidikylmɑ̃] ADV ridiculously

ridiculiser [ʀidikylize] /1/ VT to ridicule ▪ **se ridiculiser** VPR to make a fool of o.s.

ridule [ʀidyl] NF (*euph: ride*) little wrinkle

rie *etc* [ʀi] VB *voir* **rire**

rien [ʀjɛ̃]

PRON **1: (ne) … rien** nothing; (*tournure négative*) anything; **qu'est-ce que vous avez? — rien** what have you got? — nothing; **il n'a rien dit/fait** he said/did nothing, he hasn't said/done anything; **n'avoir peur de rien** to be afraid *ou* frightened of nothing, not to be afraid *ou* frightened of anything; **il n'a rien** (*n'est pas blessé*) he's all right; **ça ne fait rien** it doesn't matter; **il n'y est pour rien** he's got nothing to do with it

2 (*quelque chose*): **a-t-il jamais rien fait pour nous?** has he ever done anything for us?

3: rien de: rien d'intéressant nothing interesting; **rien d'autre** nothing else; **rien du tout** nothing at all; **il n'a rien d'un champion** he's no champion, there's nothing of the champion about him

4: rien que just, only; nothing but; **rien que pour lui faire plaisir** only *ou* just to please him; **rien que la vérité** nothing but the truth; **rien que cela** that alone

▸ EXCL: **de rien!** not at all!, don't mention it!; **il n'en est rien!** nothing of the sort!; **rien à faire!** it's no good!, it's no use!

▸ NM: **un petit rien** (*cadeau*) a little something; **des riens** trivia *pl*; **un rien de** a hint of; **en un rien de temps** in no time at all; **avoir peur d'un rien** to be frightened of the slightest thing

r

rieur, -euse [ʀjœʀ, -øz] ADJ cheerful

rigide [ʀiʒid] ADJ stiff; (*fig*) rigid; (*moralement*) strict

rigidifier [ʀiʒidifje] VT (*matériau, pièce*) to stiffen; (*péj: système, organisation*) to make more rigid; (*rendre plus strict: règlement*) to make more strict ■ **se rigidifier** VPR (*matériau*) to stiffen

rigidité [ʀiʒidite] NF stiffness; **la ~ cadavérique** rigor mortis

rigolade [ʀigɔlad] NF: **la ~** fun; (*fig*): **c'est de la ~** it's a big farce; (*c'est facile*) it's a cinch

rigolard, e [ʀigɔlaʀ, -aʀd] ADJ (*personne*) fun-loving; (*air, ton*) jokey

rigole [ʀigɔl] NF (*conduit*) channel; (*filet d'eau*) rivulet

rigoler [ʀigɔle] /1/ VI (*rire*) to laugh; (*s'amuser*) to have (some) fun; (*plaisanter*) to be joking *ou* kidding

★**rigolo, rigolote** [ʀigɔlo, -ɔt] ADJ (*fam*) funny ▶ NM/F comic; (*péj*) fraud, phoney

rigorisme [ʀigɔʀism] NM (moral) rigorism

rigoriste [ʀigɔʀist] ADJ rigorist

rigoureusement [ʀiguʀøzmɑ̃] ADV rigorously; **~ vrai/interdit** strictly true/forbidden

rigoureux, -euse [ʀiguʀø, -øz] ADJ (*morale*) rigorous, strict; (*personne*) stern, strict; (*climat, châtiment*) rigorous, harsh, severe; (*interdiction, neutralité*) strict; (*preuves, analyse, méthode*) rigorous

rigueur [ʀigœʀ] NF rigour (BRIT), rigor (US); strictness; harshness; **« tenue de soirée de ~ »** "evening dress (to be worn)"; **être de ~** to be the usual thing, be the rule; **à la ~** at a pinch; possibly; **tenir ~ à qn de qch** to hold sth against sb

riions *etc* [ʀijɔ̃] VB *voir* **rire**

rillettes [ʀijɛt] NFPL ≈ potted meat *sg* (*made from pork or goose*)

rime [ʀim] NF rhyme; **n'avoir ni ~ ni raison** to have neither rhyme nor reason

rimer [ʀime] /1/ VI: **~ (avec)** to rhyme (with); **ne ~ à rien** not to make sense

Rimmel® [ʀimɛl] NM mascara

rinçage [ʀɛ̃saʒ] NM rinsing (out); (*opération*) rinse

rince-doigts [ʀɛ̃sdwa] NM INV finger-bowl

rincer [ʀɛ̃se] /3/ VT to rinse; (*récipient*) to rinse out; **se ~ la bouche** to rinse one's mouth out

ring [ʀiŋ] NM (boxing) ring; **monter sur le ~** (*aussi fig*) to enter the ring; (*faire carrière de boxeur*) to take up boxing

ringard, e [ʀɛ̃gaʀ, -aʀd] ADJ (*fam, péj*) square (*fam*)

ringardisation [ʀɛ̃gaʀdizasjɔ̃] NF (*fam, péj*): **être en voie de ~** (*personne*) to become square (*fam*); (*chose*) to become passé

ringardise [ʀɛ̃gaʀdiz] NF (*fam, péj: de personne*) squareness (*fam*)

Rio de Janeiro [ʀiodʒanɛʀo] N Rio de Janeiro

rions [ʀiɔ̃] VB *voir* **rire**

ripaille [ʀipɑj] NF: **faire ~** to feast

riper [ʀipe] /1/ VI to slip, slide

ripoliné, e [ʀipɔline] ADJ enamel-painted

ripoliner [ʀipɔline] VT (*peindre*) to paint; (*remettre à neuf*) to give a face-lift to

riposte [ʀipɔst] NF retort, riposte; (*fig*) counter-attack, reprisal

riposter [ʀipɔste] /1/ VI to retaliate; **~ à** to counter; to reply to ▶ VT: **~ que** to retort that

ripper [ʀipe] /1/ VT (*Inform*) to rip

★**rire** [ʀiʀ] /36/ VI to laugh; (*se divertir*) to have fun; (*plaisanter*) to joke; **~ de** to laugh at; **tu veux ~ !** you must be joking!; **~ aux éclats/aux larmes** to roar with laughter/laugh until one cries; **~ jaune** to force oneself to laugh; **~ sous cape** to laugh up one's sleeve; **~ au nez de qn** to laugh in sb's face; **pour ~** (*pas sérieusement*) for a joke *ou* a laugh ▶ NM laugh; **le ~** laughter ■ **se rire de** VPR to make light of

ris [ʀi] VB *voir* **rire** ▶ NM: **~ de veau** (calf) sweetbread

risée [ʀize] NF: **être la ~ de** to be the laughing stock of

risette [ʀizɛt] NF: **faire ~ (à)** to give a nice little smile (to)

risible [ʀizibl] ADJ laughable, ridiculous

★**risque** [ʀisk] NM risk; **le ~** danger; **l'attrait du ~** the lure of danger; **prendre des risques** to take risks; **à ses risques et périls** at his (*ou* her) own risk; **au ~ de** at the risk of; **~ d'incendie** fire risk; **~ calculé** calculated risk

risqué, e [ʀiske] ADJ risky; (*plaisanterie*) risqué, daring

★**risquer** [ʀiske] /1/ VT to risk; (*allusion, question*) to venture, hazard; **tu risques qu'on te renvoie** you risk being dismissed; **ça ne risque rien** it's quite safe; **il risque de se tuer** he could get *ou* risks getting himself killed; **il a risqué de se tuer** he almost got himself killed; **ce qui risque de se produire** what might *ou* could well happen; **il ne risque pas de recommencer** there's no chance of him doing that again; **~ le tout pour le tout** to risk the lot ■ **se risquer** VPR: **se ~ dans** (*s'aventurer*) to venture into; **se ~ à faire** (*tenter*) to dare to do

risque-tout [ʀiskətu] NMF INV daredevil

rissoler [ʀisɔle] /1/ VI, VT: **(faire) ~** to brown

ristourne [ʀistuʀn] NF rebate; discount

rit *etc* [ʀi] VB *voir* **rire**

rite [ʀit] NM rite; (*fig*) ritual

ritournelle [ʀituʀnɛl] NF (*fig*) tune; **c'est toujours la même ~** (*fam*) it's always the same old story

rituel, le [ʀitɥɛl] ADJ, NM ritual

rituellement [ʀitɥɛlmɑ̃] ADV religiously

riv. ABR (= *rivière*) R

rivage [ʀivaʒ] NM shore

rival, e, -aux [ʀival, -o] ADJ, NM/F rival; **sans ~** *adj* unrivalled

rivaliser [ʀivalize] /1/ VI: **~ avec** to rival, vie with; (*être comparable*) to hold its own against, compare with; **~ avec qn de** (*élégance etc*) to vie with *ou* rival sb in

rivalité [ʀivalite] NF rivalry

rive [ʀiv] NF shore; (*de fleuve*) bank

river [ʀive] /1/ VT (*clou, pointe*) to clinch; (*plaques*) to rivet together; **être rivé sur/à** to be riveted on/to

riverain, e [ʀiv(ə)ʀɛ̃, -ɛn] ADJ riverside *cpd*; lakeside *cpd*; roadside *cpd* ▶ NM/F riverside (*ou* lakeside) resident; (*d'une route*) local *ou* roadside resident

rivet [rivɛ] NM rivet

riveter [riv(ə)te] /4/ VT to rivet (together)

Riviera [rivjɛra] NF: **la ~ (italienne)** the Italian Riviera

rivière [rivjɛr] NF river; **~ de diamants** diamond rivière

rixe [riks] NF brawl, scuffle

Riyad [rijad] N Riyadh

★**riz** [ri] NM rice; **~ au lait** ≈ rice pudding

rizicole [rizikɔl] ADJ (*région*) rice-growing; (*production*) rice *cpd*

riziculture [rizikyltyr] NF rice growing

rizière [rizjɛr] NF paddy field

RMC SIGLE F = **Radio Monte Carlo**

RN SIGLE F = **route nationale**

★**robe** [rɔb] NF dress; (*de juge, d'ecclésiastique*) robe; (*de professeur*) gown; (*pelage*) coat; **~ de soirée/de mariée** evening/wedding dress; **~ de baptême** christening robe; **~ de chambre** dressing gown; **~ de grossesse** maternity dress

★**robinet** [rɔbinɛ] NM tap (BRIT), faucet (US); **~ du gaz** gas tap; **~ mélangeur** mixer tap

robinetterie [rɔbinɛtri] NF taps *pl*, plumbing

roboratif, -ive [rɔbɔratif, -iv] ADJ bracing, invigorating

robot [rɔbo] NM robot; **~ de cuisine** food processor

robotique [rɔbɔtik] NF robotics *sg*

robotiser [rɔbɔtize] /1/ VT (*personne, travailleur*) to turn into a robot; (*monde, vie*) to automate

robuste [rɔbyst] ADJ robust, sturdy

robustesse [rɔbystɛs] NF robustness, sturdiness

roc [rɔk] NM rock

rocade [rɔkad] NF (*Auto*) bypass

rocaille [rɔkaj] NF (*pierres*) loose stones *pl*; (*terrain*) rocky *ou* stony ground; (*jardin*) rockery, rock garden ▸ ADJ (*style*) rocaille

rocailleux, -euse [rɔkajø, -øz] ADJ rocky, stony; (*voix*) harsh

rocambolesque [rɔkɑ̃bɔlɛsk] ADJ fantastic, incredible

roche [rɔʃ] NF rock

★**rocher** [rɔʃe] NM rock; (*Anat*) petrosal bone

rochet [rɔʃɛ] NM: **roue à ~** ratchet wheel

rocheux, -euse [rɔʃø, -øz] ADJ rocky; **les (montagnes) Rocheuses** the Rockies, the Rocky Mountains

★**rock** [rɔk], **rock and roll** [rɔkɛnrɔl] NM (*musique*) rock(-'n'-roll); (*danse*) rock

rocker [rɔkœr] NM (*chanteur*) rock musician; (*adepte*) rock fan

rocking-chair [rɔkiŋ(t)ʃɛr] NM rocking chair

rococo [rɔkɔko] NM rococo ▸ ADJ INV rococo

rodage [rɔdaʒ] NM (*Auto*) running in (BRIT), breaking in (US); **en ~** running *ou* breaking in

rodé, e [rɔde] ADJ (*Auto*) run in (BRIT), broken in (US); (*personne*): **être ~ à qch** to have got the hang of sth

rodéo [rɔdeo] NM rodeo

roder [rɔde] /1/ VT (*moteur, voiture*) to run in (BRIT), break in (US); **~ un spectacle** to iron out the initial problems of a show

rôder [rode] /1/ VI to roam *ou* wander about; (*de façon suspecte*) to lurk (about *ou* around)

rôdeur, -euse [rodœr, -øz] NM/F prowler

rodomontades [rɔdɔmɔ̃tad] NFPL bragging *sg*; sabre rattling *sg*

rogatoire [rɔgatwar] ADJ: **commission ~** letters rogatory

rogne [rɔɲ] NF: **être en ~** to be mad *ou* in a temper; **se mettre en ~** to get mad *ou* in a temper

rogner [rɔɲe] /1/ VT to trim; (*fig*) to whittle down; **~ sur** (*fig*) to cut down *ou* back on

rognons [rɔɲɔ̃] NMPL kidneys

rognures [rɔɲyr] NFPL trimmings

rogue [rɔg] ADJ arrogant

★**roi** [rwa] NM king; **les Rois mages** the Three Wise Men, the Magi; **le jour** *ou* **la fête des Rois, les Rois** Twelfth Night

> The **fête des Rois** is celebrated on Twelfth Night (6 January), the date on which many Christians commemorate Jesus being visited by the Three Wise Men. People eat *galette des Rois*, a cake in which a porcelain charm (*la fève*) is hidden. Whoever finds the charm is king or queen for the day and gets to wear the golden paper crown that French bakeries usually provide with each cake.

roitelet [rwat(ə)lɛ] NM wren; (*péj*) kinglet

rôle [rol] NM role; (*contribution*) part

rollers [rɔlœr] NMPL Rollerblades®

rollmops [rɔlmɔps] NM rollmop

ROM [rɔm] SIGLE F (= *mémoire morte*) ROM (= *read-only memory*)

rom [rɔm] ADJ (*populations*) Romany ▸ NM/F: **Rom** Romany

romain, e [rɔmɛ̃, -ɛn] ADJ Roman ▸ NM/F: **Romain, e** Roman ▸ NF (*laitue*) cos (lettuce)

★**roman, e** [rɔmɑ̃, -an] ADJ (*Archit*) Romanesque; (*Ling*) Romance *cpd*, Romanic ▸ NM novel; **~ d'amour** love story; **~ d'espionnage** spy novel; **~ noir** thriller; **~ policier** detective novel

romance [rɔmɑ̃s] NF ballad

romancer [rɔmɑ̃se] /3/ VT to romanticize

romanche [rɔmɑ̃ʃ] ADJ, NM Romansh

romancier, -ière [rɔmɑ̃sje, -jɛr] NM/F novelist

romand, e [rɔmɑ̃, -ɑ̃d] ADJ of *ou* from French-speaking Switzerland ▸ NM/F: **Romand, e** French-speaking Swiss

romanesque [rɔmanɛsk] ADJ (*fantastique*) fantastic; (*amours, aventures*) storybook *cpd*; (*sentimental: personne*) romantic; (*Littérature*) novelistic

roman-feuilleton [rɔmɑ̃fœjtɔ̃] (*pl* **romans-feuilletons**) NM serialized novel

roman-fleuve [rɔmɑ̃flœv] (*pl* **romans-fleuves**) NM saga, roman-fleuve

romanichel, le [rɔmaniʃɛl] NM/F gipsy (*péj*)

roman-photo [rɔmɑ̃fɔto] (*pl* **romans-photos**) NM (romantic) picture story

★**romantique** [rɔmɑ̃tik] ADJ romantic

romantisme [rɔmɑ̃tism] NM romanticism

romarin [rɔmarɛ̃] NM rosemary

rombière [rɔ̃bjɛr] NF (*péj*) old bag

Rome [rɔm] N Rome

r

rompre [ʀɔ̃pʀ] /41/ VT to break; (*entretien, fiançailles*) to break off; **à tout ~** *adv* wildly; **applaudir à tout ~** to bring the house down, applaud wildly; **rompez (les rangs)!** (*Mil*) dismiss!, fall out! ▸ VI (*fiancés*) to break it off; **~ avec** to break with ■ **se rompre** VPR to break; (*Méd*) to burst, rupture; **se ~ les os** *ou* **le cou** to break one's neck

rompu, e [ʀɔ̃py] PP *de* **rompre** ▸ ADJ (*fourbu*) exhausted, worn out; **~ à** with wide experience of; inured to

romsteck [ʀɔ̃mstɛk] NM rump steak *no pl*

ronce [ʀɔ̃s] NF (*Bot*) bramble branch; (*Menuiserie*): **~ de noyer** burr walnut ■ **ronces** NFPL brambles, thorns

ronchon [ʀɔ̃ʃɔ̃] ADJ INV (*fam*) grumpy

ronchonner [ʀɔ̃ʃɔne] /1/ VI (*fam*) to grouse, grouch

★**rond, e** [ʀɔ̃, ʀɔ̃d] ADJ round; (*joues, mollets*) well-rounded; (*fam: ivre*) tight; (*sincère, décidé*): **être ~ en affaires** to be on the level in business, do an honest deal; **pour faire un compte ~** to make (it) a round figure, to round (it) off; **avoir le dos ~** to be round-shouldered ▸ NM (*cercle*) ring; (*fam: sou*): **je n'ai plus un ~** I haven't a penny left; **en ~** (*s'asseoir, danser*) in a ring; **faire des ronds de jambe** to bow and scrape; **~ de serviette** napkin ring ▸ NF (*gén: de surveillance*) rounds *pl*, patrol; (*danse*) round (dance); (*Mus*) semibreve (BRIT), whole note (US); **à la ronde** (*alentour*): **à 10 km à la ronde** for 10 km round; **passer qch à la ronde** to pass sth (a)round ▸ ADV: **tourner ~** (*moteur*) to run smoothly; **ça ne tourne pas ~** (*fig*) there's something not quite right about it

rond-de-cuir [ʀɔ̃dkɥiʀ] (*pl* **ronds-de-cuir**) NM (*péj*) penpusher

rondelet, te [ʀɔ̃dlɛ, -ɛt] ADJ plump; (*fig: somme*) tidy; (*: bourse*) well-lined, fat

rondelle [ʀɔ̃dɛl] NF (*Tech*) washer; (*tranche*) slice, round

rondement [ʀɔ̃dmɑ̃] ADV (*avec décision*) briskly; (*loyalement*) frankly

rondeur [ʀɔ̃dœʀ] NF (*d'un bras, des formes*) plumpness; (*bonhomie*) friendly straightforwardness ■ **rondeurs** NFPL (*d'une femme*) curves

rondin [ʀɔ̃dɛ̃] NM log

rondouillard, e [ʀɔ̃dujaʀ, -aʀd] ADJ (*fam*) tubby

★**rond-point** [ʀɔ̃pwɛ̃] (*pl* **ronds-points**) NM roundabout (BRIT), traffic circle (US)

ronéotyper [ʀɔneɔtipe] VT to roneo

ronflant, e [ʀɔ̃flɑ̃, -ɑ̃t] ADJ (*péj*) high-flown, grand

ronflement [ʀɔ̃fləmɑ̃] NM snore, snoring *no pl*

ronfler [ʀɔ̃fle] /1/ VI to snore; (*moteur, poêle*) to hum; (*: plus fort*) to roar

ronger [ʀɔ̃ʒe] /3/ VT to gnaw (at); (*vers, rouille*) to eat into; **~ son frein** to champ (at) the bit ■ **se ronger** VPR: **se ~ de souci, se ~ les sangs** to worry o.s. sick, fret; **se ~ les ongles** to bite one's nails

rongeur, -euse [ʀɔ̃ʒœʀ, -øz] NM/F rodent

ronronnement [ʀɔ̃ʀɔnmɑ̃] NM purring; (*bruit*) purr

ronronner [ʀɔ̃ʀɔne] /1/ VI to purr

roque [ʀɔk] NM (*Échecs*) castling

roquefort [ʀɔkfɔʀ] NM Roquefort

roquer [ʀɔke] /1/ VI (*Échecs*) to castle

roquet [ʀɔkɛ] NM yappy little lap-dog

roquette [ʀɔkɛt] NF (*Mil*) rocket; (*salade*) rocket (BRIT), arugula (US); **~ antichar** antitank rocket

rosace [ʀozas] NF (*vitrail*) rose window, rosace; (*motif: de plafond etc*) rose

rosaire [ʀozɛʀ] NM rosary

rosbif [ʀɔsbif] NM: **du ~** roasting beef; (*cuit*) roast beef; **un ~** a joint of (roasting) beef

★**rose** [ʀoz] NF rose; (*vitrail*) rose window; **~ des vents** compass card ▸ ADJ pink; **~ bonbon** *adj inv* candy pink

rosé, e [ʀoze] ADJ pinkish; **(vin) ~** rosé (wine)

roseau, x [ʀozo] NM reed

rosée [ʀoze] ADJ F *voir* **rosé** ▸ NF dew; **goutte de ~** dewdrop

roseraie [ʀozʀɛ] NF rose garden; (*plantation*) rose nursery

rosette [ʀozɛt] NF rosette (*gen of the Légion d'honneur*)

rosier [ʀozje] NM rosebush, rose tree

rosir [ʀoziʀ] /2/ VI to go pink

rosse [ʀɔs] NF (*péj: cheval*) nag ▸ ADJ nasty, vicious

rosser [ʀɔse] /1/ VT (*fam*) to thrash

rossignol [ʀɔsiɲɔl] NM (*Zool*) nightingale; (*crochet*) picklock

rot [ʀo] NM (*fam*) burp, belch

rotatif, -ive [ʀɔtatif, -iv] ADJ rotary ▸ NF rotary press

rotation [ʀɔtasjɔ̃] NF rotation; (*fig*) rotation, swap-around; (*renouvellement*) turnover; **par ~** on a rota (BRIT) *ou* rotation (US) basis; **~ des cultures** crop rotation; **~ des stocks** stock (BRIT) *ou* inventory (US) rotation

rotatoire [ʀɔtatwaʀ] ADJ: **mouvement ~** rotary movement

roter [ʀɔte] /1/ VI (*fam*) to burp, belch

rôti [ʀoti] NM: **du ~** roasting meat; (*cuit*) roast meat; **un ~ de bœuf/porc** a joint of beef/pork

rotin [ʀɔtɛ̃] NM rattan (cane); **fauteuil en ~** cane (arm)chair

rôtir [ʀotiʀ] /2/ VT (*aussi:* **faire rôtir**) to roast ▸ VI to roast ■ **se rôtir** VPR: **se ~ au soleil** to bask in the sun

rôtisserie [ʀotisʀi] NF (*restaurant*) steakhouse; (*comptoir*) roast meat counter; (*magasin, traiteur*) roast meat shop (BRIT) *ou* store (US)

rôtissoire [ʀotiswaʀ] NF (roasting) spit

rotonde [ʀɔtɔ̃d] NF (*Archit*) rotunda; (*Rail*) engine shed

rotondité [ʀɔtɔ̃dite] NF roundness

rotor [ʀɔtɔʀ] NM rotor

Rotterdam [ʀɔtɛʀdam] N Rotterdam

rotule [ʀɔtyl] NF kneecap, patella

roturier, -ière [ʀɔtyʀje, -jɛʀ] NM/F commoner

rouage [ʀwaʒ] NM cog(wheel), gearwheel; (*de montre*) part; (*fig*) cog ■ **rouages** NMPL (*fig*) internal structure *sg*; **les rouages de l'État** the wheels of State

Rouanda [ʀwɑ̃da] NM: **le ~** Rwanda

roubaisien, ne [ʀubezjɛ̃, -ɛn] ADJ of *ou* from Roubaix

roublard, e [ʀublaʀ, -aʀd] ADJ (*péj*) crafty, wily

roublardise [rublaʀdiz] NF (*péj*) craftiness

rouble [rubl] NM rouble

roucoulement [rukulmɑ̃] NM (*de pigeons, fig*) coo, cooing

roucouler [rukule] /1/ VI to coo; (*fig: péj*) to warble; (*: amoureux*) to bill and coo

★**roue** [ʀu] NF wheel; **faire la ~** (*paon*) to spread *ou* fan its tail; (*Gym*) to do a cartwheel; **descendre en ~ libre** to freewheel *ou* coast down; **pousser à la ~** to put one's shoulder to the wheel; **grande ~** (*à la foire*) big wheel; **~ à aubes** paddle wheel; **~ dentée** cogwheel; **~ de secours** spare wheel

roué, e [ʀwe] ADJ wily

rouelle [ʀwɛl] NF (*viande*) round steak (*cut across the leg*)

rouennais, e [ʀwanɛ, -ɛz] ADJ of *ou* from Rouen

rouer [ʀwe] /1/ VT: **~ qn de coups** to give sb a thrashing

rouet [ʀwɛ] NM spinning wheel

★**rouge** [ʀuʒ] ADJ red; **sur la liste ~** (*Tél*) ex-directory (BRIT), unlisted (US); **~ de honte/colère** red with shame/anger ▶ NM red; (*fard*) rouge; **(vin) ~** red wine; **passer au ~** (*signal*) to go red; (*automobiliste*) to go through a red light; **porter au ~** (*métal*) to bring to red heat; **~ à joue** blusher; **~ (à lèvres)** lipstick ▶ ADV: **se fâcher tout/voir ~** to blow one's top/see red ▶ NMF red

rougeâtre [ʀuʒɑtʀ] ADJ reddish

rougeaud, e [ʀuʒo, -od] ADJ (*teint*) red; (*personne*) red-faced

rouge-gorge [ʀuʒgɔʀʒ] (*pl* **rouges-gorges**) NM robin (redbreast)

rougeoiement [ʀuʒwamɑ̃] NM reddish glow

rougeole [ʀuʒɔl] NF measles *sg*

rougeoyant, e [ʀuʒwajɑ̃, -ɑ̃t] ADJ (*ciel, braises*) glowing; (*aube, reflets*) glowing red

rougeoyer [ʀuʒwaje] /8/ VI to glow red

rouget [ʀuʒɛ] NM mullet

rougeur [ʀuʒœʀ] NF redness; (*du visage*) red face ■ **rougeurs** NFPL (*Méd*) red blotches

rougir [ʀuʒiʀ] /2/ VI to turn red; (*de honte, timidité*) to blush, flush; (*de plaisir, colère*) to flush; (*fraise, tomate*) to go *ou* turn red; (*ciel*) to redden

rouille [ʀuj] ADJ INV rust-coloured, rusty ▶ NF rust; (*Culin*) *spicy Provençal sauce served with fish dishes*

rouillé, e [ʀuje] ADJ rusty

rouiller [ʀuje] /1/ VT to rust ▶ VI to rust, go rusty ■ **se rouiller** VPR to rust; (*fig: mentalement*) to become rusty; (*: physiquement*) to grow stiff

roulade [ʀulad] NF (*Gym*) roll; (*Culin*) rolled meat *no pl*; (*Mus*) roulade, run

roulage [ʀulaʒ] NM (*transport*) haulage

roulant, e [ʀulɑ̃, -ɑ̃t] ADJ (*meuble*) on wheels; (*surface, trottoir, tapis*) moving; **matériel ~** (*Rail*) rolling stock; **escalier ~** escalator; **personnel ~** (*Rail*) train crews *pl*

roulé, e [ʀule] ADJ: **bien roulée** (*fam: femme*) shapely, curvy

rouleau, x [ʀulo] NM (*de papier, tissu, pièces de monnaie, Sport*) roll; (*de machine à écrire*) roller, platen; (*à mise en plis, à peinture, vague*) roller; **être au bout du ~** (*fig*) to be at the end of the line; **~ compresseur** steamroller; **~ à pâtisserie** rolling pin; **~ de pellicule** roll of film

roulé-boulé [ʀulebule] (*pl* **roulés-boulés**) N (*Sport*) roll

roulement [ʀulmɑ̃] NM (*bruit*) rumbling *no pl*, rumble; (*rotation*) rotation; turnover; (*de capitaux*) circulation; **par ~** on a rota (BRIT) *ou* rotation (US) basis; **~ (à billes)** ball bearings *pl*; **~ de tambour** drum roll; **~ d'yeux** roll(ing) of the eyes

★**rouler** [ʀule] /1/ VT to roll; (*papier, tapis*) to roll up; (*Culin: pâte*) to roll out; (*fam: duper*) to do, con; **~ sa bosse** (*fam*) to get around; **~ qn dans la farine** (*fam*) to con sb; **~ les épaules/hanches** to sway one's shoulders/wiggle one's hips; **~ les « r »** to roll one's r's ▶ VI (*bille, boule*) to roll; (*voiture, train*) to go, run; (*automobiliste*) to drive; (*cycliste*) to ride; (*bateau*) to roll; (*tonnerre*) to rumble, roll; (*dégringoler*): **~ en bas de** to roll down; **~ sur** (*conversation*) to turn on; **~ sur l'or** to be rolling in money, be rolling in it ■ **se rouler** VPR: **se ~ dans** (*boue*) to roll in; (*couverture*) to roll o.s. (up) in

roulette [ʀulɛt] NF (*de table, fauteuil*) castor; (*de dentiste*) drill; (*de pâtissier*) pastry wheel; (*jeu*): **la ~** roulette; **à roulettes** on castors; **la ~ russe** Russian roulette; **ça a marché comme sur des roulettes** (*fam*) it went off very smoothly

roulis [ʀuli] NM roll(ing)

roulotte [ʀulɔt] NF caravan

roumain, e [ʀumɛ̃, -ɛn] ADJ Romanian ▶ NM (*Ling*) Romanian ▶ NM/F: **Roumain, e** Romanian

Roumanie [ʀumani] NF: **la ~** Romania

round [ʀaund] NM (*de combat, négociations*) round

roupiller [ʀupije] /1/ VI (*fam*) to sleep

rouquin, e [ʀukɛ̃, -in] NM/F (*péj*) redhead

rouspéter [ʀuspete] /6/ VI (*fam*) to moan, grouse

rousse [ʀus] ADJ F *voir* **roux**

roussette [ʀusɛt] NF (*poisson*) spotted dogfish; (*chauve-souris*) flying fox; (*grenouille*) common frog

rousseur [ʀusœʀ] NF: **tache de ~** freckle

roussi [ʀusi] NM: **ça sent le ~** there's a smell of burning; (*fig*) I can smell trouble

roussir [ʀusiʀ] /2/ VT to scorch ▶ VI (*feuilles*) to go *ou* turn brown; **faire ~** (*Culin*) to brown

routage [ʀutaʒ] NM (collective) mailing

routard, e [ʀutaʀ, -aʀd] NM/F traveller

★**route** [ʀut] NF road; (*fig: chemin*) way; (*itinéraire, parcours*) route; (*fig: voie*) road, path; **par (la) ~** by road; **il y a trois heures de ~** it's a three-hour ride *ou* journey; **en ~** *adv* on the way; **en ~ !** let's go!; **en cours de ~** en route; **mettre en ~** to start up; **se mettre en ~** to set off; **faire ~ vers** to head towards; **faire fausse ~** (*fig*) to be on the wrong track; **~ nationale** ≈ A-road (BRIT), ≈ state highway (US)

routeur [ʀutœʀ] NM (*Inform*) router

★**routier, -ière** [ʀutje, -jɛʀ] ADJ road *cpd*; **carte routière** road map ▶ NM (*camionneur*) (long-distance) lorry (BRIT) *ou* truck (US) driver; (*restaurant*) ≈ transport café (BRIT), ≈ truck stop (US); (*scout*) ≈ rover; (*cycliste*) road racer; **vieux ~** old stager ▶ NF (*voiture*) touring car

routine [ʀutin] NF routine; **visite/contrôle de ~** routine visit/check

routinier, -ière [ʀutinje, -jɛʀ] ADJ (*péj: travail*) humdrum, routine; (*: personne*) addicted to routine; **c'est un ~** he's a creature of habit

rouvert, e [ʀuvɛʀ, -ɛʀt] PP *de* **rouvrir**

r

rouvrir [ʀuvʀiʀ] /18/ VT, VI to reopen, open again ■ **se rouvrir** VPR (*blessure*) to open up again

★**roux, rousse** [ʀu, ʀus] ADJ red; (*personne*) red-haired ▶ NM/F redhead ▶ NM (*Culin*) roux

royal, e, -aux [ʀwajal, -o] ADJ royal; (*fig*) fit for a king, princely; blissful; thorough

royalement [ʀwajalmɑ̃] ADV royally

royaliste [ʀwajalist] ADJ, NMF royalist

royaume [ʀwajom] NM kingdom; (*fig*) realm; **le ~ des cieux** the kingdom of heaven

Royaume-Uni [ʀwajomyni] NM: **le ~** the United Kingdom

royauté [ʀwajote] NF (*dignité*) kingship; (*régime*) monarchy

RP SIGLE F = **la région parisienne** ▶ SIGLE FPL (= *relations publiques*) PR

RSA SIGLE M (= *revenu de solidarité active*) ≈ income support (BRIT), ≈ welfare (*US*)

RSVP ABR (= *répondez s'il vous plaît*) R.S.V.P.

RTB SIGLE F = **Radio-Télévision belge**

Rte ABR = **route**

RTL SIGLE F = **Radio-Télévision Luxembourg**

RTT SIGLE F = **réduction du temps de travail**

> The **RTT** (*Réduction du temps de travail*) is a system designed to ensure that French employees do not work more than 35 hours a week. If companies cannot simply reduce their staff's number of hours from the 39 hours that used to be the norm, they can, under this system, either grant days in lieu (*jours de RTT*) or pay the extra hours as overtime.

RU [ʀy] SIGLE M = **restaurant universitaire**

ruade [ʀyad] NF kick

Ruanda [ʀwɑ̃da] NM: **le ~** Rwanda

ruban [ʀybɑ̃] NM (*gén*) ribbon; (*pour ourlet, couture*) binding; (*de téléscripteur etc*) tape; (*d'acier*) strip; **~ adhésif** adhesive tape; **~ carbone** carbon ribbon

rubéole [ʀybeɔl] NF German measles *sg*, rubella

rubicond, e [ʀybikɔ̃, -ɔ̃d] ADJ rubicund, ruddy

rubis [ʀybi] NM ruby; (*Horlogerie*) jewel; **payer ~ sur l'ongle** to pay cash on the nail

rubrique [ʀybʀik] NF (*titre, catégorie*) heading, rubric; (*Presse: article*) column

ruche [ʀyʃ] NF hive

rucher [ʀyʃe] NM apiary

rude [ʀyd] ADJ (*barbe, toile*) rough; (*métier, tâche*) hard, tough; (*climat*) severe, harsh; (*bourru*) harsh, rough; (*fruste: manières*) rugged, tough; (*fam: fameux*) jolly good; **être mis à ~ épreuve** to be put through the mill

rudement [ʀydmɑ̃] ADV (*tomber, frapper*) hard; (*traiter, reprocher*) harshly; (*fam: très*) terribly; (*: beaucoup*) terribly hard

rudesse [ʀydɛs] NF roughness; toughness; severity; harshness

rudimentaire [ʀydimɑ̃tɛʀ] ADJ rudimentary, basic

rudiments [ʀydimɑ̃] NMPL rudiments; basic knowledge *sg*; basic principles; **avoir des ~ d'anglais** to have a smattering of English

rudoyer [ʀydwaje] /8/ VT to treat harshly

★**rue** [ʀy] NF street; **être/jeter qn à la ~** to be on the streets/throw sb out onto the street

ruée [ʀɥe] NF rush; **la ~ vers l'or** the gold rush

ruelle [ʀɥɛl] NF alley(way)

ruer [ʀɥe] /1/ VI (*cheval*) to kick out; **~ dans les brancards** to become rebellious ■ **se ruer** VPR: **se ~ sur** to pounce on; **se ~ vers/dans/hors de** to rush *ou* dash towards/into/out of

★**rugby** [ʀygbi] NM rugby (football); **~ à treize/quinze** rugby league/union

rugbyman [ʀygbiman] NM rugby player

rugbywoman [ʀygbiwuman] NF rugby player

rugir [ʀyʒiʀ] /2/ VI to roar

rugissement [ʀyʒismɑ̃] NM roar, roaring *no pl*

rugosité [ʀygozite] NF roughness; (*aspérité*) rough patch

rugueux, -euse [ʀygø, -øz] ADJ rough

ruine [ʀɥin] NF ruin; **tomber en ~** to fall into ruin(s) ■ **ruines** NFPL ruins

ruiner [ʀɥine] /1/ VT to ruin

ruineux, -euse [ʀɥinø, -øz] ADJ ruinously expensive; extravagant

ruisseau, x [ʀɥiso] NM stream, brook; (*caniveau*) gutter; **ruisseaux de larmes/sang** (*fig*) floods of tears/streams of blood

ruisselant, e [ʀɥis(ə)lɑ̃, -ɑ̃t] ADJ streaming

ruisseler [ʀɥis(ə)le] /4/ VI to stream; **~ (d'eau)** to be streaming (with water); **~ de lumière** to stream with light

ruissellement [ʀɥisɛlmɑ̃] NM streaming; **~ de lumière** stream of light

rumeur [ʀymœʀ] NF (*bruit confus*) rumbling; hubbub *no pl*; (*protestation*) murmur(ing); (*nouvelle*) rumour (BRIT), rumor (*US*)

ruminant [ʀyminɑ̃] NM (*Zool*) ruminant

ruminer [ʀymine] /1/ VT (*herbe*) to ruminate; (*fig*) to ruminate on *ou* over, chew over ▶ VI (*vache*) to chew the cud, ruminate

rumsteck [ʀɔ̃mstɛk] NM = **romsteck**

rupestre [ʀypɛstʀ] ADJ (*plante*) rock *cpd*; (*art*) wall *cpd*

rupin, e [ʀypɛ̃, -in] (*fam, péj*) ADJ (*personne*) filthy rich (*fam*); (*quartier, appartement*) posh (BRIT *fam*), swanky (*fam*) ▶ NM/F (*personne*) rich person; **les rupins** the rich folk

rupture [ʀyptyʀ] NF (*de câble, digue*) breaking; (*de tendon*) rupture, tearing; (*de négociations etc*) breakdown; (*de contrat*) breach; (*dans continuité*) break; (*séparation, désunion*) break-up, split; **en ~ de ban** at odds with authority; **en ~ de stock** (*Comm*) out of stock

rural, e, -aux [ʀyʀal, -o] ADJ rural, country *cpd* ▶ NMPL: **les ruraux** country people

ruralité [ʀyʀalite] NF rurality

ruse [ʀyz] NF: **la ~** cunning, craftiness; (*pour tromper*) trickery; **une ~** a trick, a ruse; **par ~** by trickery

rusé, e [ʀyze] ADJ cunning, crafty

ruser [ʀyze] VI to use cunning; **~ avec** (*personne, loi, autorité*) to get round

rush [ʀœʃ] NM (*précipitation, ruée*) rush; (*Sport*) final burst ■ **rushes** NMPL (*Ciné*) rushes

★**russe** [RYS] ADJ Russian ▶ NM (*Ling*) Russian ▶ NMF: **Russe** Russian

★**Russie** [Rysi] NF: **la ~** Russia; **la ~ blanche** White Russia; **la ~ soviétique** Soviet Russia

rustine [Rystin] NF repair patch (*for bicycle inner tube*)

rustique [Rystik] ADJ rustic; (*plante*) hardy

rustre [RystR] NM boor

rut [Ryt] NM: **être en ~** (*animal domestique*) to be in *ou* on heat; (*animal sauvage*) to be rutting

rutabaga [Rytabaga] NM swede

rutilant, e [Rytilã, -ãt] ADJ gleaming

RV SIGLE M = **rendez-vous**

Rwanda [Rwãda] NM: **le ~** Rwanda

rwandais, e [Rwãdɛ, -ɛz] ADJ Rwandan ▶ NM/F: **Rwandais, e** Rwandan

rythme [Ritm] NM rhythm; (*vitesse*) rate; (*: de la vie*) pace, tempo; **au ~ de 10 par jour** at the rate of 10 a day

rythmé, e [Ritme] ADJ rhythmic(al)

rythmer [Ritme] /1/ VT to give rhythm to

rythmique [Ritmik] ADJ rhythmic(al) ▶ NF rhythmics *sg*

r

Ss

S, s [ɛs] NM INV S, s ▶ ABR (= *sud*) S; (= *seconde*) sec; (= *siècle*) c., century; **S comme Suzanne** S for Sugar

s/ ABR = **sur¹**

★**s'** [s] PRON *voir* **se**

SA SIGLE F = **société anonyme**; (= *Son Altesse*) HH

★**sa** [sa] ADJ POSS *voir* **son¹**

sabbatique [sabatik] ADJ: **année ~** sabbatical year

★**sable** [sɑbl] NM sand; **sables mouvants** quicksand(s)

sablé [sɑble] ADJ (*allée*) sandy; **pâte sablée** (*Culin*) shortbread dough ▶ NM shortbread biscuit

sabler [sɑble] /1/ VT to sand; (*contre le verglas*) to grit; **~ le champagne** to drink champagne

sableux, -euse [sɑblø, -øz] ADJ sandy

sablier [sɑblije] NM hourglass; (*de cuisine*) egg timer

sablière [sɑblijɛʀ] NF sand quarry

sablonneux, -euse [sɑblɔnø, -øz] ADJ sandy

saborder [sabɔʀde] /1/ VT (*navire*) to scuttle; (*fig*) to wind up, shut down

sabot [sabo] NM clog; (*de cheval, bœuf*) hoof; **~ (de Denver)** (wheel) clamp (BRIT), Denver boot (US); **~ de frein** brake shoe

sabotage [sabɔtaʒ] NM sabotage

saboter [sabɔte] /1/ VT (*travail, morceau de musique*) to botch, make a mess of; (*machine, installation, négociation etc*) to sabotage

saboteur, -euse [sabɔtœʀ, -øz] NM/F saboteur

sabre [sɑbʀ] NM sabre; **le ~** (*fig*) the sword, the army

sabrer [sɑbʀe] /1/ VT to cut down

★**sac** [sak] NM bag; (*à charbon etc*) sack; (*pillage*) sack(ing); **mettre à ~** to sack; **~ à provisions/de voyage** shopping/overnight *ou* travel bag; **~ de couchage** sleeping bag; **~ à dos** backpack, rucksack; **~ à main** handbag; **~ de plage** beach bag

saccade [sakad] NF jerk; **par saccades** jerkily; haltingly

saccadé, e [sakade] ADJ jerky; (*respiration*) spasmodic

saccage [sakaʒ] NM havoc

saccager [sakaʒe] /3/ VT (*piller*) to sack, lay waste; (*dévaster*) to create havoc in, wreck

saccharine [sakaʀin] NF saccharin(e)

saccharose [sakaʀoz] NM sucrose

SACEM [sasɛm] SIGLE F (= *Société des auteurs, compositeurs et éditeurs de musique*) *body responsible for collecting and distributing royalties*

sacerdoce [sasɛʀdɔs] NM priesthood; (*fig*) calling, vocation

sacerdotal, e, -aux [sasɛʀdɔtal, -o] ADJ priestly, sacerdotal

sachant *etc* [saʃɑ̃] VB *voir* **savoir**

sache *etc* [saʃ] VB *voir* **savoir**

sachet [saʃɛ] NM (small) bag; (*de lavande, poudre, shampooing*) sachet; **thé en sachets** tea bags; **~ de thé** tea bag; **du potage en ~** packet soup

sacoche [sakɔʃ] NF (*gén*) bag; (*de bicyclette*) saddlebag; (*du facteur*) (post)bag; (*d'outils*) toolbag

sacquer [sake] /1/ VT (*fam: employé*) to sack; (*: élève: mal noter*) to give low marks (BRIT) *ou* grades (US) to

sacraliser [sakʀalize] /1/ VT to make sacred

sacre [sakʀ] NM coronation; consecration

sacré, e [sakʀe] ADJ sacred; (*fam: satané*) blasted; (*: fameux*): **un ~ ...** a heck of a ...; (*Anat*) sacral

sacrement [sakʀəmɑ̃] NM sacrament; **les derniers sacrements** the last rites

sacrer [sakʀe] /1/ VT (*roi*) to crown; (*évêque*) to consecrate ▶ VI to curse, swear

sacrifice [sakʀifis] NM sacrifice; **faire le ~ de** to sacrifice

sacrificiel, le [sakʀifisjɛl] ADJ sacrificial

sacrifier [sakʀifje] /7/ VT to sacrifice; **~ à** to conform to; **articles sacrifiés** (*Comm*) items sold at rock-bottom *ou* give-away prices ■ **se sacrifier** VPR to sacrifice o.s.

sacrilège [sakʀilɛʒ] NM sacrilege ▶ ADJ sacrilegious

sacristain [sakʀistɛ̃] NM sexton; sacristan

sacristie [sakʀisti] NF sacristy; (*culte protestant*) vestry

sacro-saint, e [sakʀosɛ̃, -ɛt] ADJ sacrosanct

sadique [sadik] ADJ sadistic ▶ NMF sadist

sadisme [sadism] NM sadism

sadomasochisme [sadɔmazoʃism] NM sadomasochism

sadomasochiste [sadɔmazɔʃist] NMF sadomasochist

safari [safaʀi] NM safari; **faire un ~** to go on safari

safari-photo [safaʀifɔto] (*pl* **safaris-photos**) NM photographic safari

SAFER [safɛʀ] SIGLE F (= *Société d'aménagement foncier et d'établissement rural*) *organization with the right to buy land in order to retain it for agricultural use*

safran [safʀɑ̃] NM saffron

saga [saga] NF saga

sagace [sagas] ADJ sagacious, shrewd

sagacité [sagasite] NF sagacity, shrewdness

sagaie [sagɛ] NF assegai

★**sage** [saʒ] ADJ wise; (*enfant*) good ▸NM wise man; sage

sage-femme [saʒfam] (*pl* **sages-femmes**) NF midwife

sagement [saʒmɑ̃] ADV (*raisonnablement*) wisely, sensibly; (*tranquillement*) quietly

sagesse [saʒɛs] NF wisdom

Sagittaire [saʒitɛʀ] NM: **le ~** Sagittarius, the Archer; **être du ~** to be Sagittarius

Sahara [saaʀa] NM: **le ~** the Sahara (Desert); **le ~ occidental** (*pays*) Western Sahara

saharien, ne [saaʀjɛ̃, -ɛn] ADJ Saharan ▸NF safari jacket

Sahel [saɛl] NM: **le ~** the Sahel

sahélien, ne [saeljɛ̃, -ɛn] ADJ Sahelian

★**saignant, e** [sɛɲɑ̃, -ɑ̃t] ADJ (*viande*) rare; (*blessure, plaie*) bleeding

saignée [seɲe] NF (*Méd*) bleeding *no pl*, bloodletting *no pl*; (*fig: Mil*) heavy losses *pl*; (: *prélèvement*) savage cut; **la ~ du bras** the bend of the arm

saignement [sɛɲmɑ̃] NM bleeding; **~ de nez** nosebleed

★**saigner** [seɲe] /1/ VI to bleed; **~ du nez** to have a nosebleed ▸VT to bleed; (*animal*) to bleed to death; **~ qn à blanc** (*fig*) to bleed sb white

Saigon [sajgɔ̃] N Saigon

saillant, e [sajɑ̃, -ɑ̃t] ADJ (*pommettes, menton*) prominent; (*corniche etc*) projecting; (*fig*) salient, outstanding

saillie [saji] NF (*sur un mur etc*) projection; (*trait d'esprit*) witticism; (*accouplement*) covering, serving; **faire ~** to project, stick out; **en ~**, **formant ~** projecting, overhanging

saillir [sajiʀ] /13/ VI to project, stick out; (*veine, muscle*) to bulge ▸VT (*Agr*) to cover, serve

★**sain, e** [sɛ̃, sɛn] ADJ healthy; (*dents, constitution*) healthy, sound; (*lectures*) wholesome; **~ et sauf** safe and sound, unharmed; **~ d'esprit** sound in mind, sane

saindoux [sɛ̃du] NM lard

sainement [sɛnmɑ̃] ADV (*vivre*) healthily; (*raisonner*) soundly

saint, e [sɛ̃, sɛ̃t] ADJ holy; (*fig*) saintly; **la Sainte Vierge** the Blessed Virgin ▸NM/F saint

saint-bernard [sɛ̃bɛʀnaʀ] NM (*chien*) St Bernard

Sainte-Hélène [sɛ̃telɛn] NF St Helena

Sainte-Lucie [sɛ̃tlysi] NF Saint Lucia

Saint-Esprit [sɛ̃tɛspʀi] NM: **le ~** the Holy Spirit *ou* Ghost

sainteté [sɛ̃tte] NF holiness; saintliness

Saint-Laurent [sɛ̃lɔʀɑ̃] NM: **le ~** the St Lawrence

Saint-Marin [sɛ̃maʀɛ̃] NM: **le ~** San Marino

Saint-Père [sɛ̃pɛʀ] (*pl* **Saints-Pères**) NM: **le ~** the Holy Father, the Pontiff

Saint-Pierre [sɛ̃pjɛʀ] NM Saint Peter; (*église*) Saint Peter's

Saint-Pierre-et-Miquelon [sɛ̃pjɛʀemiklɔ̃] N Saint Pierre and Miquelon

Saint-Siège [sɛ̃sjɛʒ] NM: **le ~** the Holy See

Saint-Sylvestre [sɛ̃silvɛstʀ] NF: **la ~** New Year's Eve

Saint-Thomas [sɛ̃tɔmɑ] NF Saint Thomas

Saint-Vincent et les Grenadines [sɛ̃vɛ̃sɑ̃elegʀənadin] NM St Vincent and the Grenadines

sais *etc* [sɛ] VB *voir* **savoir**

saisie [sezi] NF seizure; **à la ~** (*texte*) being keyed; **~ (de données)** (data) capture

saisine [sezin] NF (*Jur*) *submission of a case to the court*

saisir [seziʀ] /2/ VT to take hold of, grab; (*fig: occasion*) to seize; (*comprendre*) to grasp; (*entendre*) to get, catch; (*émotions*) to take hold of, come over; (*Inform*) to capture, key; (*Culin*) to fry quickly; (*Jur: biens, publication*) to seize; (: *juridiction*): **~ un tribunal d'une affaire** to submit *ou* refer a case to a court; **être saisi** (*frappé de*) to be overcome ■ **se saisir** VPR: **se ~ de** to seize

saisissant, e [sezisɑ̃, -ɑ̃t] ADJ startling, striking; (*froid*) biting

saisissement [sezismɑ̃] NM: **muet/figé de ~** speechless/frozen with emotion

★**saison** [sɛzɔ̃] NF season; **la belle/mauvaise ~** the summer/winter months; **être de ~** to be in season; **en/hors ~** in/out of season; **haute/basse/morte ~** high/low/slack season; **la ~ des pluies/des amours** the rainy/mating season

saisonnier, -ière [sɛzɔnje, -jɛʀ] ADJ seasonal ▸NM (*travailleur*) seasonal worker; (*vacancier*) seasonal holidaymaker (BRIT) *ou* vacationer (US)

sait [sɛ] VB *voir* **savoir**

salace [salas] ADJ salacious

★**salade** [salad] NF (*Bot*) lettuce *etc* (*generic term*); (*Culin*) (green) salad; (*fam: confusion*) tangle, muddle; **haricots en ~** bean salad; **~ composée** mixed salad; **~ de concombres** cucumber salad; **~ de fruits** fruit salad; **~ niçoise** salade niçoise; **~ russe** Russian salad; **~ de tomates** tomato salad; **~ verte** green salad ■ **salades** NFPL (*fam*): **raconter des salades** to tell tales (*fam*)

saladier [saladje] NM (salad) bowl

★**salaire** [salɛʀ] NM (*annuel, mensuel*) salary; (*hebdomadaire, journalier*) pay, wages *pl*; (*fig*) reward; **~ de base** basic salary (*ou* wage); **~ de misère** starvation wage; **~ minimum interprofessionnel de croissance** *index-linked guaranteed minimum wage*

salaison [salɛzɔ̃] NF salting ■ **salaisons** NFPL salt meat *sg*

salamandre [salamɑ̃dʀ] NF salamander

salami [salami] NM salami

salant [salɑ̃] ADJ M: **marais ~** salt pan

salarial, e, -aux [salaʀjal, -o] ADJ salary *cpd*, wage(s) *cpd*

salariat [salaʀja] NM salaried staff

salarié, e [salaʀje] ADJ salaried; wage-earning ▸NM/F salaried employee; wage-earner

salaud [salo] NM (!) sod (!), bastard (!)

★**sale** [sal] ADJ dirty, filthy

S

★**salé, e** [sale] ADJ (*liquide, saveur, mer, goût*) salty; (*Culin: amandes, beurre etc*) salted; (*: gâteaux*) savoury; (*fig: grivois*) spicy, juicy; (*: note, facture*) steep, stiff ▸ NM (*porc salé*) salt pork; **petit ~** ≈ boiling bacon

salement [salmɑ̃] ADV (*manger etc*) dirtily, messily

saler [sale] /1/ VT to salt

saleté [salte] NF (*état*) dirtiness; (*crasse*) dirt, filth; (*tache etc*) dirt *no pl*, piece of dirt, dirty mark; (*fig: tour*) filthy trick; (*: chose sans valeur*) rubbish *no pl*; (*: obscénité*) filth *no pl*; (*: microbe etc*) bug; **vivre dans la ~** to live in squalor

salière [saljɛʀ] NF saltcellar

saligaud [saligo] NM (*!*) bastard (*!*), sod (*!*)

salin, e [salɛ̃, -in] ADJ saline ▸ NF saltworks *sg*

salinité [salinite] NF salinity, salt-content

★**salir** [saliʀ] /2/ VT to (make) dirty; (*fig*) to soil the reputation of ■ **se salir** VPR to get dirty

salissant, e [salisɑ̃, -ɑ̃t] ADJ (*tissu*) which shows the dirt; (*métier*) dirty, messy

salissure [salisyʀ] NF dirt *no pl*; (*tache*) dirty mark

salive [saliv] NF saliva

saliver [salive] /1/ VI to salivate

★**salle** [sal] NF room; (*d'hôpital*) ward; (*de restaurant*) dining room; (*d'un cinéma*) auditorium; (*: public*) audience; **faire ~ comble** to have a full house; **~ d'armes** (*pour l'escrime*) arms room; **~ d'attente** waiting room; **~ de bain(s)** bathroom; **~ de bal** ballroom; **~ de cinéma** auditorium; cinema (BRIT), movie theater (US); **~ de classe** classroom; **~ commune** (*d'hôpital*) ward; **~ de concert** concert hall; **~ de consultation** consulting room (BRIT), office (US); **~ de danse** dance hall; **~ de douches** shower-room; **~ d'eau** shower-room; **~ d'embarquement** (*à l'aéroport*) departure lounge; **~ d'exposition** showroom; **~ de jeux** games room; (*pour enfants*) playroom; **~ des machines** engine room; **~ à manger** dining room; (*mobilier*) dining room suite; **~ obscure** cinema (BRIT), movie theater (US); **~ d'opération** (*d'hôpital*) operating theatre (BRIT), operating room (US); **~ des professeurs** staffroom; **~ de projection** projection room; **~ de séjour** living room; **~ de spectacle** auditorium; **~ des ventes** saleroom

salmonellose [salmɔneloz] NF (*Méd*) salmonella poisoning

Salomon [salɔmɔ̃]: **les îles ~** the Solomon Islands

★**salon** [salɔ̃] NM lounge, sitting room; (*mobilier*) lounge suite; (*exposition*) exhibition, show; (*mondain, littéraire*) salon; **~ de coiffure** hairdressing salon; **~ de discussion** (*Inform*) chatroom; **~ de thé** tearoom

salopard [salɔpaʀ] NM (*!*) bastard (*!*)

salope [salɔp] NF (*!*) bitch (*!*)

saloper [salɔpe] /1/ VT (*!*) to muck up, mess up

saloperie [salɔpʀi] NF (*!*) filth *no pl*; (*: action*) dirty trick; (*: chose sans valeur*) piece of junk

salopette [salɔpɛt] NF dungarees *pl*; (*d'ouvrier*) overall(s)

salpêtre [salpɛtʀ] NM saltpetre

salsifis [salsifi] NM salsify, oyster plant

saltimbanque [saltɛ̃bɑ̃k] NMF (travelling) acrobat

salubre [salybʀ] ADJ healthy, salubrious

salubrité [salybʀite] NF healthiness, salubrity; **~ publique** public health

saluer [salɥe] /1/ VT (*pour dire bonjour, fig*) to greet; (*pour dire au revoir*) to take one's leave; (*Mil*) to salute

★**salut** [saly] NM (*sauvegarde*) safety; (*Rel*) salvation; (*geste*) wave; (*parole*) greeting; (*Mil*) salute ▸ EXCL (*fam: pour dire bonjour*) hi (there); (*: pour dire au revoir*) see you!, bye!

salutaire [salytɛʀ] ADJ (*remède*) beneficial; (*conseils*) salutary

salutations [salytasjɔ̃] NFPL greetings; **recevez mes ~ distinguées** *ou* **respectueuses** yours faithfully

salutiste [salytist] NMF Salvationist

Salvador [salvadɔʀ] NM: **le ~** El Salvador

salve [salv] NF salvo; volley of shots; **~ d'applaudissements** burst of applause

Samarie [samaʀi] NF: **la ~** Samaria

samaritain [samaʀitɛ̃] NM: **le bon S~** the Good Samaritan

★**samedi** [samdi] NM Saturday; *voir aussi* **lundi**

Samoa [samɔa] NFPL: **les (îles) ~** Samoa, the Samoan Islands

★**SAMU** [samy] SIGLE M (= *service d'assistance médicale d'urgence*) ≈ ambulance (service) (BRIT), ≈ paramedics (US)

sanatorium [sanatɔʀjɔm] NM sanatorium

sanctifier [sɑ̃ktifje] /7/ VT to sanctify

sanction [sɑ̃ksjɔ̃] NF sanction; (*fig*) penalty; **prendre des sanctions contre** to impose sanctions on

sanctionner [sɑ̃ksjɔne] /1/ VT (*loi, usage*) to sanction; (*punir*) to punish

sanctuaire [sɑ̃ktɥɛʀ] NM sanctuary

★**sandale** [sɑ̃dal] NF sandal; **sandales à lanières** strappy sandals

sandalette [sɑ̃dalɛt] NF sandal

sandow® [sɑ̃do] NM luggage elastic

★**sandwich** [sɑ̃dwitʃ] NM sandwich; **pris en ~** sandwiched

sandwicherie [sɑ̃dwitʃʀi] NF sandwich bar

★**sang** [sɑ̃] NM blood; **en ~** covered in blood; **jusqu'au ~** (*mordre, pincer*) till the blood comes; **se faire du mauvais ~** to fret, get in a state

sang-froid [sɑ̃fʀwa] NM calm, sangfroid; **garder/perdre/reprendre son ~** to keep/lose/regain one's cool; **de ~** in cold blood

sanglant, e [sɑ̃glɑ̃, -ɑ̃t] ADJ bloody, covered in blood; (*combat*) bloody; (*fig: reproche, affront*) cruel

sangle [sɑ̃gl] NF strap ■ **sangles** NFPL (*pour lit etc*) webbing *sg*

sangler [sɑ̃gle] /1/ VT to strap up; (*animal*) to girth

sanglier [sɑ̃glije] NM (wild) boar

sanglot [sɑ̃glo] NM sob

sangloter [sɑ̃glɔte] /1/ VI to sob

sangsue [sɑ̃sy] NF leech

sanguin, e [sɑ̃gɛ̃, -in] ADJ blood *cpd*; (*fig*) fiery ▸ NF blood orange; (*Art*) red pencil drawing

sanguinaire [sɑ̃ginɛʀ] ADJ (*animal, personne*) bloodthirsty; (*lutte*) bloody

sanguinolent, e [sɑ̃ginɔlɑ̃, -ɑ̃t] ADJ streaked with blood

Sanisette® [sanizɛt] NF coin-operated public lavatory

sanitaire [sanitɛʀ] ADJ health *cpd*; **installation/appareil ~** bathroom plumbing/appliance ■ **sanitaires** NMPL (*salle de bain et w.-c.*) bathroom *sg*

★**sans** [sɑ̃] PRÉP without; **~ qu'il s'en aperçoive** without him *ou* his noticing; **~ scrupules** unscrupulous; **~ manches** sleeveless; **un pull ~ manches** a sleeveless sweater *ou* jumper (BRIT); **~ faute** without fail; **~ arrêt** without a break; **~ ça** (*fam*) otherwise

sans-abri [sɑ̃zabʀi] NMF INV homeless person; **les ~** the homeless

sans-emploi [sɑ̃zɑ̃plwa] NMF INV unemployed person; **les ~** the unemployed

sans-façon [sɑ̃fasɔ̃] ADJ INV flippant; free and easy

sans-gêne [sɑ̃ʒɛn] ADJ INV inconsiderate ▸ NM INV (*attitude*) lack of consideration

sans-logis [sɑ̃lɔʒi] NMPL homeless

sans-papiers [sɑ̃papje] NMF undocumented migrant

sans-souci [sɑ̃susi] ADJ INV carefree

sans-travail [sɑ̃tʀavaj] NMPL unemployed, jobless

santal [sɑ̃tal] NM sandal(wood)

santé [sɑ̃te] NF health; **avoir une ~ de fer** to be bursting with health; **être en bonne ~** to be in good health, be healthy; **boire à la ~ de qn** to drink (to) sb's health; **« à la ~ de »** "here's to"; **à ta** *ou* **votre ~ !** cheers!; **service de ~** (*dans un port etc*) quarantine service; **la ~ publique** public health

Santiago [sɑ̃tjago], **Santiago du Chili** [sɑ̃tjagodyʃili] N Santiago (de Chile)

santon [sɑ̃tɔ̃] NM *ornamental figure at a Christmas crib*

saoudien, ne [saudjɛ̃, -ɛn] ADJ Saudi (Arabian) ▸ NM/F: **Saoudien, ne** Saudi (Arabian)

saoul, e [su, sul] ADJ = **soûl**

sape [sap] NF: **travail de ~** (*Mil*) sap; (*fig*) insidious undermining process *ou* work ■ **sapes** NFPL (*fam*) gear *sg*, togs

saper [sape] /1/ VT to undermine, sap ■ **se saper** VPR (*fam*) to dress

sapeur [sapœʀ] NM sapper

★**sapeur-pompier** [sapœʀpɔ̃pje] (*pl* **sapeurs-pompiers**) NM fire fighter

saphir [safiʀ] NM sapphire; (*d'électrophone*) needle, sapphire

sapin [sapɛ̃] NM fir (tree); (*bois*) fir; **~ de Noël** Christmas tree

sapinière [sapinjɛʀ] NF fir plantation *ou* forest

saquer [sake] VT (*fam: renvoyer*) to sack (BRIT), to can (*US*); (*: supporter*): **je ne peux pas le ~** I can't stand him

SAR SIGLE F (= *Son Altesse Royale*) HRH

sarabande [saʀabɑ̃d] NF saraband; (*fig*) hullabaloo; whirl

sarbacane [saʀbakan] NF blowpipe, blowgun; (*jouet*) peashooter

sarcasme [saʀkasm] NM sarcasm *no pl*; (*propos*) piece of sarcasm

sarcastique [saʀkastik] ADJ sarcastic

sarcastiquement [saʀkastikmɑ̃] ADV sarcastically

sarclage [saʀklaʒ] NM weeding

sarcler [saʀkle] /1/ VT to weed

sarcloir [saʀklwaʀ] NM (weeding) hoe, spud

sarcophage [saʀkɔfaʒ] NM sarcophagus

Sardaigne [saʀdɛɲ] NF: **la ~** Sardinia

sarde [saʀd] ADJ Sardinian

★**sardine** [saʀdin] NF sardine; **sardines à l'huile** sardines in oil

sardinerie [saʀdinʀi] NF sardine cannery

sardinier, -ière [saʀdinje, -jɛʀ] ADJ (*pêche, industrie*) sardine *cpd* ▸ NM (*bateau*) sardine boat

sardonique [saʀdɔnik] ADJ sardonic

sari [saʀi] NM sari

SARL [saʀl] SIGLE F (= *société à responsabilité limitée*) ≈ plc (BRIT), ≈ Inc. (*US*)

sarment [saʀmɑ̃] NM: **~ (de vigne)** vine shoot

sarrasin [saʀazɛ̃] NM buckwheat

sarrau [saʀo] NM smock

Sarre [saʀ] NF: **la ~** the Saar

sarriette [saʀjɛt] NF savory

sarrois, e [saʀwa, -waz] ADJ Saar *cpd* ▸ NM/F: **Sarrois, e** inhabitant *ou* native of the Saar

sas [sas] NM (*de sous-marin, d'engin spatial*) airlock; (*d'écluse*) lock

satané, e [satane] ADJ (*fam*) blasted

satanique [satanik] ADJ satanic, fiendish

sataniste [satanist] ADJ, NMF Satanist

satelliser [satelize] /1/ VT (*fusée*) to put into orbit; (*fig: pays*) to make into a satellite

★**satellite** [satelit] NM satellite; **pays ~** satellite country

satellite-espion [satelitɛspjɔ̃] (*pl* **satellites-espions**) NM spy satellite

satellite-observatoire [satelitɔpsɛʀvatwaʀ] (*pl* **satellites-observatoires**) NM observation satellite

satellite-relais [satelitʀəlɛ] (*pl* **satellites-relais**) NM (*TV*) relay satellite

satiété [sasjete]: **à ~** *adv* to one's heart's content; (*répéter*) ad nauseam

satin [satɛ̃] NM satin

satiné, e [satine] ADJ satiny; (*peau*) satin-smooth

satinette [satinɛt] NF satinet, sateen

satire [satiʀ] NF satire; **faire la ~** to satirize

satirique [satiʀik] ADJ satirical

satiriser [satiʀize] /1/ VT to satirize

satiriste [satiʀist] NMF satirist

satisfaction [satisfaksjɔ̃] NF satisfaction; **à ma grande ~** to my great satisfaction; **obtenir ~** to obtain *ou* get satisfaction; **donner ~ (à)** to give satisfaction (to)

satisfaire [satisfɛʀ] /60/ VT to satisfy; **~ à** (*engagement*) to fulfil; (*revendications, conditions*) to meet, satisfy ■ **se satisfaire de** VPR to be satisfied *ou* content with

S

satisfaisant, e [satisfəzɑ̃, -ɑ̃t] VB *voir* **satisfaire** ▶ ADJ (*acceptable*) satisfactory; (*qui fait plaisir*) satisfying

satisfait, e [satisfɛ, -ɛt] PP *de* **satisfaire** ▶ ADJ satisfied; **~ de** happy *ou* satisfied with

satisfasse [satisfas], **satisferai** *etc* [satisfʀe] VB *voir* **satisfaire**

saturation [satyʀasjɔ̃] NF saturation; **arriver à ~** to reach saturation point

saturer [satyʀe] /1/ VT to saturate; **~ qn/qch de** to saturate sb/sth with

saturnisme [satyʀnism] NM (*Méd*) lead poisoning

satyre [satiʀ] NM satyr; (*péj*) lecher

★**sauce** [sos] NF sauce; (*avec un rôti*) gravy; **en ~** in a sauce; **~ blanche** white sauce; **~ chasseur** sauce chasseur; **~ tomate** tomato sauce

saucer [sose] /3/ VT (*assiette*) to soak up the sauce from

saucière [sosjɛʀ] NF sauce boat; gravy boat

★**saucisse** [sosis] NF sausage

★**saucisson** [sosisɔ̃] NM (slicing) sausage; **~ à l'ail** garlic sausage

saucissonner [sosisɔne] /1/ VT to cut up, slice ▶ VI to picnic

★**sauf**[1] [sof] PRÉP except; **~ si** (*à moins que*) unless; **~ avis contraire** unless you hear to the contrary; **~ empêchement** barring (any) problems; **~ erreur** if I'm not mistaken; **~ imprévu** unless anything unforeseen arises, barring accidents

sauf[2], **sauve** [sof, sov] ADJ unharmed, unhurt; (*fig: honneur*) intact, saved; **laisser la vie sauve à qn** to spare sb's life

sauf-conduit [sofkɔ̃dɥi] NM safe-conduct

sauge [soʒ] NF sage

saugrenu, e [sogʀəny] ADJ preposterous, ludicrous

saule [sol] NM willow (tree); **~ pleureur** weeping willow

saumâtre [somɑtʀ] ADJ briny; (*désagréable: plaisanterie*) unsavoury (BRIT), unsavory (US)

★**saumon** [somɔ̃] NM salmon *inv*; **~ fumé** (*Culin*) smoked salmon ▶ ADJ INV salmon (pink)

saumoné, e [somɔne] ADJ: **truite saumonée** salmon trout

saumure [somyʀ] NF brine

sauna [sona] NM sauna

saupoudrer [sopudʀe] /1/ VT: **~ qch de** to sprinkle sth with

saupoudreuse [sopudʀøz] NF dredger

saur [sɔʀ] ADJ M: **hareng ~** smoked *ou* red herring, kipper

saurai *etc* [sɔʀe] VB *voir* **savoir**

saut [so] NM jump; (*discipline sportive*) jumping; **faire un ~** to (make a) jump *ou* leap; **faire un ~ chez qn** to pop over to sb's (place); **au ~ du lit** on getting out of bed; **~ en hauteur/longueur** high/long jump; **~ à la corde** skipping; **~ de page/ligne** (*Inform*) page/line break; **~ en parachute** parachuting *no pl*; **~ à la perche** pole vaulting; **~ à l'élastique** bungee jumping; **~ périlleux** somersault

saute [sot] NF: **~ de vent/température** sudden change of wind direction/in the temperature; **avoir des sautes d'humeur** to have sudden changes of mood

sauté, e [sote] ADJ (*Culin*) sauté ▶ NM: **~ de veau** sauté of veal

saute-mouton [sotmutɔ̃] NM: **jouer à ~** to play leapfrog

★**sauter** [sote] /1/ VI to jump, leap; (*exploser*) to blow up, explode; (*: fusibles*) to blow; (*se rompre*) to snap, burst; (*se détacher*) to pop out (*ou* off); **faire ~** to blow up; to burst open; (*Culin*) to sauté; **~ à pieds joints/à cloche-pied** to make a standing jump/ to hop; **~ en parachute** to make a parachute jump; **~ à la corde** to skip; **~ de joie** to jump for joy; **~ de colère** to be hopping with rage *ou* hopping mad; **~ au cou de qn** to fly into sb's arms; **~ sur une occasion** to jump at an opportunity; **~ aux yeux** to be quite obvious; **~ au plafond** (*fig*) to hit the roof ▶ VT to jump (over), leap (over); (*fig: omettre*) to skip, miss (out)

sauterelle [sotʀɛl] NF grasshopper

sauterie [sotʀi] NF party, hop

sauternes [sotɛʀn] NM Sauternes

sauteur, -euse [sotœʀ, -øz] NM/F (*athlète*) jumper; **~ à la perche** pole vaulter; **~ à skis** ski jumper ▶ NF (*poêle*) shallow pan

sautillement [sotijmɑ̃] NM hopping; skipping

sautiller [sotije] /1/ VI (*oiseau*) to hop; (*enfant*) to skip

sautoir [sotwaʀ] NM chain; (*Sport: emplacement*) jumping pit; **~ (de perles)** string of pearls

★**sauvage** [sovaʒ] ADJ (*gén*) wild; (*peuplade*) savage; (*farouche*) unsociable; (*barbare*) wild, savage; (*non officiel*) unauthorized, unofficial; **faire du camping ~** to camp in the wild ▶ NMF savage; (*timide*) unsociable type, recluse

sauvagement [sovaʒmɑ̃] ADV savagely

sauvageon, ne [sovaʒɔ̃, -ɔn] NM/F little savage

sauvagerie [sovaʒʀi] NF wildness; savagery; unsociability

sauve [sov] ADJ F *voir* **sauf**[2]

sauvegarde [sovgaʀd] NF safeguard; **sous la ~ de** under the protection of; **fichier de ~** (*Inform*) backup file

★**sauvegarder** [sovgaʀde] /1/ VT to safeguard; (*Inform: enregistrer*) to save; (*: copier*) to back up

sauve-qui-peut [sovkipø] NM INV stampede, mad rush ▶ EXCL run for your life!

★**sauver** [sove] /1/ VT to save; (*porter secours à*) to rescue; (*récupérer*) to salvage, rescue; **~ qn de** to save sb from; **~ la vie à qn** to save sb's life; **~ les apparences** to keep up appearances ■ **se sauver** VPR (*s'enfuir*) to run away; (*fam: partir*) to be off

sauvetage [sov(ə)taʒ] NM rescue; (*de banque, d'entreprise*) bailout; **~ en montagne** mountain rescue; **ceinture de ~** lifebelt (BRIT), life preserver (US); **brassière** *ou* **gilet de ~** life jacket (BRIT), life vest (US)

sauveteur [sov(ə)tœʀ] NM rescuer

sauvette [sovɛt]: **à la ~** *adv* (*vendre*) without authorization; (*se marier etc*) hastily, hurriedly; **vente à la ~** (unauthorized) street trading, (street) peddling

sauveur [sovœʀ] NM saviour (BRIT), savior (US)

SAV SIGLE M = **service après-vente**

savais *etc* [save] VB *voir* **savoir**
savamment [savamɑ̃] ADV (*avec érudition*) learnedly; (*habilement*) skilfully, cleverly
savane [savan] NF savannah
savant, e [savɑ̃, -ɑ̃t] ADJ scholarly, learned; **animal ~** performing animal ▶ NM/F scientist
savate [savat] NF worn-out shoe; (*Sport*) French boxing
saveur [savœʀ] NF flavour (BRIT), flavor (US); (*fig*) savour (BRIT), savor (US)
Savoie [savwa] NF: **la ~** Savoy
★**savoir** [savwaʀ] /32/ VT to know; (*être capable de*): **il sait nager** he knows how to swim, he can swim; **il est petit : tu ne peux pas ~ !** you won't believe how small he is!; **vous n'êtes pas sans ~ que** you are not *ou* will not be unaware of the fact that; **je crois ~ que ...** I believe that ..., I think I know that ...; **je n'en sais rien** I (really) don't know; **à ~ (que)** that is, namely; **faire ~ qch à qn** to let sb know sth, inform sb about sth; **pas que je sache** not as far as I know; **sans le ~** *adv* unknowingly, unwittingly; **en ~ long** to know a lot ▶ NM knowledge ■ **se savoir** VPR (*être connu*) to be known; **se ~ malade/incurable** to know that one is ill/incurably ill
savoir-faire [savwaʀfɛʀ] NM INV know-how

The French word **savoir-faire** is not translated by *savoir-faire* as used in English.

savoir-vivre [savwaʀvivʀ] NM INV: **le ~** savoir-faire, good manners *pl*
★**savon** [savɔ̃] NM (*produit*) soap; (*morceau*) bar *ou* tablet of soap; **passer un ~ à qn** (*fam*) to give sb a good dressing-down
savonner [savɔne] /1/ VT to soap
savonnerie [savɔnʀi] NF soap factory
savonnette [savɔnɛt] NF bar of soap
savonneux, -euse [savɔnø, -øz] ADJ soapy
savons [savɔ̃] VB *voir* **savoir**
savourer [savuʀe] /1/ VT to savour (BRIT), savor (US)
★**savoureux, -euse** [savuʀø, -øz] ADJ tasty; (*fig: anecdote*) spicy, juicy
savoyard, e [savwajaʀ, -aʀd] ADJ Savoyard
Saxe [saks] NF: **la ~** Saxony
saxo [saksɔ] NM (*fam*) sax
saxophone [saksɔfɔn] NM saxophone
saxophoniste [saksɔfɔnist] NMF saxophonist, sax(ophone) player
saynète [sɛnɛt] NF playlet
SBB SIGLE F (= *Schweizerische Bundesbahn*) *Swiss federal railways*
sbire [sbiʀ] NM (*péj*) henchman
sc. ABR = **scène**
s/c ABR (= *sous couvert de*) ≈ c/o
scabreux, -euse [skabʀø, -øz] ADJ risky; (*indécent*) improper, shocking
scalp [skalp] NM (*trophée*) scalp
scalpel [skalpɛl] NM scalpel
scalper [skalpe] /1/ VT to scalp
scampi [skɑ̃pi] NMPL scampi
scandale [skɑ̃dal] NM scandal; **faire un ~** (*scène*) to make a scene; (*Jur*) to create a disturbance; **faire ~** to scandalize people; **au grand ~ de ...** to the great indignation of ...
scandaleusement [skɑ̃daløzmɑ̃] ADV scandalously, outrageously
scandaleux, -euse [skɑ̃dalø, -øz] ADJ scandalous, outrageous
scandaliser [skɑ̃dalize] /1/ VT to scandalize ■ **se scandaliser** VPR: **se ~ (de)** to be scandalized (by)
scander [skɑ̃de] /1/ VT (*vers*) to scan; (*mots, syllabes*) to stress separately; (*slogans*) to chant
scandinave [skɑ̃dinav] ADJ Scandinavian ▶ NMF: **Scandinave** Scandinavian
Scandinavie [skɑ̃dinavi] NF: **la ~** Scandinavia
scanner [skanɛʀ] NM (*Méd*) scanner
scanographie [skanɔgʀafi] NF (*Méd*) scanning; (*image*) scan
scansion [skɑ̃sjɔ̃] NF scansion
scaphandre [skafɑ̃dʀ] NM (*de plongeur*) diving suit; (*de cosmonaute*) spacesuit; **~ autonome** aqualung
scaphandrier [skafɑ̃dʀije] NM diver
scarabée [skaʀabe] NM beetle
scarification [skaʀifikasjɔ̃] NF scarification
scarlatine [skaʀlatin] NF scarlet fever
scarole [skaʀɔl] NF endive
scatologique [skatɔlɔʒik] ADJ scatological, lavatorial
sceau, x [so] NM seal; (*fig*) stamp, mark; **sous le ~ du secret** under the seal of secrecy
scélérat, e [seleʀa, -at] NM/F villain, blackguard ▶ ADJ villainous, blackguardly
sceller [sele] /1/ VT to seal
scellés [sele] NMPL seals
scénario [senaʀjo] NM (*Ciné*) screenplay, script; (*: idée, plan*) scenario; (*fig*) pattern; scenario
scénariste [senaʀist] NMF scriptwriter
scène [sɛn] NF (*gén*) scene; (*estrade, fig: théâtre*) stage; **entrer en ~** to come on stage; **mettre en ~** (*Théât*) to stage; (*Ciné*) to direct; (*fig*) to present, introduce; **sur le devant de la ~** (*en pleine actualité*) in the forefront; **porter à la ~** to adapt for the stage; **faire une ~ (à qn)** to make a scene (with sb); **~ de ménage** domestic squabble *ou* quarrel
scénique [senik] ADJ (*effets*) theatrical; (*art*) scenic
scénographie [senɔgʀafi] NF (*Théât*) stage design
scepticisme [sɛptisism] NM scepticism
sceptique [sɛptik] ADJ sceptical ▶ NMF sceptic
sceptre [sɛptʀ] NM sceptre
schéma [ʃema] NM (*diagramme*) diagram, sketch; (*fig*) outline
schématique [ʃematik] ADJ diagrammatic(al), schematic; (*fig*) oversimplified
schématiquement [ʃematikmɑ̃] ADV schematically, diagrammatically
schématisation [ʃematizasjɔ̃] NF schematization; oversimplification
schématiser [ʃematize] /1/ VT to schematize; to (over)simplify
schismatique [ʃismatik] ADJ schismatic
schisme [ʃism] NM schism; rift, split
schiste [ʃist] NM schist

schizophrène [skizɔfʀɛn] NMF schizophrenic

schizophrénie [skizɔfʀeni] NF schizophrenia

sciatique [sjatik] ADJ: **nerf ~** sciatic nerve ▶ NF sciatica

scie [si] NF saw; (*fam: rengaine*) classic song; (*: personne*) bore; **~ à bois** wood saw; **~ circulaire** circular saw; **~ à découper** fretsaw; **~ à métaux** hacksaw; **~ sauteuse** jigsaw

sciemment [sjamɑ̃] ADV knowingly, wittingly

★**science** [sjɑ̃s] NF science; (*savoir*) knowledge; (*savoir-faire*) art, skill; **sciences économiques** economics; **sciences humaines/sociales** social sciences; **sciences naturelles** (*Scol*) natural science *sg*, biology *sg*; **sciences po** political science *ou* studies *pl*

★**science-fiction** [sjɑ̃sfiksjɔ̃] (*pl* **sciences-fictions**) NF science fiction

★**scientifique** [sjɑ̃tifik] ADJ scientific ▶ NMF (*savant*) scientist; (*étudiant*) science student

scientifiquement [sjɑ̃tifikmɑ̃] ADV scientifically

Scientologie® [sjɑ̃tɔlɔʒi] NF (*secte*) Scientology®

scientologue [sjɑ̃tɔlɔg] NMF (*adepte de la Scientologie*) Scientologist

scier [sje] /7/ VT to saw; (*retrancher*) to saw off

scierie [siʀi] NF sawmill

scieur [sjœʀ] NM: **~ de long** pit sawyer

Scilly [sili]: **les îles ~** the Scilly Isles, the Scillies, the Isles of Scilly

scinder [sɛ̃de] /1/ VT to split (up) ■ **se scinder** VPR to split (up)

scintillant, e [sɛ̃tijɑ̃, -ɑ̃t] ADJ sparkling

scintillement [sɛ̃tijmɑ̃] NM sparkling *no pl*

scintiller [sɛ̃tije] /1/ VI to sparkle; (*étoile*) to twinkle

scission [sisjɔ̃] NF split

sciure [sjyʀ] NF: **~ (de bois)** sawdust

sclérose [skleʀoz] NF sclerosis; (*fig*) ossification; **~ en plaques (SEP)** multiple sclerosis (MS)

sclérosé, e [skleʀoze] ADJ sclerosed, sclerotic; ossified

scléroser [skleʀoze] /1/: **se scléroser** VPR to become sclerosed; (*fig*) to become ossified

★**scolaire** [skɔlɛʀ] ADJ school *cpd*; (*péj*) scholastic; **l'année ~** the school year; (*à l'université*) the academic year; **en âge ~** of school age

scolarisation [skɔlaʀizasjɔ̃] NF (*d'un enfant*) schooling; **la ~ d'une région** the provision of schooling in a region; **le taux de ~** the proportion of children in full-time education

scolariser [skɔlaʀize] /1/ VT to provide with schooling

scolarité [skɔlaʀite] NF schooling; **frais de ~** school fees (BRIT), tuition (US)

scolastique [skɔlastik] ADJ (*péj*) scholastic

scoliose [skɔljoz] NF curvature of the spine, scoliosis

scolopendre [skɔlɔpɑ̃dʀ] NF (*Zool*) centipede; (*Bot*) hart's-tongue

scoop [skup] NM (*Presse*) scoop, exclusive

scooter [skutœʀ] NM (motor) scooter

scorbut [skɔʀbyt] NM scurvy

score [skɔʀ] NM score; (*électoral etc*) result

scories [skɔʀi] NFPL scoria *pl*

scorpion [skɔʀpjɔ̃] NM (*signe*): **le S~** Scorpio, the Scorpion; **être du S~** to be Scorpio

scotch [skɔtʃ] NM (*whisky*) scotch, whisky; **Scotch**® (*adhésif*) Sellotape® (BRIT), Scotch tape® (US)

scotché, e [skɔtʃe] ADJ (*fam*): **il reste des heures ~ devant la télévision** he spends hours glued to the television; **je suis resté ~** (*stupéfait*) I was flabbergasted

scotcher [skɔtʃe] /1/ VT to sellotape® (BRIT), scotch-tape® (US); (*fam: stupéfier*) to blow away

scoubidou [skubidu] NM *a plait woven from multi-coloured plastic threads*

scoumoune [skumun] NF (*fam*) tough luck; **avoir la ~** to be jinxed

scout, e [skut] ADJ, NM scout

scoutisme [skutism] NM (boy) scout movement; (*activités*) scouting

scribe [skʀib] NM scribe; (*péj*) penpusher

scribouillard [skʀibujaʀ] NM penpusher

script [skʀipt] NM (*écriture*) printing; (*Ciné*) (shooting) script

scripte [skʀipt] NF continuity girl

script-girl [skʀiptgœʀl] NF continuity girl

scriptural, e, -aux [skʀiptyʀal, -o] ADJ: **monnaie scripturale** bank money

scrotum [skʀɔtɔm] NM scrotum

scrupule [skʀypyl] NM scruple; **être sans scrupules** to be unscrupulous; **se faire un ~ de qch** to have scruples *ou* qualms about doing sth

scrupuleusement [skʀypyløzmɑ̃] ADV scrupulously

scrupuleux, -euse [skʀypylø, -øz] ADJ scrupulous

scrutateur, -trice [skʀytatœʀ, -tʀis] ADJ searching ▶ NM/F scrutineer

scruter [skʀyte] /1/ VT to scrutinize, search; (*l'obscurité*) to peer into; (*motifs, comportement*) to examine, scrutinize

scrutin [skʀytɛ̃] NM (*vote*) ballot; (*ensemble des opérations*) poll; **~ proportionnel/majoritaire** election on a proportional/majority basis; **~ à deux tours** poll with two ballots *ou* rounds; **~ de liste** list system

sculpter [skylte] /1/ VT to sculpt; (*érosion*) to carve

★**sculpteur** [skyltœʀ] NM sculptor

sculptural, e, -aux [skyltyʀal, -o] ADJ sculptural; (*fig*) statuesque

★**sculpture** [skyltyʀ] NF sculpture; **~ sur bois** wood carving

sdb. ABR = **salle de bain**

★**SDF** SIGLE M (= *sans domicile fixe*) homeless person; **les ~** the homeless

SE SIGLE F (= *Son Excellence*) HE

se, s' [sə, s]

PRON **1** (*emploi réfléchi*) oneself; (*: masc*) himself; (*: fém*) herself; (*: sujet non humain*) itself; (*: pl*) themselves; **se voir comme l'on est** to see o.s. as one is; **se savonner** to soap o.s.

2 (*réciproque*) one another, each other; **ils s'aiment** they love one another *ou* each other

3 (*passif*): **cela se répare facilement** it is easily repaired
4 (*possessif*): **se casser la jambe/se laver les mains** to break one's leg/wash one's hands

séance [seɑ̃s] NF (*d'assemblée, récréative*) meeting, session; (*de tribunal*) sitting, session; (*musicale, Ciné, Théât*) performance; **ouvrir/lever la ~** to open/close the meeting; **~ tenante** forthwith

séant, e [seɑ̃, -ɑ̃t] ADJ seemly, fitting ▸ NM posterior

★**seau, x** [so] NM bucket, pail; **~ à glace** ice bucket

sébum [sebɔm] NM sebum

★**sec, sèche** [sɛk, sɛʃ] ADJ dry; (*raisins, figues*) dried; (*insensible: cœur, personne*) hard, cold; (*maigre, décharné*) spare, lean; (*réponse, ton*) sharp, curt; (*démarrage*) sharp, sudden; **à pied ~** without getting one's feet wet ▸ NM: **tenir au ~** to keep in a dry place; **à ~** *adj* (*puits*) dried up; (*à court d'argent*) broke ▸ ADV hard; (*démarrer*) sharply; **boire ~** to be a heavy drinker; **je le bois ~** I drink it straight *ou* neat

SECAM [sekam] SIGLE M (= *procédé séquentiel à mémoire*) SECAM

sécante [sekɑ̃t] NF secant

sécateur [sekatœʀ] NM secateurs *pl* (BRIT), shears *pl*, pair of secateurs *ou* shears

sécession [sesesjɔ̃] NF: **faire ~** to secede; **la guerre de S~** the American Civil War

séchage [seʃaʒ] NM drying; (*de bois*) seasoning

sèche [sɛʃ] ADJ F *voir* **sec** ▸ NF (*fam*) cigarette, fag (BRIT)

sèche-cheveux [sɛʃʃəvø] NM INV hair dryer

sèche-linge [sɛʃlɛ̃ʒ] NM INV tumble dryer

sèche-mains [sɛʃmɛ̃] NM INV hand drier

sèchement [sɛʃmɑ̃] ADV (*frapper etc*) sharply; (*répliquer etc*) drily, sharply

sécher [seʃe] /6/ VT to dry; (*dessécher: peau, blé*) to dry (out); (*: étang*) to dry up; (*bois*) to season; (*fam: classe, cours*) to skip, miss ▸ VI to dry; to dry out; to dry up; (*fam: candidat*) to be stumped ■ **se sécher** VPR (*après le bain*) to dry o.s.

sécheresse [sɛʃʀɛs] NF dryness; (*absence de pluie*) drought

séchoir [seʃwaʀ] NM drier

★**second, e** [s(ə)gɔ̃, -ɔ̃d] ADJ second; **en ~** in second place; **doué de seconde vue** having (the gift of) second sight; **trouver son ~ souffle** (*Sport, fig*) to get one's second wind; **être dans un état ~** to be in a daze (*ou* trance); **de seconde main** second-hand ▸ NM (*assistant*) second in command; (*étage*) second floor (BRIT), third floor (*US*); (*Navig*) first mate ▸ NF (*unité de temps*) second; (*Scol*) ≈ year 11 (BRIT), ≈ tenth grade (*US*); (*Rail*) second class; **voyager en seconde** to travel second-class

★**secondaire** [s(ə)gɔ̃dɛʀ] ADJ secondary

seconder [s(ə)gɔ̃de] /1/ VT to assist; (*favoriser*) to back

★**secouer** [s(ə)kwe] /1/ VT to shake; (*passagers*) to rock; (*traumatiser*) to shake (up); **~ la tête** to shake one's head; **~ la poussière d'un tapis** to shake the dust off a carpet ■ **se secouer** VPR (*chien*) to shake itself; (*fam: se démener*) to give o.s. a shake

secourable [s(ə)kuʀabl] ADJ helpful

secourir [s(ə)kuʀiʀ] /11/ VT (*aller sauver*) to (go and) rescue; (*prodiguer des soins à*) to help, assist; (*venir en aide à*) to assist, aid

secourisme [s(ə)kuʀism] NM (*premiers soins*) first aid; (*sauvetage*) life saving

secouriste [s(ə)kuʀist] NMF first-aid worker

secourons *etc* [səkuʀɔ̃] VB *voir* **secourir**

★**secours** [s(ə)kuʀ] VB *voir* **secourir** ▸ NM help, aid, assistance; **cela lui a été d'un grand ~** this was a great help to him; **au ~!** help!; **appeler au ~** to shout *ou* call for help; **appeler qn à son ~** to call sb to one's assistance; **porter ~ à qn** to give sb assistance, help sb ▸ NMPL aid *sg*; **les premiers ~** first aid *sg*; **le ~ en montagne** mountain rescue; *see note*

Emergency phone numbers can be dialled free from public phones. For the police (*la police*) dial 17; for medical services (*le SAMU*) dial 15; for the fire brigade (*les pompiers*), dial 18.

secouru, e [səkuʀy] PP *de* **secourir**

secousse [s(ə)kus] NF jolt, bump; (*électrique*) shock; (*fig: psychologique*) jolt, shock; **~ sismique** *ou* **tellurique** earth tremor

★**secret, -ète** [səkʀɛ, -ɛt] ADJ secret; (*fig: renfermé*) reticent, reserved ▸ NM secret; (*discrétion absolue*): **le ~** secrecy; **en ~** in secret, secretly; **au ~** in solitary confinement; **~ de fabrication** trade secret; **~ professionnel** professional secrecy

secrétaire [s(ə)kʀetɛʀ] NMF secretary; **~ d'ambassade** embassy secretary; **~ de direction** private *ou* personal secretary; **~ d'État** ≈ junior minister; **~ général(e)** Secretary-General; (*Comm*) company secretary; **~ de mairie** town clerk; **~ médical(e)** medical secretary; **~ de rédaction** sub-editor ▸ NM (*meuble*) writing desk, secretaire

secrétariat [s(ə)kʀetaʀja] NM (*profession*) secretarial work; (*bureau: d'entreprise, d'école*) (secretary's) office; (*: d'organisation internationale*) secretariat; (*Pol etc: fonction*) secretaryship, office of Secretary

secrètement [səkʀɛtmɑ̃] ADV secretly

sécréter [sekʀete] /6/ VT to secrete

sécrétion [sekʀesjɔ̃] NF secretion

sectaire [sɛktɛʀ] ADJ sectarian, bigoted

sectarisme [sɛktaʀism] NM sectarianism

secte [sɛkt] NF sect

secteur [sɛktœʀ] NM sector; (*Admin*) district; (*Élec*): **branché sur le ~** plugged into the mains (supply); **fonctionne sur pile et ~** battery or mains operated; **le ~ privé/public** (*Écon*) the private/public sector; **le ~ primaire/tertiaire** the primary/tertiary sector

section [sɛksjɔ̃] NF section; (*de parcours d'autobus*) fare stage; (*Mil: unité*) platoon; **~ rythmique** rhythm section

sectionner [sɛksjɔne] /1/ VT to sever ■ **se sectionner** VPR to be severed

sectionneur [sɛksjɔnœʀ] NM (*Élec*) isolation switch

sectoriel, le [sɛktɔʀjɛl] ADJ sector-based

sectorisation [sɛktɔʀizasjɔ̃] NF division into sectors

sectoriser [sɛktɔʀize] /1/ VT to divide into sectors

sécu [seky] NF (*fam:* = *sécurité sociale*) ≈ benefits (BRIT), ≈ Welfare (US)
séculaire [sekylɛʀ] ADJ secular; (*très vieux*) age-old
séculariser [sekylaʀize] /1/ VT to secularize
séculier, -ière [sekylje, -jɛʀ] ADJ secular
sécurisant, e [sekyʀizɑ̃, -ɑ̃t] ADJ secure, giving a sense of security
sécuriser [sekyʀize] /1/ VT to give a sense of security to
sécurité [sekyʀite] NF (*absence de troubles*) security; (*absence de danger*) safety; **impression de ~** sense of security; **la ~ internationale** international security; **système de ~** security (*ou* safety) system; **être en ~** to be safe; **la ~ de l'emploi** job security; **la ~ routière** road safety; **la ~ sociale** ≈ Social Security (BRIT), ≈ Welfare (US)
sédatif, -ive [sedatif, -iv] ADJ, NM sedative
sédentaire [sedɑ̃tɛʀ] ADJ sedentary
sédentarisation [sedɑ̃taʀizasjɔ̃] NF settlement
sédentariser [sedɑ̃taʀize] VT (*Bédouins*) to settle (forcibly) ■ **se sédentariser** VPR to settle
sédiment [sedimɑ̃] NM sediment ■ **sédiments** NMPL (*alluvions*) sediment *sg*
sédimentaire [sedimɑ̃tɛʀ] ADJ sedimentary
sédimentation [sedimɑ̃tasjɔ̃] NF sedimentation
séditieux, -euse [sedisjø, -øz] ADJ insurgent; seditious
sédition [sedisjɔ̃] NF insurrection; sedition
séducteur, -trice [sedyktœʀ, -tʀis] ADJ seductive ▸ NM/F seducer (seductress)
séduction [sedyksjɔ̃] NF seduction; (*charme, attrait*) appeal, charm
séduire [sedɥiʀ] /38/ VT to charm; (*femme: abuser de*) to seduce; (*chose*) to appeal to
séduisant, e [sedɥizɑ̃, -ɑ̃t] VB *voir* **séduire** ▸ ADJ (*femme*) seductive; (*homme, offre*) very attractive
séduit, e [sedɥi, -it] PP *de* **séduire**
séfarade, sépharade [sefaʀad] ADJ Sephardic ▸ NMF Sephardi, Sephardic Jew
segment [sɛgmɑ̃] NM segment; (*Auto*): **~ (de piston)** piston ring; **~ de frein** brake shoe
segmenter [sɛgmɑ̃te] /1/ VT to segment ■ **se segmenter** VPR to segment
ségrégation [segʀegasjɔ̃] NF segregation
ségrégationnisme [segʀegasjɔnism] NM segregationism
ségrégationniste [segʀegasjɔnist] ADJ segregationist
seiche [sɛʃ] NF cuttlefish
séide [seid] NM (*péj*) henchman
seigle [sɛgl] NM rye
seigneur [sɛɲœʀ] NM lord; **le S~** the Lord
seigneurial, e, -aux [sɛɲœʀjal, -o] ADJ lordly, stately
sein [sɛ̃] NM breast; (*entrailles*) womb; **au ~ de** *prép* (*équipe, institution*) within; (*flots, bonheur*) in the midst of; **donner le ~ à** (*bébé*) to feed (at the breast); to breast-feed; **nourrir au ~** to breast-feed
Seine [sɛn] NF: **la ~** the Seine
séisme [seism] NM earthquake
séismique *etc* [seismik] ADJ *voir* **sismique** *etc*
★**seize** [sɛz] NUM sixteen
seizième [sɛzjɛm] NUM sixteenth
séjour [seʒuʀ] NM stay; (*pièce*) living room
séjourner [seʒuʀne] /1/ VI to stay
★**sel** [sɛl] NM salt; (*fig*) wit; (: *piquant*) spice; **~ de cuisine/de table** cooking/table salt; **~ gemme** rock salt; **sels de bain** bath salts
sélect, e [selɛkt] ADJ select
sélectif, -ive [selɛktif, -iv] ADJ selective
sélection [selɛksjɔ̃] NF selection; **faire/opérer une ~ parmi** to make a selection from among; **épreuve de ~** (*Sport*) trial (for selection); **~ naturelle** natural selection; **~ professionnelle** professional recruitment
sélectionné, e [selɛksjɔne] ADJ (*joueur*) selected; (*produit*) specially selected
sélectionner [selɛksjɔne] /1/ VT to select
sélectionneur, -euse [selɛksjɔnœʀ, -øz] NM/F selector
sélectivement [selɛktivmɑ̃] ADV selectively
sélectivité [selɛktivite] NF selectivity
★**self** [sɛlf] NM (*fam*) self-service
selfie [sɛlfi] NM selfie
self-service [sɛlfsɛʀvis] ADJ self-service ▸ NM self-service (restaurant); (*magasin*) self-service shop (BRIT) *ou* store (US)
selle [sɛl] NF saddle; **aller à la ~** (*Méd*) to have a bowel movement; **se mettre en ~** to mount, get into the saddle ■ **selles** NFPL (*Méd*) stools
seller [sele] /1/ VT to saddle
sellette [sɛlɛt] NF: **être sur la ~** to be in the hot seat
sellier [selje] NM saddler
★**selon** [s(ə)lɔ̃] PRÉP according to; (*en se conformant à*) in accordance with; **~ moi** as I see it; **~ que** according to, depending on whether
SEm SIGLE F (= *Son Éminence*) HE
semailles [s(ə)mɑj] NFPL sowing *sg*
★**semaine** [s(ə)mɛn] NF week; (*salaire*) week's wages *ou* pay, weekly wages *ou* pay; **en ~** during the week, on weekdays; **à la petite ~** from day to day; **la ~ sainte** Holy Week
semainier [s(ə)menje] NM (*bracelet*) bracelet made up of seven bands; (*calendrier*) desk diary; (*meuble*) chest of (seven) drawers
sémantique [semɑ̃tik] ADJ semantic ▸ NF semantics *sg*
sémaphore [semafɔʀ] NM (*Rail*) semaphore signal
semblable [sɑ̃blabl] ADJ similar; (*de ce genre*): **de semblables mésaventures** such mishaps; **~ à** similar to, like ▸ NM fellow creature *ou* man
semblant [sɑ̃blɑ̃] NM: **un ~ de vérité** a semblance of truth; **faire ~ (de faire)** to pretend (to do)
★**sembler** [sɑ̃ble] /1/ VB COPULE to seem; **~ être** to seem to be ▸ VB IMPERS: **il semble (bien) que/inutile de** it (really) seems *ou* appears that/useless to; **il me semble (bien) que** it (really) seems to me that, I (really) think that; **il me semble le connaître** I think *ou* I've a feeling I know him; **comme bon lui semble** as he (*ou* she) sees fit; **me semble-t-il, à ce qu'il me semble** it seems to me, to my mind

semelle [s(ə)mɛl] NF sole; (*intérieure*) insole, inner sole; **battre la ~** to stamp one's feet (to keep them warm); (*fig*) to hang around (waiting); **semelles compensées** platform soles

semence [s(ə)mɑ̃s] NF (*graine*) seed; (*clou*) tack

semer [s(ə)me] /5/ VT to sow; (*fig: éparpiller*) to scatter; (*: confusion*) to spread; (*fam: poursuivants*) to lose, shake off; **~ la discorde parmi** to sow discord among; **semé de** (*difficultés*) riddled with

semestre [s(ə)mɛstʀ] NM half-year; (*Scol*) semester

semestriel, le [s(ə)mɛstʀijɛl] ADJ half-yearly; semestral

semeur, -euse [s(ə)mœʀ, -øz] NM/F sower

semi-automatique [səmiɔtɔmatik] ADJ semiautomatic

semiconducteur [səmikɔ̃dyktœʀ] NM semiconductor

semi-conserve [səmikɔ̃sɛʀv(ə)] NF semi-perishable foodstuff

semi-fini [səmifini] ADJ M (*produit*) semi-finished

semi-liberté [səmilibɛʀte] NF (*Jur*) partial release from prison (*in order to follow a profession or undergo medical treatment*)

sémillant, e [semijɑ̃, -ɑ̃t] ADJ vivacious; dashing

séminaire [seminɛʀ] NM seminar; (*Rel*) seminary; **~ en ligne** webinar

séminariste [seminaʀist] NM seminarist

sémiologie [semjɔlɔʒi] NF semiology

semi-public, -ique [səmipyblik] ADJ (*Jur*) semipublic

semi-remorque [səmiʀəmɔʀk] NF trailer ▸ NM articulated lorry (BRIT), semi(trailer) (US)

semis [s(ə)mi] NM (*terrain*) seedbed, seed plot; (*plante*) seedling

sémite [semit] ADJ Semitic

sémitique [semitik] ADJ Semitic

semoir [səmwaʀ] NM seed-bag; seeder

semonce [səmɔ̃s] NF: **un coup de ~** a shot across the bows

semoule [s(ə)mul] NF semolina; **~ de riz** ground rice

sempiternel, le [sɛ̃pitɛʀnɛl] ADJ eternal, never-ending

sénat [sena] NM senate

> The **Sénat** is the upper house of the French parliament and is housed in the *Palais du Luxembourg* in Paris. Every three years one half of its members, called *sénateurs*, are elected for a six-year term by an electoral college consisting of the *députés* and other elected representatives. The *Sénat* has a wide range of powers but can be overridden by the lower house, the *Assemblée nationale*, in the event of dispute.

sénateur, -trice [senatœʀ, -tʀis] NM/F senator

sénatorial, e, -aux [senatɔʀjal, -o] ADJ senatorial, Senate *cpd*

Sénégal [senegal] NM: **le ~** Senegal

sénégalais, e [senegalɛ, -ɛz] ADJ Senegalese

sénevé [sɛnve] NM (*Bot*) mustard; (*graine*) mustard seed

sénile [senil] ADJ senile

sénilité [senilite] NF senility

senior [senjɔʀ] NMF (*Sport*) senior

★**sens** [sɑ̃s] VB *voir* **sentir** ▸ NM (*Physiol: instinct*) sense; (*signification*) meaning, sense; (*direction*) direction, way ▸ NMPL (*sensualité*) senses; **reprendre ses ~** to regain consciousness; **avoir le ~ des affaires/de la mesure** to have business sense/a sense of moderation; **ça n'a pas de ~** that doesn't make (any) sense; **en dépit du bon ~** contrary to all good sense; **tomber sous le ~** to stand to reason, be perfectly obvious; **en un ~, dans un ~** in a sense; **en ce ~ que** in the sense that; **à mon ~** to my mind; **dans le ~ des aiguilles d'une montre** clockwise; **dans le ~ contraire des aiguilles d'une montre** anticlockwise; **dans le ~ de la longueur/largeur** lengthways/widthways; **dans le mauvais ~** (*aller*) the wrong way; in the wrong direction; **bon ~** good sense; **~ commun** common sense; **~ dessus dessous** upside down; **~ interdit, ~ unique** one-way street

sensass [sɑ̃sas] ADJ INV (*fam*) fantastic

sensation [sɑ̃sasjɔ̃] NF sensation; **faire ~** to cause a sensation, create a stir; **à ~** (*péj*) sensational

sensationnalisme [sɑ̃sasjɔnalism] NM sensationalism

sensationnel, le [sɑ̃sasjɔnɛl] ADJ sensational, fantastic

sensé, e [sɑ̃se] ADJ sensible

sensibilisation [sɑ̃sibilizasjɔ̃] NF consciousness-raising; **une campagne de ~ de l'opinion** a campaign to raise public awareness

sensibiliser [sɑ̃sibilize] /1/ VT to make aware of; **être sensibilisé(e) à** to have been made aware of; **~ qn (à)** to make sb sensitive (to); to make sb aware (of)

sensibilité [sɑ̃sibilite] NF sensitivity; (*affectivité, émotivité*) sensitivity, sensibility

★**sensible** [sɑ̃sibl] ADJ sensitive; (*aux sens*) perceptible; (*appréciable: différence, progrès*) appreciable, noticeable; (*quartier*) problem *cpd*; **~ à** sensitive to

sensiblement [sɑ̃sibləmɑ̃] ADV (*notablement*) appreciably, noticeably; (*à peu près*): **ils ont ~ le même poids** they weigh approximately the same

sensiblerie [sɑ̃sibləʀi] NF sentimentality; squeamishness

sensitif, -ive [sɑ̃sitif, -iv] ADJ (*nerf*) sensory; (*personne*) oversensitive

sensoriel, le [sɑ̃sɔʀjɛl] ADJ sensory, sensorial

sensualité [sɑ̃sɥalite] NF sensuality, sensuousness

sensuel, le [sɑ̃sɥɛl] ADJ (*personne*) sensual; (*musique*) sensuous

sent [sɑ̃] VB *voir* **sentir**

sente [sɑ̃t] NF path

sentence [sɑ̃tɑ̃s] NF (*Jur: jugement*) sentence; (*adage*) maxim

sentencieusement [sɑ̃tɑ̃sjøzmɑ̃] ADV sententiously

sentencieux, -euse [sɑ̃tɑ̃sjø, -øz] ADJ sententious

senteur [sɑ̃tœʀ] NF scent, perfume

senti, e [sɑ̃ti] ADJ: **bien ~** (*mots etc*) well-chosen

S

★**sentier** [sɑ̃tje] NM path

★**sentiment** [sɑ̃timɑ̃] NM feeling; (*conscience, impression*): **avoir le ~ de/que** to be aware of/have the feeling that; **recevez mes sentiments respectueux** (*personne nommée*) yours sincerely; (*personne non nommée*) yours faithfully; **faire du ~** (*péj*) to be sentimental; **si vous me prenez par les sentiments** if you appeal to my feelings

sentimental, e, -aux [sɑ̃timɑ̃tal, -o] ADJ sentimental; (*vie, aventure*) love *cpd*

sentimentalisme [sɑ̃timɑ̃talism] NM sentimentalism

sentimentalité [sɑ̃timɑ̃talite] NF sentimentality

sentinelle [sɑ̃tinɛl] NF sentry; **en ~** standing guard; (*soldat: en faction*) on sentry duty

★**sentir** [sɑ̃tiʀ] /16/ VT (*par l'odorat*) to smell; (*par le goût*) to taste; (*au toucher, fig*) to feel; (*répandre une odeur de*) to smell of; (*: ressemblance*) to smell like; (*avoir la saveur de*) to taste of; to taste like; (*fig: dénoter, annoncer*) to be indicative of; to smack of; to foreshadow; **il ne peut pas le ~** (*fam*) he can't stand him ▸ VI to smell; **~ mauvais** to smell bad ■ **se sentir** VPR: **se ~ bien** to feel good; **se ~ mal** (*être indisposé*) to feel unwell *ou* ill; **je ne me sens pas bien** I don't feel well; **se ~ le courage/la force de faire** to feel brave/strong enough to do; **ne plus se ~ de joie** to be beside o.s. with joy

seoir [swaʀ] /26/: **~ à** *vt* to become, befit; **comme il (leur) sied** as it is fitting (to them)

Séoul [seul] N Seoul

SEP SIGLE F (= *sclérose en plaques*) MS

séparation [sepaʀasjɔ̃] NF separation; (*cloison*) division, partition; **~ de biens** division of property (*in marriage settlement*); **~ de corps** legal separation

séparatisme [sepaʀatism] NM separatism

séparatiste [sepaʀatist] ADJ, NMF (*Pol*) separatist

séparé, e [sepaʀe] ADJ (*appartements, pouvoirs*) separate; (*époux*) separated; **~ de** separate from; separated from

séparément [sepaʀemɑ̃] ADV separately

séparer [sepaʀe] /1/ VT (*gén*) to separate; (*désunir: divergences etc*) to divide; to drive apart; (*: différences, obstacles*) to stand between; (*détacher*): **~ qch de** to pull sth (off) from; (*dissocier*) to distinguish between; (*diviser*): **~ qch par** to divide sth (up) with; **~ une pièce en deux** to divide a room into two ■ **se séparer** VPR (*époux*) to separate, part; (*prendre congé: amis etc*) to part, leave each other; (*: adversaires*) to separate; (*se diviser: route, tige etc*) to divide; (*se détacher*): **se ~ (de)** to split off (from); to come off; **se ~ de** (*époux*) to separate *ou* part from; (*employé, objet personnel*) to part with

sépharade [sefaʀad] ADJ, NMF *voir* **séfarade**

sépia [sepja] NF sepia

★**sept** [sɛt] NUM seven

septante [sɛptɑ̃t] NUM (BELGIQUE, SUISSE) seventy

★**septembre** [sɛptɑ̃bʀ] NM September; *voir aussi* **juillet**

septennal, e, -aux [sɛptenal, -o] ADJ seven-year; (*festival*) seven-year, septennial

septennat [sɛptena] NM seven-year term (of office)

septentrional, e, -aux [sɛptɑ̃tʀijɔnal, -o] ADJ northern

septicémie [sɛptisemi] NF blood poisoning, septicaemia

septième [sɛtjɛm] NUM seventh; **être au ~ ciel** to be on cloud nine

septique [sɛptik] ADJ: **fosse ~** septic tank; **choc ~** septic shock

septuagénaire [sɛptɥaʒenɛʀ] ADJ, NMF septuagenarian

sépulcral, e, -aux [sepylkʀal, -o] ADJ (*voix*) sepulchral

sépulcre [sepylkʀ] NM sepulchre

sépulture [sepyltyʀ] NF burial; (*tombeau*) burial place, grave

séquelles [sekɛl] NFPL after-effects; (*fig*) aftermath *sg*; consequences

séquençage [sekɑ̃saʒ] NM (*de génome*) sequencing

séquence [sekɑ̃s] NF sequence

séquencer [sekɑ̃se] VT (*génome, production*) to sequence

séquentiel, le [sekɑ̃sjɛl] ADJ sequential

séquestration [sekɛstʀasjɔ̃] NF illegal confinement; impounding

séquestre [sekɛstʀ] NM impoundment; **mettre sous ~** to impound

séquestrer [sekɛstʀe] /1/ VT (*personne*) to confine illegally; (*biens*) to impound

séquoia [sekɔja] NM sequoia

serai *etc* [səʀe] VB *voir* **être**

sérail [seʀaj] NM seraglio; harem; **rentrer au ~** to return to the fold

serbe [sɛʀb] ADJ Serbian ▸ NM (*Ling*) Serbian ▸ NMF: **Serbe** Serb

Serbie [sɛʀbi] NF: **la ~** Serbia

serbo-croate [sɛʀbɔkʀɔat] ADJ Serbo-Croat, Serbo-Croatian ▸ NM (*Ling*) Serbo-Croat

serein, e [səʀɛ̃, -ɛn] ADJ serene; (*jugement*) dispassionate

sereinement [səʀɛnmɑ̃] ADV serenely

sérénade [seʀenad] NF serenade; (*fam*) hullabaloo

sérénité [seʀenite] NF serenity

serez [səʀe] VB *voir* **être**

serf, serve [sɛʀ, sɛʀv] NM/F serf

serfouette [sɛʀfwɛt] NF weeding hoe

serge [sɛʀʒ] NF serge

sergent [sɛʀʒɑ̃] NM sergeant

sergent-chef [sɛʀʒɑ̃ʃɛf] (*pl* **sergents-chefs**) NM staff sergeant

sergent-major [sɛʀʒɑ̃maʒɔʀ] (*pl* **sergents-majors**) NM ≈ quartermaster sergeant

sériciculture [seʀisikyltyʀ] NF silkworm breeding, sericulture

série [seʀi] NF (*de questions, d'accidents, TV*) series *inv*; (*de clés, casseroles, outils*) set; (*catégorie: Sport*) rank; class; **en ~** in quick succession; (*Comm*) mass *cpd*; **de ~** *adj* (*voiture*) standard; **hors ~** (*Comm*) custom-built; (*fig*) outstanding; **imprimante ~** (*Inform*) serial printer; **soldes de fin de séries** end of line special offers; **~ noire** *nm* (crime) thriller; *nf* (*suite de malheurs*) run of bad luck

sérier [serje] /7/ VT to classify, sort out

sérieusement [serjøzmɑ̃] ADV seriously; reliably; responsibly; **il parle ~** he's serious, he means it; **~ ?** seriously?

sérieux, -euse [serjø, -øz] ADJ serious; (*élève, employé*) reliable, responsible; (*client, maison*) reliable, dependable; (*offre, proposition*) genuine, serious; (*grave, sévère*) serious, solemn; (*maladie, situation*) serious, grave; (*important*) considerable; **ce n'est pas ~** (*raisonnable*) that's not on ▶ADV (*fam*): **il s'est marié — sérieux ?** he got married — seriously? ▶NM seriousness; (*d'une entreprise etc*) reliability; **garder son ~** to keep a straight face; **manquer de ~** not to be very responsible (*ou* reliable); **prendre qch/qn au ~** to take sth/sb seriously

sérigraphie [serigrafi] NF silk screen printing

serin [s(ə)rɛ̃] NM canary

seriner [s(ə)rine] /1/ VT: **~ qch à qn** to drum sth into sb

seringue [s(ə)rɛ̃g] NF syringe

serions *etc* [sərjɔ̃] VB *voir* **être**

serment [sɛrmɑ̃] NM (*juré*) oath; (*promesse*) pledge, vow; **prêter ~** to take the (*ou* an) oath; **faire le ~ de** to take a vow to, swear to; **sous ~** on *ou* under oath

sermon [sɛrmɔ̃] NM sermon; (*péj*) sermon, lecture

sermonner [sɛrmɔne] /1/ VT to lecture

sérologie [serɔlɔʒi] NF serology

séronégatif, -ive [seronegatif, -iv] ADJ HIV negative

séropositif, -ive [seropozitif, -iv] ADJ HIV positive

séropositivité [seropozitivite] NF HIV positivity, seropositivity

sérotonine [serɔtɔnin] NF serotonin

serpe [sɛrp] NF billhook

★**serpent** [sɛrpɑ̃] NM snake; **~ à sonnettes** rattlesnake; **~ monétaire (européen)** (European) monetary snake

serpenter [sɛrpɑ̃te] /1/ VI to wind

serpentin [sɛrpɑ̃tɛ̃] NM (*tube*) coil; (*ruban*) streamer

serpillière [sɛrpijɛr] NF floorcloth

serpolet [sɛrpɔlɛ] NM wild thyme

serrage [sɛraʒ] NM tightening; **collier de ~** clamp

serre [sɛr] NF (*Agr*) greenhouse; **~ chaude** hothouse; **~ froide** unheated greenhouse ▪ **serres** NFPL (*griffes*) claws, talons

serré, e [sere] ADJ (*tissu*) closely woven; (*réseau*) dense; (*écriture*) close; (*habits*) tight; (*fig: lutte, match*) tight, close-fought; (*passagers etc*) (tightly) packed; (*café*) strong; **avoir la gorge serrée** to have a lump in one's throat; **avoir le cœur ~** to have a heavy heart ▶ADV: **jouer ~** to play it close, play a close game; **écrire ~** to have cramped handwriting

serre-livres [sɛrlivr] NM INV book ends *pl*

serrement [sɛrmɑ̃] NM: **~ de main** handshake; **~ de cœur** pang of anguish

★**serrer** [sere] /1/ VT (*tenir*) to grip *ou* hold tight; (*comprimer, coincer*) to squeeze; (*poings, mâchoires*) to clench; (*vêtement*) to be too tight for; to fit tightly; (*rapprocher*) to close up, move closer together; (*ceinture, nœud, frein, vis*) to tighten; **~ la main à qn** to shake sb's hand; **~ qn dans ses bras** to hug sb, clasp sb in one's arms; **~ la gorge à qn** (*chagrin*) to bring a lump to sb's throat; **~ les dents** to clench *ou* grit one's teeth; **~ qn de près** to follow close behind sb; **~ le trottoir** to hug the kerb; **~ sa droite** to keep well to the right; **~ la vis à qn** to crack down harder on sb; **~ les rangs** to close ranks ▶VI: **~ à droite** to keep to the right; to move into the right-hand lane ▪ **se serrer** VPR (*se rapprocher*) to squeeze up; **se ~ contre qn** to huddle up to sb; **se ~ les coudes** to stick together, back one another up; **se ~ la ceinture** to tighten one's belt

serre-tête [sɛrtɛt] NM (*bandeau*) headband; (*bonnet*) skullcap

★**serrure** [seryr] NF lock

serrurerie [seryrri] NF (*métier*) locksmith's trade; (*ferronnerie*) ironwork; **~ d'art** ornamental ironwork

serrurier [seryrje] NM locksmith

sers, sert [sɛr] VB *voir* **servir**

sertir [sɛrtir] /2/ VT (*pierre*) to set; (*pièces métalliques*) to crimp

sérum [serɔm] NM serum; **~ antivenimeux** snakebite serum; **~ sanguin** (blood) serum

servage [sɛrvaʒ] NM serfdom

servant [sɛrvɑ̃] NM server

servante [sɛrvɑ̃t] NF (maid)servant

serve [sɛrv] NF *voir* **serf** ▶VB *voir* **servir**

★**serveur, -euse** [sɛrvœr, -øz] NM/F waiter (waitress) ▶NM (*Inform*) server ▶ADJ: **centre ~** (*Inform*) service centre

servi, e [sɛrvi] ADJ: **être bien ~** to get a large helping (*ou* helpings); **vous êtes ~ ?** are you being served?

serviable [sɛrvjabl] ADJ obliging, willing to help

★**service** [sɛrvis] NM (*gén*) service; (*série de repas*): **premier ~** first sitting; (*pourboire*) service (charge); (*assortiment de vaisselle*) set, service; (*linge de table*) set; (*bureau: de la vente etc*) department, section; (*travail*): **pendant le ~** on duty; **faire le ~** to serve; **être en ~ chez qn** (*domestique*) to be in sb's service; **être au ~ de** (*patron, patrie*) to be in the service of; **être au ~ de qn** (*collaborateur, voiture*) to be at sb's service; **porte de ~** tradesman's entrance; **rendre ~ à qn** to help sb; (*objet: s'avérer utile*) to come in useful *ou* handy for sb; **il aime rendre ~** he likes to help; **rendre un ~ à qn** to do sb a favour; **heures de ~** hours of duty; **être de ~** to be on duty; **reprendre du ~** to get back into action; **avoir 25 ans de ~** to have completed 25 years' service; **être/mettre en ~** to be in/put into service *ou* operation; **~ compris/non compris** service included/not included, inclusive/exclusive of service; **hors ~** not in use; out of order; **~ à thé/café** tea/coffee set *ou* service; **~ après-vente** after-sales service; **en ~ commandé** on an official assignment; **~ funèbre** funeral service; **~ militaire** military service; **~ d'ordre** police (*ou* stewards) in charge of maintaining order ▪ **services** NMPL (*travail, Écon*) services; **services publics** public services, (public) utilities; **services secrets** secret service *sg*; **services sociaux** social services

★**serviette** [sɛrvjɛt] NF (*de table*) (table) napkin, serviette; (*de toilette*) towel; (*porte-documents*) briefcase; **~ éponge** terry towel; **~ hygiénique** sanitary towel (BRIT) *ou* napkin (US)

S

servile [sɛʀvil] ADJ servile

servilement [sɛʀvilmɑ̃] ADV slavishly

★**servir** [sɛʀviʀ] /14/ VT (*gén*) to serve; (*dîneur: au restaurant*) to wait on; (*client: au magasin*) to serve, attend to; (*fig: aider*): **~ qn** to aid sb; to serve sb's interests; to stand sb in good stead; (*Comm: rente*) to pay; (*s'approvisionner*) **vous êtes servi ?** are you being served?; **sers-toi !** help yourself!; **~ qch à qn** to serve sb with sth, help sb to sth; **qu'est-ce que je vous sers ?** what can I get you?; **~ à qn** (*diplôme, livre*) to be of use to sb; **~ à qch/à faire** (*outil etc*) to be used for sth/for doing; **ça peut ~** it may come in handy; **à quoi cela sert-il (de faire) ?** what's the use (of doing)?; **ça ne sert à rien** it's no use; **~ (à qn) de ...** to serve as ... (for sb); **~ à dîner (à qn)** to serve dinner (to sb); **ça m'a servi pour faire** it was useful to me when I did; I used it to do ▸ VI (*Tennis*) to serve; (*Cartes*) to deal; (*être militaire*) to serve ▪ **se servir** VPR (*prendre d'un plat*) to help o.s.; **se ~ chez** to shop at; **se ~ de** (*plat*) to help o.s. to; (*voiture, outil, relations*) to use

serviteur [sɛʀvitœʀ] NM servant

servitude [sɛʀvityd] NF servitude; (*fig*) constraint; (*Jur*) easement

servofrein [sɛʀvɔfʀɛ̃] NM servo(-assisted) brake

servomécanisme [sɛʀvɔmekanism] NM servo system

★**ses** [se] ADJ POSS *voir* **son¹**

sésame [sezam] NM (*Bot*) sesame; (*graine*) sesame seed

session [sesjɔ̃] NF session

set [sɛt] NM set; (*napperon*) placemat; **~ de table** set of placemats

seuil [sœj] NM doorstep; (*fig*) threshold; **sur le ~ de la maison** in the doorway of his (*ou* her *etc*) house, on his (*ou* her *etc*) doorstep; **au ~ de** (*fig*) on the threshold *ou* brink *ou* edge of; **~ de rentabilité** (*Comm*) breakeven point

★**seul, e** [sœl] ADJ (*sans compagnie*) alone; (*avec nuance affective: isolé*) lonely; (*unique*): **un ~ livre** only one book, a single book; **le ~ livre** the only book; **d'un ~ coup** (*soudainement*) all at once; (*à la fois*) in one go; (*vivre*) alone, on one's own; **faire qch (tout) ~** to do sth (all) on one's own *ou* (all) by oneself; **~ ce livre, ce livre ~** this book alone, only this book; **à lui (tout) ~** single-handed, on his own; **se sentir ~** to feel lonely; **parler tout ~** to talk to oneself ▸ NM/F: **il en reste un(e) ~(e)** there's only one left; **pas un(e) ~(e)** not a single; **~ à ~** in private

★**seulement** [sœlmɑ̃] ADV only; **~ cinq, cinq ~** only five; **~ eux** only them, them alone; **~ hier/à 10h** only yesterday/at 10 o'clock; **il consent, ~ il demande des garanties** he agrees, only he wants guarantees; **non ~ ... mais aussi** *ou* **encore** not only ... but also

sève [sɛv] NF sap

sévère [sevɛʀ] ADJ severe

sévèrement [sevɛʀmɑ̃] ADV severely

sévérité [seveʀite] NF severity

sévices [sevis] NMPL (physical) cruelty *sg*, ill treatment *sg*

Séville [sevil] N Seville

sévir [seviʀ] /2/ VI (*punir*) to use harsh measures, crack down; (*fléau*) to rage, be rampant; **~ contre** (*abus*) to deal ruthlessly with, crack down on

sevrage [səvʀaʒ] NM weaning; deprivation; (*d'un toxicomane*) withdrawal

sevrer [səvʀe] /5/ VT to wean; (*fig*): **~ qn de** to deprive sb of

sexagénaire [sɛgzaʒenɛʀ] ADJ, NMF sexagenarian

SExc SIGLE F (= *Son Excellence*) HE

★**sexe** [sɛks] NM sex; (*organe mâle*) member

sexisme [sɛksism] NM sexism

sexiste [sɛksist] ADJ, NM sexist

sexologie [sɛksɔlɔʒi] NF sexology

sexologue [sɛksɔlɔg] NMF sexologist, sex specialist

sextant [sɛkstɑ̃] NM sextant

sexto [sɛksto] NM sext; **envoyer un ~ à qn** to sext sb

sexualité [sɛksɥalite] NF sexuality

sexué, e [sɛksɥe] ADJ sexual

sexuel, le [sɛksɥɛl] ADJ sexual; **acte ~** sex act

sexuellement [sɛksɥɛlmɑ̃] ADV sexually

sexy [sɛksi] ADJ sexy ▸ ADV: **s'habiller ~** to dress sexily

seyait [sejɛ] VB *voir* **seoir**

seyant, e [sɛjɑ̃, -ɑ̃t] VB *voir* **seoir** ▸ ADJ becoming

Seychelles [seʃɛl] NFPL: **les ~** the Seychelles

SG SIGLE MF = **secrétaire général(e)**

SGEN SIGLE M (= *Syndicat général de l'éducation nationale*) *teachers' trade union*

shaker [ʃɛkœʀ] NM (cocktail) shaker

shampoing [ʃɑ̃pwɛ̃] NM = **shampooing**

shampooiner [ʃɑ̃pwine] /1/ VT to shampoo

shampooineur, -euse [ʃɑ̃pwinœʀ, -øz] NM/F (*personne*) junior (*who does the shampooing*)

★**shampooing** [ʃɑ̃pwɛ̃] NM shampoo; **se faire un ~** to shampoo one's hair; **~ colorant** (colour) rinse; **~ traitant** medicated shampoo

shampouiner [ʃɑ̃pwinɛ̃] NM = **shampooiner**

shampouineur, -euse [ʃɑ̃pwinoeʀ, -øz] NM/F = **shampooineur**

Shetland [ʃɛtlɑ̃d] N: **les îles ~** the Shetland Islands, Shetland

shetland [ʃɛtlɑ̃d] NM (*laine*) Shetland wool; (*aussi: pull shetland*) Shetland sweater *ou* jumper (BRIT); (*poney*) Shetland pony

shiite [ʃiit] ADJ, NMF Shiite; *voir* **chiite**

shit [ʃit] NM (*fam*) hash (*fam*)

shoot [ʃut] NM (*Football*) shot

shooter [ʃute] /1/ VI (*Football*) to shoot ▪ **se shooter** VPR (*drogué*) to mainline

shopping [ʃɔpiŋ] NM: **faire du ~** to go shopping

★**short** [ʃɔʀt] NM (pair of) shorts *pl*

SI SIGLE M = **syndicat d'initiative**

si [si]

ADV **1** (*oui*) yes; **« Paul n'est pas venu » — « si ! »** "Paul hasn't come" — "Yes he has!"; **je vous assure que si** I assure you he did/she is *etc*

2 (*tellement*) so; **si gentil/rapidement** so kind/fast; **(tant et) si bien que** so much so that; **si rapide qu'il soit** however fast he may be

▸ CONJ if; **si tu veux** if you want; **je me demande si** I wonder if *ou* whether; **si j'étais toi** if I were you; **si seulement** if only; **si ce n'est que** apart from; **une des plus belles, si ce n'est la plus belle** one of the most beautiful, if not THE most

beautiful; **s'il est aimable, eux par contre ...** while *ou* whereas he's nice, they (on the other hand) ...
▸ NM (*Mus*) B; (: *en chantant la gamme*) ti

siamois, e [sjamwa, -waz] ADJ Siamese; **frères/ sœurs ~(es)** Siamese twins

Sibérie [sibeʀi] NF: **la ~** Siberia

sibérien, ne [sibeʀjɛ̃, -ɛn] ADJ Siberian ▸ NM/F: **Sibérien, ne** Siberian

sibyllin, e [sibilɛ̃, -in] ADJ sibylline

SICAV [sikav] SIGLE F (= *société d'investissement à capital variable*) *open-ended investment trust or a share in such a trust*

Sicile [sisil] NF: **la ~** Sicily

sicilien, ne [sisiljɛ̃, -ɛn] ADJ Sicilian

★**sida** [sida] NM (= *syndrome immuno-déficitaire acquis*) AIDS *sg*

sidéral, e, -aux [sideʀal, -o] ADJ sideral

sidérant, e [sideʀɑ̃, -ɑ̃t] ADJ staggering

sidéré, e [sideʀe] ADJ staggered

sidérurgie [sideʀyʀʒi] NF steel industry

sidérurgique [sideʀyʀʒik] ADJ steel *cpd*

sidérurgiste [sideʀyʀʒist] NMF steel worker

siècle [sjɛkl] NM century; (*époque*): **le ~ des lumières/de l'atome** the age of enlightenment/ atomic age; (*Rel*): **le ~** the world

sied [sje] VB *voir* **seoir**

siège [sjɛʒ] NM seat; (*d'entreprise*) head office; (*d'organisation*) headquarters *pl*; (*Mil*) siege; **lever le ~** to raise the siege; **mettre le ~ devant** to besiege; **présentation par le ~** (*Méd*) breech presentation; **~ avant/arrière** (*Auto*) front/back seat; **~ baquet** bucket seat; **~ social** registered office

siéger [sjeʒe] /3, 6/ VI (*assemblée, tribunal*) to sit; (*résider, se trouver*) to lie, be located

sien, ne [sjɛ̃, sjɛn] PRON: **le (la) ~(ne), les ~(ne)s** (*d'un homme*) his; (*d'une femme*) hers; (*d'une chose*) its; **y mettre du ~** to pull one's weight; **faire des siennes** (*fam*) to be up to one's (usual) tricks; **les siens** (*sa famille*) one's family

siérait *etc* [sjeʀɛ] VB *voir* **seoir**

Sierra Leone [sjɛʀaleɔne] NF: **la ~** Sierra Leone

sieste [sjɛst] NF (afternoon) snooze *ou* nap, siesta; **faire la ~** to have a snooze *ou* nap

sieur [sjœʀ] NM: **le ~ Thomas** Mr Thomas; (*en plaisantant*) Master Thomas

sifflant, e [siflɑ̃, -ɑ̃t] ADJ (*bruit*) whistling; (*toux*) wheezing; **(consonne) sifflante** (*Ling*) sibilant

sifflement [sifləmɑ̃] NM whistle, whistling *no pl*; wheezing *no pl*; hissing *no pl*

★**siffler** [sifle] /1/ VI (*gén*) to whistle; (*avec un sifflet*) to blow (on) one's whistle; (*en respirant*) to wheeze; (*serpent, vapeur*) to hiss ▸ VT (*chanson*) to whistle; (*chien etc*) to whistle for; (*fille*) to whistle at; (*pièce, orateur*) to hiss, boo; (*faute*) to blow one's whistle at; (*fin du match, départ*) to blow one's whistle for; (*fam: verre, bouteille*) to guzzle, knock back (BRIT)

sifflet [siflɛ] NM whistle; **coup de ~** whistle ■ **sifflets** NMPL (*de mécontentement*) whistles, boos

siffloter [siflɔte] /1/ VI, VT to whistle

sigle [sigl] NM acronym, (set of) initials *pl*

signal, -aux [siɲal, -o] NM (*signe convenu, appareil*) signal; (*indice, écriteau*) sign; **donner le ~ de** to give the signal for; **~ d'alarme** alarm signal; **~ d'alerte/ de détresse** warning/distress signal; **~ horaire** time signal; **~ optique/sonore** warning light/ sound; visual/acoustic signal; **signaux (lumineux)** (*Auto*) traffic signals; **signaux routiers** road signs; (*lumineux*) traffic lights

signalement [siɲalmɑ̃] NM description, particulars *pl*

signaler [siɲale] /1/ VT to indicate; to announce; (*vol, perte*) to report; (*personne: faire un signe*) to signal; (*être l'indice de*) to indicate; **~ qch à qn/à qn que** to point out sth to sb/to sb that; **~ qn à la police** to bring sb to the notice of the police; **se ~ par** to distinguish o.s. by; **se ~ à l'attention de qn** to attract sb's attention

signalétique [siɲaletik] ADJ: **fiche ~** identification sheet

signalisation [siɲalizasjɔ̃] NF signalling, signposting; signals *pl*; roadsigns *pl*; **panneau de ~** roadsign

signaliser [siɲalize] /1/ VT to put up roadsigns on; to put signals on

signataire [siɲatɛʀ] NMF signatory

★**signature** [siɲatyʀ] NF signature; (*action*) signing

★**signe** [siɲ] NM sign; (*Typo*) mark; **ne pas donner ~ de vie** to give no sign of life; **c'est bon ~** it's a good sign; **c'est ~ que** it's a sign that; **faire un ~ de la main/tête** to give a sign with one's hand/ shake one's head; **faire ~ à qn** (*fig: contacter*) to get in touch with sb; **faire ~ à qn d'entrer** to motion (to) sb to come in; **en ~ de** as a sign *ou* mark of; **le ~ de la croix** the sign of the Cross; **~ de ponctuation** punctuation mark; **~ du zodiaque** sign of the zodiac; **signes particuliers** distinguishing marks

★**signer** [siɲe] /1/ VT to sign ■ **se signer** VPR to cross o.s.

signet [siɲɛ] NM bookmark

significatif, -ive [siɲifikatif, -iv] ADJ significant

signification [siɲifikasjɔ̃] NF meaning

signifier [siɲifje] /7/ VT (*vouloir dire*) to mean, signify; (*faire connaître*): **~ qch (à qn)** to make sth known (to sb); (*Jur*): **~ qch à qn** to serve notice of sth on sb

silence [silɑ̃s] NM silence; (*Mus*) rest; **garder le ~ (sur qch)** to keep silent (about sth), say nothing (about sth); **passer sous ~** to pass over (in silence); **réduire au ~** to silence

silencieusement [silɑ̃sjøzmɑ̃] ADV silently

silencieux, -euse [silɑ̃sjø, -øz] ADJ quiet, silent ▸ NM silencer (BRIT), muffler (US)

silex [silɛks] NM flint

silhouette [silwɛt] NF outline, silhouette; (*lignes, contour*) outline; (*figure*) figure

silice [silis] NF silica

siliceux, -euse [silisø, -øz] ADJ (*terrain*) chalky

silicium [silisjɔm] NM silicon; **plaquette de ~** silicon chip

silicone [silikɔn] NF silicone

silicose [silikoz] NF silicosis, dust disease

sillage [sijaʒ] NM wake; (*fig*) trail; **dans le ~ de** (*fig*) in the wake of

S

sillon [sijɔ̃] NM (*d'un champ*) furrow; (*de disque*) groove
sillonner [sijɔne] /1/ VT (*creuser*) to furrow; (*traverser*) to criss-cross, cross
silo [silo] NM silo
silure [silyʀ] NM catfish
simagrées [simagʀe] NFPL fuss *sg*; airs and graces
simiesque [simjɛsk] ADJ monkey-like, simian
similaire [similɛʀ] ADJ similar
similarité [similaʀite] NF similarity
simili [simili] NM imitation; (*Typo*) half-tone ▸ NF half-tone engraving
simili... [simili] PRÉFIXE imitation *cpd*, artificial
similicuir [similikɥiʀ] NM imitation leather
similigravure [similigʀavyʀ] NF half-tone engraving
similitude [similityd] NF similarity
★**simple** [sɛ̃pl] ADJ (*gén*) simple; (*non multiple*) single; **~ soldat** private; **un ~ particulier** an ordinary citizen; **une ~ formalité** a mere formality; **dans le plus ~ appareil** in one's birthday suit ▸ NM: **cela varie du ~ au double** it can double, it can double the price *etc*; **~ messieurs/dames** *nm* (*Tennis*) men's/ladies' singles *sg* ▸ NMF: **~ d'esprit** simpleton ■ **simples** NMPL (*Méd*) medicinal plants
simplement [sɛ̃pləmɑ̃] ADV simply
simplet, te [sɛ̃plɛ, -ɛt] ADJ (*personne*) simple-minded
simplicité [sɛ̃plisite] NF simplicity; **en toute ~** quite simply
simplification [sɛ̃plifikasjɔ̃] NF simplification
simplifier [sɛ̃plifje] /7/ VT to simplify
simpliste [sɛ̃plist] ADJ simplistic
simulacre [simylakʀ] NM enactment; (*péj*): **un ~ de** a pretence of, a sham
simulateur, -trice [simylatœʀ, -tʀis] NM/F shammer, pretender; (*qui se prétend malade*) malingerer ▸ NM: **~ de vol** flight simulator
simulation [simylasjɔ̃] NF shamming, simulation; malingering
simuler [simyle] /1/ VT to sham, simulate
simultané, e [simyltane] ADJ simultaneous
simultanéité [simyltaneite] NF simultaneity
simultanément [simyltanemɑ̃] ADV simultaneously
Sinaï [sinai] NM: **le ~** Sinai
sinapisme [sinapism] NM (*Méd*) mustard poultice
sincère [sɛ̃sɛʀ] ADJ sincere; genuine; heartfelt; **mes sincères condoléances** my deepest sympathy
sincèrement [sɛ̃sɛʀmɑ̃] ADV sincerely; genuinely
sincérité [sɛ̃seʀite] NF sincerity; **en toute ~** in all sincerity
sinécure [sinekyʀ] NF sinecure
sine die [sinedje] ADV sine die, indefinitely
sine qua non [sinekwanɔn] ADJ: **condition ~** indispensable condition
Singapour [sɛ̃gapuʀ] NM: **le ~** Singapore
★**singe** [sɛ̃ʒ] NM monkey; (*de grande taille*) ape
singer [sɛ̃ʒe] /3/ VT to ape, mimic
singeries [sɛ̃ʒʀi] NFPL antics; (*simagrées*) airs and graces
singulariser [sɛ̃gylaʀize] /1/ VT to mark out ■ **se singulariser** VPR to call attention to o.s.
singularité [sɛ̃gylaʀite] NF peculiarity
singulier, -ière [sɛ̃gylje, -jɛʀ] ADJ remarkable, singular; (*Ling*) singular ▸ NM singular
singulièrement [sɛ̃gyljɛʀmɑ̃] ADV singularly, remarkably
sinistre [sinistʀ] ADJ sinister; (*intensif*): **un ~ imbécile** an absolute idiot ▸ NM (*incendie*) blaze; (*catastrophe*) disaster; (*Assurances*) damage (*giving rise to a claim*)
sinistré, e [sinistʀe] ADJ disaster-stricken ▸ NM/F disaster victim
sinistrose [sinistʀoz] NF pessimism
sino... [sino] PRÉFIXE: **sino-indien** Sino-Indian, Chinese-Indian
sinon [sinɔ̃] CONJ (*autrement, sans quoi*) otherwise, or else; (*sauf*) except, other than; (*si ce n'est*) if not
sinueux, -euse [sinɥø, -øz] ADJ winding; (*fig*) tortuous
sinuosité [sinɥozite] NF (*de route*) twists and turns *pl* ■ **sinuosités** NFPL (*de route, cours d'eau*) winding *sg*, curves; **les sinuosités de son raisonnement** (*fig*) his (*ou* her) tortuous train of thought
sinus [sinys] NM (*Anat*) sinus; (*Géom*) sine
sinusite [sinyzit] NF sinusitis, sinus infection
sinusoïdal, e, -aux [sinyzɔidal, -o] ADJ sinusoidal
sinusoïde [sinyzɔid] NF sinusoid
sionisme [sjɔnism] NM Zionism
sioniste [sjɔnist] ADJ, NMF Zionist
siphon [sifɔ̃] NM (*tube, d'eau gazeuse*) siphon; (*d'évier etc*) U-bend
siphonnage [sifɔnaʒ] NM (*de bac*) draining; (*d'eau, essence aussi fig: de fonds, ressources*) siphoning off
siphonner [sifɔne] /1/ VT (*bac*) to drain; (*eau, essence: aussi fig: fonds, ressources*) to siphon off; **~ un réservoir d'essence** to siphon off the petrol (BRIT) *ou* gas (US) from a tank
sire [siʀ] NM (*titre*): **S~** Sire; **un triste ~** an unsavoury individual
sirène [siʀɛn] NF siren; **~ d'alarme** fire alarm; (*pendant la guerre*) air-raid siren
★**sirop** [siʀo] NM (*à diluer: de fruit etc*) syrup, cordial (BRIT); (*boisson*) fruit drink; (*pharmaceutique*) syrup, mixture; **~ de menthe** mint syrup *ou* cordial; **~ contre la toux** cough syrup *ou* mixture
siroter [siʀɔte] /1/ VT to sip
sirupeux, -euse [siʀypø, -øz] ADJ syrupy
sis, e [si, siz] ADJ: **~ rue de la Paix** located in the rue de la Paix
sisal [sizal] NM (*Bot*) sisal
sismique [sismik] ADJ seismic
sismographe [sismɔgʀaf] NM seismograph
sismologie [sismɔlɔʒi] NF seismology
sitar [sitaʀ] NM sitar
site [sit] NM (*paysage, environnement*) setting; (*d'une ville etc: emplacement*) site; **~ (pittoresque)** beauty spot; **sites touristiques** tourist attractions; **sites naturels/historiques** natural/historic sites; **~ web** (*Inform*) website

sitôt [sito] ADV: **~ parti** as soon as he (*ou* she *etc*) had left; **~ après** straight after; **pas de ~** not for a long time; **~ (après) que** as soon as

★**situation** [sitɥasjɔ̃] NF (*gén*) situation; (*d'un édifice, d'une ville*) situation, position; (*emplacement*) location; **être en ~ de faire qch** to be in a position to do sth; **~ de famille** marital status

situé, e [sitɥe] ADJ: **bien ~** well situated, in a good location; **~ à/près de** situated at/near

situer [sitɥe] /1/ VT to site, situate; (*en pensée*) to set, place ■ **se situer** VPR: **se ~ à/près de** to be situated at/near

SIVOM [sivɔm] SIGLE M (= *Syndicat intercommunal à vocation multiple*) *association of "communes"*

★**six** [sis] NUM six

sixième [sizjɛm] NUM sixth ▸ NF (*Scol: classe*) year 7 (BRIT), sixth grade (US); **en ~** in year 7 (BRIT), in sixth grade (US)

skaï® [skaj] NM ≈ Leatherette®

skate [sket], **skate-board** [sketbɔʀd] NM (*sport*) skateboarding; (*planche*) skateboard

skateur, -euse [skɛtœʀ, øz] NM/F, **skater** [skɛtεʀ] NMF skateboarder

sketch [skɛtʃ] NM (variety) sketch

★**ski** [ski] NM (*objet*) ski; (*sport*) skiing; **faire du ~** to ski; **~ alpin** Alpine skiing; **~ court** short ski; **~ évolutif** short ski method; **~ de fond** cross-country skiing; **~ nautique** water-skiing; **~ de piste** downhill skiing; **~ de randonnée** cross-country skiing

skiable [skjabl] ADJ (*neige, pente*) skiable; *voir aussi* **domaine**

ski-bob [skibɔb] NM skibob

★**skier** [skje] /7/ VI to ski

skieur, -euse [skjœʀ, -øz] NM/F skier

skif, skiff [skif] NM skiff

slalom [slalɔm] NM slalom; **faire du ~ entre** to slalom between

slalomer [slalɔme] /1/ VI (*entre des obstacles*) to weave in and out; (*Ski*) to slalom

slalomeur, -euse [slalɔmœʀ, -øz] NM/F (*Ski*) slalom skier

slam [slam] NM slam poetry

slave [slav] ADJ Slav(onic), Slavic ▸ NM (*Ling*) Slavonic ▸ NMF: **Slave** Slav

★**slip** [slip] NM (*sous-vêtement*) underpants *pl*, pants *pl* (BRIT), briefs *pl*; (*de bain: d'homme*) trunks *pl*; (: *du bikini*) (bikini) briefs *pl*

slogan [slɔgɑ̃] NM slogan

slovaque [slɔvak] ADJ Slovak ▸ NM (*Ling*) Slovak ▸ NMF: **Slovaque** Slovak

Slovaquie [slɔvaki] NF: **la ~** Slovakia

slovène [slɔvɛn] ADJ Slovene ▸ NM (*Ling*) Slovene ▸ NMF: **Slovène** Slovene

Slovénie [slɔveni] NF: **la ~** Slovenia

slow [slo] NM (*danse*) slow number

SM SIGLE F (= *Sa Majesté*) HM

smartphone [smaʀtfɔn] NM (*Inform*) smartphone

smash [smaʃ] NM (*Tennis, Volley-ball*) smash

smasher [smaʃe] /1/ VI to smash the ball ▸ VT (*balle*) to smash

SMIC [smik] SIGLE M = **salaire minimum interprofessionnel de croissance**

> In France, the **SMIC** (*salaire minimum interprofessionnel de croissance*) is the minimum hourly rate which workers over the age of 18 must legally be paid. It is index-linked and is raised on 1 January of every year as well as whenever the cost-of-living index goes above 2%.

smicard, e [smikaʀ, -aʀd] NM/F minimum wage earner

smocks [smɔk] NMPL (*Couture*) smocking *no pl*

smoking [smɔkiŋ] NM dinner *ou* evening suit

SMS SIGLE M (*service:* = *short message service*) SMS; (: *message*) text (message)

SMUR [smyʀ] SIGLE M (= *service médical d'urgence et de réanimation*) *specialist mobile emergency unit*

snack [snak] NM snack bar

SNC ABR = **service non compris**

SNCB SIGLE F (= *Société nationale des chemins de fer belges*) *Belgian railways*

★**SNCF** SIGLE F (= *Société nationale des chemins de fer français*) *French railways*

SNES [snɛs] SIGLE M (= *Syndicat national de l'enseignement secondaire*) *secondary teachers' union*

SNE-sup [ɛsɛnəsyp] SIGLE M (= *Syndicat national de l'enseignement supérieur*) *university teachers' union*

SNJ SIGLE M (= *Syndicat national des journalistes*) *journalists' union*

snob [snɔb] ADJ snobbish ▸ NMF snob

snober [snɔbe] /1/ VT: **~ qn** to give sb the cold shoulder, treat sb with disdain

snobinard, e [snɔbinaʀ, -aʀd] NM/F snooty *ou* stuck-up person

snobisme [snɔbism] NM snobbery, snobbishness

snowboard [snobɔʀd] NM (*sport*) snowboarding; (*planche*) snowboard

snowboarder [snobɔʀdœʀ] NMF = **snowboardeur**

snowboardeur, -euse [snobɔʀdœʀ, -øz] NM/F, **snowboarder** [snobɔʀdœʀ] NMF snowboarder

SNSM SIGLE F (= *Société nationale de sauvetage en mer*) *national sea-rescue association*

s.o. ABR (= *sans objet*) no longer applicable

sobre [sɔbʀ] ADJ (*personne*) temperate, abstemious; (*élégance, style*) restrained, sober; **~ de** (*gestes, compliments*) sparing of

sobrement [sɔbʀəmɑ̃] ADV in moderation, abstemiously; soberly

sobriété [sɔbʀijete] NF temperance, abstemiousness; sobriety

sobriquet [sɔbʀikɛ] NM nickname

soc [sɔk] NM ploughshare

sociabilité [sɔsjabilite] NF sociability

sociable [sɔsjabl] ADJ sociable

★**social, e, -aux** [sɔsjal, -o] ADJ social

socialement [sɔsjalmɑ̃] ADV socially

socialisant, e [sɔsjalizɑ̃, -ɑ̃t] ADJ with socialist tendencies

socialisation [sɔsjalizasjɔ̃] NF socialisation

socialiser [sɔsjalize] /1/ VT to socialize

S

socialisme [sɔsjalism] NM socialism

socialiste [sɔsjalist] ADJ, NMF socialist

sociétaire [sɔsjetɛʀ] NMF member

société [sɔsjete] NF society; (*d'abeilles, de fourmis*) colony; (*sportive*) club; (*Comm*) company; **la bonne ~** polite society; **se plaire dans la ~ de** to enjoy the society of; **l'archipel de la S~** the Society Islands; **la ~ d'abondance/de consommation** the affluent/consumer society; **~ par actions** joint stock company; **~ anonyme** ≈ limited company (BRIT), ≈ incorporated company (*US*); **~ d'investissement à capital variable** ≈ investment trust (BRIT), ≈ mutual fund (*US*); **~ à responsabilité limitée** *type of limited liability company (with non-negotiable shares)*; **~ savante** learned society; **~ de services** service company

socioculturel, le [sɔsjokyltyʀɛl] ADJ sociocultural

socio-économique [sɔsjoekɔnɔmik] ADJ socio-economic

socio-éducatif, -ive [sɔsjoedykatif, -iv] ADJ socio-educational

sociolinguistique [sɔsjolɛ̃gɥistik] ADJ sociolinguistic

sociologie [sɔsjɔlɔʒi] NF sociology

sociologique [sɔsjɔlɔʒik] ADJ sociological

sociologue [sɔsjɔlɔg] NMF sociologist

socio-professionnel, le [sɔsjopʀɔfɛsjɔnɛl] ADJ socioprofessional

socle [sɔkl] NM (*de colonne, statue*) plinth, pedestal; (*de lampe*) base

socquette [sɔkɛt] NF ankle sock

socratique [sɔkʀatik] ADJ (*tradition*) Socratic

soda [sɔda] NM (*boisson*) fizzy drink, soda (*US*)

sodium [sɔdjɔm] NM sodium

sodomie [sɔdɔmi] NF sodomy; buggery

sodomiser [sɔdɔmize] /1/ VT to sodomize; to bugger

sœur [sœʀ] NF sister; (*religieuse*) nun, sister; **~ Élisabeth** (*Rel*) Sister Elizabeth; **~ de lait** foster sister

sofa [sɔfa] NM sofa

Sofia [sɔfja] N Sofia

SOFRES [sɔfʀɛs] SIGLE F (= *Société française d'enquête par sondage*) *company which conducts opinion polls*

soi [swa] PRON oneself; **en ~** (*intrinsèquement*) in itself; **cela va de ~** that *ou* it goes without saying, it stands to reason

soi-disant [swadizɑ̃] ADJ INV so-called ▸ ADV supposedly

★**soie** [swa] NF silk; (*de porc, sanglier: poil*) bristle

soient [swa] VB *voir* **être**

soierie [swaʀi] NF (*industrie*) silk trade; (*tissu*) silk

★**soif** [swaf] NF thirst; (*fig*): **~ de** thirst *ou* craving for; **avoir ~** to be thirsty; **donner ~ à qn** to make sb thirsty

soignant, e [swaɲɑ̃, -ɑ̃t] ADJ: **le personnel ~** the nursing staff; *voir aussi* **aide-soignant**

soigné, e [swaɲe] ADJ (*tenue*) well-groomed, neat; (*travail*) careful, meticulous; (*fam*) whopping; stiff

★**soigner** [swaɲe] /1/ VT (*malade, maladie: docteur*) to treat; (*: infirmière, mère*) to nurse, look after; (*blessé*) to tend; (*travail, détails*) to take care over; (*jardin, chevelure, invités*) to look after ■ **se soigner** VPR: **soigne-toi bien !** take good care of yourself!

soigneur [swaɲœʀ] NM (*Cyclisme, Football*) trainer; (*Boxe*) second

soigneusement [swaɲøzmɑ̃] ADV carefully

soigneux, -euse [swaɲø, -øz] ADJ (*propre*) tidy, neat; (*méticuleux*) painstaking, careful; **~ de** careful with

soi-même [swamɛm] PRON oneself

★**soin** [swɛ̃] NM (*application*) care; (*propreté, ordre*) tidiness, neatness; (*responsabilité*): **le ~ de qch** the care of sth; **avoir** *ou* **prendre ~ de** to take care of, look after; **avoir** *ou* **prendre ~ de faire** to take care to do; **faire qch avec (grand) ~** to do sth (very) carefully; **sans ~** *adj* careless; untidy ■ **soins** NMPL (*à un malade, blessé*) treatment *sg*, medical attention *sg*; (*attentions, prévenance*) care and attention *sg*; (*hygiène*) care *sg*; **soins de la chevelure/de beauté** hair/skin care; **soins du corps/ménage** body care/housekeeping, running a home; **les premiers soins** first aid *sg*; **aux bons soins de** c/o, care of; **être aux petits soins pour qn** to wait on sb hand and foot, see to sb's every need; **confier qn aux soins de qn** to hand sb over to sb's care

★**soir** [swaʀ] NM, ADV evening; **le ~** in the evening(s); **ce ~** this evening, tonight; **à ce ~ !** see you this evening (*ou* tonight)!; **la veille au ~** the previous evening; **sept/dix heures du ~** seven in the evening/ten at night; **le repas/journal du ~** the evening meal/newspaper; **dimanche ~** Sunday evening; **hier ~** yesterday evening; **demain ~** tomorrow evening, tomorrow night

soirée [swaʀe] NF evening; (*réception*) party; **donner en ~** (*film, pièce*) to give an evening performance of

soit [swa] VB *voir* **être** ▸ CONJ (*à savoir*) namely, to wit; (*ou*): **~ ... ~** either ... or; **~ que ... ~ que** *ou* **ou que** whether ... or whether ▸ ADV so be it, very well; **~ un triangle ABC** let ABC be a triangle

soixantaine [swasɑ̃tɛn] NF: **une ~ (de)** sixty or so, about sixty; **avoir la ~** (*âge*) to be around sixty

★**soixante** [swasɑ̃t] NUM sixty

soixante-dix [swasɑ̃tdis] NUM seventy

soixante-dixième [swasɑ̃tdizjɛm] NUM seventieth

soixante-huitard, e [swazɑ̃tɥitaʀ, -aʀd] ADJ relating to the demonstrations of May 1968 ▸ NM/F participant in the demonstrations of May 1968

soixantième [swasɑ̃tjɛm] NUM sixtieth

soja [sɔʒa] NM soya; (*graines*) soya beans *pl*; **germes de ~** beansprouts

★**sol** [sɔl] NM ground; (*de logement*) floor; (*revêtement*) flooring *no pl*; (*territoire, Agr, Géo*) soil; (*Mus*) G; (*: en chantant la gamme*) so(h)

solaire [sɔlɛʀ] ADJ (*énergie etc*) solar; (*crème etc*) sun *cpd*

solarium [sɔlaʀjɔm] NM solarium

★**soldat** [sɔlda] NM soldier; **S~ inconnu** Unknown Warrior *ou* Soldier; **~ de plomb** tin *ou* toy soldier

soldatesque [sɔldatɛsk] NF rabble of soldiers

★**solde** [sɔld] NF (*Mil*) pay; **à la ~ de qn** (*péj*) in sb's pay ▸ NM (*Comm*) balance; **~ créditeur/débiteur** credit/debit balance; **~ à payer** balance outstanding; **en ~** at sale price ▪ **soldes** NMPL (*Comm*) sales; (*articles*) sale goods

solder [sɔlde] /1/ VT (*compte*) to settle; (*marchandise*) to sell at sale price, sell off; **se ~ par** (*fig*) to end in; **article soldé (à) 10 euros** item reduced to 10 euros

soldeur, -euse [sɔldœʀ, -øz] NM/F (*Comm*) discounter

sole [sɔl] NF sole *inv* (*fish*)

★**soleil** [sɔlɛj] NM sun; (*lumière*) sun(light); (*temps ensoleillé*) sun(shine); (*feu d'artifice*) Catherine wheel; (*d'acrobate*) grand circle; (*Bot*) sunflower; **il y a** *ou* **il fait du ~** it's sunny; **au ~** in the sun; **en plein ~** in full sun; **le ~ levant/couchant** the rising/setting sun; **le ~ de minuit** the midnight sun

solennel, le [sɔlanɛl] ADJ solemn; ceremonial

solennellement [sɔlanɛlmɑ̃] ADV solemnly

solennité [sɔlanite] NF (*d'une fête*) solemnity ▪ **solennités** NFPL (*formalités*) formalities

solénoïde [sɔlenɔid] NM (*Élec*) solenoid

solfège [sɔlfɛʒ] NM music theory; (*exercices*) sight reading, sight singing

solfier [sɔlfje] /7/ VT: **~ un morceau** to sing a piece using the sol-fa

soli [sɔli] NMPL *de* **solo**

solidaire [sɔlidɛʀ] ADJ: **être solidaires** (*personnes*) to show solidarity, stand *ou* stick together; (*pièces mécaniques*) interdependent; (*Jur: engagement*) binding on all parties; (*: débiteurs*) jointly liable; **être ~ de** (*collègues*) to stand by; (*mécanisme*) to be bound up with, be dependent on

solidairement [sɔlidɛʀmɑ̃] ADV jointly

solidariser [sɔlidaʀize] /1/: **se solidariser avec** VPR to show solidarity with

solidarité [sɔlidaʀite] NF (*entre personnes*) solidarity; (*de mécanisme, phénomènes*) interdependence; **par ~ (avec)** (*cesser le travail etc*) in sympathy (with)

solide [sɔlid] ADJ solid; (*mur, maison, meuble*) solid, sturdy; (*connaissances, argument*) sound; (*personne*) robust, sturdy; (*estomac*) strong; **avoir les reins solides** (*fig*) to be in a good financial position; to have sound financial backing ▸ NM solid

solidement [sɔlidmɑ̃] ADV solidly; (*fermement*) firmly

solidification [sɔlidifikasjɔ̃] NF solidification

solidifier [sɔlidifje] /7/ VT to solidify ▪ **se solidifier** VPR to solidify

solidité [sɔlidite] NF solidity; sturdiness

soliloque [sɔlilɔk] NM soliloquy

soliste [sɔlist] NMF soloist

solitaire [sɔlitɛʀ] ADJ (*sans compagnie*) solitary, lonely; (*isolé*) solitary, isolated, lone; (*lieu*) lonely ▸ NMF (*ermite*) recluse; (*fig: ours*) loner ▸ NM (*diamant, jeu*) solitaire

solitude [sɔlityd] NF loneliness; (*paix*) solitude

solive [sɔliv] NF joist

sollicitations [sɔlisitasjɔ̃] NFPL (*requêtes*) entreaties, appeals; (*attractions*) enticements; (*Tech*) stress *sg*

solliciter [sɔlisite] /1/ VT (*personne*) to appeal to; (*emploi, faveur*) to seek; (*moteur*) to prompt; (*occupations, attractions etc*): **~ qn** to appeal to sb's curiosity *etc*; to entice sb; to make demands on sb's time; **~ qn de faire** to appeal to sb *ou* request sb to do

sollicitude [sɔlisityd] NF concern

solo [sɔlo] (*pl* **soli** [sɔli]) NM (*Mus*) solo

sol-sol [sɔlsɔl] ADJ INV surface-to-surface

solstice [sɔlstis] NM solstice; **~ d'hiver/d'été** winter/summer solstice

solubilisé, e [sɔlybilize] ADJ soluble

solubilité [sɔlybilite] NF solubility

soluble [sɔlybl] ADJ (*sucre, cachet*) soluble; (*problème etc*) soluble, solvable

soluté [sɔlyte] NM solution

solution [sɔlysjɔ̃] NF solution; **~ de continuité** gap, break; **~ de facilité** easy way out

solutionner [sɔlysjɔne] /1/ VT to solve, find a solution for

solvabilité [sɔlvabilite] NF solvency

solvable [sɔlvabl] ADJ solvent

solvant [sɔlvɑ̃] NM solvent

Somalie [sɔmali] NF: **la ~** Somalia

somalien, ne [sɔmaljɛ̃, -ɛn] ADJ Somalian

somatique [sɔmatik] ADJ somatic

sombre [sɔ̃bʀ] ADJ dark; (*fig*) sombre, gloomy; (*sinistre*) awful, dreadful

sombrer [sɔ̃bʀe] /1/ VI (*bateau*) to sink, go down; **~ corps et biens** to go down with all hands; **~ dans** (*misère, désespoir*) to sink into

sommaire [sɔmɛʀ] ADJ (*simple*) basic; (*expéditif*) summary; **exécution ~** summary execution ▸ NM summary; **faire le ~ de** to make a summary of, summarize

sommairement [sɔmɛʀmɑ̃] ADV basically; summarily

sommation [sɔmasjɔ̃] NF (*Jur*) summons *sg*; (*avant de faire feu*) warning

somme [sɔm] NF (*Math*) sum; (*fig*) amount; (*argent*) sum, amount; **faire la ~ de** to add up; **en ~**, **~ toute** *adv* all in all ▸ NM: **faire un ~** to have a (short) nap

★**sommeil** [sɔmɛj] NM sleep; **avoir ~** to be sleepy; **avoir le ~ léger** to be a light sleeper; **en ~** (*fig*) dormant

sommeiller [sɔmeje] /1/ VI to doze; (*fig*) to lie dormant

sommelier [sɔməlje] NM wine waiter

sommer [sɔme] /1/ VT: **~ qn de faire** to command *ou* order sb to do; (*Jur*) to summon sb to do

sommes [sɔm] VB *voir* **être**; *voir aussi* **somme**

★**sommet** [sɔmɛ] NM top; (*d'une montagne*) summit, top; (*fig: de la perfection, gloire*) height; (*Géom: d'angle*) vertex; (*conférence*) summit (conference); **atteindre des sommets** (*élégance*) to reach new heights; (*bêtise, égoïsme*) to reach new depths

sommier [sɔmje] NM bed base, bedspring (*US*); (*Admin: registre*) register; **~ à ressorts** (interior sprung) divan base (BRIT), box spring (*US*); **~ à lattes** slatted bed base *ou* bedspring (*US*)

sommité [sɔmite] NF prominent person, leading light

somnambule [sɔmnɑ̃byl] NMF sleepwalker

somnambulisme [sɔmnɑ̃bylism] NM sleepwalking

somnifère [sɔmnifɛʀ] NM sleeping drug; (*comprimé*) sleeping pill *ou* tablet

somnolence [sɔmnɔlɑ̃s] NF drowsiness

S

somnolent, e [sɔmnɔlɑ̃, -ɑ̃t] ADJ sleepy, drowsy

somnoler [sɔmnɔle] /1/ VI to doze

somptuaire [sɔ̃ptɥɛʀ] ADJ: **lois somptuaires** sumptuary laws; **dépenses somptuaires** extravagant expenditure *sg*

somptueusement [sɔ̃ptɥøzmɑ̃] ADV sumptuously

somptueux, -euse [sɔ̃ptɥø, -øz] ADJ sumptuous; (*cadeau*) lavish

somptuosité [sɔ̃ptɥozite] NF sumptuousness; (*d'un cadeau*) lavishness

★**son¹, sa** [sɔ̃, sa] (*pl* **ses** [se]) ADJ POSS (*antécédent humain: masculin*) his; (*: féminin*) her; (*: valeur indéfinie*) one's, his (her); (*: non humain*) its; *voir* **il**

son² [sɔ̃] NM sound; (*de blé etc*) bran; **~ et lumière** *adj inv* son et lumière

sonar [sɔnaʀ] NM (*Navig*) sonar

sonate [sɔnat] NF sonata

★**sondage** [sɔ̃daʒ] NM (*de terrain*) boring, drilling; (*de mer, atmosphère*) sounding; probe; (*enquête*) survey, sounding out of opinion; **~ (d'opinion)** (opinion) poll

sonde [sɔ̃d] NF (*Navig*) lead *ou* sounding line; (*Météorologie*) sonde; (*Méd*) probe; catheter; (*: d'alimentation*) feeding tube; (*Tech*) borer, driller; (*: de forage, sondage*) drill; (*pour fouiller etc*) probe; **~ à avalanche** pole (*for probing snow and locating victims*); **~ spatiale** probe

sonder [sɔ̃de] /1/ VT (*Navig*) to sound; (*atmosphère, plaie, bagages etc*) to probe; (*Tech*) to bore, drill; (*fig: personne*) to sound out; (*: opinion*) to probe; **~ le terrain** (*fig*) to see how the land lies

songe [sɔ̃ʒ] NM dream

songer [sɔ̃ʒe] /3/ VI to dream; **~ à** (*rêver à*) to think over, muse over; (*penser à*) to think of; (*envisager*) to contemplate, think of, consider; **~ que** to consider that; to think that

songerie [sɔ̃ʒʀi] NF reverie

songeur, -euse [sɔ̃ʒœʀ, -øz] ADJ pensive; **ça me laisse ~** that makes me wonder

sonnailles [sɔnɑj] NFPL jingle of bells

sonnant, e [sɔnɑ̃, -ɑ̃t] ADJ: **en espèces sonnantes et trébuchantes** in coin of the realm; **à huit heures sonnantes** on the stroke of eight

sonné, e [sɔne] ADJ (*fam*) cracked; (*passé*): **il est midi ~** it's gone twelve; **il a quarante ans bien sonnés** he's well into his forties

★**sonner** [sɔne] /1/ VI (*retentir*) to ring; (*donner une impression*) to sound; **~ bien/mal/creux** to sound good/bad/hollow; **~ faux** (*instrument*) to sound out of tune; (*rire*) to ring false; **minuit vient de ~** midnight has just struck; **~ chez qn** to ring sb's doorbell, ring at sb's door ▸ VT (*cloche*) to ring; (*glas, tocsin*) to sound; (*portier, infirmière*) to ring for; (*messe*) to ring the bell for; (*fam: choc, coup*) to knock out; **~ du clairon** to sound the bugle; **~ les heures** to strike the hours

sonnerie [sɔnʀi] NF (*son*) ringing; (*sonnette*) bell; (*mécanisme d'horloge*) striking mechanism; (*de portable*) ringtone; **~ d'alarme** alarm bell; **~ de clairon** bugle call

sonnet [sɔnɛ] NM sonnet

sonnette [sɔnɛt] NF bell; **~ d'alarme** alarm bell; **~ de nuit** night-bell

sono [sɔno] NF (= *sonorisation*) PA (system); (*d'une discothèque*) sound system

sonore [sɔnɔʀ] ADJ (*voix*) sonorous, ringing; (*salle, métal*) resonant; (*ondes, film, signal*) sound *cpd*; (*Ling*) voiced; **effets sonores** sound effects

sonorisation [sɔnɔʀizasjɔ̃] NF (*équipement: de salle de conférences*) public address system, PA system; (*: de discothèque*) sound system

sonoriser [sɔnɔʀize] /1/ VT (*film, spectacle*) to add the sound track to; (*salle*) to fit with a public address system

sonorité [sɔnɔʀite] NF (*de piano, violon*) tone; (*de voix, mot*) sonority; (*d'une salle*) resonance, acoustics *pl*

sonothèque [sɔnɔtɛk] NF sound library

sont [sɔ̃] VB *voir* **être**

sophisme [sɔfism] NM sophism

sophiste [sɔfist] NMF sophist

sophistication [sɔfistikasjɔ̃] NF sophistication

sophistiqué, e [sɔfistike] ADJ sophisticated

sophrologie [sɔfʀɔlɔʒi] NF sophrology

soporifique [sɔpɔʀifik] ADJ soporific

soprano [sɔpʀano] NMF soprano

sorbet [sɔʀbɛ] NM water ice, sorbet

sorbetière [sɔʀbətjɛʀ] NF ice-cream maker

sorbier [sɔʀbje] NM service tree

sorcellerie [sɔʀsɛlʀi] NF witchcraft *no pl*, sorcery *no pl*

sorcier, -ière [sɔʀsje, -jɛʀ] NM/F wizard, sorcerer (witch *ou* sorceress) ▸ ADJ: **ce n'est pas ~** (*fam*) it's not rocket science

sordide [sɔʀdid] ADJ (*lieu*) squalid; (*action*) sordid

sorgho [sɔʀgo] NM sorghum

Sorlingues [sɔʀlɛ̃g] NFPL: **les (îles) ~** the Scilly Isles, the Isles of Scilly, the Scillies

sornettes [sɔʀnɛt] NFPL twaddle *sg*

sort [sɔʀ] VB *voir* **sortir** ▸ NM (*fortune, destinée*) fate; (*condition, situation*) lot; (*magique*): **jeter un ~** to cast a spell; **un coup du ~** a blow dealt by fate; **le ~ en est jeté** the die is cast; **tirer au ~** to draw lots; **tirer qch au ~** to draw lots for sth

sortable [sɔʀtabl] ADJ: **il n'est pas ~** you can't take him anywhere

sortant, e [sɔʀtɑ̃, -ɑ̃t] VB *voir* **sortir** ▸ ADJ (*numéro*) which comes up (*in a draw etc*); (*député, président*) outgoing

★**sorte** [sɔʀt] VB *voir* **sortir** ▸ NF sort, kind; **une ~ de** a sort of; **de la ~** *adv* in that way; **en quelque ~** in a way; **de ~ à** so as to, in order to; **de (telle) ~ que, en ~ que** (*de manière que*) so that; (*si bien que*) so much so that; **faire en ~ que** to see to it that

★**sortie** [sɔʀti] NF (*issue*) way out, exit; (*Mil*) sortie; (*fig: verbale*) outburst; (*: parole incongrue*) odd remark; (*d'un gaz, de l'eau*) outlet; (*promenade*) outing; (*le soir: au restaurant etc*) night out; (*de produits*) export; (*de capitaux*) outflow; (*Inform*) output; (*d'imprimante*) printout; (*Comm: d'un disque*) release; (*: d'un livre*) publication; (*: d'un modèle*) launch; **à sa ~** as he (*ou* she) went out *ou* left; **à la ~ de ce nouveau modèle** when this new model comes (*ou* came) out, when they bring (*ou* brought) out this new model; **à la ~ de l'école/l'usine** (*moment*) after school/work; when school/the factory comes out; (*lieu*) at the school/factory gates; **~ de bain** (*vêtement*) bathrobe; **« ~ de camions »** "vehicle exit"; **~ papier** hard copy; **~ de secours** emergency exit ■ **sorties** NFPL (*Comm: somme*) items of expenditure; outgoings

sortilège [sɔʀtilɛʒ] NM (magic) spell

★**sortir** [sɔʀtiʀ] /16/ VI (*gén*) to come out; (*partir, se promener, aller au spectacle etc*) to go out; (*bourgeon, plante, numéro gagnant*) to come up; **~ avec qn** to be going out with sb; **~ de** (*gén*) to leave; (*endroit*) to go (*ou* come) out of, leave; (*rainure etc*) to come out of; (*maladie*) to get over; (*époque*) to get through; (*cadre, compétence*) to be outside; (*provenir de: famille etc*) to come from; **~ de table** to leave the table; **~ du système** (*Inform*) to log out; **~ de ses gonds** (*fig*) to fly off the handle ▸ VT (*gén*) to take out; (*produit, ouvrage, modèle*) to bring out; (*fam: dire: boniments, incongruités*) to come out with; (*Inform*) to output; (*: sur papier*) to print out; (*fam: expulser*) to throw out; **~ qch de** to take sth out of; **~ qn d'embarras** to get sb out of trouble ▸ NM: **au ~ de l'hiver/l'enfance** as winter/childhood nears its end ■ **se sortir de** VPR (*affaire, situation*) to get out of; **s'en ~** (*malade*) to pull through; (*d'une difficulté etc*) to come through all right; to get through, be able to manage

SOS SIGLE M mayday, SOS

sosie [sɔzi] NM double

sot, sotte [so, sɔt] ADJ silly, foolish ▸ NM/F fool

sottement [sɔtmɑ̃] ADV foolishly

sottise [sɔtiz] NF silliness *no pl*, foolishness *no pl*; (*propos, acte*) silly *ou* foolish thing (to do *ou* say)

sou [su] NM: **près de ses sous** tight-fisted; **sans le ~** penniless; **~ à ~** penny by penny; **pas un ~ de bon sens** not a scrap *ou* an ounce of good sense; **de quatre sous** worthless

souahéli [swaeli] NM (*Ling*) Swahili

soubassement [subɑsmɑ̃] NM base

soubresaut [subʀəso] NM (*de peur etc*) start; (*cahot: d'un véhicule*) jolt

soubrette [subʀɛt] NF soubrette, maidservant

souche [suʃ] NF (*d'arbre*) stump; (*de carnet*) counterfoil (BRIT), stub; **dormir comme une ~** to sleep like a log; **de vieille ~** of old stock

★**souci** [susi] NM (*inquiétude*) worry; (*préoccupation*) concern; (*Bot*) marigold; **se faire du ~** to worry; **avoir (le) ~ de** to have concern for; **par ~ de** for the sake of, out of concern for

soucier [susje] /7/: **se soucier de** VPR to care about

soucieux, -euse [susjø, -øz] ADJ concerned, worried; **~ de** concerned about; **peu ~ de/que** caring little about/whether

soucoupe [sukup] NF saucer; **~ volante** flying saucer

★**soudain, e** [sudɛ̃, -ɛn] ADJ (*douleur, mort*) sudden ▸ ADV suddenly, all of a sudden

soudainement [sudɛnmɑ̃] ADV suddenly

soudaineté [sudɛnte] NF suddenness

Soudan [sudɑ̃] NM: **le ~** Sudan; **le ~ du Sud** South Sudan

soudanais, e [sudanɛ, -ɛz] ADJ Sudanese

soude [sud] NF soda

soudé, e [sude] ADJ (*fig: pétales, organes*) joined (together)

souder [sude] /1/ VT (*avec fil à souder*) to solder; (*par soudure autogène*) to weld; (*fig*) to bind *ou* knit together; to fuse (together) ■ **se souder** VPR (*os*) to knit (together)

soudeur, -euse [sudœʀ, -øz] NM/F (*ouvrier*) welder

soudoyer [sudwaje] /8/ VT (*péj*) to bribe, buy over

soudure [sudyʀ] NF soldering; welding; (*joint*) soldered joint; weld; **faire la ~** (*Comm*) to fill a gap; (*fig: assurer une transition*) to bridge the gap

souffert, e [sufɛʀ, -ɛʀt] PP *de* **souffrir**

soufflage [suflaʒ] NM (*du verre*) glass-blowing

souffle [sufl] NM (*en expirant*) breath; (*en soufflant*) puff, blow; (*respiration*) breathing; (*d'explosion, de ventilateur*) blast; (*du vent*) blowing; (*fig*) inspiration; **retenir son ~** to hold one's breath; **avoir du/manquer de ~** to have a lot of puff/be short of breath; **être à bout de ~** to be out of breath; **avoir le ~ court** to be short-winded; **un ~ d'air** *ou* **de vent** a breath of air, a puff of wind; **~ au cœur** (*Méd*) heart murmur

soufflé, e [sufle] ADJ (*Culin*) soufflé; (*fam: ahuri, stupéfié*) staggered ▸ NM (*Culin*) soufflé

★**souffler** [sufle] /1/ VI (*gén*) to blow; (*haleter*) to puff (and blow); **laisser ~ qn** (*fig*) to give sb a breather ▸ VT (*feu, bougie*) to blow out; (*chasser: poussière etc*) to blow away; (*Tech: verre*) to blow; (*explosion*) to destroy (with its blast); (*dire*): **~ qch à qn** to whisper sth to sb; (*fam: voler*): **~ qch à qn** to pinch sth from sb; **~ son rôle à qn** to prompt sb; **ne pas ~ mot** not to breathe a word

soufflerie [sufləʀi] NF (*Tech, Science*) wind tunnel; (*d'orgue*) bellows *pl*; **essai en ~** wind tunnel tests

soufflet [suflɛ] NM (*pour attiser*) bellows *pl*; (*entre wagons*) vestibule; (*Couture*) gusset; (*gifle: liter*) slap (in the face)

souffleur, -euse [suflœʀ, -øz] NM/F (*Théât*) prompter; (*Tech*) glass-blower

souffrance [sufʀɑ̃s] NF suffering; **en ~** (*marchandise*) awaiting delivery; (*affaire*) pending

souffrant, e [sufʀɑ̃, -ɑ̃t] ADJ unwell

souffre-douleur [sufʀədulœʀ] NM INV whipping boy (BRIT), butt, underdog

souffreteux, -euse [sufʀətø, -øz] ADJ sickly

souffrir [sufʀiʀ] /18/ VI to suffer; (*éprouver des douleurs*) to be in pain; **~ de** (*maladie, froid*) to suffer from; **~ des dents** to have trouble with one's teeth; **faire ~ qn** (*personne*) to make sb suffer (*: dents, blessure etc*) to hurt sb ▸ VT to suffer, endure; (*supporter*) to bear, stand; (*admettre: exception etc*) to allow *ou* admit of; **ne pas pouvoir ~ qch/que ...** not to be able to endure *ou* bear sth/that ...; **ne ~ aucune exception** to suffer no exception; **elle ne peut pas le ~** she can't stand *ou* bear him

soufisme [sufism] NM Sufism

soufre [sufʀ] NM sulphur (BRIT), sulfur (*US*)

soufrer [sufʀe] /1/ VT (*vignes*) to treat with sulphur (BRIT) *ou* sulfur (*US*)

souhait [swɛ] NM wish; **tous nos souhaits de** good wishes *ou* our best wishes for; **tous nos souhaits pour la nouvelle année** (our) best wishes for the New Year; **riche** *etc* **à ~** as rich *etc* as one could wish; **à vos souhaits !** bless you!

souhaitable [swɛtabl] ADJ desirable

souhaiter [swete] /1/ VT to wish for; **~ le bonjour à qn** to bid sb good day; **~ la bonne année à qn** to wish sb a happy New Year; **~ que** to hope that; **il est à ~ que** it is to be hoped that

souiller [suje] /1/ VT to dirty, soil; (*fig*) to sully, tarnish

souillure [sujyʀ] NF stain

soûl, e [su, sul] ADJ drunk; **~ de musique/plaisirs** (*fig*) drunk with music/pleasure ▸ NM: **tout son ~** to one's heart's content

soulagement [sulaʒmɑ̃] NM relief

soulager [sulaʒe] /3/ VT to relieve; **~ qn de** to relieve sb of

soûler [sule] /1/ VT: **~ qn** to get sb drunk; (*boisson*) to make sb drunk; (*fig*) to make sb's head spin *ou* reel ▪ **se soûler** VPR to get drunk; **se ~ de** (*fig*) to intoxicate o.s. with

soûlerie [sulʀi] NF (*péj*) drunken binge

soulèvement [sulɛvmɑ̃] NM uprising; (*Géo*) upthrust

★**soulever** [sul(ə)ve] /5/ VT to lift; (*vagues, poussière*) to send up; (*peuple*) to stir up (to revolt); (*enthousiasme*) to arouse; (*question, débat, protestations, difficultés*) to raise; **cela me soulève le cœur** it makes me feel sick ▪ **se soulever** VPR (*peuple*) to rise up; (*personne couchée*) to lift o.s. up; (*couvercle etc*) to lift

soulier [sulje] NM shoe; **souliers bas** low-heeled shoes; **souliers plats/à talons** flat/heeled shoes

★**souligner** [suliɲe] /1/ VT to underline; (*fig*) to emphasize, stress

soumettre [sumɛtʀ] /56/ VT (*pays*) to subject, subjugate; (*rebelles*) to put down, subdue; **~ qn/qch à** to subject sb/sth to; **~ qch à qn** (*projet etc*) to submit sth to sb; **se ~ (à)** (*se rendre, obéir*) to submit (to); **se ~ à** (*formalités etc*) to submit to; (*régime etc*) to submit o.s. to

soumis, e [sumi, -iz] PP *de* **soumettre** ▸ ADJ submissive; **revenus ~ à l'impôt** taxable income

soumission [sumisjɔ̃] NF (*voir se soumettre*) submission; (*docilité*) submissiveness; (*Comm*) tender

soumissionner [sumisjɔne] /1/ VT (*Comm: travaux*) to bid for, tender for

soupape [supap] NF valve; **~ de sûreté** safety valve

soupçon [supsɔ̃] NM suspicion; (*petite quantité*): **un ~ de** a hint *ou* touch of; **avoir ~ de** to suspect; **au dessus de tout ~** above (all) suspicion

soupçonner [supsɔne] /1/ VT to suspect; **~ qn de qch/d'être** to suspect sb of sth/of being

soupçonneux, -euse [supsɔnø, -øz] ADJ suspicious

★**soupe** [sup] NF soup; **~ au lait** *adj inv* quick-tempered; **~ à l'oignon/de poisson** onion/fish soup; **~ populaire** soup kitchen

soupente [supɑ̃t] NF (*mansarde*) attic; (*placard*) cupboard (BRIT) *ou* closet (US) under the stairs

souper [supe] /1/ VI to have supper; **avoir soupé de** (*fam*) to be sick and tired of ▸ NM supper

soupeser [supəze] /5/ VT to weigh in one's hand(s), feel the weight of; (*fig*) to weigh up

soupière [supjɛʀ] NF (soup) tureen

soupir [supiʀ] NM sigh; (*Mus*) crotchet rest (BRIT), quarter note rest (US); **rendre le dernier ~** to breathe one's last; **pousser un ~ de soulagement** to heave a sigh of relief

soupirail, -aux [supiʀaj, -o] NM (small) basement window

soupirant [supiʀɑ̃] NM (*péj*) suitor, wooer

soupirer [supiʀe] /1/ VI to sigh; **~ après qch** to yearn for sth

souple [supl] ADJ supple; (*fam*) soft; (*fig: règlement, caractère*) flexible; (*: démarche, taille*) lithe, supple

souplesse [suplɛs] NF suppleness; (*de caractère*) flexibility

souquer [suke] VI to pull hard at the oars

sourate [suʀat] NF (*de Coran*) sura

source [suʀs] NF (*point d'eau*) spring; (*d'un cours d'eau, fig*) source; **prendre sa ~ à/dans** (*cours d'eau*) to have its source at/in; **tenir qch de bonne ~/de ~ sûre** to have sth on good authority/from a reliable source; **~ thermale/d'eau minérale** hot *ou* thermal/mineral spring

sourcier, -ière [suʀsje, -jɛʀ] NM/F water diviner

sourcil [suʀsij] NM (eye)brow

sourcilière [suʀsiljɛʀ] ADJ F *voir* **arcade**

sourciller [suʀsije] /1/ VI: **sans ~** without turning a hair *ou* batting an eyelid

sourcilleux, -euse [suʀsijø, -øz] ADJ (*hautain, sévère*) haughty, supercilious; (*pointilleux*) finicky, pernickety

★**sourd, e** [suʀ, suʀd] ADJ deaf; (*bruit, voix*) muffled; (*couleur*) muted; (*douleur*) dull; (*lutte*) silent, hidden; (*Ling*) voiceless; **être ~ à** to be deaf to; **faire la sourde oreille** to turn a deaf ear ▸ NM/F deaf person

sourdement [suʀdəmɑ̃] ADV (*avec un bruit sourd*) dully; (*secrètement*) silently

sourdine [suʀdin] NF (*Mus*) mute; **en ~** *adv* softly, quietly; **mettre une ~ à** (*fig*) to tone down

sourd-muet, sourde-muette [suʀmyɛ, suʀdmyɛt] ADJ with a speech and hearing impairment

sourdre [suʀdʀ] VI (*eau*) to spring up; (*fig*) to rise

souriant, e [suʀjɑ̃, -ɑ̃t] VB *voir* **sourire** ▸ ADJ cheerful

souricière [suʀisjɛʀ] NF mousetrap; (*fig*) trap

sourie *etc* [suʀi] VB *voir* **sourire**

★**sourire** [suʀiʀ] /36/ NM smile; **faire un ~ à qn** to give sb a smile; **garder le ~** to keep smiling ▸ VI to smile; **~ à qn** to smile at sb; (*fig: plaire à*) to appeal to sb (*: chance*) to smile on sb

★**souris** [suʀi] NF (*aussi Inform*) mouse

sournois, e [suʀnwa, -waz] ADJ deceitful, underhand

sournoisement [suʀnwazmɑ̃] ADV deceitfully

sournoiserie [suʀnwazʀi] NF deceitfulness, underhandedness

★**sous** [su] PRÉP (*gén*) under; **~ la pluie/le soleil** in the rain/sunshine; **~ mes yeux** before my eyes; **~ terre** *adj, adv* underground; **~ l'influence/l'action de** under the influence of/by the action of; **~ antibiotiques/perfusion** on antibiotics/a drip (BRIT) *ou* an IV (US); **~ cet angle/ce rapport** from this angle/in this respect; **~ vide** *adj, adv* vacuum-packed; **~ peu** *adv* shortly, before long

★**sous...** [su, (+*vowel*) suz] PRÉFIXE sub-; under...

sous-alimentation [suzalimɑ̃tasjɔ̃] NF undernourishment

sous-alimenté, e [suzalimɑ̃te] ADJ undernourished
sous-bois [subwa] NM INV undergrowth
sous-catégorie [sukategɔʀi] NF subcategory
sous-chef [suʃɛf] NM deputy chief, second in command; **~ de bureau** deputy head clerk
sous-comité [sukɔmite] NM subcommittee
sous-commission [sukɔmisjɔ̃] NF subcommittee
sous-continent [sukɔ̃tinɑ̃] NM subcontinent
sous-couche [sukuʃ] NF (*de peinture*) undercoat
souscripteur, -trice [suskʀiptœʀ, -tʀis] NM/F subscriber
souscription [suskʀipsjɔ̃] NF subscription; **offert en ~** available on subscription
souscrire [suskʀiʀ] /**39**/: **~ à** *vt* to subscribe to
sous-cutané, e [sukytane] ADJ subcutaneous
sous-développé, e [sudevlɔpe] ADJ underdeveloped
sous-développement [sudevlɔpmɑ̃] NM underdevelopment
sous-directeur, -trice [sudiʀɛktœʀ, -tʀis] NM/F assistant manager
sous-effectif [suzefɛktif] NM understaffing; **être en ~** to be understaffed
sous-emploi [suzɑ̃plwa] NM underemployment
sous-employé, e [suzɑ̃plwaje] ADJ underemployed
sous-ensemble [suzɑ̃sɑ̃bl] NM subset
sous-entendre [suzɑ̃tɑ̃dʀ] /**41**/ VT to imply, infer
sous-entendu, e [suzɑ̃tɑ̃dy] ADJ implied; (*Ling*) understood ▸NM innuendo, insinuation
sous-équipé, e [suzekipe] ADJ under-equipped; **~ en infrastructures industrielles** (*Écon: pays, région*) with an insufficient industrial infrastructure
sous-estimer [suzɛstime] /**1**/ VT to underestimate
sous-exploiter [suzeksplwate] /**1**/ VT to underexploit
sous-exposer [suzɛkspoze] /**1**/ VT to underexpose
sous-fifre [sufifʀ] NM (*péj*) underling
sous-gonflage [sugɔ̃flaʒ] NM (*de pneu*) under-inflation
sous-groupe [sugʀup] NM subgroup
sous-homme [suzɔm] NM sub-human
sous-investissement [suzɛ̃vɛstismɑ̃] NM under-investment
sous-jacent, e [suʒasɑ̃, -ɑ̃t] ADJ underlying
sous-lieutenant [suljøtnɑ̃] NM sub-lieutenant
sous-locataire [sulɔkatɛʀ] NMF subtenant
sous-location [sulɔkasjɔ̃] NF subletting
sous-louer [sulwe] /**1**/ VT to sublet
sous-main [sumɛ̃] NM desk blotter; **en ~** *adv* secretly
sous-marin, e [sumaʀɛ̃, -in] ADJ (*flore, volcan*) submarine; (*navigation, pêche, explosif*) underwater ▸NM submarine
sous-médicalisé, e [sumedikalize] ADJ lacking adequate medical care
sous-nappe [sunap] NF undercloth
sous-officier [suzɔfisje] NM ≈ non-commissioned officer (NCO)
sous-ordre [suzɔʀdʀ] NM subordinate; **créancier en ~** creditor's creditor
sous-payé, e [supeje] ADJ underpaid
sous-préfecture [supʀefɛktyʀ] NF sub-prefecture
sous-préfet [supʀefɛ] NM sub-prefect
sous-production [supʀɔdyksjɔ̃] NF underproduction
sous-produit [supʀɔdɥi] NM by-product; (*fig: péj*) pale imitation
sous-programme [supʀɔgʀam] NM (*Inform*) sub-routine
sous-pull [supul] NM thin polo-neck sweater *ou* jumper
sous-secrétaire [susəkʀetɛʀ] NM: **~ d'État** Under-Secretary of State
soussigné, e [susiɲe] ADJ: **je ~** I the undersigned
★**sous-sol** [susɔl] NM basement; (*Géo*) subsoil
sous-tasse [sutas] NF saucer
sous-tendre [sutɑ̃dʀ] /**41**/ VT to underlie
★**sous-titre** [sutitʀ] NM subtitle
★**sous-titré, e** [sutitʀe] ADJ with subtitles
soustraction [sustʀaksjɔ̃] NF subtraction
soustraire [sustʀɛʀ] /**50**/ VT to subtract, take away; (*dérober*): **~ qch à qn** to remove sth from sb; **~ qn à** (*danger*) to shield sb from; **se ~ à** (*autorité, obligation, devoir*) to elude, escape from
sous-traitance [sutʀɛtɑ̃s] NF subcontracting
sous-traitant [sutʀɛtɑ̃] NM subcontractor
sous-traiter [sutʀete] /**1**/ VT, VI to subcontract
soustrayais *etc* [sustʀɛjɛ] VB *voir* **soustraire**
sous-verre [suvɛʀ] NM INV glass mount
sous-vêtement [suvɛtmɑ̃] NM undergarment, item of underwear ■ **sous-vêtements** NMPL underwear *sg*
soutane [sutan] NF cassock, soutane
soute [sut] NF hold; **~ à bagages** baggage hold
soutenable [sut(ə)nabl] ADJ (*opinion*) tenable, defensible
soutenance [sut(ə)nɑ̃s] NF: **~ de thèse** ≈ viva (voce) (BRIT), defense (US)
soutènement [sutɛnmɑ̃] NM: **mur de ~** retaining wall
souteneur [sut(ə)nœʀ] NM procurer
soutenir [sut(ə)niʀ] /**22**/ VT to support; (*assaut, choc, regard*) to stand up to, withstand; (*intérêt, effort*) to keep up; (*assurer*): **~ que** to maintain that; **~ la comparaison avec** to bear *ou* stand comparison with; **~ le regard de qn** to be able to look sb in the face ■ **se soutenir** VPR (*dans l'eau etc*) to hold o.s. up; (*être soutenable: point de vue*) to be tenable; (*s'aider mutuellement*) to stand by each other
soutenu, e [sut(ə)ny] PP *de* **soutenir** ▸ADJ (*efforts*) sustained, unflagging; (*style*) elevated; (*couleur*) strong
★**souterrain, e** [sutɛʀɛ̃, -ɛn] ADJ underground; (*fig*) subterranean ▸NM underground passage
soutien [sutjɛ̃] NM support; **apporter son ~ à** to lend one's support to; **~ de famille** breadwinner
soutiendrai *etc* [sutjɛ̃dʀe] VB *voir* **soutenir**
★**soutien-gorge** [sutjɛ̃gɔʀʒ] (*pl* **soutiens-gorge**) NM bra; (*de maillot de bain*) top
soutiens [sutjɛ̃], **soutint** *etc* [sutɛ̃] VB *voir* **soutenir**

S

soutif [sutif] NM (*fam: soutien-gorge*) bra
soutirer [sutiʀe] /1/ VT: **~ qch à qn** to squeeze *ou* get sth out of sb
souvenance [suv(ə)nɑ̃s] NF: **avoir ~ de** to recollect
★**souvenir** [suv(ə)niʀ] /22/ NM (*réminiscence*) memory; (*cadeau*) souvenir, keepsake; (*de voyage*) souvenir; **garder le ~ de** to retain the memory of; **en ~ de** in memory *ou* remembrance of; **avec mes affectueux/meilleurs souvenirs, ...** with love from, .../regards, ... ■ **se souvenir** VPR: **se ~ de** to remember; **se ~ que** to remember that
★**souvent** [suvɑ̃] ADV often; **peu ~** seldom, infrequently; **le plus ~** more often than not, most often
souvenu, e [suvəny] PP = **se souvenir**
souverain, e [suv(ə)ʀɛ̃, -ɛn] ADJ sovereign; (*fig: mépris*) supreme ▶ NM/F sovereign, monarch
souverainement [suv(ə)ʀɛnmɑ̃] ADV (*sans appel*) with sovereign power; (*extrêmement*) supremely, intensely
souveraineté [suv(ə)ʀɛnte] NF sovereignty
souverainiste [suv(ə)ʀɛnist] NMF (*Pol*) partisan of sovereignty; (*au Québec*) partisan of Quebec sovereignty
souviendrai [suvjɛ̃dʀe], **souviens** [suvjɛ̃], **souvint** *etc* [suvɛ̃] VB *voir* **souvenir**
soviétique [sɔvjetik] (*Hist*) ADJ Soviet ▶ NMF: **Soviétique** Soviet citizen
soviétologue [sɔvjetɔlɔg] NMF Kremlinologist
soyeux, -euse [swajø, -øz] ADJ silky
soyez *etc* [swaje] VB *voir* **être**
soyons *etc* [swajɔ̃] VB *voir* **être**
SPA SIGLE F (= *Société protectrice des animaux*) ≈ RSPCA (BRIT), ≈ SPCA (US)
★**spacieux, -euse** [spasjø, -øz] ADJ spacious; roomy
spaciosité [spasjɔzite] NF spaciousness
★**spaghettis** [spageti] NMPL spaghetti *sg*
spammer [spame] VT, VI (*Inform*) to spam
sparadrap [spaʀadʀa] NM adhesive *ou* sticking (BRIT) plaster, bandaid® (US)
Sparte [spaʀt] NF Sparta
spartiate [spaʀsjat] ADJ Spartan ■ **spartiates** NFPL (*sandales*) gladiator sandals
spasme [spazm] NM spasm
spasmodique [spazmɔdik] ADJ spasmodic
spasmophilie [spasmɔfili] NF spasmophilia
spatial, e, -aux [spasjal, -o] ADJ (*Aviat*) space *cpd*; (*Psych*) spatial
spationaute [spasjonot] NMF astronaut
spatule [spatyl] NF (*ustensile*) slice; spatula; (*bout*) tip
speaker, ine [spikœʀ, -kʀin] NM/F announcer
spécial, e, -aux [spesjal, -o] ADJ special; (*bizarre*) peculiar
spécialement [spesjalmɑ̃] ADV especially, particularly; (*tout exprès*) specially; **pas ~** not particularly
spécialisation [spesjalizasjɔ̃] NF specialization
spécialisé, e [spesjalize] ADJ specialized; **ordinateur ~** dedicated computer
spécialiser [spesjalize] /1/: **se spécialiser** VPR to specialize
spécialiste [spesjalist] NMF specialist
spécialité [spesjalite] NF speciality; (*Scol*) special field; **~ pharmaceutique** patent medicine
spécieux, -euse [spesjø, -øz] ADJ specious
spécification [spesifikasjɔ̃] NF specification
spécificité [spesifisite] NF specificity
spécifier [spesifje] /7/ VT to specify, state
spécifique [spesifik] ADJ specific
spécifiquement [spesifikmɑ̃] ADV (*typiquement*) typically; (*tout exprès*) specifically
spécimen [spesimɛn] NM specimen; (*revue etc*) specimen *ou* sample copy
★**spectacle** [spɛktakl] NM (*tableau, scène*) sight; (*représentation*) show; (*industrie*) show business, entertainment; **se donner en ~** (*péj*) to make a spectacle *ou* an exhibition of o.s.; **pièce/revue à grand ~** spectacular (play/revue); **au ~ de ...** at the sight of ...
spectaculaire [spɛktakylɛʀ] ADJ spectacular
spectateur, -trice [spɛktatœʀ, -tʀis] NM/F (*Ciné etc*) member of the audience; (*Sport*) spectator; (*d'un événement*) onlooker, witness
spectre [spɛktʀ] NM (*fantôme, fig*) spectre; (*Physique*) spectrum; **~ solaire** solar spectrum
spéculateur, -trice [spekylatœʀ, -tʀis] NM/F speculator
spéculatif, -ive [spekylatif, -iv] ADJ speculative
spéculation [spekylasjɔ̃] NF speculation
spéculer [spekyle] /1/ VI to speculate; **~ sur** (*Comm*) to speculate in; (*réfléchir*) to speculate on; (*tabler sur*) to bank *ou* rely on
speedé, e [spide] ADJ (*fam: personne: agité*) hyper (*fam*); (*: rapide, accéléré*) speeded up
spéléologie [speleɔlɔʒi] NF (*étude*) speleology; (*activité*) potholing
spéléologue [speleɔlɔg] NMF speleologist; potholer
spermatozoïde [spɛʀmatozɔid] NM sperm, spermatozoon
sperme [spɛʀm] NM semen, sperm
spermicide [spɛʀmisid] ADJ, NM spermicide
sphère [sfɛʀ] NF sphere
sphérique [sfeʀik] ADJ spherical
sphincter [sfɛ̃ktɛʀ] NM sphincter
sphinx [sfɛ̃ks] NM INV sphinx; (*Zool*) hawkmoth
spiral, -aux [spiʀal, -o] NM hairspring
spirale [spiʀal] NF spiral; **en ~** in a spiral
spire [spiʀ] NF (*d'une spirale*) turn; (*d'une coquille*) whorl
spiritisme [spiʀitism] NM spiritualism, spiritism
spiritualité [spiʀitɥalite] NF spirituality
spirituel, le [spiʀitɥɛl] ADJ spiritual; (*fin, piquant*) witty; **musique spirituelle** sacred music; **concert ~** concert of sacred music
spirituellement [spiʀitɥɛlmɑ̃] ADV spiritually; wittily
spiritueux [spiʀitɥø] NM spirit
splendeur [splɑ̃dœʀ] NF splendour (BRIT), splendor (US)
★**splendide** [splɑ̃did] ADJ splendid, magnificent
spoliation [spɔljasjɔ̃] NF (*de bien, droit*) despoliation

spolier [spɔlje] /7/ VT: **~ qn (de)** to despoil sb (of)
spongieux, -euse [spɔ̃ʒjø, -øz] ADJ spongy
sponsor [spɔ̃sɔʀ] NM sponsor
sponsoriser [spɔ̃sɔʀize] /1/ VT to sponsor
spontané, e [spɔ̃tane] ADJ spontaneous
spontanéité [spɔ̃taneite] NF spontaneity
spontanément [spɔ̃tanemɑ̃] ADV spontaneously
sporadique [spɔʀadik] ADJ sporadic
sporadiquement [spɔʀadikmɑ̃] ADV sporadically
★**sport** [spɔʀ] NM sport; **faire du ~** to do sport; **~ individuel/d'équipe** individual/team sport; **~ de combat** combat sport; **sports d'hiver** winter sports ▶ ADJ INV (*vêtement*) casual; (*fair-play*) sporting
★**sportif, -ive** [spɔʀtif, -iv] ADJ (*journal, association, épreuve*) sports *cpd*; (*allure, démarche*) athletic; (*attitude, esprit*) sporting; **les résultats sportifs** the sports results
sportivement [spɔʀtivmɑ̃] ADV sportingly
sportivité [spɔʀtivite] NF sportsmanship
spot [spɔt] NM (*lampe*) spot(light); (*annonce*): **~ (publicitaire)** commercial (break)
spray [spʀɛ] NM spray, aerosol
sprint [spʀint] NM sprint; **piquer un ~** to put on a (final) spurt
sprinter [spʀintœʀ] NMF sprinter ▶ /1/VI [spʀinte] to sprint
sprinteur, -euse [spʀintœʀ, øz] NM/F sprinter
squale [skwal] NM (*type of*) shark
square [skwaʀ] NM public garden(s)
squash [skwaʃ] NM squash
squat [skwat] NM (*lieu*) squat
squatter [skwatœʀ] NMF squatter ▶ /1/VT [skwate] to squat
squatteur, -euse [skwatœʀ, øz] NM/F squatter
squelette [skəlɛt] NM skeleton
squelettique [skəletik] ADJ scrawny; (*fig*) skimpy
SRAS [sʀas] SIGLE M (= *syndrome respiratoire aigu sévère*) SARS
Sri Lanka [sʀilɑ̃ka] NM: **le ~** Sri Lanka
sri-lankais, e, sri lankais, e [sʀilɑ̃kɛ, -ɛz] ADJ Sri-Lankan ▶ NM/F: **Sri-Lankais, e** Sri-Lankan
SS SIGLE F = **la sécurité sociale**; (= *Sa Sainteté*) HH
ss ABR = **sous**
SSR SIGLE F (= *Société suisse romande*) *the Swiss French-language broadcasting company*
St, Ste ABR (= *Saint(e)*) St
stabilisateur, -trice [stabilizatœʀ, -tʀis] ADJ stabilizing ▶ NM stabilizer; (*d'un véhicule*) anti-roll device; (*d'un avion*) tailplane
stabiliser [stabilize] /1/ VT to stabilize; (*terrain*) to consolidate
stabilité [stabilite] NF stability
stable [stabl] ADJ stable, steady
★**stade** [stad] NM (*Sport*) stadium; (*phase, niveau*) stage
stadier [stadje] NM steward (*working in a stadium*), stage
★**stage** [staʒ] NM training period; (*cours*) training course; (*d'avocat stagiaire*) articles *pl*; **~ en entreprise** internship, work experience placement (BRIT); **~ de formation (professionnelle)** vocational (training) course; **~ de perfectionnement** advanced training course
★**stagiaire** [staʒjɛʀ] NMF, ADJ trainee, intern
stagnant, e [stagnɑ̃, -ɑ̃t] ADJ stagnant
stagnation [stagnasjɔ̃] NF stagnation
stagner [stagne] /1/ VI to stagnate
stalactite [stalaktit] NF stalactite
stalagmite [stalagmit] NF stalagmite
stalle [stal] NF stall, box
stambouliote [stɑ̃buljɔt] ADJ from Istanbul ▶ NMF: **Stambouliote** person from Istanbul
stand [stɑ̃d] NM (*d'exposition*) stand; (*de foire*) stall; **~ de tir** (*à la foire, Sport*) shooting range; **~ de ravitaillement** pit
standard [stɑ̃daʀ] ADJ INV standard ▶ NM (*type, norme*) standard; (*téléphonique*) switchboard
standardisation [stɑ̃daʀdizasjɔ̃] NF standardization
standardiser [stɑ̃daʀdize] /1/ VT to standardize
standardiste [stɑ̃daʀdist] NMF switchboard operator
standing [stɑ̃diŋ] NM standing; **de grand ~** luxury; **immeuble de grand ~** block of luxury flats (BRIT), condo(minium) (US)
star [staʀ] NF star
starlette [staʀlɛt] NF starlet
starter [staʀtɛʀ] NM (*Auto*) choke; (*Sport: personne*) starter; **mettre le ~** to pull out the choke
start-up [staʀtəp] NF (*Comm*) start-up
★**station** [stasjɔ̃] NF station; (*de bus*) stop; (*de villégiature*) resort; (*posture*): **la ~ debout** standing, an upright posture; **~ balnéaire** seaside resort; **~ de graissage** lubrication bay; **~ de lavage** carwash; **~ de ski** ski resort; **~ de sports d'hiver** winter sports resort; **~ de taxis** taxi rank (BRIT) *ou* stand (US); **~ thermale** thermal spa; **~ de travail** workstation
stationnaire [stasjɔnɛʀ] ADJ stationary
stationnement [stasjɔnmɑ̃] NM parking; **zone de ~ interdit** no parking area; **~ alterné** parking on alternate sides
★**stationner** [stasjɔne] /1/ VI to park
★**station-service** [stasjɔ̃sɛʀvis] (*pl* **stations-service**) NF service station
statique [statik] ADJ static
statisticien, ne [statistisjɛ̃, -ɛn] NM/F statistician
statistique [statistik] NF (*science*) statistics *sg*; (*rapport, étude*) statistic ▶ ADJ statistical ■ **statistiques** NFPL (*données*) statistics *pl*
statistiquement [statistikmɑ̃] ADV statistically
statuaire [statɥɛʀ] NF, ADJ statuary
statue [staty] NF statue
statuer [statɥe] /1/ VI: **~ sur** to rule on, give a ruling on
statuette [statɥɛt] NF statuette
statu quo [statykwo] NM status quo
stature [statyʀ] NF stature; **de haute ~** of great stature
statut [staty] NM status ■ **statuts** NMPL (*Jur, Admin*) statutes
statutaire [statytɛʀ] ADJ statutory
statutairement [statytɛʀmɑ̃] ADV statutorily

S

Sté ABR (= *société*) soc
★**steak** [stɛk] NM steak; **~ haché** hamburger
stèle [stɛl] NF stela, stele
stellaire [stelɛʀ] ADJ stellar
stencil [stɛnsil] NM stencil
sténo [stenɔ] NMF (*aussi:* **sténographe**) shorthand typist (BRIT), stenographer (US) ▸ NF (*aussi:* **sténographie**) shorthand; **prendre en ~** to take down in shorthand
sténodactylo [stenɔdaktilo] NMF shorthand typist (BRIT), stenographer (US)
sténodactylographie [stenɔdaktilɔgʀafi] NF shorthand typing (BRIT), stenography (US)
sténographe [stenɔgʀaf] NMF shorthand typist (BRIT), stenographer (US)
sténographie [stenɔgʀafi] NF shorthand
sténographier [stenɔgʀafje] /7/ VT to take down in shorthand
sténographique [stenɔgʀafik] ADJ shorthand *cpd*
stentor [stɑ̃tɔʀ] NM: **voix de ~** stentorian voice
step® [stɛp] NM step aerobics® *sg*, step Reebok®
stéphanois, e [stefanwa, -waz] ADJ of *ou* from Saint-Étienne
steppe [stɛp] NF steppe
stère [stɛʀ] NM stere
stéréo NF (*aussi:* **stéréophonie**) stereo; **émission en ~** stereo broadcast ▸ ADJ (*aussi:* **stéréophonique**) stereo
stéréophonie [steʀeɔfɔni] NF stereo(phony)
stéréophonique [steʀeɔfɔnik] ADJ stereo(phonic)
stéréoscope [steʀeɔskɔp] NM stereoscope
stéréoscopique [steʀeɔskɔpik] ADJ stereoscopic
stéréotype [steʀeɔtip] NM stereotype
stéréotypé, e [steʀeɔtipe] ADJ stereotyped
stérile [steʀil] ADJ sterile; (*terre*) barren; (*fig*) fruitless, futile
stérilement [steʀilmɑ̃] ADV fruitlessly
stérilet [steʀilɛ] NM coil, loop
stérilisateur [steʀilizatœʀ] NM sterilizer
stérilisation [steʀilizasjɔ̃] NF sterilization
stériliser [steʀilize] /1/ VT to sterilize
stérilité [steʀilite] NF sterility
sterne [stɛʀn] NF (*oiseau*) tern
sternum [stɛʀnɔm] NM breastbone, sternum
stéroïde [steʀɔid] NM steroid
stéthoscope [stetɔskɔp] NM stethoscope
steward [stiwaʀt] NM air steward
stick [stik] NM stick
stigmates [stigmat] NMPL scars, marks; (*Rel*) stigmata *pl*
stigmatisation [stigmatizasjɔ̃] NM/F stigmatization
stigmatiser [stigmatize] /1/ VT to denounce, stigmatize
stimulant, e [stimylɑ̃, -ɑ̃t] ADJ stimulating ▸ NM (*Méd*) stimulant; (*fig*) stimulus, incentive
stimulateur [stimylatœʀ] NM: **~ cardiaque** pacemaker
stimulation [stimylasjɔ̃] NF stimulation
stimuler [stimyle] /1/ VT to stimulate
stimulus [stimylys] NM (*pl* **stimuli** [stimyli]) stimulus
stipulation [stipylasjɔ̃] NF stipulation
stipuler [stipyle] /1/ VT to stipulate, specify
stock [stɔk] NM stock; **en ~** in stock
stockage [stɔkaʒ] NM stocking; storage
stocker [stɔke] /1/ VT to stock; (*déchets*) to store
Stockholm [stɔkɔlm] N Stockholm
stockiste [stɔkist] NM stockist
stoïcien, ne [stɔisjɛ̃, -jɛn] NM/F, ADJ Stoic
stoïcisme [stɔisism] NM stoicism
stoïque [stɔik] ADJ stoic, stoical
stoïquement [stɔikmɑ̃] ADV stoically
stomacal, e, -aux [stɔmakal, -o] ADJ gastric, stomach *cpd*
stomatologie [stɔmatɔlɔʒi] NF stomatology
stomatologue [stɔmatɔlɔg] NMF stomatologist
stop [stɔp] NM (*Auto: écriteau*) stop sign; (*: signal*) brake-light; (*dans un télégramme*) stop; **faire du ~** (*fam*) to hitch(hike) ▸ EXCL stop!
stoppage [stɔpaʒ] NM invisible mending
stopper [stɔpe] /1/ VT to stop, halt; (*Couture*) to mend ▸ VI to stop, halt
store [stɔʀ] NM blind; (*de magasin*) shade, awning
strabisme [stʀabism] NM squint(ing)
strangulation [stʀɑ̃gylasjɔ̃] NF strangulation
strapontin [stʀapɔ̃tɛ̃] NM jump *ou* foldaway seat
Strasbourg [stʀazbuʀ] N Strasbourg
strasbourgeois, e [stʀazbuʀʒwa, -waz] ADJ of *ou* from Strasbourg ▸ NM/F: **Strasbourgeois, e** person from Strasbourg
strass [stʀas] NM paste, strass
stratagème [stʀataʒɛm] NM stratagem
strate [stʀat] NF (*Géo*) stratum, layer
stratège [stʀatɛʒ] NM strategist
stratégie [stʀateʒi] NF strategy
stratégique [stʀateʒik] ADJ strategic
stratégiquement [stʀateʒikmɑ̃] ADV strategically
stratification [stʀatifikasjɔ̃] NF (*Géol, Statistique*) stratification
stratifié, e [stʀatifje] ADJ (*Géo*) stratified; (*Tech*) laminated
stratosphère [stʀatɔsfɛʀ] NF stratosphere
streptocoque [stʀɛptɔkɔk] NM streptococcus
stress [stʀɛs] NM INV stress
stressant, e [stʀesɑ̃, -ɑ̃t] ADJ stressful
stressé, e [stʀese] ADJ (*personne*) stressed
stresser [stʀese] /1/ VT to stress (out)
stretching [stʀɛtʃiŋ] NM (*Sport*) stretching
strict, e [stʀikt] ADJ strict; (*tenue, décor*) severe, plain; **son droit le plus ~** his most basic right; **dans la plus stricte intimité** strictly in private; **le ~ nécessaire/minimum** the bare essentials/minimum
strictement [stʀiktəmɑ̃] ADV strictly; plainly
strident, e [stʀidɑ̃, -ɑ̃t] ADJ shrill, strident
stridulations [stʀidylasjɔ̃] NFPL stridulations, chirrings
strie [stʀi] NF streak; (*Anat, Géo*) stria

strier [stʀije] /7/ VT to streak; to striate
string [stʀiŋ] NM thong, G-string
strip-tease [stʀiptiz] NM striptease
strip-teaseuse [stʀiptizøz] NF stripper, striptease artist
striures [stʀijyʀ] NFPL streaking *sg*
strophe [stʀɔf] NF verse, stanza
structure [stʀyktyʀ] NF structure; **structures d'accueil/touristiques** reception/tourist facilities
structurel, le [stʀyktyʀɛl] ADJ (*réforme, problème*) structural
structurer [stʀyktyʀe] /1/ VT to structure
strychnine [stʀiknin] NF strychnine
stuc [styk] NM stucco
studette [stydɛt] NF small studio flat (BRIT), small studio apartment (BRIT)
studieusement [stydjøzmɑ̃] ADV studiously
studieux, -euse [stydjø, -øz] ADJ (*élève*) studious; (*vacances*) study *cpd*
★**studio** [stydjo] NM (*logement*) studio flat (BRIT) *ou* apartment (US); (*d'artiste, TV etc*) studio
stupéfaction [stypefaksjɔ̃] NF stupefaction, astonishment
stupéfait, e [stypefɛ, -ɛt] ADJ astonished
stupéfiant, e [stypefjɑ̃, -ɑ̃t] ADJ (*étonnant*) astonishing ▸ NM (*Méd*) drug, narcotic
stupéfier [stypefje] /7/ VT to stupefy; (*étonner*) astonish
stupeur [stypœʀ] NF (*inertie, insensibilité*) stupor; (*étonnement*) astonishment
★**stupide** [stypid] ADJ stupid; (*hébété*) stunned
stupidement [stypidmɑ̃] ADV stupidly
stupidité [stypidite] NF stupidity *no pl*; (*parole, acte*) stupid thing (to say *ou* do)
stups [styp] NMPL drugs, narcotics; **brigade des ~** drug squad (BRIT), narcotics unit (US)
★**style** [stil] NM style; **meuble/robe de ~** piece of period furniture/period dress; **~ de vie** lifestyle
stylé, e [stile] ADJ well-trained
stylet [stilɛ] NM (*poignard*) stiletto; (*Chirurgie*) stylet
stylisé, e [stilize] ADJ stylized
stylisme [stilism] NM (*Mode*) fashion design; (*Industrie*) design
styliste [stilist] NMF stylist; designer
stylistique [stilistik] NF stylistics *sg* ▸ ADJ stylistic
★**stylo** [stilo] NM: **~ (à encre)** (fountain) pen; **~ (à) bille** ballpoint pen
stylo-feutre [stilɔføtʀ] (*pl* **stylos-feutres**) NM felt-tip pen
su, e [sy] PP *de* **savoir** ▸ NM: **au su de** with the knowledge of
suaire [sɥɛʀ] NM shroud
suant, e [sɥɑ̃, -ɑ̃t] ADJ sweaty
suave [sɥav] ADJ (*odeur*) sweet; (*voix*) suave, smooth; (*coloris*) soft, mellow
subalterne [sybaltɛʀn] ADJ (*employé, officier*) junior; (*rôle*) subordinate, subsidiary ▸ NMF subordinate, inferior
subaquatique [sybakwatik] ADJ subaquatic
subconscient [sypkɔ̃sjɑ̃] NM subconscious
subculture [sybkyltyʀ] ADJ subculture
subdiviser [sybdivize] /1/ VT to subdivide
subdivision [sybdivizjɔ̃] NF subdivision
subir [sybiʀ] /2/ VT (*affront, dégâts, mauvais traitements*) to suffer; (*influence, charme*) to be under, be subjected to; (*traitement, opération, châtiment*) to undergo; (*personne*) to suffer, be subjected to
subit, e [sybi, -it] ADJ sudden
subitement [sybitmɑ̃] ADV suddenly, all of a sudden
subjectif, -ive [sybʒɛktif, -iv] ADJ subjective
subjectivement [sybʒɛktivmɑ̃] ADV subjectively
subjectivité [sybʒɛktivite] NF subjectivity
subjonctif [sybʒɔ̃ktif] NM subjunctive
subjuguer [sybʒyge] /1/ VT to subjugate
sublime [syblim] ADJ sublime
sublimer [syblime] /1/ VT to sublimate
subliminal, e, -aux [sybliminal, -o] ADJ (*message*) subliminal
submergé, e [sybmɛʀʒe] ADJ submerged; **~ de** (*fig*) snowed under with; overwhelmed with
submerger [sybmɛʀʒe] /3/ VT to submerge; (*foule*) to engulf; (*fig*) to overwhelm
submersible [sybmɛʀsibl] NM submarine
subodorer [sybɔdɔʀe] VT to detect, sense
subordination [sybɔʀdinasjɔ̃] NF subordination
subordonné, e [sybɔʀdɔne] ADJ, NM/F subordinate; **~ à** (*personne*) subordinate to; (*résultats etc*) subject to, depending on
subordonner [sybɔʀdɔne] /1/ VT: **~ qn/qch à** to subordinate sb/sth to
subornation [sybɔʀnasjɔ̃] NF bribing
suborner [sybɔʀne] /1/ VT to bribe
subrepticement [sybʀɛptismɑ̃] ADV surreptitiously
subroger [sybʀɔʒe] /3/ VT (*Jur*) to subrogate
subside [sypsid] NM grant
subsidiaire [sypsidjɛʀ] ADJ subsidiary; **question ~** deciding question
subsistance [sybzistɑ̃s] NF subsistence; **pourvoir à la ~ de qn** to keep sb, provide for sb's subsistence *ou* keep
subsister [sybziste] /1/ VI (*rester*) to remain, subsist; (*vivre*) to live; (*survivre*) to live on
subsonique [sybsɔnik] ADJ subsonic
substance [sypstɑ̃s] NF substance; **en ~** in substance
substantiel, le [sypstɑ̃sjɛl] ADJ substantial
substantif [sypstɑ̃tif] NM noun, substantive
substantiver [sypstɑ̃tive] /1/ VT to nominalize
substituer [sypstitɥe] /1/ VT: **~ qn/qch à** to substitute sb/sth for; **se ~ à qn** (*représenter*) to substitute for sb; (*évincer*) to substitute o.s. for sb
substitut [sypstity] NM (*Jur*) deputy public prosecutor; (*succédané*) substitute
substitution [sypstitysjɔ̃] NF substitution
substrat [sypstʀatɔm] NM (*Géol*) substratum; (*Chimie*) substrate
subterfuge [syptɛʀfyʒ] NM subterfuge
subtil, e [syptil] ADJ subtle

S

subtilement [syptilmɑ̃] ADV subtly
subtiliser [syptilize] /1/ VT: **~ qch (à qn)** to spirit sth away (from sb)
subtilité [syptilite] NF subtlety
subtropical, e, -aux [sybtʀɔpikal, -o] ADJ subtropical
suburbain, e [sybyʀbɛ̃, -ɛn] ADJ suburban
subvenir [sybvəniʀ] /22/: **~ à** *vt* to meet
subvention [sybvɑ̃sjɔ̃] NF subsidy, grant
subventionner [sybvɑ̃sjɔne] /1/ VT to subsidize
subversif, -ive [sybvɛʀsif, -iv] ADJ subversive
subversion [sybvɛʀsjɔ̃] NF subversion
suc [syk] NM (*Bot*) sap; (*de viande, fruit*) juice; **sucs gastriques** gastric juices
succédané [syksedane] NM substitute
succéder [syksede] /6/: **~ à** *vt* (*directeur, roi etc*) to succeed; (*venir après: dans une série*) to follow, succeed ▪ **se succéder** VPR (*accidents, années*) to follow one another
succès [syksɛ] NM success; **avec ~** successfully; **sans ~** unsuccessfully; **avoir du ~** to be a success, be successful; **à ~** successful; **livre à ~** bestseller; **~ de librairie** bestseller
successeur [syksesœʀ] NM successor
successif, -ive [syksesif, -iv] ADJ successive
succession [syksesjɔ̃] NF (*série, Pol*) succession; (*Jur: patrimoine*) estate, inheritance; **prendre la ~ de** (*directeur*) to succeed, take over from; (*entreprise*) to take over
successivement [syksesivmɑ̃] ADV successively
succinct, e [syksɛ̃, -ɛ̃t] ADJ succinct
succinctement [syksɛ̃tmɑ̃] ADV succinctly
succion [syksjɔ̃] NF: **bruit de ~** sucking noise
succomber [sykɔ̃be] /1/ VI to die, succumb; (*fig*): **~ à** to succumb to, give way to
succulent, e [sykylɑ̃, -ɑ̃t] ADJ delicious
succursale [sykyʀsal] NF branch; **magasin à succursales multiples** chain *ou* multiple store
sucer [syse] /3/ VT to suck
sucette [sysɛt] NF (*bonbon*) lollipop; (*de bébé*) dummy (BRIT), comforter, pacifier (*US*)
suçoter [sysɔte] /1/ VT to suck
★**sucre** [sykʀ] NM (*substance*) sugar; (*morceau*) lump of sugar, sugar lump *ou* cube; **~ de canne/betterave** cane/beet sugar; **~ en morceaux/cristallisé/en poudre** lump *ou* cube/granulated/caster sugar (BRIT), superfine sugar (*US*); **~ glace** icing sugar (BRIT), confectioner's sugar (*US*); **~ d'orge** barley sugar
★**sucré, e** [sykʀe] ADJ (*produit alimentaire*) sweetened; (*au goût*) sweet; (*péj*) sugary, honeyed
sucrer [sykʀe] /1/ VT (*thé, café*) to sweeten, put sugar in ▪ **se sucrer** VPR (*fam*) to line one's pocket(s)
sucrerie [sykʀəʀi] NF (*usine*) sugar refinery ▪ **sucreries** NFPL (*bonbons*) sweets (BRIT), candy (*US*), sweet things
sucrette [sykʀɛt] NF sweetener
sucrier, -ière [sykʀije, -jɛʀ] ADJ (*industrie*) sugar *cpd*; (*région*) sugar-producing ▶ NM (*fabricant*) sugar producer; (*récipient*) sugar bowl *ou* basin
★**sud** [syd] NM: **le ~** the south; **au ~** (*situation*) in the south; (*direction*) to the south; **au ~ de** (to the) south of ▶ ADJ INV south; (*côte*) south, southern
sud-africain, e [sydafʀikɛ̃, -ɛn] ADJ South African ▶ NM/F: **Sud-Africain, e** South African
sud-américain, e [sydameʀikɛ̃, -ɛn] ADJ South American ▶ NM/F: **Sud-Américain, e** South American
sudation [sydasjɔ̃] NF sweating, sudation
sud-coréen, ne [sydkɔʀeɛ̃, -ɛn] ADJ South Korean ▶ NM/F: **Sud-Coréen, ne** South Korean
sud-est [sydɛst] NM, ADJ INV south-east
sud-ouest [sydwɛst] NM, ADJ INV south-west
sud-vietnamien, ne [sydvjɛtnamjɛ̃, -ɛn] ADJ South Vietnamese ▶ NM/F: **Sud-Vietnamien, ne** South Vietnamese
Suède [sɥɛd] NF: **la ~** Sweden
suédois, e [sɥedwa, -waz] ADJ Swedish ▶ NM (*Ling*) Swedish ▶ NM/F: **Suédois, e** Swede
suer [sɥe] /1/ VI to sweat; (*suinter*) to ooze; **~ à grosses gouttes** to sweat profusely ▶ VT (*fig*) to exude
sueur [sɥœʀ] NF sweat; **en ~** sweating, in a sweat; **avoir des sueurs froides** to be in a cold sweat
★**suffire** [syfiʀ] /37/ VI (*être assez*): **~ (à qn/pour qch/pour faire)** to be enough *ou* sufficient (for sb/for sth/to do); **cela lui suffit** he's (*ou* she's) content with this, this is enough for him (*ou* her); **cela suffit pour les irriter/qu'ils se fâchent** it's enough to annoy them/for them to get angry; **ça suffit !** that's enough!, that'll do! ▪ **se suffire** VPR to be self-sufficient ▶ VB IMPERS: **il suffit d'une négligence/qu'on oublie pour que ...** it only takes one act of carelessness/one only needs to forget for ...
★**suffisamment** [syfizamɑ̃] ADV sufficiently, enough; **~ de** sufficient, enough
suffisance [syfizɑ̃s] NF (*vanité*) self-importance, bumptiousness; (*quantité*): **en ~** in plenty
suffisant, e [syfizɑ̃, -ɑ̃t] ADJ (*temps, ressources*) sufficient; (*résultats*) satisfactory; (*vaniteux*) self-important, bumptious
suffisons *etc* [syfizɔ̃] VB *voir* **suffire**
suffixe [syfiks] NM suffix
suffocant, e [syfɔkɑ̃, -ɑ̃t] ADJ (*étouffant*) suffocating; (*stupéfiant*) staggering
suffocation [syfɔkasjɔ̃] NF suffocation
suffoquer [syfɔke] /1/ VT to choke, suffocate; (*stupéfier*) to stagger, astound ▶ VI to choke, suffocate; **~ de colère/d'indignation** to choke with anger/indignation
suffrage [syfʀaʒ] NM (*Pol: voix*) vote; (*du public etc*) approval *no pl*; **~ universel/direct/indirect** universal/direct/indirect suffrage; **suffrages exprimés** valid votes
suggérer [sygʒeʀe] /6/ VT to suggest; **~ que/de faire** to suggest that/doing
suggestif, -ive [sygʒɛstif, -iv] ADJ suggestive
suggestion [sygʒɛstjɔ̃] NF suggestion
suggestivité [sygʒɛstivite] NF suggestiveness, suggestive nature
suicidaire [sɥisidɛʀ] ADJ suicidal
suicide [sɥisid] NM suicide ▶ ADJ: **opération ~** suicide mission

suicidé, e [sɥiside] NM/F suicide
suicider [sɥiside] /1/: **se suicider** VPR to commit suicide
suie [sɥi] NF soot
suif [sɥif] NM tallow
suintement [sɥɛ̃tmɑ̃] NM (*de plaie*) oozing; (*d'eau*) seepage
suinter [sɥɛ̃te] /1/ VI (*plaie*) to ooze
suis [sɥi] VB *voir* **être**; **suivre**
★**suisse** [sɥis] ADJ Swiss; **~ romand** Swiss French ▸ NM (*bedeau*) ≈ verger ▸ NMF: **Suisse** Swiss *inv* ▸ NF: **la S~** Switzerland; **la S~ romande/allemande** French-speaking/German-speaking Switzerland
suisse-allemand, e [sɥisalmɑ̃, -ɑ̃d] ADJ, NM/F Swiss German
Suissesse [sɥisɛs] NF Swiss (woman *ou* girl)
suit [sɥi] VB *voir* **suivre**
suite [sɥit] NF (*continuation: d'énumération etc*) rest, remainder; (*: de feuilleton*) continuation; (*: second film etc sur le même thème*) sequel; (*série*) series, succession; (*Math*) series *sg*; (*conséquence*) result; (*ordre, liaison logique*) coherence; (*appartement, Mus*) suite; (*escorte*) retinue, suite; **une ~ de** (*de maisons, succès*) a series *ou* succession of; **prendre la ~ de** (*directeur etc*) to succeed, take over from; **donner ~ à** (*requête, projet*) to follow up; **faire ~ à** to follow; **~ à votre lettre du** further to your letter of the; **sans ~** *adj* incoherent, disjointed; *adv* incoherently, disjointedly; **de ~** *adv* (*d'affilée*) in succession; (*immédiatement*) at once; **par la ~** afterwards, subsequently; **à la ~** *adv* one after the other; **à la ~ de** (*derrière*) behind; (*en conséquence de*) following; **par ~ de** owing to, as a result of; **avoir de la ~ dans les idées** to show great singleness of purpose; **attendre la ~ des événements** to (wait and) see what happens ■ **suites** NFPL (*d'une maladie etc*) effects
★**suivant, e** [sɥivɑ̃, -ɑ̃t] VB *voir* **suivre** ▸ ADJ next, following; (*ci-après*): **l'exercice ~** the following exercise ▸ PRÉP (*selon*) according to; **~ que** according to whether ▸ NM: **au ~ !** next!
suive *etc* [sɥiv] VB *voir* **suivre**
suiveur, -euse [sɥivœʀ] NM/F (*aussi réseaux sociaux*) follower; (*Cyclisme*) (official) follower; (*péj*) (camp) follower
suivi, e [sɥivi] PP *de* **suivre** ▸ ADJ (*régulier*) regular; (*Comm: article*) in general production; (*effort, qualité*) consistent; (*cohérent*) coherent; **très/peu ~** (*cours*) well-/poorly-attended; (*mode*) widely/not widely adopted; (*feuilleton etc*) widely/not widely followed ▸ NM follow-up
suivisme [sɥivism] NM tendency to follow the herd
suiviste [sɥivist] ADJ that follows the herd ▸ NMF person who follows the herd
★**suivre** [sɥivʀ] /40/ VT (*gén*) to follow; (*Scol: cours*) to attend; (*: leçon*) to follow, attend to; (*: programme*) to keep up with; (*Comm: article*) to continue to stock ▸ VI to follow; (*élève: écouter*) to attend, pay attention; (*: assimiler le programme*) to keep up, follow ■ **se suivre** VPR (*accidents, personnes, voitures etc*) to follow one after the other; (*raisonnement*) to be coherent; **~ des yeux** to follow with one's eyes; **faire ~** (*lettre*) to forward; **~ son cours** (*enquête etc*) to run *ou* take its course; **« à ~ »** "to be continued"

★**sujet, te** [syʒɛ, -ɛt] ADJ: **être ~ à** (*accidents*) to be prone to; (*vertige etc*) to be liable *ou* subject to; **~ à caution** questionable ▸ NM/F (*d'un souverain*) subject ▸ NM subject; **un ~ de dispute/discorde/mécontentement** a cause for argument/dissension/dissatisfaction; **c'est à quel ~ ?** what is it about?; **avoir ~ de se plaindre** to have cause for complaint; **au ~ de** *prép* about; **~ de conversation** topic *ou* subject of conversation; **~ d'examen** (*Scol*) examination question; examination paper; **~ d'expérience** (*Bio etc*) experimental subject
sujétion [syʒesjɔ̃] NF subjection; (*fig*) constraint
sulfater [sylfate] /1/ VT to spray with copper sulphate
sulfureux, -euse [sylfyʀø, -øz] ADJ sulphurous (BRIT), sulfurous (US)
sulfurique [sylfyʀik] ADJ: **acide ~** sulphuric (BRIT) *ou* sulfuric (US) acid
sulfurisé, e [sylfyʀize] ADJ: **papier ~** greaseproof (BRIT) *ou* wax (US) paper
sultan [syltɑ̃] NM sultan
sultanat [syltana] NM sultanate
Sumatra [symatʀa] NF Sumatra
summum [sɔmɔm] NM: **le ~ de** the height of
sunnite [synit] ADJ Sunni ▸ NMF Sunnite
★**super** [sypɛʀ] ADJ INV great, fantastic ▸ NM (= *supercarburant*) ≈ 4-star (BRIT), ≈ premium (US)
superbe [sypɛʀb] ADJ magnificent, superb ▸ NF arrogance
superbement [sypɛʀbəmɑ̃] ADV superbly
supercarburant [sypɛʀkaʀbyʀɑ̃] NM ≈ 4-star petrol (BRIT), ≈ premium gas (US)
supercherie [sypɛʀʃəʀi] NF trick, trickery *no pl*; (*fraude*) fraud
supérette [sypeʀɛt] NF minimarket
superfétatoire [sypɛʀfetatwaʀ] ADJ superfluous
superficialité [sypɛʀfisjalite] NF superficiality
superficie [sypɛʀfisi] NF (surface) area; (*fig*) surface
superficiel, le [sypɛʀfisjɛl] ADJ superficial
superficiellement [sypɛʀfisjɛlmɑ̃] ADV superficially
superflu, e [sypɛʀfly] ADJ superfluous ▸ NM: **le ~** the superfluous
superforme [sypɛʀfɔʀm] NF (*fam*) top form, excellent shape
super-grand [sypɛʀgʀɑ̃] NM superpower
super-huit [sypɛʀɥit] ADJ INV: **camera/film ~** super-eight camera/film
supérieur, e [sypeʀjœʀ] ADJ (*lèvre, étages, classes*) upper; **~ (à)** (*plus élevé: température, niveau*) higher (than); (*meilleur: qualité, produit*) superior (to); (*excellent, hautain*) superior; **Mère supérieure** Mother Superior; **à l'étage ~** on the next floor up; **~ en nombre** superior in number ▸ NM/F superior
supérieurement [sypeʀjœʀmɑ̃] ADV exceptionally well; (*avec adjectif*) exceptionally
supériorité [sypeʀjɔʀite] NF superiority
superlatif [sypɛʀlatif] NM superlative
supermarché [sypɛʀmaʀʃe] NM supermarket
supernova [sypɛʀnɔva] NF supernova
superposable [sypɛʀpozabl] ADJ (*figures*) that may be superimposed; (*lits*) stackable

S

superposer [sypɛʀpoze] /1/ VT to superpose; (*meubles, caisses*) to stack; (*faire chevaucher*) to superimpose; **lits superposés** bunk beds ■ **se superposer** VPR (*images, souvenirs*) to be superimposed

superposition [sypɛʀpozisjɔ̃] NF superposition; superimposition

superpréfet [sypɛʀpʀefɛ] NM *prefect in charge of a region*

superproduction [sypɛʀpʀɔdyksjɔ̃] NF (*film*) spectacular

superpuissance [sypɛʀpɥisɑ̃s] NF superpower

supersonique [sypɛʀsɔnik] ADJ supersonic

superstitieux, -euse [sypɛʀstisjø, -øz] ADJ superstitious

superstition [sypɛʀstisjɔ̃] NF superstition

superstructure [sypɛʀstʀyktyʀ] NF superstructure

supertanker [sypɛʀtɑ̃kœʀ] NM supertanker

superviser [sypɛʀvize] /1/ VT to supervise

supervision [sypɛʀvizjɔ̃] NF supervision

suppl. ABR = **supplément**

supplanter [syplɑ̃te] /1/ VT to supplant

suppléance [sypleɑ̃s] NF (*poste*) supply post (BRIT), substitute teacher's post (US)

suppléant, e [sypleɑ̃, -ɑ̃t] ADJ (*juge, fonctionnaire*) deputy *cpd*; (*professeur*) supply *cpd* (BRIT), substitute *cpd* (US); **médecin ~** locum ▶ NM/F deputy; (*professeur*) supply (BRIT) *ou* substitute (US) teacher

suppléer [syplee] /1/ VT (*ajouter: mot manquant etc*) to supply, provide; (*compenser: lacune*) to fill in; (*: défaut*) to make up for; (*remplacer: professeur*) to stand in for; (*: juge*) to deputize for; **~ à** vt to make up for; to substitute for

supplément [syplemɑ̃] NM supplement; **un ~ de travail** extra *ou* additional work; **un ~ de pain** *etc* an extra portion of bread *etc*; **un ~ de 10 euros** a supplement of 10 euros, an extra *ou* additional 10 euros; **ceci est en ~** (*au menu etc*) this is extra, there is an extra charge for this; **le vin est en ~** wine is extra; **payer un ~** to pay an additional charge; **~ d'information** additional information

supplémentaire [syplemɑ̃tɛʀ] ADJ additional, further; (*train, bus*) relief *cpd*, extra

supplémentation [syplemɑ̃tasjɔ̃] NF: **la ~ nutritionnelle** food supplements

supplétif, -ive [sypletif, -iv] ADJ (*Mil*) auxiliary

suppliant, e [syplijɑ̃, -ɑ̃t] ADJ imploring

supplication [syplikasjɔ̃] NF (*Rel*) supplication ■ **supplications** NFPL (*adjurations*) pleas, entreaties

supplice [syplis] NM (*peine corporelle*) torture *no pl*; form of torture; (*douleur physique, morale*) torture, agony; **être au ~** to be in agony

supplicier [syplisje] VT to torture

supplier [syplije] /7/ VT to implore, beseech

supplique [syplik] NF petition

support [sypɔʀ] NM support; (*pour livre, outils*) stand; **~ audiovisuel** audio-visual aid; **~ publicitaire** advertising medium

supportable [sypɔʀtabl] ADJ (*douleur, température*) bearable; (*procédé, conduite*) tolerable

★**supporter¹** [sypɔʀtœʀ] NMF, **supporteur, -trice** [sypɔʀtœʀ, tʀis] NM/F (*Sport, Pol*) supporter, fan

supporter² [sypɔʀte] VT (*poids, poussée, Sport: concurrent, équipe*) to support; (*conséquences, épreuve*) to bear, endure; (*défauts, personne*) to tolerate, put up with; (*chose, chaleur etc*) to withstand; (*personne, chaleur, vin*) to take

supposé, e [sypoze] ADJ (*nombre*) estimated; (*auteur*) supposed

supposément [sypozemɑ̃] ADV supposedly

★**supposer** [sypoze] /1/ VT to suppose; (*impliquer*) to presuppose; **en supposant** *ou* **à ~ que** supposing (that)

supposition [sypozisjɔ̃] NF supposition

suppositoire [sypozitwaʀ] NM suppository

suppôt [sypo] NM (*péj*) henchman

suppression [sypʀesjɔ̃] NF removal; deletion; cancellation; suppression

supprimer [sypʀime] /1/ VT (*cloison, cause, anxiété*) to remove; (*clause, mot*) to delete; (*congés, service d'autobus etc*) to cancel; (*publication, article*) to suppress; (*emplois, privilèges, témoin gênant*) to do away with; **~ qch à qn** to deprive sb of sth

suppurer [sypyʀe] /1/ VI to suppurate

supputations [sypytasjɔ̃] NFPL calculations, reckonings

supputer [sypyte] /1/ VT to calculate, reckon

supraconducteur, -trice [sypʀakɔ̃dyktœʀ, -tʀis] ADJ (*matériau*) superconductive ▶ NM superconductor

supranational, e, -aux [sypʀanasjɔnal, -o] ADJ supranational

suprématie [sypʀemasi] NF supremacy

suprême [sypʀɛm] ADJ supreme

suprêmement [sypʀɛmmɑ̃] ADV supremely

sur¹ [syʀ]

PRÉP **1** (*position*) on; (*: par-dessus*) over; (*: au-dessus*) above; **pose-le sur la table** put it on the table; **je n'ai pas d'argent sur moi** I haven't any money on me

2 (*direction*) towards; **en allant sur Paris** going towards Paris; **sur votre droite** on *ou* to your right

3 (*à propos de*) on, about; **un livre/une conférence sur Balzac** a book/lecture on *ou* about Balzac

4 (*proportion, mesures*) out of; by; **un sur 10** one in 10; (*Scol*) one out of 10; **sur 20, deux sont venus** out of 20, two came; **4 m sur 2** 4 m by 2; **avoir accident sur accident** to have one accident after another

5 (*cause*): **sur sa recommandation** on *ou* at his recommendation; **sur son invitation** at his invitation

6: **sur ce** *adv* whereupon; **sur ce, il faut que je vous quitte** and now I must leave you

sur², e [syʀ] ADJ sour

★**sûr, e** [syʀ] ADJ sure, certain; (*digne de confiance*) reliable; (*sans danger*) safe; **peu ~** unreliable; **~ de qch** sure *ou* certain of sth; **être ~ de qn** to be sure of sb; **~ et certain** absolutely certain; **~ de soi** self-assured, self-confident; **le plus ~ est de** the safest thing is to

surabondance [syʀabɔ̃dɑ̃s] NF overabundance

surabondant, e [syʀabɔ̃dɑ̃, -ɑ̃t] ADJ overabundant
surabonder [syʀabɔ̃de] /1/ VI to be overabundant; **~ de** to abound with, have an overabundance of
suractivité [syʀaktivite] NF hyperactivity
suraigu, ë [syʀegy] ADJ very shrill
surajouter [syʀaʒute] /1/ VT: **~ qch à** to add sth to
suralimentation [syʀalimɑ̃tasjɔ̃] NF overfeeding; (*Tech: d'un moteur*) supercharging
suralimenté, e [syʀalimɑ̃te] ADJ (*personne*) overfed; (*moteur*) supercharged
suranné, e [syʀane] ADJ outdated, outmoded
surarmement [syʀaʀməmɑ̃] NM (excess) stockpiling of arms *ou* weapons
surbaissé, e [syʀbese] ADJ lowered, low
surbooké, e [syʀbuke] ADJ (*fam: personne*): **être ~** to have too many demands on one's time; (*vol*) overbooked
surcapacité [syʀkapasite] NF overcapacity
surcharge [syʀʃaʀʒ] NF (*de passagers, marchandises*) excess load; (*de détails, d'ornements*) overabundance, excess; (*correction*) alteration; (*Postes*) surcharge; **prendre des passagers en ~** to take on excess *ou* extra passengers; **~ de bagages** excess luggage; **~ de travail** extra work
surchargé, e [syʀʃaʀʒe] ADJ (*décoration, style*) overelaborate, overfussy; (*voiture, emploi du temps*) overloaded
surcharger [syʀʃaʀʒe] /3/ VT to overload; (*timbre-poste*) to surcharge; (*décoration*) to overdo
surchauffe [syʀʃof] NF overheating; **en ~** (*moteur, économie*) overheating
surchauffé, e [syʀʃofe] ADJ (*salle*) overheated; (*fig: imagination*) overactive; (*: ambiance*) frenetic; (*: économie*) overheated
surchauffer [syʀʃofe] VI, VT to overheat
surchoix [syʀʃwa] ADJ INV top-quality
surclasser [syʀklɑse] /1/ VT to outclass
surconsommation [syʀkɔ̃sɔmasjɔ̃] NF (*Écon*) overconsumption
surcoté, e [syʀkɔte] ADJ overpriced
surcouper [syʀkupe] /1/ VT to overtrump
surcoût [syʀku] NM additional cost
surcroît [syʀkʀwa] NM: **~ de qch** additional sth; **par** *ou* **de ~** moreover; **en ~** in addition
surdimensionné, e [syʀdimɑ̃sjɔne] ADJ outsize; **un ego ~** an outsize ego
surdi-mutité, surdimutité [syʀdimytite] NF hearing and speech impairment
surdité [syʀdite] NF deafness; **atteint de ~ totale** profoundly deaf
surdose [syʀdoz] NF (*lit, fig*) overdose
surdoué, e [syʀdwe] ADJ gifted
sureau, x [syʀo] NM elder (tree)
sureffectif [syʀefɛktif] NM overmanning
surélever [syʀel(ə)ve] /5/ VT to raise, heighten
sûrement [syʀmɑ̃] ADV reliably; (*sans risques*) safely, securely; (*certainement*) certainly; **~ pas** certainly not
suremploi [syʀɑ̃plwa] NM (*Écon*) overemployment
surenchère [syʀɑ̃ʃɛʀ] NF (*aux enchères*) higher bid; (*sur prix fixe*) overbid; (*fig*) overstatement; outbidding tactics *pl*; **~ de violence** build-up of violence; **~ électorale** political (*ou* electoral) one-upmanship
surenchérir [syʀɑ̃ʃeʀiʀ] /2/ VI to bid higher; to raise one's bid; (*fig*) to try and outbid each other
surendetté, e [syʀɑ̃dete] ADJ (*personne, entreprise, pays*) over-indebted, overindebted
surendettement [syʀɑ̃dɛtmɑ̃] NM over-indebtedness, overindebtedness
surent [syʀ] VB *voir* **savoir**
surentraîné, e [syʀɑ̃tʀene] ADJ overtrained
suréquipé, e [syʀekipe] ADJ overequipped
surestimer [syʀɛstime] /1/ VT (*tableau*) to overvalue; (*possibilité, personne*) to overestimate
sûreté [syʀte] NF (*voir sûr: exactitude: de renseignements etc*) reliability; (*sécurité*) safety; (*d'un geste*) steadiness; (*Jur*) guaranty; surety; **mettre en ~** to put in a safe place; **pour plus de ~** as an extra precaution; to be on the safe side; **la ~ de l'État** State security; **la S~ (nationale)** *division of the Ministère de l'Intérieur heading all police forces except the gendarmerie and the Paris préfecture de police*
surévaluation [syʀevalɥasjɔ̃] NF (*de monnaie*) overvaluation; (*de recettes, marché*) overvaluing
surévaluer [syʀevalɥe] VT (*importance, capacité*) to overestimate; (*monnaie, recettes, marché*) to overvalue
surexcité, e [syʀɛksite] ADJ overexcited
surexciter [syʀɛksite] /1/ VT (*personne*) to overexcite
surexploitation [syʀɛksplwatasjɔ̃] NF (*de ressources*) over-exploitation; (*d'idée, thème*) overuse, excessive use; (*de main d'œuvre*) exploitation
surexploiter [syʀɛksplwate] /1/ VT to over-exploit
surexposer [syʀɛkspoze] /1/ VT to overexpose
surf [sœʀf] NM surfing; **faire du ~** to go surfing
surface [syʀfas] NF surface; (*superficie*) surface area; **une grande ~** a supermarket; **faire ~** to surface; **en ~** *adv* near the surface; (*fig*) superficially; **la pièce fait 100 m² de ~** the room has a surface area of 100m²; **~ de réparation** (*Sport*) penalty area; **~ porteuse** *ou* **de sustentation** (*Aviat*) aerofoil
surfacturation [syʀfaktyʀasjɔ̃] NF overbilling
surfait, e [syʀfɛ, -ɛt] ADJ overrated
★**surfer** [sœʀfe] /1/ VI to surf; **~ sur Internet** to surf *ou* browse the internet
surfeur, -euse [sœʀfœʀ, -øz] NM/F surfer
surfiler [syʀfile] /1/ VT (*Couture*) to oversew
surfin, e [syʀfɛ̃, -in] ADJ superfine
surgélateur [syʀʒelatœʀ] NM deep freeze
surgélation [syʀʒelasjɔ̃] NF deep-freezing
surgelé, e [syʀʒəle] ADJ (deep-)frozen ▶ NM: **les surgelés** (deep-)frozen food
surgeler [syʀʒəle] /5/ VT to (deep-)freeze
surgir [syʀʒiʀ] /2/ VI (*personne, véhicule*) to appear suddenly; (*jaillir*) to shoot up; (*montagne etc*) to rise up, loom up; (*fig: problème, conflit*) to arise
surhomme [syʀɔm] NM superman
surhumain, e [syʀymɛ̃, -ɛn] ADJ superhuman
surimposer [syʀɛ̃poze] /1/ VT to overtax
surimpression [syʀɛ̃pʀesjɔ̃] NF (*Photo*) double exposure; **en ~** superimposed

S

surimprimer [syʀɛ̃pʀime] /1/ VT to overstrike, overprint
Surinam [syʀinam] NM: **le ~** Surinam
surinfection [syʀɛ̃fɛksjɔ̃] NF (*Méd*) secondary infection
surjet [syʀʒɛ] NM (*Couture*) overcast seam
surjouer [syʀʒwe] VT (*rôle, émotion*) to overact ▸ VI to overact
sur-le-champ [syʀləʃɑ̃] ADV immediately
surlendemain [syʀlɑ̃d(ə)mɛ̃] NM: **le ~ (soir)** two days later (in the evening); **le ~ de** two days after
surligner [syʀliɲe] VT to highlight
surligneur [syʀliɲœʀ] NM (*feutre*) highlighter (pen)
surmenage [syʀmənaʒ] NM overwork; **le ~ intellectuel** mental fatigue
surmené, e [syʀməne] ADJ overworked
surmener [syʀməne] /5/ VT to overwork ■ **se surmener** VPR to overwork
surmonter [syʀmɔ̃te] /1/ VT (*coupole etc*) to surmount, top; (*vaincre*) to overcome, surmount; (*être au-dessus de*) to top
surmortalité [syʀmɔʀtalite] NF excess death rate
surmultiplié, e [syʀmyltiplije] ADJ, NF: **(vitesse) surmultipliée** overdrive
surnager [syʀnaʒe] /3/ VI to float
surnaturel, le [syʀnatyʀɛl] ADJ, NM supernatural
surnom [syʀnɔ̃] NM nickname
surnombre [syʀnɔ̃bʀ] NM: **être en ~** to be too many (*ou* one too many)
surnommer [syʀnɔme] /1/ VT to nickname
surnuméraire [syʀnymeʀɛʀ] NMF supernumerary
suroît [syʀwa] NM sou'wester
surpasser [syʀpɑse] /1/ VT to surpass ■ **se surpasser** VPR to surpass o.s., excel o.s.
surpayer [syʀpeje] /8/ VT (*personne*) to overpay; (*article etc*) to pay too much for
surpeuplé, e [syʀpœple] ADJ overpopulated
surpeuplement [syʀpœpləmɑ̃] NM overpopulation
surpiquer [syʀpike] /1/ VT (*Couture*) to overstitch
surpiqûre [syʀpikyʀ] NF (*Couture*) overstitching
surplace [syʀplas] NM: **faire du ~** to mark time
surplis [syʀpli] NM surplice
surplomb [syʀplɔ̃] NM overhang; **en ~** overhanging
surplomber [syʀplɔ̃be] /1/ VI to be overhanging ▸ VT to overhang; (*dominer*) to tower above
surplus [syʀply] NM (*Comm*) surplus; (*reste*): **~ de bois** wood left over; **au ~** moreover; **~ américains** American army surplus *sg*
surpoids [syʀpwa] NM excess weight; **être en ~** to be overweight
surpopulation [syʀpɔpylasjɔ̃] NF overpopulation
surprenant, e [syʀpʀənɑ̃, -ɑ̃t] VB *voir* **surprendre** ▸ ADJ amazing
surprendre [syʀpʀɑ̃dʀ] /58/ VT (*étonner, prendre à l'improviste*) to amaze, surprise; (*secret*) to discover; (*tomber sur: intrus etc*) to catch; (*fig*) to detect; to chance *ou* happen upon; (*clin d'œil*) to intercept; (*conversation*) to overhear; (*orage, nuit etc*) to catch out, take by surprise; **~ la vigilance/bonne foi de qn** to catch sb out/betray sb's good faith; **se ~ à faire** to catch *ou* find o.s. doing
surprime [syʀpʀim] NF additional premium
★**surpris, e** [syʀpʀi, -iz] PP *de* **surprendre** ▸ ADJ: **~ (de/que)** amazed *ou* surprised (at/that)
★**surprise** [syʀpʀiz] NF surprise; **faire une ~ à qn** to give sb a surprise; **voyage sans surprises** uneventful journey; **par ~** *adv* by surprise
surprise-partie [syʀpʀizpaʀti] (*pl* **surprises-parties**) NF party
surprit [syʀpʀi] VB *voir* **surprendre**
surproduction [syʀpʀɔdyksjɔ̃] NF overproduction
surpuissant, e [syʀpɥisɑ̃, -ɑ̃t] ADJ ultra-powerful
surréaliste [syʀʀealist] ADJ, NMF surrealist
surrégime [syʀʀeʒim] NM (*moteur*) over-revving; **tourner en ~** to over-rev; (*fig*) to go into overdrive
surréservation [syʀʀezɛʀvasjɔ̃] NF overbooking
sursaut [syʀso] NM start, jump; **~ de** (*énergie, indignation*) sudden fit *ou* burst of; **en ~** *adv* with a start
sursauter [syʀsote] /1/ VI to (give a) start, jump
surseoir [syʀswaʀ] /26/: **~ à** *vt* to defer; (*Jur*) to stay
sursis [syʀsi] NM (*Jur: gén*) suspended sentence; (*: à l'exécution capitale aussi fig*) reprieve; (*Mil*): **~ (d'appel** *ou* **d'incorporation)** deferment; **condamné à cinq mois (de prison) avec ~** given a five-month suspended (prison) sentence
sursitaire [syʀsitɛʀ] NM (*Mil*) deferred conscript
sursois [syʀswa], **sursoyais** *etc* [syʀswajɛ] VB *voir* **surseoir**
surtaxe [syʀtaks] NF surcharge
surtaxé, e [syʀtakse] ADJ (*Tél: appel, numéro*) premium-rate
surtaxer [syʀtakse] VT to put a surcharge on
surtension [syʀtɑ̃sjɔ̃] NF (*Élec*) overvoltage
★**surtout** [syʀtu] ADV (*avant tout, d'abord*) above all; (*spécialement, particulièrement*) especially; **il aime le sport, ~ le rugby** he likes sport, especially rugby; **cet été, il a ~ fait de la pêche** this summer he went fishing more than anything (else); **~ pas d'histoires !** no fuss now!; **~, ne dites rien !** whatever you do, don't say anything!; **~ pas !** certainly *ou* definitely not!; **~ que ...** especially as ...
survécu, e [syʀveky] PP *de* **survivre**
surveillance [syʀvɛjɑ̃s] NF watch; (*Police, Mil*) surveillance; **sous ~ médicale** under medical supervision; **la ~ du territoire** internal security; *voir aussi* **DGSI**
★**surveillant, e** [syʀvɛjɑ̃, -ɑ̃t] NM/F (*de prison*) warder; (*Scol*) monitor; (*de travaux*) supervisor, overseer
★**surveiller** [syʀveje] /1/ VT (*enfant, élèves, bagages*) to watch, keep an eye on; (*malade*) to watch over; (*prisonnier, suspect*) to keep (a) watch on; (*territoire, bâtiment*) to (keep) watch over; (*travaux, cuisson*) to supervise; (*Scol: examen*) to invigilate; **~ son langage/sa ligne** to watch one's language/figure ■ **se surveiller** VPR to keep a check *ou* watch on o.s.
survenir [syʀvəniʀ] /22/ VI (*incident, retards*) to occur, arise; (*événement*) to take place; (*personne*) to appear, arrive

survenu, e [syrv(ə)ny] PP *de* **survenir**
survêt [syrvɛt], **survêtement** [syrvɛtmɑ̃] NM tracksuit (BRIT), sweat suit (US)
survie [syrvi] NF survival; (*Rel*) afterlife; **équipement de ~** survival equipment; **une ~ de quelques mois** a few more months of life
surviens [syrvjɛ̃], **survint** *etc* [syrvɛ̃] VB *voir* **survenir**
survit *etc* [syrvi] VB *voir* **survivre**
survitaminé, e [syrvitamine] ADJ (*fam*) supercharged
survitrage [syrvitraʒ] NM double-glazing
survivance [syrvivɑ̃s] NF relic
survivant, e [syrvivɑ̃, -ɑ̃t] VB *voir* **survivre** ▸ NM/F survivor
survivre [syrvivr] /46/ VI to survive; **~ à** *vt* (*accident etc*) to survive; (*personne*) to outlive; **la victime a peu de chance de ~** the victim has little hope of survival
survol [syrvɔl] NM flying over
survoler [syrvɔle] /1/ VT to fly over; (*fig: livre*) to skim through; (*: question, problèmes*) to skim over
survolté, e [syrvɔlte] ADJ (*Élec*) stepped up, boosted; (*fig*) worked up
sus [sy(s)]: **en ~ de** *prép* in addition to, over and above; **en ~** *adv* in addition; **~ à** *excl*: **~ au tyran !** at the tyrant!; *voir* **savoir**
susceptibilité [sysɛptibilite] NF sensitivity *no pl*
susceptible [sysɛptibl] ADJ touchy, sensitive; **~ de faire** (*capacité*) able to do; (*probabilité*) liable to do; **~ d'amélioration** *ou* **d'être amélioré** that can be improved, open to improvement
susciter [sysite] /1/ VT (*admiration*) to arouse; (*obstacles, ennuis*): **~ (à qn)** to create (for sb)
susdit, e [sysdi, -dit] ADJ foresaid
susmentionné, e [sysmɑ̃sjɔne] ADJ above-mentioned
susnommé, e [sysnɔme] ADJ above-named
suspect, e [syspɛ(kt), -ɛkt] ADJ suspicious; (*témoignage, opinions, vin etc*) suspect; **peu ~ de** unlikely to be suspected of ▸ NM/F suspect
suspecter [syspɛkte] /1/ VT to suspect; (*honnêteté de qn*) to question, have one's suspicions about; **~ qn d'être/d'avoir fait qch** to suspect sb of being/having done sth
suspendre [syspɑ̃dr] /41/ VT (*interrompre, démettre*) to suspend; (*remettre*) to defer; (*accrocher: vêtement*): **~ qch (à)** to hang sth up (on); (*fixer: lustre etc*): **~ qch à** to hang sth from ▪ **se suspendre** VPR: **se ~ à** to hang from
suspendu, e [syspɑ̃dy] PP *de* **suspendre** ▸ ADJ (*accroché*): **~ à** hanging on (*ou* from); (*perché*) **~ au-dessus de** suspended over; **bien/mal ~** (*Auto*) with good/poor suspension; **être ~ aux lèvres de qn** to hang upon sb's every word
suspens [syspɑ̃]: **en ~** *adv* (*affaire*) in abeyance; **tenir en ~** to keep in suspense
suspense [syspɑ̃s] NM suspense
suspension [syspɑ̃sjɔ̃] NF suspension; deferment; (*Auto*) suspension; (*lustre*) pendant light fitting; **en ~** in suspension, suspended; **~ d'audience** adjournment
suspicieux, -euse [syspisjø, -øz] ADJ suspicious
suspicion [syspisjɔ̃] NF suspicion
sustentation [systɑ̃tasjɔ̃] NF (*Aviat*) lift; **base** *ou* **polygone de ~** support polygon
sustenter [systɑ̃te] /1/: **se sustenter** VPR to take sustenance
susurrer [sysyre] /1/ VT to whisper
sut [sy] VB *voir* **savoir**
suture [sytyr] NF: **point de ~** stitch
suturer [sytyre] /1/ VT to stitch up, suture
suzeraineté [syz(ə)rɛnte] NF suzerainty
svelte [svɛlt] ADJ slender, svelte
SVP ABR (= *s'il vous plaît*) please
SVT SIGLE NF (*Scol*: = *Sciences de la vie et de la Terre*) *natural sciences*
swahili [swaili] NM (*Ling*) Swahili
Swaziland [swazilɑ̃d] NM: **le ~** Swaziland
★**sweat** [swit] NM (*fam*) sweatshirt
sweat-shirt [switʃœrt] (*pl* **sweat-shirts**) NM sweatshirt
syllabe [silab] NF syllable
sylphide [silfid] NF (*fig*): **sa taille de ~** her sylph-like figure
sylvestre [silvɛstr] ADJ: **pin ~** Scots pine, Scotch fir
sylvicole [silvikɔl] ADJ forestry *cpd*
sylviculteur [silvikyltœr] NM forester
sylviculture [silvikyltyr] NF forestry, sylviculture
symbiose [sɛ̃bjoz] NF symbiosis; **en ~ avec qch** in symbiosis with sth
symbole [sɛ̃bɔl] NM symbol
symbolique [sɛ̃bɔlik] ADJ symbolic; (*geste, offrande*) token *cpd*; (*salaire, dommages-intérêts*) nominal
symboliquement [sɛ̃bɔlikmɑ̃] ADV symbolically
symboliser [sɛ̃bɔlize] /1/ VT to symbolize
symétrie [simetri] NF symmetry
symétrique [simetrik] ADJ symmetrical
symétriquement [simetrikmɑ̃] ADV symmetrically
★**sympa** [sɛ̃pa] ADJ INV (*fam*) = **sympathique** nice; friendly; good; **sois ~, prête-le moi** be a pal and lend it to me
sympathie [sɛ̃pati] NF (*inclination*) liking; (*affinité*) fellow feeling; (*condoléances*) sympathy; **accueillir avec ~** (*projet*) to receive favourably; **avoir de la ~ pour qn** to like sb, have a liking for sb; **témoignages de ~** expressions of sympathy; **croyez à toute ma ~** you have my deepest sympathy
★**sympathique** [sɛ̃patik] ADJ (*personne, figure*) nice, friendly, likeable; (*geste*) friendly; (*livre*) good; (*déjeuner*) nice; (*réunion, endroit*) pleasant, nice

sympathique does not mean *sympathetic*.

sympathisant, e [sɛ̃patizɑ̃, -ɑ̃t] NM/F sympathizer
sympathiser [sɛ̃patize] /1/ VI (*voisins etc: s'entendre*) to get on (BRIT) *ou* along (US) (well); (*: se fréquenter*) to socialize, see each other; **~ avec** to get on *ou* along (well) with, to see, socialize with
symphonie [sɛ̃fɔni] NF symphony
symphonique [sɛ̃fɔnik] ADJ (*orchestre, concert*) symphony *cpd*; (*musique*) symphonic

S

symposium [sɛ̃pozjɔm] NM symposium
symptomatique [sɛ̃ptɔmatik] ADJ symptomatic
symptôme [sɛ̃ptom] NM symptom
synagogue [sinagɔg] NF synagogue
synchrone [sɛ̃kʀɔn] ADJ synchronous
synchronique [sɛ̃kʀɔnik] ADJ: **tableau ~** synchronic table of events
synchronisation [sɛ̃kʀɔnizasjɔ̃] NF synchronization; (*Auto*): **~ des vitesses** synchromesh
synchronisé, e [sɛ̃kʀɔnize] ADJ synchronized
synchroniser [sɛ̃kʀɔnize] /1/ VT to synchronize
syncope [sɛ̃kɔp] NF (*Méd*) blackout; (*Mus*) syncopation; **tomber en ~** to faint, pass out
syncopé, e [sɛ̃kɔpe] ADJ syncopated
syndic [sɛ̃dik] NM managing agent
syndical, e, -aux [sɛ̃dikal, -o] ADJ (trade-)union *cpd*; **centrale syndicale** group of affiliated trade unions
syndicalisme [sɛ̃dikalism] NM (*mouvement*) trade unionism; (*activités*) union(ist) activities *pl*
syndicaliste [sɛ̃dikalist] NMF trade unionist
syndicat [sɛ̃dika] NM (*d'ouvriers, employés*) (trade(s)) union; (*autre association d'intérêts*) union, association; **~ d'initiative** tourist office *ou* bureau; **~ patronal** employers' syndicate, federation of employers; **~ de propriétaires** association of property owners
syndiqué, e [sɛ̃dike] ADJ belonging to a (trade) union; **non ~** non-union
syndiquer [sɛ̃dike] /1/: **se syndiquer** VPR to form a trade union; (*adhérer*) to join a trade union
syndrome [sɛ̃dʀom] NM syndrome; **~ prémenstruel** premenstrual syndrome (PMS)
synergie [sinɛʀʒi] NF synergy
synode [sinɔd] NM synod
synonyme [sinɔnim] ADJ synonymous; **~ de** synonymous with ▶ NM synonym
synopsis [sinɔpsis] NMF synopsis
synoptique [sinɔptik] ADJ: **tableau ~** synoptic table
synovie [sinɔvi] NF synovia; **épanchement de ~** water on the knee
syntaxe [sɛ̃taks] NF syntax
synthèse [sɛ̃tɛz] NF synthesis; **faire la ~ de** to synthesize
synthétique [sɛ̃tetik] ADJ synthetic
synthétiser [sɛ̃tetize] /1/ VT to synthesize
synthétiseur [sɛ̃tetizœʀ] NM (*Mus*) synthesizer
syphilis [sifilis] NF syphilis
Syrie [siʀi] NF: **la ~** Syria
syrien, ne [siʀjɛ̃, -ɛn] ADJ Syrian ▶ NM/F: **Syrien, ne** Syrian
systématique [sistematik] ADJ systematic
systématiquement [sistematikmɑ̃] ADV systematically
systématisation [sistematizasjɔ̃] NF systematization
systématiser [sistematize] /1/ VT to systematize
système [sistɛm] NM system; **le ~ D** resourcefulness; **~ décimal** decimal system; **~ expert** expert system; **~ d'exploitation** (*Inform*) operating system; **~ immunitaire** immune system; **~ métrique** metric system; **~ solaire** solar system
systémique [sistemik] ADJ systemic

Tt

T, t [te] NM INV T, t; **T comme Thérèse** T for Tommy ▶ ABR (= *tonne*) t

★**t'** [t] PRON *voir* **te**

★**ta** [ta] ADJ POSS *voir* **ton¹**

★**tabac** [taba] NM tobacco; (*aussi:* **débit** *ou* **bureau de tabac**) tobacconist's (shop); **passer qn à ~** (*fam*) to beat sb up; **faire un ~** (*fam*) to be a big hit; **~ blond/brun** light/dark tobacco; **~ gris** shag; **~ à priser** snuff ▶ ADJ INV: **(couleur) ~** buff, tobacco *cpd*

tabagie [tabaʒi] NF smoke den

tabagique [tabaʒik] ADJ (*dépendance*) nicotine, tobacco *cpd*; (*consommation*) tobacco *cpd*

tabagisme [tabaʒism] NM nicotine addiction; **~ passif** passive smoking

tabassage [tabasaʒ] NM (*fam*) beating up

tabasser [tabase] /1/ VT (*fam*) to beat up

tabatière [tabatjɛʀ] NF snuffbox

tabernacle [tabɛʀnakl] NM tabernacle

★**table** [tabl] NF table; **avoir une bonne ~** to keep a good table; **à ~ !** dinner *etc* is ready!; **se mettre à ~** to sit down to eat; (*fig: fam*) to come clean; **mettre** *ou* **dresser/desservir la ~** to lay *ou* set/clear the table; **faire ~ rase de** to make a clean sweep of; **~ à repasser** ironing board; **~ basse** coffee table; **~ de cuisson** (*à l'électricité*) hob, hotplate; (*au gaz*) hob, gas ring; **~ d'écoute** wire-tapping set; **~ d'harmonie** sounding board; **~ d'hôte** set menu; **~ de lecture** turntable; **~ des matières** (table of) contents *pl*; **~ de multiplication** multiplication table; **~ des négociations** negotiating table; **~ de nuit** *ou* **de chevet** bedside table; **~ d'orientation** viewpoint indicator; **~ ronde** (*débat*) round table; **~ roulante** (tea) trolley (BRIT), tea wagon (*US*); **~ de toilette** washstand; **~ traçante** (*Inform*) plotter

★**tableau, x** [tablo] NM (*Art*) painting; (*reproduction, fig*) picture; (*panneau*) board; (*schéma*) table, chart; **~ blanc** whiteboard; **~ blanc interactif** interactive whiteboard; **~ d'affichage** notice board; **~ de bord** dashboard; (*Aviat*) instrument panel; **~ de chasse** tally; **~ de contrôle** console, control panel; **~ de maître** masterpiece; **~ noir** blackboard

tablée [table] NF (*personnes*) table

tabler [table] /1/ VI: **~ sur** to count *ou* bank on

tablette [tablɛt] NF (*planche*) shelf; (*Inform*) tablet; **~ de chocolat** bar of chocolate

tableur [tablœʀ] NM (*Inform*) spreadsheet

tablier [tablije] NM apron; (*de pont*) roadway; (*de cheminée*) (flue-)shutter

tabou, e [tabu] ADJ, NM taboo

taboulé [tabule] NM tabbouleh

tabouret [tabuʀɛ] NM stool

tabulateur [tabylatœʀ] NM (*Tech*) tabulator

tac [tak] NM: **du ~ au ~** tit for tat

★**tache** [taʃ] NF (*saleté*) stain, mark; (*Art, de couleur, lumière*) spot; splash, patch; **faire ~ d'huile** to spread, gain ground; **~ de rousseur** *ou* **de son** freckle; **~ de vin** (*sur la peau*) strawberry mark

★**tâche** [tɑʃ] NF task; **travailler à la ~** to do piecework

tacher [taʃe] /1/ VT to stain, mark; (*fig*) to sully, stain ▪ **se tacher** VPR (*fruits*) to become marked

tâcher [tɑʃe] /1/ VI: **~ de faire** to try to do, endeavour (BRIT) *ou* endeavor (*US*) to do

tâcheron [tɑʃ(ə)ʀɔ̃] NM (*fig*) drudge

tacheté, e [taʃte] ADJ: **~ de** speckled *ou* spotted with

tachisme [taʃism] NM (*Peinture*) tachisme

tachycardie [takikaʀdi] NF tachycardia

tachygraphe [takigʀaf] NM tachograph

tachymètre [takimɛtʀ] NM tachometer

tacite [tasit] ADJ tacit

tacitement [tasitmɑ̃] ADV tacitly

taciturne [tasityʀn] ADJ taciturn

tacle [takl] NM (*Football*) tackle; **~ par derrière** tackle from behind

tacler [takle] VT (*Football*) to tackle

tacot [tako] NM (*péj: voiture*) banger (BRIT), clunker (*US*)

tact [takt] NM tact; **avoir du ~** to be tactful, have tact

tacticien, ne [taktisjɛ̃, -ɛn] NM/F tactician

tactile [taktil] ADJ tactile; **affichage ~** touch-sensitive display; *voir aussi* **écran**

tactique [taktik] ADJ tactical ▶ NF (*technique*) tactics *sg*; (*plan*) tactic

Tadjikistan [tadʒikistɑ̃] NM Tajikistan

taffetas [tafta] NM taffeta

Tage [tɑʒ] NM: **le ~** the (river) Tagus

taguer [tage] VT to graffiti, put graffiti on

tagueur, -euse [tagœʀ, -øz] NM/F graffiti artist, graffitist

Tahiti [taiti] NF Tahiti

tahitien, ne [taisjɛ̃, -ɛn] ADJ Tahitian

taie [tɛ] NF: **~ (d'oreiller)** pillowslip, pillowcase

taïga [tajga] NF taiga

taillader [tajade] /1/ VT to gash

★**taille** [taj] NF cutting; (*d'arbre*) pruning; (*milieu du corps*) waist; (*hauteur*) height; (*grandeur*) size; **de ~ à faire** capable of doing; **de ~** *adj* sizeable; **quelle ~ faites-vous ?** what size are you?

taillé, e [taje] ADJ (*moustache, ongles, arbre*) trimmed; **~ pour** (*fait pour, apte à*) cut out for; tailor-made for; **~ en pointe** sharpened to a point

★**taille-crayon(s)** [tajkʀɛjɔ̃] NM INV pencil sharpener

tailler [taje] /1/ VT (*pierre, diamant*) to cut; (*arbre, plante*) to prune; (*vêtement*) to cut out; (*crayon*) to sharpen ▸ VI: **~ dans** (*chair, bois*) to cut into; **~ grand/petit** to be on the large/small side ■ **se tailler** VPR (*ongles, barbe*) to trim, cut; (*fig: réputation*) to gain, win; (*fam: s'enfuir*) to beat it

tailleur, -euse [tajœʀ, -øz] NM/F: **~ de diamants** diamond-cutter ▸ NM (*couturier*) tailor; (*vêtement*) suit, costume; **en ~** (*assis*) cross-legged

tailleur-pantalon [tajœʀpɑ̃talɔ̃] (*pl* **tailleurs-pantalons**) NM trouser suit (BRIT), pantsuit (US)

taillis [taji] NM copse

tain [tɛ̃] NM silvering; **glace sans ~** two-way mirror

★**taire** [tɛʀ] /54/ VT to keep to o.s., conceal ▸ VI: **faire ~ qn** to make sb be quiet; (*fig*) to silence sb ■ **se taire** VPR (*s'arrêter de parler*) to fall silent, stop talking; (*ne pas parler*) to be silent *ou* quiet; (*s'abstenir de s'exprimer*) to keep quiet; (*bruit, voix*) to disappear; **tais-toi !, taisez-vous !** be quiet!

taiseux, -euse [tɛzø, øz] ADJ (*fam*) silent, uncommunicative ▸ NM/F reserved *ou* quiet person

Taiwan [tajwan] NF Taiwan

tajine [taʒin] NM tagine, tajine

talc [talk] NM talc, talcum powder

talé, e [tale] ADJ (*fruit*) bruised

talent [talɑ̃] NM talent; **avoir du ~** to be talented, have talent

talentueux, -euse [talɑ̃tɥø, -øz] ADJ talented

talion [taljɔ̃] NM: **la loi du ~** an eye for an eye

talisman [talismɑ̃] NM talisman

talkie-walkie [tɔkiwɔki] (*pl* **talkies-walkies**) NM walkie-talkie

taloche [talɔʃ] NF (*fam: claque*) slap; (*Tech*) plaster float

★**talon** [talɔ̃] NM heel; (*de chèque, billet*) stub, counterfoil (BRIT); **talons plats/aiguilles** flat/stiletto heels; **être sur les talons de qn** to be on sb's heels; **tourner les talons** to turn on one's heel; **montrer les talons** (*fig*) to show a clean pair of heels

talonnade [talɔnad] NF (*Football*) back heel

talonner [talɔne] /1/ VT to follow hard behind; (*fig*) to hound; (*Rugby*) to heel

talonnette [talɔnɛt] NF (*de chaussure*) heelpiece; (*de pantalon*) stirrup

talonneur [talɔnœʀ] NM (*Rugby*) hooker

talquer [talke] /1/ VT to put talc(um powder) on

talus [taly] NM embankment; **~ de remblai/déblai** embankment/excavation slope

tamarin [tamaʀɛ̃] NM (*Bot*) tamarind

tambour [tɑ̃buʀ] NM (*Mus, Tech*) drum; (*musicien*) drummer; (*porte*) revolving door(s *pl*); **sans ~ ni trompette** unobtrusively

tambourin [tɑ̃buʀɛ̃] NM tambourine

tambouriner [tɑ̃buʀine] /1/ VI: **~ contre** to drum against *ou* on

tambour-major [tɑ̃buʀmaʒɔʀ] (*pl* **tambours-majors**) NM drum major

tamis [tami] NM sieve

★**Tamise** [tamiz] NF: **la ~** the Thames

tamisé, e [tamize] ADJ (*fig*) subdued, soft

tamiser [tamize] /1/ VT to sieve, sift

tampon [tɑ̃pɔ̃] NM (*de coton, d'ouate*) pad; (*aussi:* **tampon hygiénique** *ou* **périodique**) tampon; (*amortisseur, Inform: aussi:* **mémoire tampon**) buffer; (*bouchon*) plug, stopper; (*cachet, timbre*) stamp; (*Chimie*) buffer; **~ buvard** blotter; **~ encreur** inking pad; **~ (à récurer)** scouring pad

tamponné, e [tɑ̃pɔne] ADJ: **solution tamponnée** buffer solution

tamponner [tɑ̃pɔne] /1/ VT (*timbres*) to stamp; (*heurter*) to crash *ou* ram into; (*essuyer*) to mop up ■ **se tamponner** VPR (*voitures*) to crash (into each other)

tamponneuse [tɑ̃pɔnøz] ADJ F: **autos tamponneuses** dodgems, bumper cars

tam-tam [tamtam] NM tomtom

tancer [tɑ̃se] /3/ VT to scold

tanche [tɑ̃ʃ] NF tench

tandem [tɑ̃dɛm] NM tandem; (*fig*) duo, pair

tandis [tɑ̃di]: **~ que** *conj* while

tangage [tɑ̃gaʒ] NM pitching (and tossing)

tangent, e [tɑ̃ʒɑ̃, -ɑ̃t] ADJ (*Math*): **~ (à)** tangential (to); (*de justesse: fam*) close ▸ NF (*Math*) tangent

Tanger [tɑ̃ʒe] N Tangier

tango [tɑ̃go] NM (*Mus*) tango ▸ ADJ INV (*couleur*) dark orange

tanguer [tɑ̃ge] /1/ VI to pitch (and toss)

tanière [tanjɛʀ] NF lair, den

tanin [tanɛ̃] NM tannin

tank [tɑ̃k] NM tank

tanker [tɑ̃kɛʀ] NM tanker

tankini [tɑ̃kini] NM tankini

tanné, e [tane] ADJ weather-beaten

tanner [tane] /1/ VT to tan

tannerie [tanʀi] NF tannery

tanneur [tanœʀ] NM tanner

tant [tɑ̃] ADV so much; **~ de** (*sable, eau*) so much; (*gens, livres*) so many; **~ que** *conj* as long as; **~ que** (*comparatif*) as much as; **~ mieux** that's great; (*avec une certaine réserve*) so much the better; **~ mieux pour lui** good for him; **~ pis** too bad; (*conciliant*) never mind; **un ~ soit peu** (*un peu*) a little bit; (*même un peu*) (even) remotely; **~ bien que mal** as well as can be expected; **~ s'en faut** far from it, not by a long way

★**tante** [tɑ̃t] NF aunt

tantinet [tɑ̃tinɛ]: **un ~** *adv* a tiny bit

tantôt [tɑ̃to] ADV (*parfois*): **tantôt … tantôt** now … now; (*cet après-midi*) this afternoon

Tanzanie [tɑ̃zani] NF: **la ~** Tanzania

tanzanien, ne [tɑ̃zanjɛ̃, -ɛn] ADJ Tanzanian

TAO SIGLE F (= *traduction assistée par ordinateur*) MAT (= *machine-aided translation*)

taon [tɑ̃] NM horsefly, gadfly

tapage [tapaʒ] NM uproar, din; (*fig*) fuss, row; **~ nocturne** (*Jur*) disturbance of the peace (*at night*)

tapageur, -euse [tapaʒœʀ, -øz] ADJ (*bruyant: enfants etc*) noisy; (*voyant: toilette*) loud, flashy; (*publicité*) obtrusive

tape [tap] NF slap

tape-à-l'œil [tapalœj] ADJ INV flashy, showy

tapenade [tap(ə)nad] NF (*Culin*) tapenade

★**taper** [tape] /1/ VT (*personne*) to clout; (*porte*) to bang, slam; (*enfant*) to slap; (*dactylographier*) to type (out); (*Inform*) to key(board); (*fam: emprunter*): **~ qn de 10 euros** to touch sb for 10 euros, cadge 10 euros off sb ▸ VI (*soleil*) to beat down; **~ sur qn** to thump sb; (*fig*) to run sb down; **~ sur qch** (*clou etc*) to hit sth; (*table etc*) to bang on sth; **~ à** (*porte etc*) to knock on; **~ dans** (*se servir*) to dig into; **~ des mains/pieds** to clap one's hands/stamp one's feet; **~ (à la machine)** to type ▪ **se taper** VPR (*fam: travail*) to get landed with; (*: boire, manger*) to down

tapette [tapɛt] NF: **~ à souris** mousetrap; (*pour insectes*) fly swatter; (*fam: homosexuel*) fairy (*fam*), poofter (*fam*); (*petite tape*) little tap

tapi, e [tapi] ADJ: **~ dans/derrière** (*blotti*) crouching *ou* cowering in/behind; (*caché*) hidden away in/behind

tapinois [tapinwa]: **en ~** *adv* stealthily

tapioca [tapjɔka] NM tapioca

tapir [tapiʀ] /2/: **se tapir** VPR to hide away

★**tapis** [tapi] NM carpet; (*petit*) rug; (*de table*) cloth; **mettre sur le ~** (*fig*) to bring up for discussion; **aller au ~** (*Boxe*) to go down; **envoyer au ~** (*Boxe*) to floor; **~ roulant** conveyor belt; (*pour piétons*) moving walkway; (*pour bagages*) carousel; **~ de sol** (*de tente*) groundsheet; **~ de souris** (*Inform*) mouse mat

tapis-brosse [tapibʀɔs] NM doormat

tapisser [tapise] /1/ VT (*avec du papier peint*) to paper; (*recouvrir*): **~ qch (de)** to cover sth (with)

tapisserie [tapisʀi] NF (*tenture, broderie*) tapestry; (*: travail*) tapestry-making; (*: ouvrage*) tapestry work; (*papier peint*) wallpaper; (*fig*): **faire ~** to sit out, be a wallflower

tapissier, -ière [tapisje, -jɛʀ] NM/F: **tapissier-décorateur** interior decorator

tapoter [tapɔte] /1/ VT (*joue, main*) to pat; (*objet*) to tap

taquet [takɛ] NM (*cale*) wedge; (*cheville*) peg

taquin, e [takɛ̃, -in] ADJ teasing

taquiner [takine] /1/ VT to tease

taquinerie [takinʀi] NF teasing *no pl*

tarabiscoté, e [taʀabiskɔte] ADJ over-ornate, fussy

tarabuster [taʀabyste] /1/ VT to bother, worry

tarama [taʀama] NM (*Culin*) taramasalata

tarauder [taʀode] /1/ VT (*Tech*) to tap; to thread; (*fig*) to pierce

★**tard** [taʀ] ADV late; **plus ~** later (on); **au plus ~** at the latest; **il est trop ~** it's too late ▸ NM: **sur le ~** (*à une heure avancée*) late in the day; (*vers la fin de la vie*) late in life

tarder [taʀde] /1/ VI (*chose*) to be a long time coming; (*personne*): **~ à faire** to delay doing; **il me tarde d'être** I am longing to be; **sans (plus) ~** without (further) delay

tardif, -ive [taʀdif, -iv] ADJ (*heure, repas, fruit*) late; (*talent, goût*) late in developing

tardivement [taʀdivmɑ̃] ADV late

tare [taʀ] NF (*Comm*) tare; (*fig*) defect; blemish

taré, e [taʀe] NM/F cretin

targette [taʀʒɛt] NF (*verrou*) bolt

targuer [taʀge] /1/: **se targuer de** VPR to boast about

★**tarif** [taʀif] NM: **~ des consommations** price list; **tarifs postaux/douaniers** postal/customs rates; **~ des taxis** taxi fares; **~ plein/réduit** (*train*) full/reduced fare; (*téléphone*) peak/off-peak rate; **voyager à plein ~/à ~ réduit** to travel at full/reduced fare

tarifaire [taʀifɛʀ] ADJ (*voir tarif*) relating to price lists *etc*

tarifé, e [taʀife] ADJ: **~ 10 euros** priced at 10 euros

tarifer [taʀife] /1/ VT to fix the price *ou* rate for

tarification [taʀifikasjɔ̃] NF *fixing of a price scale*

tarir [taʀiʀ] /2/ VI to dry up, run dry ▸ VT to dry up ▪ **se tarir** VPR (*source*) to dry up, run dry; (*ressources*) to dry up

tarmac [taʀmak] NM tarmac

tarot [taʀo] NM tarot card; (*jeu*) (set of) tarot cards; **jouer au ~** to play tarot

tartan [taʀtɑ̃] NM tartan; **en ~** tartan *cpd*

tartare [taʀtaʀ] ADJ (*Culin*) tartar(e)

★**tarte** [taʀt] NF tart; **~ aux pommes/à la crème** apple/custard tart; **~ Tatin** ≈ apple upside-down tart

tartelette [taʀtəlɛt] NF tartlet

★**tartine** [taʀtin] NF slice of bread (and butter (*ou* jam)); **~ de miel** slice of bread and honey; **~ beurrée** slice of bread and butter

tartiner [taʀtine] /1/ VT to spread; **fromage à ~** cheese spread

tartre [taʀtʀ] NM (*des dents*) tartar; (*de chaudière*) fur, scale

★**tas** [tɑ] NM heap, pile; **un ~ de** (*fig*) heaps of, lots of; **en ~** in a heap *ou* pile; **dans le ~** (*fig*) in the crowd; among them; **formé sur le ~** trained on the job

Tasmanie [tasmani] NF: **la ~** Tasmania

tasmanien, ne [tasmanjɛ̃, -ɛn] ADJ Tasmanian

★**tasse** [tɑs] NF cup; **boire la ~** (*en se baignant*) to swallow a mouthful; **~ à café/thé** coffee/teacup

tassé, e [tɑse] ADJ: **bien ~** (*café etc*) strong

tasseau, x [tɑso] NM length of wood

tassement [tɑsmɑ̃] NM (*de vertèbres*) compression; (*Écon, Pol: ralentissement*) fall-off, slowdown; (*Bourse*) dullness

tasser [tɑse] /1/ VT (*terre, neige*) to pack down; (*entasser*): **~ qch dans** to cram sth into ▪ **se tasser** VPR (*se serrer*) to squeeze up; (*s'affaisser*) to settle; (*personne: avec l'âge*) to shrink; (*fig*) to sort itself out, settle down

tata [tata] NF aunt

tâter [tɑte] /1/ VT to feel; (*fig*) to try out; **~ de** (*prison etc*) to have a taste of; **~ le terrain** (*fig*) to test the ground ▪ **se tâter** VPR (*hésiter*) to be in two minds

tatillon, ne [tatijɔ̃, -ɔn] ADJ pernickety

tâtonnement [tɑtɔnmɑ̃] NM: **par tâtonnements** (*fig*) by trial and error

t

tâtonner [tatɔne] /1/ VI to grope one's way along; (*fig*) to grope around (in the dark)
tâtons [tatɔ̃]: **à ~** *adv*: **chercher/avancer à ~** to grope around for/grope one's way forward
tatouage [tatwaʒ] NM tattooing; (*dessin*) tattoo
tatouer [tatwe] /1/ VT to tattoo
taudis [todi] NM hovel, slum
taulard, e, tôlard, e [tolaʀ, -aʀd] NM/F (*fam*) ex con (*fam*), jailbird (*fam*)
taule [tol] NF (*fam*) nick (BRIT), jail
taupe [top] NF mole; (*peau*) moleskin
taupinière [topinjɛʀ] NF molehill
taureau, x [tɔʀo] NM bull; (*signe*): **le T~** Taurus, the Bull; **être du T~** to be Taurus
taurillon [tɔʀijɔ̃] NM bull-calf
tauromachie [tɔʀɔmaʃi] NF bullfighting
tautologie [totɔlɔʒi] NF tautology
tautologique [totɔlɔʒik] ADJ tautological
taux [to] NM rate; (*d'alcool*) level; **~ d'escompte** discount rate; **~ d'intérêt** interest rate; **~ de mortalité** mortality rate
tavelé, e [tav(ə)le] ADJ marked
taverne [tavɛʀn] NF inn, tavern
taxable [taksabl] ADJ taxable
taxation [taksasjɔ̃] NF taxation; (*Tél*) charges *pl*
taxe [taks] NF tax; (*douanière*) duty; **toutes taxes comprises** inclusive of tax; **la boutique hors taxes** the duty-free shop; **~ de base** (*Tél*) unit charge; **~ de séjour** tourist tax; **~ à** *ou* **sur la valeur ajoutée** value added tax
taxer [takse] /1/ VT (*personne*) to tax; (*produit*) to put a tax on, tax; **~ qn de qch** (*qualifier*) to call sb sth; (*accuser*) to accuse sb of sth, tax sb with sth
★**taxi** [taksi] NM taxi; (*chauffeur*: *fam*) taxi driver
taxidermie [taksidɛʀmi] NF taxidermy
taxidermiste [taksidɛʀmist] NMF taxidermist
taximètre [taksimɛtʀ] NM (taxi)meter
taxiphone [taksifɔn] NM pay phone
TB ABR = **très bien; très bon**
tbe ABR (= *très bon état*) VGC, vgc
Tchad [tʃad] NM: **le ~** Chad
tchadien, ne [tʃadjɛ̃, -ɛn] ADJ Chad(ian), of *ou* from Chad
tchao [tʃao] EXCL (*fam*) bye(-bye)!
tchécoslovaque [tʃekɔslɔvak] (*Hist*) ADJ Czechoslovak(ian) ▸NMF: **Tchécoslovaque** Czechoslovak(ian)
Tchécoslovaquie [tʃekɔslɔvaki] NF (*Hist*): **la ~** Czechoslovakia
tchèque [tʃɛk] ADJ Czech; **la République ~** the Czech Republic ▸NM (*Ling*) Czech ▸NMF: **Tchèque** Czech
Tchéquie [tʃeki] NF Czechia
tchétchène [tʃetʃɛn] ADJ Chechen ▸NM (*langue*) Chechen ▸NMF: **Tchétchène** Chechen
Tchétchénie [tʃetʃeni] NF: **la ~** Chechnya
TCS SIGLE M (= *Touring Club de Suisse*) ≈ AA *ou* RAC (BRIT), ≈ AAA (US)
TD SIGLE MPL = **travaux dirigés**
★**te, t'** [tə, t] PRON you; (*réfléchi*) yourself
té [te] NM T-square

★**technicien, ne** [tɛknisjɛ̃, -ɛn] NM/F technician
technicisation [tɛknisizasjɔ̃] NF increasing technicality
technicité [tɛknisite] NF technical nature
technico-commercial, e, -aux [tɛknikokɔmɛʀsjal, -o] ADJ: **agent ~** sales technician
★**technique** [tɛknik] ADJ technical ▸NF technique
techniquement [tɛknikmɑ̃] ADV technically
techno [tɛkno] NF (*fam*: *Mus*): **la (musique) ~** techno (music); = **technologie**
technocrate [tɛknɔkʀat] NMF technocrat
technocratie [tɛknɔkʀasi] NF technocracy
technocratique [tɛknɔkʀatik] ADJ technocratic
★**technologie** [tɛknɔlɔʒi] NF technology
technologique [tɛknɔlɔʒik] ADJ technological
technologue [tɛknɔlɔg] NMF technologist
teck [tɛk] NM teak
teckel [tekɛl] NM dachshund
tectonique [tɛktɔnik] NF (*Géol*) tectonics *sg* ▸ADJ tectonic
tee [ti] NM tee
tee-shirt [tiʃœʀt] NM T-shirt, tee-shirt
Téhéran [teeʀɑ̃] N Teheran
teigne [tɛɲ] VB *voir* **teindre** ▸NF (*Zool*) moth; (*Méd*) ringworm
teigneux, -euse [tɛɲø, -øz] ADJ (*péj*) nasty, scabby
teindre [tɛ̃dʀ] /52/ VT to dye ■ **se teindre** VPR: **se ~ (les cheveux)** to dye one's hair
teint, e [tɛ̃, tɛ̃t] PP *de* **teindre** ▸ADJ dyed ▸NM (*du visage*: *permanent*) complexion, colouring (BRIT), coloring (US); (: *momentané*) colour (BRIT), color (US); **bon ~** *adj inv* (*couleur*) fast; (*tissu*) colourfast; (*fig*: *personne*) staunch; **grand ~** *adj inv* colourfast ▸NF (*nuance*) shade; (*couleur*) colour (BRIT), color (US); **une très jolie teinte** a very pretty colour; **une teinte dans les bleus** a bluey shade; (*fig*): **une teinte de** a hint of
teinté, e [tɛ̃te] ADJ (*verres*) tinted; (*bois*) stained; **~ acajou** mahogany-stained; **~ de** (*fig*) tinged with
teinter [tɛ̃te] /1/ VT (*verre*) to tint; (*bois*) to stain; **~ qch de** (*fig*) to tinge sth with
teinture [tɛ̃tyʀ] NF dyeing; (*substance*) dye; (*Méd*): **~ d'iode** tincture of iodine
teinturerie [tɛ̃tyʀʀi] NF dry cleaner's
teinturier, -ière [tɛ̃tyʀje, -jɛʀ] NM/F dry cleaner
tel, telle [tɛl] ADJ (*pareil*) such; (*comme*): **~ un/des ...** like a/like ...; (*indéfini*) such-and-such a, a given; (*intensif*): **un ~/de tels ...** such (a)/such ...; **venez ~ jour** come on such-and-such a day; **rien de ~** nothing like it, no such thing; **~ que** *conj* like, such as; **~ quel** as it is *ou* stands (*ou* was *etc*)
tél. ABR = **téléphone**
Tel Aviv [tɛlaviv] N Tel Aviv
télé [tele] NF (*fam*: *télévision*) TV, telly (BRIT); **à la ~** on TV *ou* telly
téléachat [teleaʃa] NM teleshopping
télébenne [telebɛn] NMF telecabine, gondola
télécabine [telekabin] NMF (*benne*) cable car
télécarte [telekaʀt] NF phonecard
téléchargeable [teleʃaʀʒabl] ADJ downloadable

téléchargement [teleʃaʀʒəmɑ̃] NM (*action*) downloading; (*fichier*) download
télécharger [teleʃaʀʒe] /3/ VT (*Inform: recevoir*) to download; (: *transmettre*) to upload
télécom [telekɔm] ABR (= *télécommunication*) ≈ telecom
télécommande [telekɔmɑ̃d] NF remote control
télécommander [telekɔmɑ̃de] /1/ VT to operate by remote control, radio-control
télécommunications [telekɔmynikasjɔ̃] NFPL telecommunications
téléconférence [telekɔ̃feʀɑ̃s] NF teleconference
télécopie [telekɔpi] NF fax, telefax
télécopieur [telekɔpjœʀ] NM fax (machine)
télédéclaration [teledeklaʀasjɔ̃] NF online tax filing
télédétection [teledetɛksjɔ̃] NF remote sensing
télédiffuser [teledifyze] /1/ VT to broadcast (on television)
télédiffusion [teledifyzjɔ̃] NF television broadcasting
télédistribution [teledistʀibysjɔ̃] NF cable TV
téléenseignement [teleɑ̃sɛɲmɑ̃] NM distance teaching (*ou* learning)
téléférique [telefeʀik] NM = **téléphérique**
téléfilm [telefilm] NM film made for TV, TV film
télégénique [teleʒenik] ADJ telegenic
télégramme [telegʀam] NM telegram
télégraphe [telegʀaf] NM telegraph
télégraphie [telegʀafi] NF telegraphy
télégraphier [telegʀafje] /7/ VT to telegraph, cable
télégraphique [telegʀafik] ADJ telegraph *cpd*, telegraphic; (*fig*) telegraphic
télégraphiste [telegʀafist] NMF telegraphist
téléguider [telegide] /1/ VT to operate by remote control, radio-control
téléinformatique [teleɛ̃fɔʀmatik] NF remote access computing
téléjournal, -aux [teleʒuʀnal, -o] NM television news magazine programme
télémarketing [telemaʀketiŋ] NM telemarketing
télématique [telematik] NF telematics *sg* ▶ADJ telematic
téléobjectif [teleɔbʒɛktif] NM telephoto lens *sg*
téléopérateur, -trice [teleɔpeʀatœʀ, -tʀis] NM/F call-centre operator
télépaiement [telepɛmɑ̃] NM online payment
télépathie [telepati] NF telepathy
télépéage [telepeaʒ] NM electronic toll system
téléphérique [telefeʀik] NM cable-car
téléphone [telefɔn] NM telephone; **avoir le ~** to be on the (tele)phone; **au ~** on the phone; **~ arabe** bush telegraph; **~ à carte** cardphone; **~ avec appareil photo** camera phone; **~ fixe** landline; **~ mobile** *ou* **portable** mobile (phone) (BRIT), cell (phone) (US); **~ rouge** hotline; **~ sans fil** cordless (tele)phone
téléphoner [telefɔne] /1/ VI to telephone; to make a phone call ▶VT to telephone; **~ à** to phone, ring up, call up
téléphonie [telefɔni] NF telephony; **~ fixe** landline telephone services
téléphonique [telefɔnik] ADJ (tele)phone *cpd*, phone *cpd*; **cabine ~** call box (BRIT), (tele)phone box (BRIT) *ou* booth; **conversation/appel ~** (tele) phone conversation/call
téléphoniste [telefɔnist] NMF telephonist, telephone operator; (*d'entreprise*) switchboard operator
téléport [telepɔʀ] NM teleport
téléprompteur [telepʀɔ̃ptœʀ] NM Autocue®, teleprompter
téléprospection [telepʀɔspɛksjɔ̃] NF telesales
téléréalité [teleʀealite] NF reality TV
télescopage [telɛskɔpaʒ] NM crash
télescope [telɛskɔp] NM telescope
télescoper [telɛskɔpe] /1/ VT to smash up ■ **se télescoper** VPR (*véhicules*) to concertina, crash into each other
télescopique [telɛskɔpik] ADJ telescopic
téléscripteur [teleskʀiptœʀ] NM teleprinter
télésiège [telesjɛʒ] NM chairlift
téléski [teleski] NM ski-tow; **~ à archets** T-bar tow; **~ à perche** button lift
téléspectateur, -trice [telespɛktatœʀ, -tʀis] NM/F (television) viewer
télésurveillance [telesyʀvɛjɑ̃s] NF TV surveillance
télétexte® [teletɛkst] NM Teletext®
téléthon [teletɔ̃] NM telethon
télétraitement [teletʀɛtmɑ̃] NM remote processing
télétransmission [teletʀɑ̃smisjɔ̃] NF remote transmission
télétravail NM teleworking, telecommuting
télétravailleur, -euse [teletʀavajœʀ, -øz] NM/F teleworker, telecommuter
télétype [teletip] NM teleprinter
télévente [televɑ̃t] NF telesales
télévisé [televize] ADJ (*droits, journal*) television *cpd*, TV *cpd*; (*débat*) televised
téléviser [televize] /1/ VT to televise
téléviseur [televizœʀ] NM television set
télévision [televizjɔ̃] NF television; **(poste de) ~** television (set); **avoir la ~** to have a television; **à la ~** on television; **~ numérique** digital TV; **~ par câble/satellite** cable/satellite television
télévisuel, le [televizɥɛl] ADJ (*droits, publicité*) television *cpd*, TV *cpd*
télex [telɛks] NM telex
télexer [telɛkse] /1/ VT to telex
télexiste [telɛksist] NMF telex operator
telle [tɛl] ADJ F *voir* **tel**
★**tellement** [tɛlmɑ̃] ADV (*tant*) so much; (*si*) so; **~ plus grand (que)** so much bigger (than); **~ de** (*sable, eau*) so much; (*gens, livres*) so many; **il s'est endormi ~ il était fatigué** he was so tired (that) he fell asleep; **pas ~** not really; **pas ~ fort/lentement** not (all) that strong/slowly; **il ne mange pas ~** he doesn't eat (all that) much
tellurique [telyʀik] ADJ: **secousse ~** earth tremor; **planète ~** telluric planet
téloche [telɔʃ] NF (*fam*) TV, telly (BRIT *fam*)

t

téméraire [temerɛr] ADJ reckless, rash
témérité [temerite] NF recklessness, rashness
témoignage [temwaɲaʒ] NM (*Jur: déclaration*) testimony *no pl*, evidence *no pl*; (*: faits*) evidence *no pl*; (*gén: rapport, récit*) account; (*fig: d'affection etc*) token, mark; (*geste*) expression
témoigner [temwaɲe] /1/ VT (*manifester: intérêt, gratitude*) to show; **~ que** to testify that; (*fig: démontrer*) to reveal that, testify to the fact that; **~ de** (*confirmer*) to bear witness to, testify to ▸ VI (*Jur*) to testify, give evidence
témoin [temwɛ̃] NM witness; (*fig*) testimony; (*Sport*) baton; (*Constr*) telltale; **~ le fait que ...** (as) witness the fact that ...; **être ~ de** (*voir*) to witness; **prendre à ~** to call to witness; **~ à charge** witness for the prosecution; **~ de connexion** (*Internet*) cookie; **T~ de Jehovah** Jehovah's Witness; **~ de moralité** character reference; **~ oculaire** eyewitness ▸ ADJ control *cpd*, test *cpd*; **appartement-témoin** show flat (BRIT), model apartment (*US*)
tempe [tɑ̃p] NF (*Anat*) temple
tempérament [tɑ̃peramɑ̃] NM temperament, disposition; (*santé*) constitution; **à ~** (*vente*) on deferred (payment) terms; (*achat*) by instalments, hire purchase *cpd*; **avoir du ~** to be hot-blooded
tempérance [tɑ̃perɑ̃s] NF temperance; **société de ~** temperance society
tempérant, e [tɑ̃perɑ̃, -ɑ̃t] ADJ temperate
température [tɑ̃peratyr] NF temperature; **prendre la ~ de** to take the temperature of; (*fig*) to gauge the feeling of; **avoir** *ou* **faire de la ~** to be running *ou* have a temperature
tempéré, e [tɑ̃pere] ADJ temperate
tempérer [tɑ̃pere] /6/ VT to temper
tempête [tɑ̃pɛt] NF storm; **~ de sable/neige** sand/snowstorm; **vent de ~** gale
tempêter [tɑ̃pete] /1/ VI to rant and rave
temple [tɑ̃pl] NM temple; (*protestant*) church
tempo [tɛmpo] NM tempo
temporaire [tɑ̃pɔrɛr] ADJ temporary
temporairement [tɑ̃pɔrɛrmɑ̃] ADV temporarily
temporel, le [tɑ̃pɔrɛl] ADJ temporal
temporisateur, -trice [tɑ̃pɔrizatœr, -tris] ADJ temporizing, delaying
temporisation [tɑ̃pɔrizasjɔ̃] NF temporizing, playing for time
temporiser [tɑ̃pɔrize] /1/ VI to temporize, play for time
★**temps** [tɑ̃] NM (*atmosphérique*) weather; (*durée*) time; (*époque*) time, times *pl*; (*Ling*) tense; (*Mus*) beat; (*Tech*) stroke; **un ~ de chien** (*fam*) rotten weather; **quel ~ fait-il ?** what's the weather like?; **il fait beau/mauvais ~** the weather is fine/bad; **avoir le ~/tout le ~/juste le ~** to have time/plenty of time/just enough time; **les ~ changent/sont durs** times are changing/hard; **avoir fait son ~** (*fig*) to have had its (*ou* his *etc*) day; **en ~ de paix/guerre** in peacetime/wartime; **en ~ utile** *ou* **voulu** in due time *ou* course; **ces derniers ~** lately; **dans quelque ~** in a (little) while; **de ~ en ~, de ~ à autre** from time to time, now and again; **en même ~** at the same time; **à ~** (*partir, arriver*) in time; **à ~ complet, à plein ~** *adv, adj* full-time; **à ~ partiel, à mi-temps** *adv, adj* part-time; **dans le ~** at one time; **de tout ~** always; **du ~ que** at the time when, in the days when; **dans le** *ou* **du** *ou* **au ~ où** at the time when; **pendant ce ~** in the meantime; **~ d'accès** (*Inform*) access time; **~ d'arrêt** pause, halt; **~ libre** free *ou* spare time; **~ mort** (*Sport*) stoppage (time); (*Comm*) slack period; **~ partagé** (*Inform*) time-sharing; **~ réel** (*Inform*) real time
tenable [t(ə)nabl] ADJ bearable
tenace [tənas] ADJ tenacious, persistent
ténacité [tenasite] NF tenacity, persistence
tenailler [tənɑje] /1/ VT (*fig*) to torment, torture
tenailles [tənɑj] NFPL pincers
tenais *etc* [t(ə)nɛ] VB *voir* **tenir**
tenancier, -ière [tənɑ̃sje, -jɛr] NM/F (*d'hôtel, de bistro*) manager (manageress)
tenant, e [tənɑ̃, -ɑ̃t] ADJ F *voir* **séance** ▸ NM/F (*Sport*): **~ du titre** title-holder ▸ NM: **d'un seul ~** in one piece; **les tenants et les aboutissants** (*fig*) the ins and outs
tendance [tɑ̃dɑ̃s] NF (*opinions*) leanings *pl*, sympathies *pl*; (*inclination*) tendency; (*évolution*) trend; **~ à la hausse/baisse** upward/downward trend; **avoir ~ à** to have a tendency to, tend to ▸ ADJ INV (*fam*) trendy
tendanciel, le [tɑ̃dɑ̃sjɛl] ADJ (*baisse, évolution*) underlying
tendancieux, -euse [tɑ̃dɑ̃sjø, -øz] ADJ tendentious
tendeur [tɑ̃dœr] NM (*de vélo*) chain-adjuster; (*de câble*) wire-strainer; (*de tente*) runner; (*attache*) elastic strap
tendinite [tɑ̃dinit] NF tendinitis, tendonitis
tendon [tɑ̃dɔ̃] NM tendon, sinew; **~ d'Achille** Achilles' tendon
tendre [tɑ̃dr] /41/ ADJ (*viande, légumes*) tender; (*bois, roche, couleur*) soft; (*affectueux*) tender, loving ▸ VT (*élastique, peau*) to stretch, draw tight; (*corde*) to tighten; (*muscle*) to tense; (*donner*): **~ qch à qn** to hold sth out to sb; (*offrir*) to offer sb sth; (*fig: piège*) to set, lay; **~ l'oreille** to prick up one's ears; **~ la main/le bras** to hold out one's hand/stretch out one's arm; **~ la perche à qn** (*fig*) to throw sb a line; **~ à qch/à faire** to tend towards sth/to do ■ **se tendre** VPR (*corde*) to tighten; (*relations*) to become strained
tendrement [tɑ̃drəmɑ̃] ADV tenderly, lovingly
tendresse [tɑ̃drɛs] NF tenderness ■ **tendresses** NFPL (*caresses etc*) tenderness *no pl*, caresses
tendu, e [tɑ̃dy] PP *de* **tendre** ▸ ADJ (*corde*) tight; (*muscles*) tensed; (*relations*) strained; **~ de soie** hung with silk, with silk hangings
ténèbres [tenɛbr] NFPL darkness *sg*
ténébreux, -euse [tenebrø, -øz] ADJ obscure, mysterious; (*personne*) saturnine
Ténérife [tenerif] NF Tenerife
teneur [tənœr] NF content, substance; (*d'une lettre*) terms *pl*, content; **~ en cuivre** copper content
ténia [tenja] NM tapeworm
★**tenir** [t(ə)nir] /22/ VT to hold; (*magasin, hôtel*) to run; (*promesse*) to keep; **~ à** *vt* (*personne, objet*) to be attached to, care about (*ou* for); (*réputation*) to care

about; (*avoir pour cause*) to be due to, stem from; **~ à faire** to want to do, be keen to do; **~ à ce que qn fasse qch** to be anxious that sb should do sth; **~ de** to partake of; (*ressembler à*) to take after; **ça ne tient qu'à lui** it is entirely up to him; **~ qn pour** to take sb for; **~ qch de qn** (*histoire*) to have heard *ou* learnt sth from sb; (*qualité, défaut*) to have inherited *ou* got sth from sb; **~ compte de qch** to take sth into account; **~ les comptes** to keep the books; **~ un rôle** to play a part; **~ de la place** to take up space *ou* room; **~ l'alcool** to be able to hold a drink; **~ le coup** to hold out; **un manteau qui tient chaud** a warm coat; **~ prêt** to have ready; **~ sa langue** (*fig*) to hold one's tongue; **~ au chaud/à l'abri** to keep hot/under shelter *ou* cover; **tiens (*ou* tenez), voilà le stylo** there's the pen!; **tiens, voilà Alain !** look, here's Alain!; **tiens ?** (*surprise*) really? ▸ VI to hold; (*neige, gel*) to last; (*survivre*) to survive; **~ dans** to fit into; **~ bon** to stand *ou* hold fast; **~ trois jours/deux mois** (*résister*) to hold out *ou* last three days/two months ■ **se tenir** VPR (*avoir lieu*) to be held, take place; (*être: personne*) to stand; **se ~ droit** to stand up (*ou* sit up) straight; **bien se ~** to behave well; **se ~ à qch** to hold on to sth; **s'en ~ à qch** to confine o.s. to sth; to stick to sth; **tiens-toi bien !** (*pour informer*) brace yourself!, take a deep breath!

★**tennis** [tenis] NM tennis; (*aussi:* **court de tennis**) tennis court; **~ de table** table tennis ▸ NMPL OU FPL (*aussi:* **chaussures de tennis**) tennis *ou* gym shoes

tennisman [tenisman] NM tennis player

ténor [tenɔʀ] NM tenor

tension [tɑ̃sjɔ̃] NF tension; (*fig: des relations, de la situation*) tension; (*: concentration, effort*) strain; (*Méd*) blood pressure; **faire *ou* avoir de la ~** to have high blood pressure; **~ nerveuse/raciale** nervous/racial tension

tentaculaire [tɑ̃takylɛʀ] ADJ (*fig*) sprawling

tentacule [tɑ̃takyl] NM tentacle

tentant, e [tɑ̃tɑ̃, -ɑ̃t] ADJ tempting

tentateur, -trice [tɑ̃tatœʀ, -tʀis] ADJ tempting ▸ NM (*Rel*) tempter

tentation [tɑ̃tasjɔ̃] NF temptation

tentative [tɑ̃tativ] NF attempt, bid; **~ d'évasion** escape bid; **~ de suicide** suicide attempt

★**tente** [tɑ̃t] NF tent; **~ à oxygène** oxygen tent

tenter [tɑ̃te] /1/ VT (*éprouver, attirer*) to tempt; (*essayer*): **~ qch/de faire** to attempt *ou* try sth/to do; **être tenté de** to be tempted to; **~ sa chance** to try one's luck

tenture [tɑ̃tyʀ] NF hanging

tenu, e [t(ə)ny] PP *de* **tenir** ▸ ADJ: **bien ~** (*maison, comptes*) well-kept; **être ~ de faire** to be under an obligation to do ▸ NF (*action de tenir: de commerce*) running; (*: de registre, comptes*) keeping; (*: de réunion*) holding; (*vêtements*) outfit; **elle portait une tenue très élégante** she was very elegantly dressed, she was wearing a very elegant outfit; (*allure vestimentaire*) dress *no pl*, appearance; **sa tenue laissait à désirer** his appearance left a lot to be desired; **une tenue correcte est exigée** appropriate clothing must be worn; (*comportement*) manners *pl*, behaviour (BRIT), behavior (US); (*d'une maison*) upkeep; **être en tenue** to be dressed (up); **se mettre en tenue** to dress (up); **en grande tenue** in full dress; **en petite tenue** scantily dressed *ou* clad; **avoir de la tenue** to have good manners; (*journal*) to have a high standard; **tenue de combat** combat gear *ou* dress; **tenue de pompier** fireman's uniform; **tenue de route** (*Auto*) road-holding; **tenue de soirée** evening dress; **tenue de sport/voyage** sports/travelling clothes *pl ou* gear *no pl*

ténu, e [teny] ADJ (*indice, nuance*) tenuous, subtle; (*fil, objet*) fine; (*voix*) thin

TER SIGLE M (= *Train Express Régional*) *local train*

ter [tɛʀ] ADV: **16 ~** 16b *ou* B

térébenthine [teʀebɑ̃tin] NF: **(essence de) ~** (oil of) turpentine

tergal® [tɛʀgal] NM Terylene®

tergiversations [tɛʀʒivɛʀsasjɔ̃] NFPL shilly-shallying *no pl*

tergiverser [tɛʀʒivɛʀse] /1/ VI to shilly-shally

terme [tɛʀm] NM term; (*fin*) end; **être en bons/mauvais termes avec qn** to be on good/bad terms with sb; **vente/achat à ~** (*Comm*) forward sale/purchase; **au ~ de** at the end of; **en d'autres termes** in other words; **moyen ~** (*solution intermédiaire*) middle course; **à court/long ~** *adj* short-/long-term *ou* -range; *adv* in the short/long term; **à ~** (*Méd*) *adj* full-term; *adv* sooner or later, eventually; (*Méd*) at term; **avant ~** (*Méd*) *adj* premature; *adv* prematurely; **mettre un ~ à** to put an end *ou* a stop to; **toucher à son ~** to be nearing its end

terminaison [tɛʀminɛzɔ̃] NF (*Ling*) ending

terminal, e, -aux [tɛʀminal, -o] ADJ (*partie, phase*) final; (*Méd*) terminal ▸ NM terminal ▸ NF (*Scol*) ≈ year 13 (BRIT), ≈ twelfth grade (US)

★**terminer** [tɛʀmine] /1/ VT to end; (*travail, repas*) to finish ■ **se terminer** VPR to end; **se ~ par** to end with

terminologie [tɛʀminɔlɔʒi] NF terminology

terminologique [tɛʀminɔlɔʒik] ADJ terminological

terminologue [tɛʀminɔlɔg] NMF terminologist

terminus [tɛʀminys] NM terminus; **~ !** all change!

termite [tɛʀmit] NM termite, white ant

termitière [tɛʀmitjɛʀ] NF ant-hill

ternaire [tɛʀnɛʀ] ADJ compound

terne [tɛʀn] ADJ dull

ternir [tɛʀniʀ] /2/ VT to dull; (*fig*) to sully, tarnish ■ **se ternir** VPR to become dull

★**terrain** [teʀɛ̃] NM (*sol, fig*) ground; (*Comm: étendue de terre*) land *no pl*; (*: parcelle*) plot (of land); (*: à bâtir*) site; **sur le ~** (*fig*) on the field; **~ de football/rugby** football/rugby pitch (BRIT) *ou* field (US); **~ d'atterrissage** landing strip; **~ d'aviation** airfield; **~ de camping** campsite; **un ~ d'entente** an area of agreement; **~ de golf** golf course; **~ de jeu** (*pour les petits*) playground; (*Sport*) games field; **~ de sport** sports ground; **~ vague** waste ground *no pl*

terrarium [teʀaʀjɔm] NM terrarium

★**terrasse** [teʀas] NF terrace; (*de café*) pavement area, terrasse; **à la ~** (*café*) outside

terrassement [teʀasmɑ̃] NM earth-moving, earthworks *pl*; embankment

terrasser [teʀase] /1/ VT (*adversaire*) to floor, bring down; (*maladie etc*) to lay low

terrassier [teʀasje] NM navvy, roadworker

t

★**terre** [tɛʀ] NF (*gén, aussi Élec*) earth; (*Astronomie*): **la T~** the Earth; (*substance*) soil, earth; (*opposé à mer*) land *no pl*; (*contrée*) land; **travail de la ~** work on the land; **en ~** (*pipe, poterie*) clay *cpd*; **mettre en ~** (*plante etc*) to plant; (*personne: enterrer*) to bury; **à** *ou* **par ~** (*mettre, être, s'asseoir*) on the ground (*ou* floor); (*jeter, tomber*) to the ground, down; **~ à ~** *adj inv* down-to-earth, matter-of-fact; **la T~ Adélie** Adélie Coast *ou* Land; **~ de bruyère** (heath-)peat; **~ cuite** earthenware; terracotta; **la ~ ferme** dry land, terra firma; **la T~ de Feu** Tierra del Fuego; **~ glaise** clay; **la T~ promise** the Promised Land; **la T~ Sainte** the Holy Land ■ **terres** NFPL (*terrains*) lands, land *sg*

terreau [teʀo] NM compost

terre-neuve [tɛʀnœv] NM INV (*chien*) Newfoundland dog ▸NF: **Terre-Neuve** Newfoundland

terre-neuvien, ne [tɛʀnœvjɛ̃, -jɛn] ADJ from Newfoundland ▸NM/F: **Terre-Neuvien, ne** Newfoundlander

terre-plein [tɛʀplɛ̃] NM platform; (*sur chaussée*) central reservation

terrer [teʀe] /1/: **se terrer** VPR to hide away; to go to ground

terrestre [teʀɛstʀ] ADJ (*surface*) earth's, of the earth; (*Bot, Zool, Mil*) land *cpd*; (*Rel*) earthly, worldly

terreur [teʀœʀ] NF terror *no pl*, fear

terreux, -euse [tɛʀø, -øz] ADJ muddy; (*goût*) earthy

★**terrible** [tɛʀibl] ADJ terrible, dreadful; (*fam: fantastique*) terrific; **pas ~** nothing special

terriblement [tɛʀibləmɑ̃] ADV (*très*) terribly, awfully

terrien, ne [teʀjɛ̃, -ɛn] ADJ: **propriétaire ~** landowner ▸NM/F countryman/woman, man/woman of the soil; (*non martien etc*) earthling; (*non marin*) landsman

terrier [tɛʀje] NM burrow, hole; (*chien*) terrier

terrifiant, e [tɛʀifjɑ̃, -ɑ̃t] ADJ (*effrayant*) terrifying; (*extraordinaire*) terrible, awful

terrifier [teʀifje] /7/ VT to terrify

terril [tɛʀil] NM slag heap

terrine [teʀin] NF (*récipient*) terrine; (*Culin*) pâté

territoire [teʀitwaʀ] NM territory; **T~ des Afars et des Issas** French Territory of Afars and Issas

territorial, e, -aux [tɛʀitɔʀjal, -o] ADJ territorial; **eaux territoriales** territorial waters; **armée territoriale** regional defence force, ≈ Territorial Army (BRIT); **collectivités territoriales** local and regional authorities

terroir [tɛʀwaʀ] NM (*Agr*) soil; (*région*) region; **accent du ~** country *ou* rural accent

terroriser [teʀɔʀize] /1/ VT to terrorize

terrorisme [teʀɔʀism] NM terrorism

terroriste [teʀɔʀist] NMF terrorist

tertiaire [tɛʀsjɛʀ] ADJ tertiary ▸NM (*Écon*) tertiary sector, service industries *pl*

tertiarisation [tɛʀsjaʀizasjɔ̃] NF *expansion or development of the service sector*

tertiariser [tɛʀsjeʀise]: **se tertiariser** VPR *to have expand the service industries*

tertio [tɛʀsjo] ADV thirdly

tertre [tɛʀtʀ] NM hillock, mound

★**tes** [te] ADJ POSS *voir* **ton¹**

tessiture [tesityʀ] NF (*Mus*) range

tesson [tesɔ̃] NM: **~ de bouteille** piece of broken bottle

test [tɛst] NM test; **~ de grossesse** pregnancy test

testament [tɛstamɑ̃] NM (*Jur*) will; (*fig*) legacy; (*Rel*): **T~** Testament; **faire son ~** to make one's will

testamentaire [tɛstamɑ̃tɛʀ] ADJ of a will

tester [tɛste] /1/ VT to test

testeur [tɛstœʀ] NM (*personne*) tester; (*instrument*) tester

testicule [tɛstikyl] NM testicle

testostérone [tɛstosteʀɔn] NF testosterone

tétanie [tetani] NF tetany

tétaniser [tetanize] VT to tetanize ■ **se tétaniser** VPR to become tetanized

tétanos [tetanos] NM tetanus

têtard [tɛtaʀ] NM tadpole

tête [tɛt] NF head; (*cheveux*) hair *no pl*; (*visage*) face; (*longueur*): **gagner d'une (courte) ~** to win by a (short) head; (*Football*) header; **de ~** *adj* (*wagon etc*) front *cpd*; (*concurrent*) leading; *adv* (*calculer*) in one's head, mentally; **par ~** (*par personne*) per head; **se mettre en ~ que** to get it into one's head that; **se mettre en ~ de faire** to take it into one's head to do; **prendre la ~ de qch** to take the lead in sth; **perdre la ~** (*fig: s'affoler*) to lose one's head; (*: devenir fou*) to go off one's head; **ça ne va pas, la ~ ?** (*fam*) are you crazy?; **tenir ~ à qn** to stand up to *ou* defy sb; **la ~ en bas** with one's head down; **la ~ la première** (*tomber*) head-first; **la ~ basse** hanging one's head; **avoir la ~ dure** (*fig*) to be thickheaded; **faire une ~** (*Football*) to head the ball; **faire la ~** (*fig*) to sulk; **en ~** (*Sport*) in the lead; at the front *ou* head; **à la ~ de** at the head of; **à ~ reposée** in a more leisurely moment; **n'en faire qu'à sa ~** to do as one pleases; **en avoir par-dessus la ~** to be fed up; **en ~ à ~** in private, alone together; **de la ~ aux pieds** from head to toe; **~ d'affiche** (*Théât etc*) top of the bill; **~ de bétail** head *inv* of cattle; **~ brûlée** desperado; **~ chercheuse** homing device; **~ d'enregistrement** recording head; **~ d'impression** printhead; **~ de lecture** (playback) head; **~ de ligne** (*Transports*) start of the line; **~ de liste** (*Pol*) chief candidate; **~ de mort** skull and crossbones; **~ de pont** (*Mil*) bridge- *ou* beachhead; **~ de série** (*Tennis*) seeded player, seed; **~ de Turc** (*fig*) whipping boy (BRIT), butt; **~ de veau** (*Culin*) calf's head

tête-à-queue [tɛtakø] NM INV: **faire un ~** to spin round

tête-à-tête [tɛtatɛt] NM INV tête-à-tête; (*service*) breakfast set for two; **en ~** in private, alone together

tête-bêche [tɛtbɛʃ] ADV head to tail

tétée [tete] NF (*action*) sucking; (*repas*) feed

téter [tete] /6/ VT: **~ (sa mère)** to suck at one's mother's breast, feed

tétine [tetin] NF teat; (*sucette*) dummy (BRIT), pacifier (US)

téton [tetɔ̃] NM breast

tétralogie [tetʀalɔʒi] NF tetralogy

têtu, e [tety] ADJ stubborn, pigheaded

★**texte** [tɛkst] NM text; (*morceau choisi*) passage; (*Scol: d'un devoir*) subject, topic; **apprendre son ~** (*Théât*) to learn one's lines; **un ~ de loi** the wording of a law
texter [tɛkste] /1/ VI, VT to text
textile [tɛkstil] ADJ textile *cpd* ▸ NM textile; (*industrie*) textile industry
Texto® [tɛksto] NM text (message)
texto [tɛksto] ADV (*fam*) word for word
textoter [tɛkstɔte] /1/ VI, VT to text
textuel, le [tɛkstɥɛl] ADJ literal, word for word
textuellement [tɛkstɥɛlmɑ̃] ADV literally
texture [tɛkstyʀ] NF texture; (*fig: d'un texte, livre*) feel
texturé [tɛkstyʀe] ADJ (*matériau, vin*) textured
TF1 SIGLE F (= *Télévision française 1*) *TV channel*
TG SIGLE F = **trésorerie générale**
TGI SIGLE M = **tribunal de grande instance**
★**TGV** SIGLE M = **train à grande vitesse**
thaï, e [tai] ADJ Thai ▸ NM (*Ling*) Thai
thaïlandais, e [tailɑ̃dɛ, -ɛz] ADJ Thai ▸ NM/F: **Thaïlandais, e** Thai
Thaïlande [tailɑ̃d] NF: **la ~** Thailand
thalasso [talaso] NF (*fam*) = **thalassothérapie**
thalassothérapie [talasɔteʀapi] NF thalassotherapy
thé [te] NM tea; (*réunion*) tea party; **prendre le ~** to have tea; **~ au lait/citron** tea with milk/lemon; **faire le ~** to make the tea
théâtral, e, -aux [teɑtʀal, -o] ADJ theatrical
théâtre [teɑtʀ] NM theatre; (*techniques, genre*) drama, theatre; (*activité*) stage, theatre; (*œuvres*) plays *pl*, dramatic works *pl*; (*péj*) histrionics *pl*, playacting; (*fig: lieu*): **le ~ de** the scene of; **faire du ~** (*en professionnel*) to be on the stage; (*en amateur*) to act; **~ filmé** filmed stage productions *pl*
thébain, e [tebɛ̃, -ɛn] ADJ Theban
Thèbes [tɛb] N Thebes
théière [tejɛʀ] NF teapot
théine [tein] NF theine
théisme [teism] NM theism
thématique [tematik] ADJ thematic
thème [tɛm] NM theme; (*Scol: traduction*) prose (composition); **~ astral** birth chart
théocratie [teɔkʀasi] NF theocracy
théologie [teɔlɔʒi] NF theology
théologien, ne [teɔlɔʒjɛ̃, -ɛn] NM theologian
théologique [teɔlɔʒik] ADJ theological
théorème [teɔʀɛm] NM theorem
théoricien, ne [teɔʀisjɛ̃, -ɛn] NM/F theoretician, theorist
théorie [teɔʀi] NF theory; **en ~** in theory
théorique [teɔʀik] ADJ theoretical
théoriquement [teɔʀikmɑ̃] ADV theoretically
théorisation [teɔʀizasjɔ̃] NF theorization
théoriser [teɔʀize] /1/ VI to theorize
thérapeutique [teʀapøtik] ADJ therapeutic ▸ NF (*Méd: branche*) therapeutics *sg*; (*: traitement*) therapy
thérapie [teʀapi] NF therapy; **~ de groupe** group therapy
thermal, e, -aux [tɛʀmal, -o] ADJ thermal; **station thermale** spa; **cure thermale** water cure
thermes [tɛʀm] NMPL thermal baths; (*romains*) thermae *pl*
thermique [tɛʀmik] ADJ (*énergie*) thermic; (*unité*) thermal
thermodynamique [tɛʀmɔdinamik] NF thermodynamics *sg*
thermoélectrique [tɛʀmoelɛktʀik] ADJ thermoelectric
thermomètre [tɛʀmɔmɛtʀ] NM thermometer
thermonucléaire [tɛʀmɔnykleɛʀ] ADJ thermonuclear
thermorégulateur, -trice [tɛʀmoʀegylatœʀ, -tʀis] ADJ thermotaxic
thermos® [tɛʀmos] NM OU F: **(bouteille) ~** vacuum *ou* Thermos® flask (BRIT) *ou* bottle (*US*)
thermostat [tɛʀmɔsta] NM thermostat
thermostatique [tɛʀmɔstatik] ADJ thermostatic
thésard, e [tezaʀ, -aʀd] NM/F person preparing a thesis
thésauriser [tezɔʀize] /1/ VI to hoard money
thèse [tɛz] NF thesis
Thessalie [tɛsali] NF: **la ~** Thessaly
thibaude [tibod] NF carpet underlay
★**thon** [tɔ̃] NM tuna (fish)
thonier [tɔnje] NM tuna boat
thoracique [tɔʀasik] ADJ thoracic
thorax [tɔʀaks] NM thorax
thriller [sʀilœʀ] NM thriller
thrombose [tʀɔ̃boz] NF thrombosis
thune [tyn] NF (*fam*) money, dough (*fam*)
thym [tɛ̃] NM thyme
thyroïde [tiʀɔid] NF thyroid (gland)
thyroïdien, -ienne [tiʀɔidjɛ̃, -jɛn] ADJ thyroid *cpd*
TI SIGLE M = **tribunal d'instance**
tiare [tjaʀ] NF tiara
Tibet [tibɛ] NM: **le ~** Tibet
tibétain, e [tibetɛ̃, -ɛn] ADJ Tibetan
tibia [tibja] NM shin; (*os*) shinbone, tibia
Tibre [tibʀ] NM: **le ~** the Tiber
TIC SIGLE FPL (= *technologies de l'information et de la communication*) ICT *sg*
tic [tik] NM tic, (nervous) twitch; (*de langage etc*) mannerism
★**ticket** [tikɛ] NM ticket; **~ de caisse** till receipt; **~ modérateur** *patient's contribution towards medical costs*; **~ de quai** platform ticket; **~ repas** luncheon voucher
tic-tac [tiktak] NM INV tick-tock
tictaquer [tiktake] /1/ VI to tick (away)
tiède [tjɛd] ADJ (*bière etc*) lukewarm; (*thé, café etc*) tepid; (*bain, accueil, sentiment*) lukewarm; (*vent, air*) mild, warm ▸ ADV: **boire ~** to drink things lukewarm
tièdement [tjɛdmɑ̃] ADV coolly, half-heartedly
tiédeur [tjedœʀ] NF lukewarmness; (*du vent, de l'air*) mildness
tiédir [tjediʀ] /2/ VI (*se réchauffer*) to grow warmer; (*refroidir*) to cool

t

tien, tienne [tjɛ̃, tjɛn] PRON: **le (la) ~(ne)** yours; **les ~(ne)s** yours; **à la tienne!** cheers!

tiendrai *etc* [tjɛ̃dʀe] VB *voir* **tenir**

tienne [tjɛn] VB *voir* **tenir** ▸ PRON *voir* **tien**

tiens [tjɛ̃] VB, EXCL *voir* **tenir**

tierce [tjɛʀs] ADJ F, NF *voir* **tiers**

tiercé [tjɛʀse] NM *system of forecast betting giving first three horses*

★**tiers, tierce** [tjɛʀ, tjɛʀs] ADJ third; **une tierce personne** a third party; **le ~ monde** the third world ▸ NM (*Jur*) third party; (*fraction*) third; **~ payant** *direct payment by insurers of medical expenses*; **~ provisionnel** *interim payment of tax*; **assurance au ~** third-party insurance ▸ NF (*Mus*) third; (*Cartes*) tierce

tifs [tif] NMPL (*fam*) hair

TIG SIGLE M = **travail d'intérêt général**

tige [tiʒ] NF stem; (*baguette*) rod

tignasse [tiɲas] NF (*péj*) shock *ou* mop of hair

Tigre [tigʀ] NM: **le ~** the Tigris

★**tigre** [tigʀ] NM tiger

tigré, e [tigʀe] ADJ (*rayé*) striped; (*tacheté*) spotted; (*chat*) tabby

tigresse [tigʀɛs] NF tigress

tilde [tild(e)] NM tilde

tilleul [tijœl] NM lime (tree), linden (tree); (*boisson*) lime(-blossom) tea

tilt [tilt] NM: **faire ~** (*fig: inspirer*) to ring a bell

timbale [tɛ̃bal] NF (metal) tumbler ■ **timbales** NFPL (*Mus*) timpani, kettledrums

timbrage [tɛ̃bʀaʒ] NM: **dispensé de ~** post(age) paid

★**timbre** [tɛ̃bʀ] NM (*tampon*) stamp; (*aussi: **timbre-poste***) (postage) stamp; (*cachet de la poste*) postmark; (*sonnette*) bell; (*Mus: de voix, instrument*) timbre, tone; **~ anti-tabac** nicotine patch; **~ dateur** date stamp

timbré, e [tɛ̃bʀe] ADJ (*enveloppe*) stamped; (*voix*) resonant; (*fam: fou*) cracked, nuts

timbrer [tɛ̃bʀe] /1/ VT to stamp

★**timide** [timid] ADJ (*emprunté*) shy, timid; (*timoré*) timid, timorous

timidement [timidmɑ̃] ADV shyly; timidly

timidité [timidite] NF shyness; timidity

timing [tajmiŋ] NM timing

timonerie [timɔnʀi] NF wheelhouse

timonier [timɔnje] NM helmsman

timoré, e [timɔʀe] ADJ timorous

Timor oriental [ˈtimɔʀˈɔʀjɑ̃tal] NF East Timor

tint *etc* [tɛ̃] VB *voir* **tenir**

tintamarre [tɛ̃tamaʀ] NM din, uproar

tintement [tɛ̃tmɑ̃] NM ringing, chiming; **tintements d'oreilles** ringing in the ears

tinter [tɛ̃te] /1/ VI to ring, chime; (*argent, clés*) to jingle

TIP SIGLE M (= *titre interbancaire de paiement*) ≈ payment slip

tipi [tipi] NM teepee, tipi

Tipp-Ex® [tipɛks] NM Tipp-Ex®

tique [tik] NF tick (*insect*)

tiquer [tike] /1/ VI (*personne*) to make a face

TIR SIGLE MPL (= *Transports internationaux routiers*) TIR

tir [tiʀ] NM (*sport*) shooting; (*fait ou manière de tirer*) firing *no pl*; (*Football*) shot; (*rafale*) fire; (*stand*) shooting gallery; **~ d'obus/de mitraillette** shell/machine gun fire; **~ à l'arc** archery; **~ de barrage** barrage fire; **~ au fusil** (rifle) shooting; **~ au pigeon** (*d'argile*) clay pigeon shooting

tirade [tiʀad] NF tirade

tirage [tiʀaʒ] NM (*action*) printing; (*Photo*) print; (*Inform*) printout; (*de journal*) circulation; (*de livre*) (print-)run; edition; (*de cheminée*) draught (BRIT), draft (US); (*de loterie*) draw; (*fig: désaccord*) friction; **~ au sort** drawing lots

tiraillement [tiʀɑjmɑ̃] NM (*douleur*) sharp pain; (*fig: doutes*) agony *no pl* of indecision; (*conflits*) friction *no pl*

tirailler [tiʀɑje] /1/ VT to pull at, tug at; (*fig*) to gnaw at ▸ VI to fire at random

tirailleur [tiʀɑjœʀ] NM skirmisher

tirant [tiʀɑ̃] NM: **~ d'eau** draught (BRIT), draft (US)

tire [tiʀ] NF: **vol à la ~** pickpocketing

tiré, e [tiʀe] ADJ (*visage, traits*) drawn; **~ par les cheveux** far-fetched ▸ NM (*Comm*) drawee; **~ à part** off-print

tire-au-flanc [tiʀoflɑ̃] NM INV (*péj*) skiver

★**tire-bouchon** [tiʀbuʃɔ̃] NM corkscrew

tire-bouchonner [tiʀbuʃɔne] /1/ VT to twirl

tire-d'aile [tiʀdɛl]: **à tire-d'aile** *adv* swiftly

tire-fesses [tiʀfɛs] NM INV ski-tow

tire-lait [tiʀlɛ] NM INV breast-pump

tire-larigot [tiʀlaʀigo]: **à ~** *adv* as much as one likes, to one's heart's content

tirelire [tiʀliʀ] NF moneybox

★**tirer** [tiʀe] /1/ VT (*gén*) to pull; (*tracer: ligne, trait*) to draw, trace; (*fermer: volet, porte, trappe*) to pull to, close; (*: rideau*) to draw; (*choisir: carte, conclusion: Comm: chèque*) to draw; (*en faisant feu: balle, coup*) to fire; (*: animal*) to shoot; (*journal, livre, photo*) to print; (*Football: corner etc*) to take; **~ qch de** to get sth out of; (*extraire*) to extract sth from; **~ son nom de** to take *ou* get its name from; **~ la langue** to stick out one's tongue; **~ qn de** (*embarras etc*) to help *ou* get sb out of; **~ qch au clair** to clear sth up; **~ parti de** to take advantage of; **~ profit de** to profit from; **~ les cartes** to read *ou* tell the cards ▸ VI (*faire feu*) to fire; (*faire du tir, Football*) to shoot; (*cheminée*) to draw; **~ sur** (*corde, poignée*) to pull on *ou* at; (*faire feu sur*) to shoot *ou* fire at; (*pipe*) to draw on; (*fig: avoisiner*) to verge *ou* border on; **~ six mètres** (*Navig*) to draw six metres of water; **~ à l'arc/la carabine** to shoot with a bow and arrow/with a rifle; **~ en longueur** to drag on; **~ à sa fin** to be drawing to an end; **~ au sort** to draw lots ■ **se tirer** VPR (*fam*) to push off; **s'en ~** (*éviter le pire*) to get off; (*survivre*) to pull through; (*se débrouiller*) to manage

tiret [tiʀɛ] NM dash; (*en fin de ligne*) hyphen

tireur [tiʀœʀ] NM gunman; (*Comm*) drawer; **bon ~** good shot; **~ d'élite** marksman; **~ de cartes** fortune-teller

★**tiroir** [tiʀwaʀ] NM drawer

tiroir-caisse [tiʀwaʀkɛs] (*pl* **tiroirs-caisses**) NM till

tisane [tizan] NF herb tea

tison [tizɔ̃] NM brand

tisonner [tizɔne] /1/ VT to poke
tisonnier [tizɔnje] NM poker
tissage [tisaʒ] NM weaving *no pl*
tisser [tise] /1/ VT to weave
tisserand, e [tisʀɑ̃, -ɑ̃d] NM/F weaver
★**tissu**[1] [tisy] NM fabric, material, cloth *no pl*; (*fig*) fabric; (*Anat, Bio*) tissue; **~ de mensonges** web of lies
tissu[2]**, e** [tisy] ADJ (*liter*): **~ de** woven through with
tissu-éponge [tisyepɔ̃ʒ] (*pl* **tissus-éponges**) NM (terry) towelling *no pl*
titan [titɑ̃] NM (*géant*) titan; **travail de ~** Herculean task
titane [titan] NM titanium
titanesque [titanɛsk] ADJ titanic
titiller [titile] /1/ VT to titillate
titrage [titʀaʒ] NM (*d'un film*) titling; (*d'un alcool*) *determination of alcohol content*
titraille [titʀaj] NF (*Typo*) headlines
★**titre** [titʀ] NM (*gén*) title; (*de journal*) headline; (*diplôme*) qualification; (*Comm*) security; (*Chimie*) titre; **en ~** (*champion, responsable*) official, recognized; **à juste ~** with just cause, rightly; **à quel ~?** on what grounds?; **à aucun ~** on no account; **au même ~ (que)** in the same way (as); **au ~ de la coopération** *etc* in the name of cooperation *etc*; **à ~ d'exemple** as an *ou* by way of an example; **à ~ exceptionnel** exceptionally; **à ~ d'information** for (your) information; **à ~ gracieux** free of charge; **à ~ d'essai** on a trial basis; **à ~ privé** in a private capacity; **~ courant** running head; **~ de propriété** title deed; **~ de transport** ticket
titré, e [titʀe] ADJ (*livre, film*) entitled; (*personne*) titled
titrer [titʀe] /1/ VT (*Chimie*) to titrate; to assay; (*Presse*) to run as a headline; (*vin*): **~ 10°** to be 10° proof
titubant, e [titybɑ̃, -ɑ̃t] ADJ staggering, reeling
tituber [titybe] /1/ VI to stagger *ou* reel (along)
titulaire [titylɛʀ] ADJ (*Admin*) appointed, with tenure ▸ NMF (*Admin*) incumbent; (*de permis*) holder; **être ~ de** (*diplôme, permis*) to hold
titularisation [titylaʀizasjɔ̃] NF granting of tenure
titulariser [titylaʀize] /1/ VT to give tenure to
TMS [teɛmɛs] SIGLE MPL (= *troubles musculosquelettiques*) MSDs (= *musculoskeletal disorders*)
TNP SIGLE M = **Théâtre national populaire**
TNT SIGLE M (= *Trinitrotoluène*) TNT ▸ SIGLE F (= *Télévision numérique terrestre*) digital television
toast [tost] NM slice *ou* piece of toast; (*de bienvenue*) (welcoming) toast; **porter un ~ à qn** to propose *ou* drink a toast to sb
toboggan [tɔbɔgɑ̃] NM toboggan; (*jeu*) slide; (*Auto*) flyover (BRIT), overpass (US); **~ de secours** (*Aviat*) escape chute
TOC [tɔk] SIGLE M (= *trouble obsessionnel compulsif*) OCD (= *obsessive compulsive disorder*)
toc [tɔk] NM: **en ~** imitation *cpd* ▸ EXCL: **toc, toc** knock knock
tocsin [tɔksɛ̃] NM alarm (bell)
toge [tɔʒ] NF toga; (*de juge*) gown
Togo [tɔgo] NM: **le ~** Togo
togolais, e [tɔgɔlɛ, -ɛz] ADJ Togolese
tohu-bohu [tɔybɔy] NM (*désordre*) confusion; (*tumulte*) commotion
★**toi** [twa] PRON you; **~, tu l'as fait?** did YOU do it?
toile [twal] NF (*matériau*) cloth *no pl*; (*bâche*) piece of canvas; (*tableau*) canvas; **grosse ~** canvas; **de** *ou* **en ~** (*pantalon*) cotton; (*sac*) canvas; **tisser sa ~** (*araignée*) to spin its web; **~ d'araignée** spider's web; (*au plafond etc: à enlever*) cobweb; **la T~** (*Internet*) the Web; **~ cirée** oilcloth; **~ émeri** emery cloth; **~ de fond** (*fig*) backdrop; **~ de jute** hessian; **~ de lin** linen; **~ de tente** canvas
toilettage [twalɛtaʒ] NM grooming *no pl*; (*d'un texte*) tidying up
toilette [twalɛt] NF wash; (*s'habiller et se préparer*) getting ready, washing and dressing; (*habits*) outfit; dress *no pl*; **faire sa ~** to have a wash, get washed; **faire la ~ de** (*animal*) to groom; (*voiture etc*) to clean, wash; (*texte*) to tidy up; **articles de ~** toiletries; **~ intime** personal hygiene ■ **toilettes** NFPL toilet *sg*; **les toilettes des dames/messieurs** the ladies'/gents' (toilets) (BRIT), the ladies'/men's (rest)room (US)
toiletter [twalete] VT (*animal*) to groom; (*texte, loi*) to tidy up
toi-même [twamɛm] PRON yourself
toise [twaz] NF: **passer à la ~** to have one's height measured
toiser [twaze] /1/ VT to eye up and down
toison [twazɔ̃] NF (*de mouton*) fleece; (*cheveux*) mane
★**toit** [twa] NM roof; **~ ouvrant** sun roof
toiture [twatyʀ] NF roof
Tokyo [tɔkjo] N Tokyo
tôle [tol] NF sheet metal *no pl*; (*plaque*) steel (*ou* iron) sheet; **~ d'acier** sheet steel *no pl*; **~ ondulée** corrugated iron ■ **tôles** NFPL (*carrosserie*) bodywork *sg* (BRIT), body *sg*; panels
Tolède [tɔlɛd] N Toledo
tolérable [tɔleʀabl] ADJ tolerable, bearable
tolérance [tɔleʀɑ̃s] NF tolerance; (*hors taxe*) allowance
tolérant, e [tɔleʀɑ̃, -ɑ̃t] ADJ tolerant
tolérer [tɔleʀe] /6/ VT to tolerate; (*Admin: hors taxe etc*) to allow
tôlerie [tolʀi] NF sheet metal manufacture; (*atelier*) sheet metal workshop; (*ensemble des tôles*) panels *pl*
tollé [tɔle] NM: **un ~ (de protestations)** a general outcry
TOM [tɔm] SIGLE NM(PL) = **territoire(s) d'outre-mer**
★**tomate** [tɔmat] NF tomato; **tomates farcies** stuffed tomatoes
tombal, e [tɔ̃bal] ADJ: **pierre tombale** tombstone, gravestone
tombant, e [tɔ̃bɑ̃, -ɑ̃t] ADJ (*fig*) drooping, sloping
tombe [tɔ̃b] NF (*sépulture*) grave; (*avec monument*) tomb
tombeau, x [tɔ̃bo] NM tomb; **à ~ ouvert** at breakneck speed
tombée [tɔ̃be] NF: **à la ~ du jour** *ou* **de la nuit** at the close of day, at nightfall

★**tomber** [tɔ̃be] /1/ VI to fall; (*fièvre, vent*) to drop; **laisser ~** (*objet*) to drop; (*personne*) to let down; (*activité*) to give up; **laisse ~ !** forget it!; **faire ~** to knock over; **~ sur** (*rencontrer*) to come across; (*attaquer*) to set about; **~ de fatigue/sommeil** to drop from exhaustion/be falling asleep on one's feet; **~ à l'eau** (*fig: projet etc*) to fall through; **~ en panne** to break down; **~ juste** (*opération, calcul*) to come out right; **~ en ruine** to fall into ruins; **ça tombe bien/mal** (*fig*) that's come at the right/wrong time; **il est bien/mal tombé** (*fig*) he's been lucky/unlucky ▸ VT: **~ la veste** to slip off one's jacket

tombereau, x [tɔ̃bʀo] NM tipcart

tombeur [tɔ̃bœʀ] NM (*péj*) Casanova

tombola [tɔ̃bɔla] NF raffle

Tombouctou [tɔ̃buktu] N Timbuktu

tome [tɔm] NM volume

tomette, tommette [tɔmɛt] NF hexagonal terracotta floor tile

tomographie [tɔmɔgʀafi] NF tomography

★**ton¹, ta** [tɔ̃, ta] (*pl* **tes** [te]) ADJ POSS your

ton² [tɔ̃] NM (*gén*) tone; (*Mus*) key; (*couleur*) shade, tone; (*de la voix: hauteur*) pitch; **donner le ~** to set the tone; **élever** *ou* **hausser le ~** to raise one's voice; **de bon ~** in good taste; **si vous le prenez sur ce ~** if you're going to take it like that; **~ sur ~** in matching shades

tonal, e [tɔnal] ADJ tonal

tonalité [tɔnalite] NF (*au téléphone*) dialling tone; (*Mus*) tonality; (*: ton*) key; (*fig*) tone

tondeuse [tɔ̃døz] NF (*à gazon*) (lawn)mower; (*du coiffeur*) clippers *pl*; (*pour la tonte*) shears *pl*

tondre [tɔ̃dʀ] /41/ VT (*pelouse, herbe*) to mow; (*haie*) to cut, clip; (*mouton, toison*) to shear; (*cheveux*) to crop

tondu, e [tɔ̃dy] PP *de* **tondre** ▸ ADJ (*cheveux*) cropped; (*mouton, crâne*) shorn

Tonga [tɔ̃ga] NM: **les îles ~** Tonga

tongs [tɔ̃g] NFPL flip-flops (BRIT), thongs (US)

tonicité [tɔnisite] NF (*Méd: des tissus*) tone; (*fig: de l'air, la mer*) bracing effect

tonifiant, e [tɔnifjɑ̃, -ɑ̃t] ADJ invigorating, revivifying

tonifier [tɔnifje] /7/ VT (*air, eau*) to invigorate; (*peau, organisme*) to tone up

tonique [tɔnik] ADJ fortifying; (*personne*) dynamic ▸ NMF tonic

tonitruant, e [tɔnitʀyɑ̃, -ɑ̃t] ADJ: **voix tonitruante** thundering voice

Tonkin [tɔ̃kɛ̃] NM: **le ~** Tonkin, Tongking

tonkinois, e [tɔ̃kinwa, -waz] ADJ Tonkinese

tonnage [tɔnaʒ] NM tonnage

tonnant, e [tɔnɑ̃, -ɑ̃t] ADJ thunderous

tonne [tɔn] NF metric ton, tonne

tonneau, x [tɔno] NM (*à vin, cidre*) barrel; (*Navig*) ton; **faire des tonneaux** (*voiture, avion*) to roll over

tonnelet [tɔnlɛ] NM keg

tonnelier [tɔnəlje] NM cooper

tonnelle [tɔnɛl] NF bower, arbour (BRIT), arbor (US)

tonnellerie [tɔnɛlʀi] NF (*secteur, activité*) cooperage, barrel-making; (*entreprise*) cooper, barrel-maker

tonner [tɔne] /1/ VI to thunder; (*parler avec véhémence*): **~ contre qn/qch** to inveigh against sb/sth; **il tonne** it is thundering, there's some thunder

★**tonnerre** [tɔnɛʀ] NM thunder; **coup de ~** (*fig*) thunderbolt, bolt from the blue; **un ~ d'applaudissements** thunderous applause; **du ~** *adj* (*fam*) terrific

tonsure [tɔ̃syʀ] NF bald patch; (*de moine*) tonsure

tonte [tɔ̃t] NF shearing

tonton [tɔ̃tɔ̃] NM uncle

tonus [tɔnys] NM energy; (*des muscles*) tone; (*d'une personne*) dynamism

top [tɔp] NM: **au troisième ~** at the third stroke ▸ ADJ INV: **~ secret** top secret ▸ EXCL go!

topaze [tɔpɑz] NF topaz

toper [tɔpe] /1/ VI: **tope/topez là !** it's a deal!, you're on!

topinambour [tɔpinɑ̃buʀ] NM Jerusalem artichoke

topo [tɔpo] NM (*discours, exposé*) talk; (*fam*) spiel

topographie [tɔpɔgʀafi] NF topography

topographique [tɔpɔgʀafik] ADJ topographical

topologie [tɔpɔlɔʒi] NF topology

toponyme [tɔpɔnim] NM place name, toponym

toponymie [tɔpɔnimi] NF study of place names, toponymy

toquade [tɔkad] NF fad, craze

toque [tɔk] NF (*de fourrure*) fur hat; **~ de jockey/juge** jockey's/judge's cap; **~ de cuisinier** chef's hat

toqué, e [tɔke] ADJ (*fam*) touched, cracked

torche [tɔʀʃ] NF torch; **se mettre en ~** (*parachute*) to candle

torcher [tɔʀʃe] /1/ VT (*fam*) to wipe ■ **se torcher** VPR: **se ~ le cul** (!) to wipe one's arse (BRIT !), to wipe one's ass (US !)

torchère [tɔʀʃɛʀ] NF flare

torchis [tɔʀʃi] NM cob (*building material*)

torchon [tɔʀʃɔ̃] NM cloth, duster; (*à vaisselle*) tea towel *ou* cloth

tordre [tɔʀdʀ] /41/ VT (*chiffon*) to wring; (*barre, fig: visage*) to twist ■ **se tordre** VPR (*barre*) to bend; (*roue*) to twist, buckle; (*ver, serpent*) to writhe; **se ~ le poignet/la cheville** to twist one's wrist/ankle; **se ~ de douleur/rire** to writhe in pain/be doubled up with laughter

tordu, e [tɔʀdy] PP *de* **tordre** ▸ ADJ (*fig*) warped, twisted; (*fig*) crazy

torero [tɔʀeʀo] NM bullfighter

tornade [tɔʀnad] NF tornado

toron [tɔʀɔ̃] NM strand (of rope)

Toronto [tɔʀɔ̃to] N Toronto

torontois, e [tɔʀɔ̃twa, -waz] ADJ Torontonian ▸ NM/F: **Torontois, e** Torontonian

torpeur [tɔʀpœʀ] NF torpor, drowsiness

torpillage [tɔʀpijaʒ] NM (*de bateau, projet*) torpedoing

torpille [tɔʀpij] NF torpedo

torpiller [tɔʀpije] /1/ VT to torpedo

torpilleur [tɔʀpijœʀ] NM torpedo boat

torréfacteur [tɔʀefaktœʀ] NM (*entreprise*) coffee merchant

torréfaction [tɔrefaksjɔ̃] NF roasting

torréfier [tɔrefje] /7/ VT to roast

torrent [tɔrɑ̃] NM torrent, mountain stream; (*fig*): **un ~ de** a torrent *ou* flood of; **il pleut à torrents** the rain is lashing down

torrentiel, le [tɔrɑ̃sjɛl] ADJ torrential

torride [tɔrid] ADJ torrid

tors, e [tɔr, tɔrs(ə)] ADJ twisted

torsade [tɔrsad] NF twist; (*Archit*) cable moulding (BRIT) *ou* molding (US); **un pull à torsades** a cable sweater

torsadé [tɔrsade] ADJ twisted

torsader [tɔrsade] /1/ VT to twist

torse [tɔrs] NM chest; (*Anat, Sculpture*) torso; (*poitrine*) chest; **~ nu** stripped to the waist

torsion [tɔrsjɔ̃] NF (*action*) twisting; (*Tech, Physique*) torsion

★**tort** [tɔr] NM (*défaut*) fault; (*préjudice*) wrong *no pl*; **avoir ~** to be wrong; **être dans son ~** to be in the wrong; **donner ~ à qn** to lay the blame on sb; (*fig*) to prove sb wrong; **causer du ~ à** to harm; to be harmful *ou* detrimental to; **en ~** in the wrong, at fault; **à ~** wrongly; **à ~ ou à raison** rightly or wrongly; **à ~ et à travers** wildly ■ **torts** NMPL (*Jur*) fault *sg*

torte [tɔrt] ADJ F *voir* **tors**

torticolis [tɔrtikɔli] NM stiff neck

tortiller [tɔrtije] /1/ VT (*corde, mouchoir*) to twist; (*doigts*) to twiddle; (*moustache*) to twirl ■ **se tortiller** VPR to wriggle, squirm; (*en dansant*) to wiggle

tortionnaire [tɔrsjɔnɛr] NM torturer

★**tortue** [tɔrty] NF tortoise; (*fig*) slowcoach (BRIT), slowpoke (US); (*d'eau douce*) terrapin; (*d'eau de mer*) turtle

tortueux, -euse [tɔrtɥø, -øz] ADJ (*rue*) twisting; (*fig*) tortuous

torture [tɔrtyr] NF torture

torturer [tɔrtyre] /1/ VT to torture; (*fig*) to torment

torve [tɔrv] ADJ: **regard ~** menacing *ou* grim look

toscan, e [tɔskɑ̃, -an] ADJ Tuscan

Toscane [tɔskan] NF: **la ~** Tuscany

tôt [to] ADV early; **~ ou tard** sooner or later; **si ~** so early; (*déjà*) so soon; **au plus ~** at the earliest, as soon as possible; **plus ~** earlier; **il eut ~ fait de faire ...** he soon did ...

total, e, -aux [tɔtal, -o] ADJ, NM total; **au ~** in total *ou* all; (*fig*) all in all, on the whole; **faire le ~** to work out the total

totalement [tɔtalmɑ̃] ADV totally, completely

totalisateur [tɔtalizatœr] NM adding machine

totaliser [tɔtalize] /1/ VT to total (up)

totalitaire [tɔtalitɛr] ADJ totalitarian

totalitarisme [tɔtalitarism] NM totalitarianism

totalité [tɔtalite] NF: **la ~ de**: **la ~ des élèves** all (of) the pupils; **la ~ de la population/classe** the whole population/class; **en ~** entirely

totem [tɔtɛm] NM totem

touareg [twarɛg] ADJ Tuareg, Touareg ▶ NM (*Ling*) Tuareg, Touareg ▶ NMF, NMF INV: **T~** Tuareg, Touareg

toubib [tubib] NM (*fam*) doctor

toucan [tukɑ̃] NM toucan

touchant, e [tuʃɑ̃, -ɑ̃t] ADJ touching

touche [tuʃ] NF (*de piano, de machine à écrire*) key; (*de violon*) fingerboard; (*de télécommande etc*) key, button; (*de téléphone*) button; (*Peinture etc*) stroke, touch; (*fig: de couleur, nostalgie*) touch, hint; (*Rugby*) line-out; (*Football: aussi:* **remise en touche**) throw-in; (*aussi:* **ligne de touche**) touch-line; (*Escrime*) hit; **en ~** in (*ou* into) touch; **avoir une drôle de ~** to look a sight; **~ de commande/de fonction/de retour** (*Inform*) control/function/return key; **~ dièse** (*de téléphone, clavier*) hash key; **~ à effleurement** *ou* **sensitive** touch-sensitive control *ou* key

touche-à-tout [tuʃatu] NM INV (*péj: gén: enfant*) meddler; (*fig: inventeur etc*) dabbler

★**toucher** [tuʃe] /1/ NM touch; **au ~** to the touch; by the feel ▶ VT to touch; (*palper*) to feel; (*atteindre: d'un coup de feu etc*) to hit; (*affecter*) to touch, affect; (*concerner*) to concern, affect; (*contacter*) to reach, contact; (*recevoir: récompense*) to receive, get; (*: salaire*) to draw, get; (*: chèque*) to cash; (*aborder: problème, sujet*) to touch on; **~ à** to touch; (*modifier*) to touch, tamper *ou* meddle with; (*traiter de, concerner*) to have to do with, concern; **je vais lui en ~ un mot** I'll have a word with him about it; **~ au but** (*fig*) to near one's goal; **~ à sa fin** to be drawing to a close ■ **se toucher** VPR (*être en contact*) to touch

touffe [tuf] NF tuft

touffu, e [tufy] ADJ thick, dense; (*fig*) complex, involved

★**toujours** [tuʒur] ADV always; (*encore*) still; (*constamment*) forever; **depuis ~** always; **essaie ~** (you can) try anyway; **pour ~** forever; **~ est-il que** the fact remains that; **~ plus** more and more

toulonnais, e [tulɔnɛ, -ɛz] ADJ of *ou* from Toulon

toulousain, e [tuluzɛ̃, -ɛn] ADJ of *ou* from Toulouse

toundra [tundra] NF tundra

toupet [tupɛ] NM quiff (BRIT), tuft; (*fam*) nerve, cheek (BRIT)

toupie [tupi] NF (spinning) top

★**tour** [tur] NF tower; (*immeuble*) high-rise block (BRIT) *ou* building (US), tower block (BRIT); (*Échecs*) castle, rook; **~ de contrôle** control tower; **la ~ Eiffel** the Eiffel Tower ▶ NM (*excursion: à pied*) stroll, walk; (*: en voiture etc*) run, ride; (*Sport: aussi:* **tour de piste**) lap; (*d'être servi ou de jouer etc, tournure, de vis ou clef*) turn; (*de roue etc*) revolution; (*Pol: aussi:* **tour de scrutin**) ballot; (*ruse, de prestidigitation, de cartes*) trick; (*de potier*) wheel; (*à bois, métaux*) lathe; (*circonférence*): **de 3 m de ~** 3 m round, with a circumference *ou* girth of 3 m; **faire le ~ de** to go (a)round; (*à pied*) to walk (a)round; (*fig*) to review; **faire le ~ de l'Europe** to tour Europe; **faire un ~** to go for a walk; (*en voiture etc*) to go for a ride; **faire 2 tours** to go (a)round twice; (*hélice etc*) to turn *ou* revolve twice; **fermer à double ~** *vi* to double-lock the door; **c'est au ~ de Renée** it's Renée's turn; **à ~ de rôle**, **~ à ~** in turn; **à ~ de bras** with all one's strength; (*fig*) non-stop, relentlessly; **~ de taille/tête** waist/head measurement; **~ de chant** song recital; **le T~ de France** the Tour de France; **~ de force** tour de force; **~ de garde** spell of duty; **un 33 tours** an LP; **un 45 tours** a single; **~ d'horizon**

t

(*fig*) general survey; **~ de lit** valance; **~ de main** dexterity, knack; **en un ~ de main** (as) quick as a flash; **~ de passe-passe** trick, sleight of hand; **~ de reins** sprained back

The **Tour de France** is an annual road race for professional cyclists. It takes about three weeks to complete and is divided into daily stages, or *étapes*, that vary in length from around 55km to more than 200km and which are over terrain of varying levels of difficulty. The leading cyclist wears a yellow jersey, the *maillot jaune*. The route varies; it is not usually confined to France but always ends in Paris. In addition, there are a number of time trials.

tourangeau, -elle, x [tuʀɑ̃ʒo, -ɛl] ADJ (*de la région*) of *ou* from Touraine; (*de la ville*) of *ou* from Tours

tourbe [tuʀb] NF peat

tourbeux, -euse [tuʀbø, -øz] ADJ peaty

tourbière [tuʀbjɛʀ] NF peat-bog

tourbillon [tuʀbijɔ̃] NM whirlwind; (*d'eau*) whirlpool; (*fig*) whirl, swirl

tourbillonner [tuʀbijɔne] /1/ VI to whirl, swirl; (*objet, personne*) to whirl *ou* twirl round

tourelle [tuʀɛl] NF turret

★**tourisme** [tuʀism] NM tourism; **agence de ~** tourist agency; **avion/voiture de ~** private plane/car; **faire du ~** to go touring; (*en ville*) to go sightseeing

tourista [tuʀista] NF (*fam*) = **turista**

★**touriste** [tuʀist] NMF tourist

★**touristique** [tuʀistik] ADJ tourist *cpd*; (*région*) touristic (*péj*), with tourist appeal

tourment [tuʀmɑ̃] NM torment

tourmente [tuʀmɑ̃t] NF storm

tourmenté, e [tuʀmɑ̃te] ADJ tormented, tortured; (*mer, période*) turbulent

tourmenter [tuʀmɑ̃te] /1/ VT to torment ■ **se tourmenter** VPR to fret, worry o.s.

tournage [tuʀnaʒ] NM (*d'un film*) shooting

tournant, e [tuʀnɑ̃, -ɑ̃t] ADJ (*feu, scène*) revolving; (*chemin*) winding; (*escalier*) spiral *cpd*; (*mouvement*) circling ▸ NM (*de route*) bend (BRIT), curve (US); (*fig*) turning point; *voir* **plaque**; **grève**

tourné, e [tuʀne] ADJ (*lait, vin*) sour, off; (*Menuiserie: bois*) turned; **bien ~** (*compliment*) well-phrased; (*femme*) shapely; **mal ~** (*lettre*) badly expressed; **avoir l'esprit mal ~** to have a dirty mind

tournebroche [tuʀnəbʀɔʃ] NM roasting spit

tourne-disque [tuʀnədisk] NM record player

tournedos [tuʀnədo] NM tournedos

tournée [tuʀne] NF (*du facteur etc*) round; (*d'artiste, politicien*) tour; (*au café*) round (of drinks); **faire la ~ de** to go (a)round

tournemain [tuʀnəmɛ̃]: **en un ~** *adv* in a flash

★**tourner** [tuʀne] /1/ VT to turn; (*sauce, mélange*) to stir; (*contourner*) to get (a)round; (*Ciné: faire les prises de vues*) to shoot; (*: produire*) to make; **~ le dos à** (*aussi fig: mouvement*) to turn one's back on; (*: position*) to have one's back to; **~ la tête** to look away; **~ la tête à qn** (*fig*) to go to sb's head; **~ la page** (*fig*) to turn the page ▸ VI to turn; (*moteur*) to run; (*compteur*) to tick away; (*lait etc*) to turn (sour); (*fig: chance, vie*) to turn out; **bien ~** to turn out well; **mal ~** to go wrong; **~ autour de** to go (a)round; (*planète*) to revolve (a)round; (*péj*) to hang (a) round; **~ autour du pot** (*fig*) to go (a)round in circles; **~ à/en** to turn into; **~ à la pluie/au rouge** to turn rainy/red; **~ en ridicule** to ridicule; **~ court** to come to a sudden end; **~ de l'œil** to pass out ■ **se tourner** VPR to turn (a)round; **se ~ vers** to turn to; to turn towards; **se ~ les pouces** to twiddle one's thumbs

tournesol [tuʀnəsɔl] NM sunflower

tourneur [tuʀnœʀ] NM turner; lathe-operator

tournevis [tuʀnəvis] NM screwdriver

tourniquer [tuʀnike] /1/ VI to go (a)round in circles

tourniquet [tuʀnikɛ] NM (*pour arroser*) sprinkler; (*portillon*) turnstile; (*présentoir*) revolving stand, spinner; (*Chirurgie*) tourniquet

tournis [tuʀni] NM: **avoir/donner le ~** to feel/make dizzy

tournoi [tuʀnwa] NM tournament

tournoyer [tuʀnwaje] /8/ VI (*oiseau*) to wheel (a) round; (*fumée*) to swirl (a)round

tournure [tuʀnyʀ] NF (*Ling: syntaxe*) turn of phrase; form; (*d'une phrase*) phrasing; **la ~ de qch** (*évolution*) the way sth is developing; (*aspect*) the look of sth; **la ~ des événements** the turn of events; **prendre ~** to take shape; **~ d'esprit** turn *ou* cast of mind

tour-opérateur [tuʀɔpeʀatœʀ] NM tour operator

tourte [tuʀt] NF pie

tourteau, x [tuʀto] NM (*Agr*) oilcake, cattle-cake; (*Zool*) edible crab

tourtereau, x [tuʀtəʀo] NM baby turtledove; **des tourtereaux** (*fig: un couple d'amoureux*) lovebirds

tourterelle [tuʀtəʀɛl] NF turtledove

tourtière [tuʀtjɛʀ] NF pie dish *ou* plate

tous [tu, tus] ADJ, PRON *voir* **tout**

★**Toussaint** [tusɛ̃] NF: **la ~** All Saints' Day

La Toussaint, or All Saints' Day, which falls on 1 November, is a public holiday in France. People traditionally visit the graves of friends and relatives to lay chrysanthemums on them.

★**tousser** [tuse] /1/ VI to cough

toussotement [tusɔtmɑ̃] NM slight cough

toussoter [tusɔte] /1/ VI to have a slight cough; (*pour avertir*) to give a slight cough

tout, e [tu, tut]

(*mpl* **tous** [tus], *fpl* **toutes** [tut]) ADJ **1** (*avec article singulier*) all; **tout le lait** all the milk; **toute la nuit** all night, the whole night; **tout le livre** the whole book; **tout un pain** a whole loaf; **tout le temps** all the time, the whole time; **c'est tout le contraire** it's quite the opposite; **c'est toute une affaire** *ou* **histoire** it's quite a business, it's a whole rigmarole

2 (*avec article pluriel*) every all; **tous les livres** all the books; **toutes les nuits** every night; **toutes les fois** every time; **toutes les trois/deux semaines** every third/other *ou* second week, every three/two weeks; **tous les deux** both *ou*

each of us (*ou* them *ou* you); **toutes les trois** all three of us (*ou* them *ou* you)
3 (*sans article*): **à tout âge** at any age; **pour toute nourriture, il avait ...** his only food was ...; **de tous côtés, de toutes parts** from everywhere, from every side
▸ PRON everything, all; **il a tout fait** he's done everything; **je les vois tous** I can see them all *ou* all of them; **nous y sommes tous allés** all of us went, we all went; **c'est tout** that's all; **en tout** in all; **en tout et pour tout** all in all; **tout ce qu'il sait** all he knows; **c'était tout ce qu'il y a de chic** it was the last word *ou* the ultimate in chic
▸ NM whole; **le tout** all of it (*ou* them); **le tout est de ...** the main thing is to ...; **pas du tout** not at all; **elle a tout d'une mère/d'une intrigante** she's a real *ou* true mother/schemer; **du tout au tout** utterly
▸ ADV 1 (*très, complètement*) very; **tout près** *ou* **à côté** very near; **le tout premier** the very first; **tout seul** all alone; **il était tout rouge** he was really *ou* all red; **parler tout bas** to speak very quietly; **le livre tout entier** the whole book; **tout en haut** right at the top; **tout droit** straight ahead
2: **tout en** while; **tout en travaillant** while working, as he *etc* works
3: **tout d'abord** first of all; **tout à coup** suddenly; **tout à fait** absolutely; **tout à fait !** exactly!; **tout à l'heure** a short while ago; (*futur*) in a short while, shortly; **à tout à l'heure !** see you later!; **il répondit tout court que non** he just answered no (and that was all); **tout de même** all the same; **tout le monde** everybody, everyone; **tout ou rien** all or nothing; **tout simplement** quite simply; **tout de suite** immediately, straight away

> **Everyone** et **everybody** sont suivis d'un verbe au singulier, mais le possessif qui s'y rapporte doit être au pluriel.
> *Est-ce que tout le monde a fini ses devoirs ?* **Has everybody finished *their* homework?**

tout-à-l'égout [tutalegu] NM INV mains drainage
toutefois [tutfwa] ADV however
toutes [tut] ADJ, PRON *voir* **tout**
toutou [tutu] NM (*fam*) doggie
tout-petit [tup(ə)ti] NM toddler
tout-puissant, toute-puissante [tupɥisɑ̃, tutpɥisɑ̃t] ADJ all-powerful, omnipotent
tout-terrain [tuterɛ̃] ADJ INV: **vélo ~** mountain bike; **véhicule ~** four-wheel drive
tout-venant [tuv(ə)nɑ̃] NM: **le ~** everyday stuff
toux [tu] NF cough
toxémie [tɔksemi] NF toxaemia (BRIT), toxemia (US)
toxicité [tɔksisite] NF toxicity
toxico [tɔksiko] NMF (*fam: toxicomane*) junkie (*fam*), addict
toxicologie [tɔksikɔlɔʒi] NF toxicology
toxicologique [tɔksikɔlɔʒik] ADJ (*analyse, résultat*) toxicology *cpd*, toxicological; (*laboratoire*) toxicology *cpd*
★**toxicomane** [tɔksikɔman] NMF drug addict
toxicomanie [tɔksikɔmani] NF drug addiction
toxine [tɔksin] NF toxin
toxique [tɔksik] ADJ toxic, poisonous
toxoplasmose [tɔksoplasmoz] NF toxoplasmosis
TP SIGLE MPL = **travaux pratiques; travaux publics**
▸ SIGLE M = **trésor (public)**
TPG SIGLE M = **Trésorier-payeur général**
tps ABR = **temps**
trac [tʀak] NM (*aux examens*) nerves *pl*; (*Théât*) stage fright; **avoir le ~** (*aux examens*) to get an attack of nerves; (*Théât*) to have stage fright; **tout à ~** all of a sudden
traçabilité [tʀasabilite] NF traceability
traçable [tʀasabl] ADJ traceable
traçant, e [tʀasɑ̃, -ɑ̃t] ADJ: **table traçante** (*Inform*) (graph) plotter
tracas [tʀaka] NM bother *no pl*, worry *no pl*
tracasser [tʀakase] /1/ VT to worry, bother; (*harceler*) to harass ■ **se tracasser** VPR to worry (o.s.), fret
tracasserie [tʀakasʀi] NF annoyance *no pl*; harassment *no pl*
tracassier, -ière [tʀakasje, -jɛʀ] ADJ irksome
trace [tʀas] NF (*empreintes*) tracks *pl*; (*marques: fig*) mark; (*restes, vestige*) trace; (*indice*) sign; (*aussi:* **suivre à la trace**) to track; **traces de pas** footprints
tracé [tʀase] NM (*contour*) line; (*plan*) layout
tracer [tʀase] /3/ VT to draw; (*mot*) to trace; (*piste*) to open up; (*fig: chemin*) to show
traceur [tʀasœʀ] NM (*Inform*) plotter
trachée [tʀaʃe], **trachée-artère** [tʀaʃeaʀtɛʀ] NF windpipe, trachea
trachéite [tʀakeit] NF tracheitis
trachéotomie [tʀakeɔtɔmi] NF tracheotomy
tract [tʀakt] NM tract, pamphlet; (*publicitaire*) handout
tractations [tʀaktasjɔ̃] NFPL dealings, bargaining *sg*
tracter [tʀakte] /1/ VT to tow
tracteur [tʀaktœʀ] NM tractor
traction [tʀaksjɔ̃] NF traction; (*Gym*) pull-up; **~ avant/arrière** front-wheel/rear-wheel drive; **~ électrique** electric(al) traction *ou* haulage
tractopelle [tʀaktɔpɛl] NM digger
trad. ABR (= *traduit*) translated; (= *traduction*) translation; (= *traducteur*) translator
trader [tʀɛdœʀ] NM, **tradeur, -euse** [tʀɛdœʀ, -øz] NM/F (*entreprise*) broker; (*personne*) trader
tradition [tʀadisjɔ̃] NF tradition
traditionalisme [tʀadisjɔnalism] NM traditionalism
traditionaliste [tʀadisjɔnalist] ADJ, NMF traditionalist
traditionnel, le [tʀadisjɔnɛl] ADJ traditional
traditionnellement [tʀadisjɔnɛlmɑ̃] ADV traditionally
★**traducteur, -trice** [tʀadyktœʀ, -tʀis] NM/F translator
traduction [tʀadyksjɔ̃] NF translation

t

★**traduire** [tʀadɥiʀ] /38/ VT to translate; (*exprimer*) to convey, render; **se ~ par** to find expression in; **~ en français** to translate into French; **~ en justice** to bring before the courts

traduis *etc* [tʀadɥi] VB *voir* **traduire**

traduisible [tʀadɥizibl] ADJ translatable

traduit, e [tʀadɥi, -it] PP *de* **traduire**

trafic [tʀafik] NM traffic; **~ d'armes** arms dealing; **~ de drogue** drug peddling

trafiquant, e [tʀafikɑ̃, -ɑ̃t] NM/F trafficker; (*d'armes*) dealer

trafiquer [tʀafike] /1/ VT (*péj: vin*) to doctor; (*: moteur, document*) to tamper with ▸ VI to traffic, be engaged in trafficking

tragédie [tʀaʒedi] NF tragedy

tragédien, ne [tʀaʒedjɛ̃, -ɛn] NM/F tragedian/tragedienne

tragi-comique [tʀaʒikɔmik] ADJ tragi-comic

tragique [tʀaʒik] ADJ tragic ▸ NM: **prendre qch au ~** to make a tragedy out of sth

tragiquement [tʀaʒikmɑ̃] ADV tragically

trahir [tʀaiʀ] /2/ VT to betray; (*fig*) to give away, reveal ■ **se trahir** VPR to betray o.s., give o.s. away

trahison [tʀaizɔ̃] NF betrayal; (*Jur*) treason

traie *etc* [tʀɛ] VB *voir* **traire**

★**train** [tʀɛ̃] NM (*Rail*) train; (*allure*) pace; (*fig: ensemble*) set; **être en ~ de faire qch** to be doing sth; **mettre qch en ~** to get sth under way; **mettre qn en ~** to put sb in good spirits; **se mettre en ~** (*commencer*) to get started; (*faire de la gymnastique*) to warm up; **se sentir en ~** to feel in good form; **aller bon ~** to make good progress; **~ avant/arrière** front-wheel/rear-wheel axle unit; **~ à grande vitesse** high-speed train; **~ d'atterrissage** undercarriage; **~ autos-couchettes** car-sleeper train; **~ électrique** (*jouet*) (electric) train set; **~ de pneus** set of tyres *ou* tires; **~ de vie** style of living

traînailler [tʀɛnɑje] /1/ VI = **traînasser**

traînant, e [tʀɛnɑ̃, -ɑ̃t] ADJ (*voix, ton*) drawling

traînard, e [tʀɛnaʀ, -aʀd] NM/F (*péj*) slowcoach (BRIT), slowpoke (US)

traînasser [tʀɛnase] /1/ VI to dawdle

traîne [tʀɛn] NF (*de robe*) train; **être à la ~** to be in tow; (*en arrière*) to lag behind; (*en désordre*) to be lying around

traîneau, x [tʀɛno] NM sleigh, sledge

traînée [tʀene] NF streak, trail; (*péj*) slut (!)

traîner [tʀene] /1/ VT (*remorque*) to pull; (*enfant, chien*) to drag *ou* trail along; (*maladie*): **il traîne un rhume depuis l'hiver** he has a cold which has been dragging on since winter; **~ qn au cinéma** to drag sb to the cinema; **~ les pieds** to drag one's feet ▸ VI (*robe, manteau*) to trail; (*être en désordre*) to lie around; (*marcher lentement*) to dawdle (along); (*vagabonder*) to hang about; (*agir lentement*) to idle about; (*durer*) to drag on; **~ par terre** to trail on the ground; **~ en longueur** to drag out ■ **se traîner** VPR (*ramper*) to crawl along; **se ~ par terre** to crawl (on the ground); (*marcher avec difficulté*) to drag o.s. along; (*durer*) to drag on

training [tʀeniŋ] NM (*pull*) tracksuit top; (*chaussure*) trainer (BRIT), sneaker (US)

train-train [tʀɛ̃tʀɛ̃] NM humdrum routine

traire [tʀɛʀ] /50/ VT to milk

trait, e [tʀɛ, -ɛt] PP *de* **traire** ▸ NM (*ligne*) line; (*de dessin*) stroke; (*caractéristique*) feature, trait; (*flèche: vieilli*) dart, arrow; shaft; **d'un ~** (*boire*) in one gulp; **de ~** *adj* (*animal*) draught (BRIT), draft (US); **avoir ~ à** to concern; **~ pour ~** line for line; **~ de caractère** characteristic, trait; **~ d'esprit** flash of wit; **~ de génie** brainwave; **~ d'union** hyphen; (*fig*) link ■ **traits** NMPL (*du visage*) features

traitable [tʀɛtabl] ADJ (*personne*) accommodating; (*sujet*) manageable

traitant, e [tʀɛtɑ̃, -ɑ̃t] ADJ: **votre médecin ~** your usual *ou* family doctor; **shampooing ~** medicated shampoo; **crème traitante** conditioning cream, conditioner

traite [tʀɛt] NF (*Comm*) draft; (*Agr*) milking; (*trajet*) stretch; **d'une (seule) ~** without stopping (once); **la ~ des noirs** the slave trade; **la ~ des blanches** the white slave trade

traité [tʀete] NM treaty

traitement [tʀɛtmɑ̃] NM treatment; processing; (*salaire*) salary; **suivre un ~** to undergo treatment; **mauvais ~** ill-treatment; **~ de données** *ou* **de l'information** (*Inform*) data processing; **~ hormono-supplétif** hormone replacement therapy; **~ par lots** (*Inform*) batch processing; **~ de texte** (*Inform*) word processing; (*logiciel*) word processing package

traiter [tʀete] /1/ VT (*gén*) to treat; (*Tech: matériaux*) to process, treat; (*Inform*) to process; (*affaire*) to deal with, handle; (*qualifier*): **~ qn d'idiot** to call sb a fool; **bien/mal ~** to treat well/ill-treat ▸ VI to deal; **~ de** to deal with

traiteur [tʀɛtœʀ] NM caterer

traître, -esse [tʀɛtʀ, -tʀɛs] ADJ (*dangereux*) treacherous ▸ NM/F traitor (traitress); **prendre qn en ~** to make an insidious attack on sb

traîtrise [tʀɛtʀiz] NF treachery

trajectoire [tʀaʒɛktwaʀ] NF trajectory, path

★**trajet** [tʀaʒɛ] NM (*parcours, voyage*) journey; (*itinéraire*) route; (*fig*) path, course; (*distance à parcourir*) distance; **il y a une heure de ~** the journey takes one hour

tralala [tʀalala] NM (*péj*) fuss

tram [tʀam] NM tram (BRIT), streetcar (US)

trame [tʀam] NF (*de tissu*) weft; (*fig*) framework; texture; (*Typo*) screen

tramer [tʀame] /1/ VT to plot, hatch

traminot [tʀamino] NM tramway worker

tramontane [tʀamɔ̃tan] NF tramontane (*cold, dry south-southwesterly wind*)

trampoline [tʀɑ̃pɔlin], **trampolino** [tʀɑ̃pɔlino] NM trampoline; (*Sport*) trampolining

tramway [tʀamwɛ] NM tram(way); (*voiture*) tram(car) (BRIT), streetcar (US)

tranchant, e [tʀɑ̃ʃɑ̃, -ɑ̃t] ADJ sharp; (*fig: personne*) peremptory; (*: couleurs*) striking ▸ NM (*d'un couteau*) cutting edge; (*de la main*) edge; **à double ~** (*argument, procédé*) double-edged

★**tranche** [tʀɑ̃ʃ] NF (*morceau*) slice; (*arête*) edge; (*partie*) section; (*série*) block; (*d'impôts, revenus etc*) bracket; (*loterie*) issue; **~ d'âge/de salaires** age/wage bracket; **~ (de silicium)** wafer

tranché, e [tʀɑ̃ʃe] ADJ (*couleurs*) distinct, sharply contrasted; (*opinions*) clear-cut, definite ▸ NF trench

trancher [tʀɑ̃ʃe] /1/ VT to cut, sever; (*fig: résoudre*) to settle ▸ VI to be decisive; (*entre deux choses*) to settle the argument; **~ avec** to contrast sharply with

tranchet [tʀɑ̃ʃɛ] NM knife

tranchoir [tʀɑ̃ʃwaʀ] NM chopper

★**tranquille** [tʀɑ̃kil] ADJ calm, quiet; (*enfant, élève*) quiet; (*rassuré*) easy in one's mind, with one's mind at rest; **se tenir ~** (*enfant*) to be quiet; **avoir la conscience ~** to have an easy conscience; **laisse-moi/laisse-ça ~** leave me/it alone

tranquillement [tʀɑ̃kilmɑ̃] ADV calmly

tranquillisant, e [tʀɑ̃kilizɑ̃, -ɑ̃t] ADJ (*nouvelle*) reassuring ▸ NM tranquillizer

tranquilliser [tʀɑ̃kilize] /1/ VT to reassure ■ **se tranquilliser** VPR to calm (o.s.) down

tranquillité [tʀɑ̃kilite] NF quietness, peace (and quiet); **en toute ~** with complete peace of mind; **~ d'esprit** peace of mind

transaction [tʀɑ̃zaksjɔ̃] NF (*Comm*) transaction, deal

transactionnel, le [tʀɑ̃zaksjɔnɛl] ADJ (*Jur: indemnité*) compromise *cpd*; (*Inform, Psych*) transactional

transafricain, e [tʀɑ̃safʀikɛ̃, -ɛn] ADJ transafrican

transalpin, e [tʀɑ̃zalpɛ̃, -in] ADJ transalpine

transaméricain, e [tʀɑ̃zameʀikɛ̃, -ɛn] ADJ transamerican

transat [tʀɑ̃zat] NM deckchair ▸ NF = **course transatlantique**

transatlantique [tʀɑ̃zatlɑ̃tik] ADJ transatlantic ▸ NM transatlantic liner

transbahuter [tʀɑ̃sbayte] VT (*fam*) to cart (*fam*)

transborder [tʀɑ̃sbɔʀde] /1/ VT to tran(s)ship

transbordeur [tʀɑ̃sbɔʀdœʀ] NM (*aussi:* **navire transbordeur**) ferry

transcendant, e [tʀɑ̃sɑ̃dɑ̃, -ɑ̃t] ADJ (*Philosophie, Math*) transcendental; (*supérieur*) transcendent

transcodeur [tʀɑ̃skɔdœʀ] NM compiler

transcontinental, e, -aux [tʀɑ̃skɔ̃tinɑ̃tal, -o] ADJ transcontinental

transcription [tʀɑ̃skʀipsjɔ̃] NF transcription

transcrire [tʀɑ̃skʀiʀ] /39/ VT to transcribe

transe [tʀɑ̃s] NF: **entrer en ~** to go into a trance ■ **transes** NFPL agony *sg*

transept [tʀɑ̃sɛpt] NM (*Archit*) transept

transférable [tʀɑ̃sfeʀabl] ADJ transferable

transfèrement [tʀɑ̃sfɛʀmɑ̃] NM transfer

transférer [tʀɑ̃sfeʀe] /6/ VT to transfer

transfert [tʀɑ̃sfɛʀ] NM transfer

transfiguration [tʀɑ̃sfigyʀasjɔ̃] NF transformation, transfiguration

transfigurer [tʀɑ̃sfigyʀe] /1/ VT to transform

transfo [tʀɑ̃sfo] NM (= *transformateur*) transformer

transformable [tʀɑ̃sfɔʀmabl] ADJ convertible

transformateur [tʀɑ̃sfɔʀmatœʀ] NM transformer

transformation [tʀɑ̃sfɔʀmasjɔ̃] NF change, alteration; (*radicale*) transformation; (*Rugby*) conversion; **industries de ~** processing industries ■ **transformations** NFPL (*travaux*) alterations

transformer [tʀɑ̃sfɔʀme] /1/ VT to change; (*radicalement*) to transform, alter (*"alter" implique un changement moins radical*); (*vêtement*) alter; (*matière première, appartement, Rugby*) to convert; **~ en** to transform into; to turn into; to convert into ■ **se transformer** VPR to be transformed; to alter

> The French word **transformer** is very often not translated by *to transform*.

transfrontalier, -ière [tʀɑ̃sfʀɔ̃talje, -jɛʀ] ADJ cross-border

transfuge [tʀɑ̃sfyʒ] NM renegade

transfuser [tʀɑ̃sfyze] /1/ VT to transfuse

transfusion [tʀɑ̃sfyzjɔ̃] NF: **~ sanguine** blood transfusion

transgénérationnel, le [tʀɑ̃sʒeneʀasjɔnɛl] ADJ transgenerational

transgénique [tʀɑ̃sʒenik] ADJ transgenic

transgresser [tʀɑ̃sgʀese] /1/ VT to contravene, disobey

transgression [tʀɑ̃sgʀesjɔ̃] NF (*de loi*) breaking, contravention; (*de tabou*) breaking

transhumance [tʀɑ̃zymɑ̃s] NF transhumance, seasonal move to new pastures

transhumanisme [tʀɑ̃symanism] NM transhumanism

transi, e [tʀɑ̃zi] ADJ numb (with cold), chilled to the bone

transiger [tʀɑ̃ziʒe] /3/ VI to compromise, come to an agreement; **~ sur** *ou* **avec qch** to compromise on sth

transistor [tʀɑ̃zistɔʀ] NM transistor

transistorisé, e [tʀɑ̃zistɔʀize] ADJ transistorized

transit [tʀɑ̃zit] NM transit; **de ~** transit *cpd*; **en ~** in transit

transitaire [tʀɑ̃zitɛʀ] NMF forwarding agent

transiter [tʀɑ̃zite] /1/ VI to pass in transit

transitif, -ive [tʀɑ̃zitif, -iv] ADJ transitive

transition [tʀɑ̃zisjɔ̃] NF transition; **de ~** transitional

transitoire [tʀɑ̃zitwaʀ] ADJ (*mesure, gouvernement*) transitional, provisional; (*fugitif*) transient

translucide [tʀɑ̃slysid] ADJ translucent

transmet *etc* [tʀɑ̃smɛ] VB *voir* **transmettre**

transmettais *etc* [tʀɑ̃smɛtɛ] VB *voir* **transmettre**

transmetteur [tʀɑ̃smɛtœʀ] NM transmitter

transmettre [tʀɑ̃smɛtʀ] /56/ VT (*passer*): **~ qch à qn** to pass sth on to sb; (*Tech, Tél, Méd*) to transmit; (*TV, Radio: retransmettre*) to broadcast

transmis, e [tʀɑ̃smi, -iz] PP *de* **transmettre**

transmissible [tʀɑ̃smisibl] ADJ transmissible

transmission [tʀɑ̃smisjɔ̃] NF transmission, passing on; (*Auto*) transmission; **~ de données** (*Inform*) data transmission; **~ de pensée** thought transmission ■ **transmissions** NFPL (*Mil*) ≈ signals corps *sg*

transnational, e, -aux [tʀɑ̃snasjɔnal, -o] ADJ transnational

transocéanien, ne [tʀɑ̃zɔseanjɛ̃, -ɛn], **transocéanique** [tʀɑ̃zɔseanik] ADJ transoceanic

transparaître [tʀɑ̃spaʀɛtʀ] /57/ VI to show (through)

transparence [tʀɑ̃spaʀɑ̃s] NF transparency; **par ~** (*regarder*) against the light; (*voir*) showing through

t

transparent, e [tʀɑ̃spaʀɑ̃, -ɑ̃t] ADJ transparent

transpercer [tʀɑ̃spɛʀse] /3/ VT (*froid, pluie*) to go through, pierce; (*balle*) to go through

transpiration [tʀɑ̃spiʀasjɔ̃] NF perspiration

transpirer [tʀɑ̃spiʀe] /1/ VI to perspire; (*information, nouvelle*) to come to light

transplant [tʀɑ̃splɑ̃] NM transplant

transplantation [tʀɑ̃splɑ̃tasjɔ̃] NF transplant

transplanter [tʀɑ̃splɑ̃te] /1/ VT (*Méd, Bot*) to transplant; (*personne*) to uproot, move

transport [tʀɑ̃spɔʀ] NM transport; (*émotions*): **~ de colère** fit of rage; **~ de joie** transport of delight; **~ de voyageurs/marchandises** passenger/goods transportation; **transports en commun** public transport *sg*; **transports routiers** haulage (BRIT), trucking (US)

transportable [tʀɑ̃spɔʀtabl] ADJ (*marchandises*) transportable; (*malade*) fit (enough) to be moved

transporter [tʀɑ̃spɔʀte] /1/ VT to carry, move; (*Comm*) to transport, convey; (*fig*): **~ qn (de joie)** to send sb into raptures; **se ~ quelque part** (*fig*) to let one's imagination carry one away (somewhere)

transporteur [tʀɑ̃spɔʀtœʀ] NM haulage contractor (BRIT), trucker (US)

transposer [tʀɑ̃spoze] /1/ VT to transpose

transposition [tʀɑ̃spozisjɔ̃] NF transposition

transrhénan, e [tʀɑ̃sʀenɑ̃, -an] ADJ transrhenane

transsaharien, ne [tʀɑ̃ssaaʀjɛ̃, -ɛn] ADJ trans-Saharan

transsexuel, le [tʀɑ̃ssɛksɥɛl] ADJ, NM/F transsexual

transsibérien, ne [tʀɑ̃ssibeʀjɛ̃, -ɛn] ADJ trans-Siberian

transvaser [tʀɑ̃svaze] /1/ VT to decant

transversal, e, -aux [tʀɑ̃svɛʀsal, -o] ADJ transverse, cross(-); (*route etc*) cross-country; (*mur, chemin, rue*) running at right angles; (*Auto*): **axe ~** main cross-country road (BRIT) *ou* highway (US); **coupe transversale** cross section

transversalement [tʀɑ̃svɛʀsalmɑ̃] ADV crosswise

trapèze [tʀapɛz] NM (*Géom*) trapezium; (*au cirque*) trapeze

trapéziste [tʀapezist] NMF trapeze artist

trapézoïdal, e [tʀapezɔidal] ADJ trapezoid

trappe [tʀap] NF (*de cave, grenier*) trap door; (*piège*) trap

trappeur [tʀapœʀ] NM trapper, fur trader

trapu, e [tʀapy] ADJ squat, stocky

traquenard [tʀaknaʀ] NM trap

traquer [tʀake] /1/ VT to track down; (*harceler*) to hound

traumatisant, e [tʀomatizɑ̃, -ɑ̃t] ADJ traumatic

traumatiser [tʀomatize] /1/ VT to traumatize

traumatisme [tʀomatism] NM traumatism

traumatologie [tʀomatɔlɔʒi] NF *branch of medicine concerned with accidents*

★**travail, -aux** [tʀavaj, -o] NM (*gén*) work; (*tâche, métier*) work *no pl*, job; (*Écon, Méd*) labour (BRIT), labor (US); (*Inform*) job; **être/entrer en ~** (*Méd*) to be in/go into labour; **être sans ~** (*employé*) to be out of work, be unemployed; **~ d'intérêt général** ≈ community service; **~ au noir** moonlighting; **~ posté** shiftwork ■ **travaux** NMPL (*de réparation, agricoles etc*) work *sg*; (*sur route*) roadworks; (*de construction*) building (work) *sg*; **travaux des champs** farm work *sg*; **travaux dirigés** (*Scol*) supervised practical work *sg*; **travaux forcés** hard labour *sg*; **travaux manuels** (*Scol*) handicrafts; **travaux ménagers** housework *sg*; **travaux pratiques** (*gén*) practical work *pl*; (*en laboratoire*) lab work *pl* (BRIT), lab (US); **travaux publics** ≈ public works *sg*

travaillé, e [tʀavaje] ADJ (*style*) polished

★**travailler** [tʀavaje] /1/ VI to work; (*bois*) to warp ▸VT (*bois, métal*) to work; (*pâte*) to knead; (*objet d'art, discipline, fig: influencer*) to work on; **cela le travaille** it is on his mind; **~ la terre** to work the land; **~ son piano** to do one's piano practice; **~ à** to work on; (*fig: contribuer à*) to work towards; **~ à faire** to endeavour (BRIT) *ou* endeavor (US) to do

★**travailleur, -euse** [tʀavajœʀ, -øz] ADJ hard-working ▸NM/F worker; **~ de force** labourer (BRIT), laborer (US); **~ intellectuel** non-manual worker; **~ social** social worker; **travailleuse familiale** home help

travailliste [tʀavajist] ADJ ≈ Labour *cpd* ▸NMF member of the Labour party

travaux [tʀavo] NMPL *voir* **travail**

travée [tʀave] NF row; (*Archit*) bay; span

traveller's [tʀavlœʀs], **traveller's chèque** [tʀavlœʀsʃɛk] NM traveller's cheque

travelling [tʀavliŋ] NM (*chariot*) dolly; (*technique*) tracking; **~ optique** zoom shots *pl*

travelo [tʀavlo] NM (*fam*) (drag) queen

travers [tʀavɛʀ] NM fault, failing; **à ~** *adv* through; **au ~ (de)** through; **en ~ (de)** across; **de ~** *adj* (*nez, bouche*) crooked; (*chapeau*) askew; **regarder de ~** (*fig*) to look askance at; **comprendre de ~** to misunderstand

traverse [tʀavɛʀs] NF (*de voie ferrée*) sleeper; **chemin de ~** shortcut

traversée [tʀavɛʀse] NF crossing

★**traverser** [tʀavɛʀse] /1/ VT (*gén*) to cross; (*ville, tunnel: aussi: percer, fig*) to go through; (*ligne, trait*) to run across

traversin [tʀavɛʀsɛ̃] NM bolster

travesti [tʀavɛsti] NM (*comme mode de vie*) transvestite; (*artiste de cabaret*) female impersonator, drag artist; (*costume*) fancy dress

travestir [tʀavɛstiʀ] /2/ VT (*vérité*) to misrepresent ■ **se travestir** VPR (*se costumer*) to dress up; (*artiste*) to put on drag; (*Psych*) to dress as a woman

trayais *etc* [tʀɛjɛ] VB *voir* **traire**

trayeuse [tʀɛjøz] NF milking machine

trébucher [tʀebyʃe] /1/ VI: **~ (sur)** to stumble (over), trip (over)

trèfle [tʀɛfl] NM (*Bot*) clover; (*Cartes: couleur*) clubs *pl*; (*: carte*) club; **~ à quatre feuilles** four-leaf clover

treillage [tʀɛjaʒ] NM lattice work

treille [tʀɛj] NF (*tonnelle*) vine arbour (BRIT) *ou* arbor (US); (*vigne*) climbing vine

treillis [tʀeji] NM (*métallique*) wire-mesh; (*toile*) canvas; (*Mil: tenue*) combat uniform; (*: pantalon*) combat trousers *pl*

★**treize** [tʀɛz] NUM thirteen

treizième [tʀɛzjɛm] NUM thirteenth; *see note*

> The **treizième mois** is an end-of-year bonus roughly corresponding to one month's salary. For many employees it is a standard part of their salary package.

tréma [tʀema] NM diaeresis

tremblant, e [tʀɑ̃blɑ̃, -ɑ̃t] ADJ trembling, shaking

tremble [tʀɑ̃bl] NM (*Bot*) aspen

tremblé, e [tʀɑ̃ble] ADJ shaky

tremblement [tʀɑ̃bləmɑ̃] NM trembling *no pl*, shaking *no pl*, shivering *no pl*; **~ de terre** earthquake

★**trembler** [tʀɑ̃ble] /1/ VI to tremble, shake; **~ de** (*froid, fièvre*) to shiver *ou* tremble with; (*peur*) to shake *ou* tremble with; **~ pour qn** to fear for sb

tremblotant, e [tʀɑ̃blɔtɑ̃, -ɑ̃t] ADJ trembling

trembloter [tʀɑ̃blɔte] /1/ VI to tremble *ou* shake slightly

trémolo [tʀemɔlo] NM (*d'un instrument*) tremolo; (*de la voix*) quaver

trémousser [tʀemuse] /1/: **se trémousser** VPR to jig about, wriggle about

trempe [tʀɑ̃p] NF (*fig*): **de cette/sa ~** of this/his calibre (BRIT) *ou* caliber (US)

trempé, e [tʀɑ̃pe] ADJ soaking (wet), drenched; (*Tech*): **acier ~** tempered steel

★**tremper** [tʀɑ̃pe] /1/ VT to soak, drench; (*aussi:* **faire tremper, mettre à tremper**) to soak; **se faire ~** to get soaked *ou* drenched ▸ VI to soak; (*fig*): **~ dans** to be involved *ou* have a hand in ■ **se tremper** VPR to have a quick dip

trempette [tʀɑ̃pɛt] NF: **faire ~** to go paddling

tremplin [tʀɑ̃plɛ̃] NM springboard; (*Ski*) ski jump

trentaine [tʀɑ̃tɛn] NF (*âge*): **avoir la ~** to be around thirty; **une ~ (de)** thirty or so, about thirty

★**trente** [tʀɑ̃t] NUM thirty; **voir trente-six chandelles** (*fig*) to see stars; **être/se mettre sur son ~ et un** to be wearing/put on one's Sunday best; **trente-trois tours** *nm* long-playing record, LP

trentième [tʀɑ̃tjɛm] NUM thirtieth

trépanation [tʀepanasjɔ̃] NF trepan

trépaner [tʀepane] /1/ VT to trepan, trephine

trépasser [tʀepase] /1/ VI to pass away

trépidant, e [tʀepidɑ̃, -ɑ̃t] ADJ (*fig: rythme*) pulsating; (*: vie*) hectic

trépidation [tʀepidasjɔ̃] NF (*d'une machine, d'un moteur*) vibration; (*fig: de la vie*) whirl

trépider [tʀepide] /1/ VI to vibrate

trépied [tʀepje] NM (*d'appareil*) tripod; (*meuble*) trivet

trépignement [tʀepiɲmɑ̃] NM stamping (of feet)

trépigner [tʀepiɲe] /1/ VI to stamp (one's feet)

très [tʀɛ] ADV very; **~ beau/bien** very beautiful/well; **~ critiqué** much criticized; **~ industrialisé** highly industrialized; **j'ai ~ faim** I'm very hungry

trésor [tʀezɔʀ] NM treasure; (*Admin*) finances *pl*; (*d'une organisation*) funds *pl*; **~ (public)** public revenue; (*service*) public revenue office

trésorerie [tʀezɔʀʀi] NF (*fonds*) funds *pl*; (*gestion*) accounts *pl*; (*bureaux*) accounts department; (*poste*) treasurership; **difficultés de ~** cash problems, shortage of cash *ou* funds; **~ générale** *local government finance office*

trésorier, -ière [tʀezɔʀje, -jɛʀ] NM/F treasurer

Trésorier-payeur [tʀezɔʀjepɛjœʀ] (*pl* **Trésoriers-payeurs**) NM: **~ général** paymaster

tressaillement [tʀesajmɑ̃] NM shiver, shudder; quiver

tressaillir [tʀesajiʀ] /13/ VI (*de peur etc*) to shiver, shudder; (*de joie*) to quiver

tressauter [tʀesote] /1/ VI to start, jump

tresse [tʀɛs] NF (*de cheveux*) braid, plait; (*cordon, galon*) braid

tresser [tʀese] /1/ VT (*cheveux*) to braid, plait; (*fil, jonc*) to plait; (*corbeille*) to weave; (*corde*) to twist

tréteau, x [tʀeto] NM trestle; **les tréteaux** (*fig: Théât*) the boards

treuil [tʀœj] NM winch

trêve [tʀɛv] NF (*Mil, Pol*) truce; (*fig*) respite; **sans ~** unremittingly; **~ de ...** enough of this ...; **les États de la T~** the Trucial States

tri [tʀi] NM (*voir trier*) sorting (out) *no pl*; selection; screening; (*Inform*) sort; (*Postes: action*) sorting; **faire le ~ (de)** to sort out; **le (bureau de) ~** (*Postes*) the sorting office

triade [tʀijad] NF (*groupe, gang*) triad

triage [tʀijaʒ] NM (*Rail*) shunting; (*gare*) marshalling yard

trial [tʀijal] NM (*Sport*) scrambling

triangle [tʀijɑ̃gl] NM triangle; **~ isocèle/équilatéral** isosceles/equilateral triangle; **~ rectangle** right-angled triangle

triangulaire [tʀijɑ̃gylɛʀ] ADJ triangular

triathlon [tʀi(j)atlɔ̃] NM triathlon

tribal, e, -aux [tʀibal, -o] ADJ tribal

tribord [tʀibɔʀ] NM: **à ~** to starboard, on the starboard side

tribu [tʀiby] NF tribe

tribulations [tʀibylasjɔ̃] NFPL tribulations, trials

tribunal, -aux [tʀibynal, -o] NM (*Jur*) court; (*Mil*) tribunal; **~ de police/pour enfants** police/juvenile court; **~ d'instance** ≈ magistrates' court (BRIT), ≈ district court (US); **~ de grande instance** ≈ High Court (BRIT), ≈ Supreme Court (US)

tribune [tʀibyn] NF (*estrade*) platform, rostrum; (*débat*) forum; (*d'église, de tribunal*) gallery; (*de stade*) stand; **~ libre** (*Presse*) opinion column

tribut [tʀiby] NM tribute

tributaire [tʀibytɛʀ] ADJ: **être ~ de** to be dependent on; (*Géo*) to be a tributary of

tricentenaire [tʀisɑ̃t(ə)nɛʀ] NM tercentenary, tricentennial

triche [tʀiʃ] NF (*fam*): **la ~** cheating

★**tricher** [tʀiʃe] /1/ VI to cheat

tricherie [tʀiʃʀi] NF cheating *no pl*

tricheur, -euse [tʀiʃœʀ, -øz] NM/F cheat

trichromie [tʀikʀɔmi] NF three-colour (BRIT) *ou* -color (US) printing

tricolore [tʀikɔlɔʀ] ADJ three-coloured (BRIT), three-colored (US); (*français: drapeau*) red, white and blue; (*: équipe etc*) French

t

tricot [tʀiko] NM (*technique, ouvrage*) knitting *no pl*; (*tissu*) knitted fabric; (*vêtement*) jersey, sweater; **~ de corps, ~ de peau** vest (BRIT), undershirt (US)
tricoté, e [tʀikɔte] ADJ knitted
tricoter [tʀikɔte] /1/ VT to knit; **machine/aiguille à ~** knitting machine/needle (BRIT) *ou* pin (US)
trictrac [tʀiktʀak] NM backgammon
tricycle [tʀisikl] NM tricycle
tridimensionnel, le [tʀidimɑ̃sjɔnɛl] ADJ three-dimensional
triennal, e, -aux [tʀiɛnal, -o] ADJ (*prix, foire, élection*) three-yearly; (*charge, mandat, plan*) three-year
trier [tʀije] /7/ VT (*classer*) to sort (out); (*choisir*) to select; (*visiteurs*) to screen; (*Postes, Inform, fruits*) to sort
trieur, -euse [tʀijœʀ, -øz] NM/F sorter
triglycéride [tʀigliseʀid] NM triglyceride; **taux de triglycérides** triglyceride levels
trigonométrie [tʀigɔnɔmetʀi] NF trigonometry
trigonométrique [tʀigɔnɔmetʀik] ADJ trigonometric
trilingue [tʀilɛ̃g] ADJ trilingual
trilogie [tʀilɔʒi] NF trilogy
trimaran [tʀimaʀɑ̃] NM trimaran
trimbaler [tʀɛ̃bale] /1/ VT to cart around, trail along
trimer [tʀime] /1/ VI to slave away
★**trimestre** [tʀimɛstʀ] NM (*Scol*) term; (*Comm*) quarter
trimestriel, le [tʀimɛstʀijɛl] ADJ quarterly; (*Scol*) end-of-term
trimoteur [tʀimɔtœʀ] NM three-engined aircraft
tringle [tʀɛ̃gl] NF rod
Trinité [tʀinite] NF Trinity
Trinité et Tobago [tʀiniteetɔbago] NF Trinidad and Tobago
trinquer [tʀɛ̃ke] /1/ VI to clink glasses; (*fam*) to cop it; **~ à qch/la santé de qn** to drink to sth/sb
trio [tʀijo] NM trio
triolet [tʀijɔlɛ] NM (*Mus*) triplet
triolisme [tʀi(j)ɔlizm] NM troilism, threesomes *pl*
triomphal, e, -aux [tʀijɔ̃fal, -o] ADJ triumphant, triumphal
triomphalement [tʀijɔ̃falmɑ̃] ADV triumphantly
triomphalisme [tʀijɔ̃falism] NM triumphalism
triomphaliste [tʀijɔ̃falist] ADJ triumphalist
triomphant, e [tʀijɔ̃fɑ̃, -ɑ̃t] ADJ triumphant
triomphateur, -trice [tʀijɔ̃fatœʀ, -tʀis] NM/F (triumphant) victor
triomphe [tʀijɔ̃f] NM triumph; **être reçu/porté en ~** to be given a triumphant welcome/be carried shoulder-high in triumph
triompher [tʀijɔ̃fe] /1/ VI to triumph, win; **~ de** to triumph over, overcome
tripartite [tʀipaʀtit], **triparti, e** [tʀipaʀti] ADJ (*accord, assemblée*) tripartite, three-party
triperie [tʀipʀi] NF tripe shop
tripes [tʀip] NFPL (*Culin*) tripe *sg*; (*fam*) guts
triphasé, e [tʀifaze] ADJ three-phase
triplace [tʀiplas] ADJ three-seater *cpd*
triple [tʀipl] ADJ (*à trois éléments*) triple; (*trois fois plus grand*) treble; **en ~ exemplaire** in triplicate; **~ saut** (*Sport*) triple jump ▸ NM: **le ~ (de)** (*comparaison*) three times as much (as)
triplé [tʀiple] NM hat-trick (BRIT), triple success
triplement [tʀipləmɑ̃] ADV (*à un degré triple*) three times over; (*de trois façons*) in three ways; (*pour trois raisons*) on three counts ▸ NM trebling, threefold increase
tripler [tʀiple] /1/ VI, VT to triple, treble, increase threefold
triplés, -ées [tʀiple] NM/FPL triplets
triplex [tʀiplɛks] NM (*appartement*) three-floor apartment; (*verre*) Triplex® (BRIT), safety glass
tripode [tʀipɔd] ADJ with three legs ▸ NM (*Tech*) tripod; (*fig*) triumvirate
Tripoli [tʀipɔli] N Tripoli
triporteur [tʀipɔʀtœʀ] NM delivery tricycle
tripot [tʀipo] NM (*péj*) dive
tripotage [tʀipɔtaʒ] NM (*fam, péj*) jiggery-pokery
tripotée [tʀipɔte] NF (*fam: grand nombre*) hordes *pl*
tripoter [tʀipɔte] /1/ VT (*fam: manipuler*) to fiddle with, finger; (*: personne*) to feel up (*fam*), grope (*fam*)
tripous, tripoux [tʀipu] NMPL *braised sheep's tripe with herbs and vegetable flavourings*
triptyque [tʀiptik] NM triptych
trique [tʀik] NF cudgel
trisannuel, le [tʀizanɥɛl] ADJ triennial
trisomie [tʀizɔmi] NF Down's syndrome
trisomique [tʀizɔmik] ADJ with Down's Syndrome; **être ~** to have Down's Syndrome ▸ NMF person with Down's syndrome
★**triste** [tʀist] ADJ sad; (*couleur, temps, journée*) dreary; (*péj*): **~ personnage/affaire** sorry individual/affair; **c'est pas ~ !** (*fam*) it's something else!
tristement [tʀistəmɑ̃] ADV sadly
tristesse [tʀistɛs] NF sadness
trithérapie [tʀiteʀapi] NF triple therapy, triple combination therapy
triton [tʀitɔ̃] NM triton
triturateur [tʀityʀatœʀ] NM (*machine*) grinder, grinding machine
triturer [tʀityʀe] /1/ VT (*pâte*) to knead; (*objets*) to manipulate
triumvirat [tʀijɔmviʀa] NM triumvirate
trivial, e, -aux [tʀivjal, -o] ADJ coarse, crude; (*commun*) mundane
trivialité [tʀivjalite] NF coarseness, crudeness; mundaneness
troc [tʀɔk] NM (*Écon*) barter; (*transaction*) exchange, swap
troène [tʀɔɛn] NM privet
troglodyte [tʀɔglɔdit] NMF cave dweller, troglodyte
trognon [tʀɔɲɔ̃] NM (*de fruit*) core; (*de légume*) stalk
★**trois** [tʀwɑ] NUM three
trois-huit [tʀwɑɥit] NMPL: **faire les ~** to work eight-hour shifts (round the clock)
troisième [tʀwɑzjɛm] NUM third; **le ~ âge** (*période de vie*) one's retirement years; (*personnes âgées*) senior citizens *pl* ▸ NF (*Scol*) year 10 (BRIT), ninth grade (US)

troisièmement [tʀwazjɛmmɑ̃] ADV thirdly

trois quarts [tʀwakaʀ] NMPL: **les ~ de** three-quarters of

trois-quarts [tʀwakaʀ] NMPL (*Rugby: joueur*) three-quarter; (*aussi:* **manteau trois quarts**) three-quarter-length coat

troll [tʀɔl] NM, **trolleur, -euse** [tʀɔlœʀ, -øz] NM/F (*Inform*) troll

troller [tʀɔle] VI (*Internet*) to troll

trolleybus [tʀɔlɛbys] NM trolley bus

trombe [tʀɔ̃b] NF waterspout; **des trombes d'eau** a downpour; **en ~** (*arriver, passer*) like a whirlwind

trombine [tʀɔ̃bin] NF (*fam: tête*) face, mug (*fam*)

trombinoscope [tʀɔ̃binɔskɔp] NM (*fam*) group photo

trombone [tʀɔ̃bɔn] NM (*Mus*) trombone; (*de bureau*) paper clip; **~ à coulisse** slide trombone

tromboniste [tʀɔ̃bɔnist] NMF trombonist

trompe [tʀɔ̃p] NF (*d'éléphant*) trunk; (*Mus*) trumpet, horn; **~ d'Eustache** Eustachian tube; **trompes utérines** Fallopian tubes

trompe-l'œil [tʀɔ̃plœj] NM: **en trompe-l'œil** in trompe-l'œil style

★**tromper** [tʀɔ̃pe] /1/ VT to deceive; (*fig: espoir, attente*) to disappoint; (*vigilance, poursuivants*) to elude ■ **se tromper** VPR to make a mistake, be mistaken; **se ~ de voiture/jour** to take the wrong car/get the day wrong; **se ~ de 3 cm/20 euros** to be out by 3 cm/20 euros

tromperie [tʀɔ̃pʀi] NF deception, trickery *no pl*

★**trompette** [tʀɔ̃pɛt] NF trumpet; **en ~** (*nez*) turned-up

trompettiste [tʀɔ̃petist] NMF trumpet player

trompeur, -euse [tʀɔ̃pœʀ, -øz] ADJ deceptive, misleading

tronc [tʀɔ̃] NM (*Bot, Anat*) trunk; (*d'église*) collection box; **~ d'arbre** tree trunk; **~ commun** (*Scol*) common-core syllabus; **~ de cône** truncated cone

tronche [tʀɔ̃ʃ] NF (*fam*) mug, face

tronçon [tʀɔ̃sɔ̃] NM section

tronçonner [tʀɔ̃sɔne] /1/ VT (*arbre*) to saw up; (*pierre*) to cut up

tronçonneuse [tʀɔ̃sɔnøz] NF chainsaw

trône [tʀon] NM throne; **monter sur le ~** to ascend the throne

trôner [tʀone] /1/ VI (*fig*) to have (*ou* take) pride of place (BRIT), have the place of honour (BRIT) *ou* honor (US)

tronqué, e [tʀɔ̃ke] ADJ (*Science: forme, séquence*) truncated; (*citation*) shortened

tronquer [tʀɔ̃ke] /1/ VT to truncate; (*fig*) to curtail

★**trop** [tʀo] ADV too; (*avec verbe*) too much; (*aussi:* **trop nombreux**) too many; (*aussi:* **trop souvent**) too often; **~ peu (nombreux)** too few; **~ longtemps** (for) too long; **~ de** (*nombre*) too many; (*quantité*) too much; **de ~, en ~**: **des livres en ~** a few books too many, a few extra books; **du lait en ~** too much milk; **trois livres/cinq euros de ~** three books too many/five euros too much; **ça coûte ~ cher** it's too expensive

trophée [tʀɔfe] NM trophy

tropical, e, -aux [tʀɔpikal, -o] ADJ tropical

tropique [tʀɔpik] NM tropic; **~ du Cancer/Capricorne** Tropic of Cancer/Capricorn ■ **tropiques** NMPL tropics

trop-plein [tʀoplɛ̃] NM (*tuyau*) overflow *ou* outlet (pipe); (*liquide*) overflow

troquer [tʀɔke] /1/ VT: **~ qch contre** to barter *ou* trade sth for; (*fig*) to swap sth for

troquet [tʀɔkɛ] NM (*fam*) bar

trot [tʀo] NM trot; **aller au ~** to trot along; **partir au ~** to set off at a trot

trotskiste, trotskyste [tʀɔtskist] ADJ, NMF Trotskyite, Trotskyist

trotter [tʀɔte] /1/ VI to trot; (*fig*) to scamper along (*ou* about)

trotteuse [tʀɔtøz] NF (*de montre*) second hand

trottiner [tʀɔtine] /1/ VI (*fig*) to scamper along (*ou* about)

trottinette [tʀɔtinɛt] NF (child's) scooter

★**trottoir** [tʀɔtwaʀ] NM pavement (BRIT), sidewalk (US); **faire le ~** (*péj*) to walk the streets; **~ roulant** moving walkway, travelator

★**trou** [tʀu] NM hole; (*fig*) gap; (*Comm*) deficit; **~ d'aération** (air) vent; **~ d'air** air pocket; **~ de mémoire** blank, lapse of memory; **~ noir** black hole; **~ de la serrure** keyhole

troubadour [tʀubaduʀ] NM (*Hist*) troubadour; (*fig: bohème*) bohemian

troublant, e [tʀublɑ̃, -ɑ̃t] ADJ disturbing

trouble [tʀubl] ADJ (*liquide*) cloudy; (*image, photo*) blurred; (*mémoire*) indistinct, hazy; (*affaire*) shady, murky ▸ ADV indistinctly; **voir ~** to have blurred vision ▸ NM (*désarroi*) distress, agitation; (*émoi sensuel*) turmoil, agitation; (*embarras*) confusion; (*zizanie*) unrest, discord ■ **troubles** NMPL (*Pol*) disturbances, troubles, unrest *sg*; (*Méd*) trouble *sg*, disorders; **troubles de la personnalité** personality problems; **troubles de la vision** eye trouble

trouble-fête [tʀubləfɛt] NMF INV spoilsport

troubler [tʀuble] /1/ VT (*embarrasser*) to confuse, disconcert; (*émouvoir*) to agitate; to disturb; to perturb; (*perturber: ordre etc*) to disrupt, disturb; (*: liquide*) to make cloudy; (*intriguer*) to bother; **~ l'ordre public** to cause a breach of the peace ■ **se troubler** VPR (*personne*) to become flustered *ou* confused

troué, e [tʀue] ADJ with a hole (*ou* holes) in it ▸ NF (*dans une masse*) gap; (*Mil*) breach

trouer [tʀue] /1/ VT to make a hole (*ou* holes) in; (*fig*) to pierce

troufion [tʀufjɔ̃] NM (*fam*) soldier, squaddie (BRIT), GI (US)

trouillard, e [tʀujaʀ, -aʀd] (*fam*) NM/F coward, chicken (*fam*) ▸ ADJ cowardly, chicken (*fam*)

trouille [tʀuj] NF (*fam*): **avoir la ~** to be scared stiff, be scared out of one's wits

trouillomètre [tʀujɔmɛtʀ] NM (*fam*): **avoir le ~ à zéro** to be scared stiff

troupe [tʀup] NF (*Mil*) troop; (*groupe*) troop, group; **la ~** (*Mil: l'armée*) the army; (*: les simples soldats*) the troops *pl*; **~ (de théâtre)** (theatrical) company; **troupes de choc** shock troops

troupeau, x [tʀupo] NM (*de moutons*) flock; (*de vaches*) herd

★**trousse** [tʀus] NF case, kit; (*d'écolier*) pencil case; (*de docteur*) instrument case; **aux trousses de** (*fig*) on the heels *ou* tail of; **~ à outils** toolkit; **~ de toilette** toilet bag

trousseau, x [tʀuso] NM (*de mariée*) trousseau; **~ de clefs** bunch of keys

trouvaille [tʀuvɑj] NF find; (*fig: idée, expression etc*) brainwave

trouvé, e [tʀuve] ADJ: **tout ~** ready-made

★**trouver** [tʀuve] /1/ VT to find; (*rendre visite*): **aller/venir ~ qn** to go/come and see sb ■ **se trouver** VPR (*être*) to be; (*être soudain*) to find o.s.; **je trouve que** I find *ou* think that; **~ à boire/critiquer** to find something to drink/criticize; **~ asile/refuge** to find refuge/shelter; **se ~ être/avoir** to happen to be/have; **il se trouve que** it happens that, it turns out that; **se ~ bien** to feel well; **se ~ mal** to pass out

truand [tʀyɑ̃] NM villain, crook

truander [tʀyɑ̃de] /1/ (*fam*) VI to cheat, do ▸ VT: **se faire ~** to be swindled

trublion [tʀyblijɔ̃] NM troublemaker

★**truc** [tʀyk] NM (*astuce*) way, device; (*de cinéma, prestidigitateur*) trick effect; (*chose*) thing; (*machin*) thingumajig, whatsit (BRIT); **avoir le ~** to have the knack; **c'est pas son** (*ou* **mon** *etc*) **~** (*fam*) it's not really his (*ou* my *etc*) thing

trucage [tʀykaʒ] NM = **truquage**

truchement [tʀyʃmɑ̃] NM: **par le ~ de qn** through (the intervention of) sb

trucider [tʀyside] /1/ VT (*fam*) to do in, bump off

truculence [tʀykylɑ̃s] NF colourfulness (BRIT), colorfulness (*US*)

truculent, e [tʀykylɑ̃, -ɑ̃t] ADJ colourful (BRIT), colorful (*US*)

truelle [tʀyɛl] NF trowel

truffe [tʀyf] NF truffle; (*nez*) nose

truffé, e [tʀyfe] ADJ (*Culin*) garnished with truffles; *voir aussi* **truffer**

truffer [tʀyfe] /1/ VT (*Culin*) to garnish with truffles; **truffé de** (*citations*) peppered with; (*fautes*) riddled with; (*pièges*) bristling with

truie [tʀɥi] NF sow

truisme [tʀyism] NM truism

★**truite** [tʀɥit] NF trout *inv*

truquage [tʀykaʒ] NM fixing; (*Ciné*) special effects *pl*

truquer [tʀyke] /1/ VT (*élections, serrure, dés*) to fix; (*Ciné*) to use special effects in

trust [tʀœst] NM (*Comm*) trust

truster [tʀœste] /1/ VT (*Comm*) to monopolize

ts ABR = **tous**

tsar [dzaʀ] NM tsar

tsé-tsé [tsetse] (*pl* **tsétsés** *ou* ~) NF: **mouche ~** tsetse fly

★**t-shirt** [tiʃœʀt] (*pl* **t-shirts**) NM T-shirt

tsigane [tsigan] ADJ, NMF = **tzigane**

TSVP ABR (= *tournez s'il vous plaît*) PTO

TT, TTA SIGLE M (= *transit temporaire (autorisé)*) *vehicle registration for cars etc bought in France for export tax-free by non-residents*

tt ABR = **tout**

TTC ABR (= *toutes taxes comprises*) inclusive of tax

ttes ABR = **toutes**

TU SIGLE M = **temps universel**

★**tu**[1] [ty] PRON you ▸ NM: **employer le tu** to use the "tu" form

tu[2]**, e** [ty] PP *de* **taire**

tuant, e [tɥɑ̃, -ɑ̃t] ADJ (*épuisant*) killing; (*énervant*) infuriating

tuba [tyba] NM (*Mus*) tuba; (*Sport*) snorkel

tubage [tybaʒ] NM (*Méd*) intubation

tube [tyb] NM tube; (*de canalisation, métallique etc*) pipe; (*chanson, disque*) hit song *ou* record; **~ digestif** alimentary canal, digestive tract; **~ à essai** test tube

tuberculeux, -euse [tybɛʀkylø, -øz] ADJ tubercular ▸ NM/F tuberculosis *ou* TB patient

tuberculose [tybɛʀkyloz] NF tuberculosis, TB

tubulaire [tybylɛʀ] ADJ tubular

tubulure [tybylyʀ] NF pipe; piping *no pl*; (*Auto*): **~ d'échappement/d'admission** exhaust/inlet manifold

tué, e [tɥe] NM/F: **cinq tués** five killed *ou* dead

tue-mouche [tymuʃ] ADJ: **papier ~(s)** flypaper

★**tuer** [tɥe] /1/ VT to kill ■ **se tuer** VPR (*se suicider*) to kill o.s.; (*dans un accident*) to be killed; **se ~ au travail** (*fig*) to work o.s. to death

tuerie [tyʀi] NF slaughter *no pl*, massacre; (*fam: délice*): **c'est une ~ !** it's a killer!

tue-tête [tytɛt]: **à ~** *adv* at the top of one's voice

tueur [tɥœʀ] NM killer; **~ à gages** hired killer

tuile [tɥil] NF tile; (*fam*) spot of bad luck, blow

tulipe [tylip] NF tulip

tulle [tyl] NM tulle

tuméfié, e [tymefje] ADJ puffy, swollen

tumeur [tymœʀ] NF growth, tumour (BRIT), tumor (*US*)

tumulte [tymylt] NM commotion, hubbub

tumultueux, -euse [tymyltɥø, -øz] ADJ stormy, turbulent

tumulus [tymylys] NM burial mound, tumulus

tuner [tynɛʀ] NM tuner

tungstène [tœ̃kstɛn] NM tungsten

tunique [tynik] NF tunic; (*de femme*) smock, tunic

Tunis [tynis] N Tunis

★**Tunisie** [tynizi] NF: **la ~** Tunisia

★**tunisien, ne** [tynizjɛ̃, -ɛn] ADJ Tunisian ▸ NM/F: **Tunisien, ne** Tunisian

tunisois, e [tynizwa, -waz] ADJ of *ou* from Tunis

★**tunnel** [tynɛl] NM tunnel; **le ~ sous la Manche** the Channel Tunnel

turban [tyʀbɑ̃] NM turban

turbin [tyʀbɛ̃] NM (*fam*) work *no pl*

turbine [tyʀbin] NF turbine

turbo [tyʀbo] NM turbo; **un moteur ~** a turbo (-charged) engine

turbomoteur [tyʀbɔmɔtœʀ] NM turbo(-boosted) engine

turbopropulseur [tyʀbɔpʀɔpylsœʀ] NM turboprop

turboréacteur [tyʀbɔʀeaktœʀ] NM turbojet

turbot [tyʀbo] NM turbot

turbotrain [tyʀbɔtʀɛ̃] NM turbotrain
turbulences [tyʀbylɑ̃s] NFPL (*Aviat*) turbulence *sg*
turbulent, e [tyʀbylɑ̃, -ɑ̃t] ADJ boisterous, unruly
turc, turque [tyʀk] ADJ Turkish; (*w.-c.*) seatless ▸ NM (*Ling*) Turkish ▸ NM/F: **Turc, Turque** Turk/Turkish woman ▸ NF: **à la turque** *adv* (*assis*) cross-legged; *adj* (*toilettes, w.-c.*) seatless
turf [tyʀf] NM racing
turfiste [tyʀfist] NMF racegoer
turista [tuʀista] NF (*fam*) Montezuma's revenge, Delhi belly
Turks et Caïques [tyʀkekaik], **Turks et Caicos** [tyʀkekaikɔs] NFPL Turks and Caicos Islands
turpitude [tyʀpityd] NF base act, baseness *no pl*
turque [tyʀk] ADJ F, NF *voir* **turc**
Turquie [tyʀki] NF: **la ~** Turkey
turquoise [tyʀkwaz] NF, ADJ INV turquoise
tus *etc* [ty] VB *voir* **taire**
tut *etc* [ty] VB *voir* **taire**
tutélaire [tyteləʀ] ADJ (*puissance*) protecting
tutelle [tytɛl] NF (*Jur*) guardianship; (*Pol*) trusteeship; **sous la ~ de** (*fig*) under the supervision of
tuteur, -trice [tytœʀ, -tʀis] NM/F (*Jur*) guardian; (*de plante*) stake, support
tuto [tyto] NM (*fam*: = *tutoriel*) tutorial
tutoiement [tytwamɑ̃] NM use of familiar "tu" form
tutoriel [tytɔʀjɛl] NM tutorial
★**tutoyer** [tytwaje] /**8**/ VT: **~ qn** to address sb as "tu"
tutti quanti [tutikwɑ̃ti] NMPL: **et ~** and all the rest (of them)
tutu [tyty] NM (*Danse*) tutu
tuyau, x [tɥijo] NM pipe; (*flexible*) tube; (*fam*: *conseil*) tip; (: *mise au courant*) gen *no pl*; **~ d'arrosage** hosepipe; **~ d'échappement** exhaust pipe; **~ d'incendie** fire hose
tuyauté, e [tɥijote] ADJ fluted
tuyauter [tɥijɔte] VT (*fam*) to give a tip to
tuyauterie [tɥijotʀi] NF piping *no pl*
tuyère [tɥijɛʀ] NF nozzle
TV [teve] NF TV, telly (BRIT)
★**TVA** SIGLE F (= *taxe à ou sur la valeur ajoutée*) VAT
TVHD SIGLE F (= *télévision haute définition*) HDTV
tweed [twid] NM tweed
tweet [twit] NM (*Inform*: *Twitter*) tweet
tweeter [twite] /**1**/ VI (*Inform*: *Twitter*) to tweet
tweetos [twitos] NMF INV = **twittos**
tweetosphère [twitosfɛʀ] NF = **twittosphère**
twittos [twitos] NMF INV Twitterer
twittosphère [twitosfɛʀ] NF Twittersphere
tympan [tɛ̃pɑ̃] NM (*Anat*) eardrum
type [tip] NM type; (*personne, chose, représentant*) classic example, epitome; (*fam*) chap, guy; **avoir le ~ nordique** to be Nordic-looking ▸ ADJ typical, standard
typé, e [tipe] ADJ ethnic (*euphémisme*)
typhoïde [tifɔid] NF typhoid (fever)
typhon [tifɔ̃] NM typhoon
typhus [tifys] NM typhus (fever)
typique [tipik] ADJ typical
typiquement [tipikmɑ̃] ADV typically
typographe [tipɔgʀaf] NMF typographer
typographie [tipɔgʀafi] NF typography; (*procédé*) letterpress (printing)
typographique [tipɔgʀafik] ADJ typographical; letterpress *cpd*
typologie [tipɔlɔʒi] NF typology
tyran [tiʀɑ̃] NM tyrant
tyrannie [tiʀani] NF tyranny
tyrannique [tiʀanik] ADJ tyrannical
tyranniser [tiʀanize] /**1**/ VT to tyrannize
Tyrol [tiʀɔl] NM: **le ~** the Tyrol
tyrolien, ne [tiʀɔljɛ̃, -ɛn] ADJ Tyrolean ▸ NF (*câble*) zip line
tzar [dzaʀ] NM = **tsar**
tzigane [dzigan] ADJ gipsy (*péj*), tzigane ▸ NMF (Hungarian) gipsy, Tzigane

t

Uu

U, u [y] NM INV U, u; **U comme Ursule** U for Uncle
ubériser [yberize] /1/ VT to uberize
ubiquité [ybikɥite] NF: **avoir le don d'~** to be everywhere at once, be ubiquitous
ubuesque [ybyɛsk] ADJ (*situation, projet, idée*) ludicrous; (*personne*) Ubuesque
uchronie [ykʀɔni] NF uchronia
UDI SIGLE M (= *Union des Démocrates et Indépendants*) *political party*
UE SIGLE F (= *Union européenne*) EU
UEFA [yefa] SIGLE F (= *Union of European Football Associations*) UEFA
UEM SIGLE F (= *Union économique et monétaire*) EMU
UER SIGLE F (= *unité d'enseignement et de recherche*) *old title of UFR*; (= *Union européenne de radio-télévision*) EBU
UFC SIGLE F (= *Union fédérale des consommateurs*) *national consumer group*
UFR SIGLE F (= *unité de formation et de recherche*) ≈ university department
UHF SIGLE F (= *ultra-haute fréquence*) UHF
UHT ABR (= *ultra-haute température*) UHT
UIT SIGLE F (= *Union internationale des télécommunications*) ITU (= *International Telecommunications Union*)
Ukraine [ykʀɛn] NF: **l'~** the Ukraine
ukrainien, ne [ykʀɛnjɛ̃, -ɛn] ADJ Ukrainian ▸ NM (*Ling*) Ukrainian ▸ NM/F: **Ukrainien, ne** Ukrainian
ukulélé [jukulele] NM ukelele
ulcère [ylsɛʀ] NM ulcer; **~ à l'estomac** stomach ulcer
ulcéré, e [ylseʀe] ADJ (*excédé*) sickened
ulcérer [ylseʀe] /6/ VT (*Méd*) to ulcerate; (*fig*) to sicken, appal
ulcéreux, -euse [ylseʀø, -øz] ADJ (*plaie, lésion*) ulcerous; (*membre*) ulcerated
uléma [ylema] NM (*Rel*) ulema
ULM SIGLE M (= *ultra léger motorisé*) microlight
ulna [ylna] NM (*Anat*) ulna
ultérieur, e [ylteʀjœʀ] ADJ later, subsequent; **remis à une date ultérieure** postponed to a later date
ultérieurement [ylteʀjœʀmɑ̃] ADV later, subsequently
ultimatum [yltimatɔm] NM ultimatum
ultime [yltim] ADJ final
ultra [yltʀa] PRÉFIXE ultra ▸ NMF ultra
ultramoderne [yltʀamɔdɛʀn] ADJ ultra-modern
ultra-rapide [yltʀaʀapid] ADJ ultra-fast
ultra-sensible [yltʀasɑ̃sibl] ADJ (*Photo*) high-speed
ultrason, ultra-son [yltʀasɔ̃] NM ultrasound *no pl* ■ **ultra(-)sons** NMPL ultrasonics
ultraviolet, ultra-violet, te [yltʀavjɔlɛ, -ɛt] ADJ ultraviolet ▸ NM: **les ultra(-)violets** ultraviolet rays
ululer [ylyle] /1/ VI = **hululer**
UME SIGLE F (= *Union monétaire européenne*) EMU

un, une [œ̃, yn]

ART INDÉF a; (*devant voyelle*) an; **un garçon/vieillard** a boy/an old man; **une fille** a girl
▸ PRON one; **l'un des meilleurs** one of the best; **l'un ..., l'autre** (the) one ..., the other; **les uns ..., les autres** some ..., others; **l'un et l'autre** both (of them); **l'un ou l'autre** either (of them); **l'un l'autre, les uns les autres** each other, one another; **pas un seul** not a single one; **un par un** one by one
▸ NUM one; **une pomme seulement** one apple only, just one apple
▸ NF: **la une** (*Presse*) the front page

unanime [ynanim] ADJ unanimous; **ils sont unanimes (à penser que)** they are unanimous (in thinking that)
unanimement [ynanimmɑ̃] ADV (*par tous*) unanimously; (*d'un commun accord*) with one accord
unanimité [ynanimite] NF unanimity; **à l'~** unanimously; **faire l'~** to be approved unanimously
underground [œndœʀgʀawnd] ADJ, NM underground
UNEDIC [ynedik] SIGLE F = **Union Nationale pour l'Emploi dans l'Industrie et le Commerce**
UNEF [ynɛf] SIGLE F = **Union nationale des étudiants de France**
UNESCO [ynɛsko] SIGLE F (= *United Nations Educational, Scientific and Cultural Organization*) UNESCO
Unetelle [yntɛl] NF *voir* **Untel**
UNI SIGLE F = **Union nationale inter-universitaire**
uni, e [yni] ADJ (*ton, tissu*) plain; (*surface*) smooth, even; (*famille*) close(-knit); (*pays*) united
UNICEF [ynisɛf] SIGLE MF (= *United Nations International Children's Emergency Fund*) UNICEF
unicellulaire [yniselylɛʀ] ADJ (*Bio: organisme, algue*) unicellular

unidirectionnel, le [ynidiʀɛksjɔnɛl] ADJ unidirectional, one-way

unième [ynjɛm] NUM: **vingt/trente et ~** twenty-/thirty-first; **cent ~** (one) hundred and first

unificateur, -trice [ynifikatœʀ, -tʀis] ADJ unifying

unification [ynifikasjɔ̃] NF uniting; unification; standardization

unifier [ynifje] /7/ VT to unite, unify; (*systèmes*) to standardize, unify ■ **s'unifier** VPR to become united

★**uniforme** [ynifɔʀm] ADJ (*mouvement*) regular, uniform; (*surface, ton*) even; (*objets, maisons*) uniform; (*fig: vie, conduite*) unchanging ▶ NM uniform; **être sous l'~** (*Mil*) to be serving

uniformément [ynifɔʀmemɑ̃] ADV uniformly

uniformisation [ynifɔʀmizasjɔ̃] NF standardization

uniformiser [ynifɔʀmize] /1/ VT to make uniform; (*systèmes*) to standardize

uniformité [ynifɔʀmite] NF regularity; uniformity; evenness

unijambiste [ynizɑ̃bist] NMF one-legged man/woman

unilatéral, e, -aux [ynilateʀal, -o] ADJ unilateral; **stationnement ~** parking on one side only

unilatéralement [ynilateʀalmɑ̃] ADV unilaterally

uninominal, e, -aux [yninɔminal, -o] ADJ uncontested

union [ynjɔ̃] NF union; **~ conjugale** union of marriage; **~ de consommateurs** consumers' association; **~ libre** free love; **vivre en ~ libre** (*en concubinage*) to cohabit; **l'U~ européenne** the European Union; **l'U~ des Républiques socialistes soviétiques (URSS)** the Union of Soviet Socialist Republics (USSR); **l'U~ soviétique** the Soviet Union

unique [ynik] ADJ (*seul*) only; (*exceptionnel*) unique; **un prix/système ~** a single price/system; **ménage à salaire ~** one-salary family; **route à voie ~** single-lane road; **fils/fille ~** only son/daughter, only child; **sens ~** one-way street; **~ en France** the only one of its kind in France

uniquement [ynikmɑ̃] ADV only, solely; (*juste*) only, merely

unir [yniʀ] /2/ VT (*nations*) to unite; (*éléments, couleurs*) to combine; (*en mariage*) to unite, join together; **~ qch à** to unite sth with; to combine sth with ■ **s'unir** VPR to unite; (*en mariage*) to be joined together; **s'~ à** *ou* **avec** to unite with

unisexe [ynisɛks] ADJ unisex

unisson [ynisɔ̃]: **à l'~** *adv* in unison

unitaire [yniteʀ] ADJ unitary; (*Pol*) unitarian; **prix ~** unit price

unité [ynite] NF (*harmonie, cohésion*) unity; (*Comm, Mil, de mesure, Math*) unit; **~ centrale de traitement** central processing unit; **~ de valeur** (university) course, credit

univers [univɛʀ] NM universe

universalisation [ynivɛʀsalizasjɔ̃] NF universalization

universaliser [ynivɛʀsalize] /1/ VT to universalize

universaliste [ynivɛʀsalist] ADJ (*Philosophie*) universalist

universalité [ynivɛʀsalite] NF universality

universel, le [ynivɛʀsɛl] ADJ universal; (*esprit*) all-embracing

universellement [ynivɛʀsɛlmɑ̃] ADV universally

universitaire [ynivɛʀsitɛʀ] ADJ university *cpd*; (*diplôme, études*) academic, university *cpd* ▶ NMF academic

université [ynivɛʀsite] NF university

univoque [ynivɔk] ADJ unambiguous; (*Math*) one-to-one

UNR SIGLE F (= *Union pour la nouvelle république*) *former political party*

UNSS SIGLE F = **Union nationale de sport scolaire**

Untel, Unetelle [œ̃tɛl, yntɛl] NM/F: **Monsieur ~** Mr so-and-so

uppercut [ypɛʀkyt] NM (*Boxe*) uppercut; (*fig*) blow

uranium [yʀanjɔm] NM uranium

urbain, e [yʀbɛ̃, -ɛn] ADJ urban, city *cpd*, town *cpd*; (*poli*) urbane

urbanisation [yʀbanizasjɔ̃] NF urbanization

urbaniser [yʀbanize] /1/ VT to urbanize

urbanisme [yʀbanism] NM town planning

urbaniste [yʀbanist] NMF town planner

urbanité [yʀbanite] NF urbanity

urée [yʀe] NF urea

urémie [yʀemi] NF uraemia (BRIT), uremia (US)

★**urgence** [yʀʒɑ̃s] NF urgency; (*Méd etc*) emergency; **d'~** *adj* emergency *cpd*; *adv* as a matter of urgency; **en cas d'~** in case of emergency; **service des urgences** emergency service

★**urgent, e** [yʀʒɑ̃, -ɑ̃t] ADJ urgent

urgentiste [yʀʒɑ̃tist] NMF A&E doctor (BRIT), emergency physician (US)

urinaire [yʀinɛʀ] ADJ urinary

urinal, -aux [yʀinal, -o] NM (bed) urinal

urine [yʀin] NF urine

uriner [yʀine] /1/ VI to urinate

urinoir [yʀinwaʀ] NM (public) urinal

URL SIGLE F (*Inform*: = *Uniform Resource Locator*) URL; **adresse ~** URL

urne [yʀn] NF (*électorale*) ballot box; (*vase*) urn; **aller aux urnes** (*voter*) to go to the polls

urologie [yʀɔlɔʒi] NF urology

URSS [yʀs] SIGLE F (*Hist*: = *Union des Républiques Socialistes Soviétiques*) USSR

URSSAF [yʀsaf] SIGLE F (= *Union pour le recouvrement de la sécurité sociale et des allocations familiales*) *administrative body responsible for social security funds and payments*

urticaire [yʀtikɛʀ] NF nettle rash, urticaria

Uruguay [yʀygwɛ] NM: **l'~** Uruguay

uruguayen, ne [yʀygwajɛ̃, -ɛn] ADJ Uruguayan ▶ NM/F: **Uruguayen, ne** Uruguayan

us [ys] NMPL: **us et coutumes** (habits and) customs

USA SIGLE MPL (= *United States of America*) USA

usage [yzaʒ] NM (*emploi, utilisation*) use; (*coutume*) custom; (*éducation*) (good) manners *pl*, (good) breeding; (*Ling*): **l'~** usage; **faire ~ de** (*pouvoir, droit*) to exercise; **avoir l'~ de** to have the use of; **à l'~** *adv* with use; **à l'~ de** (*pour*) for (use of); **en ~** in use; **hors d'~** out of service; **à ~ interne** (*Méd*) to be

u

taken (internally); **à ~ externe** (*Méd*) for external use only

usagé, e [yzaʒe] ADJ (*usé*) worn; (*d'occasion*) used

usager, -ère [yzaʒe, -ɛʀ] NM/F user

usant, e [yzɑ̃, -ɑ̃t] ADJ (*fatigant*) wearing

USB SIGLE M (*Inform:* = *Universal Serial Bus*) USB; **clé ~** USB stick; **port ~** USB port

usé, e [yze] ADJ worn (down *ou* out *ou* away); ruined; (*banal: argument etc*) hackneyed

user [yze] /1/ VT (*outil*) to wear down; (*vêtement*) to wear out; (*matière*) to wear away; (*consommer: charbon etc*) to use; (*fig: santé*) to ruin; (: *personne*) to wear out; **~ de** (*moyen, procédé*) to use, employ; (*droit*) to exercise ■ **s'user** VPR to wear; (*tissu, vêtement*) to wear out; (*fig*) to decline; **s'~ à la tâche** to wear o.s. out with work

usinage [yzinaʒ] NM (*de pièce, bois, métal*) machining; (*fabrication*) manufacture

★**usine** [yzin] NF factory; **~ atomique** nuclear power plant; **~ à gaz** gasworks *sg*; **~ marémotrice** tidal power station

usiner [yzine] /1/ VT (*Tech*) to machine; (*fabriquer*) to manufacture

usité, e [yzite] ADJ in common use, common; **peu ~** rarely used

ustensile [ystɑ̃sil] NM implement; **~ de cuisine** kitchen utensil

usuel, le [yzɥɛl] ADJ everyday, common

usufruit [yzyfʀɥi] NM usufruct

usufruitier, -ière [yzyfʀɥitje, -jɛʀ] NM/F, ADJ usufructuary

usuraire [yzyʀɛʀ] ADJ usurious

usure [yzyʀ] NF wear; worn state; (*de l'usurier*) usury; **avoir qn à l'~** to wear sb down; **~ normale** fair wear and tear

usurier, -ière [yzyʀje, -jɛʀ] NM/F usurer

usurpateur, -trice [yzyʀpatœʀ, -tʀis] NM/F usurper

usurpation [yzyʀpasjɔ̃] NF usurpation

usurper [yzyʀpe] /1/ VT to usurp

ut [yt] NM (*Mus*) C

UTA SIGLE F = **Union des transporteurs aériens**

utérin, e [yteʀɛ̃, -in] ADJ uterine

utérus [yteʀys] NM uterus, womb

★**utile** [ytil] ADJ useful; **~ à qn/qch** of use to sb/sth

utilement [ytilmɑ̃] ADV usefully

utilisable [ytilizabl] ADJ usable

utilisateur, -trice [ytilizatœʀ, -tʀis] NM/F user

utilisation [ytilizasjɔ̃] NF use

★**utiliser** [ytilize] /1/ VT to use

utilitaire [ytilitɛʀ] ADJ utilitarian; (*objets*) practical ▸ NM (*Inform*) utility

utilité [ytilite] NF usefulness *no pl*; use; **jouer les utilités** (*Théât*) to play bit parts; **reconnu d'~ publique** state-approved; **c'est d'une grande ~** it's extremely useful; **il n'y a aucune ~ à ...** there's no use in ...; **de peu d'~** of little use *ou* help

utopie [ytɔpi] NF (*idée, conception*) utopian idea *ou* view; (*société etc idéale*) utopia

utopique [ytɔpik] ADJ utopian

utopiste [ytɔpist] NMF utopian

UV SIGLE F (*Scol*) = **unité de valeur** ▸ SIGLE MPL (= *ultra-violets*) UV

uvule [yvyl] NF uvula

Vv

V, v [ve] NM INV V, v; **V comme Victor** V for Victor; **en V** V-shaped; **encolure en V** V-neck; **décolleté en V** V(-)neckline ▸ ABR (= *voir, verset*) v; *nm* (= *vers*) l.; *prép* (= *vers*) toward(s)

v° ABR = **verso**

va [va] VB *voir* **aller**

vacance [vakɑ̃s] NF (*Admin*) vacancy ■ **vacances** NFPL holiday(s) (BRIT), vacation *sg* (*US*); **les grandes vacances** the summer holidays *ou* vacation; **prendre des/ses vacances** to take a holiday *ou* vacation/one's holiday(s) *ou* vacation; **aller en vacances** to go on holiday *ou* vacation

vacancier, -ière [vakɑ̃sje, -jɛʀ] NM/F holidaymaker (BRIT), vacationer (*US*)

vacant, e [vakɑ̃, -ɑ̃t] ADJ vacant

vacarme [vakaʀm] NM row, din

vacataire [vakatɛʀ] NMF temporary (employee); (*enseignement*) supply (BRIT) *ou* substitute (*US*) teacher; (*Université*) part-time temporary lecturer

vaccin [vaksɛ̃] NM vaccine; (*opération*) vaccination

vaccination [vaksinasjɔ̃] NF vaccination

vacciner [vaksine] /1/ VT to vaccinate; (*fig*) to make immune; **être vacciné** (*fig*) to be immune

★**vache** [vaʃ] NF (*Zool*) cow; (*cuir*) cowhide; **~ à eau** (canvas) water bag; **(manger de la) ~ enragée** (to go through) hard times; **~ à lait** (*péj*) mug, sucker; **~ laitière** dairy cow; **période de vaches maigres** lean times *pl*, lean period ▸ ADJ (*fam*) rotten, mean

vachement [vaʃmɑ̃] ADV (*fam*) damned, really

vacher, -ère [vaʃe, -ɛʀ] NM/F cowherd

vacherie [vaʃʀi] NF (*fam*) meanness *no pl*; (*: action*) dirty trick; (*: propos*) nasty remark

vacherin [vaʃʀɛ̃] NM (*fromage*) vacherin cheese; (*gâteau*): **~ glacé** vacherin (*type of cream gâteau*)

vachette [vaʃɛt] NF calfskin

vacillant, e [vasijɑ̃, -ɑ̃t] ADJ (*jambes*) wobbly; (*lumière*) flickering; (*pouvoir*) faltering; (*santé*) failing

vacillement [vasijmɑ̃] NM (*de pouvoir*) faltering; (*de lumière, flamme*) flickering

vaciller [vasije] /1/ VI (*personne, jambes*) to sway, wobble; (*bougie, lumière*) to flicker; (*fig: pouvoir*) falter; (*: santé*) to fail; **~ dans ses réponses** to falter in one's replies; **~ dans ses résolutions** to waver in one's resolutions

vacuité [vakɥite] NF emptiness, vacuity

vade-mecum [vademekɔm] NM INV pocketbook

vadrouille [vadʀuj] NF: **être/partir en ~** to be on/go for a wander

vadrouiller [vadʀuje] /1/ VI to wander around *ou* about

VAE SIGLE F (= *Validation des acquis de l'expérience*) *accreditation for work experience, that can count towards a qualification* ▸ SIGLE M (= *vélo (à assistance) électrique*) e-bike

va-et-vient [vaevjɛ̃] NM INV (*de pièce mobile*) to and fro (*ou* up and down) movement; (*de personnes, véhicules*) comings and goings *pl*, to-ings and fro-ings *pl*; (*Élec*) two-way switch

vagabond, e [vagabɔ̃, -ɔ̃d] ADJ wandering; (*imagination*) roaming, roving ▸ NM (*rôdeur*) tramp, vagrant; (*voyageur*) wanderer

vagabondage [vagabɔ̃daʒ] NM roaming, wandering; (*Jur*) vagrancy

vagabonder [vagabɔ̃de] /1/ VI to roam, wander

vagin [vaʒɛ̃] NM vagina

vaginal, e, -aux [vaʒinal, -o] ADJ vaginal

vagissement [vaʒismɑ̃] NM cry (*of newborn baby*)

★**vague** [vag] NF wave; **~ d'assaut** (*Mil*) wave of assault; **~ de chaleur** heatwave; **~ de fond** ground swell; **~ de froid** cold spell ▸ ADJ vague; (*regard*) faraway; (*manteau, robe*) loose(-fitting); (*quelconque*): **un ~ bureau/cousin** some office/cousin or other ▸ NM: **être dans le ~** to be rather in the dark; **rester dans le ~** to keep things rather vague; **regarder dans le ~** to gaze into space; **~ à l'âme** vague melancholy

vaguelette [vaglɛt] NF ripple

vaguement [vagmɑ̃] ADV vaguely

vahiné [vaine] NF Tahitian woman, wahine

vaillamment [vajamɑ̃] ADV bravely, gallantly

vaillance [vajɑ̃s] NF courage, bravery

vaillant, e [vajɑ̃, -ɑ̃t] ADJ (*courageux*) brave, gallant; (*robuste*) vigorous, hale and hearty; **n'avoir plus un sou ~** to be penniless

vaille [vaj] VB *voir* **valoir**

vain, e [vɛ̃, vɛn] ADJ vain; **en ~** *adv* in vain

vaincre [vɛ̃kʀ] /42/ VT to defeat; (*fig*) to conquer, overcome

vaincu, e [vɛ̃ky] PP *de* **vaincre** ▸ NM/F defeated party

vainement [vɛnmɑ̃] ADV vainly

vainquais *etc* [vɛ̃kɛ] VB *voir* **vaincre**

vainqueur [vɛ̃kœʀ] NM victor; (*Sport*) winner ▸ ADJ M victorious

vais [vɛ] VB *voir* **aller**

vaisseau, x [vɛso] NM (*Anat*) vessel; (*Navig*) ship, vessel; **~ spatial** spaceship

vaisselier [vɛsəlje] NM dresser

★**vaisselle** [vɛsɛl] NF (*service*) crockery; (*plats etc à laver*) (dirty) dishes *pl*; **faire la ~** to do the washing-up (BRIT) *ou* the dishes

val [val] (*pl* **vaux** *ou* **vals**) NM valley

valable [valabl] ADJ valid; (*acceptable*) decent, worthwhile

valablement [valabləmɑ̃] ADV legitimately; (*de façon satisfaisante*) satisfactorily

Valence [valɑ̃s] N (*en Espagne*) Valencia; (*en France*) Valence

valent *etc* [val] VB *voir* **valoir**

valériane [valeʀjan] NF (*Bot*) valerian

valet [valɛ] NM valet; (*péj*) lackey; (*Cartes*) jack, knave (BRIT); **~ de chambre** manservant, valet; **~ de ferme** farmhand; **~ de pied** footman

★**valeur** [valœʀ] NF (*gén*) value; (*mérite*) worth, merit; (*Comm: titre*) security; **mettre en ~** (*bien*) to exploit; (*terrain, région*) to develop; (*fig*) to highlight; to show off to advantage; **avoir de la ~** to be valuable; **prendre de la ~** to go up *ou* gain in value; **sans ~** worthless; **~ absolue** absolute value; **~ d'échange** exchange value; **~ nominale** face value ■ **valeurs** NFPL (*morales*) values; **valeurs mobilières** transferable securities

valeureux, -euse [valœʀø, -øz] ADJ valorous

validation [validasjɔ̃] NF validation

valide [valid] ADJ (*en bonne santé*) fit, well; (*indemne*) able-bodied, fit; (*valable*) valid

valider [valide] /1/ VT to validate

validité [validite] NF validity

valions *etc* [valjɔ̃] VB *voir* **valoir**

★**valise** [valiz] NF (suit)case; **faire sa ~** to pack one's (suit)case; **la ~ (diplomatique)** the diplomatic bag

vallée [vale] NF valley

vallon [valɔ̃] NM small valley

vallonné, e [valɔne] ADJ undulating

vallonnement [valɔnmɑ̃] NM undulation

★**valoir** [valwaʀ] /29/ VI (*être valable*) to hold, apply; **faire ~** (*droits, prérogatives*) to assert; (*domaine, capitaux*) to exploit; **faire ~ que** to point out that; **se faire ~** to make the most of o.s.; **à ~** on account; **à ~ sur** to be deducted from; **vaille que vaille** somehow or other; **cela ne me dit rien qui vaille** I don't like the look of it at all ▶ VT (*prix, valeur, effort*) to be worth; (*causer*): **~ qch à qn** to earn sb sth; **~ la peine** to be worth the trouble, be worth it; **ce climat ne me vaut rien** this climate doesn't suit me; **ça ne vaut rien** it's worthless; **que vaut ce candidat?** how good is this applicant? ▶ VB IMPERS: **il vaut mieux se taire** it's better to say nothing; **il vaut mieux que je fasse comme ceci** it's better if I do like this ■ **se valoir** VPR to be of equal merit; (*péj*) to be two of a kind

valorisable [valɔʀizabl] ADJ (*Écologie: déchet*) reusable; (*Écon: produit, ressource*) that can be made use of; (*Finance*) that can be put to work

valorisant, e [valɔʀizɑ̃, -ɑ̃t] ADJ (*image, rôle*) positive; (*travail, emploi*) worthwhile

valorisation [valɔʀizasjɔ̃] NF (economic) development; increased standing; (*Écologie*): **la ~ des déchets** waste repurposing

valoriser [valɔʀize] /1/ VT (*Écon*) to develop (the economy of); (*produit*) to increase the value of; (*Psych*) to increase the standing of; (*fig*) to highlight, bring out

valse [vals] NF waltz; **c'est la ~ des étiquettes** the prices don't stay the same from one moment to the next

valser [valse] /1/ VI to waltz; **aller ~** (*fig*) to go flying

valu, e [valy] PP *de* **valoir**

valve [valv] NF valve

vamp [vɑ̃p] NF vamp

vampire [vɑ̃piʀ] NM vampire

vampiriser [vɑ̃piʀize] VT to suck the blood out of (*fig*)

vampirisme [vɑ̃piʀism] NM vampirism

van [vɑ̃] NM horse box (BRIT) *ou* trailer (*US*)

vandale [vɑ̃dal] NMF vandal

vandaliser [vɑ̃dalize] VT to vandalize

★**vandalisme** [vɑ̃dalism] NM vandalism

★**vanille** [vanij] NF vanilla; **glace à la ~** vanilla ice cream

vanillé, e [vanije] ADJ vanilla *cpd*

vanité [vanite] NF vanity

vaniteux, -euse [vanitø, -øz] ADJ vain, conceited

vanity-case [vanitikɛz] NM vanity case

vanne [van] NF gate; (*fam: remarque*) dig, (nasty) crack; **lancer une ~ à qn** to have a go at sb (BRIT), knock sb

vanné [vane] ADJ (*fam: fatigué*) worn out, knackered (BRIT *fam*)

vanneau, x [vano] NM lapwing

vanner [vane] /1/ VT to winnow

vannerie [vanʀi] NF basketwork

vantail, -aux [vɑ̃taj, -o] NM door, leaf

vantard, e [vɑ̃taʀ, -aʀd] ADJ boastful

vantardise [vɑ̃taʀdiz] NF boastfulness *no pl*; boast

vanter [vɑ̃te] /1/ VT to speak highly of, praise ■ **se vanter** VPR to boast, brag; **se ~ de** to pride o.s. on; (*péj*) to boast of

Vanuatu [vanwatu] NM: **le ~** Vanuatu

va-nu-pieds [vanypje] NMF INV tramp, beggar

vapeur [vapœʀ] NF steam; (*émanation*) vapour (BRIT), vapor (*US*), fumes *pl*; (*brouillard, buée*) haze; **à ~** steam-powered, steam *cpd*; **à toute ~** full steam ahead; (*fig*) at full tilt; **renverser la ~** to reverse engines; (*fig*) to backtrack, backpedal; **cuit à la ~** steamed ■ **vapeurs** NFPL (*bouffées*) vapours, vapors

vapocuiseur [vapɔkyizœʀ] NM pressure cooker

vaporeux, -euse [vapɔʀø, -øz] ADJ (*flou*) hazy, misty; (*léger*) filmy, gossamer *cpd*

vaporisateur [vapɔʀizatœʀ] NM spray

vaporisation [vapɔʀizasjɔ̃] NF (*de parfum, liquide*) spray; (*Chimie*) vaporization

vaporiser [vapɔʀize] /1/ VT (*Chimie*) to vaporize; (*parfum etc*) to spray

vapoter [vapɔte] /1/ VI to smoke an e-cigarette

vaquer [vake] /1/ VI (*Admin*) to be on vacation; **~ à ses occupations** to attend to one's affairs, go about one's business

varappe [vaʀap] NF rock climbing
varappeur, -euse [vaʀapœʀ, -øz] NM/F (rock) climber
varech [vaʀɛk] NM wrack, varec
vareuse [vaʀøz] NF (*blouson*) pea jacket; (*d'uniforme*) tunic
variabilité [vaʀjabilite] NF variability
variable [vaʀjabl] ADJ variable; (*temps, humeur*) changeable; (*Tech: à plusieurs positions etc*) adaptable; (*Ling*) inflectional; (*divers: résultats*) varied, various ▸ NF (*Inform, Math*) variable
variante [vaʀjɑ̃t] NF variant
variation [vaʀjasjɔ̃] NF variation; changing *no pl*, change; (*Mus*) variation
varice [vaʀis] NF varicose vein
varicelle [vaʀisɛl] NF chickenpox
varié, e [vaʀje] ADJ varied; (*divers*) various; **hors-d'œuvre variés** selection of hors d'œuvres
varier [vaʀje] /7/ VI to vary; (*temps, humeur*) to change ▸ VT to vary
variété [vaʀjete] NF variety; **spectacle de variétés** variety show
variole [vaʀjɔl] NF smallpox
variqueux, -euse [vaʀikø, -øz] ADJ varicose
Varsovie [vaʀsɔvi] N Warsaw
vas [va] VB *voir* **aller**; **vas-y !** go on!
vasculaire [vaskylɛʀ] ADJ vascular
★**vase** [vɑz] NM vase; **en ~ clos** in isolation; **~ de nuit** chamberpot; **vases communicants** communicating vessels ▸ NF silt, mud
vasectomie [vazɛktɔmi] NF vasectomy
vaseline [vaz(ə)lin] NF Vaseline®
vaseux, -euse [vɑzø, -øz] ADJ silty, muddy; (*fig: confus*) woolly, hazy; (*: fatigué*) peaky; (*: étourdi*) woozy
vasistas [vazistɑs] NM fanlight
vasodilatateur, -trice [vazodilatatœʀ, -tʀis] NM, ADJ vasodilator
vasque [vask] NF (*bassin*) basin; (*coupe*) bowl
vassal, e, -aux [vasal, -o] NM/F vassal
vassaliser [vasalize] VT (*soumettre*) to subjugate
vaste [vast] ADJ vast, immense
Vatican [vatikɑ̃] NM: **le ~** the Vatican
vaticiner [vatisine] /1/ VI (*péj*) to make pompous predictions
va-tout [vatu] NM: **jouer son ~** to stake one's all
vaudeville [vod(ə)vil] NM vaudeville, light comedy
vaudrai *etc* [vodʀe] VB *voir* **valoir**
vau-l'eau [volo]: **à vau-l'eau** *adv* with the current; **s'en aller à vau-l'eau** (*fig: projets*) to be adrift
vaurien, ne [voʀjɛ̃, -ɛn] NM/F good-for-nothing, guttersnipe
vaut [vo] VB *voir* **valoir**
vautour [votuʀ] NM vulture
vautrer [votʀe] /1/: **se vautrer** VPR: **se ~ dans** to wallow in; **se ~ sur** to sprawl on
vaux [vo] PL *de* **val** ▸ VB *voir* **valoir**
va-vite [vavit]: **à la ~** *adv* in a rush
vd ABR = **vend**
VDQS SIGLE M (= *vin délimité de qualité supérieure*) *label guaranteeing quality of wine*
vds ABR = **vends**
★**veau, x** [vo] NM (*Zool*) calf; (*Culin*) veal; (*peau*) calfskin; **tuer le ~ gras** to kill the fatted calf
vecteur [vɛktœʀ] NM vector; (*Mil, Bio*) carrier
vécu, e [veky] PP *de* **vivre** ▸ ADJ real(-life)
vedettariat [vədɛtaʀja] NM stardom; (*attitude*) acting like a star
★**vedette** [vədɛt] NF (*artiste etc*) star; (*canot*) patrol boat; (*police*) launch; **avoir la ~** to top the bill, get star billing; **mettre qn en ~** (*Ciné etc*) to give sb the starring role; (*fig*) to push sb into the limelight; **voler la ~ à qn** to steal the show from sb
végane [vegan] ADJ, NMF vegan
végétal, e, -aux [veʒetal, -o] ADJ vegetable ▸ NM vegetable, plant
végétalien, ne [veʒetaljɛ̃, -ɛn] ADJ, NM/F vegan
végétalisé, e [veʒetalize] ADJ: **toit/mur ~** green roof/wall, planted roof/wall
végétalisme [veʒetalism] NM veganism
végétarien, ne [veʒetaʀjɛ̃, -ɛn] ADJ, NM/F vegetarian
végétarisme [veʒetaʀism] NM vegetarianism
végétatif, -ive [veʒetatif, -iv] ADJ: **une vie végétative** a vegetable existence
végétation [veʒetasjɔ̃] NF vegetation ■ **végétations** NFPL (*Méd*) adenoids
végéter [veʒete] /6/ VI (*fig*) to vegetate
véhémence [veemɑ̃s] NF vehemence
véhément, e [veemɑ̃, -ɑ̃t] ADJ vehement
véhicule [veikyl] NM vehicle; **~ utilitaire** commercial vehicle
véhiculer [veikyle] /1/ VT (*personnes, marchandises*) to transport, convey; (*fig: idées, substances*) to convey, serve as a vehicle for
★**veille** [vɛj] NF (*garde*) watch; (*Psych*) wakefulness; (*jour*): **la ~** the day before, the previous day; **la ~ au soir** the previous evening; **la ~ de** the day before; **la ~ de Noël** Christmas Eve; **la ~ du jour de l'An** New Year's Eve; **à la ~ de** on the eve of; **l'état de ~** the waking state
veillée [veje] NF (*soirée*) evening; (*réunion*) evening gathering; **~ d'armes** night before combat; (*fig*) vigil; **~ (funèbre)** wake; **~ (mortuaire)** watch
veiller [veje] /1/ VI (*rester debout*) to stay *ou* sit up; (*ne pas dormir*) to be awake; (*être de garde*) to be on watch; (*être vigilant*) to be watchful; **~ sur** to keep a watch *ou* an eye on ▸ VT (*malade, mort*) to watch over, sit up with; **~ à** to attend to, see to; **~ à ce que** to make sure that, see to it that
veilleur [vɛjœʀ] NM **~ de nuit** night watchman
veilleuse [vɛjøz] NF (*lampe*) night light; (*Auto*) sidelight; (*flamme*) pilot light; **en ~** *adj* (*lampe*) dimmed; (*fig: affaire*) shelved, set aside
veinard, e [vɛnaʀ, -aʀd] NM/F (*fam*) lucky devil
★**veine** [vɛn] NF (*Anat, du bois etc*) vein; (*filon*) vein, seam; (*inspiration*) inspiration; **avoir de la ~** (*fam: chance*) to be lucky
veiné, e [vene] ADJ veined; (*bois*) grained
veineux, -euse [venø, -øz] ADJ venous
Velcro® [vɛlkʀo] NM Velcro®
vêler [vele] /1/ VI to calve
vélin [velɛ̃] NM: **(papier) ~** vellum (paper)

V

véliplanchiste [veliplɑ̃ʃist] NMF windsurfer
velléitaire [veleitɛʀ] ADJ irresolute, indecisive
velléités [veleite] NFPL vague impulses
vélo [velo] NM bike, cycle; **faire du ~** to go cycling
véloce [velɔs] ADJ swift
vélocité [velɔsite] NF (*Mus*) nimbleness, swiftness; (*vitesse*) velocity
vélodrome [velɔdʀɔm] NM velodrome
vélomoteur [velɔmɔtœʀ] NM moped
véloski [veloski] NM skibob
velours [v(ə)luʀ] NM velvet; **~ côtelé** corduroy
velouté, e [vəlute] ADJ (*au toucher*) velvety; (*à la vue*) soft, mellow; (*au goût*) smooth, mellow ▸ NM: **~ d'asperges/de tomates** cream of asparagus/tomato soup
velouteux, -euse [vəlutø, -øz] ADJ velvety
velu, e [vəly] ADJ hairy
venais *etc* [vənɛ] VB *voir* **venir**
venaison [vənɛzɔ̃] NF venison
vénal, e, -aux [venal, -o] ADJ venal
vénalité [venalite] NF venality
venant [v(ə)nɑ̃]: **à tout ~** *adv* to all and sundry
vendable [vɑ̃dabl] ADJ saleable, marketable
vendange [vɑ̃dɑ̃ʒ] NF (*opération, période: aussi:* **vendanges**) grape harvest; (*raisins*) grape crop, grapes *pl*
vendanger [vɑ̃dɑ̃ʒe] /3/ VI to harvest the grapes
vendangeur, -euse [vɑ̃dɑ̃ʒœʀ, -øz] NM/F grape-picker
vendéen, ne [vɑ̃deɛ̃, -ɛn] ADJ of *ou* from the Vendée
vendetta [vɑ̃deta] NF vendetta
★**vendeur, -euse** [vɑ̃dœʀ, -øz] NM/F (*de magasin*) shop *ou* sales assistant (BRIT), sales clerk (US); (*Comm*) salesman/woman; **~ de journaux** newspaper seller ▸ NM (*Jur*) vendor, seller
★**vendre** [vɑ̃dʀ] /41/ VT to sell; **~ qch à qn** to sell sb sth; **cela se vend à la douzaine** these are sold by the dozen; **« à ~ »** "for sale"
★**vendredi** [vɑ̃dʀədi] NM Friday; **V~ saint** Good Friday; *voir aussi* **lundi**
vendu, e [vɑ̃dy] PP *de* **vendre** ▸ ADJ (*péj*) corrupt
venelle [vənɛl] NF alley
vénéneux, -euse [venenø, -øz] ADJ poisonous
vénérable [veneʀabl] ADJ venerable
vénération [veneʀasjɔ̃] NF veneration
vénérer [veneʀe] /6/ VT to venerate
vénerie [vɛnʀi] NF hunting
vénérien, ne [veneʀjɛ̃, -ɛn] ADJ venereal
Venezuela [venezɥela] NM: **le ~** Venezuela
vénézuélien, ne [venezɥeljɛ̃, -ɛn] ADJ Venezuelan ▸ NM/F: **Vénézuélien, ne** Venezuelan
vengeance [vɑ̃ʒɑ̃s] NF vengeance *no pl*, revenge *no pl*; (*acte*) act of vengeance *ou* revenge
venger [vɑ̃ʒe] /3/ VT to avenge ■ **se venger** VPR to avenge o.s.; (*par rancune*) to take revenge; **se ~ de qch** to avenge o.s. for sth; to take one's revenge for sth; **se ~ de qn** to take revenge on sb; **se ~ sur** to wreak vengeance upon; to take revenge on; to take it out on
vengeur, -eresse [ʒ(ə)ʀɛs, -ʒʀɛs] ADJ vengeful ▸ NM/F avenger

véniel, le [venjɛl] ADJ venial
venimeux, -euse [vənimø, -øz] ADJ poisonous, venomous; (*fig: haineux*) venomous, vicious
venin [vənɛ̃] NM venom, poison; (*fig*) venom
★**venir** [v(ə)niʀ] /22/ VI to come; **~ de** to come from; **~ de faire: je viens d'y aller/de le voir** I've just been there/seen him; **s'il vient à pleuvoir** if it should rain, if it happens to rain; **j'en viens à croire que** I am coming to believe that; **où veux-tu en ~ ?** what are you getting at?; **il en est venu à mendier** he has been reduced to begging; **en ~ aux mains** to come to blows; **les années/générations à ~** the years/generations to come; **il me vient une idée** an idea has just occurred to me; **il me vient des soupçons** I'm beginning to be suspicious; **je te vois ~** I know what you're after; **faire ~** (*docteur, plombier*) to call (out); **d'où vient que ... ?** how is it that ...?; **~ au monde** to come into the world
Venise [vəniz] N Venice
vénitien, ne [venisjɛ̃, -ɛn] ADJ Venetian
★**vent** [vɑ̃] NM wind; **il y a du ~** it's windy; **c'est du ~** it's all hot air; **au ~** to windward; **sous le ~** to leeward; **avoir le ~ debout/arrière** to head into the wind/have the wind astern; **dans le ~** (*fam*) trendy; **prendre le ~** (*fig*) to see which way the wind blows; **avoir ~ de** to get wind of; **contre vents et marées** come hell or high water
vente [vɑ̃t] NF sale; **la ~** (*activité*) selling; (*secteur*) sales *pl*; **mettre en ~** to put on sale; (*objets personnels*) to put up for sale; **~ aux enchères** auction sale; **~ de charité** jumble (BRIT) *ou* rummage (US) sale; **~ par correspondance (VPC)** mail-order selling
venté, e [vɑ̃te] ADJ windswept, windy
venter [vɑ̃te] /1/ VB IMPERS: **il vente** the wind is blowing
venteux, -euse [vɑ̃tø, -øz] ADJ windswept, windy
ventilateur [vɑ̃tilatœʀ] NM fan
ventilation [vɑ̃tilasjɔ̃] NF ventilation
ventiler [vɑ̃tile] /1/ VT to ventilate; (*total, statistiques*) to break down
ventouse [vɑ̃tuz] NF (*ampoule*) cupping glass; (*de caoutchouc*) suction pad; (*Zool*) sucker
★**ventre** [vɑ̃tʀ] NM (*Anat*) stomach; (*fig*) belly; **prendre du ~** to be getting a paunch; **avoir mal au ~** to have (a) stomach ache
ventricule [vɑ̃tʀikyl] NM ventricle
ventriloque [vɑ̃tʀilɔk] NMF ventriloquist
ventripotent, e [vɑ̃tʀipɔtɑ̃, -ɑ̃t] ADJ potbellied
ventru, e [vɑ̃tʀy] ADJ potbellied
venu, e [v(ə)ny] PP *de* **venir** ▸ ADJ: **être mal ~ à** *ou* **de faire** to have no grounds for doing, be in no position to do; **mal ~** ill-timed, unwelcome; **bien ~** timely, welcome ▸ NF coming
vêpres [vɛpʀ] NFPL vespers
ver [vɛʀ] NM worm; (*des fruits etc*) maggot; (*du bois*) woodworm *no pl*; **~ blanc** white grub; **~ luisant** glow-worm; **~ à soie** silkworm; **~ solitaire** tapeworm; **~ de terre** earthworm
véracité [veʀasite] NF veracity
véranda [veʀɑ̃da] NF veranda(h)
verbal, e, -aux [vɛʀbal, -o] ADJ verbal

verbalement [vɛʀbalmɑ̃] ADV verbally

verbalisation [vɛʀbalizasjɔ̃] NF (*par la police*) booking, reporting (of minor offences); (*Psych*) verbalization; **la ~ des contrevenants** the booking of offenders

verbaliser [vɛʀbalize] /1/ VI (*Police*) to book *ou* report an offender; (*Psych*) to verbalize

verbe [vɛʀb] NM (*Ling*) verb; (*voix*): **avoir le ~ sonore** to have a sonorous tone (of voice); **la magie du ~** the magic of language *ou* the word; **le V~** (*Rel*) the Word

verbeux, -euse [vɛʀbø, -øz] ADJ verbose, wordy

verbiage [vɛʀbjaʒ] NM verbiage

verbosité [vɛʀbozite] NF verbosity

verdâtre [vɛʀdɑtʀ] ADJ greenish

verdeur [vɛʀdœʀ] NF (*vigueur*) vigour (BRIT), vigor (US), vitality; (*crudité*) forthrightness; (*défaut de maturité*) tartness, sharpness

verdict [vɛʀdik(t)] NM verdict

verdir [vɛʀdiʀ] /2/ VI, VT to turn green

verdoyant, e [vɛʀdwajɑ̃, -ɑ̃t] ADJ green, verdant

verdure [vɛʀdyʀ] NF (*arbres, feuillages*) greenery; (*légumes verts*) green vegetables *pl*, greens *pl*

véreux, -euse [veʀø, -øz] ADJ worm-eaten; (*malhonnête*) shady, corrupt

verge [vɛʀʒ] NF (*Anat*) penis; (*baguette*) stick, cane

verger [vɛʀʒe] NM orchard

vergetures [vɛʀgətyʀ] NFPL stretch marks

verglacé, e [vɛʀglase] ADJ icy, iced-over

verglas [vɛʀglɑ] NM (black) ice

vergogne [vɛʀgɔɲ]: **sans ~** *adv* shamelessly

véridique [veʀidik] ADJ truthful

vérifiable [veʀifjabl] ADJ (*faits, chiffres*) verifiable

vérificateur, -trice [veʀifikatœʀ, -tʀis] NM/F controller, checker; **~ des comptes** (*Finance*) auditor ▸ NF (*machine*) verifier

vérification [veʀifikasjɔ̃] NF checking *no pl*, check; **~ d'identité** identity check

vérifier [veʀifje] /7/ VT to check; (*corroborer*) to confirm, bear out ■ **se vérifier** VPR to be confirmed *ou* verified

vérin [veʀɛ̃] NM jack

véritable [veʀitabl] ADJ real; (*ami, amour*) true; **un ~ désastre** an absolute disaster

véritablement [veʀitabləmɑ̃] ADV (*effectivement*) really; (*absolument*) absolutely

vérité [veʀite] NF truth; (*d'un portrait*) lifelikeness; (*sincérité*) truthfulness, sincerity; **en ~, à la ~** to tell the truth

verjus [vɛʀʒy] NM (*Culin*) verjuice (*juice of unripe grapes*)

verlan [vɛʀlɑ̃] NM (back) slang

> **Verlan** is a form of slang first popularized in the 1950s. It consists of inverting a word's syllables, the term *verlan* itself coming from *l'envers* (*à l'envers* = back to front). Typical examples are *féca* (*café*), *ripou* (*pourri*), *meuf* (*femme*), and *beur* (*Arabe*). *Verlan* has enjoyed new mainstream popularity since the 1990s as it is frequently used in French rap and hip-hop, with many musicians coming from the Paris *banlieues* where *verlan* is commonly used.

vermeil, le [vɛʀmɛj] ADJ bright red, ruby red ▸ NM (*substance*) vermeil

vermicelles [vɛʀmisɛl] NMPL vermicelli *sg*

vermifuge [vɛʀmifyʒ] NM: **poudre ~** worm powder

vermillon [vɛʀmijɔ̃] ADJ INV vermilion, scarlet

vermine [vɛʀmin] NF vermin *pl*

vermoulu, e [vɛʀmuly] ADJ worm-eaten, with woodworm

vermout, vermouth [vɛʀmut] NM vermouth

vernaculaire [vɛʀnakylɛʀ] ADJ (*tradition, savoir, texte*) popular; (*Bio*) vernacular, common; **langue ~** vernacular

verni, e [vɛʀni] ADJ varnished; glazed; (*fam*) lucky; **cuir ~** patent leather; **souliers vernis** patent (leather) shoes

vernir [vɛʀniʀ] /2/ VT (*bois, tableau, ongles*) to varnish; (*poterie*) to glaze

vernis [vɛʀni] NM (*enduit*) varnish; glaze; (*fig*) veneer; **~ à ongles** nail varnish (BRIT) *ou* polish

vernissage [vɛʀnisaʒ] NM varnishing; glazing; (*d'une exposition*) preview

vernisser [vɛʀnise] /1/ VT to glaze

vérole [veʀɔl] NF (*variole*) smallpox; (*fam: syphilis*) pox

Vérone [veʀɔn] N Verona

verrai *etc* [vɛʀe] VB *voir* **voir**

★**verre** [vɛʀ] NM glass; (*de lunettes*) lens *sg*; **boire** *ou* **prendre un ~** to have a drink; **~ à vin/à liqueur** wine/liqueur glass; **~ à dents** tooth mug; **~ dépoli** frosted glass; **~ de lampe** lamp glass *ou* chimney; **~ de montre** watch glass; **~ à pied** stemmed glass ■ **verres** NMPL (*lunettes*) glasses; **verres de contact** contact lenses; **verres fumés** tinted lenses

verrerie [vɛʀʀi] NF (*fabrique*) glassworks *sg*; (*activité*) glass-making, glass-working; (*objets*) glassware

verrier [vɛʀje] NM glass-blower

verrière [vɛʀjɛʀ] NF (*grand vitrage*) window; (*toit vitré*) glass roof

verrons *etc* [vɛʀɔ̃] VB *voir* **voir**

verroterie [vɛʀɔtʀi] NF glass beads *pl*, glass jewellery (BRIT) *ou* jewelry (US)

verrou [veʀu] NM (*targette*) bolt; (*fig*) constriction; **mettre le ~** to bolt the door; **mettre qn sous les verrous** to put sb behind bars

verrouillage [vɛʀujaʒ] NM (*dispositif*) locking mechanism; **~ central** *ou* **centralisé** (*Auto*) central locking

verrouiller [vɛʀuje] /1/ VT to bolt; to lock; (*Mil: brèche*) to close

verrue [vɛʀy] NF wart; (*plantaire*) verruca; (*fig*) eyesore

★**vers** [vɛʀ] NM line ▸ NMPL (*poésie*) verse *sg* ▸ PRÉP (*en direction de*) toward(s); (*près de*) about, around

versant [vɛʀsɑ̃] NM slopes *pl*, side

versatile [vɛʀsatil] ADJ fickle, changeable

versatilité [vɛʀsatilite] NF (*inconstance*) fickleness

verse [vɛʀs]: **à ~** *adv*: **il pleut à ~** it's pouring (with rain)

versé, e [vɛʀse] ADJ: **être ~ dans** (*science*) to be (well-)versed in

Verseau [vɛʀso] NM: **le ~** Aquarius, the water-carrier; **être du ~** to be Aquarius

versement [vɛʀsəmɑ̃] NM payment; (*sur un compte*) deposit, remittance; **en trois versements** in three instalments

★**verser** [vɛʀse] /1/ VT (*liquide, grains*) to pour; (*larmes, sang*) to shed; (*argent*) to pay; (*soldat: affecter*): **~ qn dans** to assign sb to; **~ sur un compte** to pay into an account ▶ VI (*véhicule*) to overturn; (*fig*): **~ dans** to lapse into

verset [vɛʀsɛ] NM verse; versicle

verseur [vɛʀsœʀ] ADJ M *voir* **bec**; **bouchon**

versification [vɛʀsifikasjɔ̃] NF versification

versifier [vɛʀsifje] /7/ VT to put into verse ▶ VI to versify, write verse

version [vɛʀsjɔ̃] NF version; (*Scol*) translation (*into the mother tongue*); **film en ~ originale** film in the original language

verso [vɛʀso] NM back; **voir au ~** see over(leaf)

★**vert, e** [vɛʀ, vɛʀt] ADJ green; (*écologique: croissance, économie*) green; (*vin*) young; (*vigoureux*) sprightly; (*cru*) forthright; **~ bouteille** *adj inv* bottle-green; **~ d'eau** *adj inv* sea-green; **~ pomme** *adj inv* apple-green ▶ NM green; **les Verts** (*Pol*) the Greens ▶ NFPL: **en dire des vertes et des pas mûres** to say some pretty spicy things; **il en a vu des vertes et des pas mûres** he's seen a thing or two

vert-de-gris [vɛʀdəgʀi] NM verdigris ▶ ADJ INV grey(ish)-green

vertébral, e, -aux [vɛʀtebʀal, -o] ADJ back *cpd*; *voir* **colonne**

vertèbre [vɛʀtɛbʀ] NF vertebra

vertébré, e [vɛʀtebʀe] ADJ, NM vertebrate

vertement [vɛʀtəmɑ̃] ADV (*réprimander*) sharply

vertical, e, -aux [vɛʀtikal, -o] ADJ vertical

verticale [vɛʀtikal] NF vertical; **à la ~** *adv* vertically

verticalement [vɛʀtikalmɑ̃] ADV vertically

verticalité [vɛʀtikalite] NF verticalness, verticality

vertige [vɛʀtiʒ] NM (*peur du vide*) vertigo; (*étourdissement*) dizzy spell; (*fig*) fever; **ça me donne le ~** it makes me dizzy; (*fig*) it makes my head spin

vertigineux, -euse [vɛʀtiʒinø, -øz] ADJ (*hausse, vitesse*) breathtaking; (*altitude, gorge*) breathtakingly high (*ou* deep)

vertu [vɛʀty] NF virtue; **une ~** a saint, a paragon of virtue; **avoir la ~ de faire** to have the virtue of doing; **en ~ de** *prép* in accordance with

vertueusement [vɛʀtɥøzmɑ̃] ADV virtuously

vertueux, -euse [vɛʀtɥø, -øz] ADJ virtuous

verve [vɛʀv] NF witty eloquence; **être en ~** to be in brilliant form

verveine [vɛʀvɛn] NF (*Bot*) verbena, vervain; (*infusion*) verbena tea

vésicule [vezikyl] NF vesicle; **~ biliaire** gall-bladder

vespasienne [vɛspazjɛn] NF urinal

vespéral, e, -aux [vɛspeʀal, -o] ADJ vespertine, evening *cpd*

vessie [vesi] NF bladder

★**veste** [vɛst] NF jacket; **~ droite/croisée** single-/double-breasted jacket; **retourner sa ~** (*fig*) to change sides

★**vestiaire** [vɛstjɛʀ] NM (*au théâtre etc*) cloakroom; (*de stade etc*) changing-room (BRIT), locker-room (US); (*métallique*): **(armoire) ~** locker

★**vestibule** [vɛstibyl] NM hall

vestige [vɛstiʒ] NM (*objet*) relic; (*fragment*) trace; (*fig*) remnant, vestige ■ **vestiges** NMPL (*d'une ville*) remains; (*d'une civilisation, du passé*) remnants, relics

vestimentaire [vɛstimɑ̃tɛʀ] ADJ (*dépenses*) clothing; (*élégance*) sartorial

veston [vɛstɔ̃] NM jacket

Vésuve [vezyv] NM: **le ~** Vesuvius

vêtais *etc* [vɛtɛ] VB *voir* **vêtir**

vêtement [vɛtmɑ̃] NM garment, item of clothing; (*Comm*): **le ~** the clothing industry ■ **vêtements** NMPL clothes; **vêtements de sport** sportswear *sg*, sports clothes

vétéran [veteʀɑ̃] NM veteran

vétérinaire [veteʀinɛʀ] ADJ veterinary ▶ NMF vet, veterinary surgeon (BRIT), veterinarian (US)

vétille [vetij] NF trifle, triviality

vétilleux, -euse [vetijø, -øz] ADJ punctilious

vêtir [vetiʀ] /20/ VT to clothe, dress ■ **se vêtir** VPR to dress (o.s.)

vêtit *etc* [veti] VB *voir* **vêtir**

vétiver [vetivɛʀ] NM (*Bot*) vetiver

veto [veto] NM veto; **droit de ~** right of veto; **mettre** *ou* **opposer un ~ à** to veto

vêtu, e [vety] PP *de* **vêtir** ▶ ADJ: **~ de** dressed in, wearing; **chaudement ~** warmly dressed

vétuste [vetyst] ADJ ancient, timeworn

vétusté [vetyste] NF age, dilapidation

★**veuf, veuve** [vœf, vœv] ADJ widowed ▶ NM widower ▶ NF widow

veuille [vœj], **veuillez** *etc* [vœje] VB *voir* **vouloir**

veule [vøl] ADJ spineless

veulent *etc* [vœl] VB *voir* **vouloir**

veulerie [vølʀi] NF spinelessness

veut [vø] VB *voir* **vouloir**

veuvage [vœvaʒ] NM widowhood

★**veuve** [vœv] ADJ F, NF *voir* **veuf**

veux [vø] VB *voir* **vouloir**

vexant, e [vɛksɑ̃, -ɑ̃t] ADJ (*contrariant*) annoying; (*blessant*) upsetting

vexation [vɛksasjɔ̃] NF humiliation

vexatoire [vɛksatwaʀ] ADJ: **mesures vexatoires** harassment *sg*

vexé [vɛkse] ADJ (*offensé*) offended, hurt; (*contrarié*) annoyed

vexer [vɛkse] /1/ VT to hurt, upset ■ **se vexer** VPR to be offended, get upset

VF SIGLE F (*Ciné*) = **version française**

VHF SIGLE F (= *Very High Frequency*) VHF

via [vja] PRÉP via

viabiliser [vjabilize] /1/ VT to provide with services (*water etc*)

viabilité [vjabilite] NF viability; (*d'un chemin*) practicability

viable [vjabl] ADJ viable; (*économie, industrie etc*) sustainable

viaduc [vjadyk] NM viaduct

viager, -ère [vjaʒe, -ɛʀ] ADJ: **rente viagère** life annuity ▶ NM: **mettre en ~** to sell in return for a life annuity

★**viande** [vjɑ̃d] NF meat; **je ne mange pas de ~** I don't eat meat

viatique [vjatik] NM (*Rel*) viaticum; (*fig*) provisions *pl ou* money for the journey

vibrant, e [vibʀɑ̃, -ɑ̃t] ADJ vibrating; (*voix*) vibrant; (*émouvant*) emotive

vibraphone [vibʀafɔn] NM vibraphone, vibes *pl*

vibraphoniste [vibʀafɔnist] NMF vibraphone player

vibration [vibʀasjɔ̃] NF vibration

vibratoire [vibʀatwaʀ] ADJ vibratory

vibrer [vibʀe] /1/ VI to vibrate; (*son, voix*) to be vibrant; (*fig*) to be stirred; **faire ~** to (cause to) vibrate; to stir, thrill

vibreur [vibʀœʀ] NM (*de téléphone portable*) vibrate facility ▶ ADJ: **mettre son téléphone en mode ~** to put one's phone on vibrate

vibromasseur [vibʀɔmasœʀ] NM vibrator

vicaire [vikɛʀ] NM curate

vice [vis] NM vice; (*défaut*) fault; **~ caché** (*Comm*) latent *ou* inherent defect; **~ de forme** legal flaw *ou* irregularity

vice... [vis] PRÉFIXE vice-

vice-consul [viskɔ̃syl] NM vice-consul

vice-présidence [vispʀezidɑ̃s] NF (*d'un pays*) vice-presidency; (*d'une société*) vice-presidency, vice-chairmanship (BRIT)

vice-président, e [vispʀezidɑ̃, -ɑ̃t] NM/F vice-president; vice-chairman

vice-roi [visʀwa] NM viceroy

vice-versa [visevɛʀsa] ADV vice versa

vichy [viʃi] NM (*toile*) gingham; (*eau*) Vichy water; **carottes V~** boiled carrots

vichyssois, e [viʃiswa, -waz] ADJ of *ou* from Vichy, Vichy *cpd* ▶ NF (*Culin: soupe*) vichyssoise, *cream of leek and potato soup* ▶ NM/F: **Vichyssois, e** native *ou* inhabitant of Vichy

vicié, e [visje] ADJ (*air*) polluted, tainted; (*Jur*) invalidated

vicier [visje] /7/ VT (*Jur*) to invalidate

vicieux, -euse [visjø, -øz] ADJ (*pervers*) dirty (-minded); (*méchant*) nasty; (*fautif*) incorrect, wrong ▶ NM/F lecher

vicinal, e, -aux [visinal, -o] ADJ: **chemin ~** byroad, byway

vicissitudes [visisityd] NFPL (trials and) tribulations

vicomte [vikɔ̃t] NM viscount

vicomtesse [vikɔ̃tɛs] NF viscountess

★**victime** [viktim] NF victim; (*d'accident*) casualty; **être (la) ~ de** to be the victim of; **être ~ d'une attaque/d'un accident** to suffer a stroke/be involved in an accident

victimisation [viktimizasjɔ̃] NF victimization

victimiser [viktimize] VT to victimize

victoire [viktwaʀ] NF victory

victorieusement [viktɔʀjøzmɑ̃] ADV triumphantly, victoriously

victorieux, -euse [viktɔʀjø, -øz] ADJ victorious; (*sourire, attitude*) triumphant

victuailles [viktɥaj] NFPL provisions

vidange [vidɑ̃ʒ] NF (*d'un fossé, réservoir*) emptying; (*Auto*) oil change; (*de lavabo: bonde*) waste outlet; **faire la ~** (*Auto*) to change the oil, do an oil change; **tuyau de ~** drainage pipe ■ **vidanges** NFPL (*matières*) sewage *sg*

vidanger [vidɑ̃ʒe] /3/ VT to empty; **faire ~ la voiture** to have the oil changed in one's car

★**vide** [vid] ADJ empty; **~ de** empty of; (*de sens etc*) devoid of ▶ NM (*Physique*) vacuum; (*espace*) (empty) space, gap; (*sous soi*) drop; (*futilité, néant*) void; **sous ~** in a vacuum; **emballé sous ~** vacuum-packed; **regarder dans le ~** to stare into space; **avoir peur du ~** to be afraid of heights; **parler dans le ~** to waste one's breath; **faire le ~** (*dans son esprit*) to empty one's mind; **faire le ~ autour de qn** to isolate sb; **à ~** (*sans occupants*) empty; (*sans charge*) unladen; (*Tech*) without gripping *ou* being in gear

vidé, e [vide] ADJ (*épuisé*) done in, all in

vidéaste [videast] NMF video maker

vidéo [video] NF, ADJ INV video; **cassette ~** video cassette; **~ inverse** reverse video

vidéocassette [videokasɛt] NF video cassette

vidéoclip [videoklip] NM music video

vidéoclub [videoklœb] NM video club

vidéoconférence [videokɔ̃feʀɑ̃s] NF video conference

vidéodisque [videodisk] NM videodisc

vidéoprojecteur [videopʀɔʒɛktœʀ] NM video projector

vidéoprotection [videopʀɔtɛksjɔ̃] NF video surveillance

vide-ordures [vidɔʀdyʀ] NM INV (rubbish) chute

vidéosurveillance [videosyʀvɛjɑ̃s] NF video surveillance

vidéotex® [videotɛks] NM teletext

vidéothèque [videotɛk] NF video library

vide-poches [vidpɔʃ] NM tidy; (*Auto*) glove compartment

vide-pomme [vidpɔm] NM apple-corer

★**vider** [vide] /1/ VT to empty; (*Culin: volaille, poisson*) to gut, clean out; (*régler: querelle*) to settle; (*fatiguer*) to wear out; (*fam: expulser*) to throw out, chuck out; **~ les lieux** to quit *ou* vacate the premises ■ **se vider** VPR to empty

videur [vidœʀ] NM (*de boîte de nuit*) bouncer

★**vie** [vi] NF life; **être en ~** to be alive; **sans ~** lifeless; **à ~** for life; **membre à ~** life member; **dans la ~ courante** in everyday life; **avoir la ~ dure** to have nine lives; to die hard; **mener la ~ dure à qn** to make life a misery for sb; **que faites-vous dans la ~ ?** what do you do?

vieil [vjɛj] ADJ M *voir* **vieux**

vieillard [vjɛjaʀ] NM old man; **les vieillards** old people, the elderly

★**vieille** [vjɛj] ADJ F, NF *voir* **vieux**

vieilleries [vjɛjʀi] NFPL old things *ou* stuff *sg*

vieillesse [vjɛjɛs] NF old age; (*vieillards*): **la ~** old people, elderly people

vieilli, e [vjeji] ADJ (*marqué par l'âge*) aged; (*suranné*) dated

vieillir [vjejiʀ] /2/ VI (*prendre de l'âge*) to grow old; (*population, vin*) to age; (*doctrine, auteur*) to become

V

dated; **il a beaucoup vieilli** he has aged a lot ▸ VT to age ▪ **se vieillir** VPR to make o.s. look older

vieillissement [vjejismɑ̃] NM growing old; ageing

vieillot, te [vjɛjo, -ɔt] ADJ antiquated, quaint

vielle [vjɛl] NF hurdy-gurdy

viendrai *etc* [vjɛ̃dʀe] VB *voir* **venir**

Vienne [vjɛn] N (*en Autriche*) Vienna

vienne [vjɛn], **viens** *etc* [vjɛ̃] VB *voir* **venir**

viennois, e [vjɛnwa, -waz] ADJ Viennese ▸ NM/F: **Viennois, e** Viennese

viennoiseries [vjɛnwazʀi] NFPL pastries

viens [vjɛ̃] VB *voir* **venir**

vierge [vjɛʀʒ] ADJ virgin; (*film*) blank; (*page*) clean, blank; (*jeune fille*): **être ~** to be a virgin; **~ de** (*sans*) free from, unsullied by ▸ NF virgin; (*signe*): **la V~** Virgo, the Virgin; **être de la V~** to be Virgo

Viêtnam, Vietnam [vjɛtnam] NM: **le ~** Vietnam

vietnamien, ne [vjɛtnamjɛ̃, -ɛn] ADJ Vietnamese ▸ NM (*Ling*) Vietnamese ▸ NM/F: **Vietnamien, ne** Vietnamese

★**vieux, vieil, vieille** [vjø, vjɛj] ADJ old; **vieille fille** spinster (*péj*); **~ garçon** bachelor; **~ jeu** *adj inv* old-fashioned; **vieil or** *adj inv* old gold; **~ rose** *adj inv* old rose; **se faire ~** to be old, be getting on ▸ NM/F old man/woman; **un petit ~** a little old man; **mon ~/ma vieille** (*fam*) old man/girl; **pauvre ~** poor old soul ▸ NMPL: **les ~** (*péj*) old people; (*fam: parents*) the old folk *ou* ones ▸ NM: **prendre un coup de ~** to age overnight; **un ~ de la vieille** one of the old brigade

★**vif, vive** [vif, viv] ADJ (*animé*) lively; (*alerte*) sharp, quick; (*brusque*) sharp, brusque; (*aigu*) sharp; (*lumière, couleur*) brilliant; (*air*) crisp; (*vent, émotion*) keen; (*froid*) bitter; (*fort: regret, déception*) great, deep; (*vivant*): **brûlé ~** burnt alive; **eau vive** running water; **de vive voix** personally; **avoir l'esprit ~** to be quick-witted; **piquer qn au ~** to cut sb to the quick; **tailler dans le ~** to cut into the living flesh; **à ~** (*plaie*) open; **avoir les nerfs à ~** to be on edge; **sur le ~** (*Art*) from life; **entrer dans le ~ du sujet** to get to the very heart of the matter

vif-argent [vifaʀʒɑ̃] NM INV quicksilver

vigie [viʒi] NF (*matelot*) look-out; (*poste*) look-out post, crow's nest

vigilance [viʒilɑ̃s] NF vigilance

vigilant, e [viʒilɑ̃, -ɑ̃t] ADJ vigilant

vigile [viʒil] NM (*veilleur de nuit*) (night) watchman; (*police privée*) vigilante

vigne [viɲ] NF (*plante*) vine; (*plantation*) vineyard; **~ vierge** Virginia creeper

vigneron [viɲ(ə)ʀɔ̃] NM wine grower

vignette [viɲɛt] NF (*motif*) vignette; (*de marque*) manufacturer's label *ou* seal; (*petite illustration*) (small) illustration; (*pour voiture*) ≈ (road) tax disc (BRIT), ≈ license plate sticker (US); (*sur médicament*) price label (*on medicines for reimbursement by Social Security*)

vignoble [viɲɔbl] NM (*plantation*) vineyard; (*vignes d'une région*) vineyards *pl*

vigoureusement [viguʀøzmɑ̃] ADV vigorously

vigoureux, -euse [viguʀø, -øz] ADJ vigorous, robust

vigueur [vigœʀ] NF vigour (BRIT), vigor (US); **être/entrer en ~** to be in/come into force; **en ~** current

VIH SIGLE M (= *virus de l'immunodéficience humaine*) HIV

vil, e [vil] ADJ vile, base; **à ~ prix** at a very low price

vilain, e [vilɛ̃, -ɛn] ADJ (*laid*) ugly; (*affaire, blessure*) nasty; (*pas sage: enfant*) naughty; **~ mot** bad word ▸ NM (*paysan*) villein, villain; **ça va tourner au ~** things are going to turn nasty

vilainement [vilɛnmɑ̃] ADV badly

vilebrequin [vilbʀəkɛ̃] NM (*outil*) (bit-)brace; (*Auto*) crankshaft

vilenie [vil(ə)ni] NF vileness *no pl*, baseness *no pl*

vilipender [vilipɑ̃de] /1/ VT to revile, vilify

villa [vila] NF (detached) house; **~ en multipropriété** time-share villa

★**village** [vilaʒ] NM village; **~ de toile** tent village; **~ de vacances** holiday village

villageois, e [vilaʒwa, -waz] ADJ village *cpd* ▸ NM/F villager

★**ville** [vil] NF town; (*importante*) city; (*administration*): **la ~** ≈ the (town) council; **aller en ~** to go to town; **habiter en ~** to live in town; **~ jumelée** twin town; **~ d'eaux** spa; **~ nouvelle** new town

ville-champignon [vilʃɑ̃piɲɔ̃] (*pl* **villes-champignons**) NF boom town

ville-dortoir [vildɔʀtwaʀ] (*pl* **villes-dortoirs**) NF dormitory town

villégiature [vileʒjatyʀ] NF (*séjour*) holiday; (*lieu*) (holiday) resort

★**vin** [vɛ̃] NM wine; **avoir le ~ gai/triste** to get happy/miserable after a few drinks; **~ blanc/rosé/rouge** white/rosé/red wine; **~ d'honneur** reception (*with wine and snacks*); **~ de messe** altar wine; **~ ordinaire** *ou* **de table** table wine; **~ de pays** local wine; *voir aussi* **AOC**; **VDQS**

★**vinaigre** [vinɛgʀ] NM vinegar; **tourner au ~** (*fig*) to turn sour; **~ de vin/d'alcool** wine/spirit vinegar

vinaigrette [vinɛgʀɛt] NF vinaigrette, French dressing

vinaigrier [vinɛgʀije] NM (*fabricant*) vinegar-maker; (*flacon*) vinegar cruet *ou* bottle

vinasse [vinas] NF (*péj*) cheap wine, plonk (BRIT)

vindicatif, -ive [vɛ̃dikatif, -iv] ADJ vindictive

vindicte [vɛ̃dikt] NF: **désigner qn à la ~ publique** to expose sb to public condemnation

vineux, -euse [vinø, -øz] ADJ win(e)y

★**vingt** [vɛ̃, vɛ̃t] (*2nd pron used when followed by a vowel*) NUM twenty; **vingt-quatre heures sur vingt-quatre** twenty-four hours a day, round the clock

★**vingtaine** [vɛ̃tɛn] NF: **une ~ (de)** around twenty, twenty or so

vingtième [vɛ̃tjɛm] NUM twentieth

vinicole [vinikɔl] ADJ (*production*) wine *cpd*; (*région*) wine-growing

vinification [vinifikasjɔ̃] NF wine-making, wine production; (*des sucres*) vinification

vinifier [vinifje] VT (*raisin, cépage*) to vinify

vins *etc* [vɛ̃] VB *voir* **venir**

vinyle [vinil] NM vinyl

viol [vjɔl] NM (*d'une femme*) rape; (*d'un lieu sacré*) violation

violacé, e [vjɔlase] ADJ purplish, mauvish

violation [vjɔlasjɔ̃] NF desecration; violation; (*d'un droit*) breach

violemment [vjɔlamɑ̃] ADV violently

violence [vjɔlɑ̃s] NF violence; **faire ~ à qn** to do violence to sb; **se faire ~** to force o.s.; **~ conjugale** domestic violence, intimate partner violence (US) ▪ **violences** NFPL acts of violence

violent, e [vjɔlɑ̃, -ɑ̃t] ADJ violent; (*remède*) drastic; (*besoin, désir*) intense, urgent

violenter [vjɔlɑ̃te] /1/ VT to assault (sexually)

violer [vjɔle] /1/ VT (*femme*) to rape; (*sépulture*) to desecrate, violate; (*loi, traité*) to violate

★**violet, te** [vjɔlɛ, -ɛt] ADJ, NM purple, mauve ▸ NF (*fleur*) violet

violeur [vjɔlœʀ] NM rapist

violine [vjɔlin] NF deep purple

★**violon** [vjɔlɔ̃] NM violin; (*dans la musique folklorique etc*) fiddle; (*fam: prison*) slammer, nick (BRIT); **premier ~** first violin; **~ d'Ingres** (artistic) hobby

violoncelle [vjɔlɔ̃sɛl] NM cello

violoncelliste [vjɔlɔ̃selist] NMF cellist

violoniste [vjɔlɔnist] NMF violinist, violin-player; (*folklorique etc*) fiddler

VIP SIGLE M (= *Very Important Person*) VIP

vipère [vipɛʀ] NF viper, adder

★**virage** [viʀaʒ] NM (*d'un véhicule*) turn; (*d'une route, piste*) bend; (*Chimie*) change in colour (BRIT) *ou* color (US); (*de cuti-réaction*) positive reaction; (*Photo*) toning; (*fig: Pol*) about-turn; **prendre un ~** to go into a bend, take a bend; **~ sans visibilité** blind bend

viral, e, -aux [viʀal, -o] ADJ (*aussi Inform*) viral

virée [viʀe] NF (*courte*) run; (*: à pied*) walk; (*longue*) hike, trip, walking tour

virelangue [viʀlɑ̃g] NM tongue twister

virement [viʀmɑ̃] NM (*Comm*) transfer; **~ bancaire** bank (credit) transfer; **~ postal** Post office credit transfer

virent [viʀ] VB *voir* **voir**

virer [viʀe] /1/ VT (*Comm*) to transfer; (*Photo*) to tone; (*fam: renvoyer*) to sack, boot out ▸ VI to turn; (*Chimie*) to change colour (BRIT) *ou* color (US); (*cuti-réaction*) to come up positive; (*Photo*) to tone; **~ au bleu** to turn blue; **~ de bord** to tack; (*fig*) to change tack; **~ sur l'aile** to bank

virevolte [viʀvɔlt] NF twirl; (*d'avis, d'opinion*) about-turn

virevolter [viʀvɔlte] /1/ VI to twirl around

virginal, e, -aux [viʀʒinal, -o] ADJ virginal

virginité [viʀʒinite] NF virginity; (*fig*) purity

virgule [viʀgyl] NF comma; (*Math*) point; **quatre ~ deux** four point two; **~ flottante** floating decimal

viril, e [viʀil] ADJ (*propre à l'homme*) masculine; (*énergique, courageux*) manly, virile

viriliser [viʀilize] /1/ VT to make (more) manly *ou* masculine

virilité [viʀilite] NF (*attributs masculins*) masculinity; (*fermeté, courage*) manliness; (*sexuelle*) virility

virologie [viʀɔlɔʒi] NF virology

virtualité [viʀtɥalite] NF virtuality; potentiality

virtuel, le [viʀtɥɛl] ADJ potential; (*théorique*) virtual

virtuellement [viʀtɥɛlmɑ̃] ADV potentially; (*presque*) virtually

virtuose [viʀtɥoz] NMF (*Mus*) virtuoso; (*gén*) master

virtuosité [viʀtɥozite] NF virtuosity; masterliness, masterful skills *pl*

virulence [viʀylɑ̃s] NF virulence

virulent, e [viʀylɑ̃, -ɑ̃t] ADJ virulent

virus [viʀys] NM virus

vis VB [vi] *voir* **voir**; **vivre** ▸ NF [vis] screw; **~ à tête plate/ronde** flat-headed/round-headed screw; **~ platinées** (*Auto*) (contact) points; **~ sans fin** worm, endless screw

visa [viza] NM (*sceau*) stamp; (*validation de passeport*) visa; **~ de censure** (censor's) certificate

★**visage** [vizaʒ] NM face; **à ~ découvert** (*franchement*) openly

visagiste [vizaʒist] NMF beautician

vis-à-vis [vizavi] ADV face to face; **~ de** *prép* opposite; (*fig*) towards, vis-à- vis ▸ NM person opposite; house *etc* opposite; **en ~** facing *ou* opposite each other; **sans ~** (*immeuble*) with an open outlook

viscéral, e, -aux [viseʀal, -o] ADJ (*fig*) deep-seated, deep-rooted

viscéralement [viseʀalmɑ̃] ADV (*attaché*) deeply; (*opposé*) virulently

viscères [visɛʀ] NMPL intestines, entrails

viscose [viskoz] NF viscose

viscosité [viskozite] NF viscosity

visée [vize] NF (*avec une arme*) aiming; (*Arpentage*) sighting ▪ **visées** NFPL (*intentions*) designs; **avoir des visées sur qn/qch** to have designs on sb/sth

viser [vize] /1/ VI to aim ▸ VT to aim at; (*concerner*) to be aimed *ou* directed at; (*apposer un visa sur*) to stamp, visa; **~ à qch/faire** to aim at sth/at doing *ou* to do

viseur [vizœʀ] NM (*d'arme*) sights *pl*; (*Photo*) viewfinder

visibilité [vizibilite] NF visibility; **sans ~** (*pilotage, virage*) blind *cpd*

visible [vizibl] ADJ visible; (*disponible*): **est-il ~ ?** can he see me?, will he see visitors?

visiblement [vizibləmɑ̃] ADV visibly, obviously

visière [vizjɛʀ] NF (*de casquette*) peak; (*qui s'attache*) eyeshade

visioconférence [vizjokɔ̃feʀɑ̃s] NF video conference

vision [vizjɔ̃] NF vision; (*sens*) (eye)sight, vision; (*fait de voir*): **la ~ de** the sight of; **première ~** (*Ciné*) first showing

visionnage [vizjɔnaʒ] NM viewing

visionnaire [vizjɔnɛʀ] ADJ, NMF visionary

visionner [vizjɔne] /1/ VT to view

visionneuse [vizjɔnøz] NF viewer

visiophone [vizjɔfɔn] NM videophone

★**visite** [vizit] NF visit; (*visiteur*) visitor; (*touristique: d'un musée etc*) tour; (*Comm: de représentant*) call; (*expertise, d'inspection*) inspection; (*médicale, à domicile*) visit, call; **~ médicale** medical examination (*Mil: d'entrée*) medicals *pl*; (*: quotidienne*) sick parade; **~ accompagnée** *ou* **guidée** guided tour; **faire une ~ à qn** to call on sb, pay sb a visit; **rendre ~ à qn** to visit sb, pay sb a visit; **être en ~ (chez qn)** to be visiting (sb); **avoir de la ~** to have visitors;

V

heures de ~ (*hôpital, prison*) visiting hours; **le droit de ~** (*Jur: aux enfants*) right of access, access; **~ de douane** customs inspection *ou* examination

★**visiter** [vizite] /1/ VT to visit; (*musée, ville*) to visit, go round

visiteur, -euse [vizitœʀ, -øz] NM/F visitor; **~ des douanes** customs inspector; **~ médical** medical rep(resentative); **~ de prison** prison visitor

vison [vizɔ̃] NM mink

visqueux, -euse [viskø, -øz] ADJ viscous; (*péj*) gooey; (*: manières*) slimy

vissage [visaʒ] NM screwing

visser [vise] /1/ VT: **~ qch** (*fixer, serrer*) to screw sth on

visu [vizy]: **de ~** *adv* with one's own eyes

visualisation [vizɥalizasjɔ̃] NF (*Inform*) display; **écran de ~** visual display unit (VDU)

visualiser [vizɥalize] /1/ VT to visualize; (*Inform*) to display, bring up on screen

visuel, le [vizɥɛl] ADJ visual

visuellement [vizɥɛlmɑ̃] ADV visually

vit [vi] VB *voir* **vivre**; **voir**

vital, e, -aux [vital, -o] ADJ vital

vitalité [vitalite] NF vitality

★**vitamine** [vitamin] NF vitamin

vitaminé, e [vitamine] ADJ with (added) vitamins

vitaminique [vitaminik] ADJ vitamin *cpd*

★**vite** [vit] ADV (*rapidement*) quickly, fast; (*sans délai*) quickly; soon; **~ !** quick!; **faire ~** (*agir rapidement*) to act fast; (*se dépêcher*) to be quick; **ce sera ~ fini** this will soon be finished; **viens ~** come quick(ly)

★**vitesse** [vitɛs] NF speed; (*Auto: dispositif*) gear; **faire de la ~** to drive fast *ou* at speed; **prendre qn de ~** to outstrip sb, get ahead of sb; **prendre de la ~** to pick up *ou* gather speed; **à toute ~** at full *ou* top speed; **en perte de ~** (*avion*) losing lift; (*fig*) losing momentum; **changer de ~** (*Auto*) to change gear; **~ acquise** momentum; **~ de croisière** cruising speed; **~ de pointe** top speed; **~ du son** speed of sound; **en ~** quickly; *see note*

> The **limitation de vitesse**, or speed limit, in France is 50 km/h in built-up areas, 90 km/h on main roads (80 km/h when it is raining), 110 km/h on 4-lane roads with central reservations (100 km/h when it is raining), and 130 km/h on motorways (110 km/h when it is raining).

viticole [vitikɔl] ADJ (*industrie*) wine *cpd*; (*région*) wine-growing

viticulteur [vitikyltœʀ] NM wine grower

viticulture [vitikyltyʀ] NF wine growing

vitrage [vitʀaʒ] NM (*cloison*) glass partition; (*toit*) glass roof; (*rideau*) net curtain; **double ~** double glazing

vitrail, -aux [vitʀaj, -o] NM stained-glass window

vitre [vitʀ] NF (window) pane; (*de portière, voiture*) window

vitré, e [vitʀe] ADJ glass *cpd*

vitrer [vitʀe] /1/ VT to glaze

vitreux, -euse [vitʀø, -øz] ADJ vitreous; (*terne*) glassy

vitrier [vitʀije] NM glazier

vitrification [vitʀifikasjɔ̃] NF (*de parquet*) varnishing; (*de sable*) vitrification

vitrifier [vitʀifje] /7/ VT to vitrify; (*parquet*) to glaze

★**vitrine** [vitʀin] NF (*devanture*) (shop) window; (*étalage*) display; (*petite armoire*) display cabinet; **en ~** in the window, on display; **~ publicitaire** display case, showcase

vitriol [vitʀijɔl] NM vitriol; **au ~** (*fig*) vitriolic

vitupérations [vitypeʀasjɔ̃] NFPL invective *sg*

vitupérer [vitypeʀe] /6/ VI to rant and rave; **~ contre** to rail against

vivable [vivabl] ADJ (*maison*) fit to live in; (*personne*): **il n'est pas ~** he's impossible to live with

vivace ADJ [vivas] (*arbre, plante*) hardy; (*fig*) enduring ▶ ADV [vivatʃe] (*Mus*) vivace

vivacité [vivasite] NF (*voir vif*) liveliness, vivacity; sharpness; brilliance

vivant, e [vivɑ̃, -ɑ̃t] VB *voir* **vivre** ▶ ADJ (*qui vit*) living, alive; (*animé*) lively; (*preuve, exemple*) living; (*langue*) modern ▶ NM: **du ~ de qn** in sb's lifetime; **les vivants et les morts** the living and the dead

vivarium [vivaʀjɔm] NM vivarium

vivats [viva] NMPL cheers

vive [viv] ADJ F *voir* **vif** ▶ VB *voir* **vivre** ▶ EXCL: **~ le roi !** long live the king!; **~ les vacances !** hurrah for the holidays!

vivement [vivmɑ̃] ADV vivaciously; sharply ▶ EXCL: **~ les vacances !** I can't wait for the holidays!, roll on the holidays!

viveur [vivœʀ] NM (*péj*) high liver, pleasure-seeker

vivier [vivje] NM (*au restaurant etc*) fish tank; (*étang*) fishpond

vivifiant, e [vivifjɑ̃, -ɑ̃t] ADJ invigorating

vivifier [vivifje] /7/ VT to invigorate; (*fig: souvenirs, sentiments*) to liven up, enliven

vivions [vivjɔ̃] VB *voir* **vivre**

vivipare [vivipaʀ] ADJ viviparous

vivisection [vivisɛksjɔ̃] NF vivisection

vivoter [vivɔte] /1/ VI (*personne*) to scrape a living, get by; (*fig: affaire etc*) to struggle along

★**vivre** [vivʀ] /46/ VI to live; **il vit encore** he is still alive; **se laisser ~** to take life as it comes; **ne plus ~** (*être anxieux*) to live on one's nerves; **il a vécu** (*eu une vie aventureuse*) he has seen life; **ce régime a vécu** this regime has had its day; **être facile à ~** to be easy to get on with; **faire ~ qn** (*pourvoir à sa subsistance*) to provide (a living) for sb; **~ mal** (*chichement*) to have a meagre existence; **~ de** (*salaire etc*) to live on ▶ VT to live ■ **vivres** NMPL provisions, food supplies

vivrier, -ière [vivʀije, -jɛʀ] ADJ food-producing *cpd*

vlan [vlɑ̃] EXCL wham!, bang!

VO SIGLE F (*Ciné*) = **version originale**; **voir un film en VO** to see a film in its original language

vocable [vɔkabl] NM term

★**vocabulaire** [vɔkabylɛʀ] NM vocabulary

vocal, e, -aux [vɔkal, -o] ADJ vocal

vocalique [vɔkalik] ADJ vocalic, vowel *cpd*

vocalise [vɔkaliz] NF singing exercise

vocaliser [vɔkalize] /1/ VI (*Ling*) to vocalize; (*Mus*) to do one's singing exercises

vocaliste [vɔkalist] NMF vocalist

vocation [vɔkasjɔ̃] NF vocation, calling; **avoir la ~** to have a vocation

vociférations [vɔsifeʀasjɔ̃] NFPL cries of rage, screams

vociférer [vɔsifeʀe] /6/ VI, VT to scream

vodka [vɔdka] NF vodka

vœu, x [vø] NM wish; (*à Dieu*) vow; **faire ~ de** to take a vow of; **avec tous nos vœux** with every good wish *ou* our best wishes; **meilleurs vœux** best wishes; (*sur une carte de nouvel an*) "Season's Greetings"; **vœux de bonheur** best wishes for your future happiness; **vœux de bonne année** best wishes for the New Year

vogue [vɔg] NF fashion, vogue; **en ~** in fashion, in vogue

voguer [vɔge] /1/ VI to sail

voici [vwasi] PRÉP (*pour introduire, désigner*) here is (+*sg*); here are (+*pl*); **et ~ que ...** and now it (*ou* he *etc*) ...; **il est parti ~ trois ans** he left three years ago; **~ une semaine que je l'ai vue** it's a week since I've seen her; **me ~** here I am; **« ~ ! »** (*en offrant etc*) "here *ou* there you are!"; *voir aussi* **voilà**

★**voie** [vwa] VB *voir* **voir** ▸ NF way; (*Rail*) track, line; (*Auto*) lane; **par ~ buccale** *ou* **orale** orally; **par ~ rectale** rectally; **suivre la ~ hiérarchique** to go through official channels; **ouvrir/montrer la ~** to open up/show the way; **être en bonne ~** to be shaping up *ou* going well; **mettre qn sur la ~** to put sb on the right track; **être en ~ d'achèvement/de rénovation** to be nearing completion/ in the process of renovation; **à ~ étroite** narrow-gauge; **à ~ unique** single-track; **route à deux/trois voies** two-/three-lane road; **par la ~ aérienne/ maritime** by air/sea; **~ d'eau** (*Navig*) leak; **~ express** expressway; **~ de fait** (*Jur*) assault (and battery); **~ ferrée** track; railway line (BRIT), railroad (US); **par ~ ferrée** by rail, by railroad; **~ de garage** (*Rail*) siding; **la ~ lactée** the Milky Way; **~ navigable** waterway; **~ prioritaire** (*Auto*) road with right of way; **~ privée** private road; **la ~ publique** the public highway

voilà [vwala] PRÉP (*en désignant*) there is (+*sg*); there are (+*pl*); **les ~** *ou* **voici** here *ou* there they are; **en ~** *ou* **voici un** here's one, there's one; **voici mon frère et ~ ma sœur** this is my brother and that's my sister; **~** *ou* **voici deux ans** two years ago; **~** *ou* **voici deux ans que** it's two years since; **et ~ !** there we are!; **~ tout** that's all; **« ~ ! »** (*en offrant etc*) "there *ou* here you are!"; **tiens ! ~ Paul** look! there's Paul

voilage [vwalaʒ] NM (*rideau*) net curtain; (*tissu*) net

★**voile** [vwal] NM veil; (*tissu léger*) net; **prendre le ~** to take the veil; **~ du palais** soft palate, velum; **~ au poumon** shadow on the lung ▸ NF sail; (*sport*) sailing; **mettre à la ~** to set sail

voiler [vwale] /1/ VT to veil; (*Photo*) to fog; (*fausser: roue*) to buckle; (*: bois*) to warp ■ **se voiler** VPR (*lune, regard*) to mist over; (*ciel*) to grow hazy; (*voix*) to become husky; (*roue, disque*) to buckle; (*planche*) to warp; **se ~ la face** to hide one's face

voilette [vwalɛt] NF (hat) veil

voilier [vwalje] NM sailing ship; (*de plaisance*) sailing boat

voilure [vwalyʀ] NF (*de voilier*) sails *pl*; (*d'avion*) aerofoils *pl* (BRIT), airfoils *pl* (US); (*de parachute*) canopy

★**voir** [vwaʀ] /30/ VT to see; **~ à faire qch** to see to it that sth is done; **~ venir** (*fig*) to wait and see; **faire ~ qch à qn** to show sb sth; **en faire ~ à qn** (*fig*) to give sb a hard time; **ne pas pouvoir ~ qn** (*fig*) not to be able to stand sb; **regardez ~** just look; **montrez ~** show (me); **dites ~** tell me; **voyons !** let's see now; (*indignation etc*) come (along) now!; **c'est à ~ !** we'll see!; **c'est ce qu'on va ~ !** we'll see about that!; **avoir quelque chose à ~ avec** to have something to do with; **ça n'a rien à ~ avec lui** that has nothing to do with him ▸ VI to see; **~ loin** (*fig*) to be far-sighted ■ **se voir** VPR: **cela se voit** (*c'est visible*) that's obvious, it shows; (*cela arrive*) it happens; **se ~ critiquer/transformer** to be criticized/transformed

voire [vwaʀ] ADV indeed; nay; or even

voirie [vwaʀi] NF highway maintenance; (*administration*) highways department; (*enlèvement des ordures*) refuse (BRIT) *ou* garbage (US) collection

vois [vwa] VB *voir* **voir**

★**voisin, e** [vwazɛ̃, -in] ADJ (*proche*) neighbouring (BRIT), neighboring (US); (*contigu*) next; (*ressemblant*) connected ▸ NM/F neighbour (BRIT), neighbor (US); (*de table, de dortoir etc*) person next to me (*ou* him *etc*); **~ de palier** neighbo(u)r across the landing (BRIT) *ou* hall (US)

voisinage [vwazinaʒ] NM (*proximité*) proximity; (*environs*) vicinity; (*quartier, voisins*) neighbourhood (BRIT), neighborhood (US); **relations de bon ~** neighbo(u)rly terms

voisiner [vwazine] /1/ VI: **~ avec** to be side by side with

voit [vwa] VB *voir* **voir**

★**voiture** [vwatyʀ] NF car; (*wagon*) coach, carriage; **en ~ !** all aboard!; **~ à bras** handcart; **~ d'enfant** pram (BRIT), baby carriage (US); **~ d'infirme** invalid carriage; **~ de course** racing car; **~ de sport** sports car

voiture-lit [vwatyʀli] (*pl* **voitures-lits**) NF sleeper

voiture-restaurant [vwatyʀʀɛstɔʀɑ̃] (*pl* **voitures-restaurants**) NF dining car

★**voix** [vwa] NF voice; (*Pol*) vote; **la ~ de la conscience/ raison** the voice of conscience/reason; **à haute ~** aloud; **à ~ basse** in a low voice; **faire la grosse ~** to speak gruffly; **avoir de la ~** to have a good voice; **rester sans ~** to be speechless; **~ de basse/ténor** *etc* bass/tenor *etc* voice; **à deux/quatre ~** (*Mus*) in two/four parts; **avoir ~ au chapitre** to have a say in the matter; **mettre aux ~** to put to the vote; **~ off** voice-over

★**vol** [vɔl] NM (*mode de locomotion*) flying; (*trajet, voyage, groupe d'oiseaux*) flight; (*mode d'appropriation*) theft, stealing; (*larcin*) theft; **à ~ d'oiseau** as the crow flies; **au ~: attraper qch au ~** to catch sth as it flies past; **saisir une remarque au ~** to pick up a passing remark; **prendre son ~** to take flight; **de haut ~** (*fig*) of the highest order; **en ~** in flight; **~ avec effraction** breaking and entering *no pl*, break-in; **~ à l'étalage** shoplifting *no pl*; **~ libre** hang-gliding; **~ à main armée** armed robbery; **~ de nuit** night flight; **~ régulier** scheduled flight; **~ plané** (*Aviat*) glide, gliding *no pl*; **~ à la tire** pickpocketing *no pl*; **~ à voile** gliding

V

vol. ABR (= *volume*) vol

volage [vɔlaʒ] ADJ fickle

volaille [vɔlɑj] NF (*oiseaux*) poultry *pl*; (*viande*) poultry *no pl*; (*oiseau*) fowl

volailler [vɔlaje] NM poulterer

volant, e [vɔlɑ̃, -ɑ̃t] ADJ flying; *voir* **feuille** *etc*; **le personnel ~** (*Aviat*) the flight staff ▸ NM (*d'automobile*) (steering) wheel; (*de commande*) wheel; (*objet lancé*) shuttlecock; (*jeu*) battledore and shuttlecock; (*bande de tissu*) flounce; (*feuillet détachable*) tear-off portion; **~ de sécurité** (*fig*) reserve, margin, safeguard

volatil, e [vɔlatil] ADJ volatile

volatile [vɔlatil] NM (*volaille*) bird; (*tout oiseau*) winged creature

volatiliser [vɔlatilize] /1/: **se volatiliser** VPR (*Chimie*) to volatilize; (*fig*) to vanish into thin air

volatilité [vɔlatilite] NF (*Physique, Écon*) volatility

vol-au-vent [vɔlovɑ̃] NM INV vol-au-vent

volcan [vɔlkɑ̃] NM volcano; (*fig: personne*) hothead

volcanique [vɔlkanik] ADJ volcanic; (*fig: tempérament*) volatile

volcanologie [vɔlkanɔlɔʒi] NF vulcanology

volcanologue [vɔlkanɔlɔg] NMF vulcanologist

volée [vɔle] NF (*groupe d'oiseaux*) flight, flock; (*Tennis*) volley; **~ de coups/de flèches** volley of blows/arrows; **à la ~: rattraper à la ~** to catch in midair; **lancer à la ~** to fling about; **semer à la ~** to (sow) broadcast; **à toute ~** (*sonner les cloches*) vigorously; (*lancer un projectile*) with full force; **de haute ~** (*fig*) of the highest order

★**voler** [vɔle] /1/ VI (*avion, oiseau, fig*) to fly; (*voleur*) to steal; **~ en éclats** to smash to smithereens; **~ de ses propres ailes** (*fig*) to stand on one's own two feet; **~ au vent** to fly in the wind ▸ VT (*objet*) to steal; (*personne*) to rob; **~ qch à qn** to steal sth from sb; **on m'a volé mon portefeuille** my wallet (BRIT) *ou* billfold (US) has been stolen; **il ne l'a pas volé !** he asked for it!

★**volet** [vɔlɛ] NM (*de fenêtre*) shutter; (*Aviat*) flap; (*de feuillet, document*) section; (*fig: d'un plan*) facet; **trié sur le ~** hand-picked

voleter [vɔl(ə)te] /4/ VI to flutter (about)

★**voleur, -euse** [vɔlœʀ, -øz] NM/F thief; **« au ~ ! »** "stop thief!" ▸ ADJ thieving

volière [vɔljɛʀ] NF aviary

★**volley** [vɔlɛ], **volley-ball** [vɔlɛbol] NM volleyball

volleyer [vɔleje] VT (*Tennis: balle*) to volley

volleyeur, -euse [vɔlɛjœʀ, -øz] NM/F volleyball player

volontaire [vɔlɔ̃tɛʀ] ADJ (*acte, activité*) voluntary; (*délibéré*) deliberate; (*caractère, personne: décidé*) self-willed ▸ NMF volunteer

volontairement [vɔlɔ̃tɛʀmɑ̃] ADV voluntarily; deliberately

volontariat [vɔlɔ̃taʀja] NM voluntary service

volontarisme [vɔlɔ̃taʀism] NM voluntarism

volontariste [vɔlɔ̃taʀist] ADJ, NMF voluntarist

volonté [vɔlɔ̃te] NF (*faculté de vouloir*) will; (*énergie, fermeté*) will(power); (*souhait, désir*) wish; **se servir/boire à ~** to take/drink as much as one likes; **bonne ~** goodwill, willingness; **mauvaise ~** lack of goodwill, unwillingness

volontiers [vɔlɔ̃tje] ADV (*de bonne grâce*) willingly; (*avec plaisir*) willingly, gladly; (*habituellement, souvent*) readily, willingly; **« voulez-vous dîner chez nous ? » — « ~ ! »** "would you like to eat with us?" —"I'd love to *ou* with pleasure!"

volt [vɔlt] NM volt

voltage [vɔltaʒ] NM voltage

volte-face [vɔltəfas] NF INV about-turn; (*fig*) about-turn, U-turn; **faire ~** to do an about-turn; to do a U-turn

voltige [vɔltiʒ] NF (*Équitation*) trick riding; (*au cirque*) acrobatics *sg*; (*Aviat*) (aerial) acrobatics *sg*; **numéro de haute ~** acrobatic act

voltiger [vɔltiʒe] /3/ VI to flutter (about)

voltigeur [vɔltiʒœʀ] NM (*au cirque*) acrobat; (*Mil*) light infantryman

voltmètre [vɔltmɛtʀ] NM voltmeter

volubile [vɔlybil] ADJ voluble

volubilis [vɔlybilis] NM convolvulus

volubilité [vɔlybilite] NF volubility

volume [vɔlym] NM volume; (*Géom: solide*) solid

volumétrique [vɔlymetʀik] ADJ volumetric

volumineux, -euse [vɔlyminø, -øz] ADJ voluminous, bulky

volumique [vɔlymik] ADJ (*Physique*): **masse ~** density

volupté [vɔlypte] NF sensual delight *ou* pleasure

voluptueusement [vɔlyptɥøzmɑ̃] ADV voluptuously

voluptueux, -euse [vɔlyptɥø, -øz] ADJ voluptuous

volute [vɔlyt] NF (*Archit*) volute; **~ de fumée** curl of smoke

vomi [vɔmi] NM vomit

★**vomir** [vɔmiʀ] /2/ VI to vomit, be sick ▸ VT to vomit, bring up; (*fig*) to belch out, spew out; (*exécrer*) to loathe, abhor

vomissements [vɔmismɑ̃] NMPL (*action*) vomiting *no pl*; **des ~** vomit *sg*

vomissure [vɔmisyʀ] NF vomit *no pl*

vomitif [vɔmitif] NM emetic

vont [vɔ̃] VB *voir* **aller**

vorace [vɔʀas] ADJ voracious

voracement [vɔʀasmɑ̃] ADV voraciously

voracité [vɔʀasite] NF voracity

★**vos** [vo] ADJ POSS *voir* **votre**

Vosges [voʒ] NFPL: **les ~** the Vosges

vosgien, ne [voʒjɛ̃, -ɛn] ADJ of *ou* from the Vosges ▸ NM/F inhabitant *ou* native of the Vosges

VOST SIGLE F (*Ciné: = version originale sous-titrée*) subtitled version

votant, e [vɔtɑ̃, -ɑ̃t] NM/F voter

vote [vɔt] NM vote; **~ par correspondance/procuration** postal/proxy vote; **~ à main levée** vote by show of hands; **~ secret, ~ à bulletins secrets** secret ballot

voter [vɔte] /1/ VI to vote ▸ VT (*loi, décision*) to vote for

votif, -ive [vɔtif, -iv] ADJ votive

★**votre** [vɔtʀ] (*pl* **vos** [vo]) ADJ POSS your

vôtre [votʀ] PRON: **le ~, la ~, les vôtres** yours; **les vôtres** (*fig*) your family *ou* folks; **à la ~** (*toast*) your (good) health!

voudrai *etc* [vudʀe] VB *voir* **vouloir**

voué, e [vwe] ADJ: **~ à** doomed to, destined for

vouer [vwe] /1/ VT: **~ qch à** (*Dieu/un saint*) to dedicate sth to; **~ sa vie/son temps à** (*étude, cause etc*) to devote one's life/time to; **~ une haine/amitié éternelle à qn** to vow undying hatred/friendship to sb

vouloir [vulwaʀ]

/31/ VT 1 (*exiger, désirer*) to want; **vouloir faire/que qn fasse** to want to do/sb to do; **voulez-vous du thé ?** would you like *ou* do you want some tea?; **vouloir qch à qn** to wish sth for sb; **que me veut-il ?** what does he want with me?; **que veux-tu que je te dise ?** what do you want me to say?; **sans le vouloir** (*involontairement*) without meaning to, unintentionally; **je voudrais ceci/faire** I would *ou* I'd like this/to do; **le hasard a voulu que …** as fate would have it, …; **la tradition veut que …** tradition demands that …

2 (*consentir*): **je veux bien** (*bonne volonté*) I'll be happy to; (*concession*) fair enough, that's fine; **oui, si on veut** (*en quelque sorte*) yes, if you like; **comme tu veux** as you wish; (*en quelque sorte*) if you like; **veuillez attendre** please wait; **veuillez agréer …** (*formule épistolaire*) yours faithfully

3: **en vouloir** (*être ambitieux*) to be out to win; **en vouloir à qn** to bear sb a grudge; **je lui en veux d'avoir fait ça** I resent his having done that; **s'en vouloir (de)** to be annoyed with o.s. (for); **il en veut à mon argent** he's after my money

4: **vouloir de** to want; **l'entreprise ne veut plus de lui** the firm doesn't want him any more; **elle ne veut pas de son aide** she doesn't want his help

5: **vouloir dire** to mean

▶ NM: **le bon vouloir de qn** sb's goodwill; sb's pleasure

■ **se vouloir** VPR 1 (*avec attribut*): **il se veut dynamique** he likes to think he's dynamic; **… qui se veut moderne** … which purports to be modern

2: **s'en vouloir** to be cross with o.s.; **s'en vouloir de qch** to be cross with o.s. for sth; **il s'en veut d'avoir laissé passer cette occasion** he's cross with himself for letting this opportunity slip by

voulu, e [vuly] PP *de* **vouloir** ▶ ADJ (*requis*) required, requisite; (*délibéré*) deliberate, intentional

voulus *etc* [vuly] VB *voir* **vouloir**

★**vous** [vu] PRON you; (*objet indirect*) (to) you; (*réfléchi: sg*) yourself; (*: pl*) yourselves; (*réciproque*) each other; **vous-même** yourself; **vous-mêmes** yourselves ▶ NM: **employer le ~** (*vouvoyer*) to use the "vous" form

voûte [vut] NF vault; **la ~ céleste** the vault of heaven; **~ du palais** (*Anat*) roof of the mouth; **~ plantaire** arch (of the foot)

voûté, e [vute] ADJ vaulted, arched; (*dos, personne*) bent, stooped

voûter [vute] /1/ VT (*Archit*) to arch, vault ■ **se voûter** VPR (*dos, personne*) to become stooped

vouvoiement [vuvwamɑ̃] NM use of the formal "vous" form

vouvoyer [vuvwaje] /8/ VT: **~ qn** to address sb as "vous"

★**voyage** [vwajaʒ] NM journey, trip; (*fait de voyager*): **le ~, les voyages** travel(ling); **partir/être en ~** to go off/be away on a journey *ou* trip; **faire un ~** to go on *ou* make a trip *ou* journey; **faire bon ~** to have a good journey; **les gens du ~** travelling people; **~ d'agrément/d'affaires** pleasure/business trip; **~ de noces** honeymoon; **~ organisé** package tour

> Ne confondez pas **journey**, **trip** et **travel**. **Journey** désigne le déplacement lui-même, qui est souvent long : *un voyage de plus de 3 000 kilomètres* **a journey of over 2,000 miles**
> **Trip**, lui comprend le déplacement, le séjour (généralement court) et le retour au point de départ. Il s'emploie plus couramment en anglais américain qu'en anglais britannique : *un voyage d'affaires à Milan* **a business trip to Milan**
> **Travel** est réservé aux voyages en général. Il n'est jamais précédé d'un article.
> *Les voyages forment la jeunesse.* **Travel broadens the mind**.

★**voyager** [vwajaʒe] /3/ VI to travel

★**voyageur, -euse** [vwajaʒœʀ, -øz] NM/F traveller; (*passager*) passenger ▶ ADJ (*tempérament*) nomadic, wayfaring; **~ (de commerce)** commercial traveller

voyagiste [vwajaʒist] NM tour operator

voyais *etc* [vwajɛ] VB *voir* **voir**

voyance [vwajɑ̃s] NF clairvoyance

voyant, e [vwajɑ̃, -ɑ̃t] ADJ (*couleur*) loud, gaudy ▶ NM/F (*personne qui voit*) sighted person ▶ NM (*signal*) (warning) light ▶ NF clairvoyant

voyelle [vwajɛl] NF vowel

voyeur, -euse [vwajœʀ, -øz] NM/F voyeur; peeping Tom

voyeurisme [vwajœʀism] NM voyeurism

voyeuriste [vwajœʀist] ADJ (*fig*) voyeuristic

voyons *etc* [vwajɔ̃] VB *voir* **voir**

★**voyou** [vwaju] NM lout, hoodlum; (*enfant*) guttersnipe

voyoucratie [vwajukʀasi] NF yob rule

VPC SIGLE F (= *vente par correspondance*) mail-order selling

vrac [vʀak]: **en ~** *adv* loose; (*Comm*) in bulk

★**vrai, e** [vʀɛ] ADJ (*véridique: récit, faits*) true; (*non factice, authentique*) real; **à ~ dire** to tell the truth; **il est ~ que** it is true that ▶ NM: **le ~** the truth; **être dans le ~** to be right

★**vraiment** [vʀɛmɑ̃] ADV really

vraisemblable [vʀɛsɑ̃blabl] ADJ (*plausible*) likely; (*excuse*) plausible; (*probable*) likely, probable

vraisemblablement [vʀɛsɑ̃blabləmɑ̃] ADV in all likelihood, very likely

vraisemblance [vʀɛsɑ̃blɑ̃s] NF likelihood, plausibility; (*romanesque*) verisimilitude; **selon toute ~** in all likelihood

vraquier [vʀakje] NM freighter

vrille [vʀij] NF (*de plante*) tendril; (*outil*) gimlet; (*spirale*) spiral; (*Aviat*) spin

V

vriller [vʀije] /1/ VT to bore into, pierce
vrombir [vʀɔ̃biʀ] /2/ VI to hum
vrombissant, e [vʀɔ̃bisɑ̃, -ɑ̃t] ADJ humming
vrombissement [vʀɔ̃bismɑ̃] NM hum(ming)
VRP SIGLE M (= *voyageur, représentant, placier*) (sales) rep (*fam*)
★**VTT** SIGLE M (= *vélo tout-terrain*) mountain bike
vu[1] [vy] PRÉP (*en raison de*) in view of; **vu que** in view of the fact that
vu[2]**, e** [vy] PP *de* **voir** ▸ ADJ: **bien/mal vu** (*personne*) well/poorly thought of; (*conduite*) good/bad form; **ni vu ni connu** what the eye doesn't see ..., no one will be any the wiser; **c'est tout vu** it's a foregone conclusion ▸ NM: **au vu et au su de tous** openly and publicly
★**vue** [vy] NF (*sens, faculté*) (eye)sight; (*panorama, image, photo*) view; (*spectacle*) sight; **la ~ de** (*spectacle*) the sight of; **perdre la ~** to lose one's (eye) sight; **perdre de ~** to lose sight of; **à la ~ de tous** in full view of everybody; **hors de ~** out of sight; **à première ~** at first sight; **connaître de ~** to know by sight; **à ~** (*Comm*) at sight; **tirer à ~** to shoot on sight; **à ~ d'œil** *adv* visibly; (*à première vue*) at a quick glance; **avoir ~ sur** to have a view of; **en ~** (*visible*) in sight; (*Comm: célèbre*) in the public eye; **avoir qch en ~** (*intentions*) to have one's sights on sth; **en ~ de faire** with the intention of doing, with a view to doing; **~ d'ensemble** overall view; **~ de l'esprit** theoretical view ▪ **vues** NFPL (*idées*) views; (*dessein*) designs
vulcanisation [vylkanizasjɔ̃] NF vulcanization
vulcaniser [vylkanize] /1/ VT to vulcanize
vulcanologie [vylkanɔlɔʒi] NF = **volcanologie**
vulcanologue [vylkanɔlɔg] NMF = **volcanologue**
vulgaire [vylgɛʀ] ADJ (*grossier*) vulgar, coarse; (*trivial*) commonplace, mundane; (*péj: quelconque*): **de vulgaires touristes/chaises de cuisine** ordinary tourists/kitchen chairs; (*Bot, Zool: non latin*) common
vulgairement [vylgɛʀmɑ̃] ADV vulgarly, coarsely; (*communément*) commonly
vulgarisation [vylgaʀizasjɔ̃] NF: **ouvrage de ~** popular work
vulgariser [vylgaʀize] /1/ VT to popularize
vulgarité [vylgaʀite] NF vulgarity, coarseness
vulgate [vylgat] NF (*Rel*): **la V~** the Vulgate; (*fig*) orthodoxy
vulnérabilité [vylneʀabilite] NF vulnerability
vulnérable [vylneʀabl] ADJ vulnerable
vulve [vylv] NF vulva
vumètre [vymɛtʀ] NM recording level gauge
Vve ABR = **veuve**
VVF SIGLE M (= *village vacances famille*) *state-subsidized holiday village*
vx ABR = **vieux**

Ww

W, w [dubləve] NM INV W, w ▸ ABR (= *watt*) W; **W comme William** W for William

★**wagon** [vagɔ̃] NM (*de voyageurs*) carriage; (*de marchandises*) truck, wagon

wagon-citerne [vagɔ̃sitɛʀn] (*pl* **wagons-citernes**) NM tanker

wagon-lit [vagɔ̃li] (*pl* **wagons-lits**) NM sleeper, sleeping car

wagonnet [vagɔnɛ] NM small truck

wagon-poste [vagɔ̃pɔst] (*pl* **wagons-postes**) NM mail van

wagon-restaurant [vagɔ̃ʀɛstɔʀɑ̃] (*pl* **wagons-restaurants**) NM restaurant *ou* dining car

Walkman® [wɔkman] NM Walkman®, personal stereo

Wallis et Futuna [walisefytyna] N: **les îles ~** the Wallis and Futuna Islands

wallon, ne [walɔ̃, -ɔn] ADJ Walloon ▸ NM (*Ling*) Walloon ▸ NM/F: **Wallon, ne** Walloon

Wallonie [walɔni] NF: **la ~** French-speaking (part of) Belgium

water-polo [watɛʀpɔlo] NM water polo

waters [watɛʀ] NMPL toilet *sg*, loo *sg* (BRIT)

watt [wat] NM watt

WC [vese] NMPL toilet *sg*, lavatory *sg*

Web [wɛb] NM INV: **le ~** the (World Wide) Web

webcam [wɛbkam] NF webcam

webdesign [wɛbdizajn] NM web design

webdesigner [wɛbdizajnœʀ] NMF web designer

webmaster [wɛbmastœʀ], **webmestre** [wɛbmɛstʀ] NMF webmaster

webzine [wɛbzin] NM webzine

★**week-end** [wikɛnd] NM weekend

★**western** [wɛstɛʀn] NM western

Westphalie [vɛsfali] NF: **la ~** Westphalia

whisky [wiski] (*pl* **whiskies**) NM whisky

white-spirit [wajtspiʀit] NM white spirit

widget [widʒɛt] NM (*Inform*) widget

wifi, Wi-Fi [wifi] NM INV (= *wireless fidelity*) wifi, Wi-Fi

wishbone [wiʃbon] NM (*d'une planche à voile*) wishbone

wok [wɔk] NM wok

WWW SIGLE M (= *World Wide Web*) WWW

Xx

X, x [iks] NM INV X, x; **plainte contre X** (*Jur*) action against person or persons unknown; **X comme Xavier** X for Xmas ▸ SIGLE M: **l'X** *the École polytechnique (prestigious engineering college in France)*

xénogreffe [gzenogʀɛf] NF heterograft, xenograft

xénophobe [gzenɔfɔb] ADJ xenophobic ▸ NMF xenophobe

xénophobie [gzenɔfɔbi] NF xenophobia

xérès [gzeʀɛs] NM sherry

xylographie [gzilɔgʀafi] NF xylography; (*image*) xylograph

xylophone [gzilɔfɔn] NM xylophone

Yy

★**Y, y** [igʀɛk] NM INV Y, y; **Y comme Yvonne** Y for Yellow (BRIT) *ou* Yoke (*US*)

★**y** [i] ADV (*à cet endroit*) there; (*dessus*) on it (*ou* them); (*dedans*) in it (*ou* them) ▸ PRON (about *ou* on *ou* of) it (*vérifier la syntaxe du verbe employé*); **j'y pense** I'm thinking about it; **ça y est !** that's it!; *voir aussi* **aller**; **avoir**

yacht [jɔt] NM yacht

yack [ˈjak] NM yak

★**yaourt** [jauʀt] NM yogurt; **~ nature/aux fruits** plain/fruit yogurt

yaourtière [jauʀtjɛʀ] NF yoghurt-maker

Yémen [jemɛn] NM: **le ~** Yemen

yéménite [jemenit] ADJ Yemeni

★**yeux** [jø] NMPL *de* **œil**

★**yoga** [jɔga] NM yoga

yoghourt [jɔguʀt] NM = **yaourt**

yogi [ˈjɔgi] NM yogi

yole [jɔl] NF skiff

yorkshire [ˈjɔʀkʃœʀ] NM (*Zool*) Yorkshire terrier

yougoslave [jugɔslav] (*Hist*) ADJ Yugoslav(ian) ▸ NMF: **Yougoslave** Yugoslav(ian)

Yougoslavie [jugɔslavi] NF: **la ~** Yugoslavia; **l'ex-Yougoslavie** the former Yugoslavia

yourte [ˈjuʀt] NF yurt

youtubeur, -euse [jutybœʀ, -øz] NM/F YouTuber

youyou [juju] NM dinghy

yo-yo [jojo] NM INV yo-yo

yucca [juka] NM yucca (tree *ou* plant)

yuppie [ˈjupi] NMF yuppie

Zz

Z, z [zɛd] NM INV Z, z; **Z comme Zoé** Z for Zebra
ZAC [zak] SIGLE F (= *zone d'aménagement concerté*) urban development zone
ZAD [zad] SIGLE F (= *zone d'aménagement différé*) future development zone; (= *zone à défendre*) site *occupied by activists trying to stop future development from taking place*
zadiste [zadist] NMF *protester who occupies a ZAD (zone à défendre)*
Zaïre [zaiʀ] NM: **le ~** (*Hist*) Zaïre
zaïrois, e [zaiʀwa, -waz] (*Hist*) ADJ Zairian ▶ NM/F: **Zaïrois, e** Zairian
Zambèze [zɑ̃bɛz] NM: **le ~** the Zambezi
Zambie [zɑ̃bi] NF: **la ~** Zambia
zambien, ne [zɑ̃bjɛ̃, -ɛn] ADJ Zambian ▶ NM/F: **Zambien, ne** Zambian
zapette, zappette [zapɛt] NF zapper (*fam*), remote control
zapper [zape] /1/ VI to zap
zapping [zapiŋ] NM: **faire du ~** to flick through the channels
zèbre [zɛbʀ(ə)] NM (*Zool*) zebra
zébré, e [zebʀe] ADJ striped, streaked
zébrure [zebʀyʀ] NF stripe, streak
zélateur, -trice [zelatœʀ, -tʀis] NM/F partisan, zealot
zèle [zɛl] NM zeal, diligence, assiduousness; **faire du ~** (*péj*) to be over-zealous
zélé, e [zele] ADJ zealous
zen [zɛn] NM (*Rel*) Zen ▶ ADJ (*Rel*) Zen; (*calme: personne*) who has a Zen-like calm
zénith [zenit] NM zenith
ZEP [zɛp] SIGLE F (= *zone d'éducation prioritaire*) *area targeted for special help in education*
zéro [zeʀo] NM zero, nought (BRIT); **au-dessous de ~** below zero (Centigrade), below freezing; **partir de ~** to start from scratch; **réduire à ~** to reduce to nothing; **trois (buts) à ~** three (goals to) nil

> En anglais britannique parlé, **nought** est plus courant que **zero** : *zéro virgule cinq* **nought point five**.
> Dans les numéros de téléphone, *zéro* se dit soit **zero**, soit **o** [əu].

zeste [zɛst] NM peel, zest; **un ~ de citron** a piece of lemon peel
zézaiement [zezɛmɑ̃] NM lisp
zézayer [zezeje] /8/ VI to have a lisp
ZI SIGLE F = **zone industrielle**
zibeline [ziblin] NF sable
ZIF [zif] SIGLE F (= *zone d'intervention foncière*) intervention zone
zigouiller [ziguje] /1/ VT (*fam*) to do in
zigzag [zigzag] NM zigzag
zigzaguer [zigzage] /1/ VI to zigzag (along)
Zimbabwe [zimbabwe] NM: **le ~** Zimbabwe
zimbabwéen, ne [zimbabweɛ̃, -ɛn] ADJ Zimbabwean
zinc [zɛ̃g] NM (*Chimie*) zinc; (*comptoir*) bar, counter
zinguer [zɛ̃ge] /1/ VT to cover with zinc
zingueur [zɛ̃gœʀ] NM zinc worker
zip [zip] NM (*de vêtement*) zip (BRIT), zipper (US) ▶ ADJ (*Inform*): **fichier ~** zip file
zippé, e [zipe] ADJ (*vêtement*) zip-up; (*Inform: fichier*) zipped
zipper [zipe] /1/ VT (*Inform*) to zip
zircon [ziʀkɔ̃] NM zircon
zizanie [zizani] NF: **semer la ~** to stir up ill-feeling
zizi [zizi] NM (*fam*) willy (BRIT), peter (US)
zodiacal, e, -aux [zɔdjakal, -o] ADJ (*signe*) of the zodiac
zodiaque [zɔdjak] NM zodiac
zona [zona] NM shingles *sg*
zonage [zonaʒ] NM (*Admin*) zoning
zonard, e [zonaʀ, -aʀd] NM/F (*fam*) (young) hooligan *ou* thug
zone [zon] NF zone, area; **la ~** (*quartiers pauvres*) the slums; **de seconde ~** (*fig*) second-rate; **~ d'action** (*Mil*) sphere of activity; **~ blanche** (*Tél*) dead zone; **~ bleue** ≈ restricted parking area; **~ d'extension** *ou* **d'urbanisation** urban development area; **~ franche** free zone; **~ industrielle** industrial estate; **~ piétonne** pedestrian precinct; **~ résidentielle** residential area; **~ tampon** buffer zone
zoner [zone] /1/ VI (*fam*) to hang around
★**zoo** [zoo] NM zoo
zoologie [zɔɔlɔʒi] NF zoology
zoologique [zɔɔlɔʒik] ADJ zoological
zoologiste [zɔɔlɔʒist] NMF zoologist
zoom [zum] NM (*Photo*) zoom (lens)
zoomer [zume] VI: **~ sur qch** to zoom in on sth

zozoter [zɔzɔte] VI to lisp
ZUP [zyp] SIGLE F (= *zone à urbaniser en priorité*) = **ZAC**

Zurich [zyʀik] N Zürich
★**zut** [zyt] EXCL dash (it)! (BRIT), nuts! (*US*)

L'anglais en situation

French in action

L'anglais en situation

L'anglais en situation a pour objectif de vous aider à vous exprimer en anglais, dans un style simple et naturel.

Dans le mémo des **Tournures essentielles**, vous trouverez des centaines d'expressions anglaises de base, qui vous permettront de construire vos propres phrases dans toutes sortes de contextes.

La partie **Correspondance** contient des modèles concrets de lettres et d'e-mails pour vos communications privées ou professionnelles, des lettres de candidature et des CV, ainsi que des exemples de formules de politesse employées en début et en fin de lettre, sans oublier des indications pour bien rédiger l'adresse sur l'enveloppe. Nous vous donnons en outre des conseils sous forme de notes pour vous permettre d'adapter ces modèles à vos besoins.

Le chapitre **Téléphone et Internet** est consacré aux expressions les plus couramment utilisées au téléphone, ainsi qu'au vocabulaire des réseaux sociaux et d'Internet.

L'anglais en situation, complément indispensable de votre dictionnaire, vous permettra de vous exprimer avec aisance dans toutes les situations.

Table des matières

Goûts et préférences

Pour dire ce que l'on aime

I like cakes.	J'aime ...
I like things to be in their proper place.	J'aime que ...
I really liked the film.	J'ai beaucoup aimé ...
I love going to clubs.	J'adore ...
What I like best about Matthew are his eyes.	Ce que je préfère ...
What I enjoy most is an evening with friends.	Ce que j'aime par-dessus tout, c'est ...
I very much enjoyed the trip to the vineyards.	... m'a beaucoup plu.
I've never tasted **anything better than** this chicken.	... rien ... de meilleur que ...
I've got a weakness for chocolate cakes.	J'ai un faible pour ...
You can't beat a good cup of tea.	Rien ne vaut ...
There's nothing quite like a nice hot bath!	Rien de tel que ...
My favourite dish is lasagne.	... mon ... favori.
Reading is **one of my favourite** pastimes.	... une de mes ... préférées.
I don't mind being alone.	Cela ne me déplaît pas de ...

Pour dire ce que l'on n'aime pas

I don't like fish.	Je n'aime pas ...
I don't like him **at all.**	Je ne ... aime pas du tout.
I'm not very keen on speaking in public.	Je n'aime pas beaucoup ...
I'm not particularly keen on the idea.	... ne m'emballe pas.
I hate chemistry.	Je déteste ...
I loathe sport.	J'ai horreur du ...
I can't stand being lied to.	Je ne supporte pas que ...
If there's one thing I hate, it's ironing.	Ce que je déteste le plus, c'est de ...

Préférences

I prefer pop **to** classical music.	Je préfère ... à ...
I would rather live in Paris.	Je préférerais ...
I'd rather die **than** ask him a favour.	J'aimerais mieux ... que de ...

Indifférence

It's all the same to me.	Ça m'est égal.
I have no particular preference.	Je n'ai pas de préférence.
As you like.	C'est comme vous voudrez.
It doesn't matter in the least.	Cela n'a aucune importance.
I don't mind.	Peu importe.

Comment demander à quelqu'un ce qu'il aime

Do you like chocolate?	Est-ce que vous aimez ...
Do you like cooking?	Est-ce que vous aimez ...
Which do you like better: football or cricket?	Qu'est-ce que vous préférez : ...
Which would you rather have: the red one or the black one?	Lequel préférez-vous : ...
Do you prefer living in the town or in the country?	Est-ce que vous préférez ...
What do you like best on television?	Qu'est-ce que vous aimez le plus ...

Opinions

Comment demander l'avis de quelqu'un

What do you think about it?	Qu'en pensez-vous ?
What do you think about divorce?	Que pensez-vous du ...
What do you think of his behaviour?	Que pensez-vous de ...
I'd like to know what you think of his work.	Je voudrais savoir ce que vous pensez de ...
I would like to know your views on this.	J'aimerais connaître votre avis sur ...
What is your opinion on the team's chances of success?	Quelle est votre opinion sur ...
Could you give me your opinion on this proposal?	Est-ce que vous pourriez me donner votre avis sur ...
In your opinion, are men and women equal?	À votre avis ...
In your view, is this the best solution?	Selon vous ...

Comment donner son avis

You are right.	Vous avez raison.
He is wrong.	Il a tort.
He was wrong to resign.	Il a eu tort de ...
I think it ought to be possible.	Je pense que ...
I think it's a bit premature.	Je crois que ...
I think it's quite natural.	Je trouve que ...
Personally, I think that it's a waste of money.	Personnellement, je pense que ...
I have the impression that her parents don't understand her.	J'ai l'impression que ...
I'm sure he is completely sincere.	Je suis certain que ...
I'm convinced that there are other possibilities.	Je suis persuadé que ...

In my opinion, he hasn't changed.	À mon avis ...
In my view, he's their best player.	Selon moi ...

Comment éviter de donner son avis

It depends.	Ça dépend.
It all depends on what you mean by patriotism.	Tout dépend de ce que vous entendez par ...
I'd rather not express an opinion.	Je préfère ne pas me prononcer.
Actually, I've never thought about it.	À vrai dire, je ne me suis jamais posé la question.
I don't really know.	Je ne sais pas trop.
I'm not sure.	Je ne suis pas sûr.

Approbation et accord

I think it's an excellent idea.	Je trouve que c'est une excellente idée.
What a good idea!	Quelle bonne idée !
I very much enjoyed his speech.	J'ai beaucoup apprécié ...
It's a very good thing.	C'est une très bonne chose.
I think you're right to be wary.	Je trouve que vous avez raison de ...
You were right to leave your bags in left-luggage.	Vous avez bien fait de ...
Developing countries **rightly believe that** most pollution comes from developed countries.	... estiment à juste titre que ...
You're quite justified in complaining.	Vous avez bien raison de ...
I share this view.	Je partage cette opinion.
I fully share your concern.	Je partage entièrement ...
We support the creation of jobs.	Nous sommes favorables à ...
We are in favour of a united Europe.	Nous sommes en faveur de ...
It is true that mistakes were made.	Il est vrai que ...
That is absolutely correct.	C'est tout à fait exact.
I agree with you.	Je suis d'accord avec vous.
I entirely agree with you.	Je suis entièrement d'accord avec toi.

Désapprobation et désaccord

I think he was wrong to borrow so much money.	Je trouve qu'il a eu tort de ...
It's a pity that you didn't tell me.	C'est dommage que ...
It is regrettable that they allowed this to happen.	Il est regrettable que ...
I dislike the idea **intensely.**	... me déplaît profondément.
I can't stand lies.	Je ne supporte pas ...
We are against hunting.	Nous sommes contre ...
I am dead against it.	Je suis absolument contre.
We do not condone violence.	Nous ne tolérons pas ...
I am opposed to compulsory screening.	Je suis opposé au ...
I don't share this point of view.	Je ne partage pas ce point de vue.
I am disappointed by his attitude.	Je suis déçu par ...
I am deeply disappointed.	Je suis profondément déçu.
You shouldn't have said that.	Tu n'aurais pas dû ...
What gives him **the right to** act like this?	De quel droit ...
I disagree.	Je ne suis pas d'accord.
We don't agree with them.	Nous ne sommes pas d'accord avec ...
I totally disagree with what he said.	Je ne suis absolument pas d'accord avec ...
It is not true to say that the disaster was inevitable.	C'est faux de dire que ...
You are wrong!	Vous vous trompez !

Réclamations

I'm not happy with my room.	Je ne suis pas satisfait de ...
I'm very disappointed with the service provided by your hotel.	Je suis très déçu du ...
I would like to make a complaint.	Je voudrais faire une réclamation.
I'd like to speak to the manager, please.	Je voudrais parler au responsable, s'il vous plaît.
There is a problem with the booking.	Il y a un problème avec ...
That's totally unacceptable.	C'est absolument inacceptable.
Can you see to it straightaway?	Pourriez-vous vous en occuper tout de suite ?

Excuses

Pour s'excuser

Sorry.	Excusez-moi.
Oh, sorry! I've got the wrong number.	Oh, pardon !
Sorry to bother you.	Excusez-moi de vous déranger.
I'm sorry I woke you.	Je suis désolé de ...
I'm terribly sorry about the misunderstanding.	Je suis navré de ...
I do apologize.	Je vous prie de m'excuser.
We hope our readers **will excuse** this oversight.	Nous prions ... de bien vouloir excuser ...

En assumant la responsabilité de ce qui s'est passé

It's my fault; I should have left earlier.	C'est (de) ma faute : j'aurais dû ...
I shouldn't have laughed at her.	Je n'aurais pas dû ...
We were wrong not to check this information.	Nous avons eu tort de ne pas ...
I take full responsibility for what I did.	J'assume seul l'entière responsabilité de ...
I admit that I should have made more of an effort.	Je reconnais que ...

En niant toute responsabilité

It's not my fault.	Ce n'est pas (de) ma faute.
It isn't my fault if we're late.	Ce n'est pas (de) ma faute si ...
I didn't do it on purpose.	Je ne l'ai pas fait exprès.
I had no option.	Je ne pouvais pas faire autrement.
But I thought that it was ok to park here.	J'avais pourtant cru comprendre que ...
I thought I was doing the right thing in warning him.	J'avais cru bien faire en ...

En exprimant ses regrets

I'm sorry, but it's impossible.	Je regrette, mais ...
I'm afraid we're fully booked.	Je regrette, mais ...
Unfortunately we are unable to meet your request.	Il nous est malheureusement impossible de ...

L'ANGLAIS EN SITUATION

Explications

Causes

I didn't buy anything **because** I had no money.	... parce que ...
I arrived late **because of** the traffic.	... à cause de ...
Since you insist, I'll come again tomorrow.	Puisque ...
As I lived near the library, I used it a lot.	Comme ...
Given the present situation, finding a job will be difficult.	Vu ...
Given that there is an economic crisis, it is difficult to find work.	Étant donné que ...
Considering how many problems we had, we did well.	Étant donné ...
It was a broken axle **that caused** the derailment.	C'est ... qui a provoqué ...
He resigned **for** health **reasons.**	... pour des raisons de ...
The theatre is closing, **due to lack of** funds.	... faute de ...
The project was abandoned **owing to** legal problems.	... en raison de ...
Many cancers **are linked to** smoking.	... sont dus à ...
The problem is that people are disillusioned with politics.	Le problème vient de ce que ...
The drop in sales **is the result of** high interest rates.	... est due à ...
The quarrel **resulted from** a misunderstanding.	... a pour origine ...

Conséquences

I have to leave tonight, **so** I can't come with you.	... donc ...
Distribution has been improved **so that** readers now get their newspaper earlier.	... de telle sorte que ...
This cider is fermented for a very short time and is **consequently** low in alcohol.	... par conséquent ...
Our lack of consultation **has resulted in** a duplication of effort.	... a eu pour conséquence ...
That's why they are easy to remember.	Voilà pourquoi ...

Comparaisons

Gambling **can be compared to** a drug.	On peut comparer ... à ...
The shape of Italy **is often compared to** a boot.	... est souvent comparée à ...
The noise **was comparable to** that of a large motorbike.	... était comparable à ...
Africa is still underpopulated **compared with** Asia.	... comparé à ...

In the UK, the rate of inflation increased slightly **compared to** the previous year.	... par rapport à ...
What is so special about a holiday in Florida **as compared to** one in Spain?	... par rapport à ...
This story **is like** a fairy tale.	... ressemble à ...
He loved this countryside, which **reminded him of** Ireland.	... lui rappelait ...
Frightening levels of unemployment, **reminiscent of those** of the '30s.	... rappelant ceux ...
The snowboard **is the equivalent** on snow **of** the skateboard.	... est l'équivalent ... de ...
This sum **corresponds to** six months' salary.	... correspond à ...
A 'bap'? **It's the same thing as** a bread roll.	C'est la même chose que ...
It comes to the same thing in terms of calories.	Ça revient au même ...
Borrowing without permission and stealing **add up to the same thing**.	... reviennent au même.

Pour souligner une différence

No catastrophe **can compare with** the tsunami of 2004.	Aucune ... ne peut être comparée à ...
Modern factories **cannot be compared with** those our grandparents worked in.	On ne peut pas comparer ... à ...
The actions of this group **are in no way comparable to** those of terrorists.	... n'ont rien de comparable avec ...
The newspaper reports **differ** on this point.	... divergent ...
The history of the United States **in no way resembles** our own.	... ne ressemble en rien à ...
There are worse things than losing a European cup final.	Il y a des événements bien plus tragiques que ...
This film **is less** interesting **than** his first one.	... est moins ... que ...
That's got nothing to do with it.	Ça n'a rien à voir.
These are two completely different things.	Ce sont deux choses complètement différentes.
Women's life expectancy is 81 years, **while** men's is 72.	... tandis que ...
While the consumption of wine and beer is decreasing, the consumption of bottled water is increasing.	Alors que ...

Demandes et propositions

Demandes

I'd like another beer.	Je voudrais ...
I'd like to know the times of trains to Lille.	Je voudrais connaître ...
Could you give us a hand?	Pourriez-vous ...
Can you tell Eleanor the good news?	Est-ce que vous pouvez ...
Could you please show me the way out?	Auriez-vous l'obligeance de ...
Could I ask you for a few minutes of your time?	Puis-je vous demander de ...
Be an angel, pop to the baker's for me.	Sois gentille ...
If you wouldn't mind waiting for a moment.	Merci de bien vouloir ...
Would you mind opening the window?	Est-ce que cela vous dérangerait de ...
Would you be very kind and save my seat for me?	Auriez-vous l'obligeance de ...
I would be grateful if you could reply as soon as possible.	Je vous serais reconnaissant de ...

Propositions

I can come and pick you up **if** you like.	Je peux ... si ...
I could go with you.	Je pourrais ...
Do you fancy a bit of Stilton?	Ça te dit ...
How about a pear tart?	Que diriez-vous de ...
Would you like to see my photos?	Ça vous dirait de ...
Would you like to have dinner with me one evening?	Est-ce que vous voulez ...
Do you want me to go and get your car?	Est-ce que vous voulez que ...

Conseils et suggestions

Comment demander conseil

What would you do if you were me?	À ma place, que feriez-vous ?
Would you accept, **if you were me?**	... à ma place ?
What's your opinion on this?	Quel est votre avis sur la question ?
What, in your opinion, should be done to reduce pollution?	À votre avis, que peut-on faire pour ...
What would you advise?	Que me conseillez-vous ?

What would you advise me to do?	Que me conseillez-vous de faire ?
Which would you recommend, Majorca or Ibiza?	Qu'est-ce que vous me conseillez ...
If we were to sponsor a player, **who would you recommend?**	... lequel nous conseilleriez-vous ?
What strategy **do you suggest?**	Quelle ... proposez-vous ?
How would you deal with unemployment?	Qu'est-ce que vous proposez contre ...

Comment donner un conseil

If I were you, I'd be a bit wary.	À votre place ...
If I were you, I wouldn't say anything.	À ta place ...
Take my advice, buy your tickets in advance.	Je vous conseille de ...
A word of advice: read the instructions.	Un conseil ...
A useful tip: always have some pasta in your cupboard.	Un bon conseil ...
As you like languages, **you ought to** study to be a translator.	... vous devriez ...
You should see a specialist.	Vous devriez ...
You would do well to see a solicitor.	Vous feriez bien de ...
You would do better to spend the money on a new car.	Vous feriez mieux de ...
You could perhaps ask someone to go with you.	Vous pourriez peut-être ...
You could try being a little more understanding.	Vous pourriez ...
Perhaps you should speak to a plumber about it.	Il faudrait peut-être que ...
Perhaps we ought to try a different approach.	Il faudrait peut-être ...
Why don't you phone him?	Pourquoi ne pas ...
How about downloading a film?	Et si on ...
How about 3 March at 10.30am?	... ça vous va ?
It might be better to give her money rather than jewellery.	Il vaudrait peut-être mieux ...
It would be better to wait a bit.	Il serait préférable de ...

Encouragements

Well done!	Bravo !
Go on, you'll get there!	Vas-y, ...
Very good, carry on.	C'est très bien ...
Congratulations, you did very well.	Je vous félicite, ...
You've done some very good work.	C'est du très bon travail.

L'ANGLAIS EN SITUATION

Mises en garde

I warn you, I intend to get my own back.	Je vous préviens ...
I'd better warn you that he knows you did it.	Mieux vaut que je te prévienne ...
Don't forget to keep a copy of your income tax return.	N'oubliez pas de ...
Remember: keep your luggage where you can see it at all times.	N'oubliez pas de ...
Beware of buying tickets from touts.	Attention ...
Whatever you do, don't leave your camera in the car.	Surtout, ne ... jamais ...
If you don't book early **you risk** being disappointed.	... tu risques de ...

Intentions et souhaits

Pour demander à quelqu'un ce qu'il compte faire

What are you going to do?	Qu'est-ce que vous allez faire ?
What will you do if you fail your exams?	Qu'est-ce que tu vas faire si ...
What are you going to do when you get back?	Qu'allez-vous faire ...
Do you have anything planned?	Avez-vous des projets ?
Can we expect you next Sunday?	On peut compter sur vous ...
Are you planning to spend all of the holiday here?	Est-ce que tu comptes ...
Are you planning on staying long?	Vous comptez ...
What are you planning to do with your collection?	Que comptez-vous faire de ...
What are you thinking of doing?	Qu'est-ce que vous envisagez de faire ?
Do you intend to go into teaching?	Est-ce que tu as l'intention de ...
Are you thinking of making another film in Europe?	Songez-vous à ...

Pour dire ce qu'on a l'intention de faire

I was planning to go to Ajaccio on 8 July.	Je comptais ...
She plans to go to India for a year.	Elle prévoit de ...
There are plans to build a new stadium.	Il est prévu de ...
The bank **intends to** close a hundred branches.	... a l'intention de ...
I am thinking of giving up politics.	Je songe à ...
I have decided to get a divorce.	J'ai décidé de ...
I have made up my mind to stop smoking.	Je suis décidé à ...

We never had any intention of talking to the press.	Il n'a jamais été dans nos intentions de ...
That's settled, we'll go to Florida in May.	C'est décidé ...
For me, living abroad **is out of the question.**	Il n'est pas question ... de ...

Souhaits

I'd like to be able to play as well as him.	Je voudrais ...
I'd like to go hang-gliding.	J'aimerais ...
I would like my photos to be published.	J'aimerais que ...
I would like to have had a brother.	J'aurais aimé ...
I want to act in films.	Je veux ...
Ian **wanted at all costs** to prevent his boss finding out.	... voulait à tout prix ...
We wish to preserve our independence.	Nous souhaitons ...
I hope to have children.	J'espère ...
We hope that children will watch this programme with their parents.	Nous espérons que ...
Do you dream of winning the lottery?	Vous rêvez de ...
I dream of having a big house.	Mon rêve serait de ...

Obligation

I must find somewhere to live.	Il faut que je ...
We really must see each other more often!	Il faut absolument qu'on ...
If you're going to Poland, **you must** learn Polish.	... vous devez ...
He **made** his secretary answer all his calls.	... exigeait que ...
My mother **makes me** eat spinach.	... me force à ...
The hijackers **demanded that** the plane fly to the capital.	... ont exigé que ...
A serious illness **forced me to** cancel my holiday.	... m'a obligé à ...
He **was obliged to** borrow more and more money.	... a été obligé de ...
Mary **had no choice but to** invite him.	... n'avait pas pu faire autrement que de ...
The only thing you can do is say no.	La seule chose à faire, c'est de ...
Many mothers **have to** work; **they have no other option.**	... sont obligées de ... elles n'ont pas le choix.
She had the baby adopted because **she had no other option.**	... elle ne pouvait pas faire autrement.
School **is compulsory** until the age of sixteen.	... est obligatoire ...
It is essential to know some history, if we are to understand the situation.	Il est indispensable de ...

Permission

Comment demander la permission de faire quelque chose

Can I ask you something?	Je peux ...
Is it ok if I come now, or is it too early?	Ça ne vous dérange pas si ...
You don't **mind if** I smoke, do you?	Ça ne vous dérange pas que ...
Do you mind if I open the window?	Est-ce que ça vous dérange si ...
Would you mind if I had a look in your briefcase, madam?	Vous permettez que ...
Could I have permission to leave early?	Est-ce que je peux vous demander la permission de ...

Autorisation

Do as you please.	(Vous) faites comme vous voulez.
Go ahead!	Allez-y !
Please do.	Je vous en prie.
No, of course I don't mind.	Bien sûr que non.
I have nothing against it.	Je n'y vois pas d'inconvénient.
Pupils **are allowed to** wear what they like.	... ont le droit de ...

Défense

I forbid you to go out!	Je te défends de ...
It's forbidden.	C'est défendu.
Smoking in the toilet **is forbidden.**	Il est interdit de ...
Child labour is **strictly forbidden by** a UN convention.	... formellement interdit par ...
No entry!	Défense d'entrer !
No parking.	Stationnement interdit.
It's not allowed.	C'est interdit.
You are not allowed to swim in the lake.	Il est interdit de ...
We weren't allowed to eat or drink while on duty.	On n'avait pas le droit de ...
That's out of the question.	Il n'en est pas question.

Certitude, probabilité et possibilité

Certitude

Undoubtedly, there will be problems.	Il est certain que ...
That course of action would **undoubtedly** lead to problems later.	... sans doute ...
They were **no doubt** right.	... sans doute ...
There is no doubt that the country's image has suffered.	Il ne fait aucun doute que ...
It's bound to cause trouble.	Cela va sûrement ...
Clearly the company is in difficulties.	Il est évident que ...
A foreign tourist is **quite obviously** a rare sight here.	... de toute évidence ...
It is undeniable that she was partly to blame.	Il est indéniable que ...
I am sure you will like my brother.	Je suis sûre que ...
I am sure that I will win.	Je suis sûr de ...
I'm sure that I won't get bored working with him.	J'ai la certitude que ...
I am certain that we are on the right track.	Je suis certain que ...
I am convinced that there are other solutions.	Je suis persuadé que ...

Probabilité

The price of petrol will **probably** rise.	Il est probable que ...
Inflation will **very probably** exceed 10%.	... très probablement ...
It is highly probable that they will abandon the project.	Il est fort probable que ...
The trend **is likely** to continue.	Il est probable que ...
The construction work **should** start in April.	... devrait ...
He must have forgotten to open the windows.	Il a dû ...

Possibilité

It's possible.	C'est possible.
It is possible that they got your name from the electoral register.	Il est possible que ...
It is not impossible that he has gone to Paris.	Il n'est pas impossible que ...
That might be more expensive.	Il se peut que ...
He may have misunderstood.	Il a peut-être ...
This virus **may** be extremely infectious.	Il se peut que ...
It may be that it will take time to achieve peace.	Il se peut que ...
In a few months everything **could** change.	... peut ...
Perhaps I am mistaken.	Peut-être que ...

Incertitude, improbabilité et impossibilité

Incertitude

I'm not sure (that) it's useful.	Je ne suis pas sûr que ...
I'm not sure I'll manage.	Je ne suis pas certain de ...
We cannot be sure that the problem will be solved.	Il n'est pas certain que ...
I very much doubt he'll adapt to not working.	Je doute fort que ...
Is it wise? **I doubt it.**	J'en doute.
He began to **have doubts about** his doctor's competence.	... douter de ...
I wonder if we've made much progress in this area.	Je me demande si ...
There is no guarantee that a vaccine can be developed.	Il n'est pas garanti que ...
Nobody knows exactly what happened.	Personne ne sait exactement ...

Improbabilité

He **probably won't** change his mind.	... ne ... probablement pas ...
It is unlikely that there'll be any tickets left.	Il est peu probable que ...
I'd be surprised if they had your size.	Ça m'étonnerait que ...
They are not likely to get the Nobel prize for Economics!	Ils ne risquent pas de ...
There is not much chance the growth rate will exceed 1.5%.	Il y a peu de chances que ...
There's no danger we'll get bored.	Nous ne risquons pas de ...
It would be amazing if everything went according to plan.	Il serait étonnant que ...

Impossibilité

It's impossible.	C'est impossible.
It is not possible for the government to introduce this Bill before the recess.	Il n'est pas possible que ...
This information **cannot be** wrong.	Il est impossible que ...
There is no chance of their helping us.	Il n'y a aucune chance que ...

Salutations

Hello!	Bonjour !
Hi!	Salut !
Good morning!	Bonjour !
Good afternoon!	Bonjour !
Good evening!	Bonsoir !
How's it going?	Comment ça va ?
How's things?	Comment (ça) va ?
How's life?	Comment (ça) va ?
How are you?	Comment allez-vous ?

Réponses

Very well, thanks, and you?	Très bien, merci, et vous ?
Fine, thanks.	Bien, merci.
Great!	Super bien !
So-so.	Comme ci comme ça.
Could be worse.	On fait aller.
Not bad, thanks.	Pas mal, merci.

Présentations

This is Charles.	Je te présente ...
Let me introduce you to my girlfriend.	Je vous présente ...
I'd like you to meet my husband.	Je vous présente ...
I don't believe you know one another.	Je ne crois pas que vous vous connaissiez.

Une fois qu'on a été présenté

Pleased to meet you.	Enchanté.
Hello, how do you do?	Enchanté de faire votre connaissance.
Hi, I'm Jane.	Salut, moi c'est ...

Pour prendre congé

Bye!	Au revoir !
Goodbye!	Au revoir !
Good night!	Bonne nuit !
See you!	Salut !
See you later!	À tout à l'heure !
See you soon!	À bientôt !

See you tomorrow!	À demain !
See you next week!	À la semaine prochaine !
See you (on) Thursday!	À jeudi !

Vœux et félicitations

Happy Birthday!	Bon anniversaire !
Many happy returns!	Bon anniversaire !
Merry Christmas!	Joyeux Noël !
Happy New Year!	Bonne année !
Happy Anniversary!	Bon anniversaire de mariage !
Congratulations!	Félicitations !
Welcome!	Soyez les bienvenus !
Good luck!	Bonne chance !
Safe journey!	Bon voyage !
Have fun!	Amusez-vous bien !
Get well soon!	Bon rétablissement !
Take care!	Fais bien attention à toi !
Cheers!	(À votre) santé !
Enjoy your meal!	Bon appétit !

Remerciements

Thank you.	Merci.
Thank you for your cooperation.	Merci de ...
Thank you for being so patient.	Je vous remercie de ...
Thank you very much.	Merci beaucoup.
Thank you ever so much.	Merci mille fois.
How can I ever thank you?	Je ne sais pas comment vous remercier.
We are very grateful to you for putting our daughter up.	Nous vous sommes très reconnaissants de ...

Pour commencer et terminer vos e-mails et vos lettres

Les lettres d'affaires

Formule de début	Formule de fin
Dear Sirs Dear Sir Dear Madam Dear Sir or Madam	Yours faithfully *(Brit)* Sincerely (yours) *(US)*
Dear Professor Meldrum Dear Ms Gilmour Dear Jayne McKenzie	Yours sincerely *(Brit)* Sincerely (yours) *(US)*
Dear Bill Dear David and Carrie	Best wishes Kind regards Best regards

Pour commencer un e-mail/une lettre d'affaires

Thank you for your email/letter. — Je vous remercie de votre e-mail/lettre.

In reply to your letter of ... — En réponse à votre lettre du ...

Further to ... — Suite à ...

I am writing to ... — Je vous écris pour ...

Please ... — Je vous prie de ...

Please find enclosed/attached ... — Veuillez trouver ci-joint ...

I would be grateful if you would ... — Je vous serais reconnaissant de ...

We are pleased to inform you ... — Nous avons le plaisir de vous informer ...

We regret to inform you ... — Nous sommes au regret de vous informer ...

Pour terminer un e-mail/une lettre d'affaires

I look forward to hearing from you. — Dans l'attente de votre réponse.

Thanking you in advance for your help. — En vous remerciant à l'avance pour votre aide.

If you require any further information please do not hesitate to contact me. — N'hésitez pas à me contacter pour toute information complémentaire.

If I can help you with anything else, please do get back in touch.	Si je peux vous aider en quoi que ce soit, n'hésitez pas à me recontacter.
Once again, I apologize for any inconvenience.	Veuillez m'excuser à nouveau pour le désagrément occasionné.

Les lettres personnelles

Formule de début	Formule de fin
Dear Mr and Mrs Roberts	Yours *(assez soutenu)*
Dear Kate and Jeremy	With best wishes
Dear Aunt Jane and Uncle Alan	Love from
Dear Granny	Lots of love from *(familier)*

Pour commencer un e-mail/une lettre personnel(le)

It was lovely to hear from you.	Cela m'a fait plaisir d'avoir de vos nouvelles.
Thank you for your letter.	Merci pour ta lettre.
I'm sorry I haven't written sooner.	Je suis désolé de ne pas t'avoir écrit plus tôt.
I hope all is well with you.	J'espère que tu vas bien.

Pour terminer un e-mail/une lettre personnel(le)

Write soon.	Écris-moi vite.
Say hello to ... for me.	Dis bonjour à ... de ma part.
Give my regards to ...	Transmettez mes amitiés à ...
Give my love to ...	Embrasse ... pour moi.
... sends his/her best wishes.	... me charge de te transmettre ses amitiés.
... sends his/her love.	... t'embrasse.

E-mail formel

New Message

File | Edit | View | Tools | **Compose** | Help | Send

To: aldunn@amd_pr.co.uk

Cc:

Bcc:

Subject: Request for possible internship

New
Reply to Sender
Reply to All
Forward
Attachment

Dear Mr Dunn

I am currently in my final year of a marketing degree at Oxford Brookes University and am interested in pursuing a career in public relations. I would like to enquire as to the possibility of carrying out an internship with your company this summer.

I know that AMD is one of the leading PR companies in the area and is particularly renowned for its work with social media, which is a great interest of mine and an area I am currently researching for my dissertation. I am expected to gain a first-class degree and have won several student awards in the course of my studies.

I am keen to learn more about the PR industry and believe I have several skills that would make me a valuable asset to your company. I have attached my CV which will give you more information about my background and would welcome the opportunity to come for interview.

Looking forward to hearing from you soon.

Yours sincerely

Sally Anderson

E-mail personnel

New Message

File | Edit | View | Tools | Compose | Help | Send

Compose: New / Reply to Sender / Reply to All / Forward / Attachment

To: nicfraser@freemail.co.uk

Cc:

Bcc:

Subject: Party!

Hi Nicky

I'm just emailing to see if you and Pete are free next Saturday as we're having a party here to celebrate Andy's 40th. We've invited around 50 people so it should be a really good night, and we can make as much noise as we like as the kids will be staying with their grandparents :-)

Really hope you can both make it! If so, we look forward to seeing you any time after 8pm.

Take care

Jennifer

File	Fichier
Edit	Édition
View	Affichage
Tools	Outils
Compose	Composer
Help	Aide
Send	Envoyer
New	Nouveau message
Reply to Sender	Répondre
Reply to All	Répondre à tous
Forward	Faire suivre, transférer
Attachment	Pièce jointe
To	À
Cc	Cc
Bcc (blind carbon copy)	Cci (copie carbone invisible)
Subject	Objet
From	De
Sent	Date

Lettre formelle

Alice Aubeuf
Les Glycines
12, chemin des Écoliers
87430 CERGY-LES-VOIS
France

International Language Centre
University of Liverpool
134 New Road
LIVERPOOL
L1 0BU

11 February 2019

Dear Sir/Madam

I am writing to ask for information about the summer language courses you offer. I am especially interested in the two-week intensive Business English course. I have been studying English at university in France but would like to improve my knowledge of business terminology and learn how to communicate with English-speaking companies.

I have looked at your website but there is no up-to-date information on prices for the intensive courses and so I would be grateful if you could send me a price list. Could you also tell me if there are still places available for the course beginning on 11 August?

Finally, I would also need accommodation in Liverpool and would like to know if you rent out rooms in the university halls of residence during the summer months. If so, could you advise me on how much a single room costs per week and who I would contact to reserve a room?

Thank you in advance and I look forward to hearing from you soon.

Yours faithfully
Alice Aubeuf

On utilise cette formule lorsque l'on ne connaît pas le nom du destinataire.

CV britannique

Rosalind A. Williamson
11 North Street, Barnton, NE6 2BT
Tel: 01294 476230
Mob: 07763 687 422
rosawilliamson@freemail.co.uk

Aujourd'hui, dans les CV en anglais, il n'est plus nécessaire d'indiquer sa date de naissance ni sa situation de famille.

Enthusiastic, career-driven professional with eight years' experience in events management now seeking a fresh challenge in a position that will allow me to use my energy, creativity and organizational skills in a fast-paced environment.

CORE COMPETENCIES

- Excellent time management and organizational skills
- Enthusiastic and inspiring team leader
- Exemplary communication and client-handling skills

PROFESSIONAL EXPERIENCE

2013 to date: Events Organizer, Association of Marketing Professionals, Barnton

- Responsible for planning and managing c. 15 events per year to strict budgetary requirements
- Conducted research to identify new business opportunities
- Chaired regular meetings with clients to discuss requirements and budgets
- Communicated with external professionals to ensure efficient running of each event
- Responsible for training new and existing staff; line manager of team of five

2011–2013: Marketing Executive, Beech Tree Theatre, Bournemouth

- Managed and updated online content
- Built successful relationships with clients and festival organizers
- Enhanced brand image through direct and online marketing
- Maintained all databases and computer records

Si vous possédez des diplômes français, utilisez une formulation du type **equivalent to A-levels** (baccalauréat), **equivalent to BA (Hons)** (licence de lettres), etc.

QUALIFICATIONS

2010–2011:	Postgraduate Diploma in Event Management, City University
2006–2010:	University of Bournemouth, BA (Hons) Italian with Marketing – 2:1
2006:	A-levels in Italian (A), English Literature (B), Business Studies (B)

OTHER SKILLS

Computer literate (Windows, Excel, PowerPoint, QuarkXPress, Wordpress)
Full clean driving licence
Member of the Chartered Institute of Marketing
Excellent working knowledge of Italian, conversational French

INTERESTS

Travel (have travelled extensively throughout Europe and North America), riding and sailing.

REFEREES

Ms Alice Brownlie
Managing Director
Association of Marketing Professionals
7 Howden Road
Barnton NE4 3KL
Email: abrownlie@amp.com

Ms Gwen Arthur
Marketing Manager
Beech Tree Theatre
Attersley Street
Bournemouth BN4 6TH
Email:
gwenarthur@beechtree.co.uk

CV américain

Le CV s'appelle **résumé** en anglais américain. Il est en général plus court et moins détaillé qu'un CV britannique.

Ross G. Brewer
450 Eastfield Street, Pittsburgh, PA 15201
Tel: 553 901-9785
rgbrewer@freemail.com

PROFILE

Web developer with 8 years' experience in HTML, CSS and SEO working as part of a technical team with line management of 3 junior staff members. Core responsibilities involve planning, creating and managing corporate websites for a range of blue-chip clients.

EMPLOYMENT HISTORY

Webwise, Pittsburgh, PA, November 2014 – Present
Senior Web Developer

- Responsible for creating and managing websites for around 10 high-profile clients from the finance sector
- Manage a team of 3 Junior Web Developers
- In charge of in-house SEO training for new hires

Pennsylvania State University, Philadelphia, PA, 2010–2014
Technical Instructor

- Technical instructor and curriculum developer for the Web Development undergraduate course

Si vous possédez un diplôme français, utilisez une formulation du type **equivalent to Bachelor of Science degree** (licence de sciences).

EDUCATION

State University of New York, 2006–2010

Bachelor of Science degree in Computer Science and Systems Management
Overall GPA 3.7/4.0

GPA = « **grade point average** » ou moyenne des notes obtenues sur toute la durée des études.

REFERENCES

Available on request

On peut soit donner sur son CV les coordonnées des personnes dont on se recommande, soit attendre que l'employeur les demande (le plus souvent juste avant l'offre d'emploi).

Lettre de candidature

Claudine Martinon
Le Clos des Papillons
13678 VILLECROZE
France
18 April 2019

The Manager
La Fourchette
Clifton Passage
WELLS
LL33 0BU

Dear Sir or Madam

> Lorsqu'on ignore si le destinataire est un homme ou une femme, il convient d'utiliser la formule ci-contre. Toutefois, si l'on connaît le nom de la personne, on utilise la présentation suivante :
>
> **Ms Claire Harvey**
> **Manager**
> **La Fourchette** etc
>
> Pour commencer votre lettre, la formule à employer est la suivante :
>
> **Dear Ms Harvey**

With reference to your advertisement in the Guardian of 15 April, I would like to apply for the job of junior wine waiter. I have just graduated from university in Aix-en-Provence, where I studied languages. I am well informed about wines, since my family has a vineyard in Villecroze. In the university holidays I often worked in our own wine shop, where visitors are able to taste our wines. I therefore have plenty of experience of talking to people about wine, in English, French and German. I also have experience of working as a waitress: last year I worked for three months at a well-known restaurant in Aix-en-Provence (Les Trois Gouttes). The manager would be pleased to give me a reference.

I would like to work in England as I am interested in finding out about British tastes in wine. I would particularly like to work in your restaurant, which has such a good reputation.

Yours faithfully

Claudine Martinon

enc: CV

Comment rédiger l'adresse sur une enveloppe

Adresses britanniques

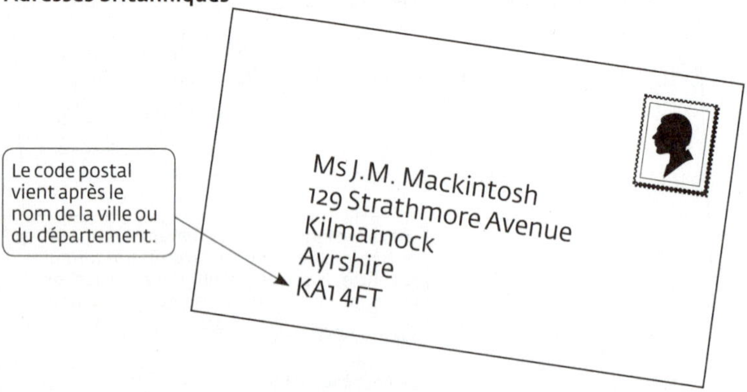

Adresses américaines

Abréviations couramment employées dans les adresses

Ave = Avenue	Dr = Drive	Pl = Place	Sq = Square
Cres = Crescent	Gdns = Gardens	Rd = Road	St = Street

Téléphone et Internet

Les différents types de communication

Local/national call.	Communication locale/ interurbaine.
I want to make an international call.	Je voudrais appeler l'étranger.
How do I get an outside line?	Comment est-ce que je peux téléphoner à l'extérieur ?
Is there a mobile network available?	Y a-t-il du réseau pour les appels avec le portable ?

Obtenir un numéro

What is the number for the tourist information office?	Quel est le numéro de ...
Can you give me the number for Europost, 20 Cumberland Street, Newquay?	Je voudrais le numéro de ...
What is the code for Martinique?	Quel est l'indicatif de ...
What is the number for the speaking clock?	Quel est le numéro de l'horloge parlante ?

Réponses

The number you require is 0181-613 3297. *(o-one-eight-one six-one-three three-two-nine-seven)*	Le numéro que vous avez demandé est le ...
I'm sorry, there's no listing under that name.	Je regrette, mais ce nom ne figure nulle part.
The number you require is ex-directory *(Brit)* *ou* **unlisted** *(US)*.	Le numéro que vous avez demandé est sur liste rouge.

Lorsque l'abonné répond

Could I speak to Mr Sanderson, please?	Pourrais-je parler à ...
Could you put me through to Dr Evans, please?	Pourriez-vous me passer ...
Can I have extension 6578, please?	Pourriez-vous me passer le poste ...
I'll call back in half an hour.	Je rappellerai dans ...
Would you ask him to call me when he gets back?	Pourriez-vous lui demander de me rappeler à son retour ?

Au standard

Who shall I say is calling?	C'est de la part de qui ?
I'm putting you through.	Je vous le passe.
I have a call from Tokyo **for** Mrs Thomson.	J'ai un appel de ... pour ...
I've got Miss Martin **on the line.**	J'ai ... en ligne.
Dr Roberts **is on another line. Do you want to hold?**	... est en ligne, vous patientez ?
Please hold.	Ne quittez pas.
There's no reply.	Ça ne répond pas.
Would you like to leave a message?	Voulez-vous laisser un message ?

Messages enregistrés

The number you have dialled has not been recognized. Please hang up.	Le numéro de votre correspondant n'est pas attribué. Veuillez raccrocher.
The number you have dialled has been changed to 020-7789 0044.	Le numéro de votre correspondant a changé. Veuillez composer désormais le ...
All the lines are busy right now. Please try again later.	Par suite de l'encombrement des lignes, votre appel ne peut aboutir. Veuillez rappeler ultérieurement.
Hello, you have reached Sunspot Insurance. **Please wait, your call will be answered shortly.**	Bonjour, vous êtes en communication avec ... Veuillez patienter, nous allons donner suite à votre appel dans quelques instants.
Hello, you are through to Emma and Matthew Hargreaves. **Please leave a message after the tone and we'll get back to you.** Thanks.	Bonjour, vous êtes bien chez ... Laissez un message après le bip sonore et nous vous rappellerons dès notre retour.

Pour répondre au téléphone

Hello, it's Anne **speaking.**	Allô, c'est ... à l'appareil.
Speaking.	C'est moi.
Who's speaking?	Qui est à l'appareil ?

En cas de difficulté

I can't get through.	Je n'arrive pas à avoir le numéro.
Their phone is out of order.	Leur téléphone est en dérangement.
We have been cut off.	Nous avons été coupés.
I must have dialled the wrong number.	J'ai dû faire un faux numéro.
This is a very bad line.	La ligne est très mauvaise.
I can't get a signal here.	Il y a une mauvaise réception ici.
I can't get a network.	Je n'ai pas de réseau.
You're breaking up.	Je ne te capte plus.
I've run out of credit.	Je n'ai plus de crédit.
I'm not getting Whatsapp messages.	Je ne reçois pas les messages sur Whatsapp.
I've only got ... per cent battery left.	Il ne me reste plus que ... pour cent de batterie.

Téléphone portable

Where can I charge my mobile *(Brit) ou* cell *(US)* (phone)?	Où est-ce que je peux recharger mon portable ?
I need a new battery.	Il me faut une batterie neuve.
I'd like to buy a SIM card with/without a contract.	Je voudrais acheter une carte SIM avec/sans abonnement.

Internet

Do you have an Internet connection/Wi-Fi?	Y a-t-il une connexion Internet/wi-fi ?
What's the Wi-Fi password?	Quel est le mot de passe pour le wi-fi ?
I've forgotten my password.	J'ai oublié mon mot de passe.
Do you know the website address?	Connaissez-vous l'adresse du site Web ?
I would like to download the timetable.	Je voudrais télécharger ...
Are you on Twitter®/Facebook®?	Est-ce que vous êtes sur Twitter®/Facebook® ?

Réseaux sociaux

an account	un compte
to check one's account	vérifier son compte
a blog	un blog
to comment (on)	faire un commentaire sur
to create/open an account	créer/ouvrir un compte
a dashboard	un tableau de bord
a (discussion) thread	un fil de discussion
a DM (direct message)	un message privé (MP), un message direct
to DM sb	envoyer un message privé *ou* un MP à quelqu'un
a follower	un suiveur, une suiveuse; un(e) abonné(e)
to follow	suivre
a forum	un forum
a friend	un(e) ami(e)
to friend	ajouter à sa liste d'amis
a hashtag	un mot-dièse, un hashtag
a news feed	un news feed, un fil d'actualités *ou* de nouvelles
a profile	un profil
a profile picture	une photo du profil
an RSS feed	un fil d'actualités *ou* de nouvelles RSS
a status update	une mise à jour du statut
to tag sb in a photo	taguer qn sur une photo
a trending topic	un sujet tendance
a tweet	un tweet
to tweet (about)	tweeter (sur)
to retweet	retweeter
to unfollow	arrêter de suivre
a wall	un mur
to post sth on/to sb's wall	poster qch sur le mur de qn
to write on sb's wall	écrire sur le mur de qn

Abréviations courantes dans les e-mails et SMS

2 = *to, too, to-* (*e.g.* **2moro** = *tomorrow*)
4 = *for*
b4 = *before*
btw = *by the way*
c = *see*
im(h)o = *in my (humble) opinion*
l8r = *later*
lol = *laugh out loud*
OMG = *oh my God*
pls *or* **plz** = *please*
r = *are*
rly = *really*
soz = *sorry*
thx = *thanks*
u = *you*
ur = *your, you're*

French in action

The aim of **French in action** is to help you express yourself simply but correctly in fluent, natural French.

The **Sentence builder** section features hundreds of phrases in which the key elements have been translated, providing an invaluable point of reference when you then construct your own sentences.

The section on **Correspondence** contains practical models of personal and business letters and emails, job applications and CVs, together with examples of standard opening and closing formulae and information on how to address an envelope. This section also offers guidance notes to help you adapt these models to your needs.

The section **Telephone and Internet** covers all the expressions you might need to make different types of phone calls as well as useful vocabulary on using the Internet and social media.

We hope you will find **French in action** both relevant and useful and that, used in conjunction with the dictionary, it will improve your understanding and enjoyment of French.

Contents

Likes, dislikes and preferences

Saying what you like

J'aime les gâteaux.	I like ...
J'aime que les choses soient à leur place.	I like ...
J'ai bien aimé le film.	I really liked ...
J'adore sortir en boîte.	I love ...
Ce que je préfère chez Laurent, c'est son enthousiasme.	What I like most ...
Ce que j'aime par-dessus tout, c'est son sourire.	What I like most of all is ...
La visite des vignobles **m'a beaucoup plu.**	I very much enjoyed ...
J'ai un faible pour le chocolat.	I've got a weakness for ...
Rien ne vaut un bon café.	You can't beat ...
Rien de tel qu'un bon bain chaud !	There's nothing better than ...
Le couscous est **mon** plat **favori.**	My favourite ...
La lecture est **une de mes** activités **préférées.**	... one of my favourite ...
Cela ne me déplaît pas de sortir seule.	I don't mind ...

Saying what you dislike

Je n'aime pas le poisson.	I don't like ...
Je n'aime pas beaucoup parler en public.	I'm not very keen on ...
Je ne l'**aime pas du tout.**	I don't like ... at all.
Cette idée **ne m'emballe pas.**	I'm not particularly keen on ...
Je déteste la chimie.	I hate ...
J'ai horreur du sport.	I loathe ...
Je ne supporte pas qu'on me mente.	I can't stand ...
Sa façon d'agir **ne me plaît pas du tout.**	I don't like ... at all.
Ce que je déteste le plus, c'est le repassage.	What I hate most is ...

Saying what you prefer

Je préfère le rock **à** la musique classique.	I prefer ... to ...
Je préférerais vivre à Paris.	I would rather ...
J'aimerais mieux mourir **que de** lui demander un service.	I'd sooner ... than ...

Expressing indifference

Ça m'est égal.	It's all the same to me.
Je n'ai pas de préférence.	I have no preference either way.
C'est comme vous voudrez.	As you wish.

Cela n'a aucune importance.	It doesn't matter in the least.
Peu importe.	I don't mind.

Asking what someone likes

Est-ce que vous aimez les frites ?	Do you like ...
Est-ce que vous aimez faire la cuisine ?	Do you like ...
Est-ce que cela vous plaît de vivre en ville ?	Do you enjoy ...
Qu'est-ce que vous préférez : la mer ou la montagne ?	Which do you like better ...
Vous préférez lequel, le rouge ou le noir ?	Which do you prefer ...
Est-ce que vous préférez vivre à la campagne ou en ville ?	Do you prefer ...
Qu'est-ce que vous aimez le plus à la télévision ?	What do you like best ...

Opinions

Asking for opinions

Qu'en pensez-vous ?	What do you think about it?
Que pensez-vous de sa façon d'agir ?	What do you think of ...
Je voudrais savoir ce que vous pensez de son travail.	I'd like to know what you think of ...
J'aimerais connaître votre avis sur ce problème.	I would like to know your views on ...
Est-ce que vous pourriez me donner votre opinion sur cette émission ?	What do you think of ...
Quelle est votre opinion sur la peine de mort ?	What is your opinion on ...
À votre avis, hommes et femmes sont-ils égaux ?	In your opinion ...
Selon vous, faut-il donner plus de liberté aux jeunes ?	In your opinion ...

Expressing opinions

Vous avez raison.	You are right.
Il a tort.	He is wrong.
Il a eu tort de démissionner.	He was wrong to ...
Je pense que ce sera possible.	I think ...
Je crois que c'est un peu prématuré.	I think ...
Je trouve que c'est bizarre.	I find it ...
Personnellement, je pense que c'est trop cher.	Personally, I think that ...
Il me semble que vous vous trompez.	I think ...
J'ai l'impression que ses parents ne la comprennent pas.	I get the impression that ...

Je suis certain qu'il est tout à fait sincère.	I'm sure ...
Je suis sûr que Marc va gagner.	I'm sure ...
Je suis persuadé qu'il y a d'autres solutions.	I am convinced that ...
À mon avis, il n'a pas changé.	In my opinion ...
D'après moi, il a fait une erreur.	In my view ...
Selon moi, c'est impossible.	In my view ...

Being noncommittal

Ça dépend.	It depends.
Tout dépend de ce que vous entendez par là.	It all depends what you mean by ...
Je ne peux pas me prononcer.	I'd rather not express an opinion.
Je n'ai pas d'opinion bien précise à ce sujet.	I have no definite opinion on this.
Je ne me suis jamais posé la question.	I have never thought about it.
Je ne sais pas trop.	I don't really know.
Je ne suis pas sûr.	I'm not sure.

Approval and agreement

Je trouve que c'est une excellente idée.	I think it's an excellent idea.
Quelle bonne idée !	What a good idea!
J'ai beaucoup apprécié son article.	I really enjoyed ...
C'est une très bonne chose.	It's a very good thing.
Je trouve que vous avez raison de vous méfier.	I think you're right to ...
Vous avez bien fait de laisser vos bagages à la consigne.	You were right to ...
Vous n'avez pas tort de critiquer le gouvernement.	You're quite justified in ...
Je partage cette opinion.	I share this view.
Je partage votre inquiétude.	I fully share your ...
Nous sommes favorables à la création d'emplois.	We are in favour of ...
Nous sommes en faveur d'une Europe unie.	We are in favour of ...
Il est exact que c'est un risque à prendre.	It is true that ...
Il est vrai que cette erreur aurait pu être évitée.	It is true that ...
Je suis d'accord avec vous.	I agree with you.
Je suis entièrement d'accord avec toi.	I entirely agree with you.

Disapproval and disagreement

Je trouve qu'il a eu tort d'emprunter autant d'argent.	I think he was wrong to ...
Il est dommage qu'il ait réagi ainsi.	It's a pity that ...
Il est regrettable qu'ils ne nous aient pas prévenus.	It is regrettable that ...
Cette idée **me déplaît profondément.**	I dislike ... intensely.
Je ne supporte pas le mensonge.	I can't stand ...
Nous sommes contre la chasse.	We are against ...
Je suis absolument contre.	I am dead against it.
Je refuse cette solution.	I reject ...
Je suis opposé à toute forme de censure.	I am opposed to ...
Je ne partage pas ce point de vue.	I don't share this point of view.
Je suis déçu par son attitude.	I am disappointed by ...
Je suis profondément déçu.	I am deeply disappointed.
Tu n'aurais pas dû lui parler sur ce ton.	You shouldn't have ...
Nous ne pouvons accepter de voir la situation se dégrader.	We can't stand by and ...
C'est inacceptable.	This is unacceptable.
De quel droit agit-**il** de la sorte ?	What gives him the right to ...
Je ne suis pas d'accord.	I disagree.
Nous ne sommes pas d'accord avec eux.	We don't agree with ...
Je ne suis absolument pas d'accord avec ce qu'il a dit.	I totally disagree with ...
C'est faux de dire que cette erreur était inévitable.	It is wrong to say that ...
Vous vous trompez !	You're wrong!

Complaints

Je ne suis pas satisfait de ma chambre.	I'm not happy with ...
Je suis très déçu du service fourni par votre hôtel.	I'm very disappointed with ...
Je voudrais faire une réclamation.	I would like to make a complaint.
Je voudrais parler au responsable, s'il vous plaît.	I would like to speak to the manager, please.
Il y a un problème avec la réservation.	There is a problem with ...
C'est absolument inacceptable.	That's totally unacceptable.
Pourriez-vous vous en occuper tout de suite ?	Can you see to it straightaway?

FRENCH IN ACTION

Apologies

How to say sorry

Excusez-moi.	Sorry.
Excusez-moi de vous déranger.	Sorry to bother you.
Oh, pardon ! J'ai dû faire un faux numéro.	Oh, sorry!
Je suis désolé de vous avoir réveillé.	I am sorry I ...
Je suis désolé pour tout ce qui s'est passé.	I am sorry about ...
Je vous prie de m'excuser.	I do apologize.
Nous prions nos lecteurs **de bien vouloir excuser** cette omission.	We hope ... will excuse ...

Admitting responsibility

C'est (de) ma faute : j'aurais dû partir plus tôt.	It's my fault, I should have ...
Je n'aurais pas dû me moquer d'elle.	I shouldn't have ...
Nous avons eu tort de ne pas vérifier cette information.	We were wrong not to ...
J'assume seul l'entière responsabilité de cette erreur.	I take full responsibility for ...
Je reconnais que j'aurais dû faire un effort.	I admit that ...

Disclaiming responsibility

Ce n'est pas (de) ma faute.	It's not my fault.
Ce n'est pas (de) ma faute si nous sommes en retard.	It's not my fault if ...
Je ne l'ai pas fait exprès.	I didn't do it on purpose.
Je ne pouvais pas faire autrement.	I had no other option.
J'avais pourtant cru comprendre que je pouvais me garer là.	But I thought that ...
J'avais cru bien faire en le prévenant.	I thought I was doing the right thing in ...

Apologizing for being unable to do something

Je regrette, mais ce n'est pas possible.	I'm sorry, but ...
Je suis désolé, mais je ne peux pas vous aider.	I'm sorry, but ...
Il nous est malheureusement impossible d'accéder à votre demande.	Unfortunately, it's impossible for us to ...

Explanations

Causes

Je n'ai rien acheté **parce que** je n'ai pas d'argent.	... because ...
Je suis arrivé en retard **à cause des** embouteillages.	... because of ...
Puisque tu insistes, je vais rester un jour de plus.	Since ...
Comme j'habitais près de la bibliothèque, j'y allais souvent.	As ...
Je ne pourrai pas venir **car** je n'ai pas fini.	... as ...
Vu la situation actuelle, nous ne pouvons pas nous prononcer.	Given ...
Étant donné la crise, il est difficile de trouver du travail.	Given ...
C'est une rupture d'essieu **qui a provoqué** le déraillement.	It was ... that caused ...
Le théâtre va fermer **faute de** moyens.	... due to lack of ...
Il a donné sa démission **pour des raisons de** santé.	... for ... reasons.
Le projet a été abandonné **en raison de** problèmes juridiques.	... owing to ...
Le malaise des enseignants **est lié à** la difficulté de leur métier.	... is linked to ...
Le problème vient de ce que les gens sont déçus par la politique.	The problem is that ...
Le ralentissement des exportations **provient de** la chute de la demande européenne.	... is the result of ...
La haine **résulte de** l'incompréhension.	... results from ...

Consequences

Je dois partir ce soir. Je ne pourrai **donc** pas venir avec vous.	... so ...
La distribution a été améliorée, **de telle sorte que** les lecteurs trouveront leur journal plus tôt.	... so that ...
Le cidre nouveau est très peu fermenté et **par conséquent** très peu alcoolisé.	... consequently ...
Ce manque de concertation **a eu pour conséquence** une duplication inutile de nos efforts.	... has resulted in ...
Voilà pourquoi on s'en souvient.	That's why ...

Comparisons

On peut comparer la télévision **à** une drogue.	... can be compared to ...
Un texte **qui tient** à la fois **du** conte et du récit d'aventures.	... which has elements of ...
Le Centre Pompidou **est souvent comparé à** un paquebot.	... is often compared to ...
Le bruit **était comparable à** celui d'une moto dépourvue de silencieux.	... was comparable to ...
L'Afrique reste un continent sous-peuplé **comparé à** l'Asie.	... compared with ...
Par comparaison avec l'Islande, l'Irlande a un climat tropical.	Compared to ...
Les investissements publicitaires ont connu une légère progression **par rapport à** l'année dernière.	... compared to ...
Cette histoire **ressemble à** un conte de fées.	... is like ...
Il adorait cette campagne qui **lui rappelait** l'Irlande.	... reminded him of ...
Des taux de chômage effrayants, **rappelant ceux** des années 30.	... reminiscent of those ...
Il me fait penser à mon frère.	He reminds me of ...
Le surf des neiges **est l'équivalent** sur neige **de** la planche à roulettes.	... is the equivalent ... of ...
Cette somme **correspond à** six mois de salaire.	... corresponds to ...
C'est la même chose.	It's the same thing.
Cela revient au même.	It comes to the same thing.
Ce disque **n'est ni meilleur ni moins bon que** les autres.	... is no better and no worse than ...

Stressing differences

Aucune catastrophe **ne peut être comparée au** tsunami de 2004.	No ... can compare with ...
On ne peut pas comparer les usines modernes **à** celles où travaillaient nos grands-parents.	... cannot be compared with ...
Les actions de ce groupe **n'ont rien de comparable avec** les agissements des terroristes.	... are in no way comparable to ...
Sa démarche le **différencie de** son frère.	... distinguishes ... from ...
L'histoire des États-Unis **ne ressemble en rien à** la nôtre.	... in no way resembles ...
Ça n'a rien à voir.	That's got nothing to do with it.
Ce sont deux choses complètement différentes.	These are two completely different things.

FRENCH IN ACTION

Il y a des événements bien plus tragiques que de perdre une finale de Coupe d'Europe.	There are worse things than ...
Le gruyère **est meilleur que** le comté.	... is better than ...
Son deuxième film **est moins** réussi **que** le premier.	... is less ... than ...
L'espérance de vie des femmes est de 81 ans, **tandis que** celle des hommes est de 72 ans.	... while ...
Alors que la consommation de vin et de bière diminue, l'eau minérale est un marché en expansion.	While ...

Requests and offers

Requests

Je voudrais trois tartelettes.	I'd like ...
Je voudrais connaître les horaires des trains pour Lille.	I'd like to ...
Pourriez-vous nous donner un coup de main ?	Could you ...
Est-ce que vous pouvez annoncer la bonne nouvelle à Éliane ?	Can you ...
Est-ce que vous pourriez venir me chercher ?	Could you ...
Sois gentille, fais un saut chez le boulanger.	Be an angel ...
Auriez-vous l'amabilité de m'indiquer la sortie ?	Would you be so kind as to ...
Auriez-vous la gentillesse de nous donner la recette ?	Would you be so kind as to ...
Auriez-vous l'obligeance de me garder ma place ?	Would you be very kind and ...
Puis-je vous demander de m'accorder un instant ?	Could I trouble you to ...
Merci de bien vouloir patienter.	If you wouldn't mind ...
Est-ce que cela vous dérangerait d'ouvrir la fenêtre ?	Would you mind ...
Je vous serais reconnaissant de me prévenir dès que possible.	I would be grateful if you would ...
Je vous serais reconnaissant de bien vouloir me communiquer votre décision d'ici vendredi.	I would be grateful if you would ...

Offers

Je peux passer vous prendre, **si** vous voulez.	I can ... if ...
Je pourrais vous accompagner.	I could ...
Ça te dirait, une glace ?	Do you fancy ...
Ça vous dirait d'aller faire un tour ?	How do you fancy ...
Que diriez-vous d'une balade en forêt ?	Do you feel like ...

Est-ce que vous voulez que j'aille chercher votre voiture ?	Do you want me to ...
Est-ce que vous voulez dîner avec nous un soir ?	Would you like to ...

Advice and suggestions

Asking for advice or suggestions

À ma place, que feriez-vous ?	What would you do if you were me?
Quel est votre avis sur la question ?	What's your opinion on the matter?
Qu'est-ce que vous me conseillez, les Baléares ou les Canaries ?	Which would you recommend ...
Que me conseillez-vous de faire ?	What would you advise me to do?
Parmi les excursions à faire, **laquelle nous conseilleriez-vous ?**	... which would you recommend?
Quelle stratégie **proposez-vous ?**	What ... do you suggest?
Que proposez-vous pour réduire la pollution ?	What, in your opinion, should be done to ...
Qu'est-ce que vous proposez contre le chômage ?	How would you deal with ...

Offering advice or suggestions

À votre place, je me méfierais.	If I were you ...
Si j'étais toi, je ne dirais rien.	If I were you ...
Si je peux vous donner un conseil, achetez votre billet à l'avance.	If I may give you a bit of advice ...
Un conseil : lisez le mode d'emploi.	A word of advice ...
Un bon conseil : n'attendez pas le dernier moment pour faire votre réservation.	A useful tip ...
Vous devriez voir un spécialiste.	You should ...
Vous feriez bien de consulter un avocat.	You would do well to ...
Vous feriez mieux d'acheter une nouvelle voiture.	You would do better to ...
Vous pourriez peut-être demander à quelqu'un de vous le traduire.	You could perhaps ...
Vous pourriez montrer un peu plus de compréhension.	You could ...
Pourquoi ne pas lui téléphoner ?	Why don't you ...
Il faudrait peut-être essayer autre chose.	Perhaps we ought to ...
Et si on allait au cinéma ?	How about ...

Je vous propose le 3 mars à 10 h 30.	How about ...
Il vaudrait mieux lui offrir de l'argent qu'un bijou.	It might be better to ...
Il serait préférable d'attendre le résultat.	It would be better to ...

Encouraging someone

Bravo !	Well done!
Vas-y, tu vas y arriver !	Go on, ...
C'est très bien, continuez comme ça.	Very good ...
Je vous félicite, vous vous êtes très bien débrouillé.	Congratulations, ...
C'est du très bon travail.	You've done some very good work.

Warnings

Je vous préviens, je ne me laisserai pas faire.	I warn you ...
Je te préviens que ça ne sera pas facile.	I'd better warn you that ...
N'oubliez pas de conserver le double de votre déclaration d'impôts.	Don't forget to ...
Méfiez-vous des apparences.	Remember: appearances can be deceptive.
Surtout, n'y allez **jamais** le samedi.	Whatever you do, don't ...
Si tu ne viens pas, **tu risques de** le regretter.	... you risk ...
Attention, ça pourrait vous attirer des ennuis.	Be careful, that could ...

Intentions and desires

Asking what someone intends to do

Qu'est-ce que vous allez faire ?	What are you going to do?
Qu'est-ce que tu vas faire si tu rates ton examen ?	What will you do if ...
Qu'allez-vous faire en rentrant? **Avez-vous des projets ?**	What are you going to do ... ? Do you have anything planned?
Quels sont vos projets ?	What are your plans?
Est-ce que tu comptes passer tes vacances ici ?	Are you planning to ...
Vous comptez rester longtemps ?	Are you planning on ...
Que comptez-vous faire de votre collection ?	What are you planning to do with ...
Comment comptez-vous faire ?	What are you thinking of doing?
Tu as l'intention de passer des concours ?	Do you intend to ...
Songez-vous à refaire un film en Europe ?	Are you thinking of ...

FRENCH IN ACTION

Talking about intentions

Je comptais m'envoler pour Ajaccio le 8 juillet.	I was planning to ...
Elle prévoit de voyager pendant un an.	She plans to ...
Il est prévu de construire un nouveau stade.	There are plans to ...
Ils envisagent d'avoir plusieurs enfants.	They are thinking of ...
Cette banque **a l'intention de** fermer un grand nombre de succursales.	... intends to ...
Je songe à abandonner la politique.	I am thinking of ...
J'ai décidé de changer de carrière.	I have decided to ...
Je suis décidée à arrêter de fumer.	I have made up my mind to ...
Je me suis décidée à y aller.	I have made up my mind to ...
C'est décidé, nous partons à la campagne.	That's settled ...
Il n'a jamais été dans nos intentions de lui cacher la vérité.	We never had any intention of ...
Il n'est pas question pour moi **de** renoncer à ce projet.	There is no question of ...

Wishes

Je veux faire du cinéma.	I want to ...
Je voudrais savoir jouer aussi bien que lui.	I'd like to ...
J'aimerais faire du deltaplane.	I'd like to ...
J'aimerais que mes photos soient publiées dans la presse.	I would like ...
J'aurais aimé avoir un frère.	I would have liked to ...
Lionel **voulait à tout prix** partir le soir-même.	... wanted at all costs ...
Nous souhaitons préserver notre indépendance.	We wish to ...
J'espère avoir des enfants.	I hope to ...
Nous espérons que les enfants regarderont cette émission avec leurs parents.	We hope that ...
Vous rêvez de faire le tour du monde ?	Do you dream of ...
Mon rêve serait d'avoir une grande maison.	My dream would be to ...

Obligation

Il faut que je me trouve un logement.	I must ...
Il faut absolument qu'on se revoie avant le 23 !	We really must ...
Si vous allez en Pologne, **vous devez** venir nous voir.	... you must ...
Les auteurs du détournement **ont exigé que** l'avion reparte vers la capitale.	... demanded that ...
Ça **me force à** faire de l'exercice.	... makes me ...

Une violente crise d'asthme **m'a obligé à** consulter un médecin.	... forced me to ...
Je suis obligé de partir.	I have to ...
Il est obligé de travailler, **il n'a pas le choix.**	He has to ..., he has no other option.
Je ne peux pas faire autrement que d'accepter.	I have no choice but to ...
L'école **est obligatoire** jusqu'à seize ans.	... is compulsory ...
Il est indispensable de voyager pour comprendre les autres.	It is essential to ...

Permission

Asking for permission

Je peux téléphoner ?	Can I ...
Je peux vous demander quelque chose ?	Can I ...
Est-ce que je peux passer vous dire un petit bonjour tout à l'heure ?	Can I ...
Ça ne vous dérange pas si j'arrive en avance ?	Is it all right if ...
Ça ne vous dérange pas que je fume ?	Do you mind if ...
Est-ce que ça vous dérange si j'ouvre la fenêtre ?	Do you mind if ...
Vous permettez, Madame, **que** je regarde ce qu'il y a dans votre sac ?	Would you mind if ...

Giving permission

(Vous) faites comme vous voulez.	Do as you please.
Allez-y !	Go ahead!
Je vous en prie.	Please do.
Je n'y vois pas d'inconvénient.	I have nothing against it.
Vous avez le droit de porter plainte.	You have the right to ...

Saying something is not allowed

Je te défends de sortir !	I forbid you to ...
C'est défendu.	It's forbidden.
Il est interdit de fumer dans les toilettes.	... is forbidden.
Le travail des enfants **est formellement interdit par** une convention de l'ONU.	... is strictly forbidden by ...
Défense d'entrer.	No entry.
Stationnement interdit.	No parking.
Interdiction de stationner.	No parking.
C'est interdit.	It's not allowed.
Elle interdit à ses enfants **d'**ouvrir la porte.	She forbids ... to ...
Tu n'as pas le droit.	You're not allowed.

FRENCH IN ACTION

On n'avait pas le droit de manger ni de boire pendant le service. — We weren't allowed to ...

Il n'en est pas question. — That's out of the question.

Certainty, probability and possibility

Certainty

Il est certain qu'il y aura des problèmes. — Undoubtedly ...

Il ne fait aucun doute que ce produit connaîtra un réel succès. — There is no doubt that ...

Il est évident qu'il traverse une période difficile. — Clearly ...

C'est **de toute évidence** la seule chose à faire. — Quite obviously ...

Il est indéniable qu'il a eu tort d'agir ainsi. — It is undeniable that ...

Je suis sûre que mon frère te plaira. — I am sure that ...

Je suis sûr de gagner. — I am sure to ...

Je suis certain que nous sommes sur la bonne voie. — I am certain that ...

J'ai la certitude qu'en travaillant avec lui, je ne m'ennuierai pas. — I am sure that ...

Je suis persuadé qu'il y a d'autres solutions. — I am convinced that ...

Il va gagner, **c'est obligé**. — He's bound to ...

Probability

Il est probable que le prix du pétrole va continuer d'augmenter. — ... probably ...

Le taux d'inflation dépassera **très probablement** les 10 %. — ... very probably ...

80 % des problèmes de peau sont **sans doute** d'origine psychique. — ... undoubtedly ...

Ils avaient **sans doute** raison. — ... no doubt ...

Les travaux **devraient** débuter au mois d'avril. — ... should ...

Il se pourrait bien qu'ils cherchent à tester nos réactions. — It is quite possible that ...

La France a de fortes chances de gagner. — France stands a very good chance of winning.

Il a dû oublier d'ouvrir les fenêtres. — He must have ...

Possibility

C'est possible. — It is possible.

Il est possible que cela coûte plus cher. — That might ...

Il n'est pas impossible qu'il soit parti à Paris. — It is not impossible that ...

Il se pourrait que l'Amérique ait été découverte par des Chinois. — It is possible that ...

Il se peut que ce virus soit particulièrement virulent.	... may ...
En quelques mois tout **peut** changer.	... could ...
Les négociations **pourraient** aboutir très prochainement.	... could ...
Il a **peut-être** mal compris.	Maybe ...
Peut-être que je me trompe.	Perhaps ...

Doubt, improbability and impossibility

Doubt

Je ne suis pas sûr que ce soit utile.	I'm not sure ...
Je ne suis pas sûre d'y arriver.	I'm not sure I'll ...
Je ne suis pas certain d'avoir raison.	I'm not sure I'm ...
Il n'est pas certain que cela soit une bonne idée.	I'm not certain that ...
Personne ne sait si un vaccin pourra être mis au point.	Nobody knows whether ...
Je me demande si nous avons fait beaucoup de progrès dans ce domaine.	I wonder if ...
Est-ce sage ? **J'en doute.**	I doubt it.
Il se mit à **douter de** la compétence de son médecin.	... to have doubts about ...
Je doute fort qu'il accepte de rester inactif.	I very much doubt ...
On ne sait pas exactement ce qui s'est passé.	Nobody knows exactly ...

Improbability

Il **ne** changera **probablement pas** d'avis.	... probably won't ...
Il est peu probable qu'il reste encore des places.	It is unlikely that ...
Ça m'étonnerait qu'ils aient ta pointure.	I'd be surprised if ...
Il serait étonnant que tout se passe conformément aux prévisions.	It would be amazing if ...
Nous ne risquons pas de nous ennuyer.	There's no danger of ...
Elles ne risquent pas d'avoir le prix Nobel d'économie.	They are not likely to ...
Il y a peu de chances que le taux de croissance dépasse 1,5 %.	There is not much chance of ...

Impossibility

C'est impossible.	It's impossible.
Il n'est pas possible qu'il n'y ait rien à faire.	It is not possible that ...
Il est impossible que ces renseignements soient faux.	... cannot ...
Il n'y a aucune chance qu'ils viennent à notre secours.	There is no chance of ...

Greetings

Bonjour !	Hello!
Bonsoir !	Good evening!
Salut !	Hi!
Comment allez-vous ?	How are you?
Comment ça va ?	How's things?

What to say in reply

Très bien, merci, et vous ?	Very well, thanks, and you?
Ça va, et toi ?	Fine, thanks, how about you?
Super bien !	Great!
On fait aller.	Could be worse.
Pas mal, merci.	Not bad, thanks.
Couci-couça.	So-so.

Introductions

Je vous présente Charles.	This is ...
Je vous présente mon amie.	May I introduce ...
Marc ; Laurent	Marc, this is Laurent; Laurent, Marc.
Je ne crois pas que vous vous connaissiez.	I don't believe you know one another.

Replying to an introduction

Enchanté.	Pleased to meet you.
Enchanté *or* Ravi de faire votre connaissance.	How do you do?
Salut, moi c'est Dominique.	Hi, I'm ...

Leavetaking

Au revoir !	Goodbye!
Bonne nuit !	Good night!
Salut !	Bye!
Ciao !	See you!
À bientôt !	See you later!
À demain !	See you tomorrow!
À la semaine prochaine !	See you next week!
À jeudi !	See you Thursday!

Best wishes

Bon anniversaire !	Happy Birthday!
Joyeux Noël !	Merry Christmas!
Bonne année !	Happy New Year!
Félicitations !	Congratulations!
Bon voyage !	Safe journey!
Bonne chance !	Good luck!
Bienvenue !	Welcome!
Amusez-vous bien !	Have fun!
Bon appétit !	Enjoy your meal!
(À votre) santé !	Cheers!
Tchin-tchin !	Cheers!
À la tienne/À la vôtre !	Cheers!

Thanks

Merci.	Thank you.
Merci de votre coopération.	Thank you for ...
Merci beaucoup.	Thank you very much.
Je vous remercie d'avoir été si patients.	Thank you for ...
Je ne sais pas comment vous remercier.	How can I ever thank you?
Nous vous sommes très reconnaissants d'avoir hébergé notre fille.	We are very grateful to you for ...

Starting and ending emails and letters

In formal correspondence

Beginning	End
Monsieur le Directeur	Je vous prie d'agréer, Monsieur le Directeur, l'assurance de ma considération distinguée
Messieurs Monsieur Madame	Je vous prie d'agréer, Messieurs (*or* Monsieur *or* Madame), mes salutations distinguées *or* Veuillez accepter, Messieurs (*or* Monsieur *or* Madame), mes salutations distinguées
Cher Monsieur/Chère Madame	Croyez, cher Monsieur (*or* chère Madame), à l'expression de mes sentiments les meilleurs
Cher Thomas/Chère Océane	Cordialement (*in email only*)

Starting a formal email or letter

Je vous remercie de votre e-mail/lettre ...	Thank you for your email/letter ...
En réponse à votre lettre du ...	In reply to your letter of ...
Suite à ...	Further to ...
Je vous écris pour ...	I am writing to ...
Je vous prie de ...	Please ...
Veuillez trouver ci-joint ...	Please find enclosed/attached ...
Je vous serais reconnaissant de ...	I would be grateful if you would ...
Nous avons le plaisir de vous informer ...	We are pleased to inform you ...
Nous sommes au regret de vous informer ...	We regret to inform you ...

Ending a formal email or letter

Dans l'attente de votre réponse, je vous prie d'agréer mes salutations distinguées.	I look forward to hearing from you soon. Yours sincerely/Yours faithfully ...
N'hésitez pas à me contacter pour toute information complémentaire.	If you require any further information please do not hesitate to contact me.
En vous remerciant à l'avance pour votre aide.	Thanking you in advance for your help.

Si je peux vous aider en quoi que ce soit, n'hésitez pas à me recontacter. | If I can help you with anything else, please do get back in touch.

Veuillez m'excuser à nouveau pour le désagrément occasionné. | Once again, I apologize for any inconvenience.

In personal correspondence

Beginning	End
Cher Monsieur	Recevez, cher monsieur, mes cordiales salutations *(fairly formal)*
Chers Jean et Sylvie	Bien amicalement
Chère tante Laure	Je t'embrasse bien affectueusement
Mon cher Laurent	Grosses bises *(very informal)*
Salut Myriam	À la prochaine *(very informal)*

Starting a personal email or letter

Je te remercie de ton e-mail/ta lettre ... | Thanks for your email/letter ...

J'ai été très content d'avoir de tes nouvelles. | It was lovely to hear from you.

Je suis désolé de ne pas vous avoir répondu plus vite. | I'm sorry I didn't reply sooner.

J'espère que tu vas bien. | I hope all is well with you.

Ending a personal email or letter

Écris-moi vite. | Write soon.

Dis bonjour à ... de ma part. | Say hello to ... for me.

Transmettez mes amitiés à ... | Give my regards to ...

Embrasse ... pour moi. | Give my love to ...

... me charge de te transmettre ses amitiés. | ... sends his/her best wishes.

... t'embrasse. | ... sends his/her love.

FRENCH IN ACTION

Formal email

Nouveau message	
Fichier · Edition · Affichage · Outils · Composer · Aide · Envoyer	
A: centre.fleura@univ-bpclermont.fr	Nouveau message
Cc:	Répondre
Cci:	Répondre à tous
Objet: Cours et visites culturelles de la région Auvergne	Faire suivre
	Pièce jointe

Madame, Monsieur,

Je vous écris pour vous demander des renseignements sur la formule « Cours d'été et visites culturelles de la région Auvergne » destinée aux étudiants étrangers, car je ne trouve pas d'informations précises à ce sujet sur votre site Web en dehors des dates et des formalités d'inscription.

J'aurais surtout voulu savoir comment s'organise chaque journée et comment s'articulent l'aspect apprentissage du français et l'aspect culturel : y a-t-il par exemple des cours le matin et des visites l'après-midi, ou bien l'apprentissage se fait-il au cours des visites ?

Pourriez-vous d'autre part me communiquer les horaires ainsi que le programme détaillé des visites ?

Je vous remercie par avance pour votre réponse.

Cordialement,

Alexander Garfield

Personal email

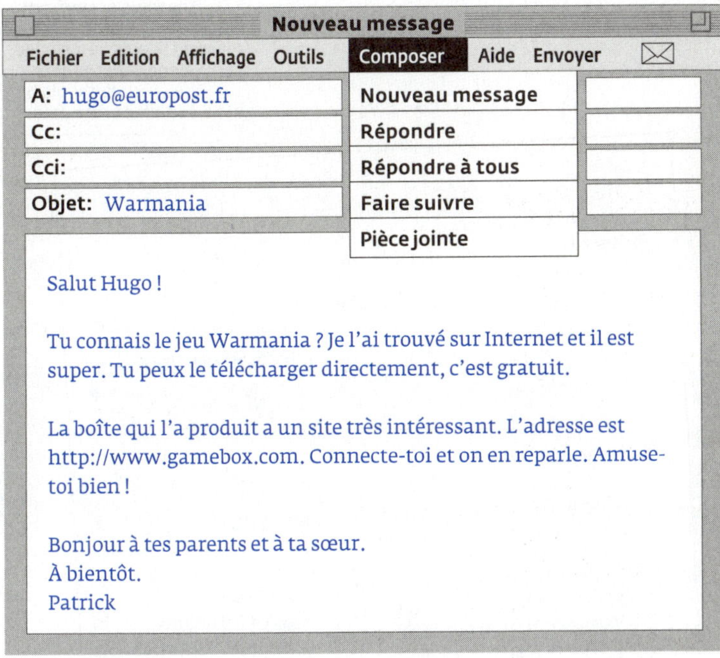

Fichier	File
Édition	Edit
Affichage	View
Outils	Tools
Composer	Compose
Aide	Help
Envoyer	Send
Nouveau message	New
Répondre	Reply to Sender
Répondre à tous	Reply to All
Faire suivre	Forward
Fichier joint	Attachment
À	To
Cc	Cc
Cci (copie carbone invisible)	Bcc (blind carbon copy)
Objet	Subject
De	From
Date	Sent

Formal letter

The town or city from which the letter is being sent should be included along with the date. The article **le** should be included in the date.

Laurent Messier
47, rue de la Préfecture
06300 NICE

Jeanne Horlier
Bibliothèque des Musées de Strasbourg
1, Place Hans Jean Arp,
67076 Strasbourg Cedex

Nice, le 24 juin 2019

Madame,

Actuellement étudiant en deuxième année de DUT information-communication option métiers du livre et du patrimoine, je suis à la recherche d'un stage obligatoire de 2 mois dans le cadre de cette formation. Je serais particulièrement intéressé par un stage d'assistant bibliothécaire au sein d'une bibliothèque spécialisée dans les arts comme la vôtre.

Passionné de peinture, j'ai acquis, en plus de ma formation, une solide culture générale en histoire de l'art grâce aux cours du soir que j'ai suivis durant trois ans à l'École du Louvre.

J'ai également effectué l'année dernière, toujours dans le cadre du DUT, un stage d'un mois à la bibliothèque Arthur Rimbaud (75004 Paris), où j'ai beaucoup appris quant au fonctionnement des bibliothèques de prêt et aux tâches quotidiennes des agents qui y travaillent.

Dans l'espoir de pouvoir vous rencontrer prochainement pour vous convaincre de ma motivation, je vous prie d'agréer, Madame, mes salutations distinguées.

Laurent Messier

Laurent Messier

For alternatives see p. 50

CURRICULUM VITÆ

LEGUEN Marine
29, rue de Vannes
35000 RENNES
Tél : 2 99 02 71 28/7 93 92 36 54
e-mail : mleguen@europost.fr

30 ans
célibataire
nationalité française

Assistante de direction

7 ans d'expérience dans l'export
Excellente capacité d'organisation, grande aisance relationnelle

EXPÉRIENCE PROFESSIONNELLE

mars 2014 à ce jour
Assistante du directeur à l'exportation, Agriventes, Rennes

- Participation à l'élaboration et suivi des budgets annuels clients
- Suivi des contrats, supervision des portefeuilles de commandes
- Interface commerciaux/administration des ventes/clients
- Marketing : organisation et participation aux évènements professionnels, élaboration des outils marketing (notamment maquettes des insertions publicitaires)

2012–2014
Secrétaire de direction, France-Exportations, Cognac

- Suivi de la clientèle
- Coordination marketing, production, douanes, logistique
- Organisation de salons

If you have gained your qualifications outside of France, you should use wording such as **équivalence baccalauréat (3 A-levels), équivalence licence de lettres (BA Hons)** etc.

DIPLÔMES

2012 Diplôme de secrétaire bilingue (anglais), délivré par l'École de commerce de Poitiers

2011 Licence de langues étrangères appliquées (anglais et russe), Université de Poitiers

2007 Baccalauréat (langues) – mention assez bien

LANGUES

anglais et russe (courant), allemand (bonnes connaissances)

INFORMATIQUE

Excellente maîtrise du Pack Office (tableaux croisés sous Excel, animations sous PowerPoint, publipostage sous Word, Outlook)

LOISIRS

Voyages (Russie, Europe du Sud, Royaume-Uni, États-Unis) ; voile

RÉFÉRENCES

Jean-Alain Reboul
Directeur à l'exportation
Agriventes
192, route de Lorient
PA Rennes Ouest
35000 Rennes
02 99 54 12 13
jareboul@europost.fr

Although it is not essential to give references on French CVs, recruiters are increasingly keen to see this information. You can either give contact details or write **Références fournies sur demande**.

Covering letter

This is appropriate if you are writing to a company. However, if you are writing to the holder of a particular post use the following:
Monsieur le Directeur (*or* Madame la Directrice) des ressources humaines
Société GERBAULT etc
and begin the letter:
Monsieur le Directeur des ressources humaines,

If you know the name of the person you should use the following:
Monsieur Alain Dupont
Directeur des ressources humaines
Société GERBAULT etc
and begin the letter:
Monsieur,

Marine LEGUEN
29, rue de Vannes
35000 RENNES

Service du Personnel
Société GERBAULT
85, bd de la Liberté
35000 RENNES

Rennes, le 12 juillet 2019

Madame, Monsieur,

Votre annonce parue dans le Monde du 8 juillet concernant un poste d'assistante de direction dans votre service Import-Export m'a particulièrement intéressée.

Mon expérience de quatre ans en tant qu'assistante de direction dans le service d'exportation d'une petite entreprise m'a permis d'acquérir un sens des responsabilités ainsi qu'une grande capacité d'adaptation et d'organisation. Le poste que vous proposez m'intéresse tout particulièrement car j'aimerais beaucoup pouvoir utiliser dans le cadre de mon travail ma connaissance de la langue et de la culture russes, acquise lors de mes études et enrichie par de nombreux voyages.

Je me tiens à votre disposition pour vous apporter de plus amples renseignements sur ma formation et mon expérience.

Je vous prie, Madame, Monsieur, de bien vouloir agréer mes salutations distinguées.

Marine Leguen

Marine Leguen
PJ : CV

FRENCH IN ACTION

How to address an envelope

On the front

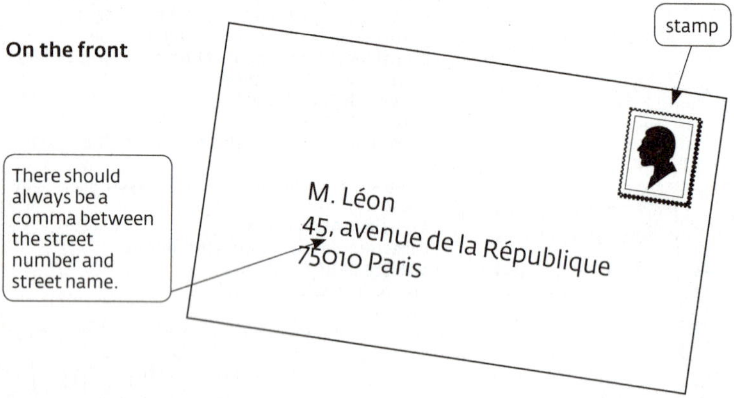

On the back

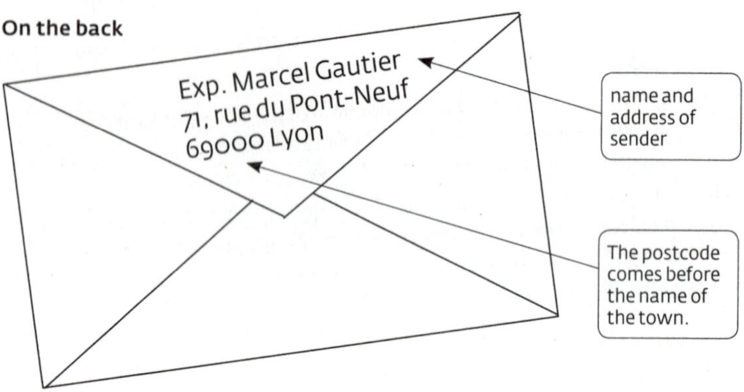

Common abbreviations used in addresses

av. = avenue	bd = boulevard	Exp. = expéditeur
fg = faubourg	pas. = passage	pl. = place

Telephone and Internet

Different types of call

Je voudrais appeler l'étranger.	I'd like to make an international call.
Y a-t-il du réseau pour les appels avec le portable ?	Is there a mobile network available?
Comment est-ce que je peux téléphoner à l'extérieur ?	How do I get an outside line?

Asking for information

Quel est le numéro de l'office du tourisme ?	What is the number for ...
Je voudrais le numéro de la société Europost, 20, rue de la Marelle, à Pierrefitte.	Can you give me the number for ...
Quel est l'indicatif de la Martinique ?	What is the code for ...
Quel est le numéro de l'horloge parlante ?	What is the number for the speaking clock?

Receiving information

Le numéro que vous avez demandé est le 01 40 32 37 12. (zéro-un quarante trente-deux trente-sept douze)	The number you require is ...
Je regrette, mais ce nom ne figure nulle part.	I'm sorry, there's no listing under that name.
Le numéro que vous avez demandé est sur liste rouge.	The number you require is ex-directory *(Brit)* *or* unlisted *(US)*.

When your number answers

Je voudrais parler à *or* **Pourrais-je parler à** M. Wolff, s'il vous plaît ?	Could I speak to ...
Pourriez-vous me passer le docteur Henderson, s'il vous plaît ?	Could you put me through to ...
Pourriez-vous me passer le poste 52 64, s'il vous plaît ?	Can I have extension ...
Je rappellerai dans une demi-heure.	I'll call back in ...
Pourriez-vous lui demander de me rappeler à son retour ?	Would you ask him to call me when he gets back?

FRENCH IN ACTION

The switchboard operator speaks

C'est de la part de qui ?	Who shall I say is calling?
Je vous le passe.	I'm putting you through.
J'ai un appel de Tokyo **pour** Mme Thomson.	I have a call from ... for ...
J'ai Mlle Martin **en ligne.**	I've got ... on the line.
Le docteur Roberts **est en ligne, vous patientez ?**	... is on another line. Do you want to hold?
Ne quittez pas.	Please hold.
Ça ne répond pas.	There's no reply.
Voulez-vous laisser un message ?	Would you like to leave a message?

Recorded messages

Le numéro de votre correspondant n'est pas attribué.	The number you have dialled has not been recognized.
Le numéro de votre correspondant a changé. Veuillez composer désormais le 09 42 21 70.	The number you have dialled has been changed to ...
Par suite de l'encombrement des lignes, votre appel ne peut aboutir. Veuillez rappeler ultérieurement.	All the lines are busy right now. Please try again later.
Bonjour, vous êtes en communication avec le service des ventes. **Veuillez patienter, nous allons donner suite à votre appel dans quelques instants.**	Hello, you have reached ... Please wait, your call will be answered shortly.
Bonjour, vous êtes bien chez M. et Mme Martin. **Laissez un message après le bip sonore et nous vous rappellerons dès notre retour.** Merci.	Hello, you are through to ... Leave a message after the tone and we'll get back to you.

Answering the telephone

C'est moi *or* **lui-même (***or* **elle-même).**	Speaking.
Qui est à l'appareil ?	Who's speaking?

When in trouble

Je n'arrive pas à la joindre.	I can't get through.
Leur téléphone est en dérangement.	Their phone is out of order.
Nous avons été coupés.	We have been cut off.
J'ai dû faire un faux numéro.	I must have dialled the wrong number.

La ligne est très mauvaise. This is a very bad line.
Je n'ai pas de réseau. I can't get a network.
Je ne te capte plus. You're breaking up.
Je n'ai plus de crédit. I've run out of credit.
Je ne reçois pas les messages sur Whatsapp. I'm not getting Whatsapp messages.
Il ne me reste que ... pour cent de batterie. I've only got ... per cent battery left.

Mobile phone

Où est-ce que je peux recharger mon portable ? Where can I charge my mobile *(Brit)* *or* cell *(US)* (phone)?
Il me faut une batterie neuve. I need a new battery.
Je voudrais acheter une carte SIM avec/sans abonnement. I'd like to buy a SIM card with/without a contract.

Internet

Y a-t-il une connexion Internet/wi-fi ? Do you have an Internet connection/Wi-Fi?
Quel est le mot de passe pour le wi-fi ? What's the Wi-Fi password?
J'ai oublié mon mot de passe. I've forgotten my password.
Connaissez-vous l'adresse du site Web ? Do you know the website address?
Je voudrais télécharger les horaires. I would like to download ...
Est-ce que vous êtes sur Twitter®/Facebook® ? Are you on Twitter®/Facebook®?

Social networking

un(e) ami(e)	a friend
ajouter à sa liste d'amis	to friend
un blog	a blog
un compte	an account
vérifier son compte	to check one's account
créer/ouvrir un compte	to create/open an account
faire un commentaire sur	to comment (on)
un fil d'actualités *or* de nouvelles RSS	an RSS feed
un fil de discussion	a (discussion) thread
un forum	a forum
un mot-dièse, un hashtag	a hashtag
un message privé, un MP, un message direct	a DM, a direct message
envoyer un message privé *or* un MP à qn	to DM sb
une mise à jour du statut	a status update
un mur	a wall
écrire sur le mur de qn	to write on sb's wall
un news feed, un fil d'actualités *or* de nouvelles	a news feed
une photo du profil	a profile picture
poster qch sur le mur de qn	to post sth on *or* to sb's wall
un profil	a profile
retweeter	to retweet
un suiveur, une suiveuse ; un(e) abonné(e)	a follower
suivre	to follow
arrêter de suivre	to unfollow
un sujet tendance	a trending topic
un tableau de bord	a dashboard
taguer qn sur une photo	to tag sb in a photo
un tweet	a tweet
tweeter (sur)	to tweet (about)

Abbreviations used in emails and text messages

@+ = *à plus tard*
2M1 = *demain*
ajd, auj = *aujourd'hui*
AM = *après-midi*
ama = *à mon avis*
asap = *aussi vite que possible*
ASV = *âge, sexe, ville*
bcp = *beaucoup*
biz = *bisous, bises*
bjr = *bonjour*
bsr = *bonsoir*
c = *c'est, ces*
dsl = *désolé*
jsp = *je sais pas*
jtm = *je t'aime*
ki = *qui*
koi = *quoi*
lol, mdr = *mort de rire*
pk = *pourquoi*
slt = *salut*
stp = *s'il te plaît*
tkt = *t'inquiète*

Grammaire anglaise

Table des matières

1 La prononciation

La prononciation de l'anglais, notamment des voyelles, est moins régulière que celle du français. Vous trouverez des règles de prononciation ci-dessous. Il est utile de connaître l'API (Alphabet phonétique international), utilisé dans cet ouvrage, pour pouvoir lire et apprendre la prononciation des mots.

1.1 Les voyelles

En anglais, les voyelles sont **brèves** ou **longues**. Les voyelles longues sont prolongées ; on les indique en phonétique par deux points : [ɑː], [ɔː], etc.

SYMBOLE	EXEMPLES	CONSEILS DE PRONONCIATION
Voyelles brèves		
[æ]	m**a**n, c**a**t	Ressemble au « **a** » de « n**a**tte » en plus fermé.
[ɛ]	l**e**t, br**ea**th	Un peu moins ouvert et plus bref que le « **è** » français.
[ɪ]	s**i**t, k**i**ss	Plus ouvert que le « **i** » français, ce son est à mi-chemin entre le « **é** » et le « **i** ».
[ɔ]	h**o**t, w**a**sp	Plus ouvert que notre « **o** », il se prononce dans le fond de la bouche.
[u]	f**u**ll, b**oo**k	Plus bref que le « **ou** » français, il se prononce dans le fond de la bouche.
[ʌ]	f**u**n, bl**oo**d	Ressemble au « **eu** » de « m**eu**ble » en plus bref. Fermez un peu plus la bouche pour le prononcer.
[ə]	**a**bove, c**o**nnect	On appelle ce son « **schwa** ». Il correspond à notre « **e** » muet et n'est pas accentué.
Voyelles longues		
[ɑː]	l**ar**ge, c**al**m	Ressemble au « **â** » de « p**â**te » en plus long.
[əː]	**ur**gent, w**or**k	Ressemble au « **eu** » de « p**eu** » en plus long.
[iː]	s**ea**, k**ey**	Un « **i** » très long.
[ɔː]	w**a**ll, b**or**n	Comme le « **au** » de « p**au**me » mais plus ouvert et plus long ; se prononce dans le fond de la bouche.
[uː]	sh**oe**, m**oo**n	Proche du « **ou** » français en plus long.

1.2 Les diphtongues et les triphtongues

Il s'agit de deux ou trois voyelles prononcées d'une seule émission de voix et ne formant donc qu'une seule syllabe. La diphtongue réunit deux sons vocaliques et la triphtongue, trois.

SYMBOLE	EXEMPLES	CONSEILS DE PRONONCIATION
Diphtongues		
[aɪ]	l**i**fe, cr**y**	Se prononce comme un « **a** » immédiatement suivi d'un « **i** ».
[au]	n**ow**, **ou**t	Se prononce comme un « **a** » immédiatement suivi d'un « **ou** ».
[ɛə]	th**ere**, f**air**	Ressemble au « **ai** » de « ch**air** » en plus long.
[eɪ]	d**ay**, l**a**te	Ressemble au son « **eille** » de « v**eille** ».
[əu]	g**o**, l**ow**	Combinaison d'un « **o** » fermé et d'un « **ou** ».
[ɪə]	b**eer**, h**ere**	Combinaison d'un « **i** » long et d'un « **e** » bref.
[ɔɪ]	b**oy**, b**oi**l	Ressemble au « **oï** » de « langue d'**oïl** ».

Une triphtongue est une diphtongue suivie d'un « **schwa** » [ə].

Triphtongues		
[aɪə]	f**ire**, h**igher**	
[auə]	h**our**, sh**ower**	
[eɪə]	l**ayer**	
[əuə]	l**ower**	

1.3 Les consonnes

La plupart des consonnes anglaises se prononcent comme en français. Toutefois, certaines nécessitent un peu d'entraînement ; c'est le cas des lettres **h** et **r** et des sons [ð] et [θ].

SYMBOLE	EXEMPLES	CONSEILS DE PRONONCIATION
[b]	**b**a**b**y, **b**ag	Se prononce comme en français, sauf lorsqu'il est muet comme dans bom**b** (**b** final), plum**b**er, dou**b**t, etc.
[p]	**p**ul**p**, **p**u**pp**y	Se prononce comme en français. Le **p** est muet dans tous les mots commençant par **ps-** : **ps**ychology, **ps**ychiatrist.
[d]	**d**og, **d**a**dd**y	Se prononce comme en français.
[t]	**t**ry, **t**oe	Se prononce comme en français.
[k]	**c**or**k**, **k**iss	Se prononce comme le « **c** » de « **c**raindre ». En début de mot, devant un **n**, ne se prononce pas : **kn**ow, **kn**ee, **kn**it, etc. Les lettres **ch** se prononcent [k] dans certains mots : **ch**emist, **ch**olesterol, s**ch**ool, etc.
[g]	**g**uess, **g**i**g**	Se prononce comme le « **g** » de « **g**ratuit ».
[s]	**s**o, ri**c**e	Se prononce comme le « **s** » de « **s**i ».
[z]	cou**s**in, **z**oo	Se prononce comme le « **z** » de « **z**oo ».
[ʃ]	**s**ugar, **sh**ould	Se prononce comme le « **ch** » de « **ch**ien ».
[ʒ]	plea**s**ure, ca**s**ual	Se prononce comme le « **j** » de « **j**e ».
[tʃ]	**ch**ur**ch**	Se prononce comme le « **tch** » de « **Tch**écoslovaquie ».
[dʒ]	**j**u**dg**e, **g**iant	Se prononce comme le « **dj** » de « **j**ean ».
[f]	**f**arm, enou**gh**	Se prononce comme en français. Souvent, les lettres **gh** ne se prononcent pas, par exemple dans dau**gh**ter ou hi**gh**, mais elles se prononcent comme notre « **f** » dans les mots comme cou**gh**, lau**gh**, etc.
[v]	**v**ery, o**f**	Se prononce comme notre « **v** ».
[θ]	**th**in, ma**th**s	Il faut placer le bout de la langue sous les dents supérieures et souffler.
[ð]	**th**at, o**th**er	Il faut placer le bout de la langue sous les dents supérieures, souffler et produire un son sifflant comme le « **z** ».
[l]	**l**itt**le**, ba**ll**	Se prononce comme en français, sauf lorsqu'il est muet comme dans a**l**mond, cou**l**d, ha**l**f, etc.
[r]	**r**ight, a**rr**ow	Se prononce à mi-chemin entre le « **r** » et le « **w** » français, avec la langue proche du palais.
[m]	**m**u**mm**y, co**m**b	Se prononce comme en français.
[n]	**n**i**n**e, **n**othing	Se prononce comme en français.
[ŋ]	so**ng**, ba**n**k	Ressemble au « **ng** » de « parki**ng** ».

[h]	**h**eat, **h**air	Mettez votre main devant votre bouche et expirez (vous devez sentir votre souffle sur votre main). C'est ainsi que **h** se prononce en anglais. Muet dans quelques mots, comme : **h**onour, **h**our, **h**onest.
[x]	lo**ch**, Ba**ch**	Prononciation entre le « **k** » et le « **h** » anglais. N'existe que dans certains mots d'origine écossaise ou étrangère.

1.4 Les semi-consonnes (ou semi-voyelles)

[j]	**y**et	Se prononce comme le « **-ill** » de « mou**illé** ».
[w]	**w**all, **w**et	Se prononce comme le « **w** » de « **w**estern ». Le **w** ne se prononce pas devant **r** et dans les mots commençant par **who** : **w**rite, **w**rong, **w**hole.

1.5 L'accentuation

En français, les mots s'accentuent sur la dernière syllabe. En anglais, en revanche, l'accent est différent pour chaque mot. Il y a en outre un accent dit « de phrase » sur le mot considéré comme le plus important de la phrase. L'anglais est donc, contrairement au français, une langue rythmée.

Les mots se terminant par **-ee**, **-eer**, **-oo**, **-oon** ont tendance à être accentués sur la dernière syllabe, ceux se terminant par **-ian**, **-ion**, **-ious**, **-ic**, **-ics** sur l'avant-dernière syllabe et ceux finissant par **-graphy**, **-ity**, **-ible** sur l'avant-avant-dernière syllabe. Mais il existe de nombreuses exceptions. Il faut donc apprendre la prononciation de chaque mot.

2.1 Les noms dénombrables et indénombrables

Certaines choses sont des éléments individuels pouvant être comptés un par un. Les noms qui servent à les décrire sont des **noms dénombrables** qui possèdent une forme au singulier, ainsi qu'une forme au **pluriel** avec la terminaison **-s**.

... one table, ... two cats, ... three hundred pounds
... une table, ... deux chats, ... trois cents livres

➢ Attention aux changements orthographiques que peut entraîner l'ajout de terminaisons :

church → churches	**lady → ladies**
knife → knives	**tomato → tomatoes**

➢ Certains noms possèdent des pluriels irréguliers, qui ne se forment pas avec la terminaison **-s** :

child → children	**mouse → mice**
foot → feet	**tooth → teeth**
man → men	**woman → women**

Il existe par ailleurs des choses qui ne peuvent se compter une par une ; elles sont désignées par des **noms indénombrables** :

The donkey needed <u>food</u> and <u>water</u>.
L'âne avait besoin de nourriture et d'eau.
All prices include <u>travel</u> to and from London.
Tous les prix incluent l'aller-retour à Londres.

Souvent, ces choses se rapportent à :

des substances :	**coal ▲ food ▲ ice ▲ iron ▲ rice ▲ steel ▲ water**
des qualités humaines :	**courage ▲ cruelty ▲ honesty ▲ patience**
des sentiments :	**anger ▲ happiness ▲ joy ▲ pride ▲ relief ▲ respect**
des activités :	**aid ▲ help ▲ sleep ▲ travel ▲ work**
des abstractions :	**beauty ▲ death ▲ freedom ▲ fun ▲ life ▲ luck**

Attention : dans certains cas, l'anglais utilise un indénombrable pour désigner quelque chose qui en français est dénombrable, du fait qu'il considère l'ensemble des éléments plutôt que les éléments de l'ensemble pris un par un. Par exemple, **furniture** signifie « mobilier, meubles » et pour dire « un meuble », il faut utiliser l'expression **a piece of furniture**. Souvenez-vous des règles suivantes quand vous employez des indénombrables :

- Les indénombrables n'ont qu'une seule forme. Ils ne possèdent pas de pluriel :

advice ▲ baggage ▲ equipment ▲ furniture ▲
homework ▲ information ▲ knowledge ▲ luggage
machinery ▲ money ▲ news ▲ traffic

I needed help with my homework.
J'avais besoin d'aide pour mes devoirs.
The news is not good.
Les nouvelles ne sont pas bonnes.

- Certains indénombrables se terminent en **-s** et ressemblent à des dénombrables au pluriel. Ils s'emploient cependant avec un verbe au singulier. Ils désignent souvent :

des disciplines scolaires :	**mathematics ▲ physics**
des activités :	**athletics ▲ gymnastics**
des jeux :	**cards ▲ darts ▲ skittles**
des maladies :	**measles ▲ mumps**

Mathematics is too difficult for me.
Les maths, c'est trop difficile pour moi.

- Les indénombrables s'emploient souvent avec des tournures désignant une quantité approximative comme **some**, ou un élément comme **a loaf of**, **packets of** ou **a piece of**. **A bit of** est courant dans la langue parlée :

Please buy some bread when you go to the shop.
Achète du pain quand tu iras à l'épicerie, s'il te plaît.
Let me give you some advice.
Laisse-moi te donner un conseil.
He gave me a very good piece of advice.
Il m'a donné un très bon conseil.

I could do with a bit of help.
Ça m'arrangerait qu'on m'aide un peu.

- Comme en français, certains indénombrables relatifs à la nourriture ou à la boisson peuvent devenir dénombrables lorsqu'ils désignent des quantités définies :

Do you like coffee? (indénombrable)
Est-ce que tu aimes le café ?
We asked for two coffees. (dénombrable)
Nous avons demandé deux cafés.

- Certains noms sont indénombrables lorsqu'ils font référence à une chose en général et dénombrables quand ils renvoient à un cas particulier :

Education should be free for everyone.
L'éducation devrait être gratuite pour tout le monde.
I am interested in the education of young children.
Je m'intéresse à l'éducation des jeunes enfants.
Victory was now assured.
La victoire était maintenant assurée.
The political party won a convincing victory.
Le parti a remporté une nette victoire.

- D'autres noms peuvent s'employer au pluriel ou au singulier mais avec un sens différent :

Troops are being sent in today.
Des troupes seront envoyées aujourd'hui.
A troop of children ran past.
Une bande d'enfants passa en courant.

- Certains s'emploient généralement sans déterminant :

airs ▲ expenses ▲ goods ▲ refreshments ▲ riches

They have agreed to pay for travel and expenses.
Ils ont accepté de payer le déplacement et les frais.

2.2 Les noms collectifs

Avec un **nom collectif**, nom qui désigne un groupe de personnes ou de choses, le verbe peut être au pluriel ou au singulier selon que le groupe est considéré comme un seul ensemble ou plusieurs individus :

army ▲ audience ▲ committee ▲ company ▲ crew
enemy ▲ family ▲ flock ▲ gang ▲ government ▲ group
herd ▲ media ▲ navy ▲ press ▲ public ▲ staff ▲ team

Our family is well known in the village.
Notre famille est bien connue dans le village.
My family are from the North.
Ma famille vient du Nord.

2.3 Un nom peut être accompagné d'autres mots qui précisent son sens et qui font partie du groupe nominal. Ces mots peuvent être des déterminants, des adjectifs, un autre nom, éventuellement précédé d'une préposition ou suivi d'un pronom relatif (« que... », « qui... », etc.) :

He was eating a cake.
Il mangeait un gâteau.
He was using blue ink.
Il utilisait de l'encre bleue.
I like chocolate cake.
J'aime le gâteau au chocolat.
I spoke to a girl in a dark grey dress.
J'ai parlé à une fille qui portait une robe gris foncé.
She wrote to the man who employed me.
Elle a écrit à l'homme qui m'employait.
The front door of the house was wide open.
La porte d'entrée de la maison était grande ouverte.

2.4 Lorsqu'un nom précise le sens d'un autre, il est placé juste devant. En français, on emploie une construction avec une préposition (« de », « à ») ou parfois un adjectif.

a mathematics exam
un examen de mathématiques
chocolate cake
le gâteau au chocolat
the oil industry
l'industrie pétrolière

2.5 On emploie un groupe comportant la préposition **of** :

- Après des noms qui font référence à une action ou un fait pour en indiquer le sujet ou l'objet :

the arrival of the police
l'arrivée de la police
the destruction of their city
la destruction de leur ville

- Pour dire de quelle matière une chose est faite :

a wall of stone
un mur de ou *en pierre*

- Pour parler du thème d'un texte ou d'une image :

a picture of them in the paper
une photo d'eux dans le journal

2.6 Le groupe nominal peut comporter d'autres prépositions :

- Quand on décrit quelque chose ou quelqu'un à l'aide d'un lieu auquel on l'associe, on emploie la préposition de lieu correspondante :

the house on the prairie
la maison dans la prairie
the woman in the shop
la femme de la boutique

- **with** pour indiquer ce qu'une personne a sur elle :

  a girl with red hair
  une fille aux cheveux roux
  the man with the gun
  l'homme au pistolet

- **in** quand on veut indiquer ce qu'une personne porte :

  a man in a raincoat
  un homme portant un imperméable
  the man in dark glasses
  l'homme aux lunettes noires

- **to** avec les noms suivants :

  alternative ▲ answer ▲ approach ▲ attitude
  devotion ▲ introduction ▲ invitation ▲ reaction
  reference ▲ resistance ▲ return

  This was my first real introduction to Africa.
  C'était mon premier vrai contact avec l'Afrique.

- **for** avec les noms suivants :

  admiration ▲ desire ▲ dislike ▲ need ▲ reason ▲ respect
  responsibility ▲ search ▲ substitute ▲ taste ▲ thirst

  They have a pressing need for money.
  Ils ont besoin d'argent de toute urgence.

- **on** avec les noms suivants :

  agreement ▲ attack ▲ comment ▲ effect ▲ tax

  His pay rise will have a negligible effect on his standard of living.
  Son augmentation aura un effet négligeable sur son niveau de vie.

- **in** avec les noms suivants :

decrease ▲ difficulty ▲ fall ▲ increase ▲ rise

They demanded a large increase in wages.
Ils exigeaient une grosse augmentation de salaire.

2.7 Pour indiquer à qui appartient quelque chose, on utilise un nom suivi d'une apostrophe et d'un **s ('s)** :

Sylvia put her hand on John's arm.
Sylvia posa la main sur le bras de John.
Could you give me your doctor's phone number?
Pourrais-tu me donner le numéro de téléphone de ton médecin ?
They have bought Sue and Tim's car.
Ils ont acheté la voiture de Sue et Tim.

Si le nom est un pluriel se terminant par **-s**, on met seulement l'apostrophe. Si le pluriel ne se termine pas en **-s**, on ajoute l'apostrophe et le **s** :

It is not his parents' problem.
Ce n'est pas le problème de ses parents.
Where are the children's shoes?
Où sont les chaussures des enfants ?

Cette forme s'emploie beaucoup pour faire référence au domicile de quelqu'un ou à l'endroit où travaille un professionnel spécialisé. Elle sous-entend les mots **house** ou **shop** :

He's round at David's.
Il est chez David.
She must go to the chemist's.
Elle doit aller à la pharmacie.

Elle s'utilise aussi quand une tournure temporelle décrit un autre nom :

They have four weeks' holiday per year.
Ils ont quatre semaines de vacances par an.

2.8 Les pronoms

On utilise un **pronom personnel** pour remplacer un nom :

John took the book and opened it.
John prit le livre et l'ouvrit.
My father is overweight – he weighs over 15 stone.
Mon père est en surpoids : il pèse plus de 95 kilos.
He rang Mary and invited her to dinner.
Il a appelé Mary et l'a invitée à dîner.
"Have you been to London?" – "Yes, it was very interesting."
« Tu es allé à Londres ? » – « Oui, c'était très intéressant. »
I do the washing up, he does the cooking.
Je fais la vaisselle, il fait la cuisine.

2.9 Les pronoms, comme les noms, peuvent avoir deux fonctions par rapport au verbe : sujet ou objet. Les pronoms objets peuvent être soit objets directs du verbe, soit s'employer après une préposition ou après **be** quand c'est le verbe principal.

- Formes **sujets** :

I ▲ you ▲ he ▲ she ▲ it ▲ we ▲ you ▲ they

- Formes **objets** :

me ▲ you ▲ him ▲ her ▲ it ▲ us ▲ you ▲ them

We were all sitting in a cafe with him.
Nous étions tous assis avec lui dans un café.
Did you give it to them?
Tu le leur as donné ?
Who is it? – It's me.
Qui est-ce ? – C'est moi.
There was only John, Baz and me in the room.
Il n'y avait que John, Baz et moi dans la pièce.

➢ Attention : l'anglais utilise **you** pour tutoyer comme pour vouvoyer. La distinction que fait le français entre « tu » et « vous » n'existe pas en anglais. Si on veut se montrer particulièrement respectueux avec son interlocuteur, il faut donc passer par le contexte, par exemple en employant des formules de politesse.

2.10 **You** et **they** peuvent s'employer pour parler des gens en général et équivalent alors à « on » ou à une forme impersonnelle :

They say she's very clever.
On dit qu'elle est très intelligente.
You have to drive on the left in Britain.
En Grande-Bretagne, il faut conduire à gauche.

2.11 **It** peut s'employer comme sujet impersonnel pour exprimer des généralités à propos de l'heure, de la date, du temps qu'il fait :

What time is it?
Quelle heure est-il ?
It is 19 January.
On est le 19 janvier.
It is rainy and cold.
Il pleut et il fait froid.
It is too far to walk.
C'est trop loin pour y aller à pied.
I like it here. Can we stay a bit longer?
J'aime bien cet endroit. Est-ce qu'on peut rester un peu plus ?

2.12 **They/them** peuvent renvoyer à :

- **Somebody/someone**, **anybody/anyone**, même si ceux-ci sont toujours suivis d'un verbe au singulier :

If anybody comes, tell them I'm not in.
Si jamais quelqu'un vient, dites-lui que je ne suis pas là.

- Des noms collectifs, même après un verbe au singulier :

His family was waiting in the next room, but they had not yet been informed.
Sa famille attendait dans la pièce voisine, mais n'avait pas encore été informée.

2.13 Les pronoms possessifs

Quand on veut dire à qui appartient quelque chose, on utilise un **pronom possessif** :

mine ▲ yours ▲ his ▲ hers ▲ its ▲ ours ▲ theirs

Is that coffee yours or mine?
Ce café est le tien ou le mien ?
It was his fault, not ours.
C'était de sa faute, pas de la nôtre.

2.14 Les pronoms réfléchis

Quand le pronom objet désigne la même personne que le sujet, on emploie un **pronom réfléchi** :

Singulier : **myself ▲ yourself ▲ himself ▲ herself ▲ itself**
Pluriel : **ourselves ▲ yourselves ▲ themselves**

He should give himself more time.
Il devrait se donner plus de temps.

Les pronoms réfléchis s'emploient aussi pour créer un effet d'insistance. Dans ce cas, ils équivalent à « moi(-même), toi(-même), soi(-même) », etc. :

I made it myself.
Je l'ai fait moi-même.

On emploie aussi un pronom réfléchi après une préposition (sauf dans les locutions adverbiales de lieu et après la préposition **with** lorsqu'elle signifie « en compagnie de ») :

Tell me about yourself.
Parle-moi de toi.
You should have your notes in front of you.
Tu devrais avoir tes notes devant toi.
He would have to bring Judy with him.
Il faudrait qu'il vienne avec Judy.

2.15 one, ones

One, **ones** sont des pronoms que l'on emploie pour parler de choses qui relèvent du même type mais se distinguent par certaines caractéristiques. Ils permettent de ne pas avoir à mentionner à nouveau le type de chose dont on parle et de ne parler que de ce qui la distingue de l'autre :

My car is the blue one.
Ma voiture est la bleue.
Don't you have one with flowers instead of a bird?
Vous n'en avez pas un avec des fleurs plutôt qu'un oiseau ?
Are the new curtains longer than the old ones?
Est-ce que les nouveaux rideaux sont plus longs que les anciens ?

2.16 **One** s'emploie en anglais recherché pour énoncer une généralité à partir de son propre cas, afin de donner l'impression que l'opinion exprimée est largement partagée :

One has to think of the practical side of things.
Il faut penser à l'aspect pratique des choses.
One never knows what to say in such situations.
On ne sait jamais que dire dans de telles situations.

2.17 Les déterminants

Devant un nom ou un adjectif (au début du groupe nominal, donc), on emploie souvent un **déterminant**. Il y en a de différentes sortes : certains s'utilisent pour désigner quelque chose de concret ou qui a déjà été nommé, d'autres renvoient à quelque chose de général, qu'on évoque pour la première fois. Beaucoup peuvent aussi s'employer comme pronoms.

Les déterminants sont :

the
this ▲ these ▲ that ▲ those
a/an
some ▲ any ▲ no

les quantifieurs	**much ▲ many ▲ little ▲ few ▲ all ▲ most ▲ a little ▲ a few ▲ the whole ▲ every ▲ each ▲ both ▲ half ▲ either▲ other ▲another ▲ more ▲ less ▲ fewer**
les adjectifs possessifs	**my ▲ your ▲ his ▲ her ▲ its ▲ our ▲ their**
les adjectifs interrogatifs	**what ▲ which ▲ whose**
les numéraux	**one ▲ two ▲ three ▲ four ...**

I met the two Swedish girls in London.
J'ai rencontré les deux Suédoises à Londres.
I don't like this picture.
Je n'aime pas cette photo.
There was a man in the lift.
Il y avait un homme dans l'ascenseur.
He was treated like any other customer.
On l'a traité comme n'importe quel client.
There weren't many people.
Il n'y avait pas beaucoup de monde.
Most people agreed.
La plupart des gens étaient d'accord.
We need more time.
Nous avons besoin de plus de temps.
We ought to eat less fat.
Nous devrions manger moins de graisse.
Few people like him.
Peu de gens l'apprécient.
We had a few drinks.
Nous avons bu quelques verres.

2.18 **The** s'utilise généralement comme les articles définis français correspondants « le, la, les » :

The girls were not at home.
Les filles n'étaient pas à la maison.
I don't like using the phone.
Je n'aime pas me servir du téléphone.
My father's favourite flower is the rose.
La fleur préférée de mon père est la rose.
We spent our holidays in the Canaries.
Nous avons passé nos vacances aux Canaries.

2.19 En anglais, pour parler d'un type de chose, d'animal ou de personne de manière générale, on utilise le pluriel du nom seul, sans déterminant :

Many adults don't listen to children.
Beaucoup d'adultes n'écoutent pas les enfants.
Whales are mammals, the same as mice and dogs.
Les baleines sont des mammifères, comme les souris et les chiens.

➢ Notez que l'on peut aussi parler d'un type de chose ou d'animal ou de personne en termes généraux avec un nom au singulier. On utilise alors **the** :

The whale is a mammal, the same as the mouse and the dog.
La baleine est un mammifère, comme la souris et le chien.

2.20 On n'emploie pas **the** dans les locutions adverbiales de temps construites avec **at, by, on** :

on Monday
lundi
by night
la nuit

- On ne l'emploie pas non plus avec les noms de lacs et de montagnes (mais on l'emploie avec les noms de chaînes de montagnes) :

Lake Michigan is in the north of the United States.
Le lac Michigan est dans le nord des États-Unis.
Mount Everest is in the Himalayas and Aconcagua in the Andes.
Le mont Everest est dans l'Himalaya et l'Aconcagua dans les Andes.

- Il n'est pas employé dans les adresses, ni pour dire les chiffres ou les lettres :

A famous shopping area of London is Oxford Street.
Oxford Street est un quartier commerçant connu de Londres.
The main post office is at 11 Union Street.
La grande poste est au 11, Union Street.
The winning number is 3545.
Le numéro gagnant est le 3545.

Z is the last letter of the alphabet.
Le z est la dernière lettre de l'alphabet.

- On l'utilise avec des adjectifs comme **rich**, **poor**, **young**, **old** et **unemployed**, ainsi qu'avec certains adjectifs de nationalité, pour parler de groupes de personnes :

They were discussing the problem of the unemployed.
Ils débattaient du problème des chômeurs.
The French are opposed to the idea.
Les Français sont opposés à cette idée.

2.21 this, that, these, those

This signifie « ce, cet, cette » et **these** est sa forme plurielle (« ces »). **That** signifie aussi « ce, cet, cette » ; il est employé à la place de **this** dans certains contextes, par exemple lorsqu'on veut indiquer l'éloignement. **Those** est sa forme plurielle :

This book is a present from my mother.
Ce livre est un cadeau de ma mère.
When did you buy that hat?
Quand as-tu acheté ce chapeau ?

Ces déterminants s'utilisent aussi comme pronoms :

This is a list of rules.
Ceci est une liste de règles.
'I brought you these'. Adam held out a bag of grapes.
« Je t'ai apporté ça ». Adam me tendit un sac de raisin.
That looks interesting.
Ça a l'air intéressant.
Those are mine.
Celles-là sont les miennes.

Ils peuvent aussi s'employer pour parler de choses qui ont déjà été mentionnées ou que l'on s'apprête à mentionner :

That was an interesting word you used just now.
Tu viens d'utiliser un mot intéressant.

These are not easy questions to answer.
Ce ne sont pas des questions auxquelles il est facile de répondre.
This is what I want to say: it wasn't my idea.
Voici ce que je veux dire : ce n'était pas mon idée.

2.22 **A/an** s'utilisent comme leurs équivalents français, les articles indéfinis « un, une » :

I got a postcard from Susan.
J'ai reçu une carte postale de Susan.
His brother was a sensitive child.
Son frère était un enfant sensible.
I chose a picture that reminded me of my own country.
J'ai choisi une image qui me rappelait mon propre pays.

On écrit **an** devant un mot qui commence par une voyelle ou un **h** muet :

an apple
an honest man
an hour

Si le son n'est pas une voyelle ou si c'est une semi-voyelle, il s'écrit **a** :

a university
a hamster
a dog

- Pour parler de la profession de quelqu'un, on utilise **a/an** après **be** et les autres verbes qui introduisent un attribut du sujet :

He became a school teacher.
Il est devenu professeur.
She is a model and an artist.
Elle est mannequin et artiste.

➢ Notez que quand on veut insister sur la quantité, c'est-à-dire préciser qu'il ne s'agit pas de deux, trois, quatre... mais bien d'un seul, on emploie **one** :

I got (only) one postcard from Susan (in the three years she was abroad).
J'ai reçu une (seule) carte postale de Susan (pendant les trois ans où elle était à l'étranger).

- On utilise par ailleurs **a/an** avec **hundred** et **thousand**, qui peuvent aussi s'employer avec **one** :

I've just spent a hundred pounds.
Je viens de dépenser cent livres.
I've told you a thousand times!
Je te l'ai dit mille fois !

- **A/an** s'emploient en parlant d'une quantité, pour dire « et demi(e) » :

One and a half sugars in my coffee, please.
Un sucre et demi dans mon café, s'il vous plaît.

- On l'utilise avant ou après **half** pour dire « un demi-, une demi- » :

She took a half-hour to write one email.
Il lui a fallu une demi-heure pour écrire un e-mail.
You'll have to walk for half an hour.
Vous devrez marcher une demi-heure.

2.23 some, any, no

- **Some** et **any** sont utilisés comme articles indéfinis pluriels :

He has bought some plants for the house.
Il a acheté des plantes pour la maison.
Do you have any suggestions?
Avez-vous des suggestions ?

- **Some** et **any** s'emploient pour parler d'une quantité indéterminée :

There's some chocolate cake over there.
Il y a du gâteau au chocolat là-bas.
I had some good ideas.
J'ai eu de bonnes idées.

Ask her if you have any questions.
Adressez-vous à elle si vous avez des questions.

- **Some** peut s'employer dans des questions polies ou quand on attend une réponse positive :

Would you like some coffee?
Voulez-vous du café ?
Could you give me some examples?
Est-ce que tu pourrais me donner des exemples ?

- **Any** s'emploie dans les questions et les négations. On l'utilise aussi avec les noms au singulier dans le sens de « n'importe quel » :

Are there any apples left?
Est-ce qu'il reste des pommes ?
I don't have any money.
Je n'ai pas d'argent.
Any container will do.
N'importe quel récipient conviendra.

- **No** peut s'employer au lieu de **not ... any** dans une négation :

I don't see any problem in that./I see no problem in that.
Je ne vois là aucun problème.

- **Some** et **any** peuvent s'employer à la place du nom, comme des pronoms. Dans le cas de **no**, le pronom correspondant est **none** :

You need change? I think I've got some on me.
Tu as besoin de monnaie ? Je crois que j'en ai sur moi.
Children? – No, I don't have any./No, I have none.
Des enfants ? – Non, je n'en ai pas.

- On utilise **some** et **any** avec les indénombrables dans le sens de « du, de la » ; dans les contextes négatifs, on utilise « no » pour dire « pas de, aucun, sans » :

I have left some food for you in the fridge.
Je t'ai laissé de quoi manger dans le frigo.
He's left me with no money.
Il m'a laissé sans argent.

- On les emploie avec des noms pluriels dans le sens de « certains, des » ou « pas de, aucun » :

Some trains are running late.
Certains trains ont du retard.
Are there any jobs only men can do?
Y a-t-il des emplois que seuls les hommes peuvent occuper ?
There weren't any tomatoes left./There were no tomatoes left.
Il ne restait pas de tomates.

2.24 **Some**, **any**, **no** et **every** se combinent avec **-body** ou **-one** pour dire « quelqu'un, n'importe qui, personne, tout le monde », avec **-thing** pour dire « quelque chose, n'importe quoi, rien, tout », et avec **-where** pour dire « quelque part, n'importe où, nulle part, partout » :

anybody ▲ anyone ▲ anything ▲ anywhere
everybody ▲everyone ▲ everything ▲ everywhere
nobody ▲ no one ▲ nothing ▲ nowhere
somebody ▲ someone ▲ something ▲ somewhere

I was there for an hour before anybody came.
J'ai attendu une heure avant que quelqu'un ne vienne.
It had to be someone with a car.
Il fallait que ce soit quelqu'un qui ait une voiture.
Jane said nothing for a while.
Pendant un moment, Jane n'a rien dit.
Everyone knows that.
Tout le monde sait ça.

- Si ces mots sont en position de sujet du verbe, celui-ci est au singulier même si l'on fait référence à plus d'une personne ou plus d'une chose :

Everyone knows that.
Tout le monde sait ça.
Is anybody there?
Il y a quelqu'un ?

- Après une forme combinée avec **-body** ou **-one**, on utilise le pronom personnel **they** et un verbe au pluriel :

Anybody can say what they think.
Tout le monde peut dire ce qu'il pense.

- On utilise ces formes suivies de **else** pour dire « plus, autre, différent » :

I don't want to see anybody else today.
Je ne veux voir personne d'autre aujourd'hui.
I don't like it here. Let's go somewhere else.
Je n'aime pas cet endroit. Allons ailleurs.

2.25 « Beaucoup » se dit **much** avec un indénombrable, dans le sens de « une grande quantité de » ou **many** dans le sens de « un grand nombre de ». De même, « peu de » se dit **little** quand on veut dire « une petite quantité de » et **few** quand on veut dire « un petit nombre de » :

I haven't got much time.
Je n'ai pas beaucoup de temps.
He wrote many novels.
Il a écrit de nombreux romans.
He has little time for that.
Il a peu de temps pour cela.
Visitors to our house? There were few.
Des visiteurs ? Nous en avions peu.

2.26 **Much** s'emploie seulement dans des négations, sauf quand il accompagne **very**, **so** et **too** :

He didn't speak much English.
Il ne parlait pas beaucoup anglais.

2.27 Au lieu de **much**, dans une phrase affirmative, on utilise habituellement d'autres expressions qui s'emploient aussi avec des dénombrables :

He needed a lot of attention.
Il avait besoin de beaucoup d'attention.
I've got plenty of *ou* **lots of money.**
J'ai beaucoup d'argent.

2.28 **Very** s'emploie avec **much, many, little** et **few** :

Very many old people live alone.
De très nombreuses personnes âgées vivent seules.
We have very little time.
Nous avons très peu de temps.
Very few shops are closed on Sundays.
Très peu de magasins sont fermés le dimanche.

2.29 **So** s'utilise avec **much/many** dans le sens de « tant », « tellement » et avec **little/few** dans celui de « si peu » :

They have so much money and we have so little.
Ils ont tellement d'argent et nous en avons si peu.
There were so few people interested that we had to cancel the course.
Il y avait si peu de gens intéressés que nous avons dû annuler le stage.

2.30 **Too** s'emploie avec **much/many** dans le sens de « trop de » et avec **little/few** dans celui de « trop peu de » :

Too many people still smoke.
Trop de gens continuent de fumer.
The team has too few good players.
L'équipe a trop peu de bons joueurs.

2.31 **All** s'utilise avec des dénombrables et des indénombrables dans le sens de « tous les » ou « tout ». **The** peut s'utiliser après **all**, qui peut se placer à différents endroits de la phrase, selon ce sur quoi on veut insister :

All children should be able to swim by the age of ten.
Tous les enfants devraient savoir nager avant l'âge de dix ans.
He soon lost all hope of becoming a rock star.
Il perdit bientôt tout espoir de devenir une star du rock.
All the items are priced individually./The items are all priced individually.
Tous les articles sont étiquetés.

2.32 **Every** s'emploie aussi dans le sens de « tous les », mais avec des dénombrables au singulier et un verbe au singulier :

Every child has milk every day.
Tous les enfants boivent du lait tous les jours.
She spoke to every person at that party.
Elle a parlé à tout le monde à cette fête.

2.33 **Every** se combine avec **-body** et **-one** pour signifier « tous, tout le monde », avec **-thing** pour signifier « tout » et avec **-where** pour dire « partout » :

Everyone else is downstairs.
Tous les autres sont en bas.

2.34 **Each** s'emploie avec ou sans nom dans le sens de « chaque, chacun, chacune ». Souvent, son sens équivaut à celui de **every**, « tous les, toutes les » :

Each county is subdivided into several districts.
Chaque comté est subdivisé en plusieurs districts.
Each applicant has five choices.
Chaque candidat a cinq choix.
Oranges are twenty pence each.
Les oranges coûtent vingt pence chacune.

2.35 **Both** s'emploie pour dire « les deux, tous les deux » :

Dennis held his coffee in both hands.
Dennis tenait son café à deux mains.
Both children were happy with their presents.
Les deux enfants étaient contents de leurs cadeaux.
Both the young men agreed to come.
Les deux jeunes hommes acceptèrent de venir.

- **Both... and...** signifie « aussi bien... que... » lorsqu'on évoque deux choses ou deux personnes en même temps :

I am looking for opportunities both in this country and abroad.
Je suis à la recherche d'offres aussi bien ici qu'à l'étranger.

2.36 **Either** s'emploie pour évoquer deux choses ou deux personnes, quand on veut dire « l'un ou l'autre, n'importe lequel des deux » ou encore « les deux ». **Neither** est sa forme négative. Ils s'utilisent aussi dans certaines réponses :

There were tables on either side of the door.
Il y avait des tables des deux côtés de la porte.
You can sit at either side of the table.
Tu peux t'asseoir de n'importe quel côté de la table.
Which one do you prefer ? – Either will do.
Lequel est-ce que tu préfères ? – N'importe lequel fera l'affaire.
Neither man knew what he was doing.
Aucun des deux hommes ne savait ce qu'il faisait.

- **Either... or...** s'emploie dans le sens de « ou (bien)... ou... », ou « soit... soit... », quand on veut dire que, de deux possibilités, une seule est valable. **Neither... nor...**, sa forme négative, s'emploie dans le sens de « ni... ni... » :

You either love him or hate him.
Ou tu l'adores, ou tu le détestes.
I was expecting you neither today nor tomorrow.
Je ne t'attendais ni aujourd'hui ni demain.

2.37 **The other** s'emploie dans le sens de « l'autre » quand on parle de deux choses ou de deux personnes. Au pluriel, la forme reste la même :

The other customer has gone.
L'autre client est parti.
The other European countries have beaten us.
Les autres pays européens nous ont battus.

2.38 **Another** s'emploie avec les dénombrables dans le sens de « un autre ». Son pluriel est **other** (« d'autres »). Avec un nombre et un dénombrable pluriel, **another** a le sens de « de plus » :

Could I have another cup of coffee?
Est-ce que je pourrais avoir une autre tasse de café ?
I've got other things to do.
J'ai d'autres choses à faire.
He worked for another four years.
Il a travaillé encore quatre ans.

3.1 En anglais, les adjectifs se placent généralement juste devant le nom :

She bought a red scarf.
Elle a acheté une écharpe rouge.
There was no clear evidence.
Il n'y avait pas de preuve évidente.

3.2 Certains adjectifs se placent exclusivement devant le nom, comme épithètes. Par exemple, on dit **an atomic bomb** mais pas **The bomb was atomic**. Parmi ceux-ci :

eastern ▲ northern ▲ southern ▲ western ▲ atomic ▲ countless ▲ existing ▲ indoor ▲ introductory ▲ maximum ▲ neighbouring ▲ occasional ▲ outdoor

He sent countless letters to the newspapers.
Il envoya d'innombrables lettres aux journaux.

D'autres s'emploient presque toujours comme attributs. Par exemple, on peut dire **She was glad** mais pas **a glad woman** :

afraid ▲ alive ▲ alone ▲ asleep ▲ aware ▲ content ▲ due ▲ glad ▲ ready ▲ sorry ▲ sure ▲ unable ▲ well

I wanted to be alone.
Je voulais être seul.
He wasn't sorry for what he'd done.
Il ne regrettait pas ce qu'il avait fait.

3.3 Certains adjectifs sont souvent suivis d'une préposition et d'un groupe nominal :

aware of ▲ accustomed to ▲ fond of unaccustomed to ▲ unaware of ▲ used to

She's very fond of you.
Elle t'apprécie beaucoup.
He is unaccustomed to the heat.
Il n'est pas habitué à la chaleur.

3.4 Certains adjectifs peuvent être employés seuls ou bien suivis d'une préposition particulière. Les adjectifs suivants peuvent s'utiliser seuls ou suivis de **of** pour préciser la raison d'un état d'esprit, d'un sentiment :

afraid ▲ ashamed ▲ convinced ▲ critical ▲ envious ▲ frightened ▲ jealous ▲ proud ▲ scared ▲ suspicious ▲ tired

They may feel jealous (of your success).
Peut-être qu'ils seront jaloux (de ton succès).
I was terrified (of being alone).
J'étais terrifié (à l'idée d'être seul).

3.5 Les adjectifs suivants s'emploient seuls ou avec **of** pour préciser à qui on attribue telle ou telle qualité :

brave ▲ careless ▲ clever ▲ intelligent
sensible ▲ silly ▲ stupid
thoughtful ▲ unreasonable ▲ wrong

That was clever (of you)!
Très malin (de ta part) !
I turned the job down, which was stupid (of me).
J'ai refusé le travail, ce qui est idiot (de ma part).

3.6 Les adjectifs suivants s'emploient seuls ou avec un sujet impersonnel + **of** + le sujet de l'action, ou bien avec un sujet personnel + **to** + l'objet de l'action :

cruel ▲ friendly ▲ generous ▲ good ▲ kind ▲ mean ▲ nasty ▲ nice ▲ polite ▲ rude ▲ unfriendly ▲ unkind

He is very rude.
Il est très grossier.
It was rude of him to leave so suddenly.
C'était grossier de sa part de s'en aller si soudainement.
She was rude to him for no reason.
Elle a été grossière avec lui sans raison.

3.7 Sont employés seuls ou avec **to** les adjectifs qui évoquent habituellement :

la similarité :	**close ▲ equal ▲ identical ▲ related ▲ similar**
le mariage :	**engaged ▲ married**
la loyauté :	**devoted ▲ loyal**
le rang :	**junior ▲ senior**

My problems are very similar (to yours).
Mes problèmes sont très semblables (aux tiens).
He was dedicated (to his job).
Il s'investissait beaucoup (dans son travail).

3.8 On utilise seuls ou avec **with** pour préciser la cause d'un sentiment :

bored ▲ content ▲ displeased ▲ impatient
pleased ▲ satisfied

Don't be so impatient (with her)!
Ne sois pas si impatient (avec elle) !
He was pleased (with her).
Il était content (d'elle).

3.9 On utilise seuls ou avec **for** pour préciser la cause ou spécifier à qui on attribue une qualité :

common ▲ difficult ▲ easy ▲ essential ▲ important
necessary ▲ possible ▲ unnecessary ▲ unusual ▲ usual

It's difficult for young people on their own.
C'est difficile pour les jeunes qui sont seuls.
It was unusual for them to go away at the weekend.
C'était rare qu'ils s'en aillent le week-end.

3.10 On utilise seuls ou avec **about** pour préciser de quoi il est question et **with** pour préciser de qui il est question :

angry ▲ annoyed ▲ delighted ▲ disappointed
fed up ▲ furious ▲ happy ▲ upset

They looked very angry.
Ils avaient l'air très fâchés.
She was still angry about his comment.
Elle était toujours fâchée à cause de sa remarque.
I'm very angry with you.
Je suis très fâché contre toi.

3.11 Certains adjectifs relatifs aux mesures se placent après le nom désignant la mesure :

He was about six feet tall.
Il mesurait à peu près un mètre quatre-vingts.
The water was several metres deep.
L'eau était profonde de plusieurs mètres.
The baby is nine months old.
Le bébé a neuf mois.

3.12 Quand il y a plus d'un adjectif devant un nom, celui qui exprime un avis vient devant celui qui décrit objectivement. Entre des adjectifs attributs, on met simplement **and** :

You live in a nice big house.
Ta maison est jolie et grande.
She was wearing a beautiful pink suit.
Elle portait un beau tailleur rose.
He's tall and slim.
Il est grand et mince.

- Lorsque deux adjectifs ou plus expriment une opinion, celui dont le sens est le plus général vient en premier :

I sat in a lovely comfortable armchair.
Je m'assis dans un joli fauteuil confortable.

- Quand deux adjectifs ou plus décrivent des caractéristiques, ils se placent selon l'ordre suivant :

taille	forme	âge	couleur	nationalité	matière

We met some young Chinese girls.
Nous avons fait la connaissance de jeunes Chinoises.
There was a large round wooden table in the room.
Il y avait une grande table ronde en bois dans la pièce.

- Quand on emploie les formes comparatives d'un adjectif, celles-ci se placent avant les autres adjectifs :

Some of the best English actors have gone to live in Hollywood.
Certains des meilleurs acteurs anglais sont partis vivre à Hollywood.
These are the highest monthly figures on record.
Ce sont les chiffres mensuels les plus hauts jamais relevés.

- Quand deux noms se suivent, l'adjectif, quel qu'il soit, se place toujours avant le premier nom, jamais entre les deux :

He works in the French film industry.
Il travaille dans l'industrie française du cinéma.
He receives a large weekly cash payment.
Il reçoit un important versement hebdomadaire en espèces.

3.13 Les propositions subordonnées

Les mots interrogatifs peuvent s'employer pour poser des questions. **Who**, **which**, **when**, **where** et **why** peuvent aussi s'employer pour former des propositions subordonnées qui jouent le même rôle qu'un adjectif dans l'énoncé principal en précisant les caractéristiques du nom :

The woman who lives next door is very friendly.
La femme qui habite à côté est très gentille.
The car that I wanted to buy was not for sale.
La voiture que je voulais acheter n'était pas à vendre.

- **Who** sert à désigner des personnes et **which** des choses. On les remplace souvent par **that** :

He was the man who ou **that bought my house.**
C'était l'homme qui a acheté ma maison.
There was ice cream which ou **that mum had made herself.**
Il y avait de la glace que maman avait faite elle-même.

- Si le verbe de la proposition relative contient une préposition, cette préposition se place à la fin de la proposition :

The house that we lived in was huge.
La maison dans laquelle nous vivions était immense.

- **Who, which** et **that** peuvent être omis s'ils ne jouent pas le rôle de sujet :

The woman who lives next door is very friendly.
La femme qui habite à côté est très gentille.
The car (that) I wanted to buy was not for sale.
La voiture que je voulais acheter n'était pas à vendre.
The house (that) we lived in was huge.
La maison où nous vivions était immense.

- **Whose** est le possessif de **who** ; il s'utilise dans le sens de « dont » :

We have only told the people whose work is relevant to this project.
Nous en avons seulement informé les gens dont le travail est en rapport avec ce projet.

- Après les propositions qui évoquent le temps, un moment etc., on emploie **when**. Après celles qui évoquent un lieu, on emploie **where**.

This is the year when profits should increase.
Cette année est celle où les profits devraient augmenter.
He showed me the place where they worked.
Il m'a montré l'endroit où ils travaillaient.

- Le mot **reason(s)** est suivi de **why** :

There are several reasons why he can't do that.
Il y a plusieurs raisons pour lesquelles il ne peut pas faire cela.

4.1 L'anglais repose beaucoup moins sur les terminaisons que le français pour indiquer la personne ou le temps du verbe. En effet, ceux-ci sont signalés dans le premier cas par les pronoms et souvent, dans le second, par les auxiliaires ou les modaux :

We wanted to know what happened.
Nous voulions savoir ce qui s'était passé.
Did she phone you?
Est-ce qu'elle t'a téléphoné ?
We will see how simple a language can be.
Nous verrons combien une langue peut être simple.
I might not go.
Il est possible que je n'y aille pas.

4.2 Sauf pour le **présent simple** ou le **prétérit** à la forme affirmative, l'**impératif** à la forme affirmative ou les formes impersonnelles telles que l'**infinitif**, le **gérondif** ou les **participes**, on conjugue les verbes en combinant le verbe principal avec un verbe auxiliaire, qui indique le **temps** ou la **voix** (**active** ou **passive**) :

I have seen it before.
Je l'ai déjà vu.
Had you heard about it?
Est-ce que tu en avais entendu parler ?
It could not be done.
Ça n'était pas faisable.
They have been robbed.
Ils ont été volés.

4.3 Les verbes auxquels on peut ajouter la terminaison **-ed** pour les temps du passé s'appellent les **verbes réguliers**. D'autres verbes changent de forme : ce sont les **verbes irréguliers**. Les **verbes réguliers** ont quatre formes :

- la **base verbale**, qui est celle sous laquelle on rencontre le verbe dans un dictionnaire et qui s'utilise pour pratiquement toutes les personnes au **présent**, avec les **modaux** et dans la construction **to...**
- la forme en **-s**, que l'on a uniquement au **présent** quand le sujet est à la troisième personne du singulier

- la forme du **participe présent** (ou **gérondif**) : **-ing**
- la forme du **participe passé** : **-ed**

N'oubliez pas que les modifications orthographiques entraînées par l'ajout d'une terminaison ne font pas d'un verbe un verbe irrégulier :

try	→	**tries**	→	**trying**	→	**tried**
reach	→	**reaches**	→	**reaching**	→	**reached**
dance	→	**dances**	→	**dancing**	→	**danced**
dip	→	**dips**	→	**dipping**	→	**dipped**

4.4 Les verbes irréguliers peuvent avoir trois, quatre ou cinq formes différentes et il arrive qu'on ait une forme distincte pour le passé et une autre pour le participe. Toutes ces formes apparaissent après la base verbale dans la partie anglais-français du dictionnaire :

cost	→	**costs**	→	**costing**	→	**cost**	→	**cost**
think	→	**thinks**	→	**thinking**	→	**thought**	→	**thought**
swim	→	**swims**	→	**swimming**	→	**swam**	→	**swum**

4.5 Les verbes auxiliaires : be, have, do

En anglais, on dénombre trois verbes auxiliaires : **be**, **have** et **do**

	be	**have**	**do**
présent	**am/is/are**	**have/has**	**do/does**
-ing	**being**	**having**	**doing**
passé	**was/were**	**had**	**did**
participe passé	**been**	**had**	**done**

Quand il est auxiliaire, **be** peut être accompagné :

- d'un verbe en **-ing** pour les formes **progressives** (ou **continues**, formes parfois notées **BE** + **V-ing**) :

  He is living in Germany.
  Il vit en Allemagne.
  They were going to phone you.
  Ils allaient t'appeler.

- d'un **participe passé** pour la **voix passive** :

  These cars are made in Japan.
  Ces voitures sont fabriquées au Japon.
  The walls were covered with posters.
  Les murs étaient couverts d'affiches.

Have s'emploie comme verbe auxiliaire avec un **participe passé** pour former les temps du **parfait** (formes **HAVE** + **V-en**) :

I have changed my mind.
J'ai changé d'avis.
I wish you had met Guy.
J'aurais aimé que tu rencontres Guy.

Have et **be** s'emploient ensemble pour former les formes **progressives** (ou **continues**) du **present perfect** et du **plus-que-parfait** (aussi appelé **pluperfect**), ainsi que leur **voix passive** :

He has been working very hard recently.
Il travaille très dur depuis quelque temps.
They had been walking for half an hour.
Cela faisait une demi-heure qu'ils marchaient.
The guest-room window has been repaired.
La fenêtre de la chambre d'amis a été réparée.
The people had been told the show was cancelled.
On avait dit aux gens que le spectacle était annulé.

Do s'emploie comme **auxiliaire** :

- pour la forme négative ou interrogative des verbes au **présent simple** et au **prétérit** :

  He doesn't think he can come to the party.
  Il ne pense pas pouvoir venir à la fête.
  Do you like her new haircut?
  Est-ce que tu aimes sa nouvelle coiffure ?
  She didn't buy the house.
  Elle n'a pas acheté la maison.

- dans les phrases affirmatives, mais uniquement pour insister sur le verbe ; dans ce cas, **do** est accentué à l'oral :

People do make mistakes.
Si, les gens font des erreurs.

4.6 Le verbe principal peut être précédé :

- d'un ou deux **auxiliaires**

I had met him in Bristol.
Je l'avais rencontré à Bristol.
The car was being repaired.
La voiture était en réparation.

- d'un **modal**

You can go now.
Tu peux partir maintenant.
I would like to ask you a question.
J'aimerais vous poser une question.

- d'un **modal** et d'un ou deux **auxiliaires**

I could have spent the whole year on it.
J'aurais pu y passer toute l'année.
She would have been delighted to see you.
Elle aurait été ravie de te voir.

4.7 Les temps progressifs (ou continus)

Les temps **progressifs** (**BE** + **V-ing**) sont les suivants :

- **présent progressif** = **BE** au présent + **-ing :**

They're (= They are) having a meeting.
Ils sont en réunion.

- **futur progressif** = **will** + **BE** + **-ing** :

  She'll (= She will) be leaving tomorrow.
  Elle part demain.

- **passé progressif** (ou **prétérit progressif**) = passé de **BE** + **-ing :**

  The train was going very fast.
  Le train allait très vite.

- **present perfect progressif** = présent de **HAVE** + **been** + **-ing :**

  I've (= I have) been living here since last year.
  Cela fait un an que je vis ici.

- **plus-que-parfait progressif** = passé de **HAVE** + **been** + **-ing :**

  I'd (= I had) been walking for hours when I saw the road.
  Cela faisait des heures que je marchais quand j'ai vu la route.

Le **progressif** sert à :

- indiquer qu'une action se déroule avant et après une autre action qui vient l'interrompre

  The phone always rings when I'm having a bath.
  Le téléphone sonne toujours quand je suis en train de prendre un bain.
  He was watching television when the doorbell rang.
  Il regardait la télévision quand on a sonné à la porte.

- exprimer la durée

  We had been living in Athens for five years.
  Nous vivions depuis cinq ans à Athènes.
  They'll be staying with us for a couple of weeks.
  Ils vont passer deux semaines chez nous.

- décrire un état ou une situation temporaire

  I'm living in London at the moment.
  Je vis à Londres en ce moment.

He was working at home at the time.
Il travaillait chez lui à ce moment-là.
She's been spending the summer in Europe.
Elle passe l'été en Europe.

- dire que quelque chose se passe ou est en train de se passer

The children are growing quickly.
Les enfants grandissent à toute vitesse.
Her English was improving.
Son anglais s'améliorait.
I'm looking at the photographs my brother sent me.
Je suis en train de regarder les photos que mon frère m'a envoyées.

➢ Les verbes de perception s'emploient plus souvent avec le modal **can** qu'avec le progressif :

I can smell gas.
Je sens une odeur de gaz.

4.8 Les temps simples

Les **temps simples** s'emploient sans verbe auxiliaire à la forme affirmative. Le verbe se place juste après le sujet, sauf avec certains adverbes qui viennent s'insérer à cet endroit :

She often talks about her children.
Elle parle souvent de ses enfants.
I live in London.
Je vis à Londres.
George comes every Monday.
George vient tous les lundis.
I lived in Aberdeen.
J'ai vécu à Aberdeen.
George came every Tuesday.
George venait tous les mardis.

Les **temps simples** sont les suivants :

- **présent simple** = base verbale (+ **-s** pour **he/she/it**)

  I live just outside London.
  J'habite juste à côté de Londres.
  He likes Spain.
  Il aime l'Espagne.

- **passé simple** (ou **prétérit**) :

- base verbale + **-ed** pour les **verbes réguliers**

  I liked her a lot.
  Je l'aimais beaucoup.

- autres formes pour les verbes irréguliers

  I bought six CDs.
  J'ai acheté six CD.

➢ Avec la négation **not** et dans les questions, on utilise l'auxiliaire **do** ou **does** au **présent**, et **did** au **passé** :

I don't live in Birmingham.
Je n'habite pas à Birmingham.
George doesn't come every Friday.
George ne vient pas tous les vendredis.
Do you live round here?
Tu habites par ici ?
Does your husband do most of the cooking?
Est-ce ton mari qui fait le plus souvent la cuisine ?
George didn't come every Thursday.
George ne venait pas tous les jeudis.
Did you see him?
Est-ce que tu l'as vu ?

4.9 Les temps du **présent** sont le **présent simple**, le **present perfect** et leurs **formes progressives**.

Le **présent simple** sert :

- à parler du présent en général, de quelque chose d'habituel, qui arrive régulièrement

  George lives in Birmingham.
  George vit à Birmingham.
  Do you eat meat?
  Est-ce que tu manges de la viande ?

- à énoncer une vérité générale

  Water boils at 100 degrees Celsius.
  L'eau bout à 100 degrés.

- à parler du futur quand on évoque quelque chose de planifié ou de prévisible

  The next train leaves at two fifteen in the morning.
  Le prochain train part à deux heures et quart du matin.
  It's Tuesday tomorrow.
  Demain, c'est mardi.

4.10 Le **present perfect** se forme avec le présent de **HAVE** suivi du verbe au **participe passé** (souvent noté **V-en**) :

She's (= **She has**) **often climbed that tree.**
Elle est souvent montée à cet arbre.
I've (= **I have**) **lost my passport.**
J'ai perdu mon passeport.

Le **present perfect** s'emploie :

- pour évoquer les effets présents d'un événement ou d'une action du passé

  I'm afraid I've forgotten my book.
  Je suis désolé, mais j'ai oublié mon livre.
  Have you heard from Jill recently?
  As-tu eu des nouvelles de Jill récemment ?

Karen has just phoned you.
Karen vient de te téléphoner.

- lorsqu'on parle d'une période qui a débuté dans le passé et qui se prolonge dans le présent

Have you really lived here for ten years?
Est-ce que ça fait vraiment dix ans que tu vis ici ?
He has worked here since 1987.
Il travaille ici depuis 1987.

- Pour faire référence au futur dans la subordonnée de temps

Tell me when you have finished.
Dis-moi quand tu as fini.
I'll write to you as soon as I have heard from Jenny.
Je t'écrirai dès que j'aurai eu des nouvelles de Jenny.

4.11 Les **temps** du **passé** sont le **prétérit** (**simple past**) et le **plus-que-parfait** (**pluperfect**) et leurs formes continues.

- Le **pluperfect** (ou **plus-que-parfait**) se forme avec **HAVE** suivi du verbe au **participe passé** :

He had lived in the same village all his life.
Il avait vécu toute sa vie dans le même village.
I had forgotten my book.
J'avais oublié mon livre.

- Le **prétérit** s'emploie pour évoquer une action du passé qui est complètement révolue. Il se traduit le plus souvent par le **passé composé** et l'**imparfait** :

I woke up early and got out of bed.
Je me suis réveillé tôt et je me suis levé.
She lived just outside London.
Elle habitait juste à côté de Londres.
We usually spent the winter at Aunt Meg's house.
Nous passions généralement l'hiver chez tante Meg.

- Le **plus-que-parfait** s'emploie :

- quand on fait référence à un moment antérieur à un autre moment du passé

I apologized because I had forgotten my book.
Je me suis excusé car j'avais oublié mon livre.

- si l'on évoque une période qui a commencé à un moment antérieur dans le passé et qui s'est prolongée un moment, auquel cas on a recours à la forme continue

I was about 20. I had been studying French for a couple of years.
J'avais une vingtaine d'années. J'étudiais le français depuis deux ans.

➢ Dans les énoncés suivants, la seconde option est plus polie, moins directe ; on a parfois recours au passé pour être plus courtois.

Do you want to see me now? ou **Did you want to see me now?**
Vous voulez me voir maintenant ? ou *Vous vouliez me voir maintenant ?*
I wonder if you can help me. ou **I was wondering if you could help me.**
Je me demande si vous pouvez m'aider. ou *Je me demandais si vous pourriez m'aider.*

4.12 for, since, ago

- **Ago** équivaut à « il y a » ; il se place après l'expression qui se réfère au laps de temps écoulé depuis qu'une action complètement révolue a eu lieu. Avec **ago**, le verbe de la proposition principale est toujours au **prétérit** :

We moved into this house five years ago.
Nous avons emménagé dans cette maison il y a cinq ans.

- **For** exprime la durée d'une action. Avec **for**, le verbe de la proposition principale peut être :

- au **prétérit** si ce qui est évoqué est complètement révolu

We lived in China for two years.
Nous avons vécu deux ans en Chine.

- au **present perfect**, le plus souvent à la **forme continue**, pour indiquer que l'action a débuté dans le passé et se prolonge dans le présent

  We have been living here for five years.
  Cela fait cinq ans que nous vivons ici.
  I have been a member of the swimming club for many years.
  Cela fait des années que je suis membre du club de natation.

- au **past perfect** (**HAVE** au **prétérit** suivi du verbe au **participe passé**) ou sa **forme progressive** (**past perfect continuous**) quand on évoque deux événements ou actions passés

  We had been working ou **We had worked there for nine months when the company closed.**
  Cela faisait neuf mois que nous travaillions dans l'entreprise quand elle a fermé.

- au **futur** :

  We will be in Spain for two weeks.
  Nous passerons deux semaines en Espagne.
  I'll be staying with you for a month.
  Je passerai un mois chez toi.

• **Since** indique le début précis d'une action : il est suivi d'une date, d'un jour ou d'un événement précis. Le verbe de la proposition principale peut être :

- au **present perfect**, généralement à la **forme continue** (**present perfect continuous**) pour indiquer que l'action a débuté dans le passé et se prolonge dans le présent

  We have been living here since 1990.
  Nous vivons ici depuis 1990.
  I've been in politics since I was at university.
  Je fais de la politique depuis l'université.

- au **past perfect** ou au **past perfect continuous** quand on évoque deux actions ou événements qui ont eu lieu dans le passé

  I had not seen him since Christmas.
  Je ne l'avais pas vu depuis Noël.
  He hadn't played since he was 20.
  Il n'avait pas joué depuis l'âge de 20 ans.

4.13 Les modaux sont :

will ▲ shall ▲ would ▲ can ▲ could
may ▲ might ▲ must ▲ should ▲ ought to

Ils n'ont qu'une seule forme et s'emploient avec l'infinitif sans **to**, à l'exception de **ought**.

Il n'est pas possible d'employer deux modaux ensemble ni d'associer modal et auxiliaire. Ainsi, on ne dit pas **He will can come**, mais **He will be able to come** ; on a recours à la tournure **be able to**, qui a le même sens que **can**.

4.14 **Will** est un modal que l'on emploie la plupart du temps pour parler du futur :

The weather tomorrow will be warm and sunny.
Demain, le temps sera chaud et ensoleillé.
I'm tired. I think I'll go to bed.
Je suis fatigué. Je crois que je vais aller me coucher.
Don't be late. I'll be waiting for you.
Ne sois pas en retard. Je t'attendrai.

- Quand on parle d'intentions personnelles, on utilise **will** :

I'll call you tonight.
Je t'appellerai ce soir.

- **Will** s'utilise aussi pour demander quelque chose ou lancer une invitation :

Will you do me a favour?
Est-ce que tu peux me rendre un service ?
Will you come to my party on Saturday?
Tu veux venir à ma fête samedi ?

4.15 **Shall** s'emploie seulement avec **I** et **we**, principalement dans des interrogations, pour faire une suggestion à une autre personne :

Shall we go and see a film?
Veux-tu qu'on aille voir un film ?

Shall I shut the door?
Veux-tu que je ferme la porte ?

4.16 A l'oral, **would** s'emploie avec **you** pour lancer une invitation à quelqu'un ou lui demander poliment de faire quelque chose :

Would you tell her Adrian phoned?
Pourriez-vous lui dire qu'Adrian a téléphoné ?
Would you mind doing the washing up?
Est-ce que ça te dérangerait de faire la vaisselle ?
Would you like a drink?
Est-ce que tu veux boire quelque chose ?

- **Would** s'emploie avec des verbes come **like** pour demander un service, dire ce que l'on veut ou accepter quelque chose qu'on se voit offrir :

We'd like seats near the front, please.
Nous voudrions des places vers l'avant, s'il vous plaît.
I wouldn't like to see something so disgusting.
Je n'aimerais pas voir quelque chose d'aussi dégoûtant.
I'd like you to finish this work by Thursday.
Je voudrais que vous finissiez ce travail pour jeudi.
I wouldn't mind a cup of tea.
Je prendrais bien une tasse de thé.

- Suivi de **rather** ou **sooner** et de la base verbale, on emploie **would** pour exprimer ses préférences :

He'd rather be playing golf.
Il préférerait être en train de jouer au golf.
I'd sooner walk than take the bus.
Je préférerais marcher plutôt que de prendre le bus.

4.17 can, could, be able to

- On emploie **can** pour dire que quelque chose peut se réaliser :

Cooking can be a real pleasure.
Cuisiner peut être un véritable plaisir.

- On emploie **could** quand on veut dire que quelque chose pourrait ou aurait pu se réaliser :

  There could be a storm.
  Il pourrait y avoir une tempête.
  You could have gone to Paris.
  Tu aurais pu aller à Paris.
  If I'd been there, I could have helped you.
  Si j'avais été là, j'aurais pu t'aider.

- **Can** (**présent**) et **could** (**passé** ou **conditionnel**) s'utilisent pour parler de la capacité à faire quelque chose ; ils se traduisent souvent par « pouvoir » :

  He could run faster than anybody else.
  Il courait plus vite que n'importe qui d'autre.
  She couldn't have taken the car, because Jim was using it.
  Elle n'aurait pas pu prendre la voiture parce que c'est Jim qui l'avait.

- On les emploie aussi pour dire que quelqu'un sait faire quelque chose parce qu'il l'a appris ; ils se traduisent souvent par « savoir » :

  He can't dance.
  Il ne sait pas danser.
  A lot of them couldn't read or write.
  Beaucoup d'entre eux ne savaient ni lire ni écrire.

- Pour les temps auxquels il n'est pas possible de conjuguer **can**, on utilise la tournure équivalente **be able to** :

  Nobody else will be able to read it.
  Personne d'autre ne pourra le lire.
  He enjoyed the satisfaction of being able to do the job well.
  Il avait la satisfaction de pouvoir faire ce travail comme il fallait.
  Everyone used to be able to have free eye tests.
  Avant, tout le monde pouvait passer gratuitement un examen de la vue.

- Cette expression peut aussi s'employer là où **can** ou **could** seraient possibles :

  She was able to tie her own shoelaces./She could tie her own shoelaces.
  Elle savait attacher ses lacets toute seule.

- À l'oral, **can** et **could** s'emploient pour faire une demande polie ou une proposition :

  Can I help you with the dishes?
  Est-ce que je peux t'aider à faire la vaisselle ?
  Could I help you carry those bags?
  Est-ce que je peux t'aider à porter ces sacs ?
  We could go to the cinema on Friday.
  On pourrait aller au cinéma vendredi.
  Could you do me a favour?
  Est-ce que tu pourrais me rendre un service ?

- **Can**, **could**, **may** ou **be allowed to** s'emploient pour demander la permission. La tournure avec **may** est la plus soutenue :

  Can I ask a question?
  Est-ce que je peux poser une question ?
  Could I just interrupt a minute?
  Est-ce que je peux vous interrompre une minute ?
  May I have a cigarette?
  Puis-je avoir une cigarette ?

- Seuls **can** et **may** s'emploient pour accorder la permission :

  You can borrow that pen if you want to.
  Tu peux emprunter ce stylo si tu veux.
  You may leave as soon as you have finished.
  Tu peux partir dès que tu as fini.

- Pour exprimer la permission, on peut aussi employer **be allowed to** aux temps auxquels **may** n'existe pas :

  It was only after several months that I was allowed to visit her.
  Ce ne fut qu'au bout de quelques mois qu'on m'autorisa à lui rendre visite.
  Teachers will be allowed to decide for themselves.
  Les professeurs seront autorisés à décider eux-mêmes.

4.18 **May** et **might** s'emploient pour dire qu'il est possible que quelque chose ait lieu ou ait eu lieu :

He might come.
Il se peut qu'il vienne.

You may have noticed this advertisement.
Peut-être as-tu remarqué cette publicité.

4.19 must et have to

Pour dire que quelque chose doit être fait, doit arriver ou doit être d'une certaine façon, on emploie **must** :

The plants must have plenty of sunshine.
Les plantes ont besoin de beaucoup de soleil.
You must come to the meeting.
Il faut que tu viennes à la réunion.

Lorsqu'une personne donne son avis sur ce qu'une autre personne doit faire, on utilise **must**. S'il ne s'agit pas d'un point de vue personnel, on emploie **have to** :

They have to pay the bill by Thursday. *(ils ont une dette)*
They must pay the bill by Thursday. *(parce que c'est à moi qu'ils doivent cet argent)*
Il faut qu'ils règlent la facture avant jeudi.
She has to go now. *(car elle a des choses à faire)*
She must go now. *(car je l'ai décidé)*
Il faut qu'elle parte maintenant.

4.20 **Should** et **ought to** sont synonymes ; ils signifient « il faudrait que... » ou « devoir » au conditionnel en français :

We should send her a postcard.
Il faudrait qu'on lui envoie une carte postale.
You ought not to see him again.
Tu devrais arrêter de le voir.
We ought to have stayed in tonight.
Nous aurions dû rester à la maison ce soir.

4.21 L'impératif

La forme affirmative de l'**impératif** est la même que celle de la base verbale. Elle n'est pas précédée d'un pronom :

Come to my place.
Viens chez moi.
Start when you hear the bell.
Commencez quand vous entendrez la cloche.
Sit down and let me get you a drink.
Assieds-toi et laisse-moi te servir un verre.
Be careful!
Sois prudent !

Le **négatif** se construit avec l'auxiliaire **do** ou **never** + base verbale

Do not write in this book.
N'écris pas dans ce livre.
Don't go so fast.
Ne va pas si vite.
Never open the front door to strangers.
N'ouvre jamais la porte à des inconnus.

En anglais, l'impératif s'utilise avec les personnes que l'on connaît bien, ou dans des situations d'urgence ou de danger. Dans la plupart des autres cas, on emploie les modaux ou les constructions avec **let**, qui permettent de transformer un ordre en requête polie :

Would you mind waiting a moment?
Voulez-vous bien patienter un instant ?

4.22 let + groupe nominal + base verbale

L'impératif avec **let** s'emploie pour demander que l'on permette à une personne de faire quelque chose. Quand cette personne est celle qui parle, c'est une manière de proposer de rendre un service :

Let Philip have a look at it.
Laisse Philip regarder.
Let them go to bed late.
Laisse-les se coucher tard.
Let me take your coat.
Laisse-moi prendre ton manteau.

La forme négative se construit avec l'auxiliaire **do** : **don't** + **let** + groupe nominal + base verbale :

Don't let me make you late for your appointment.
Je ne voudrais pas te mettre en retard pour ton rendez-vous.

On emploie **let** avec **us** lorsque celui qui parle s'inclut dans un groupe. La forme contractée **let's** est plus fréquente. À la forme négative, on dit **let's not** ou **don't let's** :

Let's go outside.
Allons dehors.
Let us consider a very simple example.
Prenons un exemple très simple.
Let's not/Don't let's talk about that.
Ne parlons pas de cela.

4.23 Les verbes à deux objets

Certains verbes ont deux objets. L'objet qui renvoie à la personne (complément d'objet second) peut se mettre soit directement après le verbe, soit après l'autre objet, auquel cas il est précédé de **for** ou **to** :

They booked me a place. ou **They booked a place for me.**
Ils m'ont réservé une place.
I had given my cousin some books on India. ou **I had given some books on India to my cousin.**
J'avais donné des livres sur l'Inde à mon cousin.

Lorsqu'il comporte plus de deux mots, le groupe nominal objet qui renvoie à des personnes se place généralement derrière l'autre complément d'objet :

She taught physics to pupils at the local school.
Elle enseignait la physique aux élèves de l'école du quartier.

4.24 La proposition infinitive

Cette construction est introduite par un verbe (éventuellement suivi d'une préposition si c'est un **phrasal verb**), suivi d'un nom ou pronom complément et d'un verbe à l'infinitif avec **to**. Le verbe principal est souvent un verbe exprimant une volonté, un désir ou un ordre :

The teacher wants all pupils to write an essay for tomorrow.
Le professeur veut que tous les élèves fassent une rédaction pour demain.
We'll wait for you to finish.
Nous attendrons que tu finisses.
I'd like him to phone me back.
J'aimerais qu'il me rappelle.

Pour mettre une proposition infinitive à la forme négative, on place **not** devant **to** :

I asked you not to say anything.
Je t'ai demandé de ne rien dire.
You can expect John not to lie.
Tu peux compter sur le fait que John ne mentira pas.

4.25 On utilise un **pronom réfléchi** pour montrer que l'objet et le sujet du verbe de l'énoncé renvoient à la même personne :

Ann poured herself a drink.
Ann se servit un verre.
The men formed themselves into a row.
Les hommes se mirent en rang.
Here's the money, go and buy yourself an ice cream.
Voici l'argent, va t'acheter une glace.

- Les verbes pronominaux en français ne le sont pas nécessairement en anglais : c'est le cas de **shave**, **dress**, **wash** :

I usually shave before breakfast.
Normalement, je me rase avant le petit-déjeuner.
He prefers to shave himself, even with that broken arm.
Il préfère se raser lui-même, même avec son bras cassé.

- **Attention** : pour parler d'une partie du corps, on emploie un possessif en anglais là où le français utilise une forme réfléchie :

I hurt my foot.
Je me suis fait mal au pied.
He cut his nails before going out.
Il s'est coupé les ongles avant de sortir.

- Pour souligner la réciprocité d'une action, on peut employer **each other** ou **one another** comme objet du verbe. Ils interviennent souvent avec les verbes qui expriment des contacts physiques, comme **embrace**, **fight**, **hug**, **kiss**, **touch** etc. :

  We embraced each other.
  Nous nous sommes étreints.
  They fought one another desperately for it.
  Ils se le sont disputé avec acharnement.
  It was the first time they had touched one another.
  C'était la première fois qu'ils se touchaient.

- Certains verbes sont suivis d'un groupe nominal comportant une préposition. On met alors la préposition avant **each other** ou **one another** :

  They parted from each other after only two weeks.
  Ils se sont séparés après deux semaines seulement.
  We talk to one another as often as possible.
  Nous nous parlons le plus souvent possible.

4.26 Les **phrasal verbs** (verbes à particule) sont la combinaison d'un verbe avec un adverbe ou une préposition. Le sens de base du verbe peut parfois changer radicalement :

Turn right at the next corner.
Tourne à droite au prochain croisement.
She turned off the radio.
Elle a éteint la radio.
She broke her arm in the accident.
Elle s'est cassé le bras dans l'accident.
They broke out of prison on Thursday night.
Ils se sont évadés de prison jeudi soir.

Ces verbes à particule se répartissent en quatre groupes :

- Ceux du premier groupe n'ont pas de complément d'objet ; ils sont **intransitifs** :

break out ▲ catch on ▲ check up ▲ come in ▲ get by
give in ▲ go away ▲ grow up ▲ ring off ▲ start up
stay up ▲ stop off ▲ watch out ▲ wear off

War broke out in September.
La guerre éclata en septembre.
You'll have to stay up late tonight.
Tu devras veiller tard ce soir.

- Ceux du second groupe ont un objet qui se place après le verbe et sa préposition :

bargain for ▲ deal with ▲ fall for ▲ look after
part with ▲ pick on ▲ set about ▲ take after

She looked after her invalid mother.
Elle s'occupait de sa mère invalide.
Peter takes after his father but John is more like me.
Peter tient de son père, mais John me ressemble davantage.

- Pour les verbes à particule du troisième groupe, l'objet s'intercale entre le verbe et la particule :

bring round ▲ keep up ▲ knock out

They tried to bring her round.
Ils ont essayé de la ranimer.

- Certains verbes appartiennent à la fois au second et au troisième groupe, car l'objet peut se placer soit après la particule, soit après le verbe :

fold up ▲ hand over ▲ knock over ▲ point out
pull down ▲ put away ▲ put up ▲ rub out ▲ sort out
take up ▲ tear up ▲ throw away ▲ try out

It took ages to clean up the mess. ou **It took ages to clean the mess up.**
Ça a pris un temps fou pour nettoyer les saletés.

- Cependant, si l'objet est un pronom, il se place toujours juste après le verbe :

There was such a mess. It took ages to clean it up.
C'était vraiment sale. Ça a pris un temps fou à nettoyer.

- Les verbes de la quatrième catégorie sont ceux dont l'objet est introduit par une préposition qui vient s'ajouter à leur propre particule :

Verbe + particule + préposition + objet

come in for ▲ come up against ▲ get on with
lead up to ▲ look forward to ▲ put up with
stick up for ▲ walk out on

I'm looking forward to my holiday.
J'ai hâte d'être en vacances.
Children have to learn to stick up for themselves.
Les enfants doivent apprendre à se débrouiller par eux-mêmes.

- Un petit nombre de verbes du quatrième groupe acceptent un autre objet juste après le verbe :

Verbe + objet + particule + préposition + objet

do out of ▲ put down to ▲ put up to
take out on ▲ talk out of

John tried to talk her out of it.
John essaya de l'en dissuader.

4.27 Quand on veut attirer l'attention sur ce qui subit l'action (objet ou personne) et non sur son origine, on utilise la **voix passive**. Seuls les verbes transitifs peuvent se mettre au passif :

Mr Smith locks the gate at six o'clock every night.
M. Smith ferme le portail à six heures tous les soirs.
The gate is locked at six o'clock every night.
Le portail est fermé à six heures tous les soirs.

The storm destroyed dozens of trees.
La tempête a détruit des dizaines d'arbres.
Dozens of trees were destroyed.
Des dizaines d'arbres ont été détruits.

- La structure de la voix passive est la suivante :
(modal +) forme de **BE** + participe passé

Jobs are still being lost.
Il y a toujours des pertes d'emplois.
What can be done?
Qu'est-ce qu'on peut faire ?
We won't be beaten.
Nous ne nous laisserons pas vaincre.
He couldn't have been told by Jimmy.
Ce n'est pas possible que Jimmy le lui ait dit.

- Dans le cas des verbes à deux objets, n'importe lequel des deux objets peut être sujet de la phrase passive :

The secretary was given the key. ou **The key was given to the secretary.**
La clé a été donnée à la secrétaire.
The books will be sent to you. ou **You will be sent the books.**
Les livres vous seront envoyés.

➢ **Get** s'emploie parfois en anglais parlé au lieu de **be** pour former le passif :

Our car gets cleaned every weekend.
Notre voiture est lavée tous les week-ends.
I don't get paid until the end of the month.
Je ne suis payé qu'à la fin du mois.

- Lorsqu'on utilise la voix passive, il est fréquent de ne pas préciser l'origine de l'action, soit parce qu'on ne la connaît pas, soit parce qu'on ne veut pas le faire, soit parce que cette information n'a pas d'importance. Si on souhaite donner celle-ci, on la place après le verbe, précédée de la préposition **by** :

He was shot in the chest by an armed robber.
Il a été blessé à la poitrine par un cambrioleur armé.

4.29 Les tournures impersonnelles

Le pronom **it** peut être employé comme sujet d'un énoncé sans faire pour autant référence à quelque chose qui a déjà été cité. Cet emploi impersonnel de **it** s'utilise en particulier pour parler des heures ou des dates :

It is nearly one o'clock.
Il est presque une heure.
It's the sixth of April today.
On est le six avril aujourd'hui.

- **It** + verbes qui renvoient au temps qu'il fait :

It's still raining.
Il pleut toujours.
It was pouring with rain.
Il pleuvait à verse.

- On emploie **it** + forme de **be** + adjectif (+ nom) et **it** + forme de **get** + adjectif pour décrire le temps qu'il fait ou les changements de temps :

It's a lovely day.
C'est une journée magnifique.
It was getting cold.
Il commençait à faire froid.

- **It** + forme de **be** + adjectif/groupe nominal s'emploient pour donner une opinion sur un endroit, une situation, un événement :

It was terribly cold outside.
Il faisait terriblement froid dehors.
It's fun working for him.
C'est sympa de travailler pour lui.
It was a pleasure to be there.
C'était un plaisir d'être là.

- **It** + les verbes qui expriment des sentiments, des états d'esprit comme **interest**, **please**, **surprise** ou **upset** + pronom/groupe nominal + **that**.../**to**... s'emploient pour indiquer la réaction de quelqu'un face à quelque chose, une situation ou un événement :

It surprised me that he should want to talk about his work.
Cela m'a surpris qu'il veuille parler de son travail.
It upset her friends to hear that she was ill.
Ses amis ont été peinés d'apprendre qu'elle était malade.

- **There** peut être employé dans un tour impersonnel. Il est alors suivi d'un groupe verbal contenant l'une des formes de **be**, **appear to be** ou **seem to be** :

There is work to be done.
Il y a du travail à faire.
There'll be a party tonight.
Il va y avoir une fête ce soir.
There appears to be a mistake in the bill.
Il semble y avoir une erreur dans l'addition.

4.30 there is/there are

Le verbe qui suit **there** est au singulier (**is**, **has**, **appears**, **seems**) si le groupe nominal qui vient après (ou le premier nom s'il y en a plusieurs) est au singulier ou indénombrable :

There is one point we must add here.
Il y a un point que nous devons ajouter ici.
There seems to be an error in the calculations.
Il semble qu'il y ait une erreur dans les calculs.

Si le groupe nominal est au pluriel, ou devant des expressions comme **a number (of)**, **a lot (of)** et **a few (of)**, le verbe qui suit **there** est au pluriel :

There were two men in the room.
Il y avait deux hommes dans la pièce.
There were a lot of children in the street.
Il y avait beaucoup d'enfants dans la rue.

4.31 Le verbe au **gérondif** (forme en **-ing**) peut s'employer pour former un adjectif à partir d'un verbe. Il se place juste avant le nom ou après le verbe comme tout adjectif :

He lives in a charming house just outside the town.
Il habite une maison charmante juste à l'entrée de la ville.
His novels are always interesting.
Ses romans sont toujours intéressants.
Britain is an ageing society.
La société britannique est vieillissante.

- Le gérondif s'emploie après le nom pour apporter des informations sur l'action de celui-ci à un moment précis ou en général :

Most of the people strolling in the park were teenagers.
La plupart des gens qui se promenaient dans le parc étaient des adolescents.
The employees working there were not very friendly.
Les employés qui travaillaient là n'étaient pas très sympathiques.

- Le gérondif s'emploie après **while** (et **whilst** en anglais britannique) pour exprimer la simultanéité :

I like listening to classical music while working.
J'aime écouter de la musique classique tout en travaillant.
He twisted his ankle whilst running for the bus.
Il s'est tordu la cheville en courant pour attraper l'autobus.

- La forme en **-ing** du gérondif peut également remplir la fonction d'un nom, qui peut être soit sujet, soit complément du verbe. Contrairement aux autres noms, ce nom verbal n'est généralement pas précédé d'un article et ne se met jamais au pluriel. Il peut cependant parfois être modifié par un adjectif (et un adverbe) :

Smoking is bad for you.
Fumer nuit à la santé.
Swimming can be good exercise.
La natation peut être un bon exercice.
Do you like travelling?
Tu aimes voyager ?
There was some very good singing in the competition.
Certains concurrents ont très bien chanté.

- La forme en **-ing** peut être en position de complément, après une préposition :

I'd be interested in seeing his films.
Ça m'intéresserait de voir ses films.

They've been talking about building a new school.
On parle de construire une nouvelle école.

- Certains mots en **-ing** sont devenus des noms à part entière et se comportent donc normalement : ils peuvent se mettre au pluriel, être précédés d'un article, d'un adjectif, etc. :

This is my favourite painting by Rembrandt.
C'est mon tableau préféré de Rembrandt.
There are several new buildings on this street.
Il y a plusieurs bâtiments neufs dans cette rue.

- Le gérondif en **-ing** s'emploie après le verbe principal pour décrire une action dont le sujet est le même que celui du verbe principal. Il peut être mis au passif. Certains verbes sont suivis de la forme infinitive **to...** et d'autres, comme **bother**, **try** ou **prefer**, peuvent se construire des deux façons :

I don't mind telling you.
Ça ne me dérange pas de te le dire.
I've just finished reading that book.
Je viens de finir ce livre.
She carried on reading.
Elle continua de lire.
I dislike being interrupted.
Je déteste être interrompu.
I didn't bother answering./I didn't bother to answer.
Je n'ai pas pris la peine de répondre .

- La forme du gérondif **-ing** s'emploie après **come** et **go** pour parler d'une activité sportive ou physique :

They came running out.
Ils sont sortis en courant.
Did you say they might go camping?
Tu as bien dit qu'ils iraient peut-être camper ?

- La forme du gérondif **-ing** s'emploie après certains verbes comme **catch**, **find**, **imagine**, **leave**, **prevent**, **stop**, **watch** et leur objet. L'objet du verbe principal est sujet du verbe en **-ing** :

He left them making their calculations.
Il les a laissés faire leurs calculs.
I found her waiting for me outside.
Je l'ai trouvée en train de m'attendre dehors.

4.32 On utilise **l'infinitif** avec **to...** après certains verbes quand le sujet du verbe à l'infinitif est le même que celui du verbe principal :

She had agreed to let us use her flat.
Elle avait accepté de nous laisser occuper son appartement.
I decided not to go out for the evening.
J'ai décidé de ne pas sortir ce soir-là.
England failed to win a place in the finals.
L'Angleterre ne s'est pas qualifiée pour la finale.

- L'infinitif avec **to...** s'emploie après certains verbes suivis d'un complément d'objet qui est le sujet de l'infinitif :

I asked her to explain.
Je lui ai demandé d'expliquer.
I waited for him to speak.
J'ai attendu qu'il parle.
I want you to help me.
Je veux que tu m'aides.

4.33 Le **participe passé** du verbe peut s'employer comme adjectif :

A bored student complained to his teacher.
Un étudiant qui s'ennuyait s'est plaint à son professeur.
The bird had a broken wing.
L'oiseau avait une aile cassée.
The man injured in the accident was taken to hospital.
L'homme blessé dans l'accident fut emmené à l'hôpital.
She was wearing a dress bought in Paris.
Elle portait une robe achetée à Paris.

4.34 Les formes interrogatives

En anglais comme en français, l'ordre de la phrase change pour les questions directes mais pas pour les questions indirectes. Dans ce dernier cas, on utilise des formes verbales simples et non les formes avec **do** :

What will you talk about?
De quoi parlerez-vous ?

I'd like to know what you will talk about.
J'aimerais savoir de quoi vous parlerez.
Did you have a good rest?
Vous êtes-vous bien reposé ?
I asked him if he'd had a good rest.
Je lui ai demandé s'il s'était bien reposé.

4.35 Pour les questions auxquelles on répond par « oui » ou par « non », on place l'auxiliaire du verbe au début, avant le sujet. L'ordre du reste de la phrase est inchangé.

On répond à ce genre de question en plaçant après **yes** ou **no** l'auxiliaire, le modal ou la forme contractée de **be** correspondante, avec **not** si la réponse est **no** :

Is he coming? – Yes, he is./No, he isn't.
Est-ce qu'il vient ? – Oui./Non.
Can John swim? – Yes, he can./No, he can't.
Est-ce que John sait nager ? – Oui./Non.
Will you have finished by lunchtime? – No, I won't.
Est-ce que tu auras fini avant le déjeuner ? – Non.
Have you finished yet? – Yes, I have./No, I haven't.
Est-ce que tu as fini ? – Oui./Non.
Was it lonely without us? – Yes, it was.
Est-ce que vous vous êtes sentis seuls sans nous ? – Oui.

N'oubliez pas qu'avec les temps simples on emploie **do** comme auxiliaire pour ce genre de questions :

Do you like wine ? – Yes, I do./No, I don't.
Vous aimez le vin ? – Oui./Non.
Did he go to the theatre? – Yes, he did./No, he didn't.
Est-ce qu'il est allé au théâtre ? – Oui./Non.
Do you have any questions? – Yes, we do./No, we don't.
Est-ce que vous avez des questions ? – Oui./Non.

Lorsque son sens se rapproche de « posséder », **have** peut aussi se placer directement avant le sujet sans auxiliaire, mais cette tournure est moins habituelle :

Has he any idea what it's like?
Est-ce qu'il a la moindre idée de ce que ça fait ?

4.36 En anglais parlé, il est courant de poser des questions en ajoutant des **question tags** pour demander confirmation de quelque chose que l'on vient de dire. La « question tag » reprend le verbe de la phrase qui précède par l'intermédiaire de l'auxiliaire seul suivi de son sujet. S'il n'y a pas de négation dans ce qui vient d'être dit, on met **not** dans la « question tag » ; inversement, si ce qui vient d'être dit est une négation, il n'y a pas de **not** dans la « question tag » :

They don't live here, do they?
Ils n'habitent pas ici, il me semble ?
You haven't seen it before, have you?
Tu ne l'as pas encore vu, si ?
You will stay in touch, won't you?
Tu donneras des nouvelles, d'accord ?
It is quite warm, isn't it?
Il fait assez chaud, non ?

4.37 neither/nor

Pour dire « moi non plus, toi non plus » etc., on emploie **neither/nor** suivi de l'auxiliaire et du sujet, ou bien du sujet puis de la forme négative de l'auxiliaire suivis de **either** :

I don't know where it is. – Neither do I./Nor do I./I don't either.
Je ne sais pas où c'est. – Moi non plus.

Pour dire « moi aussi, toi aussi » etc. on emploie **so** suivi de l'auxiliaire et du sujet :

I have been working a lot. – So have all the others.
J'ai beaucoup travaillé. – Tous les autres aussi.

4.38 Les mots interrogatifs anglais sont :

what ▲ which ▲ when ▲ where ▲ who ▲ whom ▲ whose ▲ why ▲ how ▲ how much ▲ how many ▲ how long

Whom s'emploie seulement en anglais recherché. Les mots interrogatifs viennent toujours en premier dans les questions.

Avec ces mots, l'ordre de l'auxiliaire et du sujet s'inverse comme dans n'importe quelle interrogation :

How many are there?
Combien y en-a-t-il ?
Which do you like best?
Lequel préfères-tu ?
When would you be coming down?
Quand viendrais-tu ?
Why did you do it?
Pourquoi as-tu fait ça ?
Where did you get that from?
Où as-tu trouvé ça ?
Whose idea was it?
Qui a eu cette idée ?

La seule exception intervient quand le sujet de l'interrogative est celui du verbe, auquel cas l'ordre des mots ne change pas. Notez qu'on utilise alors des formes verbales simples sans avoir recours à l'auxiliaire **do** :

Who could have done it?
Qui a pu faire cela ?
What happened?
Qu'est-ce qui s'est passé ?
Which is the best restaurant?
Lequel de ces restaurants est le meilleur ?

Si l'on a une préposition, elle est rejetée à la fin. Dans le cas de **whom** cependant, elle vient toujours avant le pronom :

What's this for?
À quoi ça sert ?
What's the book about?
Quel est le sujet du livre ?
With whom were you talking?
Avec qui est-ce que tu parlais ?

How peut s'employer seul dans le sens de « comment », mais il peut aussi accompagner les adjectifs et les adverbes, ainsi que **many** et **much** :

How did you know we were coming?
Comment as-tu su que nous venions ?
How old are your children?
Quel âge ont vos enfants ?
How long have you lived here?
Depuis combien de temps vis-tu ici ?
How many were there?
Combien étaient-ils ?

4.39 La négation

Aux temps composés, la négation des verbes se construit en mettant le mot **not** (à la forme contractée ou non) après le premier verbe. Aux temps simples, il faut employer un auxiliaire à la forme négative :

They do not need to talk.
Ils n'ont pas besoin de parler.
I was not smiling.
Je ne souriais pas.
I haven't been playing football.
Je n'ai pas joué au foot.

➢ Souvenez-vous qu'avec **do** comme verbe principal on utilise aussi l'auxiliaire **do** :

I didn't do it.
Ce n'est pas moi qui ai fait ça.

Le tableau suivant montre quelques-unes des formes contractées les plus fréquentes :

isn't	**aren't**	**wasn't**	**weren't**	**hasn't**
haven't	**hadn't**	**doesn't**	**don't**	**didn't**
can't	**couldn't**	**mightn't**	**mustn't**	**oughtn't**
shan't	**shouldn't**	**won't**	**wouldn't**	**daren't**
needn't				

5 L'adverbe et les locutions adverbiales

5.1 Les mots qui indiquent le moment, la modalité, le lieu, ou qui donnent des précisions sur les circonstances dans lesquelles quelque chose a eu lieu s'appellent **adverbes**. Leur rôle peut aussi être rempli par un groupe nominal, avec ou sans préposition, ou par deux adverbes ensemble. Dans ce cas on parle de **locutions adverbiales**.

Sit there quietly and listen to this music.
Reste assis sans faire de bruit et écoute cette musique.
Come and see me next week.
Viens me voir la semaine prochaine.
The children were playing in the park.
Les enfants jouaient dans le parc.
He did not play well enough to win.
Il n'a pas joué assez bien pour gagner.

5.2 Les adverbes ou locutions adverbiales qui répondent aux questions « comment ? », « où ? » et « quand ? » se placent après le verbe et son objet, s'il en a un :

She sang beautifully.
Elle chantait merveilleusement bien.
The book was lying on the table.
Le livre était posé sur la table.
The car broke down yesterday.
La voiture est tombée en panne hier.
I did learn to play a few tunes very badly.
J'ai appris à jouer très mal quelques airs.

5.3 Si plusieurs locutions renvoyant à ces notions se suivent, on les place d'habitude dans l'ordre suivant : comment + où + quand :

She spoke very well at the village hall last night.
Elle a très bien parlé à la salle communale hier soir.

5.4 Les adverbes ou locutions adverbiales qui donnent une indication sur la fréquence, la probabilité ou l'imminence d'un événement se placent juste avant le verbe principal, que la forme du verbe soit simple ou composée :

She occasionally comes to my house.
Elle vient chez moi à l'occasion.
You have very probably heard the news by now.
Tu as très probablement appris la nouvelle maintenant.
They had already given me the money.
Ils m'avaient déjà donné l'argent.
She really enjoyed the party.
Elle s'est vraiment amusée à la fête.

5.5 On peut mettre en relief un adverbe ou une locution adverbiale en les plaçant ailleurs dans l'énoncé :

Slowly, he opened his eyes.
Doucement, il ouvrit les yeux.
In September I travelled to California.
En septembre, je suis allé en Californie.
Next to the coffee machine stood a pile of cups.
À côté de la machine à café s'élevait une pile de gobelets.

➢ Vous noterez dans ce dernier exemple que dans les expressions de lieu, le verbe peut se placer avant le sujet.

L'adverbe ou la locution adverbiale composée de deux adverbes peut se placer juste devant le verbe principal pour être mis en valeur :

He deliberately chose it because it was cheap.
Il l'a choisi exprès parce que c'était bon marché.
I very much wanted to go with them.
Je voulais vraiment aller avec eux.

On peut changer l'ordre habituel pour mettre l'accent sur un point précis :

They were sitting in the car quite happily.
Ils étaient assis dans la voiture, très contents.
At the meeting last night, she spoke very well.
Hier soir à la réunion, elle a très bien parlé.

5.6 Certains adverbes ou locutions adverbiales nous disent à quelle fréquence quelque chose se produit :

a lot ▲ always ▲ ever ▲ frequently ▲ hardly ever
never ▲ normally ▲ occasionally ▲ often
rarely ▲ sometimes ▲ usually

We often swam in the sea.
Nous nagions souvent dans la mer.
She never comes to my parties.
Elle ne vient jamais à mes fêtes.

D'autres s'emploient pour exprimer la probabilité :

certainly ▲ definitely ▲ maybe ▲ obviously
perhaps ▲ possibly ▲ probably ▲ really

I definitely saw her yesterday.
Je suis sûr de l'avoir vue hier.
The driver probably knows the best route.
Le chauffeur connaît probablement le meilleur itinéraire.

Ces adverbes se placent *avant* un verbe simple et peuvent s'intercaler entre l'auxiliaire et le verbe des formes composées :

He sometimes works downstairs in the kitchen.
Il travaille parfois en bas dans la cuisine.
You are definitely wasting your time.
Il est certain que tu perds ton temps.
I have never had such a horrible meal!
Je n'ai jamais mangé un repas aussi mauvais !
I shall never forget this day.
Je n'oublierai jamais ce jour.

➢ Notez que ces adverbes se placent normalement *après* **be** quand c'est le verbe principal :

He is always careful with his money.
Il fait toujours très attention à son argent.
You are probably right.
Tu as probablement raison.

5.7 **Perhaps** se place en général au début de l'énoncé tandis que **a lot** vient en général après le verbe principal :

Perhaps the beaches are cleaner in the north.
Peut-être que les plages sont plus propres dans le Nord.
I go swimming a lot in the summer.
Je nage beaucoup en été.

5.8 **Ever** s'emploie en général dans les questions, les négations ou dans les phrases conditionnelles. On l'utilise parfois dans des affirmations, par exemple après un superlatif :

Have you ever been to a football match?
Est-ce que tu es déjà allé à un match de football ?
Don't ever do that again!
Ne refais jamais ça !
If you ever need anything, just call me.
Si jamais tu as besoin de quoi que ce soit, appelle-moi.
She is the best dancer I have ever seen.
C'est la meilleure danseuse que j'aie jamais vue.

➢ Notez qu'il existe deux façons de dire « jamais » : **never** ou **not ever** :

Don't ever do that again! ou **Never do that again!**
Ne refais jamais ça !

5.9 still, yet, already

Dans les phrases affirmatives, **still** signifie « toujours », même s'il se traduit parfois par « encore ». On le met devant le verbe aux temps simples. Il s'intercale entre les deux éléments des formes composées et suit le verbe **be** :

My family still lives in India.
Ma famille vit toujours en Inde.
You will still get tickets, if you hurry.
Tu peux encore avoir des billets si tu te dépêches.
We were still waiting for the election results.
Nous attendions toujours le résultat des élections.

His father is still alive.
Son père est toujours vivant.

- Dans les phrases négatives, **still** peut être mis après le sujet et avant le verbe pour exprimer la surprise ou l'impatience :

You still haven't given us the keys.
Tu ne nous as toujours pas donné les clés.

➢ Notez que **still** peut s'employer au début d'un énoncé dans le sens de « malgré tout, quand même » :

Still, he is my brother, so I'll have to help him.
C'est quand même mon frère, alors il va falloir que je l'aide.

- **Yet** s'emploie dans le sens de « encore » quand il est à la fin d'un énoncé négatif et de « déjà » quand il est à la fin d'une question :

We haven't got the tickets yet.
Nous n'avons pas encore les billets.
Have you joined the swimming club yet?
Est-ce que tu t'es (déjà) inscrit au club de natation ?

- **Yet** s'utilise aussi en début d'énoncé dans le sens de « cependant, pourtant » :

They know they won't win, yet they keep on trying.
Ils savent qu'ils ne gagneront pas, pourtant ils persistent.

- Les expressions **any longer** ou **any more** signifient « plus » dans les phrases négatives, où elles se placent à la fin :

I couldn't wait any longer.
Je ne pouvais plus attendre.
He's not going to play any more.
Il ne va plus jouer.

- **Already** signifie « déjà » dans les affirmations. Il se place avant le verbe quand celui-ci est à un temps simple, entre les deux éléments quand il est à un temps composé, et après le verbe **be** :

I already know her.
Je la connais déjà.
I've already seen them.
Je les ai déjà vus.
I am already aware of that problem.
Je suis déjà au courant de ce problème.

Pour le mettre en relief, on peut le placer en fin de phrase :

I've done it already.
Je l'ai déjà fait.

5.10 Notez que si **really** vient en début d'énoncé, il exprime la surprise, alors qu'en position finale c'est un adverbe de manière :

Really, I didn't know that!
Vraiment, je n'étais pas au courant !
He wanted it really, but he was too shy to ask.
Il le voulait vraiment, mais il était trop timide pour demander.

5.11 Certains adverbes ou locutions adverbiales renforcent ou réduisent l'intensité de ce qu'exprime le verbe :

I totally disagree.
Je ne suis pas du tout d'accord.
I can nearly swim.
Je sais presque nager.
The building was almost entirely destroyed.
Le bâtiment a été presque entièrement détruit.

5.12 Certains adverbes d'intensité peuvent se mettre avant ou après le verbe principal, ou après l'objet s'il y en a un :

badly ▲ completely ▲ greatly ▲ seriously ▲ strongly ▲ totally

I disagree completely ou **I completely disagree with John Taylor.**
Je ne suis pas du tout d'accord avec John Taylor.
That argument doesn't convince me totally ou **totally convince me.**
Cet argument ne me convainc pas tout à fait.

D'autres s'emploient surtout juste avant le verbe principal :

almost ▲ largely ▲ nearly ▲ quite ▲ really

He almost crashed into a lorry.
Il a failli rentrer dans un camion.
I quite like it.
J'aime bien.

5.13 **A lot** et **very much** se placent après le verbe principal ou après l'objet s'il y en a un. **Very much** peut se placer après le sujet et devant les verbes comme **want**, **prefer** et **enjoy** :

She helped a lot.
Elle nous a beaucoup aidés.
We liked him very much.
Nous l'aimions beaucoup.
I very much wanted to take it with me.
J'avais très envie de l'emporter avec moi.

5.14 Certains adverbes d'intensité qui précisent le sens d'adjectifs ou d'adverbes se placent devant ces derniers :

awfully ▲ extremely ▲ fairly ▲ pretty
quite ▲ rather ▲ really ▲ very

It's a fairly large office, with filing space.
C'est un bureau assez grand, avec des rangements.

➢ Notez que **rather** peut se placer devant ou derrière **a** ou **an** lorsqu'un adjectif et un nom viennent après :

Seaford is rather a pleasant town. ou **Seaford is a rather pleasant town.**
Seaford est une ville plutôt agréable.

5.15 On forme souvent les adverbes de manière en ajoutant la terminaison **-ly** à l'adjectif. Dans de nombreux cas, un adverbe en **-ly** équivaut à un adverbe français en « -ment », mais pas systématiquement :

Adjectifs		Adverbes
bad	→	**badly**
beautiful	→	**beautifully**
quick	→	**quickly**
quiet	→	**quietly**
soft	→	**softly**

Attention : il n'est pas possible de former des adverbes à partir d'adjectifs se terminant déjà par **-ly**. Par exemple on ne peut pas dire **He smiled at you friendlily.** À la place, on emploie parfois un groupe nominal introduit par une préposition :

He smiled at me in a friendly way.
Il m'a adressé un sourire amical.

5.16 Certains adverbes de manière comme **fast**, **hard** et **late** ont la même forme que les adjectifs correspondants :

I've always been interested in fast cars.
Je m'intéresse depuis toujours aux voitures rapides.
He was driving too fast.
Il conduisait trop vite.
It was a hard job.
C'était un travail difficile.
He works very hard.
Il travaille très dur.
The train arrived late, as usual.
Le train est arrivé en retard, comme d'habitude.

5.17 Il est rare d'employer des groupes nominaux comme locutions adverbiales de manière, qu'ils comportent une préposition ou non. Cela est parfois nécessaire cependant, en particulier quand il n'existe pas d'adverbe pour ce que l'on veut dire. Le groupe nominal comporte en général un nom comme **way**, **fashion** ou **manner** :

She asked me in such a nice manner that I couldn't refuse.
Elle me l'a demandé si gentiment que je n'ai pas pu refuser.
They spoke in angry tones.
Ils parlaient sur un ton irrité.

6.1 Les adjectifs d'une syllabe et ceux de deux syllabes qui se terminent par une consonne + **-y** prennent la terminaison **-er**. Attention aux changements d'orthographe que peut entraîner l'ajout d'une terminaison.

angry ▲ busy ▲ dirty ▲ easy ▲ friendly
funny ▲ heavy ▲ lucky ▲ silly ▲ tiny

This is harder than I thought.
C'est plus dur que je ne pensais.
It couldn't be easier.
Ça ne pourrait pas être plus facile.

- Certains adjectifs de deux syllabes fréquemment employés peuvent suivre le modèle **more** + adjectif ou prendre la terminaison **-er**, mais la première construction est plus fréquente :

common ▲ cruel ▲ gentle ▲ handsome ▲ likely
narrow ▲ pleasant ▲ polite ▲ simple ▲ stupid

This solution is simpler. /This solution is more simple.
Cette solution est plus simple.
This illness used to be more common ou **used to be commoner among men.**
Cette maladie était plus courante chez les hommes.

6.2 L'adjectif **more** (« plus de ») se place devant des noms indénombrables ou devant des noms dénombrables au pluriel :

His visit might do more harm than good.
Sa visite fera peut-être plus de mal que de bien.
He does more hours than I do.
Il fait plus d'heures que moi.

- **Less** s'emploie avec les indénombrables ; avec les dénombrables, on utilise **fewer** :

This machinery uses less energy.
Ces machines consomment moins d'énergie.

There are fewer trees here.
Il y a moins d'arbres ici.

6.3 Les tournures « plus... plus... » et « moins... moins... » se traduisent par **the more... the more...** et **the less... the less...** :

The more I see this house, the more I want to buy it.
Plus je vois cette maison, plus j'ai envie de l'acheter.
The less you try, the less you succeed.
Moins tu essaies, moins tu y arrives.
The bigger a parcel is, the more expensive it is to post.
Plus un colis est gros, plus il est cher à envoyer.

- Pour les expressions du type « de plus en plus », « de moins en moins » etc., l'anglais a recours à la répétition du comparatif et à la conjonction **and** :

She seemed less and less interested.
Elle semblait de moins en moins intéressée.
It's getting harder and harder to find a job.
Cela devient de plus en plus difficile de trouver un travail.

- **As... as...** s'emploie avec les adjectifs pour dire « aussi... que... ». Avec les noms, cette tournure est associée à **much/many** :

You're as funny as your sister.
Tu es aussi drôle que ta sœur.
He doesn't get as many calls as I do.
Il ne reçoit pas autant d'appels que moi.

6.4 **Most** et la terminaison **-est** sont employés dans le sens de « le plus, la plus, les plus », dans les mêmes cas que **more** et la terminaison **-er**. Certains adjectifs ont cependant des formes irrégulières :

good	→	**better**	→	**best**
bad	→	**worse**	→	**worst**
far	→	**farther/further**	→	**farthest/furthest**

Tokyo is Japan's largest city.
Tokyo est la plus grande ville du Japon.
He was the most interesting person there.
C'était la personne la plus intéressante de l'assemblée.
This really is the worst book I've ever read.
C'est vraiment le pire livre que j'aie jamais lu.

6.5 **Most** peut aussi s'employer sans idée de comparaison, dans le sens de « très », auquel cas on n'utilise pas **the** :

This book is most interesting.
Ce livre est très intéressant.
This book is the most interesting.
Ce livre est le plus intéressant.

6.6 **So… that** s'emploie dans les comparaisons et a pour équivalents « si … que, tellement … que » :

He is so busy that we never get to see him.
Il est si occupé que nous ne pouvons jamais le voir.

So peut aussi accompagner un groupe nominal précédé de **many/much/few/little** :

I want to do so many different things.
Je veux faire tellement de choses.

6.7 **Such a…** s'emploie devant un nom au singulier comme intensif. Au pluriel, le **a** est omis. S'il est accompagné d'un adjectif, le nom vient après :

There was such a noise we couldn't hear.
Il y avait un tel bruit que nous n'entendions rien.
They said such nice things about you.
Ils ont dit des choses si gentilles sur toi.

7 Les prépositions

Les prépositions suivantes s'emploient pour introduire des compléments de lieu :

7.1

On emploie **at** pour parler d'un endroit particulier :

She waited at the bus stop for over 20 minutes.
Elle a attendu à l'arrêt de bus pendant plus de 20 minutes.

- **At** s'utilise avec **back**, **bottom**, **end**, **front** et **top** pour désigner les différentes parties d'un endroit :

  Mr Castle was waiting at the bottom of the stairs.
  M. Castle attendait en bas de l'escalier.
  I saw a taxi at the end of the street.
  J'ai vu un taxi au bout de la rue.

- Il s'utilise pour les lieux publics et les institutions, et aussi pour dire « à la maison » (**at home**) et « au travail » (**at work**) :

  I have to be at the station by ten o'clock.
  Je dois être à la gare pour dix heures.
  She wanted to stay at home.
  Elle voulait rester à la maison.

- On l'utilise aussi, de la même façon que pour faire référence au domicile de quelqu'un, pour désigner un commerce ou un service spécialisé :

  'Where were you last night?' – 'At Mick's house.'
  « Où étais-tu hier soir ? » – « Chez Mick. »
  I'll see you at Fred's house.
  Je te verrai chez Fred.
  I buy my bread at the local baker's.
  J'achète mon pain chez le boulanger du coin.

- Quand on veut parler d'une adresse, **at** permet de donner le numéro du bâtiment :

  They used to live at 5, Weston Road.
  Ils habitaient au 5, Weston Road.

7.2 **On** s'emploie quand on considère un lieu comme une surface :

I sat down on the sofa.
Je m'assis sur le canapé.
She put her keys on the table.
Elle posa ses clés sur la table.

- Il est aussi employé pour un lieu que l'on voit comme un point sur une ligne, par exemple une route, une ligne de train, une rivière ou une côte :

Scrabster is on the north coast.
Scrabster est sur la côte nord.
Oxford is on the A34 between Birmingham and London.
Oxford est sur la A34 entre Birmingham et Londres.
He lived on Fifth Avenue in New York City.
Il habitait sur la Cinquième Avenue à New York.

7.3 **In** s'emploie avec les pays, les régions, les villes et les villages :

A thousand homes in the east of Scotland suffered power cuts.
Un millier de foyers dans l'est de l'Écosse ont été touchés par des coupures de courant.
I've been teaching at a school in London.
J'enseigne dans une école à Londres.

- On l'utilise aussi avec les récipients de tous types, pour parler de ce qu'ils contiennent :

She kept the cards in a little box.
Elle rangeait les cartes dans une petite boîte.

- Ou encore pour un bâtiment quand il est question des personnes ou des choses qui se trouvent à l'intérieur :

They were sitting having dinner in the restaurant.
Ils étaient assis, en train de dîner, dans le restaurant.

7.4 at/in

On peut souvent considérer un lieu de deux manières : comme une institution ou comme un bâtiment. On utilise alors respectivement **at** ou **in** :

I had a hard day at the office.
J'ai eu une dure journée au bureau.
I left my coat behind in the office.
J'ai oublié mon manteau dans le bureau.
There's a good film at the cinema.
Il y a un bon film au cinéma.
It was very cold in the cinema.
Il faisait très froid dans le cinéma.

7.5 **On**, **onto** et **off** s'emploient pour faire référence à la position ou au mouvement d'une personne à l'intérieur et à l'extérieur de moyens de transport : bus, train, bateau et avion. Pour attirer l'attention sur la position ou le mouvement à l'intérieur ou à l'extérieur du véhicule lui-même plutôt que sur le moyen de transport, on peut employer **in**, **into** et **out of** :

Why don't you come on the train with me to New York?
Pourquoi est-ce que tu ne viens pas avec moi en train à New York ?
Peter Hurd was already on the plane from California.
Peter Hurd était déjà dans l'avion en provenance de Californie.
Mr Bixby stepped off the train and walked quickly to the exit.
M. Bixby descendit du train et se dirigea rapidement vers la sortie.
The passengers in the plane were beginning to panic.
Les passagers de l'avion commençaient à paniquer.
We jumped out of the bus and ran into the nearest shop.
Nous avons sauté du bus pour courir vers la boutique la plus proche.

7.6 On emploie **in**, **into** et **out of** pour parler de la position ou du mouvement d'une personne ou d'une chose à l'intérieur et à l'extérieur d'une voiture, d'un camion, etc. :

I followed them in my car.
Je les ai suivis avec ma voiture.

Mr Ward happened to be getting into his lorry.
Il se trouva que M. Ward était en train de monter dans son camion.
She was carried out of the ambulance.
On la sortit de l'ambulance.

7.7 Pour préciser le moyen de transport que l'on emprunte pour se rendre quelque part, on emploie **by** :

by bicycle ▲ by bus ▲ by car ▲ by coach ▲ by plane ▲ by train

She had come by car with her husband.
Elle était venue en voiture avec son mari.
I left Walsall in the afternoon and went by bus and train to Nottingham.
J'ai quitté Walsall dans l'après-midi et je me suis rendu à Nottingham en bus et en train.
Marie decided to continue on foot.
Marie décida de continuer à pied.

7.8 Les prépositions suivantes s'utilisent dans des expressions de temps :

- **At** s'emploie avec :

Les heures :	**at eight o'clock ▲ at 3.15**
Les fêtes religieuses :	**at Christmas ▲ at Easter**
Les repas :	**at breakfast ▲ at lunchtime**
Certains moments précis :	**at night ▲ at the weekend ▲ at weekends**

- **In** s'emploie avec :

Les saisons :	**in autumn ▲ in the spring**
Les années et les siècles :	**in 1985 ▲ in the year 2000 ▲ in the 19th century**
Les mois :	**in July ▲ in December**
Les moments de la journée :	**in the morning ▲ in the evenings**

➢ Notez que **in** est aussi utilisé pour parler du futur :

I think we'll find out in the next few days.
Je pense qu'on le saura dans les jours qui viennent.

- **On** s'emploie avec :

Les jours de la semaine :	**on Monday**
	▲ on Tuesday morning
	▲ on Sunday evenings
Les jours fixes :	**on Christmas Day**
	▲ on my birthday
	▲ on his wedding anniversary
Les dates :	**on 14 July**

- **For** s'emploie avec les verbes à tous les temps pour exprimer la durée de quelque chose :

He is in Italy for a month.
Il est en Italie pour un mois.
I remained silent for a long time.
Je suis resté silencieux pendant un long moment.
I will be in London for three months.
Je serai à Londres pour trois mois.

- **During** et **over** servent à parler de la période de temps pendant laquelle quelque chose se passe :

I saw him twice during the summer holidays.
Je l'ai vu deux fois pendant les vacances d'été.
Will you stay in Edinburgh over Christmas?
Est-ce que tu resteras à Édimbourg à Noël ?

➢ Attention : **during** ne s'emploie pas pour dire combien de temps quelque chose dure. On ne dit pas **I went there during three weeks**. Pour ce sens on emploie **for**.

- **By** s'emploie pour dire « pas après », « pas plus tard que » :

By eleven o'clock, Brody was back in his office.
À onze heures, Brody était de retour dans son bureau.
Can we get this finished by tomorrow?
Est-ce qu'on peut finir ça pour demain ?

8 Les préfixes et les suffixes

Les préfixes et les suffixes sont des éléments qui se placent respectivement au début et à la fin de certains mots et qui en changent le sens. La plupart des suffixes ont également pour effet de modifier la catégorie grammaticale du mot en question.

8.1 Les principaux préfixes sont :

un- ▲ dis- ▲ mis- ▲ over- ▲ under-

- **un-** et **dis-** sont des préfixes qui expriment le contraire :

conscious	→	**unconscious**	*(inconscient)*
comfortable	→	**uncomfortable**	*(inconfortable)*
honour	→	**dishonour**	*(déshonneur)*
integrate	→	**disintegrate**	*(désintégrer)*

- **mis-** traduit l'idée d'erreur :

guided	→	**misguided**	*(dans l'erreur)*
understand	→	**misunderstand**	*(mal comprendre)*
informed	→	**misinformed**	*(mal informé)*

- **over-** traduit l'idée d'excès :

heat → overheat *(surchauffer)* ; **zealous → overzealous** *(trop zélé)*

- **under-** traduit l'idée d'insuffisance :

done	→	**underdone**	*(pas assez cuit)*
paid	→	**underpaid**	*(sous-payé)*

8.2 Les principaux suffixes sont :

-ness ▲ -hood ▲ -ism ▲ -ist ▲ -less ▲ -ful ▲ -ly ▲ -able ▲ -er

- **-ness**, **-hood** et **-ism** transforment un adjectif en nom :

kind	→	**kindness**	*(gentillesse)*
child	→	**childhood**	*(enfance)*
real	→	**realism**	*(réalisme)*

- **-ist** s'ajoute à un nom pour en faire un autre nom (personne qui pratique une profession ou un instrument particulier), ou à un adjectif pour en faire un nom ou un autre adjectif (adepte d'un courant de pensée) :

physics	→	**physicist**	*(physicien)*
piano	→	**pianist**	*(pianiste)*
social	→	**socialist**	*(socialiste)*

- **-less** (qui donne l'idée de privation) et **-ful** (qui donne l'idée de complétude ou plénitude) transforment un nom en adjectif :

heart	→	**heartless**	*(impitoyable)*
joy	→	**joyful**	*(joyeux)*

- **-ly** transforme un adjectif en adverbe, notamment en adverbe de manière :

nasty	→	**nastily**	*(méchamment)*
ironic	→	**ironically**	*(ironiquement)*

- **-able** et **-ible** transforment un verbe en adjectif de possibilité :

debate	→	**debatable**	*(discutable)*
avoid	→	**avoidable**	*(évitable)*
access	→	**accessible**	*(accessible)*

- **-er** transforme un verbe en nom :

farm	→	**farmer**	*(agriculteur)*
play	→	**player**	*(joueur)*

9.1 « -s »

La terminaison **-s** sert à former le pluriel des dénombrables et la forme du verbe au présent simple qui correspond à **she**, **he**, **it**.

Notez que les dénombrables sont les seuls noms dont on forme le pluriel en ajoutant **-s**. Les autres mots qui ont ou qui peuvent avoir un sens pluriel ne changent pas de forme.

- Pour les mots, noms ou verbes qui se terminent en **-ss**, **-ch**, **-s**, **-x**, on ajoute **-es** qui se prononce [iz] :

class	→	**classes**	**gas**	→	**gases**
fox	→	**foxes**	**watch**	→	**watches**
dish	→	**dishes**			

- Pour les noms qui se terminent en **-o**, on ajoute **-es**. À certains, on ajoute seulement **-s**. Dans les deux cas, la prononciation est [z] :

photo	→	**photos**	**hero**	→	**heroes**
piano	→	**pianos**	**potato**	→	**potatoes**

- Les mots qui se terminent par **-y**, si celui-ci est précédé d'une consonne, changent leur **y** en **-ies** ([iz]) :

country	→	**countries**	**cry**	→	**cries**
lady	→	**ladies**	**party**	→	**parties**
victory	→	**victories**			

Précédé d'une voyelle, le **-y** ne change pas :

boy	→	**boys**	**day**	→	**days**
key	→	**keys**	**pray**	→	**prays**
valley	→	**valleys**			

- **-f** et **-fe** en position finale deviennent **-ves** dans un certain nombre de mots :

half	→	**halves**	**wife**	→	**wives**
self	→	**selves**	**knife**	→	**knives**
wolf	→	**wolves**	**life**	→	**lives**

9.2 « -ing, -ed, -er, -est »

Les mots d'une syllabe qui se terminent par une voyelle courte et une consonne autre que **-w**, **-x**, **-y** doublent leur consonne avant la terminaison :

dip	→	**dipping/dipped**	**big**	→	**bigger/biggest**
fat	→	**fatter/fattest**	**thin**	→	**thinner/thinnest**
hot	→	**hotter/hottest**	**wet**	→	**wetter/wettest**
sad	→	**sadder/saddest**			

- Les mots qui se terminent par une consonne suivie de **-y** changent le **-y** en **-i** sauf avec la terminaison **-ing**, pour laquelle il n'y a pas de changement :

happy → happier/happiest
marry → marrying

- Quand on forme un adverbe en **-ly** à partir d'un adjectif, on observe les changements suivants :

-le devient **-ly**	**gentle**	→	**gently**
-y devient **-ily**	**easy**	→	**easily**
-ic devient **-ically**	**automatic**	→	**automatically**
-ue devient **-uly**	**true**	→	**truly**
-ful devient **-fully**	**beautiful**	→	**beautifully**

➢ Exception : **public** → **publicly**

ENGLISH – FRENCH

ANGLAIS – FRANÇAIS

Aa

★**A, a**[1] [eɪ] N (*letter*) A, a *m*; (*Scol: mark*) A; (*Mus*): **A** la *m*; **A for Andrew, A for Able** (*US*) A comme Anatole; **A shares** *npl* (BRIT *Stock Exchange*) actions *fpl* prioritaires

a[2] [eɪ, ə]

(*before vowel and silent h* **an**) INDEF ART **1** un(e); **a book** un livre; **an apple** une pomme; **she's a doctor** elle est médecin
2 (*instead of the number "one"*) un(e); **a year ago** il y a un an; **a hundred/thousand** *etc* **pounds** cent/mille *etc* livres
3 (*in expressing ratios, prices etc*): **three a day/week** trois par jour/semaine; **10 km an hour** 10 km à l'heure; **£5 a person** 5 livres par personne; **30p a kilo** 30p le kilo

a. ABBR = **acre**

A2 N (BRIT *Scol*) *deuxième partie de l'examen équivalent au baccalauréat*

AA N ABBR (BRIT: = *Automobile Association*) ≈ ACF *m*; (US: = *Associate in/of Arts*) *diplôme universitaire*; (= *Alcoholics Anonymous*) AA; (= *anti-aircraft*) AA

AAA N ABBR (= *American Automobile Association*) ≈ ACF *m*; (BRIT) = **Amateur Athletics Association**

A & E N ABBR (BRIT: = *Accident and Emergency (Department)*) service *m* des urgences, urgences *fpl*

A & R N ABBR (*Mus*) = **artists and repertoire**; **~ man** découvreur *m* de talent

AASCU N ABBR (*US*) = **American Association of State Colleges and Universities**

AAUP N ABBR (= *American Association of University Professors*) *syndicat universitaire*

AB ABBR (BRIT) = **able-bodied seaman**; (CANADA) = **Alberta**

aback [əˈbæk] ADV: **to be taken ~** être décontenancé(e)

abacus [ˈæbəkəs] (*pl* **abaci** [-saɪ]) N boulier *m*

abalone [æbəˈləunɪ] N (*shellfish*) ormeau *m*

★**abandon** [əˈbændən] VT abandonner; **to ~ ship** évacuer le navire ▸ N abandon *m*

abandoned [əˈbændənd] ADJ (*child, house etc*) abandonné(e); (*unrestrained*) sans retenue

abase [əˈbeɪs] VT: **to ~ o.s. (so far as to do)** s'abaisser (à faire)

abashed [əˈbæʃt] ADJ confus(e), embarrassé(e)

abate [əˈbeɪt] VI s'apaiser, se calmer

abatement [əˈbeɪtmənt] N: **noise ~** lutte *f* contre le bruit

abattoir [ˈæbətwɑːʳ] N (BRIT) abattoir *m*

abbey [ˈæbɪ] N abbaye *f*

abbot [ˈæbət] N père supérieur

abbreviate [əˈbriːvɪeɪt] VT abréger

abbreviation [əbriːvɪˈeɪʃən] N abréviation *f*

ABC N ABBR (= *American Broadcasting Company*) *chaîne de télévision*

abdicate [ˈæbdɪkeɪt] VT, VI abdiquer

abdication [æbdɪˈkeɪʃən] N abdication *f*

abdomen [ˈæbdəmən] N abdomen *m*

abdominal [æbˈdɔmɪnl] ADJ abdominal(e)

abduct [æbˈdʌkt] VT enlever

abduction [æbˈdʌkʃən] N enlèvement *m*

abductor [æbˈdʌktəʳ] N ravisseur(-euse); **child ~** kidnappeur *m* (d'enfants)

Aberdonian [æbəˈdəunɪən] ADJ d'Aberdeen ▸ N habitant(e) d'Aberdeen, natif(-ive) d'Aberdeen

aberration [æbəˈreɪʃən] N anomalie *f*; **in a moment of mental ~** dans un moment d'égarement

abet [əˈbɛt] VT *see* **aid**

abeyance [əˈbeɪəns] N: **in ~** (*law*) en désuétude; (*matter*) en suspens

abhor [əbˈhɔːʳ] VT abhorrer, exécrer

abhorrent [əbˈhɔrənt] ADJ odieux(-euse), exécrable

abide [əˈbaɪd] VT souffrir, supporter; **I can't ~ it/him** je ne le supporte pas
▸ **abide by** VT FUS observer, respecter

abiding [əˈbaɪdɪŋ] ADJ (*memory etc*) durable

★**ability** [əˈbɪlɪtɪ] N compétence *f*; capacité *f*; (*skill*) talent *m*; **to the best of my ~** de mon mieux

abject [ˈæbdʒɛkt] ADJ (*poverty*) sordide; (*coward*) méprisable; **an ~ apology** les excuses les plus plates

ablaze [əˈbleɪz] ADJ en feu, en flammes; **~ with light** resplendissant de lumière

★**able** [ˈeɪbl] ADJ compétent(e); **to be ~ to do sth** pouvoir faire qch, être capable de faire qch

able-bodied [ˈeɪblˈbɔdɪd] ADJ robuste; **~ seaman** (BRIT) matelot breveté

ably [ˈeɪblɪ] ADV avec compétence *or* talent, habilement

ABM N ABBR = **anti-ballistic missile**

abnormal [æbˈnɔːməl] ADJ anormal(e)

abnormality [æbnɔːˈmælɪtɪ] N (*condition*) caractère anormal; (*instance*) anomalie *f*

aboard [ə'bɔ:d] ADV à bord ▸ PREP à bord de; (*train*) dans

abode [ə'bəud] N (*old*) demeure *f*; (*Law*): **of no fixed ~** sans domicile fixe

abolish [ə'bɔlɪʃ] VT abolir

abolition [æbə'lɪʃən] N abolition *f*

abominable [ə'bɔmɪnəbl] ADJ abominable

Aboriginal [æbə'rɪdʒɪnəl] (*in Australia*) N aborigène *mf* (d'Australie) ▸ ADJ (*art, people*) aborigène

aboriginal [æbə'rɪdʒɪnəl] ADJ (*native, indigenous*) autochtone

Aborigine [æbə'rɪdʒɪnɪ] N (*in Australia*) aborigène *mf* (d'Australie)

aborigine [æbə'rɪdʒɪnɪ] N aborigène *mf*

abort [ə'bɔ:t] VT (*Med*) faire avorter; (*Comput, fig*) abandonner

abortion [ə'bɔ:ʃən] N avortement *m*; **to have an ~** se faire avorter

abortionist [ə'bɔ:ʃənɪst] N avorteur(-euse)

abortive [ə'bɔ:tɪv] ADJ manqué(e)

abound [ə'baund] VI abonder; **to ~ in** abonder en, regorger de

about [ə'baut]

ADV **1** (*approximately*) environ, à peu près; **about a hundred/thousand** *etc* environ cent/mille *etc*, une centaine (de)/un millier (de) *etc*; **it takes about 10 hours** ça prend environ *or* à peu près 10 heures; **at about 2 o'clock** vers 2 heures; **I've just about finished** j'ai presque fini

2 (*referring to place*) çà et là, de-ci de-là; **to run about** courir çà et là; **to walk about** se promener, aller et venir; **is Paul about?** (BRIT) est-ce que Paul est là ?; **it's about here** c'est par ici, c'est dans les parages; **they left all their things lying about** ils ont laissé traîner toutes leurs affaires

3: **to be about to do sth** être sur le point de faire qch; **I'm not about to do all that for nothing** (*inf*) je ne vais quand même pas faire tout ça pour rien

4 (*opposite*): **it's the other way about** (BRIT) c'est l'inverse

▸ PREP **1** (*relating to*) au sujet de, à propos de; **a book about London** un livre sur Londres; **what is it about?** de quoi s'agit-il ?; **we talked about it** nous en avons parlé; **do something about it!** faites quelque chose !; **what** *or* **how about doing this?** et si nous faisions ceci ?

2 (*referring to place*) dans; **to walk about the town** se promener dans la ville

about-turn [əbaut'tə:n], **about-face** [əbaut'feɪs] N (*U-turn*) volte-face *f*; (*Mil*) demi-tour *m*; **to do an ~** (*U-turn*) faire volte-face; (*Mil*) faire un demi-tour

★**above** [ə'bʌv] ADV au-dessus; **mentioned ~** mentionné ci-dessus ▸ PREP au-dessus de; (*more than*) plus de; **costing ~ £10** coûtant plus de 10 livres; **~ all** par-dessus tout, surtout

aboveboard [əbʌv'bɔ:d] ADJ franc (franche), loyal(e); honnête

abrasion [ə'breɪʒən] N frottement *m*; (*on skin*) écorchure *f*

abrasive [ə'breɪzɪv] ADJ abrasif(-ive); (*fig*) caustique, agressif(-ive)

abreast [ə'brɛst] ADV de front; **to keep ~ of** se tenir au courant de

abridge [ə'brɪdʒ] VT abréger

★**abroad** [ə'brɔ:d] ADV à l'étranger; **there is a rumour ~ that ...** (*fig*) le bruit court que ...

abrupt [ə'brʌpt] ADJ (*steep, blunt*) abrupt(e); (*sudden, gruff*) brusque

abruptly [ə'brʌptlɪ] ADV (*speak, end*) brusquement

abs [æbz] NPL (*inf: abdominal muscles*) abdos *mpl*

abscess ['æbsɛs] N abcès *m*

abscond [əb'skɔnd] VI disparaître, s'enfuir

abseil ['æbseɪl] (BRIT) VI descendre en rappel; **to ~ down a cliff** descendre en rappel une falaise

★**absence** ['æbsəns] N absence *f*; **in the ~ of** (*person*) en l'absence de; (*thing*) faute de

★**absent** ['æbsənt] ADJ absent(e); **~ without leave (AWOL)** (*Mil*) en absence irrégulière

absentee [æbsən'ti:] N absent(e)

absenteeism [æbsən'ti:ɪzəm] N absentéisme *m*

absent-minded [æbsənt'maɪndɪd] ADJ distrait(e)

absent-mindedness [æbsənt'maɪndɪdnɪs] N distraction *f*

absolute ['æbsəlu:t] ADJ absolu(e)

★**absolutely** [æbsə'lu:tlɪ] ADV absolument

absolve [əb'zɔlv] VT: **to ~ sb (from)** (*sin etc*) absoudre qn (de); **to ~ sb from** (*oath*) délier qn de

absorb [əb'zɔ:b] VT absorber; **to be absorbed in a book** être plongé(e) dans un livre

absorbent [əb'zɔ:bənt] ADJ absorbant(e)

absorbent cotton N (*US*) coton *m* hydrophile

absorbing [əb'zɔ:bɪŋ] ADJ absorbant(e); (*book, film etc*) captivant(e)

absorption [əb'sɔ:pʃən] N absorption *f*

abstain [əb'steɪn] VI: **to ~ (from)** s'abstenir (de)

abstemious [əb'sti:mɪəs] ADJ sobre, frugal(e)

abstention [əb'stɛnʃən] N abstention *f*

abstinence ['æbstɪnəns] N abstinence *f*

abstract ADJ ['æbstrækt] abstrait(e) ▸ N (*summary*) résumé *m* ▸ VT [æb'strækt] extraire

abstruse [æb'stru:s] ADJ abstrus(e)

absurd [əb'sə:d] ADJ absurde

absurdity [əb'sə:dɪtɪ] N absurdité *f*

ABTA ['æbtə] N ABBR = **Association of British Travel Agents**

Abu Dhabi ['æbu:'dɑ:bɪ] N Ab(o)u Dhabi *m*

abundance [ə'bʌndəns] N abondance *f*

abundant [ə'bʌndənt] ADJ abondant(e)

★**abuse** N [ə'bju:s] (*insults*) insultes *fpl*, injures *fpl*; (*ill-treatment*) mauvais traitements *mpl*; (*of power etc*) abus *m*; **to be open to ~** se prêter à des abus ▸ VT [ə'bju:z] (*insult*) insulter; (*ill-treat*) malmener; (*power etc*) abuser de

abuser [ə'bju:zə^r] N (*of victim, child*) auteur *m* de sévices, auteur *m* de maltraitances; (*of drugs*) toxicomane *mf*; (*of alcohol*) ivrogne *mf*

abusive [ə'bju:sɪv] ADJ grossier(-ière), injurieux(-euse)

abysmal [ə'bɪzməl] ADJ exécrable; (*ignorance etc*) sans bornes

abyss [əˈbɪs] N abîme *m*, gouffre *m*

AC N ABBR (*US*) = **athletic club**

a/c ABBR (*Banking etc*) = **account; account current**

acacia [əˈkeɪʃə] N (*also:* **acacia tree**) acacia *m*

★**academic** [ækəˈdɛmɪk] ADJ universitaire; (*person: scholarly*) intellectuel(le); (*pej: issue*) oiseux(-euse), purement théorique; **~ freedom** liberté *f* académique ▸ N universitaire *mf*

academic year N (*University*) année *f* universitaire; (*Scol*) année scolaire

academy [əˈkædəmɪ] N (*learned body*) académie *f*; (*school*) collège *m*; **military/naval ~** école militaire/navale; **~ of music** conservatoire *m*

ACAS [ˈeɪkæs] N ABBR (BRIT: = *Advisory, Conciliation and Arbitration Service*) *organisme de conciliation et d'arbitrage des conflits du travail*

accede [ækˈsiːd] VI: **to ~ to** (*request, throne*) accéder à

accelerate [ækˈsɛləreɪt] VT, VI accélérer

acceleration [æksɛləˈreɪʃən] N accélération *f*

accelerator [ækˈsɛləreɪtəʳ] N (BRIT) accélérateur *m*

★**accent** [ˈæksɛnt] N accent *m*

accentuate [ækˈsɛntjueɪt] VT (*syllable*) accentuer; (*need, difference etc*) souligner

★**accept** [əkˈsɛpt] VT accepter

★**acceptable** [əkˈsɛptəbl] ADJ acceptable

acceptance [əkˈsɛptəns] N acceptation *f*; **to meet with general ~** être favorablement accueilli par tous

★**access** [ˈæksɛs] N accès *m*; **to have ~ to** (*information, library etc*) avoir accès à, pouvoir utiliser *or* consulter; (*person*) avoir accès auprès de; **the burglars gained ~ through a window** les cambrio-leurs sont entrés par une fenêtre ▸ VT (*Comput*) accéder à

accessibility [əksɛsəˈbɪlɪtɪ] N accessibilité *f*

accessible [ækˈsɛsəbl] ADJ accessible

accession [ækˈsɛʃən] N accession *f*; (*of king*) avènement *m*; (*to library*) acquisition *f*

accessorize [ækˈsɛsəraɪz] VT (*clothes, furniture*) accessoiriser

accessory [ækˈsɛsərɪ] N accessoire *m*; **toilet accessories** (BRIT) articles *mpl* de toilette; **~ to** (*Law*) accessoire à

access road N voie *f* d'accès; (*to motorway*) bretelle *f* de raccordement

access time N (*Comput*) temps *m* d'accès

★**accident** [ˈæksɪdənt] N accident *m*; (*chance*) hasard *m*; **to meet with** *or* **have an ~** avoir un accident; **I've had an ~** j'ai eu un accident; **accidents at work** accidents du travail; **by ~** (*by chance*) par hasard; (*not deliberately*) accidentellement

accidental [æksɪˈdɛntl] ADJ accidentel(le)

accidentally [æksɪˈdɛntəlɪ] ADV accidentellement

Accident and Emergency Department N (BRIT) service *m* des urgences

accident insurance N assurance *f* accident

accident-prone [ˈæksɪdəntprəun] ADJ sujet(te) aux accidents

acclaim [əˈkleɪm] VT acclamer ▸ N acclamations *fpl*

acclamation [ækləˈmeɪʃən] N (*approval*) acclamation *f*; (*applause*) ovation *f*

acclimatize [əˈklaɪmətaɪz], (*US*) **acclimate** [əˈklaɪmət] VT: **to become acclimatized** s'acclimater

accolade [ˈækəleɪd] N accolade *f*; (*fig*) marque *f* d'honneur

accommodate [əˈkɔmədeɪt] VT loger, recevoir; (*oblige, help*) obliger; (*car etc*) contenir; (*adapt*): **to ~ one's plans to** adapter ses projets à

accommodating [əˈkɔmədeɪtɪŋ] ADJ obligeant(e), arrangeant(e)

★**accommodation** N, (*US*) **accommodations** NPL [əkɔməˈdeɪʃən(z)] logement *m*; **he's found ~** il a trouvé à se loger; **"~ to let"** (BRIT) « appartement *or* studio *etc* à louer »; **they have ~ for 500** ils peuvent recevoir 500 personnes, il y a de la place pour 500 personnes; **the hall has seating ~ for 600** (BRIT) la salle contient 600 places assises

accompaniment [əˈkʌmpənɪmənt] N accompagnement *m*

accompanist [əˈkʌmpənɪst] N accompagnateur(-trice)

accompany [əˈkʌmpənɪ] VT accompagner

accomplice [əˈkʌmplɪs] N complice *mf*

accomplish [əˈkʌmplɪʃ] VT accomplir

accomplished [əˈkʌmplɪʃt] ADJ accompli(e)

accomplishment [əˈkʌmplɪʃmənt] N (*skill: gen pl*) talent *m*; (*completion*) accomplissement *m*; (*achievement*) réussite *f*

accord [əˈkɔːd] N accord *m*; **of his own ~** de son plein gré; **with one ~** d'un commun accord ▸ VT accorder

accordance [əˈkɔːdəns] N: **in ~ with** conformément à

according [əˈkɔːdɪŋ]: **~ to** *prep* selon; **~ to plan** comme prévu

accordingly [əˈkɔːdɪŋlɪ] ADV (*appropriately*) en conséquence; (*as a result*) par conséquent

accordion [əˈkɔːdɪən] N accordéon *m*

accost [əˈkɔst] VT accoster, aborder

★**account** [əˈkaunt] N (*Comm*) compte *m*; (*report*) compte rendu, récit *m*; **"~ payee only"** (BRIT) « chèque non endossable »; **to keep an ~ of** noter; **to bring sb to ~ for sth/for having done sth** amener qn à rendre compte de qch/d'avoir fait qch; **by all accounts** au dire de tous; **of little ~** de peu d'importance; **of no ~** sans importance; **on ~** en acompte; **to buy sth on ~** acheter qch à crédit; **on no ~** en aucun cas; **on ~ of** à cause de; **to take into ~, take ~ of** tenir compte de ■ **accounts** NPL (*Comm: records*) comptabilité *f*, comptes
▸ **account for** VT FUS (*explain*) expliquer, rendre compte de; (*represent*) représenter; **all the children were accounted for** aucun enfant ne manquait; **four people are still not accounted for** on n'a toujours pas retrouvé quatre personnes

accountability [əkauntəˈbɪlɪtɪ] N responsabilité *f*; (*financial, political*) transparence *f*

accountable [əˈkauntəbl] ADJ: **~ (for/to)** responsable (de/devant)

accountancy [əˈkauntənsɪ] N comptabilité *f*

accountant [əˈkauntənt] N comptable *mf*

accounting [əˈkauntɪŋ] N comptabilité *f*

accounting period N exercice financier, période *f* comptable
account number N numéro *m* de compte
account payable N compte *m* fournisseurs
account receivable N compte *m* clients
accreditation [əkrɛdɪ'teɪʃən] N (*of qualification, institution*) habilitation *f*; (*of diplomat, journalist, representative*) accréditation *f*
accredited [ə'krɛdɪtɪd] ADJ (*person*) accrédité(e)
accretion [ə'kri:ʃən] N accroissement *m*
accrual [ə'kru:əl] N accumulation *f*
accrue [ə'kru:] VI s'accroître; (*mount up*) s'accumuler; **to ~ to** s'ajouter à; **accrued interest** intérêt couru
accumulate [ə'kju:mjuleɪt] VT accumuler, amasser ▸ VI s'accumuler, s'amasser
accumulation [əkju:mju'leɪʃən] N accumulation *f*
accuracy ['ækjurəsɪ] N exactitude *f*, précision *f*
★**accurate** ['ækjurɪt] ADJ exact(e), précis(e); (*device*) précis
accurately ['ækjurɪtlɪ] ADV avec précision
accusation [ækju'zeɪʃən] N accusation *f*
accusative [ə'kju:zətɪv] N (*Ling*) accusatif *m*
accusatory [ə'kju:zətərɪ, ækju'zeɪtərɪ] ADJ accusateur(-trice)
★**accuse** [ə'kju:z] VT: **to ~ sb (of sth)** accuser qn (de qch)
accused [ə'kju:zd] N (*Law*) accusé(e)
accuser [ə'kju:zəʳ] N accusateur(-trice)
accusing [ə'kju:zɪŋ] ADJ accusateur(-trice)
accusingly [ə'kju:zɪŋlɪ] ADV (*say, ask*) d'un ton accusateur; (*look, point*) d'un air accusateur
accustom [ə'kʌstəm] VT accoutumer, habituer; **to ~ o.s. to sth** s'habituer à qch
accustomed [ə'kʌstəmd] ADJ (*usual*) habituel(le); **~ to** habitué(e) *or* accoutumé(e) à
AC/DC ABBR = **alternating current/direct current**
ACE [eɪs] N ABBR = **American Council on Education**
ace [eɪs] N as *m*; **within an ~ of** (BRIT) à deux doigts *or* un cheveu de
acerbic [ə'sə:bɪk] ADJ (*also fig*) acerbe
acetate ['æsɪteɪt] N acétate *m*
★**ache** [eɪk] N mal *m*, douleur *f*; **I've got stomach ~** *or* (*US*) **a stomach ~** j'ai mal à l'estomac ▸ VI (*be sore*) faire mal, être douloureux(-euse); (*yearn*): **to ~ to do sth** mourir d'envie de faire qch; **my head aches** j'ai mal à la tête; **I'm aching all over** j'ai mal partout
★**achieve** [ə'tʃi:v] VT (*aim*) atteindre; (*victory, success*) remporter, obtenir; (*task*) accomplir
★**achievement** [ə'tʃi:vmənt] N exploit *m*, réussite *f*; (*of aims*) réalisation *f*
achiever [ə'tʃi:vəʳ] N: **to be a high ~** être très doué(e); **a way to keep low achievers from dropping out** un moyen de maintenir les moins doués dans le système
Achilles heel [ə'kɪli:z-] N talon *m* d'Achille
★**acid** ['æsɪd] ADJ, N acide *m*
acidic [ə'sɪdɪk] ADJ acide
acidity [ə'sɪdɪtɪ] N acidité *f*
acid rain N pluies *fpl* acides
acid test N (*fig*) épreuve décisive
acknowledge [ək'nɔlɪdʒ] VT (*also:* **acknowledge receipt of**) accuser réception de; (*fact*) reconnaître
acknowledgement [ək'nɔlɪdʒmənt] N (*of letter*) accusé *m* de réception ▪ **acknowledgements** NPL (*in book*) remerciements *mpl*
ACLU N ABBR (= *American Civil Liberties Union*) *ligue des droits de l'homme*
acme ['ækmɪ] N point culminant
acne ['æknɪ] N acné *m*
acorn ['eɪkɔ:n] N gland *m*
acoustic [ə'ku:stɪk] ADJ acoustique
acoustics [ə'ku:stɪks] N, NPL acoustique *f*
acquaint [ə'kweɪnt] VT: **to ~ sb with sth** mettre qn au courant de qch; **to be acquainted with** (*person*) connaître; (*fact*) savoir
acquaintance [ə'kweɪntəns] N connaissance *f*; **to make sb's ~** faire la connaissance de qn
acquiesce [ækwɪ'ɛs] VI (*agree*): **to ~ (in)** acquiescer (à)
acquiescent [ækwɪ'ɛsənt] ADJ consentant(e)
acquire [ə'kwaɪəʳ] VT acquérir
acquired [ə'kwaɪəd] ADJ acquis(e); **an ~ taste** un goût acquis
acquisition [ækwɪ'zɪʃən] N acquisition *f*
acquisitive [ə'kwɪzɪtɪv] ADJ qui a l'instinct de possession *or* le goût de la propriété
acquit [ə'kwɪt] VT acquitter; **to ~ o.s. well** s'en tirer très honorablement
acquittal [ə'kwɪtl] N acquittement *m*
acre ['eɪkəʳ] N acre *f* (*= 4 047 m²*)
acreage ['eɪkərɪdʒ] N superficie *f*
acrid ['ækrɪd] ADJ (*smell*) âcre; (*fig*) mordant(e)
acrimonious [ækrɪ'məunɪəs] ADJ acrimonieux(-euse), aigre
acrimoniously [ækrɪ'məunɪəslɪ] ADV (*end, break up*) avec acrimonie
acrimony ['ækrɪmənɪ] N acrimonie *f*
acrobat ['ækrəbæt] N acrobate *mf*
acrobatic [ækrə'bætɪk] ADJ acrobatique
acrobatics [ækrə'bætɪks] N, NPL acrobatie *f*
acronym ['ækrənɪm] N acronyme *m*
Acropolis [ə'krɔpəlɪs] N: **the ~** l'Acropole *f*
acrosport ['ækrəspɔ:t] N acrosport *m*
★**across** [ə'krɔs] PREP (*on the other side*) de l'autre côté de; (*crosswise*) en travers de; **to walk ~ the road** traverser la route; **to take sb ~ the road** faire traverser la route à qn; **a bridge ~ Lake Washington** le pont qui traverse le Lac Washington ▸ ADV de l'autre côté; en travers; **to run/swim ~** traverser en courant/à la nage; **to walk ~ to the window** aller à la fenêtre; **the lake is 12 km ~** le lac fait 12 km de large; **~ from** en face de; **to get sth ~ (to sb)** faire comprendre qch (à qn)
acrylic [ə'krɪlɪk] ADJ, N acrylique *m*
ACT N ABBR (= *American College Test*) *examen de fin d'études secondaires*
★**act** [ækt] N acte *m*, action *f*; (*Theat: part of play*) acte; (*: of performer*) numéro *m*; (*Law*) loi *f*; **to catch sb in the ~** prendre qn sur le fait *or* en flagrant délit;

it's only an ~ c'est du cinéma; **~ of God** (*Law*) catastrophe naturelle ▶ VI agir; (*Theat*) jouer; (*pretend*) jouer la comédie; **to ~ as** servir de; **it acts as a deterrent** cela a un effet dissuasif; **acting in my capacity as chairman, I ...** en ma qualité de président, je ... ▶ VT (*role*) jouer, tenir; **to ~ Hamlet** (BRIT) tenir *or* jouer le rôle d'Hamlet; **to ~ the fool** (BRIT) faire l'idiot

▶ **act on** VT FUS: **to ~ on sth** agir sur la base de qch

▶ **act out** VT (*event*) raconter en mimant; (*fantasies*) réaliser

▶ **act up** VI (*inf*: *person*) se conduire mal; (: *knee, back, injury*) jouer des tours; (: *machine*) être capricieux(-euse)

acting ['æktɪŋ] ADJ suppléant(e), par intérim; **he is the ~ manager** il remplace (provisoirement) le directeur ▶ N (*of actor*) jeu *m*; (*activity*): **to do some ~** faire du théâtre (*or* du cinéma)

★**action** ['ækʃən] N action *f*; (*Mil*) combat(s) *m(pl)*; (*Law*) procès *m*, action en justice; **to bring an ~ against sb** (*Law*) poursuivre qn en justice, intenter un procès contre qn; **killed in ~** (*Mil*) tué au champ d'honneur; **out of ~** hors de combat; (*machine etc*) hors d'usage; **to take ~** agir, prendre des mesures; **to put a plan into ~** mettre un projet à exécution ▶ VT (*Comm*) mettre en œuvre

action plan N (*also*: **plan of action**) plan *m* d'action

action replay N (BRIT TV) ralenti *m*

activate ['æktɪveɪt] VT (*mechanism*) actionner, faire fonctionner; (*Chem, Physics*) activer

activation [æktɪ'veɪʃən] N (*of mechanism, also Chem*) activation *f*

★**active** ['æktɪv] ADJ actif(-ive); (*volcano*) en activité; **to play an ~ part in** jouer un rôle actif dans

active duty N (*US Mil*) campagne *f*

actively ['æktɪvlɪ] ADV activement; (*discourage*) vivement

active partner N (*Comm*) associé(e)

active service N (BRIT *Mil*) campagne *f*

activism ['æktɪvɪzəm] N activisme *m*; **political ~** activisme politique; **environmental ~** militantisme *m* écologique

activist ['æktɪvɪst] N activiste *mf*

★**activity** [æk'tɪvɪtɪ] N activité *f*

activity holiday N vacances actives

★**actor** ['æktə^r] N acteur *m*

★**actress** ['æktrɪs] N actrice *f*

★**actual** ['æktjuəl] ADJ réel(le), véritable; (*emphatic use*) lui-même (elle-même)

> **actual** ne veut pas dire *actuel*.

actuality [æktju'ælɪtɪ] N (*reality*) réalité *f*; (*formal*: *fact*) fait *m*; (: *condition*) situation *f* réelle; **in ~** en réalité

★**actually** ['æktjuəlɪ] ADV réellement, véritablement; (*in fact*) en fait

> **actually** ne veut pas dire *actuellement*.

actuarial [æktju'ɛərɪəl] ADJ actuariel(le)

actuary ['æktjuərɪ] N actuaire *m*

actuate ['æktjueɪt] VT déclencher, actionner

acuity [ə'kju:ɪtɪ] N acuité *f*

acumen ['ækjumən] N perspicacité *f*; **business ~** sens *m* des affaires

acupressure ['ækjuprɛʃə^r] N acupressing *m*

acupuncture ['ækjupʌŋktʃə^r] N acuponcture *f*

acute [ə'kju:t] ADJ (*severe*: *crisis, shortage*) grave; (: *embarrassment*) profond(e); (*illness, accent*) aigu(ë); (*mind, observer*) pénétrant(e)

acutely [ə'kju:tlɪ] ADV (*keenly*: *aware*) profondément; (: *feel*) vivement; (*intensely*: *embarrassing*) extrêmement

AD ADV ABBR (= *Anno Domini*) ap. J.-C. ▶ N ABBR (*US Mil*) = **active duty**

★**ad** [æd] N ABBR = **advertisement**

adage ['ædɪdʒ] N adage *m*; **the old ~ that ...** le vieil adage selon lequel ...

adamant ['ædəmənt] ADJ inflexible

Adam's apple ['ædəmz-] N pomme *f* d'Adam

adapt [ə'dæpt] VT adapter ▶ VI: **to ~ (to)** s'adapter (à)

adaptability [ədæptə'bɪlɪtɪ] N faculté *f* d'adaptation

adaptable [ə'dæptəbl] ADJ (*device*) adaptable; (*person*) qui s'adapte facilement

adaptation [ædæp'teɪʃən] N adaptation *f*

adapter, adaptor [ə'dæptə^r] N (*Elec*) adaptateur *m*; (*for several plugs*) prise *f* multiple

adaptive [ə'dæptɪv] ADJ (*adaptable*) qui a une grande capacité d'adaptation

ADC N ABBR (*Mil*) = **aide-de-camp**; (*US*: = *Aid to Dependent Children*) *aide pour enfants assistés*

ADD N ABBR (= *attention deficit disorder*) TDA *m*

★**add** [æd] VT ajouter; (*figures*: *also*: **to add up**) additionner ▶ VI: **to ~ to** (*increase*) ajouter à, accroître; **it doesn't ~ up** (*fig*) cela ne rime à rien

▶ **add on** VT ajouter

▶ **add up to** VT FUS (*Math*) s'élever à; (*fig*: *mean*) signifier; **it doesn't ~ up to much** ça n'est pas grand-chose

added ['ædɪd] ADJ (*extra*: *advantage, benefit*) supplémentaire; (*sugar, vitamins*) ajouté(e)

adder ['ædə^r] N vipère *f*

addict ['ædɪkt] N toxicomane *mf*; (*fig*) fanatique *mf*; **heroin ~** héroïnomane *mf*; **drug ~** drogué(e)

addicted [ə'dɪktɪd] ADJ: **to be ~ to** (*drink, drugs*) être adonné(e) à; (*fig*: *football etc*) être un(e) fanatique de

addiction [ə'dɪkʃən] N (*Med*) dépendance *f*

addictive [ə'dɪktɪv] ADJ qui crée une dépendance

adding machine ['ædɪŋ-] N machine *f* à calculer

Addis Ababa ['ædɪs'æbəbə] N Addis Abeba, Addis Ababa

★**addition** [ə'dɪʃən] N (*adding up*) addition *f*; (*thing added*) ajout *m*; **in ~** de plus, de surcroît; **in ~ to** en plus de

additional [ə'dɪʃənl] ADJ supplémentaire

additionally [ə'dɪʃənəlɪ] ADV (*moreover, to a greater extent*) de plus, en outre

additive ['ædɪtɪv] N additif *m*

★**address** [ə'drɛs] N adresse *f*; (*talk*) discours *m*, allocution *f*; **my ~ is ...** mon adresse, c'est ...; **form of ~** titre *m*; **what form of ~ do you use for ...?** comment s'adresse-t-on à ...?; **absolute/relative ~** (*Comput*) adresse absolue/relative ▶ VT

adresser; (*speak to*) s'adresser à; **to ~ (o.s. to) sth** (*problem, issue*) aborder qch
address book N carnet *m* d'adresses
addressee [ædrɛ'si:] N destinataire *mf*
Aden ['eɪdən] N: **Gulf of ~** Golfe *m* d'Aden
adenoids ['ædɪnɔɪdz] NPL végétations *fpl*
adept [ə'dɛpt] ADJ: **~ at** expert(e) à *or* en
adequate ['ædɪkwɪt] ADJ (*enough*) suffisant(e); (*satisfactory*) satisfaisant(e); **to feel ~ to the task** se sentir à la hauteur de la tâche
adequately ['ædɪkwɪtlɪ] ADV de façon adéquate
ADHD N ABBR (= *attention deficit hyperactivity disorder*) TDAH *m*
adhere [əd'hɪəʳ] VI: **to ~ to** adhérer à; (*fig: rule, decision*) se tenir à
adherence [əd'hɪərəns] N (*to rule, agreement, belief*) adhésion *f*; **~ to sth** adhésion à qch
adhesion [əd'hi:ʒən] N adhésion *f*
adhesive [əd'hi:zɪv] ADJ adhésif(-ive) ▸ N adhésif *m*
adhesive tape N (BRIT) ruban *m* adhésif; (*US Med*) sparadrap *m*
ad hoc [æd'hɔk] ADJ (*decision*) de circonstance; (*committee*) ad hoc
ad infinitum ['ædɪnfɪ'naɪtəm] ADV à l'infini
adjacent [ə'dʒeɪsənt] ADJ adjacent(e), contigu(ë); **~ to** adjacent à
★**adjective** ['ædʒɛktɪv] N adjectif *m*
adjoin [ə'dʒɔɪn] VT jouxter
adjoining [ə'dʒɔɪnɪŋ] ADJ voisin(e), adjacent(e), attenant(e) ▸ PREP voisin de, adjacent à
adjourn [ə'dʒə:n] VT ajourner; **to ~ a meeting till the following week** reporter une réunion à la semaine suivante ▸ VI suspendre la séance; lever la séance; clore la session; (*go*) se retirer; **they adjourned to the pub** (BRIT *inf*) ils ont filé au pub
adjournment [ə'dʒə:nmənt] N (*period*) ajournement *m*
Adjt ABBR (*Mil*: = *adjutant*) Adj
adjudicate [ə'dʒu:dɪkeɪt] VT (*contest*) juger; (*claim*) statuer (sur) ▸ VI se prononcer
adjudication [ədʒu:dɪ'keɪʃən] N (*Law*) jugement *m*
adjudicator [ə'dʒu:dɪkeɪtəʳ] N juge *mf*
adjust [ə'dʒʌst] VT (*machine*) ajuster, régler; (*prices, wages*) rajuster ▸ VI: **to ~ (to)** s'adapter (à)
adjustable [ə'dʒʌstəbl] ADJ réglable
adjuster [ə'dʒʌstəʳ] N *see* **loss**
adjustment [ə'dʒʌstmənt] N (*of machine*) ajustage *m*, réglage *m*; (*of prices, wages*) rajustement *m*; (*of person*) adaptation *f*
adjutant ['ædʒətənt] N adjudant *m*
ad-lib [æd'lɪb] VT, VI improviser ▸ N improvisation *f* ▸ ADV: **ad lib** à volonté, à discrétion
adman ['ædmæn] N (*irreg*) (*inf*) publicitaire *m*
admin ['ædmɪn] N ABBR (*inf*) = **administration**
administer [əd'mɪnɪstəʳ] VT administrer; (*justice*) rendre
★**administration** [ədmɪnɪs'treɪʃən] N (*management*) administration *f*; (*government*) gouvernement *m*
administrative [əd'mɪnɪstrətɪv] ADJ administratif(-ive)
administrator [əd'mɪnɪstreɪtəʳ] N administrateur(-trice)
admirable ['ædmərəbl] ADJ admirable
admirably ['ædmɪrəblɪ] ADV admirablement
admiral ['ædmərəl] N amiral *m*
Admiralty ['ædmərəltɪ] N (BRIT: *also:* **Admiralty Board**) ministère *m* de la Marine
admiration [ædmə'reɪʃən] N admiration *f*
★**admire** [əd'maɪəʳ] VT admirer
admirer [əd'maɪərəʳ] N (*fan*) admirateur(-trice)
admiring [əd'maɪərɪŋ] ADJ admiratif(-ive)
admiringly [əd'maɪərɪŋlɪ] ADV (*say, look*) avec admiration
admissible [əd'mɪsəbl] ADJ acceptable, admissible; (*evidence*) recevable
admission [əd'mɪʃən] N admission *f*; (*to exhibition, night club etc*) entrée *f*; (*confession*) aveu *m*; **"~ free", "free ~"** « entrée libre »; **by his own ~** de son propre aveu
admission charge N droits *mpl* d'admission
★**admit** [əd'mɪt] VT laisser entrer; admettre; (*agree*) reconnaître, admettre; (*crime*) reconnaître avoir commis; **"children not admitted"** « entrée interdite aux enfants »; **this ticket admits two** ce billet est valable pour deux personnes; **I must ~ that …** je dois admettre *or* reconnaître que …
▸ **admit of** VT FUS admettre, permettre
▸ **admit to** VT FUS reconnaître, avouer
admittance [əd'mɪtəns] N admission *f*, (droit *m* d')entrée *f*; **"no ~"** « défense d'entrer »
admittedly [əd'mɪtɪdlɪ] ADV il faut en convenir
admonish [əd'mɔnɪʃ] VT donner un avertissement à; réprimander
admonishment [əd'mɔnɪʃmənt] N réprimande *f*
ad nauseam [æd'nɔ:zɪæm] ADV à satiété
ado [ə'du:] N: **without (any) more ~** sans plus de cérémonies
adolescence [ædəu'lɛsns] N adolescence *f*
adolescent [ædəu'lɛsnt] ADJ, N adolescent(e)
★**adopt** [ə'dɔpt] VT adopter
★**adopted** [ə'dɔptɪd] ADJ adoptif(-ive), adopté(e)
adoption [ə'dɔpʃən] N adoption *f*
adoptive [ə'dɔptɪv] ADJ (*child, parents, family*) adoptif(-ive); (*country, home*) d'adoption, adoptif(-ive)
adorable [ə'dɔ:rəbl] ADJ adorable
adoration [ædɔ:'reɪʃən] N adoration *f*
adore [ə'dɔ:ʳ] VT adorer
adoring [ə'dɔ:rɪŋ] ADJ: **his ~ wife** sa femme qui est en adoration devant lui
adoringly [ə'dɔ:rɪŋlɪ] ADV avec adoration
adorn [ə'dɔ:n] VT orner
adornment [ə'dɔ:nmənt] N ornement *m*
ADP N ABBR = **automatic data processing**
adrenalin, adrenaline [ə'drɛnəlɪn] N adrénaline *f*; **to get the ~ going** faire monter le taux d'adrénaline
Adriatic [eɪdrɪ'ætɪk] N: **the ~ (Sea)** la mer Adriatique, l'Adriatique *f*
adrift [ə'drɪft] ADV à la dérive; **to come ~** (*boat*) aller à la dérive; (*wire, rope, fastening etc*) se défaire

adroit [ə'drɔɪt] ADJ adroit(e), habile

ADSL N ABBR (= *asymmetric digital subscriber line*) ADSL *m*

ADT ABBR (US: = *Atlantic Daylight Time*) *heure d'été de New York*

adulation ['ædjuleɪʃən] N adulation *f*

★**adult** ['ædʌlt] N adulte *mf* ▶ ADJ (*grown-up*) adulte; (*for adults*) pour adultes

adult education N éducation *f* des adultes

adulterate [ə'dʌltəreɪt] VT frelater, falsifier

adulterer [ə'dʌltərəʳ] N homme *m* adultère

adulteress [ə'dʌltərɪs] N femme *f* adultère

adulterous [ə'dʌltərəs] ADJ adultère

adultery [ə'dʌltərɪ] N adultère *m*

adulthood ['ædʌlthud] N âge *m* adulte

★**advance** [əd'vɑːns] N avance *f*; **in ~** (*prepare, notify, decide*) à l'avance; (*pay*) d'avance; **do I need to book in ~?** est-ce qu'il faut réserver à l'avance ?; **to make advances to sb** (*gen*) faire des propositions à qn; (*amorously*) faire des avances à qn ▶ VT avancer ▶ VI s'avancer ▶ CPD: **~ booking** location *f*; **~ notice**, **~ warning** préavis *m*; (*verbal*) avertissement *m*

★**advanced** [əd'vɑːnst] ADJ avancé(e); (*Scol: studies*) supérieur(e); **~ in years** d'un âge avancé

advancement [əd'vɑːnsmənt] N avancement *m*

★**advantage** [əd'vɑːntɪdʒ] N (*also Tennis*) avantage *m*; **to take ~ of** (*person*) exploiter; (*opportunity*) profiter de; **it's to our ~** c'est notre intérêt; **it's to our ~ to ...** nous avons intérêt à ...

advantaged [əd'vɑːntɪdʒd] ADJ avantagé(e)

advantageous [ædvən'teɪdʒəs] ADJ avantageux(-euse)

advent ['ædvənt] N avènement *m*, venue *f*; **A~** (*Rel*) Avent *m*

Advent calendar N calendrier *m* de l'Avent

★**adventure** [əd'vɛntʃəʳ] N aventure *f*

adventure playground N aire *f* de jeux

adventurer [əd'vɛntʃərəʳ] N aventurier(-ière)

adventuresome [əd'vɛntʃəsəm] (*US*) ADJ aventureux(-euse)

adventurous [əd'vɛntʃərəs] ADJ aventureux(-euse)

adverb ['ædvəːb] N adverbe *m*

adversarial [ædvə'sɛərɪəl] ADJ antagonique

adversary ['ædvəsərɪ] N adversaire *mf*

adverse ['ædvəːs] ADJ adverse; (*effect*) négatif(-ive); (*weather, publicity*) mauvais(e); (*wind*) contraire; **~ to** hostile à; **in ~ circumstances** dans l'adversité

adversely ['ædvəːslɪ] ADV: **to affect sth ~** avoir un effet négatif sur qch

adversity [əd'vəːsɪtɪ] N adversité *f*

advert ['ædvəːt] N ABBR (BRIT) = **advertisement**

★**advertise** ['ædvətaɪz] VI faire de la publicité *or* de la réclame; (*in classified ads etc*) mettre une annonce; **to ~ for** (*staff*) recruter par (voie d') annonce ▶ VT faire de la publicité *or* de la réclame pour; (*in classified ads etc*) mettre une annonce pour vendre

advertisement [əd'vəːtɪsmənt] N publicité *f*, réclame *f*; (*in classified ads etc*) annonce *f*

advertiser ['ædvətaɪzəʳ] N annonceur *m*

advertising ['ædvətaɪzɪŋ] N publicité *f*

advertising agency N agence *f* de publicité

advertising campaign N campagne *f* de publicité

★**advice** [əd'vaɪs] N conseils *mpl*; (*notification*) avis *m*; **a piece of ~** un conseil; **to ask (sb) for ~** demander conseil (à qn); **to take legal ~** consulter un avocat

advice note N (BRIT) avis *m* d'expédition

advisable [əd'vaɪzəbl] ADJ recommandable, indiqué(e)

★**advise** [əd'vaɪz] VT conseiller; **to ~ sb of sth** aviser *or* informer qn de qch; **to ~ against sth/doing sth** déconseiller qch/conseiller de ne pas faire qch; **you would be well/ill advised to go** vous feriez mieux d'y aller/de ne pas y aller, vous auriez intérêt à y aller/à ne pas y aller

advisedly [əd'vaɪzɪdlɪ] ADV (*deliberately*) délibérément

adviser, advisor [əd'vaɪzəʳ] N conseiller(-ère)

advisory [əd'vaɪzərɪ] ADJ consultatif(-ive); **in an ~ capacity** à titre consultatif

advocacy ['ædvəkəsɪ] N plaidoyer *m*; **sb's ~ of sth** le plaidoyer de qn en faveur de qch

advocate N ['ædvəkɪt] (*lawyer*) avocat(e) (plaidant(e)); (*upholder*) défenseur *m*, avocat(e); **to be an ~ of** être partisan(e) de ▶ VT ['ædvəkeɪt] recommander, prôner

advt. ABBR = **advertisement**

AEA N ABBR (BRIT: = *Atomic Energy Authority*) ≈ AEN *f* (= *Agence pour l'énergie nucléaire*)

AEC N ABBR (US: = *Atomic Energy Commission*) CEA *m* (= *Commissariat à l'énergie atomique*)

Aegean [iː'dʒiːən] N, ADJ: **the ~ (Sea)** la mer Égée, l'Égée *f*

aegis ['iːdʒɪs] N: **under the ~ of** sous l'égide de

aeon ['iːɔn] N éternité *f*

aerial ['ɛərɪəl] N antenne *f* ▶ ADJ aérien(ne)

aerobatics [ɛərəu'bætɪks] NPL acrobaties aériennes

aerobic [ɛə'rəubɪk] ADJ aérobie

★**aerobics** [ɛə'rəubɪks] N aérobic *m*

aerodrome ['ɛərədrəum] N (BRIT) aérodrome *m*

aerodynamic [ɛərəudaɪ'næmɪk] ADJ aérodynamique

aerodynamics [ɛərəudaɪ'næmɪks] N aérodynamique *f*

aeronautical [ɛərə'nɔːtɪkl] ADJ (*engineer, research*) aéronautique; **~ engineering** aéronautique *f*

aeronautics [ɛərə'nɔːtɪks] N aéronautique *f*

★**aeroplane** ['ɛərəpleɪn] N (BRIT) avion *m*

aerosol ['ɛərəsɔl] N aérosol *m*

aerospace industry ['ɛərəuspeɪs-] N (industrie) aérospatiale *f*

aesthete ['iːsθiːt] N esthète *mf*

aesthetic [ɪs'θɛtɪk] ADJ esthétique

aesthetics [ɪs'θɛtɪks] N esthétique *f*

afar [ə'fɑːʳ] ADV: **from ~** de loin

AFB N ABBR (US) = **Air Force Base**

AFDC N ABBR (US: = *Aid to Families with Dependent Children*) *aide pour enfants assistés*

affable ['æfəbl] ADJ affable

★**affair** [ə'fɛəʳ] N affaire *f*; (*also:* **love affair**) liaison *f*; aventure *f* ■ **affairs** NPL (*business*) affaires

★**affect** [ə'fɛkt] VT affecter; (*subj: disease*) atteindre

affectation [æfɛk'teɪʃən] N affectation *f*

affected [ə'fɛktɪd] ADJ affecté(e)

affecting [ə'fɛktɪŋ] ADJ (*story, music*) touchant(e), émouvant(e)

affection [ə'fɛkʃən] N affection *f*

affectionate [ə'fɛkʃənɪt] ADJ affectueux(-euse)

affectionately [ə'fɛkʃənɪtlɪ] ADV affectueusement

affidavit [æfɪ'deɪvɪt] N (*Law*) déclaration écrite sous serment

affiliated [ə'fɪlɪeɪtɪd] ADJ affilié(e); **~ company** filiale *f*

affiliation [əfɪlɪ'eɪʃən] N affiliation *f*; **~ with sth, ~ to sth** affiliation à qch; **political affiliations** attaches *fpl* politiques

affinity [ə'fɪnɪtɪ] N affinité *f*

affirm [ə'fə:m] VT affirmer

affirmation [æfə'meɪʃən] N affirmation *f*, assertion *f*

affirmative [ə'fə:mətɪv] ADJ affirmatif(-ive) ▶ N: **in the ~** dans *or* par l'affirmative

affix [ə'fɪks] VT apposer, ajouter

afflict [ə'flɪkt] VT affliger

affliction [ə'flɪkʃən] N affliction *f*

affluence ['æfluəns] N aisance *f*, opulence *f*

affluent ['æfluənt] ADJ opulent(e); (*person, family, surroundings*) aisé(e), riche; **the ~ society** la société d'abondance

★**afford** [ə'fɔ:d] VT (*goods etc*) avoir les moyens d'acheter *or* d'entretenir; (*behaviour*) se permettre; (*provide*) fournir, procurer; **can we ~ a car?** avons-nous de quoi acheter *or* les moyens d'acheter une voiture ?; **I can't ~ the time** je n'ai vraiment pas le temps

affordability [əfɔ:də'bɪlɪtɪ] N accessibilité *m* des prix

affordable [ə'fɔ:dəbl] ADJ abordable

affray [ə'freɪ] N (BRIT *Law*) échauffourée *f*, rixe *f*

affront [ə'frʌnt] N affront *m*

affronted [ə'frʌntɪd] ADJ insulté(e)

Afghan ['æfgæn] ADJ afghan(e) ▶ N Afghan(e)

Afghanistan [æf'gænɪstæn] N Afghanistan *m*

aficionado [əfɪʃə'nɑ:dəu] N passionné(e); **an ~ of sth** un(e) passionné(e) de qch

afield [ə'fi:ld] ADV: **far ~** loin

aflame [ə'fleɪm] ADJ (*grass, forest*) en flammes; (*with colour*) flamboyant(e); (*with emotion: heart*) embrasé(e); (*: face*) en feu

AFL-CIO N ABBR (= *American Federation of Labor and Congress of Industrial Organizations*) *confédération syndicale*

afloat [ə'fləut] ADJ à flot ▶ ADV: **to stay ~** surnager; **to keep/get a business ~** maintenir à flot/lancer une affaire

afoot [ə'fut] ADV: **there is something ~** il se prépare quelque chose

aforementioned [ə'fɔ:mɛnʃənd], **aforesaid** [ə'fɔ:sɛd] ADJ susdit(e), susmentionné(e)

★**afraid** [ə'freɪd] ADJ effrayé(e); **to be ~ of** *or* **to** avoir peur de; **I am ~ that** je crains que + *sub*; **I'm ~ so/not** oui/non, malheureusement

afresh [ə'frɛʃ] ADV de nouveau

★**Africa** ['æfrɪkə] N Afrique *f*

African ['æfrɪkən] ADJ africain(e) ▶ N Africain(e)

African-American ['æfrɪkənə'mɛrɪkən] ADJ afro-américain(e) ▶ N Afro-Américain(e)

Afrikaans [æfrɪ'kɑ:ns] N afrikaans *m*

Afrikaner [æfrɪ'kɑ:nəʳ] N Afrikaner *mf*

Afro ['æfrəu] ADJ (*hair, wig*) afro ▶ N (*hairstyle*) coiffure *f* afro

Afro-American ['æfrəuə'mɛrɪkən] ADJ afro-américain(e)

AFT N ABBR (= *American Federation of Teachers*) *syndicat enseignant*

aft [ɑ:ft] ADV à l'arrière, vers l'arrière

★**after** ['ɑ:ftəʳ] PREP, ADV après; **~ dinner** après (le) dîner; **the day ~ tomorrow** après-demain; **it's quarter ~ two** (*US*) il est deux heures et quart; **to name sb ~ sb** donner à qn le nom de qn; **to ask ~ sb** demander des nouvelles de qn; **what/who are you ~?** que/qui cherchez-vous ?; **the police are ~ him** la police est à ses trousses; **~ you!** après vous !; **~ all** après tout ▶ CONJ après que, après avoir *or* être + *pp*; **~ having done/~ he left** après avoir fait/ après son départ

> Reword phrases such as *after finishing* or *after I'd finished* as *after having finished* before translating them into French: *after finishing* **après avoir fini**.

afterbirth ['ɑ:ftəbə:θ] N placenta *m*

aftercare ['ɑ:ftəkɛəʳ] N (BRIT *Med*) post-cure *f*

after-effects ['ɑ:ftərɪfɛkts] NPL (*of disaster, radiation, drink etc*) répercussions *fpl*; (*of illness*) séquelles *fpl*, suites *fpl*

afterlife ['ɑ:ftəlaɪf] N vie *f* après la mort

aftermarket ['ɑ:ftəmɑ:kɪt] N (*for cars*) marché *m* des accessoires; (*Stock Exchange*) marché secondaire

aftermath ['ɑ:ftəmɑ:θ] N conséquences *fpl*; **in the ~ of** dans les mois *or* années *etc* qui suivirent, au lendemain de

★**afternoon** [ɑ:ftə'nu:n] N après-midi *mf*; **good ~!** bonjour !; (*goodbye*) au revoir !

> L'**afternoon tea** est une sorte de goûter assez consistant dont l'apparition date du XIXe siècle, parmi les Anglaises de la haute société qui se réunissaient chez l'une ou l'autre pour prendre le thé. L'*afternoon tea* est toujours répandu, même si de nos jours on se retrouve plutôt entre amies dans un hôtel ou un café, le plus souvent pour une occasion particulière. Au menu de l'*afternoon tea* classique : petits sandwiches au pain de mie, *scones* avec crème et confiture, assortiment de pâtisseries, thé ou café.

afterparty ['ɑ:ftəpɑ:tɪ] N after *m*

afters ['ɑ:ftəz] N (BRIT *inf: dessert*) dessert *m*

after-sales service [ɑ:ftə'seɪlz-] N service *m* après-vente, SAV *m*

after-shave ['ɑːftəʃeɪv], **after-shave lotion** N lotion *f* après-rasage

aftershock ['ɑːftəʃɔk] N réplique *f* (sismique)

aftersun (cream/lotion) ['ɑːftəsʌn-] N après-soleil *m inv*

aftertaste ['ɑːftəteɪst] N arrière-goût *m*

afterthought ['ɑːftəθɔːt] N: **I had an ~** il m'est venu une idée après coup

★**afterwards** ['ɑːftəwədz], (*US*) **afterward** ['ɑːftəwəd] ADV après

afterword ['ɑːftəwəːd] N postface *f*

★**again** [ə'gɛn] ADV de nouveau, encore (une fois); **to do sth ~** refaire qch; **not ... ~** ne ... plus; **~ and ~** à plusieurs reprises; **he's opened it ~** il l'a rouvert, il l'a de nouveau *or* l'a encore ouvert; **now and ~** de temps à autre

★**against** [ə'gɛnst] PREP contre; (*compared to*) par rapport à; **~ a blue background** sur un fond bleu; **(as) ~** (BRIT) contre

agape [ə'geɪp] ADJ: **with her mouth ~** bouche bée

★**age** [eɪdʒ] N âge *m*; **what ~ is he?** quel âge a-t-il ?; **he is 20 years of ~** il a 20 ans; **under ~** mineur(e); **to come of ~** atteindre sa majorité; **it's been ages since I saw you** ça fait une éternité que je ne t'ai pas vu ▸ VT, VI vieillir

★**aged** ADJ [eɪdʒd] âgé(e); **~ 10** âgé de 10 ans ▸ NPL ['eɪdʒɪd]: **the ~** les personnes âgées

age group N tranche *f* d'âge; **the 40 to 50 ~** la tranche d'âge des 40 à 50 ans

ageing ['eɪdʒɪŋ] ADJ vieillissant(e)

ageism ['eɪdʒɪzəm] N âgisme *m*

ageless ['eɪdʒlɪs] ADJ sans âge

age limit N limite *f* d'âge

agency ['eɪdʒənsɪ] N agence *f*; **through** *or* **by the ~ of** par l'entremise *or* l'action de

★**agenda** [ə'dʒɛndə] N ordre *m* du jour; **on the ~** à l'ordre du jour

---

agenda ne veut pas dire *agenda*.

★**agent** ['eɪdʒənt] N agent *m*; (*firm*) concessionnaire *m*

agglomeration [əglɔmə'reɪʃən] N agglomérat *m*

aggravate ['ægrəveɪt] VT (*situation*) aggraver; (*annoy*) exaspérer, agacer

aggravating ['ægrəveɪtɪŋ] ADJ (*annoying*) exaspérant(e)

aggravation [ægrə'veɪʃən] N agacements *mpl*

aggregate ['ægrɪgɪt] N ensemble *m*, total *m*; **on ~** (*Sport*) au total des points

aggregator ['ægrɪgeɪtəʳ] N agrégateur *m*

aggression [ə'grɛʃən] N agression *f*

★**aggressive** [ə'grɛsɪv] ADJ agressif(-ive)

aggressiveness [ə'grɛsɪvnɪs] N agressivité *f*

aggressor [ə'grɛsəʳ] N agresseur *m*

aggrieved [ə'griːvd] ADJ chagriné(e), affligé(e)

aggro ['ægrəu] N (BRIT *inf*: *physical*) grabuge *m*; (*: hassle*) embêtements *mpl*

aghast [ə'gɑːst] ADJ consterné(e), atterré(e)

agile ['ædʒaɪl] ADJ agile

agility [ə'dʒɪlɪtɪ] N agilité *f*, souplesse *f*

agitate ['ædʒɪteɪt] VT (*person*) perturber ▸ VI faire de l'agitation (politique); **to ~ for** faire campagne pour

agitated ['ædʒɪteɪtɪd] ADJ perturbé(e)

agitation [ædʒɪ'teɪʃən] N (*distress*) agitation *f*; (*political*) campagne *f*; **in a state of ~** dans tous ses états

agitator ['ædʒɪteɪtəʳ] N agitateur(-trice) (politique)

AGM N ABBR (= *annual general meeting*) AG f

agnostic [æg'nɔstɪk] ADJ, N agnostique *mf*

agnosticism [æg'nɔstɪsɪzm] N agnosticisme *m*

★**ago** [ə'gəu] ADV: **two days ~** il y a deux jours; **not long ~** il n'y a pas longtemps; **as long ~ as 1960** déjà en 1960; **how long ~?** il y a combien de temps (de cela) ?

agog [ə'gɔg] ADJ: **(all) ~** en émoi

agonize ['ægənaɪz] VI: **he agonized over the problem** ce problème lui a causé bien du tourment

agonizing ['ægənaɪzɪŋ] ADJ angoissant(e); (*cry*) déchirant(e)

agony ['ægənɪ] N (*pain*) douleur *f* atroce; (*distress*) angoisse *f*; **to be in ~** souffrir le martyre

agony aunt N (BRIT *inf*) *journaliste qui tient la rubrique du courrier du cœur*

agony column N courrier *m* du cœur

agoraphobia [ægərə'fəubɪə] N agoraphobie *f*

agoraphobic [ægərə'fəubɪk] ADJ, N agoraphobe *mf*

agrarian [ə'grɛərɪən] ADJ agraire

★**agree** [ə'griː] VT (*price*) convenir de; **to ~ that** (*admit*) convenir *or* reconnaître que; **it was agreed that ...** il a été convenu que ...; **to ~ to do** accepter de *or* consentir à faire ▸ VI: **to ~ with** (*person*) être d'accord avec; (*statements etc*) concorder avec; (*Ling*) s'accorder avec; **to ~ to sth** consentir à qch; **they ~ on this** ils sont d'accord sur ce point; **they agreed on going/a price** ils se mirent d'accord pour y aller/sur un prix; **garlic doesn't ~ with me** je ne supporte pas l'ail

agreeable [ə'griːəbl] ADJ (*pleasant*) agréable; (*willing*) consentant(e), d'accord; **are you ~ to this?** est-ce que vous êtes d'accord ?

agreeably [ə'griːəblɪ] ADV agréablement; **to be ~ surprised** être agréablement surpris(e)

agreed [ə'griːd] ADJ (*time, place*) convenu(e); **to be ~** être d'accord

★**agreement** [ə'griːmənt] N accord *m*; **in ~** d'accord; **by mutual ~** d'un commun accord

agribusiness ['ægrɪbɪznɪs] N agro-industrie *f*, agribusiness *m*

agricultural [ægrɪ'kʌltʃərəl] ADJ agricole

★**agriculture** ['ægrɪkʌltʃəʳ] N agriculture *f*

agritourism [ægrɪ'tuərɪzm] N tourisme *m* vert, agritourisme *m*

agroforestry [ægrəu'fɔrɪstrɪ] N agroforesterie *f*

agrofuel ['ægrəufjuəl] N agrocarburant *m*

agronomist [ə'grɔnəmɪst] N agronome *mf*

aground [ə'graund] ADV: **to run ~** s'échouer

★**ahead** [ə'hɛd] ADV en avant; devant; **go right** *or* **straight ~** (*direction*) allez tout droit; **go ~!** (*permission*) allez-y !; **~ of** devant; (*fig: schedule etc*) en avance sur; **~ of time** en avance; **they were (right) ~ of us** ils nous précédaient (de peu), ils étaient (juste) devant nous

ahoy [əˈhɔɪ] EXCL ohé !; **ship ~!** ohé du navire !

AI N ABBR = **Amnesty International**; (*Comput*) = **artificial intelligence**

AID N ABBR (= *artificial insemination by donor*) IAD *f*; (US: = *Agency for International Development*) *agence pour le développement international*

★**aid** [eɪd] N aide *f*; (*device*) appareil *m*; **with the ~ of** avec l'aide de; **in ~ of** en faveur de ▸ VT aider; **to ~ and abet** (*Law*) se faire le complice de

aide [eɪd] N (*person*) assistant(e)

aide-de-camp [eɪddəˈkɔm] N aide *m* de camp

aide-memoire [eɪdmɛmˈwɑːʳ] N aide-mémoire *m inv*

★**AIDS** [eɪdz] N ABBR (= *acquired immune (or immuno-) deficiency syndrome*) SIDA *m*

AIH N ABBR (= *artificial insemination by husband*) IAC *f*

ailing [ˈeɪlɪŋ] ADJ (*person*) souffreteux(euse); (*economy*) malade

ailment [ˈeɪlmənt] N affection *f*

★**aim** [eɪm] N (*objective*) but *m*; (*skill*): **his ~ is bad** il vise mal ▸ VI (*also:* **to take aim**) viser; **to ~ at** viser; (*fig*) viser (à); avoir pour but *or* ambition; **to ~ to do** avoir l'intention de faire ▸ VT: **to ~ sth (at)** (*gun, camera*) braquer *or* pointer qch (sur); (*missile*) lancer qch (à *or* contre *or* en direction de); (*remark, blow*) destiner *or* adresser qch (à)

aimless [ˈeɪmlɪs] ADJ sans but

aimlessly [ˈeɪmlɪslɪ] ADV sans but

ain't [eɪnt] (*inf*) = **am not**; **aren't**; **isn't**

★**air** [ɛəʳ] N air *m*; **to throw sth into the ~** (*ball etc*) jeter qch en l'air; **by ~** par avion; **to be on the ~** (*Radio, TV: programme*) être diffusé(e); (: *station*) émettre ▸ VT aérer; (*idea, grievance, views*) mettre sur le tapis; (*knowledge*) faire étalage de ▸ CPD (*currents, attack etc*) aérien(ne)

airbag [ˈɛəbæg] N airbag *m*

air base N base aérienne

airbed [ˈɛəbɛd] N (BRIT) matelas *m* pneumatique

airborne [ˈɛəbɔːn] ADJ (*plane*) en vol; (*troops*) aéroporté(e); (*particles*) dans l'air; **as soon as the plane was ~** dès que l'avion eut décollé

airbrush [ˈɛəbrʌʃ] VT (*photograph, picture*) retoucher à l'aérographe

▸ **airbrush out** VT (*from picture*) effacer à l'aérographe; (*fig*) balayer

air cargo N fret aérien

★**air-conditioned** [ˈɛəkənˈdɪʃənd] ADJ climatisé(e), à air conditionné

air conditioning [-kənˈdɪʃnɪŋ] N climatisation *f*

air-cooled [ˈɛəkuːld] ADJ à refroidissement à air

aircraft [ˈɛəkrɑːft] N INV avion *m*

aircraft carrier N porte-avions *m inv*

aircrew [ˈɛəkruː] N équipage *m* (*d'un avion*)

air cushion N coussin *m* d'air

airdrome [ˈɛədrəum] N (US) aérodrome *m*

air-drop [ˈɛədrɔp] N (*of supplies*) parachutage *m* ▸ VT (*food, supplies*) parachuter; **the US air-dropped supplies into Bosnia** les États-Unis ont parachuté des vivres en Bosnie

airfare [ˈɛəfɛəʳ] N prix *m* du billet d'avion

airfield [ˈɛəfiːld] N terrain *m* d'aviation

air force N armée *f* de l'air

air freight N fret aérien

air freshener [-ˈfrɛʃnəʳ] N désodorisant *m*

airgun [ˈɛəgʌn] N fusil *m* à air comprimé

air hostess N (BRIT) hôtesse *f* de l'air

airily [ˈɛərɪlɪ] ADV d'un air dégagé

airing [ˈɛərɪŋ] N: **to give an ~ to** aérer; (*fig: ideas, views etc*) mettre sur le tapis

airing cupboard N (BRIT) *placard qui contient la chaudière et dans lequel on met le linge à sécher*

airless [ˈɛəlɪs] ADJ (*room*) sans air; (*day, afternoon*) étouffant(e)

air letter N (BRIT) aérogramme *m*

airlift [ˈɛəlɪft] N pont aérien

▸ **airlift in** VT (*food, supplies*) acheminer par pont aérien

▸ **airlift out** VT (*person, refugees*) évacuer par pont aérien

★**airline** [ˈɛəlaɪn] N ligne aérienne, compagnie aérienne

airliner [ˈɛəlaɪnəʳ] N avion *m* de ligne

airlock [ˈɛəlɔk] N sas *m*

★**airmail** [ˈɛəmeɪl] N: **by ~** par avion

airman [ˈɛəmən] N (*irreg*) aviateur *m*

air mattress N matelas *m* pneumatique

air mile N air mile *m*

airplane [ˈɛəpleɪn] N (US) avion *m*

airplay [ˈɛəpleɪ] N temps *m* de diffusion à la radio; **our first single got a lot of ~** notre premier single est beaucoup passé à la radio

air pocket N trou *m* d'air

★**airport** [ˈɛəpɔːt] N aéroport *m*

air raid N attaque aérienne

air rifle N carabine *f* à air comprimé

airship [ˈɛəʃɪp] N dirigeable *m*

air show [ˈɛəʃəu] N (*display*) meeting *m* aérien; (*trade exhibition*) salon *m* de l'aéronautique

airsick [ˈɛəsɪk] ADJ: **to be ~** avoir le mal de l'air

airspace [ˈɛəspeɪs] N espace *m* aérien

airspeed [ˈɛəspiːd] N vitesse relative

air strike N attaque *f* aérienne

airstrip [ˈɛəstrɪp] N terrain *m* d'atterrissage

air terminal N aérogare *f*

airtight [ˈɛətaɪt] ADJ hermétique

air time N (*Radio, TV*) temps *m* d'antenne

air-traffic control [ˈɛətræfɪk-] N contrôle *m* de la navigation aérienne

air-traffic controller N aiguilleur *m* du ciel

airwaves [ˈɛəweɪvz] NPL ondes *fpl*; **on the ~** sur les ondes

airway [ˈɛəweɪ] N (*Aviat*) voie aérienne ■ **airways** NPL (*Anat*) voies aériennes

airworthy [ˈɛəwəːðɪ] ADJ en état de navigation

airy [ˈɛərɪ] ADJ bien aéré(e); (*manners*) dégagé(e)

aisle [aɪl] N (*of church: central*) allée *f* centrale; (*: side*) nef *f* latérale, bas-côté *m*; (*in theatre, supermarket*) allée; (*on plane*) couloir *m*

aisle seat N place *f* côté couloir

ajar [əˈdʒɑːʳ] ADJ entrouvert(e)

AK ABBR (US) = **Alaska**

aka ABBR (= *also known as*) alias
akimbo [əˈkɪmbəu] ADJ: **with arms ~** les poings sur les hanches, les mains sur les hanches
akin [əˈkɪn] ADJ: **~ to** semblable à, du même ordre que
AL ABBR (*US*) = **Alabama**
ALA N ABBR = **American Library Association**
Ala. ABBR (*US*) = **Alabama**
alabaster [ˈæləbɑːstəʳ] N albâtre *m* ▸ CPD (*figure, vase*) en albâtre; (*skin, neck*) d'albâtre
à la carte [ælæˈkɑːt] ADV à la carte
alacrity [əˈlækrɪtɪ] N: **with ~** avec empressement, promptement
★**alarm** [əˈlɑːm] N alarme *f* ▸ VT alarmer
alarm call N coup *m* de fil pour réveiller; **could I have an ~ at 7 am, please?** pouvez-vous me réveiller à 7 heures, s'il vous plaît ?
alarm clock N réveille-matin *m inv*, réveil *m*
alarmed [əˈlɑːmd] ADJ (*frightened*) alarmé(e); (*protected by an alarm*) protégé(e) par un système d'alarme; **to become ~** prendre peur
alarming [əˈlɑːmɪŋ] ADJ alarmant(e)
alarmingly [əˈlɑːmɪŋlɪ] ADV d'une manière alarmante; **~ close** dangereusement proche; **~ quickly** à une vitesse inquiétante
alarmist [əˈlɑːmɪst] N alarmiste *mf*
alas [əˈlæs] EXCL hélas
Alas. ABBR (*US*) = **Alaska**
Alaska [əˈlæskə] N Alaska *m*
Albania [ælˈbeɪnɪə] N Albanie *f*
Albanian [ælˈbeɪnɪən] ADJ albanais(e) ▸ N Albanais(e); (*Ling*) albanais *m*
albatross [ˈælbətrɔs] N albatros *m*
albeit [ɔːlˈbiːɪt] CONJ bien que + *sub*, encore que + *sub*
albino [ælˈbiːnəu] ADJ, N albinos *mf*
★**album** [ˈælbəm] N album *m*
albumen [ˈælbjumɪn] N albumine *f*; (*of egg*) albumen *m*
alchemist [ˈælkəmɪst] N alchimiste *mf*
alchemy [ˈælkɪmɪ] N alchimie *f*
★**alcohol** [ˈælkəhɔl] N alcool *m*
alcohol-free [ˈælkəhɔlfriː] ADJ sans alcool
alcoholic [ælkəˈhɔlɪk] ADJ, N alcoolique *mf*
alcoholism [ˈælkəhɔlɪzəm] N alcoolisme *m*
alcopop [ˈælkəpɔp] N alcopop *m*
alcove [ˈælkəuv] N alcôve *f*
Ald. ABBR = **alderman**
alder [ˈɔːldəʳ] N aulne *m*
alderman [ˈɔːldəmən] N (*irreg*) conseiller municipal (*en Angleterre*)
ale [eɪl] N bière *f*
alert [əˈləːt] ADJ alerte, vif (vive); (*watchful*) vigilant(e) ▸ N alerte *f*; **on the ~** sur le qui-vive; (*Mil*) en état d'alerte ▸ VT alerter; **to ~ sb (to sth)** attirer l'attention de qn (sur qch); **to ~ sb to the dangers of sth** avertir qn des dangers de qch
alertness [əˈləːtnɪs] N vivacité *f*
Aleutian Islands [əˈluːʃən-] NPL îles Aléoutiennes
A level N ABBR (*BRIT*: = *Advanced level*) ≈ baccalauréat *m*; *voir article*

Les **A levels** (*Advanced levels*) sont les épreuves de fin d'études secondaires en Angleterre, au pays de Galles et en Irlande du Nord. La préparation se fait en deux ans, la première année étant elle-même sanctionnée par une série d'examens, les *AS* (*Advanced Subsidiary exams*). Les *A levels* sont beaucoup plus spécialisés que le baccalauréat puisqu'ils ne comportent qu'entre trois et cinq matières. Les notes obtenues déterminent si le candidat pourra entreprendre des études supérieures et, si c'est le cas, s'il sera accepté par l'université de son choix.

Alexandria [ælɪgˈzɑːndrɪə] N Alexandrie
alfalfa [ælˈfælfə] N luzerne *f*
alfresco [ælˈfrɛskəu] ADJ, ADV en plein air
algae [ˈældʒiː] N algues *fpl*
algebra [ˈældʒɪbrə] N algèbre *m*
Algeria [ælˈdʒɪərɪə] N Algérie *f*
Algerian [ælˈdʒɪərɪən] ADJ algérien(ne) ▸ N Algérien(ne)
Algiers [ælˈdʒɪəz] N Alger
algorithm [ˈælgərɪðəm] N algorithme *m*
alias [ˈeɪlɪəs] ADV alias ▸ N faux nom, nom d'emprunt
alibi [ˈælɪbaɪ] N alibi *m*
alien [ˈeɪlɪən] N (*from abroad*) étranger(-ère); (*from outer space*) extraterrestre *mf* ▸ ADJ: **~ (to)** étranger(-ère) (à)
alienate [ˈeɪlɪəneɪt] VT aliéner; (*subj: person*) s'aliéner
alienated [ˈeɪlɪəneɪtɪd] ADJ aliéné(e); **to feel ~ (from sb/sth)** se sentir étranger(-ère) (à qn/qch)
alienation [eɪlɪəˈneɪʃən] N aliénation *f*
alight [əˈlaɪt] ADJ, ADV en feu ▸ VI mettre pied à terre; (*passenger*) descendre; (*bird*) se poser
align [əˈlaɪn] VT aligner
alignment [əˈlaɪnmənt] N alignement *m*; **it's out of ~ (with)** ce n'est pas aligné (avec)
alike [əˈlaɪk] ADJ semblable, pareil(le); **to look ~** se ressembler ▸ ADV de même
alimony [ˈælɪmənɪ] N (*payment*) pension *f* alimentaire
★**alive** [əˈlaɪv] ADJ vivant(e); (*active*) plein(e) de vie; **~ with** grouillant(e) de; **~ to** sensible à
alkali [ˈælkəlaɪ] N alcali *m*
alkaline [ˈælkəlaɪn] ADJ alcalin(e)

all [ɔːl]

ADJ (*singular*) tout(e); (*plural*) tous (toutes); **all day** toute la journée; **all night** toute la nuit; **all men** tous les hommes; **all five** tous les cinq; **all the food** toute la nourriture; **all the books** tous les livres; **all the time** tout le temps; **all his life** toute sa vie
▸ PRON **1** tout; **I ate it all, I ate all of it** j'ai tout mangé; **all of us went** nous y sommes tous allés; **all of the boys went** tous les garçons y sont allés; **is that all?** c'est tout ?; (*in shop*) ce sera tout ?

2 (*in phrases*): **above all** surtout, par-dessus tout; **after all** après tout; **at all: not at all** (*in answer to question*) pas du tout; (*in answer to thanks*) je vous en prie !; **I'm not at all tired** je ne suis pas du tout fatigué(e); **anything at all will do** n'importe quoi fera l'affaire; **all in all** tout bien considéré, en fin de compte
▸ ADV: **all alone** tout(e) seul(e); **it's not as hard as all that** ce n'est pas si difficile que ça; **all the more/the better** d'autant plus/mieux; **all but** presque, pratiquement; **to be all in** (BRIT *inf*) être complètement à plat; **the score is 2 all** le score est de 2 partout

Allah ['ælə] N Allah *m*
all-around [ɔ:lə'raund] ADJ (*US*) = **all-round**
allay [ə'leɪ] VT (*fears*) apaiser, calmer
all clear N (*also fig*) fin *f* d'alerte
allegation [ælɪ'geɪʃən] N allégation *f*
allege [ə'lɛdʒ] VT alléguer, prétendre; **he is alleged to have said** il aurait dit
alleged [ə'lɛdʒd] ADJ prétendu(e)
allegedly [ə'lɛdʒɪdlɪ] ADV à ce que l'on prétend, paraît-il
allegiance [ə'li:dʒəns] N fidélité *f*, obéissance *f*
allegorical [ælɪ'gɔrɪkl] ADJ allégorique
allegory ['ælɪgərɪ] N allégorie *f*
alleluia [ælɪ'lu:jə] EXCL = **hallelujah**
all-embracing ['ɔ:lɪm'breɪsɪŋ] ADJ universel(le)
allergen ['ælədʒɛn] N allergène *m*
★**allergic** [ə'lə:dʒɪk] ADJ: **~ to** allergique à; **I'm ~ to penicillin** je suis allergique à la pénicilline
allergy ['ælədʒɪ] N allergie *f*
alleviate [ə'li:vɪeɪt] VT (*suffering*) soulager, adoucir; (*symptoms*) atténuer; (*poverty*) réduire
alleviation [əli:vɪ'eɪʃən] N (*of pain, suffering*) soulagement *m*; (*of symptoms*) atténuation *f*; (*of poverty*) réduction *f*
alley ['ælɪ] N ruelle *f*; (*in garden*) allée *f*
alleyway ['ælɪweɪ] N ruelle *f*
alliance [ə'laɪəns] N alliance *f*
allied ['ælaɪd] ADJ allié(e)
alligator ['ælɪgeɪtə^r] N alligator *m*
all-important ['ɔ:lɪm'pɔ:tənt] ADJ capital(e), crucial(e)
all-in ['ɔ:lɪn] ADJ, ADV (BRIT: *charge*) tout compris
all-in wrestling N (BRIT) catch *m*
alliteration [əlɪtə'reɪʃən] N allitération *f*
all-night ['ɔ:l'naɪt] ADJ ouvert(e) *or* qui dure toute la nuit
allocate ['æləkeɪt] VT (*share out*) répartir, distribuer; **to ~ sth to** (*duties*) assigner *or* attribuer qch à; (*sum, time*) allouer qch à; **to ~ sth for** affecter qch à
allocation [ælə'keɪʃən] N répartition *f*; attribution *f*; allocation *f*; affectation *f*; (*money*) crédit(s) *m(pl)*, somme(s) allouée(s)
allot [ə'lɔt] VT (*share out*) répartir, distribuer; **to ~ sth to** (*time*) allouer qch à; (*duties*) assigner qch à; **in the allotted time** dans le temps imparti
allotment [ə'lɔtmənt] N (*share*) part *f*; (*garden*) lopin *m* de terre (*loué à la municipalité*)
all-out ['ɔ:laut] ADJ (*effort etc*) total(e)
★**allow** [ə'lau] VT (*practice, behaviour*) permettre, autoriser; (*sum to spend etc*) accorder, allouer; (*sum, time estimated*) compter, prévoir; (*claim, goal*) admettre; (*concede*): **to ~ that** convenir que; **to ~ sb to do** permettre à qn de faire, autoriser qn à faire; **he is allowed to ...** on lui permet de ...; **smoking is not allowed** il est interdit de fumer; **we must ~ three days for the journey** il faut compter trois jours pour le voyage
▸ **allow for** VT FUS tenir compte de
allowable [ə'lauəbl] ADJ (*permissible*) admissible; (*non-taxed: costs, expenses*) déductible
allowance [ə'lauəns] N (*money received*) allocation *f*; (*: from parent etc*) subside *m*; (*: for expenses*) indemnité *f*; (*US: pocket money*) argent *m* de poche; (*Tax*) somme *f* déductible du revenu imposable, abattement *m*; **to make allowances for** (*person*) essayer de comprendre; (*thing*) tenir compte de
alloy ['ælɔɪ] N alliage *m*
★**all right** ADV (*feel, work*) bien; (*as answer*) d'accord
all-round ['ɔ:l'raund] ADJ compétent(e) dans tous les domaines; (*athlete etc*) complet(-ète)
all-rounder [ɔ:l'raundə^r] N (BRIT): **to be a good ~** être doué(e) en tout
allspice ['ɔ:lspaɪs] N poivre *m* de la Jamaïque
all-time ['ɔ:l'taɪm] ADJ (*record*) sans précédent, absolu(e)
allude [ə'lu:d] VI: **to ~ to** faire allusion à
allure [ə'luə^r] N (*attraction: of place, event*) attrait *m*; (*: of person*) charme *m*; **sexual ~** pouvoir *m* de séduction
alluring [ə'luərɪŋ] ADJ séduisant(e), alléchant(e)
allusion [ə'lu:ʒən] N allusion *f*
alluvial [ə'lu:vɪəl] ADJ (*soil, plain*) alluvial(e); (*deposits*) alluvionnaire
alluvium [ə'lu:vɪəm] N alluvions *fpl*
ally N ['ælaɪ] allié *m* ▸ VT [ə'laɪ]: **to ~ o.s. with** s'allier avec
alma mater ['ælmə'mɑ:tə^r] N (*formal: school, university*) alma mater *f inv*; (*US: official song*) hymne *m*
almanac, almanack ['ɔ:lmənæk] N almanach *m*
almighty [ɔ:l'maɪtɪ] ADJ tout(e)-puissant(e); (*tremendous*) énorme
almond ['ɑ:mənd] N amande *f*
★**almost** ['ɔ:lməust] ADV presque; **he ~ fell** il a failli tomber
alms [ɑ:mz] N aumône(s) *f(pl)*
aloft [ə'lɔft] ADV en haut, en l'air; (*Naut*) dans la mâture
★**alone** [ə'ləun] ADJ, ADV seul(e); **to leave sb ~** laisser qn tranquille; **to leave sth ~** ne pas toucher à qch; **let ~ ...** sans parler de ...; encore moins ...
★**along** [ə'lɔŋ] PREP le long de ▸ ADV: **is he coming ~ with us?** vient-il avec nous ?; **he was hopping/limping ~** il venait *or* avançait en sautillant/boitant; **~ with** avec, en plus de; (*person*) en compagnie de; **all ~** (*all the time*) depuis le début
alongside [əlɔŋ'saɪd] PREP (*along*) le long de; (*beside*) à côté de ▸ ADV bord à bord; côte à côte;

we brought our boat ~ (*of a pier, shore etc*) nous avons accosté

aloof [ə'lu:f] ADJ distant(e) ▸ ADV à distance, à l'écart; **to stand ~** se tenir à l'écart *or* à distance

aloofness [ə'lu:fnɪs] N réserve (hautaine), attitude distante

★**aloud** [ə'laud] ADV à haute voix

★**alphabet** ['ælfəbɛt] N alphabet *m*

alphabetical [ælfə'bɛtɪkl] ADJ alphabétique; **in ~ order** par ordre alphabétique

alphabetically [ælfə'bɛtɪklɪ] ADV par ordre alphabétique

alphanumeric [ælfənju:'mɛrɪk] ADJ alphanumérique

alpine ['ælpaɪn] ADJ alpin(e), alpestre; **~ hut** cabane *f or* refuge *m* de montagne; **~ pasture** pâturage *m* (de montagne); **~ skiing** ski alpin

★**Alps** [ælps] NPL: **the ~** les Alpes *fpl*

★**already** [ɔ:l'rɛdɪ] ADV déjà

alright ['ɔ:l'raɪt] ADV = **all right**

Alsace [æl'sæs] N Alsace *f*

Alsatian [æl'seɪʃən] ADJ alsacien(ne), d'Alsace ▸ N Alsacien(ne); (BRIT: *dog*) berger allemand

★**also** ['ɔ:lsəu] ADV aussi

Alta. ABBR (CANADA) = **Alberta**

altar ['ɔltə^r] N autel *m*

alter ['ɔltə^r] VT, VI changer

alteration [ɔltə'reɪʃən] N changement *m*, modification *f*; **timetable subject to ~** horaires sujets à modifications ▪ **alterations** NPL (*Sewing*) retouches *fpl*; (*Archit*) modifications *fpl*

altercation [ɔltə'keɪʃən] N altercation *f*

alternate ADJ [ɔl'tə:nɪt] alterné(e), alternant(e), alternatif(-ive); (*US*) = **alternative**; **on ~ days** un jour sur deux, tous les deux jours ▸ VI ['ɔltə:neɪt] alterner; **to ~ with** alterner avec

alternately [ɔl'tə:nɪtlɪ] ADV alternativement, en alternant

alternating ['ɔltə:neɪtɪŋ] ADJ (*current*) alternatif(-ive)

★**alternative** [ɔl'tə:nətɪv] ADJ (*solution, plan*) autre, de remplacement; (*energy*) doux (douce); (*lifestyle*) parallèle ▸ N (*choice*) alternative *f*; (*other possibility*) autre possibilité *f*

alternatively [ɔl'tə:nətɪvlɪ] ADV: **~ one could ...** une autre *or* l'autre solution serait de ...

alternative medicine N médecines *fpl* parallèles *or* douces

alternator ['ɔltə:neɪtə^r] N (*Aut*) alternateur *m*

★**although** [ɔ:l'ðəu] CONJ bien que + *sub*

altitude ['æltɪtju:d] N altitude *f*

alto ['æltəu] N (*female*) contralto *m*; (*male*) haute-contre *f*

altogether [ɔ:ltə'gɛðə^r] ADV entièrement, tout à fait; (*on the whole*) tout compte fait; (*in all*) en tout; **how much is that ~?** ça fait combien en tout ?

altruism ['æltruɪzəm] N altruisme *m*

altruistic [æltru'ɪstɪk] ADJ altruiste

aluminium [ælju'mɪnɪəm], (*US*) **aluminum** [ə'lu:mɪnəm] N aluminium *m*

alumna [ə'lʌmnə] (*pl* **alumnae** [-ni:]) N (*US Scol*) ancienne élève; (*University*) ancienne étudiante

alumnus [ə'lʌmnəs] (*pl* **alumni** [-naɪ]) N (*US Scol*) ancien élève; (*University*) ancien étudiant

★**always** ['ɔ:lweɪz] ADV toujours

Alzheimer's ['æltshaɪməz], **Alzheimer's disease** N maladie *f* d'Alzheimer

AM ABBR = **amplitude modulation** ▸ N ABBR (= *Assembly Member*) député *m* au Parlement gallois

am [æm] VB *see* **be**

a.m. ADV ABBR (= *ante meridiem*) du matin

AMA N ABBR = **American Medical Association**

amalgam [ə'mælgəm] N amalgame *m*

amalgamate [ə'mælgəmeɪt] VT, VI fusionner

amalgamation [əmælgə'meɪʃən] N fusion *f*; (*Comm*) fusionnement *m*

amass [ə'mæs] VT amasser

amateur ['æmətə^r] N amateur(-trice) ▸ ADJ (*Sport*) amateur *inv*; **~ dramatics** le théâtre amateur

amateurish ['æmətərɪʃ] ADJ (*pej*) d'amateur, un peu amateur

amaze [ə'meɪz] VT stupéfier

amazed [ə'meɪzd] ADJ stupéfait(e); **to be ~ (at)** être stupéfait(e) (de)

amazement [ə'meɪzmənt] N surprise *f*, étonnement *m*

★**amazing** [ə'meɪzɪŋ] ADJ étonnant(e), incroyable; (*bargain, offer*) exceptionnel(le)

amazingly [ə'meɪzɪŋlɪ] ADV incroyablement

Amazon ['æməzən] N (*Geo, Mythology*) Amazone *f* ▸ CPD amazonien(ne), de l'Amazone; **the ~ basin** le bassin de l'Amazone; **the ~ jungle** la forêt amazonienne

Amazonian [æmə'zəunɪən] ADJ amazonien(ne)

ambassador [æm'bæsədə^r] N ambassadeur *m*

amber ['æmbə^r] N ambre *m*; **at ~** (BRIT *Aut*) à l'orange

ambidextrous [æmbɪ'dɛkstrəs] ADJ ambidextre

ambience ['æmbɪəns] N ambiance *f*

ambient ['æmbɪənt] ADJ ambiant(e)

ambiguity [æmbɪ'gjuɪtɪ] N ambiguïté *f*

ambiguous [æm'bɪgjuəs] ADJ ambigu(ë)

ambit ['æmbɪt] N (*formal*) étendue *f*; **to be** *or* **fall within the ~ of sth** relever de qch; **to be** *or* **fall outside the ~ of sth** ne pas être du ressort de qch

★**ambition** [æm'bɪʃən] N ambition *f*

ambitious [æm'bɪʃəs] ADJ ambitieux(-euse)

ambivalence [æm'bɪvələns] N ambivalence *f*

ambivalent [æm'bɪvələnt] ADJ (*attitude*) ambivalent(e)

amble ['æmbl] VI (*also:* **to amble along**) aller d'un pas tranquille

★**ambulance** ['æmbjuləns] N ambulance *f*; **call an ~!** appelez une ambulance !

ambush ['æmbuʃ] N embuscade *f* ▸ VT tendre une embuscade à

ameba [ə'mi:bə] N (*US*) = **amoeba**

ameliorate [ə'mi:lɪəreɪt] VT améliorer

amen ['ɑ:'mɛn] EXCL amen

amenable [ə'mi:nəbl] ADJ: **~ to** (*advice etc*) disposé(e) à écouter *or* suivre; **~ to the law** responsable devant la loi

amend [əˈmɛnd] VT (*law*) amender; (*text*) corriger; (*habits*) réformer ▸ VI s'amender, se corriger; **to make amends** réparer ses torts, faire amende honorable

amendment [əˈmɛndmənt] N (*to law*) amendement *m*; (*to text*) correction *f*

amenities [əˈmiːnɪtɪz] NPL aménagements *mpl*, équipements *mpl*

amenity [əˈmiːnɪtɪ] N charme *m*, agrément *m*

★**America** [əˈmɛrɪkə] N Amérique *f*

American [əˈmɛrɪkən] ADJ américain(e) ▸ N Américain(e)

American football N (BRIT) football *m* américain

Americanize [əˈmɛrɪkənaɪz] VT américaniser

amethyst [ˈæmɪθɪst] N améthyste *f*

Amex [ˈæmɛks] N ABBR = **American Stock Exchange**

amiable [ˈeɪmɪəbl] ADJ aimable, affable

amicable [ˈæmɪkəbl] ADJ amical(e); (*Law*) à l'amiable

amicably [ˈæmɪkəblɪ] ADV amicalement

amid [əˈmɪd], **amidst** [əˈmɪdst] PREP parmi, au milieu de

amiss [əˈmɪs] ADJ, ADV: **there's something ~** il y a quelque chose qui ne va pas *or* qui cloche; **to take sth ~** prendre qch mal *or* de travers

ammo [ˈæməu] N ABBR (*inf*) = **ammunition**

ammonia [əˈməunɪə] N (*gas*) ammoniac *m*; (*liquid*) ammoniaque *f*

ammunition [æmjuˈnɪʃən] N munitions *fpl*; (*fig*) arguments *mpl*

ammunition dump N dépôt *m* de munitions

amnesia [æmˈniːzɪə] N amnésie *f*

amnesty [ˈæmnɪstɪ] N amnistie *f*; **to grant an ~ to** accorder une amnistie à

Amnesty International N Amnesty International

amoeba, (US) **ameba** [əˈmiːbə] N amibe *f*

amok [əˈmɔk] ADV: **to run ~** être pris(e) d'un accès de folie furieuse

★**among** [əˈmʌŋ], **amongst** [əˈmʌŋst] PREP parmi, entre

amoral [æˈmɔrəl] ADJ amoral(e)

amorous [ˈæmərəs] ADJ amoureux(-euse)

amorphous [əˈmɔːfəs] ADJ amorphe

amortization [əmɔːtaɪˈzeɪʃən] N (*Comm*) amortissement *m*

★**amount** [əˈmaunt] N (*sum of money*) somme *f*; (*total*) montant *m*; (*quantity*) quantité *f*; nombre *m*; **the total ~** (*of money*) le montant total ▸ VI: **to ~ to** (*total*) s'élever à; (*be same as*) équivaloir à, revenir à; **this amounts to a refusal** cela équivaut à un refus

amp [æmp], **ampère** [ˈæmpɛəʳ] N ampère *m*; **a 13 ~ plug** une fiche de 13 A

ampersand [ˈæmpəsænd] N signe &, « et » commercial

amphetamine [æmˈfɛtəmiːn] N amphétamine *f*

amphibian [æmˈfɪbɪən] N batracien *m*

amphibious [æmˈfɪbɪəs] ADJ amphibie

amphitheatre, (US) **amphitheater** [ˈæmfɪθɪətəʳ] N amphithéâtre *m*

ample [ˈæmpl] ADJ ample, spacieux(-euse); (*enough*): **this is ~** c'est largement suffisant; **to have ~ time/room** avoir bien assez de temps/place, avoir largement le temps/la place

amplifier [ˈæmplɪfaɪəʳ] N amplificateur *m*

amplify [ˈæmplɪfaɪ] VT amplifier

amply [ˈæmplɪ] ADV amplement, largement

ampoule, (US) **ampule** [ˈæmpuːl] N (*Med*) ampoule *f*

amputate [ˈæmpjuteɪt] VT amputer

amputation [æmpjuˈteɪʃən] N amputation *f*

amputee [æmpjuˈtiː] N amputé(e)

Amsterdam [ˈæmstədæm] N Amsterdam

amt ABBR = **amount**

Amtrak [ˈæmtræk] (US) N *société mixte de transports ferroviaires interurbains pour voyageurs*

amuck [əˈmʌk] ADV = **amok**

amulet [ˈæmjulət] N amulette *f*

amuse [əˈmjuːz] VT amuser; **to ~ o.s. with sth/by doing sth** se divertir avec qch/à faire qch; **to be amused at** être amusé par; **he was not amused** il n'a pas apprécié

amusement [əˈmjuːzmənt] N amusement *m*; (*pastime*) distraction *f*

amusement arcade N salle *f* de jeu

amusement park N parc *m* d'attractions

amusing [əˈmjuːzɪŋ] ADJ amusant(e), divertissant(e)

an [æn, ən, n] INDEF ART *see* **a**

ANA N ABBR = **American Newspaper Association**; **American Nurses Association**

anachronism [əˈnækrənɪzəm] N anachronisme *m*

anachronistic [ənækrəˈnɪstɪk] ADJ anachronique

anaemia, (US) **anemia** [əˈniːmɪə] N anémie *f*

anaemic, (US) **anemic** [əˈniːmɪk] ADJ anémique

anaerobic [ænɛəˈrəubɪk] ADJ (*animal, process*) anaérobie; (*exercise*) d'anaérobie

anaesthetic, (US) **anesthetic** [ænɪsˈθɛtɪk] ADJ, N anesthésique *m*; **under the ~** sous anesthésie; **local/general ~** anesthésie locale/générale

anaesthetist, (US) **anesthetist** [æˈniːsθɪtɪst] N anesthésiste *mf*

anaesthetize, (US) **anesthetize** [əˈniːsθətaɪz] VT anesthésier

anagram [ˈænəgræm] N anagramme *m*

anal [ˈeɪnl] ADJ anal(e)

analgesic [ænælˈdʒiːzɪk] ADJ, N analgésique *m*

analog, analogue [ˈænəlɔg] ADJ (*watch, computer*) analogique

analogous [əˈnæləgəs] ADJ: **~ (to** *or* **with)** analogue (à)

analogy [əˈnælədʒɪ] N analogie *f*; **to draw an ~ between** établir une analogie entre

analyse, (US) **analyze** [ˈænəlaɪz] VT analyser

analysis [əˈnæləsɪs] (*pl* **analyses** [-siːz]) N analyse *f*; **in the last ~** en dernière analyse

analyst [ˈænəlɪst] N (*political analyst etc*) analyste *mf*; (US) psychanalyste *mf*

analytic [ænəˈlɪtɪk], **analytical** [ænəˈlɪtɪkl] ADJ analytique

analyze ['ænəlaɪz] VT (US) = **analyse**
anarchic [æ'nɑ:kɪk] ADJ anarchique
anarchist ['ænəkɪst] ADJ, N anarchiste *mf*
anarchy ['ænəkɪ] N anarchie *f*
anathema [ə'næθɪmə] N: **it is ~ to him** il a cela en abomination
anatomical [ænə'tɔmɪkl] ADJ anatomique
anatomy [ə'nætəmɪ] N anatomie *f*
ANC N ABBR (= *African National Congress*) ANC *m*
ancestor ['ænsɪstəʳ] N ancêtre *m*, aïeul *m*
ancestral [æn'sɛstrəl] ADJ ancestral(e)
ancestry ['ænsɪstrɪ] N ancêtres *mpl*; ascendance *f*
anchor ['æŋkəʳ] N ancre *f*; **to weigh ~** lever l'ancre ▸ VI (*also:* **to drop anchor**) jeter l'ancre, mouiller ▸ VT mettre à l'ancre; (*fig*): **to ~ sth to** fixer qch à
anchorage ['æŋkərɪdʒ] N mouillage *m*, ancrage *m*
anchor man, anchor woman N (*irreg*) (*TV, Radio*) présentateur(-trice)
anchovy ['æntʃəvɪ] N anchois *m*
ancient ['eɪnʃənt] ADJ ancien(ne), antique; (*person*) d'un âge vénérable; (*car*) antédiluvien(ne); **~ monument** monument *m* historique
ancillary [æn'sɪlərɪ] ADJ auxiliaire
★**and** [ænd] CONJ et; **~ so on** et ainsi de suite; **try ~ come** tâchez de venir; **come ~ sit here** venez vous asseoir ici; **he talked ~ talked** il a parlé pendant des heures; **better ~ better** de mieux en mieux; **more ~ more** de plus en plus
Andes ['ændi:z] NPL: **the ~** les Andes *fpl*
Andorra [æn'dɔ:rə] N (principauté *f* d')Andorre *f*
androgynous [æn'drɔdʒɪnəs] ADJ androgyne
android ['ændrɔɪd] N androïde *m*
anecdotal [ænɪk'dəutl] ADJ (*account*) anecdotique; **~ evidence** témoignages *mpl*
anecdote ['ænɪkdəut] N anecdote *f*
anemia [ə'ni:mɪə] N (US) = **anaemia** *etc*
anemic [ə'ni:mɪk] ADJ (US) = **anaemic**
anemone [ə'nɛmənɪ] N (*Bot*) anémone *f*; **sea ~** anémone de mer
anesthesiologist [ænɪsθi:zɪ'ɔlədʒɪst] N (US) anesthésiste *mf*
anesthetic [ænɪs'θɛtɪk] N, ADJ (US) = **anaesthetic**
anesthetist [æ'ni:sθɪtɪst] N = **anaesthetist**
anesthetize [ə'ni:sθətaɪz] VT (US) = **anaesthetize**
anew [ə'nju:] ADV à nouveau
★**angel** ['eɪndʒəl] N ange *m*
angel dust N poussière *f* d'ange
angelic [æn'dʒɛlɪk] ADJ angélique
★**anger** ['æŋgəʳ] N colère *f* ▸ VT mettre en colère, irriter
angina [æn'dʒaɪnə] N angine *f* de poitrine
★**angle** ['æŋgl] N angle *m*; **from their ~** de leur point de vue ▸ VI: **to ~ for** (*trout*) pêcher; (*compliments*) chercher
angler ['æŋgləʳ] N pêcheur(-euse) à la ligne
Anglican ['æŋglɪkən] ADJ, N anglican(e)
anglicize ['æŋglɪsaɪz] VT angliciser
angling ['æŋglɪŋ] N pêche *f* à la ligne
Anglo- ['æŋgləu] PREFIX anglo(-)
Anglo-French ['æŋgləu'frɛntʃ] ADJ anglo-français(e)
Anglo-Saxon ['æŋgləu'sæksən] ADJ, N anglo-saxon(ne)
Angola [æŋ'gəulə] N Angola *m*
Angolan [æŋ'gəulən] ADJ angolais(e) ▸ N Angolais(e)
angrily ['æŋgrɪlɪ] ADV avec colère
★**angry** ['æŋgrɪ] ADJ en colère, furieux(-euse); (*wound*) enflammé(e); **to be ~ with sb/at sth** être furieux contre qn/de qch; **to get ~** se fâcher, se mettre en colère; **to make sb ~** mettre qn en colère
angst [æŋst] N angoisse *f*
anguish ['æŋgwɪʃ] N angoisse *f*
anguished ['æŋgwɪʃt] ADJ (*mentally*) angoissé(e); (*physically*) plein(e) de souffrance
angular ['æŋgjuləʳ] ADJ anguleux(-euse)
★**animal** ['ænɪməl] N animal *m* ▸ ADJ animal(e)
animal rights NPL droits *mpl* de l'animal
animate VT ['ænɪmeɪt] animer ▸ ADJ ['ænɪmɪt] animé(e), vivant(e)
animated ['ænɪmeɪtɪd] ADJ animé(e)
animation [ænɪ'meɪʃən] N (*of person*) entrain *m*; (*of street, Cine*) animation *f*
animator ['ænɪmeɪtəʳ] N (*for films, cartoons*) animateur(-trice)
animosity [ænɪ'mɔsɪtɪ] N animosité *f*
aniseed ['ænɪsi:d] N anis *m*
Ankara ['æŋkərə] N Ankara
ankle ['æŋkl] N cheville *f*
ankle socks NPL socquettes *fpl*
annals ['ænəlz] NPL annales *fpl*; **in the ~ of sth** dans les annales de qch
annex N ['ænɛks] (BRIT: *also:* **annexe**) annexe *f* ▸ VT [ə'nɛks] annexer
annexation [ænɛks'eɪʃən] N annexion *f*
annihilate [ə'naɪəleɪt] VT annihiler, anéantir
annihilation [ənaɪə'leɪʃən] N anéantissement *m*
★**anniversary** [ænɪ'və:sərɪ] N anniversaire *m*
anniversary dinner N dîner commémoratif *or* anniversaire
annotate ['ænəteɪt] VT annoter
annotation [ænə'teɪʃən] N annotation *f*
★**announce** [ə'nauns] VT annoncer; (*birth, death*) faire part de; **he announced that he wasn't going** il a déclaré qu'il n'irait pas
announcement [ə'naunsmənt] N annonce *f*; (*for births etc: in newspaper*) avis *m* de faire-part; (*: letter, card*) faire-part *m*; **I'd like to make an ~** j'ai une communication à faire
announcer [ə'naunsəʳ] N (*Radio, TV: between programmes*) speaker(ine); (*: in a programme*) présentateur(-trice)
annoy [ə'nɔɪ] VT agacer, ennuyer, contrarier; **to be annoyed (at sth/with sb)** être en colère *or* irrité (contre qch/qn); **don't get annoyed!** ne vous fâchez pas !
annoyance [ə'nɔɪəns] N mécontentement *m*, contrariété *f*
★**annoying** [ə'nɔɪɪŋ] ADJ agaçant(e), contrariant(e)

★**annual** ['ænjuəl] ADJ annuel(le) ▸ N (*Bot*) plante annuelle; (*book*) album *m*

annual general meeting N (BRIT) assemblée générale annuelle

annually ['ænjuəlɪ] ADV annuellement

annual report N rapport annuel

annuity [ə'nju:ɪtɪ] N rente *f*; **life ~** rente viagère

annul [ə'nʌl] VT annuler; (*law*) abroger

annulment [ə'nʌlmənt] N annulation *f*; abrogation *f*

annum ['ænəm] N *see* **per**

Annunciation [ənʌnsɪ'eɪʃən] N Annonciation *f*

anode ['ænəud] N anode *f*

anodyne ['ænədaɪn] ADJ anodin(e)

anoint [ə'nɔɪnt] VT oindre

anomalous [ə'nɔmələs] ADJ anormal(e)

anomaly [ə'nɔməlɪ] N anomalie *f*

anon [ə'nɔn] ADV (*literary*) sous peu

anon. [ə'nɔn] ABBR = **anonymous**

anonymity [ænə'nɪmɪtɪ] N anonymat *m*

anonymous [ə'nɔnɪməs] ADJ anonyme; **to remain ~** garder l'anonymat

anonymously [ə'nɔnɪməslɪ] ADV anonymement

anorak ['ænəræk] N anorak *m*

anorexia [ænə'rɛksɪə] N (*also:* **anorexia nervosa**) anorexie *f*

anorexic [ænə'rɛksɪk] ADJ, N anorexique *mf*

★**another** [ə'nʌðə^r] ADJ: **~ book** (*one more*) un autre livre, encore un livre, un livre de plus; (*a different one*) un autre livre; **~ drink?** encore un verre ?; **in ~ five years** dans cinq ans ▸ PRON un(e) autre, encore un(e), un(e) de plus; *see also* **one**

ANSI ['ænsɪ] N ABBR (= *American National Standards Institution*) ANSI *m* (= *Institut américain de normalisation*)

★**answer** ['ɑ:nsə^r] N réponse *f*; (*to problem*) solution *f*; **in ~ to your letter** suite à *or* en réponse à votre lettre ▸ VI répondre ▸ VT (*reply to*) répondre à; (*problem*) résoudre; (*prayer*) exaucer; **to ~ the phone** répondre (au téléphone); **to ~ the bell** *or* **the door** aller *or* venir ouvrir (la porte)
▸ **answer back** VI répondre, répliquer
▸ **answer for** VT FUS répondre de, se porter garant de; (*crime, one's actions*) répondre de
▸ **answer to** VT FUS (*description*) répondre *or* correspondre à

answerable ['ɑ:nsərəbl] ADJ: **~ (to sb/for sth)** responsable (devant qn/de qch); **I am ~ to no-one** je n'ai de comptes à rendre à personne

answering machine ['ɑ:nsərɪŋ-] N répondeur *m*

answerphone ['ɑ:nsəfəun] N (*esp* BRIT) répondeur *m* (téléphonique)

ant [ænt] N fourmi *f*

ANTA N ABBR = **American National Theater and Academy**

antacid [ænt'æsɪd] N alcalin *m* ▸ CPD (*tablet, medication*) antiacide

antagonism [æn'tægənɪzəm] N antagonisme *m*

antagonist [æn'tægənɪst] N antagoniste *mf*, adversaire *mf*

antagonistic [æntægə'nɪstɪk] ADJ (*attitude, feelings*) hostile

antagonize [æn'tægənaɪz] VT éveiller l'hostilité de, contrarier

Antarctic [ænt'ɑ:ktɪk] ADJ antarctique, austral(e) ▸ N: **the ~** l'Antarctique *m*

Antarctica [ænt'ɑ:ktɪkə] N Antarctique *m*, Terres Australes

Antarctic Circle N cercle *m* Antarctique

Antarctic Ocean N océan *m* Antarctique *or* Austral

ante ['æntɪ] N: **to up the ~** faire monter les enjeux

ante... ['æntɪ] PREFIX anté..., anti..., pré...

anteater ['ænti:tə^r] N fourmilier *m*, tamanoir *m*

antecedent [æntɪ'si:dənt] N antécédent *m*

antechamber ['æntɪtʃeɪmbə^r] N antichambre *f*

antelope ['æntɪləup] N antilope *f*

antenatal [æntɪ'neɪtl] ADJ prénatal(e)

antenatal clinic N service *m* de consultation prénatale

antenna [æn'tɛnə] (*pl* **antennae** [-ni:]) N antenne *f*

anteroom ['æntiru:m] N antichambre *f*

anthem ['ænθəm] N motet *m*; **national ~** hymne national

ant-hill ['ænthɪl] N fourmilière *f*

anthology [æn'θɔlədʒɪ] N anthologie *f*

anthrax ['ænθræks] N anthrax *m*

anthropologist [ænθrə'pɔlədʒɪst] N anthropologue *mf*

anthropology [ænθrə'pɔlədʒɪ] N anthropologie *f*

anthropomorphic [ænθrəpə'mɔ:fɪk] ADJ anthropomorphique

anthropomorphism [ænθrəpə'mɔ:fɪzəm] N anthropomorphisme *m*

anti ['æntɪ] PREFIX anti-

anti-aircraft [æntɪ'ɛəkrɑ:ft] ADJ antiaérien(ne)

anti-aircraft defence N défense *f* contre avions, DCA *f*

anti-allergenic [æntɪælə'dʒɛnɪk] ADJ anti-allergène

antiballistic [æntɪbə'lɪstɪk] ADJ antibalistique

antibiotic [æntɪbaɪ'ɔtɪk] ADJ, N antibiotique *m*

antibody ['æntɪbɔdɪ] N anticorps *m*

anticipate [æn'tɪsɪpeɪt] VT s'attendre à, prévoir; (*wishes, request*) aller au devant de, devancer; **this is worse than I anticipated** c'est pire que je ne pensais; **as anticipated** comme prévu

anticipation [æntɪsɪ'peɪʃən] N attente *f*; **thanking you in ~** en vous remerciant d'avance, avec mes remerciements anticipés

anticlimax [æntɪ'klaɪmæks] N déception *f*

anticlockwise [æntɪ'klɔkwaɪz] (BRIT) ADV dans le sens inverse des aiguilles d'une montre

antics ['æntɪks] NPL singeries *fpl*

anticyclone [æntɪ'saɪkləun] N anticyclone *m*

antidepressant [æntɪdɪ'prɛsnt] N antidépresseur *m*

antidote ['æntɪdəut] N antidote *m*, contrepoison *m*

antifreeze ['æntɪfri:z] N antigel *m*

antigen ['æntɪdʒən] N antigène *m*

anti-globalization [æntɪgləubəlaɪ'zeɪʃən] N antimondialisation *f*

Antigua and Barbuda [æn'ti:gə ænd bɑ:'bu:də] N Antigua-et-Barbuda *f*

anti-hero ['æntɪhɪərəu] N antihéros *m*

antihistamine [æntɪ'hɪstəmɪn] N antihistaminique *m*

Antilles [æn'tɪli:z] NPL: **the ~** les Antilles *fpl*

antimatter ['æntɪmætəʳ] N antimatière *f*

antioxidant [æntɪ'ɔksɪdənt] N antioxidant(e)

antipathy [æn'tɪpəθɪ] N antipathie *f*

antiperspirant [æntɪ'pə:spɪrənt] N déodorant *m*

Antipodean [æntɪpə'di:ən] ADJ australien(ne) et néo-zélandais(e), d'Australie et de Nouvelle-Zélande

Antipodes [æn'tɪpədi:z] NPL: **the ~** l'Australie *f* et la Nouvelle-Zélande

antiquarian [æntɪ'kwɛərɪən] ADJ: **~ bookshop** librairie *f* d'ouvrages anciens ▶ N expert *m* en objets *or* livres anciens; amateur *m* d'antiquités

antiquated ['æntɪkweɪtɪd] ADJ vieilli(e), suranné(e), vieillot(te)

★**antique** [æn'ti:k] N (*ornament*) objet *m* d'art ancien; (*furniture*) meuble ancien ▶ ADJ ancien(ne); (*pre-mediaeval*) antique

antique dealer N antiquaire *mf*

antique shop N magasin *m* d'antiquités

antiquity [æn'tɪkwɪtɪ] N antiquité *f*

anti-retroviral [æntɪretrəu'vaɪərəl] (*Med*) N antirétroviral *m* ▶ ADJ antirétroviral(e)

anti-Semitic [æntɪsɪ'mɪtɪk] ADJ antisémite

anti-Semitism [æntɪ'sɛmɪtɪzəm] N antisémitisme *m*

antiseptic [æntɪ'sɛptɪk] ADJ, N antiseptique *m*

antisocial [æntɪ'səuʃəl] ADJ (*unfriendly*) peu liant(e), insociable; (*against society*) antisocial(e)

antitank [æntɪ'tæŋk] ADJ antichar

antithesis [æn'tɪθɪsɪs] (*pl* **antitheses** [-si:z]) N antithèse *f*

antitrust [æntɪ'trʌst] ADJ: **~ legislation** loi *f* anti-trust

antiviral [æntɪ'vaɪərəl] ADJ (*Med*) antiviral

antivirus [æntɪ'vaɪərəs] ADJ (*Comput*) antivirus *inv*; **~ software** (logiciel *m*) antivirus *m inv*

anti-war [æntɪ'wɔ:ʳ] ADJ antiguerre

antlers ['æntləz] NPL bois *mpl*, ramure *f*

antonym ['æntənɪm] N antonyme *m*

Antwerp ['æntwə:p] N Anvers

anus ['eɪnəs] N anus *m*

anvil ['ænvɪl] N enclume *f*

anxiety [æŋ'zaɪətɪ] N anxiété *f*; (*keenness*): **~ to do** grand désir *or* impatience *f* de faire

anxious ['æŋkʃəs] ADJ (très) inquiet(-ète); (*always worried*) anxieux(-euse); (*worrying*) angoissant(e); **~ to do/that** (*keen*) qui tient beaucoup à faire/à ce que + *sub*; impatient(e) de faire/que + *sub*; **I'm very ~ about you** je me fais beaucoup de souci pour toi

anxiously ['æŋkʃəslɪ] ADV anxieusement

any ['ɛnɪ]

ADJ **1** (*in questions etc: singular*) du, de l', de la; (*: plural*) des; **do you have any butter/children/ink?** avez-vous du beurre/des enfants/de l'encre ?

2 (*with negative*) de, d'; **I don't have any money/books** je n'ai pas d'argent/de livres; **without any difficulty** sans aucune difficulté

3 (*no matter which*) n'importe quel(le); (*each and every*) tout(e), chaque; **choose any book you like** vous pouvez choisir n'importe quel livre; **any teacher you ask will tell you** n'importe quel professeur vous le dira

4 (*in phrases*): **in any case** de toute façon; **any day now** d'un jour à l'autre; **at any moment** à tout moment, d'un instant à l'autre; **at any rate** en tout cas; **any time** n'importe quand; **he might come (at) any time** il pourrait venir n'importe quand; **come (at) any time** venez quand vous voulez

▶ PRON **1** (*in questions etc*) en; **have you got any?** est-ce que vous en avez ?; **can any of you sing?** est-ce que parmi vous il y en a qui savent chanter ?

2 (*with negative*) en; **I don't have any (of them)** je n'en ai pas, je n'en ai aucun

3 (*no matter which one(s)*) n'importe lequel (*or* laquelle); (*anybody*) n'importe qui; **take any of those books (you like)** vous pouvez prendre n'importe lequel de ces livres

▶ ADV **1** (*in questions etc*): **do you want any more soup/sandwiches?** voulez-vous encore de la soupe/des sandwichs ?; **are you feeling any better?** est-ce que vous vous sentez mieux ?

2 (*with negative*): **I can't hear him any more** je ne l'entends plus; **don't wait any longer** n'attendez pas plus longtemps

★**anybody** ['ɛnɪbɔdɪ] PRON n'importe qui; (*in interrogative sentences*) quelqu'un; (*in negative sentences*): **I don't see ~** je ne vois personne; **if ~ should phone ...** si quelqu'un téléphone ...

anyhow ['ɛnɪhau] ADV quoi qu'il en soit; (*haphazardly*) n'importe comment; **do it ~ you like** faites-le comme vous voulez; **she leaves things just ~** elle laisse tout traîner; **I shall go ~** j'irai de toute façon

anymore [ɛnɪ'mɔ:ʳ] ADV ne ... plus

★**anyone** ['ɛnɪwʌn] PRON = **anybody**

anyplace ['ɛnɪpleɪs] ADV (*US*) = **anywhere**

★**anything** ['ɛnɪθɪŋ] PRON (*no matter what*) n'importe quoi; (*in questions*) quelque chose; (*with negative*) ne ... rien; **I don't want ~** je ne veux rien; **can you see ~?** tu vois quelque chose ?; **if ~ happens to me ...** s'il m'arrive quoi que ce soit ...; **you can say ~ you like** vous pouvez dire ce que vous voulez; **~ will do** n'importe quoi fera l'affaire; **he'll eat ~** il mange de tout; **~ else?** (*in shop*) avec ceci ?; **it can cost ~ between £15 and £20** (*Brit*) ça peut coûter dans les 15 à 20 livres

anytime ['ɛnɪtaɪm] ADV (*at any moment*) d'un moment à l'autre; (*whenever*) n'importe quand

★**anyway** ['ɛnɪweɪ] ADV de toute façon; **~, I couldn't come even if I wanted to** de toute façon, je ne pourrais pas venir même si je le voulais; **I shall go ~** j'irai quand même; **why are you phoning, ~?** au fait, pourquoi tu me téléphones ?

★**anywhere** [ˈɛnɪwɛəʳ] ADV n'importe où; (*in interrogative sentences*) quelque part; (*in negative sentences*): **I can't see him ~** je ne le vois nulle part; **can you see him ~?** tu le vois quelque part ?; **put the books down ~** pose les livres n'importe où; **~ in the world** (*no matter where*) n'importe où dans le monde

Anzac [ˈænzæk] N ABBR (= *Australia-New Zealand Army Corps*) *soldat du corps ANZAC*

Anzac Day N *voir article*

> **Anzac Day** est le 25 avril, jour férié en Australie et en Nouvelle-Zélande commémorant le débarquement des soldats du corps *ANZAC* (*Australia and New Zealand Army Corps*) à Gallipoli en 1915, pendant la Première Guerre mondiale. Ce fut la plus célèbre des campagnes du corps *ANZAC*.

aorta [eɪˈɔːtə] N aorte *f*

★**apart** [əˈpɑːt] ADV (*to one side*) à part; de côté; à l'écart; (*separately*) séparément; **to take/pull ~** démonter; **10 miles/a long way ~** à 10 miles/très éloignés l'un de l'autre; **they are living ~** ils sont séparés; **~ from** *prep* à part, excepté

apartheid [əˈpɑːteɪt] N apartheid *m*

★**apartment** [əˈpɑːtmənt] N (*US*) appartement *m*, logement *m*; (*room*) chambre *f*

apartment block, (*US*) **apartment building** N immeuble *m*, maison *f* divisée en appartements

apathetic [æpəˈθɛtɪk] ADJ apathique, indifférent(e)

apathy [ˈæpəθɪ] N apathie *f*, indifférence *f*

APB N ABBR (*US: = all points bulletin*) *expression de la police signifiant « découvrir et appréhender le suspect »*

ape [eɪp] N (grand) singe ▸ VT singer

Apennines [ˈæpənaɪnz] NPL: **the ~** les Apennins *mpl*

aperitif [əˈpɛrɪtɪf] N apéritif *m*

aperture [ˈæpətjuəʳ] N orifice *m*, ouverture *f*; (*Phot*) ouverture (du diaphragme)

apex [ˈeɪpɛks] N sommet *m*

aphid [ˈeɪfɪd] N puceron *m*

aphorism [ˈæfərɪzəm] N aphorisme *m*

aphrodisiac [æfrəuˈdɪzɪæk] ADJ, N aphrodisiaque *m*

API N ABBR = **American Press Institute**

apiece [əˈpiːs] ADV (*for each person*) chacun(e), par tête; (*for each item*) chacun(e), la pièce

aplenty [əˈplɛntɪ] ADV en abondance

aplomb [əˈplɔm] N sang-froid *m*, assurance *f*

apocalypse [əˈpɔkəlɪps] N apocalypse *f*

apocalyptic [əpɔkəˈlɪptɪk] ADJ apocalyptique

apocryphal [əˈpɔkrɪfl] ADJ apocryphe

apolitical [eɪpəˈlɪtɪkl] ADJ apolitique

apologetic [əpɔləˈdʒɛtɪk] ADJ (*tone, letter*) d'excuse; **to be very ~ about** s'excuser vivement de

apologetically [əpɔləˈdʒɛtɪklɪ] ADV (*say*) en s'excusant

apologist [əˈpɔlədʒɪst] N apologiste *mf*; **an ~ for sb** un apologiste de qn

★**apologize** [əˈpɔlədʒaɪz] VI: **to ~ (for sth to sb)** s'excuser (de qch auprès de qn), présenter des excuses (à qn pour qch)

apology [əˈpɔlədʒɪ] N excuses *fpl*; **to send one's apologies** envoyer une lettre *or* un mot d'excuse, s'excuser (de ne pas pouvoir venir); **please accept my apologies** vous voudrez bien m'excuser

> **apology** ne veut pas dire *apologie*.

apoplectic [æpəˈplɛktɪk] ADJ (*Med*) apoplectique; (*inf*): **~ with rage** fou (folle) de rage

apoplexy [ˈæpəplɛksɪ] N apoplexie *f*

apostle [əˈpɔsl] N apôtre *m*

★**apostrophe** [əˈpɔstrəfɪ] N apostrophe *f*

apotheosis [əpɔθɪˈəusɪs] (*formal*) N (*epitome*) quintessence *f*; (*high point*) apothéose *f*; **the ~ of sth** l'exemple même de qch

app [æp] N ABBR (*inf: Comput: = application*) appli *f*

appal, (*US*) **appall** [əˈpɔːl] VT consterner, atterrer; horrifier

Appalachian Mountains [æpəˈleɪʃən-] NPL: **the ~** les (monts *mpl*) Appalaches *mpl*

appalling [əˈpɔːlɪŋ] ADJ épouvantable; (*stupidity*) consternant(e); **she's an ~ cook** c'est une très mauvaise cuisinière

apparatus [æpəˈreɪtəs] N appareil *m*, dispositif *m*; (*in gymnasium*) agrès *mpl*

apparel [əˈpærl] N habillement *m*, confection *f*

apparent [əˈpærənt] ADJ apparent(e); **it is ~ that** il est évident que

★**apparently** [əˈpærəntlɪ] ADV apparemment

apparition [æpəˈrɪʃən] N apparition *f*

appeal [əˈpiːl] VI (*Law*) faire *or* interjeter appel; **to ~ for** demander (instamment); implorer; **to ~ to** (*beg*) faire appel à; (*be attractive*) plaire à; **to ~ to sb for mercy** implorer la pitié de qn, prier *or* adjurer qn d'avoir pitié; **it doesn't ~ to me** cela ne m'attire pas ▸ N (*Law*) appel *m*; (*request*) appel; prière *f*; (*charm*) attrait *m*, charme *m*; **right of ~** droit *m* de recours

appealing [əˈpiːlɪŋ] ADJ (*attractive*) attrayant(e); (*touching*) attendrissant(e)

★**appear** [əˈpɪəʳ] VI apparaître, se montrer; (*Law*) comparaître; (*publication*) paraître, sortir, être publié(e); (*seem*) paraître, sembler; **it would ~ that** il semble que; **to ~ in Hamlet** jouer dans Hamlet; **to ~ on TV** passer à la télé

★**appearance** [əˈpɪərəns] N apparition *f*; parution *f*; (*look, aspect*) apparence *f*, aspect *m*; **to put in** *or* **make an ~** faire acte de présence; **by order of ~** (*Theat*) par ordre d'entrée en scène; **to keep up appearances** sauver les apparences; **to all appearances** selon toute apparence

appease [əˈpiːz] VT apaiser, calmer

appeasement [əˈpiːzmənt] N (*Pol*) apaisement *m*

appellant [əˈpɛlənt] N appelant(e)

append [əˈpɛnd] VT (*Comput*) ajouter (à la fin d'un fichier)

appendage [əˈpɛndɪdʒ] N appendice *m*

appendices [əˈpɛndɪsiːz] NPL *of* **appendix**

appendicitis [əpɛndɪˈsaɪtɪs] N appendicite *f*

appendix [əˈpɛndɪks] (*pl* **appendices** [-siːz]) N appendice *m*; **to have one's ~ out** se faire opérer de l'appendicite

appetite ['æpɪtaɪt] N appétit *m*; **that walk has given me an ~** cette promenade m'a ouvert l'appétit

appetizer ['æpɪtaɪzəʳ] N (*food*) amuse-gueule *m*; (*drink*) apéritif *m*

appetizing ['æpɪtaɪzɪŋ] ADJ appétissant(e)

applaud [ə'plɔːd] VT, VI applaudir

applause [ə'plɔːz] N applaudissements *mpl*

★**apple** ['æpl] N pomme *f*; (*also:* **apple tree**) pommier *m*; **it's the ~ of my eye** j'y tiens comme à la prunelle de mes yeux

applecart ['æplkɑːt] N: **to upset the ~** tout chambouler

apple pie N tarte *f* aux pommes

applet ['æplɪt] N (*Comput*) appliquette *f*, microprogramme *m*

apple turnover N chausson *m* aux pommes

appliance [ə'plaɪəns] N appareil *m*; **electrical appliances** l'électroménager *m*

applicable [ə'plɪkəbl] ADJ applicable; **the law is ~ from January** la loi entre en vigueur au mois de janvier; **to be ~ to** (*relevant*) valoir pour

applicant ['æplɪkənt] N: **~ (for)** (*Admin: for benefit etc*) demandeur(-euse) (de); (*: for post*) candidat(e) (à)

★**application** [æplɪ'keɪʃən] N application *f*; (*for a job, a grant etc*) demande *f*; candidature *f*; (*Comput*) application, (logiciel *m*) applicatif *m*; **on ~** sur demande

application form N formulaire *m* de demande

application program N (*Comput*) (logiciel *m*) applicatif *m*

applications package N (*Comput*) progiciel *m* d'application

applicator ['æplɪkeɪtəʳ] N applicateur *m*

applied [ə'plaɪd] ADJ appliqué(e); **~ arts** arts décoratifs

appliqued, appliquéd [ə'pliːkeɪd] ADJ (*design, cushion*) en appliqué

★**apply** [ə'plaɪ] VT: **to ~ (to)** (*paint, ointment*) appliquer (sur); (*rule, theory, technique*) appliquer (à); **to ~ the brakes** actionner les freins, freiner; **to ~ o.s. to** s'appliquer à ▸VI: **to ~ to** (*ask*) s'adresser à; (*be suitable for, relevant to*) s'appliquer à, être valable pour; **to ~ (for)** (*permit, grant*) faire une demande (en vue d'obtenir); (*job*) poser sa candidature (pour), faire une demande d'emploi (concernant)

appoint [ə'pɔɪnt] VT (*to post*) nommer, engager; (*date, place*) fixer, désigner

appointed [ə'pɔɪntɪd] ADJ: **at the ~ time** *or* **hour** à l'heure convenue

appointee [əpɔɪn'tiː] N personne nommée; candidat retenu

★**appointment** [ə'pɔɪntmənt] N (*to post*) nomination *f*; (*job*) poste *m*; (*arrangement to meet*) rendez-vous *m*; **to have an ~** avoir un rendez-vous; **to make an ~ (with)** prendre rendez-vous (avec); **I'd like to make an ~** je voudrais prendre rendez-vous; **"appointments (vacant)"** (*Press*) « offres d'emploi »; **by ~** sur rendez-vous

apportion [ə'pɔːʃən] VT (*share out*) répartir, distribuer; **to ~ sth to sb** attribuer *or* assigner *or* allouer qch à qn

apposite ['æpəzɪt] ADJ (*formal*) pertinent(e)

appraisal [ə'preɪzl] N évaluation *f*

appraise [ə'preɪz] VT (*value*) estimer; (*situation etc*) évaluer

appreciable [ə'priːʃəbl] ADJ appréciable

appreciably [ə'priːʃəblɪ] ADV sensiblement, de façon appréciable

★**appreciate** [ə'priːʃɪeɪt] VT (*like*) apprécier, faire cas de; (*be grateful for*) être reconnaissant(e) de; (*assess*) évaluer; (*be aware of*) comprendre, se rendre compte de; **I ~ your help** je vous remercie pour votre aide ▸VI (*Finance*) prendre de la valeur

appreciation [əpriːʃɪ'eɪʃən] N appréciation *f*; (*gratitude*) reconnaissance *f*; (*Finance*) hausse *f*, valorisation *f*

appreciative [ə'priːʃɪətɪv] ADJ (*person*) sensible; (*comment*) élogieux(-euse)

apprehend [æprɪ'hɛnd] VT appréhender, arrêter; (*understand*) comprendre

apprehension [æprɪ'hɛnʃən] N appréhension *f*, inquiétude *f*

apprehensive [æprɪ'hɛnsɪv] ADJ inquiet(-ète), appréhensif(-ive)

apprentice [ə'prɛntɪs] N apprenti *m* ▸VT: **to be apprenticed to** être en apprentissage chez

apprenticeship [ə'prɛntɪsʃɪp] N apprentissage *m*; **to serve one's ~** faire son apprentissage

apprise [ə'praɪz] VT (*formal*) informer; **to ~ sb of sth** informer qn de qch

appro. ['æprəu] ABBR (BRIT *Comm: inf*) = **approval**

★**approach** [ə'prəutʃ] VI approcher ▸VT (*come near*) approcher de; (*ask, apply to*) s'adresser à; (*subject, passer-by*) aborder; **to ~ sb about sth** aller *or* venir voir qn pour qch ▸N approche *f*; accès *m*, abord *m*; démarche *f* (*auprès de qn*); (*intellectual*) démarche *f*

approachable [ə'prəutʃəbl] ADJ accessible

approach road N voie *f* d'accès

approbation [æprə'beɪʃən] N approbation *f*

★**appropriate** ADJ [ə'prəuprɪɪt] (*tool etc*) qui convient, approprié(e); (*moment, remark*) opportun(e); **~ for** *or* **to** approprié à; **it would not be ~ for me to comment** il ne me serait pas approprié de commenter ▸VT [ə'prəuprɪeɪt] (*take*) s'approprier; (*allot*): **to ~ sth for** affecter qch à

appropriately [ə'prəuprɪɪtlɪ] ADV pertinemment, avec à-propos

appropriation [əprəuprɪ'eɪʃən] N dotation *f*, affectation *f*

approval [ə'pruːvəl] N approbation *f*; **to meet with sb's ~** (*proposal etc*) recueillir l'assentiment de qn; **on ~** (*Comm*) à l'examen

★**approve** [ə'pruːv] VT approuver
▸**approve of** VT FUS (*thing*) approuver; (*person*): **they don't ~ of her** ils n'ont pas bonne opinion d'elle

approved school [ə'pruːvd-] N (BRIT) centre *m* d'éducation surveillée

approvingly [ə'pruːvɪŋlɪ] ADV d'un air approbateur

approx. ABBR (= *approximately*) env

approximate ADJ [ə'prɔksɪmɪt] approximatif(-ive) ▸VT [ə'prɔksɪmeɪt] se rapprocher de; être proche de

approximately [ə'prɔksɪmɪtlɪ] ADV approximativement

approximation [əprɔksɪ'meɪʃən] N approximation *f*

APR N ABBR (= *Annual Percentage Rate*) taux (d'intérêt) annuel

Apr. ABBR = **April**

apres-ski, après-ski [æpreɪ'skiː] N après-ski *m*

apricot ['eɪprɪkɔt] N abricot *m*

★**April** ['eɪprəl] N avril *m*; **~ fool!** poisson d'avril !; *see also* **July**

April Fools' Day N le premier avril

> **April Fools' Day**, le 1er avril, est l'occasion de faire des farces de toutes sortes. Les victimes de ces farces sont les *April fools*. Traditionnellement, on n'est censé faire des farces que jusqu'à midi.

apron ['eɪprən] N tablier *m*; (*Aviat*) aire *f* de stationnement

apropos [æprə'pəu] PREP (*also:* **apropos of**) à propos de ▸ ADJ (*appropriate*) approprié(e)

apse [æps] N (*Archit*) abside *f*

apt [æpt] ADJ (*suitable*) approprié(e); **~ (at)** (*able*) doué(e) (pour); apte (à); **~ to do** (*likely*) susceptible de faire; ayant tendance à faire

apt. ABBR (= *apartment*) appt

aptitude ['æptɪtjuːd] N aptitude *f*

aptitude test N test *m* d'aptitude

aptly ['æptlɪ] ADV (fort) à propos

aqualung ['ækwəlʌŋ] N scaphandre *m* autonome

aquamarine [ækwəmə'riːn] N (*stone*) aiguemarine *f*; (*colour*) bleu-vert *m inv* ▸ ADJ (*in colour*) bleu-vert *inv*

aquarium [ə'kwɛərɪəm] N aquarium *m*

Aquarius [ə'kwɛərɪəs] N le Verseau; **to be ~** être du Verseau

aquatic [ə'kwætɪk] ADJ aquatique; (*sport*) nautique

aqueduct ['ækwɪdʌkt] N aqueduc *m*

aqueous ['eɪkwɪəs] ADJ (*solution, cream*) aqueux(-euse)

aquifer ['ækwɪfəʳ] N aquifère *m*

aquiline ['ækwɪlaɪn] ADJ (*nose, profile*) aquilin(e)

AR ABBR (*US*) = **Arkansas**

ARA N ABBR (*BRIT*) = **Associate of the Royal Academy**

Arab ['ærəb] N Arabe *mf* ▸ ADJ arabe

Arabia [ə'reɪbɪə] N Arabie *f*

Arabian [ə'reɪbɪən] ADJ arabe

Arabian Desert N désert *m* d'Arabie

Arabian Sea N mer *f* d'Arabie

Arabic ['ærəbɪk] ADJ, N arabe *m*

Arabic numerals NPL chiffres *mpl* arabes

arable ['ærəbl] ADJ arable

ARAM N ABBR (*BRIT*) = **Associate of the Royal Academy of Music**

arbiter ['ɑːbɪtəʳ] N arbitre *m*

arbitrage ['ɑːbɪtrɑːʒ] N (*Finance*) arbitrage *m*

arbitrary ['ɑːbɪtrərɪ] ADJ arbitraire

arbitrate ['ɑːbɪtreɪt] VI arbitrer; trancher

arbitration [ɑːbɪ'treɪʃən] N arbitrage *m*; **the dispute went to ~** le litige a été soumis à arbitrage

arbitrator ['ɑːbɪtreɪtəʳ] N arbitre *m*, médiateur(-trice)

arboretum [ɑːbə'riːtəm] N arboretum *m*

arbour ['ɑːbəʳ] N tonnelle *f*

ARC N ABBR = **American Red Cross**

arc [ɑːk] N arc *m*

arcade [ɑː'keɪd] N arcade *f*; (*passage with shops*) passage *m*, galerie *f*; (*with games*) salle *f* de jeu

arcane [ɑː'keɪn] ADJ (*formal: world*) obscur(e); (*: knowledge*) ésotérique

arch [ɑːtʃ] N arche *f*; (*of foot*) cambrure *f*, voûte *f* plantaire; **pointed ~** ogive *f* ▸ VT arquer, cambrer ▸ ADJ malicieux(-euse) ▸ PREFIX: **~(-)** achevé(e); par excellence

archaeological, (*US*) **archeological** [ɑːkɪə'lɔdʒɪkl] ADJ archéologique

archaeologist, (*US*) **archeologist** [ɑːkɪ'ɔlədʒɪst] N archéologue *mf*

archaeology, (*US*) **archeology** [ɑːkɪ'ɔlədʒɪ] N archéologie *f*

archaic [ɑː'keɪɪk] ADJ archaïque

archangel ['ɑːkeɪndʒəl] N archange *m*

archbishop [ɑːtʃ'bɪʃəp] N archevêque *m*

archdeacon [ɑːtʃ'diːkən] N archidiacre *m*

archdiocese [ɑːtʃ'daɪəsɪs] N archidiocèse *m*

archenemy [ɑːtʃ'ɛnɪmɪ] N ennemi *m* de toujours *or* par excellence

archeology *etc* [ɑːkɪ'ɔlədʒɪ] N (*US*) = **archaeology**

archer ['ɑːtʃəʳ] N archer *m*

archery ['ɑːtʃərɪ] N tir *m* à l'arc

archetypal ['ɑːkɪtaɪpəl] ADJ archétype

archetype ['ɑːkɪtaɪp] N prototype *m*, archétype *m*

archipelago [ɑːkɪ'pɛlɪgəu] N archipel *m*

architect ['ɑːkɪtɛkt] N architecte *m*

architectural [ɑːkɪ'tɛktʃərəl] ADJ architectural(e)

architecturally [ɑːkɪ'tɛktʃərəlɪ] ADV du point de vue de l'architecture

architecture ['ɑːkɪtɛktʃəʳ] N architecture *f*

archive ['ɑːkaɪv] N (*often pl*) archives *fpl*

archive file N (*Comput*) fichier *m* d'archives

archives ['ɑːkaɪvz] NPL archives *fpl*

archivist ['ɑːkɪvɪst] N archiviste *mf*

archway ['ɑːtʃweɪ] N voûte *f*, porche voûté *or* cintré

ARCM N ABBR (*BRIT*) = **Associate of the Royal College of Music**

Arctic ['ɑːktɪk] ADJ arctique ▸ N: **the ~** l'Arctique *m*

Arctic Circle N cercle *m* Arctique

Arctic Ocean N océan *m* Arctique

ardent ['ɑːdənt] ADJ fervent(e)

ardour, (*US*) **ardor** ['ɑːdəʳ] N ardeur *f*

arduous ['ɑːdjuəs] ADJ ardu(e)

are [ɑːʳ] VB *see* **be**

★**area** ['ɛərɪə] N (*Geom*) superficie *f*; (*zone*) région *f*; (*: smaller*) secteur *m*; (*in room*) coin *m*; (*knowledge, research*) domaine *m*; **the London ~** la région londonienne

area code (*US*) N (*Tel*) indicatif *m* de zone
arena [ə'ri:nə] N arène *f*
aren't [ɑ:nt] = **are not**
Argentina [ɑ:dʒən'ti:nə] N Argentine *f*
Argentinian [ɑ:dʒən'tɪnɪən] ADJ argentin(e) ▶ N Argentin(e)
argon ['ɑ:gɔn] N argon *m*
arguable ['ɑ:gjuəbl] ADJ discutable, contestable; **it is ~ whether** on peut se demander si
arguably ['ɑ:gjuəblɪ] ADV: **it is ~ ...** on peut soutenir que c'est ...
★**argue** ['ɑ:gju:] VI (*quarrel*) se disputer; (*reason*) argumenter; **to ~ about sth (with sb)** se disputer (avec qn) au sujet de qch; **to ~ that** objecter *or* alléguer que, donner comme argument que ▶ VT (*debate: case, matter*) débattre
★**argument** ['ɑ:gjumənt] N (*quarrel*) dispute *f*, discussion *f*; (*reasons*) argument *m*; (*debate*) discussion, controverse *f*; **~ for/against** argument pour/contre
argumentative [ɑ:gju'mɛntətɪv] ADJ ergoteur(-euse), raisonneur(-euse)
aria ['ɑ:rɪə] N aria *f*
ARIBA [ə'ri:bə] N ABBR (BRIT) = **Associate of the Royal Institute of British Architects**
arid ['ærɪd] ADJ aride
aridity [ə'rɪdɪtɪ] N aridité *f*
Aries ['ɛərɪz] N le Bélier; **to be ~** être du Bélier
arise [ə'raɪz] (*pt* **arose** [ə'rəuz], *pp* **arisen** [ə'rɪzn]) VI survenir, se présenter; **to ~ from** résulter de; **should the need ~** en cas de besoin
aristocracy [ærɪs'tɔkrəsɪ] N aristocratie *f*
aristocrat ['ærɪstəkræt] N aristocrate *mf*
aristocratic [ærɪstə'krætɪk] ADJ aristocratique
arithmetic [ə'rɪθmətɪk] N arithmétique *f*
arithmetical [ærɪθ'mɛtɪkl] ADJ arithmétique
ark [ɑ:k] N: **Noah's A~** l'Arche *f* de Noé
★**arm** [ɑ:m] N bras *m*; **~ in ~** bras dessus bras dessous ▶ VT armer ▪ **arms** NPL (*weapons, Heraldry*) armes *fpl*
Armageddon [ɑ:mə'gɛdən] N Armaggedon *m*
armaments ['ɑ:məmənts] NPL (*weapons*) armement *m*
armband ['ɑ:mbænd] N brassard *m*
armchair ['ɑ:mtʃɛə^r] N fauteuil *m*
armed [ɑ:md] ADJ armé(e)
armed forces NPL: **the ~** les forces armées
armed robbery N vol *m* à main armée
Armenia [ɑ:'mi:nɪə] N Arménie *f*
Armenian [ɑ:'mi:nɪən] ADJ arménien(ne) ▶ N Arménien(ne); (*Ling*) arménien *m*
armful ['ɑ:mful] N brassée *f*
armistice ['ɑ:mɪstɪs] N armistice *m*
armour, (*US*) **armor** ['ɑ:mə^r] N armure *f*; (*also: armour-plating*) blindage *m*; (*Mil: tanks*) blindés *mpl*
armoured car, (*US*) **armored car** ['ɑ:məd-] N véhicule blindé
armoury, (*US*) **armory** ['ɑ:mərɪ] N arsenal *m*
armpit ['ɑ:mpɪt] N aisselle *f*
armrest ['ɑ:mrɛst] N accoudoir *m*
arms control N contrôle *m* des armements
arms race N course *f* aux armements
★**army** ['ɑ:mɪ] N armée *f*
A road N (BRIT) ≈ route nationale
aroma [ə'rəumə] N arôme *m*
aromatherapist [ərəumə'θɛrəpɪst] N aromathérapeute *mf*
aromatherapy [ərəumə'θɛrəpɪ] N aromathérapie *f*
aromatic [ærə'mætɪk] ADJ aromatique
arose [ə'rəuz] PT *of* **arise**
★**around** [ə'raund] ADV (tout) autour; (*nearby*) dans les parages; **is he ~?** est-il dans les parages *or* là ? ▶ PREP autour de; (*near*) près de; (*fig: about*) environ; (*: date, time*) vers
arousal [ə'rauzəl] N (*sexual*) excitation sexuelle, éveil *m*
arouse [ə'rauz] VT (*sleeper*) éveiller; (*curiosity, passions*) éveiller, susciter; (*anger*) exciter
aroused [ə'rauzd] ADJ (*sexually*) excité(e)
arraign [ə'reɪn] VT (*Law*) traduire en justice; **to be arraigned on charges of sth** être inculpé(e) de qch
★**arrange** [ə'reɪndʒ] VT arranger; (*programme*) arrêter, convenir de; **to ~ to do sth** prévoir de faire qch; **it was arranged that ...** il a été convenu que ..., il a été décidé que ... ▶ VI: **we have arranged for a car to pick you up** nous avons prévu qu'une voiture vienne vous prendre
arrangement [ə'reɪndʒmənt] N arrangement *m*; **to come to an ~ (with sb)** se mettre d'accord (avec qn); **home deliveries by ~** livraison à domicile sur demande ▪ **arrangements** NPL (*plans etc*) arrangements *mpl*, dispositions *fpl*; **I'll make arrangements for you to be met** je vous enverrai chercher
arrant ['ærənt] ADJ: **he's talking ~ nonsense** il raconte vraiment n'importe quoi
array [ə'reɪ] N (*of objects*) déploiement *m*, étalage *m*; (*Math, Comput*) tableau *m*
arrayed [ə'reɪd] ADJ (*arranged: objects*) disposé(e); (*Mil*): **to be ~ against sb** être déployé(e) contre qn; (*literary: dressed*): **~ in sth** paré(e) de qch
arrears [ə'rɪəz] NPL arriéré *m*; **to be in ~ with one's rent** devoir un arriéré de loyer, être en retard pour le paiement de son loyer
★**arrest** [ə'rɛst] VT arrêter; (*sb's attention*) retenir, attirer ▶ N arrestation *f*; **under ~** en état d'arrestation
arresting [ə'rɛstɪŋ] ADJ (*fig: beauty*) saisissant(e); (*: charm, candour*) désarmant(e)
arrival [ə'raɪvl] N arrivée *f*; (*Comm*) arrivage *m*; (*person*) arrivant(e); **new ~** nouveau venu/nouvelle venue; (*baby*) nouveau-né(e)
★**arrive** [ə'raɪv] VI arriver
▶ **arrive at** VT FUS (*decision, solution*) parvenir à
arrogance ['ærəgəns] N arrogance *f*
arrogant ['ærəgənt] ADJ arrogant(e)
arrogantly ['ærəgəntlɪ] ADV (*claim*) avec arrogance
arrow ['ærəu] N flèche *f*

arrowhead [ˈærəuhɛd] N pointe *f* de flèche
arse [ɑːs] N (BRIT *inf!*) cul *m* (!)
arsehole [ˈɑːshəul] N (BRIT *inf!*) connard *m* (!)
arsenal [ˈɑːsɪnl] N arsenal *m*
arsenic [ˈɑːsnɪk] N arsenic *m*
arson [ˈɑːsn] N incendie criminel
arsonist [ˈɑːsənɪst] N incendiaire *mf*
★**art** [ɑːt] N art *m*; (*craft*) métier *m*; **work of ~** œuvre *f* d'art ■ **Arts** NPL (*Scol*) les lettres *fpl*
art college N école *f* des beaux-arts
Art Deco [ɑːtˈdɛkəu] N art *m* déco
artefact [ˈɑːtɪfækt] N objet fabriqué
arterial [ɑːˈtɪərɪəl] ADJ (*Anat*) artériel(le); (*road etc*) à grande circulation
arteriosclerosis [ɑːtɪərɪəuskləˈrəusɪs] N artériosclérose *f*
artery [ˈɑːtərɪ] N artère *f*
artful [ˈɑːtful] ADJ rusé(e)
art gallery N musée *m* d'art; (*saleroom*) galerie *f* de peinture
art-house [ˈɑːthaus] ADJ (*film, classic*) d'art et d'essai
arthritic [ɑːˈθrɪtɪk] ADJ arthritique
arthritis [ɑːˈθraɪtɪs] N arthrite *f*
artichoke [ˈɑːtɪtʃəuk] N artichaut *m*; **Jerusalem ~** topinambour *m*
★**article** [ˈɑːtɪkl] N article *m*; **articles of clothing** vêtements *mpl* ■ **articles** NPL (*training*) ≈ stage *m*
articled [ˈɑːtɪkld] ADJ (*clerk*) stagiaire; **to be ~ to sb** être stagiaire chez qn
articles of association NPL (*Comm*) statuts *mpl* d'une société
articulacy [ɑːˈtɪkjuləsɪ] N (*of person*) éloquence *f*; (*of speech*) articulation *f*
articulate ADJ [ɑːˈtɪkjulɪt] (*person*) qui s'exprime clairement et aisément; (*speech*) bien articulé(e), prononcé(e) clairement ▶ VI [ɑːˈtɪkjuleɪt] articuler, parler distinctement ▶ VT articuler
articulated lorry [ɑːˈtɪkjuleɪtɪd-] N (BRIT) (camion *m*) semi-remorque *m*
artifact [ˈɑːtɪfækt] N (*US*) objet fabriqué
artifice [ˈɑːtɪfɪs] N ruse *f*
artificial [ɑːtɪˈfɪʃəl] ADJ artificiel(le)
artificial insemination [-ɪnsɛmɪˈneɪʃən] N insémination artificielle
artificial intelligence N intelligence artificielle
artificial respiration N respiration artificielle
artillery [ɑːˈtɪlərɪ] N artillerie *f*
artisan [ˈɑːtɪzæn] N artisan(e)
★**artist** [ˈɑːtɪst] N artiste *mf*
artiste [ɑːˈtiːst] (*esp* BRIT) N artiste *mf*; **a cabaret ~** un artiste de cabaret
artistic [ɑːˈtɪstɪk] ADJ artistique
artistry [ˈɑːtɪstrɪ] N art *m*, talent *m*
artless [ˈɑːtlɪs] ADJ naïf (naïve), simple, ingénu(e)
Art Nouveau [ɑːtnuːˈvəu] N art *m inv* nouveau ▶ CPD (*work, building*) art nouveau *inv*
arts [ɑːts] NPL (*Scol*) lettres *fpl*
art school N ≈ école *f* des beaux-arts
artsy [ˈɑːtsɪ] ADJ (*inf*: *person*) qui se donne le genre artiste; (*: film, photograph*) de style artiste prétentieux

artwork [ˈɑːtwəːk] N maquette *f* (*prête pour la photogravure*)
ARV N ABBR (= *American Revised Version*) *traduction américaine de la Bible*
AS N ABBR (*US Scol*: = *Associate in or of Science*) *diplôme universitaire* ▶ ABBR (*US*) = **American Samoa**

as [æz]

CONJ 1 (*time*: *moment*) comme, alors que; à mesure que; (: *duration*) tandis que; **he came in as I was leaving** il est arrivé comme je partais; **as the years went by** à mesure que les années passaient; **as from tomorrow** à partir de demain
2 (*because*) comme, puisque; **he left early as he had to be home by 10** comme il *or* puisqu'il devait être de retour avant 10h, il est parti de bonne heure
3 (*referring to manner, way*) comme; **do as you wish** faites comme vous voudrez; **as she said** comme elle disait
▶ ADV 1 (*in comparisons*): **as big as** aussi grand que; **twice as big as** deux fois plus grand que; **big as it is** si grand que ce soit; **much as I like them, I ...** je les aime bien, mais je ...; **as much** *or* **many as** autant que; **as much money/many books as** autant d'argent/de livres que; **as soon as** dès que
2 (*concerning*): **as for** *or* **to that** quant à cela, pour ce qui est de cela
3: **as if** *or* **though** comme si; **he looked as if he was ill** il avait l'air d'être malade; *see also* **long**; **such**; **well**
▶ PREP (*in the capacity of*) en tant que, en qualité de; **he works as a driver** il travaille comme chauffeur; **as chairman of the company, he ...** en tant que président de la société, il ...; **dressed up as a cowboy** déguisé en cow-boy; **he gave me it as a present** il me l'a offert, il m'en a fait cadeau

ASA N ABBR (= *American Standards Association*) *association de normalisation*
a.s.a.p. ABBR = **as soon as possible**
asbestos [æzˈbɛstəs] N asbeste *m*, amiante *m*
ASBO [ˈæzbəu] N ABBR (BRIT: = *Antisocial Behaviour Order*) *décision de justice visant à empêcher une personne reconnue coupable d'incivilités de récidiver en restreignant sa liberté de mouvement ou d'action*
ascend [əˈsɛnd] VT gravir
ascendancy [əˈsɛndənsɪ] N ascendant *m*
ascendant [əˈsɛndənt] N: **to be in the ~** monter
ascending [əˈsɛndɪŋ] ADJ (*spiral, scale*) croissant(e); **in ~ order** par ordre croissant
ascension [əˈsɛnʃən] N: **the A~** (*Rel*) l'Ascension *f*
Ascension Island N île *f* de l'Ascension
ascent [əˈsɛnt] N (*climb*) ascension *f*
ascertain [æsəˈteɪn] VT s'assurer de, vérifier; établir
ascetic [əˈsɛtɪk] ADJ ascétique
asceticism [əˈsɛtɪsɪzəm] N ascétisme *m*
ASCII [ˈæskiː] N ABBR (= *American Standard Code for Information Interchange*) ASCII
ascribe [əˈskraɪb] VT: **to ~ sth to** attribuer qch à; (*blame*) imputer qch à

ASE N ABBR = **American Stock Exchange**

asexual [eɪ'sɛkʃuəl] ADJ (*reproduction*) asexuel(le), asexué(e); (*relationship*) platonique; (*creature, plant*) asexué(e)

ASH [æʃ] N ABBR (BRIT: = *Action on Smoking and Health*) *ligue anti-tabac*

ash [æʃ] N (*dust*) cendre *f*; (*also:* **ash tree**) frêne *m*

ashamed [ə'ʃeɪmd] ADJ honteux(-euse), confus(e); **to be ~ of** avoir honte de; **to be ~ (of o.s.) for having done** avoir honte d'avoir fait

ash blond, ash blonde ADJ blond(e) cendré(e)

ashen ['æʃən] ADJ (*pale*) cendreux(-euse), blême

ashore [ə'ʃɔːʳ] ADV à terre; **to go ~** aller à terre, débarquer

ashtray ['æʃtreɪ] N cendrier *m*

Ash Wednesday N mercredi *m* des Cendres

★**Asia** ['eɪʃə] N Asie *f*

Asia Minor N Asie Mineure

Asian ['eɪʃən] N (*from Asia*) Asiatique *mf*; (BRIT: *from Indian subcontinent*) Indo-Pakistanais(e) ▸ ADJ asiatique; indo-pakistanais(e)

Asiatic [eɪsɪ'ætɪk] ADJ asiatique

aside [ə'saɪd] ADV de côté; à l'écart; **~ from** *prep* à part, excepté ▸ N aparté *m*

★**ask** [ɑːsk] VT demander; (*invite*) inviter; **to ~ sb sth/to do sth** demander à qn qch/de faire qch; **to ~ sb the time** demander l'heure à qn; **to ~ sb about sth** questionner qn au sujet de qch; se renseigner auprès de qn au sujet de qch; **to ~ (sb) a question** poser une question (à qn); **to ~ sb out to dinner** inviter qn au restaurant ▸ VI demander; **to ~ about the price** s'informer du prix, se renseigner au sujet du prix

▸ **ask after** VT FUS demander des nouvelles de

▸ **ask for** VT FUS demander; **it's just asking for trouble** *or* **for it** ce serait chercher des ennuis

askance [ə'skɑːns] ADV: **to look ~ at sb** regarder qn de travers *or* d'un œil désapprobateur

askew [ə'skjuː] ADV de travers, de guingois

asking price ['ɑːskɪŋ-] N prix demandé

★**asleep** [ə'sliːp] ADJ endormi(e); **to be ~** dormir, être endormi; **to fall ~** s'endormir

ASLEF ['æzlɛf] N ABBR (BRIT: = *Associated Society of Locomotive Engineers and Firemen*) *syndicat de cheminots*

AS level N ABBR (= *Advanced Subsidiary level*) *première partie de l'examen équivalent au baccalauréat*

asp [æsp] N aspic *m*

asparagus [əs'pærəgəs] N asperges *fpl*

asparagus tips NPL pointes *fpl* d'asperges

ASPCA N ABBR (= *American Society for the Prevention of Cruelty to Animals*) ≈ SPA *f*

★**aspect** ['æspɛkt] N aspect *m*; (*direction in which a building etc faces*) orientation *f*, exposition *f*

aspen ['æspən] N (*tree*) tremble *m*

aspersions [əs'pəːʃənz] NPL: **to cast ~ on** dénigrer

asphalt ['æsfælt] N asphalte *m*

asphyxia [æs'fɪksɪə] N asphyxie *f*

asphyxiate [æs'fɪksɪeɪt] VT asphyxier

asphyxiation [æsfɪksɪ'eɪʃən] N asphyxie *f*

aspiration [æspə'reɪʃən] N aspiration *f* ▸ NPL (*hopes, ambition*) aspirations *fpl*

aspire [əs'paɪəʳ] VI: **to ~ to** aspirer à

aspirin ['æsprɪn] N aspirine *f*

aspiring [əs'paɪərɪŋ] ADJ (*artist, writer*) en herbe; (*manager*) potentiel(le)

ass [æs] N âne *m*; (*inf*) imbécile *mf*; (*US inf!*) cul *m* (!)

assail [ə'seɪl] VT assaillir

assailant [ə'seɪlənt] N agresseur *m*; assaillant *m*

assassin [ə'sæsɪn] N assassin *m*

assassinate [ə'sæsɪneɪt] VT assassiner

assassination [əsæsɪ'neɪʃən] N assassinat *m*

assault [ə'sɔːlt] N (*Mil*) assaut *m*; (*gen: attack*) agression *f*; (*Law*): **~ (and battery)** voies *fpl* de fait, coups *mpl* et blessures *fpl* ▸ VT attaquer; (*sexually*) violenter

assemble [ə'sɛmbl] VT assembler ▸ VI s'assembler, se rassembler

assembly [ə'sɛmblɪ] N (*meeting*) rassemblement *m*; (*parliament*) assemblée *f*; (*construction*) assemblage *m*

assembly language N (*Comput*) langage *m* d'assemblage

assembly line N chaîne *f* de montage

assemblyman [ə'sɛmblɪmən] N (*irreg*) membre *m* d'une assemblée législative

assemblywoman [ə'sɛmblɪwumən] N (*irreg*) membre *m* d'une assemblée législative

assent [ə'sɛnt] N assentiment *m*, consentement *m* ▸ VI: **to ~ (to sth)** donner son assentiment (à qch), consentir (à qch)

assert [ə'səːt] VT affirmer, déclarer; établir; (*authority*) faire valoir; (*innocence*) protester de; **to ~ o.s.** s'imposer

assertion [ə'səːʃən] N assertion *f*, affirmation *f*

assertive [ə'səːtɪv] ADJ assuré(e); péremptoire

assertiveness [ə'səːtɪvnɪs] N assurance *f* ▸ CPD (*class, training*) d'affirmation de la personnalité

assess [ə'sɛs] VT évaluer, estimer; (*tax, damages*) établir *or* fixer le montant de; (*property etc: for tax*) calculer la valeur imposable de; (*person*) juger la valeur de

assessment [ə'sɛsmənt] N évaluation *f*, estimation *f*; (*of tax*) fixation *f*; (*of property*) calcul *m* de la valeur imposable; (*judgment*): **~ (of)** jugement *m* *or* opinion *f* (sur)

assessor [ə'sɛsəʳ] N expert *m* (*en matière d'impôt et d'assurance*)

asset ['æsɛt] N avantage *m*, atout *m*; (*person*) atout

▪ **assets** NPL (*Comm*) capital *m*; avoir(s) *m(pl)*; actif *m*

asset-stripping ['æsɛtstrɪpɪŋ] N (*Comm*) récupération *f* (et démantèlement *m*) d'une entreprise en difficulté

asshole ['æshəul] N (*US !*) con(ne) (!), connard(e) (!)

assiduous [ə'sɪdjuəs] ADJ assidu(e)

assign [ə'saɪn] VT (*date*) fixer, arrêter; **to ~ sth to** (*task*) assigner qch à; (*resources*) affecter qch à; (*cause, meaning*) attribuer qch à

assignation [æsɪg'neɪʃən] N (*formal, hum*) rendez-vous *m*

assignment [ə'saɪnmənt] N (*task*) mission *f*; (*homework*) devoir *m*

assimilate [əˈsɪmɪleɪt] VT assimiler
assimilation [əsɪmɪˈleɪʃən] N assimilation *f*
assist [əˈsɪst] VT aider, assister; (*injured person etc*) secourir
assistance [əˈsɪstəns] N aide *f*, assistance *f*; secours *mpl*
★**assistant** [əˈsɪstənt] N assistant(e), adjoint(e); (BRIT: *also:* **shop assistant**) vendeur(-euse)
assistant manager N sous-directeur *m*
assizes [əˈsaɪzɪz] NPL assises *fpl*
associate ADJ, N [əˈsəuʃɪɪt] associé(e); **~ director** directeur adjoint ▶ VT [əˈsəuʃɪeɪt] associer; **associated company** société affiliée ▶ VI [əˈsəuʃɪeɪt]: **to ~ with sb** fréquenter qn
association [əsəuʃɪˈeɪʃən] N association *f*; **in ~ with** en collaboration avec
association football N (BRIT) football *m*
assorted [əˈsɔːtɪd] ADJ assorti(e); **in ~ sizes** en plusieurs tailles
assortment [əˈsɔːtmənt] N assortiment *m*; (*of people*) mélange *m*
Asst. ABBR = **assistant**
assuage [əˈsweɪdʒ] VT (*grief, pain*) soulager; (*thirst, appetite*) assouvir
assume [əˈsjuːm] VT supposer; (*responsibilities etc*) assumer; (*attitude, name*) prendre, adopter
assumed name [əˈsjuːmd-] N nom *m* d'emprunt
assumption [əˈsʌmpʃən] N supposition *f*, hypothèse *f*; (*of power*) assomption *f*, prise *f*; **on the ~ that** dans l'hypothèse où; (*on condition that*) à condition que
assurance [əˈʃuərəns] N assurance *f*; **I can give you no assurances** je ne peux rien vous garantir
assure [əˈʃuəʳ] VT assurer
assured [əˈʃuəd] ADJ assuré(e)
assuredly [əˈʃuərɪdlɪ] ADV assurément
AST ABBR (*US:* = *Atlantic Standard Time*) *heure d'hiver de New York*
asterisk [ˈæstərɪsk] N astérisque *m*
astern [əˈstəːn] ADV à l'arrière
asteroid [ˈæstərɔɪd] N astéroïde *m*
★**asthma** [ˈæsmə] N asthme *m*
asthmatic [æsˈmætɪk] ADJ, N asthmatique *mf*
astigmatism [əˈstɪgmətɪzəm] N astigmatisme *m*
astir [əˈstəːʳ] ADV en émoi
astonish [əˈstɔnɪʃ] VT étonner, stupéfier
astonished [əˈstɔnɪʃt] ADJ étonné(e); **to be ~ at** être étonné(e) de
astonishing [əˈstɔnɪʃɪŋ] ADJ étonnant(e), stupéfiant(e); **I find it ~ that …** je trouve incroyable que … + *sub*
astonishingly [əˈstɔnɪʃɪŋlɪ] ADV incroyablement
astonishment [əˈstɔnɪʃmənt] N (grand) étonnement, stupéfaction *f*
astound [əˈstaund] VT stupéfier, sidérer
astounded [əˈstaundɪd] ADJ abasourdi(e), stupéfait(e); **to be ~ at sth** être abasourdi(e) par qch, être stupéfait(e) par qch
astounding [əˈstaundɪŋ] ADJ stupéfiant(e), étonnant(e)
astray [əˈstreɪ] ADV: **to go ~** s'égarer; (*fig*) quitter le droit chemin; **to lead ~** (*morally*) détourner du droit chemin; **to go ~ in one's calculations** faire fausse route dans ses calculs
astride [əˈstraɪd] ADV à cheval ▶ PREP à cheval sur
astringent [əˈstrɪndʒənt] ADJ astringent(e) ▶ N astringent *m*
astrologer [əˈstrɔlədʒəʳ] N astrologue *mf*
astrological [æstrəˈlɔdʒɪkl] ADJ astrologique
astrology [əˈstrɔlədʒɪ] N astrologie *f*
astronaut [ˈæstrənɔːt] N astronaute *mf*
astronomer [əˈstrɔnəməʳ] N astronome *mf*
astronomical [æstrəˈnɔmɪkl] ADJ astronomique
astronomy [əˈstrɔnəmɪ] N astronomie *f*
astroparticle [ˈæstrəupɑːtɪkl] N astroparticule *f*
astrophysicist [æstrəuˈfɪzɪsɪst] N astrophysicien(-ienne)
astrophysics [æstrəuˈfɪzɪks] N astrophysique *f*
astute [əsˈtjuːt] ADJ astucieux(-euse), malin(-igne)
asunder [əˈsʌndəʳ] ADV: **to tear ~** déchirer
ASV N ABBR (= *American Standard Version*) *traduction de la Bible*
asylum [əˈsaɪləm] N asile *m*; **to seek political ~** demander l'asile politique
asylum seeker [-siːkəʳ] N demandeur(-euse) d'asile
asymmetric [eɪsɪˈmɛtrɪk], **asymmetrical** [eɪsɪˈmɛtrɪkl] ADJ asymétrique
asymmetry [eɪˈsɪmətrɪ] N asymétrie *f*

at [æt]

PREP **1** (*referring to position, direction*) à; **at the top** au sommet; **at home/school** à la maison *or* chez soi/à l'école; **at the baker's** à la boulangerie, chez le boulanger; **to look at sth** regarder qch
2 (*referring to time*): **at 4 o'clock** à 4 heures; **at Christmas** à Noël; **at night** la nuit; **at times** par moments, parfois
3 (*referring to rates, speed etc*) à; **at £1 a kilo** une livre le kilo; **two at a time** deux à la fois; **at 50 km/h** à 50 km/h; **at full speed** à toute vitesse
4 (*referring to manner*): **at a stroke** d'un seul coup; **at peace** en paix
5 (*referring to activity*): **to be at work** (*in the office etc*) être au travail; (*working*) travailler; **to play at cowboys** jouer aux cow-boys; **to be good at sth** être bon en qch
6 (*referring to cause*): **shocked/surprised/annoyed at sth** choqué par/étonné de/agacé par qch; **I went at his suggestion** j'y suis allé sur son conseil
▶ N (*@ symbol*) arobase *f*

atavistic [ætəˈvɪstɪk] ADJ (*formal*) atavique
ate [eɪt] PT *of* **eat**
atheism [ˈeɪθɪɪzəm] N athéisme *m*
atheist [ˈeɪθɪɪst] N athée *mf*
Athenian [əˈθiːnɪən] ADJ athénien(ne) ▶ N Athénien(ne)
Athens [ˈæθɪnz] N Athènes
★**athlete** [ˈæθliːt] N athlète *mf*
athletic [æθˈlɛtɪk] ADJ athlétique

athletics [æθ'lɛtɪks] N athlétisme *m*

atishoo [ə'tɪʃuː] EXCL atchoum !

★**Atlantic** [ət'læntɪk] ADJ atlantique ▸N: **the ~ (Ocean)** l'(océan *m*) Atlantique *m*

★**atlas** ['ætləs] N atlas *m*

Atlas Mountains NPL: **the ~** les monts *mpl* de l'Atlas, l'Atlas *m*

ATM N ABBR (= *Automated Telling Machine*) guichet *m* automatique

atmosphere ['ætməsfɪəʳ] N (*air*) atmosphère *f*; (*fig: of place etc*) atmosphère, ambiance *f*

atmospheric [ætməs'fɛrɪk] ADJ atmosphérique

atmospherics [ætməs'fɛrɪks] N (*Radio*) parasites *mpl*

atoll ['ætɔl] N atoll *m*

atom ['ætəm] N atome *m*

atom bomb, atomic bomb N bombe *f* atomique

atomic [ə'tɔmɪk] ADJ atomique

atomizer ['ætəmaɪzəʳ] N atomiseur *m*

atonal [eɪ'təunl] ADJ atonal(e)

atone [ə'təun] VI: **to ~ for** expier, racheter

atonement [ə'təunmənt] N expiation *f*

atop [ə'tɔp] PREP (*literary*) au sommet de, sur

ATP N ABBR (= *Association of Tennis Professionals*) ATP *f* (= *Association des joueurs de tennis professionnels*)

atrium ['eɪtrɪəm] N atrium *m*

atrocious [ə'trəuʃəs] ADJ (*very bad*) atroce, exécrable

atrocity [ə'trɔsɪtɪ] N atrocité *f*

atrophy ['ætrəfɪ] N atrophie *f* ▸VT atrophier ▸VI s'atrophier

★**attach** [ə'tætʃ] VT (*gen*) attacher; (*document, letter*) joindre; (*employee, troops*) affecter; **to be attached to sb/sth** (*to like*) être attaché à qn/qch; **to ~ a file to an email** joindre un fichier à un e-mail; **the attached letter** la lettre ci-jointe

attaché [ə'tæʃeɪ] N attaché *m*

attaché case [ə'tæʃeɪ-] N mallette *f*, attaché-case *m*

attachment [ə'tætʃmənt] N (*tool*) accessoire *m*; (*Comput*) fichier *m* joint; (*love*): **~ (to)** affection *f* (pour), attachement *m* (à)

★**attack** [ə'tæk] VT attaquer; (*task etc*) s'attaquer à ▸N attaque *f*; **heart ~** crise *f* cardiaque

attacker [ə'tækəʳ] N attaquant *m*; agresseur *m*

attain [ə'teɪn] VT (*also:* **to attain to**) parvenir à, atteindre; (*knowledge*) acquérir

attainable [ə'teɪnəbl] ADJ (*goal*) accessible

attainment [ə'teɪnmənt] N (*achievement: of aim*) réalisation *f*, obtention *f*; (*skill*) connaissance *f*; (*of school pupil*) résultat *m*

★**attempt** [ə'tɛmpt] N tentative *f*; **to make an ~ on sb's life** attenter à la vie de qn; **he made no ~ to help** il n'a rien fait pour m'aider *or* l'aider *etc* ▸VT essayer, tenter

attempted [ə'tɛmptɪd] ADJ: **~ murder/suicide/theft** tentative *f* de meurtre/suicide/vol

★**attend** [ə'tɛnd] VT (*course*) suivre; (*meeting, talk*) assister à; (*school, church*) aller à, fréquenter; (*patient*) soigner, s'occuper de

▸**attend on, attend upon** VT FUS (*person*) servir, être au service de

▸**attend to** VT FUS (*needs, affairs etc*) s'occuper de; (*customer*) s'occuper de, servir

attendance [ə'tɛndəns] N (*being present*) présence *f*; (*people present*) assistance *f*

attendant [ə'tɛndənt] N employé(e); gardien(ne) ▸ADJ concomitant(e), qui accompagne *or* s'ensuit

attendee [ətɛn'diː] (*esp US*) N participant(e)

★**attention** [ə'tɛnʃən] N attention *f*; (*Mil*): **at ~** au garde-à-vous; **for the ~ of** (*Admin*) à l'attention de; **it has come to my ~ that ...** je constate que ... ▸EXCL (*Mil*) garde-à-vous ! ■ **attentions** NPL attentions *fpl*, prévenances *fpl*

attentive [ə'tɛntɪv] ADJ attentif(-ive); (*kind*) prévenant(e)

attentively [ə'tɛntɪvlɪ] ADV attentivement, avec attention

attenuate [ə'tɛnjueɪt] VT atténuer ▸VI s'atténuer

attest [ə'tɛst] VI: **to ~ to** témoigner de, attester de

attic ['ætɪk] N grenier *m*, combles *mpl*

attire [ə'taɪəʳ] N habit *m*, atours *mpl*

attired [ə'taɪəd] ADJ (*formal*) vêtu(e) (*formal*); **~ in** vêtu(e) de

attitude ['ætɪtjuːd] N (*behaviour*) attitude *f*, manière *f*; (*posture*) pose *f*, attitude; (*view*): **~ (to)** attitude (envers)

attorney [ə'təːnɪ] N (*US: lawyer*) avocat *m*; (*having proxy*) mandataire *m*; **power of ~** procuration *f*

Attorney General N (BRIT) ≈ procureur général; (*US*) ≈ garde *m* des Sceaux, ministre *m* de la Justice

attract [ə'trækt] VT attirer

attracted [ə'træktɪd] ADJ: **to be ~ to sb/sth** être attiré(e) par qn/qch

attraction [ə'trækʃən] N (*gen pl: pleasant things*) attraction *f*, attrait *m*; (*Physics*) attraction; (*fig: towards sb, sth*) attirance *f*

★**attractive** [ə'træktɪv] ADJ séduisant(e), attrayant(e)

attractiveness [ə'træktɪvnɪs] N (*of place, region*) charme *m*; (*of person*) beauté *f*, charme *m*; (*of scheme, price*) attrait *m*

attribute N ['ætrɪbjuːt] attribut *m* ▸VT [ə'trɪbjuːt]: **to ~ sth to** attribuer qch à

attribution [ætrɪ'bjuːʃən] N attribution *f*

attrition [ə'trɪʃən] N: **war of ~** guerre *f* d'usure

attuned [ə'tjuːnd] ADJ: **~ to** (*feeling, needs*) à l'écoute de; (*sound*) accoutumé(e) à

Atty. Gen. ABBR = **Attorney General**

ATV N ABBR (= *all terrain vehicle*) véhicule *m* tout-terrain

atypical [eɪ'tɪpɪkl] ADJ atypique

aubergine ['əubəʒiːn] N aubergine *f*

auburn ['ɔːbən] ADJ auburn *inv*, châtain roux *inv*

auction ['ɔːkʃən] N (*also:* **sale by auction**) vente *f* aux enchères ▸VT (*also:* **to sell by auction**) vendre aux enchères; (*also:* **to put up for auction**) mettre aux enchères

auctioneer [ɔːkʃə'nɪəʳ] N commissaire-priseur *m*

auction room N salle *f* des ventes

audacious [ɔːˈdeɪʃəs] ADJ impudent(e); audacieux(-euse), intrépide
audacity [ɔːˈdæsɪtɪ] N impudence *f*; audace *f*
audible [ˈɔːdɪbl] ADJ audible
★**audience** [ˈɔːdɪəns] N (*people*) assistance *f*, public *m*; (*on radio*) auditeurs *mpl*; (*at theatre*) spectateurs *mpl*; (*interview*) audience *f*
audio [ˈɔːdiəu] ADJ (*equipment*) audio *inv*
audiotape [ˈɔːdiəuteɪp] N (*magnetic tape*) bande *f* audio *inv*; (*US: cassette*) cassette *f* ▶ VT (*US*) enregistrer sur cassette
audiovisual [ɔːdɪəuˈvɪzjuəl] ADJ audio-visuel(le); **~ aids** supports *or* moyens audiovisuels
audit [ˈɔːdɪt] N vérification *f* des comptes, apurement *m* ▶ VT vérifier, apurer
audition [ɔːˈdɪʃən] N audition *f* ▶ VI auditionner
auditor [ˈɔːdɪtəʳ] N vérificateur(-trice) des comptes
auditorium [ɔːdɪˈtɔːrɪəm] N auditorium *m*, salle *f* de concert *or* de spectacle
auditory [ˈɔːdɪtrɪ] ADJ auditif(-ive)
Aug. ABBR = **August**
augment [ɔːgˈmɛnt] VT, VI augmenter
augur [ˈɔːgəʳ] VT (*be a sign of*) présager, annoncer ▶ VI: **it augurs well** c'est bon signe *or* de bon augure, cela s'annonce bien
★**August** [ˈɔːgəst] N août *m*; *see also* **July**
august [ɔːˈgʌst] ADJ majestueux(-euse), imposant(e)
aunt [ɑːnt] N tante *f*
auntie, aunty [ˈɑːntɪ] N DIMINUTIVE *of* **aunt**
★**au pair** [ˈəuˈpɛəʳ] N (*also:* **au pair girl**) jeune fille *f* au pair
aura [ˈɔːrə] N atmosphère *f*; (*of person*) aura *f*
aural [ˈɔːrəl] ADJ (*at school: comprehension, test*) oral(e)
auspices [ˈɔːspɪsɪz] NPL: **under the ~ of** sous les auspices de
auspicious [ɔːsˈpɪʃəs] ADJ de bon augure, propice
Aussie [ˈɔzɪ] ADJ, N (*inf*) Aussie *mf*
austere [ɔsˈtɪəʳ] ADJ austère
austerity [ɔsˈtɛrɪtɪ] N austérité *f*
Australasia [ɔːstrəˈleɪzɪə] N Australasie *f*
★**Australia** [ɔsˈtreɪlɪə] N Australie *f*
Australian [ɔsˈtreɪlɪən] ADJ australien(ne) ▶ N Australien(ne)
★**Austria** [ˈɔstrɪə] N Autriche *f*
Austrian [ˈɔstrɪən] ADJ autrichien(ne) ▶ N Autrichien(ne)
auteur [ɔːˈtəːʳ] N (*film director*) grand(e) réalisateur(-trice)
authentic [ɔːˈθɛntɪk] ADJ authentique
authenticate [ɔːˈθɛntɪkeɪt] VT établir l'authenticité de
authentication [ɔːθɛntɪˈkeɪʃən] N authentification *f*
authenticity [ɔːθɛnˈtɪsɪtɪ] N authenticité *f*
★**author** [ˈɔːθəʳ] N auteur(e)
authorial [ɔːˈθɔːriəl] ADJ (*voice, intention*) de l'auteur
authoritarian [ɔːθɔrɪˈtɛərɪən] ADJ autoritaire
authoritarianism [ɔːθɔrɪˈtɛəriənɪzəm] N autoritarisme *m*
authoritative [ɔːˈθɔrɪtətɪv] ADJ (*account*) digne de foi; (*study, treatise*) qui fait autorité; (*manner*) autoritaire
authority [ɔːˈθɔrɪtɪ] N autorité *f*; (*permission*) autorisation (formelle); **the authorities** les autorités *fpl*, l'administration *f*; **to have ~ to do sth** être habilité à faire qch
authorization [ɔːθəraɪˈzeɪʃən] N autorisation *f*
authorize [ˈɔːθəraɪz] VT autoriser
authorized capital [ˈɔːθəraɪzd-] N (*Comm*) capital social
authorship [ˈɔːθəʃɪp] N paternité *f* (*littéraire etc*)
autism [ˈɔːtɪzəm] N autisme *m*
autistic [ɔːˈtɪstɪk] ADJ autiste, autistique
auto [ˈɔːtəu] N (*US*) auto *f*, voiture *f*
autobiographical [ˈɔːtəbaɪəˈgræfɪkl] ADJ autobiographique
autobiography [ɔːtəbaɪˈɔgrəfɪ] N autobiographie *f*
autocracy [ɔːˈtɔkrəsɪ] N autocratie *f*
autocrat [ˈɔːtəkræt] N autocrate *mf*
autocratic [ɔːtəˈkrætɪk] ADJ autocratique
Autocue® [ˈɔːtəukjuː] (BRIT) N prompteur *m*
autograph [ˈɔːtəgrɑːf] N autographe *m* ▶ VT signer, dédicacer
autoimmune [ɔːtəuɪˈmjuːn] ADJ auto-immune
automaker [ˈɔːtəumeɪkəʳ] N (*US*) constructeur *m* automobile
automat [ˈɔːtəmæt] N (*vending machine*) distributeur *m* (automatique); (*US: place*) cafétéria *f* avec distributeurs automatiques
automate [ˈɔːtəmeɪt] VT automatiser
automated [ˈɔːtəmeɪtɪd] ADJ automatisé(e)
★**automatic** [ɔːtəˈmætɪk] ADJ automatique ▶ N (*gun*) automatique *m*; (*washing machine*) lave-linge *m* automatique; (*car*) voiture *f* à transmission automatique
automatically [ɔːtəˈmætɪklɪ] ADV automatiquement
automatic data processing N traitement *m* automatique des données
automation [ɔːtəˈmeɪʃən] N automatisation *f*
automaton [ɔːˈtɔmətən] (*pl* **automata** [-tə]) N automate *m*
automobile [ˈɔːtəməbiːl] N (*US*) automobile *f*
automotive [ɔːtəˈməutɪv] ADJ (*industry, parts*) automobile
autonomous [ɔːˈtɔnəməs] ADJ autonome
autonomy [ɔːˈtɔnəmɪ] N autonomie *f*
autopilot [ˈɔːtəupaɪlət] N pilote *m* automatique; **to be on ~** (*plane*) être sur pilote automatique; (*fig*) marcher au radar
autopsy [ˈɔːtɔpsɪ] N autopsie *f*
★**autumn** [ˈɔːtəm] N automne *m*
autumnal [ɔːˈtʌmnəl] ADJ (*colour*) automnal(e); (*weather*) d'automne
auxiliary [ɔːgˈzɪlɪərɪ] ADJ, N auxiliaire *mf*
AV N ABBR (= *Authorized Version*) *traduction anglaise de la Bible* ▶ ABBR = **audiovisual**
Av. ABBR (= *avenue*) Av

avail [əˈveɪl] VT: **to ~ o.s. of** user de; profiter de ▸ N: **to no ~** sans résultat, en vain, en pure perte

availability [əveɪləˈbɪlɪtɪ] N disponibilité *f*

★**available** [əˈveɪləbl] ADJ disponible; **every ~ means** tous les moyens possibles *or* à sa (*or* notre *etc*) disposition; **is the manager ~?** est-ce que le directeur peut (me) recevoir ?; (*on phone*) pourrais-je parler au directeur ?; **to make sth ~ to sb** mettre qch à la disposition de qn

avalanche [ˈævəlɑːnʃ] N avalanche *f*

avant-garde [ˈævɔŋˈɡɑːd] ADJ d'avant-garde

avarice [ˈævərɪs] N avarice *f*

avaricious [ævəˈrɪʃəs] ADJ âpre au gain

avatar [ˈævətɑːʳ] N (*Comput*) avatar *m*

avdp. ABBR = **avoirdupois**

Ave. ABBR (= *avenue*) Av

avenge [əˈvɛndʒ] VT venger

avenger [əˈvendʒəʳ] N vengeur(-eresse)

avenue [ˈævənjuː] N avenue *f*; (*fig*) moyen *m*

aver [əˈvəːʳ] VT (*formal*) affirmer

★**average** [ˈævərɪdʒ] N moyenne *f*; **on ~** en moyenne; **above/below (the) ~** au-dessus/en-dessous de la moyenne ▸ ADJ moyen(ne) ▸ VT (*a certain figure*) atteindre *or* faire *etc* en moyenne
▸ **average out** VI: **to ~ out at** représenter en moyenne, donner une moyenne de

averse [əˈvəːs] ADJ: **to be ~ to sth/doing** éprouver une forte répugnance envers qch/à faire; **I wouldn't be ~ to a drink** un petit verre ne serait pas de refus, je ne dirais pas non à un petit verre

aversion [əˈvəːʃən] N aversion *f*, répugnance *f*

avert [əˈvəːt] VT (*danger*) prévenir, écarter; (*one's eyes*) détourner

aviary [ˈeɪvɪərɪ] N volière *f*

aviation [eɪvɪˈeɪʃən] N aviation *f*

aviator [ˈeɪvieɪtəʳ] N aviateur(-trice)

avid [ˈævɪd] ADJ avide

avidly [ˈævɪdlɪ] ADV avidement, avec avidité

avionics [eɪviˈɔnɪks] N avionique *f*

avocado [ævəˈkɑːdəu] N (BRIT: *also:* **avocado pear**) avocat *m*

★**avoid** [əˈvɔɪd] VT éviter

avoidable [əˈvɔɪdəbl] ADJ évitable

avoidance [əˈvɔɪdəns] N *le fait d'éviter*

avowed [əˈvaud] ADJ déclaré(e)

AVP N ABBR (US) = **assistant vice-president**

AWACS [ˈeɪwæks] N ABBR (= *airborne warning and control system*) AWACS (*système aéroporté d'alerte et de contrôle*)

await [əˈweɪt] VT attendre; **awaiting attention/delivery** (*Comm*) en souffrance; **long awaited** tant attendu(e)

awake [əˈweɪk] (*pt* **awoke** [əˈwəuk], *pp* **awoken** [əˈwəukən]) ADJ éveillé(e); (*fig*) en éveil; **to be ~** être réveillé(e); **he was still ~** il ne dormait pas encore; **~ to** conscient de ▸ VT éveiller ▸ VI s'éveiller

awaken [əˈweɪkən] (*literary*) VI: **to ~ to sth** (*become aware of*) prendre conscience de qch; (*wake up*) s'éveiller ▸ VT (*wake up: person*) réveiller; (*interest*) éveiller

awakening [əˈweɪknɪŋ] N réveil *m*

award [əˈwɔːd] N (*for bravery*) récompense *f*; (*prize*) prix *m*; (*Law: damages*) dommages-intérêts *mpl* ▸ VT (*prize*) décerner; (*Law: damages*) accorder

award ceremony N cérémonie *f* de remise des prix

aware [əˈwɛəʳ] ADJ: **~ of** (*conscious*) conscient(e) de; (*informed*) au courant de; **to become ~ of/that** prendre conscience de/que; se rendre compte de/que; **politically/socially ~** sensibilisé(e) aux *or* ayant pris conscience des problèmes politiques/sociaux; **I am fully ~ that** je me rends parfaitement compte que

awareness [əˈwɛənɪs] N conscience *f*, connaissance *f*; **to develop people's ~ (of)** sensibiliser le public (à)

awash [əˈwɔʃ] ADJ recouvert(e) (d'eau); **~ with** inondé(e) de

★**away** [əˈweɪ] ADV (au) loin; (*movement*): **she went ~** elle est partie; **far ~** (au) loin; **two kilometres ~** à (une distance de) deux kilomètres, à deux kilomètres de distance; **two hours ~ by car** à deux heures de voiture *or* de route; **the holiday was two weeks ~** il restait deux semaines jusqu'aux vacances; **~ from** loin de; **to take sth ~ from sth** (*subtract*) ôter qch de qch; **to take sth ~ from sb** prendre qch à qn; **to work/pedal ~** travailler/pédaler à cœur joie; **to fade ~** (*colour*) s'estomper; (*sound*) s'affaiblir ▸ ADJ (*not in, not here*) absent(e); **he's ~ for a week** il est parti (pour) une semaine; **he's ~ in Milan** il est (parti) à Milan

away game, away match N (*Sport*) match *m* à l'extérieur

awe [ɔː] N respect mêlé de crainte, effroi mêlé d'admiration

awe-inspiring [ˈɔːɪnspaɪərɪŋ], **awesome** [ˈɔːsəm] ADJ impressionnant(e)

awesome [ˈɔːsəm] (US) ADJ (*inf: excellent*) génial(e)

awestruck [ˈɔːstrʌk] ADJ frappé(e) d'effroi

★**awful** [ˈɔːfəl] ADJ affreux(-euse); **an ~ lot of** énormément de

awfully [ˈɔːfəlɪ] ADV (*very*) terriblement, vraiment

awhile [əˈwaɪl] ADV un moment, quelque temps

awkward [ˈɔːkwəd] ADJ (*clumsy*) gauche, maladroit(e); (*inconvenient*) peu pratique; (*embarrassing*) gênant; **I can't talk just now, it's a bit ~** je ne peux pas parler tout de suite, c'est un peu difficile

awkwardness [ˈɔːkwədnɪs] N (*embarrassment*) gêne *f*

awl [ɔːl] N alêne *f*

awning [ˈɔːnɪŋ] N (*of tent*) auvent *m*; (*of shop*) store *m*; (*of hotel etc*) marquise *f* (de toile)

awoke [əˈwəuk] PT *of* **awake**

awoken [əˈwəukən] PP *of* **awake**

AWOL [ˈeɪwɔl] ABBR (*Mil*) = **absent without leave**

awry [əˈraɪ] ADV, ADJ de travers; **to go ~** mal tourner

axe, (US) **ax** [æks] N hache *f*; **to have an ~ to grind** (*fig*) prêcher pour son saint ▸ VT (*employee*) renvoyer; (*project etc*) abandonner; (*jobs*) supprimer

axes [ˈæksiːz] NPL *of* **axis**

axiom [ˈæksɪəm] N axiome *m*

axiomatic [æksɪəuˈmætɪk] ADJ axiomatique

axis [ˈæksɪs] (*pl* **axes** [-siːz]) N axe *m*

axle ['æksl] N (*also:* **axle-tree**) essieu *m*
ay, aye [aɪ] EXCL (*yes*) oui ▶ N: **the ay(e)s** les oui
ayatollah [aɪə'tɔlə] N ayatollah *m*
AYH N ABBR = **American Youth Hostels**
AZ ABBR (*US*) = **Arizona**
azalea [ə'zeɪlɪə] N azalée *f*
Azerbaijan [æzəbaɪ'dʒɑːn] N Azerbaïdjan *m*
Azerbaijani [æzəbaɪ'dʒɑːnɪ], **Azeri** [ə'zɛərɪ] ADJ azerbaïdjanais(e) ▶ N Azerbaïdjanais(e)
Azores [ə'zɔːz] NPL: **the ~** les Açores *fpl*
AZT N ABBR (= *azidothymidine*) AZT *f*
Aztec ['æztɛk] ADJ aztèque ▶ N Aztèque *mf*
azure ['eɪʒə[r]] ADJ azuré(e)

Bb

b

B, b [biː] N (*letter*) B, b *m*; (*Scol: mark*) B; (*Mus*): **B** si *m*; **B for Benjamin**, (*US*) **B for Baker** B comme Berthe; **B road** *n* (BRIT *Aut*) route départementale

b. ABBR = **born**

B2B [ˈbiːtəbiː] ADJ ABBR, N ABBR (= *business to business*) b2b *m*

B2C [ˈbiːtəsiː] ADJ ABBR, N ABBR (= *business to consumer*) b2c *m*

B4 [biːˈfɔːʳ] ABBR (*in text message, e-mail:* = *before*) avant

BA ABBR = **British Academy**; (*Scol*) = **Bachelor of Arts**

babble [ˈbæbl] VI babiller ▶N babillage *m*

babe [beɪb] N (*esp US inf: term of address*) ma poule; (*woman*) canon *m* (*inf*), super nana *f* (*inf*); (*old: baby*) bébé *m*

baboon [bəˈbuːn] N babouin *m*

★**baby** [ˈbeɪbɪ] N bébé *m*

baby boomer [ˈbeɪbibuːməʳ] N enfant *mf* du baby-boom

baby carriage N (*US*) voiture *f* d'enfant

baby food N aliments *mpl* pour bébé(s)

baby grand N (*also:* **baby grand piano**) (piano *m*) demi-queue *m*

babyish [ˈbeɪbɪɪʃ] ADJ enfantin(e), de bébé

baby-minder [ˈbeɪbɪmaɪndəʳ] N (BRIT) gardienne *f* (d'enfants)

baby-sit [ˈbeɪbɪsɪt] VI garder les enfants

baby-sitter [ˈbeɪbɪsɪtəʳ] N baby-sitter *mf*

baby talk N langage *m* bébé

baby wipe N lingette *f* (*pour bébé*)

baccalaureate [bækəˈlɔːriət] N baccalauréat *m*; **international ~** baccalauréat international

bachelor [ˈbætʃələʳ] N célibataire *m*; **B~ of Arts/Science (BA/BSc)** ≈ licencié(e) ès *or* en lettres/sciences; **B~ of Arts/Science degree (BA/BSc)** *n* ≈ licence *f* ès *or* en lettres/sciences

> Un **Bachelor's degree** est un diplôme accordé au terme de trois ou quatre années d'études universitaires. Les *Bachelor's degrees* les plus courants sont le *BA* (*Bachelor of Arts*), le *BSc* (*Bachelor of Science*) ou BS aux États-Unis, le *BEd* (*Bachelor of Education*) et le *LLB* (*Bachelor of Laws*).

bachelor party N (*US*) enterrement *m* de vie de garçon

bacillus [bəˈsɪləs] N bacille *m*

★**back** [bæk] N (*of person, horse*) dos *m*; (*of hand*) dos, revers *m*; (*of house, car, train*) arrière *m*; (*of chair*) dossier *m*; (*of page*) verso *m*; (*Football*) arrière *m*; **can the people at the ~ hear me properly?** est-ce que les gens du fond m'entendent ?; **to have one's ~ to the wall** (*fig*) être au pied du mur; **to break the ~ of a job** (BRIT) faire le gros d'un travail; **~ to front** à l'envers ▶VT (*financially*) soutenir (financièrement); (*candidate: also:* **back up**) soutenir, appuyer; (*horse: at races*) parier *or* miser sur; (*car*) (faire) reculer ▶VI reculer; (*car etc*) faire marche arrière ▶ADJ (*in compounds*) de derrière, à l'arrière; **~ seat/wheel** (*Aut*) siège *m*/roue *f* arrière *inv*; **~ payments/rent** arriéré *m* de paiements/loyer; **~ garden/room** jardin/pièce sur l'arrière; **to take a ~ seat** (*fig*) se contenter d'un second rôle, être relégué(e) au second plan ▶ADV (*not forward*) en arrière; (*returned*): **he's ~** il est rentré, il est de retour; **when will you be ~?** quand seras-tu de retour ?; **he ran ~** il est revenu en courant; **throw the ball ~** renvoie la balle; **can I have it ~?** puis-je le ravoir ?, peux-tu me le rendre ?; **he called ~** (*again*) il a rappelé

▶**back down** VI rabattre de ses prétentions

▶**back on to** VT FUS: **the house backs on to the golf course** la maison donne derrière sur le terrain de golf

▶**back out** VI (*of promise*) se dédire

▶**back up** VT (*person*) soutenir; (*Comput*) faire une copie de sauvegarde de

backache [ˈbækeɪk] N mal *m* au dos

backbencher [bækˈbɛntʃəʳ] N (BRIT) *membre du parlement sans portefeuille*

back benches NPL (BRIT) *voir article*

> Le terme **back benches** désigne les bancs les plus éloignés de l'allée centrale de la Chambre des communes. Les députés qui occupent ces bancs sont les *backbenchers* et n'ont pas de portefeuille ministériel.

backbiting [ˈbækbaɪtɪŋ] N médisance(s) *f(pl)*

backbone [ˈbækbəun] N colonne vertébrale, épine dorsale; **he's the ~ of the organization** c'est sur lui que repose l'organisation

back-breaking [ˈbækbreɪkɪŋ] ADJ (*work, labour*) éreintant(e)

back burner [bækˈbəːnəʳ] N: **on the ~** en veilleuse

backchat [ˈbæktʃæt] N (BRIT *inf*) impertinences *fpl*

backcloth [ˈbækklɔθ] N (BRIT) toile *f* de fond

backcomb ['bækkəum] VT (BRIT) crêper

back country (US) N: **the ~** la campagne *f* profonde

backdate [bæk'deɪt] VT (*letter*) antidater; **back-dated pay rise** augmentation *f* avec effet rétroactif

back door N porte *f* de derrière

backdrop ['bækdrɔp] N = **backcloth**

backer ['bækəʳ] N partisan *m*; (*Comm*) commanditaire *m*

backfire [bæk'faɪəʳ] VI (*Aut*) pétarader; (*plans*) mal tourner

backgammon ['bækgæmən] N trictrac *m*

★**background** ['bækgraund] N arrière-plan *m*; (*of events*) situation *f*, conjoncture *f*; (*basic knowledge*) éléments *mpl* de base; (*experience*) formation *f*; **family ~** milieu familial ▸ CPD (*noise, music*) de fond; **~ reading** lecture(s) générale(s) (sur un sujet)

backhand ['bækhænd] N (*Tennis*: *also*: **backhand stroke**) revers *m*

backhanded ['bæk'hændɪd] ADJ (*fig*) déloyal(e); équivoque

backhander ['bæk'hændəʳ] N (BRIT: *bribe*) pot-de-vin *m*

backing ['bækɪŋ] N (*fig*) soutien *m*, appui *m*; (*Comm*) soutien (financier); (*Mus*) accompagnement *m*

backlash ['bæklæʃ] N contre-coup *m*, répercussion *f*

backless ['bæklɪs] ADJ (*dress, top*) dos nu *inv*

backlog ['bæklɔg] N: **~ of work** travail *m* en retard

back number N (*of magazine etc*) vieux numéro

backpack ['bækpæk] N sac *m* à dos

backpacker ['bækpækəʳ] N randonneur(-euse)

back pain N mal *m* de dos

back pay N rappel *m* de salaire

backpedal ['bækpɛdl] VI (*fig*) faire marche arrière

backrest ['bækrɛst] N dossier *m*

backroom ['bækrum] N (*place*: *lit*) pièce *f* du fond; (: *fig*) coulisses *fpl* ▸ CPD (*pej*: *deal, negotiations*) dans les coulisses; **~ team** équipe qui travaille dans les coulisses

backseat driver ['bæksi:t-] N *passager qui donne des conseils au conducteur*

backside ['bæksaɪd] N (*inf*) derrière *m*, postérieur *m*

back-slapping ['bækslæpɪŋ] N (*cordiality*) cordialité *f*; (*congratulating*) félicitations *fpl*

backslash ['bækslæʃ] N barre oblique inversée

backslide ['bækslaɪd] VI retomber dans l'erreur

backspace ['bækspeɪs] VI (*in typing*) appuyer sur la touche retour

backstage [bæk'steɪdʒ] ADV dans les coulisses

back-street ['bækstri:t] ADJ (*abortion*) clandestin(e); **~ abortionist** avorteur(-euse) (*clandestin*)

backstroke ['bækstrəuk] N dos crawlé

backtrack ['bæktræk] VI (*fig*) = **backpedal**

backup ['bækʌp] ADJ (*train, plane*) supplémentaire, de réserve; (*Comput*) de sauvegarde ▸ N (*support*) appui *m*, soutien *m*; (*Comput*: *also*: **backup file**) sauvegarde *f*

backward ['bækwəd] ADJ (*movement*) en arrière; (*measure*) rétrograde; (*person, country*) arriéré(e), attardé(e); (*shy*) hésitant(e); **~ and forward movement** mouvement de va-et-vient

backward-looking ['bækwədlukɪŋ] ADJ rétrograde

★**backwards** ['bækwədz] ADV (*move, go*) en arrière; (*read a list*) à l'envers, à rebours; (*fall*) à la renverse; (*walk*) à reculons; (*in time*) en arrière, vers le passé; **to know sth ~** *or* (US) **~ and forwards** (*inf*) connaître qch sur le bout des doigts

backwash ['bækwɔʃ] N (*repercussions*) contrecoup *m*; **in the ~ of sth** à la suite de qch

backwater ['bækwɔ:təʳ] N (*fig*) coin reculé; bled perdu

backwoods ['bækwudz] NPL coin *m* reculé; **the ~ of** le fin fond de ▸ CPD (*town, area*) reculé(e)

backyard [bæk'jɑ:d] N arrière-cour *f*

★**bacon** ['beɪkən] N bacon *m*, lard *m*

bacteria [bæk'tɪərɪə] NPL bactéries *fpl*

bacterial [bæk'tɪərɪəl] ADJ bactérien(ne)

bacteriology [bæktɪərɪ'ɔlədʒɪ] N bactériologie *f*

bacterium [bæk'tɪərɪəm] N *of* **bacteria**

★**bad** [bæd] ADJ mauvais(e); (*child*) vilain(e); (*mistake, accident*) grave; (*meat, food*) gâté(e), avarié(e); **his ~ leg** sa jambe malade; **to go ~** (*meat, food*) se gâter; (*milk*) tourner; **to have a ~ time of it** traverser une mauvaise passe; **I feel ~ about it** (*guilty*) j'ai un peu mauvaise conscience; **~ debt** créance douteuse; **in ~ faith** de mauvaise foi

bad cheque, (US) **bad check** N chèque *m* en bois

baddie, baddy ['bædɪ] N (*inf*: *Cine etc*) méchant *m*

bade [bæd] PT *of* **bid**

badge [bædʒ] N insigne *m*; (*of police officer*) plaque *f*; (*stick-on, sew-on*) badge *m*

badger ['bædʒəʳ] N blaireau *m* ▸ VT harceler

badinage ['bædɪnɑ:ʒ] N (*literary*) badinage *m*

★**badly** ['bædlɪ] ADV (*work, dress etc*) mal; **to reflect ~ on sb** donner une mauvaise image de qn; **~ wounded** grièvement blessé; **he needs it ~** il en a absolument besoin; **things are going ~** les choses vont mal; **~ off** *adj, adv* dans la gêne

bad-mannered ['bæd'mænəd] ADJ mal élevé(e)

badminton ['bædmɪntən] N badminton *m*

bad-mouth ['bæd'mauθ] VT (*inf*) débiner

bad-tempered ['bæd'tɛmpəd] ADJ (*by nature*) ayant mauvais caractère; (*on one occasion*) de mauvaise humeur

baffle ['bæfl] VT (*puzzle*) laisser perplexe

baffled ['bæfld] ADJ perplexe; **to be ~ by sth** être dérouté(e) par qch

baffling ['bæflɪŋ] ADJ déroutant(e), déconcertant(e)

★**bag** [bæg] N sac *m*; (*of hunter*) gibecière *f*, chasse *f*; **bags of** (*inf*: *lots of*) des tas de; **to pack one's bags** faire ses valises *or* bagages; **bags under the eyes** poches *fpl* sous les yeux ▸ VT (*inf*: *take*) empocher; s'approprier; (*Tech*) mettre en sacs

bagful ['bægful] N plein sac

baggage ['bægɪdʒ] N bagages *mpl*

baggage allowance N franchise *f* de bagages

baggage reclaim N (*at airport*) livraison *f* des bagages

baggy ['bægɪ] ADJ avachi(e), qui fait des poches
Baghdad [bæg'dæd] N Bagdad
bag lady N (*inf*) clocharde *f*
bagpipes ['bægpaɪps] NPL cornemuse *f*
bag-snatcher ['bægsnætʃə^r] N (BRIT) voleur(-euse) à l'arraché
bag-snatching ['bægsnætʃɪŋ] N (BRIT) vol *m* à l'arraché
baguette [bæ'gɛt] N baguette *f*
Bahamas [bə'hɑːməz] NPL: **the ~** les Bahamas *fpl*
Bahrain [bɑː'reɪn] N Bahreïn *m*
bail [beɪl] N caution *f*; **to be released on ~** être libéré(e) sous caution ▸ VT (*prisoner: also:* **grant bail to**) mettre en liberté sous caution; (*boat: also:* **bail out**) écoper; *see* **bale**
▸ **bail out** VT (*prisoner*) payer la caution de
bailiff ['beɪlɪf] N huissier *m*
bailout ['beɪlaut] N sauvetage *m* (*de banque, d'entreprise*)
bait [beɪt] N appât *m* ▸ VT appâter; (*fig: tease*) tourmenter
★**bake** [beɪk] VT (faire) cuire au four ▸ VI (*bread etc*) cuire (au four); (*make cakes etc*) faire de la pâtisserie
baked beans [beɪkt-] NPL haricots blancs à la sauce tomate
baked potato N pomme *f* de terre en robe des champs
★**baker** ['beɪkə^r] N boulanger(-ère)
bakery ['beɪkərɪ] N boulangerie *f*; boulangerie industrielle
baking ['beɪkɪŋ] N (*process*) cuisson *f*
baking powder N levure *f* (chimique)
baking tin N (*for cake*) moule *m* à gâteaux; (*for meat*) plat *m* pour le four
baking tray N plaque *f* à gâteaux
balaclava [bælə'klɑːvə] N (*also:* **balaclava helmet**) passe-montagne *m*
★**balance** ['bæləns] N équilibre *m*; (*Comm: sum*) solde *m*; (*remainder*) reste *m*; (*scales*) balance *f*; **~ of trade/payments** balance commerciale/des comptes *or* paiements; **~ carried forward** solde *m* à reporter; **~ brought forward** solde reporté ▸ VT mettre *or* faire tenir en équilibre; (*pros and cons*) peser; (*budget*) équilibrer; (*account*) balancer; (*compensate*) compenser, contrebalancer; **to ~ the books** arrêter les comptes, dresser le bilan
balanced ['bælənst] ADJ (*personality, diet*) équilibré(e); (*report*) objectif(-ive)
balance sheet N bilan *m*
★**balcony** ['bælkənɪ] N balcon *m*; **do you have a room with a ~?** avez-vous une chambre avec balcon ?
bald [bɔːld] ADJ chauve; (*tyre*) lisse
balding ['bɔːldɪŋ] ADJ aux cheveux clairsemés
baldness ['bɔːldnɪs] N calvitie *f*
bale [beɪl] N balle *f*, ballot *m*
▸ **bale out** VI (*of a plane*) sauter en parachute ▸ VT (*Naut: water, boat*) écoper
Balearic Islands [bælɪ'ærɪk-] NPL: **the ~** les (îles *fpl*) Baléares *fpl*
baleful ['beɪlful] ADJ funeste, maléfique
balk [bɔːk] VI: **to ~ (at)** (*person*) regimber (contre); (*horse*) se dérober (devant)
Balkan ['bɔːlkən] ADJ balkanique ▸ N: **the Balkans** les Balkans *mpl*
★**ball** [bɔːl] N boule *f*; (*football*) ballon *m*; (*for tennis, golf*) balle *f*; (*dance*) bal *m*; **to play ~** jouer au ballon (*or* à la balle); (*fig*) coopérer; **to be on the ~** (*fig: competent*) être à la hauteur; (*: alert*) être éveillé(e), être vif (vive); **to start the ~ rolling** (*fig*) commencer; **the ~ is in their court** (*fig*) la balle est dans leur camp
ballad ['bæləd] N ballade *f*
ballast ['bæləst] N lest *m*
ball bearings N roulement *m* à billes
ball cock N robinet *m* à flotteur
ballerina [bælə'riːnə] N ballerine *f*
ballet ['bæleɪ] N ballet *m*; (*art*) danse *f* (classique)
ballet dancer N danseur(-euse) de ballet
ballet shoe N chausson *m* de danse
ball game ['bɔːlgeɪm] N (*tennis, baseball*) jeu *m* de balle; (*football, basketball*) jeu *m* de ballon; (*US: baseball match*) match *m* de base-ball; (*fig: situation*) course *f*; **a (whole) different ~** une (tout) autre histoire
ballgown ['bɔːlgaun] N robe *f* de bal
ballistic [bə'lɪstɪk] ADJ balistique
ballistics [bə'lɪstɪks] N balistique *f*
★**balloon** [bə'luːn] N ballon *m*; (*in comic strip*) bulle *f* ▸ VI gonfler
balloonist [bə'luːnɪst] N aéronaute *mf*
ballot ['bælət] N scrutin *m*
ballot box N urne (électorale)
ballot paper N bulletin *m* de vote
ballot rigging ['bælətrɪgɪŋ] N fraude *f* électorale
ballpark ['bɔːlpɑːk] N (*US*) stade *m* de base-ball
ballpark figure N (*inf*) chiffre approximatif
ballplayer ['bɔːlpleɪə^r] (*US*) N joueur(-euse) de base-ball
ballpoint ['bɔːlpɔɪnt], **ballpoint pen** N stylo *m* à bille
ballroom ['bɔːlrum] N salle *f* de bal
balls [bɔːlz] NPL (*inf!*) couilles *fpl* (*!*)
ballsy ['bɔːlzɪ] ADJ (*inf: person, behaviour*) gonflé(e)
ballyhoo [bælɪ'huː] N bruit *m*
balm [bɑːm] N baume *m*
balmy ['bɑːmɪ] ADJ (*breeze, air*) doux (douce); (BRIT *inf*) = **barmy**
baloney [bə'ləunɪ] N (*inf: esp US*) balivernes *fpl*
BALPA ['bælpə] N ABBR (= *British Airline Pilots' Association*) *syndicat des pilotes de ligne*
balsa ['bɔːlsə], **balsa wood** N balsa *m*
balsam ['bɔːlsəm] N baume *m*
balsamic [bɔːl'sæmɪk] N (*also:* **balsamic vinegar**) vinaigre *m* balsamique
Baltic [bɔːltɪk] ADJ, N: **the ~ (Sea)** la (mer) Baltique
balustrade [bæləs'treɪd] N balustrade *f*
bamboo [bæm'buː] N bambou *m*
bamboozle [bæm'buːzl] VT (*inf*) embobiner
★**ban** [bæn] N interdiction *f* ▸ VT interdire; **he was banned from driving** (BRIT) on lui a retiré le permis (de conduire)

banal [bəˈnɑːl] ADJ banal(e)
banality [bəˈnælɪtɪ] N banalité *f*
★**banana** [bəˈnɑːnə] N banane *f*
★**band** [bænd] N bande *f*; (*at a dance*) orchestre *m*; (*Mil*) musique *f*, fanfare *f*
▸ **band together** VI se liguer
bandage [ˈbændɪdʒ] N bandage *m*, pansement *m* ▸ VT (*wound, leg*) mettre un pansement *or* un bandage sur; (*person*) mettre un pansement *or* un bandage à
Band-Aid® [ˈbændeɪd] N (*US*) pansement adhésif
bandanna, bandana [bænˈdænə] N bandana *m*
B & B N ABBR = **bed and breakfast**
bandit [ˈbændɪt] N bandit *m*
band leader [ˈbændliːdəʳ] N chef *m* d'orchestre
bandstand [ˈbændstænd] N kiosque *m* (à musique)
bandwagon [ˈbændwægən] N: **to jump on the ~** (*fig*) monter dans *or* prendre le train en marche
bandwidth [ˈbændwɪdθ] N largeur *f* de bande
bandy [ˈbændɪ] VT (*jokes, insults*) échanger
▸ **bandy about** VT employer à tout bout de champ *or* à tort et à travers
bandy-legged [ˈbændɪˈlɛgɪd] ADJ aux jambes arquées
bane [beɪn] N: **it (*or* he *etc*) is the ~ of my life** c'est (*or* il est *etc*) le drame de ma vie
bang [bæŋ] N détonation *f*; (*of door*) claquement *m*; (*blow*) coup (violent) ▸ VT frapper (violemment); (*door*) claquer ▸ VI détoner; claquer; **to ~ at the door** cogner à la porte; **to ~ into sth** se cogner contre qch ▸ ADV: **to be ~ on time** (BRIT *inf*) être à l'heure pile
▸ **bang on about** VT FUS (BRIT *inf*) radoter sur
▸ **bang up** VT (BRIT *inf*: *in prison*) coffrer (*inf*); **to be banged up in a cell** être coincé(e) (*inf*) dans une cellule
banger [ˈbæŋəʳ] N (BRIT *inf*: *car*: *also*: **old banger**) (vieux) tacot *m*; (*inf*: *sausage*) saucisse *f*; (*firework*) pétard *m*
Bangkok [bæŋˈkɔk] N Bangkok
Bangladesh [bæŋgləˈdɛʃ] N Bangladesh *m*
Bangladeshi [bæŋgləˈdɛʃɪ] ADJ du Bangladesh ▸ N habitant(e) du Bangladesh
bangle [ˈbæŋgl] N bracelet *m*
bang-on [ˈbæŋˈɔn] ADJ (BRIT *inf*) au poil (*inf*); **to be ~ with sth** être au poil (*inf*) avec qch
bangs [bæŋz] NPL (*US*: *fringe*) frange *f*
banish [ˈbænɪʃ] VT bannir
banishment [ˈbænɪʃmənt] N bannissement *m*
banister [ˈbænɪstəʳ] N, **banisters** [ˈbænɪstəz] NPL rampe *f* (d'escalier)
banjo [ˈbændʒəu] (*pl* **banjoes** *or* **banjos**) N banjo *m*
★**bank** [bæŋk] N banque *f*; (*of river, lake*) bord *m*, rive *f*; (*of earth*) talus *m*, remblai *m* ▸ VI (*Aviat*) virer sur l'aile; (*Comm*): **they ~ with Pitt's** leur banque *or* banquier est Pitt's
▸ **bank on** VT FUS miser *or* tabler sur
bank account N compte *m* en banque
bank balance N solde *m* bancaire
bank card (BRIT) N carte *f* d'identité bancaire
bank charges NPL (BRIT) frais *mpl* de banque
bank draft N traite *f* bancaire
★**banker** [ˈbæŋkəʳ] N banquier(-ère); **~'s card** (BRIT) carte *f* d'identité bancaire; **~'s order** (BRIT) ordre *m* de virement
bank giro N paiement *m* par virement
bank holiday N (BRIT) jour férié (*où les banques sont fermées*)

Le terme **bank holiday** s'applique au Royaume-Uni aux jours fériés pendant lesquels les banques (et généralement les petits commerces) sont fermées. Les principaux *bank holidays* à part Noël et Pâques se situent au mois de mai et fin août, et, contrairement aux pays de tradition catholique, ne coïncident pas avec des fêtes religieuses.

banking [ˈbæŋkɪŋ] N opérations *fpl* bancaires; profession *f* de banquier
banking hours NPL heures *fpl* d'ouverture des banques
bank loan N prêt *m* bancaire
bank manager N directeur *m* d'agence (bancaire)
banknote [ˈbæŋknəut] N billet *m* de banque
bank rate N taux *m* de l'escompte
bankroll [ˈbæŋkrəul] VT financer
bankrupt [ˈbæŋkrʌpt] N failli(e) ▸ ADJ en faillite; **to go ~** faire faillite
bankruptcy [ˈbæŋkrʌptsɪ] N faillite *f*
bank statement N relevé *m* de compte
banner [ˈbænəʳ] N bannière *f*
bannister [ˈbænɪstəʳ] N, **bannisters** [ˈbænɪstəz] NPL = **banister**
banns [bænz] NPL bans *mpl* (de mariage)
banquet [ˈbæŋkwɪt] N banquet *m*, festin *m*
bantam-weight [ˈbæntəmweɪt] N poids *m* coq *inv*
banter [ˈbæntəʳ] N badinage *m*
baobab [ˈbeɪəubæb] N baobab *m*
bap [bæp] N (BRIT: *roll*) petit pain *m*
baptism [ˈbæptɪzəm] N baptême *m*
baptismal [bæpˈtɪzməl] ADJ de baptême
Baptist [ˈbæptɪst] N baptiste *mf*
baptize [bæpˈtaɪz] VT baptiser
★**bar** [bɑːʳ] N (*pub*) bar *m*; (*counter*) comptoir *m*, bar; (*rod*: *of metal etc*) barre *f*; (: *of window etc*) barreau *m*; (*of chocolate*) tablette *f*, plaque *f*; (*fig*: *obstacle*) obstacle *m*; (*prohibition*) mesure *f* d'exclusion; (*Mus*) mesure *f*; **~ of soap** savonnette *f*; **behind bars** (*prisoner*) derrière les barreaux; **the B~** (*Law*) le barreau ▸ VT (*road*) barrer; (*window*) munir de barreaux; (*person*) exclure; (*activity*) interdire ▸ PREP: **~ none** sans exception
Barbados [bɑːˈbeɪdɔs] N Barbade *f*
barbarian [bɑːˈbɛərɪən] ADJ, N barbare *mf*
barbaric [bɑːˈbærɪk] ADJ barbare
barbarism [ˈbɑːbərɪzəm] N barbarie *f*
barbarity [bɑːˈbærɪtɪ] N barbarie *f*
barbarous [ˈbɑːbərəs] ADJ barbare, cruel(le)
★**barbecue** [ˈbɑːbɪkjuː] N barbecue *m*
barbed [ˈbɑːbd] ADJ (*comment, criticism*) acéré(e)

barbed wire N fil *m* de fer barbelé
barber [ˈbɑːbəʳ] N coiffeur *m* (pour hommes)
barber's (shop) [ˈbɑːbəz-], (*US*) **barber shop** N salon *m* de coiffure (pour hommes); **to go to the barber's** aller chez le coiffeur
barbie [ˈbɑːbɪ] N (BRIT, AUSTRALIA *inf*: *barbecue*) barbecue *m*
barbiturate [bɑːˈbɪtjurɪt] N barbiturique *m*
Barcelona [bɑːsəˈləunə] N Barcelone
bar chart N diagramme *m* en bâtons
bar code N code *m* à barres, code-barre *m*
bard [bɑːd] N (*literary*) poète *m*
★**bare** [bɛəʳ] ADJ nu(e); **the ~ essentials** le strict nécessaire ▸ VT mettre à nu, dénuder; (*teeth*) montrer
bareback [ˈbɛəbæk] ADV à cru, sans selle
barefaced [ˈbɛəfeɪst] ADJ impudent(e), effronté(e)
barefoot [ˈbɛəfut] ADJ, ADV nu-pieds, (les) pieds nus
bareheaded [bɛəˈhɛdɪd] ADJ, ADV nu-tête, (la) tête nue
barely [ˈbɛəlɪ] ADV à peine
Barents Sea [ˈbærənts-] N: **the ~** la mer de Barents
★**bargain** [ˈbɑːgɪn] N (*transaction*) marché *m*; (*good buy*) affaire *f*, occasion *f*; **into the ~** par-dessus le marché ▸ VI (*haggle*) marchander; (*negotiate*) négocier, traiter
▸ **bargain for** VT FUS: **he got more than he bargained for!** il en a eu pour son argent !
▸ **bargain on** VT FUS (*expect*) s'attendre à; **to ~ on sth happening** s'attendre à ce que qch arrive
bargain-basement CPD (*prices, rates*) de bazar
bargain hunter N personne *f* à l'affût des bonnes occasions
bargaining [ˈbɑːgənɪŋ] N marchandage *m*; négociations *fpl*
bargaining position N: **to be in a weak/strong ~** être en mauvaise/bonne position pour négocier
barge [bɑːdʒ] N péniche *f*
▸ **barge in** VI (*walk in*) faire irruption; (*interrupt talk*) intervenir mal à propos
▸ **barge into** VT FUS rentrer dans
▸ **barge past** VT FUS bousculer en passant ▸ VI foncer
baritone [ˈbærɪtəun] N baryton *m*
barium meal [ˈbɛərɪəm-] N (bouillie *f* de) sulfate *m* de baryum
bark [bɑːk] N (*of tree*) écorce *f*; (*of dog*) aboiement *m* ▸ VI aboyer
barking mad, barking [ˈbɑːkɪŋ] ADJ (BRIT *inf*) complètement cinglé(e) (*inf*)
barley [ˈbɑːlɪ] N orge *f*
barley sugar N sucre *m* d'orge
barmaid [ˈbɑːmeɪd] N serveuse *f* (de bar), barmaid *f*
barman [ˈbɑːmən] N (*irreg*) serveur *m* (de bar), barman *m*
bar meal N repas *m* de bistrot; **to go for a ~** aller manger au bistrot
barmy [ˈbɑːmɪ] ADJ (BRIT *inf*) timbré(e), cinglé(e)
barn [bɑːn] N grange *f*
barnacle [ˈbɑːnəkl] N anatife *m*, bernache *f*
barn owl N chouette-effraie *f*, chat-huant *m*
barnyard [ˈbɑːnjɑːd] N basse-cour *f* ▸ CPD (*animal*) de basse-cour
barometer [bəˈrɔmɪtəʳ] N baromètre *m*
baron [ˈbærən] N baron *m*; **the press/oil barons** les magnats *mpl or* barons *mpl* de la presse/du pétrole
baroness [ˈbærənɪs] N baronne *f*
baronet [ˈbærənət] (BRIT) N baronnet *m*
baronial [bəˈrəuniəl] ADJ seigneurial(e)
baroque [bəˈrɔk] ADJ baroque ▸ N: **the ~** le baroque
barrack [ˈbærək] VT (BRIT) chahuter
barracking [ˈbærəkɪŋ] N (BRIT): **to give sb a ~** chahuter qn
barracks [ˈbærəks] NPL caserne *f*
barrage [ˈbærɑːʒ] N (*Mil*) tir *m* de barrage; (*dam*) barrage *m*; (*of criticism*) feu *m*
barrel [ˈbærəl] N tonneau *m*; (*of gun*) canon *m*
barrel organ N orgue *m* de Barbarie
barren [ˈbærən] ADJ stérile; (*hills*) aride
barrette [bəˈrɛt] (*US*) N barrette *f*
barricade [bærɪˈkeɪd] N barricade *f* ▸ VT barricader
barrier [ˈbærɪəʳ] N barrière *f*; (BRIT: *also:* **crash barrier**) rail *m* de sécurité
barrier cream N (BRIT) crème protectrice
barring [ˈbɑːrɪŋ] PREP sauf
barrister [ˈbærɪstəʳ] N (BRIT) avocat (plaidant)

En Angleterre, un **barrister**, que l'on appelle également *barrister-at-law*, est un avocat qui représente ses clients devant la cour et plaide pour eux. Pour devenir *barrister*, l'inscription auprès de l'une des quatre *Inns of Court* londoniennes est obligatoire. Ces associations professionnelles remplissent une fonction de conseil et de soutien financier auprès de leurs membres.

barrow [ˈbærəu] N (*cart*) charrette *f* à bras
barstool [ˈbɑːstuːl] N tabouret *m* de bar
Bart. ABBR (BRIT) = **baronet**
bartender [ˈbɑːtɛndəʳ] N (*US*) serveur *m* (*de bar*), barman *m*
barter [ˈbɑːtəʳ] N échange *m*, troc *m* ▸ VT: **to ~ sth for** échanger qch contre
base [beɪs] N base *f* ▸ VT (*troops*): **to be based at** être basé(e) à; (*opinion, belief*): **to ~ sth on** baser *or* fonder qch sur; **I'm based in London** je suis basé(e) à Londres; **coffee-based** à base de café; **a Paris-based firm** une maison opérant de Paris *or* dont le siège est à Paris ▸ ADJ vil(e), bas(se)
★**baseball** [ˈbeɪsbɔːl] N base-ball *m*
baseball cap N casquette *f* de base-ball
baseboard [ˈbeɪsbɔːd] N (*US*) plinthe *f*
base camp N camp *m* de base
Basel [bɑːl] N = **Basle**
baseless [ˈbeɪslɪs] ADJ (*accusation, rumour*) sans fondement
baseline [ˈbeɪslaɪn] N (*Tennis*) ligne *f* de fond

★**basement** ['beɪsmənt] N sous-sol *m*

base rate N taux *m* de base

bases ['beɪsɪz] NPL *of* **base**

bash [bæʃ] VT (*inf*) frapper, cogner; **bashed in** *adj* enfoncé(e), défoncé(e) ▸ N: **I'll have a ~ (at it)** (BRIT *inf*) je vais essayer un coup
▸ **bash up** VT (*inf*: *car*) bousiller; (: BRIT: *person*) tabasser

bashful ['bæʃful] ADJ timide; modeste

bashing ['bæʃɪŋ] N (*inf*) raclée *f*

BASIC ['beɪsɪk] N (*Comput*) BASIC *m*

basic ['beɪsɪk] ADJ (*precautions, rules*) élémentaire; (*principles, research*) fondamental(e); (*vocabulary, salary*) de base; (*minimal*) réduit(e) au minimum, rudimentaire

★**basically** ['beɪsɪklɪ] ADV (*in fact*) en fait; (*essentially*) fondamentalement

basic rate N (*of tax*) première tranche d'imposition

basics ['beɪsɪks] NPL: **the ~** l'essentiel *m*

basil ['bæzl] N basilic *m*

basilica [bə'zɪlɪkə] N basilique *f*

basin ['beɪsn] N (*vessel, also Geo*) cuvette *f*, bassin *m*; (BRIT: *for food*) bol *m*; (: *bigger*) saladier *m*; (*also*: **washbasin**) lavabo *m*

basis ['beɪsɪs] (*pl* **bases** [-si:z]) N base *f*; **on a part-time/trial ~** à temps partiel/à l'essai; **on the ~ of what you've said** d'après *or* compte tenu de ce que vous dites

bask [bɑ:sk] VI: **to ~ in the sun** se chauffer au soleil

★**basket** ['bɑ:skɪt] N corbeille *f*; (*with handle*) panier *m*

★**basketball** ['bɑ:skɪtbɔ:l] N basket-ball *m*

basketball player N basketteur(-euse)

Basle [bɑ:l] N Bâle

basmati rice [bəz'mætɪ-] N riz *m* basmati

Basque [bæsk] ADJ basque; **the ~ Country** le Pays basque ▸ N Basque *mf*

bass [beɪs] N (*Mus*) basse *f*

bass clef N clé *f* de fa

bass drum N grosse caisse *f*

bassoon [bə'su:n] N basson *m*

bastard ['bɑ:stəd] N enfant naturel(le), bâtard(e); (!) salaud *m* (!)

bastardized ['bɑ:stədaɪzd] ADJ bâtard(e)

baste [beɪst] VT (*Culin*) arroser; (*Sewing*) bâtir, faufiler

bastion ['bæstiən] N bastion *m*; **a ~ of sth** un bastion de qch

★**bat** [bæt] N (*animal*) chauve-souris *f*; (*for baseball etc*) batte *f*; (BRIT: *for table tennis*) raquette *f*; **off one's own ~** de sa propre initiative ▸ VT: **he didn't ~ an eyelid** il n'a pas sourcillé *or* bronché

batch [bætʃ] N (*of bread*) fournée *f*; (*of papers*) liasse *f*; (*of applicants, letters*) paquet *m*; (*of work*) monceau *m*; (*of goods*) lot *m*

bated ['beɪtɪd] ADJ: **with ~ breath** en retenant son souffle

★**bath** [bɑ:θ] (*pl* **baths** [bɑ:ðz]) N bain *m*; (*bathtub*) baignoire *f*; **to have a ~** prendre un bain; *see also* **baths** ▸ VT baigner, donner un bain à

bathe [beɪð] VI se baigner ▸ VT baigner; (*wound etc*) laver

bather ['beɪðə^r] N baigneur(-euse)

bathing ['beɪðɪŋ] N baignade *f*

bathing cap N bonnet *m* de bain

bathing costume, (US) **bathing suit** N maillot *m* (de bain)

bathmat ['bɑ:θmæt] N tapis *m* de bain

bathrobe ['bɑ:θrəub] N peignoir *m* de bain

★**bathroom** ['bɑ:θrum] N salle *f* de bains

baths [bɑ:ðz] NPL (BRIT: *also*: **swimming baths**) piscine *f*

bath towel N serviette *f* de bain

bathtub ['bɑ:θtʌb] N baignoire *f*

bath water N eau *f* du bain

batik [bə'ti:k] N batik *m* ▸ CPD (*scarf, skirt*) en batik

batman ['bætmən] N (*irreg*) (BRIT *Mil*) ordonnance *f*

baton ['bætən] N bâton *m*; (*Mus*) baguette *f*; (*club*) matraque *f*

batsman ['bætsmən] N (*irreg*) batteur *m*

battalion [bə'tælɪən] N bataillon *m*

batten ['bætn] N (*Carpentry*) latte *f*; (*Naut*: *on sail*) latte de voile
▸ **batten down** VT (*Naut*): **to ~ down the hatches** fermer les écoutilles

batter ['bætə^r] VT battre ▸ N pâte *f* à frire

battered ['bætəd] ADJ (*hat, pan*) cabossé(e); (*wife, child*) battu(e); **a refuge for ~ wives** un centre d'accueil pour femmes battues

battering ['bætərɪŋ] N (*violence*) violences *fpl* physiques; **to take a ~** souffrir

battering ram ['bætərɪŋ-] N bélier *m* (*fig*)

battery ['bætərɪ] N (*for torch, radio*) pile *f*; (*Aut, Mil*) batterie *f*

battery charger N chargeur *m*

battery farming N élevage *m* en batterie

battery-operated [bætərɪ'ɔpəreɪtɪd], **battery-powered** [bætərɪ'pauəd] ADJ à piles, à pile

★**battle** ['bætl] N bataille *f*, combat *m*; **that's half the ~** (*fig*) c'est déjà bien; **it's a** *or* **we're fighting a losing ~** (*fig*) c'est perdu d'avance, c'est peine perdue ▸ VI se battre, lutter

battle dress N tenue *f* de campagne *or* d'assaut

battlefield ['bætlfi:ld] N champ *m* de bataille

battleground ['bætlgraund] N champ *m* de bataille

battlements ['bætlmənts] NPL remparts *mpl*

battleship ['bætlʃɪp] N cuirassé *m*

batty ['bætɪ] ADJ (*inf*: *person*) toqué(e); (: *idea, behaviour*) loufoque

bauble ['bɔ:bl] N babiole *f*

baulk [bɔ:lk] VI = **balk**

bauxite ['bɔ:ksaɪt] N bauxite *f*

Bavaria [bə'vɛərɪə] N Bavière *f*

Bavarian [bə'vɛərɪən] ADJ bavarois(e) ▸ N Bavarois(e)

bawdy ['bɔ:dɪ] ADJ paillard(e)

bawl [bɔ:l] VI hurler, brailler

bay [beɪ] N (*of sea*) baie *f*; (BRIT: *for parking*) place *f* de stationnement; (: *for loading*) aire *f* de chargement; (*horse*) bai(e); **B~ of Biscay** golfe *m* de Gascogne; **to hold sb at ~** tenir qn à distance *or* en échec

bay leaf N laurier *m*

bayonet [ˈbeɪənɪt] N baïonnette *f*

bay tree N laurier *m*

bay window N baie vitrée

bazaar [bəˈzɑːʳ] N (*shop, market*) bazar *m*; (*sale*) vente *f* de charité

bazooka [bəˈzuːkə] N bazooka *m*

BB N ABBR (BRIT: = *Boys' Brigade*) *mouvement de garçons*

BBB N ABBR (US: = *Better Business Bureau*) *organisme de défense du consommateur*

BBC N ABBR (= *British Broadcasting Corporation*) *office de la radiodiffusion et télévision britannique*

La **BBC** est un organisme centralisé dont les membres, nommés par l'État, gèrent les chaînes de télévision publiques (*BBC1*, qui présente des émissions d'intérêt général, et *BBC2* plutôt orientée vers les émissions plus culturelles, ainsi que les chaînes numériques et en ligne) et les stations de radio publiques. Bien que sa programmation ne soit pas contrôlée par l'État, la *BBC* est responsable devant le parlement quant au contenu des émissions qu'elle diffuse. Par ailleurs, la *BBC* offre un service mondial de diffusion d'émissions, en anglais et dans 28 autres langues, appelé *BBC World Service*. La BBC ne diffuse pas de publicité car elle est financée par la redevance télé et par l'exportation d'émissions.

BBQ N ABBR (= *barbecue*) barbecue *m*

BC ADV ABBR (= *before Christ*) av. J.-C. ▶ ABBR (CANADA) = **British Columbia**

BCE ADV ABBR (*Before Common Era*) AEC

BCG N ABBR (= *Bacillus Calmette-Guérin*) BCG *m*

BD N ABBR (= *Bachelor of Divinity*) *diplôme universitaire*

B/D ABBR = **bank draft**

BDS N ABBR (= *Bachelor of Dental Surgery*) *diplôme universitaire*

be [biː]

(*pt* **was** [wɔz], **were** [wəːʳ], *pp* **been** [biːn]) AUX VB **1** (*with present participle: forming continuous tenses*): **what are you doing?** que faites-vous ?; **they're coming tomorrow** ils viennent demain; **I've been waiting for you for 2 hours** je t'attends depuis 2 heures

2 (*with pp: forming passives*) être; **to be killed** être tué(e); **the box had been opened** la boîte avait été ouverte; **he was nowhere to be seen** on ne le voyait nulle part

3 (*in tag questions*): **it was fun, wasn't it?** c'était drôle, n'est-ce pas ?; **he's good-looking, isn't he?** il est beau, n'est-ce pas ?; **she's back, is she?** elle est rentrée, n'est-ce pas *or* alors ?

4 (*+to +infinitive*): **the house is to be sold** (*necessity*) la maison doit être vendue; (*future*) la maison va être vendue; **he's not to open it** il ne doit pas l'ouvrir; **am I to understand that ...?** dois-je comprendre que ... ?; **he was to have come yesterday** il devait venir hier

5 (*possibility: supposition*): **if I were you, I ...** à votre place, je ..., si j'étais vous, je ...

▶ VB + COMPLEMENT **1** (*gen*) être; **I'm English** je suis anglais(e); **I'm tired** je suis fatigué(e); **I'm hot/cold** j'ai chaud/froid; **he's a doctor** il est médecin; **be careful/good/quiet!** faites attention/soyez sages/taisez-vous !; **2 and 2 are 4** 2 et 2 font 4

2 (*of health*) aller; **how are you?** comment allez-vous ?; **I'm better now** je vais mieux maintenant; **he's fine now** il va bien maintenant; **he's very ill** il est très malade

3 (*of age*) avoir; **how old are you?** quel âge avez-vous ?; **I'm sixteen (years old)** j'ai seize ans

4 (*cost*) coûter; **how much was the meal?** combien a coûté le repas ?; **that'll be £5, please** ça fera 5 livres, s'il vous plaît; **this shirt is £17** cette chemise coûte 17 livres

▶ VI **1** (*exist, occur etc*) être, exister; **the prettiest girl that ever was** la fille la plus jolie qui ait jamais existé; **is there a God?** y a-t-il un dieu ?; **be that as it may** quoi qu'il en soit; **so be it** soit

2 (*referring to place*) être, se trouver; **I won't be here tomorrow** je ne serai pas là demain; **Edinburgh is in Scotland** Édimbourg est *or* se trouve en Écosse

3 (*referring to movement*) aller; **where have you been?** où êtes-vous allé(s) ?

▶ IMPERS VB **1** (*referring to time*) être; **it's 5 o'clock** il est 5 heures; **it's the 28th of April** c'est le 28 avril

2 (*referring to distance*): **it's 10 km to the village** le village est à 10 km

3 (*referring to the weather*) faire; **it's too hot/cold** il fait trop chaud/froid; **it's windy today** il y a du vent aujourd'hui

4 (*emphatic*): **it's me/the postman** c'est moi/le facteur; **it was Maria who paid the bill** c'est Maria qui a payé la note

B/E ABBR = **bill of exchange**

★**beach** [biːtʃ] N plage *f* ▶ VT échouer

beachcomber [ˈbiːtʃkəuməʳ] N ramasseur(-euse) d'épaves; (*fig*) bon(ne) à rien

beachfront [ˈbiːtʃfrʌnt] CPD (*café, hotel*) en front de mer

beachwear [ˈbiːtʃwɛəʳ] N tenues *fpl* de plage

beacon [ˈbiːkən] N (*lighthouse*) fanal *m*; (*marker*) balise *f*; (*also:* **radio beacon**) radiophare *m*

bead [biːd] N perle *f*; (*of dew, sweat*) goutte *f* ▪ **beads** NPL (*necklace*) collier *m*

beaded [ˈbiːdɪd] ADJ (*dress, cushion*) orné(e) de perles; **his forehead was ~ with sweat** la sueur perlait sur son front

beady [ˈbiːdɪ] ADJ: **~ eyes** yeux *mpl* de fouine

beagle [biːgl] N beagle *m*

beak [biːk] N bec *m*

beaker [ˈbiːkəʳ] N gobelet *m*

beam [biːm] N (*Archit*) poutre *f*; (*of light*) rayon *m*; (*Radio*) faisceau *m* radio; **to drive on full** *or* **main** *or* (US) **high ~** rouler en pleins phares ▶ VI rayonner

beaming [ˈbiːmɪŋ] ADJ (*sun, smile*) radieux(-euse)

bean [biːn] N haricot *m*; (*of coffee*) grain *m*

beanbag [ˈbiːnbæg] N fauteuil *m* poire

bean counter N (*pej*) comptable *mf*

beanpole [ˈbiːnpəul] N (*inf*) perche *f*

beansprouts [ˈbiːnsprauts] NPL pousses *fpl* or germes *mpl* de soja

★**bear** [bɛəʳ] (*pt* **bore** [bɔːʳ], *pp* **borne** [bɔːn]) N ours *m*; (*Stock Exchange*) baissier *m* ▸ VT porter; (*endure*) supporter; (*traces, signs*) porter; (*Comm: interest*) rapporter; **to ~ the responsibility of** assumer la responsabilité de; **to ~ comparison with** soutenir la comparaison avec; **I can't ~ him** je ne peux pas le supporter *or* souffrir ▸ VI: **to ~ right/left** obliquer à droite/gauche, se diriger vers la droite/gauche; **to bring pressure to ~ on sb** faire pression sur qn
▸ **bear down** VI (*rush towards*): **to ~ down on sb/sth** se ruer sur qn/qch
▸ **bear out** VT (*theory, suspicion*) confirmer
▸ **bear up** VI supporter, tenir le coup; **he bore up well** il a tenu le coup
▸ **bear with** VT FUS (*sb's moods, temper*) supporter; **~ with me a minute** un moment, s'il vous plaît

bearable ['bɛərəbl] ADJ supportable

beard [bɪəd] N barbe *f*

bearded ['bɪədɪd] ADJ barbu(e)

bearer ['bɛərəʳ] N porteur *m*; (*of passport etc*) titulaire *mf*

bearing ['bɛərɪŋ] N maintien *m*, allure *f*; (*connection*) rapport *m*; **to take a ~** faire le point; **to find one's bearings** s'orienter ■ **(ball) bearings** NPL (*Tech*) roulement *m* (à billes)

bearskin ['bɛəskɪn] N (*hat*) bonnet *m* à poil; (*skin*) peau *f* d'ours

beast [biːst] N bête *f*; (*inf: person*) brute *f*

beastly ['biːstlɪ] ADJ infect(e)

★**beat** [biːt] (*pt* **~**, *pp* **beaten** [biːtn]) N battement *m*; (*Mus*) temps *m*, mesure *f*; (*of police officer*) ronde *f* ▸ VT, VI battre; **to ~ it** (*inf*) ficher le camp; **that beats everything!** c'est le comble !; **to ~ about the bush** tourner autour du pot
▸ **beat down** VT (*door*) enfoncer; (*price*) faire baisser; (*seller*) faire descendre ▸ VI (*rain*) tambouriner; (*sun*) taper
▸ **beat off** VT repousser
▸ **beat up** VT (*eggs*) battre; (*inf: person*) tabasser

beaten ['biːtən] PP **beat** ▸ ADJ (*trampled*) battu(e); **off the ~ track** hors des chemins *or* sentiers battus

beater ['biːtəʳ] N (*for eggs, cream*) fouet *m*, batteur *m*

beatific [biːə'tɪfɪk] ADJ (*literary: smile*) béat(e)

beatification [biːætɪfɪ'keɪʃən] N béatification *f*

beating ['biːtɪŋ] N raclée *f*

beat-up ['biːt'ʌp] ADJ (*inf*) déglingué(e)

beautician [bjuː'tɪʃən] N esthéticien(ne)

★**beautiful** ['bjuːtɪful] ADJ beau (belle)

beautifully ['bjuːtɪflɪ] ADV admirablement

beautify ['bjuːtɪfaɪ] VT embellir

★**beauty** ['bjuːtɪ] N beauté *f*; **the ~ of it is that ...** le plus beau, c'est que ...

beauty contest N concours *m* de beauté

beauty parlour, (*US*) **beauty parlor** N institut *m* de beauté

beauty queen N reine *f* de beauté

beauty salon N institut *m* de beauté

beauty sleep N: **I need my ~** j'ai besoin de faire un gros dodo

beauty spot N (*on skin*) grain *m* de beauté; (*BRIT Tourism*) site naturel (d'une grande beauté)

beaver ['biːvəʳ] N castor *m*
▸ **beaver away** VI travailler d'arrache-pied

becalmed [bɪ'kɑːmd] ADJ immobilisé(e) par le calme plat

became [bɪ'keɪm] PT *of* **become**

★**because** [bɪ'kɔz] CONJ parce que; **~ of** *prep* à cause de

beck [bɛk] N: **to be at sb's ~ and call** être à l'entière disposition de qn

beckon ['bɛkən] VT (*also:* **beckon to**) faire signe (de venir) à

★**become** [bɪ'kʌm] VI (*irreg: like* **come**) devenir; **to ~ fat/thin** grossir/maigrir; **to ~ angry** se mettre en colère; **it became known that** on apprit que; **what has ~ of him?** qu'est-il devenu ?

becoming [bɪ'kʌmɪŋ] ADJ (*behaviour*) convenable, bienséant(e); (*clothes*) seyant(e)

BECTU ['bɛktu] N ABBR (BRIT) = **Broadcasting, Entertainment, Cinematographic and Theatre Union**

BEd N ABBR (= *Bachelor of Education*) *diplôme d'aptitude à l'enseignement*

★**bed** [bɛd] N lit *m*; (*of flowers*) parterre *m*; (*of coal, clay*) couche *f*; (*of sea, lake*) fond *m*; **to go to ~** aller se coucher
▸ **bed down** VI se coucher

bed and breakfast N (*terms*) chambre et petit déjeuner; (*place*) ≈ chambre *f* d'hôte

> Un **bed and breakfast** est une petite pension dans une maison particulière ou une ferme, où l'on peut louer une chambre avec petit déjeuner pour un prix souvent inférieur à celui d'un hôtel. Ces établissements sont communément appelés *B&B* et sont signalés par une pancarte dans le jardin ou au-dessus de la porte.

bedbug ['bɛdbʌg] N punaise *f*

bedclothes ['bɛdkləuðz] NPL couvertures *fpl* et draps *mpl*

bedcover ['bɛdkʌvəʳ] N couvre-lit *m*, dessus-de-lit *m*

bedding ['bɛdɪŋ] N literie *f*

bedevil [bɪ'dɛvl] VT (*harass*) harceler; **to be bedevilled by** être victime de

bedfellow ['bɛdfɛləu] N: **they are strange bedfellows** (*fig*) ça fait un drôle de mélange

bedlam ['bɛdləm] N chahut *m*, cirque *m*

bed linen N draps *mpl* de lit (et taies *fpl* d'oreillers), literie *f*

Bedouin ['bɛduɪn] N Bédouin(e) ▸ ADJ bédouin(e)

bedpan ['bɛdpæn] N bassin *m* (hygiénique)

bedpost ['bɛdpəust] N colonne *f* de lit

bedraggled [bɪ'drægld] ADJ dépenaillé(e), les vêtements en désordre

bedridden ['bɛdrɪdn] ADJ cloué(e) au lit

bedrock ['bɛdrɔk] N (*fig*) principes essentiels *or* de base, essentiel *m*; (*Geo*) roche *f* en place, socle *m*

bedroll ['bɛdrəul] N couchage *m*

★**bedroom** ['bɛdrum] N chambre *f* (à coucher)

bed settee N canapé-lit *m*

bedside ['bɛdsaɪd] N: **at sb's ~** au chevet de qn ▸ CPD (*book, lamp*) de chevet

bedside lamp N lampe *f* de chevet
bedside table N table *f* de chevet
bedsit [ˈbɛdsɪt], **bedsitter** [ˈbɛdsɪtəʳ] N (BRIT) chambre meublée, studio *m*
bedsore [ˈbɛdsɔːʳ] N escarre *f*
bedspread [ˈbɛdsprɛd] N couvre-lit *m*, dessus-de-lit *m*
bedstead [ˈbɛdstɛd] N châlit *m*
★**bedtime** [ˈbɛdtaɪm] N: **it's ~** c'est l'heure de se coucher
bedwetting [ˈbɛdwɛtɪŋ] N incontinence *f* nocturne
bee [biː] N abeille *f*; **to have a ~ in one's bonnet (about sth)** être obnubilé(e) (par qch)
Beeb [biːb] N (BRIT *inf*): **the ~** la BBC
beech [biːtʃ] N hêtre *m*
★**beef** [biːf] N bœuf *m*; **roast ~** rosbif *m*
▸ **beef up** VT (*inf*: *support*) renforcer; (: *essay*) étoffer
★**beefburger** [ˈbiːfbəːgəʳ] N hamburger *m*
beefcake [ˈbiːfkeɪk] N (*inf*) armoire *f* à glace (*inf*), malabar *m* (*inf*)
Beefeater [ˈbiːfiːtəʳ] N hallebardier *m* (*de la tour de Londres*)
beefsteak [ˈbiːfsteɪk] N bifteck *m*, steak *m*
beefy [ˈbiːfɪ] ADJ (*person*) costaud(e)
beehive [ˈbiːhaɪv] N ruche *f*
beekeeper [ˈbiːkiːpəʳ] N apiculteur(-trice)
bee-keeping [ˈbiːkiːpɪŋ] N apiculture *f*
beeline [ˈbiːlaɪn] N: **to make a ~ for** se diriger tout droit vers
been [biːn] PP *of* **be**
beep [biːp] N bip *m*
beeper [ˈbiːpəʳ] N (*pager*) bip *m*
★**beer** [bɪəʳ] N bière *f*
beer belly N (*inf*) bedaine *f* (*de buveur de bière*)
beer can N canette *f* de bière
beer garden N (BRIT) jardin *m* d'un pub (*où l'on peut emmener ses consommations*)
beermat [ˈbɪəmæt] N dessous *m* de verre
beeswax [ˈbiːzwæks] N cire *f* d'abeille
beet [biːt] N (*vegetable*) betterave *f*; (US: *also*: **red beet**) betterave (potagère)
beetle [ˈbiːtl] N scarabée *m*, coléoptère *m*
beetroot [ˈbiːtruːt] N (BRIT) betterave *f*
befall [bɪˈfɔːl] VI, VT (*irreg*: *like* **fall**) advenir (à)
befit [bɪˈfɪt] VT seoir à
★**before** [bɪˈfɔːʳ] PREP (*of time*) avant; (*of space*) devant ▸ CONJ avant que + *sub*; avant de; **~ she goes** avant qu'elle (ne) parte; **~ going** avant de partir ▸ ADV avant; **the week ~** la semaine précédente *or* d'avant; **I've seen it ~** je l'ai déjà vu; **I've never seen it ~** c'est la première fois que je le vois
beforehand [bɪˈfɔːhænd] ADV au préalable, à l'avance
befriend [bɪˈfrɛnd] VT venir en aide à; traiter en ami
befuddled [bɪˈfʌdld] ADJ: **to be ~** avoir les idées brouillées
beg [bɛg] VI mendier ▸ VT mendier; (*favour*) quémander, solliciter; (*forgiveness, mercy etc*) demander; (*entreat*) supplier; **to ~ sb to do sth** supplier qn de faire qch; **I ~ your pardon** (*apologizing*) excusez-moi; (*not hearing*) pardon ?; **that begs the question of ...** cela soulève la question de ..., cela suppose réglée la question de ...; *see also* **pardon**
began [bɪˈgæn] PT *of* **begin**
beget [bɪˈgɛt] (*pt* **begot** [bɪˈgɔt], *pp* **begotten** [bɪˈgɔtn]) VT engendrer
beggar [ˈbɛgəʳ] N (*also*: **beggarman, beggarwoman**) mendiant(e)
★**begin** [bɪˈgɪn] (*pt* **began** [bɪˈgæn], *pp* **begun** [bɪˈgʌn]) VT, VI commencer; **to ~ doing** *or* **to do sth** commencer à faire qch; **beginning (from) Monday** à partir de lundi; **I can't ~ to thank you** je ne saurais vous remercier; **to ~ with** d'abord, pour commencer
beginner [bɪˈgɪnəʳ] N débutant(e)
★**beginning** [bɪˈgɪnɪŋ] N commencement *m*, début *m*; **right from the ~** dès le début
begonia [bɪˈgəuniə] N bégonia *m*
begot [bɪˈgɔt] PT *of* **beget**
begotten [bɪˈgɔtn] PP *of* **beget**
begrudge [bɪˈgrʌdʒ] VT: **to ~ sb sth** envier qch à qn; donner qch à contrecœur *or* à regret à qn
beguile [bɪˈgaɪl] VT (*enchant*) enjôler
beguiling [bɪˈgaɪlɪŋ] ADJ (*charming*) séduisant(e), enchanteur(-eresse)
begun [bɪˈgʌn] PP *of* **begin**
★**behalf** [bɪˈhɑːf] N: **on ~ of**, (US) **in ~ of** (*representing*) de la part de; au nom de; (*for benefit of*) pour le compte de; **on my/his ~** de ma/sa part
★**behave** [bɪˈheɪv] VI se conduire, se comporter; (*well*: *also*: **behave o.s.**) se conduire bien *or* comme il faut
behaviour, (US) **behavior** [bɪˈheɪvjəʳ] N comportement *m*, conduite *f*
behavioural, (US) **behavioral** [bɪˈheɪvjərəl] ADJ de comportement, comportemental(e)
behead [bɪˈhɛd] VT décapiter
beheld [bɪˈhɛld] PT, PP *of* **behold**
behest [bɪˈhɛst] N: **at sb's ~, at the ~ of sb** sur l'ordre de qn
★**behind** [bɪˈhaɪnd] PREP derrière; (*time*) en retard sur; (*supporting*): **to be ~ sb** soutenir qn; **~ the scenes** dans les coulisses ▸ ADV derrière; en retard; **to leave sth ~** (*forget*) oublier de prendre qch; **to be ~ with sth** être en retard dans qch ▸ N derrière *m*
behold [bɪˈhəuld] VT (*irreg*: *like* **hold**) apercevoir, voir
beholden [bɪˈhəuldən] ADJ: **~ to** redevable à
behove [bɪˈhəuv], (US) **behoove** [bɪˈhuːv] VT incomber; **it behoves us to ...** il nous incombe de ...
beige [beɪʒ] ADJ beige
Beijing [ˈbeɪˈdʒɪŋ] N Pékin
being [ˈbiːɪŋ] N être *m*; **to come into ~** prendre naissance
Beirut [beɪˈruːt] N Beyrouth
bejewelled, (US) **bejeweled** [bɪˈdʒuːəld] ADJ (*woman*) paré(e) de bijoux; (*crown, tiara*) incrusté(e) de joyaux

Belarus [bɛlə'rus] N Biélorussie *f*, Bélarus *m*
Belarussian [bɛlə'rʌʃən] ADJ biélorusse ▸N Biélorusse *mf*; (*Ling*) biélorusse *m*
belated [bɪ'leɪtɪd] ADJ tardif(-ive)
belatedly [bɪ'leɪtɪdlɪ] ADV tardivement, avec retard
belch [bɛltʃ] VI avoir un renvoi, roter ▸VT (*smoke etc*: *also*: **belch out**) vomir, cracher
beleaguered [bɪ'li:gɪd] ADJ (*city*) assiégé(e); (*army*) cerné(e); (*fig*) sollicité(e) de toutes parts
Belfast ['bɛlfɑ:st] N Belfast
belfry ['bɛlfrɪ] N beffroi *m*
★**Belgian** ['bɛldʒən] ADJ belge, de Belgique ▸N Belge *mf*
★**Belgium** ['bɛldʒəm] N Belgique *f*
Belgrade [bɛl'greɪd] N Belgrade
belie [bɪ'laɪ] VT démentir; (*give false impression of*) occulter
belief [bɪ'li:f] N (*opinion*) conviction *f*; (*trust, faith*) foi *f*; (*acceptance as true*) croyance *f*; **it's beyond ~** c'est incroyable; **in the ~ that** dans l'idée que
believable [bɪ'li:vəbl] ADJ croyable
★**believe** [bɪ'li:v] VT, VI croire, estimer; **to ~ in** (*God*) croire en; (*ghosts, method*) croire à; **I don't ~ in corporal punishment** je ne suis pas partisan des châtiments corporels; **he is believed to be abroad** il serait à l'étranger
believer [bɪ'li:vəʳ] N (*in idea, activity*) partisan(e); **~ in** partisan(e) de; (*Rel*) croyant(e)
belittle [bɪ'lɪtl] VT déprécier, rabaisser
Belize [bɛ'li:z] N Bélize *m*
★**bell** [bɛl] N cloche *f*; (*small*) clochette *f*, grelot *m*; (*on door*) sonnette *f*; (*electric*) sonnerie *f*; **that rings a ~** (*fig*) cela me rappelle qch
bell-bottoms ['bɛlbɔtəmz] NPL pantalon *m* à pattes d'éléphant
bellboy ['bɛlbɔɪ], (*US*) **bellhop** ['bɛlhɔp] N groom *m*, chasseur *m*
bellicose ['bɛlɪkəus] ADJ (*literary*) belliqueux(-euse)
belligerence [bɪ'lɪdʒərəns] N belligérance *f*
belligerent [bɪ'lɪdʒərənt] ADJ (*person*) agressif(-ive); (*nation*) belligérant(e)
bellow ['bɛləu] VI (*bull*) meugler; (*person*) brailler ▸VT (*orders*) hurler
bellows ['bɛləuz] NPL soufflet *m*
bell pepper N (*esp US*) poivron *m*
bell push N (BRIT) bouton *m* de sonnette
belly ['bɛlɪ] N ventre *m*
bellyache ['bɛlɪeɪk] (*inf*) N colique *f* ▸VI ronchonner
belly button N (*inf*) nombril *m*
bellyful ['bɛlɪful] N (*inf*): **I've had a ~** j'en ai ras le bol
★**belong** [bɪ'lɔŋ] VI: **to ~ to** appartenir à; (*club etc*) faire partie de; **this book belongs here** ce livre va ici, la place de ce livre est ici
belonging [bɪ'lɔŋɪŋ] N: **sense of ~** sentiment *m* d'appartenance
belongings [bɪ'lɔŋɪŋz] NPL affaires *fpl*, possessions *fpl*; **personal ~** effets personnels
Belorussia [bɛlə'rʌʃə] N Biélorussie *f*
Belorussian [bɛlə'rʌʃən] ADJ, N = **Belarussian**
beloved [bɪ'lʌvɪd] ADJ (bien-)aimé(e), chéri(e) ▸N bien-aimé(e)
★**below** [bɪ'ləu] PREP sous, au-dessous de; **temperatures ~ normal** températures inférieures à la normale ▸ADV en dessous; en contre-bas; **see ~** voir plus bas *or* plus loin *or* ci-dessous
★**belt** [bɛlt] N ceinture *f*; (*Tech*) courroie *f*; **industrial ~** zone industrielle ▸VT (*thrash*) donner une raclée à ▸VI (BRIT *inf*) filer (à toutes jambes)
▸**belt out** VT (*song*) chanter à tue-tête *or* à pleins poumons
▸**belt up** VI (BRIT *inf*) la boucler
beltway ['bɛltweɪ] N (*US Aut*) route *f* de ceinture; (*: motorway*) périphérique *m*
bemoan [bɪ'məun] VT se lamenter sur
bemused [bɪ'mju:zd] ADJ perplexe, médusé(e)
bemusement [bɪ'mju:zmənt] N perplexité *f*
bench [bɛntʃ] N banc *m*; (*in workshop*) établi *m*; **the B~** (*Law: judges*) la magistrature, la Cour
benchmark ['bɛntʃmɑ:k] N référence *f* ▸VT évaluer (par comparaison); **to ~ sth against sth** comparer qch à qch
★**bend** [bɛnd] (*pt, pp* **bent** [bɛnt]) VT courber; (*leg, arm*) plier ▸VI se courber ▸N (*in road*) virage *m*, tournant *m*; (*in pipe, river*) coude *m*
▸**bend down** VI se baisser
▸**bend over** VI se pencher
bends [bɛndz] NPL (*Med*) maladie *f* des caissons
bendy ['bɛndɪ] ADJ (*toy, wire*) flexible; (*river*) sinueux(-euse)
★**beneath** [bɪ'ni:θ] PREP sous, au-dessous de; (*unworthy of*) indigne de ▸ADV dessous, au-dessous, en bas
benefactor ['bɛnɪfæktəʳ] N bienfaiteur *m*
benefactress ['bɛnɪfæktrɪs] N bienfaitrice *f*
beneficial [bɛnɪ'fɪʃəl] ADJ: **~ (to)** salutaire (pour), bénéfique (à)
beneficiary [bɛnɪ'fɪʃərɪ] N (*Law*) bénéficiaire *mf*
★**benefit** ['bɛnɪfɪt] N avantage *m*, profit *m*; (*allowance of money*) allocation *f* ▸VT faire du bien à, profiter à ▸VI: **he'll ~ from it** cela lui fera du bien, il y gagnera *or* s'en trouvera bien
benefit performance N représentation *f or* gala *m* de bienfaisance
Benelux ['bɛnɪlʌks] N Bénélux *m*
benevolence [bɪ'nɛvələns] N bienveillance *f*
benevolent [bɪ'nɛvələnt] ADJ bienveillant(e)
BEng N ABBR (= *Bachelor of Engineering*) *diplôme universitaire*
Bengali [bɛn'gɔ:lɪ] ADJ bengali *f inv* ▸N (*person*) Bengali *mf*; (*language*) bengali *m*
benighted [bɪ'naɪtɪd] ADJ (*literary: ignorant*) ignorant(e); (*: unfortunate*) maudit(e)
benign [bɪ'naɪn] ADJ (*person, smile*) bienveillant(e), affable; (*Med*) bénin(-igne)
Benin [bɛ'ni:n] N Bénin *m*
bent [bɛnt] PT, PP *of* **bend** ▸N inclination *f*, penchant *m* ▸ADJ (*wire, pipe*) coudé(e); (*inf: dishonest*) véreux(-euse); **to be ~ on** être résolu(e) à
benzene ['bɛnzi:n] N benzène *m*
bequeath [bɪ'kwi:ð] VT léguer
bequest [bɪ'kwɛst] N legs *m*

berate [bɪˈreɪt] VT réprimander; **to ~ sb for sth** réprimander qn pour qch
bereaved [bɪˈriːvd] N: **the ~** la famille du disparu ▶ADJ endeuillé(e)
bereavement [bɪˈriːvmənt] N deuil *m*
bereft [bɪˈrɛft] ADJ (*lonely*) perdu(e); **to be ~ of sth** être dépourvu(e) de qch
beret [ˈbɛreɪ] N béret *m*
Bering Sea [ˈbeɪrɪŋ-] N: **the ~** la mer de Béring
berk [bəːk] N (BRIT *pej*) andouille *f*
Berlin [bəːˈlɪn] N Berlin; **East/West ~** Berlin Est/Ouest
berm [bəːm] N (*US Aut*) accotement *m*
Bermuda [bəːˈmjuːdə] N Bermudes *fpl*
Bermuda shorts NPL bermuda *m*
Bern [bəːn] N Berne
berry [ˈbɛrɪ] N baie *f*
berserk [bəˈsəːk] ADJ: **to go ~** être pris(e) d'une rage incontrôlable; se déchaîner
berth [bəːθ] N (*bed*) couchette *f*; (*for ship*) poste *m* d'amarrage, mouillage *m*; **to give sb a wide ~** (*fig*) éviter qn ▶VI (*in harbour*) venir à quai; (*at anchor*) mouiller
beseech [bɪˈsiːtʃ] (*pt, pp* **besought** [-ˈsɔːt]) VT implorer, supplier
beseeching [bɪˈsiːtʃɪŋ] ADJ (*expression, tone*) suppliant(e)
beset [bɪˈsɛt] (*pt, pp* **~**) VT assaillir ▶ADJ: **~ with** semé(e) de
besetting [bɪˈsɛtɪŋ] ADJ: **his ~ sin** son vice, son gros défaut
★**beside** [bɪˈsaɪd] PREP à côté de; (*compared with*) par rapport à; **that's ~ the point** ça n'a rien à voir; **to be ~ o.s. (with anger)** être hors de soi
besides [bɪˈsaɪdz] ADV en outre, de plus ▶PREP en plus de; (*except*) excepté
besiege [bɪˈsiːdʒ] VT (*town*) assiéger; (*fig*) assaillir
besmirch [bɪˈsməːtʃ] VT (*reputation*) ternir, entacher; **to ~ sb** diffamer qn
besotted [bɪˈsɔtɪd] ADJ (BRIT): **~ with** entiché(e) de
besought [bɪˈsɔːt] PT, PP *of* **beseech**
bespectacled [bɪˈspɛktɪkld] ADJ à lunettes
bespoke [bɪˈspəuk] ADJ (BRIT: *garment*) fait(e) sur mesure; **~ tailor** tailleur *m* à façon
★**best** [bɛst] ADJ meilleur(e); **the ~ thing to do is ...** le mieux, c'est de ...; **the ~ part of** (*quantity*) le plus clair de, la plus grande partie de ▶ADV le mieux ▶N: **at ~** au mieux; **to do one's ~** faire de son mieux; **to make the ~ of sth** s'accommoder de qch (du mieux que l'on peut); **to the ~ of my knowledge** pour autant que je sache; **to the ~ of my ability** du mieux que je pourrai; **he's not exactly patient at the ~ of times** il n'est jamais spécialement patient
best-before date [bɛstbɪˈfɔː-] N date *f* de limite d'utilisation *or* de consommation
best man N (*irreg*) garçon *m* d'honneur
bestow [bɪˈstəu] VT accorder; (*title*) conférer
bestseller [ˈbɛstˈsɛləʳ] N best-seller *m*, succès *m* de librairie
bet [bɛt] (*pt, pp* **~** *or* **betted** [ˈbɛtɪd]) VT, VI parier; **to ~ sb sth** parier qch à qn ▶N pari *m*; **it's a safe ~** (*fig*) il y a de fortes chances
beta [ˈbiːtə] ADJ, N bêta *adj, m inv*
Bethlehem [ˈbɛθlɪhɛm] N Bethléem
betide [bɪˈtaɪd] VT: **woe ~** malheur à
betray [bɪˈtreɪ] VT trahir
betrayal [bɪˈtreɪəl] N trahison *f*
betrothed [bɪˈtrəuðd] ADJ, N (*old*) fiancé(e)
★**better** [ˈbɛtəʳ] ADJ meilleur(e); **that's ~!** c'est mieux !; **to get ~** (*Med*) aller mieux; (*improve*) s'améliorer ▶ADV mieux; **I had ~ go** il faut que je m'en aille; **you had ~ do it** vous feriez mieux de le faire; **he thought ~ of it** il s'est ravisé; **~ off** *adj* plus à l'aise financièrement; (*fig*) **you'd be ~ off this way** vous vous en trouveriez mieux ainsi, ce serait mieux *or* plus pratique ainsi ▶VT améliorer ▶N: **to get the ~ of** triompher de, l'emporter sur; **a change for the ~** une amélioration
betterment [ˈbɛtəmənt] N amélioration *f*
betting [ˈbɛtɪŋ] N paris *mpl*
betting shop N (BRIT) bureau *m* de paris
★**between** [bɪˈtwiːn] PREP entre; **the road ~ here and London** la route d'ici à Londres; **we only had 5 ~ us** nous n'en avions que 5 en tout ▶ADV au milieu, dans l'intervalle
bevel [ˈbɛvəl] N (*also:* **bevel edge**) biseau *m*
beverage [ˈbɛvərɪdʒ] N boisson *f* (*gén sans alcool*)
bevy [ˈbɛvɪ] N: **a ~ of** un essaim *or* une volée de
bewail [bɪˈweɪl] VT se lamenter sur
beware [bɪˈwɛəʳ] VT, VI: **to ~ (of)** prendre garde (à); **"~ of the dog"** « (attention) chien méchant »
bewildered [bɪˈwɪldəd] ADJ dérouté(e), ahuri(e)
bewildering [bɪˈwɪldrɪŋ] ADJ déroutant(e), ahurissant(e)
bewitch [bɪˈwɪtʃ] VT ensorceler; **to be bewitched by sth/sb** être captivé(e) par qch/qn
bewitching [bɪˈwɪtʃɪŋ] ADJ enchanteur(-eresse)
★**beyond** [bɪˈjɔnd] PREP (*in space, time*) au-delà de; (*exceeding*) au-dessus de; **~ doubt** hors de doute; **~ repair** irréparable ▶ADV au-delà
b/f ABBR = **brought forward**
BFPO N ABBR (= *British Forces Post Office*) *service postal de l'armée*
bhaji [ˈbɑːdʒi] N bhaji *m* (*beignet indien aux légumes*)
bhp N ABBR (*Aut:* = *brake horsepower*) puissance *f* aux freins
Bhutan [buːˈtɑːn] N Bhoutan *m*
bi... [baɪ] PREFIX bi...
biannual [baɪˈænjuəl] ADJ semestriel(le)
bias [ˈbaɪəs] N (*prejudice*) préjugé *m*, parti pris; (*preference*) prévention *f*
biased, biassed [ˈbaɪəst] ADJ partial(e), montrant un parti pris; **to be bias(s)ed against** avoir un préjugé contre
biathlon [baɪˈæθlən] N biathlon *m*
bib [bɪb] N bavoir *m*, bavette *f*
★**Bible** [ˈbaɪbl] N Bible *f*
Bible Belt N (*in the US*): **the ~** la ceinture de la Bible (*région du Sud profond où le protestantisme évangélique est prédominant*)
biblical [ˈbɪblɪkl] ADJ biblique

b

bibliography [bɪblɪ'ɔgrəfɪ] N bibliographie *f*
bicarbonate of soda [baɪ'kɑ:bənɪt-] N bicarbonate *m* de soude
bicentenary [baɪsɛn'ti:nərɪ], **bicentennial** [baɪsɛn'tɛnɪəl] N bicentenaire *m*
biceps ['baɪsɛps] N biceps *m*
bicker ['bɪkə^r] VI se chamailler
bickering ['bɪkərɪŋ] N (*political*) querelles *fpl*; (*of neighbours, family*) chamailleries *fpl*
★**bicycle** ['baɪsɪkl] N bicyclette *f*
bicycle path, bicycle track N piste *f* cyclable
bicycle pump N pompe *f* à vélo
bid [bɪd] N offre *f*; (*at auction*) enchère *f*; (*attempt*) tentative *f* ▸ VI (*pt, pp* ~) faire une enchère *or* offre ▸ VT (*pt* **bade** [bæd], *pp* **bidden** ['bɪdn]) faire une enchère *or* offre de; **to ~ sb good day** souhaiter le bonjour à qn
bidden ['bɪdn] PP *of* **bid**
bidder ['bɪdə^r] N: **the highest ~** le plus offrant
bidding ['bɪdɪŋ] N enchères *fpl*
bide [baɪd] VT: **to ~ one's time** attendre son heure
bidet ['bi:deɪ] N bidet *m*
bidirectional ['baɪdɪ'rɛkʃənl] ADJ bidirectionnel(le)
biennial [baɪ'ɛnɪəl] ADJ biennal(e), bisannuel(le) ▸ N biennale *f*; (*plant*) plante bisannuelle
bier [bɪə^r] N bière *f* (*cercueil*)
bifocals [baɪ'fəuklz] NPL lunettes *fpl* à double foyer
★**big** [bɪg] ADJ (*in height: person, building, tree*) grand(e); (*in bulk, amount: person, parcel, book*) gros(se); **to do things in a ~ way** faire les choses en grand
bigamist ['bɪgəmɪst] N bigame *mf*
bigamy ['bɪgəmɪ] N bigamie *f*
Big Apple N *voir article*

Si l'on sait que **The Big Apple** désigne la ville de New York (*apple* est en réalité un terme d'argot signifiant grande ville), on connaît moins les surnoms donnés aux autres grandes villes américaines. Chicago est surnommée *Windy City*, peut-être à cause des rafales soufflant du lac Michigan, La Nouvelle-Orléans doit son sobriquet de *Big Easy* à son style de vie décontracté, et l'industrie automobile a donné à Detroit son surnom de *Motown*.

big bang theory N théorie *f* du big bang
big dipper [-'dɪpə^r] N montagnes *fpl* russes
big end N (*Aut*) tête *f* de bielle
biggish ['bɪgɪʃ] ADJ (*see* **big**) assez grand(e), assez gros(se)
bigheaded ['bɪg'hɛdɪd] ADJ prétentieux(-euse)
big-hearted ['bɪg'hɑ:tɪd] ADJ au grand cœur
bigot ['bɪgət] N fanatique *mf*, sectaire *mf*
bigoted ['bɪgətɪd] ADJ fanatique, sectaire
bigotry ['bɪgətrɪ] N fanatisme *m*, sectarisme *m*
big picture N: **the ~** *la situation dans son ensemble*
big time, big-time (*inf*) ADJ (*football, investment*) de première catégorie *f* ▸ N: **to hit the ~** percer ▸ ADV (*US*) de manière spectaculaire
big toe N gros orteil
big top N grand chapiteau
big wheel N (*at fair*) grande roue
bigwig ['bɪgwɪg] N (*inf*) grosse légume, huile *f*
★**bike** [baɪk] N (*bicycle*) vélo *m*; (*motorbike*) moto *f*, bécane *f*
bike lane N piste *f* cyclable
biker ['baɪkə^r] N (*motorcyclist*) motard(e); (*US: cyclist*) cycliste *mf*
bikini [bɪ'ki:nɪ] N bikini *m*
bilateral [baɪ'lætərl] ADJ bilatéral(e)
bilberry ['bɪlbərɪ] N myrtille *f*
bile [baɪl] N bile *f*
bilingual [baɪ'lɪŋgwəl] ADJ bilingue
bilious ['bɪlɪəs] ADJ bilieux(-euse); (*fig*) maussade, irritable
★**bill** [bɪl] N note *f*, facture *f*; (*in restaurant*) addition *f*, note *f*; (*Pol*) projet *m* de loi; (*US: banknote*) billet *m* (de banque); (*notice*) affiche *f*; (*of bird*) bec *m*; (*Theat*): **on the ~** à l'affiche; **may I have the ~ please?** (est-ce que je peux avoir) l'addition, s'il vous plaît ?; **put it on my ~** mettez-le sur mon compte; **"post no bills"** « défense d'afficher »; **to fit** *or* **fill the ~** (*fig*) faire l'affaire; **~ of exchange** lettre *f* de change; **~ of lading** connaissement *m*; **~ of sale** contrat *m* de vente ▸ VT (*item*) facturer; (*customer*) remettre la facture à
billboard ['bɪlbɔ:d] N (*US*) panneau *m* d'affichage
billet ['bɪlɪt] N cantonnement *m* (chez l'habitant) ▸ VT (*troops*) cantonner
billfold ['bɪlfəuld] N (*US*) portefeuille *m*
billiards ['bɪljədz] N billard *m*
billing ['bɪlɪŋ] N (*of performer*) affiche *f*
★**billion** ['bɪljən] N (BRIT) billion *m* (*million de millions*); (*US*) milliard *m*
billionaire [bɪljə'nɛə^r] N milliardaire *mf*
billow ['bɪləu] N nuage *m* ▸ VI (*smoke*) s'élever en nuage; (*sail*) se gonfler
billy goat ['bɪlɪgəut] N bouc *m*
bimbo ['bɪmbəu] N (*pej*) bimbo *f*, ravissante idiote *f*
bimonthly [baɪ'mʌnθlɪ] (BRIT) ADJ bimestriel(le)
bin [bɪn] N boîte *f*; (BRIT: *also:* **dustbin, litter bin**) poubelle *f*; (*for coal*) coffre *m*
binary ['baɪnərɪ] ADJ binaire
bind [baɪnd] (*pt, pp* **bound** [baund]) VT attacher; (*book*) relier; (*oblige*) obliger, contraindre ▸ N (*inf: nuisance*) scie *f*
▸ **bind over** VT (*Law*) mettre en liberté conditionnelle
▸ **bind up** VT (*wound*) panser; **to be bound up in** (*work, research etc*) être complètement absorbé par, être accroché par; **to be bound up with** (*person*) être accroché à
binder ['baɪndə^r] N (*file*) classeur *m*
binding ['baɪndɪŋ] N (*of book*) reliure *f* ▸ ADJ (*contract*) qui constitue une obligation
bindweed ['baɪndwi:d] N liseron *m*
binge [bɪndʒ] N (*inf*): **to go on a ~** faire la bringue
binge-watch ['bɪndʒwɔtʃ] VT regarder non stop
bingo ['bɪŋgəu] N *sorte de jeu de loto pratiqué dans des établissements publics*
bin liner N sac *m* poubelle
binoculars [bɪ'nɔkjuləz] NPL jumelles *fpl*
biochemical [baɪəu'kɛmɪkl] ADJ biochimique

biochemist [baɪəu'kɛmɪst] N biochimiste *mf*
biochemistry [baɪə'kɛmɪstrɪ] N biochimie *f*
biodegradable ['baɪəudɪ'greɪdəbl] ADJ biodégradable
biodiesel ['baɪəudi:zl] N biogazole *m*, biodiesel *m*
biodiversity ['baɪəudaɪ'və:sɪtɪ] N biodiversité *f*
bioengineering [baɪəuɛndʒɪ'nɪərɪŋ] N (*genetic engineering*) génie *m* génétique; (*Med*) bio-ingénierie *f*
biofuel ['baɪəufjuəl] N biocarburant *m*
biographer [baɪ'ɔgrəfə^r] N biographe *mf*
biographic [baɪə'græfɪk], **biographical** [baɪə'græfɪkl] ADJ biographique
biography [baɪ'ɔgrəfɪ] N biographie *f*
bioinformatics [baɪəuɪnfə'mætɪks] N bioinformatique *f*
biological [baɪə'lɔdʒɪkl] ADJ biologique
biological clock N horloge *f* physiologique
biologist [baɪ'ɔlədʒɪst] N biologiste *mf*
★**biology** [baɪ'ɔlədʒɪ] N biologie *f*
biomedical [baɪəu'mɛdɪkl] ADJ biomédical(e)
biometric [baɪə'mɛtrɪk] ADJ biométrique
bionic [baɪ'ɔnɪk] ADJ bionique
biophysics ['baɪəu'fɪzɪks] N biophysique *f*
biopic ['baɪəupɪk] N film *m* biographique
biopsy ['baɪɔpsɪ] N biopsie *f*
biosecurity ['baɪəusɪ'kjuərɪtɪ] N biosécurité *f*
biosphere ['baɪəsfɪə^r] N biosphère *f*
biotech ['baɪəutɛk] N biotechnologie *f* ▶ CPD (*industry, shares*) biotechnologique; (*company*) de biotechnologie
biotechnology ['baɪəutɛk'nɔlədʒɪ] N biotechnologie *f*
bioterrorism [baɪəu'tɛrərɪzəm] N bioterrorisme *m*
bioterrorist [baɪəu'tɛrərɪst] N bioterroriste *mf* ▶ CPD (*attack*) bioterroriste
bipartisan [baɪpɑ:tɪ'zæn] ADJ biparti(e), bipartite
biped ['baɪpɛd] N bipède *m*
bipolar [baɪ'pəulə^r] ADJ bipolaire
birch [bə:tʃ] N bouleau *m*
★**bird** [bə:d] N oiseau *m*; (BRIT *pej*: *girl*) nana *f*
birdcage ['bə:dkeɪdʒ] N cage *f* à oiseaux
birder ['bə:də^r] N passionné(e) *m/f* d'oiseaux, ornithologue *mf* amateur(-trice)
bird flu N grippe *f* aviaire
birdie ['bə:dɪ] (*Golf*) N birdie *m*; **to get a ~** faire un birdie ▶ VT: **to ~ a hole** faire un birdie
bird of prey N oiseau *m* de proie
bird's-eye view ['bə:dzaɪ-] N vue *f* à vol d'oiseau; (*fig*) vue d'ensemble *or* générale
birdsong ['bə:dsɔŋ] N chant *m* des oiseaux
bird watcher [-wɔtʃə^r] N ornithologue *mf* amateur(-trice)
birdwatching ['bə:dwɔtʃɪŋ] N ornithologie *f* (*d'amateur*)
Biro® ['baɪərəu] N stylo *m* à bille
★**birth** [bə:θ] N naissance *f*; **to give ~ to** donner naissance à, mettre au monde; (*animal*) mettre bas
birth certificate N acte *m* de naissance
birth control N (*policy*) limitation *f* des naissances; (*methods*) méthode(s) contraceptive(s)
birthdate ['bə:θdeɪt] N date *f* de naissance
★**birthday** ['bə:θdeɪ] N anniversaire *m* ▶ CPD (*cake, card etc*) d'anniversaire
birthmark ['bə:θmɑ:k] N envie *f*, tache *f* de vin
birthplace ['bə:θpleɪs] N lieu *m* de naissance
birth rate N (taux *m* de) natalité *f*
birthright ['bə:θraɪt] N droit *m* de naissance
Biscay ['bɪskeɪ] N: **the Bay of ~** le golfe de Gascogne
★**biscuit** ['bɪskɪt] N (BRIT) biscuit *m*; (*US*) petit pain au lait
bisect [baɪ'sɛkt] VT couper *or* diviser en deux
bisexual ['baɪ'sɛksjuəl] ADJ, N bisexuel(le)
bishop ['bɪʃəp] N évêque *m*; (*Chess*) fou *m*
bison ['baɪsən] N *pl inv* (*esp* BRIT) bison *m*
bistro ['bi:strəu] N petit restaurant *m*, bistrot *m*
★**bit** [bɪt] PT *of* **bite** ▶ N morceau *m*; (*Comput*) bit *m*, élément *m* binaire; (*of tool*) mèche *f*; (*of horse*) mors *m*; **a ~ of** un peu de; **a ~ mad/dangerous** un peu fou/risqué; **~ by ~** petit à petit; **to come to bits** (*break*) tomber en morceaux, se déglinguer; **bring all your bits and pieces** apporte toutes tes affaires; **to do one's ~** y mettre du sien
bitch [bɪtʃ] N (*dog*) chienne *f*; (*!*) salope *f* (*!*), garce *f*
bitchy ['bɪtʃɪ] ADJ (*inf*) vache
bitcoin ['bɪtkɔɪn] N (*Comput*) bitcoin *m*
★**bite** [baɪt] (*pt* **bit** [bɪt], *pp* **bitten** ['bɪtn]) VT, VI mordre; (*insect*) piquer; **to ~ one's nails** se ronger les ongles ▶ N morsure *f*; (*insect bite*) piqûre *f*; (*mouthful*) bouchée *f*; **let's have a ~ (to eat)** mangeons un morceau
biting ['baɪtɪŋ] ADJ mordant(e)
bit-map ['bɪtmæp] N (*Comput*) mode point *m*; (*also*: **bit-map image**) image *f* en mode point
bit part N (*Theat*) petit rôle
bitten ['bɪtn] PP *of* **bite**
★**bitter** ['bɪtə^r] ADJ amer(-ère); (*criticism*) cinglant(e); (*icy*: *weather, wind*) glacial(e); **to the ~ end** jusqu'au bout ▶ N (BRIT: *beer*) bière *f* (*à forte teneur en houblon*)
bitterly ['bɪtəlɪ] ADV (*complain, weep*) amèrement; (*oppose, criticise*) durement, âprement; (*jealous, disappointed*) horriblement; **it's ~ cold** il fait un froid de loup
bitterness ['bɪtənɪs] N amertume *f*; goût amer
bittersweet ['bɪtəswi:t] ADJ aigre-doux (douce)
bitty ['bɪtɪ] ADJ (BRIT *inf*) décousu(e)
bitumen ['bɪtjumɪn] N bitume *m*
bivouac ['bɪvuæk] N bivouac *m*
bizarre [bɪ'zɑ:^r] ADJ bizarre
BL N ABBR (= *Bachelor of Law(s), Bachelor of Letters*) *diplôme universitaire*; (*US*: = *Bachelor of Literature*) *diplôme universitaire*
bl ABBR = **bill of lading**
blab [blæb] VI jaser, trop parler ▶ VT (*also*: **blab out**) laisser échapper, aller raconter
★**black** [blæk] ADJ noir(e); **to give sb a ~ eye** pocher l'œil à qn, faire un œil au beurre noir à qn; **~ and blue** (*bruised*) couvert(e) de bleus ▶ N (*colour*) noir *m*;

to be in the ~ (*in credit*) avoir un compte créditeur; **there it is in ~ and white** (*fig*) c'est écrit noir sur blanc ▶ VT (*shoes*) cirer; (BRIT *Industry*) boycotter
▶ **black out** VI (*faint*) s'évanouir

black belt N (*Judo etc*) ceinture noire; **he's a ~** il est ceinture noire

blackberry ['blækbərɪ] N mûre *f*

blackbird ['blækbə:d] N merle *m*

blackboard ['blækbɔ:d] N tableau noir

black box N (*Aviat*) boîte noire

black coffee N café noir

Black Country N (BRIT): **the ~** le Pays Noir (*dans les Midlands*)

blackcurrant ['blæk'kʌrənt] N cassis *m*

black economy N (BRIT) travail *m* au noir

blacken ['blækn] VT noircir

Black Forest N: **the ~** la Forêt Noire

blackhead ['blækhɛd] N point noir

black hole N (*Astronomy*) trou noir

black humour, (US) **black humor** N humour *m* noir

black ice N verglas *m*

blackjack ['blækdʒæk] N (*Cards*) vingt-et-un *m*; (*US: truncheon*) matraque *f*

blackleg ['blæklɛg] N (BRIT) briseur(-euse) de grève, jaune *mf*

blacklist ['blæklɪst] N liste noire ▶ VT mettre sur la liste noire

blackmail ['blækmeɪl] N chantage *m* ▶ VT faire chanter, soumettre au chantage

blackmailer ['blækmeɪlə^r] N maître chanteur *m*

black market N marché noir

blackout ['blækaut] N panne *f* d'électricité; (*in wartime*) black-out *m*; (*TV*) interruption *f* d'émission; (*fainting*) syncope *f*

black pepper N poivre noir

black pudding N boudin (noir)

Black Sea N: **the ~** la mer Noire

black sheep N brebis galeuse

blacksmith ['blæksmɪθ] N forgeron *m*

black spot N (*Aut*) point noir

black-tie ADJ (*dinner, function*) en tenue de soirée, habillé(e)

bladder ['blædə^r] N vessie *f*

blade [bleɪd] N lame *f*; (*of oar*) plat *m*; (*of propeller*) pale *f*; **a ~ of grass** un brin d'herbe

blag [blæg] VT (BRIT *inf*) obtenir à l'esbroufe

blame [bleɪm] N faute *f*, blâme *m* ▶ VT: **to ~ sb/sth for sth** attribuer à qn/qch la responsabilité de qch; reprocher qch à qn/qch; **who's to ~?** qui est le fautif *or* coupable *or* responsable ?; **I'm not to ~** ce n'est pas ma faute

blameless ['bleɪmlɪs] ADJ irréprochable

blanch [blɑ:ntʃ] VI (*person, face*) blêmir ▶ VT (*Culin*) blanchir

bland [blænd] ADJ affable; (*taste, food*) doux (douce), fade

blank [blæŋk] ADJ blanc (blanche); (*look*) sans expression, dénué(e) d'expression ▶ N espace *m* vide, blanc *m*; (*cartridge*) cartouche *f* à blanc; **his mind was a ~** il avait la tête vide; **we drew a ~** (*fig*) nous n'avons abouti à rien

blank cheque, (US) **blank check** N chèque *m* en blanc; **to give sb a ~ to do …** (*fig*) donner carte blanche à qn pour faire …

★**blanket** ['blæŋkɪt] N couverture *f*; (*of snow, cloud*) couche *f* ▶ ADJ (*statement, agreement*) global(e), de portée générale; **to give ~ cover** (*insurance policy*) couvrir tous les risques

blare [blɛə^r] VI (*brass band, horns, radio*) beugler

blarney ['blɑ:nɪ] N boniment *m*

blasé ['blɑ:zeɪ] ADJ blasé(e)

blasphemous ['blæsfɪməs] ADJ (*words*) blasphématoire; (*person*) blasphémateur(-trice)

blasphemy ['blæsfɪmɪ] N blasphème *m*

blast [blɑ:st] N explosion *f*; (*shock wave*) souffle *m*; (*of air, steam*) bouffée *f*; **(at) full ~** (*play music etc*) à plein volume ▶ VT faire sauter *or* exploser ▶ EXCL (BRIT *inf*) zut !
▶ **blast off** VI (*Space*) décoller

blasted ['blɑ:stɪd] ADJ (*inf: damned*) fichu(e)

blast-off ['blɑ:stɔf] N (*Space*) lancement *m*

blatant ['bleɪtənt] ADJ flagrant(e), criant(e)

blatantly ['bleɪtəntlɪ] ADV (*lie*) ouvertement; **it's ~ obvious** c'est l'évidence même

blaze [bleɪz] N (*fire*) incendie *m*; (*flames: of fire, sun etc*) embrasement *m*; (*: in hearth*) flamme *f*, flambée *f*; (*fig*) flamboiement *m*; **in a ~ of publicity** à grand renfort de publicité ▶ VI (*fire*) flamber; (*fig*) flamboyer, resplendir ▶ VT: **to ~ a trail** (*fig*) montrer la voie

blazer ['bleɪzə^r] N blazer *m*

bleach [bli:tʃ] N (*also:* **household bleach**) eau *f* de Javel ▶ VT (*linen*) blanchir

bleached [bli:tʃt] ADJ (*hair*) oxygéné(e), décoloré(e)

bleachers ['bli:tʃəz] NPL (*US Sport*) gradins *mpl* (*en plein soleil*)

bleak [bli:k] ADJ morne, désolé(e); (*weather*) triste, maussade; (*smile*) lugubre; (*prospect, future*) morose

bleary-eyed ['blɪərɪ'aɪd] ADJ aux yeux pleins de sommeil

bleat [bli:t] N bêlement *m* ▶ VI bêler

bled [blɛd] PT, PP *of* **bleed**

bleed [bli:d] (*pt, pp* **bled** [blɛd]) VT saigner; (*brakes, radiator*) purger ▶ VI saigner; **my nose is bleeding** je saigne du nez

bleep [bli:p] N (*Radio, TV*) top *m*; (*of pocket device*) bip *m* ▶ VI émettre des signaux ▶ VT (*doctor etc*) appeler (*au moyen d'un bip*)

bleeper ['bli:pə^r] N (*of doctor etc*) bip *m*

blemish ['blɛmɪʃ] N défaut *m*; (*on reputation*) tache *f*

blend [blɛnd] N mélange *m* ▶ VT mélanger ▶ VI (*colours etc: also:* **blend in**) se mélanger, se fondre, s'allier

blender ['blɛndə^r] N (*Culin*) mixeur *m*

bless [blɛs] (*pt, pp* **blessed** *or* **blest** [blɛst]) VT bénir; **to be blessed with** avoir le bonheur de jouir de *or* d'avoir; **~ you!** (*after sneeze*) à tes souhaits !

blessed ['blɛsɪd] ADJ (*Rel: holy*) béni(e); (*: happy*) bienheureux(-euse); **it rains every ~ day** il ne se passe pas de jour sans qu'il ne pleuve

blessing ['blɛsɪŋ] N bénédiction *f*; (*godsend*) bienfait *m*; **to count one's blessings** s'estimer heureux; **it was a ~ in disguise** c'est un bien pour un mal

blew [blu:] PT *of* **blow**

blight [blaɪt] N (*of plants*) rouille *f* ▶ VT (*hopes etc*) anéantir, briser

blimey ['blaɪmɪ] EXCL (BRIT *inf*) mince alors !

★**blind** [blaɪnd] ADJ aveugle; **to turn a ~ eye (on** *or* **to)** fermer les yeux (sur) ▶ N (*for window*) store *m* ▶ VT aveugler; **~ people** les aveugles *mpl*

blind alley N impasse *f*

blind corner N (BRIT) virage *m* sans visibilité

blind date N rendez-vous galant (avec un(e) inconnu(e))

blinders ['blaɪndəz] (US) NPL œillères *fpl*

blindfold ['blaɪndfəuld] N bandeau *m* ▶ ADJ, ADV les yeux bandés ▶ VT bander les yeux à

blinding ['blaɪndɪŋ] ADJ (*light, flash*) aveuglant(e); (*pain*) fulgurant(e)

blindly ['blaɪndlɪ] ADV aveuglément

blindness ['blaɪndnɪs] N cécité *f*; (*fig*) aveuglement *m*

blind spot N (*Aut etc*) angle *m* aveugle; (*fig*) angle mort

bling ['blɪŋ], **bling bling** N (*inf: also:* **bling-bling jewellery**) quincaillerie *f* (*inf*)

blink [blɪŋk] VI cligner des yeux; (*light*) clignoter ▶ N: **the TV's on the ~** (*inf*) la télé ne va pas tarder à nous lâcher

blinkered ['blɪŋkəd] ADJ (BRIT: *person*) qui a l'esprit borné; (: *approach*) borné(e); (: *view*) étroit(e)

blinkers ['blɪŋkəz] NPL œillères *fpl*

blinking ['blɪŋkɪŋ] ADJ (BRIT *inf*): **this ~ ...** ce fichu *or* sacré ...

blip [blɪp] N (*on radar etc*) spot *m*; (*on graph*) petite aberration; (*fig*) petite anomalie (passagère)

bliss [blɪs] N félicité *f*, bonheur *m* sans mélange

blissful ['blɪsful] ADJ (*event, day*) merveilleux(-euse); (*smile*) de bonheur; **a ~ sigh** un soupir d'aise; **in ~ ignorance** dans une ignorance béate

blissfully ['blɪsfulɪ] ADV (*smile*) béatement; (*happy*) merveilleusement

blister ['blɪstəʳ] N (*on skin*) ampoule *f*, cloque *f*; (*on paintwork*) boursouflure *f* ▶ VI (*paint*) se boursoufler, se cloquer

blistering ['blɪstərɪŋ] ADJ (*hot: heat, day*) torride; (: *sun*) brûlant(e); (*angry: attack*) cinglant(e); (*fast: pace*) foudroyant(e)

BLit, BLitt N ABBR (= *Bachelor of Literature*) *diplôme universitaire*

blithely ['blaɪðlɪ] ADV (*unconcernedly*) tranquillement; (*joyfully*) gaiement

blithering ['blɪðərɪŋ] ADJ (*inf*): **this ~ idiot** cet espèce d'idiot

blitz [blɪts] N bombardement (aérien); **to have a ~ on sth** (*fig*) s'attaquer à qch

blizzard ['blɪzəd] N blizzard *m*, tempête *f* de neige

BLM N ABBR (US: = *Bureau of Land Management*) ≈ les domaines

bloated ['bləutɪd] ADJ (*face*) bouffi(e); (*stomach, person*) gonflé(e)

blob [blɔb] N (*drop*) goutte *f*; (*stain, spot*) tache *f*

bloc [blɔk] N (*Pol*) bloc *m*

★**block** [blɔk] N bloc *m*; (*in pipes*) obstruction *f*; (*toy*) cube *m*; (*of buildings*) pâté *m* (de maisons); **~ of flats** (BRIT) immeuble (locatif); **3 blocks from here** à trois rues d'ici; **mental ~** blocage *m*; **~ and tackle** (*Tech*) palan *m* ▶ VT bloquer; (*fig*) faire obstacle à; (*Comput*) grouper; **the sink is blocked** l'évier est bouché

▶ **block off** VT boucher, condamner

▶ **block out** VT (*memories*) refouler

▶ **block up** VT boucher

blockade [blɔ'keɪd] N blocus *m* ▶ VT faire le blocus de

blockage ['blɔkɪdʒ] N obstruction *f*

block booking N réservation *f* en bloc

blockbuster ['blɔkbʌstəʳ] N (*film, book*) grand succès

block capitals NPL majuscules *fpl* d'imprimerie

blockhead ['blɔkhɛd] N imbécile *mf*

block letters NPL majuscules *fpl*

block release N (BRIT) congé *m* de formation

block vote N (BRIT) vote *m* de délégation

blog [blɔg] N blog *m*, blogue *m* ▶ VI bloguer

blogger ['blɔgəʳ] N blogueur(-euse)

blogging ['blɔgɪŋ] N blogging *m*

blogosphere ['blɔgəsfɪəʳ] N blogosphère *f*

blogpost ['blɔgpəust] N post *m* de blog

bloke [bləuk] N (BRIT *inf*) type *m*

blond, blonde [blɔnd] ADJ, N blond(e)

★**blood** [blʌd] N sang *m*

blood bank N banque *f* du sang

blood count N numération *f* globulaire

bloodcurdling ['blʌdkə:dlɪŋ] ADJ à vous glacer le sang

blood donor N donneur(-euse) de sang

blood group N groupe sanguin

bloodhound ['blʌdhaund] N limier *m*

bloodless ['blʌdlɪs] ADJ (*victory*) sans effusion de sang; (*pale*) anémié(e)

bloodletting ['blʌdlɛtɪŋ] N (*Med*) saignée *f*; (*fig*) effusion *f* de sang, représailles *fpl*

bloodline ['blʌdlaɪn] N lignée *f*

blood poisoning N empoisonnement *m* du sang

blood pressure N tension (artérielle); **to have high/low ~** faire de l'hypertension/l'hypotension

blood relation, blood relative N parent(e) (par le sang)

bloodshed ['blʌdʃɛd] N effusion *f* de sang, carnage *m*

bloodshot ['blʌdʃɔt] ADJ: **~ eyes** yeux injectés de sang

blood sports NPL sports *mpl* sanguinaires

bloodstain ['blʌdsteɪn] N tache *f* de sang

bloodstained ['blʌdsteɪnd] ADJ taché(e) de sang

bloodstream ['blʌdstri:m] N sang *m*, système sanguin

blood test N analyse *f* de sang

bloodthirsty ['blʌdθə:stɪ] ADJ sanguinaire

blood transfusion N transfusion *f* de sang

blood type N groupe sanguin

blood vessel N vaisseau sanguin
bloody [ˈblʌdɪ] ADJ sanglant(e); (BRIT *inf!*): **this ~ ...** ce foutu ..., ce putain de ... (!) ▸ADV: **~ strong/good** (BRIT *inf!*) vachement *or* sacrément fort/bon
bloody-minded [ˈblʌdɪˈmaɪndɪd] ADJ (BRIT *inf*) contrariant(e), obstiné(e)
bloom [bluːm] N fleur *f*; (*fig*) épanouissement *m* ▸VI être en fleur; (*fig*) s'épanouir; être florissant(e)
blooming [ˈbluːmɪŋ] ADJ (*inf*): **this ~ ...** ce fichu *or* sacré ...
blooper [ˈbluːpəʳ] N (*inf: esp US*) gaffe *f*
blossom [ˈblɔsəm] N fleur(s) *f(pl)* ▸VI être en fleurs; (*fig*) s'épanouir; **to ~ into** (*fig*) devenir
blot [blɔt] N tache *f*; **to be a ~ on the landscape** gâcher le paysage ▸VT tacher; (*ink*) sécher; **to ~ one's copy book** (*fig*) faire un impair
▸**blot out** VT (*memories*) effacer; (*view*) cacher, masquer; (*nation, city*) annihiler
blotch [blɔtʃ] N tache *f*
blotchy [ˈblɔtʃɪ] ADJ (*complexion*) couvert(e) de marbrures
blotting paper [ˈblɔtɪŋ-] N buvard *m*
blotto [ˈblɔtəu] ADJ (*inf*) bourré(e)
★**blouse** [blauz] N (*feminine garment*) chemisier *m*, corsage *m*
★**blow** [bləu] (*pt* **blew** [bluː], *pp* **blown** [bləun]) N coup *m*; **to come to blows** en venir aux coups ▸VI souffler ▸VT (*glass*) souffler; (*instrument*) jouer de; (*fuse*) faire sauter; **to ~ one's nose** se moucher; **to ~ a whistle** siffler
▸**blow away** VI s'envoler ▸VT chasser, faire s'envoler
▸**blow down** VT faire tomber, renverser
▸**blow off** VI s'envoler ▸VT (*hat*) emporter; (*ship*): **to ~ off course** faire dévier
▸**blow out** VI (*fire, flame*) s'éteindre; (*tyre*) éclater; (*fuse*) sauter
▸**blow over** VI s'apaiser
▸**blow up** VI exploser, sauter ▸VT faire sauter; (*tyre*) gonfler; (*Phot*) agrandir
blow-dry [ˈbləudraɪ] N (*hairstyle*) brushing *m* ▸VT faire un brushing à
blowlamp [ˈbləulæmp] N (BRIT) chalumeau *m*
blown [bləun] PP *of* **blow**
blowout [ˈbləuaut] N (*of tyre*) éclatement *m*; (BRIT *inf: big meal*) gueuleton *m*
blowtorch [ˈbləutɔːtʃ] N chalumeau *m*
blowzy [ˈblauzɪ] ADJ (BRIT) peu soigné(e)
BLS N ABBR (*US*) = **Bureau of Labor Statistics**
blubber [ˈblʌbəʳ] N blanc *m* de baleine ▸VI (*pej*) pleurer comme un veau
bludgeon [ˈblʌdʒən] N gourdin *m*, trique *f*
★**blue** [bluː] ADJ bleu(e); (*depressed*) triste; **~ film/joke** film *m*/histoire *f* pornographique; **(only) once in a ~ moon** tous les trente-six du mois; **out of the ~** (*fig*) à l'improviste, sans qu'on s'y attende
blue baby N enfant bleu(e)
bluebell [ˈbluːbɛl] N jacinthe *f* des bois
blueberry [ˈbluːbərɪ] N myrtille *f*, airelle *f*
bluebottle [ˈbluːbɔtl] N mouche *f* à viande
blue cheese N (fromage) bleu *m*
blue-chip [ˈbluːtʃɪp] ADJ: **~ investment** investissement *m* de premier ordre
blue-collar worker [ˈbluːkɔləʳ-] N ouvrier(-ère) col bleu
blue jeans NPL blue-jeans *mpl*
blueprint [ˈbluːprɪnt] N bleu *m*; (*fig*) projet *m*, plan directeur
blues [bluːz] NPL: **the ~** (*Mus*) le blues; **to have the ~** (*inf: feeling*) avoir le cafard
bluff [blʌf] VI bluffer ▸N bluff *m*; (*cliff*) promontoire *m*, falaise *f*; **to call sb's ~** mettre qn au défi d'exécuter ses menaces ▸ADJ (*person*) bourru(e), brusque
blunder [ˈblʌndəʳ] N gaffe *f*, bévue *f* ▸VI faire une gaffe *or* une bévue; **to ~ into sb/sth** buter contre qn/qch
blunt [blʌnt] ADJ (*knife*) émoussé(e), peu tranchant(e); (*pencil*) mal taillé(e); (*person*) brusque, ne mâchant pas ses mots; **~ instrument** (*Law*) instrument contondant ▸VT émousser
bluntly [ˈblʌntlɪ] ADV carrément, sans prendre de gants
bluntness [ˈblʌntnɪs] N (*of person*) brusquerie *f*, franchise brutale
blur [bləːʳ] N (*shape*): **to become a ~** devenir flou ▸VT brouiller, rendre flou(e)
blurb [bləːb] N (*for book*) texte *m* de présentation; (*pej*) baratin *m*
blurred [bləːd] ADJ flou(e)
blurt [bləːt]: **to ~ out** *vt* (*reveal*) lâcher; (*say*) balbutier, dire d'une voix entrecoupée
blush [blʌʃ] VI rougir ▸N rougeur *f*
blusher [ˈblʌʃəʳ] N rouge *m* à joues
bluster [ˈblʌstəʳ] N paroles *fpl* en l'air; (*boasting*) fanfaronnades *fpl*; (*threats*) menaces *fpl* en l'air ▸VI parler en l'air; fanfaronner
blustering [ˈblʌstərɪŋ] ADJ fanfaron(ne)
blustery [ˈblʌstərɪ] ADJ (*weather*) à bourrasques
Blvd ABBR (= *boulevard*) Bd
BM N ABBR = **British Museum**; (*Scol*: = *Bachelor of Medicine*) *diplôme universitaire*
BMA N ABBR = **British Medical Association**
BMI N ABBR (= *body mass index*) IMC *m*
BMJ N ABBR = **British Medical Journal**
BMus N ABBR (= *Bachelor of Music*) *diplôme universitaire*
BMX N ABBR (= *bicycle motocross*) BMX *m*
bn ABBR = **billion**
BO N ABBR (*inf*: = *body odour*) odeurs corporelles; (*US*) = **box office**
boar [bɔːʳ] N sanglier *m*
★**board** [bɔːd] N (*wooden*) planche *f*; (*on wall*) panneau *m*; (*for chess etc*) plateau *m*; (*cardboard*) carton *m*; (*committee*) conseil *m*, comité *m*; (*in firm*) conseil d'administration; (*Naut, Aviat*): **on ~** à bord; **full ~** (BRIT) pension complète; **half ~** (BRIT) demi-pension *f*; **with ~ and lodging** logé nourri; **~ and lodging** *n* chambre *f* avec pension; **above ~** (*fig*) régulier(-ère); **across the ~** (*fig: adv*) systématiquement (*: adj*) de portée générale; **to go by the ~** (*hopes, principles*) être abandonné(e); (*be unimportant*) compter pour rien, n'avoir aucune importance ▸VT (*ship*) monter à bord de; (*train*) monter dans

▶ **board up** VT (*door*) condamner (*au moyen de planches, de tôle*)

boarder ['bɔːdəʳ] N pensionnaire *mf*; (*Scol*) interne *mf*, pensionnaire

board game N jeu *m* de société

boarding card ['bɔːdɪŋ-] N (*Aviat, Naut*) carte *f* d'embarquement

boarding house ['bɔːdɪŋ-] N pension *f*

boarding party ['bɔːdɪŋ-] N section *f* d'abordage

boarding pass ['bɔːdɪŋ-] N (BRIT) = **boarding card**

boarding school ['bɔːdɪŋ-] N internat *m*, pensionnat *m*

board meeting N réunion *f* du conseil d'administration

board room N salle *f* du conseil d'administration

boardwalk ['bɔːdwɔːk] N (*US*) cheminement *m* en planches

boast [bəust] VI: **to ~ (about** *or* **of)** se vanter (de) ▶ VT s'enorgueillir de ▶ N vantardise *f*; sujet *m* d'orgueil *or* de fierté

boastful ['bəustful] ADJ vantard(e)

boastfulness ['bəustfulnɪs] N vantardise *f*

★**boat** [bəut] N bateau *m*; (*small*) canot *m*; barque *f*; **to go by ~** aller en bateau; **to be in the same ~** (*fig*) être logé à la même enseigne

boater ['bəutəʳ] N (*hat*) canotier *m*

boathouse ['bəuthaus] N hangar *m* à bateau

boating ['bəutɪŋ] N canotage *m*

boat people NPL boat people *mpl*

boatswain ['bəusn] N maître *m* d'équipage

boatyard ['bəutjɑːd] N chantier *m* naval

bob [bɔb] VI (*boat, cork on water: also:* **bob up and down**) danser, se balancer ▶ N (BRIT *inf*) = **shilling**

▶ **bob up** VI surgir *or* apparaître brusquement

bobbed [bɔbd] ADJ (*hair*) coupé(e) au carré

bobbin ['bɔbɪn] N bobine *f*; (*of sewing machine*) navette *f*

bobble ['bɔbl] N (BRIT: *of hat*) pompon *m*; (*for hair*) élastique *m* à cheveux

bobby ['bɔbɪ] N (BRIT *inf*) ≈ agent *m* (de police)

bobby pin ['bɔbɪ-] N (*US*) pince *f* à cheveux

bobsled ['bɔbslɛd] N (*esp US: sledge*) bob *m*; (*: sport*) bobsleigh *m*

bobsleigh ['bɔbsleɪ] N bob *m*

bode [bəud] VI: **to ~ well/ill (for)** être de bon/mauvais augure (pour)

bodice ['bɔdɪs] N corsage *m*

bodily ['bɔdɪlɪ] ADJ corporel(le); (*pain, comfort*) physique; (*needs*) matériel(le) ▶ ADV (*carry, lift*) dans ses bras

★**body** ['bɔdɪ] N corps *m*; (*of car*) carrosserie *f*; (*of plane*) fuselage *m*; (*fig: society*) organe *m*, organisme *m*; (*: quantity*) ensemble *m*, masse *f*; (*of wine*) corps; (*also:* **body stocking**) body *m*, justaucorps *m*; **ruling ~** organe directeur; **in a ~** en masse, ensemble; (*speak*) comme un seul et même homme

body blow N (*fig*) coup dur, choc *m*

bodybuilder ['bɔdɪbɪldəʳ] N culturiste *mf*

body-building ['bɔdɪbɪldɪŋ] N body-building *m*, culturisme *m*

bodyguard ['bɔdɪgɑːd] N garde *mf* du corps

body language N langage *m* du corps

body odour, (*US*) **body odor** N odeur *f* corporelle

body repairs NPL travaux *mpl* de carrosserie

body search N fouille *f* (corporelle); **to carry out a ~ on sb** fouiller qn; **to submit to** *or* **undergo a ~** se faire fouiller

b

bodywork ['bɔdɪwəːk] N carrosserie *f*

boffin ['bɔfɪn] N (BRIT) savant *m*

bog [bɔg] N tourbière *f* ▶ VT: **to get bogged down (in)** (*fig*) s'enliser (dans)

boggle ['bɔgl] VI: **the mind boggles** c'est incroyable, on en reste sidéré

boggy ['bɔgɪ] ADJ marécageux(-euse)

bogie ['bəugɪ] N bogie *m*

Bogotá [bəugə'tɑː] N Bogotá

bogus ['bəugəs] ADJ bidon *inv*; fantôme

Bohemia [bəu'hiːmɪə] N Bohême *f*

Bohemian [bəu'hiːmɪən] ADJ bohémien(ne) ▶ N Bohémien(ne); (*gipsy: also:* **bohemian**) bohémien(ne)

★**boil** [bɔɪl] VT (faire) bouillir ▶ VI bouillir ▶ N (*Med*) furoncle *m*; **to come to the** *or* (*US*) **a ~** bouillir; **to bring to the** *or* (*US*) **a ~** porter à ébullition

▶ **boil down** VI (*fig*): **to ~ down to** se réduire *or* ramener à

▶ **boil over** VI déborder

boiled egg N œuf *m* à la coque

boiler ['bɔɪləʳ] N chaudière *f*

boiler suit N (BRIT) bleu *m* de travail, combinaison *f*

boiling ['bɔɪlɪŋ] ADJ: **I'm ~ (hot)** (*inf*) je crève de chaud

boiling point N point *m* d'ébullition

boil-in-the-bag [bɔɪlɪnðə'bæg] ADJ (*rice etc*) en sachet cuisson

boisterous ['bɔɪstərəs] ADJ bruyant(e), tapageur(-euse)

bold [bəuld] ADJ (*fearless: person*) hardi(e), intrépide; (*move, reform*) audacieux(-euse); (*pej: impudent*) effronté(e); (*striking: colour*) vif (vive); (*: pattern*) voyant(e)

boldly ['bəuldlɪ] ADV (*fearlessly*) audacieusement, hardiment; (*look, announce, say*) avec assurance; (*patterned, coloured*) de façon voyante, de manière voyante

boldness ['bəuldnɪs] N hardiesse *f*, audace *f*; aplomb *m*, effronterie *f*

bold type N (*Typ*) caractères *mpl* gras

Bolivia [bə'lɪvɪə] N Bolivie *f*

Bolivian [bə'lɪvɪən] ADJ bolivien(ne) ▶ N Bolivien(ne)

bollard ['bɔləd] N (*Naut*) bitte *f* d'amarrage; (BRIT *Aut*) borne lumineuse *or* de signalisation

bollocks ['bɔləks] (BRIT *inf!*) EXCL quelles conneries *fpl* ! ▶ NPL couilles *fpl* (!)

Bollywood ['bɔlɪwud] N Bollywood *m*

bolshy ['bɔlʃɪ] ADJ (*inf*) râleur(-euse); **to be in a ~ mood** être peu coopératif(-ive)

bolster ['bəulstəʳ] N traversin *m*

▶ **bolster up** VT soutenir

bolt [bəult] N verrou *m*; (*with nut*) boulon *m*; **a ~ from the blue** (*fig*) un coup de tonnerre dans un ciel bleu ▸ ADV: **~ upright** droit(e) comme un piquet ▸ VT (*door*) verrouiller; (*food*) engloutir ▸ VI se sauver, filer (comme une flèche); (*horse*) s'emballer

★**bomb** [bɔm] N bombe *f* ▸ VT bombarder

bombard [bɔm'bɑ:d] VT bombarder

bombardment [bɔm'bɑ:dmənt] N bombardement *m*

bombastic [bɔm'bæstɪk] ADJ grandiloquent(e), pompeux(-euse)

bomb disposal N: **~ unit** section *f* de déminage; **~ expert** artificier *m*

bomber ['bɔmə'] N caporal *m* d'artillerie; (*Aviat*) bombardier *m*; (*terrorist*) poseur *m* de bombes

bombing ['bɔmɪŋ] N bombardement *m*

bomb scare N alerte *f* à la bombe

bombshell ['bɔmʃɛl] N obus *m*; (*fig*) bombe *f*

bomb site N zone *f* de bombardement

bona fide ['bəunə'faɪdɪ] ADJ de bonne foi; (*offer*) sérieux(-euse)

bonanza [bə'nænzə] N filon *m*

bond [bɔnd] N lien *m*; (*binding promise*) engagement *m*, obligation *f*; (*Finance*) obligation; **in ~** (*of goods*) en entrepôt ■ **bonds** NPL (*chains*) chaînes *fpl*

bondage ['bɔndɪdʒ] N esclavage *m*

bonded warehouse ['bɔndɪd-] N entrepôt *m* sous douanes

bonding ['bɔndɪŋ] N (formation *f* de) liens *mpl* affectifs

★**bone** [bəun] N os *m*; (*of fish*) arête *f* ▸ VT désosser; ôter les arêtes de

bone china N porcelaine *f* tendre

bone-dry ['bəun'draɪ] ADJ absolument sec (sèche)

bone idle ADJ fainéant(e)

bone marrow N moelle osseuse

boner ['bəunə'] N (*US*) gaffe *f*, bourde *f*

bonfire ['bɔnfaɪə'] N feu *m* (de joie); (*for rubbish*) feu

bonk [bɔŋk] (*inf*) VT s'envoyer (*!*), sauter (*!*) ▸ VI s'envoyer en l'air (*!*)

bonkers ['bɔŋkəz] ADJ (BRIT *inf*) cinglé(e), dingue

Bonn [bɔn] N Bonn

bonnet ['bɔnɪt] N bonnet *m*; (BRIT: *of car*) capot *m*

bonny [bɔnɪ] ADJ (SCOTTISH) joli(e)

bonsai ['bɔnsaɪ] ADJ (*tree*) bonsaï ▸ N (*tree*) bonsaï *m*; (*art*) l'art *m* du bonsaï

bonus ['bəunəs] N (*money*) prime *f*; (*advantage*) avantage *m*

bony ['bəunɪ] ADJ (*arm, face, Med: tissue*) osseux(-euse); (*thin: person*) squelettique; (*meat*) plein(e) d'os; (*fish*) plein d'arêtes

boo [bu:] EXCL hou !, peuh ! ▸ VT huer ▸ N huée *f*

boob [bu:b] N (*inf: breast*) nichon *m*; (: BRIT: *mistake*) gaffe *f*

booby prize ['bu:bɪ-] N timbale *f* (*ironic*)

booby trap ['bu:bɪ-] N guet-apens *m*

booby-trapped ['bu:bɪtræpt] ADJ piégé(e)

booing ['bu:ɪŋ] N huées *fpl*

★**book** [buk] N livre *m*; (*of stamps, tickets etc*) carnet *m*; **by the ~** à la lettre, selon les règles; **to throw the ~ at sb** passer un savon à qn ▸ VT (*ticket*) prendre; (*seat, room*) réserver; (*football player*) prendre le nom de, donner un carton à; (*driver*) dresser un procès-verbal à; **I booked a table in the name of ...** j'ai réservé une table au nom de ... ■ **books** NPL (*Comm*) comptes *mpl*, comptabilité *f*; **to keep the books** tenir la comptabilité
▸ **book in** VI (BRIT: *at hotel*) prendre sa chambre
▸ **book up** VT réserver; **all seats are booked up** tout est pris, c'est complet; **the hotel is booked up** l'hôtel est complet

bookable ['bukəbl] ADJ: **seats are ~** on peut réserver ses places

bookcase ['bukkeɪs] N bibliothèque *f* (*meuble*)

book ends NPL serre-livres *m inv*

bookie ['bukɪ] N (*inf*) book *m*, bookmaker *m*

booking ['bukɪŋ] N (BRIT) réservation *f*; **I confirmed my ~ by fax/email** j'ai confirmé ma réservation par fax/e-mail

booking office N (BRIT) bureau *m* de location

bookish ['bukɪʃ] ADJ (*studious*) studieux(-euse); (*book-loving*) qui aime lire

book-keeping ['buk'ki:pɪŋ] N comptabilité *f*

booklet ['buklɪt] N brochure *f*

bookmaker ['bukmeɪkə'] N bookmaker *m*

bookmark ['bukmɑ:k] N (*for book*) marque-page *m*; (*Comput*) signet *m*

bookseller ['buksɛlə'] N libraire *mf*

bookshelf ['bukʃɛlf] N (*single*) étagère *f* (à livres); (*bookcase*) bibliothèque *f*; **bookshelves** rayons *mpl* (de bibliothèque)

★**bookshop** ['bukʃɔp], **bookstore** ['bukstɔ:'] N librairie *f*

bookstall ['bukstɔ:l] N kiosque *m* à journaux

book store N = **bookshop**

book token N bon-cadeau *m* (pour un livre)

book value N valeur *f* comptable

bookworm ['bukwə:m] N dévoreur(-euse) de livres

boom [bu:m] N (*noise*) grondement *m*; (*in prices, population*) forte augmentation; (*busy period*) boom *m*, vague *f* de prospérité ▸ VI gronder; prospérer
▸ **boom out** VI résonner ▸ VT hurler

boomerang ['bu:məræŋ] N boomerang *m*

boom town N ville *f* en plein essor

boon [bu:n] N bénédiction *f*, grand avantage

boorish ['buərɪʃ] ADJ grossier(-ère), rustre

boost [bu:st] N stimulant *m*, remontant *m*; **to give a ~ to sb's spirits** *or* **to sb** remonter le moral à qn ▸ VT stimuler

booster ['bu:stə'] N (TV) amplificateur *m* (de signal); (*Elec*) survolteur *m*; (*Med: vaccine*) rappel *m*; (*also:* **booster rocket**) booster *m*

booster seat N (*Aut: for children*) siège *m* rehausseur

★**boot** [bu:t] N botte *f*; (*for hiking*) chaussure *f* (de marche); (*ankle boot*) bottine *f*; (BRIT: *of car*) coffre *m*; **to give sb the ~** (*inf*) flanquer qn dehors, virer qn; **to ~** (*in addition*) par-dessus le marché, en plus
▸ **boot up** VT FUS faire démarrer, mettre en route ▸ VI (*computer*) démarrer

booth [bu:ð] N (*at fair*) baraque (foraine); (*of telephone etc*) cabine *f*; (*also:* **voting booth**) isoloir *m*

bootlace [ˈbuːtleɪs] N lacet *m* (de chaussure)

bootleg [ˈbuːtlɛg] ADJ de contrebande; **~ record** enregistrement *m* pirate

bootlegger [ˈbuːtlɛgəʳ] N pirate *m* (*qui se livre à l'enregistrement et à la vente de contenue audiovisuel*)

booty [ˈbuːtɪ] N butin *m*

booze [buːz] (*inf*) N boissons *fpl* alcooliques, alcool *m* ▸ VI boire, picoler

boozer [ˈbuːzəʳ] N (*inf: person*): **he's a ~** il picole pas mal; (: BRIT: *pub*) pub *m*

borax [ˈbɔːræks] N borax *m*

★**border** [ˈbɔːdəʳ] N bordure *f*; bord *m*; (*of a country*) frontière *f*; **the Borders** *la région frontière entre l'Écosse et l'Angleterre*
▸ **border on** VT FUS être voisin(e) de, toucher à

borderline [ˈbɔːdəlaɪn] N (*fig*) ligne *f* de démarcation ▸ ADJ: **~ case** cas *m* limite

bore [bɔːʳ] PT *of* **bear** ▸ VT (*person*) ennuyer, raser; (*hole*) percer; (*well, tunnel*) creuser ▸ N (*person*) raseur(-euse); (*boring thing*) barbe *f*; (*of gun*) calibre *m*

★**bored** [bɔːd] ADJ: **to be ~** s'ennuyer; **he's ~ to tears** *or* **to death** *or* **stiff** il s'ennuie à mourir

boredom [ˈbɔːdəm] N ennui *m*

borehole [ˈbɔːhəul] N trou *m* de sonde

★**boring** [ˈbɔːrɪŋ] ADJ ennuyeux(-euse)

★**born** [bɔːn] ADJ: **to be ~** naître; **I was ~ in 1960** je suis né en 1960; **~ blind** aveugle de naissance; **a ~ comedian** un comédien-né

born-again [bɔːnəˈgɛn] ADJ: **~ Christian** ≈ évangéliste *mf*

borne [bɔːn] PP *of* **bear**

Borneo [ˈbɔːnɪəu] N Bornéo *f*

borough [ˈbʌrə] N municipalité *f*

★**borrow** [ˈbɔrəu] VT: **to ~ sth (from sb)** emprunter qch (à qn); **may I ~ your car?** est-ce que je peux vous emprunter votre voiture ?

borrower [ˈbɔrəuəʳ] N emprunteur(-euse)

borrowing [ˈbɔrəuɪŋ] N emprunt(s) *mpl*

borstal [ˈbɔːstl] N (BRIT) ≈ maison *f* de correction

Bosnia [ˈbɔznɪə] N Bosnie *f*

Bosnia and Herzegovina [ˈbɔznɪə ənd hɛrtsəˈgəuviːnə] N Bosnie-Herzégovine *f*

Bosnian [ˈbɔznɪən] ADJ bosniaque, bosnien(ne) ▸ N Bosniaque *mf*, Bosnien(ne)

bosom [ˈbuzəm] N poitrine *f*; (*fig*) sein *m*

bosom friend N ami(e) intime

★**boss** [bɔs] N patron(ne) ▸ VT (*also:* **boss about, boss around**) mener à la baguette

bossy [ˈbɔsɪ] ADJ autoritaire

bosun [ˈbəusn] N maître *m* d'équipage

bot [ˈbɔt] N (*Comput*) bot *m*

botanical [bəˈtænɪkl] ADJ botanique

botanist [ˈbɔtənɪst] N botaniste *mf*

botany [ˈbɔtənɪ] N botanique *f*

botch [bɔtʃ] VT (*also:* **botch up**) saboter, bâcler

★**both** [bəuθ] ADJ les deux, l'un(e) et l'autre ▸ PRON: **~ (of them)** les deux, tous (toutes) (les) deux, l'un(e) et l'autre; **~ of us went, we ~ went** nous y sommes allés tous les deux ▸ ADV: **~ A and B** A et B; **they sell ~ the fabric and the finished curtains** ils vendent (et) le tissu et les rideaux (finis), ils vendent à la fois le tissu et les rideaux (finis)

★**bother** [ˈbɔðəʳ] VT (*worry*) tracasser; (*needle, bait*) importuner, ennuyer; (*disturb*) déranger; **to ~ doing** prendre la peine de faire; **I'm sorry to ~ you** excusez-moi de vous déranger ▸ VI (*also:* **bother o.s.**) se tracasser, se faire du souci; **please don't ~** ne vous dérangez pas; **don't ~** ce n'est pas la peine ▸ N (*trouble*) ennuis *mpl*; **it is a ~ to have to do** c'est vraiment ennuyeux d'avoir à faire; **it's no ~** aucun problème ▸ EXCL zut !

bothered [ˈbɔðəd] ADJ inquiet(-ète); **I'm not ~** ça m'est égal

bothersome [ˈbɔðəsəm] ADJ (*old*) ennuyeux(-euse)

Botox® [ˈbəutɔks] N Botox *m*; **~ injections** injections *fpl* de Botox

Botswana [bɔtˈswaːnə] N Botswana *m*

★**bottle** [ˈbɔtl] N bouteille *f*; (*baby's*) biberon *m*; (*of perfume, medicine*) flacon *m*; **~ of wine/milk** bouteille de vin/lait; **wine/milk ~** bouteille à vin/lait ▸ VT mettre en bouteille(s)
▸ **bottle up** VT refouler, contenir

bottle bank N conteneur *m* (de bouteilles)

bottleneck [ˈbɔtlnɛk] N (*in traffic*) bouchon *m*; (*in production*) goulet *m* d'étranglement

bottle-opener [ˈbɔtləupnəʳ] N ouvre-bouteille *m*

★**bottom** [ˈbɔtəm] N (*of container, sea etc*) fond *m*; (*buttocks*) derrière *m*; (*of page, list*) bas *m*; (*of chair*) siège *m*; (*of mountain, tree, hill*) pied *m*; **to get to the ~ of sth** (*fig*) découvrir le fin fond de qch ▸ ADJ (*shelf, step*) du bas
▸ **bottom out** VI (*recession, price*) atteindre son point le plus bas

bottomless [ˈbɔtəmlɪs] ADJ sans fond, insondable

bottom line N: **the ~ is that ...** l'essentiel, c'est que ...

botulism [ˈbɔtjulɪzəm] N botulisme *m*

bougainvillea, bougainvillaea [buːgənˈvɪlɪə] N bougainvillée *f*, bougainvillier *m*

bough [bau] N branche *f*, rameau *m*

bought [bɔːt] PT, PP *of* **buy**

boulder [ˈbəuldəʳ] N gros rocher (*gén lisse, arrondi*)

boulevard [ˈbuːləvaːd] N boulevard *m*

bounce [bauns] VI (*ball*) rebondir; (*cheque*) être refusé (*étant sans provision*); (*also:* **to bounce forward/out**) bondir, s'élancer ▸ VT faire rebondir ▸ N (*rebound*) rebond *m*; **he's got plenty of ~** (*fig*) il est plein d'entrain *or* d'allant
▸ **bounce back** VI (*team, competitor*) faire un retour en force

bouncer [ˈbaunsəʳ] N (*inf: at dance, club*) videur *m*

bouncing [ˈbaunsɪŋ] ADJ (*baby*) plein(e) de santé

bouncy [ˈbaunsɪ] ADJ (*lively: person*) dynamique; (*ball, toy*) élastique

bound [baund] PT, PP *of* **bind** ▸ N (*gen pl*) limite *f*; (*leap*) bond *m*; **out of bounds** dont l'accès est interdit ▸ VI (*leap*) bondir ▸ VT (*limit*) borner ▸ ADJ: **to be ~ to do sth** (*obliged*) être obligé(e) *or* avoir obligation de faire qch; **he's ~ to fail** (*likely*) il est sûr d'échouer, son échec est inévitable *or* assuré; **~ by** (*law, regulation*) engagé(e) par; **~ for** à destination de

boundary ['baundrɪ] N frontière *f*
boundless ['baundlɪs] ADJ illimité(e), sans bornes
bountiful ['bauntɪful] ADJ (*person*) généreux(-euse); (*God*) bienfaiteur(-trice); (*supply*) ample
bounty ['bauntɪ] N (*generosity*) générosité *f*
bouquet ['bukeɪ] N bouquet *m*
bourbon ['buəbən] N (*US: also:* **bourbon whiskey**) bourbon *m*
bourgeois ['buəʒwɑː] ADJ, N bourgeois(e)
bourgeoisie ['buəʒwɑːziː] N bourgeoisie *f*
bout [baut] N période *f*; (*of malaria etc*) accès *m*, crise *f*, attaque *f*; (*Boxing etc*) combat *m*, match *m*
boutique [buː'tiːk] N boutique *f*
bovine ['bəuvaɪn] ADJ bovin(e)
bow¹ [bəu] N nœud *m*; (*weapon*) arc *m*; (*Mus*) archet *m*
bow² [bau] N (*with body*) révérence *f*, inclination *f* (du buste *or* corps); (*Naut: also:* **bows**) proue *f* ▸ VI faire une révérence, s'incliner; (*yield*): **to ~ to** *or* **before** s'incliner devant, se soumettre à; **to ~ to the inevitable** accepter l'inévitable *or* l'inéluctable
▸ **bow out** VI tirer sa révérence; **to ~ out of sth** se retirer de qch
bowels [bauəlz] NPL intestins *mpl*; (*fig*) entrailles *fpl*
bower ['bauəʳ] N (*literary: in garden*) tonnelle *f*
★**bowl** [bəul] N (*for eating*) bol *m*; (*for washing*) cuvette *f*; (*ball*) boule *f*; (*of pipe*) fourneau *m* ▸ VI (*Cricket*) lancer (la balle)
▸ **bowl out** VT (*Cricket*) éliminer par lancer direct
▸ **bowl over** VT FUS (*fig*) renverser
bow-legged ['bəu'lɛgɪd] ADJ aux jambes arquées
bowler ['bəuləʳ] N joueur *m* de boules; (*Cricket*) lanceur *m* (de la balle); (BRIT: *also:* **bowler hat**) (chapeau *m*) melon *m*
bowlful ['bəulful] N bol *m*
bowling ['bəulɪŋ] N (*game*) jeu *m* de boules, jeu de quilles
bowling alley N bowling *m*
bowling green N terrain *m* de boules (*gazonné et carré*)
bowls [bəulz] N (jeu *m* de) boules *fpl*
bow tie [bəu-] N nœud *m* papillon
★**box** [bɔks] N boîte *f*; (*also:* **cardboard box**) carton *m*; (*crate*) caisse *f*; (*Theat*) loge *f* ▸ VT mettre en boîte; (*Sport*) boxer avec ▸ VI boxer, faire de la boxe
▸ **box in** VT FUS coincer
boxer ['bɔksəʳ] N (*person*) boxeur(-euse); (*dog*) boxer *m*
boxer shorts NPL caleçon *m*
boxing ['bɔksɪŋ] N (*sport*) boxe *f*
Boxing Day N (BRIT) *le lendemain de Noël*

> **Boxing Day** est le lendemain de Noël, férié en Grande-Bretagne. Ce nom vient d'une coutume du XIXe siècle qui consistait à donner des cadeaux de Noël (dans des boîtes) à ses employés, son personnel de maison etc le 26 décembre.

boxing gloves NPL gants *mpl* de boxe
boxing ring N ring *m*
box number N (*for advertisements*) numéro *m* d'annonce
box office N bureau *m* de location
box room N débarras *m*; chambrette *f*
box set N (*TV*) coffret *m*
★**boy** [bɔɪ] N garçon *m*
boy band N boys band *m*
boycott ['bɔɪkɔt] N boycottage *m* ▸ VT boycotter
★**boyfriend** ['bɔɪfrɛnd] N (petit) ami
boyhood ['bɔɪhud] N enfance *f*
boyish ['bɔɪɪʃ] ADJ d'enfant, de garçon; **to look ~** (*man: appear youthful*) faire jeune
bozo ['bəuzəu] N (*inf*) andouille *f* (*inf*)
bp ABBR = **bishop**
bps N ABBR (= *bits per second*) bits *mpl* par seconde
BR ABBR = **British Rail**
Br. ABBR (*Rel*) = **brother**
bra [brɑː] N soutien-gorge *m*
brace [breɪs] N (*support*) attache *f*, agrafe *f*; (BRIT: *also:* **braces**: *on teeth*) appareil *m* (dentaire); (*tool*) vilebrequin *m*; (*Typ: also:* **brace bracket**) accolade *f* ▸ VT (*support*) consolider, soutenir; **to ~ o.s.** (*fig*) se préparer mentalement ■ **braces** NPL (BRIT: *for trousers*) bretelles *fpl*
bracelet ['breɪslɪt] N bracelet *m*
bracing ['breɪsɪŋ] ADJ tonifiant(e), tonique
bracken ['brækən] N fougère *f*
bracket ['brækɪt] N (*Tech*) tasseau *m*, support *m*; (*group*) classe *f*, tranche *f*; (*also:* **brace bracket**) accolade *f*; (*also:* **round bracket**) parenthèse *f*; (*also:* **square bracket**) crochet *m*; **income ~** tranche *f* des revenus; **in brackets** entre parenthèses *or* crochets ▸ VT mettre entre parenthèses; (*fig: also:* **bracket together**) regrouper
brackish ['brækɪʃ] ADJ (*water*) saumâtre
brag [bræg] VI se vanter
braid [breɪd] N (*trimming*) galon *m*; (*of hair*) tresse *f*, natte *f* ▸ VT (*hair*) tresser
Braille [breɪl] N braille *m*
★**brain** [breɪn] N cerveau *m* ■ **brains** NPL (*intellect, food*) cervelle *f*; **he's got brains** il est intelligent
brainchild ['breɪntʃaɪld] N trouvaille (personnelle), invention *f*
braindead ['breɪndɛd] ADJ (*Med*) dans un coma dépassé; (*inf*) demeuré(e)
brain haemorrhage, (*US*) **brain hemorrhage** N hémorragie *f* cérébrale
brainless ['breɪnlɪs] ADJ sans cervelle, stupide
brainpower ['breɪnpauəʳ] N intelligence *f*
brainstorm ['breɪnstɔːm] N (*fig*) moment *m* d'égarement; (*US: brainwave*) idée *f* de génie
brainstorming ['breɪnstɔːmɪŋ] N brainstorming *m*, remue-méninges *m*
brainwash ['breɪnwɔʃ] VT faire subir un lavage de cerveau à
brainwave ['breɪnweɪv] N idée *f* de génie
brainy ['breɪnɪ] ADJ intelligent(e), doué(e)
braise [breɪz] VT braiser
brake [breɪk] N frein *m* ▸ VT, VI freiner
brake light N feu *m* de stop
brake pedal N pédale *f* de frein

bramble ['bræmbl] N ronces *fpl*; (*fruit*) mûre *f*

bran [bræn] N son *m*

★**branch** [brɑ:ntʃ] N branche *f*; (*Comm*) succursale *f*; (: *of bank*) agence *f*; (*of association*) section locale ▸VI bifurquer
▸**branch off** VI (*road*) bifurquer
▸**branch out** VI diversifier ses activités; **to ~ out into** étendre ses activités à

branch line N (*Rail*) bifurcation *f*, embranchement *m*

branch manager N directeur(-trice) de succursale (*or* d'agence)

brand [brænd] N marque (commerciale) ▸VT (*cattle*) marquer (au fer rouge); (*fig: pej*): **to ~ sb a communist** *etc* traiter *or* qualifier qn de communiste *etc*

branded ['brændɪd] ADJ (BRIT: *product*) de marque

branding ['brændɪŋ] N branding *m*, marquage *m*

brandish ['brændɪʃ] VT brandir

brand name N nom *m* de marque

brand-new ['brænd'nju:] ADJ tout(e) neuf (neuve), flambant neuf (neuve)

brandy ['brændɪ] N cognac *m*, fine *f*

brash [bræʃ] ADJ effronté(e)

Brasilia [brə'zɪlɪə] N Brasilia

brass [brɑ:s] N cuivre *m* (jaune), laiton *m*; **the ~** (*Mus*) les cuivres

brass band N fanfare *f*

brassiere ['bræsɪəʳ] N soutien-gorge *m*

brass tacks NPL: **to get down to ~** en venir au fait

brat [bræt] N (*pej*) mioche *mf*, môme *mf*

bravado [brə'vɑ:dəu] N bravade *f*

★**brave** [breɪv] ADJ courageux(-euse), brave ▸N guerrier indien ▸VT braver, affronter

bravery ['breɪvərɪ] N bravoure *f*, courage *m*

bravo [brɑ:'vəu] EXCL (*old*) bravo

brawl [brɔ:l] N rixe *f*, bagarre *f* ▸VI se bagarrer

brawn [brɔ:n] N muscle *m*; (*meat*) fromage *m* de tête

brawny ['brɔ:nɪ] ADJ musclé(e), costaud(e)

bray [breɪ] N braiement *m* ▸VI braire

brazen ['breɪzn] ADJ impudent(e), effronté(e) ▸VT: **to ~ it out** payer d'effronterie, crâner

brazenly ['breɪzənlɪ] ADV impudemment, effrontément

brazier ['breɪzɪəʳ] N brasero *m*

Brazil [brə'zɪl] N Brésil *m*

Brazilian [brə'zɪljən] ADJ brésilien(ne) ▸N Brésilien(ne)

Brazil nut N noix *f* du Brésil

breach [bri:tʃ] VT ouvrir une brèche dans ▸N (*gap*) brèche *f*; (*estrangement*) brouille *f*; (*breaking*): **~ of contract** rupture *f* de contrat; **~ of the peace** attentat *m* à l'ordre public; **~ of trust** abus *m* de confiance

★**bread** [brɛd] N pain *m*; (*inf: money*) fric *m*; **~ and butter** *n* tartines (beurrées); (*fig*) subsistance *f*; **to earn one's daily ~** gagner son pain; **to know which side one's ~ is buttered (on)** savoir où est son avantage *or* intérêt

breadbin ['brɛdbɪn] N (BRIT) boîte *f or* huche *f* à pain

breadboard ['brɛdbɔ:d] N planche *f* à pain; (*Comput*) montage expérimental

breadbox ['brɛdbɔks] N (US) boîte *f or* huche *f* à pain

breadcrumbs ['brɛdkrʌmz] NPL miettes *fpl* de pain; (*Culin*) chapelure *f*, panure *f*

breaded ['brɛdɪd] ADJ pané(e)

breadfruit ['brɛdfru:t] N fruit *m* de l'arbre à pain

breadline ['brɛdlaɪn] N: **to be on the ~** être sans le sou *or* dans l'indigence

breadth [brɛtθ] N largeur *f*

breadwinner ['brɛdwɪnəʳ] N soutien *m* de famille

★**break** [breɪk] (*pt* **broke** [brəuk], *pp* **broken** ['brəukən]) VT casser, briser; (*promise*) rompre; (*law*) violer; **to ~ one's leg** *etc* se casser la jambe *etc*; **to ~ a record** battre un record; **to ~ the news to sb** annoncer la nouvelle à qn ▸VI se casser, se briser; (*weather*) tourner; (*storm*) éclater; (*day*) se lever; **to ~ with sb** rompre avec qn; **to ~ even** rentrer dans ses frais; **to ~ free** *or* **loose** se dégager, s'échapper ▸N (*gap*) brèche *f*; (*fracture*) cassure *f*; (*rest*) interruption *f*, arrêt *m*; (: *short*) pause *f*; (: *at school*) récréation *f*; (*chance*) chance *f*, occasion *f* favorable; **to take a ~** (*few minutes*) faire une pause, s'arrêter cinq minutes; (*holiday*) prendre un peu de repos; **without a ~** sans interruption, sans arrêt
▸**break away** VI (*from other people*) se détacher; **to ~ away from sth** (*idea, tradition*) rompre avec qch
▸**break down** VT (*door etc*) enfoncer; (*resistance*) venir à bout de; (*figures, data*) décomposer, analyser ▸VI s'effondrer; (*Med*) faire une dépression (nerveuse); (*Aut*) tomber en panne; **my car has broken down** ma voiture est en panne
▸**break in** VT (*horse etc*) dresser ▸VI (*burglar*) entrer par effraction; (*interrupt*) interrompre
▸**break into** VT FUS (*house*) s'introduire *or* pénétrer par effraction dans
▸**break off** VI (*speaker*) s'interrompre; (*branch*) se rompre ▸VT (*talks, engagement*) rompre
▸**break open** VT (*door etc*) forcer, fracturer
▸**break out** VI éclater, se déclarer; (*prisoner*) s'évader; **to ~ out in spots** se couvrir de boutons
▸**break through** VI: **the sun broke through** le soleil a fait son apparition ▸VT FUS (*defences, barrier*) franchir; (*crowd*) se frayer un passage à travers
▸**break up** VI (*partnership*) cesser, prendre fin; (*marriage*) se briser; (*crowd, meeting*) se séparer; (*ship*) se disloquer; (*Scol: pupils*) être en vacances; (*line*) couper; **the line's** *or* **you're breaking up** ça coupe ▸VT fracasser, casser; (*fight etc*) interrompre, faire cesser; (*marriage*) désunir

breakable ['breɪkəbl] ADJ cassable, fragile ▸N: **breakables** objets *mpl* fragiles

breakage ['breɪkɪdʒ] N casse *f*; **to pay for breakages** payer la casse

breakaway ['breɪkəweɪ] ADJ (*group etc*) dissident(e)

breakdown ['breɪkdaun] N (*Aut*) panne *f*; (*in communications, marriage*) rupture *f*; (*Med: also:* **nervous breakdown**) dépression (nerveuse); (*of figures*) ventilation *f*, répartition *f*

breakdown service N (BRIT) service *m* de dépannage

breakdown van, (US) **breakdown truck** N dépanneuse *f*

breaker ['breɪkəʳ] N brisant *m*

breakeven ['breɪk'i:vn] CPD: **~ chart** graphique *m* de rentabilité; **~ point** seuil *m* de rentabilité

★**breakfast** ['brɛkfəst] N petit déjeuner *m*; **what time is ~?** le petit déjeuner est à quelle heure ?

breakfast cereal N céréales *fpl*

break-in ['breɪkɪn] N cambriolage *m*

breaking and entering ['breɪkɪŋən'ɛntərɪŋ] N (*Law*) effraction *f*

breaking point ['breɪkɪŋ-] N limites *fpl*

breakneck ['breɪknɛk] ADJ: **at ~ speed** (*develop, happen*) à la vitesse grand V; **to drive at ~ speed** rouler à tombeau ouvert

breakout ['breɪkaut] N évasion *f*

breakthrough ['breɪkθru:] N percée *f*

break-up ['breɪkʌp] N (*of partnership, marriage*) rupture *f*

break-up value N (*Comm*) valeur *f* de liquidation

breakwater ['breɪkwɔ:təʳ] N brise-lames *m inv*, digue *f*

breast [brɛst] N (*of woman*) sein *m*; (*chest*) poitrine *f*; (*of chicken, turkey*) blanc *m*

breastbone ['brɛstbəun] N sternum *m*

breast-feed ['brɛstfi:d] VT, VI (*irreg: like* **feed**) allaiter

breast milk N lait *m* maternel

breast pocket N poche *f* (de) poitrine

breast-stroke ['brɛststrəuk] N brasse *f*

★**breath** [brɛθ] N haleine *f*, souffle *m*; **to go out for a ~ of air** sortir prendre l'air; **to take a deep ~** respirer à fond; **out of ~** à bout de souffle, essoufflé(e)

breathable ['bri:ðəbl] ADJ (*fabric*) aéré(e)

breathalyse ['brɛəlaɪz] VT faire subir un alcootest à

Breathalyser® ['brɛθəlaɪzəʳ] (BRIT) N alcootest *m*

★**breathe** [bri:ð] VT, VI respirer; **I won't ~ a word about it** je n'en soufflerai pas mot, je n'en dirai rien à personne

▸ **breathe in** VI inspirer ▸ VT aspirer

▸ **breathe out** VT, VI expirer

breather ['bri:ðəʳ] N moment *m* de repos *or* de répit

breathing ['bri:ðɪŋ] N respiration *f*

breathing space N (*fig*) (moment *m* de) répit *m*

breathless ['brɛθlɪs] ADJ essoufflé(e), haletant(e), oppressé(e); **~ with excitement** le souffle coupé par l'émotion

breathtaking ['brɛθteɪkɪŋ] ADJ stupéfiant(e), à vous couper le souffle

breath test N alcootest *m*

bred [brɛd] PT, PP *of* **breed**

-bred [brɛd] SUFFIX: **well/ill-bred** bien/mal élevé(e)

breeches ['brɪtʃɪz, 'bri:tʃɪz] NPL (*old*) culotte *f*

breed [bri:d] (*pt, pp* **bred** [brɛd]) VT élever, faire l'élevage de; (*fig: hate, suspicion*) engendrer ▸ VI se reproduire ▸ N race *f*, variété *f*

breeder ['bri:dəʳ] N (*person*) éleveur *m*; (*Physics: also:* **breeder reactor**) (réacteur *m*) surrégénérateur *m*

breeding ['bri:dɪŋ] N reproduction *f*; élevage *m*; (*upbringing*) éducation *f*

breeze [bri:z] N brise *f*

▸ **breeze in** VI entrer d'un air dégagé

breeze-block ['bri:zblɔk] N (BRIT) parpaing *m*

breezy ['bri:zɪ] ADJ (*day, weather*) venteux(-euse); (*manner*) désinvolte; (*person*) jovial(e)

brethren ['brɛðrɪn] NPL (*old*) frères *mpl*

Breton ['brɛtən] ADJ breton(ne) ▸ N Breton(ne); (*Ling*) breton *m*

brevity ['brɛvɪtɪ] N brièveté *f*

brew [bru:] VT (*tea*) faire infuser; (*beer*) brasser; (*plot*) tramer, préparer ▸ VI (*tea*) infuser; (*beer*) fermenter; (*fig*) se préparer, couver

brewer ['bru:əʳ] N brasseur *m*

brewery ['bru:ərɪ] N brasserie *f* (*fabrique*)

brewing ['bru:ɪŋ] N brassage *m*

Brexit ['brɛksɪt] N Brexit *m*, *le retrait du Royaume-Uni de l'Union européenne*; **hard/soft ~** Brexit dur/mou

briar ['braɪəʳ] N (*thorny bush*) ronces *fpl*; (*wild rose*) églantine *f*

bribe [braɪb] N pot-de-vin *m* ▸ VT acheter; soudoyer; **to ~ sb to do sth** soudoyer qn pour qu'il fasse qch

bribery ['braɪbərɪ] N corruption *f*

bric-a-brac ['brɪkəbræk] N bric-à-brac *m*

brick [brɪk] N brique *f*

brickbat ['brɪkbæt] N violente critique *f*

bricklayer ['brɪkleɪəʳ] N maçon *m*

brickwork ['brɪkwə:k] N briquetage *m*, maçonnerie *f*

brickworks ['brɪkwə:ks] N briqueterie *f*

bridal ['braɪdl] ADJ nuptial(e); **~ party** noce *f*

bride [braɪd] N mariée *f*, épouse *f*

bridegroom ['braɪdgru:m] N marié *m*, époux *m*

bridesmaid ['braɪdzmeɪd] N demoiselle *f* d'honneur

★**bridge** [brɪdʒ] N pont *m*; (*Naut*) passerelle *f* (de commandement); (*of nose*) arête *f*; (*Cards, Dentistry*) bridge *m* ▸ VT (*river*) construire un pont sur; (*gap*) combler

bridging loan ['brɪdʒɪŋ-] N (BRIT) prêt *m* relais

bridle ['braɪdl] N bride *f* ▸ VT refréner, mettre la bride à; (*horse*) brider

bridle path N piste *or* allée cavalière

brief [bri:f] ADJ bref (brève) ▸ N (*Law*) dossier *m*, cause *f*; (*gen*) tâche *f*; **in ~ ...** (en) bref ... ▸ VT mettre au courant; (*Mil*) donner des instructions à ▪ **briefs** NPL slip *m*

briefcase ['bri:fkeɪs] N serviette *f*; porte-documents *m inv*

briefing ['bri:fɪŋ] N instructions *fpl*; (*Press*) briefing *m*

briefly ['bri:flɪ] ADV brièvement; (*visit*) en coup de vent; **to glimpse ~** entrevoir

briefness ['bri:fnɪs] N brièveté *f*

Brig. ABBR = **brigadier**

brigade [brɪ'geɪd] N (*Mil*) brigade *f*

brigadier [brɪgə'dɪəʳ] N brigadier général

★**bright** [braɪt] ADJ brillant(e); (*room, weather*) clair(e); (*person: clever*) intelligent(e), doué(e); (*: cheerful*) gai(e); (*idea*) génial(e); (*colour*) vif (vive); **to look on the ~ side** regarder le bon côté des choses

brighten ['braɪtn], **brighten up** VT (*room*) éclaircir; égayer ▸ VI s'éclaircir; (*person*) retrouver un peu de sa gaieté
brightly ['braɪtlɪ] ADV brillamment
brill [brɪl] ADJ (*BRIT inf*) super *inv*
brilliance ['brɪljəns] N éclat *m*; (*fig: of person*) brio *m*
★**brilliant** ['brɪljənt] ADJ brillant(e); (*light, sunshine*) éclatant(e); (*inf: great*) super
brim [brɪm] N bord *m*
brimful ['brɪm'ful] ADJ plein(e) à ras bord; (*fig*) débordant(e)
brine [braɪn] N eau salée; (*Culin*) saumure *f*
★**bring** [brɪŋ] (*pt, pp* **brought** [brɔ:t]) VT (*thing*) apporter; (*person*) amener; **to ~ sth to an end** mettre fin à qch; **I can't ~ myself to fire him** je ne peux me résoudre à le mettre à la porte
▸ **bring about** VT provoquer, entraîner
▸ **bring along** VT (*thing*) apporter; (*person*) amener
▸ **bring back** VT rapporter; (*person*) ramener
▸ **bring down** VT (*lower*) abaisser; (*shoot down*) abattre; (*government*) faire s'effondrer
▸ **bring forward** VT avancer; (*Book-keeping*) reporter
▸ **bring in** VT (*person*) faire entrer; (*object*) rentrer; (*Pol: legislation*) introduire; (*Law: verdict*) rendre; (*produce: income*) rapporter
▸ **bring off** VT (*task, plan*) réussir, mener à bien; (*deal*) mener à bien
▸ **bring on** VT (*illness, attack*) provoquer; (*player, substitute*) amener
▸ **bring out** VT sortir; (*meaning*) faire ressortir, mettre en relief; (*new product, book*) sortir
▸ **bring round, bring to** VT (*unconscious person*) ranimer
▸ **bring up** VT élever; (*carry up*) monter; (*question*) soulever; (*food: vomit*) vomir, rendre
brink [brɪŋk] N bord *m*; **on the ~ of doing** sur le point de faire, à deux doigts de faire; **she was on the ~ of tears** elle était au bord des larmes
brinkmanship ['brɪŋkmənʃɪp] N politique *f* de la corde raide
brisk [brɪsk] ADJ vif (vive); (*abrupt*) brusque; (*trade etc*) actif(-ive); **to go for a ~ walk** se promener d'un bon pas; **business is ~** les affaires marchent (bien)
bristle ['brɪsl] N poil *m* ▸ VI se hérisser; **bristling with** hérissé(e) de
bristly ['brɪslɪ] ADJ (*beard, hair*) hérissé(e); **your chin's all ~** ton menton gratte
Brit [brɪt] N ABBR (*inf:* = *British person*) Britannique *mf*
★**Britain** ['brɪtən] N (*also:* **Great Britain**) la Grande-Bretagne; **in ~** en Grande-Bretagne
★**British** ['brɪtɪʃ] ADJ britannique ▸ NPL: **the ~** les Britanniques *mpl*
British Isles NPL: **the ~** les îles *fpl* Britanniques
British Rail N *compagnie ferroviaire britannique,* ≈ SNCF *f*
British Summer Time N heure *f* d'été britannique
Briton ['brɪtən] N Britannique *mf*
★**Brittany** ['brɪtənɪ] N Bretagne *f*
brittle ['brɪtl] ADJ cassant(e), fragile
Bro. ABBR (*Rel*) = **brother**
broach [brəutʃ] VT (*subject*) aborder
broad [brɔ:d] ADJ large; (*distinction*) général(e); (*accent*) prononcé(e); **~ hint** allusion transparente; **in ~ daylight** en plein jour; **the ~ outlines** les grandes lignes ▸ N (*US pej*) nana *f*
B road N (*BRIT*) ≈ route départementale
broadband ['brɔ:dbænd] N (internet *m* à) haut débit *m*
broad bean N fève *f*
broadcast ['brɔ:dkɑ:st] (*pt, pp* **~**) N émission *f* ▸ VT (*Radio*) radiodiffuser; (*TV*) téléviser ▸ VI émettre
broadcaster ['brɔ:dkɑ:stəʳ] N personnalité *f* de la radio *or* de la télévision
broadcasting ['brɔ:dkɑ:stɪŋ] N radiodiffusion *f*; télévision *f*
broadcasting station N station *f* de radio (*or* de télévision)
broaden ['brɔ:dn] VT élargir; **to ~ one's mind** élargir ses horizons ▸ VI s'élargir
broadly ['brɔ:dlɪ] ADV en gros, généralement
broad-minded ['brɔ:d'maɪndɪd] ADJ large d'esprit
broadsheet ['brɔ:dʃi:t] N (*BRIT*) journal *m* grand format
broadside ['brɔ:dsaɪd] N (*attack*) attaque *f* violente *or* virulente; **~ on** *adv* par le travers
brocade [brə'keɪd] N brocart *m*
★**broccoli** ['brɔkəlɪ] N brocoli *m*
brochure ['brəuʃjuəʳ] N prospectus *m*, dépliant *m*
brogue [brəug] N (*accent*) accent régional; (*shoe*) *(sorte de) chaussure basse de cuir épais*
broil [brɔɪl] VT (*US*) rôtir
broiler ['brɔɪləʳ] N (*US: fowl*) poulet *m (à rôtir)*; (*: grill*) gril *m*
broke [brəuk] PT *of* **break** ▸ ADJ (*inf*) fauché(e); **to go ~** (*business*) faire faillite
broken ['brəukn] PP *of* **break** ▸ ADJ (*stick, leg etc*) cassé(e); (*machine: also:* **broken down**) fichu(e); (*promise, vow*) rompu(e); **a ~ marriage** un couple dissocié; **a ~ home** un foyer désuni; **in ~ French/English** dans un français/anglais approximatif *or* hésitant
broken-down ['brəukn'daun] ADJ (*car*) en panne; (*machine*) fichu(e); (*house*) en ruines
broken-hearted ['brəukn'hɑ:tɪd] ADJ (ayant) le cœur brisé
broker ['brəukəʳ] N courtier *m*
brokerage ['brəukrɪdʒ] N courtage *m*
brolly ['brɔlɪ] N (*BRIT inf*) pépin *m*, parapluie *m*
bromance ['brəumæns] N (*inf*) *amitié forte entre deux hommes hétérosexuels*
bronchitis [brɔŋ'kaɪtɪs] N bronchite *f*
bronze [brɔnz] N bronze *m*
bronzed ['brɔnzd] ADJ bronzé(e), hâlé(e)
brooch [brəutʃ] N broche *f*
brood [bru:d] N couvée *f* ▸ VI (*hen, storm*) couver; (*person*) méditer (sombrement), ruminer
broody ['bru:dɪ] ADJ (*fig*) taciturne, mélancolique
brook [bruk] N ruisseau *m*
broom [brum] N balai *m*; (*Bot*) genêt *m*
broomstick ['brumstɪk] N manche *m* à balai

Bros. ABBR (*Comm*: = *brothers*) Frères
broth [brɔθ] N bouillon *m* de viande et de légumes
brothel ['brɔθl] N maison close, bordel *m*
★**brother** ['brʌðə^r] N frère *m*
brotherhood ['brʌðəhud] N fraternité *f*
brother-in-law ['brʌðərɪn'lɔː^r] N beau-frère *m*
brotherly ['brʌðəlɪ] ADJ fraternel(le)
brought [brɔːt] PT, PP *of* **bring**
brouhaha ['bruːhɑːhɑː] N brouhaha *m*
brow [brau] N front *m*; (*rare*: *eyebrow*) sourcil *m*; (*of hill*) sommet *m*
browbeat ['braubiːt] VT (*irreg*: *like* **beat**) intimider, brusquer
★**brown** [braun] ADJ brun(e), marron *inv*; (*hair*) châtain *inv*; (*tanned*) bronzé(e); (*rice, bread, flour*) complet(-ète); **to go ~** (*person*) bronzer; (*leaves*) jaunir ▸N (*colour*) brun *m*, marron *m* ▸VT brunir; (*Culin*) faire dorer, faire roussir
brown bread N pain *m* bis
Brownie ['braunɪ] N jeannette *f* éclaireuse (cadette)
brown paper N papier *m* d'emballage, papier kraft
brown rice N riz *m* complet
brown sugar N cassonade *f*
browse [brauz] VI (*in shop*) regarder (*sans acheter*); (*among books*) bouquiner, feuilleter les livres; (*animal*) paître; **to ~ through a book** feuilleter un livre
browser ['brauzə^r] N (*Comput*) navigateur *m*
bruise [bruːz] N bleu *m*, ecchymose *f*, contusion *f* ▸VT contusionner, meurtrir; **to ~ one's arm** se faire un bleu au bras ▸VI (*fruit*) se taler, se meurtrir
bruised ['bruːzd] ADJ contusionné(e)
bruiser ['bruːzə^r] N (*inf*) cogneur(-euse)
bruising ['bruːzɪŋ] ADJ (*experience*) douloureux(-euse); (*campaign, encounter*) éprouvant(e) ▸N bleus *mpl*, contusions *fpl*
Brum [brʌm] N ABBR, **Brummagem** ['brʌmədʒəm] N (*inf*) Birmingham
Brummie ['brʌmɪ] N (*inf*) habitant(e) de Birmingham; natif(-ive) de Birmingham
brunch [brʌntʃ] N brunch *m*
Brunei [bruː'naɪ, 'bruːnaɪ] N Brunei *m*
brunette [bruː'nɛt] N (femme) brune
brunt [brʌnt] N: **the ~ of** (*attack, criticism etc*) le plus gros de
★**brush** [brʌʃ] N brosse *f*; (*for painting*) pinceau *m*; (*for shaving*) blaireau *m*; (*quarrel*) accrochage *m*, prise *f* de bec; **to have a ~ with sb** s'accrocher avec qn; **to have a ~ with the police** avoir maille à partir avec la police ▸VT brosser; (*also*: **brush past, brush against**) effleurer, frôler
▸**brush aside** VT écarter, balayer
▸**brush off** VT (*remove*: *thing*) enlever; (*person*) envoyer balader
▸**brush up** VT (*knowledge*) rafraîchir, réviser
brushed [brʌʃt] ADJ (*Tech*: *steel, chrome etc*) brossé(e); (: *nylon, denim etc*) gratté(e)
brush-off ['brʌʃɔf] N (*inf*): **to give sb the ~** envoyer qn promener
brushwood ['brʌʃwud] N broussailles *fpl*, taillis *m*
brusque [bruːsk] ADJ (*person, manner*) brusque, cassant(e); (*tone*) sec (sèche), cassant(e)
★**Brussels** ['brʌslz] N Bruxelles
Brussels sprout N chou *m* de Bruxelles
brutal ['bruːtl] ADJ brutal(e)
brutality [bruː'tælɪtɪ] N brutalité *f*
brutalize ['bruːtəlaɪz] VT (*harden*) rendre brutal(e); (*ill-treat*) brutaliser
brute [bruːt] N brute *f* ▸ADJ: **by ~ force** par la force
brutish ['bruːtɪʃ] ADJ grossier(-ère), brutal(e)
BS N ABBR (*US*: = *Bachelor of Science*) *diplôme universitaire*
bs ABBR = **bill of sale**
BSA N ABBR = **Boy Scouts of America**
BSc N ABBR (*University*) = **Bachelor of Science**
BSE N ABBR (= *bovine spongiform encephalopathy*) ESB *f*, BSE *f*
BSI N ABBR (= *British Standards Institution*) *association de normalisation*
BST ABBR (= *British Summer Time*) heure *f* d'été
btu N ABBR (= *British thermal unit*) btu (= *1054,2 joules*)
btw, BTW ABBR (= *by the way*) au fait, à propos
bubble ['bʌbl] N bulle *f* ▸VI bouillonner, faire des bulles; (*sparkle, fig*) pétiller
bubble bath N bain moussant
bubble gum N chewing-gum *m*
bubble jet printer ['bʌbldʒɛt-] N imprimante *f* à bulle d'encre
bubbly ['bʌblɪ] ADJ (*drink*) pétillant(e); (*person*) plein(e) de vitalité ▸N (*inf*) champ *m*
Bucharest [buːkə'rɛst] N Bucarest
buck [bʌk] N mâle *m* (*d'un lapin, lièvre, daim etc*); (*US inf*) dollar *m*; **to pass the ~ (to sb)** se décharger de la responsabilité (sur qn) ▸VI ruer, lancer une ruade
▸**buck up** VI (*cheer up*) reprendre du poil de la bête, se remonter ▸VT: **to ~ one's ideas up** se reprendre
bucket ['bʌkɪt] N seau *m* ▸VI (BRIT *inf*): **the rain is bucketing (down)** il pleut à verse
bucketful ['bʌkɪtful] N plein seau *m*
bucket list N liste *f* de choses à faire avant de mourir
Buckingham Palace ['bʌkɪŋhəm-] N le palais de Buckingham

Buckingham Palace est la résidence officielle londonienne du souverain britannique depuis 1762. Construit en 1703, il fut à l'origine le palais du duc de Buckingham. Il a été partiellement reconstruit au début du XXe siècle.

buckle ['bʌkl] N boucle *f* ▸VT (*belt etc*) boucler, attacher ▸VI (*warp*) tordre, gauchir; (: *wheel*) se voiler
▸**buckle down** VI s'y mettre
buckskin ['bʌkskɪn] N peau *f* de daim
buckwheat ['bʌkwiːt] N (*grain*) sarrasin *m*; (*flour*) farine *f* de blé noir
bucolic [bjuː'kɔlɪk] ADJ (*setting, scene*) pastoral; (*poetry, poet*) bucolique

bud [bʌd] N bourgeon *m*; (*of flower*) bouton *m* ▸VI bourgeonner; (*flower*) éclore
Buddha [ˈbudə] N Bouddha *m*
Buddhism [ˈbudɪzəm] N bouddhisme *m*
Buddhist [ˈbudɪst] ADJ, N bouddhiste *mf*
budding [ˈbʌdɪŋ] ADJ (*flower*) en bouton; (*poet etc*) en herbe; (*passion etc*) naissant(e)
buddy [ˈbʌdɪ] N (*US*) copain *m*
budge [bʌdʒ] VT faire bouger ▸VI bouger
budgerigar [ˈbʌdʒərɪgɑːʳ] N perruche *f*
★**budget** [ˈbʌdʒɪt] N budget *m*; **I'm on a tight ~** je dois faire attention à mon budget ▸VI: **to ~ for sth** inscrire qch au budget
budget airline N compagnie *f* aérienne low cost
budgetary [ˈbʌdʒɪtrɪ] ADJ budgétaire
budgeting [ˈbʌdʒɪtɪŋ] N prévisions *fpl* budgétaires
budgie [ˈbʌdʒɪ] N = **budgerigar**
Buenos Aires [ˈbweɪnɔsˈaɪrɪz] N Buenos Aires
buff [bʌf] ADJ (couleur *f*) chamois *m* ▸N (*inf: enthusiast*) mordu(e)
buffalo [ˈbʌfələu] (*pl* ~ *or* **buffaloes**) N (BRIT) buffle *m*; (*US*) bison *m*
buffer [ˈbʌfəʳ] N tampon *m*; (*Comput*) mémoire *f* tampon ▸VT, VI (*Comput*) mettre en mémoire tampon
buffering [ˈbʌfərɪŋ] N (*Comput*) mise *f* en mémoire tampon
buffer state N état *m* tampon
buffer zone N zone *f* tampon
buffet N [ˈbufeɪ] (*food*: BRIT: *bar*) buffet *m* ▸VT [ˈbʌfɪt] (*wind, storm*) secouer; (*government, economy*) secouer, ébranler
buffet car N (BRIT *Rail*) voiture-bar *f*
buffeting [ˈbʌfɪtɪŋ] N (*of wind, seas*) assaut *m*; (*attack*) rebuffade *f*; **to take a ~** essuyer une rebuffade
buffet lunch N lunch *m*
buffoon [bəˈfuːn] N bouffon *m*, pitre *m*
bug [bʌg] N (*bedbug etc*) punaise *f*; (*esp US: any insect*) insecte *m*, bestiole *f*; (*fig: germ*) virus *m*, microbe *m*; (*spy device*) dispositif *m* d'écoute (électronique), micro clandestin; (*Comput: of program*) erreur *f*; (: *of equipment*) défaut *m*; **I've got the travel ~** (*fig*) j'ai le virus du voyage ▸VT (*room*) poser des micros dans; (*inf: annoy*) embêter
bugbear [ˈbʌgbɛəʳ] N cauchemar *m*, bête noire
bugger [ˈbʌgəʳ] (*inf!*) N salaud *m* (!), connard *m* (!) ▸VI: **~ off!** tire-toi ! (!) ▸EXCL: **~!** (*also:* **bugger it!**) merde ! (!)
buggered [ˈbʌgəd] ADJ (BRIT *inf!: broken*) foutu(e); **I'll be ~ if ...** je préfère plutôt crever
bugging [ˈbʌgɪŋ] N (*surveillance*) utilisation *f* d'appareils d'écoute ▸CPD (*device, equipment*) d'écoute (clandestine)
buggy [ˈbʌgɪ] N poussette *f*
bugle [ˈbjuːgl] N clairon *m*
bugler [ˈbjuːgləʳ] N (joueur *m* de) clairon *m*
★**build** [bɪld] (*pt, pp* **built** [bɪlt]) N (*of person*) carrure *f*, charpente *f* ▸VT construire, bâtir
▸**build on** VT FUS (*fig*) tirer parti de, partir de
▸**build up** VT accumuler, amasser; (*business*) développer; (*reputation*) bâtir
builder [ˈbɪldəʳ] N entrepreneur *m*
★**building** [ˈbɪldɪŋ] N (*trade*) construction *f*; (*structure*) bâtiment *m*, construction; (: *residential, offices*) immeuble *m*
building contractor N entrepreneur *m* (en bâtiment)
building industry N (industrie *f* du) bâtiment *m*
building site N chantier *m* (de construction)
building society N (BRIT) société *f* de crédit immobilier

Une **building society** est une mutuelle dont les épargnants et les emprunteurs sont les propriétaires. Ces mutuelles offrent principalement deux services : des comptes épargne et des prêts, notamment immobiliers. Les *building societies* ont eu jusqu'en 1985 le quasi-monopole des comptes épargne et des prêts immobiliers, mais les banques ont maintenant une part importante de ce marché.

building trade N = **building industry**
build-up [ˈbɪldʌp] N (*of gas etc*) accumulation *f*; (*publicity*): **to give sb/sth a good ~** faire de la pub pour qn/qch
built [bɪlt] PT, PP *of* **build**
built-in [ˈbɪltˈɪn] ADJ (*cupboard*) encastré(e); (*device*) incorporé(e); intégré(e)
built-up [ˈbɪltˈʌp] ADJ: **~ area** agglomération (urbaine); zone urbanisée
bulb [bʌlb] N (*Bot*) bulbe *m*, oignon *m*; (*Elec*) ampoule *f*
bulbous [ˈbʌlbəs] ADJ bulbeux(-euse)
Bulgaria [bʌlˈgɛərɪə] N Bulgarie *f*
Bulgarian [bʌlˈgɛərɪən] ADJ bulgare ▸N Bulgare *mf*; (*Ling*) bulgare *m*
bulge [bʌldʒ] N renflement *m*, gonflement *m*; (*in birth rate, sales*) brusque augmentation *f* ▸VI faire saillie; présenter un renflement; (*pocket, file*): **to be bulging with** être plein(e) à craquer de
bulimia [bəˈlɪmɪə] N boulimie *f*
bulimic [bjuːˈlɪmɪk] ADJ, N boulimique *mf*
bulk [bʌlk] N masse *f*, volume *m*; **in ~** (*Comm*) en gros, en vrac; **the ~ of** la plus grande *or* grosse partie de
▸**bulk up** VT épaissir ▸VI prendre de l'épaisseur
bulk buying [-ˈbaɪɪŋ] N achat *m* en gros
bulk carrier N cargo *m*
bulkhead [ˈbʌlkhɛd] N cloison *f* (étanche)
bulky [ˈbʌlkɪ] ADJ volumineux(-euse), encombrant(e)
bull [bul] N taureau *m*; (*male elephant, whale*) mâle *m*; (*Stock Exchange*) haussier *m*; (*Rel*) bulle *f*
bulldog [ˈbuldɔg] N bouledogue *m*
bulldoze [ˈbuldəuz] VT passer *or* raser au bulldozer; **I was bulldozed into doing it** (*fig: inf*) on m'a forcé la main
bulldozer [ˈbuldəuzəʳ] N bulldozer *m*
bullet [ˈbulɪt] N balle *f* (*de fusil etc*)
bulletin [ˈbulɪtɪn] N bulletin *m*, communiqué *m*; (*also:* **news bulletin**) (bulletin d')informations *fpl*

bulletin board N (*Comput*) messagerie *f* (électronique)
bulletproof ['bulɪtpru:f] ADJ à l'épreuve des balles; **~ vest** gilet *m* pare-balles
bullfight ['bulfaɪt] N corrida *f*, course *f* de taureaux
bullfighter ['bulfaɪtəʳ] N torero *m*
bullfighting ['bulfaɪtɪŋ] N tauromachie *f*
bullfinch ['bulfɪntʃ] N bouvreuil *m*
bullion ['buljən] N or *m or* argent *m* en lingots
bullish ['bulɪʃ] ADJ (*on stock market: mood*) haussier(-ière); (*optimistic*): **to be ~ about sth** être optimiste au sujet de qch
bullock ['bulək] N bœuf *m*
bullring ['bulrɪŋ] N arène *f*
bull's-eye ['bulzaɪ] N centre *m* (*de la cible*)
bullshit ['bulʃɪt] (*inf!*) N connerie(s) *f(pl)* (*!*) ▸ VT raconter des conneries à (*!*) ▸ VI déconner (*!*)
bully ['bulɪ] N brute *f*, tyran *m* ▸ VT tyranniser, rudoyer; (*frighten*) intimider
bullying ['bulɪɪŋ] N brimades *fpl*
bulwark ['bulwək] N rempart *m*
bum [bʌm] N (*inf*: BRIT: *backside*) derrière *m*; (*esp US: tramp*) vagabond(e), traîne-savates *mf*; (*: idler*) glandeur *m*
▸ **bum around** VI (*inf*) vagabonder
bumblebee ['bʌmblbi:] N bourdon *m*
bumbling ['bʌmblɪŋ] ADJ empoté(e)
bumf [bʌmf] N (*inf: forms etc*) paperasses *fpl*
bummer ['bʌməʳ] N (*inf*): **what a ~!** quelle poisse !; **a ~ of a day** une journée pourrie
bump [bʌmp] N (*blow*) coup *m*, choc *m*; (*jolt*) cahot *m*; (*on road etc, on head*) bosse *f* ▸ VT heurter, cogner; (*car*) emboutir
▸ **bump along** VI avancer en cahotant
▸ **bump into** VT FUS rentrer dans, tamponner; (*inf: meet*) tomber sur
▸ **bump up** VT (*inf: amount, price*) faire grimper
bumper ['bʌmpəʳ] N pare-chocs *m inv* ▸ ADJ: **~ crop/harvest** récolte/moisson exceptionnelle
bumper cars NPL (*US*) autos tamponneuses
bumph [bʌmf] N = **bumf**
bumptious ['bʌmpʃəs] ADJ suffisant(e), prétentieux(-euse)
bumpy ['bʌmpɪ] ADJ (*road*) cahoteux(-euse); **it was a ~ flight/ride** on a été secoués dans l'avion/la voiture
bun [bʌn] N (*cake*) petit gâteau; (*bread*) petit pain au lait; (*of hair*) chignon *m*
★**bunch** [bʌntʃ] N (*of flowers*) bouquet *m*; (*of keys*) trousseau *m*; (*of bananas*) régime *m*; (*of people*) groupe *m*; **~ of grapes** grappe *f* de raisin
■ **bunches** NPL (*in hair*) couettes *fpl*
bundle ['bʌndl] N paquet *m* ▸ VT (*also:* **bundle up**) faire un paquet de; (*put*): **to ~ sth/sb into** fourrer *or* enfourner qch/qn dans
▸ **bundle off** VT (*person*) faire sortir (en toute hâte); expédier
▸ **bundle out** VT éjecter, sortir (sans ménagements)
bun fight N (BRIT *inf*) réception *f*; (*tea party*) thé *m*
bung [bʌŋ] N bonde *f*, bouchon *m* ▸ VT (BRIT: *throw: also:* **bung into**) flanquer; (*also:* **bung up**: *pipe, hole*) boucher; **my nose is bunged up** (*inf*) j'ai le nez bouché
bungalow ['bʌŋgələu] N bungalow *m*
bungee jumping ['bʌndʒi:'dʒʌmpɪŋ] N saut *m* à l'élastique
bungle ['bʌŋgl] VT bâcler, gâcher
bungling ['bʌŋglɪŋ] ADJ maladroit(e)
bunion ['bʌnjən] N oignon *m* (*au pied*)
bunk [bʌŋk] N couchette *f*; (BRIT *inf*): **to do a ~** mettre les bouts *or* les voiles
▸ **bunk off** VI (BRIT *inf: Scol*) sécher (les cours); **I'll ~ off at 3 o'clock this afternoon** je vais mettre les bouts *or* les voiles à 3 heures cet après-midi
bunk beds NPL lits superposés
bunker ['bʌŋkəʳ] N (*coal store*) soute *f* à charbon; (*Mil, Golf*) bunker *m*
bunkum ['bʌŋkəm] N (*inf*) foutaises *fpl* (*inf*), foutaise *f* (*inf*)
bunny ['bʌnɪ] N (*also:* **bunny rabbit**) lapin *m*
bunny girl N (BRIT) *hôtesse de cabaret*
bunny hill N (*US Ski*) piste *f* pour débutants
bunting ['bʌntɪŋ] N pavoisement *m*, drapeaux *mpl*
buoy [bɔɪ] N bouée *f*
▸ **buoy up** VT faire flotter; (*fig*) soutenir, épauler
buoyancy ['bɔɪənsɪ] N (*of ship*) flottabilité *f*
buoyant ['bɔɪənt] ADJ (*ship*) flottable; (*carefree*) gai(e), plein(e) d'entrain; (*Comm: market, economy*) actif(-ive); (*: prices, currency*) soutenu(e)
burble ['bə:bl] VI (*water, river*) murmurer; (*person*) marmonner; **to ~ on about sth** radoter sur (le thème de) qch ▸ VT (*say*) marmonner
burden ['bə:dn] N fardeau *m*, charge *f*; **to be a ~ to sb** être un fardeau pour qn ▸ VT charger; (*oppress*) accabler, surcharger
burdened ['bə:dənd] ADJ: **~ with** (*loaded with*) chargé(e) de qch; (*debt, guilt*) accablé(e) de
burdensome ['bə:dənsəm] ADJ lourd(e)
bureau ['bjuərəu] (*pl* **bureaux** [-z]) N (BRIT: *writing desk*) bureau *m*, secrétaire *m*; (*US: chest of drawers*) commode *f*; (*office*) bureau, office *m*
bureaucracy [bjuə'rɔkrəsɪ] N bureaucratie *f*
bureaucrat ['bjuərəkræt] N bureaucrate *mf*, rond-de-cuir *m*
bureaucratic [bjuərə'krætɪk] ADJ bureaucratique
bureau de change [-də'ʃɔŋʒ] (*pl* **bureaux de change**) N bureau *m* de change
bureaux ['bjuərəuz] NPL *of* **bureau**
burgeon ['bə:dʒən] VI (*fig*) être en expansion rapide
★**burger** ['bə:gəʳ] N hamburger *m*
burglar ['bə:gləʳ] N cambrioleur(-euse)
burglar alarm N sonnerie *f* d'alarme
burglarize ['bə:gləraɪz] VT (*US*) cambrioler
burglary ['bə:glərɪ] N cambriolage *m*
burgle ['bə:gl] VT cambrioler
Burgundy ['bə:gəndɪ] N Bourgogne *f*
burgundy ['bə:gəndɪ] ADJ (*wine-coloured*) bordeaux *inv* ▸ N (*colour*) bordeaux *m*; (*wine*) bourgogne *m*
burial ['bɛrɪəl] N enterrement *m*
burial ground N cimetière *m*

burkha ['bə:kə] N = **burqa**

Burkina Faso [bə:'ki:nə'fæsəu] N Burkina Faso *m*

burlesque [bə:'lɛsk] N parodie *f*

burly ['bə:lɪ] ADJ de forte carrure, costaud(e)

Burma ['bə:mə] N Birmanie *f*; *see also* **Myanmar**

Burmese [bə:'mi:z] ADJ birman(e), de Birmanie ▸ N (*pl inv*) Birman(e); (*Ling*) birman *m*

★**burn** [bə:n] (*pt, pp* **burned** [bə:nd] *or* **burnt** [bə:nt]) VT, VI brûler; **the cigarette burnt a hole in her dress** la cigarette a fait un trou dans sa robe; **I've burnt myself!** je me suis brûlé(e) ! ▸ N brûlure *f*
▸ **burn down** VT incendier, détruire par le feu
▸ **burn out** VT (*writer etc*): **to ~ o.s. out** s'user (à force de travailler)
▸ **burn up** VI (*satellite*) se désintégrer ▸ VT (*calories*) brûler

burner ['bə:nə^r] N brûleur *m*

burning ['bə:nɪŋ] ADJ (*building, forest*) en flammes; (*issue, question*) brûlant(e); (*ambition*) dévorant(e)

burnish ['bə:nɪʃ] VT polir

burnished ['bə:nɪʃt] ADJ (*literary*) aux reflets dorés

burnout ['bə:naut] N (*inf*) épuisement *f*

Burns' Night [bə:nz-] N *fête écossaise à la mémoire du poète Robert Burns*

Burns' Night est une fête qui a lieu, le 25 janvier, à la mémoire du poète écossais Robert Burns (1759–1796). A cette occasion, les Écossais du monde entier organisent un souper, en général arrosé de whisky. Le plat principal est toujours le *haggis*, servi avec de la purée de pommes de terre et de la purée de rutabagas. On apporte le *haggis* à table au son des cornemuses et le repas est ponctué de chansons et de poèmes de Burns interprétés par les convives.

burnt [bə:nt] PT, PP *of* **burn**

burnt sugar N (BRIT) caramel *m*

burp [bə:p] (*inf*) N rot *m* ▸ VI roter

burqa ['bə:kə] N burqa *f*, burka *f*

burrow ['bʌrəu] N terrier *m* ▸ VT creuser ▸ VI (*rabbit*) creuser un terrier; (*rummage*) fouiller

bursar ['bə:sə^r] N économe *mf*; (BRIT: *student*) boursier(-ère)

bursary ['bə:sərɪ] N (BRIT) bourse *f* (d'études)

burst [bə:st] (*pt, pp* **~**) VT faire éclater; **to ~ its banks** (*river*) sortir de son lit; **the river has ~ its banks** le cours d'eau est sorti de son lit ▸ VI éclater; (*tyre*) crever; **to ~ into flames** s'enflammer soudainement; **to ~ out laughing** éclater de rire; **to ~ into tears** fondre en larmes; **to ~ open** s'ouvrir violemment *or* soudainement; **to be bursting with** (*container*) être plein(e) (à craquer) de, regorger de; (*fig*) être débordant(e) de ▸ N explosion *f*; (*also:* **burst pipe**) fuite *f* (*due à une rupture*); **a ~ of enthusiasm/energy** un accès d'enthousiasme/d'énergie; **~ of laughter** éclat *m* de rire; **a ~ of applause** une salve d'applaudissements; **a ~ of gunfire** une rafale de tir; **a ~ of speed** une pointe de vitesse ▸ ADJ: **~ blood vessel** rupture *f* de vaisseau sanguin
▸ **burst into** VT FUS (*room etc*) faire irruption dans
▸ **burst out of** VT FUS sortir précipitamment de

Burundi [bə'rundɪ] N Burundi *m*

★**bury** ['bɛrɪ] VT enterrer; **to ~ one's face in one's hands** se couvrir le visage de ses mains; **to ~ one's head in the sand** (*fig*) pratiquer la politique de l'autruche; **to ~ the hatchet** (*fig*) enterrer la hache de guerre

★**bus** [bʌs] (*pl* **buses** ['bʌsɪz]) N (auto)bus *m*

busboy ['bʌsbɔɪ] N (*US*) aide-serveur *m*

bus conductor N receveur(-euse) de bus

bush [buʃ] N buisson *m*; (*scrub land*) brousse *f*; **to beat about the ~** tourner autour du pot

bushed [buʃt] ADJ (*inf*) crevé(e), claqué(e)

bushel ['buʃl] N boisseau *m*

bushfire ['buʃfaɪə^r] N feu *m* de brousse

bushy ['buʃɪ] ADJ broussailleux(-euse), touffu(e)

busily ['bɪzɪlɪ] ADV: **to be ~ doing sth** s'affairer à faire qch

★**business** ['bɪznɪs] N (*matter, firm*) affaire *f*; (*trading*) affaires *fpl*; (*job, duty*) travail *m*; **to be away on ~** être en déplacement d'affaires; **I'm here on ~** je suis là pour affaires; **he's in the insurance ~** il est dans les assurances; **to do ~ with sb** traiter avec qn; **it's none of my ~** cela ne me regarde pas, ce ne sont pas mes affaires; **he means ~** il ne plaisante pas, il est sérieux

business address N adresse professionnelle *or* au bureau

business card N carte *f* de visite (professionnelle)

business class N (*on plane*) classe *f* affaires

businesslike ['bɪznɪslaɪk] ADJ sérieux(-euse), efficace

★**businessman** ['bɪznɪsmən] N (*irreg*) homme *m* d'affaires

business trip N voyage *m* d'affaires

★**businesswoman** ['bɪznɪswumən] N (*irreg*) femme *f* d'affaires

busk ['bʌsk] VI (BRIT: *play*) jouer dans la rue; (: *sing*) chanter dans la rue

busker ['bʌskə^r] N (BRIT) artiste ambulant(e)

bus lane N (BRIT) voie réservée aux autobus

bus pass N carte *f* de bus

bus shelter N abribus *m*

bus station N gare routière

bus stop N arrêt *m* d'autobus

bust [bʌst] N buste *m*; (*measurement*) tour *m* de poitrine ▸ ADJ (*inf: broken*) fichu(e), fini(e); **to go ~** (*inf*) faire faillite ▸ VT (*inf: Police: arrest*) pincer

bustier ['bʌstiə^r] N bustier *m*

bustle ['bʌsl] N remue-ménage *m*, affairement *m* ▸ VI s'affairer, se démener

bustling ['bʌslɪŋ] ADJ (*person*) affairé(e); (*town*) très animé(e)

bust-up ['bʌstʌp] N (BRIT *inf*) engueulade *f*

busty ['bʌstɪ] ADJ (*inf*) à la poitrine plantureuse

★**busy** ['bɪzɪ] ADJ occupé(e); (*shop, street*) très fréquenté(e); (*US: telephone, line*) occupé; **he's a ~ man** (*normally*) c'est un homme très pris; (*temporarily*) il est très pris ▸ VT: **to ~ o.s.** s'occuper

busybody ['bɪzɪbɔdɪ] N mouche *f* du coche, âme *f* charitable

busy signal N (*US*) tonalité *f* occupé *inv*

but [bʌt]

CONJ mais; **I'd love to come, but I'm busy** j'aimerais venir mais je suis occupé; **he's not English but French** il n'est pas anglais mais français; **but that's far too expensive!** mais c'est bien trop cher !
▸ PREP (*apart from, except*) sauf, excepté; **nothing but** rien d'autre que; **we've had nothing but trouble** nous n'avons eu que des ennuis; **no-one but him can do it** lui seul peut le faire; **who but a lunatic would do such a thing?** qui sinon un fou ferait une chose pareille ?; **but for you/your help** sans toi/ton aide; **anything but that** tout sauf *or* excepté ça, tout mais pas ça; **the last but one** (BRIT) l'avant-dernier(-ère)
▸ ADV (*just, only*) ne ... que; **she's but a child** elle n'est qu'une enfant; **had I but known** si seulement j'avais su; **I can but try** je peux toujours essayer; **all but finished** pratiquement terminé; **anything but finished** tout sauf fini, très loin d'être fini

butane ['bju:teɪn] N (*also:* **butane gas**) butane *m*

butch [butʃ] ADJ (*inf: woman: pej*) costaude, masculine; (*: man*) costaud, viril

★**butcher** ['butʃəʳ] N boucher *m* ▸VT massacrer; (*cattle etc for meat*) tuer

★**butcher's** ['butʃəz], **butcher's shop** N boucherie *f*

butler ['bʌtləʳ] N maître *m* d'hôtel

butt [bʌt] N (*cask*) gros tonneau; (*thick end*) (gros) bout; (*of gun*) crosse *f*; (*of cigarette*) mégot *m*; (BRIT *fig: target*) cible *f* ▸VT donner un coup de tête à
▸ **butt in** VI (*interrupt*) interrompre

★**butter** ['bʌtəʳ] N beurre *m* ▸VT beurrer

buttercup ['bʌtəkʌp] N bouton *m* d'or

butter dish N beurrier *m*

butterfingers ['bʌtəfɪŋgəz] N (*inf*) maladroit(e)

butterfly ['bʌtəflaɪ] N papillon *m*; (*Swimming: also:* **butterfly stroke**) brasse *f* papillon

buttermilk ['bʌtəmɪlk] N babeurre *m*

butterscotch ['bʌtəskɔtʃ] N caramel *m* dur (au beurre) ▸CPD (*sauce*) au caramel

buttocks ['bʌtəks] NPL fesses *fpl*

★**button** ['bʌtn] N bouton *m*; (*US: badge*) pin *m* ▸VT (*also:* **button up**) boutonner ▸VI se boutonner

buttonhole ['bʌtnhəul] N boutonnière *f* ▸VT accrocher, arrêter, retenir

buttress ['bʌtrɪs] N contrefort *m*

buxom ['bʌksəm] ADJ aux formes avantageuses *or* épanouies, bien galbé(e)

★**buy** [baɪ] (*pt, pp* **bought** [bɔ:t]) VT acheter; (*Comm: company*) (r)acheter; **where can I ~ some postcards?** où est-ce que je peux acheter des cartes postales ?; **to ~ sb sth/sth from sb** acheter qch à qn; **to ~ sb a drink** offrir un verre *or* à boire à qn; **can I ~ you a drink?** je vous offre un verre ? ▸N achat *m*; **that was a good/bad ~** c'était un bon/mauvais achat
▸ **buy back** VT racheter
▸ **buy in** VT (BRIT: *goods*) acheter, faire venir
▸ **buy into** VT FUS (BRIT *Comm*) acheter des actions de
▸ **buy off** VT (*inf: bribe*) acheter
▸ **buy out** VT (*partner*) désintéresser; (*business*) racheter
▸ **buy up** VT acheter en bloc, rafler

buyer ['baɪəʳ] N acheteur(-euse); **~'s market** marché *m* favorable aux acheteurs

buy-out ['baɪaut] N (*Comm*) rachat *m* (*d'entreprise*)

buzz [bʌz] N bourdonnement *m*; (*inf: phone call*): **to give sb a ~** passer un coup de fil à qn ▸VI bourdonner; **my head is buzzing** j'ai la tête qui bourdonne ▸VT (*call on intercom*) appeler; (*with buzzer*) sonner; (*Aviat: plane, building*) raser
▸ **buzz off** VI (*inf*) s'en aller, ficher le camp

buzzard ['bʌzəd] N buse *f*

buzzer ['bʌzəʳ] N timbre *m* électrique

buzz word N (*inf*) mot *m* à la mode *or* dans le vent

by [baɪ]

PREP **1** (*referring to cause, agent*) par, de; **killed by lightning** tué par la foudre; **surrounded by a fence** entouré d'une barrière; **a painting by Picasso** un tableau de Picasso
2 (*referring to method: manner: means*): **by bus/car** en autobus/voiture; **by train** par le *or* en train; **to pay by cheque** payer par chèque; **by moonlight/candlelight** à la lueur de la lune/d'une bougie; **by saving hard, he ...** à force d'économiser, il ...
3 (*via, through*) par; **we came by Dover** nous sommes venus par Douvres
4 (*close to, past*) à côté de; **the house by the school** la maison à côté de l'école; **a holiday by the sea** des vacances au bord de la mer; **she sat by his bed** elle était assise à son chevet; **she went by me** elle est passée à côté de moi; **I go by the post office every day** je passe devant la poste tous les jours
5 (*with time: not later than*) avant; (*: during*): **by daylight** à la lumière du jour; **by night** la nuit, de nuit; **by 4 o'clock** avant 4 heures; **by this time tomorrow** d'ici demain à la même heure; **by the time I got here it was too late** lorsque je suis arrivé il était déjà trop tard
6 (*amount*) à; **by the kilo/metre** au kilo/au mètre; **paid by the hour** payé à l'heure; **to increase** *etc* **by the hour** augmenter *etc* d'heure en heure
7 (*Math: measure*): **to divide/multiply by 3** diviser/multiplier par 3; **a room 3 metres by 4** une pièce de 3 mètres sur 4; **it's broader by a metre** c'est plus large d'un mètre; **the bullet missed him by inches** la balle est passée à quelques centimètres de lui; **one by one** un à un; **little by little** petit à petit, peu à peu
8 (*according to*) d'après, selon; **it's 3 o'clock by my watch** il est 3 heures à ma montre; **it's all right by me** je n'ai rien contre
9: **(all) by oneself** *etc* tout(e) seul(e)
▸ ADV **1** *see* **go**; **pass** *etc*
2: **by and by** un peu plus tard, bientôt; **by and large** dans l'ensemble

★**bye** [baɪ], **bye-bye** ['baɪ'baɪ] EXCL au revoir !, salut !

bye-law ['baɪlɔ:] N = **by-law**

by-election ['baɪɪlɛkʃən] N (BRIT) élection (législative) partielle

Byelorussia [bjɛləu'rʌʃə] N Biélorussie *f*

Byelorussian [bjɛləu'rʌʃən] ADJ, N = **Belorussian**

bygone ['baɪgɔn] ADJ passé(e) ▶ N: **let bygones be bygones** passons l'éponge, oublions le passé

by-law ['baɪlɔ:] N arrêté municipal

bypass ['baɪpɑ:s] N rocade *f*; (*Med*) pontage *m* ▶ VT éviter

by-product ['baɪprɔdʌkt] N sous-produit *m*, dérivé *m*; (*fig*) conséquence *f* secondaire, retombée *f*

byre ['baɪə^r] N (BRIT) étable *f* (à vaches)

bystander ['baɪstændə^r] N spectateur(-trice), badaud(e)

byte [baɪt] N (*Comput*) octet *m*

byway ['baɪweɪ] N chemin détourné

byword ['baɪwə:d] N: **to be a ~ for** être synonyme de (*fig*)

by-your-leave ['baɪjɔ:'li:v] N: **without so much as a ~** sans même demander la permission

b

Cc

C[1], c [siː] N (*letter*) C, c *m*; (*Scol: mark*) C; (*Mus*): **C** do *m*; **C for Charlie** C comme Célestin

C[2] ABBR (= *Celsius, centigrade*) C

c ABBR (= *century*) s.; (*US etc*) = **cent**; (= *circa*) v.

CA N ABBR = **Central America**; (*Brit*) = **chartered accountant** ▸ ABBR (*US*) = **California**

ca. ABBR (= *circa*) v

c/a ABBR = **credit account**; **current account**

CAA N ABBR (*Brit*) = **Civil Aviation Authority**; (*US*: = *Civil Aeronautics Authority*) *direction de l'aviation civile*

CAB N ABBR (*Brit*) = **Citizens' Advice Bureau**

cab [kæb] N taxi *m*; (*of train, truck*) cabine *f*; (*horse-drawn*) fiacre *m*

cabaret ['kæbəreɪ] N attractions *fpl*; (*show*) spectacle *m* de cabaret

★**cabbage** ['kæbɪdʒ] N chou *m*

cabbie, cabby ['kæbɪ] N (*inf*) taxi *m*, chauffeur *m* de taxi

cab driver N chauffeur *m* de taxi

cabin ['kæbɪn] N (*house*) cabane *f*, hutte *f*; (*on ship*) cabine *f*; (*on plane*) compartiment *m*

cabin crew N (*Aviat*) équipage *m*

cabin cruiser N yacht *m* (à moteur)

cabinet ['kæbɪnɪt] N (*Pol*) cabinet *m*; (*furniture*) petit meuble à tiroirs et rayons; (*also*: **display cabinet**) vitrine *f*, petite armoire vitrée

cabinet-maker ['kæbɪnɪt'meɪkəʳ] N ébéniste *mf*

cabinet minister N ministre *mf* (*membre du cabinet*)

★**cable** ['keɪbl] N câble *m* ▸ VT câbler, télégraphier

cable car N téléphérique *m*

cablegram ['keɪblgræm] N câblogramme *m*

cable railway N (*Brit*) funiculaire *m*

cable television N télévision *f* par câble

cache [kæʃ] N cachette *f*; **a ~ of food** *etc* un dépôt secret de provisions *etc*, une cachette contenant des provisions *etc*

cachet ['kæʃeɪ] N (*of position, place*) prestige *m*; (*of thing*) cachet *m*

cackle ['kækl] VI caqueter

cacophony [kə'kɔfənɪ] N cacophonie *f*

cactus ['kæktəs] (*pl* **cacti** [-taɪ]) N cactus *m*

CAD N ABBR (= *computer-aided design*) CAO *f*

cad [kæd] N (*old*) mufle *m*, goujat *m*

cadaver [kə'dævəʳ] N cadavre *m*

caddie ['kædɪ] N caddie *m*

cadet [kə'dɛt] N (*Mil*) élève *mf* officier; **police ~** élève agent de police

cadge [kædʒ] VT (*inf*) se faire donner; **to ~ a meal (off sb)** se faire inviter à manger (par qn)

cadmium ['kædmiəm] N cadmium *m*

cadre ['kædrɪ] N cadre *m*

Caesarean, (*US*) **Cesarean** [siː'zɛərɪən] ADJ: **~ (section)** césarienne *f*

Caesar salad [siːzə-] N salade *f* césar

CAF ABBR (*Brit*: = *cost and freight*) C et F

café ['kæfeɪ] N ≈ café(-restaurant) *m* (*sans alcool*)

cafeteria [kæfɪ'tɪərɪə] N cafétéria *f*

caffeine ['kæfiːn] N caféine *f*

cage [keɪdʒ] N cage *f* ▸ VT mettre en cage

caged [keɪdʒd] ADJ en cage

cagey ['keɪdʒɪ] ADJ (*inf*) réticent(e), méfiant(e)

cagoule [kə'guːl] N K-way® *m*

cahoots [kə'huːts] N (*inf*): **to be in ~ (with)** être de mèche (avec)

CAI N ABBR (= *computer-aided instruction*) EAO *m*

cairn [kɛən] N cairn *m*

Cairo ['kaɪərəu] N Le Caire

cajole [kə'dʒəul] VT couvrir de flatteries *or* de gentillesses

Cajun ['keɪdʒən] ADJ cajun *inv* ▸ N (*person*) Cajun *mf*; (*language*) cajun *m*

★**cake** [keɪk] N gâteau *m*; **~ of soap** savonnette *f*; **it's a piece of ~** (*inf*) c'est un jeu d'enfant; **he wants to have his ~ and eat it (too)** (*fig*) il veut avoir le beurre et l'argent du beurre ?

caked [keɪkt] ADJ: **~ with** raidi(e) par, couvert(e) d'une croûte de

cake shop N pâtisserie *f*

cakewalk ['keɪkwɔːk] N (*dance*) cake-walk; (*fig*) promenade *f* de santé

calamitous [kə'læmɪtəs] ADJ catastrophique, désastreux(-euse)

calamity [kə'læmɪtɪ] N calamité *f*, désastre *m*

calcium ['kælsɪəm] N calcium *m*

calculate ['kælkjuleɪt] VT calculer; (*estimate: chances, effect*) évaluer
▸ **calculate on** VT FUS: **to ~ on sth/on doing sth** compter sur qch/faire qch

calculated ['kælkjuleɪtɪd] ADJ (*insult, action*) délibéré(e); **a ~ risk** un risque pris en toute connaissance de cause

calculating ['kælkjuleɪtɪŋ] ADJ calculateur(-trice)

calculation [kælkju'leɪʃən] N calcul *m*

★**calculator** ['kælkjuleɪtəʳ] N machine *f* à calculer, calculatrice *f*

calculus ['kælkjuləs] N analyse *f* (mathématique), calcul infinitésimal; **integral/differential ~** calcul intégral/différentiel

calendar ['kæləndəʳ] N calendrier *m*

calendar year N année civile

★**calf** [kɑ:f] (*pl* **calves** [kɑ:vz]) N (*of cow*) veau *m*; (*of other animals*) petit *m*; (*also:* **calfskin**) veau *m*, vachette *f*; (*Anat*) mollet *m*

calfskin ['kɑ:fskɪn] N (cuir *m* de) veau *m*, (cuir de) vachette *f* ▸ CPD en veau

caliber ['kælɪbəʳ] N (*US*) = **calibre**

calibrate ['kælɪbreɪt] VT (*gun etc*) calibrer; (*scale of measuring instrument*) étalonner

calibre, (*US*) **caliber** ['kælɪbəʳ] N calibre *m*

calico ['kælɪkəu] N (Brit) calicot *m*; (*US*) indienne *f*

California [kælɪ'fɔ:nɪə] N Californie *f*

calipers ['kælɪpəz] NPL (*US*) = **callipers**

calisthenics [kælɪs'θɛnɪks] NPL = **callisthenics**

★**call** [kɔ:l] VT (*gen, also Tel*) appeler; (*announce: flight*) annoncer; (*: meeting*) convoquer; (*: strike*) lancer; **to be called** s'appeler; **she's called Suzanne** elle s'appelle Suzanne ▸ VI appeler; (*visit: also:* **call in, call round**) passer; **who is calling?** (*Tel*) qui est à l'appareil ?; **London calling** (*Radio*) ici Londres ▸ N (*shout*) appel *m*, cri *m*; (*summons: for flight etc, fig: lure*) appel; (*visit*) visite *f*; (*also:* **telephone call**) coup *m* de téléphone; communication *f*; **please give me a ~ at 7** appelez-moi à 7 heures; **to make a ~** téléphoner, passer un coup de fil; **can I make a ~ from here?** est-ce que je peux téléphoner d'ici ?; **to pay a ~ on sb** rendre visite à qn, passer voir qn; **to be on ~** être de permanence; **there's not much ~ for these items** ces articles ne sont pas très demandés
▸ **call at** VT FUS (*ship*) faire escale à; (*train*) s'arrêter à
▸ **call back** VI (*return*) repasser; (*Tel*) rappeler; **can you ~ back later?** pouvez-vous rappeler plus tard ? ▸ VT (*Tel*) rappeler
▸ **call for** VT FUS (*demand*) demander; (*fetch*) passer prendre
▸ **call in** VT (*doctor, expert, police*) appeler, faire venir
▸ **call off** VT annuler; **the strike was called off** l'ordre de grève a été levé
▸ **call on** VT FUS (*visit*) rendre visite à, passer voir; (*request*): **to ~ on sb to do** inviter qn à faire
▸ **call out** VI pousser un cri *or* des cris ▸ VT (*doctor, police, troops*) appeler
▸ **call up** VT (*Mil*) appeler, mobiliser; (*Tel*) appeler

callback ['kɔ:lbæk] N (*interview*) deuxième entrevue *f*; (*audition*) deuxième audition *f*

call box N (Brit) cabine *f* téléphonique

call centre, (*US*) **call center** N centre *m* d'appels

caller ['kɔ:ləʳ] N (*Tel*) personne *f* qui appelle; (*visitor*) visiteur *m*; **hold the line, ~!** (*Tel*) ne quittez pas, Monsieur (*or* Madame) !

call girl N call-girl *f*

calligraphy [kə'lɪgrəfɪ] N calligraphie *f*

call-in ['kɔ:lɪn] N (*US Radio, TV*) programme *m* à ligne ouverte

calling ['kɔ:lɪŋ] N vocation *f*; (*trade, occupation*) état *m*

calling card N (*US*) carte *f* de visite

callipers, (*US*) **calipers** ['kælɪpəz] NPL (*Math*) compas *m*; (*Med*) étrier *m*

callisthenics, calisthenics [kælɪs'θɛnɪks] NPL gymnastique suédoise, gymnastique *f* rythmique

callous ['kæləs] ADJ dur(e), insensible

calloused, callused ['kæləst] ADJ calleux(-euse)

callousness ['kæləsnɪs] N dureté *f*, manque *m* de cœur, insensibilité *f*

call-out charge, call-out fee ['kɔ:laut-] N frais *mpl* de déplacement

callow ['kæləu] ADJ sans expérience (de la vie)

★**calm** [kɑ:m] ADJ calme ▸ N calme *m* ▸ VT calmer, apaiser
▸ **calm down** VI se calmer, s'apaiser ▸ VT calmer, apaiser

calmly ['kɑ:mlɪ] ADV calmement, avec calme

calmness ['kɑ:mnɪs] N calme *m*

Calor gas® ['kæləʳ-] N (Brit) butane *m*, butagaz® *m*

calorie ['kælərɪ] N calorie *f*; **low ~ product** produit *m* pauvre en calories

calve [kɑ:v] VI vêler, mettre bas

calves [kɑ:vz] NPL *of* **calf**

CAM N ABBR (= *computer-aided manufacturing*) FAO *f*

camber ['kæmbəʳ] N (*of road*) bombement *m*

Cambodia [kæm'bəudɪə] N Cambodge *m*

Cambodian [kæm'bəudɪən] ADJ cambodgien(ne) ▸ N Cambodgien(ne)

camcorder ['kæmkɔ:dəʳ] N caméscope *m*

came [keɪm] PT *of* **come**

camel ['kæməl] N chameau *m*

camellia [kə'mi:lɪə] N camélia *m*

cameo ['kæmɪəu] N camée *m*

★**camera** ['kæmərə] N appareil photo *m*; (*Cine, TV*) caméra *f*; **digital ~** appareil numérique; **in ~** à huis clos, en privé

cameraman ['kæmərəmæn] N (*irreg*) caméraman *m*

camera phone N téléphone *m* avec appareil photo

Cameroon, Cameroun [kæmə'ru:n] N Cameroun *m*

camisole ['kæmɪsəul] N caraco *m*

camomile ['kæməmaɪl] N camomille *f*

camouflage ['kæməflɑ:ʒ] N camouflage *m* ▸ VT camoufler

★**camp** [kæmp] N camp *m* ▸ VI camper ▸ ADJ (*man*) efféminé(e)

★**campaign** [kæm'peɪn] N (*Mil, Pol*) campagne *f* ▸ VI (*also fig*) faire campagne; **to ~ for/against** militer pour/contre

campaigner [kæm'peɪnəʳ] N: **~ for** partisan(e) de; **~ against** opposant(e) à

camp bed N (Brit) lit *m* de camp

camper ['kæmpəʳ] N campeur(-euse); (*vehicle*) camping-car *m*

★**camping** ['kæmpɪŋ] N camping *m*; **to go ~** faire du camping

camping gas® N butane *m*

★**campsite** ['kæmpsaɪt] N (terrain *m* de) camping *m*

campus ['kæmpəs] N campus *m*

camshaft ['kæmʃɑ:ft] N arbre *m* à came

★**can¹** [kæn] N (*of milk, oil, water*) bidon *m*; (*tin*) boîte *f* (de conserve) ▸ VT (*food*) mettre en conserve; (*US inf: worker*) mettre à la porte; **a ~ of beer** une canette de bière; **he had to carry the ~** (BRIT *inf*) on lui a fait porter le chapeau

can² [kæn]

(*negative* **cannot** ['kænɔt], **can't** [kɑ:nt], *conditional, pt* **could** [kud]) AUX VB **1** (*be able to*) pouvoir; **you can do it if you try** vous pouvez le faire si vous essayez; **I can't hear you** je ne t'entends pas
2 (*know how to*) savoir; **I can swim/play tennis/drive** je sais nager/jouer au tennis/conduire; **can you speak French?** parlez-vous français ?
3 (*may*) pouvoir; **can I use your phone?** puis-je me servir de votre téléphone ?
4 (*expressing disbelief, puzzlement etc*): **it can't be true!** ce n'est pas possible !; **what CAN he want?** qu'est-ce qu'il peut bien vouloir ?
5 (*expressing possibility, suggestion etc*): **he could be in the library** il est peut-être dans la bibliothèque; **she could have been delayed** il se peut qu'elle ait été retardée; **they could have forgotten** ils ont pu oublier

can is not translated with French verbs such as **voir**, **entendre**, **comprendre** and **se souvenir de**.
I can see her! **Je la vois !**
I can't understand him. **Je ne le comprends pas.**

★**Canada** ['kænədə] N Canada *m*

★**Canadian** [kə'neɪdɪən] ADJ canadien(ne) ▸ N Canadien(ne)

canal [kə'næl] N canal *m*

canary [kə'nɛərɪ] N canari *m*, serin *m*

Canary Islands, Canaries [kə'nɛərɪz] NPL: **the ~** les (îles *fpl*) Canaries *fpl*

Canberra ['kænbərə] N Canberra

★**cancel** ['kænsəl] VT annuler; (*train*) supprimer; (*party, appointment*) décommander; (*cross out*) barrer, rayer; (*stamp*) oblitérer; (*cheque*) faire opposition à; **I would like to ~ my booking** je voudrais annuler ma réservation
▸ **cancel out** VT annuler; **they ~ each other out** ils s'annulent

cancellation [kænsə'leɪʃən] N annulation *f*; suppression *f*; oblitération *f*; (*booking*) réservation annulée, client *etc* qui s'est décommandé; (*person*) client *etc* qui s'est décommandé

★**Cancer** ['kænsəʳ] N (*Astrology*) le Cancer; **to be ~** être du Cancer

cancer ['kænsəʳ] N cancer *m*

cancerous ['kænsrəs] ADJ cancéreux(-euse)

cancer patient N cancéreux(-euse)

cancer research N recherche *f* contre le cancer

C & F ABBR (BRIT: = *cost and freight*) C et F

candid ['kændɪd] ADJ (très) franc (franche), sincère

candidacy ['kændɪdəsɪ] N candidature *f*

★**candidate** ['kændɪdeɪt] N candidat(e)

candidature ['kændɪdətʃəʳ] N (BRIT) = **candidacy**

candied ['kændɪd] ADJ confit(e); **~ apple** (*US*) pomme caramélisée

candle ['kændl] N bougie *f*; (*of tallow*) chandelle *f*; (*in church*) cierge *m*

candlelight ['kændllaɪt] N: **by ~** à la lumière d'une bougie; (*dinner*) aux chandelles

candlelit ['kændllɪt] ADJ (*room, table*) éclairé(e) à la bougie (*or* aux chandelles)

candlestick ['kændlstɪk] N (*also:* **candle holder**) bougeoir *m*; (*: bigger, ornate*) chandelier *m*

candour, (*US*) **candor** ['kændəʳ] N (grande) franchise *or* sincérité

C & W N ABBR = **country and western**

candy ['kændɪ] N sucre candi; (*US*) bonbon *m*

candy bar (*US*) N barre *f* chocolatée

candyfloss ['kændɪflɔs] N (BRIT) barbe *f* à papa

candy store N (*US*) confiserie *f*

cane [keɪn] N canne *f*; (*for baskets, chairs etc*) rotin *m* ▸ VT (BRIT *Scol*) administrer des coups de bâton à

canine ['kænaɪn] ADJ canin(e)

canister ['kænɪstəʳ] N boîte *f* (*gén en métal*); (*of gas*) bombe *f*

cannabis ['kænəbɪs] N (*drug*) cannabis *m*; (*cannabis plant*) chanvre indien

canned ['kænd] ADJ (*food*) en boîte, en conserve; (*inf: music*) enregistré(e); (BRIT *inf: drunk*) bourré(e); (*US inf: worker*) mis(e) à la porte

cannibal ['kænɪbəl] N cannibale *mf*, anthropophage *mf*

cannibalism ['kænɪbəlɪzəm] N cannibalisme *m*, anthropophagie *f*

cannon ['kænən] (*pl* **~** *or* **cannons**) N (*gun*) canon *m*

cannonball ['kænənbɔ:l] N boulet *m* de canon

cannon fodder N chair *f* à canon

cannot ['kænɔt] = **can not**

canny ['kænɪ] ADJ madré(e), finaud(e)

canoe [kə'nu:] N pirogue *f*; (*Sport*) canoë *m*

canoeing [kə'nu:ɪŋ] N canoë *m*

canoeist [kə'nu:ɪst] N canoéiste *mf*

canon ['kænən] N (*clergyman*) chanoine *m*; (*standard*) canon *m*

canonize ['kænənaɪz] VT canoniser

can-opener [-'əupnəʳ] N ouvre-boîte *m*

canopy ['kænəpɪ] N baldaquin *m*; dais *m*

cant [kænt] N jargon *m* ▸ VT, VI pencher

can't [kɑ:nt] = **can not**

cantankerous [kæn'tæŋkərəs] ADJ querelleur(-euse), acariâtre

canteen [kæn'ti:n] N (*eating place*) cantine *f*; (BRIT: *of cutlery*) ménagère *f*

canter ['kæntəʳ] N petit galop ▸ VI aller au petit galop

cantilever ['kæntɪli:vəʳ] N porte-à-faux *m inv*

Cantonese [kæntə'ni:z] ADJ cantonais(e) ▸ N (*person*) Cantonais(e); (*language*) cantonais *m*

canvas ['kænvəs] N (*gen*) toile *f*; **under ~** (*camping*) sous la tente; (*Naut*) toutes voiles dehors

canvass ['kænvəs] VI (*Pol*): **to ~ for** faire campagne pour ▸ VT (*Pol: district*) faire la tournée électorale dans; (*: person*) solliciter le suffrage de; (*Comm: district*) prospecter; (*: citizens, opinions*) sonder

canvasser ['kænvəsəʳ] N (*Pol*) agent électoral; (*Comm*) démarcheur *m*

canvassing ['kænvəsɪŋ] N (*Pol*) prospection électorale, démarchage électoral; (*Comm*) démarchage, prospection

canyon ['kænjən] N cañon *m*, gorge (profonde)

CAP N ABBR (= *Common Agricultural Policy*) PAC *f*

★**cap** [kæp] N casquette *f*; (*for swimming*) bonnet *m* de bain; (*of pen*) capuchon *m*; (*of bottle*) capsule *f*; (BRIT: *contraceptive*: *also*: **Dutch cap**) diaphragme *m*; (*Football*) sélection *f* pour l'équipe nationale ▶ VT capsuler; (*outdo*) surpasser; (*put limit on*) plafonner; **capped with** coiffé(e) de; **and to ~ it all, he ...** (BRIT) pour couronner le tout, il ...

capability [keɪpə'bɪlɪtɪ] N aptitude *f*, capacité *f*

★**capable** ['keɪpəbl] ADJ capable; **~ of** (*interpretation etc*) susceptible de

capably ['keɪpəblɪ] ADV avec compétence

capacious [kə'peɪʃəs] ADJ vaste

capacity [kə'pæsɪtɪ] N (*of container*) capacité *f*, contenance *f*; (*ability*) aptitude *f*; **filled to ~** plein(e); **in his ~ as** en sa qualité de; **in an advisory ~** à titre consultatif; **to work at full ~** travailler à plein rendement

cape [keɪp] N (*garment*) cape *f*; (*Geo*) cap *m*

Cape of Good Hope N cap *m* de Bonne Espérance

caper ['keɪpəʳ] N (*Culin*: *gen pl*) câpre *f*; (*prank*) farce *f*

Cape Town N Le Cap

Cape Verde [keɪp'vɜːd] N Cap-Vert *m*

capita ['kæpɪtə] N *see* **per capita**

★**capital** ['kæpɪtl] N (*also*: **capital city**) capitale *f*; (*money*) capital *m*; (*also*: **capital letter**) majuscule *f*

capital account N balance *f* des capitaux; (*of country*) compte capital

capital allowance N provision *f* pour amortissement

capital assets NPL immobilisations *fpl*

capital expenditure N dépenses *fpl* d'équipement

capital gains tax N impôt *m* sur les plus-values

capital goods N biens *mpl* d'équipement

capital-intensive ['kæpɪtlɪn'tɛnsɪv] ADJ à forte proportion de capitaux

capitalism ['kæpɪtəlɪzəm] N capitalisme *m*

capitalist ['kæpɪtəlɪst] ADJ, N capitaliste *mf*

capitalize ['kæpɪtəlaɪz] VT (*provide with capital*) financer
▶ **capitalize on** VT FUS (*fig*) profiter de

capital punishment N peine capitale

capital transfer tax N (BRIT) impôt *m* sur le transfert de propriété

Capitol ['kæpɪtl] N: **the ~** le Capitole

> Le **Capitol** est le siège du *Congress*, à Washington D.C. Il est situé sur *Capitol Hill*, dont le nom désigne par métonymie le *Congress* lui-même.

capitulate [kə'pɪtjuleɪt] VI capituler

capitulation [kəpɪtju'leɪʃən] N capitulation *f*

cappuccino [kæpə'tʃiːnəu] N cappuccino *m*

capricious [kə'prɪʃəs] ADJ capricieux(-euse), fantasque

Capricorn ['kæprɪkɔːn] N (*Astrology*) le Capricorne; **to be ~** être du Capricorne

caps [kæps] ABBR = **capital letters**

capsize [kæp'saɪz] VT faire chavirer ▶ VI chavirer

capstan ['kæpstən] N cabestan *m*

capsule ['kæpsjuːl] N capsule *f*

Capt. ABBR (= *captain*) Cne

★**captain** ['kæptɪn] N capitaine *m* ▶ VT commander, être le capitaine de

★**caption** ['kæpʃən] N légende *f*

captivate ['kæptɪveɪt] VT captiver, fasciner

captive ['kæptɪv] ADJ, N captif(-ive)

captivity [kæp'tɪvɪtɪ] N captivité *f*

captor ['kæptəʳ] N (*unlawful*) ravisseur *m*; (*lawful*): **his captors** les gens (*or* ceux *etc*) qui l'ont arrêté

capture ['kæptʃəʳ] VT (*prisoner, animal*) capturer; (*town*) prendre; (*attention*) capter; (*Comput*) saisir ▶ N capture *f*; (*of data*) saisie *f* de données

★**car** [kɑːʳ] N voiture *f*, auto *f*; (*US Rail*) wagon *m*, voiture; **by ~** en voiture

carafe [kə'ræf] N carafe *f*

carafe wine N (*in restaurant*) ≈ vin ouvert

caramel ['kærəməl] N caramel *m*

carat ['kærət] N carat *m*; **18 ~ gold** or *m* à 18 carats

★**caravan** ['kærəvæn] N caravane *f*

caravan site N (BRIT) camping *m* pour caravanes

caraway ['kærəweɪ] N: **~ seed** graine *f* de carvi, carvi *m*

carb [kɑːb] N (*inf*: *carbohydrate*) glucide *m*; **a low-carb diet** un régime pauvre en glucides

carbohydrate [kɑːbəu'haɪdreɪt] N (*Chem*) glucide *m*, hydrate *m* de carbone ■ **carbohydrates** NPL (*food*) farineux *mpl*, féculents *mpl*

carbolic acid [kɑː'bɔlɪk-] N phénol *m*

car bomb N voiture piégée

carbon ['kɑːbən] N carbone *m*

carbonated ['kɑːbəneɪtɪd] ADJ (*drink*) gazeux(-euse)

carbon copy N carbone *m*

carbon credit N crédit *m* carbone

carbon dioxide [-daɪ'ɔksaɪd] N gaz *m* carbonique, dioxyde *m* de carbone

carbon footprint N empreinte *f* carbone

carbon monoxide [-mɔ'nɔksaɪd] N oxyde *m* de carbone

carbon-neutral [kɑːbn'njuːtrəl] ADJ neutre en carbone

carbon offset N compensation *f* carbone; **~ credit** crédit *m* de compensation carbone

carbon paper N papier *m* carbone

carbon ribbon N ruban *m* carbone

car boot sale N (BRIT) vide-grenier *m*

carburettor, (*US*) **carburetor** [kɑːbju'rɛtəʳ] N carburateur *m*

carcass ['kɑːkəs] N carcasse *f*

carcinogen [kɑː'sɪnədʒən] N substance *f* cancérigène

carcinogenic [kɑːsɪnə'dʒɛnɪk] ADJ cancérigène

★**card** [kɑːd] N carte *f*; (*material*) carton *m*; (*membership card*) carte d'adhérent; **to play cards** jouer aux cartes

cardamom ['kɑːdəməm] N cardamome *f*
★**cardboard** ['kɑːdbɔːd] N carton *m*
cardboard box N (boîte *f* en) carton *m*
cardboard city N *endroit de la ville où dorment les SDF dans des boîtes en carton*
card-carrying member ['kɑːdkærɪɪŋ-] N membre encarté
card game N jeu *m* de cartes
cardiac ['kɑːdɪæk] ADJ cardiaque
cardigan ['kɑːdɪgən] N cardigan *m*
cardinal ['kɑːdɪnl] ADJ cardinal(e); (*importance*) capital(e) ▶ N cardinal *m*
card index N fichier *m* (alphabétique)
cardiologist [kɑːdɪ'ɔlədʒɪst] N cardiologue *mf*
cardiology [kɑːdɪ'ɔlədʒɪ] N cardiologie *f*
cardphone ['kɑːdfəun] N téléphone *m* à carte (magnétique)
cardsharp ['kɑːdʃɑːp] N tricheur(-euse) professionnel(le)
card vote N (BRIT) vote *m* de délégués
CARE [kɛəʳ] N ABBR (= *Cooperative for American Relief Everywhere*) *association charitable*
★**care** [kɛəʳ] N soin *m*, attention *f*; (*worry*) souci *m*; **in sb's ~** à la garde de qn, confié à qn; **~ of** (*on letter*) chez; **"with ~"** « fragile »; **to take ~ (to do)** faire attention (à faire); **to take ~ of** s'occuper de; **the child has been taken into ~** l'enfant a été placé en institution ▶ VI: **to ~ about** (*feel interest for*) se soucier de, s'intéresser à; (*person: love*) être attaché(e) à; **would you ~ to/for ...?** voulez-vous ... ?; **I wouldn't ~ to do it** je n'aimerais pas le faire; **I don't ~** ça m'est bien égal, peu m'importe; **I couldn't ~ less** cela m'est complètement égal, je m'en fiche complètement
▶ **care for** VT FUS s'occuper de; (*like*) aimer
careen [kə'riːn] VI (*ship*) donner de la bande ▶ VT caréner, mettre en carène
★**career** [kə'rɪəʳ] N carrière *f* ▶ VI (*also:* **career along**) aller à toute allure
career girl N jeune fille *f* or femme *f* ambitieuse
careers officer N conseiller(-ère) d'orientation (professionnelle)
career woman N (*irreg*) femme *f* ambitieuse
carefree ['kɛəfriː] ADJ sans souci, insouciant(e)
★**careful** ['kɛəful] ADJ soigneux(-euse); (*cautious*) prudent(e); **(be) ~!** (fais) attention !; **to be ~ with one's money** regarder à la dépense
carefully ['kɛəfəlɪ] ADV avec soin, soigneusement; prudemment
caregiver ['kɛəgɪvəʳ] N (US: *professional*) travailleur social; (*unpaid*) *personne qui s'occupe d'un proche qui est malade*
careless ['kɛəlɪs] ADJ négligent(e); (*heedless*) insouciant(e)
carelessly ['kɛəlɪslɪ] ADV négligemment; avec insouciance
carelessness ['kɛəlɪsnɪs] N manque *m* de soin, négligence *f*; insouciance *f*
carer ['kɛərəʳ] N (*professional*) travailleur social; (*unpaid*) *personne qui s'occupe d'un proche qui est malade*
caress [kə'rɛs] N caresse *f* ▶ VT caresser
★**caretaker** ['kɛəteɪkəʳ] N gardien(ne), concierge *mf*
caretaker government N (BRIT) gouvernement *m* intérimaire
car-ferry ['kɑːfɛrɪ] N (*on sea*) ferry(-boat) *m*; (*on river*) bac *m*
cargo ['kɑːgəu] (*pl* **cargoes**) N cargaison *f*, chargement *m*
cargo boat N cargo *m*
cargo plane N avion-cargo *m*
car hire N (BRIT) location *f* de voitures
Caribbean [kærɪ'biːən] N (*islands*) les Antilles *fpl*, les Caraïbes *fpl*; (*sea*) la mer des Antilles *or* des Caraïbes ▶ ADJ antillais(e), des Caraïbes; **the ~ Sea** la mer des Antilles *or* des Caraïbes
caricature ['kærɪkətjuəʳ] N caricature *f*
caring ['kɛərɪŋ] ADJ (*person*) bienveillant(e); (*society, organization*) humanitaire
car maker N constructeur *m* automobile
carnage ['kɑːnɪdʒ] N carnage *m*
carnal ['kɑːnl] ADJ charnel(le)
carnation [kɑː'neɪʃən] N œillet *m*
carnival ['kɑːnɪvl] N (*public celebration*) carnaval *m*; (US: *funfair*) fête foraine
carnivore ['kɑːnɪvɔːʳ] N (*animal*) carnivore *m*; (*person*) carnivore *mf*
carnivorous [kɑː'nɪvərəs] ADJ carnivore, carnassier(-ière)
carol ['kærəl] N: **(Christmas) ~** chant *m* de Noël
carouse [kə'rauz] VI faire la bringue
carousel [kærə'sɛl] N (*for luggage*) carrousel *m*; (US) manège *m*
carp [kɑːp] N (*fish*) carpe *f*
▶ **carp at** VT FUS critiquer
★**car park** (BRIT) N parking *m*, parc *m* de stationnement
carpenter ['kɑːpɪntəʳ] N charpentier *m*; (*joiner*) menuisier *m*
carpentry ['kɑːpɪntrɪ] N charpenterie *f*, métier *m* de charpentier; (*woodwork: at school etc*) menuiserie *f*
★**carpet** ['kɑːpɪt] N tapis *m*; **fitted ~** (BRIT) moquette *f* ▶ VT recouvrir (d'un tapis)
carpet bombing N bombardement intensif
carpet slippers NPL pantoufles *fpl*
carpet sweeper N balai *m* mécanique
car phone N téléphone *m* de voiture
car pool N (*arrangement*) covoiturage *m*; (*stock of cars*) parc *m* de voitures de fonction ▶ VI (*esp US, AUSTRALIA*) pratiquer le covoiturage
carport ['kɑːpɔːt] N auvent *m* pour voitures
car rental N (US) location *f* de voitures
carriage ['kærɪdʒ] N (BRIT *Rail*) wagon *m*; (*horse-drawn*) voiture *f*; (*of goods*) transport *m*; (: *cost*) port *m*; (*of typewriter*) chariot *m*; (*bearing*) maintien *m*, port *m*; **~ forward** port dû; **~ free** franco de port; **~ paid** (en) port payé
carriage return N retour *m* à la ligne
carriageway ['kærɪdʒweɪ] N (BRIT: *part of road*) chaussée *f*
carrier ['kærɪəʳ] N transporteur *m*, camionneur *m*; (*company*) entreprise *f* de transport; (*Med*) porteur(-euse); (*Naut*) porte-avions *m inv*
carrier bag N (BRIT) sac *m* en papier *or* en plastique

carrier pigeon N pigeon voyageur

carrion ['kærɪən] N charogne *f*

★**carrot** ['kærət] N carotte *f*

★**carry** ['kærɪ] VT (*subj: person*) porter; (*: vehicle*) transporter; (*a motion, bill*) voter, adopter; (*Math: figure*) retenir; (*Comm: interest*) rapporter; (*involve: responsibilities etc*) comporter, impliquer; (*Med: disease*) être porteur de; **to get carried away** (*fig*) s'emballer, s'enthousiasmer; **this loan carries 10% interest** ce prêt est à 10% (d'intérêt) ▶VI (*sound*) porter
▶**carry forward** VT (*gen, Book-keeping*) reporter
▶**carry on** VI (*continue*) continuer; (*inf: make a fuss*) faire des histoires; **to ~ on with sth/doing** continuer qch/à faire ▶VT (*conduct: business*) diriger; (*: conversation*) entretenir; (*continue: business, conversation*) continuer
▶**carry out** VT (*orders*) exécuter; (*investigation*) effectuer; (*idea, threat*) mettre à exécution

carrycot ['kærɪkɔt] N (BRIT) porte-bébé *m*

carry-on ['kærɪ'ɔn] N (*inf: fuss*) histoires *fpl*; (*: annoying behaviour*) cirque *m*, cinéma *m*

cart [kɑːt] N charrette *f* ▶VT (*inf*) transporter

carte blanche ['kɑːt'blɔŋʃ] N: **to give sb ~** donner carte blanche à qn

cartel [kɑː'tɛl] N (*Comm*) cartel *m*

cartilage ['kɑːtɪlɪdʒ] N cartilage *m*

cartographer [kɑː'tɔgrəfəʳ] N cartographe *mf*

cartography [kɑː'tɔgrəfɪ] N cartographie *f*

carton ['kɑːtən] N (*box*) carton *m*; (*of yogurt*) pot *m* (en carton); (*of cigarettes*) cartouche *f*

★**cartoon** [kɑː'tuːn] N (*Press*) dessin *m* (humoristique); (*satirical*) caricature *f*; (*comic strip*) bande dessinée; (*Cine*) dessin animé

cartoonist [kɑː'tuːnɪst] N dessinateur(-trice) humoristique; caricaturiste *mf*; auteur de bandes dessinées; auteur *m* de dessins animés

cartridge ['kɑːtrɪdʒ] N (*for gun, pen*) cartouche *f*; (*for camera*) chargeur *m*; (*music tape*) cassette *f*; (*of record player*) cellule *f*

cartwheel ['kɑːtwiːl] N roue *f*; **to turn a ~** faire la roue

carve [kɑːv] VT (*meat: also:* **carve up**) découper; (*wood, stone*) tailler, sculpter

carving ['kɑːvɪŋ] N (*in wood etc*) sculpture *f*

carving knife N couteau *m* à découper

car wash N station *f* de lavage (de voitures)

Casablanca [kæsə'blæŋkə] N Casablanca

cascade [kæs'keɪd] N cascade *f* ▶VI tomber en cascade

★**case** [keɪs] N cas *m*; (*Law*) affaire *f*, procès *m*; (*box*) caisse *f*, boîte *f*; (*for glasses*) étui *m*; (BRIT: *also:* **suitcase**) valise *f*; (*Typ*): **lower/upper ~** minuscule *f*/majuscule *f*; **to have a good ~** avoir de bons arguments; **there's a strong ~ for reform** il y aurait lieu d'engager une réforme; **in ~ of** en cas de; **in ~ he** au cas où il; **just in ~** à tout hasard; **in any ~** en tout cas, de toute façon

case history N (*Med*) dossier médical, antécédents médicaux

caseload ['keɪsləud] N (*of doctor, social worker*) nombre *m* de dossiers

case study N étude *f* de cas

caseworker ['keɪswəːkəʳ] N assistant(e) social(e)

★**cash** [kæʃ] N argent *m*; (*Comm*) (argent) liquide *m*, numéraire *m*; liquidités *fpl*; (*in payment*) argent comptant, espèces *fpl*; **to pay (in) ~** payer (en argent) comptant *or* en espèces; **~ with order/on delivery** (*Comm*) payable *or* paiement à la commande/livraison; **to be short of ~** être à court d'argent; **I haven't got any ~** je n'ai pas de liquide ▶VT encaisser
▶**cash in** VT (*insurance policy etc*) toucher
▶**cash in on** VT FUS profiter de

cash account N compte *m* caisse

cash and carry N libre-service *m* de gros, cash and carry *m inv*

cashback ['kæʃbæk] N (*discount*) remise *f*; (*at supermarket etc*) retrait *m* à la caisse

cashbook ['kæʃbuk] N livre *m* de caisse

cash box N caisse *f*

cash card N carte *f* de retrait

cash desk N (BRIT) caisse *f*

cash discount N escompte *m* de caisse (pour paiement au comptant), remise *f* au comptant

cash dispenser N distributeur *m* automatique de billets

cashew [kæ'ʃuː] N (*also:* **cashew nut**) noix *f* de cajou

cash flow N cash-flow *m*, marge brute d'autofinancement

cashier [kæ'ʃɪəʳ] N caissier(-ère) ▶VT (*Mil*) destituer, casser

cashless ['kæʃlɪs] ADJ sans cash

cashmere ['kæʃmɪəʳ] N cachemire *m*

cash payment N paiement comptant, versement *m* en espèces

cash point N distributeur *m* automatique de billets

cash price N prix comptant

cash register N caisse enregistreuse

cash sale N vente *f* au comptant

casing ['keɪsɪŋ] N revêtement (protecteur), enveloppe (protectrice)

casino [kə'siːnəu] N casino *m*

cask [kɑːsk] N tonneau *m*

casket ['kɑːskɪt] N coffret *m*; (*US: coffin*) cercueil *m*

Caspian Sea ['kæspɪən-] N: **the ~** la mer Caspienne

cassava [kə'sɑːvə] N manioc *m*

casserole ['kæsərəul] N (*pot*) cocotte *f*; (*food*) ragoût *m* (en cocotte)

cassette [kæ'sɛt] N cassette *f*

cassette deck N platine *f* cassette

cassette player N lecteur *m* de cassettes

cassette recorder N magnétophone *m* à cassettes

cassock ['kæsək] N soutane *f*

cast [kɑːst] (*vb: pt, pp* **~**) VT (*throw*) jeter; (*shadow: lit*) projeter; (*: fig*) jeter; (*glance*) jeter; (*shed*) perdre; se dépouiller de; (*metal*) couler, fondre; **to ~ sb as Hamlet** attribuer à qn le rôle d'Hamlet; **to ~ one's vote** voter, exprimer son suffrage; **to ~ doubt on** jeter un doute sur ▶N (*Theat*) distribution *f*; (*mould*) moule *m*; (*also:* **plaster cast**) plâtre *m*

▸ **cast aside** VT (*reject*) rejeter
▸ **cast off** VI (*Naut*) larguer les amarres; (*Knitting*) arrêter les mailles ▸ VT (*Knitting*) arrêter
▸ **cast on** (*Knitting*) VT monter ▸ VI monter les mailles

castanets [kæstəˈnɛts] NPL castagnettes *fpl*

castaway [ˈkɑːstəweɪ] N naufragé(e)

caste [kɑːst] N caste *f*, classe sociale

caster sugar [ˈkɑːstə-] N (BRIT) sucre *m* semoule

castigate [ˈkæstɪgeɪt] VT (*formal*) fustiger

casting [ˈkɑːstɪŋ] N (*of actor*) casting *m*

casting vote N (BRIT) voix prépondérante (*pour départager*)

cast iron N fonte *f*

cast-iron [ˈkɑːstaɪən] ADJ (*lit*) de *or* en fonte; (*fig: will*) de fer; (*: alibi*) en béton

★**castle** [ˈkɑːsl] N château *m*; (*fortress*) château-fort *m*; (*Chess*) tour *f*

cast-offs [ˈkɑːstɔfs] NPL vêtements *mpl* dont on ne veut plus

castor [ˈkɑːstəʳ] N (*wheel*) roulette *f*

castor oil N huile *f* de ricin

castrate [kæsˈtreɪt] VT châtrer

casual [ˈkæʒjul] ADJ (*by chance*) de hasard, fait(e) au hasard, fortuit(e); (*irregular: work etc*) temporaire; (*unconcerned*) désinvolte; **~ wear** vêtements *mpl* sport *inv*

casual labour N main-d'œuvre *f* temporaire

casually [ˈkæʒjulɪ] ADV avec désinvolture, négligemment; (*by chance*) fortuitement

★**casualty** [ˈkæʒjultɪ] N accidenté(e), blessé(e); (*dead*) victime *f*, mort(e); (BRIT *Med: department*) urgences *fpl*; **heavy casualties** lourdes pertes

casualty ward N (BRIT) service *m* des urgences

★**cat** [kæt] N chat *m*

cataclysmic [kætəˈklɪzmɪk] ADJ cataclysmique

catacombs [ˈkætəkuːmz] NPL catacombes *fpl*

Catalan [ˈkætəlæn] ADJ catalan(e) ▸ N Catalan(e)

catalogue, (*US*) **catalog** [ˈkætəlɔg] N catalogue *m* ▸ VT cataloguer

catalyst [ˈkætəlɪst] N catalyseur *m*

catalytic converter [kætəˈlɪtɪkkənˈvəːtəʳ] N pot *m* catalytique

catamaran [kætəməˈræn] N catamaran *m*

catapult [ˈkætəpʌlt] N lance-pierres *m inv*, fronde *f*; (*Hist*) catapulte *f*

cataract [ˈkætərækt] N (*also Med*) cataracte *f*

catarrh [kəˈtɑːʳ] N rhume *m* chronique, catarrhe *f*

catastrophe [kəˈtæstrəfɪ] N catastrophe *f*

catastrophic [kætəˈstrɔfɪk] ADJ catastrophique

catcall [ˈkætkɔːl] N (*at meeting etc*) sifflet *m*

★**catch** [kætʃ] (*pt, pp* **caught** [kɔːt]) VT (*ball, train, thief, cold*) attraper; (*person: by surprise*) prendre, surprendre; (*understand*) saisir; (*get entangled*) accrocher; **to ~ sb's attention** *or* **eye** attirer l'attention de qn; **to ~ fire** prendre feu; **to ~ sight of** apercevoir ▸ VI (*fire*) prendre; (*get entangled*) s'accrocher ▸ N (*fish etc*) prise *f*; (*thief etc*) capture *f*; (*hidden problem*) attrape *f*; (*Tech*) loquet *m*; cliquet *m*; **to play ~** jouer à chat; (*with ball*) jouer à attraper le ballon
▸ **catch on** VI (*become popular*) prendre; (*understand*): **to ~ on (to sth)** saisir (qch)
▸ **catch out** VT (BRIT *fig: with trick question*) prendre en défaut
▸ **catch up** VI (*with work*) se rattraper, combler son retard ▸ VT (*also:* **catch up with**) rattraper
▸ **catch up on** VT (*news*) se remettre au courant de; (*sleep*) rattraper son retard de

catch-22 [ˈkætʃtwentɪˈtuː] N: **it's a ~ situation** c'est (une situation) sans issue

catching [ˈkætʃɪŋ] ADJ (*Med*) contagieux(-euse)

catchment area [ˈkætʃmənt-] N (BRIT *Scol*) aire *f* de recrutement; (*Geo*) bassin *m* hydrographique

catch phrase N slogan *m*, expression toute faite

catchy [ˈkætʃɪ] ADJ (*tune*) facile à retenir

catechism [ˈkætɪkɪzəm] N catéchisme *m*

categoric [kætɪˈgɔrɪk], **categorical** [kætɪˈgɔrɪkl] ADJ catégorique

categorically [kætɪˈgɔrɪklɪ] ADV catégoriquement

categorize [ˈkætɪgəraɪz] VT classer par catégories

category [ˈkætɪgərɪ] N catégorie *f*

cater [ˈkeɪtəʳ] VI: **to ~ for** (BRIT: *needs*) satisfaire, pourvoir à; (*: readers, consumers*) s'adresser à, pourvoir aux besoins de; (*: Comm: parties etc*) préparer des repas pour

caterer [ˈkeɪtərəʳ] N traiteur *m*; fournisseur *m*

catering [ˈkeɪtərɪŋ] N restauration *f*; approvisionnement *m*, ravitaillement *m*

caterpillar [ˈkætəpɪləʳ] N chenille *f* ▸ CPD (*vehicle*) à chenille; **~ track** *n* chenille *f*

catfight [ˈkætfaɪt] N (*between women*) crêpage *m* de chignon

cat flap N chatière *f*

cathartic [kəˈθɑːtɪk] ADJ cathartique

cathedral [kəˈθiːdrəl] N cathédrale *f*

Catherine wheel [ˈkæθrɪn-] N soleil *m*

catheter [ˈkæθɪtəʳ] N cathéter *m*

cathode [ˈkæθəud] N cathode *f*

cathode ray tube N tube *m* cathodique

Catholic [ˈkæθəlɪk] (*Rel*) ADJ, N catholique *mf*

catholic [ˈkæθəlɪk] ADJ (*wide-ranging*) éclectique; universel(le); libéral(e)

Catholicism [kəˈθɔlɪsɪzəm] N (*Rel*) catholicisme *m*

catnap [ˈkætnæp] N (*inf*) (petit) somme

catsup [ˈkætsəp] N (*US*) ketchup *m*

cattery [ˈkætərɪ] N (BRIT) pension *f* pour chats

cattle [ˈkætl] NPL bétail *m*, bestiaux *mpl*

catty [ˈkætɪ] ADJ méchant(e)

catwalk [ˈkætwɔːk] N passerelle *f*; (*for models*) podium *m* (*de défilé de mode*)

Caucasian [kɔːˈkeɪzɪən] ADJ, N caucasien(ne)

Caucasus [ˈkɔːkəsəs] N Caucase *m*

caucus [ˈkɔːkəs] N (*US Pol*) comité électoral (pour désigner des candidats); (BRIT *Pol: group*) comité local (*d'un parti politique*)

caught [kɔːt] PT, PP *of* **catch**

cauldron [ˈkɔːldrən] N chaudron *m*

★**cauliflower** [ˈkɔlɪflauəʳ] N chou-fleur *m*

causal [ˈkɔːzəl] ADJ causal(e)

★**cause** [kɔːz] N cause *f*; **there is no ~ for concern** il n'y a pas lieu de s'inquiéter ▸ VT causer; **to ~ sth to be done** faire faire qch; **to ~ sb to do sth** faire faire qch à qn

causeway ['kɔːzweɪ] N chaussée (surélevée)
caustic ['kɔːstɪk] ADJ caustique
caution ['kɔːʃən] N prudence *f*; (*warning*) avertissement *m* ▸ VT avertir, donner un avertissement à
cautious ['kɔːʃəs] ADJ prudent(e)
cautiously ['kɔːʃəslɪ] ADV prudemment, avec prudence
cautiousness ['kɔːʃəsnɪs] N prudence *f*
cavalcade [kævəl'keɪd] N cortège *m*
cavalier [kævə'lɪəʳ] ADJ cavalier(-ère), désinvolte ▸ N (*knight*) cavalier *m*
cavalry ['kævəlrɪ] N cavalerie *f*
★**cave** [keɪv] N caverne *f*, grotte *f* ▸ VI: **to go caving** faire de la spéléo(logie)
▸ **cave in** VI (*roof etc*) s'effondrer

Le mot anglais **cave** ne veut pas dire *cave*.

caveat ['kævɪæt] N mise *f* en garde
caveman ['keɪvmæn] N (*irreg*) homme *m* des cavernes
cavern ['kævən] N caverne *f*
cavernous ['kævənəs] ADJ immense
caviar, caviare ['kævɪɑːʳ] N caviar *m*
cavity ['kævɪtɪ] N cavité *f*; (*Med*) carie *f*
cavity wall insulation N isolation *f* des murs creux
cavort [kə'vɔːt] VI cabrioler, faire des cabrioles
cayenne [keɪ'ɛn] N (*also:* **cayenne pepper**) poivre *m* de cayenne
CBC N ABBR (= *Canadian Broadcasting Corporation*) *organisme de radiodiffusion*
CBE N ABBR (= *Companion of (the Order of) the British Empire*) *titre honorifique*
CBI N ABBR (= *Confederation of British Industry*) ≈ MEDEF *m* (= *Mouvement des entreprises de France*)
CC ABBR (BRIT) = **county council**
cc ABBR (= *cubic centimetre*) cm³; (*on letter etc*: = *carbon copy*) cc
CCA N ABBR (*US*: = *Circuit Court of Appeals*) cour *f* d'appel itinérante
CCTV N ABBR = **closed-circuit television**
CCTV camera N caméra *f* de vidéosurveillance
CCU N ABBR (*US*: = *coronary care unit*) unité *f* de soins cardiologiques
★**CD** N ABBR (= *compact disc*) CD *m*; (*Mil*: BRIT) = **Civil Defence (Corps)**; (: *US*) = **Civil Defense** ▸ ABBR (BRIT: = *Corps Diplomatique*) CD
CD burner N graveur *m* de CD
CDC N ABBR (*US*) = **center for disease control**
★**CD player** N platine *f* laser
Cdr. ABBR (= *commander*) Cdt
★**CD-ROM** [siːdiː'rɔm] N ABBR (= *compact disc read-only memory*) CD-ROM *m inv*
CDT ABBR (*US*: = *Central Daylight Time*) *heure d'été du centre*
CDW N ABBR = **collision damage waiver**
CD writer N graveur *m* de CD
CE ABBR = **Common Era**
cease [siːs] VT, VI cesser
★**ceasefire** ['siːsfaɪəʳ] N cessez-le-feu *m*
ceaseless ['siːslɪs] ADJ incessant(e), continuel(le)
ceaselessly ['siːslɪslɪ] ADV (*work, campaign*) sans cesse; (*complain*) continuellement
CED N ABBR (*US*) = **Committee for Economic Development**
cedar ['siːdəʳ] N cèdre *m*
cede [siːd] VT céder
cedilla [sɪ'dɪlə] N cédille *f*
CEEB N ABBR (*US*: = *College Entrance Examination Board*) *commission d'admission dans l'enseignement supérieur*
ceilidh ['keɪlɪ] N bal *m* folklorique écossais *or* irlandais
★**ceiling** ['siːlɪŋ] N (*also fig*) plafond *m*
celeb [sɪ'lɛb] N (*inf*: *celebrity*) célébrité *f*
★**celebrate** ['sɛlɪbreɪt] VT, VI célébrer
celebrated ['sɛlɪbreɪtɪd] ADJ célèbre
celebration [sɛlɪ'breɪʃən] N célébration *f*
celebratory ['sɛləbreɪtərɪ] ADJ (*meal*) de fête; **let's have a ~ drink!** prenons un verre pour fêter ça !
celebrity [sɪ'lɛbrɪtɪ] N célébrité *f*
celeriac [sə'lɛrɪæk] N céleri(-rave) *m*
celery ['sɛlərɪ] N céleri *m* (en branches)
celestial [sɪ'lɛstɪəl] ADJ céleste
celiac ['siːlɪæk] ADJ (*US*) = **coeliac**
celibacy ['sɛlɪbəsɪ] N célibat *m*
celibate ['sɛlɪbət] ADJ (*life, priest*) célibataire; (*lay person*) chaste
★**cell** [sɛl] N (*gen*) cellule *f*; (*Elec*) élément *m* (*de pile*)
★**cellar** ['sɛləʳ] N cave *f*
cellist ['tʃɛlɪst] N violoncelliste *mf*
cellmate ['sɛlmeɪt] N compagnon (compagne) de cellule
cello ['tʃɛləu] N violoncelle *m*
Cellophane® ['sɛləfeɪn] N cellophane® *f*
cellphone ['sɛlfəun] N (téléphone *m*) portable *m*, mobile *m*
cell tower N (*US Tel*) antenne-relais *f*
cellular ['sɛljuləʳ] ADJ cellulaire
cellular phone (*esp US*) N (téléphone *m*) portable *m*, mobile *m*
cellulite ['sɛljulaɪt] N cellulite *f*
cellulose ['sɛljuləus] N cellulose *f*
Celsius ['sɛlsɪəs] ADJ Celsius *inv*
Celt [kɛlt, sɛlt] N Celte *mf*
Celtic ['kɛltɪk, 'sɛltɪk] ADJ celte, celtique ▸ N (*Ling*) celtique *m*
cement [sə'mɛnt] N ciment *m* ▸ VT cimenter
cement mixer N bétonnière *f*
cemetery ['sɛmɪtrɪ] N cimetière *m*
cenotaph ['sɛnətɑːf] N cénotaphe *m*
censor ['sɛnsəʳ] N censeur *m* ▸ VT censurer
censorious [sɛn'sɔːrɪəs] ADJ (*formal*) sévère
censorship ['sɛnsəʃɪp] N censure *f*
censure ['sɛnʃəʳ] VT blâmer, critiquer
census ['sɛnsəs] N recensement *m*
★**cent** [sɛnt] N (*unit of dollar, euro*) cent *m* (= *un centième du dollar, de l'euro*); *see also* **per cent**
centenarian [sɛntɪ'nɛərɪən] N centenaire *mf*
centenary [sɛn'tiːnərɪ], (*US*) **centennial** [sɛn'tɛnɪəl] N centenaire *m*
center *etc* ['sɛntəʳ] N, VT (*US*) = **centre** *etc*
★**centigrade** ['sɛntɪgreɪd] ADJ centigrade

centilitre, (*US*) **centiliter** ['sɛntɪliːtəʳ] N centilitre *m*

centimetre, (*US*) **centimeter** ['sɛntɪmiːtəʳ] N centimètre *m*

centipede ['sɛntɪpiːd] N mille-pattes *m inv*

★**central** ['sɛntrəl] ADJ central(e)

Central African Republic N République Centrafricaine

Central America N Amérique centrale

★**central heating** N chauffage central

centralize ['sɛntrəlaɪz] VT centraliser

centrally ['sɛntrəlɪ] ADV (*placed*) au centre; (*located*) dans le centre

central processing unit N (*Comput*) unité centrale (de traitement)

central reservation N (BRIT *Aut*) terre-plein central

★**centre**, (*US*) **center** ['sɛntəʳ] N centre *m* ▸VT centrer; (*Phot*) cadrer; (*concentrate*): **to ~ (on)** centrer (sur)

centrefold, (*US*) **centerfold** ['sɛntəfəuld] N (*Press*) pages centrales détachables (*avec photo de pin up*)

centre-forward ['sɛntə'fɔːwəd] N (*Sport*) avant-centre *m*

centre-half ['sɛntə'hɑːf] N (*Sport*) demi-centre *m*

centrepiece, (*US*) **centerpiece** ['sɛntəpiːs] N milieu *m* de table; (*fig*) pièce maîtresse

centre spread N (BRIT) publicité *f* en double page

centre-stage [sɛntə'steɪdʒ] N: **to take ~** occuper le centre de la scène

centrifugal [sɛn'trɪfjugl] ADJ centrifuge

centrifuge ['sɛntrɪfjuːʒ] N centrifugeuse *f*

centrist ['sɛntrɪst] ADJ, N centriste *mf*

★**century** ['sɛntjurɪ] N siècle *m*; **in the twentieth ~** au vingtième siècle

CEO N ABBR = **chief executive officer**

ceramic [sɪ'ræmɪk] ADJ céramique

ceramics [sɪ'ræmɪks] N céramique *f*

★**cereal** ['siːrɪəl] N céréale *f*

cerebral ['sɛrɪbrəl] ADJ cérébral(e)

ceremonial [sɛrɪ'məunɪəl] N cérémonial *m*; (*rite*) rituel *m*

★**ceremony** ['sɛrɪmənɪ] N cérémonie *f*; **to stand on ~** faire des façons

cerise [sə'riːz, sə'riːs] ADJ (couleur) cerise *inv* ▸N rouge *m* cerise

cert [səːt] N (BRIT *inf*): **it's a dead ~** ça ne fait pas un pli

★**certain** ['səːtən] ADJ certain(e); **to make ~ of** s'assurer de; **for ~** certainement, sûrement

★**certainly** ['səːtənlɪ] ADV certainement

certainty ['səːtəntɪ] N certitude *f*

★**certificate** [sə'tɪfɪkɪt] N certificat *m*

certified letter ['səːtɪfaɪd-] N (*US*) lettre recommandée

certified public accountant ['səːtɪfaɪd-] N (*US*) expert-comptable *m*

certify ['səːtɪfaɪ] VT certifier; (*award diploma to*) conférer un diplôme *etc* à; (*declare insane*) déclarer malade mental(e) ▸VI: **to ~ to** attester

cervical ['səːvɪkl] ADJ: **~ cancer** cancer *m* du col de l'utérus; **~ smear** frottis vaginal

cervix ['səːvɪks] N col *m* de l'utérus

Cesarean [siː'zɛərɪən] ADJ, N (*US*) = **Caesarean**

cessation [sə'seɪʃən] N cessation *f*, arrêt *m*

cesspit ['sɛspɪt] N fosse *f* d'aisance

CET ABBR (= *Central European Time*) *heure d'Europe centrale*

Ceylon [sɪ'lɔn] N Ceylan *m*

cf. ABBR (= *compare*) cf.

c/f ABBR (*Comm*) = **carried forward**

CFC N ABBR (= *chlorofluorocarbon*) CFC *m*

CG N ABBR (*US*) = **coastguard**

cg ABBR (= *centigram*) cg

CGI N ABBR (= *computer-generated imagery*) images *fpl* de synthèse

CH N ABBR (BRIT: = *Companion of Honour*) *titre honorifique*

ch ABBR (BRIT: = *central heating*) cc

ch. ABBR (= *chapter*) chap

Chad [tʃæd] N Tchad *m*

chafe [tʃeɪf] VT irriter, frotter contre ▸VI (*fig*): **to ~ against** se rebiffer contre, regimber contre

chaffinch ['tʃæfɪntʃ] N pinson *m*

chagrin ['ʃægrɪn] N contrariété *f*, déception *f*

★**chain** [tʃeɪn] N (*gen*) chaîne *f* ▸VT (*also*: **chain up**) enchaîner, attacher (avec une chaîne)

chain reaction N réaction *f* en chaîne

chain-smoke ['tʃeɪnsməuk] VI fumer cigarette sur cigarette

chain store N magasin *m* à succursales multiples

★**chair** [tʃɛəʳ] N chaise *f*; (*armchair*) fauteuil *m*; (*of university*) chaire *f*; (*of meeting*) présidence *f*; **the ~** (*US*: *electric chair*) la chaise électrique ▸VT (*meeting*) présider

chairlift ['tʃɛəlɪft] N télésiège *m*

★**chairman** ['tʃɛəmən] N (*irreg*) président *m*

chairmanship ['tʃɛəmənʃɪp] N présidence *f*

chairperson ['tʃɛəpəːsn] N président(e)

chairwoman ['tʃɛəwumən] N (*irreg*) présidente *f*

chalet ['ʃæleɪ] N chalet *m*

chalice ['tʃælɪs] N calice *m*

chalk [tʃɔːk] N craie *f*

▸**chalk up** VT écrire à la craie; (*fig*: *success etc*) remporter

★**challenge** ['tʃælɪndʒ] N défi *m* ▸VT défier; (*statement, right*) mettre en question, contester; **to ~ sb to a fight/game** inviter qn à se battre/à jouer (*sous forme d'un défi*); **to ~ sb to do** mettre qn au défi de faire

challenger ['tʃælɪndʒəʳ] N (*Sport*) challenger *m*

challenging ['tʃælɪndʒɪŋ] ADJ (*task, career*) qui représente un défi *or* une gageure; (*tone, look*) de défi, provocateur(-trice)

chamber ['tʃeɪmbəʳ] N chambre *f*; (BRIT *Law*: *gen pl*) cabinet *m*; **~ of commerce** chambre de commerce

chambermaid ['tʃeɪmbəmeɪd] N femme *f* de chambre

chamber music N musique *f* de chambre

chamberpot ['tʃeɪmbəpɔt] N pot *m* de chambre

chameleon [kəˈmiːlɪən] N caméléon *m*
chamois [ˈʃæmwɑː] N chamois *m*
chamois leather [ˈʃæmɪ-] N peau *f* de chamois
champ [ˈtʃæmp] N (*inf: champion*) champion(ne)
champagne [ʃæmˈpeɪn] N champagne *m*
champers [ˈʃæmpəz] N (*inf*) champ *m*
★**champion** [ˈtʃæmpɪən] N (*also of cause*) champion(ne) ▸VT défendre
★**championship** [ˈtʃæmpɪənʃɪp] N championnat *m*
★**chance** [tʃɑːns] N (*luck*) hasard *m*; (*opportunity*) occasion *f*, possibilité *f*; (*hope, likelihood*) chance *f*; (*risk*) risque *m*; **there is little ~ of his coming** il est peu probable *or* il y a peu de chances qu'il vienne; **to take a ~** prendre un risque; **it's the ~ of a lifetime** c'est une occasion unique; **by ~** par hasard ▸VT (*risk*) risquer; (*happen*): **to ~ to do** faire par hasard; **to ~ doing sth** se risquer à faire qch; **to ~ it** risquer le coup, essayer ▸ADJ fortuit(e), de hasard
▸**chance on, chance upon** VT FUS (*person*) tomber sur, rencontrer par hasard; (*thing*) trouver par hasard
chancel [ˈtʃɑːnsəl] N chœur *m*
chancellor [ˈtʃɑːnsələʳ] N chancelier *m*
Chancellor of the Exchequer [-ɪksˈtʃɛkəʳ] (BRIT) N chancelier *m* de l'Échiquier
chandelier [ʃændəˈlɪəʳ] N lustre *m*
★**change** [tʃeɪndʒ] VT (*alter, replace: Comm: money*) changer; (*switch, substitute: hands, trains, clothes, one's name etc*) changer de; (*transform*): **to ~ sb into** changer *or* transformer qn en; **where can I ~ some money?** où est-ce que je peux changer de l'argent ?; **to ~ gear** (*Aut*) changer de vitesse; **to ~ one's mind** changer d'avis ▸VI (*gen*) changer; (*change clothes*) se changer; (*be transformed*): **to ~ into** se changer *or* transformer en; **she changed into an old skirt** elle (s'est changée et) a enfilé une vieille jupe ▸N changement *m*; (*money*) monnaie *f*; **a ~ of clothes** des vêtements de rechange; **for a ~** pour changer; **small ~** petite monnaie; **to give sb ~ for** *or* **of £10** faire à qn la monnaie de 10 livres; **do you have ~ for £10?** vous avez la monnaie de 10 livres ?; **keep the ~!** gardez la monnaie !
▸**change over** VI (*swap*) échanger; (*change: drivers etc*) changer; (*change sides: players etc*) changer de côté; **to ~ over from sth to sth** passer de qch à qch

> Use **changement** to refer to a change in something: *a change of plan* **un changement de programme**. The French word **change** is a financial term meaning *exchange*.

changeable [ˈtʃeɪndʒəbl] ADJ (*weather*) variable; (*person*) d'humeur changeante
change machine N distributeur *m* de monnaie
changeover [ˈtʃeɪndʒəuvəʳ] N (*to new system*) changement *m*, passage *m*
changing [ˈtʃeɪndʒɪŋ] ADJ changeant(e)
changing room N (BRIT: *in shop*) salon *m* d'essayage; (: *Sport*) vestiaire *m*
★**channel** [ˈtʃænl] N (TV) chaîne *f*; (*waveband, groove, fig: medium*) canal *m*; (*of river, sea*) chenal *m*; **through the usual channels** en suivant la filière habituelle; **green/red ~** (*Customs*) couloir *m or* sortie *f* « rien à déclarer »/ »marchandises à déclarer »; **the (English) C~** la Manche ▸VT canaliser; (*fig: interest, energies*): **to ~ into** diriger vers
channel-hopping [ˈtʃænlˈhɔpɪŋ] N (TV) zapping *m*
Channel Islands NPL: **the ~** les îles *fpl* Anglo-Normandes
channel-surf [ˈtʃænlsəːf] VI (*esp US*) zapper
Channel Tunnel N: **the ~** le tunnel sous la Manche
chant [tʃɑːnt] N chant *m*; mélopée *f*; (*Rel*) psalmodie *f* ▸VT chanter, scander; psalmodier
Chanukah [ˈhɑːnəkə] N = **Hanukkah**
★**chaos** [ˈkeɪɔs] N chaos *m*
chaos theory N théorie *f* du chaos
chaotic [keɪˈɔtɪk] ADJ chaotique
chap [tʃæp] N (BRIT *inf: man*) type *m*; (*term of address*): **old ~** mon vieux ▸VT (*skin*) gercer, crevasser
chapel [ˈtʃæpl] N chapelle *f*
chaperone, chaperon [ˈʃæpərəun] N chaperon *m* ▸VT chaperonner
chaplain [ˈtʃæplɪn] N aumônier *m*
chapped [tʃæpt] ADJ (*skin, lips*) gercé(e)
★**chapter** [ˈtʃæptəʳ] N chapitre *m*
char [tʃɑːʳ] VT (*burn*) carboniser ▸VI (BRIT: *cleaner*) faire des ménages ▸N (BRIT) = **charlady**
★**character** [ˈkærɪktəʳ] N caractère *m*; (*in novel, film*) personnage *m*; (*eccentric person*) numéro *m*, phénomène *m*; **a person of good ~** une personne bien
character code N (*Comput*) code *m* de caractère
characteristic [ˈkærɪktəˈrɪstɪk] ADJ, N caractéristique (*f*)
characterize [ˈkærɪktəraɪz] VT caractériser; **to ~ (as)** définir (comme)
charade [ʃəˈrɑːd] N charade *f*
charcoal [ˈtʃɑːkəul] N charbon *m* de bois; (*Art*) charbon
★**charge** [tʃɑːdʒ] N (*accusation*) accusation *f*; (*Law*) inculpation *f*; (*cost*) prix (demandé); (*of gun, battery, Mil: attack*) charge *f*; **is there a ~?** doit-on payer ?; **there's no ~** c'est gratuit, on ne fait pas payer; **extra ~** supplément *m*; **to be in ~ of** être responsable de, s'occuper de; **to take ~ of** se charger de; **to have ~ of sb** avoir la charge de qn ▸VT (*gun, battery, Mil: enemy*) charger; (*customer, sum*) faire payer; (*Law*): **to ~ sb (with)** inculper qn (de); **how much do you ~ for this repair?** combien demandez-vous pour cette réparation ?; **they charged us £10 for the meal** ils nous ont fait payer le repas 10 livres, ils nous ont compté 10 livres pour le repas; **to ~ an expense (up) to sb** mettre une dépense sur le compte de qn; **~ it to my account** facturez-le sur mon compte ▸VI (*gen with: up, along etc*) foncer; **to ~ in/out** entrer/sortir en trombe; **to ~ down/up** dévaler/grimper à toute allure ■ **charges** NPL (*costs*) frais *mpl*; **to reverse the charges** (BRIT *Tel*) téléphoner en PCV; **bank/labour charges** frais de banque/main-d'œuvre
▸**charge up** VT (*battery*) charger, recharger
charge account N compte *m* client
charge card N carte *f* de client (*émise par un grand magasin*)
chargehand [ˈtʃɑːdʒhænd] N (BRIT) chef *m*

d'équipe
charger ['tʃɑːdʒəʳ] N (*also:* **battery charger**) chargeur *m*; (*old: warhorse*) cheval *m* de bataille
char-grilled [tʃɑː'grɪld] ADJ (BRIT) grillé(e) au feu de bois
chariot ['tʃæriət] N char *m*
charisma [kə'rɪzmə] N charisme *m*
charismatic [kærɪz'mætɪk] ADJ charismatique
charitable ['tʃærɪtəbl] ADJ charitable
★**charity** ['tʃærɪtɪ] N charité *f*; (*organization*) institution *f* charitable *or* de bienfaisance, œuvre *f* (de charité)
charity shop N (BRIT) *boutique vendant des articles d'occasion au profit d'une organisation caritative*
charlady ['tʃɑːleɪdɪ] N (BRIT) femme *f* de ménage
charlatan ['ʃɑːlətən] N charlatan *m*
charm [tʃɑːm] N charme *m*; (*on bracelet*) breloque *f* ▸ VT charmer, enchanter
charm bracelet N bracelet *m* à breloques
charming ['tʃɑːmɪŋ] ADJ charmant(e)
★**chart** [tʃɑːt] N tableau *m*, diagramme *m*; graphique *m*; (*map*) carte marine; (*weather chart*) carte *f* du temps ▸ VT dresser *or* établir la carte de; (*sales, progress*) établir la courbe de ▪ **charts** NPL (*Mus*) hit-parade *m*; **to be in the charts** (*record, pop group*) figurer au hit-parade
charter ['tʃɑːtəʳ] VT (*plane*) affréter ▸ N (*document*) charte *f*; **on ~** (*plane*) affrété(e)
chartered accountant ['tʃɑːtəd-] N (BRIT) expert-comptable (experte-comptable)
charter flight N charter *m*
charwoman ['tʃɑːwumən] N (*irreg*) = **charlady**
★**chase** [tʃeɪs] VT poursuivre, pourchasser; (*also:* **chase away**) chasser ▸ N poursuite *f*, chasse *f*
▸ **chase down** VT (US) = **chase up**
▸ **chase up** VT (BRIT: *person*) relancer; (: *information*) rechercher
chasm ['kæzəm] N gouffre *m*, abîme *m*
chassis ['ʃæsɪ] N châssis *m*
chaste ['tʃeɪst] ADJ (*old: person, kiss*) chaste
chastened ['tʃeɪsnd] ADJ assagi(e), rappelé(e) à la raison
chastening ['tʃeɪsnɪŋ] ADJ qui fait réfléchir
chastise [tʃæs'taɪz] VT punir, châtier; corriger
chastity ['tʃæstɪtɪ] N chasteté *f*
★**chat** [tʃæt] VI (*also:* **have a chat**) bavarder, causer; (: *on Internet*) chatter ▸ N conversation *f*; (*on Internet*) chat *m*
▸ **chat up** VT (BRIT *inf*) baratiner
chatline ['tʃætlaɪn] N *numéro téléphonique qui permet de bavarder avec plusieurs personnes en même temps*
chat room N (*Internet*) salon *m* de discussion
chat show N (BRIT) talk-show *m*
chattel ['tʃætl] N *see* **good**
chatter ['tʃætəʳ] VI (*person*) bavarder, papoter; **my teeth are chattering** je claque des dents ▸ N bavardage *m*, papotage *m*
chatterbox ['tʃætəbɔks] N moulin *m* à paroles, babillard(e)
chattering classes ['tʃætərɪŋ-] NPL: **the ~** (*pej*) les intellos *mpl*
chatty ['tʃætɪ] ADJ (*style*) familier(-ière); (*person*) enclin(e) à bavarder *or* au papotage
chauffeur ['ʃəufəʳ] N chauffeur *m* (de maître)
chauvinism ['ʃəuvɪnɪzəm] N (*also:* **male chauvinism**) phallocratie *f*, machisme *m*; (*nationalism*) chauvinisme *m*
chauvinist ['ʃəuvɪnɪst] N (*also:* **male chauvinist**) phallocrate *m*, macho *m*; (*nationalist*) chauvin(e)
chauvinistic [ʃəuvɪ'nɪstɪk] ADJ (*sexist*) machiste; (*nationalistic*) chauvin(e)
chav [tʃæv] N (*pej*) ≈ caillera *m* (!)
ChE ABBR = **chemical engineer**
★**cheap** [tʃiːp] ADJ bon marché *inv*, pas cher (chère); (*reduced: ticket*) à prix réduit; (: *fare*) réduit(e); (*joke*) facile, d'un goût douteux; (*poor quality*) à bon marché, de qualité médiocre; **can you recommend a ~ hotel/restaurant, please?** pourriez-vous m'indiquer un hôtel/restaurant bon marché ?; **cheaper** *adj* moins cher (chère) ▸ ADV à bon marché, pour pas cher
cheap day return N (BRIT) billet *m* d'aller et retour réduit (*valable pour la journée*)
cheapen ['tʃiːpn] VT rabaisser, déprécier
cheaply ['tʃiːplɪ] ADV à bon marché, à bon compte
cheapskate ['tʃiːpskeɪt] ADJ, N (*inf*) radin(e)
cheat [tʃiːt] VI tricher; (*in exam*) copier ▸ VT tromper, duper; (*rob*): **to ~ sb out of sth** escroquer qch à qn ▸ N tricheur(-euse); escroc *m*; (*trick*) duperie *f*, tromperie *f*
▸ **cheat on** VT FUS tromper
cheating ['tʃiːtɪŋ] N tricherie *f*
cheat sheet N (US: *in exam*) antisèche *f*
Chechen ['tʃɛtʃɛn] ADJ tchétchène ▸ N (*person*) Tchétchène *mf*; (*language*) tchétchène *m*
Chechnya [tʃɪtʃ'njɑː] N Tchétchénie *f*
★**check** [tʃɛk] VT vérifier; (*passport, ticket*) contrôler; (*halt*) enrayer; (*restrain*) maîtriser ▸ VI (*official etc*) se renseigner; **to ~ with sb** demander à qn ▸ N vérification *f*; contrôle *m*; (*curb*) frein *m*; (BRIT: *bill*) addition *f*; (US) = **cheque**; (*pattern: gen pl*) carreaux *mpl*; **to keep a ~ on sb/sth** surveiller qn/qch ▸ ADJ (*also:* **checked**: *pattern, cloth*) à carreaux
▸ **check in** VI (*in hotel*) remplir sa fiche (d'hôtel); (*at airport*) se présenter à l'enregistrement ▸ VT (*luggage*) (faire) enregistrer
▸ **check off** VT (*tick off*) cocher
▸ **check out** VI (*in hotel*) régler sa note ▸ VT (*luggage*) retirer; (*investigate: story*) vérifier; (: *person*) prendre des renseignements sur
▸ **check up** VI: **to ~ up (on sth)** vérifier (qch); **to ~ up on sb** se renseigner sur le compte de qn
checkbook ['tʃɛkbuk] N (US) = **chequebook**
checked ['tʃɛkt] ADJ (*pattern, cloth*) à carreaux
checkered ['tʃɛkəd] ADJ (US) = **chequered**
checkers ['tʃɛkəz] N (US) jeu *m* de dames
check guarantee card N (US) carte *f* (d'identité) bancaire
check-in ['tʃɛkin] N (*at airport: also:* **check-in desk**) enregistrement *m*
checking account ['tʃɛkɪŋ-] N (US) compte courant
checklist ['tʃɛklɪst] N liste *f* de contrôle
checkmate ['tʃɛkmeɪt] N échec et mat *m*
checkout ['tʃɛkaut] N (*in supermarket*) caisse *f*

checkpoint ['tʃɛkpɔɪnt] N contrôle *m*

checkroom ['tʃɛkru:m] (*US*) N consigne *f*

checkup ['tʃɛkʌp] N (*Med*) examen médical, check-up *m*

cheddar ['tʃedəʳ] N (*also:* **cheddar cheese**) cheddar *m*

cheek [tʃi:k] N joue *f*; (*impudence*) toupet *m*, culot *m*; **what a ~!** quel toupet !

cheekbone ['tʃi:kbəun] N pommette *f*

★**cheeky** ['tʃi:kɪ] ADJ effronté(e), culotté(e)

cheep [tʃi:p] N (*of bird*) piaulement *m* ▸ VI piauler

★**cheer** [tʃɪəʳ] VT acclamer, applaudir; (*gladden*) réjouir, réconforter ▸ VI applaudir ▸ N (*gen pl*) acclamations *fpl*, applaudissements *mpl*; bravos *mpl*, hourras *mpl*; **cheers!** à la vôtre !
▸ **cheer on** VT encourager (*par des cris etc*)
▸ **cheer up** VI se dérider, reprendre courage ▸ VT remonter le moral à *or* de, dérider, égayer

★**cheerful** ['tʃɪəful] ADJ gai(e), joyeux(-euse)

cheerfully ['tʃɪəfulɪ] ADV (*say, greet*) gaiement; (*blithely: ignore, admit*) allégrement; (*without hesitation*) sans la moindre hésitation

cheerfulness ['tʃɪəfulnɪs] N gaieté *f*, bonne humeur

cheerio [tʃɪərɪ'əu] EXCL (BRIT) salut !, au revoir !

cheerleader ['tʃɪəli:dəʳ] N *membre d'un groupe de majorettes qui chantent et dansent pour soutenir leur équipe pendant les matchs de football américain*

cheerless ['tʃɪəlɪs] ADJ sombre, triste

cheery ['tʃɪərɪ] ADJ (*wave, smile*) gai(e); (*person*) joyeux(-euse)

★**cheese** [tʃi:z] N fromage *m*

cheeseboard ['tʃi:zbɔ:d] N plateau *m* à fromages; (*with cheese on it*) plateau *m* de fromages

cheeseburger ['tʃi:zbə:gəʳ] N cheeseburger *m*

cheesecake ['tʃi:zkeɪk] N cheesecake *m*

cheesy ['tʃi:zɪ] ADJ (*biscuit, sauce*) au fromage; (*inf: tasteless*) ringard(e)

cheetah ['tʃi:tə] N guépard *m*

★**chef** [ʃɛf] N chef (cuisinier)

★**chemical** ['kɛmɪkl] ADJ chimique ▸ N produit *m* chimique

★**chemist** ['kɛmɪst] N (BRIT: *pharmacist*) pharmacien(ne); (*scientist*) chimiste *mf*

★**chemistry** ['kɛmɪstrɪ] N chimie *f*

chemist's ['kɛmɪsts], **chemist's shop** N (BRIT) pharmacie *f*

chemo ['ki:məu] N (*chemotherapy*) chimio *f*

chemotherapy [ki:məu'θɛrəpɪ] N chimiothérapie *f*

cheque, (*US*) **check** [tʃɛk] N chèque *m*; **to pay by ~** payer par chèque

chequebook, (*US*) **checkbook** ['tʃɛkbuk] N chéquier *m*, carnet *m* de chèques

cheque card N (BRIT) carte *f* (d'identité) bancaire

chequered, (*US*) **checkered** ['tʃɛkəd] ADJ (*fig*) varié(e)

cherish ['tʃɛrɪʃ] VT (*person, memory*) chérir; (*hope*) caresser; (*right, value*) entretenir

cherished ['tʃɛrɪʃt] ADJ (*dream, belief, memory*) cher (chère); (*possession*) précieux(-euse)

cheroot [ʃə'ru:t] N cigare *m* de Manille

★**cherry** ['tʃɛrɪ] N cerise *f*; (*also:* **cherry tree**) cerisier *m*

cherub ['tʃɛrəb] N chérubin *m*

chess [tʃɛs] N échecs *mpl*

chessboard ['tʃɛsbɔ:d] N échiquier *m*

chessman ['tʃɛsmən] N (*irreg*) pièce *f* (de jeu d'échecs)

chessplayer ['tʃɛspleɪəʳ] N joueur(-euse) d'échecs

★**chest** [tʃɛst] N poitrine *f*; (*box*) coffre *m*, caisse *f*; **to get sth off one's ~** (*inf*) vider son sac

chest measurement N tour *m* de poitrine

chestnut ['tʃɛsnʌt] N châtaigne *f*; (*also:* **chestnut tree**) châtaignier *m*; (*colour*) châtain *m* ▸ ADJ (*hair*) châtain *inv*; (*horse*) alezan

chest of drawers N commode *f*

chesty ['tʃɛstɪ] ADJ (*cough*) de poitrine

chevron ['ʃɛvrən] N (*on sign*) flèche *f*; (*stripe: of officer*) chevron *m*

chew [tʃu:] VT mâcher

chewing gum ['tʃu:ɪŋ-] N chewing-gum *m*

chewy ['tʃu:ɪ] ADJ (*meat, bread*) difficile à mâcher

chic [ʃi:k] ADJ chic *inv*, élégant(e)

chicanery [ʃɪ'keɪnərɪ] N (*formal: political, financial*) chicane *f*

chick [tʃɪk] N poussin *m*; (*inf*) fille *f*

★**chicken** ['tʃɪkɪn] N poulet *m*; (*inf: coward*) poule mouillée
▸ **chicken out** VI (*inf*) se dégonfler

chicken feed N (*fig*) broutilles *fpl*, bagatelle *f*

chickenpox ['tʃɪkɪnpɔks] N varicelle *f*

chickpea ['tʃɪkpi:] N pois *m* chiche

chicory ['tʃɪkərɪ] N chicorée *f*; (*salad*) endive *f*

chide [tʃaɪd] VT réprimander, gronder

★**chief** [tʃi:f] N chef *m*; **C~ of Staff** (*Mil*) chef d'État-major ▸ ADJ principal(e)

chief constable N (BRIT) ≈ préfet *m* de police

chief executive, (*US*) **chief executive officer** N directeur(-trice) général(e)

chiefly ['tʃi:flɪ] ADV principalement, surtout

chiffon ['ʃɪfɔn] N mousseline *f* de soie

chihuahua [tʃɪ'wɑ:wə] N chihuahua *m*

chilblain ['tʃɪlbleɪn] N engelure *f*

★**child** [tʃaɪld] (*pl* **children** ['tʃɪldrən]) N enfant *mf*

child abuse N maltraitance *f* d'enfants; (*sexual*) abus *mpl* sexuels sur des enfants

childbearing ['tʃaɪldbɛərɪŋ] ADJ: **of ~ age** en âge d'avoir des enfants

child benefit N (BRIT) ≈ allocations familiales

childbirth ['tʃaɪldbə:θ] N accouchement *m*

childcare ['tʃaɪldkɛəʳ] N garde *f* des enfants (*pour les parents qui travaillent*)

childhood ['tʃaɪldhud] N enfance *f*

childish ['tʃaɪldɪʃ] ADJ puéril(e), enfantin(e)

childishly ['tʃaɪldɪʃlɪ] ADV (*pej: behave*) d'une manière puérile; (*excited, pleased*) comme un enfant

child labour, (*US*) **child labor** N (*practice*) travail *m* des enfants; (*workers*) main-d'œuvre enfantine

childless ['tʃaɪldlɪs] ADJ sans enfants

childlike ['tʃaɪldlaɪk] ADJ innocent(e), pur(e)

child minder N (BRIT) garde *f* d'enfants

C

child prodigy N enfant *mf* prodige
★**children** [ˈtʃɪldrən] NPL *of* **child**
children's home [ˈtʃɪldrənz-] N ≈ foyer *m* d'accueil (*pour enfants*)
Chile [ˈtʃɪlɪ] N Chili *m*
Chilean [ˈtʃɪlɪən] ADJ chilien(ne) ▸ N Chilien(ne)
chili, chilli [ˈtʃɪlɪ] N piment *m* (rouge)
chill [tʃɪl] N (*of water*) froid *m*; (*of air*) fraîcheur *f*; (*Med*) refroidissement *m*, coup *m* de froid ▸ ADJ froid(e), glacial(e) ▸ VT (*person*) faire frissonner; refroidir; (*Culin*) mettre au frais, rafraîchir; **"serve chilled"** « à servir frais »
▸ **chill out** VI (*inf: esp US*) se relaxer
chilling [ˈtʃɪlɪŋ] ADJ (*wind*) frais (fraîche), froid(e); (*look, smile*) glacé(e); (*thought*) qui donne le frisson
chillingly [ˈtʃɪlɪŋlɪ] ADV (*similiar, familiar*) qui fait froid dans le dos
chilly [ˈtʃɪlɪ] ADJ froid(e), glacé(e); (*sensitive to cold*) frileux(-euse); **to feel ~** avoir froid
chime [tʃaɪm] N carillon *m* ▸ VI carillonner, sonner
chimera [kaɪˈmɪərə] N chimère *f*
chimney [ˈtʃɪmnɪ] N cheminée *f*
chimney sweep N ramoneur *m*
chimp [tʃɪmp] N (*inf: chimpanzee*) chimpanzé *m*
chimpanzee [tʃɪmpænˈziː] N chimpanzé *m*
chin [tʃɪn] N menton *m*
★**China** [ˈtʃaɪnə] N Chine *f*
china [ˈtʃaɪnə] N (*material*) porcelaine *f*; (*crockery*) (vaisselle *f* en) porcelaine
Chinese [tʃaɪˈniːz] ADJ chinois(e) ▸ N (*pl inv*) Chinois(e); (*Ling*) chinois *m*
chink [tʃɪŋk] N (*opening*) fente *f*, fissure *f*; (*noise*) tintement *m*
chintz [tʃɪnts] N chintz *m*; **~ curtains** rideaux *mpl* de chintz
chinwag [ˈtʃɪnwæg] N (BRIT *inf*): **to have a ~** tailler une bavette
★**chip** [tʃɪp] N (*gen pl: Culin:* BRIT) frite *f*; (: *US: also:* **potato chip**) chip *f*; (*of wood*) copeau *m*; (*of glass, stone*) éclat *m*; (*also:* **microchip**) puce *f*; (*in gambling*) fiche *f*; **when the chips are down** (*fig*) au moment critique ▸ VT (*cup, plate*) ébrécher
▸ **chip in** VI (*inf*) mettre son grain de sel
chip and PIN N carte *f* à puce; **~ machine** machine *f* à carte (à puce)
chipboard [ˈtʃɪpbɔːd] N aggloméré *m*, panneau *m* de particules
chipmunk [ˈtʃɪpmʌŋk] N suisse *m* (*animal*)
chippings [ˈtʃɪpɪŋz] NPL: **loose ~** gravillons *mpl*
chippy, chippie [ˈtʃɪpɪ] N (BRIT *inf*) friterie *f*
chip shop N (BRIT) friterie *f*

Un **chip shop**, que l'on appelle également un *fish-and-chip shop*, est un magasin où l'on vend des plats à emporter. Les *chip shops* sont d'ailleurs à l'origine des *takeaways*. On y achète en particulier du poisson frit et des frites, mais on y trouve également des plats traditionnels britanniques (*steak pies*, saucisses, etc). Tous les plats étaient à l'origine emballés dans du papier journal. Dans certains de ces magasins, on peut s'asseoir pour consommer sur place.

chiropodist [kɪˈrɔpədɪst] N (BRIT) pédicure *mf*
chiropractor [ˈkaɪərəpræktəʳ] N chiropracteur(-trice)
chirp [tʃəːp] N pépiement *m*, gazouillis *m*; (*of crickets*) stridulation *f* ▸ VI pépier, gazouiller; chanter, striduler
chirpy [ˈtʃəːpɪ] ADJ (*inf*) plein(e) d'entrain, tout guilleret(te)
chisel [ˈtʃɪzl] N ciseau *m*
chit [tʃɪt] N mot *m*, note *f*
chitchat [ˈtʃɪttʃæt] N bavardage *m*, papotage *m*
chivalrous [ˈʃɪvəlrəs] ADJ chevaleresque
chivalry [ˈʃɪvəlrɪ] N chevalerie *f*; esprit *m* chevaleresque
chives [tʃaɪvz] NPL ciboulette *f*, civette *f*
chloride [ˈklɔːraɪd] N chlorure *m*
chlorinate [ˈklɔrɪneɪt] VT chlorer
chlorine [ˈklɔːriːn] N chlore *m*
chloroform [ˈklɔrəfɔːm] N chloroforme *m*
chlorophyll [ˈklɔrəfɪl] N chlorophylle *f*
choc-ice [ˈtʃɔkaɪs] N (BRIT) esquimau® *m*
chock [tʃɔk] N cale *f*
chock-a-block [ˈtʃɔkəˈblɔk], **chock-full** [tʃɔkˈful] ADJ plein(e) à craquer
★**chocolate** [ˈtʃɔklɪt] N chocolat *m*
★**choice** [tʃɔɪs] N choix *m*; **by** *or* **from ~** par choix; **a wide ~** un grand choix ▸ ADJ de choix
choir [ˈkwaɪəʳ] N chœur *m*, chorale *f*
choirboy [ˈkwaɪəbɔɪ] N jeune choriste *m*, petit chanteur
choke [tʃəuk] VI étouffer ▸ VT étrangler; étouffer; (*block*) boucher, obstruer ▸ N (*Aut*) starter *m*
cholera [ˈkɔlərə] N choléra *m*
cholesterol [kəˈlɛstərɔl] N cholestérol *m*
chook [tʃuk] N (AUSTRALIA, NEW ZEALAND *inf*) poule *f*
★**choose** [tʃuːz] (*pt* **chose** [tʃəuz], *pp* **chosen** [ˈtʃəuzn]) VT choisir; **to ~ to do** décider de faire, juger bon de faire ▸ VI: **to ~ between** choisir entre; **to ~ from** choisir parmi
choosy [ˈtʃuːzɪ] ADJ: **(to be) ~** (faire le) difficile
★**chop** [tʃɔp] VT (*wood*) couper (à la hache); (*Culin: also:* **chop up**) couper (fin), émincer, hacher (en morceaux) ▸ N coup *m* (*de hache, du tranchant de la main*); (*Culin*) côtelette *f*; **to get the ~** (BRIT *inf: project*) tomber à l'eau; (: *person: be sacked*) se faire renvoyer
▸ **chop down** VT (*tree*) abattre
▸ **chop off** VT trancher
chopper [ˈtʃɔpəʳ] N (*helicopter*) hélicoptère *m*, hélico *m*
choppy [ˈtʃɔpɪ] ADJ (*sea*) un peu agité(e)
chops [tʃɔps] NPL (*jaws*) mâchoires *fpl*; babines *fpl*
chopsticks [ˈtʃɔpstɪks] NPL baguettes *fpl*
choral [ˈkɔːrəl] ADJ choral(e), chanté(e) en chœur
chord [kɔːd] N (*Mus*) accord *m*
chore [tʃɔːʳ] N travail *m* de routine; **household chores** taches *fpl* ménagères
choreograph [ˈkɔriəgrɑːf] VT, VI chorégraphier
choreographer [kɔrɪˈɔgrəfəʳ] N chorégraphe *mf*
choreography [kɔrɪˈɔgrəfɪ] N chorégraphie *f*
chorister [ˈkɔrɪstəʳ] N choriste *mf*

chortle ['tʃɔ:tl] VI glousser
chorus ['kɔ:rəs] N chœur *m*; (*repeated part of song, also fig*) refrain *m*
chose [tʃəuz] PT *of* **choose**
chosen ['tʃəuzn] PP *of* **choose**
chow [tʃau] N (*dog*) chow-chow *m*
chowder ['tʃaudəʳ] N soupe *f* de poisson
Christ [kraɪst] N Christ *m*
christen ['krɪsn] VT baptiser
christening ['krɪsnɪŋ] N baptême *m*
Christian ['krɪstɪən] ADJ, N chrétien(ne)
Christianity [krɪstɪ'ænɪtɪ] N christianisme *m*
Christian name N prénom *m*
★**Christmas** ['krɪsməs] N Noël *mf*; **happy** *or* **merry ~!** joyeux Noël !
Christmas card N carte *f* de Noël
Christmas carol N chant *m* de Noël
Christmas Day N le jour de Noël
Christmas Eve N la veille de Noël; la nuit de Noël
Christmas Island N île *f* Christmas
Christmas pudding N Christmas pudding *m*
Christmas tree N arbre *m* de Noël
chrome [krəum] N chrome *m*
chromium ['krəumɪəm] N chrome *m*; (*also:* **chromium plating**) chromage *m*
chromosome ['krəuməsəum] N chromosome *m*
chronic ['krɔnɪk] ADJ chronique; (*fig: liar, smoker*) invétéré(e)
chronicle ['krɔnɪkl] N chronique *f*
chronological [krɔnə'lɔdʒɪkl] ADJ chronologique
chronologically [krɔnə'lɔdʒɪklɪ] ADV chronologiquement, par ordre chronologique
chronology [krə'nɔlədʒɪ] N chronologie *f*
chronometer [krə'nɔmɪtəʳ] N chronomètre *m*
chrysanthemum [krɪ'sænθəməm] N chrysanthème *m*
chubby ['tʃʌbɪ] ADJ potelé(e), rondelet(te)
chuck [tʃʌk] VT (*inf*) lancer, jeter; (*job*) lâcher; (*person*) plaquer
▸ **chuck out** VT (*inf: person*) flanquer dehors *or* à la porte; (: *rubbish etc*) jeter
chuckle ['tʃʌkl] VI glousser
chuffed [tʃʌft] ADJ (BRIT *inf*): **to be ~ about sth** être content(e) de qch
chug [tʃʌg] VI faire teuf-teuf; souffler
chugger ['tʃʌgəʳ] N (*inf*) *personne travaillant pour une association caritative, qui aborde les gens dans la rue pour leur demander de faire un don régulier*
chum [tʃʌm] N (*inf*) copain (copine)
chump ['tʃʌmp] N (*inf*) imbécile *mf*, crétin(e)
chunk [tʃʌŋk] N gros morceau; (*of bread*) quignon *m*
chunky ['tʃʌŋkɪ] ADJ (*furniture etc*) massif(-ive); (*person*) trapu(e); (*knitwear*) en grosse laine
Chunnel ['tʃʌnəl] N = **Channel Tunnel**
★**church** [tʃə:tʃ] N église *f*; **the C~ of England** l'Église anglicane
churchgoer ['tʃə:tʃgəuəʳ] N pratiquant(e)
churchyard ['tʃə:tʃjɑ:d] N cimetière *m*
churlish ['tʃə:lɪʃ] ADJ grossier(-ère); hargneux(-euse)
churn [tʃə:n] N (*for butter*) baratte *f*; (*also:* **milk churn**) (grand) bidon à lait
▸ **churn out** VT débiter
chute [ʃu:t] N goulotte *f*; (*also:* **rubbish chute**) vide-ordures *m inv*; (BRIT: *children's slide*) toboggan *m*
chutney ['tʃʌtnɪ] N chutney *m*
CIA N ABBR (= *Central Intelligence Agency*) CIA *f*
CID N ABBR (= *Criminal Investigation Department*) ≈ P.J. *f*
cider ['saɪdəʳ] N cidre *m*
CIF ABBR (= *cost, insurance and freight*) CAF
cigar [sɪ'gɑ:ʳ] N cigare *m*
★**cigarette** [sɪgə'rɛt] N cigarette *f*
cigarette case N étui *m* à cigarettes
cigarette end N mégot *m*
cigarette holder N fume-cigarettes *m inv*
cigarette lighter N briquet *m*
C-in-C ABBR = **commander-in-chief**
cinch [sɪntʃ] N (*inf*): **it's a ~** c'est du gâteau, c'est l'enfance de l'art
Cinderella [sɪndə'rɛlə] N Cendrillon
cine-camera ['sɪnɪ'kæmərə] N (BRIT) caméra *f*
cine-film ['sɪnɪfɪlm] N (BRIT) film *m*
★**cinema** ['sɪnəmə] N cinéma *m*
cinematic [sɪnə'mætɪk] ADJ cinématographique
cine-projector ['sɪnɪprə'dʒɛktəʳ] N (BRIT) projecteur *m* de cinéma
cinnamon ['sɪnəmən] N cannelle *f*
cipher ['saɪfəʳ] N code secret; (*fig: faceless employee etc*) numéro *m*; **in ~** codé(e)
circa ['sə:kə] PREP circa, environ
★**circle** ['sə:kl] N cercle *m*; (*in cinema*) balcon *m* ▸ VI faire *or* décrire des cercles ▸ VT (*surround*) entourer, encercler; (*move round*) faire le tour de, tourner autour de
circuit ['sə:kɪt] N circuit *m*; (*lap*) tour *m*
circuit board N plaquette *f*
circuitous [sə:'kjuɪtəs] ADJ indirect(e), qui fait un détour
circular ['sə:kjuləʳ] ADJ circulaire ▸ N circulaire *f*; (*as advertisement*) prospectus *m*
circulate ['sə:kjuleɪt] VI circuler ▸ VT faire circuler
circulation [sə:kju'leɪʃən] N circulation *f*; (*of newspaper*) tirage *m*
circulatory [sə:kju'leɪtərɪ] ADJ circulatoire
circumcise ['sə:kəmsaɪz] VT (*male*) circoncire; (*female*) exciser
circumcision [sə:kəm'sɪʒən] N (*of male*) circoncision *f*; (*of female*) excision *f*
circumference [sə'kʌmfərəns] N circonférence *f*
circumflex ['sə:kəmflɛks] N (*also:* **circumflex accent**) accent *m* circonflexe
circumnavigate [sə:kəm'nævɪgeɪt] VT (*island*) contourner; **to ~ the world** faire le tour du monde en bateau
circumscribe ['sə:kəmskraɪb] VT circonscrire
circumspect ['sə:kəmspɛkt] ADJ circonspect(e)
circumstances ['sə:kəmstənsɪz] NPL circonstances *fpl*; (*financial condition*) moyens *mpl*, situation financière; **in** *or* **under the ~** dans ces conditions; **under no ~** en aucun cas, sous aucun prétexte

circumstantial [sə:kəmˈstænʃl] ADJ (*report, statement*) circonstancié(e); **~ evidence** preuve indirecte
circumvent [sə:kəmˈvɛnt] VT (*rule etc*) tourner
circus [ˈsə:kəs] N cirque *m*; (*also:* **Circus**: *in place names*) place *f*
cirrhosis [sɪˈrəusɪs] N (*also:* **cirrhosis of the liver**) cirrhose *f* (du foie)
CIS N ABBR (= *Commonwealth of Independent States*) CEI *f*
cissy [ˈsɪsɪ] N = **sissy**
cistern [ˈsɪstən] N réservoir *m* (d'eau); (*in toilet*) réservoir de la chasse d'eau
citadel [ˈsɪtədəl, ˈsɪtədɛl] N citadelle *f*
citation [saɪˈteɪʃən] N citation *f*; (*US*) P.-V. *m*
cite [saɪt] VT citer
★**citizen** [ˈsɪtɪzn] N (*Pol*) citoyen(ne); (*resident*): **the citizens of this town** les habitants de cette ville
Citizens' Advice Bureau [ˈsɪtɪznz-] N (BRIT) ≈ Centre communal d'action sociale
citizenship [ˈsɪtɪznʃɪp] N citoyenneté *f*; (BRIT *Scol*) ≈ éducation *f* civique
citric [ˈsɪtrɪk] ADJ: **~ acid** acide *m* citrique
citrus fruits [ˈsɪtrəs-] NPL agrumes *mpl*
★**city** [ˈsɪtɪ] N (grande) ville *f*; **the C~** la Cité de Londres (*centre des affaires*)
city centre N centre-ville *m*
City Hall N (*US*) ≈ hôtel *m* de ville
city technology college N (BRIT) établissement *m* d'enseignement technologique (*situé dans un quartier défavorisé*)
civic [ˈsɪvɪk] ADJ civique; (*authorities*) municipal(e)
civic centre N (BRIT) centre administratif (municipal)
civil [ˈsɪvɪl] ADJ civil(e); (*polite*) poli(e), civil(e)
civil engineer N ingénieur civil
civil engineering N génie civil, travaux publics
civilian [sɪˈvɪlɪən] ADJ, N civil(e)
civility [sɪˈvɪlɪtɪ] N courtoisie *f*
civilization [sɪvɪlaɪˈzeɪʃən] N civilisation *f*
civilized [ˈsɪvɪlaɪzd] ADJ civilisé(e); (*fig*) où règnent les bonnes manières, empreint(e) d'une courtoisie de bon ton
civil law N code civil; (*study*) droit civil
civil liberties NPL libertés *fpl* civiques
civil partnership N ≈ PACS *m*
civil rights NPL droits *mpl* civiques
civil servant N fonctionnaire *mf*
Civil Service N fonction publique, administration *f*
civil war N guerre civile
civvies [ˈsɪvɪz] NPL (*inf*): **in ~** en civil
CJD N ABBR (= *Creutzfeldt-Jakob disease*) MCJ *f*
cl ABBR (= *centilitre*) cl
clad [klæd] ADJ: **~ in** habillé(e) de, vêtu(e) de
cladding [ˈklædɪŋ] N (*of building*) revêtement *m*
★**claim** [kleɪm] VT (*rights etc*) revendiquer; (*compensation*) réclamer; (*assert*) déclarer, prétendre ▸VI (*for insurance*) faire une déclaration de sinistre ▸N revendication *f*; prétention *f*; (*right*) droit *m*; (*for expenses*) note *f* de frais; **(insurance) ~** demande *f* d'indemnisation, déclaration *f* de sinistre; **to put in a ~ for** (*pay rise etc*) demander
claimant [ˈkleɪmənt] N (*Admin, Law*) requérant(e)
claim form N (*gen*) formulaire *m* de demande
clairvoyant [klɛəˈvɔɪənt] N voyant(e), extralucide *mf*
clam [klæm] N palourde *f*
▸**clam up** VI (*inf*) la boucler
clamber [ˈklæmbəʳ] VI grimper, se hisser
clammy [ˈklæmɪ] ADJ humide et froid(e) (au toucher), moite
clamour, (*US*) **clamor** [ˈklæməʳ] N (*noise*) clameurs *fpl*; (*protest*) protestations bruyantes ▸VI: **to ~ for sth** réclamer qch à grands cris
clamp [klæmp] N crampon *m*; (*on workbench*) valet *m*; (*on car*) sabot *m* de Denver ▸VT attacher; (*car*) mettre un sabot à
▸**clamp down on** VT FUS sévir contre, prendre des mesures draconiennes à l'égard de
clampdown [ˈklæmpdaun] N: **there has been a ~ on ...** des mesures énergiques ont été prises contre ...
clan [klæn] N clan *m*
clandestine [klænˈdɛstɪn] ADJ clandestin(e)
clang [klæŋ] N bruit *m* or fracas *m* métallique ▸VI émettre un bruit *or* fracas métallique
clanger [ˈklæŋəʳ] N (BRIT *inf*): **to drop a ~** faire une boulette
clank [klæŋk] VI cliqueter ▸N cliquetis *m*
clansman [ˈklænzmən] N (*irreg*) membre *m* d'un clan (écossais)
clap [klæp] VI applaudir ▸VT: **to ~ one's hands** battre des mains ▸N claquement *m*; tape *f*; **a ~ of thunder** un coup de tonnerre
clapboard [ˈklæpbɔ:d] N (*wooden*) planche *f* à clin ▸CPD (*building, wall*) à clins
clapping [ˈklæpɪŋ] N applaudissements *mpl*
claptrap [ˈklæptræp] N (*inf*) baratin *m*
claret [ˈklærət] N (vin *m* de) bordeaux *m* (rouge)
clarification [klærɪfɪˈkeɪʃən] N (*fig*) clarification *f*, éclaircissement *m*
clarify [ˈklærɪfaɪ] VT clarifier
clarinet [klærɪˈnɛt] N clarinette *f*
clarity [ˈklærɪtɪ] N clarté *f*
clash [klæʃ] N (*sound*) choc *m*, fracas *m*; (*with police*) affrontement *m*; (*fig*) conflit *m* ▸VI se heurter; être *or* entrer en conflit; (*inf*) clasher; (*colours*) jurer; (*dates, events*) tomber en même temps
clasp [klɑ:sp] N (*of necklace, bag*) fermoir *m* ▸VT serrer, étreindre
★**class** [klɑ:s] N (*gen*) classe *f*; (*group, category*) catégorie *f* ▸VT classer, classifier
class-conscious [ˈklɑ:sˈkɔnʃəs] ADJ conscient(e) de son appartenance sociale
class consciousness N conscience *f* de classe
classic [ˈklæsɪk] ADJ classique ▸N (*author, work*) classique *m*; (*race etc*) classique *f*
classical [ˈklæsɪkl] ADJ classique
classics [ˈklæsɪks] NPL (*Scol*) lettres *fpl* classiques
classification [klæsɪfɪˈkeɪʃən] N classification *f*
classified [ˈklæsɪfaɪd] ADJ (*information*) secret(-ète); **~ ads** petites annonces
classify [ˈklæsɪfaɪ] VT classifier, classer
classless society [ˈklɑ:slɪs-] N société *f* sans classes

classmate ['klɑːsmeɪt] N camarade *mf* de classe
classroom ['klɑːsrum] N (salle *f* de) classe *f*
classroom assistant N assistant(e) d'éducation
classy ['klɑːsɪ] ADJ (*inf*) classe (*inf*)
clatter ['klætəʳ] N cliquetis *m* ▸ VI cliqueter
clause [klɔːz] N clause *f*; (*Ling*) proposition *f*
claustrophobia [klɔːstrə'fəubɪə] N claustrophobie *f*
claustrophobic [klɔːstrə'fəubɪk] ADJ (*person*) claustrophobe; (*place*) où l'on se sent claustrophobe
claw [klɔː] N griffe *f*; (*of bird of prey*) serre *f*; (*of lobster*) pince *f* ▸ VT griffer; déchirer
▸ **claw back** VT récupérer
clay [kleɪ] N argile *f*
★**clean** [kliːn] ADJ propre; (*clear, smooth*) net(te); (*record, reputation*) sans tache; (*joke, story*) correct(e); **~ driving licence** *or* (*US*) **record** *permis où n'est portée aucune indication de contravention* ▸ VT nettoyer; **to ~ one's teeth** se laver les dents ▸ ADV: **he ~ forgot** il a complètement oublié; **to come ~** (*inf: admit guilt*) se mettre à table
▸ **clean off** VT enlever
▸ **clean out** VT nettoyer (à fond)
▸ **clean up** VT nettoyer; (*fig*) remettre de l'ordre dans ▸ VI (*fig: make profit*): **to ~ up on** faire son beurre avec
clean-cut ['kliːn'kʌt] ADJ (*man*) soigné; (*situation etc*) bien délimité(e), net(te), clair(e)
cleaner ['kliːnəʳ] N (*person*) nettoyeur(-euse), femme *f* de ménage; (*also:* **dry cleaner**) teinturier(-ière); (*product*) détachant *m*
cleaner's ['kliːnəʳz] N (*also:* **dry cleaner's**) teinturier *m*
cleaning ['kliːnɪŋ] N nettoyage *m*
cleaning lady N femme *f* de ménage
cleanliness ['klɛnlɪnɪs] N propreté *f*
cleanly ['kliːnlɪ] ADV proprement; nettement
cleanse [klɛnz] VT nettoyer; purifier
cleanser ['klɛnzəʳ] N détergent *m*; (*for face*) démaquillant *m*
clean-shaven ['kliːn'ʃeɪvn] ADJ rasé(e) de près
cleansing department ['klɛnzɪŋ-] N (BRIT) service *m* de voirie
clean sweep N: **to make a ~** (*Sport*) rafler tous les prix
clean technology N technologie *f* propre
clean-up ['kliːnʌp] N nettoyage *m*
★**clear** [klɪəʳ] ADJ clair(e); (*glass, plastic*) transparent(e); (*road, way*) libre, dégagé(e); (*profit, majority*) net(te); (*conscience*) tranquille; (*skin*) frais (fraîche); (*sky*) dégagé(e); **to make o.s. ~** se faire bien comprendre; **to make it ~ to sb that ...** bien faire comprendre à qn que ...; **I have a ~ day tomorrow** (BRIT) je n'ai rien de prévu demain ▸ VT (*road*) dégager, déblayer; (*table*) débarrasser; (*room etc: of people*) faire évacuer; (*woodland*) défricher; (*cheque*) compenser; (*Comm: goods*) liquider; (*Law: suspect*) innocenter; (*obstacle*) franchir *or* sauter sans heurter; **to ~ the table** débarrasser la table, desservir; **to ~ one's throat** s'éclaircir la gorge; **to ~ a profit** faire un bénéfice net ▸ VI (*weather*) s'éclaircir; (*fog*) se dissiper ▸ ADV: **~ of** à distance de, à l'écart de; **to keep ~ of sb/sth** éviter qn/qch ▸ N: **to be in the ~** (*out of debt*) être dégagé(e) de toute dette; (*out of suspicion*) être lavé(e) de tout soupçon; (*out of danger*) être hors de danger
▸ **clear away** VT (*things, clothes etc*) enlever, retirer; **to ~ away the dishes** débarrasser la table
▸ **clear off** VI (*inf: leave*) dégager
▸ **clear up** VI s'éclaircir, se dissiper ▸ VT ranger, mettre en ordre; (*mystery*) éclaircir, résoudre
clearance ['klɪərəns] N (*removal*) déblayage *m*; (*free space*) dégagement *m*; (*permission*) autorisation *f*
clearance sale N (*Comm*) liquidation *f*
clear-cut ['klɪə'kʌt] ADJ précis(e), nettement défini(e)
clearing ['klɪərɪŋ] N (*in forest*) clairière *f*; (BRIT *Banking*) compensation *f*, clearing *m*
clearing bank N (BRIT) banque *f* qui appartient à une chambre de compensation
clearly ['klɪəlɪ] ADV clairement; (*obviously*) de toute évidence
clearway ['klɪəweɪ] N (BRIT) route *f* à stationnement interdit
cleavage ['kliːvɪdʒ] N (*of dress*) décolleté *m*
cleaver ['kliːvəʳ] N fendoir *m*, couperet *m*
clef [klɛf] N (*Mus*) clé *f*
cleft [klɛft] N (*in rock*) crevasse *f*, fissure *f*
clemency ['klɛmənsɪ] N clémence *f*
clement ['klɛmənt] ADJ (*weather*) clément(e)
clementine ['klɛməntaɪn] N clémentine *f*
clench [klɛntʃ] VT serrer
clergy ['kləːdʒɪ] N clergé *m*
clergyman ['kləːdʒɪmən] N (*irreg*) ecclésiastique *m*
cleric ['klɛrɪk] N ecclésiastique *m*
clerical ['klɛrɪkl] ADJ de bureau, d'employé de bureau; (*Rel*) clérical(e), du clergé
clerk [klɑːk, (*US*) kləːrk] N (BRIT) employé(e) de bureau; (*US: salesman/woman*) vendeur(-euse); **C~ of Court** (*Law*) greffier(-ière) (du tribunal)
★**clever** ['klɛvəʳ] ADJ (*intelligent*) intelligent(e); (*skilful*) habile, adroit(e); (*device, arrangement*) ingénieux(-euse), astucieux(-euse)
cleverly ['klɛvəlɪ] ADV (*skilfully*) habilement; (*craftily*) astucieusement
clew [kluː] N (*US*) = **clue**
cliché ['kliːʃeɪ] N cliché *m*
click [klɪk] N (*Comput*) clic *m* ▸ VI faire un bruit sec *or* un déclic; (*Comput*) cliquer; **to ~ on an icon** cliquer sur une icône ▸ VT: **to ~ one's tongue** faire claquer sa langue; **to ~ one's heels** claquer des talons
clickable ['klɪkəbl] ADJ (*Comput*) cliquable
★**client** ['klaɪənt] N client(e)
clientele [kliːɔŋ'tɛl] N clientèle *f*
cliff [klɪf] N falaise *f*
cliffhanger ['klɪfhæŋəʳ] N (*TV, fig*) histoire pleine de suspense
clifftop ['klɪftɔp] N sommet *m* d'une falaise
climactic [klaɪ'mæktɪk] ADJ à son point culminant, culminant(e)
★**climate** ['klaɪmɪt] N climat *m*
climate change N changement *m* climatique

climatic [klaɪˈmætɪk] ADJ climatique
climatologist [klaɪməˈtɒlədʒɪst] N climatologue *mf*
climax [ˈklaɪmæks] N apogée *m*, point culminant; (*sexual*) orgasme *m*
★**climb** [klaɪm] VI grimper, monter; (*plane*) prendre de l'altitude; **to ~ over a wall** passer par-dessus un mur ▸ VT (*stairs*) monter; (*mountain*) escalader; (*tree*) grimper à ▸ N montée *f*, escalade *f*
▸ **climb down** VI (re)descendre; (BRIT *fig*) rabattre de ses prétentions
climb-down [ˈklaɪmdaun] N (BRIT) reculade *f*
climber [ˈklaɪməʳ] N (*also:* **rock climber**) grimpeur(-euse), varappeur(-euse); (*plant*) plante grimpante
climbing [ˈklaɪmɪŋ] N (*also:* **rock climbing**) escalade *f*, varappe *f*
clinch [klɪntʃ] VT (*deal*) conclure, sceller
clincher [ˈklɪntʃəʳ] N: **that was the ~** c'est ce qui a fait pencher la balance
cling [klɪŋ] (*pt, pp* **clung** [klʌŋ]) VI: **to ~ (to)** se cramponner (à), s'accrocher (à); (*clothes*) coller (à)
clingfilm® [ˈklɪŋfɪlm] N film *m* alimentaire
clingy [ˈklɪŋɪ] ADJ (*child*) dépendant(e); (*adult*) collant(e); (*clothes*) moulant(e)
clinic [ˈklɪnɪk] N clinique *f*; centre médical; (*session: Med*) consultation(s) *f(pl)*, séance(s) *f(pl)*; (: *Sport*) séance(s) de perfectionnement
clinical [ˈklɪnɪkl] ADJ clinique; (*fig*) froid(e)
clinician [klɪˈnɪʃən] N clinicien(ne)
clink [klɪŋk] VI tinter, cliqueter
clip [klɪp] N (*for hair*) barrette *f*; (*also:* **paper clip**) trombone *m*; (BRIT: *also:* **bulldog clip**) pince *f* de bureau; (*holding hose etc*) collier *m or* bague *f* (métallique) de serrage; (TV, *Cine*) clip *m* ▸ VT (*papers: also:* **clip together**) attacher; (*hair, nails*) couper; (*hedge*) tailler
clipboard [ˈklɪpbɔːd] N (*board*) écritoire *m* à pince; (*Comput*) bloc-notes *m*
clippers [ˈklɪpəz] NPL tondeuse *f*; (*also:* **nail clippers**) coupe-ongles *m inv*
clipping [ˈklɪpɪŋ] N (*from newspaper*) coupure *f* de journal
clique [kliːk] N clique *f*, coterie *f*
cloak [kləuk] N grande cape ▸ VT (*fig*) masquer, cacher
cloakroom [ˈkləukrum] N (*for coats etc*) vestiaire *m*; (BRIT: *W.C.*) toilettes *fpl*
clobber [ˈklɔbəʳ] (*inf*) N (BRIT) barda *m* (*inf*) ▸ VT (*hit*) frapper; (*affect*): **to be clobbered by sth** être mis(e) à mal par qch
★**clock** [klɔk] N (*large*) horloge *f*; (*small*) pendule *f*; **round the ~** (*work etc*) vingt-quatre heures sur vingt-quatre; **to sleep round the ~** *or* **the ~ round** faire le tour du cadran; **30,000 on the ~** (BRIT *Aut*) 30 000 milles au compteur; **to work against the ~** faire la course contre la montre
▸ **clock in, clock on** (BRIT) VI (*with card*) pointer (en arrivant); (*start work*) commencer à travailler
▸ **clock off, clock out** (BRIT) VI (*with card*) pointer (en partant); (*leave work*) quitter le travail
▸ **clock up** VT (*miles, hours etc*) faire
clock tower N clocher *m*
clockwise [ˈklɔkwaɪz] ADV dans le sens des aiguilles d'une montre
clockwork [ˈklɔkwəːk] N rouages *mpl*, mécanisme *m*; (*of clock*) mouvement *m* (d'horlogerie) ▸ ADJ (*toy, train*) mécanique
clog [klɔg] N sabot *m* ▸ VT boucher, encrasser ▸ VI (*also:* **clog up**) se boucher, s'encrasser
cloister [ˈklɔɪstəʳ] N cloître *m*
clone [kləun] N clone *m* ▸ VT cloner
★**close**[1] [kləus] ADJ (*writing, texture*) serré(e); (*contact, link, watch*) étroit(e); (*examination*) attentif(-ive), minutieux(-euse); (*contest*) très serré(e); (*weather*) lourd(e), étouffant(e); (*room*) mal aéré(e); (*near*): **~ (to)** près (de), proche (de); **how ~ is Edinburgh to Glasgow?** combien de kilomètres y a-t-il entre Édimbourg et Glasgow ?; **a ~ friend** un ami intime; **to have a ~ shave** (*fig*) l'échapper belle; **at ~ quarters** tout près, à côté ▸ ADV près, à proximité; **~ to** *prep* près de; **~ by, ~ at hand** *adj, adv* tout(e) près
close[2] [kləuz] VT fermer; (*bargain, deal*) conclure ▸ VI (*shop etc*) fermer; (*lid, door etc*) se fermer; (*end*) se terminer, se conclure; **what time do you ~?** à quelle heure fermez-vous ? ▸ N (*end*) conclusion *f*; **to bring sth to a ~** mettre fin à qch
▸ **close down** VT, VI fermer (*définitivement*)
▸ **close in** VI (*hunters*) approcher; (*night, fog*) tomber; **to ~ in on sb** cerner qn
▸ **close off** VT (*area*) boucler
★**closed** [kləuzd] ADJ (*shop etc*) fermé(e); (*road*) fermé à la circulation
closed-circuit [ˈkləuzdˈsəːkɪt] ADJ: **~ television** (système *m* de) vidéosurveillance *f*
closed shop N organisation *f* qui n'admet que des travailleurs syndiqués
close-knit [ˈkləusˈnɪt] ADJ (*family, community*) très uni(e)
closely [ˈkləuslɪ] ADV (*examine, watch*) de près; **we are ~ related** nous sommes proches parents; **a ~ guarded secret** un secret bien gardé
close season [kləuz-] N (BRIT: *Hunting*) fermeture *f* de la chasse/pêche; (: *Football*) trêve *f*
closet [ˈklɔzɪt] N (*cupboard*) placard *m*, réduit *m*
close-up [ˈkləusʌp] N gros plan
closing [ˈkləuzɪŋ] ADJ (*stages, remarks*) final(e); **~ price** (*Stock Exchange*) cours *m* de clôture
closing time N heure *f* de fermeture
closure [ˈkləuʒəʳ] N fermeture *f*
clot [klɔt] N (*of blood, milk*) caillot *m*; (*inf: person*) ballot *m* ▸ VI (*blood*) former des caillots; (: *external bleeding*) se coaguler
cloth [klɔθ] N (*material*) tissu *m*, étoffe *f*; (BRIT: *also:* **tea cloth**) torchon *m*; lavette *f*; (*also:* **tablecloth**) nappe *f*
clothe [kləuð] VT habiller, vêtir
clothed [kləuðd] ADJ habillé(e); **~ in sth** (*dressed*) vêtu(e) de qch
★**clothes** [kləuðz] NPL vêtements *mpl*, habits *mpl*; **to put one's ~ on** s'habiller; **to take one's ~ off** enlever ses vêtements
clothes brush N brosse *f* à habits
clothes line N corde *f* (à linge)
clothes peg, (US) **clothes pin** N pince *f* à linge
clothing [ˈkləuðɪŋ] N = **clothes**
clotted cream [ˈklɔtɪd-] N (BRIT) crème caillée

★**cloud** [klaud] N (*also Comput*) nuage *m*; **every ~ has a silver lining** (*proverb*) à quelque chose malheur est bon (*proverbe*) ▸ VT (*liquid*) troubler; **to ~ the issue** brouiller les cartes
▸ **cloud over** VI se couvrir; (*fig*) s'assombrir

cloudburst ['klaudbəːst] N violente averse

cloud computing N (*Comput*) cloud computing *m*, informatique *f* en nuage

cloud-cuckoo-land ['klaud'kukuː'lænd] N (BRIT) monde *m* imaginaire

cloudless ['klaudlɪs] ADJ sans nuages

cloudy ['klaudɪ] ADJ nuageux(-euse), couvert(e); (*liquid*) trouble

clout [klaut] N (*blow*) taloche *f*; (*fig*) pouvoir *m* ▸ VT flanquer une taloche à

clove [kləuv] N clou *m* de girofle; **a ~ of garlic** une gousse d'ail

clover ['kləuvəʳ] N trèfle *m*

cloverleaf ['kləuvəliːf] N feuille *f* de trèfle; (*Aut*) croisement *m* en trèfle

clown [klaun] N clown *m* ▸ VI (*also:* **clown about, clown around**) faire le clown

cloying ['klɔɪɪŋ] ADJ (*taste, smell*) écœurant(e)

★**club** [klʌb] N (*society*) club *m*; (*weapon*) massue *f*, matraque *f*; (*also:* **golf club**) club ▸ VT matraquer ▸ VI: **to ~ together** s'associer ■ **clubs** NPL (*Cards*) trèfle *m*

clubbing ['klʌbɪŋ] N sorties *fpl* en boîte (*inf*); **to go ~** sortir en boîte

club car N (*US Rail*) wagon-restaurant *m*

club class N (*Aviat*) classe *f* club

clubhouse ['klʌbhaus] N pavillon *m*

club soda N (*US*) eau *f* de seltz

cluck [klʌk] VI glousser

clue [kluː] N indice *m*; (*in crosswords*) définition *f*; **I haven't a ~** je n'en ai pas la moindre idée

clued up, (*US*) **clued in** [kluːd-] ADJ (*inf*) (vachement) calé(e)

clueless ['kluːlɪs] ADJ (*inf*): **to be ~ about sth** ne rien connaître à qch; **I'm ~ about computers** je ne connais rien aux ordinateurs

clump [klʌmp] N: **~ of trees** bouquet *m* d'arbres

clumsy ['klʌmzɪ] ADJ (*person*) gauche, maladroit(e); (*object*) malcommode, peu maniable

clung [klʌŋ] PT, PP *of* **cling**

cluster ['klʌstəʳ] N (petit) groupe; (*of flowers*) grappe *f* ▸ VI se rassembler

clutch [klʌtʃ] N (*Aut*) embrayage *m*; (*grasp*): **clutches** étreinte *f*, prise *f* ▸ VT (*grasp*) agripper; (*hold tightly*) serrer fort; (*hold on to*) se cramponner à

clutter ['klʌtəʳ] VT (*also:* **clutter up**) encombrer ▸ N désordre *m*, fouillis *m*

cm ABBR (= *centimetre*) cm

CNAA N ABBR (BRIT: = *Council for National Academic Awards*) *organisme non universitaire délivrant des diplômes*

CND N ABBR = **Campaign for Nuclear Disarmament**

CO N ABBR (= *commanding officer*) Cdt; (BRIT) = **Commonwealth Office** ▸ ABBR (US) = **Colorado**

Co. ABBR = **company, county**

c/o ABBR (= *care of*) c/o, aux bons soins de

★**coach** [kəutʃ] N (*bus*) autocar *m*; (*horse-drawn*) diligence *f*; (*of train*) voiture *f*, wagon *m*; (*Sport: trainer*) entraîneur(-euse); (*school: tutor*) répétiteur(-trice) ▸ VT (*Sport*) entraîner; (*student*) donner des leçons particulières à

coachload ['kəutʃləud] N (BRIT: *party*) bus *m*; **coachloads of** (*hordes of*) des hordes *fpl* de

coach station N (BRIT) gare routière

coach trip N excursion *f* en car

coagulate [kəu'ægjuleɪt] VT coaguler ▸ VI se coaguler

★**coal** [kəul] N charbon *m*

coal face N front *m* de taille

coalfield ['kəulfiːld] N bassin houiller

coalition [kəuə'lɪʃən] N coalition *f*

coalman ['kəulmən] N (*irreg*) charbonnier *m*, marchand *m* de charbon

coal mine N mine *f* de charbon

coarse [kɔːs] ADJ grossier(-ère), rude; (*vulgar*) vulgaire

★**coast** [kəust] N côte *f* ▸ VI (*car, cycle*) descendre en roue libre

coastal ['kəustl] ADJ côtier(-ère)

coaster ['kəustəʳ] N (*Naut*) caboteur *m*; (*for glass*) dessous *m* de verre

coastguard ['kəustgɑːd] N garde-côte *m*

coastline ['kəustlaɪn] N côte *f*, littoral *m*

★**coat** [kəut] N (*garment*) manteau *m*; (*of animal*) pelage *m*, poil *m*; (*of paint*) couche *f*; **~ of arms** *n* blason *m*, armoiries *fpl* ▸ VT (*with dirt, plastic*) couvrir; (*with varnish, sealant*) enduire; (*with metal*) revêtir

coated ['kəutɪd] ADJ recouvert(e); **to be ~ with sth** être recouvert(e) de qch

coat hanger N cintre *m*

coating ['kəutɪŋ] N couche *f*, enduit *m*

co-author ['kəu'ɔːθəʳ] N co-auteur *m*

coax [kəuks] VT persuader par des cajoleries

cob [kɔb] N *see* **corn**

cobbled ['kɔbld] ADJ pavé(e)

cobbler ['kɔbləʳ] N cordonnier *m*

cobbles, cobblestones ['kɔblz, 'kɔblstəunz] NPL pavés (ronds)

cobble together VT bricoler

COBOL ['kəubɔl] N COBOL *m*

cobra ['kəubrə] N cobra *m*

cobweb ['kɔbwɛb] N toile *f* d'araignée

cocaine [kə'keɪn] N cocaïne *f*

cock [kɔk] N (*rooster*) coq *m*; (*male bird*) mâle *m* ▸ VT (*gun*) armer; **to ~ one's ears** (*fig*) dresser l'oreille

cock-a-hoop [kɔkə'huːp] ADJ jubilant(e)

cockatoo [kɔkə'tuː] N cacatoès *m*

cockerel ['kɔkərl] N jeune coq *m*

cock-eyed ['kɔkaɪd] ADJ (*fig*) de travers; qui louche; qui ne tient pas debout (*fig*)

cockle ['kɔkl] N coque *f*

cockney ['kɔknɪ] N cockney *mf* (*habitant des quartiers populaires de l'East End de Londres*), ≈ faubourien(ne)

cockpit ['kɔkpɪt] N (*in aircraft*) poste *m* de pilotage, cockpit *m*

cockroach [ˈkɔkrəutʃ] N cafard *m*, cancrelat *m*
cocktail [ˈkɔkteɪl] N cocktail *m*; **prawn ~**, (*US*) **shrimp ~** cocktail de crevettes
cocktail cabinet N (meuble-)bar *m*
cocktail party N cocktail *m*
cocktail shaker [-ˈʃeɪkəʳ] N shaker *m*
cocky [ˈkɔkɪ] ADJ trop sûr(e) de soi
cocoa [ˈkəukəu] N cacao *m*
coconut [ˈkəukənʌt] N noix *f* de coco
cocoon [kəˈku:n] N cocon *m*
COD ABBR = **cash on delivery**; (*US*) = **collect on delivery**
cod [kɔd] N morue fraîche, cabillaud *m*
★**code** [kəud] N code *m*; (*Tel: area code*) indicatif *m*; **~ of behaviour** règles *fpl* de conduite; **~ of practice** règlements *mpl* et usages *mpl* ▸VT, VI (*Comput*) coder
coded [ˈkəudɪd] ADJ (*lit: information, signal*) codé(e); (*fig: language*) voilé(e)
codeine [ˈkəudi:n] N codéine *f*
coder [ˈkəudəʳ] N (*computer programmer*) codeur(-euse)
code word N mot *m* de passe
codger [ˈkɔdʒəʳ] N: **an old ~** (BRIT *pej*) un drôle de vieux bonhomme
codicil [ˈkɔdɪsɪl] N codicille *m*
codify [ˈkəudɪfaɪ] VT codifier
cod-liver oil [ˈkɔdlɪvər-] N huile *f* de foie de morue
co-driver [ˈkəuˈdraɪvəʳ] N (*in race*) copilote *mf*; (*of lorry*) deuxième chauffeur *m*
co-ed [ˈkəuˈɛd] ADJ ABBR = **coeducational** ▸N ABBR (*US: female student*) *étudiante d'une université mixte*; (BRIT: *school*) école *f* mixte
coeducational [ˈkəuɛdjuˈkeɪʃənl] ADJ mixte
coeliac, (*US*) **celiac** [ˈsi:lɪæk] ADJ cœliaque
coerce [kəuˈə:s] VT contraindre
coercion [kəuˈə:ʃən] N contrainte *f*
coercive [kəuˈə:sɪv] ADJ coercitif(-ive)
coexist [kəuɪgˈzɪst] VI coexister
coexistence [ˈkəuɪgˈzɪstəns] N coexistence *f*
C of C N ABBR = **chamber of commerce**
C of E N ABBR = **Church of England**
★**coffee** [ˈkɔfɪ] N café *m*; **white ~**, (*US*) **~ with cream** (café-)crème *m*
coffee bar N (BRIT) café *m*
coffee bean N grain *m* de café
coffee break N pause-café *f*
coffee cake N (*US*) ≈ petit pain aux raisins
coffee cup N tasse *f* à café
coffee maker N cafetière *f*
coffeepot [ˈkɔfɪpɔt] N cafetière *f*
coffee shop N café *m*
coffee table N (petite) table basse
coffin [ˈkɔfɪn] N cercueil *m*
C of I N ABBR = **Church of Ireland**
C of S N ABBR = **Church of Scotland**
cog [kɔg] N (*wheel*) roue dentée; (*tooth*) dent *f* (d'engrenage)
cogent [ˈkəudʒənt] ADJ puissant(e), convaincant(e)
cognac [ˈkɔnjæk] N cognac *m*
cognitive [ˈkɔgnɪtɪv] ADJ cognitif(-ive)
cognizance [ˈkɔgnɪzəns] N (*formal*) connaissance *f*; **to take ~ of sth** prendre connaissance de qch
cognizant [ˈkɔgnɪzənt] ADJ (*formal*) conscient(e)
cogwheel [ˈkɔgwi:l] N roue dentée
cohabit [kəuˈhæbɪt] VI (*formal*): **to ~ (with sb)** cohabiter (avec qn)
cohabitation [kəuhæbɪˈteɪʃən] N concubinage *m*, vie *f* maritale
coherence [kəuˈhɪərəns] N cohérence *f*
coherent [kəuˈhɪərənt] ADJ cohérent(e)
cohesion [kəuˈhi:ʒən] N cohésion *f*
cohesive [kəuˈhi:sɪv] ADJ (*fig*) cohésif(-ive)
cohort [ˈkəuhɔ:t] N (*group*) groupe *m*; (*supporter*) acolyte *m*
COI N ABBR (BRIT: = *Central Office of Information*) *service d'information gouvernemental*
coil [kɔɪl] N rouleau *m*, bobine *f*; (*one loop*) anneau *m*, spire *f*; (*of smoke*) volute *f*; (*contraceptive*) stérilet *m* ▸VT enrouler
coin [kɔɪn] N pièce *f* (de monnaie) ▸VT (*word*) inventer
coinage [ˈkɔɪnɪdʒ] N monnaie *f*, système *m* monétaire
coinbox [ˈkɔɪnbɔks] N (BRIT) cabine *f* téléphonique
coincide [kəuɪnˈsaɪd] VI coïncider
coincidence [kəuˈɪnsɪdəns] N coïncidence *f*
coincidental [kəuɪnsɪˈdɛntəl] ADJ (*resemblance, event*) fortuit(e); **it is ~ that ...** c'est une coïncidence si *or* que…
coincidentally [kəuɪnsɪˈdɛntəlɪ] ADV par coïncidence
coin-operated [ˈkɔɪnˈɔpəreɪtɪd] ADJ (*machine, launderette*) automatique
coir [ˈkɔɪəʳ] N coco *m*
★**Coke®** [kəuk] N coca *m*
coke [kəuk] N (*coal*) coke *m*
Col. ABBR (= *colonel*) Col; (*US*) = **Colorado**
COLA N ABBR (*US*: = *cost-of-living adjustment*) *réajustement (des salaires, indemnités etc) en fonction du coût de la vie*
colander [ˈkɔləndəʳ] N passoire *f* (à légumes)
★**cold** [kəuld] ADJ froid(e); **it's ~** il fait froid; **to be ~** (*person*) avoir froid; **in ~ blood** de sang-froid; **to have ~ feet** avoir froid aux pieds; (*fig*) avoir la frousse *or* la trouille; **to give sb the ~ shoulder** battre froid à qn ▸N froid *m*; (*Med*) rhume *m*; **to catch a ~**, **to catch ~** s'enrhumer, attraper un rhume
cold-blooded [ˈkəuldˈblʌdɪd] ADJ (*Zool*) à sang froid
cold call N appel *m* de démarchage ▸VT démarcher par téléphone
cold cream N crème *f* de soins
coldly [ˈkəuldlɪ] ADV froidement
coldness [ˈkəuldnɪs] N froideur *f*
cold sore N bouton *m* de fièvre
cold sweat N: **to be in a ~ (about sth)** avoir des sueurs froides (au sujet de qch)
cold turkey N (*inf*) manque *m*; **to go ~** être en manque
Cold War N: **the ~** la guerre froide
coleslaw [ˈkəulslɔ:] N *sorte de salade de chou cru*

colic ['kɔlɪk] N colique(s) *f(pl)*
colicky ['kɔlɪkɪ] ADJ qui souffre de coliques
collaborate [kə'læbəreɪt] VI collaborer
collaboration [kəlæbə'reɪʃən] N collaboration *f*
collaborative [kə'læbərətɪv] ADJ *(project)* en collaboration
collaborator [kə'læbəreɪtə^r] N collaborateur(-trice)
collage [kɔ'lɑːʒ] N *(Art)* collage *m*
collagen ['kɔlədʒən] N collagène *m*
★**collapse** [kə'læps] VI s'effondrer, s'écrouler; *(Med)* avoir un malaise ▸ N effondrement *m*, écroulement *m*; *(of government)* chute *f*
collapsible [kə'læpsəbl] ADJ pliant(e), télescopique
collar ['kɔlə^r] N *(of coat, shirt)* col *m*; *(for dog)* collier *m*; *(Tech)* collier, bague *f* ▸ VT *(inf: person)* pincer
collarbone ['kɔləbəun] N clavicule *f*
collate [kɔ'leɪt] VT collationner
collateral [kə'lætərl] N nantissement *m*
collation [kə'leɪʃən] N collation *f*
★**colleague** ['kɔliːg] N collègue *mf*
★**collect** [kə'lɛkt] VT rassembler; *(pick up)* ramasser; *(as a hobby)* collectionner; (BRIT: *call for*) (passer) prendre; *(mail)* faire la levée de, ramasser; *(money owed)* encaisser; *(donations, subscriptions)* recueillir; **to ~ one's thoughts** réfléchir, réunir ses idées ▸ VI *(people)* se rassembler; *(dust, dirt)* s'amasser; **~ on delivery (COD)** *(US Comm)* payable *or* paiement à la livraison ▸ ADV: **to call ~** *(US Tel)* téléphoner en PCV
collected [kə'lɛktɪd] ADJ: **~ works** œuvres complètes
★**collection** [kə'lɛkʃən] N collection *f*; *(of mail)* levée *f*; *(for money)* collecte *f*, quête *f*
collective [kə'lɛktɪv] ADJ collectif(-ive) ▸ N collectif *m*
collective bargaining N convention collective
collector [kə'lɛktə^r] N collectionneur(-euse); *(of taxes)* percepteur(-trice); *(of rent, cash)* encaisseur(-euse); **~'s item** *or* **piece** pièce *f* de collection
★**college** ['kɔlɪdʒ] N collège *m*; *(of technology, agriculture etc)* institut *m*; **to go to ~** faire des études supérieures; **~ of education** ≈ école normale
collide [kə'laɪd] VI: **to ~ (with)** entrer en collision (avec)
collie ['kɔlɪ] N *(dog)* colley *m*
colliery ['kɔlɪərɪ] N (BRIT) mine *f* de charbon, houillère *f*
collision [kə'lɪʒən] N collision *f*, heurt *m*; **to be on a ~ course** aller droit à la collision; *(fig)* aller vers l'affrontement
collision damage waiver N *(Insurance)* rachat *m* de franchise
colloquial [kə'ləukwɪəl] ADJ familier(-ère)
collude [kə'luːd] VI *(pej)* s'associer; **to ~ to do sth** s'associer pour faire qch; **to ~ in sth** être de mèche dans qch
collusion [kə'luːʒən] N collusion *f*; **in ~ with** en complicité avec
cologne [kə'ləun] N *(also:* **eau de Cologne***)* eau *f* de cologne
Colombia [kə'lɔmbɪə] N Colombie *f*
Colombian [kə'lɔmbɪən] ADJ colombien(ne) ▸ N Colombien(ne)
colon ['kəulən] N *(sign)* deux-points *m*; *(Med)* côlon *m*
colonel ['kəːnl] N colonel *m*
colonial [kə'ləunɪəl] ADJ colonial(e)
colonialism [kə'ləunɪəlɪzəm] N colonialisme *m*
colonize ['kɔlənaɪz] VT coloniser
colonnade [kɔlə'neɪd] N colonnade *f*
colony ['kɔlənɪ] N colonie *f*
color *etc* ['kʌlə^r] N (US) = **colour** *etc*
Colorado beetle [kɔlə'rɑːdəu-] N doryphore *m*
colossal [kə'lɔsl] ADJ colossal(e)
colostomy [kə'lɔstəmɪ] N colostomie *f*
colour, (US) **color** ['kʌlə^r] N couleur *f*; **I'd like a different ~** je le voudrais dans un autre coloris ▸ VT colorer; *(dye)* teindre; *(paint)* peindre; *(with crayons)* colorier; *(news)* fausser, exagérer ▸ VI *(blush)* rougir ▸ CPD *(film, photograph, television)* en couleur
■ **colours** NPL *(of party, club)* couleurs *fpl*
▸ **colour in** VT colorier
colour bar, (US) **color bar** N discrimination raciale *(dans un établissement etc)*
colour-blind, (US) **color-blind** ['kʌləblaɪnd] ADJ daltonien(ne)
coloured, (US) **colored** ['kʌləd] ADJ *(glass, water)* coloré(e); *(!: person, race)* de couleur; **brightly ~** aux couleurs vives
colour film, (US) **color film** N *(for camera)* pellicule *f* (en) couleur
colourful, (US) **colorful** ['kʌləful] ADJ coloré(e), vif (vive); *(personality)* pittoresque, haut(e) en couleurs
colourfully, (US) **colorfully** ['kʌləfulɪ] ADV *(dressed, painted)* en couleurs vives; *(described)* de façon pittoresque
colouring, (US) **coloring** ['kʌlərɪŋ] N colorant *m*; *(complexion)* teint *m*
colouring book, (US) **coloring book** N album *m* à colorier
colour scheme, (US) **color scheme** N combinaison *f* de(s) couleur(s)
colour supplement N (BRIT *Press*) supplément *m* magazine
colour television, (US) **color television** N télévision *f* (en) couleur
colt [kəult] N poulain *m*
column ['kɔləm] N colonne *f*; *(fashion column, sports column etc)* rubrique *f*; **the editorial ~** l'éditorial *m*
columnist ['kɔləmnɪst] N rédacteur(-trice) d'une rubrique
coma ['kəumə] N coma *m*
comatose ['kəumətəus, 'kəumətəuz] ADJ *(in a coma)* comateux(-euse); *(inf: asleep)* comateux
★**comb** [kəum] N peigne *m* ▸ VT *(hair)* peigner; *(area)* ratisser, passer au peigne fin
combat ['kɔmbæt] N combat *m* ▸ VT combattre, lutter contre
combat fatigues NPL treillis *m*
combative ['kɔmbətɪv] ADJ combatif(-ive)
★**combination** [kɔmbɪ'neɪʃən] N *(gen)* combinaison *f*
combination lock N serrure *f* à combinaison
★**combine** VT [kəm'baɪn] combiner; **to ~ sth with sth** *(one quality with another)* joindre *or* allier qch à qch; **a combined effort** un effort conjugué

C

▸ VI s'associer; (*Chem*) se combiner ▸ N ['kɔmbaɪn] association *f*; (*Econ*) trust *m*; (*also:* **combine harvester**) moissonneuse-batteuse(-lieuse) *f*

combine harvester N moissonneuse-batteuse(-lieuse) *f*

combo ['kɔmbəu] N (*Jazz etc*) groupe *m* de musiciens

combustible [kəm'bʌstɪbl] ADJ combustible

combustion [kəm'bʌstʃən] N combustion *f*

come [kʌm]

(*pt* **came** [keɪm], *pp* **come** [kʌm]) VI **1** (*movement towards*) venir; **to come running** arriver en courant; **he's come here to work** il est venu ici pour travailler; **come with me** suivez-moi; **to come into sight** *or* **view** apparaître

2 (*arrive*) arriver; **to come home** rentrer (chez soi *or* à la maison); **we've just come from Paris** nous arrivons de Paris; **coming!** j'arrive !

3 (*reach*): **to come to** (*decision etc*) parvenir à, arriver à; **the bill came to £40** la note s'est élevée à 40 livres; **if it comes to it** s'il le faut, dans le pire des cas

4 (*occur*): **an idea came to me** il m'est venu une idée; **what might come of it** ce qui pourrait en résulter, ce qui pourrait advenir *or* se produire

5 (*be, become*): **to come loose/undone** se défaire/desserrer; **I've come to like him** j'ai fini par bien l'aimer

6 (*inf: sexually*) jouir

▸ **come about** VI se produire, arriver

▸ **come across** VT FUS rencontrer par hasard, tomber sur ▸ VI: **to come across well/badly** faire une bonne/mauvaise impression

▸ **come along** VI (BRIT: *pupil, work*) faire des progrès, avancer; **come along!** viens !; allons !, allez !

▸ **come apart** VI s'en aller en morceaux; se détacher

▸ **come away** VI partir, s'en aller; (*become detached*) se détacher

▸ **come back** VI revenir; (*reply*): **can I come back to you on that one?** est-ce qu'on peut revenir là-dessus plus tard ?

▸ **come by** VT FUS (*acquire*) obtenir, se procurer

▸ **come down** VI descendre; (*prices*) baisser; (*buildings*) s'écrouler; (: *be demolished*) être démoli(e)

▸ **come forward** VI s'avancer; (*make o.s. known*) se présenter, s'annoncer

▸ **come from** VT FUS (*source*) venir de; (*place*) venir de, être originaire de

▸ **come in** VI entrer; (*train*) arriver; (*fashion*) entrer en vogue; (*on deal etc*) participer

▸ **come in for** VT FUS (*criticism etc*) être l'objet de

▸ **come into** VT FUS (*money*) hériter de

▸ **come off** VI (*button*) se détacher; (*attempt*) réussir

▸ **come on** VI (*lights, electricity*) s'allumer; (*central heating*) se mettre en marche; (*pupil, work, project*) faire des progrès, avancer; **come on!** viens !; allons !, allez !

▸ **come out** VI sortir; (*sun*) se montrer; (*book*) paraître; (*stain*) s'enlever; (*strike*) cesser le travail, se mettre en grève

▸ **come over** VT FUS: **I don't know what's come over him!** je ne sais pas ce qui lui a pris !

▸ **come round** VI (*after faint, operation*) revenir à soi, reprendre connaissance

▸ **come through** VI (*survive*) s'en sortir; (*telephone call*): **the call came through** l'appel est bien parvenu

▸ **come to** VI revenir à soi ▸ VT (*add up to: amount*): **how much does it come to?** ça fait combien ?

▸ **come under** VT FUS (*heading*) se trouver sous; (*influence*) subir

▸ **come up** VI monter; (*sun*) se lever; (*problem*) se poser; (*event*) survenir; (*in conversation*) être soulevé

▸ **come up against** VT FUS (*resistance, difficulties*) rencontrer

▸ **come upon** VT FUS tomber sur

▸ **come up to** VT FUS arriver à; **the film didn't come up to our expectations** le film nous a déçus

▸ **come up with** VT FUS (*money*) fournir; **he came up with an idea** il a eu une idée, il a proposé quelque chose

comeback ['kʌmbæk] N (*Theat*) rentrée *f*; (*reaction*) réaction *f*; (*response*) réponse *f*

Comecon ['kɔmɪkɔn] N ABBR (= *Council for Mutual Economic Aid*) COMECON *m*

comedian [kə'mi:dɪən] N (*comic*) comique *m*; (*Theat*) comédien(ne)

comedic [kə'mi:dɪk] ADJ (*formal*) comique

comedienne [kəmi:dɪ'ɛn] N comique *f*

comedown ['kʌmdaun] N déchéance *f*

★**comedy** ['kɔmɪdɪ] N comédie *f*; (*humour*) comique *m*

comet ['kɔmɪt] N comète *f*

comeuppance [kʌm'ʌpəns] N: **to get one's ~** recevoir ce qu'on mérite

comfort ['kʌmfət] N confort *m*, bien-être *m*; (*solace*) consolation *f*, réconfort *m* ▸ VT consoler, réconforter

★**comfortable** ['kʌmfətəbl] ADJ confortable; (*person*) à l'aise; (*financially*) aisé(e); (*patient*) dont l'état est stationnaire; **I don't feel very ~ about it** cela m'inquiète un peu

comfortably ['kʌmfətəblɪ] ADV (*sit*) confortablement; (*live*) à l'aise

comforter ['kʌmfətə^r] N (*US*) édredon *m*

comforting ['kʌmfətɪŋ] ADJ (*thought, words*) réconfortant(e)

comforts ['kʌmfəts] NPL aises *fpl*

comfort station N (*US*) toilettes *fpl*

comfy ['kʌmfɪ] ADJ (*inf: clothes, chair*) confortable; **to be ~** (*person*) être à l'aise

comic ['kɔmɪk] ADJ (*also:* **comical**) comique ▸ N (*person*) comique *m*; (BRIT: *magazine: for children*) magazine *m* de bandes dessinées *or* de BD; (: *for adults*) illustré *m*

comical ['kɔmɪkl] ADJ amusant(e)

comic book N (*US: for children*) magazine *m* de bandes dessinées *or* de BD; (: *for adults*) illustré *m*

comic strip N bande dessinée

coming ['kʌmɪŋ] N arrivée *f* ▸ ADJ (*next*) prochain(e); (*future*) à venir; **in the ~ weeks** dans les prochaines semaines

Comintern ['kɔmɪntə:n] N Comintern *m*

comma ['kɔmə] N virgule *f*

★**command** [kə'mɑ:nd] N ordre *m*, commandement *m*; (*Mil: authority*) commandement; (*mastery*) maîtrise *f*; (*Comput*) commande *f*; **to have/take ~ of** avoir/prendre le commandement de; **to have at one's ~** (*money, resources etc*) disposer de ▸ VT (*troops*) commander; (*be able to get*) (pouvoir) disposer de, avoir à sa disposition; (*deserve*) avoir droit à; **to ~ sb to do** donner l'ordre *or* commander à qn de faire

command economy N économie planifiée

commandeer [kɔmən'dɪəʳ] VT réquisitionner (par la force)

commander [kə'mɑ:ndəʳ] N chef *m*; (*Mil*) commandant *m*

commander-in-chief [kə'mɑ:ndərɪn'tʃi:f] N (*Mil*) commandant *m* en chef

commanding [kə'mɑ:ndɪŋ] ADJ (*appearance*) imposant(e); (*voice, tone*) autoritaire; (*lead, position*) dominant(e)

commanding officer N commandant *m*

commandment [kə'mɑ:ndmənt] N (*Rel*) commandement *m*

command module N (*Space*) module *m* de commande

commando [kə'mɑ:ndəu] N commando *m*; membre *m* d'un commando

commemorate [kə'mɛməreɪt] VT commémorer

commemoration [kəmɛmə'reɪʃən] N commémoration *f*

commemorative [kə'mɛmərətɪv] ADJ commémoratif(-ive)

commence [kə'mɛns] VT, VI commencer

commencement [kə'mɛnsmənt] N (*start*) commencement *m*; (*US: graduation*) remise *f* des diplômes

commend [kə'mɛnd] VT louer; (*recommend*) recommander

commendable [kə'mɛndəbl] ADJ louable

commendation [kɔmɛn'deɪʃən] N éloge *m*; recommandation *f*

commensurate [kə'mɛnʃərɪt] ADJ: **~ with/to** en rapport avec/selon

★**comment** ['kɔmɛnt] N commentaire *m*; **"no ~"** « je n'ai rien à déclarer » ▸ VI faire des remarques *or* commentaires; **to ~ on** faire des remarques sur ▸ VT: **to ~ that** faire remarquer que

commentary ['kɔməntərɪ] N commentaire *m*; (*Sport*) reportage *m* (en direct)

commentate ['kɔmənteɪt] VI faire le commentaire; **to ~ on sth** (*match, one-off event*) faire le commentaire de qch; (*series of events*) couvrir qch, faire un reportage sur qch

commentator ['kɔmənteɪtəʳ] N commentateur(-trice); (*Sport*) reporter *m*

commerce ['kɔmə:s] N commerce *m*

★**commercial** [kə'mə:ʃəl] ADJ commercial(e) ▸ N (*Radio, TV*) annonce *f* publicitaire, spot *m* (publicitaire)

commercial bank N banque *f* d'affaires

commercial break N (*Radio, TV*) spot *m* (publicitaire)

commercial college N école *f* de commerce

commercialism [kə'mə:ʃəlɪzəm] N mercantilisme *m*

commercialization [kə'mə:ʃəlaɪzeɪʃən] N commercialisation *f*

commercialize [kə'mə:ʃəlaɪz] VT commercialiser

commercially [kə'mə:ʃəlɪ] ADV (*viable*) commercialement; (*available*) dans le commerce; (*produce*) à échelle commerciale

commercial television N chaînes *fpl* privées (financées par la publicité)

commercial traveller N voyageur(-euse) de commerce

commercial vehicle N véhicule *m* utilitaire

commiserate [kə'mɪzəreɪt] VI: **to ~ with sb** témoigner de la sympathie pour qn

★**commission** [kə'mɪʃən] N (*committee, fee*) commission *f*; (*order for work of art etc*) commande *f*; **out of ~** (*Naut*) hors de service; (*machine*) hors service; **I get 10% ~** je reçois une commission de 10%; **~ of inquiry** (BRIT) commission d'enquête ▸ VT (*Mil*) nommer (à un commandement); (*work of art*) commander, charger un artiste de l'exécution de

commissionaire [kəmɪʃə'nɛəʳ] N (BRIT: *at shop, cinema etc*) portier *m* (en uniforme)

commissioner [kə'mɪʃənəʳ] N membre *m* d'une commission; (*Police*) préfet *m* (de police)

★**commit** [kə'mɪt] VT (*act*) commettre; (*resources*) consacrer; (*to sb's care*) confier (à); **to ~ o.s. (to do)** s'engager (à faire); **to ~ suicide** se suicider; **to ~ to writing** coucher par écrit; **to ~ sb for trial** traduire qn en justice

commitment [kə'mɪtmənt] N engagement *m*; (*obligation*) responsabilité(s) *fpl*

committed [kə'mɪtɪd] ADJ (*writer, politician etc*) engagé(e)

★**committee** [kə'mɪtɪ] N comité *m*; commission *f*; **to be on a ~** siéger dans un comité *or* une commission)

committee meeting N réunion *f* de comité *or* commission

commodity [kə'mɔdɪtɪ] N produit *m*, marchandise *f*, article *m*; (*food*) denrée *f*

commodity exchange N bourse *f* de marchandises

★**common** ['kɔmən] ADJ (*gen*) commun(e); (*usual*) courant(e); **in ~ use** d'un usage courant; **it's ~ knowledge that** il est bien connu *or* notoire que; **to the ~ good** pour le bien de tous, dans l'intérêt général ▸ N terrain communal; **in ~** en commun

common cold N: **the ~** le rhume

common denominator N dénominateur commun

commoner ['kɔmənəʳ] N roturier(-ière)

common ground N (*fig*) terrain *m* d'entente

common land N terrain communal

common law N droit coutumier

common-law ['kɔmənlɔ:] ADJ: **~ wife** épouse *f* de facto

commonly ['kɔmənlɪ] ADV communément, généralement; couramment

Common Market N Marché commun

commonplace ['kɔmənpleɪs] ADJ banal(e), ordinaire

common room N salle commune; (*Scol*) salle *f* des professeurs

Commons ['kɔmənz] NPL (BRIT *Pol*): **the (House of) ~** la chambre des Communes

common sense N bon sens

Commonwealth ['kɔmənwɛlθ] N: **the ~** le Commonwealth

Le **Commonwealth** regroupe 52 États indépendants et plusieurs territoires qui reconnaissent tous le souverain britannique comme dirigeant de cette association. Il fut formé en 1949 dans un souci de cohésion après le démantèlement de l'Empire britannique. Depuis 1930, les Jeux du Commonwealth ont lieu tous les quatre ans dans l'un des pays de l'organisation.

commotion [kə'məuʃən] N désordre *m*, tumulte *m*

communal ['kɔmju:nl] ADJ (*life*) communautaire; (*for common use*) commun(e)

commune N ['kɔmju:n] (*group*) communauté *f* ▸ VI [kə'mju:n]: **to ~ with** converser intimement avec; (*nature*) communier avec

communicable [kə'mju:nɪkəbl] ADJ (*disease*) transmissible

★**communicate** [kə'mju:nɪkeɪt] VT communiquer, transmettre ▸ VI: **to ~ (with)** communiquer (avec)

★**communication** [kəmju:nɪ'keɪʃən] N communication *f*

communication cord N (BRIT) sonnette *f* d'alarme

communications network N réseau *m* de communications

communications satellite N satellite *m* de télécommunications

communicative [kə'mju:nɪkətɪv] ADJ communicatif(-ive)

communicator [kə'mju:nɪkeɪtə^r] N communicateur(-trice)

communion [kə'mju:nɪən] N (*also:* **Holy Communion**) communion *f*

communism ['kɔmjunɪzəm] N communisme *m*

★**communist** ['kɔmjunɪst] ADJ, N communiste *mf*

★**community** [kə'mju:nɪtɪ] N communauté *f*

community centre, (*US*) **community center** N foyer socio-éducatif, centre *m* de loisirs

community chest N (*US*) fonds commun

community health centre, (*US*) **community health center** N centre médico-social

community service N ≈ travail *m* d'intérêt général, TIG *m*

community spirit N solidarité *f*

commutation ticket [kɔmju'teɪʃən-] N (*US*) carte *f* d'abonnement

commute [kə'mju:t] VI faire le trajet journalier (*de son domicile à un lieu de travail assez éloigné*) ▸ VT (*Law*) commuer; (*Math: terms etc*) opérer la commutation de

commuter [kə'mju:tə^r] N banlieusard(e) (*qui fait un trajet journalier pour se rendre à son travail*)

Comoros ['kɔmərəuz, kə'mɔ:rəuz] NPL Comores *fpl*

compact ADJ [kəm'pækt] compact(e) ▸ N ['kɔmpækt] contrat *m*, entente *f*; (*also:* **powder compact**) poudrier *m*

compact disc N disque compact

compact disc player N lecteur *m* de disques compacts

companion [kəm'pænjən] N compagnon (compagne)

companionship [kəm'pænjənʃɪp] N camaraderie *f*

companionway [kəm'pænjənweɪ] N (*Naut*) escalier *m* des cabines

★**company** ['kʌmpənɪ] N (*also Comm, Mil, Theat*) compagnie *f*; **he's good ~** il est d'une compagnie agréable; **we have ~** nous avons de la visite; **to keep sb ~** tenir compagnie à qn; **to part ~ with** se séparer de; **Smith and C~** Smith et Compagnie

company car N voiture *f* de fonction

company director N administrateur(-trice)

company secretary N (BRIT *Comm*) secrétaire général (*d'une société*)

comparable ['kɔmpərəbl] ADJ comparable

comparative [kəm'pærətɪv] ADJ (*study*) comparatif(-ive); (*relative*) relatif(-ive)

comparatively [kəm'pærətɪvlɪ] ADV (*relatively*) relativement

★**compare** [kəm'pɛə^r] VT: **to ~ sth/sb with** *or* **to** comparer qch/qn avec *or* à; **compared with** *or* **to** par rapport à ▸ VI: **to ~ (with)** se comparer (à); être comparable (à); **how do the prices ~?** comment sont les prix ?, est-ce que les prix sont comparables ?

★**comparison** [kəm'pærɪsn] N comparaison *f*; **in ~ (with)** en comparaison (de)

compartment [kəm'pɑ:tmənt] N (*also Rail*) compartiment *m*; **a non-smoking ~** un compartiment non-fumeurs

compass ['kʌmpəs] N boussole *f*; **within the ~ of** dans les limites de ▪ **compasses** NPL (*Math*) compas *m*

compassion [kəm'pæʃən] N compassion *f*, humanité *f*

compassionate [kəm'pæʃənɪt] ADJ accessible à la compassion, au cœur charitable et bienveillant; **on ~ grounds** pour raisons personnelles *or* de famille

compassionate leave N congé exceptionnel (*pour raisons de famille*)

compassionately [kəm'pæʃənətlɪ] ADV avec compassion

compatibility [kəmpætɪ'bɪlɪtɪ] N compatibilité *f*

compatible [kəm'pætɪbl] ADJ compatible

compatriot [kəm'pætrɪət] N compatriote *mf*

compel [kəm'pɛl] VT contraindre, obliger

compelling [kəm'pɛlɪŋ] ADJ (*fig: argument*) irrésistible

compendium [kəm'pɛndɪəm] N (*summary*) abrégé *m*

compensate ['kɔmpənseɪt] VT indemniser, dédommager ▸ VI: **to ~ for** compenser

compensation [kɔmpən'seɪʃən] N compensation *f*; (*money*) dédommagement *m*, indemnité *f*

compensatory [kɔmpən'seɪtərɪ] ADJ (*damages, payments*) compensateur(-trice); (*measures, programme*) compensatoire

compere ['kɔmpɛə^r] N présentateur(-trice), animateur(-trice)

★**compete** [kəm'pi:t] VI (*take part*) concourir; (*vie*): **to ~ (with)** rivaliser (avec), faire concurrence (à)

competence ['kɔmpɪtəns] N compétence *f*

competency ['kɔmpɪtənsɪ] N compétence *f*

competent ['kɔmpɪtənt] ADJ compétent(e), capable

competing [kəm'pi:tɪŋ] ADJ (*ideas, theories*) opposé(e); (*companies*) concurrent(e)

★**competition** [kɔmpɪ'tɪʃən] N (*contest*) compétition *f*, concours *m*; (*Econ*) concurrence *f*; **in ~ with** en concurrence avec

★**competitive** [kəm'pɛtɪtɪv] ADJ (*price, product*) concurrentiel(le), compétitif(-ive); (*sports, tennis*) de compétition; **to be ~** (*person*) avoir l'esprit de compétition

competitive examination N concours *m*

competitiveness [kəm'pɛtɪtɪvnɪs] N (*ambition*) esprit *m* de compétition; (*of price, product*) compétitivité *f*

★**competitor** [kəm'pɛtɪtə^r] N concurrent(e)

compile [kəm'paɪl] VT compiler

complacency [kəm'pleɪsnsɪ] N contentement *m* de soi, autosatisfaction *f*

complacent [kəm'pleɪsnt] ADJ (trop) content(e) de soi

★**complain** [kəm'pleɪn] VI: **to ~ (about)** se plaindre (de); (*in shop etc*) réclamer (au sujet de)
▸ **complain of** VT FUS (*Med*) se plaindre de

complainant [kəm'pleɪnənt] N (*Law*) plaignant(e)

★**complaint** [kəm'pleɪnt] N plainte *f*; (*in shop etc*) réclamation *f*; (*Med*) affection *f*

complement ['kɔmplɪmənt] N complément *m*; (*esp of ship's crew etc*) effectif complet ▸ VT (*enhance*) compléter

complementary [kɔmplɪ'mɛntərɪ] ADJ complémentaire

★**complete** [kəm'pli:t] ADJ complet(-ète); (*finished*) achevé(e) ▸ VT achever, parachever; (*set, group*) compléter; (*a form*) remplir

★**completely** [kəm'pli:tlɪ] ADV complètement

completion [kəm'pli:ʃən] N achèvement *m*; (*of contract*) exécution *f*; **to be nearing ~** être presque terminé

complex ['kɔmplɛks] ADJ complexe ▸ N (*Psych, buildings etc*) complexe *m*

complexion [kəm'plɛkʃən] N (*of face*) teint *m*; (*of event etc*) aspect *m*, caractère *m*

complexity [kəm'plɛksɪtɪ] N complexité *f*

compliance [kəm'plaɪəns] N (*submission*) docilité *f*; (*agreement*): **~ with** le fait de se conformer à; **in ~ with** en conformité avec, conformément à

compliant [kəm'plaɪənt] ADJ docile, très accommodant(e)

complicate ['kɔmplɪkeɪt] VT compliquer

★**complicated** ['kɔmplɪkeɪtɪd] ADJ compliqué(e)

complication [kɔmplɪ'keɪʃən] N complication *f*

complicit [kəm'plɪsɪt] ADJ complice; **to be ~ in sth** être complice de qch

complicity [kəm'plɪsɪtɪ] N complicité *f*

compliment N ['kɔmplɪmənt] compliment *m*; **to pay sb a ~** faire *or* adresser un compliment à qn ▸ VT ['kɔmplɪmɛnt] complimenter; **to ~ sb (on sth/on doing sth)** féliciter qn (pour qch/de faire qch) ▪ **compliments** NPL compliments *mpl*, hommages *mpl*; vœux *mpl*

complimentary [kɔmplɪ'mɛntərɪ] ADJ flatteur(-euse); (*free*) à titre gracieux

complimentary ticket N billet *m* de faveur

compliments slip N fiche *f* de transmission

comply [kəm'plaɪ] VI: **to ~ with** se soumettre à, se conformer à

component [kəm'pəunənt] ADJ composant(e), constituant(e) ▸ N composant *m*, élément *m*

compose [kəm'pəuz] VT composer; (*form*): **to be composed of** se composer de; **to ~ o.s.** se calmer, se maîtriser; **to ~ one's features** prendre une contenance

composed [kəm'pəuzd] ADJ calme, posé(e)

composer [kəm'pəuzə^r] N (*Mus*) compositeur(-trice)

composite ['kɔmpəzɪt] ADJ composite; (*Bot, Math*) composé(e)

composition [kɔmpə'zɪʃən] N composition *f*

compost ['kɔmpɔst] N compost *m*

composure [kəm'pəuʒə^r] N calme *m*, maîtrise *f* de soi

compound N ['kɔmpaund] (*Chem, Ling*) composé *m*; (*enclosure*) enclos *m*, enceinte *f* ▸ ADJ ['kɔmpaund] composé(e); (*fracture*) compliqué(e) ▸ VT [kəm'paund] (*fig: problem etc*) aggraver

compound fracture N fracture compliquée

compound interest N intérêt composé

comprehend [kɔmprɪ'hɛnd] VT comprendre

comprehensible [kɔmprɪ'hɛnsɪbl] ADJ compréhensible

comprehension [kɔmprɪ'hɛnʃən] N compréhension *f*

comprehensive [kɔmprɪ'hɛnsɪv] ADJ (très) complet(-ète); **~ policy** (*Insurance*) assurance *f* tous risques

> Be careful not to translate *comprehensive* by the French word *compréhensif*.

comprehensive [kɔmprɪ'hɛnsɪv], **comprehensive school** N (BRIT) *école secondaire non sélective*

comprehensively [kɔmprɪ'hɛnsɪvlɪ] ADV (*reject, destroy, rebuild*) complètement; (*beat, defeat*) à plate couture

compress VT [kəm'prɛs] comprimer; (*text, information*) condenser ▸ N ['kɔmprɛs] (*Med*) compresse *f*

compression [kəm'prɛʃən] N compression *f*

compressor [kəm'prɛsə^r] N compresseur *m*

comprise [kəm'praɪz] VT comprendre; (*constitute*) constituer, représenter

★**compromise** ['kɔmprəmaɪz] N compromis *m* ▸ VT compromettre ▸ VI transiger, accepter un compromis ▸ CPD (*decision, solution*) de compromis

compromising ['kɔmprəmaɪzɪŋ] ADJ compromettant(e)

compulsion [kəm'pʌlʃən] N contrainte *f*, force *f*; **under ~** sous la contrainte

compulsive [kəm'pʌlsɪv] ADJ (*Psych*) compulsif(-ive); (*book, film etc*) captivant(e); **he's a ~ smoker** c'est un fumeur invétéré

compulsory [kəm'pʌlsərɪ] ADJ obligatoire

compulsory purchase N expropriation *f*

compunction [kəm'pʌŋkʃən] N scrupule *m*; **to have no ~ about doing sth** n'avoir aucun scrupule à faire qch

computation [kɔmpju'teɪʃən] N calcul *m*

computational [kɔmpju'teɪʃənəl] ADJ (*methods*) informatique

compute [kəm'pju:t] VT calculer

★**computer** [kəm'pju:tə'] N ordinateur *m*; (*mechanical*) calculatrice *f*

★**computer game** N jeu *m* vidéo

computer-generated [kəm'pju:tə'dʒɛnəreɪtɪd] ADJ de synthèse

computerize [kəm'pju:təraɪz] VT (*data*) traiter par ordinateur; (*system, office*) informatiser

computer language N langage *m* machine *or* informatique

computer literate ADJ initié(e) à l'informatique

computer peripheral N périphérique *m*

computer program N programme *m* informatique

computer programmer N programmeur(-euse)

computer programming N programmation *f*

computer science N informatique *f*

computer scientist N informaticien(ne)

computer studies NPL informatique *f*

computing [kəm'pju:tɪŋ] N informatique *f*

comrade ['kɔmrɪd] N camarade *mf*

comradeship ['kɔmrɪdʃɪp] N camaraderie *f*

Comsat ['kɔmsæt] N ABBR = **communications satellite**

con [kɔn] VT duper; (*cheat*) escroquer; **to ~ sb into doing sth** tromper qn pour lui faire faire qch ▸ N escroquerie *f*

concave ['kɔn'keɪv] ADJ concave

conceal [kən'si:l] VT cacher, dissimuler

concealment [kən'si:lmənt] N (*of person, stolen goods*) recel *m*; (*of information, documents*) dissimulation *f*

concede [kən'si:d] VT concéder ▸ VI céder

conceit [kən'si:t] N vanité *f*, suffisance *f*, prétention *f*

conceited [kən'si:tɪd] ADJ vaniteux(-euse), suffisant(e)

conceivable [kən'si:vəbl] ADJ concevable, imaginable; **it is ~ that** il est concevable que

conceivably [kən'si:vəblɪ] ADV: **he may ~ be right** il n'est pas impossible qu'il ait raison

conceive [kən'si:v] VT, VI concevoir; **to ~ of sth/of doing sth** imaginer qch/de faire qch

★**concentrate** ['kɔnsəntreɪt] VI se concentrer ▸ VT concentrer

concentration [kɔnsən'treɪʃən] N concentration *f*

concentration camp N camp *m* de concentration

concentric [kən'sɛntrɪk] ADJ concentrique

concept ['kɔnsɛpt] N concept *m*

conception [kən'sɛpʃən] N conception *f*; (*idea*) idée *f*

conceptual [kən'sɛptʃuəl] ADJ conceptuel(le)

conceptualize [kən'sɛptʃuəlaɪz] VT concevoir, conceptualiser

concern [kən'sə:n] N affaire *f*; (*Comm*) entreprise *f*, firme *f*; (*anxiety*) inquiétude *f*, souci *m* ▸ VT (*worry*) inquiéter; (*involve*) concerner; (*relate to*) se rapporter à; **to be concerned (about)** s'inquiéter (de), être inquiet(-ète) (au sujet de); **"to whom it may ~"** « à qui de droit »; **as far as I am concerned** en ce qui me concerne; **to be concerned with** (*person: involved with*) s'occuper de; **the department concerned** (*under discussion*) le service en question; (*involved*) le service concerné

concerning [kən'sə:nɪŋ] PREP en ce qui concerne, à propos de

★**concert** ['kɔnsət] N concert *m*; **in ~** à l'unisson, en chœur; ensemble

concerted [kən'sə:tɪd] ADJ concerté(e)

concertgoer ['kɔnsətgəuə'] N (*regular*) amateur(-trice) de concerts

concert hall N salle *f* de concert

concertina [kɔnsə'ti:nə] N concertina *m* ▸ VI se télescoper, se caramboler

concerto [kən'tʃə:təu] N concerto *m*

concession [kən'sɛʃən] N (*compromise*) concession *f*; (*reduced price*) réduction *f*; **tax ~** dégrèvement fiscal; **"concessions"** tarif réduit

concessionaire [kənsɛʃə'nɛə'] N concessionnaire *mf*

concessionary [kən'sɛʃənrɪ] ADJ (*ticket, fare*) à tarif réduit

conciliate [kən'sɪlieɪt] VT apaiser ▸ VI concilier

conciliation [kənsɪlɪ'eɪʃən] N conciliation *f*, apaisement *m*

conciliator [kən'sɪlɪeɪtə'] N conciliateur(-trice)

conciliatory [kən'sɪlɪətrɪ] ADJ conciliateur(-trice); conciliant(e)

concise [kən'saɪs] ADJ concis(e)

conclave ['kɔnkleɪv] N assemblée secrète; (*Rel*) conclave *m*

conclude [kən'klu:d] VT conclure ▸ VI (*speaker*) conclure; (*events*): **to ~ (with)** se terminer (par)

concluding [kən'klu:dɪŋ] ADJ (*remarks etc*) final(e)

conclusion [kən'klu:ʒən] N conclusion *f*; **to come to the ~ that** (en) conclure que

conclusive [kən'klu:sɪv] ADJ concluant(e), définitif(-ive)

conclusively [kən'klu:sɪvlɪ] ADV de façon concluante; **to prove sth ~** prouver qch de façon probante

concoct [kən'kɔkt] VT confectionner, composer

concoction [kən'kɔkʃən] N (*food, drink*) mélange *m*

concord ['kɔŋkɔ:d] N (*harmony*) harmonie *f*; (*treaty*) accord *m*

concourse ['kɔŋkɔ:s] N (*hall*) hall *m*, salle *f* des pas perdus; (*crowd*) affluence *f*; multitude *f*

concrete ['kɔŋkri:t] N béton *m* ▸ ADJ concret(-ète); (*Constr*) en béton

concretely ['kɔŋkri:tlɪ] ADV concrètement

concrete mixer N bétonnière *f*

concur [kən'kɜːʳ] VI être d'accord
concurrently [kən'kʌrntlɪ] ADV simultanément
concussed [kən'kʌst] ADJ (*Med*) commotionné(e)
concussion [kən'kʌʃən] N (*Med*) commotion (cérébrale)
condemn [kən'dɛm] VT condamner
condemnation [kɔndɛm'neɪʃən] N condamnation *f*
condensation [kɔndɛn'seɪʃən] N condensation *f*
condense [kən'dɛns] VI se condenser ▸ VT condenser
condensed milk [kən'dɛnst-] N lait concentré (sucré)
condescend [kɔndɪ'sɛnd] VI condescendre, s'abaisser; **to ~ to do sth** daigner faire qch
condescending [kɔndɪ'sɛndɪŋ] ADJ condescendant(e)
condiment ['kɔndɪmənt] N condiment *m*
★**condition** [kən'dɪʃən] N condition *f*; (*disease*) maladie *f*; **in good/poor ~** en bon/mauvais état; **a heart ~** une maladie cardiaque; **weather conditions** conditions *fpl* météorologiques; **on ~ that** à condition que + *sub*, à condition de ▸ VT déterminer, conditionner
conditional [kən'dɪʃənl] ADJ conditionnel(le); **to be ~ upon** dépendre de
conditioner [kən'dɪʃənəʳ] N (*for hair*) baume démêlant; (*for fabrics*) assouplissant *m*
conditioning [kən'dɪʃənɪŋ] N (*of person*) conditionnement *m*; (*of hair*) traitement *m*
condo ['kɔndəu] N (*US inf*) = **condominium**
condolences [kən'dəulənsɪz] NPL condoléances *fpl*
condom ['kɔndəm] N préservatif *m*
condominium [kɔndə'mɪnɪəm] N (*US: building*) immeuble *m* (en copropriété); (*: rooms*) appartement *m* (dans un immeuble en copropriété)
condone [kən'dəun] VT fermer les yeux sur, approuver (tacitement)
conducive [kən'djuːsɪv] ADJ: **~ to** favorable à, qui contribue à
conduct N ['kɔndʌkt] conduite *f* ▸ VT [kən'dʌkt] conduire; (*manage*) mener, diriger; (*Mus*) diriger; **to ~ o.s.** se conduire, se comporter
conductivity [kɔndʌk'tɪvɪtɪ] N (*Elec*) conductivité *f*
conductor [kən'dʌktəʳ] N (*of orchestra*) chef *m* d'orchestre; (*on bus*) receveur *m*; (*US: on train*) chef de train; (*Elec*) conducteur *m*
conductress [kən'dʌktrɪs] N (*on bus*) receveuse *f*
conduit ['kɔndɪt] N conduit *m*, tuyau *m*; tube *m*
cone [kəun] N cône *m*; (*for ice-cream*) cornet *m*; (*Bot*) pomme *f* de pin, cône
confectioner [kən'fɛkʃənəʳ] N (*of cakes*) pâtissier(-ière); (*of sweets*) confiseur(-euse); **~'s (shop)** confiserie(-pâtisserie) *f*
confectionery [kən'fɛkʃənrɪ] N (*sweets*) confiserie *f*; (*cakes*) pâtisserie *f*
confederate [kən'fɛdrɪt] ADJ confédéré(e) ▸ N (*pej*) acolyte *m*; (*US Hist*) confédéré(e)
confederation [kənfɛdə'reɪʃən] N confédération *f*
confer [kən'fəːʳ] VT: **to ~ sth on** conférer qch à ▸ VI conférer, s'entretenir; **to ~ (with sb about sth)** s'entretenir (de qch avec qn)
conference ['kɔnfərns] N conférence *f*; **to be in ~** être en réunion *or* en conférence
conference room N salle *f* de conférence
confess [kən'fɛs] VT confesser, avouer ▸ VI (*admit sth*) avouer; (*Rel*) se confesser
confession [kən'fɛʃən] N confession *f*
confessional [kən'fɛʃənl] N confessional *m*
confessor [kən'fɛsəʳ] N confesseur *m*
confetti [kən'fɛtɪ] N confettis *mpl*
confidant [kɔnfɪ'dænt] N confident *m*
confidante [kɔnfɪ'dænt] N confidente *f*
confide [kən'faɪd] VI: **to ~ in** s'ouvrir à, se confier à
★**confidence** ['kɔnfɪdns] N confiance *f*; (*also:* **self-confidence**) assurance *f*, confiance en soi; (*secret*) confidence *f*; **to have (every) ~ that** être certain que; **motion of no ~** motion *f* de censure; **in ~** (*speak, write*) en confidence, confidentiellement; **to tell sb sth in strict ~** dire qch à qn en toute confidence
confidence trick N escroquerie *f*
confident ['kɔnfɪdənt] ADJ (*self-assured*) sûr(e) de soi; (*sure*) sûr(e)
confidential [kɔnfɪ'dɛnʃəl] ADJ confidentiel(le)
confidentiality ['kɔnfɪdɛnʃɪ'ælɪtɪ] N confidentialité *f*
confidentially [kɔnfɪ'dɛnʃəlɪ] ADV (*secretly*) confidentiellement; (*quietly: say, speak*) sur un ton confidentiel
configuration [kənfɪgju'reɪʃən] N (*also Comput*) configuration *f*
configure [kən'fɪgəʳ] VT (*Comput*) configurer
confine [kən'faɪn] VT limiter, borner; (*shut up*) confiner, enfermer; **to ~ o.s. to doing sth/to sth** se contenter de faire qch/se limiter à qch
confined [kən'faɪnd] ADJ (*space*) restreint(e), réduit(e)
confinement [kən'faɪnmənt] N emprisonnement *m*, détention *f*; (*Mil*) consigne *f* (au quartier); (*Med*) accouchement *m*
confines ['kɔnfaɪnz] NPL confins *mpl*, bornes *fpl*
★**confirm** [kən'fəːm] VT (*report, Rel*) confirmer; (*appointment*) ratifier
confirmation [kɔnfə'meɪʃən] N confirmation *f*; ratification *f*
confirmed [kən'fəːmd] ADJ invétéré(e), incorrigible
confiscate ['kɔnfɪskeɪt] VT confisquer
confiscation [kɔnfɪs'keɪʃən] N confiscation *f*
conflagration [kɔnflə'greɪʃən] N incendie *m*; (*fig*) conflagration *f*
conflict N ['kɔnflɪkt] conflit *m*, lutte *f* ▸ VI [kən'flɪkt] être *or* entrer en conflit; (*opinions*) s'opposer, se heurter
conflicting [kən'flɪktɪŋ] ADJ contradictoire
confluence ['kɔnfluəns] N confluence *f*
conform [kən'fɔːm] VI: **to ~ (to)** se conformer (à)
conformist [kən'fɔːmɪst] N (*gen, Rel*) conformiste *mf*
conformity [kən'fɔːmɪtɪ] N conformisme *m*; **in ~ with** conformément à
confound [kən'faund] VT confondre; (*amaze*) rendre perplexe
confounded [kən'faundɪd] ADJ maudit(e), sacré(e)

confront [kən'frʌnt] VT (*two people*) confronter; (*enemy, danger*) affronter, faire face à; (*problem*) faire face à

confrontation [kɔnfrən'teɪʃən] N confrontation *f*

confrontational [kɔnfrən'teɪʃənl] ADJ conflictuel(le)

confuse [kən'fju:z] VT (*person*) troubler; (*situation*) embrouiller; (*one thing with another*) confondre

confused [kən'fju:zd] ADJ (*person*) dérouté(e), désorienté(e); (*situation*) embrouillé(e)

confusing [kən'fju:zɪŋ] ADJ peu clair(e), déroutant(e)

confusion [kən'fju:ʒən] N confusion *f*

congeal [kən'dʒi:l] VI (*oil*) se figer; (*blood*) se coaguler

congenial [kən'dʒi:nɪəl] ADJ sympathique, agréable

congenital [kən'dʒɛnɪtl] ADJ congénital(e)

conger eel ['kɔngər-] N congre *m*, anguille *f* de roche

congested [kən'dʒɛstɪd] ADJ (*Med*) congestionné(e); (*fig*) surpeuplé(e); congestionné; bloqué(e); (*telephone lines*) encombré(e)

congestion [kən'dʒɛstʃən] N (*Med*) congestion *f*; (*fig: traffic*) encombrement *m*

conglomerate [kən'glɔmərɪt] N (*Comm*) conglomérat *m*

conglomeration [kənglɔmə'reɪʃən] N groupement *m*; agglomération *f*

Congo ['kɔŋgəu] N (*state*) (république *f* du) Congo

congratulate [kən'grætjuleɪt] VT: **to ~ sb (on)** féliciter qn (de)

★**congratulations** [kəngrætju'leɪʃənz] NPL: **~ (on)** félicitations *fpl* (pour) ▸ EXCL: **~!** (toutes mes) félicitations !

congratulatory [kəngrætʃu'leɪtərɪ] ADJ (*message, letter*) de félicitations

congregate ['kɔŋgrɪgeɪt] VI se rassembler, se réunir

congregation [kɔŋgrɪ'geɪʃən] N assemblée *f* (des fidèles)

congress ['kɔŋgrɛs] N congrès *m*; (*Pol*): **C~** Congrès *m*

> Le **Congress** est le parlement des États-Unis. Il comprend la *House of Representatives* et le *Senate*. Représentants et sénateurs sont élus au suffrage universel direct. Le Congrès se réunit au *Capitol*, à Washington D.C.

congressional [kən'grɛʃənəl] ADJ (*Pol: policy, action, leader*) du Congrès

congressman ['kɔŋgrɛsmən] N (*irreg*) (*Pol*) membre *m* du Congrès

congresswoman ['kɔŋgrɛswumən] N (*irreg*) (*Pol*) membre *m* du Congrès

conical ['kɔnɪkl] ADJ (de forme) conique

conifer ['kɔnɪfə^r] N conifère *m*

coniferous [kə'nɪfərəs] ADJ (*forest*) de conifères

conjecture [kən'dʒɛktʃə^r] N conjecture *f* ▸ VT, VI conjecturer

conjugal ['kɔndʒugl] ADJ conjugal(e)

conjugate ['kɔndʒugeɪt] VT conjuguer

conjugation [kɔndʒə'geɪʃən] N conjugaison *f*

conjunction [kən'dʒʌŋkʃən] N conjonction *f*; **in ~ with** (conjointement) avec

conjunctivitis [kəndʒʌŋktɪ'vaɪtɪs] N conjonctivite *f*

conjure VT ['kʌndʒə^r] (*by magic*) faire apparaître (par la prestidigitation); [kən'dʒuə^r] conjurer, supplier ▸ VI ['kʌndʒə^r] faire des tours de passe-passe

▸ **conjure up** VT (*ghost, spirit*) faire apparaître; (*memories*) évoquer

conjurer ['kʌndʒərə^r] N prestidigitateur(-trice), illusionniste *mf*

conjuring trick ['kʌndʒərɪŋ-] N tour *m* de prestidigitation

conker ['kɔŋkə^r] N (*Brit*) marron *m* (d'Inde)

conk out [kɔŋk-] VI (*inf*) tomber *or* rester en panne

conman ['kɔnmæn] N (*irreg*) escroc *m*

connect [kə'nɛkt] VT joindre, relier; (*Elec*) connecter; (*Tel: caller*) mettre en connexion; (*: subscriber*) brancher; (*fig*) établir un rapport entre, faire un rapprochement entre; **I am trying to ~ you** (*Tel*) j'essaie d'obtenir votre communication ▸ VI (*train*): **to ~ with** assurer la correspondance avec

connected [kə'nɛktɪd] ADJ (*electrical devices*) relié(e); (*associated: people, events*) associé(e); (*causally linked*) lié(e); **to be ~ with sth** (*person*) être associé(e) à qch; (*problem, condition*) être lié(e) à qch

connecting flight N (vol *m* de) correspondance *f*

★**connection** [kə'nɛkʃən] N relation *f*, lien *m*; (*Elec*) connexion *f*; (*Tel*) communication *f*; (*train etc*) correspondance *f*; **in ~ with** à propos de; **what is the ~ between them?** quel est le lien entre eux ?; **business connections** relations d'affaires; **to miss/make one's ~** (*train etc*) rater/avoir sa correspondance

connection charge, connection fee N frais *mpl* de raccordement

connectivity [kɔnɛk'tɪvətɪ] N (*Comput*) connectivité *f*

connexion [kə'nɛkʃən] N (*Brit*) = **connection**

conning tower ['kɔnɪŋ-] N kiosque *m* (*de sous-marin*)

connivance [kə'naɪvəns] N connivence *f*; **with the ~ of sb** avec l'accord tacite de qn, avec la connivence de qn

connive [kə'naɪv] VI: **to ~ with sb to do sth** être de connivence avec qn pour faire qch; **to ~ at** se faire le complice de

conniving [kə'naɪvɪŋ] ADJ intrigant(e)

connoisseur [kɔnɪ'sə:^r] N connaisseur(-euse)

connotation [kɔnə'teɪʃən] N connotation *f*, implication *f*

connubial [kə'nju:bɪəl] ADJ conjugal(e)

conquer ['kɔŋkə^r] VT conquérir; (*feelings*) vaincre, surmonter

conqueror ['kɔŋkərə^r] N conquérant(e), vainqueur *m*

conquest ['kɔŋkwɛst] N conquête *f*

cons [kɔnz] NPL *see* **convenience**; **pro**

conscience ['kɔnʃəns] N conscience *f*; **in all ~** en conscience

conscientious [kɔnʃɪ'ɛnʃəs] ADJ consciencieux(-euse); (*scruple, objection*) de conscience

conscientiously [kɔnʃi'ɛnʃəslɪ] ADV consciencieusement

conscientious objector N objecteur *m* de conscience

★**conscious** ['kɔnʃəs] ADJ conscient(e); (*deliberate: insult, error*) délibéré(e); **to become ~ of sth/that** prendre conscience de qch/que

consciousness ['kɔnʃəsnɪs] N conscience *f*; (*Med*) connaissance *f*; **to lose/regain ~** perdre/reprendre connaissance

conscript ['kɔnskrɪpt] N conscrit *m*

conscription [kən'skrɪpʃən] N conscription *f*

consecrate ['kɔnsɪkreɪt] VT consacrer

consecutive [kən'sɛkjutɪv] ADJ consécutif(-ive); **on three ~ occasions** trois fois de suite

consecutively [kən'sɛkjutɪvlɪ] ADV consécutivement

consensual [kən'sɛnʃuəl] ADJ (*approach, decision*) consensuel(le); (*sex*) consenti(e)

consensus [kən'sɛnsəs] N consensus *m*; **the ~ (of opinion)** le consensus (d'opinion)

consent [kən'sɛnt] N consentement *m*; **age of ~** âge nubile (légal); **by common ~** d'un commun accord ▸ VI: **to ~ (to)** consentir (à)

consenting adults [kən'sɛntɪŋ-] NPL personnes consentantes

★**consequence** ['kɔnsɪkwəns] N suites *fpl*, conséquence *f*; (*significance*) importance *f*; **in ~** en conséquence, par conséquent

consequent ['kɔnsɪkwənt] ADJ résultant(e)

consequently ['kɔnsɪkwəntlɪ] ADV par conséquent, donc

conservation [kɔnsə'veɪʃən] N préservation *f*, protection *f*; (*also:* **nature conservation**) défense *f* de l'environnement; **energy ~** économies *fpl* d'énergie

conservationist [kɔnsə'veɪʃnɪst] N protecteur(-trice) de la nature

Conservative [kən'sə:vətɪv] ADJ, N (BRIT *Pol*) conservateur(-trice); **the ~ Party** le parti conservateur

★**conservative** [kən'sə:vətɪv] ADJ conservateur(-trice); (*cautious*) prudent(e)

conservatory [kən'sə:vətrɪ] N (*room*) jardin *m* d'hiver; (*Mus*) conservatoire *m*

conserve [kən'sə:v] VT conserver, préserver; (*supplies, energy*) économiser ▸ N confiture *f*, conserve *f* (de fruits)

★**consider** [kən'sɪdəʳ] VT (*study*) considérer, réfléchir à; (*take into account*) penser à, prendre en considération; (*regard, judge*) considérer, estimer; **to ~ doing sth** envisager de faire qch; **~ yourself lucky** estimez-vous heureux; **all things considered** (toute) réflexion faite

considerable [kən'sɪdərəbl] ADJ considérable

considerably [kən'sɪdərəblɪ] ADV nettement

considerate [kən'sɪdərɪt] ADJ prévenant(e), plein(e) d'égards

consideration [kənsɪdə'reɪʃən] N considération *f*; (*reward*) rétribution *f*, rémunération *f*; **out of ~ for** par égard pour; **under ~** à l'étude; **my first ~ is my family** ma famille passe avant tout le reste

considered [kən'sɪdəd] ADJ: **it is my ~ opinion that ...** après avoir mûrement réfléchi, je pense que ...

considering [kən'sɪdərɪŋ] PREP: **~ (that)** étant donné (que)

consign [kən'saɪn] VT expédier, livrer

consignee [kɔnsaɪ'ni:] N destinataire *mf*

consignment [kən'saɪnmənt] N arrivage *m*, envoi *m*

consignment note N (*Comm*) bordereau *m* d'expédition

consignor [kən'saɪnəʳ] N expéditeur(-trice)

consist [kən'sɪst] VI: **to ~ of** consister en, se composer de

consistency [kən'sɪstənsɪ] N (*thickness*) consistance *f*; (*fig*) cohérence *f*

consistent [kən'sɪstənt] ADJ logique, cohérent(e); **~ with** compatible avec, en accord avec

consistently [kən'sɪstəntlɪ] ADV (*always*) toujours

consolation [kɔnsə'leɪʃən] N consolation *f*

console[1] [kən'səul] VT consoler

console[2] ['kɔnsəul] N console *f*

consolidate [kən'sɔlɪdeɪt] VT consolider

consolidation [kənsɔlɪ'deɪʃən] N (*of power, position*) consolidation *f*; (*amalgamation: of groups, firms*) fusion *f*

consols ['kɔnsɔlz] NPL (BRIT *Stock Exchange*) rente *f* d'État

consommé [kən'sɔmeɪ] N consommé *m*

consonant ['kɔnsənənt] N consonne *f*

consort N ['kɔnsɔ:t] époux (épouse); **prince ~** prince *m* consort ▸ VI [kən'sɔ:t] (*often pej*): **to ~ with sb** frayer avec qn

consortium [kən'sɔ:tɪəm] N consortium *m*, comptoir *m*

conspicuous [kən'spɪkjuəs] ADJ voyant(e), qui attire l'attention; **to make o.s. ~** se faire remarquer

conspiracy [kən'spɪrəsɪ] N conspiration *f*, complot *m*

conspirator [kən'spɪrətəʳ] N conspirateur(-trice)

conspiratorial [kən'spɪrə'tɔ:rɪəl] ADJ (*behaviour*) de conspirateur; (*glance*) conspirateur(-trice)

conspire [kən'spaɪəʳ] VI conspirer, comploter

constable ['kʌnstəbl] N (BRIT) ≈ agent *m* de police, gendarme *m*; **chief ~** ≈ préfet *m* de police

constabulary [kən'stæbjulərɪ] N ≈ police *f*, gendarmerie *f*

★**constant** ['kɔnstənt] ADJ constant(e); incessant(e)

constantly ['kɔnstəntlɪ] ADV constamment, sans cesse

constellation [kɔnstə'leɪʃən] N constellation *f*

consternation [kɔnstə'neɪʃən] N consternation *f*

constipated ['kɔnstɪpeɪtɪd] ADJ constipé(e)

constipation [kɔnstɪ'peɪʃən] N constipation *f*

constituency [kən'stɪtjuənsɪ] N (*Pol: area*) circonscription électorale; (*: electors*) électorat *m*

constituency party N section locale (d'un parti)

constituent [kən'stɪtjuənt] N électeur(-trice); (*part*) élément constitutif, composant *m*

constitute ['kɔnstɪtju:t] VT constituer

constitution [kɔnstɪ'tju:ʃən] N constitution *f*

constitutional [kɔnstɪ'tju:ʃənl] ADJ constitutionnel(le)

constitutional monarchy N monarchie constitutionnelle

constrain [kən'streɪn] VT contraindre, forcer

constrained [kən'streɪnd] ADJ contraint(e), gêné(e)

constraint [kən'streɪnt] N contrainte *f*; (*embarrassment*) gêne *f*

constrict [kən'strɪkt] VT rétrécir, resserrer; gêner, limiter

construct [kən'strʌkt] VT construire

construction [kən'strʌkʃən] N construction *f*; (*fig: interpretation*) interprétation *f*; **under ~** (*building etc*) en construction

construction industry N (industrie *f* du) bâtiment

constructive [kən'strʌktɪv] ADJ constructif(-ive)

construe [kən'stru:] VT analyser, expliquer

consul ['kɔnsl] N consul *m*

consular ['kɔnsjuləʳ] ADJ consulaire

consulate ['kɔnsjulɪt] N consulat *m*

★**consult** [kən'sʌlt] VT consulter; **to ~ sb (about sth)** consulter qn (à propos de qch)

consultancy [kən'sʌltənsɪ] N service *m* de conseils

consultancy fee N honoraires *mpl* d'expert

consultant [kən'sʌltənt] N (*Med*) médecin consultant; (*other specialist*) consultant *m*, (expert-)conseil *m*; **legal/management ~** conseiller *m* juridique/en gestion ▸ CPD: **~ engineer** *n* ingénieur-conseil *mf*; **~ paediatrician** *n* pédiatre *mf*

consultation [kɔnsəl'teɪʃən] N consultation *f*; **in ~ with** en consultation avec

consultative [kən'sʌltətɪv] ADJ consultatif(-ive)

consulting room [kən'sʌltɪŋ-] N (BRIT) cabinet *m* de consultation

consume [kən'sju:m] VT consommer; (*subj: flames, hatred, desire*) consumer; **to be consumed with hatred** être dévoré par la haine; **to be consumed with desire** brûler de désir

★**consumer** [kən'sju:məʳ] N consommateur(-trice); (*of electricity, gas etc*) usager *m*

consumer credit N crédit *m* aux consommateurs

consumer durables NPL biens *mpl* de consommation durables

consumer goods NPL biens *mpl* de consommation

consumerism [kən'sju:mərizəm] N (*consumer protection*) défense *f* du consommateur; (*Econ*) consumérisme *m*

consumerist [kən'sju:mərɪst] ADJ (*pej: society*) consumériste

consumer society N société *f* de consommation

consumer watchdog N organisme *m* pour la défense des consommateurs

consummate ['kɔnsəmeɪt] VT consommer

consummation [kɔnsə'meɪʃən] N consommation *f*

consumption [kən'sʌmpʃən] N consommation *f*; **not fit for human ~** non comestible

cont. ABBR (= *continued*) suite

★**contact** ['kɔntækt] N contact *m*; (*person*) connaissance *f*, relation *f*; **to be in ~ with sb/sth** être en contact avec qn/qch; **business contacts** relations *fpl* d'affaires, contacts *mpl* ▸ CPD: **~ number** numéro *m* de téléphone ▸ VT se mettre en contact *or* en rapport avec

contact lenses NPL verres *mpl* de contact

contactless ['kɔntæktlɪs] ADJ sans contact

contagion [kən'teɪdʒən] N contagion *f*

contagious [kən'teɪdʒəs] ADJ contagieux(-euse)

★**contain** [kən'teɪn] VT contenir; **to ~ o.s.** se contenir, se maîtriser

container [kən'teɪnəʳ] N récipient *m*; (*for shipping etc*) conteneur *m*

containerize [kən'teɪnəraɪz] VT conteneuriser

container ship N porte-conteneurs *m inv*

containment [kən'teɪnmənt] N (*policy*) endiguement *m*; (*of fire, disease*) maîtrise *f*

contaminate [kən'tæmɪneɪt] VT contaminer

contamination [kəntæmɪ'neɪʃən] N contamination *f*

contemplate ['kɔntəmpleɪt] VT contempler; (*consider*) envisager

contemplation [kɔntəm'pleɪʃən] N contemplation *f*

contemporaneous [kəntɛmpə'reɪniəs] ADJ contemporain(e)

contemporary [kən'tɛmpərərɪ] ADJ contemporain(e); (*design, wallpaper*) moderne ▸ N contemporain(e)

contempt [kən'tɛmpt] N mépris *m*, dédain *m*; **~ of court** (*Law*) outrage *m* à l'autorité de la justice

contemptible [kən'tɛmptəbl] ADJ méprisable, vil(e)

contemptuous [kən'tɛmptjuəs] ADJ dédaigneux(-euse), méprisant(e)

contemptuously [kən'tɛmptjuəslɪ] ADV (*say*) avec mépris

contend [kən'tɛnd] VT: **to ~ that** soutenir *or* prétendre que ▸ VI: **to ~ with** (*compete*) rivaliser avec; (*struggle*) lutter avec; **to have to ~ with** (*be faced with*) avoir affaire à, être aux prises avec

contender [kən'tɛndəʳ] N prétendant(e); candidat(e)

content ADJ [kən'tɛnt] content(e), satisfait(e); **to be ~ with** se contenter de ▸ VT [kən'tɛnt] contenter, satisfaire; **to ~ o.s. with sth/with doing sth** se contenter de qch/de faire qch ▸ N ['kɔntɛnt] (*also Comput*) contenu *m*; (*of fat, moisture*) teneur *f* ■ **contents** NPL (*of container etc*) contenu *m*; **(table of) contents** table *f* des matières

contented [kən'tɛntɪd] ADJ content(e), satisfait(e)

contentedly [kən'tɛntɪdlɪ] ADV avec un sentiment de (profonde) satisfaction

contention [kən'tɛnʃən] N dispute *f*, contestation *f*; (*argument*) assertion *f*, affirmation *f*; **bone of ~** sujet *m* de discorde

contentious [kən'tɛnʃəs] ADJ querelleur(-euse); litigieux(-euse)

contentment [kən'tɛntmənt] N contentement *m*, satisfaction *f*

★**contest** N ['kɔntɛst] combat *m*, lutte *f*; (*competition*) concours *m* ▶ VT [kən'tɛst] contester, discuter; (*compete for*) disputer; (*Law*) attaquer

contestant [kən'tɛstənt] N concurrent(e); (*in fight*) adversaire *mf*

★**context** ['kɔntɛkst] N contexte *m*; **in/out of ~** dans le/hors contexte

contiguous [kən'tɪgjuəs] ADJ (*formal*) contigu(ë); **to be ~ with sth** être contigu(ë) à qch, être attenant(e) à qch

★**continent** ['kɔntɪnənt] N continent *m*; **the C~** (BRIT) l'Europe continentale; **on the C~** en Europe (continentale)

continental [kɔntɪ'nɛntl] ADJ continental(e) ▶ N (BRIT) Européen(ne) (continental(e))

continental breakfast N petit déjeuner *m* continental

continental quilt N (BRIT) couette *f*

contingency [kən'tɪndʒənsɪ] N éventualité *f*, événement imprévu

contingency plan N plan *m* d'urgence

contingent [kən'tɪndʒənt] ADJ contingent(e); **to be ~ upon** dépendre de ▶ N contingent *m*

continual [kən'tɪnjuəl] ADJ continuel(le)

continually [kən'tɪnjuəlɪ] ADV continuellement, sans cesse

continuance [kən'tɪnjuəns] N (*of situation*) continuation *f*; (*of species*) continuité *f*

continuation [kəntɪnju'eɪʃən] N continuation *f*; (*after interruption*) reprise *f*; (*of story*) suite *f*

★**continue** [kən'tɪnju:] VI continuer ▶ VT continuer; (*start again*) reprendre; **to be continued** (*story*) à suivre; **continued on page 10** suite page 10

continuing education [kən'tɪnjuɪŋ-] N formation permanente *or* continue

continuity [kɔntɪ'nju:ɪtɪ] N continuité *f*; (*TV*) enchaînement *m*; (*Cine*) script *m*

continuity girl N (*Cine*) script-girl *f*

continuous [kən'tɪnjuəs] ADJ continu(e), permanent(e); (*Ling*) progressif(-ive); **~ performance** (*Cine*) séance permanente; **~ stationery** (*Comput*) papier *m* en continu

continuous assessment N (BRIT) contrôle continu

continuously [kən'tɪnjuəslɪ] ADV (*repeatedly*) continuellement; (*uninterruptedly*) sans interruption

contort [kən'tɔ:t] VT tordre, crisper

contortion [kən'tɔ:ʃən] N crispation *f*, torsion *f*; (*of acrobat*) contorsion *f*

contortionist [kən'tɔ:ʃənɪst] N contorsionniste *mf*

contour ['kɔntuəʳ] N contour *m*, profil *m*; (*also: **contour line***) courbe *f* de niveau

contraband ['kɔntrəbænd] N contrebande *f* ▶ ADJ de contrebande

contraception [kɔntrə'sɛpʃən] N contraception *f*

contraceptive [kɔntrə'sɛptɪv] ADJ contraceptif(-ive), anticonceptionnel(le) ▶ N contraceptif *m*

★**contract** N ['kɔntrækt] contrat *m*; **~ of employment/service** contrat de travail/de service ▶ CPD (*price, date*) contractuel(le); (*work*) à forfait ▶ VI [kən'trækt] (*become smaller*) se contracter, se resserrer; **to ~ to do sth** (*Comm*) s'engager (par contrat) à faire qch ▶ VT contracter

▶ **contract in** VI s'engager (par contrat); (BRIT *Admin*) s'affilier au régime de retraite complémentaire

▶ **contract out** VI se dégager; (BRIT *Admin*) opter pour la non-affiliation au régime de retraite complémentaire

contraction [kən'trækʃən] N contraction *f*; (*Ling*) forme contractée

contractor [kən'træktəʳ] N entrepreneur(-euse)

contractual [kən'træktʃuəl] ADJ contractuel(le)

contractually [kən'træktʃuəlɪ] ADV contractuellement

contradict [kɔntrə'dɪkt] VT contredire; (*be contrary to*) démentir, être en contradiction avec

contradiction [kɔntrə'dɪkʃən] N contradiction *f*; **to be in ~ with** contredire, être en contradiction avec

contradictory [kɔntrə'dɪktərɪ] ADJ contradictoire

contraflow ['kɔntrəfləu] N (*Aut*): **~ lane** voie *f* à contresens; **there's a ~ system in operation on ...** une voie a été mise en sens inverse sur ...

contraindication ['kɔntrəɪndɪ'keɪʃən] N (*Med*) contre-indication *f*

contralto [kən'træltəu] N contralto *m*

contraption [kən'træpʃən] N (*pej*) machin *m*, truc *m*

contrary[1] ['kɔntrərɪ] ADJ contraire, opposé(e) ▶ N contraire *m*; **on the ~** au contraire; **unless you hear to the ~** sauf avis contraire ▶ ADV: **~ to what we thought** contrairement à ce que nous pensions

contrary[2] [kən'trɛərɪ] ADJ (*perverse*) contrariant(e), entêté(e)

★**contrast** N ['kɔntrɑ:st] contraste *m*; **in ~ to** *or* **with** contrairement à, par opposition à ▶ VT [kən'trɑ:st] mettre en contraste, contraster

contrasting [kən'trɑ:stɪŋ] ADJ opposé(e), contrasté(e)

contravene [kɔntrə'vi:n] VT enfreindre, violer, contrevenir à

contravention [kɔntrə'vɛnʃən] N: **~ (of)** infraction *f* (à)

★**contribute** [kən'trɪbju:t] VI contribuer; **to ~ to** (*gen*) contribuer à; (*newspaper*) collaborer à; (*discussion*) prendre part à ▶ VT: **to ~ £10/an article to** donner 10 livres/un article à

★**contribution** [kɔntrɪ'bju:ʃən] N contribution *f*; (BRIT: *for social security*) cotisation *f*; (*to publication*) article *m*

contributor [kən'trɪbjutəʳ] N (*to newspaper*) collaborateur(-trice); (*of money, goods*) donateur(-trice)

contributory [kən'trɪbjutərɪ] ADJ (*cause*) annexe; **it was a ~ factor in ...** ce facteur a contribué à ...

contributory pension scheme N (BRIT) régime *m* de retraite salariale

contrite ['kɔntraɪt] ADJ contrit(e)

contrition [kən'trɪʃən] N remords *m*

contrivance [kən'traɪvəns] N (*scheme*) machination *f*, combinaison *f*; (*device*) appareil *m*, dispositif *m*

C

contrive [kən'traɪv] VT combiner, inventer ▶ VI: **to ~ to do** s'arranger pour faire, trouver le moyen de faire

contrived [kən'traɪvd] ADJ (*pej: not spontaneous*) forcé(e); (*: unconvincing: plot*) tiré(e) par les cheveux

★**control** [kən'trəul] VT (*process, machinery*) commander; (*temper*) maîtriser; (*disease*) enrayer; (*check*) contrôler; **to ~ o.s.** se contrôler ▶ N maîtrise *f*; (*power*) autorité *f*; **to take ~ of** se rendre maître de; (*Comm*) acquérir une participation majoritaire dans; **to be in ~ of** être maître de, maîtriser; (*in charge of*) être responsable de; **everything is under ~** j'ai (*or* il a *etc*) la situation en main; **the car went out of ~** j'ai (*or* il a *etc*) perdu le contrôle de la voiture; **beyond our ~** indépendant(e) de notre volonté ■ **controls** NPL (*of machine etc*) commandes *fpl*; (*on radio*) boutons *mpl* de réglage

control key N (*Comput*) touche *f* contrôle

controlled drug, controlled substance N substance *f* inscrite au tableau

controller [kən'trəuləʳ] N contrôleur(-euse)

controlling interest [kən'trəulɪŋ-] N (*Comm*) participation *f* majoritaire

control panel N (*on aircraft, ship, TV etc*) tableau *m* de commandes

control point N (poste *m* de) contrôle *m*

control room N (*Naut, Mil*) salle *f* des commandes; (*Radio, TV*) régie *f*

control tower N (*Aviat*) tour *f* de contrôle

control unit N (*Comput*) unité *f* de contrôle

★**controversial** [kɔntrə'vəːʃl] ADJ discutable, controversé(e)

controversy ['kɔntrəvəːsɪ] N controverse *f*, polémique *f*

conundrum [kə'nʌndrəm] N énigme *f*

conurbation [kɔnə'beɪʃən] N conurbation *f*

convalesce [kɔnvə'lɛs] VI relever de maladie, se remettre (d'une maladie)

convalescence [kɔnvə'lɛsns] N convalescence *f*

convalescent [kɔnvə'lɛsnt] ADJ, N convalescent(e)

convector [kən'vɛktəʳ] N radiateur *m* à convection, appareil *m* de chauffage par convection

convene [kən'viːn] VT convoquer, assembler ▶ VI se réunir, s'assembler

convener, convenor [kən'viːnəʳ] N responsable *mf* des convocations

convenience [kən'viːnɪəns] N commodité *f*; **at your ~** quand *or* comme cela vous convient; **at your earliest ~** (*Comm*) dans les meilleurs délais, le plus tôt possible; **all modern conveniences, all mod cons** (BRIT) avec tout le confort moderne, tout confort

convenience foods NPL plats cuisinés

convenient [kən'viːnɪənt] ADJ commode; **if it is ~ to you** si cela vous convient, si cela ne vous dérange pas

conveniently [kən'viːnɪəntlɪ] ADV (*happen*) à pic; (*situated*) commodément

convent ['kɔnvənt] N couvent *m*

convention [kən'vɛnʃən] N convention *f*; (*custom*) usage *m*

conventional [kən'vɛnʃənl] ADJ conventionnel(le)

conventionally [kən'vɛnʃənlɪ] ADV (*dress, produce*) de manière conventionnelle; (*beautiful, handsome*) classiquement

convent school N couvent *m*

converge [kən'vəːdʒ] VI converger

convergence [kən'vəːdʒəns] N convergence *f*

conversant [kən'vəːsnt] ADJ: **to be ~ with** s'y connaître en; être au courant de

★**conversation** [kɔnvə'seɪʃən] N conversation *f*

conversational [kɔnvə'seɪʃənl] ADJ de la conversation; (*Comput*) conversationnel(le)

conversationalist [kɔnvə'seɪʃnəlɪst] N brillant(e) causeur(-euse)

converse N ['kɔnvəːs] contraire *m*, inverse *m* ▶ VI [kən'vəːs]: **to ~ (with sb about sth)** s'entretenir (avec qn de qch)

conversely [kɔn'vəːslɪ] ADV inversement, réciproquement

conversion [kən'vəːʃən] N conversion *f*; (BRIT: *of house*) transformation *f*, aménagement *m*; (*Rugby*) transformation *f*

conversion table N table *f* de conversion

convert VT [kən'vəːt] (*Rel, Comm*) convertir; (*alter*) transformer; (*house*) aménager; (*Rugby*) transformer ▶ N ['kɔnvəːt] converti(e)

converter [kən'vəːtəʳ] N convertisseur *m*

convertible [kən'vəːtəbl] ADJ convertible ▶ N (voiture *f*) décapotable *f*

convex ['kɔn'vɛks] ADJ convexe

convey [kən'veɪ] VT transporter; (*thanks*) transmettre; (*idea*) communiquer

conveyance [kən'veɪəns] N (*of goods*) transport *m* de marchandises; (*vehicle*) moyen *m* de transport

conveyancing [kən'veɪənsɪŋ] N (*Law*) rédaction *f* des actes de cession de propriété

conveyor belt [kən'veɪəʳ-] N convoyeur *m* tapis roulant

convict VT [kən'vɪkt] déclarer (*or* reconnaître) coupable ▶ N ['kɔnvɪkt] forçat *m*, convict *m*

conviction [kən'vɪkʃən] N (*Law*) condamnation *f*; (*belief*) conviction *f*

★**convince** [kən'vɪns] VT convaincre, persuader; **to ~ sb (of sth/that)** persuader qn (de qch/que)

convinced [kən'vɪnst] ADJ: **~ of/that** convaincu(e) de/que

convincing [kən'vɪnsɪŋ] ADJ persuasif(-ive), convaincant(e)

convincingly [kən'vɪnsɪŋlɪ] ADV de façon convaincante

convivial [kən'vɪvɪəl] ADJ joyeux(-euse), plein(e) d'entrain

convoluted ['kɔnvəluːtɪd] ADJ (*shape*) tarabiscoté(e); (*argument*) compliqué(e)

convoy ['kɔnvɔɪ] N convoi *m*

convulse [kən'vʌls] VT ébranler; **to be convulsed with laughter** se tordre de rire

convulsion [kən'vʌlʃən] N convulsion *f*

COO N ABBR (= *chief operating officer*) président(e)

coo [kuː] VI roucouler

★**cook** [kuk] VT (faire) cuire ▶ VI cuire; (*person*) faire la cuisine ▶ N cuisinier(-ière)
▶ **cook up** VT (*inf: excuse, story*) inventer

cookbook ['kukbuk] N livre *m* de cuisine

★**cooker** ['kukəʳ] N cuisinière *f*

cookery ['kukərɪ] N cuisine *f*

cookery book N (BRIT) = **cookbook**

cookie ['kukɪ] N (*US*) biscuit *m*, petit gâteau sec; (*Comput*) cookie *m*, témoin *m* de connexion

cooking ['kukɪŋ] N cuisine *f* ▶ CPD (*apples, chocolate*) à cuire; (*utensils, salt*) de cuisine

cookout ['kukaut] N (*US*) barbecue *m*

cookware ['kukwɛəʳ] N batterie *f* de cuisine

★**cool** [ku:l] ADJ frais (fraîche); (*not afraid*) calme; (*unfriendly*) froid(e); (*impertinent*) effronté(e); (*inf: trendy*) cool *inv* (*inf*); (*: great*) super *inv* (*inf*); **it's ~** (*weather*) il fait frais; **to keep sth ~** *or* **in a ~ place** garder *or* conserver qch au frais ▶ VT, VI rafraîchir, refroidir
▶ **cool down** VI refroidir; (*fig: person, situation*) se calmer
▶ **cool off** VI (*become calmer*) se calmer; (*lose enthusiasm*) perdre son enthousiasme

coolant ['ku:lənt] N liquide *m* de refroidissement

cool box, (*US*) **cooler** ['ku:ləʳ] N boîte *f* isotherme

cooling ['ku:lɪŋ] ADJ (*breeze*) rafraîchissant(e)

cooling tower N refroidisseur *m*

coolly ['ku:lɪ] ADV (*calmly*) calmement; (*audaciously*) sans se gêner; (*unenthusiastically*) froidement

coolness ['ku:lnɪs] N fraîcheur *f*; sang-froid *m*, calme *m*; froideur *f*

coop [ku:p] N poulailler *m*
▶ **coop up** VT (*fig*) cloîtrer, enfermer

co-op ['kəuɔp] N ABBR (= *cooperative (society)*) coop *f*

cooperate [kəu'ɔpəreɪt] VI coopérer, collaborer

cooperation [kəuɔpə'reɪʃən] N coopération *f*, collaboration *f*

cooperative [kəu'ɔpərətɪv] ADJ coopératif(-ive) ▶ N coopérative *f*

coopt [kəu'ɔpt] VT: **to ~ sb onto a committee** coopter qn pour faire partie d'un comité

coordinate VT [kəu'ɔ:dɪneɪt] coordonner ▶ N [kəu'ɔdɪnət] (*Math*) coordonnée *f* ■ **coordinates** NPL (*clothes*) ensemble *m*, coordonnés *mpl*

coordination [kəuɔ:dɪ'neɪʃən] N coordination *f*

coordinator [kəu'ɔ:dɪneɪtəʳ] N coordinateur(-trice)

coot [ku:t] N foulque *f*

co-ownership ['kəu'əunəʃɪp] N copropriété *f*

cop [kɔp] N (*inf*) flic *m*

coparent [kəu'pɛərənt] N coparent *m* ▶ VT élever en coparentalité

coparenting [kəu'pɛərəntɪŋ] N coparentalité *f*

cope [kəup] VI s'en sortir, tenir le coup; **to ~ with** (*problem*) faire face à; (*take care of*) s'occuper de

Copenhagen ['kəupn'heɪgən] N Copenhague

copier ['kɔpɪəʳ] N (*also:* **photocopier**) copieur *m*

co-pilot ['kəu'paɪlət] N copilote *mf*

copious ['kəupɪəs] ADJ copieux(-euse), abondant(e)

copper ['kɔpəʳ] N cuivre *m*; (BRIT *inf: police officer*) flic *m* ■ **coppers** NPL (BRIT) petite monnaie

coppice ['kɔpɪs], **copse** [kɔps] N taillis *m*

copulate ['kɔpjuleɪt] VI copuler

★**copy** ['kɔpɪ] N copie *f*; (*book etc*) exemplaire *m*; (*material: for printing*) copie; **rough ~** (*gen*) premier jet; (*Scol*) brouillon *m*; **fair ~** version définitive; propre *m*; **to make good ~** (*Press*) faire un bon sujet d'article ▶ VT copier; (*imitate*) imiter
▶ **copy out** VT copier

copycat ['kɔpɪkæt] N (*pej*) copieur(-euse)

copyright ['kɔpɪraɪt] N droit *m* d'auteur, copyright *m*; **~ reserved** tous droits (de reproduction) réservés

copy typist N dactylo *mf*

copywriter ['kɔpɪraɪtəʳ] N rédacteur(-trice) publicitaire

coracle ['kɔrəkl] N coracle *m*

coral ['kɔrəl] N corail *m*

coral reef N récif *m* de corail

Coral Sea N: **the ~** la mer de Corail

cord [kɔ:d] N corde *f*; (*fabric*) velours côtelé; (*Elec*) cordon *m* (d'alimentation), fil *m* (électrique) ■ **cords** NPL (*trousers*) pantalon *m* de velours côtelé

cordial ['kɔ:dɪəl] ADJ cordial(e), chaleureux(-euse) ▶ N sirop *m*; cordial *m*

cordially ['kɔ:dɪəlɪ] ADV chaleureusement

cordless ['kɔ:dlɪs] ADJ sans fil

cordon ['kɔ:dn] N cordon *m*
▶ **cordon off** VT (*area*) interdire l'accès à; (*crowd*) tenir à l'écart

corduroy ['kɔ:dərɔɪ] N velours côtelé

CORE [kɔ:ʳ] N ABBR (*US*) = **Congress of Racial Equality**

core [kɔ:ʳ] N (*of fruit*) trognon *m*, cœur *m*; (*Tech: also of earth*) noyau *m*; (*: of nuclear reactor*) cœur; (*fig: of problem etc*) cœur; **rotten to the ~** complètement pourri ▶ VT enlever le trognon *or* le cœur de

Corfu [kɔ:'fu:] N Corfou

coriander [kɔrɪ'ændəʳ] N coriandre *f*

cork [kɔ:k] N (*material*) liège *m*; (*of bottle*) bouchon *m*

corkage ['kɔ:kɪdʒ] N *droit payé par le client qui apporte sa propre bouteille de vin*

corked [kɔ:kt], (*US*) **corky** ['kɔ:kɪ] ADJ (*wine*) qui sent le bouchon

corkscrew ['kɔ:kskru:] N tire-bouchon *m*

cormorant ['kɔ:mərnt] N cormoran *m*

corn [kɔ:n] N (BRIT: *wheat*) blé *m*; (*US: maize*) maïs *m*; (*on foot*) cor *m*; **~ on the cob** (*Culin*) épi *m* de maïs au naturel

cornea ['kɔ:nɪə] N cornée *f*

corned beef ['kɔ:nd-] N corned-beef *m*

★**corner** ['kɔ:nəʳ] N coin *m*; (*in road*) tournant *m*, virage *m*; (*Football: also:* **corner kick**) corner *m*; **to cut corners** (*fig*) prendre des raccourcis ▶ VT (*trap: prey*) acculer; (*fig*) coincer; (*Comm: market*) accaparer ▶ VI prendre un virage

corner flag N (*Football*) piquet *m* de coin

corner kick N (*Football*) corner *m*

corner shop (BRIT) N magasin *m* du coin

cornerstone ['kɔ:nəstəun] N pierre *f* angulaire

cornet ['kɔ:nɪt] N (*Mus*) cornet *m* à pistons; (BRIT: *of ice-cream*) cornet (de glace)

cornfield ['kɔ:nfi:ld] N (BRIT: *field of wheat*) champ *m* de blé; (*US: field of maize*) champ *m* de maïs

cornflakes ['kɔ:nfleɪks] NPL cornflakes *mpl*

C

cornflour ['kɔːnflauəʳ] N (BRIT) farine *f* de maïs, maïzena® *f*
cornflower ['kɔːnflauəʳ] N bleuet *m*, barbeau *m*
cornice ['kɔːnɪs] N corniche *f*
Cornish ['kɔːnɪʃ] ADJ de Cornouailles, cornouaillais(e)
corn oil N huile *f* de maïs
cornstarch ['kɔːnstɑːtʃ] N (US) farine *f* de maïs, maïzena® *f*
cornucopia [kɔːnju'kəupɪə] N corne *f* d'abondance
Cornwall ['kɔːnwəl] N Cornouailles *f*
corny ['kɔːnɪ] ADJ (*inf*) rebattu(e), galvaudé(e)
corollary [kə'rɔlərɪ] N corollaire *m*
coronary ['kɔrənərɪ] N: **~ (thrombosis)** infarctus *m* (du myocarde), thrombose *f* coronaire
coronation [kɔrə'neɪʃən] N couronnement *m*
coroner ['kɔrənəʳ] N coroner *m*, *officier de police judiciaire chargé de déterminer les causes d'un décès*
coronet ['kɔrənɪt] N couronne *f*
Corp. ABBR = **corporation**
corporal ['kɔːpərl] N caporal *m*, brigadier *m* ▶ ADJ: **~ punishment** châtiment corporel
corporate ['kɔːpərɪt] ADJ (*action, ownership*) en commun; (*Comm*) de la société
corporate hospitality N *arrangement selon lequel une société offre des places de théâtre, concert etc à ses clients*
corporate identity, corporate image N (*of organization*) image *f* de la société
corporation [kɔːpə'reɪʃən] N (*of town*) municipalité *f*, conseil municipal; (*Comm*) société *f*
corporation tax N ≈ impôt *m* sur les bénéfices
corps [kɔːʳ] (*pl* ~ [kɔːz]) N corps *m*; **the diplomatic ~** le corps diplomatique; **the press ~** la presse
corpse [kɔːps] N cadavre *m*
corpulent ['kɔːpjulənt] ADJ (*literary*) corpulent(e)
corpuscle ['kɔːpʌsl] N corpuscule *m*
corral [kə'rɑːl] N corral *m*
★**correct** [kə'rɛkt] ADJ (*accurate*) correct(e), exact(e); (*proper*) correct, convenable; **you are ~** vous avez raison ▶ VT corriger
correction [kə'rɛkʃən] N correction *f*
correctional [kə'rɛkʃənəl] ADJ (*esp US*) correctionnel(le)
correctly [kə'rɛktlɪ] ADV (*right*) correctement; **quite ~, she ...** à fort juste titre, elle ...
correlate ['kɔrɪleɪt] VT mettre en corrélation ▶ VI: **to ~ with** correspondre à
correlation [kɔrɪ'leɪʃən] N corrélation *f*
correspond [kɔrɪs'pɔnd] VI correspondre; **to ~ to sth** (*be equivalent to*) correspondre à qch
correspondence [kɔrɪs'pɔndəns] N correspondance *f*
correspondence course N cours *m* par correspondance
correspondent [kɔrɪs'pɔndənt] N correspondant(e)
corresponding [kɔrɪs'pɔndɪŋ] ADJ correspondant(e)
correspondingly [kɔrɪ'spɔndɪŋlɪ] ADV (*proportionately*) proportionnellement
corridor ['kɔrɪdɔːʳ] N couloir *m*, corridor *m*
corroborate [kə'rɔbəreɪt] VT corroborer, confirmer
corroboration [kərɔbə'reɪʃən] N confirmation *f*
corrode [kə'rəud] VT corroder, ronger ▶ VI se corroder
corrosion [kə'rəuʒən] N corrosion *f*
corrosive [kə'rəuzɪv] ADJ corrosif(-ive)
corrugated ['kɔrəgeɪtɪd] ADJ plissé(e); ondulé(e)
corrugated iron N tôle ondulée
corrupt [kə'rʌpt] ADJ corrompu(e); (*Comput*) altéré(e); **~ practices** (*dishonesty, bribery*) malversation *f* ▶ VT corrompre; (*Comput*) altérer
corruption [kə'rʌpʃən] N corruption *f*; (*Comput*) altération *f* (de données)
corset ['kɔːsɪt] N corset *m*
Corsica ['kɔːsɪkə] N Corse *f*
Corsican ['kɔːsɪkən] ADJ corse ▶ N Corse *mf*
cortège [kɔː'teɪʒ] N cortège *m* (*gén funèbre*)
cortex ['kɔːtɛks] (*pl* **cortices** ['kɔːtɪsiːz]) N (*of brain*) cortex *m*
cortisone ['kɔːtɪzəun] N cortisone *f*
coruscating ['kɔrəskeɪtɪŋ] ADJ scintillant(e)
cosh [kɔʃ] N (BRIT) matraque *f*
cosignatory ['kəu'sɪgnətərɪ] N cosignataire *mf*
cosiness ['kəuzɪnɪs] N atmosphère douillette, confort *m*
cos lettuce ['kɔs-] N (BRIT) (laitue *f*) romaine *f*
cosmetic [kɔz'mɛtɪk] N produit *m* de beauté, cosmétique *m* ▶ ADJ (*preparation*) cosmétique; (*fig: reforms*) symbolique, superficiel(le)
cosmetic surgery N chirurgie *f* esthétique
cosmic ['kɔzmɪk] ADJ cosmique
cosmonaut ['kɔzmənɔːt] N cosmonaute *mf*
cosmopolitan [kɔzmə'pɔlɪtn] ADJ cosmopolite
cosmos ['kɔzmɔs] N cosmos *m*
cosset ['kɔsɪt] VT choyer, dorloter
★**cost** [kɔst] N coût *m*; **at all costs** coûte que coûte, à tout prix ▶ VT (*pt, pp* **~**: *money*) coûter; (*pt, pp* **costed**: *estimate cost of*) établir *or* calculer le prix de revient de; **how much does it ~?** combien ça coûte ?; **it costs £5/too much** cela coûte 5 livres/trop cher; **what will it ~ to have it repaired?** combien cela coûtera de le faire réparer ?; **to ~ sb time/effort** demander du temps/un effort à qn; **it ~ him his life/job** ça lui a coûté la vie/son emploi ■ **costs** NPL (*Comm*) frais *mpl*; (*Law*) dépens *mpl*
cost accountant N analyste *mf* de coûts
co-star ['kəustɑːʳ] N partenaire *mf*
Costa Rica ['kɔstə'riːkə] N Costa Rica *m*
cost centre N centre *m* de coût
cost control N contrôle *m* des coûts
cost-effective ['kɔstɪ'fɛktɪv] ADJ rentable
cost-effectiveness ['kɔstɪ'fɛktɪvnɪs] N rentabilité *f*
costing ['kɔstɪŋ] N calcul *m* du prix de revient
costly ['kɔstlɪ] ADJ coûteux(-euse)
cost of living ['kɔstəv'lɪvɪŋ] N coût *m* de la vie ▶ CPD: **~ allowance** indemnité *f* de vie chère; **~ index** indice *m* du coût de la vie
cost price N (BRIT) prix coûtant *or* de revient

costume ['kɔstju:m] N costume *m*; (*lady's suit*) tailleur *m*; (BRIT: *also*: **swimming costume**) maillot *m* (de bain)

costume jewellery N (BRIT) bijoux *mpl* de fantaisie

cosy, (US) **cozy** ['kəuzɪ] ADJ (*room, bed*) douillet(te); (*scarf, gloves*) bien chaud(e); (*atmosphere*) chaleureux(-euse); **to be ~** (*person*) être bien (au chaud)

cot [kɔt] N (BRIT: *child's*) lit *m* d'enfant, petit lit; (US: *campbed*) lit de camp

cot death N mort subite du nourrisson

Cotswolds ['kɔtswəuldz] NPL: **the ~** *région de collines du Gloucestershire*

★**cottage** ['kɔtɪdʒ] N petite maison (à la campagne), cottage *m*

cottage cheese N fromage blanc (*maigre*)

cottage industry N industrie familiale *or* artisanale

cottage pie N ≈ hachis *m* Parmentier

★**cotton** ['kɔtn] N coton *m*; (*thread*) fil *m* (de coton) ▸ CPD (*dress, sheet*) de coton; **a ~ shirt** une chemise de coton

▸ **cotton on** VI (*inf*): **to ~ on (to sth)** piger (qch)

cotton bud N (BRIT) coton-tige® *m*

cotton candy N (US) barbe *f* à papa

cotton wool N (BRIT) ouate *f*, coton *m* hydrophile

couch [kautʃ] N canapé *m*; divan *m*; (*doctor's*) table *f* d'examen; (*psychiatrist's*) divan ▸ VT formuler, exprimer

couchette [ku:'ʃɛt] N couchette *f*

couch potato N (*inf*) mollasson(ne) (*qui passe son temps devant la télé*)

couchsurfing ['kautʃsə:fɪŋ] N couchsurfing *m*, *hébergement temporaire gratuit chez un particulier*

★**cough** [kɔf] VI tousser ▸ N toux *f*; **I've got a ~** j'ai la toux, je tousse

▸ **cough up** (*inf*) VT FUS (*money*) raquer (*inf*), cracher (*inf*) ▸ VI (*pay money*) raquer (*inf*)

cough drop N pastille *f* pour *or* contre la toux

cough mixture N sirop *m* pour la toux

cough sweet N pastille *f* pour *or* contre la toux

cough syrup N sirop *m* pour la toux

★**could** [kud] PT *of* **can²**

couldn't = **could not**

★**council** ['kaunsl] N conseil *m*; **city** *or* **town ~** conseil municipal; **C~ of Europe** Conseil de l'Europe

council estate N (BRIT) (quartier *m* *or* zone *f* de) logements loués à/par la municipalité

council house N (BRIT) maison *f* (à loyer modéré) louée par la municipalité

councillor, (US) **councilor** ['kaunslər] N conseiller(-ère)

council tax N (BRIT) impôts locaux

counsel ['kaunsl] N conseil *m*; (*lawyer*) avocat(e); **~ for the defence/the prosecution** (avocat de la) défense/avocat du ministère public ▸ VT: **to ~ (sb to do sth)** conseiller (à qn de faire qch)

counselling, (US) **counseling** ['kaunslɪŋ] N (*Psych*) aide psychosociale

counsellor, (US) **counselor** ['kaunslər] N conseiller(-ère); (*US Law*) avocat *m*

★**count** [kaunt] VT compter; **not counting the children** sans compter les enfants; **10 counting him** 10 avec lui, 10 en le comptant; **to ~ the cost of** établir le coût de; **~ yourself lucky** estimez-vous heureux ▸ VI compter; **to ~ (up) to 10** compter jusqu'à 10; **it counts for very little** cela n'a pas beaucoup d'importance ▸ N compte *m*; (*nobleman*) comte *m*; **to keep ~ of sth** tenir le compte de qch

▸ **count in** VT (*inf*): **to ~ sb in (on sth)** inclure qn (dans qch)

▸ **count on** VT FUS compter sur; **to ~ on doing sth** compter faire qch

▸ **count up** VT compter, additionner

countdown ['kauntdaun] N compte *m* à rebours

countenance ['kauntɪnəns] N expression *f* ▸ VT approuver

★**counter** ['kauntər] N comptoir *m*; (*in post office, bank*) guichet *m*; (*in game*) jeton *m*; **to buy under the ~** (*fig*) acheter sous le manteau *or* en sous-main ▸ VT aller à l'encontre de, opposer; (*blow*) parer; **to ~ sth with sth/by doing sth** contrer *or* riposter à qch par qch/en faisant qch ▸ ADV: **~ to** à l'encontre de; contrairement à

counteract ['kauntər'ækt] VT neutraliser, contrebalancer

counterattack ['kauntərə'tæk] N contre-attaque *f* ▸ VI contre-attaquer

counterbalance ['kauntə'bæləns] VT contrebalancer, faire contrepoids à

counterbid ['kauntəbɪd] N surenchère *f*, suroffre *f* ▸ VT surenchérir de, faire une suroffre de

counterclockwise ['kauntə'klɔkwaɪz] ADV (US) en sens inverse des aiguilles d'une montre

counter-espionage ['kauntər'ɛspɪənɑ:ʒ] N contre-espionnage *m*

counterfeit ['kauntəfɪt] N faux *m*, contrefaçon *f* ▸ VT contrefaire ▸ ADJ faux (fausse)

counterfoil ['kauntəfɔɪl] N talon *m*, souche *f*

counterintelligence ['kauntərɪn'tɛlɪdʒəns] N contre-espionnage *m*

countermand ['kauntəmɑ:nd] VT annuler

countermeasure ['kauntəmɛʒər] N contre-mesure *f*

counteroffensive ['kauntərə'fɛnsɪv] N contre-offensive *f*

counterpane ['kauntəpeɪn] N dessus-de-lit *m*

counterpart ['kauntəpɑ:t] N (*of document etc*) double *m*; (*of person*) homologue *mf*

counterproductive ['kauntəprə'dʌktɪv] ADJ contre-productif(-ive)

counterproposal ['kauntəprə'pəuzl] N contre-proposition *f*

counter-revolutionary [kauntərɛvə'lu:ʃənrɪ] ADJ, N contre-révolutionnaire *mf*

countersign ['kauntəsaɪn] VT contresigner

countersink ['kauntəsɪŋk] VT (*hole*) fraiser

countertenor ['kauntətɛnər] N haute-contre *m*

counterterrorism [kauntə'tɛrərɪzəm] N contre-terrorisme *m*

countertop ['kauntətɔp] N (*US*: *worktop*) plan *m* de travail

counterweight ['kauntəweɪt] N contrepoids *m* ▸ VT contrebalancer

countess ['kauntɪs] N comtesse *f*

countless ['kauntlɪs] ADJ innombrable

countrified ['kʌntrɪfaɪd] ADJ rustique, à l'air campagnard

★**country** ['kʌntrɪ] N pays *m*; (*native land*) patrie *f*; (*as opposed to town*) campagne *f*; (*region*) région *f*, pays; **in the ~** à la campagne; **mountainous ~** pays de montagne, région montagneuse

country and western, country and western music N musique *f* country

country dancing N (BRIT) danse *f* folklorique

country house N manoir *m*, (petit) château

countryman ['kʌntrɪmən] N (*irreg*) (*compatriot*) compatriote *m*; (*country dweller*) habitant *m* de la campagne, campagnard *m*

★**countryside** ['kʌntrɪsaɪd] N campagne *f*

countrywide ['kʌntrɪ'waɪd] ADJ s'étendant à l'ensemble du pays; (*problem*) à l'échelle nationale ▸ ADV à travers *or* dans tout le pays

countrywoman ['kʌntriwumən] N (*irreg*) (*compatriot*) compatriote *f*; (*country dweller*) habitante *f* de la campagne, campagnarde *f*

★**county** ['kauntɪ] N comté *m*

county council N (BRIT) ≈ conseil régional

county town N (BRIT) chef-lieu *m*

coup [ku:] (*pl* **coups** [ku:z]) N (*achievement*) beau coup; (*also:* **coup d'état**) coup d'État

coupé [ku:'peɪ] N (*Aut*) coupé *m*

★**couple** ['kʌpl] N couple *m*; **a ~ of** (*two*) deux; (*a few*) deux ou trois ▸ VT (*carriages*) atteler; (*Tech*) coupler; (*ideas, names*) associer

couplet ['kʌplɪt] N distique *m*

coupling ['kʌplɪŋ] N (*Rail*) attelage *m*

coupon ['ku:pɔn] N (*voucher*) bon *m* de réduction; (*detachable form*) coupon *m* détachable, coupon-réponse *m*; (*Finance*) coupon

★**courage** ['kʌrɪdʒ] N courage *m*

courageous [kə'reɪdʒəs] ADJ courageux(-euse)

courgette [kuə'ʒɛt] N (BRIT) courgette *f*

courier ['kurɪə^r] N messager *m*, courrier *m*; (*for tourists*) accompagnateur(-trice)

★**course** [kɔ:s] N cours *m*; (*of ship*) route *f*; (*for golf*) terrain *m*; (*part of meal*) plat *m*; **first ~** entrée *f*; **of ~** *adv* bien sûr; **(no,) of ~ not!** bien sûr que non !, évidemment que non !; **in the ~ of** au cours de; **in the ~ of the next few days** au cours des prochains jours; **in due ~** en temps utile *or* voulu; **~ (of action)** parti *m*, ligne *f* de conduite; **the best ~ would be to ...** le mieux serait de ...; **we have no other ~ but to ...** nous n'avons pas d'autre solution que de ...; **~ of lectures** série *f* de conférences; **~ of treatment** (*Med*) traitement *m*

coursework ['kɔ:swə:k] N (*students' work*) devoirs *mpl*; (*continuous assessment*) contrôle *m* continu

★**court** [kɔ:t] N cour *f*; (*Law*) cour, tribunal *m*; (*Tennis*) court *m*; **out of ~** (*Law: settle*) à l'amiable; **to take to ~** actionner *or* poursuivre en justice; **~ of appeal** cour d'appel ▸ VT (*woman*) courtiser, faire la cour à; (*fig: favour, popularity*) rechercher; (*: death, disaster*) courir après, flirter avec

courteous ['kə:tɪəs] ADJ courtois(e), poli(e)

courtesan [kɔ:tɪ'zæn] N courtisane *f*

courtesy ['kə:təsɪ] N courtoisie *f*, politesse *f*; **(by) ~ of** avec l'aimable autorisation de

courtesy bus, courtesy coach N navette gratuite

courtesy light N (*Aut*) plafonnier *m*

courthouse ['kɔ:thaus] N (*US*) palais *m* de justice

courtier ['kɔ:tɪə^r] N courtisan *m*, dame *f* de cour

court martial (*pl* **courts martial**) N cour martiale, conseil *m* de guerre

courtroom ['kɔ:trum] N salle *f* de tribunal

court shoe N escarpin *m*

courtyard ['kɔ:tjɑ:d] N cour *f*

★**cousin** ['kʌzn] N cousin(e); **first ~** cousin(e) germain(e)

couturier [ku'tjuərieɪ] N grand couturier *m*

cove [kəuv] N petite baie, anse *f*

covenant ['kʌvənənt] N contrat *m*, engagement *m* ▸ VT: **to ~ £200 per year to a charity** s'engager à verser 200 livres par an à une œuvre de bienfaisance

Coventry ['kɔvəntrɪ] N: **to send sb to ~** (BRIT *fig*) mettre qn en quarantaine

★**cover** ['kʌvə^r] VT couvrir; (*Press: report on*) faire un reportage sur; (*feelings, mistake*) cacher; (*include*) englober; (*discuss*) traiter; **£10 will ~ everything** 10 livres suffiront (pour tout payer) ▸ N (*of book, Comm*) couverture *f*; (*of pan*) couvercle *m*; (*over furniture*) housse *f*; (*shelter*) abri *m*; **to take ~** se mettre à l'abri; **under ~** à l'abri; **under ~ of darkness** à la faveur de la nuit; **under separate ~** (*Comm*) sous pli séparé ▪ **covers** NPL (*on bed*) couvertures
▸ **cover up** VT (*truth, facts*) occulter; (*person, object*): **to ~ up (with)** couvrir (de) ▸ VI: **to ~ up for sb** (*fig*) couvrir qn

coverage ['kʌvərɪdʒ] N (*in media*) reportage *m*; (*Insurance*) couverture *f*

cover charge N couvert *m* (*supplément à payer*)

covered ['kʌvəd] ADJ couvert(e); **to be ~ in** *or* **with sth** être couvert(e) de qch

covering ['kʌvərɪŋ] N couverture *f*, enveloppe *f*

covering letter, (US) **cover letter** N lettre explicative

cover note N (*Insurance*) police *f* provisoire

cover price N prix *m* de l'exemplaire

covert ['kʌvət] ADJ (*threat*) voilé(e), caché(e); (*attack*) indirect(e); (*glance*) furtif(-ive)

covertly ['kʌvətlɪ] ADV (*work, operate*) secrètement; (*watch*) à la dérobée; **to film sb ~** filmer qn à son insu

cover-up ['kʌvərʌp] N tentative *f* pour étouffer une affaire

covet ['kʌvɪt] VT convoiter

★**cow** [kau] N vache *f* ▸ CPD femelle ▸ VT effrayer, intimider

coward ['kauəd] N lâche *mf*

cowardice ['kauədɪs] N lâcheté *f*

cowardly ['kauədlɪ] ADJ lâche

cowboy ['kaubɔɪ] N cow-boy *m*

cower ['kauə^r] VI se recroqueviller; trembler

cowhide ['kauhaɪd] N cuir *m* de vache ▸ CPD (*boots, bag, chair*) en cuir de vache

cowl [kaul] N (*hood*) capuchon *m*

cowpat ['kaupæt] N bouse *f* de vache
cowshed ['kauʃɛd] N étable *f*
cowslip ['kauslɪp] N (*Bot*) (fleur *f* de) coucou *m*
cox [kɔks] N (*of rowing boat*) barreur(-euse)
coxswain ['kɔksən] N (*of lifeboat*) timonier *m*
coy [kɔɪ] ADJ (*shy*) faussement effarouché(e) *or* timide; (*coquettish*: *smile*) séducteur(-trice); (*evasive*) évasif(-ive)
coyly ['kɔɪlɪ] ADV (*coquettishly*) avec coquetterie; (*euphemistically*) euphémiquement; (*evasively*) évasivement
coyote [kɔɪ'əutɪ] N coyote *m*
cozy ['kəuzɪ] ADJ (US) = **cosy**
CP N ABBR (= *Communist Party*) PC *m*
cp. ABBR (= *compare*) cf.
CPA N ABBR (US) = **certified public accountant**
CPI N ABBR (= *Consumer Price Index*) IPC *m*
Cpl. ABBR (= *corporal*) C/C
CP/M N ABBR (= *Central Program for Microprocessors*) CP/M *m*
CPR N ABBR (= *cardiopulmonary resuscitation*) RCP *f*
c.p.s. ABBR (= *characters per second*) caractères/seconde
CPSA N ABBR (BRIT: = *Civil and Public Services Association*) *syndicat de la fonction publique*
CPU N ABBR = **central processing unit**
cr. ABBR = **credit**; **creditor**
crab [kræb] N crabe *m*
crab apple N pomme *f* sauvage
★**crack** [kræk] N (*split*) fente *f*, fissure *f*; (*in cup, bone*) fêlure *f*; (*in wall*) lézarde *f*; (*noise*) craquement *m*, coup (sec); (*joke*) plaisanterie *f*; (*inf*: *attempt*): **to have a ~ (at sth)** essayer (qch); (*also*: **crack cocaine**) crack *m*; (IRISH *inf*: *craic*) ambiance *f* ▸ VT fendre, fissurer; fêler; lézarder; (*whip*) faire claquer; (*nut*) casser; (*problem*) résoudre, trouver la clef de; (*code*) déchiffrer; **to ~ jokes** (*inf*) raconter des blagues ▸ VI: **to get cracking** (*inf*) s'y mettre, se magner (*inf*) ▸ CPD (*athlete*) de première classe, d'élite
▸ **crack down on** VT FUS (*crime*) sévir contre, réprimer; (*spending*) mettre un frein à
▸ **crack up** VI être au bout du rouleau, flancher
crack cocaine N crack *m*
crackdown ['krækdaun] N: **~ (on)** (*on crime*) répression *f* (de); (*on spending*) restrictions *fpl* (de)
cracked [krækt] ADJ (*cup, bone*) fêlé(e); (*broken*) cassé(e); (*wall*) lézardé(e); (*surface*) craquelé(e); (*inf*) toqué(e), timbré(e)
cracker ['krækəʳ] N (*also*: **Christmas cracker**) pétard *m*; (*biscuit*) biscuit (salé), craquelin *m*; **a ~ of a ...** (BRIT *inf*) un(e) ... formidable; **he's crackers** (BRIT *inf*) il est cinglé
crackle ['krækl] VI crépiter, grésiller
crackling ['kræklɪŋ] N crépitement *m*, grésillement *m*; (*on radio, telephone*) grésillement, friture *f*; (*of pork*) couenne *f*
crackpot ['krækpɔt] N (*inf*) tordu(e)
cradle ['kreɪdl] N berceau *m* ▸ VT (*child*) bercer; (*object*) tenir dans ses bras
craft [krɑːft] N métier (artisanal); (*cunning*) ruse *f*, astuce *f*; (*boat*: *pl inv*) embarcation *f*, barque *f*; (*plane*: *pl inv*) appareil *m*
craftsman ['krɑːftsmən] N (*irreg*) artisan *m*
craftsmanship ['krɑːftsmənʃɪp] N métier *m*, habileté *f*
craftswoman ['krɑːftswumən] N (*irreg*) artisane *f*
crafty ['krɑːftɪ] ADJ rusé(e), malin(-igne), astucieux(-euse)
crag [kræg] N rocher escarpé
craggy ['krægɪ] ADJ (*cliff*) escarpé(e); (*face*) anguleux(-euse)
craic [kræk] N (IRISH *inf*) ambiance *f*
cram [kræm] VT: **to ~ sth with** (*fill*) bourrer qch de; **to ~ sth into** (*put*) fourrer qch dans ▸ VI (*for exams*) bachoter
crammed [kræmd] ADJ: **to be ~ with sth** être bourré(e) de qch; **to be ~ into sth** être entassé(e) dans qch
cramming ['kræmɪŋ] N (*for exams*) bachotage *m*
cramp [kræmp] N crampe *f*; **I've got ~ in my leg** j'ai une crampe à la jambe ▸ VT gêner, entraver
cramped [kræmpt] ADJ à l'étroit, très serré(e)
crampon ['kræmpən] N crampon *m*
cranberry ['krænbərɪ] N canneberge *f*
crane [kreɪn] N grue *f* ▸ VI, VT: **to ~ forward, to ~ one's neck** allonger le cou
cranefly ['kreɪnflaɪ] N tipule *f*
cranium ['kreɪnɪəm] (*pl* **crania** ['kreɪnɪə]) N boîte crânienne
crank [kræŋk] N manivelle *f*; (*person*) excentrique *mf*
crankshaft ['kræŋkʃɑːft] N vilebrequin *m*
cranky ['kræŋkɪ] ADJ excentrique, loufoque; (*bad-tempered*) grincheux(-euse), revêche
cranny ['krænɪ] N *see* **nook**
crap [kræp] N (*inf!*: *nonsense*) conneries *fpl* (!); (: *excrement*) merde *f* (!); **the party was ~** la fête était merdique (!); **to have a ~** chier (!)
crappy ['kræpɪ] ADJ (*inf!*) merdique (!)
★**crash** [kræʃ] N (*noise*) fracas *m*; (*of car, plane*) collision *f*; (*of business*) faillite *f*; (*Stock Exchange*) krach *m* ▸ VT (*plane*) écraser; **he crashed the car into a wall** il s'est écrasé contre un mur avec sa voiture ▸ VI (*plane*) s'écraser; (*two cars*) se percuter, s'emboutir; (*business*) s'effondrer; **to ~ into** se jeter *or* se fracasser contre
crash barrier N (BRIT *Aut*) rail *m* de sécurité
crash course N cours intensif
crash helmet N casque (protecteur)
crash landing N atterrissage forcé *or* en catastrophe
crass [kræs] ADJ grossier(-ière), crasse
crate [kreɪt] N cageot *m*; (*for bottles*) caisse *f*
crater ['kreɪtəʳ] N cratère *m*
cravat [krə'væt] N foulard (*noué autour du cou*)
crave [kreɪv] VT, VI: **to ~ (for)** avoir un besoin physiologique de, avoir une envie irrésistible de
craving ['kreɪvɪŋ] N: **~ (for)** (*for food, cigarettes etc*) envie *f* irrésistible (de)
crawl [krɔːl] VI ramper; (*vehicle*) avancer au pas; **to ~ on one's hands and knees** aller à quatre pattes; **to ~ to sb** (*inf*) faire de la lèche à qn (*inf*) ▸ N (*Swimming*) crawl *m*

crawler lane ['krɔːlə-] N (BRIT *Aut*) file *f or* voie *f* pour véhicules lents
crawling ['krɔːlɪŋ] ADJ: **to be ~ with** (*pej*) grouiller de
crayfish ['kreɪfɪʃ] N (*pl inv: freshwater*) écrevisse *f*; (*: saltwater*) langoustine *f*
crayon ['kreɪən] N crayon *m* (de couleur)
craze [kreɪz] N engouement *m*
crazed [kreɪzd] ADJ (*look, person*) affolé(e); (*pottery, glaze*) craquelé(e)
craziness ['kreɪzɪnɪs] N folie *f*
★**crazy** ['kreɪzɪ] ADJ fou (folle); **to go ~** devenir fou; **to be ~ about sb/sth** (*inf*) être fou de qn/qch
crazy paving N (BRIT) dallage irrégulier (en pierres plates)
CRB N ABBR (BRIT) = **Criminal Records Bureau**
creak [kriːk] VI (*hinge*) grincer; (*floor, shoes*) craquer
creaky ['kriːkɪ] ADJ (*door*) grinçant(e); (*floorboard*) qui craque; (*old-fashioned*) vieillot(te)
★**cream** [kriːm] N crème *f*; **whipped ~** crème fouettée ▸ ADJ (*colour*) crème *inv*
▸ **cream off** VT (*fig*) prélever
cream cake N (petit) gâteau à la crème
cream cheese N fromage *m* à la crème, fromage blanc
creamery ['kriːmərɪ] N (*shop*) crémerie *f*; (*factory*) laiterie *f*
creamy ['kriːmɪ] ADJ crémeux(-euse)
crease [kriːs] N pli *m* ▸ VT froisser, chiffonner ▸ VI se froisser, se chiffonner
crease-resistant ['kriːsrɪzɪstənt] ADJ infroissable
★**create** [kriː'eɪt] VT créer; (*impression, fuss*) faire
creation [kriː'eɪʃən] N création *f*
creationism [kri'eɪʃənɪzəm] N créationnisme *m*
★**creative** [kriː'eɪtɪv] ADJ créatif(-ive)
creatively [kri'eɪtɪvlɪ] ADV de façon créative
creativity [kriːeɪ'tɪvɪtɪ] N créativité *f*
creator [kriː'eɪtə^r] N créateur(-trice)
creature ['kriːtʃə^r] N créature *f*
creature comforts NPL petit confort
crèche [krɛʃ] N garderie *f*, crèche *f*
credence ['kriːdns] N croyance *f*, foi *f*
credentials [krɪ'dɛnʃlz] NPL (*references*) références *fpl*; (*identity papers*) pièce *f* d'identité; (*letters of reference*) pièces justificatives
credibility [krɛdɪ'bɪlɪtɪ] N crédibilité *f*
credible ['krɛdɪbl] ADJ digne de foi, crédible
★**credit** ['krɛdɪt] N crédit *m*; (*recognition*) honneur *m*; (*Scol*) unité *f* de valeur; **to be in ~** (*person, bank account*) être créditeur(-trice); **on ~** à crédit; **to one's ~** à son honneur; à son actif; **to take the ~ for** s'attribuer le mérite de; **it does him ~** cela lui fait honneur ▸ VT (*Comm*) créditer; (*believe: also:* **give credit to**) ajouter foi à, croire; **to ~ sb with** (*fig*) prêter *or* attribuer à qn; **to ~ £5 to sb** créditer (le compte de) qn de 5 livres ■ **credits** NPL (*Cine*) générique *m*
creditable ['krɛdɪtəbl] ADJ honorable, estimable
credit account N compte *m* client
credit agency N (BRIT) agence *f* de renseignements commerciaux
credit balance N solde créditeur
credit bureau N (US) agence *f* de renseignements commerciaux
credit card N carte *f* de crédit; **do you take ~s?** acceptez-vous les cartes de crédit ?
credit control N suivi *m* des factures
credit crunch N crise *f* du crédit
credit facilities NPL facilités *fpl* de paiement
credit limit N limite *f* de crédit
credit note N (BRIT) avoir *m*
creditor ['krɛdɪtə^r] N créancier(-ière)
credit rating N indice *m* de solvabilité
credit transfer N virement *m*
creditworthiness ['krɛdɪtwəːðɪnɪs] N solvabilité *f*
creditworthy ['krɛdɪtwəːðɪ] ADJ solvable
credulity [krɪ'djuːlɪtɪ] N crédulité *f*
credulous ['krɛdʒuləs] ADJ crédule
creed [kriːd] N croyance *f*; credo *m*, principes *mpl*
creek [kriːk] N (*inlet*) crique *f*, anse *f*; (*US: stream*) ruisseau *m*, petit cours d'eau
creel ['kriːl] N panier *m* de pêche; (*also:* **lobster creel**) panier à homards
creep [kriːp] (*pt, pp* **crept** [krɛpt]) VI ramper; (*silently*) se faufiler, se glisser; (*plant*) grimper; **to ~ up on sb** s'approcher furtivement de qn ▸ N (*pej: flatterer*) lèche-botte *m*; **he's a ~** (*pej*) c'est un type puant; **it gives me the creeps** (*inf*) cela me fait froid dans le dos
creeper ['kriːpə^r] N plante grimpante
creepers ['kriːpəz] NPL (*US: for baby*) barboteuse *f*
creepy ['kriːpɪ] ADJ (*frightening*) qui fait frissonner, qui donne la chair de poule
creepy-crawly ['kriːpɪ'krɔːlɪ] N (*inf*) bestiole *f*
cremate [krɪ'meɪt] VT incinérer
cremation [krɪ'meɪʃən] N incinération *f*
crematorium [krɛmə'tɔːrɪəm] (*pl* **crematoria** [-'tɔːrɪə]) N four *m* crématoire
creosote ['krɪəsəut] N créosote *f*
crepe [kreɪp] N crêpe *m*
crepe bandage N (BRIT) bande *f* Velpeau®
crepe paper N papier *m* crépon
crept [krɛpt] PT, PP *of* **creep**
crescendo [krɪ'ʃɛndəu] N crescendo *m*
crescent ['krɛsnt] N croissant *m*; (*street*) rue *f* (*en arc de cercle*)
cress [krɛs] N cresson *m*
crest [krɛst] N crête *f*; (*of helmet*) cimier *m*; (*of coat of arms*) timbre *m*
crestfallen ['krɛstfɔːlən] ADJ déconfit(e), découragé(e)
Crete ['kriːt] N Crète *f*
crevasse [krɪ'væs] N crevasse *f*
crevice ['krɛvɪs] N fissure *f*, lézarde *f*, fente *f*
crew [kruː] N équipage *m*; (*Cine*) équipe *f* (de tournage); (*gang*) bande *f*
crew-cut ['kruːkʌt] N: **to have a ~** avoir les cheveux en brosse
crewman ['kruːmən] N (*irreg*) membre *m* de l'équipage
crew-neck ['kruːnɛk] N col ras

crib [krɪb] N lit *m* d'enfant; (*for baby*) berceau *m* ▶ VT (*inf*) copier
cribbage [ˈkrɪbɪdʒ] N *sorte de jeu de cartes*
crib sheet N (BRIT: *in exam*) antisèche *f*
crick [krɪk] N crampe *f*; **~ in the neck** torticolis *m*
★**cricket** [ˈkrɪkɪt] N (*insect*) grillon *m*, cri-cri *m inv*; (*game*) cricket *m*
cricketer [ˈkrɪkɪtəʳ] N joueur *m* de cricket
★**crime** [kraɪm] N crime *m*; **minor ~** délit mineur, infraction mineure
crime wave N poussée *f* de la criminalité
crime writer N auteur *mf* de romans policiers
★**criminal** [ˈkrɪmɪnl] ADJ, N criminel(le)
criminality [krɪmɪˈnælɪtɪ] N criminalité *f*
criminalize [ˈkrɪmɪnəlaɪz] VT criminaliser
criminally [ˈkrɪmɪnəlɪ] ADV (*responsible, liable*) pénalement; (*fig: expensive, underpaid*) scandaleusement; **~ irresponsible** d'une irresponsabilité criminelle
criminology [krɪmɪˈnɔlədʒɪ] N criminologie *f*
crimp [krɪmp] VT friser, frisotter
crimson [ˈkrɪmzn] ADJ cramoisi(e)
cringe [krɪndʒ] VI avoir un mouvement de recul; (*fig*) s'humilier, ramper
crinkle [ˈkrɪŋkl] VT froisser, chiffonner
cripple [ˈkrɪpl] N (!) boiteux(-euse), infirme *mf* ▶ VT (*person*) estropier, paralyser; (*ship, plane*) immobiliser; (*production, exports*) paralyser; **crippled with rheumatism** perclus(e) de rhumatismes
crippling [ˈkrɪplɪŋ] ADJ (*disease*) handicapant(e); (*taxation, debts*) écrasant(e)
★**crisis** [ˈkraɪsɪs] (*pl* **crises** [-siːz]) N crise *f*
crisp [krɪsp] ADJ croquant(e); (*weather*) vif (vive); (*manner etc*) brusque
★**crisps** [krɪsps] (BRIT) NPL (pommes *fpl*) chips *fpl*
crispy [krɪspɪ] ADJ croustillant(e)
crisscross [ˈkrɪskrɔs] ADJ entrecroisé(e), en croisillons; **~ pattern** croisillons *mpl* ▶ VT sillonner
criterion [kraɪˈtɪərɪən] (*pl* **criteria** [-ˈtɪərɪə]) N critère *m*
★**critic** [ˈkrɪtɪk] N critique *mf*
critical [ˈkrɪtɪkl] ADJ critique; **to be ~ of sb/sth** critiquer qn/qch
critically [ˈkrɪtɪklɪ] ADV (*examine*) d'un œil critique; (*speak*) sévèrement; **~ ill** gravement malade
★**criticism** [ˈkrɪtɪsɪzəm] N critique *f*
★**criticize** [ˈkrɪtɪsaɪz] VT critiquer
critique [krɪˈtiːk] N critique *f*
croak [krəuk] VI (*frog*) coasser; (*raven*) croasser
Croat [ˈkrəuæt] ADJ, N = **Croatian**
Croatia [krəuˈeɪʃə] N Croatie *f*
Croatian [krəuˈeɪʃən] ADJ croate ▶ N Croate *mf*; (*Ling*) croate *m*
crochet [ˈkrəuʃeɪ] N travail *m* au crochet
crock [krɔk] N cruche *f*; (*inf: also:* **old crock**) épave *f*
crockery [ˈkrɔkərɪ] N vaisselle *f*
crocodile [ˈkrɔkədaɪl] N crocodile *m*
crocus [ˈkrəukəs] N crocus *m*
croft [krɔft] N (BRIT) petite ferme
crofter [ˈkrɔftəʳ] N (BRIT) fermier *m*
croissant [ˈkrwasɔŋ] N croissant *m*
crone [krəun] N vieille bique, (vieille) sorcière
crony [ˈkrəunɪ] N copain (copine)
cronyism [ˈkrəunɪɪzəm] N copinage *m*; **political ~** copinage politique
crook [kruk] N (*inf*) escroc *m*; (*of shepherd*) houlette *f*
crooked [ˈkrukɪd] ADJ courbé(e), tordu(e); (*action*) malhonnête
★**crop** [krɔp] N (*produce*) culture *f*; (*amount produced*) récolte *f*; (*riding crop*) cravache *f*; (*of bird*) jabot *m* ▶ VT (*hair*) tondre; (*animals, grass*) brouter
▶ **crop up** VI surgir, se présenter, survenir
cropped [krɔpt] ADJ (*hair*) coupé(e) court; (*top*) petit(e); (*trousers*) court(e)
cropper [ˈkrɔpəʳ] N: **to come a ~** (*inf*) faire la culbute, s'étaler
crop spraying [-ˈspreɪɪŋ] N pulvérisation *f* des cultures
croquet [ˈkrəukeɪ] N croquet *m*
★**cross** [krɔs] N croix *f*; (*Biol*) croisement *m* ▶ VT (*street etc*) traverser; (*arms, legs, Biol*) croiser; (*cheque*) barrer; (*thwart: person, plan*) contrarier; **to ~ o.s.** se signer, faire le signe de (la) croix; **we have a crossed line** (BRIT: *on telephone*) il y a des interférences; **they've got their lines crossed** (*fig*) il y a un malentendu entre eux ▶ VI: **the boat crosses from ... to ...** le bateau fait la traversée de ... à ... ▶ ADJ en colère, fâché(e); **to be/get ~ with sb (about sth)** être en colère/(se) fâcher contre qn (à propos de qch)
▶ **cross off, cross out** VT barrer, rayer
▶ **cross over** VI traverser
crossbar [ˈkrɔsbɑːʳ] N barre transversale
crossbow [ˈkrɔsbəu] N arbalète *f*
crossbreed [ˈkrɔsbriːd] N hybride *m*
cross-Channel ferry [ˈkrɔsˈtʃænl-] N ferry *m* qui fait la traversée de la Manche
cross-check [ˈkrɔstʃɛk] N recoupement *m* ▶ VI vérifier par recoupement
cross-country [ˈkrɔsˈkʌntrɪ], **cross-country race** N cross(-country) *m*
cross-dressing [krɔsˈdrɛsɪŋ] N travestisme *m*
cross-examination [ˈkrɔsɪgzæmɪˈneɪʃən] N (*Law*) examen *m* contradictoire (*d'un témoin*)
cross-examine [ˈkrɔsɪgˈzæmɪn] VT (*Law*) faire subir un examen contradictoire à
cross-eyed [ˈkrɔsaɪd] ADJ qui louche
crossfire [ˈkrɔsfaɪəʳ] N feux croisés
★**crossing** [ˈkrɔsɪŋ] N croisement *m*, carrefour *m*; (*sea passage*) traversée *f*; (*also:* **pedestrian crossing**) passage clouté; **how long does the ~ take?** combien de temps dure la traversée ?
crossing guard N (US) *contractuel qui fait traverser la rue aux enfants*
crossing point N poste frontalier
crossover [ˈkrɔsəuvəʳ] N hybride *m*
cross-purposes [ˈkrɔsˈpəːpəsɪz] NPL: **to be at ~ with sb** comprendre qn de travers; **we're (talking) at ~** on ne parle pas de la même chose
cross-question [ˈkrɔsˈkwɛstʃən] VT faire subir un interrogatoire à

cross-reference ['krɔs'rɛfrəns] N renvoi *m*, référence *f*

★**crossroads** ['krɔsrəudz] N carrefour *m*

cross section N (*Biol*) coupe transversale; (*in population*) échantillon *m*

cross-stitch ['krɔsstɪtʃ] N point *m* de croix

crosswalk ['krɔswɔ:k] N (*US*) passage clouté

crosswind ['krɔswɪnd] N vent *m* de travers

crosswise ['krɔswaɪz] ADV en travers

crossword ['krɔswə:d] N mots *mpl* croisés

crotch [krɔtʃ] N (*of garment*) entrejambe *m*; (*Anat*) entrecuisse *m*

crotchet ['krɔtʃɪt] N (*Mus*) noire *f*

crotchety ['krɔtʃɪtɪ] ADJ (*person*) grognon(ne), grincheux(-euse)

crouch [krautʃ] VI s'accroupir; (*hide*) se tapir; (*before springing*) se ramasser

croup [kru:p] N (*Med*) croup *m*

crouton ['kru:tɔn] N croûton *m*

crow [krəu] N (*bird*) corneille *f*; (*of cock*) chant *m* du coq, cocorico *m* ▸ VI (*cock*) chanter; (*fig*) pavoiser, chanter victoire

crowbar ['krəubɑ:ʳ] N levier *m*

★**crowd** [kraud] N foule *f*; **crowds of people** une foule de gens ▸ VT (*streets*) se presser dans; (*pavements*) se presser sur ▸ VI affluer, s'attrouper, s'entasser
▸ **crowd into** VT FUS (*room, building, bus*) s'entasser dans; (*square*) s'attrouper sur

crowded ['kraudɪd] ADJ bondé(e), plein(e); **~ with** plein de

crowdfunding ['kraudfʌndɪŋ] N crowdfunding *m*, financement *m* participatif

crowd scene N (*Cine, Theat*) scène *f* de foule

crowdsource ['kraudsɔ:s] VT crowdsourcer

crowdsourcing ['kraudsɔ:sɪŋ] N crowdsourcing *m*, externalisation ouverte

★**crown** [kraun] N couronne *f*; (*of head*) sommet *m* de la tête, calotte crânienne; (*of hat*) fond *m*; (*of hill*) sommet *m* ▸ VT (*also tooth*) couronner

crown court N (BRIT) ≈ Cour *f* d'assises

> En Angleterre et au pays de Galles, une **crown court** est une cour de justice où sont jugées, en présence d'un jury, les affaires très graves comme le meurtre, l'homicide, le viol et le vol. Tous les crimes et tous les délits, quel que soit leur degré de gravité, doivent d'abord passer devant une *magistrates' court*. Il existe environ 90 *crown courts*.

crowning ['kraunɪŋ] ADJ (*achievement, glory*) suprême

crown jewels NPL joyaux *mpl* de la Couronne

crown prince N prince héritier

crow's-feet ['krəuzfi:t] NPL pattes *fpl* d'oie (*fig*)

crow's-nest ['krəuznɛst] N (*on sailing-ship*) nid *m* de pie

crucial ['kru:ʃl] ADJ crucial(e), décisif(-ive); **~ to** essentiel(le) à

crucifix ['kru:sɪfɪks] N crucifix *m*

crucifixion [kru:sɪ'fɪkʃən] N crucifiement *m*, crucifixion *f*

crucify ['kru:sɪfaɪ] VT crucifier, mettre en croix; (*fig*) crucifier

crude [kru:d] ADJ (*materials*) brut(e); non raffiné(e); (*basic*) rudimentaire, sommaire; (*vulgar*) cru(e), grossier(-ière) ▸ N (*also:* **crude oil**) (pétrole) brut *m*

cruel ['kruəl] ADJ cruel(le)

cruelly ['kru:əlɪ] ADV cruellement

cruelty ['kruəltɪ] N cruauté *f*

cruet ['kru:ɪt] N (BRIT: *for salt and pepper*) service *m* à condiments; (US: *for oil and vinegar*) huilier *m*; vinaigrier *m*

cruise [kru:z] N croisière *f* ▸ VI (*ship*) croiser; (*car*) rouler; (*aircraft*) voler; (*taxi*) être en maraude

cruise missile N missile *m* de croisière

cruiser ['kru:zəʳ] N croiseur *m*

cruising speed ['kru:zɪŋ-] N vitesse *f* de croisière

crumb [krʌm] N miette *f*

crumble ['krʌmbl] VT émietter ▸ VI s'émietter; (*plaster etc*) s'effriter; (*land, earth*) s'ébouler; (*building*) s'écrouler, crouler; (*fig*) s'effondrer

crumbly ['krʌmblɪ] ADJ friable

crummy ['krʌmɪ] ADJ (*inf*) minable; (: *unwell*) mal fichu(e), patraque

crumpet ['krʌmpɪt] N petite crêpe (épaisse)

crumple ['krʌmpl] VT froisser, friper

crunch [krʌntʃ] VT croquer; (*underfoot*) faire craquer, écraser; faire crisser ▸ N (*fig*) instant *m or* moment *m* critique, moment de vérité

crunchy ['krʌntʃɪ] ADJ croquant(e), croustillant(e)

crusade [kru:'seɪd] N croisade *f* ▸ VI (*fig*): **to ~ for/against** partir en croisade pour/contre

crusader [kru:'seɪdəʳ] N croisé *m*; **~ (for)** (*fig*) champion *m* (de)

crush [krʌʃ] N (*crowd*) foule *f*, cohue *f*; (*love*): **to have a ~ on sb** avoir le béguin pour qn; (*drink*): **lemon ~** citron pressé ▸ VT écraser; (*crumple*) froisser; (*grind, break up*: *garlic, ice*) piler; (: *grapes*) presser; (*hopes*) anéantir

crush barrier N (BRIT) barrière *f* de sécurité

crushing ['krʌʃɪŋ] ADJ écrasant(e)

crust [krʌst] N croûte *f*

crustacean [krʌs'teɪʃən] N crustacé *m*

crusty ['krʌstɪ] ADJ (*bread*) croustillant(e); (*inf*: *person*) revêche, bourru(e); (: *remark*) irrité(e)

crutch [krʌtʃ] N béquille *f*; (*Tech*) support *m*; (*of garment*) entrejambe *m*; (*Anat*) entrecuisse *m*

crux [krʌks] N point crucial

★**cry** [kraɪ] VI pleurer; (*shout*: *also:* **cry out**) crier; **why are you crying?** pourquoi pleures-tu ?; **to ~ for help** appeler à l'aide ▸ N cri *m*; **she had a good ~** elle a pleuré un bon coup; **it's a far ~ from ...** (*fig*) on est loin de ...
▸ **cry off** VI se dédire; se décommander
▸ **cry out** VI (*call out, shout*) pousser un cri ▸ VT crier

crybaby ['kraɪbeɪbɪ] N (*inf*) pleurnichard(e) (*inf*)

crying ['kraɪɪŋ] ADJ (*fig*) criant(e), flagrant(e)

cryogenics [kraɪəu'dʒɛnɪks] N cryogénie *f*

crypt [krɪpt] N crypte *f*

cryptic ['krɪptɪk] ADJ énigmatique

crystal ['krɪstl] N cristal *m*

crystal-clear ['krɪstl'klɪəʳ] ADJ clair(e) comme de l'eau de roche
crystallize ['krɪstəlaɪz] VT cristalliser; **crystallized fruits** (BRIT) fruits confits ▸ VI (se) cristalliser
CSA N ABBR = **Confederate States of America**; (BRIT: = *Child Support Agency*) *organisme pour la protection des enfants de parents séparés, qui contrôle le versement des pensions alimentaires.*
CSC N ABBR (= *Civil Service Commission*) *commission de recrutement des fonctionnaires*
CS gas N (BRIT) gaz *m* C.S.
CST ABBR (US: = *Central Standard Time*) *fuseau horaire*
CT ABBR (US) = **Connecticut**
ct ABBR = **carat**
CTC N ABBR (BRIT) = **city technology college**
CT scanner N ABBR (*Med*: = *computerized tomography scanner*) scanner *m*, tomodensitomètre *m*
cu. ABBR = **cubic**
cub [kʌb] N petit *m* (*d'un animal*); (*also*: **cub scout**) louveteau *m*
Cuba ['kju:bə] N Cuba *m*
Cuban ['kju:bən] ADJ cubain(e) ▸ N Cubain(e)
cubbyhole ['kʌbɪhəul] N cagibi *m*
cube [kju:b] N cube *m* ▸ VT (*Math*) élever au cube
cube root N racine *f* cubique
cubic ['kju:bɪk] ADJ cubique; **~ metre** *etc* mètre *m etc* cube; **~ capacity** (*Aut*) cylindrée *f*
cubicle ['kju:bɪkl] N (*in hospital*) box *m*; (*at pool*) cabine *f*
cuckoo ['kuku:] N coucou *m*
cuckoo clock N (pendule *f* à) coucou *m*
★**cucumber** ['kju:kʌmbəʳ] N concombre *m*
cud [kʌd] N: **to chew the ~** ruminer
cuddle ['kʌdl] VT câliner, caresser ▸ VI se blottir l'un contre l'autre ▸ N câlin; **to give sb a ~** faire un câlin à qn
▸ **cuddle up** VI: **to ~ up with** *or* **to sb** se blottir contre qn
cuddly ['kʌdlɪ] ADJ câlin(e)
cudgel ['kʌdʒl] N gourdin *m* ▸ VT: **to ~ one's brains** se creuser la tête
cue [kju:] N queue *f* de billard; (*Theat etc*) signal *m*
cuff [kʌf] N (BRIT: *of shirt, coat etc*) poignet *m*, manchette *f*; (*US: on trousers*) revers *m*; (*blow*) gifle *f*; **off the ~** *adv* à l'improviste ▸ VT gifler
cufflinks ['kʌflɪŋks] N boutons *m* de manchette
cu. ft. ABBR = **cubic feet**
cu. in. ABBR = **cubic inches**
cuisine [kwɪ'zi:n] N cuisine *f*, art *m* culinaire
cul-de-sac ['kʌldəsæk] N cul-de-sac *m*, impasse *f*
culinary ['kʌlɪnərɪ] ADJ culinaire
cull [kʌl] VT sélectionner; (*kill selectively*) pratiquer l'abattage sélectif de ▸ N (*of animals*) abattage sélectif
culminate ['kʌlmɪneɪt] VI: **to ~ in** finir *or* se terminer par; (*lead to*) mener à
culmination [kʌlmɪ'neɪʃən] N point culminant
culottes [kju:'lɔts] NPL jupe-culotte *f*
culpability [kʌlpə'bɪlɪtɪ] N culpabilité *f*
culpable ['kʌlpəbl] ADJ coupable
culprit ['kʌlprɪt] N coupable *mf*
cult [kʌlt] N culte *m*
cult figure N idole *f*
cultivate ['kʌltɪveɪt] VT (*also fig*) cultiver
cultivation [kʌltɪ'veɪʃən] N culture *f*
cultural ['kʌltʃərəl] ADJ culturel(le)
★**culture** ['kʌltʃəʳ] N (*also fig*) culture *f*
cultured ['kʌltʃəd] ADJ cultivé(e) (*fig*)
culvert ['kʌlvət] N caniveau *m*
cumbersome ['kʌmbəsəm] ADJ encombrant(e), embarrassant(e)
cumin ['kʌmɪn] N (*spice*) cumin *m*
cumulative ['kju:mjulətɪv] ADJ cumulatif(-ive)
cunning ['kʌnɪŋ] N ruse *f*, astuce *f* ▸ ADJ rusé(e), malin(-igne); (*clever: device, idea*) astucieux(-euse)
cunt [kʌnt] N (*inf!*) chatte *f* (!); (*insult*) salaud *m* (!), salope *f* (!)
★**cup** [kʌp] N tasse *f*; (*prize, event*) coupe *f*; (*of bra*) bonnet *m*; **a ~ of tea** une tasse de thé
★**cupboard** ['kʌbəd] N placard *m*
cupcake ['kʌpkeɪk] N petit gâteau *m*
cup final N (BRIT *Football*) finale *f* de la coupe
cupful ['kʌpful] N tasse *f*
Cupid ['kju:pɪd] N Cupidon *m*; (*figurine*) amour *m*
cupidity [kju:'pɪdɪtɪ] N cupidité *f*
cupola ['kju:pələ] N coupole *f*
cuppa ['kʌpə] N (BRIT *inf*) tasse *f* de thé
cup tie ['kʌptaɪ] N (BRIT *Football*) match *m* de coupe
curable ['kjuərəbl] ADJ guérissable, curable
curate ['kjuərɪt] N vicaire *m*
curator [kjuə'reɪtəʳ] N conservateur(-trice) (*d'un musée etc*)
curb [kə:b] VT refréner, mettre un frein à; (*expenditure*) limiter, juguler ▸ N (*fig*) frein *m*; (*US*) bord *m* du trottoir
curd cheese N ≈ fromage blanc
curdle ['kə:dl] VI (se) cailler
curds [kə:dz] NPL lait caillé
cure [kjuəʳ] VT guérir; (*Culin: salt*) saler; (*: smoke*) fumer; (*: dry*) sécher; **to be cured of sth** être guéri de qch ▸ N remède *m*
cure-all ['kjuərɔ:l] N (*also fig*) panacée *f*
curfew ['kə:fju:] N couvre-feu *m*
curio ['kjuərɪəu] N bibelot *m*, curiosité *f*
curiosity [kjuərɪ'ɔsɪtɪ] N curiosité *f*
★**curious** ['kjuərɪəs] ADJ curieux(-euse); **I'm ~ about him** il m'intrigue
curiously ['kjuərɪəslɪ] ADV curieusement; (*inquisitively*) avec curiosité; **~ enough, ...** bizarrement, ...
curl [kə:l] N boucle *f* (de cheveux); (*of smoke etc*) volute *f* ▸ VT, VI boucler; (*tightly*) friser
▸ **curl up** VI s'enrouler; (*person*) se pelotonner
curler ['kə:ləʳ] N bigoudi *m*, rouleau *m*; (*Sport*) joueur(-euse) de curling
curlew ['kə:lu:] N courlis *m*
curling ['kə:lɪŋ] N (*sport*) curling *m*
curling tongs, (*US*) **curling irons** NPL fer *m* à friser
curly ['kə:lɪ] ADJ bouclé(e); (*tightly curled*) frisé(e)

currant ['kʌrnt] N raisin *m* de Corinthe, raisin sec; (*fruit*) groseille *f*

★**currency** ['kʌrnsɪ] N monnaie *f*; **foreign ~** devises étrangères, monnaie étrangère; **to gain ~** (*fig*) s'accréditer

current ['kʌrnt] N courant *m*; **direct/alternating ~** (*Elec*) courant continu/alternatif ▸ADJ (*common*) courant(e); (*tendency, price, event*) actuel(le); **the ~ issue of a magazine** le dernier numéro d'un magazine; **in ~ use** d'usage courant

current account N (BRIT) compte courant

current affairs NPL (questions *fpl* d')actualité *f*

current assets NPL (*Comm*) actif *m* disponible

current liabilities NPL (*Comm*) passif *m* exigible

currently ['kʌrntlɪ] ADV actuellement

curriculum [kə'rɪkjuləm] (*pl* **curriculums** *or* **curricula** [-lə]) N programme *m* d'études

curriculum vitae [-'vi:taɪ] N curriculum vitae (CV) *m*

curry ['kʌrɪ] N curry *m*; **chicken ~** curry de poulet, poulet *m* au curry ▸VT: **to ~ favour with** chercher à gagner la faveur *or* à s'attirer les bonnes grâces de

curry powder N poudre *f* de curry

curse [kə:s] VI jurer, blasphémer ▸VT maudire ▸N (*spell*) malédiction *f*; (*problem, scourge*) fléau *m*; (*swearword*) juron *m*

cursor ['kə:sə^r] N (*Comput*) curseur *m*

cursory ['kə:sərɪ] ADJ superficiel(le), hâtif(-ive)

curt [kə:t] ADJ brusque, sec (sèche)

curtail [kə:'teɪl] VT (*visit etc*) écourter; (*expenses etc*) réduire

★**curtain** ['kə:tn] N rideau *m*; **to draw the curtains** (*together*) fermer *or* tirer les rideaux; (*apart*) ouvrir les rideaux

curtain call N (*Theat*) rappel *m*

curtsey, curtsy ['kə:tsɪ] N révérence *f* ▸VI faire une révérence

curvaceous [kə:'veɪʃəs] ADJ plantureux(-euse)

curvature ['kə:vətʃə^r] N courbure *f*

curve [kə:v] N courbe *f*; (*in the road*) tournant *m*, virage *m* ▸VT courber ▸VI se courber; (*road*) faire une courbe

curved [kə:vd] ADJ courbe

cushion ['kuʃən] N coussin *m* ▸VT (*seat*) rembourrer; (*fall, shock*) amortir

cushy ['kuʃɪ] ADJ (*inf*): **a ~ job** un boulot de tout repos; **to have a ~ time** se la couler douce

cusp [kʌsp] N: **to be on the ~ of sth** être à l'orée de qch

custard ['kʌstəd] N (*for pouring*) crème anglaise

custard powder N (BRIT) ≈ crème anglaise instantanée

custodial sentence [kʌs'təudɪəl-] N peine *f* de prison

custodian [kʌs'təudɪən] N gardien(ne); (*of collection etc*) conservateur(-trice)

custody ['kʌstədɪ] N (*of child*) garde *f*; (*for offenders*) détention préventive; **to take sb into ~** placer qn en détention préventive; **in the ~ of** sous la garde de

custom ['kʌstəm] N coutume *f*, usage *m*; (*Law*) droit coutumier, coutume; (*Comm*) clientèle *f*

customary ['kʌstəmərɪ] ADJ habituel(le); **it is ~ to do it** l'usage veut qu'on le fasse

custom-built ['kʌstəm'bɪlt] ADJ *see* **custom-made**

★**customer** ['kʌstəmə^r] N client(e); **he's an awkward ~** (*inf*) ce n'est pas quelqu'un de facile

customer profile N profil *m* du client

customize ['kʌstəmaɪz] VT personnaliser; customiser

customized ['kʌstəmaɪzd] ADJ personnalisé(e); (*car etc*) construit(e) sur commande

custom-made ['kʌstəm'meɪd] ADJ (*clothes*) fait(e) sur mesure; (*other goods: also:* **custom-built**) hors série, fait(e) sur commande

customs ['kʌstəmz] NPL douane *f*; **to go through (the) ~** passer la douane

Customs and Excise N (BRIT) administration *f* des douanes

customs officer N douanier(-ière)

★**cut** [kʌt] (*pt, pp* **~**) VT couper; (*meat*) découper; (*shape, make*) tailler; couper; creuser; graver; (*reduce*) réduire; (*inf: lecture, appointment*) manquer; **to ~ teeth** (*baby*) faire ses dents; **to ~ a tooth** percer une dent; **to ~ one's finger** se couper le doigt; **to get one's hair ~** se faire couper les cheveux; **I've ~ myself** je me suis coupé; **to ~ sth short** couper court à qch; **to ~ sb dead** ignorer (complètement) qn ▸VI couper; (*intersect*) se couper ▸N (*gen*) coupure *f*; (*of clothes*) coupe *f*; (*of jewel*) taille *f*; (*in salary etc*) réduction *f*; (*of meat*) morceau *m*

▸**cut back** VT (*plants*) tailler; (*production, expenditure*) réduire

▸**cut down** VT (*tree*) abattre; (*reduce*) réduire; **to ~ sb down to size** (*fig*) remettre qn à sa place

▸**cut down on** VT FUS réduire

▸**cut in** VI (*interrupt: conversation*): **to ~ in (on)** couper la parole (à); (*Aut*) faire une queue de poisson

▸**cut off** VT couper; (*fig*) isoler; **we've been ~ off** (*Tel*) nous avons été coupés

▸**cut out** VT (*picture etc*) découper; (*remove*) supprimer

▸**cut up** VT découper

cut-and-dried ['kʌtən'draɪd] ADJ (*also:* **cut-and-dry**) tout(e) fait(e), tout(e) décidé(e)

cutaway ['kʌtəweɪ] ADJ, N: **~ (drawing)** écorché *m*

cutback ['kʌtbæk] N réduction *f*

cute [kju:t] ADJ mignon(ne), adorable; (*clever*) rusé(e), astucieux(-euse)

cut glass N cristal taillé

cuticle ['kju:tɪkl] N (*on nail*) cuticule *f*; **~ remover** repousse-peaux *m inv*

cutlery ['kʌtlərɪ] N couverts *mpl*; (*trade*) coutellerie *f*

cutlet ['kʌtlɪt] N côtelette *f*

cutoff ['kʌtɔf] N (*also:* **cutoff point**) seuil-limite *m*

cutoff switch N interrupteur *m*

cutout ['kʌtaut] N coupe-circuit *m inv*; (*paper figure*) découpage *m*

cut-price ['kʌt'praɪs], (*US*) **cut-rate** ['kʌt'reɪt] ADJ au rabais, à prix réduit

cut-throat ['kʌtθrəut] N assassin *m* ▸ADJ: **~ competition** concurrence *f* sauvage

cutting ['kʌtɪŋ] ADJ tranchant(e), coupant(e); (*fig*) cinglant(e) ▸N (BRIT: *from newspaper*) coupure *f* (de journal); (*from plant*) bouture *f*; (*Rail*) tranchée *f*; (*Cine*) montage *m*

cutting edge N (*of knife*) tranchant *m*; **on** *or* **at the ~ of** à la pointe de
cutting-edge [kʌtɪŋ'ɛdʒ] ADJ (*technology, research*) de pointe
cuttlefish ['kʌtlfɪʃ] N seiche *f*
cut-up ['kʌtʌp] ADJ affecté(e), démoralisé(e)
★**CV** N ABBR = **curriculum vitae**
cwo ABBR (*Comm*) = **cash with order**
cwt ABBR = **hundredweight**
cyanide ['saɪənaɪd] N cyanure *m*
cyberattack ['saɪbərətæk] N cyber-attaque *f*
cyberbully ['saɪbəbulɪ] N cyberharceleur(-euse)
cyberbullying ['saɪbəbulɪɪŋ] N cyberharcèlement *m*
cybercafé ['saɪbəkæfeɪ] N cybercafé *m*
cybercrime ['saɪbəkraɪm] N cybercriminalité *f*
cybernetics [saɪbə'nɛtɪks] N cybernétique *f*
cybersecurity [saɪbəsɪ'kjurɪtɪ] N cyber-sécurité *f*
cyberspace ['saɪbəspeɪs] N cyberespace *m*
cybersquatting ['saɪbəskwɔtɪŋ] N cybersquatting *m*
cyberterrorism [saɪbə'tɛrərɪzəm] N cyberterrorisme *m*
cyborg ['saɪbɔːg] N cyborg *m*
cyclamen ['sɪkləmən] N cyclamen *m*
★**cycle** ['saɪkl] N cycle *m*; (*bicycle*) bicyclette *f*, vélo *m* ▶VI faire de la bicyclette
cycle hire N location *f* de vélos
cycle lane, cycle path N piste *f* cyclable
cycle race N course *f* cycliste
cycle rack N râtelier *m* à bicyclette
cyclical ['sɪklɪkl, 'saɪklɪkl] ADJ cyclique
cycling ['saɪklɪŋ] N cyclisme *m*; **to go on a ~ holiday** (BRIT) faire du cyclotourisme
cyclist ['saɪklɪst] N cycliste *mf*
cyclone ['saɪkləun] N cyclone *m*
cygnet ['sɪgnɪt] N jeune cygne *m*
cylinder ['sɪlɪndəʳ] N cylindre *m*
cylinder capacity N cylindrée *f*
cylinder head N culasse *f*
cymbals ['sɪmblz] NPL cymbales *fpl*
cynic ['sɪnɪk] N cynique *mf*
cynical ['sɪnɪkl] ADJ cynique
cynicism ['sɪnɪsɪzəm] N cynisme *m*
CYO N ABBR (*US: = Catholic Youth Organization*) ≈ JC *f*
cypress ['saɪprɪs] N cyprès *m*
Cypriot ['sɪprɪət] ADJ cypriote, chypriote ▶N Cypriote *mf*, Chypriote *mf*
Cyprus ['saɪprəs] N Chypre *f*
cyst [sɪst] N kyste *m*
cystitis [sɪs'taɪtɪs] N cystite *f*
CZ N ABBR (*US: = Central Zone*) *zone du canal de Panama*
czar [zɑːʳ] N tsar *m*
Czech [tʃɛk] ADJ tchèque ▶N Tchèque *mf*; (*Ling*) tchèque *m*
Czechia ['tʃɛkiə] N (*Czech Republic*) Tchéquie *f*
Czechoslovak [tʃɛkə'sləuvæk] ADJ, N (*Hist*) = **Czechoslovakian**
Czechoslovakia [tʃɛkəslə'vækɪə] N (*Hist*) Tchécoslovaquie *f*
Czechoslovakian [tʃɛkəslə'vækɪən] (*Hist*) ADJ tchécoslovaque ▶N Tchécoslovaque *mf*
Czech Republic N: **the ~** la République tchèque

C

Dd

D[1], d[1] [di:] N (*letter*) D, d *m*; (*Mus*): **D** ré *m*; **D for David**, (*US*) **D for Dog** D comme Désirée

D[2] ABBR (*US Pol*) = **democrat; democratic**

d[2] ABBR (*BRIT old*) = **penny**

d. ABBR = **died**

DA N ABBR (*US*) = **district attorney**

DAB N ABBR (= *digital audio broadcasting*) DAB *m*

dab [dæb] VT (*eyes, wound*) tamponner; (*paint, cream*) appliquer (par petites touches *or* rapidement) ▸ N: **a ~ of paint** un petit coup de peinture

dabble ['dæbl] VI: **to ~ in** faire *or* se mêler *or* s'occuper un peu de

Dacca ['dækə] N Dacca

dachshund ['dækshund] N teckel *m*

★**dad, daddy** [dæd, 'dædɪ] N papa *m*

daddy-long-legs [dædɪ'lɔŋlɛgz] N tipule *f*; faucheux *m*

daffodil ['dæfədɪl] N jonquille *f*

daft [dɑ:ft] ADJ (*inf*) idiot(e), stupide; **to be ~ about** être toqué(e) *or* mordu(e) de

dagger ['dægəʳ] N poignard *m*; **to be at daggers drawn with sb** être à couteaux tirés avec qn; **to look daggers at sb** foudroyer qn du regard

dahlia ['deɪljə] N dahlia *m*

★**daily** ['deɪlɪ] ADJ quotidien(ne), journalier(-ière) ▸ N quotidien *m*; (*BRIT: servant*) femme *f* de ménage (*à la journée*) ▸ ADV tous les jours; **twice ~** deux fois par jour

dainty ['deɪntɪ] ADJ délicat(e), mignon(ne)

dairy ['dɛərɪ] N (*shop*) crémerie *f*, laiterie *f*; (*on farm*) laiterie ▸ ADJ laitier(-ière)

dairy cow N vache laitière

dairy farm N exploitation *f* pratiquant l'élevage laitier

dairy produce N produits laitiers

dairy products NPL produits laitiers

dais ['deɪɪs] N estrade *f*

daisy ['deɪzɪ] N pâquerette *f*

Dakar ['dækə] N Dakar

dale [deɪl] N vallon *m*

dalliance ['dælɪəns] N (*with person*) badinage amoureux; (*with idea, thing*) flirt *m*

dally ['dælɪ] VI musarder, flâner

dalmatian [dæl'meɪʃən] N (*dog*) dalmatien(ne)

dam [dæm] N (*wall*) barrage *m*; (*water*) réservoir *m*, lac *m* de retenue ▸ VT endiguer

★**damage** ['dæmɪdʒ] N dégâts *mpl*, dommages *mpl*; (*fig*) tort *m*; **~ to property** dégâts matériels ▸ VT endommager, abîmer; (*fig*) faire du tort à ▪ **damages** NPL (*Law*) dommages-intérêts *mpl*; **to pay £5000 in damages** payer 5000 livres de dommages-intérêts

damage limitation N: **an exercise in ~** une opération visant à limiter les dégâts

damaging ['dæmɪdʒɪŋ] ADJ: **~ (to)** préjudiciable (à), nuisible (à)

Damascus [də'mɑ:skəs] N Damas

dame [deɪm] N (*title*) titre porté par une femme décorée de l'ordre de l'Empire britannique ou d'un ordre de chevalerie, *titre porté par la femme ou la veuve d'un chevalier ou baronnet*; (*US inf*) nana *f*; (*Theat*) vieille dame (*rôle comique joué par un homme*)

damn [dæm] VT condamner; (*curse*) maudire ▸ N (*inf*): **I don't give a ~** je m'en fous ▸ ADJ (*inf: also:* **damned**): **this ~ ...** ce sacré *or* foutu ... ▸ EXCL: **~!** (*also:* **damn it!**) zut !

damnable ['dæmnəbl] ADJ (*inf: behaviour*) odieux(-euse), détestable; (*: weather*) épouvantable, abominable

damnation [dæm'neɪʃən] N (*Rel*) damnation *f* ▸ EXCL (*inf*) malédiction !, merde !

damning ['dæmɪŋ] ADJ (*evidence*) accablant(e)

damp [dæmp] ADJ humide ▸ N humidité *f* ▸ VT (*also:* **dampen**: *cloth, rag*) humecter; (*: enthusiasm etc*) refroidir

dampcourse ['dæmpkɔ:s] N couche isolante (contre l'humidité)

dampener ['dæmpnəʳ] N: **to put a ~ on sth** gâcher qch

damper ['dæmpəʳ] N (*Mus*) étouffoir *m*; (*of fire*) registre *m*; **to put a ~ on sth** (*fig*) gâcher qch

dampness ['dæmpnɪs] N humidité *f*

damson ['dæmzən] N prune *f* de Damas

★**dance** [dɑ:ns] N danse *f*; (*ball*) bal *m* ▸ VI danser; **to ~ about** sautiller, gambader

dance floor N piste *f* de danse

dance hall N salle *f* de bal, dancing *m*

dancer ['dɑ:nsəʳ] N danseur(-euse)

dancing ['dɑ:nsɪŋ] N danse *f*

D and C N ABBR (*Med: = dilation and curettage*) curetage *m*

dandelion ['dændɪlaɪən] N pissenlit *m*

dandruff ['dændrəf] N pellicules *fpl*

D & T N ABBR (*BRIT Scol*) = **design and technology**

dandy ['dændɪ] N dandy *m*, élégant *m* ▸ ADJ (*US inf*) fantastique, super

Dane [deɪn] N Danois(e)

★**danger** [ˈdeɪndʒəʳ] N danger *m*; **~!** (*on sign*) danger !; **there is a ~ of fire** il y a (un) risque d'incendie; **in ~** en danger; **he was in ~ of falling** il risquait de tomber; **out of ~** hors de danger

danger list N (*Med*): **on the ~** dans un état critique

danger money N (BRIT) prime *f* de risque

★**dangerous** [ˈdeɪndʒrəs] ADJ dangereux(-euse)

dangerously [ˈdeɪndʒrəslɪ] ADV dangereusement; **~ ill** très gravement malade, en danger de mort

danger zone N zone dangereuse

dangle [ˈdæŋgl] VT balancer; (*fig*) faire miroiter ▶ VI pendre, se balancer

★**Danish** [ˈdeɪnɪʃ] ADJ danois(e) ▶ N (*Ling*) danois *m*

Danish pastry N feuilleté *m* (*recouvert d'un glaçage et fourré aux fruits etc*)

dank [dæŋk] ADJ froid(e) et humide

Danube [ˈdænjuːb] N: **the ~** le Danube

dapper [ˈdæpəʳ] ADJ pimpant(e)

dappled [ˈdæpld] ADJ (*horse*) pommelé(e); **to be ~ with sunlight** être tacheté(e) de lumière

Dardanelles [dɑːdəˈnɛlz] NPL Dardanelles *fpl*

dare [dɛəʳ] VT: **to ~ sb to do** défier qn *or* mettre qn au défi de faire ▶ AUX VB: **to ~ (to) do sth** oser faire qch; **I daren't tell him** (BRIT) je n'ose pas le lui dire; **I ~ say he'll turn up** il est probable qu'il viendra

daredevil [ˈdɛədɛvl] N casse-cou *m inv*

Dar-es-Salaam [ˈdɑːrɛssəˈlɑːm] N Dar-es-Salaam, Dar-es-Salam

daring [ˈdɛərɪŋ] ADJ hardi(e), audacieux(-euse) ▶ N audace *f*, hardiesse *f*

★**dark** [dɑːk] ADJ (*night, room*) obscur(e), sombre; (*colour, complexion*) foncé(e), sombre; (*fig*) sombre; **it is/is getting ~** il fait nuit/commence à faire nuit ▶ N: **in the ~** dans le noir; **to be in the ~ about** (*fig*) ignorer tout de; **after ~** après la tombée de la nuit

darken [ˈdɑːkn] VT obscurcir, assombrir ▶ VI s'obscurcir, s'assombrir

darkened [ˈdɑːknd] ADJ (*house, room*) plongé(e) dans l'obscurité

dark glasses NPL lunettes noires

dark horse N (*fig*): **he's a ~** on ne sait pas grand-chose de lui

darkly [ˈdɑːklɪ] ADV (*gloomily*) mélancoliquement; (*in a sinister way*) lugubrement

darkness [ˈdɑːknɪs] N obscurité *f*

darkroom [ˈdɑːkrum] N chambre noire

darling [ˈdɑːlɪŋ] ADJ, N chéri(e)

darn [dɑːn] VT repriser

dart [dɑːt] N fléchette *f*; (*in sewing*) pince *f* ▶ VI: **to ~ towards** (*also:* **make a dart towards**) se précipiter *or* s'élancer vers; **to ~ away/along** partir/passer comme une flèche

dartboard [ˈdɑːtbɔːd] N cible *f* (de jeu de fléchettes)

darts [dɑːts] N jeu *m* de fléchettes

dash [dæʃ] N (*sign*) tiret *m*; (*small quantity*) goutte *f*, larme *f*; **a ~ of soda** un peu d'eau gazeuse ▶ VT (*throw*) jeter *or* lancer violemment; (*hopes*) anéantir ▶ VI: **to ~ towards** (*also:* **make a dash towards**) se précipiter *or* se ruer vers

▶ **dash away** VI partir à toute allure

▶ **dash off** VI = **dash away**

dashboard [ˈdæʃbɔːd] N (*Aut*) tableau *m* de bord

dashing [ˈdæʃɪŋ] ADJ fringant(e)

dastardly [ˈdæstədlɪ] ADJ lâche

DAT N ABBR (= *digital audio tape*) cassette *f* audio digitale

★**data** [ˈdeɪtə] NPL données *fpl*

database [ˈdeɪtəbeɪs] N base *f* de données

data capture N saisie *f* de données

data processing N traitement *m* des données

data transmission N transmission *f* de données

★**date** [deɪt] N date *f*; (*with sb*) rendez-vous *m*; (*fruit*) datte *f*; **what's the ~ today?** quelle date sommes-nous aujourd'hui ?; **~ of birth** date de naissance; **closing ~** date de clôture; **to ~** *adv* à ce jour; **out of ~** périmé(e); **up to ~** à la page, mis(e) à jour, moderne; **to bring up to ~** (*correspondence, information*) mettre à jour; (*method*) moderniser; (*person*) mettre au courant ▶ VT dater; (*person*) sortir avec; **letter dated 5th July** *or* (US) **July 5th** lettre (datée) du 5 juillet

▶ **date back to** VT FUS dater de

▶ **date from** VT FUS dater de

dated [ˈdeɪtɪd] ADJ démodé(e)

dateline [ˈdeɪtlaɪn] N ligne *f* de changement de date

date rape N viol *m* (*à l'issue d'un rendez-vous galant*)

date stamp N timbre-dateur *m*

dating [ˈdeɪtɪŋ] ADJ (*service*) de rencontres

daub [dɔːb] VT barbouiller

★**daughter** [ˈdɔːtəʳ] N fille *f*

daughter-in-law [ˈdɔːtərɪnlɔː] N belle-fille *f*, bru *f*

daunt [dɔːnt] VT intimider, décourager

daunting [ˈdɔːntɪŋ] ADJ décourageant(e), intimidant(e)

dauntless [ˈdɔːntlɪs] ADJ intrépide

dawdle [ˈdɔːdl] VI traîner, lambiner; **to ~ over one's work** traînasser *or* lambiner sur son travail

dawn [dɔːn] N aube *f*, aurore *f*; **at ~** à l'aube; **from ~ to dusk** du matin au soir ▶ VI (*day*) se lever, poindre; (*fig*) naître, se faire jour; **it dawned on him that ...** il lui vint à l'esprit que ...

dawn chorus N (BRIT) chant *m* des oiseaux à l'aube

★**day** [deɪ] N jour *m*; (*as duration*) journée *f*; (*period of time, age*) époque *f*, temps *m*; **the ~ before** la veille, le jour précédent; **the ~ after, the following ~** le lendemain, le jour suivant; **the ~ before yesterday** avant-hier; **the ~ after tomorrow** après-demain; **(on) the ~ that ...** le jour où ...; **~ by ~** jour après jour; **by ~** de jour; **paid by the ~** payé(e) à la journée; **these days, in the present ~** de nos jours, à l'heure actuelle

Use **jour** to mean the whole 24-hour period: *We stayed there for three days.* **Nous y sommes restés trois jours**. The word **journée** refers to the time while you are awake: *I spent all day at home.* **J'ai passé toute la journée chez moi**.

daybook ['deɪbuk] N (BRIT) main courante, brouillard *m*, journal *m*

day boy N (*Scol*) externe *m*

daybreak ['deɪbreɪk] N point *m* du jour

day-care centre ['deɪkɛə-] N (*for elderly etc*) centre *m* d'accueil de jour; (*for children*) garderie *f*

daydream ['deɪdri:m] N rêverie *f* ▸ VI rêver (tout éveillé)

day girl N (*Scol*) externe *f*

daylight ['deɪlaɪt] N (lumière *f* du) jour *m*

daylight robbery N: **it's ~** (*fig: inf*) c'est du vol caractérisé *or* manifeste

daylight saving time N (*US*) heure *f* d'été

day release N: **to be on ~** avoir une journée de congé pour formation professionnelle

day return N (BRIT) billet *m* d'aller-retour (*valable pour la journée*)

day shift N équipe *f* de jour

daytime ['deɪtaɪm] N jour *m*, journée *f*

day-to-day ['deɪtə'deɪ] ADJ (*routine, expenses*) journalier(-ière); **on a ~ basis** au jour le jour

day trip N excursion *f* (d'une journée)

day tripper N excursionniste *mf*

daze [deɪz] VT (*drug*) hébéter; (*blow*) étourdir ▸ N: **in a ~** hébété(e), étourdi(e)

dazed [deɪzd] ADJ abruti(e)

dazzle ['dæzl] VT éblouir, aveugler

dazzling ['dæzlɪŋ] ADJ (*light*) aveuglant(e), éblouissant(e); (*fig*) éblouissant(e)

DC ABBR (*Elec*) = **direct current**; (*US*) = **District of Columbia**

DD N ABBR (= *Doctor of Divinity*) *titre universitaire*

dd. ABBR (*Comm*) = **delivered**

D/D ABBR = **direct debit**

D-day ['di:deɪ] N le jour J

DDS N ABBR (*US:* = *Doctor of Dental Science*) *titre universitaire*; (BRIT: = *Doctor of Dental Surgery*) *titre universitaire*

DDT N ABBR (= *dichlorodiphenyl trichloroethane*) DDT *m*

DE ABBR (*US*) = **Delaware**

DEA N ABBR (*US:* = *Drug Enforcement Administration*) ≈ brigade *f* des stupéfiants

deacon ['di:kən] N diacre *m*

★**dead** [dɛd] ADJ mort(e); (*numb*) engourdi(e), insensible; (*battery*) à plat; **he was shot ~** il a été tué d'un coup de revolver; **the line is ~** (*Tel*) la ligne est coupée ▸ ADV (*completely*) absolument, complètement; (*exactly*) juste; **~ on time** à l'heure pile; **~ tired** éreinté(e), complètement fourbu(e); **to stop ~** s'arrêter pile *or* net ■ **the dead** NPL les morts

deadbeat ['dɛdbi:t] N (*esp US inf*) bon(ne) à rien

dead beat ADJ (*inf*) claqué(e), crevé(e)

deaden ['dɛdn] VT (*blow, sound*) amortir; (*make numb*) endormir, rendre insensible

dead end N impasse *f*

dead-end ['dɛdɛnd] ADJ: **a ~ job** un emploi *or* poste sans avenir

dead heat N (*Sport*): **to finish in a ~** terminer ex aequo

dead-letter office [dɛd'lɛtər-] N ≈ centre *m* de recherche du courrier

★**deadline** ['dɛdlaɪn] N date *f* *or* heure *f* limite; **to work to a ~** avoir des délais stricts à respecter

deadlock ['dɛdlɔk] N impasse *f*

deadlocked ['dɛdlɔkt] ADJ: **to be ~** (*negotiations*) être au point mort; (*people*) être dans l'impasse

dead loss N (*inf*): **to be a ~** (*person*) n'être bon(ne) à rien; (*thing*) ne rien valoir

deadly ['dɛdlɪ] ADJ mortel(le); (*weapon*) meurtrier(-ière); **~ dull** ennuyeux(-euse) à mourir, mortellement ennuyeux

deadpan ['dɛdpæn] ADJ impassible; (*humour*) pince-sans-rire *inv*

Dead Sea N: **the ~** la mer Morte

★**deaf** [dɛf] ADJ sourd(e); **to turn a ~ ear to sth** faire la sourde oreille à qch

deaf-aid ['dɛfeɪd] N (BRIT) appareil auditif

deaf-and-dumb ['dɛfən'dʌm] (*!*) ADJ sourd(e)-muet(te); **~ alphabet** alphabet *m* des sourds-muets

deafen ['dɛfn] VT rendre sourd(e); (*fig*) assourdir

deafening ['dɛfnɪŋ] ADJ assourdissant(e)

deaf-mute ['dɛf'mju:t] N (*!*) sourd(e)-muet(te)

deafness ['dɛfnɪs] N surdité *f*

★**deal** [di:l] (*pt, pp* **dealt** [dɛlt]) N affaire *f*, marché *m*; **to strike a ~ with sb** faire *or* conclure un marché avec qn; **it's a ~!** (*inf*) marché conclu !, tope là !, topez là !; **he got a bad ~ from them** ils ont mal agi envers lui; **he got a fair ~ from them** ils ont agi loyalement envers lui; **a good ~** (*a lot*) beaucoup; **a good ~ of, a great ~ of** beaucoup de, énormément de ▸ VT (*blow*) porter; (*cards*) distribuer ▸ VI (*deal cards*) donner; **it's your turn to ~** c'est à toi de donner

▸ **deal in** VT FUS (*Comm*) faire le commerce de, être dans le commerce de

▸ **deal out** VT (*cards*) distribuer; (*punishment*) donner

▸ **deal with** VT FUS (*Comm*) traiter avec; (*handle*) s'occuper *or* se charger de; (*be about: book etc*) traiter de

dealbreaker ['di:lbreɪkə^r] N: **it was a ~** cela a fait capoter l'affaire

dealer ['di:lə^r] N (*Comm*) marchand *m*; (*Cards*) donneur *m*

dealership ['di:ləʃɪp] N concession *f*

dealings ['di:lɪŋz] NPL (*in goods, shares*) opérations *fpl*, transactions *fpl*; (*relations*) relations *fpl*, rapports *mpl*

dealt [dɛlt] PT, PP *of* **deal**

dean [di:n] N (*Rel*, BRIT *Scol*) doyen *m*; (*US Scol*) conseiller principal (conseillère principale) d'éducation

★**dear** [dɪə^r] ADJ cher (chère); (*expensive*) cher, coûteux(-euse); **D~ Sir/Madam** (*in letter*) Monsieur/Madame; **D~ Mr/Mrs X** Cher Monsieur/Chère Madame X ▸ N: **my ~** mon cher (ma chère) ▸ EXCL: **~ me!** mon Dieu !

dearest ['dɪərɪst] N chéri(e) ▸ ADJ: **D~ Paul/Maria** Mon cher Paul/Ma chère Maria; **my ~ hope** mon plus grand espoir; **my ~ wish** mon vœu le plus cher

dearly ['dɪəlɪ] ADV (*love*) tendrement; (*pay*) cher

dearth [də:θ] N disette *f*, pénurie *f*

★**death** [dɛθ] N mort *f*; (*Admin*) décès *m*

deathbed ['dɛθbɛd] N lit *m* de mort
death certificate N acte *m* de décès
death knell N mort *f*; **to sound the ~ of sth** sonner le glas pour qch
deathly ['dɛθlɪ] ADJ de mort ▶ ADV comme la mort
death penalty N peine *f* de mort
death rate N taux *m* de mortalité
death row [-'rəu] N (*US*) quartier *m* des condamnés à mort; **to be on ~** être condamné à la peine de mort
death sentence N condamnation *f* à mort
death squad N escadron *m* de la mort
death throes NPL agonie *f*; **a society in its ~** une société agonisante
death toll N nombre *m* de morts
death trap N endroit *or* véhicule *etc* dangereux
deb [dɛb] N ABBR (*inf*) = **debutante**
debacle [deɪ'bɑ:kl] N (BRIT: *fiasco*) fiasco *m*; (*military*) débâcle *f*
debar [dɪ'bɑ:ʳ] VT: **to ~ sb from a club** *etc* exclure qn d'un club *etc*; **to ~ sb from doing** interdire à qn de faire
debase [dɪ'beɪs] VT (*currency*) déprécier, dévaloriser; (*person*) abaisser, avilir
debatable [dɪ'beɪtəbl] ADJ discutable, contestable; **it is ~ whether ...** il est douteux que ...
debate [dɪ'beɪt] N discussion *f*, débat *m* ▶ VT discuter, débattre ▶ VI (*consider*): **to ~ whether** se demander si
debauched [dɪ'bɔ:tʃt] ADJ (*old: society*) de débauchés, dépravé(e); **a ~ lifestyle** une vie de débauché(e)
debauchery [dɪ'bɔ:tʃərɪ] N débauche *f*
debenture [dɪ'bɛntʃəʳ] N (*Comm*) obligation *f*
debilitate [dɪ'bɪlɪteɪt] VT débiliter
debilitating [dɪ'bɪlɪteɪtɪŋ] ADJ débilitant(e)
debit ['dɛbɪt] N débit *m* ▶ VT: **to ~ a sum to sb** *or* **to sb's account** porter une somme au débit de qn, débiter qn d'une somme
debit balance N solde débiteur
debit card N carte *f* de paiement
debit note N note *f* de débit
debrief [di:'bri:f] VT demander un compte rendu de fin de mission à
debriefing [di:'bri:fɪŋ] N compte rendu *m*
debris ['dɛbri:] N débris *mpl*, décombres *mpl*
debt [dɛt] N dette *f*; **to be in ~** avoir des dettes, être endetté(e); **bad ~** créance *f* irrécouvrable
debt collector N agent *m* de recouvrements
debtor ['dɛtəʳ] N débiteur(-trice)
debug [di:'bʌg] VT (*Comput*) déboguer
debunk [di:'bʌŋk] VT (*inf: theory, claim*) montrer le ridicule de
debut ['deɪbju:] N début(s) *m(pl)*
debutante ['dɛbjutænt] N débutante *f*
Dec. ABBR (= *December*) déc
★**decade** ['dɛkeɪd] N décennie *f*, décade *f*
decadence ['dɛkədəns] N décadence *f*
decadent ['dɛkədənt] ADJ décadent(e)
decaf ['di:kæf] N (*inf*) déca *m*
decaffeinated [dɪ'kæfɪneɪtɪd] ADJ décaféiné(e)
decamp [dɪ'kæmp] VI (*inf*) décamper, filer
decant [dɪ'kænt] VT (*wine*) décanter
decanter [dɪ'kæntəʳ] N carafe *f*
decapitate [dɪ'kæpɪteɪt] VT décapiter
decarbonize [di:'kɑ:bənaɪz] VT (*Aut*) décalaminer
decathlon [dɪ'kæθlən] N décathlon *m*
decay [dɪ'keɪ] N (*of food, wood etc*) décomposition *f*, pourriture *f*; (*of building*) délabrement *m*; (*fig*) déclin *m*; (*also:* **tooth decay**) carie *f* (dentaire) ▶ VI (*rot*) se décomposer, pourrir; (*teeth*) se carier; (*fig: city, district, building*) se délabrer; (*: civilization*) décliner; (*: system*) tomber en ruine
decease [dɪ'si:s] N décès *m*
deceased [dɪ'si:st] N: **the ~** le (la) défunt(e)
deceit [dɪ'si:t] N tromperie *f*, supercherie *f*
deceitful [dɪ'si:tful] ADJ trompeur(-euse)
deceive [dɪ'si:v] VT tromper; **to ~ o.s.** s'abuser

to deceive ne veut pas dire *décevoir*.

decelerate [di:'sɛləreɪt] VT, VI ralentir
★**December** [dɪ'sɛmbəʳ] N décembre *m*; *see also* **July**
decency ['di:sənsɪ] N décence *f*
decent ['di:sənt] ADJ (*proper*) décent(e), convenable; **they were very ~ about it** ils se sont montrés très chics
decently ['di:səntlɪ] ADV (*respectably*) décemment, convenablement; (*kindly*) décemment
decentralization [di:sɛntrəlaɪ'zeɪʃən] N décentralisation *f*
decentralize [di:'sɛntrəlaɪz] VT décentraliser
deception [dɪ'sɛpʃən] N tromperie *f*

deception ne veut pas dire *déception*.

deceptive [dɪ'sɛptɪv] ADJ trompeur(-euse)
decibel ['dɛsɪbɛl] N décibel *m*
★**decide** [dɪ'saɪd] VT (*subj: person*) décider; (*question, argument*) trancher, régler; **to ~ to do/that** décider de faire/que ▶ VI se décider, décider; **to ~ on** décider, se décider pour; **to ~ on doing** décider de faire; **to ~ against doing** décider de ne pas faire
decided [dɪ'saɪdɪd] ADJ (*resolute*) résolu(e), décidé(e); (*clear, definite*) net(te), marqué(e)
decidedly [dɪ'saɪdɪdlɪ] ADV résolument; incontestablement, nettement
deciding [dɪ'saɪdɪŋ] ADJ décisif(-ive)
deciduous [dɪ'sɪdjuəs] ADJ à feuilles caduques
decimal ['dɛsɪməl] ADJ décimal(e); **to three ~ places** (jusqu')à la troisième décimale ▶ N décimale *f*
decimalize ['dɛsɪməlaɪz] VT (BRIT) décimaliser
decimal point N ≈ virgule *f*
decimate ['dɛsɪmeɪt] VT décimer
decimation [dɛsɪ'meɪʃən] N (*reduction*) décimation *f*; (*destruction*) destruction *f*
decipher [dɪ'saɪfəʳ] VT déchiffrer
★**decision** [dɪ'sɪʒən] N décision *f*; **to make a ~** prendre une décision
decisive [dɪ'saɪsɪv] ADJ décisif(-ive); (*influence*) décisif, déterminant(e); (*manner, person*) décidé(e), catégorique; (*reply*) ferme, catégorique

decisiveness [dɪˈsaɪsɪvnɪs] N (*of person*) esprit *m* de décision

★**deck** [dɛk] N (*Naut*) pont *m*; (*of cards*) jeu *m*; (*record deck*) platine *f*; (*of bus*): **top ~** impériale *f*; **to go up on ~** monter sur le pont; **below ~** dans l'entrepont

deckchair [ˈdɛktʃɛəʳ] N chaise longue

deck hand N matelot *m*

declaration [dɛkləˈreɪʃən] N déclaration *f*

declare [dɪˈklɛəʳ] VT déclarer

declassify [di:ˈklæsɪfaɪ] VT rendre accessible au public *or* à tous

decline [dɪˈklaɪn] N (*decay*) déclin *m*; (*lessening*) baisse *f*; **~ in living standards** baisse du niveau de vie ▸ VT refuser, décliner; **to ~ to do sth** refuser (poliment) de faire qch ▸ VI décliner; (*business*) baisser

declutch [ˈdi:ˈklʌtʃ] VI (BRIT) débrayer

declutter [di:ˈklʌtər] VT désencombrer

decode [di:ˈkəud] VT décoder

decoder [di:ˈkəudəʳ] N (*Comput, TV*) décodeur *m*

decommission [di:kəˈmɪʃən] VT mettre hors service

decompose [di:kəmˈpəuz] VI se décomposer

decomposition [di:kɔmpəˈzɪʃən] N décomposition *f*

decompression [di:kəmˈprɛʃən] N décompression *f*

decompression chamber N caisson *m* de décompression

decongestant [di:kənˈdʒɛstənt] N décongestif *m*

deconstruct [di:kənˈstrʌkt] VT déconstruire

decontaminate [di:kənˈtæmɪneɪt] VT décontaminer

decontrol [di:kənˈtrəul] VT (*prices etc*) libérer

décor [ˈdeɪkɔ:ʳ] N décor *m*

★**decorate** [ˈdɛkəreɪt] VT (*adorn, give a medal to*) décorer; (*paint and paper*) peindre et tapisser

decorating [ˈdɛkəreɪtɪŋ] N (*painting and papering*) peinture *f* et tapisserie *f*

decoration [dɛkəˈreɪʃən] N (*medal etc, adornment*) décoration *f*

decorative [ˈdɛkərətɪv] ADJ décoratif(-ive)

decorator [ˈdɛkəreɪtəʳ] N peintre *m* en bâtiment

decorum [dɪˈkɔ:rəm] N décorum *m*, bienséance *f*

decoy [ˈdi:kɔɪ] N piège *m*; **they used him as a ~ for the enemy** ils se sont servis de lui pour attirer l'ennemi

decrease N [ˈdi:kri:s] diminution *f*; **to be on the ~** diminuer, être en diminution ▸ VT, VI [di:ˈkri:s] diminuer

decreasing [di:ˈkri:sɪŋ] ADJ en voie de diminution

decree [dɪˈkri:] N (*Pol, Rel*) décret *m*; (*Law*) arrêt *m*, jugement *m*; **~ absolute** jugement définitif (de divorce); **~ nisi** jugement provisoire de divorce ▸ VT: **to ~ (that)** décréter (que), ordonner (que)

decrepit [dɪˈkrɛpɪt] ADJ (*person*) décrépit(e); (*building*) délabré(e)

decriminalization [di:krɪmɪnəlaɪˈzeɪʃən] N dépénalisation *f*

decriminalize [di:ˈkrɪmɪnəlaɪz] VT dépénaliser

decry [dɪˈkraɪ] VT condamner ouvertement, déplorer; (*disparage*) dénigrer, décrier

decrypt [di:ˈkrɪpt] VT (*Comput, Tel*) décrypter

dedicate [ˈdɛdɪkeɪt] VT consacrer; (*book etc*) dédier

dedicated [ˈdɛdɪkeɪtɪd] ADJ (*person*) dévoué(e); (*Comput*) spécialisé(e), dédié(e); **~ word processor** station *f* de traitement de texte

dedication [dɛdɪˈkeɪʃən] N (*devotion*) dévouement *m*; (*in book*) dédicace *f*

deduce [dɪˈdju:s] VT déduire, conclure

deduct [dɪˈdʌkt] VT: **to ~ sth (from)** déduire qch (de), retrancher qch (de); (*from wage etc*) prélever qch (sur), retenir qch (sur)

deduction [dɪˈdʌkʃən] N (*deducting, deducing*) déduction *f*; (*from wage etc*) prélèvement *m*, retenue *f*

deductive [dɪˈdʌktɪv] ADJ déductif(-ive)

deed [di:d] N action *f*, acte *m*; (*Law*) acte notarié, contrat *m*; **~ of covenant** (acte *m* de) donation *f*

deem [di:m] VT (*formal*) juger, estimer; **to ~ it wise to do** juger bon de faire

★**deep** [di:p] ADJ (*water, sigh, sorrow, thoughts*) profond(e); (*voice*) grave; **how ~ is the water?** l'eau a quelle profondeur ?; **he took a ~ breath** il inspira profondément, il prit son souffle ▸ ADV: **~ in snow** recouvert(e) d'une épaisse couche de neige; **spectators stood 20 ~** il y avait 20 rangs de spectateurs; **knee-deep in water** dans l'eau jusqu'aux genoux; **4 metres ~** de 4 mètres de profondeur

deepen [ˈdi:pn] VT (*hole*) approfondir ▸ VI s'approfondir; (*darkness*) s'épaissir

deepfreeze [ˈdi:pˈfri:z] N congélateur *m* ▸ VT surgeler

deep-fry [ˈdi:pˈfraɪ] VT faire frire (dans une friteuse)

deeply [ˈdi:plɪ] ADV profondément; (*dig*) en profondeur; (*regret, interested*) vivement

deep-rooted [ˈdi:pˈru:tɪd] ADJ (*prejudice*) profondément enraciné(e); (*affection*) profond(e); (*habit*) invétéré(e)

deep-sea [ˈdi:pˈsi:] ADJ: **~ diver** plongeur sous-marin; **~ diving** plongée sous-marine; **~ fishing** pêche hauturière

deep-seated [ˈdi:pˈsi:tɪd] ADJ (*belief*) profondément enraciné(e)

deep-set [ˈdi:pˈsɛt] ADJ (*eyes*) enfoncé(e)

deep vein thrombosis N thrombose *f* veineuse profonde

deer [dɪəʳ] N *pl inv*: **the ~** les cervidés *mpl*; **(red) ~** cerf *m*; **(fallow) ~** daim *m*; **(roe) ~** chevreuil *m*

deerskin [ˈdɪəskɪn] N peau *f* de daim

deerstalker [ˈdɪəstɔ:kəʳ] N (*person*) chasseur *m* de cerf; (*hat*) casquette *f* à la Sherlock Holmes

deface [dɪˈfeɪs] VT dégrader; barbouiller; rendre illisible

de facto [deɪˈfæktəu] ADJ de fait ▸ ADV de facto

defamation [dɛfəˈmeɪʃən] N diffamation *f*

defamatory [dɪˈfæmətrɪ] ADJ diffamatoire, diffamant(e)

default [dɪˈfɔ:lt] VI (*Law*) faire défaut; (*gen*) manquer à ses engagements; **to ~ on a debt** ne pas s'acquitter d'une dette ▸ N (*Comput: also:* **default**

value) valeur *f* par défaut; **by ~** (*Law*) par défaut, par contumace; (*Sport*) par forfait

defaulter [dɪˈfɔːltəʳ] N (*on debt*) débiteur défaillant

default option N (*Comput*) option *f* par défaut

★**defeat** [dɪˈfiːt] N défaite *f* ▶VT (*team, opponents*) battre; (*fig: plans, efforts*) faire échouer

defeatism [dɪˈfiːtɪzəm] N défaitisme *m*

defeatist [dɪˈfiːtɪst] ADJ, N défaitiste *mf*

defecate [ˈdɛfəkeɪt] VI déféquer

defect N [ˈdiːfɛkt] défaut *m*; **physical ~** malformation *f*, vice *m* de conformation; **mental ~** anomalie *or* déficience mentale ▶VI [dɪˈfɛkt]: **to ~ to the enemy/the West** passer à l'ennemi/l'Ouest

defection [dɪˈfɛkʃən] N défection *f*

defective [dɪˈfɛktɪv] ADJ défectueux(-euse)

defector [dɪˈfɛktəʳ] N transfuge *mf*

★**defence**, (*US*) **defense** [dɪˈfɛns] N défense *f*; **in ~ of** pour défendre; **witness for the ~** témoin *m* à décharge; **the Ministry of D~**, (*US*) **the Department of Defense** le ministère de la Défense nationale

defenceless, (*US*) **defenseless** [dɪˈfɛnslɪs] ADJ sans défense

★**defend** [dɪˈfɛnd] VT défendre; (*decision, action, opinion*) justifier, défendre

defendant [dɪˈfɛndənt] N défendeur(-eresse); (*in criminal case*) accusé(e), prévenu(e)

defender [dɪˈfɛndəʳ] N défenseur *m*

defending champion [dɪˈfɛndɪŋ-] N (*Sport*) champion(ne) en titre

defending counsel [dɪˈfɛndɪŋ-] N (*Law*) avocat *m* de la défense

defense [ˈdɪfɛns] N (*US*) = **defence**

defensible [dɪˈfɛnsɪbl] ADJ défendable; **morally ~** moralement défendable

defensive [dɪˈfɛnsɪv] ADJ défensif(-ive) ▶N défensive *f*; **on the ~** sur la défensive

defensively [dɪˈfɛnsɪvlɪ] ADV (*play*) défensivement; (*say*) sur la défensive

defer [dɪˈfəːʳ] VT (*postpone*) différer, ajourner ▶VI (*submit*): **to ~ to sb/sth** déférer à qn/qch, s'en remettre à qn/qch

deference [ˈdɛfərəns] N déférence *f*, égards *mpl*; **out of** *or* **in ~ to** par déférence *or* égards pour

deferential [dɛfəˈrɛnʃl] ADJ déférent(e)

defiance [dɪˈfaɪəns] N défi *m*; **in ~ of** au mépris de

defiant [dɪˈfaɪənt] ADJ provocant(e), de défi; (*person*) rebelle, intraitable

defiantly [dɪˈfaɪəntlɪ] ADV d'un air (*or* d'un ton) de défi

defibrillator [diːˈfɪbrɪleɪtəʳ] N défibrillateur *m*

deficiency [dɪˈfɪʃənsɪ] N (*lack*) insuffisance *f*; (: *Med*) carence *f*; (*flaw*) faiblesse *f*; (*Comm*) déficit *m*, découvert *m*

deficiency disease N maladie *f* de carence

deficient [dɪˈfɪʃənt] ADJ (*inadequate*) insuffisant(e); (*defective*) défectueux(-euse); **to be ~ in** manquer de

deficit [ˈdɛfɪsɪt] N déficit *m*

defile [dɪˈfaɪl] VT souiller ▶VI défiler

define [dɪˈfaɪn] VT définir

definite [ˈdɛfɪnɪt] ADJ (*fixed*) défini(e), (bien) déterminé(e); (*clear, obvious*) net(te), manifeste; (*Ling*) défini(e); (*certain*) sûr(e); **he was ~ about it** il a été catégorique; il était sûr de son fait

★**definitely** [ˈdɛfɪnɪtlɪ] ADV sans aucun doute

definition [dɛfɪˈnɪʃən] N définition *f*; (*clearness*) netteté *f*

definitive [dɪˈfɪnɪtɪv] ADJ définitif(-ive)

definitively [dɪˈfɪnɪtɪvlɪ] ADV de façon absolue

deflate [dɪˈfleɪt] VT dégonfler; (*pompous person*) rabattre le caquet à; (*Econ*) provoquer la déflation de; (: *prices*) faire tomber *or* baisser

deflated [dɪˈfleɪtɪd] ADJ (*person*) découragé(e)

deflation [dɪˈfleɪʃən] N (*Econ*) déflation *f*

deflationary [dɪˈfleɪʃənrɪ] ADJ (*Econ*) déflationniste

deflect [dɪˈflɛkt] VT détourner, faire dévier

defog [ˈdiːˈfɔg] VT (*US Aut*) désembuer

defogger [ˈdiːˈfɔgəʳ] N (*US Aut*) dispositif *m* antibuée *inv*

deforest [diːˈfɔrɪst] VT déforester

deforestation [diːfɔrɪˈsteɪʃən] N déforestation *f*

deform [dɪˈfɔːm] VT déformer

deformed [dɪˈfɔːmd] ADJ difforme

deformity [dɪˈfɔːmɪtɪ] N difformité *f*

DEFRA [ˈdɛfrə] N ABBR (BRIT: = *Department for Environment, Food and Rural Affairs*) ≈ ministère *m* de l'agriculture

defraud [dɪˈfrɔːd] VT frauder; **to ~ sb of sth** soutirer qch malhonnêtement à qn; escroquer qch à qn; frustrer qn de qch

defray [dɪˈfreɪ] VT: **to ~ sb's expenses** défrayer qn (de ses frais), rembourser *or* payer à qn ses frais

defriend [diːˈfrɛnd] VT (*Internet*) supprimer de sa liste d'amis

defrost [diːˈfrɔst] VT (*fridge*) dégivrer; (*frozen food*) décongeler

deft [dɛft] ADJ adroit(e), preste

deftly [ˈdɛftlɪ] ADV adroitement

defunct [dɪˈfʌŋkt] ADJ défunt(e)

defuse [diːˈfjuːz] VT désamorcer

defy [dɪˈfaɪ] VT défier; (*efforts etc*) résister à; **it defies description** cela défie toute description

degenerate VI [dɪˈdʒɛnəreɪt] dégénérer ▶ADJ [dɪˈdʒɛnərɪt] dégénéré(e)

degenerative [dɪˈdʒɛnərətɪv] ADJ dégénératif(-ive)

degradation [dɛgrəˈdeɪʃən] N dégradation *f*

degrade [dɪˈgreɪd] VT dégrader

degrading [dɪˈgreɪdɪŋ] ADJ dégradant(e)

★**degree** [dɪˈgriː] N degré *m*; (*Scol*) diplôme *m* (universitaire); **10 degrees below (zero)** 10 degrés au-dessous de zéro; **a (first) ~ in maths** (BRIT) une licence en maths; **a considerable ~ of risk** un facteur *or* élément considérable de risque; **by degrees** (*gradually*) par degrés; **to some ~**, **to a certain ~** jusqu'à un certain point, dans une certaine mesure

dehumanize [diːˈhjuːmənaɪz] VT déshumaniser

dehumanizing [diːˈhjuːmənaɪzɪŋ] ADJ déshumanisant(e)

dehumidifier [di:hju'mɪdɪfaɪəʳ] N déshumidificateur *m*

dehydrated [di:haɪ'dreɪtɪd] ADJ déshydraté(e); (*milk, eggs*) en poudre

dehydration [di:haɪ'dreɪʃən] N déshydratation *f*

de-ice ['di:'aɪs] VT (*windscreen*) dégivrer

de-icer ['di:'aɪsəʳ] N dégivreur *m*

deign [deɪn] VI: **to ~ to do** daigner faire

deity ['di:ɪtɪ] N divinité *f*; dieu *m*, déesse *f*

déjà vu [deɪʒɑ:'vu:] N: **I had a sense of ~** j'ai eu une impression de déjà-vu

dejected [dɪ'dʒɛktɪd] ADJ abattu(e), déprimé(e)

dejection [dɪ'dʒɛkʃən] N abattement *m*, découragement *m*

de jure [deɪ'dʒuəreɪ] ADJ, ADV (*Law*) de jure

Del. ABBR (*US*) = **Delaware**

del. ABBR = **delete**

★**delay** [dɪ'leɪ] VT (*journey, operation*) retarder, différer; (*traveller, train*) retarder; (*payment*) différer; **to be delayed** être en retard ▸ VI s'attarder ▸ N délai *m*, retard *m*; **without ~** sans délai, sans tarder

delayed-action [dɪ'leɪd'ækʃən] ADJ à retardement

delectable [dɪ'lɛktəbl] ADJ délicieux(-euse)

delegate N ['dɛlɪgɪt] délégué(e) ▸ VT ['dɛlɪgeɪt] déléguer; **to ~ sth to sb/sb to do sth** déléguer qch à qn/qn pour faire qch

delegation [dɛlɪ'geɪʃən] N délégation *f*

delete [dɪ'li:t] VT (*word*) rayer, supprimer; (*Comput: file*) effacer; (*: message*) supprimer

deletion [dɪ'li:ʃən] N (*in written text*) rature *f*; (*in electronic text*) suppression *f*

Delhi ['dɛlɪ] N Delhi

deli ['dɛlɪ] N épicerie fine

deliberate ADJ [dɪ'lɪbərɪt] (*intentional*) délibéré(e); (*slow*) mesuré(e) ▸ VI [dɪ'lɪbəreɪt] délibérer, réfléchir

deliberately [dɪ'lɪbərɪtlɪ] ADV (*on purpose*) exprès, délibérément

deliberation [dɪlɪbə'reɪʃən] N délibération *f*, réflexion *f*; (*gen pl: discussion*) délibérations, débats *mpl*

deliberative [dɪ'lɪbərətɪv] ADJ délibérant(e)

delicacy ['dɛlɪkəsɪ] N délicatesse *f*; (*choice food*) mets fin *or* délicat, friandise *f*

delicate ['dɛlɪkɪt] ADJ délicat(e)

delicately ['dɛlɪkɪtlɪ] ADV délicatement; (*act, express*) avec délicatesse, avec tact

delicatessen [dɛlɪkə'tɛsn] N épicerie fine

delicious [dɪ'lɪʃəs] ADJ délicieux(-euse), exquis(e)

deliciously [dɪ'lɪʃəslɪ] ADV délicieusement

delight [dɪ'laɪt] N (grande) joie, grand plaisir; **she's a ~ to work with** c'est un plaisir de travailler avec elle; **a ~ to the eyes** un régal *or* plaisir pour les yeux; **to take ~ in** prendre grand plaisir à; **to be the ~ of** faire les délices *or* la joie de ▸ VT enchanter

★**delighted** [dɪ'laɪtɪd] ADJ: **~ (at** *or* **with sth)** ravi(e) (de qch); **to be ~ to do sth/that** être enchanté(e) *or* ravi(e) de faire qch/que; **I'd be ~** j'en serais enchanté *or* ravi

delightful [dɪ'laɪtful] ADJ (*person*) charmant(e), adorable; (*place, meal, evening*) merveilleux(-euse)

delightfully [dɪ'laɪtfulɪ] ADV délicieusement

delimit [di:'lɪmɪt] VT délimiter

delineate [dɪ'lɪnɪeɪt] VT tracer, esquisser; (*fig*) dépeindre, décrire

delinquency [dɪ'lɪŋkwənsɪ] N délinquance *f*

delinquent [dɪ'lɪŋkwənt] ADJ, N délinquant(e)

delirious [dɪ'lɪrɪəs] ADJ (*Med: fig*) délirant(e); **to be ~** délirer

deliriously [dɪ'lɪrɪəslɪ] ADV: **~ happy** fou (folle) de joie

delirium [dɪ'lɪrɪəm] N délire *m*

★**deliver** [dɪ'lɪvəʳ] VT (*mail*) distribuer; (*goods*) livrer; (*message*) remettre; (*speech*) prononcer; (*warning, ultimatum*) lancer; (*free*) délivrer; (*Med: baby*) mettre au monde; (*: woman*) accoucher; **to ~ the goods** (*fig*) tenir ses promesses

deliverables [dɪ'lɪvərəblz] NPL livrables *mpl*

deliverance [dɪ'lɪvrəns] N délivrance *f*, libération *f*

delivery [dɪ'lɪvərɪ] N (*of mail*) distribution *f*; (*of goods*) livraison *f*; (*of speaker*) élocution *f*; (*Med*) accouchement *m*; **to take ~ of** prendre livraison de

delivery note N bon *m* de livraison

delivery van, (*US*) **delivery truck** N fourgonnette *f or* camionnette *f* de livraison

delta ['dɛltə] N delta *m*

delude [dɪ'lu:d] VT tromper, leurrer; **to ~ o.s.** se leurrer, se faire des illusions

deluge ['dɛlju:dʒ] N déluge *m* ▸ VT (*fig*): **to ~ (with)** inonder (de)

delusion [dɪ'lu:ʒən] N illusion *f*; **to have delusions of grandeur** être un peu mégalomane

de luxe [də'lʌks] ADJ de luxe

delve [dɛlv] VI: **to ~ into** fouiller dans

Dem. ABBR (*US Pol*) = **democrat; democratic**

demagogue ['dɛməgɔg] N démagogue *mf*

★**demand** [dɪ'mɑ:nd] VT réclamer, exiger; (*need*) exiger, requérir; **to ~ sth (from** *or* **of sb)** exiger qch (de qn), réclamer qch (à qn) ▸ N exigence *f*; (*claim*) revendication *f*; (*Econ*) demande *f*; **in ~** demandé(e), recherché(e); **on ~** sur demande; (TV) à la carte

---
to demand ne veut pas dire *demander*.

---

demanding [dɪ'mɑ:ndɪŋ] ADJ (*person*) exigeant(e); (*work*) astreignant(e)

demarcation [di:mɑ:'keɪʃən] N démarcation *f*

demarcation dispute N (*Industry*) conflit *m* d'attributions

demean [dɪ'mi:n] VT: **to ~ o.s.** s'abaisser

demeaning [dɪ'mi:nɪŋ] ADJ dégradant(e)

demeanour, (*US*) **demeanor** [dɪ'mi:nəʳ] N comportement *m*; maintien *m*

demented [dɪ'mɛntɪd] ADJ dément(e), fou (folle)

dementia [dɪ'mɛnʃə] N démence *f*

demerger [di:'mə:dʒəʳ] (BRIT) N scission *f*

demilitarized zone [di:'mɪlɪtəraɪzd-] N zone démilitarisée

demise [dɪ'maɪz] N décès *m*

demist [di:'mɪst] VT (BRIT *Aut*) désembuer

demister [diːˈmɪstəʳ] N (BRIT *Aut*) dispositif *m* anti-buée *inv*

demo [ˈdɛməu] N ABBR (*inf*) = **demonstration**; (*protest*) manif *f*; (*Comput*) démonstration *f*

demobilize [diːˈməubɪlaɪz] VT démobiliser

★**democracy** [dɪˈmɔkrəsɪ] N démocratie *f*

democrat [ˈdɛməkræt] N démocrate *mf*

★**democratic** [dɛməˈkrætɪk] ADJ démocratique; **the D~ Party** (*US*) le parti démocrate

democratically [dɛməˈkrætɪkəlɪ] ADV démocratiquement

democratization [dɪˈmɔkrətaɪzeɪʃən] N démocratisation *f*

democratize [dɪˈmɔkrətaɪz] VT démocratiser

demographic [dɛməˈgræfɪk] ADJ démographique ▸ N (*group*) tranche *f* de population ▪ **demographics** NPL données *fpl* démographiques

demography [dɪˈmɔgrəfɪ] N démographie *f*

demolish [dɪˈmɔlɪʃ] VT démolir

demolition [dɛməˈlɪʃən] N démolition *f*

demon [ˈdiːmən] N démon *m* ▸ CPD: **a ~ squash player** un crack en squash; **a ~ driver** un fou du volant

demonic [dɪˈmɔnɪk] ADJ (*forces, grin*) démoniaque; (*energy, drive, ability*) redoutable

demonize [ˈdiːmənaɪz] VT diaboliser

demonstrably [ˈdɛmənstrəblɪ, dɪˈmɔnstrəblɪ] ADV (*true, false*) manifestement

★**demonstrate** [ˈdɛmənstreɪt] VT démontrer, prouver; (*show*) faire une démonstration de ▸ VI: **to ~ (for/against)** manifester (en faveur de/contre)

★**demonstration** [dɛmənˈstreɪʃən] N démonstration *f*; (*Pol etc*) manifestation *f*; **to hold a ~** (*Pol etc*) organiser une manifestation, manifester

demonstrative [dɪˈmɔnstrətɪv] ADJ démonstratif(-ive)

demonstrator [ˈdɛmənstreɪtəʳ] N (*Pol etc*) manifestant(e); (*Comm: salesperson*) vendeur(-euse); (*: car, computer etc*) modèle *m* de démonstration

demoralize [dɪˈmɔrəlaɪz] VT démoraliser

demote [dɪˈməut] VT rétrograder

demotion [dɪˈməuʃən] N rétrogradation *f*

demur [dɪˈməːʳ] VI: **to ~ (at sth)** hésiter (devant qch); (*object*) élever des objections (contre qch) ▸ N: **without ~** sans hésiter; sans faire de difficultés

demure [dɪˈmjuəʳ] ADJ sage, réservé(e), d'une modestie affectée

demurrage [dɪˈmʌrɪdʒ] N droits *mpl* de magasinage, surestarie *f*

demutualize [diːˈmjuːtʃuəlaɪz] VI (BRIT) se démutualiser

demystify [diːˈmɪstɪfaɪ] VT démystifier

den [dɛn] N (*of lion*) tanière *f*; (*room*) repaire *m*

denationalization [diːnæʃnəlaɪˈzeɪʃən] N dénationalisation *f*

denationalize [diːˈnæʃnəlaɪz] VT dénationaliser

denial [dɪˈnaɪəl] N (*of accusation*) démenti *m*; (*of rights, guilt, truth*) dénégation *f*

denier [ˈdɛnɪəʳ] N denier *m*; **15 ~ stockings** bas de 15 deniers

denigrate [ˈdɛnɪgreɪt] VT dénigrer

denim [ˈdɛnɪm] N jean *m* ▪ **denims** NPL (blue-)jeans *mpl*

denim jacket N veste *f* en jean

denizen [ˈdɛnɪzn] N (*inhabitant*) habitant(e); (*foreigner*) étranger(-ère)

★**Denmark** [ˈdɛnmɑːk] N Danemark *m*

denomination [dɪnɔmɪˈneɪʃən] N (*money*) valeur *f*; (*Rel*) confession *f*; culte *m*

denominator [dɪˈnɔmɪneɪtəʳ] N dénominateur *m*

denote [dɪˈnəut] VT dénoter

denouement, dénouement [deɪˈnuːmɔŋ] N dénouement *m*

denounce [dɪˈnauns] VT dénoncer

dense [dɛns] ADJ dense; (*inf: stupid*) obtus(e), dur(e) *or* lent(e) à la comprenette

densely [ˈdɛnslɪ] ADV: **~ wooded** couvert(e) d'épaisses forêts; **~ populated** à forte densité (de population), très peuplé(e)

density [ˈdɛnsɪtɪ] N densité *f*

dent [dɛnt] N bosse *f*; **to make a ~ in sth** (*car*) faire une bosse dans qch; **to make a ~ in one's savings** entamer ses économies ▸ VT (*make a dent in*) cabosser

dental [ˈdɛntl] ADJ dentaire

dental floss [-flɔs] N fil *m* dentaire

dental surgeon N (chirurgien(ne)-)dentiste

dental surgery N cabinet *m* de dentiste

dented [ˈdɛntɪd] ADJ cabossé(e)

★**dentist** [ˈdɛntɪst] N dentiste *mf*; **~'s surgery** (BRIT) cabinet *m* de dentiste

dentistry [ˈdɛntɪstrɪ] N art *m* dentaire

dentures [ˈdɛntʃəz] NPL dentier *msg*

denunciation [dɪnʌnsɪˈeɪʃən] N dénonciation *f*

deny [dɪˈnaɪ] VT nier; (*refuse*) refuser; (*disown*) renier; **he denies having said it** il nie l'avoir dit

deodorant [diːˈəudərənt] N désodorisant *m*, déodorant *m*

dep. ABBR = **departs; departure**

depart [dɪˈpɑːt] VI partir; **to ~ from** (*leave*) quitter, partir de; (*fig: differ from*) s'écarter de

departed [dɪˈpɑːtɪd] ADJ (*dead*) défunt(e); **the (dear) ~** le défunt/la défunte/les défunts

★**department** [dɪˈpɑːtmənt] N (*Comm*) rayon *m*; (*Scol*) section *f*; (*Pol*) ministère *m*, département *m*; **that's not my ~** (*fig*) ce n'est pas mon domaine *or* ma compétence, ce n'est pas mon rayon; **D~ of State** (*US*) Département d'État

departmental [diːpɑːtˈmɛntl] ADJ d'une *or* de la section; d'un *or* du ministère, d'un *or* du département; **~ manager** chef *m* de service; (*in shop*) chef de rayon

department store N grand magasin

★**departure** [dɪˈpɑːtʃəʳ] N départ *m*; (*fig*): **~ from** écart *m* par rapport à; **a new ~** une nouvelle voie

departure lounge N salle *f* de départ

★**depend** [dɪˈpɛnd] VI: **to ~ (up)on** dépendre de; (*rely on*) compter sur; (*financially*) dépendre (financièrement) de, être à la charge de; **it depends** cela dépend; **depending on the result ...** selon le résultat ...

dependable [dɪˈpɛndəbl] ADJ sûr(e), digne de confiance

dependant [dɪ'pɛndənt] N personne *f* à charge
dependence [dɪ'pɛndəns] N dépendance *f*
dependency [dɪ'pɛndənsɪ] N (*country*) colonie *f*; (*on person, thing*) dépendance *f*; **drug ~** dépendance à la drogue *f*
dependent [dɪ'pɛndənt] ADJ: **to be ~ (on)** dépendre (de) ▸N = **dependant**
depict [dɪ'pɪkt] VT (*in picture*) représenter; (*in words*) (dé)peindre, décrire
depiction [dɪ'pɪkʃən] N (*in picture*) représentation *f*; (*in words*) description *f*
depilatory [dɪ'pɪlətrɪ] N (*also:* **depilatory cream**) dépilatoire *m*, crème *f* à épiler
deplete [dɪ'pli:t] VT réduire
depleted [dɪ'pli:tɪd] ADJ (considérablement) réduit(e) *or* diminué(e)
depletion [dɪ'pli:ʃən] N diminution *f*; **ozone ~** diminution de la couche d'ozone
deplorable [dɪ'plɔ:rəbl] ADJ déplorable, lamentable
deplore [dɪ'plɔ:ʳ] VT déplorer
deploy [dɪ'plɔɪ] VT déployer
deployment [dɪ'plɔɪmənt] N déploiement *m*
depopulate [di:'pɔpjuleɪt] VT dépeupler
depopulation ['di:pɔpju'leɪʃən] N dépopulation *f*, dépeuplement *m*
deport [dɪ'pɔ:t] VT déporter, expulser
deportation [di:pɔ:'teɪʃən] N déportation *f*, expulsion *f*
deportation order N arrêté *m* d'expulsion
deportee [di:pɔ:'ti:] N déporté(e)
deportment [dɪ'pɔ:tmənt] N maintien *m*, tenue *f*
depose [dɪ'pəuz] VT déposer
★**deposit** [dɪ'pɔzɪt] N (*Chem, Comm, Geo*) dépôt *m*; (*of ore, oil*) gisement *m*; (*part payment*) arrhes *fpl*, acompte *m*; (*on bottle etc*) consigne *f*; (*for hired goods etc*) cautionnement *m*, garantie *f*; **to put down a ~ of £50** verser 50 livres d'arrhes *or* d'acompte; laisser 50 livres en garantie ▸VT déposer; (*valuables*) mettre *or* laisser en dépôt
deposit account N compte *m* sur livret
depositor [dɪ'pɔzɪtəʳ] N déposant(e)
depository [dɪ'pɔzɪtərɪ] N (*person*) dépositaire *mf*; (*place*) dépôt *m*
depot ['dɛpəu] N dépôt *m*; (*US Rail*) gare *f*
depraved [dɪ'preɪvd] ADJ dépravé(e), perverti(e)
depravity [dɪ'prævɪtɪ] N dépravation *f*
deprecate ['dɛprɪkeɪt] VT désapprouver
deprecating ['dɛprɪkeɪtɪŋ] ADJ (*disapproving*) désapprobateur(-trice); (*apologetic*): **a ~ smile** un sourire d'excuse
depreciate [dɪ'pri:ʃɪeɪt] VT déprécier ▸VI se déprécier, se dévaloriser
depreciation [dɪpri:ʃɪ'eɪʃən] N dépréciation *f*
depress [dɪ'prɛs] VT déprimer; (*press down*) appuyer sur, abaisser; (*wages etc*) faire baisser
depressant [dɪ'prɛsnt] N (*Med*) dépresseur *m*
depressed [dɪ'prɛst] ADJ (*person*) déprimé(e), abattu(e); (*area*) en déclin, touché(e) par le sous-emploi; (*Comm: market, trade*) maussade; **to get ~** se démoraliser, se laisser abattre
depressing [dɪ'prɛsɪŋ] ADJ déprimant(e)
depression [dɪ'prɛʃən] N (*Econ*) dépression *f*
depressive [dɪ'prɛsɪv] ADJ, N (*Med*) dépressif(-ive)
deprivation [dɛprɪ'veɪʃən] N privation *f*; (*loss*) perte *f*
deprive [dɪ'praɪv] VT: **to ~ sb of** priver qn de
deprived [dɪ'praɪvd] ADJ déshérité(e)
dept. ABBR (= *department*) dép, dépt
★**depth** [dɛpθ] N profondeur *f*; **in the depths of** au fond de; au cœur de; au plus profond de; **to be in the depths of despair** être au plus profond du désespoir; **at a ~ of 3 metres** à 3 mètres de profondeur; **to be out of one's ~** (BRIT: *swimmer*) ne plus avoir pied; (*fig*) être dépassé(e), nager; **to study sth in ~** étudier qch en profondeur
depth charge N grenade sous-marine
deputation [dɛpju'teɪʃən] N députation *f*, délégation *f*
deputize ['dɛpjutaɪz] VI: **to ~ for** assurer l'intérim de
deputy ['dɛpjutɪ] N (*replacement*) suppléant(e), intérimaire *mf*; (*second in command*) adjoint(e); (*Pol*) député *m*; (*US: also:* **deputy sheriff**) shérif adjoint ▸ADJ: **~ chairman** vice-président *m*; **~ head** (*Scol*) directeur(-trice) adjoint(e), sous-directeur(-trice); **~ leader** (BRIT *Pol*) vice-président(e), secrétaire adjoint(e)
derail [dɪ'reɪl] VT faire dérailler; **to be derailed** dérailler
derailment [dɪ'reɪlmənt] N déraillement *m*
deranged [dɪ'reɪndʒd] ADJ: **to be (mentally) ~** avoir le cerveau dérangé
derby ['də:rbɪ] N (*US*) (chapeau *m*) melon *m*
deregulate [dɪ'rɛgjuleɪt] VT libérer, dérégler, déréguler
deregulation [dɪrɛgju'leɪʃən] N libération *f*, dérèglement *m*
derelict ['dɛrɪlɪkt] ADJ abandonné(e), à l'abandon
deride [dɪ'raɪd] VT railler
derision [dɪ'rɪʒən] N dérision *f*
derisive [dɪ'raɪsɪv] ADJ moqueur(-euse), railleur(-euse)
derisory [dɪ'raɪsərɪ] ADJ (*sum*) dérisoire; (*smile, person*) moqueur(-euse), railleur(-euse)
derivation [dɛrɪ'veɪʃən] N dérivation *f*
derivative [dɪ'rɪvətɪv] N dérivé *m* ▸ADJ dérivé(e)
derive [dɪ'raɪv] VT: **to ~ sth from** tirer qch de; trouver qch dans ▸VI: **to ~ from** provenir de, dériver de
dermatitis [də:mə'taɪtɪs] N dermatite *f*
dermatologist [də:mə'tɔlədʒɪst] N dermatologue *mf*
dermatology [də:mə'tɔlədʒɪ] N dermatologie *f*
derogatory [dɪ'rɔgətərɪ] ADJ désobligeant(e), péjoratif(-ive)
derrick ['dɛrɪk] N mât *m* de charge, derrick *m*
derv [də:v] N (BRIT) gas-oil *m*, diesel *m*
DES N ABBR (BRIT: = *Department of Education and Science*) *ministère de l'éducation nationale et des sciences*
desalination [di:sælɪ'neɪʃən] N dessalement *m*, dessalage *m*
descend [dɪ'sɛnd] VT, VI descendre; **to ~ from** descendre de, être issu(e) de; **to ~ to** s'abaisser à;

in descending order of importance par ordre d'importance décroissante
▸**descend (up)on** VT FUS (*enemy, angry person*) tomber *or* sauter sur; (*misfortune*) s'abattre sur; (*gloom, silence*) envahir; **visitors descended (up) on us** des gens sont arrivés chez nous à l'improviste
descendant [dɪ'sɛndənt] N descendant(e)
descended [dɪ'sɛndɪd] ADJ: **to be ~ from sb** descendre de qn
descending [dɪ'sɛndɪŋ] ADJ: **in ~ order** par ordre décroissant
descent [dɪ'sɛnt] N descente *f*; (*origin*) origine *f*
★**describe** [dɪs'kraɪb] VT décrire
★**description** [dɪs'krɪpʃən] N description *f*; (*sort*) sorte *f*, espèce *f*; **of every ~** de toutes sortes
descriptive [dɪs'krɪptɪv] ADJ descriptif(-ive)
desecrate ['dɛsɪkreɪt] VT profaner
desecration [dɛsɪ'kreɪʃən] N profanation *f*
desegregation [di:sɛgrɪ'geɪʃən] N déségrégation *f*
★**desert** N ['dɛzət] désert *m* ▸VT [dɪ'zə:t] déserter, abandonner ▸VI (*Mil*) déserter
deserted [dɪ'zə:tɪd] ADJ désert(e)
deserter [dɪ'zə:tə^r] N déserteur *m*
desertification [dɪzə:tɪfɪ'keɪʃən] N désertification *f*
desertion [dɪ'zə:ʃən] N désertion *f*
desert island N île déserte
deserts [dɪ'zə:ts] NPL: **to get one's just ~** n'avoir que ce qu'on mérite
★**deserve** [dɪ'zə:v] VT mériter
deservedly [dɪ'zə:vɪdlɪ] ADV à juste titre, à bon droit
deserving [dɪ'zə:vɪŋ] ADJ (*person*) méritant(e); (*action, cause*) méritoire
desiccated ['dɛsɪkeɪtɪd] ADJ séché(e)
★**design** [dɪ'zaɪn] N (*sketch*) plan *m*, dessin *m*; (*layout, shape*) conception *f*, ligne *f*; (*pattern*) dessin, motif(s) *m(pl)*; (*of dress, car*) modèle *m*; (*art*) design *m*, stylisme *m*; (*intention*) dessein *m*; **to have designs on** avoir des visées sur; **industrial ~** esthétique industrielle ▸VT dessiner; (*plan*) concevoir; **well-designed** *adj* bien conçu(e)
design and technology N (BRIT *Scol*) technologie *f*
designate VT ['dɛzɪgneɪt] désigner ▸ADJ ['dɛzɪgnɪt] désigné(e)
designation [dɛzɪg'neɪʃən] N désignation *f*
★**designer** [dɪ'zaɪnə^r] N (*Archit, Art*) dessinateur(-trice); (*Industry*) concepteur(-trice), designer *mf*; (*Fashion*) styliste *mf*
desirability [dɪzaɪərə'bɪlɪtɪ] N avantage *m*; attrait *m*
desirable [dɪ'zaɪərəbl] ADJ (*property, location, purchase*) attrayant(e); **it is ~ that** il est souhaitable que
desire [dɪ'zaɪə^r] N désir *m* ▸VT désirer, vouloir; **to ~ to do sth/that** désirer faire qch/que
desirous [dɪ'zaɪərəs] ADJ: **~ of** désireux(-euse) de
desist [dɪ'zɪst, dɪ'sɪst] VI cesser; **to ~ from sth** cesser qch; **to ~ from doing sth** cesser de faire qch
★**desk** [dɛsk] N (*in office*) bureau *m*; (*for pupil*) pupitre *m*; (BRIT: *in shop, restaurant*) caisse *f*; (*in hotel, at airport*) réception *f*
desktop ['dɛsktɔp] N bureau *m* ▸ADJ de bureau; **~ computer** ordinateur *m* de bureau
desktop publishing N publication assistée par ordinateur, PAO *f*
desolate ['dɛsəlɪt] ADJ désolé(e)
desolation [dɛsə'leɪʃən] N désolation *f*
despair [dɪs'pɛə^r] N désespoir *m*; **to be in ~** être au désespoir ▸VI: **to ~ of** désespérer de
despatch [dɪs'pætʃ] N, VT = **dispatch**
★**desperate** ['dɛspərɪt] ADJ désespéré(e); (*fugitive*) prêt(e) à tout; (*measures*) désespéré, extrême; **to be ~ for sth/to do sth** avoir désespérément besoin de qch/de faire qch; **we are getting ~** nous commençons à désespérer
desperately ['dɛspərɪtlɪ] ADV désespérément; (*very*) terriblement, extrêmement; **~ ill** très gravement malade
desperation [dɛspə'reɪʃən] N désespoir *m*; **in (sheer) ~** en désespoir de cause
despicable [dɪs'pɪkəbl] ADJ méprisable
despise [dɪs'paɪz] VT mépriser, dédaigner
★**despite** [dɪs'paɪt] PREP malgré, en dépit de
despondent [dɪs'pɔndənt] ADJ découragé(e), abattu(e)
despot ['dɛspɔt] N despote *mf*
despotic [dɛ'spɔtɪk] ADJ despotique
dessert [dɪ'zə:t] N dessert *m*
dessertspoon [dɪ'zə:tspu:n] N cuiller *f* à dessert
destabilize [di:'steɪbɪlaɪz] VT déstabiliser
destination [dɛstɪ'neɪʃən] N destination *f*
destine ['dɛstɪn] VT destiner
destined ['dɛstɪnd] ADJ: **to be ~ to do sth** être destiné(e) à faire qch; **~ for London** à destination de Londres
destiny ['dɛstɪnɪ] N destinée *f*, destin *m*
destitute ['dɛstɪtju:t] ADJ misérable, dans la misère; **to be left ~** être plongé(e) dans la misère; **the ~** les indigents
destitution [dɛstɪ'tju:ʃən] N dénuement *m*, indigence *f*
de-stress [di:'strɛs] VI, VT déstresser (*inf*)
★**destroy** [dɪs'trɔɪ] VT détruire; (*injured horse*) abattre; (*dog*) faire piquer
destroyer [dɪs'trɔɪə^r] N (*Naut*) contre-torpilleur *m*
destruction [dɪs'trʌkʃən] N destruction *f*
destructive [dɪs'trʌktɪv] ADJ destructeur(-trice)
desultory ['dɛsəltərɪ] ADJ (*reading, conversation*) décousu(e); (*contact*) irrégulier(-ière)
detach [dɪ'tætʃ] VT détacher
detachable [dɪ'tætʃəbl] ADJ amovible, détachable
detached [dɪ'tætʃt] ADJ (*attitude*) détaché(e)
detached house N pavillon *m* maison(nette) (individuelle)
detachment [dɪ'tætʃmənt] N (*Mil*) détachement *m*; (*fig*) détachement, indifférence *f*
★**detail** ['di:teɪl] N détail *m*; (*Mil*) détachement *m*; **in ~** en détail; **to go into ~(s)** entrer dans les détails ▸VT raconter en détail, énumérer; (*Mil*): **to ~ sb (for)** affecter qn (à), détacher qn (pour)

detailed [ˈdiːteɪld] ADJ détaillé(e)

detain [dɪˈteɪn] VT retenir; (*in captivity*) détenir; (*in hospital*) hospitaliser

detainee [diːteɪˈniː] N détenu(e)

detect [dɪˈtɛkt] VT déceler, percevoir; (*Med, Police*) dépister; (*Mil, Radar, Tech*) détecter

detection [dɪˈtɛkʃən] N découverte *f*; (*Med, Police*) dépistage *m*; (*Mil, Radar, Tech*) détection *f*; **to escape ~** échapper aux recherches, éviter d'être découvert(e); (*mistake*) passer inaperçu(e); **crime ~** le dépistage des criminels

★**detective** [dɪˈtɛktɪv] N agent *m* de la sûreté, policier *m*; **private ~** détective privé

detective story N roman policier

detector [dɪˈtɛktəʳ] N détecteur *m*

détente [deɪˈtɑːnt] N détente *f*

★**detention** [dɪˈtɛnʃən] N détention *f*; (*Scol*) retenue *f*, consigne *f*

deter [dɪˈtəːʳ] VT dissuader

detergent [dɪˈtəːdʒənt] N détersif *m*, détergent *m*

deteriorate [dɪˈtɪərɪəreɪt] VI se détériorer, se dégrader

deterioration [dɪtɪərɪəˈreɪʃən] N détérioration *f*

determinant [dɪˈtəːmɪnənt] N déterminant *m*

determination [dɪtəːmɪˈneɪʃən] N détermination *f*

determine [dɪˈtəːmɪn] VT déterminer; **to ~ to do** résoudre de faire, se déterminer à faire

determined [dɪˈtəːmɪnd] ADJ (*person*) déterminé(e), décidé(e); (*quantity*) déterminé, établi(e); (*effort*) très gros(se); **~ to do** bien décidé à faire

determinism [dɪˈtəːmɪnɪzəm] N déterminisme *m*

deterrence [dɪˈtɛrəns] N dissuasion *f*

deterrent [dɪˈtɛrənt] N effet *m* de dissuasion; force *f* de dissuasion; **to act as a ~** avoir un effet dissuasif

detest [dɪˈtɛst] VT détester, avoir horreur de

detestable [dɪˈtɛstəbl] ADJ détestable odieux(-euse)

detonate [ˈdɛtəneɪt] VI exploser ▸ VT faire exploser *or* détoner

detonator [ˈdɛtəneɪtəʳ] N détonateur *m*

detour [ˈdiːtuəʳ] N détour *m*; (*US Aut: diversion*) déviation *f*

detox [ˈdiːtɔks] VI se détoxifier ▸ VT (*body*) détoxifier ▸ N détox *f*

detoxification [diːtɔksɪfɪˈkeɪʃən] N détox *f*

detoxify [diːˈtɔksɪfaɪ] VI se détoxifier ▸ VT (*body*) détoxifier

detract [dɪˈtrækt] VT: **to ~ from** (*quality, pleasure*) diminuer; (*reputation*) porter atteinte à

detractor [dɪˈtræktəʳ] N détracteur(-trice)

detriment [ˈdɛtrɪmənt] N: **to the ~ of** au détriment de, au préjudice de; **without ~ to** sans porter atteinte *or* préjudice à, sans conséquences fâcheuses pour

detrimental [dɛtrɪˈmɛntl] ADJ: **~ to** préjudiciable *or* nuisible à

deuce [djuːs] N (*Tennis*) égalité *f*

devaluation [diːvæljuˈeɪʃən] N dévaluation *f*

devalue [diːˈvæljuː] VT dévaluer

devastate [ˈdɛvəsteɪt] VT dévaster; **he was devastated by the news** cette nouvelle lui a porté un coup terrible

devastating [ˈdɛvəsteɪtɪŋ] ADJ dévastateur(-trice); (*news*) accablant(e)

devastation [dɛvəsˈteɪʃən] N dévastation *f*

★**develop** [dɪˈvɛləp] VT (*gen*) développer; (*disease*) commencer à souffrir de; (*habit*) contracter; (*resources*) mettre en valeur, exploiter; (*land*) aménager; **can you ~ this film?** pouvez-vous développer cette pellicule ?; **to ~ a taste for sth** prendre goût à qch ▸ VI se développer; (*situation, disease: evolve*) évoluer; (*facts, symptoms: appear*) se manifester, se produire; **to ~ into** devenir

developer [dɪˈvɛləpəʳ] N (*Phot*) révélateur *m*; (*of land*) promoteur *m*; (*also:* **property developer**) promoteur immobilier

developing [dɪˈvɛləpɪŋ] ADJ (*world*) en voie de développement

developing country N pays *m* en voie de développement

development [dɪˈvɛləpmənt] N développement *m*; (*of land*) exploitation *f*; (*new fact, event*) rebondissement *m*, fait(s) nouveau(x)

development area N zone *f* à urbaniser

deviate [ˈdiːvɪeɪt] VI: **to ~ (from)** dévier (de)

deviation [diːvɪˈeɪʃən] N déviation *f*

device [dɪˈvaɪs] N (*scheme*) moyen *m*, expédient *m*; (*apparatus*) appareil *m*, dispositif *m*; **explosive ~** engin explosif; **improvised explosive ~** engin explosif improvisé

devil [ˈdɛvl] N diable *m*; démon *m*

devilish [ˈdɛvlɪʃ] ADJ diabolique

devil-may-care [ˈdɛvlmeɪˈkɛəʳ] ADJ je-m'en-foutiste

devil's advocate N: **to play ~** se faire l'avocat du diable

devious [ˈdiːvɪəs] ADJ (*means*) détourné(e); (*person*) sournois(e), dissimulé(e)

devise [dɪˈvaɪz] VT imaginer, concevoir

devoid [dɪˈvɔɪd] ADJ: **~ of** dépourvu(e) de, dénué(e) de

devolution [diːvəˈluːʃən] N (*Pol*) décentralisation *f*

devolve [dɪˈvɔlv] VI: **to ~ (up)on** retomber sur

devote [dɪˈvəut] VT: **to ~ sth to** consacrer qch à

devoted [dɪˈvəutɪd] ADJ dévoué(e); **to be ~ to** être dévoué(e) *or* très attaché(e) à; (*book etc*) être consacré(e) à

devotee [dɛvəuˈtiː] N (*Rel*) adepte *mf*; (*Mus, Sport*) fervent(e)

devotion [dɪˈvəuʃən] N dévouement *m*, attachement *m*; (*Rel*) dévotion *f*, piété *f*

devour [dɪˈvauəʳ] VT dévorer

devout [dɪˈvaut] ADJ pieux(-euse), dévot(e)

dew [djuː] N rosée *f*

dexterity [dɛksˈtɛrɪtɪ] N dextérité *f*, adresse *f*

DfE N ABBR (BRIT: = *Department for Education*) Ministère de l'éducation

dg ABBR (= *decigram*) dg

diabetes [daɪəˈbiːtiːz] N diabète *m*

diabetic [daɪəˈbɛtɪk] N diabétique *mf* ▸ ADJ (*person*) diabétique; (*chocolate, jam*) pour diabétiques

diabolical [daɪəˈbɔlɪkl] ADJ diabolique; (*inf: dreadful*) infernal(e), atroce
diagnose [daɪəgˈnəuz] VT diagnostiquer
diagnosis [daɪəgˈnəusɪs] (*pl* **diagnoses** [-siːz]) N diagnostic *m*
diagnostic [daɪəgˈnɔstɪk] ADJ diagnostique
diagonal [daɪˈægənl] ADJ diagonal(e) ▶ N diagonale *f*
diagram [ˈdaɪəgræm] N diagramme *m*, schéma *m*
dial [ˈdaɪəl] N cadran *m* ▶ VT (*number*) faire, composer; **to ~ a wrong number** faire un faux numéro; **can I ~ London direct?** puis-je *or* est-ce que je peux avoir Londres par l'automatique ?
dial. ABBR = **dialect**
dialect [ˈdaɪəlɛkt] N dialecte *m*
dialling code [ˈdaɪəlɪŋ-], (*US*) **dial code** N indicatif *m* (téléphonique); **what's the ~ for Paris?** quel est l'indicatif de Paris ?
dialling tone [ˈdaɪəlɪŋ-], (*US*) **dial tone** N tonalité *f*
dialogue, (*US*) **dialog** [ˈdaɪəlɔg] N dialogue *m*
dialogue box, dialog box N (*Comput*) boîte *f* de dialogue
dialysis [daɪˈælɪsɪs] N dialyse *f*
diameter [daɪˈæmɪtəʳ] N diamètre *m*
diametrically [daɪəˈmɛtrɪklɪ] ADV: **~ opposed (to)** diamétralement opposé(e) (à)
diamond [ˈdaɪəmənd] N diamant *m*; (*shape*) losange *m* ■ **diamonds** NPL (*Cards*) carreau *m*
diamond ring N bague *f* de diamant(s)
diaper [ˈdaɪəpəʳ] N (*US*) couche *f*
diaphanous [daɪˈæfənəs] ADJ diaphane
diaphragm [ˈdaɪəfræm] N diaphragme *m*
diarrhoea, (*US*) **diarrhea** [daɪəˈriːə] N diarrhée *f*
★**diary** [ˈdaɪərɪ] N (*daily account*) journal *m*; (*book*) agenda *m*; **to keep a ~** tenir un journal
diaspora [daɪˈæspərə] N diaspora *f*; **the Irish ~** la diaspora irlandaise
diatribe [ˈdaɪətraɪb] N diatribe *f*
dice [daɪs] N (*pl inv*) dé *m* ▶ VT (*Culin*) couper en dés *or* en cubes
dicey [ˈdaɪsɪ] ADJ (*inf*): **it's a bit ~** c'est un peu risqué
dichotomy [daɪˈkɔtəmɪ] N dichotomie *f*
dickhead [ˈdɪkhɛd] N (BRIT!) tête *f* de nœud (!)
Dictaphone® [ˈdɪktəfəun] N Dictaphone® *m*
dictate VT [dɪkˈteɪt] dicter ▶ VI: **to ~ to** (*person*) imposer sa volonté à, régenter; **I won't be dictated to** je n'ai d'ordres à recevoir de personne ▶ N [ˈdɪkteɪt] injonction *f*
dictation [dɪkˈteɪʃən] N dictée *f*; **at ~ speed** à une vitesse de dictée
dictator [dɪkˈteɪtəʳ] N dictateur *m*
dictatorial [dɪktəˈtɔːrɪəl] ADJ dictatorial(e)
dictatorship [dɪkˈteɪtəʃɪp] N dictature *f*
diction [ˈdɪkʃən] N diction *f*, élocution *f*
★**dictionary** [ˈdɪkʃənrɪ] N dictionnaire *m*
did [dɪd] PT *of* **do**
didactic [daɪˈdæktɪk] ADJ didactique
diddle [ˈdɪdl] VT (*esp* BRIT *inf: con*) rouler ▶ VI (*US inf*): **to ~ with sth** (*fiddle*) tripatouiller qch; **to ~ around** (*waste time*) traînasser
didn't [ˈdɪdnt] = **did not**
★**die** [daɪ] N (*pl* **dice**) dé *m*; (*pl* **dies**) coin *m*; matrice *f*; étampe *f* ▶ VI mourir; **to ~ of** *or* **from** mourir de; **to be dying** être mourant(e); **to be dying for sth** avoir une envie folle de qch; **to be dying to do sth** mourir d'envie de faire qch
▶ **die away** VI s'éteindre
▶ **die down** VI se calmer, s'apaiser
▶ **die out** VI disparaître, s'éteindre
diehard [ˈdaɪhɑːd] N réactionnaire *mf*, jusqu'au-boutiste *mf*
diesel [ˈdiːzl] N (*vehicle*) diesel *m*; (*also:* **diesel oil**) carburant *m* diesel, gas-oil *m*
diesel engine N moteur *m* diesel
diesel fuel, diesel oil N carburant *m* diesel
★**diet** [ˈdaɪət] N alimentation *f*; (*restricted food*) régime *m*; **to live on a ~ of** se nourrir de ▶ VI (*also:* **be on a diet**) suivre un régime
dietary [ˈdaɪətrɪ] ADJ (*habits, advice*) diététique; (*fat, fibre*) alimentaire
dietician [daɪəˈtɪʃən] N diététicien(ne)
differ [ˈdɪfəʳ] VI: **to ~ from sth** (*be different*) être différent(e) de qch, différer de qch; **to ~ from sb over sth** ne pas être d'accord avec qn au sujet de qch
★**difference** [ˈdɪfrəns] N différence *f*; (*quarrel*) différend *m*, désaccord *m*; **it makes no ~ to me** cela m'est égal, cela m'est indifférent; **to settle one's differences** résoudre la situation
★**different** [ˈdɪfrənt] ADJ différent(e)
differential [dɪfəˈrɛnʃəl] N (*Aut, wages*) différentiel *m*
differentiate [dɪfəˈrɛnʃɪeɪt] VT différencier ▶ VI se différencier; **to ~ between** faire une différence entre
differentiation [dɪfərɛnʃɪˈeɪʃən] N différenciation *f*
differently [ˈdɪfrəntlɪ] ADV différemment
★**difficult** [ˈdɪfɪkəlt] ADJ difficile; **~ to understand** difficile à comprendre
★**difficulty** [ˈdɪfɪkəltɪ] N difficulté *f*; **to have difficulties with** avoir des ennuis *or* problèmes avec; **to be in ~** avoir des difficultés, avoir des problèmes
diffidence [ˈdɪfɪdəns] N manque *m* de confiance en soi, manque d'assurance
diffident [ˈdɪfɪdənt] ADJ qui manque de confiance *or* d'assurance, peu sûr(e) de soi
diffuse ADJ [dɪˈfjuːs] diffus(e) ▶ VT [dɪˈfjuːz] diffuser, répandre
diffusion [dɪˈfjuːʒən] N diffusion *f*
★**dig** [dɪg] (*pt, pp* **dug** [dʌg]) VT (*hole*) creuser; (*garden*) bêcher; **to ~ one's nails into** enfoncer ses ongles dans ▶ VI: **to ~ into** (*snow, soil*) creuser; **to ~ into one's pockets for sth** fouiller dans ses poches pour chercher *or* prendre qch ▶ N (*prod*) coup *m* de coude; (*fig: remark*) coup de griffe *or* de patte; (*Archaeology*) fouille *f*
▶ **dig in** VI (*Mil*) se retrancher; (*fig*) tenir bon, se braquer; (*inf: eat*) attaquer (un repas *or* un plat *etc*) ▶ VT (*compost*) bien mélanger à la bêche; (*knife, claw*) enfoncer; **to ~ in one's heels** (*fig*) se braquer, se buter
▶ **dig out** VT (*survivors, car from snow*) sortir *or* dégager (à coups de pelles *or* pioches)
▶ **dig up** VT déterrer

digest VT [daɪˈdʒɛst] digérer ▸ N [ˈdaɪdʒɛst] sommaire *m*, résumé *m*
digestible [dɪˈdʒɛstəbl] ADJ digestible
digestion [dɪˈdʒɛstʃən] N digestion *f*
digestive [dɪˈdʒɛstɪv] ADJ digestif(-ive)
digger [ˈdɪgəʳ] N (*machine*) excavateur *m*, excavatrice *f*
digit [ˈdɪdʒɪt] N (*number*) chiffre *m* (*de 0 à 9*); (*finger*) doigt *m*
digital [ˈdɪdʒɪtl] ADJ (*system, recording, radio*) numérique; (*watch*) à affichage numérique
digital camera N appareil *m* photo numérique
digital compact cassette N cassette *f* numérique
digitally [ˈdɪdʒɪtəlɪ] ADV numériquement
digital TV N télévision *f* numérique
digitize [ˈdɪdʒɪtaɪz] VT numériser
dignified [ˈdɪgnɪfaɪd] ADJ digne
dignitary [ˈdɪgnɪtərɪ] N dignitaire *m*
dignity [ˈdɪgnɪtɪ] N dignité *f*
digress [daɪˈgrɛs] VI: **to ~ from** s'écarter de, s'éloigner de
digression [daɪˈgrɛʃən] N digression *f*
digs [dɪgz] NPL (BRIT *inf*) piaule *f*, chambre meublée
diktat [ˈdɪktæt] N diktat *m*
dilapidated [dɪˈlæpɪdeɪtɪd] ADJ délabré(e)
dilate [daɪˈleɪt] VT dilater ▸ VI se dilater
dilatory [ˈdɪlətərɪ] ADJ dilatoire
dilemma [daɪˈlɛmə] N dilemme *m*; **to be in a ~** être pris dans un dilemme
diligence [ˈdɪlɪdʒəns] N assiduité *f*, application *f*; **with ~** avec assiduité
diligent [ˈdɪlɪdʒənt] ADJ (*worker, student*) appliqué(e), assidu(e); (*work*) assidu(e)
dill [dɪl] N aneth *m*
dilly-dally [ˈdɪlɪˈdælɪ] VI hésiter, tergiverser; traînasser, lambiner
dilute [daɪˈluːt] VT diluer ▸ ADJ dilué(e)
dilution [daɪˈluːʃən] N (*of solution, substance*) dilution *f*; (*of quality, value*) affaiblissement *m*
dim [dɪm] ADJ (*light, eyesight*) faible; (*memory, outline*) vague, indécis(e); (*room*) sombre; (*inf: stupid*) borné(e), obtus(e); **to take a ~ view of sth** voir qch d'un mauvais œil ▸ VT (*light*) réduire, baisser; (*US Aut*) mettre en code, baisser
dime [daɪm] N (*US*) pièce *f* de 10 cents
dimension [daɪˈmɛnʃən] N dimension *f*
-dimensional [dɪˈmɛnʃənl] ADJ SUFFIX: **two-dimensional** à deux dimensions
diminish [dɪˈmɪnɪʃ] VT, VI diminuer
diminished [dɪˈmɪnɪʃt] ADJ: **~ responsibility** (*Law*) responsabilité atténuée
diminutive [dɪˈmɪnjutɪv] ADJ minuscule, tout(e) petit(e) ▸ N (*Ling*) diminutif *m*
dimly [ˈdɪmlɪ] ADV faiblement; vaguement
dimmer [ˈdɪməʳ] N (*also:* **dimmer switch**) variateur *m* ■ **dimmers** NPL (*US Aut: dipped headlights*) phares *mpl* code *inv*, codes *mpl*; (*parking lights*) feux *mpl* de position
dimple [ˈdɪmpl] N fossette *f*
dim-witted [ˈdɪmˈwɪtɪd] ADJ (*inf*) stupide, borné(e)
din [dɪn] N vacarme *m* ▸ VT: **to ~ sth into sb** (*inf*) enfoncer qch dans la tête *or* la caboche de qn
dine [daɪn] VI dîner
▸ **dine out** VI (*at restaurant*) aller au restaurant
diner [ˈdaɪnəʳ] N (*person*) dîneur(-euse); (*Rail*) = **dining car**; (*US: eating place*) petit restaurant
dinghy [ˈdɪŋgɪ] N youyou *m*; (*inflatable*) canot *m* pneumatique; (*also:* **sailing dinghy**) voilier *m*, dériveur *m*
dingo [ˈdɪŋgəu] N dingo *m*
dingy [ˈdɪndʒɪ] ADJ miteux(-euse), minable
dining car [ˈdaɪnɪŋ-] N (BRIT) voiture-restaurant *f*, wagon-restaurant *m*
dining room [ˈdaɪnɪŋ-] N salle *f* à manger
dining table [daɪnɪŋ-] N table *f* de (la) salle à manger
dinkum [ˈdɪŋkʌm] ADJ (AUSTRALIA, NEW ZEALAND *inf*) vrai(e); **fair ~** vrai(e)
★**dinner** [ˈdɪnəʳ] N (*evening meal*) dîner *m*; (*lunch*) déjeuner *m*; (*public*) banquet *m*; **~'s ready!** à table !
dinner jacket N smoking *m*
dinner party N dîner *m*
dinner time N (*evening*) heure *f* du dîner; (*midday*) heure du déjeuner
dinosaur [ˈdaɪnəsɔːʳ] N dinosaure *m*
dint [dɪnt] N: **by ~ of (doing) sth** à force de (faire) qch
diocese [ˈdaɪəsɪs] N diocèse *m*
dioxide [daɪˈɔksaɪd] N dioxyde *m*
dip [dɪp] N (*slope*) déclivité *f*; (*in sea*) baignade *f*, bain *m*; (*Culin*) ≈ sauce *f* ▸ VT tremper, plonger; (BRIT *Aut: lights*) mettre en code, baisser ▸ VI plonger
▸ **dip into** VT FUS (*book*) parcourir; (*savings*) puiser dans
Dip. ABBR (BRIT) = **diploma**
diphtheria [dɪfˈθɪərɪə] N diphtérie *f*
diphthong [ˈdɪfθɔŋ] N diphtongue *f*
diploma [dɪˈpləumə] N diplôme *m*
diplomacy [dɪˈpləuməsɪ] N diplomatie *f*
diplomat [ˈdɪpləmæt] N diplomate *mf*
diplomatic [dɪpləˈmætɪk] ADJ diplomatique; **to break off ~ relations (with)** rompre les relations diplomatiques (avec)
diplomatic corps N corps *m* diplomatique
diplomatic immunity N immunité *f* diplomatique
dipstick [ˈdɪpstɪk] N (BRIT *Aut*) jauge *f* de niveau d'huile
dipswitch [ˈdɪpswɪtʃ] N (BRIT *Aut*) commutateur *m* de code
dire [daɪəʳ] ADJ (*poverty*) extrême; (*awful*) affreux(-euse)
★**direct** [dɪˈrɛkt] ADJ direct(e); (*manner, person*) direct, franc (franche) ▸ VT (*tell way*) diriger, orienter; (*letter, remark*) adresser; (*Cine, TV*) réaliser; (*Theat*) mettre en scène; (*order*): **to ~ sb to do sth** ordonner à qn de faire qch; **can you ~ me to ...?** pouvez-vous m'indiquer le chemin de ...? ▸ ADV directement
direct cost N (*Comm*) coût *m* variable
direct current N (*Elec*) courant continu

direct debit N (BRIT *Banking*) prélèvement *m* automatique
direct dialling N (*Tel*) automatique *m*
direct hit N (*Mil*) coup *m* au but, touché *m*
★**direction** [dɪˈrɛkʃən] N direction *f*; (*Theat*) mise *f* en scène; (*Cine, TV*) réalisation *f*; **sense of ~** sens *m* de l'orientation; **in the ~ of** dans la direction de, vers ■ **directions** NPL (*to a place*) indications *fpl*; **directions for use** mode *m* d'emploi; **to ask for directions** demander sa route *or* son chemin
directive [dɪˈrɛktɪv] N directive *f*; **a government ~** une directive du gouvernement
direct labour N main-d'œuvre directe; employés municipaux
directly [dɪˈrɛktlɪ] ADV (*in straight line*) directement, tout droit; (*at once*) tout de suite, immédiatement
direct mail N vente *f* par publicité directe
direct mailshot N (BRIT) publicité postale
directness [dɪˈrɛktnɪs] N (*of person, speech*) franchise *f*
★**director** [dɪˈrɛktəʳ] N directeur *m*; (*board member*) administrateur *m*; (*Theat*) metteur *m* en scène; (*Cine, TV*) réalisateur(-trice); **D~ of Public Prosecutions** (BRIT) ≈ procureur général
directorship [dɪˈrɛktəʃɪp] N poste *m* de directeur, fonction *f* de directeur
directory [dɪˈrɛktərɪ] N annuaire *m*; (*also:* **street directory**) indicateur *m* de rues; (*also:* **trade directory**) annuaire du commerce; (*Comput*) répertoire *m*
directory enquiries, (*US*) **directory assistance** N (*Tel: service*) renseignements *mpl*
dirt [dəːt] N saleté *f*; (*mud*) boue *f*; **to treat sb like ~** traiter qn comme un chien
dirt-cheap [ˈdəːtˈtʃiːp] ADJ (ne) coûtant presque rien
dirt road N chemin non macadamisé *or* non revêtu
★**dirty** [ˈdəːtɪ] ADJ sale; (*joke*) cochon(ne); **~ story** histoire cochonne; **~ trick** coup tordu ▶ VT salir
disability [dɪsəˈbɪlɪtɪ] N invalidité *f*, infirmité *f*
disability allowance N allocation *f* d'invalidité *or* d'infirmité
disable [dɪsˈeɪbl] VT (*illness, accident*) rendre *or* laisser infirme; (*tank, gun*) mettre hors d'action
disabled [dɪsˈeɪbld] ADJ handicapé(e); (*maimed*) mutilé(e); (*through illness, old age*) impotent(e)
disabling [dɪˈseɪblɪŋ] ADJ handicapant(e)
disabuse [dɪsəˈbjuːz] VT détromper; **to ~ sb of sth** détromper qn de qch
disadvantage [dɪsədˈvɑːntɪdʒ] N désavantage *m*, inconvénient *m*
disadvantaged [dɪsədˈvɑːntɪdʒd] ADJ (*person*) désavantagé(e)
disadvantageous [dɪsædvɑːnˈteɪdʒəs] ADJ désavantageux(-euse)
disaffected [dɪsəˈfɛktɪd] ADJ: **~ (to** *or* **towards)** mécontent(e) (de)
disaffection [dɪsəˈfɛkʃən] N désaffection *f*, mécontentement *m*
disagree [dɪsəˈgriː] VI (*differ*) ne pas concorder; (*be against, think otherwise*): **to ~ (with)** ne pas être d'accord (avec); **garlic disagrees with me** l'ail ne me convient pas, je ne supporte pas l'ail
disagreeable [dɪsəˈgriːəbl] ADJ désagréable
disagreement [dɪsəˈgriːmənt] N désaccord *m*, différend *m*
disallow [dɪsəˈlau] VT rejeter, désavouer; (BRIT *Football: goal*) refuser
★**disappear** [dɪsəˈpɪəʳ] VI disparaître
disappearance [dɪsəˈpɪərəns] N disparition *f*
disappoint [dɪsəˈpɔɪnt] VT décevoir
★**disappointed** [dɪsəˈpɔɪntɪd] ADJ déçu(e)
disappointing [dɪsəˈpɔɪntɪŋ] ADJ décevant(e)
disappointingly [dɪsəˈpɔɪntɪŋlɪ] ADV: **~ slow** d'une lenteur décevante; **~, ...** à ma (*or* notre *etc*) grande déception, ..., à la grande déception de tous, ...
disappointment [dɪsəˈpɔɪntmənt] N déception *f*
disapproval [dɪsəˈpruːvəl] N désapprobation *f*
disapprove [dɪsəˈpruːv] VI: **to ~ of** désapprouver
disapproving [dɪsəˈpruːvɪŋ] ADJ désapprobateur(-trice), de désapprobation
disarm [dɪsˈɑːm] VT désarmer
disarmament [dɪsˈɑːməmənt] N désarmement *m*
disarming [dɪsˈɑːmɪŋ] ADJ (*smile*) désarmant(e)
disarray [dɪsəˈreɪ] N désordre *m*, confusion *f*; **in ~** (*troops*) en déroute; (*thoughts*) embrouillé(e); (*clothes*) en désordre; **to throw into ~** semer la confusion *or* le désordre dans (*or* parmi)
disassemble [dɪsəˈsɛmbl] VT (*formal: machine, weapon*) démonter
disassociate [dɪsəˈsəuʃɪeɪt] VT dissocier; **to ~ o.s. from sth/sb** se dissocier de qch/qn
★**disaster** [dɪˈzɑːstəʳ] N catastrophe *f*, désastre *m*
disastrous [dɪˈzɑːstrəs] ADJ désastreux(-euse)
disastrously [dɪˈzɑːstrəslɪ] ADV (*high, low, late*) terriblement; **to go ~ wrong** tourner au désastre
disband [dɪsˈbænd] VT démobiliser; disperser ▶ VI se séparer; se disperser
disbelief [dɪsbəˈliːf] N incrédulité *f*; **in ~** avec incrédulité
disbelieve [dɪsbəˈliːv] VT (*person*) ne pas croire; (*story*) mettre en doute; **I don't ~ you** je veux bien vous croire
disbursement [dɪsˈbəːsmənt] N (*formal: act*) déboursement *m*; (*: sum paid*) débours *m*
disc [dɪsk] N disque *m*; (*Comput*) = **disk**
discard [dɪsˈkɑːd] VT (*old things*) se débarrasser de, mettre au rencart *or* au rebut; (*fig*) écarter, renoncer à
disc brake N frein *m* à disque
discern [dɪˈsəːn] VT discerner, distinguer
discernible [dɪˈsəːnəbl] ADJ discernable, perceptible; (*object*) visible
discerning [dɪˈsəːnɪŋ] ADJ judicieux(-euse), perspicace
discharge VT [dɪsˈtʃɑːdʒ] (*duties*) s'acquitter de; (*settle: debt*) s'acquitter de, régler; (*waste etc*) déverser; décharger; (*Elec, Med*) émettre; (*patient*) renvoyer (chez lui); (*employee, soldier*) congédier, licencier; (*defendant*) relaxer, élargir; **to ~ one's gun** faire feu; **discharged bankrupt** failli(e), réhabilité(e) ▶ N [ˈdɪstʃɑːdʒ] (*Elec, Med*) émission *f*;

d

(*also:* **vaginal discharge**) pertes blanches; (*dismissal*) renvoi *m*, licenciement *m*, élargissement *m*

disciple [dɪ'saɪpl] N disciple *mf*

disciplinarian [dɪsɪplɪ'nɛərɪən] N: **to be a ~** être strict(e) en matière de discipline

disciplinary ['dɪsɪplɪnərɪ] ADJ disciplinaire; **to take ~ action against sb** prendre des mesures disciplinaires à l'encontre de qn

★**discipline** ['dɪsɪplɪn] N discipline *f* ▶ VT discipliner; (*punish*) punir; **to ~ o.s. to do sth** s'imposer *or* s'astreindre à une discipline pour faire qch

disc jockey N disque-jockey *m* (DJ)

disclaim [dɪs'kleɪm] VT désavouer, dénier

disclaimer [dɪs'kleɪmə^r] N démenti *m*, dénégation *f*; **to issue a ~** publier un démenti

disclose [dɪs'kləuz] VT révéler, divulguer

disclosure [dɪs'kləuʒə^r] N révélation *f*, divulgation *f*

disco ['dɪskəu] N ABBR discothèque *f*

discolour, (*US*) **discolor** [dɪs'kʌlə^r] VT décolorer; (*sth white*) jaunir ▶ VI se décolorer; jaunir

discolouration, (*US*) **discoloration** [dɪskʌlə'reɪʃən] N décoloration *f*; jaunissement *m*

discoloured, (*US*) **discolored** [dɪs'kʌləd] ADJ décoloré(e), jauni(e)

discomfiture [dɪs'kʌmfɪtʃə^r] N embarras *m*

discomfort [dɪs'kʌmfət] N malaise *m*, gêne *f*; (*lack of comfort*) manque *m* de confort

disconcert [dɪskən'səːt] VT déconcerter, décontenancer

disconcerting [dɪskən'səːtɪŋ] ADJ déconcertant(e)

disconnect [dɪskə'nɛkt] VT détacher; (*Elec, Radio*) débrancher; (*gas, water*) couper

disconnected [dɪskə'nɛktɪd] ADJ (*speech, thoughts*) décousu(e), peu cohérent(e)

disconnection [dɪskə'nɛkʃən] N (*of water, electricity, telephone*) coupure *f*; (*between people, organizations*) séparation *f*

disconsolate [dɪs'kɔnsəlɪt] ADJ inconsolable

discontent [dɪskən'tɛnt] N mécontentement *m*

discontented [dɪskən'tɛntɪd] ADJ mécontent(e)

discontinue [dɪskən'tɪnjuː] VT cesser, interrompre; **"discontinued"** (*Comm*) « fin de série »

discord ['dɪskɔːd] N discorde *f*, dissension *f*; (*Mus*) dissonance *f*

discordant [dɪs'kɔːdənt] ADJ discordant(e), dissonant(e)

★**discount** N ['dɪskaunt] remise *f*, rabais *m*; **to give sb a ~ on sth** faire une remise *or* un rabais à qn sur qch; **~ for cash** escompte *f* au comptant; **at a ~** avec une remise *or* réduction, au rabais ▶ VT [dɪs'kaunt] (*report etc*) ne pas tenir compte de

discount house N (*Finance*) banque *f* d'escompte; (*Comm: also:* **discount store**) magasin *m* de discount

discount rate N taux *m* de remise

discourage [dɪs'kʌrɪdʒ] VT (*dishearten*) décourager; (*dissuade, deter*) dissuader, décourager

discouraged [dɪs'kʌrɪdʒd] ADJ découragé(e); **don't be ~** ne te décourage pas

discouragement [dɪs'kʌrɪdʒmənt] N (*depression*) découragement *m*; **to act as a ~ to sb** dissuader qn

discouraging [dɪs'kʌrɪdʒɪŋ] ADJ décourageant(e)

discourse N ['dɪskɔːs] (*communication*) conversation *m*; (*speech*) discours *m*; (*written piece*) dissertation *f* ▶ VI [dɪs'kɔːs] (*formal*) discourir; **to ~ on sth** discourir sur qch

discourteous [dɪs'kəːtɪəs] ADJ incivil(e), discourtois(e)

★**discover** [dɪs'kʌvə^r] VT découvrir

discovery [dɪs'kʌvərɪ] N découverte *f*

discredit [dɪs'krɛdɪt] VT (*idea*) mettre en doute; (*person*) discréditer ▶ N discrédit *m*

discreet [dɪ'skriːt] ADJ discret(-ète)

discreetly [dɪ'skriːtlɪ] ADV discrètement

discrepancy [dɪ'skrɛpənsɪ] N divergence *f*, contradiction *f*

discrete [dɪs'kriːt] ADJ distinct(e), séparé(e)

discretion [dɪ'skrɛʃən] N discrétion *f*; **at the ~ of** à la discrétion de; **use your own ~** à vous de juger

discretionary [dɪ'skrɛʃənrɪ] ADJ (*powers*) discrétionnaire

discriminate [dɪ'skrɪmɪneɪt] VI: **to ~ between** établir une distinction entre, faire la différence entre; **to ~ against** pratiquer une discrimination contre

discriminating [dɪ'skrɪmɪneɪtɪŋ] ADJ qui a du discernement

discrimination [dɪskrɪmɪ'neɪʃən] N discrimination *f*; (*judgment*) discernement *m*; **racial/sexual ~** discrimination raciale/sexuelle

discriminatory [dɪ'skrɪmɪnətərɪ] ADJ discriminatoire

discus ['dɪskəs] N disque *m*

★**discuss** [dɪ'skʌs] VT discuter de; (*debate*) discuter

★**discussion** [dɪ'skʌʃən] N discussion *f*; **under ~** en discussion

disdain [dɪs'deɪn] N dédain *m*

disdainful [dɪs'deɪnful] ADJ dédaigneux(-euse); **to be ~ of sb/sth** dédaigner qn/qch

disease [dɪ'ziːz] N maladie *f*

diseased [dɪ'ziːzd] ADJ malade

disembark [dɪsɪm'bɑːk] VT, VI débarquer

disembarkation [dɪsɛmbɑː'keɪʃən] N débarquement *m*

disembodied [dɪsɪm'bɔdɪd] ADJ désincarné(e)

disembowel [dɪsɪm'bauəl] VT éviscérer, étriper

disempower [dɪsɪm'pauə^r] VT (*person, group*) priver de son autonomie

disenchanted [dɪsɪn'tʃɑːntɪd] ADJ: **~** désenchanté(e), désabusé(e); **to be ~ with sb/sth** être déçu(e) par qn/qch

disenchantment [dɪsɪn'tʃɑːntmənt] N désillusion *f*; **there's growing ~ with the government** de plus en plus de gens sont déçus par le gouvernement

disenfranchise [dɪsɪn'fræntʃaɪz] VT priver du droit de vote; (*Comm*) retirer la franchise à

disengage [dɪsɪn'geɪdʒ] VT dégager; (*Tech*) déclencher; **to ~ the clutch** (*Aut*) débrayer

disentangle [dɪsɪn'tæŋgl] VT démêler

disfavour, (*US*) **disfavor** [dɪsˈfeɪvəʳ] N défaveur *f*; disgrâce *f*

disfigure [dɪsˈfɪgəʳ] VT défigurer

disgorge [dɪsˈgɔːdʒ] VT déverser

disgrace [dɪsˈgreɪs] N honte *f*; (*disfavour*) disgrâce *f* ▸ VT déshonorer, couvrir de honte

disgraced [dɪsˈgreɪst] ADJ disgracié(e)

disgraceful [dɪsˈgreɪsful] ADJ scandaleux(-euse), honteux(-euse)

disgruntled [dɪsˈgrʌntld] ADJ mécontent(e)

disguise [dɪsˈgaɪz] N déguisement *m*; **in ~** déguisé(e) ▸ VT déguiser; (*voice*) déguiser, contrefaire; (*feelings etc*) masquer, dissimuler; **to ~ o.s. as** se déguiser en; **there's no disguising the fact that ...** on ne peut pas se dissimuler que ...

disguised [dɪsˈgaɪzd] ADJ (*in disguise*) déguisé(e); (*veiled: criticism, anger*) dissimulé(e); **to be ~ as sb/sth** être déguisé(e) en qn/qch

disgust [dɪsˈgʌst] N dégoût *m*, aversion *f* ▸ VT dégoûter, écœurer

disgusted [dɪsˈgʌstɪd] ADJ dégoûté(e), écœuré(e)

disgusting [dɪsˈgʌstɪŋ] ADJ dégoûtant(e), révoltant(e)

★**dish** [dɪʃ] N plat *m*; **to do** *or* **wash the dishes** faire la vaisselle
▸ **dish out** VT distribuer
▸ **dish up** VT servir; (*facts, statistics*) sortir, débiter

dishcloth [ˈdɪʃklɔθ] N (*for drying*) torchon *m*; (*for washing*) lavette *f*

dishearten [dɪsˈhɑːtn] VT décourager

disheartening [dɪsˈhɑːtnɪŋ] ADJ décourageant(e)

dishevelled, (*US*) **disheveled** [dɪˈʃɛvəld] ADJ ébouriffé(e), décoiffé(e), débraillé(e)

dishonest [dɪsˈɔnɪst] ADJ malhonnête

dishonesty [dɪsˈɔnɪstɪ] N malhonnêteté *f*

dishonour, (*US*) **dishonor** [dɪsˈɔnəʳ] N déshonneur *m*

dishonourable, (*US*) **dishonorable** [dɪsˈɔnərəbl] ADJ déshonorant(e)

dish soap N (*US*) produit *m* pour la vaisselle

dishtowel [ˈdɪʃtauəl] N (*US*) torchon *m* (à vaisselle)

dishwasher [ˈdɪʃwɔʃəʳ] N lave-vaisselle *m*; (*person*) plongeur(-euse)

dishwater [ˈdɪʃwɔːtəʳ] N eau *f* de vaisselle; **as dull as ~** ennuyeux(-euse) comme la pluie

dishy [ˈdɪʃɪ] ADJ (BRIT *old*) séduisant(e), sexy *inv*

disillusion [dɪsɪˈluːʒən] VT désabuser, désenchanter ▸ N désenchantement *m*

disillusioned [dɪsɪˈluːʒənd] ADJ désabusé(e), désenchanté(e); **to become ~ (with sth/sb)** perdre ses illusions (sur qch/qn)

disillusionment [dɪsɪˈluːʒənmənt] N désillusion *f*; **~ with sth/sb** désillusion envers qch/qn

disincentive [dɪsɪnˈsɛntɪv] N: **it's a ~** c'est démotivant; **to be a ~ to sb** démotiver qn

disinclined [dɪsɪnˈklaɪnd] ADJ: **to be ~ to do sth** être peu disposé(e) *or* peu enclin(e) à faire qch

disinfect [dɪsɪnˈfɛkt] VT désinfecter

disinfectant [dɪsɪnˈfɛktənt] N désinfectant *m*

disinflation [dɪsɪnˈfleɪʃən] N désinflation *f*

disinformation [dɪsɪnfəˈmeɪʃən] N désinformation *f*

disingenuous [dɪsɪnˈdʒɛnjuəs] ADJ peu sincère; **it is ~ to do ...** ce n'est pas sincère de faire ...

disingenuously [dɪsɪnˈdʒɛnjuəslɪ] ADV de manière peu sincère

disinherit [dɪsɪnˈhɛrɪt] VT déshériter

disintegrate [dɪsˈɪntɪgreɪt] VI se désintégrer

disintegration [dɪsɪntɪˈgreɪʃən] N (*of object*) désintégration *f*; (*of substance, relationship, nation*) désagrégation *f*

disinterested [dɪsˈɪntrəstɪd] ADJ désintéressé(e)

disjointed [dɪsˈdʒɔɪntɪd] ADJ décousu(e), incohérent(e)

disk [dɪsk] N (*Comput*) disquette *f*; **single-/double-sided ~** disquette une face/double face

disk drive N lecteur *m* de disquette

diskette [dɪsˈkɛt] N (*Comput*) disquette *f*

disk operating system N système *m* d'exploitation à disques

dislike [dɪsˈlaɪk] N aversion *f*, antipathie *f*; **to take a ~ to sb/sth** prendre qn/qch en grippe ▸ VT ne pas aimer; **I ~ the idea** l'idée me déplaît

dislocate [ˈdɪsləkeɪt] VT (*shoulder, ankle*) disloquer, déboîter; (*service*) désorganiser; (*system, process*) bouleverser; **he has dislocated his shoulder** il s'est disloqué l'épaule

dislocation [dɪsləˈkeɪʃən] N (*of shoulder, ankle*) dislocation *f*, déboîtement *m*; (*of system, process, service*) bouleversement *m*

dislodge [dɪsˈlɔdʒ] VT déplacer, faire bouger; (*enemy*) déloger

disloyal [dɪsˈlɔɪəl] ADJ déloyal(e)

dismal [ˈdɪzml] ADJ (*gloomy*) lugubre, maussade; (*very bad*) lamentable

dismally [ˈdɪzməlɪ] ADV (*fail, perform*) lamentablement

dismantle [dɪsˈmæntl] VT démonter; (*fort, warship*) démanteler

dismast [dɪsˈmɑːst] VT démâter

dismay [dɪsˈmeɪ] N consternation *f*; **much to my ~** à ma grande consternation, à ma grande inquiétude ▸ VT consterner

dismiss [dɪsˈmɪs] VT congédier, renvoyer; (*idea*) écarter; (*Law*) rejeter ▸ VI (*Mil*) rompre les rangs

dismissal [dɪsˈmɪsl] N renvoi *m*

dismissive [dɪsˈmɪsɪv] ADJ dédaigneux(-euse); **to be ~ of sth** faire peu de cas de qch

dismount [dɪsˈmaunt] VI mettre pied à terre

disobedience [dɪsəˈbiːdɪəns] N désobéissance *f*

disobedient [dɪsəˈbiːdɪənt] ADJ désobéissant(e), indiscipliné(e)

disobey [dɪsəˈbeɪ] VT désobéir à; (*rule*) transgresser, enfreindre

disorder [dɪsˈɔːdəʳ] N (*Med*) troubles *mpl*; (*mess*) désordre *m*; (*rioting*) désordres *mpl*; **a kidney ~** une maladie des reins; **in ~** en désordre; **civil ~** désordre *m* public

disordered [dɪsˈɔːdəd] ADJ (*messy*) en désordre; (*mind, behaviour*) dérangé(e), déséquilibré(e)

disorderly [dɪsˈɔːdəlɪ] ADJ (*room*) en désordre; (*behaviour, retreat, crowd*) désordonné(e)

disorderly conduct N (*Law*) conduite *f* contraire aux bonnes mœurs

disorganized [dɪsˈɔːɡənaɪzd] ADJ désorganisé(e)
disorientated [dɪsˈɔːrɪɛnteɪtɪd] ADJ désorienté(e)
disown [dɪsˈəun] VT renier
disparaging [dɪsˈpærɪdʒɪŋ] ADJ désobligeant(e); **to be ~ about sb/sth** faire des remarques désobligeantes sur qn/qch
disparate [ˈdɪspərɪt] ADJ disparate
disparity [dɪsˈpærɪtɪ] N disparité *f*
dispassionate [dɪsˈpæʃənət] ADJ calme, froid(e), impartial(e), objectif(-ive)
dispatch [dɪsˈpætʃ] VT expédier, envoyer; (*deal with: business*) régler, en finir avec ▶N envoi *m*, expédition *f*; (*Mil, Press*) dépêche *f*
dispatch department N service *m* des expéditions
dispatch rider N (*Mil*) estafette *f*
dispel [dɪsˈpɛl] VT dissiper, chasser
dispensary [dɪsˈpɛnsərɪ] N pharmacie *f*; (*in chemist's*) officine *f*
dispense [dɪsˈpɛns] VT distribuer, administrer; (*medicine*) préparer (et vendre); **to ~ sb from** dispenser qn de
▶**dispense with** VT FUS se passer de; (*make unnecessary*) rendre superflu(e)
dispenser [dɪsˈpɛnsəʳ] N (*device*) distributeur *m*
dispensing chemist [dɪsˈpɛnsɪŋ-] N (BRIT) pharmacie *f*
dispersal [dɪsˈpəːsl] N dispersion *f*; (*Admin*) déconcentration *f*
disperse [dɪsˈpəːs] VT disperser; (*knowledge*) disséminer ▶VI se disperser
dispirited [dɪsˈpɪrɪtɪd] ADJ découragé(e), déprimé(e)
dispiriting [dɪˈspɪrɪtɪŋ] ADJ décourageant(e)
displace [dɪsˈpleɪs] VT déplacer
displaced person [dɪsˈpleɪst-] N (*Pol*) personne déplacée
displacement [dɪsˈpleɪsmənt] N déplacement *m*
display [dɪsˈpleɪ] N (*of goods*) étalage *m*; affichage *m*; (*Comput: information*) visualisation *f*; (*: device*) visuel *m*; (*of feeling*) manifestation *f*; (*pej*) ostentation *f*; (*show, spectacle*) spectacle *m*; (*military display*) parade *f* militaire; **on ~** (*exhibits*) exposé(e), exhibé(e); (*goods*) à l'étalage ▶VT montrer; (*goods*) mettre à l'étalage, exposer; (*results, departure times*) afficher; (*pej*) faire étalage de
display advertising N publicité rédactionnelle
displease [dɪsˈpliːz] VT mécontenter, contrarier; **displeased with** mécontent(e) de
displeasure [dɪsˈplɛʒəʳ] N mécontentement *m*
disposable [dɪsˈpəuzəbl] ADJ (*pack etc*) jetable; (*income*) disponible; **~ nappy** (BRIT) couche *f* à jeter, couche-culotte *f*
disposal [dɪsˈpəuzl] N (*of rubbish*) évacuation *f*, destruction *f*; (*of property etc: by selling*) vente *f*; (*: by giving away*) cession *f*; (*availability, arrangement*) disposition *f*; **at one's ~** à sa disposition; **to put sth at sb's ~** mettre qch à la disposition de qn
dispose [dɪsˈpəuz] VT disposer ▶VI: **to ~ of** (*time, money*) disposer de; (*unwanted goods*) se débarrasser de, se défaire de; (*Comm: stock*) écouler, vendre; (*problem*) expédier
disposed [dɪsˈpəuzd] ADJ: **~ to do** disposé(e) à faire
disposition [dɪspəˈzɪʃən] N disposition *f*; (*temperament*) naturel *m*
dispossess [dɪspəˈzɛs] VT: **to ~ sb (of)** déposséder qn (de)
disproportion [dɪsprəˈpɔːʃən] N disproportion *f*
disproportionate [dɪsprəˈpɔːʃənət] ADJ disproportionné(e)
disproportionately [dɪsprəˈpɔːʃənətlɪ] ADV: **~ high** disproportionné(e)
disprove [dɪsˈpruːv] VT réfuter
dispute [dɪsˈpjuːt] N discussion *f*; (*also:* **industrial dispute**) conflit *m*; **to be in** *or* **under ~** (*matter*) être en discussion; (*territory*) être contesté(e) ▶VT (*question*) contester; (*matter*) discuter; (*victory*) disputer
disputed [dɪˈspjuːtɪd] ADJ (*territory, region, border*) contesté(e)
disqualification [dɪskwɔlɪfɪˈkeɪʃən] N disqualification *f*; **~ (from driving)** (BRIT) retrait *m* du permis (de conduire)
disqualify [dɪsˈkwɔlɪfaɪ] VT (*Sport*) disqualifier; **to ~ sb for sth/from doing** (*status, situation*) rendre qn inapte à qch/à faire; (*authority*) signifier à qn l'interdiction de qch/de faire; **to ~ sb (from driving)** (BRIT) retirer à qn son permis (de conduire)
disquiet [dɪsˈkwaɪət] N inquiétude *f*, trouble *m*
disquieting [dɪsˈkwaɪətɪŋ] ADJ inquiétant(e), alarmant(e)
disregard [dɪsrɪˈɡɑːd] VT ne pas tenir compte de ▶N: **~ (for)** (*feelings*) indifférence *f* (pour), insensibilité *f* (à); (*danger, money*) mépris *m* (pour)
disrepair [dɪsrɪˈpɛəʳ] N mauvais état; **to fall into ~** (*building*) tomber en ruine; (*street*) se dégrader
disreputable [dɪsˈrɛpjutəbl] ADJ (*person*) de mauvaise réputation, peu recommandable; (*behaviour*) déshonorant(e); (*area*) mal famé(e), louche
disrepute [dɪsrɪˈpjuːt] N déshonneur *m*, discrédit *m*; **to bring into ~** faire tomber dans le discrédit
disrespect [dɪsrɪˈspɛkt] N manque *m* de respect; **~ for sb/sth** manque de respect envers qn/qch
disrespectful [dɪsrɪˈspɛktful] ADJ irrespectueux(-euse); **to be ~ to sb** (*person*) manquer de respect à qn
disrupt [dɪsˈrʌpt] VT (*plans, meeting, lesson*) perturber, déranger
disruption [dɪsˈrʌpʃən] N perturbation *f*, dérangement *m*
disruptive [dɪsˈrʌptɪv] ADJ perturbateur(-trice)
diss [dɪs] VT (*inf*) débiner (*inf*)
dissatisfaction [dɪssætɪsˈfækʃən] N mécontentement *m*, insatisfaction *f*
dissatisfied [dɪsˈsætɪsfaɪd] ADJ: **~ (with)** insatisfait(e) (de)
dissect [daɪˈsɛkt] VT (*body, issue, theory*) disséquer; (*account, book, report*) éplucher
dissection [daɪˈsɛkʃən] N (*of body, issue, theory*) dissection *f*; (*of account, book, report*) épluchage *m*
disseminate [dɪˈsɛmɪneɪt] VT (*information, facts*) disséminer, propager; (*knowledge*) diffuser
dissemination [dɪsɛmɪˈneɪʃən] N (*of information, facts, ideas*) dissémination *f*, propagation *f*; (*of knowledge*) diffusion *f*
dissent [dɪˈsɛnt] N dissentiment *m*, différence *f* d'opinion

dissenter [dɪˈsɛntəʳ] N (*Rel, Pol etc*) dissident(e)
dissenting [dɪˈsɛntɪŋ] ADJ contestataire
dissertation [dɪsəˈteɪʃən] N (*Scol*) mémoire *m*
disservice [dɪsˈsəːvɪs] N: **to do sb a ~** rendre un mauvais service à qn; desservir qn
dissident [ˈdɪsɪdnt] ADJ, N dissident(e)
dissimilar [dɪˈsɪmɪləʳ] ADJ: **~ (to)** dissemblable (à), différent(e) (de)
dissipate [ˈdɪsɪpeɪt] VT dissiper; (*energy, efforts*) disperser
dissipated [ˈdɪsɪpeɪtɪd] ADJ dissolu(e), débauché(e)
dissociate [dɪˈsəuʃɪeɪt] VT dissocier; **to ~ o.s. from sb/sth** se dissocier de qn/qch
dissolute [ˈdɪsəluːt] ADJ débauché(e), dissolu(e)
dissolution [dɪsəˈluːʃən] N dissolution *f*
dissolve [dɪˈzɔlv] VT dissoudre ▸VI se dissoudre, fondre; (*fig*) disparaître; **to ~ in(to) tears** fondre en larmes
dissuade [dɪˈsweɪd] VT: **to ~ sb (from)** dissuader qn (de)
★**distance** [ˈdɪstns] N distance *f*; **what's the ~ to London?** à quelle distance se trouve Londres ?; **it's within walking ~** on peut y aller à pied; **in the ~** au loin
distant [ˈdɪstnt] ADJ lointain(e), éloigné(e); (*manner*) distant(e), froid(e)
distaste [dɪsˈteɪst] N dégoût *m*
distasteful [dɪsˈteɪstful] ADJ déplaisant(e), désagréable
Dist. Atty. ABBR (*US*) = **district attorney**
distemper [dɪsˈtɛmpəʳ] N (*paint*) détrempe *f*, badigeon *m*; (*of dogs*) maladie *f* de Carré
distended [dɪsˈtɛndɪd] ADJ (*stomach*) dilaté(e)
distil, (*US*) **distill** [dɪsˈtɪl] VT (*whisky, water*) distiller; (*thoughts, ideas*) condenser
distillation [dɪstɪˈleɪʃən] N (*of whisky, water*) distillation *f*; (*of thoughts, ideas*) condensé *m*
distillery [dɪsˈtɪlərɪ] N distillerie *f*
distinct [dɪsˈtɪŋkt] ADJ distinct(e); (*clear*) marqué(e); **as ~ from** par opposition à, en contraste avec
distinction [dɪsˈtɪŋkʃən] N distinction *f*; (*in exam*) mention *f* très bien; **to draw a ~ between** faire une distinction entre; **a writer of ~** un écrivain réputé
distinctive [dɪsˈtɪŋktɪv] ADJ (*style, feature, character*) distinctif(-ive); (*taste, smell*) caractéristique
distinctively [dɪˈstɪŋktɪvlɪ] ADV (*typically: American, British*) typiquement; (*decorated*) de façon particulière
distinctly [dɪsˈtɪŋktlɪ] ADV distinctement; (*specify*) expressément
distinguish [dɪsˈtɪŋgwɪʃ] VT distinguer; **to ~ o.s.** se distinguer ▸VI: **to ~ between** (*concepts*) distinguer entre, faire une distinction entre
distinguishable [dɪˈstɪŋgwɪʃəbl] ADJ (*recognizable*) reconnaissable; (*discernible: sound*) perceptible; (*: shape*) visible; **to be ~ by sth** être reconnaissable par qch, se distinguer par qch
distinguished [dɪsˈtɪŋgwɪʃt] ADJ (*eminent, refined*) distingué(e); (*career*) remarquable, brillant(e)
distinguishing [dɪsˈtɪŋgwɪʃɪŋ] ADJ (*feature*) distinctif(-ive), caractéristique
distort [dɪsˈtɔːt] VT déformer
distorted [dɪˈstɔːtɪd] ADJ (*picture, image, sound*) déformé(e); (*view, idea*) faussé(e)
distortion [dɪsˈtɔːʃən] N déformation *f*
distract [dɪsˈtrækt] VT distraire, déranger
distracted [dɪsˈtræktɪd] ADJ (*not concentrating*) distrait(e); (*worried*) affolé(e)
distractedly [dɪˈstræktɪdlɪ] ADV distraitement
distraction [dɪsˈtrækʃən] N distraction *f*, dérangement *m*; **to drive sb to ~** rendre qn fou (folle)
distraught [dɪsˈtrɔːt] ADJ éperdu(e)
distress [dɪsˈtrɛs] N détresse *f*; (*pain*) douleur *f*; **in ~** (*ship*) en perdition; (*plane*) en détresse ▸VT bouleverser
distressed [dɪˈstrɛst] ADJ (*upset*) bouleversé(e); (*poor*) dans le besoin; (*artificially aged: denim*) vieilli(e); **to be ~ about sth** être bouleversé(e) par qch; **~ area** (BRIT) zone sinistrée
distressing [dɪsˈtrɛsɪŋ] ADJ douloureux(-euse), pénible, affligeant(e)
distress signal N signal *m* de détresse
distribute [dɪsˈtrɪbjuːt] VT distribuer
distribution [dɪstrɪˈbjuːʃən] N distribution *f*
distribution cost N coût *m* de distribution
distributor [dɪsˈtrɪbjutəʳ] N (*gen: Tech*) distributeur *m*; (*Comm*) concessionnaire *mf*
★**district** [ˈdɪstrɪkt] N (*of country*) région *f*; (*of town*) quartier *m*; (*Admin*) district *m*
district attorney N (*US*) ≈ procureur *mf* de la République
district council N (BRIT) ≈ conseil municipal
district nurse N (BRIT) infirmière visiteuse
distrust [dɪsˈtrʌst] N méfiance *f*, doute *m* ▸VT se méfier de
distrustful [dɪsˈtrʌstful] ADJ méfiant(e)
disturb [dɪsˈtəːb] VT troubler; (*inconvenience*) déranger; **sorry to ~ you** excusez-moi de vous déranger
disturbance [dɪsˈtəːbəns] N dérangement *m*; (*political etc*) troubles *mpl*; (*by drunks etc*) tapage *m*; **to cause a ~** troubler l'ordre public; **~ of the peace** (*Law*) tapage injurieux *or* nocturne
disturbed [dɪsˈtəːbd] ADJ (*worried, upset*) agité(e), troublé(e); **to be emotionally ~** avoir des problèmes affectifs
disturbing [dɪsˈtəːbɪŋ] ADJ troublant(e), inquiétant(e)
disunited [dɪsjuˈnaɪtɪd] ADJ désuni(e)
disunity [dɪsˈjuːnɪtɪ] N désunion *f*
disuse [dɪsˈjuːs] N: **to fall into ~** tomber en désuétude
disused [dɪsˈjuːzd] ADJ désaffecté(e)
ditch [dɪtʃ] N fossé *m*; (*for irrigation*) rigole *f* ▸VT (*inf*) abandonner; (*person*) plaquer
dither [ˈdɪðəʳ] VI hésiter
ditto [ˈdɪtəu] ADV idem
ditty [ˈdɪtɪ] N chansonnette *f*
diuretic [daɪjuəˈrɛtɪk] ADJ, N diurétique *m*
diva [ˈdiːvə] N diva *f*
divan [dɪˈvæn] N divan *m*
divan bed N divan-lit *m*

dive [daɪv] N plongeon *m*; (*of submarine*) plongée *f*; (*Aviat*) piqué *m*; (*pej*: *café, bar etc*) bouge *m* ▸ VI plonger; **to ~ into** (*bag etc*) plonger la main dans; (*place*) se précipiter dans

diver [ˈdaɪvəʳ] N plongeur(-euse)

diverge [daɪˈvəːdʒ] VI diverger

divergence [daɪˈvəːdʒəns] N divergence *f*; **a ~ of opinion** une divergence d'opinions

divergent [daɪˈvəːdʒənt] ADJ divergent(e)

diverse [daɪˈvəːs] ADJ divers(e)

diversification [daɪvəːsɪfɪˈkeɪʃən] N diversification *f*

diversify [daɪˈvəːsɪfaɪ] VT diversifier

diversion [daɪˈvəːʃən] N (BRIT *Aut*) déviation *f*; (*distraction, Mil*) diversion *f*

diversionary [daɪˈvəːʃənrɪ] ADJ (*activity, attack*) de diversion; **~ tactic** manœuvre *f* de diversion

diversity [daɪˈvəːsɪtɪ] N diversité *f*, variété *f*

divert [daɪˈvəːt] VT (BRIT: *traffic*) dévier; (*plane*) dérouter; (*train, river*) détourner; (*amuse*) divertir

divest [daɪˈvɛst] VT: **to ~ sb of** dépouiller qn de

★**divide** [dɪˈvaɪd] VT (*quantity, number*) diviser; (*separate*) séparer; **40 divided by 5** 40 divisé par 5; **to ~ people into groups** diviser *or* repartir des personnes en groupes; **to ~ sth between** *or* **among** partager *or* répartir entre ▸ VI se diviser
▸ **divide out** VT: **to ~ out (between** *or* **among)** distribuer *or* répartir (entre)
▸ **divide up** VT (*group, country*) diviser; (*share: money, possessions*) partager; **to ~ sth up into** diviser qch en

divided [dɪˈvaɪdɪd] ADJ (*fig: country, couple*) désuni(e); (*opinions*) partagé(e)

divided highway N (US) route *f* à quatre voies

divided skirt N jupe-culotte *f*

dividend [ˈdɪvɪdɛnd] N dividende *m*

dividend cover N rapport *m* dividendes-résultat

dividers [dɪˈvaɪdəz] NPL compas *m* à pointes sèches; (*between pages*) feuillets *mpl* intercalaires

divine [dɪˈvaɪn] ADJ divin(e) ▸ VT (*future*) prédire; (*truth*) deviner, entrevoir; (*water, metal*) détecter la présence de (*par l'intermédiaire de la radiesthésie*)

diving [ˈdaɪvɪŋ] N plongée (sous-marine)

diving board N plongeoir *m*

diving suit N scaphandre *m*

divinity [dɪˈvɪnɪtɪ] N divinité *f*; (*as study*) théologie *f*

division [dɪˈvɪʒən] N division *f*; (BRIT *Football*) division; (*separation*) séparation *f*; (*Comm*) service *m*; (BRIT *Pol*) vote *m*; (*also*: **division of labour**) division du travail

divisive [dɪˈvaɪsɪv] ADJ qui entraîne la division, clivant(e)

divorce [dɪˈvɔːs] N divorce *m* ▸ VT divorcer d'avec

★**divorced** [dɪˈvɔːst] ADJ divorcé(e)

divorcee [dɪvɔːˈsiː] N divorcé(e)

divot [ˈdɪvət] N (*Golf*) motte *f* de gazon

divulge [daɪˈvʌldʒ] VT divulguer, révéler

Diwali [dɪˈwɑːli], **Divali** [dɪˈvɑːli] N Dipavali *m*

★**DIY** ADJ, N ABBR (BRIT) = **do-it-yourself**

dizziness [ˈdɪzɪnɪs] N vertige *m*, étourdissement *m*

dizzy [ˈdɪzɪ] ADJ (*height*) vertigineux(-euse); **to make sb ~** donner le vertige à qn; **I feel ~** la tête me tourne, j'ai la tête qui tourne

dizzying [ˈdɪzɪɪŋ] ADJ (*height, speed*) vertigineux(-euse)

DJ N ABBR = **disc jockey**

d.j. N ABBR = **dinner jacket**

Djakarta [dʒəˈkɑːtə] N Djakarta

DJIA N ABBR (*US Stock Exchange*) = **Dow-Jones Industrial Average**

Djibouti [dʒɪˈbuːtɪ] N Djibouti

dl ABBR (= *decilitre*) dl

DLit, DLitt N ABBR (= *Doctor of Literature, Doctor of Letters*) *titre universitaire*

DMus N ABBR (= *Doctor of Music*) *titre universitaire*

DMZ N ABBR = **demilitarized zone**

DNA N ABBR (= *deoxyribonucleic acid*) ADN *m*

DNA fingerprinting [-ˈfɪŋgəprɪntɪŋ] N technique *f* des empreintes génétiques

do [duː]

(*pt* **did** [dɪd], *pp* **done** [dʌn]) N (*inf: party etc*) soirée *f*, fête *f*; (: *formal gathering*) réception *f*
▸ AUX VB **1** (*in negative constructions*) *non traduit*; **I don't understand** je ne comprends pas
2 (*to form questions*) *non traduit*; **didn't you know?** vous ne le saviez pas ?; **what do you think?** qu'en pensez-vous ?; **why didn't you come?** pourquoi n'êtes-vous pas venu ?
3 (*for emphasis: in polite expressions*): **people do make mistakes sometimes** on peut toujours se tromper; **she does seem rather late** je trouve qu'elle est bien en retard; **do sit down/help yourself** asseyez-vous/servez-vous je vous en prie; **do take care!** faites bien attention à vous !; **I DO wish I could go** j'aimerais tant y aller; **but I DO like it!** mais si, je l'aime !
4 (*used to avoid repeating vb*): **she swims better than I do** elle nage mieux que moi; **do you agree? — yes, I do/no I don't** vous êtes d'accord ? — oui/non; **she lives in Glasgow — so do I** elle habite Glasgow — moi aussi; **he didn't like it and neither did we** il n'a pas aimé ça, et nous non plus; **who broke it? — I did** qui l'a cassé ? — c'est moi; **he asked me to help him and I did** il m'a demandé de l'aider, et c'est ce que j'ai fait
5 (*in question tags*): **you like him, don't you?** vous l'aimez bien, n'est-ce pas ?; **he laughed, didn't he?** il a ri, n'est-ce pas ?; **I don't know him, do I?** je ne crois pas le connaître
▸ VT **1** (*gen: carry out, perform etc*) faire; (: *visit: city, museum*) faire, visiter; **what are you doing tonight?** qu'est-ce que vous faites ce soir ?; **what do you do?** (*job*) que faites-vous dans la vie ?; **what did he do with the cat?** qu'a-t-il fait du chat ?; **what can I do for you?** que puis-je faire pour vous ?; **to do the cooking/washing-up** faire la cuisine/la vaisselle; **to do one's teeth/hair/nails** se brosser les dents/se coiffer/se faire les ongles
2 (*Aut etc: distance*) faire; (: *speed*) faire du; **we've done 200 km already** nous avons déjà fait 200 km; **the car was doing 100** la voiture faisait du 100 (à l'heure); **he can do 100 in that car** il peut faire du 100 (à l'heure) dans cette voiture-là
▸ VI **1** (*act, behave*) faire; **do as I do** faites comme moi
2 (*get on, fare*) marcher; **the firm is doing well**

l'entreprise marche bien; **he's doing well/badly at school** ça marche bien/mal pour lui à l'école; **how do you do?** comment allez-vous ?; (*on being introduced*) enchanté(e) !
3 (*suit*) aller; **will it do?** est-ce que ça ira ?
4 (*be sufficient*) suffire, aller; **will £10 do?** est-ce que 10 livres suffiront ?; **that'll do** ça suffit, ça ira; **that'll do!** (*in annoyance*) ça va *or* suffit comme ça !; **to make do (with)** se contenter (de)
▸ **do away with** VT FUS abolir; (*inf*: *kill*) supprimer
▸ **do for** VT FUS (BRIT *inf*: *clean for*) faire le ménage chez
▸ **do up** VT (*laces, dress*) attacher; (*buttons*) boutonner; (*zip*) fermer; (*renovate*: *room*) refaire; (: *house*) remettre à neuf; **to do o.s. up** se faire beau (belle)
▸ **do with** VT FUS (*need*): **I could do with a drink/some help** quelque chose à boire/un peu d'aide ne serait pas de refus; **it could do with a wash** ça ne lui ferait pas de mal d'être lavé; (*be connected with*): **that has nothing to do with you** cela ne vous concerne pas; **I won't have anything to do with it** je ne veux pas m'en mêler; **what has that got to do with it?** quel est le rapport ?, qu'est-ce que cela vient faire là-dedans ?
▸ **do without** VI s'en passer; **if you're late for tea then you'll do without** si vous êtes en retard pour le dîner il faudra vous en passer ▸ VT FUS se passer de; **I can do without a car** je peux me passer de voiture

do. ABBR (= *ditto*) d

DOA ABBR (= *dead on arrival*) décédé(e) à l'admission

doable ['du:əbl] ADJ faisable

d.o.b. ABBR = **date of birth**

doc [dɔk] N (*inf*) toubib *m*

docile ['dəusaɪl] ADJ docile

dock [dɔk] N dock *m*; (*wharf*) quai *m*; (*Law*) banc *m* des accusés ▸ VI se mettre à quai; (*Space*) s'arrimer ▸ VT: **they docked a third of his wages** ils lui ont retenu *or* décompté un tiers de son salaire
■ **docks** NPL (*Naut*) docks

dock dues NPL droits *mpl* de bassin

docker ['dɔkə^r^] N docker *m*

docket ['dɔkɪt] N bordereau *m*; (*on parcel etc*) étiquette *f* or fiche *f* (*décrivant le contenu d'un paquet etc*)

dockside ['dɔksaɪd] N docks *mpl*

dockyard ['dɔkjɑ:d] N chantier *m* de construction navale

★**doctor** ['dɔktə^r^] N médecin *m*, docteur *m*; (*PhD etc*) docteur; **call a ~!** appelez un docteur *or* un médecin !; **~'s office** (*US*) cabinet *m* de consultation ▸ VT (*cat*) couper; (*interfere with*: *food*) altérer; (: *drink*) frelater; (: *text, document*) arranger

doctoral ['dɔktərəl] ADJ (*thesis, research*) doctoral(e); (*student, degree*) de doctorat

doctorate ['dɔktərɪt] N doctorat *m*

Le **doctorate** est le diplôme universitaire le plus prestigieux. Décerné après soutenance d'une thèse devant un jury, il est l'aboutissement de trois années de recherche au minimum. Le *doctorate* le plus répandu est le *PhD* (*Doctor of Philosophy*), pour les lettres, les sciences et l'ingénierie, bien qu'il existe également d'autres doctorats spécialisés (en musique, en droit, etc) ; voir *Bachelor's degree, Master's degree*

Doctor of Philosophy N (*degree*) doctorat *m*; (*person*) titulaire *mf* d'un doctorat

doctrine ['dɔktrɪn] N (*belief*) doctrine *f*; (*US*: *government policy*) politique *f*; **the ~ that ...** la doctrine selon laquelle ...

docudrama ['dɔkjudrɑ:mə] N docudrame *m*

document N ['dɔkjumənt] document *m* ▸ VT ['dɔkjumɛnt] documenter

documentary [dɔkju'mɛntərɪ] ADJ, N documentaire *m*

documentation [dɔkjumən'teɪʃən] N documentation *f*

docusoap ['dɔkjusəup] N feuilleton-documentaire *m*

DOD N ABBR (*US*) = **Department of Defense**

doddering ['dɔdərɪŋ] ADJ (*senile*) gâteux(-euse)

doddery ['dɔdərɪ] ADJ branlant(e)

doddle ['dɔdl] N: **it's a ~** (*inf*) c'est simple comme bonjour, c'est du gâteau

Dodecanese [dəudɛkə'ni:z] N, **Dodecanese Islands** NPL Dodécanèse *m*

dodge [dɔdʒ] N truc *m*; combine *f* ▸ VT esquiver, éviter ▸ VI faire un saut de côté; (*Sport*) faire une esquive; **to ~ out of the way** s'esquiver; **to ~ through the traffic** se faufiler *or* faire de savantes manœuvres entre les voitures

Dodgems® ['dɔdʒəmz] NPL (BRIT) autos tamponneuses

dodgy ['dɔdʒɪ] ADJ (BRIT *inf*: *uncertain*) douteux(-euse); (: *shady*) louche

DOE N ABBR (BRIT) = **Department of the Environment**; (*US*) = **Department of Energy**

doe [dəu] N (*deer*) biche *f*; (*rabbit*) lapine *f*

does [dʌz] VB *see* **do**

★**doesn't** ['dʌznt] = **does not**

★**dog** [dɔg] N chien(ne); **to go to the dogs** (*nation etc*) aller à vau-l'eau ▸ VT (*follow closely*) suivre de près, ne pas lâcher d'une semelle; (*fig*: *memory etc*) poursuivre, harceler

dog biscuits NPL biscuits *mpl* pour chien

dog collar N collier *m* de chien; (*fig*) faux-col *m* d'ecclésiastique

dog-eared ['dɔgɪəd] ADJ corné(e)

dogfight ['dɔgfaɪt] N (*between competitors*) bagarre *f*; (*between planes*) combat *m* tournoyant

dog food N nourriture *f* pour les chiens *or* le chien

dogged ['dɔgɪd] ADJ obstiné(e), opiniâtre

doggy ['dɔgɪ] N (*inf*) toutou *m*

doggy bag N *petit sac pour emporter les restes*

doghouse ['dɔghaus] N (*US*) niche *f*, chenil *m*; **to be in the ~** (*inf*) ne pas être en odeur de sainteté

dogma ['dɔgmə] N dogme *m*

dogmatic [dɔg'mætɪk] ADJ dogmatique

do-gooder ['du:gudə^r^] N (*pej*) faiseur(-euse) de bonnes œuvres

dogsbody ['dɔgzbɔdɪ] N (BRIT) bonne *f* à tout faire, tâcheron *m*

doily ['dɔɪlɪ] N dessus *m* d'assiette

doing ['duɪŋ] N: **this is your ~** c'est votre travail, c'est vous qui avez fait ça

doings ['duɪŋz] NPL activités *fpl*

do-it-yourself ['du:ɪtjɔ:'sɛlf] N bricolage *m*

doldrums ['dɔldrəmz] NPL: **to be in the ~** avoir le cafard; être dans le marasme

dole [dəul] N (BRIT: *payment*) allocation *f* de chômage; **on the ~** au chômage
▸ **dole out** VT donner au compte-goutte

doleful ['dəulful] ADJ triste, lugubre

doll [dɔl] N poupée *f*
▸ **doll up** VT: **to ~ o.s. up** se faire beau (belle)

★**dollar** ['dɔləʳ] N dollar *m*

dollop ['dɔləp] N (*of butter, cheese*) bon morceau; (*of cream*) bonne cuillerée

dolly ['dɔlɪ] N poupée *f*

dolphin ['dɔlfɪn] N dauphin *m*

domain [də'meɪn] N (*also fig*) domaine *m*

dome [dəum] N dôme *m*

★**domestic** [də'mɛstɪk] ADJ (*duty, happiness*) familial(e); (*policy, affairs, flight*) intérieur(e); (*news*) national(e); (*animal*) domestique

domesticated [də'mɛstɪkeɪtɪd] ADJ domestiqué(e); (*pej*) d'intérieur; **he's very ~** il participe volontiers aux tâches ménagères; question ménage, il est très organisé

domesticity [dəumɛs'tɪsɪtɪ] N vie *f* de famille

domestic servant N domestique *mf*

domicile ['dɔmɪsaɪl] N domicile *m*

dominance ['dɔmɪnəns] N domination *f*; **~ over sb** domination sur qn

dominant ['dɔmɪnənt] ADJ dominant(e)

dominate ['dɔmɪneɪt] VT dominer

domination [dɔmɪ'neɪʃən] N domination *f*

domineering [dɔmɪ'nɪərɪŋ] ADJ dominateur(-trice), autoritaire

Dominica [dɔmɪ'ni:kə, də'mɪnɪkə] N Dominique *f*

Dominican Republic [də'mɪnɪkən-] N République dominicaine

dominion [də'mɪnɪən] N domination *f*; territoire *m*; dominion *m*

domino ['dɔmɪnəu] (*pl* **dominoes**) N domino *m*

dominoes ['dɔmɪnəuz] N (*game*) dominos *mpl*

don [dɔn] N (BRIT) professeur *m* d'université ▸ VT revêtir

donate [də'neɪt] VT faire don de, donner

donation [də'neɪʃən] N donation *f*, don *m*

★**done** [dʌn] PP *of* **do**

dongle ['dɔŋgl] N (*Comput*) dongle *m*

donkey ['dɔŋkɪ] N âne *m*

donkey-work ['dɔŋkɪwə:k] N (BRIT *inf*) le gros du travail, le plus dur (du travail)

donor ['dəunəʳ] N (*of blood etc*) donneur(-euse); (*to charity*) donateur(-trice)

donor card N carte *f* de don d'organes

★**don't** [dəunt] = **do not**

donut ['dəunʌt] N (*US*) = **doughnut**

doodle ['du:dl] N griffonnage *m*, gribouillage *m* ▸ VI griffonner, gribouiller

doom [du:m] N (*fate*) destin *m*; (*ruin*) ruine *f* ▸ VT: **to be doomed to failure** être voué(e) à l'échec

doomsday ['du:mzdeɪ] N le Jugement dernier

★**door** [dɔ:ʳ] N porte *f*; (*Rail, car*) portière *f*; **to go from ~ to ~** aller de porte en porte

doorbell ['dɔ:bɛl] N sonnette *f*

door handle N poignée *f* de porte; (*of car*) poignée de portière

doorknob ['dɔ:nɔb] N poignée *f* *or* bouton *m* de porte

doorman ['dɔ:mən] N (*irreg*) (*in hotel*) portier *m*; (*in block of flats*) concierge *m*

doormat ['dɔ:mæt] N paillasson *m*

doorpost ['dɔ:pəust] N montant *m* de porte

doorstep ['dɔ:stɛp] N pas *m* de (la) porte, seuil *m*

door-to-door ['dɔ:tə'dɔ:ʳ] ADJ: **~ selling** vente *f* à domicile

doorway ['dɔ:weɪ] N (embrasure *f* de) porte *f*

dope [dəup] N (*inf*: *drug*) drogue *f*; (: *person*) andouille *f*; (: *information*) tuyaux *mpl*, rancards *mpl* ▸ VT (*horse etc*) doper

dopey ['dəupɪ] ADJ (*inf*) à moitié endormi(e)

doping ['dəupɪŋ] (*Sport*) N dopage *m* ▸ CPD (*offence, allegation, test*) de dopage

dormant ['dɔ:mənt] ADJ assoupi(e), en veilleuse; (*rule, law*) inappliqué(e)

dormer ['dɔ:məʳ] N (*also:* **dormer window**) lucarne *f*

dormice ['dɔ:maɪs] NPL *of* **dormouse**

dormitory ['dɔ:mɪtrɪ] N (BRIT) dortoir *m*; (*US*: *hall of residence*) résidence *f* universitaire

dormouse ['dɔ:maus] (*pl* **dormice** [-maɪs]) N loir *m*

DOS [dɔs] N ABBR (= *disk operating system*) DOS *m*

dosage ['dəusɪdʒ] N dose *f*; dosage *m*; (*on label*) posologie *f*

dose [dəus] N dose *f*; (BRIT: *bout*) attaque *f*; **a ~ of flu** une belle *or* bonne grippe ▸ VT: **to ~ o.s.** se bourrer de médicaments

dosh [dɔʃ] N (*inf*) fric *m*

dosser ['dɔsəʳ] N (BRIT *pej*) clochard(e)

doss house ['dɔs-] N (BRIT) asile *m* de nuit

dossier ['dɔsɪeɪ] N dossier *m*

DOT N ABBR (*US*) = **Department of Transportation**

dot [dɔt] N point *m*; (*on material*) pois *m*; **on the ~** à l'heure tapante ▸ VT: **dotted with** parsemé(e) de

dotcom N point com *m*, pointcom *m*

dot command N (*Comput*) commande précédée d'un point

dote [dəut]: **to ~ on** *vt fus* être fou (folle) de

dot-matrix printer [dɔt'meɪtrɪks-] N imprimante matricielle

dotted line ['dɔtɪd-] N ligne pointillée; (*Aut*) ligne discontinue; **to sign on the ~** signer à l'endroit indiqué *or* sur la ligne pointillée; (*fig*) donner son consentement

dotty ['dɔtɪ] ADJ (*inf*) loufoque, farfelu(e)

★**double** ['dʌbl] ADJ double; **~ five two six (5526)** (BRIT *Tel*) cinquante-cinq – vingt-six; **it's spelt with a ~ "l"** ça s'écrit avec deux « l » ▸ ADV (*fold*) en deux; (*twice*): **to cost ~ (sth)** coûter le double (de qch) *or* deux fois plus (que qch) ▸ N double *m*; (*Cine*) doublure *f*; **on the ~**, **at the ~** au pas de course ▸ VT doubler; (*fold*) plier en deux ▸ VI doubler; (*have two uses*): **to ~ as** servir aussi de
▸ **double back** VI (*person*) revenir sur ses pas
▸ **double up** VI (*bend over*) se courber, se plier; (*share room*) partager la chambre

double bass N contrebasse *f*

double bed N grand lit
double-breasted ['dʌbl'brɛstɪd] ADJ croisé(e)
double-check ['dʌbl'tʃɛk] VT, VI revérifier
double-click ['dʌbl'klɪk] VI (*Comput*) double-cliquer
double-clutch ['dʌbl'klʌtʃ] VI (*US*) faire un double débrayage
double cream N (BRIT) crème fraîche épaisse
double-cross ['dʌbl'krɔs] VT doubler, trahir
double-decker ['dʌbl'dɛkəʳ] N autobus *m* à impériale
double declutch VI (BRIT) faire un double débrayage
double exposure N (*Phot*) surimpression *f*
double glazing N (BRIT) double vitrage *m*
double-page ['dʌblpeɪdʒ] ADJ: **~ spread** publicité *f* en double page
double parking N stationnement *m* en double file
double room N chambre *f* pour deux
doubles ['dʌblz] N (*Tennis*) double *m*
double whammy [-'wæmɪ] N (*inf*) double contre-temps *m*
double yellow lines NPL (BRIT *Aut*) *double bande jaune marquant l'interdiction de stationner*
doubly ['dʌblɪ] ADV doublement, deux fois plus
★**doubt** [daut] N doute *m*; **no ~** sans doute; **without (a) ~** sans aucun doute; **beyond ~** *adv* indubitablement; *adj* indubitable ▸ VT douter de; **I ~ it very much** j'en doute fort; **to ~ that** douter que + *sub*
doubtful ['dautful] ADJ douteux(-euse); (*person*) incertain(e); **to be ~ about sth** avoir des doutes sur qch, ne pas être convaincu de qch; **I'm a bit ~** je n'en suis pas certain *or* sûr
doubtless ['dautlɪs] ADV sans doute, sûrement
dough [dəu] N pâte *f*; (*inf: money*) fric *m*, pognon *m*
doughnut, (*US*) **donut** ['dəunʌt] N beignet *m*
dour [duəʳ] ADJ austère
douse [dauz] VT (*with water*) tremper, inonder; (*flames*) éteindre
dove [dʌv] N colombe *f*
dovecote, dovecot ['dʌvkɔt] N pigeonnier *m*
Dover ['dəuvəʳ] N Douvres
dovetail ['dʌvteɪl] N: **~ joint** assemblage *m* à queue d'aronde ▸ VI (*fig*) concorder
dowager ['dauədʒəʳ] N douairière *f*
dowdy ['daudɪ] ADJ démodé(e), mal fagoté(e)
Dow-Jones average ['dau'dʒəunz-] N (*US*) indice *m* Dow-Jones
★**down** [daun] N (*fluff*) duvet *m*; (*hill*) colline (dénudée) ▸ ADV en bas, vers le bas; (*on the ground*) par terre; **to fall ~** tomber; **she's going ~ to Bristol** elle descend à Bristol; **to write sth ~** écrire qch; **~ there** là-bas (en bas), là au fond; **~ here** ici en bas; **the price of meat is ~** le prix de la viande a baissé; **I've got it ~ in my diary** c'est inscrit dans mon agenda; **to pay £2 ~** verser 2 livres d'arrhes *or* en acompte; **England is two goals ~** l'Angleterre a deux buts de retard; **~ with X!** à bas X! ▸ PREP en bas de; (*along*) le long de; **to walk ~ a hill** descendre une colline; **to run ~ the street** descendre la rue en courant ▸ VT (*enemy*) abattre; (*inf: drink*) siffler; **to ~ tools** (BRIT) cesser le travail
down-and-out ['daunəndaut] N (*tramp*) clochard(e)
down-at-heel ['daunət'hi:l] ADJ (*fig*) miteux(-euse)
downbeat ['daunbi:t] N (*Mus*) temps frappé ▸ ADJ sombre, négatif(-ive)
downcast ['daunkɑ:st] ADJ démoralisé(e)
downer ['daunəʳ] N (*inf: drug*) tranquillisant *m*; **to be on a ~** (*depressed*) flipper
downfall ['daunfɔ:l] N chute *f*; ruine *f*
downgrade ['daungreɪd] VT déclasser
downhearted ['daun'hɑ:tɪd] ADJ découragé(e)
downhill ['daun'hɪl] ADV (*face, look*) en aval, vers l'aval; (*roll, go*) vers le bas, en bas; **to go ~** descendre; (*business*) péricliter, aller à vau-l'eau ▸ N (*Ski: also:* **downhill race**) descente *f*
Downing Street ['daunɪŋ-] N (BRIT): **10 ~** *résidence du Premier ministre*

Downing Street est une rue de Westminster (à Londres) où se trouvent la résidence officielle du Premier ministre (au numéro 10) et celle du ministre des Finances (au numéro 11). L'expression *Downing Street* est souvent utilisée pour désigner le gouvernement britannique.

★**download** ['daunləud] (*Comput*) N téléchargement *m* ▸ VT télécharger
downloadable [daun'ləudəbl] ADJ (*Comput*) téléchargeable
down-market ['daun'mɑ:kɪt] ADJ (*product*) bas de gamme *inv*
down payment N acompte *m*
downplay ['daunpleɪ] VT (*US*) minimiser (l'importance de)
downpour ['daunpɔ:ʳ] N pluie torrentielle, déluge *m*
downright ['daunraɪt] ADJ (*lie etc*) effronté(e); (*refusal*) catégorique
Downs [daunz] NPL (BRIT): **the ~** *collines crayeuses du sud-est de l'Angleterre*
downscale ['daunskeɪl] VT (*production*) réduire; (*plans*) revoir à la baisse ▸ VI (*company, sector*) réduire son activité
downside ['daunsaɪd] N inconvénient *m*; **the ~ of sth** l'inconvénient de qch
downsize ['daunsaɪz] VT (*company, industry*) dégraisser
downsizing ['daunsaɪzɪŋ] N (*of company, industry*) dégraissage *m*
Down's syndrome [daunz-] N mongolisme *m*, trisomie *f*; **a ~ baby** un bébé mongolien *or* trisomique
★**downstairs** ['daun'stɛəz] ADV (*on or to ground floor*) au rez-de-chaussée; (*on or to floor below*) à l'étage inférieur; **to come ~, to go ~** descendre (l'escalier)
downstream [daun'stri:m] ADV en aval
downtime ['dauntaɪm] N (*of machine etc*) temps mort; (*of person*) temps d'arrêt
down-to-earth ['dauntu'ə:θ] ADJ terre à terre *inv*

downtown ['daun'taun] ADV en ville ▸ADJ (*US*): **~ Chicago** le centre commerçant de Chicago
downtrodden ['dauntrɔdn] ADJ opprimé(e)
downturn ['dauntə:n] N (*slump*) récession *f*
down under ADV en Australie *or* Nouvelle-Zélande
downward ['daunwəd] ADJ, ADV vers le bas; **a ~ trend** une tendance à la baisse, une diminution progressive
downwards ['daunwədz] ADV vers le bas
dowry ['daurɪ] N dot *f*
doyen ['dɔɪən] N doyen *m*
doyenne [dɔɪ'ɛn] N doyenne *f*
doz. ABBR = **dozen**
doze [dəuz] VI sommeiller
▸ **doze off** VI s'assoupir
★**dozen** ['dʌzn] N douzaine *f*; **a ~ books** une douzaine de livres; **80p a ~** 80p la douzaine; **dozens of** des centaines de
DPh, DPhil N ABBR (= *Doctor of Philosophy*) *titre universitaire*
DPP N ABBR (BRIT) = **Director of Public Prosecutions**
DPT N ABBR (*Med*: = *diphtheria, pertussis, tetanus*) DCT *m*
DPW N ABBR (*US*) = **Department of Public Works**
dr ABBR (*Comm*) = **debtor**
Dr. ABBR (= *doctor*) Dr; (*in street names*) = **drive**
drab [dræb] ADJ terne, morne
draconian [drə'kəunɪən] ADJ draconien(ne)
★**draft** [drɑ:ft] N (*of letter, school work*) brouillon *m*; (*of literary work*) ébauche *f*; (*of contract, document*) version *f* préliminaire; (*Comm*) traite *f*; (*US Mil*) contingent *m*; (: *call-up*) conscription *f* ▸VT faire le brouillon de; (*document, report*) rédiger une version préliminaire de; (*Mil: send*) détacher; *see also* **draught**
▸ **draft in** VT (*worker, player*) affecter
draftsman *etc* ['drɑ:ftsmən] (*US*) N (*irreg*) = **draughtsman** *etc*
drafty *etc* ['drɑ:ftɪ] (*US*) N = **draughty** *etc*
drag [dræg] VT traîner; (*river*) draguer; **to ~ and drop** (*Comput*) glisser-déposer ▸VI traîner ▸N (*Aviat, Naut*) résistance *f*; (*inf*) casse-pieds *mf*; (: *women's clothing*): **in ~** (en) travesti
▸ **drag away** VT: **to ~ away (from)** arracher *or* emmener de force (de)
▸ **drag on** VI s'éterniser
▸ **drag out** VT (*process*) faire traîner; **to ~ sth out of sb** soutirer qch à qn
dragnet ['drægnɛt] N drège *f*; (*fig*) piège *m*, filets *mpl*
dragon ['drægn] N dragon *m*
dragonfly ['drægnflaɪ] N libellule *f*
dragoon [drə'gu:n] N (*cavalryman*) dragon *m* ▸VT: **to ~ sb into doing sth** (BRIT) forcer qn à faire qch
★**drain** [dreɪn] N égout *m*; (*on resources*) saignée *f* ▸VT (*land, marshes*) drainer, assécher; (*vegetables*) égoutter; (*reservoir etc*) vider; **to feel drained** (*of energy, emotion*) être épuisé(e) ▸VI (*water*) s'écouler
drainage ['dreɪnɪdʒ] N (*system*) système *m* d'égouts; (*act*) drainage *m*
draining ['dreɪnɪŋ] ADJ épuisant(e); **emotionally ~** épuisant(e) moralement
draining board ['dreɪnɪŋ-], (*US*) **drainboard** ['dreɪnbɔ:d] N égouttoir *m*
drainpipe ['dreɪnpaɪp] N tuyau *m* d'écoulement
drake [dreɪk] N canard *m* (mâle)
dram [dræm] N petit verre
★**drama** ['drɑ:mə] N (*art*) théâtre *m*, art *m* dramatique; (*play*) pièce *f*; (*event*) drame *m*
★**dramatic** [drə'mætɪk] ADJ (*Theat*) dramatique; (*impressive*) spectaculaire
dramatically [drə'mætɪklɪ] ADV de façon spectaculaire
dramatist ['dræmətɪst] N auteur *m* dramatique
dramatization [dræmətaɪ'zeɪʃən] N (*of book, story*) adaptation *f* pour la scène/télévision/radio
dramatize ['dræmətaɪz] VT (*events etc*) dramatiser; (*adapt*) adapter pour la télévision (*or* pour l'écran)
drank [dræŋk] PT *of* **drink**
drape [dreɪp] VT draper ■ **drapes** NPL (*US*) rideaux *mpl*
draper ['dreɪpə'] N (BRIT) marchand(e) de nouveautés
drastic ['dræstɪk] ADJ (*measures*) d'urgence, énergique; (*change*) radical(e)
drastically ['dræstɪklɪ] ADV radicalement
draught, (*US*) **draft** [drɑ:ft] N courant *m* d'air; (*of chimney*) tirage *m*; (*Naut*) tirant *m* d'eau; **on ~** (*beer*) à la pression
draught beer N bière *f* (à la) pression
draughtboard ['drɑ:ftbɔ:d] N (BRIT) damier *m*
draughts [drɑ:fts] N (BRIT: *game*) (jeu *m* de) dames *fpl*
draughtsman, (*US*) **draftsman** ['drɑ:ftsmən] N (*irreg*) dessinateur(-trice) (industriel(le))
draughtsmanship, (*US*) **draftsmanship** ['drɑ:ftsmənʃɪp] N (*technique*) dessin industriel; (*art*) graphisme *m*
draughty, (*US*) **drafty** ['drɑ:ftɪ] ADJ plein(e) de courants d'air
★**draw** [drɔ:] (*pt* **drew** [dru:], *pp* **drawn** [drɔ:n]) VT tirer; (*picture*) dessiner; (*attract*) attirer; (*line, circle*) tracer; (*money*) retirer; (*wages*) toucher; (*comparison, distinction*): **to ~ (between)** faire (entre) ▸VI (*Sport*) faire match nul; (*move, come*): **to ~ to a close** toucher à *or* tirer à sa fin; **to ~ near** s'approcher; approcher ▸N match nul; (*lottery*) loterie *f*; (*picking of ticket*) tirage *m* au sort
▸ **draw back** VI (*move back*): **to ~ back (from)** reculer (de)
▸ **draw in** VI (BRIT: *car*) s'arrêter le long du trottoir; (*train*) entrer en gare *or* dans la station
▸ **draw on** VT (*resources*) faire appel à; (*imagination, person*) avoir recours à, faire appel à
▸ **draw out** VI (*lengthen*) s'allonger ▸VT (*money*) retirer
▸ **draw up** VI (*stop*) s'arrêter ▸VT (*document*) établir, dresser; (*plan*) formuler, dessiner; (*chair*) approcher
drawback ['drɔ:bæk] N inconvénient *m*, désavantage *m*
drawbridge ['drɔ:brɪdʒ] N pont-levis *m*
drawee [drɔ:'i:] N tiré *m*
drawer N [drɔ:'] tiroir *m*; (*of cheque*) ['drɔ:ə'] tireur *m*
★**drawing** ['drɔ:ɪŋ] N dessin *m*
drawing board N planche *f* à dessin
drawing pin N (BRIT) punaise *f*
drawing room N salon *m*
drawl [drɔ:l] N accent traînant

drawn [drɔːn] PP of **draw** ▸ ADJ (*haggard*) tiré(e), crispé(e)

drawstring [ˈdrɔːstrɪŋ] N cordon *m*

DRC N ABBR (= *Democratic Republic of the Congo*) RDC *f*

dread [drɛd] N épouvante *f*, effroi *m* ▸ VT redouter, appréhender

dreadful [ˈdrɛdful] ADJ épouvantable, affreux(-euse)

dreadfully [ˈdrɛdfulɪ] ADV (*very badly: behave, treat*) très mal; (*very: ill, worried*) affreusement; (*very much: miss*) terriblement

dreadlocks [ˈdrɛdlɔks] NPL dreadlocks *fpl*

★**dream** [driːm] (*pt, pp* **dreamed** [driːmd] *or* **dreamt** [drɛmt]) N rêve *m*; **to have a ~ about sb/sth** rêver à qn/qch; **sweet dreams!** faites de beaux rêves ! ▸ VT, VI rêver
▸ **dream up** VT inventer

dreamer [ˈdriːməʳ] N rêveur(-euse)

dreamt [drɛmt] PT, PP *of* **dream**

dreamy [ˈdriːmɪ] ADJ (*absent-minded*) rêveur(-euse)

dreary [ˈdrɪərɪ] ADJ triste; monotone

dredge [drɛdʒ] VT draguer
▸ **dredge up** VT draguer; (*fig: unpleasant facts*) (faire) ressortir

dredger [ˈdrɛdʒəʳ] N (*ship*) dragueur *m*; (*machine*) drague *f*; (BRIT: *also:* **sugar dredger**) saupoudreuse *f*

dregs [drɛgz] NPL lie *f*

drench [drɛntʃ] VT tremper; **drenched to the skin** trempé(e) jusqu'aux os

★**dress** [drɛs] N robe *f*; (*clothing*) habillement *m*, tenue *f* ▸ VT habiller; (*wound*) panser; (*food*) préparer; **to ~ o.s.**, **to get dressed** s'habiller; **to ~ a shop window** faire l'étalage *or* la vitrine ▸ VI: **she dresses very well** elle s'habille très bien
▸ **dress up** VI s'habiller; (*in fancy dress*) se déguiser

dressage [ˈdrɛsɑːʒ] N dressage *m*

dress circle N (BRIT) premier balcon

dress designer N modéliste *mf*, dessinateur(-trice) de mode

dresser [ˈdrɛsəʳ] N (*Theat*) habilleur(-euse); (*also:* **window dresser**) étalagiste *mf*; (*furniture*) vaisselier *m*; (: *US*) coiffeuse *f*, commode *f*

dressing [ˈdrɛsɪŋ] N (*Med*) pansement *m*; (*Culin*) sauce *f*, assaisonnement *m*

dressing gown N (BRIT) robe *f* de chambre

dressing room N (*Theat*) loge *f*; (*Sport*) vestiaire *m*

dressing table N coiffeuse *f*

dressmaker [ˈdrɛsmeɪkəʳ] N couturière *f*

dressmaking [ˈdrɛsmeɪkɪŋ] N couture *f*; travaux *mpl* de couture

dress rehearsal N (répétition *f*) générale *f*

dress shirt N chemise *f* à plastron

dressy [ˈdrɛsɪ] ADJ (*inf: clothes*) (qui fait) habillé(e)

drew [druː] PT *of* **draw**

dribble [ˈdrɪbl] VI tomber goutte à goutte; (*baby*) baver ▸ VT (*ball*) dribbler

dried [draɪd] ADJ (*fruit, beans*) sec (sèche); (*eggs, milk*) en poudre

drier [ˈdraɪəʳ] N = **dryer**

drift [drɪft] N (*of current etc*) force *f*; direction *f*; (*of sand etc*) amoncellement *m*; (*of snow*) rafale *f*; coulée *f*; (*on ground*) congère *f*; (*general meaning*) sens général; **I get** *or* **catch your ~** je vois en gros ce que vous voulez dire ▸ VI (*boat*) aller à la dérive, dériver; (*sand, snow*) s'amonceler, s'entasser; **to let things ~** laisser les choses aller à la dérive; **to ~ apart** (*friends, lovers*) s'éloigner l'un de l'autre

drifter [ˈdrɪftəʳ] N personne *f* sans but dans la vie

driftwood [ˈdrɪftwud] N bois flotté

drill [drɪl] N perceuse *f*; (*bit*) foret *m*; (*of dentist*) roulette *f*, fraise *f*; (*Mil*) exercice *m* ▸ VT percer; (*troops*) entraîner; (*pupils: in grammar*) faire faire des exercices à ▸ VI (*for oil*) faire un *or* des forage(s)

drilling [ˈdrɪlɪŋ] N (*for oil*) forage *m*

drilling rig N (*on land*) tour *f* (de forage), derrick *m*; (*at sea*) plate-forme *f* de forage

drily [ˈdraɪlɪ] ADV = **dryly**

★**drink** [drɪŋk] (*pt* **drank** [dræŋk], *pp* **drunk** [drʌŋk]) N boisson *f*; (*alcoholic*) verre *m*; **to have a ~** boire quelque chose; boire un verre; **a ~ of water** un verre d'eau; **would you like a ~?** tu veux boire quelque chose ?; **we had drinks before lunch** on a pris l'apéritif ▸ VT, VI boire
▸ **drink in** VT (*fresh air*) inspirer profondément; (*story*) avaler, ne pas perdre une miette de; (*sight*) se remplir la vue de
▸ **drink to** VT FUS (*success, sb's memory*) boire à
▸ **drink up** VI finir *or* vider son verre ▸ VT finir

drinkable [ˈdrɪŋkəbl] ADJ (*not dangerous*) potable; (*palatable*) buvable

drink-driving [ˈdrɪŋkˈdraɪvɪŋ] N conduite *f* en état d'ivresse

drinker [ˈdrɪŋkəʳ] N buveur(-euse)

drinking [ˈdrɪŋkɪŋ] N (*drunkenness*) boisson *f*, alcoolisme *m*

drinking fountain N (*in park etc*) fontaine *f* publique; (*in building*) jet *m* d'eau potable

drinking water N eau *f* potable

drink problem N: **to have a ~** trop boire

drip [drɪp] N (*drop*) goutte *f*; (*sound: of water etc*) bruit *m* de l'eau qui tombe goutte à goutte; (*Med: device*) goutte-à-goutte *m inv*; (: *liquid*) perfusion *f*; (*inf: person*) lavette *f*, nouille *f* ▸ VI tomber goutte à goutte; (*tap*) goutter; (*washing*) s'égoutter; (*wall*) suinter

drip-dry [ˈdrɪpˈdraɪ] ADJ (*shirt*) sans repassage

drip-feed [ˈdrɪpfiːd] VT alimenter au goutte-à-goutte *or* par perfusion

dripping [ˈdrɪpɪŋ] N graisse *f* de rôti ▸ ADJ: **~ wet** trempé(e)

★**drive** [draɪv] (*pt* **drove** [drəuv], *pp* **driven** [ˈdrɪvn]) N promenade *f or* trajet *m* en voiture; (*also:* **driveway**) allée *f*; (*energy*) dynamisme *m*, énergie *f*; (*Psych*) besoin *m*, pulsion *f*; (*push*) effort (concerté), campagne *f*; (*Sport*) drive *m*; (*Tech*) entraînement *m*; traction *f*; transmission *f*; (*Comput: also:* **disk drive**) lecteur *m* de disques; **to go for a ~** aller faire une promenade en voiture; **it's 3 hours' ~ from London** Londres est à 3 heures de route; **left-/right-hand ~** (*Aut*) conduite *f* à gauche/droite; **front-/rear-wheel ~** (*Aut*) traction *f* avant/arrière ▸ VT conduire; (*nail*) enfoncer; (*push*) chasser, pousser; (*Tech: motor*) actionner; entraîner; **to ~ sb to (do) sth** pousser *or* conduire qn à (faire) qch; **to ~ sb mad** rendre qn fou (folle) ▸ VI (*be at the wheel*) conduire; (*travel by car*) aller en voiture

▸ **drive at** VT FUS (*fig: intend, mean*) vouloir dire, en venir à
▸ **drive away** VT (*customers, friends*) faire fuir
▸ **drive on** VI poursuivre sa route, continuer; (*after stopping*) reprendre sa route, repartir ▸ VT (*incite, encourage*) inciter
▸ **drive out** VT (*force out*) chasser
drive-by ['draɪvbaɪ] N (*also:* **drive-by shooting**) *tentative d'assassinat par coups de feu tirés d'une voiture*
drive-in ['draɪvɪn] ADJ, N (*esp US*) drive-in *m*
drive-in window N (*US*) guichet-auto *m*
drivel ['drɪvl] N (*inf*) idioties *fpl*, imbécillités *fpl*
driven ['drɪvn] PP *of* **drive**
★**driver** ['draɪvəʳ] N conducteur(-trice); (*of taxi, bus*) chauffeur *m*
driver's license N (*US*) permis *m* de conduire
driveway ['draɪvweɪ] N allée *f*
driving ['draɪvɪŋ] ADJ: ~ **rain** pluie battante ▸ N conduite *f*
driving force N locomotive *f*, élément *m* dynamique
driving instructor N moniteur(-trice) d'autoécole
driving lesson N leçon *f* de conduite
driving licence N (Brit) permis *m* de conduire
driving school N auto-école *f*
driving test N examen *m* du permis de conduire
drizzle ['drɪzl] N bruine *f*, crachin *m* ▸ VI bruiner
drizzly ['drɪzlɪ] ADJ (*weather, day*) de crachin
droll [drəul] ADJ drôle
dromedary ['drɔmədərɪ] N dromadaire *m*
drone [drəun] VI (*bee*) bourdonner; (*engine etc*) ronronner; (*also:* **drone on**) parler d'une voix monocorde ▸ N bourdonnement *m*; ronronnement *m*; (*male bee*) faux-bourdon *m*
drool [dru:l] VI baver; **to ~ over sb/sth** (*fig*) baver d'admiration *or* être en extase devant qn/qch
droop [dru:p] VI (*flower*) commencer à se faner; (*shoulders, head*) tomber
★**drop** [drɔp] N (*of liquid*) goutte *f*; (*fall*) baisse *f*; (: *in salary*) réduction *f*; (*also:* **parachute drop**) saut *m*; (*of cliff*) dénivellation *f*; à-pic *m*; **a ~ of 10%** une baisse (*or* réduction) de 10% ▸ VT laisser tomber; (*voice, eyes, price*) baisser; (*passenger*) déposer; **to ~ anchor** jeter l'ancre; **to ~ sb a line** mettre un mot à qn ▸ VI (*wind, temperature, price, voice*) tomber; (*numbers, attendance*) diminuer ■ **drops** NPL (*Med*) gouttes; **cough drops** pastilles *fpl* pour la toux
▸ **drop by** VI (*call in*) passer
▸ **drop in** VI (*inf: visit*): **to ~ in (on)** faire un saut (chez), passer (chez)
▸ **drop off** VI (*sleep*) s'assoupir ▸ VT (*passenger*) déposer; **to ~ sb off** déposer qn
▸ **drop out** VI (*withdraw*) se retirer; (*student etc*) abandonner, décrocher
drop-down menu ['drɔpdaun-] N menu *m* déroulant
droplet ['drɔplɪt] N gouttelette *f*
dropout ['drɔpaut] N (*from society*) marginal(e); (*from university*) (étudiant(e)) décrocheur(-euse)
dropper ['drɔpəʳ] N (*Med etc*) compte-gouttes *m inv*
droppings ['drɔpɪŋz] NPL crottes *fpl*
dross [drɔs] N déchets *mpl*; rebut *m*
drought [draut] N sécheresse *f*
drove [drəuv] PT *of* **drive** ▸ N: **droves of people** une foule de gens
drown [draun] VT noyer; (*also:* **drown out**: *sound*) couvrir, étouffer ▸ VI se noyer
drowse [drauz] VI somnoler
drowsiness ['drauzɪnɪs] N somnolence *f*
drowsy ['drauzɪ] ADJ somnolent(e)
drudge [drʌdʒ] N bête *f* de somme (*fig*)
drudgery ['drʌdʒərɪ] N corvée *f*
★**drug** [drʌg] N médicament *m*; (*narcotic*) drogue *f*; **to be on drugs** se droguer; **he's on drugs** il se drogue; (*Med*) il est sous médication ▸ VT droguer
drug addict N toxicomane *mf*
drug dealer N revendeur(-euse) de drogue
drug-driving ['drʌg'draɪvɪŋ] N conduite *f* sous l'emprise de stupéfiants
druggist ['drʌgɪst] N (*US*) pharmacien(ne)-droguiste
drug peddler N revendeur(-euse) de drogue
drugs test, drug test N contrôle *m* antidopage
drugstore ['drʌgstɔ:ʳ] N (*US*) pharmacie-droguerie *f*, drugstore *m*
Druid ['dru:ɪd] N druide *mf*
★**drum** [drʌm] N tambour *m*; (*for oil, petrol*) bidon *m* ▸ VT: **to ~ one's fingers on the table** pianoter *or* tambouriner sur la table ■ **drums** NPL (*Mus*) batterie *f*
▸ **drum up** VT (*enthusiasm, support*) susciter, rallier
drummer ['drʌməʳ] N (joueur *m* de) tambour *m*; (*in rock band, in jazz band*) batteur *mf*
drum roll N roulement *m* de tambour
drumstick ['drʌmstɪk] N (*Mus*) baguette *f* de tambour; (*of chicken*) pilon *m*
drunk [drʌŋk] PP *of* **drink** ▸ ADJ ivre, soûl(e); **to get ~** s'enivrer, se soûler ▸ N (*also:* **drunkard**) ivrogne *mf*
drunkard ['drʌŋkəd] N ivrogne *mf*
drunken ['drʌŋkən] ADJ ivre, soûl(e); (*rage, stupor*) ivrogne, d'ivrogne; ~ **driving** conduite *f* en état d'ivresse
drunkenness ['drʌŋkənnɪs] N ivresse *f*; ivrognerie *f*
★**dry** [draɪ] ADJ sec (sèche); (*day*) sans pluie; (*humour*) pince-sans-rire; (*uninteresting*) aride, rébarbatif(-ive); **on ~ land** sur la terre ferme ▸ VT sécher; (*clothes*) faire sécher; **to ~ one's hands/hair/eyes** se sécher les mains/les cheveux/les yeux ▸ VI sécher
▸ **dry off** VI, VT sécher
▸ **dry up** VI (*river, supplies*) se tarir; (*speaker*) sécher, rester sec
dry-clean ['draɪ'kli:n] VT nettoyer à sec
dry-cleaner ['draɪ'kli:nəʳ] N teinturier *m*
dry-cleaner's ['draɪ'kli:nəz] N teinturerie *f*
dry-cleaning ['draɪ'kli:nɪŋ] N (*process*) nettoyage *m* à sec
dry dock N (*Naut*) cale sèche, bassin *m* de radoub
dryer ['draɪəʳ] N (*tumble-dryer*) sèche-linge *m inv*; (*for hair*) sèche-cheveux *m inv*
dry goods NPL (*Comm*) textiles *mpl*, mercerie *f*
dry goods store N (*US*) magasin *m* de nouveautés
dry ice N neige *f* carbonique

dryly ['draɪlɪ] ADV sèchement, d'un ton sec
dryness ['draɪnɪs] N sécheresse *f*
dry rot N pourriture sèche (*du bois*)
dry run N (*fig*) essai *m*
dry ski slope N piste (de ski) artificielle
DSc N ABBR (= *Doctor of Science*) *titre universitaire*
DST ABBR (*US*: = *Daylight Saving Time*) *heure d'été*
DT N ABBR (*Comput*) = **data transmission**
DTP N ABBR (= *desktop publishing*) PAO *f*
DT's [di:'ti:z] N ABBR (*inf*: = *delirium tremens*) delirium tremens *m*
dual ['djuəl] ADJ double
dual carriageway N (BRIT) quatre voie *f*, voie express
dual-control ['djuəlkən'trəul] ADJ à doubles commandes
dual nationality N double nationalité *f*
dual-purpose ['djuəl'pə:pəs] ADJ à double emploi
dubbed [dʌbd] ADJ (*Cine*) doublé(e); (*nicknamed*) surnommé(e)
dubious ['dju:bɪəs] ADJ hésitant(e), incertain(e); (*reputation, company*) douteux(-euse); **I'm very ~ about it** j'ai des doutes sur la question, je n'en suis pas sûr du tout
Dublin ['dʌblɪn] N Dublin
Dubliner ['dʌblɪnə^r] N habitant(e) de Dublin, originaire *mf* de Dublin
duchess ['dʌtʃɪs] N duchesse *f*
duchy ['dʌtʃɪ] N duché *m*
★**duck** [dʌk] N canard *m* ▶ VI se baisser vivement, baisser subitement la tête ▶ VT plonger dans l'eau
duckling ['dʌklɪŋ] N caneton *m*
duct [dʌkt] N conduite *f*, canalisation *f*; (*Anat*) conduit *m*
dud [dʌd] N (*shell*) obus non éclaté; (*object, tool*): **it's a ~** c'est de la camelote, ça ne marche pas ▶ ADJ (BRIT: *cheque*) sans provision; (: *note, coin*) faux (fausse)
dude [du:d] N (*US inf*) mec *m* (*inf*)
★**due** [dju:] ADJ (*money, payment*) dû (~); (*expected*) attendu(e); (*fitting*) qui convient; **~ to** (*because of*) en raison de; (*caused by*) dû à; **in ~ course** en temps utile *or* voulu; (*in the end*) finalement; **the rent is ~ on the 30th** il faut payer le loyer le 30; **the train is ~ at 8 a.m.** le train est attendu à 8 h; **she is ~ back tomorrow** elle doit rentrer demain; **he is ~ £10** on lui doit 10 livres; **I am ~ 6 days' leave** j'ai droit à 6 jours de congé ▶ N dû *m*; **to give sb his *or* her ~** être juste envers qn ▶ ADV: **~ north** droit vers le nord
■ **dues** NPL (*for club, union*) cotisation *f*; (*in harbour*) droits *mpl* (de port)
due date N date *f* d'échéance
duel ['djuəl] N duel *m*
duet [dju:'ɛt] N duo *m*
duff [dʌf] ADJ (BRIT *inf*) nullard(e), nul(le)
duffel bag, duffle bag ['dʌfl-] N sac marin
duffel coat, duffle coat ['dʌfl-] N duffel-coat *m*
duffer ['dʌfə^r] N (*inf*) nullard(e)
dug [dʌg] PT, PP *of* **dig**
dugout ['dʌgaut] N (*Sport*) banc *m* de touche
DUI N ABBR (*US*: = *driving under (the) influence (of alcohol)*) CEI (= *conduite en état d'ivresse*)

duke [dju:k] N duc *m*
dukedom ['dju:kdəm] N (*title*) titre *m* de duc; (*land*) duché *m*
dull [dʌl] ADJ (*boring*) ennuyeux(-euse); (*slow*) borné(e); (*not bright*) morne, terne; (*sound, pain*) sourd(e); (*weather, day*) gris(e), maussade; (*blade*) émoussé(e) ▶ VT (*pain, grief*) atténuer; (*mind, senses*) engourdir
duly ['dju:lɪ] ADV (*on time*) en temps voulu; (*as expected*) comme il se doit
dumb [dʌm] ADJ (*inf*: *stupid*) bête; **to be struck ~** (*fig*) rester abasourdi(e), être sidéré(e)
▶ **dumb down** VT niveler par le bas
dumbbell ['dʌmbɛl] N (*Sport*) haltère *m*
dumbfounded [dʌm'faundɪd] ADJ sidéré(e)
dumbstruck ['dʌmstrʌk] ADJ sans voix; **to be ~** rester sans voix
dummy ['dʌmɪ] N (*tailor's model*) mannequin *m*; (*mock-up*) factice *m*, maquette *f*; (*Sport*) feinte *f*; (BRIT: *for baby*) tétine *f* ▶ ADJ faux (fausse), factice
dummy run N essai *m*
★**dump** [dʌmp] N tas *m* d'ordures; (*also*: **rubbish dump**) décharge (publique); (*Mil*) dépôt *m*; (*Comput*) listage *m* (de la mémoire); (*inf*: *place*) trou *m*; **to be (down) in the dumps** (*inf*) avoir le cafard, broyer du noir ▶ VT (*put down*) déposer; déverser; (*get rid of*) se débarrasser de; (*Comput*) lister; (*Comm*: *goods*) vendre à perte (*sur le marché extérieur*)
dumping ['dʌmpɪŋ] N (*Econ*) dumping *m*; (*of rubbish*): **"no ~"** « décharge interdite »
dumpling ['dʌmplɪŋ] N boulette *f* (de pâte)
Dumpster® ['dʌmpstə^r] N (*US*) benne *f* (à ordures)
dumpy ['dʌmpɪ] ADJ courtaud(e), boulot(te)
dunce [dʌns] N âne *m*, cancre *m*
dune [dju:n] N dune *f*
dung [dʌŋ] N fumier *m*
dungarees [dʌŋgə'ri:z] NPL bleu(s) *m(pl)*; (*for child, woman*) salopette *f*
dungeon ['dʌndʒən] N cachot *m*
dunk [dʌŋk] VT tremper
Dunkirk [dʌn'kə:k] N Dunkerque
duo ['dju:əu] N (*gen, Mus*) duo *m*
duodenal [dju:əu'di:nl] ADJ duodénal(e); **~ ulcer** ulcère *m* du duodénum
dupe [dju:p] N dupe *f* ▶ VT duper, tromper
duplex ['dju:plɛks] N (*US*: *also*: **duplex apartment**) duplex *m*
duplicate N ['dju:plɪkət] double *m*, copie exacte; (*copy of letter etc*) duplicata *m*; **in ~** en deux exemplaires, en double ▶ ADJ (*copy*) en double; **~ key** double *m* de la (*or* d'une) clé ▶ VT ['dju:plɪkeɪt] faire un double de; (*on machine*) polycopier
duplicating machine ['dju:plɪkeɪtɪŋ-], **duplicator** ['dju:plɪkeɪtə^r] N duplicateur *m*
duplication [dju:plɪ'keɪʃən] N (*of effort*) répétition *f*
duplicity [dju:'plɪsɪtɪ] N duplicité *f*, fausseté *f*
durability [djuərə'bɪlɪtɪ] N solidité *f*; durabilité *f*
durable ['djuərəbl] ADJ durable; (*clothes, metal*) résistant(e), solide
duration [djuə'reɪʃən] N durée *f*
duress [djuə'rɛs] N: **under ~** sous la contrainte
Durex® ['djuərɛks] N (BRIT) préservatif (masculin)

d

★**during** [ˈdjuərɪŋ] PREP pendant, au cours de
dusk [dʌsk] N crépuscule *m*
dusky [ˈdʌskɪ] ADJ sombre
★**dust** [dʌst] N poussière *f* ▸ VT (*furniture*) essuyer, épousseter; (*cake etc*): **to ~ with** saupoudrer de
▸ **dust off** VT (*also fig*) dépoussiérer
★**dustbin** [ˈdʌstbɪn] N (BRIT) poubelle *f*
duster [ˈdʌstəʳ] N chiffon *m*
dusting [ˈdʌstɪŋ] N: **to do the ~** faire les poussières; **I hate ~!** je déteste faire les poussières !
dust jacket N jacquette *f*
dustman [ˈdʌstmən] N (*irreg*) (BRIT) boueux *m*, éboueur *m*
dustpan [ˈdʌstpæn] N pelle *f* à poussière
dusty [ˈdʌstɪ] ADJ poussiéreux(-euse)
★**Dutch** [dʌtʃ] ADJ hollandais(e), néerlandais(e) ▸ N (*Ling*) hollandais *m*, néerlandais *m* ▸ ADV: **to go ~** *or* **dutch** (*inf*) partager les frais ▪ **the Dutch** NPL les Hollandais, les Néerlandais
Dutch auction N enchères *fpl* à la baisse
Dutchman [ˈdʌtʃmən] N (*irreg*) Hollandais *m*
Dutchwoman [ˈdʌtʃwumən] N (*irreg*) Hollandaise *f*
dutiable [ˈdju:tɪəbl] ADJ taxable, soumis(e) à des droits de douane
dutiful [ˈdju:tɪful] ADJ (*child*) respectueux(-euse); (*husband, wife*) plein(e) d'égards, prévenant(e); (*employee*) consciencieux(-euse)
★**duty** [ˈdju:tɪ] N devoir *m*; (*tax*) droit *m*, taxe *f*; **to make it one's ~ to do sth** se faire un devoir de faire qch; **to pay ~ on sth** payer un droit *or* une taxe sur qch; **on ~** de service; (*at night etc*) de garde; **off ~** libre, pas de service *or* de garde ▪ **duties** NPL fonctions *fpl*
duty-free [ˈdju:tɪˈfri:] ADJ exempté(e) de douane, hors-taxe; **~ shop** boutique *f* hors-taxe
duty officer N (*Mil etc*) officier *m* de permanence
★**duvet** [ˈdu:veɪ] N (BRIT) couette *f*
DV ABBR (= *Deo volente*) si Dieu le veut
★**DVD** N ABBR (= *digital versatile or video disc*) DVD *m*
DVD burner N graveur *m* de DVD
★**DVD player** N lecteur *m* de DVD
DVD writer N graveur *m* de DVD
DVLA N ABBR (BRIT: = *Driver and Vehicle Licensing Agency*) *service qui délivre les cartes grises et les permis de conduire*
DVM N ABBR (US: = *Doctor of Veterinary Medicine*) *titre universitaire*
DVT N ABBR = **deep vein thrombosis**
dwarf [dwɔ:f] (*pl* **dwarves** [dwɔ:vz]) N (!) nain(e) ▸ VT écraser
dwell [dwɛl] (*pt, pp* **dwelt** [dwɛlt]) VI demeurer
▸ **dwell on** VT FUS s'étendre sur
dweller [ˈdwɛləʳ] N habitant(e)
dwelling [ˈdwɛlɪŋ] N habitation *f*, demeure *f*
dwelt [dwɛlt] PT, PP *of* **dwell**
dwindle [ˈdwɪndl] VI diminuer, décroître
dwindling [ˈdwɪndlɪŋ] ADJ décroissant(e), en diminution
DWP N ABBR (BRIT) = **Department of Work and Pensions**
dye [daɪ] N teinture *f*; **hair ~** teinture pour les cheveux ▸ VT teindre
dyestuffs [ˈdaɪstʌfs] NPL colorants *mpl*
dying [ˈdaɪɪŋ] ADJ mourant(e), agonisant(e)
dyke [daɪk] N (*embankment*) digue *f*
dynamic [daɪˈnæmɪk] ADJ dynamique
dynamics [daɪˈnæmɪks] N, NPL dynamique *f*
dynamism [ˈdaɪnəmɪzəm] N dynamisme *m*
dynamite [ˈdaɪnəmaɪt] N dynamite *f* ▸ VT dynamiter, faire sauter à la dynamite
dynamo [ˈdaɪnəməu] N dynamo *f*
dynastic [dɪˈnæstɪk] ADJ dynastique
dynasty [ˈdɪnəstɪ] N dynastie *f*
dysentery [ˈdɪsntrɪ] N dysenterie *f*
dysfunctional [dɪsˈfʌŋkʃənl] ADJ dysfonctionnel(le)
dyslexia [dɪsˈlɛksɪə] N dyslexie *f*
dyslexic [dɪsˈlɛksɪk] ADJ dyslexique
dyspepsia [dɪsˈpɛpsɪə] N dyspepsie *f*
dyspraxia [dɪsˈpræksɪə] N dyspraxie *f*
dystrophy [ˈdɪstrəfɪ] N dystrophie *f*; **muscular ~** dystrophie musculaire

Ee

E, e [iː] N (*letter*) E, e *m*; (*Mus*): **E** mi *m*; **E for Edward**, (*US*) **E for Easy** E comme Eugène ▶ ABBR (= *east*) E ▶ N ABBR (*Drugs*) = **ecstasy**

ea. ABBR = **each**

E.A. N ABBR (*US*: = *educational age*) niveau scolaire

★**each** [iːtʃ] ADJ chaque; **~ day** chaque jour, tous les jours; **~ one** chacun(e); **~ other** l'un l'autre; **they hate ~ other** ils se détestent (mutuellement); **you are jealous of ~ other** vous êtes jaloux l'un de l'autre ▶ PRON chacun(e); **they have 2 books ~** ils ont 2 livres chacun; **they cost £5 ~** ils coûtent 5 livres (la) pièce; **~ of us** chacun(e) de nous

eager [ˈiːgəʳ] ADJ (*person, buyer*) empressé(e); (*lover*) ardent(e), passionné(e); (*keen: pupil, worker*) enthousiaste; **to be ~ to do sth** (*impatient*) brûler de faire qch; (*keen*) désirer vivement faire qch; **to be ~ for** (*event*) désirer vivement; (*vengeance, affection, information*) être avide de

eagerly [ˈiːgəlɪ] ADV (*ask*) avec impatience; **~ awaited** tant attendu(e)

eagle [ˈiːgl] N aigle *m*

E & OE ABBR = **errors and omissions excepted**

★**ear** [ɪəʳ] N oreille *f*; (*of corn*) épi *m*; **up to one's ears in debt** endetté(e) jusqu'au cou

earache [ˈɪəreɪk] N mal *m* aux oreilles

eardrum [ˈɪədrʌm] N tympan *m*

earful [ˈɪəful] N (*inf*): **to give sb an ~** passer un savon à qn

earl [əːl] N comte *m*

★**earlier** [ˈəːlɪəʳ] ADJ (*date etc*) plus rapproché(e); (*edition etc*) plus ancien(ne), antérieur(e) ▶ ADV plus tôt

★**early** [ˈəːlɪ] ADV tôt, de bonne heure; (*ahead of time*) en avance; (*near the beginning*) au début; **~ in the morning** tôt le matin; **~ in the spring/19th century** au début *or* commencement du printemps/19ème siècle ▶ ADJ précoce, qui se manifeste (*or* se fait) tôt *or* de bonne heure; (*Christians, settlers*) premier(-ière); (*reply*) rapide; (*death*) prématuré(e); (*work*) de jeunesse; **you're ~!** tu es en avance !; **to have an ~ night/start** se coucher/partir tôt *or* de bonne heure; **take the ~ train** prenez le premier train; **in the ~ spring/19th century** au début *or* commencement du printemps/19ème siècle; **she's in her ~ forties** elle a un peu plus de quarante ans *or* de la quarantaine; **at your earliest convenience** (*Comm*) dans les meilleurs délais

early retirement N retraite anticipée

early warning system N système *m* de première alerte

earmark [ˈɪəmɑːk] VT: **to ~ sth for** réserver *or* destiner qch à

★**earn** [əːn] VT gagner; (*Comm: yield*) rapporter; **to ~ one's living** gagner sa vie; **this earned him much praise, he earned much praise for this** ceci lui a valu de nombreux éloges; **he's earned his rest/reward** il mérite *or* a bien mérité *or* a bien gagné son repos/sa récompense

earned income [əːnd-] N revenu *m* du travail

earner [ˈəːnəʳ] N (*person*): **a high ~** un(e) salarié(e) aux revenus élevés; (*product*) source *f* de revenus; **to be a nice little ~** (BRIT *inf*) bien rapporter

earnest [ˈəːnɪst] ADJ sérieux(-euse) ▶ N (*also: earnest money*) acompte *m*, arrhes *fpl*; **in ~** *adv* sérieusement, pour de bon

earnestly [ˈəːnɪstlɪ] ADV (*seriously: say*) avec le plus grand sérieux; (*sincerely: hope, wish*) sincèrement

★**earnings** [ˈəːnɪŋz] NPL salaire *m*; gains *mpl*; (*of company etc*) profits *mpl*, bénéfices *mpl*

ear, nose and throat specialist N oto-rhino-laryngologiste *mf*

earphones [ˈɪəfəunz] NPL écouteurs *mpl*

earplugs [ˈɪəplʌgz] NPL boules *fpl* Quiès®; (*to keep out water*) protège-tympans *mpl*

earring [ˈɪərɪŋ] N boucle *f* d'oreille

earshot [ˈɪəʃɔt] N: **out of/within ~** hors de portée/à portée de voix

★**earth** [əːθ] N (*gen, also* BRIT *Elec*) terre *f*; (*of fox etc*) terrier *m* ▶ VT (BRIT *Elec*) relier à la terre

earthenware [ˈəːθnwɛəʳ] N poterie *f*; faïence *f* ▶ ADJ de *or* en faïence

earthly [ˈəːθlɪ] ADJ terrestre; (*also: earthly paradise*) paradis *m* terrestre; **there is no ~ reason to think that ...** il n'y a absolument aucune raison *or* pas la moindre raison de penser que ...

earthquake [ˈəːθkweɪk] N tremblement *m* de terre, séisme *m*

earth-shattering [ˈəːθʃætərɪŋ] ADJ stupéfiant(e)

earth tremor N secousse *f* sismique

earthworks [ˈəːθwəːks] NPL travaux *mpl* de terrassement

earthy [ˈəːθɪ] ADJ (*fig*) terre à terre *inv*, truculent(e)

earwax [ˈɪəwæks] N cérumen *m*

earwig [ˈɪəwɪg] N perce-oreille *m*

ease [iːz] N facilité *f*, aisance *f*; (*comfort*) bien-être *m*; **with ~** sans difficulté, aisément; **life of ~** vie oisive; **at ~** à l'aise; (*Mil*) au repos ▸ VT (*soothe: mind*) tranquilliser; (*reduce: pain, problem*) atténuer; (*: tension*) réduire; (*loosen*) relâcher, détendre; (*help pass*): **to ~ sth in/out** faire pénétrer/sortir qch délicatement *or* avec douceur, faciliter la pénétration/la sortie de qch ▸ VI (*situation*) se détendre

▸ **ease off, ease up** VI diminuer; (*slow down*) ralentir; (*relax*) se détendre

easel [ˈi:zl] N chevalet *m*

★**easily** [ˈi:zɪlɪ] ADV facilement; (*by far*) de loin

easiness [ˈi:sɪnɪs] N facilité *f*; (*of manner*) aisance *f*; nonchalance *f*

★**east** [i:st] N est *m*; **the E~** l'Orient *m*; (*Pol*) les pays *mpl* de l'Est ▸ ADJ (*wind*) d'est; (*side*) est *inv* ▸ ADV à l'est, vers l'est

eastbound [ˈi:stbaund] ADJ en direction de l'est; (*carriageway*) est *inv*

Easter [ˈi:stəʳ] N Pâques *fpl* ▸ ADJ (*holidays*) de Pâques, pascal(e)

Easter egg N œuf *m* de Pâques

Easter Island N île *f* de Pâques

easterly [ˈi:stəlɪ] ADJ d'est

Easter Monday N le lundi de Pâques

★**eastern** [ˈi:stən] ADJ de l'est, oriental(e); **E~ Europe** l'Europe de l'Est; **the E~ bloc** (*Pol*) les pays *mpl* de l'est

Easter Sunday N le dimanche de Pâques

East Germany N (*formerly*) Allemagne *f* de l'Est

East Timor [ˈi:stˈi:mɔ:] N Timor *m* oriental

eastward [ˈi:stwəd], **eastwards** [ˈi:stwədz] ADV vers l'est, à l'est

★**easy** [ˈi:zɪ] ADJ facile; (*manner*) aisé(e); **to have an ~ life** avoir la vie facile; **payment on ~ terms** (*Comm*) facilités *fpl* de paiement; **I'm ~** (*inf*) ça m'est égal ▸ ADV: **to take it** *or* **things ~** (*rest*) ne pas se fatiguer; (*not worry*) ne pas (trop) s'en faire; **that's easier said than done** c'est plus facile à dire qu'à faire, c'est vite dit

easy chair N fauteuil *m*

easy-going [ˈi:zɪˈgəuɪŋ] ADJ accommodant(e), facile à vivre

easy touch N (*inf*): **he's an ~** c'est une bonne poire

★**eat** [i:t] (*pt* **ate** [eɪt], *pp* **eaten** [ˈi:tn]) VT, VI manger; **can we have something to ~?** est-ce qu'on peut manger quelque chose ?

▸ **eat away** VT (*sea*) saper, éroder; (*acid*) ronger, corroder

▸ **eat away at, eat into** VT FUS ronger, attaquer

▸ **eat out** VI manger au restaurant

▸ **eat up** VT (*food*) finir (de manger); **it eats up electricity** ça bouffe du courant, ça consomme beaucoup d'électricité

eatable [ˈi:təbl] ADJ mangeable; (*safe to eat*) comestible

eaten [ˈi:tn] PP *of* **eat**

eau de Cologne [ˈəudəkəˈləun] N eau *f* de Cologne

eaves [i:vz] NPL avant-toit *m*

eavesdrop [ˈi:vzdrɔp] VI: **to ~ (on)** écouter de façon indiscrète

ebb [ɛb] N reflux *m*; **the ~ and flow** le flux et le reflux; **to be at a low ~** (*fig*) être bien bas(se), ne pas aller bien fort ▸ VI refluer; (*fig: also:* **ebb away**) décliner

ebb tide N marée descendante, reflux *m*

e-bike [ˈi:baɪk] N VAE *m*

ebony [ˈɛbənɪ] N ébène *f*

e-book [ˈi:buk] N livre *m* électronique

ebullient [ɪˈbʌlɪənt] ADJ exubérant(e)

e-business [ˈi:bɪznɪs] N (*company*) entreprise *f* électronique; (*commerce*) commerce *m* électronique

e-card [ˈi:kɑ:d] N carte *f* virtuelle

ECB N ABBR (= *European Central Bank*) BCE *f* (= *Banque centrale européenne*)

eccentric [ɪkˈsɛntrɪk] ADJ, N excentrique *mf*

ecclesiastic [ɪkli:zɪˈæstɪk], **ecclesiastical** [ɪkli:zɪˈæstɪkl] ADJ ecclésiastique

ECG N ABBR = **electrocardiogram**

echelon [ˈɛʃəlɔn] N échelon *m*; **the upper echelons of** les plus hauts échelons de

★**echo** [ˈɛkəu] (*pl* **echoes**) N écho *m* ▸ VT répéter; faire chorus avec ▸ VI résonner; faire écho

e-cigarette [ˈi:sɪgəˈrɛt] N cigarette *f* électronique

éclair [ˈeɪklɛəʳ] N éclair *m* (*Culin*)

eclectic [ɪˈklɛktɪk] ADJ (*collection*) hétéroclite; (*tastes*) éclectique

eclipse [ɪˈklɪps] N éclipse *f* ▸ VT éclipser

eco- [ˈi:kəu] PREFIX éco-

eco-friendly [i:kəuˈfrɛndlɪ] ADJ non nuisible à l'environnement

ecological [i:kəˈlɔdʒɪkəl] ADJ écologique

ecologist [ɪˈkɔlədʒɪst] N écologiste *mf*

ecology [ɪˈkɔlədʒɪ] N écologie *f*

e-commerce [ˈi:kɔmə:s] N commerce *m* électronique

★**economic** [i:kəˈnɔmɪk] ADJ économique; (*profitable*) rentable

economical [i:kəˈnɔmɪkl] ADJ économique; (*person*) économe

economically [i:kəˈnɔmɪklɪ] ADV économiquement

★**economics** [i:kəˈnɔmɪks] N (*Scol*) économie *f* politique ▸ NPL (*of project etc*) côté *m* *or* aspect *m* économique

economist [ɪˈkɔnəmɪst] N économiste *mf*

economize [ɪˈkɔnəmaɪz] VI économiser, faire des économies

★**economy** [ɪˈkɔnəmɪ] N économie *f*; **economies of scale** économies d'échelle

economy class N (*Aviat*) classe *f* touriste

economy class syndrome N syndrome *m* de la classe économique

economy size N taille *f* économique

ecosystem [ˈi:kəusɪstəm] N écosystème *m*

eco-tourism [i:kəuˈtuərɪzəm] N écotourisme *m*

ecstasy [ˈɛkstəsɪ] N extase *f*; (*Drugs*) ecstasy *m*; **to go into ecstasies over** s'extasier sur

ecstatic [ɛksˈtætɪk] ADJ extatique, en extase

ECT N ABBR = **electroconvulsive therapy**

Ecuador [ˈɛkwədɔ:ʳ] N Équateur *m*

ecumenical [i:kjuˈmɛnɪkl] ADJ œcuménique

eczema [ˈɛksɪmə] N eczéma *m*

eddy ['ɛdɪ] N tourbillon *m*

★**edge** [ɛdʒ] N bord *m*; (*of knife etc*) tranchant *m*, fil *m*; **on ~** (*fig*) crispé(e), tendu(e); **to have the ~ on** (*fig*) l'emporter (de justesse) sur, être légèrement meilleur que ▸VT border ▸VI: **to ~ forward** avancer petit à petit; **to ~ away from** s'éloigner furtivement de

edged [ɛdʒd] ADJ: **~ with** bordé(e) de

edgeways ['ɛdʒweɪz] ADV latéralement; **he couldn't get a word in ~** il ne pouvait pas placer un mot

edging ['ɛdʒɪŋ] N bordure *f*

edgy ['ɛdʒɪ] ADJ crispé(e), tendu(e)

edible ['ɛdɪbl] ADJ comestible; (*meal*) mangeable

edict ['iːdɪkt] N décret *m*

edifice ['ɛdɪfɪs] N édifice *m*

edifying ['ɛdɪfaɪɪŋ] ADJ édifiant(e)

Edinburgh ['ɛdɪnbərə] N Édimbourg

Le Festival d'Édimbourg (**Edinburgh Festival**), qui se tient chaque année durant trois semaines au mois d'août, est l'un des grands festivals culturels européens. Il est réputé pour son programme officiel, mais aussi pour son festival *off* (*the Fringe*) qui propose des spectacles de théâtre, de musique, de comédie et de danse aussi bien traditionnels que résolument d'avant-garde. Pendant la durée du *Festival* se tient par ailleurs, sur l'esplanade du château, un grand spectacle de musique militaire, le *Military Tattoo*.

edit ['ɛdɪt] VT (*report, essay*) préparer; (*sb else's text, computer file*) éditer; (*editor, magazine, newspaper*) être le rédacteur *or* la rédactrice en chef de; (*film*) monter
▸ **edit out** VT couper

editable ['ɛdɪtəbl] ADJ (*text*) éditable, modifiable

editing ['ɛdɪtɪŋ] N (*of own article, manuscript*) préparation *f*; (*of sb else's text*) édition *f*; (*of film, programme*) montage *m* ▸CPD (*Comput: package, software, tools*) d'édition

edition [ɪ'dɪʃən] N édition *f*

★**editor** ['ɛdɪtəʳ] N (*of newspaper*) rédacteur(-trice), rédacteur(-trice) en chef; (*of sb's work*) éditeur(-trice); (*also:* **film editor**) monteur(-euse); **political/foreign ~** rédacteur politique/au service étranger

editorial [ɛdɪ'tɔːrɪəl] ADJ de la rédaction, éditorial(e); **the ~ staff** la rédaction ▸N éditorial *m*

EDP N ABBR = **electronic data processing**

EDT ABBR (*US:* = *Eastern Daylight Time*) *heure d'été de New York*

educate ['ɛdjukeɪt] VT (*teach*) instruire; (*bring up*) éduquer; **educated at ...** qui a fait ses études à ...

educated ['ɛdjukeɪtɪd] ADJ (*person*) cultivé(e)

educated guess N supposition éclairée

★**education** [ɛdju'keɪʃən] N éducation *f*; (*studies*) études *fpl*; (*teaching*) enseignement *m*, instruction *f*; (*at university: subject etc*) pédagogie *f*; **primary** *or* (*US*) **elementary/secondary ~** instruction *f* primaire/secondaire

★**educational** [ɛdju'keɪʃənl] ADJ (*toy, system*) éducatif(-ive); (*theory, method*) pédagogique; (*institution*) d'enseignement; (*attainments, background*) scolaire; (*useful*) instructif(-ive); **~ technology** technologie *f* de l'enseignement

educationally [ɛdju'keɪʃnəlɪ] ADV (*subnormal, disadvantaged*) sur le plan éducatif; (*sound, valuable*) du point de vue pédagogique

edutainment [ɛdju'teɪnmənt] N jeux *mpl* éducatifs

Edwardian [ɛd'wɔːdɪən] ADJ de l'époque du roi Édouard VII, des années 1900

EEG N ABBR = **electroencephalogram**

eel [iːl] N anguille *f*

EENT N ABBR (*US Med*) = **eye, ear, nose and throat**

EEOC N ABBR (*US*) = **Equal Employment Opportunity Commission**

eerie ['ɪərɪ] ADJ inquiétant(e), spectral(e), surnaturel(le)

EET ABBR (= *Eastern European Time*) HEO (= *heure d'Europe orientale*)

★**effect** [ɪ'fɛkt] N effet *m*; **to have an ~ on sb/sth** avoir *or* produire un effet sur qn/qch; **to take ~** (*Law*) entrer en vigueur, prendre effet; (*drug*) agir, faire son effet; **to put into ~** (*plan*) mettre en application *or* à exécution; **in ~** en fait; **his letter is to the ~ that ...** sa lettre nous apprend que ...
▸VT effectuer ■ **effects** NPL (*Theat*) effets *mpl*; (*property*) effets, affaires *fpl*

★**effective** [ɪ'fɛktɪv] ADJ efficace; (*striking: display, outfit*) frappant(e), qui produit *or* fait de l'effet; (*actual*) véritable; **to become ~** (*Law*) entrer en vigueur, prendre effet; **~ date** date *f* d'effet *or* d'entrée en vigueur

effectively [ɪ'fɛktɪvlɪ] ADV efficacement; (*strikingly*) d'une manière frappante, avec beaucoup d'effet; (*in reality*) effectivement, en fait

effectiveness [ɪ'fɛktɪvnɪs] N efficacité *f*

effeminate [ɪ'fɛmɪnɪt] ADJ efféminé(e)

effervescent [ɛfə'vɛsnt] ADJ effervescent(e)

efficacious [ɛfɪ'keɪʃəs] ADJ efficace

efficacy ['ɛfɪkəsɪ] N efficacité *f*

efficiency [ɪ'fɪʃənsɪ] N efficacité *f*; (*of machine, car*) rendement *m*

efficiency apartment N (*US*) studio *m* avec coin cuisine

★**efficient** [ɪ'fɪʃənt] ADJ efficace; (*machine, car*) d'un bon rendement

efficiently [ɪ'fɪʃəntlɪ] ADV efficacement

effigy ['ɛfɪdʒɪ] N effigie *f*

effluent ['ɛfluənt] N effluent *m*

★**effort** ['ɛfət] N effort *m*; **to make an ~ to do sth** faire *or* fournir un effort pour faire qch

effortless ['ɛfətlɪs] ADJ sans effort, aisé(e); (*achievement*) facile

effrontery [ɪ'frʌntərɪ] N effronterie *f*

effusive [ɪ'fjuːsɪv] ADJ (*person*) expansif(-ive); (*welcome*) chaleureux(-euse)

EFL N ABBR (*Scol*) = **English as a Foreign Language**

EFTA ['ɛftə] N ABBR (= *European Free Trade Association*) AELE *f* (= *Association européenne de libre-échange*)

e.g. ADV ABBR (= *exempli gratia*) par exemple, p. ex.

egalitarian [ɪgælɪ'tɛərɪən] ADJ égalitaire

★**egg** [ɛg] N œuf *m*; **hard-boiled/soft-boiled ~** œuf dur/à la coque
▸ **egg on** VT pousser
eggcup [ˈɛgkʌp] N coquetier *m*
egghead [ˈɛghɛd] N (*inf*) intello *mf* (*inf*)
eggnog [ˈɛgnɔg] N lait *m* de poule
egg plant [ˈɛgplɑ:nt] N (*US*) aubergine *f*
eggshell [ˈɛgʃɛl] N coquille *f* d'œuf ▸ ADJ (*colour*) blanc cassé *inv*
egg-timer [ˈɛgtaɪməʳ] N sablier *m*
egg white N blanc *m* d'œuf
egg yolk N jaune *m* d'œuf
ego [ˈi:gəu] N (*self-esteem*) amour-propre *m*; (*Psych*) moi *m*
egocentric [i:gəuˈsɛntrɪk, ɛgəuˈsɛntrɪk] ADJ égocentrique
egoism [ˈɛgəuɪzəm] N égoïsme *m*
egoist [ˈɛgəuɪst] N égoïste *mf*
egoistic [i:gəuˈɪstɪk, ɛgəuˈɪstɪk] ADJ égoïste
egotism [ˈɛgəutɪzəm] N égotisme *m*
egotist [ˈɛgəutɪst] N égocentrique *mf*
egotistic [i:gəˈtɪstɪk, ɛgəˈtɪstɪk], **egotistical** [i:gəˈtɪstɪkl, ɛgəˈtɪstɪkl] ADJ égotiste
ego trip N: **to be on an ~** être en plein délire d'autosatisfaction
Egypt [ˈi:dʒɪpt] N Égypte *f*
Egyptian [ɪˈdʒɪpʃən] ADJ égyptien(ne) ▸ N Égyptien(ne)
EHIC N ABBR (= *European Health Insurance Card*) CEAM *f*
Eid [ˈi:d] N (*also:* **Eid-al-Fitr, Eid-ul-Fitr**) Aïd *m*
eiderdown [ˈaɪdədaun] N édredon *m*
Eiffel Tower [ˈaɪfəl-] N tour *f* Eiffel
★**eight** [eɪt] NUM huit
★**eighteen** [eɪˈti:n] NUM dix-huit
★**eighteenth** [eɪˈti:nθ] NUM dix-huitième
★**eighth** [eɪtθ] NUM huitième
eightieth [ˈeɪtɪɪθ] NUM quatre-vingtième
★**eighty** [ˈeɪtɪ] NUM quatre-vingt(s)
★**Eire** [ˈɛərə] N République *f* d'Irlande
EIS N ABBR (= *Educational Institute of Scotland*) *syndicat enseignant*
eisteddfod [aɪˈstɛdvəd] N *au Pays de Galles, fête lors de laquelle on dispute des concours de musique et de poésie en gallois*
★**either** [ˈaɪðəʳ] ADJ l'un ou l'autre; (*both, each*) chaque; **on ~ side** de chaque côté ▸ PRON: **~ (of them)** l'un ou l'autre; **I don't like ~** je n'aime ni l'un ni l'autre; **which bike do you want? — ~ will do** quel vélo voulez-vous ? — n'importe lequel ▸ ADV non plus; **no, I don't ~** moi non plus ▸ CONJ: **~ good or bad** ou bon ou mauvais, soit bon soit mauvais; **answer with ~ yes or no** répondez par oui ou par non; **I haven't seen ~ one or the other** je n'ai vu ni l'un ni l'autre
ejaculate [ɪˈdʒækjuleɪt] VI (*Physiol*) éjaculer ▸ VT (*literary: exclaim*) s'exclamer, s'écrier
ejaculation [ɪdʒækjuˈleɪʃən] N (*Physiol*) éjaculation *f*
eject [ɪˈdʒɛkt] VT (*tenant etc*) expulser; (*object*) éjecter ▸ VI (*pilot*) s'éjecter
ejector seat [ɪˈdʒɛktə-] N siège *m* éjectable
eke [i:k]: **to ~ out** *vt* faire durer; augmenter
EKG N ABBR (*US*) = **electrocardiogram**
el [ɛl] N ABBR (*US inf*) = **elevated railroad**
elaborate ADJ [ɪˈlæbərɪt] (*system, procedure*) compliqué(e); (*dinner, scheme*) élaboré(e); (*costume, jewellery*) recherché(e) ▸ VT [ɪˈlæbəreɪt] élaborer ▸ VI entrer dans les détails
elaborately [ɪˈlæbərɪtlɪ] ADV (*in detail: planned*) avec minutie; (*richly: decorated, costumed*) avec recherche
élan, elan [eɪˈlɑ:n] N (*literary*): **to do sth with ~** faire qch avec entrain
elapse [ɪˈlæps] VI s'écouler, passer
elastic [ɪˈlæstɪk] ADJ, N élastique *m*
elasticated [ɪˈlæstɪkeɪtɪd] ADJ (BRIT) à élastique
elastic band N (BRIT) élastique *m*
elasticity [ɪlæsˈtɪsɪtɪ] N élasticité *f*
elated [ɪˈleɪtɪd] ADJ transporté(e) de joie
elation [ɪˈleɪʃən] N (grande) joie, allégresse *f*
elbow [ˈɛlbəu] N coude *m* ▸ VT: **to ~ one's way through the crowd** se frayer un passage à travers la foule (en jouant des coudes)
elbow grease N: **to use a bit of ~** mettre de l'huile de coude
★**elder** [ˈɛldəʳ] ADJ aîné(e) ▸ N (*tree*) sureau *m*; **one's elders** ses aînés
elderberry [ˈɛldəbɛrɪ] N (*berry*) baie *f* de sureau; (*tree*) sureau *m*
★**elderly** [ˈɛldəlɪ] ADJ âgé(e); **~ people** les personnes âgées
elder statesman N (*irreg*) vétéran *m* de la politique
★**eldest** [ˈɛldɪst] ADJ, N: **the ~ (child)** l'aîné(e) (des enfants)
elect [ɪˈlɛkt] VT élire; (*choose*): **to ~ to do** choisir de faire ▸ ADJ: **the president ~** le président désigné
★**election** [ɪˈlɛkʃən] N élection *f*; **to hold an ~** procéder à une élection
election campaign N campagne électorale
electioneering [ɪlɛkʃəˈnɪərɪŋ] N propagande électorale, manœuvres électorales
elective [ɪˈlɛktɪv] ADJ électif(-ive) ▸ N (*US*) cours *m* facultatif
elector [ɪˈlɛktəʳ] N électeur(-trice)
electoral [ɪˈlɛktərəl] ADJ électoral(e)
electoral college N collège électoral
electoral roll N (BRIT) liste électorale
electorate [ɪˈlɛktərɪt] N électorat *m*
★**electric** [ɪˈlɛktrɪk] ADJ électrique
electrical [ɪˈlɛktrɪkl] ADJ électrique
electrical engineer N ingénieur électricien
electrical failure N panne *f* d'électricité *or* de courant
electric blanket N couverture chauffante
electric blue ADJ, N bleu électrique *m inv*
electric chair N chaise *f* électrique
electric cooker N cuisinière *f* électrique
electric current N courant *m* électrique
electric fire N (BRIT) radiateur *m* électrique

electrician [ɪlɛkˈtrɪʃən] N électricien *m*

★**electricity** [ɪlɛkˈtrɪsɪtɪ] N électricité *f*; **to switch on/off the ~** rétablir/couper le courant

electricity board N (BRIT) ≈ agence régionale de l'E.D.F.

electric light N lumière *f* électrique

electrics [ɪˈlɛktrɪks] NPL (BRIT) installation *f* électrique

electric shock N choc *m* *or* décharge *f* électrique

electrify [ɪˈlɛktrɪfaɪ] VT (*Rail*) électrifier; (*audience*) électriser

electro... [ɪˈlɛktrəu] PREFIX électro...

electrocardiogram [ɪlɛktrəuˈkɑːdɪəgræm] N électrocardiogramme *m*

electro-convulsive therapy [ɪlɛktrəukənˈvʌlsɪv-] N électrochocs *mpl*

electrocute [ɪˈlɛktrəkjuːt] VT électrocuter

electrode [ɪˈlɛktrəud] N électrode *f*

electroencephalogram [ɪlɛktrəuɛnˈsɛfələgræm] N électroencéphalogramme *m*

electrolysis [ɪlɛkˈtrɔlɪsɪs] N électrolyse *f*

electromagnetic [ɪˈlɛktrəmægˈnɛtɪk] ADJ électromagnétique

electron [ɪˈlɛktrɔn] N électron *m*

★**electronic** [ɪlɛkˈtrɔnɪk] ADJ électronique

electronically [ɪlɛkˈtrɔnɪklɪ] ADV électroniquement

electronic data processing N traitement *m* électronique des données

electronic mail N courrier *m* électronique

electronics [ɪlɛkˈtrɔnɪks] N électronique *f*

electron microscope N microscope *m* électronique

electroplated [ɪˈlɛktrəˈpleɪtɪd] ADJ plaqué(e) *or* doré(e) *or* argenté(e) par galvanoplastie

electrotherapy [ɪlɛktrəˈθɛrəpɪ] N électrothérapie *f*

elegance [ˈɛlɪgəns] N élégance *f*

★**elegant** [ˈɛlɪgənt] ADJ élégant(e)

elegantly [ˈɛlɪgəntlɪ] ADV (*dressed, furnished*) avec élégance; (*designed, shaped*) élégamment; **~ simple** d'une élégante simplicité

elegy [ˈɛlɪdʒɪ] N élégie *f*

element [ˈɛlɪmənt] N (*gen*) élément *m*; (*of heater, kettle etc*) résistance *f*

elementary [ɛlɪˈmɛntərɪ] ADJ élémentaire; (*school, education*) primaire

elementary school N (*US*) école *f* primaire

Aux États-Unis et au Canada, une **elementary school** (également appelée *grade school* ou *grammar school* aux États-Unis) est une école publique où les enfants passent les six à huit premières années de leur scolarité.

★**elephant** [ˈɛlɪfənt] N éléphant *m*

elevate [ˈɛlɪveɪt] VT élever

elevated railroad [ˈɛlɪveɪtɪd-] N (*US*) métro *m* aérien

elevation [ɛlɪˈveɪʃən] N élévation *f*; (*height*) altitude *f*

elevator [ˈɛlɪveɪtəʳ] N (*in warehouse etc*) élévateur *m*, monte-charge *m inv*; (*US: lift*) ascenseur *m*

★**eleven** [ɪˈlɛvn] NUM onze

elevenses [ɪˈlɛvnzɪz] NPL (BRIT) ≈ pause-café *f*

★**eleventh** [ɪˈlɛvnθ] NUM onzième; **at the ~ hour** (*fig*) à la dernière minute

elf [ɛlf] (*pl* **elves** [ɛlvz]) N lutin *m*

elfin [ˈɛlfɪn] ADJ (*face*) délicat(e)

elicit [ɪˈlɪsɪt] VT: **to ~ (from)** obtenir (de); tirer (de)

eligibility [ɛlɪdʒɪˈbɪlɪtɪ] N: **~ (for sth)** (*membership, job*) admissibilité *f* (à qch); (*benefits*) droit *m* (à qch); **~ to do sth** droit de faire qch

eligible [ˈɛlɪdʒəbl] ADJ (*for compensation, benefits*) éligible; (*for membership*) admissible; **an ~ young man** un beau parti; **to be ~ for sth** remplir les conditions requises pour qch; **~ for a pension** ayant droit à la retraite

eliminate [ɪˈlɪmɪneɪt] VT éliminer

elimination [ɪlɪmɪˈneɪʃən] N élimination *f*; **by process of ~** par élimination

elite, élite [ɪˈliːt] ADJ (*group, athlete*) d'élite; (*institution*) prestigieux(-euse) ▸ N: **the ~** l'élite *f*

elitist [ɛˈliːtɪst] ADJ (*pej*) élitiste

elixir [ɪˈlɪksəʳ] N (*literary*) élixir *m*

Elizabethan [ɪlɪzəˈbiːθən] ADJ élisabéthain(e)

ellipse [ɪˈlɪps] N ellipse *f*

elliptical [ɪˈlɪptɪkl] ADJ elliptique

elm [ɛlm] N orme *m*

elocution [ɛləˈkjuːʃən] N élocution *f*

elongated [ˈiːlɔŋgeɪtɪd] ADJ étiré(e), allongé(e)

elope [ɪˈləup] VI (*lovers*) s'enfuir (ensemble)

elopement [ɪˈləupmənt] N fugue amoureuse

eloquence [ˈɛləkwəns] N éloquence *f*

eloquent [ˈɛləkwənt] ADJ éloquent(e)

eloquently [ˈɛləkwəntlɪ] ADV (*speak, write*) avec éloquence

El Salvador [ɛl ˈsælvədɔː] N Salvador *m*

★**else** [ɛls] ADV d'autre; **something ~** quelque chose d'autre, autre chose; **somewhere ~** ailleurs, autre part; **everywhere ~** partout ailleurs; **everyone ~** tous les autres; **nothing ~** rien d'autre; **is there anything ~ I can do?** est-ce que je peux faire quelque chose d'autre ?; **where ~?** à quel autre endroit ?; **little ~** pas grand-chose d'autre

elsewhere [ɛlsˈwɛəʳ] ADV ailleurs, autre part

ELT N ABBR (*Scol*) = **English Language Teaching**

elucidate [ɪˈluːsɪdeɪt] VT élucider

elude [ɪˈluːd] VT échapper à; (*question*) éluder

elusive [ɪˈluːsɪv] ADJ insaisissable; (*answer*) évasif(-ive)

elves [ɛlvz] NPL *of* **elf**

emaciated [ɪˈmeɪsɪeɪtɪd] ADJ émacié(e), décharné(e)

★**email** [ˈiːmeɪl] N ABBR (= *electronic mail*) (e-)mail *m*, courriel *m* ▸ VT: **to ~ sb** envoyer un (e-)mail *or* un courriel à qn

email account N compte *m* (e-)mail

email address N adresse *f* (e-)mail *or* électronique

emanate [ˈɛməneɪt] VI: **to ~ from** émaner de

emancipate [ɪˈmænsɪpeɪt] VT émanciper

emancipation [ɪmænsɪˈpeɪʃən] N émancipation *f*
emasculate [ɪˈmæskjuleɪt] VT émasculer
embalm [ɪmˈbɑːm] VT embaumer
embankment [ɪmˈbæŋkmənt] N (*of road, railway*) remblai *m*, talus *m*; (*of river*) berge *f*, quai *m*; (*dyke*) digue *f*
embargo [ɪmˈbɑːgəu] (*pl* **embargoes**) N (*Comm, Naut*) embargo *m*; (*prohibition*) interdiction *f*; **to put an ~ on sth** mettre l'embargo sur qch ▶ VT frapper d'embargo, mettre l'embargo sur
embark [ɪmˈbɑːk] VI embarquer; **to ~ on** (*ship*) (s')embarquer à bord de *or* sur; (*journey etc*) commencer, entreprendre; (*fig*) se lancer *or* s'embarquer dans ▶ VT embarquer
embarkation [ɛmbɑːˈkeɪʃən] N embarquement *m*
embarkation card N carte *f* d'embarquement
embarrass [ɪmˈbærəs] VT embarrasser, gêner
★**embarrassed** [ɪmˈbærəst] ADJ gêné(e); **to be ~** être gêné(e)
embarrassing [ɪmˈbærəsɪŋ] ADJ gênant(e), embarrassant(e)
embarrassment [ɪmˈbærəsmənt] N embarras *m*, gêne *f*; (*embarrassing thing, person*) source *f* d'embarras
★**embassy** [ˈɛmbəsɪ] N ambassade *f*; **the French E~** l'ambassade de France
embed [ɪmˈbɛd] VT (*object*) enfoncer; (*values, attitudes*) ancrer; **to ~ itself in sth** (*object*) s'enfoncer dans qch; (*bullet*) se loger dans qch
embedded [ɪmˈbɛdɪd] ADJ (*object*) enfoncé(e); **to be ~ in sth** (*thorn*) être enfoncé(e) dans qch; (*bullet*) être logé(e) dans qch; (*value, attitude*) être ancré(e) dans qch
embellish [ɪmˈbɛlɪʃ] VT embellir; enjoliver
embers [ˈɛmbəz] NPL braise *f*
embezzle [ɪmˈbɛzl] VT détourner
embezzlement [ɪmˈbɛzlmənt] N détournement *m* (de fonds)
embezzler [ɪmˈbɛzləʳ] N escroc *m*
embitter [ɪmˈbɪtəʳ] VT aigrir; envenimer
emblazoned [ɪmˈbleɪzənd] ADJ: **to be ~ with sth** être armorié(e) de qch; **to be ~ on sth** être inscrit(e) sur qch
emblem [ˈɛmbləm] N emblème *m*
emblematic [ɛmbləˈmætɪk] ADJ emblématique
embodiment [ɪmˈbɔdɪmənt] N personnification *f*, incarnation *f*
embody [ɪmˈbɔdɪ] VT (*features*) réunir, comprendre; (*ideas*) formuler, exprimer
embolden [ɪmˈbəuldn] VT enhardir
embolism [ˈɛmbəlɪzəm] N embolie *f*
embossed [ɪmˈbɔst] ADJ repoussé(e), gaufré(e); **~ with** où figure(nt) en relief
embrace [ɪmˈbreɪs] VT embrasser, étreindre; (*include*) embrasser, couvrir, comprendre ▶ VI s'embrasser, s'étreindre ▶ N étreinte *f*
embroider [ɪmˈbrɔɪdəʳ] VT broder; (*fig: story*) enjoliver
embroidery [ɪmˈbrɔɪdərɪ] N broderie *f*
embroil [ɪmˈbrɔɪl] VT: **to become embroiled (in sth)** se retrouver mêlé(e) (à qch), se laisser entraîner (dans qch)
embryo [ˈɛmbrɪəu] N (*also fig*) embryon *m*
embryonic [ɛmbrɪˈɔnɪk] ADJ (*idea, organization*) à l'état embryonnaire, embryonnaire; (*Biol*) embryonnaire
emcee [ɛmˈsiː] N maître *m* de cérémonie
emend [ɪˈmɛnd] VT (*text*) corriger
emerald [ˈɛmərəld] N émeraude *f*
emerge [ɪˈməːdʒ] VI apparaître; (*from room, car*) surgir; (*from sleep, imprisonment*) sortir; **it emerges that** (BRIT) il ressort que
emergence [ɪˈməːdʒəns] N apparition *f*; (*of nation*) naissance *f*
★**emergency** [ɪˈməːdʒənsɪ] N (*crisis*) cas *m* d'urgence; (*Med*) urgence *f*; **in an ~** en cas d'urgence; **state of ~** état *m* d'urgence
emergency brake (US) N frein *m* à main
emergency exit N sortie *f* de secours
emergency landing N atterrissage forcé
emergency lane N (*US Aut*) accotement stabilisé
emergency road service N (*US*) service *m* de dépannage
emergency room N (*US Med*) urgences *fpl*
emergency services NPL: **the ~** (*fire, police, ambulance*) les services *mpl* d'urgence
emergency stop N (*BRIT Aut*) arrêt *m* d'urgence
emergent [ɪˈməːdʒənt] ADJ: **~ nation** pays *m* en voie de développement
emeritus [ɪˈmɛrɪtəs] ADJ émérite
emery board [ˈɛmərɪ-] N lime *f* à ongles (*en carton émerisé*)
emery paper [ˈɛmərɪ-] N papier *m* (d')émeri
emetic [ɪˈmɛtɪk] N vomitif *m*, émétique *m*
emigrant [ˈɛmɪgrənt] N émigrant(e)
emigrate [ˈɛmɪgreɪt] VI émigrer
emigration [ɛmɪˈgreɪʃən] N émigration *f*
émigré [ˈɛmɪgreɪ] N émigré(e)
eminence [ˈɛmɪnəns] N éminence *f*
eminent [ˈɛmɪnənt] ADJ éminent(e)
eminently [ˈɛmɪnəntlɪ] ADV éminemment, admirablement
emir [ɛˈmɪəʳ] N émir *m*
emissary [ˈɛmɪsərɪ] N émissaire *m*
emissions [ɪˈmɪʃənz] NPL émissions *fpl*
emit [ɪˈmɪt] VT émettre
emoji [ɪˈməudʒɪ] N émoji *m*
emolument [ɪˈmɔljumənt] N (*often pl: formal*) émoluments *mpl*; (*fee*) honoraires *mpl*; (*salary*) traitement *m*
emoticon [ɪˈməutɪkɔn] N (*Comput*) émoticone *m*
emotion [ɪˈməuʃən] N sentiment *m*; (*as opposed to reason*) émotion *f*, sentiments
★**emotional** [ɪˈməuʃənl] ADJ (*person*) émotif(-ive), très sensible; (*needs*) affectif(-ive); (*scene*) émouvant(e); (*tone, speech*) qui fait appel aux sentiments
emotionally [ɪˈməuʃnəlɪ] ADV (*behave*) émotivement; (*be involved*) affectivement; (*speak*) avec émotion; **~ disturbed** qui souffre de troubles de l'affectivité
emotive [ɪˈməutɪv] ADJ émotif(-ive); **~ power**

capacité *f* d'émouvoir *or* de toucher

empathize ['ɛmpəθaɪz] VI se montrer compréhensif(-ive); **to ~ with sb** comprendre ce que ressent qn

empathy ['ɛmpəθɪ] N communion *f* d'idées *or* de sentiments, empathie *f*; **to feel ~ with sb** se mettre à la place de qn

emperor ['ɛmpərə^r] N empereur *m*

emphasis ['ɛmfəsɪs] (*pl* **emphases** [-si:z]) N accent *m*; **to lay** *or* **place ~ on sth** (*fig*) mettre l'accent sur, insister sur; **the ~ is on reading** la lecture tient une place primordiale, on accorde une importance particulière à la lecture

★**emphasize** ['ɛmfəsaɪz] VT (*syllable, word, point*) appuyer *or* insister sur; (*feature*) souligner, accentuer

emphatic [ɛm'fætɪk] ADJ (*strong*) énergique, vigoureux(-euse); (*unambiguous, clear*) catégorique

emphatically [ɛm'fætɪklɪ] ADV avec vigueur *or* énergie; catégoriquement

emphysema [ɛmfɪ'si:mə] N emphysème *m*

empire ['ɛmpaɪə^r] N empire *m*

empirical [ɛm'pɪrɪkl] ADJ empirique

empirically [ɪm'pɪrɪklɪ] ADV de manière empirique, empiriquement; **~ based** fondé(e) sur l'expérience

★**employ** [ɪm'plɔɪ] VT employer; **he's employed in a bank** il est employé de banque, il travaille dans une banque

★**employee** [ɪmplɔɪ'i:] N employé(e)

★**employer** [ɪm'plɔɪə^r] N employeur(-euse)

★**employment** [ɪm'plɔɪmənt] N emploi *m*; **to find ~** trouver un emploi *or* du travail; **without ~** au chômage, sans emploi; **place of ~** lieu *m* de travail

employment agency N agence *f or* bureau *m* de placement

employment exchange N (BRIT) agence *f* pour l'emploi

emporium [ɛm'pɔ:rɪəm] (*pl* **emporia** [ɛm'pɔ:rɪə]) N grand magasin *m*; **food ~** grand magasin d'alimentation

empower [ɪm'pauə^r] VT (*strengthen: person, group*) responsabiliser; **to ~ sb to do** autoriser *or* habiliter qn à faire

empowerment [ɪm'pauəmənt] N responsabilisation *f*

empress ['ɛmprɪs] N impératrice *f*

emptiness ['ɛmptɪnɪs] N vide *m*; (*of area*) aspect *m* désertique

★**empty** ['ɛmptɪ] ADJ vide; (*street, area*) désert(e); (*threat, promise*) en l'air, vain(e); **on an ~ stomach** à jeun ▸ N (*bottle*) bouteille *f* vide ▸ VT vider ▸ VI se vider; (*liquid*) s'écouler; **to ~ into** (*river*) se jeter dans, se déverser dans

empty-handed [ɛmptɪ'hændɪd] ADJ les mains vides

empty-headed [ɛmptɪ'hɛdɪd] ADJ écervelé(e), qui n'a rien dans la tête

EMT N ABBR = **emergency medical technician**

EMU N ABBR (= *European Monetary Union*) UME *f*

emu ['i:mju:] (*pl* **~** *or* **emus**) N émeu *m*

emulate ['ɛmjuleɪt] VT rivaliser avec, imiter

emulsion [ɪ'mʌlʃən] N émulsion *f*; (*also:* **emulsion paint**) peinture mate

enable [ɪ'neɪbl] VT: **to ~ sb to do** permettre à qn de faire, donner à qn la possibilité de faire

enact [ɪ'nækt] VT (*Law*) promulguer; (*play, scene*) jouer, représenter

enactment [ɪn'æktmənt] N (*Law*) promulgation *f*; (*of play, story*) représentation *f*

enamel [ɪ'næməl] N émail *m*; (*also:* **enamel paint**) (peinture *f*) laque *f*

enamelled, (US) **enameled** [ɪ'næməld] ADJ (*steel, gold*) émaillé(e); (*bath, bowl*) en émail

enamoured, (US) **enamored** [ɪ'næməd] ADJ: **~ of** amoureux(-euse) de; (*idea*) enchanté(e) par

enc. ABBR (*on letters etc: = enclosed, enclosure*) PJ, ci-joint

encampment [ɪn'kæmpmənt] N campement *m*

encapsulate [ɪn'kæpsjuleɪt] VT (*mood, spirit*) incarner; (*views, ideas*) résumer

encased [ɪn'keɪst] ADJ: **~ in** enfermé(e) dans, recouvert(e) de

enchant [ɪn'tʃɑ:nt] VT enchanter

enchanting [ɪn'tʃɑ:ntɪŋ] ADJ ravissant(e), enchanteur(-eresse)

encircle [ɪn'sə:kl] VT entourer, encercler

encl. ABBR (*on letters etc: = enclosed*) ci-joint(e); (*= enclosure*) PJ *f*

enclave ['ɛŋkleɪv] N enclave *f*

enclose [ɪn'kləuz] VT (*land*) clôturer; (*space, object*) entourer; (*letter etc*): **to ~ (with)** joindre (à); **please find enclosed** veuillez trouver ci-joint

enclosure [ɪn'kləuʒə^r] N enceinte *f*; (*in letter etc*) annexe *f*

encode [ɪn'kəud] VT coder

encoder [ɪn'kəudə^r] N (*Comput*) encodeur *m*

encompass [ɪn'kʌmpəs] VT encercler, entourer; (*include*) contenir, inclure

encore [ɔŋ'kɔ:^r] EXCL, N bis *m*

encounter [ɪn'kauntə^r] N rencontre *f* ▸ VT rencontrer

★**encourage** [ɪn'kʌrɪdʒ] VT encourager; (*industry, growth*) favoriser; **to ~ sb to do sth** encourager qn à faire qch

encouragement [ɪn'kʌrɪdʒmənt] N encouragement *m*

encouraging [ɪn'kʌrɪdʒɪŋ] ADJ encourageant(e)

encroach [ɪn'krəutʃ] VI: **to ~ (up)on** empiéter sur

encroachment [ɪn'krəutʃmənt] N empiètement *m*

encrusted [ɪn'krʌstɪd] ADJ: **~ (with)** incrusté(e) (de)

encrypt [ɪn'krɪpt] VT crypter

encryption [ɪn'krɪpʃən] N cryptage *m* ▸ CPD (*technology, code*) de cryptage

encumbered [ɪn'kʌmbəd] ADJ encombré(e); **to be ~ with** (*luggage*) être encombré(e) de; (*debts*) être criblé(e) de; (*rules, regulations*) être surchargé(e) de

encyclopaedia, encyclopedia [ɛnsaɪkləu'pi:dɪə] N encyclopédie *f*

encyclopaedic, encyclopedic [ɪnsaɪklə'pi:dɪk] ADJ encyclopédique

★**end** [ɛnd] N fin *f*; (*of table, street, rope etc*) bout *m*,

extrémité *f*; (*of pointed object*) pointe *f*; (*of town*) bout; (*Sport*) côté *m*; **from ~ to ~** d'un bout à l'autre; **to come to an ~** prendre fin; **to be at an ~** être fini(e), être terminé(e); **in the ~** finalement; **on ~** (*object*) debout, dressé(e); **to stand on ~** (*hair*) se dresser sur la tête; **for 5 hours on ~** durant 5 heures d'affilée *or* de suite; **for hours on ~** pendant des heures (et des heures); **at the ~ of the day** (Brit *fig*) en fin de compte; **to this ~, with this ~ in view** à cette fin, dans ce but ▸ VT terminer; (*also:* **to bring to an end, to put an end to**) mettre fin à ▸ VI se terminer, finir
▸ **end up** VI: **to ~ up in** (*condition*) finir *or* se terminer par; (*place*) finir *or* aboutir à

endanger [ɪn'deɪndʒəʳ] VT mettre en danger; **an endangered species** une espèce en voie de disparition

endear [ɪn'dɪəʳ] VT: **to ~ o.s. to sb** se faire aimer de qn

endearing [ɪn'dɪərɪŋ] ADJ attachant(e)

endearment [ɪn'dɪəmənt] N: **to whisper endearments** murmurer des mots *or* choses tendres; **term of ~** terme *m* d'affection

endeavour, (*US*) **endeavor** [ɪn'dɛvəʳ] N effort *m*; (*attempt*) tentative *f* ▸ VT: **to ~ to do** tenter *or* s'efforcer de faire

endemic [ɛn'dɛmɪk] ADJ endémique

endgame ['ɛndgeɪm] N (*Chess, fig*) fin *f* de partie

ending ['ɛndɪŋ] N dénouement *m*, conclusion *f*; (*Ling*) terminaison *f*

endive ['ɛndaɪv] N (*curly*) chicorée *f*; (*smooth, flat*) endive *f*

endless ['ɛndlɪs] ADJ (*interminable: journey, war*) sans fin, interminable; (*unlimited: patience, resources*) inépuisable, sans limites; (*: possibilities*) illimité(e)

endlessly ['ɛndlɪslɪ] ADV (*talk, repeat*) continuellement; (*infinitely*): **to be ~ patient** être d'une patience infinie; **it's ~ fascinating** cela ne cesse pas de me fasciner

endorse [ɪn'dɔːs] VT (*cheque*) endosser; (*approve*) appuyer, approuver, sanctionner

endorsee [ɪndɔː'siː] N bénéficiaire *mf*, endossataire *mf*

endorsement [ɪn'dɔːsmənt] N (*approval*) appui *m*, aval *m*; (*signature*) endossement *m*; (Brit: *on driving licence*) contravention *f* (*portée au permis de conduire*)

endorser [ɪn'dɔːsəʳ] N avaliste *m*, endosseur *m*

endow [ɪn'dau] VT (*provide with money*) faire une donation à, doter; (*equip*): **to ~ with** gratifier de, doter de

endowment [ɪn'daumənt] N dotation *f*

endowment mortgage N *hypothèque liée à une assurance-vie*

endowment policy N assurance *f* à capital différé

end product N (*Industry*) produit fini; (*fig*) résultat *m*, aboutissement *m*

end result N résultat final

endurable [ɪn'djuərəbl] ADJ supportable

endurance [ɪn'djuərəns] N endurance *f*

endurance test N test *m* d'endurance

endure [ɪn'djuəʳ] VT (*bear*) supporter, endurer ▸ VI (*last*) durer

enduring [ɪn'djuərɪŋ] ADJ (*appeal, influence*) constant(e); (*legacy, love*) durable; (*image, memory*) tenace

end user N (*Comput*) utilisateur final

enema ['ɛnɪmə] N (*Med*) lavement *m*

★**enemy** ['ɛnəmɪ] ADJ, N ennemi(e); **to make an ~ of sb** se faire un(e) ennemi(e) de qn, se mettre qn à dos

energetic [ɛnə'dʒɛtɪk] ADJ énergique; (*activity*) très actif(-ive), qui fait se dépenser (physiquement)

energize ['ɛnədʒaɪz] VT stimuler, motiver; **to be energized** être plein(e) d'énergie

energizing ['ɛnədʒaɪzɪŋ] ADJ stimulant(e)

★**energy** ['ɛnədʒɪ] N énergie *f*; **Department of E~** ministère *m* de l'Énergie

energy crisis N crise *f* de l'énergie

energy drink N boisson *f* énergisante

energy-efficient ['ɛnədʒɪɪ'fɪʃənt] ADJ économe en énergie

energy-saving ['ɛnədʒɪseɪvɪŋ] ADJ (*policy*) d'économie d'énergie; (*device*) qui permet de réaliser des économies d'énergie

enervating ['ɛnəveɪtɪŋ] ADJ débilitant(e), affaiblissant(e)

enforce [ɪn'fɔːs] VT (*law*) appliquer, faire respecter

enforced [ɪn'fɔːst] ADJ forcé(e)

enforcement [ɪn'fɔːsmənt] N (*of law, rule*) application *f*

enfranchise [ɪn'fræntʃaɪz] VT accorder le droit de vote à; (*set free*) affranchir

engage [ɪn'geɪdʒ] VT engager; (*Mil*) engager le combat avec; (*lawyer*) prendre; **to ~ sb in conversation** engager la conversation avec qn ▸ VI (*Tech*) s'enclencher, s'engrener; **to ~ in** se lancer dans

★**engaged** [ɪn'geɪdʒd] ADJ (Brit: *busy, in use*) occupé(e); (*betrothed*) fiancé(e); **to get ~** se fiancer; **the line's ~** la ligne est occupée; **he is ~ in research/a survey** il fait de la recherche/une enquête

engaged tone N (Brit *Tel*) tonalité *f* occupé *inv*

engagement [ɪn'geɪdʒmənt] N (*undertaking*) obligation *f*, engagement *m*; (*appointment*) rendez-vous *m inv*; (*to marry*) fiançailles *fpl*; (*Mil*) combat *m*; **I have a previous ~** j'ai déjà un rendez-vous, je suis déjà pris(e)

engagement ring N bague *f* de fiançailles

engaging [ɪn'geɪdʒɪŋ] ADJ engageant(e), attirant(e)

engender [ɪn'dʒɛndəʳ] VT produire, causer

engine ['ɛndʒɪn] N (*Aut*) moteur *m*; (*Rail*) locomotive *f*

engine driver N (Brit: *of train*) mécanicien *m*

★**engineer** [ɛndʒɪ'nɪəʳ] N ingénieur *m*; (Brit: *repairer*) dépanneur *m*; (*Navy, US Rail*) mécanicien *m*; **civil/mechanical ~** ingénieur des Travaux Publics *or* des Ponts et Chaussées/mécanicien

★**engineering** [ɛndʒɪ'nɪərɪŋ] N engineering *m*, ingénierie *f*; (*of bridges, ships*) génie *m*; (*of machine*) mécanique *f* ▸ CPD: **~ works** *or* **factory** atelier *m* de construction mécanique

engine failure N panne *f*

engine trouble N ennuis *mpl* mécaniques

★**England** ['ɪŋglənd] N Angleterre *f*

★**English** [ˈɪŋglɪʃ] ADJ anglais(e) ▸ N (*Ling*) anglais *m*; **an ~ speaker** un anglophone ▸ NPL: **the ~** les Anglais *mpl*

English Channel N: **the ~** la Manche

★**Englishman** [ˈɪŋglɪʃmən] N (*irreg*) Anglais *m*

English-speaking [ˈɪŋglɪʃspiːkɪŋ] ADJ qui parle anglais; anglophone

★**Englishwoman** [ˈɪŋglɪʃwumən] N (*irreg*) Anglaise *f*

engrave [ɪnˈgreɪv] VT graver

engraving [ɪnˈgreɪvɪŋ] N gravure *f*

engrossed [ɪnˈgrəust] ADJ: **~ in** absorbé(e) par, plongé(e) dans

engulf [ɪnˈgʌlf] VT engloutir

enhance [ɪnˈhɑːns] VT rehausser, mettre en valeur; (*position*) améliorer; (*reputation*) accroître

enhancement [ɪnˈhɑːnsmənt] N (*of quality, appearance, condition*) amélioration *f*; (*to pension, salary*) majoration *f*; **image ~** retouche *f* d'images; **breast ~** augmentation *f* mammaire

enigma [ɪˈnɪgmə] N énigme *f*

enigmatic [ɛnɪgˈmætɪk] ADJ énigmatique

★**enjoy** [ɪnˈdʒɔɪ] VT aimer, prendre plaisir à; (*have benefit of: health, fortune*) jouir de; (*: success*) connaître; **to ~ o.s.** s'amuser

enjoyable [ɪnˈdʒɔɪəbl] ADJ agréable

enjoyment [ɪnˈdʒɔɪmənt] N plaisir *m*

enlarge [ɪnˈlɑːdʒ] VT accroître; (*Phot*) agrandir ▸ VI: **to ~ on** (*subject*) s'étendre sur

enlarged [ɪnˈlɑːdʒd] ADJ (*edition*) augmenté(e); (*Med: organ, gland*) anormalement gros(se), hypertrophié(e)

enlargement [ɪnˈlɑːdʒmənt] N (*Phot*) agrandissement *m*

enlighten [ɪnˈlaɪtn] VT éclairer

enlightened [ɪnˈlaɪtnd] ADJ éclairé(e)

enlightening [ɪnˈlaɪtnɪŋ] ADJ instructif(-ive), révélateur(-trice)

enlightenment [ɪnˈlaɪtnmənt] N édification *f*; éclaircissements *mpl*; (*Hist*): **the E~** ≈ le Siècle des lumières

enlist [ɪnˈlɪst] VT recruter; (*support*) s'assurer; **enlisted man** (*US Mil*) simple soldat *m* ▸ VI s'engager

enliven [ɪnˈlaɪvn] VT animer, égayer

en masse [ɔnˈmæs] ADV en masse

enmity [ˈɛnmɪtɪ] N inimitié *f*

ennoble [ɪˈnəubl] VT (*with title*) anoblir

enormity [ɪˈnɔːmɪtɪ] N énormité *f*

★**enormous** [ɪˈnɔːməs] ADJ énorme

enormously [ɪˈnɔːməslɪ] ADV (*increase*) dans des proportions énormes; (*rich*) extrêmement

★**enough** [ɪˈnʌf] ADJ: **~ time/books** assez *or* suffisamment de temps/livres ▸ ADV: **big ~** assez *or* suffisamment grand; **he has not worked ~** il n'a pas assez *or* suffisamment travaillé, il n'a pas travaillé assez *or* suffisamment; **it's hot ~ (as it is)!** il fait assez chaud comme ça !; **he was kind ~ to lend me the money** il a eu la gentillesse de me prêter l'argent; **... which, funnily** *or* **oddly** *or* **strangely ~ ...** qui, chose curieuse, ... ▸ PRON: **have you got ~?** (en) avez-vous assez ?; **~ to eat** assez à manger; **will five be ~?** est-ce que cinq suffiront ?, est-ce qu'il y en aura assez avec cinq ?; **(that's) ~!** ça suffit !, assez !; **that's ~, thanks** cela suffit *or* c'est assez, merci; **I've had ~!** je n'en peux plus !; **I've had ~ of him** j'en ai assez de lui

enquire [ɪnˈkwaɪəʳ] VT, VI = **inquire**

enquiry [ɪnˈkwaɪərɪ] N = **inquiry**

enrage [ɪnˈreɪdʒ] VT mettre en fureur *or* en rage, rendre furieux(-euse)

enraged [ɪnˈreɪdʒd] ADJ furieux(-euse); **to be ~ at sb/by sth** être furieux(-euse) contre qn/à cause de qch

enrich [ɪnˈrɪtʃ] VT enrichir

enrichment [ɪnˈrɪtʃmənt] N enrichissement *m*

enrol, (*US*) **enroll** [ɪnˈrəul] VT inscrire ▸ VI s'inscrire

enrolment, (*US*) **enrollment** [ɪnˈrəulmənt] N inscription *f*

en route [ɔnˈruːt] ADV en route, en chemin; **~ for** *or* **to** en route vers, à destination de

ensconced [ɪnˈskɔnst] ADJ: **~ in** bien calé(e) dans

enshrine [ɪnˈʃraɪn] VT (*fig*) préserver

ensign N (*Naut*) [ˈɛnsən] enseigne *f*, pavillon *m*; (*Mil*) [ˈɛnsaɪn] porte-étendard *m*

enslave [ɪnˈsleɪv] VT asservir

ensue [ɪnˈsjuː] VI s'ensuivre, résulter

en suite [ˈɔnswiːt] ADJ: **with ~ bathroom** avec salle de bains en attenante

ensure [ɪnˈʃuəʳ] VT assurer, garantir; **to ~ that** s'assurer que

ENT N ABBR (= *Ear, Nose and Throat*) ORL *f*

entail [ɪnˈteɪl] VT entraîner, nécessiter

entangle [ɪnˈtæŋgl] VT emmêler, embrouiller; **to become entangled in sth** (*fig*) se laisser entraîner *or* empêtrer dans qch

★**enter** [ˈɛntəʳ] VT (*room*) entrer dans, pénétrer dans; (*club, army*) entrer à; (*profession*) embrasser; (*competition*) s'inscrire à *or* pour; (*sb for a competition*) (faire) inscrire; (*write down*) inscrire, noter; (*Comput*) entrer, introduire ▸ VI entrer

▸ **enter for** VT FUS s'inscrire à, se présenter pour *or* à

▸ **enter into** VT FUS (*explanation*) se lancer dans; (*negotiations*) entamer; (*debate*) prendre part à; (*agreement*) conclure

▸ **enter on** VT FUS commencer

▸ **enter up** VT inscrire

▸ **enter upon** VT FUS = **enter on**

enteritis [ɛntəˈraɪtɪs] N entérite *f*

enterprise [ˈɛntəpraɪz] N (*company, undertaking*) entreprise *f*; (*initiative*) (esprit *m* d')initiative *f*; **free ~** libre entreprise; **private ~** entreprise privée

enterprising [ˈɛntəpraɪzɪŋ] ADJ entreprenant(e), dynamique; (*scheme*) audacieux(-euse)

★**entertain** [ɛntəˈteɪn] VT amuser, distraire; (*invite*) recevoir (à dîner); (*idea, plan*) envisager

entertainer [ɛntəˈteɪnəʳ] N artiste *mf* de variétés

entertaining [ɛntəˈteɪnɪŋ] ADJ amusant(e), distrayant(e) ▸ N: **to do a lot of ~** beaucoup recevoir

entertainment [ɛntəˈteɪnmənt] N (*amusement*) distraction *f*, divertissement *m*, amusement *m*; (*show*) spectacle *m*

entertainment allowance N frais *mpl* de

e

représentation

enthralled [ɪn'θrɔːld] ADJ captivé(e)

enthralling [ɪn'θrɔːlɪŋ] ADJ captivant(e), enchanteur(-eresse)

enthuse [ɪn'θuːz] VI: **to ~ about** *or* **over** parler avec enthousiasme de

★**enthusiasm** [ɪn'θuːzɪæzəm] N enthousiasme *m*

enthusiast [ɪn'θuːzɪæst] N enthousiaste *mf*; **a jazz** *etc* **~** un fervent *or* passionné du jazz *etc*

enthusiastic [ɪnθuːzɪ'æstɪk] ADJ enthousiaste; **to be ~ about** être enthousiasmé(e) par

enthusiastically [ɪnθjuːze'æstɪklɪ] ADV avec enthousiasme

entice [ɪn'taɪs] VT attirer, séduire

enticing [ɪn'taɪsɪŋ] ADJ (*person, offer*) séduisant(e); (*food*) alléchant(e)

entire [ɪn'taɪə[r]] ADJ (tout) entier(-ère)

entirely [ɪn'taɪəlɪ] ADV entièrement, complètement

entirety [ɪn'taɪərətɪ] N: **in its ~** dans sa totalité

entitle [ɪn'taɪtl] VT (*allow*): **to ~ sb to do** donner (le) droit à qn de faire; **to ~ sb to sth** donner droit à qch à qn

entitled [ɪn'taɪtld] ADJ (*book*) intitulé(e); **to be ~ to do** avoir le droit de faire

entitlement [ɪn'taɪtlmənt] N droit *m*; **~ to** (*benefit, leave*) droit à

entity ['ɛntɪtɪ] N entité *f*

entourage ['ɔnturɑːʒ] N entourage *m*

entrails ['ɛntreɪlz] NPL entrailles *fpl*

★**entrance** N ['ɛntrəns] entrée *f*; **where's the ~?** où est l'entrée ?; **to gain ~ to** (*university etc*) être admis à ▸ VT [ɛn'trɑːns] enchanter, ravir

entrance examination N examen *m* d'entrée *or* d'admission

entrance fee N (*to museum etc*) prix *m* d'entrée; (*to join club etc*) droit *m* d'inscription

entrance ramp N (*US Aut*) bretelle *f* d'accès

entrancing [ɪn'trɑːnsɪŋ] ADJ enchanteur(-eresse), ravissant(e)

entrant ['ɛntrənt] N (*in race etc*) participant(e), concurrent(e); (BRIT: *in exam*) candidat(e)

entreat [ɛn'triːt] VT supplier

entreaty [ɛn'triːtɪ] N supplication *f*, prière *f*

entrée ['ɔntreɪ] N (*Culin*) entrée *f*

entrenched [ɪn'trɛntʃt] ADJ retranché(e)

entrepreneur [ɔntrəprə'nəː[r]] N entrepreneur *m*

entrepreneurial [ɔntrəprə'nəːrɪəl] ADJ animé(e) d'un esprit d'entreprise

entrepreneurship [ɔntrəprə'nəːʃɪp] N esprit *m* d'entreprise

entrust [ɪn'trʌst] VT: **to ~ sth to** confier qch à

★**entry** ['ɛntrɪ] N entrée *f*; (*in register, diary*) inscription *f*; (*in ledger*) écriture *f*; **"no ~"** « défense d'entrer », « entrée interdite »; (*Aut*) « sens interdit »; **single/double ~ book-keeping** comptabilité *f* en partie simple/double

entry form N feuille *f* d'inscription

entry phone N (BRIT) interphone *m* (*à l'entrée d'un immeuble*)

entwine [ɪn'twaɪn] VT entrelacer

E-number ['iːnʌmbə[r]] N additif *m* (alimentaire)

enumerate [ɪ'njuːməreɪt] VT énumérer

enunciate [ɪ'nʌnsɪeɪt] VT énoncer; prononcer

envelop [ɪn'vɛləp] VT envelopper

envelope ['ɛnvələup] N enveloppe *f*

enviable ['ɛnvɪəbl] ADJ enviable

envious ['ɛnvɪəs] ADJ envieux(-euse)

★**environment** [ɪn'vaɪənmənt] N (*social, moral*) milieu *m*; (*natural world*): **the ~** l'environnement *m*; **Department of the E~** (BRIT) *ministère de l'Équipement et de l'Aménagement du territoire*

★**environmental** [ɪnvaɪən'mɛntl] ADJ (*of surroundings*) du milieu; (*issue, disaster*) écologique; **~ studies** (*in school etc*) écologie *f*

environmentalist [ɪnvaɪən'mɛntelɪst] N écologiste *mf*

environmentally [ɪnvaɪən'mɛntəlɪ] ADV: **~ sound/friendly** qui ne nuit pas à l'environnement

Environmental Protection Agency N (*US*) ≈ ministère *m* de l'Environnement

envisage [ɪn'vɪzɪdʒ] VT (*imagine*) envisager; (*foresee*) prévoir

envision [ɪn'vɪʒən] VT envisager, concevoir

envoy ['ɛnvɔɪ] N envoyé(e); (*diplomat*) ministre *m* plénipotentiaire

envy ['ɛnvɪ] N envie *f* ▸ VT envier; **to ~ sb sth** envier qch à qn

enzyme ['ɛnzaɪm] N enzyme *m*

EPA N ABBR (*US*) = **Environmental Protection Agency**

ephemeral [ɪ'fɛmərəl] ADJ éphémère

epic ['ɛpɪk] N épopée *f* ▸ ADJ épique

epicentre, (*US*) **epicenter** ['ɛpɪsɛntə[r]] N épicentre *m*

epidemic [ɛpɪ'dɛmɪk] N épidémie *f*

epidural [ɛpɪ'djuərəl] N péridurale *f*

epilepsy ['ɛpɪlɛpsɪ] N épilepsie *f*

epileptic [ɛpɪ'lɛptɪk] ADJ, N épileptique *mf*

epileptic fit N crise *f* d'épilepsie

epilogue ['ɛpɪlɔg] N épilogue *m*

Epiphany [ɪ'pɪfənɪ] N Épiphanie *f*

episcopal [ɪ'pɪskəpl] ADJ épiscopal(e)

episode ['ɛpɪsəud] N épisode *m*

episodic [ɛpɪ'sɔdɪk] ADJ épisodique

epistle [ɪ'pɪsl] N épître *f*

epitaph ['ɛpɪtɑːf] N épitaphe *f*

epithet ['ɛpɪθɛt] N épithète *f*

epitome [ɪ'pɪtəmɪ] N (*fig*) quintessence *f*, type *m*

epitomize [ɪ'pɪtəmaɪz] VT (*fig*) illustrer, incarner

epoch ['iːpɔk] N époque *f*, ère *f*

epoch-making ['iːpɔkmeɪkɪŋ] ADJ qui fait époque

eponymous [ɪ'pɔnɪməs] ADJ de ce *or* du même nom, éponyme

equable ['ɛkwəbl] ADJ égal(e), de tempérament égal

★**equal** ['iːkwl] ADJ égal(e); **~ to** (*task*) à la hauteur de; **~ to doing** de taille à *or* capable de faire ▸ N égal(e) ▸ VT égaler

Equal and Human Rights Commission, (*US*) **Equal Employment Opportunity Commission** N *commission pour la non discrimination dans l'emploi*

equality [iː'kwɔlɪtɪ] N égalité *f*

equalize ['iːkwəlaɪz] VT, VI (*Sport*) égaliser

equalizer [ˈi:kwəlaɪzəʳ] N (*Sport*) but égalisateur
equally [ˈi:kwəlɪ] ADV également; (*share*) en parts égales; (*treat*) de la même façon; (*pay*) autant; (*just as*) tout aussi; **they are ~ clever** ils sont tout aussi intelligents
equal sign, equals sign N signe *m* d'égalité
equanimity [ɛkwəˈnɪmɪtɪ] N égalité *f* d'humeur
equate [ɪˈkweɪt] VT: **to ~ sth with** comparer qch à; assimiler qch à; **to ~ sth to** mettre qch en équation avec; égaler qch à
▸ **equate to** VT FUS (*equal*) être égal à; (*mean*) signifier
equation [ɪˈkweɪʃən] N (*Math*) équation *f*
equator [ɪˈkweɪtəʳ] N équateur *m*
Equatorial Guinea [ɛkwəˈtɔ:rɪəl-] N Guinée équatoriale
equestrian [ɪˈkwɛstrɪən] ADJ équestre ▸ N écuyer(-ère), cavalier(-ère)
equilibrium [i:kwɪˈlɪbrɪəm] N équilibre *m*
equine [ˈɛkwaɪn] ADJ équin(e)
equinox [ˈi:kwɪnɔks] N équinoxe *m*
equip [ɪˈkwɪp] VT équiper; **to ~ sb/sth with** équiper *or* munir qn/qch de; **he is well equipped for the job** il a les compétences *or* les qualités requises pour ce travail
★**equipment** [ɪˈkwɪpmənt] N équipement *m*; (*electrical etc*) appareillage *m*, installation *f*
equitable [ˈɛkwɪtəbl] ADJ équitable
equities [ˈɛkwɪtɪz] NPL (BRIT *Comm*) actions cotées en Bourse
equity [ˈɛkwɪtɪ] N équité *f*
equity capital N capitaux *mpl* propres
★**equivalent** [ɪˈkwɪvələnt] ADJ équivalent(e); **to be ~ to** équivaloir à, être équivalent(e) à ▸ N équivalent *m*
equivocal [ɪˈkwɪvəkl] ADJ équivoque; (*open to suspicion*) douteux(-euse)
equivocate [ɪˈkwɪvəkeɪt] VI user de faux-fuyants; éviter de répondre
equivocation [ɪkwɪvəˈkeɪʃən] N équivoque *f*
ER ABBR (BRIT: = *Elizabeth Regina*) *la reine Élisabeth*; (US *Med*: = *emergency room*) urgences *fpl*
ERA N ABBR (US *Pol*: = *Equal Rights Amendment*) *amendement sur l'égalité des droits des femmes*
era [ˈɪərə] N ère *f*, époque *f*
eradicate [ɪˈrædɪkeɪt] VT éliminer
eradication [ɪrædɪˈkeɪʃən] N éradication *f*
erase [ɪˈreɪz] VT effacer
eraser [ɪˈreɪzəʳ] N gomme *f*
e-reader, eReader [ˈi:ri:dəʳ] N liseuse *f*
erect [ɪˈrɛkt] ADJ droit(e) ▸ VT construire; (*monument*) ériger, élever; (*tent etc*) dresser
erection [ɪˈrɛkʃən] N (*Physiol*) érection *f*; (*of building*) construction *f*; (*of machinery etc*) installation *f*
ergonomics [ə:gəˈnɔmɪks] N ergonomie *f*
ERISA N ABBR (US: = *Employee Retirement Income Security Act*) *loi sur les pensions de retraite*
Eritrea [ɛrɪˈtreɪə] N Érythrée *f*
ERM N ABBR (= *Exchange Rate Mechanism*) mécanisme *m* des taux de change
ermine [ˈə:mɪn] N hermine *f*
ERNIE [ˈə:nɪ] N ABBR (BRIT: = *Electronic Random Number Indicator Equipment*) *ordinateur servant au tirage des bons à lots gagnants*
erode [ɪˈrəud] VT éroder; (*metal*) ronger
erogenous zone [ɪˈrɔdʒənəs-] N zone *f* érogène
erosion [ɪˈrəuʒən] N érosion *f*
erotic [ɪˈrɔtɪk] ADJ érotique
erotica [ɪˈrɔtɪkə] NPL art *m* érotique
eroticism [ɪˈrɔtɪsɪzəm] N érotisme *m*
err [ə:ʳ] VI se tromper; (*Rel*) pécher
errand [ˈɛrənd] N course *f*, commission *f*; **to run errands** faire des courses; **~ of mercy** mission *f* de charité, acte *m* charitable
errand boy N garçon *m* de courses
errant [ˈɛrənt] ADJ (*unfaithful: husband*) infidèle; (*son, child*) délinquant(e)
erratic [ɪˈrætɪk] ADJ irrégulier(-ière), inconstant(e)
erroneous [ɪˈrəunɪəs] ADJ erroné(e)
erroneously [ɪˈrəunɪəslɪ] ADV erronément
★**error** [ˈɛrəʳ] N erreur *f*; **typing/spelling ~** faute *f* de frappe/d'orthographe; **in ~** par erreur, par méprise; **errors and omissions excepted** sauf erreur ou omission
error message N (*Comput*) message *m* d'erreur
erstwhile [ˈə:stwaɪl] ADJ précédent(e), d'autrefois
erudite [ˈɛrjudaɪt] ADJ savant(e)
erupt [ɪˈrʌpt] VI entrer en éruption; (*fig*) éclater, exploser
eruption [ɪˈrʌpʃən] N éruption *f*; (*of anger, violence*) explosion *f*
ESA N ABBR (= *European Space Agency*) ASE *f* (= *Agence spatiale européenne*)
escalate [ˈɛskəleɪt] VI s'intensifier; (*costs*) monter en flèche
escalation [ɛskəˈleɪʃən] N escalade *f*
escalation clause N clause *f* d'indexation
escalator [ˈɛskəleɪtəʳ] N escalier roulant
escapade [ɛskəˈpeɪd] N fredaine *f*; équipée *f*
★**escape** [ɪˈskeɪp] N évasion *f*, fuite *f*; (*of gas etc*) fuite; (*Tech*) échappement *m* ▸ VI s'échapper, fuir; (*from jail*) s'évader; (*fig*) s'en tirer, en réchapper; (*leak*) fuir, s'échapper; **to ~ from** (*person*) échapper à; (*place*) s'échapper de; (*fig*) fuir; **to ~ to** (*another place*) fuir à, s'enfuir à; **to ~ to safety** se réfugier dans *or* gagner un endroit sûr ▸ VT échapper à; **to ~ notice** passer inaperçu(e); **his name escapes me** son nom m'échappe
escape artist N virtuose *mf* de l'évasion
escape clause N clause *f* dérogatoire
escapee [ɪskeɪˈpi:] N évadé(e)
escape key N (*Comput*) touche *f* d'échappement
escape route N (*from fire*) issue *f* de secours; (*of prisoners etc*) voie empruntée pour s'échapper
escapism [ɪˈskeɪpɪzəm] N évasion *f* (*fig*)
escapist [ɪˈskeɪpɪst] ADJ (*literature*) d'évasion ▸ N personne *f* qui se réfugie hors de la réalité
escapologist [ɛskəˈpɔlədʒɪst] N (BRIT) = **escape artist**
escarpment [ɪsˈkɑ:pmənt] N escarpement *m*
eschew [ɪsˈtʃu:] VT éviter

e

escort VT [ɪˈskɔːt] escorter ▶ N [ˈɛskɔːt] (*Mil*) escorte *f*; (*to dance etc*): **her ~** son compagnon *or* cavalier; **his ~** sa compagne
escort agency N bureau *m* d'hôtesses
Eskimo [ˈɛskɪməu] (*often !*) ADJ esquimau(de), eskimo ▶ N Esquimau(de); (*Ling*) esquimau *m*
ESL N ABBR (*Scol*) = **English as a Second Language**
esophagus [iːˈsɔfəgəs] N (*US*) = **oesophagus**
esoteric [ɛsəˈtɛrɪk] ADJ ésotérique
ESP N ABBR = **extrasensory perception**; (*Scol*) = **English for Special Purposes**
esp. ABBR = **especially**
★**especially** [ɪˈspɛʃlɪ] ADV (*particularly*) particulièrement; (*above all*) surtout
espionage [ˈɛspɪənɑːʒ] N espionnage *m*
esplanade [ɛspləˈneɪd] N esplanade *f*
espouse [ɪˈspauz] VT épouser, embrasser
espresso [ɛˈsprɛsəu] N expresso *m*
Esquire [ɪˈskwaɪəʳ] N (BRIT: *abbr* **Esq.**): **J. Brown, ~** Monsieur J. Brown
essay [ˈɛseɪ] N (*Scol*) dissertation *f*; (*Literature*) essai *m*; (*attempt*) tentative *f*
essence [ˈɛsns] N essence *f*; (*Culin*) extrait *m*; **in ~** en substance; **speed is of the ~** l'essentiel, c'est la rapidité
★**essential** [ɪˈsɛnʃl] ADJ essentiel(le); (*basic*) fondamental(e); **it is ~ that** il est essentiel *or* primordial que ■ **essentials** NPL éléments essentiels
essentially [ɪˈsɛnʃəlɪ] ADV essentiellement
EST ABBR (*US*: = *Eastern Standard Time*) *heure d'hiver de New York*
est. ABBR = **established**; **estimate(d)**
establish [ɪˈstæblɪʃ] VT établir; (*business*) fonder, créer; (*one's power etc*) asseoir, affermir
established [ɪˈstæblɪʃt] ADJ bien établi(e)
establishment [ɪˈstæblɪʃmənt] N établissement *m*; (*founding*) création *f*; (*institution*) établissement; **the E~** les pouvoirs établis; l'ordre établi
estate [ɪˈsteɪt] N (*land*) domaine *m*, propriété *f*; (*Law*) biens *mpl*, succession *f*; (BRIT: *also:* **housing estate**) lotissement *m*
estate agency N (BRIT) agence immobilière
estate agent N (BRIT) agent immobilier
estate car N (BRIT) break *m*
esteem [ɪˈstiːm] N estime *f*; **to hold sb in high ~** tenir qn en haute estime ▶ VT estimer; apprécier
esthetic [ɪsˈθɛtɪk] ADJ (*US*) = **aesthetic**
★**estimate** N [ˈɛstɪmət] estimation *f*; (*Comm*) devis *m*; **to give sb an ~ of** faire *or* donner un devis à qn pour; **at a rough ~** approximativement ▶ VT [ˈɛstɪmeɪt] estimer ▶ VI (BRIT *Comm*): **to ~ for** estimer, faire une estimation de; (*bid for*) faire un devis pour
estimated [ˈɛstɪmeɪtɪd] ADJ (*quantity, value*) estimé(e); **there are an ~ 90,000 gangsters in the country** on estime à 90,000 le nombre de malfaiteurs dans le pays
estimation [ɛstɪˈmeɪʃən] N opinion *f*; estime *f*; **in my ~** à mon avis, selon moi
Estonia [ɛˈstəunɪə] N Estonie *f*
Estonian [ɛˈstəunɪən] ADJ estonien(ne) ▶ N Estonien(ne); (*Ling*) estonien *m*
estranged [ɪsˈtreɪndʒd] ADJ (*couple*) séparé(e); (*husband, wife*) dont on s'est séparé(e)
estrangement [ɪsˈtreɪndʒmənt] N (*from wife, family*) séparation *f*
estrogen [ˈiːstrəudʒən] N (*US*) = **oestrogen**
estuary [ˈɛstjuərɪ] N estuaire *m*
ET N ABBR (BRIT: = *Employment Training*) *formation professionnelle pour les demandeurs d'emploi* ▶ ABBR (*US*: = *Eastern Time*) *heure de New York*
ETA N ABBR (= *estimated time of arrival*) HPA *f* (= *heure probable d'arrivée*)
e-tailer [ˈiːteɪləʳ] N détaillant(e) électronique
et al. ABBR (= *et alii*) et coll
★**etc** ABBR (= *et cetera*) etc
etch [ɛtʃ] VT graver à l'eau forte
etching [ˈɛtʃɪŋ] N eau-forte *f*
ETD N ABBR (= *estimated time of departure*) HPD *f* (= *heure probable de départ*)
eternal [ɪˈtəːnl] ADJ éternel(le)
eternity [ɪˈtəːnɪtɪ] N éternité *f*
ethanol [ˈɛθənɔl] N alcool *m* éthylique
ether [ˈiːθəʳ] N éther *m*
ethereal [ɪˈθɪərɪəl] ADJ éthéré(e)
Ethernet® [ˈiːθənɛt] N Ethernet® *m*
ethical [ˈɛθɪkl] ADJ (*moral: aspect, consideration*) moral(e); (*morally acceptable*) éthique; **~ investment** placements *mpl* éthiques
ethically [ˈɛθɪklɪ] ADV (*dubious, satisfactory*) d'un point de vue éthique; (*behave, invest*) conformément à l'éthique
ethics [ˈɛθɪks] N éthique *f* ▶ NPL moralité *f*
Ethiopia [iːθɪˈəupɪə] N Éthiopie *f*
Ethiopian [iːθɪˈəupɪən] ADJ éthiopien(ne) ▶ N Éthiopien(ne)
★**ethnic** [ˈɛθnɪk] ADJ ethnique; (*clothes, food*) folklorique, exotique, *propre aux minorités ethniques non-occidentales*
ethnic cleansing [-ˈklɛnzɪŋ] N purification *f* ethnique
ethnicity [ɛθˈnɪsɪtɪ] N ethnicité *f*
ethnic minority N minorité *f* ethnique
ethnology [ɛθˈnɔlədʒɪ] N ethnologie *f*
ethos [ˈiːθɔs] N (système *m* de) valeurs *fpl*
e-ticket [ˈiːtɪkɪt] N billet *m* électronique
etiquette [ˈɛtɪkɛt] N convenances *fpl*, étiquette *f*
ETV N ABBR (*US*: = *Educational Television*) *télévision scolaire*
etymology [ɛtɪˈmɔlədʒɪ] N étymologie *f*
EU N ABBR (= *European Union*) UE *f*
eucalyptus [juːkəˈlɪptəs] N eucalyptus *m*
eugenics [juːˈdʒɛnɪks] N eugénisme *m*
eulogy [ˈjuːlədʒɪ] N éloge *m*
euphemism [ˈjuːfəmɪzəm] N euphémisme *m*
euphemistic [juːfəˈmɪstɪk] ADJ euphémique
euphoria [juːˈfɔːrɪə] N euphorie *f*
euphoric [juːˈfɔrɪk] ADJ euphorique
Eurasia [juəˈreɪʃə] N Eurasie *f*
Eurasian [juəˈreɪʃən] ADJ eurasien(ne); (*continent*) eurasiatique ▶ N Eurasien(ne)
Euratom [juəˈrætəm] N ABBR (= *European Atomic Energy Community*) EURATOM *f*
eureka [juˈriːkə] EXCL eurêka

★**euro** [ˈjuərəu] N (*currency*) euro *m*
Euro- [ˈjuərəu] PREFIX euro-
Eurocrat [ˈjuərəukræt] N eurocrate *mf*
Euroland [ˈjuərəulænd] N Euroland *m*
★**Europe** [ˈjuərəp] N Europe *f*
★**European** [juərəˈpi:ən] ADJ européen(ne) ▸N Européen(ne)
European Community N Communauté européenne
European Court of Justice N Cour *f* de Justice de la CEE
European Union N Union européenne
Euro-sceptic [ˈjuərəuskɛptɪk] N eurosceptique *mf*
Eurostar® [ˈjuərəusta:ʳ] N Eurostar® *m*
eurozone [ˈjuərəuzəun] N zone *f* euro
euthanasia [ju:θəˈneɪzɪə] N euthanasie *f*
euthanize [ˈju:θənaɪz] VT euthanasier
evacuate [ɪˈvækjueɪt] VT évacuer
evacuation [ɪvækjuˈeɪʃən] N évacuation *f*
evacuee [ɪvækjuˈi:] N évacué(e)
evade [ɪˈveɪd] VT échapper à; (*question etc*) éluder; (*duties*) se dérober à
evaluate [ɪˈvæljueɪt] VT évaluer
evaluation [ɪvæljuˈeɪʃən] N évaluation *f*
evangelical [i:vænˈdʒɛlɪkl] ADJ (*Christian, group*) évangélique; (*zeal, fervour*) fanatique
evangelist [ɪˈvændʒəlɪst] N évangéliste *m*
evangelize [ɪˈvændʒəlaɪz] VT évangéliser, prêcher l'Évangile à
evaporate [ɪˈvæpəreɪt] VI s'évaporer; (*fig: hopes, fear*) s'envoler; (*: anger*) se dissiper ▸VT faire évaporer
evaporated milk [ɪˈvæpəreɪtɪd-] N lait condensé (non sucré)
evaporation [ɪvæpəˈreɪʃən] N évaporation *f*
evasion [ɪˈveɪʒən] N dérobade *f*; (*excuse*) faux-fuyant *m*
evasive [ɪˈveɪsɪv] ADJ évasif(-ive)
eve [i:v] N: **on the ~ of** à la veille de
★**even** [ˈi:vn] ADJ (*level, smooth*) régulier(-ière); (*equal*) égal(e); (*number*) pair(e); **to break ~** s'y retrouver, équilibrer ses comptes; **to get ~ with sb** prendre sa revanche sur qn ▸ADV même; **~ if** même si + *indic*; **~ though** quand (bien) même + *cond*, alors même que + *cond*; **~ more** encore plus; **~ faster** encore plus vite; **~ so** quand même; **not ~** pas même; **~ he was there** même lui était là; **~ on Sundays** même le dimanche
▸**even out** VI s'égaliser
even-handed [i:vnˈhændɪd] ADJ équitable
★**evening** [ˈi:vnɪŋ] N soir *m*; (*as duration, event*) soirée *f*; **in the ~** le soir; **this ~** ce soir; **tomorrow/yesterday ~** demain/hier soir
evening class N cours *m* du soir
evening dress N (*man's*) tenue *f* de soirée, smoking *m*; (*woman's*) robe *f* de soirée
evenly [ˈi:vnlɪ] ADV uniformément, également; (*space*) régulièrement
evensong [ˈi:vnsɔŋ] N office *m* du soir
★**event** [ɪˈvɛnt] N événement *m*; (*Sport*) épreuve *f*; **in the course of events** par la suite; **in the ~ of** en cas de; **in the ~** en réalité, en fait; **at all events**, (BRIT) **in any ~** en tout cas, de toute manière
eventful [ɪˈvɛntful] ADJ mouvementé(e)
eventing [ɪˈvɛntɪŋ] N (*Horse-Riding*) concours complet (*équitation*)
eventual [ɪˈvɛntʃuəl] ADJ final(e)
eventuality [ɪvɛntʃuˈælɪtɪ] N possibilité *f*, éventualité *f*
★**eventually** [ɪˈvɛntʃuəlɪ] ADV finalement
★**ever** [ˈɛvəʳ] ADV jamais; (*at all times*) toujours; **why ~ not?** mais enfin, pourquoi pas ?; **the best ~** le meilleur qu'on ait jamais vu; **have you ~ seen it?** l'as-tu déjà vu ?, as-tu eu l'occasion *or* t'est-il arrivé de le voir ?; **did you ~ meet him?** est-ce qu'il vous est arrivé de le rencontrer ?; **have you ~ been there?** y êtes-vous déjà allé ?; **for ~** pour toujours; **hardly ~** ne ... presque jamais; **~ since** (*as adv*) depuis; (*as conj*) depuis que; **~ so pretty** si joli; **thank you ~ so much** merci mille fois
Everest [ˈɛvərɪst] N (*also:* **Mount Everest**) le mont Everest, l'Everest *m*
evergreen [ˈɛvəgri:n] N arbre *m* à feuilles persistantes
everlasting [ɛvəˈla:stɪŋ] ADJ éternel(le)

every [ˈɛvrɪ]

ADJ **1** (*each*) chaque; **every one of them** tous (sans exception); **every shop in town was closed** tous les magasins en ville étaient fermés
2 (*all possible*) tous (toutes) les; **I gave you every assistance** j'ai fait tout mon possible pour vous aider; **I have every confidence in him** j'ai entièrement *or* pleinement confiance en lui; **we wish you every success** nous vous souhaitons beaucoup de succès
3 (*showing recurrence*) tous les; **every day** tous les jours, chaque jour; **every other car** une voiture sur deux; **every other/third day** tous les deux/trois jours; **every now and then** de temps en temps

★**everybody** PRON = **everyone**
everyday [ˈɛvrɪdeɪ] ADJ (*expression*) courant(e), d'usage courant; (*use*) courant; (*clothes, life*) de tous les jours; (*occurrence, problem*) quotidien(ne)
★**everyone** [ˈɛvrɪwʌn] PRON tout le monde, tous *pl*; **~ knows about it** tout le monde le sait; **~ else** tous les autres
★**everything** [ˈɛvrɪθɪŋ] PRON tout; **~ is ready** tout est prêt; **he did ~ possible** il a fait tout son possible
★**everywhere** [ˈɛvrɪwɛəʳ] ADV partout; **~ you go you meet ...** où qu'on aille on rencontre ...
evict [ɪˈvɪkt] VT expulser
eviction [ɪˈvɪkʃən] N expulsion *f*
eviction notice N préavis *m* d'expulsion
evidence [ˈɛvɪdns] N (*proof*) preuve(s) *f(pl)*; (*of witness*) témoignage *m*; (*sign*): **to show ~ of** donner des signes de; **to give ~** témoigner, déposer; **in ~** (*obvious*) en évidence; en vue

evidence se traduit rarement par *évidence*.

evident [ˈɛvɪdnt] ADJ évident(e)
evidently [ˈɛvɪdntlɪ] ADV de toute évidence; (*apparently*) apparemment

evil [ˈi:vl] ADJ mauvais(e) ▸ N mal *m*
evince [ɪˈvɪns] VT manifester
evocation [i:vəˈkeɪʃən] N évocation *f*
evocative [ɪˈvɔkətɪv] ADJ évocateur(-trice)
evoke [ɪˈvəuk] VT évoquer; (*admiration*) susciter
evolution [i:vəˈlu:ʃən] N évolution *f*
evolutionary [i:vəˈlu:ʃənrɪ] ADJ (*process*) d'évolution; (*theory*) de l'évolution; **~ change** évolution *f*
evolve [ɪˈvɔlv] VT élaborer ▸ VI évoluer, se transformer
ewe [ju:] N brebis *f*
ex [ɛks] N (*inf*): **my ex** mon ex
ex- [ɛks] PREFIX (*former: husband, president etc*) ex-; (*out of*): **the price ex-works** le prix départ usine
exacerbate [ɪgˈzæsəbeɪt] VT (*pain*) exacerber, accentuer; (*fig*) aggraver
★**exact** [ɪgˈzækt] ADJ exact(e) ▸ VT: **to ~ sth (from)** (*signature, confession*) extorquer qch (à); (*apology*) exiger qch (de)
exacting [ɪgˈzæktɪŋ] ADJ exigeant(e); (*work*) fatigant(e)
exactitude [ɪgˈzæktɪtju:d] N exactitude *f*, précision *f*
★**exactly** [ɪgˈzæktlɪ] ADV exactement; **~!** parfaitement!, précisément!
exaggerate [ɪgˈzædʒəreɪt] VT, VI exagérer
exaggeration [ɪgzædʒəˈreɪʃən] N exagération *f*
exalted [ɪgˈzɔ:ltɪd] ADJ (*rank*) élevé(e); (*person*) haut placé(e); (*elated*) exalté(e)
★**exam** [ɪgˈzæm] N ABBR (*Scol*) = **examination**
examination [ɪgzæmɪˈneɪʃən] N (*Scol, Med*) examen *m*; **to take** *or* **sit an ~** (BRIT) passer un examen; **the matter is under ~** la question est à l'examen
examine [ɪgˈzæmɪn] VT (*gen*) examiner; (*Scol, Law: person*) interroger; (*inspect: machine, premises*) inspecter; (*: passport*) contrôler; (*: luggage*) fouiller
examiner [ɪgˈzæmɪnəʳ] N examinateur(-trice)
★**example** [ɪgˈzɑ:mpl] N exemple *m*; **for ~** par exemple; **to set a good/bad ~** donner le bon/mauvais exemple
exasperate [ɪgˈzɑ:spəreɪt] VT exaspérer, agacer
exasperated [ɪgˈzɑ:spəreɪtɪd] ADJ exaspéré(e)
exasperating [ɪgˈzɑ:spəreɪtɪŋ] ADJ exaspérant(e)
exasperation [ɪgzɑ:spəˈreɪʃən] N exaspération *f*, irritation *f*
excavate [ˈɛkskəveɪt] VT (*site*) fouiller, excaver; (*object*) mettre au jour
excavation [ɛkskəˈveɪʃən] N excavation *f*
excavator [ˈɛkskəveɪtəʳ] N excavateur *m*, excavatrice *f*
exceed [ɪkˈsi:d] VT dépasser; (*one's powers*) outrepasser
exceedingly [ɪkˈsi:dɪŋlɪ] ADV extrêmement
excel [ɪkˈsɛl] VI exceller ▸ VT surpasser; **to ~ o.s.** se surpasser
excellence [ˈɛksələns] N excellence *f*
Excellency [ˈɛksələnsɪ] N: **His ~** son Excellence *f*
★**excellent** [ˈɛksələnt] ADJ excellent(e)
★**except** [ɪkˈsɛpt] PREP (*also:* **except for, excepting**) sauf, excepté, à l'exception de; **~ if/when** sauf si/quand; **~ that** excepté que, si ce n'est que ▸ VT excepter
exception [ɪkˈsɛpʃən] N exception *f*; **to take ~ to** s'offusquer de; **with the ~ of** à l'exception de
exceptional [ɪkˈsɛpʃənl] ADJ exceptionnel(le)
exceptionally [ɪkˈsɛpʃənəlɪ] ADV exceptionnellement
excerpt [ˈɛksə:pt] N extrait *m*
excess [ɪkˈsɛs] N excès *m*; **in ~ of** plus de
excess baggage N excédent *m* de bagages
excess fare N supplément *m*
excessive [ɪkˈsɛsɪv] ADJ excessif(-ive)
excessively [ɪkˈsɛsɪvlɪ] ADV (*long, large*) excessivement; (*drink*) avec excès
excess supply N suroffre *f*, offre *f* excédentaire
★**exchange** [ɪksˈtʃeɪndʒ] N échange *m*; (*also:* **telephone exchange**) central *m*; **in ~ for** en échange de; **foreign ~** (*Comm*) change *m* ▸ VT: **to ~ (for)** échanger (contre); **could I ~ this, please?** est-ce que je peux échanger ceci, s'il vous plaît ?
exchange control N contrôle *m* des changes
exchange market N marché *m* des changes
★**exchange rate** N taux *m* de change
Exchequer [ɪksˈtʃɛkəʳ] N (BRIT): **the ~** l'Échiquier *m*, ≈ le ministère *m* des Finances
excisable [ɪkˈsaɪzəbl] ADJ taxable
excise N [ˈɛksaɪz] taxe *f* ▸ VT [ɛkˈsaɪz] exciser
excise duties NPL impôts indirects
excitable [ɪkˈsaɪtəbl] ADJ excitable, nerveux(-euse)
excite [ɪkˈsaɪt] VT exciter
★**excited** [ɪkˈsaɪtɪd] ADJ (tout (toute)) excité(e); **to get ~** s'exciter
excitement [ɪkˈsaɪtmənt] N excitation *f*
★**exciting** [ɪkˈsaɪtɪŋ] ADJ passionnant(e)
excl. ABBR = **excluding**; **exclusive (of)**
exclaim [ɪkˈskleɪm] VI s'exclamer
exclamation [ɛkskləˈmeɪʃən] N exclamation *f*
exclamation mark, (*US*) **exclamation point** N point *m* d'exclamation
exclude [ɪkˈsklu:d] VT exclure
excluding [ɪkˈsklu:dɪŋ] PREP: **~ VAT** la TVA non comprise
exclusion [ɪkˈsklu:ʒən] N exclusion *f*; **to the ~ of** à l'exclusion de
exclusion clause N clause *f* d'exclusion
exclusion zone N zone interdite
exclusive [ɪkˈsklu:sɪv] ADJ exclusif(-ive); (*club, district*) sélect(e); (*item of news*) en exclusivité; **~ rights** (*Comm*) exclusivité *f* ▸ ADV (*Comm*) exclusivement, non inclus; **~ of VAT** TVA non comprise; **~ of postage** (les) frais de poste non compris; **from 1st to 15th March ~** du 1er au 15 mars exclusivement *or* exclu
exclusively [ɪkˈsklu:sɪvlɪ] ADV exclusivement
excommunicate [ɛkskəˈmju:nɪkeɪt] VT excommunier
excrement [ˈɛkskrəmənt] N excrément *m*
excruciating [ɪkˈskru:ʃɪeɪtɪŋ] ADJ (*pain*) atroce, déchirant(e); (*embarrassing*) pénible
excursion [ɪkˈskə:ʃən] N excursion *f*
excursion ticket N billet *m* tarif excursion

excusable [ɪk'skju:zəbl] ADJ excusable

★**excuse** N [ɪk'skju:s] excuse *f*; **to make excuses for sb** trouver des excuses à qn ▶ VT [ɪk'skju:z] (*forgive*) excuser; (*justify*) excuser, justifier; **to ~ sb from** (*activity*) dispenser qn de; **~ me!** excusez-moi !, pardon !; **now if you will ~ me, ...** maintenant, si vous (le) permettez ...; **to ~ o.s. for sth/for doing sth** s'excuser de/d'avoir fait qch

ex-directory ['ɛksdɪ'rɛktərɪ] ADJ (BRIT) sur la liste rouge

executable ['ɛksɪkju:təbl] ADJ (*Comput*) exécutable

execute ['ɛksɪkju:t] VT exécuter

execution [ɛksɪ'kju:ʃən] N exécution *f*

executioner [ɛksɪ'kju:ʃənəʳ] N bourreau *m*

executive [ɪg'zɛkjutɪv] N (*person*) cadre *m*; (*managing group*) bureau *m*; (*Pol*) exécutif *m* ▶ ADJ exécutif(-ive); (*position, job*) de cadre; (*secretary*) de direction; (*offices*) de la direction; (*car, plane*) de fonction

executive director N administrateur(-trice)

executor [ɪg'zɛkjutəʳ] N exécuteur(-trice) testamentaire

exemplary [ɪg'zɛmplərɪ] ADJ exemplaire

exemplify [ɪg'zɛmplɪfaɪ] VT illustrer

exempt [ɪg'zɛmpt] ADJ: **~ from** exempté(e) *or* dispensé(e) de ▶ VT: **to ~ sb from** exempter *or* dispenser qn de

exemption [ɪg'zɛmpʃən] N exemption *f*, dispense *f*

★**exercise** ['ɛksəsaɪz] N exercice *m* ▶ VT exercer; (*patience etc*) faire preuve de; (*dog*) promener ▶ VI (*also:* **to take exercise**) prendre de l'exercice

exercise bike N vélo *m* d'appartement

exercise book N cahier *m*

exert [ɪg'zə:t] VT exercer, employer; (*strength, force*) employer; **to ~ o.s.** se dépenser

exertion [ɪg'zə:ʃən] N effort *m*

exfoliate [ɛks'fəulɪeɪt] VT exfolier

ex gratia [ɛks'greɪʃə] ADJ: **~ payment** gratification *f*

exhale [ɛks'heɪl] VT (*breathe out*) expirer; exhaler ▶ VI expirer

exhaust [ɪg'zɔ:st] N (*also:* **exhaust fumes**) gaz *mpl* d'échappement; (*also:* **exhaust pipe**) tuyau *m* d'échappement ▶ VT épuiser; **to ~ o.s.** s'épuiser

★**exhausted** [ɪg'zɔ:stɪd] ADJ épuisé(e)

exhausting [ɪg'zɔ:stɪŋ] ADJ épuisant(e)

exhaustion [ɪg'zɔ:stʃən] N épuisement *m*; **nervous ~** fatigue nerveuse

exhaustive [ɪg'zɔ:stɪv] ADJ très complet(-ète)

exhibit [ɪg'zɪbɪt] N (*Art*) objet exposé, pièce exposée; (*Law*) pièce à conviction ▶ VT (*Art*) exposer; (*courage, skill*) faire preuve de

★**exhibition** [ɛksɪ'bɪʃən] N exposition *f*; **~ of temper** manifestation *f* de colère

exhibitionist [ɛksɪ'bɪʃənɪst] N exhibitionniste *mf*

exhibitor [ɪg'zɪbɪtəʳ] N exposant(e)

exhilarated [ɪg'zɪləreɪtɪd] ADJ euphorique

exhilarating [ɪg'zɪləreɪtɪŋ] ADJ grisant(e), stimulant(e)

exhilaration [ɪgzɪlə'reɪʃən] N euphorie *f*, ivresse *f*

exhort [ɪg'zɔ:t] VT exhorter

exhumation [ɛksju:'meɪʃən] N exhumation *f*

exhume [ɛks'hju:m] VT exhumer

ex-husband [ɛks'hʌzbənd] N ex-mari *m*

exile ['ɛksaɪl] N exil *m*; (*person*) exilé(e); **in ~** en exil ▶ VT exiler

exist [ɪg'zɪst] VI exister

existence [ɪg'zɪstəns] N existence *f*; **to be in ~** exister

existentialism [ɛgzɪs'tɛnʃəlɪzəm] N existentialisme *m*

existing [ɪg'zɪstɪŋ] ADJ (*laws*) existant(e); (*system, regime*) actuel(le)

★**exit** ['ɛksɪt] N sortie *f*; **where's the ~?** où est la sortie ? ▶ VI (*Comput, Theat*) sortir

exit poll N sondage *m* (*fait à la sortie de l'isoloir*)

exit ramp N (*US Aut*) bretelle *f* d'accès

exit visa N visa *m* de sortie

exodus ['ɛksədəs] N exode *m*

ex officio ['ɛksə'fɪʃɪəu] ADJ, ADV d'office, de droit

exonerate [ɪg'zɔnəreɪt] VT: **to ~ from** disculper de

exorbitant [ɪg'zɔ:bɪtnt] ADJ (*price*) exorbitant(e), excessif(-ive); (*demands*) exorbitant(e), démesuré(e)

exorcize ['ɛksɔ:saɪz] VT exorciser

exotic [ɪg'zɔtɪk] ADJ exotique

expand [ɪk'spænd] VT (*area*) agrandir; (*quantity*) accroître; (*influence etc*) étendre ▶ VI (*population, production*) s'accroître; (*trade, etc*) se développer, s'accroître; (*gas, metal*) se dilater, dilater; **to ~ on** (*notes, story etc*) développer

expanse [ɪk'spæns] N étendue *f*

expansion [ɪk'spænʃən] N (*territorial, economic*) expansion *f*; (*of trade, influence etc*) développement *m*; (*of production*) accroissement *m*; (*of population*) croissance *f*; (*of gas, metal*) expansion, dilatation *f*

expansionism [ɪk'spænʃənɪzəm] N expansionnisme *m*

expansionist [ɪk'spænʃənɪst] ADJ expansionniste

expansive [ɪk'spænsɪv] ADJ (*area*) étendu(e); (*person, also Econ*) expansif(-ive); **to be in ~ mood** être d'humeur joviale

expat [ɛks'pæt] N (BRIT *inf*) expatrié(e)

expatriate N [ɛks'pætrɪət] expatrié(e) ▶ VT [ɛks'pætrɪeɪt] expatrier, exiler

★**expect** [ɪk'spɛkt] VT (*anticipate*) s'attendre à, s'attendre à ce que + *sub*; (*count on*) compter sur, escompter; (*hope for*) espérer; (*require*) demander, exiger; (*suppose*) supposer; (*await: also baby*) attendre; **to ~ sb to do** (*anticipate*) s'attendre à ce que qn fasse; (*demand*) attendre de qn qu'il fasse; **to ~ to do sth** penser *or* compter faire qch, s'attendre à faire qch; **as expected** comme prévu ▶ VI: **to be expecting** (*pregnant woman*) être enceinte; **I ~ so** je crois que oui, je crois bien

expectancy [ɪk'spɛktənsɪ] N attente *f*; **life ~** espérance *f* de vie

expectant [ɪk'spɛktənt] ADJ qui attend (quelque chose); **~ mother** future maman

expectantly [ɪk'spɛktəntlɪ] ADV (*look, listen*) avec l'air d'attendre quelque chose

expectation [ɛkspɛk'teɪʃən] N (*hope*) attente *f*, espérance(s) *f(pl)*; (*belief*) attente; **in ~ of** dans l'attente de, en prévision de; **against** *or* **contrary**

to all ~(s) contre toute attente, contrairement à ce qu'on attendait; **to come** *or* **live up to sb's expectations** répondre à l'attente *or* aux espérances de qn

expedience [ek'spi:dɪəns], **expediency** [ek'spi:dɪənsɪ] N opportunité *f*; convenance *f* (du moment); **for the sake of ~** parce que c'est (*or* c'était) plus simple *or* plus commode

expedient [ɪk'spi:dɪənt] ADJ indiqué(e), opportun(e), commode ▶ N expédient *m*

expedite ['ɛkspədaɪt] VT hâter; expédier

expedition [ɛkspə'dɪʃən] N expédition *f*

expeditionary force [ɛkspə'dɪʃənrɪ-] N corps *m* expéditionnaire

expeditious [ɛkspə'dɪʃəs] ADJ expéditif(-ive), prompt(e)

expel [ɪk'spɛl] VT chasser, expulser; (*Scol*) renvoyer, exclure

expend [ɪk'spɛnd] VT consacrer; (*use up*) dépenser

expendable [ɪk'spɛndəbl] ADJ remplaçable

expenditure [ɪk'spɛndɪtʃə^r] N (*act of spending*) dépense *f*; (*money spent*) dépenses

expense [ɪk'spɛns] N (*high cost*) coût *m*; (*spending*) dépense *f*, frais *mpl*; **to go to the ~ of** faire la dépense de; **at great/little ~** à grands/peu de frais; **at the ~ of** aux frais de; (*fig*) aux dépens de
■ **expenses** NPL frais *mpl*; dépenses

expense account N (note *f* de) frais *mpl*

★**expensive** [ɪk'spɛnsɪv] ADJ cher (chère), coûteux(-euse); **to be ~** coûter cher; **it's too ~** ça coûte trop cher; **~ tastes** goûts *mpl* de luxe

★**experience** [ɪk'spɪərɪəns] N expérience *f*; **to know by ~** savoir par expérience ▶ VT connaître; (*feeling*) éprouver

experienced [ɪk'spɪərɪənst] ADJ expérimenté(e)

experiment [ɪk'spɛrɪmənt] N expérience *f*; **to perform** *or* **carry out an ~** faire une expérience; **as an ~** à titre d'expérience ▶ VI faire une expérience; **to ~ with** expérimenter

experimental [ɪkspɛrɪ'mɛntl] ADJ expérimental(e)

experimentation [ɪkspɛrɪmɛn'teɪʃən] N expérimentation *f*

★**expert** ['ɛkspə:t] ADJ expert(e); **to be ~ in** *or* **at doing sth** être spécialiste de qch; **~ witness** (*Law*) expert *m* ▶ N expert *m*; **an ~ on sth** un spécialiste de qch

expertise [ɛkspə:'ti:z] N (grande) compétence

expertly ['ɛkspə:tlɪ] ADV habilement

expire [ɪk'spaɪə^r] VI expirer

expiry [ɪk'spaɪərɪ] N expiration *f*

expiry date N date *f* d'expiration; (*on label*) à utiliser avant ...

★**explain** [ɪk'spleɪn] VT expliquer
▶ **explain away** VT justifier, excuser

explanation [ɛksplə'neɪʃən] N explication *f*; **to find an ~ for sth** trouver une explication à qch

explanatory [ɪk'splænətrɪ] ADJ explicatif(-ive)

expletive [ɪk'spli:tɪv] N juron *m*

explicit [ɪk'splɪsɪt] ADJ explicite; (*definite*) formel(le)

★**explode** [ɪk'spləud] VI exploser ▶ VT faire exploser; (*fig: theory*) démolir; **to ~ a myth** détruire un mythe

exploit N ['ɛksplɔɪt] exploit *m* ▶ VT [ɪk'splɔɪt] exploiter

exploitation [ɛksplɔɪ'teɪʃən] N exploitation *f*

exploitative [ɪk'splɔɪtətɪv] ADJ (*pej: relationship, behaviour*) fondé(e) sur l'exploitation d'autrui

exploration [ɛksplə'reɪʃən] N exploration *f*

exploratory [ɪk'splɔrətrɪ] ADJ (*fig: talks*) préliminaire; **~ operation** (*Med*) intervention *f* (à visée) exploratrice

explore [ɪk'splɔ:^r] VT explorer; (*possibilities*) étudier, examiner

explorer [ɪk'splɔ:rə^r] N explorateur(-trice)

★**explosion** [ɪk'spləuʒən] N explosion *f*

explosive [ɪk'spləusɪv] ADJ explosif(-ive) ▶ N explosif *m*

exponent [ɪk'spəunənt] N (*of school of thought etc*) interprète *m*, représentant *m*; (*Math*) exposant *m*

exponential [ɛkspə'nɛnʃəl] ADJ exponentiel(le)

exponentially [ɛkspə'nɛnʃəlɪ] ADV de manière exponentielle

export VT [ɪk'spɔ:t] exporter ▶ N ['ɛkspɔ:t] exportation *f* ▶ CPD ['ɛkspɔ:t] d'exportation

exportation [ɛkspɔ:'teɪʃən] N exportation *f*

exporter [ɛk'spɔ:tə^r] N exportateur *m*

export licence N licence *f* d'exportation

expose [ɪk'spəuz] VT exposer; (*unmask*) démasquer, dévoiler; **to ~ o.s.** (*Law*) commettre un outrage à la pudeur

exposed [ɪk'spəuzd] ADJ (*land, house*) exposé(e); (*Elec: wire*) à nu; (*pipe, beam*) apparent(e)

exposition [ɛkspə'zɪʃən] N exposition *f*

exposure [ɪk'spəuʒə^r] N exposition *f*; (*publicity*) couverture *f*; (*Phot: speed*) (temps *m* de) pose *f*; (*: shot*) pose; **suffering from ~** (*Med*) souffrant des effets du froid et de l'épuisement; **to die of ~** (*Med*) mourir de froid

exposure meter N posemètre *m*

expound [ɪk'spaund] VT exposer, expliquer

★**express** [ɪk'sprɛs] ADJ (*definite*) formel(le), exprès(-esse); (*BRIT: letter etc*) exprès *inv* ▶ N (*train*) rapide *m* ▶ ADV (*send*) exprès ▶ VT exprimer; **to ~ o.s.** s'exprimer

★**expression** [ɪk'sprɛʃən] N expression *f*

expressionism [ɪk'sprɛʃənɪzəm] N expressionnisme *m*

expressive [ɪk'sprɛsɪv] ADJ expressif(-ive)

expressly [ɪk'sprɛslɪ] ADV expressément, formellement

expressway [ɪk'sprɛsweɪ] N (*US*) voie *f* express (à plusieurs files)

expropriate [ɪks'prəuprɪeɪt] VT exproprier

expulsion [ɪk'spʌlʃən] N expulsion *f*; renvoi *m*

exquisite [ɛk'skwɪzɪt] ADJ exquis(e)

ex-serviceman ['ɛks'sə:vɪsmən] N (*irreg*) ancien combattant

ext. ABBR (*Tel*) = **extension**

extemporize [ɪk'stɛmpəraɪz] VI improviser

extend [ɪk'stɛnd] VT (*visit, street*) prolonger; (*deadline*) reporter, remettre; (*building*) agrandir; (*offer*) présenter, offrir; (*Comm: credit*) accorder; (*hand, arm*) tendre ▶ VI (*land*) s'étendre

extension [ɪk'stɛnʃən] N (*of visit, street*) prolongation *f*; (*of building*) agrandissement *m*; (*building*) annexe *f*; (*to wire, table*) rallonge *f*; (*telephone: in offices*) poste *m*; (*: in private house*) téléphone *m* supplémentaire; **~ 3718** (*Tel*) poste 3718

extension cable, extension lead N (*Elec*) rallonge *f*

extensive [ɪk'stɛnsɪv] ADJ étendu(e), vaste; (*damage, alterations*) considérable; (*inquiries*) approfondi(e); (*use*) largement répandu(e)

extensively [ɪk'stɛnsɪvlɪ] ADV (*altered, damaged etc*) considérablement; **he's travelled ~** il a beaucoup voyagé

★**extent** [ɪk'stɛnt] N étendue *f*; (*degree: of damage, loss*) importance *f*; **to some ~** dans une certaine mesure; **to a certain ~** dans une certaine mesure, jusqu'à un certain point; **to a large ~** en grande partie; **to the ~ of ...** au point de ...; **to what ~?** dans quelle mesure ?, jusqu'à quel point ?; **to such an ~ that ...** à tel point que ...

extenuating [ɪk'stɛnjueɪtɪŋ] ADJ: **~ circumstances** circonstances atténuantes

exterior [ɛk'stɪərɪə^r] ADJ extérieur(e) ▸ N extérieur *m*

exterminate [ɪk'stə:mɪneɪt] VT exterminer

extermination [ɪkstə:mɪ'neɪʃən] N extermination *f*

external [ɛk'stə:nl] ADJ externe; **for ~ use only** (*Med*) à usage externe ▸ N: **the externals** les apparences *fpl*

externally [ɛk'stə:nəlɪ] ADV extérieurement

extinct [ɪk'stɪŋkt] ADJ (*volcano*) éteint(e); (*species*) disparu(e)

extinction [ɪk'stɪŋkʃən] N extinction *f*

extinguish [ɪk'stɪŋgwɪʃ] VT éteindre

extinguisher [ɪk'stɪŋgwɪʃə^r] N extincteur *m*

extol, (US) **extoll** [ɪk'stəul] VT (*merits*) chanter, prôner; (*person*) chanter les louanges de

extort [ɪk'stɔ:t] VT: **to ~ sth (from)** extorquer qch (à)

extortion [ɪk'stɔ:ʃən] N extorsion *f*

extortionate [ɪk'stɔ:ʃnɪt] ADJ exorbitant(e)

extortionist [ɪk'stɔ:ʃnɪst] N extorqueur(-euse)

★**extra** ['ɛkstrə] ADJ supplémentaire, de plus; **breakfast is ~** il y a un supplément pour le petit déjeuner ▸ ADV (*in addition*) en plus; **wine will cost ~** le vin sera en supplément; **~ large sizes** très grandes tailles ▸ N supplément *m*; (*perk*) à-coté *m*; (*Cine, Theat*) figurant(e)

extra... ['ɛkstrə] PREFIX extra...

extract VT [ɪk'strækt] extraire; (*tooth*) arracher; (*money, promise*) soutirer ▸ N ['ɛkstrækt] extrait *m*

extraction [ɪk'strækʃən] N extraction *f*

extractor fan [ɪk'stræktə-] N exhausteur *m*, ventilateur *m* extracteur

extracurricular [ɛkstrəkə'rɪkjulə^r] ADJ (*Scol*) parascolaire

extradite ['ɛkstrədaɪt] VT extrader

extradition [ɛkstrə'dɪʃən] N extradition *f*

extramarital [ɛkstrə'mærɪtl] ADJ extra-conjugal(e)

extramural [ɛkstrə'mjuərəl] ADJ hors-faculté *inv*

extraneous [ɛk'streɪnɪəs] ADJ: **~ to** étranger(-ère) à

extraordinarily [ɪk'strɔ:dənrɪlɪ] ADV (*exceptionally*) extraordinairement

★**extraordinary** [ɪk'strɔ:dnrɪ] ADJ extraordinaire; **the ~ thing is that ...** le plus étrange *or* étonnant c'est que ...

extraordinary general meeting N assemblée *f* générale extraordinaire

extrapolate [ɪk'stræpəleɪt] VT, VI extrapoler; **to ~ from sth** extrapoler à partir de qch

extrapolation [ɪkstræpə'leɪʃən] N extrapolation *f*

extrasensory perception ['ɛkstrəsɛnsərɪ-] N perception *f* extrasensorielle

extraterrestrial [ɛkstrətɪ'rɛstrɪəl] ADJ extraterrestre

extra time N (*Football*) prolongations *fpl*

extravagance [ɪk'strævəgəns] N (*excessive spending*) prodigalités *fpl*; (*thing bought*) folie *f*, dépense excessive

extravagant [ɪk'strævəgənt] ADJ extravagant(e); (*in spending: person*) prodigue, dépensier(-ière); (*: tastes*) dispendieux(-euse)

extravaganza [ɪkstrævə'gænzə] N spectacle *m* somptueux

★**extreme** [ɪk'stri:m] ADJ, N extrême *m*; **the ~ left/right** (*Pol*) l'extrême gauche *f*/droite *f*; **extremes of temperature** différences *fpl* extrêmes de température

★**extremely** [ɪk'stri:mlɪ] ADV extrêmement

extremism [ɪk'stri:mɪzəm] N extrémisme *m*

extremist [ɪk'stri:mɪst] ADJ, N extrémiste *mf*

extremity [ɪk'strɛmɪtɪ] N extrémité *f*

extricate ['ɛkstrɪkeɪt] VT: **to ~ sth (from)** dégager qch (de)

extrovert ['ɛkstrəvə:t] N extraverti(e)

exuberance [ɪg'zju:bərəns] N exubérance *f*

exuberant [ɪg'zju:bərənt] ADJ exubérant(e)

exude [ɪg'zju:d] VT exsuder; (*fig*) respirer; **the charm** *etc* **he exudes** le charme *etc* qui émane de lui

exult [ɪg'zʌlt] VI exulter, jubiler

exultant [ɪg'zʌltənt] ADJ (*shout, expression*) de triomphe; **to be ~** jubiler, triompher

exultation [ɛgzʌl'teɪʃən] N exultation *f*, jubilation *f*

ex-wife [ɛks'waɪf] N ex-femme *f*

★**eye** [aɪ] N œil *m*; (*of needle*) trou *m*, chas *m*; **as far as the ~ can see** à perte de vue; **to keep an ~ on** surveiller; **to have an ~ for sth** avoir l'œil pour qch; **in the public ~** en vue; **with an ~ to doing sth** (BRIT) en vue de faire qch; **there's more to this than meets the ~** ce n'est pas aussi simple que cela paraît ▸ VT examiner

eyeball ['aɪbɔ:l] N globe *m* oculaire

eyebath ['aɪbɑ:θ] N (BRIT) œillère *f* (*pour bains d'œil*)

eyebrow ['aɪbrau] N sourcil *m*

eyebrow pencil N crayon *m* à sourcils

eye-catching ['aɪkætʃɪŋ] ADJ voyant(e), accrocheur(-euse)

eye cup N (US) = **eyebath**

eye drops NPL gouttes *fpl* pour les yeux

eyeful ['aɪful] N: **to get an ~ (of sth)** se rincer l'œil (en voyant qch)

eyeglass ['aɪglɑ:s] N monocle *m*

e

eyelash ['aɪlæʃ] N cil *m*
eyelet ['aɪlɪt] N œillet *m*
eye-level ['aɪlɛvl] ADJ en hauteur
eyelid ['aɪlɪd] N paupière *f*
eyeliner ['aɪlaɪnəʳ] N eye-liner *m*
eye-opener ['aɪəupnəʳ] N révélation *f*
eye shadow N ombre *f* à paupières
eyesight ['aɪsaɪt] N vue *f*
eyesore ['aɪsɔːʳ] N horreur *f*, chose *f* qui dépare *or* enlaidit
eyestrain ['aɪstreɪn] N: **to get ~** se fatiguer la vue *or* les yeux
eyewash ['aɪwɔʃ] N bain *m* d'œil; (*fig*) frime *f*
eye witness N témoin *m* oculaire
eyrie ['ɪərɪ] N aire *f*

Ff

F¹, f [ɛf] N (*letter*) F, f *m*; (*Mus*): **F** fa *m*; **F for Frederick**, (*US*) **F for Fox** F comme François

F² ABBR (= *Fahrenheit*) F

FA N ABBR (BRIT: = *Football Association*) *fédération de football*

FAA N ABBR (*US*) = **Federal Aviation Administration**

fable ['feɪbl] N fable *f*

fabric ['fæbrɪk] N tissu *m* ▸CPD: ~ **ribbon** (*for typewriter*) ruban *m* (en) tissu

fabric ne veut pas dire *fabrique*.

fabricate ['fæbrɪkeɪt] VT fabriquer, inventer

fabrication [fæbrɪ'keɪʃən] N fabrication *f*, invention *f*

fabulous ['fæbjuləs] ADJ (*inf*: *wonderful*: *food, prize*) formidable, sensationnel(le); (: *figure*) sensationnel(le); (*wealth*) fabuleux(-euse)

fabulously ['fæbjuləslɪ] ADV (*rich, wealthy*) fabuleusement; (*successful, beautiful*) incroyablement

façade [fə'sɑːd] N façade *f*

★**face** [feɪs] N visage *m*, figure *f*; (*expression*) air *m*; grimace *f*; (*of clock*) cadran *m*; (*of cliff*) paroi *f*; (*of mountain*) face *f*; (*of building*) façade *f*; (*side, surface*) face; ~ **down** (*person*) à plat ventre; (*card*) face en dessous; **to lose/save** ~ perdre/sauver la face; **to pull a** ~ faire une grimace; **in the** ~ **of** (*difficulties etc*) face à, devant; **on the** ~ **of it** à première vue; ~ **to** ~ face à face ▸VT faire face à; (*facts etc*) accepter
▸**face up to** VT FUS faire face à, affronter

Facebook® ['feɪsbuk] N Facebook® *m* ▸VT: **to facebook sb** envoyer un message sur Facebook à qn

face cloth N (BRIT) gant *m* de toilette

face cream N crème *f* pour le visage

faceless ['feɪslɪs] ADJ anonyme

face lift N lifting *m*; (*of façade etc*) ravalement *m*, retapage *m*

face pack N (BRIT) masque *m* (de beauté)

face powder N poudre *f* (pour le visage)

face-saving ['feɪsseɪvɪŋ] ADJ qui sauve la face

facet ['fæsɪt] N facette *f*

facetious [fə'siːʃəs] ADJ facétieux(-euse)

face-to-face ['feɪstə'feɪs] ADV face à face

face value N (*of coin*) valeur nominale; **to take sth at** ~ (*fig*) prendre qch pour argent comptant

facia ['feɪʃə] N = **fascia**

facial ['feɪʃl] ADJ facial(e) ▸N soin complet du visage

facile ['fæsaɪl] ADJ facile

facilitate [fə'sɪlɪteɪt] VT faciliter

facilitator [fə'sɪlɪteɪtə[r]] N (*in negotiations*) facilitateur(-trice); (*educational*) animateur(-trice)

facilities [fə'sɪlɪtɪz] NPL installations *fpl*, équipement *m*; **credit** ~ facilités *fpl* de paiement

facility [fə'sɪlɪtɪ] N facilité *f*

facing ['feɪsɪŋ] PREP face à, en face de ▸N (*of wall etc*) revêtement *m*; (*Sewing*) revers *m*

facsimile [fæk'sɪmɪlɪ] N (*exact replica*) facsimilé *m*; (*also*: **facsimile machine**) télécopieur *m*; (*transmitted document*) télécopie *f*

★**fact** [fækt] N fait *m*; **in** ~ en fait; **to know for a** ~ **that ...** savoir pertinemment que ...

fact-finding ['fæktfaɪndɪŋ] ADJ: **a** ~ **tour** *or* **mission** une mission d'enquête

faction ['fækʃən] N faction *f*

factional ['fækʃənl] ADJ de factions

factor ['fæktə[r]] N facteur *m*; (*of sun cream*) indice *m* (de protection); (*Comm*) factor *m*, société *f* d'affacturage; (: *agent*) dépositaire *mf*; **safety** ~ facteur de sécurité; **I'd like a** ~ **15 suntan lotion** je voudrais une crème solaire d'indice 15 ▸VI faire du factoring
▸**factor in** VT prendre en compte; **to** ~ **sth in to** prendre qch en compte dans

★**factory** ['fæktərɪ] N usine *f*, fabrique *f*

factory farming N (BRIT) élevage industriel

factory floor N: **the** ~ (*workers*) les ouvriers *mpl*; (*workshop*) l'usine *f*; **on the** ~ dans les ateliers

factory ship N navire-usine *m*

factual ['fæktjuəl] ADJ basé(e) sur les faits

faculty ['fækəltɪ] N faculté *f*; (*US*: *teaching staff*) corps enseignant

fad [fæd] N (*personal*) manie *f*; (*craze*) engouement *m*

fade [feɪd] VI (*fabric, wallpaper*) se décolorer, passer; (*colour*) passer, pâlir; (*light, sound*) s'affaiblir, disparaître; (*flower*) se faner
▸**fade away** VI (*sound*) s'affaiblir
▸**fade in** VT (*picture*) ouvrir en fondu; (*sound*) monter progressivement
▸**fade out** VT (*picture*) fermer en fondu; (*sound*) baisser progressivement

faded ['feɪdɪd] ADJ (*blue, green*) passé(e); (*fabric, object*) décoloré(e); (*jeans*) délavé(e); (*photograph*) jauni(e)

faeces, (*US*) **feces** ['fiːsiːz] NPL fèces *fpl*

fag [fæg] N (BRIT *inf*: *cigarette*) clope *f*; (: *chore*): **what a ~!** quelle corvée !; (*US !*: *gay*) pédé *m*

fag end N (BRIT *inf*) mégot *m*

fagged out [fægd-] ADJ (BRIT *inf*) crevé(e)

Fahrenheit ['fɑːrənhaɪt] N Fahrenheit *m inv*

★**fail** [feɪl] VT (*exam*) échouer à; (*candidate*) recaler; (*subj: courage, memory*) faire défaut à; **to ~ to do sth** (*neglect*) négliger de *or* ne pas faire qch; (*be unable*) ne pas arriver *or* parvenir à faire qch ▸ VI échouer; (*supplies*) manquer; (*eyesight, health, light: also:* **be failing**) baisser, s'affaiblir; (*brakes*) lâcher ▸ N: **without ~** à coup sûr; sans faute

failed [feɪld] ADJ (*attempt, marriage*) raté(e)

failing ['feɪlɪŋ] N défaut *m* ▸ PREP faute de; **~ that** à défaut, sinon

failsafe ['feɪlseɪf] ADJ (*device etc*) à sûreté intégrée

★**failure** ['feɪljə^r] N échec *m*; (*person*) raté(e); (*mechanical etc*) défaillance *f*; **his ~ to turn up** le fait de n'être pas venu *or* qu'il ne soit pas venu

faint [feɪnt] ADJ faible; (*recollection*) vague; (*mark*) à peine visible; (*smell, breeze, trace*) léger(-ère); **to feel ~** défaillir ▸ N évanouissement *m* ▸ VI s'évanouir

faintest ['feɪntɪst] ADJ: **I haven't the ~ idea** je n'en ai pas la moindre idée

faint-hearted [feɪnt'hɑːtɪd] ADJ pusillanime

faintly ['feɪntlɪ] ADV faiblement; (*vaguely*) vaguement

faintness ['feɪntnɪs] N faiblesse *f*

★**fair** [fɛə^r] ADJ équitable, juste; (*reasonable*) correct(e), honnête; (*hair*) blond(e); (*skin, complexion*) pâle, blanc (blanche); (*weather*) beau (belle); (*good enough*) assez bon(ne); (*sizeable*) considérable; **it's not ~!** ce n'est pas juste !; **a ~ amount of** une quantité considérable de ▸ ADV: **to play ~** jouer franc jeu ▸ N foire *f*; (BRIT: *funfair*) fête (foraine); (*also:* **trade fair**) foire(-exposition) commerciale

fair copy N copie *f* au propre, corrigé *m*

fair game N: **to be ~ (for)** être une cible légitime (pour)

fairground ['fɛəgraund] N champ *m* de foire

fair-haired [fɛə'hɛəd] ADJ (*person*) aux cheveux clairs, blond(e)

★**fairly** ['fɛəlɪ] ADV (*justly*) équitablement; (*quite*) assez; **I'm ~ sure** j'en suis quasiment *or* presque sûr

fairness ['fɛənɪs] N (*of trial etc*) justice *f*, équité *f*; (*of person*) sens *m* de la justice; **in all ~** en toute justice

fair play N fair play *m*

fair trade N commerce *m* équitable

fairway ['fɛəweɪ] N (*Golf*) fairway *m*

fairy ['fɛərɪ] N fée *f*

fairy godmother N bonne fée

fairy lights NPL (BRIT) guirlande *f* électrique

fairy tale N conte *m* de fées

★**faith** [feɪθ] N foi *f*; (*trust*) confiance *f*; (*sect*) culte *m*, religion *f*; **to have ~ in sb/sth** avoir confiance en qn/qch

faithful ['feɪθful] ADJ fidèle

faithfully ['feɪθfəlɪ] ADV fidèlement; **yours ~** (BRIT: *in letters*) veuillez agréer l'expression de mes salutations les plus distinguées

faith healer N guérisseur(-euse)

fake [feɪk] N (*painting etc*) faux *m*; (*photo*) trucage *m*; (*person*) imposteur *m*; **his illness is a ~** sa maladie est une comédie *or* de la simulation ▸ ADJ faux (fausse) ▸ VT (*emotions*) simuler; (*painting*) faire un faux de; (*photo*) truquer; (*story*) fabriquer

fake news N fake news *f inv*, *information truquée diffusée par les médias traditionnels ou les réseaux sociaux*

falcon ['fɔːlkən] N faucon *m*

Falkland Islands ['fɔːlklənd-] NPL: **the ~** les Malouines *fpl*, les îles *fpl* Falkland

★**fall** [fɔːl] (*pt* **fell** [fɛl], *pp* **fallen** ['fɔːlən]) N chute *f*; (*decrease*) baisse *f*; (*US: autumn*) automne *m*; **a ~ of snow** (BRIT) une chute de neige ▸ VI tomber; (*price, temperature, dollar*) baisser; **to ~ flat** (*on one's face*) tomber de tout son long, s'étaler; (*joke*) tomber à plat; (*plan*) échouer; **to ~ short of** (*sb's expectations*) ne pas répondre à ■ **falls** NPL (*waterfall*) chute *f* d'eau, cascade *f*

▸ **fall apart** VI (*object*) tomber en morceaux; (*inf: emotionally*) craquer

▸ **fall back** VI reculer, se retirer

▸ **fall back on** VT FUS se rabattre sur; **to have something to ~ back on** (*money etc*) avoir quelque chose en réserve; (*job etc*) avoir une solution de rechange

▸ **fall behind** VI prendre du retard

▸ **fall down** VI (*person*) tomber; (*building*) s'effondrer, s'écrouler

▸ **fall for** VT FUS (*trick*) se laisser prendre à; (*person*) tomber amoureux(-euse) de

▸ **fall in** VI s'effondrer; (*Mil*) se mettre en rangs

▸ **fall in with** VT FUS (*sb's plans etc*) accepter

▸ **fall off** VI tomber; (*diminish*) baisser, diminuer

▸ **fall out** VI (*friends etc*) se brouiller; (*hair, teeth*) tomber

▸ **fall over** VI tomber (par terre)

▸ **fall through** VI (*plan, project*) tomber à l'eau

fallacious [fə'leɪʃəs] ADJ (*formal*) fallacieux(-euse)

fallacy ['fæləsɪ] N erreur *f*, illusion *f*

fallback ['fɔːlbæk] ADJ: **~ position** position *f* de repli

fallen ['fɔːlən] PP *of* **fall**

fallible ['fæləbl] ADJ faillible

fallopian tube [fə'ləupɪən-] N (*Anat*) trompe *f* de Fallope

fallout ['fɔːlaut] N retombées (radioactives)

fallout shelter N abri *m* anti-atomique

fallow ['fæləu] ADJ en jachère; en friche

★**false** [fɔːls] ADJ faux (fausse); **under ~ pretences** sous un faux prétexte

false alarm N fausse alerte

falsehood ['fɔːlshud] N mensonge *m*

falsely ['fɔːlslɪ] ADV (*accuse*) à tort

false teeth NPL (BRIT) fausses dents, dentier *m*

falsify ['fɔːlsɪfaɪ] VT falsifier; (*accounts*) maquiller

falter ['fɔːltə^r] VI (*when speaking*) hésiter; (*when walking*) chanceler, vaciller

faltering ['fɔːltərɪŋ] ADJ (*voice, speech, steps*) hésitant(e); (*economy, process*) chancelant(e)

fame [feɪm] N renommée *f*, renom *m*

famed [feɪmd] ADJ célèbre; **to be ~ for sth** être célèbre pour qch

familial [fə'mɪlɪəl] ADJ familial(e)

★**familiar** [fə'mɪlɪə^r] ADJ familier(-ière); **to be ~ with sth** connaître qch; **to make o.s. ~ with sth** se familiariser avec qch; **to be on ~ terms with sb** bien connaître qn

familiarity [fəmɪlɪ'ærɪtɪ] N familiarité *f*

familiarize [fəˈmɪlɪəraɪz] VT familiariser; **to ~ o.s. with** se familiariser avec

★**family** [ˈfæmɪlɪ] N famille *f*

family allowance N (BRIT) allocations familiales

family business N entreprise familiale

family credit N (BRIT) complément familial

family doctor N médecin *m* de famille

family life N vie *f* de famille

family man N (*irreg*) père *m* de famille

family planning N planning familial

family planning clinic N centre *m* de planning familial

family tree N arbre *m* généalogique

famine [ˈfæmɪn] N famine *f*

famished [ˈfæmɪʃt] ADJ affamé(e); **I'm ~!** (*inf*) je meurs de faim !

★**famous** [ˈfeɪməs] ADJ célèbre

famously [ˈfeɪməslɪ] ADV (*get on*) fameusement, à merveille

★**fan** [fæn] N (*folding*) éventail *m*; (*Elec*) ventilateur *m*; (*person*) fan *m*, admirateur(-trice); (*Sport*) supporter *mf* ▸ VT éventer; (*fire, quarrel*) attiser
▸ **fan out** VI se déployer (en éventail)

fanatic [fəˈnætɪk] N fanatique *mf*

fanatical [fəˈnætɪkl] ADJ fanatique

fanaticism [fəˈnætɪsɪzəm] N fanatisme *m*; **religious ~** le fanatisme religieux

fan belt N courroie *f* de ventilateur

fancied [ˈfænsɪd] ADJ imaginaire

fanciful [ˈfænsɪful] ADJ fantaisiste

fan club N fan-club *m*

fancy [ˈfænsɪ] N (*whim*) fantaisie *f*, envie *f*; (*imagination*) imagination *f*; **to take a ~ to** se prendre d'affection pour; s'enticher de; **it took** *or* **caught my ~** ça m'a plu; **when the ~ takes him** quand ça lui prend ▸ ADJ (*luxury*) de luxe; (*elaborate: jewellery, packaging*) fantaisie *inv*; (*showy*) tape-à-l'œil *inv*; (*pretentious: words*) recherché(e) ▸ VT (*feel like, want*) avoir envie de; (*imagine*) imaginer; **to ~ that ...** se figurer *or* s'imaginer que ...; **he fancies her** elle lui plaît

fancy dress N déguisement *m*, travesti *m*

fancy-dress ball [ˈfænsɪdrɛs-] N bal masqué *or* costumé

fancy goods NPL articles *mpl* (de) fantaisie

fanfare [ˈfænfɛəʳ] N fanfare *f* (*musique*)

fanfold paper [ˈfænfəuld-] N papier *m* à pliage accordéon

fang [fæŋ] N croc *m*; (*of snake*) crochet *m* **fan heater** N (BRIT) radiateur soufflant

fanlight [ˈfænlaɪt] N imposte *f*

fanny [ˈfænɪ] N (BRIT *inf!*) chatte *f* (!); (*US inf*) cul *m* (!)

fantasize [ˈfæntəsaɪz] VI fantasmer

★**fantastic** [fænˈtæstɪk] ADJ fantastique

fantasy [ˈfæntəsɪ] N imagination *f*, fantaisie *f*; (*unreality*) fantasme *m*

fanzine [ˈfænziːn] N fanzine *m*

FAO N ABBR (= *Food and Agriculture Organization*) FAO *f*

FAQ N ABBR (= *frequently asked question*) FAQ *f inv*, faq *f inv* ▸ ABBR (= *free alongside quay*) FLQ

★**far** [fɑːʳ] ADJ (*distant*) lointain(e), éloigné(e); **the ~ side/end** l'autre côté/bout; **the ~ left/right** (*Pol*) l'extrême gauche *f*/droite *f* ▸ ADV loin; **is it ~ to London?** est-ce qu'on est loin de Londres ?; **it's not ~ (from here)** ce n'est pas loin (d'ici); **~ away**, **~ off** au loin, dans le lointain; **~ better** beaucoup mieux; **~ from** loin de; **by ~** de loin, de beaucoup; **as ~ back as the 13th century** dès le 13e siècle; **go as ~ as the bridge** allez jusqu'au pont; **as ~ as I know** pour autant que je sache; **how ~ is it to ...?** combien y a-t-il jusqu'à ... ?; **as ~ as possible** dans la mesure du possible; **how ~ have you got with your work?** où en êtes-vous dans votre travail ?

faraway [ˈfɑːrəweɪ] ADJ lointain(e); (*look*) absent(e)

farce [fɑːs] N farce *f*

farcical [ˈfɑːsɪkl] ADJ grotesque

★**fare** [fɛəʳ] N (*on trains, buses*) prix *m* du billet; (*in taxi*) prix de la course; (*passenger in taxi*) client *m*; (*food*) table *f*, chère *f*; **half ~** demi-tarif; **full ~** plein tarif ▸ VI se débrouiller

Far East N: **the ~** l'Extrême-Orient *m*

farewell [fɛəˈwɛl] EXCL, N adieu *m* ▸ CPD (*party etc*) d'adieux

far-fetched [fɑːˈfɛtʃt] ADJ exagéré(e), poussé(e)

★**farm** [fɑːm] N ferme *f* ▸ VT cultiver
▸ **farm out** VT (*work etc*) distribuer

★**farmer** [ˈfɑːməʳ] N fermier(-ière), cultivateur (-trice)

farmers' market N marché *m* fermier

farmhand [ˈfɑːmhænd] N ouvrier(-ière) agricole

farmhouse [ˈfɑːmhaus] N (maison *f* de) ferme *f*

farming [ˈfɑːmɪŋ] N agriculture *f*; (*of animals*) élevage *m*; **intensive ~** culture intensive; **sheep ~** élevage du mouton

farm labourer N = **farmhand**

farmland [ˈfɑːmlænd] N terres cultivées *or* arables

farm produce N produits *mpl* agricoles

farm worker N = **farmhand**

farmyard [ˈfɑːmjɑːd] N cour *f* de ferme

Faroe Islands [ˈfɛərəu-], **Faroes** [ˈfɛərəuz] NPL: **the ~** les îles *fpl* Féroé *or* Faeroe

far-reaching [ˈfɑːˈriːtʃɪŋ] ADJ d'une grande portée

farrier [ˈfærɪəʳ] N maréchal-ferrant *m*

far-sighted [fɑːˈsaɪtɪd] ADJ presbyte; (*fig*) prévoyant(e), qui voit loin

fart [fɑːt] (*inf!*) N pet *m* ▸ VI péter

farther [ˈfɑːðəʳ] ADV plus loin ▸ ADJ plus éloigné(e), plus lointain(e)

farthest [ˈfɑːðɪst] SUPERLATIVE *of* **far**

FAS ABBR (BRIT: = *free alongside ship*) FLB

fascia [ˈfeɪʃə] N (*Aut*) (garniture *f* du) tableau *m* de bord

fascinate [ˈfæsɪneɪt] VT fasciner, captiver

fascinated [ˈfæsɪneɪtɪd] ADJ fasciné(e)

fascinating [ˈfæsɪneɪtɪŋ] ADJ fascinant(e)

fascination [fæsɪˈneɪʃən] N fascination *f*

fascism [ˈfæʃɪzəm] N fascisme *m*

fascist [ˈfæʃɪst] ADJ, N fasciste *mf*

★**fashion** [ˈfæʃən] N mode *f*; (*manner*) façon *f*, manière *f*; **in ~** à la mode; **out of ~** démodé(e);

f

in the Greek ~ à la grecque; after a ~ (finish, manage etc) tant bien que mal ▶ VT façonner
fashionable ['fæʃnəbl] ADJ à la mode
fashion designer N (grand(e)) couturier(-ière)
fashionista [fæʃə'nɪsta] N fashionista mf
fashion show N défilé m de mannequins or de mode
★**fast** [fɑːst] ADJ rapide; (clock): **to be ~** avancer; (dye, colour) grand or bon teint inv; **my watch is 5 minutes ~** ma montre avance de 5 minutes; **to make a boat ~** (BRIT) amarrer un bateau ▶ ADV vite, rapidement; (stuck, held) solidement; **~ asleep** profondément endormi; **as ~ as I can** aussi vite que je peux ▶ N jeûne m ▶ VI jeûner
fasten ['fɑːsn] VT attacher, fixer; (coat) attacher, fermer ▶ VI se fermer, s'attacher
▶ **fasten on, fasten upon** VT FUS (idea) se cramponner à
fastener ['fɑːsnəʳ], **fastening** ['fɑːsnɪŋ] N fermeture f, attache f; (BRIT: zip fastener) fermeture éclair® inv or à glissière
fast food N fast food m, restauration f rapide
fastidious [fæs'tɪdɪəs] ADJ exigeant(e), difficile
fast lane N (Aut: in Britain) voie f de droite
fast-track ['fɑːsttræk] VT (student, employee) faire suivre un programme accéléré à; (bring forward: event) avancer ▶ CPD (promotion, scheme) accéléré(e)
★**fat** [fæt] ADJ gros(se) ▶ N graisse f; (on meat) gras m; (for cooking) matière grasse; **to live off the ~ of the land** vivre grassement
fatal ['feɪtl] ADJ (mistake) fatal(e); (injury) mortel(le)
fatalism ['feɪtəlɪzəm] N fatalisme m
fatalistic [feɪtə'lɪstɪk] ADJ fataliste; **to be ~ about sth** être fataliste quant à qch
fatality [fə'tælɪtɪ] N (road death etc) victime f, décès m
fatally ['feɪtəlɪ] ADV fatalement; (injured) mortellement
fate [feɪt] N destin m; (of person) sort m; **to meet one's ~** trouver la mort
fated ['feɪtɪd] ADJ (person) condamné(e); (project) voué(e) à l'échec
fateful ['feɪtful] ADJ fatidique
fat-free ['fæt'friː] ADJ sans matières grasses
★**father** ['fɑːðəʳ] N père m
Father Christmas N le Père Noël
fatherhood ['fɑːðəhud] N paternité f
father-in-law ['fɑːðərɪnlɔː] N beau-père m
fatherland ['fɑːðəlænd] N (mère f) patrie f
fatherly ['fɑːðəlɪ] ADJ paternel(le)
fathom ['fæðəm] N brasse f (= 1828 mm) ▶ VT (mystery) sonder, pénétrer
fatigue [fə'tiːg] N fatigue f; (Mil) corvée f; **metal ~** fatigue du métal
fatness ['fætnɪs] N corpulence f, grosseur f
fatten ['fætn] VT, VI engraisser
fattening ['fætnɪŋ] ADJ (food) qui fait grossir; **chocolate is ~** le chocolat fait grossir
fatty ['fætɪ] ADJ (food) gras(se) ▶ N (pej) gros (grosse)
fatuous ['fætjuəs] ADJ stupide
fatwa, fatwah ['fætwɑː] N fatwa f
faucet ['fɔːsɪt] N (US) robinet m
★**fault** [fɔːlt] N faute f; (defect) défaut m; (Geo) faille f; **it's my ~** c'est de ma faute; **to find ~ with** trouver à redire or à critiquer à; **at ~** fautif(-ive), coupable; **to a ~** à l'excès ▶ VT trouver des défauts à, prendre en défaut
faultless ['fɔːltlɪs] ADJ impeccable; irréprochable
faulty ['fɔːltɪ] ADJ défectueux(-euse)
fauna ['fɔːnə] N faune f
faux pas ['fəu'pɑː] N impair m, bévue f, gaffe f
favour, (US) **favor** ['feɪvəʳ] N faveur f; (help) service m; **to do sb a ~** rendre un service à qn; **in ~ of** en faveur de; **to be in ~ of sth/of doing sth** être partisan de qch/de faire qch; **to find ~ with sb** trouver grâce aux yeux de qn ▶ VT (proposition) être en faveur de; (pupil etc) favoriser; (team, horse) donner gagnant
favourable, (US) **favorable** ['feɪvrəbl] ADJ favorable; (price) avantageux(-euse)
favourably, (US) **favorably** ['feɪvrəblɪ] ADV favorablement
favourite, (US) **favorite** ['feɪvrɪt] ADJ, N favori(te)
favouritism, (US) **favoritism** ['feɪvrɪtɪzəm] N favoritisme m
fawn [fɔːn] N (deer) faon m ▶ ADJ (also: **fawn-coloured**) fauve ▶ VI: **to ~ (up)on** flatter servilement
fax [fæks] N (document) télécopie f; (machine) télécopieur m ▶ VT envoyer par télécopie
FBI N ABBR (US: = Federal Bureau of Investigation) FBI m
FCC N ABBR (US) = **Federal Communications Commission**
FCO N ABBR (BRIT: = Foreign and Commonwealth Office) ministère des Affaires étrangères et du Commonwealth
FD N ABBR (US) = **fire department**
FDA N ABBR (US: = Food and Drug Administration) office de contrôle des produits pharmaceutiques et alimentaires
FE N ABBR = **further education**
★**fear** [fɪəʳ] N crainte f, peur f; **~ of heights** vertige m; **for ~ of** de peur que + sub or de + infinitive ▶ VT craindre; **to ~ that** craindre que ▶ VI: **to ~ for** craindre pour
fearful ['fɪəful] ADJ craintif(-ive); (sight, noise) affreux(-euse), épouvantable; **to be ~ of** avoir peur de, craindre
fearfully ['fɪəfəlɪ] ADV (timidly) craintivement; (old: very) affreusement
fearless ['fɪəlɪs] ADJ intrépide, sans peur
fearsome ['fɪəsəm] ADJ (opponent) redoutable; (sight) épouvantable
feasibility [fiːzə'bɪlɪtɪ] N (of plan) possibilité f de réalisation, faisabilité f
feasibility study N étude f de faisabilité
feasible ['fiːzəbl] ADJ faisable, réalisable
feast [fiːst] N festin m, banquet m; (Rel: also: **feast day**) fête f ▶ VI festoyer; **to ~ on** se régaler de
feat [fiːt] N exploit m, prouesse f
feather ['fɛðəʳ] N plume f ▶ VT: **to ~ one's nest** (fig) faire sa pelote ▶ CPD (bed etc) de plumes
feather-weight ['fɛðəweɪt] N poids m plume inv
★**feature** ['fiːtʃəʳ] N caractéristique f; (article) chronique f, rubrique f; **a (special) ~ on sth/sb**

un reportage sur qch/qn ▸VT (*film*) avoir pour vedette(s) ▸VI figurer (en bonne place); **it featured prominently in ...** cela a figuré en bonne place sur *or* dans ... ■ **features** NPL (*of face*) traits *mpl*

feature film N long métrage

featureless ['fi:tʃəlɪs] ADJ anonyme, sans traits distinctifs

Feb. ABBR (= *February*) fév

★**February** ['fɛbruərɪ] N février *m*; *see also* **July**

feces ['fi:si:z] NPL (*US*) = **faeces**

feckless ['fɛklɪs] ADJ inepte

Fed ABBR (*US*) = **federal; federation**

fed [fɛd] PT, PP *of* **feed**

Fed. [fɛd] N ABBR (*US inf*) = **Federal Reserve Board**

federal ['fɛdərəl] ADJ fédéral(e)

federalism ['fɛdərəlɪzəm] N fédéralisme *m*

federalist ['fɛdərəlɪst] ADJ, N fédéraliste *mf*

Federal Reserve Board N (*US*) *organe de contrôle de la banque centrale américaine*

Federal Trade Commission N (*US*) *organisme de protection contre les pratiques commerciales abusives*

federation [fɛdə'reɪʃən] N fédération *f*

fed up ADJ: **to be ~ (with)** en avoir marre *or* plein le dos (de)

fee [fi:] N rémunération *f*; (*of doctor, lawyer*) honoraires *mpl*; (*of school, college etc*) frais *mpl* de scolarité; (*for examination*) droits *mpl*; **entrance/membership ~** droit d'entrée/d'inscription; **for a small ~** pour une somme modique

feeble ['fi:bl] ADJ faible; (*attempt, excuse*) pauvre; (*joke*) piteux(-euse)

feeble-minded ['fi:bl'maɪndɪd] ADJ faible d'esprit

★**feed** [fi:d] (*pt, pp* **fed** [fɛd]) N (*of baby*) tétée *f*; (*of animal*) nourriture *f*, pâture *f*; (*on printer*) mécanisme *m* d'alimentation ▸VT (*person*) nourrir; (BRIT: *baby: breastfeed*) allaiter; (: *with bottle*) donner le biberon à; (*horse etc*) donner à manger à; (*machine*) alimenter; (*data etc*): **to ~ sth into** enregistrer qch dans

▸**feed back** VT (*results*) donner en retour

▸**feed on** VT FUS se nourrir de

▸**feed through** VI (*be felt*) se faire ressentir; **to ~ through to sb/sth** (*impact on*) se répercuter sur qn/qch

feedback ['fi:dbæk] N (*Elec*) effet *m* Larsen; (*from person*) réactions *fpl*

feeder ['fi:dər] N (*bib*) bavette *f*

feeding bottle ['fi:dɪŋ-] N (BRIT) biberon *m*

★**feel** [fi:l] (*pt, pp* **felt** [fɛlt]) N (*sensation*) sensation *f*; (*impression*) impression *f*; **to get the ~ of sth** (*fig*) s'habituer à qch ▸VT (*touch*) toucher; (*explore*) tâter, palper; (*cold, pain*) sentir; (*grief, anger*) ressentir, éprouver; (*think, believe*): **to ~ (that)** trouver que; **I ~ that you ought to do it** il me semble que vous devriez le faire ▸VI: **to ~ hungry/cold** avoir faim/froid; **to ~ lonely/better** se sentir seul/mieux; **I don't ~ well** je ne me sens pas bien; **to ~ sorry for** avoir pitié de; **it feels soft** c'est doux au toucher; **it feels colder here** je trouve qu'il fait plus froid ici; **it feels like velvet** on dirait du velours, ça ressemble au velours; **to ~ like** (*want*) avoir envie de; **to ~ about** *or* **around** fouiller, tâtonner

▸**feel for** VT FUS (*feel sorry for*) plaindre; (*grope for*) chercher à tâtons

feeler ['fi:lər] N (*of insect*) antenne *f*; (*fig*): **to put out a ~** *or* **feelers** tâter le terrain

feel-good ['fi:lgud] ADJ (*film*) qui réchauffe le cœur

★**feeling** ['fi:lɪŋ] N (*physical*) sensation *f*; (*emotion, impression*) sentiment *m*; **to hurt sb's feelings** froisser qn; **feelings ran high about it** cela a déchaîné les passions; **what are your feelings about the matter?** quel est votre sentiment sur cette question ?; **my ~ is that ...** j'estime que ...; **I have a ~ that ...** j'ai l'impression que ...

fee-paying school ['fi:peɪɪŋ-] N établissement (d'enseignement) privé

feet [fi:t] NPL *of* **foot**

feign [feɪn] VT feindre, simuler

feisty ['faɪstɪ] ADJ fougueux(-euse)

felicitous [fɪ'lɪsɪtəs] ADJ heureux(-euse)

fell [fɛl] PT *of* **fall** ▸VT (*tree*) abattre ▸N (BRIT: *mountain*) montagne *f*; (: *moorland*): **the fells** la lande ▸ADJ: **with one ~ blow** d'un seul coup

fellow ['fɛləu] N type *m*; (*comrade*) compagnon *m*; (*of learned society*) membre *m*; (*of university*) universitaire *mf* (*membre du conseil*) ▸CPD: **their ~ prisoners/students** leurs camarades prisonniers/étudiants; **his ~ workers** ses collègues *mpl* (de travail)

fellow citizen N concitoyen(ne)

fellow countryman N (*irreg*) compatriote *m*

fellow feeling N sympathie *f*

fellow men NPL semblables *mpl*

fellowship ['fɛləuʃɪp] N (*society*) association *f*; (*comradeship*) amitié *f*, camaraderie *f*; (*Scol*) *sorte de bourse universitaire*

fellow traveller N compagnon (compagne) de route; (*Pol*) communisant(e)

fell-walking ['fɛlwɔ:kɪŋ] N (BRIT) randonnée *f* en montagne

felon ['fɛlən] N (*Law*) criminel(le)

felony ['fɛlənɪ] N crime *m*, forfait *m*

felt [fɛlt] PT, PP *of* **feel** ▸N feutre *m*

felt-tip ['fɛlt'tɪp] N (*also:* **felt-tip pen**) stylo-feutre *m*

★**female** ['fi:meɪl] N (*Zool*) femelle *f*; (*pej: woman*) bonne femme ▸ADJ (*Biol, Elec*) femelle; (*sex, character*) féminin(e); (*vote etc*) des femmes; (*child etc*) du sexe féminin; **male and ~ students** étudiants et étudiantes

female impersonator N (*Theat*) travesti *m*

feminine ['fɛmɪnɪn] ADJ féminin(e) ▸N féminin *m*

femininity [fɛmɪ'nɪnɪtɪ] N féminité *f*

feminism ['fɛmɪnɪzəm] N féminisme *m*

feminist ['fɛmɪnɪst] N féministe *mf*

fen [fɛn] N (BRIT): **the Fens** les plaines *fpl* du Norfolk (*anciennement marécageuses*)

★**fence** [fɛns] N barrière *f*; (*Sport*) obstacle *m*; (*inf: person*) receleur(-euse); **to sit on the ~** (*fig*) ne pas se mouiller ▸VT (*also:* **fence in**) clôturer ▸VI faire de l'escrime

fencing ['fɛnsɪŋ] N (*sport*) escrime *m*

fend [fɛnd] VI: **to ~ for o.s.** se débrouiller (tout seul)

▸**fend off** VT (*attack etc*) parer; (*questions*) éluder

f

fender ['fɛndəʳ] N garde-feu *m inv*; (*on boat*) défense *f*; (*US: of car*) aile *f*
feng shui [fʌŋ'ʃweɪ] N feng shui *m inv*
fennel ['fɛnl] N fenouil *m*
feral ['fɛrəl] ADJ sauvage
ferment VI [fə'mɛnt] fermenter ▸ N ['fə:mɛnt] (*fig*) agitation *f*, effervescence *f*
fermentation [fə:mɛn'teɪʃən] N fermentation *f*
fern [fə:n] N fougère *f*
ferocious [fə'rəuʃəs] ADJ féroce
ferociously [fə'rəuʃəslɪ] ADV violemment
ferocity [fə'rɔsɪtɪ] N férocité *f*
ferret ['fɛrɪt] N furet *m*
▸ **ferret about, ferret around** VI fureter
▸ **ferret out** VT dénicher
Ferris wheel ['fɛrɪs-] N (*US*) grande roue *f*
ferry ['fɛrɪ] N (*small*) bac *m*; (*large: also:* **ferryboat**) ferry(-boat *m*) *m* ▸ VT transporter; **to ~ sth/sb across** *or* **over** faire traverser qch/qn
ferryman ['fɛrɪmən] N (*irreg*) passeur *m*
fertile ['fə:taɪl] ADJ fertile; (*Biol*) fécond(e); **~ period** période *f* de fécondité
fertility [fə'tɪlɪtɪ] N fertilité *f*; fécondité *f*
fertility drug N médicament *m* contre la stérilité
fertilize ['fə:tɪlaɪz] VT fertiliser; (*Biol*) féconder
fertilizer ['fə:tɪlaɪzəʳ] N engrais *m*
fervent ['fə:vənt] ADJ fervent(e), ardent(e)
fervently ['fə:vəntlɪ] ADV ardemment
fervour, (*US*) **fervor** ['fə:vəʳ] N ferveur *f*
fester ['fɛstəʳ] VI suppurer
★**festival** ['fɛstɪvəl] N (*Rel*) fête *f*; (*Art, Mus*) festival *m*
festive ['fɛstɪv] ADJ de fête; **the ~ season** (BRIT: *Christmas*) la période des fêtes
festivities [fɛs'tɪvɪtɪz] NPL réjouissances *fpl*
festoon [fɛs'tu:n] VT: **to ~ with** orner de
fetal ['fi:təl] ADJ (*US*) = **foetal**
fetch [fɛtʃ] VT aller chercher; (BRIT: *sell for*) rapporter; **how much did it ~?** ça a atteint quel prix ?
▸ **fetch up** VI (BRIT) se retrouver
fetching ['fɛtʃɪŋ] ADJ charmant(e)
fête [feɪt] N fête *f*, kermesse *f*
fetid ['fɛtɪd] ADJ fétide
fetish ['fɛtɪʃ] N fétiche *m*
fetter ['fɛtəʳ] VT entraver
fetters ['fɛtəz] NPL chaînes *fpl*
fettle ['fɛtl] N (BRIT): **in fine ~** en bonne forme
fetus ['fi:təs] N (*US*) = **foetus**
feud [fju:d] N querelle *f*, dispute *f*; **a family ~** une querelle de famille ▸ VI se quereller, se disputer
feudal ['fju:dl] ADJ féodal(e)
feudalism ['fju:dəlɪzəm] N féodalité *f*
fever ['fi:vəʳ] N fièvre *f*; **he has a ~** il a de la fièvre
fevered ['fi:vəd] ADJ (*activity, anticipation*) fébrile; (*excitement*) frénétique; (*brow*) brûlant(e) de fièvre
feverish ['fi:vərɪʃ] ADJ (*Med*) fiévreux(-euse), fébrile; (*frantic: activity*) fébrile; (*: excitement*) frénétique
★**few** [fju:] ADJ (*not many*) peu de; **a ~** (*+ noun*) quelques; **quite a ~ ...** (*+ noun*) un certain nombre de ..., pas mal de ...; **in the next ~ days** dans les jours qui viennent; **in the past ~ days** ces derniers jours; **every ~ days/months** tous les deux ou trois jours/mois; **a ~ more ...** encore quelques ..., quelques ... de plus ▸ PRON peu; **a ~** quelques-uns(-unes); **~ succeed** il y en a peu qui réussissent, (bien) peu réussissent; **they were ~** ils étaient peu (nombreux), il y en avait peu; **I know a ~** j'en connais quelques-uns; **a ~ of the teachers** quelques-uns des professeurs; **a ~ of us** quelques-uns d'entre nous
fewer ['fju:əʳ] ADJ moins de; **there are ~ buses on Sundays** il y a moins de bus le dimanche; **they are ~ now** il y en a moins maintenant, ils sont moins (nombreux) maintenant ▸ PRON moins; **no ~ than** pas moins de
fewest ['fju:ɪst] ADJ le moins nombreux
FFA N ABBR = **Future Farmers of America**
FH ABBR (BRIT) = **fire hydrant**
FHA N ABBR (*US: = Federal Housing Administration*) *office fédéral du logement*
fiancé [fɪ'ɔŋseɪ] N fiancé *m*
fiancée [fɪ'ɔŋseɪ] N fiancée *f*
fiasco [fɪ'æskəu] N fiasco *m*
fib [fɪb] N bobard *m*
fibre, (*US*) **fiber** ['faɪbəʳ] N fibre *f*
fibreboard, (*US*) **fiberboard** ['faɪbəbɔ:d] N panneau *m* de fibres
fibreglass, (*US*) **Fiberglass**® ['faɪbəglɑ:s] N fibre *f* de verre
fibre optic, (*US*) **fiber optic** CPD (*cable*) en fibre *f* optique
fibrositis [faɪbrə'saɪtɪs] N aponévrosite *f*
FICA N ABBR (*US*) = **Federal Insurance Contributions Act**
fickle ['fɪkl] ADJ inconstant(e), volage, capricieux(-euse)
fiction ['fɪkʃən] N romans *mpl*, littérature *f* romanesque; (*invention*) fiction *f*
fictional ['fɪkʃənl] ADJ fictif(-ive)
fictionalize ['fɪkʃnəlaɪz] VT romancer
fictitious [fɪk'tɪʃəs] ADJ fictif(-ive), imaginaire
fiddle ['fɪdl] N (*Mus*) violon *m*; (*cheating*) combine *f*; escroquerie *f*; **tax ~** fraude fiscale, combine pour échapper au fisc; **to work a ~** traficoter ▸ VT (BRIT: *accounts*) falsifier, maquiller
▸ **fiddle with** VT FUS tripoter
fiddler ['fɪdləʳ] N violoniste *mf*
fiddly ['fɪdlɪ] ADJ (*task*) minutieux(-euse)
fidelity [fɪ'dɛlɪtɪ] N fidélité *f*
fidget ['fɪdʒɪt] VI se trémousser, remuer
fidgety ['fɪdʒɪtɪ] ADJ agité(e), qui a la bougeotte
fiduciary [fɪ'dju:ʃɪərɪ] N agent *m* fiduciaire
★**field** [fi:ld] N champ *m*; (*fig*) domaine *m*, champ; (*Sport: ground*) terrain *m*; (*Comput*) champ, zone *f*; **to lead the ~** (*Sport, Comm*) dominer; **the children had a ~ day** (*fig*) c'était un grand jour pour les enfants
fielder ['fi:ldəʳ] N joueur(-euse) de champ
field glasses NPL jumelles *fpl*
field hospital N antenne chirurgicale
field marshal N maréchal *m*
fieldwork ['fi:ldwə:k] N travaux *mpl* pratiques (*or* recherches *fpl*) sur le terrain

fiend [fi:nd] N démon *m*
fiendish [ˈfi:ndɪʃ] ADJ diabolique; (*problem, task*) infernal(e)
fiendishly [ˈfi:ndɪʃli] ADV (*clever*) extrêmement; (*difficult, complicated*) abominablement
★**fierce** [fɪəs] ADJ (*look, animal*) féroce, sauvage; (*wind, attack, person*) (très) violent(e); (*fighting, enemy*) acharné(e)
fiercely [ˈfɪəslɪ] ADV (*say*) d'un ton féroce; (*fight, compete*) avec acharnement; (*loyal, proud*) profondément; (*ambitious*) redoutablement
fiery [ˈfaɪərɪ] ADJ ardent(e), brûlant(e), fougueux(-euse)
FIFA [ˈfi:fə] N ABBR (= *Fédération Internationale de Football Association*) FIFA *f*
★**fifteen** [fɪfˈti:n] NUM quinze
★**fifteenth** [fɪfˈti:nθ] NUM quinzième
★**fifth** [fɪfθ] NUM cinquième ▸ N (*Aut: also:* **fifth gear**) cinquième *f*
fiftieth [ˈfɪftɪɪθ] NUM cinquantième
★**fifty** [ˈfɪftɪ] NUM cinquante
fifty-fifty [ˈfɪftɪˈfɪftɪ] ADV moitié-moitié; **to share ~ with sb** partager moitié-moitié avec qn ▸ ADJ: **to have a ~ chance (of success)** avoir une chance sur deux (de réussir)
fig [fɪg] N figue *f*
★**fight** [faɪt] (*pt, pp* **fought** [fɔ:t]) N (*between persons*) bagarre *f*; (*argument*) dispute *f*; (*Mil*) combat *m*; (*against cancer etc*) lutte *f* ▸ VT se battre contre; (*cancer, alcoholism, emotion*) combattre, lutter contre; (*election*) se présenter à; (*Law: case*) défendre ▸ VI se battre; (*argue*) se disputer; (*fig*): **to ~ (for/against)** lutter (pour/contre)
▸ **fight back** VI rendre les coups; (*after illness*) reprendre le dessus ▸ VT (*tears*) réprimer
▸ **fight off** VT repousser; (*disease, sleep, urge*) lutter contre
fighter [ˈfaɪtəʳ] N lutteur *m*; (*fig: plane*) chasseur *m*
fighter pilot N pilote *m* de chasse
fighting [ˈfaɪtɪŋ] N combats *mpl*; (*brawls*) bagarres *fpl*
figment [ˈfɪgmənt] N: **a ~ of the imagination** une invention
figurative [ˈfɪgjurətɪv] ADJ figuré(e)
figuratively [ˈfɪgjurətɪvlɪ] ADV au sens figuré
★**figure** [ˈfɪgəʳ] N (*Drawing, Geom*) figure *f*; (*number*) chiffre *m*; (*body, outline*) silhouette *f*; (*person's shape*) ligne *f*, formes *fpl*; (*person*) personnage *m*; **public ~** personnalité *f*; **~ of speech** figure *f* de rhétorique ▸ VT (*US: think*) supposer ▸ VI (*appear*) figurer; (*US: make sense*) s'expliquer
▸ **figure on** VT FUS (*US*): **to ~ on doing** compter faire
▸ **figure out** VT (*understand*) arriver à comprendre; (*plan*) calculer
figurehead [ˈfɪgəhɛd] N (*Naut*) figure *f* de proue; (*pej*) prête-nom *m*
figure skating N figures imposées (*en patinage*), patinage *m* artistique
Fiji [ˈfi:dʒi:] N, **Fiji Islands** NPL (îles *fpl*) Fi(d)ji *fpl*
filament [ˈfɪləmənt] N filament *m*
filch [fɪltʃ] VT (*inf: steal*) voler, chiper
★**file** [faɪl] N (*tool*) lime *f*; (*dossier*) dossier *m*; (*folder*) dossier, chemise *f*; (*: binder*) classeur *m*; (*Comput*) fichier *m*; (*row*) file *f* ▸ VT (*nails, wood*) limer; (*papers*) classer; (*Law: claim*) faire enregistrer; déposer; **to ~ a suit against sb** (*Law*) intenter un procès à qn ▸ VI: **to ~ in/out** entrer/sortir l'un derrière l'autre; **to ~ past** défiler devant
file name N (*Comput*) nom *m* de fichier
file sharing [-ʃɛərɪŋ] N (*Comput*) partage *m* de fichiers
filibuster [ˈfɪlɪbʌstəʳ] (*esp US Pol*) N (*also:* **filibusterer**) obstructionniste *mf* ▸ VI faire de l'obstructionnisme
filing [ˈfaɪlɪŋ] N (travaux *mpl* de) classement *m* ■ **filings** NPL limaille *f*
filing cabinet N classeur *m* (*meuble*)
filing clerk N documentaliste *mf*
Filipino [fɪlɪˈpi:nəu] ADJ philippin(e) ▸ N (*person*) Philippin(e); (*Ling*) tagalog *m*
★**fill** [fɪl] VT remplir; (*vacancy*) pourvoir à; **to ~ with** remplir de ▸ N: **to eat one's ~** manger à sa faim
▸ **fill in** VT (*hole*) boucher; (*form*) remplir; (*details, report*) compléter
▸ **fill out** VT (*form, receipt*) remplir
▸ **fill up** VT remplir; **~ it up, please** (*Aut*) le plein, s'il vous plaît ▸ VI (*Aut*) faire le plein
filled [fɪld] ADJ: **~ with** (*full of*) rempli(e) de
fillet [ˈfɪlɪt] N filet *m* ▸ VT préparer en filets
fillet steak N filet *m* de bœuf, tournedos *m*
filling [ˈfɪlɪŋ] N (*Culin*) garniture *f*, farce *f*; (*for tooth*) plombage *m*
filling station N station-service *f*, station *f* d'essence
fillip [ˈfɪlɪp] N coup *m* de fouet (*fig*)
filly [ˈfɪlɪ] N pouliche *f*
★**film** [fɪlm] N film *m*; (*Phot*) pellicule *f*, film; (*of powder, liquid*) couche *f*, pellicule; **I'd like a 36-exposure ~** je voudrais une pellicule de 36 poses ▸ VT (*scene*) filmer ▸ VI tourner
filming [ˈfɪlmɪŋ] N tournage *m*
film-maker [ˈfɪlmmeɪkəʳ] N (*esp* BRIT) cinéaste *mf*
film star N vedette *f* de cinéma
filmstrip [ˈfɪlmstrɪp] N (film *m* pour) projection *f* fixe
film studio N studio *m* (de cinéma)
Filofax® [ˈfaɪləufæks] N Filofax® *m*
filter [ˈfɪltəʳ] N filtre *m* ▸ VT filtrer
▸ **filter through** VI filtrer; **to ~ through to sb** filtrer jusqu'à qn
filter coffee N café *m* filtre
filter lane N (BRIT *Aut: at traffic lights*) voie *f* de dégagement; (*: on motorway*) voie *f* de sortie
filter tip N bout *m* filtre
filth [fɪlθ] N saleté *f*
filthy [ˈfɪlθɪ] ADJ sale, dégoûtant(e); (*language*) ordurier(-ière), grossier(-ière)
fin [fɪn] N (*of fish*) nageoire *f*; (*of shark*) aileron *m*; (*of diver*) palme *f*
★**final** [ˈfaɪnl] ADJ final(e), dernier(-ière); (*decision, answer*) définitif(-ive); **~ demand** (*on invoice etc*) dernier rappel ▸ N (BRIT *Sport*) finale *f* ■ **finals** NPL (*US*) (*Scol*) examens *mpl* de dernière année; (*Sport*) finale *f*
finale [fɪˈnɑ:lɪ] N finale *m*
finalist [ˈfaɪnəlɪst] N (*Sport*) finaliste *mf*

finalize ['faɪnəlaɪz] VT mettre au point

★**finally** ['faɪnəlɪ] ADV (*eventually*) enfin, finalement; (*lastly*) en dernier lieu; (*irrevocably*) définitivement

finance [faɪ'næns] N finance *f* ▸ VT financer
finances NPL finances *fpl*

financial [faɪ'nænʃəl] ADJ financier(-ière); ~ **statement** bilan *m*, exercice financier

financially [faɪ'nænʃəlɪ] ADV financièrement

financial year N année *f* budgétaire

financier [faɪ'nænsɪəʳ] N financier *m*

★**find** [faɪnd] (*pt, pp* **found** [faund]) VT trouver; (*lost object*) retrouver; **to ~ sb guilty** (*Law*) déclarer qn coupable; **to ~ (some) difficulty in doing sth** avoir du mal à faire qch ▸ N trouvaille *f*, découverte *f*
▸ **find out** VT se renseigner sur; (*truth, secret*) découvrir; (*person*) démasquer ▸ VI: **to ~ out about** (*make enquiries*) se renseigner sur; (*by chance*) apprendre

findings ['faɪndɪŋz] NPL (*Law*) conclusions *fpl*, verdict *m*; (*of report*) constatations *fpl*

★**fine** [faɪn] ADJ (*weather*) beau (belle); (*excellent*) excellent(e); (*thin, subtle, not coarse*) fin(e); (*acceptable*) bien *inv*; **he's ~** il va bien; **the weather is ~** il fait beau ▸ ADV (*well*) très bien; (*small*) fin, finement; **you're doing ~** c'est bien, vous vous débrouillez bien; **to cut it ~** calculer un peu juste ▸ N (*Law*) amende *f*; contravention *f* ▸ VT (*Law*) condamner à une amende; donner une contravention à

fine arts NPL beaux-arts *mpl*

finely ['faɪnlɪ] ADV (*slice, grate*) finement; (*well: observed, drawn*) bien

fine print N: **the ~** ce qui est imprimé en tout petit

finery ['faɪnərɪ] N parure *f*

finesse [fɪ'nɛs] N finesse *f*, élégance *f*

fine-tooth comb ['faɪntu:θ-] N: **to go through sth with a ~** (*fig*) passer qch au peigne fin *or* au crible

★**finger** ['fɪŋgəʳ] N doigt *m*; **index ~** index *m* ▸ VT palper, toucher

fingernail ['fɪŋgəneɪl] N ongle *m* (de la main)

fingerprint ['fɪŋgəprɪnt] N empreinte digitale ▸ VT (*person*) prendre les empreintes digitales de

fingerstall ['fɪŋgəstɔ:l] N doigtier *m*

fingertip ['fɪŋgətɪp] N bout *m* du doigt; (*fig*): **to have sth at one's fingertips** avoir qch à sa disposition; (*knowledge*) savoir qch sur le bout du doigt

finicky ['fɪnɪkɪ] ADJ tatillon(ne), méticuleux(-euse), minutieux(-euse)

★**finish** ['fɪnɪʃ] N fin *f*; (*Sport*) arrivée *f*; (*polish etc*) finition *f* ▸ VT finir, terminer; **to ~ doing sth** finir de faire qch ▸ VI finir, se terminer; (*session*) s'achever; **to ~ third** arriver *or* terminer troisième; **when does the show ~?** quand est-ce que le spectacle se termine ?
▸ **finish off** VT finir, terminer; (*kill*) achever
▸ **finish up** VI, VT finir
▸ **finish with** VT FUS (*girlfriend, boyfriend*) quitter

finishing line ['fɪnɪʃɪŋ-] N ligne *f* d'arrivée

finishing school ['fɪnɪʃɪŋ-] N institution privée (*pour jeunes filles*)

finite ['faɪnaɪt] ADJ fini(e); (*verb*) conjugué(e)

★**Finland** ['fɪnlənd] N Finlande *f*

Finn [fɪn] N Finnois(e), Finlandais(e)

★**Finnish** ['fɪnɪʃ] ADJ finnois(e), finlandais(e) ▸ N (*Ling*) finnois *m*

fiord [fjɔ:d] N fjord *m*

fir [fə:ʳ] N sapin *m*

★**fire** ['faɪəʳ] N feu *m*; (*accidental*) incendie *m*; (*heater*) radiateur *m*; **~!** au feu !; **on ~** en feu; **to set ~ to sth, set sth on ~** mettre le feu à qch; **insured against ~** assuré contre l'incendie ▸ VT (*discharge*): **to ~ a gun** tirer un coup de feu; (*fig: interest*) enflammer, animer; (*inf: dismiss*) mettre à la porte, renvoyer ▸ VI (*shoot*) tirer, faire feu ▸ CPD: **~ hazard, ~ risk**: **that's a ~ risk** *or* **hazard** cela présente un risque d'incendie

fire alarm N avertisseur *m* d'incendie

firearm ['faɪərɑ:m] N arme *f* à feu

fireball ['faɪəbɔ:l] N boule *f* de feu

fire brigade N pompiers *mpl*, régiment *m* de sapeurs-pompiers

fire chief N (*US*) = **fire master**

fire department N (*US*) = **fire brigade**

fire door N porte *f* coupe-feu

fire engine N (BRIT) pompe *f* à incendie

fire escape N escalier *m* de secours

fire exit N issue *f or* sortie *f* de secours

fire extinguisher N extincteur *m*

firefighter ['faɪəfaɪtəʳ] N pompier *m*

firefighting ['faɪəfaɪtɪŋ] N (*lit*) lutte *f* contre les incendies; (*fig*) gestion *f* de crise

fireguard ['faɪəgɑ:d] N (BRIT) garde-feu *m inv*

fire insurance N assurance *f* incendie

fire master N (BRIT) capitaine *m* des pompiers

fireplace ['faɪəpleɪs] N cheminée *f*

firepower ['faɪəpauəʳ] N puissance *f* de feu

fireproof ['faɪəpru:f] ADJ ignifuge

fire regulations NPL consignes *fpl* en cas d'incendie

fire screen N (*decorative*) écran *m* de cheminée; (*for protection*) garde-feu *m inv*

fireside ['faɪəsaɪd] N foyer *m*, coin *m* du feu

fire station N caserne *f* de pompiers

fire truck N (*US*) = **fire engine**

firewall ['faɪəwɔ:l] N (*Internet*) pare-feu *m*

firewood ['faɪəwud] N bois *m* de chauffage

fireworks ['faɪəwə:ks] NPL (*display*) feu(x) *m(pl)* d'artifice

firing ['faɪərɪŋ] N (*Mil*) feu *m*, tir *m*

firing line N ligne *f* de tir; **to be in the ~** (*lit*) être dans la ligne de tir; (*fig*) être sous le feu des attaques

firing squad N peloton *m* d'exécution

★**firm** [fə:m] ADJ ferme; **it is my ~ belief that ...** je crois fermement que ... ▸ N compagnie *f*, firme *f*

firmly ['fə:mlɪ] ADV fermement

firmness ['fə:mnɪs] N fermeté *f*

★**first** [fə:st] ADJ premier(-ière); **in the ~ instance** en premier lieu; **I'll do it ~ thing tomorrow** je le ferai tout de suite demain matin ▸ ADV (*before other people*) le premier, la première; (*before other* *things*) en premier, d'abord; (*when listing reasons etc*) en premier lieu, premièrement; (*in the beginning*) au début; **~ of all** tout d'abord, pour commencer ▸ N (*person: in race*) premier(-ière); (BRIT *Scol*) mention *f* très bien; (*Aut: also:* **first gear**) première *f*; **the ~ of January** le premier janvier; **at ~** au commencement, au début

first aid N premiers secours *or* soins

first-aid kit [fəːst'eɪd-] N trousse *f* à pharmacie

first-class [fəːst'klɑːs] ADJ (*ticket etc*) de première classe; (*excellent*) excellent(e), exceptionnel(le); (*post*) en tarif prioritaire

first-class mail N courrier *m* rapide

first-hand [fəːst'hænd] ADJ de première main

first lady N (US) femme *f* du président

firstly ['fəːstlɪ] ADV premièrement, en premier lieu

first minister N (*in Scotland*) *chef du parlement écossais*

first name N prénom *m*

first night N (*Theat*) première *f*

first-rate [fəːst'reɪt] ADJ excellent(e)

first-time buyer ['fəːsttaɪm-] N *personne achetant une maison ou un appartement pour la première fois*

fir tree N sapin *m*

fiscal ['fɪskl] ADJ fiscal(e)

fiscal year N exercice financier

★**fish** [fɪʃ] N (*pl inv*) poisson *m*; poissons *mpl*; **~ and chips** poisson frit et frites ▸ VT, VI pêcher; **to ~ a river** pêcher dans une rivière

▸ **fish out** VT (*inf: take out*) sortir; **to ~ sth out of sth** sortir qch de qch

fisherman ['fɪʃəmən] N (*irreg*) pêcheur *m*

> The word for *fisherman* has a circumflex accent: *he's a fisherman* **il est pêcheur**. The word **pécheur** means *sinner*.

fishery ['fɪʃərɪ] N pêcherie *f*

fish factory N (BRIT) conserverie *f* de poissons

fish farm N établissement *m* piscicole

fish fingers NPL (BRIT) bâtonnets *mpl* de poisson (congelés)

fish hook N hameçon *m*

★**fishing** ['fɪʃɪŋ] N pêche *f*; **to go ~** aller à la pêche

fishing boat N barque *f* de pêche

fishing industry N industrie *f* de la pêche

fishing line N ligne *f* (de pêche)

fishing rod N canne *f* à pêche

fishing tackle N attirail *m* de pêche

fish market N marché *m* au poisson

fishmonger ['fɪʃmʌŋgə^r] N (BRIT) marchand *m* de poisson

fishmonger's ['fɪʃmʌŋgəz], **fishmonger's shop** N (BRIT) poissonnerie *f*

fishnet stockings ['fɪʃnɛt-] NPL bas *mpl* résille

fish slice N (BRIT) pelle *f* à poisson

fish sticks NPL (US) = **fish fingers**

fishy ['fɪʃɪ] ADJ (*inf*) suspect(e), louche

fission ['fɪʃən] N fission *f*; **atomic** *or* **nuclear ~** fission nucléaire

fissure ['fɪʃə^r] N fissure *f*

fist [fɪst] N poing *m*

fistfight ['fɪstfaɪt] N pugilat *m*, bagarre *f* (à coups de poing)

★**fit** [fɪt] ADJ (*Med, Sport*) en (bonne) forme; (*proper*) convenable; approprié(e); **~ to** (*ready to*) en état de; **~ for** (*worthy*) digne de; (*capable*) apte à; **to keep ~** se maintenir en forme ▸ VT (*subj: clothes*) aller à; (*adjust*) ajuster; (*put in, attach*) installer, poser; adapter; (*equip*) équiper, garnir, munir; (*suit*) convenir à ▸ VI (*clothes*) aller; (*parts*) s'adapter; (*in space, gap*) entrer, s'adapter ▸ N (*Med*) accès *m*, crise *f*; (*of anger*) accès; (*of hysterics, jealousy*) crise; **this dress is a tight/good ~** cette robe est un peu juste/(me) va très bien; **a ~ of coughing** une quinte de toux; **to have a ~** (*Med*) faire *or* avoir une crise; (*inf*) piquer une crise; **by fits and starts** par à-coups

▸ **fit in** VI (*add up*) cadrer; (*integrate*) s'intégrer; (*to new situation*) s'adapter

▸ **fit into** VT FUS (*group, team*) s'intégrer à; (*space, container*) tenir dans; (*slot*) entrer

▸ **fit out** VT (BRIT: *also:* **fit up**) équiper

fitful ['fɪtful] ADJ intermittent(e)

fitment ['fɪtmənt] N meuble encastré, élément *m*

fitness ['fɪtnɪs] N (*Med*) forme *f* physique; (*of remark*) à-propos *m*, justesse *f*

fitness instructor N professeur *mf* de fitness

fitted ['fɪtɪd] ADJ (*jacket, shirt*) ajusté(e)

fitted carpet N moquette *f*

fitted kitchen N (BRIT) cuisine équipée

fitted sheet N drap-housse *m*

fitter ['fɪtə^r] N monteur *m*; (*Dress*) essayeur(-euse)

fitting ['fɪtɪŋ] ADJ approprié(e) ▸ N (*of dress*) essayage *m*; (*of piece of equipment*) pose *f*, installation *f*

fitting room N (*in shop*) cabine *f* d'essayage

fittings ['fɪtɪŋz] NPL installations *fpl*

★**five** [faɪv] NUM cinq

five-day week ['faɪvdeɪ-] N semaine *f* de cinq jours

fiver ['faɪvə^r] N (*inf: US*) billet de cinq dollars; (: BRIT) billet *m* de cinq livres

★**fix** [fɪks] VT (*date, amount etc*) fixer; (*sort out*) arranger; (*mend*) réparer; (*make ready: meal, drink*) préparer; (*inf: game etc*) truquer ▸ N: **to be in a ~** être dans le pétrin

▸ **fix up** VT (*meeting*) arranger; **to ~ sb up with sth** faire avoir qch à qn

fixation [fɪk'seɪʃən] N (*Psych*) fixation *f*; (*fig*) obsession *f*

★**fixed** [fɪkst] ADJ (*prices etc*) fixe; **there's a ~ charge** il y a un prix forfaitaire; **how are you ~ for money?** (*inf*) question fric, ça va ?

fixed assets NPL immobilisations *fpl*

fixture ['fɪkstʃə^r] N installation *f* (fixe); (*Sport*) rencontre *f* (au programme)

fizz [fɪz] VI pétiller

fizzle ['fɪzl] VI pétiller

▸ **fizzle out** VI rater

fizzy ['fɪzɪ] ADJ pétillant(e), gazeux(-euse)

fjord [fjɔːd] N = **fiord**

FL, Fla. ABBR (US) = **Florida**

flabbergasted ['flæbəgɑːstɪd] ADJ sidéré(e), ahuri(e)

flabby ['flæbɪ] ADJ mou (molle)

★**flag** [flæg] N drapeau *m*; (*also:* **flagstone**) dalle *f*; **~ of convenience** pavillon *m* de complaisance ▸VI faiblir; fléchir
▸**flag down** VT héler, faire signe (de s'arrêter) à
▸**flag up** VT signaler

flagging ['flægɪŋ] ADJ (*strength*) déclinant(e); (*enthusiasm*) émoussé(e); (*spirits*) défaillant(e); (*conversation*) languissant(e); **he soon revived their ~ spirits** il a rapidement remonté leur moral défaillant

flagon ['flægən] N bonbonne *f*

flagpole ['flægpəul] N mât *m*

flagrant ['fleɪgrənt] ADJ flagrant(e)

flagship ['flægʃɪp] N vaisseau *m* amiral; (*fig*) produit *m* vedette

flag stop N (*US: for bus*) arrêt facultatif

flair [flɛəʳ] N flair *m*

flak [flæk] N (*Mil*) tir antiaérien; (*inf: criticism*) critiques *fpl*

flake [fleɪk] N (*of rust, paint*) écaille *f*; (*of snow, soap powder*) flocon *m* ▸VI (*also:* **flake off**) s'écailler

flaky ['fleɪkɪ] ADJ (*paintwork*) écaillé(e); (*skin*) desquamé(e); (*pastry*) feuilleté(e)

flamboyant [flæm'bɔɪənt] ADJ flamboyant(e), éclatant(e); (*person*) haut(e) en couleur

flame [fleɪm] N flamme *f*

flamingo [flə'mɪŋgəu] N flamant *m* (rose)

flammable ['flæməbl] ADJ inflammable

flan [flæn] N (BRIT) tarte *f*

Flanders ['flɑːndəz] N Flandre(s) *f(pl)*

flange [flændʒ] N boudin *m*, collerette *f*

flank [flæŋk] N flanc *m* ▸VT flanquer

flannel ['flænl] N (BRIT: *also:* **face flannel**) gant *m* de toilette; (*fabric*) flanelle *f*; (BRIT *inf*) baratin *m*
■ **flannels** NPL pantalon *m* de flanelle

flap [flæp] N (*of pocket, envelope*) rabat *m* ▸VT (*wings*) battre (de) ▸VI (*sail, flag*) claquer; (*inf: also:* **be in a flap**) paniquer

flapjack ['flæpdʒæk] N (*US: pancake*) ≈ crêpe *f*; (BRIT: *biscuit*) galette *f*

flare [flɛəʳ] N (*signal*) signal lumineux; (*Mil*) fusée éclairante; (*in skirt etc*) évasement *m* ■ **flares** NPL (*trousers*) pantalon *m* à pattes d'éléphant
▸**flare up** VI s'embraser; (*fig: person*) se mettre en colère, s'emporter; (*: revolt*) éclater

flared [flɛəd] ADJ (*trousers*) à jambes évasées; (*skirt*) évasé(e)

★**flash** [flæʃ] N éclair *m*; (*also:* **news flash**) flash *m* (d'information); (*Phot*) flash; **a ~ of lightning** un éclair; **in a ~** en un clin d'œil ▸VT (*switch on*) allumer (brièvement); (*direct*): **to ~ sth at** braquer qch sur; (*flaunt*) étaler, exhiber; (*send: message*) câbler; (*smile*) lancer; **to ~ one's headlights** faire un appel de phares ▸VI briller; jeter des éclairs; (*light on ambulance etc*) clignoter; **he flashed by** *or* **past** il passa (devant nous) comme un éclair

flashback ['flæʃbæk] N flashback *m*, retour *m* en arrière

flashbulb ['flæʃbʌlb] N ampoule *f* de flash

flash card N (*Scol*) carte *f* (*support visuel*)

flashcube ['flæʃkjuːb] N cube-flash *m*

flash drive N (*Comput*) clé *f* USB

flasher ['flæʃəʳ] N (*Aut*) clignotant *m*

flashlight ['flæʃlaɪt] N lampe *f* de poche

flashpoint ['flæʃpɔɪnt] N point *m* d'ignition; (*fig*): **to be at ~** être sur le point d'exploser

flashy ['flæʃɪ] ADJ (*pej*) tape-à-l'œil *inv*, tapageur(-euse)

flask [flɑːsk] N flacon *m*, bouteille *f*; (*Chem*) ballon *m*; (*also:* **vacuum flask**) bouteille *f* thermos®

★**flat** [flæt] ADJ plat(e); (*tyre*) dégonflé(e), à plat; (*beer*) éventé(e); (*battery*) à plat; (*denial*) catégorique; (*Mus*) bémol *inv*; (*: voice*) faux (fausse); **~ rate of pay** (*Comm*) salaire *m* fixe ▸N (BRIT: *apartment*) appartement *m*; (*Aut*) crevaison *f*, pneu crevé; (*Mus*) bémol *m* ▸ADV: **~ out** (*work*) sans relâche; (*race*) à fond

flat-footed [flæt'futɪd] ADJ: **to be ~** avoir les pieds plats

flatly ['flætlɪ] ADV catégoriquement

flatmate ['flætmeɪt] N (BRIT): **he's my ~** il partage l'appartement avec moi

flatness ['flætnɪs] N (*of land*) absence *f* de relief, aspect plat

flat pack N (BRIT) meuble *m* en kit

flat-screen ['flætskriːn] ADJ à écran plat ▸N écran plat

flatten ['flætn] VT (*also:* **flatten out**) aplatir; (*crop*) coucher; (*house, city*) raser

flatter ['flætəʳ] VT flatter

flatterer ['flætərəʳ] N flatteur *m*

flattering ['flætərɪŋ] ADJ flatteur(-euse); (*clothes etc*) seyant(e)

flattery ['flætərɪ] N flatterie *f*

flatulence ['flætjuləns] N flatulence *f*

flaunt [flɔːnt] VT faire étalage de

flavour, (US) **flavor** ['fleɪvəʳ] N goût *m*, saveur *f*; (*of ice cream etc*) parfum *m*; **what flavours do you have?** quels parfums avez-vous ?; **to give** *or* **add ~ to** donner du goût à, relever ▸VT parfumer, aromatiser; **vanilla-flavoured** à l'arôme de vanille, vanillé(e)

flavouring, (US) **flavoring** ['fleɪvərɪŋ] N arôme *m* (synthétique)

flavoursome, (US) **flavorsome** ['fleɪvəsəm] ADJ goûteux(-euse)

flaw [flɔː] N défaut *m*

flawed [flɔːd] ADJ défectueux(-euse); **to be seriously ~** comporter de sérieux défauts; **to be fundamentally ~** être foncièrement défectueux(-euse)

flawless ['flɔːlɪs] ADJ sans défaut

flawlessly ['flɔːlɪslɪ] ADV parfaitement

flax [flæks] N lin *m*

flaxen ['flæksən] ADJ blond(e)

flea [fliː] N puce *f*

flea market N marché *m* aux puces

fleck [flɛk] N (*of dust*) particule *f*; (*of mud, paint, colour*) tacheture *f*, moucheture *f* ▸VT tacher, éclabousser; **brown flecked with white** brun moucheté de blanc

fled [flɛd] PT, PP *of* **flee**

fledgeling, fledgling ['flɛdʒlɪŋ] N oisillon *m*

flee [fliː] (*pt, pp* **fled** [flɛd]) VT fuir, s'enfuir de ▸VI fuir, s'enfuir

fleece [fliːs] N (*of sheep*) toison *f*; (*top*) (laine *f*) polaire *f* ▸VT (*inf*) voler, filouter

fleecy ['fli:sɪ] ADJ (*blanket*) moelleux(-euse); (*cloud*) floconneux(-euse)
fleet [fli:t] N flotte *f*; (*of lorries, cars etc*) parc *m*; convoi *m*
fleeting ['fli:tɪŋ] ADJ fugace, fugitif(-ive); (*visit*) très bref (brève)
Fleet Street N *terme désignant la presse nationale britannique et ses journalistes*
Flemish ['flɛmɪʃ] ADJ flamand(e) ▶N (*Ling*) flamand *m*; **the ~** *npl* les Flamands
flesh [flɛʃ] N chair *f*
▶ **flesh out** VT (*story, plan*) développer
flesh wound [-wu:nd] N blessure superficielle
fleshy ['flɛʃɪ] ADJ (*person*) grassouillet(te); (*part of body*) rebondi(e); (*plant, fruit*) charnu(e)
flew [flu:] PT *of* **fly**
flex [flɛks] N fil *m or* câble *m* électrique (souple) ▶VT (*knee*) fléchir; (*muscles*) bander
flexibility [flɛksə'bɪlɪtɪ] N flexibilité *f*
★**flexible** ['flɛksəbl] ADJ flexible; (*person, schedule*) souple
flexitarian [flɛksɪ'tɛərɪən] ADJ, N flexitarien(ne)
flexitime ['flɛksɪtaɪm], (*US*) **flextime** ['flɛkstaɪm] N horaire *m* variable *or* à la carte
flick [flɪk] N petit coup; (*with finger*) chiquenaude *f* ▶VT donner un petit coup à; (*switch*) appuyer sur
▶ **flick through** VT FUS feuilleter
flicker ['flɪkə^r] VI (*light, flame*) vaciller ▶N vacillement *m*; **a ~ of light** une brève lueur
flick knife N (BRIT) couteau *m* à cran d'arrêt
flicks [flɪks] NPL (*inf*) ciné *m*
flier N = **flyer**
flies [flaɪz] NPL *of* **fly**
★**flight** [flaɪt] N vol *m*; (*escape*) fuite *f*; (*also:* **flight of steps**) escalier *m*; **to take ~** prendre la fuite; **to put to ~** mettre en fuite
flight attendant N steward *m*, hôtesse *f* de l'air
flight crew N équipage *m*
flight deck N (*Aviat*) poste *m* de pilotage; (*Naut*) pont *m* d'envol
flight path N trajectoire *f* (de vol)
flight recorder N enregistreur *m* de vol
flimsy ['flɪmzɪ] ADJ peu solide; (*clothes*) trop léger(-ère); (*excuse*) pauvre, mince
flinch [flɪntʃ] VI tressaillir; **to ~ from** se dérober à, reculer devant
fling [flɪŋ] (*pt, pp* **flung** [flʌŋ]) VT jeter, lancer ▶N (*love affair*) brève liaison, passade *f*
flint [flɪnt] N silex *m*; (*in lighter*) pierre *f* (à briquet)
flip [flɪp] N chiquenaude *f* ▶VT (*throw*) donner une chiquenaude à; (*switch*) appuyer sur; (*US: pancake*) faire sauter; **to ~ sth over** retourner qch ▶VI: **to ~ for sth** (*US*) jouer qch à pile ou face
▶ **flip through** VT FUS feuilleter
flip chart N tableau *m* de conférence
flip-flops ['flɪpflɔps] NPL (*esp* BRIT) tongs *fpl*
flippant ['flɪpənt] ADJ désinvolte, irrévérencieux(-euse)
flipper ['flɪpə^r] N (*of animal*) nageoire *f*; (*for swimmer*) palme *f*
flip side N (*of record*) deuxième face *f*
flirt [flə:t] VI flirter ▶N flirteur(-euse)
flirtation [flə:'teɪʃən] N flirt *m*
flirtatious [flə:'teɪʃəs] ADJ dragueur(-euse)
flit [flɪt] VI voleter
★**float** [fləut] N flotteur *m*; (*in procession*) char *m*; (*sum of money*) réserve *f* ▶VI flotter; (*bather*) flotter, faire la planche ▶VT faire flotter; (*loan, business, idea*) lancer
floating ['fləutɪŋ] ADJ flottant(e); **~ vote** voix flottante; **~ voter** électeur indécis
flock [flɔk] N (*of sheep*) troupeau *m*; (*of birds*) vol *m*; (*of people*) foule *f*
floe [fləu] N (*also:* **ice floe**) iceberg *m*
flog [flɔg] VT fouetter
★**flood** [flʌd] N inondation *f*; (*of letters, refugees etc*) flot *m*; **in ~** en crue ▶VT inonder; (*Aut: carburettor*) noyer; **to ~ the market** (*Comm*) inonder le marché ▶VI (*place*) être inondé; (*people*): **to ~ into** envahir
▶ **flood in** VI affluer
floodgates ['flʌdgeɪts] NPL: **to open the ~ to sth** être la porte ouverte à qch
flooding ['flʌdɪŋ] N inondation *f*
floodlight ['flʌdlaɪt] N projecteur *m* ▶VT (*irreg: like* **light**) éclairer aux projecteurs, illuminer
floodlit ['flʌdlɪt] PT, PP *of* **floodlight** ▶ADJ illuminé(e)
flood tide N marée montante
floodwater ['flʌdwɔ:tə^r] N eau *f* de la crue
★**floor** [flɔ:^r] N sol *m*; (*storey*) étage *m*; (*of sea, valley*) fond *m*; (*fig: at meeting*): **the ~** l'assemblée *f*, les membres *mpl* de l'assemblée; **on the ~** par terre; **ground ~**, (*US*) **first ~** rez-de-chaussée *m*; **first ~**, (*US*) **second ~** premier étage; **top ~** dernier étage; **what ~ is it on?** c'est à quel étage ?; **to have the ~** (*speaker*) avoir la parole ▶VT (*knock down*) terrasser; (*baffle*) désorienter
floorboard ['flɔ:bɔ:d] N planche *f* (*du plancher*)
flooring ['flɔ:rɪŋ] N sol *m*; (*wooden*) plancher *m*; (*material to make floor*) matériau(x) *m(pl)* pour planchers; (*covering*) revêtement *m* de sol
floor lamp N (*US*) lampadaire *m*
floor show N spectacle *m* de variétés
floorwalker ['flɔ:wɔ:kə^r] N (*esp US*) surveillant *m* (de grand magasin)
flop [flɔp] N fiasco *m* ▶VI (*fail*) faire fiasco; (*fall*) s'affaler, s'effondrer
floppy ['flɔpɪ] ADJ lâche, flottant(e); **~ hat** chapeau *m* à bords flottants ▶N (*Comput: also:* **floppy disk**) disquette *f*
floppy disk N disquette *f*, disque *m* souple
flora ['flɔ:rə] N flore *f*
floral ['flɔ:rəl] ADJ floral(e); (*dress*) à fleurs
Florence ['flɔrəns] N Florence
florid ['flɔrɪd] ADJ (*complexion*) fleuri(e); (*style*) plein(e) de fioritures
florist ['flɔrɪst] N fleuriste *mf*
florist's ['flɔrɪsts], **florist's shop** N magasin *m or* boutique *f* de fleuriste
flotation [fləu'teɪʃən] N (*of shares*) émission *f*; (*of company*) lancement *m* (en Bourse)
flotilla [flə'tɪlə] N flottille *f*
flounce [flauns] N volant *m*
▶ **flounce out** VI sortir dans un mouvement d'humeur

f

flounder ['flaundəʳ] N (*Zool*) flet *m* ▸ VI patauger
flour ['flauəʳ] N farine *f*
flourish ['flʌrɪʃ] VI prospérer ▸ VT brandir ▸ N (*gesture*) moulinet *m*; (*decoration*) fioriture *f*; (*of trumpets*) fanfare *f*
flourishing ['flʌrɪʃɪŋ] ADJ prospère, florissant(e)
flout [flaut] VT se moquer de, faire fi de
★**flow** [fləu] N (*of water, traffic etc*) écoulement *m*; (*tide, influx*) flux *m*; (*of orders, letters etc*) flot *m*; (*of blood, Elec*) circulation *f*; (*of river*) courant *m* ▸ VI couler; (*traffic*) s'écouler; (*robes, hair*) flotter
flow chart, flow diagram N organigramme *m*
★**flower** ['flauəʳ] N fleur *f*; **in ~** en fleur ▸ VI fleurir
flower bed N plate-bande *f*
flowerpot ['flauəpɔt] N pot *m* (à fleurs)
flowery ['flauərɪ] ADJ fleuri(e)
flown [fləun] PP *of* **fly**
fl. oz. ABBR = **fluid ounce**
flu [flu:] N grippe *f*
fluctuate ['flʌktjueɪt] VI varier, fluctuer
fluctuation [flʌktju'eɪʃən] N fluctuation *f*, variation *f*
flue [flu:] N conduit *m*
fluency ['flu:ənsɪ] N facilité *f*, aisance *f*
fluent ['flu:ənt] ADJ (*speech, style*) coulant(e), aisé(e); **he's a ~ speaker/reader** il s'exprime/lit avec aisance *or* facilité; **he speaks ~ French, he's ~ in French** il parle couramment français
fluently ['flu:əntlɪ] ADV couramment; avec aisance *or* facilité
fluff [flʌf] N duvet *m*; (*on jacket, carpet*) peluche *f*
fluffy ['flʌfɪ] ADJ duveteux(-euse); (*jacket, carpet*) pelucheux(-euse); (*toy*) en peluche
fluid ['flu:ɪd] N fluide *m*; (*in diet*) liquide *m* ▸ ADJ fluide
fluid ounce N (BRIT) = 0.028 l; 0.05 pints
fluke [flu:k] N (*inf*) coup *m* de veine
flummox ['flʌməks] VT dérouter, déconcerter
flung [flʌŋ] PT, PP *of* **fling**
flunky ['flʌŋkɪ] N larbin *m*
fluorescent [fluə'rɛsnt] ADJ fluorescent(e)
fluoridation [fluərɪ'deɪʃən] N fluoration *f*
fluoride ['fluəraɪd] N fluor *m*
fluorine ['fluəri:n] N fluor *m*
flurry ['flʌrɪ] N (*of snow*) rafale *f*, bourrasque *f*; **a ~ of activity** un affairement soudain; **a ~ of excitement** une excitation soudaine
flush [flʌʃ] N (*on face*) rougeur *f*; (*fig: of youth etc*) éclat *m*; (*of blood*) afflux *m*; **hot flushes** (*Med*) bouffées *fpl* de chaleur ▸ VT nettoyer à grande eau; (*also:* **flush out**) débusquer; **to ~ the toilet** tirer la chasse (d'eau) ▸ VI rougir ▸ ADJ (*inf*) en fonds; (*level*): **~ with** au ras de, de niveau avec
flushed [flʌʃt] ADJ (tout(e)) rouge
fluster ['flʌstəʳ] N agitation *f*, trouble *m*
flustered ['flʌstəd] ADJ énervé(e)
flute [flu:t] N flûte *f*
flutter ['flʌtəʳ] N (*of panic, excitement*) agitation *f*; (*of wings*) battement *m* ▸ VI (*bird*) battre des ailes, voleter; (*person*) aller et venir dans une grande agitation
flux [flʌks] N: **in a state of ~** fluctuant sans cesse
★**fly** [flaɪ] (*pt* **flew** [flu:], *pp* **flown** [fləun]) N (*insect*) mouche *f*; (*on trousers: also:* **flies**) braguette *f* ▸ VT (*plane*) piloter; (*passengers, cargo*) transporter (par avion); (*distance*) parcourir ▸ VI voler; (*passengers*) aller en avion; (*escape*) s'enfuir, fuir; (*flag*) se déployer; **to ~ open** s'ouvrir brusquement; **to ~ off the handle** s'énerver, s'emporter
▸ **fly away, fly off** VI s'envoler
▸ **fly in** VI (*plane*) atterrir; **he flew in yesterday** il est arrivé hier (par avion)
▸ **fly into** VT FUS: **to ~ into a rage** se mettre en rage
▸ **fly out** VI partir (par avion)
fly-drive ['flaɪdraɪv] N formule *f* avion plus voiture
flyer ['flaɪəʳ] N (*pilot*) aviateur(-trice); (*passenger*) passager(-ère) (*d'un avion*); (*handbill*) prospectus *m*
fly-fishing ['flaɪfɪʃɪŋ] N pêche *f* à la mouche
flying ['flaɪɪŋ] N (*activity*) aviation *f*; (*action*) vol *m*; **he doesn't like ~** il n'aime pas voyager en avion ▸ ADJ: **~ visit** visite *f* éclair *inv*; **with ~ colours** haut la main
flying buttress N arc-boutant *m*
flying picket N piquet *m* de grève volant
flying saucer N soucoupe volante
flying squad N (*Police*) brigade volante
flying start N: **to get off to a ~** faire un excellent départ
flyleaf ['flaɪli:f] N page *f* de garde
flyover ['flaɪəuvəʳ] N (BRIT: *overpass*) pont routier
flypast ['flaɪpɑ:st] N défilé aérien
flysheet ['flaɪʃi:t] N (*for tent*) double toit *m*
flyweight ['flaɪweɪt] N (*Sport*) poids *m* mouche
flywheel ['flaɪwi:l] N volant *m* (de commande)
FM ABBR (BRIT *Mil*) = **field marshal**; (*Radio*: = *frequency modulation*) FM
FMB N ABBR (US) = **Federal Maritime Board**
FMCS N ABBR (*US*: = *Federal Mediation and Conciliation Services*) *organisme de conciliation en cas de conflits du travail*
FO N ABBR (BRIT) = **Foreign Office**
foal [fəul] N poulain *m*
foam [fəum] N écume *f*; (*on beer*) mousse *f*; (*also:* **foam rubber**) caoutchouc *m* mousse; (*also:* **plastic foam**) mousse cellulaire *or* de plastique ▸ VI (*liquid*) écumer; (*soapy water*) mousser
foam rubber N caoutchouc *m* mousse
FOB ABBR (= *free on board*) fob
fob [fɔb] N (*also:* **watch fob**) chaîne *f*, ruban *m* ▸ VT: **to ~ sb off with sth** refiler qch à qn
focal ['fəukl] ADJ (*also fig*) focal(e)
focal point N foyer *m*; (*fig*) centre *m* de l'attention, point focal
★**focus** ['fəukəs] N foyer *m*; (*of interest*) centre *m*; **out of/in ~** (*picture*) flou(e)/net(te); (*camera*) pas au point/au point ▸ VT (*field glasses etc*) mettre au point; (*light rays*) faire converger ▸ VI: **to ~ (on)** (*with camera*) régler la mise au point (sur); (*with eyes*) fixer son regard (sur); (*fig: concentrate*) se concentrer (sur)
fodder ['fɔdəʳ] N fourrage *m*
FOE N ABBR (= *Friends of the Earth*) AT *mpl* (= *Amis de la Terre*); (*US*: = *Fraternal Order of Eagles*) *organisation charitable*

foe [fəu] N ennemi *m*
foetal, (*US*) **fetal** ['fi:təl] ADJ fœtal(e)
foetus, (*US*) **fetus** ['fi:təs] N fœtus *m*
★**fog** [fɔg] N brouillard *m*
fogbound ['fɔgbaund] ADJ bloqué(e) par le brouillard
★**foggy** ['fɔgɪ] ADJ: **it's ~** il y a du brouillard
fog lamp, (*US*) **fog light** N (*Aut*) phare *m* anti-brouillard
foible ['fɔɪbl] N faiblesse *f*
foil [fɔɪl] VT déjouer, contrecarrer ▸ N feuille *f* de métal; (*kitchen foil*) papier *m* d'alu(minium); (*Fencing*) fleuret *m*; **to act as a ~ to** (*fig*) servir de repoussoir à
foist [fɔɪst] VT: **to ~ sth on sb** imposer qch à qn
★**fold** [fəuld] N (*bend, crease*) pli *m*; (*Agr*) parc *m* à moutons; (*fig*) bercail *m* ▸ VT plier; **to ~ one's arms** croiser les bras
▸ **fold up** VI (*map etc*) se plier, se replier; (*business*) fermer boutique ▸ VT (*map etc*) plier, replier
folder ['fəuldə^r] N (*for papers*) chemise *f*; (: *binder*) classeur *m*; (*brochure*) dépliant *m*; (*Comput*) dossier *m*
folding ['fəuldɪŋ] ADJ (*chair, bed*) pliant(e)
foliage ['fəulɪɪdʒ] N feuillage *m*
folk [fəuk] NPL gens *mpl* ▸ CPD folklorique ■ **folks** NPL (*inf: parents*) famille *f*, parents *mpl*
folklore ['fəuklɔ:^r] N folklore *m*
folk music N musique *f* folklorique; (*contemporary*) musique folk, folk *m*
folk song ['fəuksɔŋ] N chanson *f* folklorique; (*contemporary*) chanson folk *inv*
folksy ['fəuksɪ] ADJ rustique
★**follow** ['fɔləu] VT suivre; (*on Twitter*) s'abonner aux tweets de; **to ~ sb's advice** suivre les conseils de qn; **I don't quite ~ you** je ne vous suis plus; **to ~ suit** (*fig*) faire de même ▸ VI suivre; (*result*) s'ensuivre; **to ~ in sb's footsteps** emboîter le pas à qn; (*fig*) suivre les traces de qn; **it follows that ...** il s'ensuit que ...
▸ **follow out** VT (*idea, plan*) poursuivre, mener à terme
▸ **follow through** VT = **follow out**
▸ **follow up** VT (*victory*) tirer parti de; (*letter, offer*) donner suite à; (*case*) suivre
follower ['fɔləuə^r] N disciple *mf*, partisan(e)
★**following** ['fɔləuɪŋ] ADJ suivant(e) ▸ N partisans *mpl*, disciples *mpl*
follow-up ['fɔləuʌp] N suite *f*; (*on file, case*) suivi *m*
folly ['fɔlɪ] N inconscience *f*; sottise *f*; (*building*) folie *f*
foment [fə'mɛnt] VT fomenter
fond [fɔnd] ADJ (*memory, look*) tendre, affectueux(-euse); (*hopes, dreams*) un peu fou (folle); **to be ~ of** aimer beaucoup
fondle ['fɔndl] VT caresser
fondly ['fɔndlɪ] ADV (*lovingly*) tendrement; (*naïvely*) naïvement
fondness ['fɔndnɪs] N (*for things*) attachement *m*; (*for people*) sentiments affectueux; **a special ~ for** une prédilection pour
font [fɔnt] N (*Rel*) fonts baptismaux; (*Typ*) police *f* de caractères
★**food** [fu:d] N nourriture *f*
food chain N chaîne *f* alimentaire
foodie ['fu:dɪ] N (*inf*) gourmet *m*
food mixer N mixeur *m*
food poisoning N intoxication *f* alimentaire
food processor N robot *m* de cuisine
food stamp N (*US*) bon *m* de nourriture (*pour indigents*)
foodstuffs ['fu:dstʌfs] NPL denrées *fpl* alimentaires
★**fool** [fu:l] N idiot(e); (*Hist: of king*) bouffon *m*, fou *m*; (*Culin*) mousse *f* de fruits; **to make a ~ of sb** (*ridicule*) ridiculiser qn; (*trick*) avoir *or* duper qn; **to make a ~ of o.s.** se couvrir de ridicule ▸ VT berner, duper; **you can't ~ me** vous (ne) me la ferez pas, on (ne) me la fait pas ▸ VI (*also:* **fool around**) faire l'idiot *or* l'imbécile
▸ **fool about, fool around** VI (*pej: waste time*) traînailler, glandouiller; (: *behave foolishly*) faire l'idiot *or* l'imbécile
foolhardy ['fu:lhɑ:dɪ] ADJ téméraire, imprudent(e)
foolish ['fu:lɪʃ] ADJ idiot(e), stupide; (*rash*) imprudent(e)
foolishly ['fu:lɪʃlɪ] ADV stupidement
foolishness ['fu:lɪʃnɪs] N idiotie *f*, stupidité *f*
foolproof ['fu:lpru:f] ADJ (*plan etc*) infaillible
foolscap ['fu:lskæp] N ≈ papier *m* ministre
★**foot** [fut] (*pl* **feet** [fi:t]) N pied *m*; (*of animal*) patte *f*; (*measure*) pied (= *30.48 cm* ; *12 inches*); **on ~** à pied; **to find one's feet** (*fig*) s'acclimater; **to put one's ~ down** (*Aut*) appuyer sur le champignon; (*say no*) s'imposer ▸ VT (*bill*) casquer, payer
footage ['futɪdʒ] N (*Cine: length*) ≈ métrage *m*; (: *material*) séquences *fpl*
foot-and-mouth [futənd'mauθ], **foot-and-mouth disease** N fièvre aphteuse
★**football** ['futbɔ:l] N (*ball*) ballon *m* (de football); (*sport:* BRIT) football *m*; (: *US*) football américain
★**footballer** ['futbɔ:lə^r] N (BRIT) = **football player**
football ground N terrain *m* de football
football match N (BRIT) match *m* de foot(ball)
football player N footballeur(-euse), joueur(-euse) de football; (*US*) joueur(-euse) de football américain
football pools NPL (*US*) ≈ loto *m* sportif, ≈ pronostics *mpl* (sur les matchs de football)
footbrake ['futbreɪk] N frein *m* à pédale
footbridge ['futbrɪdʒ] N passerelle *f*
footfall ['futfɔ:l] N (*footstep*) (bruit *m* de) pas *m*; (*Comm*) fréquentation *f*
foothills ['futhɪlz] NPL contreforts *mpl*
foothold ['futhəuld] N prise *f* (de pied)
footie, footy ['futɪ] N (BRIT *inf*) foot *m* (*inf*) ▸ CPD (*season, fan*) de foot (*inf*)
footing ['futɪŋ] N (*fig*) position *f*; **to lose one's ~** perdre pied; **on an equal ~** sur pied d'égalité
footlights ['futlaɪts] NPL rampe *f*
footloose ['futlu:s] ADJ libre; **to be ~ and fancy-free** être libre comme l'air
footman ['futmən] N (*irreg*) laquais *m*
footnote ['futnəut] N note *f* (en bas de page)
footpath ['futpɑ:θ] N sentier *m*; (*in street*) trottoir *m*

f

footprint ['futprɪnt] N trace *f* (de pied)
footrest ['futrɛst] N marchepied *m*
footsie ['futsɪ] N (*inf*): **to play ~ with sb** faire du pied à qn
footsore ['futsɔːʳ] ADJ: **to be ~** avoir mal aux pieds
footstep ['futstɛp] N pas *m*
footstool ['futstuːl] N repose-pied *m*
footwear ['futwɛəʳ] N chaussures *fpl*
footwork ['futwəːk] N (*of boxer, footballer*) jeu *m* de jambes; (*fig*) manœuvre *f*
footy ['futɪ] N (BRIT *inf*) = **footie**
FOR ABBR (= *free on rail*) franco wagon

for [fɔːʳ]

PREP **1** (*indicating destination, intention, purpose*) pour; **the train for London** le train pour (*or* à destination de) Londres; **he left for Rome** il est parti pour Rome; **he went for the paper** il est allé chercher le journal; **is this for me?** c'est pour moi ?; **it's time for lunch** c'est l'heure du déjeuner; **what's it for?** ça sert à quoi ?; **what for?** (*why?*) pourquoi ?; (*to what end?*) pour quoi faire ?, à quoi bon ?; **for sale** à vendre; **to pray for peace** prier pour la paix
2 (*on behalf of, representing*) pour; **the MP for Hove** le député de Hove; **to work for sb/sth** travailler pour qn/qch; **I'll ask him for you** je vais lui demander pour toi; **G for George** G comme Georges
3 (*because of*) pour; **for this reason** pour cette raison; **for fear of being criticized** de peur d'être critiqué
4 (*with regard to*) pour; **it's cold for July** il fait froid pour juillet; **a gift for languages** un don pour les langues
5 (*in exchange for*): **I sold it for £5** je l'ai vendu 5 livres; **to pay 50 pence for a ticket** payer un billet 50 pence
6 (*in favour of*) pour; **are you for or against us?** êtes-vous pour ou contre nous ?; **I'm all for it** je suis tout à fait pour; **vote for X** votez pour X
7 (*referring to distance*) pendant, sur; **there are roadworks for 5 km** il y a des travaux sur *or* pendant 5 km; **we walked for miles** nous avons marché pendant des kilomètres
8 (*referring to time*) pendant; depuis; pour; **he was away for 2 years** il a été absent pendant 2 ans; **she will be away for a month** elle sera absente (pendant) un mois; **it hasn't rained for 3 weeks** ça fait 3 semaines qu'il ne pleut pas, il ne pleut pas depuis 3 semaines; **I have known her for years** je la connais depuis des années; **can you do it for tomorrow?** est-ce que tu peux le faire pour demain ?
9 (*with infinitive clauses*): **it is not for me to decide** ce n'est pas à moi de décider; **it would be best for you to leave** le mieux serait que vous partiez; **there is still time for you to do it** vous avez encore le temps de le faire; **for this to be possible ...** pour que cela soit possible ...
10 (*in spite of*): **for all that** malgré cela, néanmoins; **for all his work/efforts** malgré tout son travail/tous ses efforts; **for all his complaints, he's very fond of her** il a beau se plaindre, il l'aime beaucoup
▸ CONJ (*since, as: formal*) car

When talking about how long something has been happening use **depuis** and the present tense.
I've been learning French for two years. **J'apprends le français depuis deux ans**.
If the action has finished, use **pendant** and the past tense.
I learned French for two years. **J'ai appris le français pendant deux ans**.

forage ['fɔrɪdʒ] N fourrage *m* ▸VI fourrager, fouiller
forage cap N calot *m*
foray ['fɔreɪ] N incursion *f*
forbad, forbade [fə'bæd] PT *of* **forbid**
forbearing [fɔː'bɛərɪŋ] ADJ patient(e), tolérant(e)
forbid [fə'bɪd] (*pt* **forbad** [-'bæd] *or* **forbade** [-'bæd], *pp* **forbidden** [-'bɪdn]) VT défendre, interdire; **to ~ sb to do** défendre *or* interdire à qn de faire
forbidden [fə'bɪdn] ADJ défendu(e)
forbidding [fə'bɪdɪŋ] ADJ d'aspect *or* d'allure sévère *or* sombre
★**force** [fɔːs] N force *f*; **in ~** (*rule, law, prices*) en vigueur; (*in large numbers*) en force; **to come into ~** entrer en vigueur; **a ~ 5 wind** un vent de force 5; **the sales ~** (*Comm*) la force de vente; **to join forces** unir ses forces ▸VT forcer; (*push*) pousser (de force); **to ~ o.s. to do** se forcer à faire; **to ~ sb to do sth** forcer qn à faire qch ■ **Forces** NPL: **the Forces** (BRIT *Mil*) les forces armées
▸ **force back** VT (*crowd, enemy*) repousser; (*tears*) refouler
▸ **force down** VT (*food*) se forcer à manger
forced [fɔːst] ADJ forcé(e)
force-feed [fɔːs'fiːd] VT nourrir de force
forceful ['fɔːsful] ADJ énergique
forcemeat ['fɔːsmiːt] N (BRIT *Culin*) farce *f*
forceps ['fɔːsɛps] NPL forceps *m*
forcibly ['fɔːsəblɪ] ADV par la force, de force; (*vigorously*) énergiquement
ford [fɔːd] N gué *m* ▸VT passer à gué
fore [fɔːʳ] N: **to the ~** en évidence; **to come to the ~** se faire remarquer
forearm ['fɔːrɑːm] N avant-bras *m inv*
forebear ['fɔːbɛəʳ] N ancêtre *m*
foreboding [fɔː'bəudɪŋ] N pressentiment *m* (néfaste)
★**forecast** ['fɔːkɑːst] N prévision *f*; (*also:* **weather forecast**) prévisions *fpl* météorologiques, météo *f* ▸VT (*irreg: like* **cast**) prévoir
forecaster ['fɔːkɑːstəʳ] N (*also:* **weather forecaster**) météorologiste *mf*; (*economic*) prévisionniste *mf*
foreclose [fɔː'kləuz] VT (*Law: also:* **foreclose on**) saisir
foreclosure [fɔː'kləuʒəʳ] N saisie *f* du bien hypothéqué
forecourt ['fɔːkɔːt] N (*of garage*) devant *m*
foredeck ['fɔːdɛk] N pont *m* avant
forefathers ['fɔːfɑːðəz] NPL ancêtres *mpl*
forefinger ['fɔːfɪŋgəʳ] N index *m*
forefront ['fɔːfrʌnt] N: **in the ~ of** au premier rang *or* plan de

forego [fɔːˈgəu] VT (*irreg: like* **go**) renoncer à

foregoing [ˈfɔːgəuɪŋ] ADJ susmentionné(e) ▶ N: **the ~** ce qui précède

foregone [ˈfɔːgɔn] ADJ: **it's a ~ conclusion** c'est à prévoir, c'est couru d'avance

foreground [ˈfɔːgraund] N premier plan ▶ CPD (*Comput*) prioritaire

forehand [ˈfɔːhænd] N (*Tennis*) coup droit

forehead [ˈfɔrɪd] N front *m*

★**foreign** [ˈfɔrɪn] ADJ étranger(-ère); (*trade*) extérieur(e); (*travel*) à l'étranger

foreign body N corps étranger

foreign currency N devises étrangères

★**foreigner** [ˈfɔrɪnəʳ] N étranger(-ère)

foreign exchange N (*system*) change *m*; (*money*) devises *fpl*

foreign exchange market N marché *m* des devises

foreign exchange rate N cours *m* des devises

foreign investment N investissement *m* à l'étranger

Foreign Office N (BRIT) ministère *m* des Affaires étrangères

Foreign Secretary N (BRIT) ministre *m* des Affaires étrangères

foreknowledge [fɔːˈnɔlɪdʒ] N: **to have ~ of sth** savoir qch à l'avance

foreleg [ˈfɔːlɛg] N patte *f* de devant, jambe antérieure

foreman [ˈfɔːmən] N (*irreg*) (*in construction*) contremaître *m*; (*Law: of jury*) président *m* (du jury)

foremost [ˈfɔːməust] ADJ le (la) plus en vue, premier(-ière) ▶ ADV: **first and ~** avant tout, tout d'abord

forename [ˈfɔːneɪm] N prénom *m*

forensic [fəˈrɛnsɪk] ADJ: **~ medicine** médecine légale; **~ expert** expert *m* de la police, expert légiste

foreplay [ˈfɔːpleɪ] N stimulation *f* érotique, prélude *m*

forerunner [ˈfɔːrʌnəʳ] N précurseur *m*

foresee [fɔːˈsiː] VT (*irreg: like* **see**) prévoir

foreseeable [fɔːˈsiːəbl] ADJ prévisible

foreseen [fɔːˈsiːn] PP *of* **foresee**

foreshadow [fɔːˈʃædəu] VT présager, annoncer, laisser prévoir

foreshore [ˈfɔːʃɔːʳ] N laisse *f* de mer

foreshorten [fɔːˈʃɔːtn] VT (*figure, scene*) réduire, faire en raccourci

foresight [ˈfɔːsaɪt] N prévoyance *f*

foreskin [ˈfɔːskɪn] N (*Anat*) prépuce *m*

★**forest** [ˈfɔrɪst] N forêt *f*

forestall [fɔːˈstɔːl] VT devancer

forested [ˈfɔrɪstɪd] ADJ boisé(e); **thickly ~** très boisé

forestry [ˈfɔrɪstrɪ] N sylviculture *f*

foretaste [ˈfɔːteɪst] N avant-goût *m*

foretell [fɔːˈtɛl] VT (*irreg: like* **tell**) prédire

forethought [ˈfɔːθɔːt] N prévoyance *f*

foretold [fɔːˈtəuld] PT, PP *of* **foretell**

forever [fəˈrɛvəʳ] ADV pour toujours; (*fig: endlessly*) continuellement

forewarn [fɔːˈwɔːn] VT avertir

forewent [fɔːˈwɛnt] PT *of* **forego**

foreword [ˈfɔːwəːd] N avant-propos *m inv*

forfeit [ˈfɔːfɪt] N prix *m*, rançon *f* ▶ VT perdre; (*one's life, health*) payer de

forgave [fəˈgeɪv] PT *of* **forgive**

forge [fɔːdʒ] N forge *f* ▶ VT (*signature*) contrefaire; (*wrought iron*) forger; **to ~ documents/a will** fabriquer de faux papiers/un faux testament; **to ~ money** (BRIT) fabriquer de la fausse monnaie
▶ **forge ahead** VI pousser de l'avant, prendre de l'avance

forged [fɔːdʒd] ADJ faux (fausse)

forger [ˈfɔːdʒəʳ] N faussaire *m*

forgery [ˈfɔːdʒərɪ] N faux *m*, contrefaçon *f*

★**forget** [fəˈgɛt] (*pt* **forgot** [-ˈgɔt], *pp* **forgotten** [-ˈgɔtn]) VT, VI oublier; **to ~ to do sth** oublier de faire qch; **to ~ about sth** (*accidentally*) oublier qch; (*on purpose*) ne plus penser à qch; **I've forgotten my key/passport** j'ai oublié ma clé/mon passeport

forgetful [fəˈgɛtful] ADJ distrait(e), étourdi(e); **~ of** oublieux(-euse) de

forgetfulness [fəˈgɛtfulnɪs] N tendance *f* aux oublis; (*oblivion*) oubli *m*

forget-me-not [fəˈgɛtmɪnɔt] N myosotis *m*

forgettable [fəˈgɛtəbl] ADJ (*film, year*) peu mémorable; (*person, face*) ordinaire

forgivable [fəˈgɪvəbl] ADJ pardonnable

★**forgive** [fəˈgɪv] VT (*irreg: like* **give**) pardonner; **to ~ sb for sth/for doing sth** pardonner qch à qn/à qn de faire qch

forgiveness [fəˈgɪvnɪs] N pardon *m*

forgiving [fəˈgɪvɪŋ] ADJ indulgent(e)

forgo [fɔːˈgəu] (*pt* **forwent** [-ˈwɛnt], *pp* **forgone** [-ˈgɔn]) VT = **forego**

forgot [fəˈgɔt] PT *of* **forget**

forgotten [fəˈgɔtn] PP *of* **forget**

fork [fɔːk] N (*for eating*) fourchette *f*; (*for gardening*) fourche *f*; (*of roads*) bifurcation *f*; (*of railways*) embranchement *m* ▶ VI (*road*) bifurquer
▶ **fork out** (*inf*) VT (*pay*) allonger, se fendre de ▶ VI casquer

forked [fɔːkt] ADJ (*lightning*) en zigzags, ramifié(e)

fork-lift truck [ˈfɔːklɪft-] N chariot élévateur

forlorn [fəˈlɔːn] ADJ (*person*) délaissé(e); (*deserted*) abandonné(e); (*hope, attempt*) désespéré(e)

★**form** [fɔːm] N forme *f*; (*Scol*) classe *f*; (*questionnaire*) formulaire *m*; **in the ~ of** sous forme de; **to be on good ~** (*Sport, fig*) être en forme; **on top ~** en pleine forme ▶ VT former; (*habit*) contracter; **to ~ part of sth** faire partie de qch

★**formal** [ˈfɔːməl] ADJ (*offer, receipt*) en bonne et due forme; (*person*) cérémonieux(-euse), à cheval sur les convenances; (*occasion, dinner*) officiel(le); (*garden*) à la française; (*Art, Philosophy*) formel(le); (*clothes*) de soirée

formaldehyde [fɔːˈmældɪhaɪd] N formaldéhyde *m*

formality [fɔːˈmælɪtɪ] N formalité *f*, cérémonie(s) *f(pl)*

formalize [ˈfɔːməlaɪz] VT officialiser

formally [ˈfɔːməlɪ] ADV officiellement; formellement; cérémonieusement

format ['fɔːmæt] N format *m* ▶ VT (*Comput*) formater
formation [fɔː'meɪʃən] N formation *f*
formative ['fɔːmətɪv] ADJ: **~ years** années *fpl* d'apprentissage (*fig*) *or* de formation (*d'un enfant, d'un adolescent*)
formatting ['fɔːmætɪŋ] N (*Comput*) formatage *m*
★**former** ['fɔːmə^r] ADJ ancien(ne); (*before n*) précédent(e); **the ~ ... the latter** le premier ... le second, celui-là ... celui-ci; **the ~ president** l'ex-président; **the ~ Yugoslavia/Soviet Union** l'ex Yougoslavie/Union Soviétique
formerly ['fɔːməlɪ] ADV autrefois
form feed N (*on printer*) alimentation *f* en feuilles
Formica® [fɔː'maɪkə] N formica® *m*
formidable ['fɔːmɪdəbl] ADJ redoutable
formula ['fɔːmjulə] N formule *f*; **F~ One** (*Aut*) Formule un
formulaic [fɔːmju'leɪɪk] ADJ convenu(e)
formulate ['fɔːmjuleɪt] VT formuler
fornicate ['fɔːnɪkeɪt] VI forniquer
forsake [fə'seɪk] (*pt* **forsook** [-'suk], *pp* **forsaken** [-'seɪkən]) VT abandonner
fort [fɔːt] N fort *m*; **to hold the ~** (*fig*) assurer la permanence
forte ['fɔːtɪ] N (point) fort *m*
★**forth** [fɔːθ] ADV en avant; **to go back and ~** aller et venir; **and so ~** et ainsi de suite
forthcoming [fɔːθ'kʌmɪŋ] ADJ qui va paraître *or* avoir lieu prochainement; (*character*) ouvert(e), communicatif(-ive); (*available*) disponible
forthright ['fɔːθraɪt] ADJ franc (franche), direct(e)
forthwith [fɔːθ'wɪθ] ADV sur le champ
fortieth ['fɔːtɪɪθ] NUM quarantième
fortification [fɔːtɪfɪ'keɪʃən] N fortification *f*
fortified wine ['fɔːtɪfaɪd-] N vin liquoreux *or* de liqueur
fortify ['fɔːtɪfaɪ] VT (*city*) fortifier; (*person*) remonter
fortitude ['fɔːtɪtjuːd] N courage *m*, force *f* d'âme
fortnight ['fɔːtnaɪt] N (BRIT) quinzaine *f*, quinze jours *mpl*; **it's a ~ since ...** il y a quinze jours que ...
fortnightly ['fɔːtnaɪtlɪ] ADJ bimensuel(le) ▶ ADV tous les quinze jours
FORTRAN ['fɔːtræn] N FORTRAN *m*
fortress ['fɔːtrɪs] N forteresse *f*
fortuitous [fɔː'tjuːɪtəs] ADJ fortuit(e)
fortunate ['fɔːtʃənɪt] ADJ heureux(-euse); (*person*) chanceux(-euse); **to be ~** avoir de la chance; **it is ~ that** c'est une chance que, il est heureux que
fortunately ['fɔːtʃənɪtlɪ] ADV heureusement, par bonheur
★**fortune** ['fɔːtʃən] N chance *f*; (*wealth*) fortune *f*; **to make a ~** faire fortune
fortune-teller ['fɔːtʃəntɛlə^r] N diseuse *f* de bonne aventure
★**forty** ['fɔːtɪ] NUM quarante
forum ['fɔːrəm] N forum *m*, tribune *f*
★**forward** ['fɔːwəd] ADJ (*movement, position*) en avant, vers l'avant; (*not shy*) effronté(e); (*in time*) en avance; (*Comm: delivery, sales, exchange*) à terme; **~ planning** planification *f* à long terme ▶ ADV (*also:* **forwards**) en avant; **to look ~ to sth** attendre qch avec impatience; **to move ~** avancer ▶ N (*Sport*) avant *m* ▶ VT (*letter*) faire suivre; (*parcel, goods*) expédier; (*fig*) promouvoir, favoriser; **"please ~"** « prière de faire suivre »
forwarding address ['fɔːwədɪŋ-] N adresse *f* de réexpédition
forward slash N barre *f* oblique
forwent [fɔː'wɛnt] PT *of* **forgo**
fossick ['fɔsɪk] VI (AUSTRALIA, NEW ZEALAND *inf*) chercher; **to ~ around for** fouiner (*inf*) pour trouver
fossil ['fɔsl] ADJ, N fossile *m*; **~ fuel** combustible *m* fossile
fossilized ['fɔsəlaɪzd] ADJ (*bones*) fossilisé(e)
foster ['fɔstə^r] VT (*encourage*) encourager, favoriser; (*child*) élever (*sans adopter*)
foster brother N frère *m* de lait
foster child N (*irreg*) *enfant élevé dans une famille d'accueil*
foster mother N mère adoptive; mère nourricière
foster parent N *parent qui élève un enfant sans l'adopter*
foster sister N sœur *f* de lait
fought [fɔːt] PT, PP *of* **fight**
foul [faul] ADJ (*weather, smell, food*) infect(e); (*language*) ordurier(-ière); (*deed*) infâme; **he's got a ~ temper** il a un caractère de chien ▶ N (*Football*) faute *f* ▶ VT (*dirty*) salir, encrasser; (*football player*) commettre une faute sur; (*entangle: anchor, propeller*) emmêler
foul play N (*Sport*) jeu déloyal; (*Law*) acte criminel; **~ is not suspected** la mort (*or* l'incendie *etc*) n'a pas de causes suspectes, on écarte l'hypothèse d'un meurtre (*or* d'un acte criminel)
found [faund] PT, PP *of* **find** ▶ VT (*establish*) fonder
foundation [faun'deɪʃən] N (*act*) fondation *f*; (*base*) fondement *m*; (*also:* **foundation cream**) fond *m* de teint ■ **foundations** NPL (*of building*) fondations; **to lay the foundations** (*fig*) poser les fondements
foundation stone N première pierre
founder ['faundə^r] N fondateur *m* ▶ VI couler, sombrer
founding ['faundɪŋ] ADJ: **~ fathers** (*esp US*) pères *mpl* fondateurs; **~ member** membre *m* fondateur
foundry ['faundrɪ] N fonderie *f*
fount [faunt] N source *f*; (*Typ*) fonte *f*
★**fountain** ['fauntɪn] N fontaine *f*
fountain pen N stylo *m* (à encre)
★**four** [fɔː^r] NUM quatre; **on all fours** à quatre pattes
four-by-four [fɔːbaɪ'fɔː^r] N (*Aut*) 4x4 *m*
four-letter word ['fɔːlɛtə-] N obscénité *f*, gros mot
four-poster ['fɔː'pəustə^r] N (*also:* **four-poster bed**) lit *m* à baldaquin
foursome ['fɔːsəm] N partie *f* à quatre; sortie *f* à quatre
★**fourteen** [fɔː'tiːn] NUM quatorze
★**fourteenth** [fɔː'tiːnθ] NUM quatorzième
★**fourth** [fɔːθ] NUM quatrième ▶ N (*Aut: also:* **fourth gear**) quatrième *f*

four-wheel drive ['fɔ:wi:l-] N (*Aut: car*) voiture *f* à quatre roues motrices; **with ~** à quatre roues motrices
fowl [faul] N volaille *f*
★**fox** [fɔks] N renard *m* ▸ VT mystifier
fox fur N renard *m*
foxglove ['fɔksglʌv] N (*Bot*) digitale *f*
fox-hunting ['fɔkshʌntɪŋ] N chasse *f* au renard
foyer ['fɔɪeɪ] N (*in hotel*) vestibule *m*; (*Theat*) foyer *m*
FP N ABBR (BRIT) = **former pupil**; (US) = **fireplug**
FPA N ABBR (BRIT) = **Family Planning Association**
Fr. ABBR (*Rel*: = *father*) P; (= *friar*) F
fr. ABBR (= *franc*) F
fracas ['frækɑ:] N bagarre *f*
fracking ['frækɪŋ] N fracturation *f* hydraulique
fractal ['fræktəl] N fractale *f*
fraction ['frækʃən] N fraction *f*
fractional ['frækʃənəl] ADJ infime
fractionally ['frækʃnəlɪ] ADV: **~ smaller** *etc* un poil plus petit *etc*
fractious ['frækʃəs] ADJ grincheux(-euse)
fracture ['fræktʃəʳ] N fracture *f* ▸ VT fracturer
fragile ['frædʒaɪl] ADJ fragile
fragility [frə'dʒɪlɪtɪ] N fragilité *f*
fragment ['frægmənt] N fragment *m*
fragmentary ['frægməntərɪ] ADJ fragmentaire
fragmented [fræg'mɛntɪd] ADJ (*divided*) divisé(e)
fragrance ['freɪgrəns] N parfum *m*
fragrant ['freɪgrənt] ADJ parfumé(e), odorant(e)
frail [freɪl] ADJ fragile, délicat(e); (*person*) frêle
frailty ['freɪltɪ] N (*weakness*) faiblesse *f*; (*poor health*) fragilité *f*
★**frame** [freɪm] N (*of building*) charpente *f*; (*of human, animal*) charpente, ossature *f*; (*of picture*) cadre *m*; (*of door, window*) encadrement *m*, chambranle *m*; (*of spectacles*: *also*: **frames**) monture *f*; **~ of mind** disposition *f* d'esprit ▸ VT (*picture*) encadrer; (*theory, plan*) construire, élaborer; **to ~ sb** (*inf*) monter un coup contre qn
framework ['freɪmwə:k] N structure *f*
★**France** [frɑ:ns] N la France; **in ~** en France
franchise ['fræntʃaɪz] N (*Pol*) droit *m* de vote; (*Comm*) franchise *f*
franchisee [fræntʃaɪ'zi:] N franchisé *m*
franchiser ['fræntʃaɪzəʳ] N franchiseur *m*
Francophone ['fræŋkəufəun] N francophone *mf*
frank [fræŋk] ADJ franc (franche) ▸ VT (*letter*) affranchir
Frankfurt ['fræŋkfə:t] N Francfort
franking machine ['fræŋkɪŋ-] N machine *f* à affranchir
frankly ['fræŋklɪ] ADV franchement
frankness ['fræŋknɪs] N franchise *f*
frantic ['fræntɪk] ADJ (*hectic*) frénétique; (*need, desire*) effréné(e); (*distraught*) hors de soi
frantically ['fræntɪklɪ] ADV frénétiquement
fraternal [frə'tə:nl] ADJ fraternel(le)
fraternity [frə'tə:nɪtɪ] N (*club*) communauté *f*, confrérie *f*; (*spirit*) fraternité *f*
fraternize ['frætənaɪz] VI fraterniser
fraud [frɔ:d] N supercherie *f*, fraude *f*, tromperie *f*; (*person*) imposteur *m*
fraud squad N service *m* de la répression des fraudes
fraudster ['frɔ:dstəʳ] N (*esp* BRIT) fraudeur(-euse)
fraudulent ['frɔ:djulənt] ADJ frauduleux(-euse)
fraudulently ['frɔ:djuləntlɪ] ADV frauduleusement
fraught [frɔ:t] ADJ (*tense*: *person*) très tendu(e); (: *situation*) pénible; **~ with** (*difficulties etc*) chargé(e) de, plein(e) de
fray [freɪ] N bagarre *f*; (*Mil*) combat *m* ▸ VT effilocher ▸ VI s'effilocher; **tempers were frayed** les gens commençaient à s'énerver; **her nerves were frayed** elle était à bout de nerfs
FRB N ABBR (US) = **Federal Reserve Board**
FRCM N ABBR (BRIT) = **Fellow of the Royal College of Music**
FRCO N ABBR (BRIT) = **Fellow of the Royal College of Organists**
FRCP N ABBR (BRIT) = **Fellow of the Royal College of Physicians**
FRCS N ABBR (BRIT) = **Fellow of the Royal College of Surgeons**
freak [fri:k] N (*eccentric person*) phénomène *m*; (*unusual event*) hasard *m* extraordinaire; (*pej*: *fanatic*): **health food ~** fana *mf* or obsédé(e) de l'alimentation saine ▸ ADJ (*storm*) exceptionnel(le); (*accident*) bizarre
▸ **freak out** VI (*inf*: *drop out*) se marginaliser; (: *on drugs*) se défoncer
freakish ['fri:kɪʃ] ADJ insolite, anormal(e)
freckle ['frɛkl] N tache *f* de rousseur
freckled ['frɛkld] ADJ plein(e) de taches de rousseur
★**free** [fri:] ADJ libre; (*gratis*) gratuit(e); (*liberal*) généreux(-euse), large; **is this seat ~?** la place est libre ?; **to give sb a ~ hand** donner carte blanche à qn; **~ and easy** sans façon, décontracté(e); **admission ~** entrée libre ▸ VT (*prisoner etc*) libérer; (*jammed object or person*) dégager ▸ ADV: **~ (of charge)** gratuitement
▸ **free up** VT dégager
freebie ['fri:bɪ] N (*inf*): **it's a ~** c'est gratuit
★**freedom** ['fri:dəm] N liberté *f*
freedom fighter N combattant *m* de la liberté
free enterprise N libre entreprise *f*
Freefone® ['fri:fəun] N numéro vert
free-for-all ['fri:fərɔ:l] N mêlée générale
free gift N prime *f*
freehold ['fri:həuld] N propriété foncière libre
free kick N (*Sport*) coup franc
freelance ['fri:lɑ:ns] ADJ (*journalist etc*) indépendant(e), free-lance *inv*; (*work*) en free-lance ▸ ADV en free-lance
freelancer ['fri:lɑ:nsəʳ] N travailleur(-euse) indépendant(e), free-lance *mf*
freeloader ['fri:ləudəʳ] N (*pej*) parasite *m*
freely ['fri:lɪ] ADV librement; (*liberally*) libéralement
free-market economy [fri:'mɑ:kɪt-] N économie *f* de marché
freemason ['fri:meɪsn] N franc-maçon *m*

freemasonry ['fri:meɪsnrɪ] N franc-maçonnerie *f*

Freepost® ['fri:pəust] N (BRIT) port payé

free-range [fri:'reɪndʒ] ADJ (*egg*) de ferme; (*chicken*) fermier

free sample N échantillon gratuit

free speech N liberté *f* d'expression

freestyle ['fri:staɪl] ADJ (*swimming, wrestling*) libre; **~ skiing** ski acrobatique; **~ event** (*in swimming*) épreuve libre; (*in skiing*) épreuve *f* acrobatique

free trade N libre-échange *m*

Freeview® ['fri:vju:] N (BRIT) télévision *f* numérique terrestre, ≈ TNT *f*

freeware ['fri:wɛəʳ] N (*Comput*) freeware *m*, graticiel *m*

freeway ['fri:weɪ] N (*US*) autoroute *f*

freewheel [fri:'wi:l] VI descendre en roue libre

freewheeling [fri:'wi:lɪŋ] ADJ indépendant(e), libre

free will N libre arbitre *m*; **of one's own ~** de son plein gré

★**freeze** [fri:z] (*pt* **froze** [frəuz], *pp* **frozen** ['frəuzn]) VI geler ▸ VT geler; (*food*) congeler; (*prices, salaries*) bloquer, geler ▸ N gel *m*; (*of prices, salaries*) blocage *m*
▸ **freeze over** VI (*river*) geler; (*windscreen*) se couvrir de givre *or* de glace
▸ **freeze up** VI geler

freeze-dried ['fri:zdraɪd] ADJ lyophilisé(e)

★**freezer** ['fri:zəʳ] N congélateur *m*

★**freezing** ['fri:zɪŋ] ADJ: **~ (cold)** (*room etc*) glacial(e); (*person, hands*) gelé(e), glacé(e); **it's ~** il fait un froid glacial ▸ N: **3 degrees below ~** 3 degrés au-dessous de zéro

freezing point N point *m* de congélation

freight [freɪt] N (*goods*) fret *m*, cargaison *f*; (*money charged*) fret, prix *m* du transport; **~ forward** port dû; **~ inward** port payé par le destinataire

freighter ['freɪtəʳ] N (*Naut*) cargo *m*

freight forwarder [-'fɔ:wədəʳ] N transitaire *m*

freight train N (*US*) train *m* de marchandises

★**French** [frɛntʃ] ADJ français(e) ▸ N (*Ling*) français *m*; **what's the ~ for ...?** comment dit-on ... en français ?; **the ~** *npl* les Français

French bean N (BRIT) haricot vert

French bread N pain *m* français

French Canadian ADJ canadien(ne) français(e) ▸ N Canadien(ne) français(e)

French dressing N (*Culin*) vinaigrette *f*

French fried potatoes, (*US*) **French fries** NPL (pommes de terre *fpl*) frites *fpl*

French Guiana [-gaɪ'ænə] N Guyane française

French horn N (*Mus*) cor *m* (d'harmonie)

French kiss N baiser profond

French loaf N ≈ pain *m*, ≈ parisien *m*

★**Frenchman** ['frɛntʃmən] N (*irreg*) Français *m*

French Riviera N: **the ~** la Côte d'Azur

French stick N ≈ baguette *f*

French window N porte-fenêtre *f*

★**Frenchwoman** ['frɛntʃwumən] N (*irreg*) Française *f*

frenetic [frə'nɛtɪk] ADJ frénétique

frenzied ['frɛnzɪd] ADJ (*activity*) frénétique; (*attack*) déchaîné(e)

frenzy ['frɛnzɪ] N frénésie *f*

frequency ['fri:kwənsɪ] N fréquence *f*

frequency modulation N modulation *f* de fréquence

★**frequent** ADJ ['fri:kwənt] fréquent(e) ▸ VT [frɪ'kwɛnt] fréquenter

frequently ['fri:kwəntlɪ] ADV fréquemment

fresco ['frɛskəu] N fresque *f*

★**fresh** [frɛʃ] ADJ frais (fraîche); (*new*) nouveau (nouvelle); (*cheeky*) familier(-ière), culotté(e); **to make a ~ start** prendre un nouveau départ

freshen ['frɛʃən] VI (*wind, air*) fraîchir
▸ **freshen up** VI faire un brin de toilette

freshener ['frɛʃnəʳ] N: **air ~** désodorisant *m*; **skin ~** astringent *m*

fresher ['frɛʃəʳ] N (BRIT *University: inf*) bizuth *m*, étudiant(e) de première année

freshly ['frɛʃlɪ] ADV nouvellement, récemment

freshman ['frɛʃmən] N (*irreg*) (*US*) = **fresher**

freshness ['frɛʃnɪs] N fraîcheur *f*

freshwater ['frɛʃwɔ:təʳ] ADJ (*fish*) d'eau douce

fret [frɛt] VI s'agiter, se tracasser

fretful ['frɛtful] ADJ (*child*) grincheux(-euse)

Freudian ['frɔɪdɪən] ADJ freudien(ne); **~ slip** lapsus *m*

FRG N ABBR (= *Federal Republic of Germany*) RFA *f*

Fri. ABBR (= *Friday*) ve.

friar ['fraɪəʳ] N moine *m*, frère *m*

friction ['frɪkʃən] N friction *f*, frottement *m*

friction feed N (*on printer*) entraînement *m* par friction

★**Friday** ['fraɪdɪ] N vendredi *m*; *see also* **Tuesday**

★**fridge** [frɪdʒ] N (BRIT) frigo *m*, frigidaire® *m*

fridge-freezer ['frɪdʒ'fri:zəʳ] N réfrigérateur-congélateur *m*

fried [fraɪd] PT, PP *of* **fry** ▸ ADJ frit(e); **~ egg** œuf *m* sur le plat

★**friend** [frɛnd] N ami(e); **to make friends with** se lier (d'amitié) avec ▸ VT (*Internet*) ajouter comme ami(e)

friendliness ['frɛndlɪnɪs] N attitude amicale

★**friendly** ['frɛndlɪ] ADJ amical(e); (*kind*) sympathique, gentil(le); (*place*) accueillant(e); (*Pol: country*) ami(e); **to be ~ with** être ami(e) avec; **to be ~ to** être bien disposé(e) à l'égard de ▸ N (*also:* **friendly match**) match amical

friendly fire N: **they were killed by ~** ils sont morts sous les tirs de leur propre camp

friendly society N société *f* mutualiste

★**friendship** ['frɛndʃɪp] N amitié *f*

fries [fraɪz] NPL (*esp US*) = **chips**

frieze [fri:z] N frise *f*, bordure *f*

frigate ['frɪgɪt] N (*Naut: modern*) frégate *f*

fright [fraɪt] N peur *f*, effroi *m*; **to give sb a ~** faire peur à qn; **to take ~** prendre peur, s'effrayer; **she looks a ~** elle a l'air d'un épouvantail

frighten ['fraɪtn] VT effrayer, faire peur à
▸ **frighten away, frighten off** VT (*birds, children etc*) faire fuir, effaroucher

★**frightened** ['fraɪtnd] ADJ: **to be ~ (of)** avoir peur (de)

frightening ['fraɪtnɪŋ] ADJ effrayant(e)
frightful ['fraɪtful] ADJ affreux(-euse)
frightfully ['fraɪtfəlɪ] ADV affreusement
frigid ['frɪdʒɪd] ADJ frigide
frigidity [frɪ'dʒɪdɪtɪ] N frigidité *f*
frill [frɪl] N (*of dress*) volant *m*; (*of shirt*) jabot *m*; **without frills** (*fig*) sans manières
frilly ['frɪlɪ] ADJ à fanfreluches
fringe [frɪndʒ] N (BRIT: *of hair*) frange *f*; (*edge*: *of forest etc*) bordure *f*; (*fig*): **on the ~** en marge
fringe benefits NPL avantages sociaux *or* en nature
fringe theatre N théâtre *m* d'avant-garde
Frisbee® ['frɪzbɪ] N Frisbee® *m*
frisk [frɪsk] VT fouiller
frisky ['frɪskɪ] ADJ vif (vive), sémillant(e)
frisson ['fri:sɔn] N (*literary*) frisson *m*
fritter ['frɪtəʳ] N beignet *m*
▸ **fritter away** VT gaspiller
frivolity [frɪ'vɔlɪtɪ] N frivolité *f*
frivolous ['frɪvələs] ADJ frivole
frizzy ['frɪzɪ] ADJ crépu(e)
fro [frəu] ADV *see* **to**
frock [frɔk] N robe *f*
★**frog** [frɔg] N grenouille *f*; **to have a ~ in one's throat** avoir un chat dans la gorge
frogman ['frɔgmən] N (*irreg*) homme-grenouille *m*
frogmarch ['frɔgmɑ:tʃ] VT (BRIT): **to ~ sb in/out** faire entrer/sortir qn de force
frolic ['frɔlɪk] N ébats *mpl* ▸ VI folâtrer, batifoler

from [frɔm]

PREP **1** (*indicating starting place, origin etc*) de; **where do you come from?, where are you from?** d'où venez-vous ?; **where has he come from?** d'où arrive-t-il ?; **from London to Paris** de Londres à Paris; **to escape from sb/sth** échapper à qn/qch; **a letter/telephone call from my sister** une lettre/un appel de ma sœur; **to drink from the bottle** boire à (même) la bouteille; **tell him from me that …** dites-lui de ma part que …
2 (*indicating time*) (à partir) de; **from one o'clock to** *or* **until** *or* **till two** d'une heure à deux heures; **from January (on)** à partir de janvier
3 (*indicating distance*) de; **the hotel is one kilometre from the beach** l'hôtel est à un kilomètre de la plage
4 (*indicating price, number etc*) de; **prices range from £10 to £50** les prix varient entre 10 livres et 50 livres; **the interest rate was increased from 9% to 10%** le taux d'intérêt est passé de 9% à 10%
5 (*indicating difference*) de; **he can't tell red from green** il ne peut pas distinguer le rouge du vert; **to be different from sb/sth** être différent de qn/qch
6 (*because of, on the basis of*): **from what he says** d'après ce qu'il dit; **weak from hunger** affaibli par la faim

frond [frɔnd] N fronde *f*
★**front** [frʌnt] N (*of house, dress*) devant *m*; (*of coach, train*) avant *m*; (*of book*) couverture *f*; (*promenade*: *also*: **sea front**) bord *m* de mer; (*Mil, Pol, Meteorology*) front *m*; (*fig*: *appearances*) contenance *f*, façade *f*; **in ~ (of)** devant ▸ ADJ de devant; (*page, row*) premier(-ière); (*seat, wheel*) avant *inv* ▸ VI: **to ~ onto sth** donner sur qch
frontage ['frʌntɪdʒ] N façade *f*; (*of shop*) devanture *f*
frontal ['frʌntl] ADJ frontal(e)
front bench N (BRIT *Pol*) *voir article*

Le **front bench** est, dans l'enceinte de la Chambre des communes, le banc réservé au gouvernement, à la droite du *Speaker*, ou au cabinet fantôme, à sa gauche. Les *front benches* du gouvernement et de l'opposition se font face. Par extension, l'expression *front bench* désigne les dirigeants des groupes parlementaires de la majorité et de l'opposition, qui sont appelés *frontbenchers* par opposition aux autres députés, les *backbenchers*.

frontbencher [frʌnt'bɛntʃəʳ] N (BRIT: *government minister*) ministre *m*; (: *shadow minister*) membre *m* du cabinet fantôme
front desk N (US: *in hotel, at doctor's*) réception *f*
front door N porte *f* d'entrée; (*of car*) portière *f* avant
frontier [frʌn'tɪəʳ] N frontière *f*
frontispiece ['frʌntɪspi:s] N frontispice *m*
front page N première page
front room N (BRIT) pièce *f* de devant, salon *m*
front runner N (*fig*) favori(te)
front-wheel drive ['frʌntwi:l-] N traction *f* avant
★**frost** [frɔst] N gel *m*, gelée *f*; (*also*: **hoarfrost**) givre *m*
frostbite ['frɔstbaɪt] N gelures *fpl*
frostbitten ['frɔstbɪtən] ADJ gelé(e)
frosted ['frɔstɪd] ADJ (*glass*) dépoli(e); (*esp US*: *cake*) glacé(e)
frosting ['frɔstɪŋ] N (*esp US*: *on cake*) glaçage *m*
★**frosty** ['frɔstɪ] ADJ (*window*) couvert(e) de givre; (*weather, welcome*) glacial(e)
froth [frɔθ] N mousse *f*; écume *f*
frothy ['frɔθɪ] ADJ mousseux(-euse)
frown [fraun] N froncement *m* de sourcils ▸ VI froncer les sourcils
▸ **frown on** VT (*fig*) désapprouver
froze [frəuz] PT *of* **freeze**
★**frozen** ['frəuzn] PP *of* **freeze** ▸ ADJ (*food*) congelé(e); (*person*: *also assets*) gelé(e)
FRS N ABBR (BRIT: = *Fellow of the Royal Society*) *membre de l'Académie des sciences*; (US: = *Federal Reserve System*) *banque centrale américaine*
fructose ['fruktəuz] N fructose *m*
frugal ['fru:gl] ADJ frugal(e)
★**fruit** [fru:t] N (*pl inv*) fruit *m*
fruiterer ['fru:tərəʳ] N fruitier *m*, marchand(e) de fruits; **~'s (shop)** fruiterie *f*
fruit fly N mouche *f* du vinaigre, drosophile *f*
fruitful ['fru:tful] ADJ fructueux(-euse); (*plant, soil*) fécond(e)
fruition [fru:'ɪʃən] N: **to come to ~** se réaliser
fruit juice N jus *m* de fruit

fruitless ['fru:tlɪs] ADJ (*fig*) vain(e), infructueux(-euse)
fruit machine N (BRIT) machine *f* à sous
fruit salad N salade *f* de fruits
frump [frʌmp] N mocheté *f*
frustrate [frʌs'treɪt] VT frustrer; (*plot, plans*) faire échouer
frustrated [frʌs'treɪtɪd] ADJ frustré(e)
frustrating [frʌs'treɪtɪŋ] ADJ (*job*) frustrant(e); (*day*) démoralisant(e)
frustration [frʌs'treɪʃən] N frustration *f*
★**fry** [fraɪ] (*pt, pp* **fried** [-d]) VT (faire) frire ▸ N: **small ~** le menu fretin
frying pan ['fraɪɪŋ-] N poêle *f* (à frire)
FT N ABBR (BRIT: = *Financial Times*) *journal financier*
ft. ABBR = **foot; feet**
FTC N ABBR (US) = **Federal Trade Commission**
FTSE 100 (Share) Index ['futsɪ-] N ABBR (= *Financial Times Stock Exchange 100 (Share) Index*) indice *m* Footsie des cent grandes valeurs
fuchsia ['fju:ʃə] N fuchsia *m*
fuck [fʌk] VT, VI (*inf!*) baiser (*!*); **~ off!** fous le camp! (*!*)
▸ **fuck up** VT (*inf!*) foutre la merde dans (*inf*)
fucking ['fʌkɪŋ] (*inf!*) ADJ putain de (*inf*) ▸ ADV (*stupid, expensive*) carrément (*inf*)
fuddled ['fʌdld] ADJ (*muddled*) embrouillé(e), confus(e)
fuddy-duddy ['fʌdɪdʌdɪ] ADJ (*pej*) vieux jeu *inv*, ringard(e)
fudge [fʌdʒ] N (*Culin*) *sorte de confiserie à base de sucre, de beurre et de lait* ▸ VT (*issue, problem*) esquiver
★**fuel** ['fjuəl] N (*for heating*) combustible *m*; (*for engine*) carburant *m*
fuel oil N mazout *m*
fuel poverty N pauvreté *f* énergétique
fuel pump N (*Aut*) pompe *f* d'alimentation
fuel tank N cuve *f* à mazout, citerne *f*; (*in vehicle*) réservoir *m* de *or* à carburant
fug [fʌg] N (BRIT) puanteur *f*, odeur *f* de renfermé
fugitive ['fju:dʒɪtɪv] N fugitif(-ive)
fulfil, (US) **fulfill** [ful'fɪl] VT (*function, condition*) remplir; (*order*) exécuter; (*wish, desire*) satisfaire, réaliser
fulfilled [ful'fɪld] ADJ (*person*) comblé(e), épanoui(e)
fulfilling [ful'fɪlɪŋ] ADJ profondément satisfaisant(e)
fulfilment, (US) **fulfillment** [ful'fɪlmənt] N (*of wishes*) réalisation *f*
★**full** [ful] ADJ plein(e); (*details, hotel, bus*) complet(-ète); (*price*) fort(e), normal(e); (*busy: day*) chargé(e); (*skirt*) ample, large; **~ (up)** (*hotel etc*) complet(-ète); **I'm ~ (up)** j'ai bien mangé; **~ employment/fare** plein emploi/tarif; **a ~ two hours** deux bonnes heures; **at ~ speed** à toute vitesse ▸ ADV: **to know ~ well that** savoir fort bien que ▸ N: **in ~** (*reproduce, quote, pay*) intégralement; (*write name etc*) en toutes lettres
fullback ['fulbæk] N (*Rugby, Football*) arrière *m*
full-blooded [ful'blʌdɪd] ADJ (*vigorous*) vigoureux(-euse)
full board N (*esp* BRIT) pension complète
full-cream ['fulkri:m] ADJ: **~ milk** (BRIT) lait entier
full-grown ['ful'grəun] ADJ arrivé(e) à maturité, adulte
full-length ['ful'leŋθ] ADJ (*portrait*) en pied; (*coat*) long(ue); **~ film** long métrage
full moon N pleine lune
fullness ['fulnɪs] N (*of garment*) ampleur *f*; (*after eating*) rassasiement *m*; **in the ~ of time** avec le temps
full-scale ['fulskeɪl] ADJ (*model*) grandeur nature *inv*; (*search, retreat*) complet(-ète), total(e)
full-sized ['ful'saɪzd] ADJ (*portrait etc*) grandeur nature *inv*
full stop N point *m*
full-time ['ful'taɪm] ADJ, ADV (*work*) à plein temps ▸ N (*Sport*) fin *f* du match
fully ['fulɪ] ADV entièrement, complètement; (*at least*): **~ as big** au moins aussi grand
fully-fledged ['fulɪ'fledʒd] ADJ (*teacher, barrister*) diplômé(e); (*citizen, member*) à part entière
fulsome ['fulsəm] ADJ (*pej: praise*) excessif(-ive); (*: manner*) exagéré(e)
fumble ['fʌmbl] VI fouiller, tâtonner ▸ VT (*ball*) mal réceptionner, cafouiller
▸ **fumble for** VT fouiller pour trouver
▸ **fumble with** VT FUS tripoter
fume [fju:m] VI (*rage*) rager
fumes [fju:mz] NPL vapeurs *fpl*, émanations *fpl*, gaz *mpl*
fumigate ['fju:mɪgeɪt] VT désinfecter (par fumigation)
★**fun** [fʌn] N amusement *m*, divertissement *m*; **to have ~** s'amuser; **for ~** pour rire; **it's not much ~** ce n'est pas très drôle *or* amusant; **to make ~ of** se moquer de
function ['fʌŋkʃən] N fonction *f*; (*reception, dinner*) cérémonie *f*, soirée officielle ▸ VI fonctionner; **to ~ as** faire office de
functional ['fʌŋkʃənl] ADJ fonctionnel(le)
functionality [fʌŋkʃə'nælɪtɪ] N fonctionnalité *f*
function key N (*Comput*) touche *f* de fonction
fund [fʌnd] N caisse *f*, fonds *m*; (*source, store*) source *f*, mine *f* ■ **funds** NPL (*money*) fonds *mpl*
fundamental [fʌndə'mentl] ADJ fondamental(e) ■ **fundamentals** NPL principes *mpl* de base
fundamentalism [fʌndə'mentəlɪzəm] N intégrisme *m*
fundamentalist [fʌndə'mentəlɪst] N intégriste *mf*
fundamentally [fʌndə'mentəlɪ] ADV fondamentalement
funding ['fʌndɪŋ] N financement *m*
fund-raising ['fʌndreɪzɪŋ] N collecte *f* de fonds
funeral ['fju:nərəl] N enterrement *m*; (*more formal occasion*) obsèques *fpl*
funeral director N entrepreneur *m* des pompes funèbres
funeral parlour N (BRIT) dépôt *m* mortuaire
funeral service N service *m* funèbre
funereal [fju:'nɪərɪəl] ADJ lugubre, funèbre
funfair ['fʌnfeəʳ] N (BRIT) fête (foraine)
fungal ['fʌŋgəl] ADJ fongique
fungus ['fʌŋgəs] (*pl* **fungi** [-gaɪ]) N champignon *m*; (*mould*) moisissure *f*

funicular [fjuːˈnɪkjuləʳ] N (*also:* **funicular railway**) funiculaire *m*
funky [ˈfʌŋkɪ] ADJ (*music*) funky *inv*; (*inf: excellent*) super *inv*
funnel [ˈfʌnl] N entonnoir *m*; (*of ship*) cheminée *f*
funnily [ˈfʌnɪlɪ] ADV drôlement; (*strangely*) curieusement
★**funny** [ˈfʌnɪ] ADJ amusant(e), drôle; (*strange*) curieux(-euse), bizarre
funny bone N *endroit sensible du coude*
fun run N course *f* de fond (*pour amateurs*)
fur [fəːʳ] N fourrure *f*; (BRIT: *in kettle etc*) (dépôt *m* de) tartre *m*
fur coat N manteau *m* de fourrure
furious [ˈfjuərɪəs] ADJ furieux(-euse); (*effort*) acharné(e); **to be ~ with sb** être dans une fureur noire contre qn
furiously [ˈfjuərɪəslɪ] ADV furieusement; avec acharnement
furl [fəːl] VT rouler; (*Naut*) ferler
furlong [ˈfəːlɔŋ] N = 201.17 *m* (*terme d'hippisme*)
furlough [ˈfəːləu] N permission *f*, congé *m*
furnace [ˈfəːnɪs] N fourneau *m*
furnish [ˈfəːnɪʃ] VT meubler; (*supply*) fournir; **furnished flat** *or* (US) **apartment** meublé *m*
furnishings [ˈfəːnɪʃɪŋz] NPL mobilier *m*, articles *mpl* d'ameublement
★**furniture** [ˈfəːnɪtʃəʳ] N meubles *mpl*, mobilier *m*; **piece of ~** meuble
furniture polish N encaustique *f*
furore [fjuəˈrɔːrɪ] N (*protests*) protestations *fpl*
furrier [ˈfʌrɪəʳ] N fourreur *m*
furrow [ˈfʌrəu] N sillon *m*
furry [ˈfəːrɪ] ADJ (*animal*) à fourrure; (*toy*) en peluche
★**further** [ˈfəːðəʳ] ADJ supplémentaire, autre; nouveau (nouvelle); **how much ~ is it?** quelle distance *or* combien reste-t-il à parcourir ?; **until ~ notice** jusqu'à nouvel ordre *or* avis ▸ADV plus loin; (*more*) davantage; (*moreover*) de plus; **~ to your letter of ...** (*Comm*) suite à votre lettre du ... ▸VT faire avancer *or* progresser, promouvoir
further education N enseignement *m* postscolaire (*recyclage, formation professionnelle*)
furthermore [fəːðəˈmɔːʳ] ADV de plus, en outre
furthermost [ˈfəːðəməust] ADJ le (la) plus éloigné(e)
furthest [ˈfəːðɪst] SUPERLATIVE *of* **far**
furtive [ˈfəːtɪv] ADJ furtif(-ive)
fury [ˈfjuərɪ] N fureur *f*
fuse, (US) **fuze** [fjuːz] N fusible *m*; (*for bomb etc*) amorce *f*, détonateur *m*; **a ~ has blown** un fusible a sauté ▸VT, VI (*metal*) fondre; (*fig*) fusionner; (BRIT *Elec*) **to ~ the lights** faire sauter les fusibles *or* les plombs
fuse box N boîte *f* à fusibles
fuselage [ˈfjuːzəlɑːʒ] N fuselage *m*
fuse wire N fusible *m*
fusillade [fjuːzɪˈleɪd] N fusillade *f*; (*fig*) feu roulant
fusion [ˈfjuːʒən] N fusion *f*
fuss [fʌs] N (*anxiety, excitement*) chichis *mpl*, façons *fpl*; (*commotion*) tapage *m*; (*complaining, trouble*) histoire(s) *f(pl)*; **to make a ~** faire des façons (*or* des histoires); **to make a ~ of sb** dorloter qn ▸VI faire des histoires ▸VT (*person*) embêter
▸**fuss over** VT FUS (*person*) dorloter
fusspot [ˈfʌspɔt] N (*inf*): **don't be such a ~!** ne fais pas tant d'histoires !
fussy [ˈfʌsɪ] ADJ (*person*) tatillon(ne), difficile, chichiteux(-euse); (*dress, style*) tarabiscoté(e); **I'm not ~** (*inf*) ça m'est égal
fusty [ˈfʌstɪ] ADJ (*old-fashioned*) vieillot(te); (*smell*) de renfermé *or* moisi
futile [ˈfjuːtaɪl] ADJ futile
futility [fjuːˈtɪlɪtɪ] N futilité *f*
futon [ˈfuːtɔn] N futon *m*
★**future** [ˈfjuːtʃəʳ] ADJ futur(e) ▸N avenir *m*; (*Ling*) futur *m*; **in (the) ~** à l'avenir; **in the near/immediate ~** dans un avenir proche/immédiat ■ **futures** NPL (*Comm*) opérations *fpl* à terme
futuristic [fjuːtʃəˈrɪstɪk] ADJ futuriste
fuze [fjuːz] N, VT, VI (US) = **fuse**
fuzz [fʌz] N (*on body, face*) duvet *m* ▸NPL: **the ~** (*inf*) les flics (*inf*)
fuzzy [ˈfʌzɪ] ADJ (*Phot*) flou(e); (*hair*) crépu(e)
fwd. ABBR = **forward**
FY ABBR = **fiscal year**
FYI ABBR = **for your information**

Gg

G¹, g [dʒiː] N (*letter*) G, g *m*; (*Mus*): **G** sol *m*; **G for George** G comme Gaston

G² N ABBR (BRIT *Scol*: = *good*) b (= *bien*); (*US Cine*: = *general (audience)*) ≈ tous publics

g. ABBR (= *gram*) g; (= *gravity*) g

G8 N ABBR (*Pol*: = *Group of Eight*) G8 *m*

G20 N ABBR (*Pol*: = *Group of Twenty*) G20 *m*

GA ABBR (*US*) = **Georgia**

gab [gæb] N (*inf*): **to have the gift of the ~** avoir la langue bien pendue

gabble [ˈgæbl] VI bredouiller, jacasser

gaberdine [gæbəˈdiːn] N gabardine *f*

gable [ˈgeɪbl] N pignon *m*

Gabon [gəˈbɔn] N Gabon *m*

gad about [gæd-] VI (*inf*) se balader

gadget [ˈgædʒɪt] N gadget *m*

Gaelic [ˈgeɪlɪk] ADJ, N (*Ling*) gaélique *m*

gaffe [gæf] N gaffe *f*

gaffer [ˈgæfəʳ] N (BRIT: *foreman*) contremaître *m*; (: *inf*: *boss*) patron *m*

gag [gæg] N (*on mouth*) bâillon *m*; (*joke*) gag *m* ▸ VT (*prisoner etc*) bâillonner ▸ VI (*choke*) étouffer

gaga [ˈgɑːgɑː] ADJ: **to go ~** devenir gaga *or* gâteux(-euse)

gaggle [ˈgægl] N troupeau *m*

gaiety [ˈgeɪɪtɪ] N gaieté *f*

gaily [ˈgeɪlɪ] ADV gaiement

gain [geɪn] N (*improvement*) gain *m*; (*profit*) gain, profit *m* ▸ VT gagner; **to ~ 3lbs (in weight)** prendre 3 livres; **to ~ ground** gagner du terrain ▸ VI (*watch*) avancer; **to ~ from/by** gagner de/à; **to ~ on sb** (*catch up*) rattraper qn

gainful [ˈgeɪnful] ADJ profitable, lucratif(-ive)

gainfully [ˈgeɪnfəlɪ] ADV: **to be ~ employed** avoir un emploi rémunéré

gainsay [geɪnˈseɪ] VT (*irreg*: *like* **say**) contredire; nier

gait [geɪt] N démarche *f*

gal. ABBR = **gallon**

gala [ˈgɑːlə] N gala *m*; **swimming ~** grand concours de natation

galactic [gəˈlæktɪk] ADJ galactique

Galápagos [gəˈlæpəgəs] NPL: **the ~ (Islands)** les (îles *fpl*) Galapagos *fpl*

galaxy [ˈgæləksɪ] N galaxie *f*

gale [geɪl] N coup *m* de vent; **~ force 10** vent *m* de force 10

gall [gɔːl] N (*Anat*) bile *f*; (*fig*) effronterie *f* ▸ VT ulcérer, irriter

gall. ABBR = **gallon**

gallant [ˈgælənt] ADJ vaillant(e), brave; (*towards ladies*) empressé(e), galant(e)

gallantly [ˈgæləntlɪ] ADV (*bravely*) courageusement; (*valiantly*) vaillamment; (*chivalrously*) galamment

gallantry [ˈgæləntrɪ] N bravoure *f*, vaillance *f*; empressement *m*, galanterie *f*

gall bladder N vésicule *f* biliaire

galleon [ˈgælɪən] N galion *m*

gallery [ˈgælərɪ] N galerie *f*; (*also*: **art gallery**) musée *m*; (: *private*) galerie; (*for spectators*) tribune *f*; (: *in theatre*) dernier balcon

galley [ˈgælɪ] N (*ship's kitchen*) cambuse *f*; (*ship*) galère *f*; (*also*: **galley proof**) placard *m*, galée *f*

Gallic [ˈgælɪk] ADJ (*of Gaul*) gaulois(e); (*French*) français(e)

galling [ˈgɔːlɪŋ] ADJ irritant(e)

gallon [ˈgæln] N gallon *m* (*Brit* = 4.543 l; *US* = 3.785 l)

gallop [ˈgæləp] N galop *m* ▸ VI galoper; **galloping inflation** inflation galopante

gallows [ˈgæləuz] N potence *f*

gallstone [ˈgɔːlstəun] N calcul *m* (biliaire)

Gallup Poll [ˈgæləp-] N sondage *m* Gallup

galore [gəˈlɔːʳ] ADV en abondance, à gogo

galvanize [ˈgælvənaɪz] VT galvaniser; (*fig*): **to ~ sb into action** galvaniser qn

Gambia [ˈgæmbɪə] N Gambie *f*

gambit [ˈgæmbɪt] N (*fig*): **(opening) ~** manœuvre *f* stratégique

gamble [ˈgæmbl] N pari *m*, risque calculé ▸ VT, VI jouer; **to ~ on the Stock Exchange** jouer en *or* à la Bourse; **to ~ on** (*fig*) miser sur
▸ **gamble away** VT perdre au jeu

gambler [ˈgæmbləʳ] N joueur *m*

gambling [ˈgæmblɪŋ] N jeu *m*

gambol [ˈgæmbl] VI gambader

★**game** [geɪm] N jeu *m*; (*event*) match *m*; (*of tennis, chess, cards*) partie *f*; (*Hunting*) gibier *m*; **a ~ of football/tennis** une partie de football/tennis; **big ~** gros gibier ▸ ADJ brave; (*willing*): **to be ~ (for)** être prêt(e) (à *or* pour) ■ **games** NPL (*Scol*) sport *m*; (*sport event*) jeux

game bird N gibier *m* à plume

gamekeeper [ˈgeɪmkiːpəʳ] N garde-chasse *m*

gamely [ˈgeɪmlɪ] ADV vaillamment

gamer ['geɪmə^r] N joueur(-euse) de jeux vidéos
game reserve N réserve animalière
games console N console *f* de jeux vidéo
game show N jeu télévisé
gamesmanship ['geɪmzmənʃɪp] N roublardise *f*
gaming ['geɪmɪŋ] N jeu *m*, jeux *mpl* d'argent; (*video games*) jeux *mpl* vidéos
gammon ['gæmən] N (*bacon*) quartier *m* de lard fumé; (*ham*) jambon fumé *or* salé
gamut ['gæmət] N gamme *f*
G&T N ABBR gin *m inv* tonic *m*
★**gang** [gæŋ] N bande *f*, groupe *m*; (*of workmen*) équipe *f*
▶ **gang up** VI: **to ~ up on sb** se liguer contre qn
Ganges ['gændʒi:z] N: **the ~** le Gange
gangland ['gæŋlænd] ADJ: **~ killer** tueur professionnel du milieu; **~ boss** chef *m* de gang
gangling ['gæŋglɪŋ], **gangly** ['gæŋglɪ] ADJ dégingandé(e)
gangplank ['gæŋplæŋk] N passerelle *f*
gangrene ['gæŋgri:n] N gangrène *f*
gangster ['gæŋstə^r] N gangster *m*, bandit *m*
gangway ['gæŋweɪ] N passerelle *f*; (BRIT: *of bus*) couloir central
gantry ['gæntrɪ] N portique *m*; (*for rocket*) tour *f* de lancement
GAO N ABBR (*US: = General Accounting Office*) ≈ Cour *f* des comptes
gaol [dʒeɪl] N, VT (BRIT) = **jail**
gap [gæp] N trou *m*; (*in time*) intervalle *m*; (*fig*) lacune *f*; vide *m*; (*difference*): **~ (between)** écart *m* (entre)
gape [geɪp] VI (*person*) être *or* rester bouche bée; (*hole, shirt*) être ouvert(e)
gaping ['geɪpɪŋ] ADJ (*hole*) béant(e)
gap year N *année que certains étudiants prennent pour voyager ou pour travailler avant d'entrer à l'université*
garage ['gærɑ:ʒ] N garage *m*
garage sale N vide-grenier *m*
garb [gɑ:b] N tenue *f*, costume *m*
garbage ['gɑ:bɪdʒ] N (*US: rubbish*) ordures *fpl*, détritus *mpl*; (*inf: nonsense*) âneries *fpl*
garbage can N (*US*) poubelle *f*, boîte *f* à ordures
garbage collector N (*US*) éboueur *m*
garbage disposal, garbage disposal unit N broyeur *m* d'ordures
garbage truck N (*US*) camion *m* (de ramassage des ordures), benne *f* à ordures
garbled ['gɑ:bld] ADJ déformé(e), faussé(e)
★**garden** ['gɑ:dn] N jardin *m* ▶ VI jardiner
▪ **gardens** NPL (*public*) jardin public; (*private*) parc *m*
garden centre (BRIT) N pépinière *f*, jardinerie *f*
garden city N (BRIT) cité-jardin *f*
gardener ['gɑ:dnə^r] N jardinier *m*
gardening ['gɑ:dnɪŋ] N jardinage *m*
gargantuan [gɑ:'gæntʃuən] ADJ gargantuesque
gargle ['gɑ:gl] VI se gargariser ▶ N gargarisme *m*
gargoyle ['gɑ:gɔɪl] N gargouille *f*
garish ['gɛərɪʃ] ADJ criard(e), voyant(e)
garland ['gɑ:lənd] N guirlande *f*; couronne *f*
garlic ['gɑ:lɪk] N ail *m*
garment ['gɑ:mənt] N vêtement *m*
garner ['gɑ:nə^r] VT engranger, amasser
garnish ['gɑ:nɪʃ] (*Culin*) VT garnir ▶ N décoration *f*
garret ['gærɪt] N mansarde *f*
garrison ['gærɪsn] N garnison *f* ▶ VT mettre en garnison, stationner
garrulous ['gærjuləs] ADJ volubile, loquace
garter ['gɑ:tə^r] N jarretière *f*; (*US: suspender*) jarretelle *f*
garter belt N (*US*) porte-jarretelles *m inv*
★**gas** [gæs] N gaz *m*; (*US: gasoline*) essence *f*; **I can smell ~** ça sent le gaz; **to be given ~** (*as anaesthetic*) se faire endormir ▶ VT asphyxier; (*Mil*) gazer
Gascony ['gæskənɪ] N Gascogne *f*
gas cooker N (BRIT) cuisinière *f* à gaz
gas cylinder N bouteille *f* de gaz
gaseous ['gæsɪəs] ADJ gazeux(-euse)
gas fire N (BRIT) radiateur *m* à gaz
gas-fired ['gæsfaɪəd] ADJ au gaz
gash [gæʃ] N entaille *f*; (*on face*) balafre *f* ▶ VT taillader; balafrer
gasket ['gæskɪt] N (*Aut*) joint *m* de culasse
gas mask N masque *m* à gaz
gas meter N compteur *m* à gaz
gasoline ['gæsəli:n] N (*US*) essence *f*
gasp [gɑ:sp] N halètement *m*; (*of shock etc*): **she gave a small ~ of pain** la douleur lui coupa le souffle ▶ VI haleter; (*fig*) avoir le souffle coupé
▶ **gasp out** VT (*say*) dire dans un souffle *or* d'une voix entrecoupée
gas pedal N (*US*) accélérateur *m*
gas ring N brûleur *m*
gas station N (*US*) station-service *f*
gas stove N réchaud *m* à gaz; (*cooker*) cuisinière *f* à gaz
gassy ['gæsɪ] ADJ gazeux(-euse)
gas tank N (*US Aut*) réservoir *m* d'essence
gas tap N bouton *m* (de cuisinière à gaz); (*on pipe*) robinet *m* à gaz
gastric ['gæstrɪk] ADJ gastrique
gastric band N (*Med*) anneau *m* gastrique
gastric ulcer N ulcère *m* de l'estomac
gastroenteritis ['gæstrəuɛntə'raɪtɪs] N gastro-entérite *f*
gastrointestinal [gæstrəuɪn'tɛstɪnəl] ADJ gastro-intestinal(e)
gastronomic [gæstrə'nɔmɪk] ADJ gastronomique
gastronomy [gæs'trɔnəmɪ] N gastronomie *f*
gasworks ['gæswə:ks] N, NPL usine *f* à gaz
★**gate** [geɪt] N (*of garden*) portail *m*; (*of field, at level crossing*) barrière *f*; (*of building, town, at airport*) porte *f*; (*of lock*) vanne *f*
gateau ['gætəu] (*pl* **gateaux** [-z]) N gros gâteau à la crème
gatecrash ['geɪtkræʃ] VT s'introduire sans invitation dans
gatecrasher ['geɪtkræʃə^r] N intrus(e)

g

gated community ['geɪtɪd-] N *quartier enclos dont l'entrée est gardée*; ≈ quartier *m* sécurisé
gatehouse ['geɪthaus] N loge *f*
gatekeeper ['geɪtki:pəʳ] N gardien(-ienne)
gateway ['geɪtweɪ] N porte *f*
gather ['gæðəʳ] VT (*flowers, fruit*) cueillir; (*pick up*) ramasser; (*assemble*: *objects*) rassembler; (: *people*) réunir; (: *information*) recueillir; (*understand*) comprendre; (*Sewing*) froncer; **to ~ (from/that)** conclure *or* déduire (de/que); **to ~ speed** prendre de la vitesse ▸VI (*assemble*) se rassembler; (*dust*) s'amasser; (*clouds*) s'amonceler; **as far as I can ~** d'après ce que je comprends
gathering ['gæðərɪŋ] N rassemblement *m*
gauche [gəuʃ] ADJ gauche, maladroit(e)
gaudy ['gɔ:dɪ] ADJ voyant(e)
gauge [geɪdʒ] N (*standard measure*) calibre *m*; (*Rail*) écartement *m*; (*instrument*) jauge *f*; **petrol ~**, (*US*) **gas ~** jauge d'essence ▸VT jauger; (*fig: sb's capabilities, character*) juger de; **to ~ the right moment** calculer le moment propice
Gaul [gɔ:l] N (*country*) Gaule *f*; (*person*) Gaulois(e)
gaunt [gɔ:nt] ADJ décharné(e); (*grim, desolate*) désolé(e)
gauntlet ['gɔ:ntlɪt] N (*fig*): **to throw down the ~** jeter le gant; **to run the ~ through an angry crowd** se frayer un passage à travers une foule hostile *or* entre deux haies de manifestants *etc* hostiles
gauze [gɔ:z] N gaze *f*
gave [geɪv] PT *of* **give**
gavel ['gævəl] N marteau *m* (*de commissaire-priseur, de magistrat, etc*)
gawk [gɔ:k] VI (*inf*) rester bouche bée; **to ~ at sb/sth** regarder qn/qch bouche bée
gawky ['gɔ:kɪ] ADJ dégingandé(e), godiche
gawp [gɔ:p] VI: **to ~ at** regarder bouche bée
gay [geɪ] ADJ homosexuel(le); (*old: cheerful*) gai(e), réjoui(e); (*colour*) gai, vif (vive); **~ marriage** mariage homosexuel
gaze [geɪz] N regard *m* fixe ▸VI: **to ~ at** fixer du regard
gazebo [gə'zi:bəu] N belvédère *m*
gazelle [gə'zɛl] N gazelle *f*
gazette [gə'zɛt] N (*newspaper*) gazette *f*; (*official publication*) journal officiel
gazetteer [gæzə'tɪəʳ] N dictionnaire *m* géographique
gazump [gə'zʌmp] VI (BRIT) *revenir sur une promesse de vente pour accepter un prix plus élevé*
GB ABBR = **Great Britain**
GBH N ABBR (BRIT *Law*: *inf*) = **grievous bodily harm**
GC N ABBR (BRIT: = *George Cross*) *distinction honorifique*
GCE N ABBR (BRIT) = **General Certificate of Education**
GCHQ N ABBR (BRIT: = *Government Communications Headquarters*) *centre d'interception des télécommunications étrangères*
★**GCSE** N ABBR (BRIT: = *General Certificate of Secondary Education*) *examen passé vers l'âge de 16 ans sanctionnant les connaissances de l'élève*; **she's got eight GCSEs** elle a réussi dans huit matières aux épreuves du GCSE

Les **GCSE** (*General Certificate of Secondary Education*) sont des épreuves passées dans plusieurs matières par les jeunes Anglais, Gallois et Irlandais du Nord vers l'âge de 16 ans. La réussite à ces épreuves est une condition à remplir pour ceux qui souhaitent continuer leurs études et passer les *A levels* dans les matières en question (voir *A level*). Les résultats obtenus aux GCSE sont également importants pour ceux qui terminent leur scolarité à ce stade et souhaitent trouver un emploi. Le nombre de matières est généralement compris entre 8 et 11, certaines, comme l'anglais, les maths et les sciences, étant obligatoires pour tous les étudiants.

Gdns. ABBR = **gardens**
GDP N ABBR = **gross domestic product**
GDR N ABBR (*old*: = *German Democratic Republic*) RDA *f*
gear [gɪəʳ] N matériel *m*, équipement *m*; (*Tech*) engrenage *m*; (*Aut*) vitesse *f*; **top** *or* (*US*) **high/low ~** quatrième (*or* cinquième)/première vitesse; **in ~** en prise; **out of ~** au point mort ▸VT (*fig: adapt*) adapter; **our service is geared to meet the needs of people with disabilities** notre service répond de façon spécifique aux besoins des handicapés
▸**gear up** VI: **to ~ up (to do)** se préparer (à faire)
▸**gear up for** VT se préparer pour
gear box N boîte *f* de vitesse
gear lever N levier *m* de vitesse
gear shift N (*US*) = **gear lever**
gear stick (BRIT) N = **gear lever**
GED N ABBR (*US Scol*) = **general educational development**
gee [dʒi:] EXCL (*US inf*) ça alors
geek [gi:k] N (*inf*: *nerd*) allumé(e) (*inf*); (: *also*: **computer geek**) crack *m* (*inf*) en informatique
geese [gi:s] NPL *of* **goose**
geezer ['gi:zəʳ] N (BRIT *inf*) mec *m*
Geiger counter ['gaɪgə-] N compteur *m* Geiger
gel [dʒɛl] N gelée *f*; (*Chem*) colloïde *m*
gelatin, gelatine ['dʒɛləti:n] N gélatine *f*
gelding ['gɛldɪŋ] N hongre *m*
gelignite ['dʒɛlɪgnaɪt] N plastic *m*
gem [dʒɛm] N pierre précieuse
Gemini ['dʒɛmɪnaɪ] N les Gémeaux *mpl*; **to be ~** être des Gémeaux
gemstone ['dʒɛmstəun] N pierre *f* précieuse
gen [dʒɛn] N (BRIT *inf*): **to give sb the ~ on sth** mettre qn au courant de qch
Gen. ABBR (*Mil*: = *General*) Gal
gen. ABBR (= *general, generally*) gén
gender ['dʒɛndəʳ] N genre *m*; (*person's sex*) sexe *m*
gender-fluid [dʒɛndə'flu:ɪd] ADJ (*person*) *dont l'identité de genre est fluide*
gene [dʒi:n] N (*Biol*) gène *m*
genealogy [dʒi:nɪ'ælədʒɪ] N généalogie *f*
★**general** ['dʒɛnərl] N général *m*; **in ~** en général ▸ADJ général(e); **the ~ public** le grand public; **~ audit** (*Comm*) vérification annuelle
general anaesthetic, (*US*) **general anesthetic** N anesthésie générale

general delivery N poste restante
general election N élection(s) législative(s)
generalization ['dʒɛnrəlaɪ'zeɪʃən] N généralisation *f*
generalize ['dʒɛnrəlaɪz] VI généraliser
general knowledge N connaissances générales
★**generally** ['dʒɛnrəlɪ] ADV généralement
general manager N directeur général
general practitioner N généraliste *mf*
general store N épicerie *f*
general strike N grève générale
generate ['dʒɛnəreɪt] VT engendrer; (*electricity*) produire
★**generation** [dʒɛnə'reɪʃən] N génération *f*; (*of electricity etc*) production *f*
generator ['dʒɛnəreɪtəʳ] N générateur *m*
generic [dʒɪ'nɛrɪk] ADJ générique
generosity [dʒɛnə'rɔsɪtɪ] N générosité *f*
★**generous** ['dʒɛnərəs] ADJ généreux(-euse); (*copious*) copieux(-euse)
generously ['dʒɛnərəslɪ] ADV généreusement; (*plentifully*) abondamment
genesis ['dʒɛnɪsɪs] N genèse *f*
genetic [dʒɪ'nɛtɪk] ADJ génétique; **~ engineering** ingénierie *m* génétique; **~ fingerprinting** système *m* d'empreinte génétique
genetically modified ADJ (*food etc*) génétiquement modifié(e)
geneticist [dʒɪ'nɛtɪsɪst] N généticien(-ienne)
genetics [dʒɪ'nɛtɪks] N génétique *f*
Geneva [dʒɪ'ni:və] N Genève; **Lake ~** le lac Léman
genial ['dʒi:nɪəl] ADJ cordial(e), chaleureux(-euse); (*climate*) clément(e)
genie ['dʒi:ni] N génie *m*, djinn *m*
genitals ['dʒɛnɪtlz] NPL organes génitaux
genitive ['dʒɛnɪtɪv] N génitif *m*
genius ['dʒi:nɪəs] N génie *m*
Genoa ['dʒɛnəuə] N Gênes
genocidal [dʒɛnə'saɪdl] ADJ génocide
genocide ['dʒɛnəusaɪd] N génocide *m*
genome ['dʒi:nəum] N génome *m*
genre ['ʒɔnrə] N genre *m*
gent [dʒɛnt] N ABBR (BRIT *inf*) = **gentleman**
genteel [dʒɛn'ti:l] ADJ de bon ton, distingué(e)
Gentile ['dʒɛntaɪl] N gentil(e)
★**gentle** ['dʒɛntl] ADJ doux (douce); (*breeze, touch*) léger(-ère)
★**gentleman** ['dʒɛntlmən] N (*irreg*) monsieur *m*; (*well-bred man*) gentleman *m*; **~'s agreement** gentleman's agreement *m*
gentlemanly ['dʒɛntlmənlɪ] ADJ bien élevé(e)
gentleness ['dʒɛntlnɪs] N douceur *f*
gently ['dʒɛntlɪ] ADV doucement
gentry ['dʒɛntrɪ] N petite noblesse
gents [dʒɛnts] N W.-C. *mpl* (pour hommes)
★**genuine** ['dʒɛnjuɪn] ADJ véritable, authentique; (*person, emotion*) sincère
genuinely ['dʒɛnjuɪnlɪ] ADV sincèrement, vraiment
genus ['dʒi:nəs] (*pl* **genera** ['dʒɛnərə]) N genre *m*
geographer [dʒɪ'ɔgrəfəʳ] N géographe *mf*
geographic [dʒɪə'græfɪk], **geographical** [dʒɪə'græfɪkl] ADJ géographique
geographically [dʒɪə'græfɪklɪ] ADV géographiquement
geography [dʒɪ'ɔgrəfɪ] N géographie *f*
geolocate [dʒi:ələu'keɪt] VT géolocaliser
geolocation [dʒi:ələu'keɪʃən] N géolocalisation *f*
geological [dʒɪə'lɔdʒɪkl] ADJ géologique
geologist [dʒɪ'ɔlədʒɪst] N géologue *mf*
geology [dʒɪ'ɔlədʒɪ] N géologie *f*
geometric [dʒɪə'mɛtrɪk], **geometrical** [dʒɪə'mɛtrɪkl] ADJ géométrique
geometry [dʒɪ'ɔmətrɪ] N géométrie *f*
geophysicist [dʒi:əu'fɪzɪsɪst] N géophysicien(-ienne)
geopolitical [dʒi:əupə'lɪtɪkl] ADJ géopolitique
Geordie ['dʒɔ:dɪ] N (*inf*) habitant(e) de Tyneside; originaire *mf* de Tyneside
Georgia ['dʒɔ:dʒə] N Géorgie *f*
Georgian ['dʒɔ:dʒən] ADJ (*Geo*) géorgien(ne) ▸N Géorgien(ne); (*Ling*) géorgien *m*
geranium [dʒɪ'reɪnɪəm] N géranium *m*
gerbil ['dʒə:bɪl] N gerbille *f*
geriatric [dʒɛrɪ'ætrɪk] ADJ gériatrique ▸N patient(e) gériatrique
germ [dʒə:m] N (*Med*) microbe *m*; (*Biol, fig*) germe *m*
★**German** ['dʒə:mən] ADJ allemand(e) ▸N Allemand(e); (*Ling*) allemand *m*
germane [dʒə:'meɪn] ADJ (*formal*): **~ (to)** se rapportant (à)
German measles N rubéole *f*
★**Germany** ['dʒə:mənɪ] N Allemagne *f*
germinate ['dʒə:mɪneɪt] VI germer ▸VT faire germer
germination [dʒə:mɪ'neɪʃən] N germination *f*
germ warfare N guerre *f* bactériologique
gerrymandering ['dʒɛrɪmændərɪŋ] N tripotage *m* du découpage électoral
gestation [dʒɛs'teɪʃən] N gestation *f*
gesticulate [dʒɛs'tɪkjuleɪt] VI gesticuler
gesture ['dʒɛstjəʳ] N geste *m*; **as a ~ of friendship** en témoignage d'amitié

get [gɛt]

(*pt, pp* **got** [gɔt], *US pp* **gotten** ['gɔtn]) VI **1** (*become, be*) devenir; **to get old/tired** devenir vieux/fatigué, vieillir/se fatiguer; **to get drunk** s'enivrer; **to get ready/washed/shaved** *etc* se préparer/laver/raser *etc*; **to get killed** se faire tuer; **to get dirty** se salir; **to get married** se marier; **when do I get paid?** quand est-ce que je serai payé ?; **it's getting late** il se fait tard
2 (*go*): **to get to/from** aller à/de; **to get home** rentrer chez soi; **how did you get here?** comment es-tu arrivé ici ?; **he got across the bridge/under the fence** il a traversé le pont/est passé au-dessous de la barrière
3 (*begin*) commencer *or* se mettre à; **to get to know sb** apprendre à connaître qn; **I'm getting to like him** je commence à l'apprécier; **let's get going** *or* **started** allons-y
4 (*modal aux vb*): **you've got to do it** il faut que

g

vous le fassiez; **I've got to tell the police** je dois le dire à la police
▸ VT 1: **to get sth done** (*do*) faire qch; (*have done*) faire faire qch; **to get sth/sb ready** préparer qch/qn; **to get one's hair cut** se faire couper les cheveux; **to get the car going** *or* **to go** (faire) démarrer la voiture; **to get sb to do sth** faire faire qch à qn; **to get sb drunk** enivrer qn
2 (*obtain: money, permission, results*) obtenir, avoir; (*buy*) acheter; (*find: job, flat*) trouver; (*fetch: person, doctor, object*) aller chercher; **to get sth for sb** procurer qch à qn; **get me Mr Jones, please** (*on phone*) passez-moi Mr Jones, s'il vous plaît; **can I get you a drink?** est-ce que je peux vous servir à boire ?
3 (*receive: present, letter*) recevoir, avoir; (*acquire: reputation*) avoir; (*: prize*) obtenir; **what did you get for your birthday?** qu'est-ce que tu as eu pour ton anniversaire ?; **how much did you get for the painting?** combien avez-vous vendu le tableau ?
4 (*catch*) prendre, saisir, attraper; (*hit: target etc*) atteindre; **to get sb by the arm/throat** prendre *or* saisir *or* attraper qn par le bras/à la gorge; **get him!** arrête-le !; **the bullet got him in the leg** il a pris la balle dans la jambe; **he really gets me!** il me porte sur les nerfs !
5 (*take, move*): **to get sth to sb** faire parvenir qch à qn; **do you think we'll get it through the door?** on arrivera à le faire passer par la porte ?; **I'll get you there somehow** je me débrouillerai pour t'y emmener
6 (*catch, take: plane, bus etc*) prendre; **where do I get the train for Birmingham?** où prend-on le train pour Birmingham ?
7 (*understand*) comprendre, saisir; (*hear*) entendre; **I've got it!** j'ai compris !; **I don't get your meaning** je ne vois *or* comprends pas ce que vous voulez dire; **I didn't get your name** je n'ai pas entendu votre nom
8 (*have, possess*): **to have got** avoir; **how many have you got?** vous en avez combien ?
9 (*illness*) avoir; **I've got a cold** j'ai le rhume; **she got pneumonia and died** elle a fait une pneumonie et elle en est morte
▸ **get about** VI se déplacer; (*news*) se répandre
▸ **get across** VT: **to get across (to)** (*message, meaning*) faire passer (à) ▸ VI: **to get across (to)** (*speaker*) se faire comprendre (par)
▸ **get ahead** VI (*succeed*) réussir
▸ **get along** VI (*agree*) s'entendre; (*depart*) s'en aller; (*manage*) = **get by**
▸ **get around** VI (*news*) circuler; (*person*) se déplacer; **to get around to sth** avoir le temps de faire qch ▸ VT (*problem, rule*) contourner
▸ **get at** VT FUS (*attack*) s'en prendre à; (*reach*) attraper, atteindre; **what are you getting at?** à quoi voulez-vous en venir ?
▸ **get away** VI partir, s'en aller; (*escape*) s'échapper
▸ **get away with** VT FUS (*punishment*) en être quitte pour; (*crime etc*) se faire pardonner
▸ **get back** VI (*return*) rentrer; **to get back to** (*start again*) retourner *or* revenir à ▸ VT récupérer, recouvrer; (*contact again*) recontacter; **when do we get back?** quand serons-nous de retour ?
▸ **get back at** VT FUS (*inf*): **to get back at sb** rendre la monnaie de sa pièce à qn
▸ **get by** VI (*pass*) passer; (*manage*) se débrouiller; **I can get by in Dutch** je me débrouille en hollandais
▸ **get down** VI, VT FUS descendre ▸ VT descendre; (*depress*) déprimer
▸ **get down to** VT FUS (*work*) se mettre à (faire); **to get down to business** passer aux choses sérieuses
▸ **get in** VI entrer; (*arrive home*) rentrer; (*train*) arriver ▸ VT (*bring in: harvest*) rentrer; (*: coal*) faire rentrer; (*: supplies*) faire des provisions de
▸ **get into** VT FUS entrer dans; (*car, train etc*) monter dans; (*clothes*) mettre, enfiler, endosser; **to get into bed/a rage** se mettre au lit/en colère
▸ **get off** VI (*from train etc*) descendre; (*depart: person, car*) s'en aller; (*escape*) s'en tirer ▸ VT (*remove: clothes, stain*) enlever; (*send off*) expédier; (*have as leave: day, time*): **we got 2 days off** nous avons eu 2 jours de congé ▸ VT FUS (*train, bus*) descendre de; **where do I get off?** où est-ce que je dois descendre ?; **to get off to a good start** (*fig*) prendre un bon départ
▸ **get on** VI (*at exam etc*) se débrouiller; (*agree*): **to get on (with)** s'entendre (avec); **how are you getting on?** comment ça va ? ▸ VT FUS monter dans; (*horse*) monter sur
▸ **get on to** VT FUS (BRIT: *deal with: problem*) s'occuper de; (*: contact: person*) contacter
▸ **get out** VI sortir; (*of vehicle*) descendre; (*news etc*) s'ébruiter ▸ VT sortir
▸ **get out of** VT FUS sortir de; (*duty etc*) échapper à, se soustraire à
▸ **get over** VT FUS (*illness*) se remettre de ▸ VT (*communicate: idea etc*) communiquer; (*finish*): **let's get it over (with)** finissons-en
▸ **get round** VI: **to get round to doing sth** se mettre (finalement) à faire qch ▸ VT FUS contourner; (*fig: person*) entortiller
▸ **get through** VI (*Tel*) avoir la communication; **to get through to sb** atteindre qn ▸ VT FUS (*finish: work, book*) finir, terminer
▸ **get together** VI se réunir ▸ VT rassembler
▸ **get up** VI (*rise*) se lever ▸ VT FUS monter
▸ **get up to** VT FUS (*reach*) arriver à; (*prank etc*) faire

getaway ['gɛtəweɪ] N fuite *f*
getaway car N voiture prévue pour prendre la fuite
get-together ['gɛttəgɛðəʳ] N petite réunion, petite fête
get-up ['gɛtʌp] N (*inf: outfit*) accoutrement *m*
get-well card [gɛt'wɛl-] N carte *f* de vœux de bon rétablissement
geyser ['gi:zəʳ] N chauffe-eau *m inv*; (*Geo*) geyser *m*
Ghana ['gɑ:nə] N Ghana *m*
Ghanaian [gɑ:'neɪən] ADJ ghanéen(ne) ▸ N Ghanéen(ne)
ghastly ['gɑ:stlɪ] ADJ atroce, horrible; (*pale*) livide, blême
ghee [gi:] N beurre *m* clarifié
gherkin ['gə:kɪn] N cornichon *m*
ghetto ['gɛtəu] N ghetto *m*
ghetto blaster [-blɑ:stəʳ] N (*inf*) gros radiocassette
ghost [gəust] N fantôme *m*, revenant *m* ▸ VT (*sb else's book*) écrire
ghostly ['gəustlɪ] ADJ fantomatique
ghostwriter ['gəustraɪtəʳ] N nègre *m* (*fig: pej*)
ghoul [gu:l] N (*ghost*) vampire *m*

ghoulish ['gu:lɪʃ] ADJ (*tastes etc*) morbide
GHQ N ABBR (*Mil:* = *general headquarters*) GQG *m*
GHz ABBR = **gigahertz**
GI N ABBR (*US inf:* = *government issue*) *soldat de l'armée américaine*, GI *m*
★**giant** ['dʒaɪənt] N géant(e) ▶ ADJ géant(e), énorme; **~ (size) packet** paquet géant
giant killer N (*Sport*) *équipe inconnue qui remporte un match contre une équipe renommée*
gibber ['dʒɪbəʳ] VI émettre des sons inintelligibles
gibberish ['dʒɪbərɪʃ] N charabia *m*
gibbon ['gɪbən] N gibbon *m*
gibe [dʒaɪb] N sarcasme *m* ▶ VI: **to ~ at** railler
giblets ['dʒɪblɪts] NPL abats *mpl*
Gibraltar [dʒɪ'brɔ:ltəʳ] N Gibraltar *m*
giddiness ['gɪdɪnɪs] N vertige *m*
giddy ['gɪdɪ] ADJ (*dizzy*): **to be (*or* feel) ~** avoir le vertige; (*height*) vertigineux(-euse); (*thoughtless*) sot(te), étourdi(e)
★**gift** [gɪft] N cadeau *m*, présent *m*; (*donation, talent*) don *m*; (*Comm: also:* **free gift**) cadeau(-réclame) *m*; **to have a ~ for sth** avoir des dons pour *or* le don de qch
gifted ['gɪftɪd] ADJ doué(e)
gift shop, (*US*) **gift store** N boutique *f* de cadeaux
gift token, gift voucher N chèque-cadeau *m*
gig [gɪg] N (*inf: concert*) concert *m*
gigabyte ['gɪgəbaɪt] N gigaoctet *m*
gigantic [dʒaɪ'gæntɪk] ADJ gigantesque
gig economy N (*inf*) économie *f* reposant sur le travail précaire
giggle ['gɪgl] VI pouffer, ricaner sottement ▶ N petit rire *m* bête
giggly ['gɪglɪ] ADJ: **~ teenage girls** des adolescentes qui gloussent sans arrêt
GIGO ['gaɪgəu] ABBR (*Comput: inf:* = *garbage in, garbage out*) qualité d'entrée = qualité de sortie
gild [gɪld] VT dorer
gill [dʒɪl] N (*measure*) = 0.25 pints (Brit = 0.148 l ; US = 0.118 l)
gills [gɪlz] NPL (*of fish*) ouïes *fpl*, branchies *fpl*
gilt [gɪlt] N dorure *f* ▶ ADJ doré(e)
gilt-edged ['gɪltɛdʒd] ADJ (*stocks, securities*) de premier ordre
gimlet ['gɪmlɪt] N vrille *f*
gimmick ['gɪmɪk] N truc *m*; **sales ~** astuce *f* pour faire vendre
gimmicky ['gɪmɪkɪ] ADJ (*inf*) fantaisiste
gin [dʒɪn] N gin *m*
ginger ['dʒɪndʒəʳ] N gingembre *m*
▶ **ginger up** VT secouer; animer
ginger ale, ginger beer N boisson gazeuse au gingembre
gingerbread ['dʒɪndʒəbrɛd] N pain *m* d'épices
ginger group N (BRIT) groupe *m* de pression
ginger-haired ['dʒɪndʒə'hɛəd] ADJ roux (rousse)
gingerly ['dʒɪndʒəlɪ] ADV avec précaution
gingham ['gɪŋəm] N vichy *m*
ginseng ['dʒɪnsɛŋ] N ginseng *m*
gipsy ['dʒɪpsɪ] N = **gypsy**
★**giraffe** [dʒɪ'rɑ:f] N girafe *f*
girder ['gə:dəʳ] N poutrelle *f*
girdle ['gə:dl] N (*corset*) gaine *f* ▶ VT ceindre
★**girl** [gə:l] N fille *f*, fillette *f*; (*young unmarried woman*) jeune fille; (*daughter*) fille; **an English ~** une jeune Anglaise; **a little English ~** une petite Anglaise
girl band N girls band *m*
★**girlfriend** ['gə:lfrɛnd] N (*female friend*) amie *f*; (*romantic partner*) petite amie
Girl Guide N (BRIT) éclaireuse *f*; (*Roman Catholic*) guide *f*
girlish ['gə:lɪʃ] ADJ de jeune fille
Girl Scout N (*US*) = **Girl Guide**
Giro ['dʒaɪrəu] N: **the National ~** (BRIT) ≈ les comptes chèques postaux
giro ['dʒaɪrəu] N (*bank giro*) virement *m* bancaire; (*post office giro*) mandat *m*
girth [gə:θ] N circonférence *f*; (*of horse*) sangle *f*
gist [dʒɪst] N essentiel *m*
★**give** [gɪv] (*pt* **gave** [geɪv], *pp* **given** ['gɪvn]) N (*of fabric*) élasticité *f* ▶ VT donner; **to ~ sb sth, ~ sth to sb** donner qch à qn; (*gift*) offrir qch à qn; (*message*) transmettre qch à qn; **to ~ sb a call/kiss** appeler/embrasser qn; **to ~ a cry/sigh** pousser un cri/un soupir; **how much did you ~ for it?** combien (l')avez-vous payé ?; **12 o'clock, ~ or take a few minutes** midi, à quelques minutes près; **to ~ way** céder; (BRIT *Aut*) donner la priorité ▶ VI (*break*) céder; (*stretch: fabric*) se prêter
▶ **give away** VT donner; (*give free*) faire cadeau de; (*betray*) donner, trahir; (*disclose*) révéler; (*bride*) conduire à l'autel
▶ **give back** VT rendre
▶ **give in** VI céder ▶ VT donner
▶ **give off** VT dégager
▶ **give out** VT (*food etc*) distribuer; (*news*) annoncer ▶ VI (*be exhausted: supplies*) s'épuiser; (*fail*) lâcher
▶ **give up** VI renoncer ▶ VT renoncer à; **to ~ up smoking** arrêter de fumer; **to ~ o.s. up** se rendre
give-and-take ['gɪvənd'teɪk] N concessions mutuelles
giveaway ['gɪvəweɪ] N (*inf*): **her expression was a ~** son expression la trahissait; **the exam was a ~!** cet examen, c'était du gâteau ! ▶ CPD: **~ prices** prix sacrifiés
given ['gɪvn] PP *of* **give** ▶ ADJ (*fixed: time, amount*) donné(e), déterminé(e) ▶ CONJ: **~ the circumstances ...** étant donné les circonstances ..., vu les circonstances ...; **~ that ...** étant donné que ...
giver ['gɪvəʳ] N (*of aid*) donateur(-trice)
gizmo ['gɪzməu] N (*inf*) truc *m*
glacial ['gleɪsɪəl] ADJ (*Geo*) glaciaire; (*wind, weather*) glacial(e)
glacier ['glæsɪəʳ] N glacier *m*
★**glad** [glæd] ADJ content(e); **to be ~ about sth/that** être heureux(-euse) *or* bien content de qch/que; **I was ~ of his help** j'étais bien content de (pouvoir compter sur) son aide *or* qu'il m'aide
gladden ['glædn] VT réjouir
glade [gleɪd] N clairière *f*
gladioli [glædɪ'əulaɪ] NPL glaïeuls *mpl*
gladly ['glædlɪ] ADV volontiers
glamorous ['glæmərəs] ADJ (*person*) séduisant(e); (*job*) prestigieux(-euse)

g

glamour, (*US*) **glamor** ['glæmə^r] N éclat *m*, prestige *m*
glance [glɑːns] N coup *m* d'œil ▸ VI: **to ~ at** jeter un coup d'œil à
▸ **glance off** VT FUS (*bullet*) ricocher sur
glancing ['glɑːnsɪŋ] ADJ (*blow*) oblique
gland [glænd] N glande *f*
glandular ['glændjulə^r] ADJ: **~ fever** (BRIT) mononucléose infectieuse
glare [glɛə^r] N (*of anger*) regard furieux; (*of light*) lumière éblouissante; (*of publicity*) feux *mpl* ▸ VI briller d'un éclat aveuglant; **to ~ at** lancer un regard *or* des regards furieux à
glaring ['glɛərɪŋ] ADJ (*mistake*) criant(e), qui saute aux yeux
glasnost ['glæznɔst] N glasnost *f*
★**glass** [glɑːs] N verre *m*; (*also:* **looking glass**) miroir *m* ■ **glasses** NPL (*spectacles*) lunettes *fpl*
glass-blowing ['glɑːsbləuɪŋ] N soufflage *m* (du verre)
glass ceiling N (*fig*) *plafond dans l'échelle hiérarchique au-dessus duquel les femmes ou les membres d'une minorité ethnique ne semblent pouvoir s'élever*
glass fibre N fibre *f* de verre
glasshouse ['glɑːshaus] N serre *f*
glassware ['glɑːswɛə^r] N verrerie *f*
glassy ['glɑːsɪ] ADJ (*eyes*) vitreux(-euse)
Glaswegian [glæs'wiːdʒən] ADJ de Glasgow ▸ N habitant(e) de Glasgow, natif(-ive) de Glasgow
glaucoma [glɔː'kəumə] N glaucome *m*
glaze [gleɪz] VT (*door*) vitrer; (*pottery*) vernir; (*Culin*) glacer ▸ N vernis *m*; (*Culin*) glaçage *m*
glazed [gleɪzd] ADJ (*eye*) vitreux(-euse); (*pottery*) verni(e); (*tiles*) vitrifié(e)
glazier ['gleɪzɪə^r] N vitrier *m*
gleam [gliːm] N lueur *f*; **a ~ of hope** une lueur d'espoir ▸ VI luire, briller
gleaming ['gliːmɪŋ] ADJ luisant(e)
glean [gliːn] VT (*information*) recueillir
glee [gliː] N joie *f*
gleeful ['gliːful] ADJ joyeux(-euse)
glen [glɛn] N vallée *f*
glib [glɪb] ADJ qui a du bagou; facile
glide [glaɪd] VI glisser; (*Aviat, bird*) planer ▸ N glissement *m*; vol plané
glider ['glaɪdə^r] N (*Aviat*) planeur *m*
gliding ['glaɪdɪŋ] N (*Aviat*) vol *m* à voile
glimmer ['glɪmə^r] VI luire ▸ N lueur *f*
glimpse [glɪmps] N vision passagère, aperçu *m*; **to catch a ~ of** entrevoir ▸ VT entrevoir, apercevoir
glint [glɪnt] N éclair *m* ▸ VI étinceler
glisten ['glɪsn] VI briller, luire
glitch [glɪtʃ] N (*inf*) pépin *m*; **a technical ~** un pépin technique
glitter ['glɪtə^r] VI (*metal, light*) scintiller, briller; (*eyes*) briller ▸ N scintillement *m*; (*on decorations, cards*) paillettes *fpl*
glittering ['glɪtərɪŋ] ADJ (*sparkling*) étincelant(e); (*eyes, career*) brillant(e); (*occasion*) somptueux(-euse)
glitz [glɪts] N (*inf*) faste *m*
glitzy ['glɪtsɪ] ADJ (*inf*) fastueux(-euse)
gloat [gləut] VI: **to ~ (over)** jubiler (à propos de)
★**global** ['gləubl] ADJ (*world-wide*) mondial(e); (*overall*) global(e)
globalization [gləublaɪ'zeɪʃən] N mondialisation *f*
globally ['gləubəlɪ] ADV mondialement
global warming [-'wɔːmɪŋ] N réchauffement *m* de la planète
globe [gləub] N globe *m*
globe-trotter ['gləubtrɔtə^r] N globe-trotter *m*
globule ['glɔbjuːl] N (*Anat*) globule *m*; (*of water etc*) gouttelette *f*
gloom [gluːm] N obscurité *f*; (*sadness*) tristesse *f*, mélancolie *f*
gloomily ['gluːmɪlɪ] ADV (*say, speak*) d'un air sombre
gloomy ['gluːmɪ] ADJ (*person*) morose, sombre; (*place, outlook*) sombre; **to feel ~** se sentir morose
glorification [glɔːrɪfɪ'keɪʃən] N glorification *f*
glorified ['glɔːrɪfaɪd] ADJ: **I'm just a ~ secretary** je ne suis guère mieux qu'une simple secrétaire
glorify ['glɔːrɪfaɪ] VT glorifier
glorious ['glɔːrɪəs] ADJ glorieux(-euse); (*beautiful*) splendide
glory ['glɔːrɪ] N gloire *f*; splendeur *f* ▸ VI: **to ~ in** se glorifier de
glory hole N (*inf*) capharnaüm *m*
gloss [glɔs] N (*shine*) brillant *m*, vernis *m*; (*also:* **gloss paint**) peinture brillante
▸ **gloss over** VT FUS glisser sur
glossary ['glɔsərɪ] N glossaire *m*, lexique *m*
glossy ['glɔsɪ] ADJ brillant(e), luisant(e) ▸ N (*also:* **glossy magazine**) revue *f* de luxe
glove [glʌv] N gant *m*
glove compartment N (*Aut*) boîte *f* à gants, vide-poches *m inv*
gloved [glʌvd] ADJ ganté(e)
glow [gləu] VI rougeoyer; (*face*) rayonner; (*eyes*) briller ▸ N rougeoiement *m*
glower ['glauə^r] VI lancer des regards mauvais
glowing ['gləuɪŋ] ADJ (*fire*) rougeoyant(e); (*complexion*) éclatant(e); (*report, description etc*) dithyrambique
glow-worm ['gləuwəːm] N ver luisant
glucose ['gluːkəus] N glucose *m*
glue [gluː] N colle *f* ▸ VT coller
glue-sniffing ['gluːsnɪfɪŋ] N inhalation *f* de colle
glum [glʌm] ADJ sombre, morose
glumly ['glʌmlɪ] ADV (*say*) d'un air sombre
glut [glʌt] N surabondance *f* ▸ VT rassasier; (*market*) encombrer
glute [gluːt] N (*inf*) fessier *m*
gluten ['gluːtən] N gluten *m*
glutinous ['gluːtɪnəs] ADJ visqueux(-euse)
glutton ['glʌtn] N glouton(ne); **a ~ for work** un bourreau de travail
gluttonous ['glʌtənəs] ADJ glouton(ne)
gluttony ['glʌtənɪ] N gloutonnerie *f*; (*sin*) gourmandise *f*
glycerin, glycerine ['glɪsəriːn] N glycérine *f*

GM ABBR (= *genetically modified*) génétiquement modifié(e)

gm ABBR (= *gram*) g

GMAT ['dʒi:mæt] N ABBR (US: = *Graduate Management Admissions Test*) *examen d'admission dans le 2e cycle de l'enseignement supérieur*

GM crop N culture *f* OGM

GM foods N aliments *mpl* génétiquement modifiés

GMO N ABBR (= *genetically modified organism*) OGM *m*

GMT ABBR (= *Greenwich Mean Time*) GMT

gnarled [nɑ:ld] ADJ noueux(-euse)

gnash [næʃ] VT: **to ~ one's teeth** grincer des dents

gnat [næt] N moucheron *m*

gnaw [nɔ:] VT ronger

gnome [nəum] N gnome *m*, lutin *m*

GNP N ABBR = **gross national product**

★**go** [gəu] VI (*pt* **went** [wɛnt], *pp* **gone** [gɔn]) aller; (*depart*) partir, s'en aller; (*work*) marcher; (*break*) céder; (*time*) passer; (*be sold*): **to go for £10** se vendre 10 livres; (*become*): **to go pale/mouldy** pâlir/moisir; **to go by car/on foot** aller en voiture/à pied; **he's going to do it** il va le faire, il est sur le point de le faire; **to go for a walk** aller se promener; **to go dancing/shopping** aller danser/faire les courses; **to go looking for sb/sth** aller *or* partir à la recherche de qn/qch; **to go to sleep** s'endormir; **to go and see sb, go to see sb** aller voir qn; **how is it going?** comment ça marche ?; **how did it go?** comment est-ce que ça s'est passé ?; **to go round the back/by the shop** passer par derrière/devant le magasin; **my voice has gone** j'ai une extinction de voix; **the cake is all gone** il n'y a plus de gâteau; **I'll take whatever is going** (BRIT) je prendrai ce qu'il y a (*or* ce que vous avez); **... to go** (US: *food*) ... à emporter ▸ N (*pl* **goes**): **to have a go (at)** essayer (de faire); **to be on the go** être en mouvement; **whose go is it?** à qui est-ce de jouer ?
▸ **go about** VI (*also:* **go around**) aller çà et là; (: *rumour*) se répandre ▸ VT FUS: **how do I go about this?** comment dois-je m'y prendre (pour faire ceci) ?; **to go about one's business** s'occuper de ses affaires
▸ **go after** VT FUS (*pursue*) poursuivre, courir après; (*job, record etc*) essayer d'obtenir
▸ **go against** VT FUS (*be unfavourable to*) être défavorable à; (*be contrary to*) être contraire à
▸ **go ahead** VI (*make progress*) avancer; (*take place*) avoir lieu; (*get going*) y aller
▸ **go along** VI aller, avancer; **as you go along (with your work)** au fur et à mesure (de votre travail); **to go along with** (*accompany*) accompagner; (*agree with: idea*) être d'accord sur; (: *person*) suivre ▸ VT FUS (*street*) parcourir
▸ **go away** VI partir, s'en aller
▸ **go back** VI rentrer; revenir; (*go again*) retourner
▸ **go back on** VT FUS (*promise*) revenir sur
▸ **go back to** VT FUS (*task, activity*) reprendre; **to go back to work** reprendre le travail
▸ **go by** VI (*years, time*) passer, s'écouler ▸ VT FUS s'en tenir à; (*believe*) en croire
▸ **go down** VI descendre; (*number, price, amount*) baisser; (*ship*) couler; (*sun*) se coucher; **that should go down well with him** (*fig*) ça devrait lui plaire ▸ VT FUS descendre
▸ **go for** VT FUS (*fetch*) aller chercher; (*like*) aimer; (*attack*) s'en prendre à; attaquer
▸ **go in** VI entrer
▸ **go in for** VT FUS (*competition*) se présenter à; (*like*) aimer
▸ **go into** VT FUS entrer dans; (*investigate*) étudier, examiner; (*embark on*) se lancer dans
▸ **go off** VI partir, s'en aller; (*food*) se gâter; (*milk*) tourner; (*bomb*) sauter; (*alarm clock*) sonner; (*alarm*) se déclencher; (*lights etc*) s'éteindre; (*event*) se dérouler; **the gun went off** le coup est parti; **to go off to sleep** s'endormir; **the party went off well** la fête s'est bien passée *or* était très réussie ▸ VT FUS ne plus aimer, ne plus avoir envie de
▸ **go on** VI continuer; (*happen*) se passer; (*lights*) s'allumer; **to go on doing** continuer à faire; **what's going on here?** qu'est-ce qui se passe ici ? ▸ VT FUS (*be guided by: evidence etc*) se fonder sur
▸ **go on at** VT FUS (*nag*) tomber sur le dos de
▸ **go on with** VT FUS poursuivre, continuer
▸ **go out** VI sortir; (*fire, light*) s'éteindre; (*tide*) descendre; **to go out with sb** sortir avec qn
▸ **go over** VI (*ship*) chavirer ▸ VT FUS (*check*) revoir, vérifier; **to go over sth in one's mind** repasser qch dans son esprit
▸ **go past** VT FUS: **to go past sth** passer devant qch
▸ **go round** VI (*circulate: news, rumour*) circuler; (*revolve*) tourner; (*suffice*) suffire (pour tout le monde); (*visit*): **to go round to sb's** passer chez qn; aller chez qn; (*make a detour*): **to go round (by)** faire un détour (par)
▸ **go through** VT FUS (*town etc*) traverser; (*search through*) fouiller; (*suffer*) subir; (*examine: list, book*) lire *or* regarder en détail, éplucher; (*perform: lesson*) réciter; (: *formalities*) remplir; (: *programme*) exécuter
▸ **go through with** VT FUS (*plan, crime*) aller jusqu'au bout de
▸ **go under** VI (*sink, also fig*) couler; (: *person*) succomber
▸ **go up** VI monter; (*price*) augmenter; (*also:* **go up in flames**) flamber, s'enflammer brusquement ▸ VT FUS monter, gravir
▸ **go with** VT FUS aller avec
▸ **go without** VT FUS se passer de

goad [gəud] VT aiguillonner

go-ahead ['gəuəhɛd] ADJ dynamique, entreprenant(e) ▸ N feu vert

★**goal** [gəul] N but *m*

goal difference N différence *f* de buts

goalie ['gəulɪ] N (*inf*) goal *m*

goalkeeper ['gəulki:pə^r] N gardien *m* de but

goalkeeping ['gəulki:pɪŋ] N jeu *m* du gardien de but

goal kick N coup *m* de pied de renvoi (aux six mètres)

goalless ['gəullɪs] ADJ (*draw*) sans but marqué

goal-post ['gəulpəust] N poteau *m* de but

goat [gəut] N chèvre *f*

goatee [gəu'ti:] N bouc *m*

gob [gɔb] N (BRIT *inf*) gueule *f* (*inf*)

gobble ['gɔbl] VT (*also:* **gobble down, gobble up**) engloutir

gobbledygook, gobbledegook ['gɔbldigu:k] N (*inf*) charabia *m*

g

go-between [ˈgəubɪtwiːn] N médiateur *m*
Gobi Desert [ˈgəubɪ-] N désert *m* de Gobi
goblet [ˈgɔblɪt] N coupe *f*
goblin [ˈgɔblɪn] N lutin *m*
gobsmacked [ˈgɔbsmækt] ADJ (BRIT *inf*) estomaqué(e) (*inf*)
go-cart [ˈgəukɑːt] N kart *m* ▸ CPD: **~ racing** karting *m*
★**god** [gɔd] N dieu *m*; **God** Dieu
god-awful [gɔdˈɔːfəl] ADJ (*inf*) franchement atroce
godchild [ˈgɔdtʃaɪld] N (*irreg*) filleul(e)
goddamn, goddam [ˈgɔddæm] EXCL (*esp US inf*): **~ (it)!** nom de Dieu ! ▸ ADJ (*also:* **goddamned**) fichu(e) ▸ ADV sacrément
goddaughter [ˈgɔddɔːtəʳ] N filleule *f*
goddess [ˈgɔdɪs] N déesse *f*
godfather [ˈgɔdfɑːðəʳ] N parrain *m*
god-fearing [ˈgɔdfɪərɪŋ] ADJ croyant(e)
god-forsaken [ˈgɔdfəseɪkən] ADJ maudit(e)
godless [ˈgɔdlɪs] ADJ impie
godmother [ˈgɔdmʌðəʳ] N marraine *f*
godparents [ˈgɔdpɛərənts] NPL: **the ~** le parrain et la marraine
godsend [ˈgɔdsɛnd] N aubaine *f*
godson [ˈgɔdsʌn] N filleul *m*
goes [gəuz] VB *see* **go**
gofer [ˈgəufəʳ] N (*inf*) coursier(-ière)
go-getter [ˈgəugɛtəʳ] N arriviste *mf*
goggle [ˈgɔgl] VI: **to ~ at** regarder avec des yeux ronds
goggles [ˈgɔglz] NPL (*for skiing etc*) lunettes (protectrices); (*for swimming*) lunettes de piscine
going [ˈgəuɪŋ] N (*conditions*) état *m* du terrain; **it was slow ~** les progrès étaient lents, ça n'avançait pas vite ▸ ADJ: **the ~ rate** le tarif (en vigueur); **a ~ concern** une affaire prospère
going-over [gəuɪŋˈəuvəʳ] N (*inf*) vérification *f*, révision *f*; (*beating*) passage *m* à tabac
goings-on [ˈgəuɪŋzˈɔn] NPL (*inf*) manigances *fpl*
go-kart [ˈgəukɑːt] N = **go-cart**
★**gold** [gəuld] N or *m* ▸ ADJ en or; (*reserves*) d'or
golden [ˈgəuldən] ADJ (*made of gold*) en or; (*gold in colour*) doré(e)
golden age N âge *m* d'or
golden handshake N (BRIT) prime *f* de départ
golden rule N règle *f* d'or
goldfish [ˈgəuldfɪʃ] N poisson *m* rouge
gold leaf N or *m* en feuille
gold medal N (*Sport*) médaille *f* d'or
goldmine [ˈgəuldmaɪn] N mine *f* d'or
gold-plated [ˈgəuldˈpleɪtɪd] ADJ plaqué(e) or *inv*
goldsmith [ˈgəuldsmɪθ] N orfèvre *m*
gold standard N étalon-or *m*
★**golf** [gɔlf] N golf *m*
golf ball N balle *f* de golf; (*on typewriter*) boule *f*
golf club N club *m* de golf; (*stick*) club *m*, crosse *f* de golf
golf course N terrain *m* de golf
golfer [ˈgɔlfəʳ] N joueur(-euse) de golf
golfing [ˈgɔlfɪŋ] N golf *m*

gondola [ˈgɔndələ] N gondole *f*
gondolier [gɔndəˈlɪəʳ] N gondolier *m*
★**gone** [gɔn] PP *of* **go** ▸ ADJ parti(e)
goner [ˈgɔnəʳ] N (*inf*): **to be a ~** être fichu(e) *or* foutu(e)
gong [gɔŋ] N gong *m*
gonna [ˈgɔnə] = **going to**
gonorrhoea, (*US*) **gonorrhea** [gɔnəˈrɪə] N blennorragie *f*
goo [guː] N (*inf*) pâte *f* visqueuse
★**good** [gud] ADJ bon(ne); (*kind*) gentil(le); (*child*) sage; (*weather*) beau (belle); **~!** bon !, très bien !; **to be ~ at** être bon en; **to be ~ for** être bon pour; **it's ~ for you** c'est bon pour vous; **she is ~ with children/her hands** elle sait bien s'occuper des enfants/sait se servir de ses mains; **to feel ~** se sentir bien; **it's a ~ thing you were there** heureusement que vous étiez là; **it's ~ to see you** ça me fait plaisir de vous voir, je suis content de vous voir; **~ morning/afternoon!** bonjour !; **~ evening!** bonsoir !; **~ night!** bonsoir !; (*on going to bed*) bonne nuit !; **would you be ~ enough to ...?** auriez-vous la bonté *or* l'amabilité de ... ?; **that's very ~ of you** c'est très gentil de votre part; **to make ~** (*deficit*) combler; (*losses*) compenser; **a ~ deal (of)** beaucoup (de); **a ~ many** beaucoup (de) ▸ N bien *m*; **he's up to no ~** il prépare quelque mauvais coup; **it's no ~ complaining** cela ne sert à rien de se plaindre; **is this any ~?** (*will it do?*) est-ce que ceci fera l'affaire ?, est-ce que cela peut vous rendre service ?; (*what's it like?*) qu'est-ce que ça vaut ?; **for the common ~** dans l'intérêt commun; **for ~** (*for ever*) pour de bon, une fois pour toutes ■ **goods** NPL marchandise *f*, articles *mpl*; (*Comm etc*) marchandises; **goods and chattels** biens *mpl* et effets *mpl*
goodbye [gudˈbaɪ] EXCL au revoir !; **to say ~ to sb** dire au revoir à qn
good faith N bonne foi
good-for-nothing [ˈgudfənʌθɪŋ] ADJ bon(ne) *or* propre à rien
Good Friday N Vendredi saint
good-humoured [ˈgudˈhjuːməd] ADJ (*person*) jovial(e); (*remark, joke*) sans malice
goodies [ˈgudiz] NPL (*inf*): **a little bag of ~** un sachet de petits cadeaux
good-looking [ˈgudˈlukɪŋ] ADJ beau (belle), bien *inv*
good-natured [ˈgudˈneɪtʃəd] ADJ (*person*) qui a un bon naturel; (*discussion*) enjoué(e)
goodness [ˈgudnɪs] N (*of person*) bonté *f*; **for ~ sake!** je vous en prie !; **~ gracious!** mon Dieu !
goods train N (BRIT) train *m* de marchandises
goodwill [gudˈwɪl] N bonne volonté; (*Comm*) réputation *f* (auprès de la clientèle)
goody-goody [ˈgudɪgudɪ] N (*pej*) petit saint, sainte nitouche
gooey [ˈguːɪ] ADJ (*inf*) gluant(e)
Google® [ˈgugl] N Google® *m* ▸ VT: **to google** (*word, name*) chercher sur Google
goose [guːs] (*pl* **geese** [giːs]) N oie *f*
gooseberry [ˈguzbərɪ] N groseille *f* à maquereau; **to play ~** (BRIT) tenir la chandelle
goose bumps NPL chair *f* de poule
gooseflesh [ˈguːsflɛʃ] N, **goose pimples** NPL chair *f* de poule

goose step N (*Mil*) pas *m* de l'oie
GOP N ABBR (*US Pol*: *inf*: = *Grand Old Party*) *parti républicain*
gopher ['gəufəʳ] N = **gofer**
gore [gɔːʳ] VT encorner ▸ N sang *m*
gorge [gɔːdʒ] N gorge *f* ▸ VT: **to ~ o.s. (on)** se gorger (de)
gorgeous ['gɔːdʒəs] ADJ splendide, superbe
gorilla [gə'rɪlə] N gorille *m*
gormless ['gɔːmlɪs] ADJ (BRIT *inf*) lourdaud(e)
gorse [gɔːs] N ajoncs *mpl*
gory ['gɔːrɪ] ADJ sanglant(e)
gosh [gɔʃ] EXCL (*inf*) mince alors !
go-slow ['gəu'sləu] N (BRIT) grève perlée
gospel ['gɔspl] N évangile *m*
gossamer ['gɔsəməʳ] N (*cobweb*) fils *mpl* de la vierge; (*light fabric*) étoffe très légère
gossip ['gɔsɪp] N (*chat*) bavardages *mpl*; (*malicious*) commérage *m*, cancans *mpl*; (*person*) commère *f*; **a piece of ~** un ragot, un racontar ▸ VI bavarder; cancaner, faire des commérages
gossip column N (*Press*) échos *mpl*
★**got** [gɔt] PT, PP *of* **get**
Gothic ['gɔθɪk] ADJ gothique
gotta ['gɔtə] = **has got to**; = **have got to**
gotten ['gɔtn] (*US*) PP *of* **get**
gouge [gaudʒ] VT (*also*: **gouge out**: *hole etc*) évider; (*initials*) tailler; **to ~ sb's eyes out** crever les yeux à qn
gourd [guəd] N calebasse *f*, gourde *f*
gourmet ['guəmeɪ] N gourmet *m*, gastronome *mf*
gout [gaut] N goutte *f*
govern ['gʌvən] VT (*gen*, *Ling*) gouverner; (*influence*) déterminer
governance ['gʌvənəns] N (*formal*: *of country*) gouvernement *m*; (: *of company*, *organization*) gestion *f*
governess ['gʌvənɪs] N gouvernante *f*
governing ['gʌvənɪŋ] ADJ (*Pol*) au pouvoir, au gouvernement; **~ body** conseil *m* d'administration
★**government** ['gʌvnmənt] N gouvernement *m*; (BRIT: *ministers*) ministère *m* ▸ CPD de l'État
governmental [gʌvn'mɛntl] ADJ gouvernemental(e)
government housing N (*US*) logements sociaux
government stock N titres *mpl* d'État
governor ['gʌvənəʳ] N (*of colony*, *state*, *bank*) gouverneur *m*; (*of school*, *hospital etc*) administrateur(-trice); (BRIT: *of prison*) directeur(-trice)
Govt ABBR (= *government*) gvt
gown [gaun] N robe *f*; (*of teacher*, BRIT: *of judge*) toge *f*
★**GP** N ABBR (*Med*) = **general practitioner**; **who's your GP?** qui est votre médecin traitant ?
GPO N ABBR (BRIT *old*) = **General Post Office**; (*US*) = **Government Printing Office**
GPS N ABBR (= *global positioning system*) GPS *m*
gr. ABBR (*Comm*) = **gross**
★**grab** [græb] VT saisir, empoigner; (*property*, *power*) se saisir de ▸ VI: **to ~ at** essayer de saisir
grace [greɪs] N grâce *f*; **5 days' ~** un répit de 5 jours; **to say ~** dire le bénédicité; (*after meal*) dire les grâces; **with a good/bad ~** de bonne/mauvaise grâce; **his sense of humour is his saving ~** il se rachète par son sens de l'humour ▸ VT (*honour*) honorer; (*adorn*) orner
graceful ['greɪsful] ADJ (*person*, *movement*) gracieux(-euse), élégant(e); (*polite*) élégant(e)
gracefully ['greɪsfulɪ] ADV (*move*) gracieusement; (*politely*) élégamment
gracious ['greɪʃəs] ADJ (*kind*) charmant(e), bienveillant(e); (*polite*) courtois(e); (*elegant*) plein(e) d'élégance, d'une grande élégance; (*formal*: *pardon etc*) miséricordieux(-euse) ▸ EXCL: **(good) ~!** mon Dieu !
graciously ['greɪʃəslɪ] ADV (*politely*) courtoisement
gradation [grə'deɪʃən] N gradation *f*
★**grade** [greɪd] N (*Comm*: *quality*) qualité *f*; (: *size*) calibre *m*; (: *type*) catégorie *f*; (*in hierarchy*) grade *m*, échelon *m*; (*Scol*) note *f*; (*US*: *school class*) classe *f*; (: *gradient*) pente *f*; **to make the ~** (*fig*) réussir ▸ VT classer; (*by size*) calibrer; graduer
grade crossing N (*US*) passage *m* à niveau
grade school N (*US*) école *f* primaire
gradient ['greɪdɪənt] N inclinaison *f*, pente *f*; (*Geom*) gradient *m*
gradual ['grædjuəl] ADJ graduel(le), progressif(-ive)
★**gradually** ['grædjuəlɪ] ADV peu à peu, graduellement
★**graduate** N ['grædjuɪt] diplômé(e) d'université; (*US*: *of high school*) diplômé(e) de fin d'études ▸ VI ['grædjueɪt] obtenir un diplôme d'université (*or* de fin d'études)
graduated pension ['grædjueɪtɪd-] N retraite calculée en fonction des derniers salaires
graduation [grædju'eɪʃən] N cérémonie *f* de remise des diplômes
graffiti [grə'fiːtɪ] NPL graffiti *mpl*; **~ artist** graffeur(-euse)
graft [grɑːft] N (*Agr*, *Med*) greffe *f*; (*bribery*) corruption *f*; **hard ~** (BRIT *inf*) boulot acharné ▸ VT greffer
Grail [greɪl] N: **the ~** le Graal
grain [greɪn] N (*single piece*) grain *m*; (*no pl*: *cereals*) céréales *fpl*; (*US*: *corn*) blé *m*; (*of wood*) fibre *f*; **it goes against the ~** cela va à l'encontre de sa (*or* ma *etc*) nature
grainy ['greɪnɪ] ADJ (*film*, *photograph*) qui a du grain; (*surface*) granuleux(-euse)
gram [græm] N gramme *m*
grammar ['græməʳ] N grammaire *f*
grammar school N (BRIT) *école secondaire accessible sur concours d'entrée*
grammatical [grə'mætɪkl] ADJ grammatical(e)
gramme [græm] N = **gram**
gramophone ['græməfəun] N (BRIT) gramophone *m*
gran [græn] N (BRIT *inf*) mamie *f* (*inf*), mémé *f* (*inf*); **my ~** (*young child speaking*) ma mamie *or* mémé; (*older child or adult speaking*) ma grand-mère
granary ['grænərɪ] N grenier *m*
grand [grænd] ADJ magnifique, splendide; (*terrific*) magnifique, formidable; (*gesture etc*) noble ▸ N (*inf*: *thousand*) mille livres *fpl* (*or* dollars *mpl*)

g

grandad ['grændæd] N (*inf*) = **granddad**
★**grandchild** ['græntʃaɪld] N petit-fils *m*, petite-fille *f* ▪ **grandchildren** NPL petits-enfants
granddad ['grændæd] N (*inf*) papy *m* (*inf*), papi *m* (*inf*), pépé *m* (*inf*); **my ~** (*young child speaking*) mon papy *or* papi *or* pépé; (*older child or adult speaking*) mon grand-père
★**granddaughter** ['grændɔ:tə^r] N petite-fille *f*
grandeur ['grændjə^r] N magnificence *f*, splendeur *f*; (*of position etc*) éminence *f*
★**grandfather** ['grændfɑ:ðə^r] N grand-père *m*
grandiose ['grændɪəus] ADJ grandiose; (*pej*) pompeux(-euse)
grand jury N (*US*) jury *m* d'accusation (*formé de 12 à 23 jurés*)
grandma ['grænmɑ:] N (*inf*) = **gran**
★**grandmother** ['grænmʌðə^r] N grand-mère *f*
grandpa ['grænpɑ:] N (*inf*) = **granddad**
★**grandparents** ['grændpɛərənts] NPL grands-parents *mpl*
grand piano N piano *m* à queue
Grand Prix ['grɔŋ'pri:] N (*Aut*) grand prix automobile
grand slam N grand chelem *m*
★**grandson** ['grænsʌn] N petit-fils *m*
grandstand ['grændstænd] N (*Sport*) tribune *f*
grandstanding ['grændstændɪŋ] N (*pej*) démagogie *f*
grand total N total général
granite ['grænɪt] N granit *m*
granny ['grænɪ] N (*inf*) = **gran**
grant [grɑ:nt] VT accorder; (*a request*) accéder à; (*admit*) concéder; **to take sth for granted** considérer qch comme acquis; **to take sb for granted** considérer qn comme faisant partie du décor; **to ~ that** admettre que ▶N (*Scol*) bourse *f*; (*Admin*) subside *m*, subvention *f*
granular ['grænjulə^r] ADJ granulaire; (*detailed*) détaillé(e)
granulated ['grænjuleɪtɪd] ADJ: **~ sugar** sucre *m* en poudre
granule ['grænju:l] N granule *m*
★**grape** [greɪp] N raisin *m*; **a bunch of grapes** une grappe de raisin
grapefruit ['greɪpfru:t] N pamplemousse *m*
grapevine ['greɪpvaɪn] N vigne *f*; **I heard it on the ~** (*fig*) je l'ai appris par le téléphone arabe
graph [grɑ:f] N graphique *m*, courbe *f*
graphic ['græfɪk] ADJ graphique; (*vivid*) vivant(e)
graphic designer N graphiste *mf*
graphic equalizer N égaliseur *m* graphique
graphics ['græfɪks] N (*art*) arts *mpl* graphiques; (*process*) graphisme *m* ▶NPL (*drawings*) illustrations *fpl*
graphite ['græfaɪt] N graphite *m*
graph paper N papier millimétré
grapple ['græpl] VI: **to ~ with** être aux prises avec
grappling iron ['græplɪŋ-] N (*Naut*) grappin *m*
grasp [grɑ:sp] VT saisir, empoigner; (*understand*) saisir, comprendre ▶N (*grip*) prise *f*; (*fig*) compréhension *f*, connaissance *f*; **to have sth within one's ~** avoir qch à sa portée; **to have a good ~ of sth** (*fig*) bien comprendre qch
▶**grasp at** VT FUS (*rope etc*) essayer de saisir; (*fig: opportunity*) sauter sur
grasping ['grɑ:spɪŋ] ADJ avide
★**grass** [grɑ:s] N herbe *f*; (*lawn*) gazon *m*; (BRIT *inf: informer*) mouchard(e); (*: ex-terrorist*) balanceur(-euse)
grasshopper ['grɑ:shɔpə^r] N sauterelle *f*
grassland ['grɑ:slænd] N prairie *f*
grass roots NPL (*fig*) base *f*
grass snake N couleuvre *f*
grassy ['grɑ:sɪ] ADJ herbeux(-euse)
grate [greɪt] N grille *f* de cheminée ▶VI grincer ▶VT (*Culin*) râper
grateful ['greɪtful] ADJ reconnaissant(e)
gratefully ['greɪtfəlɪ] ADV avec reconnaissance
grater ['greɪtə^r] N râpe *f*
gratification [grætɪfɪ'keɪʃən] N satisfaction *f*
gratify ['grætɪfaɪ] VT faire plaisir à; (*whim*) satisfaire
gratifying ['grætɪfaɪɪŋ] ADJ agréable, satisfaisant(e)
grating ['greɪtɪŋ] N (*iron bars*) grille *f* ▶ADJ (*noise*) grinçant(e)
gratitude ['grætɪtju:d] N gratitude *f*
gratuitous [grə'tju:ɪtəs] ADJ gratuit(e)
gratuity [grə'tju:ɪtɪ] N pourboire *m*
grave [greɪv] N tombe *f* ▶ADJ grave, sérieux(-euse)
gravedigger ['greɪvdɪgə^r] N fossoyeur *m*
gravel ['grævl] N gravier *m*
gravely ['greɪvlɪ] ADV gravement, sérieusement; **~ ill** gravement malade
gravestone ['greɪvstəun] N pierre tombale
graveyard ['greɪvjɑ:d] N cimetière *m*
gravitas ['grævɪtæs] N sérieux *m*
gravitate ['grævɪteɪt] VI graviter
gravitational [grævɪ'teɪʃənəl] N (*Physics: field, force*) de gravitation
gravity ['grævɪtɪ] N (*Physics*) gravité *f*; pesanteur *f*; (*seriousness*) gravité, sérieux *m*
gravy ['greɪvɪ] N jus *m* (de viande), sauce *f* (au jus de viande)
gravy boat N saucière *f*
gravy train N (*inf*): **to ride the ~** avoir une bonne planque
gray *etc* [greɪ] ADJ (*US*) = **grey** *etc*
graze [greɪz] VI paître, brouter ▶VT (*touch lightly*) frôler, effleurer; (*scrape*) écorcher ▶N écorchure *f*
grazed [greɪzd] ADJ (*arm, knee*) écorché(e)
grazing ['greɪzɪŋ] N (*pasture*) pâturage *m*
grease [gri:s] N (*fat*) graisse *f*; (*lubricant*) lubrifiant *m* ▶VT graisser; lubrifier; **to ~ the skids** (*US fig*) huiler les rouages
grease gun N graisseur *m*
greasepaint ['gri:speɪnt] N produits *mpl* de maquillage
greaseproof paper ['gri:spru:f-] N (BRIT) papier sulfurisé
greasy ['gri:sɪ] ADJ gras(se), graisseux(-euse); (*hands, clothes*) graisseux; (BRIT: *road, surface*) glissant(e)

★**great** [greɪt] ADJ grand(e); (*heat, pain etc*) très fort(e), intense; (*inf*) formidable; **they're ~ friends** ils sont très amis, ce sont de grands amis; **we had a ~ time** nous nous sommes bien amusés; **it was ~!** c'était fantastique *or* super!; **the ~ thing is that ...** ce qu'il y a de vraiment bien c'est que ...

Great Barrier Reef N: **the ~** la Grande Barrière

★**Great Britain** N Grande-Bretagne *f*

Bien qu'il soit courant d'utiliser indifféremment **Great Britain** (Grande-Bretagne) et *United Kingdom* (Royaume-Uni), ces deux termes ne recouvrent pas les mêmes réalités. *Great Britain* désigne l'ensemble composé de l'Angleterre, du pays de Galles et de l'Écosse, né en 1707 de l'union de deux royaumes. Le Royaume-Uni, quant à lui, comprend la Grande-Bretagne plus l'Irlande du Nord.

great-grandchild [greɪt'græntʃaɪld] (*pl* **-children** [-tʃɪldrən]) N arrière-petit(e)-enfant

great-grandfather [greɪt'grænfɑːðəʳ] N arrière-grand-père *m*

great-grandmother [greɪt'grænmʌðəʳ] N arrière-grand-mère *f*

Great Lakes NPL: **the ~** les Grands Lacs

greatly ['greɪtlɪ] ADV très, grandement; (*with verbs*) beaucoup

greatness ['greɪtnɪs] N grandeur *f*

Grecian ['griːʃən] ADJ grec (grecque)

★**Greece** [griːs] N Grèce *f*

greed [griːd] N (*also:* **greediness**) avidité *f*; (*for food*) gourmandise *f*

greedily ['griːdɪlɪ] ADV avidement; avec gourmandise

greedy ['griːdɪ] ADJ avide; (*for food*) gourmand(e)

Greek [griːk] ADJ grec (grecque) ▸N Grec (Grecque); (*Ling*) grec *m*; **ancient/modern ~** grec classique/moderne

★**green** [griːn] ADJ vert(e); (*inexperienced*) (bien) jeune, naïf(-ïve); (*ecological: product etc*) écologique; **to have ~ fingers** *or* (*US*) **a ~ thumb** (*fig*) avoir le pouce vert; **G~** (*Pol*) écologiste *mf*; **the G~ Party** le parti écologiste ▸N (*colour*) vert *m*; (*on golf course*) green *m*; (*stretch of grass*) pelouse *f*; (*also:* **village green**) ≈ place *f* du village ■ **greens** NPL (*vegetables*) légumes verts

green belt N (*round town*) ceinture verte

green card N (*Aut*) carte verte; (*US: work permit*) permis *m* de travail

greenery ['griːnərɪ] N verdure *f*

greenfly ['griːnflaɪ] N (BRIT) puceron *m*

greengage ['griːngeɪdʒ] N reine-claude *f*

greengrocer ['griːngrəusəʳ] N (BRIT) marchand *m* de fruits et légumes

★**greengrocer's** ['griːngrəusəz], **greengrocer's shop** N magasin *m* de fruits et légumes

greenhouse ['griːnhaus] N serre *f*

greenhouse effect N: **the ~** l'effet *m* de serre

greenhouse gas N gaz *m* contribuant à l'effet de serre

greenish ['griːnɪʃ] ADJ verdâtre

Greenland ['griːnlənd] N Groenland *m*

Greenlander ['griːnləndəʳ] N Groenlandais(e)

green light N: **to give sb/sth the ~** donner le feu vert à qn/qch

green pepper N poivron (vert)

green pound N (*Econ*) livre verte

green salad N salade verte

green tax N écotaxe *f*

greet [griːt] VT accueillir

greeting ['griːtɪŋ] N salutation *f*; **Christmas/birthday greetings** souhaits *mpl* de Noël/de bon anniversaire

greetings card N carte *f* de vœux

gregarious [grə'gɛərɪəs] ADJ grégaire, sociable

Grenada [grɛ'neɪdə] N Grenade *f*

grenade [grə'neɪd] N (*also:* **hand grenade**) grenade *f*

grew [gruː] PT *of* **grow**

★**grey**, (*US*) **gray** [greɪ] ADJ gris(e); (*dismal*) sombre; **to go ~** (commencer à) grisonner

grey area, (*US*) **gray area** N zone *f* floue

grey-haired, (*US*) **gray-haired** [greɪ'hɛəd] ADJ aux cheveux gris

greyhound ['greɪhaund] N lévrier *m*

greying, (*US*) **graying** ['greɪɪŋ] ADJ (*hair, person*) grisonnant(e)

grey matter, (*US*) **gray matter** N (*inf*) matière *f* grise

grey squirrel, (*US*) **gray squirrel** N écureuil *m* gris, petit-gris *m*

grey vote, (*US*) **gray vote** N vote *m* des seniors

grid [grɪd] N grille *f*; (*Elec*) réseau *m*; (*US Aut*) intersection *f* (*matérialisée par des marques au sol*); **off-grid** hors-réseau

griddle ['grɪdl] N (*on cooker*) plaque chauffante

gridiron ['grɪdaɪən] N gril *m*

gridlock ['grɪdlɔk] N (*traffic jam*) embouteillage *m*

gridlocked ['grɪdlɔkt] ADJ: **to be ~** (*roads*) être bloqué par un embouteillage; (*talks etc*) être suspendu

grief [griːf] N chagrin *m*, douleur *f*; **to come to ~** (*plan*) échouer; (*person*) avoir un malheur

grievance ['griːvəns] N doléance *f*, grief *m*; (*cause for complaint*) grief

grieve [griːv] VI avoir du chagrin; se désoler; **to ~ for sb** pleurer qn; **to ~ at** se désoler de; pleurer ▸VT faire de la peine à, affliger

grievous ['griːvəs] ADJ grave, cruel(le); **~ bodily harm** (*Law*) coups *mpl* et blessures *fpl*

grill [grɪl] N (*on cooker*) gril *m*; (*also:* **mixed grill**) grillade(s) *f(pl)*; (*also:* **grillroom**) rôtisserie *f* ▸VT (*Culin*) griller; (*inf: question*) interroger longuement, cuisiner

grille [grɪl] N grillage *m*; (*Aut*) calandre *f*

grillroom ['grɪlrum] N rôtisserie *f*

grim [grɪm] ADJ sinistre, lugubre; (*serious, stern*) sévère

grimace [grɪ'meɪs] N grimace *f* ▸VI grimacer, faire une grimace

grime [graɪm] N crasse *f*

grimly ['grɪmlɪ] ADV (*say*) d'un air sévère

grimy ['graɪmɪ] ADJ crasseux(-euse)

grin [grɪn] N large sourire *m* ▸VI sourire; **to ~ (at)** faire un grand sourire (à)

grind [graɪnd] (*pt, pp* **ground** [graund]) VT écraser; (*coffee, pepper etc*) moudre; (*US: meat*) hacher; (*make sharp*) aiguiser; (*polish: gem, lens*) polir; **to ~ one's teeth** grincer des dents ▸ VI (*car gears*) grincer; **to ~ to a halt** (*vehicle*) s'arrêter dans un grincement de freins; (*fig*) s'arrêter, s'immobiliser ▸ N (*work*) corvée *f*; **the daily ~** (*inf*) le train-train quotidien

grinder ['graɪndəʳ] N (*machine: for coffee*) moulin *m* (à café); (*: for waste disposal etc*) broyeur *m*

grinding ['graɪndɪŋ] ADJ (*poverty, difficulty*) écrasant(e); **to come to a ~ halt** s'arrêter net

grindstone ['graɪndstəun] N: **to keep one's nose to the ~** travailler sans relâche

grip [grɪp] N (*handclasp*) poigne *f*; (*control*) prise *f*; (*handle*) poignée *f*; (*holdall*) sac *m* de voyage; **to lose one's ~** lâcher prise; (*fig*) perdre les pédales, être dépassé(e); **to come to grips with** se colleter avec, en venir aux prises avec ▸ VT saisir, empoigner; (*viewer, reader*) captiver; **to ~ the road** (*Aut*) adhérer à la route

gripe [graɪp] N (*Med*) coliques *fpl*; (*inf: complaint*) ronchonnement *m*, rouspétance *f* ▸ VI (*inf*) râler

gripping ['grɪpɪŋ] ADJ prenant(e), palpitant(e)

grisly ['grɪzlɪ] ADJ sinistre, macabre

grist [grɪst] N (*fig*): **it's (all) ~ to his mill** ça l'arrange, ça apporte de l'eau à son moulin

gristle ['grɪsl] N cartilage *m* (*de poulet etc*)

grit [grɪt] N gravillon *m*; (*courage*) cran *m*; **to have a piece of ~ in one's eye** avoir une poussière *or* saleté dans l'œil ▸ VT (*road*) sabler; **to ~ one's teeth** serrer les dents

grits [grɪts] NPL (*US*) gruau *m* de maïs

gritty ['grɪtɪ] ADJ (*surface*) recouvert(e) de gravier; (*texture*) graveleux(-euse); (*realistic: description*) réaliste

grizzle ['grɪzl] VI (BRIT) pleurnicher

grizzly ['grɪzlɪ] N (*also:* **grizzly bear**) grizzli *m*, ours gris

groan [grəun] N (*of pain*) gémissement *m*; (*of disapproval, dismay*) grognement *m* ▸ VI gémir; grogner

grocer ['grəusəʳ] N épicier *m*

groceries ['grəusərɪz] NPL provisions *fpl*

grocer's (shop) ['grəusəz-], **grocery** ['grəusərɪ] N épicerie *f*

grog [grɔg] N grog *m*

groggy ['grɔgɪ] ADJ groggy *inv*

groin [grɔɪn] N aine *f*

groom [gru:m] N (*for horses*) palefrenier *m*; (*also:* **bridegroom**) marié *m* ▸ VT (*horse*) panser; (*fig*): **to ~ sb for** former qn pour

grooming ['gru:mɪŋ] N (*personal care*) toilette *f*; (*between monkeys*) épouillage *m*; (*on Internet*) *utilisation de services de rencontres en ligne par des adultes cherchant à séduire des mineurs*

groove [gru:v] N sillon *m*, rainure *f*

grope [grəup] VI tâtonner; **to ~ for** chercher à tâtons

gross [grəus] ADJ grossier(-ière); (*Comm*) brut(e) ▸ N *pl inv* (*twelve dozen*) grosse *f* ▸ VT (*Comm*): **to ~ £500,000** gagner 500 000 livres avant impôt

gross domestic product N produit brut intérieur

grossly ['grəuslɪ] ADV (*greatly*) très, grandement

gross national product N produit national brut

grotesque [grə'tɛsk] ADJ grotesque

grotto ['grɔtəu] N grotte *f*

grotty ['grɔtɪ] ADJ (BRIT *inf*) minable

grouch [grautʃ] (*inf*) VI rouspéter ▸ N (*person*) rouspéteur(-euse)

★**ground** [graund] PT, PP *of* **grind** ▸ N sol *m*, terre *f*; (*land*) terrain *m*, terres *fpl*; (*Sport*) terrain; (*reason: gen pl*) raison *f*; (*US: also:* **ground wire**) terre *f*; **on the ~, to the ~** par terre; **below ~** sous terre; **to gain/lose ~** gagner/perdre du terrain; **common ~** terrain d'entente; **he covered a lot of ~ in his lecture** sa conférence a traité un grand nombre de questions *or* la question en profondeur ▸ VT (*plane*) empêcher de décoller, retenir au sol; (*US Elec*) équiper d'une prise de terre, mettre à la terre ▸ VI (*ship*) s'échouer ▸ ADJ (*coffee etc*) moulu(e); (*US: meat*) haché(e) ▪ **grounds** NPL (*gardens etc*) parc *m*, domaine *m*; (*of coffee*) marc *m*

groundbreaking ['graundbreɪkɪŋ] ADJ révolutionnaire

ground cloth N (*US*) = **groundsheet**

ground control N (*Aviat, Space*) centre *m* de contrôle (au sol)

ground floor N (BRIT) rez-de-chaussée *m*

groundhog ['graundhɔg] N marmotte *f* commune

grounding ['graundɪŋ] N (*in education*) connaissances *fpl* de base

groundless ['graundlɪs] ADJ sans fondement

groundnut ['graundnʌt] N arachide *f*

ground rent N (BRIT) fermage *m*

ground rules NPL: **the ~** les principes *mpl* de base

groundsheet ['graundʃi:t] N (BRIT) tapis *m* de sol

groundsman ['graundzmən] (*irreg*), (*US*) **groundskeeper** ['graundzki:pəʳ] N (*Sport*) gardien *m* de stade

ground staff N équipage *m* au sol

groundswell ['graundswɛl] N lame *f or* vague *f* de fond

ground-to-air ['grauntu'ɛəʳ] ADJ (*Mil*) sol-air *inv*

ground-to-ground ['grauntə'graund] ADJ (*Mil*) sol-sol *inv*

groundwater ['graundwɔ:təʳ] N nappe *f* phréatique

groundwork ['graundwə:k] N préparation *f*

★**group** [gru:p] N groupe *m* ▸ VT (*also:* **group together**) grouper ▸ VI (*also:* **group together**) se grouper

group chat N discussion *f* de groupe

groupie ['gru:pɪ] N groupie *f*

grouping ['gru:pɪŋ] N groupement *m*

group therapy N thérapie *f* de groupe

grouse [graus] N *pl inv* (*bird*) grouse *f* (*sorte de coq de bruyère*) ▸ VI (*complain*) rouspéter, râler

grove [grəuv] N bosquet *m*

grovel ['grɔvl] VI (*fig*): **to ~ (before)** ramper (devant)

★**grow** [grəu] (*pt* **grew** [gru:], *pp* **grown** [grəun]) VI (*plant*) pousser, croître; (*person*) grandir; (*increase*) augmenter, se développer; (*become*) devenir; **to ~ rich/weak** s'enrichir/s'affaiblir ▸ VT cultiver, faire pousser; (*hair, beard*) laisser pousser
▸ **grow apart** VI (*fig*) se détacher (l'un de l'autre)
▸ **grow away from** VT FUS (*fig*) s'éloigner de

▸ **grow into** VI (*become*) se transformer en ▸ VT FUS (*clothes*) devenir assez grand pour mettre
▸ **grow on** VT FUS: **that painting is growing on me** je finirai par aimer ce tableau
▸ **grow out of** VT FUS (*clothes*) devenir trop grand pour; (*habit*) perdre (avec le temps); **he'll ~ out of it** ça lui passera
▸ **grow up** VI grandir

grower ['grəuəʳ] N producteur *m*; (*Agr*) cultivateur(-trice)

growing ['grəuɪŋ] ADJ (*fear, amount*) croissant(e), grandissant(e); **~ pains** (*Med*) fièvre *f* de croissance; (*fig*) difficultés *fpl* de croissance

growl [graul] VI grogner

grown [grəun] PP *of* **grow** ▸ ADJ adulte

grown-up [grəun'ʌp] N adulte *mf*, grande personne

growth [grəuθ] N croissance *f*, développement *m*; (*what has grown*) pousse *f*; poussée *f*; (*Med*) grosseur *f*, tumeur *f*

growth rate N taux *m* de croissance

GRSM N ABBR (BRIT) = **Graduate of the Royal Schools of Music**

grub [grʌb] N larve *f*; (*inf: food*) bouffe *f*

grubby ['grʌbɪ] ADJ crasseux(-euse)

grudge [grʌdʒ] N rancune *f*; **to bear sb a ~ (for)** garder rancune *or* en vouloir à qn (de) ▸ VT: **to ~ sb sth** (*in giving*) donner qch à qn à contre-cœur; (*resent*) reprocher qch à qn; **he grudges spending** il rechigne à dépenser

grudging ['grʌdʒɪŋ] ADJ (*respect, admiration*) accordé(e) à contre-cœur

grudgingly ['grʌdʒɪŋlɪ] ADV à contre-cœur, de mauvaise grâce

gruelling, (US) **grueling** ['gruəlɪŋ] ADJ exténuant(e)

gruesome ['gru:səm] ADJ horrible

gruff [grʌf] ADJ bourru(e)

grumble ['grʌmbl] VI rouspéter, ronchonner

grumpy ['grʌmpɪ] ADJ grincheux(-euse)

grunge [grʌndʒ] N (*Mus: style*) grunge *m*

grunt [grʌnt] VI grogner ▸ N grognement *m*

G-string ['dʒi:strɪŋ] N (*garment*) cache-sexe *m inv*

GSUSA N ABBR = **Girl Scouts of the United States of America**

GU ABBR (US) = **Guam**

guarantee [gærən'ti:] N garantie *f* ▸ VT garantir; **he can't ~ (that) he'll come** il n'est pas absolument certain de pouvoir venir

guaranteed [gærən'ti:d] ADJ (*income, success*) garanti(e); **articles of this kind are ~ to cause anxiety** des articles de ce genre vont à coup sûr provoquer des inquiétudes

guarantor [gærən'tɔ:ʳ] N garant(e)

★**guard** [gɑ:d] N garde *f*, surveillance *f*; (*squad: Boxing, Fencing*) garde; (*one man*) garde *m*; (BRIT *Rail*) chef *m* de train; (*safety device: on machine*) dispositif *m* de sûreté; (*also:* **fireguard**) garde-feu *m inv*; **to be on one's ~** (*fig*) être sur ses gardes ▸ VT garder, surveiller; (*protect*): **to ~ sb/sth (against** *or* **from)** protéger qn/qch (contre)
▸ **guard against** VI: **to ~ against doing sth** se garder de faire qch

guard dog N chien *m* de garde

guarded ['gɑ:dɪd] ADJ (*fig*) prudent(e)

guardian ['gɑ:dɪən] N gardien(ne); (*of minor*) tuteur(-trice)

guard's van ['gɑ:dz-] N (BRIT *Rail*) fourgon *m*

Guatemala [gwɑ:tɪ'mɑ:lə] N Guatémala *m*

Guernsey ['gə:nzɪ] N Guernesey *mf*

guerrilla [gə'rɪlə] N guérillero *m*

guerrilla warfare N guérilla *f*

★**guess** [gɛs] VI deviner; **to keep sb guessing** laisser qn dans le doute *or* l'incertitude, tenir qn en haleine ▸ VT deviner; (*estimate*) évaluer; (US) croire, penser ▸ N supposition *f*, hypothèse *f*; **to take** *or* **have a ~** essayer de deviner

guesstimate ['gɛstɪmɪt] N (*inf*) estimation *f*

guesswork ['gɛswə:k] N hypothèse *f*; **I got the answer by ~** j'ai deviné la réponse

★**guest** [gɛst] N invité(e); (*in hotel*) client(e); **be my ~** (*inf*) faites comme chez vous

guest house N pension *f*

guest of honour, (US) **guest of honor** N invité(e) d'honneur

guest room N chambre *f* d'amis

guff [gʌf] N (*inf*) bêtises *fpl*

guffaw [gʌ'fɔ:] N gros rire ▸ VI pouffer de rire

guidance ['gaɪdəns] N (*advice*) conseils *mpl*; **under the ~ of** conseillé(e) *or* encadré(e) par, sous la conduite de; **vocational ~** orientation professionnelle; **marriage ~** conseils conjugaux

★**guide** [gaɪd] N (*person*) guide *mf*; (*book*) guide *m*; (*also:* **Girl Guide**) éclaireuse *f*; (: *Roman Catholic*) guide *f*; **is there an English-speaking ~?** est-ce que l'un des guides parle anglais ? ▸ VT guider; **to be guided by sb/sth** se laisser guider par qn/qch

guidebook ['gaɪdbuk] N guide *m*; **do you have a ~ in English?** est-ce que vous avez un guide en anglais ?

guided missile ['gaɪdɪd-] N missile téléguidé

guide dog N chien *m* d'aveugle

guided tour ['gaɪdɪd-] N visite guidée; **what time does the ~ start?** la visite guidée commence à quelle heure ?

guidelines ['gaɪdlaɪnz] NPL (*advice*) instructions générales, conseils *mpl*

guild [gɪld] N (*Hist*) corporation *f*; (*sharing interests*) cercle *m*, association *f*

guildhall ['gɪldhɔ:l] N (BRIT) hôtel *m* de ville

guile [gaɪl] N astuce *f*

guileless ['gaɪllɪs] ADJ candide

guillotine ['gɪləti:n] N guillotine *f*; (*for paper*) massicot *m*

guilt [gɪlt] N culpabilité *f*

★**guilty** ['gɪltɪ] ADJ coupable; **to plead ~/not ~** plaider coupable/non coupable; **to feel ~ about doing sth** avoir mauvaise conscience à faire qch

Guinea ['gɪnɪ] N: **Republic of ~** (République *f* de) Guinée *f*

guinea ['gɪnɪ] N (BRIT: *formerly*) guinée *f* (= 21 *shillings*)

Guinea-Bissau ['gɪnɪbɪ'sau] N Guinée-Bissau *f*

★**guinea pig** N cobaye *m*

guise [gaɪz] N aspect *m*, apparence *f*

★**guitar** [gɪ'tɑ:ʳ] N guitare *f*

g

guitarist [gɪ'tɑːrɪst] N guitariste *mf*
gulch [gʌltʃ] N (*US*) ravin *m*
gulf [gʌlf] N golfe *m*; (*abyss*) gouffre *m*; **the (Persian) G~** le golfe Persique
Gulf States NPL: **the ~** (*in Middle East*) les pays *mpl* du Golfe
Gulf Stream N: **the ~** le Gulf Stream
gull [gʌl] N mouette *f*
gullet ['gʌlɪt] N gosier *m*
gullibility [gʌlɪ'bɪlɪtɪ] N crédulité *f*
gullible ['gʌlɪbl] ADJ crédule
gully ['gʌlɪ] N ravin *m*; ravine *f*; couloir *m*
gulp [gʌlp] VI avaler sa salive; (*from emotion*) avoir la gorge serrée, s'étrangler ▸ VT (*also:* **gulp down**) avaler ▸ N (*of drink*) gorgée *f*; **at one ~** d'un seul coup
gum [gʌm] N (*Anat*) gencive *f*; (*glue*) colle *f*; (*sweet*) boule *f* de gomme; (*also:* **chewing-gum**) chewing-gum *m* ▸ VT coller
gumboil ['gʌmbɔɪl] N abcès *m* dentaire
gumboots ['gʌmbuːts] NPL (BRIT) bottes *fpl* en caoutchouc
gumption ['gʌmpʃən] N bon sens, jugeote *f*
★**gun** [gʌn] N (*small*) revolver *m*, pistolet *m*; (*rifle*) fusil *m*, carabine *f*; (*cannon*) canon *m*; **to stick to one's guns** (*fig*) ne pas en démordre ▸ VT (*also:* **gun down**) abattre
▸ **gun for** VT FUS: **to be gunning for sb** essayer d'avoir qn
gunboat ['gʌnbəut] N canonnière *f*
gun dog N chien *m* de chasse
gunfight ['gʌnfaɪt] N échange *m* de coups de feu
gunfire ['gʌnfaɪəʳ] N fusillade *f*
gung-ho [gʌŋ'həu] ADJ (*inf*) enthousiaste
gunk [gʌŋk] N (*inf*) saleté *f*
gunman ['gʌnmən] N (*irreg*) bandit armé
gunner ['gʌnəʳ] N artilleur *m*
gunpoint ['gʌnpɔɪnt] N: **at ~** sous la menace du pistolet (*or* fusil)
gunpowder ['gʌnpaudəʳ] N poudre *f* à canon
gunrunner ['gʌnrʌnəʳ] N trafiquant *m* d'armes
gunrunning ['gʌnrʌnɪŋ] N trafic *m* d'armes
gunshot ['gʌnʃɔt] N coup *m* de feu; **within ~** à portée de fusil
gunsmith ['gʌnsmɪθ] N armurier *m*
gurgle ['gəːgl] N gargouillis *m* ▸ VI gargouiller
gurney ['gəːnɪ] N (*US*) lit *m* roulant
guru ['guruː] N gourou *m*
gush [gʌʃ] N jaillissement *m*, jet *m* ▸ VI jaillir; (*fig*) se répandre en effusions
gushing ['gʌʃɪŋ] ADJ (*person*) trop exubérant(e) *or* expansif(-ive); (*compliments*) exagéré(e)
gusset ['gʌsɪt] N gousset *m*, soufflet *m*; (*in tights, pants*) entre-jambes *m*
gust [gʌst] N (*of wind*) rafale *f*; (*of smoke*) bouffée *f*
gusto ['gʌstəu] N enthousiasme *m*
gusty ['gʌstɪ] ADJ venteux(-euse); **~ winds** des rafales de vent
gut [gʌt] N intestin *m*, boyau *m*; (*Mus etc*) boyau ▸ VT (*poultry, fish*) vider; (*building*) ne laisser que les murs de ■ **guts** NPL (*inf: Anat*) boyaux *mpl*; (*: courage*) cran *m*; **to hate sb's guts** ne pas pouvoir voir qn en peinture *or* sentir qn
gut reaction N réaction instinctive
gutsy ['gʌtsɪ] ADJ (*person*) qui a du cran; (*style*) qui a du punch
gutted ['gʌtɪd] ADJ: **I was ~** (*inf: disappointed*) j'étais carrément dégoûté
gutter ['gʌtəʳ] N (*of roof*) gouttière *f*; (*in street*) caniveau *m*; (*fig*) ruisseau *m*
gutter press N: **the ~** la presse de bas étage *or* à scandale
guttural ['gʌtərl] ADJ guttural(e)
★**guy** [gaɪ] N (*inf: man*) type *m*; (*also:* **guyrope**) corde *f*; (*figure*) *effigie de Guy Fawkes*
Guyana [gaɪ'ænə] N Guyane *f*
Guy Fawkes' Night [gaɪ'fɔːks-] N *voir article*

> **Guy Fawkes' Night**, ou *Bonfire Night*, commémore l'échec du complot (le *Gunpowder Plot*) contre James Ier et son parlement le 5 novembre 1605. L'un des conspirateurs, Guy Fawkes, avait été surpris dans les caves du parlement alors qu'il s'apprêtait à y mettre le feu. Chaque année pour le 5 novembre, beaucoup de Britanniques font un feu de joie et un feu d'artifice dans leur jardin. La plupart des municipalités font de même, mais dans un parc et de façon plus officielle.

guzzle ['gʌzl] VI s'empiffrer ▸ VT avaler gloutonnement
★**gym** [dʒɪm] N (*also:* **gymnasium**) gymnase *m*; (*also:* **gymnastics**) gym *f*
gymkhana [dʒɪm'kɑːnə] N gymkhana *m*
gymnasium [dʒɪm'neɪzɪəm] N gymnase *m*
gymnast ['dʒɪmnæst] N gymnaste *mf*
gymnastics [dʒɪm'næstɪks] N, NPL gymnastique *f*
gym shoes NPL chaussures *fpl* de gym(nastique)
gynaecological, (*US*) **gynecological** [gaɪnɪkə'lɔdʒɪkl] ADJ gynécologique
gynaecologist, (*US*) **gynecologist** [gaɪnɪ'kɔlədʒɪst] N gynécologue *mf*
gynaecology, (*US*) **gynecology** [gaɪnə'kɔlədʒɪ] N gynécologie *f*
gypsy ['dʒɪpsɪ] N gitan(e), bohémien(ne) ▸ CPD: **~ caravan** *n* roulotte *f*
gyrate [dʒaɪ'reɪt] VI tournoyer

Hh

H, h [eɪtʃ] N (*letter*) H, h *m*; **H for Harry**, (*US*) **H for How** H comme Henri

habeas corpus [ˈheɪbɪəsˈkɔːpəs] N (*Law*) habeas corpus *m*

haberdashery [hæbəˈdæʃərɪ] N (BRIT) mercerie *f*

★**habit** [ˈhæbɪt] N habitude *f*; (*costume*: *Rel*) habit *m*; (: *for riding*) tenue *f* d'équitation; **to get out of/into the ~ of doing sth** perdre/prendre l'habitude de faire qch

habitable [ˈhæbɪtəbl] ADJ habitable

habitat [ˈhæbɪtæt] N habitat *m*

habitation [hæbɪˈteɪʃən] N habitation *f*

habitual [həˈbɪtjuəl] ADJ habituel(le); (*drinker, liar*) invétéré(e)

habitually [həˈbɪtjuəlɪ] ADV habituellement, d'habitude

hack [hæk] VT hacher, tailler ▸ N (*cut*) entaille *f*; (*blow*) coup *m*; (*pej*: *writer*) nègre *m*; (*old horse*) canasson *m*
▸ **hack into** VT FUS (*computer system, network*) s'introduire dans

hacker [ˈhækəʳ] N (*Comput*) pirate *m* (informatique); (: *enthusiast*) passionné(e) des ordinateurs

hackles [ˈhæklz] NPL: **to make sb's ~ rise** (*fig*) mettre qn hors de soi

hackney cab [ˈhæknɪ-] N fiacre *m*

hackneyed [ˈhæknɪd] ADJ usé(e), rebattu(e)

hacksaw [ˈhæksɔː] N scie *f* à métaux

had [hæd] PT, PP *of* **have**

haddock [ˈhædək] (*pl* **~** *or* **haddocks**) N églefin *m*; **smoked ~** haddock *m*

hadn't [ˈhædnt] = **had not**

haematology, (*US*) **hematology** [ˈhiːməˈtɒlədʒɪ] N hématologie *f*

haemoglobin, (*US*) **hemoglobin** [ˈhiːməˈgləubɪn] N hémoglobine *f*

haemophilia, (*US*) **hemophilia** [ˈhiːməˈfɪlɪə] N hémophilie *f*

haemorrhage, (*US*) **hemorrhage** [ˈhɛmərɪdʒ] N hémorragie *f*

haemorrhoids, (*US*) **hemorrhoids** [ˈhɛmərɔɪdz] NPL hémorroïdes *fpl*

hag [hæg] N (*ugly*) vieille sorcière; (*nasty*) chameau *m*, harpie *f*; (*witch*) sorcière

haggard [ˈhægəd] ADJ hagard(e), égaré(e)

haggis [ˈhægɪs] N *plat à base d'abats de mouton, d'avoine et d'épices dont on farcit l'estomac de l'animal et que l'on fait bouillir*

haggle [ˈhægl] VI marchander; **to ~ over** chicaner sur

haggling [ˈhæglɪŋ] N marchandage *m*

Hague [heɪg] N: **The ~** La Haye

hail [heɪl] N grêle *f* ▸ VT (*call*) héler; (*greet*) acclamer ▸ VI grêler; (*originate*): **he hails from Scotland** il est originaire d'Écosse

hailstone [ˈheɪlstəun] N grêlon *m*

hailstorm [ˈheɪlstɔːm] N averse *f* de grêle

★**hair** [hɛəʳ] N cheveux *mpl*; (*on body*) poils *mpl*, pilosité *f*; (*of animal*) pelage *m*; (*single hair*: *on head*) cheveu *m*; (: *on body, of animal*) poil *m*; **to do one's ~** se coiffer

hairband [ˈhɛəbænd] N (*elasticated*) bandeau *m*; (*plastic*) serre-tête *m*

hairbrush [ˈhɛəbrʌʃ] N brosse *f* à cheveux

haircare [ˈhɛəkɛəʳ] N soins *mpl* capillaires ▸ CPD (*product*) capillaire, pour les cheveux

haircut [ˈhɛəkʌt] N coupe *f* (de cheveux)

hairdo [ˈhɛəduː] N coiffure *f*

★**hairdresser** [ˈhɛədrɛsəʳ] N coiffeur(-euse)

> **Un coiffeur** is a hairdresser; *une coiffure* is a hairdo.

★**hairdresser's** [ˈhɛədrɛsəz] N salon *m* de coiffure, coiffeur *m*

hairdressing [ˈhɛədrɛsɪŋ] N coiffure *f*

hair dryer N sèche-cheveux *m*, séchoir *m*

-haired [hɛəd] SUFFIX: **fair/long-haired** aux cheveux blonds/longs

hair gel N gel *m* pour cheveux

hairgrip [ˈhɛəgrɪp] N pince *f* à cheveux

hairline [ˈhɛəlaɪn] N naissance *f* des cheveux

hairline fracture N fêlure *f*

hairnet [ˈhɛənɛt] N résille *f*

hair oil N huile *f* capillaire

hairpiece [ˈhɛəpiːs] N postiche *m*

hairpin [ˈhɛəpɪn] N épingle *f* à cheveux

hairpin bend, (*US*) **hairpin curve** N virage *m* en épingle à cheveux

hair-raising [ˈhɛəreɪzɪŋ] ADJ à (vous) faire dresser les cheveux sur la tête

hair remover N dépilateur *m*

hair removing cream [-rɪˈmuːvɪŋ-] N crème *f* dépilatoire

hair spray N laque *f* (pour les cheveux)

hairstyle [ˈhɛəstaɪl] N coiffure *f*

hairy ['hɛərɪ] ADJ poilu(e), chevelu(e); (*inf: frightening*) effrayant(e)

Haiti ['heɪtɪ] N Haïti *m*

haka ['hɑ:kə] N (NEW ZEALAND) haka *m*

hake [heɪk] (*pl* ~ *or* **hakes**) N colin *m*, merlu *m*

halal [hə'lɑ:l] N (*also:* **halal meat**) viande *f* halal *or* hallal ▶ ADJ halal, hallal

halcyon ['hælsɪən] ADJ merveilleux(-euse)

hale [heɪl] ADJ: ~ **and hearty** robuste, en pleine santé

★**half** [hɑ:f] (*pl* **halves** [hɑ:vz]) N moitié *f*; (*of beer: also:* **half pint**) ≈ demi *m*; (*Rail, bus: also:* **half fare**) demi-tarif *m*; (*Sport: of match*) mi-temps *f*; (*: of ground*) moitié (du terrain); **two and a ~** deux et demi; **a week and a ~** une semaine et demie; **~ (of it)** la moitié; **~ (of)** la moitié de; **to cut sth in ~** couper qch en deux; **to go halves (with sb)** se mettre de moitié avec qn; **~ past three** trois heures et demie ▶ ADJ demi(e); **~ an hour** une demi-heure; **~ a dozen** une demi-douzaine; **~ a dozen eggs** une demi-douzaine d'œufs; **~ a pound** une demi-livre, ≈ 250 g; **~ the amount of** la moitié de ▶ ADV (à) moitié, à demi; **~ empty/closed** à moitié vide/fermé(e)

half-back ['hɑ:fbæk] N (*Sport*) demi *m*

half-baked ['hɑ:f'beɪkt] ADJ (*inf: idea, scheme*) qui ne tient pas debout

half board N (BRIT: *in hotel*) demi-pension *f*

half-breed ['hɑ:fbri:d] N (!) = **half-caste**

half-brother ['hɑ:fbrʌðə^r] N demi-frère *m*

half-caste ['hɑ:fkɑ:st] N (!) métis(se)

half day N demi-journée *f*

half-dead ADJ à moitié mort(e)

half fare N demi-tarif *m*

half-hearted ['hɑ:f'hɑ:tɪd] ADJ tiède, sans enthousiasme

half-hour [hɑ:f'auə^r] N demi-heure *f*

half-life ['hɑ:flaɪf] N (*Physics*) demi-vie *f*

half-mast ['hɑ:f'mɑ:st] N: **at ~** (*flag*) en berne, à mi-mât

halfpenny ['heɪpnɪ] N demi-penny *m*

half-price ['hɑ:f'praɪs] ADJ à moitié prix ▶ ADV (*also:* **at half-price**) à moitié prix

half term N (BRIT *Scol*) vacances *fpl* (*de demi-trimestre*)

half-time [hɑ:f'taɪm] N mi-temps *f*

halfway ['hɑ:f'weɪ] ADV à mi-chemin; **to meet sb ~** (*fig*) parvenir à un compromis avec qn; **~ through sth** au milieu de qch

halfway house N (*hostel*) centre *m* de réadaptation (*pour anciens prisonniers, malades mentaux etc*); (*fig*): **a ~ (between)** une étape intermédiaire (entre)

half-wit ['hɑ:fwɪt] N (!) idiot(e), imbécile *mf*

half-yearly [hɑ:f'jɪəlɪ] ADV deux fois par an ▶ ADJ semestriel(le)

halibut ['hælɪbət] N (*pl inv*) flétan *m*

halitosis [hælɪ'təusɪs] N mauvaise haleine

★**hall** [hɔ:l] N salle *f*; (*entrance way: big*) hall *m*; (*: small*) entrée *f*; (*US: corridor*) couloir *m*; (*mansion*) château *m*, manoir *m*

hallelujah [hælɪ'lu:jə] EXCL (*also:* **alleluia**) alléluia *m*

hallmark ['hɔ:lmɑ:k] N poinçon *m*; (*fig*) marque *f*

hallo [hə'ləu] EXCL = **hello**

hall of residence N (BRIT) pavillon *m or* résidence *f* universitaire

hallowed ['hæləud] ADJ (*respected*) vénérable; (*holy*) béni(e)

Hallowe'en, Halloween ['hæləu'i:n] N veille *f* de la Toussaint

> Fête d'origine païenne, **Hallowe'en** est célébré au Royaume-Uni et aux États-Unis le 31 octobre, veille de la Toussaint. De nombreuses coutumes américaines ont été adoptées par les Britanniques. Ainsi, il est courant de confectionner des lanternes à partir d'une citrouille évidée dans laquelle on a découpé un visage menaçant. Les enfants se déguisent en sorcières, fantômes, etc, et vont de porte en porte quémander des sucreries en menaçant les réfractaires de leur jouer un mauvais tour.

hallucination [həlu:sɪ'neɪʃən] N hallucination *f*

hallucinogenic [həlu:sɪnəu'dʒɛnɪk] ADJ hallucinogène

hallway ['hɔ:lweɪ] N (*entrance*) vestibule *m*; (*corridor*) couloir *m*

halo ['heɪləu] N (*of saint etc*) auréole *f*; (*of sun*) halo *m*

halt [hɔ:lt] N halte *f*, arrêt *m*; **to call a ~ to sth** (*fig*) mettre fin à qch ▶ VT faire arrêter; (*progress etc*) interrompre ▶ VI faire halte, s'arrêter

halter ['hɔ:ltə^r] N (*for horse*) licou *m*

halterneck ['hɔ:ltənɛk] ADJ (*dress*) (avec) dos nu *inv*

halting ['hɔ:ltɪŋ] ADJ hésitant(e)

halve [hɑ:v] VT (*apple etc*) partager *or* diviser en deux; (*reduce by half*) réduire de moitié

halves [hɑ:vz] NPL *of* **half**

★**ham** [hæm] N jambon *m*; (*inf: also:* **radio ham**) radio-amateur *m*; (*also:* **ham actor**) cabotin(e)

Hamburg ['hæmbə:g] N Hambourg

★**hamburger** ['hæmbə:gə^r] N hamburger *m*

ham-fisted ['hæm'fɪstɪd], (*US*) **ham-handed** ['hæm'hændɪd] ADJ maladroit(e)

hamlet ['hæmlɪt] N hameau *m*

hammer ['hæmə^r] N marteau *m* ▶ VT (*nail*) enfoncer; (*fig*) éreinter, démolir; **to ~ a point home to sb** faire rentrer qch dans la tête de qn ▶ VI (*at door*) frapper à coups redoublés
▶ **hammer out** VT (*metal*) étendre au marteau; (*fig: solution*) élaborer

hammered ['hæməd] ADJ (*inf:* BRIT: *drunk*) bourré(e)

hammering ['hæmərɪŋ] N (*inf: criticism*) volée *f* (*inf*); (*: defeat*) raclée *f* (*inf*); (*knocking*) martèlement *m*

hammock ['hæmək] N hamac *m*

hamper ['hæmpə^r] VT gêner ▶ N panier *m* (d'osier)

★**hamster** ['hæmstə^r] N hamster *m*

hamstring ['hæmstrɪŋ] N (*Anat*) tendon *m* du jarret

★**hand** [hænd] N main *f*; (*of clock*) aiguille *f*; (*handwriting*) écriture *f*; (*at cards*) jeu *m*; (*measurement: of horse*) paume *f*; (*worker*) ouvrier(-ière); **to give sb a ~** donner un coup de main à qn; **at ~** à portée de la main; **in ~** (*situation*) en main; (*work*) en cours; **we have the situation in ~** nous avons la situation

bien en main; **to be on ~** (*person*) être disponible; (*emergency services*) se tenir prêt(e) (à intervenir); **to ~** (*information etc*) sous la main, à portée de la main; **to force sb's ~** forcer la main à qn; **to have a free ~** avoir carte blanche; **to have sth in one's ~** tenir qch à la main; **on the one ~ ..., on the other ~** d'une part ..., d'autre part ▸ VT passer, donner
▸ **hand back** VT : **to ~ sth back (to sb)** (*object, property, land*) rendre qch (à qn); (*power, control*) restituer qch (à qn)
▸ **hand down** VT passer; (*tradition, heirloom*) transmettre; (*US: sentence, verdict*) prononcer
▸ **hand in** VT remettre
▸ **hand out** VT distribuer
▸ **hand over** VT remettre; (*powers etc*) transmettre
▸ **hand round** VT (BRIT: *information*) faire circuler; (*: chocolates etc*) faire passer

★**handbag** ['hændbæg] N sac *m* à main

hand baggage N = **hand luggage**

handball ['hændbɔːl] N handball *m*

handbasin ['hændbeɪsn] N lavabo *m*

handbook ['hændbuk] N manuel *m*

handbrake ['hændbreɪk] N frein *m* à main

h & c ABBR (BRIT) = **hot and cold (water)**

hand cream N crème *f* pour les mains

handcuffs ['hændkʌfs] NPL menottes *fpl*

handful ['hændful] N poignée *f*

handgun ['hændgʌn] N arme *f* de poing

handheld ['hænd'hɛld] ADJ (*device*) portatif(-ive); (*computer*) de poche; (*camera*) de reportage

handicap ['hændɪkæp] N handicap *m* ▸ VT handicaper

handicraft ['hændɪkrɑːft] N travail *m* d'artisanat, technique artisanale

handiwork ['hændɪwəːk] N ouvrage *m*; **this looks like his ~** (*pej*) ça a tout l'air d'être son œuvre

★**handkerchief** ['hæŋkətʃɪf] N mouchoir *m*

★**handle** ['hændl] N (*of door etc*) poignée *f*; (*of cup etc*) anse *f*; (*of knife etc*) manche *m*; (*of saucepan*) queue *f*; (*for winding*) manivelle *f*; **to fly off the ~** s'énerver ▸ VT toucher, manier; (*deal with*) s'occuper de; (*treat: people*) prendre ▸ VI: **"~ with care"** « fragile »

handlebar ['hændlbɑːʳ] N, **handlebars** ['hændlbɑːz] NPL guidon *m*

handler ['hændləʳ] N (*of animal*) dresseur(-euse); **food ~** personne *f* qui manipule des aliments

handling ['hændlɪŋ] N (*Aut*) maniement *m*; (*treatment*): **his ~ of the matter** la façon dont il a traité l'affaire

handling charges NPL frais *mpl* de manutention; (*Banking*) agios *mpl*

hand luggage N bagages *mpl* à main; **one item of ~** un bagage à main

handmade ['hænd'meɪd] ADJ fait(e) à la main

handout ['hændaut] N (*money*) aide *f*, don *m*; (*leaflet*) prospectus *m*; (*press handout*) communiqué *m* de presse; (*at lecture*) polycopié *m*

handover ['hændəuvəʳ] N (*of place, country*) transfert *m*; (*of company, business*) cession *f*; (*of power*) passation *f*

handpick ['hændpɪk] VT (*staff, successor*) trier sur le volet

handpicked ['hænd'pɪkt] ADJ (*produce*) cueilli(e) à la main; (*staff, successor*) trié(e) sur le volet

handrail ['hændreɪl] N (*on staircase etc*) rampe *f*, main courante

handset ['hændsɛt] N (*Tel*) combiné *m*

hands-free [hændz'friː] ADJ mains libres *inv* ▸ N (*also:* **hands-free kit**) kit *m* mains libres *inv*

handshake ['hændʃeɪk] N poignée *f* de main; (*Comput*) établissement *m* de la liaison

★**handsome** ['hænsəm] ADJ beau (belle); (*gift*) généreux(-euse); (*profit*) considérable

> **beau** changes to **bel** before a vowel or a mute 'h': *a handsome man* **un bel homme**.

hands-on [hændz'ɔn] ADJ (*training, experience*) sur le tas; **she has a very ~ approach** sa politique est de mettre la main à la pâte

handstand ['hændstænd] N: **to do a ~** faire l'arbre droit

hand-to-hand ['hændtə'hænd] ADJ (*fighting*) corps à corps

hand-to-mouth ['hændtə'mauθ] ADJ (*existence*) au jour le jour

hand-wash ['hændwɔʃ] VT laver à la main

handwriting ['hændraɪtɪŋ] N écriture *f*

handwritten ['hændrɪtn] ADJ manuscrit(e), écrit(e) à la main

handy ['hændɪ] ADJ (*person*) adroit(e); (*close at hand*) sous la main; (*convenient*) pratique; **to come in ~** être (*or* s'avérer) utile

handyman ['hændɪmæn] N (*irreg*) bricoleur *m*; (*servant*) homme *m* à tout faire

★**hang** [hæŋ] (*pt, pp* **hung** [hʌŋ]) VT accrocher; (*pt, pp* **hanged**: *criminal*) pendre ▸ VI pendre; (*hair, drapery*) tomber ▸ N: **to get the ~ of (doing) sth** (*inf*) attraper le coup pour faire qch
▸ **hang about, hang around** VI flâner, traîner
▸ **hang back** VI (*hesitate*): **to ~ back (from doing)** être réticent(e) (pour faire)
▸ **hang down** VI pendre
▸ **hang on** VI (*wait*) attendre; **to ~ on to** (*keep hold of*) ne pas lâcher; (*keep*) garder ▸ VT FUS (*depend on*) dépendre de
▸ **hang out** VT (*washing*) étendre (dehors) ▸ VI pendre; (*inf: live*) habiter, percher; (*: spend time*) traîner
▸ **hang round** VI = **hang about**
▸ **hang together** VI (*argument etc*) se tenir, être cohérent(e)
▸ **hang up** VI (*Tel*) raccrocher; **to ~ up on sb** (*Tel*) raccrocher au nez de qn ▸ VT (*coat, painting etc*) accrocher, suspendre

hangar ['hæŋəʳ] N hangar *m*

hangdog ['hæŋdɔg] ADJ (*look, expression*) de chien battu

hanger ['hæŋəʳ] N cintre *m*, portemanteau *m*

hanger-on [hæŋər'ɔn] N parasite *m*

hang-glider ['hæŋglaɪdəʳ] N deltaplane *m*

hang-gliding ['hæŋglaɪdɪŋ] N vol *m* libre *or* sur aile delta

hanging ['hæŋɪŋ] N (*execution*) pendaison *f*

hangman ['hæŋmən] N (*irreg*) bourreau *m*

hangover ['hæŋəuvəʳ] N (*after drinking*) gueule *f* de bois

hang-up ['hæŋʌp] N complexe *m*

h

hank [hæŋk] N écheveau *m*
hanker ['hæŋkəʳ] VI: **to ~ after** avoir envie de
hankering ['hæŋkərɪŋ] N: **to have a ~ for/to do sth** avoir une grande envie de/de faire qch
hankie, hanky ['hæŋkɪ] N ABBR = **handkerchief**
hanky-panky [hæŋki'pæŋki] N (*inf: sexual*) galipettes *fpl* (*inf*); (*: dishonest*) entourloupes *fpl* (*inf*)
Hanukkah, Hanukah ['hɑːnəkə] N Hanoukka *f*
haphazard [hæp'hæzəd] ADJ fait(e) au hasard, fait(e) au petit bonheur
hapless ['hæplɪs] ADJ malheureux(-euse)
happen ['hæpən] VI arriver, se passer, se produire; **what's happening?** que se passe-t-il ?; **she happened to be free** il s'est trouvé (*or* se trouvait) qu'elle était libre; **if anything happened to him** s'il lui arrivait quoi que ce soit; **as it happens** justement
▸ **happen on, happen upon** VT FUS tomber sur
happening ['hæpnɪŋ] N événement *m*
happily ['hæpɪlɪ] ADV heureusement; (*cheerfully*) joyeusement
happiness ['hæpɪnɪs] N bonheur *m*
★**happy** ['hæpɪ] ADJ heureux(-euse); **~ with** (*arrangements etc*) satisfait(e) de; **to be ~ to do** faire volontiers; **yes, I'd be ~ to** oui, avec plaisir *or* (bien) volontiers; **~ birthday!** bon anniversaire !; **~ Christmas/New Year!** joyeux Noël/bonne année !
happy-go-lucky ['hæpɪgəu'lʌkɪ] ADJ insouciant(e)
happy hour N l'heure *f* de l'apéritif; *heure pendant laquelle les consommations sont à prix réduit*
harangue [hə'ræŋ] VT haranguer
harass ['hærəs] VT accabler, tourmenter
harassed ['hærəst] ADJ tracassé(e)
harassment ['hærəsmənt] N tracasseries *fpl*; **sexual ~** harcèlement sexuel
harbinger ['hɑːbɪndʒəʳ] N (*literary*) signe *m* avant-coureur
harbour, (US) **harbor** ['hɑːbəʳ] N port *m* ▸ VT héberger, abriter; (*hopes, suspicions*) entretenir; **to ~ a grudge against sb** en vouloir à qn
harbour dues, (US) **harbor dues** NPL droits *mpl* de port
harbour master, (US) **harbor master** N capitaine *m* du port
★**hard** [hɑːd] ADJ dur(e); (*question, problem*) difficile; (*facts, evidence*) concret(-ète); **~ luck!** pas de veine !; **no ~ feelings!** sans rancune !; **to be ~ of hearing** être dur(e) d'oreille; **to be ~ on sb** être dur(e) avec qn; **I find it ~ to believe that …** je n'arrive pas à croire que … ▸ ADV (*work*) dur; (*think, try*) sérieusement; **to look ~ at** regarder fixement; (*thing*) regarder de près; **to drink ~** boire sec; **to be ~ done by** être traité(e) injustement
hard-and-fast ['hɑːdən'fɑːst] ADJ strict(e), absolu(e)
hardback ['hɑːdbæk] N livre relié
hardball ['hɑːdbɔːl] N: **to play ~** (*fig*) employer les grands moyens
hardboard ['hɑːdbɔːd] N Isorel® *m*
hard-boiled egg ['hɑːd'bɔɪld-] N œuf dur
hard cash N espèces *fpl*
hard copy N (*Comput*) sortie *f or* copie *f* papier
hard-core ['hɑːd'kɔːʳ] ADJ (*pornography*) (dit(e)) dur(e); (*supporters*) inconditionnel(le)
hard court N (*Tennis*) court *m* en dur
hard disk N (*Comput*) disque dur
hard drive N (*Comput*) disque dur
harden ['hɑːdn] VT durcir; (*steel*) tremper; (*fig*) endurcir ▸ VI (*substance*) durcir
hardened ['hɑːdnd] ADJ (*criminal*) endurci(e); **to be ~ to sth** s'être endurci(e) à qch, être (devenu(e)) insensible à qch
hardening ['hɑːdənɪŋ] N (*of attitude, position*) durcissement *m*
hard-headed ['hɑːd'hɛdɪd] ADJ réaliste, décidé(e)
hard-hearted ['hɑːd'hɑːtɪd] ADJ dur(e), impitoyable
hard-hitting ['hɑːd'hɪtɪŋ] ADJ (*speech, article*) sans complaisances
hard labour N travaux forcés
hardline [hɑːd'laɪn] ADJ (*communist, republican*) pur(e) et dur(e); (*policy, stance*) jusqu'au-boutiste, intransigeant(e)
hardliner [hɑːd'laɪnəʳ] N intransigeant(e), dur(e)
hard-luck story [hɑːd'lʌk-] N histoire larmoyante
★**hardly** ['hɑːdlɪ] ADV (*scarcely*) à peine; (*harshly*) durement; **it's ~ the case** ce n'est guère le cas; **~ anywhere/ever** presque nulle part/jamais; **I can ~ believe it** j'ai du mal à le croire
hardness ['hɑːdnɪs] N dureté *f*
hard-nosed ['hɑːd'nəuzd] ADJ impitoyable, dur(e)
hard-pressed ['hɑːd'prɛst] ADJ sous pression
hard sell N vente agressive
hardship ['hɑːdʃɪp] N (*difficulties*) épreuves *fpl*; (*deprivation*) privations *fpl*
hard shoulder N (BRIT *Aut*) accotement stabilisé
hard-up [hɑːd'ʌp] ADJ (*inf*) fauché(e)
hardware ['hɑːdwɛəʳ] N quincaillerie *f*; (*Comput, Mil*) matériel *m*
hardware shop, (US) **hardware store** N quincaillerie *f*
hard-wearing [hɑːd'wɛərɪŋ] ADJ solide
hard-wired [hɑːd'waɪəd] ADJ (*Comput*) câblé(e); (*into the brain*) programmé(e)
hard-won ['hɑːd'wʌn] ADJ (si) durement gagné(e)
hardwood ['hɑːdwud] N bois *m* dur ▸ CPD (*floor, flooring*) en bois dur; (*tree*) feuillu(e)
hard-working [hɑːd'wəːkɪŋ] ADJ travailleur(-euse), consciencieux(-euse)
hardy ['hɑːdɪ] ADJ robuste; (*plant*) résistant(e) au gel
hare [hɛəʳ] N lièvre *m*
hare-brained ['hɛəbreɪnd] ADJ farfelu(e), écervelé(e)
harelip ['hɛəlɪp] N (*Med*) bec-de-lièvre *m*
harem [hɑː'riːm] N harem *m*
hark back [hɑːk-] VI: **to ~ to** (en) revenir toujours à
★**harm** [hɑːm] N mal *m*; (*wrong*) tort *m*; **to mean no ~** ne pas avoir de mauvaises intentions; **there's no ~ in trying** on peut toujours essayer; **out of ~'s way** à l'abri du danger, en lieu sûr ▸ VT (*person*) faire du mal *or* du tort à; (*thing*) endommager
harmful ['hɑːmful] ADJ nuisible
harmless ['hɑːmlɪs] ADJ inoffensif(-ive)
harmonic [hɑː'mɔnɪk] ADJ harmonique

harmonica [hɑːˈmɔnɪkə] N harmonica *m*
harmonics [hɑːˈmɔnɪks] NPL harmoniques *mpl or fpl*
harmonious [hɑːˈməunɪəs] ADJ harmonieux(-euse)
harmonium [hɑːˈməunɪəm] N harmonium *m*
harmonization [hɑːmənaɪˈzeɪʃən] N harmonisation *f*
harmonize [ˈhɑːmənaɪz] VT harmoniser ▶ VI s'harmoniser
harmony [ˈhɑːmənɪ] N harmonie *f*
harness [ˈhɑːnɪs] N harnais *m* ▶ VT (*horse*) harnacher; (*resources*) exploiter
harp [hɑːp] N harpe *f* ▶ VI: **to ~ on about** revenir toujours sur
harpist [ˈhɑːpɪst] N harpiste *mf*
harpoon [hɑːˈpuːn] N harpon *m*
harpsichord [ˈhɑːpsɪkɔːd] N clavecin *m*
harrowing [ˈhærəuɪŋ] ADJ déchirant(e)
harsh [hɑːʃ] ADJ (*hard*) dur(e); (*severe*) sévère; (*rough: surface*) rugueux(-euse); (*unpleasant: sound*) discordant(e); (*: light*) cru(e); (*: taste*) âpre
harshly [ˈhɑːʃlɪ] ADV durement, sévèrement
harshness [ˈhɑːʃnɪs] N dureté *f*, sévérité *f*
harvest [ˈhɑːvɪst] N (*of corn*) moisson *f*; (*of fruit*) récolte *f*; (*of grapes*) vendange *f* ▶ VI, VT moissonner; récolter; vendanger
harvester [ˈhɑːvɪstəʳ] N (*machine*) moissonneuse *f*; (*also:* **combine harvester**) moissonneuse-batteuse(-lieuse) *f*
has [hæz] VB *see* **have**
has-been [ˈhæzbiːn] N (*inf: person*): **he/she's a ~** il/elle a fait son temps *or* est fini(e)
hash [hæʃ] N (*Culin*) hachis *m*; (*fig: mess*) gâchis *m* ▶ N ABBR (*inf*) = **hashish**
hashish [ˈhæʃɪʃ] N haschisch *m*
hashtag [ˈhæʃtæg] N (*on Twitter*) mot-dièse *m*, hashtag *m*
hasn't [ˈhæznt] = **has not**
hassle [ˈhæsl] N (*inf: fuss*) histoire(s) *f(pl)*
haste [heɪst] N hâte *f*, précipitation *f*; **in ~** à la hâte, précipitamment
hasten [ˈheɪsn] VT hâter, accélérer ▶ VI se hâter, s'empresser; **I ~ to add that ...** je m'empresse d'ajouter que ...
hastily [ˈheɪstɪlɪ] ADV à la hâte; (*leave*) précipitamment
hasty [ˈheɪstɪ] ADJ (*decision, action*) hâtif(-ive); (*departure, escape*) précipité(e)
★**hat** [hæt] N chapeau *m*
hatbox [ˈhætbɔks] N carton *m* à chapeau
hatch [hætʃ] N (*Naut: also:* **hatchway**) écoutille *f*; (Brit: *also:* **service hatch**) passe-plats *m inv* ▶ VI éclore ▶ VT faire éclore; (*fig: scheme*) tramer, ourdir
hatchback [ˈhætʃbæk] N (*Aut*) modèle *m* avec hayon arrière
hatchet [ˈhætʃɪt] N hachette *f*
hatchet job N (*inf*) démolissage *m*
hatchet man N (*irreg*) (*inf*) homme *m* de main
★**hate** [heɪt] VT haïr, détester; **to ~ to do** *or* **doing** détester faire; **I ~ to trouble you, but ...** désolé de vous déranger, mais ... ▶ N haine *f*
hateful [ˈheɪtful] ADJ odieux(-euse), détestable
hater [ˈheitəʳ] N: **cop-hater** anti-flic *mf*; **woman-hater** misogyne *mf* (haineux(-euse))
hatred [ˈheɪtrɪd] N haine *f*
hat trick N (Brit *Sport, also fig*): **to get a ~** réussir trois coups (*or* gagner trois matchs *etc*) consécutifs
haughty [ˈhɔːtɪ] ADJ hautain(e), arrogant(e)
haul [hɔːl] VT traîner, tirer; (*by lorry*) camionner; (*Naut*) haler ▶ N (*of fish*) prise *f*; (*of stolen goods etc*) butin *m*
haulage [ˈhɔːlɪdʒ] N transport routier
haulage contractor N (Brit: *firm*) entreprise *f* de transport (routier); (*: person*) transporteur routier
haulier [ˈhɔːlɪəʳ], (US) **hauler** [ˈhɔːləʳ] N transporteur (routier), camionneur *m*
haunch [hɔːntʃ] N hanche *f*; **~ of venison** cuissot *m* de chevreuil
haunt [hɔːnt] VT (*subj: ghost, fear*) hanter; (*: person*) fréquenter ▶ N repaire *m*
haunted [ˈhɔːntɪd] ADJ (*castle etc*) hanté(e); (*look*) égaré(e), hagard(e)
haunting [ˈhɔːntɪŋ] ADJ (*sight, music*) obsédant(e)
Havana [həˈvænə] N La Havane

have [hæv]

(*pt, pp* **had** [hæd]) AUX VB **1** (*gen*) avoir; être; **to have eaten/slept** avoir mangé/dormi; **to have arrived/gone** être arrivé(e)/allé(e); **he has been promoted** il a eu une promotion; **having finished** *or* **when he had finished, he left** quand il a eu fini, il est parti; **we'd already eaten** nous avions déjà mangé
2 (*in tag questions*): **you've done it, haven't you?** vous l'avez fait, n'est-ce pas ?
3 (*in short answers and questions*): **no I haven't!/yes we have!** mais non !/mais si !; **so I have!** ah oui !, oui c'est vrai !; **I've been there before, have you?** j'y suis déjà allé, et vous ?
▶ MODAL AUX VB (*be obliged*): **to have (got) to do sth** devoir faire qch, être obligé(e) de faire qch; **she has (got) to do it** elle doit le faire, il faut qu'elle le fasse; **you haven't to tell her** vous n'êtes pas obligé de le lui dire; (*must not*) ne le lui dites surtout pas; **do you have to book?** il faut réserver ?
▶ VT **1** (*possess*) avoir; **he has (got) blue eyes/dark hair** il a les yeux bleus/les cheveux bruns
2 (*referring to meals etc*): **to have breakfast** prendre le petit déjeuner; **to have dinner/lunch** dîner/déjeuner; **to have a drink** prendre un verre; **to have a cigarette** fumer une cigarette
3 (*receive*) avoir, recevoir; (*obtain*) avoir; **may I have your address?** puis-je avoir votre adresse ?; **you can have it for £5** vous pouvez l'avoir pour 5 livres; **I must have it for tomorrow** il me le faut pour demain; **to have a baby** avoir un bébé
4 (*maintain, allow*): **I won't have it!** ça ne se passera pas comme ça !; **we can't have that** nous ne tolérerons pas ça
5 (*by sb else*): **to have sth done** faire faire qch; **to have one's hair cut** se faire couper les cheveux; **to have sb do sth** faire faire qch à qn
6 (*experience, suffer*) avoir; **to have a cold/flu** avoir un rhume/la grippe; **to have an operation** se faire opérer; **she had her bag stolen** elle s'est fait voler son sac

h

7 (*+noun*): **to have a swim/walk** nager/se promener; **to have a bath/shower** prendre un bain/une douche; **let's have a look** regardons; **to have a meeting** se réunir; **to have a party** organiser une fête; **let me have a try** laissez-moi essayer
8 (*inf: dupe*) avoir; **he's been had** il s'est fait avoir *or* rouler
▸ **have on** VT: **to be having sb on** (BRIT *inf*) faire marcher qn
▸ **have out** VT: **to have it out with sb** (*settle a problem etc*) s'expliquer (franchement) avec qn

haven ['heɪvn] N port *m*; (*fig*) havre *m*
haven't ['hævnt] = **have not**
haversack ['hævəsæk] N sac *m* à dos
haves [hævz] NPL (*inf*): **the ~ and have-nots** les riches et les pauvres
havoc ['hævək] N ravages *mpl*, dégâts *mpl*; **to play ~ with** (*fig*) désorganiser complètement, détraquer
Hawaii [hə'waɪɪ] N (îles *fpl*) Hawaï *m*
Hawaiian [hə'waɪən] ADJ hawaïen(ne) ▸ N Hawaïen(ne); (*Ling*) hawaïen *m*
hawk [hɔ:k] N faucon *m* ▸ VT (*goods for sale*) colporter
hawker ['hɔ:kəʳ] N colporteur *m*
hawkish ['hɔ:kɪʃ] ADJ belliciste
hawthorn ['hɔ:θɔ:n] N aubépine *f*
hay [heɪ] N foin *m*
hay fever N rhume *m* des foins
haystack ['heɪstæk] N meule *f* de foin
haywire ['heɪwaɪəʳ] ADJ (*inf*): **to go ~** perdre la tête; mal tourner
hazard ['hæzəd] N (*risk*) danger *m*, risque *m*; (*chance*) hasard *m*, chance *f*; **to be a health/fire ~** présenter un risque pour la santé/d'incendie ▸ VT risquer, hasarder; **to ~ a guess** émettre *or* hasarder une hypothèse
hazardous ['hæzədəs] ADJ hasardeux(-euse), risqué(e)
hazard pay N (*US*) prime *f* de risque
hazard warning lights NPL (*Aut*) feux *mpl* de détresse
haze [heɪz] N brume *f*
hazel [heɪzl] N (*tree*) noisetier *m* ▸ ADJ (*eyes*) noisette *inv*
hazelnut ['heɪzlnʌt] N noisette *f*
hazy ['heɪzɪ] ADJ brumeux(-euse); (*idea*) vague; (*photograph*) flou(e)
H-bomb ['eɪtʃbɔm] N bombe *f* H
HD ABBR (= *high definition*) HD (= *haute définition*)
HDTV N ABBR (= *high definition television*) TVHD *f* (= *télévision haute-définition*)
HE ABBR = **high explosive**; (*Rel, Diplomacy*) = **His Excellency**; **Her Excellency**
★**he** [hi:] PRON il; **it is he who ...** c'est lui qui ...; **here he is** le voici; **he-bear** *etc* ours *etc* mâle
★**head** [hɛd] N tête *f*; (*leader*) chef *m*; (*of school*) directeur(-trice); (*of secondary school*) proviseur *m*; **~ first** la tête la première; **~ over heels in love** follement *or* éperdument amoureux(-euse); **10 euros a** *or* **per ~** 10 euros par personne; **to sit at the ~ of the table** présider la tablée; **to have a ~ for business** avoir des dispositions pour les affaires; **to have no ~ for heights** être sujet(te) au vertige; **to come to a ~** (*fig: situation etc*) devenir critique ▸ VT (*list*) être en tête de; (*group, company*) être à la tête de; **to ~ the ball** faire une tête ■ **heads** NPL (*on coin*) (le côté) face; **heads or tails** pile ou face
▸ **head back** VI retourner
▸ **head for** VT FUS se diriger vers; (*disaster*) aller à
▸ **head off** VT (*threat, danger*) détourner
▸ **head out** VI (*person*) sortir; **a fishing boat heading out to sea** un bateau de pêcheurs prenant le large
▸ **head up** VT (*department, division*) diriger; **to ~ up an investigation** mener une enquête
★**headache** ['hɛdeɪk] N mal *m* de tête; **to have a ~** avoir mal à la tête
headband ['hɛdbænd] N bandeau *m*
headboard ['hɛdbɔ:d] N dosseret *m*
head-butt ['hɛdbʌt] VT donner un coup de tête à
head cold N rhume *m* de cerveau
headcount ['hɛdkaunt] N (*number present*) nombre *m* de personnes présentes; (*number of staff*) effectifs *mpl*; **to do a ~** compter combien il y a de personnes
headdress ['hɛddrɛs] N coiffure *f*
headed notepaper ['hɛdɪd-] N papier *m* à lettres à en-tête
header ['hɛdəʳ] N (*Football*) (coup *m* de) tête *f*; (*inf: fall*) chute *f* (*or* plongeon *m*) la tête la première
head-first ['hɛd'fə:st] ADV (*lit*) la tête la première
headgear ['hɛdgɪəʳ] N (*hat*) chapeau *m*; **protective ~** (*helmets*) casques *m*
headhunt ['hɛdhʌnt] VT: **she was headhunted** elle a été recrutée par un chasseur de têtes
headhunter ['hɛdhʌntəʳ] N chasseur *m* de têtes
heading ['hɛdɪŋ] N titre *m*; (*subject title*) rubrique *f*
headlamp ['hɛdlæmp] N (BRIT) = **headlight**
headland ['hɛdlənd] N promontoire *m*, cap *m*
headlight ['hɛdlaɪt] N phare *m*
★**headline** ['hɛdlaɪn] N titre *m*
headlong ['hɛdlɔŋ] ADV (*fall*) la tête la première; (*rush*) tête baissée
headmaster [hɛd'mɑ:stəʳ] N directeur *m*, proviseur *m*
headmistress [hɛd'mɪstrɪs] N directrice *f*
head office N siège *m*, bureau *m* central
head-on [hɛd'ɔn] ADJ (*collision*) de plein fouet
headphones ['hɛdfəunz] NPL casque *m* (à écouteurs)
headquartered [hɛd'kwɔ:təd] ADJ: **to be ~** (*business*) avoir son siège
★**headquarters** ['hɛdkwɔ:təz] NPL (*of business*) bureau *or* siège central; (*Mil*) quartier général
headrest ['hɛdrɛst] N appui-tête *m*
headroom ['hɛdrum] N (*in car*) hauteur *f* de plafond; (*under bridge*) hauteur limite; dégagement *m*
headscarf ['hɛdskɑ:f] (*pl* **headscarves** [-skɑ:vz]) N foulard *m*
headset ['hɛdsɛt] N = **headphones**
headship ['hɛdʃɪp] N (*of school, department*) poste *m* de directeur
head start N (*in career, competition*): **to have a ~** être avantagé(e) dès le départ; **to give sb a ~** donner à qn une longueur d'avance

headstone ['hɛdstəun] N pierre tombale

headstrong ['hɛdstrɔŋ] ADJ têtu(e), entêté(e)

heads-up ['hɛdzʌp] N (*inf*): **to give sb a ~** donner un tuyau à qn (*inf*)

headteacher [hɛd'ti:tʃər] N directeur(-trice); (*of secondary school*) proviseur *m*

head waiter N maître *m* d'hôtel

headway ['hɛdweɪ] N: **to make ~** avancer, faire des progrès

headwind ['hɛdwɪnd] N vent *m* contraire

heady ['hɛdɪ] ADJ capiteux(-euse), enivrant(e)

★**heal** [hi:l] VT, VI guérir

healer ['hi:lər] N guérisseur(-euse)

★**health** [hɛlθ] N santé *f*; **Department of H~** (BRIT, *US*) ≈ ministère *m* de la Santé

health care N services médicaux

health centre N (BRIT) centre *m* de santé

health food N aliment(s) naturel(s)

health food shop N magasin *m* diététique

healthful ['hɛlθful] ADJ sain(e)

health hazard N risque *m* pour la santé

Health Service N: **the ~** (BRIT) ≈ la Sécurité Sociale

★**healthy** ['hɛlθɪ] ADJ (*person*) en bonne santé; (*climate, food, attitude etc*) sain(e)

heap [hi:p] N tas *m*, monceau *m*; **heaps (of)** (*inf: lots*) des tas (de) ▸ VT (*also:* **heap up**) entasser, amonceler; **she heaped her plate with cakes** elle a chargé son assiette de gâteaux; **to ~ favours/praise/gifts** *etc* **on sb** combler qn de faveurs/d'éloges/de cadeaux *etc*

heaped ['hi:pt] ADJ: **~ with sth** (*surface*) recouvert(e) d'une montagne de qch; (*dish, bowl*) rempli(e) d'une montagne de qch; **add one ~ tablespoon of salt** ajouter une grosse cuillerée à soupe de sel

★**hear** [hɪər] (*pt, pp* **heard** [hə:d]) VT entendre; (*news*) apprendre; (*lecture*) assister à, écouter ▸ VI entendre; **to ~ about** entendre parler de; (*have news of*) avoir des nouvelles de; **did you ~ about the move?** tu es au courant du déménagement ?; **to ~ from sb** recevoir des nouvelles de qn; **I've never heard of that book** je n'ai jamais entendu parler de ce livre
▸ **hear out** VT écouter jusqu'au bout

heard [hə:d] PT, PP *of* **hear**

hearing ['hɪərɪŋ] N (*sense*) ouïe *f*; (*of witnesses*) audition *f*; (*of a case*) audience *f*; (*of committee*) séance *f*; **to give sb a ~** (BRIT) écouter ce que qn a à dire

hearing aid N appareil *m* acoustique

hearing impaired [-ɪm'pɛəd] ADJ malentendant(e) ▸ NPL: **the ~** les malentendants *mpl*

hearsay ['hɪəseɪ] N on-dit *mpl*, rumeurs *fpl*; **by ~** *adv* par ouï-dire

hearse [hə:s] N corbillard *m*

★**heart** [hɑ:t] N cœur *m*; **at ~** au fond; **by ~** (*learn, know*) par cœur; **to have a weak ~** avoir le cœur malade, avoir des problèmes de cœur; **to lose/take ~** perdre/prendre courage; **to set one's ~ on sth/on doing sth** vouloir absolument qch/faire qch; **the ~ of the matter** le fond du problème
■ **hearts** NPL (*Cards*) cœur

heartache ['hɑ:teɪk] N chagrin *m*, douleur *f*

heart attack N crise *f* cardiaque

heartbeat ['hɑ:tbi:t] N battement *m* de cœur

heartbreak ['hɑ:tbreɪk] N immense chagrin *m*

heartbreaking ['hɑ:tbreɪkɪŋ] ADJ navrant(e), déchirant(e)

heartbroken ['hɑ:tbrəukən] ADJ: **to be ~** avoir beaucoup de chagrin

heartburn ['hɑ:tbə:n] N brûlures *fpl* d'estomac

heart disease N maladie *f* cardiaque

-hearted ['hɑ:tɪd] SUFFIX: **kind-hearted** bon(ne), qui a bon cœur

heartening ['hɑ:tnɪŋ] ADJ encourageant(e), réconfortant(e)

heart failure N (*Med*) arrêt *m* du cœur

heartfelt ['hɑ:tfɛlt] ADJ sincère

hearth [hɑ:θ] N foyer *m*, cheminée *f*

heartily ['hɑ:tɪlɪ] ADV chaleureusement; (*laugh*) de bon cœur; (*eat*) de bon appétit; **to agree ~** être entièrement d'accord; **to be ~ sick of** (BRIT) en avoir ras le bol de

heartland ['hɑ:tlænd] N centre *m*, cœur *m*; **France's heartlands** la France profonde

heartless ['hɑ:tlɪs] ADJ (*person*) sans cœur, insensible; (*treatment*) cruel(le)

heart rate N rythme *m* cardiaque

heart-rending ['hɑ:trendɪŋ] ADJ déchirant(e)

heartstrings ['hɑ:tstrɪŋz] NPL: **to tug (at) sb's ~** toucher *or* faire vibrer les cordes sensibles de qn

heartthrob ['hɑ:tθrɔb] N idole *f*

heart-to-heart ['hɑ:t'tə'hɑ:t] ADJ, ADV à cœur ouvert

heart transplant N greffe *f* du cœur

heartwarming ['hɑ:twɔ:mɪŋ] ADJ réconfortant(e)

hearty ['hɑ:tɪ] ADJ chaleureux(-euse); (*appetite*) solide; (*dislike*) cordial(e); (*meal*) copieux(-euse)

★**heat** [hi:t] N chaleur *f*; (*fig*) ardeur *f*; feu *m*; (*Sport: also:* **qualifying heat**) éliminatoire *f* ▸ VT chauffer
▸ **heat up** VI (*liquid*) chauffer; (*room*) se réchauffer ▸ VT réchauffer

heated ['hi:tɪd] ADJ chauffé(e); (*fig*) passionné(e), échauffé(e), excité(e)

heater ['hi:tər] N appareil *m* de chauffage; radiateur *m*; (*in car*) chauffage *m*; (*water heater*) chauffe-eau *m*

heath [hi:θ] N (BRIT) lande *f*

heathen ['hi:ðn] ADJ, N païen(ne)

heather ['hɛðər] N bruyère *f*

heating ['hi:tɪŋ] N chauffage *m*

heat-resistant ['hi:trɪzɪstənt] ADJ résistant(e) à la chaleur

heat-seeking ['hi:tsi:kɪŋ] ADJ guidé(e) par infrarouge

heatstroke ['hi:tstrəuk] N coup *m* de chaleur

heatwave ['hi:tweɪv] N vague *f* de chaleur

heave [hi:v] VT soulever (avec effort); **to ~ a sigh** pousser un gros soupir ▸ VI se soulever; (*retch*) avoir des haut-le-cœur ▸ N (*push*) poussée *f*

heaven ['hɛvn] N ciel *m*, paradis *m*; (*fig*) paradis; **~ forbid!** surtout pas !; **thank ~!** Dieu merci !; **for ~'s sake!** (*pleading*) je vous en prie !; (*protesting*) mince alors !

heavenly ['hɛvnlɪ] ADJ céleste, divin(e)

heavily ['hɛvɪlɪ] ADV lourdement; (*drink, smoke*) beaucoup; (*sleep, sigh*) profondément

h

★**heavy** [ˈhɛvɪ] ADJ lourd(e); (*work, rain, user, eater*) gros(se); (*drinker, smoker*) grand(e); (*schedule, week*) chargé(e); **it's too ~** c'est trop lourd; **it's ~ going** ça ne va pas tout seul, c'est pénible

heavy cream N (*US*) crème fraîche épaisse

heavy-duty [ˈhɛvɪˈdjuːtɪ] ADJ à usage intensif

heavy goods vehicle N (*BRIT*) poids lourd *m*

heavy-handed [ˈhɛvɪˈhændɪd] ADJ (*fig*) maladroit(e), qui manque de tact

heavy metal N (*Mus*) heavy metal *m*

heavy-set [ˈhɛvɪˈsɛt] ADJ (*esp US*) costaud(e)

heavyweight [ˈhɛvɪweɪt] N (*Sport*) poids lourd

Hebrew [ˈhiːbruː] ADJ hébraïque ▸ N (*Ling*) hébreu *m*

Hebrides [ˈhɛbrɪdiːz] NPL: **the ~** les Hébrides *fpl*

heck [hɛk] N (*inf*): **why the ~ ...?** pourquoi diable ... ?; **a ~ of a lot** une sacrée quantité; **he has done a ~ of a lot for us** il a vraiment beaucoup fait pour nous

heckle [ˈhɛkl] VT, VI chahuter

heckler [ˈhɛkləʳ] N interrupteur *m*; élément perturbateur

heckling [ˈhɛklɪŋ] N chahut *m*

hectare [ˈhɛktɑːʳ] N (*BRIT*) hectare *m*

hectic [ˈhɛktɪk] ADJ (*schedule*) très chargé(e); (*day*) mouvementé(e); (*activity*) fiévreux(-euse); (*lifestyle*) trépidant(e)

hectoring [ˈhɛktərɪŋ] ADJ (*tone*) autoritaire

he'd [hiːd] = **he would; he had**

hedge [hɛdʒ] N haie *f*; **as a ~ against inflation** pour se prémunir contre l'inflation ▸ VI se dérober ▸ VT: **to ~ one's bets** (*fig*) se couvrir
▸ **hedge in** VT entourer d'une haie

hedgehog [ˈhɛdʒhɔg] N hérisson *m*

hedgerow [ˈhɛdʒrəu] N haie(s) *f(pl)*

hedonism [ˈhiːdənɪzəm] N hédonisme *m*

hedonistic [hiːdəˈnɪstɪk] ADJ hédoniste

heed [hiːd] VT (*also:* **take heed of**) tenir compte de, prendre garde à

heedless [ˈhiːdlɪs] ADJ insouciant(e)

heel [hiːl] N talon *m*; **to bring to ~** (*dog*) faire venir à ses pieds; (*fig: person*) rappeler à l'ordre; **to take to one's heels** (*inf*) prendre ses jambes à son cou ▸ VT (*shoe*) retalonner

hefty [ˈhɛftɪ] ADJ (*person*) costaud(e); (*parcel*) lourd(e); (*piece, price*) gros(se)

hegemony [hɪˈgɛmənɪ] N hégémonie *f*

heifer [ˈhɛfəʳ] N génisse *f*

★**height** [haɪt] N (*of person*) taille *f*, grandeur *f*; (*of object*) hauteur *f*; (*of plane, mountain*) altitude *f*; (*high ground*) hauteur, éminence *f*; (*fig: of glory, fame, power*) sommet *m*; (*: of luxury, stupidity*) comble *m*; **at the ~ of summer** au cœur de l'été; **what ~ are you?** combien mesurez-vous ?, quelle est votre taille ?; **of average ~** de taille moyenne; **to be afraid of heights** être sujet(te) au vertige; **it's the ~ of fashion** c'est le dernier cri

heighten [ˈhaɪtn] VT hausser, surélever; (*fig*) augmenter

heinous [ˈheɪnəs] ADJ odieux(-euse), atroce

heir [ɛəʳ] N héritier *m*

heir apparent N héritier présomptif

heiress [ˈɛərɛs] N héritière *f*

heirloom [ˈɛəluːm] N meuble *m* (*or* bijou *m* *or* tableau *m*) de famille

heist [haɪst] N (*US inf: hold-up*) casse *m*

held [hɛld] PT, PP *of* **hold**

★**helicopter** [ˈhɛlɪkɔptəʳ] N hélicoptère *m*

helipad [ˈhɛlipæd] N hélistation *f*

heliport [ˈhɛlɪpɔːt] N (*Aviat*) héliport *m*

helium [ˈhiːlɪəm] N hélium *m*

★**hell** [hɛl] N enfer *m*; **a ~ of a ...** (*inf*) un(e) sacré(e) ...; **oh ~!** (*inf*) merde !

he'll [hiːl] = **he will; he shall**

hell-bent [hɛlˈbɛnt] ADJ (*inf*): **to be ~ on doing sth** vouloir à tout prix faire qch

hellish [ˈhɛlɪʃ] ADJ infernal(e)

★**hello** [həˈləu] EXCL bonjour !; (*to attract attention*) hé !; (*surprise*) tiens !

helm [hɛlm] N (*Naut*) barre *f*

helmet [ˈhɛlmɪt] N casque *m*

helmsman [ˈhɛlmzmən] N (*irreg*) timonier *m*

★**help** [hɛlp] N aide *f*; (*cleaner etc*) femme *f* de ménage; (*assistant etc*) employé(e); **with the ~ of** (*person*) avec l'aide de; (*tool etc*) à l'aide de; **to be of ~ to sb** être utile à qn ▸ VT, VI aider; **can you ~ me?** pouvez-vous m'aider ?; **can I ~ you?** (*in shop*) vous désirez ?; **~ yourself** servez-vous; **to ~ sb (to) do sth** aider qn à faire qch; **I can't ~ saying** je ne peux pas m'empêcher de dire; **he can't ~ it** il n'y peut rien ▸ EXCL au secours !
▸ **help out** VI aider ▸ VT: **to ~ sb out** aider qn

help desk N (*esp Comput*) centre *m* d'assistance

helper [ˈhɛlpəʳ] N aide *mf*, assistant(e)

helpful [ˈhɛlpful] ADJ (*person*) serviable, aimable; (*useful*) utile

helpfully [ˈhɛlpfulɪ] ADV aimablement

helping [ˈhɛlpɪŋ] N portion *f*

helping hand N coup *m* de main; **to give sb a ~** prêter main-forte à qn

helpless [ˈhɛlplɪs] ADJ impuissant(e); (*baby*) sans défense

helplessly [ˈhɛlplɪslɪ] ADV (*watch*) sans pouvoir rien faire

helplessness [ˈhɛlplɪsnɪs] N impuissance *f*

helpline [ˈhɛlplaɪn] N service *m* d'assistance téléphonique; (*free*) ≈ numéro vert

Helsinki [ˈhɛlsɪŋkɪ] N Helsinki

helter-skelter [ˈhɛltəˈskɛltəʳ] N (*BRIT: at amusement park*) toboggan *m*

hem [hɛm] N ourlet *m* ▸ VT ourler
▸ **hem in** VT cerner; **to feel hemmed in** (*fig*) avoir l'impression d'étouffer, se sentir oppressé(e) *or* écrasé(e)

he-man [ˈhiːmæn] N (*irreg*) (*inf*) macho *m*

hematology [ˈhiːməˈtɔlədʒɪ] N (*US*) = **haematology**

hemisphere [ˈhɛmɪsfɪəʳ] N hémisphère *m*

hemlock [ˈhɛmlɔk] N ciguë *f*

hemoglobin [ˈhiːməˈgləubɪn] N (*US*) = **haemoglobin**

hemophilia [ˈhiːməˈfɪlɪə] N (*US*) = **haemophilia**

hemorrhage [ˈhɛmərɪdʒ] N (*US*) = **haemorrhage**

hemorrhoids [ˈhɛmərɔɪdz] NPL (*US*) = **haemorrhoids**

hemp [hɛmp] N chanvre *m*

hen [hɛn] N poule *f*; (*female bird*) femelle *f*
hence [hɛns] ADV (*therefore*) d'où, de là; **2 years ~** d'ici 2 ans
henceforth [hɛns'fɔ:θ] ADV dorénavant
henchman ['hɛntʃmən] N (*irreg*) (*pej*) acolyte *m*, séide *m*
henna ['hɛnə] N henné *m*
hen night, hen party N (*inf*) soirée *f* entre filles (*avant le mariage de l'une d'elles*)
henpecked ['hɛnpɛkt] ADJ dominé par sa femme
hepatitis [hɛpə'taɪtɪs] N hépatite *f*
heptathlon [hɛp'tæθlɔn] N heptathlon *m*
★**her** [hə:ʳ] PRON (*direct*) la, l' + *vowel or h mute*; (*indirect*) lui; (*stressed, after prep*) elle; **I see ~** je la vois; **give ~ a book** donne-lui un livre; **after ~** après elle ▸ ADJ son (sa), ses *pl*; *see also* **me**; **my**
herald ['hɛrəld] N héraut *m* ▸ VT annoncer
heraldic [hɛ'rældɪk] ADJ héraldique
heraldry ['hɛrəldrɪ] N héraldique *f*; (*coat of arms*) blason *m*
herb [hə:b] N herbe *f* ■ **herbs** NPL fines herbes
herbaceous [hə:'beɪʃəs] ADJ herbacé(e)
herbal ['hə:bl] ADJ à base de plantes
herbalist ['hə:bəlɪst] N herboriste *mf*
herbal tea N tisane *f*
herbicide ['hə:bɪsaɪd] N herbicide *m*
Herculean [hə:kju'li:ən] ADJ (*literary*) herculéen(ne)
herd [hə:d] N troupeau *m*; (*of wild animals, swine*) troupeau, troupe *f* ▸ VT (*drive: animals, people*) mener, conduire; (*gather*) rassembler; **herded together** parqués (comme du bétail)
★**here** [hɪəʳ] ADV ici; (*time*) alors; **~ is, ~ are** voici; **~'s my sister** voici ma sœur; **~ he/she is** le (la) voici; **~ she comes** la voici qui vient; **come ~!** viens ici !; **~ and there** ici et là ▸ EXCL tiens !, tenez !; (*present*) présent !
hereabouts ['hɪərə'bauts] ADV par ici, dans les parages
hereafter [hɪər'ɑ:ftəʳ] ADV après, plus tard; ci-après ▸ N: **the ~** l'au-delà *m*
hereby [hɪə'baɪ] ADV (*in letter*) par la présente
hereditary [hɪ'rɛdɪtrɪ] ADJ héréditaire
heredity [hɪ'rɛdɪtɪ] N hérédité *f*
herein [hɪər'ɪn] ADV (*in this text*) dans le présent texte; **~ lies the problem** de là vient tout le problème
heresy ['hɛrəsɪ] N hérésie *f*
heretic ['hɛrətɪk] N hérétique *mf*
heretical [hɪ'rɛtɪkl] ADJ hérétique
herewith [hɪə'wɪð] ADV avec ceci, ci-joint
heritage ['hɛrɪtɪdʒ] N héritage *m*, patrimoine *m*; **our national ~** notre patrimoine national
hermetically [hə:'mɛtɪklɪ] ADV hermétique
hermit ['hə:mɪt] N ermite *m*
hernia ['hə:nɪə] N hernie *f*
★**hero** ['hɪərəu] (*pl* **heroes**) N héros *m*
heroic [hɪ'rəuɪk] ADJ héroïque
heroin ['hɛrəuɪn] N héroïne *f* (*drogue*)
heroin addict N héroïnomane *mf*
heroine ['hɛrəuɪn] N héroïne *f* (*femme*)
heroism ['hɛrəuɪzəm] N héroïsme *m*
heron ['hɛrən] N héron *m*
hero worship N culte *m* (du héros)
herpes ['hə:pi:z] N herpès *m*
herring ['hɛrɪŋ] N hareng *m*
★**hers** [hə:z] PRON le (la) sien(ne), les siens (siennes); **a friend of ~** un(e) ami(e) à elle, un(e) de ses ami(e)s; *see also* **mine**[1]
★**herself** [hə:'sɛlf] PRON (*reflexive*) se; (*emphatic*) elle-même; (*after prep*) elle; *see also* **oneself**
he's [hi:z] = **he is**; **he has**
hesitant ['hɛzɪtənt] ADJ hésitant(e), indécis(e); **to be ~ about doing sth** hésiter à faire qch
hesitate ['hɛzɪteɪt] VI: **to ~ (about/to do)** hésiter (sur/à faire)
hesitation [hɛzɪ'teɪʃən] N hésitation *f*; **I have no ~ in saying (that) ...** je n'hésiterais pas à dire (que) ...
hessian ['hɛsɪən] N (toile *f* de) jute *m*
heterogeneous ['hɛtərə'dʒi:nɪəs] ADJ hétérogène
heterosexual ['hɛtərəu'sɛksjuəl] ADJ, N hétérosexuel(le)
het up [hɛt-] ADJ (*inf*) agité(e), excité(e)
hew [hju:] VT tailler (*à la hache*)
hex [hɛks] (*US*) N sort *m* ▸ VT jeter un sort sur
hexagon ['hɛksəgən] N hexagone *m*
hexagonal [hɛk'sægənl] ADJ hexagonal(e)
hey [heɪ] EXCL hé !
heyday ['heɪdeɪ] N: **the ~ of** l'âge *m* d'or de, les beaux jours de
HF N ABBR (= *high frequency*) HF *f*
HGV N ABBR = **heavy goods vehicle**
HI ABBR (*US*) = **Hawaii**
★**hi** [haɪ] EXCL salut !; (*to attract attention*) hé !
hiatus [haɪ'eɪtəs] N trou *m*, lacune *f*; (*Ling*) hiatus *m*
hibernate ['haɪbəneɪt] VI hiberner
hibernation [haɪbə'neɪʃən] N hibernation *f*
hibiscus [hɪ'bɪskəs] N hibiscus *m*
hiccough, hiccup ['hɪkʌp] VI hoqueter ▸ N hoquet *m*; **to have (the) hiccoughs** avoir le hoquet
hick [hɪk] N (*US pej*) plouc *m*, péquenaud(e)
hid [hɪd] PT *of* **hide**
hidden ['hɪdn] PP *of* **hide** ▸ ADJ: **there are no ~ extras** absolument tout est compris dans le prix; **~ agenda** intentions non déclarées
★**hide** [haɪd] (*pt* **hid** [hɪd], *pp* **hidden** ['hɪdn]) N (*skin*) peau *f* ▸ VT cacher; (*feelings, truth*) dissimuler; **to ~ sth from sb** cacher qch à qn ▸ VI: **to ~ (from sb)** se cacher (de qn)
hide-and-seek ['haɪdən'si:k] N cache-cache *m*
hideaway ['haɪdəweɪ] N cachette *f*
hideous ['hɪdɪəs] ADJ hideux(-euse), atroce
hide-out ['haɪdaut] N cachette *f*
hiding ['haɪdɪŋ] N (*beating*) correction *f*, volée *f* de coups; **to be in ~** (*concealed*) se tenir caché(e)
hiding place N cachette *f*
hierarchy ['haɪərɑ:kɪ] N hiérarchie *f*
hieroglyphic [haɪərə'glɪfɪk] ADJ hiéroglyphique ■ **hieroglyphics** NPL hiéroglyphes *mpl*
hi-fi ['haɪfaɪ] ADJ, N ABBR (= *high fidelity*) hi-fi *f inv*

higgledy-piggledy ['hɪgldɪ'pɪgldɪ] ADV pêle-mêle, dans le plus grand désordre

★**high** [haɪ] ADJ haut(e); (*speed, respect, number*) grand(e); (*price*) élevé(e); (*wind*) fort(e), violent(e); (*voice*) aigu(ë); (*inf: person: on drugs*) défoncé(e), fait(e); (*: on drink*) soûl(e), bourré(e); (BRIT *Culin: meat, game*) faisandé(e); (*: spoilt*) avarié(e); **20 m ~** haut(e) de 20 m; **to pay a ~ price for sth** payer cher pour qch ▸ ADV haut, en haut; **~ in the air** haut dans le ciel ▸ N (*weather*) zone *f* de haute pression; **exports have reached a new ~** les exportations ont atteint un nouveau record

highball ['haɪbɔːl] N (*US*) whisky *m* à l'eau avec des glaçons

highboy ['haɪbɔɪ] N (*US*) grande commode

highbrow ['haɪbrau] ADJ, N intellectuel(le)

highchair ['haɪtʃɛər] N (*child's*) chaise haute

high-class ['haɪ'klɑːs] ADJ (*neighbourhood, hotel*) chic *inv*, de grand standing; (*performance etc*) de haut niveau

High Court N (*Law*) cour *f* suprême

> Dans le système juridique d'Angleterre et du pays de Galles, la **High Court** est une cour de droit civil chargée des affaires plus importantes et plus complexes que celles traitées par les *county courts*. En Écosse en revanche, la *High Court (of Justiciary)* est la plus haute cour de justice, à laquelle sont soumises les affaires les plus graves comme le meurtre et le viol et où elles sont examinées devant un jury.

higher ['haɪər] ADJ (*form of life, study etc*) supérieur(e) ▸ ADV plus haut

★**higher education** N études supérieures

highfalutin [haɪfə'luːtɪn] ADJ (*inf*) affecté(e)

high finance N la haute finance

high five N high five *m*; **to give sb a ~** faire *or* échanger un high five avec qn, taper dans les mains de qn

high-flier, high-flyer [haɪ'flaɪər] N (*ambitious*) ambitieux(-euse); (*gifted*) *personne particulièrement douée et promise à un avenir brillant*

high-flying [haɪ'flaɪɪŋ] ADJ (*fig*) ambitieux(-euse), de haut niveau

high-handed [haɪ'hændɪd] ADJ très autoritaire; très cavalier(-ière)

high-heeled [haɪ'hiːld] ADJ à hauts talons

high heels NPL talons hauts, hauts talons

high jump N (*Sport*) saut *m* en hauteur

highlands ['haɪləndz] NPL région montagneuse; **the H~** (*in Scotland*) les Highlands *mpl*

high-level ['haɪlɛvl] ADJ (*talks etc*) à un haut niveau; **~ language** (*Comput*) langage évolué

★**highlight** ['haɪlaɪt] N (*fig: of event*) point culminant ▸ VT (*emphasize*) faire ressortir, souligner ■ **highlights** NPL (*in hair*) reflets *mpl*

highlighter ['haɪlaɪtər] N (*pen*) surligneur (lumineux)

highly ['haɪlɪ] ADV extrêmement, très; (*unlikely*) fort; (*recommended, skilled, qualified*) hautement; **~ paid** très bien payé(e); **to speak ~ of** dire beaucoup de bien de

highly strung ADJ nerveux(-euse), toujours tendu(e)

High Mass N grand-messe *f*

highness ['haɪnɪs] N hauteur *f*; **His/Her H~** son Altesse *f*

high-pitched [haɪ'pɪtʃt] ADJ aigu(ë)

high point N: **the ~ (of)** le clou (de), le point culminant (de)

high-powered ['haɪ'pauəd] ADJ (*engine*) performant(e); (*fig: person*) dynamique; (*: job, businessman*) très important(e)

high-pressure ['haɪprɛʃər] ADJ à haute pression

high-profile [haɪ'prəufaɪl] CPD (*visible: person, position*) très en vue; (*influential: role*) très influent(e); (*talked about: issue*) très discuté(e); (*of media interest: event*) médiatisé(e)

high-rise ['haɪraɪz] N (*also:* **high-rise block, high-rise building**) tour *f* (d'habitation)

high school N lycée *m*; (*US*) établissement *m* d'enseignement secondaire

> Aux États-Unis, la **high school** se compose de la *junior high school*, qui correspond au collège, et de la *senior high school*, qui correspond au lycée. En Grande-Bretagne, les mots *high school* figurent parfois dans le nom des établissements d'enseignement secondaire; voir *elementary school*.

high season N (BRIT) haute saison

high spirits NPL pétulance *f*; **to be in ~** être plein(e) d'entrain

high street N (BRIT) grand-rue *f*

high-tech ['haɪ'tɛk] ADJ (*inf*) de pointe

highway ['haɪweɪ] N (BRIT) route *f*; (*US*) route nationale; **the information ~** l'autoroute *f* de l'information

Highway Code N (BRIT) code *m* de la route

highwayman ['haɪweɪmən] N (*irreg*) voleur *m* de grand chemin

hijack ['haɪdʒæk] VT détourner (*par la force*) ▸ N (*also:* **hijacking**) détournement *m* (d'avion)

hijacker ['haɪdʒækər] N auteur *m* d'un détournement d'avion, pirate *m* de l'air

hike [haɪk] VI faire des excursions à pied ▸ N excursion *f* à pied, randonnée *f*; (*inf: in prices etc*) augmentation *f* ▸ VT (*inf*) augmenter

hiker ['haɪkər] N promeneur(-euse), excursionniste *mf*

hiking ['haɪkɪŋ] N excursions *fpl* à pied, randonnée *f*

hilarious [hɪ'lɛərɪəs] ADJ (*behaviour, event*) désopilant(e)

hilarity [hɪ'lærɪtɪ] N hilarité *f*

★**hill** [hɪl] N colline *f*; (*fairly high*) montagne *f*; (*on road*) côte *f*

hillbilly ['hɪlbɪlɪ] N (*US*) montagnard(e) du sud des USA; (*pej*) péquenaud *m*

hillock ['hɪlək] N petite colline, butte *f*

hillside ['hɪlsaɪd] N (flanc *m* de) coteau *m*

hill start N (*Aut*) démarrage *m* en côte

hilltop ['hɪltɔp] N sommet *m* de la/d'une colline ▸ CPD (*village, building*) perché(e) sur une colline

hill walking N randonnée *f* de basse montagne

hilly [ˈhɪlɪ] ADJ vallonné(e), montagneux(-euse); (*road*) à fortes côtes

hilt [hɪlt] N (*of sword*) garde *f*; **to the ~** (*fig: support*) à fond

★**him** [hɪm] PRON (*direct*) le, l' + *vowel or h mute*; (*stressed, indirect, after prep*) lui; **I see ~** je le vois; **give ~ a book** donne-lui un livre; **after ~** après lui; *see also* **me**

Himalayas [hɪməˈleɪəz] NPL: **the ~** l'Himalaya *m*

★**himself** [hɪmˈsɛlf] PRON (*reflexive*) se; (*emphatic*) lui-même; (*after prep*) lui; *see also* **oneself**

hind [haɪnd] ADJ de derrière ▸ N biche *f*

hinder [ˈhɪndəʳ] VT gêner; (*delay*) retarder; (*prevent*): **to ~ sb from doing** empêcher qn de faire

Hindi [ˈhɪndi] N hindi *m*; **to speak ~** parler hindi *or* l'hindi

hindquarters [ˈhaɪndˈkwɔːtəz] NPL (*Zool*) arrière-train *m*

hindrance [ˈhɪndrəns] N gêne *f*, obstacle *m*

hindsight [ˈhaɪndsaɪt] N bon sens après coup; **with (the benefit of) ~** avec du recul, rétrospectivement

Hindu [ˈhɪnduː] N Hindou(e)

Hinduism [ˈhɪnduɪzəm] N (*Rel*) hindouisme *m*

hinge [hɪndʒ] N charnière *f* ▸ VI (*fig*): **to ~ on** dépendre de

★**hint** [hɪnt] N allusion *f*; (*advice*) conseil *m*; (*clue*) indication *f*; **to drop a ~** faire une allusion *or* insinuation; **give me a ~** (*clue*) mettez-moi sur la voie, donnez-moi une indication ▸ VT: **to ~ that** insinuer que ▸ VI: **to ~ at** faire une allusion à

hinterland [ˈhɪntəlænd] N arrière-pays *m*

★**hip** [hɪp] N hanche *f*; (*Bot*) fruit *m* de l'églantier *or* du rosier

hip flask N flacon *m* (pour la poche)

hip-hop [ˈhɪphɔp] N hip hop *m*

hippie, hippy [ˈhɪpɪ] N hippie *mf*

hippo [ˈhɪpəu] (*pl* **hippos**) N hippopotame *m*

hippopotamus [hɪpəˈpɔtəməs] (*pl* **hippopotamuses** [hɪpəˈpɔtəməsɪz] *or* **hippopotami** [hɪpəˈpɔtəmaɪ]) N hippopotame *m*

hippy [ˈhɪpɪ] N = **hippie**

hipster [ˈhɪpstəʳ] N (*inf*) hipster *mf*

★**hire** [ˈhaɪəʳ] VT (BRIT: *car, equipment*) louer; (*worker*) embaucher, engager; **I'd like to ~ a car** je voudrais louer une voiture ▸ N location *f*; **for ~** à louer; (*taxi*) libre; **on ~** en location
▸ **hire out** VT louer

hire car, hired car [ˈhaɪəd-] N (BRIT) voiture *f* de location

hire purchase N (BRIT) achat *m* (*or* vente *f*) à tempérament *or* crédit; **to buy sth on ~** acheter qch en location-vente

★**his** [hɪz] PRON le (la) sien(ne), les siens (siennes); **this is ~** c'est à lui, c'est le sien; **a friend of ~** un(e) de ses ami(e)s, un(e) ami(e) à lui ▸ ADJ son (sa), ses *pl*; *see also* **mine**[1]; **my**

> The adjectives **son**, **sa** and **ses** agree with the noun they go with. They do not indicate whether the owner in question is male or female: *his father* **son père**; *his car* **sa voiture**; *his friends* **ses amis**.

Hispanic [hɪsˈpænɪk] ADJ (*in US*) hispano-américain(e) ▸ N Hispano-Américain(e)

hiss [hɪs] VI siffler ▸ N sifflement *m*

hissy fit [hɪsɪ-] N (*inf*) crise *f*; **to throw a ~** piquer une crise

histogram [ˈhɪstəgræm] N histogramme *m*

historian [hɪˈstɔːrɪən] N historien(ne)

historic [hɪˈstɔrɪk], **historical** [hɪˈstɔrɪkl] ADJ historique

historically [hɪˈstɔrɪklɪ] ADV historiquement

★**history** [ˈhɪstərɪ] N histoire *f*; **medical ~** (*of patient*) passé médical

histrionics [hɪstrɪˈɔnɪks] N gestes *mpl* dramatiques, cinéma *m* (*fig*)

★**hit** [hɪt] (*pt, pp* **~**) VT frapper; (*knock against*) cogner; (*reach: target*) atteindre, toucher; (*collide with: car*) entrer en collision avec, heurter; (*fig: affect*) toucher; (*find*) tomber sur; **to ~ it off with sb** bien s'entendre avec qn; **to ~ the headlines** être à la une des journaux; **to ~ the road** (*inf*) se mettre en route ▸ N coup *m*; (*success*) coup réussi, succès *m*; (*song*) chanson *f* à succès, tube *m*; (*to website*) visite *f*; (*on search engine*) résultat *m* de recherche
▸ **hit back** VI: **to ~ back at sb** prendre sa revanche sur qn
▸ **hit on** VT FUS (*answer*) trouver (par hasard); (*solution*) tomber sur (par hasard)
▸ **hit out at** VT FUS envoyer un coup à; (*fig*) attaquer
▸ **hit upon** VT FUS = **hit on**

hit-and-miss [ˈhɪtændˈmɪs] ADJ au petit bonheur (la chance)

hit-and-run driver [ˈhɪtændˈrʌn-] N chauffard *m*

hitch [hɪtʃ] VT (*fasten*) accrocher, attacher; (*also:* **hitch up**) remonter d'une saccade; **to ~ a lift** faire du stop ▸ VI faire de l'autostop ▸ N (*knot*) nœud *m*; (*difficulty*) anicroche *f*, contretemps *m*; **technical ~** incident *m* technique
▸ **hitch up** VT (*horse, cart*) atteler

hitch-hike [ˈhɪtʃhaɪk] VI faire de l'auto-stop

hitch-hiker [ˈhɪtʃhaɪkəʳ] N auto-stoppeur(-euse)

hitch-hiking [ˈhɪtʃhaɪkɪŋ] N auto-stop *m*, stop *m* (*inf*)

hi-tech [ˈhaɪˈtɛk] ADJ de pointe ▸ N high-tech *m*

hitherto [hɪðəˈtuː] ADV jusqu'ici, jusqu'à présent

hit list N liste noire

hitman [ˈhɪtmæn] N (*irreg*) (*inf*) tueur *m* à gages

hit-or-miss [ˈhɪtəˈmɪs] ADJ au petit bonheur (la chance); **it's ~ whether …** il est loin d'être certain que … + *sub*

hit parade N hit parade *m*

hitter [ˈhɪtəʳ] N (*in tennis, baseball*) frappeur(-euse); **a big** *or* **heavy ~** (*fig*) un poids lourd

HIV N ABBR (= *human immunodeficiency virus*) HIV *m*, VIH *m*; **HIV-negative** séronégatif(-ive); **HIV-positive** séropositif(-ive)

hive [haɪv] N ruche *f*; **the shop was a ~ of activity** (*fig*) le magasin était une véritable ruche
▸ **hive off** VT (*inf*) mettre à part, séparer

hl ABBR (= *hectolitre*) hl

HM ABBR (= *His (or) Her Majesty*) SM

HMG ABBR (BRIT) = **Her Majesty's Government**; **His Majesty's Government**

HMI N ABBR (BRIT *Scol*) = **His Majesty's Inspector**; **Her Majesty's Inspector**

HMO N ABBR (*US:* = *health maintenance organization*) *organisme médical assurant un forfait entretien de santé*

HMS ABBR (BRIT) = **His Majesty's Ship; Her Majesty's Ship**

HMSO N ABBR (BRIT: = *His (or) Her Majesty's Stationery Office*) ≈ Imprimerie nationale

HNC N ABBR (BRIT: = *Higher National Certificate*) ≈ DUT *m*

HND N ABBR (BRIT: = *Higher National Diploma*) ≈ licence *f* de sciences et techniques

hoard [hɔ:d] N (*of food*) provisions *fpl*, réserves *fpl*; (*of money*) trésor *m* ▸VT amasser

hoarding [ˈhɔ:dɪŋ] N (BRIT) panneau *m* d'affichage *or* publicitaire

hoarfrost [ˈhɔ:frɔst] N givre *m*

hoarse [hɔ:s] ADJ enroué(e)

hoax [hәuks] N canular *m*

hob [hɔb] N plaque chauffante

hobble [ˈhɔbl] VI boitiller

hobby [ˈhɔbɪ] N passe-temps favori

hobby-horse [ˈhɔbɪhɔ:s] N cheval *m* à bascule; (*fig*) dada *m*

hobnob [ˈhɔbnɔb] VI: **to ~ with** frayer avec, fréquenter

hobo [ˈhәubәu] N (*US*) vagabond *m*

hock [hɔk] N (BRIT: *wine*) vin *m* du Rhin; (*of animal: Culin*) jarret *m*

hockey [ˈhɔkɪ] N hockey *m*

hockey stick N crosse *f* de hockey

hocus-pocus [ˈhәukәsˈpәukәs] N (*trickery*) supercherie *f*; (*words: of magician*) formules *fpl* magiques; (*: jargon*) galimatias *m*

hod [hɔd] N oiseau *m*, hotte *f*

hodgepodge [ˈhɔdʒpɔdʒ] N = **hotchpotch**

hoe [hәu] N houe *f*, binette *f* ▸VT (*ground*) biner; (*plants etc*) sarcler

hog [hɔg] N porc (châtré); **to go the whole ~** aller jusqu'au bout ▸VT (*fig*) accaparer

Hogmanay [hɔgmәˈneɪ] N réveillon *m* du jour de l'An, Saint-Sylvestre *f*

> La Saint-Sylvestre, ou *New Year's Eve*, se nomme **Hogmanay** en Écosse, où traditionnellement elle faisait l'objet de célébrations plus importantes que Noël. À cette occasion, la famille et les amis se réunissent pour entendre sonner les douze coups de minuit et fêter le *first-footing*, une coutume qui veut qu'on se rende chez ses amis et voisins en apportant quelque chose à boire (du whisky en général) et un morceau de charbon en gage de prospérité pour la nouvelle année.

hogwash [ˈhɔgwɔʃ] N (*inf*) foutaises *fpl*

hoist [hɔɪst] N palan *m* ▸VT hisser

hoity-toity [hɔɪtɪˈtɔɪtɪ] ADJ (*inf*) prétentieux(-euse), qui se donne

★**hold** [hәuld] (*pt, pp* **held** [hɛld]) VT tenir; (*contain*) contenir; (*meeting*) tenir; (*keep back*) retenir; (*believe*) maintenir, considérer; (*possess*) avoir; détenir; **~ the line!** (*Tel*) ne quittez pas !; **to ~ one's own** (*fig*) (bien) se défendre; **to ~ office** (*Pol*) avoir un portefeuille; **he holds the view that ...** il pense *or* estime que ..., d'après lui ...; **to ~ sb responsible for sth** tenir qn pour responsable de qch ▸VI (*withstand pressure*) tenir (bon); (*be valid*) valoir; (*on telephone*) attendre; **to ~ firm** *or* **fast** tenir bon ▸N prise *f*; (*find*) influence *f*; (*Naut*) cale *f*; **to catch** *or* **get (a) ~ of** saisir; **to get ~ of** (*find*) trouver; **to get ~ of o.s.** se contrôler

▸**hold back** VT retenir; (*secret*) cacher; **to ~ sb back from doing sth** empêcher qn de faire qch

▸**hold down** VT (*person*) maintenir à terre; (*job*) occuper

▸**hold forth** VI pérorer

▸**hold off** VT tenir à distance ▸VI: **if the rain holds off** s'il ne pleut pas, s'il ne se met pas à pleuvoir

▸**hold on** VI tenir bon; (*wait*) attendre; **~ on!** (*Tel*) ne quittez pas !; **to ~ on to sth** (*grasp*) se cramponner à qch; (*keep*) conserver *or* garder qch

▸**hold out** VT offrir ▸VI (*resist*): **to ~ out (against)** résister (devant), tenir bon (devant)

▸**hold over** VT (*meeting etc*) ajourner, reporter

▸**hold up** VT (*raise*) lever; (*support*) soutenir; (*delay*) retarder; (*: traffic*) ralentir; (*rob*) braquer

▸**hold with** VT FUS apprécier

holdall [ˈhәuldɔ:l] N (BRIT) fourre-tout *m inv*

holder [ˈhәuldәʳ] N (*container*) support *m*; (*of ticket, record*) détenteur(-trice); (*of office, title, passport etc*) titulaire *mf*

holding [ˈhәuldɪŋ] N (*share*) intérêts *mpl*; (*farm*) ferme *f*

holding company N holding *m*

hold-up [ˈhәuldʌp] N (*robbery*) hold-up *m*; (*delay*) retard *m*; (BRIT: *in traffic*) embouteillage *m*

★**hole** [hәul] N trou *m*; **~ in the heart** (*Med*) communication *f* interventriculaire; **to pick holes (in)** (*fig*) chercher des poux (dans) ▸VT trouer, faire un trou dans

▸**hole up** VI se terrer

★**holiday** [ˈhɔlәdɪ] N (BRIT: *vacation*) vacances *fpl*; (*day off*) jour *m* de congé; (*public*) jour férié; **to be on ~** être en vacances; **I'm here on ~** je suis ici en vacances; **tomorrow is a ~** demain c'est fête, on a congé demain

holiday camp N (BRIT: *for children*) colonie *f* de vacances; (*: also:* **holiday centre**) camp *m* de vacances

holiday home N (*rented*) location *f* de vacances; (*owned*) résidence *f* secondaire

holiday job N (BRIT) boulot *m* (*inf*) de vacances

holiday-maker [ˈhɔlәdɪmeɪkәʳ] N (BRIT) vacancier(-ière)

holiday pay N paie *f* des vacances

holiday resort N centre *m* de villégiature *or* de vacances

holiday season N période *f* des vacances

holiness [ˈhәulɪnɪs] N sainteté *f*

holistic [hәuˈlɪstɪk] ADJ holiste, holistique

★**Holland** [ˈhɔlәnd] N Hollande *f*

holler [ˈhɔlәʳ] VI (*inf*) brailler

hollow [ˈhɔlәu] ADJ creux(-euse); (*fig*) faux (fausse) ▸N creux *m*; (*in land*) dépression *f* (de terrain), cuvette *f* ▸VT: **to ~ out** creuser, évider

holly [ˈhɔlɪ] N houx *m*

hollyhock [ˈhɔlɪhɔk] N rose trémière

Hollywood ['hɔlɪwud] N Hollywood *m*
holocaust ['hɔləkɔ:st] N holocauste *m*
hologram ['hɔləgræm] N hologramme *m*
hols [hɔlz] NPL (*inf*) vacances *fpl*
holster ['həulstəʳ] N étui *m* de revolver
★**holy** ['həulɪ] ADJ saint(e); (*bread, water*) bénit(e); (*ground*) sacré(e)
Holy Communion N la (sainte) communion
Holy Ghost, Holy Spirit N Saint-Esprit *m*
Holy Land N: **the ~** la Terre Sainte
holy orders NPL ordres (majeurs)
homage ['hɔmɪdʒ] N hommage *m*; **to pay ~ to** rendre hommage à
★**home** [həum] N foyer *m*, maison *f*; (*country*) pays natal, patrie *f*; (*institution*) maison; **at ~** chez soi, à la maison; **make yourself at ~** faites comme chez vous; **near my ~** près de chez moi ▸ADJ de famille; (*Econ, Pol*) national(e), intérieur(e); (*Sport: team*) qui reçoit; (*: match, win*) sur leur (*or* notre) terrain ▸ADV chez soi, à la maison; au pays natal; (*right in: nail etc*) à fond; **to go (*or* come) ~** rentrer (chez soi), rentrer à la maison (*or* au pays); **I'm going ~ on Tuesday** je rentre mardi
▸**home in on** VT FUS (*missile*) se diriger automatiquement vers *or* sur
home address N domicile permanent
home-brew [həum'bru:] N vin *m* (*or* bière *f*) maison
homecoming ['həumkʌmɪŋ] N retour *m* (au bercail)
home computer N ordinateur *m* domestique
Home Counties NPL *les comtés autour de Londres*
home economics N économie *f* domestique
home ground N: **to be on ~** être sur son terrain
home-grown ['həumgrəun] ADJ (*not foreign*) du pays; (*from garden*) du jardin
home help N (BRIT) aide-ménagère *f*
homeland ['həumlænd] N patrie *f*
★**homeless** ['həumlɪs] ADJ sans logis, sans abri; **a ~ person** un sans-abri; **to be made ~** perdre son logement, devenir sans-abri ■ **the homeless** NPL les sans-abri *mpl*
homelessness ['həumlɪsnɪs] N problème *m* des sans-abri
home loan N prêt *m* sur hypothèque
homely ['həumlɪ] ADJ (*plain*) simple, sans prétention; (*welcoming*) accueillant(e)
home-made [həum'meɪd] ADJ fait(e) à la maison
home match N match *m* à domicile
Home Office N (BRIT) ministère *m* de l'Intérieur
homeopathy *etc* [həumɪ'ɔpəθɪ] N (US) = **homoeopathy** *etc*
home owner N propriétaire occupant
★**home page** N (*Comput*) page *f* d'accueil
home rule N autonomie *f*
Home Secretary N (BRIT) ministre *m* de l'Intérieur
homesick ['həumsɪk] ADJ: **to be ~** avoir le mal du pays; (*missing one's family*) s'ennuyer de sa famille
homesickness ['həumsɪknɪs] N mal *m* du pays
homestead ['həumstɛd] N propriété *f*; (*farm*) ferme *f*
home town N ville natale
home truth N: **to tell sb a few ~s** dire ses quatre vérités à qn
homeward ['həumwəd] ADJ (*journey*) du retour ▸ADV = **homewards**
homewards ['həumwədz] ADV vers la maison
★**homework** ['həumwə:k] N devoirs *mpl*
homey ['həumɪ] ADJ (*esp US: cosy*) simple et accueillant(e)
homicidal [hɔmɪ'saɪdl] ADJ homicide
homicide ['hɔmɪsaɪd] N (US) homicide *m*
homily ['hɔmɪlɪ] N homélie *f*
homing ['həumɪŋ] ADJ (*device, missile*) à tête chercheuse; **~ pigeon** pigeon voyageur
homoeopath, (US) **homeopath** ['həumɪəupæθ] N homéopathe *mf*
homoeopathic, (US) **homeopathic** [həumɪəu'pæθɪk] ADJ (*medicine*) homéopathique; (*doctor*) homéopathe
homoeopathy, (US) **homeopathy** [həumɪ'ɔpəθɪ] N homéopathie *f*
homogeneous [hɔməu'dʒi:nɪəs] ADJ homogène
homogenize [hə'mɔdʒənaɪz] VT homogénéiser
homophobia [hɔmə'fəubɪə] N homophobie *f*
homophobic [hɔmə'fəubɪk] ADJ homophobe
homosexual [hɔməu'sɛksjuəl] ADJ, N homosexuel(le)
homosexuality [hɔməusɛksju'ælɪtɪ] N homosexualité *f*
Hon. ABBR (= *honourable, honorary*) *dans un titre*
Honduras [hɔn'djuərəs] N Honduras *m*
hone [həun] N pierre *f* à aiguiser ▸VT affûter, aiguiser
★**honest** ['ɔnɪst] ADJ honnête; (*sincere*) franc (franche); **to be quite ~ with you ...** à dire vrai ...
honestly ['ɔnɪstlɪ] ADV honnêtement; franchement
honesty ['ɔnɪstɪ] N honnêteté *f*
honey ['hʌnɪ] N miel *m*; (*inf: darling*) chéri(e)
honeycomb ['hʌnɪkəum] N rayon *m* de miel; (*pattern*) nid *m* d'abeilles, motif alvéolé ▸VT (*fig*): **to ~ with** cribler de
honeymoon ['hʌnɪmu:n] N lune *f* de miel, voyage *m* de noces; **we're on ~** nous sommes en voyage de noces
honeysuckle ['hʌnɪsʌkl] N chèvrefeuille *m*
Hong Kong ['hɔŋ'kɔŋ] N Hong Kong
honk [hɔŋk] N (*Aut*) coup *m* de klaxon ▸VI klaxonner
Honolulu [hɔnə'lu:lu:] N Honolulu
honorary ['ɔnərərɪ] ADJ honoraire; (*duty, title*) honorifique; **~ degree** diplôme *m* honoris causa
honour, (US) **honor** ['ɔnəʳ] VT honorer ▸N honneur *m*; **in ~ of** en l'honneur de; **to graduate with honours** obtenir sa licence avec mention
honourable, (US) **honorable** ['ɔnərəbl] ADJ honorable
honour-bound, (US) **honor-bound** ['ɔnə'baund] ADJ: **to be ~ to do** se devoir de faire

h

honours degree N (*University*) ≈ licence *f* avec mention

Un **honours degree** est un diplôme universitaire sanctionnant trois années d'études en Angleterre et quatre en Écosse. Les mentions qui l'accompagnent sont, par ordre décroissant : *first class* (très bien/bien), *upper second class* ou 2 :1 (assez bien), *lower second class* ou 2 :2 (passable), et *third class* (diplôme sans mention). Le titulaire d'un *honours degree* est autorisé à mettre un titre à la suite de son nom, par exemple : *Peter Jones BA Hons* ; voir *ordinary degree*.

honours list N (BRIT): **the ~** *voir article*

L' **honours list** est la liste des citoyens du Royaume-Uni et du Commonwealth auxquels le souverain confère un titre ou une décoration. Cette liste est préparée par le Premier ministre et paraît deux fois par an, au Nouvel An et lors de l'anniversaire officiel du règne du souverain. Des personnes qui se sont distinguées dans le monde des affaires, du sport, des médias et des forces armées, mais également des citoyens "ordinaires" qui se consacrent à des œuvres de charité sont ainsi récompensés.

Hons. ABBR (*Scol*) = **honours degree**

hood [hud] N capuchon *m*; (*of cooker*) hotte *f*; (BRIT *Aut*) capote *f*; (*US Aut*) capot *m*; (*inf*) truand *m*

hooded ['hudɪd] ADJ (*jacket, coat*) à capuche; (*gunman*) cagoulé(e); (*eyes*) aux paupières tombantes

hoodie ['hudɪ] N (*top*) sweat *m* à capuche; (*youth*) jeune *m* à capuche

hoodlum ['hu:dləm] N truand *m*

hoodwink ['hudwɪŋk] VT tromper

hoof [hu:f] (*pl* **hoofs** *or* **hooves** [hu:vz]) N sabot *m*

★**hook** [huk] N crochet *m*; (*on dress*) agrafe *f*; (*for fishing*) hameçon *m*; **off the ~** (*Tel*) décroché; **~ and eye** agrafe; **by ~ or by crook** de gré ou de force, coûte que coûte ▸ VT accrocher; (*dress*) agrafer; **to be hooked (on)** (*inf*) être accroché(e) (par); (*person*) être dingue (de)

▸ **hook up** VT (*Radio, TV etc*) faire un duplex entre

hooker ['hukə^r] N (*esp US inf*) pute *f* (*inf*)

hooligan ['hu:lɪgən] N hooligan *m*

hooliganism ['hu:lɪgənɪzəm] N hooliganisme *m*; **football ~** le hooliganisme dans le football

hoop [hu:p] N cerceau *m*; (*of barrel*) cercle *m*

hooray [hə'reɪ, hu'reɪ] EXCL hourra

hoot [hu:t] VI (BRIT *Aut*) klaxonner; (*siren*) mugir; (*owl*) hululer; **to ~ with laughter** rire aux éclats ▸ VT (*jeer at*) huer ▸ N huée *f*; coup *m* de klaxon; mugissement *m*; hululement *m*

hooter ['hu:tə^r] N (BRIT *Aut*) klaxon *m*; (*Naut, factory*) sirène *f*

Hoover® ['hu:və^r] (BRIT) N aspirateur *m* ▸ VT: **to hoover** (*room*) passer l'aspirateur dans; (*carpet*) passer l'aspirateur sur

hooves [hu:vz] NPL *of* **hoof**

hop [hɔp] VI sauter; (*on one foot*) sauter à cloche-pied; (*bird*) sautiller ▸ N saut *m*

★**hope** [həup] VT, VI espérer; **I ~ so** je l'espère; **I ~ not** j'espère que non ▸ N espoir *m*

hopeful ['həupful] ADJ (*person*) plein(e) d'espoir; (*situation*) prometteur(-euse), encourageant(e); **I'm ~ that she'll manage to come** j'ai bon espoir qu'elle pourra venir

hopefully ['həupfulɪ] ADV (*expectantly*) avec espoir, avec optimisme; (*one hopes*) avec un peu de chance; **~, they'll come back** espérons bien qu'ils reviendront

hopeless ['həuplɪs] ADJ désespéré(e), sans espoir; (*useless*) nul(le)

hopelessly ['həuplɪslɪ] ADV (*live etc*) sans espoir; **~ confused** *etc* complètement désorienté *etc*

hops [hɔps] NPL houblon *m*

horde ['hɔ:d] N horde *f*

horizon [hə'raɪzn] N horizon *m*

horizontal [hɔrɪ'zɔntl] ADJ horizontal(e)

hormonal [hɔ:'məunl] ADJ hormonal(e)

hormone ['hɔ:məun] N hormone *f*

hormone replacement therapy N hormonothérapie substitutive, traitement hormonosupplétif

horn [hɔ:n] N corne *f*; (*Mus*) cor *m*; (*Aut*) klaxon *m*

horned [hɔ:nd] ADJ (*animal*) à cornes

hornet ['hɔ:nɪt] N frelon *m*

horny ['hɔ:nɪ] ADJ corné(e); (*hands*) calleux(-euse); (*inf: aroused*) excité(e)

horoscope ['hɔrəskəup] N horoscope *m*

horrendous [hə'rɛndəs] ADJ horrible, affreux(-euse)

★**horrible** ['hɔrɪbl] ADJ horrible, affreux(-euse)

horrid ['hɔrɪd] ADJ (*person*) détestable; (*weather, place, smell*) épouvantable

horrific [hɔ'rɪfɪk] ADJ horrible

horrified ['hɔrɪfaɪd] ADJ horrifié(e); **to be ~ by/at sth** être horrifié(e) par qch

horrify ['hɔrɪfaɪ] VT horrifier

horrifying ['hɔrɪfaɪɪŋ] ADJ horrifiant(e)

★**horror** ['hɔrə^r] N horreur *f*

horror film, (*US*) **horror movie** N film *m* d'épouvante

horror-struck ['hɔrəstrʌk], **horror-stricken** ['hɔrəstrɪkn] ADJ horrifié(e)

hors d'œuvre [ɔ:'də:vrə] N hors d'œuvre *m*

★**horse** [hɔ:s] N cheval *m*

horseback ['hɔ:sbæk]: **on ~** *adj, adv* à cheval

horsebox ['hɔ:sbɔks] N van *m*

horse chestnut N (*nut*) marron *m* (d'Inde); (*tree*) marronnier *m* (d'Inde)

horse-drawn ['hɔ:sdrɔ:n] ADJ tiré(e) par des chevaux

horsefly ['hɔ:sflaɪ] N taon *m*

horseman ['hɔ:smən] N (*irreg*) cavalier *m*

horsemanship ['hɔ:smənʃɪp] N talents *mpl* de cavalier

horseplay ['hɔ:spleɪ] N chahut *m* (*blagues etc*)

horsepower ['hɔ:spauə^r] N puissance *f* (en chevaux); (*unit*) cheval-vapeur *m* (CV)

horse-racing ['hɔ:sreɪsɪŋ] N courses *fpl* de chevaux

horseradish ['hɔ:srædɪʃ] N raifort *m*

horse riding N (BRIT) équitation *f*

horseshoe ['hɔːsʃuː] N fer *m* à cheval
horse show N concours *m* hippique
horse-trading ['hɔːstreɪdɪŋ] N maquignonnage *m*
horse trials NPL = **horse show**
horsewhip ['hɔːswɪp] VT cravacher
horsewoman ['hɔːswumən] N (*irreg*) cavalière *f*
horsey ['hɔːsɪ] ADJ (*inf*) féru(e) d'équitation *or* de cheval; (*appearance*) chevalin(e)
horticultural [hɔːtɪ'kʌltʃərəl] ADJ horticole
horticulture ['hɔːtɪkʌltʃə^r] N horticulture *f*
hose [həuz] N (*also:* **hosepipe**) tuyau *m*; (*also:* **garden hose**) tuyau d'arrosage
▸ **hose down** VT laver au jet
hosepipe ['həuzpaɪp] N tuyau *m*; (*in garden*) tuyau d'arrosage; (*for fire*) tuyau d'incendie
hosiery ['həuzɪərɪ] N (rayon *m* des) bas *mpl*
hospice ['hɔspɪs] N hospice *m*
hospitable ['hɔspɪtəbl] ADJ hospitalier(-ière)
★**hospital** ['hɔspɪtl] N hôpital *m*; **in ~**, (*US*) **in the ~** à l'hôpital; **where's the nearest ~?** où est l'hôpital le plus proche ?
hospitality [hɔspɪ'tælɪtɪ] N hospitalité *f*
hospitalize ['hɔspɪtəlaɪz] VT hospitaliser
host [həust] N hôte *m*; (*in hotel etc*) patron *m*; (TV, *Radio*) présentateur(-trice), animateur(-trice); (*large number*): **a ~ of** une foule de; (*Rel*) hostie *f* ▸ VT (*TV programme*) présenter, animer
★**hostage** ['hɔstɪdʒ] N otage *m*
host country N pays *m* d'accueil, pays-hôte *m*
hostel ['hɔstl] N foyer *m*; (*also:* **youth hostel**) auberge *f* de jeunesse
hostelling ['hɔstlɪŋ] N: **to go (youth) ~** faire une virée *or* randonnée en séjournant dans des auberges de jeunesse
hostess ['həustɪs] N hôtesse *f*; (BRIT: *also:* **air hostess**) hôtesse de l'air; (TV, *Radio*) présentatrice *f*; (*in nightclub*) entraîneuse *f*
hostile ['hɔstaɪl] ADJ hostile
hostile bid N (*also:* **hostile takeover bid**) OPA *f* hostile
hostility [hɔ'stɪlɪtɪ] N hostilité *f*
★**hot** [hɔt] ADJ chaud(e); (*as opposed to only warm*) très chaud; (*spicy*) fort(e); (*fig: contest*) acharné(e); (*topic*) brûlant(e); (*temper*) violent(e), passionné(e); **to be ~** (*person*) avoir chaud; (*thing*) être (très) chaud; **it's ~** (*weather*) il fait chaud
▸ **hot up** (BRIT *inf*) VI (*situation*) devenir tendu(e); (*party*) s'animer ▸ VT (*pace*) accélérer, forcer; (*engine*) gonfler
hot-air balloon [hɔt'ɛə-] N montgolfière *f*, ballon *m*
hotbed ['hɔtbɛd] N (*fig*) foyer *m*, pépinière *f*
hotchpotch ['hɔtʃpɔtʃ] N (BRIT) mélange *m* hétéroclite
hot dog N hot-dog *m*
★**hotel** [həu'tɛl] N hôtel *m*
hotelier [həu'tɛlɪə^r] N hôtelier(-ière)
hotel industry N industrie hôtelière
hotel room N chambre *f* d'hôtel
hot flush N (BRIT) bouffée *f* de chaleur
hotfoot ['hɔtfut] ADV à toute vitesse
hothead ['hɔthɛd] N (*fig*) tête brûlée
hotheaded [hɔt'hɛdɪd] ADJ impétueux(-euse)
hothouse ['hɔthaus] N serre chaude
hotline ['hɔtlaɪn] N (*Pol*) téléphone *m* rouge, ligne directe
hotly ['hɔtlɪ] ADV passionnément, violemment
hotplate ['hɔtpleɪt] N (*on cooker*) plaque chauffante
hotpot ['hɔtpɔt] N (BRIT *Culin*) ragoût *m*
hot potato N (BRIT *inf*) sujet brûlant; **to drop sb/sth like a ~** laisser tomber qn/qch brusquement
hot seat N (*fig*) poste chaud
hotspot ['hɔtspɔt] N (*Comput: also:* **wireless hotspot**) borne *f* wifi, hotspot *m*
hot spot N point chaud
hot spring N source thermale
hot-tempered ['hɔt'tɛmpəd] ADJ emporté(e)
hot-water bottle [hɔt'wɔːtə-] N bouillotte *f*
hot-wire ['hɔtwaɪə^r] VT (*inf: car*) démarrer en faisant se toucher les fils de contact
hound [haund] VT poursuivre avec acharnement ▸ N chien courant; **the hounds** la meute
★**hour** ['auə^r] N heure *f*; **at 30 miles an ~** ≈ à 50 km à l'heure; **lunch ~** heure du déjeuner; **to pay sb by the ~** payer qn à l'heure
hourglass ['auəglɑːs] N sablier *m*; **to have an ~ figure** avoir des formes *fpl* généreuses
hourly ['auəlɪ] ADJ toutes les heures; (*rate*) horaire; **~ paid** *adj* payé(e) à l'heure
★**house** [haus] (*pl* **houses** ['hauzɪz]) N maison *f*; (*Pol*) chambre *f*; (*Theat*) salle *f*; auditoire *m*; **at (*or* to) my ~** chez moi; **on the ~** (*fig*) aux frais de la maison; **the H~ of Commons/of Lords** (BRIT) la Chambre des communes/des lords; **the H~ (of Representatives)** (*US*) la Chambre des représentants ▸ VT [hauz] (*person*) loger, héberger

Le parlement en Grande-Bretagne est constitué de deux assemblées. La **House of Commons** est présidée par le *Speaker* et composée de plus de 600 députés (les *MPs*) élus au suffrage universel direct. Ceux-ci reçoivent tous un salaire. La Chambre des communes siège environ 175 jours par an. La **House of Lords**, présidée par le *Lord Chancellor*, est composée de lords qui se voient attribuer ce titre à vie par le souverain. Elle peut amender certains projets de loi votés par la *House of Commons*, mais elle n'est pas habilitée à débattre des projets de lois de finances. La *House of Lords* fait également office de juridiction suprême en Angleterre et au pays de Galles.

Aux États-Unis, le parlement, appelé le *Congress*, est constitué du *Senate* et de la **House of Representatives**. Cette dernière comprend 435 membres maximum, le nombre de ces représentants par État étant proportionnel à la densité de population de cet État. Ils sont élus pour deux ans au suffrage universel direct et siègent au *Capitol*, à Washington D.C.

house arrest N assignation *f* à domicile
houseboat ['hausbəut] N bateau (aménagé en habitation)

housebound ['hausbaund] ADJ confiné(e) chez soi

housebreaking ['hausbreɪkɪŋ] N cambriolage *m* (avec effraction)

house-broken ['hausbrəukn] ADJ (*US*) = **house-trained**

housecoat ['hauskəut] N peignoir *m*

household ['haushəuld] N (*Admin etc*) ménage *m*; (*people*) famille *f*, maisonnée *f*; **~ name** nom connu de tout le monde

householder ['haushəuldəʳ] N propriétaire *mf*; (*head of house*) chef *m* de famille

househunting ['haushʌntɪŋ] N: **to go ~** se mettre en quête d'une maison (*or* d'un appartement)

housekeeper ['hauski:pəʳ] N gouvernante *f*

housekeeping ['hauski:pɪŋ] N (*work*) ménage *m*; (*also:* **housekeeping money**) argent *m* du ménage; (*Comput*) gestion *f* (des disques)

housemate ['hausmeɪt] N colocataire *mf*

house-owner ['hausəunəʳ] N propriétaire *mf* (*de maison ou d'appartement*)

house-proud ['hauspraud] ADJ qui tient à avoir une maison impeccable

house-to-house ['haustə'haus] ADJ (*enquiries etc*) chez tous les habitants (du quartier *etc*)

house-train ['haustreɪn] VT (*pet*) apprendre à être propre à

house-trained ['haustreɪnd] ADJ (*pet*) propre

house-warming ['hauswɔ:mɪŋ] N (*also:* **house-warming party**) pendaison *f* de crémaillère

housewife ['hauswaɪf] N (*irreg*) ménagère *f*; femme *f* au foyer

house wine N cuvée *f* maison *or* du patron

housework ['hauswə:k] N (travaux *mpl* du) ménage *m*

housing ['hauzɪŋ] N logement *m* ▸ CPD (*problem, shortage*) de *or* du logement

housing association N fondation *f* charitable fournissant des logements

housing benefit N (BRIT) ≈ allocations *fpl* logement

housing development, (BRIT) **housing estate** N (*blocks of flats*) cité *f*; (*houses*) lotissement *m*

hovel ['hɔvl] N taudis *m*

hover ['hɔvəʳ] VI planer; **to ~ round sb** rôder *or* tourner autour de qn

hovercraft ['hɔvəkrɑ:ft] N aéroglisseur *m*, hovercraft *m*

hoverport ['hɔvəpɔ:t] N hoverport *m*

★**how** [hau] ADV comment; **~ are you?** comment allez-vous ?; **~ do you do?** bonjour; (*on being introduced*) enchanté(e); **~ far is it to ...?** combien y a-t-il jusqu'à ... ?; **~ long have you been here?** depuis combien de temps êtes-vous là ?; **~ lovely/awful!** que *or* comme c'est joli/affreux !; **~ many/much?** combien ?; **~ much time/many people?** combien de temps/gens ?; **~ much does it cost?** ça coûte combien ?; **~ old are you?** quel âge avez-vous ?; **~ tall is he?** combien mesure-t-il ?; **~ is school?** ça va à l'école ?; **~ was the film?** comment était le film ?; **~'s life?** (*inf*) comment ça va ?; **~ about a drink?** si on buvait quelque chose ?; **~ is it that ...?** comment se fait-il que ... + *sub* ?

★**however** [hau'ɛvəʳ] CONJ pourtant, cependant ▸ ADV de quelque façon *or* manière que + *sub*; (+ *adjective*) quelque *or* si ... que + *sub*; (*in questions*) comment; **~ I do it** de quelque manière que je m'y prenne; **~ cold it is** même s'il fait très froid; **~ did you do it?** comment y êtes-vous donc arrivé ?

howitzer ['hauɪtsəʳ] N (*Mil*) obusier *m*

howl [haul] N hurlement *m* ▸ VI hurler; (*wind*) mugir

howler ['hauləʳ] N gaffe *f*, bourde *f*

howling ['haulɪŋ] ADJ: **a ~ wind** *or* **gale** un vent à décorner les bœufs

HP N ABBR (BRIT) = **hire purchase**

h.p. ABBR (*Aut*) = **horsepower**

HQ N ABBR (= *headquarters*) QG *m*

HR N ABBR (*US*) = **House of Representatives**

hr ABBR (= *hour*) h

HRH ABBR (= *His (or Her) Royal Highness*) SAR

hrs ABBR (= *hours*) h

HRT N ABBR = **hormone replacement therapy**

HS ABBR (*US*) = **high school**

HTML N ABBR (= *hypertext markup language*) HTML *m*

hub [hʌb] N (*of wheel*) moyeu *m*; (*fig*) centre *m*, foyer *m*

hubbub ['hʌbʌb] N brouhaha *m*

hubby ['hʌbɪ] N (*inf*) mari *m*

hubcap [hʌbkæp] N (*Aut*) enjoliveur *m*

hubris ['hju:brɪs] N arrogance *f*

HUD N ABBR (*US:* = *Department of Housing and Urban Development*) *ministère de l'urbanisme et du logement*

huddle ['hʌdl] VI: **to ~ together** se blottir les uns contre les autres

hue [hju:] N teinte *f*, nuance *f*; **~ and cry** *n* tollé (général), clameur *f*

huff [hʌf] N: **in a ~** fâché(e); **to take the ~** prendre la mouche

huffy ['hʌfɪ] ADJ (*inf*) froissé(e)

hug [hʌg] VT serrer dans ses bras; (*shore, kerb*) serrer ▸ N étreinte *f*; **to give sb a ~** serrer qn dans ses bras

★**huge** [hju:dʒ] ADJ énorme, immense

hugely ['hju:dʒlɪ] ADV (*popular, successful*) extrêmement; (*enjoy*) énormément

hulk [hʌlk] N (*ship*) vieux rafiot; (*car, building*) carcasse *f*; (*person*) mastodonte *m*, malabar *m*

hulking ['hʌlkɪŋ] ADJ balourd(e)

hull [hʌl] N (*of ship*) coque *f*; (*of nuts*) coque; (*of peas*) cosse *f*

hullabaloo ['hʌləbə'lu:] N (*inf: noise*) tapage *m*, raffut *m*

hullo [hə'ləu] EXCL = **hello**

hum [hʌm] VT (*tune*) fredonner ▸ VI fredonner; (*insect*) bourdonner; (*plane, tool*) vrombir ▸ N fredonnement *m*; bourdonnement *m*; vrombissement *m*

★**human** ['hju:mən] ADJ humain(e) ▸ N (*also:* **human being**) être humain

humane [hju:'meɪn] ADJ humain(e), humanitaire

humanely [hju:'meɪnlɪ] ADV (*treat*) humainement; **to be ~ destroyed** être abattu(e) sans cruauté

humanism ['hju:mənɪzəm] N humanisme *m*

humanist ['hju:mənɪst] N humaniste *mf*

humanitarian [hju:mænɪ'tɛərɪən] ADJ humanitaire

humanity [hju:'mænɪtɪ] N humanité *f*

humankind [hju:mən'kaɪnd] N l'humanité *f*

humanly ['hju:mənlɪ] ADV humainement

humanoid ['hju:mənɔɪd] ADJ, N humanoïde *mf*

human rights NPL droits *mpl* de l'homme

humble ['hʌmbl] ADJ humble, modeste ▸ VT humilier

humbled ['hʌmbəld] ADJ empli(e) d'humilité

humbling ['hʌmblɪŋ] ADJ: **to be a ~ experience** être une leçon d'humilité

humbly ['hʌmblɪ] ADV humblement, modestement

humbug ['hʌmbʌg] N fumisterie *f*; (BRIT: *sweet*) bonbon *m* à la menthe

humdrum ['hʌmdrʌm] ADJ monotone, routinier(-ière)

humid ['hju:mɪd] ADJ humide

humidifier [hju:'mɪdɪfaɪə^r] N humidificateur *m*

humidity [hju:'mɪdɪtɪ] N humidité *f*

humiliate [hju:'mɪlɪeɪt] VT humilier

humiliating [hju:'mɪlɪeɪtɪŋ] ADJ humiliant(e)

humiliation [hju:mɪlɪ'eɪʃən] N humiliation *f*

humility [hju:'mɪlɪtɪ] N humilité *f*

hummus ['huməs] N houm(m)ous *m*

humorist ['hju:mərɪst] N humoriste *mf*

humorous ['hju:mərəs] ADJ humoristique; (*person*) plein(e) d'humour

humour, (*US*) **humor** ['hju:mə^r] N humour *m*; (*mood*) humeur *f*; **sense of ~** sens *m* de l'humour; **to be in a good/bad ~** être de bonne/mauvaise humeur ▸ VT (*person*) faire plaisir à; se prêter aux caprices de

humourless, (*US*) **humorless** ['hu:məlɪs] ADJ dépourvu(e) d'humour

hump [hʌmp] N bosse *f*

humpback ['hʌmpbæk] N bossu(e); (BRIT: *also*: **humpback bridge**) dos-d'âne *m*

humus ['hju:məs] N humus *m*

hunch [hʌntʃ] N bosse *f*; (*premonition*) intuition *f*; **I have a ~ that** j'ai (comme une vague) idée que

hunchback ['hʌntʃbæk] N bossu(e)

hunched [hʌntʃt] ADJ arrondi(e), voûté(e)

★**hundred** ['hʌndrəd] NUM cent; **about a ~ people** une centaine de personnes; **hundreds of** des centaines de; **I'm a ~ per cent sure** j'en suis absolument certain

hundredth ['hʌndrədθ] NUM centième

hundredweight ['hʌndrɪdweɪt] N (BRIT) = *50.8 kg*; (*US*) = *45.3 kg*

hung [hʌŋ] PT, PP *of* **hang**

Hungarian [hʌŋ'gɛərɪən] ADJ hongrois(e) ▸ N Hongrois(e); (*Ling*) hongrois *m*

Hungary ['hʌŋgərɪ] N Hongrie *f*

hunger ['hʌŋgə^r] N faim *f* ▸ VI: **to ~ for** avoir faim de, désirer ardemment

hunger strike N grève *f* de la faim

hungover [hʌŋ'əuvə^r] ADJ (*inf*): **to be ~** avoir la gueule de bois

hungrily ['hʌŋgrəlɪ] ADV voracement; (*fig*) avidement

hungry ['hʌŋgrɪ] ADJ affamé(e); **to be ~** avoir faim; **~ for** (*fig*) avide de

hung up ADJ (*inf*) complexé(e), bourré(e) de complexes

hunk [hʌŋk] N gros morceau; (*inf*: *man*) beau mec

hunker down ['hʌŋkə-] VI (*US*: *squat*) s'accroupir; (: *lie low*) adopter un profil bas

hunt [hʌnt] VT (*seek*) chercher; (*criminal*) pourchasser; (*Sport*) chasser ▸ VI (*search*): **to ~ for** chercher (partout); (*Sport*) chasser ▸ N (*Sport*) chasse *f*
▸ **hunt down** VT pourchasser

hunter ['hʌntə^r] N chasseur *m*; (BRIT: *horse*) cheval *m* de chasse

hunting ['hʌntɪŋ] N chasse *f*

hurdle ['hə:dl] N (*for fences*) claie *f*; (*Sport*) haie *f*; (*fig*) obstacle *m*

hurdler ['hə:dlə^r] N coureur(-euse) de haies

hurl [hə:l] VT lancer (avec violence); (*abuse, insults*) lancer

hurling ['hə:lɪŋ] N (*Sport*) *genre de hockey joué en Irlande*

hurly-burly ['hə:lɪ'bə:lɪ] N tohu-bohu *m inv*; brouhaha *m*

hurrah, hurray [hu'rɑ:, hu'reɪ] EXCL hourra !

hurricane ['hʌrɪkən] N ouragan *m*

hurried ['hʌrɪd] ADJ pressé(e), précipité(e); (*work*) fait(e) à la hâte

hurriedly ['hʌrɪdlɪ] ADV précipitamment, à la hâte

hurry ['hʌrɪ] N hâte *f*, précipitation *f*; **to be in a ~** être pressé(e); **to do sth in a ~** faire qch en vitesse ▸ VI se presser, se dépêcher; **to ~ in/out** entrer/sortir précipitamment; **to ~ home** se dépêcher de rentrer ▸ VT (*person*) faire presser, faire se dépêcher; (*work*) presser
▸ **hurry along** VI marcher d'un pas pressé
▸ **hurry away, hurry off** VI partir précipitamment
▸ **hurry up** VI se dépêcher

★**hurt** [hə:t] (*pt, pp* **~**) VT (*cause pain to*) faire mal à; (*injure, fig*) blesser; (*damage*: *business, interests etc*) nuire à; faire du tort à; **I ~ my arm** je me suis fait mal au bras; **to ~ o.s.** se faire mal ▸ VI faire mal; **my arm hurts** j'ai mal au bras; **where does it ~?** où avez-vous mal ?, où est-ce que ça vous fait mal ? ▸ ADJ blessé(e)

hurtful ['hə:tful] ADJ (*remark*) blessant(e)

hurtle ['hə:tl] VT lancer (de toutes ses forces) ▸ VI: **to ~ past** passer en trombe; **to ~ down** dégringoler

★**husband** ['hʌzbənd] N mari *m*

hush [hʌʃ] N calme *m*, silence *m* ▸ VT faire taire ▸ EXCL: **~!** chut !
▸ **hush up** VT (*fact*) étouffer

hushed ['hʌʃt] ADJ (*tone, voice*) étouffé(e)

hush-hush [hʌʃ'hʌʃ] ADJ (*inf*) ultra-secret(-ète)

husk [hʌsk] N (*of wheat*) balle *f*; (*of rice, maize*) enveloppe *f*; (*of peas*) cosse *f*

husky ['hʌskɪ] ADJ (*voice*) rauque; (*burly*) costaud(e) ▸ N chien *m* esquimau *or* de traîneau

hustings ['hʌstɪŋz] NPL (BRIT *Pol*) plate-forme électorale

hustle ['hʌsl] VT pousser, bousculer ▸ N bousculade *f*; **~ and bustle** *n* tourbillon *m* (d'activité)

h

hustler [ˈhʌsləʳ] N (*inf: sex worker*) prostitué(e)
hut [hʌt] N hutte *f*; (*shed*) cabane *f*
hutch [hʌtʃ] N clapier *m*
hyacinth [ˈhaɪəsɪnθ] N jacinthe *f*
hybrid [ˈhaɪbrɪd] ADJ, N hybride *m*
hydrant [ˈhaɪdrənt] N prise *f* d'eau; (*also:* **fire hydrant**) bouche *f* d'incendie
hydraulic [haɪˈdrɔːlɪk] ADJ hydraulique
hydraulics [haɪˈdrɔːlɪks] N hydraulique *f*
hydrocarbon [haɪdrəuˈkɑːbən] N hydrocarbure *m*
hydrochloric [ˈhaɪdrəuˈklɔrɪk] ADJ: **~ acid** acide *m* chlorhydrique
hydroelectric [ˈhaɪdrəuɪˈlɛktrɪk] ADJ hydro-électrique
hydrofoil [ˈhaɪdrəfɔɪl] N hydrofoil *m*
hydrogen [ˈhaɪdrədʒən] N hydrogène *m*
hydrogen bomb N bombe *f* à hydrogène
hydrophobia [ˈhaɪdrəˈfəubɪə] N hydrophobie *f*
hydroplane [ˈhaɪdrəpleɪn] N (*seaplane*) hydravion *m*; (*jetfoil*) hydroglisseur *m*
hydrotherapy [haɪdrəuˈθɛrəpɪ] N hydrothérapie *f*
hyena [haɪˈiːnə] N hyène *f*
hygiene [ˈhaɪdʒiːn] N hygiène *f*
hygienic [haɪˈdʒiːnɪk] ADJ hygiénique
hygienist [haɪˈdʒiːnɪst] N (*also:* **dental hygienist**) hygiéniste *mf* dentaire
hymn [hɪm] N hymne *m*, cantique *m*
hype [haɪp] N (*inf*) matraquage *m* publicitaire *or* médiatique
hyperactive [ˈhaɪpərˈæktɪv] ADJ hyperactif(-ive)
hyperactivity [haɪpəræk'tɪvɪtɪ] N hyperactivité *f*
hyperbole [haɪˈpəːbəlɪ] N hyperbole *f*
hyperconnected [haɪpəkəˈnɛktɪd] ADJ hyper-connecté(e)
hyperconnectivity [ˈhaɪpəkɔnɛkˈtɪvəti] N hyper-connectivité *f*
hyperinflation [haɪpərɪnˈfleɪʃən] N hyperinflation *f*
hyperlink [ˈhaɪpəlɪŋk] N hyperlien *m*
hypermarket [ˈhaɪpəmɑːkɪt] N (BRIT) hyper-marché *m*
hypertension [ˈhaɪpəˈtɛnʃən] N (*Med*) hypertension *f*
hypertext [ˈhaɪpətɛkst] N (*Comput*) hypertexte *m*
hyperventilate [haɪpəʳˈvɛntɪleɪt] VI faire de l'hyperventilation
hyperventilation [haɪpəventɪˈleɪʃən] N hyperventilation *f*
hyphen [ˈhaɪfn] N trait *m* d'union
hypnosis [hɪpˈnəusɪs] N hypnose *f*
hypnotherapist [hɪpnəuˈθɛrəpɪst] N hypnothérapeute *mf*
hypnotherapy [hɪpnəuˈθɛrəpɪ] N hypnothérapie *f*
hypnotic [hɪpˈnɔtɪk] ADJ hypnotique
hypnotism [ˈhɪpnətɪzəm] N hypnotisme *m*
hypnotist [ˈhɪpnətɪst] N hypnotiseur(-euse)
hypnotize [ˈhɪpnətaɪz] VT hypnotiser
hypoallergenic [ˈhaɪpəuæləˈdʒɛnɪk] ADJ hypoallergénique
hypochondriac [haɪpəˈkɔndrɪæk] N hypocondriaque *mf*
hypocrisy [hɪˈpɔkrɪsɪ] N hypocrisie *f*
hypocrite [ˈhɪpəkrɪt] N hypocrite *mf*
hypocritical [hɪpəˈkrɪtɪkl] ADJ hypocrite
hypodermic [haɪpəˈdəːmɪk] ADJ hypodermique ▸ N (*syringe*) seringue *f* hypodermique
hypotenuse [haɪˈpɔtɪnjuːz] N hypoténuse *f*
hypothermia [haɪpəˈθəːmɪə] N hypothermie *f*
hypothesis [haɪˈpɔθɪsɪs] (*pl* **hypotheses** [-siːz]) N hypothèse *f*
hypothesize [haɪˈpɔθɪsaɪz] VT faire l'hypothèse de; **to ~ that ...** faire l'hypothèse que ...
hypothetical [haɪpəˈθɛtɪkəl] ADJ hypothétique ▸ N hypothèse *f*
hysterectomy [hɪstəˈrɛktəmɪ] N hystérectomie *f*
hysteria [hɪˈstɪərɪə] N hystérie *f*
hysterical [hɪˈstɛrɪkl] ADJ hystérique; (*funny*) hilarant(e); **to become ~** avoir une crise de nerfs
hysterics [hɪˈstɛrɪks] NPL (violente) crise de nerfs; (*laughter*) crise de rire; **to be in/have ~** (*anger, panic*) avoir une crise de nerfs; (*laughter*) attraper un fou rire
Hz ABBR (= *hertz*) Hz

I i

I¹, i [aɪ] N (*letter*) I, i *m*; **I for Isaac**, (*US*) **I for Item** I comme Irma

I² [aɪ] PRON je; (*before vowel*) j'; (*stressed*) moi ▸ ABBR (= *island, isle*) I

IA, Ia. ABBR (*US*) = **Iowa**

IAEA N ABBR = **International Atomic Energy Agency**

Iberian [aɪˈbɪərɪən] ADJ ibérique, ibérien(ne)

Iberian Peninsula N: **the ~** la péninsule Ibérique

IBEW N ABBR (*US*: = *International Brotherhood of Electrical Workers*) *syndicat international des électriciens*

i/c ABBR (BRIT) = **in charge**

ICBM N ABBR (= *intercontinental ballistic missile*) ICBM *m*, engin *m* balistique à portée intercontinentale

ICC N ABBR (= *International Chamber of Commerce*) CCI *f*

★**ice** [aɪs] N glace *f*; (*on road*) verglas *m*; **to put sth on ~** (*fig*) mettre qch en attente ▸ VT (*cake*) glacer; (*drink*) faire rafraîchir ▸ VI (*also:* **ice over**) geler; (*also:* **ice up**) se givrer

Ice Age N ère *f* glaciaire

ice axe, (*US*) **ice ax** N piolet *m*

iceberg [ˈaɪsbəːg] N iceberg *m*; **the tip of the ~** (*also fig*) la partie émergée de l'iceberg

icebox [ˈaɪsbɔks] N (*US*) réfrigérateur *m*; (BRIT) compartiment *m* à glace; (*insulated box*) glacière *f*

icebreaker [ˈaɪsbreɪkəʳ] N brise-glace *m*

ice bucket N seau *m* à glace

ice-cap [ˈaɪskæp] N calotte *f* glaciaire

ice-cold [aɪsˈkəuld] ADJ glacé(e)

★**ice cream** N glace *f*

ice cube N glaçon *m*

iced [aɪst] ADJ (*drink*) frappé(e); (*coffee, tea, also cake*) glacé(e)

ice hockey N hockey *m* sur glace

Iceland [ˈaɪslənd] N Islande *f*

Icelander [ˈaɪsləndəʳ] N Islandais(e)

Icelandic [aɪsˈlændɪk] ADJ islandais(e) ▸ N (*Ling*) islandais *m*

ice lolly N (BRIT) esquimau *m*

ice pick N pic *m* à glace

ice rink N patinoire *f*

ice-skate [ˈaɪsskeɪt] N patin *m* à glace ▸ VI faire du patin à glace

ice skating N patinage *m* (sur glace)

icicle [ˈaɪsɪkl] N glaçon *m* (*naturel*)

icing [ˈaɪsɪŋ] N (*Aviat etc*) givrage *m*; (*Culin*) glaçage *m*

icing sugar N (BRIT) sucre *m* glace

ICJ N ABBR = **International Court of Justice**

icon [ˈaɪkɔn] N icône *f*

iconic [aɪˈkɔnɪk] ADJ (*status, figure*) d'icône, emblématique

iconoclastic [aɪkɔnəˈklæstɪk] ADJ iconoclaste

iconography [aɪkəˈnɔgrəfɪ] N iconographie *f*

ICR N ABBR (*US*) = **Institute for Cancer Research**

ICRC N ABBR (= *International Committee of the Red Cross*) CICR *m*

ICT N ABBR (BRIT *Scol*: = *information and communications technology*) TIC *fpl*

ICU N ABBR = **intensive care unit**

icy [ˈaɪsɪ] ADJ glacé(e); (*road*) verglacé(e); (*weather, temperature*) glacial(e)

ID ABBR (*US*) = **Idaho**

I'd [aɪd] = **I would; I had**

ID card N carte *f* d'identité

IDD N ABBR (BRIT *Tel*: = *international direct dialling*) *automatique international*

★**idea** [aɪˈdɪə] N idée *f*; **good ~!** bonne idée !; **to have an ~ that ...** avoir idée que ...; **I have no ~** je n'ai pas la moindre idée

★**ideal** [aɪˈdɪəl] N idéal *m* ▸ ADJ idéal(e)

idealist [aɪˈdɪəlɪst] N idéaliste *mf*

idealize [aɪˈdɪəlaɪz] VT idéaliser

ideally [aɪˈdɪəlɪ] ADV (*preferably*) dans l'idéal; (*perfectly*): **he is ~ suited to the job** il est parfait pour ce poste; **~ the book should have ...** l'idéal serait que le livre ait ...

identical [aɪˈdɛntɪkl] ADJ identique

identifiable [aɪdɛntɪˈfaɪəbl] ADJ identifiable

identification [aɪdɛntɪfɪˈkeɪʃən] N identification *f*; **means of ~** pièce *f* d'identité

★**identify** [aɪˈdɛntɪfaɪ] VT identifier ▸ VI: **to ~ with** s'identifier à

Identikit® [aɪˈdɛntɪkɪt] N: **~ (picture)** portrait-robot *m*

identity [aɪˈdɛntɪtɪ] N identité *f*

identity card N carte *f* d'identité

identity parade N (BRIT) parade *f* d'identification

identity theft N usurpation *f* d'identité

ideological [aɪdɪəˈlɔdʒɪkl] ADJ idéologique

ideology [aɪdɪˈɔlədʒɪ] N idéologie *f*

idiocy ['ɪdɪəsɪ] N idiotie *f*, stupidité *f*

idiom ['ɪdɪəm] N (*language*) langue *f*, idiome *m*; (*phrase*) expression *f* idiomatique; (*style*) style *m*

idiomatic [ɪdɪə'mætɪk] ADJ idiomatique

idiosyncrasy [ɪdɪəu'sɪŋkrəsɪ] N singularité *f*

idiosyncratic [ɪdɪəusɪŋ'krætɪk] ADJ singulier(-ière); **a highly ~ personality** un personnage des plus singuliers

idiot ['ɪdɪət] N idiot(e), imbécile *mf*

idiotic [ɪdɪ'ɔtɪk] ADJ idiot(e), bête, stupide

idle ['aɪdl] ADJ (*doing nothing*) sans occupation, désœuvré(e); (*lazy*) oisif(-ive), paresseux(-euse); (*unemployed*) au chômage; (*machinery*) au repos; (*question, pleasures*) vain(e), futile; **to lie ~** être arrêté, ne pas fonctionner ▸ VI (*engine*) tourner au ralenti ▸ **idle away** VT: **to ~ away one's time** passer son temps à ne rien faire

idleness ['aɪdlnɪs] N désœuvrement *m*; oisiveté *f*

idler ['aɪdləʳ] N désœuvré(e), oisif(-ive)

idle time N (*Comm*) temps mort

idol ['aɪdl] N idole *f*

idolatry [aɪ'dɔlətrɪ] N idolâtrie *f*

idolize ['aɪdəlaɪz] VT idolâtrer, adorer

idyll, (*US*) **idyl** ['ɪdəl] N idylle *f*; **a rural ~** une idylle bucolique

idyllic [ɪ'dɪlɪk] ADJ idyllique

i.e. ABBR (= *id est: that is*) c. à d., c'est-à-dire

IED [aɪiː'diː] ABBR (= *Improvised Explosive Device*) EEI *m*

★**if** [ɪf] CONJ si; **I'd be pleased if you could do it** je serais très heureux si vous pouviez le faire; **if necessary** si nécessaire, le cas échéant; **if so** si c'est le cas; **if not** sinon; **if only I could!** si seulement je pouvais !; **if only he were here** si seulement il était là; **if only to show him my gratitude** ne serait-ce que pour lui témoigner ma gratitude; *see also* **as**; **even** ▸ N: **there are a lot of ifs and buts** il y a beaucoup de si *mpl* et de mais *mpl*

iffy ['ɪfɪ] ADJ (*inf*) douteux(-euse)

igloo ['ɪgluː] N igloo *m*

ignite [ɪg'naɪt] VT mettre le feu à, enflammer ▸ VI s'enflammer

ignition [ɪg'nɪʃən] N (*Aut*) allumage *m*; **to switch on/off the ~** mettre/couper le contact

ignition key N (*Aut*) clé *f* de contact

ignoble [ɪg'nəubl] ADJ ignoble, indigne

ignominious [ɪgnə'mɪnɪəs] ADJ honteux(-euse), ignominieux(-euse)

ignominy ['ɪgnəmɪnɪ] N ignominie *f*

ignoramus [ɪgnə'reɪməs] N personne *f* ignare

ignorance ['ɪgnərəns] N ignorance *f*; **to keep sb in ~ of sth** tenir qn dans l'ignorance de qch

ignorant ['ɪgnərənt] ADJ ignorant(e); **to be ~ of** (*subject*) ne rien connaître en; (*events*) ne pas être au courant de

★**ignore** [ɪg'nɔːʳ] VT ne tenir aucun compte de; (*mistake*) ne pas relever; (*person: pretend to not see*) faire semblant de ne pas reconnaître; (*: pay no attention to*) ignorer

ikon ['aɪkɔn] N = **icon**

IL ABBR (*US*) = **Illinois**

ILA N ABBR (*US: = International Longshoremen's Association*) *syndicat international des dockers*

ilk [ɪlk] N: **of that ~** (*of that type*) de cette eau; **and their ~** et consorts

★**ill** [ɪl] ADJ (*sick*) malade; (*bad*) mauvais(e); **to be taken ~** tomber malade ▸ N mal *m* ▸ ADV: **to speak/think ~ of sb** dire/penser du mal de qn

I'll [aɪl] = **I will**; **I shall**

ill-advised [ɪləd'vaɪzd] ADJ (*decision*) peu judicieux(-euse); (*person*) malavisé(e)

ill-at-ease [ɪlət'iːz] ADJ mal à l'aise

ill-considered [ɪlkən'sɪdəd] ADJ (*plan*) inconsidéré(e), irréfléchi(e)

ill-disposed [ɪldɪs'pəuzd] ADJ: **to be ~ towards sb/sth** être mal disposé(e) envers qn/qch

ill effects NPL effets *mpl* adverses

★**illegal** [ɪ'liːgl] ADJ illégal(e)

illegally [ɪ'liːgəlɪ] ADV illégalement

illegible [ɪ'lɛdʒɪbl] ADJ illisible

illegitimate [ɪlɪ'dʒɪtɪmət] ADJ illégitime

ill-fated [ɪl'feɪtɪd] ADJ malheureux(-euse); (*day*) néfaste

ill-favoured, (*US*) **ill-favored** [ɪl'feɪvəd] ADJ déplaisant(e)

ill feeling N ressentiment *m*, rancune *f*

ill-gotten ['ɪlgɔtn] ADJ (*gains etc*) mal acquis(e)

ill health N mauvaise santé

illicit [ɪ'lɪsɪt] ADJ illicite

ill-informed [ɪlɪn'fɔːmd] ADJ (*judgment*) erroné(e); (*person*) mal renseigné(e)

illiterate [ɪ'lɪtərət] ADJ illettré(e); (*letter*) plein(e) de fautes

ill-mannered [ɪl'mænəd] ADJ impoli(e), grossier(-ière)

★**illness** ['ɪlnɪs] N maladie *f*

illogical [ɪ'lɔdʒɪkl] ADJ illogique

ill-suited [ɪl'suːtɪd] ADJ (*couple*) mal assorti(e); **he is ~ to the job** il n'est pas vraiment fait pour ce travail

ill-timed [ɪl'taɪmd] ADJ inopportun(e)

ill-treat [ɪl'triːt] VT maltraiter

ill-treatment [ɪl'triːtmənt] N mauvais traitement

illuminate [ɪ'luːmɪneɪt] VT (*room, street*) éclairer; (*for special effect*) illuminer; **illuminated sign** enseigne lumineuse

illuminating [ɪ'luːmɪneɪtɪŋ] ADJ éclairant(e)

illumination [ɪluːmɪ'neɪʃən] N éclairage *m*; illumination *f*

illusion [ɪ'luːʒən] N illusion *f*; **to be under the ~ that** avoir l'illusion que

illusive [ɪ'luːsɪv], **illusory** [ɪ'luːsərɪ] ADJ illusoire

illustrate ['ɪləstreɪt] VT illustrer

★**illustration** [ɪlə'streɪʃən] N illustration *f*

illustrator ['ɪləstreɪtəʳ] N illustrateur(-trice)

illustrious [ɪ'lʌstrɪəs] ADJ illustre

ill will N malveillance *f*

ILO N ABBR (= *International Labour Organization*) OIT *f*

ILWU N ABBR (*US: = International Longshoremen's and Warehousemen's Union*) *syndicat international des dockers et des magasiniers*

IM N ABBR (= *instant messaging*) messagerie *f* instantanée ▸ VT envoyer un message instantané à

I'm [aɪm] = **I am**

★**image** [ˈɪmɪdʒ] N image *f*; (*public face*) image de marque

imagery [ˈɪmɪdʒərɪ] N images *fpl*

imaginable [ɪˈmædʒɪnəbl] ADJ imaginable

imaginary [ɪˈmædʒɪnərɪ] ADJ imaginaire

★**imagination** [ɪmædʒɪˈneɪʃən] N imagination *f*

imaginative [ɪˈmædʒɪnətɪv] ADJ imaginatif(-ive); (*person*) plein(e) d'imagination

★**imagine** [ɪˈmædʒɪn] VT s'imaginer; (*suppose*) imaginer, supposer

imam [ɪˈmɑːm] N imam *m*

imbalance [ɪmˈbæləns] N déséquilibre *m*

imbecile [ˈɪmbəsiːl] N imbécile *mf*

imbue [ɪmˈbjuː] VT: **to ~ sth with** imprégner qch de

IMF N ABBR = **International Monetary Fund**

imitate [ˈɪmɪteɪt] VT imiter

imitation [ɪmɪˈteɪʃən] N imitation *f*

imitator [ˈɪmɪteɪtəʳ] N imitateur(-trice)

immaculate [ɪˈmækjulət] ADJ impeccable; (*Rel*) immaculé(e)

immaculately [ɪˈmækjulətlɪ] ADV impeccablement

immaterial [ɪməˈtɪərɪəl] ADJ sans importance, insignifiant(e)

immature [ɪməˈtjuəʳ] ADJ (*fruit*) qui n'est pas mûr(e); (*person*) qui manque de maturité

immaturity [ɪməˈtjuərɪtɪ] N immaturité *f*

immeasurable [ɪˈmɛʒrəbl] ADJ incommensurable

immediacy [ɪˈmiːdɪəsɪ] N (*of events etc*) caractère *or* rapport immédiat; (*of needs*) urgence *f*

★**immediate** [ɪˈmiːdɪət] ADJ immédiat(e)

★**immediately** [ɪˈmiːdɪətlɪ] ADV (*at once*) immédiatement; **~ next to** juste à côté de

immemorial [ɪmɪˈmɔːrɪəl] ADJ (*literary*) immémorial(e); **since time ~** depuis des temps immémoriaux

immense [ɪˈmɛns] ADJ immense, énorme

immensely [ɪˈmɛnslɪ] ADV (*+adj*) extrêmement; (*+vb*) énormément

immensity [ɪˈmɛnsɪtɪ] N immensité *f*

immerse [ɪˈməːs] VT immerger, plonger; **to ~ sth in** plonger qch dans

immersed [ɪˈməːst] ADJ: **to be ~ in sth** (*in subject, activity*) être plongé(e) dans qch, être absorbé(e) par qch

immersion heater [ɪˈməːʃən-] N (BRIT) chauffe-eau *m* électrique

★**immigrant** [ˈɪmɪgrənt] N immigrant(e); (*already established*) immigré(e)

immigration [ɪmɪˈgreɪʃən] N immigration *f*

immigration authorities NPL service *m* de l'immigration

immigration laws NPL lois *fpl* sur l'immigration

imminent [ˈɪmɪnənt] ADJ imminent(e)

immobile [ɪˈməubaɪl] ADJ immobile

immobility [ɪməuˈbɪlɪtɪ] N immobilité *f*

immobilize [ɪˈməubɪlaɪz] VT immobiliser

immoderate [ɪˈmɔdərət] ADJ immodéré(e), démesuré(e)

immodest [ɪˈmɔdɪst] ADJ (*indecent*) indécent(e); (*boasting*) pas modeste, présomptueux(-euse)

immoral [ɪˈmɔrl] ADJ immoral(e)

immorality [ɪmɔˈrælɪtɪ] N immoralité *f*

immortal [ɪˈmɔːtl] ADJ, N immortel(le)

immortality [ɪmɔːˈtælɪtɪ] N immortalité *f*; **to achieve ~** passer à la postérité

immortalize [ɪˈmɔːtlaɪz] VT immortaliser

immovable [ɪˈmuːvəbl] ADJ (*object*) fixe; immobilier(-ière); (*person*) inflexible; (*opinion*) immuable

immune [ɪˈmjuːn] ADJ: **~ (to)** immunisé(e) (contre)

immune system N système *m* immunitaire

immunity [ɪˈmjuːnɪtɪ] N immunité *f*; **diplomatic ~** immunité diplomatique

immunization [ɪmjunaɪˈzeɪʃən] N immunisation *f*

immunize [ˈɪmjunaɪz] VT immuniser

immutable [ɪˈmjuːtəbl] ADJ immuable

imp [ɪmp] N (*small devil*) lutin *m*; (*child*) petit diable

impact N [ˈɪmpækt] choc *m*, impact *m*; (*fig*) impact
▸**impact on** VT FUS [ɪmˈpækt] avoir un réel impact sur

impair [ɪmˈpɛəʳ] VT détériorer, diminuer

impaired [ɪmˈpɛəd] ADJ (*organ, vision*) abîmé(e), détérioré(e); **his memory/circulation is ~** il a des problèmes de mémoire/circulation; **visually ~** malvoyant(e); **hearing ~** malentendant(e); **mentally/physically ~** intellectuellement/physiquement diminué(e)

impairment [ɪmˈpɛəmənt] N handicap *m*; **a visual ~** un handicap visuel

impale [ɪmˈpeɪl] VT empaler

impart [ɪmˈpɑːt] VT (*make known*) communiquer, transmettre; (*bestow*) confier, donner

impartial [ɪmˈpɑːʃl] ADJ impartial(e)

impartiality [ɪmpɑːʃɪˈælɪtɪ] N impartialité *f*

impassable [ɪmˈpɑːsəbl] ADJ infranchissable; (*road*) impraticable

impasse [æmˈpɑːs] N (*fig*) impasse *f*

impassioned [ɪmˈpæʃənd] ADJ passionné(e)

impassive [ɪmˈpæsɪv] ADJ impassible

impatience [ɪmˈpeɪʃəns] N impatience *f*

impatient [ɪmˈpeɪʃənt] ADJ impatient(e); **to get** *or* **grow ~** s'impatienter

impatiently [ɪmˈpeɪʃəntlɪ] ADV avec impatience

impeach [ɪmˈpiːtʃ] VT accuser, attaquer; (*public official*) mettre en accusation

impeachment [ɪmˈpiːtʃmənt] N (*Law*) (mise *f* en) accusation *f*

impeccable [ɪmˈpɛkəbl] ADJ impeccable, parfait(e)

impeccably [ɪmˈpɛkəblɪ] ADV impeccablement

impecunious [ɪmpɪˈkjuːnɪəs] ADJ sans ressources

impede [ɪmˈpiːd] VT gêner

impediment [ɪmˈpɛdɪmənt] N obstacle *m*; (*also:* **speech impediment**) défaut *m* d'élocution

impel [ɪmˈpɛl] VT (*force*): **to ~ sb (to do sth)** forcer qn (à faire qch)

i

impending [ɪm'pɛndɪŋ] ADJ imminent(e)
impenetrable [ɪm'pɛnɪtrəbl] ADJ impénétrable
imperative [ɪm'pɛrətɪv] ADJ nécessaire; (*need*) urgent(e), pressant(e); (*tone*) impérieux(-euse) ▸ N (*Ling*) impératif *m*
imperceptible [ɪmpə'sɛptɪbl] ADJ imperceptible
imperceptibly [ɪmpə'sɛptɪblɪ] ADV imperceptiblement
imperfect [ɪm'pə:fɪkt] ADJ imparfait(e); (*goods etc*) défectueux(-euse) ▸ N (*Ling*: *also*: **imperfect tense**) imparfait *m*
imperfection [ɪmpə:'fɛkʃən] N imperfection *f*; défectuosité *f*
imperial [ɪm'pɪərɪəl] ADJ impérial(e); (BRIT: *measure*) légal(e)
imperialism [ɪm'pɪərɪəlɪzəm] N impérialisme *m*
imperil [ɪm'pɛrɪl] VT mettre en péril
imperious [ɪm'pɪərɪəs] ADJ impérieux(-euse)
impersonal [ɪm'pə:sənl] ADJ impersonnel(le)
impersonate [ɪm'pə:səneɪt] VT se faire passer pour; (*Theat*) imiter
impersonation [ɪmpə:sə'neɪʃən] N (*Law*) usurpation *f* d'identité; (*Theat*) imitation *f*
impersonator [ɪm'pə:səneɪtə^r] N imposteur *m*; (*Theat*) imitateur(-trice)
impertinence [ɪm'pə:tɪnəns] N impertinence *f*, insolence *f*
impertinent [ɪm'pə:tɪnənt] ADJ impertinent(e), insolent(e)
imperturbable [ɪmpə'tə:bəbl] ADJ imperturbable
impervious [ɪm'pə:vɪəs] ADJ imperméable; **~ to** (*fig*) insensible à; inaccessible à
impetuous [ɪm'pɛtjuəs] ADJ impétueux(-euse), fougueux(-euse)
impetus ['ɪmpətəs] N impulsion *f*; (*of runner*) élan *m*
impinge [ɪm'pɪndʒ]: **to ~ on** *vt fus* (*person*) affecter, toucher; (*rights*) empiéter sur
impish ['ɪmpɪʃ] ADJ espiègle
implacable [ɪm'plækəbl] ADJ implacable
implant [ɪm'plɑ:nt] VT (*Med*) implanter; (*fig*: *idea, principle*) inculquer
implausible [ɪm'plɔ:zɪbl] ADJ peu plausible
implement N ['ɪmplɪmənt] outil *m*, instrument *m*; (*for cooking*) ustensile *m* ▸ VT ['ɪmplɪmɛnt] mettre en œuvre, implémenter
implementation [ɪmplɪmɛn'teɪʃən] N mise *f* en œuvre, implémentation *f*
implicate ['ɪmplɪkeɪt] VT impliquer, compromettre
implication [ɪmplɪ'keɪʃən] N implication *f*; **by ~** indirectement
implicit [ɪm'plɪsɪt] ADJ implicite; (*complete*) absolu(e), sans réserve
implicitly [ɪm'plɪsɪtlɪ] ADV implicitement; absolument, sans réserve
implode [ɪm'pləud] VI imploser
implore [ɪm'plɔ:^r] VT implorer, supplier
imply [ɪm'plaɪ] VT (*hint*) suggérer, laisser entendre; (*mean*) indiquer, supposer
impolite [ɪmpə'laɪt] ADJ impoli(e)
imponderable [ɪm'pɔndərəbl] ADJ impondérable
import VT [ɪm'pɔ:t] importer ▸ N ['ɪmpɔ:t] (*Comm*) importation *f*; (*meaning*) portée *f*, signification *f* ▸ CPD ['ɪmpɔ:t] (*duty, licence etc*) d'importation
★**importance** [ɪm'pɔ:tns] N importance *f*; **to be of great/little ~** avoir beaucoup/peu d'importance
★**important** [ɪm'pɔ:tnt] ADJ important(e); **it is ~ that** il importe que, il est important que; **it's not ~** c'est sans importance, ce n'est pas important
importantly [ɪm'pɔ:tntlɪ] ADV (*with an air of importance*) d'un air important; (*essentially*): **but, more ~ ...** mais, (ce qui est) plus important encore ...
importation [ɪmpɔ:'teɪʃən] N importation *f*
imported [ɪm'pɔ:tɪd] ADJ importé(e), d'importation
importer [ɪm'pɔ:tə^r] N importateur(-trice)
impose [ɪm'pəuz] VT imposer ▸ VI: **to ~ on sb** abuser de la gentillesse de qn
imposing [ɪm'pəuzɪŋ] ADJ imposant(e), impressionnant(e)
imposition [ɪmpə'zɪʃən] N (*of tax etc*) imposition *f*; **to be an ~ on** (*person*) abuser de la gentillesse *or* la bonté de
impossibility [ɪmpɔsə'bɪlɪtɪ] N impossibilité *f*
★**impossible** [ɪm'pɔsɪbl] ADJ impossible; **it is ~ for me to leave** il m'est impossible de partir
impostor [ɪm'pɔstə^r] N imposteur *m*
impotence ['ɪmpətns] N impuissance *f*
impotent ['ɪmpətnt] ADJ impuissant(e)
impound [ɪm'paund] VT confisquer, saisir
impoverished [ɪm'pɔvərɪʃt] ADJ pauvre, appauvri(e)
impracticable [ɪm'præktɪkəbl] ADJ impraticable
impractical [ɪm'præktɪkl] ADJ pas pratique; (*person*) qui manque d'esprit pratique
imprecise [ɪmprɪ'saɪs] ADJ imprécis(e)
impregnable [ɪm'prɛgnəbl] ADJ (*fortress*) imprenable; (*fig*) inattaquable, irréfutable
impregnate ['ɪmprɛgneɪt] VT imprégner; (*fertilize*) féconder
impresario [ɪmprɪ'sɑ:rɪəu] N impresario *m*
impress [ɪm'prɛs] VT impressionner, faire impression sur; (*mark*) imprimer, marquer; **to ~ sth on sb** faire bien comprendre qch à qn
impressed [ɪm'prɛst] ADJ impressionné(e)
impression [ɪm'prɛʃən] N impression *f*; (*of stamp, seal*) empreinte *f*; (*imitation*) imitation *f*; **to make a good/bad ~ on sb** faire bonne/mauvaise impression sur qn; **to be under the ~ that** avoir l'impression que
impressionable [ɪm'prɛʃnəbl] ADJ impressionnable, sensible
impressionist [ɪm'prɛʃənɪst] N impressionniste *mf*
impressionistic [ɪmprɛʃə'nɪstɪk] ADJ impressionniste
impressive [ɪm'prɛsɪv] ADJ impressionnant(e)
imprint ['ɪmprɪnt] N empreinte *f*; (*Publishing*) notice *f*; (: *label*) nom *m* (de collection *or* d'éditeur)
imprinted [ɪm'prɪntɪd] ADJ: **~ on** imprimé(e) sur; (*fig*) imprimé(e) *or* gravé(e) dans
imprison [ɪm'prɪzn] VT emprisonner, mettre en prison
imprisonment [ɪm'prɪznmənt] N emprisonnement *m*; (*period*): **to sentence sb to 10 years' ~** condamner qn à 10 ans de prison

improbable [ɪm'prɔbəbl] ADJ improbable; (*excuse*) peu plausible

impromptu [ɪm'prɔmptju:] ADJ impromptu(e) ▸ ADV impromptu

improper [ɪm'prɔpəʳ] ADJ (*wrong*) incorrect(e); (*unsuitable*) déplacé(e), de mauvais goût; (*indecent*) indécent(e); (*dishonest*) malhonnête

impropriety [ɪmprə'praɪətɪ] N inconvenance *f*; (*of expression*) impropriété *f*

★**improve** [ɪm'pru:v] VT améliorer ▸ VI s'améliorer; (*pupil etc*) faire des progrès
▸**improve on, improve upon** VT FUS (*offer*) enchérir sur

★**improvement** [ɪm'pru:vmənt] N amélioration *f*; (*of pupil etc*) progrès *m*; **to make improvements to** apporter des améliorations à

improvisation [ɪmprəvaɪ'zeɪʃən] N improvisation *f*

improvise ['ɪmprəvaɪz] VT, VI improviser

imprudence [ɪm'pru:dns] N imprudence *f*

imprudent [ɪm'pru:dnt] ADJ imprudent(e)

impudent ['ɪmpjudnt] ADJ impudent(e)

impugn [ɪm'pju:n] VT contester, attaquer

impulse ['ɪmpʌls] N impulsion *f*; **on ~** impulsivement, sur un coup de tête

impulse buy N achat *m* d'impulsion

impulsive [ɪm'pʌlsɪv] ADJ impulsif(-ive)

impunity [ɪm'pju:nɪtɪ] N: **with ~** impunément

impure [ɪm'pjuəʳ] ADJ impur(e)

impurity [ɪm'pjuərɪtɪ] N impureté *f*

IN ABBR (*US*) = **Indiana**

in [ɪn]

PREP **1** (*indicating place, position*) dans; **in the house/the fridge** dans la maison/le frigo; **in the garden** dans le *or* au jardin; **in town** en ville; **in the country** à la campagne; **in school** à l'école; **in here/there** ici/là
2 (*with place names: of town, region, country*): **in London** à Londres; **in England** en Angleterre; **in Japan** au Japon; **in the United States** aux États-Unis
3 (*indicating time: during*): **in spring** au printemps; **in summer** en été; **in May/2005** en mai/2005; **in the afternoon** (dans) l'après-midi; **at 4 o'clock in the afternoon** à 4 heures de l'après-midi
4 (*indicating time: in the space of*) en; (*: future*) dans; **I did it in 3 hours/days** je l'ai fait en 3 heures/jours; **I'll see you in 2 weeks** *or* **in 2 weeks' time** je te verrai dans 2 semaines; **once in a hundred years** une fois tous les cent ans
5 (*indicating manner etc*) à; **in a loud/soft voice** à voix haute/basse; **in pencil** au crayon; **in writing** par écrit; **in French** en français; **to pay in dollars** payer en dollars; **the boy in the blue shirt** le garçon à *or* avec la chemise bleue
6 (*indicating circumstances*): **in the sun** au soleil; **in the shade** à l'ombre; **in the rain** sous la pluie; **a change in policy** un changement de politique
7 (*indicating mood, state*): **in tears** en larmes; **in anger** sous le coup de la colère; **in despair** au désespoir; **in good condition** en bon état; **to live in luxury** vivre dans le luxe
8 (*with ratios, numbers*): **1 in 10 households, 1 household in 10** 1 ménage sur 10; **20 pence in the pound** 20 pence par livre sterling; **they lined up in twos** ils se mirent en rangs (deux) par deux; **in hundreds** par centaines
9 (*referring to people, works*) chez; **the disease is common in children** c'est une maladie courante chez les enfants; **in (the works of) Dickens** chez Dickens, dans (l'œuvre de) Dickens
10 (*indicating profession etc*) dans; **to be in teaching** être dans l'enseignement
11 (*after superlative*) de; **the best pupil in the class** le meilleur élève de la classe
12 (*with present participle*): **in saying this** en disant ceci
▸ ADV: **to be in** (*person: at home, work*) être là; (*train, ship, plane*) être arrivé(e); (*in fashion*) être à la mode; **to ask sb in** inviter qn à entrer; **to run/limp** *etc* **in** entrer en courant/boitant *etc*; **their party is in** leur parti est au pouvoir
▸ N: **the ins and outs (of)** (*of proposal, situation etc*) les tenants et aboutissants (de)

in. ABBR = **inch; inches**

inability [ɪnə'bɪlɪtɪ] N incapacité *f*; **~ to pay** incapacité de payer

inaccessible [ɪnək'sɛsɪbl] ADJ inaccessible

inaccuracy [ɪn'ækjurəsɪ] N inexactitude *f*; manque *m* de précision

inaccurate [ɪn'ækjurət] ADJ inexact(e); (*person*) qui manque de précision

inaction [ɪn'ækʃən] N inaction *f*, inactivité *f*

inactivity [ɪnæk'tɪvɪtɪ] N inactivité *f*

inadequacy [ɪn'ædɪkwəsɪ] N insuffisance *f*

inadequate [ɪn'ædɪkwət] ADJ (*supply, resources*) insuffisant(e), inadéquat(e); (*person*) qui n'est pas à la hauteur

inadequately [ɪn'ædɪkwətlɪ] ADV (*funded, trained, protected*) insuffisamment

inadmissible [ɪnəd'mɪsəbl] ADJ (*behaviour*) inadmissible; (*Law: evidence*) irrecevable

inadvertent [ɪnəd'və:tnt] ADJ (*mistake*) commis(e) par inadvertance

inadvertently [ɪnəd'və:tntlɪ] ADV par mégarde

inadvisable [ɪnəd'vaɪzəbl] ADJ à déconseiller; **it is ~ to** il est déconseillé de

inane [ɪ'neɪn] ADJ inepte, stupide

inanimate [ɪn'ænɪmət] ADJ inanimé(e)

inapplicable [ɪn'æplɪkəbl] ADJ inapplicable

inappropriate [ɪnə'prəuprɪət] ADJ inopportun(e), mal à propos; (*word, expression*) impropre

inapt [ɪn'æpt] ADJ inapte; peu approprié(e)

inaptitude [ɪn'æptɪtju:d] N inaptitude *f*

inarticulate [ɪnɑ:'tɪkjulət] ADJ (*person*) qui s'exprime mal; (*speech*) indistinct(e)

inasmuch [ɪnəz'mʌtʃ] ADV: **~ as** vu que, en ce sens que

inattention [ɪnə'tɛnʃən] N manque *m* d'attention

inattentive [ɪnə'tɛntɪv] ADJ inattentif(-ive), distrait(e); négligent(e)

inaudible [ɪn'ɔ:dɪbl] ADJ inaudible

inaugural [ɪ'nɔ:gjurəl] ADJ inaugural(e)

inaugurate [ɪ'nɔ:gjureɪt] VT inaugurer; (*president, official*) investir de ses fonctions

inauguration [ɪnɔːgju'reɪʃən] N inauguration *f*; investiture *f*
inauspicious [ɪnɔːs'pɪʃəs] ADJ peu propice
inauthentic [ɪnɔː'θentɪk] ADJ (*document*) non authentique; (*person, feeling*) artificiel(le)
in-between [ɪnbɪ'twiːn] ADJ entre les deux
inborn [ɪn'bɔːn] ADJ (*feeling*) inné(e); (*defect*) congénital(e)
inbox ['ɪnbɔks] N (*Comput*) boîte *f* de réception; (*US: intray*) corbeille *f* du courrier reçu
inbred [ɪn'brɛd] ADJ inné(e), naturel(le); (*family*) consanguin(e)
inbreeding [ɪn'briːdɪŋ] N croisement *m* d'animaux de même souche; (*family*) unions consanguines
in-built [ɪn'bɪlt] ADJ (*innate: tendency, feeling*) inné(e); (*integral: feature, device*) intégré(e)
Inc. ABBR = **incorporated**
Inca ['ɪŋkə] ADJ (*also:* **Incan**) inca *inv* ▸ N Inca *mf*
incalculable [ɪn'kælkjuləbl] ADJ incalculable
incandescent [ɪnkæn'dɛsənt] ADJ (*substance, device*) incandescent(e); **to be ~ with rage** être vert(e) de rage
incapability [ɪnkeɪpə'bɪlɪtɪ] N incapacité *f*
incapable [ɪn'keɪpəbl] ADJ: **~ (of)** incapable (de)
incapacitate [ɪnkə'pæsɪteɪt] VT: **to ~ sb from doing** rendre qn incapable de faire
incapacitated [ɪnkə'pæsɪteɪtɪd] ADJ (*Law*) frappé(e) d'incapacité
incapacity [ɪnkə'pæsɪtɪ] N incapacité *f*
incarcerate [ɪn'kɑːsəreɪt] VT incarcérer
incarceration [ɪnkɑːsə'reɪʃən] N incarcération *f*
incarnate ADJ [ɪn'kɑːnɪt] incarné(e) ▸ VT ['ɪnkɑːneɪt] incarner
incarnation [ɪnkɑː'neɪʃən] N incarnation *f*
incendiary [ɪn'sɛndɪərɪ] ADJ incendiaire ▸ N (*bomb*) bombe *f* incendiaire
incense N ['ɪnsɛns] encens *m* ▸ VT [ɪn'sɛns] (*anger*) mettre en colère
incense burner N encensoir *m*
incentive [ɪn'sɛntɪv] N encouragement *m*, raison *f* de se donner de la peine
incentive scheme N système *m* de primes d'encouragement
inception [ɪn'sɛpʃən] N commencement *m*, début *m*
incessant [ɪn'sɛsnt] ADJ incessant(e)
incessantly [ɪn'sɛsntlɪ] ADV sans cesse, constamment
incest ['ɪnsɛst] N inceste *m*
incestuous [ɪn'sɛstjuəs] ADJ (*lit: relationship*) incestueux(-euse); (*fig: group, place*) fermé(e)
★**inch** [ɪntʃ] N pouce *m* (= *25 mm; 12 in a foot*); **within an ~ of** à deux doigts de; **he wouldn't give an ~** (*fig*) il n'a pas voulu céder d'un pouce
▸ **inch forward** VI avancer petit à petit
inch tape N (*BRIT*) centimètre *m* (de couturière)
incidence ['ɪnsɪdns] N (*of crime, disease*) fréquence *f*
★**incident** ['ɪnsɪdnt] N incident *m*; (*in book*) péripétie *f*
incidental [ɪnsɪ'dɛntl] ADJ accessoire; (*unplanned*) accidentel(le); **~ to** qui accompagne; **~ expenses** faux frais *mpl*
incidentally [ɪnsɪ'dɛntəlɪ] ADV (*by the way*) à propos
incidental music N musique *f* de fond
incident room N (*Police*) salle *f* d'opérations
incinerate [ɪn'sɪnəreɪt] VT incinérer
incinerator [ɪn'sɪnəreɪtə^r] N incinérateur *m*
incipient [ɪn'sɪpɪənt] ADJ naissant(e)
incision [ɪn'sɪʒən] N incision *f*
incisive [ɪn'saɪsɪv] ADJ incisif(-ive), mordant(e)
incisor [ɪn'saɪzə^r] N incisive *f*
incite [ɪn'saɪt] VT inciter, pousser
incitement [ɪn'saɪtmənt] N incitation *f*; **~ to murder** incitation au meurtre
incl. ABBR = **including**; **inclusive (of)**
inclement [ɪn'klɛmənt] ADJ inclément(e), rigoureux(-euse)
inclination [ɪnklɪ'neɪʃən] N inclination *f*; (*desire*) envie *f*
incline N ['ɪnklaɪn] pente *f*, plan incliné ▸ VT [ɪn'klaɪn] incliner; **to be inclined to do** (*want to*) être enclin(e) à faire; (*have a tendency to do*) avoir tendance à faire; **to be well inclined towards sb** être bien disposé(e) à l'égard de qn ▸ VI (*surface*) s'incliner; **I ~ to the view that ...** j'ai tendance à penser que ...
★**include** [ɪn'kluːd] VT inclure, comprendre; **service is/is not included** le service est compris/n'est pas compris
★**including** [ɪn'kluːdɪŋ] PREP y compris; **~ service** service compris
inclusion [ɪn'kluːʒən] N inclusion *f*
inclusive [ɪn'kluːsɪv] ADJ inclus(e), compris(e); **~ of tax** taxes comprises; **£50 ~ of all surcharges** 50 livres tous frais compris
inclusive terms NPL (*BRIT*) prix tout compris
incognito [ɪnkɔg'niːtəu] ADV incognito
incoherent [ɪnkəu'hɪərənt] ADJ incohérent(e)
income ['ɪnkʌm] N revenu *m*; (*from property etc*) rentes *fpl*; **gross/net ~** revenu brut/net; **~ and expenditure account** compte *m* de recettes et de dépenses
income support N (*BRIT*) ≈ revenu *m* minimum d'insertion, RMI *m*
income tax N impôt *m* sur le revenu
income tax inspector N inspecteur *m* des contributions directes
income tax return N déclaration *f* des revenus
incoming ['ɪnkʌmɪŋ] ADJ (*passengers, mail*) à l'arrivée; (*government, tenant*) nouveau (nouvelle); **~ tide** marée montante
incommunicado ['ɪnkəmjunɪ'kɑːdəu] ADJ: **to hold sb ~** tenir qn au secret
incomparable [ɪn'kɔmpərəbl] ADJ incomparable
incompatible [ɪnkəm'pætɪbl] ADJ incompatible
incompetence [ɪn'kɔmpɪtns] N incompétence *f*, incapacité *f*
incompetent [ɪn'kɔmpɪtnt] ADJ incompétent(e), incapable
incomplete [ɪnkəm'pliːt] ADJ incomplet(-ète)
incomprehensible [ɪnkɔmprɪ'hɛnsɪbl] ADJ incompréhensible
incomprehension [ɪnkɔmprɪ'hɛnʃən] N incompréhension *f*

inconceivable [ɪnkən'si:vəbl] ADJ inconcevable
inconclusive [ɪnkən'klu:sɪv] ADJ peu concluant(e); (*argument*) peu convaincant(e)
incongruity [ɪnkɔŋ'gru:ɪtɪ] N incongruité *f*
incongruous [ɪn'kɔŋgruəs] ADJ peu approprié(e); (*remark, act*) incongru(e), déplacé(e)
inconsequential [ɪnkɔnsɪ'kwɛnʃl] ADJ sans importance
inconsiderable [ɪnkən'sɪdərəbl] ADJ: **not ~** non négligeable
inconsiderate [ɪnkən'sɪdərət] ADJ (*action*) inconsidéré(e); (*person*) qui manque d'égards
inconsistency [ɪnkən'sɪstənsɪ] N (*of actions etc*) inconséquence *f*; (*of work*) irrégularité *f*; (*of statement etc*) incohérence *f*
inconsistent [ɪnkən'sɪstnt] ADJ qui manque de constance; (*work*) irrégulier(-ière); (*statement*) peu cohérent(e); **~ with** en contradiction avec
inconsolable [ɪnkən'səuləbl] ADJ inconsolable
inconspicuous [ɪnkən'spɪkjuəs] ADJ qui passe inaperçu(e); (*colour, dress*) discret(-ète); **to make o.s. ~** ne pas se faire remarquer
inconstant [ɪn'kɔnstnt] ADJ inconstant(e), variable
incontinence [ɪn'kɔntɪnəns] N incontinence *f*
incontinent [ɪn'kɔntɪnənt] ADJ incontinent(e)
incontrovertible [ɪnkɔntrə'və:təbl] ADJ irréfutable
inconvenience [ɪnkən'vi:njəns] N inconvénient *m*; (*trouble*) dérangement *m* ▸ VT déranger; **don't ~ yourself** ne vous dérangez pas
inconvenient [ɪnkən'vi:njənt] ADJ malcommode; (*time, place*) mal choisi(e), qui ne convient pas; (*visitor*) importun(e); **that time is very ~ for me** c'est un moment qui ne me convient pas du tout
incorporate [ɪn'kɔ:pəreɪt] VT incorporer; (*contain*) contenir ▸ VI fusionner; (*two firms*) se constituer en société
incorporated [ɪn'kɔ:pəreɪtɪd] ADJ: **~ company** (*US*) ≈ société *f* anonyme
incorrect [ɪnkə'rɛkt] ADJ incorrect(e); (*opinion, statement*) inexact(e)
incorrigible [ɪn'kɔrɪdʒɪbl] ADJ incorrigible
incorruptible [ɪnkə'rʌptɪbl] ADJ incorruptible
★**increase** N ['ɪnkri:s] augmentation *f*; **an ~ of 5%** une augmentation de 5%; **to be on the ~** être en augmentation ▸ VI, VT [ɪn'kri:s] augmenter
increasing [ɪn'kri:sɪŋ] ADJ croissant(e)
increasingly [ɪn'kri:sɪŋlɪ] ADV de plus en plus
★**incredible** [ɪn'krɛdɪbl] ADJ incroyable
incredibly [ɪn'krɛdɪblɪ] ADV incroyablement
incredulity [ɪnkrə'dju:lɪtɪ] N incrédulité *f*
incredulous [ɪn'krɛdjuləs] ADJ incrédule
increment ['ɪnkrɪmənt] N augmentation *f*
incremental [ɪnkrɪ'mɛntl] ADJ (*rise, increase*) progressif(-ive); (*cost*) marginal
incriminate [ɪn'krɪmɪneɪt] VT incriminer, compromettre
incriminating [ɪn'krɪmɪneɪtɪŋ] ADJ compromettant(e)
incubate ['ɪnkjubeɪt] VT (*egg*) couver, incuber ▸ VI (*eggs*) couver; (*disease*) couver
incubation [ɪnkju'beɪʃən] N incubation *f*
incubation period N période *f* d'incubation
incubator ['ɪnkjubeɪtə^r] N incubateur *m*; (*for babies*) couveuse *f*
inculcate ['ɪnkʌlkeɪt] VT: **to ~ sth in sb** inculquer qch à qn
incumbent [ɪn'kʌmbənt] ADJ: **it is ~ on him to ...** il lui appartient de ... ▸ N titulaire *mf*
incur [ɪn'kə:^r] VT (*expenses*) encourir; (*anger, risk*) s'exposer à; (*debt*) contracter; (*loss*) subir
incurable [ɪn'kjuərəbl] ADJ incurable
incursion [ɪn'kə:ʃən] N incursion *f*
indebted [ɪn'dɛtɪd] ADJ: **to be ~ to sb (for)** être redevable à qn (de)
indebtedness [ɪn'dɛtɪdnɪs] N dette *f*
indecency [ɪn'di:snsɪ] N indécence *f*
indecent [ɪn'di:snt] ADJ indécent(e), inconvenant(e)
indecent assault N (BRIT) attentat *m* à la pudeur
indecent exposure N outrage *m* public à la pudeur
indecipherable [ɪndɪ'saɪfərəbl] ADJ indéchiffrable
indecision [ɪndɪ'sɪʒən] N indécision *f*
indecisive [ɪndɪ'saɪsɪv] ADJ indécis(e); (*discussion*) peu concluant(e)
★**indeed** [ɪn'di:d] ADV (*confirming, agreeing*) en effet, effectivement; (*for emphasis*) vraiment; (*furthermore*) d'ailleurs; **yes ~!** certainement !
indefatigable [ɪndɪ'fætɪgəbl] ADJ infatigable
indefensible [ɪndɪ'fɛnsɪbl] ADJ (*conduct*) indéfendable
indefinable [ɪndɪ'faɪnəbl] ADJ indéfinissable
indefinite [ɪn'dɛfɪnɪt] ADJ indéfini(e); (*answer*) vague; (*period, number*) indéterminé(e)
indefinitely [ɪn'dɛfɪnɪtlɪ] ADV (*wait*) indéfiniment; (*speak*) vaguement, avec imprécision
indelible [ɪn'dɛlɪbl] ADJ indélébile
indelicate [ɪn'dɛlɪkɪt] ADJ (*tactless*) indélicat(e), grossier(-ière); (*not polite*) inconvenant(e), malséant(e)
indemnify [ɪn'dɛmnɪfaɪ] VT indemniser, dédommager
indemnity [ɪn'dɛmnɪtɪ] N (*insurance*) assurance *f*, garantie *f*; (*compensation*) indemnité *f*
indent [ɪn'dɛnt] VT (*text*) commencer en retrait
indentation [ɪndɛn'teɪʃən] N découpure *f*; (*Typ*) alinéa *m*; (*on metal*) bosse *f*
indenture [ɪn'dɛntʃə^r] N contrat *m* d'emploi-formation
★**independence** [ɪndɪ'pɛndns] N indépendance *f*
Independence Day N (US) *fête de l'Indépendance américaine*

> L'**Independence Day** (le 4 juillet) est la fête nationale des États-Unis. Il commémore l'adoption en 1776 de la déclaration d'Indépendance, écrite par Thomas Jefferson et proclamant la séparation des 13 colonies américaines de la Grande-Bretagne.

★**independent** [ɪndɪ'pɛndnt] ADJ indépendant(e); (*radio*) libre; **to become ~** s'affranchir
independently [ɪndɪ'pɛndntlɪ] ADV de façon indépendante; **~ of** indépendamment de
independent school N (BRIT) école privée

in-depth [ˈɪndɛpθ] ADJ approfondi(e)
indescribable [ɪndɪˈskraɪbəbl] ADJ indescriptible
indestructible [ɪndɪˈstrʌktɪbl] ADJ indestructible
indeterminate [ɪndɪˈtəːmɪnɪt] ADJ indéterminé(e)
★**index** [ˈɪndɛks] N (*pl* **indexes** [ˈɪndɛksɪz]) (*in book*) index *m*; (: *in library etc*) catalogue *m*; (*pl* **indices** [ˈɪndɪsiːz]) (*ratio, sign*) indice *m*
index card N fiche *f*
index finger N index *m*
index-linked [ˈɪndɛksˈlɪŋkt], (*US*) **indexed** [ˈɪndɛkst] ADJ indexé(e) (sur le coût de la vie *etc*)
★**India** [ˈɪndɪə] N Inde *f*
Indian [ˈɪndɪən] ADJ indien(ne) ▸ N Indien(ne); **(American)** ~ Indien(ne) (d'Amérique)
Indian ink N encre *f* de Chine
Indian Ocean N: **the** ~ l'océan Indien
Indian summer N (*fig*) été indien, beaux jours en automne
India paper N papier *m* bible
India rubber N gomme *f*
★**indicate** [ˈɪndɪkeɪt] VT indiquer ▸ VI (BRIT *Aut*): **to ~ left/right** mettre son clignotant à gauche/à droite
indication [ɪndɪˈkeɪʃən] N indication *f*, signe *m*
indicative [ɪnˈdɪkətɪv] ADJ indicatif(-ive); **to be ~ of sth** être symptomatique de qch ▸ N (*Ling*) indicatif *m*
indicator [ˈɪndɪkeɪtəʳ] N (*sign*) indicateur *m*; (*Aut*) clignotant *m*
indices [ˈɪndɪsiːz] NPL *of* **index**
indict [ɪnˈdaɪt] VT accuser
indictable [ɪnˈdaɪtəbl] ADJ (*person*) passible de poursuites; **~ offence** délit *m* tombant sous le coup de la loi
indictment [ɪnˈdaɪtmənt] N accusation *f*
indifference [ɪnˈdɪfrəns] N indifférence *f*
indifferent [ɪnˈdɪfrənt] ADJ indifférent(e); (*poor*) médiocre, quelconque
indigenous [ɪnˈdɪdʒɪnəs] ADJ indigène
indigestible [ɪndɪˈdʒɛstɪbl] ADJ indigeste
indigestion [ɪndɪˈdʒɛstʃən] N indigestion *f*, mauvaise digestion
indignant [ɪnˈdɪgnənt] ADJ: **~ (at sth/with sb)** indigné(e) (de qch/contre qn)
indignation [ɪndɪgˈneɪʃən] N indignation *f*
indignity [ɪnˈdɪgnɪtɪ] N indignité *f*, affront *m*
indigo [ˈɪndɪgəu] ADJ indigo *inv* ▸ N indigo *m*
indirect [ɪndɪˈrɛkt] ADJ indirect(e)
indirectly [ɪndɪˈrɛktlɪ] ADV indirectement
indiscreet [ɪndɪˈskriːt] ADJ indiscret(-ète); (*rash*) imprudent(e)
indiscretion [ɪndɪˈskrɛʃən] N indiscrétion *f*; (*rashness*) imprudence *f*
indiscriminate [ɪndɪˈskrɪmɪnət] ADJ (*person*) qui manque de discernement; (*admiration*) aveugle; (*killings*) commis(e) au hasard
indispensable [ɪndɪˈspɛnsəbl] ADJ indispensable
indisposed [ɪndɪˈspəuzd] ADJ (*unwell*) indisposé(e), souffrant(e)
indisposition [ɪndɪspəˈzɪʃən] N (*illness*) indisposition *f*, malaise *m*
indisputable [ɪndɪˈspjuːtəbl] ADJ incontestable, indiscutable
indistinct [ɪndɪˈstɪŋkt] ADJ indistinct(e); (*memory, noise*) vague
indistinguishable [ɪndɪˈstɪŋgwɪʃəbl] ADJ impossible à distinguer
★**individual** [ɪndɪˈvɪdjuəl] N individu *m* ▸ ADJ individuel(le); (*characteristic*) particulier(-ière), original(e)
individualism [ɪndɪˈvɪdjuəlɪzəm] N individualisme *m*
individualist [ɪndɪˈvɪdjuəlɪst] N individualiste *mf*
individualistic [ɪndɪvɪdjuəˈlɪstɪk] ADJ individualiste
individuality [ɪndɪvɪdjuˈælɪtɪ] N individualité *f*
individually [ɪndɪˈvɪdjuəlɪ] ADV individuellement
indivisible [ɪndɪˈvɪzɪbl] ADJ indivisible; (*Math*) insécable
Indo-China [ˈɪndəuˈtʃaɪnə] N Indochine *f*
indoctrinate [ɪnˈdɔktrɪneɪt] VT endoctriner
indoctrination [ɪndɔktrɪˈneɪʃən] N endoctrinement *m*
indolent [ˈɪndələnt] ADJ indolent(e), nonchalant(e)
indomitable [ɪnˈdɔmɪtəbl] ADJ indomptable
Indonesia [ɪndəˈniːzɪə] N Indonésie *f*
Indonesian [ɪndəˈniːzɪən] ADJ indonésien(ne) ▸ N Indonésien(ne); (*Ling*) indonésien *m*
indoor [ˈɪndɔːʳ] ADJ d'intérieur; (*plant*) d'appartement; (*swimming pool*) couvert(e); (*sport, games*) pratiqué(e) en salle
indoors [ɪnˈdɔːz] ADV à l'intérieur; (*at home*) à la maison
indubitable [ɪnˈdjuːbɪtəbl] ADJ indubitable, incontestable
induce [ɪnˈdjuːs] VT (*persuade*) persuader; (*bring about*) provoquer; (*labour*) déclencher; **to ~ sb to do sth** inciter *or* pousser qn à faire qch
inducement [ɪnˈdjuːsmənt] N incitation *f*; (*incentive*) but *m*; (*pej: bribe*) pot-de-vin *m*
induct [ɪnˈdʌkt] VT établir dans ses fonctions; (*fig*) initier
induction [ɪnˈdʌkʃən] N (*Med: of birth*) accouchement provoqué
induction course N (BRIT) stage *m* de mise au courant
indulge [ɪnˈdʌldʒ] VT (*whim*) céder à, satisfaire; (*child*) gâter ▸ VI: **to ~ in sth** (*luxury*) s'offrir qch, se permettre qch; (*fantasies etc*) se livrer à qch
indulgence [ɪnˈdʌldʒəns] N fantaisie *f* (que l'on s'offre); (*leniency*) indulgence *f*
indulgent [ɪnˈdʌldʒənt] ADJ indulgent(e)
industrial [ɪnˈdʌstrɪəl] ADJ industriel(le); (*injury*) du travail; (*dispute*) ouvrier(-ière)
industrial action N action revendicative
industrial estate N (BRIT) zone industrielle
industrialist [ɪnˈdʌstrɪəlɪst] N industriel *m*
industrialization [ɪndʌstrɪəlaɪˈzeɪʃən] N industrialisation *f*
industrialize [ɪnˈdʌstrɪəlaɪz] VT industrialiser
industrial park N (*US*) zone industrielle

industrial relations NPL relations *fpl* dans l'entreprise
industrial tribunal N (BRIT) ≈ conseil *m* de prud'hommes
industrious [ɪn'dʌstrɪəs] ADJ travailleur(-euse)
industry ['ɪndəstrɪ] N industrie *f*; (*diligence*) zèle *m*, application *f*
inebriated [ɪ'ni:brɪeɪtɪd] ADJ ivre
inedible [ɪn'ɛdɪbl] ADJ immangeable; (*plant etc*) non comestible
ineffective [ɪnɪ'fɛktɪv], **ineffectual** [ɪnɪ'fɛktʃuəl] ADJ inefficace; incompétent(e)
inefficiency [ɪnɪ'fɪʃənsɪ] N inefficacité *f*
inefficient [ɪnɪ'fɪʃənt] ADJ inefficace
inelegant [ɪn'ɛlɪgənt] ADJ peu élégant(e), inélégant(e)
ineligible [ɪn'ɛlɪdʒɪbl] ADJ (*candidate*) inéligible; **to be ~ for sth** ne pas avoir droit à qch
inept [ɪ'nɛpt] ADJ inepte
ineptitude [ɪ'nɛptɪtju:d] N ineptie *f*
inequality [ɪnɪ'kwɔlɪtɪ] N inégalité *f*
inequitable [ɪn'ɛkwɪtəbl] ADJ inéquitable, inique
ineradicable [ɪnɪ'rædɪkəbl] ADJ indéracinable, tenace
inert [ɪ'nə:t] ADJ inerte
inertia [ɪ'nə:ʃə] N inertie *f*
inertia-reel seat belt [ɪ'nə:ʃə'ri:l-] N ceinture *f* de sécurité à enrouleur
inescapable [ɪnɪ'skeɪpəbl] ADJ inéluctable, inévitable
inessential [ɪnɪ'sɛnʃl] ADJ superflu(e)
inestimable [ɪn'ɛstɪməbl] ADJ inestimable, incalculable
inevitability [ɪnɛvɪtə'bɪlɪtɪ] N caractère *m* inévitable
inevitable [ɪn'ɛvɪtəbl] ADJ inévitable
inevitably [ɪn'ɛvɪtəblɪ] ADV inévitablement, fatalement
inexact [ɪnɪg'zækt] ADJ inexact(e)
inexcusable [ɪnɪk'skju:zəbl] ADJ inexcusable
inexhaustible [ɪnɪg'zɔ:stɪbl] ADJ inépuisable
inexorable [ɪn'ɛksərəbl] ADJ inexorable
inexpensive [ɪnɪk'spɛnsɪv] ADJ bon marché *inv*
inexperience [ɪnɪk'spɪərɪəns] N inexpérience *f*, manque *m* d'expérience
inexperienced [ɪnɪk'spɪərɪənst] ADJ inexpérimenté(e); **to be ~ in sth** manquer d'expérience dans qch
inexplicable [ɪnɪk'splɪkəbl] ADJ inexplicable
inexpressible [ɪnɪk'sprɛsɪbl] ADJ inexprimable; indicible
inextricable [ɪnɪk'strɪkəbl] ADJ inextricable
infallibility [ɪnfælə'bɪlɪtɪ] N infaillibilité *f*
infallible [ɪn'fælɪbl] ADJ infaillible
infamous ['ɪnfəməs] ADJ infâme, abominable
infamy ['ɪnfəmɪ] N infamie *f*
infancy ['ɪnfənsɪ] N petite enfance, bas âge; (*fig*) enfance, débuts *mpl*
infant ['ɪnfənt] N (*baby*) nourrisson *m*; (*young child*) petit(e) enfant
infantile ['ɪnfəntaɪl] ADJ infantile
infant mortality N mortalité *f* infantile
infantry ['ɪnfəntrɪ] N infanterie *f*
infantryman ['ɪnfəntrɪmən] N (*irreg*) fantassin *m*
infant school N (BRIT) classes *fpl* préparatoires (*entre 5 et 7 ans*)
infatuated [ɪn'fætjueɪtɪd] ADJ: **~ with** entiché(e) de; **to become ~ (with sb)** s'enticher (de qn)
infatuation [ɪnfætju'eɪʃən] N toquade *f*; engouement *m*
infect [ɪn'fɛkt] VT (*wound*) infecter; (*person, blood*) contaminer; (*fig, pej*) corrompre; **infected with** (*illness*) atteint(e) de; **to become infected** (*wound*) s'infecter
★**infection** [ɪn'fɛkʃən] N infection *f*; (*contagion*) contagion *f*
infectious [ɪn'fɛkʃəs] ADJ infectieux(-euse); (*also fig*) contagieux(-euse)
infer [ɪn'fə:ʳ] VT: **to ~ (from)** conclure (de), déduire (de)
inference ['ɪnfərəns] N conclusion *f*, déduction *f*
inferior [ɪn'fɪərɪəʳ] ADJ inférieur(e); (*goods*) de qualité inférieure; **to feel ~** avoir un sentiment d'infériorité ▸ N inférieur(e); (*in rank*) subalterne *mf*
inferiority [ɪnfɪərɪ'ɔrətɪ] N infériorité *f*
inferiority complex N complexe *m* d'infériorité
infernal [ɪn'fə:nl] ADJ infernal(e)
inferno [ɪn'fə:nəu] N enfer *m*; brasier *m*
infertile [ɪn'fə:taɪl] ADJ stérile
infertility [ɪnfə:'tɪlɪtɪ] N infertilité *f*, stérilité *f*
infestation [ɪnfɛs'teɪʃən] N infestation *f*
infested [ɪn'fɛstɪd] ADJ: **~ (with)** infesté(e) (de)
infidelity [ɪnfɪ'dɛlɪtɪ] N infidélité *f*
in-fighting ['ɪnfaɪtɪŋ] N querelles *fpl* internes
infiltrate ['ɪnfɪltreɪt] VT (*troops etc*) faire s'infiltrer; (*enemy line etc*) s'infiltrer dans ▸ VI s'infiltrer
infinite ['ɪnfɪnɪt] ADJ infini(e); (*time, money*) illimité(e)
infinitely ['ɪnfɪnɪtlɪ] ADV infiniment
infinitesimal [ɪnfɪnɪ'tɛsɪməl] ADJ infinitésimal(e)
infinitive [ɪn'fɪnɪtɪv] N infinitif *m*
infinity [ɪn'fɪnɪtɪ] N infinité *f*; (*also Math*) infini *m*
infirm [ɪn'fə:m] ADJ infirme
infirmary [ɪn'fə:mərɪ] N hôpital *m*; (*in school, factory*) infirmerie *f*
infirmity [ɪn'fə:mɪtɪ] N infirmité *f*
inflamed [ɪn'fleɪmd] ADJ enflammé(e)
inflammable [ɪn'flæməbl] ADJ (BRIT) inflammable
inflammation [ɪnflə'meɪʃən] N inflammation *f*
inflammatory [ɪn'flæmətərɪ] ADJ (*speech*) incendiaire
inflatable [ɪn'fleɪtəbl] ADJ gonflable
inflate [ɪn'fleɪt] VT (*tyre, balloon*) gonfler; (*fig: exaggerate*) grossir, gonfler; (*: increase*) gonfler
inflated [ɪn'fleɪtɪd] ADJ (*style*) enflé(e); (*value*) exagéré(e)
★**inflation** [ɪn'fleɪʃən] N (*Econ*) inflation *f*
inflationary [ɪn'fleɪʃənərɪ] ADJ inflationniste
inflexible [ɪn'flɛksɪbl] ADJ inflexible, rigide
inflict [ɪn'flɪkt] VT: **to ~ on** infliger à
infliction [ɪn'flɪkʃən] N: **without the ~ of pain** sans infliger de douleurs

i

in-flight ['ɪnflaɪt] ADJ (*refuelling*) en vol; (*service etc*) à bord

inflow ['ɪnfləu] N afflux *m*

influence ['ɪnfluəns] N influence *f*; **under the ~ of** sous l'effet de; **under the ~ of alcohol** en état d'ébriété ▸VT influencer

influential [ɪnflu'ɛnʃl] ADJ influent(e)

influenza [ɪnflu'ɛnzə] N grippe *f*

influx ['ɪnflʌks] N afflux *m*

info ['ɪnfəu] N (*inf*: = *information*) renseignements *mpl*

infomercial ['ɪnfəumə:ʃl] (*US*) N (*for product*) publi-information *f*; (*Pol*) *émission où un candidat présente son programme électoral*

⋆**inform** [ɪn'fɔ:m] VT: **to ~ sb (of)** informer *or* avertir qn (de); **to ~ sb about** renseigner qn sur, mettre qn au courant de ▸VI: **to ~ on sb** dénoncer qn, informer contre qn

informal [ɪn'fɔ:ml] ADJ (*person, manner, party*) simple, sans cérémonie; (*visit, discussion*) dénué(e) de formalités; (*announcement, invitation*) non officiel(le); (*colloquial*) familier(-ère); **"dress ~"** « tenue de ville »

informality [ɪnfɔ:'mælɪtɪ] N simplicité *f*, absence *f* de cérémonie; caractère non officiel

informally [ɪn'fɔ:məlɪ] ADV sans cérémonie, en toute simplicité; non officiellement

informant [ɪn'fɔ:mənt] N informateur(-trice)

⋆**information** [ɪnfə'meɪʃən] N information(s) *f(pl)*; renseignements *mpl*; (*knowledge*) connaissances *fpl*; **to get ~ on** se renseigner sur; **a piece of ~** un renseignement; **for your ~** à titre d'information

information bureau N bureau *m* de renseignements

information desk N accueil *m*

information office N bureau *m* de renseignements

information processing N traitement *m* de l'information

information technology N informatique *f*

informative [ɪn'fɔ:mətɪv] ADJ instructif(-ive)

informed [ɪn'fɔ:md] ADJ (bien) informé(e); **an ~ guess** une hypothèse fondée sur la connaissance des faits

informer [ɪn'fɔ:mə^r] N dénonciateur(-trice); (*also:* **police informer**) indicateur(-trice)

infra dig ['ɪnfrə'dɪg] ADJ ABBR (*inf*: = *infra dignitatem*) au-dessous de ma (*or* sa *etc*) dignité

infra-red [ɪnfrə'rɛd] ADJ infrarouge

infrastructure ['ɪnfrəstrʌktʃə^r] N infrastructure *f*

infrequent [ɪn'fri:kwənt] ADJ peu fréquent(e), rare

infringe [ɪn'frɪndʒ] VT enfreindre ▸VI: **to ~ on** empiéter sur

infringement [ɪn'frɪndʒmənt] N: **~ (of)** infraction *f* (à)

infuriate [ɪn'fjuərɪeɪt] VT mettre en fureur

infuriating [ɪn'fjuərɪeɪtɪŋ] ADJ exaspérant(e)

infuse [ɪn'fju:z] VT: **to ~ sb with sth** (*fig*) insuffler qch à qn

infusion [ɪn'fju:ʒən] N (*tea etc*) infusion *f*

ingenious [ɪn'dʒi:njəs] ADJ ingénieux(-euse)

ingenuity [ɪndʒɪ'nju:ɪtɪ] N ingéniosité *f*

ingenuous [ɪn'dʒɛnjuəs] ADJ franc (franche), ouvert(e)

ingot ['ɪŋgət] N lingot *m*

ingrained [ɪn'greɪnd] ADJ enraciné(e)

ingratiate [ɪn'greɪʃɪeɪt] VT: **to ~ o.s. with** s'insinuer dans les bonnes grâces de, se faire bien voir de

ingratiating [ɪn'greɪʃɪeɪtɪŋ] ADJ (*smile, speech*) insinuant(e); (*person*) patelin(e)

ingratitude [ɪn'grætɪtju:d] N ingratitude *f*

⋆**ingredient** [ɪn'gri:dɪənt] N ingrédient *m*; (*fig*) élément *m*

ingrowing ['ɪngrəuɪŋ], **ingrown** ['ɪngrəun] ADJ: **~ toenail** ongle incarné

inhabit [ɪn'hæbɪt] VT habiter

inhabitable [ɪn'hæbɪtəbl] ADJ habitable

inhabitant [ɪn'hæbɪtnt] N habitant(e)

inhale [ɪn'heɪl] VT inhaler; (*perfume*) respirer; (*smoke*) avaler ▸VI (*breathe in*) aspirer; (*in smoking*) avaler la fumée

inhaler [ɪn'heɪlə^r] N inhalateur *m*

inherent [ɪn'hɪərənt] ADJ: **~ (in** *or* **to)** inhérent(e) (à)

inherently [ɪn'hɪərəntlɪ] ADV (*easy, difficult*) en soi; (*lazy*) fondamentalement

inherit [ɪn'hɛrɪt] VT hériter (de)

inheritance [ɪn'hɛrɪtəns] N héritage *m*; (*fig*): **the situation that was his ~ as president** la situation dont il a hérité en tant que président; **law of ~** droit *m* de la succession

inhibit [ɪn'hɪbɪt] VT (*Psych*) inhiber; (*growth*) freiner; **to ~ sb from doing** empêcher *or* retenir qn de faire

inhibited [ɪn'hɪbɪtɪd] ADJ (*person*) inhibé(e)

inhibiting [ɪn'hɪbɪtɪŋ] ADJ gênant(e)

inhibition [ɪnhɪ'bɪʃən] N inhibition *f*

inhospitable [ɪnhɔs'pɪtəbl] ADJ inhospitalier(-ière)

in-house ['ɪn'haus] ADJ (*system*) interne; (*training*) effectué(e) sur place *or* dans le cadre de la compagnie ▸ADV (*train, produce*) sur place

inhuman [ɪn'hju:mən] ADJ inhumain(e)

inhumane [ɪnhju:'meɪn] ADJ inhumain(e)

inhumanity [ɪnhju'mænɪtɪ] N inhumanité *f*

inimical [ɪ'nɪmɪkl] ADJ: **to be ~ to sth** être antagonique à qch

inimitable [ɪ'nɪmɪtəbl] ADJ inimitable

iniquity [ɪ'nɪkwɪtɪ] N iniquité *f*

initial [ɪ'nɪʃl] ADJ initial(e) ▸N initiale *f* ▸VT parafer ▪ **initials** NPL initiales *fpl*; (*as signature*) parafe *m*

initialize [ɪ'nɪʃəlaɪz] VT (*Comput*) initialiser

initially [ɪ'nɪʃəlɪ] ADV initialement, au début

initiate [ɪ'nɪʃɪeɪt] VT (*start*) entreprendre; amorcer; (*enterprise*) lancer; (*person*) initier; **to ~ sb into a secret** initier qn à un secret; **to ~ proceedings against sb** (*Law*) intenter une action à qn, engager des poursuites contre qn

initiation [ɪnɪʃɪ'eɪʃən] N (*into secret etc*) initiation *f*

initiative [ɪ'nɪʃətɪv] N initiative *f*; **to take the ~** prendre l'initiative

inject [ɪn'dʒɛkt] VT (*liquid, fig: money*) injecter; (*person*): **to ~ sb with sth** faire une piqûre de qch à qn

injection [ɪn'dʒɛkʃən] N injection *f*, piqûre *f*; **to have an ~** se faire faire une piqûre
injudicious [ɪndʒu'dɪʃəs] ADJ peu judicieux(-euse)
injunction [ɪn'dʒʌŋkʃən] N (*Law*) injonction *f*, ordre *m*
injure ['ɪndʒə^r] VT blesser; (*wrong*) faire du tort à; (*damage*: *reputation etc*) compromettre; (: *feelings*) heurter; **to ~ o.s.** se blesser

to injure ne veut pas dire *injurier*.

★**injured** ['ɪndʒəd] ADJ (*person, leg etc*) blessé(e); (*tone, feelings*) offensé(e); **~ party** (*Law*) partie lésée
injurious [ɪn'dʒuərɪəs] ADJ: **~ (to)** préjudiciable (à)
★**injury** ['ɪndʒərɪ] N blessure *f*; (*wrong*) tort *m*; **to escape without ~** s'en sortir sain et sauf

injury ne veut pas dire *injure*.

injury time N (*Sport*) arrêts *mpl* de jeu
injustice [ɪn'dʒʌstɪs] N injustice *f*; **you do me an ~** vous êtes injuste envers moi
ink [ɪŋk] N encre *f*
ink-jet printer ['ɪŋkdʒɛt-] N imprimante *f* à jet d'encre
inkling ['ɪŋklɪŋ] N soupçon *m*, vague idée *f*
inkpad ['ɪŋkpæd] N tampon *m* encreur
inky ['ɪŋkɪ] ADJ taché(e) d'encre
inlaid ['ɪnleɪd] ADJ incrusté(e); (*table etc*) marqueté(e)
inland ADJ ['ɪnlənd] intérieur(e); **~ waterways** canaux *mpl* et rivières *fpl* ▶ADV [ɪn'lænd] à l'intérieur, dans les terres
Inland Revenue N (BRIT) fisc *m*
in-laws ['ɪnlɔːz] NPL beaux-parents *mpl*; belle famille
inlet ['ɪnlɛt] N (*Geo*) crique *f*
inlet pipe N (*Tech*) tuyau *m* d'arrivée
inmate ['ɪnmeɪt] N (*in prison*) détenu(e); (*in asylum*) interné(e)
inmost ['ɪnməust] ADJ le (la) plus profond(e)
inn [ɪn] N auberge *f*
innards ['ɪnədz] NPL (*inf*) entrailles *fpl*
innate [ɪ'neɪt] ADJ inné(e)
inner ['ɪnə^r] ADJ intérieur(e)
inner city N centre *m* urbain (*souffrant souvent de délabrement, d'embouteillages etc*)
inner-city ['ɪnə'sɪtɪ] ADJ (*schools, problems*) de quartiers déshérités
innermost ['ɪnəməust] ADJ le (la) plus profond(e)
inner tube N (*of tyre*) chambre *f* à air
inning ['ɪnɪŋ] N (*US Baseball*) tour *m* de batte ■ **innings** N (*Cricket*) tour de batte; **he has had a good innings** (BRIT *fig*) il (en) a bien profité
innocence ['ɪnəsns] N innocence *f*
★**innocent** ['ɪnəsnt] ADJ innocent(e)
innocuous [ɪ'nɔkjuəs] ADJ inoffensif(-ive)
innovate ['ɪnəveɪt] VI innover
innovation [ɪnəu'veɪʃən] N innovation *f*
innovative ['ɪnəvətɪv] ADJ (*product, idea*) innovant(e); (*person*) novateur(-trice)
innovator ['ɪnəveɪtə^r] N novateur(-trice)
innuendo [ɪnju'ɛndəu] (*pl* **innuendoes**) N insinuation *f*, allusion (malveillante)
innumerable [ɪ'njuːmrəbl] ADJ innombrable
inoculate [ɪ'nɔkjuleɪt] VT: **to ~ sb with sth** inoculer qch à qn; **to ~ sb against sth** vacciner qn contre qch
inoculation [ɪnɔkju'leɪʃən] N inoculation *f*
inoffensive [ɪnə'fɛnsɪv] ADJ inoffensif(-ive)
inoperable [ɪn'ɔprəbl] ADJ inopérable
inopportune [ɪn'ɔpətjuːn] ADJ inopportun(e)
inordinate [ɪn'ɔːdɪnət] ADJ démesuré(e)
inordinately [ɪn'ɔːdɪnətlɪ] ADV démesurément
inorganic [ɪnɔː'gænɪk] ADJ inorganique
in-patient ['ɪnpeɪʃənt] N malade hospitalisé(e)
input ['ɪnput] N (*contribution*) contribution *f*; (*resources*) ressources *fpl*; (*Elec*) énergie *f*, puissance *f*; (*of machine*) consommation *f*; (*Comput*) entrée *f* (de données); (: *data*) données *fpl* ▶VT (*Comput*) introduire, entrer
inquest ['ɪnkwɛst] N enquête (criminelle); (*coroner's*) enquête judiciaire
inquire [ɪn'kwaɪə^r] VI demander; **to ~ about** s'informer de, se renseigner sur ▶VT demander, s'informer de; **to ~ when/where/whether** demander quand/où/si
▶ **inquire after** VT FUS demander des nouvelles de
▶ **inquire into** VT FUS faire une enquête sur
inquiring [ɪn'kwaɪərɪŋ] ADJ (*mind*) curieux(-euse), investigateur(-trice)
★**inquiry** [ɪn'kwaɪərɪ] N demande *f* de renseignements; (*Law*) enquête *f*, investigation *f*; **"inquiries"** « renseignements »; **to hold an ~ into sth** enquêter sur qch
inquiry desk N (BRIT) guichet *m* de renseignements
inquiry office N (BRIT) bureau *m* de renseignements
inquisition [ɪnkwɪ'zɪʃən] N enquête *f*, investigation *f*; (*Rel*): **the I~** l'Inquisition *f*
inquisitive [ɪn'kwɪzɪtɪv] ADJ curieux(-euse)
inroads ['ɪnrəudz] NPL: **to make ~ into** (*savings, supplies*) entamer
insane [ɪn'seɪn] ADJ fou (folle); (*Med*) aliéné(e)
insanitary [ɪn'sænɪtərɪ] ADJ insalubre
insanity [ɪn'sænɪtɪ] N folie *f*; (*Med*) aliénation (mentale)
insatiable [ɪn'seɪʃəbl] ADJ insatiable
inscribe [ɪn'skraɪb] VT inscrire; (*book etc*): **to ~ (to sb)** dédicacer (à qn)
inscription [ɪn'skrɪpʃən] N inscription *f*; (*in book*) dédicace *f*
inscrutable [ɪn'skruːtəbl] ADJ impénétrable
inseam ['ɪnsiːm] N (*US*): **~ measurement** hauteur *f* d'entre-jambe
insect ['ɪnsɛkt] N insecte *m*
insect bite N piqûre *f* d'insecte
insecticide [ɪn'sɛktɪsaɪd] N insecticide *m*
insect repellent N crème *f* anti-insectes
insecure [ɪnsɪ'kjuə^r] ADJ (*person*) anxieux(-euse); (*job*) précaire; (*building etc*) peu sûr(e)
insecurity [ɪnsɪ'kjuərɪtɪ] N insécurité *f*
insemination [ɪnsɛmɪ'neɪʃən] N insémination *f*
insensible [ɪn'sɛnsɪbl] ADJ insensible; (*unconscious*) sans connaissance

i

insensitive [ɪn'sɛnsɪtɪv] ADJ insensible

insensitivity [ɪnsɛnsɪ'tɪvɪtɪ] N insensibilité *f*

inseparable [ɪn'sɛprəbl] ADJ inséparable

insert VT [ɪn'sə:t] insérer ▸ N ['ɪnsə:t] insertion *f*

insertion [ɪn'sə:ʃən] N insertion *f*

in-service ['ɪn'sə:vɪs] ADJ (*training*) continu(e); (*course*) d'initiation; de perfectionnement; de recyclage

inshore ADJ ['ɪnʃɔ:ʳ] côtier(-ière) ▸ ADV [ɪn'ʃɔ:ʳ] près de la côte; vers la côte

★**inside** ['ɪn'saɪd] N intérieur *m*; (*of road*: BRIT) côté *m* gauche (*de la route*); (: *US, Europe etc*) côté droit (*de la route*) ▸ ADJ intérieur(e); **~ information** renseignements *mpl* à la source; **~ story** histoire racontée par un témoin ▸ ADV à l'intérieur, dedans; **to go ~** rentrer ▸ PREP à l'intérieur de; (*of time*): **~ 10 minutes** en moins de 10 minutes ■ **insides** NPL (*inf*) intestins *mpl*

inside forward N (*Sport*) intérieur *m*

inside lane N (*Aut*: *in Britain*) voie *f* de gauche; (: *in US, Europe*) voie *f* de droite

inside leg measurement N (BRIT) hauteur *f* d'entre-jambe

inside out ADV à l'envers; (*know*) à fond; **to turn sth ~** retourner qch

insider [ɪn'saɪdəʳ] N initié(e)

insider dealing, insider trading N (*Stock Exchange*) délit *m* d'initiés

insidious [ɪn'sɪdɪəs] ADJ insidieux(-euse)

insight ['ɪnsaɪt] N perspicacité *f*; (*glimpse, idea*) aperçu *m*; **to gain an ~ into sth** avoir un aperçu de qch; **to give sb an ~ into sth** donner à qn un aperçu de qch

insightful ['ɪnsaɪtful] ADJ sagace

insignia [ɪn'sɪgnɪə] NPL insignes *mpl*

insignificant [ɪnsɪg'nɪfɪknt] ADJ insignifiant(e)

insincere [ɪnsɪn'sɪəʳ] ADJ hypocrite

insincerity [ɪnsɪn'sɛrɪtɪ] N manque *m* de sincérité, hypocrisie *f*

insinuate [ɪn'sɪnjueɪt] VT insinuer

insinuation [ɪnsɪnju'eɪʃən] N insinuation *f*

insipid [ɪn'sɪpɪd] ADJ insipide, fade

★**insist** [ɪn'sɪst] VI insister; **to ~ on doing** insister pour faire; **to ~ on sth** exiger qch; **to ~ that** insister pour que + *sub*; (*claim*) maintenir *or* soutenir que

insistence [ɪn'sɪstəns] N insistance *f*

insistent [ɪn'sɪstənt] ADJ insistant(e), pressant(e); (*noise, action*) ininterrompu(e)

insistently [ɪn'sɪstəntlɪ] ADV avec insistance

insofar [ɪnsəu'fɑ:ʳ]: **~ as** *conj* dans la mesure où

insole ['ɪnsəul] N semelle intérieure; (*fixed part of shoe*) première *f*

insolence ['ɪnsələns] N insolence *f*

insolent ['ɪnsələnt] ADJ insolent(e)

insoluble [ɪn'sɔljubl] ADJ insoluble

insolvency [ɪn'sɔlvənsɪ] N insolvabilité *f*; faillite *f*

insolvent [ɪn'sɔlvənt] ADJ insolvable; (*bankrupt*) en faillite

insomnia [ɪn'sɔmnɪə] N insomnie *f*

insomniac [ɪn'sɔmnɪæk] N insomniaque *mf*

insouciance [ɪn'su:siəns] N (*formal*) insouciance *f*

inspect [ɪn'spɛkt] VT inspecter; (BRIT: *ticket*) contrôler

inspection [ɪn'spɛkʃən] N inspection *f*; (BRIT: *of tickets*) contrôle *m*

★**inspector** [ɪn'spɛktəʳ] N inspecteur(-trice); (BRIT: *on buses, trains*) contrôleur(-euse)

inspiration [ɪnspə'reɪʃən] N inspiration *f*

inspirational [ɪnspɪ'reɪʃənl] ADJ (*person, leader*) charismatique

inspire [ɪn'spaɪəʳ] VT inspirer

inspired [ɪn'spaɪəd] ADJ (*writer, book etc*) inspiré(e); **in an ~ moment** dans un moment d'inspiration

inspiring [ɪn'spaɪərɪŋ] ADJ inspirant(e)

inst. ABBR (BRIT *Comm*) = **instant**

instability [ɪnstə'bɪlɪtɪ] N instabilité *f*

install, (*US*) **instal** [ɪn'stɔ:l] VT installer

installation [ɪnstə'leɪʃən] N installation *f*

installer [ɪn'stɔ:lə] N (*Comput*) installeur *m*

installment plan N (*US*) achat *m* (*or* vente *f*) à tempérament *or* crédit

instalment, (*US*) **installment** [ɪn'stɔ:lmənt] N (*payment*) acompte *m*, versement partiel; (*of TV serial etc*) épisode *m*; **in instalments** (*pay*) à tempérament; (*receive*) en plusieurs fois

★**instance** ['ɪnstəns] N exemple *m*; **for ~** par exemple; **in many instances** dans bien des cas; **in that ~** dans ce cas; **in the first ~** tout d'abord, en premier lieu

★**instant** ['ɪnstənt] N instant *m*; **the 10th ~** le 10 courant ▸ ADJ immédiat(e), urgent(e); (*coffee, food*) instantané(e), en poudre

instantaneous [ɪnstən'teɪnɪəs] ADJ instantané(e)

instantly ['ɪnstəntlɪ] ADV immédiatement, tout de suite

instant message N message *m* instantané

instant messaging N messagerie *f* instantanée

instant replay N (*US TV*) retour *m* sur une séquence

★**instead** [ɪn'stɛd] ADV au lieu de cela; **~ of** au lieu de; **~ of sb** à la place de qn

instep ['ɪnstɛp] N cou-de-pied *m*; (*of shoe*) cambrure *f*

instigate ['ɪnstɪgeɪt] VT (*rebellion, strike, crime*) inciter à; (*new ideas etc*) susciter

instigation [ɪnstɪ'geɪʃən] N instigation *f*; **at sb's ~** à l'instigation de qn

instigator ['ɪnstɪgeɪtəʳ] N instigateur(-trice)

instil [ɪn'stɪl] VT: **to ~ (into)** inculquer (à); (*courage*) insuffler (à)

instinct ['ɪnstɪŋkt] N instinct *m*

instinctive [ɪn'stɪŋktɪv] ADJ instinctif(-ive)

instinctively [ɪn'stɪŋktɪvlɪ] ADV instinctivement

★**institute** ['ɪnstɪtju:t] N institut *m* ▸ VT instituer, établir; (*inquiry*) ouvrir; (*proceedings*) entamer

★**institution** [ɪnstɪ'tju:ʃən] N institution *f*; (*school*) établissement *m* (scolaire); (*for care*) établissement (psychiatrique *etc*)

institutional [ɪnstɪ'tju:ʃənl] ADJ institutionnel(le); **~ care** soins fournis par un établissement médico-social

institutionalized [ɪnstɪˈtjuːʃənlaɪzd] ADJ (*racism, corruption*) institutionnalisé(e); **to become ~** (*person*) devenir un(e) perpétuel(le) assisté(e)

instruct [ɪnˈstrʌkt] VT instruire, former; **to ~ sb in sth** enseigner qch à qn; **to ~ sb to do** charger qn *or* ordonner à qn de faire

instruction [ɪnˈstrʌkʃən] N instruction *f* ▪ **instructions** NPL (*orders*) directives *fpl*; **instructions for use** mode *m* d'emploi

instruction book N manuel *m* d'instructions

instructive [ɪnˈstrʌktɪv] ADJ instructif(-ive)

instructor [ɪnˈstrʌktəʳ] N professeur *m*; (*for skiing, driving*) moniteur *m*

★**instrument** [ˈɪnstrumənt] N instrument *m*

instrumental [ɪnstruˈmɛntl] ADJ (*Mus*) instrumental(e); **to be ~ in sth/in doing sth** contribuer à qch/à faire qch

instrumentalist [ɪnstruˈmɛntəlɪst] N instrumentiste *mf*

instrument panel N tableau *m* de bord

insubordinate [ɪnsəˈbɔːdənɪt] ADJ insubordonné(e)

insubordination [ɪnsəbɔːdəˈneɪʃən] N insubordination *f*

insufferable [ɪnˈsʌfrəbl] ADJ insupportable

insufficient [ɪnsəˈfɪʃənt] ADJ insuffisant(e)

insufficiently [ɪnsəˈfɪʃəntlɪ] ADV insuffisamment

insular [ˈɪnsjuləʳ] ADJ insulaire; (*outlook*) étroit(e); (*person*) aux vues étroites

insulate [ˈɪnsjuleɪt] VT isoler; (*against sound*) insonoriser

insulating tape [ˈɪnsjuleɪtɪŋ-] N ruban isolant

insulation [ɪnsjuˈleɪʃən] N isolation *f*; (*against sound*) insonorisation *f*

insulin [ˈɪnsjulɪn] N insuline *f*

insult N [ˈɪnsʌlt] insulte *f*, affront *m* ▸ VT [ɪnˈsʌlt] insulter, faire un affront à

insulting [ɪnˈsʌltɪŋ] ADJ insultant(e), injurieux(-euse)

insuperable [ɪnˈsjuːprəbl] ADJ insurmontable

★**insurance** [ɪnˈʃuərəns] N assurance *f*; **fire/life ~** assurance-incendie/-vie; **to take out ~ (against)** s'assurer (contre)

insurance agent N agent *m* d'assurances

insurance broker N courtier *m* en assurances

insurance company N compagnie *f* *or* société *f* d'assurances

insurance policy N police *f* d'assurance

insurance premium N prime *f* d'assurance

insure [ɪnˈʃuəʳ] VT assurer; **to ~ (o.s.) against** (*fig*) parer à; **to ~ sb/sb's life** assurer qn/la vie de qn; **to be insured for £5000** être assuré(e) pour 5000 livres

insured [ɪnˈʃuəd] N: **the ~** l'assuré(e)

insurer [ɪnˈʃuərəʳ] N assureur *m*

insurgency [ɪnˈsəːdʒənsɪ] N insurrection *f*

insurgent [ɪnˈsəːdʒənt] ADJ, N insurgé(e)

insurmountable [ɪnsəˈmauntəbl] ADJ insurmontable

insurrection [ɪnsəˈrɛkʃən] N insurrection *f*

intact [ɪnˈtækt] ADJ intact(e)

intake [ˈɪnteɪk] N (*Tech*) admission *f*; (*consumption*) consommation *f*; (BRIT *Scol*): **an ~ of 200 a year** 200 admissions par an

intangible [ɪnˈtændʒɪbl] ADJ intangible; (*assets*) immatériel(le)

integral [ˈɪntɪgrəl] ADJ (*whole*) intégral(e); (*part*) intégrant(e)

integrate [ˈɪntɪgreɪt] VT intégrer ▸ VI s'intégrer

integrated circuit [ˈɪntɪgreɪtɪd-] N (*Comput*) circuit intégré

integration [ɪntɪˈgreɪʃən] N intégration *f*; **racial ~** intégration raciale

integrity [ɪnˈtɛgrɪtɪ] N intégrité *f*

intellect [ˈɪntəlɛkt] N intelligence *f*

intellectual [ɪntəˈlɛktjuəl] ADJ, N intellectuel(le)

intellectually [ɪntəˈlɛktjuəlɪ] ADV intellectuellement

intelligence [ɪnˈtɛlɪdʒəns] N intelligence *f*; (*Mil*) informations *fpl*, renseignements *mpl*

intelligence quotient N quotient intellectuel

Intelligence Service N services *mpl* de renseignements

intelligence test N test *m* d'intelligence

★**intelligent** [ɪnˈtɛlɪdʒənt] ADJ intelligent(e)

intelligently [ɪnˈtɛlɪdʒəntlɪ] ADV intelligemment

intelligentsia [ɪntɛlɪˈdʒɛntsɪə] N: **the ~** l'intelligentsia *f*

intelligible [ɪnˈtɛlɪdʒɪbl] ADJ intelligible

intemperate [ɪnˈtɛmpərət] ADJ immodéré(e); (*drinking too much*) adonné(e) à la boisson

★**intend** [ɪnˈtɛnd] VT (*gift etc*): **to ~ sth for** destiner qch à; **to ~ to do** avoir l'intention de faire

intended [ɪnˈtɛndɪd] ADJ (*insult*) intentionnel(le); (*journey*) projeté(e); (*effect*) voulu(e)

★**intense** [ɪnˈtɛns] ADJ intense; (*person*) véhément(e)

intensely [ɪnˈtɛnslɪ] ADV intensément; (*moving*) profondément

intensify [ɪnˈtɛnsɪfaɪ] VT intensifier

intensity [ɪnˈtɛnsɪtɪ] N intensité *f*

intensive [ɪnˈtɛnsɪv] ADJ intensif(-ive)

intensive care N: **to be in ~** être en réanimation

intensive care unit N service *m* de réanimation

intent [ɪnˈtɛnt] N intention *f*; **to all intents and purposes** en fait, pratiquement ▸ ADJ attentif(-ive), absorbé(e); **to be ~ on doing sth** être (bien) décidé à faire qch

intention [ɪnˈtɛnʃən] N intention *f*

intentional [ɪnˈtɛnʃənl] ADJ intentionnel(le), délibéré(e)

intentionally [ɪnˈtɛnʃənlɪ] ADV intentionnellement

intently [ɪnˈtɛntlɪ] ADV attentivement

inter [ɪnˈtəːʳ] VT enterrer

interact [ɪntərˈækt] VI avoir une action réciproque; (*people*) communiquer

interaction [ɪntərˈækʃən] N interaction *f*

interactive [ɪntərˈæktɪv] ADJ (*group*) interactif(-ive); (*Comput*) interactif, conversationnel(le)

interactivity [ɪntərækˈtɪvɪtɪ] N (*Comput*) interactivité *f*

intercede [ɪntəˈsiːd] VI: **to ~ with sb/on behalf of sb** intercéder auprès de qn/en faveur de qn

intercept [ɪntəˈsɛpt] VT intercepter; (*person*) arrêter au passage

interception [ɪntəˈsɛpʃən] N interception *f*

interchange N [ˈɪntətʃeɪndʒ] (*exchange*) échange *m*; (*on motorway*) échangeur *m* ▸ VT [ɪntəˈtʃeɪndʒ] échanger; mettre à la place l'un(e) de l'autre

interchangeable [ɪntəˈtʃeɪndʒəbl] ADJ interchangeable

intercity [ɪntəˈsɪtɪ] ADJ: **~ (train)** train *m* rapide

intercom [ˈɪntəkɔm] N interphone *m*

interconnect [ɪntəkəˈnɛkt] VI (*rooms*) communiquer

intercontinental [ˈɪntəkɔntɪˈnɛntl] ADJ intercontinental(e)

intercourse [ˈɪntəkɔːs] N rapports *mpl*; **sexual ~** rapports sexuels

interdependent [ɪntədɪˈpɛndənt] ADJ interdépendant(e)

★**interest** [ˈɪntrɪst] N intérêt *m*; (*Comm: stake, share*) participation *f*, intérêts *mpl*; **compound/simple ~** intérêt composé/simple; **British interests in the Middle East** les intérêts britanniques au Moyen-Orient; **his main ~ is ...** ce qui l'intéresse le plus est ... ▸ VT intéresser

interested [ˈɪntrɪstɪd] ADJ intéressé(e); **to be ~ in sth** s'intéresser à qch; **I'm ~ in going** ça m'intéresse d'y aller

interest-free [ˈɪntrɪstˈfriː] ADJ sans intérêt

★**interesting** [ˈɪntrɪstɪŋ] ADJ intéressant(e)

interestingly [ˈɪntrɪstɪŋlɪ] ADV (*it is of interest that*) il est intéressant de noter que; (*curiously*) curieusement; **~ enough, he soon remarried** il est intéressant de noter qu'il s'est remarié peu après

interest rate N taux *m* d'intérêt

interface [ˈɪntəfeɪs] N (*Comput*) interface *f*

interfaith [ɪntəˈfeɪθ] ADJ (*relations, dialogue*) interreligieux(-euse)

interfere [ɪntəˈfɪəʳ] VI: **to ~ in** (*quarrel*) s'immiscer dans; (*other people's business*) se mêler de; **to ~ with** (*object*) tripoter, toucher à; (*plans*) contrecarrer; (*duty*) être en conflit avec; **don't ~** mêlez-vous de vos affaires

interference [ɪntəˈfɪərəns] N (*gen*) ingérence *f*; (*Physics*) interférence *f*; (*Radio, TV*) parasites *mpl*

interfering [ɪntəˈfɪərɪŋ] ADJ importun(e)

interim [ˈɪntərɪm] ADJ provisoire; (*post*) intérimaire ▸ N: **in the ~** dans l'intérim

interior [ɪnˈtɪərɪəʳ] N intérieur *m* ▸ ADJ intérieur(e); (*minister, department*) de l'intérieur

interior decorator, interior designer N décorateur(-trice) d'intérieur

interior design N architecture *f* d'intérieur

interjection [ɪntəˈdʒɛkʃən] N interjection *f*

interlock [ɪntəˈlɔk] VI s'enclencher ▸ VT enclencher

interloper [ˈɪntələupəʳ] N intrus(e)

interlude [ˈɪntəluːd] N intervalle *m*; (*Theat*) intermède *m*

intermarry [ɪntəˈmærɪ] VI former des alliances entre familles (*or* tribus); (*within same family*) former des unions consanguines

intermediary [ɪntəˈmiːdɪərɪ] N intermédiaire *mf*

intermediate [ɪntəˈmiːdɪət] ADJ intermédiaire; (*Scol: course, level*) moyen(ne)

interment [ɪnˈtəːmənt] N inhumation *f*, enterrement *m*

interminable [ɪnˈtəːmɪnəbl] ADJ sans fin, interminable

intermission [ɪntəˈmɪʃən] N pause *f*; (*Theat, Cine*) entracte *m*

intermittent [ɪntəˈmɪtnt] ADJ intermittent(e)

intermittently [ɪntəˈmɪtntlɪ] ADV par intermittence, par intervalles

intern VT [ɪnˈtəːn] interner ▸ N [ˈɪntəːn] (*in company*) stagiaire *mf*; (*esp US Med*) ≈ interne *mf*

internal [ɪnˈtəːnl] ADJ interne; (*dispute, reform etc*) intérieur(e); **~ injuries** lésions *fpl* internes

internalize [ɪnˈtəːnlaɪz] VT (*belief, values*) intérioriser

internally [ɪnˈtəːnəlɪ] ADV intérieurement; **"not to be taken ~"** « pour usage externe »

Internal Revenue Service N (*US*) fisc *m*

★**international** [ɪntəˈnæʃənl] ADJ international(e) ▸ N (*BRIT Sport*) international *m*

International Atomic Energy Agency N Agence Internationale de l'Énergie Atomique

International Court of Justice N Cour internationale de justice

international date line N ligne *f* de changement de date

internationalist [ɪntəˈnæʃnəlɪst] ADJ internationaliste

internationally [ɪntəˈnæʃnəlɪ] ADV dans le monde entier

International Monetary Fund N Fonds monétaire international

international relations NPL relations internationales

internecine [ɪntəˈniːsaɪn] ADJ mutuellement destructeur(-trice)

internee [ɪntəːˈniː] N interné(e)

★**internet** [ɪntəˈnɛt] N: **the ~** l'Internet *m*

internet café N cybercafé *m*

internet connection N connexion *f* Internet

internet service provider N fournisseur *m* d'accès à Internet

internet user N internaute *mf*

internment [ɪnˈtəːnmənt] N internement *m*

internship [ˈɪntəːnʃɪp] N (*in company*) stage *m* de formation en entreprise; (*US Med*) ≈ internat *m* (*aux États-Unis, première année de formation clinique avant le passage de l'examen d'État permettant d'exercer*)

interpersonal [ɪntəpəːsnl] ADJ interpersonnel(le)

interplay [ˈɪntəpleɪ] N effet *m* réciproque, jeu *m*

Interpol [ˈɪntəpɔl] N Interpol *m*

interpret [ɪnˈtəːprɪt] VT interpréter ▸ VI servir d'interprète

interpretation [ɪntəːprɪˈteɪʃən] N interprétation *f*

interpreter [ɪnˈtəːprɪtəʳ] N interprète *mf*; **could you act as an ~ for us?** pourriez-vous nous servir d'interprète ?

interpreting [ɪnˈtəːprɪtɪŋ] N (*profession*) interprétariat *m*

interpretive [ɪnˈtəːprɪtɪv] ADJ interprétatif(-ive)
interrelated [ɪntərɪˈleɪtɪd] ADJ en corrélation, en rapport étroit
interrogate [ɪnˈtɛrəugeɪt] VT interroger; (*suspect etc*) soumettre à un interrogatoire
interrogation [ɪntɛrəuˈgeɪʃən] N interrogation *f*; (*by police*) interrogatoire *m*
interrogative [ɪntəˈrɔgətɪv] ADJ interrogateur (-trice) ▸ N (*Ling*) interrogatif *m*
interrogator [ɪnˈtɛrəgeɪtəʳ] N interrogateur(-trice)
interrupt [ɪntəˈrʌpt] VT, VI interrompre
interruption [ɪntəˈrʌpʃən] N interruption *f*
intersect [ɪntəˈsɛkt] VT couper, croiser; (*Math*) intersecter ▸ VI se croiser, se couper; s'intersecter
intersection [ɪntəˈsɛkʃən] N intersection *f*; (*of roads*) croisement *m*
intersperse [ɪntəˈspəːs] VT: **to ~ with** parsemer de
interspersed [ɪntəˈspəːst] ADJ: **~ with** (*in time*) entrecoupé de; (*in space*) alternant avec
interstate [ˈɪntərsteɪt] N (*US*) autoroute *f* (qui relie plusieurs États)
intertwine [ɪntəˈtwaɪn] VT entrelacer ▸ VI s'entrelacer
interval [ˈɪntəvl] N intervalle *m*; (BRIT: *Theat*) entracte *m*; (: *Sport*) mi-temps *f*; **bright intervals** (*in weather*) éclaircies *fpl*; **at intervals** par intervalles
intervene [ɪntəˈviːn] VI (*time*) s'écouler (entretemps); (*event*) survenir; (*person*) intervenir
intervention [ɪntəˈvɛnʃən] N intervention *f*
interventionist [ɪntəˈvɛnʃənɪst] ADJ, N interventionniste *mf*
★**interview** [ˈɪntəvjuː] N (*Radio, TV*) interview *f*; (*for job*) entrevue *f* ▸ VT interviewer, avoir une entrevue avec
interviewee [ɪntəvjuˈiː] N (*for job*) candidat *m* (*qui passe un entretien*); (*TV etc*) invité(e), personne interviewée
interviewer [ˈɪntəvjuəʳ] N (*Radio, TV*) interviewer *m*
intestate [ɪnˈtɛsteɪt] ADJ intestat *f inv*
intestinal [ɪnˈtɛstɪnl] ADJ intestinal(e)
intestine [ɪnˈtɛstɪn] N intestin *m*; **large ~** gros intestin; **small ~** intestin grêle
intimacy [ˈɪntɪməsɪ] N intimité *f*
intimate ADJ [ˈɪntɪmət] intime; (*friendship*) profond(e); (*knowledge*) approfondi(e) ▸ VT [ˈɪntɪmeɪt] suggérer, laisser entendre; (*announce*) faire savoir
intimately [ˈɪntɪmətlɪ] ADV intimement
intimation [ɪntɪˈmeɪʃən] N annonce *f*
intimidate [ɪnˈtɪmɪdeɪt] VT intimider
intimidating [ɪnˈtɪmɪdeɪtɪŋ] ADJ intimidant(e)
intimidation [ɪntɪmɪˈdeɪʃən] N intimidation *f*
★**into** [ˈɪntu] PREP dans; **~ pieces/French** en morceaux/français; **to change pounds ~ dollars** changer des livres en dollars; **3 ~ 9 goes 3** 9 divisé par 3 donne 3; **she's ~ opera** c'est une passionnée d'opéra
intolerable [ɪnˈtɔlərəbl] ADJ intolérable
intolerance [ɪnˈtɔlərns] N intolérance *f*
intolerant [ɪnˈtɔlərnt] ADJ: **~ (of)** intolérant(e) (de); (*Med*) intolérant (à)
intonation [ɪntəuˈneɪʃən] N intonation *f*
intoxicate [ɪnˈtɔksɪkeɪt] VT enivrer
intoxicated [ɪnˈtɔksɪkeɪtɪd] ADJ ivre
intoxicating [ɪnˈtɔksɪkeɪtɪŋ] ADJ (*atmosphere, fragrance*) enivrant(e); (*drink*) alcoolisé(e)
intoxication [ɪntɔksɪˈkeɪʃən] N ivresse *f*
intractable [ɪnˈtræktəbl] ADJ (*child, temper*) indocile, insoumis(e); (*problem*) insoluble; (*illness*) incurable
intranet [ɪnˈtrənɛt] N intranet *m*
intransigence [ɪnˈtrænsɪdʒəns] N intransigeance *f*
intransigent [ɪnˈtrænsɪdʒənt] ADJ intransigeant(e)
intransitive [ɪnˈtrænsɪtɪv] ADJ intransitif(-ive)
intra-uterine device [ˈɪntrəˈjuːtəraɪn-] N dispositif intra-utérin, stérilet *m*
intravenous [ɪntrəˈviːnəs] ADJ intraveineux(-euse)
intravenously [ɪntrəˈviːnəslɪ] ADV par intraveineuse
in-tray [ˈɪntreɪ] N courrier *m* « arrivée »
intrepid [ɪnˈtrɛpɪd] ADJ intrépide
intricacy [ˈɪntrɪkəsɪ] N complexité *f*
intricate [ˈɪntrɪkət] ADJ complexe, compliqué(e)
intrigue [ɪnˈtriːg] N intrigue *f* ▸ VT intriguer ▸ VI intriguer, comploter
intriguing [ɪnˈtriːgɪŋ] ADJ fascinant(e)
intrinsic [ɪnˈtrɪnsɪk] ADJ intrinsèque
★**introduce** [ɪntrəˈdjuːs] VT introduire; (*TV show etc*) présenter; **to ~ sb (to sb)** présenter qn (à qn); **to ~ sb to** (*pastime, technique*) initier qn à; **may I ~ ...?** je vous présente ...
introduction [ɪntrəˈdʌkʃən] N introduction *f*; (*of person*) présentation *f*; (*to new experience*) initiation *f*; **a letter of ~** une lettre de recommandation
introductory [ɪntrəˈdʌktərɪ] ADJ préliminaire, introductif(-ive); **~ remarks** remarques *fpl* liminaires; **an ~ offer** une offre de lancement
introspection [ɪntrəuˈspɛkʃən] N introspection *f*
introspective [ɪntrəuˈspɛktɪv] ADJ introspectif(-ive)
introvert [ˈɪntrəuvəːt] ADJ, N introverti(e)
intrude [ɪnˈtruːd] VI (*person*) être importun(e); **to ~ on** *or* **into** (*conversation etc*) s'immiscer dans; **am I intruding?** est-ce que je vous dérange ?
intruder [ɪnˈtruːdəʳ] N intrus(e)
intrusion [ɪnˈtruːʒən] N intrusion *f*
intrusive [ɪnˈtruːsɪv] ADJ importun(e), gênant(e)
intuition [ɪntjuːˈɪʃən] N intuition *f*
intuitive [ɪnˈtjuːɪtɪv] ADJ intuitif(-ive)
inundate [ˈɪnʌndeɪt] VT: **to ~ with** inonder de
inure [ɪnˈjuəʳ] VT: **to ~ (to)** habituer (à)
invade [ɪnˈveɪd] VT envahir
invader [ɪnˈveɪdəʳ] N envahisseur *m*
invalid N [ˈɪnvəlɪd] malade *mf*; (*with disability*) invalide *mf* ▸ ADJ [ɪnˈvælɪd] (*not valid*) invalide, non valide
invalidate [ɪnˈvælɪdeɪt] VT invalider, annuler
invalid chair [ˈɪnvəlɪd-] N (BRIT) fauteuil *m* d'infirme
invaluable [ɪnˈvæljuəbl] ADJ inestimable, inappréciable
invariable [ɪnˈvɛərɪəbl] ADJ invariable; (*fig*) immanquable

i

invariably [ɪnˈvɛərɪəblɪ] ADV invariablement; **she is ~ late** elle est toujours en retard
invasion [ɪnˈveɪʒən] N invasion *f*
invective [ɪnˈvɛktɪv] N invective *f*
inveigle [ɪnˈviːgl] VT: **to ~ sb into (doing) sth** amener qn à (faire) qch (par la ruse *or* la flatterie)
invent [ɪnˈvɛnt] VT inventer
invention [ɪnˈvɛnʃən] N invention *f*
inventive [ɪnˈvɛntɪv] ADJ inventif(-ive)
inventiveness [ɪnˈvɛntɪvnɪs] N esprit inventif *or* d'invention
inventor [ɪnˈvɛntəʳ] N inventeur(-trice)
inventory [ˈɪnvəntrɪ] N inventaire *m*
inventory control N (*Comm*) contrôle *m* des stocks
inverse [ɪnˈvəːs] ADJ inverse; **in ~ proportion (to)** inversement proportionnel(le) (à) ▸ N inverse *m*, contraire *m*
inversely [ɪnˈvəːslɪ] ADV inversement
invert [ɪnˈvəːt] VT intervertir; (*cup, object*) retourner
invertebrate [ɪnˈvəːtɪbrət] N invertébré *m*
inverted commas [ɪnˈvəːtɪd-] NPL (BRIT) guillemets *mpl*
invest [ɪnˈvɛst] VT investir; (*endow*): **to ~ sb with sth** conférer qch à qn ▸ VI faire un investissement, investir; **to ~ in** placer de l'argent *or* investir dans; (*fig: acquire*) s'offrir, faire l'acquisition de
investigate [ɪnˈvɛstɪgeɪt] VT étudier, examiner; (*crime*) faire une enquête sur
investigation [ɪnvɛstɪˈgeɪʃən] N examen *m*; (*of crime*) enquête *f*, investigation *f*
investigative [ɪnˈvɛstɪgeɪtɪv] ADJ: **~ journalism** enquête-reportage *f*, journalisme *m* d'enquête
investigator [ɪnˈvɛstɪgeɪtəʳ] N investigateur (-trice); **private ~** détective privé
investiture [ɪnˈvɛstɪtʃəʳ] N investiture *f*
investment [ɪnˈvɛstmənt] N investissement *m*, placement *m*
investment income N revenu *m* de placement
investment trust N société *f* d'investissements
investor [ɪnˈvɛstəʳ] N épargnant(e); (*shareholder*) actionnaire *mf*
inveterate [ɪnˈvɛtərət] ADJ invétéré(e)
invidious [ɪnˈvɪdɪəs] ADJ injuste; (*task*) déplaisant(e)
invigilate [ɪnˈvɪdʒɪleɪt] (BRIT) VT surveiller ▸ VI être de surveillance
invigilator [ɪnˈvɪdʒɪleɪtəʳ] N (BRIT) surveillant *m* (d'examen)
invigorating [ɪnˈvɪgəreɪtɪŋ] ADJ vivifiant(e), stimulant(e)
invincibility [ɪnvɪnsɪˈbɪlɪtɪ] N invincibilité *f*
invincible [ɪnˈvɪnsɪbl] ADJ invincible
inviolate [ɪnˈvaɪələt] ADJ inviolé(e)
invisible [ɪnˈvɪzɪbl] ADJ invisible
invisible assets NPL (BRIT) actif incorporel
invisible ink N encre *f* sympathique
invisible mending N stoppage *m*
★**invitation** [ɪnvɪˈteɪʃən] N invitation *f*; **by ~ only** sur invitation; **at sb's ~** à la demande de qn
★**invite** [ɪnˈvaɪt] VT inviter; (*opinions etc*) demander; (*trouble*) chercher; **to ~ sb (to do)** inviter qn (à faire); **to ~ sb to dinner** inviter qn à dîner
▸ **invite out** VT inviter (à sortir)
▸ **invite over** VT inviter (chez soi)
invitee [ɪnvaɪˈtiː] N invité(e)
inviting [ɪnˈvaɪtɪŋ] ADJ engageant(e), attrayant(e); (*gesture*) encourageant(e)
invoice [ˈɪnvɔɪs] N facture *f* ▸ VT facturer; **to ~ sb for goods** facturer des marchandises à qn
invoke [ɪnˈvəuk] VT invoquer
involuntarily [ˈɪnvɔləntrɪlɪ] ADV involontairement
involuntary [ɪnˈvɔləntrɪ] ADJ involontaire
★**involve** [ɪnˈvɔlv] VT (*entail*) impliquer; (*concern*) concerner; (*require*) nécessiter; **to ~ sb in** (*theft etc*) impliquer qn dans; (*activity, meeting*) faire participer qn à
involved [ɪnˈvɔlvd] ADJ (*complicated*) complexe; **to be ~ in** (*take part*) participer à; (*be engrossed*) être plongé(e) dans; **to feel ~** se sentir concerné(e); **to become ~** (*in love etc*) s'engager
involvement [ɪnˈvɔlvmənt] N (*personal role*) rôle *m*; (*participation*) participation *f*; (*enthusiasm*) enthousiasme *m*; (*of resources, funds*) mise *f* en jeu
invulnerable [ɪnˈvʌlnərəbl] ADJ invulnérable
inward [ˈɪnwəd] ADJ (*movement*) vers l'intérieur; (*thought, feeling*) profond(e), intime ▸ ADV = **inwards**
inwardly [ˈɪnwədlɪ] ADV (*feel, think etc*) secrètement, en son for intérieur
inwards [ˈɪnwədz] ADV vers l'intérieur
I/O ABBR (*Comput: = input/output*) E/S
IOC N ABBR (*= International Olympic Committee*) CIO *m* (*= Comité international olympique*)
iodine [ˈaɪəudiːn] N iode *m*
IOM ABBR = **Isle of Man**
ion [ˈaɪən] N ion *m*
Ionian Sea [aɪˈəunɪən-] N: **the ~** la mer Ionienne
ioniser [ˈaɪənaɪzəʳ] N ioniseur *m*
iota [aɪˈəutə] N (*fig*) brin *m*, grain *m*
IOU N ABBR (*= I owe you*) reconnaissance *f* de dette
IOW ABBR (BRIT) = **Isle of Wight**
IPA N ABBR (*= International Phonetic Alphabet*) API *m*
iPad® [ˈaɪpæd] N iPad® *m*
iPhone® [ˈaɪfəun] N iPhone® *m*
iPlayer® [ˈaɪpleɪəʳ] N *service de radiotélévision de rattrapage de la BBC*
IPO N ABBR (*Stock Exchange: = initial public offering*) OPI *f* (*= offre publique initiale*)
iPod® [ˈaɪpɔd] N iPod® *m*
IQ N ABBR (*= intelligence quotient*) Q.I. *m*
IRA N ABBR (*= Irish Republican Army*) IRA *f*; (*US*) = **individual retirement account**
Iran [ɪˈrɑːn] N Iran *m*
Iranian [ɪˈreɪnɪən] ADJ iranien(ne) ▸ N Iranien(ne); (*Ling*) iranien *m*
Iraq [ɪˈrɑːk] N Irak *m*
Iraqi [ɪˈrɑːkɪ] ADJ irakien(ne) ▸ N Irakien(ne)
irascible [ɪˈræsɪbl] ADJ irascible
irate [aɪˈreɪt] ADJ courroucé(e)

ire ['aɪəʳ] N ire *f*

★**Ireland** ['aɪələnd] N Irlande *f*; **Republic of ~** République *f* d'Irlande

iridescent [ɪrɪ'dɛsnt] ADJ (*literary*) iridescent(e)

iris ['aɪrɪs] (*pl* **irises** [-ɪz]) N iris *m*

★**Irish** ['aɪrɪʃ] ADJ irlandais(e) ▸ NPL: **the ~** les Irlandais ▸ N (*Ling*) irlandais *m*

★**Irishman** ['aɪrɪʃmən] N (*irreg*) Irlandais *m*

Irish Sea N: **the ~** la mer d'Irlande

★**Irishwoman** ['aɪrɪʃwumən] N (*irreg*) Irlandaise *f*

irk [ə:k] VT ennuyer

irksome ['ə:ksəm] ADJ ennuyeux(-euse)

IRN N ABBR (= *Independent Radio News*) *agence de presse radiophonique*

IRO N ABBR (*US*) = **International Refugee Organization**

★**iron** ['aɪən] N fer *m*; (*for clothes*) fer *m* à repasser ▸ ADJ de *or* en fer ▸ VT (*clothes*) repasser ■ **irons** NPL (*chains*) fers *mpl*, chaînes *fpl*
▸ **iron out** VT (*crease*) faire disparaître au fer; (*fig*) aplanir; faire disparaître

Iron Curtain N: **the ~** le rideau de fer

iron foundry N fonderie *f* de fonte

ironic [aɪ'rɔnɪk], **ironical** [aɪ'rɔnɪkl] ADJ ironique

ironically [aɪ'rɔnɪklɪ] ADV ironiquement

ironing ['aɪənɪŋ] N (*activity*) repassage *m*; (*clothes: ironed*) linge repassé; (*: to be ironed*) linge à repasser

ironing board N planche *f* à repasser

ironmonger ['aɪənmʌŋgəʳ] N (*Brit*) quincaillier *m*; **~'s (shop)** quincaillerie *f*

iron ore N minerai *m* de fer

ironworks ['aɪənwə:ks] N usine *f* sidérurgique

irony ['aɪrənɪ] N ironie *f*

irradiate [ɪ'reɪdieɪt] VT irradier

irrational [ɪ'ræʃənl] ADJ irrationnel(le); (*person*) qui n'est pas rationnel

irreconcilable [ɪrɛkən'saɪləbl] ADJ irréconciliable; (*opinion*): **~ with** inconciliable avec

irredeemable [ɪrɪ'di:məbl] ADJ (*Comm*) non remboursable

irrefutable [ɪrɪ'fju:təbl] ADJ irréfutable

irregular [ɪ'rɛgjuləʳ] ADJ irrégulier(-ière)

irregularity [ɪrɛgju'lærɪtɪ] N irrégularité *f*

irregularly [ɪ'rɛgjuləlɪ] ADV (*occur, eat*) sporadiquement; **~ spaced** à intervalles irréguliers; **~ shaped/sized** de forme/taille irrégulière

irrelevance [ɪ'rɛləvəns] N manque *m* de rapport *or* d'à-propos

irrelevant [ɪ'rɛləvənt] ADJ sans rapport, hors de propos

irreligious [ɪrɪ'lɪdʒəs] ADJ irréligieux(-euse)

irreparable [ɪ'rɛprəbl] ADJ irréparable

irreplaceable [ɪrɪ'pleɪsəbl] ADJ irremplaçable

irrepressible [ɪrɪ'prɛsəbl] ADJ irrépressible

irreproachable [ɪrɪ'prəutʃəbl] ADJ irréprochable

irresistible [ɪrɪ'zɪstɪbl] ADJ irrésistible

irresolute [ɪ'rɛzəlu:t] ADJ irrésolu(e), indécis(e)

irrespective [ɪrɪ'spɛktɪv]: **~ of** *prep* sans tenir compte de

irresponsibility [ɪrɪspɔnsɪ'bɪlɪtɪ] N irresponsabilité *f*

irresponsible [ɪrɪ'spɔnsɪbl] ADJ irresponsable

irresponsibly [ɪrɪ'spɔnsɪblɪ] ADV de manière irresponsable

irretrievable [ɪrɪ'tri:vəbl] ADJ irréparable, irrémédiable; (*object*) introuvable

irreverent [ɪ'rɛvərnt] ADJ irrévérencieux(-euse)

irreversible [ɪrɪ'və:sɪbl] ADJ irréversible

irrevocable [ɪ'rɛvəkəbl] ADJ irrévocable

irrevocably [ɪ'rɛvəkəblɪ] ADV irrévocablement

irrigate ['ɪrɪgeɪt] VT irriguer

irrigation [ɪrɪ'geɪʃən] N irrigation *f*

irritable ['ɪrɪtəbl] ADJ irritable

irritant ['ɪrɪtənt] N (*substance*) irritant *m*; (*annoyance*) source *f* d'irritation

irritate ['ɪrɪteɪt] VT irriter

irritating ['ɪrɪteɪtɪŋ] ADJ irritant(e)

irritation [ɪrɪ'teɪʃən] N irritation *f*

IRS N ABBR (*US*) = **Internal Revenue Service**

is [ɪz] VB *see* **be**

ISA ['aɪsə] N ABBR (*Brit*: = *Individual Savings Account*) plan *m* d'épargne défiscalisé

ISBN N ABBR (= *International Standard Book Number*) ISBN *m*

ISDN N ABBR (= *Integrated Services Digital Network*) RNIS *m*

Islam ['ɪzlɑ:m] N Islam *m*

Islamic [ɪz'lɑ:mɪk] ADJ islamique; **~ fundamentalists** intégristes *mpl* musulmans

Islamist ['ɪzləmɪst] N islamiste *mf*

★**island** ['aɪlənd] N île *f*; (*also:* **traffic island**) refuge *m* (pour piétons)

islander ['aɪləndəʳ] N habitant(e) d'une île, insulaire *mf*

isle [aɪl] N île *f*

isn't ['ɪznt] = **is not**

isolate ['aɪsəleɪt] VT isoler

isolated ['aɪsəleɪtɪd] ADJ isolé(e)

isolation [aɪsə'leɪʃən] N isolement *m*

isotope ['aɪsətəup] N isotope *m*

ISP N ABBR = **Internet Service Provider**

Israel ['ɪzreɪl] N Israël *m*

Israeli [ɪz'reɪlɪ] ADJ israélien(ne) ▸ N Israélien(ne)

issue ['ɪʃu:] N question *f*, problème *m*; (*outcome*) résultat *m*, issue *f*; (*of banknotes*) émission *f*; (*of newspaper*) numéro *m*; (*of book*) publication *f*, parution *f*; (*offspring*) descendance *f*; **at ~** en jeu, en cause; **to avoid the ~** éluder le problème; **to take ~ with sb (over sth)** exprimer son désaccord avec qn (sur qch); **to make an ~ of sth** faire de qch un problème; **to confuse** *or* **obscure the ~** embrouiller la question ▸ VT (*rations, equipment*) distribuer; (*orders*) donner; (*statement*) publier, faire; (*certificate, passport*) délivrer; (*book*) faire paraître; publier; (*banknotes, cheques, stamps*) émettre, mettre en circulation ▸ VI: **to ~ from** provenir de

> Le mot anglais **issue** se traduit rarement par *issue*.

Istanbul [ɪstæn'bu:l] N Istamboul, Istanbul

isthmus ['ɪsməs] N isthme *m*

★**IT** N ABBR = **information technology**

it [ɪt]

PRON **1** (*specific: subject*) il (elle); (*: direct object*) le, la, l'; (*: indirect object*) lui; **it's on the table** c'est *or* il (*or* elle) est sur la table; **I can't find it** je n'arrive pas à le trouver; **give it to me** donne-le-moi
2 (*after prep*): **about/from/of it** en; **I spoke to him about it** je lui en ai parlé; **what did you learn from it?** qu'est-ce que vous en avez retiré ?; **I'm proud of it** j'en suis fier; **I've come from it** j'en viens; **in/to it** y; **put the book in it** mettez-y le livre; **it's on it** c'est dessus; **he agreed to it** il y a consenti; **did you go to it?** (*party, concert etc*) est-ce que vous y êtes allé(s) ?; **above it, over it** (au-)dessus; **below it, under it** (en-)dessous; **in front of/behind it** devant/derrière
3 (*impersonal*) il; ce, cela, ça; **it's Friday tomorrow** demain, c'est vendredi *or* nous sommes vendredi; **it's 6 o'clock** il est 6 heures; **how far is it? — it's 10 miles** c'est loin ? — c'est à 10 miles; **it's 2 hours by train** c'est à 2 heures de train; **who is it? — it's me** qui est-ce ? — c'est moi; **it's raining** il pleut

il/elle est is used to translate *it is* or *it's* when *it* refers to a noun.
The bank? It's closed. **La banque ? Elle est fermée.**
c'est is used with pronouns, names, adverbs and conjunctions.
It's him. **C'est lui.**
It's here. **C'est ici.**
It's because... **C'est parce que ...**

ITA N ABBR (BRIT: = *initial teaching alphabet*) *alphabet en partie phonétique utilisé pour l'enseignement de la lecture*

Italian [ɪˈtæljən] ADJ italien(ne) ▸ N Italien(ne); (*Ling*) italien *m*

italic [ɪˈtælɪk] ADJ italique

italics [ɪˈtælɪks] NPL italique *m*

★**Italy** [ˈɪtəlɪ] N Italie *f*

itch [ɪtʃ] N démangeaison *f* ▸ VI (*person*) éprouver des démangeaisons; (*part of body*) démanger; **I'm itching to do** l'envie me démange de faire

itchy [ˈɪtʃɪ] ADJ qui démange; **my back is ~** j'ai le dos qui me démange

it'd [ˈɪtd] = **it would; it had**

★**item** [ˈaɪtəm] N (*gen*) article *m*; (*on agenda*) question *f*, point *m*; (*in programme*) numéro *m*; (*also:* **news item**) nouvelle *f*; **items of clothing** articles vestimentaires

itemize [ˈaɪtəmaɪz] VT détailler, spécifier

itemized bill [ˈaɪtəmaɪzd-] N facture détaillée

itinerant [ɪˈtɪnərənt] ADJ itinérant(e); (*musician*) ambulant(e)

itinerary [aɪˈtɪnərərɪ] N itinéraire *m*

it'll [ˈɪtl] = **it will; it shall**

ITN N ABBR (BRIT: = *Independent Television News*) *chaîne de télévision commerciale*

★**its** [ɪts] ADJ son (sa), ses *pl* ▸ PRON le (la) sien(ne), les siens (siennes)

it's [ɪts] = **it is; it has**

★**itself** [ɪtˈsɛlf] PRON (*reflexive*) se; (*emphatic*) lui-même (elle-même)

ITV N ABBR (BRIT: = *Independent Television*) *chaîne de télévision commerciale*

IUD N ABBR = **intra-uterine device**

I've [aɪv] = **I have**

IVF N ABBR (= *in vitro fertilization*) FIV *f* (= *fécondation in vitro*)

ivory [ˈaɪvərɪ] N ivoire *m*

Ivory Coast N Côte *f* d'Ivoire

ivory tower N tour *f* d'ivoire

ivy [ˈaɪvɪ] N lierre *m*

Ivy League N (*US*) *voir article*

L'**Ivy League** regroupe huit universités privées du nord-est des États-Unis, qui comptent parmi les plus anciennes du pays et les plus prestigieuses du monde en raison de l'excellence de leur enseignement. Elles sélectionnent très strictement les candidats à l'entrée et demandent des frais d'inscription très élevés. De nombreuses personnalités du monde politique et culturel américain ont fait leurs études dans les universités de l'*Ivy League*. Bien que le terme désigne à l'origine une compétition sportive entre les équipes des huit établissements, il a acquis une connotation beaucoup plus large en raison de la rivalité non seulement sportive mais aussi intellectuelle qui les oppose. Il est aujourd'hui synonyme d'excellence et d'élitisme.

J j

J, j [dʒeɪ] N (*letter*) J, j *m*; **J for Jack**, (*US*) **J for Jig** J comme Joseph

JA N ABBR = **judge advocate**

J/A N ABBR = **joint account**

jab [dʒæb] VT: **to ~ sth into** enfoncer *or* planter qch dans ▸ N coup *m*; (*Med, inf*) piqûre *f*

jabber [ˈdʒæbəʳ] VT, VI bredouiller, baragouiner

jack [dʒæk] N (*Aut*) cric *m*; (*Bowls*) cochonnet *m*; (*Cards*) valet *m*

▸**jack in** VT (*inf*) laisser tomber

▸**jack up** VT soulever (au cric)

jackal [ˈdʒækl] N chacal *m*

jackass [ˈdʒækæs] N (*also fig*) âne *m*

jackdaw [ˈdʒækdɔː] N choucas *m*

★**jacket** [ˈdʒækɪt] N veste *f*, veston *m*; (*of boiler etc*) enveloppe *f*; (*of book*) couverture *f*, jaquette *f*

jacket potato N pomme *f* de terre en robe des champs

jack-in-the-box [ˈdʒækɪnðəbɔks] N diable *m* à ressort

jackknife [ˈdʒæknaɪf] N couteau *m* de poche ▸ VI: **the lorry jackknifed** la remorque (du camion) s'est mise en travers

jack-of-all-trades [ˈdʒækəvˈɔːltreɪdz] N bricoleur *m*

jack plug N (BRIT) jack *m*

jackpot [ˈdʒækpɔt] N gros lot

Jacuzzi® [dʒəˈkuːzɪ] N jacuzzi® *m*

jade [dʒeɪd] N jade *m* ▸ CPD (*earrings, brooch*) de jade

jaded [ˈdʒeɪdɪd] ADJ éreinté(e), fatigué(e)

JAG N ABBR = **Judge Advocate General**

jagged [ˈdʒægɪd] ADJ dentelé(e)

jaguar [ˈdʒægjuəʳ] N jaguar *m*

★**jail** [dʒeɪl] N prison *f* ▸ VT emprisonner, mettre en prison

jailbird [ˈdʒeɪlbəːd] N récidiviste *mf*

jailbreak [ˈdʒeɪlbreɪk] N évasion *f*

jailer [ˈdʒeɪləʳ] N geôlier(-ière)

jail sentence N peine *f* de prison

jalopy [dʒəˈlɔpɪ] N (*inf*) vieux clou

jam [dʒæm] N confiture *f*; (*of shoppers etc*) cohue *f*; (*also:* **traffic jam**) embouteillage *m*; **to be in a ~** (*inf*) être dans le pétrin; **to get sb out of a ~** (*inf*) sortir qn du pétrin ▸ VT (*passage etc*) encombrer, obstruer; (*mechanism, drawer etc*) bloquer, coincer; (*Radio*) brouiller; **to ~ sth into** (*stuff*) entasser *or* comprimer qch dans; (*thrust*) enfoncer qch dans; **the telephone lines are jammed** les lignes (téléphoniques) sont encombrées ▸ VI (*mechanism, sliding part*) se coincer, se bloquer; (*gun*) s'enrayer

Jamaica [dʒəˈmeɪkə] N Jamaïque *f*

Jamaican [dʒəˈmeɪkən] ADJ jamaïquain(e) ▸ N Jamaïquain(e)

jamb [ˈdʒæm] N jambage *m*

jam jar N pot *m* à confiture

jammed [dʒæmd] ADJ (*window etc*) coincé(e)

jam-packed [dʒæmˈpækt] ADJ: **~ (with)** bourré(e) (de)

jam session N jam session *f*

jangle [ˈdʒæŋgl] VI cliqueter

janitor [ˈdʒænɪtəʳ] N (*caretaker*) concierge *m*

★**January** [ˈdʒænjuərɪ] N janvier *m*; *see also* **July**

★**Japan** [dʒəˈpæn] N Japon *m*

Japanese [dʒæpəˈniːz] ADJ japonais(e) ▸ N (*pl inv*) Japonais(e); (*Ling*) japonais *m*

jar [dʒɑːʳ] N (*stone, earthenware*) pot *m*; (*glass*) bocal *m* ▸ VI (*sound*) produire un son grinçant *or* discordant; (*colours etc*) détonner, jurer ▸ VT (*shake*) ébranler, secouer

jargon [ˈdʒɑːgən] N jargon *m*

jarring [ˈdʒɑːrɪŋ] ADJ (*sound, colour*) discordant(e)

Jas. ABBR = **James**

jasmin, jasmine [ˈdʒæzmɪn] N jasmin *m*

jaundice [ˈdʒɔːndɪs] N jaunisse *f*

jaundiced [ˈdʒɔːndɪst] ADJ (*fig*) envieux(-euse), désapprobateur(-trice)

jaunt [dʒɔːnt] N balade *f*

jaunty [ˈdʒɔːntɪ] ADJ enjoué(e), désinvolte

Java [ˈdʒɑːvə] N Java *f*

javelin [ˈdʒævlɪn] N javelot *m*

jaw [dʒɔː] N mâchoire *f*

jawbone [ˈdʒɔːbəun] N maxillaire *m*

jay [dʒeɪ] N geai *m*

jaywalker [ˈdʒeɪwɔːkəʳ] N piéton indiscipliné

★**jazz** [dʒæz] N jazz *m*

▸**jazz up** VT animer, égayer

jazz band N orchestre *m or* groupe *m* de jazz

jazzy [ˈdʒæzɪ] ADJ bariolé(e), tapageur(-euse); (*beat*) de jazz

JCB® N excavatrice *f*

JCS N ABBR (*US*) = **Joint Chiefs of Staff**

JD N ABBR (*US*) *titre universitaire*; (: = *Justice Department*) *ministère de la Justice*

★**jealous** ['dʒɛləs] ADJ jaloux(-ouse)
jealously ['dʒɛləslɪ] ADV jalousement
jealousy ['dʒɛləsɪ] N jalousie *f*
★**jeans** [dʒi:nz] NPL jean *m*
Jeep® [dʒi:p] N jeep *f*
jeer [dʒɪəʳ] VI: **to ~ (at)** huer; se moquer cruellement (de), railler
jeering ['dʒɪərɪŋ] ADJ railleur(-euse), moqueur(-euse) ▸ N huées *fpl*
jeers [dʒɪəz] NPL huées *fpl*; sarcasmes *mpl*
jeggings ['dʒɛgɪŋz] NPL jeggins *mpl*
Jehovah's Witness [dʒɪ'həuvəz-] N témoin *m* de Jéhovah
Jell-O® ['dʒɛləu] N (*US*) gelée *f*
jelly ['dʒɛlɪ] N (*dessert*) gelée *f*; (*US: jam*) confiture *f*
jellyfish ['dʒɛlɪfɪʃ] N méduse *f*
jeopardize ['dʒɛpədaɪz] VT mettre en danger *or* péril
jeopardy ['dʒɛpədɪ] N: **in ~** en danger *or* péril
jerk [dʒə:k] N secousse *f*, saccade *f*; (*of muscle*) spasme *m*; (*pej*) pauvre type *m* ▸ VT (*shake*) donner une secousse à; (*pull*) tirer brusquement ▸ VI (*vehicles*) cahoter
jerkin ['dʒə:kɪn] N blouson *m*
jerky ['dʒə:kɪ] ADJ saccadé(e), cahotant(e)
jerry-built ['dʒɛrɪbɪlt] ADJ de mauvaise qualité
jerry can ['dʒɛrɪ-] N bidon *m*
★**Jersey** ['dʒə:zɪ] N Jersey *f*
★**jersey** ['dʒə:zɪ] N tricot *m*; (*fabric*) jersey *m*
Jerusalem [dʒə'ru:sləm] N Jérusalem
jest [dʒɛst] N plaisanterie *f*; **in ~** en plaisantant
jester ['dʒɛstəʳ] N (*Hist*) plaisantin *m*
Jesus ['dʒi:zəs] N Jésus; **~ Christ** Jésus-Christ
jet [dʒɛt] N (*of gas, liquid*) jet *m*; (*Aut*) gicleur *m*; (*Aviat*) avion *m* à réaction, jet *m*
jet-black ['dʒɛt'blæk] ADJ (d'un noir) de jais
jet engine N moteur *m* à réaction
jet lag N décalage *m* horaire
jetsam ['dʒɛtsəm] N objets jetés à la mer (et rejetés sur la côte)
jet-setter ['dʒɛtsɛtəʳ] N membre *m* du *or* de la jet set
jet-ski ['dʒɛtski:] VI faire du jet-ski *or* scooter des mers
jettison ['dʒɛtɪsn] VT jeter par-dessus bord
jetty ['dʒɛtɪ] N jetée *f*, digue *f*
Jew [dʒu:] N Juif *m*
jewel ['dʒu:əl] N bijou *m*, joyau *m*; (*in watch*) rubis *m*
jewelled, (*US*) **jeweled** ['dʒu:əld] ADJ orné(e) de pierreries
jeweller, (*US*) **jeweler** ['dʒu:ələʳ] N bijoutier(-ière), joaillier *m*
jeweller's, jeweller's shop N (BRIT) bijouterie *f*, joaillerie *f*
jewellery, (*US*) **jewelry** ['dʒu:əlrɪ] N bijoux *mpl*
Jewess ['dʒu:ɪs] (*pej*) N Juive *f*
Jewish ['dʒu:ɪʃ] ADJ juif (juive)
JFK N ABBR (*US*) = **John Fitzgerald Kennedy International Airport**
jib [dʒɪb] N (*Naut*) foc *m*; (*of crane*) flèche *f* ▸ VI (*horse*) regimber; **to ~ at doing sth** rechigner à faire qch
jibe [dʒaɪb] N sarcasme *m*
jiffy ['dʒɪfɪ] N (*inf*): **in a ~** en un clin d'œil
jig [dʒɪg] N (*dance, tune*) gigue *m*
jiggle ['dʒɪgəl] VT (*from side to side*) remuer
jigsaw ['dʒɪgsɔ:] N (*also:* **jigsaw puzzle**) puzzle *m*; (*tool*) scie sauteuse
jihad [dʒi'hæd] N djihad *m*, jihad *m*
jihadist [dʒɪ'hædɪst] ADJ, N djihadiste *mf*
jilbab ['dʒɪlbæb] N jilbab *m*
jilt [dʒɪlt] VT laisser tomber, plaquer
jingle ['dʒɪŋgl] N (*advertising jingle*) couplet *m* publicitaire ▸ VI cliqueter, tinter
jingoism ['dʒɪŋgəuɪzəm] N chauvinisme *m*
jinx [dʒɪŋks] N (*inf*) (mauvais) sort
jinxed [dʒɪŋkst] ADJ maudit(e)
jitters ['dʒɪtəz] NPL (*inf*): **to get the ~** avoir la trouille *or* la frousse
jittery ['dʒɪtərɪ] ADJ (*inf*) nerveux(-euse); **to be ~** avoir les nerfs en pelote
jiujitsu [dʒu:'dʒɪtsu:] N jiu-jitsu *m*
jive [dʒaɪv] VI danser le rock, danser le swing ▸ N rock *m*, swing *m*
Jnr ADJ (BRIT: = *Junior*) jr.
★**job** [dʒɔb] N (*chore, task*) travail *m*, tâche *f*; (*employment*) emploi *m*, poste *m*, place *f*; **a part-time/full-time ~** un emploi à temps partiel/à plein temps; **he's only doing his ~** il fait son boulot; **it's a good ~ that ...** c'est heureux *or* c'est une chance que ... + *sub*; **just the ~!** (c'est) juste *or* exactement ce qu'il faut !
jobber ['dʒɔbəʳ] N (BRIT *Stock Exchange*) négociant *m* en titres
jobbing ['dʒɔbɪŋ] ADJ (BRIT: *workman*) à la tâche, à la journée
job centre ['dʒɔbsɛntəʳ] N (BRIT) ≈ ANPE *f*, ≈ Agence nationale pour l'emploi
job creation scheme N plan *m* pour la création d'emplois
job description N description *f* du poste
jobless ['dʒɔblɪs] ADJ sans travail, au chômage ▸ NPL: **the ~** les sans-emploi *m inv*, les chômeurs *mpl*
job lot N lot *m* (d'articles divers)
job satisfaction N satisfaction professionnelle
job security N sécurité *f* de l'emploi
job-share ['dʒɔbʃɛəʳ] (BRIT) N (*also:* **job share**) partage *m* de poste ▸ VI partager un poste
job specification N caractéristiques *fpl* du poste
Jock [dʒɔk] N (*pej: Scotsman*) Écossais *m*
jockey ['dʒɔkɪ] N jockey *m* ▸ VI: **to ~ for position** manœuvrer pour être bien placé
jockey box N (*US Aut*) boîte *f* à gants, vide-poches *m inv*
jockstrap ['dʒɔkstræp] N slip *m* de sport
jocular ['dʒɔkjuləʳ] ADJ jovial(e), enjoué(e); facétieux(-euse)
jodhpurs ['dʒɔdpəz] NPL jodhpur *m*, jodhpurs *mpl*
jog [dʒɔg] VT secouer; **to ~ sb's memory** rafraîchir la mémoire de qn ▸ VI (*Sport*) faire du jogging; **to ~ along** cahoter; trotter
jogger ['dʒɔgəʳ] N jogger *mf*
jogging ['dʒɔgɪŋ] N jogging *m*
john [dʒɔn] N (*US inf*): **the ~** (*toilet*) les cabinets *mpl*

★**join** [dʒɔɪn] VT (*put together*) unir, assembler; (*become member of*) s'inscrire à; (*meet*) rejoindre, retrouver; (*queue*) se joindre à; **will you ~ us for dinner?** vous dînerez bien avec nous ?; **I'll ~ you later** je vous rejoindrai plus tard; **to ~ forces (with)** s'associer (à) ▶ VI (*roads, rivers*) se rejoindre, se rencontrer ▶ N raccord *m*
▶ **join in** VI se mettre de la partie ▶ VT FUS se mêler à
▶ **join up** VI (*meet*) se rejoindre; (*Mil*) s'engager

joiner ['dʒɔɪnəʳ] N (BRIT) menuisier *m*

joinery ['dʒɔɪnərɪ] N menuiserie *f*

★**joint** [dʒɔɪnt] N (*Tech*) jointure *f*; joint *m*; (*Anat*) articulation *f*, jointure; (BRIT *Culin*) rôti *m*; (*inf: place*) boîte *f*; (*of cannabis*) joint ▶ ADJ commun(e); (*committee*) mixte, paritaire; (*winner*) ex aequo; **~ responsibility** coresponsabilité *f*

joint account N compte joint

jointly ['dʒɔɪntlɪ] ADV ensemble, en commun

joint ownership N copropriété *f*

joint-stock company ['dʒɔɪntstɔk-] N société *f* par actions

joint venture N entreprise commune

joist [dʒɔɪst] N solive *f*

★**joke** [dʒəuk] N plaisanterie *f*; (*also:* **practical joke**) farce *f*; **to play a ~ on** jouer un tour à, faire une farce à ▶ VI plaisanter

joker ['dʒəukəʳ] N plaisantin *m*, blagueur(-euse); (*Cards*) joker *m*

joking ['dʒəukɪŋ] N plaisanterie *f*

jokingly ['dʒəukɪŋlɪ] ADV pour plaisanter; **half-jokingly** en plaisantant à moitié

jollity ['dʒɔlɪtɪ] N réjouissances *fpl*, gaieté *f*

jolly ['dʒɔlɪ] ADJ gai(e), enjoué(e); (*enjoyable*) amusant(e), plaisant(e) ▶ ADV (BRIT *inf*) rudement, drôlement; **~ good!** (BRIT) formidable ! ▶ VT (BRIT): **to ~ sb along** amadouer qn, convaincre *or* entraîner qn à force d'encouragements

jolt [dʒəult] N cahot *m*, secousse *f*; (*shock*) choc *m* ▶ VT cahoter, secouer

Jordan [dʒɔ:dən] N (*country*) Jordanie *f*; (*river*) Jourdain *m*

Jordanian [dʒɔ:'deɪnɪən] ADJ jordanien(ne) ▶ N Jordanien(ne)

joss stick ['dʒɔs-] N bâton *m* d'encens

jostle ['dʒɔsl] VT bousculer, pousser ▶ VI jouer des coudes

jot [dʒɔt] N: **not one ~** pas un brin
▶ **jot down** VT inscrire rapidement, noter

jotter ['dʒɔtəʳ] N (BRIT: *exercise book*) cahier *m* (de brouillon); (: *pad*) bloc-notes *m*

joule [dʒu:l] N joule *m*

journal ['dʒə:nl] N journal *m*

journalese [dʒə:nə'li:z] N (*pej*) style *m* journalistique

journalism ['dʒə:nəlɪzəm] N journalisme *m*

★**journalist** ['dʒə:nəlɪst] N journaliste *mf*

journalistic [dʒə:nə'lɪstɪk] ADJ journalistique

★**journey** ['dʒə:nɪ] N voyage *m*; (*distance covered*) trajet *m*; **the ~ takes two hours** le trajet dure deux heures; **a 5-hour ~** un voyage de 5 heures; **how was your ~?** votre voyage s'est bien passé ? ▶ VI voyager

> **journey** ne veut pas dire *journée*.

jovial ['dʒəuvɪəl] ADJ jovial(e)

jowl [dʒaul] N mâchoire *f* (*inférieure*); bajoue *f*

★**joy** [dʒɔɪ] N joie *f*

joyful ['dʒɔɪful], **joyous** ['dʒɔɪəs] ADJ joyeux(-euse)

joyride ['dʒɔɪraɪd] VI: **to go joyriding** *faire une virée dans une voiture volée*

joyrider ['dʒɔɪraɪdəʳ] N voleur(-euse) de voiture (*qui fait une virée dans le véhicule volé*)

joy stick N (*Aviat*) manche *m* à balai; (*Comput*) manche à balai, manette *f* (de jeu)

JP N ABBR = **Justice of the Peace**

JPEG ['dʒeɪpeg] N JPEG *m* ▶ CPD: **~ image** image *f* en format JPEG

Jr ABBR = **junior**

JTPA N ABBR (US: = *Job Training Partnership Act*) *programme gouvernemental de formation*

jubilant ['dʒu:bɪlnt] ADJ triomphant(e), réjoui(e)

jubilation [dʒu:bɪ'leɪʃən] N jubilation *f*

jubilee ['dʒu:bɪli:] N jubilé *m*; **silver ~** (jubilé du) vingt-cinquième anniversaire

Judaism ['dʒu:deɪɪzəm] N judaïsme *m*

★**judge** [dʒʌdʒ] N juge *m* ▶ VT juger; (*estimate: weight, size etc*) apprécier; (*consider*) estimer ▶ VI: **judging** *or* **to ~ by his expression** d'après son expression; **as far as I can ~** autant que je puisse en juger

judge advocate N (*Mil*) magistrat *m* militaire

judgment, judgement ['dʒʌdʒmənt] N jugement *m*; (*punishment*) châtiment *m*; **in my ~** à mon avis; **to pass ~ on** (*Law*) prononcer un jugement (sur)

judgmental, judgemental [dʒʌdʒ'mentəl] ADJ: **to be ~** être catégorique dans ses jugements; **to be ~ about sb** s'ériger en juge à propos de qn

judicial [dʒu:'dɪʃl] ADJ judiciaire; (*fair*) impartial(e)

judiciary [dʒu:'dɪʃɪərɪ] N (pouvoir *m*) judiciaire *m*

judicious [dʒu:'dɪʃəs] ADJ judicieux(-euse)

judo ['dʒu:dəu] N judo *m*

jug [dʒʌg] N pot *m*, cruche *f*

jugged hare ['dʒʌgd-] N (BRIT) civet *m* de lièvre

juggernaut ['dʒʌgənɔ:t] N (BRIT: *huge truck*) mastodonte *m*

juggle ['dʒʌgl] VI jongler

juggler ['dʒʌgləʳ] N jongleur *m*

Jugoslav ['ju:gəu'slɑ:v] ADJ, N = **Yugoslav**

jugular ['dʒʌgjuləʳ] ADJ: **~ (vein)** veine *f* jugulaire

★**juice** [dʒu:s] N jus *m*; (*inf: petrol*): **we've run out of ~** c'est la panne sèche

juicy ['dʒu:sɪ] ADJ juteux(-euse)

jukebox ['dʒu:kbɔks] N juke-box *m*

Jul. ABBR (= *July*) juil.

★**July** [dʒu:'laɪ] N juillet *m*; **the first of ~** le premier juillet; **(on) the eleventh of ~** le onze juillet; **in the month of ~** au mois de juillet; **at the beginning/end of ~** au début/à la fin (du mois) de juillet, début/fin juillet; **in the middle of ~** au milieu (du mois) de juillet, à la mi-juillet; **during ~** pendant le mois de juillet; **in ~ of next year** en juillet de l'année prochaine; **each** *or* **every ~** tous les ans *or* chaque année en juillet; **~ was wet this year** il a beaucoup plu cette année en juillet

jumble ['dʒʌmbl] N fouillis *m* ▶ VT (*also:* **jumble up, jumble together**) mélanger, brouiller

jumble sale N (BRIT) vente *f* de charité

jumbo ['dʒʌmbəu] ADJ (*also:* **jumbo jet**) (avion) gros porteur (à réaction); **~ size** format maxi *or* extra-grand

★**jump** [dʒʌmp] VI sauter, bondir; (*with fear etc*) sursauter; (*increase*) monter en flèche ▸ VT sauter, franchir; **to ~ the queue** (BRIT) passer avant son tour ▸ N saut *m*, bond *m*; (*with fear etc*) sursaut *m*; (*fence*) obstacle *m*
▸**jump about** VI sautiller
▸**jump at** VT FUS (*fig*) sauter sur; **he jumped at the offer** il s'est empressé d'accepter la proposition
▸**jump down** VI sauter (pour descendre)
▸**jump up** VI se lever (d'un bond)

jumped-up ['dʒʌmptʌp] ADJ (BRIT *pej*) parvenu(e)

★**jumper** ['dʒʌmpə^r] N (BRIT: *pullover*) pull-over *m*; (*US: pinafore dress*) robe-chasuble *f*; (*Sport*) sauteur(-euse)

jump leads, (US) **jumper cables** NPL câbles *mpl* de démarrage

jump-start ['dʒʌmpstɑ:t] VT (*car: push*) démarrer en poussant; (*: with jump leads*) démarrer avec des câbles (de démarrage); (*fig: project, situation*) faire redémarrer promptement

jumpy ['dʒʌmpɪ] ADJ nerveux(-euse), agité(e)

Jun. ABBR = **June**; **junior**

junction ['dʒʌŋkʃən] N (BRIT: *of roads*) carrefour *m*; (*: of rails*) embranchement *m*

juncture ['dʒʌŋktʃə^r] N: **at this ~** à ce moment-là, sur ces entrefaites

★**June** [dʒu:n] N juin *m*; *see also* **July**

jungle ['dʒʌŋgl] N jungle *f*

junior ['dʒu:nɪə^r] ADJ, N: **he's ~ to me (by two years), he's my ~ (by two years)** il est mon cadet (de deux ans), il est plus jeune que moi (de deux ans); **he's ~ to me** (*seniority*) il est en dessous de moi (dans la hiérarchie), j'ai plus d'ancienneté que lui

junior executive N cadre moyen

junior high school N (*US*) ≈ collège *m* d'enseignement secondaire; *see also* **high school**

junior minister N (BRIT) ministre *m* sous tutelle

junior partner N associé(-adjoint) *m*

junior school N (BRIT) école *f* primaire

junior sizes NPL (*Comm*) tailles *fpl* fillettes/garçonnets

juniper ['dʒu:nɪpə^r] N: **~ berry** baie *f* de genièvre

junk [dʒʌŋk] N (*rubbish*) camelote *f*; (*cheap goods*) bric-à-brac *m inv*; (*ship*) jonque *f* ▸ VT (*inf*) abandonner, mettre au rancart

junk bond N (*Comm*) *obligation hautement spéculative utilisée dans les OPA agressives*

junk dealer N brocanteur(-euse)

junket ['dʒʌŋkɪt] N (*Culin*) lait caillé; (BRIT *inf*): **to go on a ~, go junketing** voyager aux frais de la princesse

junk food N snacks vite prêts (*sans valeur nutritive*)

junkie ['dʒʌŋkɪ] N (*inf*) junkie *m*, drogué(e)

junk mail N prospectus *mpl*; (*Comput*) messages *mpl* publicitaires

junk room N (*US*) débarras *m*

junk shop N (boutique *f* de) brocanteur *m*

Junr ABBR = **junior**

junta ['dʒʌntə] N junte *f*

Jupiter ['dʒu:pɪtə^r] N (*planet*) Jupiter *f*

jurisdiction [dʒuərɪs'dɪkʃən] N juridiction *f*; **it falls** *or* **comes within/outside our ~** cela est/n'est pas de notre compétence *or* ressort

jurisprudence [dʒuərɪs'pru:dəns] N jurisprudence *f*

juror ['dʒuərə^r] N juré *m*

★**jury** ['dʒuərɪ] N jury *m*

jury box N banc *m* des jurés

juryman ['dʒuərɪmən] N (*irreg*) = **juror**

★**just** [dʒʌst] ADJ juste ▸ ADV: **he's ~ done it/left** il vient de le faire/partir; **~ as I expected** exactement *or* précisément comme je m'y attendais; **~ right/two o'clock** exactement *or* juste ce qu'il faut/deux heures; **we were ~ going** nous partions; **I was ~ about to phone** j'allais téléphoner; **~ as he was leaving** au moment *or* à l'instant précis où il partait; **~ before/enough/here** juste avant/assez/là; **it's ~ me/a mistake** ce n'est que moi/(rien) qu'une erreur; **~ missed/caught** manqué/attrapé de justesse; **~ listen to this!** écoutez un peu ça !; **~ ask someone the way** vous n'avez qu'à demander votre chemin à quelqu'un; **it's ~ as good** c'est (vraiment) aussi bon; **she's ~ as clever as you** elle est tout aussi intelligente que vous; **it's ~ as well that you ...** heureusement que vous ...; **not ~ now** pas tout de suite; **~ a minute!**, **~ one moment!** un instant (s'il vous plaît) !

★**justice** ['dʒʌstɪs] N justice *f*; (*US: judge*) juge *m* de la Cour suprême; **Lord Chief J~** (BRIT) premier président de la cour d'appel; **this photo doesn't do you ~** cette photo ne vous avantage pas

Justice of the Peace N juge *m* de paix

justifiable [dʒʌstɪ'faɪəbl] ADJ justifiable

justifiably [dʒʌstɪ'faɪəblɪ] ADV légitimement, à juste titre

justification [dʒʌstɪfɪ'keɪʃən] N justification *f*

★**justify** ['dʒʌstɪfaɪ] VT justifier; **to be justified in doing sth** être en droit de faire qch

justly ['dʒʌstlɪ] ADV avec raison, justement

justness ['dʒʌstnɪs] N justesse *f*

jut [dʒʌt] VI (*also:* **jut out**) dépasser, faire saillie

jute [dʒu:t] N jute *m*

juvenile ['dʒu:vənaɪl] ADJ juvénile; (*court, books*) pour enfants ▸ N adolescent(e)

juvenile delinquency N délinquance *f* juvénile

juxtapose ['dʒʌkstəpəuz] VT juxtaposer

juxtaposition ['dʒʌkstəpə'zɪʃən] N juxtaposition *f*

Kk

K, k [keɪ] N (*letter*) K, k *m*; **K for King** K comme Kléber ▸ ABBR (= *one thousand*) K; (BRIT: = *Knight*) *titre honorifique*

kaftan [ˈkæftæn] N cafetan *m*

Kalahari Desert [kæləˈhɑːrɪ-] N désert *m* de Kalahari

kale [keɪl] N chou frisé

kaleidoscope [kəˈlaɪdəskəup] N kaléidoscope *m*

kamikaze [kæmɪˈkɑːzɪ] ADJ kamikaze

Kampala [kæmˈpɑːlə] N Kampala

kangaroo [kæŋgəˈruː] N kangourou *m*

Kans. ABBR (US) = **Kansas**

kaput [kəˈput] ADJ (*inf*) kaput

karaoke [kɑːrəˈəukɪ] N karaoké *m*

karate [kəˈrɑːtɪ] N karaté *m*

karma [ˈkɑːmə] N karma *m*

Kashmir [kæʃˈmɪəʳ] N Cachemire *m*

kayak [ˈkaɪæk] N kayak *m*

Kazakhstan [kɑːzɑːkˈstæn] N Kazakhstan *m*

kB N ABBR (= *kilobyte*) Ko *m*

KC N ABBR (BRIT *Law*: = *King's Counsel*) *titre donné à certains avocats; see also* **QC**

kd ABBR (US: = *knocked down*) en pièces détachées

kebab [kəˈbæb] N kebab *m*

keel [kiːl] N quille *f*; **on an even ~** (*fig*) à flot
▸ **keel over** VI (*Naut*) chavirer, dessaler; (*person*) tomber dans les pommes

★**keen** [kiːn] ADJ (*eager*) plein(e) d'enthousiasme; (*interest, desire, competition*) vif (vive); (*eye, intelligence*) pénétrant(e); (*edge*) effilé(e); **to be ~ to do** *or* **on doing sth** désirer vivement faire qch, tenir beaucoup à faire qch; **to be ~ on sth/sb** aimer beaucoup qch/qn; **I'm not ~ on going** je ne suis pas chaud pour y aller, je n'ai pas très envie d'y aller

keenly [ˈkiːnlɪ] ADV (*enthusiastically*) avec enthousiasme; (*feel*) vivement, profondément; (*look*) intensément

keenness [ˈkiːnnɪs] N (*eagerness*) enthousiasme *m*; **~ to do** vif désir de faire

★**keep** [kiːp] (*pt, pp* **kept** [kɛpt]) VT (*retain, preserve*) garder; (*hold back*) retenir; (*shop, accounts, promise, diary*) tenir; (*support*) entretenir, assurer la subsistance de; (*a promise*) tenir; (*chickens, bees, pigs etc*) élever; **to ~ sb from doing/sth from happening** empêcher qn de faire *or* que qn (ne) fasse/que qch (n')arrive; **to ~ sb happy/a place tidy** faire que qn soit content/qu'un endroit reste propre; **to ~ sb waiting** faire attendre qn; **to ~ an appointment** ne pas manquer un rendez-vous; **to ~ a record of sth** prendre note de qch; **to ~ sth to o.s.** garder qch pour soi, tenir qch secret; **to ~ sth from sb** cacher qch à qn; **to ~ time** (*clock*) être à l'heure, ne pas retarder ▸ VI (*food*) se conserver; (*remain: in a certain state or place*) rester; **to ~ doing sth** (*continue*) continuer à faire qch; (*repeatedly*) ne pas arrêter de faire qch ▸ N (*of castle*) donjon *m*; (*food etc*): **enough for his ~** assez pour (assurer) sa subsistance; **for keeps** (*inf*) pour de bon, pour toujours
▸ **keep at** VT FUS: **to ~ at it** persévérer
▸ **keep away** VT: **to ~ sth/sb away from sb** tenir qch/qn éloigné de qn ▸ VI: **to ~ away (from)** ne pas s'approcher (de)
▸ **keep back** VT (*crowds, tears, money*) retenir; (*conceal: information*): **to ~ sth back from sb** cacher qch à qn ▸ VI rester en arrière
▸ **keep down** VT (*control: prices, spending*) empêcher d'augmenter, limiter; (*retain: food*) garder ▸ VI (*person*) rester assis(e); rester par terre
▸ **keep in** VT (*invalid, child*) garder à la maison; (*Scol*) consigner ▸ VI (*inf*): **to ~ in with sb** rester en bons termes avec qn
▸ **keep off** VT (*dog, person*) éloigner; **~ your hands off!** pas touche ! (*inf*) ▸ VT FUS: **"~ off the grass"** « pelouse interdite » ▸ VI ne pas s'approcher; **if the rain keeps off** s'il ne pleut pas
▸ **keep on** VI continuer; **to ~ on doing** continuer à faire; **don't ~ on about it!** arrête (d'en parler) !
▸ **keep out** VT empêcher d'entrer ▸ VI (*stay out*) rester en dehors; **"~ out"** « défense d'entrer »
▸ **keep to** VT FUS (*plan, speed limit*) respecter; (*path, road*) rester sur
▸ **keep up** VI (*fig: in comprehension*) suivre; **to ~ up with sb** (*in work etc*) se maintenir au même niveau que qn; (*in race etc*) aller aussi vite que qn ▸ VT continuer, maintenir

keeper [ˈkiːpəʳ] N gardien(ne)

keep-fit [kiːpˈfɪt] N gymnastique *f* (d'entretien)

keeping [ˈkiːpɪŋ] N (*care*) garde *f*; **in ~ with** en harmonie avec

keeps [kiːps] N: **for ~** (*inf*) pour de bon, pour toujours

keepsake [ˈkiːpseɪk] N souvenir *m*

keg [kɛg] N barrique *f*, tonnelet *m*

Ken. ABBR (US) = **Kentucky**

kennel [ˈkɛnl] N niche *f* ■ **kennels** NPL (*for boarding*) chenil *m*

Kenya [ˈkɛnjə] N Kenya *m*

Kenyan ['kɛnjən] ADJ kényan(ne) ▶ N Kényan(ne)
kept [kɛpt] PT, PP *of* **keep**
kerb [kə:b] N (BRIT) bordure *f* du trottoir
kerb crawler [-krɔ:lə^r] N *personne qui accoste les prostitué(e)s en voiture*
kerbside ['kə:bsaɪd] N (bordure *f* du) trottoir *m*
kernel ['kə:nl] N amande *f*; (*fig*) noyau *m*
kerosene ['kɛrəsi:n] N kérosène *m*
kestrel ['kɛstrəl] N faucon *m* crécerelle
ketchup ['kɛtʃəp] N ketchup *m*
kettle ['kɛtl] N bouilloire *f*
kettling ['kɛtəlɪŋ] N ≈ tactique *f* de l'encerclement, *tactique policière consistant à encercler des manifestants pour les confiner dans un lieu de façon prolongée*
★**key** [ki:] N (*gen, Mus*) clé *f*; (*of piano, typewriter*) touche *f*; (*on map*) légende *f*; **can I have my ~?** je peux avoir ma clé ? ▶ ADJ (*factor, role, area*) clé *inv*; **a ~ issue** un problème fondamental ▶ CPD (*vital: position, industry*) clé ▶ VT (*word*) taper
▶ **key in** VT (*text*) rentrer, taper
keyboard ['ki:bɔ:d] N clavier *m* ▶ VT (*text*) saisir
keyboarder ['ki:bɔ:də^r] N claviste *mf*
keyed up [ki:d-] ADJ: **to be (all) ~** être surexcité(e)
keyhole ['ki:həul] N trou *m* de la serrure
keyhole surgery N *chirurgie très minutieuse où l'incision est minimale*
keynote ['ki:nəut] N (*Mus*) tonique *f*; (*fig*) note dominante
keypad ['ki:pæd] N pavé *m* numérique; (*of smartphone*) clavier *m*
keyring ['ki:rɪŋ] N porte-clés *m*
keystroke ['ki:strəuk] N frappe *f*
kg ABBR (= *kilogram*) K
KGB N ABBR KGB *m*
khaki ['kɑ:kɪ] ADJ, N kaki *m*
kibbutz [kɪ'buts] N kibboutz *m*
★**kick** [kɪk] VT donner un coup de pied à; **to ~ the habit** (*inf*) arrêter ▶ VI (*horse*) ruer ▶ N coup *m* de pied; (*of rifle*) recul *m*; (*inf: thrill*): **he does it for kicks** il le fait parce que ça l'excite, il le fait pour le plaisir
▶ **kick around** VI (*inf*) traîner
▶ **kick in** VI (*start working*) se mettre en marche
▶ **kick off** VI (*Sport*) donner le coup d'envoi
▶ **kick out** VT (*inf*) virer (*inf*); **to ~ sb out of sth** virer qn de qch
▶ **kick up** VT: **to ~ up a fuss (about sth)** faire du foin (à propos de qch); **to ~ up a rumpus** faire du scandale
kickback ['kɪkbæk] N (*bribe*) pot *m* de vin
kick-off ['kɪkɔf] N (*Sport*) coup *m* d'envoi
kick-start ['kɪkstɑ:t] N (*also:* **kick-starter**) lanceur *m* au pied
★**kid** [kɪd] N (*inf: child*) gamin(e), gosse *mf*; (*animal, leather*) chevreau *m* ▶ VI (*inf*) plaisanter, blaguer
kid gloves NPL: **to treat sb with ~** traiter qn avec ménagement
kidnap ['kɪdnæp] VT enlever, kidnapper
kidnapper ['kɪdnæpə^r] N ravisseur(-euse)
kidnapping ['kɪdnæpɪŋ] N enlèvement *m*
kidney ['kɪdnɪ] N (*Anat*) rein *m*; (*Culin*) rognon *m*
kidney bean N haricot *m* rouge
kidney machine N (*Med*) rein artificiel
Kilimanjaro [kɪlɪmən'dʒɑ:rəu] N: **Mount ~** Kilimandjaro *m*
★**kill** [kɪl] VT tuer; (*fig*) faire échouer; détruire; supprimer; **to ~ time** tuer le temps ▶ N mise *f* à mort
▶ **kill off** VT exterminer; (*fig*) éliminer
★**killer** ['kɪlə^r] N tueur(-euse); (*murderer*) meurtrier(-ière)
killer instinct N combativité *f*; **to have the ~** avoir un tempérament de battant
killing ['kɪlɪŋ] N meurtre *m*; (*of group of people*) tuerie *f*, massacre *m*; (*inf*): **to make a ~** se remplir les poches, réussir un beau coup ▶ ADJ (*inf*) tordant(e)
killjoy ['kɪldʒɔɪ] N rabat-joie *m inv*
kiln [kɪln] N four *m*
★**kilo** ['ki:ləu] N kilo *m*
kilobyte ['ki:ləubaɪt] N (*Comput*) kilo-octet *m*
kilogram, kilogramme ['kɪləugræm] N kilogramme *m*
kilometre, (US) **kilometer** ['kɪləmi:tə^r] N kilomètre *m*

> When saying how far away something is, the distance is preceded by à.
> *It's ten kilometres from here.* **C'est à dix kilomètres d'ici**.

kilowatt ['kɪləuwɔt] N kilowatt *m*
kilt [kɪlt] N kilt *m*
kilter ['kɪltə^r] N: **out of ~** déréglé(e), détraqué(e)
kimono [kɪ'məunəu] N kimono *m*
kin [kɪn] N *see* **next-of-kin; kith**
★**kind** [kaɪnd] ADJ gentil(le), aimable; **would you be ~ enough to ...?, would you be so ~ as to ...?** auriez-vous la gentillesse *or* l'obligeance de ... ?; **it's very ~ of you (to do)** c'est très aimable à vous (de faire) ▶ N sorte *f*, espèce *f*; (*species*) genre *m*; **to be two of a ~** se ressembler; **in ~** (*Comm*) en nature; (*fig*) **to repay sb in ~** rendre la pareille à qn; **~ of** (*inf: rather*) plutôt; **a ~ of** une sorte de; **what ~ of ...?** quelle sorte de ... ?
kindergarten ['kɪndəgɑ:tn] N jardin *m* d'enfants
kind-hearted [kaɪnd'hɑ:tɪd] ADJ bon(ne)
Kindle® ['kɪndl] N Kindle® *m*
kindle ['kɪndl] VT allumer, enflammer
kindling ['kɪndlɪŋ] N petit bois
kindly ['kaɪndlɪ] ADJ bienveillant(e), plein(e) de gentillesse ▶ ADV avec bonté; **will you ~ ...** auriez-vous la bonté *or* l'obligeance de ...; **he didn't take it ~** il l'a mal pris
kindness ['kaɪndnɪs] N (*quality*) bonté *f*, gentillesse *f*
kindred ['kɪndrɪd] ADJ apparenté(e); **~ spirit** âme *f* sœur
kinetic [kɪ'nɛtɪk] ADJ cinétique
★**king** [kɪŋ] N roi *m*
kingdom ['kɪŋdəm] N royaume *m*
kingfisher ['kɪŋfɪʃə^r] N martin-pêcheur *m*
kingpin ['kɪŋpɪn] N (*Tech*) pivot *m*; (*fig*) cheville ouvrière
king-size ['kɪŋsaɪz], **king-sized** ['kɪŋsaɪzd] ADJ (*cigarette*) (format) extra-long (longue)

king-size bed, king-sized bed N grand lit (*de 1,95 m de large*)

kink [kɪŋk] N (*of rope*) entortillement *m*; (*in hair*) ondulation *f*; (*inf: fig*) aberration *f*

kinky ['kɪŋkɪ] ADJ (*fig*) excentrique; (*pej*) aux goûts spéciaux

kinship ['kɪnʃɪp] N parenté *f*

kinsman ['kɪnzmən] N (*irreg*) parent *m*

kinswoman ['kɪnzwumən] N (*irreg*) parente *f*

kiosk ['ki:ɔsk] N kiosque *m*; (BRIT: *also*: **telephone kiosk**) cabine *f* (téléphonique); (*also*: **newspaper kiosk**) kiosque à journaux

kipper ['kɪpəʳ] N hareng fumé et salé

Kirghizia [kə:'gɪzɪə] N Kirghizistan *m*

Kiribati [kɪrɪ'bætɪ] N Kiribati *fpl*

★**kiss** [kɪs] N baiser *m* ▸ VT embrasser; **to ~ (each other)** s'embrasser; **to ~ sb goodbye** dire au revoir à qn en l'embrassant

kissagram ['kɪsəgræm] N *baiser envoyé à l'occasion d'une célébration par l'intermédiaire d'une personne employée à cet effet*

kiss of life N (BRIT) bouche à bouche *m*

kit [kɪt] N équipement *m*, matériel *m*; (*set of tools etc*) trousse *f*; (*for assembly*) kit *m*; **tool ~** nécessaire *m* à outils
▸ **kit out** VT (BRIT) équiper

kitbag ['kɪtbæg] N sac *m* de voyage *or* de marin

★**kitchen** ['kɪtʃɪn] N cuisine *f*

kitchen garden N jardin *m* potager

kitchen sink N évier *m*

kitchen unit N (BRIT) élément *m* de cuisine

kitchenware ['kɪtʃɪnwɛəʳ] N vaisselle *f*; ustensiles *mpl* de cuisine

kite [kaɪt] N (*toy*) cerf-volant *m*; (*Zool*) milan *m*

kith [kɪθ] N: **~ and kin** parents et amis *mpl*

kitten ['kɪtn] N petit chat, chaton *m*

kitty ['kɪtɪ] N (*money*) cagnotte *f*

kiwi ['ki:wi:] N (*also*: **kiwi fruit**) kiwi *m*

KKK N ABBR (*US*) = **Ku Klux Klan**

Kleenex® ['kli:nɛks] N Kleenex® *m*

kleptomaniac [klɛptəu'meɪnɪæk] N kleptomane *mf*

km ABBR (= *kilometre*) km

km/h ABBR (= *kilometres per hour*) km/h

knack [næk] N: **to have the ~ (of doing)** avoir le coup (pour faire); **there's a ~** il y a un coup à prendre *or* une combine

knackered ['nækəd] ADJ (*inf*) crevé(e), nase

knapsack ['næpsæk] N musette *f*

knave [neɪv] N (*Cards*) valet *m*

knead [ni:d] VT pétrir

★**knee** [ni:] N genou *m*

kneecap ['ni:kæp] N rotule *f* ▸ VT tirer un coup de feu dans la rotule de

knee-deep ['ni:'di:p] ADJ: **the water was ~** l'eau arrivait aux genoux

★**kneel** [ni:l] (*pt, pp* **knelt** [nɛlt]) VI (*also*: **kneel down**) s'agenouiller

kneepad ['ni:pæd] N genouillère *f*

knell [nɛl] N glas *m*

knelt [nɛlt] PT, PP *of* **kneel**

knew [nju:] PT *of* **know**

★**knickers** ['nɪkəz] NPL (BRIT) culotte *f* (de femme)

knick-knack ['nɪknæk] N colifichet *m*

★**knife** [naɪf] (*pl* **knives** [naɪvz]) N couteau *m*; **~, fork and spoon** couvert *m* ▸ VT poignarder, frapper d'un coup de couteau

knife-edge ['naɪfɛdʒ] N: **to be on a ~** être sur le fil du rasoir

knifepoint ['naɪfpɔɪnt] N: **at ~** (*rape, rob*) sous la menace d'un couteau; **to hold sb at ~** tenir qn en respect avec son couteau

knight [naɪt] N chevalier *m*; (*Chess*) cavalier *m*

knighthood ['naɪthud] N chevalerie *f*; (*title*): **to get a ~** être fait chevalier

knit [nɪt] VT tricoter; (*fig*): **to ~ together** unir; **to ~ one's brows** froncer les sourcils ▸ VI tricoter; (*broken bones*) se ressouder

knitted ['nɪtɪd] ADJ en tricot

knitting ['nɪtɪŋ] N tricot *m*

knitting machine N machine *f* à tricoter

knitting needle N aiguille *f* à tricoter

knitting pattern N modèle *m* (pour tricot)

knitwear ['nɪtwɛəʳ] N tricots *mpl*, lainages *mpl*

knives [naɪvz] NPL *of* **knife**

knob [nɔb] N bouton *m*; (BRIT): **a ~ of butter** une noix de beurre

knobbly ['nɔblɪ], (*US*) **knobby** ['nɔbɪ] ADJ (*wood, surface*) noueux(-euse); (*knees*) noueux

★**knock** [nɔk] VT frapper; (*bump into*) heurter; (*force*: *nail etc*): **to ~ a nail into** enfoncer un clou dans; (*inf, fig*) dénigrer; (*make*: *hole etc*): **to ~ a hole in** faire un trou dans, trouer ▸ VI (*engine*) cogner; (*at door etc*): **to ~ at/on** frapper à/sur; **he knocked at the door** il frappa à la porte ▸ N coup *m*
▸ **knock down** VT renverser; (*price*) réduire
▸ **knock off** VI (*inf*: *finish*) s'arrêter (de travailler) ▸ VT (*vase, object*) faire tomber; (*inf*: *steal*) piquer; (*fig*: *from price etc*): **to ~ off £10** faire une remise de 10 livres
▸ **knock out** VT assommer; (*Boxing*) mettre k.-o.; (*in competition*) éliminer
▸ **knock over** VT (*object*) faire tomber; (*pedestrian*) renverser

knockdown ['nɔkdaun] ADJ (*price*) sacrifié(e)

knocker ['nɔkəʳ] N (*on door*) heurtoir *m*

knocking ['nɔkɪŋ] N coups *mpl*

knock-kneed [nɔk'ni:d] ADJ aux genoux cagneux

knockout ['nɔkaut] N (*Boxing*) knock-out *m*, K.-O. *m*; **~ competition** (BRIT) compétition *f* avec épreuves éliminatoires

knock-up ['nɔkʌp] N (*Tennis*): **to have a ~** faire des balles

knot [nɔt] N (*gen*) nœud *m*; **to tie a ~** faire un nœud ▸ VT nouer

knotty ['nɔtɪ] ADJ (*fig*) épineux(-euse)

★**know** [nəu] (*pt* **knew** [nju:], *pp* **known** [nəun]) VT savoir; (*person, place*) connaître; **to ~ that** savoir que; **to ~ how to do** savoir faire; **to ~ how to swim** savoir nager; **to get to ~ sth** (*fact*) apprendre qch; (*place*) apprendre à connaître qch; **I don't ~ him** je ne le connais pas; **do you ~ where I can ...?** savez-vous où je peux ...?; **to ~ right from wrong** savoir distinguer le bon du mauvais ▸ VI savoir; **I don't ~**

je ne sais pas; **as far as I ~ ...** à ma connaissance ..., autant que je sache ...
▸ **know about** VT FUS (*news, event*) être au courant de; (*subject*) s'y connaître en; **to ~ a lot about sth** bien s'y connaître en qch; **I don't ~ much about computers** je ne m'y connais pas bien en informatique
▸ **know of** VT FUS (*have heard of*) connaître; **no, not that I ~ of** non, pas autant que je sache

know-all ['nəuɔ:l] N (BRIT *pej*) je-sais-tout *mf*

know-how ['nəuhau] N savoir-faire *m*, technique *f*, compétence *f*

knowing ['nəuɪŋ] ADJ (*look etc*) entendu(e)

knowingly ['nəuɪŋlɪ] ADV (*on purpose*) sciemment; (*smile, look*) d'un air entendu

know-it-all ['nəuɪtɔ:l] N (*US*) = **know-all**

★**knowledge** ['nɔlɪdʒ] N connaissance *f*; (*learning*) connaissances, savoir *m*; **to have no ~ of** ignorer; **not to my ~** pas à ma connaissance; **without my ~** à mon insu; **to have a working ~ of French** se débrouiller en français; **it is common ~ that ...** chacun sait que ...; **it has come to my ~ that ...** j'ai appris que ...

knowledgeable ['nɔlɪdʒəbl] ADJ bien informé(e)

known [nəun] PP *of* **know** ▸ ADJ (*thief, facts*) notoire; (*expert*) célèbre

knuckle ['nʌkl] N articulation *f* (des phalanges), jointure *f*
▸ **knuckle down** VI (*inf*) s'y mettre
▸ **knuckle under** VI (*inf*) céder

knuckleduster ['nʌkldʌstə^r] N coup-de-poing américain

KO ABBR = **knock out** ▸ N K.-O. *m* ▸ VT mettre K.-O.

koala [kəu'ɑ:lə] N (*also:* **koala bear**) koala *m*

kook [ku:k] N (*US inf*) loufoque *mf*

Koran [kɔ'rɑ:n] N Coran *m*

Korea [kə'rɪə] N Corée *f*; **North/South ~** Corée du Nord/Sud

Korean [kə'rɪən] ADJ coréen(ne) ▸ N Coréen(ne)

kosher ['kəuʃə^r] ADJ kascher *inv*

Kosovar, Kosovan ['kɔsəvɑ:^{r}, 'kɔsəvæn] ADJ kosovar(e)

Kosovo ['kɔsɔvəu] N Kosovo *m*

kowtow ['kau'tau] VI: **to ~ to sb** s'aplatir devant qn

Kremlin ['krɛmlɪn] N: **the ~** le Kremlin

KS ABBR (*US*) = **Kansas**

Kt ABBR (BRIT: = *Knight*) *titre honorifique*

Kuala Lumpur ['kwɑ:lə'lumpuə^r] N Kuala Lumpur

kudos ['kju:dɔs] N gloire *f*, lauriers *mpl*

Kurd [kə:d] N Kurde *mf*

Kurdish ['kə:dɪʃ] ADJ kurde ▸ N (*Ling*) kurde *m*

Kuwait [ku'weɪt] N Koweït *m*

Kuwaiti [ku'weɪtɪ] ADJ koweïtien(ne) ▸ N Koweïtien(ne)

kW ABBR (= *kilowatt*) kW

KY, Ky. ABBR (*US*) = **Kentucky**

Kyrgyzstan ['kɪəgɪzstɑ:n] N Kirghizistan *m*

Ll

L¹, l [ɛl] N (*letter*) L, l *m*; **L for Lucy**, (*US*) **L for Love** L comme Louis

L² ABBR (= *lake, large*) L; (BRIT *Aut*: = *learner*) *signale un conducteur débutant*; (= *left*) g

l. ABBR (= *litre*) l

LA N ABBR (*US*) = **Los Angeles** ▸ ABBR (*US*) = **Louisiana**

La. ABBR (*US*) = **Louisiana**

lab [læb] N ABBR (= *laboratory*) labo *m*

Lab. ABBR (CANADA) = **Labrador**

★**label** [ˈleɪbl] N étiquette *f*; (*brand: of record*) marque *f* ▸ VT étiqueter; **to ~ sb a ...** qualifier qn de ...

labor *etc* [ˈleɪbəʳ] N (*US*) = **labour** *etc*

★**laboratory** [ləˈbɔrətərɪ] N laboratoire *m*

Labor Day N (*US*, CANADA) fête *f* du travail (*le premier lundi de septembre*)

> Aux États-Unis et au Canada, le **Labor Day** est fixé au premier lundi de septembre. Institué par le Congrès en 1894 après avoir été réclamé par les mouvements ouvriers pendant douze ans, il a perdu une grande partie de son caractère politique pour devenir un jour férié assez ordinaire et l'occasion de partir en long week-end avant la rentrée des classes.

laborious [ləˈbɔːrɪəs] ADJ laborieux(-euse)

labor union N (*US*) syndicat *m*

Labour [ˈleɪbəʳ] N (BRIT *Pol*: *also*: **the Labour Party**) le parti travailliste, les travaillistes *mpl*

labour, (*US*) **labor** [ˈleɪbəʳ] N (*work*) travail *m*; (*workforce*) main-d'œuvre *f*; (*Med*) travail, accouchement *m*; **in ~** (*Med*) en travail ▸ VI: **to ~ (at)** travailler dur (à), peiner (sur) ▸ VT: **to ~ a point** insister sur un point

labour camp, (*US*) **labor camp** N camp *m* de travaux forcés

labour cost, (*US*) **labor cost** N coût *m* de la main-d'œuvre; coût de la façon

laboured, (*US*) **labored** [ˈleɪbəd] ADJ lourd(e), laborieux(-euse); (*breathing*) difficile, pénible; (*style*) lourd, embarrassé(e)

labourer, (*US*) **laborer** [ˈleɪbərəʳ] N manœuvre *m*; **farm ~** ouvrier *m* agricole

labour force, (*US*) **labor force** N main-d'œuvre *f*

labour-intensive, (*US*) **labor-intensive** [leɪbərɪnˈtɛnsɪv] ADJ intensif(-ive) en main-d'œuvre

labour market, (*US*) **labor market** N marché *m* du travail

labour pains, (*US*) **labor pains** NPL douleurs *fpl* de l'accouchement

labour relations, (*US*) **labor relations** NPL relations *fpl* dans l'entreprise

labour-saving, (*US*) **labor-saving** [ˈleɪbəseɪvɪŋ] ADJ qui simplifie le travail

labour unrest, (*US*) **labor unrest** N agitation sociale

labyrinth [ˈlæbɪrɪnθ] N labyrinthe *m*, dédale *m*

lace [leɪs] N dentelle *f*; (*of shoe etc*) lacet *m* ▸ VT (*shoe*: *also*: **lace up**) lacer; (*drink*) arroser, corser

lacemaking [ˈleɪsmeɪkɪŋ] N fabrication *f* de dentelle

laceration [læsəˈreɪʃən] N lacération *f*

lace-up [ˈleɪsʌp] ADJ (*shoes etc*) à lacets

★**lack** [læk] N manque *m*; **through** *or* **for ~ of** faute de, par manque de ▸ VT manquer de ▸ VI: **to be lacking** manquer, faire défaut; **to be lacking in** manquer de

lackadaisical [lækəˈdeɪzɪkl] ADJ nonchalant(e), indolent(e)

lackey [ˈlækɪ] N (*also fig*) laquais *m*

lacklustre [ˈlæklʌstəʳ] ADJ terne

laconic [ləˈkɔnɪk] ADJ laconique

lacquer [ˈlækəʳ] N laque *f*

lacquered [ˈlækəd] ADJ laqué(e)

lacrosse [ləˈkrɔs] N la crosse *f*, jeu *m* de la crosse

lacy [ˈleɪsɪ] ADJ (*made of lace*) en dentelle; (*like lace*) comme de la dentelle, qui ressemble à de la dentelle

lad [læd] N garçon *m*, gars *m*; (BRIT: *in stable etc*) lad *m*

ladder [ˈlædəʳ] N échelle *f*; (BRIT: *in tights*) maille filée ▸ VT, VI (BRIT: *tights*) filer

laden [ˈleɪdn] ADJ: **~ (with)** chargé(e) (de); **fully ~** (*truck, ship*) en pleine charge

ladle [ˈleɪdl] N louche *f*

★**lady** [ˈleɪdɪ] N dame *f*; **"ladies and gentlemen ..."** « Mesdames (et) Messieurs ... »; **young ~** jeune fille *f*; (*married*) jeune femme *f*; **L~ Smith** lady Smith; **the ladies' (room)** les toilettes *fpl* des dames; **a ~ doctor** une doctoresse, une femme médecin

ladybird [ˈleɪdɪbəːd], (*US*) **ladybug** [ˈleɪdɪbʌg] N coccinelle *f*

lady-in-waiting [ˈleɪdɪɪnˈweɪtɪŋ] N dame *f* d'honneur

lady-killer [ˈleɪdɪkɪləʳ] N don Juan *m*

ladylike [ˈleɪdɪlaɪk] ADJ distingué(e)

ladyship ['leɪdɪʃɪp] N: **your L~** Madame la comtesse (*or* la baronne *etc*)

lag [læg] N retard *m* ▸ VI (*also:* **lag behind**) rester en arrière, traîner; (: *fig*) rester à la traîne ▸ VT (*pipes*) calorifuger

lager ['lɑːgəʳ] N bière blonde

lager lout N (BRIT *pej*) jeune voyou *m* (*porté sur la boisson*)

lagging ['lægɪŋ] N enveloppe isolante, calorifuge *m*

lagoon [lə'guːn] N lagune *f*

Lagos ['leɪgɔs] N Lagos

laid [leɪd] PT, PP *of* **lay**

laid back ADJ (*inf*) relaxe, décontracté(e)

laid up ADJ alité(e)

lain [leɪn] PP *of* **lie**

lair [lɛəʳ] N tanière *f*, gîte *m*

laissez-faire [lɛseɪ'fɛəʳ] N libéralisme *m*

laity ['leɪətɪ] N laïques *mpl*

★**lake** [leɪk] N lac *m*

Lake District N: **the ~** (BRIT) la région des lacs

lamb [læm] N agneau *m*

lambast [læm'bæst], (*US*) **lambaste** [læm'beɪst] VT étriller

lamb chop N côtelette *f* d'agneau

lambing ['læmɪŋ] N agnelage *m*

lambskin ['læmskɪn] N (peau *f* d')agneau *m*

lambswool ['læmzwul] N laine *f* d'agneau

lame [leɪm] ADJ (*also fig*) boiteux(-euse); **~ duck** (*fig*) canard boiteux

lamely ['leɪmlɪ] ADV (*fig*) sans conviction

lament [lə'mɛnt] N lamentation *f* ▸ VT pleurer, se lamenter sur

lamentable ['læməntəbl] ADJ déplorable, lamentable

laminated ['læmɪneɪtɪd] ADJ laminé(e); (*windscreen*) (en verre) feuilleté

laminator ['læmɪneɪtəʳ] N plastifieuse *f*

lamp [læmp] N lampe *f*

lamplight ['læmplaɪt] N: **by ~** à la lumière de la (*or* d'une) lampe

lampoon [læm'puːn] N pamphlet *m*

lamppost ['læmppəust] N (BRIT) réverbère *m*

lampshade ['læmpʃeɪd] N abat-jour *m inv*

lance [lɑːns] N lance *f* ▸ VT (*Med*) inciser

lance corporal N (BRIT) (soldat *m* de) première classe *m*

lancet ['lɑːnsɪt] N (*Med*) bistouri *m*

Lancs [læŋks] ABBR (BRIT) = **Lancashire**

★**land** [lænd] N (*as opposed to sea*) terre *f* (ferme); (*country*) pays *m*; (*soil*) terre; (*piece of land*) terrain *m*; (*estate*) terre(s), domaine(s) *m(pl)*; **to go/travel by ~** se déplacer par voie de terre; **to own ~** être propriétaire foncier ▸ VI (*from ship*) débarquer; (*Aviat*) atterrir; (*fig: fall*) (re-)tomber; **to ~ on one's feet** (*also fig*) retomber sur ses pieds ▸ VT (*passengers, goods*) débarquer; (*obtain*) décrocher; **to ~ sb with sth** (*inf*) coller qch à qn
▸ **land up** VI atterrir, (finir par) se retrouver

landed gentry ['lændɪd-] N (BRIT) propriétaires terriens *or* fonciers

landfill site ['lændfɪl-] N centre *m* d'enfouissement des déchets

landing ['lændɪŋ] N (*from ship*) débarquement *m*; (*Aviat*) atterrissage *m*; (*of staircase*) palier *m*

landing card N carte *f* de débarquement

landing craft N péniche *f* de débarquement

landing gear N train *m* d'atterrissage

landing stage N (BRIT) débarcadère *m*, embarcadère *m*

landing strip N piste *f* d'atterrissage

landlady ['lændleɪdɪ] N propriétaire *f*, logeuse *f*; (*of pub*) patronne *f*

landline ['lændlaɪn] N ligne *f* fixe

landlocked ['lændlɔkt] ADJ entouré(e) de terre(s), sans accès à la mer

landlord ['lændlɔːd] N propriétaire *m*, logeur *m*; (*of pub etc*) patron *m*

landlubber ['lændlʌbəʳ] N terrien(ne)

landmark ['lændmɑːk] N (point *m* de) repère *m*; **to be a ~** (*fig*) faire date *or* époque

landmine ['lændmaɪn] N mine *f* terrestre

landowner ['lændəunəʳ] N propriétaire foncier *or* terrien

★**landscape** ['lænskeɪp] N paysage *m*

landscape architect, landscape gardener N paysagiste *mf*

landscaped ['lændskeɪpt] ADJ paysagé(e), paysager *inv*

landscape painting N (*Art*) paysage *m*

landslide ['lændslaɪd] N (*Geo*) glissement *m* (de terrain); (*fig: Pol*) raz-de-marée (électoral)

★**lane** [leɪn] N (*in country*) chemin *m*; (*in town*) ruelle *f*; (*Aut: of road*) voie *f*; (: *line of traffic*) file *f*; (*in race*) couloir *m*; **shipping ~** route *f* maritime *or* de navigation

★**language** ['læŋgwɪdʒ] N langue *f*; (*way one speaks*) langage *m*; **what languages do you speak?** quelles langues parlez-vous ?; **bad ~** grossièretés *fpl*, langage grossier

> Use **langue** to refer to a language such as French or English; use **langage** for a way of communicating: *everyday language* **le langage courant**.

language laboratory N laboratoire *m* de langues

language school N école *f* de langue

languid ['læŋgwɪd] ADJ languissant(e), langoureux(-euse)

languish ['læŋgwɪʃ] VI languir

lank [læŋk] ADJ (*hair*) raide et terne

lanky ['læŋkɪ] ADJ grand(e) et maigre, efflanqué(e)

lanolin, lanoline ['lænəlɪn] N lanoline *f*

lantern ['læntn] N lanterne *f*

Laos [laus] N Laos *m*

★**lap** [læp] N (*of track*) tour *m* (de piste); (*of body*): **in** *or* **on one's ~** sur les genoux ▸ VT (*also:* **lap up**) laper ▸ VI (*waves*) clapoter
▸ **lap up** VT (*fig*) boire comme du petit-lait, se gargariser de; (: *lies etc*) gober

La Paz [læ'pæz] N La Paz

lap dancing N *strip-tease où la danseuse s'asseoit sur les genoux des clients*

lapdog ['læpdɔg] N chien *m* d'appartement

lapel [lə'pɛl] N revers *m*
Lapland ['læplænd] N Laponie *f*
lapse [læps] N défaillance *f*; (*in behaviour*) écart *m* (de conduite); **~ of time** laps *m* de temps, intervalle *m*; **a ~ of memory** un trou de mémoire ▸ VI (*Law*) cesser d'être en vigueur; (*contract*) expirer; (*pass*) être périmé; (*subscription*) prendre fin; **to ~ into bad habits** prendre de mauvaises habitudes
★**laptop** ['læptɔp], **laptop computer** N (ordinateur *m*) portable *m*
larceny ['lɑːsənɪ] N vol *m*
larch [lɑːtʃ] N mélèze *m*
lard [lɑːd] N saindoux *m*
larder ['lɑːdəʳ] N garde-manger *m inv*
★**large** [lɑːdʒ] ADJ grand(e); (*person, animal*) gros (grosse); **to make larger** agrandir; **a ~ number of people** beaucoup de gens; **by and ~** en général; **on a ~ scale** sur une grande échelle; **at ~** (*free*) en liberté; (*generally*) en général; pour la plupart; *see also* **by**

Le mot anglais **large** ne veut pas dire *large*.

★**largely** ['lɑːdʒlɪ] ADV en grande partie; (*principally*) surtout
large-scale ['lɑːdʒ'skeɪl] ADJ (*map, drawing etc*) à grande échelle; (*fig*) important(e)
largesse, (*US*) **largess** [lɑː'ʒɛs] N largesses *fpl*
lark [lɑːk] N (*bird*) alouette *f*; (*joke*) blague *f*, farce *f*
▸ **lark about** VI faire l'idiot, rigoler
larrikin ['lærɪkɪn] N (AUSTRALIA, NEW ZEALAND *inf*) fripon *m* (*inf*)
larva ['lɑːvə] (*pl* **larvae** [-iː]) N larve *f*
laryngitis [lærɪn'dʒaɪtɪs] N laryngite *f*
larynx ['lærɪŋks] N larynx *m*
lasagne [lə'zænjə] N lasagne *f*
lascivious [lə'sɪvɪəs] ADJ lascif(-ive)
laser ['leɪzəʳ] N laser *m*
laser beam N rayon *m* laser
laser printer N imprimante *f* laser
lash [læʃ] N coup *m* de fouet; (*also:* **eyelash**) cil *m* ▸ VT fouetter; (*tie*) attacher
▸ **lash down** VT attacher, amarrer, arrimer ▸ VI (*rain*) tomber avec violence
▸ **lash out** VI: **to ~ out (at** *or* **against sb/sth)** attaquer violemment (qn/qch); **to ~ out (on sth)** (*inf: spend*) se fendre (de qch)
lashing ['læʃɪŋ] N: **lashings of** (BRIT *old: cream etc*) des masses de
lass [læs] N (BRIT) (jeune) fille *f*
lasso [læ'suː] N lasso *m* ▸ VT prendre au lasso
★**last** [lɑːst] ADJ dernier(-ière); **~ week** la semaine dernière; **~ night** (*evening*) hier soir; (*night*) la nuit dernière; **the ~ time** la dernière fois; **the ~ but one** *adj* l'avant-dernier(-ière) (*before noun*) ▸ ADV en dernier; (*most recently*) la dernière fois; (*finally*) finalement ▸ VI durer; **it lasts (for) 2 hours** ça dure 2 heures ▸ N: **at ~** enfin ▸ PRON: **the ~** (*the last one*) le dernier (la dernière); (*the last ones*) les derniers; **the ~ but one** l'avant-dernier(-ière)
last-ditch ['lɑːst'dɪtʃ] ADJ ultime, désespéré(e)
lasting ['lɑːstɪŋ] ADJ durable
lastly ['lɑːstlɪ] ADV en dernier lieu, pour finir
last-minute ['lɑːstmɪnɪt] ADJ de dernière minute
latch [lætʃ] N loquet *m*
▸ **latch onto** VT FUS (*cling to: person, group*) s'accrocher à; (*: idea*) se mettre en tête
latchkey ['lætʃkiː] N clé *f* (de la porte d'entrée)
★**late** [leɪt] ADJ (*not on time*) en retard; (*far on in day etc*) tardif(-ive); (*: edition, delivery*) dernier(-ière); (*recent*) récent(e), dernier; (*former*) ancien(ne); (*dead*) défunt(e); **to be ~** avoir du retard; **to be 10 minutes ~** avoir 10 minutes de retard; **sorry I'm ~** désolé d'être en retard; **it's too ~** il est trop tard; **in ~ May** vers la fin (du mois) de mai, fin mai; **the ~ Mr X** feu M. X ▸ ADV tard; (*behind time, schedule*) en retard; **to work ~** travailler tard; **~ in life** sur le tard, à un âge avancé ▸ N: **of ~** (*lately*) dernièrement
latecomer ['leɪtkʌməʳ] N retardataire *mf*
lately ['leɪtlɪ] ADV récemment
lateness ['leɪtnɪs] N (*of person*) retard *m*; (*of event*) heure tardive
latent ['leɪtnt] ADJ latent(e); **~ defect** vice caché
★**later** ['leɪtəʳ] ADJ (*date etc*) ultérieur(e); (*version etc*) plus récent(e) ▸ ADV plus tard; **~ on today** plus tard dans la journée
lateral ['lætərl] ADJ latéral(e)
★**latest** ['leɪtɪst] ADJ tout(e) dernier(-ière); **the ~ news** les dernières nouvelles; **at the ~** au plus tard
latex ['leɪtɛks] N latex *m*
lath [læθ] (*pl* **laths** [læðz]) N latte *f*
lathe [leɪð] N tour *m*
lather ['lɑːðəʳ] N mousse *f* (de savon) ▸ VT savonner ▸ VI mousser
★**Latin** ['lætɪn] N latin *m* ▸ ADJ latin(e)
Latin America N Amérique latine
Latin American ADJ latino-américain(e), d'Amérique latine ▸ N Latino-Américain(e)
latitude ['lætɪtjuːd] N (*also fig*) latitude *f*
latrine [lə'triːn] N latrines *fpl*
latte ['lɑːteɪ] N crème *m*
latter ['lætəʳ] ADJ deuxième, dernier(-ière) ▸ N: **the ~** ce dernier, celui-ci
latterly ['lætəlɪ] ADV dernièrement, récemment
lattice ['lætɪs] N treillis *m*; treillage *m*
lattice window N fenêtre treillissée, fenêtre à croisillons
Latvia ['lætvɪə] N Lettonie *f*
Latvian ['lætvɪən] ADJ letton(ne) ▸ N Letton(ne); (*Ling*) letton *m*
laud [lɔːd] VT louer
laudable ['lɔːdəbl] ADJ louable
laudatory ['lɔːdətrɪ] ADJ élogieux(-euse)
★**laugh** [lɑːf] N rire *m*; **(to do sth) for a ~** (faire qch) pour rire ▸ VI rire
▸ **laugh at** VT FUS se moquer de; (*joke*) rire de
▸ **laugh off** VT écarter *or* rejeter par une plaisanterie *or* par une boutade
laughable ['lɑːfəbl] ADJ risible, ridicule
laughing ['lɑːfɪŋ] ADJ rieur(-euse); **this is no ~ matter** il n'y a pas de quoi rire, ça n'a rien d'amusant
laughing gas N gaz hilarant
laughing stock N: **the ~ of** la risée de

laughter ['lɑːftəʳ] N rire *m*; (*of several people*) rires *mpl*

★**launch** [lɔːntʃ] N lancement *m*; (*boat*) chaloupe *f*; (*also:* **motor launch**) vedette *f* ▸VT (*ship, rocket, plan*) lancer
▸**launch into** VT FUS se lancer dans
▸**launch out** VI: **to ~ out (into)** se lancer (dans)

launching ['lɔːntʃɪŋ] N lancement *m*

launder ['lɔːndəʳ] VT laver; (*fig: money*) blanchir

Launderette® [lɔːn'drɛt], (US) **Laundromat®** ['lɔːndrəmæt] N laverie *f* (automatique)

laundry ['lɔːndrɪ] N (*clothes*) linge *m*; (*business*) blanchisserie *f*; (*room*) buanderie *f*; **to do the ~** faire la lessive

laureate ['lɔːrɪət] ADJ *see* **poet laureate**

laurel ['lɔrl] N laurier *m*; **to rest on one's laurels** se reposer sur ses lauriers

lava ['lɑːvə] N lave *f*

lavatory ['lævətərɪ] N toilettes *fpl*

lavatory paper N (BRIT) papier *m* hygiénique

lavender ['lævəndəʳ] N lavande *f*

lavish ['lævɪʃ] ADJ (*amount*) copieux(-euse); (*meal*) somptueux(-euse); (*hospitality*) généreux(-euse); (*person: giving freely*): **~ with** prodigue de ▸VT: **to ~ sth on sb** prodiguer qch à qn; (*money*) dépenser qch sans compter pour qn

lavishly ['lævɪʃlɪ] ADV (*give, spend*) sans compter; (*furnished*) luxueusement

★**law** [lɔː] N loi *f*; (*field of study, profession*) droit *m*; **against the ~** contraire à la loi; **to study ~** faire du droit; **to go to ~** (BRIT) avoir recours à la justice; **~ and order** *n* l'ordre public

law-abiding ['lɔːəbaɪdɪŋ] ADJ respectueux(-euse) des lois

lawbreaker ['lɔːbreɪkəʳ] N personne *f* qui transgresse la loi

law court N tribunal *m*, cour *f* de justice

law enforcement CPD (*agency, officer*) chargé(e) de faire appliquer la loi

lawful ['lɔːful] ADJ légal(e), permis(e)

lawfully ['lɔːfəlɪ] ADV légalement

lawless ['lɔːlɪs] ADJ (*action*) illégal(e); (*place*) sans loi; **~ behaviour** le non-respect des lois

lawlessness ['lɔːlɪsnɪs] N non-respect *m* des lois, non-droit *m*

Law Lord N (BRIT) *juge siégeant à la Chambre des Lords*

lawmaker ['lɔːmeɪkəʳ] N législateur(-trice)

lawn [lɔːn] N pelouse *f*

lawnmower ['lɔːnməuəʳ] N tondeuse *f* à gazon

lawn tennis N tennis *m*

law school N faculté *f* de droit

law student N étudiant(e) en droit

lawsuit ['lɔːsuːt] N procès *m*; **to bring a ~ against** engager des poursuites contre

★**lawyer** ['lɔːjəʳ] N (*consultant, with company*) juriste *m*; (*for sales, wills etc*) ≈ notaire *m*; (*partner, in court*) ≈ avocat *m*

lax [læks] ADJ relâché(e)

laxative ['læksətɪv] N laxatif *m*

laxity ['læksɪtɪ] N relâchement *m*

★**lay** [leɪ] PT *of* **lie** ▸ADJ laïque; (*not expert*) profane ▸VT (*pt, pp* **laid** [leɪd]) poser, mettre; (*eggs*) pondre; (*trap*) tendre; (*plans*) élaborer; **to ~ the table** mettre la table; **to ~ the facts/one's proposals before sb** présenter les faits/ses propositions à qn; **to get laid** (*inf!*) baiser (*!*), se faire baiser (*!*)
▸**lay aside, lay by** VT mettre de côté
▸**lay down** VT poser; (*rules etc*) établir; **to ~ down the law** (*fig*) faire la loi
▸**lay in** VT accumuler, s'approvisionner en
▸**lay into** VI (*inf: attack*) tomber sur; (*: scold*) passer une engueulade à
▸**lay off** VT (*workers*) licencier
▸**lay on** VT (*water, gas*) mettre, installer; (*provide: meal etc*) fournir; (*paint*) étaler
▸**lay out** VT (*design*) dessiner, concevoir; (*display*) disposer; (*spend*) dépenser
▸**lay up** VT (*store*) amasser; (*car*) remiser; (*ship*) désarmer; (*illness*) forcer à s'aliter

layabout ['leɪəbaut] N fainéant(e)

lay-by ['leɪbaɪ] N (BRIT) aire *f* de stationnement (sur le bas-côté)

lay days NPL (*Naut*) estarie *f*

★**layer** ['leɪəʳ] N couche *f* ▸VT disposer en couches

layette [leɪ'ɛt] N layette *f*

layman ['leɪmən] N (*irreg*) (*Rel*) laïque *m*; (*non-expert*) profane *m*

lay-off ['leɪɔf] N licenciement *m*

layout ['leɪaut] N disposition *f*, plan *m*, agencement *m*; (*Press*) mise *f* en page

laze [leɪz] VI paresser

laziness ['leɪzɪnɪs] N paresse *f*

lazy ['leɪzɪ] ADJ paresseux(-euse)

LB ABBR (CANADA) = **Labrador**

lb. ABBR (*weight*) = **pound**

lbw ABBR (*Cricket: = leg before wicket*) *faute dans laquelle le joueur a la jambe devant le guichet*

LC N ABBR (US) = **Library of Congress**

lc ABBR (*Typ: = lower case*) b.d.c.

L/C ABBR = **letter of credit**

LCD N ABBR = **liquid crystal display**

Ld ABBR (BRIT: = *lord*) *titre honorifique*

LDS N ABBR (= *Licentiate in Dental Surgery*) *diplôme universitaire*; (= *Latter-day Saints*) *Église de Jésus-Christ des Saints du dernier jour*

LEA N ABBR (BRIT: = *local education authority*) *services locaux de l'enseignement*

★**lead**[1] [liːd] (*pt, pp* **led** [lɛd]) N (*front position*) tête *f*; (*distance, time ahead*) avance *f*; (*clue*) piste *f*; (*to battery*) raccord *m*; (*Elec*) fil *m*; (*for dog*) laisse *f*; (*Theat*) rôle principal; **to be in the ~** (*Sport: in race*) mener, être en tête; (*: in match*) mener (à la marque); **to take the ~** (*Sport*) passer en tête, prendre la tête; mener; (*fig*) prendre l'initiative ▸VT (*guide*) mener, conduire; (*induce*) amener; (*be leader of*) être à la tête de; (*Sport*) être en tête de; (*orchestra: BRIT*) être le premier violon de; (*: US*) diriger; **to ~ sb astray** détourner qn du droit chemin; **to ~ sb to believe that ...** amener qn à croire que ...; **to ~ sb to do sth** amener qn à faire qch; **to ~ the way** montrer le chemin ▸VI (*Sport*) mener, être en tête; **to ~ to** (*road, pipe*) mener à, conduire à; (*result in*) conduire à; aboutir à
▸**lead away** VT emmener
▸**lead back** VT ramener
▸**lead off** VI (*in game etc*) commencer
▸**lead on** VT (*tease*) faire marcher; **to ~ sb on to** (*induce*) amener qn à

▶ **lead up to** VT conduire à; (*in conversation*) en venir à

lead² [lɛd] N (*metal*) plomb *m*; (*in pencil*) mine *f*

leaded [ˈlɛdɪd] ADJ (*windows*) à petits carreaux

leaded petrol N essence *f* au plomb

leaden [ˈlɛdn] ADJ de *or* en plomb

★**leader** [ˈliːdəʳ] N (*of team*) chef *m*; (*of party etc*) dirigeant(e), leader *m*; (*Sport: in league*) leader; (*: in race*) coureur *m* de tête; (*in newspaper*) éditorial *m*; **they are leaders in their field** (*fig*) ils sont à la pointe du progrès dans leur domaine; **the L~ of the House** (BRIT) le chef de la majorité ministérielle

leadership [ˈliːdəʃɪp] N (*position*) direction *f*; **under the ~ of ...** sous la direction de ...; **qualities of ~** qualités *fpl* de chef *or* de meneur

lead-free [ˈlɛdfriː] ADJ sans plomb

leading [ˈliːdɪŋ] ADJ de premier plan; (*main*) principal(e); (*in race*) de tête; **a ~ question** une question tendancieuse; **~ role** rôle prépondérant *or* de premier plan

leading lady N (*Theat*) vedette (féminine)

leading light N (*person*) sommité *f*, personnalité *f* de premier plan

leading man N (*irreg*) (*Theat*) vedette (masculine)

lead pencil [lɛd-] N crayon noir *or* à papier

lead poisoning [lɛd-] N saturnisme *m*

lead singer [liːd-] N (*in pop group*) (chanteur *m*) vedette *f*

lead time [liːd-] N (*Comm*) délai *m* de livraison

lead weight [lɛd-] N plomb *m*

★**leaf** [liːf] (*pl* **leaves** [liːvz]) N feuille *f*; (*of table*) rallonge *f*; **to turn over a new ~** (*fig*) changer de conduite *or* d'existence; **to take a ~ out of sb's book** (*fig*) prendre exemple sur qn

▶ **leaf through** VT (*book*) feuilleter

leaflet [ˈliːflɪt] N prospectus *m*, brochure *f*; (*Pol, Rel*) tract *m*

leafleting [ˈliːflətɪŋ] N (*for company, for political party*) tractage *m*

leafy [ˈliːfɪ] ADJ feuillu(e)

★**league** [liːg] N ligue *f*; (*Football*) championnat *m*; (*measure*) lieue *f*; **to be in ~ with** avoir partie liée avec, être de mèche avec

league table N classement *m*

★**leak** [liːk] N (*lit, fig*) fuite *f*; (*in*) infiltration *f* ▶VI (*pipe, liquid etc*) fuir; (*shoes*) prendre l'eau; (*ship*) faire eau ▶VT (*liquid*) répandre; (*information*) divulguer

▶ **leak out** VI fuir; (*information*) être divulgué(e)

leakage [ˈliːkɪdʒ] N (*also fig*) fuite *f*

leaky [ˈliːkɪ] ADJ (*pipe, bucket*) qui fuit, percé(e); (*roof*) qui coule; (*shoe*) qui prend l'eau; (*boat*) qui fait eau

★**lean** [liːn] (*pt, pp* **leaned** [liːnd] *or* **leant** [lɛnt]) ADJ maigre ▶N (*of meat*) maigre *m* ▶VT: **to ~ sth on** appuyer qch sur ▶VI (*slope*) pencher; (*rest*): **to ~ against** s'appuyer contre; être appuyé(e) contre; **to ~ on** s'appuyer sur

▶ **lean back** VI se pencher en arrière

▶ **lean forward** VI se pencher en avant

▶ **lean out** VI: **to ~ out (of)** se pencher au dehors (de)

▶ **lean over** VI se pencher

leaning [ˈliːnɪŋ] ADJ penché(e); **the L~ Tower of Pisa** la tour penchée de Pise ▶N: **~ (towards)** penchant *m* (pour)

leant [lɛnt] PT, PP *of* **lean**

lean-to [ˈliːntuː] N appentis *m*

leap [liːp] (*pt, pp* **leaped** [liːpt] *or* **leapt** [lɛpt]) N bond *m*, saut *m* ▶VI bondir, sauter; **to ~ at an offer** saisir une offre

▶ **leap up** VI (*person*) faire un bond; se lever d'un bond

leapfrog [ˈliːpfrɔg] N jeu *m* de saute-mouton

leapt [lɛpt] PT, PP *of* **leap**

leap year N année *f* bissextile

★**learn** [ləːn] (*pt, pp* **learned** [ləːnd] *or* **learnt** [ləːnt]) VT, VI apprendre; **to ~ (how) to do sth** apprendre à faire qch; **we were sorry to ~ that ...** nous avons appris avec regret que ...; **to ~ about sth** (*Scol*) étudier qch; (*hear, read*) apprendre qch

learned [ˈləːnɪd] ADJ érudit(e), savant(e)

learner [ˈləːnəʳ] N débutant(e); (BRIT: *also:* **learner driver**) (conducteur(-trice)) débutant(e)

learning [ˈləːnɪŋ] N savoir *m*

learning difficulties, learning disabilities NPL (*in adults*) difficultés *fpl* d'apprentissage; (*in children*) difficultés *fpl* scolaires

learnt [ləːnt] PP *of* **learn**

lease [liːs] N bail *m*; **on ~** en location ▶VT louer à bail

▶ **lease back** VT vendre en cession-bail

leaseback [ˈliːsbæk] N cession-bail *f*

leasehold [ˈliːshəuld] N (*contract*) bail *m* ▶ADJ loué(e) à bail

leaseholder [ˈliːshəuldəʳ] N preneur *m*

leash [liːʃ] N laisse *f*

★**least** [liːst] ADJ: **the ~** (+*noun*) le (la) plus petit(e), le (la) moindre; (*smallest amount of*) le moins de; **the ~ money** le moins d'argent ▶N: **(the) ~** le moins; **at ~** au moins; (*or rather*) du moins; **you could at ~ have written** tu aurais au moins pu écrire; **not in the ~** pas le moins du monde ▶ADV (+ *verb*) le moins; (+*adj*): **the ~** le (la) moins; **the ~ expensive** le (la) moins cher (chère); **the ~ possible effort** le moins d'effort possible

★**leather** [ˈlɛðəʳ] N cuir *m* ▶CPD en *or* de cuir; **~ goods** maroquinerie *f*

★**leave** [liːv] (*pt, pp* **left** [lɛft]) VT laisser; (*go away from*) quitter; (*forget*) oublier; **to ~ sth to sb** (*money etc*) laisser qch à qn; **to be left** rester; **there's some milk left over** il reste du lait; **to ~ school** quitter l'école, terminer sa scolarité; **~ it to me!** laissez-moi faire !, je m'en occupe ! ▶VI partir, s'en aller; **what time does the train/bus ~?** le train/le bus part à quelle heure ? ▶N (*time off*) congé *m*; (*Mil,: also consent*) permission *f*; **on ~** en permission; **to take one's ~ of** prendre congé de; **~ of absence** *n* congé exceptionnel; (*Mil*) permission spéciale

▶ **leave behind** VT (*also fig*) laisser; (*opponent in race*) distancer; (*forget*) laisser, oublier

▶ **leave off** VT (*cover, lid, heating*) ne pas (re)mettre; (*light*) ne pas (r)allumer, laisser éteint(e) ▶VI (BRIT *inf: stop*): **to ~ off (doing sth)** s'arrêter (de faire qch)

▶ **leave on** VT (*coat etc*) garder, ne pas enlever; (*lid*) laisser dessus; (*light, fire, cooker*) laisser allumé(e)

▶ **leave out** VT oublier, omettre

leaver ['li:vəʳ] N (BRIT: *from EU*) *partisan de la sortie de l'Union européenne*
leaves [li:vz] NPL *of* **leaf**
leavetaking ['li:vteɪkɪŋ] N adieux *mpl*
Lebanese [lɛbə'ni:z] ADJ libanais(e) ▸ N (*pl inv*) Libanais(e)
Lebanon ['lɛbənən] N Liban *m*
lecherous ['lɛtʃərəs] ADJ lubrique
lectern ['lɛktə:n] N lutrin *m*, pupitre *m*
★**lecture** ['lɛktʃəʳ] N conférence *f*; (*Scol*) cours (magistral); **to give a ~ (on)** faire une conférence (sur), faire un cours (sur) ▸ VI donner des cours; enseigner; **to ~ on** faire un cours (*or* son cours) sur ▸ VT (*scold*) sermonner, réprimander

> Le mot anglais **lecture** ne veut pas dire *lecture*.

lecture hall N amphithéâtre *m*
lecturer ['lɛktʃərəʳ] N (*speaker*) conférencier(-ière); (BRIT: *at university*) professeur *m* (d'université), prof *mf* de fac (*inf*); **assistant ~** (BRIT) ≈ assistant(e); **senior ~** (BRIT) ≈ chargé(e) d'enseignement
lecture theatre N = **lecture hall**
LED N ABBR (= *light-emitting diode*) LED *f*, diode électroluminescente
led [lɛd] PT, PP *of* **lead¹**
ledge [lɛdʒ] N (*of window, on wall*) rebord *m*; (*of mountain*) saillie *f*, corniche *f*
ledger ['lɛdʒəʳ] N registre *m*, grand livre
lee [li:] N côté *m* sous le vent; **in the ~ of** à l'abri de
leech [li:tʃ] N sangsue *f*
leek [li:k] N poireau *m*
leer [lɪəʳ] VI: **to ~ at sb** regarder qn d'un air mauvais *or* concupiscent, lorgner qn
leeward ['li:wəd] ADJ, ADV sous le vent ▸ N côté *m* sous le vent; **to ~** sous le vent
leeway ['li:weɪ] N (*fig*): **to make up ~** rattraper son retard; **to have some ~** avoir une certaine liberté d'action
★**left** [lɛft] PT, PP *of* **leave** ▸ ADJ (*not right*) gauche; (*remaining*): **there are two ~** il en reste deux ▸ ADV à gauche ▸ N gauche *f*; **on the ~, to the ~** à gauche; **the L~** (*Pol*) la gauche
left-hand ['lɛfthænd] ADJ: **the ~ side** la gauche, le côté gauche
left-hand drive N conduite *f* à gauche; (*vehicle*) véhicule *m* avec la conduite à gauche
left-handed [lɛft'hændɪd] ADJ gaucher(-ère); (*scissors etc*) pour gauchers
leftie ['lɛftɪ] N (*inf*) gaucho *mf*, gauchiste *mf*
leftist ['lɛftɪst] ADJ (*Pol*) gauchiste, de gauche
left-luggage [lɛft'lʌgɪdʒ], **left-luggage office** N (BRIT) consigne *f*
left-luggage locker N (BRIT) (casier *m* à) consigne *f* automatique
left-overs ['lɛftəuvəz] NPL restes *mpl*
left wing N (*Mil, Sport*) aile *f* gauche; (*Pol*) gauche *f*
left-wing ['lɛft'wɪŋ] ADJ (*Pol*) de gauche
left-winger ['lɛft'wɪŋgəʳ] N (*Pol*) membre *m* de la gauche; (*Sport*) ailier *m* gauche
lefty ['lɛftɪ] N (*inf*) = **leftie**
★**leg** [lɛg] N jambe *f*; (*of animal*) patte *f*; (*of furniture*) pied *m*; (*Culin: of chicken*) cuisse *f*; (*of journey*) étape *f*; **1st/2nd ~** (*Sport*) match *m* aller/retour; (*of journey*) 1ère/2ème étape; **~ of lamb** (*Culin*) gigot *m* d'agneau; **to stretch one's legs** se dégourdir les jambes
legacy ['lɛgəsɪ] N (*also fig*) héritage *m*, legs *m*
★**legal** ['li:gl] ADJ (*permitted by law*) légal(e); (*relating to law*) juridique; **to take ~ action** *or* **proceedings against sb** poursuivre qn en justice
legal adviser N conseiller(-ère) juridique
legal holiday N (*US*) jour férié
legality [lɪ'gælɪtɪ] N légalité *f*
legalization [li:gəlaɪ'zeɪʃən] N légalisation *f*
legalize ['li:gəlaɪz] VT légaliser
legally ['li:gəlɪ] ADV légalement; **~ binding** juridiquement contraignant(e)
legal tender N monnaie légale
legation [lɪ'geɪʃən] N légation *f*
legend ['lɛdʒənd] N légende *f*
legendary ['lɛdʒəndərɪ] ADJ légendaire
-legged ['lɛgɪd] SUFFIX: **two-legged** à deux pattes (*or* jambes *or* pieds)
leggings ['lɛgɪŋz] NPL caleçon *m*
leggy ['lɛgɪ] ADJ aux longues jambes
legibility [lɛdʒɪ'bɪlɪtɪ] N lisibilité *f*
legible ['lɛdʒəbl] ADJ lisible
legibly ['lɛdʒəblɪ] ADV lisiblement
legion ['li:dʒən] N légion *f*
legionnaire [li:dʒə'nɛəʳ] N légionnaire *m*; **~'s disease** maladie *f* du légionnaire
legislate ['lɛdʒɪsleɪt] VI légiférer
legislation [lɛdʒɪs'leɪʃən] N législation *f*; **a piece of ~** un texte de loi
legislative ['lɛdʒɪslətɪv] ADJ législatif(-ive)
legislator ['lɛdʒɪsleɪtəʳ] N législateur(-trice)
legislature ['lɛdʒɪslətʃəʳ] N corps législatif
legitimacy [lɪ'dʒɪtɪməsɪ] N légitimité *f*
legitimate [lɪ'dʒɪtɪmət] ADJ légitime
legitimately [lɪ'dʒɪtɪmətlɪ] ADV légitimement
legitimize [lɪ'dʒɪtɪmaɪz] VT légitimer
legless ['lɛglɪs] ADJ (BRIT *inf*) bourré(e)
leg-room ['lɛgru:m] N place *f* pour les jambes
legume ['lɛgju:m] N légumineuse *f*
legwork ['lɛgwə:k] N travail *m* sur le terrain
leisure ['lɛʒəʳ] N (*free time*) temps *m* libre, loisirs *mpl*; **at ~** (tout) à loisir; **at your ~** (*later*) à tête reposée
leisure centre N (BRIT) centre *m* de loisirs
leisurely ['lɛʒəlɪ] ADJ tranquille, fait(e) sans se presser
leisure suit N (BRIT) survêtement *m* (mode)
leisurewear ['lɛʒəwɛəʳ] N vêtements *mpl* de loisir(s)
lemon ['lɛmən] N citron *m*
lemonade [lɛmə'neɪd] N (*fizzy*) limonade *f*
lemon cheese, lemon curd N crème *f* de citron
lemon juice N jus *m* de citron
lemon squeezer [-skwi:zəʳ] N presse-citron *m inv*
lemon tea N thé *m* au citron

★**lend** [lɛnd] (*pt, pp* **lent** [lɛnt]) VT: **to ~ sth (to sb)** prêter qch (à qn); **could you ~ me some money?** pourriez-vous me prêter de l'argent ?; **to ~ a hand** donner un coup de main

lender ['lɛndəʳ] N prêteur(-euse)

lending ['lɛndɪŋ] N prêt *m*

lending library N bibliothèque *f* de prêt

★**length** [lɛŋθ] N longueur *f*; (*section: of road, pipe etc*) morceau *m*, bout *m*; **~ of time** durée *f*; **what ~ is it?** quelle longueur fait-il ?; **it is 2 metres in ~** cela fait 2 mètres de long; **to fall full ~** tomber de tout son long; **at ~** (*at last*) enfin, à la fin; (*lengthily*) longuement; **to go to any ~(s) to do sth** faire n'importe quoi pour faire qch, ne reculer devant rien pour faire qch

lengthen ['lɛŋθn] VT allonger, prolonger ▸ VI s'allonger

lengthways ['lɛŋθweɪz] ADV dans le sens de la longueur, en long

lengthy ['lɛŋθɪ] ADJ (très) long (longue)

leniency ['li:nɪənsɪ] N indulgence *f*, clémence *f*

lenient ['li:nɪənt] ADJ indulgent(e), clément(e)

leniently ['li:nɪəntlɪ] ADV avec indulgence *or* clémence

★**lens** [lɛnz] N lentille *f*; (*of spectacles*) verre *m*; (*of camera*) objectif *m*

Lent [lɛnt] N carême *m*

lent [lɛnt] PT, PP *of* **lend**

lentil ['lɛntl] N lentille *f*

Leo ['li:əu] N le Lion; **to be ~** être du Lion

leopard ['lɛpəd] N léopard *m*

leotard ['li:ətɑ:d] N justaucorps *m*

leper ['lɛpəʳ] N lépreux(-euse)

leper colony N léproserie *f*

leprosy ['lɛprəsɪ] N lèpre *f*

lesbian ['lɛzbɪən] N lesbienne *f* ▸ ADJ lesbien(ne)

lesion ['li:ʒən] N (*Med*) lésion *f*

Lesotho [lɪ'su:tu:] N Lesotho *m*

★**less** [lɛs] ADJ moins de ▸ PRON, ADV moins; **~ than that/you** moins que cela/vous; **~ than half** moins de la moitié; **~ than one/a kilo/3 metres** moins de un/d'un kilo/de 3 mètres; **~ than ever** moins que jamais; **~ and ~** de moins en moins; **the ~ he works ...** moins il travaille ... ▸ PREP: **~ tax/10% discount** avant impôt/moins 10% de remise

lessee [lɛ'si:] N locataire *mf* (à bail), preneur(-euse) du bail

lessen ['lɛsn] VI diminuer, s'amoindrir, s'atténuer ▸ VT diminuer, réduire, atténuer

lesser ['lɛsəʳ] ADJ moindre; **to a ~ extent** *or* **degree** à un degré moindre

★**lesson** ['lɛsn] N leçon *f*; **a maths ~** une leçon *or* un cours de maths; **to give lessons in** donner des cours de; **to teach sb a ~** (*fig*) donner une bonne leçon à qn; **it taught him a ~** (*fig*) cela lui a servi de leçon

lessor ['lɛsɔ:ʳ, lɛ'sɔ:ʳ] N bailleur(-eresse)

lest [lɛst] CONJ de peur de + *infinitive*, de peur que + *sub*

★**let** [lɛt] (*pt, pp* **~**) VT laisser; (BRIT: *lease*) louer; **to ~ sb do sth** laisser qn faire qch; **to ~ sb know sth** faire savoir qch à qn, prévenir qn de qch; **he ~ me go** il m'a laissé partir; **~ the water boil and ...** faites bouillir l'eau et ...; **~'s go** allons-y; **~ him come** qu'il vienne; **"to ~"** (BRIT) « à louer »
▸ **let down** VT (*lower*) baisser; (*dress*) rallonger; (*hair*) défaire; (BRIT: *tyre*) dégonfler; (*disappoint*) décevoir
▸ **let go** VI lâcher prise; **to ~ go of sth, to ~ sth go** lâcher qch ▸ VT (*release hold on*) lâcher
▸ **let in** VT laisser entrer; (*visitor etc*) faire entrer; **what have you ~ yourself in for?** à quoi t'es-tu engagé ?
▸ **let off** VT (*allow to leave*) laisser partir; (*not punish*) ne pas punir; (*taxi driver, bus driver*) déposer; (*firework etc*) faire partir; (*bomb*) faire exploser; (*smell etc*) dégager; **to ~ off steam** (*fig, inf*) se défouler, décharger sa rate *or* bile
▸ **let on** VI (*inf*): **to ~ on that ....** révéler que ..., dire que ...
▸ **let out** VT laisser sortir; (*dress*) élargir; (*scream*) laisser échapper; (BRIT: *rent out*) louer
▸ **let up** VI diminuer, s'arrêter

let-down ['lɛtdaun] N (*disappointment*) déception *f*

lethal ['li:θl] ADJ mortel(le), fatal(e); (*weapon*) meurtrier(-ère)

lethargic [lɛ'θɑ:dʒɪk] ADJ léthargique

lethargy ['lɛθədʒɪ] N léthargie *f*

★**letter** ['lɛtəʳ] N lettre *f*; **small/capital ~** minuscule *f*/majuscule *f*; **~ of credit** lettre *f* de crédit ▪ **letters** NPL (*Literature*) lettres

letter bomb N lettre piégée

letterbox ['lɛtəbɔks] N (BRIT) boîte *f* aux *or* à lettres

letterhead ['lɛtəhɛd] N en-tête *m*

lettering ['lɛtərɪŋ] N lettres *fpl*; caractères *mpl*

letter opener N coupe-papier *m*

letterpress ['lɛtəprɛs] N (*method*) typographie *f*

letter quality N qualité *f* « courrier »

letters patent NPL brevet *m* d'invention

lettuce ['lɛtɪs] N laitue *f*, salade *f*

let-up ['lɛtʌp] N répit *m*, détente *f*

leukaemia, (US) **leukemia** [lu:'ki:mɪə] N leucémie *f*

★**level** ['lɛvl] N niveau *m*; (*flat place*) terrain plat; (*also:* **spirit level**) niveau à bulle; **on the ~** à l'horizontale; (*fig: honest*) régulier(-ière); **A levels** *npl* (BRIT) ≈ baccalauréat *m*; **O levels** *npl* (BRIT: *formerly*) *examens passés à l'âge de 16 ans sanctionnant les connaissances de l'élève*, ≈ brevet *m* des collèges ▸ ADJ (*flat*) plat(e), plan(e), uni(e); (*horizontal*) horizontal(e); **a ~ spoonful** (*Culin*) une cuillerée rase; **to be ~ with** être au même niveau que ▸ ADV: **to draw ~ with** (*team*) arriver à égalité de points avec, égaliser avec; arriver au même classement que; (*runner, car*) arriver à la hauteur de, rattraper ▸ VT niveler, aplanir; (*gun*) pointer, braquer; (*accusation*): **to ~ (against)** lancer *or* porter (contre) ▸ VI (*inf*): **to ~ with sb** être franc (franche) avec qn
▸ **level off, level out** VI (*prices etc*) se stabiliser ▸ VT (*ground*) aplanir, niveler

level crossing N (BRIT) passage *m* à niveau

level-headed [lɛvl'hɛdɪd] ADJ équilibré(e)

levelling, (US) **leveling** ['lɛvlɪŋ] ADJ (*process, effect*) de nivellement

level playing field N: **to compete on a ~** jouer sur un terrain d'égalité

lever ['li:vəʳ] N levier *m* ▸ VT: **to ~ up/out** soulever/extraire au moyen d'un levier

l

leverage ['li:vərɪdʒ] N (*influence*): **~ (on** *or* **with)** prise *f* (sur)
levity ['lɛvɪtɪ] N manque *m* de sérieux, légèreté *f*
levy ['lɛvɪ] N taxe *f*, impôt *m* ▶VT (*tax*) lever; (*fine*) infliger
lewd [lu:d] ADJ obscène, lubrique
lexicographer [lɛksɪ'kɔgrəfəʳ] N lexicographe *mf*
lexicography [lɛksɪ'kɔgrəfɪ] N lexicographie *f*
lexicon ['lɛksɪkən] N lexique *m*
LGBT N ABBR (= *lesbian, gay, bisexual and transgender*) LGBT (= *lesbiennes, gays, bisexuels et transgenres*)
LGV N ABBR (= *Large Goods Vehicle*) poids lourd
LI ABBR (*US*) = **Long Island**
liabilities [laɪə'bɪlətɪz] NPL (*Comm*) obligations *fpl*, engagements *mpl*; (*on balance sheet*) passif *m*
liability [laɪə'bɪlətɪ] N responsabilité *f*; (*handicap*) handicap *m*
liable ['laɪəbl] ADJ (*subject*): **~ to** sujet(te) à, passible de; (*responsible*): **~ (for)** responsable (de); (*likely*): **~ to do** susceptible de faire; **to be ~ to a fine** être passible d'une amende
liaise [li:'eɪz] VI: **to ~ with** assurer la liaison avec
liaison [li:'eɪzɔn] N liaison *f*
liar ['laɪəʳ] N menteur(-euse)
libel ['laɪbl] N diffamation *f*; (*document*) écrit *m* diffamatoire ▶VT diffamer
libellous ['laɪbləs] ADJ diffamatoire
★**liberal** ['lɪbrl] ADJ libéral(e); (*generous*): **~ with** prodigue de, généreux(-euse) avec ▶N: **L~** (*Pol*) libéral(e)
Liberal Democrat N (BRIT) libéral(e)-démocrate
liberalism ['lɪbrəlɪzəm] N libéralisme *m*
liberality [lɪbə'rælɪtɪ] N (*generosity*) générosité *f*, libéralité *f*
liberalization [lɪbrəlaɪ'zeɪʃən] N libéralisation *f*
liberalize ['lɪbrəlaɪz] VT libéraliser
liberally ['lɪbrəlɪ] ADV généreusement
liberal-minded ['lɪbərl'maɪndɪd] ADJ libéral(e), tolérant(e)
liberate ['lɪbəreɪt] VT libérer
liberating ['lɪbəreɪtɪŋ] ADJ libérateur(-trice)
liberation [lɪbə'reɪʃən] N libération *f*
liberation theology N théologie *f* de libération
Liberia [laɪ'bɪərɪə] N Libéria *m*, Liberia *m*
Liberian [laɪ'bɪərɪən] ADJ libérien(ne) ▶N Libérien(ne)
liberty ['lɪbətɪ] N liberté *f*; **to be at ~** (*criminal*) être en liberté; **at ~ to do** libre de faire; **to take the ~ of** prendre la liberté de, se permettre de
libido [lɪ'bi:dəu] N libido *f*
Libra ['li:brə] N la Balance; **to be ~** être de la Balance
librarian [laɪ'brɛərɪən] N bibliothécaire *mf*
★**library** ['laɪbrərɪ] N bibliothèque *f*
library book N livre *m* de bibliothèque
libretto [lɪ'brɛtəu] N livret *m*
Libya ['lɪbɪə] N Libye *f*
Libyan ['lɪbɪən] ADJ libyen(ne), de Libye ▶N Libyen(ne)
lice [laɪs] NPL *of* **louse**
licence, (*US*) **license** ['laɪsns] N autorisation *f*, permis *m*; (*Comm*) licence *f*; (*Radio, TV*) redevance *f*; (*excessive freedom*) licence; **driving ~**, (*US*) **driver's license** permis *m* (de conduire); **import ~** licence d'importation; **produced under ~** fabriqué(e) sous licence
licence number N (BRIT *Aut*) numéro *m* d'immatriculation
license ['laɪsns] N (*US*) = **licence** ▶VT donner une licence à; (*car*) acheter la vignette de; délivrer la vignette de
licensed ['laɪsnst] ADJ (*for alcohol*) patenté(e) pour la vente des spiritueux, qui a une patente de débit de boissons; (*car*) muni(e) de la vignette
licensee [laɪsən'si:] N (BRIT: *of pub*) patron(ne), gérant(e)
license plate N (*US Aut*) plaque *f* minéralogique
licensing hours (BRIT) NPL heures *fpl* d'ouvertures (*des pubs*)
licentious [laɪ'sɛnʃəs] ADJ licencieux(-euse)
lichen ['laɪkən] N lichen *m*
lick [lɪk] VT lécher; (*inf: defeat*) écraser, flanquer une piquette *or* raclée à; **to ~ one's lips** (*fig*) se frotter les mains ▶N coup *m* de langue; **a ~ of paint** un petit coup de peinture
licorice ['lɪkərɪʃ] N = **liquorice**
lid [lɪd] N couvercle *m*; (*eyelid*) paupière *f*; **to take the ~ off sth** (*fig*) exposer *or* étaler qch au grand jour
lido ['laɪdəu] N piscine *f* en plein air, complexe *m* balnéaire
★**lie** [laɪ] N mensonge *m*; **to tell lies** mentir ▶VI (*pt, pp* **lied**) mentir; (*pt* **lay** [leɪ], *pp* **lain** [leɪn]) (*rest*) être étendu(e) *or* allongé(e) *or* couché(e); (*: in grave*) être enterré(e), reposer; (*: object: be situated*) se trouver, être; **to ~ low** (*fig*) se cacher, rester caché(e)
▶**lie about, lie around** VI (*things*) traîner; (BRIT: *person*) traînasser, flemmarder
▶**lie ahead** VI être à venir
▶**lie back** VI se renverser en arrière
▶**lie down** VI se coucher, s'étendre
▶**lie up** VI (*hide*) se cacher
Liechtenstein ['lɪktənstaɪn] N Liechtenstein *m*
lie detector N détecteur *m* de mensonges
lie-down ['laɪdaun] N (BRIT): **to have a ~** s'allonger, se reposer
lie-in ['laɪɪn] N (BRIT): **to have a ~** faire la grasse matinée
lieu [lu:]: **in ~ of** *prep* au lieu de, à la place de
Lieut. ABBR (= *lieutenant*) Lt
lieutenant [lɛf'tɛnənt, (*US*) lu:'tɛnənt] N lieutenant *m*
lieutenant-colonel [lɛf'tɛnənt'kə:nl, (*US*) lu:tɛnənt'kə:nl] N lieutenant-colonel *m*
★**life** [laɪf] (*pl* **lives** [laɪvz]) N vie *f*; **to come to ~** (*fig*) s'animer; **true to ~** réaliste, fidèle à la réalité; **to paint from ~** peindre d'après nature; **to be sent to prison for ~** être condamné(e) (à la réclusion criminelle) à perpétuité; **country/city ~** la vie à la campagne/à la ville ▶CPD de vie; de la vie; à vie
life annuity N pension *f*, rente viagère
life assurance N (BRIT) = **life insurance**
lifebelt ['laɪfbɛlt] N (BRIT) bouée *f* de sauvetage
lifeblood ['laɪfblʌd] N (*fig*) élément *m* moteur

lifeboat ['laɪfbəut] N canot *m* or chaloupe *f* de sauvetage
lifebuoy ['laɪfbɔɪ] N bouée *f* de sauvetage
life expectancy N espérance *f* de vie
life force N force *f* vitale
lifeguard ['laɪfgɑ:d] N surveillant *m* de baignade
life imprisonment N prison *f* à vie; (*Law*) réclusion *f* à perpétuité
life insurance N assurance-vie *f*
life jacket N gilet *m* or ceinture *f* de sauvetage
lifeless ['laɪflɪs] ADJ sans vie, inanimé(e); (*dull*) qui manque de vie *or* de vigueur
lifelike ['laɪflaɪk] ADJ qui semble vrai(e) *or* vivant(e), ressemblant(e); (*painting*) réaliste
lifeline ['laɪflaɪn] N corde *f* de sauvetage
lifelong ['laɪflɔŋ] ADJ de toute une vie, de toujours
life preserver [-prɪ'zə:vəʳ] N (*US*) gilet *m* or ceinture *f* de sauvetage
lifer ['laɪfəʳ] N (*inf*) condamné(e) à perpète
life-raft ['laɪfrɑ:ft] N radeau *m* de sauvetage
life-saver ['laɪfseɪvəʳ] N surveillant *m* de baignade
life-saving ['laɪfseɪvɪŋ] N sauvetage *m*
life sentence N condamnation *f* à vie *or* à perpétuité
life-size ['laɪfsaɪz], **life-sized** ['laɪfsaɪzd] ADJ grandeur nature *inv*
life span N (durée *f* de) vie *f*
lifestyle ['laɪfstaɪl] N style *m* de vie
life-support system ['laɪfsəpɔ:t-] N (*Med*) respirateur artificiel
lifetime ['laɪftaɪm] N: **in his ~** de son vivant; **the chance of a ~** la chance de ma (*or* sa *etc*) vie, une occasion unique
★**lift** [lɪft] VT soulever, lever; (*end*) supprimer, lever; (*steal*) prendre, voler ▸VI (*fog*) se lever ▸N (BRIT: *elevator*) ascenseur *m*; **to give sb a ~** (BRIT) emmener *or* prendre qn en voiture; **can you give me a ~ to the station?** pouvez-vous m'emmener à la gare ?
▸**lift off** VI (*rocket, helicopter*) décoller
▸**lift out** VT sortir; (*troops, evacuees etc*) évacuer par avion *or* hélicoptère
▸**lift up** VT soulever
lift-off ['lɪftɔf] N décollage *m*
ligament ['lɪgəmənt] N ligament *m*
★**light** [laɪt] (*pt, pp* **lighted** ['laɪtɪd] *or* **lit** [lɪt]) N lumière *f*; (*daylight*) lumière, jour *m*; (*lamp*) lampe *f*; (*Aut: rear light*) feu *m*; (*: headlamp*) phare *m*; (*for cigarette etc*): **have you got a ~?** avez-vous du feu ?; **to turn the ~ on/off** allumer/éteindre; **to cast** *or* **shed** *or* **throw ~ on** éclaircir; **to come to ~** être dévoilé(e) *or* découvert(e); **in the ~ of** à la lumière de; étant donné ▸VT (*candle, cigarette, fire*) allumer; (*room*) éclairer ▸ADJ (*room, colour*) clair(e); (*not heavy, also fig*) léger(-ère); (*not strenuous*) peu fatigant(e); **to make ~ of sth** (*fig*) prendre qch à la légère, faire peu de cas de qch ▸ADV (*travel*) avec peu de bagages ■ **lights** NPL (*traffic lights*) feux *mpl*
▸**light up** VI s'allumer; (*face*) s'éclairer; (*smoke*) allumer une cigarette *or* une pipe *etc* ▸VT (*illuminate*) éclairer, illuminer
light bulb N ampoule *f*
lighten ['laɪtn] VI s'éclairer ▸VT (*light up*) éclairer; (*make lighter*) éclaircir; (*make less heavy*) alléger
lighter ['laɪtəʳ] N (*also:* **cigarette lighter**) briquet *m*; (*: in car*) allume-cigare *m inv*; (*boat*) péniche *f*
light-fingered [laɪt'fɪŋgəd] ADJ chapardeur(-euse)
light-headed [laɪt'hɛdɪd] ADJ étourdi(e), écervelé(e)
light-hearted [laɪt'hɑ:tɪd] ADJ gai(e), joyeux(-euse), enjoué(e)
lighthouse ['laɪthaus] N phare *m*
lighting ['laɪtɪŋ] N éclairage *m*; (*in theatre*) éclairages
lighting-up time [laɪtɪŋ'ʌp-] N (BRIT) *heure officielle de la tombée du jour*
lightly ['laɪtlɪ] ADV légèrement; **to get off ~** s'en tirer à bon compte
light meter N (*Phot*) photomètre *m*, cellule *f*
lightness ['laɪtnɪs] N clarté *f*; (*in weight*) légèreté *f*
★**lightning** ['laɪtnɪŋ] N foudre *f*; (*flash*) éclair *m*
lightning conductor, (*US*) **lightning rod** N paratonnerre *m*
lightning strike N (BRIT) grève *f* surprise
light pen N crayon *m* optique
lightship ['laɪtʃɪp] N bateau-phare *m*
lightweight ['laɪtweɪt] ADJ (*suit*) léger(-ère) ▸N (*Boxing*) poids léger
light year N année-lumière *f*
★**like** [laɪk] VT aimer (bien); **I would ~, I'd ~** je voudrais, j'aimerais; **would you ~ a coffee?** voulez-vous du café ?; **if you ~** si vous voulez ▸PREP comme; **to be/look ~ sb/sth** ressembler à qn/qch; **what's he ~?** comment est-il ?; **what's the weather ~?** quel temps fait-il ?; **what does it look ~?** de quoi est-ce que ça a l'air ?; **what does it taste ~?** quel goût est-ce que ça a ?; **that's just ~ him** c'est bien de lui, ça lui ressemble; **something ~ that** quelque chose comme ça; **do it ~ this** fais-le comme ceci; **I feel ~ a drink** je boirais bien quelque chose; **it's nothing ~ ...** ce n'est pas du tout comme ...; **there's nothing ~ ...** il n'y a rien de tel que ... ▸ADJ semblable, pareil(le) ▸N: **the ~** un(e) pareil(le) *or* semblable; le (la) pareil(le); (*pej*) (d')autres du même genre *or* acabit; **his likes and dislikes** ses goûts *mpl or* préférences *fpl*

> **aimer** can mean *to like* or *to love*. **aimer bien** indicates liking rather than love.
> *I like him but I don't want to go out with him.* **Je l'aime bien mais je ne veux pas sortir avec lui.**

likeable ['laɪkəbl] ADJ sympathique, agréable
likelihood ['laɪklɪhud] N probabilité *f*; **in all ~** selon toute vraisemblance
★**likely** ['laɪklɪ] ADJ (*result, outcome*) probable; (*excuse*) plausible; **he's ~ to leave** il va sûrement partir, il risque fort de partir; **not ~!** (*inf*) pas de danger !
like-minded ['laɪk'maɪndɪd] ADJ de même opinion
liken ['laɪkən] VT: **to ~ sth to** comparer qch à
likeness ['laɪknɪs] N ressemblance *f*
likewise ['laɪkwaɪz] ADV de même, pareillement
liking ['laɪkɪŋ] N (*for person*) affection *f*; (*for thing*) penchant *m*, goût *m*; **to take a ~ to sb** se prendre d'amitié pour qn; **to be to sb's ~** être au goût de qn, plaire à qn
lilac ['laɪlək] N lilas *m* ▸ADJ lilas *inv*

Lilo® ['laɪləu] N matelas *m* pneumatique
lilt [lɪlt] N rythme *m*, cadence *f*
lilting ['lɪltɪŋ] ADJ aux cadences mélodieuses; chantant(e)
lily ['lɪlɪ] N lis *m*; **~ of the valley** muguet *m*
Lima ['li:mə] N Lima
limb [lɪm] N membre *m*; **to be out on a ~** (*fig*) être isolé(e)
limber ['lɪmbəʳ]: **to ~ up** *vi* se dégourdir, se mettre en train
limbo ['lɪmbəu] N: **to be in ~** (*fig*) être tombé(e) dans l'oubli
lime [laɪm] N (*tree*) tilleul *m*; (*fruit*) citron vert, lime *f*; (*Geo*) chaux *f*
lime green N citron *m* vert ▸ ADJ (*also:* **lime-green**) couleur citron vert *inv*
lime juice N jus *m* de citron vert
limelight ['laɪmlaɪt] N: **in the ~** (*fig*) en vedette, au premier plan
limerick ['lɪmərɪk] N petit poème humoristique
limestone ['laɪmstəun] N pierre *f* à chaux; (*Geo*) calcaire *m*
★**limit** ['lɪmɪt] N limite *f*; **weight/speed ~** limite de poids/de vitesse ▸ VT limiter
limitation [lɪmɪ'teɪʃən] N limitation *f*, restriction *f*
limited ['lɪmɪtɪd] ADJ limité(e), restreint(e); **~ edition** édition *f* à tirage limité; **to be ~ to** se limiter à, ne concerner que
limited company, limited liability company N (BRIT) ≈ société *f* anonyme
limitless ['lɪmɪtlɪs] ADJ illimité(e)
limo ['lɪməu] N (*inf*) limousine *f*
limousine ['lɪməzi:n] N limousine *f*
limp [lɪmp] N: **to have a ~** boiter ▸ VI boiter ▸ ADJ mou (molle)
limpet ['lɪmpɪt] N patelle *f*; **like a ~** (*fig*) comme une ventouse
limpid ['lɪmpɪd] ADJ limpide
linchpin ['lɪntʃpɪn] N esse *f*; (*fig*) pivot *m*
★**line** [laɪn] N (*gen*) ligne *f*; (*stroke*) trait *m*; (*wrinkle*) ride *f*; (*rope*) corde *f*; (*wire*) fil *m*; (*of poem*) vers *m*; (*row, series*) rangée *f*; (*of people*) file *f*, queue *f*; (*railway track*) voie *f*; (*Comm: series of goods*) article(s) *m(pl)*, ligne de produits; (*work*) métier *m*; **to stand in ~** (US) faire la queue; **to cut in ~** (US) passer avant son tour; **in his ~ of business** dans sa partie, dans son rayon; **on the right lines** sur la bonne voie; **a new ~ in cosmetics** une nouvelle ligne de produits de beauté; **hold the ~ please** (BRIT *Tel*) ne quittez pas; **to be in ~ for sth** (*fig*) être en lice pour qch; **in ~ with** en accord avec, en conformité avec; **in a ~** aligné(e); **to bring sth into ~ with sth** aligner qch sur qch; **to draw the ~ at (doing) sth** (*fig*) se refuser à (faire) qch; ne pas tolérer *or* admettre (qu'on fasse) qch; **to take the ~ that ...** être d'avis *or* de l'opinion que ... ▸ VT (*subj: trees, crowd*) border; **to ~ (with)** (*clothes*) doubler (de); (*box*) garnir *or* tapisser (de)
▸ **line up** VI s'aligner, se mettre en rang(s); (*in queue*) faire la queue ▸ VT aligner; (*event*) prévoir; (*find*) trouver; **to have sb/sth lined up** avoir qn/qch en vue *or* de prévu(e)
linear ['lɪnɪəʳ] ADJ linéaire
lined [laɪnd] ADJ (*paper*) réglé(e); (*face*) marqué(e), ridé(e); (*clothes*) doublé(e)
lineman ['laɪnmən] N (*irreg*) (*US: Rail*) poseur *m* de rails; (*: Tel*) ouvrier *m* de ligne; (*: Football*) avant *m*
linen ['lɪnɪn] N linge *m* (de corps *or* de maison); (*cloth*) lin *m*
line printer N imprimante *f* (ligne par) ligne
liner ['laɪnəʳ] N (*ship*) paquebot *m* de ligne; (*for bin*) sac-poubelle *m*
linesman ['laɪnzmən] N (*irreg*) (*Tennis*) juge *m* de ligne; (*Football*) juge de touche
line-up ['laɪnʌp] N (*US: queue*) file *f*; (*also:* **police line-up**) parade *f* d'identification; (*Sport*) (composition *f* de l')équipe *f*
linger ['lɪŋgəʳ] VI s'attarder; traîner; (*smell, tradition*) persister
lingerie ['læŋʒəri:] N lingerie *f*
lingering ['lɪŋgərɪŋ] ADJ persistant(e); qui subsiste; (*death*) lent(e)
lingo ['lɪŋgəu] (*pl* **lingoes**) N (*inf*) jargon *m*
linguist ['lɪŋgwɪst] N linguiste *mf*; **to be a good ~** être doué(e) pour les langues
linguistic [lɪŋ'gwɪstɪk] ADJ linguistique
linguistics [lɪŋ'gwɪstɪks] N linguistique *f*
lining ['laɪnɪŋ] N doublure *f*; (*Tech*) revêtement *m*; (*: of brakes*) garniture *f*
★**link** [lɪŋk] N (*connection*) lien *m*, rapport *m*; (*Internet*) lien; (*of a chain*) maillon *m*; **rail ~** liaison *f* ferroviaire ▸ VT relier, lier, unir ▪ **links** NPL (*Golf*) (terrain *m* de) golf *m*
▸ **link up** VT relier ▸ VI (*people*) se rejoindre; (*companies etc*) s'associer
link-up ['lɪŋkʌp] N lien *m*, rapport *m*; (*of roads*) jonction *f*, raccordement *m*; (*of spaceships*) arrimage *m*; (*Radio, TV*) liaison *f*; (*: programme*) duplex *m*
lino ['laɪnəu] N = **linoleum**
linoleum [lɪ'nəulɪəm] N linoléum *m*
linseed oil ['lɪnsi:d-] N huile *f* de lin
lint [lɪnt] N tissu ouaté (*pour pansements*)
lintel ['lɪntl] N linteau *m*
★**lion** ['laɪən] N lion *m*
lion cub N lionceau *m*
lioness ['laɪənɪs] N lionne *f*
★**lip** [lɪp] N lèvre *f*; (*of cup etc*) rebord *m*; (*insolence*) insolences *fpl*
liposuction ['lɪpəusʌkʃən] N liposuccion *f*
lip-read ['lɪpri:d] VI (*irreg: like* **read**) lire sur les lèvres
lip salve [-sælv] N pommade *f* pour les lèvres, pommade rosat
lip service N: **to pay ~ to sth** ne reconnaître le mérite de qch que pour la forme *or* qu'en paroles
lipstick ['lɪpstɪk] N rouge *m* à lèvres
liquefy ['lɪkwɪfaɪ] VT liquéfier ▸ VI se liquéfier
liqueur [lɪ'kjuəʳ] N liqueur *f*
liquid ['lɪkwɪd] N liquide *m* ▸ ADJ liquide
liquid assets NPL liquidités *fpl*, disponibilités *fpl*
liquidate ['lɪkwɪdeɪt] VT liquider
liquidation [lɪkwɪ'deɪʃən] N liquidation *f*; **to go into ~** déposer son bilan
liquidator ['lɪkwɪdeɪtəʳ] N liquidateur *m*

liquid crystal display N affichage *m* à cristaux liquides

liquidity [lɪ'kwɪdɪtɪ] N liquidité *f*

liquidize ['lɪkwɪdaɪz] VT (BRIT *Culin*) passer au mixer

liquidizer ['lɪkwɪdaɪzəʳ] N (BRIT *Culin*) mixer *m*

liquor ['lɪkəʳ] N spiritueux *m*, alcool *m*

liquorice ['lɪkərɪʃ] N (BRIT) réglisse *m*

liquor store N (US) magasin *m* de vins et spiritueux

Lisbon ['lɪzbən] N Lisbonne

lisp [lɪsp] N zézaiement *m* ▶ VI zézayer

lissom ['lɪsəm] ADJ souple, agile

★**list** [lɪst] N liste *f*; (*of ship*) inclinaison *f*; **shopping ~** liste des courses ▶ VT (*write down*) inscrire; (*make list of*) faire la liste de; (*enumerate*) énumérer; (*Comput*) lister ▶ VI (*ship*) gîter, donner de la bande

listed building ['lɪstɪd-] N (*Archit*) monument classé

listed company ['lɪstɪd-] N société cotée en Bourse

★**listen** ['lɪsn] VI écouter; **to ~ to** écouter

listener ['lɪsnəʳ] N auditeur(-trice)

listeria [lɪs'tɪərɪə] N listéria *f*

listing ['lɪstɪŋ] N (*Comput*) listage *m*; (: *hard copy*) liste *f*, listing *m*

listless ['lɪstlɪs] ADJ indolent(e), apathique

listlessly ['lɪstlɪslɪ] ADV avec indolence *or* apathie

list price N prix *m* de catalogue

lit [lɪt] PT, PP *of* **light**

litany ['lɪtənɪ] N litanie *f*

liter ['li:təʳ] N (US) = **litre**

literacy ['lɪtərəsɪ] N degré *m* d'alphabétisation, fait *m* de savoir lire et écrire; (BRIT *Scol*) enseignement *m* de la lecture et de l'écriture; **basic ~ and numeracy** des notions élémentaires de lecture, d'écriture et de calcul

literal ['lɪtərl] ADJ littéral(e)

literally ['lɪtrəlɪ] ADV littéralement; (*really*) réellement

literary ['lɪtərərɪ] ADJ littéraire

literate ['lɪtərət] ADJ qui sait lire et écrire; (*educated*) instruit(e)

★**literature** ['lɪtrɪtʃəʳ] N littérature *f*; (*brochures etc*) copie *f* publicitaire, prospectus *mpl*

lithe [laɪð] ADJ agile, souple

lithography [lɪ'θɔgrəfɪ] N lithographie *f*

Lithuania [lɪθju'eɪnɪə] N Lituanie *f*

Lithuanian [lɪθju'eɪnɪən] ADJ lituanien(ne) ▶ N Lituanien(ne); (*Ling*) lituanien *m*

litigate ['lɪtɪgeɪt] VT mettre en litige ▶ VI plaider

litigation [lɪtɪ'geɪʃən] N litige *m*; contentieux *m*

litmus ['lɪtməs] N: **~ paper** papier *m* de tournesol

litre, (US) **liter** ['li:təʳ] N litre *m*

litter ['lɪtəʳ] N (*rubbish*) détritus *mpl*; (*dirtier*) ordures *fpl*; (*young animals*) portée *f* ▶ VT éparpiller; laisser des détritus dans; **littered with** jonché(e) de, couvert(e) de

litter bin N (BRIT) poubelle *f*

litter lout, (US) **litterbug** ['lɪtəbʌg] N *personne qui jette des détritus par terre*

★**little** ['lɪtl] ADJ (*small*) petit(e); (*not much*): **~ milk** peu de lait; (*some*): **a ~** (+ *noun*) un peu de; **with ~ difficulty** sans trop de difficulté; **a ~ milk** un peu de lait; **a ~ bit** un peu; **for a ~ while** pendant un petit moment ▶ ADV peu; **as ~ as possible** le moins possible; **~ by ~** petit à petit, peu à peu ▶ PRON (*not much*) peu de choses; (*a bit*): **a ~** un peu; **to make ~ of** faire peu de cas de; **~ is known about his childhood** on sait peu de choses sur son enfance

little finger N auriculaire *m*, petit doigt

little-known ['lɪtl'nəun] ADJ peu connu(e)

liturgy ['lɪtədʒɪ] N liturgie *f*

★**live¹** [laɪv] ADJ (*animal*) vivant(e), en vie; (*wire*) sous tension; (*broadcast*) (transmis(e)) en direct; (*issue*) d'actualité, brûlant(e); (*unexploded*) non explosé(e); **~ ammunition** munitions *fpl* de combat

live² [lɪv] VI vivre; (*reside*) vivre, habiter; **to ~ in London** habiter (à) Londres; **where do you ~?** où habitez-vous ?

▶ **live down** VT faire oublier (avec le temps)

▶ **live in** VI être logé(e) et nourri(e); être interne

▶ **live off** VT FUS (*land, fish etc*) vivre de; (*inf: parents etc*) vivre aux crochets de

▶ **live on** VT FUS (*food*) vivre de; **to ~ on £50 a week** vivre avec 50 livres par semaine ▶ VI survivre

▶ **live out** VI (BRIT: *students*) être externe ▶ VT: **to ~ out one's days** *or* **life** passer sa vie

▶ **live together** VI vivre ensemble, cohabiter

▶ **live up** VT: **to ~ it up** (*inf*) faire la fête; mener la grande vie

▶ **live up to** VT FUS se montrer à la hauteur de

liveblog ['laɪvblɔg] N blog *m* en direct ▶ VT, VI bloguer en direct

live-in ['lɪvɪn] ADJ (*nanny*) à demeure; **~ partner** concubin(e)

livelihood ['laɪvlɪhud] N moyens *mpl* d'existence

liveliness ['laɪvlɪnəs] N vivacité *f*, entrain *m*

lively ['laɪvlɪ] ADJ vif (vive), plein(e) d'entrain; (*place, book*) vivant(e)

liven up ['laɪvn-] VT (*room etc*) égayer; (*discussion, evening*) animer ▶ VI s'animer

liver ['lɪvəʳ] N foie *m*

liverish ['lɪvərɪʃ] ADJ qui a mal au foie; (*fig*) grincheux(-euse)

Liverpudlian [lɪvə'pʌdlɪən] ADJ de Liverpool ▶ N habitant(e) de Liverpool; natif(-ive) de Liverpool

livery ['lɪvərɪ] N livrée *f*

lives [laɪvz] NPL *of* **life**

livestock ['laɪvstɔk] N cheptel *m*, bétail *m*

livestream ['laɪvstri:m] N diffusion *f* en direct sur Internet ▶ VT diffuser en direct sur Internet

live wire [laɪv-] N (*lit*) fil *m* sous tension; (*inf, fig*): **to be a (real) ~** péter le feu

livid ['lɪvɪd] ADJ livide, blafard(e); (*furious*) furieux(-euse), furibond(e)

living ['lɪvɪŋ] ADJ vivant(e), en vie; **within ~ memory** de mémoire d'homme ▶ N: **to earn** *or* **make a ~** gagner sa vie

living conditions NPL conditions *fpl* de vie

living expenses NPL dépenses courantes

living room N salle *f* de séjour

living standards NPL niveau *m* de vie

living wage N salaire *m* permettant de vivre (décemment)

living will N directives *fpl* anticipées

lizard ['lɪzəd] N lézard *m*

llama ['lɑːmə] N lama *m*

LLB N ABBR (= *Bachelor of Laws*) *titre universitaire*

LLD N ABBR (= *Doctor of Laws*) *titre universitaire*

LMT ABBR (*US*: = *Local Mean Time*) *heure locale*

★**load** [ləud] N (*weight*) poids *m*; (*thing carried*) chargement *m*, charge *f*; (*Elec, Tech*) charge; **a ~ of, loads of** (*fig*) un *or* des tas de, des masses de; **to talk a ~ of rubbish** (*inf*) dire des bêtises ▸VT charger; (*also:* **load up**): **to ~ (with)** (*lorry, ship*) charger (de); (*gun, camera*) charger (avec)

loaded ['ləudɪd] ADJ (*dice*) pipé(e); (*question*) insidieux(-euse); (*inf: rich*) bourré(e) de fric; (*: drunk*) bourré

loading bay ['ləudɪŋ-] N aire *f* de chargement

loaf [ləuf] (*pl* **loaves** [ləuvz]) N pain *m*, miche *f* ▸VI (*also:* **loaf about, loaf around**) fainéanter, traîner

loam [ləum] N terreau *m*

★**loan** [ləun] N prêt *m*; **on ~** prêté(e), en prêt; **public ~** emprunt public ▸VT prêter

loan account N compte *m* de prêt

loan capital N capital *m* d'emprunt

loan shark N (*pej*) usurier *m*

loath [ləuθ] ADJ: **to be ~ to do** répugner à faire

loathe [ləuð] VT détester, avoir en horreur

loathing ['ləuðɪŋ] N dégoût *m*, répugnance *f*

loathsome ['ləuðsəm] ADJ répugnant(e), détestable

loaves [ləuvz] NPL *of* **loaf**

lob [lɔb] VT (*ball*) lober

lobby ['lɔbɪ] N hall *m*, entrée *f*; (*Pol*) lobby *m*, groupe *m* de pression ▸VT faire du lobbying auprès de, faire pression sur ▸VI: **to ~ for sth** faire du lobbying pour qch

lobbying ['lɔbɪɪŋ] N lobbying *m*

lobbyist ['lɔbɪɪst] N lobbyiste *mf*, membre *mf* d'un groupe de pression

lobe [ləub] N lobe *m*

lobster ['lɔbstəʳ] N homard *m*

lobster pot N casier *m* à homards

★**local** ['ləukl] ADJ local(e) ▸N (BRIT: *pub*) pub *m or* café *m* du coin ■ **the locals** NPL les gens *mpl* du pays *or* du coin

local anaesthetic, (*US*) **local anesthetic** N anesthésie locale

local authority N collectivité locale, municipalité *f*

local call N (*Tel*) communication urbaine

local government N administration locale *or* municipale

locality [ləu'kælɪtɪ] N région *f*, environs *mpl*; (*position*) lieu *m*

localize ['ləukəlaɪz] VT localiser

locally ['ləukəlɪ] ADV localement; dans les environs *or* la région

locate [ləu'keɪt] VT (*find*) trouver, repérer; (*situate*) situer; **to be located in** être situé à *or* en

location [ləu'keɪʃən] N emplacement *m*; **on ~** (*Cine*) en extérieur

loch [lɔx] N lac *m*, loch *m*

★**lock** [lɔk] N (*of door, box*) serrure *f*; (*of canal*) écluse *f*; (*of hair*) mèche *f*, boucle *f*; **~ stock and barrel** (*fig*) en bloc; **on full ~** (BRIT *Aut*) le volant tourné à fond ▸VT (*with key*) fermer à clé; (*immobilize*) bloquer ▸VI (*door etc*) fermer à clé; (*wheels*) se bloquer

▸**lock away** VT (*valuables*) mettre sous clé; (*criminal*) mettre sous les verrous, enfermer

▸**lock in** VT enfermer

▸**lock out** VT enfermer dehors; (*on purpose*) mettre à la porte; (*: workers*) lock-outer

▸**lock up** VT (*person*) enfermer; (*house*) fermer à clé ▸VI tout fermer (à clé)

lockdown ['lɔkdaun] N: **to be in** *or* **under ~** (*place*) faire l'objet de mesures de confinement; **to be on ~** (*prisoner*) être confiné(e) dans sa *or* en cellule

locker ['lɔkəʳ] N casier *m*; (*in station*) consigne *f* automatique

locker-room ['lɔkəruːm] N (*US Sport*) vestiaire *m*

locket ['lɔkɪt] N médaillon *m*

lockjaw ['lɔkdʒɔː] N tétanos *m*

lockout ['lɔkaut] N (*Industry*) lock-out *m*, grève patronale

locksmith ['lɔksmɪθ] N serrurier *m*

lock-up ['lɔkʌp] N (*prison*) prison *f*; (*cell*) cellule *f* provisoire; (*also:* **lock-up garage**) box *m*

locomotive [ləukə'məutɪv] N locomotive *f*

locum ['ləukəm] N (*Med*) suppléant(e) de médecin *etc*

locust ['ləukəst] N locuste *f*, sauterelle *f*

lodge [lɔdʒ] N pavillon *m* (de gardien); (*also:* **hunting lodge**) pavillon de chasse; (*Freemasonry*) loge *f* ▸VI (*person*): **to ~ with** être logé(e) chez, être en pension chez; (*bullet*) se loger; **to ~ in/between** se loger dans/entre ▸VT (*appeal etc*) présenter, déposer; **to ~ a complaint** porter plainte; **to ~ itself in/between** se loger dans/entre

lodger ['lɔdʒəʳ] N locataire *mf*; (*with room and meals*) pensionnaire *mf*

lodging ['lɔdʒɪŋ] N logement *m*; *see also* **board**

lodging house N (BRIT) pension *f* de famille

lodgings ['lɔdʒɪŋz] NPL chambre *f*, meublé *m*

loft [lɔft] N grenier *m*; (*apartment*) grenier aménagé (en appartement) (*gén dans ancien entrepôt ou fabrique*)

lofty ['lɔftɪ] ADJ élevé(e); (*haughty*) hautain(e); (*sentiments, aims*) noble

★**log** [lɔg] N (*of wood*) bûche *f*; (*Naut*) livre *m or* journal *m* de bord; (*of car*) ≈ carte grise ▸N ABBR (= *logarithm*) log *m* ▸VT enregistrer

▸**log in, log on** VI (*Comput*) ouvrir une session, entrer dans le système

▸**log off, log out** VI (*Comput*) clore une session, sortir du système

logarithm ['lɔgərɪðm] N logarithme *m*

logbook ['lɔgbuk] N (*Naut*) livre *m or* journal *m* de bord; (*Aviat*) carnet *m* de vol; (*of lorry driver*) carnet de route; (*of movement of goods etc*) registre *m*; (*of car*) ≈ carte grise

log cabin N cabane *f* en rondins

log fire N feu *m* de bois

logger ['lɔgəʳ] N bûcheron *m*

loggerheads ['lɔgəhɛdz] NPL: **at ~ (with)** à couteaux tirés (avec)

logging ['lɔgɪŋ] N exploitation *f* forestière ▸CPD (*company*) d'exploitation *f* forestière

logic ['lɔdʒɪk] N logique *f*
logical ['lɔdʒɪkl] ADJ logique
logically ['lɔdʒɪkəlɪ] ADV logiquement
login ['lɔgɪn] N (*Comput*) identifiant *m*
logistic [lɔ'dʒɪstɪk], **logistical** [lɔ'dʒɪstɪkl] ADJ logistique
logistics [lɔ'dʒɪstɪks] N logistique *f*
logjam ['lɔgdʒæm] N: **to break the ~** créer une ouverture dans l'impasse
logo ['ləugəu] N logo *m*
loin [lɔɪn] N (*Culin*) filet *m*, longe *f* ■ **loins** NPL reins *mpl*
loin cloth N pagne *m*
Loire [lwa:] N: **the (River) ~** la Loire
loiter ['lɔɪtəʳ] VI s'attarder; **to ~ (about)** traîner, musarder; (*pej*) rôder
LOL, lol ABBR (*inf:* = *laugh out loud*) MDR (= *mort(e) de rire*)
loll [lɔl] VI (*also:* **loll about**) se prélasser, fainéanter
lollipop ['lɔlɪpɔp] N sucette *f*
lollipop man/lady (BRIT) N (*irreg*) *contractuel(le) qui fait traverser la rue aux enfants*

Les **lollipop men/ladies** sont employés pour aider les enfants à traverser la rue à proximité des écoles lorsqu'ils entrent en classe et en sortent. On les reconnaît facilement à leur long ciré jaune et à la pancarte ronde avec laquelle ils font signe aux automobilistes de s'arrêter. Ils doivent leur surnom à la forme circulaire de cette pancarte, qui rappelle une sucette.

lollop ['lɔləp] VI (BRIT) avancer (*or* courir) maladroitement
lolly ['lɔlɪ] N (*inf: ice*) esquimau *m*; (*: lollipop*) sucette *f*; (*: money*) fric *m*
Lombardy ['lɔmbədɪ] N Lombardie *f*
★**London** ['lʌndən] N Londres
★**Londoner** ['lʌndənəʳ] N Londonien(ne)
lone [ləun] ADJ solitaire
loneliness ['ləunlɪnɪs] N solitude *f*, isolement *m*
lonely ['ləunlɪ] ADJ seul(e); (*childhood etc*) solitaire; (*place*) solitaire, isolé(e)
lonely hearts ADJ: **~ ad** petite annonce (personnelle); **~ club** club *m* de rencontres (*pour personnes seules*)
lone parent N parent *m* unique
loner ['ləunəʳ] N solitaire *mf*
lonesome ['ləunsəm] ADJ seul(e), solitaire
★**long** [lɔŋ] ADJ long (longue); **how ~ is this river/course?** quelle est la longueur de ce fleuve/la durée de ce cours ?; **6 metres ~** (long) de 6 mètres; **6 months ~** qui dure 6 mois, de 6 mois; **at ~ last** enfin; **in the ~ run** à la longue; finalement ▶ ADV longtemps; **he had ~ understood that ...** il avait compris depuis longtemps que ...; **all night ~** toute la nuit; **he no longer comes** il ne vient plus; **I can't stand it any longer** je ne peux plus le supporter; **~ before** longtemps avant; **before ~** (*+ future*) avant peu, dans peu de temps; (*+ past*) peu de temps après; **~ ago** il y a longtemps; **don't be ~!** fais vite !, dépêche-toi !; **I shan't be ~** je n'en ai pas pour longtemps; **so** *or* **as ~ as** à condition que *+ sub* ▶ N: **the ~ and the short of it is that ...** (*fig*) le fin mot de l'histoire c'est que ... ▶ VI: **to ~ for sth/to do sth** avoir très envie de qch/de faire qch, attendre qch avec impatience/attendre avec impatience de faire qch
long-distance [lɔŋ'dɪstəns] ADJ (*race*) de fond; (*call*) interurbain(e)
longer ADV *see* **long**
longevity [lɔn'dʒɛvɪtɪ] N (*of person*) longévité *f*; (*of event, situation*) longue durée *f*
long-haired ['lɔŋ'hɛəd] ADJ (*person*) aux cheveux longs; (*animal*) aux longs poils
longhand ['lɔŋhænd] N écriture normale *or* courante
long-haul ['lɔŋhɔ:l] ADJ (*flight*) long-courrier
longing ['lɔŋɪŋ] N désir *m*, envie *f*; (*nostalgia*) nostalgie *f* ▶ ADJ plein(e) d'envie *or* de nostalgie
longingly ['lɔŋɪŋlɪ] ADV avec désir *or* nostalgie
longitude ['lɔŋgɪtju:d] N longitude *f*
long johns NPL caleçons longs
long jump N saut *m* en longueur
long-life [lɔŋ'laɪf] ADJ (*batteries etc*) longue durée *inv*; (*milk*) longue conservation
long-lost ['lɔŋlɔst] ADJ perdu(e) depuis longtemps
long-playing ['lɔŋpleɪɪŋ] ADJ: **~ record (LP)** (disque *m*) 33 tours *m inv*
long-range ['lɔŋ'reɪndʒ] ADJ à longue portée; (*weather forecast*) à long terme
longshoreman ['lɔŋʃɔ:mən] N (*irreg*) (*US*) docker *m*, débardeur *m*
long-sighted ['lɔŋ'saɪtɪd] ADJ (BRIT) presbyte; (*fig*) prévoyant(e)
long-standing ['lɔŋ'stændɪŋ] ADJ de longue date
long-suffering [lɔŋ'sʌfərɪŋ] ADJ empreint(e) d'une patience résignée; extrêmement patient(e)
long-term ['lɔŋtə:m] ADJ à long terme
longtime ['lɔŋtaɪm] ADJ de longue date
long wave N (*Radio*) grandes ondes, ondes longues
long-winded [lɔŋ'wɪndɪd] ADJ intarissable, interminable
loo [lu:] N (BRIT *inf*) w.-c. *mpl*, petit coin
loofah ['lu:fə] N *sorte d'éponge végétale*
★**look** [luk] VI regarder; (*seem*) sembler, paraître, avoir l'air; (*building etc*): **to ~ south/on to the sea** donner au sud/sur la mer; **to ~ like** ressembler à; **it looks like him** on dirait que c'est lui; **it looks about 4 metres long** je dirais que ça fait 4 mètres de long; **it looks all right to me** ça me paraît bien; **~ (here)!** (*annoyance*) écoutez ! ▶ N regard *m*; (*appearance*) air *m*, allure *f*, aspect *m*; **to have a ~** regarder; **to have a ~ at sth** jeter un coup d'œil à qch; **to have a ~ for sth** chercher qch ■ **looks** NPL (*good looks*) physique *m*, beauté *f*
▶ **look after** VT FUS s'occuper de, prendre soin de; (*luggage etc: watch over*) garder, surveiller
▶ **look ahead** VI (*lit*) regarder devant soi; (*fig*) penser à l'avenir; **to ~ ahead to sth** envisager qch
▶ **look around** VI regarder autour de soi
▶ **look at** VT FUS regarder; (*problem etc*) examiner
▶ **look back** VI: **to ~ back at sth/sb** se retourner pour regarder qch/qn; **to ~ back on** (*event, period*) évoquer, repenser à

▸ **look down on** VT FUS (*fig*) regarder de haut, dédaigner
▸ **look for** VT FUS chercher; **we're looking for a hotel/restaurant** nous cherchons un hôtel/restaurant
▸ **look forward to** VT FUS attendre avec impatience; **I'm not looking forward to it** cette perspective ne me réjouit guère; **looking forward to hearing from you** (*in letter*) dans l'attente de vous lire
▸ **look in** VI: **to ~ in on sb** passer voir qn
▸ **look into** VT FUS (*matter, possibility*) examiner, étudier
▸ **look on** VI regarder (en spectateur)
▸ **look out** VI (*beware*): **to ~ out (for)** prendre garde (à), faire attention (à); **~ out!** attention !
▸ **look out for** VT FUS (*seek*) être à la recherche de; (*try to spot*) guetter
▸ **look over** VT (*essay*) jeter un coup d'œil à; (*town, building*) visiter (rapidement); (*person*) jeter un coup d'œil à; examiner de la tête aux pieds
▸ **look round** VT FUS (*house, shop*) faire le tour de ▸ VI (*turn*) regarder derrière soi, se retourner; **to ~ round for sth** chercher qch
▸ **look through** VT FUS (*papers, book*) examiner; (: *briefly*) parcourir; (*telescope*) regarder à travers
▸ **look to** VT FUS veiller à; (*rely on*) compter sur
▸ **look up** VI lever les yeux; (*improve*) s'améliorer ▸ VT (*word*) chercher; (*friend*) passer voir
▸ **look up to** VT FUS avoir du respect pour

lookalike ['lukəlaɪk] N sosie *m*; **a Marilyn Monroe ~** un sosie de Marilyn Monroe

looking glass ['lukɪŋ-] N miroir *m*

lookout ['lukaut] N (*tower etc*) poste *m* de guet; (*person*) guetteur *m*; **to be on the ~ (for)** guetter

look-up table ['lukʌp-] N (*Comput*) table *f* à consulter

loom [lu:m] N métier *m* à tisser ▸ VI (*also:* **loom up**) surgir; (: *event*) paraître imminent(e); (: *threaten*) menacer

loony ['lu:nɪ] ADJ (*pej*) timbré(e), cinglé(e)

loop [lu:p] N boucle *f*; (*contraceptive*) stérilet *m* ▸ VT: **to ~ sth round sth** passer qch autour de qch

loophole ['lu:phəul] N (*fig*) porte *f* de sortie; échappatoire *f*

★**loose** [lu:s] ADJ (*knot, screw*) desserré(e); (*stone*) branlant(e); (*clothes*) vague, ample, lâche; (*hair*) dénoué(e), épars(e); (*not firmly fixed*) pas solide; (*animal*) en liberté, échappé(e); (*life*) dissolu(e); (*morals, discipline*) relâché(e); (*thinking*) peu rigoureux(-euse), vague; (*translation*) approximatif(-ive); **~ connection** (*Elec*) mauvais contact; **to be at a ~ end** *or* (*US*) **at ~ ends** (*fig*) ne pas trop savoir quoi faire; **to tie up ~ ends** (*fig*) mettre au point *or* régler les derniers détails ▸ N: **to be on the ~** être en liberté ▸ VT (*free: animal*) lâcher; (: *prisoner*) relâcher, libérer; (*slacken*) détendre, relâcher; desserrer; défaire; donner du mou a; donner du ballant à; (BRIT: *arrow*) tirer

loose change N petite monnaie

loose chippings [-'tʃɪpɪŋz] NPL (*on road*) gravillons *mpl*

loose-fitting ['lu:sfɪtɪŋ] ADJ (*clothes*) ample

loose-leaf ['lu:sli:f] ADJ: **~ binder** *or* **folder** classeur *m* à feuilles *or* feuillets mobiles

loose-limbed [lu:s'lɪmd] ADJ agile, souple

loosely ['lu:slɪ] ADV sans serrer; (*imprecisely*) approximativement

loosely-knit ['lu:slɪ'nɪt] ADJ élastique

loosen ['lu:sn] VT desserrer, relâcher, défaire
▸ **loosen up** VI (*before game*) s'échauffer; (*inf: relax*) se détendre, se laisser aller

loot [lu:t] N butin *m* ▸ VT piller

looter ['lu:tə^r] N pillard *m*, casseur *m*

looting ['lu:tɪŋ] N pillage *m*

lop [lɔp]: **to ~ off** *vt* couper, trancher

lop-sided ['lɔp'saɪdɪd] ADJ de travers, asymétrique

loquacious [lə'kweɪʃəs] ADJ (*formal*) loquace

lord [lɔ:d] N seigneur *m*; **L~ Smith** lord Smith; **the L~** (*Rel*) le Seigneur; **my L~** (*to noble*) Monsieur le comte/le baron; (*to judge*) Monsieur le juge; (*to bishop*) Monseigneur; **good L~!** mon Dieu !

lordly ['lɔ:dlɪ] ADJ noble, majestueux(-euse); (*arrogant*) hautain(e)

Lords ['lɔ:dz] NPL (BRIT *Pol*): **the (House of) ~** la Chambre des Lords

lordship ['lɔ:dʃɪp] N (BRIT): **your L~** Monsieur le comte (*or* le baron *or* le Juge)

lore [lɔ:^r] N tradition(s) *f(pl)*

lorry ['lɔrɪ] N (BRIT) camion *m*

lorry driver N (BRIT) camionneur *m*, routier *m*

★**lose** [lu:z] (*pt, pp* **lost** [lɔst]) VT perdre; (*opportunity*) manquer, perdre; (*pursuers*) distancer, semer; **I've lost my wallet/passport** j'ai perdu mon portefeuille/passeport; **to ~ time** (*clock*) retarder; **to ~ no time (in doing sth)** ne pas perdre de temps (à faire qch); *see also* **lost** ▸ VI perdre; (*clock*) retarder
▸ **lose out** VI être perdant(e)

loser ['lu:zə^r] N perdant(e); **to be a good/bad ~** être beau/mauvais joueur

★**loss** [lɔs] N perte *f*; **to cut one's losses** limiter les dégâts; **to make a ~** enregistrer une perte; **to sell sth at a ~** vendre qch à perte; **to be at a ~** être perplexe *or* embarrassé(e); **to be at a ~ to do** se trouver incapable de faire

loss adjuster N (*Insurance*) responsable *mf* de l'évaluation des dommages

loss leader N (*Comm*) article sacrifié

★**lost** [lɔst] PT, PP *of* **lose** ▸ ADJ perdu(e); **to get ~** *vi* (*person*) se perdre; **my watch has got ~** ma montre est perdue; **I'm ~** je me suis perdu; **~ in thought** perdu dans ses pensées; **~ and found property** (*US*) objets trouvés; **~ and found** (*US*) (bureau *m* des) objets trouvés

lost property N (BRIT) objets trouvés; **~ office** *or* **department** (bureau *m* des) objets trouvés

★**lot** [lɔt] N (*at auctions, set*) lot *m*; (*destiny*) sort *m*, destinée *f*; **the ~** (*everything*) le tout; (*everyone*) tous *mpl*, toutes *fpl*; **a ~** beaucoup; **a ~ of** beaucoup de; **lots of** des tas de; **to draw lots (for sth)** tirer (qch) au sort

lotion ['ləuʃən] N lotion *f*

lottery ['lɔtərɪ] N loterie *f*

★**loud** [laud] ADJ bruyant(e), sonore; (*voice*) fort(e); (*condemnation etc*) vigoureux(-euse); (*gaudy*) voyant(e), tapageur(-euse) ▸ ADV (*speak etc*) fort; **out ~** tout haut

loud-hailer [laud'heɪlə^r] N porte-voix *m inv*

loudly ['laudlɪ] ADV fort, bruyamment

loudspeaker [laud'spiːkəʳ] N haut-parleur *m*

lounge [laundʒ] N salon *m*; (*of airport*) salle *f*; (BRIT: *also:* **lounge bar**) (salle de) café *m or* bar *m* ▸ VI (*also:* **lounge about, lounge around**) se prélasser, paresser

lounge bar N (salle *f* de) bar *m*

lounge suit N (BRIT) complet *m*; (: *on invitation*) « tenue de ville »

louse [laus] (*pl* **lice** [laɪs]) N pou *m*
▸ **louse up** [lauz-] VT (*inf*) gâcher

lousy ['lauzɪ] ADJ (*inf: bad quality*) infect(e), moche; **I feel ~** je suis mal fichu(e)

lout [laut] N rustre *m*, butor *m*

louvre, (US) **louver** ['luːvəʳ] ADJ (*door, window*) à claire-voie

lovable ['lʌvəbl] ADJ très sympathique; adorable

★**love** [lʌv] N amour *m*; **to be/fall in ~ with** être/tomber amoureux(-euse) de; **to make ~** faire l'amour; **~ at first sight** le coup de foudre; **to send one's ~ to sb** adresser ses amitiés à qn; **~ from Anne, ~, Anne** affectueusement, Anne; **"15 ~"** (*Tennis*) « 15 à rien *or* zéro » ▸ VT aimer; (*caringly, kindly*) aimer beaucoup; **I ~ you** je t'aime; **I ~ chocolate** j'adore le chocolat; **to ~ to do** aimer beaucoup *or* adorer faire; **I'd ~ to come** cela me ferait très plaisir (de venir)

love affair N liaison (amoureuse)

love child N (*irreg*) enfant *mf* de l'amour

loved ones ['lʌvdwʌnz] NPL proches *mpl* et amis chers

love-hate relationship [lʌv'heɪt-] N rapport ambigu; **they have a ~** ils s'aiment et se détestent à la fois

love life N vie sentimentale

lovelorn ['lʌvlɔːn] ADJ qui se languit d'amour

★**lovely** ['lʌvlɪ] ADJ (*pretty*) ravissant(e); (*friend, wife*) charmant(e); (*holiday, surprise*) très agréable, merveilleux(-euse); **we had a ~ time** c'était vraiment très bien, nous avons eu beaucoup de plaisir

lovemaking ['lʌvmeɪkɪŋ] N ébats *mpl* (amoureux)

lover ['lʌvəʳ] N amant *m*; (*person in love*) amoureux(-euse); (*amateur*): **a ~ of** un(e) ami(e) de, un(e) amoureux(-euse) de

lovesick ['lʌvsɪk] ADJ qui se languit d'amour

love song N chanson *f* d'amour

loving ['lʌvɪŋ] ADJ affectueux(-euse), tendre, aimant(e)

★**low** [ləu] ADJ bas(se); (*quality*) mauvais(e), inférieur(e); **to feel ~** se sentir déprimé(e); **he's very ~** (*ill*) il est bien bas *or* très affaibli; **to be ~ on** (*supplies etc*) être à court de ▸ ADV bas; **to turn (down) ~** *vt* baisser ▸ N (*Meteorology*) dépression *f*; **to reach a new** *or* **an all-time ~** tomber au niveau le plus bas ▸ VI (*cow*) mugir

low-alcohol [ləu'ælkəhɔl] ADJ à faible teneur en alcool, peu alcoolisé(e)

lowbrow ['ləubrau] ADJ sans prétentions intellectuelles

low-calorie ['ləu'kælərɪ] ADJ hypocalorique

low-carb [ləu'kɑːb] ADJ (*inf*) pauvre en glucides

low-cut ['ləukʌt] ADJ (*dress*) décolleté(e)

low-down ['ləudaun] N (*inf*): **he gave me the ~ (on it)** il m'a mis au courant ▸ ADJ (*mean*) méprisable

lower ADJ ['ləuəʳ] inférieur(e) ▸ VT ['ləuəʳ] baisser; (*resistance*) diminuer; **to ~ o.s. to** s'abaisser à ▸ VI ['lauəʳ] (*person, sky, clouds*) être menaçant; **to ~ at sb** jeter un regard mauvais *or* noir à qn

lower sixth (BRIT) N (*Scol*) première *f*

low-fat ['ləu'fæt] ADJ maigre

low-key ['ləu'kiː] ADJ modéré(e), discret(-ète)

lowland N, **lowlands** NPL ['ləulənd(z)] plaine(s) *f(pl)*

low-level ['ləulɛvl] ADJ bas(se); (*flying*) à basse altitude

low-loader ['ləuləudəʳ] N semi-remorque *f* à plate-forme surbaissée

lowly ['ləulɪ] ADJ humble, modeste

low-lying [ləu'laɪɪŋ] ADJ à faible altitude

low-paid [ləu'peɪd] ADJ mal payé(e), aux salaires bas

low-rise ['ləuraɪz] ADJ bas(se), de faible hauteur

low-tech ['ləutɛk] ADJ sommaire

loyal ['lɔɪəl] ADJ loyal(e), fidèle

loyalist ['lɔɪəlɪst] N loyaliste *mf*

loyalty ['lɔɪəltɪ] N loyauté *f*, fidélité *f*

loyalty card N carte *f* de fidélité

lozenge ['lɔzɪndʒ] N (*Med*) pastille *f*; (*Geom*) losange *m*

LP N ABBR = **long-playing record**

LPG N ABBR (= *liquid petroleum gas*) GPL *m*

L-plates ['ɛlpleɪts] NPL (BRIT) plaques *fpl* (obligatoires) d'apprenti conducteur

LPN N ABBR (US: = *Licensed Practical Nurse*) infirmier(-ière) diplômé(e)

LRAM N ABBR (BRIT) = **Licentiate of the Royal Academy of Music**

LSAT N ABBR (US) = **Law School Admissions Test**

LSD N ABBR (= *lysergic acid diethylamide*) LSD *m*; (BRIT: = *pounds, shillings and pence*) *système monétaire en usage en GB jusqu'en 1971*

LSE N ABBR = **London School of Economics**

LT ABBR (*Elec*: = *low tension*) BT

Lt ABBR (= *lieutenant*) Lt.

Ltd ABBR (*Comm*: = *limited*) ≈ SA

lubricant ['luːbrɪkənt] N lubrifiant *m*

lubricate ['luːbrɪkeɪt] VT lubrifier, graisser

lucid ['luːsɪd] ADJ lucide

lucidity [luː'sɪdɪtɪ] N lucidité *f*

★**luck** [lʌk] N chance *f*; **bad ~** malchance *f*, malheur *m*; **to be in ~** avoir de la chance; **to be out of ~** ne pas avoir de chance; **good ~!** bonne chance !; **bad** *or* **hard** *or* **tough ~!** pas de chance !

luckily ['lʌkɪlɪ] ADV heureusement, par bonheur

luckless ['lʌklɪs] ADJ (*person*) malchanceux(-euse); (*trip*) marqué(e) par la malchance

★**lucky** ['lʌkɪ] ADJ (*person*) qui a de la chance; (*coincidence*) heureux(-euse); (*number etc*) qui porte bonheur

lucrative ['luːkrətɪv] ADJ lucratif(-ive), rentable, qui rapporte

ludicrous ['luːdɪkrəs] ADJ ridicule, absurde

ludo ['luːdəu] N jeu *m* des petits chevaux

lug [lʌg] VT traîner, tirer

luggage ['lʌgɪdʒ] N bagages *mpl*; **our ~ hasn't arrived** nos bagages ne sont pas arrivés; **could**

l

you send someone to collect our ~? pourriez-vous envoyer quelqu'un chercher nos bagages ?

luggage lockers NPL consigne *f* automatique

luggage rack N (*in train*) porte-bagages *m inv*; (*: made of string*) filet *m* à bagages; (*on car*) galerie *f*

luggage van, (*US*) **luggage car** N (*Rail*) fourgon *m* (à bagages)

lugubrious [lu'gu:brɪəs] ADJ lugubre

lukewarm ['lu:kwɔ:m] ADJ tiède

lull [lʌl] N accalmie *f*; (*in conversation*) pause *f* ▸ VT: **to ~ sb to sleep** bercer qn pour qu'il s'endorme; **to be lulled into a false sense of security** s'endormir dans une fausse sécurité

lullaby ['lʌləbaɪ] N berceuse *f*

lumbago [lʌm'beɪgəu] N lumbago *m*

lumber ['lʌmbə^r] N (*wood*) bois *m* de charpente; (*junk*) bric-à-brac *m inv* ▸ VT (BRIT *inf*): **to ~ sb with sth/sb** coller *or* refiler qch/qn à qn ▸ VI (*also:* **lumber about, lumber along**) marcher pesamment

lumberjack ['lʌmbədʒæk] N bûcheron *m*

lumber room N (BRIT) débarras *m*

lumber yard N entrepôt *m* de bois

luminous ['lu:mɪnəs] ADJ lumineux(-euse)

lump [lʌmp] N morceau *m*; (*in sauce*) grumeau *m*; (*swelling*) grosseur *f* ▸ VT (*also:* **lump together**) réunir, mettre en tas

lump sum N somme globale *or* forfaitaire

lumpy ['lʌmpɪ] ADJ (*sauce*) qui a des grumeaux; (*bed*) défoncé(e), peu confortable

lunacy ['lu:nəsɪ] N démence *f*, folie *f*

lunar ['lu:nə^r] ADJ lunaire

lunatic ['lu:nətɪk] N (*!*) fou (folle), dément(e) ▸ ADJ fou (folle), dément(e)

lunatic asylum N (*!*) asile *m* d'aliénés

★**lunch** [lʌntʃ] N déjeuner *m*; **to invite sb to** *or* **for ~** inviter qn à déjeuner; **it is his ~ hour** c'est l'heure où il déjeune ▸ VI déjeuner

lunch box N (*lit*) *boîte dans laquelle on transporte son déjeuner*; (BRIT *inf, fig*) engin *m* (*inf*)

lunch break, lunch hour N pause *f* de midi, heure *f* du déjeuner

luncheon ['lʌntʃən] N déjeuner *m*

luncheon meat N *sorte de saucisson*

luncheon voucher N chèque-repas *m*, ticket-repas *m*

lunchtime ['lʌntʃtaɪm] N: **it's ~** c'est l'heure du déjeuner

lung [lʌŋ] N poumon *m*

lung cancer N cancer *m* du poumon

lunge [lʌndʒ] VI (*also:* **lunge forward**) faire un mouvement brusque en avant; **to ~ at sb** envoyer *or* assener un coup à qn

lupin ['lu:pɪn] N lupin *m*

lurch [lə:tʃ] VI vaciller, tituber ▸ N écart *m* brusque, embardée *f*; **to leave sb in the ~** laisser qn se débrouiller *or* se dépêtrer tout(e) seul(e)

lure [luə^r] N (*attraction*) attrait *m*, charme *m*; (*in hunting*) appât *m*, leurre *m* ▸ VT attirer *or* persuader par la ruse

lurid ['luərɪd] ADJ affreux(-euse), atroce

lurk [lə:k] VI se tapir, se cacher

luscious ['lʌʃəs] ADJ succulent(e), appétissant(e)

lush [lʌʃ] ADJ luxuriant(e)

lust [lʌst] N (*sexual*) désir (sexuel); (*Rel*) luxure *f*; (*fig*): **~ for** soif *f* de

▸ **lust after** VT FUS convoiter, désirer

luster ['lʌstə^r] N (*US*) = **lustre**

lustful ['lʌstful] ADJ lascif(-ive)

lustre, (*US*) **luster** ['lʌstə^r] N lustre *m*, brillant *m*

lusty ['lʌstɪ] ADJ vigoureux(-euse), robuste

lute [lu:t] N luth *m*

Luxembourg ['lʌksəmbə:g] N Luxembourg *m*

luxuriant [lʌg'zjuərɪənt] ADJ luxuriant(e)

luxurious [lʌg'zjuərɪəs] ADJ luxueux(-euse)

★**luxury** ['lʌkʃərɪ] N luxe *m* ▸ CPD de luxe

LW ABBR (*Radio: = long wave*) GO

Lycra® ['laɪkrə] N Lycra® *m*

lying ['laɪɪŋ] N mensonge(s) *m(pl)* ▸ ADJ (*statement, story*) mensonger(-ère), faux (fausse); (*person*) menteur(-euse)

lynch [lɪntʃ] VT lyncher

lynx [lɪŋks] N lynx *m inv*

Lyons ['ljɔŋ] N Lyon

lyre ['laɪə^r] N lyre *f*

lyric ['lɪrɪk] ADJ lyrique

lyrical ['lɪrɪkl] ADJ lyrique

lyricism ['lɪrɪsɪzəm] N lyrisme *m*

lyrics ['lɪrɪks] NPL (*of song*) paroles *fpl*

Mm

M¹, m [ɛm] N *(letter)* M, m *m*; **M for Mary**, *(US)* **M for Mike** M comme Marcel

M² N ABBR *(Brit)* = **motorway; the M8** ≈ l'A8 ▸ ABBR (= *medium*) M

m. ABBR (= *metre*) m; (= *million*) M; (= *mile*) mi

MA N ABBR *(Scol)* = **Master of Arts** ▸ ABBR *(US)* = **military academy; Massachusetts**

ma [mɑ:] N *(inf)* maman *f*

ma'am ['mæm] N *(esp US: madam)* Madame *f*

mac [mæk] N *(Brit)* imper(méable *m*) *m*

macabre [mə'kɑ:brə] ADJ macabre

macaroni [mækə'rəunɪ] N macaronis *mpl*

macaroon [mækə'ru:n] N macaron *m*

mace [meɪs] N masse *f*; *(spice)* macis *m*

Macedonia [mæsɪ'dəunɪə] N Macédoine *f*

Macedonian [mæsɪ'dəunɪən] ADJ macédonien(ne) ▸ N Macédonien(ne); *(Ling)* macédonien *m*

machete [mə'ʃɛtɪ] N machette *f*

Machiavellian [mækiə'vɛliən] ADJ machiavélique

machinations [mækɪ'neɪʃənz] NPL machinations *fpl*, intrigues *fpl*

★**machine** [mə'ʃi:n] N machine *f* ▸ VT *(dress etc)* coudre à la machine; *(Tech)* usiner

machine code N *(Comput)* code *m* machine

machine gun N mitrailleuse *f*

machine language N *(Comput)* langage *m* machine

machine-readable [mə'ʃi:nri:dəbl] ADJ *(Comput)* exploitable par une machine

machinery [mə'ʃi:nərɪ] N machinerie *f*, machines *fpl*; *(fig)* mécanisme(s) *m(pl)*

machine shop N atelier *m* d'usinage

machine tool N machine-outil *f*

machine washable ADJ *(garment)* lavable en machine

machinist [mə'ʃi:nɪst] N machiniste *mf*

machismo [mæ'kɪzməu, mæ'tʃɪzməu] N machisme *m*

macho ['mætʃəu] ADJ macho *inv*

mackerel ['mækrl] N *(pl inv)* maquereau *m*

mackintosh ['mækɪntɔʃ] N *(Brit)* imperméable *m*

macro... ['mækrəu] PREFIX macro...

macroeconomic [mækrəui:kə'nɔmɪk] ADJ macro-économique

macroeconomics [mækrəui:kə'nɔmɪks] N macroéconomie *f*

★**mad** [mæd] ADJ fou (folle); *(foolish)* insensé(e); *(angry)* furieux(-euse); **to go ~** devenir fou; **to be ~ (keen) about** *or* **on sth** *(inf)* être follement passionné de qch, être fou de qch

Madagascar [mædə'gæskəʳ] N Madagascar *m*

madam ['mædəm] N madame *f*; **yes ~** oui Madame; **M~ Chairman** Madame la Présidente

madcap ['mædkæp] ADJ *(inf)* écervelé(e)

mad cow disease N maladie *f* de la vache folle

madden ['mædn] VT exaspérer

maddening ['mædnɪŋ] ADJ exaspérant(e)

made [meɪd] PT, PP *of* **make**

Madeira [mə'dɪərə] N *(Geo)* Madère *f*; *(wine)* madère *m*

made-to-measure ['meɪdtə'mɛʒəʳ] ADJ *(Brit)* fait(e) sur mesure

made-up ['meɪdʌp] ADJ *(story)* inventé(e), fabriqué(e)

madhouse ['mædhaus] N *(also fig)* maison *f* de fous

madly ['mædlɪ] ADV follement; **~ in love** éperdument amoureux(-euse)

madman ['mædmən] N *(irreg)* fou *m*, aliéné *m*

madness ['mædnɪs] N folie *f*

Madonna [mə'dɔnə] N *(Rel)* Madone *f*

Madrid [mə'drɪd] N Madrid

maelstrom ['meɪlstrɔm] N maelström *m*, tourbillon *m*

Mafia ['mæfɪə] N maf(f)ia *f*

mag [mæg] N ABBR *(Brit inf: = magazine)* magazine *m*

★**magazine** [mægə'zi:n] N *(Press)* magazine *m*, revue *f*; *(Radio, TV)* magazine; *(Mil: store)* dépôt *m*, arsenal *m*; *(of firearm)* magasin *m*

magenta [mə'dʒɛntə] ADJ magenta *inv* ▸ N magenta *m*

maggot ['mægət] N ver *m*, asticot *m*

★**magic** ['mædʒɪk] N magie *f* ▸ ADJ magique

magical ['mædʒɪkl] ADJ magique; *(experience, evening)* merveilleux(-euse)

magician [mə'dʒɪʃən] N magicien(ne)

magistrate ['mædʒɪstreɪt] N magistrat *m*; juge *m*; **magistrates' court** *(Brit)* ≈ tribunal *m* d'instance

magnanimous [mæg'nænɪməs] ADJ magnanime

magnate ['mægneɪt] N magnat *m*

magnesium [mæg'ni:zɪəm] N magnésium *m*

magnet ['mægnɪt] N aimant *m*

magnetic [mæg'nɛtɪk] ADJ magnétique

magnetic disk N (*Comput*) disque *m* magnétique

magnetic tape N bande *f* magnétique

magnetism ['mægnɪtɪzəm] N magnétisme *m*

magnification [mægnɪfɪ'keɪʃən] N grossissement *m*

magnificence [mæg'nɪfɪsns] N magnificence *f*

magnificent [mæg'nɪfɪsnt] ADJ superbe, magnifique; (*splendid: robe, building*) somptueux(-euse), magnifique

magnificently [mæg'nɪfɪsntlɪ] ADV magnifiquement, brillamment

magnify ['mægnɪfaɪ] VT grossir; (*sound*) amplifier

magnifying glass ['mægnɪfaɪɪŋ-] N loupe *f*

magnitude ['mægnɪtju:d] N ampleur *f*

magnolia [mæg'nəulɪə] N magnolia *m*

magpie ['mægpaɪ] N pie *f*

mahogany [mə'hɔgənɪ] N acajou *m* ▸ CPD en (bois d')acajou

maid [meɪd] N bonne *f*; (*in hotel*) femme *f* de chambre; **old ~** (*pej*) vieille fille

maiden ['meɪdn] N jeune fille *f* ▸ ADJ (*aunt etc*) non mariée; (*speech, voyage*) inaugural(e)

maiden name N nom *m* de jeune fille

★**mail** [meɪl] N poste *f*; (*letters*) courrier *m*; **by ~** par la poste ▸ VT envoyer (par la poste)

mailbag ['meɪlbæg] N (*sack*) sac postal; (*postman's*) sacoche *f*

mailbox ['meɪlbɔks] N (*US, also Comput*) boîte *f* aux lettres

mailing list ['meɪlɪŋ-] N liste *f* d'adresses

mailman ['meɪlmæn] N (*irreg*) (*US*) facteur *m*

mail-order ['meɪlɔ:dəʳ] N vente *f* or achat *m* par correspondance ▸ CPD: **~ firm** *or* **house** maison *f* de vente par correspondance

mailshot ['meɪlʃɔt] N (BRIT) mailing *m*

mail train N train postal

mail truck N (*US Aut*) = **mail van**

mail van (BRIT) N (*Aut*) voiture *f* or fourgonnette *f* des postes; (*Rail*) wagon-poste *m*

maim [meɪm] VT mutiler

★**main** [meɪn] ADJ principal(e); **the ~ thing** l'essentiel *m* ▸ N (*pipe*) conduite principale, canalisation *f*; **the mains** (*Elec*) le secteur; **in the ~** dans l'ensemble

main course N (*Culin*) plat *m* principal

mainframe ['meɪnfreɪm] N (*also:* **mainframe computer**) (gros) ordinateur, unité centrale

mainland ['meɪnlənd] N continent *m*

mainline ['meɪnlaɪn] ADJ (*Rail*) de grande ligne ▸ VT (*drugs slang*) se shooter à ▸ VI (*drugs slang*) se shooter

main line N (*Rail*) grande ligne

★**mainly** ['meɪnlɪ] ADV principalement, surtout

main road N grand axe, route nationale

mainstay ['meɪnsteɪ] N (*fig*) pilier *m*

mainstream ['meɪnstri:m] N (*fig*) courant principal

main street N rue *f* principale

★**maintain** [meɪn'teɪn] VT entretenir; (*continue*) maintenir, préserver; (*affirm*) soutenir; **to ~ that ...** soutenir que ...

maintenance ['meɪntənəns] N entretien *m*; (*Law: alimony*) pension *f* alimentaire

maintenance contract N contrat *m* d'entretien

maintenance order N (*Law*) obligation *f* alimentaire

maisonette [meɪzə'nɛt] N (BRIT) appartement *m* en duplex

maize [meɪz] N (BRIT) maïs *m*

Maj. ABBR (*Mil*) = **major**

majestic [mə'dʒɛstɪk] ADJ majestueux(-euse)

majesty ['mædʒɪstɪ] N majesté *f*; (*title*): **Your M~** Votre Majesté

★**major** ['meɪdʒəʳ] N (*Mil*) commandant *m* ▸ ADJ (*important*) important(e); (*most important*) principal(e); (*Mus*) majeur(e); **a ~ operation** (*Med*) une grosse opération ▸ VI (*US Scol*): **to ~ (in)** se spécialiser (en)

Majorca [mə'jɔ:kə] N Majorque *f*

major general N (*Mil*) général *m* de division

★**majority** [mə'dʒɔrɪtɪ] N majorité *f* ▸ CPD (*verdict, holding*) majoritaire

★**make** [meɪk] (*pt, pp* **made** [meɪd]) VT faire; (*manufacture*) faire, fabriquer; (*earn*) gagner; (*decision*) prendre; (*friend*) se faire; (*speech*) faire, prononcer; (*cause to be*): **to ~ sb sad** *etc* rendre qn triste *etc*; (*force*): **to ~ sb do sth** obliger qn à faire qch, faire faire qch à qn; (*equal*): **2 and 2 ~ 4** 2 et 2 font 4; **to ~ the bed** faire le lit; **to ~ a fool of sb** (*ridicule*) ridiculiser qn; (*trick*) avoir *or* duper qn; **to ~ a profit** faire un *or* des bénéfice(s); **to ~ a loss** essuyer une perte; **to ~ it** (*in time etc*) y arriver; (*succeed*) réussir; **what time do you ~ it?** quelle heure avez-vous ?; **I ~ it £249** d'après mes calculs ça fait 249 livres; **to be made of** être en; **to ~ do with** se contenter de; se débrouiller avec; **to ~ good** *vi* (*succeed*) faire son chemin, réussir; *vt* (*deficit*) combler; (*losses*) compenser ▸ N (*manufacture*) fabrication *f*; (*brand*) marque *f*

▸ **make for** VT FUS (*place*) se diriger vers

▸ **make off** VI filer

▸ **make out** VT (*write out: cheque*) faire; (*decipher*) déchiffrer; (*understand*) comprendre; (*see*) distinguer; (*claim, imply*) prétendre, vouloir faire croire; **to ~ out a case for sth** présenter des arguments solides en faveur de qch

▸ **make over** VT (*assign*): **to ~ over (to)** céder (à), transférer (au nom de)

▸ **make up** VT (*invent*) inventer, imaginer; (*constitute*) constituer; (*parcel, bed*) faire; **to be made up of** se composer de ▸ VI se réconcilier; (*with cosmetics*) se maquiller, se farder

▸ **make up for** VT FUS compenser; (*lost time*) rattraper

make-believe ['meɪkbɪli:v] N: **a world of ~** un monde de chimères *or* d'illusions; **it's just ~** c'est de la fantaisie; c'est une illusion

make-or-break [meɪkɔ:'breɪk] ADJ (*issue, game, meeting*) décisif(-ive); **it's ~ time** c'est le moment décisif

makeover ['meɪkəuvəʳ] N (*by beautician*) soins *mpl* de maquillage; (*change of image*) changement *m* d'image; **to give sb a ~** relooker qn

★**maker** ['meɪkəʳ] N fabricant *m*; (*of film, programme*) réalisateur(-trice)

makeshift ['meɪkʃɪft] ADJ provisoire, improvisé(e)

★**make-up** ['meɪkʌp] N maquillage *m*

make-up bag N trousse *f* de maquillage

make-up remover N démaquillant *m*

making ['meɪkɪŋ] N (*fig*): **in the ~** en formation *or* gestation; **to have the makings of** (*actor, athlete*) avoir l'étoffe de

maladjusted [mælə'dʒʌstɪd] ADJ inadapté(e)

maladministration [mælədmɪnɪ'streɪʃən] N mauvaise gestion *f*

malaise [mæ'leɪz] N malaise *m*

malaria [mə'lɛərɪə] N malaria *f*, paludisme *m*

Malawi [mə'lɑːwɪ] N Malawi *m*

Malay [mə'leɪ] ADJ malais(e) ▶ N (*person*) Malais(e); (*language*) malais *m*

Malaya [mə'leɪə] N Malaisie *f*

Malayan [mə'leɪən] ADJ, N = **Malay**

Malaysia [mə'leɪzɪə] N Malaisie *f*

Malaysian [mə'leɪzɪən] ADJ malaisien(ne) ▶ N Malaisien(ne)

Maldives ['mɔːldaɪvz] NPL: **the ~** les Maldives *fpl*

★**male** [meɪl] N (*Biol, Elec*) mâle *m* ▶ ADJ (*sex, attitude*) masculin(e); (*animal*) mâle; (*child etc*) du sexe masculin; **~ and female students** étudiants et étudiantes

male chauvinist N phallocrate *m*

male nurse N infirmier *m*

malevolence [mə'lɛvələns] N malveillance *f*

malevolent [mə'lɛvələnt] ADJ malveillant(e)

malfunction [mæl'fʌŋkʃən] N fonctionnement défectueux

Mali ['mɑːlɪ] N Mali *m*

malice ['mælɪs] N méchanceté *f*, malveillance *f*

malicious [mə'lɪʃəs] ADJ méchant(e), malveillant(e); (*Law*) avec intention criminelle

maliciously [mə'lɪʃəslɪ] ADV avec malveillance

malign [mə'laɪn] VT diffamer, calomnier

malignant [mə'lɪgnənt] ADJ (*Med*) malin(-igne)

malinger [mə'lɪŋgəʳ] VI faire semblant d'être malade

malingerer [mə'lɪŋgərəʳ] N faux (fausse) malade

mall [mɔːl] N (*also:* **shopping mall**) centre commercial

mallard ['mælɑːd] N colvert *m*

malleable ['mælɪəbl] ADJ malléable

mallet ['mælɪt] N maillet *m*

malnourished [mæl'nʌrɪʃt] ADJ mal nourri(e)

malnutrition [mælnju:'trɪʃən] N malnutrition *f*

malpractice [mæl'præktɪs] N faute professionnelle; négligence *f*

malt [mɔːlt] N malt *m* ▶ CPD (*whisky*) pur malt

Malta ['mɔːltə] N Malte *f*

Maltese [mɔːl'tiːz] ADJ maltais(e) ▶ N (*pl inv*) Maltais(e); (*Ling*) maltais *m*

maltreat [mæl'triːt] VT maltraiter

malware ['mælwɛəʳ] N (*Comput*) logiciel *m* malveillant

mammal ['mæml] N mammifère *m*

mammogram ['mæməgræm] N mammographie *f*

mammoth ['mæməθ] N mammouth *m* ▶ ADJ géant(e), monstre

★**man** [mæn] (*pl* **men** [mɛn]) N homme *m*; (*Sport*) joueur *m*; (*Chess*) pièce *f*; (*Draughts*) pion *m*; **an old ~** un vieillard; **~ and wife** mari et femme ▶ VT (*Naut: ship*) garnir d'hommes; (*machine*) assurer le fonctionnement de; (*Mil: gun*) servir; (*: post*) être de service à

manacles ['mænəklz] NPL menottes *fpl*

★**manage** ['mænɪdʒ] VI se débrouiller; (*succeed*) y arriver, réussir ▶ VT (*business*) gérer; (*team, operation*) diriger; (*control: ship*) manier, manœuvrer; (*: person*) savoir s'y prendre avec; (*device, things to do, carry etc*) arriver à se débrouiller avec, s'en tirer avec; **to ~ to do** se débrouiller pour faire; (*succeed*) réussir à faire

manageable ['mænɪdʒəbl] ADJ maniable; (*task etc*) faisable; (*number*) raisonnable

★**management** ['mænɪdʒmənt] N (*running*) administration *f*, direction *f*; (*people in charge: of business, firm*) dirigeants *mpl*, cadres *mpl*; (*: of hotel, shop, theatre*) direction; **"under new ~"** « changement de gérant », « changement de propriétaire »

management accounting N comptabilité *f* de gestion

management consultant N conseiller(-ère) de direction

★**manager** ['mænɪdʒəʳ] N (*of business*) directeur *m*; (*of institution etc*) administrateur *m*; (*of department, unit*) responsable *mf*, chef *m*; (*of hotel etc*) gérant *m*; (*Sport*) manager *m*; (*of artist*) impresario *m*; **sales ~** responsable *or* chef des ventes

★**manageress** [mænɪdʒə'rɛs] N directrice *f*; (*of hotel etc*) gérante *f*

managerial [mænɪ'dʒɪərɪəl] ADJ directorial(e); (*skills*) de cadre, de gestion; **~ staff** cadres *mpl*

managing director ['mænɪdʒɪŋ-] N directeur général

Mancunian [mæŋ'kjuːnɪən] ADJ de Manchester ▶ N habitant(e) de Manchester; natif(-ive) de Manchester

Mandarin ['mændərɪn] N (*language*) mandarin *m*

mandarin ['mændərɪn] N (*also:* **mandarin orange**) mandarine *f*; (*person*) mandarin *m*

mandate ['mændeɪt] N mandat *m*

mandatory ['mændətərɪ] ADJ obligatoire; (*powers etc*) mandataire

mandolin, mandoline ['mændəlɪn] N mandoline *f*

mane [meɪn] N crinière *f*

maneuver *etc* [mə'nuːvəʳ] N (*US*) = **manoeuvre** *etc*

manfully ['mænfəlɪ] ADV vaillamment

manganese [mæŋgə'niːz] N manganèse *m*

manger ['meɪndʒəʳ] N mangeoire *f*

mangetout ['mɔnʒ'tuː] N mange-tout *m inv*

mangle ['mæŋgl] VT déchiqueter; mutiler ▶ N essoreuse *f*; calandre *f*

mango ['mæŋgəu] (*pl* **mangoes**) N mangue *f*

m

mangrove ['mæŋgrəuv] N palétuvier *m*
mangy ['meɪndʒɪ] ADJ galeux(-euse)
manhandle ['mænhændl] VT (*mistreat*) maltraiter, malmener; (*move by hand*) manutentionner
manhole ['mænhəul] N trou *m* d'homme
manhood ['mænhud] N (*age*) âge *m* d'homme; (*manliness*) virilité *f*
man-hour ['mænauəʳ] N heure-homme *f*, heure *f* de main-d'œuvre
manhunt ['mænhʌnt] N chasse *f* à l'homme
mania ['meɪnɪə] N manie *f*
maniac ['meɪnɪæk] N maniaque *mf*; (*fig*) fou (folle)
manic ['mænɪk] ADJ maniaque
manic-depressive ['mænɪkdɪ'prɛsɪv] ADJ, N (*Psych*) maniaco-dépressif(-ive)
manicure ['mænɪkjuəʳ] N manucure *f* ▸ VT (*person*) faire les mains à
manicure set N trousse *f* à ongles
manifest ['mænɪfɛst] VT manifester ▸ ADJ manifeste, évident(e) ▸ N (*Aviat, Naut*) manifeste *m*
manifestation [mænɪfɛs'teɪʃən] N manifestation *f*
manifesto [mænɪ'fɛstəu] N (*Pol*) manifeste *m*
manifold ['mænɪfəuld] ADJ multiple, varié(e) ▸ N (*Aut etc*): **exhaust ~** collecteur *m* d'échappement
Manila [mə'nɪlə] N Manille, Manila
manila [mə'nɪlə] ADJ: **~ paper** papier *m* bulle
manipulate [mə'nɪpjuleɪt] VT manipuler; (*system, situation*) exploiter
manipulation [mənɪpju'leɪʃən] N manipulation *f*
manipulative [mə'nɪpjulətɪv] ADJ manipulateur(-trice)
mankind [mæn'kaɪnd] N humanité *f*, genre humain
manliness ['mænlɪnɪs] N virilité *f*
manly ['mænlɪ] ADJ viril(e)
man-made ['mæn'meɪd] ADJ artificiel(le); (*fibre*) synthétique
manna ['mænə] N manne *f*
manned [mænd] ADJ (*spacecraft, flight*) habité(e)
mannequin ['mænɪkɪn] N mannequin *m*
★**manner** ['mænəʳ] N manière *f*, façon *f*; (*behaviour*) attitude *f*, comportement *m*; **all ~ of** toutes sortes de ■ **manners** NPL: **(good) manners** (bonnes) manières; **bad manners** mauvaises manières
mannerism ['mænərɪzəm] N particularité *f* de langage (*or* de comportement), tic *m*
mannerly ['mænəlɪ] ADJ poli(e), courtois(e)
manoeuvrable, (*US*) **maneuverable** [mə'nu:vrəbl] ADJ facile à manœuvrer
manoeuvre, (*US*) **maneuver** [mə'nu:vəʳ] VT (*move*) manœuvrer; (*manipulate: person*) manipuler; (*: situation*) exploiter; **to ~ sb into doing sth** manipuler qn pour lui faire faire qch ▸ N manœuvre *f*
manor ['mænəʳ] N (*also:* **manor house**) manoir *m*
manpower ['mænpauəʳ] N main-d'œuvre *f*
manservant ['mænsə:vənt] (*pl* **menservants** ['mɛn-]) N domestique *m*
mansion ['mænʃən] N château *m*, manoir *m*
manslaughter ['mænslɔ:təʳ] N homicide *m* involontaire
mantelpiece ['mæntlpi:s] N cheminée *f*
mantle ['mæntl] N cape *f*; (*fig*) manteau *m*
man-to-man ['mæntə'mæn] ADJ, ADV d'homme à homme
mantra ['mæntrə] N mantra *m*
manual ['mænjuəl] ADJ manuel(le) ▸ N manuel *m*
manually ['mænjuəlɪ] ADV manuellement
manual worker N travailleur manuel
★**manufacture** [mænju'fæktʃəʳ] VT fabriquer ▸ N fabrication *f*
manufactured goods [mænju'fæktʃəd-] NPL produits manufacturés
★**manufacturer** [mænju'fæktʃərəʳ] N fabricant *m*
manufacturing [mænju'fæktʃərɪŋ] N industrie *f* ▸ CPD (*sector, output*) industriel(le)
manufacturing industries NPL industries *fpl* de transformation
manure [mə'njuəʳ] N fumier *m*; (*artificial*) engrais *m*
manuscript ['mænjuskrɪpt] N manuscrit *m*
Manx [mæŋks] ADJ mannois(e), de l'île de Man
★**many** ['mɛnɪ] ADJ beaucoup de, de nombreux(-euses); **how ~ ...?** combien de ... ?; **a great many...** un grand nombre de ...; **too ~ difficulties** trop de difficultés; **twice as ~ ...** deux fois plus de ...; **~ a ...** bien des ..., plus d'un(e) ... ▸ PRON beaucoup, un grand nombre; **how ~?** combien ?; **a great ~** un grand nombre; **twice as ~** deux fois plus
Maori ['maurɪ] N Maori(e) ▸ ADJ maori(e)
★**map** [mæp] N carte *f*; (*of town*) plan *m*; **can you show it to me on the ~?** pouvez-vous me l'indiquer sur la carte ? ▸ VT dresser la carte de ▸ **map out** VT tracer; (*fig: task*) planifier; (*: career, holiday*) organiser, préparer (à l'avance); (*: essay*) faire le plan de
maple ['meɪpl] N érable *m*
mar [mɑ:ʳ] VT gâcher, gâter
Mar. ABBR = **March**
marathon ['mærəθən] N marathon *m* ▸ ADJ: **a ~ session** une séance-marathon
marathon runner N coureur(-euse) de marathon, marathonien(ne)
marauder [mə'rɔ:dəʳ] N maraudeur(-euse)
marble ['mɑ:bl] N marbre *m*; (*toy*) bille *f* ■ **marbles** NPL (*game*) billes
★**March** [mɑ:tʃ] N mars *m*; *see also* **July**
★**march** [mɑ:tʃ] VI marcher au pas; (*demonstrators*) défiler; **to ~ out of/into** *etc* sortir de/entrer dans *etc* (*de manière décidée ou impulsive*) ▸ N marche *f*; (*demonstration*) manifestation *f*
marcher ['mɑ:tʃəʳ] N (*demonstrator*) manifestant(e), marcheur(-euse)
marching ['mɑ:tʃɪŋ] N: **to give sb his ~ orders** (*fig*) renvoyer qn; envoyer promener qn
march-past ['mɑ:tʃpɑ:st] N défilé *m*
mare [mɛəʳ] N jument *f*
marg. [mɑ:dʒ] N ABBR (*inf*) = **margarine**
margarine [mɑ:dʒə'ri:n] N margarine *f*
margin ['mɑ:dʒɪn] N marge *f*

marginal ['mɑ:dʒɪnl] ADJ marginal(e); **~ seat** (*Pol*) siège disputé
marginalize ['mɑ:dʒɪnəlaɪz] VT marginaliser
marginally ['mɑ:dʒɪnəlɪ] ADV très légèrement, sensiblement
marigold ['mærɪgəuld] N souci *m*
marijuana [mærɪ'wɑ:nə] N marijuana *f*
marina [mə'ri:nə] N marina *f*
marinade N [mærɪ'neɪd] marinade *f* ▸ VT ['mærɪneɪd] = **marinate**
marinate ['mærɪneɪt] VT (faire) mariner
marine [mə'ri:n] ADJ marin(e) ▸ N fusilier marin; (*US*) marine *m*
marine insurance N assurance *f* maritime
marital ['mærɪtl] ADJ matrimonial(e)
marital status N situation *f* de famille
maritime ['mærɪtaɪm] ADJ maritime
maritime law N droit *m* maritime
marjoram ['mɑ:dʒərəm] N marjolaine *f*
★**mark** [mɑ:k] N marque *f*; (*of skid etc*) trace *f*; (BRIT *Scol*) note *f*; (*Sport*) cible *f*; (*currency*) mark *m*; (BRIT *Tech*): **M~ 2/3** 2ème/3ème série *f or* version *f*; (*oven temperature*): **(gas) ~ 4** thermostat *m* 4; **to be quick off the ~ (in doing)** (*fig*) ne pas perdre de temps (pour faire); **up to the ~** (*in efficiency*) à la hauteur; **punctuation marks** signes *mpl* de ponctuation ▸ VT (*Sport: player*) marquer; (*stain*) tacher; (BRIT *Scol*) corriger, noter; **to ~ time** marquer le pas
▸ **mark down** VT (*prices, goods*) démarquer, réduire le prix de
▸ **mark off** VT (*tick off*) cocher, pointer
▸ **mark out** VT désigner
▸ **mark up** VT (*price*) majorer
marked [mɑ:kt] ADJ (*obvious*) marqué(e), net(te)
markedly ['mɑ:kɪdlɪ] ADV visiblement, manifestement
marker ['mɑ:kə^r] N (*sign*) jalon *m*; (*bookmark*) signet *m*
★**market** ['mɑ:kɪt] N marché *m*; **to be on the ~** être sur le marché; **on the open ~** en vente libre; **to play the ~** jouer à la *or* spéculer en Bourse ▸ VT (*Comm*) commercialiser
marketable ['mɑ:kɪtəbl] ADJ commercialisable
market analysis N analyse *f* de marché
market day N jour *m* de marché
market demand N besoins *mpl* du marché
market economy N économie *f* de marché
market forces NPL tendances *fpl* du marché
market garden N (BRIT) jardin maraîcher
★**marketing** ['mɑ:kɪtɪŋ] N marketing *m*
marketplace ['mɑ:kɪtpleɪs] N place *f* du marché; (*Comm*) marché *m*
market price N prix marchand
market research N étude *f* de marché
market value N valeur marchande; valeur du marché
marking ['mɑ:kɪŋ] N (*on animal*) marque *f*, tache *f*; (*on road*) signalisation *f*
marksman ['mɑ:ksmən] N (*irreg*) tireur *m* d'élite
marksmanship ['mɑ:ksmənʃɪp] N adresse *f* au tir
mark-up ['mɑ:kʌp] N (*Comm: margin*) marge *f* (bénéficiaire); (*: increase*) majoration *f*
marmalade ['mɑ:məleɪd] N confiture *f* d'oranges
maroon [mə'ru:n] VT: **to be marooned** être abandonné(e); (*fig*) être bloqué(e) ▸ ADJ (*colour*) bordeaux *inv*
marquee [mɑ:'ki:] N chapiteau *m*
marquess, marquis ['mɑ:kwɪs] N marquis *m*
Marrakech, Marrakesh [mærə'kɛʃ] N Marrakech
★**marriage** ['mærɪdʒ] N mariage *m*
marriage bureau N agence matrimoniale
marriage certificate N extrait *m* d'acte de mariage
marriage guidance, (*US*) **marriage counseling** N conseils conjugaux
marriage guidance counsellor, (*US*) **marriage counselor** N conseiller(-ère) conjugal(e)
marriage of convenience N mariage *m* de convenance
★**married** ['mærɪd] ADJ marié(e); (*life, love*) conjugal(e)
marrow ['mærəu] N (*of bone*) moelle *f*; (*vegetable*) courge *f*
★**marry** ['mærɪ] VT épouser, se marier avec; (*subj: father, priest etc*) marier ▸ VI (*also:* **get married**) se marier
Mars [mɑ:z] N (*planet*) Mars *f*
Marseilles [mɑ:'seɪ] N Marseille
marsh [mɑ:ʃ] N marais *m*, marécage *m*
marshal ['mɑ:ʃl] N maréchal *m*; (*US: fire, police*) ≈ capitaine *m*; (*for demonstration, meeting*) membre *m* du service d'ordre ▸ VT rassembler
marshalling yard ['mɑ:ʃlɪŋ-] N (*Rail*) gare *f* de triage
Marshall Islands ['mɑ:ʃəl-] NPL îles *fpl* Marshall
marshmallow [mɑ:ʃ'mæləu] N (*Bot*) guimauve *f*; (*sweet*) (pâte *f* de) guimauve
marshy ['mɑ:ʃɪ] ADJ marécageux(-euse)
marsupial [mɑ:'su:pɪəl] ADJ marsupial(e) ▸ N marsupial *m*
martial ['mɑ:ʃl] ADJ martial(e)
martial arts NPL arts martiaux
martial law N loi martiale
Martian ['mɑ:ʃən] N Martien(ne)
martin ['mɑ:tɪn] N (*also:* **house martin**) martinet *m*
martyr ['mɑ:tə^r] N martyr(e) ▸ VT martyriser
martyrdom ['mɑ:tədəm] N martyre *m*
marvel ['mɑ:vl] N merveille *f* ▸ VI: **to ~ (at)** s'émerveiller (de)
marvellous, (*US*) **marvelous** ['mɑ:vləs] ADJ merveilleux(-euse)
Marxism ['mɑ:ksɪzəm] N marxisme *m*
Marxist ['mɑ:ksɪst] ADJ, N marxiste *mf*
marzipan ['mɑ:zɪpæn] N pâte *f* d'amandes
mascara [mæs'kɑ:rə] N mascara *m*
mascot ['mæskət] N mascotte *f*
masculine ['mæskjulɪn] ADJ masculin(e) ▸ N masculin *m*
masculinity [mæskju'lɪnɪtɪ] N masculinité *f*
mash [mæʃ] VT (*Culin*) faire une purée de

mashed potato N, **mashed potatoes** NPL [mæʃt-] purée *f* de pommes de terre

★**mask** [mɑːsk] N masque *m* ▸ VT masquer

masked [mɑːskt] ADJ masqué(e)

masochism [ˈmæsəkɪzəm] N masochisme *m*

masochist [ˈmæsəkɪst] N masochiste *mf*

masochistic [mæsəˈkɪstɪk] ADJ masochiste

mason [ˈmeɪsn] N (*also:* **stonemason**) maçon *m*; (*also:* **freemason**) franc-maçon *m*

masonic [məˈsɔnɪk] ADJ maçonnique

masonry [ˈmeɪsnrɪ] N maçonnerie *f*

masquerade [mæskəˈreɪd] N bal masqué; (*fig*) mascarade *f* ▸ VI: **to ~ as** se faire passer pour

★**mass** [mæs] N multitude *f*, masse *f*; (*Physics*) masse; (*Rel*) messe *f*; **to go to ~** aller à la messe ▸ CPD (*communication*) de masse; (*unemployment*) massif(-ive) ▸ VI se masser ■ **masses** NPL: **the masses** les masses; **masses of** (*inf*) des tas de

massacre [ˈmæsəkəʳ] N massacre *m* ▸ VT massacrer

massage [ˈmæsɑːʒ] N massage *m* ▸ VT masser

massage parlour, (*US*) **massage parlor** N salon *m* de massage

★**massive** [ˈmæsɪv] ADJ énorme, massif(-ive)

massively [ˈmæsɪvlɪ] ADV (*rise, increase*) massivement; (*popular, important*) immensément; **to be ~ successful** remporter un succès immense

mass market N marché *m* grand public

mass media NPL mass-media *mpl*

mass meeting N rassemblement *m* de masse

mass-produce [ˈmæsprəˈdjuːs] VT fabriquer en série

mass production N fabrication *f* en série

mast [mɑːst] N mât *m*; (*Radio, TV*) pylône *m*

mastectomy [mæsˈtɛktəmɪ] N mastectomie *f*

★**master** [ˈmɑːstəʳ] N maître *m*; (*in secondary school*) professeur *m*; (*in primary school*) instituteur *m*; (*title for boys*): **M~ X** Monsieur X; **~ of ceremonies (MC)** *n* maître des cérémonies; **M~ of Arts/Science (MA/MSc)** *n* ≈ titulaire *mf* d'une maîtrise (en lettres/science); **M~ of Arts/Science degree (MA/MSc)** *n* ≈ maîtrise *f*; **M~'s degree** *n* ≈ maîtrise; *voir article* ▸ VT maîtriser; (*learn*) apprendre à fond; (*understand*) posséder parfaitement *or* à fond

> Le **Master's degree** est un diplôme qui suit généralement le *Bachelor's degree*, bien que certaines universités décernent un *Master's* au lieu d'un *Bachelor's*. Il consiste soit à suivre des cours, soit à rédiger un mémoire à partir d'une recherche personnelle, soit encore en un mélange des deux. Les principaux masters sont le *MA* (*Master of Arts*) et le *MSc* (*Master of Science*), qui comprennent cours et mémoire, et le *MLitt* (*Master of Letters*) et le *MPhil* (*Master of Philosophy*), qui reposent uniquement sur le mémoire ; voir *doctorate*.

master disk N (*Comput*) disque original

masterful [ˈmɑːstəful] ADJ autoritaire, impérieux(-euse)

master key N passe-partout *m inv*

masterly [ˈmɑːstəlɪ] ADJ magistral(e)

mastermind [ˈmɑːstəmaɪnd] N esprit supérieur ▸ VT diriger, être le cerveau de

masterpiece [ˈmɑːstəpiːs] N chef-d'œuvre *m*

master plan N stratégie *f* d'ensemble

master stroke N coup *m* de maître

mastery [ˈmɑːstərɪ] N maîtrise *f*; connaissance parfaite

mastiff [ˈmæstɪf] N mastiff *m*

masturbate [ˈmæstəbeɪt] VI se masturber

masturbation [mæstəˈbeɪʃən] N masturbation *f*

mat [mæt] N petit tapis; (*also:* **doormat**) paillasson *m*; (*also:* **tablemat**) set *m* de table ▸ ADJ = **matt**

★**match** [mætʃ] N allumette *f*; (*game*) match *m*, partie *f*; (*fig*) égal(e); mariage *m*; parti *m*; **to be a good ~** être bien assorti(e) ▸ VT (*also:* **match up**) assortir; (*go well with*) aller bien avec, s'assortir à; (*equal*) égaler, valoir ▸ VI être assorti(e)
▸ **match up** VT assortir

matchbox [ˈmætʃbɔks] N boîte *f* d'allumettes

matching [ˈmætʃɪŋ] ADJ assorti(e)

matchless [ˈmætʃlɪs] ADJ sans égal

★**mate** [meɪt] N camarade *mf* de travail; (*inf*) copain (copine); (*animal*) partenaire *mf*, mâle (femelle); (*in merchant navy*) second *m* ▸ VI s'accoupler ▸ VT accoupler

★**material** [məˈtɪərɪəl] N (*substance*) matière *f*, matériau *m*; (*cloth*) tissu *m*, étoffe *f*; (*information, data*) données *fpl*; **reading ~** de quoi lire, de la lecture ▸ ADJ matériel(le); (*relevant: evidence*) pertinent(e); (*important*) essentiel(le) ■ **materials** NPL (*equipment*) matériaux *mpl*

materialism [məˈtɪərɪəlɪzəm] N matérialisme *m*

materialist [məˈtɪərɪəlɪst] ADJ, N matérialiste *mf*

materialistic [mətɪərɪəˈlɪstɪk] ADJ matérialiste

materialize [məˈtɪərɪəlaɪz] VI se matérialiser, se réaliser

materially [məˈtɪərɪəlɪ] ADV matériellement; essentiellement

maternal [məˈtəːnl] ADJ maternel(le)

maternity [məˈtəːnɪtɪ] N maternité *f* ▸ CPD de maternité, de grossesse

maternity benefit N prestation *f* de maternité

maternity dress N robe *f* de grossesse

maternity hospital N maternité *f*

maternity leave N congé *m* de maternité

matey [ˈmeɪtɪ] ADJ (BRIT *inf*) copain-copain *inv*

math [mæθ] N (*US:* = *mathematics*) maths *fpl*

mathematical [mæθəˈmætɪkl] ADJ mathématique

mathematician [mæθəməˈtɪʃən] N mathématicien(ne)

mathematics [mæθəˈmætɪks] N mathématiques *fpl*

maths [mæθs] N ABBR (BRIT: = *mathematics*) maths *fpl*

matinée [ˈmætɪneɪ] N matinée *f*

mating [ˈmeɪtɪŋ] N accouplement *m*

mating call N appel *m* du mâle

mating season N saison *f* des amours

matriarchal [meɪtrɪˈɑːkl] ADJ matriarcal(e)

matrices [ˈmeɪtrɪsiːz] NPL *of* **matrix**

matriculation [mətrɪkju'leɪʃən] N inscription *f*

matrimonial [mætrɪ'məunɪəl] ADJ matrimonial(e), conjugal(e)

matrimony ['mætrɪmənɪ] N mariage *m*

matrix ['meɪtrɪks] (*pl* **matrices** ['meɪtrɪsi:z]) N matrice *f*

matron ['meɪtrən] N (*in hospital*) infirmière-chef *f*; (*in school*) infirmière *f*

matronly ['meɪtrənlɪ] ADJ de matrone; imposant(e)

matt [mæt] ADJ mat(e)

matted ['mætɪd] ADJ emmêlé(e)

★**matter** ['mætə^r] N question *f*; (*Physics*) matière *f*, substance *f*; (*content*) contenu *m*, fond *m*; (*Med: pus*) pus *m*; **what's the ~?** qu'est-ce qu'il y a ?, qu'est-ce qui ne va pas ?; **no ~ what** quoi qu'il arrive; **that's another ~** c'est une autre affaire; **as a ~ of course** tout naturellement; **as a ~ of fact** en fait; **it's a ~ of habit** c'est une question d'habitude; **printed ~** imprimés *mpl*; **reading ~** (BRIT) de quoi lire, de la lecture ▸ VI importer; **it doesn't ~** cela n'a pas d'importance; (*I don't mind*) cela ne fait rien ■ **matters** NPL (*affairs, situation*) la situation

matter-of-fact ['mætərəv'fækt] ADJ terre à terre, neutre

matting ['mætɪŋ] N natte *f*

mattress ['mætrɪs] N matelas *m*

mature [mə'tjuə^r] ADJ mûr(e); (*cheese*) fait(e); (*wine*) arrivé(e) à maturité ▸ VI mûrir; (*cheese, wine*) se faire

mature student N *étudiant(e) plus âgé(e) que la moyenne*

maturity [mə'tjuərɪtɪ] N maturité *f*

maudlin ['mɔ:dlɪn] ADJ larmoyant(e)

maul [mɔ:l] VT lacérer

Mauritania [mɔ:rɪ'teɪnɪə] N Mauritanie *f*

Mauritius [mə'rɪʃəs] N l'île *f* Maurice

mausoleum [mɔ:sə'lɪəm] N mausolée *m*

mauve [məuv] ADJ mauve

maverick ['mævrɪk] N (*fig*) franc-tireur *m*, non-conformiste *mf*

mawkish ['mɔ:kɪʃ] ADJ (*sentimental*) mièvre; (*insipid*) fade

max ABBR = **maximum**

maxim ['mæksɪm] N maxime *f*

maxima ['mæksɪmə] NPL *of* **maximum**

maximize ['mæksɪmaɪz] VT (*profits etc, chances*) maximiser

★**maximum** ['mæksɪməm] (*pl* **maxima** [-mə]) ADJ maximum ▸ N maximum *m*

★**May** [meɪ] N mai *m*; *see also* **July**

★**may** [meɪ] (*conditional* **might** [maɪt]) VI (*indicating possibility*): **he ~ come** il se peut qu'il vienne; (*be allowed to*) **~ I smoke?** puis-je fumer ?; (*wishes*) **~ God bless you!** (que) Dieu vous bénisse !; **~ I sit here?** vous permettez que je m'assoie ici ?; **he might be there** il pourrait bien y être, il se pourrait qu'il y soit; **you ~ as well go** vous feriez aussi bien d'y aller; **I might as well go** je ferais aussi bien d'y aller, autant y aller; **you might like to try** vous pourriez (peut-être) essayer

★**maybe** ['meɪbi:] ADV peut-être; **~ he'll ...** peut-être qu'il ...; **~ not** peut-être pas

mayday ['meɪdeɪ] N S.O.S. *m*

May Day N le Premier mai

mayhem ['meɪhɛm] N grabuge *m*

mayonnaise [meɪə'neɪz] N mayonnaise *f*

★**mayor** [mɛə^r] N maire *m*

mayoress ['mɛərɛs] N (*female mayor*) maire *m*; (*wife of mayor*) épouse *f* du maire

maypole ['meɪpəul] N mât enrubanné (*autour duquel on danse*)

maze [meɪz] N labyrinthe *m*, dédale *m*

MB ABBR (*Comput*) = **megabyte**; (CANADA) = **Manitoba**

MBA N ABBR (= *Master of Business Administration*) *titre universitaire*

MBBS, MBChB N ABBR (BRIT: = *Bachelor of Medicine and Surgery*) *titre universitaire*

MBE N ABBR (BRIT: = *Member of the Order of the British Empire*) *titre honorifique*

MBO N ABBR (BRIT) = **management buyout**

MC N ABBR = **master of ceremonies**

MCAT ['ɛmkæt] N ABBR (US) = **Medical College Admissions Test**

MD N ABBR (= *Doctor of Medicine*) *titre universitaire*; (*Comm*) = **managing director** ▸ ABBR (US) = **Maryland**

MDF N ABBR (= *medium-density fibreboard*) panneau *m* MDF, panneau *m* de fibre de moyenne densité

MDT ABBR (US: = *Mountain Daylight Time*) *heure d'été des Montagnes Rocheuses*

ME N ABBR (US: = *medical examiner*) médecin légiste *mf*; (*Med: = myalgic encephalomyelitis*) encéphalomyélite *f* myalgique ▸ ABBR (US) = **Maine**

★**me** [mi:] PRON me, m' + *vowel or h mute*; (*stressed, after prep*) moi; **it's me** c'est moi; **he heard me** il m'a entendu; **give me a book** donnez-moi un livre; **it's for me** c'est pour moi

meadow ['mɛdəu] N prairie *f*, pré *m*

meagre, (US) **meager** ['mi:gə^r] ADJ maigre

★**meal** [mi:l] N repas *m*; (*flour*) farine *f*; **to go out for a ~** sortir manger

meals on wheels NPL (BRIT) *repas livrés à domicile aux personnes âgées ou handicapées*

mealtime ['mi:ltaɪm] N heure *f* du repas

mealy-mouthed ['mi:lɪmauðd] ADJ mielleux(-euse)

★**mean** [mi:n] (*pt, pp* **meant** [mɛnt]) ADJ (*with money*) avare, radin(e); (*unkind*) mesquin(e), méchant(e); (*shabby*) misérable; (*US inf: animal*) méchant, vicieux(-euse); (*: person*) vache; (*average*) moyen(ne) ▸ VT (*signify*) signifier, vouloir dire; (*refer to*) faire allusion à, parler de; (*intend*): **to ~ to do** avoir l'intention de faire; **to be meant for** être destiné(e) à; **do you ~ it?** vous êtes sérieux ?; **what do you ~?** que voulez-vous dire ? ▸ N moyenne *f* ■ **means** NPL (*way, money*) moyens *mpl*; **by means of** (*instrument*) au moyen de; **by all means** je vous en prie

meander [mɪ'ændə^r] VI faire des méandres; (*fig*) flâner

★**meaning** ['mi:nɪŋ] N signification *f*, sens *m*

meaningful ['mi:nɪŋful] ADJ significatif(-ive); (*relationship*) valable

m

meaningfully ['mi:nɪŋfulɪ] ADV (*say, add*) sur un ton qui en dit long; **to glance ~ at sb** jeter un regard éloquent à qn
meaningless ['mi:nɪŋlɪs] ADJ dénué(e) de sens
meanness ['mi:nnɪs] N avarice *f*; mesquinerie *f*
means test N (*Admin*) contrôle *m* des conditions de ressources
meant [mɛnt] PT, PP *of* **mean**
meantime ['mi:ntaɪm] ADV (*also:* **in the meantime**) pendant ce temps
★**meanwhile** ['mi:nwaɪl] ADV = **meantime**
measles ['mi:zlz] N rougeole *f*
measly ['mi:zlɪ] ADJ (*inf*) minable
measurable ['mɛʒərəbl] ADJ mesurable
★**measure** ['mɛʒəʳ] VT, VI mesurer ▸ N mesure *f*; (*ruler*) règle (graduée); **a litre ~** un litre; **some ~ of success** un certain succès; **to take measures to do sth** prendre des mesures pour faire qch
▸ **measure up** VI: **to ~ up (to)** être à la hauteur (de)
measured ['mɛʒəd] ADJ mesuré(e)
measurements ['mɛʒəmәntz] NPL mesures *fpl*; **chest/hip ~** tour *m* de poitrine/hanches; **to take sb's ~** prendre les mesures de qn
★**meat** [mi:t] N viande *f*; **I don't eat ~** je ne mange pas de viande; **cold meats** (BRIT) viandes froides; **crab ~** crabe *f*
meatball ['mi:tbɔ:l] N boulette *f* de viande
meat pie N pâté *m* en croûte
meaty ['mi:tɪ] ADJ (*flavour*) de viande; (*fig: argument, book*) étoffé(e), substantiel(le)
Mecca ['mɛkə] N la Mecque; (*fig*): **a ~ (for)** la Mecque (de)
mechanic [mɪ'kænɪk] N mécanicien *m*; **can you send a ~?** pouvez-vous nous envoyer un mécanicien ?
mechanical [mɪ'kænɪkl] ADJ mécanique
mechanical engineering N (*science*) mécanique *f*; (*industry*) construction *f* mécanique
mechanically [mɪ'kænɪklɪ] ADV (*react, say*) mécaniquement; **~ sound** en bon état mécanique
mechanics [mə'kænɪks] N mécanique *f* ▸ NPL mécanisme *m*
mechanism ['mɛkənɪzəm] N mécanisme *m*
mechanization [mɛkənaɪ'zeɪʃən] N mécanisation *f*
MEd N ABBR (= *Master of Education*) *titre universitaire*
★**medal** ['mɛdl] N médaille *f*
medallion [mɪ'dælɪən] N médaillon *m*
medallist, (US) **medalist** ['mɛdlɪst] N (*Sport*) médaillé(e)
meddle ['mɛdl] VI: **to ~ in** se mêler de, s'occuper de; **to ~ with** toucher à
meddlesome ['mɛdlsəm], **meddling** ['mɛdlɪŋ] ADJ indiscret(-ète), qui se mêle de ce qui ne le (*or* la) regarde pas; touche-à-tout *inv*
★**media** ['mi:dɪə] NPL media *mpl* ▸ NPL *of* **medium**
media circus N (*event*) battage *m* médiatique; (*group of journalists*) cortège *m* médiatique
mediaeval [mɛdɪ'i:vl] ADJ = **medieval**
median ['mi:dɪən] N (*US: also:* **median strip**) bande médiane
media research N étude *f* de l'audience
mediate ['mi:dɪeɪt] VI servir d'intermédiaire
mediation [mi:dɪ'eɪʃən] N médiation *f*
mediator ['mi:dɪeɪtəʳ] N médiateur(-trice)
medic ['mɛdɪk] N (*inf: doctor*) toubib *mf* (*inf*); (*: student*) carabin *m* (*inf*)
Medicaid ['mɛdɪkeɪd] N (US) *assistance médicale aux indigents*
★**medical** ['mɛdɪkl] ADJ médical(e) ▸ N (*also:* **medical examination**) visite médicale; (*: private*) examen médical
medical certificate N certificat médical
medicalize ['mɛdɪkəlaɪz] VT médicaliser
medical student N étudiant(e) en médecine
Medicare ['mɛdɪkɛəʳ] N (US) *régime d'assurance maladie*
medicated ['mɛdɪkeɪtɪd] ADJ traitant(e), médicamenteux(-euse)
medication [mɛdɪ'keɪʃən] N (*drugs etc*) médication *f*
medicinal [mɛ'dɪsɪnl] ADJ médicinal(e)
★**medicine** ['mɛdsɪn] N médecine *f*; (*drug*) médicament *m*
medicine chest N pharmacie *f* (*murale ou portative*)
medicine man N (*irreg*) sorcier *m*
medieval [mɛdɪ'i:vl] ADJ médiéval(e)
mediocre [mi:dɪ'əukəʳ] ADJ médiocre
mediocrity [mi:dɪ'ɔkrɪtɪ] N médiocrité *f*
meditate ['mɛdɪteɪt] VI: **to ~ (on)** méditer (sur)
meditation [mɛdɪ'teɪʃən] N méditation *f*
Mediterranean [mɛdɪtə'reɪnɪən] ADJ méditerranéen(ne); **the ~ (Sea)** la (mer) Méditerranée
★**medium** ['mi:dɪəm] ADJ moyen(ne) ▸ N (*pl* **media** ['mi:dɪə]) (*means*) moyen *m*; (*pl* **mediums**: *person*) médium *m*; **the happy ~** le juste milieu
medium-dry ['mi:dɪəm'draɪ] ADJ demi-sec
medium-sized ['mi:dɪəm'saɪzd] ADJ de taille moyenne
medium wave N (*Radio*) ondes moyennes, petites ondes
medley ['mɛdlɪ] N mélange *m*
meek [mi:k] ADJ doux (douce), humble
★**meet** [mi:t] (*pt, pp* **met** [mɛt]) VT rencontrer; (*by arrangement*) retrouver, rejoindre; (*for the first time*) faire la connaissance de; (*go and fetch*): **I'll ~ you at the station** j'irai te chercher à la gare; (*opponent, danger, problem*) faire face à; (*requirements*) satisfaire à, répondre à; (*bill, expenses*) régler, honorer; **pleased to ~ you!** enchanté !; **nice meeting you** ravi d'avoir fait votre connaissance ▸ VI (*friends*) se rencontrer; se retrouver; (*in session*) se réunir; (*join: lines, roads*) se joindre ▸ N (BRIT *Hunting*) rendez-vous *m* de chasse; (*US Sport*) rencontre *f*, meeting *m*
▸ **meet up** VI: **to ~ up with sb** rencontrer qn
▸ **meet with** VT FUS (*difficulty*) rencontrer; **to ~ with success** être couronné(e) de succès
★**meeting** ['mi:tɪŋ] N (*of group of people*) réunion *f*; (*between individuals*) rendez-vous *m*; (*formal*) assemblée *f*; (*Sport: rally*) rencontre, meeting *m*; (*interview*) entrevue *f*; **she's at** *or* **in a ~** (*Comm*) elle est en réunion; **to call a ~** convoquer une réunion

meeting place N lieu *m* de (la) réunion; (*for appointment*) lieu de rendez-vous
mega ['mɛɡə] ADV (*inf*): **he's ~ rich** il est hyper-riche
megabit ['mɛɡəbɪt] N (*Comput*) mégabit *m*
megabyte ['mɛɡəbaɪt] N (*Comput*) méga-octet *m*
megalomaniac [mɛɡələu'meɪnɪæk] N mégalomane *mf*
megaphone ['mɛɡəfəun] N porte-voix *m inv*
megapixel ['mɛɡəpɪksl] N mégapixel *m*
megastore ['mɛɡəstɔːʳ] N mégastore *m*
megaton ['mɛɡətʌn] N mégatonne *f*
megawatt ['mɛɡəwɔt] N mégawatt *m*
meh [mɛ] EXCL bof
melancholy ['mɛlənkəlɪ] N mélancolie *f* ▸ADJ mélancolique
melanoma [mɛlə'nəumə] N mélanome *m*
mellow ['mɛləu] ADJ velouté(e), doux (douce); (*colour*) riche et profond(e); (*fruit*) mûr(e) ▸VI (*person*) s'adoucir
melodic [mɪ'lɔdɪk] ADJ mélodique
melodious [mɪ'ləudɪəs] ADJ mélodieux(-euse)
melodrama ['mɛləudrɑːmə] N mélodrame *m*
melodramatic [mɛlədrə'mætɪk] ADJ mélodramatique
melody ['mɛlədɪ] N mélodie *f*
melon ['mɛlən] N melon *m*
melt [mɛlt] VI fondre; (*become soft*) s'amollir; (*fig*) s'attendrir ▸VT faire fondre
▸ **melt away** VI fondre complètement
▸ **melt down** VT fondre
meltdown ['mɛltdaun] N fusion *f* (du cœur d'un réacteur nucléaire)
melting point ['mɛltɪŋ-] N point *m* de fusion
melting pot ['mɛltɪŋ-] N (*fig*) creuset *m*; **to be in the ~** être encore en discussion
★**member** ['mɛmbəʳ] N membre *m*; (*of club, political party*) membre, adhérent(e) ▸CPD: **~ country/state** *n* pays *m*/état *m* membre
Member of Parliament N (BRIT) député *m*
Member of the European Parliament N Eurodéputé *m*
Member of the House of Representatives N (*US*) membre *m* de la Chambre des représentants
Member of the Scottish Parliament N (BRIT) député *m* au Parlement écossais
★**membership** ['mɛmbəʃɪp] N (*becoming a member*) adhésion *f*; admission *f*; (*being a member*) qualité *f* de membre, fait *m* d'être membre; (*members*) membres *mpl*, adhérents *mpl*; (*number of members*) nombre *m* des membres *or* adhérents
membership card N carte *f* de membre
membrane ['mɛmbreɪn] N membrane *f*
meme [miːm] N (*Internet*) mème *m*
memento [mə'mɛntəu] N souvenir *m*
memo ['mɛməu] N note *f* (de service)
memoir ['mɛmwɑːʳ] N mémoire *m*, étude *f* ▪ **memoirs** NPL mémoires
memo pad N bloc-notes *m*
memorabilia [mɛmrə'bɪlɪə] NPL objets *mpl* de collection; **rock and pop ~** des objets de collection sur le rock et la pop
memorable ['mɛmərəbl] ADJ mémorable
memorandum [mɛmə'rændəm] (*pl* **memoranda** [-də]) N note *f* (de service); (*Diplomacy*) mémorandum *m*
memorial [mɪ'mɔːrɪəl] N mémorial *m* ▸ADJ commémoratif(-ive)
Memorial Day N (*US*) *voir article*

> **Memorial Day** est un jour férié aux États-Unis, le dernier lundi de mai dans la plupart des États, à la mémoire des soldats américains morts au combat.

memorize ['mɛməraɪz] VT apprendre *or* retenir par cœur
★**memory** ['mɛmərɪ] N (*also Comput*) mémoire *f*; (*recollection*) souvenir *m*; **to have a good/bad ~** avoir une bonne/mauvaise mémoire; **loss of ~** perte *f* de mémoire; **in ~ of** à la mémoire de
memory card N (*for digital camera*) carte *f* mémoire
memory stick N (*Comput*: *flash pen*) clé *f* USB; (: *card*) carte *f* mémoire
men [mɛn] NPL *of* **man**
menace ['mɛnɪs] N menace *f*; (*inf*: *nuisance*) peste *f*, plaie *f*; **a public ~** un danger public ▸VT menacer
menacing ['mɛnɪsɪŋ] ADJ menaçant(e)
menagerie [mɪ'nædʒərɪ] N ménagerie *f*
mend [mɛnd] VT réparer; (*darn*) raccommoder, repriser; **to ~ one's ways** s'amender ▸N reprise *f*; **on the ~** en voie de guérison
mending ['mɛndɪŋ] N raccommodages *mpl*
menfolk ['mɛnfəuk] NPL hommes *mpl*
menial ['miːnɪəl] ADJ de domestique, inférieur(e); subalterne
meningitis [mɛnɪn'dʒaɪtɪs] N méningite *f*
menopausal [mɛnə'pɔːzl] ADJ ménopausé(e)
menopause ['mɛnəpɔːz] N ménopause *f*
menservants ['mɛnsəːvənts] NPL *of* **manservant**
men's room N (*US*): **the ~** les toilettes *fpl* pour hommes
menstrual ['mɛnstruəl] ADJ menstruel(le)
menstruate ['mɛnstrueɪt] VI avoir ses règles
menstruation [mɛnstru'eɪʃən] N menstruation *f*
menswear ['mɛnzwɛəʳ] N vêtements *mpl* d'hommes
★**mental** ['mɛntl] ADJ mental(e); **~ illness** maladie mentale
mentality [mɛn'tælɪtɪ] N mentalité *f*
mentally ['mɛntlɪ] ADV: **she is ~ ill** elle souffre d'une maladie mentale
menthol ['mɛnθɔl] N menthol *m*
★**mention** ['mɛnʃən] N mention *f* ▸VT mentionner, faire mention de; **don't ~ it!** je vous en prie, il n'y a pas de quoi !; **I need hardly ~ that ...** est-il besoin de rappeler que ... ?; **not to ~ ..., without mentioning ...** sans parler de ..., sans compter ...
mentor ['mɛntɔːʳ] N mentor *m* ▸VT servir de mentor à

m

menu ['mɛnju:] N (*set menu, Comput*) menu *m*; (*list of dishes*) carte *f*; **could we see the ~?** est-ce qu'on peut voir la carte ?

menu-driven ['mɛnju:drɪvn] ADJ (*Comput*) piloté(e) par menu

meow [mi'au] VI *see* **miaow**

MEP N ABBR = **Member of the European Parliament**

mercantile ['mə:kəntaɪl] ADJ marchand(e); (*law*) commercial(e)

mercenary ['mə:sɪnərɪ] ADJ (*person*) intéressé(e), mercenaire ▸ N mercenaire *m*

merchandise ['mə:tʃəndaɪz] N marchandises *fpl* ▸ VT commercialiser

merchandiser ['mə:tʃəndaɪzə^r] N marchandiseur *m*

★**merchant** ['mə:tʃənt] N négociant *m*, marchand *m*; **timber/wine ~** négociant en bois/vins, marchand de bois/vins

merchant bank N (BRIT) banque *f* d'affaires

merchantman ['mə:tʃəntmən] N (*irreg*) navire marchand

merchant navy, (US) **merchant marine** N marine marchande

merciful ['mə:sɪful] ADJ miséricordieux(-euse), clément(e)

mercifully ['mə:sɪflɪ] ADV avec clémence; (*fortunately*) par bonheur, Dieu merci

merciless ['mə:sɪlɪs] ADJ impitoyable, sans pitié

mercilessly ['mə:sɪlɪslɪ] ADV impitoyablement

mercurial [mə:'kjuərɪəl] ADJ changeant(e); (*lively*) vif (vive)

mercury ['mə:kjurɪ] N mercure *m*

mercy ['mə:sɪ] N pitié *f*, merci *f*; (*Rel*) miséricorde *f*; **to have ~ on sb** avoir pitié de qn; **at the ~ of** à la merci de

mercy killing N euthanasie *f*

mere [mɪə^r] ADJ simple; (*chance*) pur(e); **a ~ two hours** seulement deux heures

merely ['mɪəlɪ] ADV simplement, purement

merge [mə:dʒ] VT unir; (*Comput*) fusionner, interclasser ▸ VI (*colours, shapes, sounds*) se mêler; (*roads*) se joindre; (*Comm*) fusionner

merger ['mə:dʒə^r] N (*Comm*) fusion *f*

meridian [mə'rɪdɪən] N méridien *m*

meringue [mə'ræŋ] N meringue *f*

merit ['mɛrɪt] N mérite *m*, valeur *f* ▸ VT mériter

meritocracy [mɛrɪ'tɔkrəsɪ] N méritocratie *f*

mermaid ['mə:meɪd] N sirène *f*

merriment ['mɛrɪmənt] N gaieté *f*

merry ['mɛrɪ] ADJ gai(e); **M~ Christmas!** joyeux Noël !

merry-go-round ['mɛrɪgəuraund] N manège *m*

mesh [mɛʃ] N mailles *fpl*; **wire ~** grillage *m* (métallique), treillis *m* (métallique) ▸ VI (*gears*) s'engrener

mesmerize ['mɛzməraɪz] VT ensorceler, hypnotiser

mesmerizing ['mɛzməraɪzɪŋ] ADJ ensorcelant(e)

★**mess** [mɛs] N désordre *m*, fouillis *m*, pagaille *f*; (*muddle: of life*) gâchis *m*; (*: of economy*) pagaille *f*; (*dirt*) saleté *f*; (*Mil*) mess *m*, cantine *f*; **to be (in) a ~** être en désordre; **to be/get o.s. in a ~** (*fig*) être/se mettre dans le pétrin

▸ **mess about**, **mess around** VI (*inf*) perdre son temps

▸ **mess about with**, **mess around with** VT FUS (*inf*) chambarder, tripoter

▸ **mess up** VT (*inf: dirty*) salir; (*: spoil*) gâcher

▸ **mess with** (*inf*) VT FUS (*challenge, confront*) se frotter à; (*interfere with*) toucher à

★**message** ['mɛsɪdʒ] N message *m*; **can I leave a ~?** est-ce que je peux laisser un message ?; **are there any messages for me?** est-ce que j'ai des messages ?; **to get the ~** (*fig, inf*) saisir, piger ▸ VT envoyer un message (à); **she messaged me on Facebook** elle m'a envoyé un message sur Facebook

message board N (*on Internet*) forum *m*

message switching [-swɪtʃɪŋ] N (*Comput*) commutation *f* de messages

messaging ['mɛsɪdʒɪŋ] N messagerie *f*

messenger ['mɛsɪndʒə^r] N messager *m*

Messiah [mɪ'saɪə] N Messie *m*

Messrs, **Messrs.** ['mɛsəz] ABBR (*on letters: = messieurs*) MM

messy ['mɛsɪ] ADJ (*dirty*) sale; (*untidy*) en désordre

Met [mɛt] N ABBR (US) = **Metropolitan Opera**

met [mɛt] PT, PP *of* **meet** ▸ ADJ ABBR (= *meteorological*) météo *inv*

metabolic [mɛtə'bɔlɪk] ADJ métabolique

metabolism [mɛ'tæbəlɪzəm] N métabolisme *m*

★**metal** ['mɛtl] N métal *m* ▸ CPD en métal ▸ VT empierrer

metallic [mɛ'tælɪk] ADJ métallique

metallurgy [mɛ'tælədʒɪ] N métallurgie *f*

metalwork ['mɛtlwə:k] N (*craft*) ferronnerie *f*

metamorphosis [mɛtə'mɔ:fəsɪs] (*pl* **metamorphoses** [-si:z]) N métamorphose *f*

metaphor ['mɛtəfə^r] N métaphore *f*

metaphorical [mɛtə'fɔrɪkl] ADJ métaphorique

metaphysical [mɛtə'fɪzɪkl] ADJ métaphysique

metaphysics [mɛtə'fɪzɪks] N métaphysique *f*

mete [mi:t]: **to ~ out** *vt fus* infliger

meteor ['mi:tɪə^r] N météore *m*

meteoric [mi:tɪ'ɔrɪk] ADJ (*fig*) fulgurant(e)

meteorite ['mi:tɪəraɪt] N météorite *mf*

meteorological [mi:tɪərə'lɔdʒɪkl] ADJ météorologique

meteorologist [mi:tiə'rɔlədʒɪst] N météorologue *mf*

meteorology [mi:tɪə'rɔlədʒɪ] N météorologie *f*

meter ['mi:tə^r] N (*instrument*) compteur *m*; (*also:* **parking meter**) parc(o)mètre *m*; (*US: unit*) = **metre** ▸ VT (*US Post*) affranchir à la machine

methane ['mi:θeɪn] N méthane *m*

★**method** ['mɛθəd] N méthode *f*; **~ of payment** mode *m* or modalité *f* de paiement

methodical [mɪ'θɔdɪkl] ADJ méthodique

Methodist ['mɛθədɪst] ADJ, N méthodiste *mf*

method of payment N (*also:* **payment method**) mode *m* or méthode *f* de paiement

methodology [mɛθə'dɔlədʒɪ] N méthodologie *f*

methylated spirit ['mɛθɪleɪtɪd-] N (BRIT) alcool *m* à brûler

meticulous [mɛ'tɪkjuləs] ADJ (*person*) méticuleux(-euse); (*care, attention*) minutieux(-euse)

meticulously [mə'tɪkjuləslɪ] ADV (*planned, researched*) méticuleusement; (*detailed*) minutieusement

Met Office N (BRIT): **the ~** ≈ la Météorologie nationale

★**metre**, (US) **meter** ['mi:tə^r] N mètre *m*

metric ['mɛtrɪk] ADJ métrique; **to go ~** adopter le système métrique

metrical ['mɛtrɪkl] ADJ métrique

metrication [mɛtrɪ'keɪʃən] N conversion *f* au système métrique

metric system N système *m* métrique

metric ton N tonne *f*

metro ['metrəu] N métro *m*

metronome ['mɛtrənəum] N métronome *m*

metropolis [mɪ'trɔpəlɪs] N métropole *f*

metropolitan [mɛtrə'pɔlɪtən] ADJ métropolitain(e); **the M~ Police** (BRIT) la police londonienne

mettle ['mɛtl] N courage *m*

mew [mju:] VI (*cat*) miauler

mews [mju:z] N (BRIT): **~ cottage** *maisonnette aménagée dans une ancienne écurie ou remise*

Mexican ['mɛksɪkən] ADJ mexicain(e) ▶ N Mexicain(e)

Mexico ['mɛksɪkəu] N Mexique *m*

Mexico City N Mexico

mezzanine ['mɛtsəni:n] N mezzanine *f*; (*of shops, offices*) entresol *m*

mezzo-soprano [mɛtsəusə'prɑ:nəu] N mezzo-soprano *f*

MFA N ABBR (*US: = Master of Fine Arts*) *titre universitaire*

mfr ABBR = **manufacture**; **manufacturer**

mg ABBR (= *milligram*) mg

Mgr ABBR (= *Monseigneur, Monsignor*) Mgr; (= *manager*) dir

MHR N ABBR (US) = **Member of the House of Representatives**

MHz ABBR (= *megahertz*) MHz

MI ABBR (US) = **Michigan**

MI5 N ABBR (BRIT: = *Military Intelligence 5*) ≈ DST *f*

MI6 N ABBR (BRIT: = *Military Intelligence 6*) ≈ DGSE *f*

MIA ABBR (= *missing in action*) disparu(e) au combat

miaow [mi:'au] VI (*also:* **meow**) miauler

mice [maɪs] NPL *of* **mouse**

micro ['maɪkrəu] N (*also:* **microcomputer**) micro(-ordinateur *m*) *m*

micro... [maɪkrəu] PREFIX micro...

microbe ['maɪkrəub] N microbe *m*

microbiologist [maɪkrəubaɪ'ɔlədʒɪst] N microbiologiste *mf*

microbiology [maɪkrəubaɪ'ɔlədʒɪ] N microbiologie *f*

microblog ['maɪkrəublɔg] N microblog *m*

microbrewery ['maɪkrəubruərɪ] N microbrasserie *f*

microchip ['maɪkrəutʃɪp] N (*Elec*) puce *f*

microcomputer ['maɪkrəukəm'pju:tə^r] N micro-ordinateur *m*

microcosm ['maɪkrəukɔzəm] N microcosme *m*

microeconomics ['maɪkrəui:kə'nɔmɪks] N micro-économie *f*

microfiche ['maɪkrəufi:ʃ] N microfiche *f*

microfilm ['maɪkrəufɪlm] N microfilm *m* ▶ VT microfilmer

microlight ['maɪkrəulaɪt] N ULM *m*

micrometer [maɪ'krɔmɪtə^r] N palmer *m*, micromètre *m*

micro-organism [maɪkrəu'ɔ:gənɪzəm] N micro-organisme *m*

microphone ['maɪkrəfəun] N microphone *m*

microprocessor ['maɪkrəu'prəusɛsə^r] N microprocesseur *m*

microscope ['maɪkrəskəup] N microscope *m*; **under the ~** au microscope

microscopic [maɪkrə'skɔpɪk] ADJ microscopique

microwave ['maɪkrəuweɪv] N (*also:* **microwave oven**) (four *m* à) micro-ondes *m* ▶ VT cuire au micro-ondes

mid [mɪd] ADJ: **~ May** la mi-mai; **~ afternoon** le milieu de l'après-midi; **in ~ air** en plein ciel; **he's in his ~ thirties** il a dans les trente-cinq ans

midday [mɪd'deɪ] N midi *m*

★**middle** ['mɪdl] N milieu *m*; (*waist*) ceinture *f*, taille *f*; **in the ~ of the night** au milieu de la nuit; **I'm in the ~ of reading it** je suis (justement) en train de le lire ▶ ADJ du milieu; (*average*) moyen(ne)

middle age N *tranche d'âge aux limites floues, entre la quarantaine et le début du troisième âge*

middle-aged [mɪdl'eɪdʒd] ADJ d'un certain âge, ni vieux ni jeune; (*pej: values, outlook*) conventionnel(le), rassis(e)

Middle Ages NPL: **the ~** le Moyen Âge

middle class N, **middle classes** NPL: **the ~(es)** ≈ les classes moyennes

middle-class [mɪdl'klɑ:s] ADJ bourgeois(e)

Middle East N: **the ~** le Moyen-Orient

Middle Eastern ADJ du Moyen-Orient

middleman ['mɪdlmæn] N (*irreg*) intermédiaire *m*

middle management N cadres moyens

middle name N second prénom

middle-of-the-road ['mɪdləvðə'rəud] ADJ (*policy*) modéré(e), du juste milieu; (*music etc*) plutôt classique, assez traditionnel(le)

middle school N (US) *école pour les enfants de 12 à 14 ans*, ≈ collège *m*; (BRIT) *école pour les enfants de 8 à 14 ans*

middleweight ['mɪdlweɪt] N (*Boxing*) poids moyen

middling ['mɪdlɪŋ] ADJ moyen(ne)

midge [mɪdʒ] N moucheron *m*

midget ['mɪdʒɪt] N (!) nain(e) ▶ ADJ minuscule

midi system ['mɪdɪ-] N chaîne *f* midi

Midlands ['mɪdləndz] NPL *comtés du centre de l'Angleterre*

★**midnight** ['mɪdnaɪt] N minuit *m*; **at ~** à minuit

midpoint ['mɪdpɔɪnt] N (*between places, things*) point *m* médian; (*middle*) milieu *m*; **the ~ of one's life** la moitié de sa vie

m

midriff ['mɪdrɪf] N estomac *m*, taille *f*
midst [mɪdst] N: **in the ~ of** au milieu de
midsummer [mɪd'sʌmə^r] N milieu *m* de l'été
Midsummer's Day N Saint-Jean *f*
midway [mɪd'weɪ] ADJ, ADV: **~ (between)** à mi-chemin (entre); **~ through …** au milieu de …, en plein(e) …
midweek [mɪd'wi:k] ADJ du milieu de la semaine ▸ ADV au milieu de la semaine, en pleine semaine
Midwest [mɪd'wɛst] N: **in the ~** dans le Midwest ▸ CPD (*town*) du Midwest; **the ~ states** les États du Midwest
midwife ['mɪdwaɪf] (*pl* **midwives** [-vz]) N sage-femme *f*
midwifery ['mɪdwɪfərɪ] N obstétrique *f*
midwinter [mɪd'wɪntə^r] N milieu *m* de l'hiver
miffed [mɪft] ADJ (*inf*) fâché(e), vexé(e)
★**might** [maɪt] VB *see* **may** ▸ N puissance *f*, force *f*
mighty ['maɪtɪ] ADJ puissant(e) ▸ ADV (*inf*) rudement
migraine ['mi:greɪn] N migraine *f*
migrant ['maɪgrənt] N (*bird, animal*) migrateur *m*; (*person*) migrant(e); nomade *mf* ▸ ADJ migrateur(-trice); migrant(e); nomade; (*worker*) saisonnier(-ière)
migrate [maɪ'greɪt] VI migrer
migration [maɪ'greɪʃən] N migration *f*
migratory ['maɪgrətrɪ] ADJ (*animal, bird*) migrateur(-trice); (*pattern, path*) migratoire
mike [maɪk] N ABBR (= *microphone*) micro *m*
Milan [mɪ'læn] N Milan
★**mild** [maɪld] ADJ doux (douce); (*reproach, infection*) léger(-ère); (*illness*) bénin(-igne); (*interest*) modéré(e); (*taste*) peu relevé(e) ▸ N bière légère
mildew ['mɪldju:] N mildiou *m*
mildly ['maɪldlɪ] ADV doucement; légèrement; **to put it ~** (*inf*) c'est le moins qu'on puisse dire
mildness ['maɪldnɪs] N douceur *f*
★**mile** [maɪl] N mil(l)e *m* (= *1609 m*); **to do 30 miles per gallon** ≈ faire 9, 4 litres aux cent
mileage ['maɪlɪdʒ] N distance *f* en milles, ≈ kilométrage *m*
mileage allowance N ≈ indemnité *f* kilométrique
mileometer [maɪ'lɔmɪtə^r] N compteur *m* kilométrique
milestone ['maɪlstəun] N borne *f*; (*fig*) jalon *m*
milieu ['mi:ljə:] N milieu *m*
militancy ['mɪlɪtnsɪ] N militantisme *m*
militant ['mɪlɪtnt] ADJ, N militant(e)
militarily [mɪlɪ'tɛərɪlɪ] ADV militairement
militarism ['mɪlɪtərɪzəm] N militarisme *m*
militaristic [mɪlɪtə'rɪstɪk] ADJ militariste
★**military** ['mɪlɪtərɪ] ADJ militaire ▸ N: **the ~** l'armée *f*, les militaires *mpl*
military service N service *m* (militaire *or* national)
militate ['mɪlɪteɪt] VI: **to ~ against** militer contre
militia [mɪ'lɪʃə] N milice *f*
★**milk** [mɪlk] N lait *m* ▸ VT (*cow*) traire; (*fig: person*) dépouiller, plumer; (*: situation*) exploiter à fond
milk chocolate N chocolat *m* au lait
milk float N (BRIT) voiture *f or* camionnette *f* du *or* de laitier
milking ['mɪlkɪŋ] N traite *f*
milkman ['mɪlkmən] N (*irreg*) laitier *m*
milk shake N milk-shake *m*
milk tooth N dent *f* de lait
milk truck N (*US*) = **milk float**
milky ['mɪlkɪ] ADJ (*drink*) au lait; (*colour*) laiteux(-euse)
Milky Way N Voie lactée
mill [mɪl] N moulin *m*; (*factory*) usine *f*, fabrique *f*; (*spinning mill*) filature *f*; (*flour mill*) minoterie *f*; (*steel mill*) aciérie *f* ▸ VT moudre, broyer ▸ VI (*also:* **mill about**) grouiller
millennium [mɪ'lɛnɪəm] (*pl* **millenniums** *or* **millennia** [-'lɛnɪə]) N millénaire *m*
millennium bug N bogue *m or* bug *m* de l'an 2000
miller ['mɪlə^r] N meunier *m*
millet ['mɪlɪt] N millet *m*
milli… ['mɪlɪ] PREFIX milli…
milligram, milligramme ['mɪlɪgræm] N milligramme *m*
millilitre, (*US*) **milliliter** ['mɪlɪli:tə^r] N millilitre *m*
millimetre, (*US*) **millimeter** ['mɪlɪmi:tə^r] N millimètre *m*
milliner ['mɪlɪnə^r] N modiste *f*
millinery ['mɪlɪnərɪ] N modes *fpl*
★**million** ['mɪljən] N million *m*; **a ~ pounds** un million de livres sterling
millionaire [mɪljə'nɛə^r] N millionnaire *m*
millionth ['mɪljənθ] NUM millionième
millipede ['mɪlɪpi:d] N mille-pattes *m inv*
millisecond ['mɪlɪsɛkənd] N millième *m* de seconde
millstone ['mɪlstəun] N meule *f*
millwheel ['mɪlwi:l] N roue *f* de moulin
milometer [maɪ'lɔmɪtə^r] N = **mileometer**
mime [maɪm] N mime *m* ▸ VT, VI mimer
mimic ['mɪmɪk] N imitateur(-trice) ▸ VT, VI imiter, contrefaire
mimicry ['mɪmɪkrɪ] N imitation *f*; (*Zool*) mimétisme *m*
min. ABBR (= *minute(s)*) mn.; (= *minimum*) min.
minaret [mɪnə'rɛt] N minaret *m*
mince [mɪns] VT hacher; **he does not ~ (his) words** il ne mâche pas ses mots ▸ VI (*in walking*) marcher à petits pas maniérés ▸ N (BRIT *Culin*) viande hachée, hachis *m*
mincemeat ['mɪnsmi:t] N *hachis de fruits secs utilisés en pâtisserie*; (*US*) viande hachée, hachis *m*
mince pie N *sorte de tarte aux fruits secs*
mincer ['mɪnsə^r] N hachoir *m*
mincing ['mɪnsɪŋ] ADJ affecté(e)
★**mind** [maɪnd] N esprit *m*; **it is on my ~** cela me préoccupe; **to change one's ~** changer d'avis; **to be in two minds about sth** (BRIT) être indécis(e) *or* irrésolu(e) en ce qui concerne qch; **to my ~** à mon avis, selon moi; **to be out of one's ~** ne plus avoir toute sa raison; **to keep sth in ~** ne pas

oublier qch; **to bear sth in ~** tenir compte de qch; **to have sb/sth in ~** avoir qn/qch en tête; **to have in ~ to do** avoir l'intention de faire; **it went right out of my ~** ça m'est complètement sorti de la tête; **to bring** *or* **call sth to ~** se rappeler qch; **to make up one's ~** se décider ▸VT (*attend to, look after*) s'occuper de; (*be careful*) faire attention à; (*object to*): **I don't ~ the noise** je ne crains pas le bruit, le bruit ne me dérange pas; **~ you, ...** remarquez, ...; **"~ the step"** «attention à la marche» ▸VI: **do you ~ if ...?** est-ce que cela vous gêne si ...?; **I don't ~** cela ne me dérange pas; (*don't care*) ça m'est égal; **never ~** peu importe, ça ne fait rien; (*don't worry*) ne vous en faites pas

mind-boggling ['maɪndbɔglɪŋ] ADJ (*inf*) époustouflant(e), ahurissant(e)

minded ['maɪndɪd] ADJ: **to be ~ to do sth** avoir l'intention de faire qch; **if they were so ~, ...** s'ils le voulaient, ...

-minded ['maɪndɪd] ADJ: **fair-minded** impartial(e); **an industrially-minded nation** une nation orientée vers l'industrie

minder ['maɪndə^r] N (*child minder*) gardienne *f*; (*bodyguard*) ange gardien (*fig*)

mindful ['maɪndful] ADJ: **~ of** attentif(-ive) à, soucieux(-euse) de

mindfulness ['maɪndfulnəs] N pleine conscience *f*

mindless ['maɪndlɪs] ADJ irréfléchi(e); (*violence, crime*) insensé(e); (*boring: job*) idiot(e)

mindset ['maɪndsɛt] N mentalité *f*

★**mine¹** [maɪn] PRON le (la) mien(ne), les miens (miennes); **a friend of ~** un de mes amis, un ami à moi; **this book is ~** ce livre est à moi

mine² [maɪn] N mine *f* ▸VT (*coal*) extraire; (*ship, beach*) miner

mine detector N détecteur *m* de mines

minefield ['maɪnfi:ld] N champ *m* de mines

miner ['maɪnə^r] N mineur *m*

mineral ['mɪnərəl] ADJ minéral(e) ▸N minéral *m* ■ **minerals** NPL (BRIT) (*soft drinks*) boissons gazeuses (sucrées)

mineralogy [mɪnə'rælədʒɪ] N minéralogie *f*

mineral water N eau minérale

minesweeper ['maɪnswi:pə^r] N dragueur *m* de mines

mingle ['mɪŋgl] VT mêler, mélanger ▸VI: **to ~ with** se mêler à

mingy ['mɪndʒɪ] ADJ (*inf*) radin(e)

miniature ['mɪnətʃə^r] ADJ (en) miniature ▸N miniature *f*

minibar ['mɪnɪbɑ:^r] N minibar *m*

minibus ['mɪnɪbʌs] N minibus *m*

minicab ['mɪnɪkæb] N (BRIT) taxi *m* indépendant

minicomputer ['mɪnɪkəm'pju:tə^r] N mini-ordinateur *m*

minim ['mɪnɪm] N (*Mus*) blanche *f*

minima ['mɪnɪmə] NPL *of* **minimum**

minimal ['mɪnɪml] ADJ minimal(e)

minimalism ['mɪnɪməlɪzəm] N minimalisme *m*

minimalist ['mɪnɪməlɪst] ADJ, N minimaliste *mf*

minimalistic [mɪnɪməl'ɪstɪk] ADJ minimaliste

minimize ['mɪnɪmaɪz] VT (*reduce*) réduire au minimum; (*play down*) minimiser

★**minimum** ['mɪnɪməm] (*pl* **minima** ['mɪnɪmə]) N minimum *m*; **to reduce to a ~** réduire au minimum ▸ADJ minimum

minimum lending rate N (*Econ*) taux *m* de crédit minimum

mining ['maɪnɪŋ] N exploitation minière ▸ADJ minier(-ière); de mineurs

minion ['mɪnjən] N (*pej*) laquais *m*; favori(te)

mini-series ['mɪnɪsɪəri:z] N téléfilm *m* en plusieurs parties

miniskirt ['mɪnɪskə:t] N mini-jupe *f*

★**minister** ['mɪnɪstə^r] N (BRIT *Pol*) ministre *mf*; (*Rel*) pasteur *m* ▸VI: **to ~ to sb** donner ses soins à qn; **to ~ to sb's needs** pourvoir aux besoins de qn

ministerial [mɪnɪs'tɪərɪəl] ADJ (BRIT *Pol*) ministériel(le)

ministry ['mɪnɪstrɪ] N (BRIT *Pol*) ministère *m*; (*Rel*): **to go into the ~** devenir pasteur

mink [mɪŋk] N vison *m*

mink coat N manteau *m* de vison

minnow ['mɪnəu] N vairon *m*

★**minor** ['maɪnə^r] ADJ petit(e), de peu d'importance; (*Mus, poet, problem*) mineur(e) ▸N (*Law*) mineur(e)

Minorca [mɪ'nɔ:kə] N Minorque *f*

minority [maɪ'nɔrɪtɪ] N minorité *f*; **to be in a ~** être en minorité

minster ['mɪnstə^r] N église abbatiale

minstrel ['mɪnstrəl] N trouvère *m*, ménestrel *m*

mint [mɪnt] N (*plant*) menthe *f*; (*sweet*) bonbon *m* à la menthe; **the (Royal) M~, the (US) M~** ≈ l'hôtel *m* de la Monnaie ▸ADJ: **in ~ condition** à l'état de neuf ▸VT (*coins*) battre

mint sauce N sauce *f* à la menthe

minuet [mɪnju'ɛt] N menuet *m*

minus ['maɪnəs] N (*also:* **minus sign**) signe *m* moins ▸PREP moins; **12 ~ 6 equals 6** 12 moins 6 égal 6; **~ 24°C** moins 24°C

minuscule ['mɪnəskju:l] ADJ minuscule

★**minute¹** ['mɪnɪt] N minute *f*; (*official record*) procès-verbal *m*, compte rendu; **it is 5 minutes past 3** il est 3 heures 5; **wait a ~!** (attendez) un instant!; **at the last ~** à la dernière minute; **up to the ~** (*fashion*) dernier cri; (*news*) de dernière minute; (*machine, technology*) de pointe ■ **minutes** NPL (*of meeting*) procès-verbal *m*, compte rendu

minute² [maɪ'nju:t] ADJ minuscule; (*detailed*) minutieux(-euse); **in ~ detail** par le menu

minute book ['mɪnɪt-] N registre *m* des procès-verbaux

minute hand ['mɪnɪt-] N aiguille *f* des minutes

minutely [maɪ'nju:tlɪ] ADV (*by a small amount*) de peu, de manière infime; (*in detail*) minutieusement, dans les moindres détails

minutiae [mɪ'nju:ʃɪi:] NPL menus détails

miracle ['mɪrəkl] N miracle *m*

miraculous [mɪ'rækjuləs] ADJ miraculeux(-euse)

mirage ['mɪrɑ:ʒ] N mirage *m*

mire ['maɪə^r] N bourbe *f*, boue *f*

★**mirror** ['mɪrə^r] N miroir *m*, glace *f*; (*in car*) rétroviseur *m* ▸VT refléter

mirror image N image inversée

m

mirth [mə:θ] N gaieté *f*

misadventure [mɪsəd'vɛntʃə^r] N mésaventure *f*; **death by ~** (BRIT) décès accidentel

misanthropist [mɪ'zænθrəpɪst] N misanthrope *mf*

misapply [mɪsə'plaɪ] VT mal employer

misapprehension ['mɪsæprɪ'hɛnʃən] N malentendu *m*, méprise *f*

misappropriate [mɪsə'prəuprɪeɪt] VT détourner

misappropriation ['mɪsəprəuprɪ'eɪʃən] N escroquerie *f*, détournement *m*

misbehave [mɪsbɪ'heɪv] VI mal se conduire

misbehaviour, (*US*) **misbehavior** [mɪsbɪ'heɪvjə^r] N mauvaise conduite

misc. ABBR = **miscellaneous**

miscalculate [mɪs'kælkjuleɪt] VT mal calculer

miscalculation ['mɪskælkju'leɪʃən] N erreur *f* de calcul

miscarriage ['mɪskærɪdʒ] N (*Med*) fausse couche; **~ of justice** erreur *f* judiciaire

miscarry [mɪs'kærɪ] VI (*Med*) faire une fausse couche; (*fail: plans*) échouer, mal tourner

miscellaneous [mɪsɪ'leɪnɪəs] ADJ (*items, expenses*) divers(es); (*selection*) varié(e)

miscellany [mɪ'sɛlənɪ] N recueil *m*

mischance [mɪs'tʃɑ:ns] N malchance *f*; **by (some) ~** par malheur

mischief ['mɪstʃɪf] N (*naughtiness*) sottises *fpl*; (*fun*) farce *f*; (*playfulness*) espièglerie *f*; (*harm*) mal *m*, dommage *m*; (*maliciousness*) méchanceté *f*

mischievous ['mɪstʃɪvəs] ADJ (*playful, naughty*) coquin(e), espiègle; (*harmful*) méchant(e)

miscommunication [mɪskəmju:nɪ'keɪʃən] N mauvaise communication *f*

misconception ['mɪskən'sɛpʃən] N idée fausse

misconduct [mɪs'kɔndʌkt] N inconduite *f*; **professional ~** faute professionnelle

misconstrue [mɪskən'stru:] VT mal interpréter

miscount [mɪs'kaunt] VT, VI mal compter

misdeed ['mɪs'di:d] N méfait *m*

misdemeanour, (*US*) **misdemeanor** [mɪsdɪ'mi:nə^r] N écart *m* de conduite; infraction *f*

misdirect [mɪsdɪ'rɛkt] VT (*person*) mal renseigner; (*letter*) mal adresser

miser ['maɪzə^r] N avare *mf*

miserable ['mɪzərəbl] ADJ (*person, expression*) malheureux(-euse); (*conditions*) misérable; (*weather*) maussade; (*offer, donation*) minable; (*failure*) pitoyable; **to feel ~** avoir le cafard

miserably ['mɪzərəblɪ] ADV (*smile, answer*) tristement; (*live, pay*) misérablement; (*fail*) lamentablement

miserly ['maɪzəlɪ] ADJ avare

misery ['mɪzərɪ] N (*unhappiness*) tristesse *f*; (*pain*) souffrances *fpl*; (*wretchedness*) misère *f*

misfire [mɪs'faɪə^r] VI rater; (*car engine*) avoir des ratés

misfit ['mɪsfɪt] N (*person*) inadapté(e)

misfortune [mɪs'fɔ:tʃən] N malchance *f*, malheur *m*

misgiving [mɪs'gɪvɪŋ] N (*apprehension*) craintes *fpl*; **to have misgivings about sth** avoir des doutes quant à qch

misguided [mɪs'gaɪdɪd] ADJ malavisé(e)

mishandle [mɪs'hændl] VT (*treat roughly*) malmener; (*mismanage*) mal s'y prendre pour faire *or* résoudre *etc*

mishap ['mɪshæp] N mésaventure *f*

mishear [mɪs'hɪə^r] VT, VI (*irreg: like* **hear**) mal entendre

mishmash ['mɪʃmæʃ] N (*inf*) fatras *m*, méli-mélo *m*

misinform [mɪsɪn'fɔ:m] VT mal renseigner

misinformation [mɪsɪnfə'meɪʃən] N informations *fpl* erronées, information *f* erronée, fausse information

misinterpret [mɪsɪn'tə:prɪt] VT mal interpréter

misinterpretation ['mɪsɪntə:prɪ'teɪʃən] N interprétation erronée, contresens *m*

misjudge [mɪs'dʒʌdʒ] VT méjuger, se méprendre sur le compte de

mislay [mɪs'leɪ] VT (*irreg: like* **lay**) égarer

mislead [mɪs'li:d] VT (*irreg: like* **lead**[1]) induire en erreur

misleading [mɪs'li:dɪŋ] ADJ trompeur(-euse)

misled [mɪs'lɛd] PT, PP *of* **mislead**

mismanage [mɪs'mænɪdʒ] VT mal gérer; mal s'y prendre pour faire *or* résoudre *etc*

mismanagement [mɪs'mænɪdʒmənt] N mauvaise gestion

mismatch ['mɪsmætʃ] N décalage *m*; **a ~ between requirements and resources** un décalage entre les besoins et les ressources; **a ~ of styles** une discordance des styles

misnomer [mɪs'nəumə^r] N terme *or* qualificatif trompeur *or* peu approprié

misogynist [mɪ'sɔdʒɪnɪst] N misogyne *mf*

misogyny [mɪ'sɔdʒɪnɪ] N misogynie *f*

misplace [mɪs'pleɪs] VT égarer; **to be misplaced** (*trust etc*) être mal placé(e)

misprint ['mɪsprɪnt] N faute *f* d'impression

mispronounce [mɪsprə'nauns] VT mal prononcer

misquote [mɪs'kwəut] VT citer erronément *or* inexactement

misread [mɪs'ri:d] VT (*irreg: like* **read**) mal lire

misrepresent [mɪsrɛprɪ'zɛnt] VT (*person*) donner une image inexacte de; (*views*) déformer

misrepresentation [mɪsrɛprɪzɛn'teɪʃən] N (*of facts, data*) déformation *f*

★**Miss** [mɪs] N Mademoiselle; **Dear ~ Smith** Chère Mademoiselle Smith

★**miss** [mɪs] VT (*fail to get, attend, see*) manquer, rater; (*appointment, class*) manquer; (*escape, avoid*) échapper à, éviter; (*notice loss of: money etc*) s'apercevoir de l'absence de; (*regret the absence of*): **I ~ him/it** il/cela me manque; **we missed our train** nous avons raté notre train; **the bus just missed the wall** le bus a évité le mur de justesse; **you're missing the point** vous êtes à côté de la question; **you can't ~ it** vous ne pouvez pas vous tromper ▶ VI manquer ▶ N (*shot*) coup manqué

▶ **miss out** VT (BRIT) oublier

▶ **miss out on** VT FUS (*fun, party*) rater, manquer; (*chance, bargain*) laisser passer

To translate a sentence like *I'm missing my parents* you have to rephrase it as *my parents are missing to me*.
I'm missing my parents. **Mes parents me manquent**.
She's missing her boyfriend. **Son petit ami lui manque**.

missal ['mɪsl] N missel *m*
mis-sell [mɪs'sɛl] VT (*irreg: like* **sell**) vendre de façon abusive
mis-selling [mɪs'sɛlɪŋ] N vente *f* abusive
misshapen [mɪs'ʃeɪpən] ADJ difforme
missile ['mɪsaɪl] N (*Aviat*) missile *m*; (*object thrown*) projectile *m*
missile base N base *f* de missiles
missile launcher [-lɔːntʃəʳ] N lance-missiles *m*
★**missing** ['mɪsɪŋ] ADJ manquant(e); (*after escape, disaster: person*) disparu(e); **to go ~** disparaître; **~ person** personne disparue, disparu(e); **~ in action** (*Mil*) porté(e) disparu(e)
mission ['mɪʃən] N mission *f*; **on a ~ to sb** en mission auprès de qn
missionary ['mɪʃənrɪ] N missionnaire *mf*
mission statement N déclaration *f* d'intention
missive ['mɪsɪv] N missive *f*
misspell ['mɪs'spɛl] VT (*irreg: like* **spell**) mal orthographier
misspent ['mɪs'spɛnt] ADJ: **his ~ youth** sa folle jeunesse
missus ['mɪsɪz] N (*inf: wife*): **my ~, the ~** bobonne *f* (*inf*); (*as address*): **thanks, ~** merci M'dame (*inf*)
mist [mɪst] N brume *f* ▸ VI (*also:* **mist over, mist up**) devenir brumeux(-euse); (: *BRIT: windows*) s'embuer
★**mistake** [mɪs'teɪk] N erreur *f*, faute *f*; **by ~** par erreur, par inadvertance; **to make a ~** (*in writing*) faire une faute; (*in calculating etc*) faire une erreur; **there must be some ~** il doit y avoir une erreur, se tromper; **to make a ~ about sb/sth** se tromper sur le compte de qn/sur qch ▸ VT (*irreg: like* **take**) (*meaning*) mal comprendre; (*intentions*) se méprendre sur; **to ~ for** prendre pour
mistaken [mɪs'teɪkən] PP *of* **mistake** ▸ ADJ (*idea etc*) erroné(e); **to be ~** faire erreur, se tromper
mistaken identity N erreur *f* d'identité
mistakenly [mɪs'teɪkənlɪ] ADV par erreur, par mégarde
mister ['mɪstəʳ] N (*inf*) Monsieur *m*; *see* **Mr**
mistletoe ['mɪsltəu] N gui *m*
mistook [mɪs'tuk] PT *of* **mistake**
mistranslation [mɪstræns'leɪʃən] N erreur *f* de traduction, contresens *m*
mistreat [mɪs'triːt] VT maltraiter
mistress ['mɪstrɪs] N maîtresse *f*; (*BRIT: in primary school*) institutrice *f*; (: *in secondary school*) professeur *m*
mistrust [mɪs'trʌst] VT se méfier de ▸ N: **~ (of)** méfiance *f* (à l'égard de)
mistrustful [mɪs'trʌstful] ADJ: **~ (of)** méfiant(e) (à l'égard de)
misty ['mɪstɪ] ADJ brumeux(-euse); (*glasses, window*) embué(e)
misty-eyed ['mɪstɪ'aɪd] ADJ les yeux embués de larmes; (*fig*) sentimental(e)
misunderstand [mɪsʌndə'stænd] VT, VI (*irreg: like* **understand**) mal comprendre
misunderstanding ['mɪsʌndə'stændɪŋ] N méprise *f*, malentendu *m*; **there's been a ~** il y a eu un malentendu
misunderstood [mɪsʌndə'stud] PT, PP *of* **misunderstand** ▸ ADJ (*person*) incompris(e)
misuse N [mɪs'juːs] mauvais emploi; (*of power*) abus *m* ▸ VT [mɪs'juːz] mal employer; abuser de
MIT N ABBR (*US*) = **Massachusetts Institute of Technology**
mite [maɪt] N (*small quantity*) grain *m*, miette *f*; (*BRIT: small child*) petit(e)
mitigate ['mɪtɪgeɪt] VT atténuer; **mitigating circumstances** circonstances atténuantes
mitigation [mɪtɪ'geɪʃən] N atténuation *f*
mitre, (*US*) **miter** ['maɪtəʳ] N mitre *f*; (*Carpentry*) onglet *m*
mitt [mɪt], **mitten** ['mɪtn] N moufle *f*; (*fingerless*) mitaine *f*
★**mix** [mɪks] VT mélanger; (*sauce, drink etc*) préparer; **to ~ sth with sth** mélanger qch à qch; **to ~ business with pleasure** unir l'utile à l'agréable ▸ VI se mélanger; (*socialize*): **he doesn't ~ well** il est peu sociable ▸ N mélange *m*; **cake ~** préparation *f* pour gâteau
▸ **mix in** VT incorporer, mélanger
▸ **mix up** VT mélanger; (*confuse*) confondre; **to be mixed up in sth** être mêlé(e) à qch *or* impliqué(e) dans qch
★**mixed** [mɪkst] ADJ (*feelings, reactions*) contradictoire; (*school, marriage*) mixte
mixed-ability ['mɪkstə'bɪlɪtɪ] ADJ (*class etc*) sans groupes de niveaux
mixed bag N: **it's a (bit of a) ~** il y a (un peu) de tout
mixed blessing N: **it's a ~** cela a du bon et du mauvais
mixed doubles NPL (*Sport*) double *m* mixte
mixed economy N économie *f* mixte
mixed grill N (*BRIT*) assortiment *m* de grillades
mixed marriage N mariage *m* mixte
mixed salad N salade *f* de crudités
mixed-up [mɪkst'ʌp] ADJ (*person*) désorienté(e), embrouillé(e)
mixer ['mɪksəʳ] N (*for food*) batteur *m*, mixeur *m*; (*drink*) boisson gazeuse (*servant à couper un alcool*); (*person*): **he is a good ~** il est très sociable
mixer tap N (robinet *m*) mélangeur *m*
★**mixture** ['mɪkstʃəʳ] N assortiment *m*, mélange *m*; (*Med*) préparation *f*
mix-up ['mɪksʌp] N: **there was a ~** il y a eu confusion
MK ABBR (*BRIT Tech*) = **mark**
mk ABBR = **mark**
mkt ABBR = **market**
ml ABBR (= *millilitre(s)*) ml
MLitt ['ɛm'lɪt] N ABBR (= *Master of Literature, Master of Letters*) *titre universitaire*

m

MLR N ABBR (BRIT) = **minimum lending rate**

mm ABBR (= *millimetre*) mm

MMR N ABBR (= *measles, mumps and rubella*) vaccin *m* ROR (= *rougeole, oreillons, rubéole*)

MN ABBR (BRIT) = **Merchant Navy**; (US) = **Minnesota**

MO N ABBR (*Med*) = **medical officer**; (*US inf*: = *modus operandi*) méthode *f* ▸ ABBR (US) = **Missouri**

m.o. ABBR = **money order**

moan [məun] N gémissement *m* ▸ VI gémir; (*inf*: *complain*): **to ~ (about)** se plaindre (de)

moaner ['məunəʳ] N (*inf*) rouspéteur(-euse), râleur(-euse)

moaning ['məunɪŋ] N gémissements *mpl*

moat [məut] N fossé *m*, douves *fpl*

mob [mɔb] N foule *f*; (*disorderly*) cohue *f*; (*pej*): **the ~** la populace ▸ VT assaillir

mobbing ['mɔbɪŋ] N harcèlement *m* collectif, mobbing *m*

★**mobile** ['məubaɪl] ADJ mobile; **applicants must be ~** (BRIT) les candidats devront être prêts à accepter tout déplacement ▸ N (*Art*) mobile *m*; (BRIT: *phone*) (téléphone *m*) portable *m*, mobile *m*

mobile home N caravane *f*

★**mobile phone** N (téléphone *m*) portable *m*, mobile *m*

mobile phone mast N (BRIT *Tel*) antenne-relais *f*

mobile shop N (BRIT) camion *m* magasin

mobility [məu'bɪlɪtɪ] N mobilité *f*

mobilization [məubɪlaɪ'zeɪʃən] N mobilisation *f*

mobilize ['məubɪlaɪz] VT, VI mobiliser

moccasin ['mɔkəsɪn] N mocassin *m*

mock [mɔk] VT ridiculiser; (*laugh at*) se moquer de ▸ ADJ faux (fausse) ■ **mocks** NPL (BRIT *Scol*) examens blancs

mockery ['mɔkərɪ] N moquerie *f*, raillerie *f*; **to make a ~ of** ridiculiser, tourner en dérision

mocking ['mɔkɪŋ] ADJ moqueur(-euse)

mockingbird ['mɔkɪŋbəːd] N moqueur *m*

mock-up ['mɔkʌp] N maquette *f*

MOD N ABBR (BRIT) = **Ministry of Defence**; *see* **defence**

mod [mɔd] ADJ *see* **convenience**

mod cons ['mɔd'kɔnz] NPL ABBR (BRIT) = **modern conveniences**; *see* **convenience**

mode [məud] N mode *m*; (*of transport*) moyen *m*

★**model** ['mɔdl] N modèle *m*; (*person*: *for fashion*) mannequin *m*; (: *for artist*) modèle ▸ VT (*with clay etc*) modeler; **to ~ clothes** présenter des vêtements; **to ~ o.s. on** imiter; **to ~ sb/sth on** modeler qn/qch sur ▸ VI travailler comme mannequin ▸ ADJ (*railway*: *toy*) modèle réduit *inv*; (*child, factory*) modèle

modelling ['mɔdlɪŋ] N (*profession*) mannequinat *f* ▸ CPD (*contract, career*) de mannequinat

modem ['məudɛm] N modem *m*

★**moderate** ADJ ['mɔdərət] modéré(e); (*amount, change*) peu important(e) ▸ N (*Pol*) modéré(e) ▸ VI ['mɔdəreɪt] se modérer, se calmer ▸ VT ['mɔdəreɪt] modérer

moderately ['mɔdərətlɪ] ADV (*act*) avec modération *or* mesure; (*expensive, difficult*) moyennement; (*pleased, happy*) raisonnablement, assez; **~ priced** à un prix raisonnable

moderation [mɔdə'reɪʃən] N modération *f*, mesure *f*; **in ~** à dose raisonnable, pris(e) *or* pratiqué(e) modérément

moderator ['mɔdəreɪtəʳ] N (*Rel*): **M~** président *m* (*de l'Assemblée générale de l'Église presbytérienne*); (*Pol*) modérateur *m*

★**modern** ['mɔdən] ADJ moderne

modernity [mɔ'dəːnɪtɪ] N modernité *f*

modernization [mɔdənaɪ'zeɪʃən] N modernisation *f*

modernize ['mɔdənaɪz] VT moderniser

modern languages NPL langues vivantes

★**modest** ['mɔdɪst] ADJ modeste

modesty ['mɔdɪstɪ] N modestie *f*

modicum ['mɔdɪkəm] N: **a ~ of** un minimum de

modification [mɔdɪfɪ'keɪʃən] N modification *f*; **to make modifications** faire *or* apporter des modifications

modify ['mɔdɪfaɪ] VT modifier

modish ['məudɪʃ] ADJ à la mode

Mods [mɔdz] N ABBR (BRIT: = *(Honour) Moderations*) *premier examen universitaire (à Oxford)*

modular ['mɔdjuləʳ] ADJ (*filing, unit*) modulaire

modulate ['mɔdjuleɪt] VT moduler

modulation [mɔdju'leɪʃən] N modulation *f*

module ['mɔdjuːl] N module *m*

Mogadishu [mɔgə'dɪʃuː] N Mogadiscio

mogul ['məugl] N (*fig*) nabab *m*; (*Ski*) bosse *f*

MOH N ABBR (BRIT) = **Medical Officer of Health**

mohair ['məuhɛəʳ] N mohair *m*

Mohammed [mə'hæmɛd] N Mahomet *m*

moist [mɔɪst] ADJ humide, moite

moisten ['mɔɪsn] VT humecter, mouiller légèrement

moisture ['mɔɪstʃəʳ] N humidité *f*; (*on glass*) buée *f*

moisturize ['mɔɪstʃəraɪz] VT (*skin*) hydrater

moisturizer ['mɔɪstʃəraɪzəʳ] N crème hydratante

mojo ['məudʒəu] N (*US inf*) mojo *m*, charisme *m*

molar ['məuləʳ] N molaire *f*

molasses [məu'læsɪz] N mélasse *f*

mold *etc* [məuld] N (US) = **mould** *etc*

Moldavia [mɔl'deɪvɪə], **Moldova** [mɔl'dəuvə] N Moldavie *f*

Moldavian [mɔl'deɪvɪən], **Moldovan** [mɔl'dəuvən] ADJ moldave

mole [məul] N (*animal, spy*) taupe *f*; (*spot*) grain *m* de beauté

molecular [mə'lɛkjuləʳ] ADJ moléculaire

molecule ['mɔlɪkjuːl] N molécule *f*

molehill ['məulhɪl] N taupinière *f*

molest [məu'lɛst] VT (*assault sexually*) attenter à la pudeur de; (*attack*) molester; (*harass*) tracasser

mollusc ['mɔləsk] N mollusque *m*

mollycoddle ['mɔlɪkɔdl] VT chouchouter, couver

Molotov cocktail ['mɔlətɔf-] N cocktail *m* Molotov

molt [məult] VI (US) = **moult**

molten ['məultən] ADJ fondu(e); (*rock*) en fusion

mom [mɔm] N (*US*) = **mum**

★**moment** ['məumənt] N moment *m*, instant *m*; (*importance*) importance *f*; **at the ~** en ce moment; **for the ~** pour l'instant; **in a ~** dans un instant; **"one ~ please"** (*Tel*) « ne quittez pas »

momentarily ['məuməntrılı] ADV momentanément; (*US: soon*) bientôt

momentary ['məuməntərı] ADJ momentané(e), passager(-ère)

momentous [məu'mɛntəs] ADJ important(e), capital(e)

momentum [məu'mɛntəm] N élan *m*, vitesse acquise; (*fig*) dynamique *f*; **to gather ~** prendre de la vitesse; (*fig*) gagner du terrain

mommy ['mɔmı] N (*US: mother*) maman *f*

Mon. ABBR (= *Monday*) lun.

Monaco ['mɔnəkəu] N Monaco *f*

monarch ['mɔnək] N monarque *m*

monarchist ['mɔnəkıst] N monarchiste *mf*

monarchy ['mɔnəkı] N monarchie *f*

monastery ['mɔnəstərı] N monastère *m*

monastic [mə'næstık] ADJ monastique

★**Monday** ['mʌndı] N lundi *m*; *see also* **Tuesday**

monetarism ['mʌnıtərızəm] N monétarisme *m*

monetarist ['mʌnıtərıst] N monétariste *mf*

monetary ['mʌnıtərı] ADJ monétaire

monetization [mʌnıtaı'zeıʃən] N monétisation *f*

monetize ['mʌnıtaız] VT monétiser

★**money** ['mʌnı] N argent *m*; **to make ~** (*person*) gagner de l'argent; (*business*) rapporter; **I've got no ~ left** je n'ai plus d'argent, je n'ai plus un sou

money belt N ceinture-portefeuille *f*

moneyed ['mʌnıd] ADJ riche

money laundering [-lɔ:ndərıŋ] N blanchiment *m* d'argent

moneylender ['mʌnılɛndəʳ] N prêteur(-euse)

moneymaker ['mʌnımeıkəʳ] N (*Brit inf: business*) affaire lucrative

moneymaking ['mʌnımeıkıŋ] ADJ lucratif(-ive), qui rapporte (de l'argent)

money market N marché financier

money order N mandat *m*

money-spinner ['mʌnıspınəʳ] N (*inf*) mine *f* d'or (*fig*)

money supply N masse *f* monétaire

Mongol ['mɔŋgəl] N Mongol(e); (*Ling*) mongol *m*

Mongolia [mɔŋ'gəulıə] N Mongolie *f*

Mongolian [mɔŋ'gəulıən] ADJ mongol(e) ▶ N Mongol(e); (*Ling*) mongol *m*

mongoose ['mɔŋgu:s] N mangouste *f*

mongrel ['mʌŋgrəl] N (*dog*) bâtard *m*

monies ['mʌniz] NPL sommes *fpl* d'argent

★**monitor** ['mɔnıtəʳ] N (*TV, Comput*) écran *m*, moniteur *m*; (*Brit Scol*) chef *m* de classe; (*US Scol*) surveillant *m* (d'examen) ▶ VT contrôler; (*foreign station*) être à l'écoute de; (*progress*) suivre de près

monk [mʌŋk] N moine *m*

★**monkey** ['mʌŋkı] N singe *m*

monkey nut N (*Brit*) cacahuète *f*

monkey wrench N clé *f* à molette

mono ['mɔnəu] ADJ mono *inv*

mono... ['mɔnəu] PREFIX mono...

monochrome ['mɔnəkrəum] ADJ monochrome

monocle ['mɔnəkl] N monocle *m*

monogamous [mɔ'nɔgəməs] ADJ monogame

monogamy [mɔ'nɔgəmı] N monogamie *f*

monogram ['mɔnəgræm] N monogramme *m*

monolith ['mɔnəlıθ] N monolithe *m*

monologue ['mɔnəlɔg] N monologue *m*

monoplane ['mɔnəpleın] N monoplan *m*

monopolize [mə'nɔpəlaız] VT monopoliser

monopoly [mə'nɔpəlı] N monopole *m*

monorail ['mɔnəureıl] N monorail *m*

monosodium glutamate ['mɔnəsəudıəm'glu:təmeıt] N glutamate *m* de sodium

monosyllabic [mɔnəsı'læbık] ADJ monosyllabique; (*person*) laconique

monosyllable ['mɔnəsıləbl] N monosyllabe *m*

monotone ['mɔnətəun] N ton *m* (*or* voix *f*) monocorde; **to speak in a ~** parler sur un ton monocorde

monotonous [mə'nɔtənəs] ADJ monotone

monotony [mə'nɔtənı] N monotonie *f*

monoxide [mɔ'nɔksaıd] N: **carbon ~** oxyde *m* de carbone

monsoon [mɔn'su:n] N mousson *f*

monster ['mɔnstəʳ] N monstre *m*

monstrosity [mɔns'trɔsıtı] N monstruosité *f*, atrocité *f*

monstrous ['mɔnstrəs] ADJ (*huge*) gigantesque; (*atrocious*) monstrueux(-euse), atroce

montage [mɔn'tɑ:ʒ] N montage *m*

Mont Blanc [mɔŋblɔŋ] N Mont Blanc *m*

Montenegro [mɔntı'ni:grəu] N Monténégro *m*

★**month** [mʌnθ] N mois *m*; **every ~** tous les mois; **300 dollars a ~** 300 dollars par mois

★**monthly** ['mʌnθlı] ADJ mensuel(le) ▶ ADV mensuellement; **twice ~** deux fois par mois ▶ N (*magazine*) mensuel *m*, publication mensuelle

Montreal [mɔntrı'ɔ:l] N Montréal

monument ['mɔnjumənt] N monument *m*

monumental [mɔnju'mɛntl] ADJ monumental(e)

monumental mason N marbrier *m*

moo [mu:] VI meugler, beugler

★**mood** [mu:d] N humeur *f*, disposition *f*; **to be in a good/bad ~** être de bonne/mauvaise humeur; **to be in the ~ for** être d'humeur à, avoir envie de

moody ['mu:dı] ADJ (*variable*) d'humeur changeante, lunatique; (*sullen*) morose, maussade

★**moon** [mu:n] N lune *f*

moonbeam ['mu:nbi:m] N rayon *m* de lune

moon landing N alunissage *m*

moonlight ['mu:nlaıt] N clair *m* de lune ▶ VI travailler au noir

moonlighting ['mu:nlaıtıŋ] N travail *m* au noir

moonlit ['mu:nlıt] ADJ éclairé(e) par la lune; **a ~ night** une nuit de lune

m

moonshot ['mu:nʃɔt] N (*Space*) tir *m* lunaire
moonstruck ['mu:nstrʌk] ADJ fou (folle), dérangé(e)
moony ['mu:nɪ] ADJ: **to have ~ eyes** avoir l'air dans la lune *or* rêveur
Moor [muəʳ] N Maure (Mauresque)
moor [muəʳ] N lande *f* ▸ VT (*ship*) amarrer ▸ VI mouiller
moorings ['muərɪŋz] NPL (*chains*) amarres *fpl*; (*place*) mouillage *m*
Moorish ['muərɪʃ] ADJ maure, mauresque
moorland ['muələnd] N lande *f*
moose [mu:s] N (*pl inv*) élan *m*
moot [mu:t] VT soulever ▸ ADJ: **~ point** point *m* discutable
mop [mɔp] N balai *m* à laver; (*for dishes*) lavette *f* à vaisselle; **~ of hair** tignasse *f* ▸ VT éponger, essuyer
▸ **mop up** VT éponger
mope [məup] VI avoir le cafard, se morfondre
▸ **mope about, mope around** VI broyer du noir, se morfondre
moped ['məupɛd] N cyclomoteur *m*
MOR ADJ ABBR (*Mus*: = *middle-of-the-road*) tous publics
★**moral** ['mɔrl] ADJ moral(e) ▸ N morale *f* ▪ **morals** NPL moralité *f*
morale [mɔ'rɑ:l] N moral *m*

> In French **la morale** is used for the moral of a story, or to mean *morals*. Use **le moral** for the morale of a person or team.
> *The team's morale is low.*
> **Le moral de l'équipe est bas.**

morality [mə'rælɪtɪ] N moralité *f*
moralize ['mɔrəlaɪz] VI: **to ~ (about)** moraliser (sur)
morally ['mɔrəlɪ] ADV moralement
moral victory N victoire morale
morass [mə'ræs] N marais *m*, marécage *m*
moratorium [mɔrə'tɔ:rɪəm] N moratoire *m*
morbid ['mɔ:bɪd] ADJ morbide

more [mɔ:ʳ]

ADJ **1** (*greater in number etc*) plus (de), davantage (de); **more people/work (than)** plus de gens/de travail (que)
2 (*additional*) encore (de); **do you want (some) more tea?** voulez-vous encore du thé ?; **is there any more wine?** reste-t-il du vin ?; **I have no** *or* **I don't have any more money** je n'ai plus d'argent; **it'll take a few more weeks** ça prendra encore quelques semaines
▸ PRON plus, davantage; **more than 10** plus de 10; **it cost more than we expected** cela a coûté plus que prévu; **I want more** j'en veux plus *or* davantage; **is there any more?** est-ce qu'il en reste ?; **there's no more** il n'y en a plus; **a little more** un peu plus; **many/much more** beaucoup plus, bien davantage
▸ ADV plus; **more dangerous/easily (than)** plus dangereux/facilement (que); **more and more expensive** de plus en plus cher; **more or less** plus ou moins; **more than ever** plus que jamais; **once more** encore une fois, une fois de plus; **and what's more ...** et de plus ..., et qui plus est ...

> When making comparisons, use **plus**.
> *It's more expensive in France.* **En France c'est plus cher.**
> When talking about an additional amount, use **encore**.
> *Would you like some more?* **Vous en voulez encore ?**

moreover [mɔ:'rəuvəʳ] ADV de plus
morgue [mɔ:g] N morgue *f*
MORI ['mɔ:rɪ] N ABBR (BRIT: = *Market & Opinion Research Institute*) *institut de sondage*
moribund ['mɔrɪbʌnd] ADJ moribond(e)
★**morning** ['mɔ:nɪŋ] N matin *m*; (*as duration*) matinée *f*; **in the ~** le matin; **7 o'clock in the ~** 7 heures du matin; **this ~** ce matin ▸ CPD matinal(e); (*paper*) du matin
morning-after pill ['mɔ:nɪŋ'ɑ:ftə-] N pilule *f* du lendemain
morning sickness N nausées matinales
Moroccan [mə'rɔkən] ADJ marocain(e) ▸ N Marocain(e)
Morocco [mə'rɔkəu] N Maroc *m*
moron ['mɔ:rɔn] (!) N idiot(e), minus *mf*
moronic [mə'rɔnɪk] ADJ idiot(e), imbécile
morose [mə'rəus] ADJ morose, maussade
morphine ['mɔ:fi:n] N morphine *f*
morris dancing ['mɔrɪs-] N (BRIT) *danses folkloriques anglaises*
Morse [mɔ:s] N (*also*: **Morse code**) morse *m*
morsel ['mɔ:sl] N bouchée *f*
mortal ['mɔ:tl] ADJ, N mortel(le)
mortality [mɔ:'tælɪtɪ] N mortalité *f*
mortality rate N (taux *m* de) mortalité *f*
mortar ['mɔ:təʳ] N mortier *m*
mortgage ['mɔ:gɪdʒ] N hypothèque *f*; (*loan*) prêt *m* (*or* crédit *m*) hypothécaire; **to take out a ~** prendre une hypothèque, faire un emprunt ▸ VT hypothéquer
mortgage company N (US) société *f* de crédit immobilier
mortgagee [mɔ:gə'dʒi:] N prêteur(-euse) (sur hypothèque)
mortgagor ['mɔ:gədʒəʳ] N emprunteur(-euse) (sur hypothèque)
mortician [mɔ:'tɪʃən] N (US) entrepreneur *m* de pompes funèbres
mortified ['mɔ:tɪfaɪd] ADJ mort(e) de honte
mortise lock ['mɔ:tɪs-] N serrure encastrée
mortuary ['mɔ:tjuərɪ] N morgue *f*
mosaic [məu'zeɪɪk] N mosaïque *f*
Moscow ['mɔskəu] N Moscou
Moslem ['mɔzləm] ADJ, N = **Muslim**
mosque [mɔsk] N mosquée *f*
mosquito [mɔs'ki:təu] (*pl* **mosquitoes**) N moustique *m*
mosquito net N moustiquaire *f*

moss [mɔs] N mousse *f*

mossy ['mɔsɪ] ADJ moussu(e)

★**most** [məust] ADJ (*majority of*) la plupart de; (*greatest amount of*) le plus de; **~ fish** la plupart des poissons ▶ PRON la plupart; **~ of** (*with plural*) la plupart de; (*with singular*) la plus grande partie de; **~ of them** la plupart d'entre eux; **~ of the time** la plupart du temps; **at the (very) ~** au plus; **to make the ~ of** profiter au maximum de ▶ ADV le plus; (*very*) très, extrêmement; **I saw ~** (*more than the others*) c'est moi qui en ai vu le plus; **the ~** le plus; **he's the one who talks the ~** c'est lui qui parle le plus; **the ~ beautiful woman in the world** la plus belle femme du monde

> **le/la/les plus** is used with an adjective to make the superlative (the most...). When the French adjective follows the noun the article is repeated: *the easiest question* **la question la plus facile**.
> When the French adjective goes in front of the noun it is not repeated: *the biggest hotels* **les plus grands hôtels**.

★**mostly** ['məustlɪ] ADV (*chiefly*) surtout, principalement; (*usually*) généralement

MOT N ABBR (BRIT) = **Ministry of Transport**; **the ~ (test)** *visite technique (annuelle) obligatoire des véhicules à moteur*

motel [məu'tɛl] N motel *m*

moth [mɔθ] N papillon *m* de nuit; (*in clothes*) mite *f*

mothball ['mɔθbɔ:l] N boule *f* de naphtaline

moth-eaten ['mɔθi:tn] ADJ mité(e)

★**mother** ['mʌðəʳ] N mère *f* ▶ VT (*pamper, protect*) dorloter

mother board N (*Comput*) carte-mère *f*

motherhood ['mʌðəhud] N maternité *f*

mother-in-law ['mʌðərɪnlɔ:] N belle-mère *f*

motherly ['mʌðəlɪ] ADJ maternel(le)

mother-of-pearl ['mʌðərəv'pə:l] N nacre *f*

Mother's Day N fête *f* des Mères

mother's help N aide *f or* auxiliaire *f* familiale

mother-to-be ['mʌðətə'bi:] N future maman

mother tongue N langue maternelle

mothproof ['mɔθpru:f] ADJ traité(e) à l'antimite

motif [məu'ti:f] N motif *m*

motion ['məuʃən] N mouvement *m*; (*gesture*) geste *m*; (*at meeting*) motion *f*; (BRIT: *also:* **bowel motion**) selles *fpl*; **to be in ~** (*vehicle*) être en marche; **to set in ~** mettre en marche; **to go through the motions of doing sth** (*fig*) faire qch machinalement *or* sans conviction ▶ VT, VI: **to ~ (to) sb to do** faire signe à qn de faire

motionless ['məuʃənlɪs] ADJ immobile, sans mouvement

motion picture N film *m*

motivate ['məutɪveɪt] VT motiver

motivated ['məutɪveɪtɪd] ADJ motivé(e)

motivation [məutɪ'veɪʃən] N motivation *f*

motive ['məutɪv] N motif *m*, mobile *m*; **from the best (of) motives** avec les meilleures intentions (du monde) ▶ ADJ moteur(-trice)

motley ['mɔtlɪ] ADJ hétéroclite; bigarré(e), bariolé(e)

★**motor** ['məutəʳ] N moteur *m*; (BRIT *inf: vehicle*) auto *f* ▶ ADJ moteur(-trice)

motorbike ['məutəbaɪk] N moto *f*

motorboat ['məutəbəut] N bateau *m* à moteur

motorcade ['məutəkeɪd] N cortège *m* d'automobiles *or* de voitures

motorcar ['məutəkɑ:] N (BRIT) automobile *f*

motorcoach ['məutəkəutʃ] N (BRIT) car *m*

motorcycle ['məutəsaɪkl] N moto *f*

motorcycle racing N course *f* de motos

motorcyclist ['məutəsaɪklɪst] N motocycliste *mf*

motoring ['məutərɪŋ] (BRIT) N tourisme *m* automobile ▶ ADJ (*accident*) de voiture, de la route; **~ holiday** vacances *fpl* en voiture; **~ offence** infraction *f* au code de la route

motorist ['məutərɪst] N automobiliste *mf*

motorize ['məutəraɪz] VT motoriser

motor mechanic N mécanicien *m* garagiste

motor oil N huile *f* de graissage

motor racing N (BRIT) course *f* automobile

motor scooter N scooter *m*

motor trade N secteur *m* de l'automobile

motor vehicle N véhicule *m* automobile

motorway ['məutəweɪ] N (BRIT) autoroute *f*

mottled ['mɔtld] ADJ tacheté(e), marbré(e)

motto ['mɔtəu] (*pl* **mottoes**) N devise *f*

mould, (US) **mold** [məuld] N moule *m*; (*mildew*) moisissure *f* ▶ VT mouler, modeler; (*fig*) façonner

moulder, (US) **molder** ['məuldəʳ] VI (*decay*) moisir

moulding, (US) **mold** ['məuldɪŋ] N (*Archit*) moulure *f*

mouldy, (US) **moldy** ['məuldɪ] ADJ moisi(e); (*smell*) de moisi

moult, (US) **molt** [məult] VI muer

mound [maund] N monticule *m*, tertre *m*

mount [maunt] N (*hill*) mont *m*, montagne *f*; (*horse*) monture *f*; (*for picture*) carton *m* de montage; (*for jewel etc*) monture ▶ VT monter; (*horse*) monter à; (*bike*) monter sur; (*exhibition*) organiser, monter; (*picture*) monter sur carton; (*stamp*) coller dans un album ▶ VI (*inflation, tension*) augmenter ▶ **mount up** VI s'élever, monter; (*bills, problems, savings*) s'accumuler

★**mountain** ['mauntɪn] N montagne *f*; **to make a ~ out of a molehill** (*fig*) se faire une montagne d'un rien ▶ CPD de (la) montagne

mountain bike N VTT *m*, vélo *m* tout terrain

mountaineer [mauntɪ'nɪəʳ] N alpiniste *mf*

mountaineering [mauntɪ'nɪərɪŋ] N alpinisme *m*; **to go ~** faire de l'alpinisme

mountainous ['mauntɪnəs] ADJ montagneux(-euse)

mountain range N chaîne *f* de montagnes

mountain rescue team N colonne *f* de secours

mountainside ['mauntɪnsaɪd] N flanc *m or* versant *m* de la montagne

mounted ['mauntɪd] ADJ monté(e)

Mount Everest N le mont Everest

mounting ['mauntɪŋ] ADJ (*tension, excitement*) croissant(e); (*ever-increasing*): **he ignored his ~ debts**

m

il ignora les dettes qui s'accumulaient; **in order to cover ~ costs** pour compenser l'augmentation des coûts

mourn [mɔ:n] VT pleurer ▸ VI: **to ~ for sb** pleurer qn; **to ~ for sth** se lamenter sur qch

mourner ['mɔ:nəʳ] N parent(e) *or* ami(e) du défunt; personne *f* en deuil *or* venue rendre hommage au défunt

mournful ['mɔ:nful] ADJ triste, lugubre

mourning ['mɔ:nɪŋ] N deuil *m*; **in ~** en deuil ▸ CPD (*dress*) de deuil

★**mouse** [maus] (*pl* **mice** [maɪs]) N (*also Comput*) souris *f*

mouse mat N (*Comput*) tapis *m* de souris

mousetrap ['maustræp] N souricière *f*

moussaka [mu'sɑ:kə] N moussaka *f*

mousse [mu:s] N mousse *f*

moustache [məs'tɑ:ʃ], (*US*) **mustache** ['mʌstæʃ] N moustache(s) *f(pl)*

mousy ['mausɪ] ADJ (*person*) effacé(e); (*hair*) d'un châtain terne

★**mouth** [mauθ] (*pl* **mouths** [mauðz]) N bouche *f*; (*of dog, cat*) gueule *f*; (*of river*) embouchure *f*; (*of hole, cave*) ouverture *f*; (*of bottle*) goulot *m*; (*opening*) orifice *m*

mouthful ['mauθful] N bouchée *f*

mouth organ N harmonica *m*

mouthpiece ['mauθpi:s] N (*of musical instrument*) bec *m*, embouchure *f*; (*spokesperson*) porte-parole *m inv*

mouth-to-mouth ['mauθtə'mauθ] ADJ: **~ resuscitation** bouche à bouche *m*

mouthwash ['mauθwɔʃ] N eau *f* dentifrice

mouth-watering ['mauθwɔ:tərɪŋ] ADJ qui met l'eau à la bouche

movable ['mu:vəbl] ADJ mobile

★**move** [mu:v] N (*movement*) mouvement *m*; (*in game*) coup *m*; (: *turn to play*) tour *m*; (*change of house*) déménagement *m*; (*change of job*) changement *m* d'emploi; **to get a ~ on** se dépêcher, se remuer ▸ VT déplacer, bouger; (*emotionally*) émouvoir; (*Pol: resolution etc*) proposer; **can you ~ your car, please?** pouvez-vous déplacer votre voiture, s'il vous plaît ?; **to ~ sb to do sth** pousser *or* inciter qn à faire qch ▸ VI (*gen*) bouger, remuer; (*traffic*) circuler; (*also:* **move house**) déménager; (*in game*) jouer; **to ~ towards** se diriger vers

▸ **move about, move around** VI (*fidget*) remuer; (*travel*) voyager, se déplacer

▸ **move along** VI se pousser

▸ **move away** VI s'en aller, s'éloigner

▸ **move back** VI revenir, retourner

▸ **move forward** VI avancer ▸ VT avancer; (*people*) faire avancer

▸ **move in** VI (*to a house*) emménager; (*police, soldiers*) intervenir

▸ **move into** VT FUS (*house*) emménager dans

▸ **move off** VI s'éloigner, s'en aller

▸ **move on** VI se remettre en route ▸ VT (*onlookers*) faire circuler

▸ **move out** VI (*of house*) déménager

▸ **move over** VI se pousser, se déplacer

▸ **move up** VI avancer; (*employee*) avoir de l'avancement; (*pupil*) passer dans la classe supérieure

moveable [mu:vəbl] ADJ = **movable**

★**movement** ['mu:vmənt] N mouvement *m*; **~ (of the bowels)** (*Med*) selles *fpl*

mover ['mu:vəʳ] N auteur *m* d'une proposition

movie ['mu:vɪ] N film *m* ▪ **movies** NPL: **the movies** le cinéma

movie camera N caméra *f*

moviegoer ['mu:vɪgəuəʳ] N (*US*) cinéphile *mf*

movie theater (*US*) N cinéma *m*

moving ['mu:vɪŋ] ADJ en mouvement; (*touching*) émouvant(e) ▸ N (*US*) déménagement *m*

mow [məu] (*pt* **mowed** [məud], *pp* **mowed** *or* **mown** [məun]) VT faucher; (*lawn*) tondre

▸ **mow down** VT faucher

mower ['məuəʳ] N (*also:* **lawnmower**) tondeuse *f* à gazon

mown [məun] PP *of* **mow**

Mozambique [məuzəm'bi:k] N Mozambique *m*

★**MP** N ABBR (= *Military Police*) PM; (BRIT) = **Member of Parliament**; (CANADA) = **Mounted Police**

MP3 N mp3 *m*

MP3 player N baladeur *m* numérique, lecteur *m* mp3

mpg N ABBR (= *miles per gallon*) (*30 mpg = 9,4 l. aux 100 km*)

mph ABBR (= *miles per hour*) (*60 mph = 96 km/h*)

MPhil ['ɛm'fɪl] N ABBR (*US:* = *Master of Philosophy*) *titre universitaire*

MPS N ABBR (BRIT) = **Member of the Pharmaceutical Society**

★**Mr**, (*US*) **Mr.** ['mɪstəʳ] N: **Mr X** Monsieur X, M. X

MRC N ABBR (BRIT: = *Medical Research Council*) *conseil de la recherche médicale*

MRCP N ABBR (BRIT) = **Member of the Royal College of Physicians**

MRCS N ABBR (BRIT) = **Member of the Royal College of Surgeons**

MRCVS N ABBR (BRIT) = **Member of the Royal College of Veterinary Surgeons**

★**Mrs**, (*US*) **Mrs.** ['mɪsɪz] N: **~ X** Madame X, Mme X

★**MS** N ABBR (= *manuscript*) ms; (= *multiple sclerosis*) SEP *f*; (*US:* = *Master of Science*) *titre universitaire* ▸ ABBR (*US*) = **Mississippi**

★**Ms**, (*US*) **Ms.** [mɪz] N (*Miss or Mrs*): **Ms X** Madame X, Mme X

Ms est un titre utilisé à la place de *Mrs* (Mme) ou de *Miss* (Mlle) pour éviter la distinction traditionnelle entre femmes mariées et femmes non mariées.

MSA N ABBR (*US:* = *Master of Science in Agriculture*) *titre universitaire*

MSc N ABBR = **Master of Science**

MSG N ABBR = **monosodium glutamate**

MSP N ABBR (= *Member of the Scottish Parliament*) député *m* au Parlement écossais

MST ABBR (*US:* = *Mountain Standard Time*) *heure d'hiver des Montagnes Rocheuses*

MT N ABBR (= *machine translation*) TM ▸ ABBR (*US*) = **Montana**

Mt ABBR (*Geo:* = *mount*) Mt

mth ABBR (= *month*) m

MTV N ABBR = **music television**

★**much** [mʌtʃ] ADJ beaucoup de; **~ milk** beaucoup de lait; **we don't have ~ time** nous n'avons pas beaucoup de temps ▸ADV, N, PRON beaucoup; **how ~ is it?** combien est-ce que ça coûte ?; **it's not ~** ce n'est pas beaucoup; **too ~** trop (de); **so ~** tant (de); **I like it very/so ~** j'aime beaucoup/tellement ça; **as ~ as** autant de; **thank you very ~** merci beaucoup; **that's ~ better** c'est beaucoup mieux; **~ to my amazement ...** à mon grand étonnement ...

muck [mʌk] N (*mud*) boue *f*; (*dirt*) ordures *fpl*
▸**muck about** VI (*inf*) faire l'imbécile; (: *waste time*) traînasser; (: *tinker*) bricoler; tripoter
▸**muck in** VI (BRIT *inf*) donner un coup de main
▸**muck out** VT (*stable*) nettoyer
▸**muck up** VT (*inf*: *ruin*) gâcher, esquinter; (: *dirty*) salir; (: *exam, interview*) se planter à

muckraking ['mʌkreɪkɪŋ] N (*fig, inf*) déterrement *m* d'ordures

mucky ['mʌkɪ] ADJ (*dirty*) boueux(-euse), sale

mucus ['mju:kəs] N mucus *m*

mud [mʌd] N boue *f*

muddle ['mʌdl] N (*mess*) pagaille *f*, fouillis *m*; (*mix-up*) confusion *f*; **to be in a ~** (*person*) ne plus savoir où l'on en est; **to get in a ~** (*while explaining etc*) s'embrouiller ▸VT (*also*: **muddle up**) brouiller, embrouiller
▸**muddle along** VI aller son chemin tant bien que mal
▸**muddle through** VI se débrouiller

muddled ['mʌdld] ADJ (*person*) perdu(e); (*ideas, approach*) confus(e)

muddle-headed [mʌdl'hɛdɪd] ADJ (*person*) à l'esprit embrouillé *or* confus, dans le brouillard

muddy ['mʌdɪ] ADJ boueux(-euse)

mud flats NPL plage *f* de vase

mudguard ['mʌdgɑ:d] N garde-boue *m inv*

mudpack ['mʌdpæk] N masque *m* de beauté

mudslide ['mʌdslaɪd] N coulée *f* de boue

mud-slinging ['mʌdslɪŋɪŋ] N médisance *f*, dénigrement *m*

muesli ['mju:zlɪ] N muesli *m*

muezzin [mu'ɛzɪn] N muezzin *m*

muff [mʌf] N manchon *m* ▸VT (*inf*: *shot, catch etc*) rater, louper; **to ~ it** rater *or* louper son coup

muffin ['mʌfɪn] N (*roll*) *petit pain rond et plat*; (*cake*) *petit gâteau au chocolat ou aux fruits*

muffle ['mʌfl] VT (*sound*) assourdir, étouffer; (*against cold*) emmitoufler

muffled ['mʌfld] ADJ étouffé(e), voilé(e)

muffler ['mʌflə^r] N (*scarf*) cache-nez *m inv*; (*US Aut*) silencieux *m*

mufti ['mʌftɪ] N: **in ~** en civil

mug [mʌg] N (*cup*) tasse *f* (*sans soucoupe*); (: *for beer*) chope *f*; (*inf*: *face*) bouille *f*; (: *fool*) poire *f*; **it's a ~'s game** (BRIT) c'est bon pour les imbéciles ▸VT (*assault*) agresser
▸**mug up** VT (BRIT *inf*: *also*: **mug up on**) bosser, bûcher

mugger ['mʌgə^r] N agresseur *m*

mugging ['mʌgɪŋ] N agression *f*

muggins ['mʌgɪnz] N (*inf*) ma pomme

muggy ['mʌgɪ] ADJ lourd(e), moite

mug shot N (*inf*: *Police*) photo *f* de criminel; (: *gen*: *photo*) photo d'identité

mulatto [mju:'lætəu] (*pl* **mulattoes**) (!) N mulâtre(-tresse)

mulberry ['mʌlbrɪ] N (*fruit*) mûre *f*; (*tree*) mûrier *m*

mule [mju:l] N mule *f*

mull [mʌl]: **to ~ over** *vt* réfléchir à, ruminer

mullah ['mulə] N mollah *m*

mulled [mʌld] ADJ: **~ wine** vin chaud

mullet ['mʌlɪt] (*pl* **~**) N (*fish*) mulet *m*; **red ~** rouget *m*

multi... ['mʌltɪ] PREFIX multi...

multi-access ['mʌltɪ'æksɛs] ADJ (*Comput*) à accès multiple

multicoloured, (*US*) **multicolored** ['mʌltɪkʌləd] ADJ multicolore

multicultural [mʌltɪ'kʌltʃərəl] ADJ multiculturel(le)

multiculturalism [mʌltɪ'kʌltʃərəlɪzəm] N multiculturalisme *m*

multifaceted [mʌltɪ'fæsɪtɪd] ADJ: **he's a ~ performer** c'est un artiste aux multiples talents; **her job is ~** son travail est très varié

multifarious [mʌltɪ'fɛərɪəs] ADJ divers(es), varié(e)

multigrain ['mʌltɪgreɪn] ADJ multicéréales

multilateral [mʌltɪ'lætərl] ADJ (*Pol*) multilatéral(e)

multi-level ['mʌltɪlɛvl] ADJ (*US*) = **multistorey**

multilingual [mʌltɪ'lɪŋgwəl] ADJ (*country*) multilingue, plurilingue; (*person*) polyglotte

multimedia ['mʌltɪ'mi:dɪə] ADJ multimédia *inv*

multimillionaire [mʌltɪmɪljə'nɛə^r] N milliardaire *mf*

multinational [mʌltɪ'næʃənl] N multinationale *f* ▸ADJ multinational(e)

multiple ['mʌltɪpl] ADJ multiple ▸N multiple *m*; (BRIT: *also*: **multiple store**) magasin *m* à succursales (multiples)

multiple choice (test) N QCM *m*, questionnaire *m* à choix multiple

multiple crash N carambolage *m*

multiple sclerosis [-sklɪ'rəusɪs] N sclérose *f* en plaques

multiplex (cinema) ['mʌltɪplɛks-] N (cinéma *m*) multisalles *m*

multiplication [mʌltɪplɪ'keɪʃən] N multiplication *f*

multiplication table N table *f* de multiplication

multiplicity [mʌltɪ'plɪsɪtɪ] N multiplicité *f*

multiply ['mʌltɪplaɪ] VT multiplier ▸VI se multiplier

multiracial [mʌltɪ'reɪʃl] ADJ multiracial(e)

multistorey ['mʌltɪ'stɔ:rɪ] ADJ (BRIT: *building*) à étages; (: *car park*) à étages *or* niveaux multiples

multitask ['mʌltɪtɑ:sk] VI (*also Comput*) être multitâche

multitasking ['mʌltɪtɑ:skɪŋ] N (*also Comput*) multitâche *m*

m

multitude ['mʌltɪtju:d] N multitude *f*

★**mum** [mʌm] N (BRIT) maman *f* ▶ ADJ: **to keep ~** ne pas souffler mot; **~'s the word!** motus et bouche cousue !

Mumbai [mum'baɪ] N Mumbai

mumble ['mʌmbl] VT, VI marmotter, marmonner

mumbo jumbo ['mʌmbəu-] N (*inf*) baragouin *m*, charabia *m*

mummify ['mʌmɪfaɪ] VT momifier

mummy ['mʌmɪ] N (BRIT: *mother*) maman *f*; (*embalmed*) momie *f*

mumps [mʌmps] N oreillons *mpl*

munch [mʌntʃ] VT, VI mâcher

mundane [mʌn'deɪn] ADJ banal(e), terre à terre *inv*

municipal [mju:'nɪsɪpl] ADJ municipal(e)

municipality [mju:nɪsɪ'pælɪtɪ] N municipalité *f*

munitions [mju:'nɪʃənz] NPL munitions *fpl*

mural ['mjuərl] N peinture murale

★**murder** ['mə:dəʳ] N meurtre *m*, assassinat *m*; **to commit ~** commettre un meurtre ▶ VT assassiner

murderer ['mə:dərəʳ] N meurtrier *m*, assassin *m*

murderess ['mə:dərɪs] N meurtrière *f*

murderous ['mə:dərəs] ADJ meurtrier(-ière)

murk [mə:k] N obscurité *f*

murky ['mə:kɪ] ADJ sombre, ténébreux(-euse); (*water*) trouble

murmur ['mə:məʳ] N murmure *m*; **heart ~** (*Med*) souffle *m* au cœur ▶ VT, VI murmurer

MusB, MusBac N ABBR (= *Bachelor of Music*) *titre universitaire*

★**muscle** ['mʌsl] N muscle *m*; (*fig*) force *f*
▶ **muscle in** VI s'imposer, s'immiscer

muscular ['mʌskjuləʳ] ADJ musculaire; (*person, arm*) musclé(e)

muscular dystrophy N dystrophie *f* musculaire

MusD, MusDoc N ABBR (= *Doctor of Music*) *titre universitaire*

muse [mju:z] VI méditer, songer ▶ N muse *f*

★**museum** [mju:'zɪəm] N musée *m*

mush [mʌʃ] N bouillie *f*; (*pej*) sentimentalité *f* à l'eau de rose

★**mushroom** ['mʌʃrum] N champignon *m* ▶ VI (*fig*) pousser comme un (*or* des) champignon(s)

mushy ['mʌʃɪ] ADJ (*vegetables, fruit*) en bouillie; (*movie etc*) à l'eau de rose

★**music** ['mju:zɪk] N musique *f*

★**musical** ['mju:zɪkl] ADJ musical(e); (*person*) musicien(ne) ▶ N (*show*) comédie musicale

musical box N = **music box**

musical chairs NPL chaises musicales; (*fig*): **to play ~** faire des permutations

musical instrument N instrument *m* de musique

music box N boîte *f* à musique

music centre N chaîne compacte

music hall N music-hall *m*

★**musician** [mju:'zɪʃən] N musicien(ne)

music stand N pupitre *m* à musique

musk [mʌsk] N musc *m*

musket ['mʌskɪt] N mousquet *m*

muskrat ['mʌskræt] N rat musqué

musk rose N (*Bot*) rose *f* muscade

Muslim ['mʌzlɪm] ADJ, N musulman(e)

muslin ['mʌzlɪn] N mousseline *f*

musquash ['mʌskwɔʃ] N loutre *f*; (*fur*) rat *m* d'Amérique, ondatra *m*

mussel ['mʌsl] N moule *f*

★**must** [mʌst] AUX VB (*obligation*): **I ~ do it** je dois le faire, il faut que je le fasse; (*probability*): **he ~ be there by now** il doit y être maintenant, il y est probablement maintenant; (*suggestion, invitation*): **you ~ come and see me** il faut que vous veniez me voir; **I ~ have made a mistake** j'ai dû me tromper ▶ N nécessité *f*, impératif *m*; **it's a ~** c'est indispensable

mustache ['mʌstæʃ] N (*US*) = **moustache**

mustard ['mʌstəd] N moutarde *f*

mustard gas N ypérite *f*, gaz *m* moutarde

muster ['mʌstəʳ] VT rassembler; (*also:* **muster up**: *strength, courage*) rassembler

mustiness ['mʌstɪnɪs] N odeur *f* de moisi *or* de renfermé

mustn't ['mʌsnt] = **must not**

musty ['mʌstɪ] ADJ qui sent le moisi *or* le renfermé

mutant ['mju:tənt] ADJ mutant(e) ▶ N mutant *m*

mutate [mju:'teɪt] VI subir une mutation

mutation [mju:'teɪʃən] N mutation *f*

mute [mju:t] ADJ muet(te)

muted ['mju:tɪd] ADJ (*noise*) sourd(e), assourdi(e); (*criticism*) voilé(e); (*Mus*) en sourdine; (: *trumpet*) bouché(e)

mutilate ['mju:tɪleɪt] VT mutiler

mutilation [mju:tɪ'leɪʃən] N mutilation *f*

mutinous ['mju:tɪnəs] ADJ (*troops*) mutiné(e); (*attitude*) rebelle

mutiny ['mju:tɪnɪ] N mutinerie *f* ▶ VI se mutiner

mutter ['mʌtəʳ] VT, VI marmonner, marmotter

mutton ['mʌtn] N mouton *m*

mutual ['mju:tʃuəl] ADJ mutuel(le), réciproque; (*benefit, interest*) commun(e)

mutually ['mju:tʃuəlɪ] ADV mutuellement, réciproquement

Muzak® ['mju:zæk] N (*often pej*) musique *f* d'ambiance

muzzle ['mʌzl] N museau *m*; (*protective device*) muselière *f*; (*of gun*) gueule *f* ▶ VT museler

MVP N ABBR (*US Sport*) = **most valuable player**

MW ABBR (= *medium wave*) PO

★**my** [maɪ] ADJ mon (ma), mes *pl*; **my book/car/gloves** mon livre/ma voiture/mes gants; **I've washed my hair/cut my finger** je me suis lavé les cheveux/coupé le doigt; **is this my pen or yours?** c'est mon stylo ou c'est le vôtre ?

Myanmar ['maɪænmɑ:ʳ] N Myanmar *m*

myopic [maɪ'ɔpɪk] ADJ myope

myriad ['mɪrɪəd] N myriade *f*

★**myself** [maɪ'sɛlf] PRON (*reflexive*) me; (*emphatic*) moi-même; (*after prep*) moi; *see also* **oneself**

mysterious [mɪs'tɪərɪəs] ADJ mystérieux(-euse)

mysteriously [mɪˈstɪərɪəslɪ] ADV mystérieusement
★**mystery** [ˈmɪstərɪ] N mystère *m*
mystery story N roman *m* à suspense
mystic [ˈmɪstɪk] N mystique *mf* ▸ ADJ (*mysterious*) ésotérique
mystical [ˈmɪstɪkl] ADJ mystique
mysticism [ˈmɪstɪsɪzəm] N mysticisme *m*
mystify [ˈmɪstɪfaɪ] VT (*deliberately*) mystifier; (*puzzle*) ébahir
mystique [mɪsˈtiːk] N mystique *f*
myth [mɪθ] N mythe *m*
mythical [ˈmɪθɪkl] ADJ mythique
mythological [mɪθəˈlɔdʒɪkl] ADJ mythologique
mythology [mɪˈθɔlədʒɪ] N mythologie *f*

m

Nn

N¹, n [ɛn] N (*letter*) N, n *m*; **N for Nellie**, (*US*) **N for Nan** N comme Nicolas

N² ABBR (= *north*) N

'n' [ən] CONJ (*inf*: *and*) 'n'; **country 'n' western** country *inv*; **a country 'n' western song** une chanson country; **a fish 'n' chips restaurant** un fish and chips

NA N ABBR (*US*: = *Narcotics Anonymous*) *association d'aide aux drogués*; (*US*) = **National Academy**

n/a ABBR (= *not applicable*) n.a.; (*Comm etc*) = **no account**

NAACP N ABBR (*US*) = **National Association for the Advancement of Colored People**

NAAFI ['næfɪ] N ABBR (BRIT: = *Navy, Army & Air Force Institute*) *organisme responsable des magasins et cantines de l'armée*

nab [næb] VT (*inf*) pincer, attraper

NACU N ABBR (*US*) = **National Association of Colleges and Universities**

nadir ['neɪdɪəʳ] N (*Astronomy*) nadir *m*; (*fig*) fond *m*, point *m* extrême

naff [næf] ADJ (BRIT *inf*) nul(le)

nag [næg] VT (*scold*) être toujours après, reprendre sans arrêt ▸ N (*pej*: *horse*) canasson *m*; (*person*): **she's an awful ~** elle est constamment après lui (*or* eux *etc*), elle est très casse-pieds

nagging ['nægɪŋ] ADJ (*doubt, pain*) persistant(e) ▸ N remarques continuelles

nail [neɪl] N (*human*) ongle *m*; (*metal*) clou *m*; **to pay cash on the ~** (BRIT) payer rubis sur l'ongle ▸ VT clouer; **to ~ sth to sth** clouer qch à qch; **to ~ sb down to a date/price** contraindre qn à accepter *or* donner une date/un prix

nailbrush ['neɪlbrʌʃ] N brosse *f* à ongles

nailfile ['neɪlfaɪl] N lime *f* à ongles

nail polish N vernis *m* à ongles

nail polish remover N dissolvant *m*

nail scissors NPL ciseaux *mpl* à ongles

nail varnish N (BRIT) = **nail polish**

Nairobi [naɪ'rəubɪ] N Nairobi

naïve [naɪ'iːv] ADJ naïf(-ïve)

naïveté [naɪ'iːvteɪ], **naivety** [naɪ'iːvɪtɪ] N naïveté *f*

naked ['neɪkɪd] ADJ nu(e); **with the ~ eye** à l'œil nu

nakedness ['neɪkɪdnɪs] N nudité *f*

NAM N ABBR (*US*) = **National Association of Manufacturers**

★**name** [neɪm] N nom *m*; (*reputation*) réputation *f*; **by ~** par son nom; de nom; **in the ~ of** au nom de; **what's your ~?** comment vous appelez-vous ?, quel est votre nom ?; **my ~ is Peter** je m'appelle Peter; **to take sb's ~ and address** relever l'identité de qn *or* les nom et adresse de qn; **to make a ~ for o.s.** se faire un nom; **to get (o.s.) a bad ~** se faire une mauvaise réputation; **to call sb names** traiter qn de tous les noms ▸ VT nommer; (*identify*: *accomplice etc*) citer; (*price, date*) fixer, donner

name dropping N *mention (pour se faire valoir) du nom de personnalités qu'on connaît (ou prétend connaître)*

nameless ['neɪmlɪs] ADJ sans nom; (*witness, contributor*) anonyme

namely ['neɪmlɪ] ADV à savoir

nameplate ['neɪmpleɪt] N (*on door etc*) plaque *f*

namesake ['neɪmseɪk] N homonyme *m*

Namibia [nɑː'mɪbɪə] N Namibie *f*

nan bread [nɑːn-] N nan *m*

nanny ['nænɪ] N bonne *f* d'enfants

nanny goat N chèvre *f*

nanobot ['nænəubɔt] N (*Comput*) nanorobot *m*

nanotechnology [nænəutɛk'nɔlədʒɪ] N nanotechnologie *f*

nap [næp] N (*sleep*) (petit) somme ▸ VI: **to be caught napping** être pris(e) à l'improviste *or* en défaut

napalm ['neɪpɑːm] N napalm *m*

nape [neɪp] N: **~ of the neck** nuque *f*

napkin ['næpkɪn] N serviette *f* (de table)

Naples ['neɪplz] N Naples

Napoleonic [nəpəulɪ'ɔnɪk] ADJ napoléonien(ne)

nappy ['næpɪ] N (BRIT) couche *f*

nappy liner N (BRIT) protège-couche *m*

nappy rash N: **to have ~** avoir les fesses rouges

narcissistic [nɑːsɪ'sɪstɪk] ADJ narcissique

narcissus [nɑː'sɪsəs] (*pl* **narcissi** [-saɪ]) N narcisse *m*

narcotic [nɑː'kɔtɪk] N (*Med*) narcotique *m*

narcotics [nɑː'kɔtɪkz] NPL (*illegal drugs*) stupéfiants *mpl*

nark [nɑːk] VT (BRIT *inf*) mettre en rogne

narrate [nə'reɪt] VT raconter, narrer

narration [nə'reɪʃən] N narration *f*

narrative ['nærətɪv] N récit *m* ▸ ADJ narratif(-ive)

narrator [nə'reɪtəʳ] N narrateur(-trice)

★**narrow** ['nærəu] ADJ étroit(e); (*fig*) restreint(e), limité(e); **to have a ~ escape** l'échapper belle ▸ VI (*road*) devenir plus étroit, se rétrécir; (*gap, difference*) se réduire
▸ **narrow down** VT restreindre

narrow gauge ADJ (*Rail*) à voie étroite

narrowly ['nærəulɪ] ADV: **he ~ missed injury/the tree** il a failli se blesser/rentrer dans l'arbre; **he only ~ missed the target** il a manqué la cible de peu *or* de justesse

narrow-minded [nærəu'maɪndɪd] ADJ à l'esprit étroit, borné(e); (*attitude*) borné(e)

NAS N ABBR (*US*) = **National Academy of Sciences**

NASA ['næsə] N ABBR (*US*: = *National Aeronautics and Space Administration*) NASA *f*

nasal ['neɪzl] ADJ nasal(e)

Nassau ['næsɔː] N (*in Bahamas*) Nassau

nastily ['nɑːstɪlɪ] ADV (*say, act*) méchamment

nastiness ['nɑːstɪnɪs] N (*of person, remark*) méchanceté *f*

nasturtium [nəs'təːʃəm] N capucine *f*

nasty ['nɑːstɪ] ADJ (*person: malicious*) méchant(e); (*: rude*) très désagréable; (*smell*) dégoûtant(e); (*wound, situation*) mauvais(e), vilain(e); (*weather*) affreux(-euse); **to turn ~** (*situation*) mal tourner; (*weather*) se gâter; (*person*) devenir méchant; **it's a ~ business** c'est une sale affaire

NAS/UWT N ABBR (BRIT: = *National Association of Schoolmasters/Union of Women Teachers*) *syndicat enseignant*

★**nation** ['neɪʃən] N nation *f*

★**national** ['næʃənl] ADJ national(e) ▸ N (*abroad*) ressortissant(e); (*when home*) national(e)

national anthem N hymne national

National Curriculum N (BRIT) *programme scolaire commun à toutes les écoles publiques en Angleterre et au Pays de Galles comprenant dix disciplines*

national debt N dette *f* publique

national dress N costume national

National Guard N (*US*) milice *f* (*de volontaires*)

National Health Service N (BRIT) *service national de santé*, ≈ Sécurité Sociale

Depuis sa création, en 1948, le **National Health Service** (ou, plus couramment, *NHS*) a pour mission de fournir des soins de santé à tous les résidents du Royaume-Uni. Il s'agit du plus grand système de santé public du monde. Financé par les contribuables, il est fondé sur un grand principe : la gratuité des soins de santé pour tous, quels que soient leurs revenus. À quelques exceptions près (notamment les soins dentaires et les médicaments en Angleterre, au pays de Galles et en Irlande du Nord), toutes les prestations, y compris les consultations médicales et les soins hospitaliers, sont gratuites. Chacun des quatre pays du Royaume-Uni possède son propre système, financé et géré de façon indépendante. Souvent en butte aux critiques en raison des temps d'attente pour les opérations chirurgicales et de l'insuffisance des effectifs dans les hôpitaux, le *NHS* fait régulièrement l'objet de réformes visant à améliorer le service fourni.

National Insurance N (BRIT) ≈ Sécurité Sociale

Le **National Insurance** est un système de cotisations obligatoires versées par les travailleurs (par prélèvement à la source sur les salaires) et les employeurs du Royaume-Uni afin de contribuer au coût de certaines prestations sociales : retraite, congé maternité, allocations chômage, pension d'invalidité. Introduit en 1911 comme système d'assurance contre la maladie et le chômage, il a été considérablement étendu en 1948.

nationalism ['næʃnəlɪzəm] N nationalisme *m*

nationalist ['næʃnəlɪst] ADJ, N nationaliste *mf*

nationality [næʃə'nælɪtɪ] N nationalité *f*

nationalization [næʃnəlaɪ'zeɪʃən] N nationalisation *f*

nationalize ['næʃnəlaɪz] VT nationaliser

nationally ['næʃnəlɪ] ADV du point de vue national; dans le pays entier

national park N parc national

national press N presse nationale

National Security Council N (*US*) conseil national de sécurité

national service N (*Mil*) service *m* militaire

National Trust N (BRIT) ≈ Caisse *f* nationale des monuments historiques et des sites

Le **National Trust** est un organisme indépendant, à but non lucratif, dont la mission est de protéger et de mettre en valeur les monuments et les sites britanniques en raison de leur intérêt historique ou de leur beauté naturelle.

nation state N État-nation *m*

nationwide ['neɪʃənwaɪd] ADJ s'étendant à l'ensemble du pays; (*problem*) à l'échelle du pays entier ▸ ADV à travers *or* dans tout le pays

★**native** ['neɪtɪv] N habitant(e) du pays, autochtone *mf*; (*!: in colonies*) indigène *mf*; **a ~ of Russia** une personne originaire de Russie ▸ ADJ du pays, indigène; (*country*) natal(e); (*language*) maternel(le); (*ability*) inné(e); **a ~ speaker of French** une personne de langue maternelle française

Native American N Indien(ne) d'Amérique ▸ ADJ amérindien(ne)

native speaker N locuteur natif; *see also* **native**

Nativity [nə'tɪvɪtɪ] N (*Rel*): **the ~** la Nativité

nativity play N mystère *m or* miracle *m* de la Nativité

NATO ['neɪtəu] N ABBR (= *North Atlantic Treaty Organization*) OTAN *f*

natter ['nætə^r] VI (BRIT) bavarder

★**natural** ['nætʃrəl] ADJ naturel(le); **to die of ~ causes** mourir d'une mort naturelle

natural childbirth N accouchement *m* sans douleur

natural gas N gaz naturel

natural history N histoire naturelle

naturalism ['nætʃrəlɪzəm] N naturalisme *m*

naturalist ['nætʃrəlɪst] N naturaliste *mf*

naturalization ['nætʃrəlaɪ'zeɪʃən] N naturalisation *f*; acclimatation *f*

naturalize [ˈnætʃrəlaɪz] VT naturaliser; *(plant)* acclimater; **to become naturalized** *(person)* se faire naturaliser

★**naturally** [ˈnætʃrəlɪ] ADV naturellement

natural resources NPL ressources naturelles

natural selection N sélection naturelle

natural wastage N *(Industry)* départs naturels et volontaires

★**nature** [ˈneɪtʃəʳ] N nature *f*; **by ~** par tempérament, de nature; **documents of a confidential ~** documents à caractère confidentiel

-natured [ˈneɪtʃəd] SUFFIX: **ill-natured** qui a mauvais caractère

nature reserve N (BRIT) réserve naturelle

nature trail N *sentier de découverte de la nature*

naturist [ˈneɪtʃərɪst] N naturiste *mf*

naught [nɔːt] N = **nought**

naughtiness [ˈnɔːtɪnɪs] N *(of child)* désobéissance *f*; *(of story etc)* grivoiserie *f*

naughty [ˈnɔːtɪ] ADJ *(child)* vilain(e), pas sage; *(story, film)* grivois(e)

Nauru [nɑːˈuːruː] N Nauru

nausea [ˈnɔːsɪə] N nausée *f*

nauseate [ˈnɔːsɪeɪt] VT écœurer, donner la nausée à

nauseating [ˈnɔːsɪeɪtɪŋ] ADJ écœurant(e), dégoûtant(e)

nauseous [ˈnɔːsɪəs] ADJ nauséabond(e), écœurant(e); *(feeling sick)*: **to be ~** avoir des nausées

nautical [ˈnɔːtɪkl] ADJ nautique

nautical mile N mille marin (*= 1853 m*)

naval [ˈneɪvl] ADJ naval(e)

naval officer N officier *m* de marine

nave [neɪv] N nef *f*

navel [ˈneɪvl] N nombril *m*

navigable [ˈnævɪgəbl] ADJ navigable

navigate [ˈnævɪgeɪt] VT *(steer)* diriger, piloter ▸ VI naviguer; *(Aut)* indiquer la route à suivre

navigation [nævɪˈgeɪʃən] N navigation *f*

navigator [ˈnævɪgeɪtəʳ] N navigateur *m*

navvy [ˈnævɪ] N (BRIT) terrassier *m*

★**navy** [ˈneɪvɪ] N marine *f*; **Department of the N~** *(US)* ministère *m* de la Marine

navy-blue [ˈneɪvɪˈbluː] ADJ bleu marine *inv*

Nazi [ˈnɑːtsɪ] ADJ nazi(e) ▸ N Nazi(e)

NB ABBR (= *nota bene*) NB; (CANADA) = **New Brunswick**

NBA N ABBR *(US)* = **National Basketball Association; National Boxing Association**

NBC N ABBR (*US:* = *National Broadcasting Company*) *chaîne de télévision*

NBS N ABBR (*US:* = *National Bureau of Standards*) *office de normalisation*

NC ABBR *(US)* = **North Carolina**

NCC N ABBR (BRIT: = *Nature Conservancy Council*) *organisme de protection de la nature*; *(US)* = **National Council of Churches**

NCO N ABBR = **non-commissioned officer**

ND, N. Dak. ABBR *(US)* = **North Dakota**

NE ABBR *(US)* = **Nebraska; New England**

NEA N ABBR *(US)* = **National Education Association**

neap [niːp] N *(also:* **neap tide**) mortes-eaux *fpl*

★**near** [nɪəʳ] ADJ proche; **in the ~ future** dans un proche avenir; **£25,000 or nearest offer** (BRIT) 25 000 livres à débattre ▸ ADV près; **to come ~** s'approcher ▸ PREP *(also:* **near to**) près de; **~ here/there** près d'ici/non loin de là ▸ VT approcher de

★**nearby** [nɪəˈbaɪ] ADJ proche ▸ ADV tout près, à proximité

Near East N: **the ~** le Proche-Orient

nearer [ˈnɪərəʳ] ADJ plus proche ▸ ADV plus près

★**nearly** [ˈnɪəlɪ] ADV presque; **I ~ fell** j'ai failli tomber; **it's not ~ big enough** ce n'est vraiment pas assez grand, c'est loin d'être assez grand

near miss N collision évitée de justesse; *(when aiming)* coup manqué de peu *or* de justesse

nearness [ˈnɪənɪs] N proximité *f*

nearside [ˈnɪəsaɪd] *(Aut)* N *(right-hand drive)* côté *m* gauche; *(left-hand drive)* côté droit ▸ ADJ de gauche; de droite

near-sighted [nɪəˈsaɪtɪd] ADJ myope

★**neat** [niːt] ADJ *(person, work)* soigné(e); *(room etc)* bien tenu(e) *or* rangé(e); *(solution, plan)* habile; *(spirits)* pur(e); **I drink it ~** je le bois sec *or* sans eau

neatly [ˈniːtlɪ] ADV avec soin *or* ordre; *(skilfully)* habilement

neatness [ˈniːtnɪs] N *(tidiness)* netteté *f*; *(skilfulness)* habileté *f*

nebulous [ˈnɛbjuləs] ADJ nébuleux(-euse)

★**necessarily** [ˈnɛsɪsərɪlɪ] ADV nécessairement; **not ~** pas nécessairement *or* forcément

★**necessary** [ˈnɛsɪsrɪ] ADJ nécessaire; **if ~** si besoin est, le cas échéant

necessitate [nɪˈsɛsɪteɪt] VT nécessiter

necessity [nɪˈsɛsɪtɪ] N nécessité *f*; chose nécessaire *or* essentielle; **in case of ~** en cas d'urgence

★**neck** [nɛk] N cou *m*; *(of horse, garment)* encolure *f*; *(of bottle)* goulot *m*; **~ and ~** à égalité; **to stick one's ~ out** *(inf)* se mouiller ▸ VI *(inf)* se peloter

necklace [ˈnɛklɪs] N collier *m*

neckline [ˈnɛklaɪn] N encolure *f*

necktie [ˈnɛktaɪ] N *(esp US)* cravate *f*

nectar [ˈnɛktəʳ] N nectar *m*

nectarine [ˈnɛktərɪn] N brugnon *m*, nectarine *f*

née [neɪ] ADJ: **~ Scott** née Scott

★**need** [niːd] N besoin *m*; **to be in ~ of** *or* **have ~ of** avoir besoin de; **£10 will meet my immediate needs** 10 livres suffiront pour mes besoins immédiats; **in case of ~** en cas de besoin, au besoin; **there's no ~ to do ....** il n'y a pas lieu de faire ..., il n'est pas nécessaire de faire ...; **there's no ~ for that** ce n'est pas la peine, cela n'est pas nécessaire ▸ VT avoir besoin de; **to ~ to do** devoir faire; avoir besoin de faire; **you don't ~ to go** vous n'avez pas besoin *or* vous n'êtes pas obligé de partir; **a signature is needed** il faut une signature

needle [ˈniːdl] N aiguille *f*; *(on record player)* saphir *m* ▸ VT *(inf)* asticoter, tourmenter

needlecord [ˈniːdlkɔːd] N (BRIT) velours *m* milleraies

needless [ˈniːdlɪs] ADJ inutile; **~ to say, ...** inutile de dire que ...
needlessly [ˈniːdlɪslɪ] ADV inutilement
needlework [ˈniːdlwəːk] N (*activity*) travaux *mpl* d'aiguille; (*object*) ouvrage *m*
needn't [ˈniːdnt] = **need not**
needy [ˈniːdɪ] ADJ nécessiteux(-euse)
negation [nɪˈgeɪʃən] N négation *f*
★**negative** [ˈnɛgətɪv] N (*Phot, Elec*) négatif *m*; (*Ling*) terme *m* de négation; **to answer in the ~** répondre par la négative ▸ ADJ négatif(-ive)
negative equity N *situation dans laquelle la valeur d'une maison est inférieure à celle du prêt immobilier contracté pour la payer*
negatively [ˈnɛgətɪvlɪ] ADV négativement
negativity [nɛgəˈtɪvɪtɪ] N négativité *f*
neglect [nɪˈglɛkt] VT négliger; (*garden*) ne pas entretenir; (*duty*) manquer à; **to ~ to do sth** négliger *or* omettre de faire qch; **to ~ one's appearance** se négliger ▸ N (*of person, duty, garden*) le fait de négliger; **(state of) ~** abandon *m*
neglected [nɪˈglɛktɪd] ADJ négligé(e), à l'abandon
neglectful [nɪˈglɛktful] ADJ (*gen*) négligent(e); **to be ~ of sb/sth** négliger qn/qch
negligee [ˈnɛglɪʒeɪ] N déshabillé *m*
negligence [ˈnɛglɪdʒəns] N négligence *f*
negligent [ˈnɛglɪdʒənt] ADJ négligent(e)
negligently [ˈnɛglɪdʒəntlɪ] ADV par négligence; (*offhandedly*) négligemment
negligible [ˈnɛglɪdʒɪbl] ADJ négligeable
negotiable [nɪˈgəuʃɪəbl] ADJ négociable; **not ~** (*cheque*) non négociable
★**negotiate** [nɪˈgəuʃɪeɪt] VI négocier; **to ~ with sb for sth** négocier avec qn en vue d'obtenir qch ▸ VT négocier; (*Comm*) négocier; (*obstacle*) franchir, négocier; (*bend in road*) négocier
negotiating table [nɪˈgəuʃɪeɪtɪŋ-] N table *f* des négociations
negotiation [nɪgəuʃɪˈeɪʃən] N négociation *f*, pourparlers *mpl*; **to enter into negotiations with sb** engager des négociations avec qn
negotiator [nɪˈgəuʃɪeɪtə^r] N négociateur(-trice)
Negress [ˈniːgrɪs] N (!) négresse *f*
Negro [ˈniːgrəu] (*pl* **Negroes**) (!) ADJ (*gen*) noir(e); (*music, arts*) nègre, noir ▸ N Noir(e)
neigh [neɪ] VI hennir
neighbour, (US) **neighbor** [ˈneɪbə^r] N voisin(e)
neighbourhood, (US) **neighborhood** [ˈneɪbəhud] N (*place*) quartier *m*; (*people*) voisinage *m*
neighbourhood watch N (BRIT: *also:* **neighbourhood watch scheme**) *système de surveillance, assuré par les habitants d'un même quartier*
neighbouring, (US) **neighboring** [ˈneɪbərɪŋ] ADJ voisin(e), avoisinant(e)
neighbourly, (US) **neighborly** [ˈneɪbəlɪ] ADJ obligeant(e); (*relations*) de bon voisinage
★**neither** [ˈnaɪðə^r] ADJ, PRON aucun(e) (des deux), ni l'un(e) ni l'autre; **~ of them** ni l'un ni l'autre ▸ CONJ: **~ do I** moi non plus; **I didn't move and ~ did Claude** je n'ai pas bougé, (et) Claude non plus; **~ did I refuse** (et *or* mais) je n'ai pas non plus refusé ▸ ADV: **~ good nor bad** ni bon ni mauvais

nemesis [ˈnɛməsɪs] N némésis *f*
neo... [ˈniːəu] PREFIX néo-
neolithic [niːəuˈlɪθɪk] ADJ néolithique
neologism [nɪˈɔlədʒɪzəm] N néologisme *m*
neon [ˈniːɔn] N néon *m*
neonatal [niːəuˈneɪtəl] ADJ néonatal(e)
neon light N lampe *f* au néon
neon sign N enseigne (lumineuse) au néon
Nepal [nɪˈpɔːl] N Népal *m*
★**nephew** [ˈnɛvjuː] N neveu *m*
nepotism [ˈnɛpətɪzəm] N népotisme *m*
nerd [nəːd] N (*pej*) pauvre mec *m*, ballot *m*
★**nerve** [nəːv] N nerf *m*; (*bravery*) sang-froid *m*, courage *m*; (*cheek*) aplomb *m*, toupet *m*; **to lose one's ~** (*self-confidence*) perdre son sang-froid ■ **nerves** NPL (*nervousness*) nervosité *f*; **he gets on my nerves** il m'énerve; **to have a fit of nerves** avoir le trac
nerve centre N (*Anat*) centre nerveux; (*fig*) centre névralgique
nerve gas N gaz *m* neuroplégique
nerve-racking [ˈnəːvrækɪŋ] ADJ angoissant(e)
★**nervous** [ˈnəːvəs] ADJ nerveux(-euse); (*anxious*) inquiet(-ète), plein(e) d'appréhension; (*timid*) intimidé(e)
nervous breakdown N dépression nerveuse
nervously [ˈnəːvəslɪ] ADV nerveusement
nervousness [ˈnəːvəsnɪs] N nervosité *f*; inquiétude *f*, appréhension *f*
nervous wreck N (*inf*): **to be a ~** être une boule de nerfs
nervy [ˈnəːvɪ] ADJ: **he's very ~** il a les nerfs à fleur de peau *or* à vif
nest [nɛst] N nid *m*; **~ of tables** table *f* gigogne ▸ VI (se) nicher, faire son nid
nest egg N (*fig*) bas *m* de laine, magot *m*
nestle [ˈnɛsl] VI se blottir
nestling [ˈnɛstlɪŋ] N oisillon *m*
★**Net** [nɛt] N (*Comput*): **the ~** (*Internet*) le Net
★**net** [nɛt] N filet *m*; (*fabric*) tulle *f* ▸ ADJ net(te) ▸ ADV: **~ of tax** net d'impôt; **he earns £20,000 ~ per year** il gagne 20 000 livres net par an ▸ VT (*fish etc*) prendre au filet; (*money: person*) toucher; (*: deal, sale*) rapporter
netball [ˈnɛtbɔːl] N netball *m*
net curtains NPL voilages *mpl*
★**Netherlands** [ˈnɛðələndz] NPL: **the ~** les Pays-Bas *mpl*
netiquette [ˈnɛtɪkɛt] N netiquette *f*
net profit N bénéfice net
nett [nɛt] ADJ = **net**
netting [ˈnɛtɪŋ] N (*for fence etc*) treillis *m*, grillage *m*; (*fabric*) voile *m*
nettle [ˈnɛtl] N ortie *f*
★**network** [ˈnɛtwəːk] N réseau *m* ▸ CPD: **there's no ~ coverage here** (*Tel*) il n'y a pas de réseau ici ▸ VT (*Radio, TV*) diffuser sur l'ensemble du réseau; (*computers*) interconnecter ▸ VI créer des réseaux, réseauter
networking [ˈnɛtwəːkɪŋ] N réseautage *m*
neuralgia [njuəˈrældʒə] N névralgie *f*
neurological [njuərəˈlɔdʒɪkl] ADJ neurologique

n

neurologist [njuəˈrɔlədʒɪst] N neurologue *mf*
neurology [njuəˈrɔlədʒɪ] N neurologie *f*
neuron [ˈnjuərɔn], **neurone** [ˈnjuərəun] N neurone *m*
neurosis [njuəˈrəusɪs] (*pl* **neuroses** [-si:z]) N névrose *f*
neurotic [njuəˈrɔtɪk] ADJ, N névrosé(e)
neuter [ˈnju:təʳ] ADJ neutre ▸ N neutre *m* ▸ VT (*cat etc*) châtrer, couper
neutral [ˈnju:trəl] ADJ neutre ▸ N (*Aut*) point mort
neutrality [nju:ˈtrælɪtɪ] N neutralité *f*
neutralize [ˈnju:trəlaɪz] VT neutraliser
neutron bomb [ˈnju:trɔn-] N bombe *f* à neutrons
★**never** [ˈnɛvəʳ] ADV (ne ...) jamais; **I ~ went** je n'y suis pas allé; **I've ~ been to Spain** je ne suis jamais allé en Espagne; **~ again** plus jamais; **~ in my life** jamais de ma vie; *see also* **mind**
never-ending [nɛvərˈɛndɪŋ] ADJ interminable
nevertheless [nɛvəðəˈlɛs] ADV néanmoins, malgré tout
★**new** [nju:] ADJ nouveau (nouvelle); (*brand new*) neuf (neuve); **as good as ~** comme neuf

> **nouveau** changes to **nouvel** before a vowel or a mute 'h': *her new computer* **son nouvel ordinateur**; *a new hotel* **un nouvel hôtel**.

New Age N New Age *m*
newbie [ˈnju:bɪ] N (*beginner*) newbie *mf*; (*on forum*) nouveau (nouvelle)
newborn [ˈnju:bɔ:n] ADJ nouveau-né(e)
new build N constructions *fpl* nouvelles
newcomer [ˈnju:kʌməʳ] N nouveau venu (nouvelle venue)
new-fangled [ˈnju:fæŋgld] ADJ (*pej*) ultramoderne (et farfelu(e))
new-found [ˈnju:faund] ADJ de fraîche date; (*friend*) nouveau (nouvelle)
Newfoundland [ˈnju:fənlənd] N Terre-Neuve *f*
New Guinea N Nouvelle-Guinée *f*
newly [ˈnju:lɪ] ADV nouvellement, récemment
newly-weds [ˈnju:lɪwɛdz] NPL jeunes mariés *mpl*
new moon N nouvelle lune
newness [ˈnju:nɪs] N nouveauté *f*; (*of fabric, clothes etc*) état neuf
New Orleans [-ˈɔ:lənz] N la Nouvelle-Orléans
★**news** [nju:z] N nouvelle(s) *f(pl)*; (*Radio, TV*) informations *fpl*, actualités *fpl*; **a piece of ~** une nouvelle; **good/bad ~** bonne/mauvaise nouvelle; **financial ~** (*Press, Radio, TV*) page financière
news agency N agence *f* de presse
★**newsagent** [ˈnju:zeɪdʒənt] N (BRIT) marchand *m* de journaux
news bulletin N (*Radio, TV*) bulletin *m* d'informations
newscaster [ˈnju:zkɑ:stəʳ] N (*Radio, TV*) présentateur(-trice)
news flash N flash *m* d'information
newsgroup [ˈnju:zgru:p] N forum *m* Internet
newsletter [ˈnju:zlɛtəʳ] N bulletin *m*
★**newspaper** [ˈnju:zpeɪpəʳ] N journal *m*; **daily ~** quotidien *m*; **weekly ~** hebdomadaire *m*
newsprint [ˈnju:zprɪnt] N papier *m* (de) journal
newsreader [ˈnju:zri:dəʳ] N = **newscaster**
newsreel [ˈnju:zri:l] N actualités (filmées)
newsroom [ˈnju:zru:m] N (*Press*) salle *f* de rédaction; (*Radio, TV*) studio *m*
news stand N kiosque *m* à journaux
newsworthy [ˈnju:zwə:ðɪ] ADJ: **to be ~** valoir la peine d'être publié
newt [nju:t] N triton *m*
new town N (BRIT) ville nouvelle
★**New Year** N Nouvel An; **Happy ~!** Bonne Année !; **to wish sb a happy ~** souhaiter la Bonne Année à qn
New Year's Day N le jour de l'An
New Year's Eve N la Saint-Sylvestre
New Year's resolution N résolution *f* pour la nouvelle année
New York [-ˈjɔ:k] N New York; (*also:* **New York State**) New York *m*
New Zealand [-ˈzi:lənd] N Nouvelle-Zélande *f* ▸ ADJ néo-zélandais(e)
New Zealander [-ˈzi:ləndəʳ] N Néo-Zélandais(e)
★**next** [nɛkst] ADJ (*in time*) prochain(e); (*seat, room*) voisin(e), d'à côté; (*meeting, bus stop*) suivant(e); **~ time** la prochaine fois; **the ~ day** le lendemain, le jour suivant *or* d'après; **~ week** la semaine prochaine; **the ~ week** la semaine suivante; **~ year** l'année prochaine; **"turn to the ~ page"** « voir page suivante »; **who's ~?** c'est à qui ? ▸ ADV la fois suivante; la prochaine fois; (*afterwards*) ensuite; **when do we meet ~?** quand nous revoyons-nous ?; **~ to** *prep* à côté de; **~ to nothing** presque rien ▸ PRON: **the week after ~** dans deux semaines; **~ please!** (*at doctor's etc*) au suivant !
next door ADV à côté ▸ ADJ (*neighbour*) d'à côté
next-of-kin [ˈnɛkstəvˈkɪn] N parent *m* le plus proche
NF N ABBR (BRIT *Pol:* = *National Front*) ≈ FN ▸ ABBR (CANADA) = **Newfoundland**
NFL N ABBR (*US*) = **National Football League**
NG ABBR (*US*) = **National Guard**
NGO N ABBR (*US:* = *non-governmental organization*) ONG *f*
NH ABBR (*US*) = **New Hampshire**
NHL N ABBR (*US*) = **National Hockey League**
NHS N ABBR (BRIT) = **National Health Service**
NI ABBR = **Northern Ireland**; (BRIT) = **National Insurance**
Niagara Falls [naɪˈægərə-] NPL les chutes *fpl* du Niagara
nib [nɪb] N (*of pen*) (bec *m* de) plume *f*
nibble [ˈnɪbl] VT grignoter
Nicaragua [nɪkəˈrægjuə] N Nicaragua *m*
Nicaraguan [nɪkəˈrægjuən] ADJ nicaraguayen(ne) ▸ N Nicaraguayen(ne)
★**nice** [naɪs] ADJ (*holiday, trip, taste*) agréable; (*flat, picture*) joli(e); (*person*) gentil(le); (*distinction, point*) subtil(e)
nice-looking [ˈnaɪslukɪŋ] ADJ joli(e)
nicely [ˈnaɪslɪ] ADV agréablement; joliment; gentiment; subtilement; **that will do ~** ce sera parfait

niceties ['naɪsɪtɪz] NPL subtilités *fpl*
niche [ni:ʃ] N (*Archit*) niche *f*
nick [nɪk] N (*indentation*) encoche *f*; (*wound*) entaille *f*; (BRIT *inf*): **in good ~** en bon état; **in the ~ of time** juste à temps ▸VT (*cut*): **to ~ o.s.** se couper; (BRIT *inf*: *steal*) faucher, piquer; (: *arrest*) choper, pincer
nickel ['nɪkl] N nickel *m*; (US) pièce *f* de 5 cents
nickname ['nɪkneɪm] N surnom *m* ▸VT surnommer
Nicosia [nɪkə'si:ə] N Nicosie
nicotine ['nɪkəti:n] N nicotine *f*
nicotine patch N timbre *m* anti-tabac, patch *m*
★**niece** [ni:s] N nièce *f*
nifty ['nɪftɪ] ADJ (*inf*: *car, jacket*) qui a du chic *or* de la classe; (: *gadget, tool*) astucieux(-euse)
Niger ['naɪdʒə^r] N (*country, river*) Niger *m*
Nigeria [naɪ'dʒɪərɪə] N Nigéria *mf*
Nigerian [naɪ'dʒɪərɪən] ADJ nigérien(ne) ▸N Nigérien(ne)
niggardly ['nɪgədlɪ] ADJ (*person*) parcimonieux(-euse), pingre; (*allowance, amount*) misérable
niggle ['nɪgl] VT tracasser ▸VI (*find fault*) trouver toujours à redire; (*fuss*) n'être jamais content(e)
niggling ['nɪglɪŋ] ADJ tatillon(ne); (*detail*) insignifiant(e); (*doubt, pain*) persistant(e)
★**night** [naɪt] N nuit *f*; (*evening*) soir *m*; **at ~** la nuit; **by ~** de nuit; **in the ~, during the ~** pendant la nuit; **last ~** (*evening*) hier soir; (*night-time*) la nuit dernière; **the ~ before last** avant-hier soir
night-bird ['naɪtbə:d] N oiseau *m* nocturne; (*fig*) couche-tard *m inv*, noctambule *mf*
nightcap ['naɪtkæp] N *boisson prise avant le coucher*
night club N boîte *f* de nuit
nightdress ['naɪtdrɛs] N chemise *f* de nuit
nightfall ['naɪtfɔ:l] N tombée *f* de la nuit
nightgown ['naɪtgaun] N (US) chemise *f* de nuit
nightie ['naɪtɪ] N chemise *f* de nuit
nightingale ['naɪtɪŋgeɪl] N rossignol *m*
nightlife ['naɪtlaɪf] N vie *f* nocturne
nightly ['naɪtlɪ] ADJ (*news*) du soir; (*by night*) nocturne ▸ADV (*every evening*) tous les soirs; (*every night*) toutes les nuits
★**nightmare** ['naɪtmɛə^r] N cauchemar *m*
night porter N gardien *m* de nuit, concierge *m* de service la nuit
night safe N coffre *m* de nuit
night school N cours *mpl* du soir
nightshade ['naɪtʃeɪd] N: **deadly ~** (*Bot*) belladone *f*
night shift N équipe *f* de nuit
nightspot ['naɪtspɔt] N (*inf*) boîte *f* de nuit
night-time ['naɪttaɪm] N nuit *f*
night watchman N (*irreg*) veilleur *m* de nuit; poste *m* de nuit
nightwear ['naɪtwɛə^r] N vêtements *mpl* de nuit
nihilism ['naɪɪlɪzəm] N nihilisme *m*
nihilistic [naɪɪ'lɪstɪk] ADJ nihiliste
nil [nɪl] N rien *m*; (BRIT *Sport*) zéro *m*
Nile [naɪl] N: **the ~** le Nil
nimble ['nɪmbl] ADJ agile
nimbyism ['nɪmbɪɪzəm] N syndrome *m* du « pas dans mon jardin », *mobilisation contre des décisions d'aménagement du territoire (par ex. implantation d'une déchetterie, d'une ligne haute tension ou d'un parc éolien).*
★**nine** [naɪn] NUM neuf
★**nineteen** ['naɪn'ti:n] NUM dix-neuf
★**nineteenth** [naɪn'ti:nθ] NUM dix-neuvième
ninetieth ['naɪntɪɪθ] NUM quatre-vingt-dixième
★**ninety** ['naɪntɪ] NUM quatre-vingt-dix
★**ninth** [naɪnθ] NUM neuvième
nip [nɪp] VT pincer ▸VI (BRIT *inf*): **to ~ out/down/up** sortir/descendre/monter en vitesse; **to ~ into a shop** faire un saut dans un magasin ▸N pincement *m*; (*drink*) petit verre
nipple ['nɪpl] N (*Anat*) mamelon *m*, bout *m* du sein
nippy ['nɪpɪ] ADJ (BRIT: *person*) alerte, leste; (: *car*) nerveux(-euse)
nit [nɪt] N (*in hair*) lente *f*; (*inf*: *idiot*) imbécile *mf*, crétin(e)
nit-pick ['nɪtpɪk] VI (*inf*) être tatillon(ne)
nitrogen ['naɪtrədʒən] N azote *m*
nitroglycerin, nitroglycerine ['naɪtrəu'glɪsəri:n] N nitroglycérine *f*
nitty-gritty ['nɪtɪ'grɪtɪ] N (*inf*): **to get down to the ~** en venir au fond du problème
nitwit ['nɪtwɪt] N (*inf*) nigaud(e)
NJ ABBR (US) = **New Jersey**
NLF N ABBR (= *National Liberation Front*) FLN *m*
NLQ ABBR (= *near letter quality*) qualité *f* courrier
NLRB N ABBR (US: = *National Labor Relations Board*) *organisme de protection des travailleurs*
NM, N. Mex. ABBR (US) = **New Mexico**

no [nəu]

ADV (*opposite of "yes"*) non; **are you coming? — no (I'm not)** est-ce que vous venez ? — non; **would you like some more? — no thank you** vous en voulez encore ? — non merci

▸ADJ (*not any*) (ne ...) pas de, (ne ...) aucun(e); **I have no money/books** je n'ai pas d'argent/de livres; **no student would have done it** aucun étudiant ne l'aurait fait; **"no smoking"** « défense de fumer »; **"no dogs"** « les chiens ne sont pas admis »

▸N (*pl* **noes**) non *m*; **I won't take no for an answer** il n'est pas question de refuser

★**no.** ABBR (= *number*) n°
nobble ['nɔbl] VT (BRIT *inf*: *person*: *bribe*) soudoyer, acheter; (: *to speak to*) mettre le grappin sur; (*Racing*: *horse, dog*) droguer (*pour l'empêcher de gagner*)
Nobel prize [nəu'bɛl-] N prix *m* Nobel
nobility [nəu'bɪlɪtɪ] N noblesse *f*
noble ['nəubl] ADJ noble
nobleman ['nəublmən] N (*irreg*) noble *m*
nobly ['nəublɪ] ADV noblement
★**nobody** ['nəubədɪ] PRON (ne ...) personne
no-claims bonus ['nəukleɪmz-] N bonus *m*
nocturnal [nɔk'tə:nl] ADJ nocturne
★**nod** [nɔd] VI faire un signe de (la) tête (*affirmatif ou amical*); (*sleep*) somnoler ▸VT: **to ~ one's head**

faire un signe de (la) tête; (*in agreement*) faire signe que oui; **they nodded their agreement** ils ont acquiescé d'un signe de la tête ▸ N signe *m* de (la) tête
▸ **nod off** VI s'assoupir

node [nəud] N nœud *m*; (*Anat*) nodule *m*

no-fly zone [nəu'flaɪ-] N zone interdite (*aux avions et hélicoptères*)

★**noise** [nɔɪz] N bruit *m*; **I can't sleep for the ~** je n'arrive pas à dormir à cause du bruit

noiseless ['nɔɪzlɪs] ADJ silencieux(-euse)

noisily ['nɔɪzɪlɪ] ADV bruyamment

noisy ['nɔɪzɪ] ADJ bruyant(e)

nomad ['nəumæd] N nomade *mf*

nomadic [nəu'mædɪk] ADJ nomade

no man's land N no man's land *m*

nominal ['nɔmɪnl] ADJ (*rent, fee*) symbolique; (*value*) nominal(e)

nominate ['nɔmɪneɪt] VT (*propose*) proposer; (*appoint*) nommer

nomination [nɔmɪ'neɪʃən] N nomination *f*

nominee [nɔmɪ'ni:] N candidat agréé; personne nommée

non- [nɔn] PREFIX non-

nonalcoholic [nɔnælkə'hɔlɪk] ADJ non alcoolisé(e)

nonbreakable [nɔn'breɪkəbl] ADJ incassable

nonce word ['nɔns-] N mot créé pour l'occasion

nonchalant ['nɔnʃələnt] ADJ nonchalant(e)

non-commissioned [nɔnkə'mɪʃənd] ADJ: **~ officer** sous-officier *m*

noncommittal [nɔnkə'mɪtl] ADJ évasif(-ive)

nonconformist [nɔnkən'fɔ:mɪst] N non-conformiste *mf* ▸ ADJ non-conformiste, dissident(e)

noncooperation ['nɔnkəuɔpə'reɪʃən] N refus *m* de coopérer, non-coopération *f*

nondescript ['nɔndɪskrɪpt] ADJ quelconque, indéfinissable

★**none** [nʌn] PRON aucun(e); **~ of you** aucun d'entre vous, personne parmi vous; **I have ~** je n'en ai pas; **I have ~ left** je n'en ai plus; **~ at all** (*not one*) aucun(e); **how much milk? — ~ at all** combien de lait ? — pas du tout; **he's ~ the worse for it** il ne s'en porte pas plus mal

nonentity [nɔ'nɛntɪtɪ] N personne insignifiante

nonessential [nɔnɪ'sɛnʃl] ADJ accessoire, superflu(e) ▸ N: **nonessentials** le superflu

nonetheless ['nʌnðə'lɛs] ADV néanmoins

nonevent [nɔnɪ'vɛnt] N événement manqué

nonexecutive [nɔnɪg'zɛkjutɪv] ADJ: **~ director** administrateur(-trice), conseiller(-ère) de direction

nonexistent [nɔnɪg'zɪstənt] ADJ inexistant(e)

non-fiction [nɔn'fɪkʃən] N littérature *f* non romanesque

nonintervention ['nɔnɪntə'vɛnʃən] N non-intervention *f*

non-nuclear [nɔn'nju:klɪə^r] ADJ (*weapon*) conventionnel(le); (*country*) non doté(e) de l'arme nucléaire

no-no ['nəunəu] N (*inf*): **it's a ~** il n'en est pas question

non obst. ABBR (= *non obstante: notwithstanding*) nonobstant

no-nonsense [nəu'nɔnsəns] ADJ (*manner, person*) plein(e) de bon sens

nonpayment [nɔn'peɪmənt] N non-paiement *m*

nonplussed [nɔn'plʌst] ADJ perplexe

non-profit [nɔn'prɔfɪt] ADJ à but non lucratif

non-profit-making [nɔn'prɔfɪtmeɪkɪŋ] ADJ à but non lucratif

non-proliferation [nɔnprəlɪfə'reɪʃən] N non-prolifération *f*

nonsense ['nɔnsəns] N absurdités *fpl*, idioties *fpl*; **~!** ne dites pas d'idioties !; **it is ~ to say that ...** il est absurde de dire que ....

nonsensical [nɔn'sɛnsɪkl] ADJ absurde, qui n'a pas de sens

non-smoker ['nɔn'sməukə^r] N non-fumeur *m*

non-smoking ['nɔn'sməukɪŋ] ADJ non-fumeur

nonstarter [nɔn'stɑ:tə^r] N: **it's a ~** c'est voué à l'échec

non-stick ['nɔn'stɪk] ADJ qui n'attache pas

nonstop ['nɔn'stɔp] ADJ direct(e), sans arrêt (*or* escale) ▸ ADV sans arrêt

nontaxable [nɔn'tæksəbl] ADJ: **~ income** revenu *m* non imposable

non-U ['nɔnju:] ADJ ABBR (BRIT *inf*: = *non-upper class*) qui ne se dit (*or* se fait) pas

non-violent [nɔn'vaɪələnt] ADJ (*protest, offender*) non violent(e); (*crime*) commis(e) sans user de violence

nonvolatile [nɔn'vɔlətaɪl] ADJ: **~ memory** (*Comput*) mémoire rémanente *or* non volatile

nonvoting [nɔn'vəutɪŋ] ADJ: **~ shares** actions *fpl* sans droit de vote

non-white ['nɔn'waɪt] ADJ de couleur ▸ N (!) personne *f* de couleur

noodles ['nu:dlz] NPL nouilles *fpl*

nook [nuk] N: **nooks and crannies** recoins *mpl*

noon [nu:n] N midi *m*

no-one ['nəuwʌn] PRON = **nobody**

noose [nu:s] N nœud coulant; (*hangman's*) corde *f*

★**nor** [nɔ:^r] CONJ = **neither** ▸ ADV *see* **neither**

norm [nɔ:m] N norme *f*

★**normal** ['nɔ:ml] ADJ normal(e) ▸ N: **to return to ~** redevenir normal(e)

normality [nɔ:'mælɪtɪ] N normalité *f*

★**normally** ['nɔ:məlɪ] ADV normalement

Norman ['nɔ:mən] ADJ, N Normand(e)

Normandy ['nɔ:məndɪ] N Normandie *f*

Norse [nɔ:s] ADJ (*mythology, gods*) scandinave ▸ N (*language*) norrois *m*

★**north** [nɔ:θ] N nord *m* ▸ ADJ nord *inv*; (*wind*) du nord ▸ ADV au *or* vers le nord

North Africa N Afrique *f* du Nord

North African ADJ nord-africain(e), d'Afrique du Nord ▸ N Nord-Africain(e)

North America N Amérique *f* du Nord

North American N Nord-Américain(e) ▸ ADJ nord-américain(e), d'Amérique du Nord

northbound ['nɔ:θbaund] ADJ (*traffic*) en direction du nord; (*carriageway*) nord *inv*

north-east [nɔ:θ'i:st] N nord-est *m*

northeastern [nɔ:θ'i:stən] ADJ (du) nord-est *inv*

northerly ['nɔːðəlɪ] ADJ (*wind, direction*) du nord

★**northern** ['nɔːðən] ADJ du nord, septentrional(e)

northerner ['nɔːðənəʳ] N habitant(e) du nord; **northerners** les gens du nord; **to be a ~** être *or* venir du nord

★**Northern Ireland** N Irlande *f* du Nord

> L'Irlande du Nord (**Northern Ireland**), qui fait partie du Royaume-Uni, se compose de six comtés du nord-est de l'Irlande. Elle est née en 1921 de la division de cette dernière en Irlande du Nord et Irlande du Sud, devenue depuis un État indépendant. La population se composait en majorité d'unionistes, désireux de rester rattachés au Royaume-Uni, avec une importante minorité de républicains, catholiques pour la plupart, partisans d'une Irlande unifiée et indépendante. L'Irlande du Nord a été longtemps marquée par le conflit entre ces deux communautés. De la fin des années 1960 à la fin des années 1990, elle a connu une époque de violence, *The Troubles*, qui a fait des milliers de victimes. L'accord connu sous le nom de *Good Friday Agreement* (accord du Vendredi saint) a marqué une étape importante sur la voie de la paix, même si le sectarisme et la ségrégation religieuse continuent de poser des problèmes.

northernmost ['nɔːðənməust] ADJ (*part*) le (la) plus au nord; (*tip*) septentrional(e)

North Korea N Corée *f* du Nord

North Pole N: **the ~** le pôle Nord

North Sea N: **the ~** la mer du Nord

North Sea oil N pétrole *m* de la mer du Nord

northward ['nɔːθwəd], **northwards** ['nɔːθwədz] ADV vers le nord

north-west [nɔːθ'wɛst] N nord-ouest *m*

northwestern ['nɔːθ'wɛstən] ADJ (du) nord-ouest *inv*

★**Norway** ['nɔːweɪ] N Norvège *f*

★**Norwegian** [nɔː'wiːdʒən] ADJ norvégien(ne) ▶ N Norvégien(ne); (*Ling*) norvégien *m*

nos. ABBR (= *numbers*) nᵒˢ

★**nose** [nəuz] N nez *m*; (*of dog, cat*) museau *m*; (*fig*) flair *m*; **to pay through the ~ (for sth)** (*inf*) payer un prix excessif (pour qch) ▶ VI (*also:* **nose one's way**) avancer précautionneusement
▶ **nose about, nose around** VI fouiner *or* fureter (partout)

nosebleed ['nəuzbliːd] N saignement *m* de nez

nose-dive ['nəuzdaɪv] N (descente *f* en) piqué *m*

nose drops NPL gouttes *fpl* pour le nez

nosey ['nəuzɪ] ADJ (*inf*) curieux(-euse)

nostalgia [nɔs'tældʒɪə] N nostalgie *f*

nostalgic [nɔs'tældʒɪk] ADJ nostalgique

nostril ['nɔstrɪl] N narine *f*; (*of horse*) naseau *m*

nosy ['nəuzɪ] ADJ (*inf*) = **nosey**

★**not** [nɔt] ADV (ne ...) pas; **he is ~** *or* **isn't here** il n'est pas ici; **you must ~** *or* **mustn't do that** tu ne dois pas faire ça; **I hope ~** j'espère que non; **~ at all** pas du tout; (*after thanks*) de rien; **it's too late, isn't it?** c'est trop tard, n'est-ce pas?; **~ yet/now** pas encore/maintenant; *see also* **only**

notable ['nəutəbl] ADJ notable

notably ['nəutəblɪ] ADV (*particularly*) en particulier; (*markedly*) spécialement

notary ['nəutərɪ] N (*also:* **notary public**) notaire *m*

notation [nəu'teɪʃən] N notation *f*

notch [nɔtʃ] N encoche *f*
▶ **notch up** VT (*score*) marquer; (*victory*) remporter

★**note** [nəut] N note *f*; (*letter*) mot *m*; (*banknote*) billet *m*; **just a quick ~ to let you know ...** juste un mot pour vous dire ...; **to take notes** prendre des notes; **to compare notes** (*fig*) échanger des (*or* leurs *etc*) impressions; **to take ~ of** prendre note de; **a person of ~** une personne éminente ▶ VT (*also:* **note down**) noter; (*notice*) constater

notebook ['nəutbuk] N carnet *m*; (*for shorthand etc*) bloc-notes *m*

note-case ['nəutkeɪs] N (BRIT) porte-feuille *m*

noted ['nəutɪd] ADJ réputé(e)

notepad ['nəutpæd] N bloc-notes *m*

notepaper ['nəutpeɪpəʳ] N papier *m* à lettres

noteworthy ['nəutwəːðɪ] ADJ remarquable

★**nothing** ['nʌθɪŋ] N rien *m*; **he does ~** il ne fait rien; **~ new** rien de nouveau; **for ~** (*free*) pour rien, gratuitement; (*in vain*) pour rien; **~ at all** rien du tout; **~ much** pas grand-chose

> **rien** can be used by itself.
> *What's wrong? Nothing.* **Qu'est-ce qui ne va pas? Rien.**
> If using a verb with **rien**, put **ne** in front of the verb.
> *He does nothing.* **Il ne fait rien.**

★**notice** ['nəutɪs] N (*announcement, warning*) avis *m*; (*of leaving*) congé *m*; (BRIT: *review: of play etc*) critique *f*, compte rendu *m*; **without ~** sans préavis; **advance ~** préavis *m*; **to give sb ~ of sth** notifier qn de qch; **at short ~** dans un délai très court; **until further ~** jusqu'à nouvel ordre; **to give ~, hand in one's ~** (*employee*) donner sa démission, démissionner; **to take ~ of** prêter attention à; **to bring sth to sb's ~** porter qch à la connaissance de qn; **it has come to my ~ that ...** on m'a signalé que ...; **to escape** *or* **avoid ~** (essayer de) passer inaperçu *or* ne pas se faire remarquer ▶ VT remarquer, s'apercevoir de

noticeable ['nəutɪsəbl] ADJ (*difference, improvement*) sensible; (*effect*) visible

noticeably ['nəutɪsəblɪ] ADV (*improve, change*) sensiblement; (*visibly*) visiblement

notice board N (BRIT) panneau *m* d'affichage

notification [nəutɪfɪ'keɪʃən] N notification *f*

notify ['nəutɪfaɪ] VT: **to ~ sth to sb** notifier qch à qn; **to ~ sb of sth** avertir qn de qch

notion ['nəuʃən] N idée *f*; (*concept*) notion *f*
▪ **notions** NPL (*US: haberdashery*) mercerie *f*

notoriety [nəutə'raɪətɪ] N notoriété *f*

notorious [nəu'tɔːrɪəs] ADJ notoire (*souvent en mal*)

notoriously [nəu'tɔːrɪəslɪ] ADV notoirement

notwithstanding [nɔtwɪθ'stændɪŋ] ADV néanmoins ▶ PREP en dépit de

nougat ['nuːgɑː] N nougat *m*

nought [nɔːt] N zéro *m*

noun [naun] N nom *m*

nourish ['nʌrɪʃ] VT nourrir

n

nourishing ['nʌrɪʃɪŋ] ADJ nourrissant(e)

nourishment ['nʌrɪʃmənt] N nourriture *f*

nous [naus] N (*BRIT*) bon sens *m*; **to have political/business ~** être habile en politique/affaires; **to have the ~ to do sth** avoir l'intelligence de faire qch

Nov. ABBR (= *November*) nov

Nova Scotia ['nəuvə'skəuʃə] N Nouvelle-Écosse *f*

★**novel** ['nɔvl] N roman *m* ▸ ADJ nouveau (nouvelle), original(e)

novelist ['nɔvəlɪst] N romancier *m*

novella [nə'vɛlə] N roman *m* court

novelty ['nɔvəltɪ] N nouveauté *f*

★**November** [nəu'vɛmbəʳ] N novembre *m*; *see also* **July**

novice ['nɔvɪs] N novice *mf*

NOW [nau] N ABBR (*US*) = **National Organization for Women**

★**now** [nau] ADV maintenant; **right ~** tout de suite; **by ~** à l'heure qu'il est; **that's the fashion just ~** c'est la mode en ce moment *or* maintenant; **I saw her just ~** je viens de la voir, je l'ai vue à l'instant; **I'll read it just ~** je vais le lire à l'instant *or* dès maintenant; **~ and then, ~ and again** de temps en temps; **from ~ on** dorénavant; **in 3 days from ~** dans *or* d'ici trois jours; **between ~ and Monday** d'ici (à) lundi; **that's all for ~** c'est tout pour l'instant ▸ CONJ: **~ (that)** maintenant (que)

nowadays ['nauədeɪz] ADV de nos jours

★**nowhere** ['nəuwɛəʳ] ADV (ne ...) nulle part; **~ else** nulle part ailleurs

no-win situation [nəu'wɪn-] N impasse *f*; **we're in a ~** nous sommes dans l'impasse

noxious ['nɔkʃəs] ADJ toxique

nozzle ['nɔzl] N (*of hose*) jet *m*, lance *f*; (*of vacuum cleaner*) suceur *m*

NP N ABBR = **notary public**

nr ABBR (*BRIT*) = **near**

NS ABBR (*CANADA*) = **Nova Scotia**

NSC N ABBR (*US*) = **National Security Council**

NSF N ABBR (*US*) = **National Science Foundation**

NSPCC N ABBR (*BRIT*) = **National Society for the Prevention of Cruelty to Children**

NSW ABBR (*AUSTRALIA*) = **New South Wales**

NT N ABBR (= *New Testament*) NT *m* ▸ ABBR (*CANADA*) = **Northwest Territories**

nth [ɛnθ] ADJ: **for the ~ time** (*inf*) pour la énième fois

nuance ['nju:ɔ̃ŋs] N nuance *f*

nubile ['nju:baɪl] ADJ nubile; (*attractive*) jeune et désirable

★**nuclear** ['nju:klɪəʳ] ADJ nucléaire

nuclear disarmament N désarmement *m* nucléaire

nuclear family N famille *f* nucléaire

nuclear-free zone ['nju:klɪə'fri:-] N zone *f* où le nucléaire est interdit

nucleus ['nju:klɪəs] (*pl* **nuclei** ['nju:klɪaɪ]) N noyau *m*

nude [nju:d] ADJ nu(e) ▸ N (*Art*) nu *m*; **in the ~** (tout(e)) nu(e)

nudge [nʌdʒ] VT donner un (petit) coup de coude à

nudist ['nju:dɪst] N nudiste *mf*

nudist colony N colonie *f* de nudistes

nudity ['nju:dɪtɪ] N nudité *f*

nugget ['nʌgɪt] N pépite *f*

nuisance ['nju:sns] N: **it's a ~** c'est (très) ennuyeux *or* gênant; **he's a ~** il est assommant *or* casse-pieds; **what a ~!** quelle barbe !

NUJ N ABBR (*BRIT*: = *National Union of Journalists*) *syndicat des journalistes*

nuke [nju:k] N (*inf*) bombe *f* atomique

null [nʌl] ADJ: **~ and void** nul(le) et non avenu(e)

nullify ['nʌlɪfaɪ] VT invalider

NUM N ABBR (*BRIT*: = *National Union of Mineworkers*) *syndicat des mineurs*

numb [nʌm] ADJ engourdi(e); (*with fear*) paralysé(e); **~ with cold** engourdi(e) par le froid, transi(e) (de froid); **~ with fear** transi de peur, paralysé(e) par la peur ▸ VT engourdir

★**number** ['nʌmbəʳ] N nombre *m*; (*numeral*) chiffre *m*; (*of house, car, telephone, newspaper*) numéro *m*; **a ~ of** un certain nombre de; **they were seven in ~** ils étaient (au nombre de) sept; **wrong ~** (*Tel*) mauvais numéro ▸ VT numéroter; (*amount to*) compter; **to be numbered among** compter parmi; **the staff numbers 20** le nombre d'employés s'élève à *or* est de 20

numbered account ['nʌmbəd-] N (*in bank*) compte numéroté

number plate N (*BRIT Aut*) plaque *f* minéralogique *or* d'immatriculation

Number Ten N (*BRIT*: *10 Downing Street*) *résidence du Premier ministre*

numbness ['nʌmnɪs] N torpeur *f*; (*due to cold*) engourdissement *m*

numbskull ['nʌmskʌl] N (*pej*) gourde *f*

numeracy ['nju:mərəsɪ] N notions *fpl* de calcul; **people who have problems with literacy and ~** les personnes qui ont des difficultés pour lire, écrire et compter

numeral ['nju:mərəl] N chiffre *m*

numerate ['nju:mərɪt] ADJ (*BRIT*): **to be ~** savoir compter

numerical [nju:'mɛrɪkl] ADJ numérique

numerous ['nju:mərəs] ADJ nombreux(-euse)

nun [nʌn] N religieuse *f*, sœur *f*

nunnery ['nʌnərɪ] N couvent *m*

nuptial ['nʌpʃəl] ADJ nuptial(e)

★**nurse** [nə:s] N infirmière *f*; (*also:* **nursemaid**) bonne *f* d'enfants ▸ VT (*patient, cold*) soigner; (*baby: BRIT*) bercer (dans ses bras); (: *US*) allaiter, nourrir; (*hope*) nourrir

nursery ['nə:sərɪ] N (*room*) nursery *f*; (*institution*) crèche *f*, garderie *f*; (*for plants*) pépinière *f*

nursery rhyme N comptine *f*, chansonnette *f* pour enfants

nursery school N école maternelle

nursery slope N (*BRIT Ski*) piste *f* pour débutants

nursing ['nə:sɪŋ] N (*profession*) profession *f* d'infirmière; (*care*) soins *mpl* ▸ ADJ (*mother*) qui allaite

nursing home N clinique *f*; (*for convalescence*) maison *f* de convalescence *or* de repos; (*for old people*) maison de retraite

nurture ['nə:tʃəʳ] VT élever

NUS N ABBR (BRIT: = *National Union of Students*) *syndicat des étudiants*

NUT N ABBR (BRIT: = *National Union of Teachers*) *syndicat enseignant*

nut [nʌt] N (*of metal*) écrou *m*; (*fruit*) *terme générique désignant les noix, noisettes, etc*; (*walnut*) noix *f*; (*hazelnut*) noisette *f*; (*peanut*) cacahuète *f* ▶ ADJ (*chocolate etc*) aux noisettes; **he's nuts** (*inf*) il est dingue

nutcase ['nʌtkeɪs] N (*inf*) dingue *mf*

nutcrackers ['nʌtkrækəz] NPL casse-noix *m inv*, casse-noisette(s) *m*

nutmeg ['nʌtmɛg] N (noix *f*) muscade *f*

nutrient ['nju:trɪənt] ADJ nutritif(-ive) ▶ N substance nutritive

nutrition [nju:'trɪʃən] N nutrition *f*, alimentation *f*

nutritional [nju:'trɪʃənəl] ADJ nutritif(-ive)

nutritionist [nju:'trɪʃənɪst] N nutritionniste *mf*

nutritious [nju:'trɪʃəs] ADJ nutritif(-ive), nourrissant(e)

nuts [nʌts] ADJ (*inf*) dingue

nutshell ['nʌtʃɛl] N coquille *f* de noix; **in a ~** en un mot

nutter ['nʌtər] N (BRIT *inf*): **he's a complete ~** il est complètement cinglé

nutty ['nʌtɪ] ADJ (*flavour*) à la noisette; (*inf: person*) cinglé(e), dingue

nuzzle ['nʌzl] VI: **to ~ up to** fourrer son nez contre

NV ABBR (*US*) = **Nevada**

NVQ N ABBR (BRIT) = **National Vocational Qualification**

NWT ABBR (CANADA) = **Northwest Territories**

NY ABBR (*US*) = **New York**

NYC ABBR (*US*) = **New York City**

nylon ['naɪlɔn] N nylon *m* ▶ ADJ de *or* en nylon
■ **nylons** NPL bas *mpl* nylon

nymph [nɪmf] N nymphe *f*

nymphomaniac ['nɪmfəu'meɪnɪæk] ADJ, N nymphomane *f*

NYSE N ABBR (*US*) = **New York Stock Exchange**

NZ ABBR = **New Zealand**

Oo

O, o [əu] N (*letter*) O, o *m*; (*US Scol*: = *outstanding*) tb (= *très bien*); **O for Oliver**, (*US*) **O for Oboe** O comme Oscar

oaf [əuf] N balourd *m*

oak [əuk] N chêne *m* ▸ CPD de *or* en (bois de) chêne

O&M N ABBR = **organization and method**

OAP N ABBR (BRIT) = **old age pensioner**

oar [ɔːʳ] N aviron *m*, rame *f*; **to put** *or* **shove one's ~ in** (*fig, inf*) mettre son grain de sel

oarsman [ˈɔːzmən], **oarswoman** [ˈɔːzwumən] N (*irreg*) rameur(-euse); (*Naut, Sport*) nageur(-euse)

OAS N ABBR (= *Organization of American States*) OEA *f* (= *Organisation des États américains*)

oasis [əuˈeɪsɪs] (*pl* **oases** [əuˈeɪsiːz]) N oasis *f*

oath [əuθ] N serment *m*; (*swear word*) juron *m*; **to take the ~** prêter serment; **on** (BRIT) *or* **under ~** sous serment; assermenté(e)

oatmeal [ˈəutmiːl] N flocons *mpl* d'avoine

oats [əuts] N avoine *f*

OAU N ABBR (= *Organization of African Unity*) OUA *f* (= *Organisation de l'unité africaine*)

obdurate [ˈɔbdjurɪt] ADJ obstiné(e), impénitent(e); intraitable

OBE N ABBR (BRIT: = *Order of the British Empire*) *distinction honorifique*

obedience [əˈbiːdɪəns] N obéissance *f*; **in ~ to** conformément à

obedient [əˈbiːdɪənt] ADJ obéissant(e); **to be ~ to sb/sth** obéir à qn/qch

obelisk [ˈɔbɪlɪsk] N obélisque *m*

obese [əuˈbiːs] ADJ obèse

obesity [əuˈbiːsɪtɪ] N obésité *f*

obey [əˈbeɪ] VT obéir à; (*instructions, regulations*) se conformer à ▸ VI obéir

obituary [əˈbɪtjuərɪ] N nécrologie *f*

★**object** N [ˈɔbdʒɪkt] objet *m*; (*purpose*) but *m*, objet; (*Ling*) complément *m* d'objet; **what's the ~ of doing that?** quel est l'intérêt de faire cela ?; **money is no ~** l'argent n'est pas un problème ▸ VI [əbˈdʒɛkt]: **to ~ to** (*attitude*) désapprouver; (*proposal*) protester contre, élever une objection contre; **I ~!** je proteste !; **do you ~ to my smoking?** est-ce que cela vous gêne si je fume ? ▸ VT [əbˈdʒɛkt]: **he objected that ...** il a fait valoir *or* a objecté que ...

objection [əbˈdʒɛkʃən] N objection *f*; (*drawback*) inconvénient *m*; **if you have no ~** si vous n'y voyez pas d'inconvénient; **to make** *or* **raise an ~** élever une objection

objectionable [əbˈdʒɛkʃənəbl] ADJ très désagréable; choquant(e)

★**objective** [əbˈdʒɛktɪv] N objectif *m* ▸ ADJ objectif(-ive)

objectively [əbˈdʒɛktɪvlɪ] ADV objectivement

objectivity [ɔbdʒɪkˈtɪvɪtɪ] N objectivité *f*

object lesson N (*fig*) (bonne) illustration

objector [əbˈdʒɛktəʳ] N opposant(e)

obligation [ɔblɪˈgeɪʃən] N obligation *f*, devoir *m*; (*debt*) dette *f* (de reconnaissance); **"without ~"** « sans engagement »

obligatory [əˈblɪgətərɪ] ADJ obligatoire

oblige [əˈblaɪdʒ] VT (*force*): **to ~ sb to do** obliger *or* forcer qn à faire; (*do a favour*) rendre service à, obliger; **to be obliged to sb for sth** être obligé(e) à qn de qch; **anything to ~!** (*inf*) (toujours prêt à rendre) service !

obliging [əˈblaɪdʒɪŋ] ADJ obligeant(e), serviable

oblique [əˈbliːk] ADJ oblique; (*allusion*) indirect(e) ▸ N (BRIT *Typ*) barre *f* oblique

obliterate [əˈblɪtəreɪt] VT effacer

oblivion [əˈblɪvɪən] N oubli *m*

oblivious [əˈblɪvɪəs] ADJ: **~ of** oublieux(-euse) de

oblong [ˈɔblɔŋ] ADJ oblong(ue) ▸ N rectangle *m*

obnoxious [əbˈnɔkʃəs] ADJ odieux(-euse); (*smell*) nauséabond(e)

o.b.o. ABBR (*US*: *in classified ads*: = *or best offer*) ≈ à débattre

oboe [ˈəubəu] N hautbois *m*

oboist [ˈəubəuɪst] N hautboïste *mf*

obscene [əbˈsiːn] ADJ obscène

obscenity [əbˈsɛnɪtɪ] N obscénité *f*

obscure [əbˈskjuəʳ] ADJ obscur(e) ▸ VT obscurcir; (*hide: sun*) cacher

obscurity [əbˈskjuərɪtɪ] N obscurité *f*

obsequious [əbˈsiːkwɪəs] ADJ obséquieux(-euse)

observable [əbˈzəːvəbl] ADJ observable; (*appreciable*) notable

observance [əbˈzəːvns] N observance *f*, observation *f*; **religious observances** observances religieuses

observant [əbˈzəːvnt] ADJ observateur(-trice)

observation [ɔbzəˈveɪʃən] N observation *f*; (*by police etc*) surveillance *f*

observation post N (*Mil*) poste *m* d'observation

observatory [əbˈzəːvətrɪ] N observatoire *m*

observe [əbˈzəːv] VT observer; (*remark*) faire observer *or* remarquer

observer [əbˈzəːvəʳ] N observateur(-trice)

obsess [əbˈsɛs] VT obséder; **to be obsessed by** *or* **with sb/sth** être obsédé(e) par qn/qch

obsession [əbˈsɛʃən] N obsession *f*

obsessive [əbˈsɛsɪv] ADJ obsédant(e)

obsolescence [ɔbsəˈlɛsns] N vieillissement *m*; obsolescence *f*; **built-in** *or* **planned ~** (*Comm*) désuétude calculée

obsolescent [ɔbsəˈlɛsnt] ADJ obsolescent(e), en voie d'être périmé(e)

obsolete [ˈɔbsəliːt] ADJ dépassé(e), périmé(e)

obstacle [ˈɔbstəkl] N obstacle *m*

obstacle race N course *f* d'obstacles

obstetrician [ɔbstəˈtrɪʃən] N obstétricien(ne)

obstetrics [ɔbˈstɛtrɪks] N obstétrique *f*

obstinacy [ˈɔbstɪnəsɪ] N obstination *f*

obstinate [ˈɔbstɪnɪt] ADJ obstiné(e); (*pain, cold*) persistant(e)

obstreperous [əbˈstrɛpərəs] ADJ turbulent(e)

obstruct [əbˈstrʌkt] VT (*block*) boucher, obstruer; (*halt*) arrêter; (*hinder*) entraver

obstruction [əbˈstrʌkʃən] N obstruction *f*; (*to plan, progress*) obstacle *m*

obstructive [əbˈstrʌktɪv] ADJ obstructionniste

obtain [əbˈteɪn] VT obtenir ▶ VI avoir cours

obtainable [əbˈteɪnəbl] ADJ qu'on peut obtenir

obtrusive [əbˈtruːsɪv] ADJ (*person*) importun(e); (*smell*) pénétrant(e); (*building etc*) trop en évidence

obtuse [əbˈtjuːs] ADJ obtus(e)

obverse [ˈɔbvəːs] N (*of medal, coin*) côté *m* face; (*fig*) contrepartie *f*

obviate [ˈɔbvɪeɪt] VT parer à, obvier à

★**obvious** [ˈɔbvɪəs] ADJ évident(e), manifeste

★**obviously** [ˈɔbvɪəslɪ] ADV manifestement; (*of course*): **~, he … or he ~ …** il est bien évident qu'il …; **~!** bien sûr !; **~ not!** évidemment pas !, bien sûr que non !

OCAS N ABBR (= *Organization of Central American States*) ODEAC *f* (= *Organisation des États d'Amérique centrale*)

★**occasion** [əˈkeɪʒən] N occasion *f*; (*event*) événement *m*; **on that ~** à cette occasion; **to rise to the ~** se montrer à la hauteur de la situation ▶ VT occasionner, causer

occasional [əˈkeɪʒənl] ADJ pris(e) (*or* fait(e) *etc*) de temps en temps; (*worker, spending*) occasionnel(le)

occasionally [əˈkeɪʒənəlɪ] ADV de temps en temps, quelquefois; **very ~** (assez) rarement

occasional table N table décorative

occult [ɔˈkʌlt] ADJ occulte ▶ N: **the ~** le surnaturel

occupancy [ˈɔkjupənsɪ] N occupation *f*

occupant [ˈɔkjupənt] N occupant *m*

occupation [ɔkjuˈpeɪʃən] N occupation *f*; (*job*) métier *m*, profession *f*; **unfit for ~** (*house*) impropre à l'habitation

occupational [ɔkjuˈpeɪʃənl] ADJ (*accident, disease*) du travail; (*hazard*) du métier

occupational guidance N (BRIT) orientation professionnelle

occupational hazard N risque *m* du métier

occupational pension N retraite professionnelle

occupational therapy N ergothérapie *f*

occupier [ˈɔkjupaɪəʳ] N occupant(e)

occupy [ˈɔkjupaɪ] VT occuper; **to ~ o.s. with** *or* **by doing** s'occuper à faire; **to be occupied with sth** être occupé avec qch

occur [əˈkəːʳ] VI se produire; (*difficulty, opportunity*) se présenter; (*phenomenon, error*) se rencontrer; **to ~ to sb** venir à l'esprit de qn

occurrence [əˈkʌrəns] N (*existence*) présence *f*, existence *f*; (*event*) cas *m*, fait *m*

OCD [əusiːˈdiː] N ABBR (= *obsessive compulsive disorder*) TOC *m*

★**ocean** [ˈəuʃən] N océan *m*; **oceans of** (*inf*) des masses de

ocean bed N fond (sous-)marin

ocean-going [ˈəuʃəngəuɪŋ] ADJ de haute mer

Oceania [əuʃɪˈeɪnɪə] N Océanie *f*

ocean liner N paquebot *m*

oceanographer [əuʃəˈnɔgrəfəʳ] N océanographe *mf*

ochre [ˈəukəʳ] ADJ ocre

★**o'clock** [əˈklɔk] ADV: **it is 5 o'clock** il est 5 heures

OCR N ABBR = **optical character reader**; **optical character recognition**

Oct. ABBR (= *October*) oct

octagonal [ɔkˈtægənl] ADJ octogonal(e)

octane [ˈɔkteɪn] N octane *m*; **high-octane petrol** *or* (*US*) **gas** essence *f* à indice d'octane élevé

octave [ˈɔktɪv] N octave *f*

★**October** [ɔkˈtəubəʳ] N octobre *m*; *see also* **July**

octogenarian [ˈɔktəudʒɪˈnɛərɪən] N octogénaire *mf*

octopus [ˈɔktəpəs] N pieuvre *f*

★**odd** [ɔd] ADJ (*strange*) bizarre, curieux(-euse); (*number*) impair(e); (*left over*) qui reste, en plus; (*not of a set*) dépareillé(e); **60-odd** 60 et quelques; **at ~ times** de temps en temps; **the ~ one out** l'exception *f*

oddball [ˈɔdbɔːl] N (*inf*) excentrique *mf*

oddity [ˈɔdɪtɪ] N bizarrerie *f*; (*person*) excentrique *mf*

odd-job man [ɔdˈdʒɔb-] N (*irreg*) homme *m* à tout faire

odd jobs NPL petits travaux divers

oddly [ˈɔdlɪ] ADV bizarrement, curieusement

oddments [ˈɔdmənts] NPL (BRIT *Comm*) fins *fpl* de série

odds [ɔdz] NPL (*in betting*) cote *f*; **the ~ are against his coming** il y a peu de chances qu'il vienne; **it makes no ~** cela n'a pas d'importance; **to succeed against all the ~** réussir contre toute attente; **~ and ends** de petites choses; **at ~** en désaccord

odds-on [ɔdzˈɔn] ADJ: **the ~ favourite** le grand favori; **it's ~ that he'll come** il y a toutes les chances *or* gros à parier qu'il vienne

ode [əud] N ode *f*

odious [ˈəudɪəs] ADJ odieux(-euse), détestable

odometer [ɔˈdɔmɪtəʳ] N (*US*) odomètre *m*

O

odour, (*US*) **odor** [ˈəudəʳ] N odeur *f*

odourless, (*US*) **odorless** [ˈəudəlɪs] ADJ inodore

odyssey [ˈɔdɪsɪ] N odyssée *f*

OECD N ABBR (= *Organization for Economic Cooperation and Development*) OCDE *f* (= *Organisation de coopération et de développement économique*)

oesophagus, (*US*) **esophagus** [iːˈsɔfəgəs] N œsophage *m*

oestrogen, (*US*) **estrogen** [ˈiːstrəudʒən] N œstrogène *m*

of [ɔv, əv]

PREP **1** (*gen*) de; **a friend of ours** un de nos amis; **a boy of 10** un garçon de 10 ans; **that was kind of you** c'était gentil de votre part
2 (*expressing quantity, amount, dates etc*) de; **a kilo of flour** un kilo de farine; **how much of this do you need?** combien vous en faut-il ?; **there were three of them** (*people*) ils étaient 3; (*objects*) il y en avait 3; **three of us went** 3 d'entre nous y sont allés (allées); **the 5th of July** le 5 juillet; **a quarter of 4** (*US*) 4 heures moins le quart
3 (*from, out of*) en, de; **a statue of marble** une statue de *or* en marbre; **made of wood** (fait) en bois

Ofcom [ˈɔfkɔm] N ABBR (BRIT: = *Office of Communications Regulation*) *organe de régulation de télécommunications*

★**off** [ɔf] ADJ, ADV (*engine*) coupé(e); (*light, TV*) éteint(e); (*tap*) fermé(e); (BRIT: *food*) mauvais(e), avancé(e); (: *milk*) tourné(e); (*absent*) absent(e); (*cancelled*) annulé(e); **the lid was ~** (*removed*) le couvercle était retiré *or* n'était pas mis; **to run/drive ~** (*away*) partir en courant/en voiture; **to be ~** (*to leave*) partir, s'en aller; **I must be ~** il faut que je file; **to be ~ sick** être absent pour cause de maladie; **a day ~** un jour de congé; **to have an ~ day** n'être pas en forme; **he had his coat ~** il avait enlevé son manteau; **the hook is ~** le crochet s'est détaché; le crochet n'est pas mis; **10% ~** (*Comm*) 10% de rabais; **it's a long way ~** c'est loin (d'ici); **to be well/badly ~** être bien/mal loti; (*financially*) être aisé/dans la gêne; **~ and on, on and ~** de temps à autre; **I'm afraid the chicken is ~** (BRIT: *not available*) je regrette, il n'y a plus de poulet; **that's a bit ~** (*fig, inf*) c'est un peu fort ▶ PREP de; **5 km ~ (the road)** à 5 km (de la route); **~ the coast** au large de la côte; **a house ~ the main road** une maison à l'écart de la grand-route; **I'm ~ meat** je ne mange plus de viande; je n'aime plus la viande

offal [ˈɔfl] N (*Culin*) abats *mpl*

offbeat [ˈɔfbiːt] ADJ excentrique

off-centre [ɔfˈsɛntəʳ] ADJ décentré(e), excentré(e)

off chance N: **on the ~** à tout hasard

off-colour [ˈɔfˈkʌləʳ] ADJ (BRIT: *ill*) malade, mal fichu(e); **to feel ~** être mal fichu

off day N (*bad day*): **to have an ~** avoir un jour sans; (*US: holiday*) jour *m* de congé; **he had an ~** il a eu un jour sans, il n'était pas en forme

offence, (*US*) **offense** [əˈfɛns] N (*crime*) délit *m*, infraction *f*; **to give ~ to** blesser, offenser; **to take ~ at** se vexer de, s'offenser de; **to commit an ~** commettre une infraction

offend [əˈfɛnd] VT (*person*) offenser, blesser ▶ VI: **to ~ against** (*law, rule*) contrevenir à, enfreindre

offender [əˈfɛndəʳ] N délinquant(e); (*against regulations*) contrevenant(e)

offending [əˈfɛndɪŋ] ADJ incriminé(e)

offense [əˈfɛns] N (*US*) = **offence**

offensive [əˈfɛnsɪv] ADJ offensant(e), choquant(e); (*smell etc*) très déplaisant(e); (*weapon*) offensif(-ive) ▶ N (*Mil*) offensive *f*

★**offer** [ˈɔfəʳ] N offre *f*, proposition *f*; **to make an ~ for sth** faire une offre pour qch; **"on ~"** (*Comm*) « en promotion » ▶ VT offrir, proposer; **to ~ sth to sb, ~ sb sth** offrir qch à qn; **to ~ to do sth** proposer de faire qch

offering [ˈɔfərɪŋ] N offrande *f*

offhand [ɔfˈhænd] ADJ désinvolte ▶ ADV spontanément; **I can't tell you ~** je ne peux pas vous le dire comme ça

★**office** [ˈɔfɪs] N (*place*) bureau *m*; (*position*) charge *f*, fonction *f*; **doctor's ~** (*US*) cabinet (médical); **to take ~** entrer en fonctions; **through his good offices** (*fig*) grâce à ses bons offices; **O~ of Fair Trading** (BRIT) *organisme de protection contre les pratiques commerciales abusives*

office automation N bureautique *f*

office bearer N (*of club etc*) membre *m* du bureau

office block, (*US*) **office building** N immeuble *m* de bureaux

office boy N garçon *m* de bureau

office hours NPL heures *fpl* de bureau; (*US Med*) heures de consultation

office manager N responsable administratif(-ive)

★**officer** [ˈɔfɪsəʳ] N (*Mil etc*) officier *m*; (*also:* **police officer**) agent *m* (de police); (*of organization*) membre *m* du bureau directeur

office work N travail *m* de bureau

office worker N employé(e) de bureau

★**official** [əˈfɪʃl] ADJ (*authorized*) officiel(le) ▶ N officiel *m*; (*civil servant*) fonctionnaire *mf*; (*of railways, post office, town hall*) employé(e)

officialdom [əˈfɪʃldəm] N bureaucratie *f*

officially [əˈfɪʃəlɪ] ADV officiellement

official receiver N administrateur *m* judiciaire, syndic *m* de faillite

officiate [əˈfɪʃɪeɪt] VI (*Rel*) officier; **to ~ as Mayor** exercer les fonctions de maire; **to ~ at a marriage** célébrer un mariage

officious [əˈfɪʃəs] ADJ trop empressé(e)

offing [ˈɔfɪŋ] N: **in the ~** (*fig*) en perspective

off-key [ɔfˈkiː] ADJ faux (fausse) ▶ ADV faux

off-licence [ˈɔflaɪsns] N (BRIT: *shop*) débit *m* de vins et de spiritueux

off-limits [ɔfˈlɪmɪts] ADJ (*esp US*) dont l'accès est interdit

off-line [ɔfˈlaɪn] ADJ (*Comput*) (en mode) autonome; (: *switched off*) non connecté(e)

off-load [ˈɔfləud] VT: **to ~ sth (onto)** (*goods*) décharger qch (sur); (*job*) se décharger de qch (sur)

off-peak [ɔfˈpiːk] ADJ aux heures creuses; (*electricity, ticket*) au tarif heures creuses

off-putting ['ɔfputɪŋ] ADJ (BRIT: *remark*) rébarbatif(-ive); (*person*) rebutant(e), peu engageant(e)
off-road vehicle ['ɔfrəud-] N véhicule *m* tout-terrain
off-screen [ɔf'skri:n] ADV, ADJ hors écran
off-season ['ɔf'si:zn] ADJ, ADV hors-saison *inv*
offset ['ɔfsɛt] VT (*irreg: like* **set**) (*counteract*) contrebalancer, compenser ▸ N (*also:* **offset printing**) offset *m*
offshoot ['ɔfʃu:t] N (*fig*) ramification *f*, antenne *f*; (: *of discussion etc*) conséquence *f*
offshore [ɔf'ʃɔ:ʳ] ADJ (*breeze*) de terre; (*island*) proche du littoral; (*fishing*) côtier(-ière); **~ oilfield** gisement *m* pétrolifère en mer
offside ['ɔf'saɪd] N (*Aut: with right-hand drive*) côté droit; (: *with left-hand drive*) côté gauche ▸ ADJ (*Sport*) hors jeu; (*Aut: in Britain*) de droite; (: *in US, Europe*) de gauche
offspring ['ɔfsprɪŋ] N progéniture *f*
offstage [ɔf'steɪdʒ] ADV dans les coulisses
off-the-cuff [ɔfðə'kʌf] ADV au pied levé; de chic
off-the-job ['ɔfðə'dʒɔb] ADJ: **~ training** formation professionnelle extérieure
off-the-peg ['ɔfðə'pɛg], (US) **off-the-rack** ['ɔfðə'ræk] ADV en prêt-à-porter
off-the-record ['ɔfðə'rɛkɔ:d] ADJ (*remark*) confidentiel(le), sans caractère officiel ▸ ADV officieusement
off-white ['ɔfwaɪt] ADJ blanc cassé *inv*
Ofqual ['ɔfkwɔl] N ABBR (= *Office of Qualifications and Examinations Regulation*) *instance de réglementation des examens et des diplômes en Angleterre et en Irlande du Nord*
★**often** ['ɔfn] ADV souvent; **how ~ do you go?** vous y allez tous les combien ?; **every so ~** de temps en temps, de temps à autre; **as ~ as not** la plupart du temps
Ofwat ['ɔfwɔt] N ABBR (BRIT: = *Office of Water Services*) *organisme qui surveille les activités des compagnies des eaux*
ogle ['əugl] VT lorgner
ogre ['əugəʳ] N ogre *m*
OH ABBR (US) = **Ohio**
oh [əu] EXCL ô !, oh !, ah !
OHMS ABBR (BRIT) = **On His/Her Majesty's Service**
★**oil** [ɔɪl] N huile *f*; (*petroleum*) pétrole *m*; (*for central heating*) mazout *m* ▸ VT (*machine*) graisser
oilcan ['ɔɪlkæn] N burette *f* de graissage; (*for storing*) bidon *m* à huile
oil change N vidange *f*
oilfield ['ɔɪlfi:ld] N gisement *m* de pétrole
oil filter N (*Aut*) filtre *m* à huile
oil-fired ['ɔɪlfaɪəd] ADJ au mazout
oil gauge N jauge *f* de niveau d'huile
oil industry N industrie pétrolière
oil level N niveau *m* d'huile
oil painting N peinture *f* à l'huile
oil refinery N raffinerie *f* de pétrole
oil rig N derrick *m*; (*at sea*) plate-forme pétrolière
oilseed rape [ɔɪlsi:d-] N (BRIT) colza *m*
oilskins ['ɔɪlskɪnz] NPL ciré *m*
oil slick N nappe *f* de mazout
oil tanker N (*ship*) pétrolier *m*; (*truck*) camion-citerne *m*
oil well N puits *m* de pétrole
oily ['ɔɪlɪ] ADJ huileux(-euse); (*food*) gras(se)
ointment ['ɔɪntmənt] N onguent *m*
OK ABBR (US) = **Oklahoma**
O.K., okay ['əu'keɪ] (*inf*) EXCL d'accord ! ▸ VT approuver, donner son accord à ▸ N: **to give sth one's ~** donner son accord à qch ▸ ADJ (*not bad*) pas mal, en règle; en bon état; sain et sauf; acceptable; **is it ~?, are you ~?** ça va ?; **are you ~ for money?** ça va *or* ira question argent ?; **it's ~ with** *or* **by me** ça me va, c'est d'accord en ce qui me concerne
★**old** [əuld] ADJ vieux (vieille); (*person*) vieux, âgé(e); (*former*) ancien(ne), vieux; **how ~ are you?** quel âge avez-vous ?; **he's 10 years ~** il a 10 ans, il est âgé de 10 ans; **older brother/sister** frère/sœur aîné(e); **any ~ thing will do** n'importe quoi fera l'affaire

> **vieux** changes to **vieil** before a vowel or a mute 'h': *an old man* **un vieil homme**; *my old uncle* **mon vieil oncle**.

old age N vieillesse *f*
old-age pension ['əuldeɪdʒ-] N (BRIT) retraite *f*
old-age pensioner ['əuldeɪdʒ-] N (BRIT) retraité(e)
old-fashioned ['əuld'fæʃnd] ADJ démodé(e); (*person*) vieux jeu *inv*
old maid N (*pej*) vieille fille
old people's home N (*esp* BRIT) maison *f* de retraite
old-style ['əuldstaɪl] ADJ à l'ancienne (mode)
old-time ['əuld'taɪm] ADJ du temps jadis, d'autrefois
old-timer [əuld'taɪməʳ] N ancien *m*
old wives' tale N conte *m* de bonne femme
oleander [əulɪ'ændəʳ] N laurier *m* rose
O-level ['əulɛvl] N (*in England and Wales: formerly*) *examen passé à l'âge de 16 ans sanctionnant les connaissances de l'élève*, ≈ brevet *m* des collèges
oligarch ['ɔlɪgɑ:k] N oligarque *mf*
olive ['ɔlɪv] N (*fruit*) olive *f*; (*tree*) olivier *m* ▸ ADJ (*also:* **olive-green**) (vert) olive *inv*
olive oil N huile *f* d'olive
Olympic® [əu'lɪmpɪk] ADJ olympique; **the ~ Games**®, **the Olympics**® les Jeux *mpl* olympiques
OM N ABBR (BRIT: = *Order of Merit*) *titre honorifique*
Oman [əu'mɑ:n] N Oman *m*
OMB N ABBR (US: = *Office of Management and Budget*) *service conseillant le président en matière budgétaire*
ombudsman ['ɔmbudzmən] N (*irreg*) médiateur *m* de la République, protecteur *m* du citoyen (CANADA)
omelette, omelet ['ɔmlɪt] N omelette *f*; **ham/cheese omelet(te)** omelette au jambon/fromage
omen ['əumən] N présage *m*
OMG ABBR (*inf*: = *Oh My God !*) OMD (= *Oh Mon Dieu !*)

ominous [ˈɔmɪnəs] ADJ menaçant(e), inquiétant(e); (*event*) de mauvais augure

omission [əuˈmɪʃən] N omission *f*

omit [əuˈmɪt] VT omettre; **to ~ to do sth** négliger de faire qch

omnipotent [ɔmˈnɪpətənt] ADJ omnipotent(e)

omniscient [ɔmˈnɪsɪənt] ADJ omniscient(e)

omnivorous [ɔmˈnɪvrəs] ADJ omnivore

ON ABBR (CANADA) = **Ontario**

on [ɔn]

PREP **1** (*indicating position*) sur; **on the table** sur la table; **on the wall** sur le *or* au mur; **on the left** à gauche; **I haven't any money on me** je n'ai pas d'argent sur moi
2 (*indicating means, method, condition etc*): **on foot** à pied; **on the train/plane** (*be*) dans le train/l'avion; (*go*) en train/avion; **on the telephone/radio/television** au téléphone/à la radio/à la télévision; **to be on drugs** se droguer; **on holiday**, (*US*) **on vacation** en vacances; **on the continent** sur le continent
3 (*referring to time*): **on Friday** vendredi; **on Fridays** le vendredi; **on June 20th** le 20 juin; **a week on Friday** vendredi en huit; **on arrival** à l'arrivée; **on seeing this** en voyant cela
4 (*about, concerning*) sur, de; **a book on Balzac/physics** un livre sur Balzac/de physique
5 (*at the expense of*): **this round is on me** c'est ma tournée
▶ ADV **1** (*referring to dress*): **to have one's coat on** avoir (mis) son manteau; **to put one's coat on** mettre son manteau; **what's she got on?** qu'est-ce qu'elle porte ?
2 (*referring to covering*): **screw the lid on tightly** vissez bien le couvercle
3 (*further, continuously*): **to walk** *etc* **on** continuer à marcher *etc*; **on and off** de temps à autre; **from that day on** depuis ce jour
▶ ADJ **1** (*in operation*: *machine*) en marche; (: *radio, TV, light*) allumé(e); (: *tap, gas*) ouvert(e); (: *brakes*) mis(e); **is the meeting still on?** (*not cancelled*) est-ce que la réunion a bien lieu ?; **it was well on in the evening** c'était tard dans la soirée; **when is this film on?** quand passe ce film ?
2 (*inf*): **that's not on!** (*not acceptable*) cela ne se fait pas !; (*not possible*) pas question !

ONC N ABBR (BRIT: = *Ordinary National Certificate*) ≈ BT *m*

★**once** [wʌns] ADV une fois; (*formerly*) autrefois; **at ~** tout de suite, immédiatement; (*simultaneously*) à la fois; **all at ~** *adv* tout d'un coup; **~ a week** une fois par semaine; **~ more** encore une fois; **I knew him ~** je l'ai connu autrefois; **~ and for all** une fois pour toutes; **~ upon a time there was ...** il y avait une fois ..., il était une fois ... ▶ CONJ une fois que + *sub*; **~ he had left/it was done** une fois qu'il fut parti/ que ce fut terminé

oncoming [ˈɔnkʌmɪŋ] ADJ (*traffic*) venant en sens inverse

OND N ABBR (BRIT: = *Ordinary National Diploma*) ≈ BTS *m*

one [wʌn]

NUM un(e); **one hundred and fifty** cent cinquante; **one by one** un(e) à *or* par un(e); **one day** un jour
▶ ADJ **1** (*sole*) seul(e), unique; **the one book which** l'unique *or* le seul livre qui; **the one man who** le seul (homme) qui
2 (*same*) même; **they came in the one car** ils sont venus dans la même voiture
▶ PRON **1**: **this one** celui-ci (celle-ci); **that one** celui-là (celle-là); **I've already got one/a red one** j'en ai déjà un(e)/un(e) rouge; **which one do you want?** lequel voulez-vous ?
2: **one another** l'un(e) l'autre; **to look at one another** se regarder
3 (*impersonal*) on; **one never knows** on ne sait jamais; **to cut one's finger** se couper le doigt; **one needs to eat** il faut manger
4 (*phrases*): **to be one up on sb** avoir l'avantage sur qn; **to be at one (with sb)** être d'accord (avec qn)

one-armed bandit [ˈwʌnɑːmd-] N machine *f* à sous

one-day excursion [ˈwʌndeɪ-] N (*US*) billet *m* d'aller-retour (valable pour la journée)

One-hundred share index [ˈwʌnhʌndrəd-] N indice *m* Footsie des cent grandes valeurs

one-man [ˈwʌnˈmæn] ADJ (*business*) dirigé(e) *etc* par un seul homme

one-man band N homme-orchestre *m*

one-off [wʌnˈɔf] N (BRIT *inf*) exemplaire *m* unique ▶ ADJ unique

one-on-one [wʌnɔnˈwʌn] ADV, ADJ en tête à tête

one-parent family [ˈwʌnpɛərənt-] N famille monoparentale

one-piece [ˈwʌnpiːs] ADJ: **~ bathing suit** maillot *m* une pièce

onerous [ˈɔnərəs] ADJ (*task, duty*) pénible; (*responsibility*) lourd(e)

oneself [wʌnˈsɛlf] PRON se; (*after prep, also emphatic*) soi-même; **to hurt ~** se faire mal; **to keep sth for ~** garder qch pour soi; **to talk to ~** se parler à soi-même; **by ~** tout seul

one-shot [wʌnˈʃɔt] N (*US*) = **one-off**

one-sided [wʌnˈsaɪdɪd] ADJ (*argument, decision*) unilatéral(e); (*judgment, account*) partial(e); (*contest*) inégal(e)

onesie [ˈwʌnzɪ] N grenouillère *f*

one-size-fits-all [wʌnsaɪzfɪtzˈɔːl] ADJ (*policy, approach*) taille unique *inv*

one-time [ˈwʌntaɪm] ADJ d'autrefois

one-to-one [ˈwʌntəwʌn] ADJ (*relationship*) univoque

one-upmanship [wʌnˈʌpmənʃɪp] N: **the art of ~** l'art de faire mieux que les autres

one-way [ˈwʌnweɪ] ADJ (*street, traffic*) à sens unique

ongoing [ˈɔngəuɪŋ] ADJ en cours; (*relationship*) suivi(e)

★**onion** [ˈʌnjən] N oignon *m*

online, on-line (*Comput*) ADJ en ligne ▶ ADV: **to go ~** se connecter à Internet; **to put the printer ~** connecter l'imprimante

Lorsque **online** est un adjectif, l'accent tombe sur la première syllabe : [ˈɔnlaɪn], lorsque c'est un adverbe, sur la seconde : [ɔnˈlaɪn].

online banking N banque *f* en ligne
online purchase N achat *m* en ligne
online shopping N achats *mpl* en ligne
onlooker [ˈɔnlukəʳ] N spectateur(-trice)
★**only** [ˈəunlɪ] ADV seulement; **not ~ ... but also** non seulement ... mais aussi; **I ~ took one** j'en ai seulement pris un, je n'en ai pris qu'un; **I saw her ~ yesterday** je l'ai vue hier encore; **I'd be ~ too pleased to help** je ne serais que trop content de vous aider ▸ ADJ seul(e), unique; **an ~ child** un enfant unique ▸ CONJ seulement, mais; **I would come, ~ I'm very busy** je viendrais bien mais j'ai beaucoup à faire
ono ABBR (BRIT: *in classified ads*: = *or nearest offer*) ≈ à débattre
on-screen [ɔnˈskriːn] ADJ à l'écran
onset [ˈɔnsɛt] N début *m*; (*of winter, old age*) approche *f*
onshore [ˈɔnʃɔːʳ] ADJ (*wind*) du large
onside [ɔnˈsaɪd] ADV: **to bring sb ~** gagner qn à sa cause ▸ ADJ (*Football: player*) qui n'est pas hors jeu
onslaught [ˈɔnslɔːt] N attaque *f*, assaut *m*
onstage [ɔnˈsteɪdʒ] ADV en scène; **~ and offstage** à la scène comme à la ville
on-the-job [ˈɔnðəˈdʒɔb] ADJ: **~ training** formation *f* sur place
onto [ˈɔntu] PREP sur
onus [ˈəunəs] N responsabilité *f*; **the ~ is upon him to prove it** c'est à lui de le prouver
onward [ˈɔnwəd], **onwards** [ˈɔnwədz] ADV (*move*) en avant; **from that time onwards** à partir de ce moment
oodles [ˈuːdlz] NPL (*inf*): **~ of** un maximum de
oomph [umf] N (*inf*) peps *m* (*inf*); **to have ~** avoir du peps
oops [ups] EXCL houp !; **oops-a-daisy!** houp-là !
ooze [uːz] VI suinter
opacity [əuˈpæsɪtɪ] N opacité *f*
opal [ˈəupl] N opale *f*
opaque [əuˈpeɪk] ADJ opaque
OPEC [ˈəupɛk] N ABBR (= *Organization of Petroleum-Exporting Countries*) OPEP *f*
★**open** [ˈəupn] ADJ ouvert(e); (*car*) découvert(e); (*road, view*) dégagé(e); (*meeting*) public(-ique); (*admiration*) manifeste; (*question*) non résolu(e); (*enemy*) déclaré(e); **is it ~ to the public?** est-ce ouvert au public ?; **in the ~ air** en plein air; **the ~ sea** le large; **~ ground** (*among trees*) clairière *f*; (*waste ground*) terrain *m* vague; **to have an ~ mind (on sth)** avoir l'esprit ouvert (sur qch) ▸ N: **in the ~** (*outside*) en plein air; (*not secret*) au grand jour ▸ VT ouvrir ▸ VI (*flower, eyes, door, debate*) s'ouvrir; (*shop, bank, museum*) ouvrir; (*book etc: commence*) commencer, débuter; **what time do you ~?** à quelle heure ouvrez-vous ?
▸ **open on to** VT FUS (*room, door*) donner sur
▸ **open out** VT ouvrir ▸ VI s'ouvrir
▸ **open up** VT ouvrir; (*blocked road*) dégager ▸ VI s'ouvrir
open-air [əupnˈɛəʳ] ADJ en plein air
open-and-shut [ˈəupnənˈʃʌt] ADJ: **~ case** cas *m* limpide
opencast [ˈəupnkɑːst] ADJ à ciel ouvert
open day N journée *f* portes ouvertes
open-ended [əupnˈɛndɪd] ADJ (*fig*) non limité(e)
opener [ˈəupnəʳ] N (*also*: **can opener, tin opener**) ouvre-boîtes *m*
open-heart surgery [əupnˈhɑːt-] N chirurgie *f* à cœur ouvert
opening [ˈəupnɪŋ] N ouverture *f*; (*opportunity*) occasion *f*; (*work*) débouché *m*; (*job*) poste vacant
opening hours NPL heures *fpl* d'ouverture
opening night N (*Theat*) première *f*
open learning N *enseignement universitaire à la carte, notamment par correspondance*; (*distance learning*) télé-enseignement *m*
open learning centre N *centre ouvert à tous où l'on dispense un enseignement général à temps partiel*
openly [ˈəupnlɪ] ADV ouvertement
open-minded [əupnˈmaɪndɪd] ADJ à l'esprit ouvert
open-necked [ˈəupnˈnɛkt] ADJ à col ouvert
openness [ˈəupnnɪs] N (*frankness*) franchise *f*
open-plan [ˈəupnˈplæn] ADJ sans cloisons
open prison N prison ouverte
open sandwich N canapé *m*
open shop N *entreprise qui admet les travailleurs non syndiqués*
Open University N (BRIT) *cours universitaires par correspondance*

L'**Open University**, fondée en 1969, est un organisme d'enseignement universitaire à distance. Cet enseignement comprend des cours en ligne, des devoirs envoyés par l'étudiant à son directeur d'études, et un séjour obligatoire en université d'été. Il faut préparer un certain nombre d'unités de valeur dans un délai donné et obtenir la moyenne à un certain nombre d'entre elles pour recevoir le diplôme visé. Avec plus de 250 000 inscrits, dont 50 000 étudiants étrangers, l'*Open University* est le plus grand organisme éducatif du Royaume-Uni et l'un des plus grands du monde. Il obtient régulièrement d'excellents résultats, tant en ce qui concerne la qualité des enseignements dispensés que le niveau de satisfaction des étudiants.

opera [ˈɔpərə] N opéra *m*
opera glasses NPL jumelles *fpl* de théâtre
opera house N opéra *m*
opera singer N chanteur(-euse) d'opéra
★**operate** [ˈɔpəreɪt] VT (*machine*) faire marcher, faire fonctionner; (*system*) pratiquer ▸ VI fonctionner; (*drug*) faire effet; **to ~ on sb (for)** (*Med*) opérer qn (de)
operatic [ɔpəˈrætɪk] ADJ d'opéra
operating [ˈɔpəreɪtɪŋ] ADJ (*Comm: costs, profit*) d'exploitation; (*Med*): **~ table** table *f* d'opération
operating room N (*US Med*) salle *f* d'opération
operating system N (*Comput*) système *m* d'exploitation

O

operating theatre N (BRIT *Med*) salle *f* d'opération

★**operation** [ɔpə'reɪʃən] N opération *f*; (*of machine*) fonctionnement *m*; **to have an ~ (for)** se faire opérer (de); **to be in ~** (*machine*) être en service; (*system*) être en vigueur

operational [ɔpə'reɪʃənl] ADJ opérationnel(le); (*ready for use*) en état de marche; **when the service is fully ~** lorsque le service fonctionnera pleinement

operative ['ɔpərətɪv] ADJ (*measure*) en vigueur; **the ~ word** le mot clef ▸ N (*in factory*) ouvrier(-ière)

operator ['ɔpəreɪtə^r] N (*of machine*) opérateur(-trice); (*Tel*) téléphoniste *mf*

operetta [ɔpə'rɛtə] N opérette *f*

ophthalmologist [ɔfθæl'mɔlədʒɪst] N ophtalmologiste *mf*, ophtalmologue *mf*

opiate ['əupiət] N opiacé *m*

★**opinion** [ə'pɪnjən] N opinion *f*, avis *m*; **in my ~** à mon avis; **to seek a second ~** demander un deuxième avis

opinionated [ə'pɪnjəneɪtɪd] ADJ aux idées bien arrêtées

opinion poll N sondage *m* d'opinion

opium ['əupɪəm] N opium *m*

★**opponent** [ə'pəunənt] N adversaire *mf*

opportune ['ɔpətju:n] ADJ opportun(e)

opportunism [ɔpə'tju:nɪzəm] N opportunisme *m*

opportunist [ɔpə'tju:nɪst] N opportuniste *mf*

opportunistic [ɔpətju:'nɪstɪk] ADJ opportuniste

★**opportunity** [ɔpə'tju:nɪtɪ] N occasion *f*; **to take the ~ to do** *or* **of doing** profiter de l'occasion pour faire

oppose [ə'pəuz] VT s'opposer à; **to be opposed to sth** être opposé(e) à qch; **as opposed to** par opposition à

opposing [ə'pəuzɪŋ] ADJ (*side*) opposé(e)

★**opposite** ['ɔpəzɪt] ADJ opposé(e); (*house etc*) d'en face; **"see ~ page"** « voir ci-contre » ▸ ADV en face ▸ PREP en face de ▸ N opposé *m*, contraire *m*; (*of word*) contraire

opposite number N (BRIT) homologue *mf*

opposite sex N: **the ~** l'autre sexe

★**opposition** [ɔpə'zɪʃən] N opposition *f*

oppress [ə'prɛs] VT opprimer

oppression [ə'prɛʃən] N oppression *f*

oppressive [ə'prɛsɪv] ADJ oppressif(-ive)

oppressor [ə'prɛsə^r] N oppresseur *m*

opprobrium [ə'prəubrɪəm] N (*formal*) opprobre *m*

opt [ɔpt] VI: **to ~ for** opter pour; **to ~ to do** choisir de faire

▸ **opt out** VI (*school, hospital*) devenir autonome; (*health service*) devenir privé(e); **to ~ out of** choisir de ne pas participer à *or* de ne pas faire

optical ['ɔptɪkl] ADJ optique; (*instrument*) d'optique

optical character reader N lecteur *m* optique

optical character recognition N lecture *f* optique

optical fibre N fibre *f* optique

optician [ɔp'tɪʃən] N opticien(ne)

optics ['ɔptɪks] N optique *f*

optimal ['ɔptɪml] = **optimum**

optimism ['ɔptɪmɪzəm] N optimisme *m*

optimist ['ɔptɪmɪst] N optimiste *mf*

★**optimistic** [ɔptɪ'mɪstɪk] ADJ optimiste

optimistically [ɔptɪ'mɪstɪklɪ] ADV avec optimisme

optimize ['ɔptɪmaɪz] VT (*plan, machine*) optimiser; (*situation, opportunity*) tirer le plus grand profit de

optimum ['ɔptɪməm] ADJ optimal(e), optimum

★**option** ['ɔpʃən] N choix *m*, option *f*; (*Scol*) matière *f* à option; (*Comm*) option; **to keep one's options open** (*fig*) ne pas s'engager; **I have no ~** je n'ai pas le choix

optional ['ɔpʃənl] ADJ facultatif(-ive); (*Comm*) en option; **~ extras** accessoires *mpl* en option, options *fpl*

optometrist [ɔp'tɔmətrɪst] N (*esp US*) optométriste *mf*

opulence ['ɔpjuləns] N opulence *f*; abondance *f*

opulent ['ɔpjulənt] ADJ opulent(e); abondant(e)

OR ABBR (*US*) = **Oregon**

★**or** [ɔ:^r] CONJ ou; (*with negative*): **he hasn't seen or heard anything** il n'a rien vu ni entendu; **or else** sinon; ou bien

oracle ['ɔrəkl] N oracle *m*

oral ['ɔ:rəl] ADJ oral(e) ▸ N oral *m*

★**orange** ['ɔrɪndʒ] N (*fruit*) orange *f* ▸ ADJ orange *inv*

orangeade [ɔrɪndʒ'eɪd] N orangeade *f*

orange juice N jus *m* d'orange

orangutan, orang-utan [ɔ:'ræŋutæn] N orang-outan *m*

oration [ɔ:'reɪʃən] N discours solennel

orator ['ɔrətə^r] N orateur(-trice)

oratorio [ɔrə'tɔ:rɪəu] N oratorio *m*

oratory ['ɔrətrɪ] N (*art*) talent *m* oratoire; (*speech*) oraison *f*

orb [ɔ:b] N orbe *m*

orbit ['ɔ:bɪt] N orbite *f*; **to be in/go into ~ (round)** être/entrer en orbite (autour de) ▸ VT graviter autour de

orbital ['ɔ:bɪtl] N (*also:* **orbital motorway**) périphérique *f*

orchard ['ɔ:tʃəd] N verger *m*; **apple ~** verger de pommiers

orchestra ['ɔ:kɪstrə] N orchestre *m*; (*US: seating*) (fauteuils *mpl* d')orchestre

orchestral [ɔ:'kɛstrəl] ADJ orchestral(e); (*concert*) symphonique

orchestrate ['ɔ:kɪstreɪt] VT (*Mus, fig*) orchestrer

orchid ['ɔ:kɪd] N orchidée *f*

ordain [ɔ:'deɪn] VT (*Rel*) ordonner; (*decide*) décréter

ordeal [ɔ:'di:l] N épreuve *f*

★**order** ['ɔ:də^r] N ordre *m*; (*Comm*) commande *f*; **in ~** en ordre; (*document*) en règle; **out of ~** (*not in correct order*) en désordre; (*machine*) hors service; (*telephone*) en dérangement; **a machine in working ~** une machine en état de marche; **in ~ of size** par ordre de grandeur; **in ~ to do/that** pour faire/que + *sub*; **to place an ~ for sth with sb** commander qch auprès de qn, passer commande de qch à qn; **to be on ~** être en commande; **made to ~** fait sur commande; **to be under orders to do sth** avoir ordre de faire qch; **a point of ~** un point de procédure; **to the ~ of** (*Banking*) à l'ordre de ▸ VT ordonner; (*Comm*) commander; **to ~ sb to do** ordonner à qn de faire ▸ VI commander; **could I ~ now, please?** je peux commander, s'il vous plaît ?

order book N carnet *m* de commandes

order form N bon *m* de commande

orderly ['ɔ:dəlɪ] N (*Mil*) ordonnance *f*; (*Med*) garçon *m* de salle ▸ ADJ (*room*) en ordre; (*mind*) méthodique; (*person*) qui a de l'ordre

order number N (*Comm*) numéro *m* de commande

ordinal ['ɔ:dɪnl] ADJ (*number*) ordinal(e)

ordinarily [ɔ:d'nɛrɪlɪ] ADV (*normally*) d'ordinaire

★**ordinary** ['ɔ:dnrɪ] ADJ ordinaire, normal(e); (*pej*) ordinaire, quelconque; **out of the ~** exceptionnel(le)

ordinary degree N (*Scol*) ≈ licence *f* libre

> Un **ordinary degree** est un diplôme inférieur à l'*honours degree* que l'on obtient en général après trois années d'études universitaires. Il peut aussi être décerné en cas d'échec à l'*honours degree*.

ordinary seaman N (*irreg*) (BRIT) matelot *m*

ordinary shares NPL actions *fpl* ordinaires

ordination [ɔ:dɪ'neɪʃən] N ordination *f*

ordnance ['ɔ:dnəns] N (*Mil: unit*) service *m* du matériel

Ordnance Survey map N (BRIT) ≈ carte *f* d'État-major

ore [ɔ:ʳ] N minerai *m*

oregano [ɔrɪ'gɑ:nəu] N origan *m*

organ ['ɔ:gən] N organe *m*; (*Mus*) orgue *m*, orgues *fpl*

organic [ɔ:'gænɪk] ADJ organique; (*crops etc*) biologique, naturel(le)

organically [ɔ:'gænɪklɪ] ADV (*grow, produce*) biologiquement

organism ['ɔ:gənɪzəm] N organisme *m*

organist ['ɔ:gənɪst] N organiste *mf*

★**organization** [ɔ:gənaɪ'zeɪʃən] N organisation *f*

organizational [ɔ:gənaɪ'zeɪʃnəl] ADJ organisationnel(le); **at an ~ level** au niveau organisationnel

organization chart N organigramme *m*

★**organize** ['ɔ:gənaɪz] VT organiser; **to get organized** s'organiser

organized ['ɔ:gənaizd] ADJ (*planned*) organisé(e); (*efficient*) bien organisé

organized crime N crime organisé, grand banditisme

organized labour N main-d'œuvre syndiquée

organizer ['ɔ:gənaɪzəʳ] N organisateur(-trice)

orgasm ['ɔ:gæzəm] N orgasme *m*

orgy ['ɔ:dʒɪ] N orgie *f*

Orient ['ɔ:rɪənt] N: **the ~** l'Orient *m*

orient ['ɔ:rɪənt], **orientate** ['ɔ:rɪənteɪt] VT orienter; **to be oriented towards sth** (*person*) être orienté vers qch; (*thing*) être axé sur qch

oriental [ɔ:rɪ'ɛntl] ADJ oriental(e) ▸ N Oriental(e)

orientate ['ɔ:rɪɛnteɪt] VT = **orient**

orientation [ɔ:rɪen'teɪʃən] N (*attitudes*) tendance *f*; (*in job*) orientation *f*; (*of building*) orientation, exposition *f*

orienteering [ɔ:rɪən'tɪərɪŋ] N course *f* d'orientation

orifice ['ɔrɪfɪs] N orifice *m*

origami [ɔrɪ'gɑ:mi] N origami *m*

origin ['ɔrɪdʒɪn] N origine *f*; **country of ~** pays *m* d'origine

★**original** [ə'rɪdʒɪnl] ADJ original(e); (*earliest*) originel(le) ▸ N original *m*

originality [ərɪdʒɪ'nælɪtɪ] N originalité *f*

★**originally** [ə'rɪdʒɪnəlɪ] ADV (*at first*) à l'origine

originate [ə'rɪdʒɪneɪt] VI: **to ~ from** être originaire de; (*suggestion*) provenir de; **to ~ in** (*custom*) prendre naissance dans, avoir son origine dans

originator [ə'rɪdʒɪneɪtəʳ] N auteur *m*

Orkney ['ɔ:knɪ] N (*also:* **the Orkneys, the Orkney Islands**) les Orcades *fpl*

ornament ['ɔ:nəmənt] N ornement *m*; (*trinket*) bibelot *m*

ornamental [ɔ:nə'mɛntl] ADJ décoratif(-ive); (*garden*) d'agrément

ornamentation [ɔ:nəmɛn'teɪʃən] N ornementation *f*

ornate [ɔ:'neɪt] ADJ très orné(e)

ornithologist [ɔ:nɪ'θɔlədʒɪst] N ornithologue *mf*

ornithology [ɔ:nɪ'θɔlədʒɪ] N ornithologie *f*

orphan ['ɔ:fn] N orphelin(e) ▸ VT: **to be orphaned** devenir orphelin

orphanage ['ɔ:fənɪdʒ] N orphelinat *m*

orthodontist [ɔ:θə'dɔntɪst] N orthodontiste *mf*

orthodox ['ɔ:θədɔks] ADJ orthodoxe

orthodoxy ['ɔ:θədɔksɪ] N orthodoxie *f*

orthopaedic, (US) **orthopedic** [ɔ:θə'pi:dɪk] ADJ orthopédique

OS ABBR (BRIT: = *Ordnance Survey*) ≈ IGN *m* (= *Institut géographique national*); (*Naut*) = **ordinary seaman**; (*Dress*) = **outsize**

O/S ABBR = **out of stock**

Oscar ['ɔskəʳ] N oscar *m*

oscillate ['ɔsɪleɪt] VI osciller

OSHA N ABBR (US: = *Occupational Safety and Health Administration*) *office de l'hygiène et de la sécurité au travail*

Oslo ['ɔzləu] N Oslo

osmosis [ɔz'məusɪs] N osmose *f*; **by ~** par osmose

ostensible [ɔs'tɛnsɪbl] ADJ prétendu(e); apparent(e)

ostensibly [ɔs'tɛnsɪblɪ] ADV en apparence

ostentation [ɔstɛn'teɪʃən] N ostentation *f*

ostentatious [ɔstɛn'teɪʃəs] ADJ prétentieux(-euse); ostentatoire

osteopath ['ɔstɪəpæθ] N ostéopathe *mf*

osteoporosis [ɔstiəupə'rəusɪs] N ostéoporose *f*

ostracism ['ɔstrəsɪzəm] N ostracisme *m*

ostracize ['ɔstrəsaɪz] VT frapper d'ostracisme

ostrich ['ɔstrɪtʃ] N autruche *f*

OT N ABBR (= *Old Testament*) AT *m*

OTB N ABBR (US: = *off-track betting*) *paris pris en dehors du champ de course*

O

O.T.E. ABBR (= *on-target earnings*) primes *fpl* sur objectifs inclus

★**other** [ˈʌðəʳ] ADJ autre; **the ~ one** l'autre; **some ~ people have still to arrive** on attend encore quelques personnes; **the ~ day** l'autre jour ▸ PRON: **the ~** l'autre; **others** (*other people*) d'autres; **some actor or ~** un certain acteur, je ne sais quel acteur; **somebody or ~** quelqu'un; **the car was none ~ than John's** la voiture n'était autre que celle de John ▸ ADV: **~ than** autrement que; à part

★**otherwise** [ˈʌðəwaɪz] ADV, CONJ autrement; **an ~ good piece of work** par ailleurs, un beau travail

otherworldly [ʌðəˈwəːldlɪ] ADJ d'un autre monde

OTT ABBR (*inf*) = **over the top**; *see* **top**

Ottawa [ˈɔtəwə] N Ottawa

otter [ˈɔtəʳ] N loutre *f*

OU N ABBR (BRIT) = **Open University**

ouch [autʃ] EXCL aïe !

★**ought** [ɔːt] AUX VB: **I ~ to do it** je devrais le faire, il faudrait que je le fasse; **this ~ to have been corrected** cela aurait dû être corrigé; **he ~ to win** (*probability*) il devrait gagner; **you ~ to go and see it** vous devriez aller le voir

ounce [auns] N once *f* (*28.35g ; 16 in a pound*)

★**our** [ˈauəʳ] ADJ notre, nos *pl*; *see also* **my**

★**ours** [auəz] PRON le (la) nôtre, les nôtres; *see also* **mine¹**

★**ourselves** [auəˈsɛlvz] PL PRON (*reflexive, after preposition*) nous; (*emphatic*) nous-mêmes; **we did it (all) by ~** nous avons fait ça tout seuls; *see also* **oneself**

oust [aust] VT évincer

★**out** [aut] ADV, ADJ dehors; (*published, not at home etc*) sorti(e); (*light, fire*) éteint(e); (*on strike*) en grève; **~ here** ici; **~ there** là-bas; **he's ~** (*absent*) il est sorti; (*unconscious*) il est sans connaissance; **to be ~ in one's calculations** s'être trompé dans ses calculs; **to run/back** *etc* **~** sortir en courant/en reculant *etc*; **to be ~ and about** *or* (US) **around again** être de nouveau sur pied; **before the week was ~** avant la fin de la semaine; **the journey ~** l'aller *m*; **the boat was 10 km ~** le bateau était à 10 km du rivage; **~ loud** *adv* à haute voix; **~ of** *prep* (*outside*) en dehors de; (*because of: anger etc*) par; (*from among*): **10 ~ of 10** 10 sur 10; (*without*): **~ of petrol** sans essence, à court d'essence; **made ~ of wood** en *or* de bois; **~ of order** (*machine*) en panne; (*Tel: line*) en dérangement; **~ of stock** (*Comm: article*) épuisé(e); (*: shop*) en rupture de stock ▸ VT: **to ~ sb** révéler l'homosexualité de qn

outage [ˈautɪdʒ] N (*esp US: power failure*) panne *f* or coupure *f* de courant

out-and-out [ˈautəndaut] ADJ véritable

outback [ˈautbæk] N campagne isolée; (*in Australia*) intérieur *m*

outbid [autˈbɪd] VT (*irreg: like* **bid**) surenchérir

outboard [ˈautbɔːd] N: **~ (motor)** (moteur *m*) hors-bord *m*

outbound [ˈautbaund] ADJ: **~ (from/for)** en partance (de/pour)

outbox [ˈautbɔks] N (*Comput*) boîte *f* d'envoi; (*US: out-tray*) corbeille *f* du courrier au départ

outbreak [ˈautbreɪk] N (*of violence*) éruption *f*, explosion *f*; (*of disease*) de nombreux cas; **the ~ of war south of the border** la guerre qui s'est déclarée au sud de la frontière

outbuilding [ˈautbɪldɪŋ] N dépendance *f*

outburst [ˈautbəːst] N explosion *f*, accès *m*

outcast [ˈautkɑːst] N exilé(e); (*socially*) paria *m*

outclass [autˈklɑːs] VT surclasser

★**outcome** [ˈautkʌm] N issue *f*, résultat *m*

outcrop [ˈautkrɔp] N affleurement *m*

outcry [ˈautkraɪ] N tollé (général)

outdated [autˈdeɪtɪd] ADJ démodé(e)

outdistance [autˈdɪstəns] VT distancer

outdo [autˈduː] VT (*irreg: like* **do**) surpasser

outdoor [autˈdɔːʳ] ADJ de *or* en plein air

outdoors [autˈdɔːz] ADV dehors; au grand air

outer [ˈautəʳ] ADJ extérieur(e); **~ suburbs** grande banlieue

outer space N espace *m* cosmique

outfit [ˈautfɪt] N équipement *m*; (*clothes*) tenue *f*; (*inf, Comm*) organisation *f*, boîte *f*

outfitter [ˈautfɪtəʳ] N (BRIT): **"(gents') ~'s"** « confection pour hommes »

outgoing [ˈautgəuɪŋ] ADJ (*president, tenant*) sortant(e); (*character*) ouvert(e), extraverti(e)

outgoings [ˈautgəuɪŋz] NPL (BRIT: *expenses*) dépenses *fpl*

outgrow [autˈgrəu] VT (*irreg: like* **grow**) (*clothes*) devenir trop grand(e) pour

outhouse [ˈauthaus] N appentis *m*, remise *f*

outing [ˈautɪŋ] N sortie *f*; excursion *f*

outlandish [autˈlændɪʃ] ADJ étrange

outlast [autˈlɑːst] VT survivre à

outlaw [ˈautlɔː] N hors-la-loi *m inv* ▸ VT (*person*) mettre hors la loi; (*practice*) proscrire

outlay [ˈautleɪ] N dépenses *fpl*; (*investment*) mise *f* de fonds

outlet [ˈautlɛt] N (*for liquid etc*) issue *f*, sortie *f*; (*for emotion*) exutoire *m*; (*for goods*) débouché *m*; (*also:* **retail outlet**) point *m* de vente; (*US Elec*) prise *f* de courant

★**outline** [ˈautlaɪn] N (*shape*) contour *m*; (*summary*) esquisse *f*, grandes lignes ▸ VT (*fig: theory, plan*) exposer à grands traits

outlive [autˈlɪv] VT survivre à

outlook [ˈautluk] N perspective *f*; (*point of view*) attitude *f*

outlying [ˈautlaɪɪŋ] ADJ écarté(e)

outmanoeuvre [autməˈnuːvəʳ] VT (*rival etc*) avoir au tournant

outmoded [autˈməudɪd] ADJ démodé(e); dépassé(e)

outnumber [autˈnʌmbəʳ] VT surpasser en nombre

out-of-court [autəvˈkɔːt] ADJ, ADV à l'aimable

out-of-date [autəvˈdeɪt] ADJ (*passport, ticket*) périmé(e); (*theory, idea*) dépassé(e); (*custom*) désuet(-ète); (*clothes*) démodé(e)

out-of-doors [autəvˈdɔːz] ADV = **outdoors**

out-of-the-way [ˈautəvðəˈweɪ] ADJ loin de tout; (*fig*) insolite

out-of-town [autəv'taun] ADJ (*shopping centre etc*) en périphérie

outpace [aut'peɪs] VT distancer

outpatient ['autpeɪʃənt] N malade *mf* en consultation externe

outperform [autpə'fɔ:m] VT être plus performant que

outpost ['autpəust] N avant-poste *m*

outpouring ['autpɔ:rɪŋ] N (*fig*) épanchement(s) *m(pl)*

output ['autput] N rendement *m*, production *f*; (*Comput*) sortie *f* ▸ VT (*Comput*) sortir

outrage ['autreɪdʒ] N (*anger*) indignation *f*; (*violent act*) atrocité *f*, acte *m* de violence; (*scandal*) scandale *m* ▸ VT outrager

outrageous [aut'reɪdʒəs] ADJ atroce; (*scandalous*) scandaleux(-euse)

outreach programme, (US) **outreach program** ['autri:tʃ-] N programme *m* de proximité

outrider ['autraɪdə^r] N (*on motorcycle*) motard *m*

outright ADV [aut'raɪt] complètement; (*deny, refuse*) catégoriquement; (*ask*) carrément; (*kill*) sur le coup ▸ ADJ ['autraɪt] complet(-ète); catégorique

outrun [aut'rʌn] VT (*irreg: like* **run**) dépasser

outsell [aut'sɛl] VT (*irreg: like* **sell**) réaliser de meilleurs chiffres de ventes que

outset ['autsɛt] N début *m*

outshine [aut'ʃaɪn] VT (*irreg: like* **shine**) (*fig*) éclipser

★**outside** [aut'saɪd] N extérieur *m*; **at the ~** (*fig*) au plus *or* maximum ▸ ADJ extérieur(e); (*remote, unlikely*): **an ~ chance** une (très) faible chance; **~ left/right** *n* (*Football*) ailier gauche/droit ▸ ADV (au) dehors, à l'extérieur ▸ PREP hors de, à l'extérieur de; (*in front of*) devant

outside broadcast N (*Radio, TV*) reportage *m*

outside lane N (*Aut: in Britain*) voie *f* de droite; (: *in US, Europe*) voie de gauche

outside line N (*Tel*) ligne extérieure

outsider [aut'saɪdə^r] N (*in race etc*) outsider *m*; (*stranger*) étranger(-ère)

outsize ['autsaɪz] ADJ énorme; (*clothes*) grande taille *inv*

outskirts ['autskə:ts] NPL faubourgs *mpl*

outsmart [aut'smɑ:t] VT se montrer plus malin(-igne) *or* futé(e) que

outsource [aut'sɔ:s] VT externaliser

outsourcing [aut'sɔ:sɪŋ] N externalisation *f*

outspoken [aut'spəukən] ADJ très franc (franche)

outspokenness [aut'spəukənnɪs] N franc-parler *m*

outspread [aut'sprɛd] ADJ (*wings*) déployé(e)

★**outstanding** [aut'stændɪŋ] ADJ remarquable, exceptionnel(le); (*unfinished: work, business*) en suspens, en souffrance; (*debt*) impayé(e); (*problem*) non réglé(e); **your account is still ~** vous n'avez pas encore tout remboursé

outstandingly [aut'stændɪŋlɪ] ADV remarquablement

outstay [aut'steɪ] VT: **to ~ one's welcome** abuser de l'hospitalité de son hôte

outstretched [aut'strɛtʃt] ADJ (*hand*) tendu(e); (*body*) étendu(e)

outstrip [aut'strɪp] VT (*also fig*) dépasser

out-tray ['auttreɪ] N courrier *m* (« départ »)

outvote [aut'vəut] VT: **to ~ sb (by)** mettre qn en minorité (par); **to ~ sth (by)** rejeter qch (par)

outward ['autwəd] ADJ (*sign, appearances*) extérieur(e); (*journey*) (d')aller ▸ ADV vers l'extérieur

outwardly ['autwədlɪ] ADV extérieurement; en apparence

outwards ['autwədz] ADV (*esp* BRIT) = **outward**

outweigh [aut'weɪ] VT l'emporter sur

outwit [aut'wɪt] VT se montrer plus malin que

oval ['əuvl] ADJ, N ovale *m*

Oval Office N (*US Pol*) *voir article*

> L'**Oval Office** est le bureau personnel du président des États-Unis à la Maison-Blanche, ainsi appelé du fait de sa forme ovale. Par extension, ce terme désigne la présidence elle-même.

ovarian [əu'vɛərɪən] ADJ ovarien(ne); (*cancer*) des ovaires

ovary ['əuvərɪ] N ovaire *m*

ovation [əu'veɪʃən] N ovation *f*

oven ['ʌvn] N four *m*

oven glove N gant *m* de cuisine

ovenproof ['ʌvnpru:f] ADJ allant au four

oven-ready ['ʌvnrɛdɪ] ADJ prêt(e) à cuire

ovenware ['ʌvnwɛə^r] N plats *mpl* allant au four

★**over** ['əuvə^r] ADV (par-)dessus; (*excessively*) trop; **~ here** ici; **~ there** là-bas; **all ~** (*everywhere*) partout; **~ and ~ (again)** à plusieurs reprises; **to ask sb ~** inviter qn (à passer); **to go ~ to sb's** passer chez qn; **to fall ~** tomber; **to turn sth ~** retourner qch; **now ~ to our Paris correspondent** nous passons l'antenne à notre correspondant à Paris; **the world ~** dans le monde entier; **she's not ~ intelligent** (BRIT) elle n'est pas particulièrement intelligente ▸ ADJ (*finished*) fini(e), terminé(e); (*too much*) en plus; **all ~** (*finished*) fini(e) ▸ PREP sur; par-dessus; (*above*) au-dessus de; (*on the other side of*) de l'autre côté de; (*more than*) plus de; (*during*) pendant; (*about, concerning*): **they fell out ~ money/her** ils se sont brouillés pour des questions d'argent/à cause d'elle; **~ and above** en plus de

over... ['əuvə^r] PREFIX: **overabundant** surabondant(e)

overact [əuvər'ækt] VI (*Theat*) outrer son rôle

★**overall** ADJ ['əuvərɔ:l] (*length*) total(e); (*study, impression*) d'ensemble ▸ N ['əuvərɔ:l] (BRIT) blouse *f* ▸ ADV [əuvər'ɔ:l] dans l'ensemble, en général ■ **overalls** NPL (*boiler suit*) bleus *mpl* (de travail)

overall majority N majorité absolue

overanxious [əuvər'æŋkʃəs] ADJ trop anxieux(-euse)

overawe [əuvər'ɔ:] VT impressionner

overbalance [əuvə'bæləns] VI basculer

overbearing [əuvə'bɛərɪŋ] ADJ impérieux(-euse), autoritaire

overblown [əuvə'bləun] ADJ exagéré(e)

overboard ['əuvəbɔ:d] ADV (*Naut*) par-dessus bord; **to go ~ for sth** (*fig*) s'emballer (pour qch)

O

overbook [əuvə'buk] VI faire du surbooking
overbooking [əuvə'bukɪŋ] N surréservation *f*, surbooking *m*
overcame [əuvə'keɪm] PT *of* **overcome**
overcapitalize [əuvə'kæpɪtəlaɪz] VT surcapitaliser
overcast ['əuvəkɑ:st] ADJ couvert(e)
overcharge [əuvə'tʃɑ:dʒ] VT: **to ~ sb for sth** faire payer qch trop cher à qn
overcoat ['əuvəkəut] N pardessus *m*
overcome [əuvə'kʌm] VT (*irreg: like* **come**) (*defeat*) triompher de; (*difficulty*) surmonter ▸ADJ (*emotionally*) bouleversé(e); **~ with grief** accablé(e) de douleur
overconfident [əuvə'kɔnfɪdənt] ADJ trop sûr(e) de soi
overcrowded [əuvə'kraudɪd] ADJ bondé(e); (*city, country*) surpeuplé(e)
overcrowding [əuvə'kraudɪŋ] N surpeuplement *m*; (*in bus*) encombrement *m*
overdo [əuvə'du:] VT (*irreg: like* **do**) exagérer; (*overcook*) trop cuire; **to ~ it, to ~ things** (*work too hard*) en faire trop, se surmener
overdone [əuvə'dʌn] ADJ (*vegetables, steak*) trop cuit(e)
overdose ['əuvədəus] N dose excessive
overdraft ['əuvədrɑ:ft] N découvert *m*
overdrawn [əuvə'drɔ:n] ADJ (*account*) à découvert
overdrive ['əuvədraɪv] N (*Aut*) (vitesse *f*) surmultipliée *f*
overdue [əuvə'dju:] ADJ en retard; (*bill*) impayé(e); (*change*) qui tarde; **that change was long ~** ce changement n'avait que trop tardé
overeat [əuvər'i:t] VI (*irreg: like* **eat**) trop manger
overeating [əuvər'i:tɪŋ] N hyperphagie *f*, tendance *f* à trop manger
overemphasis [əuvər'ɛmfəsɪs] N: **to put an ~ on** accorder trop d'importance à
overestimate [əuvər'ɛstɪmeɪt] VT surestimer
overexcited [əuvərɪk'saɪtɪd] ADJ surexcité(e)
overexertion [əuvərɪg'zə:ʃən] N surmenage *m* (physique)
overexpose [əuvərɪk'spəuz] VT (*Phot*) surexposer
overflow VI [əuvə'fləu] déborder ▸N ['əuvəfləu] trop-plein *m*; (*also:* **overflow pipe**) tuyau *m* d'écoulement, trop-plein *m*
overfly [əuvə'flaɪ] VT (*irreg: like* **fly**) survoler
overgenerous [əuvə'dʒɛnərəs] ADJ (*person*) prodigue; (*offer*) excessif(-ive)
overgrown [əuvə'grəun] ADJ (*garden*) envahi(e) par la végétation; **he's just an ~ schoolboy** (*fig*) c'est un écolier attardé
overhang ['əuvə'hæŋ] VT (*irreg: like* **hang**) surplomber ▸VI faire saillie
overhaul VT [əuvə'hɔ:l] réviser ▸N ['əuvəhɔ:l] révision *f*
overhead ADV [əuvə'hɛd] au-dessus ▸ADJ ['əuvəhɛd] aérien(ne); (*lighting*) vertical(e) ▸N ['əuvəhɛd] (*US*) = **overheads**
overhead projector N rétroprojecteur *m*
overheads ['əuvəhɛdz] NPL (BRIT) frais généraux
overhear [əuvə'hɪəʳ] VT (*irreg: like* **hear**) entendre (par hasard)
overheat [əuvə'hi:t] VI devenir surchauffé(e); (*engine*) chauffer
overindulge [əuvərɪn'dʌldʒ] VI faire des excès; **to ~ in alcohol** faire des excès de boisson
overjoyed [əuvə'dʒɔɪd] ADJ ravi(e), enchanté(e)
overkill ['əuvəkɪl] N (*fig*): **it would be ~** ce serait de trop
overland ['əuvəlænd] ADJ, ADV par voie de terre
overlap VI [əuvə'læp] se chevaucher ▸N ['əuvəlæp] chevauchement *m*
overleaf [əuvə'li:f] ADV au verso
overload [əuvə'ləud] VT surcharger
overlook [əuvə'luk] VT (*have view of*) donner sur; (*miss*) oublier, négliger; (*forgive*) fermer les yeux sur
overlord ['əuvəlɔ:d] N chef *m* suprême
overly ['əuvəlɪ] ADV excessivement
overmanning [əuvə'mænɪŋ] N sureffectif *m*, main-d'œuvre *f* pléthorique
overnight ADV [əuvə'naɪt] (*happen*) durant la nuit; (*fig*) soudain; **to stay ~ (with sb)** passer la nuit (chez qn); **he stayed there ~** il y a passé la nuit; **if you travel ~ ...** si tu fais le voyage de nuit ...; **he'll be away ~** il ne rentrera pas ce soir ▸ADJ ['əuvənaɪt] d'une (*or* de) nuit; soudain(e)
overnight bag N nécessaire *m* de voyage
overpaid [əuvə'peɪd] ADJ surpayé(e); **grossly ~** largement surpayé
overpass ['əuvəpɑ:s] N (*US: for cars*) pont autoroutier; (*: for pedestrians*) passerelle *f*, pont *m*
overpay [əuvə'peɪ] VT (*irreg: like* **pay**): **to ~ sb by £50** donner à qn 50 livres de trop
overplay [əuvə'pleɪ] VT exagérer; **to ~ one's hand** trop présumer de sa situation
overpower [əuvə'pauəʳ] VT vaincre; (*fig*) accabler
overpowering [əuvə'pauərɪŋ] ADJ irrésistible; (*heat, stench*) suffocant(e)
overpriced [əuvə'praɪst] ADJ vendu(e) trop cher(-ère), trop cher(-ère)
overproduction ['əuvəprə'dʌkʃən] N surproduction *f*
overran [əuvə'ræn] PT *of* **overrun**
overrate [əuvə'reɪt] VT surestimer
overrated [əuvə'reɪtɪd] ADJ surfait(e); **to be vastly ~** être très surfait
overreact [əuvəri:'ækt] VI réagir de façon excessive
overreaction [əuvəri'ækʃən] N réaction *f* excessive
override [əuvə'raɪd] VT (*irreg: like* **ride**) (*order, objection*) passer outre à; (*decision*) annuler
overriding [əuvə'raɪdɪŋ] ADJ prépondérant(e)
overrule [əuvə'ru:l] VT (*decision*) annuler; (*claim*) rejeter; (*person*) rejeter l'avis de
overrun [əuvə'rʌn] VT (*irreg: like* **run**) (*Mil: country etc*) occuper; (*time limit etc*) dépasser; **the town is ~ with tourists** la ville est envahie de touristes ▸VI dépasser le temps imparti
★**overseas** [əuvə'si:z] ADV outre-mer; (*abroad*) à l'étranger ▸ADJ (*trade*) extérieur(e); (*visitor*) étranger(-ère)
oversee [əuvə'si:] VT (*irreg: like* **see**) surveiller

overseer ['əuvəsɪəʳ] N (*in factory*) contremaître *m*
overshadow [əuvə'ʃædəu] VT (*fig*) éclipser
overshoot [əuvə'ʃu:t] VT (*irreg: like* **shoot**) dépasser
oversight ['əuvəsaɪt] N omission *f*, oubli *m*; **due to an ~** par suite d'une inadvertance
oversimplification [əuvəsɪmplɪfɪ'keɪʃən] N simplification *f* hâtive
oversimplify [əuvə'sɪmplɪfaɪ] VT trop simplifier
oversleep [əuvə'sli:p] VI (*irreg: like* **sleep**) se réveiller (trop) tard
overspend [əuvə'spɛnd] VI (*irreg: like* **spend**) dépenser de trop; **we have overspent by 5,000 dollars** nous avons dépassé notre budget de 5 000 dollars, nous avons dépensé 5 000 dollars de trop
overspill ['əuvəspɪl] N excédent *m* de population
overstaffed [əuvə'stɑ:ft] ADJ: **to be ~** avoir trop de personnel, être en surnombre
overstate [əuvə'steɪt] VT exagérer
overstatement [əuvə'steɪtmənt] N exagération *f*
overstay [əuvə'steɪ] VT: **to ~ one's welcome (at sb's)** abuser de l'hospitalité de qn
overstep [əuvə'stɛp] VT: **to ~ the mark** dépasser la mesure
overstock [əuvə'stɔk] VT stocker en surabondance
overstretched [əuvə'strɛtʃt] ADJ (*person*) débordé(e); **my budget is ~** j'ai atteint les limites de mon budget
overstrike N ['əuvəstraɪk] (*on printer*) superposition *f*, double frappe *f* ▸VT [əuvə'straɪk] (*irreg: like* **strike**) surimprimer
oversubscribed [əuvəsəb'skraɪbd] ADJ (*event, service*) trop couru(e); (*shares*) sursouscrit(e)
overt [əu'və:t] ADJ non dissimulé(e)
overtake [əuvə'teɪk] VT (*irreg: like* **take**) dépasser; (Brit *Aut*) dépasser, doubler
overtaking [əuvə'teɪkɪŋ] N (Brit *Aut*) dépassement *m*
overtax [əuvə'tæks] VT (*Econ*) surimposer; (*fig: strength, patience*) abuser de; **to ~ o.s.** se surmener
overthrow [əuvə'θrəu] VT (*irreg: like* **throw**) (*government*) renverser
overtime ['əuvətaɪm] N heures *fpl* supplémentaires; **to do** *or* **work ~** faire des heures supplémentaires
overtime ban N refus *m* de faire des heures supplémentaires
overtired [əuvə'taɪəd] ADJ surmené(e)
overtly [əu'və:tlɪ] ADV ouvertement
overtone ['əuvətəun] N (*also:* **overtones**) note *f*, sous-entendus *mpl*
overtook [əuvə'tuk] PT *of* **overtake**
overture ['əuvətʃuəʳ] N (*Mus, fig*) ouverture *f*
overturn [əuvə'tə:n] VT renverser; (*decision, plan*) annuler ▸VI se retourner
overuse VT [əuvə'ju:z] (*thing*) abuser de; (*word, idea*) galvauder ▸N [əuvə'ju:s] surexploitation *f*
overview ['əuvəvju:] N vue *f* d'ensemble
overweight [əuvə'weɪt] ADJ (*person*) trop gros(se); (*luggage*) trop lourd(e)
overwhelm [əuvə'wɛlm] VT (*subj: emotion*) accabler, submerger; (*enemy, opponent*) écraser
overwhelmed [əuvə'wɛlmd] ADJ (*by emotion*) bouleversé(e); (*by work, trouble*) accablé(e); **to be ~ by sth** être accablé par qch; **to be ~ with sth** (*requests, responses*) être submergé de qch
overwhelming [əuvə'wɛlmɪŋ] ADJ (*victory, defeat*) écrasant(e); (*desire*) irrésistible; **one's ~ impression is of heat** on a une impression dominante de chaleur
overwhelmingly [əuvə'wɛlmɪŋlɪ] ADV (*vote*) en masse; (*win*) d'une manière écrasante
overwork [əuvə'wə:k] N surmenage *m* ▸VT surmener ▸VI se surmener
overworked [əuvə'wə:kt] ADJ (*person*) surmené(e); (*word, phrase*) galvaudé(e)
overwrite [əuvə'raɪt] VT (*irreg: like* **write**) (*Comput*) écraser
overwrought [əuvə'rɔ:t] ADJ excédé(e)
ovulate ['ɔvjuleɪt] VI ovuler
ovulation [ɔvju'leɪʃən] N ovulation *f*
★**owe** [əu] VT devoir; **to ~ sb sth, to ~ sth to sb** devoir qch à qn; **how much do I ~ you?** combien est-ce que je vous dois ?
owing to ['əuɪŋ-] PREP à cause de, en raison de
owl [aul] N hibou *m*
★**own** [əun] VT posséder ▸VI (Brit): **to ~ to sth** reconnaître *or* avouer qch; **to ~ to having done sth** avouer avoir fait qch ▸ADJ propre ▸PRON: **a room of my ~** une chambre à moi, ma propre chambre; **can I have it for my (very) ~?** puis-je l'avoir pour moi (tout) seul ?; **to get one's ~ back** prendre sa revanche; **on one's ~** tout(e) seul(e); **to come into one's ~** trouver sa voie; trouver sa justification
▸**own up** VI avouer
own brand N (*Comm*) marque *f* de distributeur
★**owner** ['əunəʳ] N propriétaire *mf*
owner-occupier ['əunər'ɔkjupaɪəʳ] N propriétaire occupant
ownership ['əunəʃɪp] N possession *f*; **it's under new ~** (*shop etc*) il y a eu un changement de propriétaire
own goal N: **he scored an ~** (*Sport*) il a marqué un but contre son camp; (*fig*) cela s'est retourné contre lui
ox [ɔks] (*pl* **oxen** ['ɔksn]) N bœuf *m*
Oxbridge ['ɔksbrɪdʒ] N (Brit) *les universités d'Oxford et de Cambridge*

Oxbridge, nom formé à partir des mots Ox(ford) et (Cam)bridge, s'utilise pour parler de ces deux universités comme un tout, dans la mesure où il s'agit des deux universités britanniques les plus prestigieuses et qu'elles sont connues dans le monde entier.

oxen ['ɔksn] NPL *of* **ox**
Oxfam ['ɔksfæm] N ABBR (Brit: = *Oxford Committee for Famine Relief*) *association humanitaire*
oxide ['ɔksaɪd] N oxyde *m*
oxtail ['ɔksteɪl] N: **~ soup** soupe *f* à la queue de bœuf
oxygen ['ɔksɪdʒən] N oxygène *m*

O

oxygen mask N masque *m* à oxygène
oxygen tent N tente *f* à oxygène
oxymoron [ɔksɪˈmɔːrɔn] N oxymore *m*
oyster [ˈɔɪstəʳ] N huître *f*
oz. ABBR = **ounce; ounces**
ozone [ˈəuzəun] N ozone *m*
ozone friendly ADJ qui n'attaque pas *or* qui préserve la couche d'ozone
ozone hole N trou *m* d'ozone
ozone layer N couche *f* d'ozone

Pp

P¹, p [piː] N (*letter*) P, p *m*; **P for Peter** P comme Pierre

P² ABBR = **president; prince**

p ABBR (= *page*) p; (BRIT) = **penny; pence**

PA N ABBR = **personal assistant; public address system** ▸ ABBR (US) = **Pennsylvania**

pa [pɑː] N (*inf*) papa *m*

p.a. ABBR = **per annum**

PAC N ABBR (US) = **political action committee**

pace [peɪs] N pas *m*; (*speed*) allure *f*; vitesse *f*; **to keep ~ with** aller à la même vitesse que; (*events*) se tenir au courant de; **to set the ~** (*running*) donner l'allure; (*fig*) donner le ton; **to put sb through his paces** (*fig*) mettre qn à l'épreuve ▸ VI: **to ~ up and down** faire les cent pas

pacemaker [ˈpeɪsmeɪkəʳ] N (*Med*) stimulateur *m* cardiaque; (*Sport: also:* **pacesetter**) meneur(-euse) de train

pacey [ˈpeɪsɪ] = **pacy**

Pacific [pəˈsɪfɪk] N: **the ~ (Ocean)** le Pacifique, l'océan *m* Pacifique

pacific [pəˈsɪfɪk] ADJ pacifique

pacification [pæsɪfɪˈkeɪʃən] N pacification *f*

Pacific Rim N bassin *m* du Pacifique

pacifier [ˈpæsɪfaɪəʳ] N (*US: dummy*) tétine *f*

pacifism [ˈpæsɪfɪzəm] N pacifisme *f*

pacifist [ˈpæsɪfɪst] N pacifiste *mf*

pacify [ˈpæsɪfaɪ] VT pacifier; (*soothe*) calmer

★**pack** [pæk] N paquet *m*; (*bundle*) ballot *m*; (*of hounds*) meute *f*; (*of thieves, wolves etc*) bande *f*; (*of cards*) jeu *m*; (*US: of cigarettes*) paquet; (*back pack*) sac *m* à dos ▸ VT (*goods*) empaqueter, emballer; (*in suitcase etc*) emballer; (*box*) remplir; (*cram*) entasser; (*press down*) tasser; damer; (*Comput*) grouper, tasser; **to ~ one's bags** faire ses bagages ▸ VI faire ses bagages; **to ~ into** (*room, stadium*) s'entasser dans; **to send sb packing** (*inf*) envoyer promener qn
▸ **pack in** (BRIT *inf*) VI (*machine*) tomber en panne ▸ VT (*boyfriend*) plaquer; **~ it in!** laisse tomber !
▸ **pack off** VT: **to ~ sb off to** expédier qn à
▸ **pack up** VI (BRIT *inf: machine*) tomber en panne; (*: person*) se tirer ▸ VT (*belongings*) ranger; (*goods, presents*) empaqueter, emballer

★**package** [ˈpækɪdʒ] N paquet *m*; (*of goods*) emballage *m*, conditionnement *m*; (*also:* **package deal**: *agreement*) marché global; (*purchase*) forfait *m*; (*Comput*) progiciel *m* ▸ VT (*goods*) conditionner

package holiday N (BRIT) vacances organisées

package tour N voyage organisé

packaging [ˈpækɪdʒɪŋ] N (*wrapping materials*) emballage *m*; (*of goods*) conditionnement *m*

packed [pækt] ADJ (*crowded*) bondé(e)

packed lunch N (BRIT) repas froid

packer [ˈpækəʳ] N (*person*) emballeur(-euse); conditionneur(-euse)

packet [ˈpækɪt] N paquet *m*

packet switching [-swɪtʃɪŋ] N (*Comput*) commutation *f* de paquets

pack ice N banquise *f*

packing [ˈpækɪŋ] N emballage *m*

packing case N caisse *f* (d'emballage)

pact [pækt] N pacte *m*, traité *m*

pacy [ˈpeɪsɪ] ADJ (*thriller, comedy*) au rythme enlevé; (*player, striker*) véloce

pad [pæd] N bloc(-notes *m*) *m*; (*to prevent friction*) tampon *m*; (*for inking*) tampon *m* encreur; (*inf: flat*) piaule *f* ▸ VT rembourrer ▸ VI: **to ~ in/about** *etc* entrer/aller et venir *etc* à pas feutrés

padded [ˈpædɪd] ADJ (*jacket*) matelassé(e); (*bra*) rembourré(e); **~ cell** cellule capitonnée

padding [ˈpædɪŋ] N rembourrage *m*; (*fig*) délayage *m*

paddle [ˈpædl] N (*oar*) pagaie *f*; (*US: for table tennis*) raquette *f* de ping-pong ▸ VI (*with feet*) barboter, faire trempette ▸ VT: **to ~ a canoe** *etc* pagayer

paddle steamer N bateau *m* à aubes

paddling pool [ˈpædlɪŋ-] N petit bassin

paddock [ˈpædək] N enclos *m*; (*Racing*) paddock *m*

paddy [ˈpædɪ] N (*also:* **paddy field**) rizière *f*

padlock [ˈpædlɔk] N cadenas *m* ▸ VT cadenasser

padre [ˈpɑːdrɪ] N aumônier *m*

paediatrician, (US) **pediatrician** [piːdɪəˈtrɪʃən] N pédiatre *mf*

paediatrics, (US) **pediatrics** [piːdɪˈætrɪks] N pédiatrie *f*

paedophile, (US) **pedophile** [ˈpiːdəufaɪl] N pédophile *m*

pagan [ˈpeɪgən] ADJ, N païen(ne)

★**page** [peɪdʒ] N (*of book*) page *f*; (*also:* **page boy**) groom *m*, chasseur *m*; (*: at wedding*) garçon *m* d'honneur ▸ VT (*in hotel etc*) (faire) appeler

pageant [ˈpædʒənt] N spectacle *m* historique; grande cérémonie

pageantry [ˈpædʒəntrɪ] N apparat *m*, pompe *f*

page break N fin *f* or saut *m* de page

pager [ˈpeɪdʒəʳ] N bip *m* (*inf*), Alphapage® *m*

paginate ['pædʒɪneɪt] VT paginer

pagination [pædʒɪ'neɪʃən] N pagination *f*

pagoda [pə'gəudə] N pagode *f*

paid [peɪd] PT, PP of **pay** ▶ADJ (*work, official*) rémunéré(e); (*holiday*) payé(e); **to put ~ to** (BRIT) mettre fin à, mettre par terre

paid-up ['peɪdʌp], (US) **paid-in** ['peɪdɪn] ADJ (*member*) à jour de sa cotisation; (*shares*) libéré(e); **~ capital** capital versé

pail [peɪl] N seau *m*

★**pain** [peɪn] N douleur *f*; (*inf: nuisance*) plaie *f*; **to be in ~** souffrir, avoir mal; **to have a ~ in** avoir mal à *or* une douleur à *or* dans; **to take pains to do** se donner du mal pour faire; **on ~ of death** sous peine de mort

pained [peɪnd] ADJ peiné(e), chagrin(e)

★**painful** ['peɪnful] ADJ douloureux(-euse); (*difficult*) difficile, pénible

painfully ['peɪnfəlɪ] ADV (*fig: very*) terriblement

painkiller ['peɪnkɪlə^r] N calmant *m*, analgésique *m*

painless ['peɪnlɪs] ADJ indolore

painstaking ['peɪnzteɪkɪŋ] ADJ (*person*) soigneu-x(-euse); (*work*) soigné(e)

★**paint** [peɪnt] N peinture *f* ▶VT peindre; (*fig*) dépeindre; **to ~ the door blue** peindre la porte en bleu ▶VI peindre; **to ~ in oils** faire de la peinture à l'huile

paintbox ['peɪntbɔks] N boîte *f* de couleurs

paintbrush ['peɪntbrʌʃ] N pinceau *m*

painter ['peɪntə^r] N peintre *m*

★**painting** ['peɪntɪŋ] N peinture *f*; (*picture*) tableau *m*

paint-stripper ['peɪntstrɪpə^r] N décapant *m*

paintwork ['peɪntwə:k] N (BRIT) peintures *fpl*; (: *of car*) peinture *f*

★**pair** [pɛə^r] N (*of shoes, gloves etc*) paire *f*; (*of people*) couple *m*; (*twosome*) duo *m*; **~ of scissors** (paire de) ciseaux *mpl*; **~ of trousers** pantalon *m*
▶ **pair off** VI se mettre par deux

pairing ['pɛərɪŋ] N (*twosome*) paire *f*; (*putting together: of people*) association *f*; (: *of foods, flavours*) mariage *m*

pajamas [pə'dʒɑ:məz] NPL (US) pyjama *m*

Pakistan [pɑ:kɪ'stɑ:n] N Pakistan *m*

Pakistani [pɑ:kɪ'stɑ:nɪ] ADJ pakistanais(e) ▶N Pakistanais(e)

PAL [pæl] N ABBR (TV: = *phase alternation line*) PAL *m*

pal [pæl] N (*inf*) copain (copine)

★**palace** ['pæləs] N palais *m*

palaeontologist, (US) **paleontologist** [pæliɔn'tɔlədʒɪst] N paléontologue *mf*

palatable ['pælɪtəbl] ADJ bon(ne), agréable au goût

palate ['pælɪt] N palais *m* (*Anat*)

palatial [pə'leɪʃəl] ADJ grandiose, magnifique

palaver [pə'lɑ:və^r] N palabres *fpl or mpl*; histoire(s) *f(pl)*

★**pale** [peɪl] ADJ pâle; **~ blue** bleu pâle *m inv*; **to grow** *or* **turn ~** (*person*) pâlir ▶VI pâlir; **to ~ into insignificance (beside)** perdre beaucoup d'importance (par rapport à) ▶N: **to be beyond the ~** être au ban de la société

paleness ['peɪlnɪs] N pâleur *f*

paleontologist [pæliɔn'tɔlədʒɪst] N (US) = **palaeontologist**

Palestine ['pælɪstaɪn] N Palestine *f*

Palestinian [pælɪs'tɪnɪən] ADJ palestinien(ne) ▶N Palestinien(ne)

palette ['pælɪt] N palette *f*

paling ['peɪlɪŋ] N (*stake*) palis *m*; (*fence*) palissade *f*

palisade [pælɪ'seɪd] N palissade *f*

pall [pɔ:l] N (*of smoke*) voile *m* ▶VI: **to ~ (on)** devenir lassant (pour)

pallbearer ['pɔ:lbɛərə^r] N porteur *m* de cercueil

pallet ['pælɪt] N (*for goods*) palette *f*

palliative ['pæliətɪv] ADJ palliatif(-ive); **~ care** soins *mpl* palliatifs ▶N palliatif *m*

pallid ['pælɪd] ADJ blême

pallor ['pælə^r] N pâleur *f*

pally ['pælɪ] ADJ (*inf*) copain (copine)

palm [pɑ:m] N (*Anat*) paume *f*; (*also:* **palm tree**) palmier *m*; (*leaf, symbol*) palme *f* ▶VT: **to ~ sth off on sb** (*inf*) refiler qch à qn

palmist ['pɑ:mɪst] N chiromancien(ne)

Palm Sunday N le dimanche des Rameaux

palpable ['pælpəbl] ADJ évident(e), manifeste

palpitation [pælpɪ'teɪʃən] N palpitation *f*

paltry ['pɔ:ltrɪ] ADJ dérisoire; piètre

pamper ['pæmpə^r] VT gâter, dorloter

pamphlet ['pæmflət] N brochure *f*; (*political etc*) tract *m*

★**pan** [pæn] N (*also:* **saucepan**) casserole *f*; (*also:* **frying pan**) poêle *f*; (*of lavatory*) cuvette *f* ▶VI (*Cine*) faire un panoramique; **to ~ for gold** laver du sable aurifère ▶VT (*inf: book, film*) éreinter

panacea [pænə'sɪə] N panacée *f*

panache [pə'næʃ] N panache *m*

Panama ['pænəmɑ:] N Panama *m*

Panama Canal N canal *m* de Panama

pancake ['pænkeɪk] N crêpe *f*

Pancake Day N (BRIT) mardi gras

pancake roll N rouleau *m* de printemps

pancreas ['pæŋkrɪəs] N pancréas *m*

panda ['pændə] N panda *m*

panda car N (BRIT) ≈ voiture *f* pie *inv*

pandemic [pæn'dɛmɪk] N pandémie *f*

pandemonium [pændɪ'məunɪəm] N tohu-bohu *m*

pander ['pændə^r] VI: **to ~ to** flatter bassement; obéir servilement à

p&h ABBR (US: = *postage and handling*) frais *mpl* de port

P&L ABBR = **profit and loss**

p&p ABBR (BRIT: = *postage and packing*) frais *mpl* de port

pane [peɪn] N carreau *m* (de fenêtre), vitre *f*

panel ['pænl] N (*of wood, cloth etc*) panneau *m*; (*Radio, TV*) panel *m*, invités *mpl*; (*for interview, exams*) jury *m*; (*official: of experts*) table ronde, comité *m*

panel game N (BRIT) jeu *m* (radiophonique/télévisé)

panelled, (US) **paneled** [ˈpænəld] ADJ lambrissé(e)

panelling, (US) **paneling** [ˈpænəlɪŋ] N boiseries *fpl*

panellist, (US) **panelist** [ˈpænəlɪst] N invité(e) (*d'un panel*), membre *m* d'un panel

pang [pæŋ] N: **pangs of remorse** pincements *mpl* de remords; **pangs of hunger/conscience** tiraillements *mpl* d'estomac/de la conscience

panhandler [ˈpænhændləʳ] N (*US inf*) mendiant(e)

★**panic** [ˈpænɪk] N panique *f*, affolement *m* ▶VI s'affoler, paniquer

panic buying [-baɪɪŋ] N achats *mpl* de précaution

panicky [ˈpænɪkɪ] ADJ (*person*) qui panique *or* s'affole facilement

panic-stricken [ˈpænɪkstrɪkən] ADJ affolé(e)

panini [pæˈniːnɪ] N panini *m*

pannier [ˈpænɪəʳ] N (*on animal*) bât *m*; (*on bicycle*) sacoche *f*

panorama [pænəˈrɑːmə] N panorama *m*

panoramic [pænəˈræmɪk] ADJ panoramique

pansy [ˈpænzɪ] N (*Bot*) pensée *f*; (*!*) tapette *f*, pédé *m*

pant [pænt] VI haleter

pantechnicon [pænˈtɛknɪkən] N (BRIT) (grand) camion de déménagement

pantheon [ˈpænθɪən] N panthéon *m*

panther [ˈpænθəʳ] N panthère *f*

panties [ˈpæntɪz] NPL slip *m*, culotte *f*

pantihose [ˈpæntɪhəuz] N (US) collant *m*

panto [ˈpæntəu] N = **pantomime**

pantomime [ˈpæntəmaɪm] N (BRIT) spectacle *m* de Noël

> Une **pantomime** (à ne pas confondre avec le mot dans son sens français), ou plus familièrement *panto*, est un genre de farce présenté dans les théâtres à la période de Noël. Le personnage principal est souvent un jeune garçon et il y a toujours une *dame*, c'est-à-dire une vieille femme jouée par un homme, ainsi qu'un méchant. La plupart du temps, l'histoire est basée sur un conte de fées comme Cendrillon ou Le Chat botté, et le public est encouragé à participer en prévenant le héros d'un danger imminent. Ce genre de spectacle, qui s'adresse surtout aux enfants, vise également un public d'adultes au travers des nombreuses plaisanteries faisant allusion à des faits d'actualité.

pantry [ˈpæntrɪ] N garde-manger *m inv*; (*room*) office *m*

pants [pænts] NPL (BRIT: *woman's*) culotte *f*, slip *m*; (: *man's*) slip, caleçon *m*; (*US: trousers*) pantalon *m*

pantsuit [ˈpæntsuːt] N (US) tailleur-pantalon *m*

pantyhose [ˈpæntɪhəuz] NPL (US) collant *m*

papacy [ˈpeɪpəsɪ] N papauté *f*

papal [ˈpeɪpəl] ADJ papal(e), pontifical(e)

paparazzi [pæpəˈrætsiː] NPL paparazzi *mpl*

papaya [pəˈpaɪə] N papaye *f*

★**paper** [ˈpeɪpəʳ] N papier *m*; (*also:* **wallpaper**) papier peint; (*also:* **newspaper**) journal *m*; (*academic essay*) article *m*; (*exam*) épreuve écrite; **a piece of ~** (*odd bit*) un bout de papier; (*sheet*) une feuille de papier; **to put sth down on ~** mettre qch par écrit ▶ADJ en *or* de papier ▶VT tapisser (de papier peint) ■ **papers** NPL (*also:* **identity papers**) papiers *mpl* (d'identité)

paper advance N (*on printer*) avance *f* (du) papier

paperback [ˈpeɪpəbæk] N livre broché *or* non relié; (*small*) livre *m* de poche ▶ADJ: **~ edition** édition brochée

paper bag N sac *m* en papier

paperboy [ˈpeɪpəbɔɪ] N (*selling*) vendeur *m* de journaux; (*delivering*) livreur *m* de journaux

paper clip N trombone *m*

paper handkerchief, paper hankie N (*inf*) mouchoir *m* en papier

paperless [ˈpeɪpəlɪs] ADJ: **the ~ office** le bureau sans papier; **~ trading** (*Finance*) les transactions *fpl* informatisées

paper mill N papeterie *f*

paper money N papier-monnaie *m*

paper profit N profit *m* théorique

paper shop N (BRIT) marchand *m* de journaux

paperweight [ˈpeɪpəweɪt] N presse-papiers *m inv*

paperwork [ˈpeɪpəwəːk] N papiers *mpl*; (*pej*) paperasserie *f*

papier-mâché [ˈpæpɪeɪˈmæʃeɪ] N papier mâché

paprika [ˈpæprɪkə] N paprika *m*

Pap test, Pap smear [ˈpæp-] N (*Med*) frottis *m*

Papua New Guinea N Papouasie-Nouvelle-Guinée *f*

par [pɑːʳ] N pair *m*; (*Golf*) normale *f* du parcours; **on a ~ with** à égalité avec, au même niveau que; **at ~** au pair; **above/below ~** au-dessus/au-dessous du pair; **to feel below** *or* **under** *or* **not up to ~** ne pas se sentir en forme

parable [ˈpærəbl] N parabole *f* (*Rel*)

parabola [pəˈræbələ] N parabole *f* (*Math*)

parabolic [pærəˈbɔlɪk] ADJ parabolique

paracetamol [pærəˈsiːtəmɔl] N (BRIT) paracétamol *m*

parachute [ˈpærəʃuːt] N parachute *m* ▶VI sauter en parachute

parachute jump N saut *m* en parachute

parachutist [ˈpærəʃuːtɪst] N parachutiste *mf*

parade [pəˈreɪd] N défilé *m*; (*inspection*) revue *f*; (*street*) boulevard *m*; **a fashion ~** (BRIT) un défilé de mode ▶VT (*fig*) faire étalage de ▶VI défiler

parade ground N terrain *m* de manœuvre

paradise [ˈpærədaɪs] N paradis *m*

paradox [ˈpærədɔks] N paradoxe *m*

paradoxical [pærəˈdɔksɪkl] ADJ paradoxal(e)

paradoxically [pærəˈdɔksɪklɪ] ADV paradoxalement

paraffin [ˈpærəfɪn] N (BRIT): **~ (oil)** pétrole (lampant); **liquid ~** huile *f* de paraffine

paraffin heater N (BRIT) poêle *m* à mazout

paraffin lamp N (BRIT) lampe *f* à pétrole

paragliding [ˈpærəglaɪdɪŋ] N parapente *m*

paragon [ˈpærəgən] N parangon *m*

paragraph [ˈpærəgrɑːf] N paragraphe *m*; **to begin a new ~** aller à la ligne

P

Paraguay [ˈpærəgwaɪ] N Paraguay *m*

Paraguayan [pærəˈgwaɪən] ADJ paraguayen(ne) ▸ N Paraguayen(ne)

paralegal [pærəˈliːgl] N (*US*) technicien(ne) juridique

parallel [ˈpærəlɛl] ADJ: **~ (with** *or* **to)** parallèle (à); (*fig*) analogue (à) ▸ N (*line*) parallèle *f*; (*fig, Geo*) parallèle *m*

paralyse, (*US*) **paralyze** [ˈpærəlaɪz] VT paralyser

paralysed, (*US*) **paralyzed** [ˈpærəlaɪzd] ADJ paralysé(e); **~ with fear** paralysé par la peur

paralysis [pəˈrælɪsɪs] (*pl* **paralyses** [-siːz]) N paralysie *f*

paralytic [pærəˈlɪtɪk] ADJ paralytique; (BRIT *inf*: *drunk*) ivre mort(e)

paralyze [ˈpærəlaɪz] VT (*US*) = **paralyse**

paramedic [pærəˈmɛdɪk] N auxiliaire *mf* médical(e)

parameter [pəˈræmɪtəʳ] N paramètre *m*

paramilitary [pærəˈmɪlɪtərɪ] ADJ paramilitaire

paramount [ˈpærəmaunt] ADJ: **of ~ importance** de la plus haute *or* grande importance

paranoia [pærəˈnɔɪə] N paranoïa *f*

paranoid [ˈpærənɔɪd] ADJ (*Psych*) paranoïaque; (*neurotic*) paranoïde

paranormal [pærəˈnɔːml] ADJ paranormal(e)

parapet [ˈpærəpɪt] N parapet *m*; **to put one's head above the ~** (BRIT) se mouiller

paraphernalia [pærəfəˈneɪlɪə] N attirail *m*, affaires *fpl*

paraphrase [ˈpærəfreɪz] VT paraphraser

paraplegic [pærəˈpliːdʒɪk] N paraplégique *mf*

parapsychology [pærəsaɪˈkɔlədʒɪ] N parapsychologie *f*

parasite [ˈpærəsaɪt] N parasite *m*

parasitic, parasitical [pærəˈsɪtɪk(l)] ADJ (*disease*) parasitaire; (*organism, person*) parasite

parasol [ˈpærəsɔl] N ombrelle *f*; (*at café etc*) parasol *m*

parasport [ˈpærəspɔːt] N handisport *m*

paratrooper [ˈpærətruːpəʳ] N parachutiste *m* (*soldat*)

parboil [ˈpɑːbɔɪl] VT blanchir

parcel [ˈpɑːsl] N paquet *m*, colis *m* ▸ VT (*also:* **parcel up**) empaqueter
▸ **parcel out** VT répartir

parcel bomb N (BRIT) colis piégé

parcel post N service *m* de colis postaux

parch [pɑːtʃ] VT dessécher

parched [pɑːtʃt] ADJ (*person*) assoiffé(e)

parchment [ˈpɑːtʃmənt] N parchemin *m*

pardon [ˈpɑːdn] N pardon *m*; (*Law*) grâce *f*; **I beg your ~** je vous demande pardon; **~?** pardon ? ▸ VT pardonner à; (*Law*) gracier; **~ me!** (*after burping etc*) excusez-moi !; **~ me?** (*what did you say?*) pardon ?

pare [pɛəʳ] VT (BRIT: *nails*) couper; (*fruit etc*) peler; (*fig: costs etc*) réduire

★**parent** [ˈpɛərənt] N (*father*) père *m*; (*mother*) mère *f*
■ **parents** NPL parents *mpl*

parentage [ˈpɛərəntɪdʒ] N naissance *f*; **of unknown ~** de parents inconnus

parental [pəˈrɛntl] ADJ parental(e), des parents

parent company N société *f* mère

parenthesis [pəˈrɛnθɪsɪs] (*pl* **parentheses** [-siːz]) N parenthèse *f*; **in parentheses** entre parenthèses

parenthood [ˈpɛərənthud] N paternité *f or* maternité *f*

parenting [ˈpɛərəntɪŋ] N le métier de parent, le travail d'un parent

★**Paris** [ˈpærɪs] N Paris

parish [ˈpærɪʃ] N paroisse *f*; (BRIT: *civil*) ≈ commune *f* ▸ ADJ paroissial(e)

parish council N (BRIT) ≈ conseil municipal

parishioner [pəˈrɪʃənəʳ] N paroissien(ne)

★**Parisian** [pəˈrɪzɪən] ADJ parisien(ne), de Paris ▸ N Parisien(ne)

parity [ˈpærɪtɪ] N parité *f*

★**park** [pɑːk] N parc *m*, jardin public ▸ VT garer ▸ VI se garer; **can I ~ here?** est-ce que je peux me garer ici ?

parka [ˈpɑːkə] N parka *m*

park and ride N parking-relais *m*

parking [ˈpɑːkɪŋ] N stationnement *m*; **"no ~"** « stationnement interdit »

parking lights NPL feux *mpl* de stationnement

parking lot N (*US*) parking *m*, parc *m* de stationnement

parking meter N parc(o)mètre *m*

parking offence, (*US*) **parking violation** N infraction *f* au stationnement

parking place N place *f* de stationnement

parking ticket N P.-V. *m*

Parkinson's [ˈpɑːkɪnsənz] N (*also:* **Parkinson's disease**) maladie *f* de Parkinson, parkinson *m*

park keeper N (BRIT) gardien(ne) de parc

parkland [ˈpɑːklænd] N espaces *mpl* verts

parkour [pɑːˈkuəʳ] N parkour *m*

parkway [ˈpɑːkweɪ] N (*US*) route *f* express (*en site vert ou aménagé*)

parlance [ˈpɑːləns] N: **in common/modern ~** dans le langage courant/actuel

★**parliament** [ˈpɑːləmənt] N parlement *m*

Le **Parliament** est l'assemblée législative britannique ; elle est composée de deux chambres : la *House of Commons* et la *House of Lords*. Ses bureaux sont les *Houses of Parliament*, au palais de Westminster à Londres. Chaque *Parliament* est en général élu pour cinq ans. Ses débats sont retransmis à la télévision.

parliamentary [pɑːləˈmɛntərɪ] ADJ parlementaire

parlour, (*US*) **parlor** [ˈpɑːləʳ] N salon *m*

parlous [ˈpɑːləs] ADJ (*formal*) précaire

Parmesan [pɑːmɪˈzæn] N (*also:* **Parmesan cheese**) Parmesan *m*

parochial [pəˈrəukɪəl] ADJ paroissial(e); (*pej*) à l'esprit de clocher

parody [ˈpærədɪ] N parodie *f*

parole [pəˈrəul] N: **on ~** en liberté conditionnelle

paroxysm [ˈpærəksɪzəm] N (*Med, of grief*) paroxysme *m*; (*of anger*) accès *m*

parquet ['pɑːkeɪ] N: **~ floor(ing)** parquet *m*
parrot ['pærət] N perroquet *m*
parrot fashion ADV comme un perroquet
parry ['pærɪ] VT esquiver, parer à
parsimonious [pɑːsɪ'məunɪəs] ADJ parcimonieux(-euse)
parsley ['pɑːslɪ] N persil *m*
parsnip ['pɑːsnɪp] N panais *m*
parson ['pɑːsn] N ecclésiastique *m*; (*Church of England*) pasteur *m*
★**part** [pɑːt] N partie *f*; (*of machine*) pièce *f*; (*Theat*) rôle *m*; (*Mus*) voix *f*; partie; (*of serial*) épisode *m*; (*US: in hair*) raie *f*; **to take ~ in** participer à, prendre part à; **to take sb's ~** prendre le parti de qn, prendre parti pour qn; **on his ~** de sa part; **for my ~** en ce qui me concerne; **for the most ~** en grande partie; dans la plupart des cas; **for the better ~ of the day** pendant la plus grande partie de la journée; **to be ~ and parcel of** faire partie de; **in ~** en partie; **to take sth in good/bad ~** prendre qch du bon/mauvais côté ▸ ADJ partiel(le) ▸ ADV = **partly** ▸ VT séparer ▸ VI (*people*) se séparer; (*crowd*) s'ouvrir; (*roads*) se diviser
▸ **part with** VT FUS (*person*) se séparer de; (*possessions*) se défaire de

Use **partie** to mean *section: the first part of the film* **la première partie du film**. The word **part** means *share* or *portion*.

partake [pɑː'teɪk] VI (*irreg: like* **take**) (*formal*): **to ~ of sth** prendre part à qch, partager qch
part exchange N (BRIT): **in ~** en reprise
partial ['pɑːʃl] ADJ (*incomplete*) partiel(le); (*unjust*) partial(e); **to be ~ to** aimer, avoir un faible pour
partially ['pɑːʃəlɪ] ADV en partie, partiellement; partialement
participant [pɑː'tɪsɪpənt] N (*in competition, campaign*) participant(e)
participate [pɑː'tɪsɪpeɪt] VI: **to ~ (in)** participer (à), prendre part (à)
participation [pɑːtɪsɪ'peɪʃən] N participation *f*
participle ['pɑːtɪsɪpl] N participe *m*
particle ['pɑːtɪkl] N particule *f*; (*of dust*) grain *m*
particular [pə'tɪkjulə^r] ADJ (*specific*) particulier(-ière); (*special*) particulier, spécial(e); (*fussy*) difficile, exigeant(e); (*careful*) méticuleux(-euse); **in ~** en particulier, surtout
particularly [pə'tɪkjuləlɪ] ADV particulièrement; (*in particular*) en particulier
particulars [pə'tɪkjuləz] NPL détails *mpl*; (*information*) renseignements *mpl*
parting ['pɑːtɪŋ] N séparation *f*; (BRIT: *in hair*) raie *f* ▸ ADJ d'adieu; **his ~ shot was ...** il lança en partant ....
partisan [pɑːtɪ'zæn] N partisan(e) ▸ ADJ partisan(e); de parti
partition [pɑː'tɪʃən] N (*Pol*) partition *f*, division *f*; (*wall*) cloison *f*
★**partly** ['pɑːtlɪ] ADV en partie, partiellement
★**partner** ['pɑːtnə^r] N (*Comm*) associé(e); (*Sport*) partenaire *mf*; (*spouse*) conjoint(e); (*lover*) ami(e); (*at dance*) cavalier(-ière) ▸ VT être l'associé *or* le partenaire *or* le cavalier de
partnership ['pɑːtnəʃɪp] N association *f*; **to go into ~ (with)**, **form a ~ (with)** s'associer (avec)
partook [pɑː'tuk] PT *of* **partake**
part owner [pɑːt'əunə^r] N copropriétaire *mf*
part payment N acompte *m*
partridge ['pɑːtrɪdʒ] N perdrix *f*
part-time ['pɑːt'taɪm] ADJ, ADV à mi-temps, à temps partiel
part-timer [pɑːt'taɪmə^r] N (*also:* **part-time worker**) travailleur(-euse) à temps partiel
★**party** ['pɑːtɪ] N (*Pol*) parti *m*; (*celebration*) fête *f*; (: *formal*) réception *f*; (: *in evening*) soirée *f*; (*team*) équipe *f*; (*group*) groupe *m*; (*Law*) partie *f*; **dinner ~** dîner *m*; **to give** *or* **throw a ~** donner une réception; **we're having a ~ next Saturday** nous organisons une soirée *or* réunion entre amis samedi prochain; **it's for our son's birthday ~** c'est pour la fête (*or* le goûter) d'anniversaire de notre garçon; **to be a ~ to a crime** être impliqué(e) dans un crime
party dress N robe habillée
partygoer ['pɑːtɪgəuə^r] N (*attendee*) participant(e) à la fête; (*party animal*) fêtard(e)
party line N (*Pol*) ligne *f* politique; (*Tel*) ligne partagée
party piece N numéro habituel
party political broadcast N *émission réservée à un parti politique.*
★**pass** [pɑːs] VT (*time, object*) passer; (*place*) passer devant; (*friend*) croiser; (*exam*) être reçu(e) à, réussir; (*candidate*) admettre; (*overtake*) dépasser; (*approve*) approuver, accepter; (*law*) promulguer; **to ~ sb sth** passer qch à qn; **could you ~ the salt/oil, please?** pouvez-vous me passer le sel/l'huile, s'il vous plaît ?; **to ~ sth through a ring** *etc* (faire) passer qch dans un anneau *etc*; **could you ~ the vegetables round?** pourriez-vous faire passer les légumes ? ▸ VI passer; (*Scol*) être reçu(e) *or* admis(e), réussir; **she could ~ for 25** on lui donnerait 25 ans ▸ N (*permit*) laissez-passer *m inv*; (*membership card*) carte *f* d'accès *or* d'abonnement; (*in mountains*) col *m*; (*Sport*) passe *f*; (*Scol*): **to get a ~** être reçu(e) (sans mention); **things have come to a pretty ~** (BRIT) voilà où on en est !; **to make a ~ at sb** (*inf*) faire des avances à qn
▸ **pass away** VI mourir
▸ **pass back** VT (*return: gen*) rendre; (: *benefits, savings*) répercuter; (*message*) transmettre; (*ball*) repasser
▸ **pass by** VI passer ▸ VT (*ignore*) négliger
▸ **pass down** VT (*customs, inheritance*) transmettre
▸ **pass on** VI (*die*) s'éteindre, décéder ▸ VT (*hand on*): **to ~ on (to)** transmettre (à); (*illness*) passer (à); (*price rises*) répercuter (sur)
▸ **pass out** VI s'évanouir; (BRIT *Mil*) sortir (*d'une école militaire*)
▸ **pass over** VT (*ignore*) passer sous silence
▸ **pass up** VT (*opportunity*) laisser passer

When talking about passing an exam use **être reçu à**.
Eva passed the exam. **Eva a été reçue à l'examen**.
Passer un examen means *to take an exam*.

passable ['pɑːsəbl] ADJ (*road*) praticable; (*work*) acceptable

passage ['pæsɪdʒ] N (*also:* **passageway**) couloir *m*; (*gen, in book*) passage *m*; (*by boat*) traversée *f*
passbook ['pɑ:sbuk] N livret *m*
★**passenger** ['pæsɪndʒə^r] N passager(-ère)
passer-by [pɑ:sə'baɪ] N passant(e)
passing ['pɑ:sɪŋ] ADJ (*fig*) passager(-ère); **in ~** en passant
passing place N (*Aut*) aire *f* de croisement
passion ['pæʃən] N passion *f*; **to have a ~ for sth** avoir la passion de qch
passionate ['pæʃənɪt] ADJ passionné(e)
passion fruit N fruit *m* de la passion
passion play N mystère *m* de la Passion
passive ['pæsɪv] ADJ (*also: Ling*) passif(-ive)
passive smoking N tabagisme passif
passkey ['pɑ:ski:] N passe *m*
Passover ['pɑ:səuvə^r] N Pâque juive
passport ['pɑ:spɔ:t] N passeport *m*
passport control N contrôle *m* des passeports
passport office N bureau *m* de délivrance des passeports
★**password** ['pɑ:swə:d] N mot *m* de passe
★**past** [pɑ:st] PREP (*in front of*) devant; (*further than*) au delà de, plus loin que; après; (*later than*) après; **he's ~ forty** il a dépassé la quarantaine, il a plus de *or* passé quarante ans; **ten/quarter ~ eight** (BRIT) huit heures dix/un *or* et quart; **it's ~ midnight** il est plus de minuit, il est passé minuit; **he ran ~ me** il m'a dépassé en courant, il a passé devant moi en courant; **I'm ~ caring** je ne m'en fais plus; **to be ~ it** (BRIT *inf: person*) avoir passé l'âge ▶ADV: **to run ~** passer en courant ▶ADJ passé(e); (*president etc*) ancien(ne); **for the ~ few/3 days** depuis quelques/3 jours; ces derniers/3 derniers jours ▶N passé *m*; **in the ~** (*gen*) dans le temps, autrefois; (*Ling*) au passé
★**pasta** ['pæstə] N pâtes *fpl*
paste [peɪst] N pâte *f*; (*Culin: meat*) pâté *m* (à tartiner); (*: tomato*) purée *f*, concentré *m*; (*glue*) colle *f* (de pâte); (*jewellery*) strass *m* ▶VT coller
pastel ['pæstl] ADJ pastel *inv* ▶N (*Art: pencil*) (crayon *m*) pastel *m*; (*: drawing*) (dessin *m* au) pastel; (*colour*) ton *m* pastel *inv*
pasteurized ['pæstəraɪzd] ADJ pasteurisé(e)
pastiche [pæ'sti:ʃ] N pastiche *m*
pastille ['pæstl] N pastille *f*
pastime ['pɑ:staɪm] N passe-temps *m inv*, distraction *f*
past master N (BRIT): **to be a ~ at** être expert en
pastor ['pɑ:stə^r] N pasteur *m*
pastoral ['pɑ:stərl] ADJ pastoral(e)
pastry ['peɪstrɪ] N pâte *f*; (*cake*) pâtisserie *f*
pasture ['pɑ:stʃə^r] N pâturage *m*
pasty[1] ['pæstɪ] N petit pâté (en croûte)
pasty[2] ['peɪstɪ] ADJ pâteux(-euse); (*complexion*) terreux(-euse)
pat [pæt] VT donner une petite tape à; (*dog*) caresser ▶N: **a ~ of butter** une noisette de beurre; **to give sb/o.s. a ~ on the back** (*fig*) congratuler qn/se congratuler ▶ADV: **he knows it (off) ~**, (US) **he has it down ~** il sait cela sur le bout des doigts
patch [pætʃ] N (*of material*) pièce *f*; (*eye patch*) cache *m*; (*spot*) tache *f*; (*of land*) parcelle *f*; (*on tyre*) rustine *f*; **a bad ~** (BRIT) une période difficile ▶VT (*clothes*) rapiécer
▶**patch up** VT réparer
patchwork ['pætʃwə:k] N patchwork *m*
patchy ['pætʃɪ] ADJ inégal(e); (*incomplete*) fragmentaire
★**pate** [peɪt] N: **a bald ~** un crâne chauve *or* dégarni
★**pâté** ['pæteɪ] N pâté *m*, terrine *f*
patent ['peɪtnt, (US) 'pætnt] N brevet *m* (d'invention) ▶VT faire breveter ▶ADJ patent(e), manifeste
patent leather N cuir verni
patently ['peɪtntlɪ] ADV manifestement
patent medicine N spécialité *f* pharmaceutique
patent office N bureau *m* des brevets
paternal [pə'tə:nl] ADJ paternel(le)
paternalistic [pətə:nə'lɪstɪk] ADJ paternaliste
paternity [pə'tə:nɪtɪ] N paternité *f*
paternity leave N congé *m* de paternité
paternity suit N (*Law*) action *f* en recherche de paternité
★**path** [pɑ:θ] N chemin *m*, sentier *m*; (*in garden*) allée *f*; (*of planet*) course *f*; (*of missile*) trajectoire *f*
pathetic [pə'θɛtɪk] ADJ (*pitiful*) pitoyable; (*very bad*) lamentable, minable; (*moving*) pathétique
pathological [pæθə'lɔdʒɪkl] ADJ pathologique
pathologist [pə'θɔlədʒɪst] N pathologiste *mf*
pathology [pə'θɔlədʒɪ] N pathologie *f*
pathos ['peɪθɔs] N pathétique *m*
pathway ['pɑ:θweɪ] N chemin *m*, sentier *m*; (*in garden*) allée *f*
patience ['peɪʃns] N patience *f*; (BRIT *Cards*) réussite *f*; **to lose (one's) ~** perdre patience
★**patient** ['peɪʃnt] N malade *mf*; (*of dentist etc*) patient(e) ▶ADJ patient(e)
patiently ['peɪʃntlɪ] ADV patiemment
patio ['pætɪəu] N patio *m*
patriot ['peɪtrɪət] N patriote *mf*
patriotic [pætrɪ'ɔtɪk] ADJ patriotique; (*person*) patriote
patriotism ['pætrɪətɪzəm] N patriotisme *m*
patrol [pə'trəul] N patrouille *f*; **to be on ~** être de patrouille ▶VT patrouiller dans
patrol boat N patrouilleur *m*
patrol car N voiture *f* de police
patrolman [pə'trəulmən] N (*irreg*) (US) agent *m* de police
patron ['peɪtrən] N (*in shop*) client(e); (*of charity*) patron(ne); **~ of the arts** mécène *m*
patronage ['pætrənɪdʒ] N patronage *m*, appui *m*
patronize ['pætrənaɪz] VT être (un) client *or* un habitué de; (*fig*) traiter avec condescendance
patronizing ['pætrənaɪzɪŋ] ADJ condescendant(e)
patron saint N saint(e) patron(ne)
patsy ['pætsɪ] N (US *inf*) pigeon *m*
patter ['pætə^r] N crépitement *m*, tapotement *m*; (*sales talk*) boniment *m* ▶VI crépiter, tapoter
★**pattern** ['pætən] N modèle *m*; (*Sewing*) patron *m*; (*design*) motif *m*; (*sample*) échantillon *m*; **behaviour ~** mode *m* de comportement

patterned ['pætənd] ADJ à motifs

paucity ['pɔːsɪtɪ] N pénurie *f*, carence *f*

paunch [pɔːntʃ] N gros ventre, bedaine *f*

pauper ['pɔːpə^r] N indigent(e); **~'s grave** fosse commune

★**pause** [pɔːz] N pause *f*, arrêt *m*; (*Mus*) silence *m* ▶ VI faire une pause, s'arrêter; **to ~ for breath** reprendre son souffle; (*fig*) faire une pause

pave [peɪv] VT paver, daller; **to ~ the way for** ouvrir la voie à

pavement ['peɪvmənt] N (BRIT) trottoir *m*; (*US*) chaussée *f*

pavilion [pə'vɪlɪən] N pavillon *m*; tente *f*; (*Sport*) stand *m*

paving ['peɪvɪŋ] N (*material*) pavé *m*, dalle *f*; (*area*) pavage *m*, dallage *m*

paving stone N pavé *m*

paw [pɔː] N patte *f* ▶ VT donner un coup de patte à; (*person: pej*) tripoter

pawn [pɔːn] N gage *m*; (*Chess, also fig*) pion *m* ▶ VT mettre en gage

pawnbroker ['pɔːnbrəukə^r] N prêteur *m* sur gages

pawnshop ['pɔːnʃɔp] N mont-de-piété *m*

★**pay** [peɪ] (*pt, pp* **paid** [peɪd]) N salaire *m*; (*of manual worker*) paie *f* ▶ VT payer; (*be profitable to, also fig*) rapporter à; **how much did you ~ for it?** combien l'avez-vous payé ?, vous l'avez payé combien ?; **I paid £5 for that ticket** j'ai payé ce billet 5 livres; **to ~ one's way** payer sa part; (*company*) couvrir ses frais; **to ~ dividends** (*fig*) porter ses fruits, s'avérer rentable; **it won't ~ you to do that** vous ne gagnerez rien à faire cela; **to ~ attention (to)** prêter attention (à); **to ~ sb a visit** rendre visite à qn; **to ~ one's respects to sb** présenter ses respects à qn ▶ VI payer; (*be profitable*) être rentable; **can I ~ by credit card?** est-ce que je peux payer par carte de crédit ?

▶ **pay back** VT rembourser

▶ **pay for** VT FUS payer

▶ **pay in** VT verser

▶ **pay off** VT (*debts*) régler, acquitter; (*person*) rembourser; (*workers*) licencier; **to ~ sth off in instalments** payer qch à tempérament ▶ VI (*scheme, decision*) se révéler payant(e)

▶ **pay out** VT (*money*) payer, sortir de sa poche; (*rope*) laisser filer

▶ **pay up** VT (*debts*) régler; (*amount*) payer

> When talking about paying for something no preposition is used in French to translate *for*.
> *I pay for gas and electricity*. **Je paie le gaz et l'électricité**.

payable ['peɪəbl] ADJ payable; **to make a cheque ~ to sb** établir un chèque à l'ordre de qn

pay-as-you-go [peɪəzjə'gəu] ADJ (*mobile phone*) à carte prépayée

pay award N augmentation *f*

payback ['peɪbæk] N (*from investment*) bénéfice *m*; (*from action*) avantage *m*

payday ['peɪdeɪ] N jour *m* de paie; **~ loan** (BRIT *Finance*) *prêt personnel de courte durée et d'un montant peu important, dont le taux d'intérêt est très élevé*

PAYE N ABBR (BRIT: = *pay as you earn*) *système de retenue des impôts à la source*

payee [peɪ'iː] N bénéficiaire *mf*

pay envelope N (*US*) paie *f*

paying ['peɪɪŋ] ADJ payant(e); **~ guest** hôte payant

payload ['peɪləud] N charge *f* utile

★**payment** ['peɪmənt] N paiement *m*; (*of bill*) règlement *m*; (*of deposit, cheque*) versement *m*; **advance ~** (*part sum*) acompte *m*; (*total sum*) paiement anticipé; **deferred ~**, **~ by instalments** paiement par versements échelonnés; **monthly ~** mensualité *f*; **in ~ for**, **in ~ of** en règlement de; **on ~ of £5** pour 5 livres

payoff ['peɪɔf] N (*benefit*) avantage *m*; (*sweetener*) pot-de-vin *m*; (*to employee*) grosse prime *f* de départ; **the ~ from sth** l'avantage de qch

payout ['peɪaut] N (*from insurance*) dédommagement *m*; (*in competition*) prix *m*

pay packet N (BRIT) paie *f*

pay phone N cabine *f* téléphonique, téléphone public

pay raise N (*US*) = **pay rise**

pay rise N (BRIT) augmentation *f* (de salaire)

payroll ['peɪrəul] N registre *m* du personnel; **to be on a firm's ~** être employé par une entreprise

pay slip N (BRIT) bulletin *m* de paie, feuille *f* de paie

pay station N (*US*) cabine *f* téléphonique

pay television N chaînes *fpl* payantes

paywall ['peɪwɔːl] N (*Comput*) mur *m* (payant)

PBS N ABBR (*US: = Public Broadcasting Service*) *groupement d'aide à la réalisation d'émissions pour la TV publique*

PBX N ABBR (BRIT: = *private branch exchange*) PBX *m*, commutateur *m* privé

★**PC** N ABBR = **personal computer**; (BRIT) = **police constable** ▶ ADJ ABBR = **politically correct** ▶ ABBR (BRIT) = **Privy Councillor**

★**p.c.** ABBR = **per cent**; **postcard**

p/c ABBR = **petty cash**

PCB N ABBR = **printed circuit board**

pcm N ABBR (= *per calendar month*) par mois

PD N ABBR (*US*) = **police department**

pd ABBR = **paid**

PDA N ABBR (= *personal digital assistant*) agenda *m* électronique

PDF, pdf N ABBR (*Comput: = Portable Document Format*) pdf *m*

PDQ N ABBR = **pretty damn quick**

PDSA N ABBR (BRIT) = **People's Dispensary for Sick Animals**

PDT ABBR (*US: = Pacific Daylight Time*) *heure d'été du Pacifique*

★**pea** [piː] N (petit) pois

★**peace** [piːs] N paix *f*; (*calm*) calme *m*, tranquillité *f*; **to be at ~ with sb/sth** être en paix avec qn/qch; **to keep the ~** (*policeman*) assurer le maintien de l'ordre; (*citizen*) ne pas troubler l'ordre

peaceable ['piːsəbl] ADJ paisible, pacifique

★**peaceful** ['piːsful] ADJ (*place, time, person*) paisible, calme; (*protest, demo*) pacifique

peacefully ['piːsfulɪ] ADV (*sleep, die*) paisiblement; (*resolve*) de manière pacifique; (*pass off*) dans le calme; **to live ~ with sb** vivre en paix avec qn

P

peacekeeper [ˈpi:ski:pəʳ] N (*force*) force gardienne de la paix
peacekeeping [ˈpi:ski:pɪŋ] N maintien *m* de la paix
peacekeeping force N forces *fpl* qui assurent le maintien de la paix
peacemaker [ˈpi:smeɪkəʳ] N conciliateur(-trice); **to act as a ~** jouer un rôle de conciliateur
peace offering N gage *m* de réconciliation; (*humorous*) gage de paix
peacetime [ˈpi:staɪm] N: **in** *or* **during ~** en temps de paix
★**peach** [pi:tʃ] N pêche *f*
peacock [ˈpi:kɔk] N paon *m*
peak [pi:k] N (*mountain*) pic *m*, cime *f*; (*of cap*) visière *f*; (*fig: highest level*) maximum *m*; (*: of career, fame*) apogée *m*
peaked [pi:kt] ADJ (*cap*) à visière
peak-hour [ˈpi:kauəʳ] ADJ (*traffic etc*) de pointe
peak hours NPL heures *fpl* d'affluence *or* de pointe
peak period N période *f* de pointe
peak rate N plein tarif
peaky [ˈpi:kɪ] ADJ (BRIT *inf*) fatigué(e)
peal [pi:l] N (*of bells*) carillon *m*; **peals of laughter** éclats *mpl* de rire
★**peanut** [ˈpi:nʌt] N arachide *f*, cacahuète *f*
peanut butter N beurre *m* de cacahuète
★**pear** [pɛəʳ] N poire *f*
pearl [pə:l] N perle *f*
peasant [ˈpɛznt] N paysan(ne)
peat [pi:t] N tourbe *f*
pebble [ˈpɛbl] N galet *m*, caillou *m*
peck [pɛk] VT (*also:* **peck at**) donner un coup de bec à; (*: food*) picorer ▸ N coup *m* de bec; (*kiss*) bécot *m*
pecking order [ˈpɛkɪŋ-] N ordre *m* hiérarchique
peckish [ˈpɛkɪʃ] ADJ (BRIT *inf*): **I feel ~** je mangerais bien quelque chose, j'ai la dent
pecs [pɛks] NPL (*inf*) pectoraux *mpl*
peculiar [pɪˈkju:lɪəʳ] ADJ (*odd*) étrange, bizarre, curieux(-euse); (*particular*) particulier(-ière); **~ to** particulier à
peculiarity [pɪkju:lɪˈærɪtɪ] N bizarrerie *f*; particularité *f*
pecuniary [pɪˈkju:nɪərɪ] ADJ pécuniaire
pedagogical [pɛdəˈgɔdʒɪkl] ADJ pédagogique
pedal [ˈpɛdl] N pédale *f* ▸ VI pédaler
pedal bin N (BRIT) poubelle *f* à pédale
pedantic [pɪˈdæntɪk] ADJ pédant(e)
peddle [ˈpɛdl] VT colporter; (*drugs*) faire le trafic de
peddler [ˈpɛdləʳ] N colporteur *m*; camelot *m*
pedestal [ˈpɛdəstl] N piédestal *m*
pedestrian [pɪˈdɛstrɪən] N piéton *m* ▸ ADJ piétonnier(-ière); (*fig*) prosaïque, terre à terre *inv*
pedestrian crossing N (BRIT) passage clouté
pedestrianized [pɪˈdɛstrɪənaɪzd] ADJ: **a ~ street** une rue piétonne
pedestrian precinct, (US) **pedestrian zone** N (BRIT) zone piétonne
pediatrics [pi:dɪˈætrɪks] N (US) = **paediatrics**
pedicure [ˈpɛdɪkjuəʳ] N soins *mpl* des pieds; **to have a ~** se faire soigner les pieds
pedigree [ˈpɛdɪgri:] N ascendance *f*; (*of animal*) pedigree *m* ▸ CPD (*animal*) de race
pedlar [ˈpɛdləʳ] N = **peddler**
pedophile [ˈpi:dəufaɪl] N (US) = **paedophile**
pee [pi:] VI (*inf*) faire pipi, pisser
peek [pi:k] VI jeter un coup d'œil (furtif)
peel [pi:l] N pelure *f*, épluchure *f*; (*of orange, lemon*) écorce *f* ▸ VT peler, éplucher ▸ VI (*paint etc*) s'écailler; (*wallpaper*) se décoller; (*skin*) peler
▸ **peel back** VT décoller
▸ **peel off** VT (*sticker, label*) décoller
peeler [ˈpi:ləʳ] N (*potato etc peeler*) éplucheur *m*
peelings [ˈpi:lɪŋz] NPL pelures *fpl*, épluchures *fpl*
peep [pi:p] N (*look*) coup d'œil furtif; (*sound*) pépiement *m* ▸ VI jeter un coup d'œil (furtif)
▸ **peep out** VI se montrer (furtivement)
peephole [ˈpi:phəul] N judas *m*
peeps [pi:ps] NPL (*inf*) copains *mpl*; **hey ~, what's up?** salut la compagnie, ça roule ?
peer [pɪəʳ] VI: **to ~ at** regarder attentivement, scruter ▸ N (*noble*) pair *m*; (*equal*) pair, égal(e)
peerage [ˈpɪərɪdʒ] N pairie *f*
peerless [ˈpɪəlɪs] ADJ incomparable, sans égal
peer pressure N (*also:* **peer group pressure**) influence *f* de l'entourage
peeved [pi:vd] ADJ irrité(e), ennuyé(e)
peevish [ˈpi:vɪʃ] ADJ grincheux(-euse), maussade
★**peg** [pɛg] N cheville *f*; (*for coat etc*) patère *f*; (BRIT: *also:* **clothes peg**) pince *f* à linge ▸ VT (*clothes*) accrocher; (BRIT: *groundsheet*) fixer (avec des piquets); (*fig: prices, wages*) contrôler, stabiliser
PEI ABBR (CANADA) = **Prince Edward Island**
pejorative [pɪˈdʒɔrətɪv] ADJ péjoratif(-ive)
Pekin [pi:ˈkɪn], **Peking** [pi:ˈkɪŋ] N Pékin
Pekinese, Pekingese [pi:kɪˈni:z] N pékinois *m*
pelican [ˈpɛlɪkən] N pélican *m*
pelican crossing N (BRIT *Aut*) feu *m* à commande manuelle
pellet [ˈpɛlɪt] N boulette *f*; (*of lead*) plomb *m*
pell-mell [ˈpɛlˈmɛl] ADV pêle-mêle
pelmet [ˈpɛlmɪt] N cantonnière *f*; lambrequin *m*
pelt [pɛlt] VT: **to ~ sb (with)** bombarder qn (de) ▸ VI (*inf: rain*) tomber à seaux; (*: run*) courir à toutes jambes ▸ N peau *f*
▸ **pelt down** VI (*inf: rain*) tomber à seaux; **it's pelting down** il tombe des cordes
pelvic [ˈpɛlvɪk] ADJ pelvien(ne)
pelvis [ˈpɛlvɪs] N bassin *m*
★**pen** [pɛn] N (*for writing*) stylo *m*; (*for sheep*) parc *m*; (*US inf: prison*) taule *f*; **to put ~ to paper** prendre la plume
penal [ˈpi:nl] ADJ pénal(e)
penalize [ˈpi:nəlaɪz] VT pénaliser; (*fig*) désavantager
penal servitude [-ˈsə:vɪtju:d] N travaux forcés
★**penalty** [ˈpɛnltɪ] N pénalité *f*; sanction *f*; (*fine*) amende *f*; (*Sport*) pénalisation *f*; (*also:* **penalty kick**: *Football*) penalty *m*; (*: Rugby*) pénalité *f*; **to pay the ~ for** être pénalisé(e) pour

penalty area, penalty box N (BRIT *Sport*) surface *f* de réparation
penalty clause N clause pénale
penalty kick N (*Football*) penalty *m*
penalty shoot-out [-'ʃu:taut] N (*Football*) épreuve *f* des penalties
penance ['pɛnəns] N pénitence *f*
pence [pɛns] NPL *of* **penny**
penchant ['pɑ̃:ʃɑ̃ŋ] N penchant *m*
★**pencil** ['pɛnsl] N crayon *m*
▸ **pencil in** VT noter provisoirement
pencil case N trousse *f* (d'écolier)
pencil sharpener N taille-crayon(s) *m inv*
pendant ['pɛndnt] N pendentif *m*
pending ['pɛndɪŋ] PREP en attendant ▸ ADJ en suspens
pendulum ['pɛndjuləm] N pendule *m*; (*of clock*) balancier *m*
penetrate ['pɛnɪtreɪt] VT pénétrer dans; (*enemy territory*) entrer en; (*sexually*) pénétrer
penetrating ['pɛnɪtreɪtɪŋ] ADJ pénétrant(e)
penetration [pɛnɪ'treɪʃən] N pénétration *f*
pen friend N (BRIT) correspondant(e)
penguin ['pɛŋgwɪn] N pingouin *m*
penicillin [pɛnɪ'sɪlɪn] N pénicilline *f*
peninsula [pə'nɪnsjulə] N péninsule *f*
penis ['pi:nɪs] N pénis *m*, verge *f*
penitence ['pɛnɪtns] N repentir *m*
penitent ['pɛnɪtnt] ADJ repentant(e)
penitentiary [pɛnɪ'tɛnʃərɪ] N (*US*) prison *f*
penknife ['pɛnnaɪf] N canif *m*
pen name N nom *m* de plume, pseudonyme *m*
pennant ['pɛnənt] N flamme *f*, banderole *f*
penniless ['pɛnɪlɪs] ADJ sans le sou
Pennines ['pɛnaɪnz] NPL: **the ~** les Pennines *fpl*
★**penny** ['pɛnɪ] (*pl* **pennies** ['pɛnɪz] *or* **pence** [pɛns]) N (BRIT) penny *m*; (*US*) cent *m*
pen pal N correspondant(e)
penpusher ['pɛnpuʃəʳ] N (*pej*) gratte-papier *m inv*
★**pension** ['pɛnʃən] N (*from company*) retraite *f*; (*Mil*) pension *f*
▸ **pension off** VT mettre à la retraite
pensionable ['pɛnʃnəbl] ADJ qui a droit à une retraite
pensioner ['pɛnʃənəʳ] N (BRIT) retraité(e)
pension fund N caisse *f* de retraite
pension plan N plan *m* de retraite
pensive ['pɛnsɪv] ADJ pensif(-ive)
pentagon ['pɛntəgən] N pentagone *m*; **the P~** (*US Pol*) le Pentagone
pentathlon [pɛn'tæθlən] N pentathlon *m*
Pentecost ['pɛntɪkɔst] N Pentecôte *f*
penthouse ['pɛnthaus] N appartement *m* (de luxe) en attique
pent-up ['pɛntʌp] ADJ (*feelings*) refoulé(e)
penultimate [pɪ'nʌltɪmət] ADJ pénultième, avant-dernier(-ière)
penury ['pɛnjurɪ] N misère *f*
peony ['pi:ənɪ] N pivoine *f*
★**people** ['pi:pl] NPL gens *mpl*; personnes *fpl*; (*inhabitants*) population *f*; (*Pol*) peuple *m*; **I know ~ who ...** je connais des gens qui ...; **the room was full of ~** la salle était pleine de monde *or* de gens; **several ~ came** plusieurs personnes sont venues; **~ say that ...** on dit *or* les gens disent que ...; **old ~** les personnes âgées; **young ~** les jeunes ▸ N (*nation, race*) peuple *m*; **a man of the ~** un homme du peuple ▸ VT peupler
pep [pɛp] N (*inf*) entrain *m*, dynamisme *m*
▸ **pep up** VT (*inf*) remonter
★**pepper** ['pɛpəʳ] N poivre *m*; (*vegetable*) poivron *m* ▸ VT (*Culin*) poivrer
pepper mill N moulin *m* à poivre
peppermint ['pɛpəmɪnt] N (*plant*) menthe poivrée; (*sweet*) pastille *f* de menthe
pepperoni [pɛpə'rəunɪ] N *saucisson sec de porc et de bœuf très poivré.*
pepperpot ['pɛpəpɔt] N poivrière *f*
pep talk N (*inf*) (petit) discours d'encouragement
★**per** [pə:ʳ] PREP par; **~ hour** (*miles etc*) à l'heure; (*fee*) (de) l'heure; **~ kilo** *etc* le kilo *etc*; **~ day/person** par jour/personne; **~ annum** par an; **as ~ your instructions** conformément à vos instructions
per annum ADV par an
per capita ADJ, ADV par habitant, par personne
perceive [pə'si:v] VT percevoir; (*notice*) remarquer, s'apercevoir de
★**per cent** ADV pour cent; **a 20 ~ discount** une réduction de 20 pour cent
★**percentage** [pə'sɛntɪdʒ] N pourcentage *m*; **on a ~ basis** au pourcentage
percentage point N: **ten ~s** dix pour cent
perceptible [pə'sɛptɪbl] ADJ perceptible
perception [pə'sɛpʃən] N perception *f*; (*insight*) sensibilité *f*
perceptive [pə'sɛptɪv] ADJ (*remark, person*) perspicace
perch [pə:tʃ] N (*fish*) perche *f*; (*for bird*) perchoir *m* ▸ VI (se) percher
percolate ['pə:kəleɪt] VT, VI passer
percolator ['pə:kəleɪtəʳ] N percolateur *m*; cafetière *f* électrique
percussion [pə'kʌʃən] N percussion *f*
peremptory [pə'rɛmptərɪ] ADJ péremptoire
perennial [pə'rɛnɪəl] ADJ perpétuel(le); (*Bot*) vivace ▸ N (*Bot*) (plante *f*) vivace *f*, plante pluriannuelle
★**perfect** ADJ ['pə:fɪkt] parfait(e); **he's a ~ stranger to me** il m'est totalement inconnu ▸ N ['pə:fɪkt] (*also:* **perfect tense**) parfait *m* ▸ VT [pə'fɛkt] (*technique, skill, work of art*) parfaire; (*method, plan*) mettre au point
perfection [pə'fɛkʃən] N perfection *f*
perfectionist [pə'fɛkʃənɪst] N perfectionniste *mf*
★**perfectly** ['pə:fɪktlɪ] ADV parfaitement; **I'm ~ happy with the situation** cette situation me convient parfaitement; **you know ~ well** vous le savez très bien
perforate ['pə:fəreɪt] VT perforer, percer
perforated ulcer ['pə:fəreɪtɪd-] N (*Med*) ulcère perforé
perforation [pə:fə'reɪʃən] N perforation *f*; (*line of holes*) pointillé *m*

P

★**perform** [pəˈfɔːm] VT (*carry out*) exécuter, remplir; (*concert etc*) jouer, donner ▸VI (*actor, musician*) jouer; (*machine, car*) marcher, fonctionner; (*company, economy*): **to ~ well/badly** produire de bons/mauvais résultats

★**performance** [pəˈfɔːməns] N représentation *f*, spectacle *m*; (*of an artist*) interprétation *f*; (*Sport: of car, engine*) performance *f*; (*of company, economy*) résultats *mpl*; **the team put up a good ~** l'équipe a bien joué

performer [pəˈfɔːməʳ] N artiste *mf*

performing [pəˈfɔːmɪŋ] ADJ (*animal*) savant(e)

performing arts NPL: **the ~** les arts *mpl* du spectacle

perfume [ˈpəːfjuːm] N parfum *m* ▸VT parfumer

perfunctory [pəˈfʌŋktərɪ] ADJ négligent(e), pour la forme

★**perhaps** [pəˈhæps] ADV peut-être; **~ he'll ...** peut-être qu'il ...; **~ so/not** peut-être que oui/que non

peril [ˈpɛrɪl] N péril *m*

perilous [ˈpɛrɪləs] ADJ périlleux(-euse)

perilously [ˈpɛrɪləslɪ] ADV: **they came ~ close to being caught** ils ont été à deux doigts de se faire prendre

perimeter [pəˈrɪmɪtəʳ] N périmètre *m*

perimeter wall N mur *m* d'enceinte

★**period** [ˈpɪərɪəd] N période *f*; (*Hist*) époque *f*; (*Scol*) cours *m*; (*full stop*) point *m*; (*Med*) règles *fpl*; **for a ~ of three weeks** pour (une période de) trois semaines; **the holiday ~** (BRIT) la période des vacances ▸ADJ (*costume, furniture*) d'époque

periodic [pɪərɪˈɔdɪk] ADJ périodique

periodical [pɪərɪˈɔdɪkl] ADJ périodique ▸N périodique *m*

periodically [pɪərɪˈɔdɪklɪ] ADV périodiquement

period pains NPL (BRIT) douleurs menstruelles

peripatetic [pɛrɪpəˈtɛtɪk] ADJ (*salesman*) ambulant; (BRIT: *teacher*) qui travaille dans plusieurs établissements

peripheral [pəˈrɪfərəl] ADJ périphérique ▸N (*Comput*) périphérique *m*

periphery [pəˈrɪfərɪ] N périphérie *f*

periscope [ˈpɛrɪskəup] N périscope *m*

perish [ˈpɛrɪʃ] VI périr, mourir; (*decay*) se détériorer

perishable [ˈpɛrɪʃəbl] ADJ périssable

perishables [ˈpɛrɪʃəblz] NPL denrées *fpl* périssables

perishing [ˈpɛrɪʃɪŋ] ADJ (BRIT *inf*: *cold*) glacial(e)

peritonitis [pɛrɪtəˈnaɪtɪs] N péritonite *f*

perjure [ˈpəːdʒəʳ] VT: **to ~ o.s.** se parjurer

perjury [ˈpəːdʒərɪ] N (*Law: in court*) faux témoignage; (*breach of oath*) parjure *m*

perk [pəːk] N (*inf*) avantage *m*, à-côté *m*
▸**perk up** VI (*inf*: *cheer up*) se ragaillardir

perky [ˈpəːkɪ] ADJ (*cheerful*) guilleret(te), gai(e)

perm [pəːm] N (*for hair*) permanente *f* ▸VT: **to have one's hair permed** se faire faire une permanente

permanence [ˈpəːmənəns] N permanence *f*

★**permanent** [ˈpəːmənənt] ADJ permanent(e); (*job, position*) permanent, fixe; (*dye, ink*) indélébile; **I'm not ~ here** je ne suis pas ici à titre définitif; **~ address** adresse habituelle

permanently [ˈpəːmənəntlɪ] ADV de façon permanente; (*move abroad*) définitivement; (*open, closed*) en permanence; (*tired, unhappy*) constamment

permeable [ˈpəːmɪəbl] ADJ perméable

permeate [ˈpəːmɪeɪt] VI s'infiltrer ▸VT s'infiltrer dans; pénétrer

permissible [pəˈmɪsɪbl] ADJ permis(e), acceptable

★**permission** [pəˈmɪʃən] N permission *f*, autorisation *f*; **to give sb ~ to do sth** donner à qn la permission de faire qch

permissive [pəˈmɪsɪv] ADJ tolérant(e); **the ~ society** la société de tolérance

★**permit** N [ˈpəːmɪt] permis *m*; (*entrance pass*) autorisation *f*, laissez-passer *m*; (*for goods*) licence *f* ▸VT [pəˈmɪt] permettre; **to ~ sb to do** autoriser qn à faire, permettre à qn de faire ▸VI [pəˈmɪt]: **weather permitting** si le temps le permet

permutation [pəːmjuˈteɪʃən] N permutation *f*

pernicious [pəːˈnɪʃəs] ADJ pernicieux(-euse), nocif(-ive)

pernickety [pəˈnɪkɪtɪ] ADJ (*inf*) pointilleux(-euse), tatillon(ne); (*task*) minutieux(-euse)

peroxide [pəˈrɔksaɪd] N eau *f* oxygénée

perpendicular [pəːpənˈdɪkjuləʳ] ADJ, N perpendiculaire *f*

perpetrate [ˈpəːpɪtreɪt] VT perpétrer, commettre

perpetrator [ˈpəːpɪtreɪtəʳ] N (*of crime*) auteur *m*

perpetual [pəˈpɛtjuəl] ADJ perpétuel(le)

perpetuate [pəˈpɛtjueɪt] VT perpétuer

perpetuity [pəːpɪˈtjuːɪtɪ] N: **in ~** à perpétuité

perplex [pəˈplɛks] VT (*person*) rendre perplexe

perplexed [pəˈplɛkst] ADJ perplexe; **to be ~ about sth** être perplexe quant à qch

perplexing [pəːˈplɛksɪŋ] ADJ embarrassant(e)

perquisites [ˈpəːkwɪzɪts] NPL (*also:* **perks**) avantages *mpl* annexes

persecute [ˈpəːsɪkjuːt] VT persécuter

persecution [pəːsɪˈkjuːʃən] N persécution *f*

perseverance [pəːsɪˈvɪərns] N persévérance *f*, ténacité *f*

persevere [pəːsɪˈvɪəʳ] VI persévérer

Persia [ˈpəːʃə] N Perse *f*

Persian [ˈpəːʃən] ADJ persan(e); **the ~ Gulf** le golfe Persique ▸N (*Ling*) persan *m*

Persian cat N chat persan

persist [pəˈsɪst] VI: **to ~ (in doing)** persister (à faire), s'obstiner (à faire)

persistence [pəˈsɪstəns] N persistance *f*, obstination *f*; opiniâtreté *f*

persistent [pəˈsɪstənt] ADJ (*headache, cough*) persistant(e), tenace; (*noise, rain, problem*) persistant(e); (*person*) persévérant(e); **~ offender** (*Law*) multirécidiviste *mf*

persistently [pəˈsɪstəntlɪ] ADV (*with determination*) avec persévérance; (*unfailingly: high*) invariablement; **to be ~ late** persister à être en retard

persnickety [pəˈsnɪkɪtɪ] ADJ (*US inf*) = **pernickety**

★**person** ['pə:sn] N personne *f*; **in ~** en personne; **on** *or* **about one's ~** sur soi; **~ to ~ call** (*Tel*) appel *m* avec préavis

persona [pə'səunə] N (*image*) personnage *m*; **public ~** personne publique

personable ['pə:snəbl] ADJ de belle prestance, au physique attrayant

★**personal** ['pə:snl] ADJ personnel(le); **~ belongings, ~ effects** effets personnels; **~ hygiene** hygiène *f* intime; **a ~ interview** un entretien

personal allowance N (*Tax*) part *f* du revenu non imposable

personal assistant N secrétaire personnel(le)

personal call N (*Tel*) communication *f* avec préavis

personal column N annonces personnelles

personal computer N ordinateur individuel, PC *m*

personal details NPL (*on form etc*) coordonnées *fpl*

personal identification number N (*Comput, Banking*) numéro *m* d'identification personnel

★**personality** [pə:sə'nælɪtɪ] N personnalité *f*

personalize ['pə:sənəlaɪz] VT personnaliser

★**personally** ['pə:snəlɪ] ADV personnellement; **to take sth ~** se sentir visé(e) par qch

personal organizer N agenda (personnel); (*electronic*) agenda électronique

personal property N biens personnels

personal stereo N Walkman® *m*, baladeur *m*

personify [pə:'sɔnɪfaɪ] VT personnifier

personnel [pə:sə'nɛl] N personnel *m*

personnel department N service *m* du personnel

personnel manager N chef *m* du personnel

perspective [pə'spɛktɪv] N perspective *f*; **to get sth into ~** ramener qch à sa juste mesure

perspex® ['pə:spɛks] N (BRIT) Plexiglas® *m*

perspicacious [pə:spɪ'keɪʃəs] ADJ perspicace

perspicacity [pə:spɪ'kæsɪtɪ] N perspicacité *f*

perspiration [pə:spɪ'reɪʃən] N transpiration *f*

perspire [pə'spaɪəʳ] VI transpirer

★**persuade** [pə'sweɪd] VT: **to ~ sb to do sth** persuader qn de faire qch, amener *or* décider qn à faire qch; **to ~ sb of sth/that** persuader qn de qch/que

persuasion [pə'sweɪʒən] N persuasion *f*; (*creed*) conviction *f*

persuasive [pə'sweɪsɪv] ADJ persuasif(-ive)

pert [pə:t] ADJ coquin(e), mutin(e)

pertaining [pə:'teɪnɪŋ]: **~ to** *prep* relatif(-ive) à

pertinent ['pə:tɪnənt] ADJ pertinent(e)

perturb [pə'tə:b] VT troubler, inquiéter

perturbing [pə'tə:bɪŋ] ADJ troublant(e)

Peru [pə'ru:] N Pérou *m*

perusal [pə'ru:zl] N consultation *f*

peruse [pər'u:z] VT consulter

Peruvian [pə'ru:vjən] ADJ péruvien(ne) ▶ N Péruvien(ne)

pervade [pə'veɪd] VT se répandre dans, envahir

pervasive [pə'veɪsɪv] ADJ (*smell*) pénétrant(e); (*influence*) insidieux(-euse); (*gloom, ideas*) diffus(e)

perverse [pə'və:s] ADJ pervers(e); (*contrary*) entêté(e), contrariant(e)

perversion [pə'və:ʃən] N perversion *f*

perversity [pə'və:sɪtɪ] N perversité *f*

pervert N ['pə:və:t] perverti(e) ▶ VT [pə'və:t] pervertir; (*words*) déformer

pesky ['pɛskɪ] ADJ (*inf*) casse-pieds *inv*

pessimism ['pɛsɪmɪzəm] N pessimisme *m*

pessimist ['pɛsɪmɪst] N pessimiste *mf*

pessimistic [pɛsɪ'mɪstɪk] ADJ pessimiste

pest [pɛst] N animal *m* (*or* insecte *m*) nuisible; (*fig*) fléau *m*

pest control N lutte *f* contre les nuisibles

pester ['pɛstəʳ] VT importuner, harceler

pesticide ['pɛstɪsaɪd] N pesticide *m*

pestilence ['pɛstɪləns] N peste *f*

pestle ['pɛsl] N pilon *m*

★**pet** [pɛt] N animal familier; (*favourite*) chouchou *m*; **teacher's ~** chouchou *m* du professeur ▶ CPD (*favourite*) favori(e); **~ lion** *etc* lion *etc* apprivoisé; **~ hate** bête noire ▶ VT choyer; (*stroke*) caresser, câliner ▶ VI (*inf*) se peloter

petal ['pɛtl] N pétale *m*

peter ['pi:təʳ]: **to ~ out** *vi* s'épuiser; s'affaiblir

petite [pə'ti:t] ADJ menu(e)

petition [pə'tɪʃən] N pétition *f* ▶ VT adresser une pétition à ▶ VI: **to ~ for divorce** demander le divorce

pet name N (BRIT) petit nom

petrified ['pɛtrɪfaɪd] ADJ (*fig*) mort(e) de peur

petrify ['pɛtrɪfaɪ] VT pétrifier

petrochemical [pɛtrə'kɛmɪkl] ADJ pétrochimique

petrodollars ['pɛtrəudɔləz] NPL pétrodollars *mpl*

★**petrol** ['pɛtrəl] N (BRIT) essence *f*; **I've run out of ~** je suis en panne d'essence

petrol bomb N cocktail *m* Molotov

petrol can N (BRIT) bidon *m* à essence

petrol engine N (BRIT) moteur *m* à essence

petroleum [pə'trəulɪəm] N pétrole *m*

petroleum jelly N vaseline *f*

petrolhead ['pɛtrəlhɛd] N (*inf*) accro *mf* de la bagnole

petrol pump N (BRIT: *in car, at garage*) pompe *f* à essence

petrol station N (BRIT) station-service *f*

petrol tank N (BRIT) réservoir *m* d'essence

petticoat ['pɛtɪkəut] N jupon *m*

pettifogging ['pɛtɪfɔgɪŋ] ADJ chicanier(-ière)

pettiness ['pɛtɪnɪs] N mesquinerie *f*

petty ['pɛtɪ] ADJ (*mean*) mesquin(e); (*unimportant*) insignifiant(e), sans importance

petty cash N caisse *f* des dépenses courantes, petite caisse

petty officer N second-maître *m*

petulant ['pɛtjulənt] ADJ irritable

petunia [pə'tju:nɪə] N pétunia *m*

pew [pju:] N banc *m* (d'église)

pewter ['pju:təʳ] N étain *m*

Pfc ABBR (*US Mil*) = **private first class**

PFI N ABBR (= *Private Finance Initiative*) PPP *m* (= *partenariat public-privé*)

PG N ABBR (*Cine*: = *parental guidance*) *avis des parents recommandé*

PGA N ABBR = **Professional Golfers Association**

PH N ABBR (*US Mil*: = *Purple Heart*) *décoration accordée aux blessés de guerre*

phablet [ˈfæblɪt] N (*Tel: phone plus tablet*) phablet *m*

phallic [ˈfælɪk] ADJ phallique

phantom [ˈfæntəm] N fantôme *m*; (*vision*) fantasme *m*

Pharaoh [ˈfɛərəu] N pharaon *m*

pharmaceutical [fɑːməˈsjuːtɪkl] ADJ pharmaceutique ▸ N: **pharmaceuticals** produits *mpl* pharmaceutiques

pharmacist [ˈfɑːməsɪst] N pharmacien(ne)

pharmacology [fɑːməˈkɔlədʒɪ] N pharmacologie *f*

pharmacy [ˈfɑːməsɪ] N pharmacie *f*

phase [feɪz] N phase *f*, période *f*
▸ **phase in** VT introduire progressivement
▸ **phase out** VT supprimer progressivement

phased [feɪzd] ADJ progressif(-ive)

PhD ABBR = **Doctor of Philosophy**

pheasant [ˈfɛznt] N faisan *m*

phenomena [fəˈnɔmɪnə] NPL *of* **phenomenon**

phenomenal [fɪˈnɔmɪnl] ADJ phénoménal(e)

phenomenon [fəˈnɔmɪnən] (*pl* **phenomena** [-nə]) N phénomène *m*

phew [fjuː] EXCL ouf !

phial [ˈfaɪəl] N fiole *f*

philanderer [fɪˈlændərəʳ] N don Juan *m*

philanthropic [fɪlənˈθrɔpɪk] ADJ philanthropique

philanthropist [fɪˈlænθrəpɪst] N philanthrope *mf*

philanthropy [fɪˈlænθrəpɪ] N philanthropie *f*

philatelist [fɪˈlætəlɪst] N philatéliste *mf*

philately [fɪˈlætəlɪ] N philatélie *f*

Philippines [ˈfɪlɪpiːnz] NPL (*also:* **Philippine Islands**): **the ~** les Philippines *fpl*

philistine [ˈfɪlɪstaɪn] N philistin *m*

philosopher [fɪˈlɔsəfəʳ] N philosophe *m*

philosophical [fɪləˈsɔfɪkl] ADJ philosophique

philosophize [fɪˈlɔsəfaɪz] VI philosopher; **to ~ about sth** philosopher sur qch

★**philosophy** [fɪˈlɔsəfɪ] N philosophie *f*

phishing [ˈfɪʃɪŋ] N phishing *m*

phlegm [flɛm] N flegme *m*

phlegmatic [flɛgˈmætɪk] ADJ flegmatique

phobia [ˈfəubjə] N phobie *f*

phobic [ˈfəubɪk] ADJ, N phobique *mf*; **to be ~ about sth** avoir une phobie de qch

phoenix [ˈfiːnɪks] N phénix *m*

★**phone** [fəun] N téléphone *m*; **to be on the ~** avoir le téléphone; (*be calling*) être au téléphone ▸ VT téléphoner à ▸ VI téléphoner
▸ **phone back** VT, VI rappeler
▸ **phone up** VT téléphoner à ▸ VI téléphoner

phone bill N facture *f* de téléphone

phone book N annuaire *m*

★**phone box**, (*US*) **phone booth** N cabine *f* téléphonique

★**phone call** N coup *m* de fil *or* de téléphone

phonecard [ˈfəunkɑːd] N télécarte *f*

phone-in [ˈfəunɪn] N (*Brit Radio, TV*) programme *m* à ligne ouverte

★**phone number** N numéro *m* de téléphone

phone tapping [-tæpɪŋ] N mise *f* sur écoutes téléphoniques

phonetics [fəˈnɛtɪks] N phonétique *f*

phoney [ˈfəunɪ] ADJ faux (fausse), factice; (*person*) pas franc (franche) ▸ N (*person*) charlatan *m*; fumiste *mf*

phonics [ˈfɔnɪks] N (*Scol*) méthode *f* syllabique

phonograph [ˈfəunəgrɑːf] N (*US*) électrophone *m*

phony [ˈfəunɪ] ADJ, N = **phoney**

phosphate [ˈfɔsfeɪt] N phosphate *m*

phosphorus [ˈfɔsfərəs] N phosphore *m*

★**photo** [ˈfəutəu] N photo *f*; **to take a ~ of** prendre en photo

photo... [ˈfəutəu] PREFIX photo...

photo album N album *m* de photos

photobomb [ˈfəutəubɔm] VT (*inf*) s'inscruster sur la photo de

photocall [ˈfəutəukɔːl] N séance *f* de photos pour la presse

photocopier [ˈfəutəukɔpɪəʳ] N copieur *m*

photocopy [ˈfəutəukɔpɪ] N photocopie *f* ▸ VT photocopier

photoelectric [fəutəuɪˈlɛktrɪk] ADJ photoélectrique; **~ cell** cellule *f* photoélectrique

Photofit® [ˈfəutəufɪt] N portrait-robot *m*

photogenic [fəutəuˈdʒɛnɪk] ADJ photogénique

★**photograph** [ˈfəutəgræf] N photographie *f*; **to take a ~ of sb** prendre qn en photo ▸ VT photographier

★**photographer** [fəˈtɔgrəfəʳ] N photographe *mf*

photographic [fəutəˈgræfɪk] ADJ photographique

photography [fəˈtɔgrəfɪ] N photographie *f*

photojournalism [fəutəuˈdʒəːnəlɪzəm] N photojournalisme *m*

photojournalist [fəutəuˈdʒəːnəlɪst] N photojournaliste *mf*

photon [ˈfəutɔn] N photon *m*

photo opportunity N *occasion, souvent arrangée, pour prendre des photos d'une personnalité.*

Photoshop® [ˈfəutəuʃɔp] N Photoshop® ▸ VT: **to photoshop a picture** retoucher une image avec Photoshop

Photostat® [ˈfəutəustæt] N photocopie *f*, photostat *m*

photosynthesis [fəutəuˈsɪnθəsɪs] N photosynthèse *f*

★**phrase** [freɪz] N expression *f*; (*Ling*) locution *f* ▸ VT exprimer; (*letter*) rédiger

phrase book N recueil *m* d'expressions (pour touristes)

★**physical** [ˈfɪzɪkl] ADJ physique; **~ examination** examen médical; **~ exercises** gymnastique *f*

physical education N éducation *f* physique

physically ['fɪzɪklɪ] ADV physiquement
physician [fɪ'zɪʃən] N médecin *m*
physicist ['fɪzɪsɪst] N physicien(ne)
★**physics** ['fɪzɪks] N physique *f*
physio ['fɪziəu] N (BRIT *inf: person*) kiné *mf*; (*: therapy*) physio *f*
physiological [fɪzɪə'lɔdʒɪkl] ADJ physiologique
physiologist [fɪzi'ɔlədʒɪst] N physiologiste *mf*
physiology [fɪzɪ'ɔlədʒɪ] N physiologie *f*
physiotherapist [fɪzɪəu'θɛrəpɪst] N kinésithérapeute *mf*
physiotherapy [fɪzɪəu'θɛrəpɪ] N kinésithérapie *f*
physique [fɪ'zi:k] N (*appearance*) physique *m*; (*health etc*) constitution *f*
pianist ['pi:ənɪst] N pianiste *mf*
★**piano** [pɪ'ænəu] N piano *m*
piano accordion N (BRIT) accordéon *m* à touches
Picardy ['pɪkədɪ] N Picardie *f*
piccolo ['pɪkələu] N piccolo *m*
★**pick** [pɪk] N (*tool: also:* **pick-axe**) pic *m*, pioche *f*; **take your ~** faites votre choix; **the ~ of** le (la) meilleur(e) de ▸VT choisir; (*gather*) cueillir; (*remove*) prendre; (*lock*) forcer; (*scab, spot*) gratter, écorcher; **to ~ a bone** ronger un os; **to ~ one's nose** se mettre les doigts dans le nez; **to ~ one's teeth** se curer les dents; **to ~ sb's brains** faire appel aux lumières de qn; **to ~ pockets** pratiquer le vol à la tire; **to ~ a quarrel with sb** chercher noise à qn
▸**pick at** VT FUS: **to ~ at one's food** manger du bout des dents, chipoter
▸**pick off** VT (*kill*) (viser soigneusement et) abattre
▸**pick on** VT FUS (*person*) harceler
▸**pick out** VT choisir; (*distinguish*) distinguer
▸**pick up** VI (*improve*) remonter, s'améliorer; **to ~ up where one left off** reprendre là où l'on s'est arrêté ▸VT ramasser; (*telephone*) décrocher; (*collect*) passer prendre; (*Aut: give lift to*) prendre; (*learn*) apprendre; (*Radio*) capter; **to ~ up speed** prendre de la vitesse; **to ~ o.s. up** se relever
pickaxe, (US) **pickax** ['pɪkæks] N pioche *f*
picket ['pɪkɪt] N (*in strike*) gréviste *mf* participant à un piquet de grève; piquet *m* de grève ▸VT mettre un piquet de grève devant
picket line N piquet *m* de grève
pickings ['pɪkɪŋz] NPL: **there are rich ~ to be had in ...** il y a gros à gagner dans ...
pickle ['pɪkl] N (*as condiment: also:* **pickles**) pickles *mpl*; **in a ~** (*fig*) dans le pétrin ▸VT conserver dans du vinaigre *or* dans de la saumure
pickled ['pɪkld] ADJ (*food*) au vinaigre
pick-me-up ['pɪkmi:ʌp] N remontant *m*
pickpocket ['pɪkpɔkɪt] N pickpocket *m*
pick-up ['pɪkʌp] N (*also:* **pick-up truck**) pick-up *m inv*; (BRIT: *on record player*) bras *m* pick-up
picnic ['pɪknɪk] N pique-nique *m* ▸VI pique-niquer
picnic area N aire *f* de pique-nique
picnicker ['pɪknɪkəʳ] N pique-niqueur(-euse)
pictorial [pɪk'tɔ:rɪəl] ADJ illustré(e)
★**picture** ['pɪktʃəʳ] N (*also TV*) image *f*; (*painting*) peinture *f*, tableau *m*; (*photograph*) photo(graphie) *f*; (*drawing*) dessin *m*; (*film*) film *m*; (*fig: description*) description *f*; **to take a ~ of sb/sth** prendre qn/qch en photo; **would you take a ~ of us, please?** pourriez-vous nous prendre en photo, s'il vous plaît ?; **the overall ~** le tableau d'ensemble; **to put sb in the ~** mettre qn au courant ▸VT (*imagine*) se représenter; (*describe*) dépeindre, représenter ■ **pictures** NPL: **the pictures** (BRIT) le cinéma
picture book N livre *m* d'images
picture frame N cadre *m*
picture messaging N picture messaging *m*, messagerie *f* d'images
picturesque [pɪktʃə'rɛsk] ADJ pittoresque
picture window N baie vitrée, fenêtre *f* panoramique
piddling ['pɪdlɪŋ] ADJ (*inf*) insignifiant(e)
★**pie** [paɪ] N tourte *f*; (*of fruit*) tarte *f*; (*of meat*) pâté *m* en croûte
piebald ['paɪbɔ:ld] ADJ pie *inv*
★**piece** [pi:s] N morceau *m*; (*of land*) parcelle *f*; (*item*): **a ~ of furniture/advice** un meuble/conseil; (*Draughts*) pion *m*; **in pieces** (*broken*) en morceaux, en miettes; (*not yet assembled*) en pièces détachées; **to take to pieces** démonter; **in one ~** (*object*) intact(e); **to get back all in one ~** (*person*) rentrer sain et sauf; **a 10p ~** (BRIT) une pièce de 10p; **~ by ~** morceau par morceau; **a six-piece band** un orchestre de six musiciens; **to say one's ~** réciter son morceau ▸VT: **to ~ together** rassembler
piecemeal ['pi:smi:l] ADV par bouts
piece rate N taux *m or* tarif *m* à la pièce
piecework ['pi:swə:k] N travail *m* aux pièces *or* à la pièce
pie chart N graphique *m* à secteurs, camembert *m*
Piedmont ['pi:dmɔnt] N Piémont *m*
pier [pɪəʳ] N jetée *f*; (*of bridge etc*) pile *f*
pierce [pɪəs] VT percer, transpercer; **to have one's ears pierced** se faire percer les oreilles
pierced [pɪəst] ADJ (*ears*) percé(e)
piercing ['pɪəsɪŋ] ADJ (*cry*) perçant(e)
piety ['paɪətɪ] N piété *f*
piffling ['pɪflɪŋ] ADJ insignifiant(e)
★**pig** [pɪg] N cochon *m*, porc *m*; (*pej: unkind person*) mufle *m*; (*: greedy person*) goinfre *m*
pigeon ['pɪdʒən] N pigeon *m*
pigeonhole ['pɪdʒənhəul] N casier *m*
pigeon-toed ['pɪdʒəntəud] ADJ marchant les pieds en dedans
piggyback ['pɪgɪbæk] N (*also:* **piggyback ride**): **to give sb a ~** porter qn sur son dos ▸ADV à califourchon
▸**piggyback on** VT surfer sur
piggy bank ['pɪgɪ-] N tirelire *f*
pigheaded ['pɪg'hɛdɪd] ADJ entêté(e), têtu(e)
piglet ['pɪglɪt] N petit cochon, porcelet *m*
pigment ['pɪgmənt] N pigment *m*
pigmentation [pɪgmən'teɪʃən] N pigmentation *f*
pigmy ['pɪgmɪ] N = **pygmy**
pigskin ['pɪgskɪn] N (peau *f* de) porc *m*
pigsty ['pɪgstaɪ] N porcherie *f*
pigtail ['pɪgteɪl] N natte *f*, tresse *f*
pike [paɪk] N (*spear*) pique *f*; (*fish*) brochet *m*

Pilates [pɪˈlɑːtiːz] N Pilates *m*
pilchard [ˈpɪltʃəd] N pilchard *m* (*sorte de sardine*)
★**pile** [paɪl] N (*pillar, of books*) pile *f*; (*heap*) tas *m*; (*of carpet*) épaisseur *f*; **in a ~** en tas
▸**pile in** VI s'entasser
▸**pile on** VT: **to ~ it on** (*inf*) exagérer
▸**pile up** VI (*accumulate*) s'entasser, s'accumuler ▸VT (*put in heap*) empiler, entasser; (*accumulate*) accumuler
piles [paɪlz] NPL hémorroïdes *fpl*
pile-up [ˈpaɪlʌp] N (*Aut*) télescopage *m*, collision *f* en série
pilfer [ˈpɪlfəʳ] VT chaparder ▸VI commettre des larcins
pilfering [ˈpɪlfərɪŋ] N chapardage *m*
pilgrim [ˈpɪlgrɪm] N pèlerin *m*; *voir article*

Les **Pilgrim Fathers** (Pères pèlerins) sont un groupe de puritains qui quittèrent l'Angleterre en 1620 pour fuir les persécutions religieuses. Ayant traversé l'Atlantique à bord du *Mayflower*, ils fondèrent New Plymouth en Nouvelle-Angleterre, dans ce qui est aujourd'hui le Massachusetts. Ces Pères pèlerins sont considérés comme les fondateurs des États-Unis, et l'on commémore chaque année, le jour de *Thanksgiving*, la réussite de leur première récolte.

pilgrimage [ˈpɪlgrɪmɪdʒ] N pèlerinage *m*
★**pill** [pɪl] N pilule *f*; **the ~** la pilule; **to be on the ~** prendre la pilule
pillage [ˈpɪlɪdʒ] VT piller
pillar [ˈpɪləʳ] N pilier *m*
pillar box N (BRIT) boîte *f* aux lettres (*publique*)
pillion [ˈpɪljən] N (*of motor cycle*) siège *m* arrière; **to ride ~** être derrière; (*on horse*) être en croupe
pillory [ˈpɪlərɪ] N pilori *m* ▸VT mettre au pilori
pillow [ˈpɪləu] N oreiller *m*
pillowcase [ˈpɪləukeɪs], **pillowslip** [ˈpɪləuslɪp] N taie *f* d'oreiller
★**pilot** [ˈpaɪlət] N pilote *m* ▸CPD (*scheme etc*) pilote, expérimental(e) ▸VT piloter
pilot boat N bateau-pilote *m*
pilot light N veilleuse *f*
pimento [pɪˈmɛntəu] N piment *m*
pimp [pɪmp] N souteneur *m*, maquereau *m*
pimple [ˈpɪmpl] N bouton *m*
pimply [ˈpɪmplɪ] ADJ boutonneux(-euse)
★**PIN** N ABBR (= *personal identification number*) code *m* confidentiel
★**pin** [pɪn] N épingle *f*; (*Tech*) cheville *f*; (BRIT: *drawing pin*) punaise *f*; (*in grenade*) goupille *f*; (BRIT *Elec: of plug*) broche *f*; **pins and needles** fourmis *fpl* ▸VT (*with pins*) épingler; **to ~ sb against/to** clouer qn contre/à; **to ~ sth on sb** (*fig*) mettre qch sur le dos de qn
▸**pin down** VT (*physically*) clouer au sol; (*fig*) obliger à répondre; **there's something strange here but I can't quite ~ it down** il y a quelque chose d'étrange ici, mais je n'arrive pas exactement à savoir quoi
pinafore [ˈpɪnəfɔːʳ] N tablier *m*
pinafore dress N robe-chasuble *f*
pinball [ˈpɪnbɔːl] N flipper *m*
pincers [ˈpɪnsəz] NPL tenailles *fpl*
pinch [pɪntʃ] N pincement *m*; (*of salt etc*) pincée *f*; **at a ~** à la rigueur; **to feel the ~** (*fig*) se ressentir des restrictions (*or* de la récession *etc*) ▸VT pincer; (*inf: steal*) piquer, chiper ▸VI (*shoe*) serrer
pinched [pɪntʃt] ADJ (*drawn*) tiré(e); **~ with cold** transi(e) de froid
pincushion [ˈpɪnkuʃən] N pelote *f* à épingles
pine [paɪn] N (*also:* **pine tree**) pin *m* ▸VI: **to ~ for** aspirer à, désirer ardemment
▸**pine away** VI dépérir
★**pineapple** [ˈpaɪnæpl] N ananas *m*
pine cone N pomme *f* de pin
ping [pɪŋ] N (*noise*) tintement *m*
ping-pong® [ˈpɪŋpɔŋ] N ping-pong® *m*
★**pink** [pɪŋk] ADJ rose ▸N (*colour*) rose *m*; (*Bot*) œillet *m*, mignardise *f*
pinkie, pinky [ˈpɪŋkɪ] N (*inf*) petit doigt *m*
pinking shears [ˈpɪŋkɪŋ-] NPL ciseaux *mpl* à denteler
pin money N (BRIT) argent *m* de poche
pinnacle [ˈpɪnəkl] N pinacle *m*
pinpoint [ˈpɪnpɔɪnt] VT indiquer (avec précision)
pinstripe [ˈpɪnstraɪp] N rayure très fine
pinstriped [ˈpɪnstraɪpt] ADJ à rayures
pint [paɪnt] N pinte *f* (*Brit* = 0,57 l ; *US* = 0,47 l); (BRIT *inf*) ≈ pot *m*
pinup [ˈpɪnʌp] N pin-up *f inv*
pioneer [paɪəˈnɪəʳ] N explorateur(-trice); (*early settler*) pionnier *m*; (*fig*) pionnier, précurseur *m* ▸VT être un pionnier de
pioneering [paɪəˈnɪərɪŋ] ADJ (*work, research*) pionnier(-ière); **~ spirit** esprit de pionnier
pious [ˈpaɪəs] ADJ pieux(-euse)
pip [pɪp] N (*seed*) pépin *m* ■ **pips** NPL: **the pips** (BRIT: *time signal on radio*) le top
★**pipe** [paɪp] N tuyau *m*, conduite *f*; (*for smoking*) pipe *f*; (*Mus*) pipeau *m* ▸VT amener par tuyau ■ **pipes** NPL (*also:* **bagpipes**) cornemuse *f*
▸**pipe down** VI (*inf*) se taire
pipe cleaner N cure-pipe *m*
piped music [paɪpt-] N musique *f* de fond
pipe dream N chimère *f*, utopie *f*
pipeline [ˈpaɪplaɪn] N (*for gas*) gazoduc *m*, pipeline *m*; (*for oil*) oléoduc *m*, pipeline; **it is in the ~** (*fig*) c'est en route, ça va se faire
piper [ˈpaɪpəʳ] N (*flautist*) joueur(-euse) de pipeau; (*of bagpipes*) joueur(-euse) de cornemuse
pipe tobacco N tabac *m* pour la pipe
piping [ˈpaɪpɪŋ] ADV: **~ hot** très chaud(e)
piquant [ˈpiːkənt] ADJ piquant(e)
pique [piːk] N dépit *m*
piqued [piːkt] ADJ piqué(e) au vif; **a bit ~** un peu dépité(e)
piracy [ˈpaɪərəsɪ] N piraterie *f*
piranha [pɪˈrɑːnə] (*pl* **~**) N (*also:* **piranha fish**) piranha *m*
pirate [ˈpaɪərət] N pirate *m* ▸VT (*CD, video, book*) pirater
pirated [ˈpaɪərətɪd] ADJ pirate

pirate radio N (BRIT) radio *f* pirate
pirouette [pɪru'ɛt] N pirouette *f* ▸ VI faire une *or* des pirouette(s)
Pisces ['paɪsi:z] N les Poissons *mpl*; **to be ~** être des Poissons
piss [pɪs] VI (*inf!*) pisser (*!*); **~ off!** tire-toi ! (*!*)
pissed [pɪst] ADJ (*inf!*: BRIT: *drunk*) bourré(e); (: *US*: *angry*) furieux(-euse)
pistachio [pɪ'stæʃiəu] N (*also:* **pistachio nut**) pistache *f*; (*tree*) pistachier *m*
piste ['pi:st] N piste *f*
pistol ['pɪstl] N pistolet *m*
piston ['pɪstən] N piston *m*
pit [pɪt] N trou *m*, fosse *f*; (*also:* **coal pit**) puits *m* de mine; (*also:* **orchestra pit**) fosse d'orchestre; (*US*: *fruit stone*) noyau *m* ▸ VT: **to ~ sb against sb** opposer qn à qn; **to ~ o.s.** *or* **one's wits against** se mesurer à ▪ **pits** NPL (*in motor racing*) aire *f* de service
pitapat ['pɪtə'pæt] ADV: **to go ~** (*heart*) battre la chamade; (*rain*) tambouriner
★**pitch** [pɪtʃ] N (BRIT *Sport*) terrain *m*; (*throw*) lancement *m*; (*Mus*) ton *m*; (*of voice*) hauteur *f*; (*fig: degree*) degré *m*; (*also:* **sales pitch**) baratin *m*, boniment *m*; (*Naut*) tangage *m*; (*tar*) poix *f*; **at this ~** à ce rythme ▸ VT (*throw*) lancer; (*tent*) dresser; (*set: price, message*) adapter, positionner; **to be pitched forward** être projeté(e) en avant ▸ VI (*Naut*) tanguer; (*fall*): **to ~ into/off** tomber dans/de
▸ **pitch in** VI (*inf: financially*) mettre la main à la poche; (: *make a big effort*) donner un coup de main; **they all pitched in to help** ils ont tous mis la main à la poche pour aider; ils ont tous donné un coup de main
pitch-black ['pɪtʃ'blæk] ADJ noir(e) comme poix
pitched battle [pɪtʃt-] N bataille rangée
pitcher ['pɪtʃə^r] N cruche *f*
pitchfork ['pɪtʃfɔ:k] N fourche *f*
piteous ['pɪtɪəs] ADJ pitoyable
pitfall ['pɪtfɔ:l] N trappe *f*, piège *m*
pith [pɪθ] N (*of plant*) moelle *f*; (*of orange etc*) intérieur *m* de l'écorce; (*fig*) essence *f*; vigueur *f*
pithead ['pɪthɛd] N (BRIT) bouche *f* de puits
pithy ['pɪθɪ] ADJ piquant(e); vigoureux(-euse)
pitiable ['pɪtɪəbl] ADJ pitoyable
pitiful ['pɪtɪful] ADJ (*touching*) pitoyable; (*contemptible*) lamentable
pitifully ['pɪtɪfəlɪ] ADV pitoyablement; lamentablement
pitiless ['pɪtɪlɪs] ADJ impitoyable
pittance ['pɪtns] N salaire *m* de misère
pitted ['pɪtɪd] ADJ: **~ with** (*chickenpox*) grêlé(e) par; (*rust*) piqué(e) de
pity ['pɪtɪ] N pitié *f*; **what a ~!** quel dommage !; **it is a ~ that you can't come** c'est dommage que vous ne puissiez venir; **to have** *or* **take ~ on sb** avoir pitié de qn ▸ VT plaindre
pitying ['pɪtɪɪŋ] ADJ compatissant(e)
pivot ['pɪvət] N pivot *m* ▸ VI pivoter
pivotal ['pɪvətl] ADJ (*role, position*) pivot
pixel ['pɪksl] N (*Comput*) pixel *m*
pixelate ['pɪksɪleɪt] VT (*Comput*) pixéliser
pixie ['pɪksɪ] N lutin *m*
★**pizza** ['pi:tsə] N pizza *f*
pizzazz, pizazz [pə'zæz] N (*inf*) allant *m*; **a young woman with a lot of energy and ~** une jeune femme pleine d'énergie et d'allant
placard ['plækɑ:d] N affiche *f*; (*in march*) pancarte *f*
placate [plə'keɪt] VT apaiser, calmer
placatory [plə'keɪtərɪ] ADJ d'apaisement, lénifiant(e)
★**place** [pleɪs] N endroit *m*, lieu *m*; (*proper position, job, rank, seat*) place *f*; (*house*) maison *f*, logement *m*; (*in street names*): **Laurel P~** ≈ rue des Lauriers; (*home*): **at/to his ~** chez lui; **to take ~** avoir lieu; (*occur*) se produire; **to take sb's ~** remplacer qn; **to change places with sb** changer de place avec qn; **from ~ to ~** d'un endroit à l'autre; **all over the ~** partout; **out of ~** (*not suitable*) déplacé(e), inopportun(e); **I feel out of ~ here** je ne me sens pas à ma place ici; **in the first ~** d'abord, en premier; **to put sb in his ~** (*fig*) remettre qn à sa place; **he's going places** (*fig, inf*) il fait son chemin; **it is not my ~ to do it** ce n'est pas à moi de le faire ▸ VT (*position*) placer, mettre; (*identify*) situer; reconnaître; **to ~ an order with sb (for)** (*Comm*) passer commande à qn (de); **to be placed** (*in race, exam*) se placer; **how are you placed next week?** comment ça se présente pour la semaine prochaine ?
placebo [plə'si:bəu] N placebo *m*
place mat N set *m* de table; (*in linen etc*) napperon *m*
placement ['pleɪsmənt] N placement *m*; (*during studies*) stage *m*
place name N nom *m* de lieu
placenta [plə'sɛntə] N placenta *m*
placid ['plæsɪd] ADJ placide
placidity [plə'sɪdɪtɪ] N placidité *f*
plagiarism ['pleɪdʒjərɪzəm] N plagiat *m*
plagiarist ['pleɪdʒjərɪst] N plagiaire *mf*
plagiarize ['pleɪdʒjəraɪz] VT plagier
plague [pleɪg] N fléau *m*; (*Med*) peste *f* ▸ VT (*fig*) tourmenter; **to ~ sb with questions** harceler qn de questions
plaice [pleɪs] N (*pl inv*) carrelet *m*
plaid [plæd] N tissu écossais
★**plain** [pleɪn] ADJ (*in one colour*) uni(e); (*clear*) clair(e), évident(e); (*simple*) simple, ordinaire; (*frank*) franc (franche); (*not handsome*) quelconque, ordinaire; (*cigarette*) sans filtre; (*without seasoning etc*) nature *inv*; **in ~ clothes** (*police*) en civil; **to make sth ~ to sb** faire clairement comprendre qch à qn ▸ ADV franchement, carrément ▸ N plaine *f*
plain chocolate N chocolat *m* à croquer
plainly ['pleɪnlɪ] ADV clairement; (*frankly*) carrément, sans détours
plainness ['pleɪnnɪs] N simplicité *f*
plain speaking N propos *mpl* sans équivoque; **she has a reputation for ~** elle est bien connue pour son franc parler *or* sa franchise
plaintiff ['pleɪntɪf] N plaignant(e)
plaintive ['pleɪntɪv] ADJ plaintif(-ive)
plait [plæt] N tresse *f*, natte *f* ▸ VT tresser, natter
★**plan** [plæn] N plan *m*; (*scheme*) projet *m* ▸ VT (*think in advance*) projeter; (*prepare*) organiser; **to ~ to do** projeter de faire; **how long do you ~ to stay?**

P

combien de temps comptez-vous rester ? ▸VI faire des projets
▸**plan for** VT FUS (*prepare*) préparer; (*expect*) prévoir
▸**plan on** VT FUS: **to ~ on doing sth** prévoir de faire qch; (*expect*) s'attendre à; **I hadn't planned on John arriving last night** je ne m'attendais pas à ce que John arrive hier soir

★**plane** [pleɪn] N (*Aviat*) avion *m*; (*also:* **plane tree**) platane *m*; (*tool*) rabot *m*; (*Art, Math etc*) plan *m*; (*fig*) niveau *m*, plan ▸ADJ plan(e); plat(e) ▸VT (*with tool*) raboter

★**planet** ['plænɪt] N planète *f*

planetarium [plænɪ'tɛərɪəm] N planétarium *m*

planetary ['plænɪtrɪ] ADJ planétaire

plank [plæŋk] N planche *f*; (*Pol*) point *m* d'un programme

plankton ['plæŋktən] N plancton *m*

planned economy [plænd-] N économie planifiée

planner ['plænə^r] N planificateur(-trice); (*chart*) planning *m*; **town** *or* (*US*) **city ~** urbaniste *mf*

★**planning** ['plænɪŋ] N planification *f*; **family ~** planning familial

planning permission N (BRIT) permis *m* de construire

★**plant** [plɑ:nt] N plante *f*; (*machinery*) matériel *m*; (*factory*) usine *f* ▸VT planter; (*bomb*) déposer, poser; (*microphone, evidence*) cacher

plantation [plæn'teɪʃən] N plantation *f*

plant pot N (BRIT) pot *m* de fleurs

plaque [plæk] N plaque *f*

plasma ['plæzmə] N plasma *m*

plaster ['plɑ:stə^r] N plâtre *m*; (*also:* **plaster of Paris**) plâtre à mouler; (BRIT: *also:* **sticking plaster**) pansement adhésif; **in ~** (BRIT: *leg etc*) dans le plâtre ▸VT plâtrer; (*cover*): **to ~ with** couvrir de

plasterboard ['plɑ:stəbɔ:d] N Placoplâtre® *m*

plaster cast N (*Med*) plâtre *m*; (*model, statue*) moule *m*

plastered ['plɑ:stəd] ADJ (*inf*) soûl(e)

plasterer ['plɑ:stərə^r] N plâtrier *m*

★**plastic** ['plæstɪk] N plastique *m* ▸ADJ (*made of plastic*) en plastique; (*flexible*) plastique, malléable; (*art*) plastique

plastic bag N sac *m* en plastique

plastic bullet N balle *f* de plastique

plastic explosive N plastic *m*

plasticine® ['plæstɪsi:n] N pâte *f* à modeler

plastic surgery N chirurgie *f* esthétique

★**plate** [pleɪt] N (*dish*) assiette *f*; (*sheet of metal, on door, Phot*) plaque *f*; (*Typ*) cliché *m*; (*in book*) gravure *f*; (*dental*) dentier *m*; (*Aut: number plate*) plaque minéralogique; **gold/silver ~** (*dishes*) vaisselle *f* d'or/d'argent

plateau ['plætəu] (*pl* **plateaus** *or* **plateaux** ['plætəuz]) N plateau *m*

plateful ['pleɪtful] N assiette *f*, assiettée *f*

plate glass N verre *m* à vitre, vitre *f*

platen ['plætən] N (*on typewriter, printer*) rouleau *m*

plate rack N égouttoir *m*

★**platform** ['plætfɔ:m] N (*at meeting*) tribune *f*; (BRIT: *of bus*) plate-forme *f*; (*stage*) estrade *f*; (*Rail*) quai *m*; (*Pol*) plateforme *f*; **the train leaves from ~ 7** le train part de la voie 7

platform ticket N (BRIT) billet *m* de quai

platinum ['plætɪnəm] N platine *m*

platitude ['plætɪtju:d] N platitude *f*, lieu commun

platonic [plə'tɔnɪk] ADJ (*feelings, relationship*) platonique

platoon [plə'tu:n] N peloton *m*

platter ['plætə^r] N plat *m*

plaudits ['plɔ:dɪts] NPL applaudissements *mpl*

plausible ['plɔ:zɪbl] ADJ plausible; (*person*) convaincant(e)

★**play** [pleɪ] N jeu *m*; (*Theat*) pièce *f* (de théâtre); **to bring** *or* **call into ~** faire entrer en jeu; **~ on words** jeu de mots ▸VT (*game*) jouer à; (*team, opponent*) jouer contre; (*instrument*) jouer de; (*part, piece of music, note*) jouer; (*CD etc*) passer; **to ~ a trick on sb** jouer un tour à qn ▸VI jouer; **to ~ safe** ne prendre aucun risque; **they're playing at soldiers** ils jouent aux soldats; **to ~ into sb's hands** (*fig*) faire le jeu de qn
▸**play about, play around** VI (*person*) s'amuser
▸**play along** VI (*fig*): **to ~ along with** (*person*) entrer dans le jeu de ▸VT (*fig*): **to ~ sb along** faire marcher qn
▸**play back** VT repasser, réécouter
▸**play down** VT minimiser
▸**play for** VT FUS (*Sport: team*) jouer pour; **to ~ for money** (*in games*) jouer de l'argent; **to ~ for time** chercher à gagner du temps; **it's all to ~ for** tout reste à jouer
▸**play on** VT FUS (*sb's feelings, credulity*) jouer sur; **to ~ on sb's nerves** porter sur les nerfs de qn
▸**play up** VI (*cause trouble*) faire des siennes

playact ['pleɪækt] VI jouer la comédie

playboy ['pleɪbɔɪ] N playboy *m*

played-out ['pleɪd'aut] ADJ épuisé(e)

★**player** ['pleɪə^r] N joueur(-euse); (*Theat*) acteur(-trice); (*Mus*) musicien(ne)

playful ['pleɪful] ADJ enjoué(e)

playgoer ['pleɪgəuə^r] N amateur(-trice) de théâtre, habitué(e) des théâtres

★**playground** ['pleɪgraund] N cour *f* de récréation; (*in park*) aire *f* de jeux

playgroup ['pleɪgru:p] N garderie *f*

playing card ['pleɪɪŋ-] N carte *f* à jouer

playing field ['pleɪɪŋ-] N terrain *m* de sport

playmaker ['pleɪmeɪkə^r] N (*Sport*) *joueur qui crée des occasions de marquer des buts pour ses coéquipiers*

playmate ['pleɪmeɪt] N camarade *mf*, copain (copine)

play-off ['pleɪɔf] N (*Sport*) belle *f*

playpen ['pleɪpɛn] N parc *m* (pour bébé)

playroom ['pleɪru:m] N salle *f* de jeux

playschool ['pleɪsku:l] N = **playgroup**

plaything ['pleɪθɪŋ] N jouet *m*

★**playtime** ['pleɪtaɪm] N (*Scol*) récréation *f*

playwright ['pleɪraɪt] N dramaturge *m*

plc ABBR (BRIT: = *public limited company*) ≈ SARL *f*

plea [pli:] N (*request*) appel *m*; (*excuse*) excuse *f*; (*Law*) défense *f*

plea bargaining N (*Law*) *négociations entre le procureur, l'avocat de la défense et parfois le juge, pour réduire la gravité des charges*

plead [pli:d] VT plaider; (*give as excuse*) invoquer ▸ VI (*Law*) plaider; (*beg*): **to ~ with sb (for sth)** implorer qn (d'accorder qch); **to ~ for sth** implorer qch; **to ~ guilty/not guilty** plaider coupable/non coupable

pleading ['pli:dɪŋ] ADJ (*expression, voice*) implorant(e) ▸ N imploration *f*

★**pleasant** ['plɛznt] ADJ agréable

pleasantly ['plɛzntlɪ] ADV agréablement

pleasantry ['plɛzntrɪ] N (*joke*) plaisanterie *f* ■ **pleasantries** NPL (*polite remarks*) civilités *fpl*

★**please** [pli:z] ADV s'il te (*or* vous) plaît; **my bill, ~** l'addition, s'il vous plaît; **~ don't cry!** je t'en prie, ne pleure pas ! ▸ VT plaire à; **~ yourself!** (*inf*) (faites) comme vous voulez ! ▸ VI (*think fit*): **do as you ~** faites comme il vous plaira

★**pleased** [pli:zd] ADJ: **~ (with)** content(e) (de); **~ to meet you** enchanté (de faire votre connaissance); **we are ~ to inform you that ...** nous sommes heureux de vous annoncer que ...

pleasing ['pli:zɪŋ] ADJ plaisant(e), qui fait plaisir

pleasurable ['plɛʒərəbl] ADJ très agréable

★**pleasure** ['plɛʒə^r] N plaisir *m*; **"it's a ~"** « je vous en prie »; **with ~** avec plaisir; **is this trip for business or ~?** est-ce un voyage d'affaires ou d'agrément ?

pleasure cruise N croisière *f*

pleat [pli:t] N pli *m*

pleated ['pli:tɪd] ADJ plissé(e)

pleb ['plɛb] (BRIT *inf, pej*) N prolo *m* (*inf*) ■ **plebs** NPL: **the plebs** la plèbe

plebiscite ['plɛbɪsɪt] N plébiscite *m*

plectrum ['plɛktrəm] N plectre *m*

pledge [plɛdʒ] N gage *m*; (*promise*) promesse *f* ▸ VT engager; promettre; **to ~ support for sb** s'engager à soutenir qn; **to ~ sb to secrecy** faire promettre à qn de garder le secret

plenary ['pli:nərɪ] ADJ: **in ~ session** en séance plénière

plentiful ['plɛntɪful] ADJ abondant(e), copieux(-euse)

★**plenty** ['plɛntɪ] N abondance *f*; **~ of** beaucoup de; (*sufficient*) (bien) assez de; **we've got ~ of time** nous avons largement le temps

plethora ['plɛθərə] N pléthore *f*; **a ~ of** une pléthore de

pleurisy ['pluərɪsɪ] N pleurésie *f*

pliable ['plaɪəbl] ADJ flexible; (*person*) malléable

pliers ['plaɪəz] NPL pinces *fpl*

plight [plaɪt] N situation *f* critique

plimsolls ['plɪmsəlz] NPL (BRIT) (chaussures *fpl*) tennis *fpl*

plinth [plɪnθ] N socle *m*

PLO N ABBR (= *Palestine Liberation Organization*) OLP *f*

plod [plɔd] VI avancer péniblement; (*fig*) peiner

plodder ['plɔdə^r] N bûcheur(-euse)

plodding ['plɔdɪŋ] ADJ pesant(e)

plonk [plɔŋk] (*inf*) N (BRIT: *wine*) pinard *m*, piquette *f* ▸ VT: **to ~ sth down** poser brusquement qch

★**plot** [plɔt] N complot *m*, conspiration *f*; (*of story, play*) intrigue *f*; (*of land*) lot *m* de terrain, lopin *m*; **a vegetable ~** (BRIT) un carré de légumes ▸ VT (*mark out*) tracer point par point; (*Naut*) pointer; (*make graph of*) faire le graphique de; (*conspire*) comploter ▸ VI comploter

plotter ['plɔtə^r] N conspirateur(-trice); (*Comput*) traceur *m*

plough, (*US*) **plow** [plau] N charrue *f* ▸ VT (*earth*) labourer; **to ~ money into** investir dans
▸ **plough back** VT (*Comm*) réinvestir
▸ **plough through** VT FUS (*snow etc*) avancer péniblement dans

ploughing, (*US*) **plowing** ['plauɪŋ] N labourage *m*

ploughman, (*US*) **plowman** ['plaumən] N (*irreg*) laboureur *m*

plow [plau] N (*US*) = **plough**

ploy [plɔɪ] N stratagème *m*

pls ABBR (= *please*) SVP *m*

pluck [plʌk] VT (*fruit*) cueillir; (*musical instrument*) pincer; (*bird*) plumer; **to ~ one's eyebrows** s'épiler les sourcils; **to ~ up courage** prendre son courage à deux mains ▸ N courage *m*, cran *m*

plucky ['plʌkɪ] ADJ courageux(-euse)

plug [plʌg] N (*stopper*) bouchon *m*, bonde *f*; (*Elec*) prise *f* de courant; (*Aut*: *also*: **spark(ing) plug**) bougie *f*; **to give sb/sth a ~** (*inf*) faire de la pub pour qn/qch ▸ VT (*hole*) boucher; (*inf*: *advertise*) faire du battage pour, matraquer
▸ **plug in** VT (*Elec*) brancher ▸ VI (*Elec*) se brancher

plughole ['plʌghəul] N (BRIT) trou *m* (d'écoulement)

plug-in ['plʌgɪn] N (*Comput*) greffon *m*; module *m* d'extension

plum [plʌm] N (*fruit*) prune *f* ▸ ADJ: **~ job** (*inf*) travail *m* en or

plumage ['plu:mɪdʒ] N plumage *m*

plumb [plʌm] ADJ vertical(e) ▸ N plomb *m* ▸ ADV (*exactly*) en plein ▸ VT sonder
▸ **plumb in** VT (*washing machine*) faire le raccordement de

plumber ['plʌmə^r] N plombier *m*

plumbing ['plʌmɪŋ] N (*trade*) plomberie *f*; (*piping*) tuyauterie *f*

plumbline ['plʌmlaɪn] N fil *m* à plomb

plume [plu:m] N plume *f*, plumet *m*

plummet ['plʌmɪt] VI (*person, object*) plonger; (*sales, prices*) dégringoler

plump [plʌmp] ADJ rondelet(te), dodu(e), bien en chair ▸ VT: **to ~ sth (down) on** laisser tomber qch lourdement sur
▸ **plump for** VT FUS (*inf*: *choose*) se décider pour
▸ **plump up** VT (*cushion*) battre (pour lui redonner forme)

plunder ['plʌndə^r] N pillage *m* ▸ VT piller

plunge [plʌndʒ] N plongeon *m*; (*fig*) chute *f*; **to take the ~** se jeter à l'eau ▸ VT plonger ▸ VI (*fall*) tomber, dégringoler; (*dive*) plonger

plunger ['plʌndʒə^r] N piston *m*; (*for blocked sink*) (débouchoir *m* à) ventouse *f*

plunging ['plʌndʒɪŋ] ADJ (*neckline*) plongeant(e)

pluperfect [plu:'pə:fɪkt] N (*Ling*) plus-que-parfait *m*

plural ['pluərl] ADJ pluriel(le) ▸ N pluriel *m*

★**plus** [plʌs] N (*also*: **plus sign**) signe *m* plus; (*advantage*) atout *m*; **it's a ~** c'est un atout ▸ PREP plus ▸ ADV: **ten/twenty ~** plus de dix/vingt

P

plus fours NPL pantalon *m* (de) golf
plush [plʌʃ] ADJ somptueux(-euse) ▸ N peluche *f*
plus-one [plʌsˈwʌn] N *personne qui accompagne un invité à une réception ou une cérémonie.*
plutonium [pluːˈtəuniəm] N plutonium *m*
ply [plaɪ] N (*of wool*) fil *m*; (*of wood*) feuille *f*, épaisseur *f*; **three ~ (wool)** *n* laine *f* trois fils ▸ VT (*tool*) manier; (*a trade*) exercer; **to ~ sb with drink** donner continuellement à boire à qn ▸ VI (*ship*) faire la navette
plywood [ˈplaɪwud] N contreplaqué *m*
P.M. N ABBR (BRIT) = **prime minister**
p.m. ADV ABBR (= *post meridiem*) de l'après-midi
PMS N ABBR (= *premenstrual syndrome*) syndrome prémenstruel
PMT N ABBR (= *premenstrual tension*) syndrome prémenstruel
pneumatic [njuːˈmætɪk] ADJ pneumatique
pneumatic drill N marteau-piqueur *m*
pneumonia [njuːˈməunɪə] N pneumonie *f*
PO N ABBR (= *Post Office*) PTT *fpl*; (*Mil*) = **petty officer**
po ABBR = **postal order**
POA N ABBR (BRIT) = **Prison Officers' Association**
poach [pəutʃ] VT (*cook*) pocher; (*steal*) pêcher (*or* chasser) sans permis ▸ VI braconner
poached [pəutʃt] ADJ (*egg*) poché(e)
poacher [ˈpəutʃəʳ] N braconnier *m*
poaching [ˈpəutʃɪŋ] N braconnage *m*
P.O. Box N ABBR = **post office box**
★**pocket** [ˈpɔkɪt] N poche *f*; **to be (£5) out of ~** (BRIT) en être de sa poche (pour 5 livres) ▸ VT empocher
pocketbook [ˈpɔkɪtbuk] N (*notebook*) carnet *m*; (*US: wallet*) portefeuille *m*; (*: handbag*) sac *m* à main
pocket knife N canif *m*
pocket money N argent *m* de poche
pockmarked [ˈpɔkmɑːkt] ADJ (*face*) grêlé(e)
pod [pɔd] N cosse *f* ▸ VT écosser
podcast [ˈpɔdkɑːst] N podcast *m* ▸ VI podcaster
podcasting [ˈpɔdkɑːstɪŋ] N podcasting *m*, baladodiffusion *f*
podgy [ˈpɔdʒɪ] ADJ rondelet(te)
podiatrist [pɔˈdaɪətrɪst] N (*US*) pédicure *mf*
podiatry [pɔˈdaɪətrɪ] N (*US*) pédicurie *f*
podium [ˈpəudɪəm] N podium *m*
POE N ABBR = **port of embarkation**; **port of entry**
★**poem** [ˈpəuɪm] N poème *m*
★**poet** [ˈpəuɪt] N poète *m*
poetic [pəuˈɛtɪk] ADJ poétique
poet laureate N poète lauréat

En Grande-Bretagne, le **poet laureate** est un poète qui reçoit un traitement en tant que poète de la cour et qui est officier de la maison royale à vie. Le premier d'entre eux fut Ben Jonson, en 1616. Le poète lauréat compose des vers pour marquer les grandes occasions comme les naissances et les mariages royaux, ainsi que d'autres événements d'importance nationale.

★**poetry** [ˈpəuɪtrɪ] N poésie *f*
pogrom [ˈpɔgrəm] N pogrom *m*
poignant [ˈpɔɪnjənt] ADJ poignant(e); (*sharp*) vif (vive)
★**point** [pɔɪnt] N (*Geom, Scol, Sport, on scale*) point *m*; (*tip*) pointe *f*; (*in time*) moment *m*; (*in space*) endroit *m*; (*subject, idea*) point, sujet *m*; (*purpose*) but *m*; (*also:* **decimal point**): **2 ~ 3 (2.3)** 2 virgule 3 (2,3); (BRIT *Elec: also:* **power point**) prise *f* (de courant); **to make a ~** faire une remarque; **to make a ~ of doing sth** ne pas manquer de faire qch; **to make one's ~** se faire comprendre; **to get/miss the ~** comprendre/ne pas comprendre; **to come to the ~** en venir au fait; **when it comes to the ~** le moment venu; **there's no ~ (in doing)** cela ne sert à rien (de faire); **what's the ~?** à quoi ça sert ?; **to be on the ~ of doing sth** être sur le point de faire qch; **that's the whole ~!** précisément !; **to be beside the ~** être à côté de la question; **you've got a ~ there!** (c'est) juste !; **good points** qualités *fpl*; **in ~ of fact** en fait, en réalité; **~ of departure** (*also fig*) point de départ; **~ of order** point de procédure; **~ of sale** (*Comm*) point de vente; **the train stops at Carlisle and all points south** le train dessert Carlisle et toutes les gares vers le sud ▸ VT (*show*) indiquer; (*wall, window*) jointoyer; (*gun etc*): **to ~ sth at** braquer *or* diriger qch sur ▸ VI: **to ~ at** montrer du doigt; **to ~ to sth** (*fig*) signaler ■ **points** NPL (*Aut*) vis platinées; (*Rail*) aiguillage *m*
▸ **point out** VT (*show*) montrer, indiquer; (*mention*) faire remarquer, souligner
point-blank [ˈpɔɪntˈblæŋk] ADV (*fig*) catégoriquement; (*also:* **at point-blank range**) à bout portant ▸ ADJ (*fig*) catégorique
point duty N (BRIT): **to be on ~** diriger la circulation
pointed [ˈpɔɪntɪd] ADJ (*shape*) pointu(e); (*remark*) plein(e) de sous-entendus
pointedly [ˈpɔɪntɪdlɪ] ADV d'une manière significative
pointer [ˈpɔɪntəʳ] N (*stick*) baguette *f*; (*needle*) aiguille *f*; (*dog*) chien *m* d'arrêt; (*clue*) indication *f*; (*advice*) tuyau *m*
pointless [ˈpɔɪntlɪs] ADJ inutile, vain(e)
point of view N point *m* de vue
pointy [ˈpɔɪntɪ] ADJ (*inf*) en pointe
poise [pɔɪz] N (*balance*) équilibre *m*; (*of head, body*) port *m*; (*calmness*) calme *m* ▸ VT placer en équilibre; **to be poised for** (*fig*) être prêt à
poison [ˈpɔɪzn] N poison *m* ▸ VT empoisonner
poisoning [ˈpɔɪznɪŋ] N empoisonnement *m*
poisonous [ˈpɔɪznəs] ADJ (*snake*) venimeux(-euse); (*substance, plant*) vénéneux(-euse); (*fumes*) toxique; (*fig*) pernicieux(-euse)
poke [pəuk] VT (*fire*) tisonner; (*jab with finger, stick etc*) piquer; pousser du doigt; (*put*): **to ~ sth in(to)** fourrer *or* enfoncer qch dans; **to ~ fun at sb** se moquer de qn ▸ N (*jab*) (petit) coup; (*to fire*) coup *m* de tisonnier
▸ **poke about** VI fureter
▸ **poke out** VI (*stick out*) sortir ▸ VT: **to ~ one's head out of the window** passer la tête par la fenêtre
poker [ˈpəukəʳ] N tisonnier *m*; (*Cards*) poker *m*
poker-faced [ˈpəukəˈfeɪst] ADJ au visage impassible
poky [ˈpəukɪ] ADJ exigu(ë)

★**Poland** ['pəulənd] N Pologne *f*
polar ['pəuləʳ] ADJ polaire
polar bear N ours blanc
polarization [pəulərai'zeiʃən] N opposition *f*
polarize ['pəuləraiz] VT polariser
Pole [pəul] N Polonais(e)
pole [pəul] N (*of wood*) mât *m*, perche *f*; (*Elec*) poteau *m*; (*Geo*) pôle *m*
poleaxe ['pəulæks] VT (*fig*) terrasser
pole bean N (*US*) haricot *m* (à rames)
polecat ['pəulkæt] N putois *m*
Pol. Econ. ['pɔlikɔn] N ABBR = **political economy**
polemic [pɔ'lɛmik] N polémique *f*
pole star N étoile *f* polaire
pole vault N saut *m* à la perche
★**police** [pə'li:s] NPL police *f*; **a large number of ~ were hurt** de nombreux policiers ont été blessés ▶ VT maintenir l'ordre dans
police car N voiture *f* de police
police constable N (BRIT) agent *m* de police
police department N (*US*) services *mpl* de police
police force N police *f*, forces *fpl* de l'ordre
★**policeman** [pə'li:smən] N (*irreg*) agent *m* de police, policier *m*
police officer N agent *m* de police
police record N casier *m* judiciaire
police state N état policier
police station N commissariat *m* de police
★**policewoman** [pə'li:swumən] N (*irreg*) femme-agent *f*
policy ['pɔlisi] N politique *f*; (*also:* **insurance policy**) police *f* (d'assurance); (*of newspaper, company*) politique générale; **to take out a ~** (*Insurance*) souscrire une police d'assurance
policy holder N assuré(e)
policy-making ['pɔlisimeikiŋ] N élaboration *f* de nouvelles lignes d'action
polio ['pəuliəu] N polio *f*
★**Polish** ['pəuliʃ] ADJ polonais(e) ▶ N (*Ling*) polonais *m*
★**polish** ['pɔliʃ] N (*for shoes*) cirage *m*; (*for floor*) cire *f*, encaustique *f*; (*for nails*) vernis *m*; (*shine*) éclat *m*, poli *m*; (*fig: refinement*) raffinement *m* ▶ VT (*put polish on: shoes, wood*) cirer; (*make shiny*) astiquer, faire briller; (*fig: improve*) perfectionner
▶ **polish off** VT (*work*) expédier; (*food*) liquider
polished ['pɔliʃt] ADJ (*fig*) raffiné(e)
polite [pə'lait] ADJ poli(e); **it's not ~ to do that** ça ne se fait pas
politely [pə'laitli] ADV poliment
politeness [pə'laitnis] N politesse *f*
politic ['pɔlitik] ADJ diplomatique
★**political** [pə'litikl] ADJ politique
political asylum N asile *m* politique
politically [pə'litikli] ADV politiquement; **~ correct** politiquement correct(e)
★**politician** [pɔli'tiʃən] N homme/femme politique, politicien(ne)
politicize [pə'litisaiz] VT politiser
★**politics** ['pɔlitiks] N politique *f*
polka ['pɔlkə] N polka *f*
polka dot N pois *m*
poll [pəul] N scrutin *m*, vote *m*; (*also:* **opinion poll**) sondage *m* (d'opinion); **to go to the polls** (*voters*) aller aux urnes; (*government*) tenir des élections ▶ VT (*votes*) obtenir
pollen ['pɔlən] N pollen *m*
pollen count N taux *m* de pollen
pollinate ['pɔlineit] VT (*plant, tree*) polliniser
pollination [pɔli'neiʃən] N pollinisation *f*
polling ['pəuliŋ] N (*Pol*) élections *fpl*; (*Tel*) invitation *f* à émettre
polling booth N (BRIT) isoloir *m*
polling day N (BRIT) jour *m* des élections
polling station N (BRIT) bureau *m* de vote
pollster ['pəulstəʳ] N sondeur *m*, enquêteur(-euse)
poll tax N (BRIT: *formerly*) ≈ impôts locaux
pollutant [pə'lu:tənt] N polluant *m*
pollute [pə'lu:t] VT polluer
polluted [pə'lu:tid] ADJ pollué(e); **to be ~ with sth** être pollué(e) par qch
polluter [pə'lu:təʳ] N pollueur(-euse)
★**pollution** [pə'lu:ʃən] N pollution *f*
polo ['pəuləu] N polo *m*
polo-neck ['pəuləunɛk] ADJ à col roulé ▶ N (*sweater*) pull *m* à col roulé
polo shirt N polo *m*
poly ['pɔli] N ABBR (BRIT) = **polytechnic**
poly bag N (BRIT *inf*) sac *m* en plastique
polyester [pɔli'ɛstəʳ] N polyester *m*
polygamy [pə'ligəmi] N polygamie *f*
polygraph ['pɔligra:f] N détecteur *m* de mensonges
Polynesia [pɔli'ni:ziə] N Polynésie *f*
Polynesian [pɔli'ni:ziən] ADJ polynésien(ne) ▶ N Polynésien(ne)
polyp ['pɔlip] N (*Med*) polype *m*
polystyrene [pɔli'stairi:n] N polystyrène *m*
polytechnic [pɔli'tɛknik] N (*college*) IUT *m*, Institut *m* universitaire de technologie
polythene ['pɔliθi:n] N (BRIT) polyéthylène *m*
polythene bag N sac *m* en plastique
polyunsaturated [pɔliʌn'sætʃəreitid] ADJ polyinsaturé(e)
polyurethane [pɔli'juəriθein] N polyuréthane *m*
pomegranate ['pɔmigrænit] N grenade *f*
pommel ['pɔml] N pommeau *m* ▶ VT = **pummel**
pomp [pɔmp] N pompe *f*, faste *f*, apparat *m*
pompom ['pɔmpɔm] N pompon *m*
pompous ['pɔmpəs] ADJ pompeux(-euse)
pond [pɔnd] N étang *m*; (*stagnant*) mare *f*
ponder ['pɔndəʳ] VI réfléchir ▶ VT considérer, peser
ponderous ['pɔndərəs] ADJ pesant(e), lourd(e)
pong [pɔŋ] (BRIT *inf*) N puanteur *f* ▶ VI schlinguer
pontiff ['pɔntif] N pontife *m*
pontificate [pɔn'tifikeit] VI (*fig*): **to ~ (about)** pontifier (sur)
pontoon [pɔn'tu:n] N ponton *m*; (BRIT *Cards*) vingt-et-un *m*

P

pony ['pəunɪ] N poney *m*
ponytail ['pəunɪteɪl] N queue *f* de cheval
pony trekking [-trɛkɪŋ] N (BRIT) randonnée *f* équestre *or* à cheval
poo [pu:] N (*inf*) caca *m*
poodle ['pu:dl] N caniche *m*
pooh-pooh ['pu:'pu:] VT dédaigner
★**pool** [pu:l] N (*of rain*) flaque *f*; (*pond*) mare *f*; (*artificial*) bassin *m*; (*also:* **swimming pool**) piscine *f*; (*sth shared*) fonds commun; (*money at cards*) cagnotte *f*; (*billiards*) poule *f*; (*Comm: consortium*) pool *m*; (*US: monopoly trust*) trust *m*; **typing ~**, (*US*) **secretary ~** pool *m* dactylographique ▸ VT mettre en commun ▪ **pools** NPL (*football*) ≈ loto sportif; **to do the (football) pools** (BRIT) ≈ jouer au loto sportif; *see also* **football pools**
★**poor** [puəʳ] ADJ pauvre; (*mediocre*) médiocre, faible, mauvais(e) ▸ NPL: **the ~** les pauvres *mpl*
poorly ['puəlɪ] ADV pauvrement; (*badly*) mal, médiocrement ▸ ADJ souffrant(e), malade
★**pop** [pɔp] N (*noise*) bruit sec; (*Mus*) musique *f* pop; (*inf: drink*) soda *m*; (*US inf: father*) papa *m* ▸ VT (*put*) fourrer, mettre (rapidement); **she popped her head out of the window** elle passa la tête par la fenêtre ▸ VI éclater; (*cork*) sauter
▸ **pop in** VI entrer en passant
▸ **pop out** VI sortir
▸ **pop up** VI apparaître, surgir
pop concert N concert *m* pop
popcorn ['pɔpkɔ:n] N pop-corn *m*
pope [pəup] N pape *m*
poplar ['pɔpləʳ] N peuplier *m*
poplin ['pɔplɪn] N popeline *f*
popper ['pɔpəʳ] N (BRIT) bouton-pression *m*
poppy ['pɔpɪ] N (*wild*) coquelicot *m*; (*cultivated*) pavot *m*
poppycock ['pɔpɪkɔk] N (*inf*) balivernes *fpl*
Popsicle® ['pɔpsɪkl] N (*US*) esquimau *m* (*glace*)
pop star N pop star *f*
populace ['pɔpjuləs] N peuple *m*
★**popular** ['pɔpjuləʳ] ADJ populaire; (*fashionable*) à la mode; **to be ~ (with)** (*person*) avoir du succès (auprès de); (*decision*) être bien accueilli(e) (par)
popularity [pɔpju'lærɪtɪ] N popularité *f*
popularize ['pɔpjuləraɪz] VT populariser; (*science*) vulgariser
populate ['pɔpjuleɪt] VT peupler
★**population** [pɔpju'leɪʃən] N population *f*
population explosion N explosion *f* démographique
populist ['pɔpjulɪst] ADJ populiste
populous ['pɔpjuləs] ADJ populeux(-euse)
pop-up ['pɔpʌp] ADJ (*Comput: menu, window*) pop up *inv* ▸ N pop up *m inv*, fenêtre *f* pop up
porcelain ['pɔ:slɪn] N porcelaine *f*
porch [pɔ:tʃ] N porche *m*; (*US*) véranda *f*
porcupine ['pɔ:kjupaɪn] N porc-épic *m*
pore [pɔ:ʳ] N pore *m* ▸ VI: **to ~ over** s'absorber dans, être plongé(e) dans
pork [pɔ:k] N porc *m*
pork chop N côte *f* de porc
pork pie N pâté *m* de porc en croûte
porn [pɔ:n] ADJ (*inf*) porno ▸ N (*inf*) porno *m*
pornographic [pɔ:nə'græfɪk] ADJ pornographique
pornography [pɔ:'nɔgrəfɪ] N pornographie *f*
porous ['pɔ:rəs] ADJ poreux(-euse)
porpoise ['pɔ:pəs] N marsouin *m*
porridge ['pɔrɪdʒ] N porridge *m*
★**port** [pɔ:t] N (*harbour*) port *m*; (*opening in ship*) sabord *m*; (*Naut: left side*) bâbord *m*; (*wine*) porto *m*; (*Comput*) port *m*, accès *m*; **to ~** (*Naut*) à bâbord; **~ of call** (port d')escale *f* ▸ CPD portuaire, du port
portability [pɔ:tə'bɪlɪtɪ] N portabilité *f*
portable ['pɔ:təbl] ADJ portatif(-ive)
portal ['pɔ:tl] N portail *m*
portcullis [pɔ:t'kʌlɪs] N herse *f*
portend [pɔ:'tɛnd] VT présager, annoncer
portent ['pɔ:tɛnt] N présage *m*
porter ['pɔ:təʳ] N (*for luggage*) porteur *m*; (*doorkeeper*) gardien(ne); portier *m*
portfolio [pɔ:t'fəulɪəu] N portefeuille *m*; (*of artist*) portfolio *m*
porthole ['pɔ:thəul] N hublot *m*
portico ['pɔ:tɪkəu] N portique *m*
portion ['pɔ:ʃən] N portion *f*, part *f*
portly ['pɔ:tlɪ] ADJ corpulent(e)
portrait ['pɔ:treɪt] N portrait *m*
portray [pɔ:'treɪ] VT faire le portrait de; (*in writing*) dépeindre, représenter; (*subj: actor*) jouer
portrayal [pɔ:'treɪəl] N portrait *m*, représentation *f*
★**Portugal** ['pɔ:tjugl] N Portugal *m*
★**Portuguese** [pɔ:tju'gi:z] ADJ portugais(e) ▸ N (*pl inv*) Portugais(e); (*Ling*) portugais *m*
Portuguese man-of-war [-mænəv'wɔ:ʳ] N (*jellyfish*) galère *f*
pose [pəuz] N pose *f*; (*pej*) affectation *f*; **to strike a ~** poser (pour la galerie) ▸ VI poser; (*pretend*): **to ~ as** se faire passer pour ▸ VT poser; (*problem*) créer
poser ['pəuzəʳ] N question difficile *or* embarrassante; (*person*) = **poseur**
poseur [pəu'zə:ʳ] N (*pej*) poseur(-euse)
posh [pɔʃ] ADJ (*inf*) chic *inv*; **to talk ~** parler d'une manière affectée
★**position** [pə'zɪʃən] N position *f*; (*job, situation*) situation *f*; **to be in a ~ to do sth** être en mesure de faire qch ▸ VT mettre en place *or* en position
★**positive** ['pɔzɪtɪv] ADJ positif(-ive); (*certain*) sûr(e), certain(e); (*definite*) formel(le), catégorique; (*clear*) indéniable, réel(le)
positively ['pɔzɪtɪvlɪ] ADV (*affirmatively, enthusiastically*) de façon positive; (*inf: really*) carrément; **to think ~** être positif(-ive)
posse ['pɔsɪ] N (*US*) détachement *m*
possess [pə'zɛs] VT posséder; **like one possessed** comme un fou; **whatever can have possessed you?** qu'est-ce qui vous a pris ?
possession [pə'zɛʃən] N possession *f*; **to take ~ of sth** prendre possession de qch ▪ **possessions** NPL (*belongings*) affaires *fpl*
possessive [pə'zɛsɪv] ADJ possessif(-ive)
possessiveness [pə'zɛsɪvnɪs] N possessivité *f*
possessor [pə'zɛsəʳ] N possesseur *m*

★**possibility** [pɔsɪˈbɪlɪtɪ] N possibilité *f*; (*event*) éventualité *f*; **he's a ~ for the part** c'est un candidat possible pour le rôle

★**possible** [ˈpɔsɪbl] ADJ possible; (*solution*) envisageable, éventuel(le); **it is ~ to do it** il est possible de le faire; **as far as ~** dans la mesure du possible, autant que possible; **if ~** si possible; **as big as ~** aussi gros que possible

★**possibly** [ˈpɔsɪblɪ] ADV (*perhaps*) peut-être; **if you ~ can** si cela vous est possible; **I cannot ~ come** il m'est impossible de venir

★**post** [pəust] N (BRIT: *mail*) poste *f*; (: *collection*) levée *f*; (: *letters, delivery*) courrier *m*; (*job, situation*) poste *m*; (*pole*) poteau *m*; (*trading post*) comptoir (commercial); (*Internet*) billet *m*, post *m*; **by ~** (BRIT) par la poste; **by return of ~** (BRIT) par retour du courrier ▸ VT (*notice*) afficher; (*Internet*) poster; (BRIT: *send by post, Mil*) poster; (: *appoint*): **to ~ to** affecter à; **where can I ~ these cards?** où est-ce que je peux poster ces cartes postales ?; **to keep sb posted** tenir qn au courant

post... [pəust] PREFIX post...; **post-1990** *adj* d'après 1990; *adv* après 1990

postage [ˈpəustɪdʒ] N tarifs *mpl* d'affranchissement; **~ paid** port payé; **~ prepaid** (US) franco (de port)

postage stamp N timbre-poste *m*

postal [ˈpəustl] ADJ postal(e)

postal order N mandat(-poste *m*) *m*

postbag [ˈpəustbæg] N (BRIT) sac postal; (*postman's*) sacoche *f*

postbox [ˈpəustbɔks] N (BRIT) boîte *f* aux lettres (*publique*)

★**postcard** [ˈpəustkɑːd] N carte postale

postcode [ˈpəustkəud] N (BRIT) code postal

postdate [ˈpəustˈdeɪt] VT (*cheque*) postdater

★**poster** [ˈpəustəʳ] N affiche *f*

poster child N (*esp US: for cause: also:* **poster boy/girl**) figure *f* emblématique

poste restante [pəustˈrɛstɔ̃ŋt] N (BRIT) poste restante

posterior [pɔsˈtɪərɪəʳ] N (*inf*) postérieur *m*, derrière *m*

posterity [pɔsˈtɛrɪtɪ] N postérité *f*

poster paint N gouache *f*

post exchange N (*US Mil*) magasin *m* de l'armée

post-free [pəustˈfriː] ADJ (BRIT) franco (de port)

postgraduate [ˈpəustˈgrædjuət] N ≈ étudiant(e) de troisième cycle

posthumous [ˈpɔstjuməs] ADJ posthume

posthumously [ˈpɔstjuməslɪ] ADV après la mort de l'auteur, à titre posthume

posting [ˈpəustɪŋ] N (BRIT) affectation *f*

★**postman** [ˈpəustmən] N (*irreg*) (BRIT) facteur *m*

postmark [ˈpəustmɑːk] N cachet *m* (de la poste)

postmarked [ˈpəustmɑːkt] ADJ: **the envelope was ~ Helsinki** l'enveloppe portait le cachet d'Helsinki

postmaster [ˈpəustmɑːstəʳ] N receveur *m* des postes

postmistress [ˈpəustmɪstrɪs] N receveuse *f* des postes

post-mortem [pəustˈmɔːtəm] N autopsie *f*

postnatal [ˈpəustˈneɪtl] ADJ postnatal(e)

★**post office** N (*building*) poste *f*; (*organization*): **the Post Office** les postes *fpl*

post office box N boîte postale

post-paid [ˈpəustˈpeɪd] ADJ (BRIT) port payé

postpone [pəsˈpəun] VT remettre (à plus tard), reculer

postponement [pəsˈpəunmənt] N ajournement *m*, renvoi *m*

postscript [ˈpəustskrɪpt] N post-scriptum *m*

postulate [ˈpɔstjuleɪt] VT postuler

posture [ˈpɔstʃəʳ] N posture *f*; (*fig*) attitude *f* ▸ VI poser

postwar [pəustˈwɔːʳ] ADJ d'après-guerre

★**postwoman** [pəustˈwumən] N (*irreg*) (BRIT) factrice *f*

posy [ˈpəuzɪ] N petit bouquet

★**pot** [pɔt] N (*for cooking*) marmite *f*; casserole *f*; (*teapot*) théière *f*; (*for coffee*) cafetière *f*; (*for plants, jam*) pot *m*; (*piece of pottery*) poterie *f*; (*inf: marijuana*) herbe *f*; **to go to ~** (*inf*) aller à vau-l'eau; **pots of** (BRIT *inf*) beaucoup de, plein de ▸ VT (*plant*) mettre en pot

potash [ˈpɔtæʃ] N potasse *f*

potassium [pəˈtæsɪəm] N potassium *m*

★**potato** [pəˈteɪtəu] (*pl* **potatoes**) N pomme *f* de terre

potato crisps, (US) **potato chips** NPL chips *mpl*

potato flour N fécule *f*

potato peeler N épluche-légumes *m*

potbellied [ˈpɔtbɛlɪd] ADJ (*from overeating*) bedonnant(e); (*from malnutrition*) au ventre ballonné

potboiler [ˈpɔtbɔɪləʳ] N (*Cine, Publishing*) film *or* roman commercial

potency [ˈpəutnsɪ] N puissance *f*, force *f*; (*of drink*) degré *m* d'alcool

potent [ˈpəutnt] ADJ puissant(e); (*drink*) fort(e), très alcoolisé(e); (*man*) viril

potentate [ˈpəutnteɪt] N potentat *m*

★**potential** [pəˈtɛnʃl] ADJ potentiel(le) ▸ N potentiel *m*; **to have ~** être prometteur(-euse); ouvrir des possibilités

potentially [pəˈtɛnʃəlɪ] ADV potentiellement; **it's ~ dangerous** ça pourrait se révéler dangereux, il y a possibilité de danger

pothole [ˈpɔthəul] N (*in road*) nid *m* de poule; (BRIT: *underground*) gouffre *m*, caverne *f*

potholer [ˈpɔthəuləʳ] N (BRIT) spéléologue *mf*

potholing [ˈpɔthəulɪŋ] N (BRIT): **to go ~** faire de la spéléologie

potion [ˈpəuʃən] N potion *f*

potluck [pɔtˈlʌk] N: **to take ~** tenter sa chance

pot plant N plante *f* d'appartement

potpourri [pəuˈpuriː] N pot-pourri *m*

pot roast N rôti *m* à la cocotte

pot shot N: **to take ~s at** canarder

potted [ˈpɔtɪd] ADJ (*food*) en conserve; (*plant*) en pot; (*fig: shortened*) abrégé(e)

potter [ˈpɔtəʳ] N potier *m*; **~'s wheel** tour *m* de potier ▸ VI (BRIT): **to ~ around** *or* **about** bricoler

pottery [ˈpɔtərɪ] N poterie *f*; **a piece of ~** une poterie

P

potty ['pɔtɪ] ADJ (BRIT *inf: mad*) dingue ▸ N (*child's*) pot *m*

potty-training ['pɔtɪtreɪnɪŋ] N apprentissage *m* de la propreté

pouch [pautʃ] N (*Zool*) poche *f*; (*for tobacco*) blague *f*; (*for money*) bourse *f*

pouf, pouffe [pu:f] N (*stool*) pouf *m*

poultice ['pəultɪs] N cataplasme *m*

poultry ['pəultrɪ] N volaille *f*

poultry farm N élevage *m* de volaille

poultry farmer N aviculteur *m*

pounce [pauns] VI: **to ~ (on)** bondir (sur), fondre (sur) ▸ N bond *m*, attaque *f*

★**pound** [paund] N livre *f* (*weight = 453g, 16 ounces; money = 100 pence*); (*for dogs, cars*) fourrière *f*; **half a ~ (of)** une demi-livre (de); **a five-pound note** un billet de cinq livres ▸ VT (*beat*) bourrer de coups, marteler; (*crush*) piler, pulvériser; (*with guns*) pilonner ▸ VI (*heart*) battre violemment, taper

▸ **pound on** VT FUS (*door, table*) frapper à grands coups à

pounding ['paundɪŋ] N: **to take a ~** (*fig*) prendre une râclée

pound sterling N livre *f* sterling

★**pour** [pɔ:ʳ] VT verser; **to ~ sb a drink** verser *or* servir à boire à qn ▸ VI couler à flots; (*rain*) pleuvoir à verse

▸ **pour away, pour off** VT vider

▸ **pour down** VI (*rain*) pleuvoir à verse

▸ **pour in** VI (*people*) affluer, se précipiter; (*news, letters*) arriver en masse; **to come pouring in** (*water*) entrer à flots; (*letters*) arriver par milliers; (*people*) affluer

▸ **pour out** VI (*people*) sortir en masse ▸ VT vider; (*fig*) déverser; (*serve: a drink*) verser

pouring ['pɔ:rɪŋ] ADJ: **~ rain** pluie torrentielle

pout [paut] N moue *f* ▸ VI faire la moue

★**poverty** ['pɔvətɪ] N pauvreté *f*, misère *f*

poverty line N seuil *m* de pauvreté

poverty-stricken ['pɔvətɪstrɪkn] ADJ pauvre, déshérité(e)

poverty trap N (BRIT) piège *m* de la pauvreté

POW N ABBR = **prisoner of war**

powder ['paudəʳ] N poudre *f* ▸ VT poudrer; **to ~ one's nose** se poudrer; (*euphemism*) aller à la salle de bain

powder compact N poudrier *m*

powdered milk ['paudəd-] N lait *m* en poudre

powder keg N (*fig*) poudrière *f*

powder puff N houppette *f*

powder room N toilettes *fpl* (pour dames)

powdery ['paudərɪ] ADJ poudreux(-euse)

★**power** ['pauəʳ] N (*strength, nation*) puissance *f*, force *f*; (*ability, Pol: of party, leader*) pouvoir *m*; (*Math*) puissance; (*of speech, thought*) faculté *f*; (*Elec*) courant *m*; **to do all in one's ~ to help sb** faire tout ce qui est en son pouvoir pour aider qn; **the world powers** les grandes puissances; **to be in ~** être au pouvoir ▸ VT faire marcher, actionner

▸ **power down** VT éteindre, arrêter

▸ **power up** VT allumer

power base N base *f* de pouvoir

powerboat ['pauəbəut] N (BRIT) hors-bord *m*

power cut N (BRIT) coupure *f* de courant

powered ['pauəd] ADJ: **~ by** actionné(e) par, fonctionnant à; **nuclear-powered submarine** sous-marin *m* (à propulsion) nucléaire

power failure N panne *f* de courant

★**powerful** ['pauəful] ADJ puissant(e); (*performance etc*) très fort(e)

powerfully ['pauəfulɪ] ADV puissamment; (*with force*) avec force

powerhouse ['pauəhaus] N (*fig: person*) fonceur *m*; **a ~ of ideas** une mine d'idées

powerless ['pauəlɪs] ADJ impuissant(e)

powerlessness ['pauəlɪsnɪs] N impuissance *f*

power line N ligne *f* électrique

power of attorney N procuration *f*

power play N (*in politics, business*) jeu *m* de pouvoir(s); (*Sport*) période *f* de supériorité numérique

power point N (BRIT) prise *f* de courant

power station N centrale *f* électrique

power steering N direction assistée

power struggle N lutte *f* pour le pouvoir

powwow ['pauwau] N conciliabule *m*

p.p. ABBR (= *per procurationem: by proxy*) p.p.

PPE N ABBR (BRIT *Scol*) = **philosophy, politics and economics**

PPS N ABBR (= *post postscriptum*) PPS; (BRIT: = *parliamentary private secretary*) *parlementaire chargé de mission auprès d'un ministre*

PQ ABBR (CANADA: = *Province of Quebec*) PQ

PR N ABBR = **proportional representation**; **public relations** ▸ ABBR (US) = **Puerto Rico**

Pr. ABBR (= *prince*) Pce

practicability [præktɪkə'bɪlɪtɪ] N possibilité *f* de réalisation

practicable ['præktɪkəbl] ADJ (*scheme*) réalisable

★**practical** ['præktɪkl] ADJ pratique

practicality [præktɪ'kælɪtɪ] N (*of plan*) aspect *m* pratique; (*of person*) sens *m* pratique ■ **practicalities** NPL détails *mpl* pratiques

practical joke N farce *f*

practically ['præktɪklɪ] ADV (*almost*) pratiquement

★**practice** ['præktɪs] N pratique *f*; (*of profession*) exercice *m*; (*at football etc*) entraînement *m*; (*business*) cabinet *m*; clientèle *f*; **in ~** (*in reality*) en pratique; **out of ~** rouillé(e); **to put sth into ~** mettre qch en pratique; **2 hours' piano ~** 2 heures de travail *or* d'exercices au piano; **target ~** exercices de tir; **it's common ~** c'est courant, ça se fait couramment ▸ VT, VI (US) = **practise**

practice match N match *m* d'entraînement

practise, (US) **practice** ['præktɪs] VT (*work at: piano, backhand etc*) s'exercer à, travailler; (*train for: sport*) s'entraîner à; (*a sport, religion, method*) pratiquer; (*profession*) exercer ▸ VI s'exercer, travailler; (*train*) s'entraîner; (*lawyer, doctor*) exercer; **to ~ for a match** s'entraîner pour un match

practised, (US) **practiced** ['præktɪst] ADJ (*person*) expérimenté(e); (*performance*) impeccable; (*liar*) invétéré(e); **with a ~ eye** d'un œil exercé

practising, (*US*) **practicing** [ˈpræktɪsɪŋ] ADJ (*Christian etc*) pratiquant(e); (*lawyer*) en exercice; (*homosexual*) déclaré

practitioner [prækˈtɪʃənəʳ] N praticien(ne)

pragmatic [prægˈmætɪk] ADJ pragmatique

pragmatism [ˈprægmətɪzəm] N pragmatisme *m*

pragmatist [ˈprægmətɪst] N pragmatiste *mf*

Prague [prɑːg] N Prague

prairie [ˈprɛərɪ] N savane *f*; (*US*): **the prairies** la Prairie

★**praise** [preɪz] N éloge(s) *m(pl)*, louange(s) *f(pl)* ▶ VT louer, faire l'éloge de

praiseworthy [ˈpreɪzwəːðɪ] ADJ digne de louanges

pram [præm] N (BRIT) landau *m*, voiture *f* d'enfant

prance [prɑːns] VI (*horse*) caracoler

prank [præŋk] N farce *f*

prankster [ˈpræŋkstəʳ] N farceur(-euse)

prat [præt] N (BRIT *inf*) imbécile *m*, andouille *f*

prattle [ˈprætl] VI jacasser

prawn [prɔːn] N crevette *f* (rose)

prawn cocktail N cocktail *m* de crevettes

pray [preɪ] VI prier

prayer [prɛəʳ] N prière *f*

prayer book N livre *m* de prières

pre... [ˈpriː] PREFIX pré...; **pre-1970** *adj* d'avant 1970; *adv* avant 1970

preach [priːtʃ] VT, VI prêcher; **to ~ at sb** faire la morale à qn

preacher [ˈpriːtʃəʳ] N prédicateur *m*; (*US: clergyman*) pasteur *m*

preamble [prɪˈæmbl] N préambule *m*

prearranged [priːəˈreɪndʒd] ADJ organisé(e) *or* fixé(e) à l'avance

precarious [prɪˈkɛərɪəs] ADJ précaire

precariously [prɪˈkɛərɪəslɪ] ADV (*uncertainly*) de manière précaire; (*unsteadily*): **~ balanced** en équilibre instable

precaution [prɪˈkɔːʃən] N précaution *f*

precautionary [prɪˈkɔːʃənrɪ] ADJ (*measure*) de précaution

precede [prɪˈsiːd] VT, VI précéder

precedence [ˈprɛsɪdəns] N préséance *f*

precedent [ˈprɛsɪdənt] N précédent *m*; **to establish** *or* **set a ~** créer un précédent

preceding [prɪˈsiːdɪŋ] ADJ qui précède (*or* précédait)

precept [ˈpriːsɛpt] N précepte *m*

precinct [ˈpriːsɪŋkt] N (*round cathedral*) pourtour *m*, enceinte *f*; (*US: district*) circonscription *f*, arrondissement *m*; **pedestrian ~** (BRIT) zone piétonnière; **shopping ~** (BRIT) centre commercial ■ **precincts** NPL (*neighbourhood*) alentours *mpl*, environs *mpl*

precious [ˈprɛʃəs] ADJ précieux(-euse); **your ~ dog** (*inf*) ton chien chéri, ton chéri chien ▶ ADV (*inf*): **~ little** *or* **few** fort peu

precipice [ˈprɛsɪpɪs] N précipice *m*

precipitate ADJ [prɪˈsɪpɪtɪt] (*hasty*) précipité(e) ▶ VT [prɪˈsɪpɪteɪt] précipiter

precipitation [prɪsɪpɪˈteɪʃən] N précipitation *f*

precipitous [prɪˈsɪpɪtəs] ADJ (*steep*) abrupt(e), à pic

précis [ˈpreɪsiː] (*pl* ~ [-z]) N résumé *m*

precise [prɪˈsaɪs] ADJ précis(e)

★**precisely** [prɪˈsaɪslɪ] ADV précisément

precision [prɪˈsɪʒən] N précision *f*

preclude [prɪˈkluːd] VT exclure, empêcher; **to ~ sb from doing** empêcher qn de faire

precocious [prɪˈkəuʃəs] ADJ précoce

preconceived [priːkənˈsiːvd] ADJ (*idea*) préconçu(e)

preconception [priːkənˈsɛpʃən] N idée préconçue

precondition [ˈpriːkənˈdɪʃən] N condition *f* nécessaire

precursor [priːˈkəːsəʳ] N précurseur *m*

predate [ˈpriːˈdeɪt] VT (*precede*) antidater

predator [ˈprɛdətəʳ] N prédateur *m*, rapace *m*

predatory [ˈprɛdətərɪ] ADJ rapace

predecessor [ˈpriːdɪsɛsəʳ] N prédécesseur *m*

predestination [priːdɛstɪˈneɪʃən] N prédestination *f*

predetermine [priːdɪˈtəːmɪn] VT prédéterminer

predetermined [priːdɪˈtəːmɪnd] ADJ prédéterminé(e)

predicament [prɪˈdɪkəmənt] N situation *f* difficile

predicate [ˈprɛdɪkɪt] N (*Ling*) prédicat *m*

predicated [ˈprɛdɪkeɪtɪd] ADJ: **to be ~ on sth** supposer qch

predict [prɪˈdɪkt] VT prédire

predictable [prɪˈdɪktəbl] ADJ prévisible

predictably [prɪˈdɪktəblɪ] ADV (*behave, react*) de façon prévisible; **~ she didn't arrive** comme on pouvait s'y attendre, elle n'est pas venue

prediction [prɪˈdɪkʃən] N prédiction *f*

predictor [prɪˈdɪktəʳ] N indicateur *m*

predilection [priːdɪˈlɛkʃən] N prédilection *f*

predispose [priːdɪsˈpəuz] VT prédisposer

predominance [prɪˈdɔmɪnəns] N prédominance *f*

predominant [prɪˈdɔmɪnənt] ADJ prédominant(e)

predominantly [prɪˈdɔmɪnəntlɪ] ADV en majeure partie; (*especially*) surtout

predominate [prɪˈdɔmɪneɪt] VI prédominer

pre-eminent [priːˈɛmɪnənt] ADJ prééminent(e)

pre-empt [priːˈɛmt] VT (*acquire*) acquérir par droit de préemption; (*fig*) anticiper sur; **to ~ the issue** conclure avant même d'ouvrir les débats

pre-emptive [prɪˈɛmtɪv] ADJ: **~ strike** attaque (*or* action) préventive

preen [priːn] VT: **to ~ itself** (*bird*) se lisser les plumes; **to ~ o.s.** s'admirer

prefab [ˈpriːfæb] N ABBR (= *prefabricated building*) bâtiment préfabriqué

prefabricated [priːˈfæbrɪkeɪtɪd] ADJ préfabriqué(e)

preface [ˈprɛfəs] N préface *f*

prefect [ˈpriːfɛkt] N (BRIT: *in school*) *élève chargé de certaines fonctions de discipline*; (*in France*) préfet *m*

P

★**prefer** [prɪˈfəːʳ] VT préférer; (*Law*): **to ~ charges** procéder à une inculpation; **to ~ coffee to tea** préférer le café au thé; **to ~ doing** *or* **to do sth** préférer faire qch

preferable [ˈprɛfrəbl] ADJ préférable

preferably [ˈprɛfrəblɪ] ADV de préférence

preference [ˈprɛfrəns] N préférence *f*; **in ~ to sth** plutôt que qch, de préférence à qch

preference shares NPL (BRIT) actions privilégiées

preferential [prɛfəˈrɛnʃəl] ADJ préférentiel(le); **~ treatment** traitement *m* de faveur

preferred [prɪˈfəːd] ADJ préféré(e)

preferred stock NPL (*US*) = **preference shares**

prefix [ˈpriːfɪks] N préfixe *m*

pregnancy [ˈprɛgnənsɪ] N grossesse *f*

pregnancy test N test *m* de grossesse

★**pregnant** [ˈprɛgnənt] ADJ enceinte; (*animal*) pleine; **3 months ~** enceinte de 3 mois

prehistoric [ˈpriːhɪsˈtɔrɪk] ADJ préhistorique

prehistory [priːˈhɪstərɪ] N préhistoire *f*

prejudge [priːˈdʒʌdʒ] VT préjuger de

prejudice [ˈprɛdʒudɪs] N préjugé *m*; (*harm*) tort *m*, préjudice *m*; **racial ~** préjugés raciaux ▶ VT porter préjudice à; (*bias*): **to ~ sb in favour of/against** prévenir qn en faveur de/contre

prejudiced [ˈprɛdʒudɪst] ADJ (*person*) plein(e) de préjugés; (*in a matter*) partial(e); (*view*) préconçu(e), partial(e); **to be ~ against sb/sth** avoir un parti-pris contre qn/qch; **to be racially ~** avoir des préjugés raciaux

prejudicial [prɛdʒuˈdɪʃl] ADJ préjudiciable; **~ to sth** préjudiciable à qch

prelate [ˈprɛlət] N prélat *m*

preliminaries [prɪˈlɪmɪnərɪz] NPL préliminaires *mpl*

preliminary [prɪˈlɪmɪnərɪ] ADJ préliminaire

prelude [ˈprɛljuːd] N prélude *m*

premarital [ˈpriːˈmærɪtl] ADJ avant le mariage; **~ contract** contrat *m* de mariage

premature [ˈprɛmətʃuəʳ] ADJ prématuré(e); **to be ~ (in doing sth)** aller un peu (trop) vite (en faisant qch)

prematurely [ˈprɛmətʃuəlɪ] ADV prématurément

premeditated [priːˈmɛdɪteɪtɪd] ADJ prémédité(e)

premeditation [priːmɛdɪˈteɪʃən] N préméditation *f*

premenstrual [priːˈmɛnstruəl] ADJ prémenstruel(le)

premenstrual tension N irritabilité *f* avant les règles

premier [ˈprɛmɪəʳ] ADJ premier(-ière), principal(e) ▶ N (*Pol: Prime Minister*) premier ministre; (*: President*) chef *m* de l'État

premiere [ˈprɛmɪɛəʳ] N première *f*

Premier League N première division

premiership [ˈprɛmɪəʃɪp] N (*of leader*) mandat *m* (*d'un Premier ministre*); (*Sport*) championnat *m* de ligue 1

premise [ˈprɛmɪs] N prémisse *f*

premises [ˈprɛmɪsɪz] NPL locaux *mpl*; **on the ~** sur les lieux; sur place; **business ~** locaux commerciaux

premium [ˈpriːmɪəm] N prime *f*; **to be at a ~** (*fig: housing etc*) être très demandé(e), être rarissime; **to sell at a ~** (*shares*) vendre au-dessus du pair

premium bond N (BRIT) obligation *f* à prime, bon *m* à lots

premium deal N (*Comm*) offre spéciale

premium fuel, (*US*) **premium gasoline** N super *m*

premonition [prɛməˈnɪʃən] N prémonition *f*

preoccupation [priːɔkjuˈpeɪʃən] N préoccupation *f*

preoccupied [priːˈɔkjupaɪd] ADJ préoccupé(e)

pre-owned [priːˈəund] ADJ (*game, car*) d'occasion

prep [prɛp] ADJ ABBR = **preparatory school** ▶ N (*Scol: = preparation*) étude *f*

prepackaged [priːˈpækɪdʒd] ADJ préempaqueté(e)

prepaid [priːˈpeɪd] ADJ payé(e) d'avance

preparation [prɛpəˈreɪʃən] N préparation *f*; **in ~ for** en vue de ■ **preparations** NPL (*for trip, war*) préparatifs *mpl*

preparatory [prɪˈpærətərɪ] ADJ préparatoire; **~ to sth/to doing sth** en prévision de qch/avant de faire qch

preparatory school N (BRIT) école primaire privée; (*US*) lycée privé

★**prepare** [prɪˈpɛəʳ] VT préparer ▶ VI: **to ~ for** se préparer à

★**prepared** [prɪˈpɛəd] ADJ: **~ for** préparé(e) à; **~ to** prêt(e) à

preponderance [prɪˈpɔndərns] N prépondérance *f*

preposition [prɛpəˈzɪʃən] N préposition *f*

prepossessing [priːpəˈzɛsɪŋ] ADJ avenant(e), engageant(e)

preposterous [prɪˈpɔstərəs] ADJ ridicule, absurde

prep school N = **preparatory school**

prequel [ˈpriːkwl] N préquel *m*, préquelle *f*

pre-record [priːrɪˈkɔːd] VT préenregistrer

pre-recorded [priːrɪˈkɔːdɪd] ADJ préenregistré(e); **~ broadcast** émission *f* en différé, émission *f* préenregistrée

prerequisite [priːˈrɛkwɪzɪt] N condition *f* préalable

prerogative [prɪˈrɔgətɪv] N prérogative *f*

presbyterian [prɛzbɪˈtɪərɪən] ADJ, N presbytérien(ne)

presbytery [ˈprɛzbɪtərɪ] N presbytère *m*

preschool [ˈpriːˈskuːl] ADJ préscolaire; (*child*) d'âge préscolaire

prescience [ˈprɛsɪəns] N prescience *f*

prescient [ˈprɛsɪənt] ADJ visionnaire

prescribe [prɪˈskraɪb] VT prescrire; **prescribed books** (BRIT *Scol*) œuvres *fpl* au programme

prescription [prɪˈskrɪpʃən] N prescription *f*; (*Med*) ordonnance *f*; (*: medicine*) médicament *m* (obtenu sur ordonnance); **to make up** *or* (*US*) **fill a ~** faire une ordonnance; **could you write me a ~?**

pouvez-vous me faire une ordonnance ?; **"only available on ~"** « uniquement sur ordonnance »
prescription charges NPL (BRIT) participation *f* fixe au coût de l'ordonnance
prescriptive [prɪ'skrɪptɪv] ADJ normatif(-ive)
pre-season [pri:'si:zən] CPD (*training, match*) de présaison
presence ['prɛzns] N présence *f*; **in sb's ~** en présence de qn; **~ of mind** présence d'esprit
★**present** ADJ ['prɛznt] présent(e); (*current*) présent, actuel(le); **to be ~ at** assister à; **those ~** les présents; **~ tense** présent *m* ▶ N ['prɛznt] cadeau *m*; (*time, tense*) présent *m*; **to give sb a ~** offrir un cadeau à qn; **at ~** en ce moment ▶ VT [prɪ'zɛnt] présenter; (*prize, medal*) remettre; (*give*): **to ~ sb with sth** offrir qch à qn; **to ~ sb (to sb)** présenter qn (à qn)
presentable [prɪ'zɛntəbl] ADJ présentable
presentation [prɛzn'teɪʃən] N présentation *f*; (*gift*) cadeau *m*, présent *m*; (*ceremony*) remise *f* du cadeau (*or* de la médaille *etc*); **on ~ of** (*voucher etc*) sur présentation de
present-day ['prɛzntdeɪ] ADJ contemporain(e), actuel(le)
presenter [prɪ'zɛntə^r] N (BRIT *Radio, TV*) présentateur(-trice)
presently ['prɛzntlɪ] ADV (*soon*) tout à l'heure, bientôt; (*with verb in past*) peu après; (*at present*) en ce moment; (*US: now*) maintenant
preservation [prɛzə'veɪʃən] N préservation *f*, conservation *f*
preservative [prɪ'zə:vətɪv] N agent *m* de conservation
preserve [prɪ'zə:v] VT (*keep safe*) préserver, protéger; (*maintain*) conserver, garder; (*food*) mettre en conserve ▶ N (*for game, fish*) réserve *f*; (*often pl: jam*) confiture *f*; (*: fruit*) fruits *mpl* en conserve
preset [pri:'sɛt] VT prérégler
preshrunk [pri:'ʃrʌŋk] ADJ irrétrécissable
preside [prɪ'zaɪd] VI présider
presidency ['prɛzɪdənsɪ] N présidence *f*
★**president** ['prɛzɪdənt] N président(e); (*US: of company*) président-directeur général, PDG *m*
presidential [prɛzɪ'dɛnʃl] ADJ présidentiel(le)
★**press** [prɛs] N (*tool, machine, newspapers*) presse *f*; (*for wine*) pressoir *m*; (*crowd*) cohue *f*, foule *f*; **to go to ~** (*newspaper*) aller à l'impression; **to be in the ~** (*being printed*) être sous presse; (*in the newspapers*) être dans le journal ▶ VT (*push*) appuyer sur; (*squeeze*) presser, serrer; (*clothes: iron*) repasser; (*pursue*) talonner; (*insist*): **to ~ sth on sb** presser qn d'accepter qch; (*urge, entreat*): **to ~ sb to do** *or* **into doing sth** pousser qn à faire qch; **to ~ sb for an answer** presser qn de répondre; **to ~ charges against sb** (*Law*) engager des poursuites contre qn; **we are pressed for time** le temps nous manque ▶ VI appuyer, peser; se presser; **to ~ for sth** faire pression pour obtenir qch
▶ **press ahead** VI = **press on**
▶ **press on** VI continuer
press agency N agence *f* de presse
press clipping N coupure *f* de presse
press conference N conférence *f* de presse
press cutting N = **press clipping**
press-gang ['prɛsgæŋ] VT (*fig*): **to ~ sb into doing sth** faire pression sur qn pour qu'il fasse qch
pressing ['prɛsɪŋ] ADJ urgent(e), pressant(e) ▶ N repassage *m*
press officer N attaché(e) de presse
press release N communiqué *m* de presse
press room N salle *f* de presse
press stud N (BRIT) bouton-pression *m*
press-up ['prɛsʌp] N (BRIT) traction *f*
★**pressure** ['prɛʃə^r] N pression *f*; (*stress*) tension *f*; **to put ~ on sb (to do sth)** faire pression sur qn (pour qu'il fasse qch) ▶ VT faire pression sur
pressure cooker N cocotte-minute® *f*
pressured ['prɛʃəd] ADJ (*tense*) tendu(e)
pressure gauge N manomètre *m*
pressure group N groupe *m* de pression
pressurize ['prɛʃəraɪz] VT pressuriser; (BRIT *fig*): **to ~ sb (into doing sth)** faire pression sur qn (pour qu'il fasse qch)
pressurized ['prɛʃəraɪzd] ADJ pressurisé(e)
prestige [prɛs'ti:ʒ] N prestige *m*
prestigious [prɛs'tɪdʒəs] ADJ prestigieux(-euse)
presumably [prɪ'zju:məblɪ] ADV vraisemblablement; **~ he did it** c'est sans doute lui (qui a fait cela)
presume [prɪ'zju:m] VT présumer, supposer; **to ~ to do** (*dare*) se permettre de faire
presumption [prɪ'zʌmpʃən] N supposition *f*, présomption *f*; (*boldness*) audace *f*
presumptuous [prɪ'zʌmpʃəs] ADJ présomptueux(-euse)
presuppose [pri:sə'pəuz] VT présupposer
pre-tax [pri:'tæks] ADJ avant impôt(s)
pre-teen [pri:'ti:n] ADJ, N préadolescent(e); **~ children** les préadolescents
pretence, (*US*) **pretense** [prɪ'tɛns] N (*claim*) prétention *f*; (*pretext*) prétexte *m*; **she is devoid of all ~** elle n'est pas du tout prétentieuse; **to make a ~ of doing** faire semblant de faire; **on** *or* **under the ~ of doing sth** sous prétexte de faire qch; **under false pretences** sous des prétextes fallacieux
★**pretend** [prɪ'tɛnd] VT (*feign*) feindre, simuler; **to ~ to do** faire semblant de faire ▶ VI (*feign*) faire semblant; (*claim*): **to ~ to sth** prétendre à qch
pretense [prɪ'tɛns] N (*US*) = **pretence**
pretension [prɪ'tɛnʃən] N (*claim*) prétention *f*; **to have no pretensions to sth/to being sth** n'avoir aucune prétention à qch/à être qch
pretentious [prɪ'tɛnʃəs] ADJ prétentieux(-euse)
preterite ['prɛtərɪt] N prétérit *m*
pretext ['pri:tɛkst] N prétexte *m*; **on** *or* **under the ~ of doing sth** sous prétexte de faire qch
★**pretty** ['prɪtɪ] ADJ joli(e) ▶ ADV assez
pretzel [prɛtsl] N bretzel *m*
prevail [prɪ'veɪl] VI (*win*) l'emporter, prévaloir; (*be usual*) avoir cours; (*persuade*): **to ~ (up)on sb to do** persuader qn de faire
prevailing [prɪ'veɪlɪŋ] ADJ (*widespread*) courant(e), répandu(e); (*wind*) dominant(e)
prevalence ['prɛvələns] N prévalence *f*
prevalent ['prɛvələnt] ADJ (*condition*) prévalent(e); (*view, attitude*) répandu(e); (*fashion*) en vogue

P

prevarication [prɪværɪ'keɪʃən] N (usage *m* de) faux-fuyants *mpl*

★**prevent** [prɪ'vɛnt] VT: **to ~ (from doing)** empêcher (de faire)

preventable [prɪ'vɛntəbl] ADJ évitable

preventative [prɪ'vɛntətɪv] ADJ préventif(-ive)

prevention [prɪ'vɛnʃən] N prévention *f*

preventive [prɪ'vɛntɪv] ADJ préventif(-ive)

preview ['pri:vju:] N (*of film*) avant-première *f*; (*fig*) aperçu *m*

★**previous** ['pri:vɪəs] ADJ (*last*) précédent(e); (*earlier*) antérieur(e); (*question, experience*) préalable; **I have a ~ engagement** je suis déjà pris(e); **~ to doing** avant de faire

previously ['pri:vɪəslɪ] ADV précédemment, auparavant

prewar [pri:'wɔ:ʳ] ADJ d'avant-guerre

prey [preɪ] N proie *f* ▸VI: **to ~ on** s'attaquer à; **it was preying on his mind** ça le rongeait *or* minait

★**price** [praɪs] N prix *m*; (*Betting: odds*) cote *f*; **what is the ~ of ...?** combien coûte ...?, quel est le prix de ...?; **to go up** *or* **rise in ~** augmenter; **to put a ~ on sth** chiffrer qch; **what ~ his promises now?** (Brit) que valent maintenant toutes ses promesses ?; **he regained his freedom, but at a ~** il a retrouvé sa liberté, mais cela lui a coûté cher ▸VT (*goods*) fixer le prix de; tarifer; **to be priced out of the market** (*article*) être trop cher pour soutenir la concurrence; (*producer, nation*) ne pas pouvoir soutenir la concurrence

price control N contrôle *m* des prix

price-cutting ['praɪskʌtɪŋ] N réductions *fpl* de prix

priceless ['praɪslɪs] ADJ sans prix, inestimable; (*inf: amusing*) impayable

price list N tarif *m*

price range N gamme *f* de prix; **it's within my ~** c'est dans mes prix

price tag N étiquette *f*

price war N guerre *f* des prix

pricey ['praɪsɪ] ADJ (*inf*) chérot *inv*

pricing ['praɪsɪŋ] N prix *mpl*

prick [prɪk] N (*sting*) piqûre *f*; (!) bitte *f* (!); connard *m* (!) ▸VT piquer; **to ~ up one's ears** dresser *or* tendre l'oreille

prickle ['prɪkl] N (*of plant*) épine *f*; (*sensation*) picotement *m*

prickly ['prɪklɪ] ADJ piquant(e), épineux(-euse); (*fig: person*) irritable

prickly heat N fièvre *f* miliaire

prickly pear N figue *f* de Barbarie

★**pride** [praɪd] N (*feeling proud*) fierté *f*; (*pej*) orgueil *m*; (*self-esteem*) amour-propre *m*; **to take (a) ~ in** être (très) fier(-ère) de; **to take a ~ in doing** mettre sa fierté à faire; **to have ~ of place** (Brit) avoir la place d'honneur ▸VT: **to ~ o.s. on** se flatter de; s'enorgueillir de

★**priest** [pri:st] N prêtre *m*

priestess ['pri:stɪs] N prêtresse *f*

priesthood ['pri:sthud] N prêtrise *f*, sacerdoce *m*

prig [prɪg] N poseur(-euse), fat *m*

prim [prɪm] ADJ collet monté *inv*, guindé(e)

prima facie ['praɪmə'feɪʃɪ] ADJ: **to have a ~ case** (*Law*) avoir une affaire recevable

primal ['praɪməl] ADJ (*first in time*) primitif(-ive); (*first in importance*) primordial(e)

primarily ['praɪmərɪlɪ] ADV principalement, essentiellement

★**primary** ['praɪmərɪ] ADJ primaire; (*first in importance*) premier(-ière), primordial(e) ▸N (*US: election*) (élection *f*) primaire *f*

primary colour N couleur fondamentale

primary school N (Brit) école *f* primaire

> Les **primary schools** accueillent en Grande-Bretagne les enfants de 4 ou 5 ans à 11 ans. Elles marquent le début de la scolarité obligatoire, dont elles couvrent les sept premières années. Certaines d'entre elles comprennent deux sections : celle des petits (*infant school*) et celle des grands (*junior school*).

primate N (*Rel*) ['praɪmɪt] primat *m*; (*Zool*) ['praɪmeɪt] primate *m*

prime [praɪm] ADJ primordial(e), fondamental(e); (*excellent*) excellent(e) ▸VT (*gun, pump*) amorcer; (*fig*) mettre au courant ▸N: **in the ~ of life** dans la fleur de l'âge

Prime Minister N Premier ministre

primer ['praɪməʳ] N (*book*) premier livre, manuel *m* élémentaire; (*paint*) apprêt *m*

prime time N (*Radio, TV*) heure(s) *f(pl)* de grande écoute

primeval [praɪ'mi:vl] ADJ primitif(-ive)

primitive ['prɪmɪtɪv] ADJ primitif(-ive)

primrose ['prɪmrəuz] N primevère *f*

primus® ['praɪməs], **primus stove®** N (Brit) réchaud *m* de camping

★**prince** [prɪns] N prince *m*

princely ['prɪnslɪ] ADJ princier(-ière)

★**princess** [prɪn'sɛs] N princesse *f*

★**principal** ['prɪnsɪpl] ADJ principal(e) ▸N (*head teacher*) directeur *m*, principal *m*; (*in play*) rôle principal; (*money*) principal *m*

principality [prɪnsɪ'pælɪtɪ] N principauté *f*

principally ['prɪnsɪplɪ] ADV principalement

principle ['prɪnsɪpl] N principe *m*; **in ~** en principe; **on ~** par principe

★**print** [prɪnt] N (*mark*) empreinte *f*; (*letters*) caractères *mpl*; (*fabric*) imprimé *m*; (*Art*) gravure *f*, estampe *f*; (*Phot*) épreuve *f*; **out of ~** épuisé(e) ▸VT imprimer; (*publish*) publier; (*write in capitals*) écrire en majuscules
▸**print out** VT (*Comput*) imprimer

printed circuit board ['prɪntɪd-] N carte *f* à circuit imprimé

printed matter ['prɪntɪd-] N imprimés *mpl*

printer ['prɪntəʳ] N (*machine*) imprimante *f*; (*person*) imprimeur *m*

printhead ['prɪnthɛd] N tête *f* d'impression

printing ['prɪntɪŋ] N impression *f*

printing press N presse *f* typographique

printout ['prɪntaut] N (*Comput*) sortie *f* imprimante

print wheel N marguerite *f*

prior ['praɪəʳ] ADJ antérieur(e), précédent(e); (*more important*) prioritaire; **without ~ notice** sans préavis; **to have a ~ claim to sth** avoir priorité pour qch ▸ N (*Rel*) prieur *m* ▸ ADV: **~ to doing** avant de faire

prioritize [praɪ'ɔrɪtaɪz] VT (*give priority to*) privilégier; (*order by importance*) ordonner selon ses priorités

★**priority** [praɪ'ɔrɪtɪ] N priorité *f*; **to have** *or* **take ~ over sth/sb** avoir la priorité sur qch/qn

priory ['praɪərɪ] N prieuré *m*

prise [praɪz] VT: **to ~ open** forcer

prism ['prɪzəm] N prisme *m*

★**prison** ['prɪzn] N prison *f* ▸ CPD pénitentiaire

prison camp N camp *m* de prisonniers

★**prisoner** ['prɪznəʳ] N prisonnier(-ière); **the ~ at the bar** l'accusé(e); **to take sb ~** faire qn prisonnier

prisoner of war N prisonnier(-ière) de guerre

prissy ['prɪsɪ] ADJ bégueule

pristine ['prɪsti:n] ADJ virginal(e)

privacy ['prɪvəsɪ] N intimité *f*, solitude *f*

★**private** ['praɪvɪt] ADJ (*not public*) privé(e); (*personal*) personnel(le); (*house, car, lesson*) particulier(-ière); (*quiet: place*) tranquille; **"~"** (*on envelope*) « personnelle »; (*on door*) « privé »; **in (his) ~ life** dans sa vie privée; **he is a very ~ person** il est très secret; **to be in ~ practice** être médecin (*or dentiste etc*) non conventionné; **~ hearing** (*Law*) audience *f* à huis-clos ▸ N soldat *m* de deuxième classe; **in ~** en privé

private detective N détective privé

private enterprise N entreprise privée

private eye N détective privé

private limited company N (BRIT) société *f* à participation restreinte (*non cotée en Bourse*)

privately ['praɪvɪtlɪ] ADV en privé; (*within oneself*) intérieurement

private parts NPL parties (génitales)

private property N propriété privée

private school N école privée

privatization [praɪvətaɪ'zeɪʃən] N privatisation *f*

★**privatize** ['praɪvɪtaɪz] VT privatiser

privet ['prɪvɪt] N troène *m*

privilege ['prɪvɪlɪdʒ] N privilège *m*

privileged ['prɪvɪlɪdʒd] ADJ privilégié(e); **to be ~ to do sth** avoir le privilège de faire qch

privy ['prɪvɪ] ADJ: **to be ~ to** être au courant de

privy council N conseil privé

> Le **Privy Council** est un groupe d'éminents hommes politiques présents ou passés, dont les membres du gouvernement actuel, qui remplissent une fonction de conseil auprès du souverain britannique. Jadis doté de pouvoirs importants, il n'a plus aujourd'hui de rôle exécutif.

★**prize** [praɪz] N prix *m* ▸ ADJ (*example, idiot*) parfait(e); (*bull, novel*) primé(e) ▸ VT priser, faire grand cas de

prized [praɪzd] ADJ précieux(-euse); **their most ~ possession** leur plus précieuse possession; **to be ~ for sth** être prisé(e) pour qch

prize-fighter ['praɪzfaɪtəʳ] N boxeur professionnel

prize-giving ['praɪzgɪvɪŋ] N distribution *f* des prix

prize money N argent *m* du prix

prizewinner ['praɪzwɪnəʳ] N gagnant(e)

prizewinning ['praɪzwɪnɪŋ] ADJ gagnant(e); (*novel, essay etc*) primé(e)

PRO N ABBR = **public relations officer**

pro [prəu] N (*inf: Sport*) professionnel(le) ▸ PREP pro
■ **pros** NPL: **the pros and cons** le pour et le contre

pro- [prəu] PREFIX (*in favour of*) pro-

pro-active [prəu'æktɪv] ADJ dynamique

probability [prɔbə'bɪlɪtɪ] N probabilité *f*; **in all ~** très probablement

probable ['prɔbəbl] ADJ probable; **it is ~/hardly ~ that ...** il est probable/peu probable que ...

★**probably** ['prɔbəblɪ] ADV probablement

probate ['prəubɪt] N (*Law*) validation *f*, homologation *f*

probation [prə'beɪʃən] N (*in employment*) (période *f* d')essai *m*; (*Law*) liberté surveillée; (*Rel*) noviciat *m*, probation *f*; **on ~** (*employee*) à l'essai; (*Law*) en liberté surveillée

probationary [prə'beɪʃənrɪ] ADJ (*period*) d'essai

probe [prəub] N (*Med, Space*) sonde *f*; (*enquiry*) enquête *f*, investigation *f* ▸ VT sonder, explorer

probity ['prəubɪtɪ] N probité *f*

★**problem** ['prɔbləm] N problème *m*; **to have problems with the car** avoir des ennuis avec la voiture; **what's the ~?** qu'y a-t-il ?, quel est le problème ?; **I had no ~ in finding her** je n'ai pas eu de mal à la trouver; **no ~!** pas de problème !

problematic [prɔblə'mætɪk] ADJ problématique

problem-solving ['prɔbləmsɔlvɪŋ] N résolution *f* de problèmes; **an approach to ~** une approche en matière de résolution de problèmes

procedural [prə'si:dʒərəl] ADJ procédural(e)

procedure [prə'si:dʒəʳ] N (*Admin, Law*) procédure *f*; (*method*) marche *f* à suivre, façon *f* de procéder

proceed [prə'si:d] VI (*go forward*) avancer; (*act*) procéder; (*continue*): **to ~ (with)** continuer, poursuivre; **to ~ to** aller à; passer à; **to ~ to do** se mettre à faire; **I am not sure how to ~** je ne sais pas exactement comment m'y prendre; **to ~ against sb** (*Law*) intenter des poursuites contre qn

proceedings [prə'si:dɪŋz] NPL (*measures*) mesures *fpl*; (*Law: against sb*) poursuites *fpl*; (*meeting*) réunion *f*, séance *f*; (*records*) compte rendu; actes *mpl*

proceeds ['prəusi:dz] NPL produit *m*, recette *f*

★**process** N ['prəusɛs] processus *m*; (*method*) procédé *m*; **in ~** en cours; **we are in the ~ of doing** nous sommes en train de faire ▸ VT ['prəusɛs] traiter ▸ VI [prə'sɛs] (BRIT *formal: go in procession*) défiler

processed cheese ['prəusɛst-] N ≈ fromage fondu

processing ['prəusɛsɪŋ] N traitement *m*

procession [prə'sɛʃən] N défilé *m*, cortège *m*; **funeral ~** (*on foot*) cortège funèbre; (*in cars*) convoi *m* mortuaire

pro-choice [prəu'tʃɔɪs] ADJ en faveur de l'avortement

P

proclaim [prəˈkleɪm] VT déclarer, proclamer
proclamation [prɔkləˈmeɪʃən] N proclamation *f*
proclivity [prəˈklɪvɪtɪ] N inclination *f*
procrastinate [prəuˈkræstɪneɪt] VI faire traîner les choses, vouloir tout remettre au lendemain
procrastination [prəukræstɪˈneɪʃən] N procrastination *f*
procreation [prəukrɪˈeɪʃən] N procréation *f*
Procurator Fiscal [ˈprɔkjureɪtə-] N (SCOTTISH) ≈ procureur *m* (*de la République*)
procure [prəˈkjuəʳ] VT (*for o.s.*) se procurer; (*for sb*) procurer
procurement [prəˈkjuəmənt] N achat *m*, approvisionnement *m*
prod [prɔd] VT pousser ▶ N (*push, jab*) petit coup, poussée *f*
prodigal [ˈprɔdɪgl] ADJ prodigue
prodigious [prəˈdɪdʒəs] ADJ prodigieux(-euse)
prodigy [ˈprɔdɪdʒɪ] N prodige *m*
★**produce** N [ˈprɔdju:s] (*Agr*) produits *mpl* ▶ VT [prəˈdju:s] produire; (*show*) présenter; (*cause*) provoquer, causer; (*Theat*) monter, mettre en scène; (*TV*: *programme*) réaliser; (*: play, film*) mettre en scène; (*Radio*: *programme*) réaliser; (*: play*) mettre en ondes
★**producer** [prəˈdju:səʳ] N (*Theat*) metteur *m* en scène; (*Agr, Comm, Cine*) producteur *m*; (*TV*: *of programme*) réalisateur *m*; (*: of play, film*) metteur en scène; (*Radio*: *of programme*) réalisateur; (*: of play*) metteur en ondes
★**product** [ˈprɔdʌkt] N produit *m*
★**production** [prəˈdʌkʃən] N production *f*; (*Theat*) mise *f* en scène; **to put into ~** (*goods*) entreprendre la fabrication de
production agreement N (US) accord *m* de productivité
production line N chaîne *f* (de fabrication)
production manager N directeur(-trice) de la production
productive [prəˈdʌktɪv] ADJ productif(-ive)
productivity [prɔdʌkˈtɪvɪtɪ] N productivité *f*
productivity agreement N (BRIT) accord *m* de productivité
productivity bonus N prime *f* de rendement
Prof. [prɔf] ABBR (= *professor*) Prof
profane [prəˈfeɪn] ADJ sacrilège; (*lay*) profane
profanity [prəˈfænɪtɪ] N obscénités *fpl*
profess [prəˈfɛs] VT professer; **I do not ~ to be an expert** je ne prétends pas être spécialiste
professed [prəˈfɛst] ADJ (*self-declared*) déclaré(e)
profession [prəˈfɛʃən] N profession *f*; **the professions** les professions libérales
★**professional** [prəˈfɛʃənl] N professionnel(le) ▶ ADJ professionnel(le); (*work*) de professionnel; **he's a ~ man** il exerce une profession libérale; **to take ~ advice** consulter un spécialiste
professionalism [prəˈfɛʃnəlɪzəm] N professionnalisme *m*
professionally [prəˈfɛʃnəlɪ] ADV professionnellement; (*Sport*: *play*) en professionnel; **I only know him ~** je n'ai avec lui que des relations de travail
★**professor** [prəˈfɛsəʳ] N professeur *m* (*titulaire d'une chaire*); (*US*: *teacher*) professeur *m*
professorship [prəˈfɛsəʃɪp] N chaire *f*
proffer [ˈprɔfəʳ] VT (*hand*) tendre; (*remark*) faire; (*apologies*) présenter
proficiency [prəˈfɪʃənsɪ] N compétence *f*, aptitude *f*
proficient [prəˈfɪʃənt] ADJ compétent(e), capable
profile [ˈprəufaɪl] N profil *m*; **to keep a high/low ~** (*fig*) rester *or* être très en évidence/discret(-ète)
★**profit** [ˈprɔfɪt] N (*from trading*) bénéfice *m*; (*advantage*) profit *m*; **to make a ~** faire un *or* des bénéfice(s); **to sell sth at a ~** vendre qch à profit ▶ CPD: **~ and loss account** compte *m* de profits et pertes ▶ VI: **to ~ (by** *or* **from)** profiter (de)
profitability [prɔfɪtəˈbɪlɪtɪ] N rentabilité *f*
profitable [ˈprɔfɪtəbl] ADJ lucratif(-ive), rentable; (*fig*: *beneficial*) avantageux(-euse); (*: meeting*) fructueux(-euse)
profit centre N centre *m* de profit
profiteering [prɔfɪˈtɪərɪŋ] N (*pej*) mercantilisme *m*
profit-making [ˈprɔfɪtmeɪkɪŋ] ADJ à but lucratif
profit margin N marge *f* bénéficiaire
profit-sharing [ˈprɔfɪtʃɛərɪŋ] N intéressement *m* aux bénéfices
profits tax N (BRIT) impôt *m* sur les bénéfices
profligate [ˈprɔflɪgɪt] ADJ (*behaviour, act*) dissolu(e); (*person*) débauché(e); (*extravagant*): **~ (with)** prodigue (de)
pro forma [ˈprəuˈfɔ:mə] ADJ: **~ invoice** facture *f* pro-forma
profound [prəˈfaund] ADJ profond(e)
profoundly [prəˈfaundlɪ] ADV profondément
profuse [prəˈfju:s] ADJ abondant(e)
profusely [prəˈfju:slɪ] ADV abondamment; (*thank etc*) avec effusion
profusion [prəˈfju:ʒən] N profusion *f*, abondance *f*
progeny [ˈprɔdʒɪnɪ] N progéniture *f*; descendants *mpl*
progesterone [prəˈdʒɛstərəun] N progestérone *f*
prognosis [prɔgˈnəusɪs] (*pl* **prognoses** [prɔgˈnəusi:z]) N pronostic *m*
programmable [prəuˈgræməbl] ADJ programmable
★**programme**, (*US*) **program** [ˈprəugræm] N (*Comput*) programme *m*; (*Radio, TV*) émission *f* ▶ VT programmer
programmer [ˈprəugræməʳ] N programmeur(-euse)
programming, (*US*) **programing** [ˈprəugræmɪŋ] N programmation *f*
programming language, (*US*) **programing language** N langage *m* de programmation
★**progress** N [ˈprəugrɛs] progrès *m(pl)*; **in ~** en cours; **to make ~** progresser, faire des progrès, être en progrès ▶ VI [prəˈgrɛs] progresser, avancer; **as the match progressed** au fur et à mesure que la partie avançait
progression [prəˈgrɛʃən] N progression *f*
progressive [prəˈgrɛsɪv] ADJ progressif(-ive); (*person*) progressiste

progressively [prəˈgrɛsɪvlɪ] ADV progressivement

progress report N (*Med*) bulletin *m* de santé; (*Admin*) rapport *m* d'activité; rapport sur l'état (d'avancement) des travaux

prohibit [prəˈhɪbɪt] VT interdire, défendre; **to ~ sb from doing sth** défendre *or* interdire à qn de faire qch; **"smoking prohibited"** « défense de fumer »

prohibition [prəuɪˈbɪʃən] N prohibition *f*

prohibitive [prəˈhɪbɪtɪv] ADJ (*price etc*) prohibitif(-ive)

★**project** N [ˈprɔdʒɛkt] (*plan*) projet *m*, plan *m*; (*venture*) opération *f*, entreprise *f*; (*Scol*: *research*) étude *f*, dossier *m* ▸ VT [prəˈdʒɛkt] projeter ▸ VI [prəˈdʒɛkt] (*stick out*) faire saillie, s'avancer

projected [prɔˈdʒɛktɪd] ADJ prévu(e)

projectile [prəˈdʒɛktaɪl] N projectile *m*

projection [prəˈdʒɛkʃən] N projection *f*; (*overhang*) saillie *f*

projectionist [prəˈdʒɛkʃənɪst] N (*Cine*) projectionniste *mf*

projection room N (*Cine*) cabine *f* de projection

projector [prəˈdʒɛktəʳ] N (*Cine etc*) projecteur *m*

proletarian [prəulɪˈtɛərɪən] ADJ prolétarien(ne) ▸ N prolétaire *mf*

proletariat [prəulɪˈtɛərɪət] N prolétariat *m*

pro-life [prəuˈlaɪf] ADJ contre l'avortement

proliferate [prəˈlɪfəreɪt] VI proliférer

proliferation [prəlɪfəˈreɪʃən] N prolifération *f*

prolific [prəˈlɪfɪk] ADJ prolifique

prologue [ˈprəulɔg] N prologue *m*

prolong [prəˈlɔŋ] VT prolonger

prolonged [prəˈlɔŋd] ADJ prolongé(e)

prom [prɔm] N ABBR = **promenade**; **promenade concert**; (*ball*) bal *m* d'étudiants; *voir article*; **the Proms** *série de concerts de musique classique*

> Le **prom** (abréviation de **promenade**) est un bal organisé à l'intention des élèves pour fêter la fin de leurs années de lycée. Cet événement d'origine américaine occupe une place très importante dans la culture du pays et dans la vie des lycéens, avec les traditions et les conventions que cela implique. Depuis le début du XXIe siècle, les proms connaissent également un grand succès au Royaume-Uni, même s'ils ne revêtent pas encore l'importance culturelle de leur équivalent américain.

promenade [prɔməˈnɑːd] N (*by sea*) esplanade *f*, promenade *f*

promenade concert N concert *m* (de musique classique)

promenade deck N (*Naut*) pont *m* promenade

prominence [ˈprɔmɪnəns] N proéminence *f*; importance *f*

prominent [ˈprɔmɪnənt] ADJ (*standing out*) proéminent(e); (*important*) important(e); **he is ~ in the field of ...** il est très connu dans le domaine de ...

prominently [ˈprɔmɪnəntlɪ] ADV (*display, set*) bien en évidence; **he figured ~ in the case** il a joué un rôle important dans l'affaire

promiscuity [prɔmɪsˈkjuːɪtɪ] N (*sexual*) légèreté *f* de mœurs

promiscuous [prəˈmɪskjuəs] ADJ (*sexually*) de mœurs légères

★**promise** [ˈprɔmɪs] N promesse *f*; **to make sb a ~** faire une promesse à qn; **a young man of ~** un jeune homme plein d'avenir ▸ VT, VI promettre; **to ~ well** *vi* promettre

promising [ˈprɔmɪsɪŋ] ADJ prometteur(-euse)

promissory note [ˈprɔmɪsərɪ-] N billet *m* à ordre

promo [ˈprəuməu] (*inf*) N promo *f* (*inf*) ▸ CPD (*film, tour*) promotionnel(le)

promontory [ˈprɔməntrɪ] N promontoire *m*

★**promote** [prəˈməut] VT promouvoir; (*venture, event*) organiser, mettre sur pied; (*new product*) lancer; **the team was promoted to the second division** (BRIT *Football*) l'équipe est montée en 2e division

promoter [prəˈməutəʳ] N (*of event*) organisateur(-trice)

★**promotion** [prəˈməuʃən] N promotion *f*

promotional [prəˈməuʃənl] ADJ promotionnel(le)

★**prompt** [prɔmpt] ADJ rapide; **they're very ~** (*punctual*) ils sont ponctuels; **he was ~ to accept** il a tout de suite accepté ▸ ADV: **at 8 o'clock ~** à 8 heures précises ▸ N (*Comput*) message *m* (de guidage) ▸ VT inciter; (*cause*) entraîner, provoquer; (*Theat*) souffler (son rôle *or* ses répliques) à; **to ~ sb to do** inciter *or* pousser qn à faire

prompter [ˈprɔmptəʳ] N (*Theat*) souffleur *m*

promptly [ˈprɔmptlɪ] ADV (*quickly*) rapidement, sans délai; (*on time*) ponctuellement

promptness [ˈprɔmptnɪs] N rapidité *f*; promptitude *f*; ponctualité *f*

prone [prəun] ADJ (*lying*) couché(e) (face contre terre); (*liable*): **~ to** enclin(e) à; **to be ~ to illness** être facilement malade; **to be ~ to an illness** être sujet à une maladie; **she is ~ to burst into tears if ...** elle a tendance à tomber en larmes si ...

prong [prɔŋ] N pointe *f*; (*of fork*) dent *f*

pronoun [ˈprəunaun] N pronom *m*

pronounce [prəˈnauns] VT prononcer; **how do you ~ it?** comment est-ce que ça se prononce ?; **they pronounced him unfit to drive** ils l'ont déclaré inapte à la conduite ▸ VI: **to ~ (up)on** se prononcer sur

pronounced [prəˈnaunst] ADJ (*marked*) prononcé(e)

pronouncement [prəˈnaunsmənt] N déclaration *f*

pronunciation [prənʌnsɪˈeɪʃən] N prononciation *f*

★**proof** [pruːf] N preuve *f*; (*test, of book, Phot*) épreuve *f*; (*of alcohol*) degré *m*; **to be 70° ~** ≈ titrer 40 degrés ▸ ADJ: **~ against** à l'épreuve de ▸ VT (BRIT: *tent, anorak*) imperméabiliser

proofread [ˈpruːfriːd] VT corriger

proofreader [ˈpruːfriːdəʳ] N correcteur(-trice) (d'épreuves)

prop [prɔp] N support *m*, étai *m*; (*fig*) soutien *m* ▸ VT (*also:* **prop up**) étayer, soutenir; **to ~ sth against** (*lean*) appuyer qch contre *or* à ■ **props** NPL accessoires *mpl*

Prop. ABBR (*Comm*) = **proprietor**
propaganda [prɔpə'gændə] N propagande *f*
propagate ['prɔpəgeɪt] VT propager
propagation [prɔpə'geɪʃən] N propagation *f*
propel [prə'pɛl] VT propulser, faire avancer
propeller [prə'pɛlə^r] N hélice *f*
propelling pencil [prə'pɛlɪŋ-] N (BRIT) porte-mine *m inv*
propensity [prə'pɛnsɪtɪ] N propension *f*
★**proper** ['prɔpə^r] ADJ (*suited, right*) approprié(e), bon(ne); (*seemly*) correct(e), convenable; (*authentic*) vrai(e), véritable; (*inf: real*) fini(e), vrai(e); (*referring to place*): **the village ~** le village proprement dit; **to go through the ~ channels** (*Admin*) passer par la voie officielle
★**properly** ['prɔpəlɪ] ADV correctement, convenablement; (*really*) bel et bien
proper noun N nom *m* propre
★**property** ['prɔpətɪ] N (*possessions*) biens *mpl*; (*house etc*) propriété *f*; (*land*) terres *fpl*, domaine *m*; (*Chem etc: quality*) propriété *f*; **it's their ~** cela leur appartient, c'est leur propriété
property developer N (BRIT) promoteur immobilier
property owner N propriétaire *m*
property tax N impôt foncier
prophecy ['prɔfɪsɪ] N prophétie *f*
prophesy ['prɔfɪsaɪ] VT prédire ▶ VI prophétiser
prophet ['prɔfɪt] N prophète *m*
prophetic [prə'fɛtɪk] ADJ prophétique
proponent [prə'pəunənt] N défenseur *m*
proportion [prə'pɔːʃən] N proportion *f*; (*share*) part *f*; partie *f*; **to be in/out of ~ to** *or* **with sth** être à la mesure de/hors de proportion avec qch; **to see sth in ~** (*fig*) ramener qch à de justes proportions ▶ VT proportionner ■ **proportions** NPL (*size*) dimensions *fpl*
proportional [prə'pɔːʃənl] ADJ proportionnel(le)
proportionally [prə'pɔːʃənlɪ] ADV proportionnellement
proportional representation N (*Pol*) représentation proportionnelle
proportionate [prə'pɔːʃənət] ADJ (*in size*) proportionnel(le); (*appropriate*) proportionné(e); **to be ~ to sth** (*in size*) être proportionnel(le) à qch; (*appropriate*) être proportionné(e) à qch
proportionately [prə'pɔːʃənətlɪ] ADV proportionnellement
★**proposal** [prə'pəuzl] N proposition *f*, offre *f*; (*plan*) projet *m*; (*of marriage*) demande *f* en mariage
★**propose** [prə'pəuz] VT proposer, suggérer; (*have in mind*): **to ~ sth/doing sth** envisager qch/de faire qch; **to ~ to do** avoir l'intention de faire ▶ VI faire sa demande en mariage
proposer [prə'pəuzə^r] N (BRIT: *of motion etc*) auteur *m*
proposition [prɔpə'zɪʃən] N proposition *f*; **to make sb a ~** faire une proposition à qn
propound [prə'paund] VT proposer, soumettre
proprietary [prə'praɪətərɪ] ADJ de marque déposée; **~ article** article *m* *or* produit *m* de marque; **~ brand** marque déposée
proprietor [prə'praɪətə^r] N propriétaire *mf*
propriety [prə'praɪətɪ] N (*seemliness*) bienséance *f*, convenance *f*
propulsion [prə'pʌlʃən] N propulsion *f*
pro rata [prəu'rɑːtə] ADV au prorata
prosaic [prəu'zeɪɪk] ADJ prosaïque
Pros. Atty. ABBR (*US*) = **prosecuting attorney**
proscribe [prə'skraɪb] VT proscrire
proscription [prə'skrɪpʃən] N interdiction *f*
prose [prəuz] N prose *f*; (*Scol: translation*) thème *m*
prosecute ['prɔsɪkjuːt] VT poursuivre
prosecuting attorney ['prɔsɪkjuːtɪŋ-] N (*US*) procureur *m*
prosecution [prɔsɪ'kjuːʃən] N poursuites *fpl* judiciaires; (*accusing side: in criminal case*) accusation *f*; (*: in civil case*) la partie plaignante
prosecutor ['prɔsɪkjuːtə^r] N (*lawyer*) procureur *m*; (*also:* **public prosecutor**) ministère public; (*US: plaintiff*) plaignant(e)
prospect N ['prɔspɛkt] perspective *f*; (*hope*) espoir *m*, chances *fpl*; **we are faced with the ~ of leaving** nous risquons de devoir partir; **there is every ~ of an early victory** tout laisse prévoir une victoire rapide ▶ VT, VI [prə'spɛkt] prospecter ■ **prospects** NPL (*for work etc*) possibilités *fpl* d'avenir, débouchés *mpl*
prospecting [prə'spɛktɪŋ] N prospection *f*
prospective [prə'spɛktɪv] ADJ (*possible*) éventuel(le); (*future*) futur(e)
prospector [prə'spɛktə^r] N prospecteur *m*; **gold ~** chercheur *m* d'or
prospectus [prə'spɛktəs] N prospectus *m*
prosper ['prɔspə^r] VI prospérer
prosperity [prɔ'spɛrɪtɪ] N prospérité *f*
prosperous ['prɔspərəs] ADJ prospère
prostate ['prɔsteɪt] N (*also:* **prostate gland**) prostate *f*
prosthetic [prɔs'θɛtɪk] ADJ prothétique
prostitute ['prɔstɪtjuːt] N prostituée *f*; **male ~** prostitué *m*
prostitution [prɔstɪ'tjuːʃən] N prostitution *f*
prostrate ADJ ['prɔstreɪt] prosterné(e); (*fig*) prostré(e) ▶ VT [prɔ'streɪt]: **to ~ o.s. (before sb)** se prosterner (devant qn)
protagonist [prə'tægənɪst] N protagoniste *m*
★**protect** [prə'tɛkt] VT protéger
protection [prə'tɛkʃən] N protection *f*; **to be under sb's ~** être sous la protection de qn
protectionism [prə'tɛkʃənɪzəm] N protectionnisme *m*
protectionist [prə'tɛkʃənɪst] ADJ protectionniste
protection racket N racket *m*
protective [prə'tɛktɪv] ADJ protecteur(-trice); (*clothing*) de protection; **~ custody** (*Law*) détention préventive
protector [prə'tɛktə^r] N protecteur(-trice)
protégé ['prəutɛʒeɪ] N protégé *m*
protégée ['prəutɛʒeɪ] N protégée *f*
protein ['prəutiːn] N protéine *f*
pro tem [prəu'tɛm] ADV ABBR (= *pro tempore: for the time being*) provisoirement

★**protest** N ['prəutɛst] protestation *f* ▸ VI [prə'tɛst]: **to ~ against/about** protester contre/à propos de ▸ VT [prə'tɛst] protester de; **to ~ (that)** protester que

Protestant ['prɔtɪstənt] ADJ, N protestant(e)

Protestantism ['prɔtɪstəntɪzəm] N protestantisme *m*

protester, protestor [prə'tɛstəʳ] N (*in demonstration*) manifestant(e)

protest march N manifestation *f*

protocol ['prəutəkɔl] N protocole *m*

proton ['prəutɔn] N proton *m*

prototype ['prəutətaɪp] N prototype *m*

protracted [prə'træktɪd] ADJ prolongé(e)

protractor [prə'træktəʳ] N (*Geom*) rapporteur *m*

protrude [prə'tru:d] VI avancer, dépasser

protuberance [prə'tju:bərəns] N protubérance *f*

★**proud** [praud] ADJ fier(-ère); (*pej*) orgueilleux(-euse); **to be ~ to do sth** être fier de faire qch; **to do sb ~** (*inf*) faire honneur à qn; **to do o.s. ~** (*inf*) ne se priver de rien

proudly ['praudlɪ] ADV fièrement

★**prove** [pru:v] VT prouver, démontrer; **to ~ o.s.** montrer ce dont on est capable; **to ~ o.s./itself (to be) useful** *etc* se montrer *or* se révéler utile *etc*; **he was proved right in the end** il s'est avéré qu'il avait raison ▸ VI: **to ~ correct** *etc* s'avérer juste *etc*

proven ['prəuvən, 'pru:vən] PP *of* **prove** ▸ ADJ (*ability*) avéré(e); **to have a ~ track record** avoir fait ses preuves

proverb ['prɔvə:b] N proverbe *m*

proverbial [prə'və:bɪəl] ADJ proverbial(e)

★**provide** [prə'vaɪd] VT fournir; **to ~ sb with sth** fournir qch à qn; **to be provided with** (*person*) disposer de; (*thing*) être équipé(e) *or* muni(e) de
▸ **provide for** VT FUS (*person*) subvenir aux besoins de; (*future event*) prévoir

provided [prə'vaɪdɪd] CONJ: **~ (that)** à condition que + *sub*

Providence ['prɔvɪdəns] N la Providence

provider [prə'vaɪdəʳ] N (*of goods, services*) fournisseur *m*; (*in family*) soutien *m* (de famille); **internet ~** fournisseur d'accès

providing [prə'vaɪdɪŋ] CONJ à condition que + *sub*

province ['prɔvɪns] N province *f*; (*fig*) domaine *m*

provincial [prə'vɪnʃəl] ADJ provincial(e)

provision [prə'vɪʒən] N (*supply*) provision *f*; (*supplying*) fourniture *f*; approvisionnement *m*; (*stipulation*) disposition *f*; **to make ~ for** (*one's future*) assurer; (*one's family*) assurer l'avenir de; **there's no ~ for this in the contract** le contrat ne prévoit pas cela ■ **provisions** NPL (*food*) provisions *fpl*

provisional [prə'vɪʒənl] ADJ provisoire ▸ N: **P~** (IRISH *Pol*) Provisional *m* (*membre de la tendance activiste de l'IRA*)

provisional licence N (BRIT *Aut*) permis *m* provisoire

provisionally [prə'vɪʒnəlɪ] ADV provisoirement

proviso [prə'vaɪzəu] N condition *f*; **with the ~ that** à la condition (expresse) que

Provo ['prɔvəu] N ABBR (*pej*) = **Provisional**

provocation [prɔvə'keɪʃən] N provocation *f*

provocative [prə'vɔkətɪv] ADJ provocateur(-trice), provocant(e)

provoke [prə'vəuk] VT provoquer; **to ~ sb to sth/to do** *or* **into doing sth** pousser qn à qch/à faire qch

provoking [prə'vəukɪŋ] ADJ énervant(e), exaspérant(e)

provost ['prɔvəst] N (BRIT: *of university*) principal *m*; (SCOTTISH) maire *m*

prow [prau] N proue *f*

prowess ['prauɪs] N prouesse *f*

prowl [praul] VI (*also:* **prowl about, prowl around**) rôder ▸ N: **to be on the ~** rôder

prowler ['prauləʳ] N rôdeur(-euse)

proximity [prɔk'sɪmɪtɪ] N proximité *f*

proxy ['prɔksɪ] N procuration *f*; **by ~** par procuration

Prozac® ['prəuzæk] N Prozac® *m*

PRP N ABBR (= *performance related pay*) salaire *m* au rendement

prude [pru:d] N prude *f*

prudence ['pru:dns] N prudence *f*

prudent ['pru:dnt] ADJ prudent(e)

prudish ['pru:dɪʃ] ADJ prude, pudibond(e)

prune [pru:n] N pruneau *m* ▸ VT élaguer

prurient ['pruərɪənt] ADJ lubrique

pry [praɪ] VI: **to ~ into** fourrer son nez dans

PS N ABBR (= *postscript*) PS *m*

psalm [sɑ:m] N psaume *m*

PSAT N ABBR (US) = **Preliminary Scholastic Aptitude Test**

PSBR N ABBR (BRIT: = *public sector borrowing requirement*) besoins *mpl* d'emprunts des pouvoirs publics

pseud [sju:d] N (BRIT *inf*: *intellectually*) pseudo-intello *m*; (: *socially*) snob *mf*

pseudo- ['sju:dəu] PREFIX pseudo-

pseudonym ['sju:dənɪm] N pseudonyme *m*

PSHE N ABBR (BRIT *Scol*: = *personal, social and health education*) *cours d'éducation personnelle, sanitaire et sociale préparant à la vie adulte*

PST ABBR (US: = *Pacific Standard Time*) *heure d'hiver du Pacifique*

PSV N ABBR (BRIT) = **public service vehicle**

psyche ['saɪkɪ] N psychisme *m*

psychedelic [saɪkə'dɛlɪk] ADJ psychédélique

psychiatric [saɪkɪ'ætrɪk] ADJ psychiatrique

psychiatrist [saɪ'kaɪətrɪst] N psychiatre *mf*

psychiatry [saɪ'kaɪətrɪ] N psychiatrie *f*

psychic ['saɪkɪk] ADJ (*also:* **psychical**) (méta)psychique; (*person*) doué(e) de télépathie *or* d'un sixième sens

psycho ['saɪkəu] N (*pej*) psychopathe *mf*

psychoanalysis [saɪkəuə'nælɪsɪs] (*pl* **psychoanalyses** [-si:z]) N psychanalyse *f*

psychoanalyst [saɪkəu'ænəlɪst] N psychanalyste *mf*

★**psychological** [saɪkə'lɔdʒɪkl] ADJ psychologique

psychologically [saɪkə'lɔdʒɪklɪ] ADV psychologiquement

P

psychologist [saɪ'kɔlədʒɪst] N psychologue *mf*
psychology [saɪ'kɔlədʒɪ] N psychologie *f*
psychometric [saɪkə'mɛtrɪk] ADJ psychométrique; **~ testing** tests *mpl* psychométriques
psychopath ['saɪkəupæθ] N psychopathe *mf*
psychosis [saɪ'kəusɪs] (*pl* **psychoses** [-si:z]) N psychose *f*
psychosomatic [saɪkəusə'mætɪk] ADJ psychosomatique
psychotherapist [saɪkəu'θɛrəpɪst] N psychothérapeute *mf*
psychotherapy [saɪkəu'θɛrəpɪ] N psychothérapie *f*
psychotic [saɪ'kɔtɪk] ADJ, N psychotique *mf*
PT N ABBR (BRIT: = *physical training*) EPS *f*
pt ABBR = **pint; point**
Pt. ABBR (*in place names*: = *Point*) Pte
PTA N ABBR = **Parent-Teacher Association**
Pte. ABBR (BRIT *Mil*) = **private**
PTO ABBR (= *please turn over*) TSVP
PTSD ABBR = **post-traumatic stress disorder**
PTV ABBR (*US*) = **pay television**
★**pub** [pʌb] N ABBR (= *public house*) pub *m*
pub crawl N (BRIT *inf*): **to go on a ~** faire la tournée des bars
puberty ['pju:bətɪ] N puberté *f*
pubic ['pju:bɪk] ADJ pubien(ne), du pubis
★**public** ['pʌblɪk] ADJ public(-ique); **to be ~ knowledge** être de notoriété publique; **to go ~** (*Comm*) être coté(e) en Bourse; **to make ~** rendre public ▸ N public *m*; **in ~** en public; **the general ~** le grand public
public address system N (système *m* de) sonorisation *f*, sono *f* (*inf*)
publican ['pʌblɪkən] N patron *m* *or* gérant *m* de pub
publication [pʌblɪ'keɪʃən] N publication *f*
public company N société *f* anonyme
public convenience N (BRIT) toilettes *fpl*
public holiday N (BRIT) jour férié
public house N (BRIT) pub *m*
publicist ['pʌblɪsɪst] N publicitaire *mf*
★**publicity** [pʌb'lɪsɪtɪ] N publicité *f*
publicize ['pʌblɪsaɪz] VT (*make known*) faire connaître, rendre public; (*advertise*) faire de la publicité pour
public limited company N ≈ société *f* anonyme (SA) (*cotée en Bourse*)
publicly ['pʌblɪklɪ] ADV publiquement, en public
public opinion N opinion publique
public ownership N: **to be taken into ~** être nationalisé(e), devenir propriété de l'État
public prosecutor N ≈ procureur *m* (*de la République*); **~'s office** parquet *m*
public relations N relations publiques (RP)
public relations officer N responsable *mf* des relations publiques
public school N (BRIT) école privée; (*US*) école publique

Une **public school** est un type d'établissement d'enseignement secondaire privé (*private school* ou *independent school* étant le terme générique). Ce sont des écoles prestigieuses, aux origines anciennes, avec des frais de scolarité très élevés pour les plus connues (Westminster, Eton, Harrow). Bon nombre d'entre elles sont des pensionnats. Beaucoup ont également une école primaire qui leur est rattachée (une *prep* ou *preparatory school*) pour préparer les élèves au cycle secondaire. Une grande proportion d'élèves vont ensuite à l'université, notamment à Oxford ou Cambridge. Les grands industriels, les députés et les hauts fonctionnaires sortent souvent de ces écoles. Aux États-Unis, le terme *public school* désigne tout simplement une école publique gratuite.

public sector N secteur public
public service vehicle N (BRIT) véhicule affecté au transport de personnes
public-spirited [pʌblɪk'spɪrɪtɪd] ADJ qui fait preuve de civisme
public transport, (*US*) **public transportation** N transports *mpl* en commun
public utility N service public
public works NPL travaux publics
★**publish** ['pʌblɪʃ] VT publier
★**publisher** ['pʌblɪʃə^r] N éditeur *m*
publishing ['pʌblɪʃɪŋ] N (*industry*) édition *f*; (*of a book*) publication *f*
publishing company N maison *f* d'édition
pub lunch N repas *m* de bistrot
puce [pju:s] ADJ puce
puck [pʌk] N (*elf*) lutin *m*; (*Ice Hockey*) palet *m*
pucker ['pʌkə^r] VT plisser
pudding ['pudɪŋ] N (BRIT: *dessert*) dessert *m*, entremets *m*; (*sweet dish*) pudding *m*, gâteau *m*; (*sausage*) boudin *m*; **rice ~** ≈ riz *m* au lait; **black ~**, (*US*) **blood ~** boudin (noir)
puddle ['pʌdl] N flaque *f* d'eau
puerile ['pjuəraɪl] ADJ puéril(e)
Puerto Rico ['pwə:təu'ri:kəu] N Porto Rico *f*
puff [pʌf] N bouffée *f* ▸ VT: **to ~ one's pipe** tirer sur sa pipe; (*also*: **puff out**: *sails, cheeks*) gonfler; **to ~ out smoke** envoyer des bouffées de fumée ▸ VI sortir par bouffées; (*pant*) haleter
puffed [pʌft] ADJ (*inf*: *out of breath*) tout(e) essoufflé(e)
puffin ['pʌfɪn] N macareux *m*
puff pastry, (*US*) **puff paste** N pâte feuilletée
puffy ['pʌfɪ] ADJ bouffi(e), boursouflé(e)
pugnacious [pʌg'neɪʃəs] ADJ pugnace, batailleur(-euse)
puke ['pju:k] (*inf*) VI (*also*: **puke up**) dégueuler (*inf*) ▸ N dégueulis *m* (*inf*)
★**pull** [pul] N (*of moon, magnet, the sea etc*) attraction *f*; (*fig*) influence *f*; (*tug*): **to give sth a ~** tirer sur qch ▸ VT tirer; (*trigger*) presser; (*strain*: *muscle, tendon*) se claquer; **to ~ a face** faire une grimace; **to ~ to pieces** mettre en morceaux; **to ~ one's punches** (*also fig*) ménager son adversaire; **to ~ one's weight** y mettre du sien; **to ~ sb's leg** (*fig*) faire

marcher qn; **to ~ strings (for sb)** intervenir (en faveur de qn) ▸ VI tirer
▸ **pull about** VT (BRIT: *handle roughly*: *object*) maltraiter; (: *person*) malmener
▸ **pull apart** VT séparer; (*break*) mettre en pièces, démantibuler
▸ **pull away** VI (*vehicle*: *move off*) partir; (*draw back*) s'éloigner
▸ **pull back** VT (*lever etc*) tirer sur; (*curtains*) ouvrir ▸ VI (*refrain*) s'abstenir; (*Mil*: *withdraw*) se retirer
▸ **pull down** VT baisser, abaisser; (*house*) démolir; (*tree*) abattre
▸ **pull in** VI (*Aut*) se ranger; (*Rail*) entrer en gare
▸ **pull off** VT enlever, ôter; (*deal etc*) conclure
▸ **pull out** VI démarrer, partir; (*withdraw*) se retirer; (*Aut*: *come out of line*) déboîter ▸ VT (*from bag, pocket*) sortir; (*remove*) arracher; (*withdraw*) retirer
▸ **pull over** VI (*Aut*) se ranger
▸ **pull round** VI (*unconscious person*) revenir à soi; (*sick person*) se rétablir
▸ **pull through** VI s'en sortir
▸ **pull together** VI (*cooperate*) se serrer les coudes ▸ VT: **to ~ o.s. together** se ressaisir
▸ **pull up** VI (*stop*) s'arrêter ▸ VT remonter; (*uproot*) déraciner, arracher; (*stop*) arrêter

pulley ['pulɪ] N poulie *f*

pull-out ['pulaut] N (*of forces etc*) retrait *m* ▸ CPD (*magazine, pages*) détachable

pullover ['puləuvəʳ] N pull-over *m*, tricot *m*

pulmonary ['pʌlmənrɪ] ADJ pulmonaire

pulp [pʌlp] N (*of fruit*) pulpe *f*; (*for paper*) pâte *f* à papier; (*pej*: *also*: **pulp magazines**) presse *f* à sensation *or* de bas étage; **to reduce sth to (a) ~** réduire qch en purée

pulpit ['pulpɪt] N chaire *f*

pulsate [pʌl'seɪt] VI battre, palpiter; (*music*) vibrer

pulse [pʌls] N (*of blood*) pouls *m*; (*of heart*) battement *m*; (*of music, engine*) vibrations *fpl*; **to feel** *or* **take sb's ~** prendre le pouls à qn ■ **pulses** NPL (*Culin*) légumineuses *fpl*

pulverize ['pʌlvəraɪz] VT pulvériser

puma ['pju:mə] N puma *m*

pumice ['pʌmɪs] N (*also*: **pumice stone**) pierre *f* ponce

pummel ['pʌml] VT rouer de coups

★**pump** [pʌmp] N pompe *f*; (*shoe*) escarpin *m* ▸ VT pomper; (*fig, inf*) faire parler; **to ~ sb for information** essayer de soutirer des renseignements à qn
▸ **pump up** VT gonfler

pumpkin ['pʌmpkɪn] N potiron *m*, citrouille *f*

pun [pʌn] N jeu *m* de mots, calembour *m*

★**punch** [pʌntʃ] N (*blow*) coup *m* de poing; (*fig*: *force*) vivacité *f*, mordant *m*; (*tool*) poinçon *m*; (*drink*) punch *m* ▸ VT (*make a hole in*) poinçonner, perforer; (*hit*): **to ~ sb/sth** donner un coup de poing à qn/sur qch; **to ~ a hole (in)** faire un trou (dans)
▸ **punch in** VI (*US*) pointer (en arrivant)
▸ **punch out** VI (*US*) pointer (en partant)

punch card, punched card [pʌntʃt-] N carte perforée

punch-drunk ['pʌntʃdrʌŋk] ADJ (BRIT) sonné(e)

punch line N (*of joke*) conclusion *f*

punch-up ['pʌntʃʌp] N (BRIT *inf*) bagarre *f*

punctual ['pʌŋktjuəl] ADJ ponctuel(le)

punctuality [pʌŋktju'ælɪtɪ] N ponctualité *f*

punctually ['pʌŋktjuəlɪ] ADV ponctuellement; **it will start ~ at 6** cela commencera à 6 heures précises

punctuate ['pʌŋktjueɪt] VT ponctuer

punctuation [pʌŋktju'eɪʃən] N ponctuation *f*

punctuation mark N signe *m* de ponctuation

puncture ['pʌŋktʃəʳ] N (BRIT) crevaison *f*; **I have a ~** (*Aut*) j'ai (un pneu) crevé ▸ VT crever

pundit ['pʌndɪt] N individu *m* qui pontifie, pontife *m*

pungent ['pʌndʒənt] ADJ piquant(e); (*fig*) mordant(e), caustique

punish ['pʌnɪʃ] VT punir; **to ~ sb for sth/for doing sth** punir qn de qch/d'avoir fait qch

punishable ['pʌnɪʃəbl] ADJ punissable

punishing ['pʌnɪʃɪŋ] ADJ (*fig*: *exhausting*) épuisant(e) ▸ N punition *f*

punishment ['pʌnɪʃmənt] N punition *f*, châtiment *m*; (*fig, inf*): **to take a lot of ~** (*boxer*) encaisser; (*car, person etc*) être mis(e) à dure épreuve

punitive ['pju:nɪtɪv] ADJ punitif(-ive)

Punjab [pʌn'dʒɑ:b] N (*also*: **the Punjab**) le Pendjab

punk [pʌŋk] N (*person*: *also*: **punk rocker**) punk *mf*; (*music*: *also*: **punk rock**) le punk; (*US inf*: *hoodlum*) voyou *m*

punt [pʌnt] N (*boat*) bachot *m*; (IRISH) livre irlandaise ▸ VI (BRIT: *bet*) parier

punter ['pʌntəʳ] N (BRIT *inf*: *gambler*) parieur(-euse); Monsieur *m* tout le monde; type *m*

puny ['pju:nɪ] ADJ chétif(-ive)

pup [pʌp] N chiot *m*

★**pupil** ['pju:pl] N élève *mf*; (*of eye*) pupille *f*

puppet ['pʌpɪt] N marionnette *f*, pantin *m*

puppet government N gouvernement *m* fantoche

puppy ['pʌpɪ] N chiot *m*, petit chien

purchase ['pə:tʃɪs] N achat *m*; (*grip*) prise *f*; **to get a ~ on** trouver appui sur ▸ VT acheter

purchase order N ordre *m* d'achat

purchase price N prix *m* d'achat

purchaser ['pə:tʃɪsəʳ] N acheteur(-euse)

purchase tax N (BRIT) taxe *f* à l'achat

purchasing power ['pə:tʃɪsɪŋ-] N pouvoir *m* d'achat

★**pure** [pjuəʳ] ADJ pur(e); **a ~ wool jumper** un pull en pure laine; **~ and simple** pur(e) et simple

purebred ['pjuəbrɛd] ADJ de race

purée ['pjuəreɪ] N purée *f*

purely ['pjuəlɪ] ADV purement

purge [pə:dʒ] N (*Med*) purge *f*; (*Pol*) épuration *f*, purge ▸ VT purger; (*fig*) épurer, purger

purification [pjuərɪfɪ'keɪʃən] N purification *f*

purify ['pjuərɪfaɪ] VT purifier, épurer

purist ['pjuərɪst] N puriste *mf*

puritan ['pjuərɪtən] N puritain(e)

puritanical [pjuərɪ'tænɪkl] ADJ puritain(e)

purity ['pjuərɪtɪ] N pureté *f*

purl [pə:l] N maille *f* à l'envers ▸ VT tricoter à l'envers

purloin [pə:'lɔɪn] VT dérober

★**purple** ['pə:pl] ADJ violet(te); (*face*) cramoisi(e)

P

purport [pəːˈpɔːt] VI: **to ~ to be/do** prétendre être/faire

purported [pəˈpɔːtɪd] ADJ prétendu(e) *before noun*

purportedly [pəˈpɔːtɪdlɪ] ADV prétendument

★**purpose** [ˈpəːpəs] N intention *f*, but *m*; **on ~** exprès; **for illustrative purposes** à titre d'illustration; **for teaching purposes** dans un but pédagogique; **for the purposes of this meeting** pour cette réunion; **to no ~** en pure perte

purpose-built [ˈpəːpəsˈbɪlt] ADJ (BRIT) fait(e) sur mesure

purposeful [ˈpəːpəsful] ADJ déterminé(e), résolu(e)

purposely [ˈpəːpəslɪ] ADV exprès

purr [pəːʳ] N ronronnement *m* ▸ VI ronronner

purse [pəːs] N (BRIT: *for money*) porte-monnaie *m inv*, bourse *f*; (*US: handbag*) sac *m* (à main) ▸ VT serrer, pincer

purser [ˈpəːsəʳ] N (*Naut*) commissaire *m* du bord

purse snatcher [-ˈsnætʃəʳ] N (*US*) voleur *m* à l'arraché

pursue [pəˈsjuː] VT poursuivre; (*pleasures*) rechercher; (*inquiry, matter*) approfondir

pursuer [pəˈsjuːəʳ] N poursuivant(e)

pursuit [pəˈsjuːt] N poursuite *f*; (*occupation*) occupation *f*, activité *f*; **scientific pursuits** recherches *fpl* scientifiques; **in (the) ~ of sth** à la recherche de qch

purveyor [pəˈveɪəʳ] N fournisseur *m*

pus [pʌs] N pus *m*

★**push** [puʃ] N poussée *f*; (*effort*) gros effort; (*drive*) énergie *f*; **at a ~** (BRIT *inf*) à la limite, à la rigueur ▸ VT pousser; (*button*) appuyer sur; (*thrust*): **to ~ sth (into)** enfoncer qch (dans); (*fig: product*) mettre en avant, faire de la publicité pour; **to ~ a door open/shut** pousser une porte (pour l'ouvrir/pour la fermer); **to be pushed for time/money** être à court de temps/d'argent; **she is pushing fifty** (*inf*) elle frise la cinquantaine ▸ VI pousser; appuyer; **"~"** (*on door*) « pousser »; (*on bell*) « appuyer »; **to ~ for** (*better pay, conditions*) réclamer
▸ **push aside** VT écarter
▸ **push ahead** VI: **to ~ ahead with sth** (*plans, policies*) poursuivre qch
▸ **push in** VI s'introduire de force
▸ **push off** VI (*inf*) filer, ficher le camp
▸ **push on** VI (*continue*) continuer
▸ **push over** VT renverser
▸ **push through** VT (*measure*) faire voter ▸ VI (*in crowd*) se frayer un chemin
▸ **push up** VT (*total, prices*) faire monter

push-bike [ˈpuʃbaɪk] N (BRIT) vélo *m*

push-button [ˈpuʃbʌtn] N bouton(-poussoir *m*) *m*

pushchair [ˈpuʃtʃɛəʳ] N (BRIT) poussette *f*

pusher [ˈpuʃəʳ] N (*also:* **drug pusher**) revendeur(-euse) (de drogue), ravitailleur(-euse) (en drogue)

pushover [ˈpuʃəuvəʳ] N (*inf*): **it's a ~** c'est un jeu d'enfant

push-up [ˈpuʃʌp] N (*US*) traction *f*

pushy [ˈpuʃɪ] ADJ (*pej*) arriviste

pussy [ˈpusɪ], **pussy-cat** [ˈpusɪkæt] N (*inf*) minet *m*

★**put** [put] (*pt, pp* **~**) VT mettre; (*place*) poser, placer; (*say*) dire, exprimer; (*a question*) poser; (*case, view*) exposer, présenter; (*estimate*) estimer; **to ~ sb in a good/bad mood** mettre qn de bonne/mauvaise humeur; **to ~ sb to bed** mettre qn au lit, coucher qn; **to ~ sb to a lot of trouble** déranger qn; **how shall I ~ it?** comment dirais-je ?, comment dire ?; **to ~ a lot of time into sth** passer beaucoup de temps à qch; **to ~ money on a horse** miser sur un cheval; **I ~ it to you that …** (BRIT) je (vous) suggère que …, je suis d'avis que …; **to stay ~** ne pas bouger
▸ **put about** VI (*Naut*) virer de bord ▸ VT (*rumour*) faire courir
▸ **put across** VT (*ideas etc*) communiquer; faire comprendre
▸ **put aside** VT mettre de côté
▸ **put away** VT (*store*) ranger
▸ **put back** VT (*replace*) remettre, replacer; (*postpone*) remettre; (*delay, watch, clock*) retarder; **this will ~ us back ten years** cela nous ramènera dix ans en arrière
▸ **put by** VT (*money*) mettre de côté, économiser
▸ **put down** VT (*parcel etc*) poser, déposer; (*pay*) verser; (*in writing*) mettre par écrit, inscrire; (*suppress: revolt etc*) réprimer, écraser; (*attribute*) attribuer; (*animal*) abattre; (*cat, dog*) faire piquer
▸ **put forward** VT (*ideas*) avancer, proposer; (*date, watch, clock*) avancer
▸ **put in** VT (*gas, electricity*) installer; (*complaint*) soumettre; (*time, effort*) consacrer
▸ **put in for** VT FUS (*job*) poser sa candidature pour; (*promotion*) solliciter
▸ **put off** VT (*light etc*) éteindre; (*postpone*) remettre à plus tard, ajourner; (*discourage*) dissuader
▸ **put on** VT (*clothes, lipstick, CD*) mettre; (*light etc*) allumer; (*play etc*) monter; (*extra bus, train etc*) mettre en service; (*food, meal: provide*) servir; (*: cook*) mettre à cuire *or* à chauffer; (*weight*) prendre; (*assume: accent, manner*) prendre; (*: airs*) se donner, prendre; (*inf: tease*) faire marcher; (*inform, indicate*): **to ~ sb on to sb/sth** indiquer qn/qch à qn; **to ~ the brakes on** freiner
▸ **put out** VT (*take outside*) mettre dehors; (*one's hand*) tendre; (*news, rumour*) faire courir, répandre; (*light etc*) éteindre; (*person: inconvenience*) déranger, gêner; (BRIT: *dislocate*) se démettre ▸ VI (*Naut*): **to ~ out to sea** prendre le large; **to ~ out from Plymouth** quitter Plymouth
▸ **put through** VT (*Tel: caller*) mettre en communication; (*: call*) passer; (*plan*) faire accepter; **~ me through to Miss Blair** passez-moi Miss Blair
▸ **put together** VT mettre ensemble; (*assemble: furniture*) monter, assembler; (*: meal*) préparer
▸ **put up** VT (*raise*) lever, relever, remonter; (*pin up*) afficher; (*hang*) accrocher; (*build*) construire, ériger; (*tent*) monter; (*umbrella*) ouvrir; (*increase*) augmenter; (*accommodate*) loger; (*incite*): **to ~ sb up to doing sth** pousser qn à faire qch; **to ~ sth up for sale** mettre qch en vente
▸ **put upon** VT FUS: **to be ~ upon** (*imposed on*) se laisser faire
▸ **put up with** VT FUS supporter

putative [ˈpjuːtətɪv] ADJ (*formal*) putatif(-ive)

putrid [ˈpjuːtrɪd] ADJ putride

putt [pʌt] VT, VI putter ▸ N putt *m*

putter [ˈpʌtəʳ] N (*Golf*) putter *m*

putting green [ˈpʌtɪŋ-] N green *m*

putty [ˈpʌtɪ] N mastic *m*

put-up [ˈputʌp] ADJ: **~ job** coup monté

puzzle ['pʌzl] N énigme *f*, mystère *m*; (*game*) jeu *m*, casse-tête *m*; (*jigsaw*) puzzle *m*; (*also:* **crossword puzzle**) mots croisés ▶ VT intriguer, rendre perplexe ▶ VI se creuser la tête; **to ~ over** chercher à comprendre

puzzled ['pʌzld] ADJ perplexe; **to be ~ about sth** être perplexe au sujet de qch

puzzling ['pʌzlɪŋ] ADJ déconcertant(e), inexplicable

PVC N ABBR (= *polyvinyl chloride*) PVC *m*

Pvt. ABBR (*US Mil*) = **private**

pw ABBR (= *per week*) p. sem.

PX N ABBR (*US Mil*) = **post exchange**

pygmy ['pɪgmɪ] N pygmée *mf*

pyjamas [pɪ'dʒɑːməz] NPL (BRIT) pyjama *m*; **a pair of ~** un pyjama

pylon ['paɪlən] N pylône *m*

pyramid ['pɪrəmɪd] N pyramide *f*

pyre ['paɪəʳ] N bûcher *m*

Pyrenean [pɪrə'niːən] ADJ pyrénéen(ne), des Pyrénées

Pyrenees [pɪrə'niːz] NPL Pyrénées *fpl*

Pyrex® ['paɪrɛks] N Pyrex® *m* ▶ CPD: **~ dish** plat *m* en Pyrex

python ['paɪθən] N python *m*

p

Qq

Q, q [kjuː] N (*letter*) Q, q *m*; **Q for Queen** Q comme Quintal

Q & A N questions-réponses *fpl* ▸ CPD: **a ~ session** une séance de questions-réponses

Qatar [kæˈtɑːʳ] N Qatar *m*, Katar *m*

QC N ABBR = **Queen's Counsel**

QED ABBR (= *quod erat demonstrandum*) CQFD

q.t. N ABBR (*inf*) = **quiet; on the ~** discrètement

qty ABBR (= *quantity*) qté

quack [kwæk] N (*of duck*) coin-coin *m inv*; (*pej: doctor*) charlatan *m* ▸ VI faire coin-coin

quad [kwɔd] N ABBR = **quadruplet; quadrangle**

quadrangle [ˈkwɔdræŋgl] N (*Math*) quadrilatère *m*; (*courtyard: abbr: quad*) cour *f*

quadriplegic [kwɔdrɪˈpliːdʒɪk] ADJ, N tétraplégique *mf*

quadruped [ˈkwɔdrupɛd] N quadrupède *m*

quadruple [kwɔˈdruːpl] ADJ, N quadruple *m* ▸ VT, VI quadrupler

quadruplet [kwɔˈdruːplɪt] N quadruplé(e)

quagmire [ˈkwægmaɪəʳ] N bourbier *m*

quail [kweɪl] N (*Zool*) caille *f* ▸ VI: **to ~ at** *or* **before** reculer devant

quaint [kweɪnt] ADJ bizarre; (*old-fashioned*) désuet(-ète); (*picturesque*) au charme vieillot, pittoresque

quake [kweɪk] VI trembler ▸ N ABBR = **earthquake**

Quaker [ˈkweɪkəʳ] N quaker(esse)

qualification [kwɔlɪfɪˈkeɪʃən] N (*often pl: degree etc*) diplôme *m*; (*training*) qualification(s) *f(pl)*; (*ability*) compétence(s) *f(pl)*; (*limitation*) réserve *f*, restriction *f*; **what are your qualifications?** qu'avez-vous comme diplômes ?; quelles sont vos qualifications ?

★**qualified** [ˈkwɔlɪfaɪd] ADJ (*trained*) qualifié(e); (*professionally*) diplômé(e); (*fit, competent*) compétent(e), qualifié(e); (*limited*) conditionnel(le); **it was a ~ success** ce fut un succès mitigé; **~ for/to do** qui a les diplômes requis pour/pour faire; qualifié pour/pour faire

qualifier [ˈkwɔlɪfaɪəʳ] N (*game*) éliminatoire *f*; (*Grammar*) qualificatif *m*; **a World Cup ~** une éliminatoire de la Coupe du Monde

★**qualify** [ˈkwɔlɪfaɪ] VT qualifier; (*modify*) atténuer, nuancer; (*limit: statement*) apporter des réserves à ▸ VI: **to ~ (as)** obtenir son diplôme (de); **to ~ (for)** remplir les conditions requises (pour); (*Sport*) se qualifier (pour)

qualifying [ˈkwɔlɪfaɪɪŋ] ADJ: **~ exam** examen *m* d'entrée; **~ round** éliminatoires *fpl*

qualitative [ˈkwɔlɪtətɪv] ADJ qualitatif(-ive)

★**quality** [ˈkwɔlɪtɪ] N qualité *f*; **of good/poor ~** de bonne/mauvaise qualité ▸ CPD de qualité

quality control N contrôle *m* de qualité

quality press N (BRIT): **the ~** la presse d'information

quality time N moments privilégiés

qualm [kwɑːm] N doute *m*; scrupule *m*; **to have qualms about sth** avoir des doutes sur qch; éprouver des scrupules à propos de qch

quandary [ˈkwɔndrɪ] N: **in a ~** devant un dilemme, dans l'embarras

quango [ˈkwæŋgəu] N ABBR (BRIT: = *quasi-autonomous non-governmental organization*) *commission nommée par le gouvernement*

quantifiable [ˈkwɔntɪfaɪəbl] ADJ quantifiable

quantify [ˈkwɔntɪfaɪ] VT quantifier

quantitative [ˈkwɔntɪtətɪv] ADJ quantitatif(-ive)

★**quantity** [ˈkwɔntɪtɪ] N quantité *f*; **in ~** en grande quantité

quantity surveyor N (BRIT) métreur vérificateur

quantum leap [ˈkwɔntəm-] N (*fig*) bond *m* en avant

quarantine [ˈkwɔrntiːn] N quarantaine *f*

quark [kwɑːk] N quark *m*

quarrel [ˈkwɔrl] N querelle *f*, dispute *f*; **to have a ~ with sb** se quereller avec qn; **I've no ~ with him** je n'ai rien contre lui ▸ VI se disputer, se quereller; **I can't ~ with that** je ne vois rien à redire à cela

quarrelsome [ˈkwɔrəlsəm] ADJ querelleur(-euse)

quarry [ˈkwɔrɪ] N (*for stone*) carrière *f*; (*animal*) proie *f*, gibier *m* ▸ VT (*marble etc*) extraire

quart [kwɔːt] N ≈ litre *m*

★**quarter** [ˈkwɔːtəʳ] N quart *m*; (*of year*) trimestre *m*; (*district*) quartier *m*; (*US*, CANADA: *25 cents*) (pièce *f* de) vingt-cinq cents *mpl*; **a ~ of an hour** un quart d'heure; **it's a ~ to 3**, (*US*) **it's a ~ of 3** il est 3 heures moins le quart; **it's a ~ past 3**, (*US*) **it's a ~ after 3** il est 3 heures et quart; **from all quarters** de tous côtés ▸ VT partager en quartiers *or* en quatre; (*Mil*) caserner, cantonner ▪ **quarters** NPL logement *m*; (*Mil*) quartiers *mpl*, cantonnement *m*

quarterback [ˈkwɔːtəbæk] N (*US Football*) quarterback *mf*

quarter-deck [ˈkwɔːtədɛk] N (*Naut*) plage *f* arrière

quarter final N quart *m* de finale
quarterly [ˈkwɔːtəlɪ] ADJ trimestriel(le) ▸ ADV tous les trois mois ▸ N (*Press*) revue trimestrielle
quartermaster [ˈkwɔːtəmɑːstəʳ] N (*Mil*) intendant *m* militaire de troisième classe; (*Naut*) maître *m* de manœuvre
quartet, quartette [kwɔːˈtɛt] N quatuor *m*; (*jazz players*) quartette *m*
quarto [ˈkwɔːtəu] ADJ, N in-quarto *m inv*
quartz [kwɔːts] N quartz *m* ▸ CPD de *or* en quartz; (*watch, clock*) à quartz
quash [kwɔʃ] VT (*verdict*) annuler, casser
quasi- [ˈkweɪzaɪ] PREFIX quasi- + *noun*; quasi, presque + *adjective*
quaver [ˈkweɪvəʳ] N (BRIT *Mus*) croche *f* ▸ VI trembler
quay [kiː] N (*also:* **quayside**) quai *m*
queasy [ˈkwiːzɪ] ADJ (*stomach*) délicat(e); **to feel ~** avoir mal au cœur
Quebec [kwɪˈbɛk] N (*city*) Québec; (*province*) Québec *m*
★**queen** [kwiːn] N (*gen*) reine *f*; (*Cards etc*) dame *f*
queen mother N reine mère *f*
Queen's speech N (BRIT) discours *m* de la reine

> Le **Queen's speech** (ou **King's speech**) est le discours lu par le souverain à la *House of Lords*, à l'ouverture du Parliament qui a lieu en mai, en présence des lords et des députés. Il contient le programme de politique générale que propose le gouvernement pour la session, et il est préparé par le Premier ministre en consultation avec le cabinet.

queer [kwɪəʳ] ADJ étrange, curieux(-euse); (*suspicious*) louche; (BRIT: *sick*): **I feel ~** je ne me sens pas bien ▸ N (*!*) homosexuel *m*
quell [kwɛl] VT réprimer, étouffer
quench [kwɛntʃ] VT (*flames*) éteindre; **to ~ one's thirst** se désaltérer
querulous [ˈkwɛruləs] ADJ (*person*) récriminateur(-trice); (*voice*) plaintif(-ive)
query [ˈkwɪərɪ] N question *f*; (*doubt*) doute *m*; (*question mark*) point *m* d'interrogation ▸ VT (*disagree with, dispute*) mettre en doute, questionner
quest [kwɛst] N recherche *f*, quête *f*
★**question** [ˈkwɛstʃən] N question *f*; **to ask sb a ~, to put a ~ to sb** poser une question à qn; **to bring** *or* **call sth into ~** remettre qch en question; **the ~ is ...** la question est de savoir ...; **it's a ~ of doing** il s'agit de faire; **there's some ~ of doing** il est question de faire; **beyond ~** sans aucun doute; **out of the ~** hors de question ▸ VT (*person*) interroger; (*plan, idea*) mettre en question *or* en doute
questionable [ˈkwɛstʃənəbl] ADJ discutable
questioner [ˈkwɛstʃənəʳ] N personne *f* qui pose une question (*or* qui a posé la question *etc*)
questioning [ˈkwɛstʃənɪŋ] ADJ interrogateur(-trice) ▸ N interrogatoire *m*
question mark N point *m* d'interrogation
questionnaire [kwɛstʃəˈnɛəʳ] N questionnaire *m*
queue [kjuː] (BRIT) N queue *f*, file *f*; **to jump the ~** passer avant son tour ▸ VI (*also:* **queue up**) faire la queue
quibble [ˈkwɪbl] VI ergoter, chicaner
quiche [kiːʃ] N quiche *f*
★**quick** [kwɪk] ADJ rapide; (*reply*) prompt(e), rapide; (*mind*) vif (vive); (*agile*) agile, vif (vive); **be ~!** dépêche-toi !; **to be ~ to act** agir tout de suite ▸ ADV vite, rapidement ▸ N: **cut to the ~** (*fig*) touché(e) au vif
quicken [ˈkwɪkən] VT accélérer, presser; (*rouse*) stimuler ▸ VI s'accélérer, devenir plus rapide
quickfire [kwɪkˈfaɪəʳ] ADJ (*response, answer*) immédiat(e)
quick fix N solution *f* de fortune
quicklime [ˈkwɪklaɪm] N chaux vive
★**quickly** [ˈkwɪklɪ] ADV (*fast*) vite, rapidement; (*immediately*) tout de suite
quickness [ˈkwɪknɪs] N rapidité *f*, promptitude *f*; (*of mind*) vivacité *f*
quicksand [ˈkwɪksænd] N sables mouvants
quickstep [ˈkwɪkstɛp] N fox-trot *m*
quick-tempered [kwɪkˈtɛmpəd] ADJ emporté(e)
quick-witted [kwɪkˈwɪtɪd] ADJ à l'esprit vif
quid [kwɪd] N *pl inv* (BRIT *inf*) livre *f*
quid pro quo [ˈkwɪdprəuˈkwəu] N contrepartie *f*
★**quiet** [ˈkwaɪət] ADJ tranquille, calme; (*not noisy: engine*) silencieux(-euse); (*reserved*) réservé(e); (*voice*) bas(se); (*not busy: day, business*) calme; (*ceremony, colour*) discret(-ète); **keep ~!** tais-toi !; **I'll have a ~ word with him** je lui en parlerai discrètement ▸ N tranquillité *f*, calme *m*; (*silence*) silence *m*; **on the ~** en secret, discrètement ▸ VT, VI (*US*) = **quieten**
quieten [ˈkwaɪətn], **quieten down** VI se calmer, s'apaiser ▸ VT calmer, apaiser
★**quietly** [ˈkwaɪətlɪ] ADV tranquillement; (*silently*) silencieusement; (*discreetly*) discrètement
quietness [ˈkwaɪətnɪs] N tranquillité *f*, calme *m*; silence *m*
quill [kwɪl] N plume *f* (d'oie)
quilt [kwɪlt] N édredon *m*; (*continental quilt*) couette *f*
quin [kwɪn] N ABBR = **quintuplet**
quince [kwɪns] N coing *m*; (*tree*) cognassier *m*
quinine [kwɪˈniːn] N quinine *f*
quintessential [kwɪntɪˈsɛnʃəl] ADJ (*most typical*) par excellence; (*essential*) caractéristique
quintessentially [kwɪntɪˈsɛnʃəlɪ] ADV typiquement
quintet, quintette [kwɪnˈtɛt] N quintette *m*
quintuplet [kwɪnˈtjuːplɪt] N quintuplé(e)
quip [kwɪp] N remarque piquante *or* spirituelle, pointe *f* ▸ VT: **... he quipped** ... lança-t-il
quire [ˈkwaɪəʳ] N ≈ main *f* (*de papier*)
quirk [kwəːk] N bizarrerie *f*; **by some ~ of fate** par un caprice du hasard
quirky [ˈkwəːkɪ] ADJ singulier(-ère)
★**quit** [kwɪt] (*pt, pp* **~** [kwɪt] *or* **quitted** [ˈkwɪtɪd]) VT quitter; **to ~ doing** arrêter de faire; **~ stalling!** (*US inf*) arrête de te dérober ! ▸ VI (*give up*) abandonner, renoncer; (*resign*) démissionner; **notice to ~** (BRIT) congé *m* (*signifié au locataire*)
★**quite** [kwaɪt] ADV (*rather*) assez, plutôt; (*entirely*) complètement, tout à fait; **~ new** plutôt neuf; tout à fait neuf; **she's ~ pretty** elle est plutôt

q

jolie; **I ~ understand** je comprends très bien; **~ a few of them** un assez grand nombre d'entre eux; **that's not ~ right** ce n'est pas tout à fait juste; **not ~ as many as last time** pas tout à fait autant que la dernière fois; **~ (so)!** exactement !

Quito ['ki:təu] N Quito

quits [kwɪts] ADJ: **~ (with)** quitte (envers); **let's call it ~** restons-en là

quitter ['kwɪtər] N: **I'm not a ~** je ne baisse pas facilement les bras

quiver ['kwɪvər] VI trembler, frémir ▸ N (*for arrows*) carquois *m*

quixotic [kwɪk'sɔtɪk] ADJ chimérique

quiz [kwɪz] N (*on TV*) jeu-concours *m* (télévisé); (*in magazine etc*) test *m* de connaissances ▸ VT interroger

quizzical ['kwɪzɪkl] ADJ narquois(e)

quoits [kwɔɪts] NPL jeu *m* du palet

quorum ['kwɔ:rəm] N quorum *m*

quota ['kwəutə] N quota *m*

quotation [kwəu'teɪʃən] N citation *f*; (*of shares etc*) cote *f*, cours *m*; (*estimate*) devis *m*

quotation marks NPL guillemets *mpl*

★**quote** [kwəut] N citation *f*; (*estimate*) devis *m* ▸ VT (*sentence, author*) citer; (*price*) donner, soumettre; (*shares*) coter ▸ VI: **to ~ from** citer; **to ~ for a job** établir un devis pour des travaux ▸ EXCL: **~ ... unquote** (*in dictation*) ouvrez les guillemets ... fermez les guillemets ■ **quotes** NPL (*inverted commas*) guillemets *mpl*; **in quotes** entre guillemets

quotient ['kwəuʃənt] N quotient *m*

Quran, Qur'an [kɔ:'rɑ:n, kɔ:'ræn] N: **the ~** le Coran

qv ABBR (= *quod vide: which see*) voir

qwerty keyboard ['kwə:tɪ-] N clavier *m* QWERTY

Rr

R¹, r [ɑːʳ] N (*letter*) R, r *m*; **R for Robert**, (*US*) **R for Roger** R comme Raoul

R² ABBR (= *right*) dr; (*US Cine*: = *restricted*) *interdit aux moins de 17 ans*; (*US Pol*) = **republican**; (BRIT) *Rex, Regina*; (= *river*) riv., fl; (= *Réaumur (scale)*) R

RA ABBR = **rear admiral** ▸ N ABBR (BRIT) = **Royal Academy; Royal Academician**

RAAF N ABBR = **Royal Australian Air Force**

Rabat [rəˈbɑːt] N Rabat

rabbi [ˈræbaɪ] N rabbin *m*

★**rabbit** [ˈræbɪt] N lapin *m* ▸ VI: **to ~ (on)** (BRIT) parler à n'en plus finir

rabbit hole N terrier *m* (de lapin)

rabbit hutch N clapier *m*

rabble [ˈræbl] N (*pej*) populace *f*

rabid [ˈræbɪd] ADJ enragé(e)

rabies [ˈreɪbiːz] N rage *f*

RAC N ABBR (BRIT: = *Royal Automobile Club*) ≈ ACF *m*

raccoon, racoon [rəˈkuːn] N raton *m* laveur

★**race** [reɪs] N (*species*) race *f*; (*competition, rush*) course *f*; **the human ~** la race humaine ▸ VT (*person*) faire la course avec; (*horse*) faire courir; (*engine*) emballer ▸ VI (*compete*) faire la course, courir; (*hurry*) aller à toute vitesse, courir; (*engine*) s'emballer; (*pulse*) battre très vite; **to ~ in/out** *etc* entrer/sortir *etc* à toute vitesse

race car N (*US*) = **racing car**

race car driver N (*US*) = **racing driver**

racecourse [ˈreɪskɔːs] N champ *m* de courses

racegoer [ˈreɪsgəuəʳ] N (*esp* BRIT) turfiste *mf*

racehorse [ˈreɪshɔːs] N cheval *m* de course

racer [ˈreɪsəʳ] N (*bike*) vélo *m* de course

race relations NPL rapports *mpl* entre les races

racetrack [ˈreɪstræk] N piste *f*

racial [ˈreɪʃl] ADJ racial(e)

racialism [ˈreɪʃlɪzəm] N racisme *m*

racialist [ˈreɪʃlɪst] ADJ, N raciste *mf*

racing [ˈreɪsɪŋ] N courses *fpl*

racing car N (BRIT) voiture *f* de course

racing driver N (BRIT) pilote *m* de course

racism [ˈreɪsɪzəm] N racisme *m*

racist [ˈreɪsɪst] ADJ, N raciste *mf*

rack [ræk] N (*for guns, tools*) râtelier *m*; (*for clothes*) portant *m*; (*for bottles*) casier *m*; (*also*: **luggage rack**) filet *m* à bagages; (*also*: **roof rack**) galerie *f*; (*also*: **dish rack**) égouttoir *m*; **magazine ~** porte-revues *m inv*; **shoe ~** étagère *f* à chaussures; **toast ~** porte-toast *m*; **to go to ~ and ruin** (*building*) tomber en ruine; (*business*) péricliter ▸ VT tourmenter; **to ~ one's brains** se creuser la cervelle

▸ **rack up** VT accumuler

racket [ˈrækɪt] N (*for tennis*) raquette *f*; (*noise*) tapage *m*, vacarme *m*; (*swindle*) escroquerie *f*; (*organized crime*) racket *m*

racketeer [rækɪˈtɪəʳ] N (*esp US*) racketteur *m*

racketeering [rækɪˈtɪərɪŋ] N racket *m*

raconteur [rækɔnˈtəːʳ] N conteur(-euse)

racquet [ˈrækɪt] N raquette *f*

racy [ˈreɪsɪ] ADJ plein(e) de verve, osé(e)

RADA [ˈrɑːdə] N ABBR (BRIT) = **Royal Academy of Dramatic Art**

radar [ˈreɪdɑːʳ] N radar *m* ▸ CPD radar *inv*

radar trap N (*Aut*: *police*) contrôle *m* radar

radial [ˈreɪdɪəl] ADJ (*also*: **radial-ply**) à carcasse radiale

radiance [ˈreɪdɪəns] N éclat *m*, rayonnement *m*

radiant [ˈreɪdɪənt] ADJ rayonnant(e); (*Physics*) radiant(e)

radiate [ˈreɪdɪeɪt] VT (*heat*) émettre, dégager ▸ VI (*lines*) rayonner

radiation [reɪdɪˈeɪʃən] N rayonnement *m*; (*radioactive*) radiation *f*

radiation sickness N mal *m* des rayons

radiator [ˈreɪdɪeɪtəʳ] N radiateur *m*

radiator cap N bouchon *m* de radiateur

radiator grill N (*Aut*) calandre *f*

radical [ˈrædɪkl] ADJ radical(e)

radicalism [ˈrædɪklɪzəm] N radicalisme *m*

radicalization [rædɪklaɪˈzeɪʃən] N radicalisation *f*

radii [ˈreɪdɪaɪ] NPL *of* **radius**

★**radio** [ˈreɪdɪəu] N radio *f*; **on the ~** à la radio ▸ VI: **to ~ to sb** envoyer un message radio à qn ▸ VT (*information*) transmettre par radio; (*one's position*) signaler par radio; (*person*) appeler par radio

radioactive [ˈreɪdɪəuˈæktɪv] ADJ radioactif(-ive)

radioactivity [ˈreɪdɪəuækˈtɪvɪtɪ] N radioactivité *f*

radio announcer N annonceur *m*

radio cassette N radiocassette *m*

radio-controlled [ˈreɪdɪəukənˈtrəuld] ADJ radioguidé(e)

radiographer [reɪdɪˈɔgrəfəʳ] N radiologue *mf* (*technicien*)

radiography [reɪdɪˈɔgrəfɪ] N radiographie *f*

radiologist [reɪdɪˈɔlədʒɪst] N radiologue *mf* (*médecin*)
radiology [reɪdɪˈɔlədʒɪ] N radiologie *f*
radio station N station *f* de radio
radio taxi N radio-taxi *m*
radiotelephone [ˈreɪdɪəuˈtɛlɪfəun] N radiotéléphone *m*
radiotherapist [ˈreɪdɪəuˈθɛrəpɪst] N radiothérapeute *mf*
radiotherapy [ˈreɪdɪəuˈθɛrəpɪ] N radiothérapie *f*
radish [ˈrædɪʃ] N radis *m*
radium [ˈreɪdɪəm] N radium *m*
radius [ˈreɪdɪəs] (*pl* **radii** [-ɪaɪ]) N rayon *m*; (*Anat*) radius *m*; **within a ~ of 50 miles** dans un rayon de 50 milles
radon [ˈreɪdɔn] N radon *m*
RAF N ABBR (BRIT) = **Royal Air Force**
raffia [ˈræfɪə] N raphia *m*
raffish [ˈræfɪʃ] ADJ dissolu(e), canaille
raffle [ˈræfl] N tombola *f* ▸ VT mettre comme lot dans une tombola
raft [rɑːft] N (*craft: also:* **life raft**) radeau *m*; (*logs*) train *m* de flottage
rafter [ˈrɑːftə^r] N chevron *m*
rafting [ˈrɑːftɪŋ] N rafting *m*
rag [ræg] N chiffon *m*; (*pej: newspaper*) feuille *f*, torchon *m*; (*for charity*) *attractions organisées par les étudiants au profit d'œuvres de charité* ▸ VT (BRIT *inf*) chahuter, mettre en boîte ■ **rags** NPL haillons *mpl*; **in rags** (*person*) en haillons; (*clothes*) en lambeaux
rag-and-bone man [rægənˈbəun-] N (*irreg*) chiffonnier *m*
ragbag [ˈrægbæg] N (*fig*) ramassis *m*
rag doll N poupée *f* de chiffon
★**rage** [reɪdʒ] N (*fury*) rage *f*, fureur *f*; **to fly into a ~** se mettre en rage; **it's all the ~** cela fait fureur ▸ VI (*person*) être fou (folle) de rage; (*storm*) faire rage, être déchaîné(e)
ragged [ˈrægɪd] ADJ (*edge*) inégal(e), qui accroche; (*clothes*) en loques; (*cuff*) effiloché(e); (*appearance*) déguenillé(e)
raging [ˈreɪdʒɪŋ] ADJ (*sea, storm*) en furie; (*fever, pain*) violent(e); **~ toothache** rage *f* de dents; **in a ~ temper** dans une rage folle
rag trade N (*inf*): **the ~** la confection
raid [reɪd] N (*Mil*) raid *m*; (*criminal*) hold-up *m inv*; (*by police*) descente *f*, rafle *f* ▸ VT faire un raid sur *or* un hold-up dans *or* une descente dans
raider [ˈreɪdə^r] N malfaiteur *m*
★**rail** [reɪl] N (*on stair*) rampe *f*; (*on bridge, balcony*) balustrade *f*; (*of ship*) bastingage *m*; (*for train*) rail *m*; **by ~** en train, par le train ■ **rails** NPL rails *mpl*, voie ferrée
railcard [ˈreɪlkɑːd] N (BRIT) carte *f* de chemin de fer; **young person's ~** carte *f* jeune
railing [ˈreɪlɪŋ] N, **railings** [ˈreɪlɪŋz] NPL grille *f*
★**railway** [ˈreɪlweɪ], (US) **railroad** [ˈreɪlrəud] N chemin *m* de fer; (*track*) voie *f* ferrée
railway engine N locomotive *f*
railway line N (BRIT) ligne *f* de chemin de fer; (*track*) voie ferrée
railwayman [ˈreɪlweɪmən] N (*irreg*) cheminot *m*
railway station N (BRIT) gare *f*
★**rain** [reɪn] N pluie *f*; **in the ~** sous la pluie ▸ VI pleuvoir; **it's raining** il pleut ▸ VT: **it's raining cats and dogs** il pleut à torrents
▸ **rain off** VT (BRIT): **to be rained off** (*game, match*) être annulé(e) pour cause de pluie
rainbow [ˈreɪnbəu] N arc-en-ciel *m*
raincoat [ˈreɪnkəut] N imperméable *m*
raindrop [ˈreɪndrɔp] N goutte *f* de pluie
rainfall [ˈreɪnfɔːl] N chute *f* de pluie; (*measurement*) hauteur *f* des précipitations
rainforest [ˈreɪnfɔrɪst] N forêt tropicale
rainproof [ˈreɪnpruːf] ADJ imperméable
rainstorm [ˈreɪnstɔːm] N pluie torrentielle
rainwater [ˈreɪnwɔːtə^r] N eau *f* de pluie
★**rainy** [ˈreɪnɪ] ADJ pluvieux(-euse)
★**raise** [reɪz] N augmentation *f* ▸ VT (*lift*) lever; hausser; (*end: siege, embargo*) lever; (*build*) ériger; (*increase*) augmenter; (*morale*) remonter; (*standards*) améliorer; (*a protest, doubt*) provoquer, causer; (*a question*) soulever; (*cattle, family*) élever; (*crop*) faire pousser; (*army, funds*) rassembler; (*loan*) obtenir; **to ~ one's glass to sb/sth** porter un toast en l'honneur de qn/qch; **to ~ one's voice** élever la voix; **to ~ sb's hopes** donner de l'espoir à qn; **to ~ a laugh/a smile** faire rire/sourire
raisin [ˈreɪzn] N raisin sec
Raj [rɑːdʒ] N: **the ~** l'empire *m* (*aux Indes*)
rajah [ˈrɑːdʒə] N radja(h) *m*
rake [reɪk] N (*tool*) râteau *m*; (*person*) débauché *m* ▸ VT (*garden*) ratisser; (*fire*) tisonner; (*with machine gun*) balayer ▸ VI: **to ~ through** (*fig: search*) fouiller (dans)
▸ **rake in** VT (*inf: profits, money*) engranger; **he's raking it in** il engrange les bénéfices
rake-off [ˈreɪkɔf] N (*inf*) pourcentage *m*
rakish [ˈreɪkɪʃ] ADJ dissolu(e); cavalier(-ière)
rally [ˈrælɪ] N (*Pol etc*) meeting *m*, rassemblement *m*; (*Aut*) rallye *m*; (*Tennis*) échange *m* ▸ VT rassembler, rallier; (*support*) gagner ▸ VI se rallier; (*sick person*) aller mieux; (*Stock Exchange*) reprendre
▸ **rally round** VI venir en aide ▸ VT FUS se rallier à; venir en aide à
rallying point [ˈrælɪɪŋ-] N (*Mil*) point *m* de ralliement
RAM [ræm] N ABBR (*Comput: = random access memory*) mémoire *f* vive, RAM *f*
ram [ræm] N bélier *m* ▸ VT (*push*) enfoncer; (*soil*) tasser; (*crash into: vehicle*) emboutir; (*: lamppost etc*) percuter; (*in battle*) éperonner
Ramadan [ræməˈdæn] N Ramadan *m*
ramble [ˈræmbl] N randonnée *f* ▸ VI (*walk*) se promener, faire une randonnée; (*pej: also:* **ramble on**) discourir, pérorer
rambler [ˈræmblə^r] N promeneur(-euse), randonneur(-euse); (*Bot*) rosier grimpant
rambling [ˈræmblɪŋ] ADJ (*speech*) décousu(e); (*house*) plein(e) de coins et de recoins; (*Bot*) grimpant(e)
RAMC N ABBR (BRIT) = **Royal Army Medical Corps**
ramification [ræmɪfɪˈkeɪʃən] N ramification *f*

ramp [ræmp] N (*incline*) rampe *f*; (*Aut*) dénivellation *f*; (*in garage*) pont *m*; **on/off ~** (*US Aut*) bretelle *f* d'accès

rampage N ['ræmpeɪdʒ]: **to be on the ~** se déchaîner ▸ VI [ræm'peɪdʒ]: **they went rampaging through the town** ils ont envahi les rues et ont tout saccagé sur leur passage

rampant ['ræmpənt] ADJ (*disease etc*) qui sévit

rampart ['ræmpɑːt] N rempart *m*

ram raiding [-reɪdɪŋ] N *pillage d'un magasin en enfonçant la vitrine avec une voiture volée*

ramshackle ['ræmʃækl] ADJ (*house*) délabré(e); (*car etc*) déglingué(e)

RAN N ABBR = **Royal Australian Navy**

ran [ræn] PT *of* **run**

ranch [rɑːntʃ] N ranch *m*

rancher ['rɑːntʃəʳ] N (*owner*) propriétaire *m* de ranch; (*ranch hand*) cow-boy *m*

rancid ['rænsɪd] ADJ rance

rancorous ['ræŋkərəs] ADJ acrimonieux(-euse)

rancour, (*US*) **rancor** ['ræŋkəʳ] N rancune *f*, rancœur *f*

R&B N ABBR = **rhythm and blues**

R&D N ABBR (= *research and development*) R-D *f*

random ['rændəm] ADJ fait(e) *or* établi(e) au hasard; (*Comput, Math*) aléatoire ▸ N: **at ~** au hasard

random access memory N (*Comput*) mémoire vive, RAM *f*

randomize ['rændəmaɪz] VT randomiser

randomly ['rændəmlɪ] ADV (*select, assign*) aléatoirement, au hasard; (*scattered*) au hasard

R&R N ABBR (*US Mil*) = **rest and recreation**

randy ['rændɪ] ADJ (BRIT *inf*) excité(e); lubrique

rang [ræŋ] PT *of* **ring**

★**range** [reɪndʒ] N (*of mountains*) chaîne *f*; (*of missile, voice*) portée *f*; (*of products*) choix *m*, gamme *f*; (*also:* **shooting range**) champ *m* de tir; (: *indoor*) stand *m* de tir; (*also:* **kitchen range**) fourneau *m* (de cuisine); **price ~** éventail *m* des prix; **do you have anything else in this price ~?** avez-vous autre chose dans ces prix ?; **within (firing) ~** à portée (de tir) ▸ VT (*place*) mettre en rang, placer; (*roam*) parcourir; **ranged left/right** (*text*) justifié à gauche/à droite ▸ VI: **to ~ over** couvrir; **to ~ from ... to** aller de ... à

ranger ['reɪndʒəʳ] N garde *m* forestier

Rangoon [ræŋ'guːn] N Rangoon

rank [ræŋk] N rang *m*; (*Mil*) grade *m*; (BRIT: *also:* **taxi rank**) station *f* de taxis; **the ranks** (*Mil*) la troupe; **the ~ and file** (*fig*) la masse, la base; **to close ranks** (*Mil, fig*) serrer les rangs ▸ VI: **to ~ among** compter *or* se classer parmi ▸ VT: **I ~ him sixth** je le place sixième ▸ ADJ (*smell*) nauséabond(e); (*hypocrisy, injustice etc*) flagrant(e); **he's a ~ outsider** il n'est vraiment pas dans la course

ranking ['ræŋkɪŋ] N (*of player, team*) classement *m*; **in the world rankings** au classement mondial

rankle ['ræŋkl] VI (*insult*) rester sur le cœur

ransack ['rænsæk] VT fouiller (à fond); (*plunder*) piller

ransom ['rænsəm] N rançon *f*; **to hold sb to ~** (*fig*) exercer un chantage sur qn

ransomware ['rænsəmwɛəʳ] N (*Comput*) logiciel *m* de rançon, rançongiciel *m*

rant [rænt] VI fulminer

ranting ['ræntɪŋ] N invectives *fpl*

rap [ræp] N petit coup sec; tape *f*; (*music*) rap *m* ▸ VT (*door*) frapper sur *or* à; (*table etc*) taper sur

rape [reɪp] N viol *m*; (*Bot*) colza *m* ▸ VT violer

rape oil, rapeseed oil ['reɪpsiːd-] N huile *f* de colza

rapid ['ræpɪd] ADJ rapide

rapidity [rə'pɪdɪtɪ] N rapidité *f*

rapidly ['ræpɪdlɪ] ADV rapidement

rapids ['ræpɪdz] NPL (*Geo*) rapides *mpl*

rapist ['reɪpɪst] N auteur *m* d'un viol

rapper ['ræpəʳ] N rappeur(-euse)

rapport [ræ'pɔːʳ] N entente *f*

rapt [ræpt] ADJ (*attention*) extrême; **to be ~ in contemplation** être perdu(e) dans la contemplation

rapture ['ræptʃəʳ] N extase *f*, ravissement *m*; **to go into raptures over** s'extasier sur

rapturous ['ræptʃərəs] ADJ extasié(e); frénétique

★**rare** [rɛəʳ] ADJ rare; (*Culin: steak*) saignant(e)

rarebit ['rɛəbɪt] N *see* **Welsh rarebit**

rarefied ['rɛərɪfaɪd] ADJ (*air, atmosphere*) raréfié(e)

rarely ['rɛəlɪ] ADV rarement

raring ['rɛərɪŋ] ADJ: **to be ~ to go** (*inf*) être très impatient(e) de commencer

rarity ['rɛərɪtɪ] N rareté *f*

rascal ['rɑːskl] N vaurien *m*

rash [ræʃ] ADJ (*person*) imprudent(e); (*decision*) inconsidéré(e); **don't do anything ~** ne faites rien d'inconsidéré ▸ N (*Med*) rougeur *f*, éruption *f*; (*of events*) série *f* (noire); **to come out in a ~** avoir une éruption

rasher ['ræʃəʳ] N fine tranche (de lard)

rashly ['ræʃlɪ] ADV inconsidérément

rasp [rɑːsp] N (*tool*) lime *f* ▸ VT (*speak: also:* **rasp out**) dire d'une voix grinçante

★**raspberry** ['rɑːzbərɪ] N framboise *f*

raspberry bush N framboisier *m*

rasping ['rɑːspɪŋ] ADJ: **~ noise** grincement *m*

Rastafarian [ræstə'fɛərɪən] ADJ, N rastafari *mf*

rat [ræt] N rat *m*

ratable ['reɪtəbl] ADJ *see* **rateable value**

ratatouille [rætə'tuːi] N ratatouille *f*

ratchet ['rætʃɪt] N: **~ wheel** roue *f* à rochet

★**rate** [reɪt] N (*ratio*) taux *m*, pourcentage *m*; (*speed*) vitesse *f*, rythme *m*; (*price*) tarif *m*; **at a ~ of 60 kph** à une vitesse de 60 km/h; **at any ~** en tout cas; **~ of exchange** taux *or* cours *m* du change; **~ of flow** débit *m*; **~ of return** (taux de) rendement *m*; **pulse ~** fréquence *f* des pulsations ▸ VT (*price*) évaluer, estimer; (*people*) classer; (*deserve*) mériter; **to ~ sb/sth as** considérer qn/qch comme; **to ~ sb/sth among** classer qn/qch parmi; **to ~ sb/sth highly** avoir une haute opinion de qn/qch ▪ **rates** NPL (BRIT) (*property tax*) impôts locaux

rateable value ['reɪtəbl-] N (BRIT) valeur locative imposable

ratepayer ['reɪtpeɪəʳ] N (BRIT) contribuable *mf* (*payant les impôts locaux*)

r

★**rather** [ˈrɑːðəʳ] ADV (*somewhat*) assez, plutôt; (*to some extent*) un peu; **it's ~ expensive** c'est assez cher; (*too much*) c'est un peu cher; **there's ~ a lot** il y en a beaucoup; **I would** *or* **I'd ~ go** j'aimerais mieux *or* je préférerais partir; **I'd ~ not leave** j'aimerais mieux ne pas partir; **or ~** (*more accurately*) ou plutôt; **I ~ think he won't come** je crois bien qu'il ne viendra pas

ratification [rætɪfɪˈkeɪʃən] N ratification *f*

ratify [ˈrætɪfaɪ] VT ratifier

rating [ˈreɪtɪŋ] N (*assessment*) évaluation *f*; (*score*) classement *m*; (*Finance*) cote *f*; (*Naut: category*) classe *f*; (*: sailor*: BRIT) matelot *m* ■ **ratings** NPL (*Radio*) indice(s) *m(pl)* d'écoute; (TV) Audimat® *m*

ratio [ˈreɪʃɪəu] N proportion *f*; **in the ~ of 100 to 1** dans la proportion de 100 contre 1

ration [ˈræʃən] N ration *f* ▸ VT rationner ■ **rations** NPL (*food*) vivres *mpl*

rational [ˈræʃənl] ADJ raisonnable, sensé(e); (*solution, reasoning*) logique; (*Med: person*) lucide

rationale [ræʃəˈnɑːl] N raisonnement *m*; justification *f*

rationalism [ˈræʃənlɪzəm] N rationalisme *m*

rationalization [ræʃnəlaɪˈzeɪʃən] N rationalisation *f*

rationalize [ˈræʃnəlaɪz] VT rationaliser; (*conduct*) essayer d'expliquer *or* de motiver

rationally [ˈræʃnəlɪ] ADV raisonnablement; logiquement

rationing [ˈræʃnɪŋ] N rationnement *m*

ratpack N (BRIT *pej*) journalistes *mpl* de la presse à sensation

rat poison N mort-aux-rats *f inv*

rat race N foire *f* d'empoigne

rattan [ræˈtæn] N rotin *m*

rattle [ˈrætl] N (*of door, window*) battement *m*; (*of coins, chain*) cliquetis *m*; (*of train, engine*) bruit *m* de ferraille; (*for baby*) hochet *m*; (*of sports fan*) crécelle *f* ▸ VI cliqueter; (*car, bus*): **to ~ along** rouler en faisant un bruit de ferraille ▸ VT agiter (bruyamment); (*inf: disconcert*) décontenancer; (*: annoy*) embêter
▸ **rattle off** VT (*names, statistics*) débiter

rattlesnake [ˈrætlsneɪk] N serpent *m* à sonnettes

ratty [ˈrætɪ] ADJ (*inf*) en rogne (*inf*)

raucous [ˈrɔːkəs] ADJ rauque

raucously [ˈrɔːkəslɪ] ADV d'une voix rauque

raunchy [ˈrɔːntʃɪ] ADJ (*inf: voice, image, act*) sexy; (*scenes, film*) lubrique

ravage [ˈrævɪdʒ] VT ravager

ravages [ˈrævɪdʒɪz] NPL ravages *mpl*

rave [reɪv] VI (*in anger*) s'emporter; (*with enthusiasm*) s'extasier; (*Med*) délirer ▸ N (*party*) rave *f*, soirée *f* techno ▸ ADJ (*scene, culture, music*) rave, techno ▸ CPD: **~ review** (*inf*) critique *f* dithyrambique

raven [ˈreɪvən] N grand corbeau

ravenous [ˈrævənəs] ADJ affamé(e)

ravine [rəˈviːn] N ravin *m*

raving [ˈreɪvɪŋ] ADJ: **he's ~ mad** il est complètement cinglé

ravings [ˈreɪvɪŋz] NPL divagations *fpl*

ravioli [rævɪˈəulɪ] N ravioli *mpl*

ravish [ˈrævɪʃ] VT ravir

ravishing [ˈrævɪʃɪŋ] ADJ enchanteur(-eresse)

★**raw** [rɔː] ADJ (*uncooked*) cru(e); (*not processed*) brut(e); (*sore*) à vif, irrité(e); (*inexperienced*) inexpérimenté(e); (*weather, day*) froid(e) et humide; **~ deal** (*inf: bad bargain*) sale coup *m*; **to get a ~ deal** (*inf: unfair treatment*) être traité(e) injustement; **~ materials** matières premières

Rawalpindi [rɔːlˈpɪndɪ] N Rawalpindi

ray [reɪ] N rayon *m*; **~ of hope** lueur *f* d'espoir

rayon [ˈreɪɔn] N rayonne *f*

raze [reɪz] VT (*also:* **raze to the ground**) raser

razor [ˈreɪzəʳ] N rasoir *m*

razor blade N lame *f* de rasoir

razzle [ˈræzl], **razzle-dazzle** [ˈræzlˈdæzl] N (BRIT *inf*): **to go on the ~** faire la bringue (*inf*)

razzmatazz [ˈræzməˈtæz] N (*inf*) tralala *m*, tapage *m*

RC ABBR = **Roman Catholic**

RCAF N ABBR = **Royal Canadian Air Force**

RCMP N ABBR = **Royal Canadian Mounted Police**

RCN N ABBR = **Royal Canadian Navy**

RD ABBR (US) = **rural delivery**

Rd ABBR = **road**

RE N ABBR (BRIT: = *religious education*) instruction religieuse; (BRIT *Mil*) = **Royal Engineers**

re [riː] PREP concernant

★**reach** [riːtʃ] N portée *f*, atteinte *f*; (*of river etc*) étendue *f*; **out of/within ~** (*object*) hors de/à portée; **within easy ~ (of)** (*place*) à proximité (de), proche (de) ▸ VT atteindre, arriver à; (*conclusion, decision*) parvenir à; **to ~ sb by phone** joindre qn par téléphone ▸ VI s'étendre; (*stretch out hand*): **to ~ up/down** *etc* **(for sth)** lever/baisser *etc* le bras (pour prendre qch)
▸ **reach out** VT tendre ▸ VI: **to ~ out (for)** allonger le bras (pour prendre)

★**react** [riːˈækt] VI réagir

★**reaction** [riːˈækʃən] N réaction *f*

reactionary [riːˈækʃənrɪ] ADJ, N réactionnaire *mf*

reactivate [riˈæktɪveɪt] VT réactiver

reactor [riːˈæktəʳ] N réacteur *m*

★**read** [riːd] (*pt, pp* **~** [rɛd]) VI lire ▸ VT lire; (*understand*) comprendre, interpréter; (*study*) étudier; (*meter*) relever; (*subj: instrument etc*) indiquer, marquer; **do you ~ me?** (*Tel*) est-ce que vous me recevez ?; **to take sth as ~** (*fig*) considérer qch comme accepté; **to ~ sth into sb's remarks** voir qch dans les remarques de qn; **to ~ too much into sth** attacher trop d'importance à qch
▸ **read out** [riːd aut] VT lire à haute voix
▸ **read over** [riːd ˈəuvəʳ] VT relire
▸ **read through** [riːd θruː] VT (*quickly*) parcourir; (*thoroughly*) lire jusqu'au bout
▸ **read up about** [riːd ʌp əˈbaut], **read up on** [riːd ʌp ɔn] VT étudier

readable [ˈriːdəbl] ADJ facile *or* agréable à lire

★**reader** [ˈriːdəʳ] N lecteur(-trice); (*book*) livre *m* de lecture; (BRIT: *at university*) maître *m* de conférences

readership [ˈriːdəʃɪp] N (*of paper etc*) (nombre *m* de) lecteurs *mpl*

readily [ˈrɛdɪlɪ] ADV volontiers, avec empressement; (*easily*) facilement

readiness ['rɛdɪnɪs] N empressement *m*; **in ~** (*prepared*) prêt(e)

★**reading** ['ri:dɪŋ] N lecture *f*; (*understanding*) interprétation *f*; (*on instrument*) indications *fpl*

reading lamp N lampe *f* de bureau

reading room N salle *f* de lecture

readjust [ri:ə'dʒʌst] VT rajuster; (*instrument*) régler de nouveau ▸VI (*person*): **to ~ (to)** se réadapter (à)

readjustment [ri:ə'dʒʌstmənt] N réadaptation *f*

readout ['ri:daut] N (*from instrument*) mesure *f*

★**ready** ['rɛdɪ] ADJ prêt(e); (*willing*) prêt, disposé(e); (*quick*) prompt(e); (*available*) disponible; **~ for use** prêt à l'emploi; **to be ~ to do sth** être prêt à faire qch; **when will my photos be ~?** quand est-ce que mes photos seront prêtes ?; **to get ~** (*as vi*) se préparer; (*as vt*) préparer ▸N: **at the ~** (*Mil*) prêt à faire feu; (*fig*) tout(e) prêt(e)

ready cash N (argent *m*) liquide *m*

ready-cooked ['rɛdɪ'kukd] ADJ précuit(e)

ready-made ['rɛdɪ'meɪd] ADJ tout(e) fait(e)

ready-mix ['rɛdɪmɪks] N (*for cakes etc*) préparation *f* en sachet

ready reckoner [-'rɛknəʳ] N (BRIT) barème *m*

ready-to-wear ['rɛdɪtə'wɛəʳ] ADJ (en) prêt-à-porter

reaffirm [ri:ə'fə:m] VT réaffirmer; **to ~ (that) …** confirmer que …

reaffirmation [ri:æfə'meɪʃən] N réaffirmation *f*

reafforestation [ri:əfɔrɪ'steɪʃən] N (*esp* BRIT) reboisement *m*

reagent [ri:'eɪdʒənt] N réactif *m*

★**real** [rɪəl] ADJ (*world, life*) réel(le); (*genuine*) véritable; (*proper*) vrai(e); **in ~ life** dans la réalité ▸ADV (*US inf: very*) vraiment

real ale N bière traditionnelle

real estate N biens fonciers *or* immobiliers

realign [ri:ə'laɪn] VT (*policies, plans*) repenser; (*party*) réorienter; (*reposition: objects*) réagencer

realignment [ri:ə'laɪnmənt] N (*of company, economy*) réorientation *f*

realism ['rɪəlɪzəm] N réalisme *m*

realist ['rɪəlɪst] N réaliste *mf*

realistic [rɪə'lɪstɪk] ADJ réaliste

realistically [rɪə'lɪstɪklɪ] ADV (*pragmatically, accurately*) de façon réaliste; (*reasonably*) raisonnablement; (*in reality*) en réalité

★**reality** [ri:'ælɪtɪ] N réalité *f*; **in ~** en réalité, en fait

reality TV N téléréalité *f*

realizable ['rɪəlaɪzəbl] ADJ réalisable

realization [rɪəlaɪ'zeɪʃən] N (*awareness*) prise *f* de conscience; (*fulfilment: also: of asset*) réalisation *f*

★**realize** ['rɪəlaɪz] VT (*understand*) se rendre compte de, prendre conscience de; (*a project, Comm: asset*) réaliser

reallocate [ri:'æləukeɪt] VT redistribuer

★**really** ['rɪəlɪ] ADV vraiment; **~?** vraiment ?, c'est vrai ?

realm [rɛlm] N royaume *m*; (*fig*) domaine *m*

real-time ['ri:ltaɪm] ADJ (*Comput*) en temps réel

realtor ['rɪəltɔ:ʳ] N (*US*) agent immobilier

ream [ri:m] N rame *f* (*de papier*) ■ **reams** NPL (*inf*) (*fig*) des pages et des pages

reap [ri:p] VT moissonner; (*fig*) récolter

reaper ['ri:pəʳ] N (*machine*) moissonneuse *f*

reappear [ri:ə'pɪəʳ] VI réapparaître, reparaître

reappearance [ri:ə'pɪərəns] N réapparition *f*

reapply [ri:ə'plaɪ] VI: **to ~ for** (*job*) faire une nouvelle demande d'emploi concernant; reposer sa candidature à; (*loan, grant*) faire une nouvelle demande de

reappraisal [ri:ə'preɪzl] N réévaluation *f*

rear [rɪəʳ] ADJ de derrière, arrière *inv*; (*Aut: wheel etc*) arrière ▸N arrière *m*, derrière *m* ▸VT (*cattle, family*) élever ▸VI (*also:* **rear up**: *animal*) se cabrer

rear admiral N vice-amiral *m*

rear-engined ['rɪər'ɛndʒɪnd] ADJ (*Aut*) avec moteur à l'arrière

rearguard ['rɪəgɑ:d] N arrière-garde *f*

rearmament [ri:'ɑ:məmənt] N réarmement *m*

rearrange [ri:ə'reɪndʒ] VT réarranger

rear-view mirror ['rɪəvju:-] N (*Aut*) rétroviseur *m*

rear-wheel drive ['rɪəwi:l-] N (*Aut*) traction *f* arrière

★**reason** ['ri:zn] N raison *f*; **the ~ for/why** la raison de/pour laquelle; **to have ~ to think** avoir lieu de penser; **it stands to ~ that** il va sans dire que; **she claims with good ~ that …** elle affirme à juste titre que …; **all the more ~ why** raison de plus pour + *infinitive or* pour que + *sub*; **within ~** dans les limites du raisonnable ▸VI: **to ~ with sb** raisonner qn, faire entendre raison à qn

★**reasonable** ['ri:znəbl] ADJ raisonnable; (*not bad*) acceptable

reasonably ['ri:znəblɪ] ADV (*behave*) raisonnablement; (*fairly*) assez; **one can ~ assume that …** on est fondé à *or* il est permis de supposer que …

reasoned ['ri:znd] ADJ (*argument*) raisonné(e)

reasoning ['ri:znɪŋ] N raisonnement *m*

reassemble [ri:ə'sɛmbl] VT rassembler; (*machine*) remonter

reassert [ri:ə'sə:t] VT réaffirmer

reassess [ri:ə'sɛs] VT réexaminer

reassessment [ri:ə'sɛsmənt] N réexamen *m*

reassurance [ri:ə'ʃuərəns] N (*factual*) assurance *f*, garantie *f*; (*emotional*) réconfort *m*

reassure [ri:ə'ʃuəʳ] VT rassurer; **to ~ sb of** donner à qn l'assurance répétée de

reassuring [ri:ə'ʃuərɪŋ] ADJ rassurant(e)

reassuringly [ri:ə'ʃuərɪŋlɪ] ADV (*say*) d'un ton rassurant; **she smiled at me ~** elle m'a souri pour me rassurer

reawakening [ri:ə'weɪknɪŋ] N réveil *m*

rebate ['ri:beɪt] N (*on product*) rabais *m*; (*on tax etc*) dégrèvement *m*; (*repayment*) remboursement *m*

rebel N ['rɛbl] rebelle *mf* ▸VI [rɪ'bɛl] se rebeller, se révolter

rebellion [rɪ'bɛljən] N rébellion *f*, révolte *f*

rebellious [rɪ'bɛljəs] ADJ rebelle

rebelliousness [rɪ'bɛljəsnɪs] N esprit *m* de rébellion

rebirth [ri:'bə:θ] N renaissance *f*

reborn [ri:'bɔ:n] ADJ (*Rel*): **to be ~** renaître; (*fig*): **to be ~ as sth** se réincarner en qch

r

rebound VI [rɪˈbaund] (*ball*) rebondir ▶ N [ˈriːbaund] rebond *m*
rebrand [riːˈbrænd] VT changer l'image de
rebranding [riːˈbrændɪŋ] N changement *m* d'image
rebuff [rɪˈbʌf] N rebuffade *f* ▶ VT repousser
rebuild [riːˈbɪld] VT (*irreg: like* **build**) reconstruire
rebuke [rɪˈbjuːk] N réprimande *f*, reproche *m* ▶ VT réprimander
rebut [rɪˈbʌt] VT réfuter
rebuttal [rɪˈbʌtl] N réfutation *f*
recalcitrant [rɪˈkælsɪtrənt] ADJ récalcitrant(e)
recall VT [rɪˈkɔːl] rappeler; (*remember*) se rappeler, se souvenir de ▶ N [ˈriːkɔl] rappel *m*; (*ability to remember*) mémoire *f*; **beyond ~** *adj* irrévocable
recant [rɪˈkænt] VI se rétracter; (*Rel*) abjurer
recap [ˈriːkæp] N récapitulation *f* ▶ VT, VI récapituler
recapture [riːˈkæptʃəʳ] VT reprendre; (*atmosphere*) recréer
recede [rɪˈsiːd] VI s'éloigner; reculer
receding [rɪˈsiːdɪŋ] ADJ (*forehead, chin*) fuyant(e); **~ hairline** front dégarni
★**receipt** [rɪˈsiːt] N (*document*) reçu *m*; (*for parcel etc*) accusé *m* de réception; (*act of receiving*) réception *f*; **to acknowledge ~ of** accuser réception de; **we are in ~ of ...** nous avons reçu ...; **can I have a ~, please?** je peux avoir un reçu, s'il vous plaît ?
■ **receipts** NPL (*Comm*) recettes *fpl*
receivable [rɪˈsiːvəbl] ADJ (*Comm*) recevable; (*: owing*) à recevoir
★**receive** [rɪˈsiːv] VT recevoir; (*guest*) recevoir, accueillir; **"received with thanks"** (*Comm*) « pour acquit »; **Received Pronunciation** *voir article*

En Grande-Bretagne, la **Received Pronunciation** ou **RP** est un accent surtout caractéristique du sud de l'Angleterre. Bien qu'aucun critère objectif n'en fasse un accent supérieur à ceux d'autres régions anglaises, il est depuis longtemps associé aux élites politiques et financières du pays. Depuis les années 1960, les accents régionaux ont cependant gagné en visibilité dans les médias et la vie publique, à tel point que dans certains contextes la *RP* est parfois perçue de façon négative.

receiver [rɪˈsiːvəʳ] N (*Tel*) récepteur *m*, combiné *m*; (*Radio*) récepteur; (*of stolen goods*) receleur *m*; (*for bankruptcies*) administrateur *m* judiciaire
receivership [rɪˈsiːvəʃɪp] N: **to go into ~** être placé sous administration judiciaire
★**recent** [ˈriːsnt] ADJ récent(e); **in ~ years** au cours de ces dernières années
★**recently** [ˈriːsntlɪ] ADV récemment; **as ~ as** pas plus tard que; **until ~** jusqu'à il y a peu de temps encore
receptacle [rɪˈsɛptɪkl] N récipient *m*
reception [rɪˈsɛpʃən] N réception *f*; (*welcome*) accueil *m*, réception
reception centre N (BRIT) centre *m* d'accueil
reception desk N réception *f*
receptionist [rɪˈsɛpʃənɪst] N réceptionniste *mf*
receptive [rɪˈsɛptɪv] ADJ réceptif(-ive)
recess [rɪˈsɛs] N (*in room*) renfoncement *m*; (*for bed*) alcôve *f*; (*secret place*) recoin *m*; (*Pol etc: holiday*) vacances *fpl*; (*US Law: short break*) suspension *f* d'audience; (*Scol: esp US*) récréation *f*
★**recession** [rɪˈsɛʃən] N (*Econ*) récession *f*
recessionista [rɪsɛʃəˈnɪstə] N recessionista *mf*
recessive [rɪˈsɛsɪv] ADJ (*gene*) récessif(-ive)
recharge [riːˈtʃɑːdʒ] VT (*battery*) recharger
rechargeable [riːˈtʃɑːdʒəbl] ADJ rechargeable
★**recipe** [ˈrɛsɪpɪ] N recette *f*
recipient [rɪˈsɪpɪənt] N (*of payment*) bénéficiaire *mf*; (*of letter*) destinataire *mf*
reciprocal [rɪˈsɪprəkl] ADJ réciproque
reciprocate [rɪˈsɪprəkeɪt] VT retourner, offrir en retour ▶ VI en faire autant
recital [rɪˈsaɪtl] N récital *m*
recitation [rɛsɪˈteɪʃən] N récitation *f*
recite [rɪˈsaɪt] VT (*poem*) réciter; (*complaints etc*) énumérer
reckless [ˈrɛkləs] ADJ (*careless*) imprudent(e); (*heedless of danger*) téméraire; **~ driver** conducteur(-trice) imprudent(e)
recklessly [ˈrɛkləslɪ] ADV imprudemment
recklessness [ˈrɛkləsnɪs] N imprudence *f*
★**reckon** [ˈrɛkən] VT (*count*) calculer, compter; (*consider*) considérer, estimer; (*think*): **I ~ (that) ...** je pense (que) ..., j'estime (que) ... ▶ VI: **to ~ with** (*take into account*) tenir compte de; **he is somebody to be reckoned with** il ne faut pas le sous-estimer; **to ~ without sb/sth** ne pas tenir compte de qn/qch
▶ **reckon on** VT FUS compter sur, s'attendre à
reckoning [ˈrɛknɪŋ] N compte *m*, calcul *m*; estimation *f*; **the day of ~** le jour du Jugement
reclaim [rɪˈkleɪm] VT (*land: from sea*) assécher; (*: from forest*) défricher; (*: with fertilizer*) amender; (*demand back*) réclamer (le remboursement *or* la restitution de); (*waste materials*) récupérer
reclamation [rɛkləˈmeɪʃən] N (*of land*) amendement *m*; assèchement *m*; défrichement *m*
recline [rɪˈklaɪn] VI être allongé(e) *or* étendu(e)
recliner [rɪˈklaɪnəʳ] N fauteuil *m* relax
reclining [rɪˈklaɪnɪŋ] ADJ (*seat*) à dossier réglable
recluse [rɪˈkluːs] N reclus(e), ermite *m*
reclusive [rɪˈkluːsɪv] ADJ (*person*) solitaire; (*life*) de reclus(e)
recognition [rɛkəgˈnɪʃən] N reconnaissance *f*; **in ~ of** en reconnaissance de; **to gain ~** être reconnu(e); **transformed beyond ~** méconnaissable
recognizable [ˈrɛkəgnaɪzəbl] ADJ: **~ (by)** reconnaissable (à)
★**recognize** [ˈrɛkəgnaɪz] VT: **to ~ (by/as)** reconnaître (à/comme étant)
recoil [rɪˈkɔɪl] VI (*person*): **to ~ (from)** reculer (devant) ▶ N (*of gun*) recul *m*
recollect [rɛkəˈlɛkt] VT se rappeler, se souvenir de
recollection [rɛkəˈlɛkʃən] N souvenir *m*; **to the best of my ~** autant que je m'en souvienne
★**recommend** [rɛkəˈmɛnd] VT recommander; **can you ~ a good restaurant?** pouvez-vous me conseiller un bon restaurant ?; **she has a lot to ~ her** elle a beaucoup de choses en sa faveur

recommendation [rɛkəmɛnˈdeɪʃən] N recommandation *f*

recommended [rɛkəˈmɛndɪd] ADJ conseillé(e), recommandé(e)

recommended retail price N (BRIT) prix conseillé

recompense [ˈrɛkəmpɛns] VT récompenser; (*compensate*) dédommager ▸ N récompense *f*; dédommagement *m*

reconcilable [ˈrɛkənsaɪləbl] ADJ (*ideas*) conciliable

reconcile [ˈrɛkənsaɪl] VT (*two people*) réconcilier; (*two facts*) concilier, accorder; **to ~ o.s. to** se résigner à

reconciliation [rɛkənsɪlɪˈeɪʃən] N réconciliation *f*; conciliation *f*

recondite [rɪˈkɔndaɪt] ADJ abstrus(e), obscur(e)

recondition [riːkənˈdɪʃən] VT remettre à neuf; réviser entièrement

reconfigure [riːkənˈfɪgəʳ] VT reconfigurer

reconnaissance [rɪˈkɔnɪsns] N (*Mil*) reconnaissance *f*

reconnect [riːkəˈnɛkt] VT (*electricity, water supply*) rebrancher; (*customer, house*) rebrancher sur le réseau

reconnoitre, (*US*) **reconnoiter** [rɛkəˈnɔɪtəʳ] (*Mil*) VT reconnaître ▸ VI faire une reconnaissance

reconsider [riːkənˈsɪdəʳ] VT reconsidérer

reconstitute [riːˈkɔnstɪtjuːt] VT reconstituer

reconstruct [riːkənˈstrʌkt] VT (*building*) reconstruire; (*crime, system*) reconstituer

reconstruction [riːkənˈstrʌkʃən] N reconstruction *f*; reconstitution *f*

reconstructive [riːkənˈstrʌktɪv] ADJ reconstructif(-ive)

reconvene [riːkənˈviːn] VT reconvoquer ▸ VI se réunir *or* s'assembler de nouveau

★**record** N [ˈrɛkɔːd] rapport *m*, récit *m*; (*of meeting etc*) procès-verbal *m*; (*register*) registre *m*; (*file*) dossier *m*; (*Comput*) article *m*; (*also:* **police record**) casier *m* judiciaire; (*Mus: disc*) disque *m*; (*Sport*) record *m*; **to keep a ~ of** noter; **to set the ~ straight** (*fig*) mettre les choses au point; **he is on ~ as saying that …** il a déclaré en public que …; **Italy's excellent ~** les excellents résultats obtenus par l'Italie; **off the ~** *adj* officieux(-euse); *adv* officieusement; **public records** archives *fpl* ▸ ADJ [ˈrɛkɔːd] record *inv*; **in ~ time** dans un temps record ▸ VT [rɪˈkɔːd] (*set down*) noter; (*relate*) rapporter; (*Mus: song etc*) enregistrer

record card N (*in file*) fiche *f*

recorded delivery [rɪˈkɔːdɪd-] N (BRIT *Post*): **to send sth ~** ≈ envoyer qch en recommandé

recorded delivery letter [rɪˈkɔːdɪd-] N (BRIT *Post*) ≈ lettre recommandée

recorder [rɪˈkɔːdəʳ] N (*Law*) *avocat nommé à la fonction de juge*; (*Mus*) flûte *f* à bec

record holder N (*Sport*) détenteur(-trice) du record

★**recording** [rɪˈkɔːdɪŋ] N (*Mus*) enregistrement *m*

recording studio N studio *m* d'enregistrement

record-keeping [ˈrɛkɔːdkiːpɪŋ] N archivage *m*

record library N discothèque *f*

record player N tourne-disque *m*

recount [rɪˈkaunt] VT raconter

re-count N [ˈriːkaunt] (*Pol: of votes*) nouveau décompte (des suffrages) ▸ VT [riːˈkaunt] recompter

recoup [rɪˈkuːp] VT: **to ~ one's losses** récupérer ce qu'on a perdu, se refaire

recourse [rɪˈkɔːs] N recours *m*; expédient *m*; **to have ~ to** recourir à, avoir recours à

★**recover** [rɪˈkʌvəʳ] VT récupérer ▸ VI (*from illness*) se rétablir; (*from shock*) se remettre; (*country*) se redresser

re-cover [riːˈkʌvəʳ] VT (*chair etc*) recouvrir

recoverable [rɪˈkʌvərəbl] ADJ (*costs*) recouvrable

★**recovery** [rɪˈkʌvərɪ] N récupération *f*; rétablissement *m*; (*Econ*) redressement *m*

recreate [riːkrɪˈeɪt] VT recréer

recreation [rɛkrɪˈeɪʃən] N (*leisure*) récréation *f*, détente *f*

recreational [rɛkrɪˈeɪʃənl] ADJ pour la détente, récréatif(-ive)

recreational drug N drogue récréative

recreational vehicle N (*US*) camping-car *m*

recrimination [rɪkrɪmɪˈneɪʃən] N récrimination *f*

recruit [rɪˈkruːt] N recrue *f* ▸ VT recruter

recruiting office [rɪˈkruːtɪŋ-] N bureau *m* de recrutement

recruitment [rɪˈkruːtmənt] N recrutement *m*

rectangle [ˈrɛktæŋgl] N rectangle *m*

rectangular [rɛkˈtæŋgjuləʳ] ADJ rectangulaire

rectify [ˈrɛktɪfaɪ] VT (*error*) rectifier, corriger; (*omission*) réparer

rector [ˈrɛktəʳ] N (*Rel*) pasteur *m*; (*in Scottish universities*) *personnalité élue par les étudiants pour les représenter*

rectory [ˈrɛktərɪ] N presbytère *m*

rectum [ˈrɛktəm] N (*Anat*) rectum *m*

recuperate [rɪˈkjuːpəreɪt] VI (*from illness*) se rétablir

recuperation [rɪˈkuːpəreɪʃən] N rétablissement *m*; **powers of ~** pouvoir *m* de récupération

recuperative [rɪˈkuːpərətɪv] ADJ: **~ powers** pouvoir *m* de récupération

recur [rɪˈkəːʳ] VI se reproduire; (*idea, opportunity*) se retrouver; (*symptoms*) réapparaître

recurrence [rɪˈkəːrns] N répétition *f*; réapparition *f*

recurrent [rɪˈkəːrnt] ADJ périodique, fréquent(e)

recurring [rɪˈkəːrɪŋ] ADJ (*problem*) périodique, fréquent(e); (*Math*) périodique

recyclable [riːˈsaɪkləbl] ADJ recyclable

recycle [riːˈsaɪkl] VT, VI recycler

recycled [riːˈsaɪkld] ADJ recyclé(e); (*waste, water*) recyclé(e), retraité(e); **~ paper** papier *m* recyclé

recycling [riːˈsaɪklɪŋ] N recyclage *m*

★**red** [rɛd] N rouge *m*; (*Pol: pej*) rouge *mf*; **in the ~** (*account*) à découvert; (*business*) en déficit ▸ ADJ rouge; (*hair*) roux (rousse)

red alert N alerte *f* rouge

red-blooded [rɛdˈblʌdɪd] ADJ (*inf*) viril(e), vigoureux(-euse)

r

redbrick university ['rɛdbrɪk-] N (BRIT) *voir article*

Une **redbrick university**, ainsi nommée à cause du matériau de construction répandu à l'époque (la brique), est une université britannique provinciale construite assez récemment, en particulier fin XIXe - début XXe siècle. Il y en a notamment une à Manchester, une à Liverpool et une à Bristol. Ce terme est utilisé pour établir une distinction avec les universités plus anciennes et plus traditionnelles.

red carpet treatment N réception *f* en grande pompe

Red Cross N Croix-Rouge *f*

redcurrant ['rɛdkʌrənt] N groseille *f* (rouge)

redden ['rɛdn] VT, VI rougir

reddish ['rɛdɪʃ] ADJ rougeâtre; (*hair*) plutôt roux (rousse)

redecorate [riː'dɛkəreɪt] VT refaire à neuf, repeindre et retapisser

redeem [rɪ'diːm] VT (*debt*) rembourser; (*sth in pawn*) dégager; (*fig, Rel*) racheter

redeemable [rɪ'diːməbl] ADJ rachetable; remboursable, amortissable

redeeming [rɪ'diːmɪŋ] ADJ (*feature*) qui sauve, qui rachète (le reste)

redefine [riːdɪ'faɪn] VT redéfinir

redemption [rɪ'dɛmʃən] N (*Rel*) rédemption *f*; **past** *or* **beyond ~** (*situation*) irrémédiable; (*place*) qui ne peut plus être sauvé(e); (*person*) irrécupérable

redeploy [riːdɪ'plɔɪ] VT (*Mil*) redéployer; (*staff, resources*) reconvertir

redeployment [riːdɪ'plɔɪmənt] N redéploiement *m*; reconversion *f*

redesign [riːdɪ'zaɪn] VT (*building*) réaménager; (*system*) repenser

redevelop [riːdɪ'vɛləp] VT rénover

redevelopment [riːdɪ'vɛləpmənt] N rénovation *f*

red-haired [rɛd'hɛəd] ADJ roux (rousse)

red-handed [rɛd'hændɪd] ADJ: **to be caught ~** être pris(e) en flagrant délit *or* la main dans le sac

redhead ['rɛdhɛd] N roux (rousse)

red herring N (*fig*) diversion *f*, fausse piste

red-hot [rɛd'hɔt] ADJ chauffé(e) au rouge, brûlant(e)

redirect [riːdaɪ'rɛkt] VT (*mail*) faire suivre

rediscover [riːdɪ'skʌvəʳ] VT redécouvrir

redistribute [riːdɪ'strɪbjuːt] VT redistribuer

redistribution [riːdɪstrɪ'bjuːʃən] N redistribution *f*

red-letter day ['rɛdlɛtə-] N grand jour *m*, jour mémorable

red light N: **to go through a ~** (*Aut*) brûler un feu rouge

red-light district ['rɛdlaɪt-] N quartier mal famé

red meat N viande *f* rouge

redneck ['rɛdnɛk] N (*esp US pej*) plouc *m* (*inf*)

redness ['rɛdnɪs] N rougeur *f*; (*of hair*) rousseur *f*

redo [riː'duː] VT (*irreg: like* **do**) refaire

redolent ['rɛdələnt] ADJ: **~ of** qui sent; (*fig*) qui évoque

redouble [riː'dʌbl] VT: **to ~ one's efforts** redoubler d'efforts

redoubtable [rɪ'dautəbl] ADJ redoutable

redraft [riː'drɑːft] VT remanier

redress [rɪ'drɛs] N réparation *f* ▸ VT redresser; **to ~ the balance** rétablir l'équilibre

Red Sea N: **the ~** la mer Rouge

red tape N (*fig*) paperasserie (administrative)

★**reduce** [rɪ'djuːs] VT réduire; (*lower*) abaisser; **"~ speed now"** (*Aut*) « ralentir »; **to ~ sth by/to** réduire qch de/à; **to ~ sb to tears** faire pleurer qn

reduced [rɪ'djuːst] ADJ réduit(e); **"greatly ~ prices"** « gros rabais »; **at a ~ price** (*goods*) au rabais; (*ticket etc*) à prix réduit

★**reduction** [rɪ'dʌkʃən] N réduction *f*; (*of price*) baisse *f*; (*discount*) rabais *m*; réduction; **is there a ~ for children/students?** y a-t-il une réduction pour les enfants/les étudiants ?

redundancy [rɪ'dʌndənsɪ] N (BRIT) licenciement *m*, mise *f* au chômage; **compulsory ~** licenciement; **voluntary ~** départ *m* volontaire

redundancy payment N (BRIT) indemnité *f* de licenciement

redundant [rɪ'dʌndnt] ADJ (BRIT: *worker*) licencié(e), mis(e) au chômage; (*detail, object*) superflu(e); **to be made ~** (*worker*) être licencié, être mis au chômage

reed [riːd] N (*Bot*) roseau *m*; (*Mus*: *of clarinet etc*) anche *f*

re-educate [riː'edjukeɪt] VT rééduquer

reedy ['riːdɪ] ADJ (*voice, instrument*) ténu(e)

reef [riːf] N (*at sea*) récif *m*, écueil *m*

reek [riːk] VI: **to ~ (of)** puer, empester

reel [riːl] N bobine *f*; (*Tech*) dévidoir *m*; (*Fishing*) moulinet *m*; (*Cine*) bande *f*; (*dance*) quadrille écossais ▸ VT (*Tech*) bobiner; (*also:* **reel up**) enrouler ▸ VI (*sway*) chanceler; **my head is reeling** j'ai la tête qui tourne

▸ **reel in** VT (*fish, line*) ramener

▸ **reel off** VT (*say*) énumérer, débiter

re-elect [riːɪ'lɛkt] VT réélire; **to ~ sb as sth** réélire qn qch

re-election [riːɪ'lɛkʃən] N réélection *f*

re-enact [riːɪn'ækt] VT (*incident*) reconstituer; (*scene*) rejouer

re-enter [riː'ɛntəʳ] VT (*also Space*) rentrer dans

re-entry [riː'ɛntrɪ] N (*also Space*) rentrée *f*

re-examine [riːɪg'zæmɪn] VT reconsidérer

re-export VT ['riːɪks'pɔːt] réexporter ▸ N [riː'ɛkspɔːt] marchandise réexportée; (*act*) réexportation *f*

ref [rɛf] N ABBR (*inf*: = *referee*) arbitre *m*

ref. ABBR (*Comm*: = *with reference to*) réf.

refectory [rɪ'fɛktərɪ] N réfectoire *m*

★**refer** [rɪ'fəːʳ] VT: **to ~ sth to** (*dispute, decision*) soumettre qch à; **to ~ sb to** (*inquirer, patient*) adresser qn à; (*reader: to text*) renvoyer qn à; **he referred me to the manager** il m'a dit de m'adresser au directeur ▸ VI: **to ~ to** (*allude to*) parler de, faire allusion à; (*consult*) se reporter à; (*apply to*) s'appliquer à; **referring to your letter** (*Comm*) en réponse à votre lettre

referee [rɛfə'riː] N arbitre *m*; (*Tennis*) juge-arbitre *m*; (BRIT: *for job application*) répondant(e) ▸ VT arbitrer

★**reference** ['rɛfrəns] N référence *f*, renvoi *m*; (*mention*) allusion *f*, mention *f*; (*for job application: letter*) références; lettre *f* de recommandation; (*person*) répondant(e); **with ~ to** en ce qui concerne; (*Comm: in letter*) me référant à; **"please quote this ~"** (*Comm*) « prière de rappeler cette référence »
reference book N ouvrage *m* de référence
reference library N bibliothèque *f* d'ouvrages à consulter
reference number N (*Comm*) numéro *m* de référence
referendum [rɛfə'rɛndəm] (*pl* **referenda** [-də]) N référendum *m*
referral [rɪ'fə:rəl] N soumission *f*; **she got a ~ to a specialist** elle a été adressée à un spécialiste
refill VT [ri:'fɪl] remplir à nouveau; (*pen, lighter etc*) recharger ▸ N ['ri:fɪl] (*for pen etc*) recharge *f*
refine [rɪ'faɪn] VT (*sugar, oil*) raffiner; (*taste*) affiner; (*idea, theory*) peaufiner
refined [rɪ'faɪnd] ADJ (*person, taste*) raffiné(e)
refinement [rɪ'faɪnmənt] N (*of person*) raffinement *m*
refinery [rɪ'faɪnərɪ] N raffinerie *f*
refit (*Naut*) N ['ri:fɪt] remise *f* en état ▸ VT [ri:'fɪt] remettre en état
reflate [ri:'fleɪt] VT (*economy*) relancer
reflation [ri:'fleɪʃən] N relance *f*
reflationary [ri:'fleɪʃənrɪ] ADJ de relance
reflect [rɪ'flɛkt] VT (*light, image*) réfléchir, refléter; (*fig*) refléter ▸ VI (*think*) réfléchir, méditer; **it reflects badly on him** cela le discrédite; **it reflects well on him** c'est tout à son honneur
▸ **reflect on** VT FUS (*think about*) réfléchir à
reflection [rɪ'flɛkʃən] N réflexion *f*; (*image*) reflet *m*; **~ on** (*criticism*) critique *f* de; atteinte *f* à; **on ~** réflexion faite
reflective [rɪ'flɛktɪv] ADJ (*person, mood*) méditatif(-ive); (*surface, pool*) réfléchissant(e); **to be ~ of sth** refléter qch
reflector [rɪ'flɛktə^r] N (*also Aut*) réflecteur *m*
reflex ['ri:flɛks] ADJ, N réflexe *m*
reflexive [rɪ'flɛksɪv] ADJ (*Ling*) réfléchi(e)
reflexologist [ri:flɛks'ɔlədʒɪst] N réflexologue *mf*
reflexology [ri:flɛk'sɔlədʒɪ] N réflexologie *f*
reforestation [ri:fɔrɪ'steɪʃən] N reboisement *m*, reforestation *f*
reform [rɪ'fɔ:m] N réforme *f* ▸ VT réformer
reformat [ri:'fɔ:mæt] VT (*Comput*) reformater
Reformation [rɛfə'meɪʃən] N: **the ~** la Réforme
reformatory [rɪ'fɔ:mətərɪ] N (*US*) centre *m* d'éducation surveillée
reformed [rɪ'fɔ:md] ADJ amendé(e), assagi(e)
reformer [rɪ'fɔ:mə^r] N réformateur(-trice)
refrain [rɪ'freɪn] VI: **to ~ from doing** s'abstenir de faire ▸ N refrain *m*
refresh [rɪ'frɛʃ] VT rafraîchir; (*subj: food, sleep etc*) redonner des forces à
refresher course [rɪ'frɛʃə-] N (BRIT) cours *m* de recyclage
refreshing [rɪ'frɛʃɪŋ] ADJ (*drink*) rafraîchissant(e); (*sleep*) réparateur(-trice); (*fact, idea etc*) qui réjouit par son originalité *or* sa rareté
refreshingly [rɪ'frɛʃɪŋlɪ] ADV: **~ honest/simple** d'une honnêteté/simplicité rafraîchissante
refreshment [rɪ'frɛʃmənt] N: **for some ~** (*eating*) pour se restaurer *or* sustenter; **in need of ~** (*resting etc*) ayant besoin de refaire ses forces
refreshments [rɪ'frɛʃmənts] NPL rafraîchissements *mpl*
refrigerated [rɪ'frɪdʒəreɪtɪd] ADJ réfrigéré(e)
refrigeration [rɪfrɪdʒə'reɪʃən] N réfrigération *f*
refrigerator [rɪ'frɪdʒəreɪtə^r] N réfrigérateur *m*, frigidaire *m*
refuel [ri:'fjuəl] VT ravitailler en carburant ▸ VI se ravitailler en carburant
refuelling, (US) **refueling** [ri:'fju:əlɪŋ] N (*of aircraft*) ravitaillement *m*
refuge ['rɛfju:dʒ] N refuge *m*; **to take ~ in** se réfugier dans
★**refugee** [rɛfju'dʒi:] N réfugié(e)
refugee camp N camp *m* de réfugiés
refund N ['ri:fʌnd] remboursement *m* ▸ VT [rɪ'fʌnd] rembourser
refundable [rɪ'fʌndəbl] ADJ remboursable
refurbish [ri:'fə:bɪʃ] VT remettre à neuf
refurbishment [ri:'fə:bɪʃmənt] N rénovation *f*
refurnish [ri:'fə:nɪʃ] VT remeubler
refusal [rɪ'fju:zəl] N refus *m*; **to have first ~ on sth** avoir droit de préemption sur qch
★**refuse**[1] ['rɛfju:s] N ordures *fpl*, détritus *mpl*
refuse[2] [rɪ'fju:z] VT, VI refuser; **to ~ to do sth** refuser de faire qch
refuse collection N ramassage *m* d'ordures
refuse disposal N élimination *f* des ordures
refusenik [rɪ'fju:znɪk] N refuznik *mf*
refute [rɪ'fju:t] VT réfuter
regain [rɪ'geɪn] VT (*lost ground*) regagner; (*strength*) retrouver
regal ['ri:gl] ADJ royal(e)
regale [rɪ'geɪl] VT: **to ~ sb with sth** régaler qn de qch
regalia [rɪ'geɪlɪə] N insignes *mpl* de la royauté
regard [rɪ'gɑ:d] N respect *m*, estime *f*, considération *f*; **to give one's regards to** faire ses amitiés à; **"with kindest regards"** « bien amicalement »; **with ~ to** (*also:* **as regards**) en ce qui concerne ▸ VT considérer
regarding [rɪ'gɑ:dɪŋ] PREP en ce qui concerne
regardless [rɪ'gɑ:dlɪs] ADV quand même; **~ of** sans se soucier de
regatta [rɪ'gætə] N régate *f*
regency ['ri:dʒənsɪ] N régence *f*
regenerate [rɪ'dʒɛnəreɪt] VT régénérer ▸ VI se régénérer
regeneration [rɪdʒɛnə'reɪʃən] N régénération *f*
regent ['ri:dʒənt] N régent(e)
reggae ['rɛgeɪ] N reggae *m*
régime [reɪ'ʒi:m] N régime *m*
regiment N ['rɛdʒɪmənt] régiment *m* ▸ VT ['rɛdʒɪmɛnt] imposer une discipline trop stricte à
regimental [rɛdʒɪ'mɛntl] ADJ d'un régiment
regimentation [rɛdʒɪmɛn'teɪʃən] N réglementation excessive

★**region** [ˈriːdʒən] N région *f*; **in the ~ of** (*fig*) aux alentours de

regional [ˈriːdʒənl] ADJ régional(e)

regional development N aménagement *m* du territoire

★**register** [ˈrɛdʒɪstəʳ] N registre *m*; (*also:* **electoral register**) liste électorale ▸ VT enregistrer, inscrire; (*birth*) déclarer; (*vehicle*) immatriculer; (*luggage*) enregistrer; (*letter*) envoyer en recommandé; (*subj: instrument*) marquer; **to ~ a protest** protester ▸ VI s'inscrire; (*at hotel*) signer le registre; (*make impression*) être (bien) compris(e); **to ~ for a course** s'inscrire à un cours

registered [ˈrɛdʒɪstəd] ADJ (*design*) déposé(e); (BRIT: *letter*) recommandé(e); (*student, voter*) inscrit(e); **by ~ mail** *or* (BRIT) **post** en recommandé

registered company N société immatriculée

registered nurse N (*US*) infirmier(-ière) diplômé(e) d'État

registered office N siège social

registered trademark N marque déposée

registrar [ˈrɛdʒɪstrɑːʳ] N officier *m* de l'état civil; secrétaire *mf* général(e)

registration [rɛdʒɪsˈtreɪʃən] N (*act*) enregistrement *m*; (*of student*) inscription *f*; (BRIT *Aut: also:* **registration number**) numéro *m* d'immatriculation

registry [ˈrɛdʒɪstrɪ] N bureau *m* de l'enregistrement

registry office N (BRIT) bureau *m* de l'état civil; **to get married in a ~** ≈ se marier à la mairie

★**regret** [rɪˈgrɛt] N regret *m* ▸ VT regretter; **to ~ that** regretter que + *sub*; **we ~ to inform you that ...** nous sommes au regret de vous informer que ...

regretfully [rɪˈgrɛtfəlɪ] ADV à *or* avec regret

regrettable [rɪˈgrɛtəbl] ADJ regrettable, fâcheux(-euse)

regrettably [rɪˈgrɛtəblɪ] ADV (*drunk, late*) fâcheusement; **~, he ...** malheureusement, il ...

regroup [riːˈgruːp] VT regrouper ▸ VI se regrouper

regt ABBR = **regiment**

★**regular** [ˈrɛgjuləʳ] ADJ régulier(-ière); (*usual*) habituel(le), normal(e); (*listener, reader*) fidèle; (*soldier*) de métier; (*Comm: size*) ordinaire ▸ N (*client etc*) habitué(e)

regularity [rɛgjuˈlærɪtɪ] N régularité *f*

regularly [ˈrɛgjuləlɪ] ADV régulièrement

regulate [ˈrɛgjuleɪt] VT régler

regulation [rɛgjuˈleɪʃən] N (*rule*) règlement *m*; (*adjustment*) réglage *m* ▸ CPD réglementaire

regulator [ˈrɛgjuleɪtəʳ] N régulateur(-trice)

regulatory [rɛgjuˈleɪtrɪ] ADJ régulateur(-trice)

rehab [ˈriːhæb] N désintox *f* (*inf*), désintoxication *f*; **to be in ~** être en désintox *or* désintoxication

rehabilitate [riːəˈbɪlɪteɪt] VT (*criminal*) réinsérer; (*drug addict*) désintoxiquer; (*invalid*) rééduquer

rehabilitation [ˈriːəbɪlɪˈteɪʃən] N (*of offender*) réhabilitation *f*; (*of drug addict*) désintoxication *f*; (*of disabled*) rééducation *f*, réadaptation *f*

rehash [riːˈhæʃ] VT (*inf*) remanier

rehearsal [rɪˈhəːsəl] N répétition *f*; **dress ~** (répétition) générale *f*

rehearse [rɪˈhəːs] VT répéter

rehome [riːˈhəum] VT (*animal*) faire adopter

rehouse [riːˈhauz] VT reloger

reign [reɪn] N règne *m* ▸ VI régner

reigning [ˈreɪnɪŋ] ADJ (*monarch*) régnant(e); (*champion*) actuel(le)

reimburse [riːɪmˈbəːs] VT rembourser

reimbursement [riːɪmˈbəːsmənt] N remboursement *m*

rein [reɪn] N (*for horse*) rêne *f*; **to give sb free ~** (*fig*) donner carte blanche à qn

▸ **rein in** VT (*enthusiasm, temper*) réfréner; (*costs, inflation*) mettre un frein à

reincarnation [riːɪnkɑːˈneɪʃən] N réincarnation *f*

★**reindeer** [ˈreɪndɪəʳ] N (*pl inv*) renne *m*

reinforce [riːɪnˈfɔːs] VT renforcer

reinforced concrete [riːɪnˈfɔst-] N béton armé

reinforcement [riːɪnˈfɔːsmənt] N (*action*) renforcement *m*

reinforcements [riːɪnˈfɔːsmənts] NPL (*Mil*) renfort(s) *m(pl)*

reinstate [riːɪnˈsteɪt] VT rétablir, réintégrer

reinstatement [riːɪnˈsteɪtmənt] N réintégration *f*

reintroduce [riːɪntrəˈdjuːs] VT réintroduire

reintroduction [riːɪntrəˈdʌkʃən] N réintroduction *f*

reinvent [riːɪnˈvɛnt] VT réinventer; **to ~ o.s.** se réinventer; **to ~ the wheel** réinventer la roue

reinvention [riːɪnˈvɛnʃən] N réinvention *f*

reissue [riːˈɪʃjuː] VT (*book*) rééditer; (*film*) ressortir

reiterate [riːˈɪtəreɪt] VT réitérer, répéter

reject N [ˈriːdʒɛkt] (*Comm*) article *m* de rebut ▸ VT [rɪˈdʒɛkt] refuser; (*Comm: goods*) mettre au rebut; (*idea*) rejeter

rejection [rɪˈdʒɛkʃən] N rejet *m*, refus *m*

rejig [riːˈdʒɪg], (*US*) **rejigger** [riːˈdʒɪgəʳ] VT réorganiser

rejoice [rɪˈdʒɔɪs] VI: **to ~ (at** *or* **over)** se réjouir (de)

rejoin [riːˈdʒɔɪn] VT rejoindre

rejoinder [rɪˈdʒɔɪndəʳ] N (*retort*) réplique *f*

rejuvenate [rɪˈdʒuːvəneɪt] VT (*person, skin*) rajeunir; (*area*) moderniser

rejuvenating [rɪˈdʒuːvəneɪtɪŋ] ADJ (*holiday, break*) revigorant(e); (*treatment*) rajeunissant(e)

rekindle [riːˈkɪndl] VT rallumer; (*fig*) raviver

relapse [rɪˈlæps] N (*Med*) rechute *f*

relate [rɪˈleɪt] VT (*tell*) raconter; (*connect*) établir un rapport entre ▸ VI: **to ~ to** (*connect*) se rapporter à; **to ~ to sb** (*interact*) entretenir des rapports avec qn

★**related** [rɪˈleɪtɪd] ADJ apparenté(e); **~ to** (*subject*) lié(e) à

relating to [rɪˈleɪtɪŋ-] PREP concernant

★**relation** [rɪˈleɪʃən] N (*person*) parent(e); (*link*) rapport *m*, lien *m*; **in ~ to** en ce qui concerne, par rapport à; **to bear no ~ to** être sans rapport avec
▪ **relations** NPL (*relatives*) famille *f*; **diplomatic/international relations** relations diplomatiques/internationales

★**relationship** [rɪˈleɪʃənʃɪp] N rapport *m*, lien *m*; (*personal ties*) relations *fpl*, rapports; (*also:* **family**

relationship) lien de parenté; (*affair*) liaison *f*; **they have a good ~** ils s'entendent bien

★**relative** ['rɛlətɪv] N parent(e); **all her relatives** toute sa famille ▶ADJ relatif(-ive); (*respective*) respectif(-ive)

★**relatively** ['rɛlətɪvlɪ] ADV relativement

relativity [rɛlə'tɪvɪtɪ] N (*Physics*) relativité *f*; **the theory of ~** la théorie de la relativité

relaunch VT [riː'lɔːntʃ] relancer ▶N ['riːlɔːntʃ] relance *f*

★**relax** [rɪ'læks] VI (*muscle*) se relâcher; (*person*: *unwind*) se détendre; (: *calm down*) se calmer ▶VT relâcher; (*mind, person*) détendre

relaxation [riːlæk'seɪʃən] N relâchement *m*; (*of mind*) détente *f*; (*recreation*) détente, délassement *m*; (*entertainment*) distraction *f*

relaxed [rɪ'lækst] ADJ relâché(e); détendu(e)

relaxing [rɪ'læksɪŋ] ADJ délassant(e)

relay ['riːleɪ] N (*Sport*) course *f* de relais ▶VT (*message*) retransmettre, relayer

★**release** [rɪ'liːs] N (*from prison, obligation*) libération *f*; (*of gas etc*) émission *f*; (*of film etc*) sortie *f*; (*new recording*) disque *m*; (*device*) déclencheur *m* ▶VT (*prisoner*) libérer; (*book, film*) sortir; (*report, news*) rendre public, publier; (*gas etc*) émettre, dégager; (*free*: *from wreckage etc*) dégager; (*Tech*: *catch, spring etc*) déclencher; (*let go*: *person, animal*) relâcher; (: *hand, object*) lâcher; (: *brake*) desserrer; **to ~ one's grip** *or* **hold** lâcher prise; **to ~ the clutch** (*Aut*) débrayer

relegate ['rɛləgeɪt] VT reléguer; (*Sport*): **to be relegated** descendre dans une division inférieure

relegation [rɛlɪ'geɪʃən] N (*Sport*) relégation *f*

relent [rɪ'lɛnt] VI se laisser fléchir

relentless [rɪ'lɛntlɪs] ADJ implacable; (*non-stop*) continuel(le)

relentlessly [rɪ'lɛntləslɪ] ADV implacablement; (*continuously*: *rain*) sans discontinuer

relevance ['rɛləvəns] N pertinence *f*; **~ of sth to sth** rapport *m* entre qch et qch

relevant ['rɛləvənt] ADJ (*question*) pertinent(e); (*corresponding*) approprié(e); (*fact*) significatif(-ive); (*information*) utile; **~ to** ayant rapport à, approprié à

reliability [rɪlaɪə'bɪlɪtɪ] N sérieux *m*; fiabilité *f*

★**reliable** [rɪ'laɪəbl] ADJ (*person, firm*) sérieux(-euse), fiable; (*method, machine*) fiable; (*news, information*) sûr(e)

reliably [rɪ'laɪəblɪ] ADV: **to be ~ informed** savoir de source sûre

reliance [rɪ'laɪəns] N: **~ (on)** (*trust*) confiance *f* (en); (*dependence*) besoin *m* (de), dépendance *f* (de)

reliant [rɪ'laɪənt] ADJ: **to be ~ on sth/sb** dépendre de qch/qn

relic ['rɛlɪk] N (*Rel*) relique *f*; (*of the past*) vestige *m*

★**relief** [rɪ'liːf] N (*from pain, anxiety*) soulagement *m*; (*help, supplies*) secours *m(pl)*; (*of guard*) relève *f*; (*Art, Geo*) relief *m*; **by way of light ~** pour faire diversion

relief map N carte *f* en relief

relief road N (BRIT) route *f* de délestage

relieve [rɪ'liːv] VT (*pain, patient*) soulager; (*fear, worry*) dissiper; (*bring help*) secourir; (*take over from*: *gen*) relayer; (: *guard*) relever; **to ~ sb of sth** débarrasser qn de qch; **to ~ sb of his command** (*Mil*) relever qn de ses fonctions; **to ~ o.s.** (*euphemism*) se soulager, faire ses besoins

relieved [rɪ'liːvd] ADJ soulagé(e); **to be ~ that ...** être soulagé que ...; **I'm ~ to hear it** je suis soulagé de l'entendre

★**religion** [rɪ'lɪdʒən] N religion *f*

★**religious** [rɪ'lɪdʒəs] ADJ religieux(-euse); (*book*) de piété

religious education N instruction religieuse

relinquish [rɪ'lɪŋkwɪʃ] VT abandonner; (*plan, habit*) renoncer à

relish ['rɛlɪʃ] N (*Culin*) condiment *m*; (*enjoyment*) délectation *f* ▶VT (*food etc*) savourer; **to ~ doing** se délecter à faire

relive [riː'lɪv] VT revivre

reload [riː'ləud] VT recharger

relocate [riːləu'keɪt] VT (*business*) délocaliser ▶VI (*company*) délocaliser; (*person*) déménager; **to ~ to** (*person*) déménager à; (*company*) délocaliser à

relocation [riːləu'keɪʃən] N (*of company*) délocalisation *f*; (*of person*) déménagement *m*

reluctance [rɪ'lʌktəns] N répugnance *f*

★**reluctant** [rɪ'lʌktənt] ADJ peu disposé(e), qui hésite; **to be ~ to do sth** hésiter à faire qch

reluctantly [rɪ'lʌktəntlɪ] ADV à contrecœur, sans enthousiasme

rely on [rɪ'laɪ-] VT FUS (*be dependent on*) dépendre de; (*trust*) compter sur

★**remain** [rɪ'meɪn] VI rester; **to ~ silent** garder le silence; **I ~, yours faithfully** (BRIT: *in letters*) je vous prie d'agréer, Monsieur *etc* l'assurance de mes sentiments distingués

remainder [rɪ'meɪndəʳ] N reste *m*; (*Comm*) fin *f* de série

remainer [rɪ'meɪnəʳ] N (BRIT: *in EU*) *partisan du maintien dans l'Union européenne*

★**remaining** [rɪ'meɪnɪŋ] ADJ qui reste

remains [rɪ'meɪnz] NPL restes *mpl*

remake ['riːmeɪk] N (*Cine*) remake *m*

remand [rɪ'mɑːnd] N: **on ~** en détention préventive ▶VT: **to be remanded in custody** être placé(e) en détention préventive

remand home N (BRIT) centre *m* d'éducation surveillée

★**remark** [rɪ'mɑːk] N remarque *f*, observation *f* ▶VT (*faire*) remarquer, dire; (*notice*) remarquer ▶VI: **to ~ on sth** faire une *or* des remarque(s) sur qch

★**remarkable** [rɪ'mɑːkəbl] ADJ remarquable

remarkably [rɪ'mɑːkəblɪ] ADV remarquablement

remarriage [riː'mærɪdʒ] N remariage *m*

remarry [riː'mærɪ] VI se remarier

rematch ['riːmætʃ] N (*esp* BRIT: *repeat match*) revanche *f*; (*esp US*: *second meeting*) match *m* retour

remedial [rɪ'miːdɪəl] ADJ (*tuition, classes*) de rattrapage

remedy ['rɛmədɪ] N: **~ (for)** remède *m* (contre *or* à) ▶VT remédier à

★**remember** [rɪ'mɛmbəʳ] VT se rappeler, se souvenir de; (*send greetings*): **~ me to him** saluez-le de ma part; **I ~ seeing it, I ~ having seen it** je me rappelle l'avoir vu *or* que je l'ai vu; **she remembered to**

r

do it elle a pensé à le faire; **~ me to your wife** rappelez-moi au bon souvenir de votre femme

In French, instead of telling people to remember something, one tends to tell them not to forget it. *Remember your passport!* **N'oubliez pas votre passeport !**

remembrance [rɪ'mɛmbrəns] N souvenir *m*, mémoire *f*

Remembrance Day N (BRIT) ≈ (le jour de) l'Armistice *m*, ≈ le 11 novembre

Remembrance Day ou **Remembrance Sunday** est le dimanche le plus proche du 11 novembre, date à laquelle la Première Guerre mondiale a officiellement pris fin. Il est l'occasion de rendre hommage aux victimes des deux guerres mondiales. À 11h, heure de la signature de l'armistice avec l'Allemagne, en 1918, on observe deux minutes de silence. Certains membres de la famille royale et du gouvernement déposent des gerbes de coquelicots au cénotaphe de Whitehall, et des couronnes sont placées sur les monuments aux morts dans toute la Grande-Bretagne. Par ailleurs, beaucoup de Britanniques portent des coquelicots artificiels fabriqués et vendus par des anciens combattants blessés au combat, au profit des blessés de guerre et de leur famille.

★**remind** [rɪ'maɪnd] VT: **to ~ sb of sth** rappeler qch à qn; **to ~ sb to do** faire penser à qn à faire, rappeler à qn qu'il doit faire; **that reminds me!** j'y pense !

reminder [rɪ'maɪndə^r] N (*Comm: letter*) rappel *m*; (*note etc*) pense-bête *m*; (*souvenir*) souvenir *m*

reminisce [rɛmɪ'nɪs] VI: **to ~ (about)** évoquer ses souvenirs (de)

reminiscences [rɛmɪ'nɪsnsɪz] NPL réminiscences *fpl*, souvenirs *mpl*

reminiscent [rɛmɪ'nɪsnt] ADJ: **~ of** qui rappelle, qui fait penser à

remiss [rɪ'mɪs] ADJ négligent(e); **it was ~ of me** c'était une négligence de ma part

remission [rɪ'mɪʃən] N rémission *f*; (*of debt, sentence*) remise *f*; (*of fee*) exemption *f*

remit [rɪ'mɪt] VT (*send: money*) envoyer

remittance [rɪ'mɪtns] N envoi *m*, paiement *m*

remix N ['ri:mɪks] remix *m* ▸ VT [ri:'mɪks] remixer

remnant ['rɛmnənt] N reste *m*, restant *m*; (*of cloth*) coupon *m* ■ **remnants** NPL (*Comm*) fins *fpl* de série

remodel [ri:'mɔdl] VT (*room, house*) réagencer

remonstrate ['rɛmənstreɪt] VI: **to ~ (with sb about sth)** se plaindre (à qn de qch)

remorse [rɪ'mɔ:s] N remords *m*

remorseful [rɪ'mɔ:sful] ADJ plein(e) de remords

remorseless [rɪ'mɔ:slɪs] ADJ (*fig*) impitoyable

remortgage [ri:'mɔ:gɪdʒ] VT: **to ~ one's house/home** prendre une nouvelle hypothèque sur sa maison

★**remote** [rɪ'məut] ADJ éloigné(e), lointain(e); (*person*) distant(e); (*possibility*) vague; **there is a ~ possibility that ...** il est tout juste possible que ...

remote control N télécommande *f*

remote-controlled [rɪ'məutkən'trəuld] ADJ téléguidé(e)

remotely [rɪ'məutlɪ] ADV au loin; (*slightly*) très vaguement

remoteness [rɪ'məutnɪs] N (*of location*) éloignement *m*; (*of person*) attitude *f* distante

remould ['ri:məuld] N (BRIT: *tyre*) pneu *m* rechapé

removable [rɪ'mu:vəbl] ADJ (*detachable*) amovible

removal [rɪ'mu:vəl] N (*taking away*) enlèvement *m*; suppression *f*; (BRIT: *from house*) déménagement *m*; (*from office: dismissal*) renvoi *m*; (*of stain*) nettoyage *m*; (*Med*) ablation *f*

removal man N (*irreg*) (BRIT) déménageur *m*

removal van N (BRIT) camion *m* de déménagement

★**remove** [rɪ'mu:v] VT enlever, retirer; (*employee*) renvoyer; (*stain*) faire partir; (*abuse*) supprimer; (*doubt*) chasser; **first cousin once removed** cousin(e) au deuxième degré

remover [rɪ'mu:və^r] N (*for paint*) décapant *m*; (*for varnish*) dissolvant *m*; **make-up ~** démaquillant *m*

remunerate [rɪ'mju:nəreɪt] VT rémunérer

remuneration [rɪmju:nə'reɪʃən] N rémunération *f*

remunerative [rɪ'mju:nərətɪv] ADJ rémunéré(e)

Renaissance [rɪ'neɪsɔŋs] N: **the ~** la Renaissance

renal [ri:nl] ADJ rénal(e)

rename [ri:'neɪm] VT rebaptiser

rend [rɛnd] (*pt, pp* **rent** [rɛnt]) VT déchirer

render ['rɛndə^r] VT rendre; (*Culin: fat*) clarifier

rendering ['rɛndərɪŋ] N (*Mus etc*) interprétation *f*

rendezvous ['rɔndɪvu:] N rendez-vous *m inv* ▸ VI opérer une jonction, se rejoindre; **to ~ with sb** rejoindre qn

rendition [rɛn'dɪʃən] N interprétation *f*

renegade ['rɛnɪgeɪd] N renégat(e)

renege [rɪ'neɪg] VI: **to ~ on sth** revenir sur qch

★**renew** [rɪ'nju:] VT renouveler; (*negotiations*) reprendre; (*acquaintance*) renouer

renewable [rɪ'nju:əbl] ADJ (*energy*) renouvelable; **renewables** énergies *fpl* renouvelables

renewal [rɪ'nju:əl] N renouvellement *m*; reprise *f*

renewed [rɪ'nju:d] ADJ (*interest, vigour*) accru(e); **~ fighting/violence** une recrudescence des combats/de la violence

renounce [rɪ'nauns] VT renoncer à; (*disown*) renier

renovate ['rɛnəveɪt] VT rénover; (*work of art*) restaurer

renovation [rɛnə'veɪʃən] N rénovation *f*; restauration *f*

renown [rɪ'naun] N renommée *f*

renowned [rɪ'naund] ADJ renommé(e)

★**rent** [rɛnt] PT, PP *of* **rend** ▸ N loyer *m* ▸ VT louer; (*car, TV*) louer, prendre en location; (*also:* **rent out**: *car, TV*) louer, donner en location

▸ **rent out** VT (*house, boat*) louer

rental ['rɛntl] N (*for television, car*) (prix *m* de) location *f*

rent boy N (BRIT *inf*) jeune prostitué *m*

renunciation [rɪnʌnsɪ'eɪʃən] N renonciation *f*; (*self-denial*) renoncement *m*

reoffend [ri:ə'fɛnd] VI récidiver

reopen [ri:'əupən] VT rouvrir

reorder [riː'ɔːdəʳ] VT commander de nouveau; (*rearrange*) réorganiser

reorganization [riːɔːgənaɪ'zeɪʃən] N réorganisation *f*

reorganize [riː'ɔːgənaɪz] VT réorganiser

rep [rɛp] N ABBR (*Comm*) = **representative**; (*Theat*) = **repertory**

Rep. ABBR (*Pol*) = **representative; republican**

★**repair** [rɪ'pɛəʳ] N réparation *f*; **in good/bad ~** en bon/mauvais état; **under ~** en réparation ▸ VT réparer; **where can I get this repaired?** où est-ce que je peux faire réparer ceci ?

repair kit N trousse *f* de réparations

repair man N (*irreg*) réparateur *m*

repair shop N (*Aut etc*) atelier *m* de réparations

reparation [rɛpə'reɪʃən] N réparation *f*; **war reparations** réparations de guerre

repartee [rɛpɑː'tiː] N repartie *f*

repast [rɪ'pɑːst] N (*formal*) repas *m*

repatriate [riː'pætrɪeɪt] VT rapatrier

repatriation [riːpætrɪ'eɪʃən] N rapatriement *m*

repay [riː'peɪ] VT (*irreg: like* **pay**) (*money, creditor*) rembourser; (*sb's efforts*) récompenser

repayable [rɪ'peɪəbl] ADJ (*loan*) remboursable; **~ over 10 years** remboursable sur 10 ans

repayment [riː'peɪmənt] N remboursement *m*; récompense *f*

repeal [rɪ'piːl] N (*of law*) abrogation *f*; (*of sentence*) annulation *f* ▸ VT abroger; annuler

★**repeat** [rɪ'piːt] N (*Radio, TV*) reprise *f* ▸ VT répéter; (*pattern*) reproduire; (*promise, attack, also Comm: order*) renouveler; (*Scol: a class*) redoubler; **can you ~ that, please?** pouvez-vous répéter, s'il vous plaît ? ▸ VI répéter

repeated [rɪ'piːtɪd] ADJ répété(e)

repeatedly [rɪ'piːtɪdlɪ] ADV souvent, à plusieurs reprises

repeat prescription N (BRIT): **I'd like a ~** je voudrais renouveler mon ordonnance

repel [rɪ'pɛl] VT repousser

repellent [rɪ'pɛlənt] ADJ repoussant(e) ▸ N: **insect ~** insectifuge *m*; **moth ~** produit *m* antimite(s)

repent [rɪ'pɛnt] VI: **to ~ (of)** se repentir (de)

repentance [rɪ'pɛntəns] N repentir *m*

repentant [rɪ'pɛntənt] ADJ (*gen*) repentant(e); (*criminal*) repenti(e)

repercussions [riːpə'kʌʃənz] NPL répercussions *fpl*

repertoire ['rɛpətwɑːʳ] N répertoire *m*

repertory ['rɛpətərɪ] N (*also:* **repertory theatre**) théâtre *m* de répertoire

repertory company N troupe théâtrale permanente

repetition [rɛpɪ'tɪʃən] N répétition *f*

repetitious [rɛpɪ'tɪʃəs] ADJ (*speech*) plein(e) de redites

repetitive [rɪ'pɛtɪtɪv] ADJ (*movement, work*) répétitif(-ive); (*speech*) plein(e) de redites

rephrase [riː'freɪz] VT reformuler

★**replace** [rɪ'pleɪs] VT (*put back*) remettre, replacer; (*take the place of*) remplacer; (*Tel*): **"~ the receiver"** « raccrochez »

replacement [rɪ'pleɪsmənt] N replacement *m*; (*substitution*) remplacement *m*; (*person*) remplaçant(e)

replacement part N pièce *f* de rechange

replay ['riːpleɪ] N (*of match*) match rejoué; (*of tape, film*) répétition *f*

replenish [rɪ'plɛnɪʃ] VT (*glass*) remplir (de nouveau); (*stock etc*) réapprovisionner

replete [rɪ'pliːt] ADJ rempli(e); (*well-fed*): **~ (with)** rassasié(e) (de)

replica ['rɛplɪkə] N réplique *f*, copie exacte

replicate ['rɛplɪkeɪt] VT (*work, experiment*) reproduire

★**reply** [rɪ'plaɪ] N réponse *f*; **in ~ (to)** en réponse (à); **there's no ~** (*Tel*) ça ne répond pas ▸ VI répondre

reply coupon N coupon-réponse *m*

repopulate [riː'pɔpjuleɪt] VT repeupler

★**report** [rɪ'pɔːt] N rapport *m*; (*Press etc*) reportage *m*; (BRIT: *also:* **school report**) bulletin *m* (scolaire); (*of gun*) détonation *f* ▸ VT rapporter, faire un compte rendu de; (*Press etc*) faire un reportage sur; (*notify: accident*) signaler; (*: culprit*) dénoncer; **I'd like to ~ a theft** je voudrais signaler un vol; **it is reported that** on dit *or* annonce que; **it is reported from Berlin that** on nous apprend de Berlin que ▸ VI (*make a report*) faire un rapport; (*for newspaper*) faire un reportage (sur); **to ~ (to sb)** (*present o.s.*) se présenter (chez qn)

report card N (*US*, SCOTTISH) bulletin *m* (scolaire)

reportedly [rɪ'pɔːtɪdlɪ] ADV: **she is ~ living in Spain** elle habiterait en Espagne; **he ~ told them to ...** il leur aurait dit de ...

reported speech [rɪ'pɔːtɪd-] N (*Ling*) discours indirect

★**reporter** [rɪ'pɔːtəʳ] N reporter *m*

repose [rɪ'pəuz] N: **in ~** en *or* au repos

reposition [riːpə'zɪʃən] VT repositionner

repository [rɪ'pɔzɪtrɪ] N (*store*) dépôt *m*; (*of information, knowledge*) dépositaire *mf*

repossess [riːpə'zɛs] VT saisir

repossession [riːpə'zɛʃən] N saisie *f*

repossession order [riːpə'zɛʃən-] N ordre *m* de reprise de possession

reprehensible [rɛprɪ'hɛnsɪbl] ADJ répréhensible

★**represent** [rɛprɪ'zɛnt] VT représenter; (*view, belief*) présenter, expliquer; (*describe*): **to ~ sth as** présenter *or* décrire qch comme; **to ~ to sb that** expliquer à qn que

representation [rɛprɪzɛn'teɪʃən] N représentation *f* ■ **representations** NPL (*protest*) démarche *f*

★**representative** [rɛprɪ'zɛntətɪv] N représentant(e); (*Comm*) représentant(e) (de commerce); (*US Pol*) député *m* ▸ ADJ représentatif(-ive), caractéristique

representativeness [rɛprɪ'zɛntətɪvnɪs] N représentativité *f*

repress [rɪ'prɛs] VT réprimer

repressed [rɪ'prɛst] ADJ refoulé(e); **sexually ~** sexuellement refoulé(e)

repression [rɪ'prɛʃən] N répression *f*

repressive [rɪ'prɛsɪv] ADJ répressif(-ive)

reprieve [rɪ'priːv] N (*Law*) grâce *f*; (*fig*) sursis *m*, délai *m* ▸ VT gracier; accorder un sursis *or* un délai à

reprimand ['rɛprɪmɑːnd] N réprimande *f* ▸VT réprimander

reprint N ['riːprɪnt] réimpression *f* ▸VT [riː'prɪnt] réimprimer

reprisal [rɪ'praɪzl] N représailles *fpl*; **to take reprisals** user de représailles

reproach [rɪ'prəutʃ] N reproche *m*; **beyond ~** irréprochable ▸VT: **to ~ sb with sth** reprocher qch à qn

reproachful [rɪ'prəutʃful] ADJ de reproche

reprocess [riː'prəusɛs] VT (*nuclear fuel*) retraiter

reproduce [riːprə'djuːs] VT reproduire ▸VI se reproduire

reproduction [riːprə'dʌkʃən] N reproduction *f*

reproductive [riːprə'dʌktɪv] ADJ reproducteur(-trice)

reproof [rɪ'pruːf] N reproche *m*

reprove [rɪ'pruːv] VT (*action*) réprouver; (*person*): **to ~ (for)** blâmer (de)

reproving [rɪ'pruːvɪŋ] ADJ réprobateur(-trice)

reptile ['rɛptaɪl] N reptile *m*

Repub. ABBR (*US Pol*) = **republican**

★**republic** [rɪ'pʌblɪk] N république *f*

republican [rɪ'pʌblɪkən] ADJ, N républicain(e)

republicanism [rɪ'pʌblɪkənɪzəm] N républicanisme *m*

repudiate [rɪ'pjuːdɪeɪt] VT (*ally, behaviour*) désavouer; (*accusation*) rejeter; (*wife*) répudier

repugnance [rɪ'pʌgnəns] N dégoût *m*

repugnant [rɪ'pʌgnənt] ADJ répugnant(e)

repulse [rɪ'pʌls] VT repousser

repulsion [rɪ'pʌlʃən] N répulsion *f*

repulsive [rɪ'pʌlsɪv] ADJ repoussant(e), répulsif(-ive)

reputable ['rɛpjutəbl] ADJ de bonne réputation; (*occupation*) honorable

★**reputation** [rɛpju'teɪʃən] N réputation *f*; **to have a ~ for** être réputé(e) pour; **he has a ~ for being awkward** il a la réputation de ne pas être commode

repute [rɪ'pjuːt] N (bonne) réputation

reputed [rɪ'pjuːtɪd] ADJ réputé(e); **he is ~ to be rich/intelligent** *etc* on dit qu'il est riche/intelligent *etc*

reputedly [rɪ'pjuːtɪdlɪ] ADV d'après ce qu'on dit

★**request** [rɪ'kwɛst] N demande *f*; (*formal*) requête *f*; **at the ~ of** à la demande de ▸VT: **to ~ (of** *or* **from sb)** demander (à qn)

request stop N (BRIT: *for bus*) arrêt facultatif

requiem ['rɛkwɪəm] N requiem *m*

★**require** [rɪ'kwaɪəʳ] VT (*need: subj: person*) avoir besoin de; (*: thing, situation*) nécessiter, demander; (*want*) exiger; (*order*): **to ~ sb to do sth/sth of sb** exiger que qn fasse qch/qch de qn; **if required** s'il le faut; **what qualifications are required?** quelles sont les qualifications requises ?; **required by law** requis par la loi

required [rɪ'kwaɪəd] ADJ requis(e), voulu(e)

★**requirement** [rɪ'kwaɪəmənt] N (*need*) exigence *f*; besoin *m*; (*condition*) condition *f* (requise)

requisite ['rɛkwɪzɪt] N chose *f* nécessaire; **toilet requisites** accessoires *mpl* de toilette ▸ADJ requis(e), nécessaire

requisition [rɛkwɪ'zɪʃən] N: **~ (for)** demande *f* (de) ▸VT (*Mil*) réquisitionner

reroute [riː'ruːt] VT (*train etc*) dérouter

re-run N ['riːrʌn] (*rebroadcast*) rediffusion *f*; (*of event, experience*) répétition *f*; (*of elections*) réorganisation *f*; (*race*) course *f* recourue ▸VT [riː'rʌn] (*irreg: like* **run**) (*rebroadcast*) rediffuser; (*election*) refaire; (*Comput: program, software*) réexécuter; (*race*) recourir

resale ['riː'seɪl] N revente *f*

resale price maintenance N *vente au détail à prix imposé*

resat [riː'sæt] PT, PP *of* **resit**

reschedule [riː'ʃɛdjuːl] VT (*event, meeting*) reporter; (*programme*) reprogrammer; (*debt*) rééchelonner

rescind [rɪ'sɪnd] VT annuler; (*law*) abroger; (*judgment*) rescinder

★**rescue** ['rɛskjuː] N (*from accident*) sauvetage *m*; (*help*) secours *mpl*; **to come to sb's ~** venir au secours de qn ▸VT sauver

rescue party N équipe *f* de sauvetage

rescuer ['rɛskjuəʳ] N sauveteur *m*

★**research** [rɪ'səːtʃ] N recherche(s) *f(pl)*; **a piece of ~** un travail de recherche; **~ and development** recherche-développement ▸VT faire des recherches sur ▸VI: **to ~ (into sth)** faire des recherches (sur qch)

researcher [rɪ'səːtʃəʳ] N chercheur(-euse)

research work N recherches *fpl*

resell [riː'sɛl] VT (*irreg: like* **sell**) revendre

resemblance [rɪ'zɛmbləns] N ressemblance *f*; **to bear a strong ~ to** ressembler beaucoup à

resemble [rɪ'zɛmbl] VT ressembler à

resent [rɪ'zɛnt] VT éprouver du ressentiment de, être contrarié(e) par

resentful [rɪ'zɛntful] ADJ irrité(e), plein(e) de ressentiment

resentment [rɪ'zɛntmənt] N ressentiment *m*

reservation [rɛzə'veɪʃən] N (*booking*) réservation *f*; (*doubt, protected area*) réserve *f*; (BRIT *Aut: also:* **central reservation**) bande médiane; **to make a ~ (in an hotel/a restaurant/on a plane)** réserver *or* retenir une chambre/une table/une place; **with reservations** (*doubts*) avec certaines réserves

reservation desk N (*US: in hotel*) réception *f*

★**reserve** [rɪ'zəːv] N réserve *f*; (*Sport*) remplaçant(e); **in ~** en réserve ▸VT (*seats etc*) réserver, retenir ■ **reserves** NPL (*Mil*) réservistes *mpl*

reserve currency N monnaie *f* de réserve

reserved [rɪ'zəːvd] ADJ réservé(e)

reserve price N (BRIT) mise *f* à prix, prix *m* de départ

reserve team N (BRIT *Sport*) deuxième équipe *f*

reservist [rɪ'zəːvɪst] N (*Mil*) réserviste *m*

reservoir ['rɛzəvwɑːʳ] N réservoir *m*

reset [riː'sɛt] VT (*irreg: like* **set**) remettre; (*clock, watch*) mettre à l'heure; (*Comput*) remettre à zéro

resettlement [riː'sɛtlmənt] N (*of people*) relocalisation *f*

reshape [riː'ʃeɪp] VT (*policy*) réorganiser

reshuffle ['riːʃʌfl] N: **Cabinet ~** (BRIT *Pol*) remaniement ministériel

reside [rɪ'zaɪd] VI résider
residence ['rɛzɪdəns] N résidence *f*; **to take up ~** s'installer; **in ~** (*queen etc*) en résidence; (*doctor*) résidant(e)
residence permit N (BRIT) permis *m* de séjour
★**resident** ['rɛzɪdənt] N (*of country*) résident(e); (*of area, house*) habitant(e); (*in hotel*) pensionnaire *mf* ▶ADJ résidant(e)
residential [rɛzɪ'dɛnʃəl] ADJ de résidence; (*area*) résidentiel(le); (*course*) avec hébergement sur place
residential school N internat *m*
residual [rɪ'zɪdjuəl] ADJ résiduel(le)
residue ['rɛzɪdjuː] N reste *m*; (*Chem, Physics*) résidu *m*
★**resign** [rɪ'zaɪn] VT (*one's post*) se démettre de; **to ~ o.s. to** (*endure*) se résigner à ▶VI démissionner
resignation [rɛzɪg'neɪʃən] N (*from post*) démission *f*; (*state of mind*) résignation *f*; **to tender one's ~** donner sa démission
resigned [rɪ'zaɪnd] ADJ résigné(e)
resilience [rɪ'zɪlɪəns] N (*of material*) élasticité *f*; (*of person*) ressort *m*
resilient [rɪ'zɪlɪənt] ADJ (*person*) qui réagit, qui a du ressort
resin ['rɛzɪn] N résine *f*
resist [rɪ'zɪst] VT résister à
resistance [rɪ'zɪstəns] N résistance *f*
resistant [rɪ'zɪstənt] ADJ: **~ (to)** résistant(e) (à)
resit VT [riː'sɪt] (*irreg: like* **sit**) (BRIT: *exam*) repasser ▶N ['riːsɪt] deuxième session *f* (*d'un examen*)
resolute ['rɛzəluːt] ADJ résolu(e)
resolutely ['rɛzəluːtlɪ] ADV (*refuse, reject*) résolument; **to remain ~ opposed to sth** rester résolument opposé(e) à qch
★**resolution** [rɛzə'luːʃən] N résolution *f*; **to make a ~** prendre une résolution
resolve [rɪ'zɔlv] N résolution *f* ▶VT (*problem*) résoudre; (*decide*): **to ~ to do** résoudre *or* décider de faire
resolved [rɪ'zɔlvd] ADJ résolu(e)
resonance ['rɛzənəns] N résonance *f*
resonant ['rɛzənənt] ADJ résonnant(e)
resonate ['rɛzəneɪt] VI (*sound, room*) résonner; (*be meaningful*): **to ~ with sb** trouver un écho chez qn
★**resort** [rɪ'zɔːt] N (*seaside town*) station *f* balnéaire; (*for skiing*) station de ski; (*recourse*) recours *m*; **in the last ~** en dernier ressort ▶VI: **to ~ to** avoir recours à
resound [rɪ'zaund] VI: **to ~ (with)** retentir (de)
resounding [rɪ'zaundɪŋ] ADJ retentissant(e)
★**resource** [rɪ'sɔːs] N ressource *f* ■**resources** NPL ressources; **natural resources** ressources naturelles; **to leave sb to his (*or* her) own resources** (*fig*) livrer qn à lui-même (*or* elle-même)
resourceful [rɪ'sɔːsful] ADJ ingénieux(-euse), débrouillard(e)
resourcefulness [rɪ'sɔːsfəlnɪs] N ressource *f*
★**respect** [rɪs'pɛkt] N respect *m*; (*point, detail*): **in some respects** à certains égards; **to have *or* show ~ for sb/sth** respecter qn/qch; **out of ~ for** par respect pour; **with ~ to** en ce qui concerne; **in ~ of** sous le rapport de, quant à; **in this ~** sous ce rapport, à cet égard; **with due ~ I ...** malgré le respect que je vous dois, je ... ▶VT respecter ■**respects** NPL respects, hommages *mpl*; **to pay one's respects** présenter ses respects
respectability [rɪspɛktə'bɪlɪtɪ] N respectabilité *f*
respectable [rɪs'pɛktəbl] ADJ respectable; (*quite good: result etc*) honorable; (*: player*) assez bon(ne)
respectful [rɪs'pɛktful] ADJ respectueux(-euse)
respectfully [rɪ'spɛktfulɪ] ADV respectueusement
respective [rɪs'pɛktɪv] ADJ respectif(-ive)
respectively [rɪs'pɛktɪvlɪ] ADV respectivement
respiration [rɛspɪ'reɪʃən] N respiration *f*
respirator ['rɛspɪreɪtə^r] N respirateur *m*
respiratory ['rɛspərətərɪ] ADJ respiratoire
respite ['rɛspaɪt] N répit *m*
resplendent [rɪs'plɛndənt] ADJ resplendissant(e)
respond [rɪs'pɔnd] VI répondre; (*react*) réagir
respondent [rɪs'pɔndənt] N (*Law*) défendeur(-deresse)
response [rɪs'pɔns] N réponse *f*; (*reaction*) réaction *f*; **in ~ to** en réponse à
★**responsibility** [rɪspɔnsɪ'bɪlɪtɪ] N responsabilité *f*; **to take ~ for sth/sb** accepter la responsabilité de qch/d'être responsable de qn
★**responsible** [rɪs'pɔnsɪbl] ADJ (*liable*): **~ (for)** responsable (de); (*person*) digne de confiance; (*job*) qui comporte des responsabilités; **to be ~ to sb (for sth)** être responsable devant qn (de qch)
responsibly [rɪs'pɔnsɪblɪ] ADV avec sérieux
responsive [rɪs'pɔnsɪv] ADJ (*student, audience*) réceptif(-ive); (*brakes, steering*) sensible
★**rest** [rɛst] N repos *m*; (*stop*) arrêt *m*, pause *f*; (*Mus*) silence *m*; (*support*) support *m*, appui *m*; (*remainder*) reste *m*, restant *m*; **the ~ of them** les autres; **to set sb's mind at ~** tranquilliser qn ▶VI se reposer; (*be supported*): **to ~ on** appuyer *or* reposer sur; (*remain*) rester; **it rests with him to** c'est à lui de; **~ assured that ...** soyez assuré que ... ▶VT (*lean*): **to ~ sth on/against** appuyer qch sur/contre
restart [riː'stɑːt] VT (*engine*) remettre en marche; (*work*) reprendre
★**restaurant** ['rɛstərɔnt] N restaurant *m*
restaurant car N (BRIT *Rail*) wagon-restaurant *m*
restaurateur [rɛstrə'təː^r] N restaurateur(-trice)
rest cure N cure *f* de repos
rested ['rɛstɪd] ADJ reposé(e); **to feel ~** se sentir reposé(e)
restful ['rɛstful] ADJ reposant(e)
rest home N maison *f* de repos
restitution [rɛstɪ'tjuːʃən] N (*act*) restitution *f*; (*reparation*) réparation *f*
restive ['rɛstɪv] ADJ agité(e), impatient(e); (*horse*) rétif(-ive)
restless ['rɛstlɪs] ADJ agité(e); **to get ~** s'impatienter
restlessly ['rɛstlɪslɪ] ADV avec agitation
restlessness ['rɛstlɪsnɪs] N agitation *f*
restock [riː'stɔk] VT réapprovisionner
restoration [rɛstə'reɪʃən] N (*of building*) restauration *f*; (*of stolen goods*) restitution *f*
restorative [rɪ'stɔrətɪv] ADJ reconstituant(e) ▶N reconstituant *m*

r

restore [rɪ'stɔːʳ] VT (*building*) restaurer; (*sth stolen*) restituer; (*peace, health*) rétablir; **to ~ to** (*former state*) ramener à

restorer [rɪ'stɔːrəʳ] N (*Art etc*) restaurateur(-trice) (d'œuvres d'art)

restrain [rɪs'treɪn] VT (*feeling*) contenir; (*person*): **to ~ (from doing)** retenir (de faire)

restrained [rɪs'treɪnd] ADJ (*style*) sobre; (*manner*) mesuré(e)

restraint [rɪs'treɪnt] N (*restriction*) contrainte *f*; (*moderation*) retenue *f*; (*of style*) sobriété *f*; **wage ~** limitations salariales

restrict [rɪs'trɪkt] VT restreindre, limiter

restricted [rɪ'strɪktɪd] ADJ restreint(e); (BRIT: *document*) confidentiel(le); **to be ~ to sb/sth** se limiter à qn/qch

restricted area N (*Aut*) zone *f* à vitesse limitée

restriction [rɪs'trɪkʃən] N restriction *f*, limitation *f*

restrictive [rɪs'trɪktɪv] ADJ restrictif(-ive)

restrictive practices NPL (*Industry*) pratiques *fpl* entravant la libre concurrence

rest room N (*US*) toilettes *fpl*

restructure [riː'strʌktʃəʳ] VT restructurer

restructuring [riː'strʌktʃərɪŋ] N restructuration *f*

★**result** [rɪ'zʌlt] N résultat *m*; **as a ~ it is too expensive** il en résulte que c'est trop cher; **as a ~ of** à la suite de ▸ VI: **to ~ (from)** résulter (de); **to ~ in** aboutir à, se terminer par

resultant [rɪ'zʌltənt] ADJ résultant(e)

resume [rɪ'zjuːm] VT (*work, journey*) reprendre; (*sum up*) résumer ▸ VI (*work etc*) reprendre

résumé ['reɪzjuːmeɪ] N (*summary*) résumé *m*; (*US: curriculum vitae*) curriculum vitae *m inv*

resumption [rɪ'zʌmpʃən] N reprise *f*

resurface [riː'səːfɪs] VI refaire surface ▸ VT (*road*) refaire le revêtement de

resurgence [rɪ'səːdʒəns] N réapparition *f*

resurrect [rɛzə'rɛkt] VT ressusciter

resurrection [rɛzə'rɛkʃən] N résurrection *f*

resuscitate [rɪ'sʌsɪteɪt] VT (*Med*) réanimer

resuscitation [rɪsʌsɪ'teɪʃən] N réanimation *f*

retail ['riːteɪl] N (vente *f* au) détail *m* ▸ ADJ de *or* au détail ▸ ADV au détail ▸ VT vendre au détail ▸ VI: **to ~ at 10 euros** se vendre au détail à 10 euros

retailer ['riːteɪləʳ] N détaillant(e)

retailing ['riːteɪlɪŋ] N commerce *m* de détail ▸ CPD (*industry, business*) de détail

retail outlet N point *m* de vente

retail price N prix *m* de détail

retail price index N ≈ indice *m* des prix

retain [rɪ'teɪn] VT (*keep*) garder, conserver; (*employ*) engager

retainer [rɪ'teɪnəʳ] N (*servant*) serviteur *m*; (*fee*) acompte *m*, provision *f*

retake VT [riː'teɪk] (*irreg: like* **take**) (*recapture*) reprendre; (*exam, course*) repasser ▸ N ['riːteɪk] (*exam*) rattrapage *m*, deuxième session *f*; (*Cine: of scene*) retournage *m*

retaliate [rɪ'tælɪeɪt] VI: **to ~ (against)** se venger (de); **to ~ (on sb)** rendre la pareille (à qn)

retaliation [rɪtælɪ'eɪʃən] N représailles *fpl*, vengeance *f*; **in ~ for** par représailles pour

retaliatory [rɪ'tælɪətərɪ] ADJ de représailles

retarded [rɪ'tɑːdɪd] ADJ (*!*) retardé(e)

retch [rɛtʃ] VI avoir des haut-le-cœur

retell [riː'tɛl] VT (*irreg: like* **tell**) (*story, tale: repeat*) raconter à nouveau; (*: in a new form*) adapter

retention [rɪ'tɛnʃən] N (*keeping*) maintien *m*; (*of information, fluid, heat*) rétention *f*

retentive [rɪ'tɛntɪv] ADJ: **~ memory** excellente mémoire

rethink ['riː'θɪŋk] VT repenser

reticence ['rɛtɪsns] N réticence *f*

reticent ['rɛtɪsnt] ADJ réticent(e)

retina ['rɛtɪnə] N rétine *f*

retinue ['rɛtɪnjuː] N suite *f*, cortège *m*

★**retire** [rɪ'taɪəʳ] VI (*give up work*) prendre sa retraite; (*withdraw*) se retirer, partir; (*go to bed*) (aller) se coucher

retired [rɪ'taɪəd] ADJ (*person*) retraité(e)

retiree [rɪtaɪə'riː] N (*esp US*) retraité(e)

★**retirement** [rɪ'taɪəmənt] N retraite *f*

retirement age N âge *m* de la retraite

retiring [rɪ'taɪərɪŋ] ADJ (*person*) réservé(e); (*chairman etc*) sortant(e)

retook [riː'tuk] PT *of* **retake**

retort [rɪ'tɔːt] N (*reply*) riposte *f*; (*container*) cornue *f* ▸ VI riposter

retrace [riː'treɪs] VT reconstituer; **to ~ one's steps** revenir sur ses pas

retract [rɪ'trækt] VT (*statement, claws*) rétracter; (*undercarriage, aerial*) rentrer, escamoter ▸ VI se rétracter; rentrer

retractable [rɪ'træktəbl] ADJ escamotable

retrain [riː'treɪn] VT recycler ▸ VI se recycler

retraining [riː'treɪnɪŋ] N recyclage *m*

retread VT [riː'trɛd] (*Aut: tyre*) rechaper ▸ N ['riːtrɛd] pneu rechapé

retreat [rɪ'triːt] N retraite *f*; **to beat a hasty ~** (*fig*) partir avec précipitation ▸ VI battre en retraite; (*flood*) reculer

retrial [riː'traɪəl] N nouveau procès

retribution [rɛtrɪ'bjuːʃən] N châtiment *m*

retrieval [rɪ'triːvəl] N récupération *f*; réparation *f*; recherche *f* et extraction *f*

retrieve [rɪ'triːv] VT (*sth lost*) récupérer; (*situation, honour*) sauver; (*error, loss*) réparer; (*Comput*) rechercher

retriever [rɪ'triːvəʳ] N chien *m* d'arrêt

retroactive [rɛtrəu'æktɪv] ADJ rétroactif(-ive)

retroactively [rɛtrəu'æktɪvlɪ] ADV rétroactivement

retrograde ['rɛtrəgreɪd] ADJ rétrograde

retrospect ['rɛtrəspɛkt] N: **in ~** rétrospectivement, après coup

retrospective [rɛtrə'spɛktɪv] ADJ rétrospectif(-ive); (*law*) rétroactif(-ive) ▸ N (*Art*) rétrospective *f*

retrospectively [rɛtrə'spɛktɪvlɪ] ADV rétrospectivement

★**return** [rɪ'təːn] N (*going or coming back*) retour *m*; (*of sth stolen etc*) restitution *f*; (*recompense*) récompense *f*; (*Finance: from land, shares*) rapport *m*; (*report*) relevé *m*, rapport; (BRIT: *also:* **return ticket**) aller retour *m*, aller et retour *m*; **by ~ (of post)** par retour (du courrier); **in ~ (for)** en échange (de); **a ~ to Avignon, please** un aller retour pour Avignon, s'il vous plaît ▸ CPD (*journey*) de retour; (BRIT: *airfare*) aller et retour; (*match*) retour ▸ VI (*person etc: come back*) revenir; (: *go back*) retourner ▸ VT rendre; (*bring back*) rapporter; (*send back*) renvoyer; (*put back*) remettre; (Pol: *candidate*) élire ■ **returns** NPL (*Comm*) recettes *fpl*; (*Finance*) bénéfices *mpl*; (: *returned goods*) marchandises renvoyées; **many happy returns (of the day)!** bon anniversaire!

returnable [rɪ'tə:nəbl] ADJ (*bottle etc*) consigné(e)

returner [rɪ'tə:nəʳ] N *femme qui reprend un travail après avoir élevé ses enfants*

returning officer [rɪ'tə:nɪŋ-] N (BRIT *Pol*) président *m* de bureau de vote

return key N (*Comput*) touche *f* de retour

return ticket N (*esp* BRIT) billet *m* aller-retour

retweet [ri:'twi:t] VT (*on Twitter*) retweeter ▸ N retweet *m*

reunification [ri:ju:nɪfɪ'keɪʃən] N réunification *f*

reunion [ri:'ju:nɪən] N réunion *f*

reunite [ri:ju:'naɪt] VT réunir

reusable [ri:'ju:zəbl] ADJ réutilisable

reuse [ri:'ju:z] VT réutiliser

rev [rɛv] N ABBR (*Aut*: = *revolution*) tour *m* ▸ VT (*also*: **rev up**) emballer ▸ VI (*also*: **rev up**) s'emballer

Rev. ABBR = **Reverend**

revaluation [ri:vælju'eɪʃən] N réévaluation *f*

revamp [ri:'væmp] VT (*house*) retaper; (*firm*) réorganiser

rev counter N (BRIT) compte-tours *m inv*

Revd ABBR = **Reverend**

reveal [rɪ'vi:l] VT (*make known*) révéler; (*display*) laisser voir

revealing [rɪ'vi:lɪŋ] ADJ révélateur(-trice); (*dress*) au décolleté généreux *or* suggestif

reveille [rɪ'vælɪ] N (*Mil*) réveil *m*

revel ['rɛvl] VI: **to ~ in sth/in doing** se délecter de qch/à faire

revelation [rɛvə'leɪʃən] N révélation *f*

reveller ['rɛvləʳ] N fêtard *m*

revelry ['rɛvlrɪ] N festivités *fpl*

revenge [rɪ'vɛndʒ] N vengeance *f*; (*in game etc*) revanche *f*; **to take ~ (on)** se venger (sur) ▸ VT venger

revengeful [rɪ'vɛndʒful] ADJ vengeur(-eresse), vindicatif(-ive)

revenue ['rɛvənju:] N revenu *m*

reverberate [rɪ'və:bəreɪt] VI (*sound*) retentir, se répercuter; (*light*) se réverbérer

reverberation [rɪvə:bə'reɪʃən] N répercussion *f*; réverbération *f*

revere [rɪ'vɪəʳ] VT vénérer, révérer

reverence ['rɛvərəns] N vénération *f*, révérence *f*

Reverend ['rɛvərənd] ADJ vénérable; (*in titles*): **the ~ John Smith** (*Anglican*) le révérend John Smith; (*Catholic*) l'abbé (John) Smith; (*Protestant*) le pasteur (John) Smith

reverent ['rɛvərənt] ADJ respectueux(-euse)

reverential [rɛvə'rɛnʃəl] ADJ révérencieux(-euse)

reverie ['rɛvərɪ] N rêverie *f*

reversal [rɪ'və:sl] N (*of opinion*) revirement *m*; (*of order*) renversement *m*; (*of direction*) changement *m*

★**reverse** [rɪ'və:s] N contraire *m*, opposé *m*; (*back*) dos *m*, envers *m*; (*of paper*) verso *m*; (*of coin*) revers *m*; (*Aut*: *also*: **reverse gear**) marche *f* arrière; **to go into ~** faire marche arrière ▸ ADJ (*direction, effect*) inverse; **in ~ order** en ordre inverse ▸ VT (*order, position*) changer, inverser; (*direction, policy*) changer complètement de; (*decision*) annuler; (*roles*) renverser; (*car*) faire marche arrière avec; (*Law*: *judgment*) réformer ▸ VI (BRIT *Aut*) faire marche arrière

reverse video N vidéo *m* inverse

reversible [rɪ'və:səbl] ADJ (*garment*) réversible; (*procedure*) révocable

reversing lights [rɪ'və:sɪŋ-] NPL (BRIT *Aut*) feux *mpl* de marche arrière *or* de recul

reversion [rɪ'və:ʃən] N retour *m*

revert [rɪ'və:t] VI: **to ~ to** revenir à, retourner à

★**review** [rɪ'vju:] N revue *f*; (*of book, film*) critique *f*; (*of situation, policy*) examen *m*, bilan *m*; (*US*: *examination*) examen; **to come under ~** être révisé(e) ▸ VT passer en revue; faire la critique de; examiner

reviewer [rɪ'vju:əʳ] N critique *m*

revile [rɪ'vaɪl] VT injurier

revise [rɪ'vaɪz] VT réviser, modifier; (*manuscript*) revoir, corriger; **revised edition** édition revue et corrigée ▸ VI (*study*) réviser

revision [rɪ'vɪʒən] N révision *f*; (*revised version*) version corrigée

revitalization [ri:vaɪtəlaɪ'zeɪʃən] N revitalisation *f*

revitalize [ri:'vaɪtəlaɪz] VT revitaliser

revival [rɪ'vaɪvəl] N reprise *f*; (*recovery*) rétablissement *m*; (*of faith*) renouveau *m*

revive [rɪ'vaɪv] VT (*person*) ranimer; (*custom*) rétablir; (*economy*) relancer; (*hope, courage*) raviver, faire renaître; (*play, fashion*) reprendre ▸ VI (*person*) reprendre connaissance; (: *from ill health*) se rétablir; (*hope etc*) renaître; (*activity*) reprendre

revoke [rɪ'vəuk] VT révoquer; (*promise, decision*) revenir sur

revolt [rɪ'vəult] N révolte *f* ▸ VI se révolter, se rebeller ▸ VT révolter, dégoûter

revolting [rɪ'vəultɪŋ] ADJ dégoûtant(e)

★**revolution** [rɛvə'lu:ʃən] N révolution *f*; (*of wheel etc*) tour *m*, révolution

revolutionary [rɛvə'lu:ʃənrɪ] ADJ, N révolutionnaire *mf*

revolutionize [rɛvə'lu:ʃənaɪz] VT révolutionner

revolve [rɪ'vɔlv] VI tourner
▸ **revolve around** VT FUS tourner autour de; **her life revolves around tennis** sa vie tourne autour du tennis

revolver [rɪ'vɔlvəʳ] N revolver *m*

revolving [rɪ'vɔlvɪŋ] ADJ (*chair*) pivotant(e); (*light*) tournant(e)

revolving door N (porte *f* à) tambour *m*

revue [rɪ'vju:] N (*Theat*) revue *f*

revulsion [rɪ'vʌlʃən] N dégoût *m*, répugnance *f*

★**reward** [rɪ'wɔ:d] N récompense *f* ▸ VT: **to ~ (for)** récompenser (de)

r

rewarding [rɪ'wɔ:dɪŋ] ADJ (*fig*) qui (en) vaut la peine, gratifiant(e); **financially ~** financièrement intéressant(e)

rewind [ri:'waɪnd] VT (*irreg: like* **wind²**) (*watch*) remonter; (*tape*) réembobiner

rewire [ri:'waɪəʳ] VT (*house*) refaire l'installation électrique de

reword [ri:'wə:d] VT formuler *or* exprimer différemment

rework [ri:'wə:k] VT retravailler

reworking [ri:'wə:kɪŋ] N (*of book, story*) revisite *f*

rewound [ri:'waund] PT, PP *of* **rewind**

rewritable [ri:'raɪtəbl] ADJ (*CD, DVD*) réinscriptible

rewrite [ri:'raɪt] VT (*irreg: like* **write**) récrire

Reykjavik ['reɪkjəvi:k] N Reykjavik

Rh ABBR (= *rhesus*) Rh

rhapsodize ['ræpsədaɪz] VI s'extasier; **to ~ over sth** s'extasier sur qch

rhapsody ['ræpsədɪ] N (*Mus*) rhapsodie *f*; (*fig*) éloge délirant

rhesus negative ['ri:səs-] ADJ (*Med*) de rhésus négatif

rhesus positive ['ri:səs-] ADJ (*Med*) de rhésus positif

rhetoric ['rɛtərɪk] N rhétorique *f*

rhetorical [rɪ'tɔrɪkl] ADJ rhétorique

rheumatic [ru:'mætɪk] ADJ rhumatismal(e)

rheumatism ['ru:mətɪzəm] N rhumatisme *m*

rheumatoid arthritis ['ru:mətɔɪd-] N polyarthrite *f* chronique

rheumatologist [ru:mə'tɔlədʒɪst] N rhumatologue *mf*

Rhine [raɪn] N: **the (River) ~** le Rhin

rhinestone ['raɪnstəun] N faux diamant

rhino ['raɪnəu] N rhinocéros *m*

rhinoceros [raɪ'nɔsərəs] N rhinocéros *m*

Rhodes [rəudz] N Rhodes *f*

rhododendron [rəudə'dɛndrn] N rhododendron *m*

rhubarb ['ru:bɑ:b] N rhubarbe *f*

rhyme [raɪm] N rime *f*; (*verse*) vers *mpl*; **without ~ or reason** sans rime ni raison ▸ VI: **to ~ (with)** rimer (avec)

★**rhythm** ['rɪðm] N rythme *m*

rhythmic ['rɪðmɪk], **rhythmical** ['rɪðmɪkl] ADJ rythmique

rhythmically ['rɪðmɪklɪ] ADV avec rythme

rhythm method N méthode *f* des températures

RI N ABBR (BRIT) = **religious instruction** ▸ ABBR (US) = **Rhode Island**

rib [rɪb] N (*Anat*) côte *f* ▸ VT (*mock*) taquiner

ribald ['rɪbəld] ADJ paillard(e)

ribbed [rɪbd] ADJ (*knitting*) à côtes; (*shell*) strié(e)

ribbon ['rɪbən] N ruban *m*; **in ribbons** (*torn*) en lambeaux

★**rice** [raɪs] N riz *m*

rice field N rizière *f*

rice pudding N riz *m* au lait

★**rich** [rɪtʃ] ADJ riche; (*gift, clothes*) somptueux(-euse); **to be ~ in sth** être riche en qch ▸ NPL: **the ~** les riches *mpl* ▪ **riches** NPL richesses *fpl*

richly ['rɪtʃlɪ] ADV richement; (*deserved, earned*) largement, grandement

richness ['rɪtʃnɪs] N richesse *f*

rickets ['rɪkɪts] N rachitisme *m*

rickety ['rɪkɪtɪ] ADJ branlant(e)

rickshaw ['rɪkʃɔ:] N pousse(-pousse) *m inv*

ricochet ['rɪkəʃeɪ] N ricochet *m* ▸ VI ricocher

★**rid** [rɪd] (*pt, pp* **~**) VT: **to ~ sb of** débarrasser qn de; **to get ~ of** se débarrasser de

riddance ['rɪdns] N: **good ~!** bon débarras !

ridden ['rɪdn] PP *of* **ride**

riddle ['rɪdl] N (*puzzle*) énigme *f* ▸ VT: **to be riddled with** être criblé(e) de; (*fig*) être en proie à

★**ride** [raɪd] (*pt* **rode** [rəud], *pp* **ridden** ['rɪdn]) N promenade *f*, tour *m*; (*distance covered*) trajet *m*; **horse/car ~** promenade *or* tour à cheval/en voiture; **to go for a ~** faire une promenade (en voiture *or* à bicyclette *etc*); **to take sb for a ~** (*fig*) faire marcher qn; (*cheat*) rouler qn ▸ VI (*as sport*) monter (à cheval), faire du cheval; (*go somewhere: on horse, bicycle*) aller (à cheval *or* bicyclette *etc*); (*travel: on bicycle, motor cycle, bus*) rouler; **we rode all day/all the way** nous sommes restés toute la journée en selle/avons fait tout le chemin en selle *or* à cheval; **to ~ at anchor** (*Naut*) être à l'ancre ▸ VT (*a horse*) monter; (*distance*) parcourir, faire; **to ~ a horse/bicycle** monter à cheval/à bicyclette; **can you ~ a bike?** est-ce que tu sais monter à bicyclette ?

▸ **ride out** [raɪd aut] VT: **to ~ out the storm** (*fig*) surmonter les difficultés

▸ **ride up** VI (*skirt, top*) remonter

★**rider** ['raɪdəʳ] N cavalier(-ière); (*in race*) jockey *m*; (*on bicycle*) cycliste *mf*; (*on motorcycle*) motocycliste *mf*; (*in document*) annexe *f*, clause additionnelle

ridge [rɪdʒ] N (*of hill*) faîte *m*; (*of roof, mountain*) arête *f*; (*on object*) strie *f*

ridicule ['rɪdɪkju:l] N ridicule *m*; dérision *f*; **to hold sb/sth up to ~** tourner qn/qch en ridicule ▸ VT ridiculiser, tourner en dérision

ridiculous [rɪ'dɪkjuləs] ADJ ridicule

riding ['raɪdɪŋ] N équitation *f*

riding school N manège *m*, école *f* d'équitation

rife [raɪf] ADJ répandu(e); **~ with** abondant(e) en

riff ['rɪf] N (*Mus*) riff *m*

riffraff ['rɪfræf] N racaille *f*

rifle ['raɪfl] N fusil *m* (à canon rayé) ▸ VT vider, dévaliser

▸ **rifle through** VT FUS fouiller dans

rifle range N champ *m* de tir; (*indoor*) stand *m* de tir

rift [rɪft] N fente *f*, fissure *f*; (*fig: disagreement*) désaccord *m*

rig [rɪg] N (*also:* **oil rig**: *on land*) derrick *m*; (*: at sea*) plate-forme pétrolière ▸ VT (*election etc*) truquer

▸ **rig out** VT (BRIT) habiller; (*: pej*) fringuer, attifer

▸ **rig up** VT arranger, faire avec des moyens de fortune

rigging ['rɪgɪŋ] N (*Naut*) gréement *m*

★**right** [raɪt] ADJ (*true*) juste, exact(e); (*correct*) bon(ne); (*suitable*) approprié(e), convenable; (*just*) juste, équitable; (*morally good*) bien *inv*; (*not left*) droit(e); **the ~ time** (*precise*) l'heure exacte; (*not wrong*) la bonne heure; **do you have the ~ time?**

avez-vous l'heure juste *or* exacte ?; **to be ~** (*person*) avoir raison; (*answer*) être juste *or* correct(e); **to get sth ~** ne pas se tromper sur qch; **let's get it ~ this time!** essayons de ne pas nous tromper cette fois-ci !; **you did the ~ thing** vous avez bien fait; **to put a mistake ~** (BRIT) rectifier une erreur ▶ N (*moral good*) bien *m*; (*title, claim*) droit *m*; (*not left*) droite *f*; **on the ~** à droite; **~ and wrong** le bien et le mal; **to be in the ~** avoir raison; **by rights** en toute justice ▶ ADV (*answer*) correctement; (*treat*) bien, comme il faut; (*not on the left*) à droite; **~ now** en ce moment même; (*immediately*) tout de suite; **~ before/after** juste avant/après; **~ against the wall** tout contre le mur; **~ ahead** tout droit; droit devant; **~ in the middle** en plein milieu; **~ away** immédiatement; **to go ~ to the end of sth** aller jusqu'au bout de qch ▶ VT redresser ▶ EXCL bon !
■ **rights** NPL (*Comm*) droits *mpl*; **film rights** droits d'adaptation cinématographique

> Use the masculine word **droit** to refer to the right to something: *human rights* **les droits de l'homme**. The feminine word **droite** means *right* as opposed to *left*.

right angle N (*Math*) angle droit
righteous ['raɪtʃəs] ADJ droit(e), vertueux(-euse); (*anger*) justifié(e)
righteousness ['raɪtʃəsnɪs] N droiture *f*, vertu *f*
rightful ['raɪtful] ADJ (*heir*) légitime
rightfully ['raɪtfəlɪ] ADV à juste titre, légitimement
right-hand ['raɪthænd] ADJ: **the ~ side** la droite
right-hand drive N conduite *f* à droite; (*vehicle*) véhicule *m* avec la conduite à droite
right-handed [raɪt'hændɪd] ADJ (*person*) droitier(-ière)
right-hand man N (*irreg*) bras droit (*fig*)
rightly ['raɪtlɪ] ADV bien, correctement; (*with reason*) à juste titre; **if I remember ~** (BRIT) si je me souviens bien
right-minded ['raɪt'maɪndɪd] ADJ sensé(e), sain(e) d'esprit
right of way N (*on path etc*) droit *m* de passage; (*Aut*) priorité *f*
rights issue N (*Stock Exchange*) émission préférentielle *or* de droit de souscription
right to life N droit *m* à la vie ▶ CPD (*group, campaign*: *also*: **right-to-life**) antiavortement *inv*
right wing N (*Mil, Sport*) aile droite; (*Pol*) droite *f*
right-wing [raɪt'wɪŋ] ADJ (*Pol*) de droite
right-winger [raɪt'wɪŋə^r] N (*Pol*) membre *m* de la droite; (*Sport*) ailier droit
rigid ['rɪdʒɪd] ADJ rigide; (*principle, control*) strict(e)
rigidity [rɪ'dʒɪdɪtɪ] N rigidité *f*
rigidly ['rɪdʒɪdlɪ] ADV rigidement; (*behave*) inflexiblement
rigmarole ['rɪgmərəul] N galimatias *m*, comédie *f*
rigor ['rɪgə^r] N (US) = **rigour**
rigor mortis ['rɪgə'mɔːtɪs] N rigidité *f* cadavérique
rigorous ['rɪgərəs] ADJ rigoureux(-euse)
rigorously ['rɪgərəslɪ] ADV rigoureusement
rigour, (US) **rigor** ['rɪgə^r] N rigueur *f*
rig-out ['rɪgaut] N (BRIT *inf*) tenue *f*
rile [raɪl] VT agacer
rim [rɪm] N bord *m*; (*of spectacles*) monture *f*; (*of wheel*) jante *f*
rimless ['rɪmlɪs] ADJ (*spectacles*) à monture invisible
rind [raɪnd] N (*of bacon*) couenne *f*; (*of lemon etc*) écorce *f*, zeste *m*; (*of cheese*) croûte *f*
★**ring** [rɪŋ] (*pt* **rang** [ræŋ], *pp* **rung** [rʌŋ]) N anneau *m*; (*on finger*) bague *f*; (*also*: **wedding ring**) alliance *f*; (*for napkin*) rond *m*; (*of people, objects*) cercle *m*; (*of spies*) réseau *m*; (*of smoke etc*) rond *m*; (*arena*) piste *f*, arène *f*; (*for boxing*) ring *m*; (*sound of bell*) sonnerie *f*; (*telephone call*) coup *m* de téléphone; **to give sb a ~** (*Tel*) passer un coup de téléphone *or* de fil à qn; **that has the ~ of truth about it** cela sonne vrai ▶ VI (*telephone, bell*) sonner; (*person*: *by telephone*) téléphoner; (*ears*) bourdonner; (*also*: **ring out**: *voice, words*) retentir ▶ VT (*also*: **ring up**) téléphoner à, appeler; **to ~ the bell** sonner; **the name doesn't ~ a bell (with me)** ce nom ne me dit rien
▶ **ring around** VI, VT FUS = **ring round**
▶ **ring back** VT, VI (BRIT *Tel*) rappeler
▶ **ring in** VI (*esp* BRIT) appeler
▶ **ring off** VI (BRIT *Tel*) raccrocher
▶ **ring out** VI (*voice, words, shot*) retentir
▶ **ring round** (*esp* BRIT) VI passer des coups de fil ▶ VT FUS appeler
▶ **ring up** VT (BRIT *Tel*) téléphoner à, appeler
ring binder N classeur *m* à anneaux
ring-fence [rɪŋ'fɛns] VT (*allocate*) réserver, allouer; (*protect*) protéger
ring finger N annulaire *m*
ringing ['rɪŋɪŋ] N (*of bell*) tintement *m*; (*louder*: *of telephone*) sonnerie *f*; (*: in ears*) bourdonnement *m*
ringing tone N (BRIT *Tel*) tonalité *f* d'appel
ringleader ['rɪŋliːdə^r] N (*of gang*) chef *m*, meneur *m*
ringlets ['rɪŋlɪts] NPL anglaises *fpl*
ringmaster ['rɪŋmɑːstə^r] N (*at the circus*) Monsieur Loyal *m*
ring road N (BRIT) rocade *f*; (*motorway*) périphérique *m*
ringside ['rɪŋsaɪd] N: **at the ~** (*Boxing*) au bord du ring; (*at circus*) au bord de la piste ▶ CPD: **to have a ~ view** *or* **seat** (*fig*) être aux premières loges
★**ringtone** ['rɪŋtəun] N (*on mobile*) sonnerie *f* (*de téléphone portable*)
ringworm ['rɪŋwəːm] N teigne *f*
rink [rɪŋk] N (*also*: **ice rink**) patinoire *f*; (*for roller-skating*) skating *m*
rinse [rɪns] N rinçage *m* ▶ VT rincer
Rio ['riːəu], **Rio de Janeiro** ['riːəudədʒə'nɪərəu] N Rio de Janeiro
★**riot** ['raɪət] N émeute *f*, bagarres *fpl*; **a ~ of colours** une débauche *or* orgie de couleurs ▶ VI (*demonstrators*) manifester avec violence; (*population*) se soulever, se révolter ▶ ADV: **to run ~** se déchaîner
rioter ['raɪətə^r] N émeutier(-ière), manifestant(e)
riot gear N: **in ~** casqué et portant un bouclier
rioting ['raɪətɪŋ] N émeutes *fpl*
riotous ['raɪətəs] ADJ tapageur(-euse); tordant(e)
riotously ['raɪətəslɪ] ADV: **~ funny** tordant(e)

r

riot police N forces *fpl* de police intervenant en cas d'émeute; **hundreds of ~** des centaines de policiers casqués et armés

RIP ABBR (= *rest in peace*) RIP

rip [rɪp] N déchirure *f* ▸ VT déchirer ▸ VI se déchirer
▸ **rip off** VT (*inf: cheat*) arnaquer (*inf*)
▸ **rip out** VT arracher
▸ **rip up** VT déchirer

ripcord ['rɪpkɔ:d] N poignée *f* d'ouverture

ripe [raɪp] ADJ (*fruit*) mûr(e); (*cheese*) fait(e)

ripen ['raɪpn] VT mûrir ▸ VI mûrir; se faire

ripeness ['raɪpnɪs] N maturité *f*

rip-off ['rɪpɔf] N (*inf*): **it's a ~!** c'est du vol manifeste!, c'est de l'arnaque! (*inf*)

riposte [rɪ'pɔst] N riposte *f*

ripple ['rɪpl] N ride *f*, ondulation *f*; (*of applause, laughter*) cascade *f* ▸ VI se rider, onduler ▸ VT rider, faire onduler

★**rise** [raɪz] (*pt* **rose** [rəuz], *pp* **risen** [rɪzn]) N (*slope*) côte *f*, pente *f*; (*hill*) élévation *f*; (*increase: in wages*: BRIT) augmentation *f*; (: *in prices, temperature*) hausse *f*, augmentation; (*fig: of person*) ascension *f*; **~ to power** montée *f* au pouvoir; **to give ~ to** donner lieu à ▸ VI s'élever, monter; (*prices, numbers*) augmenter, monter; (*waters, river*) monter; (*sun, wind, person: from chair, bed*) se lever; (*also:* **rise up**: *tower, building*) s'élever; (: *rebel*) se révolter, se rebeller; (*in rank*) s'élever; **to ~ to the occasion** se montrer à la hauteur
▸ **rise above** VT FUS (*differences, fears*) surmonter; (*insults*) ignorer

risen ['rɪzn] PP *of* **rise**

rising ['raɪzɪŋ] ADJ (*increasing: number, prices*) en hausse; (*tide*) montant(e); (*sun, moon*) levant(e) ▸ N (*uprising*) soulèvement *m*, insurrection *f*

rising damp N humidité *f* (montant des fondations)

rising star N (*also fig*) étoile montante

★**risk** [rɪsk] N risque *m*, danger *m*; (*deliberate*) risque; **to take** *or* **run the ~ of doing** courir le risque de faire; **at ~** en danger; **at one's own ~** à ses risques et périls; **it's a fire/health ~** cela présente un risque d'incendie/pour la santé ▸ VT risquer; **I'll ~ it** je vais risquer le coup

risk capital N capital-risque *m*

risky ['rɪskɪ] ADJ risqué(e)

risotto [rɪ'zɔtəu] N risotto *m*

risqué ['ri:skeɪ] ADJ (*joke*) risqué(e)

rissole ['rɪsəul] N croquette *f*

rite [raɪt] N rite *m*; **the last rites** les derniers sacrements

ritual ['rɪtjuəl] ADJ rituel(le) ▸ N rituel *m*

★**rival** ['raɪvl] N rival(e); (*in business*) concurrent(e) ▸ ADJ rival(e); qui fait concurrence ▸ VT (*match*) égaler; (*compete with*) être en concurrence avec; **to ~ sb/sth in** rivaliser avec qn/qch de

rivalry ['raɪvlrɪ] N rivalité *f*; (*in business*) concurrence *f*

★**river** ['rɪvə^r] N rivière *f*; (*major, also fig*) fleuve *m*; **up/down ~** en amont/aval ▸ CPD (*port, traffic*) fluvial(e)

riverbank ['rɪvəbæŋk] N rive *f*, berge *f*

riverbed ['rɪvəbɛd] N lit *m* (de rivière *or* de fleuve)

riverfront ['rɪvəfrʌnt] N berges *fpl* aménagées

riverside ['rɪvəsaɪd] N bord *m* de la rivière *or* du fleuve

rivet ['rɪvɪt] N rivet *m* ▸ VT riveter; (*fig*) river, fixer

riveting ['rɪvɪtɪŋ] ADJ (*fig*) fascinant(e)

Riviera [rɪvɪ'ɛərə] N: **the (French) ~** la Côte d'Azur; **the Italian ~** la Riviera (italienne)

rivulet ['rɪvjulət] N ruisseau *m*

Riyadh [rɪ'jɑ:d] N Riyad

RMN ABBR = **Registered Mental Nurse**

RMT N ABBR (= *Rail, Maritime and Transport*) *syndicat des transports*

RN N ABBR = **registered nurse**; (BRIT) = **Royal Navy**

RNA N ABBR (= *ribonucleic acid*) ARN *m*

RNLI N ABBR (BRIT: = *Royal National Lifeboat Institution*) ≈ SNSM *f*

RNZAF N ABBR = **Royal New Zealand Air Force**

RNZN N ABBR = **Royal New Zealand Navy**

★**road** [rəud] N route *f*; (*in town*) rue *f*; (*fig*) chemin *m*, voie *f*; **main ~** grande route; **major/minor ~** route principale *or* à priorité/voie secondaire; **it takes four hours by ~** il y a quatre heures de route; **which ~ do I take for ...?** quelle route dois-je prendre pour aller à ...?; **"~ up"** (BRIT) « attention travaux » ▸ CPD (*accident*) de la route

road accident N accident *m* de la circulation

roadblock ['rəudblɔk] N barrage routier

road haulage N transports routiers

roadhog ['rəudhɔg] N chauffard *m*

roadie ['rəudɪ] N roadie *m*

roadkill ['rəudkɪl] N animal *m* tué sur la route

road map N carte routière

road rage N *comportement très agressif de certains usagers de la route*

road safety N sécurité routière

roadside ['rəudsaɪd] N bord *m* de la route, bas-côté *m*; **by the ~** au bord de la route ▸ CPD (situé(e) *etc*) au bord de la route

road sign ['rəudsaɪn] N panneau *m* de signalisation

road sweeper ['rəudswi:pə^r] N (*person*) balayeur(-euse); (*vehicle*) balayeuse *f*

road tax N (BRIT *Aut*) taxe *f* sur les automobiles

road user N usager *m* de la route

roadway ['rəudweɪ] N chaussée *f*

roadworks ['rəudwə:ks] NPL travaux *mpl* (de réfection des routes)

roadworthy ['rəudwə:ðɪ] ADJ en bon état de marche

roam [rəum] VI errer, vagabonder ▸ VT parcourir, errer par

roaming ['rəumɪŋ] N (*Tel*) roaming *m*

roar [rɔ:^r] N rugissement *m*; (*of crowd*) hurlements *mpl*; (*of vehicle, thunder, storm*) grondement *m* ▸ VI rugir; hurler; gronder; **to ~ with laughter** rire à gorge déployée

roaring ['rɔ:rɪŋ] ADJ: **a ~ fire** une belle flambée; **a ~ success** un succès fou; **to do a ~ trade** faire des affaires en or

roast [rəust] N rôti *m* ▸ VT (*meat*) (faire) rôtir; (*coffee*) griller, torréfier

roast beef N rôti *m* de bœuf, rosbif *m*
roasting [ˈrəustɪŋ] N (*inf*): **to give sb a ~** sonner les cloches à qn (*inf*)
rob [rɔb] VT (*person*) voler; (*bank*) dévaliser; **to ~ sb of sth** voler *or* dérober qch à qn; (*fig: deprive*) priver qn de qch
robber [ˈrɔbəʳ] N bandit *m*, voleur *m*
robbery [ˈrɔbərɪ] N vol *m*
robe [rəub] N (*for ceremony etc*) robe *f*; (*also:* **bathrobe**) peignoir *m*; (*US: rug*) couverture *f* ▸ VT revêtir (d'une robe)
robin [ˈrɔbɪn] N rouge-gorge *m*
robot [ˈrəubɔt] N robot *m*
robotic [rəuˈbɔtɪk] ADJ (*arm, technology*) robotique; (*stiff: movements, speech*) de robot
robotics [rəˈbɔtɪks] N robotique *m*
robust [rəuˈbʌst] ADJ robuste; (*material, appetite*) solide
★**rock** [rɔk] N (*substance*) roche *f*, roc *m*; (*boulder*) rocher *m*, roche; (*US: small stone*) caillou *m*; (BRIT: *sweet*) ≈ sucre *m* d'orge; **on the rocks** (*drink*) avec des glaçons; (*ship*) sur les écueils; (*fig: marriage etc*) en train de craquer ▸ VT (*swing gently: cradle*) balancer; (*: child*) bercer; (*shake*) ébranler, secouer; **to ~ the boat** (*fig*) jouer les trouble-fête ▸ VI se balancer, être ébranlé(e) *or* secoué(e)
rock and roll, rock 'n' roll N rock (and roll) *m*, rock'n'roll *m*
rock-bottom [ˈrɔkˈbɔtəm] N (*fig*) niveau le plus bas; **to reach** *or* **touch ~** (*price, person*) tomber au plus bas ▸ ADJ (*fig: prices*) sacrifié(e)
rock climber N varappeur(-euse)
rock climbing N varappe *f*
rocker [ˈrɔkəʳ] N (*musician*) rocker *m*, rockeur(-euse); (*esp US: chair*) rocking-chair *m*
rockery [ˈrɔkərɪ] N (jardin *m* de) rocaille *f*
★**rocket** [ˈrɔkɪt] N fusée *f*; (*Mil*) fusée, roquette *f*; (BRIT *Culin*) roquette ▸ VI (*prices*) monter en flèche
rocket launcher [-lɔːnʃəʳ] N lance-roquettes *m inv*
rock face N paroi rocheuse
rock fall N chute *f* de pierres
rock-hard [rɔkˈhɑːd] ADJ dur(e) comme la pierre
Rockies [ˈrɔkiz] NPL: **the ~** les Rocheuses *fpl*
rocking chair [ˈrɔkɪŋ-] N fauteuil *m* à bascule
rocking horse [ˈrɔkɪŋ-] N cheval *m* à bascule
rock-solid [rɔkˈsɔlɪd] ADJ (*hard*) complètement solidifié(e); (*reliable: defence, proof*) en béton; **the firm is ~ financially** financièrement, l'entreprise est solide comme un roc
rocky [ˈrɔkɪ] ADJ (*hill*) rocheux(-euse); (*path*) rocailleux(-euse); (*unsteady: table*) branlant(e)
Rocky Mountains NPL: **the ~** les (montagnes *fpl*) Rocheuses *fpl*
rod [rɔd] N (*metallic*) tringle *f*; (*Tech*) tige *f*; (*wooden*) baguette *f*; (*also:* **fishing rod**) canne *f* à pêche
rode [rəud] PT *of* **ride**
rodent [ˈrəudnt] N rongeur *m*
rodeo [ˈrəudɪəu] N rodéo *m*
roe [rəu] N (*species: also:* **roe deer**) chevreuil *m*; (*of fish: also:* **hard roe**) œufs *mpl* de poisson; **soft ~** laitance *f*
roe deer N chevreuil *m*
rogue [rəug] N coquin(e)
roguish [ˈrəugɪʃ] ADJ coquin(e)
★**role** [rəul] N rôle *m*
role-model [ˈrəulmɔdl] N modèle *m* à émuler
role play, role playing N jeu *m* de rôle
★**roll** [rəul] N rouleau *m*; (*of banknotes*) liasse *f*; (*also:* **bread roll**) petit pain; (*register*) liste *f*; (*sound: of drums etc*) roulement *m*; (*movement: of ship*) roulis *m* ▸ VT rouler; (*also:* **roll up**: *string*) enrouler; (*also:* **roll out**: *pastry*) étendre au rouleau, abaisser ▸ VI rouler; (*wheel*) tourner; **cheese ~** ≈ sandwich *m* au fromage (*dans un petit pain*)
▸ **roll about, roll around** VI rouler çà et là; (*person*) se rouler par terre
▸ **roll by** VI (*time*) s'écouler, passer
▸ **roll down** VT (*close: blind*) baisser; (*open*): **to ~ down one's window** baisser sa vitre
▸ **roll in** VI (*mail, cash*) affluer
▸ **roll over** VI se retourner
▸ **roll up** VI (*inf: arrive*) arriver, s'amener ▸ VT (*carpet, cloth, map*) rouler; (*sleeves*) retrousser; **to ~ o.s. up into a ball** se rouler en boule
roll call N appel *m*
roller [ˈrəuləʳ] N rouleau *m*; (*wheel*) roulette *f*; (*for road*) rouleau compresseur; (*for hair*) bigoudi *m*
Rollerblade® [ˈrəuləbleɪd] NPL roller *m*; **a pair of Rollerblades** une paire de rollers
rollerblading [ˈrəuləbleɪdɪŋ] N roller *m*; **to go ~** faire du roller
roller blind N (BRIT) store *m*
roller coaster N montagnes *fpl* russes
roller skates NPL patins *mpl* à roulettes
roller-skating [ˈrəuləskeɪtɪŋ] N patin *m* à roulettes; **to go ~** faire du patin à roulettes
rollicking [ˈrɔlɪkɪŋ] ADJ bruyant(e) et joyeux(-euse); (*play*) bouffon(ne); **to have a ~ time** s'amuser follement
rolling [ˈrəulɪŋ] ADJ (*landscape*) onduleux(-euse)
rolling mill N laminoir *m*
rolling pin N rouleau *m* à pâtisserie
rolling stock N (*Rail*) matériel roulant
roll-on-roll-off [ˈrəulɔnˈrəulɔf] ADJ (BRIT: *ferry*) roulier(-ière)
rollover [ˈrəuləuvəʳ] N (*in lottery*) *enjeu auquel vient s'ajouter le gros lot du tirage précédent, faute de gagnant*
roly-poly [ˈrəulɪˈpəulɪ] N (BRIT *Culin*) roulé *m* à la confiture
ROM [rɔm] N ABBR (*Comput:* = *read-only memory*) mémoire morte, ROM *f*
Roman [ˈrəumən] ADJ romain(e) ▸ N Romain(e)
Roman Catholic ADJ, N catholique *mf*
romance [rəˈmæns] N (*love affair*) idylle *f*; (*charm*) poésie *f*; (*novel*) roman *m* à l'eau de rose
Romanesque [rəuməˈnɛsk] ADJ roman(e)
Romania [rəuˈmeɪnɪə] N = **Rumania**
Romanian [rəuˈmeɪnɪən] ADJ, N = **Rumanian**
Roman numeral N chiffre romain
★**romantic** [rəˈmæntɪk] ADJ romantique; (*novel, attachment*) sentimental(e)
romanticism [rəˈmæntɪsɪzəm] N romantisme *m*

r

romanticize [rəu'mæntɪsaɪz] VT romancer, sentimentaliser ▸ VI sentimentaliser

Romany ['rɔmənɪ] ADJ de bohémien ▸ N bohémien(ne); (*Ling*) romani *m*

Rome [rəum] N Rome

romp [rɔmp] N jeux bruyants ▸ VI (*also:* **romp about**) s'ébattre, jouer bruyamment; **to ~ home** (*horse*) arriver bon premier

rompers ['rɔmpəz] NPL barboteuse *f*

rondo ['rɔndəu] N (*Mus*) rondeau *m*

★**roof** [ru:f] N toit *m*; (*of tunnel, cave*) plafond *m*; **the ~ of the mouth** la voûte du palais ▸ VT couvrir (d'un toit)

roofer ['ru:fə^r] N couvreur(-euse)

roof garden N toit-terrasse *m*

roofing ['ru:fɪŋ] N toiture *f*

roof rack N (*Aut*) galerie *f*

rooftop ['ru:ftɔp] N toit *m*; **to shout sth from the rooftops** crier qch sur tous les toits

rook [ruk] N (*bird*) freux *m*; (*Chess*) tour *f* ▸ VT (*inf: cheat*) rouler, escroquer

rookie ['rukɪ] N (*inf: esp Mil*) bleu *m* (*inf*)

★**room** [ru:m] N (*in house*) pièce *f*; (*also:* **bedroom**) chambre *f* (à coucher); (*in school etc*) salle *f*; (*space*) place *f*; **is there ~ for this?** est-ce qu'il y a de la place pour ceci ?; **to make ~ for sb** faire de la place à qn; **there is ~ for improvement** on peut faire mieux ■ **rooms** NPL (*lodging*) meublé *m*; **"rooms to let"**, (*US*) **"rooms for rent"** « chambres à louer »
▸ **room with** (*esp US*) VT FUS faire chambre commune avec

rooming house ['ru:mɪŋ-] N (*US*) maison *f* de rapport

roommate ['ru:mmeɪt] N camarade *mf* de chambre; (*US*) colocataire *mf*

room service N service *m* des chambres (*dans un hôtel*)

room temperature N température ambiante; **"serve at ~"** (*wine*) « servir chambré »

roomy ['ru:mɪ] ADJ spacieux(-euse); (*garment*) ample

roost [ru:st] N juchoir *m* ▸ VI se jucher

rooster ['ru:stə^r] N coq *m*

★**root** [ru:t] N (*Bot, Math*) racine *f*; (*fig: of problem*) origine *f*, fond *m*; **to take ~** (*plant, idea*) prendre racine; **to have its roots in sth** (*fig*) avoir ses racines dans qch ▸ VI (*plant*) s'enraciner
▸ **root about, root around** VI fouiller
▸ **root for** VT FUS (*inf*) applaudir
▸ **root out** VT extirper
▸ **root through** VT FUS fouiller dans

root beer N (*US*) *sorte de limonade à base d'extraits végétaux*

rooted ['ru:tɪd] ADJ: **~ in** (*tradition, religion*) enraciné(e) dans; **to be ~ in sth** (*suj: idea, problem*) tirer ses racines de qch; **deeply ~** profondément enraciné(e); **~ to the spot** cloué(e) sur place

rootless ['ru:tlɪs] ADJ (*person*) déraciné(e); (*life*) sans racines

rope [rəup] N corde *f*; (*Naut*) cordage *m*; **to know the ropes** (*fig*) être au courant, connaître les ficelles ▸ VT (*box*) corder; (*tie up or together*) attacher; (*climbers: also:* **rope together**) encorder; (*area: also:* **rope off**) interdire l'accès de; (*: divide off*) séparer; **to ~ sb in** (*fig*) embringuer qn

rope ladder N échelle *f* de corde

ropey ['rəupɪ] ADJ (*inf*) pas fameux(-euse) *or* brillant(e) (*inf*); **I feel a bit ~ today** c'est pas la forme aujourd'hui

rort [rɔ:t] N (AUSTRALIA, NEW ZEALAND *inf*) arnaque *f* (*inf*) ▸ VT escroquer

rosary ['rəuzərɪ] N chapelet *m*

★**rose** [rəuz] PT *of* **rise** ▸ N rose *f*; (*also:* **rosebush**) rosier *m*; (*on watering can*) pomme *f* ▸ ADJ rose

★**rosé** ['rəuzeɪ] N rosé *m*

rosebed ['rəuzbɛd] N massif *m* de rosiers

rosebud ['rəuzbʌd] N bouton *m* de rose

rosebush ['rəuzbuʃ] N rosier *m*

rose-coloured, (*US*) **rose-colored** ['rəuzkʌləd] ADJ rose; **to look at sb/sth through ~ glasses** *or* (BRIT) **spectacles** ne voir que les bons côtés de qn/qch; **to see life through ~ glasses** *or* (BRIT) **spectacles** voir la vie en rose

rosehip ['rəuzhɪp] N cynorhodon *m*

rosemary ['rəuzmərɪ] N romarin *m*

rosette [rəu'zɛt] N rosette *f*; (*larger*) cocarde *f*

rosewater ['rəuzwɔ:tə^r] N eau *f* de rose

ROSPA ['rɔspə] N ABBR (BRIT) = **Royal Society for the Prevention of Accidents**

roster ['rɔstə^r] N: **duty ~** tableau *m* de service

rostrum ['rɔstrəm] N tribune *f* (*pour un orateur etc*)

rosy ['rəuzɪ] ADJ rose; **a ~ future** un bel avenir

rot [rɔt] N (*decay*) pourriture *f*; (*fig: pej: nonsense*) idioties *fpl*, balivernes *fpl*; **to stop the ~** (BRIT *fig*) rétablir la situation; **dry ~** pourriture sèche (*du bois*); **wet ~** pourriture (du bois) ▸ VT, VI pourrir
▸ **rot away** VI pourrir

rota ['rəutə] N liste *f*, tableau *m* de service; **on a ~ basis** par roulement

rotary ['rəutərɪ] ADJ rotatif(-ive)

rotate [rəu'teɪt] VT (*revolve*) faire tourner; (*change round: crops*) alterner; (*: jobs*) faire à tour de rôle ▸ VI (*revolve*) tourner

rotating [rəu'teɪtɪŋ] ADJ (*movement*) tournant(e)

rotation [rəu'teɪʃən] N rotation *f*; **in ~** à tour de rôle

rote [rəut] N: **by ~** machinalement, par cœur

rotor ['rəutə^r] N rotor *m*

rotten ['rɔtn] ADJ (*decayed*) pourri(e); (*dishonest*) corrompu(e); (*inf: bad*) mauvais(e), moche; **to feel ~** (*ill*) être mal fichu(e) (*inf*)

rotting ['rɔtɪŋ] ADJ pourrissant(e)

rotund [rəu'tʌnd] ADJ rondelet(te); arrondi(e)

rouble, (*US*) **ruble** ['ru:bl] N rouble *m*

rouge [ru:ʒ] N rouge *m* (à joues)

★**rough** [rʌf] ADJ (*cloth, skin*) rêche, rugueux(-euse); (*terrain*) accidenté(e); (*path*) rocailleux(-euse); (*voice*) rauque, rude; (*person, manner: coarse*) rude, fruste; (*: violent*) brutal(e); (*district, weather*) mauvais(e); (*sea*) houleux(-euse); (*plan*) ébauché(e); (*guess*) approximatif(-ive); **the sea is ~ today** la mer est agitée aujourd'hui; **to have a ~ time (of it)** en voir de dures; **to feel ~** (BRIT: *ill*) être mal fichu(e); **~ estimate** approximation *f* ▸ N (*Golf*) rough *m* ▸ VT: **to ~ it** vivre à la dure ▸ ADV: (BRIT):

to sleep ~ coucher à la dure; **to play ~** jouer avec brutalité
▸ **rough out** VT (*draft*) ébaucher
▸ **rough up** VT (*inf*) malmener

roughage ['rʌfɪdʒ] N fibres *fpl* diététiques

rough-and-ready ['rʌfən'rɛdɪ] ADJ (*accommodation, method*) rudimentaire

rough-and-tumble ['rʌfən'tʌmbl] N agitation *f*

roughcast ['rʌfkɑːst] N crépi *m*

rough copy, rough draft N brouillon *m*

roughen ['rʌfn] VT (*a surface*) rendre rude *or* rugueux(-euse)

rough justice N justice *f* sommaire

roughly ['rʌflɪ] ADV (*handle*) rudement, brutalement; (*speak*) avec brusquerie; (*make*) grossièrement; (*approximately*) à peu près, en gros; **~ speaking** en gros

roughness ['rʌfnɪs] N (*of cloth, skin*) rugosité *f*; (*of person*) rudesse *f*; brutalité *f*

roughshod ['rʌfʃɔd] ADV: **to ride ~ over** ne tenir aucun compte de

rough work N (*at school etc*) brouillon *m*

roulette [ruː'lɛt] N roulette *f*

Roumania *etc* [ruː'meɪnɪə] N = **Rumania** *etc*

★**round** [raund] ADJ rond(e); **in ~ figures** en chiffres ronds ▸ N rond *m*, cercle *m*; (BRIT: *of toast*) tranche *f*; (*duty: of police officer, milkman etc*) tournée *f*; (: *of doctor*) visites *fpl*; (*game: of cards, in competition*) partie *f*; (*Boxing*) round *m*; (*of talks*) série *f*; **to go the rounds** (*disease, story*) circuler; **the daily ~** (*fig*) la routine quotidienne; **~ of ammunition** cartouche *f*; **~ of applause** applaudissements *mpl*; **~ of drinks** tournée *f*; **~ of sandwiches** (BRIT) sandwich *m* ▸ VT (*corner*) tourner; (*bend*) prendre; (*cape*) doubler ▸ PREP autour de; **it's just ~ the corner** c'est juste après le coin; (*fig*) c'est tout près; **to go ~ an obstacle** contourner un obstacle; **go ~ the back** passez par derrière; **to go ~ a house** visiter une maison, faire le tour d'une maison; **she arrived ~ noon** (BRIT) elle est arrivée vers midi; **~ the clock** 24 heures sur 24 ▸ ADV: **right ~, all ~** tout autour; **~ about** (*with quantity*) environ; (*with time*) vers; **the long way ~** (par) le chemin le plus long; **all (the) year ~** toute l'année; **I'll be ~ at 6 o'clock** je serai là à 6 heures; **to ask sb ~** inviter qn (chez soi); **to go ~** faire le tour *or* un détour; **enough to go ~** assez pour tout le monde; **to go ~ to sb's (house)** aller chez qn
▸ **round down** VT (*number, price*) arrondir
▸ **round off** VT (*speech etc*) terminer
▸ **round on** VT FUS (*person*) s'en prendre à
▸ **round up** VT rassembler; (*criminals*) effectuer une rafle de; (*prices*) arrondir (au chiffre supérieur)

roundabout ['raundəbaut] N (BRIT: *Aut*) rond-point *m* (à sens giratoire); (: *at fair*) manège *m* (de chevaux de bois) ▸ ADJ (*route, means*) détourné(e)

rounded ['raundɪd] ADJ arrondi(e); (*style*) harmonieux(-euse)

rounders ['raundəz] NPL (*game*) ≈ balle *f* au camp

roundly ['raundlɪ] ADV (*fig*) tout net, carrément

round-shouldered ['raund'ʃəuldəd] ADJ au dos rond

round table N (*conference*) table *f* ronde

round trip N (voyage *m*) aller et retour *m*

round trip ticket N billet *m* aller-retour

roundup ['raundʌp] N rassemblement *m*; (*of criminals*) rafle *f*; **a ~ of the latest news** un rappel des derniers événements

roundworm ['raundwəːm] N ver *m* rond

rouse [rauz] VT (*wake up*) réveiller; (*stir up*) susciter, provoquer; (*interest*) éveiller; (*suspicions*) susciter, éveiller

rousing ['rauzɪŋ] ADJ (*welcome*) enthousiaste

rout [raut] N (*Mil*) déroute *f* ▸ VT mettre en déroute

★**route** [ruːt, (*US*) raut] N itinéraire *m*; (*of bus*) parcours *m*; (*of trade, shipping*) route *f*; **"all routes"** (*Aut*) « toutes directions »; **the best ~ to London** le meilleur itinéraire pour aller à Londres

route map N (*for journey*) croquis *m* d'itinéraire; (*for trains etc*) carte *f* du réseau

router ['ruːtəʳ, (*US*) 'rautəʳ] N (*Comput*) routeur *m*

★**routine** [ruː'tiːn] N (*normal procedure*) routine *f*; (*act*) numéro *m*; **as a matter of ~** par routine; **training/exercise ~** programme *m* d'entraînement/d'exercice ▸ ADJ (*questions, check, test*) de routine; (*procedure*) d'usage; (*boring: life, job*) routinier(-ière)

routinely [ruː'tiːnlɪ] ADV (*as a matter of course*) systématiquement; (*invariably*) habituellement

roving ['rəuvɪŋ] ADJ (*life*) vagabond(e)

roving reporter N reporter volant

★**row¹** [rəu] N (*line*) rangée *f*; (*of people, seats, Knitting*) rang *m*; (*behind one another: of cars, people*) file *f*; **in a ~** (*fig*) d'affilée ▸ VI (*in boat*) ramer; (*as sport*) faire de l'aviron ▸ VT (*boat*) faire aller à la rame *or* à l'aviron

row² [rau] N (*noise*) vacarme *m*; (*dispute*) dispute *f*, querelle *f*; (*scolding*) réprimande *f*, savon *m* ▸ VI (*also:* **to have a row**) se disputer, se quereller

rowan ['rauən, 'rəuən] N (*also:* **rowan tree**) sorbier *m*

rowboat ['rəubəut] N (*US*) canot *m* (à rames)

rowdiness ['raudɪnɪs] N tapage *m*, chahut *m*; (*fighting*) bagarre *f*

rowdy ['raudɪ] ADJ chahuteur(-euse); bagarreur(-euse) ▸ N voyou *m*

rowdyism ['raudɪɪzəm] N tapage *m*, chahut *m*

rower ['rəuəʳ] N rameur(-euse)

rowing ['rəuɪŋ] N canotage *m*; (*as sport*) aviron *m*

rowing boat N (BRIT) canot *m* (à rames)

rowlock ['rɔlək] N (BRIT) dame *f* de nage, tolet *m*

★**royal** ['rɔɪəl] ADJ royal(e)

Royal Academy, Royal Academy of Arts N (BRIT) l'Académie *f* royale des Beaux-Arts

La **Royal Academy** ou **Royal Academy of Arts** est une institution indépendante, financée par des fonds privés, qui réunit des artistes et des architectes éminents. Fondée en 1768 par George III pour encourager la peinture, la sculpture et l'architecture, elle est située à Burlington House, sur l'avenue londonienne de Piccadilly. Une exposition d'œuvres d'artistes contemporains y est organisée tous les étés. L'Académie dispense également des cours de peinture, de sculpture et d'architecture.

Royal Air Force N (BRIT) *armée de l'air britannique*

royal blue ADJ, N bleu roi *m inv*

royalist ['rɔɪəlɪst] ADJ, N royaliste *mf*
Royal Navy N (BRIT) *marine de guerre britannique*
royalty ['rɔɪəltɪ] N (*royal persons*) (membres *mpl* de la) famille royale; (*payment: to author*) droits *mpl* d'auteur; (*: to inventor*) royalties *fpl*
RP N ABBR (BRIT: = *received pronunciation*) prononciation *f* standard; *see also* **Received Pronunciation**
RPI N ABBR = **retail price index**
rpm ABBR (= *revolutions per minute*) t/mn *mpl* (= *tours/ minute*)
RR ABBR (*US*) = **railway**
RRP ABBR = **recommended retail price**
RSA N ABBR (BRIT) = **Royal Society of Arts**; **Royal Scottish Academy**
RSI N ABBR (*Med*: = *repetitive strain injury*) microtraumatisme permanent
RSPB N ABBR (BRIT: = *Royal Society for the Protection of Birds*) ≈ LPO *f*
RSPCA N ABBR (BRIT: = *Royal Society for the Prevention of Cruelty to Animals*) ≈ SPA *f*
R.S.V.P. ABBR (= *répondez s'il vous plaît*) RSVP
RTA N ABBR (= *road traffic accident*) accident *m* de la route
Rt Hon. ABBR (BRIT: = *Right Honourable*) *titre donné aux députés de la Chambre des communes*
Rt Rev. ABBR (= *Right Reverend*) très révérend
rub [rʌb] N (*with cloth*) coup *m* de chiffon *or* de torchon; (*on person*) friction *f*; **to give sth a ~** donner un coup de chiffon *or* de torchon à qch ▸ VT frotter; (*person*) frictionner; (*hands*) se frotter; **to ~ sb up** (BRIT) *or* **to ~ sb** (*US*) **the wrong way** prendre qn à rebrousse-poil
▸ **rub down** VT (*body*) frictionner; (*horse*) bouchonner
▸ **rub in** VT (*ointment*) faire pénétrer
▸ **rub off** VI partir; **to ~ off on** déteindre sur
▸ **rub out** VT effacer ▸ VI s'effacer
rubber ['rʌbəʳ] N caoutchouc *m*; (BRIT: *eraser*) gomme *f* (à effacer)
rubber band N élastique *m*
rubber bullet N balle *f* en caoutchouc
rubber gloves NPL gants *mpl* en caoutchouc
rubber plant N caoutchouc *m* (*plante verte*)
rubber ring N (*for swimming*) bouée *f* (de natation)
rubber stamp N tampon *m*
rubber-stamp [rʌbə'stæmp] VT (*fig*) approuver sans discussion
rubbery ['rʌbərɪ] ADJ caoutchouteux(-euse)
★**rubbish** ['rʌbɪʃ] N (*from household*) ordures *fpl*; (*fig: pej*) choses *fpl* sans valeur; camelote *f*; (*nonsense*) bêtises *fpl*, idioties *fpl*; **what you've just said is ~** tu viens de dire une bêtise ▸ VT (BRIT *inf*) dénigrer, rabaisser
rubbish bin N (BRIT) boîte *f* à ordures, poubelle *f*
rubbish dump N (BRIT: *in town*) décharge publique, dépotoir *m*
rubbishy ['rʌbɪʃɪ] ADJ (BRIT *inf*) qui ne vaut rien, moche
rubble ['rʌbl] N décombres *mpl*; (*smaller*) gravats *mpl*; (*Constr*) blocage *m*
rubella [ru:'bɛlə] N rubéole *f*
ruble ['ru:bl] N (*US*) = **rouble**
rubric ['ru:brɪk] N (*set of rules*) intitulé *m*; (*heading*) rubrique *f*
ruby ['ru:bɪ] N rubis *m*
ruby-red ADJ rubis *inv*
RUC N ABBR (BRIT) = **Royal Ulster Constabulary**
ruched [ru:ʃt] ADJ ruché(e)
ruck [rʌk] N (*Rugby*) mêlée *f* ouverte, maul *m*; (BRIT: *scrap*) mêlée; (*crease*) faux pli *m*
▸ **ruck up** VI se plisser
★**rucksack** ['rʌksæk] N sac *m* à dos
ruckus ['rʌkəs] N (*esp US inf*) remue-ménage *m*; **to cause a ~** provoquer du remue-ménage
ructions ['rʌkʃənz] NPL grabuge *m*
rudder ['rʌdəʳ] N gouvernail *m*
ruddy ['rʌdɪ] ADJ (*face*) coloré(e); (*inf: damned*) sacré(e) (*inf*), fichu(e) (*inf*)
rude [ru:d] ADJ (*impolite: person*) impoli(e); (*: word, manners*) grossier(-ière); (*shocking*) indécent(e), inconvenant(e); **to be ~ to sb** être grossier envers qn
rudely ['ru:dlɪ] ADV impoliment; grossièrement
rudeness ['ru:dnɪs] N impolitesse *f*; grossièreté *f*
rudiment ['ru:dɪmənt] N rudiment *m*
rudimentary [ru:dɪ'mɛntərɪ] ADJ rudimentaire
rue [ru:] VT se repentir de, regretter amèrement
rueful ['ru:ful] ADJ triste
ruff [rʌf] N fraise *f*, collerette *f*
ruffian ['rʌfɪən] N brute *f*, voyou *m*
ruffle ['rʌfl] VT (*hair*) ébouriffer; (*clothes*) chiffonner; (*water*) agiter; (*fig: person*) émouvoir, faire perdre son flegme à; **to get ruffled** s'énerver
rug [rʌg] N petit tapis; (BRIT: *blanket*) couverture *f*
★**rugby** ['rʌgbɪ] N (*also:* **rugby football**) rugby *m*
rugged ['rʌgɪd] ADJ (*landscape*) accidenté(e); (*features, character*) rude; (*determination*) farouche
rugger ['rʌgəʳ] N (BRIT *inf*) rugby *m*
★**ruin** ['ru:ɪn] N ruine *f* ▸ VT ruiner; (*spoil: clothes*) abîmer; (*: event*) gâcher ■ **ruins** NPL (*of building*) ruine(s); **in ruins** en ruine
ruination [ru:ɪ'neɪʃən] N ruine *f*
ruinous ['ru:ɪnəs] ADJ ruineux(-euse)
★**rule** [ru:l] N règle *f*; (*regulation*) règlement *m*; (*government*) autorité *f*, gouvernement *m*; (*dominion etc*): **under British ~** sous l'autorité britannique; **it's against the rules** c'est contraire au règlement; **by ~ of thumb** à vue de nez; **as a ~** normalement, en règle générale ▸ VT (*country*) gouverner; (*person*) dominer; (*decide*) décider; **to ~ that** (*umpire, judge etc*) décider que ▸ VI commander; décider; (*Law*): **to ~ against/in favour of/on** statuer contre/en faveur de/sur
▸ **rule out** VT exclure; **murder cannot be ruled out** l'hypothèse d'un meurtre ne peut être exclue
rule book N règlement *m*; **to play by the ~** s'en tenir au règlement
ruled [ru:ld] ADJ (*paper*) réglé(e)
ruler ['ru:ləʳ] N (*sovereign*) souverain(e); (*leader*) chef *m* (d'État); (*for measuring*) règle *f*
ruling ['ru:lɪŋ] ADJ (*party*) au pouvoir; (*class*) dirigeant(e) ▸ N (*Law*) décision *f*
rum [rʌm] N rhum *m* ▸ ADJ (BRIT *inf*) bizarre

Rumania [ru:ˈmeɪnɪə] N Roumanie *f*

Rumanian [ru:ˈmeɪnɪən] ADJ roumain(e) ▸ N Roumain(e); (*Ling*) roumain *m*

rumba [ˈrʌmbə] N rumba *f*; **to dance the ~** danser la rumba ▸ CPD (*steps, rhythm*) de rumba

rumble [ˈrʌmbl] N (*of thunder, traffic*) grondement *m*; (*of stomach, pipe*) gargouillement *m* ▸ VI (*thunder*) gronder; (*stomach, pipe*) gargouiller

rumbling [ˈrʌmblɪŋ] N (*of thunder, traffic*) grondement *m*; (*of stomach*) gargouillement *m* ■ **rumblings** NPL: **rumblings of discontent** des murmures de mécontentement

rumbustious [rʌmˈbʌstʃəs], **rumbunctious** [rʌmˈbʌŋkʃəs] ADJ (*US: person*) exubérant(e)

ruminate [ˈru:mɪneɪt] VI ruminer; **to ~ on** *or* **over** *or* **about sth** ruminer sur qch

rummage [ˈrʌmɪdʒ] VI fouiller

rumour, (*US*) **rumor** [ˈru:məʳ] N rumeur *f*, bruit *m* (qui court) ▸ VT: **it is rumoured that** le bruit court que

rumour mill, (*US*) **rumor mill** N machine *f* à rumeurs

rump [rʌmp] N (*of animal*) croupe *f*

rumple [ˈrʌmpl] VT (*hair*) ébouriffer; (*clothes*) chiffonner, friper

rump steak N romsteck *m*

rumpus [ˈrʌmpəs] N (*inf*) tapage *m*, chahut *m*; (*quarrel*) prise *f* de bec (*inf*); **to kick up a ~** faire toute une histoire

★**run** [rʌn] (*pt* **ran** [ræn], *pp* **~** [rʌn]) N (*race*) course *f*; (*outing*) tour *m or* promenade *f* (en voiture); (*distance travelled*) parcours *m*, trajet *m*; (*series*) suite *f*, série *f*; (*Theat*) série de représentations; (*Ski*) piste *f*; (*Cricket, Baseball*) point *m*; (*in tights, stockings*) maille filée, échelle *f*; **at a ~** au pas de course; **to go for a ~** aller courir *or* faire un peu de course à pied; (*in car*) faire un tour *or* une promenade (en voiture); **to break into a ~** se mettre à courir; **a ~ of luck** une série de coups de chance; **to have the ~ of sb's house** avoir la maison de qn à sa disposition; **there was a ~ on** (*meat, tickets*) les gens se sont rués sur; **in the long ~** à la longue, à longue échéance; **in the short ~** à brève échéance, à court terme; **on the ~** en fuite; **to make a ~ for it** s'enfuir ▸ VT (*business*) diriger; (*competition, course*) organiser; (*hotel, house*) tenir; (*race*) participer à; (*Comput: program*) exécuter; (*force through: rope, pipe*): **to ~ sth through sth** faire passer qch à travers qch; (*to pass: hand, finger*): **to ~ sth over sth** promener *or* passer qch sur qch; (*water, bath*) faire couler; (*Press: feature*) publier; **I'll ~ you to the station** je vais vous emmener *or* conduire à la gare; **to ~ errands** faire des commissions; **to ~ a risk** courir un risque; **it's very cheap to ~** (*car, machine*) c'est très économique; **to be ~ off one's feet** (BRIT) ne plus savoir où donner de la tête ▸ VI courir; (*pass: road etc*) passer; (*work: machine, factory*) marcher; (*bus, train*) circuler; (*continue: play*) se jouer, être à l'affiche; (*: contract*) être valide *or* en vigueur; (*slide: drawer etc*) glisser; (*flow: river, bath, nose*) couler; (*colours, washing*) déteindre; (*in election*) être candidat, se présenter; **the train runs between Gatwick and Victoria** le train assure le service entre Gatwick et Victoria; **the bus runs every 20 minutes** il y a un autobus toutes les 20 minutes; **to ~ on petrol** *or* (*US*) **gas/on diesel/off batteries** marcher à l'essence/au diesel/sur piles; **to ~ for president** être candidat à la présidence; **their losses ran into millions** leurs pertes se sont élevées à plusieurs millions

▸ **run about** [rʌn əˈbaut] VI (*children*) courir çà et là

▸ **run across** [rʌn əˈkrɔs] VT FUS (*find*) trouver par hasard

▸ **run after** [rʌn ˈɑ:ftəʳ] VT FUS (*to catch up*) courir après; (*chase*) poursuivre

▸ **run around** [rʌn əˈraund] VI = **run about**

▸ **run away** [rʌn əˈweɪ] VI s'enfuir

▸ **run away with** VT FUS: **he let his temper ~ away with him** il s'est laissé emporter par son humeur

▸ **run down** [rʌn daun] VI (*clock*) s'arrêter (faute d'avoir été remonté) ▸ VT (*Aut: knock over*) renverser; (BRIT: *reduce: production*) réduire progressivement; (*: factory/shop*) réduire progressivement la production/l'activité de; (*criticize*) critiquer, dénigrer; **to be ~ down** (*tired*) être fatigué(e) *or* à plat

▸ **run in** [rʌn ɪn] VT (BRIT: *car*) roder

▸ **run into** [rʌn ˈɪntu] VT FUS (*meet: person*) rencontrer par hasard; (*: trouble*) se heurter à; (*collide with*) heurter; **to ~ into debt** contracter des dettes

▸ **run off** [rʌn ɔf] VI s'enfuir ▸ VT (*water*) laisser s'écouler; (*copies*) tirer

▸ **run out** [rʌn aut] VI (*person*) sortir en courant; (*liquid*) couler; (*lease*) expirer; (*money*) être épuisé(e)

▸ **run out of** [rʌn ˈaut əv] VT FUS se trouver à court de; **I've ~ out of petrol** *or* (*US*) **gas** je suis en panne d'essence

▸ **run over** [rʌn ˈəuvəʳ] VT (*Aut*) écraser ▸ VT FUS (*revise*) revoir, reprendre

▸ **run through** [rʌn θru:] VT FUS (*recap*) reprendre, revoir; (*play*) répéter

▸ **run up** [rʌn ʌp] VI: **to ~ up against** (*difficulties*) se heurter à ▸ VT: **to ~ up a debt** s'endetter

runabout [ˈrʌnəbaut] N (*car*) cabriolet *m*; (*US: boat*) canot *m* à moteur

runaround [ˈrʌnəraund] N (*inf*): **to give sb the ~** rester très évasif

runaway [ˈrʌnəweɪ] ADJ (*horse*) emballé(e); (*truck*) fou (folle); (*person*) fugitif(-ive); (*child*) fugueur(-euse); (*inflation*) galopant(e)

rundown [ˈrʌndaun] N (BRIT: *of industry etc*) réduction progressive

rune [ru:n] N rune *f*

rung [rʌŋ] PP *of* **ring** ▸ N (*of ladder*) barreau *m*

run-in [ˈrʌnɪn] N (*inf*) accrochage *m*, prise *f* de bec (*inf*)

★**runner** [ˈrʌnəʳ] N (*in race: person*) coureur(-euse); (*: horse*) partant *m*; (*on sledge*) patin *m*; (*for drawer etc*) coulisseau *m*; (*carpet: in hall etc*) chemin *m*

runner bean N (BRIT) haricot *m* (à rames)

runner-up [rʌnərˈʌp] N second(e)

★**running** [ˈrʌnɪŋ] N (*in race etc*) course *f*; (*of business, organization*) direction *f*, gestion *f*; (*of event*) organisation *f*; (*of machine etc*) marche *f*, fonctionnement *m*; **to be in/out of the ~ for sth** être/ne pas être sur les rangs pour qch ▸ ADJ (*water*) courant(e); (*commentary*) suivi(e) ▸ ADV: **6 days ~** 6 jours de suite

running commentary N commentaire détaillé

running costs NPL (*of business*) frais *mpl* de gestion; (*of car*): **the ~ are high** elle revient cher

running head N (*Typ, Comput*) titre courant

r

running mate N *(US Pol) candidat à la vice-présidence*
runny ['rʌnɪ] ADJ qui coule
run-off ['rʌnɔf] N *(in contest, election)* deuxième tour *m*; *(extra race etc)* épreuve *f* supplémentaire
run-of-the-mill ['rʌnəvðə'mɪl] ADJ ordinaire, banal(e)
runt [rʌnt] N avorton *m*
run-through ['rʌnθruː] N répétition *f*, essai *m*
run-up ['rʌnʌp] N *(BRIT)*: **~ to sth** période *f* précédant qch
runway ['rʌnweɪ] N *(Aviat)* piste *f* (d'envol *or* d'atterrissage)
rupee [ruː'piː] N roupie *f*
rupture ['rʌptʃər] N *(Med)* hernie *f* ▸ VT: **to ~ o.s.** se donner une hernie
★**rural** ['ruərl] ADJ rural(e)
ruse [ruːz] N ruse *f*
★**rush** [rʌʃ] N course précipitée; *(of crowd, Comm: sudden demand)* ruée *f*; *(hurry)* hâte *f*; *(of anger, joy)* accès *m*; *(current)* flot *m*; *(Bot)* jonc *m*; *(for chair)* paille *f*; **is there any ~ for this?** est-ce urgent ?; **we've had a ~ of orders** nous avons reçu une avalanche de commandes; **I'm in a ~ (to do)** je suis vraiment pressé (de faire); **gold ~** ruée vers l'or ▸ VT *(hurry)* transporter *or* envoyer d'urgence; *(attack: town etc)* prendre d'assaut; *(BRIT inf: overcharge)* estamper; faire payer; **don't ~ me!** laissez-moi le temps de souffler !; **to ~ sth off** *(do quickly)* faire qch à la hâte; *(send)* envoyer qch d'urgence ▸ VI se précipiter
▸ **rush through** VT FUS *(work)* exécuter à la hâte ▸ VT *(Comm: order)* exécuter d'urgence
rushed ['rʌʃt] ADJ *(job, work)* bâclé(e); *(meal)* sur le pouce; *(busy)* débordé(e); **to be ~ off one's feet** *(inf)* être complètement débordé
rush hour N heures *fpl* de pointe *or* d'affluence
rush job N travail urgent
rush matting N natte *f* de paille
rusk [rʌsk] N biscotte *f*
russet ['rʌsɪt] N roux *m* ▸ ADJ roussâtre
★**Russia** ['rʌʃə] N Russie *f*
Russian ['rʌʃən] ADJ russe ▸ N Russe *mf*; *(Ling)* russe *m*
rust [rʌst] N rouille *f* ▸ VI rouiller
rustic ['rʌstɪk] ADJ rustique ▸ N *(pej)* rustaud(e)
rustle ['rʌsl] VI bruire, produire un bruissement ▸ VT *(paper)* froisser; *(US: cattle)* voler
rustling ['rʌslɪŋ] N *(esp US: of cattle)* vol *m* de bétail; *(sound: of paper)* froissement *m*; *(: of leaves)* bruissement *m*; *(: of silk)* frou-frou *m*
rustproof ['rʌstpruːf] ADJ inoxydable
rustproofing ['rʌstpruːfɪŋ] N traitement *m* antirouille
rusty ['rʌstɪ] ADJ rouillé(e)
rut [rʌt] N ornière *f*; *(Zool)* rut *m*; **to be in a ~** *(fig)* suivre l'ornière, s'encroûter
rutabaga [ruːtə'beɪgə] N *(US)* rutabaga *m*
ruthless ['ruːθlɪs] ADJ sans pitié, impitoyable
ruthlessly ['ruːθlɪslɪ] ADV *(exploit, deal with)* impitoyablement; **~ efficient** d'une efficacité impitoyable
ruthlessness ['ruːθlɪsnɪs] N dureté *f*, cruauté *f*
rutted ['rʌtɪd] ADJ plein(e) d'ornières
rutting ['rʌtɪŋ] ADJ en rut
RV ABBR *(= revised version) traduction anglaise de la Bible de 1885* ▸ N ABBR *(US)* = **recreational vehicle**
Rwanda [ru'ændə] N Rwanda *m*
rye [raɪ] N seigle *m*
rye bread N pain *m* de seigle

Ss

S¹, s [ɛs] N (*letter*) S, s *m*; (*US Scol*: *satisfactory*) ≈ assez bien; **S for Sugar** S comme Suzanne

S² ABBR (= *south, small*) S; (= *saint*) St

SA N ABBR = **South Africa**; **South America**

Sabbath [ˈsæbəθ] N (*Jewish*) sabbat *m*; (*Christian*) dimanche *m*

sabbatical [səˈbætɪkl] ADJ: **~ year** année *f* sabbatique

sabotage [ˈsæbətɑːʒ] N sabotage *m* ▸ VT saboter

saboteur [sæbəˈtəːʳ] N saboteur(-euse)

sabre, (*US*) **saber** [ˈseɪbəʳ] N sabre *m*

sabre rattling, (*US*) **saber rattling** N tentatives *fpl* d'intimidation

sac [sæk] N (*Anat*) sac *m*

saccharin, saccharine [ˈsækərɪn] N saccharine *f*

sachet [ˈsæʃeɪ] N sachet *m*

★**sack** [sæk] N (*bag*) sac *m*; **to give sb the ~** renvoyer qn, mettre qn à la porte; **to get the ~** être renvoyé(e) *or* mis(e) à la porte ▸ VT (*dismiss*) renvoyer, mettre à la porte; (*plunder*) piller, mettre à sac

sackful [ˈsækful] N: **a ~ of** un (plein) sac de

sacking [ˈsækɪŋ] N toile *f* à sac; (*dismissal*) renvoi *m*

sacrament [ˈsækrəmənt] N sacrement *m*

sacred [ˈseɪkrɪd] ADJ sacré(e)

sacred cow N (*fig*) chose sacro-sainte

★**sacrifice** [ˈsækrɪfaɪs] N sacrifice *m*; **to make sacrifices (for sb)** se sacrifier *or* faire des sacrifices (pour qn) ▸ VT sacrifier

sacrilege [ˈsækrɪlɪdʒ] N sacrilège *m*

sacrilegious [sækrɪˈlɪdʒəs] ADJ sacrilège

sacrosanct [ˈsækrəusæŋkt] ADJ sacro-saint(e)

SAD N ABBR (= *seasonal affective disorder*) dépression *f* saisonnière

★**sad** [sæd] ADJ (*unhappy*) triste; (*deplorable*) triste, fâcheux(-euse); (*inf*: *pathetic*: *thing*) triste, lamentable; (: *person*) minable

sadden [ˈsædn] VT attrister, affliger

saddle [ˈsædl] N selle *f* ▸ VT (*horse*) seller; **to be saddled with sth** (*inf*) avoir qch sur les bras

saddlebag [ˈsædlbæg] N sacoche *f*

sadism [ˈseɪdɪzəm] N sadisme *m*

sadist [ˈseɪdɪst] N sadique *mf*

sadistic [səˈdɪstɪk] ADJ sadique

sadly [ˈsædlɪ] ADV tristement; (*unfortunately*) malheureusement; (*seriously*) fort

sadness [ˈsædnɪs] N tristesse *f*

sado-masochism [seɪdəuˈmæsəkɪzəm] N sado-masochisme *m*

sado-masochist [seɪdəuˈmæsəkɪst] N sado-masochiste *mf*

sado-masochistic [seɪdəumæsəˈkɪstɪk] ADJ sado-masochiste

s.a.e. N ABBR (BRIT: = *stamped addressed envelope*) *enveloppe affranchie pour la réponse*

safari [səˈfɑːrɪ] N safari *m*

safari park N réserve *f*

★**safe** [seɪf] ADJ (*out of danger*) hors de danger, en sécurité; (*not dangerous*) sans danger; (*cautious*) prudent(e); (*sure*: *bet*) assuré(e); **~ from** à l'abri de; **~ and sound** sain(e) et sauf (sauve); **(just) to be on the ~ side** pour plus de sûreté, par précaution; **it is ~ to say that ...** on peut dire sans crainte que ...; **~ journey!** bon voyage ! ▸ N coffre-fort *m* ▸ ADV: **to play ~** ne prendre aucun risque

safe bet N: **it was a ~** ça ne comportait pas trop de risques; **it's a ~ that he'll be late** il y a toutes les chances pour qu'il soit en retard

safe-breaker [ˈseɪfbreɪkəʳ] N (BRIT) perceur *m* de coffre-fort

safe-conduct [seɪfˈkɔndʌkt] N sauf-conduit *m*

safe-cracker [ˈseɪfkrækəʳ] N = **safe-breaker**

safe-deposit [ˈseɪfdɪpɔzɪt] N (*vault*) dépôt *m* de coffres-forts; (*box*) coffre-fort *m*

safeguard [ˈseɪfgɑːd] N sauvegarde *f*, protection *f* ▸ VT sauvegarder, protéger

safe haven N zone *f* de sécurité

safekeeping [ˈseɪfˈkiːpɪŋ] N bonne garde

safely [ˈseɪflɪ] ADV (*assume, say*) sans risque d'erreur; (*drive, arrive*) sans accident; **I can ~ say ...** je peux dire à coup sûr ...

safe passage N: **to grant sb ~** accorder un laissez-passer à qn

safe sex N rapports sexuels protégés

★**safety** [ˈseɪftɪ] N sécurité *f*; **~ first!** la sécurité d'abord !

safety belt N ceinture *f* de sécurité

safety catch N cran *m* de sûreté *or* sécurité

safety net N filet *m* de sécurité

safety pin N épingle *f* de sûreté *or* de nourrice

safety valve N soupape *f* de sûreté

saffron [ˈsæfrən] N safran *m*

sag [sæg] VI s'affaisser, fléchir; (*hem, breasts*) pendre

saga [ˈsɑːgə] N saga *f*; (*fig*) épopée *f*

sage [seɪdʒ] N (*herb*) sauge *f*; (*person*) sage *m*
Sagittarius [sædʒɪ'tɛərɪəs] N le Sagittaire; **to be ~** être du Sagittaire
sago ['seɪgəu] N sagou *m*
Sahara [sə'hɑːrə] N: **the ~ (Desert)** le (désert du) Sahara *m*
Sahel [sæ'hɛl] N Sahel *m*
said [sɛd] PT, PP *of* **say**
Saigon [saɪ'gɔn] N Saigon
★**sail** [seɪl] N (*on boat*) voile *f*; (*trip*): **to go for a ~** faire un tour en bateau ▶VT (*boat*) manœuvrer, piloter ▶VI (*travel*: *ship*) avancer, naviguer; (: *passenger*) aller *or* se rendre (en bateau); (*set off*) partir, prendre la mer; (*Sport*) faire de la voile; **they sailed into Le Havre** ils sont entrés dans le port du Havre
▶**sail through** VI, VT FUS (*fig*) réussir haut la main
sailboat ['seɪlbəut] N (*US*) bateau *m* à voiles, voilier *m*
sailing ['seɪlɪŋ] N (*Sport*) voile *f*; **to go ~** faire de la voile
sailing boat N bateau *m* à voiles, voilier *m*
sailing ship N grand voilier
sailor ['seɪləʳ] N marin *m*, matelot *m*
★**saint** [seɪnt] N saint(e)
saintly ['seɪntlɪ] ADJ saint(e), plein(e) de bonté
★**sake** [seɪk] N: **for the ~ of** (*out of concern for*) pour (l'amour de), dans l'intérêt de; (*out of consideration for*) par égard pour; (*in order to achieve*) pour plus de, par souci de; **arguing for arguing's ~** discuter pour (le plaisir de) discuter; **for heaven's ~!** pour l'amour du ciel !; **for the ~ of argument** à titre d'exemple
salacious [sə'leɪʃəs] ADJ salace
salad ['sæləd] N salade *f*; **tomato ~** salade de tomates
salad bowl N saladier *m*
salad cream N (BRIT) *sorte de mayonnaise*
salad dressing N vinaigrette *f*
salad oil N huile *f* de table
salami [sə'lɑːmɪ] N salami *m*
salaried ['sælərɪd] ADJ (*staff*) salarié(e), qui touche un traitement
★**salary** ['sælərɪ] N salaire *m*, traitement *m*
salary scale N échelle *f* des traitements
★**sale** [seɪl] N vente *f*; (*at reduced prices*) soldes *mpl*; **"for ~"** « à vendre »; **on ~** en vente; **on ~ or return** vendu(e) avec faculté de retour; **closing-down** *or* (*US*) **liquidation ~** liquidation *f* (*avant fermeture*); **~ and lease back** *n* cession-bail *f* ■ **sales** NPL (*total amount sold*) chiffre *m* de ventes
saleable ['seɪləbl] ADJ vendable
saleroom ['seɪlruːm] N salle *f* des ventes
sales assistant, (*US*) **sales clerk** N vendeur(-euse)
sales conference N réunion *f* de vente
sales drive N campagne commerciale, animation *f* des ventes
sales force N (ensemble *m* du) service *m* des ventes
salesgirl ['seɪlzgəːl] N vendeuse *f*
salesman ['seɪlzmən] N (*irreg*) (*in shop*) vendeur *m*; (*representative*) représentant *m* de commerce
sales manager N directeur(-trice) commercial(e)
salesmanship ['seɪlzmənʃɪp] N art *m* de la vente
salesperson ['seɪlzpəːsn] N (*in shop*) vendeur(-euse)
sales rep N (*Comm*) représentant(e)
sales tax N (*US*) taxe *f* à l'achat
saleswoman ['seɪlzwumən] N (*irreg*) (*in shop*) vendeuse *f*; (*representative*) représentante *f* de commerce
salient ['seɪlɪənt] ADJ saillant(e)
saline ['seɪlaɪn] ADJ salin(e)
salinity [sə'lɪnɪtɪ] N salinité *f*
saliva [sə'laɪvə] N salive *f*
salivate ['sælɪveɪt] VI saliver; (*fig*): **to ~ over** *or* **at sth** saliver à la perspective de qch
sallow ['sæləu] ADJ cireux(-euse)
sally forth, sally out ['sælɪ-] VI partir plein(e) d'entrain
salmon ['sæmən] N (*pl inv*) saumon *m*
salmonella [sælmə'nɛlə] N (*bacteria*) salmonelle *f*; (*poisoning*) salmonellose *f*
salmon trout N truite saumonée
salon ['sælɔn] N salon *m*
saloon [sə'luːn] N (*US*) bar *m*; (BRIT *Aut*) berline *f*; (*ship's lounge*) salon *m*
salsa ['sælsə] N (*sauce*) sauce *f* piquante à la tomate; (*music*) salsa *f*
SALT [sɔːlt] N ABBR (= *Strategic Arms Limitation Talks/Treaty*) SALT *m*
★**salt** [sɔːlt] N sel *m*; **an old ~** un vieux loup de mer ▶VT saler ▶CPD de sel; (*Culin*) salé(e)
▶**salt away** VT mettre de côté
salt cellar N salière *f*
salt-free ['sɔːlt'friː] ADJ sans sel
saltwater ['sɔːlt'wɔːtəʳ] ADJ (*fish etc*) (d'eau) de mer
salty ['sɔːltɪ] ADJ salé(e)
salubrious [sə'luːbrɪəs] ADJ salubre
salutary ['sæljutərɪ] ADJ salutaire
salute [sə'luːt] N salut *m*; (*of guns*) salve *f* ▶VT saluer
salvage ['sælvɪdʒ] N (*saving*) sauvetage *m*; (*things saved*) biens sauvés *or* récupérés ▶VT sauver, récupérer
salvageable ['sælvɪdʒəbəl] ADJ (*object*) récupérable; (*event*) qui peut être sauvé(e)
salvage vessel N bateau *m* de sauvetage
salvation [sæl'veɪʃən] N salut *m*
Salvation Army N Armée *f* du Salut
salve [sælv] VT (*conscience*) apaiser ▶N baume *m*; *see also* **lip salve**
salver ['sælvəʳ] N plateau *m* de métal
salvo ['sælvəu] N salve *f*
Samaritan [sə'mærɪtən] N: **the Samaritans** (*organization*) ≈ S.O.S. Amitié
samba ['sæmbə] N samba *f*
★**same** [seɪm] ADJ même; **the ~ book as** le même livre que; **on the ~ day** le même jour; **at the ~ time** en même temps; (*yet*) néanmoins ▶PRON: **the ~** le (la) même, les mêmes; **all** *or* **just the ~**

tout de même, quand même; **they're one and the ~** (*person/thing*) c'est une seule et même personne/chose; **to do the ~** faire de même, en faire autant; **to do the ~ as sb** faire comme qn; **and the ~ to you!** et à vous de même !; (*after insult*) toi-même !; **~ here!** moi aussi !; **the ~ again!** (*in bar etc*) la même chose !

same-sex marriage ['seɪmsɛks-] N mariage *m* homosexuel

same-sex relationship ['seɪmsɛks-] N relation *f* homosexuelle

Samoa [sə'məuə] N Samoa *fpl*

samosa [sə'məusə] N samosa *m*, *petit pâté indien aux légumes ou à la viande*

★**sample** ['sɑ:mpl] N échantillon *m*; (*Med*) prélèvement *m*; **to take a ~** prélever un échantillon; **free ~** échantillon gratuit ▶VT (*food, wine*) goûter

sanatorium [sænə'tɔ:rɪəm] (*pl* **sanatoria** [-rɪə]) N sanatorium *m*

sanctify ['sæŋktɪfaɪ] VT sanctifier

sanctimonious [sæŋktɪ'məunɪəs] ADJ moralisateur(-trice)

sanction ['sæŋkʃən] N approbation *f*, sanction *f* ▶VT cautionner, sanctionner ■ **sanctions** NPL (*Pol*) sanctions; **to impose economic sanctions on** *or* **against** prendre des sanctions économiques contre

sanctity ['sæŋktɪtɪ] N sainteté *f*, caractère sacré

sanctuary ['sæŋktjuərɪ] N (*holy place*) sanctuaire *m*; (*refuge*) asile *m*; (*for wildlife*) réserve *f*

★**sand** [sænd] N sable *m* ▶VT sabler; (*also:* **sand down**: *wood etc*) poncer

sandal ['sændl] N sandale *f*

sandalwood ['sændlwud] N (*wood*) bois *m* de santal; (*tree*) santal *m*; (*also:* **sandalwood oil**) huile *f* de santal

sandbag ['sændbæg] N sac *m* de sable

sandblast ['sændblɑ:st] VT décaper à la sableuse

sandbox ['sændbɔks] N (*US: for children*) tas *m* de sable

sand castle ['sændkɑ:sl] N château *m* de sable

sand dune N dune *f* de sable

sander ['sændə^r] N ponceuse *f*

S&M N ABBR (= *sadomasochism*) sadomasochisme *m*

sandpaper ['sændpeɪpə^r] N papier *m* de verre

sandpit ['sændpɪt] N (BRIT: *for children*) tas *m* de sable

sands [sændz] NPL plage *f* (de sable)

sandstone ['sændstəun] N grès *m*

sandstorm ['sændstɔ:m] N tempête *f* de sable

★**sandwich** ['sændwɪtʃ] N sandwich *m*; **cheese/ham ~** sandwich au fromage/jambon ▶VT (*also:* **sandwich in**) intercaler; **sandwiched between** pris en sandwich entre

sandwich board N panneau *m* publicitaire (porté par un homme-sandwich)

sandwich course N (BRIT) cours *m* de formation professionnelle

sandy ['sændɪ] ADJ sablonneux(-euse); couvert(e) de sable; (*colour*) sable *inv*, blond roux *inv*

sane [seɪn] ADJ (*person*) sain(e) d'esprit; (*outlook*) sensé(e), sain(e)

sang [sæŋ] PT *of* **sing**

sanguine ['sæŋgwɪn] ADJ optimiste

sanitarium [sænɪ'tɛərɪəm] (*pl* **sanitaria** [-rɪə]) N (*US*) = **sanatorium**

sanitary ['sænɪtərɪ] ADJ (*system, arrangements*) sanitaire; (*clean*) hygiénique

sanitary towel, (*US*) **sanitary napkin** N serviette *f* hygiénique

sanitation [sænɪ'teɪʃən] N (*in house*) installations *fpl* sanitaires; (*in town*) système *m* sanitaire

sanitation department N (*US*) service *m* de voirie

sanitize ['sænɪtaɪz] VT édulcorer; **a sanitized version of sth** une version édulcorée de qch

sanity ['sænɪtɪ] N santé mentale; (*common sense*) bon sens

sank [sæŋk] PT *of* **sink**

San Marino ['sænmə'ri:nəu] N Saint-Marin *m*

Santa Claus ['sæntə'klɔ:z] N le Père Noël

Santiago [sæntɪ'ɑ:gəu] N (*also:* **Santiago de Chile**) Santiago (du Chili)

sap [sæp] N (*of plants*) sève *f* ▶VT (*strength*) saper, miner

sapling ['sæplɪŋ] N jeune arbre *m*

sapphire ['sæfaɪə^r] N saphir *m*

sarcasm ['sɑ:kæzm] N sarcasme *m*, raillerie *f*

sarcastic [sɑ:'kæstɪk] ADJ sarcastique

sarcastically [sɑ:'kæstɪklɪ] ADV d'un ton sarcastique

sarcophagus [sɑ:'kɔfəgəs] (*pl* **sarcophagi** [-gaɪ]) N sarcophage *m*

sardine [sɑ:'di:n] N sardine *f*

Sardinia [sɑ:'dɪnɪə] N Sardaigne *f*

Sardinian [sɑ:'dɪnɪən] ADJ sarde ▶N Sarde *mf*; (*Ling*) sarde *m*

sardonic [sɑ:'dɔnɪk] ADJ sardonique

sari ['sɑ:rɪ] N sari *m*

sarin ['sɑ:rɪn] N sarin *m*

sarong [sə'rɔŋ] N (*traditional*) sarong *m*; (*for beach*) paréo *m*

SARS ['sɑ:rz] N ABBR = **severe acute respiratory syndrome**

sartorial [sɑ:'tɔ:rɪəl] ADJ vestimentaire

SAS N ABBR (BRIT *Mil:* = *Special Air Service*) ≈ GIGN *m*

SASE N ABBR (*US:* = *self-addressed stamped envelope*) *enveloppe affranchie pour la réponse*

sash [sæʃ] N écharpe *f*

sash window N fenêtre *f* à guillotine

sassy ['sæsɪ] ADJ (*esp US inf: cheeky*) culotté(e) (*inf*); (*: stylish*) classe (*inf*)

SAT, SATs N ABBR (*US*) = **Scholastic Aptitude Test(s)**

Aux États-Unis, les lycéens qui souhaitent faire des études universitaires doivent passer un test : soit le **SAT**, soit l'*ACT*. Le SAT, introduit en 1926, comprend trois épreuves : mathématiques, lecture critique, rédaction. L'*ACT* (*American College Test*) a vu le jour en 1959 et se compose de quatre épreuves : anglais, mathématiques, lecture et raisonnement scientifique, plus une épreuve de rédaction facultative. En Angleterre,

S

les collégiens passent à l'âge de 7 ans puis de 11 ans une série de tests appelés *SATs* (*Standard Assessment Tests*) pour permettre aux écoles d'évaluer les progrès de chaque enfant par rapport à ses condisciples.

sat [sæt] PT, PP *of* **sit**

Sat. ABBR (= *Saturday*) sa.

Satan ['seɪtn] N Satan *m*

satanic [sə'tænɪk] ADJ satanique, démoniaque

Satanism ['seɪtnɪzəm] N satanisme *m*

Satanist ['seɪtnɪst] N sataniste *mf*

satchel ['sætʃl] N cartable *m*

sated ['seɪtɪd] ADJ repu(e); blasé(e)

★**satellite** ['sætəlaɪt] ADJ, N satellite *m*

satellite dish N antenne *f* parabolique

satellite navigation system N système *m* de navigation par satellite

satellite television N télévision *f* par satellite

satiate ['seɪʃɪeɪt] VT rassasier

satin ['sætɪn] N satin *m* ▶ ADJ en *or* de satin, satiné(e); **with a ~ finish** satiné(e)

satire ['sætaɪəʳ] N satire *f*

satirical [sə'tɪrɪkl] ADJ satirique

satirist ['sætɪrɪst] N (*writer*) auteur *m* satirique; (*cartoonist*) caricaturiste *mf*

satirize ['sætɪraɪz] VT faire la satire de, satiriser

satisfaction [sætɪs'fækʃən] N satisfaction *f*

satisfactorily [sætɪs'fæktrɪlɪ] ADV de manière satisfaisante

satisfactory [sætɪs'fæktrɪ] ADJ satisfaisant(e)

satisfied ['sætɪsfaɪd] ADJ satisfait(e); **to be ~ with sth** être satisfait de qch

satisfy ['sætɪsfaɪ] VT satisfaire, contenter; (*convince*) convaincre, persuader; **to ~ the requirements** remplir les conditions; **to ~ sb (that)** convaincre qn (que); **to ~ o.s. of sth** vérifier qch, s'assurer de qch

satisfying ['sætɪsfaɪɪŋ] ADJ satisfaisant(e)

satsuma [sæt'su:mə] N satsuma *f*

saturate ['sætʃəreɪt] VT: **to ~ (with)** saturer (de)

saturated fat ['sætʃəreɪtɪd-] N graisse saturée

saturation [sætʃə'reɪʃən] N saturation *f*

★**Saturday** ['sætədɪ] N samedi *m*; *see also* **Tuesday**

★**sauce** [sɔ:s] N sauce *f*

saucepan ['sɔ:spən] N casserole *f*

saucer ['sɔ:səʳ] N soucoupe *f*

saucy ['sɔ:sɪ] ADJ impertinent(e)

Saudi ['saudi], **Saudi Arabian** ADJ saoudien(ne) ▶ N Saoudien(ne)

Saudi Arabia N Arabie *f* Saoudite

sauna ['sɔ:nə] N sauna *m*

saunter ['sɔ:ntəʳ] VI: **to ~ to** aller en flânant *or* se balader jusqu'à

★**sausage** ['sɔsɪdʒ] N saucisse *f*; (*salami etc*) saucisson *m*

sausage roll N friand *m*

sauté ['səuteɪ] ADJ (*Culin: potatoes*) sauté(e); (*: onions*) revenu(e) ▶ VT faire sauter; faire revenir

sautéed ['səuteɪd] ADJ sauté(e)

savage ['sævɪdʒ] ADJ (*cruel, fierce*) brutal(e), féroce; (*primitive*) primitif(-ive), sauvage ▶ N sauvage *mf* ▶ VT attaquer férocement

savagely ['sævɪdʒlɪ] ADV sauvagement

savagery ['sævɪdʒrɪ] N sauvagerie *f*, brutalité *f*, férocité *f*

savannah, savanna [sə'vænə] N savane *f*

★**save** [seɪv] VT (*person, belongings*) sauver; (*money*) mettre de côté, économiser; (*time*) (faire) gagner; (*keep*) garder; (*Comput*) sauvegarder; (*Sport: stop*) arrêter; (*avoid: trouble*) éviter; **it will ~ me an hour** ça me fera gagner une heure; **to ~ face** sauver la face; **God ~ the Queen!** vive la Reine ! ▶ VI (*also:* **save up**) mettre de l'argent de côté ▶ N (*Sport*) arrêt *m* (du ballon) ▶ PREP sauf, à l'exception de

saver ['seɪvəʳ] N (*of money*) épargnant(e)

saving ['seɪvɪŋ] N économie *f* ▶ ADJ: **the ~ grace of** ce qui rachète ■ **savings** NPL économies *fpl*; **to make savings** faire des économies

savings account N compte *m* d'épargne

savings and loan association (*US*) N ≈ société *f* de crédit immobilier

savings bank N caisse *f* d'épargne

saviour, (*US*) **savior** ['seɪvjəʳ] N sauveur *m*

savour, (*US*) **savor** ['seɪvəʳ] N saveur *f*, goût *m* ▶ VT savourer

savoury, (*US*) **savory** ['seɪvərɪ] ADJ savoureux(-euse); (*dish: not sweet*) salé(e)

savvy ['sævɪ] N (*inf*) jugeote *f* (*inf*)

saw [sɔ:] PT *of* **see** ▶ N (*tool*) scie *f* ▶ VT (*pt* **sawed**, *pp* **sawed** [sɔ:d] *or* **sawn** [sɔ:n]) scier; **to ~ sth up** débiter qch à la scie

sawdust ['sɔ:dʌst] N sciure *f*

sawmill ['sɔ:mɪl] N scierie *f*

sawn [sɔ:n] PP *of* **saw**

sawn-off ['sɔ:nɔf], (*US*) **sawed-off** ['sɔ:dɔf] ADJ: **~ shotgun** carabine *f* à canon scié

sax [sæks] N (*inf*) saxo *m* (*inf*)

saxophone ['sæksəfəun] N saxophone *m*

saxophonist [sæk'sɔfənɪst] N saxophoniste *mf*

★**say** [seɪ] (*pt, pp* **said** [sɛd]) VT dire; **could you ~ that again?** pourriez-vous répéter ce que vous venez de dire ?; **to ~ yes/no** dire oui/non; **she said (that) I was to give you this** elle m'a chargé de vous remettre ceci; **my watch says 3 o'clock** ma montre indique 3 heures, il est 3 heures à ma montre; **shall we ~ Tuesday?** disons mardi ?; **that doesn't ~ much for him** ce n'est pas vraiment à son honneur; **when all is said and done** en fin de compte, en définitive; **there is something** *or* **a lot to be said for it** cela a des avantages; **that is to ~** c'est-à-dire; **to ~ nothing of** sans compter; **~ that ...** mettons *or* disons que ...; **that goes without saying** cela va sans dire, cela va de soi ▶ N: **to have one's ~** dire ce qu'on a à dire; **to have a ~** avoir voix au chapitre

saying ['seɪɪŋ] N dicton *m*, proverbe *m*

SBA N ABBR (*US: = Small Business Administration*) *organisme d'aide aux PME*

SC N ABBR (*US*) = **supreme court** ▶ ABBR (*US*) = **South Carolina**

s/c ABBR = **self-contained**

scab [skæb] N croûte *f*; (*pej*) jaune *m*

scabby ['skæbɪ] ADJ croûteux(-euse)
scaffold ['skæfəld] N échafaud *m*
scaffolding ['skæfəldɪŋ] N échafaudage *m*
scalable ['skeɪləbl] ADJ (*Comput*) extensible
scald [skɔ:ld] N brûlure *f* ▸ VT ébouillanter
scalding ['skɔ:ldɪŋ] ADJ (*also:* **scalding hot**) brûlant(e), bouillant(e)
★**scale** [skeɪl] N (*of fish*) écaille *f*; (*Mus*) gamme *f*; (*of ruler, thermometer etc*) graduation *f*, échelle (graduée); (*of salaries, fees etc*) barème *m*; (*of map, also size, extent*) échelle; **pay ~** échelle des salaires; **~ of charges** tableau *m* des tarifs; **on a large ~** sur une grande échelle, en grand; **to draw sth to ~** dessiner qch à l'échelle; **small-scale model** modèle réduit ▸ VT (*mountain*) escalader; (*fish*) écailler ■ **scales** NPL balance *f*; (*larger*) bascule *f*; (*also:* **bathroom scales**) pèse-personne *m inv*
▸ **scale down** VT réduire
scaled-down [skeɪld'daun] ADJ à échelle réduite
scale drawing N dessin *m* à l'échelle
scale model N modèle *m* à l'échelle
scallion ['skæljən] N oignon *m*; (*US: salad onion*) ciboule *f*; (*: shallot*) échalote *f*; (*: leek*) poireau *m*
scallop ['skɔləp, 'skæləp] N coquille *f* Saint-Jacques; (*Sewing*) feston *m*
scalloped ['skɔləpt, 'skæləpt] ADJ festonné(e)
scalp [skælp] N cuir chevelu ▸ VT scalper
scalpel ['skælpl] N scalpel *m*
scalper ['skælpəʳ] N (*US inf: of tickets*) revendeur *m* de billets
scam [skæm] N (*inf*) arnaque *f*
scamp [skæmp] VT bâcler
scamper ['skæmpəʳ] VI: **to ~ away, ~ off** détaler
scampi ['skæmpɪ] NPL langoustines (frites), scampi *mpl*
scan [skæn] VT (*examine*) scruter, examiner; (*glance at quickly*) parcourir; (*poetry*) scander; (TV, *Radar*) balayer ▸ N (*Med*) scanographie *f*
★**scandal** ['skændl] N scandale *m*; (*gossip*) ragots *mpl*
scandalize ['skændəlaɪz] VT scandaliser, indigner
scandalous ['skændələs] ADJ scandaleux(-euse)
scandalously ['skændələslɪ] ADV (*behave*) de façon scandaleuse; **~ overpriced** à un prix scandaleux
Scandinavia [skændɪ'neɪvɪə] N Scandinavie *f*
Scandinavian [skændɪ'neɪvɪən] ADJ scandinave ▸ N Scandinave *mf*
scanner ['skænəʳ] N (*Radar, Med*) scanner *m*, scanographe *m*; (*Comput*) scanner
scant [skænt] ADJ insuffisant(e)
scantily ['skæntɪlɪ] ADV: **~ clad** *or* **dressed** vêtu(e) du strict minimum
scanty ['skæntɪ] ADJ peu abondant(e), insuffisant(e), maigre
scapegoat ['skeɪpgəut] N bouc *m* émissaire
scar [skɑ:ʳ] N cicatrice *f* ▸ VT laisser une cicatrice *or* une marque à
scarce [skɛəs] ADJ rare, peu abondant(e); **to make o.s. ~** (*inf*) se sauver
scarcely ['skɛəslɪ] ADV à peine, presque pas; **~ anybody** pratiquement personne; **I can ~ believe it** j'ai du mal à le croire
scarcity ['skɛəsɪtɪ] N rareté *f*, manque *m*, pénurie *f*
scarcity value N valeur *f* de rareté
scare [skɛəʳ] N peur *f*, panique *f*; **bomb ~** alerte *f* à la bombe ▸ VT effrayer, faire peur à; **to ~ sb stiff** faire une peur bleue à qn
▸ **scare away, scare off** VT faire fuir
scarecrow ['skɛəkrəu] N épouvantail *m*
scared ['skɛəd] ADJ: **to be ~** avoir peur
scaremonger ['skɛəmʌŋgəʳ] N alarmiste *mf*
scaremongering ['skɛəmʌŋgərɪŋ] N alarmisme *m*
scarf [skɑ:f] (*pl* **scarves** [skɑ:vz]) N (*long*) écharpe *f*; (*square*) foulard *m*
scarlet ['skɑ:lɪt] ADJ, N écarlate *f*
scarlet fever N scarlatine *f*
scarper ['skɑ:pəʳ] VI (BRIT *inf*) ficher le camp (*inf*)
scarves [skɑ:vz] NPL *of* **scarf**
scary ['skɛərɪ] ADJ (*inf*) effrayant(e); (*film*) qui fait peur
scathing ['skeɪðɪŋ] ADJ cinglant(e), acerbe; **to be ~ about sth** être très critique vis-à-vis de qch
scatter ['skætəʳ] VT éparpiller, répandre; (*crowd*) disperser ▸ VI se disperser
scatterbrained ['skætəbreɪnd] ADJ écervelé(e), étourdi(e)
scattered ['skætəd] ADJ épars(e), dispersé(e)
scatty ['skætɪ] ADJ (BRIT *inf*) loufoque (*inf*)
scavenge ['skævəndʒ] VI (*person*): **to ~ (for)** faire les poubelles (pour trouver); **to ~ for food** (*hyenas etc*) se nourrir de charognes
scavenger ['skævəndʒəʳ] N éboueur *m*
scenario [sɪ'nɑ:rɪəu] N scénario *m*
★**scene** [si:n] N (*Theat, fig etc*) scène *f*; (*of crime, accident*) lieu(x) *m(pl)*, endroit *m*; (*sight, view*) spectacle *m*, vue *f*; **behind the scenes** (*also fig*) dans les coulisses; **to make a ~** (*inf: fuss*) faire une scène *or* toute une histoire; **to appear on the ~** (*also fig*) faire son apparition, arriver; **the political ~** la situation politique
scenery ['si:nərɪ] N (*Theat*) décor(s) *m(pl)*; (*landscape*) paysage *m*
scenic ['si:nɪk] ADJ scénique; offrant de beaux paysages *or* panoramas
scent [sɛnt] N parfum *m*, odeur *f*; (*fig: track*) piste *f*; (*sense of smell*) odorat *m*; **to put** *or* **throw sb off the ~** mettre qn sur une mauvaise piste ▸ VT parfumer; (*smell, also fig*) flairer
scented ['sɛntɪd] ADJ parfumé(e)
sceptic, (US) **skeptic** ['skɛptɪk] N sceptique *mf*
sceptical, (US) **skeptical** ['skɛptɪkl] ADJ sceptique
scepticism, (US) **skepticism** ['skɛptɪsɪzəm] N scepticisme *m*
sceptre, (US) **scepter** ['sɛptəʳ] N sceptre *m*
Schadenfreude ['ʃɑ:dənfrɔɪdə] N joie *f* maligne (*suscitée par le malheur d'autrui*)
★**schedule** ['ʃɛdju:l, (US) 'skɛdju:l] N programme *m*, plan *m*; (*of trains*) horaire *m*; (*of prices etc*) barème *m*, tarif *m*; **on ~** à l'heure (prévue); à la date prévue; **to be ahead of/behind ~** avoir de l'avance/du retard; **we are working to a very tight ~** notre programme de travail est très serré *or* intense; **everything went according to ~** tout s'est passé

S

comme prévu ▸VT prévoir; **as scheduled** comme prévu

scheduled ['ʃɛdju:ld, (US) 'skɛdju:ld] ADJ (*date, time*) prévu(e), indiqué(e); (*visit, event*) programmé(e), prévu; (*train, bus, stop, flight*) régulier(-ière)

scheduled flight N vol régulier

schematic [skɪ'mætɪk] ADJ schématique

scheme [ski:m] N plan *m*, projet *m*; (*method*) procédé *m*; (*plot*) complot *m*, combine *f*; (*arrangement*) arrangement *m*, classification *f*; (*pension scheme etc*) régime *m*; **colour ~** combinaison *f* de(s) couleurs ▸VT, VI comploter, manigancer

scheming ['ski:mɪŋ] ADJ rusé(e), intrigant(e) ▸N manigances *fpl*, intrigues *fpl*

schism ['skɪzəm] N schisme *m*

schizophrenia [skɪtsə'fri:nɪə] N schizophrénie *f*

schizophrenic [skɪtsə'frɛnɪk] ADJ schizophrène

schmaltz ['ʃmɔ:lts] N (*inf*) mièvrerie *f*

schmaltzy ['ʃmɔ:ltsɪ] ADJ (*inf: song, film, book*) à l'eau de rose, mièvre

scholar ['skɔlər] N érudit(e); (*pupil*) boursier(-ère)

scholarly ['skɔləlɪ] ADJ érudit(e), savant(e)

scholarship ['skɔləʃɪp] N érudition *f*; (*grant*) bourse *f* (d'études)

★**school** [sku:l] N (*gen*) école *f*; (*secondary school*) collège *m*; lycée *m*; (*in university*) faculté *f*; (*US: university*) université *f*; (*of fish*) banc *m* ▸CPD scolaire ▸VT (*animal*) dresser

school age N âge *m* scolaire

schoolbag ['sku:lbæg] N cartable *m*

schoolbook ['sku:lbuk] N livre *m* scolaire *or* de classe

★**schoolboy** ['sku:lbɔɪ] N écolier *m*; (*at secondary school*) collégien *m*; lycéen *m*

★**schoolchildren** ['sku:ltʃɪldrən] NPL écoliers *mpl*; (*at secondary school*) collégiens *mpl*; lycéens *mpl*

schooldays ['sku:ldeɪz] NPL années *fpl* de scolarité

school friend N ami(e) d'école

★**schoolgirl** ['sku:lgə:l] N écolière *f*; (*at secondary school*) collégienne *f*; lycéenne *f*

schoolhouse ['sku:lhaus] N (*US*) école *f*

schooling ['sku:lɪŋ] N instruction *f*, études *fpl*

school-leaver ['sku:lli:vər] N (BRIT) *jeune qui vient de terminer ses études secondaires*

schoolmaster ['sku:lmɑ:stər] N (*primary*) instituteur *m*; (*secondary*) professeur *m*

schoolmate ['sku:lmeɪt] N camarade *mf* d'école

school meal, school lunch N déjeuner *m* à la cantine (scolaire)

schoolmistress ['sku:lmɪstrɪs] N (*primary*) institutrice *f*; (*secondary*) professeur *m*

school report N (BRIT) bulletin *m* (scolaire)

schoolroom ['sku:lru:m] N (salle *f* de) classe *f*

schoolteacher ['sku:lti:tʃər] N (*primary*) instituteur(-trice); (*secondary*) professeur *m*

schoolwork ['sku:lwə:k] N devoirs *mpl*

schoolyard ['sku:ljɑ:d] N (*US*) cour *f* de récréation

schooner ['sku:nər] N (*ship*) schooner *m*, goélette *f*; (*glass*) grand verre (à xérès)

sciatica [saɪ'ætɪkə] N sciatique *f*

★**science** ['saɪəns] N science *f*; **the sciences** les sciences; (*Scol*) les matières *fpl* scientifiques

science fiction N science-fiction *f*

scientific [saɪən'tɪfɪk] ADJ scientifique

scientifically [saɪən'tɪfɪklɪ] ADV scientifiquement

★**scientist** ['saɪəntɪst] N scientifique *mf*; (*eminent*) savant *m*

sci-fi ['saɪfaɪ] N ABBR (*inf*: = *science fiction*) SF *f*

Scilly Isles ['sɪlɪ'aɪlz], **Scillies** ['sɪlɪz] NPL: **the ~** les Sorlingues *fpl*, les îles *fpl* Scilly

scintillating ['sɪntɪleɪtɪŋ] ADJ scintillant(e), étincelant(e); (*wit etc*) brillant(e)

scion ['saɪən] N (*lit, fig*) rejeton *m*

★**scissors** ['sɪzəz] NPL ciseaux *mpl*; **a pair of ~** une paire de ciseaux

sclerosis [sklɪ'rəusɪs] N sclérose *f*

scoff [skɔf] VT (BRIT *inf: eat*) avaler, bouffer (*inf*) ▸VI: **to ~ (at)** (*mock*) se moquer (de)

scold [skəuld] VT gronder, attraper, réprimander

scolding ['skəuldɪŋ] N réprimande *f*

scone [skɔn] N *petit gâteau dont la version sucrée se mange souvent avec de la crème et de la confiture*

scoop [sku:p] N pelle *f* (à main); (*for ice cream*) boule *f* à glace; (*Press*) reportage exclusif *or* à sensation

▸**scoop out** VT évider, creuser

▸**scoop up** VT ramasser

scoot [sku:t] VI (*inf*) filer (*inf*)

scooter ['sku:tər] N (*motor cycle*) scooter *m*; (*toy*) trottinette *f*

scope [skəup] N (*capacity: of plan, undertaking*) portée *f*, envergure *f*; (*: of person*) compétence *f*, capacités *fpl*; (*opportunity*) possibilités *fpl*; **within the ~ of** dans les limites de; **there is plenty of ~ for improvement** (BRIT) cela pourrait être beaucoup mieux

scorch [skɔ:tʃ] VT (*clothes*) brûler (légèrement), roussir; (*earth, grass*) dessécher, brûler

scorched earth policy ['skɔ:tʃt-] N politique *f* de la terre brûlée

scorcher ['skɔ:tʃər] N (*inf: hot day*) journée *f* torride

scorching ['skɔ:tʃɪŋ] ADJ torride, brûlant(e)

★**score** [skɔ:r] N score *m*, décompte *m* des points; (*Mus*) partition *f*; **on that ~** sur ce chapitre, à cet égard; **to have an old ~ to settle with sb** (*fig*) avoir un (vieux) compte à régler avec qn; **a ~ of** (*twenty*) vingt; **scores of** (*fig*) des tas de ▸VT (*goal, point*) marquer; (*success*) remporter; (*cut: leather, wood, card*) entailler, inciser; **to ~ 6 out of 10** obtenir 6 sur 10 ▸VI marquer des points; (*Football*) marquer un but; (*keep score*) compter les points

▸**score out** VT rayer, barrer, biffer

scoreboard ['skɔ:bɔ:d] N tableau *m*

scorecard ['skɔ:kɑ:d] N (*Sport*) carton *m*, feuille *f* de marque

scoreless ['skɔ:lɪs] ADJ (*game*) qui s'est terminé sur un score vierge; (*draw, tie*) zéro à zéro

scoreline ['skɔ:laɪn] N (*Sport*) score *m*

scorer ['skɔ:rər] N (*Football*) auteur *m* du but; buteur *m*; (*keeping score*) marqueur *m*

scoring ['skɔ:rɪŋ] N (*of points, goals*) inscription *f*; (*scorekeeping*) marque *f*; (*Mus*) arrangements *mpl*; **to do the ~** tenir la marque

scorn [skɔ:n] N mépris *m*, dédain *m* ▸VT mépriser, dédaigner
scornful ['skɔ:nful] ADJ méprisant(e), dédaigneux(-euse)
scornfully ['skɔ:nfulɪ] ADV avec mépris
Scorpio ['skɔ:pɪəu] N le Scorpion; **to be ~** être du Scorpion
scorpion ['skɔ:pɪən] N scorpion *m*
Scot [skɔt] N Écossais(e)
Scotch [skɔtʃ] N whisky *m*, scotch *m*
scotch [skɔtʃ] VT faire échouer; enrayer; étouffer
Scotch tape® (*US*) N scotch® *m*, ruban adhésif
scot-free ['skɔt'fri:] ADJ: **to get off ~** s'en tirer sans être puni(e); s'en sortir indemne
★**Scotland** ['skɔtlənd] N Écosse *f*
Scots [skɔts] ADJ écossais(e)
★**Scotsman** ['skɔtsmən] N (*irreg*) Écossais *m*
★**Scotswoman** ['skɔtswumən] N (*irreg*) Écossaise *f*
★**Scottish** ['skɔtɪʃ] ADJ écossais(e); **the ~ National Party** le parti national écossais; **the ~ Parliament** le Parlement écossais

En 1997, après presque trois siècles d'union politique entre l'Angleterre et l'Écosse, cette dernière a opté à l'issue d'un référendum pour un parlement décentralisé qui siégerait à Édimbourg. En 1999, 129 députés ont été élus et dotés de pouvoirs législatifs dans plusieurs domaines, notamment l'éducation, l'environnement, la santé, la justice, la fiscalité et l'administration locale. Le chef du gouvernement écossais est le *First Minister*, mais le souverain britannique demeure le chef de l'État. En septembre 2014, à l'issue d'un autre référendum, les Écossais se sont prononcés contre l'indépendance totale du reste du Royaume-Uni.

scoundrel ['skaundrl] N vaurien *m*
scour ['skauə^r] VT (*clean*) récurer; frotter; décaper; (*search*) battre, parcourir
scourer ['skauərə^r] N tampon abrasif *or* à récurer; (*powder*) poudre *f* à récurer
scourge [skə:dʒ] N fléau *m*
scout [skaut] N (*Mil*) éclaireur *m*; (*also:* **boy scout**) scout *m*; **girl ~** (*US*) guide *f*
▸**scout around** VI chercher
scoutmaster ['skautmɑ:stə^r] N chef *mf* scout(e)
scowl [skaul] VI se renfrogner, avoir l'air maussade; **to ~ at** regarder de travers
scrabble ['skræbl] VI (*claw*): **to ~ (at)** gratter; **to ~ about** *or* **around for sth** chercher qch à tâtons ▸N: **S~**® Scrabble® *m*
scraggy ['skrægɪ] ADJ décharné(e), efflanqué(e), famélique
scram [skræm] VI (*inf*) ficher le camp (*inf*)
scramble ['skræmbl] N (*rush*) bousculade *f*, ruée *f* ▸VI grimper/descendre tant bien que mal; **to ~ for** se bousculer *or* se disputer pour (avoir); **to go scrambling** (*Sport*) faire du trial
scrambled eggs ['skræmbld-] NPL œufs brouillés
scrap [skræp] N bout *m*, morceau *m*; (*inf: fight*) bagarre *f*; (*also:* **scrap iron**) ferraille *f*; **to sell sth for ~** vendre qch à la casse *or* à la ferraille ▸VT jeter, mettre au rebut; (*fig*) abandonner, laisser tomber ▸VI (*inf*) se bagarrer ■ **scraps** NPL (*waste*) déchets *mpl*
scrapbook ['skræpbuk] N album *m*
scrap dealer N marchand *m* de ferraille
scrape [skreɪp] VT, VI gratter, racler ▸N: **to get into a ~** s'attirer des ennuis
▸**scrape by** VI (*financially*) s'en sortir
▸**scrape through** VI (*exam etc*) réussir de justesse
▸**scrape together** VT (*money*) racler ses fonds de tiroir pour réunir
scraper ['skreɪpə^r] N grattoir *m*, racloir *m*
scrap heap N tas *m* de ferraille; (*fig*): **on the ~** au rancart *or* rebut
scrap merchant N (BRIT) marchand *m* de ferraille
scrap metal N ferraille *f*
scrap paper N papier *m* brouillon
scrappy ['skræpɪ] ADJ fragmentaire, décousu(e)
scrap yard N parc *m* à ferrailles; (*for cars*) cimetière *m* de voitures
scratch [skrætʃ] N égratignure *f*, rayure *f*; (*on paint*) éraflure *f*; (*from claw*) coup *m* de griffe; **to start from ~** partir de zéro; **to be up to ~** être à la hauteur ▸ADJ: **~ team** équipe de fortune *or* improvisée ▸VT (*rub*) (se) gratter; (*record*) rayer; (*paint etc*) érafler; (*with claw, nail*) griffer; (*Comput*) effacer ▸VI (se) gratter
▸**scratch out** VT (*name, words*) gratter; **to ~ sb's eyes out** arracher les yeux de qn
scratch card N carte *f* à gratter
scratchy ['skrætʃɪ] ADJ (*recording*) grésillant(e); (*pen*) qui accroche; (*sweater, wool*) qui gratte
scrawl [skrɔ:l] N gribouillage *m* ▸VI gribouiller
scrawny ['skrɔ:nɪ] ADJ décharné(e)
★**scream** [skri:m] N cri perçant, hurlement *m*; **to be a ~** (*inf*) être impayable (*inf*) ▸VI crier, hurler; **to ~ at sb to do sth** crier *or* hurler à qn de faire qch
scree [skri:] N éboulis *m*
screech [skri:tʃ] N cri strident, hurlement *m*; (*of tyres, brakes*) crissement *m*, grincement *m* ▸VI hurler; crisser, grincer
★**screen** [skri:n] N écran *m*; (*in room*) paravent *m*; (*Cine, TV*) écran; (*fig*) écran, rideau *m* ▸VT masquer, cacher; (*from the wind etc*) abriter, protéger; (*film*) projeter; (*candidates etc*) filtrer; (*for illness*): **to ~ sb for sth** faire subir un test de dépistage de qch à qn
screen editing [-'ɛdɪtɪŋ] N (*Comput*) édition *f* or correction *f* sur écran
screening ['skri:nɪŋ] N (*of film*) projection *f*; (*Med*) test *m* (*or* tests) de dépistage; (*for security*) filtrage *m*
screen memory N (*Comput*) mémoire *f* écran
screenplay ['skri:npleɪ] N scénario *m*
screen saver N (*Comput*) économiseur *m* d'écran
screenshot ['skri:nʃɔt] N (*Comput*) capture *f* d'écran
screen test N bout *m* d'essai
screenwriter ['skri:nraɪtə^r] N scénariste *mf*
screenwriting ['skri:nraɪtɪŋ] N écriture *f* de scénarios

S

screw [skru:] N vis *f*; (*propeller*) hélice *f* ▸ VT (*also:* **screw in**) visser; (*inf!: woman*) baiser (!); **to ~ sth to the wall** visser qch au mur; **to have one's head screwed on** (*fig*) avoir la tête sur les épaules
▸ **screw up** VT (*paper etc*) froisser; (*inf: ruin*) bousiller; **to ~ up one's eyes** se plisser les yeux; **to ~ up one's face** faire la grimace

screwball ['skru:bɔ:l] (*inf*) CPD (*comedy*) délirant(e) ▸ N doux (douce) dingue

screwdriver ['skru:draɪvəʳ] N tournevis *m*

screwed-up ['skru:d'ʌp] ADJ (*inf*): **to be ~** être paumé(e)

screwy ['skru:ɪ] ADJ (*inf*) dingue, cinglé(e)

scribble ['skrɪbl] N gribouillage *m* ▸ VT gribouiller, griffonner; **to ~ sth down** griffonner qch

scribe [skraɪb] N scribe *m*

script [skrɪpt] N (*Cine etc*) scénario *m*, texte *m*; (*in exam*) copie *f*; (*writing*) (écriture *f*) script *m*

scripted ['skrɪptɪd] ADJ (*Radio, TV*) préparé(e) à l'avance

Scripture ['skrɪptʃəʳ] N Écriture sainte

scriptwriter ['skrɪptraɪtəʳ] N scénariste *mf*, dialoguiste *mf*

scroll [skrəul] N rouleau *m* ▸ VT (*Comput*) faire défiler (sur l'écran)
▸ **scroll down** VT faire défiler ▸ VI (*person*) faire défiler le texte; (*text*) défiler
▸ **scroll up** VT faire défiler vers le haut ▸ VI (*person*) faire défiler le texte vers le haut; (*text, titles*) défiler vers le haut

Scrooge [skru:dʒ] N rat *m*

scrotum ['skrəutəm] N scrotum *m*

scrounge [skraundʒ] (*inf*) VT: **to ~ sth (off** *or* **from sb)** se faire payer qch (par qn), emprunter qch (à qn) ▸ VI: **to ~ off sb** vivre aux crochets de qn

scrounger ['skraundʒəʳ] N parasite *m*

scrub [skrʌb] N (*clean*) nettoyage *m* (à la brosse); (*land*) broussailles *fpl* ▸ VT (*floor*) nettoyer à la brosse; (*pan*) récurer; (*washing*) frotter; (*reject*) annuler

scrubbing brush ['skrʌbɪŋ-] N brosse dure

scruff [skrʌf] N: **by the ~ of the neck** par la peau du cou

scruffy ['skrʌfɪ] ADJ débraillé(e)

scrum [skrʌm], **scrummage** ['skrʌmɪdʒ] N mêlée *f*

scrumptious ['skrʌmpʃəs] ADJ (*inf*) succulent(e)

scrunch up VT (*paper, cloth*) chiffonner

scruple ['skru:pl] N scrupule *m*; **to have no scruples about doing sth** n'avoir aucun scrupule à faire qch

scrupulous ['skru:pjuləs] ADJ scrupuleux(-euse)

scrupulously ['skru:pjuləslɪ] ADV scrupuleusement; **to be ~ honest** être d'une honnêteté scrupuleuse

scrutinize ['skru:tɪnaɪz] VT scruter, examiner minutieusement

scrutiny ['skru:tɪnɪ] N examen minutieux; **under the ~ of sb** sous la surveillance de qn

scuba ['sku:bə] N scaphandre *m* (autonome)

scuba diving N plongée sous-marine

scuff [skʌf] VT érafler

scuffle ['skʌfl] N échauffourée *f*, rixe *f*

scullery ['skʌlərɪ] N arrière-cuisine *f*

sculpt [skʌlpt] VT, VI sculpter

sculptor ['skʌlptəʳ] N sculpteur *m*

sculptural ['skʌlptʃərəl] ADJ sculptural(e)

sculpture ['skʌlptʃəʳ] N sculpture *f*

sculptured ['skʌlptʃəd] ADJ sculpté(e)

scum [skʌm] N écume *f*, mousse *f*; (*pej: people*) rebut *m*, lie *f*

scumbag ['skʌmbæg] N (*inf, pej*) fripouille *f* (*inf*)

scupper ['skʌpəʳ] VT (BRIT) saborder

scurrilous ['skʌrɪləs] ADJ haineux(-euse), virulent(e); calomnieux(-euse)

scurry ['skʌrɪ] VI filer à toute allure; **to ~ off** détaler, se sauver

scurvy ['skə:vɪ] N scorbut *m*

scuttle ['skʌtl] N (*Naut*) écoutille *f*; (*also:* **coal scuttle**) seau *m* (à charbon) ▸ VT (*ship*) saborder ▸ VI (*scamper*): **to ~ away, ~ off** détaler

scythe [saɪð] N faux *f*

SD, S. Dak. ABBR (*US*) = **South Dakota**

SDLP N ABBR (BRIT *Pol*) = **Social Democratic and Labour Party**

★**sea** [si:] N mer *f*; **on the ~** (*boat*) en mer; (*town*) au bord de la mer; **by** *or* **beside the ~** (*holiday, town*) au bord de la mer; **by ~** par mer, en bateau; **out to ~** au large; **(out) at ~** en mer; **heavy** *or* **rough ~(s)** grosse mer, mer agitée; **a ~ of faces** (*fig*) une multitude de visages; **to be all at ~** (*fig*) nager complètement ▸ CPD marin(e), de (la) mer, maritime

sea bed N fond *m* de la mer

sea bird N oiseau *m* de mer

seaboard ['si:bɔ:d] N côte *f*

sea breeze N brise *f* de mer

sea dog N (*old*) vieux loup *m* de mer

seafarer ['si:fɛərəʳ] N marin *m*

seafaring ['si:fɛərɪŋ] ADJ (*life*) de marin; **~ people** les gens *mpl* de mer

★**seafood** ['si:fu:d] N fruits *mpl* de mer

sea front N bord *m* de mer

seagoing ['si:gəuɪŋ] ADJ (*ship*) de haute mer

sea-green [si:'gri:n] N bleu-vert *m inv* ▸ ADJ bleu-vert *inv*

seagull ['si:gʌl] N mouette *f*

seahorse ['si:hɔ:s] N hippocampe *m*

seal [si:l] N (*animal*) phoque *m*; (*stamp*) sceau *m*, cachet *m*; (*impression*) cachet, estampille *f*; **~ of approval** approbation *f* ▸ VT sceller; (*envelope*) coller; (*: with seal*) cacheter; (*decide: sb's fate*) décider (de); (*: bargain*) conclure
▸ **seal off** VT (*close*) condamner; (*forbid entry to*) interdire l'accès de
▸ **seal up** VT (*window*) sceller; (*holes, cracks*) reboucher

sealant ['si:lənt] N mastic *m*

sea level N niveau *m* de la mer

sealing wax ['si:lɪŋ-] N cire *f* à cacheter

sea lion N lion *m* de mer

sealskin ['si:lskɪn] N peau *f* de phoque

seam [si:m] N couture *f*; (*of coal*) veine *f*, filon *m*; **the hall was bursting at the seams** la salle était pleine à craquer

seaman ['si:mən] N (*irreg*) marin *m*
seamanship ['si:mənʃɪp] N qualités *fpl* de marin
seamless ['si:mlɪs] ADJ (*Fashion, Sewing*) sans couture(s); (*transition*) sans heurt
seamlessly ['si:mlɪslɪ] ADV sans heurt
seamy ['si:mɪ] ADJ louche, mal famé(e)
seance ['seɪɔns] N séance *f* de spiritisme
seaplane ['si:pleɪn] N hydravion *m*
seaport ['si:pɔ:t] N port *m* de mer
★**search** [sə:tʃ] N (*for person, thing, Comput*) recherche(s) *f(pl)*; (*of drawer, pockets*) fouille *f*; (*Law: at sb's home*) perquisition *f*; **in ~ of** à la recherche de ▶ VT fouiller; (*examine*) examiner minutieusement; scruter ▶ VI: **to ~ for** chercher
▶ **search through** VT FUS fouiller
search engine N (*Comput*) moteur *m* de recherche
searcher ['sə:tʃə^r] N chercheur(-euse)
searching ['sə:tʃɪŋ] ADJ (*look, question*) pénétrant(e); (*examination*) minutieux(-euse)
searchlight ['sə:tʃlaɪt] N projecteur *m*
search party N expédition *f* de secours
search warrant N mandat *m* de perquisition
searing ['sɪərɪŋ] ADJ (*heat*) brûlant(e); (*pain*) aigu(ë)
seascape ['si:skeɪp] N marine *f*
seashell ['si:ʃɛl] N coquillage *m*
seashore ['si:ʃɔ:^r] N rivage *m*, plage *f*, bord *m* de (la) mer; **on the ~** sur le rivage
seasick ['si:sɪk] ADJ: **to be ~** avoir le mal de mer
seasickness ['si:sɪknɪs] N mal *m* de mer
★**seaside** ['si:saɪd] N bord *m* de mer
seaside resort N station *f* balnéaire
★**season** ['si:zn] N saison *f*; **to be in/out of ~** être/ne pas être de saison; **the busy ~** (*for shops*) la période de pointe; (*for hotels etc*) la pleine saison; **the open ~** (*Hunting*) la saison de la chasse ▶ VT assaisonner, relever
seasonal ['si:znl] ADJ saisonnier(-ière)
seasoned ['si:znd] ADJ (*wood*) séché(e); (*fig: worker, actor, troops*) expérimenté(e); **a ~ campaigner** un vieux militant, un vétéran
seasoning ['si:znɪŋ] N assaisonnement *m*
season ticket N carte *f* d'abonnement
★**seat** [si:t] N siège *m*; (*in bus, train: place*) place *f*; (*Parliament*) siège; (*buttocks*) postérieur *m*; (*of trousers*) fond *m*; **are there any seats left?** est-ce qu'il reste des places ?; **to take one's ~** prendre place ▶ VT faire asseoir, placer; (*have room for*) avoir des places assises pour, pouvoir accueillir; **to be seated** être assis; **please be seated** veuillez vous asseoir
seat belt N ceinture *f* de sécurité
seating ['si:tɪŋ] N sièges *fpl*, places assises
seating capacity N nombre *m* de places assises
sea urchin N oursin *m*
sea water N eau *f* de mer
seaweed ['si:wi:d] N algues *fpl*
seaworthy ['si:wə:ðɪ] ADJ en état de naviguer
SEC N ABBR (*US: = Securities and Exchange Commission*) ≈ COB *f* (*= Commission des opérations de Bourse*)
sec. ABBR (*= second*) sec

secateurs [sɛkə'tə:z] NPL sécateur *m*
secede [sɪ'si:d] VI faire sécession
secession [sɪ'sɛʃən] N sécession *f*
secluded [sɪ'klu:dɪd] ADJ retiré(e), à l'écart
seclusion [sɪ'klu:ʒən] N solitude *f*
★**second**[1] ['sɛkənd] NUM deuxième, second(e); **~ floor** (BRIT) deuxième (étage) *m*; (US) premier (étage) *m*; **to ask for a ~ opinion** (*Med*) demander l'avis d'un autre médecin ▶ ADV (*in race etc*) en seconde position ▶ N (*unit of time*) seconde *f*; (*Aut: also:* **second gear**) seconde; (*in series, position*) deuxième *mf*, second(e); (*Comm: imperfect*) article *m* de second choix; (BRIT *University*) ≈ licence *f* avec mention; **Charles the S~** Charles II; **just a ~!** une seconde !, un instant !; (*stopping sb*) pas si vite ! ▶ VT (*motion*) appuyer ■ **seconds** NPL (*inf: food*) rab *m* (*inf*)
second[2] [sɪ'kɔnd] VT (*employee*) détacher, mettre en détachement
secondary ['sɛkəndərɪ] ADJ secondaire
★**secondary school** N (*age 11 to 15*) collège *m*; (*age 15 to 18*) lycée *m*
second-best [sɛkənd'bɛst] N deuxième choix *m*; **as a ~** faute de mieux
second-class ['sɛkənd'klɑ:s] ADJ de deuxième classe; (*Rail*) de seconde (classe); (*Post*) au tarif réduit; (*pej*) de qualité inférieure; **~ citizen** citoyen(ne) de deuxième classe ▶ ADV (*Rail*) en seconde; (*Post*) au tarif réduit
second cousin N cousin(e) issu(e) de germains
seconder ['sɛkəndə^r] N personne *f* qui appuie une motion
second-guess ['sɛkənd'gɛs] VT (*predict*) (essayer d')anticiper; **they're still trying to ~ his motives** ils essaient toujours de comprendre ses raisons
secondhand ['sɛkənd'hænd] ADJ d'occasion; (*information*) de seconde main ▶ ADV (*buy*) d'occasion; **to hear sth ~** apprendre qch indirectement
second hand N (*on clock*) trotteuse *f*
second-hand bookshop ['sɛkənd'hænd-] N bouquiniste *m*
second-in-command ['sɛkəndɪnkə'mɑ:nd] N (*Mil*) commandant *m* en second; (*Admin*) adjoint(e), sous-chef *m*
secondly ['sɛkəndlɪ] ADV deuxièmement; **firstly ... ~ ...** d'abord ... ensuite ... *or* de plus ...
secondment [sɪ'kɔndmənt] N (BRIT) détachement *m*
second-rate ['sɛkənd'reɪt] ADJ de deuxième ordre, de qualité inférieure
second thoughts NPL: **to have ~** changer d'avis; **on ~** *or* (US) **thought** à la réflexion
secrecy ['si:krəsɪ] N secret *m*; **in ~** en secret
★**secret** ['si:krɪt] ADJ secret(-ète); **to keep sth ~ from sb** cacher qch à qn, ne pas révéler qch à qn; **keep it ~** n'en parle à personne ▶ N secret *m*; **in ~** *adv* en secret, secrètement, en cachette; **to make no ~ of sth** ne pas cacher qch
secret agent N agent secret
secretarial [sɛkrɪ'tɛərɪəl] ADJ de secrétaire, de secrétariat
secretarial college, secretarial school N école *f* de secrétariat

S

secretariat [sɛkrɪ'tɛərɪət] N secrétariat *m*
★**secretary** ['sɛkrətrɪ] N secrétaire *mf*; (*Comm*) secrétaire général; **S~ of State** (*US Pol*) ≈ ministre *m* des Affaires étrangères; **S~ of State (for)** (*Pol*) ministre *m* (de)
secretary-general ['sɛkrətrɪ'dʒɛnərl] N secrétaire général
secrete [sɪ'kri:t] VT (*Anat, Biol, Med*) sécréter; (*hide*) cacher
secretion [sɪ'kri:ʃən] N sécrétion *f*
secretive ['si:krətɪv] ADJ réservé(e); (*pej*) cachottier(-ière), dissimulé(e)
secretly ['si:krɪtlɪ] ADV en secret, secrètement, en cachette
secret police N police secrète
secret service N services secrets
sect [sɛkt] N secte *f*
sectarian [sɛk'tɛərɪən] ADJ sectaire
sectarianism [sɛk'tɛərɪənɪzəm] N sectarisme *m*
★**section** ['sɛkʃən] N section *f*; (*department*) section; (*Comm*) rayon *m*; (*of document*) section, article *m*, paragraphe *m*; (*cut*) coupe *f*; **the business** *etc* **~** (*Press*) la page des affaires *etc* ▸ VT sectionner
sector ['sɛktə^r] N secteur *m*
secular ['sɛkjulə^r] ADJ laïque
secularism ['sɛkjulərɪzəm] N laïcité *f*
secure [sɪ'kjuə^r] ADJ (*free from anxiety*) sans inquiétude, sécurisé(e); (*firmly fixed*) solide, bien attaché(e) (*or* fermé(e) *etc*); (*in safe place*) en lieu sûr, en sûreté; **to make sth ~** bien fixer *or* attacher qch ▸ VT (*fix*) fixer, attacher; (*get*) obtenir, se procurer; (*Comm: loan*) garantir; **to ~ sth for sb** obtenir qch pour qn, procurer qch à qn
secured creditor [sɪ'kjuəd-] N créancier(-ière), privilégié(e)
securely [sɪ'kjuəlɪ] ADV (*firmly*) solidement; (*safely*) fermement
★**security** [sɪ'kjuərɪtɪ] N sécurité *f*, mesures *fpl* de sécurité; (*for loan*) caution *f*, garantie *f*; **to increase** *or* **tighten ~** renforcer les mesures de sécurité; **~ of tenure** stabilité *f* d'un emploi, titularisation *f* ■ **securities** NPL (*Stock Exchange*) valeurs *fpl*, titres *mpl*
Security Council N: **the ~** le Conseil de sécurité
security forces NPL forces *fpl* de sécurité
security guard N garde chargé de la sécurité; (*transporting money*) convoyeur *m* de fonds
security risk N menace *f* pour la sécurité de l'état (*or* d'une entreprise *etc*)
sedan [sə'dæn] N (*US Aut*) berline *f*
sedate [sɪ'deɪt] ADJ calme; posé(e) ▸ VT donner des sédatifs à
sedated [sɪ'deɪtɪd] ADJ sous sédation; **lightly ~** sous sédation légère
sedation [sɪ'deɪʃən] N sédation *f*; **to be under ~** être sous calmants
sedative ['sɛdɪtɪv] N calmant *m*, sédatif *m*
sedentary ['sɛdntrɪ] ADJ sédentaire
sediment ['sɛdɪmənt] N sédiment *m*, dépôt *m*
sedition [sɪ'dɪʃən] N sédition *f*
seditious [sɪ'dɪʃəs] ADJ séditieux(-euse)
seduce [sɪ'dju:s] VT séduire
seducer [sɪ'dju:sə^r] N séducteur(-trice)
seduction [sɪ'dʌkʃən] N séduction *f*
seductive [sɪ'dʌktɪv] ADJ séduisant(e); (*smile*) séducteur(-trice); (*fig: offer*) alléchant(e)
seductress [sɪ'dʌktrɪs] N séductrice *f*
★**see** [si:] (*pt* **saw** [sɔ:], *pp* **seen** [si:n]) VT (*gen*) voir; (*accompany*): **to ~ sb to the door** reconduire *or* raccompagner qn jusqu'à la porte; (*ensure*): **to ~ that** veiller à ce que + *sub*, faire en sorte que + *sub*, s'assurer que; **to go and ~ sb** aller voir qn; **there was nobody to be seen** il n'y avait pas un chat; **I don't know what she sees in him** je ne sais pas ce qu'elle lui trouve; **~ you!** au revoir !, à bientôt !; **~ you soon/later/tomorrow!** à bientôt/plus tard/demain ! ▸ VI voir; **~ for yourself** voyez vous-même; **let me ~** (*show me*) fais(-moi) voir; (*let me think*) voyons (un peu); **as far as I can ~** pour autant que je puisse en juger ▸ N évêché *m*
▸ **see about** [si: ə'baut] VT FUS (*deal with*) s'occuper de
▸ **see off** [si: ɔf] VT accompagner (à l'aéroport *etc*)
▸ **see out** [si: aut] VT (*take to door*) raccompagner à la porte
▸ **see through** [si: θru:] VT mener à bonne fin ▸ VT FUS voir clair dans
▸ **see to** [si: tu:] VT FUS s'occuper de, se charger de
★**seed** [si:d] N graine *f*; (*fig*) germe *m*; (*Tennis etc*) tête *f* de série; **to go to ~** (*plant*) monter en graine; (*fig*) se laisser aller
seeded ['si:dɪd] ADJ (*Tennis etc*): **a ~ player** une tête de série; **to be ~ second** être tête de série numéro deux
seedless ['si:dlɪs] ADJ sans pépins
seedling ['si:dlɪŋ] N jeune plant *m*, semis *m*
seedy ['si:dɪ] ADJ (*shabby*) minable, miteux(-euse)
seeing ['si:ɪŋ] CONJ: **~ (that)** vu que, étant donné que
seek [si:k] (*pt, pp* **sought** [sɔ:t]) VT chercher, rechercher; **to ~ advice/help from sb** demander conseil/de l'aide à qn
▸ **seek out** [si:k aut] VT (*person*) chercher
★**seem** [si:m] VI sembler, paraître; **there seems to be ...** il semble qu'il y a ..., on dirait qu'il y a ...; **it seems (that) ...** il semble que ...; **what seems to be the trouble?** qu'est-ce qui ne va pas ?
seeming ['si:mɪŋ] ADJ apparent(e)
seemingly ['si:mɪŋlɪ] ADV apparemment
seemly ['si:mlɪ] ADJ (*old*) convenable
seen [si:n] PP *of* **see**
seep [si:p] VI suinter, filtrer
seepage ['si:pɪdʒ] N infiltrations *fpl*
seer [sɪə^r] N prophète (prophétesse) voyant(e)
seersucker ['sɪəsʌkə^r] N cloqué *m*, étoffe cloquée
seesaw ['si:sɔ:] N (jeu *m* de) bascule *f*
seethe [si:ð] VI être en effervescence; **to ~ with anger** bouillir de colère
see-through ['si:θru:] ADJ transparent(e)
segment ['sɛgmənt] N segment *m*; (*of orange*) quartier *m*
segregate ['sɛgrɪgeɪt] VT séparer, isoler
segregation [sɛgrɪ'geɪʃən] N ségrégation *f*
segue ['segweɪ] VI: **to ~ into sth** enchaîner sur *or* avec qch ▸ N enchaînement *m*
Seine [seɪn] N: **the (River) ~** la Seine
seismic ['saɪzmɪk] ADJ sismique

seismological [saɪzmə'lɔdʒɪkl] ADJ sismologique
seismologist [saɪz'mɔlədʒɪst] N sismologue *mf*
seize [siːz] VT (*grasp*) saisir, attraper; (*take possession of*) s'emparer de; (*opportunity*) saisir; (*Law*) saisir
▸ **seize on** VT FUS saisir, sauter sur
▸ **seize up** VI (*Tech*) se gripper
▸ **seize upon** VT FUS = **seize on**
seizure ['siːʒə^r] N (*Med*) crise *f*, attaque *f*; (*of power*) prise *f*; (*Law*) saisie *f*
seldom ['sɛldəm] ADV rarement
★**select** [sɪ'lɛkt] ADJ choisi(e), d'élite; (*hotel, restaurant, club*) chic *inv*, sélect *inv*; **a ~ few** quelques privilégiés ▸ VT sélectionner, choisir
★**selection** [sɪ'lɛkʃən] N sélection *f*, choix *m*
selection committee N comité *m* de sélection
selective [sɪ'lɛktɪv] ADJ sélectif(-ive); (*school*) à recrutement sélectif
selector [sɪ'lɛktə^r] N (*person*) sélectionneur(-euse); (*Tech*) sélecteur *m*
self [sɛlf] (*pl* **selves** [sɛlvz]) N: **the ~** le moi *inv* ▸ PREFIX auto-
self-addressed ['sɛlfə'drɛst] ADJ: **~ envelope** enveloppe *f* à mon (*or* votre *etc*) nom
self-adhesive [sɛlfəd'hiːzɪv] ADJ autocollant(e)
self-assertive [sɛlfə'səːtɪv] ADJ autoritaire
self-assurance [sɛlfə'ʃuərəns] N assurance *f*
self-assured [sɛlfə'ʃuəd] ADJ sûr(e) de soi, plein(e) d'assurance
self-catering [sɛlf'keɪtərɪŋ] ADJ (BRIT: *flat*) avec cuisine, où l'on peut faire sa cuisine; (: *holiday*) en appartement (*or* chalet *etc*) loué
self-centred, (US) **self-centered** [sɛlf'sɛntəd] ADJ égocentrique
self-cleaning [sɛlf'kliːnɪŋ] ADJ autonettoyant(e)
self-coloured, (US) **self-colored** [sɛlf'kʌləd] ADJ uni(e)
self-confessed [sɛlfkən'fɛst] ADJ (*alcoholic etc*) déclaré(e), qui ne s'en cache pas
self-confidence [sɛlf'kɔnfɪdns] N confiance *f* en soi
self-confident [sɛlf'kɔnfɪdnt] ADJ sûr(e) de soi, plein(e) d'assurance
self-conscious [sɛlf'kɔnʃəs] ADJ timide, qui manque d'assurance
self-contained [sɛlfkən'teɪnd] ADJ (BRIT: *flat*) avec entrée particulière, indépendant(e)
self-control [sɛlfkən'trəul] N maîtrise *f* de soi
self-defeating [sɛlfdɪ'fiːtɪŋ] ADJ qui a un effet contraire à l'effet recherché
self-defence, (US) **self-defense** [sɛlfdɪ'fɛns] N autodéfense *f*; (*Law*) légitime défense *f*
self-discipline [sɛlf'dɪsɪplɪn] N discipline personnelle
self-drive [sɛlf'draɪv] ADJ (BRIT): **~ car** voiture *f* de location
self-employed [sɛlfɪm'plɔɪd] ADJ qui travaille à son compte
self-esteem [sɛlfɪ'stiːm] N amour-propre *m*
self-evident [sɛlf'ɛvɪdnt] ADJ évident(e), qui va de soi
self-explanatory [sɛlfɪk'splænətrɪ] ADJ qui se passe d'explication
self-governing [sɛlf'gʌvənɪŋ] ADJ autonome
self-harm [sɛlf'hɑːm] VI s'automutiler ▸ N automutilation *f*
self-help ['sɛlf'hɛlp] N initiative personnelle, efforts personnels
selfie ['sɛlfɪ] N selfie *m*
selfie stick N perche *f* à selfie
self-importance [sɛlfɪm'pɔːtns] N suffisance *f*
self-indulgent [sɛlfɪn'dʌldʒənt] ADJ qui ne se refuse rien
self-inflicted [sɛlfɪn'flɪktɪd] ADJ volontaire
self-interest [sɛlf'ɪntrɪst] N intérêt personnel
selfish ['sɛlfɪʃ] ADJ égoïste
selfishly ['sɛlfɪʃlɪ] ADV égoïstement
selfishness ['sɛlfɪʃnɪs] N égoïsme *m*
selfless ['sɛlflɪs] ADJ désintéressé(e), plein(e) d'abnégation
selflessly ['sɛlflɪslɪ] ADV avec abnégation
selflessness ['sɛlflɪsnɪs] N dévouement *m*, abnégation *f*
self-made man ['sɛlfmeɪd-] N (*irreg*) self-made man *m*
self-pity [sɛlf'pɪtɪ] N apitoiement *m* sur soi-même
self-portrait [sɛlf'pɔːtreɪt] N autoportrait *m*
self-possessed [sɛlfpə'zɛst] ADJ assuré(e)
self-preservation ['sɛlfprɛzə'veɪʃən] N instinct *m* de conservation
self-raising [sɛlf'reɪzɪŋ], (US) **self-rising** [sɛlf'raɪzɪŋ] ADJ: **~ flour** farine *f* pour gâteaux (*avec levure incorporée*)
self-regulatory [sɛlfrɛgju'leɪtərɪ], **self-regulating** [sɛlf'rɛgjuleɪtɪŋ] ADJ autorégulé(e)
self-reliant [sɛlfrɪ'laɪənt] ADJ indépendant(e)
self-respect [sɛlfrɪs'pɛkt] N respect *m* de soi, amour-propre *m*
self-respecting [sɛlfrɪs'pɛktɪŋ] ADJ qui se respecte
self-righteous [sɛlf'raɪtʃəs] ADJ satisfait(e) de soi, pharisaïque
self-rising [sɛlf'raɪzɪŋ] ADJ (US) = **self-raising**
self-sacrifice [sɛlf'sækrɪfaɪs] N abnégation *f*
self-same ['sɛlfseɪm] ADJ même
self-satisfied [sɛlf'sætɪsfaɪd] ADJ content(e) de soi, suffisant(e)
self-sealing [sɛlf'siːlɪŋ] ADJ (*envelope*) autocollant(e)
self-service [sɛlf'səːvɪs] ADJ, N libre-service *m*, self-service *m*
self-styled ['sɛlfstaɪld] ADJ soi-disant *inv*
self-sufficient [sɛlfsə'fɪʃənt] ADJ indépendant(e)
self-supporting [sɛlfsə'pɔːtɪŋ] ADJ financièrement indépendant(e)
self-tanning ['sɛlf'tænɪŋ] ADJ: **~ cream** *or* **lotion** *etc* autobronzant *m*
self-taught [sɛlf'tɔːt] ADJ autodidacte
self-worth [sɛlf'wəːθ] N amour-propre *m*
★**sell** [sɛl] (*pt, pp* **sold** [səuld]) VT vendre; **to ~ sb an idea** (*fig*) faire accepter une idée à qn ▸ VI se vendre; **to ~ at** *or* **for 10 euros** se vendre 10 euros
▸ **sell off** [sɛl ɔf] VT liquider
▸ **sell out** [sɛl aut] VI: **to ~ out (of sth)** (*use up stock*) vendre tout son stock (de qch); **to ~ out (to)**

S

(*Comm*) vendre son fonds *or* son affaire (à) ▶VT vendre tout son stock de; **the tickets are all sold out** il ne reste plus de billets
▶**sell up** [sɛl ʌp] VI vendre son fonds *or* son affaire
sell-by date ['sɛlbaɪ-] N date *f* limite de vente
seller ['sɛləʳ] N vendeur(-euse), marchand(e); **~'s market** marché *m* à la hausse
selling price ['sɛlɪŋ-] N prix *m* de vente
Sellotape® ['sɛləuteɪp] N (BRIT) scotch® *m*
sellout ['sɛlaut] N trahison *f*, capitulation *f*; (*of tickets*): **it was a ~** tous les billets ont été vendus
selves [sɛlvz] NPL *of* **self**
semantic [sɪ'mæntɪk] ADJ sémantique
semantics [sɪ'mæntɪks] N sémantique *f*
semaphore ['sɛməfɔːʳ] N signaux *mpl* à bras; (*Rail*) sémaphore *m*
semblance ['sɛmblns] N semblant *m*
semen ['siːmən] N sperme *m*
semester [sɪ'mɛstəʳ] N (*esp US*) semestre *m*
semi... ['sɛmɪ] PREFIX semi-, demi-; à demi, à moitié ▶N: **semi** = **semidetached (house)**
semi-automatic [sɛmiɔːtə'mætɪk] N arme *f* semi-automatique
semibreve ['sɛmɪbriːv] N (BRIT) ronde *f*
semicircle ['sɛmɪsəːkl] N demi-cercle *m*
semicircular ['sɛmɪ'səːkjuləʳ] ADJ en demi-cercle, semi-circulaire
semicolon [sɛmɪ'kəulən] N point-virgule *m*
semiconductor [sɛmɪkən'dʌktəʳ] N semi-conducteur *m*
semiconscious [sɛmɪ'kɔnʃəs] ADJ à demi conscient(e)
semidetached (house) [sɛmɪdɪ'tætʃt-] N (BRIT) maison jumelée *or* jumelle
semi-final [sɛmɪ'faɪnl] N demi-finale *f*
semi-finalist [sɛmi'faɪnlɪst] N demi-finaliste *mf*
seminal ['sɛmɪnəl] ADJ (*work, author*) phare; (*Biol*) séminal(e)
seminar ['sɛmɪnɑːʳ] N séminaire *m*
seminary ['sɛmɪnərɪ] N (*Rel: for priests*) séminaire *m*
semiprecious [sɛmɪ'prɛʃəs] ADJ semi-précieux(-euse)
semiquaver ['sɛmɪkweɪvəʳ] N (BRIT) double croche *f*
semiskilled [sɛmɪ'skɪld] ADJ: **~ worker** ouvrier(-ière) spécialisé(e)
semi-skimmed ['sɛmɪ'skɪmd] ADJ demi-écrémé(e)
semitone ['sɛmɪtəun] N (*Mus*) demi-ton *m*
semolina [sɛmə'liːnə] N semoule *f*
SEN N ABBR (BRIT) = **State Enrolled Nurse**
Sen., sen. ABBR = **senator**; **senior**
senate ['sɛnɪt] N sénat *m*; (*US*): **the S~** le Sénat

> Le **Senate** est la chambre haute du *Congress*, le parlement des États-Unis. Il est composé de cent sénateurs, deux par État, élus au suffrage universel direct tous les six ans, un tiers d'entre eux étant renouvelé tous les deux ans.

senator ['sɛnɪtəʳ] N sénateur *m*

★**send** [sɛnd] (*pt, pp* **sent** [sɛnt]) VT envoyer; **to ~ by post** *or* (*US*) **mail** envoyer *or* expédier par la poste; **to ~ sb for sth** envoyer qn chercher qch; **to ~ word that ...** faire dire que ...; **she sends (you) her love** elle vous adresse ses amitiés; **to ~ sb to Coventry** (BRIT) mettre qn en quarantaine; **to ~ sb to sleep** endormir qn; **to ~ sb into fits of laughter** faire rire qn aux éclats; **to ~ sth flying** envoyer valser qch
▶**send away** [sɛnd ə'weɪ] VT (*letter, goods*) envoyer, expédier
▶**send away for** [sɛnd ə'weɪ fɔːʳ] VT FUS commander par correspondance, se faire envoyer
▶**send back** [sɛnd bæk] VT renvoyer
▶**send for** [sɛnd fɔːʳ] VT FUS envoyer chercher; faire venir; (*by post*) se faire envoyer, commander par correspondance
▶**send in** [sɛnd ɪn] VT (*report, application, resignation*) remettre
▶**send off** [sɛnd ɔf] VT (*goods*) envoyer, expédier; (*BRIT Sport: player*) expulser *or* renvoyer du terrain
▶**send off for** [sɛnd ɔf fɔːʳ] VT FUS (*information, brochure*) se faire envoyer; (*product*) commander par correspondance
▶**send on** [sɛnd ɔn] VT (BRIT: *letter*) faire suivre; (*luggage etc: in advance*) (faire) expédier à l'avance
▶**send out** [sɛnd aut] VT (*invitation*) envoyer (par la poste); (*emit: light, heat, signal*) émettre
▶**send out for** [sɛnd aut fɔːʳ] VT FUS (*pizza*) commander par téléphone
▶**send round** [sɛnd raund] VT (*letter, document etc*) faire circuler
▶**send up** [sɛnd ʌp] VT (*person, price*) faire monter; (BRIT: *parody*) mettre en boîte, parodier
sender ['sɛndəʳ] N expéditeur(-trice)
send-off ['sɛndɔf] N: **a good ~** des adieux chaleureux
Senegal [sɛnɪ'gɔːl] N Sénégal *m*
Senegalese [sɛnɪgə'liːz] ADJ sénégalais(e) ▶N (*pl inv*) Sénégalais(e)
senile ['siːnaɪl] ADJ sénile
senility [sɪ'nɪlɪtɪ] N sénilité *f*
★**senior** ['siːnɪəʳ] ADJ (*older*) aîné(e), plus âgé(e); (*high-ranking*) de haut niveau; (*of higher rank*): **to be ~ to sb** être le supérieur de qn ▶N (*older*): **she is 15 years his ~** elle est son aînée de 15 ans, elle est plus âgée que lui de 15 ans; (*in service*) personne *f* qui a plus d'ancienneté; **P. Jones ~** P. Jones père
senior citizen N personne *f* du troisième âge
senior high school N (*US*) ≈ lycée *m*
seniority [siːnɪ'ɔrɪtɪ] N priorité *f* d'âge, ancienneté *f*; (*in rank*) supériorité *f* (hiérarchique)
sensation [sɛn'seɪʃən] N sensation *f*; **to create a ~** faire sensation
sensational [sɛn'seɪʃənl] ADJ qui fait sensation; (*marvellous*) sensationnel(le)
sensationalism [sɛn'seɪʃənlɪzəm] N sensationnalisme *m*
sensationalist [sɛn'seɪʃənlɪst] ADJ sensationnaliste
★**sense** [sɛns] N sens *m*; (*feeling*) sentiment *m*; (*meaning*) sens, signification *f*; (*wisdom*) bon sens; **it makes ~** c'est logique; **there is no ~ in (doing) that** cela n'a pas de sens ▶VT sentir, pressentir
■**senses** NPL raison *f*; **to come to one's senses** (*regain consciousness*) reprendre conscience; (*become*

reasonable) revenir à la raison; **to take leave of one's senses** perdre la tête

senseless ['sɛnslɪs] ADJ insensé(e), stupide; (*unconscious*) sans connaissance

sense of humour, (US) **sense of humor** N sens *m* de l'humour

sensibility [sɛnsɪ'bɪlɪtɪ] N sensibilité *f* ■ **sensibilities** NPL susceptibilité *f*

★**sensible** ['sɛnsɪbl] ADJ sensé(e), raisonnable; (*shoes etc*) pratique

Le mot anglais **sensible** ne veut pas dire *sensible*.

★**sensitive** ['sɛnsɪtɪv] ADJ: **~ (to)** sensible (à); **he is very ~ about it** c'est un point très sensible (chez lui)

sensitivity [sɛnsɪ'tɪvɪtɪ] N sensibilité *f*

sensitize ['sɛnsɪtaɪz] VT sensibiliser; **to ~ sb to sth** sensibiliser qn à qch; **to be sensitized (to sth)** être sensibilisé(e) (à qch)

sensor ['sɛnsə^r] N senseur *m*

sensory ['sɛnsərɪ] ADJ sensoriel(le)

sensual ['sɛnsjuəl] ADJ sensuel(le)

sensuous ['sɛnsjuəs] ADJ voluptueux(-euse), sensuel(le)

sent [sɛnt] PT, PP *of* **send**

★**sentence** ['sɛntns] N (*Ling*) phrase *f*; (*Law: judgment*) condamnation *f*, sentence *f*; (: *punishment*) peine *f*; **to pass ~ on sb** prononcer une peine contre qn ▶VT: **to ~ sb to death/to 5 years** condamner qn à mort/à 5 ans

sentient ['sɛntiənt] ADJ doué(e) de sens

sentiment ['sɛntɪmənt] N sentiment *m*; (*opinion*) opinion *f*, avis *m*

sentimental [sɛntɪ'mɛntl] ADJ sentimental(e)

sentimentality [sɛntɪmɛn'tælɪtɪ] N sentimentalité *f*, sensiblerie *f*

sentry ['sɛntrɪ] N sentinelle *f*, factionnaire *m*

sentry duty N: **to be on ~** être de faction

Seoul [səul] N Séoul

separable ['sɛprəbl] ADJ séparable

★**separate** ADJ ['sɛprɪt] séparé(e); (*organization*) indépendant(e); (*day, occasion, issue*) différent(e); **~ from** distinct(e) de; **under ~ cover** (*Comm*) sous pli séparé ▶VT ['sɛpəreɪt] séparer; (*distinguish*) distinguer; **to ~ into** diviser en ▶VI ['sɛpəreɪt] se séparer

separately ['sɛprɪtlɪ] ADV séparément

separates ['sɛprɪts] NPL (*clothes*) coordonnés *mpl*

separation [sɛpə'reɪʃən] N séparation *f*

separatism ['sɛprɪtɪzəm] N séparatisme *m*

separatist ['sɛprɪtɪst] ADJ, N séparatiste *mf*

sepia ['si:piə] ADJ sépia *inv*

Sept. ABBR (= *September*) sept

★**September** [sɛp'tɛmbə^r] N septembre *m*; *see also* **July**

septic ['sɛptɪk] ADJ septique; (*wound*) infecté(e); **to go ~** s'infecter

septicaemia [sɛptɪ'si:mɪə] N septicémie *f*

septic tank N fosse *f* septique

septuagenarian [sɛptʃuədʒɪ'nɛəriən] ADJ, N septuagénaire *mf*

sequel ['si:kwl] N conséquence *f*; séquelles *fpl*; (*of story*) suite *f*

sequence ['si:kwəns] N ordre *m*, suite *f*; (*in film*) séquence *f*; (*dance*) numéro *m*; **in ~** par ordre, dans l'ordre, les uns après les autres; **~ of tenses** concordance *f* des temps

sequencing ['si:kwənsɪŋ] N séquençage *m*

sequential [sɪ'kwɛnʃəl] ADJ: **~ access** (*Comput*) accès séquentiel

sequin ['si:kwɪn] N sequin *m*

sequinned, sequined ['si:kwɪnd] ADJ à sequins

Serb [sə:b] ADJ serbe ▶N Serbe *mf*

Serbia ['sə:bɪə] N Serbie *f*

Serbian ['sə:bɪən] ADJ serbe ▶N Serbe *mf*; (*Ling*) serbe *m*

Serbo-Croat ['sə:bəu'krəuæt] N (*Ling*) serbo-croate *m*

serenade [sɛrə'neɪd] N sérénade *f* ▶VT donner une sérénade à

serendipitous [sɛrən'dɪpɪtəs] ADJ (*discovery, event*) inespéré(e)

serendipity [sɛrɛn'dɪpətɪ] N heureux hasard *m*

serene [sɪ'ri:n] ADJ serein(e), calme, paisible

serenely [sɪ'ri:nlɪ] ADV (*say, smile*) sereinement

serenity [sə'rɛnɪtɪ] N sérénité *f*, calme *m*

sergeant ['sɑ:dʒənt] N sergent *m*; (*Police*) brigadier *m*

sergeant major N sergent-major *m*

serial ['sɪərɪəl] N feuilleton *m* ▶ADJ (*Comput: interface, printer*) série *inv*; (: *access*) séquentiel(le)

serialize ['sɪərɪəlaɪz] VT publier (*or* adapter) en feuilleton

serial killer N meurtrier *m* tuant en série

serial number N numéro *m* de série

★**series** ['sɪərɪz] N série *f*; (*Publishing*) collection *f*

★**serious** ['sɪərɪəs] ADJ sérieux(-euse); (*accident etc*) grave; **are you ~ (about it)?** parlez-vous sérieusement ?

★**seriously** ['sɪərɪəslɪ] ADV sérieusement; (*hurt*) gravement; **~ rich/difficult** (*inf: extremely*) drôlement riche/difficile; **to take sth/sb ~** prendre qch/qn au sérieux

seriousness ['sɪərɪəsnɪs] N sérieux *m*, gravité *f*

sermon ['sə:mən] N sermon *m*

serotonin [sɛrə'təunɪn] N sérotonine *m*

serpent ['sə:pənt] N serpent *m*

serrated [sɪ'reɪtɪd] ADJ en dents de scie

serum ['sɪərəm] N sérum *m*

servant ['sə:vənt] N domestique *mf*; (*fig*) serviteur (servante)

★**serve** [sə:v] VT (*employer etc*) servir, être au service de; (*purpose*) servir à; (*customer, food, meal*) servir; (*subj: train*) desservir; (*apprenticeship*) faire, accomplir; (*prison term*) faire; purger; **are you being served?** est-ce qu'on s'occupe de vous ?; **it serves him right** c'est bien fait pour lui; **it serves my purpose** cela fait mon affaire ▶VI (*Tennis*) servir; (*be useful*): **to ~ as/for/to do** servir de/à/à faire; **to ~ on a committee/jury** faire partie d'un comité/jury ▶N (*Tennis*) service *m*
▶**serve out, serve up** VT (*food*) servir

server [sə:və^r] N (*Comput*) serveur *m*

S

★**service** ['sə:vɪs] N (*gen*) service *m*; (*Aut*) révision *f*; (*Rel*) office *m*; **to be of ~ to sb, to do sb a ~** rendre service à qn; **~ included/not included** service compris/non compris; **to put one's car in for ~** donner sa voiture à réviser; **dinner ~** service de table ▸ VT (*car etc*) réviser ■ **services** NPL (*Econ: tertiary sector*) (secteur *m*) tertiaire *m*, secteur des services; (BRIT: *on motorway*) station-service *f*; (*Mil*): **the Services** *npl* les forces armées

serviceable ['sə:vɪsəbl] ADJ pratique, commode

service area N (*on motorway*) aire *f* de services

service charge N (BRIT) service *m*

service industries NPL les industries *fpl* de service, les services *mpl*

serviceman ['sə:vɪsmən] N (*irreg*) militaire *m*

service station N station-service *f*

servicewoman ['sə:vɪswumən] N (*irreg*) militaire *f*

serviette [sə:vɪ'ɛt] N (BRIT) serviette *f* (de table)

servile ['sə:vaɪl] ADJ servile

servitude ['sə:vɪtju:d] N servitude *f*

sesame ['sɛsəmɪ] N sésame *m* ▸ CPD (*seed, oil*) de sésame; (*cracker, biscuit*) au sésame

session ['sɛʃən] N (*sitting*) séance *f*; (*Scol*) année *f* scolaire (*or* universitaire); **to be in ~** siéger, être en session *or* en séance

session musician N musicien(ne) de studio

★**set** [sɛt] (*pt, pp* ~) N série *f*, assortiment *m*; (*of tools etc*) jeu *m*; (*Radio, TV*) poste *m*; (*Tennis*) set *m*; (*group of people*) cercle *m*, milieu *m*; (*Cine*) plateau *m*; (*Theat: stage*) scène *f*; (*: scenery*) décor *m*; (*Math*) ensemble *m*; (*Hairdressing*) mise *f* en plis; **a ~ of false teeth** un dentier; **a ~ of dining-room furniture** une salle à manger ▸ ADJ (*fixed*) fixe, déterminé(e); (*ready*) prêt(e); **to be ~ on doing** être résolu(e) à faire; **to be all ~ to do** être (fin) prêt(e) pour faire; **to be (dead) ~ against** être (totalement) opposé à; **he's ~ in his ways** il n'est pas très souple, il tient à ses habitudes; **a ~ phrase** une expression toute faite, une locution ▸ VT (*place*) mettre, poser, placer; (*fix, establish*) fixer; (*: record*) établir; (*assign: task, homework*) donner; (*exam*) composer; (*adjust*) régler; (*decide: rules etc*) fixer, choisir; (*Typ*) composer; **to ~ to music** mettre en musique; **to ~ on fire** mettre le feu à; **to ~ free** libérer; **to ~ sth going** déclencher qch; **to ~ the alarm clock for seven o'clock** mettre le réveil à sonner à sept heures; **to ~ sail** partir, prendre la mer ▸ VI (*sun*) se coucher; (*jam, jelly, concrete*) prendre; (*bone*) se ressouder

▸ **set about** VT FUS (*task*) entreprendre, se mettre à; **to ~ about doing sth** se mettre à faire qch

▸ **set aside** VT mettre de côté; (*time*) garder

▸ **set back** VT (*in time*): **to ~ back (by)** retarder (de); (*place*): **a house ~ back from the road** une maison située en retrait de la route

▸ **set down** VT (*subj: bus, train*) déposer

▸ **set in** VI (*infection, bad weather*) s'installer; (*complications*) survenir, surgir; **the rain has ~ in for the day** c'est parti pour qu'il pleuve toute la journée

▸ **set off** VI se mettre en route, partir ▸ VT (*bomb*) faire exploser; (*cause to start*) déclencher; (*show up well*) mettre en valeur, faire valoir

▸ **set out** VI: **to ~ out (from)** partir (de); **to ~ out to do** entreprendre de faire; avoir pour but *or* intention de faire ▸ VT (*arrange*) disposer; (*state*) présenter, exposer

▸ **set up** VT (*organization*) fonder, créer; (*monument*) ériger; **to ~ up shop** (*fig*) s'établir, s'installer

setback ['sɛtbæk] N (*hitch*) revers *m*, contretemps *m*; (*in health*) rechute *f*

set menu N menu *m*

set square N équerre *f*

settee [sɛ'ti:] N canapé *m*

setting ['sɛtɪŋ] N cadre *m*; (*of jewel*) monture *f*; (*position: of controls*) réglage *m*

setting lotion N lotion *f* pour mise en plis

★**settle** ['sɛtl] VT (*argument, matter, account*) régler; (*problem*) résoudre; (*Med: calm*) calmer; (*colonize: land*) coloniser; **that's settled then** alors, c'est d'accord !; **to ~ one's stomach** calmer des maux d'estomac ▸ VI (*bird, dust etc*) se poser; (*sediment*) se déposer; **to ~ to sth** se mettre sérieusement à qch; **to ~ for sth** accepter qch, se contenter de qch; **to ~ on sth** opter *or* se décider pour qch

▸ **settle down** VI (*get comfortable*) s'installer; (*become calmer*) se calmer; se ranger

▸ **settle in** VI s'installer

▸ **settle up** VI: **to ~ up with sb** régler (ce que l'on doit à) qn

settlement ['sɛtlmənt] N (*payment*) règlement *m*; (*agreement*) accord *m*; (*colony*) colonie *f*; (*village etc*) village *m*, hameau *m*; **in ~ of our account** (*Comm*) en règlement de notre compte

settler ['sɛtlə[r]] N colon *m*

setup ['sɛtʌp] N (*arrangement*) manière *f* dont les choses sont organisées; (*situation*) situation *f*, allure *f* des choses

★**seven** ['sɛvn] NUM sept

★**seventeen** [sɛvn'ti:n] NUM dix-sept

★**seventeenth** [sevn'ti:nθ] NUM dix-septième

★**seventh** ['sɛvnθ] NUM septième

seventieth ['sevntɪɪθ] NUM soixante-dixième

★**seventy** ['sɛvntɪ] NUM soixante-dix

sever ['sɛvə[r]] VT couper, trancher; (*relations*) rompre

★**several** ['sɛvərl] ADJ, PRON plusieurs *pl*; **~ of us** plusieurs d'entre nous; **~ times** plusieurs fois

severance ['sɛvərəns] N (*of relations*) rupture *f*

severance pay N indemnité *f* de licenciement

severe [sɪ'vɪə[r]] ADJ (*stern*) sévère, strict(e); (*serious*) grave, sérieux(-euse); (*hard*) rigoureux(-euse), dur(e); (*plain*) sévère, austère

severely [sɪ'vɪəlɪ] ADV sévèrement; (*wounded, ill*) gravement

severity [sɪ'vɛrɪtɪ] N sévérité *f*; gravité *f*; rigueur *f*

sew [səu] (*pt* **sewed** [səud], *pp* **sewn** [səun]) VT, VI coudre

▸ **sew on** [səu ɔn] VT coudre; **to ~ on a button** coudre un bouton

▸ **sew up** [səu ʌp] VT (re)coudre; **it is all sewn up** (*fig*) c'est dans le sac *or* dans la poche

sewage ['su:ɪdʒ] N vidange(s) *f(pl)*

sewage works N champ *m* d'épandage

sewer ['su:ə[r]] N égout *m*

sewerage ['su:ərɪdʒ] N tout-à-l'égout *m*

sewing ['səuɪŋ] N couture *f*; (*item(s)*) ouvrage *m*

sewing machine N machine *f* à coudre

sewn [səun] PP of **sew**

sex [sɛks] N sexe *m*; **to have ~ with** avoir des rapports (sexuels) avec
▸ **sex up** VT (*inf*) donner du piquant à

sex act N acte sexuel

sex appeal N sex-appeal *m*

sex change N (*also:* **sex change operation**) (opération *f* de) changement *m* de sexe

sex discrimination N (*also:* **sexual discrimination**) discrimination *f* sexuelle

sex education N éducation sexuelle

sexism ['sɛksɪzəm] N sexisme *m*

sexist ['sɛksɪst] ADJ sexiste

sex life N vie sexuelle

sex object N femme-objet *f*, objet sexuel

sextet [sɛks'tɛt] N sextuor *m*

sexting ['sekstɪŋ] N (*inf*) envoi *m* de sexto(s)

sexual ['sɛksjuəl] ADJ sexuel(le); **~ assault** attentat *m* à la pudeur; **~ harassment** harcèlement sexuel

sexual intercourse N rapports sexuels

sexuality [sɛksju'ælɪtɪ] N sexualité *f*

sexually ['sɛksjuəlɪ] ADV sexuellement

sexy ['sɛksɪ] ADJ sexy *inv*

Seychelles [seɪ'ʃɛlz] NPL: **the ~** les Seychelles *fpl*

SF N ABBR (= *science fiction*) SF *f*

SG N ABBR (*US*) = **Surgeon General**

Sgt ABBR (= *sergeant*) Sgt

shabbiness ['ʃæbɪnɪs] N aspect miteux; mesquinerie *f*

shabby ['ʃæbɪ] ADJ miteux(-euse); (*behaviour*) mesquin(e), méprisable

shack [ʃæk] N cabane *f*, hutte *f*

shackles ['ʃæklz] NPL chaînes *fpl*, entraves *fpl*

★**shade** [ʃeɪd] N ombre *f*; (*for lamp*) abat-jour *m inv*; (*of colour*) nuance *f*, ton *m*; (*US: window shade*) store *m*; (*small quantity*): **a ~ of** un soupçon de; **in the ~** à l'ombre; **a ~ smaller** un tout petit peu plus petit ▸ VT abriter du soleil, ombrager ■ **shades** NPL (*US: sunglasses*) lunettes *fpl* de soleil

shaded ['ʃeɪdɪd] ADJ (*shady*) ombragé(e); (*coloured: area*) ombré(e)

★**shadow** ['ʃædəu] N ombre *f*; **without** *or* **beyond a ~ of doubt** sans l'ombre d'un doute ▸ VT (*follow*) filer

shadow cabinet N (BRIT *Pol*) *cabinet parallèle formé par le parti qui n'est pas au pouvoir*

shadowy ['ʃædəuɪ] ADJ ombragé(e); (*dim*) vague, indistinct(e)

shady ['ʃeɪdɪ] ADJ ombragé(e); (*fig: dishonest*) louche, véreux(-euse)

shaft [ʃɑːft] N (*of arrow, spear*) hampe *f*; (*Aut, Tech*) arbre *m*; (*of mine*) puits *m*; (*of lift*) cage *f*; (*of light*) rayon *m*, trait *m*; **ventilator ~** conduit *m* d'aération *or* de ventilation

shaggy ['ʃægɪ] ADJ hirsute; en broussaille

★**shake** [ʃeɪk] (*pt* **shook** [ʃuk], *pp* **shaken** ['ʃeɪkn]) VT secouer; (*bottle, cocktail*) agiter; (*house, confidence*) ébranler; **to ~ one's head** (*in refusal etc*) dire *or* faire non de la tête; (*in dismay*) secouer la tête; **to ~ hands with sb** serrer la main à qn ▸ VI trembler ▸ N secousse *f*
▸ **shake off** VT secouer; (*pursuer*) se débarrasser de
▸ **shake up** VT secouer

shake-up ['ʃeɪkʌp] N grand remaniement

shakily ['ʃeɪkɪlɪ] ADV (*reply*) d'une voix tremblante; (*walk*) d'un pas mal assuré; (*write*) d'une main tremblante

shaky ['ʃeɪkɪ] ADJ (*hand, voice*) tremblant(e); (*building*) branlant(e), peu solide; (*memory*) chancelant(e); (*knowledge*) incertain(e)

shale [ʃeɪl] N schiste argileux

★**shall** [ʃæl] AUX VB: **I ~ go** j'irai; **~ I open the door?** j'ouvre la porte ?; **I'll get the coffee, ~ I?** je vais chercher le café, d'accord ?

shallot [ʃə'lɔt] N (BRIT) échalote *f*

shallow ['ʃæləu] ADJ peu profond(e); (*fig*) superficiel(le), qui manque de profondeur

sham [ʃæm] N frime *f*; (*jewellery, furniture*) imitation *f* ▸ ADJ feint(e), simulé(e) ▸ VT feindre, simuler

shaman ['ʃeɪmən] N chaman *m*

shamanism ['ʃeɪmənɪzəm] N chamanisme *m*

shambles ['ʃæmblz] N confusion *f*, pagaïe *f*, fouillis *m*; **the economy is (in) a complete ~** l'économie est dans la confusion la plus totale

shambolic [ʃæm'bɔlɪk] ADJ (*inf*) bordélique (*inf*)

★**shame** [ʃeɪm] N honte *f*; **it is a ~ (that/to do)** c'est dommage (que + *sub*/de faire); **what a ~!** quel dommage !; **to put sb/sth to ~** (*fig*) faire honte à qn/qch ▸ VT faire honte à

shamefaced ['ʃeɪmfeɪst] ADJ honteux(-euse), penaud(e)

shameful ['ʃeɪmful] ADJ honteux(-euse), scandaleux(-euse)

shamefully ['ʃeɪmfulɪ] ADV honteusement

shameless ['ʃeɪmlɪs] ADJ éhonté(e), effronté(e); (*immodest*) impudique

shamelessly ['ʃeɪmlɪslɪ] ADV (*lie, cheat*) sans vergogne; (*immodestly*) sans pudeur

★**shampoo** [ʃæm'puː] N shampo(o)ing *m*; **~ and set** shampo(o)ing et mise *f* en plis ▸ VT faire un shampo(o)ing à

shamrock ['ʃæmrɔk] N trèfle *m* (*emblème national de l'Irlande*)

shandy ['ʃændɪ] N bière panachée

shan't [ʃɑːnt] = **shall not**

shanty ['ʃæntɪ] N (*hut*) baraque *f*; (*song*) chanson *f* de marins

shantytown ['ʃæntɪtaun] N bidonville *m*

SHAPE [ʃeɪp] N ABBR (= *Supreme Headquarters Allied Powers, Europe*) *quartier général des forces alliées en Europe*

★**shape** [ʃeɪp] N forme *f*; **to take ~** prendre forme *or* tournure; **in the ~ of a heart** en forme de cœur; **I can't bear gardening in any ~ or form** je déteste le jardinage sous quelque forme que ce soit; **to get o.s. into ~** (re)trouver la forme ▸ VT façonner, modeler; (*clay, stone*) donner forme à; (*statement*) formuler; (*sb's ideas, character*) former; (*sb's life*) déterminer; (*course of events*) influer sur le cours de ▸ VI (*also:* **shape up**: *events*) prendre tournure; (*: person*) faire des progrès, s'en sortir

shaped [ʃeɪpt] ADJ: **oddly ~** à la forme étrange; **~ like sth** en forme de qch

S

-shaped [ʃeɪpt] SUFFIX: **heart-shaped** en forme de cœur

shapeless [ˈʃeɪplɪs] ADJ informe, sans forme

shapely [ˈʃeɪplɪ] ADJ bien proportionné(e), beau (belle)

shard [ʃɑːd] N (*of glass, metal*) éclat *m*; (*of pottery*) tesson *m*

★**share** [ʃɛəʳ] N (*thing received, contribution*) part *f*; (*Comm*) action *f* ▸VT partager; (*have in common*) avoir en commun; **to ~ out (among** *or* **between)** partager (entre) ▸VI partager; **to ~ in** (*joy, sorrow*) prendre part à; (*profits*) participer à, avoir part à; (*work*) partager

share capital N capital social

share certificate N certificat *m or* titre *m* d'action

shareholder [ˈʃɛəhəuldəʳ] N actionnaire *mf*

shareholding [ˈʃɛəhəuldɪŋ] N participation *f*; **to have a ~ in sth** détenir une participation dans qch

share index N indice *m* de la Bourse

shareware [ˈʃɛəwɛəʳ] N (*Comput*) partagiciel *m*

sharia [ʃəˈriːə] N charia *f* ▸CPD (*law, court*) de la charia

shark [ʃɑːk] N requin *m*

★**sharp** [ʃɑːp] ADJ (*razor, knife*) tranchant(e), bien aiguisé(e); (*point, voice*) aigu(ë); (*nose, chin*) pointu(e); (*outline, increase*) net(te); (*curve, bend*) brusque; (*cold, pain*) vif (vive); (*taste*) piquant(e), âcre; (*Mus*) dièse; (*person*: *quick-witted*) vif (vive), éveillé(e); (: *unscrupulous*) malhonnête; **to be ~ with sb** être brusque avec qn; **look ~!** dépêche-toi ! ▸N (*Mus*) dièse *m* ▸ADV: **at 2 o'clock ~** à 2 heures pile *or* tapantes; **turn ~ left** tournez immédiatement à gauche

sharpen [ˈʃɑːpn] VT aiguiser; (*pencil*) tailler; (*fig*) aviver

sharpener [ˈʃɑːpnəʳ] N (*also:* **pencil sharpener**) taille-crayon(s) *m inv*; (*also:* **knife sharpener**) aiguisoir *m*

sharp-eyed [ʃɑːpˈaɪd] ADJ à qui rien n'échappe

sharpish [ˈʃɑːpɪʃ] ADV (BRIT *inf*: *quickly*) en vitesse

sharply [ˈʃɑːplɪ] ADV (*turn, stop*) brusquement; (*stand out*) nettement; (*criticize, retort*) sèchement, vertement

sharpshooter [ˈʃɑːpʃuːtəʳ] N tireur(-euse) d'élite

sharp-tempered [ʃɑːpˈtɛmpəd] ADJ prompt(e) à se mettre en colère

sharp-witted [ʃɑːpˈwɪtɪd] ADJ à l'esprit vif, malin(-igne)

shatter [ˈʃætəʳ] VT fracasser, briser, faire voler en éclats; (*fig*: *upset*) bouleverser; (: *ruin*) briser, ruiner ▸VI voler en éclats, se briser, se fracasser

shattered [ˈʃætəd] ADJ (*devastated*) bouleversé(e); (*inf*: *exhausted*) crevé(e) (*inf*)

shattering [ˈʃætərɪŋ] ADJ (*devastating*: *experience*) bouleversant(e); (: *blow*) terrible; (BRIT *inf*: *exhausting*: *day, journey*) crevant(e) (*inf*) ▸N: **I heard the ~ of glass** j'ai entendu un bruit de verre brisé

shatterproof [ˈʃætəpruːf] ADJ incassable

shave [ʃeɪv] VT raser ▸VI se raser ▸N: **to have a ~** se raser
▸**shave off** VT (*beard, hair*) raser; (*wood*) raboter; (*cut*): **to ~ a few seconds off the record** battre le record de quelques secondes

shaven [ˈʃeɪvn] ADJ (*head*) rasé(e)

shaver [ˈʃeɪvəʳ] N (*also:* **electric shaver**) rasoir *m* électrique

shaving [ˈʃeɪvɪŋ] N (*action*) rasage *m*

shaving brush N blaireau *m*

shaving cream N crème *f* à raser

shaving foam N mousse *f* à raser

shavings [ˈʃeɪvɪŋz] NPL (*of wood etc*) copeaux *mpl*

shaving soap N savon *m* à barbe

shawl [ʃɔːl] N châle *m*

★**she** [ʃiː] PRON elle; **there ~ is** la voilà; **she-elephant** *etc* éléphant *m etc* femelle

sheaf [ʃiːf] (*pl* **sheaves** [ʃiːvz]) N gerbe *f*

shear [ʃɪəʳ] (*pt* **sheared** [ʃɪəd], *pp* **sheared** *or* **shorn** [ʃɔːn]) VT (*sheep*) tondre
▸**shear off** VT tondre; (*branch*) élaguer

shears [ˈʃɪəz] NPL (*for hedge*) cisaille(s) *f(pl)*

sheath [ʃiːθ] N gaine *f*, fourreau *m*, étui *m*; (*contraceptive*) préservatif *m*

sheathe [ʃiːð] VT gainer; (*sword*) rengainer

sheath knife N couteau *m* à gaine

sheaves [ʃiːvz] NPL *of* **sheaf**

★**shed** [ʃɛd] (*pt, pp* **~**) N remise *f*, resserre *f*; (*Industry, Rail*) hangar *m* ▸VT (*leaves, fur etc*) perdre; (*tears*) verser, répandre; (*workers*) congédier; **to ~ light on** (*problem, mystery*) faire la lumière sur

she'd [ʃiːd] = **she had**; **she would**

sheen [ʃiːn] N lustre *m*

★**sheep** [ʃiːp] N (*pl inv*) mouton *m*

sheepdog [ˈʃiːpdɔg] N chien *m* de berger

sheep farmer N éleveur *m* de moutons

sheepish [ˈʃiːpɪʃ] ADJ penaud(e), timide

sheepskin [ˈʃiːpskɪn] N peau *f* de mouton

sheepskin jacket N canadienne *f*

sheer [ʃɪəʳ] ADJ (*utter*) pur(e), pur et simple; (*steep*) à pic, abrupt(e); (*almost transparent*) extrêmement fin(e); **by ~ chance** par pur hasard ▸ADV à pic, abruptement

★**sheet** [ʃiːt] N (*on bed*) drap *m*; (*of paper*) feuille *f*; (*of glass, metal etc*) feuille, plaque *f*

sheet feed N (*on printer*) alimentation *f* en papier (feuille à feuille)

sheet lightning N éclair *m* en nappe(s)

sheet metal N tôle *f*

sheet music N partition(s) *f(pl)*

sheik, sheikh [ʃeɪk] N cheik *m*

shelf [ʃɛlf] (*pl* **shelves** [ʃɛlvz]) N étagère *f*, rayon *m*; **set of shelves** rayonnage *m*

shelf life N (*Comm*) durée *f* de conservation (avant la vente)

★**shell** [ʃɛl] N (*on beach*) coquillage *m*; (*of egg, nut etc*) coquille *f*; (*explosive*) obus *m*; (*of building*) carcasse *f* ▸VT (*crab, prawn etc*) décortiquer; (*peas*) écosser; (*Mil*) bombarder (d'obus)
▸**shell out** VI (*inf*): **to ~ out (for)** casquer (pour) (*inf*)

she'll [ʃiːl] = **she will**; **she shall**

shellfire [ˈʃɛlfaɪəʳ] N tirs *mpl* d'obus; **to come under ~** être soumis(e) à des tirs d'obus

shellfish [ˈʃɛlfɪʃ] N (*pl inv*: *crab etc*) crustacé *m*; (: *scallop etc*) coquillage *m* ▸NPL (*as food*) fruits *mpl* de mer

shelling ['ʃɛlɪŋ] N (*Mil*) tirs *mpl* d'obus
shell-shocked ['ʃɛlʃɔkt] ADJ (*soldier*) atteint(e) de psychose traumatique; (*inf: stunned*) sous le choc
shell suit N survêtement *m*
★**shelter** ['ʃɛltəʳ] N abri *m*, refuge *m*; **to take ~ (from)** s'abriter (de) ▸VT abriter, protéger; (*give lodging to*) donner asile à ▸VI s'abriter, se mettre à l'abri
sheltered ['ʃɛltəd] ADJ (*life*) retiré(e), à l'abri des soucis; (*spot*) abrité(e)
sheltered housing N foyers *mpl* (*pour personnes âgées ou handicapées*)
shelve [ʃɛlv] VT (*fig*) mettre en suspens *or* en sommeil
shelves ['ʃɛlvz] NPL *of* **shelf**
shelving ['ʃɛlvɪŋ] N (*shelves*) rayonnage(s) *m(pl)*
shenanigans [ʃɪ'nænɪgənz] NPL (*inf*) combines *fpl* (*inf*)
shepherd ['ʃɛpəd] N berger *m* ▸VT (*guide*) guider, escorter
shepherdess ['ʃɛpədɪs] N bergère *f*
shepherd's pie ['ʃɛpədz-] N ≈ hachis *m* Parmentier
sherbet ['ʃə:bət] N (BRIT: *powder*) poudre acidulée; (US: *water ice*) sorbet *m*
sheriff ['ʃɛrɪf] (US) N shérif *m*
sherry ['ʃɛrɪ] N xérès *m*, sherry *m*
she's [ʃi:z] = **she is; she has**
Shetland ['ʃɛtlənd] N (*also:* **the Shetland Isles** *or* **Islands**) les îles *fpl* Shetland
Shetland pony N poney *m* des îles Shetland
shield [ʃi:ld] N bouclier *m*; (*protection*) écran *m* de protection ▸VT: **to ~ (from)** protéger (de *or* contre)
shift [ʃɪft] N (*change*) changement *m*; (*work period*) période *f* de travail; (*of workers*) équipe *f*, poste *m*; **a ~ in demand** (*Comm*) un déplacement de la demande ▸VT déplacer, changer de place; (*remove*) enlever ▸VI changer de place, bouger; **the wind has shifted to the south** le vent a tourné au sud
shift key N (*on keyboard*) touche *f* de majuscule
shiftless ['ʃɪftlɪs] ADJ fainéant(e)
shift work N travail *m* par roulement; **to do ~** travailler par roulement
shifty ['ʃɪftɪ] ADJ sournois(e); (*eyes*) fuyant(e)
Shiite ['ʃi:aɪt] N Chiite *mf* ▸ADJ chiite
shilling ['ʃɪlɪŋ] N (BRIT *Hist*) shilling *m*
shilly-shally ['ʃɪlɪʃælɪ] VI tergiverser, atermoyer
shimmer ['ʃɪməʳ] N miroitement *m*, chatoiement *m* ▸VI miroiter, chatoyer
shin [ʃɪn] N tibia *m* ▸VI: **to ~ up/down a tree** grimper dans un/descendre d'un arbre
shindig ['ʃɪndɪg] N (*inf*) bamboula *f* (*inf*)
shine [ʃaɪn] (*pt, pp* **shone** [ʃɔn]) N éclat *m*, brillant *m* ▸VI briller ▸VT (*pt, pp* **shined**) (*polish*) faire briller *or* reluire; **to ~ sth on sth** (*torch*) braquer qch sur qch
shingle ['ʃɪŋgl] N (*on beach*) galets *mpl*; (*on roof*) bardeau *m*
shingles ['ʃɪŋglz] N (*Med*) zona *m*
shining ['ʃaɪnɪŋ] ADJ brillant(e)
Shinto ['ʃɪntəu] N shintoïsme *m*
shiny ['ʃaɪnɪ] ADJ brillant(e)
★**ship** [ʃɪp] N bateau *m*; (*large*) navire *m*; **on board ~** à bord ▸VT transporter (par mer); (*send*) expédier (par mer); (*load*) charger, embarquer
▸**ship off** VT (*inf: send away*) expédier (*inf*)
▸**ship out** VT (*send*) expédier; (: *by sea*) expédier par bateau
shipbuilder ['ʃɪpbɪldəʳ] N constructeur *m* de navires
shipbuilding ['ʃɪpbɪldɪŋ] N construction navale
ship chandler [-'tʃɑ:ndləʳ] N fournisseur *m* maritime, shipchandler *m*
shipment ['ʃɪpmənt] N cargaison *f*
shipowner ['ʃɪpəunəʳ] N armateur *m*
shipper ['ʃɪpəʳ] N affréteur *m*, expéditeur *m*
shipping ['ʃɪpɪŋ] N (*ships*) navires *mpl*; (*traffic*) navigation *f*; (*the industry*) industrie navale; (*transport*) transport *m*
shipping agent N agent *m* maritime
shipping company N compagnie *f* de navigation
shipping lane N couloir *m* de navigation
shipping line N = **shipping company**
shipshape ['ʃɪpʃeɪp] ADJ en ordre impeccable
shipwreck ['ʃɪprɛk] N épave *f*; (*event*) naufrage *m* ▸VT: **to be shipwrecked** faire naufrage
shipyard ['ʃɪpjɑ:d] N chantier naval
shire ['ʃaɪəʳ] N (BRIT) comté *m*
shirk [ʃə:k] VT esquiver, se dérober à
★**shirt** [ʃə:t] N chemise *f*; (*woman's*) chemisier *m*; **in ~ sleeves** en bras de chemise
shirty ['ʃə:tɪ] ADJ (BRIT *inf*) de mauvais poil
shit [ʃɪt] EXCL (*inf!*) merde (!)
shitless ['ʃɪtlɪs] ADV (*inf!*): **to be bored ~** s'emmerder comme un rat mort (*inf*); **to be scared ~** avoir une peur bleue (*inf*)
shiver ['ʃɪvəʳ] N frisson *m* ▸VI frissonner
shoal [ʃəul] N (*of fish*) banc *m*
★**shock** [ʃɔk] N (*impact*) choc *m*, heurt *m*; (*Elec*) secousse *f*, décharge *f*; (*emotional*) choc; (*Med*) commotion *f*, choc; **it gave us a ~** ça nous a fait un choc; **it came as a ~ to hear that ...** nous avons appris avec stupeur que ...; **suffering from ~** (*Med*) commotionné(e) ▸VT (*scandalize*) choquer, scandaliser; (*upset*) bouleverser
shock absorber [-əbzɔ:bəʳ] N amortisseur *m*
shocked [ʃɔkt] ADJ (*scandalized*) choqué(e); (*upset*) bouleversé(e)
shocker ['ʃɔkəʳ] N (*inf*): **the news was a real ~ to him** il a vraiment été choqué par cette nouvelle
shocking ['ʃɔkɪŋ] ADJ (*outrageous*) choquant(e), scandaleux(-euse); (*awful*) épouvantable
shockingly ['ʃɔkɪŋlɪ] ADV (*terribly: bad, expensive*) affreusement; (*as sentence adverb*): **~, ...** ..., ce qui est un véritable scandale
shockproof ['ʃɔkpru:f] ADJ anti-choc *inv*
shock therapy, shock treatment N (*Med*) (traitement *m* par) électrochoc(s) *m(pl)*
shock wave N (*also fig*) onde *f* de choc
shod [ʃɔd] PT, PP *of* **shoe**; **well-shod** bien chaussé(e)

S

shoddy ['ʃɔdɪ] ADJ de mauvaise qualité, mal fait(e)

★**shoe** [ʃu:] (*pt, pp* **shod** [ʃɔd]) N chaussure *f*, soulier *m*; (*also:* **horseshoe**) fer *m* à cheval; (*also:* **brake shoe**) mâchoire *f* de frein ▶ VT (*horse*) ferrer

shoebrush ['ʃu:brʌʃ] N brosse *f* à chaussures

shoehorn ['ʃu:hɔ:n] N chausse-pied *m*

shoelace ['ʃu:leɪs] N lacet *m* (de soulier)

shoemaker ['ʃu:meɪkəʳ] N cordonnier *m*, fabricant *m* de chaussures

shoe polish N cirage *m*

shoeshop ['ʃu:ʃɔp] N magasin *m* de chaussures

shoestring ['ʃu:strɪŋ] N: **on a ~** (*fig*) avec un budget dérisoire; avec des moyens très restreints

shoetree ['ʃu:tri:] N embauchoir *m*

shone [ʃɔn] PT, PP *of* **shine**

shonky ['ʃɔŋkɪ] ADJ (*Australia, New Zealand inf: untrustworthy*) louche (*inf*)

shoo [ʃu:] EXCL allez, ouste ! ▶ VT (*also:* **shoo away, shoo off**) chasser

shook [ʃuk] PT *of* **shake**

★**shoot** [ʃu:t] (*pt, pp* **shot** [ʃɔt]) N (*on branch, seedling*) pousse *f*; (*shooting party*) partie *f* de chasse ▶ VT (*game: hunt*) chasser; (: *aim at*) tirer; (: *kill*) abattre; (*person*) blesser/tuer d'un coup de fusil (*or* de revolver); (*execute*) fusiller; (*arrow*) tirer; (*gun*) tirer un coup de; (*Cine*) tourner ▶ VI (*with gun, bow*): **to ~ (at)** tirer (sur); (*Football*) shooter, tirer; **to ~ past sb** passer en flèche devant qn; **to ~ in/out** entrer/sortir comme une flèche
▶ **shoot down** [ʃu:t daun] VT (*plane*) abattre
▶ **shoot up** [ʃu:t ʌp] VI (*fig: prices etc*) monter en flèche

shooting ['ʃu:tɪŋ] N (*shots*) coups *mpl* de feu; (*attack*) fusillade *f*; (*murder*) homicide *m* (*à l'aide d'une arme à feu*); (*Hunting*) chasse *f*; (*Cine*) tournage *m*

shooting range N stand *m* de tir

shooting star N étoile filante

★**shop** [ʃɔp] N magasin *m*; (*workshop*) atelier *m*; **repair ~** atelier de réparations; **to talk ~** (*fig*) parler boutique ▶ VI (*also:* **go shopping**) faire ses courses *or* ses achats
▶ **shop around** VI faire le tour des magasins (pour comparer les prix); (*fig*) se renseigner avant de choisir *or* décider

shopaholic [ʃɔpə'hɔlɪk] N (*inf*) *personne qui achète sans pouvoir s'arrêter*

★**shop assistant** N (*Brit*) vendeur(-euse)

shop floor N (*Brit fig*) ouvriers *mpl*

★**shopkeeper** ['ʃɔpki:pəʳ] N marchand(e), commerçant(e)

shoplift ['ʃɔplɪft] VI voler à l'étalage

shoplifter ['ʃɔplɪftəʳ] N voleur(-euse) à l'étalage

shoplifting ['ʃɔplɪftɪŋ] N vol *m* à l'étalage

shopper ['ʃɔpəʳ] N personne *f* qui fait ses courses, acheteur(-euse)

★**shopping** ['ʃɔpɪŋ] N (*goods*) achats *mpl*, provisions *fpl*

shopping bag N sac *m* (à provisions)

shopping cart N (*US*) chariot *m*, Caddie® *m*; (*Internet*) panier *m* (d'achats)

shopping centre, (*US*) **shopping center** N centre commercial

shopping mall N centre commercial

shopping trolley N (*Brit*) Caddie® *m*

shop-soiled ['ʃɔpsɔɪld] ADJ défraîchi(e), qui a fait la vitrine

shop window N vitrine *f*

shore [ʃɔ:ʳ] N (*of sea, lake*) rivage *m*, rive *f*; **on ~** à terre ▶ VT: **to ~ (up)** étayer

shore leave N (*Naut*) permission *f* à terre

shoreline ['ʃɔ:laɪn] N (*of sea*) littoral *m*; (*of lake*) rive *f*

shorn [ʃɔ:n] PP *of* **shear** ▶ ADJ: **~ of** dépouillé(e) de

★**short** [ʃɔ:t] ADJ (*not long*) court(e); (*soon finished*) court, bref (brève); (*person, step*) petit(e); (*curt*) brusque, sec (sèche); (*insufficient*) insuffisant(e); **to be ~ of sth** être à court de *or* manquer de qch; **I'm three ~** il m'en manque trois; **to be in ~ supply** manquer, être difficile à trouver; **it is ~ for** c'est l'abréviation *or* le diminutif de; **a ~ time ago** il y a peu de temps; **in the ~ term** à court terme ▶ ADV: **~ of doing** à moins de faire; **everything ~ of** tout sauf; **to cut ~** (*speech, visit*) abréger, écourter; (*person*) couper la parole à; **to fall ~ of** ne pas être à la hauteur de; **to run ~ of** arriver à court de, venir à manquer de; **to stop ~** s'arrêter net; **to stop ~ of** ne pas aller jusqu'à ▶ N (*also:* **short film**) court métrage; (*Elec*) court-circuit *m*; **in ~** bref; en bref

shortage ['ʃɔ:tɪdʒ] N manque *m*, pénurie *f*

shortbread ['ʃɔ:tbrɛd] N ≈ sablé *m*

short-change [ʃɔ:t'tʃeɪndʒ] VT: **to ~ sb** ne pas rendre assez à qn

short-circuit [ʃɔ:t'sə:kɪt] N court-circuit *m* ▶ VT court-circuiter ▶ VI se mettre en court-circuit

shortcoming ['ʃɔ:tkʌmɪŋ] N défaut *m*

shortcrust pastry ['ʃɔ:tkrʌst--], (*US*) **short pastry** N pâte brisée

shortcut ['ʃɔ:tkʌt] N raccourci *m*

shorten ['ʃɔ:tn] VT raccourcir; (*text, visit*) abréger

shortening ['ʃɔ:tnɪŋ] N (*Culin*) matière grasse

shortfall ['ʃɔ:tfɔ:l] N déficit *m*

shorthand ['ʃɔ:thænd] N (*Brit*) sténo(graphie) *f*; **to take sth down in ~** prendre qch en sténo

shorthand notebook N bloc *m* sténo

shorthand typist N (*Brit*) sténodactylo *mf*

shortlist ['ʃɔ:tlɪst] N (*Brit: for job*) liste *f* des candidats sélectionnés

short-lived ['ʃɔ:t'lɪvd] ADJ de courte durée

★**shortly** ['ʃɔ:tlɪ] ADV bientôt, sous peu

short message service N SMS *m*

shortness ['ʃɔ:tnɪs] N brièveté *f*

short notice N: **at ~** au dernier moment

short pastry N (*US*) = **shortcrust pastry**

shorts [ʃɔ:ts] NPL: **(a pair of) ~** un short

short-sighted [ʃɔ:t'saɪtɪd] ADJ (*Brit*) myope; (*fig*) qui manque de clairvoyance

short-sleeved [ʃɔ:t'sli:vd] ADJ à manches courtes

short-staffed [ʃɔ:t'stɑ:ft] ADJ à court de personnel

short-stay [ʃɔ:t'steɪ] ADJ (*car park*) de courte durée

short story N nouvelle *f*

short-tempered [ʃɔːtˈtɛmpəd] ADJ qui s'emporte facilement

short-term [ˈʃɔːttəːm] ADJ (*effect*) à court terme

short time N: **to work ~, to be on ~** (*Industry*) être en chômage partiel, travailler à horaire réduit

short wave N (*Radio*) ondes courtes

★**shot** [ʃɔt] PT, PP *of* **shoot** ▸ N coup *m* (de feu); (*shotgun pellets*) plombs *mpl*; (*try*) coup, essai *m*; (*injection*) piqûre *f*; (*Phot*) photo *f*; **to be a good/poor ~** (*person*) tirer bien/mal; **to fire a ~ at sb/sth** tirer sur qn/qch; **to have a ~ at (doing) sth** essayer de faire qch; **like a ~** comme une flèche; (*very readily*) sans hésiter; **a big ~** (*inf*) un gros bonnet (*inf*) ▸ ADJ (*inf*): **to get ~ of sb/sth** se débarrasser de qn/qch

shotgun [ˈʃɔtgʌn] N fusil *m* de chasse

★**should** [ʃud] AUX VB: **I ~ go now** je devrais partir maintenant; **he ~ be there now** il devrait être arrivé maintenant; **I ~ go if I were you** si j'étais vous j'irais; **I ~ like to** volontiers, j'aimerais bien; **~ he phone …** si jamais il téléphone …

★**shoulder** [ˈʃəuldəʳ] N épaule *f*; (BRIT: *of road*) **hard ~** accotement *m*; **to look over one's ~** regarder derrière soi (en tournant la tête); **to rub shoulders with sb** (*fig*) côtoyer qn; **to give sb the cold ~** (*fig*) battre froid à qn ▸ VT (*fig*) endosser, se charger de

shoulder bag N sac *m* à bandoulière

shoulder blade N omoplate *f*

shoulder strap N bretelle *f*

shouldn't [ˈʃudnt] = **should not**

★**shout** [ʃaut] N cri *m*; **to give sb a ~** appeler qn ▸ VT crier ▸ VI crier, pousser des cris

▸**shout down** VT huer

▸**shout out** VT, VI crier

shouting [ˈʃautɪŋ] N cris *mpl*

shouting match N (*inf*) engueulade *f* (*inf*), empoignade *f* (*inf*)

shove [ʃʌv] VT pousser; (*inf*: *put*): **to ~ sth in** fourrer *or* ficher qch dans; **he shoved me out of the way** il m'a écarté en me poussant ▸ N poussée *f*

▸**shove off** VI (*Naut*) pousser au large; (*fig*: *col*) ficher le camp

shovel [ˈʃʌvl] N pelle *f* ▸ VT pelleter, enlever (*or* enfourner) à la pelle

★**show** [ʃəu] (*pt* **showed** [ʃəud], *pp* **shown** [ʃəun]) N (*of emotion*) manifestation *f*, démonstration *f*; (*semblance*) semblant *m*, apparence *f*; (*exhibition*) exposition *f*, salon *m*; (*Theat, TV*) spectacle *m*; (*Cine*) séance *f*; **to ask for a ~ of hands** demander que l'on vote à main levée; **to be on ~** être exposé(e); **it's just for ~** c'est juste pour l'effet; **who's running the ~ here?** (*inf*) qui est-ce qui commande ici ? ▸ VT montrer; (*film*) passer; (*courage etc*) faire preuve de, manifester; (*exhibit*) exposer; **can you ~ me where it is, please?** pouvez-vous me montrer où c'est ?; **to ~ sb to his seat/to the door** accompagner qn jusqu'à sa place/la porte; **to ~ a profit/loss** (*Comm*) indiquer un bénéfice/une perte; **it just goes to ~ that …** ça prouve bien que … ▸ VI se voir, être visible

▸**show around** [ʃəu əˈraund] VT faire visiter; **would you ~ me around?** tu veux bien me faire visiter ?; **he showed me around the flat** il m'a fait visiter l'appartement

▸**show in** [ʃəu ɪn] VT faire entrer

▸**show off** [ʃəu ɔf] VI (*pej*) crâner ▸ VT (*display*) faire valoir; (*pej*) faire étalage de

▸**show out** [ʃəu aut] VT reconduire à la porte

▸**show round** [ʃəu raund] VT (BRIT) = **show around**

▸**show up** [ʃəu ʌp] VI (*stand out*) ressortir; (*inf*: *turn up*) se montrer ▸ VT démontrer; (*unmask*) démasquer, dénoncer; (*flaw*) faire ressortir

showbiz [ˈʃəubɪz] N (*inf*) showbiz *m*

show business N le monde du spectacle

showcase [ˈʃəukeɪs] N vitrine *f*

showdown [ˈʃəudaun] N épreuve *f* de force

★**shower** [ˈʃauəʳ] N (*for washing*) douche *f*; (*rain*) averse *f*; (*of stones etc*) pluie *f*; (*US*: *party*) *réunion organisée pour la remise de cadeaux*; **to have** *or* **take a ~** prendre une douche, se doucher ▸ VI prendre une douche, se doucher ▸ VT: **to ~ sb with** (*gifts etc*) combler qn de; (*abuse etc*) accabler qn de; (*missiles*) bombarder qn de

shower cap N bonnet *m* de douche

shower gel N gel *m* douche

showerproof [ˈʃauəpruːf] ADJ imperméable

showery [ˈʃauərɪ] ADJ (*weather*) pluvieux(-euse)

showground [ˈʃəugraund] N champ *m* de foire

showing [ˈʃəuɪŋ] N (*of film*) projection *f*

show jumping [-dʒʌmpɪŋ] N concours *m* hippique

showman [ˈʃəumən] N (*irreg*) (*at fair, circus*) forain *m*; (*fig*) comédien *m*

showmanship [ˈʃəumənʃɪp] N art *m* de la mise en scène

shown [ʃəun] PP *of* **show**

show-off [ˈʃəuɔf] N (*inf*: *person*) crâneur(-euse) (*inf*), m'as-tu-vu(e) (*inf*)

showpiece [ˈʃəupiːs] N (*of exhibition etc*) joyau *m*, clou *m*; **that hospital is a ~** cet hôpital est un modèle du genre

showroom [ˈʃəurum] N magasin *m* *or* salle *f* d'exposition

showstopper [ˈʃəustɔpəʳ] N (*inf*): **to be a ~** être extraordinaire

show trial N grand procès *m* médiatique (*qui fait un exemple*)

showy [ˈʃəuɪ] ADJ tapageur(-euse)

shrank [ʃræŋk] PT *of* **shrink**

shrapnel [ˈʃræpnl] N éclats *mpl* d'obus

shred [ʃrɛd] N (*gen pl*) lambeau *m*, petit morceau; (*fig*: *of truth, evidence*) parcelle *f* ▸ VT mettre en lambeaux, déchirer; (*documents*) détruire; (*Culin*: *grate*) râper; (: *lettuce etc*) couper en lanières

shredder [ˈʃrɛdəʳ] N (*for vegetables*) râpeur *m*; (*for documents, papers*) déchiqueteuse *f*

shrew [ʃruː] N (*animal*) musaraigne *f*; (*pej*: *woman*) mégère *f*

shrewd [ʃruːd] ADJ astucieux(-euse), perspicace; (*business person*) habile

shrewdness [ˈʃruːdnɪs] N perspicacité *f*

shriek [ʃriːk] N cri perçant *or* aigu, hurlement *m* ▸ VT, VI hurler, crier

shrift [ʃrɪft] N: **to give sb short ~** expédier qn sans ménagements

shrill [ʃrɪl] ADJ perçant(e), aigu(ë), strident(e)

shrimp [ʃrɪmp] N crevette grise
shrimp cocktail (*US*) N cocktail *m* de crevettes
shrine [ʃraɪn] N châsse *f*; (*place*) lieu *m* de pèlerinage
shrink [ʃrɪŋk] (*pt* **shrank** [ʃræŋk], *pp* **shrunk** [ʃrʌŋk]) VI rétrécir; (*fig*) diminuer; (*also:* **shrink away**) reculer; **to ~ from (doing) sth** reculer devant (la pensée de faire) qch ▸ VT (*wool*) (faire) rétrécir ▸ N (*inf, pej*) psychanalyste *mf*
shrinkage [ˈʃrɪŋkɪdʒ] N (*of clothes*) rétrécissement *m*
shrink-wrap [ˈʃrɪŋkræp] VT emballer sous film plastique
shrivel [ˈʃrɪvl], **shrivel up** VT ratatiner, flétrir ▸ VI se ratatiner, se flétrir
shrivelled, (*US*) **shriveled** [ʃrɪvld] ADJ ratatiné(e), flétri(e)
shroud [ʃraud] N linceul *m* ▸ VT: **shrouded in mystery** enveloppé(e) de mystère
Shrove Tuesday [ˈʃrəuv-] N (le) Mardi gras
shrub [ʃrʌb] N arbuste *m*
shrubbery [ˈʃrʌbərɪ] N massif *m* d'arbustes
shrug [ʃrʌg] N haussement *m* d'épaules ▸ VT, VI: **to ~ (one's shoulders)** hausser les épaules
▸ **shrug off** VT faire fi de; (*cold, illness*) se débarrasser de
shrunk [ʃrʌŋk] PP *of* **shrink**
shrunken [ˈʃrʌŋkn] ADJ ratatiné(e)
shudder [ˈʃʌdəʳ] N frisson *m*, frémissement *m* ▸ VI frissonner, frémir
shuffle [ˈʃʌfl] VT (*cards*) battre; **to ~ (one's feet)** traîner les pieds
shun [ʃʌn] VT éviter, fuir
shunt [ʃʌnt] VT (*Rail: direct*) aiguiller; (*: divert*) détourner ▸ VI: **to ~ (to and fro)** faire la navette
shunting yard [ˈʃʌntɪŋ-] N voies *fpl* de garage *or* de triage
shush [ʃuʃ] EXCL chut !
★**shut** [ʃʌt] (*pt, pp* **~**) VT fermer ▸ VI (se) fermer
▸ **shut down** VT fermer définitivement; (*machine*) arrêter ▸ VI fermer définitivement
▸ **shut off** VT couper, arrêter
▸ **shut out** VT (*person, cold*) empêcher d'entrer; (*noise*) éviter d'entendre; (*block: view*) boucher; (*: memory of sth*) chasser de son esprit
▸ **shut up** VI (*inf: keep quiet*) se taire ▸ VT (*close*) fermer; (*silence*) faire taire
shutdown [ˈʃʌtdaun] N fermeture *f*
shutter [ˈʃʌtəʳ] N volet *m*; (*Phot*) obturateur *m*
shuttle [ˈʃʌtl] N navette *f*; (*also:* **shuttle service**) (service *m* de) navette *f* ▸ VI (*vehicle, person*) faire la navette ▸ VT (*passengers*) transporter par un système de navette
shuttlecock [ˈʃʌtlkɔk] N volant *m* (*de badminton*)
shuttle diplomacy N navettes *fpl* diplomatiques
shy [ʃaɪ] ADJ timide; **to fight ~ of** se dérober devant; **to be ~ of doing sth** hésiter à faire qch, ne pas oser faire qch ▸ VI: **to ~ away from doing sth** (*fig*) craindre de faire qch
shyly [ˈʃaɪlɪ] ADV timidement
shyness [ˈʃaɪnɪs] N timidité *f*
Siam [saɪˈæm] N Siam *m*
Siamese [saɪəˈmiːz] ADJ: **~ cat** chat *m* siamois; **~ twins** (frères *mpl*) siamois *mpl*, (sœurs *fpl*) siamoises *fpl*
Siberia [saɪˈbɪərɪə] N Sibérie *f*
siblings [ˈsɪblɪŋz] NPL (*formal*) frères et sœurs *mpl* (*de mêmes parents*)
Sicilian [sɪˈsɪlɪən] ADJ sicilien(ne) ▸ N Sicilien(ne)
Sicily [ˈsɪsɪlɪ] N Sicile *f*
★**sick** [sɪk] ADJ (*ill*) malade; (*BRIT: humour*) noir(e), macabre; (*vomiting*): **to be ~** vomir; **to feel ~** avoir envie de vomir, avoir mal au cœur; **to fall ~** tomber malade; **to be (off) ~** être absent(e) pour cause de maladie; **a ~ person** un(e) malade; **to be ~ of** (*fig*) en avoir assez de
sick bag N sac *m* vomitoire
sick bay N infirmerie *f*
sick building syndrome N *maladie dûe à la climatisation, l'éclairage artificiel etc des bureaux*
sicken [ˈsɪkn] VT écœurer ▸ VI: **to be sickening for sth** (*cold, flu etc*) couver qch
sickening [ˈsɪknɪŋ] ADJ (*fig*) écœurant(e), révoltant(e), répugnant(e)
sickle [ˈsɪkl] N faucille *f*
sick leave N congé *m* de maladie
sickle-cell anaemia [ˈsɪklsɛl-] N anémie *f* à hématies falciformes, drépanocytose *f*
sickly [ˈsɪklɪ] ADJ maladif(-ive), souffreteux(-euse); (*causing nausea*) écœurant(e)
sickness [ˈsɪknɪs] N maladie *f*; (*vomiting*) vomissement(s) *m(pl)*
sickness benefit N (prestations *fpl* de l')assurance-maladie *f*
sick note N (*from parents*) mot *m* d'absence; (*from doctor*) certificat médical
sick pay N indemnité *f* de maladie (*versée par l'employeur*)
sickroom [ˈsɪkruːm] N infirmerie *f*
★**side** [saɪd] N côté *m*; (*of animal*) flanc *m*; (*of lake, road*) bord *m*; (*of mountain*) versant *m*; (*fig: aspect*) côté, aspect *m*; (*team: Sport*) équipe *f*; (*TV: channel*) chaîne *f*; **by the ~ of** au bord de; **~ by ~** côte à côte; **the right/wrong ~** le bon/mauvais côté, l'endroit/l'envers *m*; **they are on our ~** ils sont avec nous; **from all sides** de tous côtés; **to rock from ~ to ~** se balancer; **to take sides (with)** prendre parti (pour); **a ~ of beef** ≈ un quartier de bœuf ▸ ADJ (*door, entrance*) latéral(e) ▸ VI: **to ~ with sb** prendre le parti de qn, se ranger du côté de qn
sidebar [ˈsaɪdbɑːʳ] N (*on web page*) barre *f* latérale
sideboard [ˈsaɪdbɔːd] N buffet *m*
sideboards [ˈsaɪdbɔːdz], (*US*) **sideburns** [ˈsaɪdbəːnz] NPL (*whiskers*) pattes *fpl*
sidecar [ˈsaɪdkɑːʳ] N side-car *m*
side dish N (plat *m* d')accompagnement *m*
side drum N (*Mus*) tambour plat, caisse claire
side effect N effet *m* secondaire
sidekick [ˈsaɪdkɪk] N (*inf*) sous-fifre *m*
sidelight [ˈsaɪdlaɪt] N (*Aut*) veilleuse *f*
sideline [ˈsaɪdlaɪn] N (*Sport*) (ligne *f* de) touche *f*; (*fig*) activité *f* secondaire
sidelong [ˈsaɪdlɔŋ] ADJ: **to give sb a ~ glance** regarder qn du coin de l'œil

side order N garniture *f*
side plate N petite assiette
side road N petite route, route transversale
sidesaddle ['saɪdsædl] ADV en amazone
sideshow ['saɪdʃəu] N attraction *f*
sidestep ['saɪdstɛp] VT (*question*) éluder; (*problem*) éviter ▸ VI (*Boxing etc*) esquiver
side street N rue transversale
sideswipe ['saɪdswaɪp] N pique *f*; **to take a ~ at sb** lancer une pique à qn
sidetrack ['saɪdtræk] VT (*fig*) faire dévier de son sujet
sidewalk ['saɪdwɔːk] N (*US*) trottoir *m*
sideways ['saɪdweɪz] ADV de côté
siding ['saɪdɪŋ] N (*Rail*) voie *f* de garage
sidle ['saɪdl] VI: **to ~ up (to)** s'approcher furtivement (de)
SIDS [sɪdz] N ABBR (= *sudden infant death syndrome*) mort subite du nourrisson, mort *f* au berceau
siege [siːdʒ] N siège *m*; **to lay ~ to** assiéger
siege economy N économie *f* de (temps de) siège
Sierra Leone [sɪ'ɛrəlɪ'əun] N Sierra Leone *f*
siesta [si'ɛstə] N sieste *f*; **to have** *or* **take a ~** faire la sieste
sieve [sɪv] N tamis *m*, passoire *f* ▸ VT tamiser, passer (au tamis)
sift [sɪft] VT passer au tamis *or* au crible; (*fig*) passer au crible ▸ VI (*fig*): **to ~ through** passer en revue
sigh [saɪ] N soupir *m* ▸ VI soupirer, pousser un soupir
★**sight** [saɪt] N (*faculty*) vue *f*; (*spectacle*) spectacle *m*; (*on gun*) mire *f*; **in ~** visible; (*fig*) en vue; **out of ~** hors de vue; **at ~** (*Comm*) à vue; **at first ~** à première vue, au premier abord; **I know her by ~** je la connais de vue; **to catch ~ of sb/sth** apercevoir qn/qch; **to lose ~ of sb/sth** perdre qn/qch de vue; **to set one's sights on sth** jeter son dévolu sur qch ▸ VT apercevoir
sighted ['saɪtɪd] ADJ qui voit; **partially ~** qui a un certain degré de vision
★**sightseeing** ['saɪtsiːɪŋ] N tourisme *m*; **to go ~** faire du tourisme
sightseer ['saɪtsiːə^r] N touriste *mf*
★**sign** [saɪn] N (*gen*) signe *m*; (*with hand etc*) signe, geste *m*; (*notice*) panneau *m*, écriteau *m*; (*also*: **road sign**) panneau de signalisation; **as a ~ of** en signe de; **it's a good/bad ~** c'est bon/mauvais signe; **plus/minus ~** signe plus/moins; **there's no ~ of a change of mind** rien ne laisse présager un revirement; **he was showing signs of improvement** il commençait visiblement à faire des progrès ▸ VT, VI signer; **to ~ one's name** signer; **where do I ~?** où dois-je signer ?
▸ **sign away** VT (*rights etc*) renoncer officiellement à
▸ **sign for** VT FUS (*item*) signer le reçu pour
▸ **sign in** VI signer le registre (en arrivant)
▸ **sign off** VI (*Radio, TV*) terminer l'émission
▸ **sign on** VI (*Mil*) s'engager; (BRIT: *as unemployed*) s'inscrire au chômage; (*enrol*) s'inscrire; **to ~ on for a course** s'inscrire pour un cours ▸ VT (*Mil*) engager; (*employee*) embaucher
▸ **sign out** VI signer le registre (en partant)
▸ **sign over** VT: **to ~ sth over to sb** céder qch par écrit à qn
▸ **sign up** VT (*Mil*) engager ▸ VI (*Mil*) s'engager; (*for course*) s'inscrire
signage ['saɪnɪdʒ] N panneautage *m*
★**signal** ['sɪgnl] N signal *m* ▸ VI (*Aut*) mettre son clignotant; **to ~ to sb (to do sth)** faire signe à qn (de faire qch) ▸ VT (*person*) faire signe à; (*message*) communiquer par signaux; **to ~ a left/right turn** (*Aut*) indiquer *or* signaler que l'on tourne à gauche/droite
signal box N (*Rail*) poste *m* d'aiguillage
signalman [sɪgnlmən] N (*irreg*) (*Rail*) aiguilleur *m*
signatory ['sɪgnətərɪ] N signataire *mf*
signature ['sɪgnətʃə^r] N signature *f*
signature tune N indicatif musical
signet ring ['sɪgnət-] N chevalière *f*
significance [sɪg'nɪfɪkəns] N signification *f*; importance *f*; **that is of no ~** ceci n'a pas d'importance
★**significant** [sɪg'nɪfɪkənt] ADJ significatif(-ive); (*important*) important(e), considérable
significantly [sɪg'nɪfɪkəntlɪ] ADV (*improve, increase*) sensiblement; (*smile*) d'un air entendu, éloquemment; **~, ...** fait significatif, ...
signify ['sɪgnɪfaɪ] VT signifier
signing ['saɪnɪŋ] N (*of letter, treaty*) signature *f*; (*of player, singer*) recrutement *m*; (*player, singer*) nouvelle recrue *f*; (*sign language*) langue *f* des signes
sign language N langage *m* par signes
signpost ['saɪnpəust] N poteau indicateur
Sikh [siːk] ADJ, N Sikh *mf*
Sikhism ['siːkɪzəm] N sikhisme *m*
silage ['saɪlɪdʒ] N (*fodder*) fourrage vert; (*method*) ensilage *m*
★**silence** ['saɪlns] N silence *m* ▸ VT faire taire, réduire au silence
silencer ['saɪlənsə^r] N (BRIT: *on gun, Aut*) silencieux *m*
★**silent** ['saɪlnt] ADJ silencieux(-euse); (*film*) muet(te); **to keep** *or* **remain ~** garder le silence, ne rien dire
silently ['saɪlntlɪ] ADV silencieusement
silent partner N (*Comm*) bailleur *m* de fonds, commanditaire *m*
silhouette [sɪluː'ɛt] N silhouette *f* ▸ VT: **silhouetted against** se profilant sur, se découpant contre
silicon ['sɪlɪkən] N silicium *m*
silicon chip N puce *f* électronique
silicone ['sɪlɪkəun] N silicone *f*
silk [sɪlk] N soie *f* ▸ CPD de *or* en soie
silky ['sɪlkɪ] ADJ soyeux(-euse)
sill [sɪl] N (*also*: **windowsill**) rebord *m* (de la fenêtre); (*of door*) seuil *m*; (*Aut*) bas *m* de marche
★**silly** ['sɪlɪ] ADJ stupide, sot(te), bête; **to do something ~** faire une bêtise
silo ['saɪləu] N silo *m*
silt [sɪlt] N vase *f*; limon *m*
★**silver** ['sɪlvə^r] N argent *m*; (*money*) monnaie *f* (en pièces d'argent); (*also*: **silverware**) argenterie *f* ▸ ADJ (*made of silver*) d'argent, en argent; (*in colour*) argenté(e); (*car*) gris métallisé *inv*

S

silver-plated [sɪlvə'pleɪtɪd] ADJ plaqué(e) argent
silversmith ['sɪlvəsmɪθ] N orfèvre *mf*
silverware ['sɪlvəwɛəʳ] N argenterie *f*
silver wedding, silver wedding anniversary N noces *fpl* d'argent
silvery ['sɪlvrɪ] ADJ argenté(e)
SIM card ['sɪm-] ABBR (*Tel: = subscriber identity module card*) carte *f* SIM
★**similar** ['sɪmɪləʳ] ADJ: **~ (to)** semblable (à)
similarity [sɪmɪ'lærɪtɪ] N ressemblance *f*, similarité *f*
similarly ['sɪmɪləlɪ] ADV de la même façon, de même
simile ['sɪmɪlɪ] N comparaison *f*
simmer ['sɪməʳ] VI cuire à feu doux, mijoter
▸**simmer down** VI (*fig: inf*) se calmer
simper ['sɪmpəʳ] VI minauder
simpering ['sɪmprɪŋ] ADJ stupide
★**simple** ['sɪmpl] ADJ simple; **the ~ truth** la vérité pure et simple
simple interest N (*Math, Comm*) intérêts *mpl* simples
simple-minded [sɪmpl'maɪndɪd] ADJ simplet(te), simple d'esprit
simpleton ['sɪmpltən] N nigaud(e), niais(e)
simplicity [sɪm'plɪsɪtɪ] N simplicité *f*
simplification [sɪmplɪfɪ'keɪʃən] N simplification *f*
simplify ['sɪmplɪfaɪ] VT simplifier
simplistic [sɪm'plɪstɪk] ADJ simpliste
★**simply** ['sɪmplɪ] ADV simplement; (*without fuss*) avec simplicité; (*absolutely*) absolument
simulate ['sɪmjuleɪt] VT simuler, feindre
simulation [sɪmju'leɪʃən] N simulation *f*
simulator ['sɪmjuleɪtəʳ] N simulateur *m*
simulcast ['sɪmlkɑ:st] N diffusion *f* simultanée (*à la radio et à la télévision*) ▸VT diffuser en simultané (*à la radio et à la télévision*) ▸CPD (*interview, debate*) radiotélévisé(e)
simultaneous [sɪməl'teɪnɪəs] ADJ simultané(e)
simultaneously [sɪməl'teɪnɪəslɪ] ADV simultanément
sin [sɪn] N péché *m* ▸VI pécher
Sinai ['saɪneɪaɪ] N Sinaï *m*
★**since** [sɪns] ADV, PREP depuis; **~ then, ever ~** depuis ce moment-là; **~ Monday** depuis lundi ▸CONJ (*time*) depuis que; (*because*) puisque, étant donné que, comme; **(ever) ~ I arrived** depuis mon arrivée, depuis que je suis arrivé

> When talking about since when something has been happening use **depuis** and the present tense.
> *I've been waiting since ten o'clock.* **J'attends depuis dix heures.**

sincere [sɪn'sɪəʳ] ADJ sincère
sincerely [sɪn'sɪəlɪ] ADV sincèrement; **yours ~** (*at end of letter*) veuillez agréer, Monsieur (*or* Madame) l'expression de mes sentiments distingués *or* les meilleurs
sincerity [sɪn'sɛrɪtɪ] N sincérité *f*
sine [saɪn] N (*Math*) sinus *m*
sinew ['sɪnju:] N tendon *m* ■ **sinews** NPL muscles *mpl*
sinful ['sɪnful] ADJ coupable
★**sing** [sɪŋ] (*pt* **sang** [sæŋ], *pp* **sung** [sʌŋ]) VT, VI chanter
Singapore [sɪŋgə'pɔ:ʳ] N Singapour *m*
Singaporean [sɪŋgə'pɔ:rɪən] ADJ singapourien(ne) ▸N Singapourien(ne)
singe [sɪndʒ] VT brûler légèrement; (*clothes*) roussir
★**singer** ['sɪŋəʳ] N chanteur(-euse)
Singhalese [sɪŋə'li:z] ADJ = **Sinhalese**
singing ['sɪŋɪŋ] N (*of person, bird*) chant *m*; façon *f* de chanter; (*of kettle, bullet, in ears*) sifflement *m*
★**single** ['sɪŋgl] ADJ seul(e), unique; (*unmarried*) célibataire; (*not double*) simple; **not a ~ one was left** il n'en est pas resté un(e), seul(e); **every ~ day** chaque jour sans exception ▸N (*Brit: also:* **single ticket**) aller *m* (simple); (*record*) 45 tours *m* ■ **singles** NPL (*Tennis*) simple *m*; (*single people*) célibataires *mf*
▸**single out** VT choisir; (*distinguish*) distinguer
single bed N lit *m* d'une personne *or* à une place
single-breasted ['sɪŋglbrɛstɪd] ADJ droit(e)
Single European Market N: **the ~** le marché unique européen
single file N: **in ~** en file indienne
single-handed [sɪŋgl'hændɪd] ADV tout(e) seul(e), sans (aucune) aide
single-minded [sɪŋgl'maɪndɪd] ADJ résolu(e), tenace
single parent N parent *m* solo; **single-parent family** famille monoparentale
single room N chambre *f* à un lit *or* pour une personne
singles bar N (*esp US*) bar *m* de rencontres pour célibataires
single-sex school [sɪŋgl'sɛks-] N école *f* non mixte
singlet ['sɪŋglɪt] N tricot *m* de corps
singleton ['sɪŋgəltən] N (*inf: person*) célibataire *mf*
single-track road [sɪŋgl'træk-] N route *f* à voie unique
singly ['sɪŋglɪ] ADV séparément
singsong ['sɪŋsɔŋ] ADJ (*tone*) chantant(e) ▸N (*songs*): **to have a ~** chanter quelque chose (ensemble)
singular ['sɪŋgjuləʳ] ADJ singulier(-ière); (*odd*) singulier, étrange; (*outstanding*) remarquable; (*Ling*) (au) singulier, du singulier ▸N (*Ling*) singulier *m*; **in the feminine ~** au féminin singulier
singularly ['sɪŋgjuləlɪ] ADV singulièrement; étrangement
Sinhalese [sɪnhə'li:z] ADJ cingalais(e)
sinister ['sɪnɪstəʳ] ADJ sinistre
★**sink** [sɪŋk] (*pt* **sank** [sæŋk], *pp* **sunk** [sʌŋk]) N évier *m*; (*washbasin*) lavabo *m* ▸VT (*ship*) (faire) couler, faire sombrer; (*foundations*) creuser; (*piles etc*): **to ~ sth into** enfoncer qch dans ▸VI couler, sombrer; (*ground etc*) s'affaisser; **to ~ into sth** (*chair*) s'enfoncer dans qch; **he sank into a chair/the mud** il s'est enfoncé dans un fauteuil/la

boue; **a sinking feeling** un serrement de cœur
▸ **sink in** [sɪŋk ɪn] VI s'enfoncer, pénétrer; (*explanation*) rentrer (*inf*), être compris; **it took a long time to ~ in** il a fallu longtemps pour que ça rentre

sinking fund N fonds *mpl* d'amortissement

sink unit N bloc-évier *m*

sinner ['sɪnəʳ] N pécheur(-eresse)

Sinn Féin [ʃɪn'feɪn] N Sinn Féin *m* (*parti politique irlandais*)

Sino- ['saɪnəu] PREFIX sino-

sinuous ['sɪnjuəs] ADJ sinueux(-euse)

sinus ['saɪnəs] N (*Anat*) sinus *m inv*

sinusitis [saɪnə'saɪtɪs] N sinusite *f*

sip [sɪp] N petite gorgée ▸ VT boire à petites gorgées

siphon ['saɪfən] N siphon *m* ▸ VT (*also:* **siphon off**) siphonner; (*fig: funds*) transférer; (*: illegally*) détourner

★**sir** [səʳ] N monsieur *m*; **S~ John Smith** sir John Smith; **yes ~** oui Monsieur; **Dear S~** (*in letter*) Monsieur

siren ['saɪərn] N sirène *f*

sirloin ['sə:lɔɪn] N aloyau *m*

sirloin steak N bifteck *m* dans l'aloyau

sirocco [sɪ'rɔkəu] N sirocco *m*

sisal ['saɪsəl] N sisal *m*

sissy ['sɪsɪ] N (*pej: coward*) poule mouillée (*inf*)

★**sister** ['sɪstəʳ] N sœur *f*; (*nun*) religieuse *f*, (bonne) sœur; (BRIT: *nurse*) infirmière *f* en chef ▸ CPD: **~ organization** organisation *f* sœur; **~ ship** sister(-)ship *m*

sisterhood ['sɪstəhud] N sororité *f*

sister-in-law ['sɪstərɪnlɔ:] N belle-sœur *f*

sisterly ['sɪstəlɪ] ADJ sororal(e)

★**sit** [sɪt] (*pt, pp* **sat** [sæt]) VI s'asseoir; (*be sitting*) être assis(e); (*assembly*) être en séance, siéger; (*for painter*) poser; (*dress etc*) tomber; **to ~ tight** ne pas bouger ▸ VT (*exam*) passer, se présenter à
▸ **sit about** [sɪt ə'baut], **sit around** [sɪt ə'raund] VI être assis(e) *or* rester à ne rien faire
▸ **sit back** [sɪt bæk] VI (*in seat*) bien s'installer, se carrer
▸ **sit down** [sɪt daun] VI s'asseoir; **to be sitting down** être assis(e)
▸ **sit in** [sɪt ɪn] VI: **to ~ in on a discussion** assister à une discussion
▸ **sit on** [sɪt ɔn] VT FUS (*jury, committee*) faire partie de
▸ **sit out** [sɪt aut] VT (*game*) ne pas prendre part à; (*crisis, recession*) laisser passer
▸ **sit up** [sɪt ʌp] VI s'asseoir; (*straight*) se redresser; (*not go to bed*) rester debout, ne pas se coucher

sitar ['sɪtɑ:ʳ, sɪ'tɑ:ʳ] N sitar *m*

sitcom ['sɪtkɔm] N ABBR (TV: = *situation comedy*) sitcom *f*, comédie *f* de situation

sit-down ['sɪtdaun] ADJ: **a ~ strike** une grève sur le tas; **a ~ meal** un repas assis

site [saɪt] N emplacement *m*, site *m*; (*also:* **building site**) chantier *m*; (*Internet*) site *m* web ▸ VT placer

sit-in ['sɪtɪn] N (*demonstration*) sit-in *m inv*, occupation *f* de locaux

siting ['saɪtɪŋ] N (*location*) emplacement *m*

sitter ['sɪtəʳ] N (*for painter*) modèle *m*; (*also:* **babysitter**) baby-sitter *mf*

sitting ['sɪtɪŋ] N (*of assembly etc*) séance *f*; (*in canteen*) service *m*

sitting member N (*Pol*) parlementaire *mf* en exercice

sitting room N salon *m*

sitting tenant N (BRIT) locataire occupant(e)

situate ['sɪtjueɪt] VT situer

situated ['sɪtjueɪtɪd] ADJ situé(e)

★**situation** [sɪtju'eɪʃən] N situation *f*; **"situations vacant/wanted"** (BRIT) « offres/demandes d'emploi »

situation comedy N (TV) comédie *f* de situation

sit-ups ['sɪtʌps] NPL abdominaux *mpl*; **to do ~** faire des abdominaux

★**six** [sɪks] NUM six

six-pack ['sɪkspæk] N (*esp US*) pack *m* de six canettes

★**sixteen** [sɪks'ti:n] NUM seize

★**sixteenth** [sɪks'ti:nθ] NUM seizième

★**sixth** ['sɪksθ] NUM sixième ▸ N: **the upper/lower ~** (BRIT *Scol*) la terminale/la première

sixth form N (BRIT) ≈ classes *fpl* de première et de terminale

sixth-form college N *lycée n'ayant que des classes de première et de terminale*

sixtieth ['sɪkstɪɪθ] NUM soixantième

★**sixty** ['sɪkstɪ] NUM soixante

★**size** [saɪz] N dimensions *fpl*; (*of person*) taille *f*; (*of clothing*) taille; (*of shoes*) pointure *f*; (*of estate, area*) étendue *f*; (*of problem*) ampleur *f*; (*of company*) importance *f*; (*glue*) colle *f*; **I take ~ 14** (*of dress etc*) ≈ je prends du 42 *or* la taille 42; **the small/large ~** (*of soap powder etc*) le petit/grand modèle; **it's the ~ of ...** c'est de la taille (*or* grosseur) de ..., c'est grand (*or* gros) comme ...; **cut to ~** découpé(e) aux dimensions voulues
▸ **size up** VT juger, jauger

sizeable ['saɪzəbl] ADJ (*object, building, estate*) assez grand(e); (*amount, problem, majority*) assez important(e)

sizzle ['sɪzl] VI grésiller

SK ABBR (CANADA) = **Saskatchewan**

skate [skeɪt] N patin *m*; (*fish: pl inv*) raie *f* ▸ VI patiner
▸ **skate over, skate around** VT (*problem, issue*) éluder

skateboard ['skeɪtbɔ:d] N skateboard *m*, planche *f* à roulettes

skateboarder ['skeɪtbɔ:dəʳ] N skateur(-euse)

skateboarding ['skeɪtbɔ:dɪŋ] N skateboard *m*

skatepark ['skeɪtpɑ:k] N skatepark *m*

skater ['skeɪtəʳ] N patineur(-euse)

skating ['skeɪtɪŋ] N patinage *m*

skating rink N patinoire *f*

skeletal ['skɛlɪtl] ADJ squelettique; (*remains*) de squelette; (*service*) spartiate

skeleton ['skɛlɪtn] N squelette *m*; (*outline*) schéma *m*

skeleton key N passe-partout *m*

skeleton staff N effectifs réduits

skeptic ['skɛptɪk] N (US) = **sceptic**
skeptical ['skɛptɪkl] ADJ (US) = **sceptical**
sketch [skɛtʃ] N (*drawing*) croquis *m*, esquisse *f*; (*outline plan*) aperçu *m*; (*Theat*) sketch *m*, saynète *f* ▸ VT esquisser, faire un croquis *or* une esquisse de; (*plan etc*) esquisser
▸ **sketch out** VT (*situation*) brosser le tableau de; (*incident, plan*) décrire
sketch book N carnet *m* à dessin
sketch pad N bloc *m* à dessin
sketchy ['skɛtʃɪ] ADJ incomplet(-ète), fragmentaire
skew [skju:] N (BRIT): **on the ~** de travers, en biais
skewed [skju:d] ADJ faussé(e)
skewer ['skju:əʳ] N brochette *f*
★**ski** [ski:] N ski *m* ▸ VI skier, faire du ski
ski boot N chaussure *f* de ski
skid [skɪd] N dérapage *m*; **to go into a ~** déraper ▸ VI déraper
skid mark N trace *f* de dérapage
skid row [skɪd'rəu] N (*esp US*) bas-fonds *mpl*
skier ['ski:əʳ] N skieur(-euse)
★**skiing** ['ski:ɪŋ] N ski *m*; **to go ~** (aller) faire du ski
ski instructor N moniteur(-trice) de ski
ski jump N (*ramp*) tremplin *m*; (*event*) saut *m* à skis
skilful, (US) **skillful** ['skɪlful] ADJ habile, adroit(e)
skilfully, (US) **skillfully** ['skɪlfəlɪ] ADV habilement, adroitement
ski lift N remonte-pente *m inv*
★**skill** [skɪl] N (*ability*) habileté *f*, adresse *f*, talent *m*; (*requiring training*) compétences *fpl*
skilled [skɪld] ADJ habile, adroit(e); (*worker*) qualifié(e)
skillet ['skɪlɪt] N poêlon *m*
skillful *etc* ['skɪlful] ADJ (US) = **skilful** *etc*
skim [skɪm] VT (*milk*) écrémer; (*soup*) écumer; (*glide over*) raser, effleurer ▸ VI: **to ~ through** (*fig*) parcourir
skimmed milk [skɪmd-], (US) **skim milk** N lait écrémé
skimp [skɪmp] VT (*work*) bâcler, faire à la va-vite; (*cloth etc*) lésiner sur
▸ **skimp on** VT FUS (*gen*) lésiner sur; (*praise, thanks*) être avare de
skimpy ['skɪmpɪ] ADJ étriqué(e); maigre
★**skin** [skɪn] N peau *f*; **wet** *or* **soaked to the ~** trempé(e) jusqu'aux os ▸ VT (*fruit etc*) éplucher; (*animal*) écorcher
skin cancer N cancer *m* de la peau
skincare ['skɪnkɛəʳ] N soins *mpl* de la peau ▸ CPD (*product, routine*) de soins de la peau
skin colour, (US) **skin color** N couleur *f* de peau
skin-deep ['skɪn'di:p] ADJ superficiel(le)
skin diver N plongeur(-euse) sous-marin(e)
skin diving N plongée sous-marine
skinflint ['skɪnflɪnt] N grippe-sou *m*
skin graft N greffe *f* de peau
skinhead ['skɪnhɛd] N skinhead *m*
skinny ['skɪnɪ] ADJ maigre, maigrichon(ne)
skint [skɪnt] ADJ (BRIT *inf*) raide (*inf*)
skin test N cuti(-réaction) *f*
skintight ['skɪntaɪt] ADJ (*dress etc*) collant(e), ajusté(e)
skip [skɪp] N petit bond *or* saut; (BRIT: *container*) benne *f* ▸ VI gambader, sautiller; (*with rope*) sauter à la corde ▸ VT (*pass over*) sauter; **to ~ school** (*esp US*) faire l'école buissonnière
ski pants NPL pantalon *m* de ski
ski pass N forfait-skieur(s) *m*
ski pole N bâton *m* de ski
skipper ['skɪpəʳ] N (*Naut, Sport*) capitaine *m*; (*in race*) skipper *m* ▸ VT (*boat*) commander; (*team*) être le chef de
skipping rope ['skɪpɪŋ-], (US) **skip rope** N corde *f* à sauter
ski resort N station *f* de sports d'hiver
skirmish ['skə:mɪʃ] N escarmouche *f*, accrochage *m*
★**skirt** [skə:t] N jupe *f* ▸ VT longer, contourner
▸ **skirt around, skirt round** VT FUS (*lit, fig*) contourner
skirting board ['skə:tɪŋ-] N (BRIT) plinthe *f*
ski run N piste *f* de ski
ski slope N piste *f* de ski
ski suit N combinaison *f* de ski
skit [skɪt] N sketch *m* satirique
ski tow N = **ski lift**
skittish ['skɪtɪʃ] ADJ (*nervous*) nerveux(-euse); (*frivolous*) frivole
skittle ['skɪtl] N quille *f* ▪ **skittles** NPL (*game*) (jeu *m* de) quilles *fpl*
skive [skaɪv] VI (BRIT *inf*) tirer au flanc
skulduggery [skʌl'dʌgərɪ] N magouilles *fpl*
skulk [skʌlk] VI rôder furtivement
skull [skʌl] N crâne *m*
skullcap ['skʌlkæp] N calotte *f*
skunk [skʌŋk] N mouffette *f*; (*fur*) sconse *m*
★**sky** [skaɪ] N ciel *m*; **to praise sb to the skies** porter qn aux nues
sky-blue [skaɪ'blu:] ADJ bleu ciel *inv*
skydiver ['skaɪdaɪvəʳ] N parachutiste *mf*
skydiving ['skaɪdaɪvɪŋ] N parachutisme *m*; **to go ~** faire du parachutisme
sky-high ['skaɪ'haɪ] ADV très haut ▸ ADJ exorbitant(e); **prices are ~** les prix sont exorbitants
skylark ['skaɪlɑ:k] N (*bird*) alouette *f* (des champs)
skylight ['skaɪlaɪt] N lucarne *f*
skyline ['skaɪlaɪn] N (*horizon*) (ligne *f* d')horizon *m*; (*of city*) ligne des toits
Skype® [skaɪp] (*Internet, Tel*) N Skype® ▸ VT contacter via Skype®
skyscraper ['skaɪskreɪpəʳ] N gratte-ciel *m inv*
slab [slæb] N plaque *f*; (*of stone*) dalle *f*; (*of wood*) bloc *m*; (*of meat, cheese*) tranche épaisse
slack [slæk] ADJ (*loose*) lâche, desserré(e); (*slow*) stagnant(e); (*careless*) négligent(e), peu sérieux(-euse) *or* consciencieux(-euse); (*Comm: market*) peu actif(-ive); (*: demand*) faible; (*period*) creux(-euse); **business is ~** les affaires vont mal ▸ N (*in rope etc*) mou *m*
slacken ['slækn] VI (*also:* **slacken off**) ralentir, diminuer ▸ VT relâcher

slacker ['slækəʳ] N fainéant(e)
slacks [slæks] NPL pantalon *m*
slag [slæg] N scories *fpl*
slag heap N crassier *m*
slag off VT (BRIT *inf*) dire du mal de
slain [slein] PP *of* **slay**
slake [sleik] VT (*one's thirst*) étancher
slalom ['slɑːləm] N slalom *m*
slam [slæm] VT (*door*) (faire) claquer; (*throw*) jeter violemment, flanquer; (*inf: criticize*) éreinter, démolir ▸ VI claquer
slammer ['slæməʳ] N (*inf*): **the ~** la taule (*inf*)
slander ['slɑːndəʳ] N calomnie *f*; (*Law*) diffamation *f* ▸ VT calomnier; diffamer
slanderous ['slɑːndrəs] ADJ calomnieux(-euse); diffamatoire
slang [slæŋ] N argot *m*
slanging match ['slæŋiŋ-] N (BRIT *inf*) engueulade *f*, empoignade *f*
slant [slɑːnt] N inclinaison *f*; (*fig*) angle *m*, point *m* de vue
slanted ['slɑːntid] ADJ tendancieux(-euse)
slanting ['slɑːntiŋ] ADJ en pente, incliné(e); couché(e)
slap [slæp] N claque *f*, gifle *f*; (*on the back*) tape *f* ▸ VT donner une claque *or* une gifle (*or* une tape) à; **to ~ on** (*paint*) appliquer rapidement ▸ ADV (*directly*) tout droit, en plein
slapdash ['slæpdæʃ] ADJ (*work*) fait(e) sans soin *or* à la va-vite; (*person*) insouciant(e), négligent(e)
slaphead ['slæphɛd] N (BRIT *inf*) chauve *m*
slapstick ['slæpstik] N (*comedy*) grosse farce (*style tarte à la crème*)
slap-up ['slæpʌp] ADJ (BRIT): **a ~ meal** un repas extra *or* fameux
slash [slæʃ] VT entailler, taillader; (*fig: prices*) casser
slat [slæt] N (*of wood*) latte *f*, lame *f*
slate [sleit] N ardoise *f* ▸ VT (*fig: criticize*) éreinter, démolir
slaughter ['slɔːtəʳ] N carnage *m*, massacre *m*; (*of animals*) abattage *m* ▸ VT (*animal*) abattre; (*people*) massacrer
slaughterhouse ['slɔːtəhaus] N abattoir *m*
Slav [slɑːv] ADJ slave ▸ N Slave *mf*
slave [sleiv] N esclave *mf* ▸ VI (*also:* **slave away**) trimer, travailler comme un forçat; **to ~ (away) at sth/at doing sth** se tuer à qch/à faire qch
slave driver N (*inf, pej*) négrier(-ière)
slave labour N travail *m* d'esclave; **it's just ~** (*fig*) c'est de l'esclavage
slaver ['slævəʳ] VI (*dribble*) baver
slavery ['sleivəri] N esclavage *m*
Slavic ['slævik] ADJ slave
slavish ['sleiviʃ] ADJ servile
slavishly ['sleiviʃli] ADV (*copy*) servilement
Slavonic [slə'vɔnik] ADJ slave
slay [slei] (*pt* **slew** [sluː], *pp* **slain** [slein]) VT (*literary*) tuer
slaying ['sleiiŋ] N (*killing*) mort *f* (violente); (*esp US: murder*) meurtre *m*
sleaze [sliːz] N (*inf*) débauche *f*
sleazy ['sliːzi] ADJ miteux(-euse), minable
sled [slɛd] N (*US*) = **sledge**
sledge [slɛdʒ] N luge *f*
sledgehammer ['slɛdʒhæməʳ] N marteau *m* de forgeron
sleek [sliːk] ADJ (*hair, fur*) brillant(e), luisant(e); (*car, boat*) aux lignes pures *or* élégantes
★**sleep** [sliːp] (*pt, pp* **slept** [slɛpt]) N sommeil *m*; **to go to ~** s'endormir; **to have a good night's ~** passer une bonne nuit; **to put to ~** (*patient*) endormir; (*animal: euphemism: kill*) piquer ▸ VI dormir; (*spend night*) dormir, coucher; **to ~ lightly** avoir le sommeil léger; **to ~ with sb** (*have sex*) coucher avec qn ▸ VT: **we can ~ 4** on peut coucher *or* loger 4 personnes
▸ **sleep around** VI coucher à droite et à gauche
▸ **sleep in** VI (*oversleep*) se réveiller trop tard; (*on purpose*) faire la grasse matinée
▸ **sleep together** VI (*have sex*) coucher ensemble
sleeper ['sliːpəʳ] N (*person*) dormeur(-euse); (BRIT *Rail: on track*) traverse *f*; (*: train*) train-couchettes *m*; (*: carriage*) wagon-lits *m*, voiture-lits *f*; (*: berth*) couchette *f*
sleepily ['sliːpili] ADV d'un air endormi
sleeping ['sliːpiŋ] ADJ qui dort, endormi(e)
★**sleeping bag** N sac *m* de couchage
sleeping car N wagon-lits *m*, voiture-lits *f*
sleeping partner N (BRIT *Comm*) = **silent partner**
sleeping pill N somnifère *m*
sleeping sickness N maladie *f* du sommeil
sleepless ['sliːplis] ADJ: **a ~ night** une nuit blanche
sleeplessness ['sliːplisnis] N insomnie *f*
sleepover ['sliːpəuvəʳ] N nuit *f* chez un copain *or* une copine; **we're having a ~ at Jo's** nous allons passer la nuit chez Jo
sleepwalk ['sliːpwɔːk] VI marcher en dormant
sleepwalker ['sliːpwɔːkəʳ] N somnambule *mf*
sleepy ['sliːpi] ADJ qui a envie de dormir; (*fig*) endormi(e); **to be** *or* **feel ~** avoir sommeil, avoir envie de dormir
sleet [sliːt] N neige fondue
sleeve [sliːv] N manche *f*; (*of record*) pochette *f*
sleeveless ['sliːvlis] ADJ (*garment*) sans manches
sleigh [slei] N traîneau *m*
sleight [slait] N: **~ of hand** tour *m* de passe-passe
slender ['slɛndəʳ] ADJ svelte, mince; (*fig*) faible, ténu(e)
slept [slɛpt] PT, PP *of* **sleep**
sleuth [sluːθ] N (*inf*) détective (privé)
slew [sluː] VI (*also:* **slew round**) virer, pivoter ▸ PT *of* **slay**
★**slice** [slais] N tranche *f*; (*round*) rondelle *f*; (*utensil*) spatule *f*; (*also:* **fish slice**) pelle *f* à poisson ▸ VT couper en tranches (*or* en rondelles); **sliced bread** pain *m* en tranches
slick [slik] ADJ (*skilful*) bien ficelé(e); (*salesperson*) qui a du bagout, mielleux(-euse) ▸ N (*also:* **oil slick**) nappe *f* de pétrole, marée noire
slid [slid] PT, PP *of* **slide**
★**slide** [slaid] (*pt, pp* **slid** [slid]) N (*in playground*) toboggan *m*; (*Phot*) diapositive *f*; (BRIT: *also:* **hair**

S

slide) barrette *f*; (*microscope slide*) (lame *f*) porte-objet *m*; (*in prices*) chute *f*, baisse *f* ▸ VT (faire) glisser ▸ VI glisser; **to let things ~** (*fig*) laisser les choses aller à la dérive

slide projector N (*Phot*) projecteur *m* de diapositives

slide rule N règle *f* à calcul

slide show N diaporama *m*

sliding [ˈslaɪdɪŋ] ADJ (*door*) coulissant(e); **~ roof** (*Aut*) toit ouvrant

sliding scale N échelle *f* mobile

★**slight** [slaɪt] ADJ (*slim*) mince, menu(e); (*frail*) frêle; (*trivial*) faible, insignifiant(e); (*small*) petit(e), léger(-ère) *before noun*; **the slightest** le (*or* la) moindre; **not in the slightest** pas le moins du monde, pas du tout ▸ N offense *f*, affront *m* ▸ VT (*offend*) blesser, offenser

★**slightly** [ˈslaɪtlɪ] ADV légèrement, un peu; **~ built** fluet(te)

★**slim** [slɪm] ADJ mince ▸ VI maigrir; (*diet*) faire un régime, suivre un régime

slime [slaɪm] N vase *f*; substance visqueuse

slimline [ˈslɪmlaɪn] ADJ (*thin: figure*) svelte; (*: clothing*) slim *inv*; (*: device*) ultrafin(e); (*low-calorie*) allégé(e)

slimmer [ˈslɪməʳ] N personne *f* au régime

slimming [slɪmɪŋ] N amaigrissement *m* ▸ ADJ (*diet, pills*) amaigrissant(e), pour maigrir; (*clothes*) amincissant

slimy [ˈslaɪmɪ] ADJ visqueux(-euse), gluant(e); (*covered with mud*) vaseux(-euse)

sling [slɪŋ] (*pt, pp* **slung** [slʌŋ]) N (*Med*) écharpe *f*; (*for baby*) porte-bébé *m*; (*weapon*) fronde *f*, lance-pierre *m*; **to have one's arm in a ~** avoir le bras en écharpe ▸ VT lancer, jeter

slingshot [ˈslɪŋʃɔt] N (*US*) fronde *f*, lance-pierre *m*

slink [slɪŋk] (*pt, pp* **slunk** [slʌŋk]) VI: **to ~ away** *or* **off** s'en aller furtivement

slinky [ˈslɪŋkɪ] ADJ (*clothes*) moulant(e)

★**slip** [slɪp] N faux pas; (*mistake*) erreur *f*, bévue *f*; (*underskirt*) combinaison *f*; (*of paper*) petite feuille, fiche *f*; **to give sb the ~** fausser compagnie à qn; **a ~ of the tongue** un lapsus ▸ VT (*slide*) glisser; **to ~ sth on/off** enfiler/enlever qch ▸ VI (*slide*) glisser; (*decline*) baisser; (*move smoothly*): **to ~ into/out of** se glisser *or* se faufiler dans/hors de; **to let a chance ~ by** laisser passer une occasion; **it slipped from her hand** cela lui a glissé des mains
▸ **slip away** VI s'esquiver
▸ **slip in** VT glisser
▸ **slip out** VI sortir
▸ **slip up** VI faire une erreur, gaffer

slip-on [ˈslɪpɔn] ADJ facile à enfiler; **~ shoes** mocassins *mpl*

slippage [ˈslɪpɪdʒ] N (*reduction*) baisse *f*, déclin *m*

slipped disc [slɪpt-] N déplacement *m* de vertèbre

slipper [ˈslɪpəʳ] N pantoufle *f*

slippery [ˈslɪpərɪ] ADJ glissant(e); (*fig: person*) insaisissable

slip road N (BRIT: *to motorway*) bretelle *f* d'accès

slipshod [ˈslɪpʃɔd] ADJ négligé(e), peu soigné(e)

slipstream [ˈslɪpstriːm] N sillage *m*

slip-up [ˈslɪpʌp] N bévue *f*

slipway [ˈslɪpweɪ] N cale *f* (de construction *or* de lancement)

slit [slɪt] (*pt, pp* **~**) N fente *f*; (*cut*) incision *f*; (*tear*) déchirure *f* ▸ VT fendre; couper, inciser; déchirer; **to ~ sb's throat** trancher la gorge à qn

slither [ˈslɪðəʳ] VI glisser, déraper

sliver [ˈslɪvəʳ] N (*of glass, wood*) éclat *m*; (*of cheese, sausage*) petit morceau

slob [slɔb] N (*pej*) rustaud(e)

slog [slɔg] N (BRIT: *effort*) gros effort; (*: work*) tâche fastidieuse ▸ VI travailler très dur

slogan [ˈsləugən] N slogan *m*

slop [slɔp] VI déborder; se renverser ▸ VT répandre; renverser

slope [sləup] N pente *f*, côte *f*; (*side of mountain*) versant *m*; (*slant*) inclinaison *f* ▸ VI: **to ~ down** être *or* descendre en pente; **to ~ up** monter

sloping [ˈsləupɪŋ] ADJ en pente, incliné(e); (*handwriting*) penché(e)

sloppy [ˈslɔpɪ] ADJ (*work*) peu soigné(e), bâclé(e); (*appearance*) négligé(e), débraillé(e); (*film etc*) sentimental(e)

slosh [slɔʃ] VI (*inf*): **to ~ about** *or* **around** (*children*) patauger; (*liquid*) clapoter

sloshed [slɔʃt] ADJ (*inf: drunk*) bourré(e) (*inf*)

slot [slɔt] N fente *f*; (*fig: in timetable, Radio, TV*) créneau *m*, plage *f* ▸ VT: **to ~ sth into** encastrer *or* insérer qch dans ▸ VI: **to ~ into** s'encastrer *or* s'insérer dans

sloth [sləuθ] N (*vice*) paresse *f*; (*Zool*) paresseux *m*

slot machine N (BRIT: *vending machine*) distributeur *m* (automatique), machine *f* à sous; (*for gambling*) appareil *m or* machine à sous

slot meter N (BRIT) compteur *m* à pièces

slouch [slautʃ] VI avoir le dos rond, être voûté(e)
▸ **slouch about, slouch around** VI traîner à ne rien faire

Slovak [ˈsləuvæk] ADJ slovaque; **the ~ Republic** la République slovaque ▸ N Slovaque *mf*; (*Ling*) slovaque *m*

Slovakia [sləuˈvækɪə] N Slovaquie *f*

Slovakian [sləuˈvækɪən] ADJ, N = **Slovak**

Slovene [sləuˈviːn] ADJ slovène ▸ N Slovène *mf*; (*Ling*) slovène *m*

Slovenia [sləuˈviːnɪə] N Slovénie *f*

Slovenian [sləuˈviːnɪən] ADJ, N = **Slovene**

slovenly [ˈslʌvənlɪ] ADJ sale, débraillé(e), négligé(e)

★**slow** [sləu] ADJ lent(e); (*watch*): **to be ~** retarder; **"~"** (*road sign*) « ralentir »; **at a ~ speed** à petite vitesse; **to be ~ to act/decide** être lent à agir/décider; **my watch is 20 minutes ~** ma montre retarde de 20 minutes; **business is ~** les affaires marchent au ralenti ▸ ADV lentement; **to go ~** (*driver*) rouler lentement; (*in industrial dispute*) faire la grève perlée ▸ VT, VI ralentir
▸ **slow down** VI ralentir

slow-acting [sləuˈæktɪŋ] ADJ qui agit lentement, à action lente

slowcoach [ˈsləukəutʃ] N (BRIT *inf*) lambin(e)

slowdown [ˈsləudaun] N ralentissement *m*

★**slowly** [ˈsləulɪ] ADV lentement

slow motion N: **in ~** au ralenti

slowness [ˈsləunɪs] N lenteur *f*

slowpoke ['sləupəuk] N (*US inf*) = **slowcoach**
sludge [slʌdʒ] N boue *f*
slug [slʌg] N limace *f*; (*bullet*) balle *f*
sluggish ['slʌgɪʃ] ADJ (*person*) mou (molle), lent(e); (*stream, engine, trading*) lent(e); (*business, sales*) stagnant(e)
sluice [slu:s] N écluse *f*; (*also:* **sluice gate**) vanne *f* ▸ VT: **to ~ down** *or* **out** laver à grande eau
slum [slʌm] N (*house*) taudis *m* ▪ **slums** NPL (*area*) quartiers *mpl* pauvres
slumber ['slʌmbə^r] N sommeil *m*
slump [slʌmp] N baisse soudaine, effondrement *m*; (*Econ*) crise *f* ▸ VI s'effondrer, s'affaisser
slung [slʌŋ] PT, PP *of* **sling**
slunk [slʌŋk] PT, PP *of* **slink**
slur [slə:^r] N bredouillement *m*; (*smear*): **~ (on)** atteinte *f* (à); insinuation *f* (contre); **to be a ~ on** porter atteinte à ▸ VT mal articuler
slurp [slə:p] VT, VI boire à grand bruit
slurred [slə:d] ADJ (*pronunciation*) inarticulé(e), indistinct(e)
slush [slʌʃ] N neige fondue
slush fund N caisse noire, fonds secrets
slushy ['slʌʃɪ] ADJ (*snow*) fondu(e); (*street*) couvert(e) de neige fondue; (BRIT *fig*) à l'eau de rose
slut [slʌt] N (*!*) souillon *f*
sly [slaɪ] ADJ (*person*) rusé(e); (*smile, expression, remark*) sournois(e); **on the ~** en cachette
smack [smæk] N (*slap*) tape *f*; (*on face*) gifle *f* ▸ VT donner une tape à; (*on face*) gifler; (*on bottom*) donner la fessée à; **to ~ one's lips** se lécher les babines ▸ VI: **to ~ of** avoir des relents de, sentir ▸ ADV (*inf*): **it fell ~ in the middle** c'est tombé en plein milieu *or* en plein dedans
smacker ['smækə^r] N (*inf: kiss*) bisou *m or* bise *f* sonore; (: BRIT: *pound note*) livre *f*; (: US: *dollar bill*) dollar *m*
★**small** [smɔ:l] ADJ petit(e); (*letter*) minuscule; **to get** *or* **grow smaller** diminuer; **to make smaller** (*amount, income*) diminuer; (*object, garment*) rapetisser; **a ~ shopkeeper** un petit commerçant ▸ N: **the ~ of the back** le creux des reins
small ads NPL (BRIT) petites annonces
small arms NPL armes individuelles
small business N petit commerce, petite affaire
small change N petite *or* menue monnaie
smallholder ['smɔ:lhəuldə^r] N (BRIT) petit cultivateur
smallholding ['smɔ:lhəuldɪŋ] N (BRIT) petite ferme
small hours NPL: **in the ~** au petit matin
smallish ['smɔ:lɪʃ] ADJ plutôt *or* assez petit(e)
small-minded [smɔ:l'maɪndɪd] ADJ mesquin(e)
smallpox ['smɔ:lpɔks] N variole *f*
small print N (*in contract etc*) clause(s) imprimée(s) en petits caractères
small-scale ['smɔ:lskeɪl] ADJ (*map, model*) à échelle réduite, à petite échelle; (*business, farming*) peu important(e), modeste
small talk N menus propos
small-time ['smɔ:ltaɪm] ADJ (*farmer etc*) petit(e); **a ~ thief** un voleur à la petite semaine
small-town ['smɔ:ltaun] ADJ provincial(e)
smarmy ['smɑ:mɪ] ADJ (BRIT *pej*) flagorneur(-euse), lécheur(-euse)
★**smart** [smɑ:t] ADJ élégant(e), chic *inv*; (*clever*) intelligent(e); (*pej*) futé(e); (*quick*) vif (vive), prompt(e); **the ~ set** le beau monde; **to look ~** être élégant(e) ▸ VI faire mal, brûler; **my eyes are smarting** j'ai les yeux irrités *or* qui me piquent
smart alec, smart aleck N (*inf*) petit(e) prétentieux(-euse) (*inf*), monsieur (madame) je-sais-tout (*inf*)
smart card N carte *f* à puce
smarten up ['smɑ:tn-] VI devenir plus élégant(e), se faire beau (belle) ▸ VT rendre plus élégant(e)
smartly ['smɑ:tlɪ] ADV (*dress*) bien; (*quickly*) vivement
smartphone ['smɑ:tfəun] N smartphone *m*
smartwatch ['smɑ:twɔtʃ] N smartwatch *f*
★**smash** [smæʃ] N collision *f*, accident *m*; (*Mus*) succès foudroyant; (*sound*) fracas *m* ▸ VT casser, briser, fracasser; (*opponent*) écraser; (*hopes*) ruiner, détruire; (*Sport: record*) pulvériser ▸ VI se briser, se fracasser; s'écraser
▸ **smash up** VT (*car*) bousiller; (*room*) tout casser dans
smashed ['smæʃt] ADJ (*inf: drunk*) bourré(e) (*inf*)
smashing ['smæʃɪŋ] ADJ (*inf*) formidable
smash-up ['smæʃʌp] N collision *f*, accident *m*
smattering ['smætərɪŋ] N: **a ~ of** quelques notions de
SME N ABBR (= *small and medium(-sized) enterprise(s)*) PME *f inv*
smear [smɪə^r] N (*stain*) tache *f*; (*mark*) trace *f*; (*Med*) frottis *m*; (*insult*) calomnie *f* ▸ VT enduire; (*make dirty*) salir; (*fig*) porter atteinte à; **his hands were smeared with oil/ink** il avait les mains maculées de cambouis/d'encre
smear campaign N campagne *f* de dénigrement
smear test N (BRIT *Med*) frottis *m*
★**smell** [smɛl] (*pt, pp* **smelt** [smɛlt] *or* **smelled** [smɛld]) N odeur *f*; (*sense*) odorat *m* ▸ VT sentir ▸ VI (*pej*) sentir mauvais; (*food etc*): **to ~ (of)** sentir; **it smells good** ça sent bon
smelly ['smɛlɪ] ADJ qui sent mauvais, malodorant(e)
smelt [smɛlt] PT, PP *of* **smell** ▸ VT (*ore*) fondre
smidgen, smidgeon, smidgin ['smɪdʒən] N (*inf*): **a ~** un peu
★**smile** [smaɪl] N sourire *m* ▸ VI sourire
smiley ['smaɪlɪ] ADJ (*inf*) souriant(e) ▸ N binette *f*, smiley *m*
smiling ['smaɪlɪŋ] ADJ souriant(e)
smirk [smə:k] N petit sourire suffisant *or* affecté
smith [smɪθ] N maréchal-ferrant *m*; forgeron *m*
smithereens [smɪðə'ri:nz] NPL: **to smash sth to ~** briser qch en mille morceaux; **to get blown to ~** être déchiqueté(e) dans une explosion
smithy ['smɪðɪ] N forge *f*
smitten ['smɪtn] ADJ: **~ with** pris(e) de; frappé(e) de
smock [smɔk] N blouse *f*, sarrau *m*
smog [smɔg] N brouillard mêlé de fumée

S

★**smoke** [sməuk] N fumée *f*; **to have a ~** fumer une cigarette; **to go up in ~** (*house etc*) brûler; (*fig*) partir en fumée ▸ VT, VI fumer; **do you ~?** est-ce que vous fumez ?; **do you mind if I ~?** ça ne vous dérange pas que je fume ?

smoke alarm N détecteur *m* de fumée

smoked ['sməukt] ADJ (*bacon, glass*) fumé(e)

smokeless fuel ['sməuklɪs-] N combustible non polluant

smokeless zone ['sməuklɪs-] N (BRIT) zone *f* où l'usage du charbon est réglementé

smoker ['sməukəʳ] N (*person*) fumeur(-euse); (*Rail*) wagon *m* fumeurs

smoke screen N rideau *m or* écran *m* de fumée; (*fig*) paravent *m*

smoke shop N (*US*) (bureau *m* de) tabac *m*

★**smoking** ['sməukɪŋ] N: **"no ~"** (*sign*) « défense de fumer »; **to give up ~** arrêter de fumer

smoky ['sməukɪ] ADJ enfumé(e); (*taste*) fumé(e)

smolder ['sməuldəʳ] VI (*US*) = **smoulder**

smoochy ['smu:tʃɪ] ADJ (*inf*) langoureux(-euse)

★**smooth** [smu:ð] ADJ lisse; (*sauce*) onctueux(-euse); (*flavour, whisky*) moelleux(-euse); (*cigarette*) doux (douce); (*movement*) régulier(-ière), sans à-coups *or* heurts; (*landing, takeoff*) en douceur; (*flight*) sans secousses; (*pej: person*) doucereux(-euse), mielleux(-euse) ▸ VT (*also:* **smooth out**) lisser, défroisser; (*: creases, difficulties*) faire disparaître
▸ **smooth over** VT: **to ~ things over** (*fig*) arranger les choses

smoothie ['smu:ðɪ] N (*drink*) *boisson à base de purée de fruits, parfois additionnée de yaourt ou de glace*; (*inf: man*) charmeur *m*

smoothly ['smu:ðlɪ] ADV (*easily*) facilement, sans difficulté(s); **everything went ~** tout s'est bien passé

smother ['smʌðəʳ] VT étouffer

smoulder, (*US*) **smolder** ['sməuldəʳ] VI couver

SMS N ABBR (= *short message service*) SMS *m*

SMS message N (message *m*) SMS *m*

smudge [smʌdʒ] N tache *f*, bavure *f* ▸ VT salir, maculer

smug [smʌg] ADJ suffisant(e), content(e) de soi

smuggle ['smʌgl] VT passer en contrebande *or* en fraude; **to ~ in/out** (*goods etc*) faire entrer/sortir clandestinement *or* en fraude

smuggler ['smʌgləʳ] N contrebandier(-ière)

smuggling ['smʌglɪŋ] N contrebande *f*

smugly ['smʌglɪ] ADV d'un air suffisant

smugness ['smʌgnɪs] N suffisance *f*

smut [smʌt] N (*grain of soot*) grain *m* de suie; (*mark*) tache *f* de suie; (*in conversation etc*) obscénités *fpl*

smutty ['smʌtɪ] ADJ (*fig*) grossier(-ière), obscène

snack [snæk] N casse-croûte *m inv*; **to have a ~** prendre un en-cas, manger quelque chose (de léger)

snack bar N snack(-bar) *m*

snag [snæg] N inconvénient *m*, difficulté *f*

snail [sneɪl] N escargot *m*

snake [sneɪk] N serpent *m*

snakeskin ['sneɪkskɪn] N peau *f* de serpent ▸ CPD (*bag, belt*) en serpent, en peau de serpent

★**snap** [snæp] N (*sound*) claquement *m*, bruit sec; (*photograph*) photo *f*, instantané *m*; (*game*) *sorte de jeu de bataille*; **a cold ~** (*of weather*) un refroidissement soudain de la température ▸ ADJ subit(e), fait(e) sans réfléchir ▸ VT (*fingers*) faire claquer; (*break*) casser net; (*photograph*) prendre un instantané de; **to ~ one's fingers at** (*fig*) se moquer de ▸ VI se casser net *or* avec un bruit sec; (*fig: person*) craquer; (*speak sharply*) parler d'un ton brusque; **to ~ open/shut** s'ouvrir/se refermer brusquement
▸ **snap at** VT FUS (*subj: dog*) essayer de mordre
▸ **snap off** VT (*break*) casser net
▸ **snap up** VT sauter sur, saisir

snap fastener N bouton-pression *m*

snappy ['snæpɪ] ADJ prompt(e); (*slogan*) qui a du punch; **make it ~!** (*inf: hurry up*) grouille-toi ! (*inf*), magne-toi ! (*inf*)

snapshot ['snæpʃɔt] N photo *f*, instantané *m*

snare [snɛəʳ] N piège *m* ▸ VT attraper, prendre au piège

snarl [snɑ:l] N grondement *m or* grognement *m* féroce ▸ VI gronder ▸ VT: **to get snarled up** (*wool, plans*) s'emmêler; (*traffic*) se bloquer

snatch [snætʃ] N (*fig*) vol *m*; (*small amount*): **snatches of** des fragments *mpl or* bribes *fpl* de ▸ VT saisir (*d'un geste vif*); (*steal*) voler; **to ~ a sandwich** manger *or* avaler un sandwich à la hâte; **to ~ some sleep** arriver à dormir un peu ▸ VI: **don't ~!** doucement !
▸ **snatch up** VT saisir, s'emparer de

snazzy ['snæzɪ] ADJ (*old: clothes*) classe *inv* (*inf*), chouette (*inf*)

sneak [sni:k] (*US pt, pp* **snuck** [snʌk]) VI: **to ~ in/out** entrer/sortir furtivement *or* à la dérobée; **to ~ up on sb** s'approcher de qn sans faire de bruit ▸ VT: **to ~ a look at sth** regarder furtivement qch ▸ N (*inf: pej: informer*) faux jeton

sneakers ['sni:kəz] NPL tennis *mpl*, baskets *fpl*

sneaking ['sni:kɪŋ] ADJ: **to have a ~ feeling** *or* **suspicion that …** avoir la vague impression que …

sneaky ['sni:kɪ] ADJ sournois(e)

sneer [snɪəʳ] N ricanement *m* ▸ VI ricaner, sourire d'un air sarcastique; **to ~ at sb/sth** se moquer de qn/qch avec mépris

sneeze [sni:z] N éternuement *m* ▸ VI éternuer

snide [snaɪd] ADJ sarcastique, narquois(e)

sniff [snɪf] N reniflement *m* ▸ VI renifler ▸ VT renifler, flairer; (*glue, drug*) sniffer, respirer
▸ **sniff at** VT FUS: **it's not to be sniffed at** il ne faut pas cracher dessus, ce n'est pas à dédaigner

sniffer dog ['snɪfə-] N (*Police*) *chien dressé pour la recherche d'explosifs et de stupéfiants*

sniffle ['snɪfl] VI renifler ▸ N (*inf: cold*) léger rhume *m*; **to have the sniffles** être un peu enrhumé(e)

snigger ['snɪgəʳ] N ricanement *m*; rire moqueur ▸ VI ricaner

snip [snɪp] N (*cut*) entaille *f*; (*piece*) petit bout; (BRIT *inf: bargain*) (bonne) occasion *or* affaire ▸ VT couper

snipe [snaɪp] VI (*criticize*) critiquer; **to ~ at sb/sth** (*criticize*) critiquer qn/qch; (*shoot at*) tirer sur qn/qch sans se faire voir

sniper ['snaɪpəʳ] N (*marksman*) tireur embusqué

snippet ['snɪpɪt] N bribes *fpl*

snitch [snɪtʃ] (*inf*) VI cafter (*inf*); **to ~ on sb** cafter qn ▸ N cafteur(-euse) (*inf*)

snivel [snɪvl] VI pleurnicher

snivelling ['snɪvlɪŋ] ADJ larmoyant(e), pleurnicheur(-euse)

snob [snɔb] N snob *mf*

snobbery ['snɔbərɪ] N snobisme *m*

snobbish ['snɔbɪʃ] ADJ snob *inv*

snog [snɔg] VI (*inf*) se bécoter

snooker ['snu:kə^r] N *sorte de jeu de billard*

snoop [snu:p] VI: **to ~ on sb** espionner qn; **to ~ about** fureter

snooper ['snu:pə^r] N fureteur(-euse)

snooty ['snu:tɪ] ADJ snob *inv*, prétentieux(-euse)

snooze [snu:z] N petit somme ▸ VI faire un petit somme

snore [snɔ:^r] VI ronfler ▸ N ronflement *m*

snoring ['snɔ:rɪŋ] N ronflement(s) *m(pl)*

snorkel ['snɔ:kl] N (*of swimmer*) tuba *m*

snort [snɔ:t] N grognement *m* ▸ VI grogner; (*horse*) renâcler ▸ VT (*inf: drugs*) sniffer

snot [snɔt] N (*inf*) morve *f*

snotty ['snɔtɪ] ADJ (*inf*) morveux(-euse)

snout [snaut] N museau *m*

★**snow** [snəu] N neige *f* ▸ VI neiger ▸ VT: **to be snowed under with work** être débordé(e) de travail

snowball ['snəubɔ:l] N boule *f* de neige

snowboard ['snəubɔ:d] N planche *f* de snowboard

snowboarder ['snəubɔ:də^r] N snowboarder(-euse), surfeur(-euse) des neiges

snowboarding ['snəubɔ:dɪŋ] N snowboard *m*

snowbound ['snəubaund] ADJ enneigé(e), bloqué(e) par la neige

snow-capped ['snəukæpt] ADJ (*peak, mountain*) couvert(e) de neige

snowdrift ['snəudrɪft] N congère *f*

snowdrop ['snəudrɔp] N perce-neige *m*

snowfall ['snəufɔ:l] N chute *f* de neige

snowflake ['snəufleɪk] N flocon *m* de neige

snowman ['snəumæn] N (*irreg*) bonhomme *m* de neige

snowmobile ['snəuməubi:l] N scooter *m* des neiges

snowplough, (*US*) **snowplow** ['snəuplau] N chasse-neige *m inv*

snowshoe ['snəuʃu:] N raquette *f* (*pour la neige*)

snowstorm ['snəustɔ:m] N tempête *f* de neige

snowy ['snəuɪ] ADJ neigeux(-euse); (*covered with snow*) enneigé(e)

SNP N ABBR (BRIT *Pol*) = **Scottish National Party**

snub [snʌb] VT repousser, snober ▸ N rebuffade *f*

snub-nosed [snʌb'nəuzd] ADJ au nez retroussé

snuck [snʌk] (*US*) PT, PP *of* **sneak**

snuff [snʌf] N tabac *m* à priser ▸ VT (*also:* **snuff out**: *candle*) moucher

snuff movie N (*inf*) *film pornographique qui se termine par le meurtre réel de l'un des acteurs*

snug [snʌg] ADJ douillet(te), confortable; (*person*) bien au chaud; **it's a ~ fit** c'est bien ajusté(e)

snuggle ['snʌgl] VI: **to ~ down in bed/up to sb** se pelotonner dans son lit/contre qn

SO ABBR (*Banking*) = **standing order**

so [səu]

ADV **1** (*thus, likewise*) ainsi, de cette façon; **if so** si oui; **so do** *or* **have I** moi aussi; **it's 5 o'clock — so it is!** il est 5 heures — en effet ! *or* c'est vrai !; **I hope/think so** je l'espère/le crois; **so far** jusqu'ici, jusqu'à maintenant; (*in past*) jusque-là; **quite so!** exactement !, c'est bien ça !; **even so** quand même, tout de même

2 (*in comparisons etc: to such a degree*) si, tellement; **so big (that)** si *or* tellement grand (que); **she's not so clever as her brother** elle n'est pas aussi intelligente que son frère

3: **so much** *adj, adv* tant (de); **I've got so much work** j'ai tant de travail; **I love you so much** je vous aime tant; **so many** tant (de)

4 (*phrases*): **10 or so** à peu près *or* environ 10; **so long!** (*inf: goodbye*) au revoir !, à un de ces jours !; **so to speak** pour ainsi dire; **so (what)?** (*inf*) (bon) et alors ?, et après ?

▸ CONJ **1** (*expressing purpose*): **so as to do** pour faire, afin de faire; **so (that)** pour que *or* afin que + *sub*

2 (*expressing result*) donc, par conséquent; **so that** si bien que, de (telle) sorte que; **so that's the reason!** c'est donc (pour) ça !; **so you see, I could have gone** alors tu vois, j'aurais pu y aller

soak [səuk] VT faire *or* laisser tremper; (*drench*) tremper; **to be soaked through** être trempé jusqu'aux os ▸ VI tremper
▸ **soak in** VI pénétrer, être absorbé(e)
▸ **soak up** VT absorber

soaking ['səukɪŋ] ADJ (*also:* **soaking wet**) trempé(e)

so-and-so ['səuənsəu] N (*somebody*) un(e) tel(le)

★**soap** [səup] N savon *m*

soapbox ['səupbɔks] N tribune improvisée (en plein air)

soapflakes ['səupfleɪks] NPL paillettes *fpl* de savon

soap opera N feuilleton télévisé (*quotidienneté réaliste ou embellie*)

soap powder N lessive *f*, détergent *m*

soapsuds ['səupsʌdz] NPL mousse *f* de savon

soapy ['səupɪ] ADJ savonneux(-euse)

soar [sɔ:^r] VI monter (en flèche), s'élancer; (*building*) s'élancer; **soaring prices** prix qui grimpent

sob [sɔb] N sanglot *m* ▸ VI sangloter

s.o.b. N ABBR (*US inf!*: = *son of a bitch*) salaud *m* (*!*)

sobbing ['sɔbɪŋ] N sanglots *mpl*

sober ['səubə^r] ADJ qui n'est pas (*or* plus) ivre; (*serious*) sérieux(-euse), sensé(e); (*moderate*) mesuré(e); (*colour, style*) sobre, discret(-ète)
▸ **sober up** VT dégriser ▸ VI se dégriser

sobering ['səubərɪŋ] ADJ: **it's a ~ thought** cela donne à réfléchir; **to have a ~ effect on sb** donner à réfléchir à qn

S

sobriety [səˈbraɪətɪ] N (*not being drunk*) sobriété *f*; (*seriousness, sedateness*) sérieux *m*
sob story N (*inf, pej*) histoire larmoyante
Soc. ABBR (= *society*) Soc
so-called [ˈsəuˈkɔːld] ADJ soi-disant *inv*
★**soccer** [ˈsɔkəʳ] N football *m*
soccer pitch N terrain *m* de football
soccer player N footballeur *m*
sociability [səuʃəˈbɪlɪtɪ] N sociabilité *f*
sociable [ˈsəuʃəbl] ADJ sociable
★**social** [ˈsəuʃl] ADJ social(e); (*sociable*) sociable ▶ N (petite) fête
social climber N arriviste *mf*
social club N amicale *f*, foyer *m*
Social Democrat N social-démocrate *mf*
social insurance N (*US*) sécurité sociale
socialism [ˈsəuʃəlɪzəm] N socialisme *m*
socialist [ˈsəuʃəlɪst] ADJ, N socialiste *mf*
socialite [ˈsəuʃəlaɪt] N personnalité mondaine
socialization [səuʃəlaɪˈzeɪʃən] N socialisation *f*
socialize [ˈsəuʃəlaɪz] VI voir *or* rencontrer des gens, se faire des amis; **to ~ with** (*meet often*) fréquenter; (*get to know*) lier connaissance *or* parler avec
social life N vie sociale; **how's your ~?** est-ce que tu sors beaucoup ?
socially [ˈsəuʃəlɪ] ADV socialement, en société
social media NPL médias *mpl* sociaux
social networking [-ˈnɛtwəːkɪŋ] N réseaux *mpl* sociaux
social networking site N site *m* de réseautage
social science N sciences humaines
social security N aide sociale
social services NPL services sociaux
social welfare N sécurité sociale
social work N assistance sociale
social worker N assistant(e) social(e)
societal [səˈsaɪətl] ADJ sociétal(e)
society [səˈsaɪətɪ] N société *f*; (*club*) société, association *f*; (*also:* **high society**) (haute) société, grand monde ▶ CPD (*party*) mondain(e)
socio-economic [ˈsəusɪəuiːkəˈnɔmɪk] ADJ socioéconomique
sociological [səusɪəˈlɔdʒɪkl] ADJ sociologique
sociologist [səusɪˈɔlədʒɪst] N sociologue *mf*
sociology [səusɪˈɔlədʒɪ] N sociologie *f*
sociopath [ˈsəusiəpæθ] N sociopathe *mf*
socio-political [səusiəupəˈlɪtɪkl] ADJ sociopolitique
sock [sɔk] N chaussette *f*; **to pull one's socks up** (*fig*) se secouer (les puces) ▶ VT (*inf: hit*) flanquer un coup à
socket [ˈsɔkɪt] N cavité *f*; (*Elec: also:* **wall socket**) prise *f* de courant; (*for light bulb*) douille *f*
sod [sɔd] N (*of earth*) motte *f*; (BRIT *pej*) con *m* (!), salaud *m* (!)
▶ **sod off** VI: **~ off!** (BRIT *inf!*) fous le camp !, va te faire foutre ! (!)
soda [ˈsəudə] N (*Chem*) soude *f*; (*also:* **soda water**) eau *f* de Seltz; (*US: also:* **soda pop**) soda *m*
sodden [ˈsɔdn] ADJ trempé(e), détrempé(e)
sodium [ˈsəudɪəm] N sodium *m*
sodium chloride N chlorure *m* de sodium
Sod's Law [sɔdzˈlɔː] N (BRIT *inf*) loi *f* de l'emmerdement maximum (*inf*)
sofa [ˈsəufə] N sofa *m*, canapé *m*
sofa bed N canapé-lit *m*
Sofia [ˈsəufɪə] N Sofia
★**soft** [sɔft] ADJ (*not rough*) doux (douce); (*not hard*) doux, mou (molle); (*not loud*) doux, léger(-ère); (*kind*) doux, gentil(le); (*weak*) indulgent(e); (*stupid*) stupide, débile
softball [ˈsɔftbɔːl] N (*game*) softball *m*; (*ball*) balle *f* de softball
soft-boiled [ˈsɔftbɔɪld] ADJ (*egg*) à la coque
soft drink N boisson non alcoolisée
soft drugs NPL drogues douces
soften [ˈsɔfn] VT (r)amollir; (*fig*) adoucir ▶ VI se ramollir; (*fig*) s'adoucir
softener [ˈsɔfnəʳ] N (*water softener*) adoucisseur *m*; (*fabric softener*) produit assouplissant
soft fruit N (BRIT) baies *fpl*
soft furnishings NPL tissus *mpl* d'ameublement
soft-hearted [sɔftˈhɑːtɪd] ADJ au cœur tendre
softly [ˈsɔftlɪ] ADV doucement; (*touch*) légèrement; (*kiss*) tendrement
softness [ˈsɔftnɪs] N douceur *f*
soft option N solution *f* de facilité
soft sell N promotion *f* de vente discrète
soft target N cible *f* facile
soft toy N jouet *m* en peluche
★**software** [ˈsɔftwɛəʳ] N (*Comput*) logiciel *m*, software *m*
software package N (*Comput*) progiciel *m*
softy [ˈsɔftɪ] N (*inf*) cœur *m* sensible
soggy [ˈsɔgɪ] ADJ (*clothes*) trempé(e); (*ground*) détrempé(e)
★**soil** [sɔɪl] N (*earth*) sol *m*, terre *f* ▶ VT salir; (*fig*) souiller
soiled [sɔɪld] ADJ sale; (*Comm*) défraîchi(e)
sojourn [ˈsɔdʒəːn] N (*formal*) séjour *m*
solace [ˈsɔlɪs] N consolation *f*, réconfort *m*
solar [ˈsəuləʳ] ADJ solaire
solarium [səˈlɛərɪəm] (*pl* **solaria** [-rɪə]) N solarium *m*
solar panel N panneau *m* solaire
solar plexus [-ˈplɛksəs] N (*Anat*) plexus *m* solaire
solar power N énergie *f* solaire
solar system N système *m* solaire
sold [səuld] PT, PP *of* **sell**
solder [ˈsəuldəʳ] VT souder (*au fil à souder*) ▶ N soudure *f*
★**soldier** [ˈsəuldʒəʳ] N soldat *m*, militaire *m*; **toy ~** petit soldat ▶ VI: **to ~ on** persévérer, s'accrocher
sold out ADJ (*Comm*) épuisé(e)
sole [səul] N (*of foot*) plante *f*; (*of shoe*) semelle *f*; (*fish: pl inv*) sole *f* ▶ ADJ seul(e), unique; **the ~ reason** la seule et unique raison
solely [ˈsəullɪ] ADV seulement, uniquement; **I will hold you ~ responsible** je vous en tiendrai pour seul responsable

solemn ['sɔləm] ADJ solennel(le); *(person)* sérieux(-euse), grave

sole trader N *(Comm)* chef *m* d'entreprise individuelle

solicit [sə'lɪsɪt] VT *(request)* solliciter ▸ VI *(prostitute)* racoler

★**solicitor** [sə'lɪsɪtə^r] N (BRIT: *for wills etc*) ≈ notaire *m*; (: *in court*) ≈ avocat *m*

solid ['sɔlɪd] ADJ *(strong, sound, reliable, not liquid)* solide; *(not hollow: mass)* compact(e); (: *metal, rock, wood*) massif(-ive); *(meal)* consistant(e), substantiel(le); *(vote)* unanime; **to be on ~ ground** être sur la terre ferme; *(fig)* être en terrain sûr; **we waited two ~ hours** nous avons attendu deux heures entières ▸ N solide *m*

solidarity [sɔlɪ'dærɪtɪ] N solidarité *f*

solid fuel N combustible *m* solide

solidify [sə'lɪdɪfaɪ] VI se solidifier ▸ VT solidifier

solidity [sə'lɪdɪtɪ] N solidité *f*

solidly ['sɔlɪdlɪ] ADV *(firmly: built, based)* solidement; *(continuously: work, rain)* sans discontinuer; *(unanimously)* massivement; **to sleep ~ for 12 hours** dormir pendant 12 heures d'affilée; **to be ~ behind/against sb/sth** faire bloc derrière/contre qn/qch

solid-state ['sɔlɪdsteɪt] ADJ *(Elec)* à circuits intégrés

soliloquy [sə'lɪləkwɪ] N monologue *m*

solitaire [sɔlɪ'tɛə^r] N *(gem,* BRIT: *game)* solitaire *m*; (US: *card game*) réussite *f*

solitary ['sɔlɪtərɪ] ADJ solitaire

solitary confinement N *(in prison)* isolement *m* (cellulaire)

solitude ['sɔlɪtjuːd] N solitude *f*

solo ['səuləu] N solo *m* ▸ ADV *(fly)* en solitaire

soloist ['səuləuɪst] N soliste *mf*

Solomon Islands ['sɔləmən-] NPL: **the ~** les (îles *fpl*) Salomon *fpl*

solstice ['sɔlstɪs] N solstice *m*

soluble ['sɔljubl] ADJ soluble

★**solution** [sə'luːʃən] N solution *f*

★**solve** [sɔlv] VT résoudre

solvency ['sɔlvənsɪ] N *(Comm)* solvabilité *f*

solvent ['sɔlvənt] ADJ *(Comm)* solvable ▸ N *(Chem)* (dis)solvant *m*

solvent abuse N usage *m* de solvants hallucinogènes

Somali [səu'mɑːlɪ] ADJ somali(e), somalien(ne) ▸ N Somali(e), Somalien(ne)

Somalia [səu'mɑːlɪə] N (République *f* de) Somalie *f*

Somalian [sə'mɑːliən] ADJ somalien(ne) ▸ N Somalien(ne)

sombre, (US) **somber** ['sɔmbə^r] ADJ sombre, morne

some [sʌm]

ADJ **1** *(a certain amount or number of)*: **some tea/water/ice cream** du thé/de l'eau/de la glace; **some children/apples** des enfants/pommes; **I've got some money but not much** j'ai de l'argent mais pas beaucoup

2 *(certain: in contrasts)*: **some people say that ...** il y a des gens qui disent que ...; **some films were excellent, but most were mediocre** certains films étaient excellents, mais la plupart étaient médiocres

3 *(unspecified)*: **some woman was asking for you** il y avait une dame qui vous demandait; **he was asking for some book (or other)** il demandait un livre quelconque; **some day** un de ces jours; **some day next week** un jour la semaine prochaine; **after some time** après un certain temps; **at some length** assez longuement; **in some form or other** sous une forme ou une autre, sous une forme quelconque

▸ PRON **1** *(a certain number)* quelques-uns (quelques-unes), certains (certaines); **I've got some** *(books etc)* j'en ai (quelques-uns); **some (of them) have been sold** certains ont été vendus

2 *(a certain amount)* un peu; **I've got some** *(money, milk)* j'en ai (un peu); **would you like some?** est-ce que vous en voulez ?, en voulez-vous ?; **could I have some of that cheese?** pourrais-je avoir un peu de ce fromage ?; **I've read some of the book** j'ai lu une partie du livre

▸ ADV: **some 10 people** quelque 10 personnes, 10 personnes environ

★**somebody** ['sʌmbədɪ] PRON = **someone**

someday ['sʌmdeɪ] ADV un de ces jours, un jour ou l'autre

★**somehow** ['sʌmhau] ADV d'une façon ou d'une autre; *(for some reason)* pour une raison ou une autre

★**someone** ['sʌmwʌn] PRON quelqu'un; **~ or other** quelqu'un, je ne sais qui

someplace ['sʌmpleɪs] ADV (US) = **somewhere**

somersault ['sʌməsɔːlt] N culbute *f*, saut périlleux ▸ VI faire la culbute *or* un saut périlleux; *(car)* faire un tonneau

★**something** ['sʌmθɪŋ] PRON quelque chose *m*; **~ interesting** quelque chose d'intéressant; **~ to do** quelque chose à faire; **he's ~ like me** il est un peu comme moi; **it's ~ of a problem** il y a là un problème

sometime ['sʌmtaɪm] ADV *(in future)* un de ces jours, un jour ou l'autre; *(in past)*: **~ last month** au cours du mois dernier

★**sometimes** ['sʌmtaɪmz] ADV quelquefois, parfois

somewhat ['sʌmwɔt] ADV quelque peu, un peu

★**somewhere** ['sʌmwɛə^r] ADV quelque part; **~ else** ailleurs, autre part

★**son** [sʌn] N fils *m*

sonar ['səunɑː^r] N sonar *m*

sonata [sə'nɑːtə] N sonate *f*

★**song** [sɔŋ] N chanson *f*; *(of bird)* chant *m*

songbird ['sɔŋbəːd] N oiseau *m* chanteur

songbook ['sɔŋbuk] N chansonnier *m*

songwriter ['sɔŋraɪtə^r] N auteur-compositeur *m*

sonic ['sɔnɪk] ADJ *(boom)* supersonique

son-in-law ['sʌnɪnlɔː] N gendre *m*, beau-fils *m*

sonnet ['sɔnɪt] N sonnet *m*

sonny ['sʌnɪ] N *(inf)* fiston *m* *(inf)*

son of a bitch N *(inf!)* fils *m* de pute *(!)*

sonorous ['sɔnərəs, sə'nɔːrəs] ADJ sonore

S

★**soon** [suːn] ADV bientôt; (*early*) tôt; **~ afterwards** peu après; **quite ~** sous peu; **how ~ can you do it?** combien de temps vous faut-il pour le faire, au plus pressé ?; **how ~ can you come back?** quand *or* dans combien de temps pouvez-vous revenir, au plus tôt ?; **see you ~!** à bientôt !; *see also* **as**

sooner [ˈsuːnəʳ] ADV (*time*) plus tôt; (*preference*): **I would ~ do that** j'aimerais autant *or* je préférerais faire ça; **~ or later** tôt ou tard; **no ~ said than done** sitôt dit, sitôt fait; **the ~ the better** le plus tôt sera le mieux; **no ~ had we left than ...** à peine étions-nous partis que ...

soot [sut] N suie *f*

soothe [suːð] VT calmer, apaiser

soothing [ˈsuːðɪŋ] ADJ (*ointment etc*) lénitif(-ive), lénifiant(e); (*tone, words etc*) apaisant(e); (*drink, bath*) relaxant(e)

SOP N ABBR = **standard operating procedure**

sop [sɔp] N: **that's only a ~** c'est pour nous (*or* les *etc*) amadouer

sophisticated [səˈfɪstɪkeɪtɪd] ADJ raffiné(e), sophistiqué(e); (*machinery*) hautement perfectionné(e), très complexe; (*system etc*) très perfectionné(e), sophistiqué

sophistication [səfɪstɪˈkeɪʃən] N raffinement *m*, niveau *m* (de) perfectionnement *m*

sophomore [ˈsɔfəmɔːʳ] N (*US*) étudiant(e) de seconde année

soporific [sɔpəˈrɪfɪk] ADJ soporifique ▸ N somnifère *m*

sopping [ˈsɔpɪŋ] ADJ (*also:* **sopping wet**) tout(e) trempé(e)

soppy [ˈsɔpɪ] ADJ (*inf*) sentimental(e)

soprano [səˈprɑːnəu] N (*voice*) soprano *m*; (*singer*) soprano *mf*

sorbet [ˈsɔːbeɪ] N sorbet *m*

sorcerer [ˈsɔːsərəʳ] N sorcier *m*

sorceress [ˈsɔːsərɪs] N sorcière *f*

sordid [ˈsɔːdɪd] ADJ sordide

sore [sɔːʳ] ADJ (*painful*) douloureux(-euse), sensible; (*offended*) contrarié(e), vexé(e); **to have a ~ throat** avoir mal à la gorge; **it's a ~ point** (*fig*) c'est un point délicat ▸ N plaie *f*

sorely [ˈsɔːlɪ] ADV (*tempted*) fortement

sorrel [ˈsɔrəl] N oseille *f*

sorrow [ˈsɔrəu] N peine *f*, chagrin *m*

sorrowful [ˈsɔrəuful] ADJ triste

★**sorry** [ˈsɔrɪ] ADJ désolé(e); (*condition, excuse, tale*) triste, déplorable; (*sight*) désolant(e); **~!** pardon !, excusez-moi !; **~?** pardon ?; **to feel ~ for sb** plaindre qn; **I'm ~ to hear that ...** je suis désolé(e) *or* navré(e) d'apprendre que ...; **to be ~ about sth** regretter qch

★**sort** [sɔːt] N genre *m*, espèce *f*, sorte *f*; (*make: of coffee, car etc*) marque *f*; **what ~ do you want?** quelle sorte *or* quel genre voulez-vous ?; **what ~ of car?** quelle marque de voiture ?; **I'll do nothing of the ~!** je ne ferai rien de tel !; **it's ~ of awkward** (*inf*) c'est plutôt gênant ▸ VT (*also:* **sort out**: *select which to keep*) trier; (*: classify*) classer; (*: tidy*) ranger; (*: letters etc*) trier; (*: Comput*) trier
▸ **sort out** VT (*problem*) résoudre, régler

sortie [ˈsɔːtɪ] N sortie *f*

sorting office [ˈsɔːtɪŋ-] N (*Post*) bureau *m* de tri

SOS N SOS *m*

so-so [ˈsəusəu] ADV comme ci comme ça

soufflé [ˈsuːfleɪ] N soufflé *m*

sought [sɔːt] PT, PP *of* **seek**

sought-after [ˈsɔːtɑːftəʳ] ADJ recherché(e)

soul [səul] N âme *f*; **the poor ~ had nowhere to sleep** le pauvre n'avait nulle part où dormir; **I didn't see a ~** je n'ai vu (absolument) personne

soul-destroying [ˈsəuldɪstrɔɪɪŋ] ADJ démoralisant(e)

soulful [ˈsəulful] ADJ plein(e) de sentiment

soulless [ˈsəullɪs] ADJ sans cœur, inhumain(e)

soul mate N âme *f* sœur

soul-searching [ˈsəulsəːtʃɪŋ] N: **after much ~, I decided ...** j'ai longuement réfléchi avant de décider ...

★**sound** [saund] ADJ (*healthy*) en bonne santé, sain(e); (*safe, not damaged*) solide, en bon état; (*reliable, not superficial*) sérieux(-euse), solide; (*sensible*) sensé(e); **to be of ~ mind** être sain(e) d'esprit ▸ ADV: **~ asleep** profondément endormi(e) ▸ N (*noise, volume*) son *m*; (*louder*) bruit *m*; (*Geo*) détroit *m*, bras *m* de mer; **I don't like the ~ of it** ça ne me dit rien qui vaille ▸ VT (*alarm*) sonner; (*also:* **sound out**: *opinions*) sonder; **to ~ one's horn** (*Aut*) klaxonner, actionner son avertisseur ▸ VI sonner, retentir; (*fig: seem*) sembler (être); **to ~ like** ressembler à; **it sounds as if ...** il semblerait que ..., j'ai l'impression que ...
▸ **sound off** VI (*inf*): **to ~ off (about)** la ramener (sur)

sound barrier N mur *m* du son

sound bite N phrase toute faite (*pour être citée dans les médias*)

sound effects NPL bruitage *m*

sound engineer N ingénieur *m* du son

sounding [ˈsaundɪŋ] N (*Naut etc*) sondage *m*

sounding board N (*Mus*) table *f* d'harmonie; (*fig*): **to use sb as a ~ for one's ideas** essayer ses idées sur qn

soundly [ˈsaundlɪ] ADV (*sleep*) profondément; (*beat*) complètement, à plate couture

soundproof [ˈsaundpruːf] VT insonoriser ▸ ADJ insonorisé(e)

soundproofing [ˈsaundpruːfɪŋ] N insonorisation *f*

sound system N sono(risation) *f*

soundtrack [ˈsaundtræk] N (*of film*) bande *f* sonore

sound wave N (*Physics*) onde *f* sonore

★**soup** [suːp] N soupe *f*, potage *m*; **in the ~** (*fig*) dans le pétrin

soup course N potage *m*

soup kitchen N soupe *f* populaire

soup plate N assiette creuse *or* à soupe

soup spoon [ˈsuːpspuːn] N cuiller *f* à soupe

sour [ˈsauəʳ] ADJ aigre, acide; (*milk*) tourné(e), aigre; (*fig*) acerbe, aigre; revêche; **to go** *or* **turn ~** (*milk, wine*) tourner; (*fig: relationship, plans*) mal tourner; **it's ~ grapes** c'est du dépit

source [sɔːs] N source *f*; **I have it from a reliable ~ that** je sais de source sûre que

sour cream, soured cream N crème *f* aigre

★**south** [sauθ] N sud *m*; **to the ~ of** au sud de ▸ ADJ sud *inv*; (*wind*) du sud ▸ ADV au sud, vers le sud; **to travel ~** aller en direction du sud; **~ of** au sud de

South Africa N Afrique *f* du Sud

South African ADJ sud-africain(e) ▸ N Sud-Africain(e)

South America N Amérique *f* du Sud

South American ADJ sud-américain(e) ▸ N Sud-Américain(e)

southbound ['sauθbaund] ADJ en direction du sud; (*carriageway*) sud *inv*

south-east [sauθ'i:st] N sud-est *m*

South-East Asia N le Sud-Est asiatique

southeastern [sauθ'i:stən] ADJ du *or* au sud-est

southerly ['sʌðəlɪ] ADJ du sud; au sud

★**southern** ['sʌðən] ADJ (du) sud; méridional(e); **with a ~ aspect** orienté(e) *or* exposé(e) au sud; **the ~ hemisphere** l'hémisphère sud *or* austral

southerner ['sʌðənə^r] N méridional(e)

southernmost ['sʌðənməust] ADJ: **the ~ part of sth** l'extrême sud de qch; **Egypt's ~ city** la ville la plus au sud d'Égypte

South Korea N Corée *f* du Sud

South of France N: **the ~** le Sud de la France, le Midi

South Pole N: **the ~** le pôle Sud

South Sea Islands NPL: **the ~** l'Océanie *f*

South Seas NPL: **the ~** les mers *fpl* du Sud

South Sudan N Soudan *m* du Sud

South Vietnam N Viêt-Nam *m* du Sud

South Wales N sud *m* du Pays de Galles

southward ['sauθwəd], **southwards** ['sauθwədz] ADV vers le sud

south-west [sauθ'wɛst] N sud-ouest *m*

southwestern [sauθ'wɛstən] ADJ du *or* au sud-ouest

souvenir [su:və'nɪə^r] N souvenir *m* (*objet*)

sovereign ['sɔvrɪn] ADJ, N souverain(e)

sovereignty ['sɔvrɪntɪ] N souveraineté *f*

soviet ['səuvɪət] ADJ soviétique

Soviet Union N: **the ~** l'Union *f* soviétique

sow[1] [səu] (*pt* **sowed** [səud], *pp* **sown** [səun]) VT semer

sow[2] [sau] N truie *f*

soya ['sɔɪə], (*US*) **soy** [sɔɪ] N: **~ bean** graine *f* de soja; **~ sauce** sauce *f* au soja

sozzled ['sɔzld] ADJ (BRIT *inf*) paf *inv*

spa [spɑ:] N (*town*) station thermale; (*also:* **health spa**) spa *m*

★**space** [speɪs] N (*gen*) espace *m*; (*room*) place *f*; espace; (*length of time*) laps *m* de temps; **to clear a ~ for sth** faire de la place pour qch; **in a confined ~** dans un espace réduit *or* restreint; **in a short ~ of time** dans peu de temps; **(with)in the ~ of an hour** en l'espace d'une heure ▸ CPD spatial(e) ▸ VT (*also:* **space out**) espacer

space bar N (*on typewriter*) barre *f* d'espacement

spacecraft ['speɪskrɑ:ft] N engin *or* vaisseau spatial

spaceman ['speɪsmæn] N (*irreg*) astronaute *m*, cosmonaute *m*

spaceship ['speɪsʃɪp] N = **spacecraft**

space shuttle N navette spatiale

spacesuit ['speɪssu:t] N combinaison spatiale

spacewoman ['speɪswumən] N (*irreg*) astronaute *f*, cosmonaute *f*

spacing ['speɪsɪŋ] N espacement *m*; **single/double ~** (*Typ etc*) interligne *m* simple/double

spacious ['speɪʃəs] ADJ spacieux(-euse), grand(e)

spade [speɪd] N (*tool*) bêche *f*, pelle *f*; (*child's*) pelle ▪ **spades** NPL (*Cards*) pique *m*

spadework ['speɪdwə:k] N (*fig*) gros *m* du travail

spaghetti [spə'gɛtɪ] N spaghetti *mpl*

★**Spain** [speɪn] N Espagne *f*

spam [spæm] N (*Comput*) spam *m*, pollupostage *m* ▸ CPD (*filter, laws*) antispam *inv*, antipollupostage *inv* ▸ VT envoyer des spams à, polluposter

spammer ['spæmə^r] N (*Comput*) spammeur(-euse), polluposteur *m*

spamming ['spæmɪŋ] N (*Comput*) spamming *m*, envoi *m* de pourriels

span [spæn] N (*of bird, plane*) envergure *f*; (*of arch*) portée *f*; (*in time*) espace *m* de temps, durée *f* ▸ VT enjamber, franchir; (*fig*) couvrir, embrasser

spangled ['spæŋgəld] ADJ pailleté(e); **a dark night sky ~ with stars** une nuit sombre constellée d'étoiles

★**Spaniard** ['spænjəd] N Espagnol(e)

spaniel ['spænjəl] N épagneul *m*

★**Spanish** ['spænɪʃ] ADJ espagnol(e), d'Espagne; **~ omelette** omelette *f* à l'espagnole ▸ N (*Ling*) espagnol *m*; **the ~** *npl* les Espagnols *mpl*

spank [spæŋk] VT donner une fessée à

spanking ['spæŋkɪŋ] N fessée *f* ▸ ADV (*inf: new*) flambant; **a ~ new Mercedes** une Mercedes flambant neuve

spanner ['spænə^r] N (BRIT) clé *f* (de mécanicien)

spar [spɑ:^r] N espar *m* ▸ VI (*Boxing*) s'entraîner

★**spare** [spɛə^r] ADJ de réserve, de rechange; (*surplus*) de *or* en trop, de reste; **there are 2 going ~** (BRIT) il y en a 2 de disponible ▸ N (*part*) pièce *f* de rechange, pièce détachée ▸ VT (*do without*) se passer de; (*afford to give*) donner, accorder, passer; (*not hurt*) épargner; (*not use*) ménager; **to ~** (*surplus*) en surplus, de trop; **to ~ no expense** ne pas reculer devant la dépense; **can you ~ the time?** est-ce que vous avez le temps ?; **there is no time to ~** il n'y a pas de temps à perdre; **I've a few minutes to ~** je dispose de quelques minutes

spare part N pièce *f* de rechange, pièce détachée

spare room N chambre *f* d'ami

spare time N moments *mpl* de loisir

spare tyre, (*US*) **spare tire** N (*Aut*) pneu *m* de rechange

spare wheel N (*Aut*) roue *f* de secours

sparing ['spɛərɪŋ] ADJ: **to be ~ with** ménager

sparingly ['spɛərɪŋlɪ] ADV avec modération

spark [spɑ:k] N étincelle *f*; (*fig*) étincelle, lueur *f* ▸ **spark off** VT (*riot, row*) déclencher

sparkle ['spɑ:kl] N scintillement *m*, étincellement *m*, éclat *m* ▸ VI étinceler, scintiller; (*bubble*) pétiller

sparkler ['spɑ:klə^r] N cierge *m* magique

S

sparkling ['spɑːklɪŋ] ADJ étincelant(e), scintillant(e); (*wine*) mousseux(-euse), pétillant(e); (*water*) pétillant(e), gazeux(-euse)

sparkly ['spɑːklɪ] ADJ (*inf*) étincelant(e)

spark plug N bougie *f*

sparring partner ['spɑːrɪŋ-] N sparring-partner *m*; (*fig*) vieil(le) ennemi(e)

sparrow ['spærəu] N moineau *m*

sparse [spɑːs] ADJ clairsemé(e)

sparsely ['spɑːslɪ] ADV: **~ populated** à la population clairsemée; **~ furnished** sommairement meublé(e)

spartan ['spɑːtən] ADJ (*fig*) spartiate

spasm ['spæzəm] N (*Med*) spasme *m*; (*fig*) accès *m*

spasmodic [spæz'mɔdɪk] ADJ (*fig*) intermittent(e)

spat [spæt] PT, PP *of* **spit** ▸ N (*US*) prise *f* de bec

spate [speɪt] N (*fig*): **~ of** avalanche *f or* torrent *m* de; **in ~** (*river*) en crue

spatial ['speɪʃl] ADJ spatial(e)

spatter ['spætəʳ] N éclaboussure(s) *f(pl)* ▸ VT éclabousser ▸ VI gicler

spatula ['spætjulə] N spatule *f*

spawn [spɔːn] VT pondre; (*pej*) engendrer ▸ VI frayer ▸ N frai *m*

SPCA N ABBR (*US:* = *Society for the Prevention of Cruelty to Animals*) ≈ SPA *f*

SPCC N ABBR (*US*) = **Society for the Prevention of Cruelty to Children**

★**speak** [spiːk] (*pt* **spoke** [spəuk], *pp* **spoken** ['spəukn]) VT (*language*) parler; (*truth*) dire; **I don't ~ French** je ne parle pas français; **do you ~ English?** parlez-vous anglais ?; **to ~ one's mind** dire ce que l'on pense ▸ VI parler; (*make a speech*) prendre la parole; **to ~ to sb/of** *or* **about sth** parler à qn/de qch; **can I ~ to ...?** est-ce que je peux parler à ... ?; **speaking!** (*on telephone*) c'est moi-même !; **it speaks for itself** c'est évident; **~ up!** parle plus fort !; **he has no money to ~ of** il n'a pas d'argent
▸ **speak for** [spiːk fɔːʳ] VT FUS: **to ~ for sb** parler pour qn; **that picture is already spoken for** (*in shop*) ce tableau est déjà réservé
▸ **speak out** [spiːk aut] VI parler haut et fort; **to ~ out against sth** s'élever contre qch; **to ~ out in favour of sth** plaider la cause de qch

★**speaker** ['spiːkəʳ] N (*in public*) orateur *m*; (*also:* **loudspeaker**) haut-parleur *m*; (: *for stereo etc*) baffle *m*, enceinte *f*; (: *Pol*): **the S~** (BRIT) *le président de la Chambre des communes or des représentants*; (*US*) *le président de la Chambre*; **are you a Welsh ~?** parlez-vous gallois ?

speaking ['spiːkɪŋ] ADJ parlant(e); **French-speaking people** les francophones *mpl*; **to be on ~ terms** se parler

spear [spɪəʳ] N lance *f* ▸ VT transpercer

spearhead ['spɪəhɛd] N fer *m* de lance; (*Mil*) colonne *f* d'attaque ▸ VT (*attack etc*) mener

spearmint ['spɪəmɪnt] N (*Bot etc*) menthe verte

spec [spɛk] N (BRIT *inf*): **on ~** à tout hasard; **to buy on ~** acheter avec l'espoir de faire une bonne affaire

★**special** ['spɛʃl] ADJ spécial(e); **take ~ care** soyez particulièrement prudent; **nothing ~** rien de spécial ▸ N (*train*) train spécial; **today's ~** (*at restaurant*) le plat du jour

special agent N agent secret

special correspondent N envoyé spécial

special delivery N (*Post*): **by ~** en express

special effects NPL (*Cine*) effets spéciaux

★**specialist** ['spɛʃəlɪst] N spécialiste *mf*; **heart ~** cardiologue *mf*

speciality [spɛʃɪ'ælɪtɪ] N (BRIT) spécialité *f*

specialization [spɛʃəlaɪ'zeɪʃən] N spécialisation *f*

★**specialize** ['spɛʃəlaɪz] VI: **to ~ (in)** se spécialiser (dans)

specially ['spɛʃlɪ] ADV spécialement, particulièrement

special needs NPL (BRIT) difficultés *fpl* d'apprentissage scolaire

special offer N (*Comm*) réclame *f*

special school N (BRIT) établissement *m* d'enseignement spécialisé

specialty ['spɛʃəltɪ] N (*US*) = **speciality**

★**species** ['spiːʃiːz] N (*pl inv*) espèce *f*

★**specific** [spə'sɪfɪk] ADJ (*not vague*) précis(e), explicite; (*particular*) particulier(-ière); (*Bot, Chem etc*) spécifique; **to be ~ to** être particulier à, être le *or* un caractère (*or* les caractères) spécifique(s) de

★**specifically** [spə'sɪfɪklɪ] ADV explicitement, précisément; (*intend, ask, design*) expressément, spécialement; (*exclusively*) exclusivement, spécifiquement

specification [spɛsɪfɪ'keɪʃən] N spécification *f*; stipulation *f* ■ **specifications** NPL (*of car, building etc*) spécification

specifics [spə'sɪfɪks] NPL détails *mpl*

specify ['spɛsɪfaɪ] VT spécifier, préciser; **unless otherwise specified** sauf indication contraire

specimen ['spɛsɪmən] N spécimen *m*, échantillon *m*; (*Med*: *of blood*) prélèvement *m*; (: *of urine*) échantillon *m*

specimen copy N spécimen *m*

specimen signature N spécimen *m* de signature

speck [spɛk] N petite tache, petit point; (*particle*) grain *m*

speckled ['spɛkld] ADJ tacheté(e), moucheté(e)

specs [spɛks] NPL (*inf*) lunettes *fpl*

spectacle ['spɛktəkl] N spectacle *m* ■ **spectacles** NPL (BRIT) lunettes *fpl*

spectacle case N (BRIT) étui *m* à lunettes

★**spectacular** [spɛk'tækjuləʳ] ADJ spectaculaire ▸ N (*Cine etc*) superproduction *f*

spectator [spɛk'teɪtəʳ] N spectateur(-trice)

spectator sport N: **football is a great ~** le football est un sport qui passionne les foules

spectra ['spɛktrə] NPL *of* **spectrum**

spectre, (*US*) **specter** ['spɛktəʳ] N spectre *m*, fantôme *m*

spectrum ['spɛktrəm] (*pl* **spectra** [-rə]) N spectre *m*; (*fig*) gamme *f*

speculate ['spɛkjuleɪt] VI spéculer; (*ponder*): **to ~ about** s'interroger sur

speculation [spɛkju'leɪʃən] N spéculation *f*; conjectures *fpl*

speculative ['spɛkjulətɪv] ADJ spéculatif(-ive)

speculator ['spɛkjuleɪtəʳ] N spéculateur(-trice)

sped [spɛd] PT, PP *of* **speed**

★**speech** [spi:tʃ] N (*faculty*) parole *f*; (*talk*) discours *m*, allocution *f*; (*manner of speaking*) façon *f* de parler, langage *m*; (*language*) langage *m*; (*enunciation*) élocution *f*

speech day N (BRIT *Scol*) distribution *f* des prix

speech impediment N défaut *m* d'élocution

speechless ['spi:tʃlɪs] ADJ muet(te)

speech therapy N orthophonie *f*

★**speed** [spi:d] (*pt, pp* **sped** [spɛd]) N vitesse *f*; (*promptness*) rapidité *f*; **at ~** (BRIT) rapidement; **at full** *or* **top ~** à toute vitesse *or* allure; **at a ~ of 70 km/h** à une vitesse de 70 km/h; **shorthand/typing speeds** nombre *m* de mots à la minute en sténographie/dactylographie; **a five-speed gearbox** une boîte cinq vitesses ▸VI (*Aut: exceed speed limit*) faire un excès de vitesse; **to ~ along/by** *etc* aller/passer *etc* à toute vitesse
▸**speed up** [spi:d ʌp] (*pt, pp* **speeded up** [spi:dɪd ʌp]) VI aller plus vite, accélérer ▸VT accélérer

speedboat ['spi:dbəut] N vedette *f*, hors-bord *m inv*

speed bump N ralentisseur *m*

speed camera N radar *m* (automatique)

speedily ['spi:dɪlɪ] ADV rapidement, promptement

speeding ['spi:dɪŋ] N (*Aut*) excès *m* de vitesse

speed limit N limitation *f* de vitesse, vitesse maximale permise

speedometer [spɪ'dɔmɪtəʳ] N compteur *m* (de vitesse)

speed trap N (*Aut*) piège *m* de police pour contrôle de vitesse

speedway ['spi:dweɪ] N (*Sport*) piste *f* de vitesse pour motos; (*also:* **speedway racing**) épreuve(s) *f(pl)* de vitesse de motos

speedy [spi:dɪ] ADJ rapide, prompt(e)

speleologist [spelɪ'ɔlədʒɪst] N spéléologue *mf*

★**spell** [spɛl] (*pt, pp* **spelt** [spɛlt] *or* **spelled** [spɛld]) N (*also:* **magic spell**) sortilège *m*, charme *m*; (*period of time*) (courte) période; **to cast a ~ on sb** jeter un sort à qn ▸VT (*in writing*) écrire, orthographier; (*aloud*) épeler; (*fig*) signifier; **how do you ~ your name?** comment écrivez- vous votre nom ?; **can you ~ it for me?** pouvez-vous me l'épeler ? ▸VI: **he can't ~** il fait des fautes d'orthographe
▸**spell out** [spel aut] VT (*explain*): **to ~ sth out for sb** expliquer qch clairement à qn

spellbinding ['spɛlbaɪndɪŋ] ADJ captivant(e)

spellbound ['spɛlbaund] ADJ envoûté(e), subjugué(e)

spellcheck ['spɛltʃɛk] VT passer au correcteur orthographique ▸N correction *f* orthographique; **to ~ sth** *or* **to run a ~ over sth** passer qch au correcteur orthographique

spellchecker ['speltʃekəʳ] N correcteur *m or* vérificateur *m* orthographique

spelling ['spelɪŋ] N orthographe *f*

spelt [spɛlt] PT, PP *of* **spell**

★**spend** [spɛnd] (*pt, pp* **spent** [spɛnt]) VT (*money*) dépenser; (*time, life*) passer; (*devote*) consacrer; **to ~ time/money/effort on sth** consacrer du temps/de l'argent/de l'énergie à qch

spending ['spɛndɪŋ] N dépenses *fpl*; **government ~** les dépenses publiques

spending money N argent *m* de poche

spending power N pouvoir *m* d'achat

spendthrift ['spɛndθrɪft] N dépensier(-ière)

spent [spɛnt] PT, PP *of* **spend** ▸ADJ (*patience*) épuisé(e), à bout; (*cartridge, bullets*) vide; **~ matches** vieilles allumettes

sperm [spə:m] N spermatozoïde *m*; (*semen*) sperme *m*

sperm bank N banque *f* du sperme

spermicide ['spə:mɪsaɪd] N spermicide *m*

sperm whale N cachalot *m*

spew [spju:] VT vomir
▸**spew out** VT cracher

sphere [sfɪəʳ] N sphère *f*; (*fig*) sphère, domaine *m*

spherical ['sferɪkl] ADJ sphérique

sphinx [sfɪŋks] N sphinx *m*

spice [spaɪs] N épice *f* ▸VT épicer
▸**spice up** VT (*story, conversation*) donner du piquant à, donner du sel à

spiced [spaɪst] ADJ (*dish, sauce*) épicé(e); **~ with sth** relevé(e) avec qch

spick-and-span ['spɪkən'spæn] ADJ impeccable

spicy ['spaɪsɪ] ADJ épicé(e), relevé(e); (*fig*) piquant(e)

★**spider** ['spaɪdəʳ] N araignée *f*; **~'s web** toile *f* d'araignée

spiel [spi:l] N (*inf*) laïus *m inv*

spigot ['spɪgət] N (*US*) robinet *m*

spike [spaɪk] N pointe *f*; (*Elec*) pointe de tension; (*Bot*) épi *m* ■ **spikes** NPL (*Sport*) chaussures *fpl* à pointes

spike heel N (*US*) talon *m* aiguille

spiky ['spaɪkɪ] ADJ (*bush, branch*) épineux(-euse); (*animal*) plein(e) de piquants; (*hair*) en épis

spill [spɪl] (*pt, pp* **spilt** [-t] *or* **spilled** [-d]) VT renverser; répandre; **to ~ the beans** (*inf*) vendre la mèche; (*confess*) lâcher le morceau ▸VI se répandre
▸**spill out** [spɪl aut] VI sortir à flots, se répandre
▸**spill over** VI déborder

spillage ['spɪlɪdʒ] N (*of oil*) déversement *m* (accidentel)

spilt [spɪlt] PT, PP *of* **spill**

spin [spɪn] (*pt, pp* **spun** [spʌn]) N (*revolution of wheel*) tour *m*; (*Aviat*) (chute *f* en) vrille *f*; (*trip in car*) petit tour, balade *f*; (*on ball*) effet *m* ▸VT (*wool etc*) filer; (*wheel*) faire tourner; (BRIT: *clothes*) essorer; **to ~ a yarn** débiter une longue histoire; **to ~ a coin** (BRIT) jouer à pile ou face ▸VI (*turn*) tourner, tournoyer
▸**spin out** VT faire durer
▸**spin round** VT faire tourner ▸VI (*wheel, top, skater*) tourner (sur soi-même); (*person: to face other way*) faire volte-face

spina bifida ['spaɪnə'bɪfɪdə] N spina-bifida *m inv*

spinach ['spɪnɪtʃ] N épinard *m*; (*as food*) épinards *mpl*

spinal ['spaɪnl] ADJ vertébral(e), spinal(e)

spinal column N colonne vertébrale

spinal cord N moelle épinière

spindly ['spɪndlɪ] ADJ grêle, filiforme

spin doctor N (*inf*) *personne employée pour présenter un parti politique sous un jour favorable*

S

spin-dry ['spɪn'draɪ] VT essorer
spin-dryer [spɪn'draɪəʳ] N (BRIT) essoreuse *f*
spine [spaɪn] N colonne vertébrale; (*thorn*) épine *f*, piquant *m*
spine-chilling ['spaɪntʃɪlɪŋ] ADJ terrifiant(e)
spineless ['spaɪnlɪs] ADJ invertébré(e); (*fig*) mou (molle), sans caractère
spinner ['spɪnəʳ] N (*of thread*) fileur(-euse)
spinning ['spɪnɪŋ] N (*of thread*) filage *m*; (*by machine*) filature *f*
spinning top N toupie *f*
spinning wheel N rouet *m*
spin-off ['spɪnɔf] N sous-produit *m*; avantage inattendu
spinster ['spɪnstəʳ] N célibataire *f*; vieille fille
spiral ['spaɪərl] N spirale *f*; **the inflationary ~** la spirale inflationniste ▸ ADJ en spirale ▸ VI (*fig: prices etc*) monter en flèche
spiral staircase N escalier *m* en colimaçon
spire ['spaɪəʳ] N flèche *f*, aiguille *f*
★**spirit** ['spɪrɪt] N (*soul*) esprit *m*, âme *f*; (*ghost*) esprit, revenant *m*; (*mood*) esprit, état *m* d'esprit; (*courage*) courage *m*, énergie *f*; **community ~** solidarité *f*; **public ~** civisme *m* ■ **spirits** NPL (*drink*) spiritueux *mpl*, alcool *m*; (*state of mind*): **in good spirits** de bonne humeur; **in low spirits** démoralisé(e)
spirited ['spɪrɪtɪd] ADJ vif (vive), fougueux(-euse), plein(e) d'allant
spirit level N niveau *m* à bulle
★**spiritual** ['spɪrɪtjuəl] ADJ spirituel(le); (*religious*) religieux(-euse) ▸ N (*also:* **Negro spiritual**) spiritual *m*
spiritualism ['spɪrɪtjuəlɪzəm] N spiritisme *m*
spirituality [spɪrɪtju'ælətɪ] N spiritualité *f*
spit [spɪt] (*pt, pp* **spat** [spæt]) N (*for roasting*) broche *f*; (*spittle*) crachat *m*; (*saliva*) salive *f* ▸ VI cracher; (*sound*) crépiter; (*rain*) crachiner
▸ **spit out** VT (*food, words*) cracher
★**spite** [spaɪt] N rancune *f*, dépit *m*; **in ~ of** en dépit de, malgré ▸ VT contrarier, vexer
spiteful ['spaɪtful] ADJ malveillant(e), rancunier(-ière)
spitroast ['spɪt'rəust] VT faire rôtir à la broche
spitting ['spɪtɪŋ] N: **"~ prohibited"** « défense de cracher » ▸ ADJ: **to be the ~ image of sb** être le portrait tout craché de qn
spittle ['spɪtl] N salive *f*; bave *f*; crachat *m*
spiv [spɪv] N (BRIT *inf*) chevalier *m* d'industrie, aigrefin *m*
splash [splæʃ] N (*sound*) plouf *m*; (*of colour*) tache *f* ▸ VT éclabousser ▸ VI (*also:* **splash about**) barboter, patauger
▸ **splash out** VI (BRIT) faire une folie
splashdown ['splæʃdaun] N amerrissage *m*
splat [splæt] N floc *m*
splatter ['splætəʳ] VI dégouliner ▸ VT éclabousser
splay-footed [spleɪ'futəd] ADJ marchant les pieds en dehors
spleen [spli:n] N (*Anat*) rate *f*
splendid ['splɛndɪd] ADJ splendide, superbe, magnifique
splendour, (US) **splendor** ['splɛndəʳ] N splendeur *f*, magnificence *f*
splice [splaɪs] VT épisser
spliff [splɪf] N (*inf*) joint *m* (*inf*), pétard *m* (*inf*)
splint [splɪnt] N attelle *f*, éclisse *f*
splinter ['splɪntəʳ] N (*wood*) écharde *f*; (*metal*) éclat *m* ▸ VI (*wood*) se fendre; (*glass*) se briser
splinter group N groupe dissident
★**split** [splɪt] (*pt, pp* **~**) N fente *f*, déchirure *f*; (*fig: Pol*) scission *f*; **to do the splits** faire le grand écart ▸ VT fendre, déchirer; (*party*) diviser; (*work, profits*) partager, répartir; **let's ~ the difference** coupons la poire en deux ▸ VI (*break*) se fendre, se briser; (*divide*) se diviser
▸ **split up** VI (*couple*) se séparer, rompre; (*meeting*) se disperser
split-level ['splɪtlɛvl] ADJ (*house*) à deux *or* plusieurs niveaux
split peas NPL pois cassés
split personality N double personnalité *f*
split second N fraction *f* de seconde
splitting ['splɪtɪŋ] ADJ: **a ~ headache** un mal de tête atroce
splodge [splɔdʒ] N (BRIT) tache *f*
splotch [splɔtʃ] N tache *f*
splurge [splə:dʒ] VI faire des folies; **to ~ on sth** dépenser une fortune dans qch
splutter ['splʌtəʳ] VI bafouiller; postillonner
spoil [spɔɪl] (*pt, pp* **spoiled** [-d] *or* **spoilt** [-t]) VT (*damage*) abîmer; (*mar*) gâcher; (*child*) gâter; (*ballot paper*) rendre nul ▸ VI: **to be spoiling for a fight** chercher la bagarre
spoils [spɔɪlz] NPL butin *m*
spoilsport ['spɔɪlspɔ:t] N trouble-fête *mf*, rabat-joie *m inv*
spoilt [spɔɪlt] PT, PP *of* **spoil** ▸ ADJ (*child*) gâté(e); (*ballot paper*) nul(le)
spoke [spəuk] PT *of* **speak** ▸ N rayon *m*
spoken ['spəukn] PP *of* **speak**
★**spokesman** ['spəuksmən] N (*irreg*) porte-parole *m inv*
spokesperson ['spəukspə:sn] N porte-parole *m inv*
spokeswoman ['spəukswumən] N (*irreg*) porte-parole *m inv*
sponge [spʌndʒ] N éponge *f*; (*Culin: also:* **sponge cake**) ≈ biscuit *m* de Savoie ▸ VT éponger ▸ VI: **to ~ off** vivre aux crochets de
sponge bag N (BRIT) trousse *f* de toilette
sponge cake N ≈ biscuit *m* de Savoie
sponger ['spʌndʒəʳ] N (*pej*) parasite *m*
spongy ['spʌndʒɪ] ADJ spongieux(-euse)
★**sponsor** ['spɔnsəʳ] N (*Radio, TV, Sport*) sponsor *m*; (*for application*) parrain (marraine); (BRIT: *for fund-raising event*) donateur(-trice) ▸ VT (*programme, competition etc*) parrainer, patronner, sponsoriser; (*Pol: bill*) présenter; (*new member*) parrainer; (*fund-raiser*) faire un don à; **I sponsored him at £3 a mile** (*in fund-raising race*) je me suis engagé à lui donner 3 livres par mile
sponsored ['spɔnsəd] ADJ: **~ walk** marche *f* (*pour une œuvre caritative*)
sponsorship ['spɔnsəʃɪp] N sponsoring *m*; patronage *m*, parrainage *m*; dons *mpl*

spontaneity [spɔntəˈneɪɪtɪ] N spontanéité *f*

spontaneous [spɔnˈteɪnɪəs] ADJ spontané(e)

spontaneously [spɔnˈteɪniəslɪ] ADV spontanément

spoof [spu:f] N (*parody*) parodie *f*; (*trick*) canular *m*

spook [spu:k] N (*inf*: *ghost*) fantôme *m*; (: *US*: *secret agent*) barbouze *m* (*inf*) ▸ VT faire peur à; **to be spooked by sth** être effrayé(e) par qch

spooky [ˈspu:kɪ] ADJ (*inf*) qui donne la chair de poule

spool [spu:l] N bobine *f*

★**spoon** [spu:n] N cuiller *f*

spoon-feed [ˈspu:nfi:d] VT nourrir à la cuiller; (*fig*) mâcher le travail à

spoonful [ˈspu:nful] N cuillerée *f*

sporadic [spəˈrædɪk] ADJ sporadique

spore [spɔ:ʳ] N spore *f*

★**sport** [spɔ:t] N sport *m*; (*amusement*) divertissement *m*; (*person*) chic type *m*/chic fille *f*; **indoor/outdoor sports** sports en salle/de plein air; **to say sth in ~** dire qch pour rire ▸ VT (*wear*) arborer

sporting [ˈspɔ:tɪŋ] ADJ sportif(-ive); **to give sb a ~ chance** donner sa chance à qn

sport jacket N (*US*) = **sports jacket**

sports car N voiture *f* de sport

sportscaster [ˈspɔ:tskɑ:stəʳ] (*esp US*) N commentateur(-trice) sportif(-ive)

sports centre (BRIT) N centre sportif

sports drink N boisson *f* pour le sport

sports ground N terrain *m* de sport

sports jacket N (BRIT) veste *f* de sport

sportsman [ˈspɔ:tsmən] N (*irreg*) sportif *m*

sportsmanship [ˈspɔ:tsmənʃɪp] N esprit sportif, sportivité *f*

sports page N page *f* des sports

sports utility vehicle N véhicule *m* de loisirs, SUV *m*

sportswear [ˈspɔ:tswɛəʳ] N vêtements *mpl* de sport

sportswoman [ˈspɔ:tswumən] N (*irreg*) sportive *f*

sporty [ˈspɔ:tɪ] ADJ sportif(-ive)

★**spot** [spɔt] N tache *f*; (*dot*: *on pattern*) pois *m*; (*pimple*) bouton *m*; (*place*) endroit *m*, coin *m*; (*also*: **spot advertisement**) message *m* publicitaire; **on the ~** sur place, sur les lieux; (*immediately*) sur le champ; **to put sb on the ~** (*fig*) mettre qn dans l'embarras; **to come out in spots** se couvrir de boutons, avoir une éruption de boutons ▸ VT (*notice*) apercevoir, repérer

spot check N contrôle intermittent

spotless [ˈspɔtlɪs] ADJ immaculé(e)

spotlight [ˈspɔtlaɪt] N projecteur *m*; (*Aut*) phare *m* auxiliaire

spot-on [spɔtˈɔn] ADJ (BRIT *inf*) en plein dans le mille

spot price N prix *m* sur place

spotted [ˈspɔtɪd] ADJ tacheté(e), moucheté(e); à pois; **~ with** tacheté(e) de

spotty [ˈspɔtɪ] ADJ (*face*) boutonneux(-euse)

spouse [spauz] N époux (épouse)

spout [spaut] N (*of jug*) bec *m*; (*of liquid*) jet *m* ▸ VI jaillir

sprain [spreɪn] N entorse *f*, foulure *f* ▸ VT: **to ~ one's ankle** se fouler *or* se tordre la cheville

sprang [spræŋ] PT *of* **spring**

sprawl [sprɔ:l] VI s'étaler; **to send sb sprawling** envoyer qn rouler par terre ▸ N: **urban ~** expansion urbaine

sprawled [sprɔ:ld] ADJ (*person*) vautré(e)

★**spray** [spreɪ] N jet *m* (en fines gouttelettes); (*from sea*) embruns *mpl*; (*aerosol*) vaporisateur *m*, bombe *f*; (*for garden*) pulvérisateur *m*; (*of flowers*) petit bouquet ▸ VT vaporiser, pulvériser; (*crops*) traiter ▸ CPD (*deodorant etc*) en bombe *or* atomiseur

spray-paint [ˈspreɪpeɪnt] N (*also*: **spray paint**) peinture *f* en bombe ▸ VT peindre à la bombe, bomber

★**spread** [sprɛd] (*pt, pp* **~**) N (*distribution*) répartition *f*; (*Culin*) pâte *f* à tartiner; (*inf*: *meal*) festin *m*; (*Press, Typ*: *two pages*) double page *f*; **middle-age ~** embonpoint *m* (pris avec l'âge) ▸ VT (*paste, contents*) étendre, étaler; (*rumour, disease*) répandre, propager; (*repayments*) échelonner, étaler; (*wealth*) répartir ▸ VI s'étendre; se répandre; se propager; (*stain*) s'étaler
▸ **spread out** VI (*people*) se disperser

spread-eagled [ˈsprɛdi:gld] ADJ: **to be** *or* **lie ~** être étendu(e) bras et jambes écartés

spreadsheet [ˈsprɛdʃi:t] N (*Comput*) tableur *m*

spree [spri:] N: **to go on a ~** faire la fête

sprig [sprɪg] N rameau *m*

sprightly [ˈspraɪtlɪ] ADJ alerte

★**spring** [sprɪŋ] (*pt* **sprang** [spræŋ], *pp* **sprung** [sprʌŋ]) N (*season*) printemps *m*; (*leap*) bond *m*, saut *m*; (*coiled metal*) ressort *m*; (*bounciness*) élasticité *f*; (*of water*) source *f*; **in ~, in the ~** au printemps; **to walk with a ~ in one's step** marcher d'un pas souple ▸ VI bondir, sauter; **to ~ from** provenir de; **to ~ into action** passer à l'action ▸ VT: **to ~ a leak** (*pipe etc*) se mettre à fuir; **he sprang the news on me** il m'a annoncé la nouvelle de but en blanc
▸ **spring up** [sprɪŋ ʌp] VI (*problem*) se présenter, surgir; (*plant, buildings*) surgir de terre

springboard [ˈsprɪŋbɔ:d] N tremplin *m*

spring-clean [sprɪŋˈkli:n] N (*also*: **spring-cleaning**) grand nettoyage de printemps

spring onion N (BRIT) ciboule *f*, cive *f*

spring roll N rouleau *m* de printemps

springtime [ˈsprɪŋtaɪm] N printemps *m*

springy [ˈsprɪŋɪ] ADJ élastique, souple

sprinkle [ˈsprɪŋkl] VT (*pour*) répandre; verser; **to ~ water** *etc* **on, ~ with water** *etc* asperger d'eau *etc*; **to ~ sugar** *etc* **on, ~ with sugar** *etc* saupoudrer de sucre *etc*; **sprinkled with** (*fig*) parsemé(e) de

sprinkler [ˈsprɪŋkləʳ] N (*for lawn etc*) arroseur *m*; (*to put out fire*) diffuseur *m* d'extincteur automatique d'incendie

sprinkling [ˈsprɪŋklɪŋ] N (*of water*) quelques gouttes *fpl*; (*of salt*) pincée *f*; (*of sugar*) légère couche

sprint [sprɪnt] N sprint *m* ▸ VI courir à toute vitesse; (*Sport*) sprinter

sprinter [ˈsprɪntəʳ] N sprinteur(-euse)

sprite [spraɪt] N lutin *m*

S

spritzer ['sprɪtsəʳ] N *boisson à base de vin blanc et d'eau de Seltz*

sprocket ['sprɔkɪt] N (*on printer etc*) picot *m*

sprout [spraut] VI germer, pousser

sprouts [sprauts] NPL (*also:* **Brussels sprouts**) choux *mpl* de Bruxelles

spruce [spru:s] N épicéa *m* ▸ ADJ net(te), pimpant(e)
▸ **spruce up** VT (*smarten up: room etc*) apprêter; **to ~ o.s. up** se faire beau (belle)

sprung [sprʌŋ] PP *of* **spring**

spry [spraɪ] ADJ alerte, vif (vive)

SPUC N ABBR = **Society for the Protection of Unborn Children**

spud [spʌd] N (*inf: potato*) patate *f*

spun [spʌn] PT, PP *of* **spin**

spur [spə:ʳ] N éperon *m*; (*fig*) aiguillon *m*; **on the ~ of the moment** sous l'impulsion du moment ▸ VT (*also:* **spur on**) éperonner; aiguillonner

spurious ['spjuərɪəs] ADJ faux (fausse)

spurn [spə:n] VT repousser avec mépris

spurt [spə:t] N jet *m*; (*of blood*) jaillissement *m*; (*of energy*) regain *m*, sursaut *m*; **to put in** *or* **on a ~** (*runner*) piquer un sprint; (*fig: in work etc*) donner un coup de collier ▸ VI jaillir, gicler

sputter ['spʌtəʳ] VI = **splutter**

spy [spaɪ] N espion(ne) ▸ VI: **to ~ on** espionner, épier ▸ VT (*see*) apercevoir ▸ CPD (*film, story*) d'espionnage

spycam ['spaɪkæm] N caméra *f* de surveillance

spying ['spaɪɪŋ] N espionnage *m*

spyware ['spaɪwɛəʳ] N (*Comput*) logiciel *m* espion

Sq. ABBR (*in address*) = **square**

sq. ABBR (*Math etc*) = **square**

squabble ['skwɔbl] N querelle *f*, chamaillerie *f* ▸ VI se chamailler

squad [skwɔd] N (*Mil, Police*) escouade *f*, groupe *m*; (*Football*) contingent *m*; **flying ~** (*Police*) brigade volante

squad car N (BRIT *Police*) voiture *f* de police

squaddie ['skwɔdɪ] N (*Mil: inf*) troufion *m*, bidasse *m*

squadron ['skwɔdrn] N (*Mil*) escadron *m*; (*Aviat, Naut*) escadrille *f*

squalid ['skwɔlɪd] ADJ sordide, ignoble

squall [skwɔ:l] N rafale *f*, bourrasque *f*

squalor ['skwɔləʳ] N conditions *fpl* sordides

squander ['skwɔndəʳ] VT gaspiller, dilapider

★**square** [skwɛəʳ] N carré *m*; (*in town*) place *f*; (*US: block of houses*) îlot *m*, pâté *m* de maisons; (*instrument*) équerre *f*; **we're back to ~ one** (*fig*) on se retrouve à la case départ ▸ ADJ carré(e); (*honest*) honnête, régulier(-ière); (*inf: ideas, tastes*) vieux jeu *inv*, qui retarde; **all ~** quitte; à égalité; **a ~ meal** un repas convenable; **2 metres ~** (de) 2 mètres sur 2; **1 ~ metre** 1 mètre carré ▸ VT (*arrange*) régler; arranger; (*Math*) élever au carré; (*reconcile*) concilier ▸ VI (*agree*) cadrer, s'accorder
▸ **square up** VI (BRIT: *settle*) régler; **to ~ up with sb** régler ses comptes avec qn

square bracket N (*Typ*) crochet *m*

squarely ['skwɛəlɪ] ADV carrément; (*honestly, fairly*) honnêtement, équitablement

square root N racine carrée

squash [skwɔʃ] N (BRIT *Sport*) squash *m*; (*US: vegetable*) courge *f*; (*drink*): **lemon/orange ~** citronnade *f*/orangeade *f* ▸ VT écraser

squat [skwɔt] ADJ petit(e) et épais(se), ramassé(e) ▸ VI (*also:* **squat down**) s'accroupir; (*on property*) squatter, squattériser

squatter ['skwɔtəʳ] N squatter *m*

squawk [skwɔ:k] VI pousser un *or* des gloussement(s)

squeak [skwi:k] N (*of hinge, wheel etc*) grincement *m*; (*of shoes*) craquement *m*; (*of mouse etc*) petit cri aigu ▸ VI (*hinge, wheel*) grincer; (*mouse*) pousser un petit cri

squeaky ['skwi:kɪ] ADJ grinçant(e); **to be ~ clean** (*fig*) être au-dessus de tout soupçon

squeal [skwi:l] VI pousser un *or* des cri(s) aigu(s) *or* perçant(s); (*brakes*) grincer

squeamish ['skwi:mɪʃ] ADJ facilement dégoûté(e); facilement scandalisé(e)

★**squeeze** [skwi:z] N pression *f*; (*also:* **credit squeeze**) encadrement *m* du crédit, restrictions *fpl* de crédit; **a ~ of lemon** quelques gouttes de citron ▸ VT presser; (*hand, arm*) serrer ▸ VI: **to ~ past/under sth** se glisser avec (beaucoup de) difficulté devant/sous qch
▸ **squeeze in** VT (*find time for*) caser; **I can ~ you in at two o'clock** je peux vous caser à deux heures ▸ VI: **it was a tiny car, but we managed to ~ in** la voiture était toute petite, mais nous avons réussi à nous serrer
▸ **squeeze out** VT exprimer; (*fig*) soutirer

squelch [skwɛltʃ] VI faire un bruit de succion; patauger

squib [skwɪb] N pétard *m*

squid [skwɪd] N calmar *m*

squiggle ['skwɪgl] N gribouillis *m*

squint [skwɪnt] VI loucher; **to ~ at sth** regarder qch du coin de l'œil; (*quickly*) jeter un coup d'œil à qch ▸ N: **he has a ~** il louche, il souffre de strabisme

squire ['skwaɪəʳ] N (BRIT) propriétaire terrien

squirm [skwə:m] VI se tortiller

★**squirrel** ['skwɪrəl] N écureuil *m*
▸ **squirrel away** VT (*money, objects*) mettre en lieu sûr

squirt [skwə:t] N jet *m* ▸ VI jaillir, gicler ▸ VT faire gicler

Sr ABBR = **senior**; (*Rel*) = **sister**

SRC N ABBR (BRIT: = *Students' Representative Council*) ≈ CROUS *m*

Sri Lanka [srɪ'læŋkə] N Sri Lanka *m*

SRN N ABBR (BRIT) = **State Registered Nurse**

SRO ABBR (US) = **standing room only**

SS ABBR (= *steamship*) S/S

SSA N ABBR (US: = *Social Security Administration*) *organisme de sécurité sociale*

SST N ABBR (US) = **supersonic transport**

ST ABBR (*US: = Standard Time*) *heure officielle*

St ABBR = **saint**; **street**

stab [stæb] N (*with knife etc*) coup *m* (de couteau *etc*); (*of pain*) lancée *f*; (*inf: try*): **to have a ~ at (doing) sth** s'essayer à (faire) qch ▸VT poignarder; **to ~ sb to death** tuer qn à coups de couteau

stabbing ['stæbɪŋ] N: **there's been a ~** quelqu'un a été attaqué à coups de couteau ▸ADJ (*pain, ache*) lancinant(e)

stability [stə'bɪlɪtɪ] N stabilité *f*

stabilization [steɪbəlaɪ'zeɪʃən] N stabilisation *f*

stabilize ['steɪbəlaɪz] VT stabiliser ▸VI se stabiliser

stabilizer ['steɪbəlaɪzəʳ] N stabilisateur *m*

★**stable** ['steɪbl] N écurie *f*; **riding ~** centre *m* d'équitation ▸ADJ stable

stable boy, stable lad N garçon *m* d'écurie, lad *m*

stab wound ['stæbwu:nd] N coup *m* de couteau

staccato [stə'kɑ:təu] ADV staccato ▸ADJ (*Mus*) piqué(e); (*noise, voice*) saccadé(e)

stack [stæk] N tas *m*, pile *f*; **there's stacks of time** (BRIT *inf*) on a tout le temps ▸VT empiler, entasser

★**stadium** ['steɪdɪəm] N stade *m*

★**staff** [stɑ:f] N (*work force*) personnel *m*; (BRIT *Scol: also:* **teaching staff**) professeurs *mpl*, enseignants *mpl*, personnel enseignant; (*servants*) domestiques *mpl*; (*Mil*) état-major *m*; (*stick*) perche *f*, bâton *m* ▸VT pourvoir en personnel

staffroom ['stɑ:fru:m] N salle *f* des professeurs

stag [stæg] N cerf *m*; (BRIT *Stock Exchange*) loup *m*

★**stage** [steɪdʒ] N scène *f*; (*platform*) estrade *f*; (*point*) étape *f*, stade *m*; (*profession*): **the ~** le théâtre; **in stages** par étapes, par degrés; **to go through a difficult ~** traverser une période difficile; **in the early stages** au début; **in the final stages** à la fin ▸VT (*play*) monter, mettre en scène; (*demonstration*) organiser; (*fig: recovery etc*) effectuer

stagecoach ['steɪdʒkəutʃ] N diligence *f*

stage door N entrée *f* des artistes

stage fright N trac *m*

stagehand ['steɪdʒhænd] N machiniste *m*

stage-manage ['steɪdʒmænɪdʒ] VT (*fig*) orchestrer

stage manager N régisseur *m*

stagger ['stægəʳ] VI chanceler, tituber ▸VT (*person: amaze*) stupéfier; bouleverser; (*hours, holidays*) étaler, échelonner

staggered ['stægəd] ADJ (*amazed*) stupéfait(e)

staggering ['stægərɪŋ] ADJ (*amazing*) stupéfiant(e), renversant(e)

staging post ['steɪdʒɪŋ-] N relais *m*

stagnant ['stægnənt] ADJ stagnant(e)

stagnate [stæg'neɪt] VI stagner, croupir

stagnation [stæg'neɪʃən] N stagnation *f*

stag night, stag party N enterrement *m* de vie de garçon

staid [steɪd] ADJ posé(e), rassis(e)

stain [steɪn] N tache *f*; (*colouring*) colorant *m* ▸VT tacher; (*wood*) teindre

stained [steɪnd] ADJ taché(e); **to be ~ with sth** être taché(e) de qch

stained glass [steɪnd-] N (*decorative*) verre coloré; (*in church*) vitraux *mpl*; **~ window** vitrail *m*

stainless ['steɪnlɪs] ADJ (*steel*) inoxydable

stainless steel N inox *m*, acier *m* inoxydable

stain remover N détachant *m*

stair [stɛəʳ] N (*step*) marche *f*

staircase ['stɛəkeɪs] N = **stairway**

stairlift ['stɛəlɪft] N monte-escaliers *m inv*

★**stairs** [stɛəz] NPL escalier *m*; **on the ~** dans l'escalier

stairway ['stɛəweɪ] N escalier *m*

stairwell ['stɛəwɛl] N cage *f* d'escalier

stake [steɪk] N pieu *m*, poteau *m*; (*Comm: interest*) intérêts *mpl*; (*Betting*) enjeu *m*; **to be at ~** être en jeu; **to have a ~ in sth** avoir des intérêts (en jeu) dans qch ▸VT risquer, jouer; (*also:* **stake out**: *area*) marquer, délimiter; **to ~ a claim (to sth)** revendiquer (qch)

stakeholder ['steɪkhəuldəʳ] N partie *f* prenante

stakeout ['steɪkaut] N surveillance *f*; **to be on a ~** effectuer une surveillance

stalactite ['stæləktaɪt] N stalactite *f*

stalagmite ['stæləgmaɪt] N stalagmite *f*

stale [steɪl] ADJ (*bread*) rassis(e); (*food*) pas frais (fraîche); (*beer*) éventé(e); (*smell*) de renfermé; (*air*) confiné(e)

stalemate ['steɪlmeɪt] N pat *m*; (*fig*) impasse *f*

stalk [stɔ:k] N tige *f* ▸VT traquer ▸VI: **to ~ out/off** sortir/partir d'un air digne

stall [stɔ:l] N (*in street, market etc*) éventaire *m*, étal *m*; (*in stable*) stalle *f*; **a newspaper/flower ~** un kiosque à journaux/de fleuriste ▸VT (*Aut*) caler; (*fig: delay*) retarder ▸VI (*Aut*) caler; (*fig*) essayer de gagner du temps ■ **stalls** NPL (BRIT: *in cinema, theatre*) orchestre *m*

stallholder ['stɔ:lhəuldəʳ] N (BRIT) marchand(e) en plein air

stallion ['stæljən] N étalon *m* (*cheval*)

stalwart ['stɔ:lwət] N partisan *m* fidèle

stamen ['steɪmɛn] N étamine *f*

stamina ['stæmɪnə] N vigueur *f*, endurance *f*

stammer ['stæməʳ] N bégaiement *m* ▸VI bégayer

★**stamp** [stæmp] N timbre *m*; (*also:* **rubber stamp**) tampon *m*; (*mark, also fig*) empreinte *f*; (*on document*) cachet *m* ▸VI (*also:* **stamp one's foot**) taper du pied ▸VT (*letter*) timbrer; (*with rubber stamp*) tamponner

▸**stamp out** VT (*fire*) piétiner; (*crime*) éradiquer; (*opposition*) éliminer

stamp album N album *m* de timbres(-poste)

stamp collecting [-kəlɛktɪŋ] N philatélie *f*

stamp duty N (BRIT: *on document*) droit *m* de timbre; (*: on property transaction*) *droit de timbre payé par l'acheteur d'un bien immobilier ou d'un terrain*

stamped addressed envelope N (BRIT) enveloppe affranchie pour la réponse

stampede [stæm'pi:d] N ruée *f*; (*of cattle*) débandade *f*

stamp machine N distributeur *m* de timbres

stance [stæns] N position *f*

★**stand** [stænd] (*pt, pp* **stood** [stud]) N (*position*) position *f*; (*for taxis*) station *f* (de taxis); (*Mil*) résistance *f*; (*structure*) guéridon *m*; support *m*; (*Comm*) étalage *m*, stand *m*; (*Sport: also:* **stands**) tribune *f*; (*also:*

S

music stand) pupitre *m*; **to make a ~** prendre position; **to take a ~ on an issue** prendre position sur un problème ▸ VI être *or* se tenir (debout); (*rise*) se lever, se mettre debout; (*be placed*) se trouver; (*remain: offer etc*) rester valable; **to ~ for parliament** (BRIT) se présenter aux élections (*comme candidat à la députation*); **it stands to reason** c'est logique; cela va de soi; **as things ~** dans l'état actuel des choses ▸ VT (*place*) mettre, poser; (*tolerate, withstand*) supporter; (*treat, invite*) offrir, payer; **to ~ sb a drink/meal** payer à boire/à manger à qn; **I can't ~ him** je ne peux pas le voir; **to ~ guard** *or* **watch** (*Mil*) monter la garde
▸ **stand aside** [stænd ə'saɪd] VI s'écarter
▸ **stand back** [stænd bæk] VI (*move back*) reculer, s'écarter
▸ **stand by** [stænd baɪ] VI (*be ready*) se tenir prêt(e) ▸ VT FUS (*opinion*) s'en tenir à; (*person*) ne pas abandonner, soutenir
▸ **stand down** [stænd daun] VI (*withdraw*) se retirer; (*Law*) renoncer à ses droits
▸ **stand for** [stænd fɔːʳ] VT FUS (*signify*) représenter, signifier; (*tolerate*) supporter, tolérer
▸ **stand in for** [stænd ɪn fɔːʳ] VT FUS remplacer
▸ **stand out** [stænd aut] VI (*be prominent*) ressortir
▸ **stand up** [stænd ʌp] VI (*rise*) se lever, se mettre debout
▸ **stand up for** [stænd ʌp fɔːʳ] VT FUS défendre
▸ **stand up to** [stænd ʌp tuː] VT FUS tenir tête à, résister à

stand-alone ['stændələun] ADJ (*Comput*) autonome

★**standard** ['stændəd] N (*norm*) norme *f*, étalon *m*; (*level*) niveau *m* (voulu); (*criterion*) critère *m*; (*flag*) étendard *m*; **to be** *or* **come up to ~** être du niveau voulu *or* à la hauteur; **to apply a double ~** avoir *or* appliquer deux poids deux mesures ▸ ADJ (*size etc*) ordinaire, normal(e); (*model, feature*) standard *inv*; (*practice*) courant(e); (*text*) de base ■ **standards** NPL (*morals*) morale *f*, principes *mpl*

standardization [stændədaɪ'zeɪʃən] N standardisation *f*

standardize ['stændədaɪz] VT standardiser

standard lamp N (BRIT) lampadaire *m*

standard of living N niveau *m* de vie

standard time N heure légale

stand-by ['stændbaɪ] N remplaçant(e); **to be on ~** se tenir prêt(e) (à intervenir); (*doctor*) être de garde ▸ ADJ (*provisions*) de réserve

stand-by generator N générateur *m* de secours

stand-by passenger N passager(-ère) en stand-by *or* en attente

stand-by ticket N (*Aviat*) billet *m* stand-by

stand-in ['stændɪn] N remplaçant(e); (*Cine*) doublure *f*

standing ['stændɪŋ] ADJ debout *inv*; (*permanent*) permanent(e); (*rule*) immuable; (*army*) de métier; (*grievance*) constant(e), de longue date; **he was given a ~ ovation** on s'est levé pour l'acclamer; **it's a ~ joke** c'est un vieux sujet de plaisanterie ▸ N réputation *f*, rang *m*, standing *m*; (*duration*): **of 6 months' ~** qui dure depuis 6 mois; **of many years' ~** qui dure *or* existe depuis longtemps; **a man of some ~** un homme estimé

standing committee N commission permanente

standing order N (BRIT: *at bank*) virement *m* automatique, prélèvement *m* bancaire ■ **standing orders** NPL (*Mil*) règlement *m*

standing room N places *fpl* debout

stand-off ['stændɔf] N (*esp US: stalemate*) impasse *f*

stand-offish [stænd'ɔfɪʃ] ADJ distant(e), froid(e)

standpat ['stændpæt] ADJ (*US*) inflexible, rigide

standpipe ['stændpaɪp] N colonne *f* d'alimentation

standpoint ['stændpɔɪnt] N point *m* de vue

standstill ['stændstɪl] N: **at a ~** à l'arrêt; (*fig*) au point mort; **to come to a ~** s'immobiliser, s'arrêter

stand-up ['stændʌp] ADJ (*row, fight*) en règle; **~ comedian** monologuiste *mf*; **~ comedy** monologue *m* comique

stank [stæŋk] PT *of* **stink**

stanza ['stænzə] N strophe *f*; couplet *m*

staple ['steɪpl] N (*for papers*) agrafe *f*; (*chief product*) produit *m* de base ▸ ADJ (*food, crop, industry etc*) de base principal(e) ▸ VT agrafer

stapler ['steɪpləʳ] N agrafeuse *f*

★**star** [stɑːʳ] N étoile *f*; (*celebrity*) vedette *f*; **4-star hotel** hôtel *m* 4 étoiles; **2-star petrol** (BRIT) essence *f* ordinaire; **4-star petrol** (BRIT) super *m* ▸ VI: **to ~ (in)** être la vedette (de) ▸ VT avoir pour vedette ■ **stars** NPL: **the stars** (*Astrology*) l'horoscope *m*

star attraction N grande attraction

starboard ['stɑːbəd] N tribord *m*; **to ~** à tribord

starch [stɑːtʃ] N amidon *m*; (*in food*) fécule *f*

starched [stɑːtʃt] ADJ (*collar*) amidonné(e), empesé(e)

starchy ['stɑːtʃɪ] ADJ (*food*) riche en féculents; (*person*) guindé(e)

stardom ['stɑːdəm] N célébrité *f*

stare [stɛəʳ] N regard *m* fixe ▸ VI: **to ~ at** regarder fixement

starfish ['stɑːfɪʃ] N étoile *f* de mer

stark [stɑːk] ADJ (*bleak*) désolé(e), morne; (*simplicity, colour*) austère; (*reality, poverty*) nu(e) ▸ ADV: **~ naked** complètement nu(e)

starkers ['stɑːkəz] ADJ: **to be ~** (BRIT *inf*) être à poil

starlet ['stɑːlɪt] N (*Cine*) starlette *f*

starlight ['stɑːlaɪt] N: **by ~** à la lumière des étoiles

starling ['stɑːlɪŋ] N étourneau *m*

starlit ['stɑːlɪt] ADJ étoilé(e); illuminé(e) par les étoiles

starry ['stɑːrɪ] ADJ étoilé(e)

starry-eyed [stɑːrɪ'aɪd] ADJ (*innocent*) ingénu(e)

Stars and Stripes NPL: **the ~** la bannière étoilée

star sign N signe zodiacal *or* du zodiaque

star-studded ['stɑːstʌdɪd] ADJ: **a ~ cast** une distribution prestigieuse

★**start** [stɑːt] N commencement *m*, début *m*; (*of race*) départ *m*; (*sudden movement*) sursaut *m*; (*advantage*) avance *f*, avantage *m*; **at the ~** au début; **for a ~** d'abord, pour commencer; **to make an early ~** partir *or* commencer de bonne heure ▸ VT commencer; (*cause: fight*) déclencher; (*rumour*) donner naissance à; (*fashion*) lancer; (*found: business, news-*

paper) lancer, créer; (*engine*) mettre en marche; **to ~ doing** *or* **to do sth** se mettre à faire qch ▶ VI (*begin*) commencer; (*begin journey*) partir, se mettre en route; (*jump*) sursauter; **when does the film ~?** à quelle heure est-ce que le film commence ?; **to ~ (off) with ...** (*firstly*) d'abord ...; (*at the beginning*) au commencement ...
▶ **start off** VI commencer; (*leave*) partir
▶ **start out** VI (*begin*) commencer; (*set out*) partir
▶ **start over** VI (*US*) recommencer
▶ **start up** VI commencer; (*car*) démarrer ▶ VT (*fight*) déclencher; (*business*) créer; (*car*) mettre en marche

starter ['stɑːtəʳ] N (*Aut*) démarreur *m*; (*Sport: official*) starter *m*; (*: runner, horse*) partant *m*; (BRIT *Culin*) entrée *f*

starting handle ['stɑːtɪŋ-] N (BRIT) manivelle *f*

starting point ['stɑːtɪŋ-] N point *m* de départ

starting price ['stɑːtɪŋ-] N prix initial

startle ['stɑːtl] VT faire sursauter; donner un choc à

startling ['stɑːtlɪŋ] ADJ surprenant(e), saisissant(e)

startlingly ['stɑːtlɪŋlɪ] ADV: **he was ~ handsome** il était d'une beauté saisissante

start-up (company), start-up (firm) ['stɑːtʌp-] N start-up *f*

star turn N (BRIT) vedette *f*

starvation [stɑː'veɪʃən] N faim *f*, famine *f*; **to die of ~** mourir de faim *or* d'inanition

starve [stɑːv] VI mourir de faim ▶ VT laisser mourir de faim

starving ['stɑːvɪŋ] ADJ (*dying of hunger*) affamé(e); (*inf: famished*) affamé(e), qui meurt de faim; **I'm ~!** je meurs de faim !

stash [stæʃ] VT (*inf*): **to ~ sth away** planquer qch

★**state** [steɪt] N état *m*; (*Pol*) État; (*pomp*): **in ~** en grande pompe; **to be in a ~** être dans tous ses états; **~ of emergency** état d'urgence; **~ of mind** état d'esprit; **the ~ of the art** l'état actuel de la technologie (*or* des connaissances) ▶ VT (*declare*) déclarer, affirmer; (*specify*) indiquer, spécifier ■ **States** NPL: **the States** les États-Unis

state control N contrôle *m* de l'État

stated ['steɪtɪd] ADJ fixé(e), prescrit(e)

State Department N (*US*) Département *m* d'État, ≈ ministère *m* des Affaires étrangères

state education N (BRIT) enseignement public

stateless ['steɪtlɪs] ADJ apatride

stately ['steɪtlɪ] ADJ majestueux(-euse), imposant(e)

stately home N manoir *m or* château *m* (*ouvert au public*)

★**statement** ['steɪtmənt] N déclaration *f*; (*Law*) déposition *f*; (*Econ*) relevé *m*; **official ~** communiqué officiel; **~ of account, bank ~** relevé de compte

state-owned ['steɪtəund] ADJ étatisé(e)

stateroom ['steɪtruːm] N (*esp* BRIT: *in palace*) salle *f* d'honneur; (*on liner*) cabine *f* de luxe

States [steɪts] NPL: **the ~** les États-Unis *mpl*

state school N école publique

statesman ['steɪtsmən] N (*irreg*) homme *m* d'État

statesmanlike ['steɪtsmənlaɪk] ADJ (*person*) habile homme d'État; **in a ~ way** en habile homme d'État

statesmanship ['steɪtsmənʃɪp] N qualités *fpl* d'homme d'État

statewide [steɪt'waɪd] ADJ dans l'État, ≈ provincial(e) ▶ ADV à l'échelle de l'État

static ['stætɪk] N (*Radio*) parasites *mpl*; (*also:* **static electricity**) électricité *f* statique ▶ ADJ statique

★**station** ['steɪʃən] N gare *f*; (*also:* **police station**) poste *m or* commissariat *m* (de police); (*Mil*) poste *m* (militaire); (*rank*) condition *f*, rang *m*; **action stations** postes de combat ▶ VT placer, poster; **to be stationed in** (*Mil*) être en garnison à

stationary ['steɪʃnərɪ] ADJ à l'arrêt, immobile

stationer ['steɪʃənəʳ] N papetier(-ière)

stationer's (shop) N (BRIT) papeterie *f*

stationery ['steɪʃnərɪ] N papier *m* à lettres, petit matériel de bureau

stationmaster ['steɪʃənmɑːstəʳ] N (*Rail*) chef *m* de gare

station wagon N (*US*) break *m*

statistic [stə'tɪstɪk] N statistique *f*

statistical [stə'tɪstɪkl] ADJ statistique

statistician [stætɪ'stɪʃən] N statisticien(ne)

statistics [stə'tɪstɪks] N (*science*) statistique *f*

statuary ['stætjuərɪ] N statuaire *f*

statue ['stætjuː] N statue *f*

statuesque [stætju'ɛsk] ADJ sculptural(e)

statuette [stætju'ɛt] N statuette *f*

stature ['stætʃəʳ] N stature *f*; (*fig*) envergure *f*

status ['steɪtəs] N position *f*, situation *f*; (*prestige*) prestige *m*; (*Admin, official position*) statut *m*

status quo [-'kwəu] N: **the ~** le statu quo

status symbol N marque *f* de standing, signe extérieur de richesse

statute ['stætjuːt] N loi *f* ■ **statutes** NPL (*of club etc*) statuts *mpl*

statute book N ≈ code *m*, textes *mpl* de loi

statutory ['stætjutrɪ] ADJ statutaire, prévu(e) par un article de loi; **~ meeting** assemblée constitutive *or* statutaire

staunch [stɔːntʃ] ADJ sûr(e), loyal(e) ▶ VT étancher

stave [steɪv] N (*Mus*) portée *f* ▶ VT: **to ~ off** (*attack*) parer; (*threat*) conjurer

★**stay** [steɪ] N (*period of time*) séjour *m*; (*Law*): **~ of execution** sursis *m* à statuer ▶ VI rester; (*reside*) loger; (*spend some time*) séjourner; **to ~ put** ne pas bouger; **to ~ with friends** loger chez des amis; **to ~ the night** passer la nuit
▶ **stay away** VI (*from person, building*) ne pas s'approcher; (*from event*) ne pas venir
▶ **stay behind** VI rester en arrière
▶ **stay in** VI (*at home*) rester à la maison
▶ **stay on** VI rester
▶ **stay out** VI (*of house*) ne pas rentrer; (*strikers*) rester en grève
▶ **stay up** VI (*at night*) ne pas se coucher

staying power ['steɪɪŋ-] N endurance *f*

STD N ABBR (= *sexually transmitted disease*) MST *f*; (BRIT: = *subscriber trunk dialling*) l'automatique *m*

S

stead [stɛd] N (BRIT): **in sb's ~** à la place de qn; **to stand sb in good ~** être très utile *or* servir beaucoup à qn

steadfast ['stɛdfɑ:st] ADJ ferme, résolu(e)

steadfastly ['stɛdfɑ:stlɪ] ADV résolument

steadily ['stɛdɪlɪ] ADV (*regularly*) progressivement; (*firmly*) fermement; (*walk*) d'un pas ferme; (*fixedly: look*) sans détourner les yeux

★**steady** ['stɛdɪ] ADJ stable, solide, ferme; (*regular*) constant(e), régulier(-ière); (*person*) calme, pondéré(e); **a ~ boyfriend** un petit ami ▸ VT assurer, stabiliser; (*nerves*) calmer; (*voice*) assurer; **to ~ oneself** reprendre son aplomb

steak [steɪk] N (*meat*) bifteck *m*, steak *m*; (*fish, pork*) tranche *f*

steakhouse ['steɪkhaus] N ≈ grill-room *m*

★**steal** [sti:l] (*pt* **stole** [stəul], *pp* **stolen** ['stəuln]) VT, VI voler; (*move*) se faufiler, se déplacer furtivement; **my wallet has been stolen** on m'a volé mon portefeuille

▸ **steal away, steal off** VI s'esquiver

stealth [stɛlθ] N: **by ~** furtivement

stealthy ['stɛlθɪ] ADJ furtif(-ive)

★**steam** [sti:m] N vapeur *f*; **under one's own ~** (*fig*) par ses propres moyens; **to run out of ~** (*fig: person*) caler; être à bout; **to let off ~** (*fig: inf*) se défouler ▸ VT passer à la vapeur; (*Culin*) cuire à la vapeur ▸ VI fumer; (*ship*): **to ~ along** filer

▸ **steam up** VI (*window*) se couvrir de buée; **to get steamed up about sth** (*fig: inf*) s'exciter à propos de qch

steam engine N locomotive *f* à vapeur

steamer ['sti:mə^r] N (bateau *m* à) vapeur *m*; (*Culin*) ≈ couscoussier *m*

steam iron N fer *m* à repasser à vapeur

steamroller ['sti:mrəulə^r] N rouleau compresseur

steamship ['sti:mʃɪp] N (bateau *m* à) vapeur *m*

steamy ['sti:mɪ] ADJ humide; (*window*) embué(e); (*sexy*) torride

steed [sti:d] N (*literary*) coursier *m*

★**steel** [sti:l] N acier *m* ▸ CPD d'acier

steel band N steel band *m*

steel industry N sidérurgie *f*

steelmaker ['sti:lmeɪkə^r] N sidérurgiste *m*

steel mill N aciérie *f*, usine *f* sidérurgique

steelworker ['sti:lwə:kə^r] N ouvrier(-ière) sidérurgiste

steelworks ['sti:lwə:ks] N aciérie *f*

steely ['sti:lɪ] ADJ (*determination*) inflexible; (*eyes, gaze*) d'acier

steep [sti:p] ADJ raide, escarpé(e); (*price*) très élevé(e), excessif(-ive) ▸ VT (faire) tremper

steeple ['sti:pl] N clocher *m*

steeplechase ['sti:pltʃeɪs] N steeple(-chase) *m*

steeplejack ['sti:pldʒæk] N réparateur *m* de clochers et de hautes cheminées

steeply ['sti:plɪ] ADV en pente raide

steer [stɪə^r] N bœuf *m* ▸ VT diriger; (*boat*) gouverner; (*lead: person*) guider, conduire ▸ VI tenir le gouvernail; **to ~ clear of sb/sth** (*fig*) éviter qn/qch

steering ['stɪərɪŋ] N (*Aut*) conduite *f*

steering column N (*Aut*) colonne *f* de direction

steering committee N comité *m* d'organisation

steering wheel N volant *m*

stellar ['stɛlə^r] ADJ stellaire

stem [stɛm] N (*of plant*) tige *f*; (*of leaf, fruit*) queue *f*; (*of glass*) pied *m* ▸ VT contenir, endiguer; (*attack, spread of disease*) juguler

▸ **stem from** VT FUS provenir de, découler de

stem cell N cellule *f* souche

stench [stɛntʃ] N puanteur *f*

stencil ['stɛnsl] N stencil *m*; pochoir *m* ▸ VT polycopier

stenographer [stɛ'nɔgrəfə^r] N (*US*) sténographe *mf*

stenography [stɛ'nɔgrəfɪ] N (*US*) sténo(graphie) *f*

★**step** [stɛp] N pas *m*; (*stair*) marche *f*; (*action*) mesure *f*, disposition *f*; **~ by ~** pas à pas; (*fig*) petit à petit; **to be in/out of ~ (with)** (*fig*) aller dans le sens (de)/être déphasé(e) (par rapport à) ▸ VI: **to ~ forward/back** faire un pas en avant/arrière, avancer/reculer ■ **steps** NPL (BRIT) = **stepladder**

▸ **step aside** VI (*lit*) faire un pas de côté; (*stand down*) se désister

▸ **step back** VI faire un pas en arrière

▸ **step down** VI (*fig*) se retirer, se désister

▸ **step forward** VI faire un pas en avant, avancer

▸ **step in** VI (*fig*) intervenir

▸ **step off** VT FUS descendre de

▸ **step over** VT FUS enjamber

▸ **step up** VT (*production, sales*) augmenter; (*campaign, efforts*) intensifier

step aerobics® NPL step® *m*

★**stepbrother** ['stɛpbrʌðə^r] N demi-frère *m*

stepchild ['stɛptʃaɪld] (*pl* **stepchildren** ['stɛp'tʃɪldrən]) N beau-fils (belle-fille)

stepdad ['stepdæd] N beau-père *m* (*après remariage*)

★**stepdaughter** ['stɛpdɔ:tə^r] N belle-fille *f*

★**stepfather** ['stɛpfɑ:ðə^r] N beau-père *m* (*après remariage*)

stepladder ['stɛplædə^r] N (BRIT) escabeau *m*

★**stepmother** ['stɛpmʌðə^r] N belle-mère *f* (*après remariage*)

stepmum ['stepmʌm] N belle-mère *f* (*après remariage*)

stepping stone ['stɛpɪŋ-] N pierre *f* de gué; (*fig*) tremplin *m*

★**stepsister** ['stɛpsɪstə^r] N demi-sœur *f*

★**stepson** ['stɛpsʌn] N beau-fils *m*

stereo ['stɛrɪəu] N (*sound*) stéréo *f*; (*hi-fi*) chaîne *f* stéréo; **in ~** en stéréo ▸ ADJ (*also:* **stereophonic**) stéréo(phonique)

stereotype ['stɪərɪətaɪp] N stéréotype *m* ▸ VT stéréotyper

stereotypical [stɛrɪə'tɪpɪkl] ADJ stéréotypé(e)

sterile ['stɛraɪl] ADJ stérile

sterility [stɛ'rɪlɪtɪ] N stérilité *f*

sterilization [stɛrɪlaɪ'zeɪʃən] N stérilisation *f*

sterilize ['stɛrɪlaɪz] VT stériliser

sterling ['stə:lɪŋ] ADJ sterling *inv*; (*silver*) de bon aloi, fin(e); (*fig*) à toute épreuve, excellent(e) ▸ N (*currency*) livre *f* sterling *inv*; **a pound ~** une livre sterling

sterling area N zone *f* sterling *inv*

stern [stəːn] ADJ sévère ▸ N (*Naut*) arrière *m*, poupe *f*

sternly ['stəːnlɪ] ADV sévèrement

sternum ['stəːnəm] N sternum *m*

steroid ['stɪərɔɪd] N stéroïde *m*

stethoscope ['stɛθəskəup] N stéthoscope *m*

stevedore ['stiːvədɔːʳ] N docker *m*, débardeur *m*

stew [stjuː] N ragoût *m* ▸ VT, VI cuire à la casserole; **stewed tea** thé trop infusé; **stewed fruit** fruits cuits *or* en compote

★**steward** ['stjuːəd] N (*Aviat, Naut, Rail*) steward *m*; (*in club etc*) intendant *m*; (*also:* **shop steward**) délégué syndical

★**stewardess** ['stjuədɛs] N hôtesse *f*

stewardship ['stjuədʃɪp] N intendance *f*

stewing steak ['stjuːɪŋ-], (*US*) **stew meat** N bœuf *m* à braiser

St. Ex. ABBR = **stock exchange**

stg ABBR = **sterling**

STI N ABBR (= *sexually transmitted infection*) IST *f* (= *infection sexuellement transmissible*)

★**stick** [stɪk] (*pt, pp* **stuck** [stʌk]) N bâton *m*; (*for walking*) canne *f*; (*of chalk etc*) morceau *m*; **to get hold of the wrong end of the ~** (BRIT *fig*) comprendre de travers ▸ VT (*glue*) coller; (*thrust*): **to ~ sth into** piquer *or* planter *or* enfoncer qch dans; (*inf: put*) mettre, fourrer; (*: tolerate*) supporter ▸ VI (*adhere*) tenir, coller; (*remain*) rester; (*get jammed: door, lift*) se bloquer; **to ~ to** (*one's promise*) s'en tenir à; (*principles*) rester fidèle à

▸ **stick around** [stɪk ə'raund] VI (*inf*) rester (dans les parages)

▸ **stick out** [stɪk aut] VI dépasser, sortir ▸ VT: **to ~ it out** (*inf*) tenir le coup

▸ **stick up** [stɪk ʌp] VI dépasser, sortir

▸ **stick up for** [stɪk ʌp fɔːʳ] VT FUS défendre

sticker ['stɪkəʳ] N auto-collant *m*

sticking plaster ['stɪkɪŋ-] N sparadrap *m*, pansement adhésif

sticking point ['stɪkɪŋ-] N (*fig*) point *m* de friction

stick insect N phasme *m*

stickleback ['stɪklbæk] N épinoche *f*

stickler ['stɪkləʳ] N: **to be a ~ for** être pointilleux(-euse) sur

stick shift N (*US Aut*) levier *m* de vitesses

stick-up ['stɪkʌp] N (*inf*) braquage *m* (*inf*), hold-up *m* (*inf*)

sticky ['stɪkɪ] ADJ poisseux(-euse); (*label*) adhésif(-ive); (*fig: situation*) délicat(e)

stiff [stɪf] ADJ (*gen*) raide, rigide; (*door, brush*) dur(e); (*difficult*) difficile, ardu(e); (*cold*) froid(e), distant(e); (*strong, high*) fort(e), élevé(e); **to be** *or* **feel ~** (*person*) avoir des courbatures; **to have a ~ back/neck** avoir mal au dos/un torticolis; **~ upper lip** (BRIT *fig*) flegme *m* (*typiquement britannique*) ▸ ADV: **to be bored/scared/frozen ~** s'ennuyer à mourir/être mort(e) de peur/froid

stiffen ['stɪfn] VT raidir, renforcer ▸ VI se raidir; se durcir

stiffly ['stɪflɪ] ADV (*move, stand*) avec raideur; (*coldly: say, smile*) sèchement

stiffness ['stɪfnɪs] N raideur *f*

stifle ['staɪfl] VT étouffer, réprimer

stifling ['staɪflɪŋ] ADJ (*heat*) suffocant(e)

stigma ['stɪgmə] (*pl Bot, Med, Rel* **stigmata** [stɪg'mɑːtə], *fig* **stigmas** ['stɪgməz]) N stigmate *m*

stigmatize ['stɪgmətaɪz] VT stigmatiser

stile [staɪl] N échalier *m*

stiletto [stɪ'lɛtəu] N (BRIT: *also:* **stiletto heel**) talon *m* aiguille

★**still** [stɪl] ADJ (*motionless*) immobile; (*calm*) calme, tranquille; (BRIT: *mineral water etc*) non gazeux(-euse); **to stand ~** rester immobile, ne pas bouger; **keep ~!** ne bouge pas ! ▸ ADV (*up to this time*) encore, toujours; (*even*) encore; (*nonetheless*) quand même, tout de même; **he ~ hasn't arrived** il n'est pas encore arrivé, il n'est toujours pas arrivé ▸ N (*Cine*) photo *f*

stillbirth ['stɪlbəːθ] N mortinaissance *f*, naissance *f* d'un enfant mort-né

stillborn ['stɪlbɔːn] ADJ mort-né(e)

still life N nature morte

stillness ['stɪlnɪs] N (*calm*) silence *m*

stilt [stɪlt] N échasse *f*; (*pile*) pilotis *m*

stilted ['stɪltɪd] ADJ guindé(e), emprunté(e)

stimulant ['stɪmjulənt] N stimulant *m*

stimulate ['stɪmjuleɪt] VT stimuler

stimulating ['stɪmjuleɪtɪŋ] ADJ stimulant(e)

stimulation [stɪmju'leɪʃən] N stimulation *f*

stimulus ['stɪmjuləs] (*pl* **stimuli** ['stɪmjulaɪ]) N stimulant *m*; (*Biol, Psych*) stimulus *m*

sting [stɪŋ] (*pt, pp* **stung** [stʌŋ]) N piqûre *f*; (*organ*) dard *m*; (*inf: confidence trick*) arnaque *m* ▸ VT, VI piquer; **my eyes are stinging** j'ai les yeux qui piquent

stingy ['stɪndʒɪ] ADJ (*inf*) avare, pingre (*inf*), chiche (*inf*)

stink [stɪŋk] (*pt* **stank** [stæŋk], *pp* **stunk** [stʌŋk]) N puanteur *f* ▸ VI puer, empester

stinker ['stɪŋkəʳ] N (*inf: problem, exam*) vacherie *f* (*inf*); (*person*) dégueulasse *mf*

stinking ['stɪŋkɪŋ] ADJ (*fig: inf*) infect(e) (*inf*); **~ rich** bourré(e) de pognon (*inf*)

stint [stɪnt] N part *f* de travail ▸ VI: **to ~ on** lésiner sur, être chiche de

stipend ['staɪpɛnd] N (*of vicar etc*) traitement *m*

stipendiary [staɪ'pɛndɪərɪ] ADJ: **~ magistrate** juge *m* de tribunal d'instance

stipulate ['stɪpjuleɪt] VT stipuler

stipulation [stɪpju'leɪʃən] N stipulation *f*, condition *f*

★**stir** [stəːʳ] N agitation *f*, sensation *f*; **to give sth a ~** remuer qch; **to cause a ~** faire sensation ▸ VT remuer ▸ VI remuer, bouger

▸ **stir up** VT exciter; (*trouble*) fomenter, provoquer

stir-fry ['stəː'fraɪ] VT faire sauter ▸ N: **vegetable ~** légumes sautés à la poêle

stirring [stəːrɪŋ] ADJ excitant(e); émouvant(e)

stirrup ['stɪrəp] N étrier *m*

stitch [stɪtʃ] N (*Sewing*) point *m*; (*Knitting*) maille *f*; (*Med*) point de suture; (*pain*) point de côté ▸ VT coudre, piquer; (*Med*) suturer

St Kitts and Nevis [-kɪts-] N Saint-Christophe-et-Niévès

S

St Lucia [-ˈluːʃə] N Sainte Lucie *f*

stoat [stəut] N hermine *f* (*avec son pelage d'été*)

stock [stɔk] N réserve *f*, provision *f*; (*Comm*) stock *m*; (*Agr*) cheptel *m*, bétail *m*; (*Culin*) bouillon *m*; (*Finance*) valeurs *fpl*, titres *mpl*; (*Rail*: *also*: **rolling stock**) matériel roulant; (*descent, origin*) souche *f*; **in ~** en stock, en magasin; **out of ~** épuisé(e); **to take ~** (*fig*) faire le point; **stocks and shares** valeurs (mobilières), titres; **government ~** fonds publics ▸ADJ (*fig*: *reply etc*) courant(e), classique ▸VT (*have in stock*) avoir, vendre; **well-stocked** bien approvisionné(e) *or* fourni(e)

▸**stock up** VI: **to ~ up (with)** s'approvisionner (en)

stockade [stɔˈkeɪd] N palissade *f*

stockbroker [ˈstɔkbrəukəʳ] N agent *m* de change

stockbroking [ˈstɔkbrəukɪŋ] N courtage *m* ▸CPD (*firm, company*) de courtage; (*analyst*) boursier(-ière)

stock control N (*Comm*) gestion *f* des stocks

stock cube N (BRIT *Culin*) bouillon-cube *m*

stock exchange N Bourse *f* (des valeurs)

stockholder [ˈstɔkhəuldəʳ] N (*US*) actionnaire *mf*

Stockholm [ˈstɔkhəum] N Stockholm

stocking [ˈstɔkɪŋ] N bas *m*

stocking filler [ˈstɔkɪŋfɪləʳ] N (BRIT) petit cadeau *m* de Noël

stock-in-trade [ˈstɔkɪnˈtreɪd] N (*fig*): **it's his ~** c'est sa spécialité

stockist [ˈstɔkɪst] N (BRIT) stockiste *m*

stock market N Bourse *f*, marché financier

stock phrase N cliché *m*

stockpile [ˈstɔkpaɪl] N stock *m*, réserve *f* ▸VT stocker, accumuler

stockroom [ˈstɔkruːm] N réserve *f*, magasin *m*

stock still ADJ: **to rest/stand ~** rester/se tenir parfaitement immobile

stocktaking [ˈstɔkteɪkɪŋ] N (BRIT *Comm*) inventaire *m*

stocky [ˈstɔkɪ] ADJ trapu(e), râblé(e)

stodgy [ˈstɔdʒɪ] ADJ bourratif(-ive), lourd(e)

stoic [ˈstəuɪk] N stoïque *mf*

stoical [ˈstəuɪkl] ADJ stoïque

stoically [ˈstəuɪklɪ] ADV stoïquement

stoicism [ˈstəuɪsɪzəm] N stoïcisme *m*

stoke [stəuk] VT garnir, entretenir; chauffer

stoker [ˈstəukəʳ] N (*Rail, Naut etc*) chauffeur *m*

stole [stəul] PT *of* **steal** ▸N étole *f*

stolen [ˈstəuln] PP *of* **steal**

stolid [ˈstɔlɪd] ADJ impassible, flegmatique

★**stomach** [ˈstʌmək] N estomac *m*; (*abdomen*) ventre *m* ▸VT supporter, digérer

stomachache [ˈstʌməkeɪk] N mal *m* à l'estomac *or* au ventre

stomach pump N pompe stomacale

stomach ulcer N ulcère *m* à l'estomac

stomp [stɔmp] VI: **to ~ in/out** entrer/sortir d'un pas bruyant

★**stone** [stəun] N pierre *f*; (*pebble*) caillou *m*, galet *m*; (*in fruit*) noyau *m*; (*Med*) calcul *m*; (BRIT: *weight*) = *6.348 kg*; **within a ~'s throw of the station** à deux pas de la gare ▸CPD de *or* en pierre ▸VT (*person*) lancer des pierres sur, lapider; (*fruit*) dénoyauter

Stone Age N: **the ~** l'âge *m* de pierre

stone-cold [ˈstəunˈkəuld] ADJ complètement froid(e)

stoned [stəund] ADJ (*inf*: *drunk*) bourré(e) (*inf*); (: *on drugs*) défoncé(e) (*inf*)

stone-deaf [ˈstəunˈdɛf] ADJ sourd(e) comme un pot

stonemason [ˈstəunmeɪsn] N tailleur *m* de pierre(s)

stonewall [stəunˈwɔːl] VI faire de l'obstruction ▸VT faire obstruction à

stonework [ˈstəunwəːk] N maçonnerie *f*

stonking [ˈstɔŋkɪŋ] (BRIT *inf*) ADJ, ADV super; **a ~ prize** un super prix; **a ~ good idea** une super bonne idée

stony [ˈstəunɪ] ADJ pierreux(-euse), rocailleux(-euse)

stood [stud] PT, PP *of* **stand**

stooge [stuːdʒ] N (*pej*) larbin *m* (*inf*)

stool [stuːl] N tabouret *m*

stoop [stuːp] VI (*also*: **have a stoop**) être voûté(e); (*bend*: *also*: **stoop down**) se baisser, se courber; (*fig*): **to ~ to sth/doing sth** s'abaisser jusqu'à qch/jusqu'à faire qch

★**stop** [stɔp] N arrêt *m*; (*short stay*) halte *f*; (*in punctuation*) point *m* ▸VT arrêter; (*break off*) interrompre; (*also*: **put a stop to**) mettre fin à; (*prevent*) empêcher; **to ~ doing sth** cesser *or* arrêter de faire qch; **to ~ sb (from) doing sth** empêcher qn de faire qch; **~ it!** arrête ! ▸VI s'arrêter; (*rain, noise etc*) cesser, s'arrêter; **could you ~ here/at the corner?** arrêtez-vous ici/au coin, s'il vous plaît; **to ~ dead** s'arrêter net

▸**stop by** VI s'arrêter (au passage)

▸**stop off** VI faire une courte halte

▸**stop up** VT (*hole*) boucher

stopcock [ˈstɔpkɔk] N robinet *m* d'arrêt

stopgap [ˈstɔpgæp] N (*person*) bouche-trou *m*; (*also*: **stopgap measure**) mesure *f* intérimaire

stoplights [ˈstɔplaɪts] NPL (*Aut*) signaux *mpl* de stop, feux *mpl* arrière

stopover [ˈstɔpəuvəʳ] N halte *f*; (*Aviat*) escale *f*

stoppage [ˈstɔpɪdʒ] N arrêt *m*; (*of pay*) retenue *f*; (*strike*) arrêt de travail; (*obstruction*) obstruction *f*

stopper [ˈstɔpəʳ] N bouchon *m*

stop press N nouvelles *fpl* de dernière heure

stopwatch [ˈstɔpwɔtʃ] N chronomètre *m*

storage [ˈstɔːrɪdʒ] N emmagasinage *m*; (*of nuclear waste etc*) stockage *m*; (*in house*) rangement *m*; (*Comput*) mise *f* en mémoire *or* réserve

storage heater N (BRIT) radiateur *m* électrique par accumulation

store [stɔːʳ] N (*stock*) provision *f*, réserve *f*; (*depot*) entrepôt *m*; (BRIT: *large shop*) grand magasin; (*US*: *shop*) magasin *m*; **who knows what is in ~ for us?** qui sait ce que l'avenir nous réserve *or* ce qui nous attend ?; **to set great/little ~ by sth** faire grand cas/peu de cas de qch ▸VT emmagasiner; (*nuclear waste etc*) stocker; (*information*) enregistrer; (*in filing system*) classer, ranger; (*Comput*) mettre en mémoire ■ **stores** NPL (*food*) provisions

▸**store up** VT mettre en réserve, emmagasiner

storehouse ['stɔ:haus] N entrepôt *m*
storekeeper ['stɔ:ki:pəʳ] N (*US*) commerçant(e)
storeroom ['stɔ:ru:m] N réserve *f*, magasin *m*
storey, (US) **story** ['stɔ:rɪ] N étage *m*
stork [stɔ:k] N cigogne *f*
★**storm** [stɔ:m] N tempête *f*; (*thunderstorm*) orage *m* ▸VI (*fig*) fulminer ▸VT prendre d'assaut
storm cloud N nuage *m* d'orage
storm door N double-porte (extérieure)
stormy ['stɔ:mɪ] ADJ orageux(-euse)
★**story** ['stɔ:rɪ] N histoire *f*; récit *m*; (*Press: article*) article *m*; (*: subject*) affaire *f*; (*US*) = **storey**
storybook ['stɔ:rɪbuk] N livre *m* d'histoires *or* de contes
storyline ['stɔ:rɪlaɪn] N (*of film*) scénario *m*; (*of book, play*) intrigue *f*
storyteller ['stɔ:rɪtɛləʳ] N conteur(-euse)
stout [staut] ADJ (*strong*) solide; (*brave*) intrépide; (*fat*) gros(se), corpulent(e) ▸N bière brune
stove [stəuv] N (*for cooking*) fourneau *m*; (*: small*) réchaud *m*; (*for heating*) poêle *m*; **gas/electric ~** (*cooker*) cuisinière *f* à gaz/électrique
stow [stəu] VT ranger; cacher
stowaway ['stəuəweɪ] N passager(-ère) clandestin(e)
straddle ['strædl] VT enjamber, être à cheval sur
strafe [strɑ:f] VT mitrailler
straggle ['strægl] VI être (*or* marcher) en désordre; **straggled along the coast** disséminé(e) tout au long de la côte
straggler [stræglər] N traînard(e)
straggling ['stræglɪŋ], **straggly** ['stræglɪ] ADJ (*hair*) en désordre
★**straight** [streɪt] ADJ droit(e); (*hair*) raide; (*frank*) honnête, franc (franche); (*simple*) simple; (*Theat: part, play*) sérieux(-euse); (*inf: heterosexual*) hétéro *inv*; **to put** *or* **get ~** mettre en ordre, mettre de l'ordre dans; (*fig*) mettre au clair; **let's get this ~** mettons les choses au point; **10 ~ wins** 10 victoires d'affilée ▸ADV (tout) droit; (*drink*) sec, sans eau; **to go ~ home** rentrer directement à la maison; **~ away, ~ off** (*at once*) tout de suite; **~ off, ~ out** sans hésiter ▸N: **the ~** (*Sport*) la ligne droite
straighten ['streɪtn] VT ajuster; (*bed*) arranger
▸**straighten out** VT (*fig*) débrouiller; **to ~ things out** arranger les choses
▸**straighten up** VI (*stand up*) se redresser; (*tidy*) ranger
straighteners ['streɪtnəz] NPL (*for hair*) lisseur *m*
straight-faced [streɪt'feɪst] ADJ impassible ▸ADV en gardant son sérieux
straightforward [streɪt'fɔ:wəd] ADJ simple; (*frank*) honnête, direct(e)
strain [streɪn] N (*Tech*) tension *f*; pression *f*; (*physical*) effort *m*; (*mental*) tension (nerveuse); (*Med*) entorse *f*; (*streak, trace*) tendance *f*; élément *m*; (*breed: of plants*) variété *f*; (*: of animals*) race *f*; (*of virus*) souche *f*; **he's been under a lot of ~** il a traversé des moments difficiles, il est très éprouvé nerveusement ▸VT (*stretch*) tendre fortement; (*fig: resources etc*) mettre à rude épreuve, grever; (*hurt: back etc*) se faire mal à; (*filter*) passer, filtrer; (*vegetables*) égoutter ▸VI peiner, fournir un gros effort ■ **strains** NPL (*Mus*) accords *mpl*, accents *mpl*
strained [streɪnd] ADJ (*muscle*) froissé(e); (*laugh etc*) forcé(e), contraint(e); (*relations*) tendu(e)
strainer ['streɪnəʳ] N passoire *f*
strait [streɪt] N (*Geo*) détroit *m* ■ **straits** NPL: **to be in dire straits** (*fig*) avoir de sérieux ennuis
straitjacket ['streɪtdʒækɪt] N camisole *f* de force
strait-laced [streɪt'leɪst] ADJ collet monté *inv*
strand [strænd] N (*of thread*) fil *m*, brin *m*; (*of rope*) toron *m*; (*of hair*) mèche *f* ▸VT (*boat*) échouer
stranded ['strændɪd] ADJ en rade, en plan
★**strange** [streɪndʒ] ADJ (*not known*) inconnu(e); (*odd*) étrange, bizarre
strangely ['streɪndʒlɪ] ADV étrangement, bizarrement; *see also* **enough**
stranger ['streɪndʒəʳ] N (*unknown*) inconnu(e); (*from somewhere else*) étranger(-ère); **I'm a ~ here** je ne suis pas d'ici
strangle ['stræŋgl] VT étrangler
stranglehold ['stræŋglhəuld] N (*fig*) emprise totale, mainmise *f*
strangulation [stræŋgju'leɪʃən] N strangulation *f*
strap [stræp] N lanière *f*, courroie *f*, sangle *f*; (*of slip, dress*) bretelle *f* ▸VT attacher (avec une courroie *etc*)
straphanging ['stræphæŋɪŋ] N fait *m* de voyager debout (dans le métro *etc*)
strapless ['stræplɪs] ADJ (*bra, dress*) sans bretelles
strapped [stræpt] ADJ: **to be ~ for cash** (*inf*) être à court d'argent
strapping ['stræpɪŋ] ADJ bien découplé(e), costaud(e)
strappy [stræpɪ] ADJ (*dress*) à bretelles; (*sandals*) à lanières
Strasbourg ['stræzbə:g] N Strasbourg
strata ['strɑ:tə] NPL *of* **stratum**
stratagem ['strætɪdʒəm] N stratagème *m*
strategic [strə'ti:dʒɪk] ADJ stratégique
strategist ['strætɪdʒɪst] N stratège *m*
strategy ['strætɪdʒɪ] N stratégie *f*
stratosphere ['strætəsfɪəʳ] N stratosphère *f*
stratospheric [strætə'sfɛrɪk] ADJ (*lit*) stratosphérique; (*fig: price, cost*) astronomique
stratum ['strɑ:təm] (*pl* **strata** ['strɑ:tə]) N strate *f*, couche *f*
straw [strɔ:] N paille *f*; **that's the last ~!** ça c'est le comble !
★**strawberry** ['strɔ:bərɪ] N fraise *f*; (*plant*) fraisier *m*
stray [streɪ] ADJ (*animal*) perdu(e), errant(e); (*scattered*) isolé(e); **~ bullet** balle perdue ▸VI s'égarer
streak [stri:k] N bande *f*, filet *m*; (*in hair*) raie *f*; (*fig: of madness etc*): **a ~ of** une *or* des tendance(s) à; **to have streaks in one's hair** s'être fait faire des mèches; **a winning/losing ~** une bonne/mauvaise série *or* période ▸VT zébrer, strier ▸VI: **to ~ past** passer à toute allure
streaker ['stri:kəʳ] N streaker(-euse)
streaky ['stri:kɪ] ADJ zébré(e), strié(e)
streaky bacon N (BRIT) ≈ lard *m* (maigre)

S

★**stream** [stri:m] N (*brook*) ruisseau *m*; (*current*) courant *m*, flot *m*; (*of people*) défilé ininterrompu, flot; **against the ~** à contre courant; **on ~** (*new power plant etc*) en service ▸ VT (*Scol*) répartir par niveau ▸ VI ruisseler; (*Internet*) écouter *or* regarder en streaming; **to ~ in/out** entrer/sortir à flots

streamer ['stri:mə^r] N serpentin *m*, banderole *f*

stream feed N (*on photocopier etc*) alimentation *f* en continu

streaming ['stri:mɪŋ] N (*Internet*) streaming *m*; **live ~** diffusion *f* en direct

streamline ['stri:mlaɪn] VT donner un profil aérodynamique à; (*fig*) rationaliser

streamlined ['stri:mlaɪnd] ADJ (*Aviat*) fuselé(e), profilé(e); (*Aut*) aérodynamique; (*fig*) rationalisé(e)

★**street** [stri:t] N rue *f*; **the back streets** les quartiers pauvres; **to be on the streets** (*homeless*) être à la rue *or* sans abri

streetcar ['stri:tkɑ:^r] N (*US*) tramway *m*

street cred [-krɛd] N (*inf*): **to have ~** être branché(e) (*inf*)

street lamp N réverbère *m*

street light N réverbère *m*

street lighting N éclairage public

street map, street plan N plan *m* des rues

street market N marché *m* à ciel ouvert

streetwise ['stri:twaɪz] ADJ (*inf*) futé(e), réaliste

★**strength** [strɛŋθ] N force *f*; (*of girder, knot etc*) solidité *f*; (*of chemical solution*) titre *m*; (*of wine*) degré *m* d'alcool; **on the ~ of** en vertu de; **at full ~** au grand complet; **below ~** à effectifs réduits

strengthen ['strɛŋθn] VT renforcer; (*muscle*) fortifier; (*building, Econ*) consolider

strenuous ['strɛnjuəs] ADJ vigoureux(-euse), énergique; (*tiring*) ardu(e), fatigant(e)

strenuously ['strɛnjuəslɪ] ADV (*deny, object*) énergiquement

★**stress** [strɛs] N (*force, pressure*) pression *f*; (*mental strain*) tension (nerveuse), stress *m*; (*accent*) accent *m*; (*emphasis*) insistance *f*; **to lay great ~ on sth** insister beaucoup sur qch; **to be under ~** être stressé(e) ▸ VT insister sur, souligner; (*syllable*) accentuer

stressed [strɛst] ADJ (*tense*) stressé(e); (*syllable*) accentué(e)

stressful ['strɛsful] ADJ (*job*) stressant(e)

★**stretch** [strɛtʃ] N (*of sand etc*) étendue *f*; (*of time*) période *f*; **at a ~** d'affilée ▸ VI s'étirer; (*extend*): **to ~ to** *or* **as far as** s'étendre jusqu'à; (*be enough: money, food*): **to ~ to** aller pour ▸ VT tendre, étirer; (*spread*) étendre; (*fig*) pousser (au maximum); **to ~ a muscle** se distendre un muscle; **to ~ one's legs** se dégourdir les jambes

▸ **stretch out** VI s'étendre; **to ~ out for sth** allonger la main pour prendre qch ▸ VT (*arm etc*) allonger, tendre; (*to spread*) étendre

stretcher ['strɛtʃə^r] N brancard *m*, civière *f*

stretcher-bearer ['strɛtʃəbɛərə^r] N brancardier *m*

stretch marks NPL (*on skin*) vergetures *fpl*

stretchy ['strɛtʃɪ] ADJ élastique

strewn [stru:n] ADJ: **~ with** jonché(e) de

stricken ['strɪkən] ADJ très éprouvé(e); dévasté(e); (*ship*) très endommagé(e); **~ with** frappé(e) *or* atteint(e) de

★**strict** [strɪkt] ADJ strict(e); **in ~ confidence** tout à fait confidentiellement

strictly ['strɪktlɪ] ADV strictement; **~ confidential** strictement confidentiel(le); **~ speaking** à strictement parler

stridden ['strɪdn] PP *of* **stride**

stride [straɪd] (*pt* **strode** [strəud], *pp* **stridden** ['strɪdn]) N grand pas, enjambée *f*; **to take sth in one's ~** (*fig: changes etc*) accepter qch sans sourciller ▸ VI marcher à grands pas

strident ['straɪdnt] ADJ strident(e)

strife [straɪf] N conflit *m*, dissensions *fpl*

strife-ridden ['straɪfrɪdən], **strife-torn** ['straɪftɔ:n] ADJ déchiré(e) par les conflits

★**strike** [straɪk] (*pt, pp* **struck** [strʌk]) N grève *f*; (*of oil etc*) découverte *f*; (*attack*) raid *m*; **to go on** *or* **come out on ~** se mettre en grève, faire grève ▸ VT frapper; (*oil etc*) trouver, découvrir; (*make: agreement, deal*) conclure; **to ~ a match** frotter une allumette; **to ~ a balance** (*fig*) trouver un juste milieu ▸ VI faire grève; (*attack*) attaquer; (*clock*) sonner

▸ **strike back** [straɪk bæk] VI (*Mil, fig*) contre-attaquer

▸ **strike down** [straɪk daun] VT (*fig*) terrasser

▸ **strike off** [straɪk ɔf] VT (*from list*) rayer; (: *doctor etc*) radier

▸ **strike out** [straɪk aut] VT rayer

▸ **strike up** [straɪk ʌp] VT (*Mus*) se mettre à jouer; **to ~ up a friendship with** se lier d'amitié avec

strikebreaker ['straɪkbreɪkə^r] N briseur *m* de grève

striker ['straɪkə^r] N gréviste *mf*; (*Sport*) buteur *m*

striking ['straɪkɪŋ] ADJ frappant(e), saisissant(e); (*attractive*) éblouissant(e)

strikingly ['straɪkɪŋlɪ] ADV: **to be ~ similar/different** présenter une ressemblance frappante/des différences frappantes; **a ~ handsome man** un homme dont la beauté attire l'œil

strimmer® ['strɪmə^r] N (BRIT) coupe-bordures *m*

★**string** [strɪŋ] N ficelle *f*, fil *m*; (*row: of beads*) rang *m*; (: *of onions, excuses*) chapelet *m*; (: *of people, cars*) file *f*; (*Mus*) corde *f*; (*Comput*) chaîne *f*; **to pull strings** (*fig*) faire jouer le piston; **to get a job by pulling strings** obtenir un emploi en faisant jouer le piston; **with no strings attached** (*fig*) sans conditions ■ **the strings** NPL (*Mus*) les instruments *mpl* à cordes ▸ VT (*pt, pp* **strung** [strʌŋ]): **to ~ together** enchaîner

▸ **string out** VT échelonner

string bean N haricot vert

stringed instrument, string instrument N (*Mus*) instrument *m* à cordes

stringent ['strɪndʒənt] ADJ rigoureux(-euse); (*need*) impérieux(-euse)

string quartet N quatuor *m* à cordes

strip [strɪp] N bande *f*; (*Sport*) tenue *f*; **wearing the Celtic ~** en tenue du Celtic ▸ VT (*undress*) déshabiller; (*paint*) décaper; (*fig*) dégarnir, dépouiller; (*also:* **strip down**: *machine*) démonter ▸ VI se déshabiller

▸ **strip off** VT (*paint etc*) décaper ▸ VI (*person*) se déshabiller

strip cartoon N bande dessinée

stripe [straɪp] N raie *f*, rayure *f*; (*Mil*) galon *m*
striped [ˈstraɪpt] ADJ rayé(e), à rayures
strip light N (BRIT) (tube *m* au) néon *m*
stripper [ˈstrɪpəʳ] N strip-teaseuse *f*
strip-search [ˈstrɪpsəːtʃ] N fouille corporelle (*en faisant se déshabiller la personne*) ▶ VT: **to ~ sb** fouiller qn (*en le faisant se déshabiller*)
striptease [ˈstrɪptiːz] N strip-tease *m*
stripy [ˈstraɪpɪ] ADJ rayé(e)
strive [straɪv] (*pt* **strove** [strəuv], *pp* **striven** [ˈstrɪvn]) VI: **to ~ to do/for sth** s'efforcer de faire/d'obtenir qch
strobe [strəub] N (*also:* **strobe light**) stroboscope *m*
strode [strəud] PT *of* **stride**
stroke [strəuk] N coup *m*; (*Med*) attaque *f*; (*caress*) caresse *f*; (*Swimming: style*) (sorte *f* de) nage *f*; (*of piston*) course *f*; **at a ~** d'un (seul) coup; **on the ~ of 5** à 5 heures sonnantes; **a ~ of luck** un coup de chance; **a 2-stroke engine** un moteur à 2 temps ▶ VT caresser
stroll [strəul] N petite promenade; **to go for a ~** aller se promener *or* faire un tour ▶ VI flâner, se promener nonchalamment
stroller [ˈstrəuləʳ] N (*US: for child*) poussette *f*
★**strong** [strɔŋ] ADJ (*gen*) fort(e); (*healthy*) vigoureux(-euse); (*heart, nerves*) solide; (*distaste, desire*) vif (vive); (*drugs, chemicals*) puissant(e); **they are 50 ~** ils sont au nombre de 50 ▶ ADV: **to be going ~** (*company*) marcher bien; (*person*) être toujours solide
strong-arm [ˈstrɔŋɑːm] ADJ (*tactics, methods*) musclé(e)
strongbox [ˈstrɔŋbɔks] N coffre-fort *m*
stronghold [ˈstrɔŋhəuld] N forteresse *f*, fort *m*; (*fig*) bastion *m*
strongly [ˈstrɔŋlɪ] ADV fortement, avec force; vigoureusement; solidement; **I feel ~ about it** c'est une question qui me tient particulièrement à cœur; (*negatively*) j'y suis profondément opposé(e)
strongman [ˈstrɔŋmæn] N (*irreg*) hercule *m*, colosse *m*; (*fig*) homme *m* à poigne
strongroom [ˈstrɔŋruːm] N chambre forte
stroppy [ˈstrɔpɪ] ADJ (BRIT *inf*) contrariant(e), difficile
strove [strəuv] PT *of* **strive**
struck [strʌk] PT, PP *of* **strike**
structural [ˈstrʌktʃrəl] ADJ structural(e); (*Constr*) de construction; affectant les parties portantes
structurally [ˈstrʌktʃrəlɪ] ADV du point de vue de la construction
structure [ˈstrʌktʃəʳ] N structure *f*; (*building*) construction *f*
struggle [ˈstrʌgl] N lutte *f*; **to have a ~ to do sth** avoir beaucoup de mal à faire qch ▶ VI lutter, se battre
strum [strʌm] VT (*guitar*) gratter de
strung [strʌŋ] PT, PP *of* **string**
strut [strʌt] N étai *m*, support *m* ▶ VI se pavaner
strychnine [ˈstrɪkniːn] N strychnine *f*
stub [stʌb] N (*of cigarette*) bout *m*, mégot *m*; (*of ticket etc*) talon *m* ▶ VT: **to ~ one's toe (on sth)** se heurter le doigt de pied (contre qch)
▶ **stub out** VT écraser
stubble [ˈstʌbl] N chaume *m*; (*on chin*) barbe *f* de plusieurs jours
stubborn [ˈstʌbən] ADJ têtu(e), obstiné(e), opiniâtre
stubbornly [ˈstʌbənlɪ] ADV obstinément
stubbornness [ˈstʌbənnɪs] N obstination *f*
stubby [ˈstʌbɪ] ADJ trapu(e); gros(se) et court(e)
stucco [ˈstʌkəu] N stuc *m*
stuck [stʌk] PT, PP *of* **stick** ▶ ADJ (*jammed*) bloqué(e), coincé(e); **to get ~** se bloquer *or* coincer
stuck-up [stʌkˈʌp] ADJ prétentieux(-euse)
stud [stʌd] N (*on boots etc*) clou *m*; (*collar stud*) bouton *m* de col; (*earring*) petite boucle d'oreille; (*of horses: also:* **stud farm**) écurie *f*, haras *m*; (*also:* **stud horse**) étalon *m* ▶ VT (*fig*): **studded with** parsemé(e) *or* criblé(e) de
★**student** [ˈstjuːdənt] N étudiant(e); **law/medical ~** étudiant en droit/ médecine ▶ ADJ (*life*) estudiantin(e), étudiant(e), d'étudiant; (*residence, restaurant*) universitaire; (*loan, movement*) étudiant, universitaire d'étudiant
student driver N (*US*) (conducteur(-trice)) débutant(e)
students' union N (BRIT: *association*) ≈ association *f* des étudiants; (: *building*) ≈ foyer *m* des étudiants
studied [ˈstʌdɪd] ADJ étudié(e), calculé(e)
studio [ˈstjuːdɪəu] N studio *m*, atelier *m*; (*TV etc*) studio
studio flat, (*US*) **studio apartment** N studio *m*
studious [ˈstjuːdɪəs] ADJ studieux(-euse), appliqué(e); (*studied*) étudié(e)
studiously [ˈstjuːdɪəslɪ] ADV (*carefully*) soigneusement
★**study** [ˈstʌdɪ] N étude *f*; (*room*) bureau *m*; **to make a ~ of sth** étudier qch, faire une étude de qch ▶ VT étudier; (*examine*) examiner ▶ VI étudier, faire ses études; **to ~ for an exam** préparer un examen
★**stuff** [stʌf] N (*gen*) chose(s) *f(pl)*, truc *m*; (*belongings*) affaires *fpl*, trucs; (*substance*) substance *f* ▶ VT rembourrer; (*Culin*) farcir; (*inf: push*) fourrer; (*animal: for exhibition*) empailler; **my nose is stuffed up** j'ai le nez bouché; **get stuffed!** (*inf!*) va te faire foutre ! (!); **stuffed toy** jouet *m* en peluche
stuffing [ˈstʌfɪŋ] N bourre *f*, rembourrage *m*; (*Culin*) farce *f*
stuffy [ˈstʌfɪ] ADJ (*room*) mal ventilé(e) *or* aéré(e); (*ideas*) vieux jeu *inv*
stumble [ˈstʌmbl] VI trébucher; **to ~ across** *or* **on** (*fig*) tomber sur
stumbling block [ˈstʌmblɪŋ-] N pierre *f* d'achoppement
stump [stʌmp] N souche *f*; (*of limb*) moignon *m* ▶ VT: **to be stumped** sécher, ne pas savoir que répondre
stun [stʌn] VT (*blow*) étourdir; (*news*) abasourdir, stupéfier
stung [stʌŋ] PT, PP *of* **sting**
stunk [stʌŋk] PP *of* **stink**
stunned [stʌnd] ADJ assommé(e); (*fig*) sidéré(e)
stunning [ˈstʌnɪŋ] ADJ (*beautiful*) étourdissant(e); (*news etc*) stupéfiant(e)
stunt [stʌnt] N tour *m* de force; (*in film*) cascade *f*, acrobatie *f*; (*publicity*) truc *m* publicitaire; (*Aviat*) acrobatie *f* ▶ VT retarder, arrêter

S

stunted ['stʌntɪd] ADJ rabougri(e)

stuntman ['stʌntmæn] N (*irreg*) cascadeur *m*

stupefaction [stju:pɪ'fækʃən] N stupéfaction *f*, stupeur *f*

stupefy ['stju:pɪfaɪ] VT étourdir; abrutir; (*fig*) stupéfier

stupendous [stju:'pɛndəs] ADJ prodigieux(-euse), fantastique

★**stupid** ['stju:pɪd] ADJ stupide, bête

stupidity [stju:'pɪdɪtɪ] N stupidité *f*, bêtise *f*

stupidly ['stju:pɪdlɪ] ADV stupidement, bêtement

stupor ['stju:pəʳ] N stupeur *f*

sturdy ['stə:dɪ] ADJ (*person, plant*) robuste, vigoureux(-euse); (*object*) solide

sturgeon ['stə:dʒən] N esturgeon *m*

stutter ['stʌtəʳ] N bégaiement *m* ▸VI bégayer

St Vincent and the Grenadines N Saint-Vincent-et-les-Grenadines *m*

sty [staɪ] N (*of pigs*) porcherie *f*

stye [staɪ] N (*Med*) orgelet *m*

★**style** [staɪl] N style *m*; (*of dress etc*) genre *m*; (*distinction*) allure *f*, cachet *m*, style; (*design*) modèle *m*; **in the latest ~** à la dernière mode; **hair ~** coiffure *f*

stylish ['staɪlɪʃ] ADJ élégant(e), chic *inv*

stylishly ['staɪlɪʃlɪ] ADV élégamment

stylist ['staɪlɪst] N (*hair stylist*) coiffeur(-euse); (*literary stylist*) styliste *mf*

stylistic [staɪ'lɪstɪk] ADJ (*element, change, difference*) stylistique

stylized ['staɪlaɪzd] ADJ stylisé(e)

stylus ['staɪləs] (*pl* **styli** [-laɪ] *or* **styluses** [-ləsi:z]) N (*of record player*) pointe *f* de lecture

stymie ['staɪmɪ] VT (*inf*) entraver; **to be stymied** être entravé(e)

Styrofoam® ['staɪrəfəum] N polystyrène expansé ▸ADJ en polystyrène expansé

suave [swɑ:v] ADJ doucereux(-euse), onctueux(-euse)

sub [sʌb] N ABBR = **submarine**; **subscription**

sub... [sʌb] PREFIX sub..., sous-

subcommittee ['sʌbkəmɪtɪ] N sous-comité *m*

subconscious [sʌb'kɔnʃəs] ADJ subconscient(e) ▸N subconscient *m*

subconsciously [sʌb'kɔnʃəslɪ] ADV inconsciemment

subcontinent [sʌb'kɔntɪnənt] N: **the (Indian) ~** le sous-continent indien

subcontract N ['sʌb'kɔntrækt] contrat *m* de sous-traitance ▸VT [sʌbkən'trækt] sous-traiter

subcontractor ['sʌbkən'træktəʳ] N sous-traitant *m*

subculture ['sʌbkʌltʃəʳ] N sous-culture *f*

subdivide [sʌbdɪ'vaɪd] VT subdiviser

subdivision ['sʌbdɪvɪʒən] N subdivision *f*

subdue [səb'dju:] VT subjuguer, soumettre

subdued [səb'dju:d] ADJ contenu(e), atténué(e); (*light*) tamisé(e); (*person*) qui a perdu de son entrain

sub-editor ['sʌb'ɛdɪtəʳ] N (BRIT) secrétaire *mf* de (la) rédaction

subgroup ['sʌbgru:p] N sous-groupe *m*

subheading ['sʌbhɛdɪŋ] N sous-titre *m*

★**subject** N ['sʌbdʒɪkt] sujet *m*; (*Scol*) matière *f*; **to change the ~** changer de conversation ▸ADJ ['sʌbdʒɪkt]: **to be ~ to** (*law*) être soumis(e) à; (*disease*) être sujet(te) à; **~ to confirmation in writing** sous réserve de confirmation écrite ▸VT [səb'dʒɛkt]: **to ~ to** soumettre à; exposer à

subjection [səb'dʒɛkʃən] N soumission *f*, sujétion *f*

subjective [səb'dʒɛktɪv] ADJ subjectif(-ive)

subjectivity [sʌbdʒɛk'tɪvɪtɪ] N subjectivité *f*

subject matter N sujet *m*; (*content*) contenu *m*

sub judice [sʌb'dju:dɪsɪ] ADJ (*Law*) devant les tribunaux

subjugate ['sʌbdʒugeɪt] VT subjuguer **subjunctive** [səb'dʒʌŋktɪv] ADJ subjonctif(-ive) ▸N subjonctif *m*

sublet [sʌb'lɛt] VT sous-louer

sublime [sə'blaɪm] ADJ sublime

subliminal [sʌb'lɪmɪnl] ADJ subliminal(e)

submachine gun ['sʌbmə'ʃi:n-] N mitraillette *f*

submarine [sʌbmə'ri:n] N sous-marin *m*

submerge [səb'mə:dʒ] VT submerger; immerger ▸VI plonger

submersion [səb'mə:ʃən] N submersion *f*; immersion *f*

submission [səb'mɪʃən] N soumission *f*; (*to committee etc*) présentation *f*

submissive [səb'mɪsɪv] ADJ soumis(e)

submit [səb'mɪt] VT soumettre ▸VI se soumettre

subnormal [sʌb'nɔ:ml] ADJ au-dessous de la normale; (*person*) arriéré(e)

subordinate [sə'bɔ:dɪnət] ADJ (*junior*) subalterne; (*Grammar*) subordonné(e) ▸N subordonné(e)

sub-plot ['sʌbplɔt] N intrigue *f* secondaire

subpoena [səb'pi:nə] (*Law*) N citation *f*, assignation *f* ▸VT citer *or* assigner (à comparaître)

subprime ['sʌbpraɪm] ADJ (*Finance: borrower, loan*) à haut risque; **~ mortgage** prêt *m* hypothécaire à haut risque; **the ~ crisis** la crise des subprimes

subroutine [sʌbru:'ti:n] N (*Comput*) sous-programme *m*

subscribe [səb'skraɪb] VI cotiser; **to ~ to** (*opinion, fund*) souscrire à; (*newspaper*) s'abonner à; être abonné(e) à

subscriber [səb'skraɪbəʳ] N (*to magazine, service*) abonné(e)

subscript ['sʌbskrɪpt] N (*Typ*) indice inférieur

subscription [səb'skrɪpʃən] N (*to fund*) souscription *f*; (*to magazine etc*) abonnement *m*; (*membership dues*) cotisation *f*; **to take out a ~ to** s'abonner à

subsequent ['sʌbsɪkwənt] ADJ ultérieur(e), suivant(e); **~ to** *prep* à la suite de

subsequently ['sʌbsɪkwəntlɪ] ADV par la suite

subservient [səb'sə:vɪənt] ADJ obséquieux(-euse)

subset ['sʌbsɛt] N sous-ensemble *m*

subside [səb'saɪd] VI (*land*) s'affaisser; (*flood*) baisser; (*wind, feelings*) tomber

subsidence [səb'saɪdns] N affaissement *m*

subsidiarity [səbsɪdɪ'ærɪtɪ] N (*Pol*) subsidiarité *f*

subsidiary [səb'sɪdɪərɪ] ADJ subsidiaire; accessoire; (BRIT *Scol: subject*) complémentaire ▸N filiale *f*

subsidize ['sʌbsɪdaɪz] VT subventionner
subsidy ['sʌbsɪdɪ] N subvention *f*
subsist [səb'sɪst] VI: **to ~ on sth** (arriver à) vivre avec *or* subsister avec qch
subsistence [səb'sɪstəns] N existence *f*, subsistance *f*
subsistence allowance N indemnité *f* de séjour
subsistence level N niveau *m* de vie minimum
★**substance** ['sʌbstəns] N substance *f*; (*fig*) essentiel *m*; **a man of ~** un homme jouissant d'une certaine fortune; **to lack ~** être plutôt mince (*fig*)
substance abuse N abus *m* de substances toxiques
substandard [sʌb'stændəd] ADJ (*goods*) de qualité inférieure, qui laisse à désirer; (*housing*) inférieur(e) aux normes requises
substantial [səb'stænʃl] ADJ substantiel(le); (*fig*) important(e)
substantially [səb'stænʃəlɪ] ADV considérablement; en grande partie
substantiate [səb'stænʃɪeɪt] VT étayer, fournir des preuves à l'appui de
★**substitute** ['sʌbstɪtju:t] N (*person*) remplaçant(e); (*thing*) succédané *m* ▸VT: **to ~ sth/sb for** substituer qch/qn à, remplacer par qch/qn
substitute teacher N (*US*) suppléant(e)
substitution [sʌbstɪ'tju:ʃən] N substitution *f*
subterfuge ['sʌbtəfju:dʒ] N subterfuge *m*
subterranean [sʌbtə'reɪnɪən] ADJ souterrain(e)
subtext ['sʌbtɛkst] N sujet *m* sous-jacent
subtitled ['sʌbtaɪtld] ADJ sous-titré(e)
subtitles ['sʌbtaɪtlz] NPL (*Cine*) sous-titres *mpl*
subtle ['sʌtl] ADJ subtil(e)
subtlety ['sʌtltɪ] N subtilité *f*
subtly ['sʌtlɪ] ADV subtilement
subtotal [sʌb'təutl] N total partiel
subtract [səb'trækt] VT soustraire, retrancher
subtraction [səb'trækʃən] N soustraction *f*
subtropical [sʌb'trɔpɪkl] ADJ subtropical(e)
suburb ['sʌbə:b] N faubourg *m*; **the suburbs** la banlieue
suburban [sə'bə:bən] ADJ de banlieue, suburbain(e)
suburbia [sə'bə:bɪə] N la banlieue
subvention [səb'vɛnʃən] N (*subsidy*) subvention *f*
subversion [səb'və:ʃən] N subversion *f*
subversive [səb'və:sɪv] ADJ subversif(-ive)
subvert [səb'və:t] VT subvertir
subway ['sʌbweɪ] N (BRIT: *underpass*) passage souterrain; (*US: railway*) métro *m*
sub-zero [sʌb'zɪərəu] ADJ au-dessous de zéro
★**succeed** [sək'si:d] VI réussir; **to ~ in doing** réussir à faire ▸VT succéder à
succeeding [sək'si:dɪŋ] ADJ suivant(e), qui suit (*or* suivent *or* suivront *etc*)
★**success** [sək'sɛs] N succès *m*; réussite *f*
★**successful** [sək'sɛsful] ADJ qui a du succès; (*candidate*) choisi(e), agréé(e); (*business*) prospère, qui réussit; (*attempt*) couronné(e) de succès; **to be ~ (in doing)** réussir (à faire)
successfully [sək'sɛsfəlɪ] ADV avec succès
succession [sək'sɛʃən] N succession *f*; **in ~** successivement; **3 years in ~** 3 ans de suite
successive [sək'sɛsɪv] ADJ successif(-ive); **on 3 ~ days** 3 jours de suite *or* consécutifs
successor [sək'sɛsə^r] N successeur *m*
succinct [sək'sɪŋkt] ADJ succinct(e), bref (brève)
succulent ['sʌkjulənt] ADJ succulent(e) ▸N (*Bot*): **succulents** plantes grasses
succumb [sə'kʌm] VI succomber
★**such** [sʌtʃ] ADJ tel (telle); (*of that kind*): **~ a book** un livre de ce genre *or* pareil, un tel livre; (*so much*): **~ courage** un tel courage; **~ books** des livres de ce genre *or* pareils, de tels livres; **making ~ a noise that** faisant un tel bruit que *or* tellement de bruit que; **~ as** (*like*) tel (telle) que, comme; **a noise ~ as to** un bruit de nature à; **~ books as I have** les quelques livres que j'ai ▸ADV si; **~ good books** de si bons livres; **~ a long trip** un si long voyage; **~ a long trip that** un voyage si *or* tellement long que; **~ a long time ago** il y a si *or* tellement longtemps; **~ a lot of** tellement *or* tant de ▸PRON: **as ~** en tant que tel (telle), à proprement parler
such-and-such ['sʌtʃənsʌtʃ] ADJ tel ou tel (telle ou telle)
suchlike ['sʌtʃlaɪk] PRON (*inf*): **and ~** et le reste
suck [sʌk] VT sucer; (*breast, bottle*) téter; (*pump, machine*) aspirer
sucker ['sʌkə^r] N (*Bot, Zool, Tech*) ventouse *f*; (*inf*) naïf(-ïve), poire *f* (*inf*)
suckle ['sʌkl] VT allaiter
sucrose ['su:krəuz] N saccharose *m*
suction ['sʌkʃən] N succion *f*
suction pump N pompe aspirante
Sudan [su'dɑ:n] N Soudan *m*
Sudanese [su:də'ni:z] ADJ soudanais(e) ▸N Soudanais(e)
★**sudden** ['sʌdn] ADJ soudain(e), subit(e) ▸N: **all of a ~** soudain, tout à coup
sudden-death [sʌdn'dɛθ] N: **~ play-off** *partie supplémentaire pour départager les adversaires*
★**suddenly** ['sʌdnlɪ] ADV brusquement, tout à coup, soudain
sudoku [su'dəuku:] N sudoku *m*
suds [sʌdz] NPL eau savonneuse
sue [su:] VT poursuivre en justice, intenter un procès à; **to ~ sb for damages** poursuivre qn en dommages-intérêts ▸VI: **to ~ (for)** intenter un procès (pour); **to ~ for divorce** engager une procédure de divorce
suede [sweɪd] N daim *m*, cuir suédé ▸CPD de daim
suet ['suɪt] N graisse *f* de rognon (*de bœuf ou de mouton*)
Suez Canal ['su:ɪz-] N canal *m* de Suez
★**suffer** ['sʌfə^r] VT souffrir, subir; (*bear*) tolérer, supporter, subir ▸VI souffrir; **to ~ from** (*illness*) souffrir de, avoir; **to ~ from the effects of alcohol/a fall** se ressentir des effets de l'alcool/des conséquences d'une chute
sufferance ['sʌfərns] N: **he was only there on ~** sa présence était seulement tolérée
sufferer ['sʌfərə^r] N malade *mf*; victime *f*
suffering ['sʌfərɪŋ] N souffrance(s) *f(pl)*

S

suffice [sə'faɪs] VI suffire
sufficient [sə'fɪʃənt] ADJ suffisant(e); **~ money** suffisamment d'argent
sufficiently [sə'fɪʃəntlɪ] ADV suffisamment, assez
suffix ['sʌfɪks] N suffixe *m*
suffocate ['sʌfəkeɪt] VI suffoquer; étouffer
suffocation [sʌfə'keɪʃən] N suffocation *f*; (*Med*) asphyxie *f*
suffrage ['sʌfrɪdʒ] N suffrage *m*; droit *m* de suffrage *or* de vote
suffuse [sə'fju:z] VT baigner, imprégner; **the room was suffused with light** la pièce baignait dans la lumière *or* était imprégnée de lumière
★**sugar** ['ʃugə^r] N sucre *m* ▸ VT sucrer
sugar beet N betterave sucrière
sugar bowl N sucrier *m*
sugar cane N canne *f* à sucre
sugar-coated ['ʃugə'kəutɪd] ADJ dragéifié(e)
sugar lump N morceau *m* de sucre
sugar refinery N raffinerie *f* de sucre
sugary ['ʃugərɪ] ADJ sucré(e)
★**suggest** [sə'dʒɛst] VT suggérer, proposer; (*indicate*) sembler indiquer; **what do you ~ I do?** que vous me suggérez de faire ?
★**suggestion** [sə'dʒɛstʃən] N suggestion *f*
suggestive [sə'dʒɛstɪv] ADJ suggestif(-ive)
suicidal [suɪ'saɪdl] ADJ suicidaire
★**suicide** ['suɪsaɪd] N suicide *m*; **to commit ~** se suicider; **~ bombing** attentat *m* suicide
suicide bomber N kamikaze *mf*
★**suit** [su:t] N (*man's*) costume *m*, complet *m*; (*woman's*) tailleur *m*, ensemble *m*; (*Cards*) couleur *f*; (*lawsuit*) procès *m*; **to bring a ~ against sb** intenter un procès contre qn; **to follow ~** (*fig*) faire de même ▸ VT (*subj: clothes, hairstyle*) aller à; (*be convenient for*) convenir à; (*adapt*): **to ~ sth to** adapter *or* approprier qch à; **to be suited to sth** (*suitable for*) être adapté(e) *or* approprié(e) à qch; **well suited** (*couple*) faits l'un pour l'autre, très bien assortis
suitability [su:tə'bɪlɪtɪ] N (*of product*) aptitude *f* à l'usage; **~ for sth** aptitude *f* à qch
★**suitable** ['su:təbl] ADJ qui convient; approprié(e), adéquat(e); **would tomorrow be ~?** est-ce que demain vous conviendrait ?; **we found somebody ~** nous avons trouvé la personne qu'il nous faut
suitably ['su:təblɪ] ADV comme il se doit (*or* se devait *etc*), convenablement
suitcase ['su:tkeɪs] N valise *f*
suite [swi:t] N (*of rooms, also Mus*) suite *f*; (*furniture*): **bedroom/dining room ~** (ensemble *m* de) chambre *f* à coucher/salle *f* à manger; **a three-piece ~** un salon (canapé et deux fauteuils)
suitor ['su:tə^r] N soupirant *m*, prétendant *m*
sulfate ['sʌlfeɪt] N (*US*) = **sulphate**
sulfur *etc* ['sʌlfə^r] N (*US*) = **sulphur** *etc*
sulk [sʌlk] VI bouder
sulky ['sʌlkɪ] ADJ boudeur(-euse), maussade
sullen ['sʌlən] ADJ renfrogné(e), maussade; morne
sulphate, (*US*) **sulfate** ['sʌlfeɪt] N sulfate *m*; **copper ~** sulfate de cuivre
sulphur, (*US*) **sulfur** ['sʌlfə^r] N soufre *m*
sulphur dioxide, (*US*) **sulfur dioxide** N anhydride sulfureux
sulphuric, (*US*) **sulfuric** [sʌl'fjuərɪk] ADJ: **~ acid** acide *m* sulfurique
sultan ['sʌltən] N sultan *m*
sultana [sʌl'tɑ:nə] N (*fruit*) raisin (sec) de Smyrne
sultry ['sʌltrɪ] ADJ étouffant(e)
★**sum** [sʌm] N somme *f*; (*Scol etc*) calcul *m*
▸ **sum up** VT résumer; (*evaluate rapidly*) récapituler ▸ VI résumer

> Use the feminine word **somme** to refer to an amount: *a sum of money* **une somme d'argent**. The masculine word **somme** means *nap*.

Sumatra [su'mɑ:trə] N Sumatra
summarize ['sʌməraɪz] VT résumer
summary ['sʌmərɪ] N résumé *m* ▸ ADJ (*justice*) sommaire
★**summer** ['sʌmə^r] N été *m*; **in (the) ~** en été, pendant l'été ▸ CPD d'été, estival(e)
summer camp N (*US*) colonie *f* de vacances
summer holidays NPL grandes vacances
summerhouse ['sʌməhaus] N (*in garden*) pavillon *m*
summertime ['sʌmətaɪm] N (*season*) été *m*
summer time N (*by clock*) heure *f* d'été
summery ['sʌmərɪ] ADJ estival(e); d'été
summing-up [sʌmɪŋ'ʌp] N résumé *m*, récapitulation *f*
★**summit** ['sʌmɪt] N sommet *m*; (*also:* **summit conference**) (conférence *f* au) sommet
summon ['sʌmən] VT appeler, convoquer; **to ~ a witness** citer *or* assigner un témoin
▸ **summon up** VT rassembler, faire appel à
summons ['sʌmənz] N citation *f*, assignation *f*; **to serve a ~ on sb** remettre une assignation à qn ▸ VT citer, assigner
sumo ['su:məu] N: **~ wrestling** sumo *m*
sump [sʌmp] N (BRIT *Aut*) carter *m*
sumptuous ['sʌmptjuəs] ADJ somptueux(-euse)
★**sun** [sʌn] N soleil *m*; **in the ~** au soleil; **to catch the ~** prendre le soleil; **everything under the ~** absolument tout
★**Sun.** ABBR (= *Sunday*) dim.
sunbathe ['sʌnbeɪð] VI prendre un bain de soleil
sunbeam ['sʌnbi:m] N rayon *m* de soleil
sunbed ['sʌnbɛd] N lit pliant; (*with sun lamp*) lit à ultra-violets
sunblock ['sʌnblɔk] N écran *m* total
sunburn ['sʌnbə:n] N coup *m* de soleil
sunburned ['sʌnbə:nd], **sunburnt** ['sʌnbə:nt] ADJ brûlé(e) par le soleil; **to get ~** prendre un coup de soleil
sun cream N crème *f* (anti-)solaire
sundae ['sʌndeɪ] N sundae *m*, coupe glacée
★**Sunday** ['sʌndɪ] N dimanche *m*; *see also* **Tuesday**

Sunday paper N journal *m* du dimanche

Les **Sunday papers** sont une véritable institution en Grande-Bretagne et aux États-Unis. La plupart des quotidiens ont une édition du dimanche, avec une équipe de rédacteurs différente des éditions de la semaine. Le journal s'accompagne le plus souvent de suppléments spéciaux consacrés aux affaires, au sport, aux voyages, à la vie littéraire, etc, ainsi que d'un magazine en couleur.

Sunday school N ≈ catéchisme *m*
sundial ['sʌndaɪəl] N cadran *m* solaire
sundown ['sʌndaun] N coucher *m* du soleil
sundries ['sʌndrɪz] NPL articles divers
sundry ['sʌndrɪ] ADJ divers(e), différent(e); **all and ~** tout le monde, n'importe qui
sunflower ['sʌnflauəʳ] N tournesol *m*
sung [sʌŋ] PP *of* **sing**
sunglasses ['sʌnglɑ:sɪz] NPL lunettes *fpl* de soleil
sun hat N chapeau *m* de soleil
sunk [sʌŋk] PP *of* **sink**
sunken ['sʌŋkn] ADJ (*rock, ship*) submergé(e); (*cheeks*) creux(-euse); (*bath*) encastré(e)
sunlamp ['sʌnlæmp] N lampe *f* à rayons ultraviolets
sunlight ['sʌnlaɪt] N (lumière *f* du) soleil *m*
sunlit ['sʌnlɪt] ADJ ensoleillé(e)
sun lounger N chaise longue
sunny ['sʌnɪ] ADJ ensoleillé(e); (*fig*) épanoui(e), radieux(-euse); **it is ~** il fait (du) soleil, il y a du soleil
sunrise ['sʌnraɪz] N lever *m* du soleil
sun roof N (*Aut*) toit ouvrant
sunscreen ['sʌnskri:n] N crème *f* solaire
sunset ['sʌnsɛt] N coucher *m* du soleil
sunshade ['sʌnʃeɪd] N (*lady's*) ombrelle *f*; (*over table*) parasol *m*
sunshine ['sʌnʃaɪn] N (lumière *f* du) soleil *m*
sunspot ['sʌnspɔt] N tache *f* solaire
sunstroke ['sʌnstrəuk] N insolation *f*
suntan ['sʌntæn] N bronzage *m*
suntan lotion N lotion *f or* lait *m* solaire
suntanned ['sʌntænd] ADJ bronzé(e)
suntan oil N huile *f* solaire
suntrap ['sʌntræp] N coin très ensoleillé
★**super** ['su:pəʳ] ADJ (*inf*) formidable
superannuation [su:pərænju'eɪʃən] N cotisations *fpl* pour la pension
★**superb** [su:'pə:b] ADJ superbe, magnifique
Super Bowl N (*US Sport*) Super Bowl *m*

Le **Super Bowl** est la finale du championnat annuel de la National Football League (NFL), le plus haut niveau du football américain professionnel. Plus de quarante ans après sa première édition, en 1967, le *Super Bowl Sunday* est devenu une tradition, célèbre pour les quantités de nourriture consommées par les millions de fans qui se réunissent pour regarder la finale et les réjouissances de l'après-match à la télévision. La retransmission du *Super Bowl* est l'émission la plus regardée des États-Unis.

superbug ['su:pəbʌg] N super bactérie *f*
supercilious [su:pə'sɪlɪəs] ADJ hautain(e), dédaigneux(-euse)
supercomputer [su:pəkəm'pju:təʳ] N superordinateur *m*
superconductor [su:pəkən'dʌktəʳ] N supraconducteur *m*
superficial [su:pə'fɪʃəl] ADJ superficiel(le)
superficially [su:pə'fɪʃəlɪ] ADV superficiellement
superfluous [su'pə:fluəs] ADJ superflu(e)
superfood ['su:pəfu:d] N superaliment *m*
superglue ['su:pəglu:] N colle forte
superhero ['su:pəhɪərəu] N super héros *m*
superhighway ['su:pəhaɪweɪ] N (*US*) voie *f* express (à plusieurs files); **the information ~** la super-autoroute de l'information
superhuman [su:pə'hju:mən] ADJ surhumain(e)
superimpose ['su:pərɪm'pəuz] VT superposer
superintend [su:pərɪn'tɛnd] VT surveiller
superintendent [su:pərɪn'tɛndənt] N directeur(-trice); (*Police*) ≈ commissaire *m*
superior [su'pɪərɪəʳ] ADJ supérieur(e); (*Comm: goods, quality*) de qualité supérieure; (*smug*) condescendant(e), méprisant(e) ▸ N supérieur(e); **Mother S~** (*Rel*) Mère supérieure
superiority [supɪərɪ'ɔrɪtɪ] N supériorité *f*
superlative [su'pə:lətɪv] ADJ sans pareil(le), suprême ▸ N (*Ling*) superlatif *m*
superman ['su:pəmæn] N (*irreg*) surhomme *m*
★**supermarket** ['su:pəmɑ:kɪt] N supermarché *m*
supermodel ['su:pəmɔdl] N top model *m*
supernatural [su:pə'nætʃərəl] ADJ surnaturel(le) ▸ N: **the ~** le surnaturel
supernova [su:pə'nəuvə] N supernova *f*
superpower ['su:pəpauəʳ] N (*Pol*) superpuissance *f*
supersede [su:pə'si:d] VT remplacer, supplanter
supersonic ['su:pə'sɔnɪk] ADJ supersonique
superstar ['su:pəstɑ:ʳ] N (*Cine etc*) superstar *f*; (*Sport*) superchampion(ne) ▸ ADJ (*status, lifestyle*) de superstar
superstardom ['su:pəstɑ:dəm] N statut *m* de superstar
superstition [su:pə'stɪʃən] N superstition *f*
superstitious [su:pə'stɪʃəs] ADJ superstitieux(-euse)
superstore ['su:pəstɔ:ʳ] N (Brit) hypermarché *m*, grande surface
superstructure ['su:pəstrʌktʃəʳ] N superstructure *f*
supertanker ['su:pətæŋkəʳ] N pétrolier géant, superpétrolier *m*
supertax ['su:pətæks] N tranche supérieure de l'impôt
supervise ['su:pəvaɪz] VT (*children etc*) surveiller; (*organization, work*) diriger
supervision [su:pə'vɪʒən] N surveillance *f*; (*monitoring*) contrôle *m*; (*management*) direction *f*; **under medical ~** sous contrôle du médecin
supervisor ['su:pəvaɪzəʳ] N surveillant(e); (*in shop*) chef *m* de rayon; (*Scol*) directeur(-trice) de thèse

S

supervisory ['su:pəvaɪzərɪ] ADJ de surveillance
supine ['su:paɪn] ADJ couché(e) *or* étendu(e) sur le dos
supper ['sʌpəʳ] N dîner *m*; (*late*) souper *m*; **to have ~** dîner; souper
supplant [sə'plɑ:nt] VT supplanter
supple ['sʌpl] ADJ souple
supplement N ['sʌplɪmənt] supplément *m* ▸ VT [sʌplɪ'mɛnt] ajouter à, compléter
supplementary [sʌplɪ'mɛntərɪ] ADJ supplémentaire
supplier [sə'plaɪəʳ] N fournisseur *m*
★**supply** [sə'plaɪ] VT (*provide*) fournir; (*equip*): **to ~ (with)** approvisionner *or* ravitailler (en); fournir (en); (*system, machine*): **to ~ sth (with sth)** alimenter qch (en qch); (*a need*) répondre à; **it comes supplied with an adaptor** il (*or* elle) est pourvu(e) d'un adaptateur ▸ N provision *f*, réserve *f*; (*supplying*) approvisionnement *m*; (*Tech*) alimentation *f*; **to be in short ~** être rare, manquer; **the electricity/water/gas ~** l'alimentation en électricité/eau/gaz; **~ and demand** l'offre *f* et la demande ■ **supplies** NPL (*food*) vivres *mpl*; (*Mil*) subsistances *fpl*; **office supplies** fournitures *fpl* de bureau
supply teacher N (BRIT) suppléant(e)
★**support** [sə'pɔ:t] N (*moral, financial etc*) soutien *m*, appui *m*; (*Tech*) support *m*, soutien ▸ VT soutenir, supporter; (*financially*) subvenir aux besoins de; (*uphold*) être pour, être partisan de, appuyer; (*Sport: team*) être pour; **to ~ o.s.** (*financially*) gagner sa vie
★**supporter** [sə'pɔ:təʳ] N (*Pol etc*) partisan(e); (*Sport*) supporter *m*
supporting [sə'pɔ:tɪŋ] ADJ (*wall*) d'appui
supporting role N second rôle *m*
supportive [sə'pɔ:tɪv] ADJ: **my family were very ~** ma famille m'a été d'un grand soutien
★**suppose** [sə'pəuz] VT, VI supposer; imaginer; **to be supposed to do/be** être censé(e) faire/être; **I don't ~ she'll come** je suppose qu'elle ne viendra pas, cela m'étonnerait qu'elle vienne
supposed [sə'pəuzd, sə'pəuzɪd] ADJ (*alleged*) supposé(e)
supposedly [sə'pəuzɪdlɪ] ADV soi-disant
supposing [sə'pəuzɪŋ] CONJ si, à supposer que + *sub*
supposition [sʌpə'zɪʃən] N supposition *f*, hypothèse *f*
suppository [sə'pɔzɪtrɪ] N suppositoire *m*
suppress [sə'prɛs] VT (*revolt, feeling*) réprimer; (*information*) faire disparaître; (*scandal, yawn*) étouffer
suppression [sə'prɛʃən] N suppression *f*, répression *f*
suppressor [sə'prɛsəʳ] N (*Elec etc*) dispositif *m* antiparasite
supremacy [su'prɛməsɪ] N suprématie *f*
supreme [su'pri:m] ADJ suprême
Supreme Court N (*US*) Cour *f* suprême

La cour suprême (**Supreme Court**) des États-Unis, établie en 1789, est la plus haute juridiction. Elle se compose d'un *chief justice* (président) et de huit *associate justices* (juges) nommés par le président des États-Unis et confirmés dans leurs fonctions par le Sénat. Les *justices* exercent leur rôle à vie à moins qu'ils ne démissionnent, ne prennent leur retraite, ou ne soient destitués par le Congrès. Chaque État a également une cour suprême, qui statue en dernier ressort sur la législation et l'administration du système judiciaire de l'État en question.

supremely [su'pri:mlɪ] ADV suprêmement
supremo [su'pri:məu] N grand chef
Supt. ABBR (*Police*) = **superintendent**
surcharge ['sə:tʃɑ:dʒ] N surcharge *f*; (*extra tax*) surtaxe *f*
★**sure** [ʃuəʳ] ADJ (*gen*) sûr(e); (*definite, convinced*) sûr, certain(e); **I'm not ~ how/why/when** je ne sais pas très bien comment/pourquoi/quand; **to be ~ of o.s.** être sûr de soi; **to make ~ of sth/that** s'assurer de qch/que, vérifier qch/que ▸ ADV (*US inf*): **that ~ is pretty, that's ~ pretty** c'est drôlement joli(e) (*inf*); **~!** (*of course*) bien sûr !; **~ enough** effectivement
sure-fire ['ʃuəfaɪəʳ] ADJ (*inf*) certain(e), infaillible
sure-footed [ʃuə'futɪd] ADJ au pied sûr
★**surely** ['ʃuəlɪ] ADV sûrement; certainement; **~ you don't mean that!** vous ne parlez pas sérieusement !
surety ['ʃuərətɪ] N caution *f*; **to go** *or* **stand ~ for sb** se porter caution pour qn
surf [sə:f] N (*waves*) ressac *m* ▸ VI (*Sport*) surfer ▸ VT: **to ~ the Net** surfer sur Internet, surfer sur le Net
★**surface** ['sə:fɪs] N surface *f*; **on the ~** (*fig*) au premier abord ▸ CPD: **by ~ mail** par voie de terre; (*by sea*) par voie maritime ▸ VT (*road*) poser un revêtement sur ▸ VI remonter à la surface; (*fig*) faire surface
surface area N superficie *f*, aire *f*
surface mail N courrier *m* par voie de terre (*or* maritime)
surface-to-surface ['sə:fɪstə'sə:fɪs] ADJ (*Mil*) sol-sol *inv*
surfboard ['sə:fbɔ:d] N planche *f* de surf
surfeit ['sə:fɪt] N: **a ~ of** un excès de; une indigestion de
surfer ['sə:fəʳ] N (*in sea*) surfeur(-euse); **(web** *or* **Net)** ~ internaute *mf*
surfing ['sə:fɪŋ] N (*in sea*) surf *m*
surge [sə:dʒ] N (*of emotion*) vague *f*; (*Elec*) pointe *f* de courant ▸ VI déferler; **to ~ forward** se précipiter (en avant)
surgeon ['sə:dʒən] N chirurgien(ne)
Surgeon General N (*US*) chef *m* du service fédéral de la santé publique
★**surgery** ['sə:dʒərɪ] N chirurgie *f*; (BRIT: *room*) cabinet *m* (de consultation); (*also:* **surgery hours**) heures *fpl* de consultation; (*of MP etc*) permanence *f* (*où le député etc reçoit les électeurs etc*); **to undergo ~** être opéré(e)
surgical ['sə:dʒɪkl] ADJ chirurgical(e)
surgically ['sə:dʒɪklɪ] ADV chirurgicalement
surgical spirit N (BRIT) alcool *m* à 90°
Suriname [suərɪ'næm] N Suriname *m*
surly ['sə:lɪ] ADJ revêche, maussade

surmise [sə:ˈmaɪz] VT présumer, conjecturer
surmount [sə:ˈmaunt] VT surmonter
surname [ˈsə:neɪm] N nom *m* de famille
surpass [sə:ˈpɑ:s] VT surpasser, dépasser
surplus [ˈsə:pləs] N surplus *m*, excédent *m* ▸ ADJ en surplus, de trop; (*Comm*) excédentaire; **it is ~ to our requirements** cela dépasse nos besoins; **~ stock** surplus *m*
★**surprise** [səˈpraɪz] N (*gen*) surprise *f*; (*astonishment*) étonnement *m*; **to take by ~** (*person*) prendre au dépourvu; (*Mil: town, fort*) prendre par surprise ▸ VT surprendre, étonner
★**surprised** [səˈpraɪzd] ADJ (*look, smile*) surpris(e), étonné(e); **to be ~** être surpris
★**surprising** [səˈpraɪzɪŋ] ADJ surprenant(e), étonnant(e)
surprisingly [səˈpraɪzɪŋlɪ] ADV (*easy, helpful*) étonnamment, étrangement; **(somewhat) ~, he agreed** curieusement, il a accepté
surreal [səˈri:əl] ADJ surréel(le)
surrealism [səˈrɪəlɪzəm] N surréalisme *m*
surrealist [səˈrɪəlɪst] ADJ, N surréaliste *mf*
★**surrender** [səˈrɛndəʳ] N reddition *f*, capitulation *f* ▸ VI se rendre, capituler ▸ VT (*claim, right*) renoncer à
surrender value N valeur *f* de rachat
surreptitious [sʌrəpˈtɪʃəs] ADJ subreptice, furtif(-ive)
surrogate [ˈsʌrəgɪt] N (BRIT: *substitute*) substitut *m* ▸ ADJ de substitution, de remplacement; **~ coffee** ersatz *m or* succédané *m* de café
surrogate mother N mère porteuse *or* de substitution
★**surround** [səˈraund] VT entourer; (*Mil etc*) encercler
surrounding [səˈraundɪŋ] ADJ environnant(e)
surroundings [səˈraundɪŋz] NPL environs *mpl*, alentours *mpl*
surtax [ˈsə:tæks] N surtaxe *f*
surtitles [ˈsə:taɪtlz] NPL surtitres *mpl*
surveillance [sə:ˈveɪləns] N surveillance *f*
★**survey** N [ˈsə:veɪ] enquête *f*, étude *f*; (*in house buying etc*) inspection *f*, (rapport *m* d')expertise *f*; (*of land*) levé *m*; (*comprehensive view: of situation etc*) vue *f* d'ensemble ▸ VT [sə:ˈveɪ] (*situation*) passer en revue; (*examine carefully*) inspecter; (*building*) expertiser; (*land*) faire le levé de; (*look at*) embrasser du regard
surveying [səˈveɪɪŋ] N arpentage *m*
surveyor [səˈveɪəʳ] N (*of building*) expert *m*; (*of land*) (arpenteur *m*) géomètre *m*
survival [səˈvaɪvl] N survie *f*; (*relic*) vestige *m* ▸ CPD (*course, kit*) de survie
survive [səˈvaɪv] VI survivre; (*custom etc*) subsister ▸ VT (*accident etc*) survivre à, réchapper de; (*person*) survivre à
survivor [səˈvaɪvəʳ] N survivant(e)
susceptible [səˈsɛptəbl] ADJ: **~ (to)** sensible (à); (*disease*) prédisposé(e) (à)
sushi [ˈsu:ʃɪ] N sushi *m*
★**suspect** ADJ, N [ˈsʌspɛkt] suspect(e) ▸ VT [səsˈpɛkt] soupçonner, suspecter
suspected [səsˈpɛktɪd] ADJ: **a ~ terrorist** une personne soupçonnée de terrorisme; **he had a ~ broken arm** il avait une supposée fracture du bras
suspend [səsˈpɛnd] VT suspendre
suspended animation [səsˈpɛndɪd-] N: **in a state of ~** en hibernation
suspended sentence [səsˈpɛndɪd-] N (*Law*) condamnation *f* avec sursis
suspender belt [səsˈpɛndə-] N (BRIT) porte-jarretelles *m inv*
suspenders [səsˈpɛndəz] NPL (BRIT) jarretelles *fpl*; (*US*) bretelles *fpl*
suspense [səsˈpɛns] N attente *f*, incertitude *f*; (*in film etc*) suspense *m*; **to keep sb in ~** tenir qn en suspens, laisser qn dans l'incertitude
suspension [səsˈpɛnʃən] N (*gen, Aut*) suspension *f*; (*of driving licence*) retrait *m* provisoire
suspension bridge N pont suspendu
suspicion [səsˈpɪʃən] N soupçon(s) *m(pl)*; **to be under ~** être considéré(e) comme suspect(e), être suspecté(e); **arrested on ~ of murder** arrêté sur présomption de meurtre
suspicious [səsˈpɪʃəs] ADJ (*suspecting*) soupçonneux(-euse), méfiant(e); (*causing suspicion*) suspect(e); **to be ~ of** *or* **about sb/sth** avoir des doutes à propos de qn/sur qch, trouver qn/qch suspect(e)
suspiciously [səˈspɪʃəslɪ] ADV (*suspecting: ask, look*) avec méfiance; (*causing suspicion: act, behave*) de manière suspecte; **it was ~ quiet** il régnait un calme suspect; **to look/sound ~ like sth** ressembler à s'y méprendre à qch
suss out [sʌs-] VT (BRIT *inf: discover*) supputer; (*: understand*) piger (*inf*)
sustain [səsˈteɪn] VT soutenir; supporter; corroborer; (*subj: food*) nourrir, donner des forces à; (*damage*) subir; (*injury*) recevoir
sustainability [səsteɪnəˈbɪlɪtɪ] N durabilité *f*
sustainable [səsˈteɪnəbl] ADJ (*rate, growth*) qui peut être maintenu(e); (*development*) durable
sustainably [səˈsteɪnəblɪ] ADV durablement; **~ managed** géré(e) durablement
sustained [səsˈteɪnd] ADJ (*effort*) soutenu(e), prolongé(e)
sustenance [ˈsʌstɪnəns] N nourriture *f*; moyens *mpl* de subsistance
suture [ˈsu:tʃəʳ] N suture *f*
SUV N ABBR (*esp US: = sports utility vehicle*) SUV *m*, véhicule *m* de loisirs
svelte [svɛlt, sfɛlt] ADJ svelte
SW ABBR (*= short wave*) OC
swab [swɔb] N (*Med*) tampon *m*; prélèvement *m* ▸ VT (*Naut: also:* **swab down**) nettoyer
swagger [ˈswægəʳ] VI plastronner, parader
swallow [ˈswɔləu] N (*bird*) hirondelle *f*; (*of food etc*) gorgée *f* ▸ VT avaler; (*fig: story*) gober
▸ **swallow up** VT engloutir
swam [swæm] PT *of* **swim**
swamp [swɔmp] N marais *m*, marécage *m* ▸ VT submerger
swampy [ˈswɔmpɪ] ADJ marécageux(-euse)
swan [swɔn] N cygne *m*

S

swank [swæŋk] VI (*inf*) faire de l'épate
swanky ['swæŋkɪ] ADJ (*inf*: *hotel, car*) classe (*inf*)
swan song N (*fig*) chant *m* du cygne
swap [swɔp] N échange *m*, troc *m* ▸VT: **to ~ (for)** échanger (contre), troquer (contre)
SWAPO ['swɑːpəu] N ABBR (= *South-West Africa People's Organization*) SWAPO *f*
swarm [swɔːm] N essaim *m* ▸VI (*bees*) essaimer; (*people*) grouiller; **to be swarming with** grouiller de
swarthy ['swɔːðɪ] ADJ basané(e), bistré(e)
swashbuckling ['swɔʃbʌklɪŋ] ADJ (*film*) de cape et d'épée
swastika ['swɔstɪkə] N croix gammée
SWAT N ABBR (*US*: = *Special Weapons and Tactics*) ≈ CRS *f*
swat [swɔt] VT écraser ▸N (BRIT: *also*: **fly swat**) tapette *f*
swathe [sweɪð] VT: **to ~ in** (*bandages, blankets*) embobiner de
swatter ['swɔtə^r] N (*also*: **fly swatter**) tapette *f*
sway [sweɪ] VI se balancer, osciller; tanguer ▸VT (*influence*) influencer ▸N (*rule, power*): **~ (over)** emprise *f* (sur); **to hold ~ over sb** avoir de l'emprise sur qn
Swaziland ['swɑːzɪlænd] N Swaziland *m*
swear [swɛə^r] (*pt* **swore** [swɔː^r], *pp* **sworn** [swɔːn]) VT, VI jurer; **to ~ to sth** jurer de qch; **to ~ an oath** prêter serment
▸**swear in** [swɛə^r ɪn] VT assermenter
swearword ['swɛəwəːd] N gros mot, juron *m*
sweat [swɛt] N sueur *f*, transpiration *f*; **in a ~** en sueur ▸VI suer
sweatband ['swɛtbænd] N (*Sport*) bandeau *m*
sweater ['swɛtə^r] N tricot *m*, pull *m*
sweatshirt ['swɛtʃəːt] N sweat-shirt *m*
sweatshop ['swɛtʃɔp] N atelier *m* où les ouvriers sont exploités
sweaty ['swɛtɪ] ADJ en sueur, moite *or* mouillé(e) de sueur
★**Swede** [swiːd] N Suédois(e)
swede [swiːd] N (BRIT) rutabaga *m*
★**Sweden** ['swiːdn] N Suède *f*
★**Swedish** ['swiːdɪʃ] ADJ suédois(e) ▸N (*Ling*) suédois *m*
★**sweep** [swiːp] (*pt, pp* **swept** [swɛpt]) N coup *m* de balai; (*curve*) grande courbe; (*range*) champ *m*; (*also*: **chimney sweep**) ramoneur *m* ▸VT balayer; (*subj*: *current*) emporter; (*subj*: *fashion, craze*) se répandre dans ▸VI avancer majestueusement *or* rapidement; s'élancer; s'étendre
▸**sweep away** [swiːp ə'weɪ] VT balayer; entraîner; emporter
▸**sweep past** [swiːp pɑːst] VI passer majestueusement *or* rapidement
▸**sweep up** [swiːp ʌp] VT, VI balayer
sweeper ['swiːpə^r] N (*person*) balayeur *m*; (*machine*) balayeuse *f*; (*Football*) libéro *m*
sweeping ['swiːpɪŋ] ADJ (*gesture*) large; circulaire; (*changes, reforms*) radical(e); **a ~ statement** une généralisation hâtive
sweepstake ['swiːpsteɪk] N sweepstake *m*
★**sweet** [swiːt] N (BRIT: *pudding*) dessert *m*; (: *candy*) bonbon *m* ▸ADJ doux (douce); (*not savoury*) sucré(e); (*fresh*) frais (fraîche), pur(e); (*kind*) gentil(le); (*baby*) mignon(ne); **to smell ~** sentir bon; **to taste ~** avoir un goût sucré; **~ and sour** aigre-doux (douce)
sweetbread ['swiːtbrɛd] N ris *m* de veau
sweetcorn ['swiːtkɔːn] N maïs doux
sweeten ['swiːtn] VT sucrer; (*fig*) adoucir
sweetener ['swiːtnə^r] N (*Culin*) édulcorant *m*
sweetheart ['swiːthɑːt] N amoureux(-euse)
sweetie ['swiːtɪ] N (*inf*: *as address*) mon chou *m*; (: *kind person*) chou *m*; (: BRIT *inf*: *candy*) bonbon *m*
sweetly ['swiːtlɪ] ADV (*smile*) gentiment; (*sing, play*) mélodieusement
sweetness ['swiːtnɪs] N douceur *f*; (*of taste*) goût sucré
sweet pea N pois *m* de senteur
sweet potato N patate douce
sweetshop ['swiːtʃɔp] N (BRIT) confiserie *f*
sweet tooth N: **to have a ~** aimer les sucreries
swell [swɛl] (*pt* **swelled** [swɛld], *pp* **swollen** ['swəulən] *or* **swelled** [swɛld]) N (*of sea*) houle *f* ▸ADJ (*US inf*: *excellent*) chouette ▸VT (*increase*) grossir, augmenter ▸VI (*increase*) grossir, augmenter; (*sound*) s'enfler; (*Med*: *also*: **swell up**) enfler
swelling ['swɛlɪŋ] N (*Med*) enflure *f*; (: *lump*) grosseur *f*
sweltering ['swɛltərɪŋ] ADJ étouffant(e), oppressant(e)
swept [swɛpt] PT, PP *of* **sweep**
swerve [swəːv] VI (*to avoid obstacle*) faire une embardée *or* un écart; (*off the road*) dévier
swift [swɪft] N (*bird*) martinet *m* ▸ADJ rapide, prompt(e)
swiftly ['swɪftlɪ] ADV rapidement, vite
swiftness ['swɪftnɪs] N rapidité *f*
swig [swɪg] N (*inf*: *drink*) lampée *f*
swill [swɪl] N pâtée *f* ▸VT (*also*: **swill out, swill down**) laver à grande eau
★**swim** [swɪm] (*pt* **swam** [swæm], *pp* **swum** [swʌm]) N: **to go for a ~** aller nager *or* se baigner ▸VI nager; (*Sport*) faire de la natation; (*fig*: *head, room*) tourner; **to go swimming** aller nager ▸VT traverser (à la nage); (*distance*) faire (à la nage); **to ~ a length** nager une longueur
swimmer ['swɪmə^r] N nageur(-euse)
★**swimming** ['swɪmɪŋ] N nage *f*, natation *f*
swimming baths NPL (BRIT) piscine *f*
swimming cap N bonnet *m* de bain
swimming costume N (BRIT) maillot *m* (de bain)
swimmingly ['swɪmɪŋlɪ] ADV: **to go ~** (*wonderfully*) se dérouler à merveille
swimming pool N piscine *f*
swimming trunks NPL maillot *m* de bain
★**swimsuit** ['swɪmsuːt] N maillot *m* (de bain)
swimwear ['swɪmwɛə^r] N vêtements *mpl* de bain
swindle ['swɪndl] N escroquerie *f* ▸VT escroquer
swindler ['swɪndlə^r] N escroc *m*
swine [swaɪn] N (*pl inv*) pourceau *m*, porc *m*; (*pej*) salaud *m* (!)
swine flu N grippe *f* A

★**swing** [swɪŋ] (*pt, pp* **swung** [swʌŋ]) N (*in playground*) balançoire *f*; (*movement*) balancement *m*, oscillations *fpl*; (*change in opinion etc*) revirement *m*; (*Mus*) swing *m*; rythme *m*; **a ~ to the left** (*Pol*) un revirement en faveur de la gauche; **to be in full ~** battre son plein; **to get into the ~ of things** se mettre dans le bain ▶VT balancer, faire osciller; (*also:* **swing round**) tourner, faire virer ▶VI se balancer, osciller; (*also:* **swing round**) virer, tourner; **the road swings south** la route prend la direction sud

swing bridge N pont tournant

swing door N (BRIT) porte battante

swingeing ['swɪndʒɪŋ] ADJ (BRIT) écrasant(e); considérable

swinging ['swɪŋɪŋ] ADJ rythmé(e); entraînant(e); (*fig*) dans le vent; **~ door** (*US*) porte battante

swipe [swaɪp] N grand coup; gifle *f* ▶VT (*hit*) frapper à toute volée; gifler; (*inf: steal*) piquer (*inf*); (*credit card etc*) faire passer (dans la machine)

swipe card N carte *f* magnétique

swirl [swə:l] N tourbillon *m* ▶VI tourbillonner, tournoyer

swish [swɪʃ] ADJ (BRIT *old: smart*) rupin(e) ▶VI (*whip*) siffler; (*skirt, long grass*) bruire

★**Swiss** [swɪs] ADJ suisse ▶N (*pl inv*) Suisse(-sesse)

Swiss French ADJ suisse romand(e)

Swiss German ADJ suisse-allemand(e)

Swiss roll N gâteau roulé

★**switch** [swɪtʃ] N (*for light, radio etc*) bouton *m*; (*change*) changement *m*, revirement *m* ▶VT (*change*) changer; (*exchange*) intervertir; (*invert*): **to ~ (round** *or* **over)** changer de place

▶ **switch off** VT éteindre; (*engine, machine*) arrêter; **could you ~ off the light?** pouvez-vous éteindre la lumière ?

▶ **switch on** VT allumer; (*engine, machine*) mettre en marche; (BRIT: *water supply*) ouvrir

switchback ['swɪtʃbæk] N (BRIT) montagnes *fpl* russes

switchblade ['swɪtʃbleɪd] N (*also:* **switchblade knife**) couteau *m* à cran d'arrêt

switchboard ['swɪtʃbɔ:d] N (*Tel*) standard *m*

switchboard operator N (*Tel*) standardiste *mf*

★**Switzerland** ['swɪtsələnd] N Suisse *f*

swivel ['swɪvl] VI (*also:* **swivel round**) pivoter, tourner

swollen ['swəulən] PP *of* **swell** ▶ADJ (*ankle etc*) enflé(e)

swoon [swu:n] VI se pâmer

swoop [swu:p] N (*by police etc*) rafle *f*, descente *f*; (*of bird etc*) descente en piqué ▶VI (*bird: also:* **swoop down**) descendre en piqué, piquer

swop [swɔp] N, VT = **swap**

sword [sɔ:d] N épée *f*

swordfish ['sɔ:dfɪʃ] N espadon *m*

swore [swɔ:ʳ] PT *of* **swear**

sworn [swɔ:n] PP *of* **swear** ▶ADJ (*statement, evidence*) donné(e) sous serment; (*enemy*) juré(e)

swot [swɔt] VT, VI bûcher, potasser

swum [swʌm] PP *of* **swim**

swung [swʌŋ] PT, PP *of* **swing**

sycamore ['sɪkəmɔ:ʳ] N sycomore *m*

sycophant ['sɪkəfænt] N flagorneur(-euse)

sycophantic [sɪkə'fæntɪk] ADJ flagorneur(-euse)

Sydney ['sɪdnɪ] N Sydney

syllable ['sɪləbl] N syllabe *f*

syllabus ['sɪləbəs] N programme *m*; **on the ~** au programme

symbiotic [sɪmbaɪ'ɔtɪk] ADJ symbiotique

★**symbol** ['sɪmbl] N symbole *m*

symbolic [sɪm'bɔlɪk], **symbolical** [sɪm'bɔlɪkl] ADJ symbolique

symbolically [sɪm'bɔlɪklɪ] ADV symboliquement

symbolism ['sɪmbəlɪzəm] N symbolisme *m*

symbolize ['sɪmbəlaɪz] VT symboliser

symmetrical [sɪ'mɛtrɪkl] ADJ symétrique

symmetry ['sɪmɪtrɪ] N symétrie *f*

sympathetic [sɪmpə'θɛtɪk] ADJ (*showing pity*) compatissant(e); (*understanding*) bienveillant(e), compréhensif(-ive); **~ towards** bien disposé(e) envers

sympathetic ne veut pas dire *sympathique*.

sympathetically [sɪmpə'θɛtɪklɪ] ADV avec compassion (*or* bienveillance)

sympathize ['sɪmpəθaɪz] VI: **to ~ with sb** plaindre qn; (*in grief*) s'associer à la douleur de qn; **to ~ with sth** comprendre qch

sympathizer ['sɪmpəθaɪzəʳ] N (*Pol*) sympathisant(e)

★**sympathy** ['sɪmpəθɪ] N (*pity*) compassion *f*; **in ~ with** en accord avec; (*strike*) en *or* par solidarité avec; **with our deepest ~** en vous priant d'accepter nos sincères condoléances ■ **sympathies** NPL (*support*) soutien *m*

symphonic [sɪm'fɔnɪk] ADJ symphonique

symphony ['sɪmfənɪ] N symphonie *f*

symphony orchestra N orchestre *m* symphonique

symposium [sɪm'pəuzɪəm] N symposium *m*

★**symptom** ['sɪmptəm] N symptôme *m*; indice *m*

symptomatic [sɪmptə'mætɪk] ADJ symptomatique

synagogue ['sɪnəgɔg] N synagogue *f*

sync [sɪŋk] N (*inf*): **in/out of ~** bien/mal synchronisé(e); **they're in ~ with each other** (*fig*) le courant passe bien entre eux

synchromesh [sɪŋkrəu'mɛʃ] N (*Aut*) synchronisation *f*

synchronize ['sɪŋkrənaɪz] VT synchroniser ▶VI: **to ~ with** se produire en même temps que

synchronized swimming ['siŋkrənaɪzd-] N natation synchronisée

syncopated ['sɪŋkəpeɪtɪd] ADJ syncopé(e)

syndicate ['sɪndɪkɪt] N syndicat *m*, coopérative *f*; (*Press*) agence *f* de presse

syndicated ['sɪndɪkeɪtɪd] ADJ (*Press: articles*) d'agence

syndrome ['sɪndrəum] N syndrome *m*

synergy ['sɪnədʒɪ] N synergie *f*

synod ['sɪnəd] N synode *m*

synonym ['sɪnənɪm] N synonyme *m*

synonymous [sɪ'nɔnɪməs] ADJ: **~ (with)** synonyme (de)

synopsis [sɪ'nɔpsɪs] (*pl* **synopses** [-si:z]) N résumé *m*, synopsis *mf*

syntax ['sɪntæks] N syntaxe *f*

synthesis ['sɪnθəsɪs] (*pl* **syntheses** [-si:z]) N synthèse *f*

synthesize ['sɪnθɪsaɪz] VT synthétiser

synthesizer ['sɪnθəsaɪzə^r] N (*Mus*) synthétiseur *m*

synthetic [sɪn'θɛtɪk] ADJ synthétique ▸ N matière *f* synthétique ▪ **synthetics** NPL textiles artificiels

syphilis ['sɪfɪlɪs] N syphilis *f*

syphon ['saɪfən] N, VT = **siphon**

Syria ['sɪrɪə] N Syrie *f*

Syrian ['sɪrɪən] ADJ syrien(ne) ▸ N Syrien(ne)

syringe [sɪ'rɪndʒ] N seringue *f*

syrup ['sɪrəp] N sirop *m*; (BRIT: *also:* **golden syrup**) mélasse raffinée

syrupy ['sɪrəpɪ] ADJ sirupeux(-euse)

★**system** ['sɪstəm] N système *m*; (*order*) méthode *f*; (*Anat*) organisme *m*

systematic [sɪstə'mætɪk] ADJ systématique; méthodique

systematically [sɪstə'mætɪklɪ] ADV systématiquement

system disk N (*Comput*) disque *m* système

systems analyst N analyste-programmeur *mf*

Tt

T, t [ti:] N (*letter*) T, t *m*; **T for Tommy** T comme Thérèse

TA N ABBR (BRIT) = **Territorial Army**

ta [tɑ:] EXCL (BRIT *inf*) merci !

tab [tæb] N ABBR = **tabulator** ▸ N (*loop on coat etc*) attache *f*; (*label*) étiquette *f*; (*on drinks can etc*) languette *f*; **to keep tabs on** (*fig*) surveiller

tabby ['tæbɪ] N (*also*: **tabby cat**) chat(te) tigré(e)

★**table** ['teɪbl] N table *f*; **to lay** *or* **set the ~** mettre le couvert *or* la table; **to clear the ~** débarrasser la table; **league ~** (BRIT *Football, Rugby*) classement *m* (du championnat); **~ of contents** table des matières ▸ VT (BRIT: *motion etc*) présenter

tablecloth ['teɪblklɔθ] N nappe *f*

table d'hôte [tɑ:bl'dəut] ADJ (*meal*) à prix fixe

table football N baby-foot *m*

table lamp N lampe décorative *or* de table

tablemat ['teɪblmæt] N (*for plate*) napperon *m*, set *m*; (*for hot dish*) dessous-de-plat *m inv*

table salt N sel fin *or* de table

tablespoon ['teɪblspu:n] N cuiller *f* de service; (*also*: **tablespoonful**: *as measurement*) cuillerée *f* à soupe

tablet ['tæblɪt] N (*Med*) comprimé *m*; (: *for sucking*) pastille *f*; (*Comput*) tablette *f* (tactile); (*of stone*) plaque *f*; **~ of soap** (BRIT) savonnette *f*

table tennis N ping-pong *m*, tennis *m* de table

tabletop ['teɪbltɔp] N plateau *m* de table

tableware ['teɪblwɛəʳ] N articles *mpl* de table

table wine N vin *m* de table

tabloid ['tæblɔɪd] N (*newspaper*) quotidien *m* populaire

taboo [tə'bu:] ADJ, N tabou *m*

tabulate ['tæbjuleɪt] VT (*data, figures*) mettre sous forme de table(s)

tabulator ['tæbjuleɪtəʳ] N tabulateur *m*

tachograph ['tækəgrɑ:f] N tachygraphe *m*

tachometer [tæ'kɔmɪtəʳ] N tachymètre *m*

tacit ['tæsɪt] ADJ tacite

taciturn ['tæsɪtə:n] ADJ taciturne

tack [tæk] N (*nail*) petit clou; (*stitch*) point *m* de bâti; (*Naut*) bord *m*, bordée *f*; (*fig*) direction *f*; **to change ~** virer de bord; **on the wrong ~** (*fig*) sur la mauvaise voie ▸ VT (*nail*) clouer; (*sew*) bâtir; **to ~ sth on to (the end of) sth** (*of letter, book*) rajouter qch à la fin de qch ▸ VI (*Naut*) tirer un *or* des bord(s)

★**tackle** ['tækl] N matériel *m*, équipement *m*; (*for lifting*) appareil *m* de levage; (*Football, Rugby*) plaquage *m* ▸ VT (*difficulty, animal, burglar*) s'attaquer à; (*person*: *challenge*) s'expliquer avec; (*Football, Rugby*) plaquer

tacky ['tækɪ] ADJ collant(e); (*paint*) pas sec (sèche); (*inf*: *shabby*) moche; (*pej*: *poor-quality*) minable; (: *showing bad taste*) ringard(e)

taco ['tækəu] N taco *m*

tact [tækt] N tact *m*

tactful ['tæktful] ADJ plein(e) de tact

tactfully ['tæktfəlɪ] ADV avec tact

tactical ['tæktɪkl] ADJ tactique; **~ error** erreur *f* de tactique

tactician [tæk'tɪʃən] N tacticien(ne)

tactics ['tæktɪks] N, NPL tactique *f*

tactile ['tæktaɪl] ADJ tactile

tactless ['tæktlɪs] ADJ qui manque de tact

tactlessly ['tæktlɪslɪ] ADV sans tact

tad ['tæd] N (*inf*): **a ~** un tantinet (*inf*); **it was a ~ confusing** c'était un tantinet déroutant; **a ~ more expensive** un poil plus cher (*inf*)

tadpole ['tædpəul] N têtard *m*

Tadzhikistan [tædʒɪkɪ'stɑ:n] N = **Tajikistan**

taffeta ['tæfɪtə] N taffetas *m* ▸ CPD (*dress, gown*) de taffetas

taffy ['tæfɪ] N (*US*) (bonbon *m* au) caramel *m*

tag [tæg] N étiquette *f*; **price/name ~** étiquette (portant le prix/le nom)
▸ **tag along** VI suivre

tag line N (*of joke*) chute *f*; (: *phrase*) accroche *f*

Tahiti [tɑ:'hi:tɪ] N Tahiti *m*

Tai Chi [taɪ'tʃi:] N tai chi *m*

★**tail** [teɪl] N queue *f*; (*of shirt*) pan *m*; **to turn ~** se sauver à toutes jambes; *see also* **head** ▸ VT (*follow*) suivre, filer ■ **tails** NPL (*suit*) habit *m*
▸ **tail away, tail off** VI (*in size, quality etc*) baisser peu à peu

tailback ['teɪlbæk] N (BRIT) bouchon *m*

tailcoat ['teɪlkəut] N queue *f* de pie

tail end N bout *m*, fin *f*

tailgate ['teɪlgeɪt] N (*Aut*) hayon *m* arrière

tailgating ['teɪlgeɪtɪŋ] N non-respect *m* des distances de sécurité

tail light N (*Aut*) feu *m* arrière

tailor ['teɪləʳ] N tailleur *m* (*artisan*); **~'s (shop)** (boutique *f* de) tailleur ▸ VT: **to ~ sth (to)** adapter qch exactement (à)

tailoring ['teɪlərɪŋ] N (*cut*) coupe *f*

tailor-made ['teɪlə'meɪd] ADJ fait(e) sur mesure; (*fig*) conçu(e) spécialement

tailpipe ['teɪlpaɪp] N (*US*) pot *m* d'échappement

tailwind ['teɪlwɪnd] N vent *m* arrière *inv*

taint [teɪnt] VT (*meat, food*) gâter; (*fig: reputation*) salir

tainted ['teɪntɪd] ADJ (*food*) gâté(e); (*water, air*) infecté(e); (*fig*) souillé(e)

Taiwan ['taɪ'wɑ:n] N Taïwan

Taiwanese [taɪwə'ni:z] ADJ taïwanais(e) ▸N INV Taïwanais(e)

Tajikistan [tædʒɪkɪ'stɑ:n] N Tadjikistan *mf*

★**take** [teɪk] (*pt* **took** [tuk], *pp* **taken** ['teɪkn]) VT prendre; (*gain: prize*) remporter; (*require: effort, courage*) demander; (*tolerate*) accepter, supporter; (*hold: passengers etc*) contenir; (*accompany*) emmener, accompagner; (*bring, carry*) apporter, emporter; (*exam*) passer, se présenter à; (*conduct: meeting*) présider; **to ~ sth from** (*drawer etc*) prendre qch dans; (*person*) prendre qch à; **I ~ it that** je suppose que; **I took him for a doctor** je l'ai pris pour un docteur; **to ~ sb's hand** prendre qn par la main; **to ~ for a walk** (*child, dog*) emmener promener; **to be taken ill** tomber malade; **to ~ it upon o.s. to do sth** prendre sur soi de faire qch; **~ the first (street) on the left** prenez la première à gauche; **it won't ~ long** ça ne prendra pas longtemps; **I was quite taken with her/it** elle/cela m'a beaucoup plu ▸VI (*dye, fire etc*) prendre ▸N (*Cine*) prise *f* de vues

▸**take after** [teɪk 'ɑ:ftə^r] VT FUS ressembler à

▸**take apart** [teɪk ə'pɑ:t] VT démonter

▸**take away** [teɪk ə'weɪ] VT (*carry off*) emporter; (*remove*) enlever; (*subtract*) soustraire ▸VI: **to ~ away from** diminuer

▸**take back** [teɪk bæk] VT (*return*) rendre, rapporter; (*one's words*) retirer

▸**take down** [teɪk daun] VT (*building*) démolir; (*dismantle: scaffolding*) démonter; (*letter etc*) prendre, écrire

▸**take in** [teɪk ɪn] VT (*deceive*) tromper, rouler; (*understand*) comprendre, saisir; (*include*) couvrir, inclure; (*lodger*) prendre; (*orphan, stray dog*) recueillir; (*dress, waistband*) reprendre

▸**take off** [teɪk ɔf] VI (*Aviat*) décoller ▸VT (*remove*) enlever; (*imitate*) imiter, pasticher

▸**take on** [teɪk ɔn] VT (*work*) accepter, se charger de; (*employee*) prendre, embaucher; (*opponent*) accepter de se battre contre

▸**take out** [teɪk aut] VT sortir; (*remove*) enlever; (*invite*) sortir avec; (*licence*) prendre, se procurer; **to ~ sth out of** enlever qch de; (*out of drawer etc*) prendre qch dans; **don't ~ it out on me!** ne t'en prends pas à moi !; **to ~ sb out to a restaurant** emmener qn au restaurant

▸**take over** [teɪk 'əuvə^r] VT (*business*) reprendre ▸VI: **to ~ over from sb** prendre la relève de qn

▸**take to** [teɪk tu:] VT FUS (*person*) se prendre d'amitié pour; (*activity*) prendre goût à; **to ~ to doing sth** prendre l'habitude de faire qch

▸**take up** [teɪk ʌp] VT (*one's story*) reprendre; (*dress*) raccourcir; (*occupy: time, space*) prendre, occuper; (*engage in: hobby etc*) se mettre à; (*accept: offer, challenge*) accepter; (*absorb: liquids*) absorber ▸VI: **to ~ up with sb** se lier d'amitié avec qn

takeaway ['teɪkəweɪ] (BRIT) ADJ (*food*) à emporter ▸N (*shop, restaurant*) ≈ magasin *m* qui vend des plats à emporter

take-home pay ['teɪkhəum-] N salaire net

taken ['teɪkən] PP *of* **take**

takeoff ['teɪkɔf] N (*Aviat*) décollage *m*

takeout ['teɪkaut] ADJ, N (*US*) = **takeaway**

takeover ['teɪkəuvə^r] N (*Comm*) rachat *m*

takeover bid N offre publique d'achat, OPA *f*

taker ['teɪkə^r] N preneur *m*; **to fail to find any takers** ne pas trouver preneur

takings ['teɪkɪŋz] NPL (*Comm*) recette *f*

talc [tælk] N (*also:* **talcum powder**) talc *m*

★**tale** [teɪl] N (*story*) conte *m*, histoire *f*; (*account*) récit *m*; (*pej*) histoire; **to tell tales** (*fig*) rapporter

★**talent** ['tælnt] N talent *m*, don *m*

talent competition, talent contest N concours *m* d'amateurs

talented ['tæləntɪd] ADJ doué(e), plein(e) de talent

talent scout N découvreur *m* de vedettes (*or* joueurs *etc*)

Taliban ['tælɪbæn] N: **the ~** les talibans ▸ADJ taliban(e)

talisman ['tælɪzmən] N talisman *m*

★**talk** [tɔ:k] N (*a speech*) causerie *f*, exposé *m*; (*conversation*) discussion *f*; (*interview*) entretien *m*, propos *mpl*; (*gossip*) racontars *mpl* (*pej*); **to give a ~** faire un exposé ▸VI parler; (*chatter*) bavarder; **to ~ about** parler de; (*converse*) s'entretenir *or* parler de; **talking of films, have you seen ...?** à propos de films, as-tu vu ... ? ▸VT (*language, politics*) parler; **to ~ shop** parler métier *or* affaires; **to ~ sb out of/into doing** persuader qn de ne pas faire/de faire
▪ **talks** NPL (*Pol etc*) entretiens *mpl*; conférence *f*

▸**talk over** VT discuter (de)

▸**talk through** VT (*discuss*) discuter sérieusement; (*explain*): **to ~ sb through sth** expliquer qch à qn; **to ~ sth through with sb** discuter sérieusement de qch avec qn

talkative ['tɔ:kətɪv] ADJ bavard(e)

talking point ['tɔ:kɪŋ-] N sujet *m* de conversation

talking-to ['tɔ:kɪŋtu] N: **to give sb a good ~** passer un savon à qn

talk show N (*TV, Radio*) émission-débat *f*

★**tall** [tɔ:l] ADJ (*person*) grand(e); (*building, tree*) haut(e); **to be 6 feet ~** ≈ mesurer 1 mètre 80; **how ~ are you?** combien mesurez-vous ?

tallboy ['tɔ:lbɔɪ] N (BRIT) grande commode

tallness ['tɔ:lnɪs] N grande taille; hauteur *f*

tall story N histoire *f* invraisemblable

tally ['tælɪ] N compte *m*; **to keep a ~ of sth** tenir le compte de qch ▸VI: **to ~ (with)** correspondre (à)

talon ['tælən] N griffe *f*; (*of eagle*) serre *f*

tambourine [tæmbə'ri:n] N tambourin *m*

tame [teɪm] ADJ apprivoisé(e); (*fig: story, style*) insipide

Tamil ['tæmɪl] ADJ tamoul(e), tamil(e) ▸N Tamoul(e), Tamil(e); (*Ling*) tamoul *m*, tamil *m*

tamper ['tæmpə^r] VI: **to ~ with** toucher à (*en cachette ou sans permission*)

tampon ['tæmpən] N tampon *m* hygiénique *or* périodique

tan [tæn] N (*also:* **suntan**) bronzage *m*; **to get a ~** bronzer ▸VT, VI bronzer, brunir ▸ADJ (*colour*) marron clair *inv*
tandem ['tændəm] N tandem *m*
tandoori [tæn'duərɪ] ADJ tandouri
tang [tæŋ] N odeur (*or* saveur) piquante
tangent ['tændʒənt] N (*Math*) tangente *f*; **to go off at a ~** (*fig*) partir dans une digression
tangerine [tændʒə'ri:n] N mandarine *f*
tangible ['tændʒəbl] ADJ tangible; **~ assets** biens réels
Tangier [tæn'dʒɪə^r] N Tanger
tangle ['tæŋgl] N enchevêtrement *m*; **to get in(to) a ~** s'emmêler ▸VT enchevêtrer
tango ['tæŋgəu] N tango *m*
tank [tæŋk] N réservoir *m*; (*for processing*) cuve *f*; (*for fish*) aquarium *m*; (*Mil*) char *m* d'assaut, tank *m*
tankard ['tæŋkəd] N chope *f*
tanker ['tæŋkə^r] N (*ship*) pétrolier *m*, tanker *m*; (*truck*) camion-citerne *m*; (*Rail*) wagon-citerne *m*
tankini [tæn'ki:nɪ] N tankini *m*
tanned [tænd] ADJ bronzé(e)
tannin ['tænɪn] N tanin *m*
tanning ['tænɪŋ] N (*of leather*) tannage *m*
Tannoy® ['tænɔɪ] N (BRIT) haut-parleur *m*; **over the ~** par haut-parleur
tantalizing ['tæntəlaɪzɪŋ] ADJ (*smell*) extrêmement appétissant(e); (*offer*) terriblement tentant(e)
tantamount ['tæntəmaunt] ADJ: **~ to** qui équivaut à
tantrum ['tæntrəm] N accès *m* de colère; **to throw a ~** piquer une colère
Tanzania [tænzə'nɪə] N Tanzanie *f*
Tanzanian [tænzə'nɪən] ADJ tanzanien(ne) ▸N Tanzanien(ne)
Taoiseach ['ti:ʃək] N *Premier ministre de la République d'Irlande*
★**tap** [tæp] N (*on sink etc*) robinet *m*; (*gentle blow*) petite tape; **on ~** (*beer*) en tonneau; (*fig: resources*) disponible ▸VT frapper *or* taper légèrement; (*resources*) exploiter, utiliser; (*telephone*) mettre sur écoute
tap dancing N claquettes *fpl*
★**tape** [teɪp] N (*for tying*) ruban *m*; (*also:* **magnetic tape**) bande *f* (magnétique); (*cassette*) cassette *f*; (*sticky*) Scotch® *m*; **on ~** (*song etc*) enregistré(e) ▸VT (*record*) enregistrer (au magnétoscope *or* sur cassette); (*stick*) coller avec du Scotch®
tape deck N platine *f* d'enregistrement
tape measure N mètre *m* à ruban
taper ['teɪpə^r] N cierge *m* ▸VI s'effiler
tape recorder N magnétophone *m*
tapered ['teɪpəd], **tapering** ['teɪpərɪŋ] ADJ fuselé(e), effilé(e)
tapestry ['tæpɪstrɪ] N tapisserie *f*
tapeworm ['teɪpwə:m] N ver *m* solitaire, ténia *m*
tapioca [tæpɪ'əukə] N tapioca *m*
tappet ['tæpɪt] N (*Aut*) poussoir *m* (de soupape)
tar [tɑ:] N goudron *m*; **low-/middle-tar cigarettes** cigarettes *fpl* à faible/moyenne teneur en goudron
tarantula [tə'ræntjulə] N tarentule *f*
tardy ['tɑ:dɪ] ADJ tardif(-ive)
★**target** ['tɑ:gɪt] N cible *f*; (*fig: objective*) objectif *m*; **to be on ~** (*project*) progresser comme prévu
target practice N exercices *mpl* de tir (à la cible)
tariff ['tærɪf] N (*Comm*) tarif *m*; (*taxes*) tarif douanier
tarmac ['tɑ:mæk] N (BRIT: *on road*) macadam *m*; (*Aviat*) aire *f* d'envol ▸VT (BRIT) goudronner
tarnish ['tɑ:nɪʃ] VT ternir
tarot ['tærəu] N tarot *m*
tarpaulin [tɑ:'pɔ:lɪn] N bâche goudronnée
tarragon ['tærəgən] N estragon *m*
tart [tɑ:t] N (*Culin*) tarte *f*; (BRIT *pej: promiscuous woman*) pétasse *f* (*inf*); (*: prostitute*) poule *f* (*inf*) ▸ADJ (*flavour*) âpre, aigrelet(te); (*remark, reply*) acide
▸**tart up** VT (*inf*): **to ~ o.s. up** se faire beau (belle); (*pej*) s'attifer
tartan ['tɑ:tn] N tartan *m* ▸ADJ écossais(e)
tartar ['tɑ:tə^r] N (*on teeth*) tartre *m*
tartar sauce, tartare sauce ['tɑ:tə-] N sauce *f* tartare
tartly ['tɑ:tlɪ] ADV (*say, reply*) d'un ton acide
★**task** [tɑ:sk] N tâche *f*; **to take to ~** prendre à partie
task force N (*Mil, Police*) détachement spécial
taskmaster ['tɑ:skmɑ:stə^r] N: **he's a hard ~** il est très exigeant dans le travail
Tasmania [tæz'meɪnɪə] N Tasmanie *f*
tassel ['tæsl] N gland *m*; pompon *m*
★**taste** [teɪst] N goût *m*; (*fig: glimpse, idea*) idée *f*, aperçu *m*; **to have a ~ of sth** goûter (à) qch; **can I have a ~?** je peux goûter ?; **to have a ~ for sth** aimer qch, avoir un penchant pour qch; **to be in good/bad** *or* **poor ~** être de bon/mauvais goût ▸VT goûter; **you can ~ the garlic (in it)** on sent bien l'ail ▸VI: **to ~ bitter** être amer(-ère); **to ~ of** (*fish etc*) avoir le *or* un goût de; **it tastes like fish** ça a un *or* le goût de poisson, on dirait du poisson; **what does it ~ like?** quel goût ça a ?
taste bud N papille *f*
tasteful ['teɪstful] ADJ de bon goût
tastefully ['teɪstfəlɪ] ADV avec goût
tasteless ['teɪstlɪs] ADJ (*food*) insipide; (*remark*) de mauvais goût
taster ['teɪstə^r] N (*person*) dégustateur(-trice); (*esp* BRIT: *foretaste*) avant-goût *m*
tasty ['teɪstɪ] ADJ savoureux(-euse), délicieux(-euse)
tat [tæt] N (BRIT *inf*) camelote *f* (*inf*)
tattered ['tætəd] ADJ *see* **tatters**
tatters ['tætəz] NPL: **in ~** (*also:* **tattered**) en lambeaux
tattoo [tə'tu:] N tatouage *m*; (*spectacle*) parade *f* militaire ▸VT tatouer
tatty ['tætɪ] ADJ (BRIT *inf*) défraîchi(e), en piteux état
taught [tɔ:t] PT, PP *of* **teach**
taunt [tɔ:nt] N raillerie *f* ▸VT railler
Taurus ['tɔ:rəs] N le Taureau; **to be ~** être du Taureau
taut [tɔ:t] ADJ tendu(e)
tautology [tɔ:'tɔlədʒɪ] N tautologie *f*

t

tavern ['tævən] N (*old*) taverne *f*

tawdry ['tɔ:drɪ] ADJ criard(e)

tawny ['tɔ:nɪ] ADJ fauve (*couleur*)

★**tax** [tæks] N (*on goods etc*) taxe *f*; (*on income*) impôts *mpl*, contributions *fpl*; **before/after ~** avant/après l'impôt; **free of ~** exonéré(e) d'impôt ▸ VT taxer; imposer; (*fig: patience etc*) mettre à l'épreuve

taxable ['tæksəbl] ADJ (*income*) imposable

tax allowance N part *f* du revenu non imposable, abattement *m* à la base

taxation [tæk'seɪʃən] N taxation *f*; impôts *mpl*, contributions *fpl*; **system of ~** système fiscal

tax avoidance N évasion fiscale

tax collector N percepteur *m*

tax disc N (BRIT *Aut: formerly*) vignette *f* (automobile)

tax evasion N fraude fiscale

tax exemption N exonération fiscale, exemption *f* d'impôts

tax exile N *personne qui s'expatrie pour raisons fiscales*

tax-free ['tæksfri:] ADJ exempt(e) d'impôts

tax haven N paradis fiscal

taxi ['tæksɪ] N taxi *m* ▸ VI (*Aviat*) rouler (lentement) au sol

taxidermist ['tæksɪdə:mɪst] N empailleur(-euse) (*d'animaux*)

taxi driver N chauffeur *m* de taxi

taxing ['tæksɪŋ] ADJ ardu(e)

tax inspector N (BRIT) percepteur *m*

taxi rank, (*US*) **taxi stand** N station *f* de taxis

taxonomy [tæk'sɔnəmɪ] N taxinomie *f*, taxonomie *f*

tax payer [-peɪə^r] N contribuable *mf*

tax rebate N ristourne *f* d'impôt

tax relief N dégrèvement *or* allègement fiscal, réduction *f* d'impôt

tax return N déclaration *f* d'impôts *or* de revenus

tax year N année fiscale

TB N ABBR = **tuberculosis**

tbc ABBR = **to be confirmed**

tbs., tbsp. N ABBR (= *tablespoonful*) cuil. *f* à s. (= *cuillerée à soupe*)

TD N ABBR (*US*) = **Treasury Department**; (: *Football*) = **touchdown**

★**tea** [ti:] N thé *m*; (BRIT: *snack: for children*) goûter *m*; **high ~** (BRIT) *collation combinant goûter et dîner*

tea bag N sachet *m* de thé

tea break N (BRIT) pause-thé *f*

teacake ['ti:keɪk] N (BRIT) ≈ petit pain aux raisins

★**teach** [ti:tʃ] (*pt, pp* **taught** [tɔ:t]) VT: **to ~ sb sth, to ~ sth to sb** apprendre qch à qn; (*in school etc*) enseigner qch à qn; **it taught him a lesson** (*fig*) ça lui a servi de leçon ▸ VI enseigner

★**teacher** ['ti:tʃə^r] N (*in secondary school*) professeur *m*; (*in primary school*) instituteur(-trice); **French ~** professeur de français

teacher training college N (*for primary schools*) ≈ école normale d'instituteurs; (*for secondary schools*) collège *m* de formation pédagogique (*pour l'enseignement secondaire*)

teaching ['ti:tʃɪŋ] N enseignement *m*

teaching aids NPL supports *mpl* pédagogiques

teaching assistant N aide-éducateur(-trice)

teaching hospital N (BRIT) C.H.U. *m*, centre *m* hospitalo-universitaire

teaching staff N (BRIT) enseignants *mpl*

tea cosy N couvre-théière *m*

teacup ['ti:kʌp] N tasse *f* à thé

teak [ti:k] N teck *m* ▸ ADJ en *or* de teck

tea leaves NPL feuilles *fpl* de thé

★**team** [ti:m] N équipe *f*; (*of animals*) attelage *m*
▸ **team up** VI: **to ~ up (with)** faire équipe (avec)

team games NPL jeux *mpl* d'équipe

teammate ['ti:mmeɪt] N coéquipier(-ière)

teamwork ['ti:mwə:k] N travail *m* d'équipe

tea party N thé *m* (*réception*)

teapot ['ti:pɔt] N théière *f*

★**tear**[1] ['tɪə^r] N larme *f*; **in tears** en larmes; **to burst into tears** fondre en larmes

tear[2] [tɛə^r] (*pt* **tore** [tɔ:^r], *pp* **torn** [tɔ:n]) N déchirure *f* ▸ VT déchirer; **to ~ to pieces** *or* **to bits** *or* **to shreds** mettre en pièces; (*fig*) démolir ▸ VI se déchirer
▸ **tear along** [tɛə^r ə'lɔŋ] VI (*rush*) aller à toute vitesse
▸ **tear apart** [tɛə^r ə'pɑ:t] VT (*also fig*) déchirer
▸ **tear at** [tɛə^r æt] VT FUS (*prey, meat, clothes*) arracher des lambeaux de
▸ **tear away** [tɛə^r ə'weɪ] VT: **to ~ o.s. away (from sth)** (*fig*) s'arracher (de qch)
▸ **tear down** [tɛə^r daun] VT (*building, statue*) démolir; (*poster, flag*) arracher
▸ **tear off** [tɛə^r ɔf] VT (*sheet of paper etc*) arracher; (*one's clothes*) enlever à toute vitesse
▸ **tear out** [tɛə^r aut] VT (*sheet of paper, cheque*) arracher
▸ **tear up** [tɛə^r ʌp] VT (*sheet of paper etc*) déchirer, mettre en morceaux *or* pièces

tearaway ['tɛərəweɪ] N (*inf*) casse-cou *m inv*

teardrop ['tɪədrɔp] N larme *f*

tearful ['tɪəful] ADJ larmoyant(e)

tearfully ['tɪəfulɪ] ADV (*say, smile*) à travers ses larmes

tear gas ['tɪə-] N gaz *m* lacrymogène

tearoom ['ti:ru:m] N salon *m* de thé

tease [ti:z] N taquin(e) ▸ VT taquiner; (*unkindly*) tourmenter

tea set N service *m* à thé

teashop ['ti:ʃɔp] N (BRIT) salon *m* de thé

teaspoon ['ti:spu:n] N petite cuiller; (*as measurement: also:* **teaspoonful**) ≈ cuillerée *f* à café

tea strainer N passoire *f* (à thé)

teat [ti:t] N tétine *f*

teatime ['ti:taɪm] N l'heure *f* du thé

tea towel N (BRIT) torchon *m* (à vaisselle)

tea urn N fontaine *f* à thé

tech [tɛk] N ABBR (*inf*) = **technology**; **technical college**

★**technical** ['tɛknɪkl] ADJ technique

technical college N C.E.T. *m*, collège *m* d'enseignement technique

technicality [tɛknɪ'kælɪtɪ] N technicité *f*; (*detail*) détail *m* technique; **on a legal ~** à cause de (*or* grâce à) l'application à la lettre d'une subtilité juridique; pour vice de forme

technically [ˈtɛknɪklɪ] ADV techniquement; (*strictly speaking*) en théorie, en principe

technician [tɛkˈnɪʃən] N technicien(ne)

★**technique** [tɛkˈniːk] N technique *f*

techno [ˈtɛknəu] N (*Mus*) techno *f*

technocrat [ˈtɛknəkræt] N technocrate *mf*

technological [tɛknəˈlɔdʒɪkl] ADJ technologique

technologically [tɛknəˈlɔdʒɪklɪ] ADV technologiquement

technologist [tɛkˈnɔlədʒɪst] N technologue *mf*

★**technology** [tɛkˈnɔlədʒɪ] N technologie *f*

tectonic [tɛkˈtɔnɪk] ADJ tectonique

teddy [ˈtɛdɪ], **teddy bear** N ours *m* (en peluche)

tedious [ˈtiːdɪəs] ADJ fastidieux(-euse)

tedium [ˈtiːdɪəm] N ennui *m*

tee [tiː] N (*Golf*) tee *m*

teem [tiːm] VI: **to ~ (with)** grouiller (de); **it is teeming (with rain)** il pleut à torrents

teen [tiːn] ADJ = **teenage** ▸ N (*US*) = **teenager**

teenage [ˈtiːneɪdʒ] ADJ (*fashions etc*) pour jeunes, pour adolescents; (*child*) qui est adolescent(e)

★**teenager** [ˈtiːneɪdʒəʳ] N adolescent(e)

teens [tiːnz] NPL: **to be in one's ~** être adolescent(e)

teepee [ˈtiːpiː] N tipi *m*

tee-shirt [ˈtiːʃəːt] N = **T-shirt**

teeter [ˈtiːtəʳ] VI chanceler, vaciller

teeth [tiːθ] NPL *of* **tooth**

teethe [tiːð] VI percer ses dents

teething ring [ˈtiːðɪŋ-] N anneau *m* (*pour bébé qui perce ses dents*) **teething troubles** [ˈtiːðɪŋ-] NPL (*fig*) difficultés initiales

teetotal [ˈtiːˈtəutl] ADJ (*person*) qui ne boit jamais d'alcool

teetotaller, (*US*) **teetotaler** [ˈtiːˈtəutləʳ] N personne *f* qui ne boit jamais d'alcool

TEFL [ˈtɛfl] N ABBR = **Teaching of English as a Foreign Language**

Teflon® [ˈtɛflɔn] N Téflon® *m*

Teheran [tɛəˈrɑːn] N Téhéran

tel. ABBR (= *telephone*) tél

Tel Aviv [ˈtɛləˈviːv] N Tel Aviv

telecast [ˈtɛlɪkɑːst] VT télédiffuser, téléviser

telecommunications [ˈtɛlɪkəmjuːnɪˈkeɪʃənz] N télécommunications *fpl*

telecommuting [tɛlɪkəˈmjuːtɪŋ] N télétravail *m*

telecoms [ˈtɛlɪkɔmz] (*inf*) NPL télécoms *fpl* ▸ CPD (*analyst*) télécoms; (*firm*) de télécoms; (*giant, industry*) des télécoms

teleconference [ˈtɛlɪkɔnfərəns] N téléconférence *f*

teleconferencing [tɛlɪˈkɔnfərənsɪŋ] N téléconférence(s) *f(pl)*

telegram [ˈtɛlɪgræm] N télégramme *m*

telegraph [ˈtɛlɪgrɑːf] N télégraphe *m*

telegraphic [tɛlɪˈgræfɪk] ADJ télégraphique

telegraph pole N poteau *m* télégraphique

telegraph wire N fil *m* télégraphique

telemarketing [ˈtɛlɪmɑːkɪtɪŋ] N télémarketing *m*

telepathic [tɛlɪˈpæθɪk] ADJ télépathique

telepathy [təˈlɛpəθɪ] N télépathie *f*

★**telephone** [ˈtɛlɪfəun] N téléphone *m*; **to have a ~, to be on the ~** (*subscriber*) avoir le téléphone; **to be on the ~** (*be speaking*) être au téléphone ▸ VT (*person*) téléphoner à; (*message*) téléphoner

telephone book N = **telephone directory**

telephone booth, (*Brit*) **telephone box** N cabine *f* téléphonique

telephone call N appel *m* téléphonique

telephone directory N annuaire *m* (du téléphone)

telephone exchange N central *m* (téléphonique)

telephone number N numéro *m* de téléphone

telephone operator N téléphoniste *mf*, standardiste *mf*

telephone tapping [-tæpɪŋ] N mise *f* sur écoute

telephonist [tɪˈlɛfənɪst] N (*Brit*) téléphoniste *mf*

telephony [tɪˈlɛfənɪ] N téléphonie *m*

telephoto [ˈtɛlɪfəutəu] ADJ: **~ lens** téléobjectif *m*

teleprinter [ˈtɛlɪprɪntəʳ] N téléscripteur *m*

telesales [ˈtɛlɪseɪlz] NPL télévente *f*

telescope [ˈtɛlɪskəup] N télescope *m* ▸ VI se télescoper ▸ VT télescoper

telescopic [tɛlɪˈskɔpɪk] ADJ télescopique; (*umbrella*) à manche télescopique

Teletext® [ˈtɛlɪtɛkst] N télétexte *m*

telethon [ˈtɛlɪθɔn] N téléthon *m*

televise [ˈtɛlɪvaɪz] VT téléviser

★**television** [ˈtɛlɪvɪʒən] N télévision *f*; **on ~** à la télévision

television licence N (*Brit*) redevance *f* (de l'audio-visuel)

television programme N (*Brit*) émission *f* de télévision

television set N poste *m* de télévision, téléviseur *m*

teleworker [ˈtɛlɪwəːkəʳ] N télétravailleur(-euse)

teleworking [ˈtɛlɪwəːkɪŋ] N télétravail *m*

telex [ˈtɛlɛks] N télex *m* ▸ VT (*message*) envoyer par télex; (*person*) envoyer un télex à ▸ VI envoyer un télex

★**tell** [tɛl] (*pt, pp* **told** [təuld]) VT dire; (*relate: story*) raconter; (*distinguish*): **to ~ sth from** distinguer qch de; **to ~ sb to do** dire à qn de faire; **to ~ sb about sth** (*place, object etc*) parler de qch à qn; (*what happened etc*) raconter qch à qn; **to ~ the time** (*know how to*) savoir lire l'heure; **can you ~ me the time?** pourriez-vous me dire l'heure ?; **(I) ~ you what, ...** écoute, ...; **I can't ~ them apart** je n'arrive pas à les distinguer ▸ VI (*talk*): **to ~ of** parler de; (*have effect*) se faire sentir, se voir

▸ **tell off** VT réprimander, gronder

▸ **tell on** VT FUS (*inform against*) dénoncer, rapporter contre

teller [ˈtɛləʳ] N (*in bank*) caissier(-ière)

telling [ˈtɛlɪŋ] ADJ (*remark, detail*) révélateur(-trice)

telltale [ˈtɛlteɪl] N (*pej*) rapporteur(-euse) ▸ ADJ (*sign*) éloquent(e), révélateur(-trice)

telly [ˈtɛlɪ] N ABBR (*Brit inf*: = *television*) télé *f*

temerity [tə'mɛrɪtɪ] N témérité *f*

temp [tɛmp] N (BRIT: = *temporary worker*) intérimaire *mf* ▸VI travailler comme intérimaire

temper ['tɛmpəʳ] N (*nature*) caractère *m*; (*mood*) humeur *f*; (*fit of anger*) colère *f*; **to be in a ~** être en colère; **to lose one's ~** se mettre en colère; **to keep one's ~** rester calme ▸VT (*moderate*) tempérer, adoucir

temperament ['tɛmprəmənt] N (*nature*) tempérament *m*

temperamental [tɛmprə'mɛntl] ADJ capricieux(-euse)

temperance ['tɛmpərns] N modération *f*; (*in drinking*) tempérance *f*

temperate ['tɛmprət] ADJ modéré(e); (*climate*) tempéré(e)

★**temperature** ['tɛmprətʃəʳ] N température *f*; **to have** *or* **run a ~** avoir de la fièvre

temperature chart N (*Med*) feuille *f* de température

tempered ['tɛmpəd] ADJ (*steel*) trempé(e)

tempest ['tɛmpɪst] N tempête *f*

tempestuous [tɛm'pɛstjuəs] ADJ (*fig*) orageux(-euse); (*: person*) passionné(e)

tempi ['tɛmpi:] NPL *of* **tempo**

template ['tɛmplɪt] N patron *m*

★**temple** ['tɛmpl] N (*building*) temple *m*; (*Anat*) tempe *f*

templet ['tɛmplɪt] N = **template**

tempo ['tɛmpəu] (*pl* **tempos** ['tɛmpəus] *or* **tempi** ['tɛmpi:]) N tempo *m*; (*fig: of life etc*) rythme *m*

temporal ['tɛmpərl] ADJ temporel(le)

temporarily ['tɛmpərərɪlɪ] ADV temporairement; provisoirement

temporary ['tɛmpərərɪ] ADJ temporaire, provisoire; (*job, worker*) temporaire; **~ secretary** (secrétaire *f*) intérimaire *f*; **a ~ teacher** un professeur remplaçant *or* suppléant

temporize ['tɛmpəraɪz] VI atermoyer; transiger

tempt [tɛmpt] VT tenter; **to ~ sb into doing** induire qn à faire; **to be tempted to do sth** être tenté(e) de faire qch

temptation [tɛmp'teɪʃən] N tentation *f*

tempting ['tɛmptɪŋ] ADJ tentant(e); (*food*) appétissant(e)

★**ten** [tɛn] NUM dix ▸N: **tens of thousands** des dizaines *fpl* de milliers

tenable ['tɛnəbl] ADJ défendable

tenacious [tə'neɪʃəs] ADJ tenace

tenacity [tə'næsɪtɪ] N ténacité *f*

tenancy ['tɛnənsɪ] N location *f*; état *m* de locataire

tenant ['tɛnənt] N locataire *mf*

tend [tɛnd] VT s'occuper de; (*sick etc*) soigner ▸VI: **to ~ to do** avoir tendance à faire; **to ~ to** (*colour*) tirer sur

tendency ['tɛndənsɪ] N tendance *f*

tender ['tɛndəʳ] ADJ tendre; (*delicate*) délicat(e); (*sore*) sensible; (*affectionate*) tendre, doux (douce) ▸N (*Comm: offer*) soumission *f*; (*money*): **legal ~** cours légal; **to put in a ~ (for)** faire une soumission (pour); **to put work out to ~** (BRIT) mettre un contrat en adjudication ▸VT offrir; **to ~ one's resignation** donner sa démission
▸**tender for** VT FUS soumissionner à un appel d'offres

tenderize ['tɛndəraɪz] VT (*Culin*) attendrir

tenderly ['tɛndəlɪ] ADV tendrement

tenderness ['tɛndənɪs] N tendresse *f*; (*of meat*) tendreté *f*

tendinitis [tɛndə'naɪtɪs] N tendinite *f*

tendon ['tɛndən] N tendon *m*

tendonitis [tɛndə'naɪtɪs] N = **tendinitis**

tenement ['tɛnəmənt] N immeuble *m* (de rapport)

Tenerife [tɛnə'ri:f] N Ténérife *f*

tenet ['tɛnət] N principe *m*

tenner ['tɛnəʳ] N (BRIT *inf*) billet *m* de dix livres

★**tennis** ['tɛnɪs] N tennis *m* ▸CPD (*club, match, racket, player*) de tennis

tennis ball N balle *f* de tennis

tennis court N (court *m* de) tennis *m*

tennis elbow N (*Med*) synovite *f* du coude

tennis match N match *m* de tennis

tennis player N joueur(-euse) de tennis

tennis racket N raquette *f* de tennis

tennis shoes NPL (chaussures *fpl* de) tennis *mpl*

tenor ['tɛnəʳ] N (*Mus*) ténor *m*; (*of speech etc*) sens général

tenpin bowling ['tɛnpɪn-] N (BRIT) bowling *m* (*à 10 quilles*)

tense [tɛns] ADJ tendu(e); (*person*) tendu, crispé(e) ▸N (*Ling*) temps *m* ▸VT (*tighten: muscles*) tendre

tenseness ['tɛnsnɪs] N tension *f*

tension ['tɛnʃən] N tension *f*

tent [tɛnt] N tente *f*

tentacle ['tɛntəkl] N tentacule *m*

tentative ['tɛntətɪv] ADJ timide, hésitant(e); (*conclusion*) provisoire

tenterhooks ['tɛntəhuks] NPL: **on ~** sur des charbons ardents

★**tenth** [tɛnθ] NUM dixième

tent peg N piquet *m* de tente

tent pole N montant *m* de tente

tenuous ['tɛnjuəs] ADJ ténu(e)

tenure ['tɛnjuəʳ] N (*of property*) bail *m*; (*of job*) période *f* de jouissance; statut *m* de titulaire

tepid ['tɛpɪd] ADJ tiède

tequila [tɪ'ki:lə] N tequila *f*

★**term** [tə:m] N (*limit*) terme *m*; (*word*) terme, mot *m*; (*Scol*) trimestre *m*; (*Law*) session *f*; **~ of imprisonment** peine *f* de prison; **his ~ of office** la période où il était en fonction; **in the short/long ~** à court/long terme ▸VT appeler ■ **terms** NPL (*conditions*) conditions *fpl*; (*Comm*) tarif *m*; **"easy terms"** (*Comm*) « facilités de paiement »; **to come to terms with** (*problem*) faire face à; **to be on good terms with** bien s'entendre avec, être en bons termes avec

terminal ['tə:mɪnl] ADJ terminal(e); (*disease*) dans sa phase terminale; (*patient*) incurable ▸N (*Elec*) borne *f*; (*for oil, ore etc, also Comput*) terminal *m*; (*also:* **air terminal**) aérogare *f*; (BRIT: *also:* **coach terminal**) gare routière

terminally ['tə:mɪnlɪ] ADV: **to be ~ ill** être en phase terminale
terminate ['tə:mɪneɪt] VT mettre fin à; (*pregnancy*) interrompre ▸ VI: **to ~ in** finir en *or* par
termination [tə:mɪ'neɪʃən] N fin *f*; cessation *f*; (*of contract*) résiliation *f*; **~ of pregnancy** (*Med*) interruption *f* de grossesse
termini ['tə:mɪnaɪ] NPL *of* **terminus**
terminology [tə:mɪ'nɔlədʒɪ] N terminologie *f*
terminus ['tə:mɪnəs] (*pl* **termini** ['tə:mɪnaɪ]) N terminus *m inv*
termite ['tə:maɪt] N termite *m*
term paper N (*US University*) dissertation trimestrielle
Terr. ABBR = **terrace**
terrace ['tɛrəs] N terrasse *f*; (BRIT: *row of houses*) rangée *f* de maisons (*attenantes les unes aux autres*); **the terraces** (BRIT *Sport*) les gradins *mpl*
terraced ['tɛrəst] ADJ (*garden*) en terrasses; (*in a row: house*) attenant(e) aux maisons voisines
terracotta ['tɛrə'kɔtə] N terre cuite
terra firma [tɛrə'fə:mə] N: **to be on ~** être sur la terre ferme
terrain [tɛ'reɪn] N terrain *m* (*sol*)
terrestrial [tɪ'restrɪəl] ADJ terrestre
★**terrible** ['tɛrɪbl] ADJ terrible, atroce; (*weather, work*) affreux(-euse), épouvantable
terribly ['tɛrɪblɪ] ADV terriblement; (*very badly*) affreusement mal
terrier ['tɛrɪə^r] N terrier *m* (*chien*)
terrific [tə'rɪfɪk] ADJ (*very great*) fantastique, incroyable, terrible; (*wonderful*) formidable, sensationnel(le)
terrified ['tɛrɪfaɪd] ADJ terrifié(e); **to be ~ of sth** avoir très peur de qch
terrify ['tɛrɪfaɪ] VT terrifier
terrifying ['tɛrɪfaɪɪŋ] ADJ terrifiant(e)
terrifyingly ['tɛrɪfaɪɪŋlɪ] ADV (*deep, high*) effroyablement; (*escalate, shake*) de manière terrifiante
territorial [tɛrɪ'tɔ:rɪəl] ADJ territorial(e)
territorial waters NPL eaux territoriales
territory ['tɛrɪtərɪ] N territoire *m*
terror ['tɛrə^r] N terreur *f*
terrorism ['tɛrərɪzəm] N terrorisme *m*
★**terrorist** ['tɛrərɪst] N terroriste *mf*
terrorist attack N attentat *m* terroriste
terrorize ['tɛrəraɪz] VT terroriser
terry ['tɛrɪ] N (*also:* **terry cloth**, **terry towelling**) éponge *f*, tissu-éponge *m* ▸ CPD (*nappy, bathrobe*) en éponge, en tissu-éponge
terse [tə:s] ADJ (*style*) concis(e); (*reply*) laconique
tertiary ['tə:ʃərɪ] ADJ tertiaire; **~ education** (BRIT) enseignement *m* postscolaire
TESL ['tɛsl] N ABBR = **Teaching of English as a Second Language**
★**test** [tɛst] N (*trial, check*) essai *m*; (: *of goods in factory*) contrôle *m*; (*of courage etc*) épreuve *f*; (*Med*) examen *m*; (*Chem*) analyse *f*; (*exam: of intelligence etc*) test *m* (d'aptitude); (*Scol*) interrogation *f* de contrôle; (*also:* **driving test**) (examen du) permis *m* de conduire; **to put sth to the ~** mettre qch à l'épreuve ▸ VT essayer; contrôler; mettre à l'épreuve; examiner; analyser; tester; faire subir une interrogation à
▸ **test for** VT FUS (*virus*) dépister; (*drugs, oil*) rechercher la présence de
▸ **test out** VT (*idea, theory*) mettre à l'épreuve
testament ['tɛstəmənt] N testament *m*; **the Old/New T~** l'Ancien/le Nouveau Testament
test ban N (*also:* **nuclear test ban**) interdiction *f* des essais nucléaires
test case N (*Law*) affaire *f* qui fait jurisprudence
test drive N essai *m* sur route
tester ['tɛstə^r] N (*device*) testeur *m*; (*person*): **she is a computer software ~** elle teste des logiciels
testes ['tɛsti:z] NPL testicules *mpl*
test flight N vol *m* d'essai
testicle ['tɛstɪkl] N testicule *m*
testify ['tɛstɪfaɪ] VI (*Law*) témoigner, déposer; **to ~ to sth** (*Law*) attester qch; (*gen*) témoigner de qch
testimonial [tɛstɪ'məunɪəl] N (*reference*) recommandation *f*; (*gift*) témoignage *m* d'estime
testimony ['tɛstɪmənɪ] N (*Law*) témoignage *m*, déposition *f*
testing ['tɛstɪŋ] ADJ (*situation, period*) difficile
test match N (*Cricket, Rugby*) match international
testosterone [tɛs'tɔstərəun] N testostérone *f*
test paper N (*Scol*) interrogation écrite
test pilot N pilote *m* d'essai
test tube N éprouvette *f*
test-tube baby ['tɛsttju:b-] N bébé-éprouvette *m*
testy ['tɛstɪ] ADJ irritable
tetanus ['tɛtənəs] N tétanos *m*
tetchy ['tɛtʃɪ] ADJ hargneux(-euse)
tether ['tɛðə^r] VT attacher ▸ N: **at the end of one's ~** à bout (de patience)
tetraplegic [tetrə'pli:dʒɪk] ADJ, N tétraplégique *mf*
★**text** [tɛkst] N texte *m*; (*on mobile phone*) SMS *m inv*, texto® *m* ▸ VT envoyer un SMS *or* texto® à
textbook ['tɛkstbuk] N manuel *m*
textile ['tɛkstaɪl] N textile *m*
★**text message** N SMS *m inv*, texto® *m*
text messaging [-'mɛsɪdʒɪŋ] N messagerie textuelle
textual ['tɛkstjuəl] ADJ textuel(le)
texture ['tɛkstʃə^r] N texture *f*; (*of skin, paper etc*) grain *m*
TGIF ABBR (*inf*) = **thank God it's Friday**
Thai [taɪ] ADJ thaïlandais(e) ▸ N Thaïlandais(e); (*Ling*) thaï *m*
Thailand ['taɪlænd] N Thaïlande *f*
Thames [tɛmz] N: **the (River) ~** la Tamise
★**than** [ðæn, ðən] CONJ que; (*with numerals*): **more ~ 10/once** plus de 10/d'une fois; **I have more/less ~ you** j'en ai plus/moins que toi; **she has more apples ~ pears** elle a plus de pommes que de poires; **it is better to phone ~ to write** il vaut mieux téléphoner (plutôt) qu'écrire; **she is older ~ you think** elle est plus âgée que tu le crois; **no sooner did he leave ~ the phone rang** il venait de partir quand le téléphone a sonné
★**thank** [θæŋk] VT remercier, dire merci à; **~ you (very much)** merci (beaucoup); **~ heavens**, **~ God**

t

Dieu merci ■ **thanks** NPL remerciements *mpl*; **thanks!** merci !; **thanks to** *prep* grâce à

thankful [ˈθæŋkful] ADJ: **~ (for)** reconnaissant(e) (de); **~ for/that** (*relieved*) soulagé(e) de/que

thankfully [ˈθæŋkfəlɪ] ADV avec reconnaissance; avec soulagement; (*fortunately*) heureusement; **~ there were few victims** il y eut fort heureusement peu de victimes

thankless [ˈθæŋklɪs] ADJ ingrat(e)

Thanksgiving (Day) [ˈθæŋksgɪvɪŋ-] N jour *m* d'action de grâce

Thanksgiving (Day), le quatrième jeudi du mois de novembre, est un jour de congé aux États-Unis. Il commémore la bonne récolte que les Pèlerins venus de Grande-Bretagne firent en 1621. Traditionnellement, c'était un jour où l'on rendait grâce à Dieu en organisant un grand festin. Aujourd'hui, *Thanksgiving* est l'occasion d'un grand repas de famille au menu traditionnel : dinde et sauce aux airelles, patates douces, tarte au potiron. Des matches ont lieu pour l'occasion entre les grandes équipes de football américain du pays, et de nombreuses villes organisent un défilé. Une fête comparable, mais qui n'a aucun rapport avec les Pères pèlerins, a lieu au Canada le deuxième lundi d'octobre.

that [ðæt]

ADJ (*pl* **those**: *demonstrative*) ce, cet + *vowel or h mute*, cette *f*; **that man/woman/book** cet homme/cette femme/ce livre; (*not this*) cet homme-là/cette femme-là/ce livre-là; **that one** celui-là (celle-là)

▸ PRON **1** (*pl* **those**: *demonstrative*) ce; (*not this one*) cela, ça; (*that one*) celui (celle); **who's that?** qui est-ce ?; **what's that?** qu'est-ce que c'est ?; **is that you?** c'est toi ?; **I prefer this to that** je préfère ceci à cela *or* ça; **that's what he said** c'est *or* voilà ce qu'il a dit; **will you eat all that?** tu vas manger tout ça ?; **that is (to say)** c'est-à-dire, à savoir; **at** *or* **with that, he ...** là-dessus, il ...; **do it like that** fais-le comme ça

2 (*relative*: *subject*) qui; (: *object*) que; (: *after prep*) lequel (laquelle), lesquels (lesquelles) *pl*; **the book that I read** le livre que j'ai lu; **the books that are in the library** les livres qui sont dans la bibliothèque; **all that I have** tout ce que j'ai; **the box that I put it in** la boîte dans laquelle je l'ai mis; **the people that I spoke to** les gens auxquels *or* à qui j'ai parlé; **not that I know of** pas à ma connaissance

3 (*relative*: *of time*) où; **the day that he came** le jour où il est venu

▸ CONJ que; **he thought that I was ill** il pensait que j'étais malade

▸ ADV (*demonstrative*): **I don't like it that much** ça ne me plaît pas tant que ça; **I didn't know it was that bad** je ne savais pas que c'était si *or* aussi mauvais; **that high** aussi haut; si haut; **it's about that high** c'est à peu près de cette hauteur

thatched [θætʃt] ADJ (*roof*) de chaume; **~ cottage** chaumière *f*

Thatcherism [ˈθætʃərɪzəm] N thatchérisme *m*

thaw [θɔː] N dégel *m* ▸ VI (*ice*) fondre; (*food*) dégeler; **it's thawing** (*weather*) il dégèle ▸ VT (*food*) (faire) dégeler

the [ðiː, ðə]

DEF ART **1** (*gen*) le, la *f*, l' + *vowel or h mute*, les *pl* (NB : *à + le(s)* = **au(x)** ; *de + le* = **du** ; *de + les* = **des**); **the boy/girl/ink** le garçon/la fille/l'encre; **the children** les enfants; **the history of the world** l'histoire du monde; **give it to the postman** donne-le au facteur; **to play the piano/flute** jouer du piano/de la flûte

2 (+ *adj to form n*) le, la *f*, l' + *vowel or h mute*, les *pl*; **the rich and the poor** les riches et les pauvres; **to attempt the impossible** tenter l'impossible

3 (*in titles*): **Elizabeth the First** Elisabeth première; **Peter the Great** Pierre le Grand

4 (*in comparisons*): **the more he works, the more he earns** plus il travaille, plus il gagne de l'argent; **the sooner the better** le plus tôt sera le mieux

theatre, (*US*) **theater** [ˈθɪətəʳ] N théâtre *m*; (*also*: **lecture theatre**) amphithéâtre *m*, amphi *m* (*inf*); (*Med*: *also*: **operating theatre**) salle *f* d'opération

theatre-goer, (*US*) **theater-goer** [ˈθɪətəgəuəʳ] N habitué(e) du théâtre

theatrical [θɪˈætrɪkl] ADJ théâtral(e); **~ company** troupe *f* de théâtre

theft [θɛft] N vol *m* (*larcin*)

★**their** [ðɛəʳ] ADJ leur, leurs *pl*; *see also* **my**

★**theirs** [ðɛəz] PRON le (la) leur, les leurs; **it is ~** c'est à eux; **a friend of ~** un de leurs amis; *see also* **mine¹**

★**them** [ðɛm, ðəm] PRON (*direct*) les; (*indirect*) leur; (*stressed, after prep*) eux (elles); **I see ~** je les vois; **give ~ the book** donne-leur le livre; **give me a few of ~** donnez m'en quelques uns (*or* quelques unes); *see also* **me**

theme [θiːm] N thème *m*

themed [θiːmd] ADJ (*esp* BRIT: *restaurant, bar*) à thème

theme music, theme tune N (*of film*) thème *m* principal; (TV, *Radio*) musique *f* de générique, indicatif *m*

theme park N parc *m* à thème

theme song N chanson principale

★**themselves** [ðəmˈsɛlvz] PL PRON (*reflexive*) se; (*emphatic, after prep*) eux-mêmes (elles-mêmes); **between ~** entre eux (elles); *see also* **oneself**

★**then** [ðɛn] ADV (*at that time*) alors, à ce moment-là; (*next*) puis, ensuite; (*and also*) et puis; **by ~** (*past*) à ce moment-là; (*future*) d'ici là; **from ~ on** dès lors; **before ~** avant; **until ~** jusqu'à ce moment-là, jusque-là; **and ~ what?** et puis après ?; **what do you want me to do ~?** (*afterwards*) que veux-tu que je fasse ensuite ?; (*in that case*) bon alors, qu'est-ce que je fais ? ▸ CONJ (*therefore*) alors, dans ce cas ▸ ADJ: **the ~ president** le président d'alors *or* de l'époque

theologian [θɪəˈləudʒən] N théologien(ne)

theological [θɪəˈlɔdʒɪkl] ADJ théologique

theology [θɪˈɔlədʒɪ] N théologie *f*

theorem [ˈθɪərəm] N théorème *m*

theoretical [θɪəˈrɛtɪkl] ADJ théorique
theoretically [θɪəˈrɛtɪklɪ] ADV théoriquement
theorize [ˈθɪəraɪz] VI élaborer une théorie; (*pej*) faire des théories
theory [ˈθɪərɪ] N théorie *f*
therapeutic [θɛrəˈpjuːtɪk] ADJ thérapeutique
therapist [ˈθɛrəpɪst] N thérapeute *mf*
★**therapy** [ˈθɛrəpɪ] N thérapie *f*

there [ðɛəʳ]

ADV **1**: **there is, there are** il y a; **there are 3 of them** (*people, things*) il y en a 3; **there is no-one here/no bread left** il n'y a personne/il n'y a plus de pain; **there has been an accident** il y a eu un accident
2 (*referring to place*) là, là-bas; **it's there** c'est là(-bas); **in/on/up/down there** là-dedans/ là-dessus/là-haut/en bas; **he went there on Friday** il y est allé vendredi; **to go there and back** faire l'aller-retour; **I want that book there** je veux ce livre-là; **there he is!** le voilà !
3: **there, there!** (*esp to child*) allons, allons !

Remember to spell the word **là** with an accent: *She's there!* **Elle est là !** The accent distinguishes it from the feminine article **la**.

thereabouts [ˈðɛərəˈbauts] ADV (*place*) par là, près de là; (*amount*) environ, à peu près
thereafter [ðɛərˈɑːftəʳ] ADV par la suite
thereby [ˈðɛəbaɪ] ADV ainsi
★**therefore** [ˈðɛəfɔːʳ] ADV donc, par conséquent
there's [ˈðɛəz] = **there is; there has**
thereupon [ðɛərəˈpɔn] ADV (*at that point*) sur ce; (*formal: on that subject*) à ce sujet
thermal [ˈθəːml] ADJ thermique; **~ paper/printer** papier *m*/imprimante *f* thermique; **~ underwear** sous-vêtements *mpl* en Thermolactyl®
thermodynamics [ˈθəːmədaɪˈnæmɪks] N thermodynamique *f*
thermometer [θəˈmɔmɪtəʳ] N thermomètre *m*
thermonuclear [ˈθəːməuˈnjuːklɪəʳ] ADJ thermonucléaire
Thermos® [ˈθəːməs] N (*also:* **Thermos flask**) thermos® *m or f*
thermostat [ˈθəːməustæt] N thermostat *m*
thesaurus [θɪˈsɔːrəs] N dictionnaire *m* synonymique
★**these** [ðiːz] PL PRON ceux-ci (celles-ci) ▸ PL ADJ ces; (*not those*): **~ books** ces livres-ci
thesis [ˈθiːsɪs] (*pl* **theses** [ˈθiːsiːz]) N thèse *f*
★**they** [ðeɪ] PL PRON ils (elles); (*stressed*) eux (elles); **~ say that ...** (*it is said that*) on dit que ...
they'd [ðeɪd] = **they had; they would**
they'll [ðeɪl] = **they shall; they will**
they're [ðɛəʳ] = **they are**
they've [ðeɪv] = **they have**
★**thick** [θɪk] ADJ épais(se); (*crowd*) dense; (*stupid*) bête, borné(e); **it's 20 cm ~** ça a 20 cm d'épaisseur ▸ N: **in the ~ of** au beau milieu de, en plein cœur de
thicken [ˈθɪkn] VI s'épaissir ▸ VT (*sauce etc*) épaissir
thicket [ˈθɪkɪt] N fourré *m*, hallier *m*
thickly [ˈθɪklɪ] ADV (*spread*) en couche épaisse; (*cut*) en tranches épaisses; **~ populated** à forte densité de population
thickness [ˈθɪknɪs] N épaisseur *f*
thickset [θɪkˈsɛt] ADJ trapu(e), costaud(e)
thick-skinned [θɪkˈskɪnd] ADJ (*fig*) peu sensible
★**thief** [θiːf] (*pl* **thieves** [θiːvz]) N voleur(-euse)
thieving [ˈθiːvɪŋ] N vol *m* (*larcin*)
thigh [θaɪ] N cuisse *f*
thighbone [ˈθaɪbəun] N fémur *m*
thimble [ˈθɪmbl] N dé *m* (à coudre)
★**thin** [θɪn] ADJ mince; (*skinny*) maigre; (*soup*) peu épais(se); (*hair, crowd*) clairsemé(e); (*fog*) léger(-ère) ▸ VT (*hair*) éclaircir; (*also:* **thin down**: *sauce, paint*) délayer ▸ VI (*fog*) s'éclaircir; (*also:* **thin out**: *crowd*) se disperser; **his hair is thinning** il se dégarnit
★**thing** [θɪŋ] N chose *f*; (*object*) objet *m*; (*contraption*) truc *m*; **first ~ (in the morning)** à la première heure, tout de suite (le matin); **last ~ (at night), he ...** juste avant de se coucher, il ...; **the ~ is ...** c'est que ...; **for one ~** d'abord; **the best ~ would be to** le mieux serait de; **to have a ~ about** (*be obsessed by*) être obsédé(e) par; (*hate*) détester; **poor ~!** le (*or* la) pauvre ! ■ **things** NPL (*belongings*) affaires *fpl*; **how are things?** comment ça va ?
★**think** [θɪŋk] (*pt, pp* **thought** [θɔːt]) VI penser, réfléchir; **to ~ about sth/sb** penser à qch/qn; **I'll ~ about it** je vais y réfléchir; **to ~ of** penser à; **what do you ~ of it?** qu'en pensez-vous ?; **what did you ~ of them?** qu'avez-vous pensé d'eux ?; **to ~ of doing** avoir l'idée de faire; **to ~ well of** avoir une haute opinion de; **~ again!** attention, réfléchis bien !; **to ~ aloud** penser tout haut ▸ VT penser, croire; (*imagine*) s'imaginer; **I ~ so/not** je crois *or* pense que oui/non
▸ **think back** VI repenser; **thinking back, I ...** quand j'y repense, je ...
▸ **think out** VT (*plan*) bien réfléchir à; (*solution*) trouver
▸ **think over** VT bien réfléchir à; **I'd like to ~ things over** (*offer, suggestion*) j'aimerais bien y réfléchir un peu
▸ **think through** VT étudier dans tous les détails
▸ **think up** VT inventer, trouver
thinker [ˈθɪŋkəʳ] N penseur(-euse)
thinking [ˈθɪŋkɪŋ] N: **to my (way of) ~** selon moi
think tank N groupe *m* de réflexion
thinly [ˈθɪnlɪ] ADV (*cut*) en tranches fines; (*spread*) en couche mince
thinness [ˈθɪnnɪs] N minceur *f*; maigreur *f*
★**third** [θəːd] NUM troisième ▸ N troisième *mf*; (*fraction*) tiers *m*; (*Aut*) troisième (vitesse) *f*; (BRIT *Scol: degree*) ≈ licence *f* avec mention passable; **a ~ of** le tiers de
third-degree burns [ˈθəːddɪgriː-] NPL brûlures *fpl* au troisième degré
thirdly [ˈθəːdlɪ] ADV troisièmement
third party insurance N (BRIT) assurance *f* au tiers
third-rate [ˈθəːdˈreɪt] ADJ de qualité médiocre
★**Third World** N: **the ~** le Tiers-Monde
thirst [θəːst] N soif *f*

★**thirsty** ['θəːstɪ] ADJ qui a soif, assoiffé(e); (*work*) qui donne soif; **to be ~** avoir soif

★**thirteen** [θəː'tiːn] NUM treize

★**thirteenth** [θəː'tiːnθ] NUM treizième

thirtieth ['θəːtɪɪθ] NUM trentième

★**thirty** ['θəːtɪ] NUM trente

this [ðɪs]

ADJ (*pl* **these**: *demonstrative*) ce, cet + *vowel or h mute*, cette *f*; **this man/woman/book** cet homme/cette femme/ce livre; (*not that*) cet homme-ci/cette femme-ci/ce livre-ci; **this one** celui-ci (celle-ci); **this time** cette fois-ci; **this time last year** l'année dernière à la même époque; **this way** (*in this direction*) par ici; (*in this fashion*) de cette façon, ainsi

▸PRON (*pl* **these**: *demonstrative*) ce; (*not that one*) celui-ci (celle-ci), ceci; **who's this?** qui est-ce ?; **what's this?** qu'est-ce que c'est ?; **I prefer this to that** je préfère ceci à cela; **they were talking of this and that** ils parlaient de choses et d'autres; **this is where I live** c'est ici que j'habite; **this is what he said** voici ce qu'il a dit; **this is Mr Brown** (*in introductions*) je vous présente Mr Brown; (*in photo*) c'est Mr Brown; (*on telephone*) ici Mr Brown

▸ADV (*demonstrative*): **it was about this big** c'était à peu près de cette grandeur *or* grand comme ça; **I didn't know it was this bad** je ne savais pas que c'était si *or* aussi mauvais

thistle ['θɪsl] N chardon *m*

thong [θɔŋ] N lanière *f*

thorn [θɔːn] N épine *f*

thorny ['θɔːnɪ] ADJ épineux(-euse)

★**thorough** ['θʌrə] ADJ (*search*) minutieux(-euse); (*knowledge, research*) approfondi(e); (*work, person*) consciencieux(-euse); (*cleaning*) à fond

thoroughbred ['θʌrəbrɛd] N (*horse*) pur-sang *m inv*

thoroughfare ['θʌrəfɛəʳ] N rue *f*; **"no ~"** (BRIT) « passage interdit »

thoroughgoing ['θʌrəgəuɪŋ] ADJ (*analysis*) approfondi(e); (*reform*) profond(e)

thoroughly ['θʌrəlɪ] ADV (*search*) minutieusement; (*study*) en profondeur; (*clean*) à fond; (*very*) tout à fait; **he ~ agreed** il était tout à fait d'accord

thoroughness ['θʌrənɪs] N soin (méticuleux)

★**those** [ðəuz] PL PRON ceux-là (celles-là) ▸PL ADJ ces; (*not these*): **~ books** ces livres-là

★**though** [ðəu] CONJ bien que + *sub*, quoique + *sub*; **even ~** quand bien même + *cond* ▸ADV pourtant; **it's not easy, ~** pourtant, ce n'est pas facile

★**thought** [θɔːt] PT, PP *of* **think** ▸N pensée *f*; (*idea*) idée *f*; (*opinion*) avis *m*; (*intention*) intention *f*; **after much ~** après mûre réflexion; **I've just had a ~** je viens de penser à quelque chose; **to give sth some ~** réfléchir à qch

thoughtful ['θɔːtful] ADJ (*deep in thought*) pensif(-ive); (*serious*) réfléchi(e); (*considerate*) prévenant(e)

thoughtfully ['θɔːtfulɪ] ADV pensivement; avec prévenance

thoughtfulness ['θɔːtfulnɪs] N prévenance *f*

thoughtless ['θɔːtlɪs] ADJ qui manque de considération

thoughtlessly ['θɔːtlɪslɪ] ADV inconsidérément

thoughtlessness ['θɔːtlɪsnɪs] N manque *m* de considération

thought-provoking ['θɔːtprəvəukɪŋ] ADJ stimulant(e)

★**thousand** ['θauzənd] NUM mille; **one ~** mille; **two ~** deux mille; **thousands of** des milliers de

thousandth ['θauzəntθ] NUM millième

thrash [θræʃ] VT rouer de coups; (*inf: defeat*) donner une raclée à (*inf*)

▸**thrash about** VI se débattre

▸**thrash out** VT débattre de

thrashing ['θræʃɪŋ] N (*inf*) raclée *f* (*inf*)

thread [θrɛd] N fil *m*; (*of screw*) pas *m*, filetage *m* ▸VT (*needle*) enfiler; **to ~ one's way between** se faufiler entre

threadbare ['θrɛdbɛəʳ] ADJ râpé(e), élimé(e)

★**threat** [θrɛt] N menace *f*; **to be under ~ of** être menacé(e) de

★**threaten** ['θrɛtn] VI (*storm*) menacer ▸VT: **to ~ sb with sth/to do** menacer qn de qch/de faire

threatening ['θrɛtnɪŋ] ADJ menaçant(e)

★**three** [θriː] NUM trois

three-dimensional [θriːdɪ'mɛnʃənl] ADJ à trois dimensions; (*film*) en relief

threefold ['θriːfəuld] ADV: **to increase ~** tripler

three-piece suit ['θriːpiːs-] N complet *m* (avec gilet)

three-piece suite [θriːpiːs-] N salon *m* (canapé et deux fauteuils)

three-ply [θriː'plaɪ] ADJ (*wood*) à trois épaisseurs; (*wool*) trois fils *inv*

three-quarters [θriː'kwɔːtəz] PRON trois-quarts *mpl* ▸ADV: **~ full** aux trois-quarts plein

threesome ['θriːsəm] N groupe *m* de trois personnes

three-wheeler [θriː'wiːləʳ] N (*car*) voiture *f* à trois roues

thresh [θrɛʃ] VT (*Agr*) battre

threshing machine ['θrɛʃɪŋ-] N batteuse *f*

threshold ['θrɛʃhəuld] N seuil *m*; **to be on the ~ of** (*fig*) être au seuil de

threshold agreement N (*Econ*) accord *m* d'indexation des salaires

threw [θruː] PT *of* **throw**

thrift [θrɪft] N économie *f*

thrifty ['θrɪftɪ] ADJ économe

thrill [θrɪl] N (*excitement*) émotion *f*, sensation forte; (*shudder*) frisson *m* ▸VI tressaillir, frissonner ▸VT (*audience*) électriser

thrilled [θrɪld] ADJ: **~ (with)** ravi(e) de

thriller ['θrɪləʳ] N film *m* (*or* roman *m or* pièce *f*) à suspense

thrilling ['θrɪlɪŋ] ADJ (*book, play etc*) saisissant(e); (*news, discovery*) excitant(e)

thrive [θraɪv] (*pt* **thrived** [-d] *or* **throve** [θrəuv], *pp* **thrived** [-d] *or* **thriven** ['θrɪvn]) VI pousser *or* se développer bien; (*business*) prospérer; **he thrives on it** cela lui réussit

thriving ['θraɪvɪŋ] ADJ vigoureux(-euse); (*business, community*) prospère

★**throat** [θrəut] N gorge *f*; **to have a sore ~** avoir mal à la gorge

throb [θrɔb] N (*of heart*) pulsation *f*; (*of engine*) vibration *f*; (*of pain*) élancement *m* ▶ VI (*heart*) palpiter; (*engine*) vibrer; (*pain*) lanciner; (*wound*) causer des élancements; **my head is throbbing** j'ai des élancements dans la tête

throes [θrəuz] NPL: **in the ~ of** au beau milieu de; en proie à; **in the ~ of death** à l'agonie

thrombosis [θrɔm'bəusɪs] N thrombose *f*

throne [θrəun] N trône *m*

throng [θrɔŋ] N foule *f* ▶ VT se presser dans

throttle ['θrɔtl] N (*Aut*) accélérateur *m* ▶ VT étrangler

★**through** [θru:] PREP à travers; (*time*) pendant, durant; (*by means of*) par, par l'intermédiaire de; (*owing to*) à cause de; **(from) Monday ~ Friday** (*US*) de lundi à vendredi ▶ ADJ (*ticket, train, passage*) direct(e); **"no ~ traffic"** (*US*) « passage interdit »; **"no ~ road"** (Brit) « impasse » ▶ ADV à travers; **to let sb ~** laisser passer qn; **to put sb ~ to sb** (*Tel*) passer qn à qn; **to be ~** (Brit *Tel*) avoir la communication; (*esp US: have finished*) avoir fini

★**throughout** [θru:'aut] PREP (*place*) partout dans; (*time*) durant tout(e) le (la) ▶ ADV partout

throughput ['θru:put] N (*of goods, materials*) quantité de matières premières utilisée; (*Comput*) débit *m*

throve [θrəuv] PT *of* **thrive**

★**throw** [θrəu] (*pt* **threw** [θru:], *pp* **thrown** [θrəun]) N jet *m*; (*Sport*) lancer *m* ▶ VT lancer, jeter; (*Sport*) lancer; (*rider*) désarçonner; (*fig*) décontenancer; (*pottery*) tourner; **to ~ a party** donner une réception

▶ **throw about, throw around** VT (*litter etc*) éparpiller

▶ **throw away** VT jeter; (*money*) gaspiller

▶ **throw in** VT (*Sport: ball*) remettre en jeu; (*include*) ajouter

▶ **throw off** VT se débarrasser de

▶ **throw out** VT jeter; (*reject*) rejeter; (*person*) mettre à la porte

▶ **throw together** VT (*clothes, meal etc*) assembler à la hâte; (*essay*) bâcler

▶ **throw up** VI vomir

throwaway ['θrəuəweɪ] ADJ à jeter

throwback ['θrəubæk] N: **it's a ~ to** ça nous *etc* ramène à

throw-in ['θrəuɪn] N (*Sport*) remise *f* en jeu

thrown [θrəun] PP *of* **throw**

thru [θru:] PREP (*US*) = **through**

thrush [θrʌʃ] N (*Zool*) grive *f*; (*Med: esp in children*) muguet *m*; (*: in women:* Brit) muguet vaginal

thrust [θrʌst] (*pt, pp* **~**) N (*Tech*) poussée *f* ▶ VT pousser brusquement; (*push in*) enfoncer

thrusting ['θrʌstɪŋ] ADJ dynamique; qui se met trop en avant

thud [θʌd] N bruit sourd

thug [θʌg] N voyou *m*

thuggery ['θʌgərɪ] N brutalité *f*

thuggish ['θʌgɪʃ] ADJ brutal(e)

thumb [θʌm] N (*Anat*) pouce *m*; **to give sb/sth the thumbs up/thumbs down** donner/refuser de donner le feu vert à qn/qch ▶ VT (*book*) feuilleter; **to ~ a lift** faire de l'auto-stop, arrêter une voiture

▶ **thumb through** VT (*book*) feuilleter

thumb index N répertoire *m* (à onglets)

thumbnail ['θʌmneɪl] N ongle *m* du pouce

thumbnail sketch N croquis *m*

thumbtack ['θʌmtæk] N (*US*) punaise *f* (*clou*)

thump [θʌmp] N grand coup; (*sound*) bruit sourd ▶ VT cogner sur ▶ VI cogner, frapper

thunder ['θʌndəʳ] N tonnerre *m* ▶ VI tonner; (*train etc*): **to ~ past** passer dans un grondement *or* un bruit de tonnerre

thunderbolt ['θʌndəbəult] N foudre *f*

thunderclap ['θʌndəklæp] N coup *m* de tonnerre

thunderous ['θʌndrəs] ADJ étourdissant(e)

thunderstorm ['θʌndəstɔ:m] N orage *m*

thunderstruck ['θʌndəstrʌk] ADJ (*fig*) abasourdi(e)

thundery ['θʌndərɪ] ADJ orageux(-euse)

Thurs, Thur, Thu ABBR (= *Thursday*) jeu.

★**Thursday** ['θə:zdɪ] N jeudi *m*; *see also* **Tuesday**

thus [ðʌs] ADV ainsi

thwart [θwɔ:t] VT contrecarrer

thyme [taɪm] N thym *m*

thyroid ['θaɪrɔɪd] N thyroïde *f*

tiara [tɪ'ɑ:rə] N (*woman's*) diadème *m*

Tibet [tɪ'bɛt] N Tibet *m*

Tibetan [tɪ'bɛtən] ADJ tibétain(e) ▶ N Tibétain(e); (*Ling*) tibétain *m*

tibia ['tɪbɪə] N tibia *m*

tic [tɪk] N tic (nerveux)

tick [tɪk] N (*sound: of clock*) tic-tac *m*; (*mark*) coche *f*; (*Zool*) tique *f*; **to put a ~ against sth** cocher qch; **in a ~** (Brit *inf*) dans un instant; **to buy sth on ~** (Brit *inf*) acheter qch à crédit ▶ VI faire tic-tac ▶ VT (*item on list*) cocher

▶ **tick off** VT (*item on list*) cocher; (*person*) réprimander, attraper

▶ **tick over** VI (Brit: *engine*) tourner au ralenti; (*: fig*) aller *or* marcher doucettement

ticker tape ['tɪkə-] N bande *f* de téléscripteur; (*US: in celebrations*) ≈ serpentin *m*

★**ticket** ['tɪkɪt] N billet *m*; (*for bus, tube*) ticket *m*; (*in shop: on goods*) étiquette *f*; (*from cash register*) reçu *m*, ticket; (*for library*) carte *f*; (*also:* **parking ticket**) contravention *f*, p.-v. *m*; (*US Pol*) liste électorale (*soutenue par un parti*); **to get a (parking) ~** (*Aut*) attraper une contravention (pour stationnement illégal)

ticket agency N (*Theat*) agence *f* de spectacles

ticket barrier N (Brit *Rail*) portillon *m* automatique

ticket collector N contrôleur(-euse)

ticket holder N personne munie d'un billet

ticket inspector N contrôleur(-euse)

ticket machine N billetterie *f* automatique

ticket office N guichet *m*, bureau *m* de vente des billets

tickle ['tɪkl] N chatouillement *m* ▶ VI chatouiller ▶ VT chatouiller; (*fig*) plaire à; faire rire

ticklish ['tɪklɪʃ] ADJ (*person*) chatouilleux(-euse); (*which tickles: blanket*) qui chatouille; (*: cough*) qui irrite; (*problem*) épineux(-euse)

t

tidal ['taɪdl] ADJ à marée
tidal wave N raz-de-marée *m inv*
tidbit ['tɪdbɪt] N (*esp US*) = **titbit**
tiddlywinks ['tɪdlɪwɪŋks] N jeu *m* de puce
★**tide** [taɪd] N marée *f*; (*fig: of events*) cours *m*; **high/low ~** marée haute/basse ▸ VT: **to ~ sb over** dépanner qn
tidily ['taɪdɪlɪ] ADV avec soin, soigneusement
tidiness ['taɪdɪnɪs] N bon ordre; goût *m* de l'ordre
tidings ['taɪdɪŋz] NPL nouvelle *f*; **to be the bearer of bad ~** être le porteur de mauvaises nouvelles
★**tidy** ['taɪdɪ] ADJ (*room*) bien rangé(e); (*dress, work*) net (nette), soigné(e); (*person*) ordonné(e), qui a de l'ordre; (: *in character*) soigneux(-euse); (*mind*) méthodique ▸ VT, VI (*also:* **tidy up**) ranger; **to ~ o.s. up** s'arranger
★**tie** [taɪ] N (*string etc*) cordon *m*; (BRIT: *also:* **necktie**) cravate *f*; (*fig: link*) lien *m*; (*Sport: draw*) égalité *f* de points; match nul; (*match*) rencontre *f*; (*US Rail*) traverse *f*; **"black/white ~"** « smoking/habit de rigueur »; **family ties** liens de famille ▸ VT (*parcel*) attacher; (*ribbon*) nouer; **to ~ sth in a bow** faire un nœud à *or* avec qch; **to ~ a knot in sth** faire un nœud à qch ▸ VI (*Sport*) faire match nul; finir à égalité de points
▸ **tie down** VT attacher; **to ~ sb down to** (*fig*) contraindre qn à accepter; **to feel tied down** (*by relationship*) se sentir coincé(e)
▸ **tie in** VI: **to ~ in (with)** (*correspond*) correspondre (à)
▸ **tie on** VT (BRIT: *label etc*) attacher (avec une ficelle)
▸ **tie up** VT (*parcel*) ficeler; (*dog, boat*) attacher; (*prisoner*) ligoter; (*arrangements*) conclure; **to be tied up** (*busy*) être pris(e) *or* occupé(e)
tie-break ['taɪbreɪk], **tie-breaker** ['taɪbreɪkə^r] N (*Tennis*) tie-break *m*; (*in quiz*) question *f* subsidiaire
tie-on ['taɪɔn] ADJ (BRIT: *label*) qui s'attache
tie-pin ['taɪpɪn] N (BRIT) épingle *f* de cravate
tier [tɪə^r] N gradin *m*; (*of cake*) étage *m*
Tierra del Fuego [tɪ'ɛrədɛl'fweɪgəu] N Terre *f* de Feu
tie tack N (*US*) épingle *f* de cravate
tiff [tɪf] N petite querelle
tiger ['taɪgə^r] N tigre *m*
★**tight** [taɪt] ADJ (*rope*) tendu(e), raide; (*clothes*) étroit(e), très juste; (*budget, programme, bend*) serré(e); (*control*) strict(e), sévère; (*inf: drunk*) ivre, rond(e) ▸ ADV (*squeeze*) très fort; (*shut*) à bloc, hermétiquement; **to be packed ~** (*suitcase*) être bourré(e); (*people*) être serré(e); **hold ~!** accrochez-vous bien !
tighten ['taɪtn] VT (*rope*) tendre; (*screw*) resserrer; (*control*) renforcer ▸ VI se tendre; se resserrer
▸ **tighten up** VT (*screw, knot*) resserrer; (*rules, security*) renforcer
tightfisted [taɪt'fɪstɪd] ADJ avare
tight-lipped ['taɪt'lɪpt] ADJ: **to be ~ (about sth)** (*silent*) ne pas desserrer les lèvres *or* les dents (au sujet de qch); **she was ~ with anger** elle pinçait les lèvres de colère
tightly ['taɪtlɪ] ADV (*grasp*) bien, très fort
tightrope ['taɪtrəup] N corde *f* raide
tights [taɪts] NPL (BRIT) collant *m*
tigress ['taɪgrɪs] N tigresse *f*
tilde ['tɪldə] N tilde *m*
tile [taɪl] N (*on roof*) tuile *f*; (*on wall or floor*) carreau *m* ▸ VT (*floor, bathroom etc*) carreler
tiled [taɪld] ADJ en tuiles; carrelé(e)
tiling ['taɪlɪŋ] N (*tiled area*) carrelage *m*
★**till** [tɪl] N caisse (enregistreuse) ▸ VT (*land*) cultiver ▸ PREP, CONJ = **until**
tiller ['tɪlə^r] N (*Naut*) barre *f* (du gouvernail)
tilt [tɪlt] VT pencher, incliner ▸ VI pencher, être incliné(e) ▸ N (*slope*) inclinaison *f*; **to wear one's hat at a ~** porter son chapeau incliné sur le côté; **(at) full ~** à toute vitesse
timber ['tɪmbə^r] N (*material*) bois *m* de construction; (*trees*) arbres *mpl*
★**time** [taɪm] N temps *m*; (*epoch: often pl*) époque *f*, temps; (*by clock*) heure *f*; (*moment*) moment *m*; (*occasion, also Math*) fois *f*; (*Mus*) mesure *f*; **a long ~** un long moment, longtemps; **four at a ~** quatre à la fois; **for the ~ being** pour le moment; **from ~ to ~** de temps en temps; **~ after ~**, **~ and again** bien des fois; **at times** parfois; **in ~** (*soon enough*) à temps; (*after some time*) avec le temps, à la longue; (*Mus*) en mesure; **in a week's ~** dans une semaine; **in no ~** en un rien de temps; **any ~** n'importe quand; **on ~** à l'heure; **to be 30 minutes behind/ahead of ~** avoir 30 minutes de retard/d'avance; **by the ~ he arrived** quand il est arrivé, le temps qu'il arrive + *sub*; **5 times 5** 5 fois 5; **what ~ is it?** quelle heure est-il ?; **what ~ do you make it?** quelle heure avez-vous ?; **what ~ is the museum/shop open?** à quelle heure ouvre le musée/magasin ?; **to have a good ~** bien s'amuser; **we (***or* **they** *etc***) had a hard ~** ça a été difficile *or* pénible; **~'s up!** c'est l'heure !; **I've no ~ for it** (*fig*) cela m'agace; **he'll do it in his own (good) ~** (*without being hurried*) il le fera quand il en aura le temps; **he'll do it in** *or* (*US*) **on his own ~** (*out of working hours*) il le fera à ses heures perdues; **to be behind the times** retarder (sur son temps) ▸ VT (*race*) chronométrer; (*programme*) minuter; (*visit*) fixer; (*remark etc*) choisir le moment de
time-and-motion study ['taɪmənd'məuʃən-] N étude *f* des cadences
time bomb N bombe *f* à retardement
time clock N horloge pointeuse
time-consuming ['taɪmkənsju:mɪŋ] ADJ qui prend beaucoup de temps
time difference N décalage *m* horaire
time frame N délais *mpl*
time-honoured, (*US*) **time-honored** ['taɪmɔnəd] ADJ consacré(e)
timekeeper ['taɪmki:pə^r] N (*Sport*) chronomètre *m*
time lag N (BRIT) décalage *m*; (: *in travel*) décalage horaire
time-lapse (photography) ['taɪmlæps-] N chronophotographie *f*
timeless ['taɪmlɪs] ADJ éternel(le)
time limit N limite *f* de temps, délai *m*
timeline ['taɪmlaɪn] N (*time frame*) calendrier *m*; (*diagram*) ligne *f* du temps, ligne *f* des temps

timely [ˈtaɪmlɪ] ADJ opportun(e)
time off N temps *m* libre
time out N (*in sport*) temps *m* mort; (*break*) interruption *f*; **to take ~ to do sth** interrompre ses activités pour faire qch
time-poor [taɪmˈpuəʳ] ADJ qui a peu de temps
timer [ˈtaɪməʳ] N (*in kitchen*) compte-minutes *m inv*; (*Tech*) minuteur *m*
time-saving [ˈtaɪmseɪvɪŋ] ADJ qui fait gagner du temps
timescale [ˈtaɪmskeɪl] N délais *mpl*
time-share [ˈtaɪmʃɛəʳ] N maison *f*/appartement *m* en multipropriété
time-sharing [ˈtaɪmʃɛərɪŋ] N (*Comput*) temps partagé
time sheet N feuille *f* de présence
time signal N signal *m* horaire
time switch N (BRIT) minuteur *m*; (: *for lighting*) minuterie *f*
★**timetable** [ˈtaɪmteɪbl] N (*Rail*) (indicateur *m*) horaire *m*; (*Scol*) emploi *m* du temps; (*programme of events etc*) programme *m*
time zone N fuseau *m* horaire
timid [ˈtɪmɪd] ADJ timide; (*easily scared*) peureux(-euse)
timidity [tɪˈmɪdɪtɪ] N timidité *f*
timing [ˈtaɪmɪŋ] N minutage *m*; (*Sport*) chronométrage *m*; **the ~ of his resignation** le moment choisi pour sa démission
timing device N (*on bomb*) mécanisme *m* de retardement
Timor [ˈtiːmɔːʳ] N Timor
Timorese [tɪmɔˈriːz] ADJ timorais(e) ▸ N Timorais(e)
timpani [ˈtɪmpənɪ] NPL timbales *fpl*
★**tin** [tɪn] N étain *m*; (*also:* **tin plate**) fer-blanc *m*; (BRIT: *can*) boîte *f* (de conserve); (*for baking*) moule *m* (à gâteau); (*for storage*) boîte; **a ~ of paint** un pot de peinture
tinfoil [tɪnfɔɪl] N papier *m* d'étain *or* d'aluminium
tinge [tɪndʒ] N nuance *f* ▸ VT: **tinged with** teinté(e) de
tingle [ˈtɪŋgl] N picotement *m*; frisson *m* ▸ VI picoter; (*person*) avoir des picotements
tinker [ˈtɪŋkəʳ] N rétameur ambulant; (BRIT *pej*: *gipsy*) romanichel *m*
▸ **tinker with** VT FUS bricoler, rafistoler
tinkle [ˈtɪŋkl] VI tinter ▸ N (*inf*): **to give sb a ~** passer un coup de fil à qn
tin mine N mine *f* d'étain
tinned [tɪnd] ADJ (BRIT: *food*) en boîte, en conserve
tinnitus [ˈtɪnɪtəs] N (*Med*) acouphène *m*
tinny [ˈtɪnɪ] ADJ métallique
tin opener [-ˈəupnəʳ] N (BRIT) ouvre-boîte(s) *m*
tinsel [ˈtɪnsl] N guirlandes *fpl* de Noël (*argentées*)
Tinseltown [ˈtɪnsltaun] N Hollywood la clinquante
tint [tɪnt] N teinte *f*; (*for hair*) shampo(o)ing colorant ▸ VT (*hair*) faire un shampo(o)ing colorant à
tinted [ˈtɪntɪd] ADJ (*hair*) teint(e); (*spectacles, glass*) teinté(e)
★**tiny** [ˈtaɪnɪ] ADJ minuscule
★**tip** [tɪp] N (*end*) bout *m*; (*protective*: *on umbrella etc*) embout *m*; (*gratuity*) pourboire *m*; (BRIT: *for coal*) terril *m*; (BRIT: *for rubbish*) décharge *f*; (*advice*) tuyau *m* ▸ VT (*waiter*) donner un pourboire à; (*tilt*) incliner; (*overturn*: *also:* **tip over**) renverser; (*empty*: *also:* **tip out**) déverser; (*predict*: *winner etc*) pronostiquer; **how much should I ~?** combien de pourboire est-ce qu'il faut laisser ?; **he tipped out the contents of the box** il a vidé le contenu de la boîte
▸ **tip off** VT prévenir, avertir
tip-off [ˈtɪpɔf] N (*hint*) tuyau *m*
tipped [tɪpt] ADJ (BRIT: *cigarette*) (à bout) filtre *inv*; **steel-tipped** à bout métallique, à embout de métal
Tipp-Ex® [ˈtɪpɛks] N (BRIT) Tipp-Ex® *m*
tipple [ˈtɪpl] (BRIT) VI picoler ▸ N: **to have a ~** boire un petit coup
tipster [ˈtɪpstəʳ] N (*Racing*) pronostiqueur *m*
tipsy [ˈtɪpsɪ] ADJ (*inf*) un peu ivre, éméché(e)
tiptoe [ˈtɪptəu] N: **on ~** sur la pointe des pieds
tiptop [ˈtɪptɔp] ADJ: **in ~ condition** en excellent état
tirade [taɪˈreɪd] N diatribe *f*
tire [ˈtaɪəʳ] N (*US*) = **tyre** ▸ VT fatiguer ▸ VI se fatiguer
▸ **tire out** VT épuiser
★**tired** [ˈtaɪəd] ADJ fatigué(e); **to be/feel/look ~** être/se sentir/avoir l'air fatigué; **to be ~ of** en avoir assez de, être las (lasse) de
tiredness [ˈtaɪədnɪs] N fatigue *f*
tireless [ˈtaɪəlɪs] ADJ infatigable, inlassable
tire pressure N (*US*) = **tyre pressure**
tiresome [ˈtaɪsəm] ADJ ennuyeux(-euse)
tiring [ˈtaɪərɪŋ] ADJ fatigant(e)
★**tissue** [ˈtɪʃuː] N tissu *m*; (*paper handkerchief*) mouchoir *m* en papier, kleenex® *m*
tissue paper N papier *m* de soie
tit [tɪt] N (*bird*) mésange *f*; (*inf*: *breast*) nichon *m* (*inf*); **to give ~ for tat** rendre coup pour coup
titan [ˈtaɪtən] N titan *m*
titanium [tɪˈteɪnɪəm] N titane *m*
titbit [ˈtɪtbɪt] N (*food*) friandise *f*; (*before meal*) amuse-gueule *m inv*; (*news*) potin *m*
titillate [ˈtɪtɪleɪt] VT titiller, exciter
titivate [ˈtɪtɪveɪt] VT pomponner
★**title** [ˈtaɪtl] N titre *m*; (*Law*: *right*): **~ (to)** droit *m* (à)
titled [ˈtaɪtld] ADJ (*lady, gentleman*) titré(e)
title deed N (*Law*) titre (constitutif) de propriété
title page N page *f* de titre
title role N rôle principal
titter [ˈtɪtəʳ] VI rire (bêtement)
tittle-tattle [ˈtɪtltætl] N bavardages *mpl*
titular [ˈtɪtjuləʳ] ADJ (*in name only*) nominal(e)
tizzy [ˈtɪzɪ] N: **to be in a ~** être dans tous ses états
T-junction [ˈtiːˈdʒʌŋkʃən] N croisement *m* en T
TM N ABBR = **trademark**; **transcendental meditation**
TN ABBR (*US*) = **Tennessee**
TNT N ABBR (= *trinitrotoluene*) TNT *m*

t

to [tuː, tə]

PREP (*with noun/pronoun*) **1** (*direction*) à; (: *towards*) vers; envers; **to go to France/Portugal/London/school** aller en France/au Portugal/à Londres/à l'école; **to go to Claude's/the doctor's** aller chez Claude/le docteur; **the road to Edinburgh** la route d'Édimbourg
2 (*as far as*) (jusqu')à; **to count to 10** compter jusqu'à 10; **from 40 to 50 people** de 40 à 50 personnes
3 (*with expressions of time*): **a quarter to 5** 5 heures moins le quart; **it's twenty to 3** il est 3 heures moins vingt
4 (*for, of*) de; **the key to the front door** la clé de la porte d'entrée; **a letter to his wife** une lettre (adressée) à sa femme
5 (*expressing indirect object*) à; **to give sth to sb** donner qch à qn; **to talk to sb** parler à qn; **it belongs to him** cela lui appartient, c'est à lui; **to be a danger to sb** être dangereux(-euse) pour qn
6 (*in relation to*) à; **3 goals to 2** 3 (buts) à 2; **30 miles to the gallon** ≈ 9,4 litres aux cent (km)
7 (*purpose, result*): **to come to sb's aid** venir au secours de qn, porter secours à qn; **to sentence sb to death** condamner qn à mort; **to my surprise** à ma grande surprise
▸ PREP (*with vb*) **1** (*simple infinitive*): **to go/eat** aller/manger
2 (*following another vb*): **to want/try/start to do** vouloir/essayer de/commencer à faire
3 (*with vb omitted*): **I don't want to** je ne veux pas
4 (*purpose, result*) pour; **I did it to help you** je l'ai fait pour vous aider
5 (*equivalent to relative clause*): **I have things to do** j'ai des choses à faire; **the main thing is to try** l'important est d'essayer
6 (*after adjective etc*): **ready to go** prêt(e) à partir; **too old/young to ...** trop vieux/jeune pour ...
▸ ADV: **push/pull the door to** tirez/poussez la porte; **to go to and fro** aller et venir

toad [təud] N crapaud *m*

toadstool [ˈtəudstuːl] N champignon (vénéneux)

toady [ˈtəudɪ] VI flatter bassement

★**toast** [təust] N (*Culin*) pain grillé, toast *m*; (*drink, speech*) toast; **a piece** *or* **slice of ~** un toast ▸ VT (*Culin*) faire griller; (*drink to*) porter un toast à

toaster [ˈtəustəʳ] N grille-pain *m inv*

toastie [ˈtəustɪ] N (BRIT *inf*) sandwich *m* grillé; **a cheese and ham ~** ≈ un croque-monsieur

toastmaster [ˈtəustmɑːstəʳ] N animateur *m* pour réceptions

toast rack N porte-toast *m inv*

tobacco [təˈbækəu] N tabac *m*; **pipe ~** tabac à pipe

tobacconist [təˈbækənɪst] N marchand(e) de tabac; **~'s (shop)** (bureau *m* de) tabac *m*

Tobago [təˈbeɪgəu] N *see* **Trinidad and Tobago**

toboggan [təˈbɔgən] N toboggan *m*; (*child's*) luge *f*

★**today** [təˈdeɪ] ADV, N (*also fig*) aujourd'hui *m*; **what day is it ~?** quel jour sommes-nous aujourd'hui ?; **what date is it ~?** quelle est la date aujourd'hui ?; **~ is the 4th of March** aujourd'hui nous sommes le 4 mars; **a week ago ~** il y a huit jours aujourd'hui

toddler [ˈtɔdləʳ] N enfant *mf* qui commence à marcher, bambin *m*

toddy [ˈtɔdɪ] N grog *m*

to-do [təˈduː] N (*fuss*) histoire *f*, affaire *f*

★**toe** [təu] N doigt *m* de pied, orteil *m*; (*of shoe*) bout *m*; **big ~** gros orteil; **little ~** petit orteil ▸ VT: **to ~ the line** (*fig*) obéir, se conformer

TOEFL N ABBR = **Test(ing) of English as a Foreign Language**

toehold [ˈtəuhəuld] N prise *f*

toenail [ˈtəuneɪl] N ongle *m* de l'orteil

toffee [ˈtɔfɪ] N caramel *m*

toffee apple N (BRIT) pomme caramélisée

tofu [ˈtəufuː] N fromage *m* de soja

toga [ˈtəugə] N toge *f*

★**together** [təˈgɛðəʳ] ADV ensemble; (*at same time*) en même temps; **~ with** *prep* avec

togetherness [təˈgɛðənɪs] N camaraderie *f*; intimité *f*

toggle switch [ˈtɔgl-] N (*Comput*) interrupteur *m* à bascule

Togo [ˈtəugəu] N Togo *m*

togs [tɔgz] NPL (*inf: clothes*) fringues *fpl*

toil [tɔɪl] N dur travail, labeur *m* ▸ VI travailler dur; peiner

★**toilet** [ˈtɔɪlət] N (BRIT: *lavatory*) toilettes *fpl*, cabinets *mpl*; **to go to the ~** aller aux toilettes; **where's the ~?** où sont les toilettes ? ▸ CPD (*bag, soap etc*) de toilette

> Use the plural **les toilettes** to translate *toilet*: *Where's the toilet?* **Où sont les toilettes ?** The singular word has other meanings.

toilet bag N (BRIT) nécessaire *m* de toilette

toilet bowl N cuvette *f* des W.-C.

toilet paper N papier *m* hygiénique

toiletries [ˈtɔɪlətrɪz] NPL articles *mpl* de toilette

toilet roll N rouleau *m* de papier hygiénique

toilet water N eau *f* de toilette

to-ing and fro-ing [ˈtuːɪŋənˈfrəuɪŋ] N (BRIT) allées et venues *fpl*

token [ˈtəukən] N (*sign*) marque *f*, témoignage *m*; (*metal disc*) jeton *m*; (*voucher*) bon *m*, coupon *m*; **by the same ~** (*fig*) de même; **book ~** (BRIT) chèque-livre *m*; **gift ~** bon-cadeau *m* ▸ ADJ (*fee, strike*) symbolique

tokenism [ˈtəukənɪzəm] N (*Pol*): **it's just ~** c'est une politique de pure forme

Tokyo [ˈtəukjəu] N Tokyo

told [təuld] PT, PP *of* **tell**

tolerable [ˈtɔlərəbl] ADJ (*bearable*) tolérable; (*fairly good*) passable

tolerably [ˈtɔlərəblɪ] ADV: **~ good** tolérable

tolerance [ˈtɔlərns] N (*also Tech*) tolérance *f*

tolerant [ˈtɔlərnt] ADJ: **~ (of)** tolérant(e) (à l'égard de)

tolerate [ˈtɔləreɪt] VT supporter; (*Med, Tech*) tolérer

toleration [tɔləˈreɪʃən] N tolérance *f*

toll [təul] N (*tax, charge*) péage *m*; **the accident ~ on the roads** le nombre des victimes de la route ▸ VI (*bell*) sonner

tollbridge ['təulbrɪdʒ] N pont *m* à péage
toll call N (*US Tel*) appel *m* (à) longue distance
toll-free ['təul'fri:] ADJ (*US*) gratuit(e) ▸ ADV gratuitement
★**tomato** [tə'mɑ:təu] (*pl* **tomatoes**) N tomate *f*
tomato sauce N sauce *f* tomate
tomb [tu:m] N tombe *f*
tombola [tɔm'bəulə] N tombola *f*
tomboy ['tɔmbɔɪ] N garçon manqué
tombstone ['tu:mstəun] N pierre tombale
tombstoning ['tu:mstəunɪŋ] N (BRIT) *saut ou plongeon depuis une falaise, une grue, une jetée, etc.*
tomcat ['tɔmkæt] N matou *m*
★**tomorrow** [tə'mɔrəu] ADV, N (*also fig*) demain *m*; **the day after ~** après-demain; **a week ~** demain en huit; **~ morning** demain matin
★**ton** [tʌn] N tonne *f* (*Brit* : = 1016 *kg* ; *US* = 907 *kg* ; *metric* = 1000 *kg*); (*Naut*: *also*: **register ton**) tonneau *m* (= 2.83 *cu.m*); **tons of** (*inf*) des tas de
tonal ['təunl] ADJ tonal(e)
tone [təun] N ton *m*; (*of radio*, BRIT *Tel*) tonalité *f* ▸ VI (*also*: **tone in**) s'harmoniser
▸ **tone down** VT (*colour, criticism*) adoucir; (*sound*) baisser
▸ **tone up** VT (*muscles*) tonifier
tone-deaf [təun'dɛf] ADJ qui n'a pas d'oreille
toner ['təunəʳ] N (*for photocopier*) encre *f*
Tonga ['tɔŋə] N îles *fpl* Tonga
tongs [tɔŋz] NPL pinces *fpl*; (*for coal*) pincettes *fpl*; (*for hair*) fer *m* à friser
★**tongue** [tʌŋ] N langue *f*; **~ in cheek** *adv* ironiquement
tongue-tied ['tʌŋtaɪd] ADJ (*fig*) muet(te)
tonic ['tɔnɪk] N (*Med*) tonique *m*; (*Mus*) tonique *f*; (*also*: **tonic water**) Schweppes® *m*
★**tonight** [tə'naɪt] ADV, N cette nuit; (*this evening*) ce soir; **(I'll) see you ~!** à ce soir !
tonnage ['tʌnɪdʒ] N (*Naut*) tonnage *m*
tonne [tʌn] N (BRIT: *metric ton*) tonne *f*
tonsil ['tɔnsl] N amygdale *f*; **to have one's tonsils out** se faire opérer des amygdales
tonsillitis [tɔnsɪ'laɪtɪs] N amygdalite *f*; **to have ~** avoir une angine *or* une amygdalite
★**too** [tu:] ADV (*excessively*) trop; (*also*) aussi; **it's ~ sweet** c'est trop sucré; **I went ~** moi aussi, j'y suis allé; **~ much** (*as adv*) trop; (*as adj*) trop de; **~ many** *adj* trop de; **~ bad!** tant pis !
took [tuk] PT *of* **take**
★**tool** [tu:l] N outil *m*; (*fig*) instrument *m* ▸ VT travailler, ouvrager
toolbar ['tu:lbɑ:ʳ] N barre *f* d'outils
tool box N boîte *f* à outils
tool kit N trousse *f* à outils
toot [tu:t] N coup *m* de sifflet (*or* de klaxon) ▸ VI siffler; (*with car-horn*) klaxonner
★**tooth** [tu:θ] (*pl* **teeth** [ti:θ]) N (*Anat, Tech*) dent *f*; **to have a ~ out** *or* (*US*) **pulled** se faire arracher une dent; **to brush one's teeth** se laver les dents; **by the skin of one's teeth** (*fig*) de justesse
★**toothache** ['tu:θeɪk] N mal *m* de dents; **to have ~** avoir mal aux dents
★**toothbrush** ['tu:θbrʌʃ] N brosse *f* à dents
toothless ['tu:θlɪs] ADJ (*person, smile*) édenté(e); (*ineffective*: *organization*) sans réel pouvoir; (: *law*) sans effet
★**toothpaste** ['tu:θpeɪst] N (pâte *f*) dentifrice *m*
toothpick ['tu:θpɪk] N cure-dent *m*
tooth powder N poudre *f* dentifrice
★**top** [tɔp] N (*of mountain, head*) sommet *m*; (*of page, ladder*) haut *m*; (*of list, queue*) commencement *m*; (*of box, cupboard, table*) dessus *m*; (*lid*: *of box, jar*) couvercle *m*; (: *of bottle*) bouchon *m*; (*toy*) toupie *f*; (*Dress*: *blouse etc*) haut; (: *of pyjamas*) veste *f*; **the ~ of the milk** (BRIT) la crème du lait; **at the ~ of the stairs/page/street** en haut de l'escalier/de la page/de la rue; **from ~ to bottom** de fond en comble; **on ~ of** sur; (*in addition to*) en plus de; **from ~ to toe** (BRIT) de la tête aux pieds; **at the ~ of the list** en tête de liste; **at the ~ of one's voice** à tue-tête; **over the ~** (*inf*: *behaviour etc*) qui dépasse les limites ▸ ADJ du haut; (*in rank*) premier(-ière); (*best*) meilleur(e); **at ~ speed** à toute vitesse ▸ VT (*exceed*) dépasser; (*be first in*) être en tête de
▸ **top up**, (*US*) **top off** VT (*bottle*) remplir; (*salary*) compléter; **to ~ up one's mobile (phone)** recharger son compte
topaz ['təupæz] N topaze *f*
top-class ['tɔp'klɑ:s] ADJ de première classe; (*Sport*) de haute compétition
topcoat ['tɔpkəut] N pardessus *m*
topflight ['tɔpflaɪt] ADJ excellent(e)
top floor N dernier étage
top hat N haut-de-forme *m*
top-heavy [tɔp'hɛvɪ] ADJ (*object*) trop lourd(e) du haut
topiary ['təupɪərɪ] N topiaire *f*
topic ['tɔpɪk] N sujet *m*, thème *m*
topical ['tɔpɪkl] ADJ d'actualité
topless ['tɔplɪs] ADJ (*bather etc*) aux seins nus; **~ swimsuit** monokini *m*
top-level ['tɔplɛvl] ADJ (*talks*) à l'échelon le plus élevé
topmost ['tɔpməust] ADJ le (la) plus haut(e)
top-notch ['tɔp'nɔtʃ] ADJ (*inf*) de premier ordre
topographical [tɔpə'græfɪkl] ADJ topographique
topography [tə'pɔgrəfɪ] N topographie *f*
topping ['tɔpɪŋ] N (*Culin*) *couche de crème, fromage etc qui recouvre un plat*
topple ['tɔpl] VT renverser, faire tomber ▸ VI basculer; tomber
top-ranking ['tɔpræŋkɪŋ] ADJ très haut placé(e)
top-secret ['tɔp'si:krɪt] ADJ ultra-secret(-ète)
top-security ['tɔpsə'kjuərɪtɪ] ADJ (BRIT) de haute sécurité
topsy-turvy ['tɔpsɪ'tə:vɪ] ADJ, ADV sens dessus-dessous
top-up ['tɔpʌp] N (*for mobile phone*) recharge *f*, minutes *fpl*; **would you like a ~?** (*drink*) je vous en remets *or* rajoute ?
top-up card N (*for mobile phone*) recharge *f*
top-up loan N (BRIT) prêt *m* complémentaire
torch [tɔ:tʃ] N torche *f*; (BRIT: *electric*) lampe *f* de poche
torchlight ['tɔ:tʃlaɪt] N: **by ~** à la lumière de lampes de poche ▸ CPD (*procession, parade*) aux flambeaux

t

tore [tɔːʳ] PT *of* **tear²**
torment N [ˈtɔːmɛnt] tourment *m* ▸VT [tɔːˈmɛnt] tourmenter; (*fig: annoy*) agacer
tormentor [tɔːˈmɛntəʳ] N tourmenteur(-euse)
torn [tɔːn] PP *of* **tear²** ▸ADJ: **~ between** (*fig*) tiraillé(e) entre
tornado [tɔːˈneɪdəu] (*pl* **tornadoes**) N tornade *f*
torpedo [tɔːˈpiːdəu] (*pl* **torpedoes**) N torpille *f*
torpedo boat N torpilleur *m*
torpor [ˈtɔːpəʳ] N torpeur *f*
torrent [ˈtɔrnt] N torrent *m*
torrential [tɔˈrɛnʃl] ADJ torrentiel(le)
torrid [ˈtɔrɪd] ADJ torride; (*fig*) ardent(e)
torsion [ˈtɔːʃən] N torsion *f*
torso [ˈtɔːsəu] N torse *m*
tortoise [ˈtɔːtəs] N tortue *f*
tortoiseshell [ˈtɔːtəʃɛl] ADJ en écaille
tortuous [ˈtɔːtjuəs] ADJ tortueux(-euse)
★**torture** [ˈtɔːtʃəʳ] N torture *f* ▸VT torturer
torturer [ˈtɔːtʃərəʳ] N tortionnaire *m*
Tory [ˈtɔːrɪ] ADJ, N (BRIT *Pol*) tory *mf*, conservateur(-trice)
toss [tɔs] VT lancer, jeter; (BRIT: *pancake*) faire sauter; (*head*) rejeter en arrière; **to ~ a coin** jouer à pile ou face ▸VI: **to ~ for sth** (BRIT) jouer qch à pile ou face; **to ~ and turn** (*in bed*) se tourner et se retourner ▸N (*movement: of head etc*) mouvement soudain; (: *of coin*) tirage *m* à pile ou face; **to win/lose the ~** gagner/perdre à pile ou face; (*Sport*) gagner/perdre le tirage au sort
tot [tɔt] N (BRIT: *drink*) petit verre; (*child*) bambin *m*
▸**tot up** VT (BRIT: *figures*) additionner
★**total** [ˈtəutl] ADJ total(e) ▸N total *m*; **in ~** au total ▸VT (*add up*) faire le total de, additionner; (*amount to*) s'élever à
totalitarian [təutælɪˈtɛərɪən] ADJ totalitaire
totalitarianism [təutælɪˈtɛərɪənɪzəm] N totalitarisme *m*
totality [təuˈtælɪtɪ] N totalité *f*
totally [ˈtəutəlɪ] ADV totalement
tote bag [təut-] N fourre-tout *m inv*
totem pole [ˈtəutəm-] N mât *m* totémique
totter [ˈtɔtəʳ] VI chanceler; (*object, government*) être chancelant(e)
toucan [ˈtuːkən] N toucan *m*
★**touch** [tʌtʃ] N contact *m*, toucher *m*; (*sense, skill: of pianist etc*) toucher; (*fig: note, also Football*) touche *f*; **the personal ~** la petite note personnelle; **to put the finishing touches to sth** mettre la dernière main à qch; **a ~ of** (*fig*) un petit peu de; une touche de; **in ~ with** en contact *or* rapport avec; **to get in ~ with** prendre contact avec; **I'll be in ~** je resterai en contact; **to lose ~** (*friends*) se perdre de vue; **to be out of ~ with events** ne pas être au courant de ce qui se passe ▸VT (*gen*) toucher; (*tamper with*) toucher à
▸**touch down** VI (*Aviat*) atterrir; (*on sea*) amerrir
▸**touch on** VT FUS (*topic*) effleurer, toucher
▸**touch up** VT (*paint*) retoucher
touch-and-go [ˈtʌtʃənˈgəu] ADJ incertain(e); **it was ~ whether we did it** nous avons failli ne pas le faire
touchdown [ˈtʌtʃdaun] N (*Aviat*) atterrissage *m*; (*on sea*) amerrissage *m*; (*US Football*) essai *m*
touched [tʌtʃt] ADJ (*moved*) touché(e); (*inf*) cinglé(e)
touching [ˈtʌtʃɪŋ] ADJ touchant(e), attendrissant(e)
touchline [ˈtʌtʃlaɪn] N (*Sport*) (ligne *f* de) touche *f*
touchpad [ˈtʌtʃpæd] N (*Comput*) touchpad *m*
touch screen N (*Tech*) écran *m* tactile; **~ mobile** (téléphone) portable *m* à écran tactile; **~ technology** technologie *f* à écran tactile
touch-sensitive [ˈtʌtʃsɛnsɪtɪv] ADJ (*keypad*) à effleurement; (*screen*) tactile
touch-type [ˈtʌtʃtaɪp] VI taper au toucher
touchy [ˈtʌtʃɪ] ADJ (*person*) susceptible
★**tough** [tʌf] ADJ dur(e); (*resistant*) résistant(e), solide; (*meat*) dur, coriace; (*firm*) inflexible; (*journey*) pénible; (*task, problem, situation*) difficile; (*rough*) dur; **~ luck!** pas de chance !; tant pis ! ▸N (*gangster etc*) dur *m*
toughen [ˈtʌfn] VT rendre plus dur(e) (*or* plus résistant(e) *or* plus solide)
toughness [ˈtʌfnɪs] N dureté *f*; résistance *f*; solidité *f*
toupee [ˈtuːpeɪ] N postiche *m*
★**tour** [ˈtuəʳ] N voyage *m*; (*also:* **package tour**) voyage organisé; (*of town, museum*) tour *m*, visite *f*; (*by band*) tournée *f*; **to go on a ~ of** (*museum, region*) visiter; **to go on ~** partir en tournée ▸VT visiter
tour guide N (*person*) guide *mf*
touring [ˈtuərɪŋ] N voyages *mpl* touristiques, tourisme *m*
tourism [ˈtuərɪzm] N tourisme *m*
★**tourist** [ˈtuərɪst] N touriste *mf* ▸ADV (*travel*) en classe touriste ▸CPD touristique; **the ~ trade** le tourisme
tourist class N (*Aviat*) classe *f* touriste
tourist office N syndicat *m* d'initiative
touristy [ˈtuərɪstɪ] ADJ (*inf*) touristique
★**tournament** [ˈtuənəmənt] N tournoi *m*
tourniquet [ˈtuənɪkeɪ] N (*Med*) garrot *m*
tour operator N (BRIT) organisateur *m* de voyages, tour-opérateur *m*
tousled [ˈtauzld] ADJ (*hair*) ébouriffé(e)
tout [taut] N (BRIT: *ticket tout*) revendeur *m* de billets ▸VI: **to ~ for** essayer de raccrocher, racoler ▸VT (BRIT): **to ~ sth (around)** essayer de placer *or* (re)vendre qch
tow [təu] N: **to give sb a ~** (*Aut*) remorquer qn; **"on ~"**, (US) **"in ~"** (*Aut*) « véhicule en remorque » ▸VT remorquer; (*caravan, trailer*) tracter
▸**tow away** VT (*subj: police*) emmener à la fourrière; (: *breakdown service*) remorquer
toward [təˈwɔːd], **towards** [təˈwɔːdz] PREP vers; (*of attitude*) envers, à l'égard de; (*of purpose*) pour; **~ noon/the end of the year** vers midi/la fin de l'année; **to feel friendly ~ sb** être bien disposé envers qn
★**towel** [ˈtauəl] N serviette *f* (de toilette); (*also:* **tea towel**) torchon *m*; **to throw in the ~** (*fig*) jeter l'éponge
towelling [ˈtauəlɪŋ] N (*fabric*) tissu-éponge *m*
towel rail, (US) **towel rack** N porte-serviettes *m inv*

★**tower** ['tauəʳ] N tour *f* ▸ VI (*building, mountain*) se dresser (majestueusement); **to ~ above** *or* **over sb/sth** dominer qn/qch
tower block N (BRIT) tour *f* (d'habitation)
towering ['tauərɪŋ] ADJ très haut(e), imposant(e)
towline ['təulaɪn] N (câble *m* de) remorque *f*
★**town** [taun] N ville *f*; **to go to ~** aller en ville; (*fig*) y mettre le paquet; **in the ~** dans la ville, en ville; **to be out of ~** (*person*) être en déplacement
town centre N (BRIT) centre *m* de la ville, centre-ville *m*
town clerk N ≈ secrétaire *mf* de mairie
town council N conseil municipal
town crier [-'kraɪəʳ] N (BRIT) crieur public
town hall N ≈ mairie *f*
townie ['taunɪ] N (BRIT *inf*) citadin(e)
town plan N plan *m* de ville
town planner N urbaniste *mf*
town planning N urbanisme *m*
townsfolk ['taunzfəuk] NPL (*old*) habitants *mpl* de la ville
township ['taunʃɪp] N banlieue noire (*établie sous le régime de l'apartheid*)
townspeople ['taunzpi:pl] NPL gens *mpl* de la ville; **the ~ of Warwick** les gens de Warwick
towpath ['təupɑ:θ] N (chemin *m* de) halage *m*
towrope ['təurəup] N (câble *m* de) remorque *f*
tow truck N (*US*) dépanneuse *f*
toxic ['tɔksɪk] ADJ toxique
toxic asset N (*Econ*) actif *m* toxique
toxic bank N (*Econ*) bad bank *f*, banque *f* toxique
toxicity [tɔk'sɪsɪtɪ] N toxicité *f*
toxicologist [tɔksɪ'kɔlədʒɪst] N toxicologue *mf*
toxicology [tɔksɪ'kɔlədʒɪ] N toxicologie *f*
toxin ['tɔksɪn] N toxine *f*
★**toy** [tɔɪ] N jouet *m*
▸ **toy with** VT FUS jouer avec; (*idea*) caresser
toyshop ['tɔɪʃɔp] N magasin *m* de jouets
trace [treɪs] N trace *f*; **without ~** (*disappear*) sans laisser de traces; **there was no ~ of it** il n'y en avait pas trace ▸ VT (*draw*) tracer, dessiner; (*follow*) suivre la trace de; (*locate*) retrouver
traceability [treɪsə'bɪlɪtɪ] N traçabilité *f*
traceable ['treɪsəbl] ADJ: **to be ~ to sth** être attribuable à qch
trace element N oligo-élément *m*
trachea [trə'kɪə] N (*Anat*) trachée *f*
tracing paper ['treɪsɪŋ-] N papier-calque *m*
track [træk] N (*mark*) trace *f*; (*path: gen*) chemin *m*, piste *f*; (*: of bullet etc*) trajectoire *f*; (*: of suspect, animal*) piste; (*Rail*) voie ferrée, rails *mpl*; (*Comput, Sport*) piste; (*on CD*) piste; (*on record*) plage *f*; **to keep ~ of** suivre; **to be on the right ~** (*fig*) être sur la bonne voie ▸ VT suivre la trace *or* la piste de
▸ **track down** VT (*prey*) trouver et capturer; (*sth lost*) finir par retrouver
tracker dog ['trækə-] N (BRIT) *chien dressé pour suivre une piste*
track events NPL (*Sport*) épreuves *fpl* sur piste
tracking station ['trækɪŋ-] N (*Space*) centre *m* d'observation de satellites
track meet N (*US*) réunion sportive sur piste
track record N: **to have a good ~** (*fig*) avoir fait ses preuves
★**tracksuit** ['træksu:t] N survêtement *m*
tract [trækt] N (*Geo*) étendue *f*, zone *f*; (*pamphlet*) tract *m*; **respiratory ~** (*Anat*) système *m* respiratoire
traction ['trækʃən] N traction *f*
tractor ['træktəʳ] N tracteur *m*
trade [treɪd] N commerce *m*; (*skill, job*) métier *m*; **foreign ~** commerce extérieur ▸ VI faire du commerce; **to ~ with/in** faire du commerce avec/le commerce de ▸ VT (*exchange*): **to ~ sth (for sth)** échanger qch (contre qch)
▸ **trade in** VT (*old car etc*) faire reprendre
trade barrier N barrière commerciale
trade deficit N déficit extérieur
Trade Descriptions Act N (BRIT) *loi contre les appellations et la publicité mensongères*
trade discount N remise *f* au détaillant
trade fair N foire(-exposition) commerciale
trade-in ['treɪdɪn] N reprise *f*
trade-in price N prix *m* à la reprise
trademark ['treɪdmɑ:k] N marque *f* de fabrique
trade mission N mission commerciale
trade name N marque déposée
trade-off ['treɪdɔf] N (*exchange*) échange *f*; (*balancing*) équilibre *m*
trader ['treɪdəʳ] N commerçant(e), négociant(e)
trade secret N secret *m* de fabrication
tradesman ['treɪdzmən] N (*irreg*) (*shopkeeper*) commerçant *m*; (*skilled worker*) ouvrier qualifié
trade union N syndicat *m*
trade unionist [-'ju:njənɪst] N syndicaliste *mf*
trade wind N alizé *m*
trading ['treɪdɪŋ] N affaires *fpl*, commerce *m*
trading estate N (BRIT) zone industrielle
trading stamp N timbre-prime *m*
★**tradition** [trə'dɪʃən] N tradition *f* ■ **traditions** NPL coutumes *fpl*, traditions
★**traditional** [trə'dɪʃənl] ADJ traditionnel(le)
traditionalist [trə'dɪʃənlɪst] ADJ, N traditionaliste *mf*
traditionally [trə'dɪʃənlɪ] ADV (*by tradition*) traditionnellement; (*in an old-fashioned way*) de manière traditionnelle; **~ ...** selon la tradition ...
★**traffic** ['træfɪk] N trafic *m*; (*cars*) circulation *f* ▸ VI: **to ~ in** (*inf: liquor, drugs*) faire le trafic de
traffic calming [-'kɑ:mɪŋ] N ralentissement *m* de la circulation
traffic circle N (*US*) rond-point *m*
traffic island N refuge *m* (pour piétons)
traffic jam N embouteillage *m*
trafficker ['træfɪkəʳ] N trafiquant(e)
trafficking ['træfɪkɪŋ] N trafic *m*; **drug ~** le trafic de drogue
★**traffic lights** NPL feux *mpl* (de signalisation)
traffic offence N (BRIT) infraction *f* au code de la route
traffic sign N panneau *m* de signalisation
traffic violation N (*US*) = **traffic offence**

t

traffic warden N contractuel(le)
tragedy [ˈtrædʒədɪ] N tragédie *f*
tragic [ˈtrædʒɪk] ADJ tragique
tragically [ˈtrædʒɪklɪ] ADV (*die, end*) tragiquement
tragicomedy [trædʒiˈkɔmədɪ] N tragicomédie *f*
trail [treɪl] N (*tracks*) trace *f*, piste *f*; (*path*) chemin *m*, piste; (*of smoke etc*) traînée *f*; **to be on sb's ~** être sur la piste de qn ▶ VT (*drag*) traîner, tirer; (*follow*) suivre ▶ VI traîner; (*in game, contest*) être en retard
▶ **trail away, trail off** VI (*sound, voice*) s'évanouir; (*interest*) disparaître
▶ **trail behind** VI traîner, être à la traîne
trailblazer [ˈtreɪlbleɪzəʳ] N pionnier(-ière)
trailer [ˈtreɪləʳ] N (*Aut*) remorque *f*; (*US: caravan*) caravane *f*; (*Cine*) bande-annonce *f*
trailer truck N (*US*) (camion *m*) semi-remorque *m*
★**train** [treɪn] N train *m*; (*in underground*) rame *f*; (*of dress*) traîne *f*; (BRIT: *series*): **~ of events** série *f* d'événements; **to go by ~** voyager par le train *or* en train; **what time does the ~ from Paris get in?** à quelle heure arrive le train de Paris ?; **is this the ~ for ...?** c'est bien le train pour ... ?; **one's ~ of thought** le fil de sa pensée ▶ VT (*apprentice, doctor etc*) former; (*Sport*) entraîner; (*dog*) dresser; (*memory*) exercer; (*point: gun etc*): **to ~ sth on** braquer qch sur; **to ~ sb to do sth** apprendre à qn à faire qch; (*employee*) former qn à faire qch ▶ VI recevoir sa formation; (*Sport*) s'entraîner
train attendant N (*US*) employé(e) des wagons-lits
trained [treɪnd] ADJ qualifié(e), qui a reçu une formation; dressé(e)
trainee [treɪˈniː] N stagiaire *mf*; (*in trade*) apprenti(e)
trainer [ˈtreɪnəʳ] N (*Sport*) entraîneur(-euse); (*of dogs etc*) dresseur(-euse) ■ **trainers** NPL (*shoes*) chaussures *fpl* de sport
★**training** [ˈtreɪnɪŋ] N formation *f*; (*Sport*) entraînement *m*; (*of dog etc*) dressage *m*; **in ~** (*Sport*) à l'entraînement; (*fit*) en forme
training college N école professionnelle; (*for teachers*) ≈ école normale
training course N cours *m* de formation professionnelle
training shoes NPL chaussures *fpl* de sport
train wreck N (*fig*) épave *f*; **he's a complete ~** c'est une épave
traipse [treɪps] VI (se) traîner, déambuler
trait [treɪt] N trait *m* (de caractère)
traitor [ˈtreɪtəʳ] N traître *m*
trajectory [trəˈdʒɛktərɪ] N trajectoire *f*
tram [træm] N (BRIT: *also:* **tramcar**) tram(way) *m*
tramline [ˈtræmlaɪn] N ligne *f* de tram(way)
tramp [træmp] N (*person*) vagabond(e), clochard(e); (*!: woman*): **to be a ~** être coureuse ▶ VI marcher d'un pas lourd ▶ VT (*walk through: town, streets*) parcourir à pied
trample [ˈtræmpl] VT: **to ~ (underfoot)** piétiner; (*fig*) bafouer
trampoline [ˈtræmpəliːn] N trampoline *m*
trance [trɑːns] N transe *f*; (*Med*) catalepsie *f*; **to go into a ~** entrer en transe
tranche [trɑːnʃ] N tranche *f*
tranquil [ˈtræŋkwɪl] ADJ tranquille
tranquillity [træŋˈkwɪlɪtɪ] N tranquillité *f*
tranquillizer, (*US*) **tranquilizer** [ˈtræŋkwɪlaɪzəʳ] N (*Med*) tranquillisant *m*
transact [trænˈzækt] VT (*business*) traiter
transaction [trænˈzækʃən] N transaction *f*; **cash ~** transaction au comptant ■ **transactions** NPL (*minutes*) actes *mpl*
transatlantic [ˈtrænzətˈlæntɪk] ADJ transatlantique
transcend [trænˈsɛnd] VT transcender; (*excel over*) surpasser
transcendental [trænsɛnˈdɛntl] ADJ: **~ meditation** méditation transcendantale
transcontinental [trænskɔntɪˈnɛntl] ADJ transcontinental(e)
transcribe [trænˈskraɪb] VT transcrire
transcript [ˈtrænskrɪpt] N transcription *f* (*texte*)
transcription [trænˈskrɪpʃən] N transcription *f*
transept [ˈtrænsɛpt] N transept *m*
transfer N [ˈtrænsfəʳ] (*gen, also Sport*) transfert *m*; (*Pol: of power*) passation *f*; (*of money*) virement *m*; (*picture, design*) décalcomanie *f*; (*: stick-on*) autocollant *m*; **by bank ~** par virement bancaire ▶ VT [trænsˈfəːʳ] transférer; passer; virer; décalquer
transferable [trænsˈfəːrəbl] ADJ transmissible, transférable; **"not ~"** « personnel »
transfer desk N (*Aviat*) guichet *m* de transit
transfix [trænsˈfɪks] VT transpercer; (*fig*): **transfixed with fear** paralysé(e) par la peur
transform [trænsˈfɔːm] VT transformer
transformation [trænsfəˈmeɪʃən] N transformation *f*
transformer [trænsˈfɔːməʳ] N (*Elec*) transformateur *m*
transfusion [trænsˈfjuːʒən] N transfusion *f*
transgender [trænzˈdʒɛndəʳ] ADJ, N transgenre *mf*
transgress [trænzˈgrɛs] VT transgresser
transgression [trænzˈgrɛʃn] N transgression *f*
transgressor [trænzˈgrɛsəʳ] N (*formal*) transgresseur *m*
transient [ˈtrænzɪənt] ADJ transitoire, éphémère
transistor [trænˈzɪstəʳ] N (*Elec: also:* **transistor radio**) transistor *m*
transit [ˈtrænzɪt] N: **in ~** en transit
transit camp N camp *m* de transit
transition [trænˈzɪʃən] N transition *f*
transitional [trænˈzɪʃənl] ADJ transitoire
transitive [ˈtrænzɪtɪv] ADJ (*Ling*) transitif(-ive)
transit lounge N (*Aviat*) salle *f* de transit
transitory [ˈtrænzɪtərɪ] ADJ transitoire
translate [trænzˈleɪt] VT: **to ~ (from/into)** traduire (du/en); **can you ~ this for me?** pouvez-vous me traduire ceci ?
translation [trænzˈleɪʃən] N traduction *f*; (*Scol: as opposed to prose*) version *f*
translator [trænzˈleɪtəʳ] N traducteur(-trice)
translucent [trænzˈluːsnt] ADJ translucide
transmission [trænzˈmɪʃən] N transmission *f*
transmit [trænzˈmɪt] VT transmettre; (*Radio, TV*) émettre

transmitter [trænz'mitəʳ] N émetteur *m*

transparency [træns'peərnsɪ] N (BRIT *Phot*) diapositive *f*

transparent [træns'pærnt] ADJ transparent(e)

transphobia [trænz'fəubjə] N transphobie *f*

transpire [træns'paɪəʳ] VI (*become known*): **it finally transpired that ...** on a finalement appris que ...; (*happen*) arriver

transplant VT [træns'plɑ:nt] transplanter; (*seedlings*) repiquer ▸ N ['trænsplɑ:nt] (*Med*) transplantation *f*; **to have a heart ~** subir une greffe du cœur

★**transport** N ['trænspɔ:t] transport *m*; **public ~** transports en commun; **Department of T~** (BRIT) ministère *m* des Transports ▸ VT [træns'pɔ:t] transporter

transportation [trænspɔ:'teɪʃən] N (moyen *m* de) transport *m*; (*of prisoners*) transportation *f*; **Department of T~** (US) ministère *m* des Transports

transport café N (BRIT) ≈ routier *m*, ≈ restaurant *m* des routiers

transporter [træns'pɔ:təʳ] N avion-cargo *m*

transpose [træns'pəuz] VT transposer

transsexual [trænz'sɛksjuəl] ADJ, N transsexuel(le)

transverse ['trænzvə:s] ADJ transversal(e)

transvestite [trænz'vɛstaɪt] N travesti(e)

trap [træp] N (*snare, trick*) piège *m*; (*carriage*) cabriolet *m*; **to set** *or* **lay a ~ (for sb)** tendre un piège (à qn); **to shut one's ~** (*inf*) la fermer ▸ VT prendre au piège; (*immobilize*) bloquer; (*confine*) coincer

trap door N trappe *f*

trapeze [trə'pi:z] N trapèze *m*

trapped [træpt] ADJ piégé(e); **to feel ~** se sentir piégé(e)

trapper ['træpəʳ] N trappeur *m*

trappings ['træpɪŋz] NPL ornements *mpl*; attributs *mpl*

trash [træʃ] N (*inf, pej: goods*) camelote *f*; (*: nonsense*) sottises *fpl*; (*US: rubbish*) ordures *fpl*

trash can N (US) poubelle *f*

trashy ['træʃɪ] ADJ (*inf*) de camelote (*inf*), qui ne vaut rien

trauma ['trɔ:mə] N traumatisme *m*

traumatic [trɔ:'mætɪk] ADJ traumatisant(e)

traumatize ['trɔ:mətaɪz] VT traumatiser

★**travel** ['trævl] N voyage(s) *m(pl)* ▸ VI voyager; (*move*) aller, se déplacer; (*news, sound*) se propager; **this wine doesn't ~ well** ce vin voyage mal ▸ VT (*distance*) parcourir

travel agency N agence *f* de voyages

travel agent N agent *m* de voyages

travel brochure N brochure *f* touristique

travel insurance N assurance-voyage *f*

traveller, (US) **traveler** ['trævləʳ] N voyageur(-euse); (*Comm*) représentant(e) de commerce

traveller's cheque, (US) **traveler's check** N chèque *m* de voyage

travelling, (US) **traveling** ['trævlɪŋ] N voyage(s) *m(pl)* ▸ ADJ (*circus, exhibition*) ambulant(e) ▸ CPD (*bag, clock*) de voyage; (*expenses*) de déplacement

travelling salesman, (US) **traveling salesman** N (*irreg*) voyageur *m* de commerce

travelogue ['trævəlɔg] N (*book, talk*) récit *m* de voyage; (*film*) documentaire *m* de voyage

travel-sick ['trævlsɪk] ADJ: **to get ~** avoir le mal de la route (*or* de mer *or* de l'air)

travel sickness N mal *m* de la route (*or* de mer *or* de l'air)

traverse ['trævəs] VT traverser

travesty ['trævəstɪ] N parodie *f*

trawl [trɔ:l] VI pêcher au chalut ▸ N (*search*) exploration *f*; **a ~ through sth** une exploration de qch
▸ **trawl through** VT FUS éplucher

trawler ['trɔ:ləʳ] N chalutier *m*

tray [treɪ] N (*for carrying*) plateau *m*; (*on desk*) corbeille *f*

treacherous ['trɛtʃərəs] ADJ traître(sse); (*ground, tide*) dont il faut se méfier; **road conditions are ~** l'état des routes est dangereux

treachery ['trɛtʃərɪ] N traîtrise *f*

treacle ['tri:kl] N mélasse *f*

tread [trɛd] (*pt* **trod** [trɔd], *pp* **trodden** ['trɔdn]) N (*step*) pas *m*; (*sound*) bruit *m* de pas; (*of tyre*) chape *f*, bande *f* de roulement ▸ VI marcher
▸ **tread on** VT FUS marcher sur

treadle ['trɛdl] N pédale *f* (*de machine*)

treadmill ['trɛdmɪl] N (*lit*) tapis *m* roulant; (*fig*) corvée *f*

treas. ABBR = **treasurer**

treason ['tri:zn] N trahison *f*

treasure ['trɛʒəʳ] N trésor *m* ▸ VT (*value*) tenir beaucoup à; (*store*) conserver précieusement

treasure hunt N chasse *f* au trésor

treasurer ['trɛʒərəʳ] N trésorier(-ière)

treasury ['trɛʒərɪ] N trésorerie *f*; **the T~**, **the T~ Department** (US) ≈ le ministère des Finances

treasury bill N bon *m* du Trésor

★**treat** [tri:t] N petit cadeau, petite surprise; **it was a ~** ça m'a (*or* nous a *etc*) vraiment fait plaisir ▸ VT traiter; **to ~ sb to sth** offrir qch à qn; **to ~ sth as a joke** prendre qch à la plaisanterie

treatable ['tri:təbl] ADJ soignable

treatise ['tri:tɪz] N traité *m* (*ouvrage*)

★**treatment** ['tri:tmənt] N traitement *m*; **to have ~ for sth** (*Med*) suivre un traitement pour qch

treaty ['tri:tɪ] N traité *m*

treble ['trɛbl] ADJ triple ▸ N (*Mus*) soprano *m* ▸ VT, VI tripler

treble clef N clé *f* de sol

★**tree** [tri:] N arbre *m*

treeless ['tri:lɪs] ADJ sans arbre

tree-lined ['tri:laɪnd] ADJ bordé(e) d'arbres

treetop ['tri:tɔp] N cime *f* d'un arbre

tree trunk N tronc *m* d'arbre

trek [trɛk] N (*long walk*) randonnée *f*; (*tiring walk*) longue marche, trotte *f* ▸ VI (*as holiday*) faire de la randonnée

trellis ['trɛlɪs] N treillis *m*, treillage *m*

tremble ['trɛmbl] VI trembler

trembling ['trɛmblɪŋ] N tremblement *m* ▸ ADJ tremblant(e)

t

tremendous [trɪˈmɛndəs] ADJ (*enormous*) énorme; (*excellent*) formidable, fantastique

tremendously [trɪˈmɛndəslɪ] ADV énormément, extrêmement + *adjective*; formidablement

tremor [ˈtrɛməʳ] N tremblement *m*; (*also*: **earth tremor**) secousse *f* sismique

tremulous [ˈtrɛmjuləs] ADJ tremblant(e)

trench [trɛntʃ] N tranchée *f*

trenchant [ˈtrɛntʃənt] ADJ (*criticism, views*) incisif(-ive)

trench coat N trench-coat *m*

trench warfare N guerre *f* de tranchées

trend [trɛnd] N (*tendency*) tendance *f*; (*of events*) cours *m*; (*fashion*) mode *f*; **on ~** tendance *inv*; **~ towards/away from doing** tendance à faire/à ne pas faire; **to set the ~** donner le ton; **to set a ~** lancer une mode

trendsetter [ˈtrɛndsɛtəʳ] N *personne qui lance une mode*

trendy [ˈtrɛndɪ] ADJ (*idea, person*) dans le vent; (*clothes*) dernier cri *inv*

trepidation [trɛpɪˈdeɪʃən] N vive agitation

trespass [ˈtrɛspəs] VI: **to ~ on** s'introduire sans permission dans; (*fig*) empiéter sur; **"no trespassing"** « propriété privée », « défense d'entrer »

trespasser [ˈtrɛspəsəʳ] N intrus(e); **"trespassers will be prosecuted"** « interdiction d'entrer sous peine de poursuites »

trestle [ˈtrɛsl] N tréteau *m*

trestle table N table *f* à tréteaux

triage [ˈtriːɑːʒ] N (*in hospital*) triage *m*

★**trial** [ˈtraɪəl] N (*Law*) procès *m*, jugement *m*; (*test: of machine etc*) essai *m*; (*worry*) souci *m*; **~ by jury** jugement par jury; **to be sent for ~** être traduit(e) en justice; **to be on ~** passer en jugement; **by ~ and error** par tâtonnements ■ **trials** NPL (*unpleasant experiences*) épreuves *fpl*; (*Sport*) épreuves éliminatoires; **horse trials** concours *m* hippique

trial balance N (*Comm*) balance *f* de vérification

trial basis N: **on a ~** pour une période d'essai

trial period N période *f* d'essai

trial run N essai *m*

triangle [ˈtraɪæŋgl] N (*Math, Mus*) triangle *m*

triangular [traɪˈæŋgjuləʳ] ADJ triangulaire

triathlete [traɪˈæθliːt] N triathlète *mf*

triathlon [traɪˈæθlən] N triathlon *m*

tribal [ˈtraɪbl] ADJ tribal(e)

tribe [traɪb] N tribu *f*

tribesman [ˈtraɪbzmən] N (*irreg*) membre *m* de la tribu

tribulation [trɪbjuˈleɪʃən] N tribulation *f*, malheur *m*

tribunal [traɪˈbjuːnl] N tribunal *m*

tributary [ˈtrɪbjutərɪ] N (*river*) affluent *m*

tribute [ˈtrɪbjuːt] N tribut *m*, hommage *m*; **to pay ~ to** rendre hommage à

trice [traɪs] N: **in a ~** en un clin d'œil

triceps [ˈtraɪsɛps] N triceps *m*

★**trick** [trɪk] N (*magic*) tour *m*; (*joke, prank*) tour, farce *f*; (*skill, knack*) astuce *f*; (*Cards*) levée *f*; **to play a ~ on sb** jouer un tour à qn; **it's a ~ of the light** c'est une illusion d'optique causée par la lumière; **that should do the ~** (*inf*) ça devrait faire l'affaire ▸ VT attraper, rouler; **to ~ sb into doing sth** persuader qn par la ruse de faire qch; **to ~ sb out of sth** obtenir qch de qn par la ruse

trickery [ˈtrɪkərɪ] N ruse *f*

trickle [ˈtrɪkl] N (*of water etc*) filet *m* ▸ VI couler en un filet *or* goutte à goutte; **to ~ in/out** (*people*) entrer/sortir par petits groupes

trick question N question-piège *f*

trickster [ˈtrɪkstəʳ] N arnaqueur(-euse), filou *m*

tricky [ˈtrɪkɪ] ADJ difficile, délicat(e)

tricycle [ˈtraɪsɪkl] N tricycle *m*

trifle [ˈtraɪfl] N bagatelle *f*; (*Culin*) ≈ diplomate *m* ▸ ADV: **a ~ long** un peu long ▸ VI: **to ~ with** traiter à la légère

trifling [ˈtraɪflɪŋ] ADJ insignifiant(e)

trigger [ˈtrɪgəʳ] N (*of gun*) gâchette *f*
▸ **trigger off** VT déclencher

trigger-happy [trɪgəˈhæpɪ] ADJ (*inf*) à la gâchette facile; **to be ~** avoir la gâchette facile

trigonometry [trɪgəˈnɔmətrɪ] N trigonométrie *f*

trilby [ˈtrɪlbɪ] N (BRIT: *also*: **trilby hat**) chapeau mou, feutre *m*

trill [trɪl] N (*of bird, Mus*) trille *m*

trillion [ˈtrɪljən] NUM (*a million million*) billion *m* (*mille milliards*)

trilogy [ˈtrɪlədʒɪ] N trilogie *f*

trim [trɪm] ADJ net(te); (*house, garden*) bien tenu(e); (*figure*) svelte ▸ N (*haircut etc*) légère coupe; (*embellishment*) finitions *fpl*; (*on car*) garnitures *fpl*; **to keep in (good) ~** maintenir en (bon) état ▸ VT (*cut*) couper légèrement; (*Naut: a sail*) gréer; (*decorate*): **to ~ (with)** décorer (de)

trimmings [ˈtrɪmɪŋz] NPL décorations *fpl*; (*extras: esp Culin*) garniture *f*

Trinidad and Tobago [ˈtrɪnɪdæd-] N Trinité et Tobago *f*

Trinity [ˈtrɪnɪtɪ] N: **the ~** la Trinité

trinket [ˈtrɪŋkɪt] N bibelot *m*; (*piece of jewellery*) colifichet *m*

trio [ˈtriːəu] N trio *m*

★**trip** [trɪp] N voyage *m*; (*excursion*) excursion *f*; (*stumble*) faux pas; **on a ~** en voyage ▸ VI faire un faux pas, trébucher; (*go lightly*) marcher d'un pas léger
▸ **trip up** VI trébucher ▸ VT faire un croc-en-jambe à

tripartite [traɪˈpɑːtaɪt] ADJ triparti(e)

tripe [traɪp] N (*Culin*) tripes *fpl*; (*pej: rubbish*) idioties *fpl*

triple [ˈtrɪpl] ADJ triple ▸ ADV: **~ the distance/the speed** trois fois la distance/la vitesse

triple jump N triple saut *m*

triplets [ˈtrɪplɪts] NPL triplés(-ées)

triplicate [ˈtrɪplɪkət] N: **in ~** en trois exemplaires

tripod [ˈtraɪpɔd] N trépied *m*

Tripoli [ˈtrɪpəlɪ] N Tripoli

tripper [ˈtrɪpəʳ] N (BRIT) touriste *mf*; excursionniste *mf*

tripwire [ˈtrɪpwaɪəʳ] N fil *m* de déclenchement

trite [traɪt] ADJ (*pej*) banal(e)

triumph ['traɪʌmf] N triomphe *m* ▸ VI: **to ~ (over)** triompher (de)

triumphal [traɪ'ʌmfl] ADJ triomphal(e)

triumphant [traɪ'ʌmfənt] ADJ triomphant(e)

trivia ['trɪvɪə] NPL futilités *fpl*

trivial ['trɪvɪəl] ADJ insignifiant(e); (*commonplace*) banal(e)

triviality [trɪvɪ'ælɪtɪ] N caractère insignifiant; banalité *f*

trivialize ['trɪvɪəlaɪz] VT rendre banal(e)

trod [trɔd] PT *of* **tread**

trodden ['trɔdn] PP *of* **tread**

troll [trɔl] N (*Internet*) troll *m*, trolleur(-euse)

trolley ['trɔlɪ] N chariot *m*

trolley bus N trolleybus *m*

trolling ['trəulɪŋ] N (*Internet*) trolling *m*

trollop ['trɔləp] N (*pej*) prostituée *f*

trombone [trɔm'bəun] N trombone *m*

trombonist [trɔm'bəunɪst] N tromboniste *mf*

troop [tru:p] N bande *f*, groupe *m* ▸ VI: **to ~ in/out** entrer/sortir en groupe; **trooping the colour** (BRIT) (*ceremony*) le salut au drapeau ■ **troops** NPL (*Mil*) troupes *fpl*; (*: men*) hommes *mpl*, soldats *mpl*

troop carrier N (*plane*) avion *m* de transport de troupes; (*Naut: also:* **troopship**) transport *m* (*navire*)

trooper ['tru:pəʳ] N (*Mil*) soldat *m* de cavalerie; (*US: policeman*) ≈ gendarme *m*

troopship ['tru:pʃɪp] N transport *m* (*navire*)

trophy ['trəufɪ] N trophée *m*

tropic ['trɔpɪk] N tropique *m*; **in the tropics** sous les tropiques; **T~ of Cancer/Capricorn** tropique du Cancer/Capricorne

tropical ['trɔpɪkl] ADJ tropical(e)

trot [trɔt] N trot *m*; **on the ~** (BRIT *fig*) d'affilée ▸ VI trotter

▸ **trot out** VT (*excuse, reason*) débiter; (*names, facts*) réciter les uns après les autres

★**trouble** ['trʌbl] N difficulté(s) *f(pl)*, problème(s) *m(pl)*; (*worry*) ennuis *mpl*, soucis *mpl*; (*bother, effort*) peine *f*; (*Pol*) conflit(s) *m(pl)*, troubles *mpl*; (*Med*): **stomach** *etc* **~** troubles gastriques *etc*; **to be in ~** avoir des ennuis; (*ship, climber etc*) être en difficulté; **to have ~ doing sth** avoir du mal à faire qch; **to go to the ~ of doing** se donner le mal de faire; **it's no ~!** je vous en prie !; **the ~ is ...** le problème, c'est que ...; **what's the ~?** qu'est-ce qui ne va pas ? ▸ VT (*disturb*) déranger, gêner; (*worry*) inquiéter; **please don't ~ yourself** je vous en prie, ne vous dérangez pas ! ▸ VI: **to ~ to do** prendre la peine de faire ■ **troubles** NPL (*Pol etc*) troubles; (*personal*) ennuis, soucis

troubled ['trʌbld] ADJ (*person*) inquiet(-ète); (*times, life*) agité(e)

trouble-free ['trʌblfri:] ADJ sans problèmes *or* ennuis

troublemaker ['trʌblmeɪkəʳ] N élément perturbateur, fauteur *m* de troubles

troubleshooter ['trʌblʃu:təʳ] N (*problem solver*) expert *m*; (*in conflict*) médiateur(-trice)

troubleshooting ['trʌblʃu:tɪŋ] N résolution *f* de problèmes

troublesome ['trʌblsəm] ADJ (*child*) fatigant(e), difficile; (*cough*) gênant(e)

trouble spot N point chaud (*fig*)

troubling ['trʌblɪŋ] ADJ (*times, thought*) inquiétant(e)

trough [trɔf] N (*also:* **drinking trough**) abreuvoir *m*; (*also:* **feeding trough**) auge *f*; (*depression*) creux *m*; (*channel*) chenal *m*; **~ of low pressure** (*Meteorology*) dépression *f*

trounce [trauns] VT (*inf: defeat*) battre à plates coutures (*inf*)

troupe [tru:p] N troupe *f*

trouser press N presse-pantalon *m inv*

★**trousers** ['trauzəz] NPL pantalon *m*; **short ~** (BRIT) culottes courtes

trouser suit N (BRIT) tailleur-pantalon *m*

trousseau ['tru:səu] (*pl* **trousseaux** ['tru:səu:] *or* **trousseaus** [-z]) N trousseau *m*

trout [traut] N (*pl inv*) truite *f*

trowel ['trauəl] N truelle *f*; (*garden tool*) déplantoir *m*

truancy ['tru:ənsɪ] N absentéisme *m* (*scolaire*)

truant ['truənt] N: **to play ~** faire l'école buissonnière

truce [tru:s] N trêve *f*

★**truck** [trʌk] N camion *m*; (*Rail*) wagon *m* à plateforme; (*for luggage*) chariot *m* (à bagages)

truck driver N camionneur *m*

trucker ['trʌkəʳ] N (*esp US*) camionneur *m*

truck farm N (*US*) jardin maraîcher

trucking ['trʌkɪŋ] N (*esp US*) transport routier

trucking company N (*US*) entreprise *f* de transport (routier)

truckload ['trʌkləud] N cargaison *f* (*d'un camion*)

truck stop N (*US*) ≈ routier *m*, restaurant *m* de routiers

truculent ['trʌkjulənt] ADJ agressif(-ive)

trudge [trʌdʒ] VI marcher lourdement, se traîner

★**true** [tru:] ADJ vrai(e); (*accurate*) exact(e); (*genuine*) vrai, véritable; (*faithful*) fidèle; (*wall*) d'aplomb; (*beam*) droit(e); (*wheel*) dans l'axe; **to come ~** se réaliser; **~ to life** réaliste

truffle ['trʌfl] N truffe *f*

truism ['tru:ɪzəm] N truisme *m*, lieu *m* commun

truly ['tru:lɪ] ADV vraiment, réellement; (*truthfully*) sans mentir; (*faithfully*) fidèlement; **yours ~** (*in letter*) je vous prie d'agréer, Monsieur (*or* Madame *etc*), l'expression de mes sentiments respectueux

trump [trʌmp] N atout *m*; **to come up trumps** (*fig*) faire des miracles

trump card N atout *m*; (*fig*) carte *f* maîtresse

trumped-up [trʌmpt'ʌp] ADJ inventé(e) (de toutes pièces)

trumpet ['trʌmpɪt] N trompette *f*

trumpeter ['trʌmpɪtəʳ] N trompettiste *mf*

truncated [trʌŋ'keɪtɪd] ADJ tronqué(e)

truncheon ['trʌntʃən] N bâton *m* (d'agent de police); matraque *f*

trundle ['trʌndl] VT, VI: **to ~ along** rouler bruyamment

trunk [trʌŋk] N (*of tree, person*) tronc *m*; (*of elephant*) trompe *f*; (*case*) malle *f*; (*US Aut*) coffre *m* ▪ **trunks** NPL (*also:* **swimming trunks**) maillot *m or* slip *m* de bain

trunk call N (BRIT *Tel*) communication interurbaine

trunk road N (BRIT) ≈ (route *f*) nationale *f*

truss [trʌs] N (*Med*) bandage *m* herniaire ▸ VT: **to ~ (up)** (*Culin*) brider

★**trust** [trʌst] N confiance *f*; (*responsibility*): **to place sth in sb's ~** confier la responsabilité de qch à qn; (*Law*) fidéicommis *m*; (*Comm*) trust *m*; **to take sth on ~** accepter qch les yeux fermés; **in ~** (*Law*) par fidéicommis ▸ VT (*rely on*) avoir confiance en; (*entrust*): **to ~ sth to sb** confier qch à qn; (*hope*): **to ~ (that)** espérer (que)
▸ **trust in** VT FUS croire en
▸ **trust to** VT FUS (*luck, instinct*) faire confiance à

trust company N société *f* fiduciaire

trusted [ˈtrʌstɪd] ADJ en qui l'on a confiance

trustee [trʌsˈtiː] N (*Law*) fidéicommissaire *mf*; (*of school etc*) administrateur(-trice)

trustful [ˈtrʌstful] ADJ confiant(e)

trust fund N fonds *m* en fidéicommis

trusting [ˈtrʌstɪŋ] ADJ confiant(e)

trustworthy [ˈtrʌstwəːðɪ] ADJ digne de confiance

trusty [ˈtrʌstɪ] ADJ fidèle

★**truth** [truːθ] (*pl* **truths** [truːðz]) N vérité *f*

truthful [ˈtruːθful] ADJ (*person*) qui dit la vérité; (*answer*) sincère; (*description*) exact(e), vrai(e)

truthfully [ˈtruːθfəlɪ] ADV sincèrement, sans mentir

truthfulness [ˈtruːθfəlnɪs] N véracité *f*

★**try** [traɪ] N essai *m*, tentative *f*; (*Rugby*) essai; **to give sth a ~** essayer qch ▸ VT (*attempt*) essayer, tenter; (*test: sth new: also:* **try out**) essayer, tester; (*Law: person*) juger; (*strain*) éprouver; **to ~ to do** essayer de faire; (*seek*) chercher à faire; **to ~ one's (very) best** *or* **one's (very) hardest** faire de son mieux ▸ VI essayer
▸ **try on** VT (*clothes*) essayer; **to ~ it on** (*fig*) tenter le coup, bluffer
▸ **try out** VT essayer, mettre à l'essai
▸ **try for** VT FUS (*baby*) essayer d'avoir; (*gold medal*) essayer de décrocher

trying [ˈtraɪɪŋ] ADJ pénible

tsar [zɑːʳ] N tsar *m*

T-shirt [ˈtiːʃəːt] N tee-shirt *m*

tsp. ABBR (= *teaspoonful*) c. *f* à café, cuil. *f* à café

T-square [ˈtiːskwɛəʳ] N équerre *f* en T

tsunami [tsuˈnɑːmɪ] N tsunami *m*

TT ADJ ABBR (BRIT *inf*) = **teetotal** ▸ ABBR (*US*) = **Trust Territory**

tub [tʌb] N cuve *f*; (*for washing clothes*) baquet *m*; (*bath*) baignoire *f*

tuba [ˈtjuːbə] N tuba *m*

tubby [ˈtʌbɪ] ADJ rondelet(te)

★**tube** [tjuːb] N tube *m*; (BRIT: *underground*) métro *m*; (*for tyre*) chambre *f* à air; (*inf: television*): **the ~** la télé

tubeless [ˈtjuːblɪs] ADJ (*tyre*) sans chambre à air

tuber [ˈtjuːbəʳ] N (*Bot*) tubercule *m*

tuberculosis [tjubəːkjuˈləusɪs] N tuberculose *f*

tube station N (BRIT) station *f* de métro

tubing [ˈtjuːbɪŋ] N tubes *mpl*; **a piece of ~** un tube

tubular [ˈtjuːbjuləʳ] ADJ tubulaire

TUC N ABBR (BRIT: = *Trades Union Congress*) confédération *f* des syndicats britanniques

tuck [tʌk] N (*Sewing*) pli *m*, rempli *m* ▸ VT (*put*) mettre
▸ **tuck away** VT cacher, ranger; (*money*) mettre de côté; (*building*): **to be tucked away** être caché(e)
▸ **tuck in** VT rentrer; (*child*) border ▸ VI (*eat*) manger de bon appétit; attaquer le repas
▸ **tuck up** VT (*child*) border

tucker [ˈtʌkəʳ] N (AUSTRALIA, NEW ZEALAND *inf*) bouffe *f* (*inf*)

tuck shop N (BRIT *Scol*) boutique *f* à provisions

Tues., Tue. ABBR (= *Tuesday*) ma., mar.

★**Tuesday** [ˈtjuːzdɪ] N mardi *m*; **(the date) today is ~ 23 March** nous sommes aujourd'hui mardi le 23 mars; **on ~** mardi; **on Tuesdays** le mardi; **every ~** tous les mardis, chaque mardi; **every other ~** un mardi sur deux; **last/next ~** mardi dernier/prochain; **~ next** mardi qui vient; **the following ~** le mardi suivant; **a week/fortnight on ~**, **~ week/fortnight** mardi en huit/quinze; **the ~ before last** l'autre mardi; **the ~ after next** mardi en huit; **~ morning/lunchtime/afternoon/evening** mardi matin/midi/après-midi/soir; **~ night** mardi soir; (*overnight*) la nuit de mardi (à mercredi); **~'s newspaper** le journal de mardi

tuft [tʌft] N touffe *f*

tug [tʌg] N (*ship*) remorqueur *m* ▸ VT tirer (sur)

tug-of-love [tʌgəvˈlʌv] N *lutte acharnée entre parents divorcés pour avoir la garde d'un enfant*

tug-of-war [tʌgəvˈwɔːʳ] N lutte *f* à la corde

tuition [tjuːˈɪʃən] N (BRIT: *lessons*) leçons *fpl*; (: *private*) cours particuliers; (*US: fees*) frais *mpl* de scolarité

tulip [ˈtjuːlɪp] N tulipe *f*

tulle [tjuːl] N tulle *m*

tumble [ˈtʌmbl] N (*fall*) chute *f*, culbute *f* ▸ VI tomber, dégringoler; (*somersault*) faire une *or* des culbute(s); **to ~ to sth** (*inf*) réaliser qch ▸ VT renverser, faire tomber

tumbledown [ˈtʌmbldaun] ADJ délabré(e)

tumble dryer N (BRIT) séchoir *m* (à linge) à air chaud

tumbler [ˈtʌmbləʳ] N verre (droit), gobelet *m*

tummy [ˈtʌmɪ] N (*inf*) ventre *m*

tumour, (*US*) **tumor** [ˈtjuːməʳ] N tumeur *f*

tumult [ˈtjuːmʌlt] N tumulte *m*

tumultuous [tjuːˈmʌltjuəs] ADJ tumultueux(-euse)

tuna [ˈtjuːnə] N (*pl inv: also:* **tuna fish**) thon *m*

tundra [ˈtʌndrə] N toundra *f*

★**tune** [tjuːn] N (*melody*) air *m*; **to be in/out of ~** (*instrument*) être accordé/désaccordé; (*singer*) chanter juste/faux; **to be in/out of ~ with** (*fig*) être en accord/désaccord avec; **she was robbed to the ~ of £30,000** (*fig*) on lui a volé la jolie somme de 30 000 livres ▸ VT (*Mus*) accorder; (*Radio, TV, Aut*) régler, mettre au point
▸ **tune in** VI (*Radio, TV*): **to ~ in (to)** se mettre à l'écoute (de)
▸ **tune up** VI (*musician*) accorder son instrument

tuneful ['tju:nful] ADJ mélodieux(-euse)
tuner ['tju:nəʳ] N (*radio set*) tuner *m*; **piano ~** accordeur *m* de pianos
tuner amplifier N ampli-tuner *m*
tungsten ['tʌŋstn] N tungstène *m*
tunic ['tju:nɪk] N tunique *f*
tuning ['tju:nɪŋ] N réglage *m*
tuning fork N diapason *m*
Tunis ['tju:nɪs] N Tunis
Tunisia [tju:'nɪzɪə] N Tunisie *f*
Tunisian [tju:'nɪzɪən] ADJ tunisien(ne) ▶ N Tunisien(ne)
★**tunnel** ['tʌnl] N tunnel *m*; (*in mine*) galerie *f* ▶ VI creuser un tunnel (*or* une galerie)
tunnel vision N (*Med*) rétrécissement *m* du champ visuel; (*fig*) vision étroite des choses
tunny ['tʌnɪ] N thon *m*
turban ['tə:bən] N turban *m*
turbid ['tə:bɪd] ADJ boueux(-euse)
turbine ['tə:baɪn] N turbine *f*
turbo ['tə:bəu] N turbo *m*
turbocharged ['tə:bəutʃɑ:dʒd] ADJ turbo *inv*
turbojet [tə:bəu'dʒɛt] N turboréacteur *m*
turboprop [tə:bəu'prɔp] N (*engine*) turbopropulseur *m*
turbot ['tə:bət] N (*pl inv*) turbot *m*
turbulence ['tə:bjuləns] N (*Aviat*) turbulence *f*
turbulent ['tə:bjulənt] ADJ turbulent(e); (*sea*) agité(e)
tureen [tə'ri:n] N soupière *f*
turf [tə:f] N gazon *m*; (*clod*) motte *f* (de gazon); **the T~** le turf, les courses *fpl* ▶ VT gazonner
▶ **turf out** VT (*inf*) jeter; jeter dehors
turf accountant N (BRIT) bookmaker *m*
turgid ['tə:dʒɪd] ADJ (*speech*) pompeux(-euse)
Turin [tjuə'rɪn] N Turin
Turk [tə:k] N Turc (Turque)
Turkey ['tə:kɪ] N Turquie *f*
turkey ['tə:kɪ] N dindon *m*, dinde *f*
Turkish ['tə:kɪʃ] ADJ turc (turque) ▶ N (*Ling*) turc *m*
Turkish bath N bain turc
Turkish delight N loukoum *m*
Turkmenistan [tə:kmɛnɪ'stɑ:n] N Turkménistan *m*
turmeric ['tə:mərɪk] N curcuma *m*
turmoil ['tə:mɔɪl] N trouble *m*, bouleversement *m*
★**turn** [tə:n] N tour *m*; (*in road*) tournant *m*; (*tendency: of mind, events*) tournure *f*; (*performance*) numéro *m*; (*Med*) crise *f*, attaque *f*; **a good ~** un service; **a bad ~** un mauvais tour; **it gave me quite a ~** ça m'a fait un coup; **"no left ~"** (*Aut*) « défense de tourner à gauche »; **it's your ~** c'est (à) votre tour; **in ~** à son tour; à tour de rôle; **to take turns** se relayer; **to take turns at** faire à tour de rôle; **at the ~ of the year/century** à la fin de l'année/du siècle; **to take a ~ for the worse** (*situation, events*) empirer; **his health** *or* **he has taken a ~ for the worse** son état s'est aggravé ▶ VT tourner; (*collar, steak*) retourner; (*age*) atteindre; (*shape: wood, metal*) tourner; (*milk*) faire tourner; (*change*): **to ~ sth into** changer qch en ▶ VI (*object, wind, milk*) tourner; (*person: look back*) se (re)tourner; (*reverse direction*) faire demi-tour; (*change*) changer; (*become*) devenir; **to ~ into** se changer en, se transformer en; **~ left/right at the next junction** tournez à gauche/droite au prochain carrefour
▶ **turn about** VI faire demi-tour; faire un demi-tour
▶ **turn against** VT FUS: **to ~ against sb/sth** se retourner contre qn/qch ▶ VT: **to ~ sb against sb** retourner qn contre qn
▶ **turn around** VI (*person*) se retourner ▶ VT (*object*) tourner
▶ **turn away** VI se détourner, tourner la tête ▶ VT (*reject: person*) renvoyer; (*: business*) refuser
▶ **turn back** VI revenir, faire demi-tour
▶ **turn down** VT (*refuse*) rejeter, refuser; (*reduce*) baisser; (*fold*) rabattre
▶ **turn in** VI (*inf: go to bed*) aller se coucher ▶ VT (*fold*) rentrer
▶ **turn off** VI (*from road*) tourner ▶ VT (*light, radio etc*) éteindre; (*tap*) fermer; (*engine*) arrêter; **I can't ~ the heating off** je n'arrive pas à éteindre le chauffage
▶ **turn on** VT (*light, radio etc*) allumer; (*tap*) ouvrir; (*engine*) mettre en marche; **I can't ~ the heating on** je n'arrive pas à allumer le chauffage
▶ **turn out** VT (*light, gas*) éteindre; (*produce: goods, novel, good pupils*) produire ▶ VI (*voters, troops*) se présenter; **to ~ out to be ...** s'avérer ..., se révéler ...
▶ **turn over** VI (*person*) se retourner ▶ VT (*object*) retourner; (*page*) tourner
▶ **turn round** VI faire demi-tour; (*rotate*) tourner
▶ **turn to** VT FUS: **to ~ to sb** s'adresser à qn
▶ **turn up** VI (*person*) arriver, se pointer (*inf*); (*lost object*) être retrouvé(e) ▶ VT (*collar*) remonter; (*radio, heater*) mettre plus fort
turnabout ['tə:nəbaut], **turnaround** ['tə:nəraund] N volte-face *f inv*
turncoat ['tə:nkəut] N renégat(e)
turned-up ['tə:ndʌp] ADJ (*nose*) retroussé(e)
turning ['tə:nɪŋ] N (*in road*) tournant *m*; **the first ~ on the right** la première (rue *or* route) à droite
turning circle N (BRIT) rayon *m* de braquage
turning point N (*fig*) tournant *m*, moment décisif
turning radius N (*US*) = **turning circle**
turnip ['tə:nɪp] N navet *m*
turnout ['tə:naut] N (nombre *m* de personnes dans l')assistance *f*; (*of voters*) taux *m* de participation
turnover ['tə:nəuvəʳ] N (*Comm: amount of money*) chiffre *m* d'affaires; (*: of goods*) roulement *m*; (*of staff*) renouvellement *m*, changement *m*; (*Culin*) *sorte de chausson*; **there is a rapid ~ in staff** le personnel change souvent
turnpike ['tə:npaɪk] N (*US*) autoroute *f* à péage
turnstile ['tə:nstaɪl] N tourniquet *m* (*d'entrée*)
turntable ['tə:nteɪbl] N (*on record player*) platine *f*
turn-up ['tə:nʌp] N (BRIT: *on trousers*) revers *m*
turpentine ['tə:pəntaɪn] N (*also:* **turps**) (essence *f* de) térébenthine *f*
turquoise ['tə:kwɔɪz] N (*stone*) turquoise *f* ▶ ADJ turquoise *inv*
turret ['tʌrɪt] N tourelle *f*
turtle ['tə:tl] N tortue marine

t

turtleneck ['tə:tlnɛk], **turtleneck sweater** N pullover *m* à col montant
Tuscany ['tʌskənɪ] N Toscane *f*
tusk [tʌsk] N défense *f* (*d'éléphant*)
tussle ['tʌsl] N bagarre *f*, mêlée *f*
tutor ['tju:tə^r] N (BRIT *Scol: in college*) directeur(-trice) d'études; (*private teacher*) précepteur(-trice)
tutorial [tju:'tɔ:rɪəl] N (*Scol*) (séance *f* de) travaux *mpl* pratiques
tutu ['tu:tu:] N tutu *m*
Tuvalu [tu:və'lu:] N Tuvalu *fpl*
tuxedo [tʌk'si:dəu] N (*US*) smoking *m*
★**TV** [ti:'vi:] N ABBR (= *television*) télé *f*, TV *f*
TV dinner N plateau-repas surgelé
twaddle ['twɔdl] N balivernes *fpl*
twang [twæŋ] N (*of instrument*) son vibrant; (*of voice*) ton nasillard ▸ VI vibrer ▸ VT (*guitar*) pincer les cordes de
tweak [twi:k] VT (*nose*) tordre; (*ear, hair*) tirer
tweed [twi:d] N tweed *m*
tweet [twi:t] (*on Twitter*) N tweet *m* ▸ VT tweeter
tweetable ['twi:təbl] ADJ (*on Twitter*) tweetable
tweezers ['twi:zəz] NPL pince *f* à épiler
★**twelfth** [twɛlfθ] NUM douzième
Twelfth Night N la fête des Rois
★**twelve** [twɛlv] NUM douze; **at ~ (o'clock)** à midi; (*midnight*) à minuit
twenties ['twɛntiz] NPL (*age*): **to be in one's ~** avoir la vingtaine; (*1920s*): **the ~** les années vingt; (*temperature*): **in the ~** dans les vingt degrés; **a woman in her ~** une femme d'une vingtaine d'années
★**twentieth** ['twɛntɪɪθ] NUM vingtième
★**twenty** ['twɛntɪ] NUM vingt; **in ~ fourteen** en deux mille quatorze
twerking ['twə:kɪŋ] N twerk *m*
twerp [twə:p] N (*inf*) imbécile *mf*
★**twice** [twaɪs] ADV deux fois; **~ as much** deux fois plus; **~ a week** deux fois par semaine; **she is ~ your age** elle a deux fois ton âge
twiddle ['twɪdl] VT, VI: **to ~ (with) sth** tripoter qch; **to ~ one's thumbs** (*fig*) se tourner les pouces
twig [twɪg] N brindille *f* ▸ VT, VI (*inf*) piger (*inf*)
twilight ['twaɪlaɪt] N crépuscule *m*; (*morning*) aube *f*; **in the ~** dans la pénombre
twill [twɪl] N sergé *m*
★**twin** [twɪn] ADJ, N jumeau (jumelle) ▸ VT jumeler
twin-bedded room ['twɪn'bɛdɪd-] N = **twin room**
twin beds NPL lits *mpl* jumeaux
twin-carburettor, (*US*) **twin carburetor** ['twɪnkɑ:bju'rɛtə^r] ADJ à double carburateur
twine [twaɪn] N ficelle *f* ▸ VI (*plant*) s'enrouler
twin-engined [twɪn'ɛndʒɪnd] ADJ bimoteur; **~ aircraft** bimoteur *m*
twinge [twɪndʒ] N (*of pain*) élancement *m*; (*of conscience*) remords *m*
twinkle ['twɪŋkl] N scintillement *m*; pétillement *m* ▸ VI scintiller; (*eyes*) pétiller
twinning ['twɪnɪŋ] N jumelage *m*
twin room N chambre *f* à deux lits
twin town N ville jumelée
twirl [twə:l] N tournoiement *m* ▸ VT faire tournoyer ▸ VI tournoyer
★**twist** [twɪst] N torsion *f*, tour *m*; (*in wire, flex*) tortillon *m*; (*bend: in road*) tournant *m*; (*in story*) coup *m* de théâtre ▸ VT tordre; (*weave*) entortiller; (*roll around*) enrouler; (*fig*) déformer; **to ~ one's ankle/wrist** (*Med*) se tordre la cheville/le poignet ▸ VI s'entortiller; s'enrouler; (*road, river*) serpenter
twisted ['twɪstɪd] ADJ (*wire, rope*) entortillé(e); (*ankle, wrist*) tordu(e), foulé(e); (*fig: logic, mind*) tordu
twister ['twɪstə^r] N (*US*) tornade *f*
twit [twɪt] N (*inf*) crétin(e) (*inf*)
twitch [twɪtʃ] N (*pull*) coup sec, saccade *f*; (*nervous*) tic *m* ▸ VI se convulser; avoir un tic
Twitter® ['twɪtə^r] N Twitter® ▸ VI twitter
Twitterati [twɪtə'rɑ:tɪ] NPL (*inf*) Twitterati *mpl*, *utilisateurs les plus assidus et les plus suivis de Twitter*
Twittersphere ['twɪtəsfɪə^r] N (*inf*): **the ~** la twittosphère
★**two** [tu:] NUM deux; **~ by ~**, **in twos** par deux; **to put ~ and ~ together** (*fig*) faire le rapprochement
two-bit [tu:'bɪt] ADJ (*esp US inf, pej*) de pacotille
two-door [tu:'dɔ:^r] ADJ (*Aut*) à deux portes
two-faced [tu:'feɪst] ADJ (*pej: person*) faux (fausse)
twofold ['tu:fəuld] ADJ (*increase*) de cent pour cent; (*reply*) en deux parties ▸ ADV: **to increase ~** doubler
two-piece ['tu:'pi:s] N (*also:* **two-piece suit**) (costume *m*) deux-pièces *m inv*; (*also:* **two-piece swimsuit**) (maillot *m* de bain) deux-pièces
two-seater [tu:'si:tə^r] N (*plane*) (avion *m*) biplace *m*; (*car*) voiture *f* à deux places
twosome ['tu:səm] N (*people*) couple *m*
two-stroke ['tu:strəuk] N (*also:* **two-stroke engine**) moteur *m* à deux temps ▸ ADJ à deux temps
two-thirds [tu:'θə:dz] PRON deux tiers *mpl*; **~ of sth** les deux tiers de qch; **by ~** de deux tiers ▸ ADV aux deux tiers ▸ ADJ (*majority*) aux deux tiers
two-tone ['tu:'təun] ADJ (*in colour*) à deux tons
two-way ['tu:weɪ] ADJ (*traffic*) dans les deux sens; **~ radio** émetteur-récepteur *m*
TX ABBR (*US*) = **Texas**
tycoon [taɪ'ku:n] N: **(business) ~** gros homme d'affaires
★**type** [taɪp] N (*category*) genre *m*, espèce *f*; (*model*) modèle *m*; (*example*) type *m*; (*Typ*) type, caractère *m*; **what ~ do you want?** quel genre voulez-vous ?; **in bold/italic ~** en caractères gras/en italiques ▸ VT (*letter etc*) taper (à la machine)
▸ **type in** VT entrer; **to ~ sth into a computer** entrer qch dans un ordinateur
▸ **type up** VT taper
typecast ['taɪpkɑ:st] ADJ condamné(e) à toujours jouer le même rôle
typeface ['taɪpfeɪs] N police *f* (de caractères)
typescript ['taɪpskrɪpt] N texte dactylographié
typeset ['taɪpsɛt] VT (*irreg: like* **set**) composer (*en imprimerie*)
typesetter ['taɪpsɛtə^r] N compositeur *m*
typewriter ['taɪpraɪtə^r] N machine *f* à écrire
typewritten ['taɪprɪtn] ADJ dactylographié(e)
typhoid ['taɪfɔɪd] N typhoïde *f*

typhoon [taɪˈfuːn] N typhon *m*
typhus [ˈtaɪfəs] N typhus *m*
★**typical** [ˈtɪpɪkl] ADJ typique, caractéristique
typically [ˈtɪpɪklɪ] ADV (*as usual*) comme d'habitude; (*characteristically*) typiquement
typify [ˈtɪpɪfaɪ] VT être caractéristique de
typing [ˈtaɪpɪŋ] N dactylo(graphie) *f*
typing error N faute *f* de frappe
typing pool N pool *m* de dactylos
typist [ˈtaɪpɪst] N dactylo *mf*
typo [ˈtaɪpəu] N ABBR (*inf*: = *typographical error*) coquille *f*
typography [taɪˈpɔgrəfɪ] N typographie *f*
tyranny [ˈtɪrənɪ] N tyrannie *f*
tyrant [ˈtaɪrənt] N tyran *m*
tyre, (*US*) **tire** [ˈtaɪə^r] N pneu *m*
tyre pressure, (*US*) **tire pressure** N pression *f* (de gonflage)
Tyrol [tɪˈrəul] N Tyrol *m*
Tyrolean [tɪrəˈliːən], **Tyrolese** [tɪrəˈliːz] ADJ tyrolien(ne) ▸ N Tyrolien(ne)
Tyrrhenian Sea [tɪˈriːnɪən-] N: **the ~** la mer Tyrrhénienne
tzar [zɑː^r] N = **tsar**

t

Uu

U¹, u [juː] N (*letter*) U, u *m*; **U for Uncle** U comme Ursule

U² N ABBR (BRIT *Cine*: = *universal*) ≈ tous publics

UAW N ABBR (*US*: = *United Automobile Workers*) *syndicat des ouvriers de l'automobile*

U-bend [ˈjuːbɛnd] N (BRIT *Aut*) coude *m*, virage *m* en épingle à cheveux; (*in pipe*) coude

uber- [ˈuːbəʳ-] PREFIX super-

ubiquitous [juːˈbɪkwɪtəs] ADJ doué(e) d'ubiquité, omniprésent(e)

UCAS [ˈjuːkæs] N ABBR (BRIT) = **Universities and Colleges Admissions Service**

UDA N ABBR (BRIT) = **Ulster Defence Association**

udder [ˈʌdəʳ] N pis *m*, mamelle *f*

UDR N ABBR (BRIT) = **Ulster Defence Regiment**

UEFA [juːˈeɪfə] N ABBR (= *Union of European Football Associations*) UEFA *f*

UFO [ˈjuːfəu] N ABBR (= *unidentified flying object*) ovni *m*

Uganda [juːˈgændə] N Ouganda *m*

Ugandan [juːˈgændən] ADJ ougandais(e) ▸N Ougandais(e)

ugh [əːh] EXCL pouah !

ugliness [ˈʌglɪnɪs] N laideur *f*

★**ugly** [ˈʌglɪ] ADJ laid(e), vilain(e); (*fig*) répugnant(e)

UHF ABBR (= *ultra-high frequency*) UHF

UHT ADJ ABBR (= *ultra-heat treated*): **~ milk** lait *m* UHT *or* longue conservation

★**UK** N ABBR = **United Kingdom**

Ukraine [juːˈkreɪn] N Ukraine *f*

Ukrainian [juːˈkreɪnɪən] ADJ ukrainien(ne) ▸N Ukrainien(ne); (*Ling*) ukrainien *m*

ukulele [juːkəˈleɪlɪ] N ukulélé *m*

ulcer [ˈʌlsəʳ] N ulcère *m*; **mouth ~** aphte *f*

Ulster [ˈʌlstəʳ] N Ulster *m*

ulterior [ʌlˈtɪərɪəʳ] ADJ ultérieur(e); **~ motive** arrière-pensée *f*

ultimate [ˈʌltɪmət] ADJ ultime, final(e); (*authority*) suprême ▸N: **the ~ in luxury** le summum du luxe

ultimately [ˈʌltɪmətlɪ] ADV (*at last*) en fin de compte; (*fundamentally*) finalement; (*eventually*) par la suite

ultimatum [ʌltɪˈmeɪtəm] (*pl* **ultimatums** *or* **ultimata** [-tə]) N ultimatum *m*

ultramarine [ʌltrəməˈriːn] N outremer *m* ▸ADJ outremer *inv*

ultrasonic [ʌltrəˈsɔnɪk] ADJ ultrasonique

ultrasound [ˈʌltrəsaund] N (*Med*) ultrason *m*

ultraviolet [ˈʌltrəˈvaɪəlɪt] ADJ ultraviolet(te)

umbilical [ʌmbɪˈlaɪkl] ADJ: **~ cord** cordon ombilical

umbrage [ˈʌmbrɪdʒ] N: **to take ~** prendre ombrage, se froisser

★**umbrella** [ʌmˈbrɛlə] N parapluie *m*; (*for sun*) parasol *m*; **under the ~ of** (*fig*) sous les auspices de; chapeauté(e) par

umlaut [ˈumlaut] N tréma *m*

umpire [ˈʌmpaɪəʳ] N arbitre *m*; (*Tennis*) juge *m* de chaise ▸VT arbitrer

umpteen [ʌmpˈtiːn] ADJ (*inf*) je ne sais combien de

umpteenth [ʌmpˈtiːnθ] ADJ (*inf*) nième, énième; **for the ~ time** pour la nième fois

UMW N ABBR (= *United Mineworkers of America*) *syndicat des mineurs*

UN N ABBR = **United Nations**

unabashed [ʌnəˈbæʃt] ADJ nullement intimidé(e)

unabated [ʌnəˈbeɪtɪd] ADJ non diminué(e)

★**unable** [ʌnˈeɪbl] ADJ: **to be ~ to** ne (pas) pouvoir, être dans l'impossibilité de; (*not capable*) être incapable de

unabridged [ʌnəˈbrɪdʒd] ADJ complet(-ète), intégral(e)

unacceptable [ʌnəkˈsɛptəbl] ADJ (*behaviour*) inadmissible; (*price, proposal*) inacceptable

unaccompanied [ʌnəˈkʌmpənɪd] ADJ (*child, lady*) non accompagné(e); (*singing, song*) sans accompagnement

unaccountable [ʌnəˈkauntəbl] ADJ (*inexplicable*) inexplicable; (*not accountable*) qui n'a pas à répondre de ses actes

unaccountably [ʌnəˈkauntəblɪ] ADV inexplicablement

unaccounted [ʌnəˈkauntɪd] ADJ: **two passengers are ~ for** on est sans nouvelles de deux passagers

unaccustomed [ʌnəˈkʌstəmd] ADJ inaccoutumé(e), inhabituel(le); **to be ~ to sth** ne pas avoir l'habitude de qch

unacquainted [ʌnəˈkweɪntɪd] ADJ: **to be ~ with** ne pas connaître

unadulterated [ʌnəˈdʌltəreɪtɪd] ADJ pur(e), naturel(le)

unaffected [ʌnəˈfɛktɪd] ADJ (*person, behaviour*) naturel(le); (*emotionally*): **to be ~ by** ne pas être touché(e) par

unafraid [ʌnəˈfreɪd] ADJ: **to be ~** ne pas avoir peur

unaided [ʌnˈeɪdɪd] ADJ sans aide, tout(e) seul(e)

unambiguous [ʌnæmˈbɪgjuəs] ADJ sans ambiguïté

unanimity [juːnəˈnɪmɪtɪ] N unanimité *f*

unanimous [juːˈnænɪməs] ADJ unanime

unanimously [juːˈnænɪməslɪ] ADV à l'unanimité

unanswered [ʌnˈɑːnsəd] ADJ (*question, letter*) sans réponse

unappealing [ʌnəˈpiːlɪŋ] ADJ (*ugly*) laid(e); **an ~ habit** une mauvaise habitude

unappetizing [ʌnˈæpɪtaɪzɪŋ] ADJ peu appétissant(e)

unappreciative [ʌnəˈpriːʃɪətɪv] ADJ indifférent(e)

unarmed [ʌnˈɑːmd] ADJ (*person*) non armé(e); (*combat*) sans armes

unashamed [ʌnəˈʃeɪmd] ADJ sans honte; impudent(e)

unassailable [ʌnəˈseɪləbl] ADJ (*lead*) décisif(-ive); (*position*) inattaquable

unassisted [ʌnəˈsɪstɪd] ADJ non assisté(e) ▸ADV sans aide, tout(e) seul(e)

unassuming [ʌnəˈsjuːmɪŋ] ADJ modeste, sans prétentions

unattached [ʌnəˈtætʃt] ADJ libre, sans attaches

unattainable [ʌnəˈteɪnəbl] ADJ inaccessible

unattended [ʌnəˈtɛndɪd] ADJ (*car, child, luggage*) sans surveillance

unattractive [ʌnəˈtræktɪv] ADJ peu attrayant(e); (*character*) peu sympathique

unauthorized [ʌnˈɔːθəraɪzd] ADJ non autorisé(e), sans autorisation

unavailable [ʌnəˈveɪləbl] ADJ (*article, room, book*) (qui n'est) pas disponible; (*person*) (qui n'est) pas libre

unavoidable [ʌnəˈvɔɪdəbl] ADJ inévitable

unavoidably [ʌnəˈvɔɪdəblɪ] ADV inévitablement

unaware [ʌnəˈwɛəʳ] ADJ: **to be ~ of** ignorer, ne pas savoir, être inconscient(e) de

unawares [ʌnəˈwɛəz] ADV à l'improviste, au dépourvu

unbalanced [ʌnˈbælənst] ADJ déséquilibré(e)

unbearable [ʌnˈbɛərəbl] ADJ insupportable

unbeatable [ʌnˈbiːtəbl] ADJ imbattable

unbeaten [ʌnˈbiːtn] ADJ invaincu(e); (*record*) non battu(e)

unbecoming [ʌnbɪˈkʌmɪŋ] ADJ (*unseemly: language, behaviour*) malséant(e), inconvenant(e); (*unflattering: garment*) peu seyant(e)

unbeknown [ʌnbɪˈnəun], **unbeknownst** [ʌnbɪˈnəunst] ADV: **~ to** à l'insu de

unbelief [ʌnbɪˈliːf] N incrédulité *f*

unbelievable [ʌnbɪˈliːvəbl] ADJ incroyable

unbelievably [ʌnbɪˈliːvəblɪ] ADV (*fast, stupid*) incroyablement; (*strange to say*) aussi incroyable que cela puisse paraître

unbelievingly [ʌnbɪˈliːvɪŋlɪ] ADV avec incrédulité

unbend [ʌnˈbɛnd] VI (*irreg: like* **bend**) se détendre ▸VT (*wire*) redresser, détordre

unbending [ʌnˈbɛndɪŋ] ADJ (*fig*) inflexible

unbiased, unbiassed [ʌnˈbaɪəst] ADJ impartial(e)

unblemished [ʌnˈblɛmɪʃt] ADJ impeccable

unblinking [ʌnˈblɪŋkɪŋ] ADJ (*eyes, stare*) fixe

unblock [ʌnˈblɔk] VT (*pipe*) déboucher; (*road*) dégager

unborn [ʌnˈbɔːn] ADJ à naître

unbounded [ʌnˈbaundɪd] ADJ sans bornes, illimité(e)

unbreakable [ʌnˈbreɪkəbl] ADJ incassable

unbridled [ʌnˈbraɪdld] ADJ débridé(e), déchaîné(e)

unbroken [ʌnˈbrəukn] ADJ intact(e); (*line*) continu(e); (*record*) non battu(e)

unbuckle [ʌnˈbʌkl] VT déboucler

unburden [ʌnˈbəːdn] VT: **to ~ o.s.** s'épancher, se livrer

unbutton [ʌnˈbʌtn] VT déboutonner

uncalled-for [ʌnˈkɔːldfɔːʳ] ADJ déplacé(e), injustifié(e)

uncanny [ʌnˈkænɪ] ADJ étrange, troublant(e)

uncaring [ʌnˈkɛərɪŋ] ADJ insensible

unceasing [ʌnˈsiːsɪŋ] ADJ incessant(e), continu(e)

unceremonious [ʌnsɛrɪˈməunɪəs] ADJ (*abrupt, rude*) brusque

uncertain [ʌnˈsəːtn] ADJ incertain(e); (*hesitant*) hésitant(e); **we were ~ whether ...** nous ne savions pas vraiment si ...; **in no ~ terms** sans équivoque possible

uncertainty [ʌnˈsəːtntɪ] N incertitude *f*, doutes *mpl*

unchallenged [ʌnˈtʃælɪndʒd] ADJ (*gen*) incontesté(e); (*information*) non contesté(e); **to go ~** ne pas être contesté

unchanged [ʌnˈtʃeɪndʒd] ADJ inchangé(e)

uncharacteristic [ʌnkærɪktəˈrɪstɪk] ADJ contraire à ses habitudes; **it was ~ of her father to disappear like this** c'était contraire aux habitudes de son père de disparaître ainsi

uncharacteristically [ʌnkærɪktəˈrɪstɪklɪ] ADV: **he has been ~ silent** il est resté anormalement silencieux

uncharitable [ʌnˈtʃærɪtəbl] ADJ peu charitable

uncharted [ʌnˈtʃɑːtɪd] ADJ inexploré(e)

unchecked [ʌnˈtʃɛkt] ADJ non réprimé(e)

uncivilized [ʌnˈsɪvɪlaɪzd] ADJ non civilisé(e); (*fig*) barbare

unclaimed [ʌnˈkleɪmd] ADJ non réclamé(e)

★**uncle** [ˈʌŋkl] N oncle *m*

unclear [ʌnˈklɪəʳ] ADJ (qui n'est) pas clair(e) *or* évident(e); **I'm still ~ about what I'm supposed to do** je ne sais pas encore exactement ce que je dois faire

uncluttered [ʌnˈklʌtəd] ADJ dépouillé(e)

uncoil [ʌnˈkɔɪl] VT dérouler ▸VI se dérouler

★**uncomfortable** [ʌnˈkʌmfətəbl] ADJ inconfortable, peu confortable; (*uneasy*) mal à l'aise, gêné(e); (*situation*) désagréable

u

uncomfortably [ʌnˈkʌmfətəblɪ] ADV inconfortablement; d'un ton *etc* gêné *or* embarrassé; désagréablement

uncommitted [ʌnkəˈmɪtɪd] ADJ (*attitude, country*) non engagé(e)

uncommon [ʌnˈkɔmən] ADJ rare, singulier(-ière), peu commun(e)

uncommunicative [ʌnkəˈmju:nɪkətɪv] ADJ réservé(e)

uncomplicated [ʌnˈkɔmplɪkeɪtɪd] ADJ simple, peu compliqué(e)

uncompromising [ʌnˈkɔmprəmaɪzɪŋ] ADJ intransigeant(e), inflexible

unconcerned [ʌnkənˈsə:nd] ADJ (*unworried*): **to be ~ (about)** ne pas s'inquiéter (de)

unconditional [ʌnkənˈdɪʃənl] ADJ sans condition(s)

unconditionally [ʌnkənˈdɪʃənlɪ] ADV sans condition(s)

uncongenial [ʌnkənˈdʒi:nɪəl] ADJ peu agréable

unconnected [ʌnkəˈnɛktɪd] ADJ (*unrelated*): **~ (with)** sans rapport (avec)

unconscious [ʌnˈkɔnʃəs] ADJ sans connaissance, évanoui(e); (*unaware*): **~ (of)** inconscient(e) (de); **to knock sb ~** assommer qn ▸ N: **the ~** l'inconscient *m*

unconsciously [ʌnˈkɔnʃəslɪ] ADV inconsciemment

unconstitutional [ʌnkɔnstɪˈtju:ʃənl] ADJ anti-constitutionnel(le)

uncontested [ʌnkənˈtɛstɪd] ADJ (*champion*) incontesté(e); (*Pol: seat*) non disputé(e)

uncontrollable [ʌnkənˈtrəuləbl] ADJ incontrôlable

uncontrollably [ʌnkənˈtrəuləblɪ] ADV: **to shake ~** être pris(e) de tremblements incontrôlables

uncontrolled [ʌnkənˈtrəuld] ADJ (*laughter, price rises*) incontrôlé(e)

unconventional [ʌnkənˈvɛnʃənl] ADJ peu conventionnel(le)

unconvinced [ʌnkənˈvɪnst] ADJ: **to be ~** ne pas être convaincu(e)

unconvincing [ʌnkənˈvɪnsɪŋ] ADJ peu convaincant(e)

uncooperative [ʌnkəuˈɔpərətɪv] ADJ qui refuse de coopérer

uncork [ʌnˈkɔ:k] VT déboucher

uncorroborated [ʌnkəˈrɔbəreɪtɪd] ADJ non confirmé(e)

uncouth [ʌnˈku:θ] ADJ grossier(-ière), fruste

uncover [ʌnˈkʌvəʳ] VT découvrir

unctuous [ˈʌŋktjuəs] ADJ onctueux(-euse), mielleux(-euse)

undamaged [ʌnˈdæmɪdʒd] ADJ (*goods*) intact(e), en bon état; (*fig: reputation*) intact

undaunted [ʌnˈdɔ:ntɪd] ADJ non intimidé(e), inébranlable

undecided [ʌndɪˈsaɪdɪd] ADJ indécis(e), irrésolu(e)

undefeated [ʌndɪˈfi:tɪd] ADJ (*team, player*) invaincu(e)

undelivered [ʌndɪˈlɪvəd] ADJ non remis(e), non livré(e)

undemanding [ʌndɪˈmɑ:ndɪŋ] ADJ (*not challenging: job*) peu exigeant(e); (*: book, film*) facile; (*person*) accommodant(e)

undemocratic [ʌndɛməˈkrætɪk] ADJ antidémocratique

undeniable [ʌndɪˈnaɪəbl] ADJ indéniable, incontestable

undeniably [ʌndɪˈnaɪəblɪ] ADV (*true, difficult*) indéniablement; **~ beautiful** d'une beauté indéniable

★**under** [ˈʌndəʳ] PREP sous; (*less than*) (de) moins de; au-dessous de; (*according to*) selon, en vertu de; **from ~ sth** de dessous *or* de sous qch; **~ there** là-dessous; **in ~ 2 hours** en moins de 2 heures; **~ anaesthetic** sous anesthésie; **~ discussion** en discussion; **~ the circumstances** étant donné les circonstances; **~ repair** en (cours de) réparation ▸ ADV au-dessous; en dessous

under... [ˈʌndəʳ] PREFIX sous-

underage [ʌndərˈeɪdʒ] ADJ qui n'a pas l'âge réglementaire

underarm [ˈʌndərɑ:m] ADV par en-dessous ▸ ADJ (*throw*) par en-dessous; (*deodorant*) pour les aisselles

undercapitalized [ʌndəˈkæpɪtəlaɪzd] ADJ sous-capitalisé(e)

undercarriage [ˈʌndəkærɪdʒ] N (BRIT *Aviat*) train *m* d'atterrissage

undercharge [ʌndəˈtʃɑ:dʒ] VT ne pas faire payer assez à

underclass [ˈʌndəklɑ:s] N ≈ quart-monde *m*

underclothes [ˈʌndəkləuðz] NPL sous-vêtements *mpl*; (*women's only*) dessous *mpl*

undercoat [ˈʌndəkəut] N (*paint*) couche *f* de fond

undercover [ʌndəˈkʌvəʳ] ADJ secret(-ète), clandestin(e)

undercurrent [ˈʌndəkʌrnt] N courant sous-jacent

undercut [ʌndəˈkʌt] VT (*irreg: like* **cut**) vendre moins cher que

underdeveloped [ˈʌndədɪˈvɛləpt] ADJ sous-développé(e)

underdog [ˈʌndədɔg] N opprimé *m*

underdone [ʌndəˈdʌn] ADJ (*Culin*) saignant(e); (*: pej*) pas assez cuit(e)

underemployed [ʌndərɪmˈplɔɪd] ADJ sous-employé(e)

underestimate [ˈʌndərˈɛstɪmeɪt] VT sous-estimer, mésestimer

underexposed [ˈʌndərɪksˈpəuzd] ADJ (*Phot*) sous-exposé(e)

underfed [ʌndəˈfɛd] ADJ sous-alimenté(e)

underfoot [ʌndəˈfut] ADV sous les pieds

under-funded [ˈʌndəˈfʌndɪd] ADJ: **to be ~** (*organization*) ne pas être doté(e) de fonds suffisants

undergo [ʌndəˈgəu] VT (*irreg: like* **go**) subir; (*treatment*) suivre; **the car is undergoing repairs** la voiture est en réparation

undergraduate [ʌndəˈgrædjuɪt] N étudiant(e) (qui prépare la licence) ▸ CPD: **~ courses** cours *mpl* préparant à la licence

★**underground** [ˈʌndəgraund] ADJ souterrain(e); (*fig*) clandestin(e) ▸ N (BRIT: *railway*) métro *m*; (*Pol*) clandestinité *f*

undergrowth [ˈʌndəgrəuθ] N broussailles *fpl*, sous-bois *m*

underhand [ʌndəˈhænd], **underhanded** [ʌndəˈhændɪd] ADJ (*fig*) sournois(e), en dessous

underinsured [ʌndərɪnˈʃuəd] ADJ sous-assuré(e)

underlay N [ˈʌndəleɪ] (BRIT) sous-couche *f* d'isolation ▸ PT [ʌndəˈleɪ] *of* **underlie**

underlie [ʌndəˈlaɪ] VT (*irreg: like* **lie**) être à la base de; **the underlying cause** la cause sous-jacente

underline [ʌndəˈlaɪn] VT souligner

underling [ˈʌndəlɪŋ] N (*pej*) sous-fifre *m*, subalterne *m*

undermanning [ʌndəˈmænɪŋ] N pénurie *f* de main-d'œuvre

undermentioned [ʌndəˈmɛnʃənd] ADJ mentionné(e) ci-dessous

undermine [ʌndəˈmaɪn] VT saper, miner

underneath [ʌndəˈni:θ] ADV (en) dessous ▸ PREP sous, au-dessous de

undernourished [ʌndəˈnʌrɪʃt] ADJ sous-alimenté(e)

underpaid [ʌndəˈpeɪd] ADJ sous-payé(e)

underpants [ˈʌndəpænts] NPL caleçon *m*, slip *m*

underpass [ˈʌndəpɑ:s] N (BRIT: *for pedestrians*) passage souterrain; (: *for cars*) passage inférieur

underpin [ʌndəˈpɪn] VT (*argument, case*) étayer

underplay [ʌndəˈpleɪ] VT (BRIT) minimiser

underpopulated [ʌndəˈpɔpjuleɪtɪd] ADJ sous-peuplé(e)

underprice [ʌndəˈpraɪs] VT vendre à un prix trop bas

underprivileged [ʌndəˈprɪvɪlɪdʒd] ADJ défavorisé(e)

underrate [ʌndəˈreɪt] VT sous-estimer, mésestimer

underscore [ʌndəˈskɔ:ʳ] VT souligner

underseal [ʌndəˈsi:l] VT (BRIT) traiter contre la rouille

undersecretary [ˈʌndəˈsɛkrətrɪ] N sous-secrétaire *m*

undersell [ʌndəˈsɛl] VT (*irreg: like* **sell**) (*competitors*) vendre moins cher que

undershirt [ˈʌndəʃə:t] N (*US*) tricot *m* de corps

undershorts [ˈʌndəʃɔ:ts] NPL (*US*) caleçon *m*, slip *m*

underside [ˈʌndəsaɪd] N dessous *m*

undersigned [ˈʌndəˈsaɪnd] ADJ, N soussigné(e)

underskirt [ˈʌndəskə:t] N (BRIT) jupon *m*

understaffed [ʌndəˈstɑ:ft] ADJ en sous-effectif

understaffing [ʌndəˈstɑ:fɪŋ] N sous-effectif *m*

★**understand** [ʌndəˈstænd] VT, VI (*irreg: like* **stand**) comprendre; **I don't ~** je ne comprends pas; **I ~ that ...** je me suis laissé dire que ..., je crois comprendre que ...; **to make o.s. understood** se faire comprendre

understandable [ʌndəˈstændəbl] ADJ compréhensible

understandably [ʌndəˈstændəblɪ] ADV on le comprend

★**understanding** [ʌndəˈstændɪŋ] ADJ compréhensif(-ive) ▸ N compréhension *f*; (*agreement*) accord *m*; **to come to an ~ with sb** s'entendre avec qn; **on the ~ that ...** à condition que ...

understate [ʌndəˈsteɪt] VT minimiser

understatement [ˈʌndəsteɪtmənt] N: **that's an ~** c'est (bien) peu dire, le terme est faible

understood [ʌndəˈstud] PT, PP *of* **understand** ▸ ADJ entendu(e); (*implied*) sous-entendu(e)

understudy [ˈʌndəstʌdɪ] N doublure *f*

undertake [ʌndəˈteɪk] VT (*irreg: like* **take**) (*job, task*) entreprendre; (*duty*) se charger de; **to ~ to do sth** s'engager à faire qch

undertaker [ˈʌndəteɪkəʳ] N (BRIT) entrepreneur *m* des pompes funèbres, croque-mort *m*

undertaking [ˈʌndəteɪkɪŋ] N entreprise *f*; (*promise*) promesse *f*

undertone [ˈʌndətəun] N (*low voice*): **in an ~** à mi-voix; (*of criticism etc*) nuance cachée

undervalue [ʌndəˈvælju:] VT sous-estimer

underwater [ʌndəˈwɔ:təʳ] ADV sous l'eau ▸ ADJ sous-marin(e)

underway [ʌndəˈweɪ] ADJ: **to be ~** (*meeting, investigation*) être en cours

★**underwear** [ˈʌndəwɛəʳ] N sous-vêtements *mpl*; (*women's only*) dessous *mpl*

underweight [ʌndəˈweɪt] ADJ d'un poids insuffisant; (*person*) (trop) maigre

underwent [ʌndəˈwɛnt] PT *of* **undergo**

underwhelmed [ʌndəˈwɛlmd] ADJ (*hum*) pas (particulièrement) impressionné(e)

underworld [ˈʌndəwə:ld] N (*of crime*) milieu *m*, pègre *f*

underwrite [ʌndəˈraɪt] VT (*irreg: like* **write**) (*Finance*) garantir; (*Insurance*) souscrire

underwriter [ˈʌndəraɪtəʳ] N (*Insurance*) souscripteur *m*

undeserved [ʌndɪˈzə:vd] ADJ (*reputation*) injustifié(e), immérité(e); (*treatment*) injuste

undeserving [ʌndɪˈzə:vɪŋ] ADJ: **to be ~ of** ne pas mériter

undesirable [ʌndɪˈzaɪərəbl] ADJ peu souhaitable; (*person, effect*) indésirable

undeveloped [ʌndɪˈvɛləpt] ADJ (*land, resources*) non exploité(e)

undies [ˈʌndɪz] NPL (*inf*) dessous *mpl*, lingerie *f*

undignified [ʌnˈdɪgnɪfaɪd] ADJ indigne; **to be ~** manquer de dignité

undiluted [ˈʌndaɪˈlu:tɪd] ADJ pur(e), non dilué(e)

undiplomatic [ˈʌndɪpləˈmætɪk] ADJ peu diplomatique, maladroit(e)

undischarged [ˈʌndɪsˈtʃɑ:dʒd] ADJ: **~ bankrupt** failli(e) non réhabilité(e)

undisciplined [ʌnˈdɪsɪplɪnd] ADJ indiscipliné(e)

undisclosed [ʌndɪsˈkləuzd] ADJ (*sum, address*) non communiqué(e)

undisguised [ˈʌndɪsˈgaɪzd] ADJ (*dislike, amusement etc*) franc (franche)

undisputed [ˈʌndɪsˈpju:tɪd] ADJ incontesté(e)

undistinguished [ˈʌndɪsˈtɪŋgwɪʃt] ADJ médiocre, quelconque

undisturbed [ʌndɪsˈtə:bd] ADJ (*sleep*) tranquille, paisible; **to leave ~** ne pas déranger

undivided [ʌndɪˈvaɪdɪd] ADJ: **can I have your ~ attention?** puis-je avoir toute votre attention ?

undo [ʌnˈdu:] VT (*irreg: like* **do**) défaire

undoing [ʌn'du:ɪŋ] N ruine *f*, perte *f*
undone [ʌn'dʌn] PP *of* **undo** ▶ADJ: **to come ~** se défaire
undoubted [ʌn'dautɪd] ADJ indubitable, certain(e)
undoubtedly [ʌn'dautɪdlɪ] ADV sans aucun doute
undress [ʌn'drɛs] VI se déshabiller ▶VT déshabiller
undrinkable [ʌn'drɪŋkəbl] ADJ (*unpalatable*) imbuvable; (*poisonous*) non potable
undue [ʌn'dju:] ADJ indu(e), excessif(-ive)
undulating ['ʌndjuleɪtɪŋ] ADJ ondoyant(e), onduleux(-euse)
unduly [ʌn'dju:lɪ] ADV trop, excessivement
undying [ʌn'daɪɪŋ] ADJ éternel(le)
unearned [ʌn'ə:nd] ADJ (*praise, respect*) immérité(e); **~ income** rentes *fpl*
unearth [ʌn'ə:θ] VT déterrer; (*fig*) dénicher
unearthly [ʌn'ə:θlɪ] ADJ surnaturel(le); (*hour*) indu(e), impossible
unease [ʌn'i:z] N malaise *m*; **growing ~** un malaise croissant
uneasy [ʌn'i:zɪ] ADJ mal à l'aise, gêné(e); (*worried*) inquiet(-ète); (*feeling*) désagréable; (*peace, truce*) fragile; **to feel ~ about doing sth** se sentir mal à l'aise à l'idée de faire qch
uneconomic ['ʌni:kə'nɔmɪk], **uneconomical** ['ʌni:kə'nɔmɪkl] ADJ peu économique; peu rentable
uneducated [ʌn'ɛdjukeɪtɪd] ADJ sans éducation
unemotional [ʌnɪ'məuʃənl] ADJ (*person*) impassible; (*voice*) qui ne trahit aucune émotion
unemployable [ʌnɪm'plɔɪəbl] ADJ inemployable
★**unemployed** [ʌnɪm'plɔɪd] ADJ sans travail, au chômage ▶NPL: **the ~** les chômeurs *mpl*
★**unemployment** [ʌnɪm'plɔɪmənt] N chômage *m*
unemployment benefit, (*US*) **unemployment compensation** N allocation *f* de chômage
unending [ʌn'ɛndɪŋ] ADJ interminable
unenviable [ʌn'ɛnvɪəbl] ADJ peu enviable
unequal [ʌn'i:kwəl] ADJ inégal(e)
unequalled, (*US*) **unequaled** [ʌn'i:kwəld] ADJ inégalé(e)
unequivocal [ʌnɪ'kwɪvəkl] ADJ (*answer*) sans équivoque; (*person*) catégorique
unequivocally [ʌnɪ'kwɪvəklɪ] ADV sans équivoque
unerring [ʌn'ə:rɪŋ] ADJ infaillible, sûr(e)
UNESCO [ju:'nɛskəu] N ABBR (= *United Nations Educational, Scientific and Cultural Organization*) UNESCO *f*
unethical [ʌn'ɛθɪkl] ADJ (*methods*) immoral(e); (*doctor's behaviour*) qui ne respecte pas l'éthique
uneven [ʌn'i:vn] ADJ inégal(e); (*quality, work*) irrégulier(-ière)
uneventful [ʌnɪ'vɛntful] ADJ tranquille, sans histoires
unexceptional [ʌnɪk'sɛpʃənl] ADJ banal(e), quelconque
unexciting [ʌnɪk'saɪtɪŋ] ADJ pas passionnant(e)
★**unexpected** [ʌnɪk'spɛktɪd] ADJ inattendu(e), imprévu(e)
unexpectedly [ʌnɪk'spɛktɪdlɪ] ADV (*succeed*) contre toute attente; (*arrive*) à l'improviste
unexplained [ʌnɪk'spleɪnd] ADJ inexpliqué(e)
unexploded [ʌnɪk'spləudɪd] ADJ non explosé(e) *or* éclaté(e)
unfailing [ʌn'feɪlɪŋ] ADJ (*generosity, kindness*) inépuisable; (*regularity*) infaillible
unfailingly [ʌn'feɪlɪŋlɪ] ADV immanquablement; **he was ~ polite to customers** il était d'une politesse à toute épreuve avec les clients
★**unfair** [ʌn'fɛə^r] ADJ: **~ (to)** injuste (envers); **it's ~ that ...** il n'est pas juste que ...
unfair dismissal N licenciement abusif
unfairly [ʌn'fɛəlɪ] ADV injustement
unfairness [ʌn'fɛənɪs] N injustice *f*
unfaithful [ʌn'feɪθful] ADJ infidèle
unfamiliar [ʌnfə'mɪlɪə^r] ADJ étrange, inconnu(e); **to be ~ with sth** mal connaître qch
unfashionable [ʌn'fæʃnəbl] ADJ (*clothes*) démodé(e); (*place*) peu chic *inv*; (*district*) déshérité(e), pas à la mode
unfasten [ʌn'fɑ:sn] VT défaire; (*belt, necklace*) détacher; (*open*) ouvrir
unfathomable [ʌn'fæðəməbl] ADJ insondable
unfavourable, (*US*) **unfavorable** [ʌn'feɪvrəbl] ADJ défavorable
unfavourably, (*US*) **unfavorably** [ʌn'feɪvrəblɪ] ADV: **to look ~ upon** ne pas être favorable à
unfeeling [ʌn'fi:lɪŋ] ADJ insensible, dur(e)
unfinished [ʌn'fɪnɪʃt] ADJ inachevé(e)
unfit [ʌn'fɪt] ADJ (*physically: ill*) en mauvaise santé; (: *out of condition*) pas en forme; (*incompetent*): **~ (for)** impropre (à); (*work, service*) inapte (à)
unflagging [ʌn'flægɪŋ] ADJ infatigable, inlassable
unflappable [ʌn'flæpəbl] ADJ imperturbable
unflattering [ʌn'flætərɪŋ] ADJ (*dress, hairstyle*) qui n'avantage pas; (*remark*) peu flatteur(-euse)
unflinching [ʌn'flɪntʃɪŋ] ADJ stoïque
unfold [ʌn'fəuld] VT déplier; (*fig*) révéler, exposer ▶VI se dérouler
unfollow [ʌn'fɔləu] VT (*on social media*) cesser de suivre
unforeseeable [ʌnfɔ:'si:əbl] ADJ imprévisible
unforeseen ['ʌnfɔ:'si:n] ADJ imprévu(e)
unforgettable [ʌnfə'gɛtəbl] ADJ inoubliable
unforgivable [ʌnfə'gɪvəbl] ADJ impardonnable
unforgiving [ʌnfə'gɪvɪŋ] ADJ sans merci
unformatted [ʌn'fɔ:mætɪd] ADJ (*disk, text*) non formaté(e)
unfortunate [ʌn'fɔ:tʃnət] ADJ malheureux(-euse); (*event, remark*) malencontreux(-euse)
★**unfortunately** [ʌn'fɔ:tʃnətlɪ] ADV malheureusement
unfounded [ʌn'faundɪd] ADJ sans fondement
unfriend [ʌn'frɛnd] VT (*Internet*) supprimer de sa liste d'amis
unfriendly [ʌn'frɛndlɪ] ADJ peu aimable, froid(e), inamical(e)
unfulfilled [ʌnful'fɪld] ADJ (*ambition, prophecy*) non réalisé(e); (*desire*) insatisfait(e); (*promise*) non tenu(e); (*terms of contract*) non rempli(e); (*person*) qui n'a pas su se réaliser

unfurl [ʌnˈfəːl] VT déployer
unfurnished [ʌnˈfəːnɪʃt] ADJ non meublé(e)
ungainly [ʌnˈgeɪnlɪ] ADJ gauche, dégingandé(e)
ungodly [ʌnˈgɔdlɪ] ADJ impie; **at an ~ hour** à une heure indue
ungrateful [ʌnˈgreɪtful] ADJ qui manque de reconnaissance, ingrat(e)
unguarded [ʌnˈgɑːdɪd] ADJ: **~ moment** moment *m* d'inattention
unhappily [ʌnˈhæpɪlɪ] ADV tristement; (*unfortunately*) malheureusement
unhappiness [ʌnˈhæpɪnɪs] N tristesse *f*, peine *f*
★**unhappy** [ʌnˈhæpɪ] ADJ triste, malheureux(-euse); (*unfortunate: remark etc*) malheureux(-euse); (*not pleased*): **~ with** mécontent(e) de, peu satisfait(e) de
unharmed [ʌnˈhɑːmd] ADJ indemne, sain(e) et sauf (sauve)
UNHCR N ABBR (= *United Nations High Commission for Refugees*) HCR *m*
unhealthy [ʌnˈhɛlθɪ] ADJ (*gen*) malsain(e); (*person*) maladif(-ive)
unheard-of [ʌnˈhəːdɔv] ADJ inouï(e), sans précédent
unheeded [ʌnˈhiːdɪd] ADJ resté(e) lettre morte; **to go ~** rester lettre morte
unhelpful [ʌnˈhɛlpful] ADJ (*person*) peu serviable; (*advice*) peu utile
unhesitating [ʌnˈhɛzɪteɪtɪŋ] ADJ (*loyalty*) spontané(e); (*reply, offer*) immédiat(e)
unhesitatingly [ʌnˈhɛzɪteɪtɪŋlɪ] ADV sans hésitation
unholy [ʌnˈhəulɪ] ADJ: **an ~ alliance** une alliance contre nature; **he got home at an ~ hour** il est rentré à une heure impossible
unhook [ʌnˈhuk] VT décrocher; dégrafer
unhurt [ʌnˈhəːt] ADJ indemne, sain(e) et sauf (sauve)
unhygienic [ˈʌnhaɪˈdʒiːnɪk] ADJ antihygiénique
UNICEF [ˈjuːnɪsɛf] N ABBR (= *United Nations International Children's Emergency Fund*) UNICEF *m*, FISE *m*
unicorn [ˈjuːnɪkɔːn] N licorne *f*
unidentified [ʌnaɪˈdɛntɪfaɪd] ADJ non identifié(e); *see also* **UFO**
unification [juːnɪfɪˈkeɪʃən] N unification *f*
★**uniform** [ˈjuːnɪfɔːm] N uniforme *m* ▸ ADJ uniforme
uniformity [juːnɪˈfɔːmɪtɪ] N uniformité *f*
unify [ˈjuːnɪfaɪ] VT unifier
unilateral [juːnɪˈlætərəl] ADJ unilatéral(e)
unilaterally [juːnɪˈlætərəlɪ] ADV unilatéralement
unimaginable [ʌnɪˈmædʒɪnəbl] ADJ inimaginable, inconcevable
unimaginative [ʌnɪˈmædʒɪnətɪv] ADJ sans imagination
unimpaired [ʌnɪmˈpɛəd] ADJ intact(e)
unimportant [ʌnɪmˈpɔːtənt] ADJ sans importance
unimpressed [ʌnɪmˈprɛst] ADJ pas impressionné(e)
unimpressive [ʌnɪmˈprɛsɪv] ADJ quelconque
uninhabited [ʌnɪnˈhæbɪtɪd] ADJ inhabité(e)
uninhibited [ʌnɪnˈhɪbɪtɪd] ADJ sans inhibitions; sans retenue
uninitiated [ʌnɪˈnɪʃieɪtɪd] NPL: **the ~** les non-initiés *mpl* ▸ ADJ non initié(e); **those ~ in sth** les non-initiés à qch
uninjured [ʌnˈɪndʒəd] ADJ indemne
uninspiring [ʌnɪnˈspaɪərɪŋ] ADJ peu inspirant(e)
uninstall [ˈʌnɪnstɔːl] VT (*Comput*) désinstaller
unintelligent [ʌnɪnˈtɛlɪdʒənt] ADJ inintelligent(e)
unintelligible [ʌnɪnˈtɛlɪdʒɪbl] ADJ inintelligible
unintended [ʌnɪnˈtɛndɪd] ADJ non désiré(e)
unintentional [ʌnɪnˈtɛnʃənəl] ADJ involontaire
unintentionally [ʌnɪnˈtɛnʃnəlɪ] ADV sans le vouloir
uninterrupted [ʌnɪntəˈrʌptɪd] ADJ (*continuous*) ininterrompu(e); (*clear*): **an ~ view of sth** une vue dégagée sur qch; **to continue ~** continuer sans interruption
uninvited [ʌnɪnˈvaɪtɪd] ADJ (*guest*) qui n'a pas été invité(e)
uninviting [ʌnɪnˈvaɪtɪŋ] ADJ (*place*) peu attirant(e); (*food*) peu appétissant(e)
union [ˈjuːnjən] N union *f*; (*also:* **trade union**) syndicat *m* ▸ CPD du syndicat, syndical(e)
unionism [ˈjuːnjənɪzəm] N (*Pol*) unionisme *m*; (*also:* **trade unionism**) syndicalisme *m*
unionize [ˈjuːnjənaɪz] VT syndiquer
Union Jack N *drapeau du Royaume-Uni*
Union of Soviet Socialist Republics N (*formerly*) Union *f* des républiques socialistes soviétiques
union shop N *entreprise où tous les travailleurs doivent être syndiqués*
unique [juːˈniːk] ADJ unique
uniquely [juːˈniːklɪ] ADV (*exclusively*) uniquement; **~ among** cas unique parmi, à la différence des autres; **to be ~ qualified to do sth** être le (la) mieux apte à faire qch
uniqueness [juːˈniːknɪs] N singularité *f*
unisex [ˈjuːnɪsɛks] ADJ unisexe
Unison [ˈjuːnɪsn] N (*trade union*) *grand syndicat des services publics en Grande-Bretagne*
unison [ˈjuːnɪsn] N: **in ~** à l'unisson, en chœur
unit [ˈjuːnɪt] N unité *f*; (*section: of furniture etc*) élément *m*, bloc *m*; (*team, squad*) groupe *m*, service *m*; **production ~** atelier *m* de fabrication; **kitchen ~** élément de cuisine; **sink ~** bloc-évier *m*
unit cost N coût *m* unitaire
unite [juːˈnaɪt] VT unir ▸ VI s'unir
united [juːˈnaɪtɪd] ADJ uni(e); (*country, party*) unifié(e); (*efforts*) conjugué(e)
United Arab Emirates NPL Émirats Arabes Unis
★**United Kingdom** N Royaume-Uni *m*
United Nations (Organization) N (Organisation *f* des) Nations unies
★**United States (of America)** N États-Unis *mpl*
unit price N prix *m* unitaire
unit trust N (BRIT *Comm*) fonds commun de placement, FCP *m*
unity [ˈjuːnɪtɪ] N unité *f*

U

Univ. ABBR = **university**
universal [ju:nɪ'və:sl] ADJ universel(le)
universally [ju:ni'və:səlɪ] ADV (*by everyone*) universellement, par tous; (*everywhere*) partout; (*always*) toujours
★**universe** ['ju:nɪvə:s] N univers *m*
★**university** [ju:nɪ'və:sɪtɪ] N université *f* ▸ CPD (*student, professor*) d'université; (*education, year, degree*) universitaire
unjust [ʌn'dʒʌst] ADJ injuste
unjustifiable ['ʌndʒʌstɪ'faɪəbl] ADJ injustifiable
unjustified [ʌn'dʒʌstɪfaɪd] ADJ injustifié(e); (*text*) non justifié(e)
unkempt [ʌn'kɛmpt] ADJ mal tenu(e), débraillé(e); mal peigné(e)
unkind [ʌn'kaɪnd] ADJ peu gentil(le), méchant(e)
unkindly [ʌn'kaɪndlɪ] ADV (*treat, speak*) avec méchanceté
unknown [ʌn'nəun] ADJ inconnu(e); **~ to me** sans que je le sache; **~ quantity** (*Math, fig*) inconnue *f*
unladen [ʌn'leɪdn] ADJ (*ship, weight*) à vide
unlawful [ʌn'lɔ:ful] ADJ illégal(e)
unlawfully [ʌn'lɔ:fulɪ] ADV illégalement
unleaded [ʌn'lɛdɪd] N (*also:* **unleaded petrol**) essence *f* sans plomb
unleash [ʌn'li:ʃ] VT détacher; (*fig*) déchaîner, déclencher
unleavened [ʌn'lɛvnd] ADJ sans levain
★**unless** [ʌn'lɛs] CONJ: **~ he leaves** à moins qu'il (ne) parte; **~ we leave** à moins de partir, à moins que nous (ne) partions; **~ otherwise stated** sauf indication contraire; **~ I am mistaken** si je ne me trompe
unlicensed [ʌn'laɪsnst] ADJ (BRIT) non patenté(e) pour la vente des spiritueux
unlike [ʌn'laɪk] ADJ dissemblable, différent(e) ▸ PREP à la différence de, contrairement à
unlikelihood [ʌn'laɪklɪhud] ADJ improbabilité *f*
★**unlikely** [ʌn'laɪklɪ] ADJ (*result, event*) improbable; (*explanation*) invraisemblable
unlimited [ʌn'lɪmɪtɪd] ADJ illimité(e)
unlisted ['ʌn'lɪstɪd] ADJ (*US Tel*) sur la liste rouge; (*Stock Exchange*) non coté(e) en Bourse
unlit [ʌn'lɪt] ADJ (*room*) non éclairé(e)
unload [ʌn'ləud] VT décharger
unlock [ʌn'lɔk] VT ouvrir
unloved [ʌn'lʌvd] ADJ mal aimé(e); **to feel ~** ne pas se sentir aimé(e)
★**unlucky** [ʌn'lʌkɪ] ADJ (*person*) malchanceux(-euse); (*object, number*) qui porte malheur; **to be ~** (*person*) ne pas avoir de chance
unmade [ʌn'meɪd] ADJ (*bed*) défait(e)
unmanageable [ʌn'mænɪdʒəbl] ADJ (*unwieldy: tool, vehicle*) peu maniable; (*: situation*) inextricable
unmanned [ʌn'mænd] ADJ sans équipage
unmannerly [ʌn'mænəlɪ] ADJ mal élevé(e), impoli(e)
unmarked [ʌn'mɑ:kt] ADJ (*unstained*) sans marque; **~ police car** voiture de police banalisée
unmarried [ʌn'mærɪd] ADJ célibataire
unmask [ʌn'mɑ:sk] VT démasquer
unmatched [ʌn'mætʃt] ADJ sans égal(e)
unmentionable [ʌn'mɛnʃnəbl] ADJ (*topic*) dont on ne parle pas; (*word*) qui ne se dit pas
unmerciful [ʌn'mə:sɪful] ADJ sans pitié
unmistakable, unmistakeable [ʌnmɪs'teɪkəbl] ADJ (*voice, sound, smell*) caractéristique, reconnaissable entre tous (toutes)
unmistakably, unmistakeably [ʌnmɪs'teɪkəblɪ] ADV de toute évidence
unmitigated [ʌn'mɪtɪgeɪtɪd] ADJ non mitigé(e), absolu(e), pur(e)
unmoved [ʌn'mu:vd] ADJ impassible; **to remain ~ by sth** rester de marbre face à qch
unnamed [ʌn'neɪmd] ADJ (*nameless*) sans nom; (*anonymous*) anonyme
unnatural [ʌn'nætʃrəl] ADJ non naturel(le); (*perversion*) contre nature
unnecessarily [ʌnnɛsə'sɛrɪlɪ] ADV inutilement
unnecessary [ʌn'nɛsəsərɪ] ADJ inutile, superflu(e)
unnerve [ʌn'nə:v] VT faire perdre son sang-froid à
unnerving [ʌn'nə:vɪŋ] ADJ (*experience*) troublant(e); (*habit*) déconcertant(e)
unnoticed [ʌn'nəutɪst] ADJ inaperçu(e); **to go ~** passer inaperçu
UNO ['ju:nəu] N ABBR = **United Nations Organization**
unobservant [ʌnəb'zə:vnt] ADJ pas observateur(-trice)
unobtainable [ʌnəb'teɪnəbl] ADJ (*Tel*) impossible à obtenir
unobtrusive [ʌnəb'tru:siv] ADJ discret(-ète)
unoccupied [ʌn'ɔkjupaɪd] ADJ (*seat, table, Mil*) libre; (*house*) inoccupé(e)
unofficial [ʌnə'fɪʃl] ADJ (*news*) officieux(-euse), non officiel(le); (*strike*) ≈ sauvage
unopened [ʌn'əupənd] ADJ (*bottle, envelope*) non ouvert(e); **she put the letters aside ~** elle mit les lettres de côté sans les ouvrir
unopposed [ʌnə'pəuzd] ADJ sans opposition
unorthodox [ʌn'ɔ:θədɔks] ADJ peu orthodoxe
unpack [ʌn'pæk] VI défaire sa valise, déballer ses affaires ▸ VT (*suitcase*) défaire; (*belongings*) déballer
unpaid [ʌn'peɪd] ADJ (*bill*) impayé(e); (*holiday*) non-payé(e), sans salaire; (*work*) non rétribué(e); (*worker*) bénévole
unpalatable [ʌn'pælətəbl] ADJ (*truth*) désagréable (à entendre)
unparalleled [ʌn'pærəlɛld] ADJ incomparable, sans égal
unpardonable [ʌn'pɑ:dənəbl] ADJ impardonnable
unpatriotic ['ʌnpætrɪ'ɔtɪk] ADJ (*person*) manquant de patriotisme; (*speech, attitude*) antipatriotique
unpick [ʌn'pɪk] VT (*seam*) défaire; (*fig: argument*) démêler
unplanned [ʌn'plænd] ADJ (*visit*) imprévu(e); (*baby*) non prévu(e)
unpleasant [ʌn'plɛznt] ADJ déplaisant(e), désagréable

unplug [ʌn'plʌg] VT débrancher
unpolluted [ʌnpə'lu:tɪd] ADJ non pollué(e)
unpopular [ʌn'pɔpjulər] ADJ impopulaire; **to make o.s. ~ (with)** se rendre impopulaire (auprès de)
unprecedented [ʌn'prɛsɪdɛntɪd] ADJ sans précédent
unpredictable [ʌnprɪ'dɪktəbl] ADJ imprévisible
unprejudiced [ʌn'prɛdʒudɪst] ADJ (*not biased*) impartial(e); (*having no prejudices*) qui n'a pas de préjugés
unprepared [ʌnprɪ'pɛəd] ADJ (*person*) qui n'est pas suffisamment préparé(e); (*speech*) improvisé(e)
unprepossessing ['ʌnpri:pə'zɛsɪŋ] ADJ peu avenant(e)
unpretentious [ʌnprɪ'tɛnʃəs] ADJ sans prétention(s)
unprincipled [ʌn'prɪnsɪpld] ADJ sans principes
unproductive [ʌnprə'dʌktɪv] ADJ improductif(-ive); (*discussion*) stérile
unprofessional [ʌnprə'fɛʃənl] ADJ (*conduct*) contraire à la déontologie
unprofitable [ʌn'prɔfɪtəbl] ADJ non rentable
unprotected ['ʌnprə'tɛktɪd] ADJ (*sex*) non protégé(e)
unproven [ʌn'pru:vən, ʌn'prəuvən], **unproved** [ʌn'pru:vd] ADJ non prouvé(e)
unprovoked [ʌnprə'vəukt] ADJ (*attack*) sans provocation
unpublished [ʌn'pʌblɪʃt] ADJ (*book, letter*) inédit(e), non publié(e); (*report*) non publié(e)
unpunished [ʌn'pʌnɪʃt] ADJ impuni(e); **to go ~** rester impuni
unqualified [ʌn'kwɔlɪfaɪd] ADJ (*teacher*) non diplômé(e), sans titres; (*success*) sans réserve, total(e); (*disaster*) total(e)
unquestionably [ʌn'kwɛstʃənəblɪ] ADV incontestablement
unquestioning [ʌn'kwɛstʃənɪŋ] ADJ (*obedience, acceptance*) inconditionnel(le)
unravel [ʌn'rævl] VT démêler
unreal [ʌn'rɪəl] ADJ irréel(le); (*extraordinary*) incroyable
unrealistic ['ʌnrɪə'lɪstɪk] ADJ (*idea*) irréaliste; (*estimate*) peu réaliste
unreasonable [ʌn'ri:znəbl] ADJ qui n'est pas raisonnable; **to make ~ demands on sb** exiger trop de qn
unrecognizable [ʌn'rɛkəgnaɪzəbl] ADJ pas reconnaissable
unrecognized [ʌn'rɛkəgnaɪzd] ADJ (*talent, genius*) méconnu(e); (*Pol: régime*) non reconnu(e)
unrecorded [ʌnrɪ'kɔ:dɪd] ADJ non enregistré(e)
unrefined [ʌnrɪ'faɪnd] ADJ (*sugar, petroleum*) non raffiné(e)
unrehearsed [ʌnrɪ'hə:st] ADJ (*Theat etc*) qui n'a pas été répété(e); (*spontaneous*) spontané(e)
unrelated [ʌnrɪ'leɪtɪd] ADJ sans rapport; (*people*) sans lien de parenté
unrelenting [ʌnrɪ'lɛntɪŋ] ADJ implacable; acharné(e)
unreliable [ʌnrɪ'laɪəbl] ADJ sur qui (*or* quoi) on ne peut pas compter, peu fiable
unrelieved [ʌnrɪ'li:vd] ADJ (*monotony*) constant(e), uniforme
unremarkable [ʌnrɪ'mɑ:kəbl] ADJ quelconque
unremitting [ʌnrɪ'mɪtɪŋ] ADJ inlassable, infatigable, acharné(e)
unrepeatable [ʌnrɪ'pi:təbl] ADJ (*offer*) unique, exceptionnel(le)
unrepentant [ʌnrɪ'pɛntənt] ADJ impénitent(e)
unrepresentative ['ʌnrɛprɪ'zɛntətɪv] ADJ: **~ (of)** peu représentatif(-ive) (de)
unreserved [ʌnrɪ'zə:vd] ADJ (*seat*) non réservé(e); (*approval, admiration*) sans réserve
unreservedly [ʌnrɪ'zə:vɪdlɪ] ADV sans réserve
unresponsive [ʌnrɪs'pɔnsɪv] ADJ insensible
unrest [ʌn'rɛst] N agitation *f*, troubles *mpl*
unrestricted [ʌnrɪ'strɪktɪd] ADJ illimité(e); **to have ~ access to** avoir librement accès *or* accès en tout temps à
unrewarded [ʌnrɪ'wɔ:dɪd] ADJ pas récompensé(e)
unripe [ʌn'raɪp] ADJ pas mûr(e)
unrivalled, (*US*) **unrivaled** [ʌn'raɪvəld] ADJ sans égal, incomparable
unroll [ʌn'rəul] VT dérouler
unruffled [ʌn'rʌfld] ADJ (*person*) imperturbable; (*hair*) qui n'est pas ébouriffé(e)
unruly [ʌn'ru:lɪ] ADJ indiscipliné(e)
unsafe [ʌn'seɪf] ADJ (*in danger*) en danger; (*journey, car*) dangereux(-euse); (*method*) hasardeux(-euse); **~ to drink/eat** non potable/comestible
unsaid [ʌn'sɛd] ADJ: **to leave sth ~** passer qch sous silence
unsaleable, (*US*) **unsalable** [ʌn'seɪləbl] ADJ invendable
unsatisfactory ['ʌnsætɪs'fæktərɪ] ADJ peu satisfaisant(e), qui laisse à désirer
unsavoury, (*US*) **unsavory** [ʌn'seɪvərɪ] ADJ (*fig*) peu recommandable, répugnant(e)
unscathed [ʌn'skeɪðd] ADJ indemne
unscheduled [ʌn'ʃɛdju:ld] ADJ non prévu(e)
unscientific ['ʌnsaɪən'tɪfɪk] ADJ non scientifique
unscrew [ʌn'skru:] VT dévisser
unscrupulous [ʌn'skru:pjuləs] ADJ sans scrupules
unseat [ʌn'si:t] VT (*rider*) désarçonner; (*fig: official*) faire perdre son siège à
unsecured ['ʌnsɪ'kjuəd] ADJ: **~ creditor** créancier(-ière) sans garantie
unseeded [ʌn'si:dɪd] ADJ (*Sport*) non classé(e)
unseemly [ʌn'si:mlɪ] ADJ inconvenant(e)
unseen [ʌn'si:n] ADJ (*person*) invisible; (*danger*) imprévu(e)
unselfish [ʌn'sɛlfɪʃ] ADJ désintéressé(e)
unsettled [ʌn'sɛtld] ADJ (*restless*) perturbé(e); (*unpredictable*) instable; incertain(e); (*not finalized*) non résolu(e)
unsettling [ʌn'sɛtlɪŋ] ADJ qui a un effet perturbateur
unshakable, unshakeable [ʌn'ʃeɪkəbl] ADJ inébranlable

U

unshaven [ʌn'ʃeɪvn] ADJ non *or* mal rasé(e)
unsightly [ʌn'saɪtlɪ] ADJ disgracieux(-euse), laid(e)
unsigned [ʌn'saɪnd] ADJ (*document, cheque*) non signé(e)
unskilled [ʌn'skɪld] ADJ: **~ worker** manœuvre *m*
unsociable [ʌn'səuʃəbl] ADJ (*person*) peu sociable; (*behaviour*) qui manque de sociabilité
unsocial [ʌn'səuʃl] ADJ (*hours*) en dehors de l'horaire normal
unsold [ʌn'səuld] ADJ invendu(e), non vendu(e)
unsolicited [ʌnsə'lɪsɪtɪd] ADJ non sollicité(e)
unsolved [ʌn'sɔlvd] ADJ non résolu(e); **the murder remains ~** le meurtre n'a toujours pas été résolu
unsophisticated [ʌnsə'fɪstɪkeɪtɪd] ADJ simple, naturel(le)
unsound [ʌn'saund] ADJ (*health*) chancelant(e); (*floor, foundations*) peu solide; (*policy, advice*) peu judicieux(-euse)
unspeakable [ʌn'spi:kəbl] ADJ indicible; (*awful*) innommable
unspoiled ['ʌn'spɔɪld], **unspoilt** ['ʌn'spɔɪlt] ADJ (*place*) non dégradé(e)
unspoken [ʌn'spəukn] ADJ (*word*) qui n'est pas prononcé(e); (*agreement, approval*) tacite
unstable [ʌn'steɪbl] ADJ instable
unsteady [ʌn'stɛdɪ] ADJ mal assuré(e), chancelant(e), instable
unstinting [ʌn'stɪntɪŋ] ADJ (*support*) total(e), sans réserve; (*generosity*) sans limites
unstoppable [ʌn'stɔpəbl] ADJ qu'on ne peut pas arrêter
unstuck [ʌn'stʌk] ADJ: **to come ~** se décoller; (*fig*) faire fiasco
unsubstantiated ['ʌnsəb'stænʃɪeɪtɪd] ADJ (*rumour*) qui n'est pas confirmé(e); (*accusation*) sans preuve
unsuccessful [ʌnsək'sɛsful] ADJ (*attempt*) infructueux(-euse); (*writer, proposal*) qui n'a pas de succès; (*marriage*) malheureux(-euse), qui ne réussit pas; **to be ~** (*in attempting sth*) ne pas réussir; ne pas avoir de succès; (*application*) ne pas être retenu(e)
unsuccessfully [ʌnsək'sɛsfəlɪ] ADV en vain
unsuitable [ʌn'su:təbl] ADJ qui ne convient pas, peu approprié(e); (*time*) inopportun(e)
unsuited [ʌn'su:tɪd] ADJ: **to be ~ for** *or* **to** être inapte *or* impropre à
unsung ['ʌnsʌŋ] ADJ: **an ~ hero** un héros méconnu
unsupported [ʌnsə'pɔ:tɪd] ADJ (*claim*) non soutenu(e); (*theory*) qui n'est pas corroboré(e)
unsure [ʌn'ʃuər] ADJ pas sûr(e); **to be ~ of o.s.** ne pas être sûr de soi, manquer de confiance en soi
unsuspecting [ʌnsə'spɛktɪŋ] ADJ qui ne se méfie pas
unsweetened [ʌn'swi:tnd] ADJ non sucré(e)
unswerving [ʌn'swə:vɪŋ] ADJ inébranlable
unsympathetic ['ʌnsɪmpə'θɛtɪk] ADJ hostile; (*unpleasant*) antipathique; **~ to** indifférent(e) à
untangle [ʌn'tæŋgl] VT démêler, débrouiller
untapped [ʌn'tæpt] ADJ (*resources*) inexploité(e)
untaxed [ʌn'tækst] ADJ (*goods*) non taxé(e); (*income*) non imposé(e)
unthinkable [ʌn'θɪŋkəbl] ADJ impensable, inconcevable
unthinkingly [ʌn'θɪŋkɪŋlɪ] ADV sans réfléchir
untidy [ʌn'taɪdɪ] ADJ (*room*) en désordre; (*appearance, person*) débraillé(e); (*person: in character*) sans ordre, désordonné; débraillé; (*work*) peu soigné(e)
untie [ʌn'taɪ] VT (*knot, parcel*) défaire; (*prisoner, dog*) détacher
★**until** [ən'tɪl] PREP jusqu'à; (*after negative*) avant; **~ now** jusqu'à présent, jusqu'ici; **~ then** jusque-là; **from morning ~ night** du matin au soir *or* jusqu'au soir ▶ CONJ jusqu'à ce que + *sub*, en attendant que + *sub*; (*in past, after negative*) avant que + *sub*; **~ he comes** jusqu'à ce qu'il vienne, jusqu'à son arrivée
untimely [ʌn'taɪmlɪ] ADJ inopportun(e); (*death*) prématuré(e)
untold [ʌn'təuld] ADJ incalculable; indescriptible
untouched [ʌn'tʌtʃt] ADJ (*not used etc*) tel(le) quel(le), intact(e); (*safe: person*) indemne; (*unaffected*): **~ by** indifférent(e) à
untoward [ʌntə'wɔ:d] ADJ fâcheux(-euse), malencontreux(-euse)
untrained ['ʌn'treɪnd] ADJ (*worker*) sans formation; (*troops*) sans entraînement; **to the ~ eye** à l'œil non exercé
untrammelled [ʌn'træmld] ADJ sans entraves
untranslatable [ʌntrænz'leɪtəbl] ADJ intraduisible
untrue [ʌn'tru:] ADJ (*statement*) faux (fausse)
untrustworthy [ʌn'trʌstwə:ðɪ] ADJ (*person*) pas digne de confiance, peu sûr(e)
unusable [ʌn'ju:zəbl] ADJ inutilisable
unused[1] [ʌn'ju:zd] ADJ (*new*) neuf (neuve)
unused[2] [ʌn'ju:st] ADJ: **to be ~ to sth/to doing sth** ne pas avoir l'habitude de qch/de faire qch
★**unusual** [ʌn'ju:ʒuəl] ADJ insolite, exceptionnel(le), rare
unusually [ʌn'ju:ʒuəlɪ] ADV exceptionnellement, particulièrement
unveil [ʌn'veɪl] VT dévoiler
unwanted [ʌn'wɔntɪd] ADJ (*child, pregnancy*) non désiré(e); (*clothes etc*) à donner
unwarranted [ʌn'wɔrəntɪd] ADJ injustifié(e)
unwary [ʌn'wɛərɪ] ADJ imprudent(e)
unwavering [ʌn'weɪvərɪŋ] ADJ inébranlable
unwelcome [ʌn'wɛlkəm] ADJ importun(e); **to feel ~** se sentir de trop
unwell [ʌn'wɛl] ADJ indisposé(e), souffrant(e); **to feel ~** ne pas se sentir bien
unwieldy [ʌn'wi:ldɪ] ADJ difficile à manier
unwilling [ʌn'wɪlɪŋ] ADJ: **to be ~ to do** ne pas vouloir faire
unwillingly [ʌn'wɪlɪŋlɪ] ADV à contrecœur, contre son gré
unwind [ʌn'waɪnd] VT (*irreg: like* **wind**[2]) dérouler ▶ VI (*relax*) se détendre
unwise [ʌn'waɪz] ADJ imprudent(e), peu judicieux(-euse)

unwitting [ʌn'wɪtɪŋ] ADJ involontaire
unwittingly [ʌn'wɪtɪŋlɪ] ADV involontairement
unworkable [ʌn'wə:kəbl] ADJ (*plan etc*) inexploitable
unworthy [ʌn'wə:ðɪ] ADJ indigne
unwrap [ʌn'ræp] VT défaire; ouvrir
unwritten [ʌn'rɪtn] ADJ (*agreement*) tacite
unzip [ʌn'zɪp] VT ouvrir (la fermeture éclair de); (*Comput*) dézipper

up [ʌp]

PREP: **he went up the stairs/the hill** il a monté l'escalier/la colline; **the cat was up a tree** le chat était dans un arbre; **they live further up the street** ils habitent plus haut dans la rue; **go up that road and turn left** remontez la rue et tournez à gauche
▶ VI (*inf*): **she upped and left** elle a fichu le camp sans plus attendre
▶ ADV **1** en haut; en l'air; (*upwards, higher*): **up in the sky/the mountains** (là-haut) dans le ciel/les montagnes; **put it a bit higher up** mettez-le un peu plus haut; **to stand up** (*get up*) se lever, se mettre debout; (*be standing*) être debout; **up there** là-haut; **up above** au-dessus; **"this side up"** « haut »
2: **to be up** (*out of bed*) être levé(e); (*prices*) avoir augmenté *or* monté; (*finished*): **when the year was up** à la fin de l'année; **time's up** c'est l'heure
3: **up to** (*as far as*) jusqu'à; **up to now** jusqu'à présent
4: **to be up to** (*depending on*): **it's up to you** c'est à vous de décider; (*equal to*): **he's not up to it** (*job, task etc*) il n'en est pas capable; (*inf: be doing*): **what is he up to?** qu'est-ce qu'il peut bien faire ?
5 (*phrases*): **he's well up in** *or* **on ...** (BRIT: *knowledgeable*) il s'y connaît en ...; **up with Leeds United!** vive Leeds United !; **what's up?** (*inf*) qu'est-ce qui ne va pas ?; **what's up with him?** (*inf*) qu'est-ce qui lui arrive ?
▶ N: **ups and downs** hauts et bas *mpl*

up-and-coming [ʌpənd'kʌmɪŋ] ADJ plein(e) d'avenir *or* de promesses
upbeat ['ʌpbi:t] N (*Mus*) levé *m*; (*in economy, prosperity*) amélioration *f* ▶ ADJ (*optimistic*) optimiste
upbraid [ʌp'breɪd] VT morigéner
upbringing ['ʌpbrɪŋɪŋ] N éducation *f*
upcoming ['ʌpkʌmɪŋ] ADJ tout(e) prochain(e)
upcycle ['ʌpsaɪkl] VT surcycler
update [ʌp'deɪt] VT mettre à jour
upend [ʌp'ɛnd] VT mettre debout
upfront [ʌp'frʌnt] ADJ (*open*) franc (franche); **to be ~ about sth** ne rien cacher de qch ▶ ADV (*pay*) d'avance
upgrade [ʌp'greɪd] VT (*person*) promouvoir; (*job*) revaloriser; (*property, equipment*) moderniser
upheaval [ʌp'hi:vl] N bouleversement *m*; (*in room*) branle-bas *m*; (*event*) crise *f*
uphill [ʌp'hɪl] ADJ qui monte; (*fig: task*) difficile, pénible ▶ ADV (*face, look*) en amont, vers l'amont; (*go, move*) vers le haut, en haut; **to go ~** monter
uphold [ʌp'həuld] VT (*irreg: like* **hold**) maintenir; soutenir
upholstery [ʌp'həulstərɪ] N rembourrage *m*; (*cover*) tissu *m* d'ameublement; (*of car*) garniture *f*
upkeep ['ʌpki:p] N entretien *m*
uplifting [ʌp'lɪftɪŋ] ADJ qui met de bonne humeur
upload [ʌp'ləud] VT (*Comput*) télécharger
upmarket [ʌp'mɑ:kɪt] ADJ (*product*) haut de gamme *inv*; (*area*) chic *inv*
upon [ə'pɔn] PREP sur
upper ['ʌpə^r] ADJ supérieur(e); du dessus ▶ N (*of shoe*) empeigne *f*
upper class N: **the ~** la haute société
upper-class [ʌpə'klɑ:s] ADJ de la haute société, aristocratique; (*district*) élégant(e), huppé(e); (*accent, attitude*) caractéristique des classes supérieures
uppercut ['ʌpəkʌt] N uppercut *m*
upper hand N: **to have the ~** avoir le dessus
Upper House N: **the ~** (*in Britain*) la Chambre des Lords, la Chambre haute; (*in France, in the US etc*) le Sénat
uppermost ['ʌpəməust] ADJ le (la) plus haut(e), en dessus; **it was ~ in my mind** j'y pensais avant tout autre chose
upper sixth N terminale *f*
Upper Volta [-'vɔltə] N Haute Volta
upright ['ʌpraɪt] ADJ droit(e); (*fig*) droit, honnête ▶ N montant *m*
uprising ['ʌpraɪzɪŋ] N soulèvement *m*, insurrection *f*
uproar ['ʌprɔ:^r] N tumulte *m*, vacarme *m*; (*protests*) protestations *fpl*
uproarious [ʌp'rɔ:rɪəs] ADJ (*event etc*) désopilant(e); **~ laughter** un brouhaha de rires
uproot [ʌp'ru:t] VT déraciner
★**upset** N ['ʌpsɛt] dérangement *m*; **to have a stomach ~** (BRIT) avoir une indigestion ▶ VT [ʌp'sɛt] (*irreg: like* **set**) (*glass etc*) renverser; (*plan*) déranger; (*person: offend*) contrarier; (*: grieve*) faire de la peine à; bouleverser ▶ ADJ [ʌp'sɛt] contrarié(e); peiné(e); (*stomach*) détraqué(e), dérangé(e); **to get ~** (*sad*) devenir triste; (*offended*) se vexer
upset price N (*US, Scottish*) mise *f* à prix, prix *m* de départ
upsetting [ʌp'sɛtɪŋ] ADJ (*offending*) vexant(e); (*annoying*) ennuyeux(-euse)
upshot ['ʌpʃɔt] N résultat *m*; **the ~ of it all was that ...** il a résulté de tout cela que ...
upside down ['ʌpsaɪd-] ADV à l'envers; **to turn sth ~** (*fig: place*) mettre sens dessus dessous
upstage ['ʌp'steɪdʒ] VT: **to ~ sb** souffler la vedette à qn
upstairs [ʌp'stɛəz] ADV en haut ▶ ADJ (*room*) du dessus, d'en haut ▶ N: **the ~** l'étage *m*; **there's no ~** il n'y a pas d'étage
upstart ['ʌpstɑ:t] N parvenu(e)
upstream [ʌp'stri:m] ADV en amont
upsurge ['ʌpsə:dʒ] N (*of enthusiasm etc*) vague *f*
uptake ['ʌpteɪk] N: **he is quick/slow on the ~** il comprend vite/est lent à comprendre
uptight [ʌp'taɪt] ADJ (*inf*) très tendu(e), crispé(e)

U

★**up-to-date** ['ʌptə'deɪt] ADJ moderne; (*information*) très récent(e)

upturn ['ʌptə:n] N (*in economy*) reprise *f*

upturned ['ʌptə:nd] ADJ (*nose*) retroussé(e)

upward ['ʌpwəd] ADJ ascendant(e); vers le haut ▶ ADV = **upwards**

upwardly-mobile ['ʌpwədlɪ'məubaɪl] ADJ à mobilité sociale ascendante

upwards ['ʌpwədz] ADV vers le haut; (*more than*): **~ of** plus de; **and ~** et plus, et au-dessus

Ural Mountains ['juərəl-] NPL (*also:* **the Urals**): **the ~** les monts *mpl* Oural, l'Oural *m*

uranium [juə'reɪnɪəm] N uranium *m*

Uranus [juə'reɪnəs] N Uranus *f*

urban ['ə:bən] ADJ urbain(e)

urban clearway N (BRIT) rue *f* à stationnement interdit

urbane [ə:'beɪn] ADJ urbain(e), courtois(e)

urbanization [ə:bənaɪ'zeɪʃən] N urbanisation *f*

urchin ['ə:tʃɪn] N gosse *m*, garnement *m*

Urdu ['uədu:] N ourdou *m*

urge [ə:dʒ] N besoin (impératif), envie (pressante) ▶ VT (*caution etc*) recommander avec insistance; (*person*): **to ~ sb to do** exhorter qn à faire, pousser qn à faire, recommander vivement à qn de faire ▶ **urge on** VT pousser, presser

urgency ['ə:dʒənsɪ] N urgence *f*; (*of tone*) insistance *f*

★**urgent** ['ə:dʒənt] ADJ urgent(e); (*plea, tone*) pressant(e)

urgently ['ə:dʒəntlɪ] ADV d'urgence, de toute urgence; (*need*) sans délai

urinal ['juərɪnl] N (BRIT: *place*) urinoir *m*

urinary ['juərɪnərɪ] ADJ urinaire

urinate ['juərɪneɪt] VI uriner

urine ['juərɪn] N urine *f*

URL ABBR (= *uniform resource locator*) URL *f*

urn [ə:n] N urne *f*; (*also:* **tea urn**) fontaine *f* à thé

Uruguay ['juərəgwaɪ] N Uruguay *m*

Uruguayan [juərə'gwaɪən] ADJ uruguayen(ne) ▶ N Uruguayen(ne)

★**US** N ABBR = **United States**

★**us** [ʌs] PRON nous; *see also* **me**

★**USA** N ABBR = **United States of America**; (*Mil*) = **United States Army**

usable ['ju:zəbl] ADJ utilisable

USAF N ABBR = **United States Air Force**

usage ['ju:zɪdʒ] N usage *m*

USB stick N clé *f* USB

USCG N ABBR = **United States Coast Guard**

USDA N ABBR = **United States Department of Agriculture**

USDAW ['ʌzdɔ:] N ABBR (BRIT: = *Union of Shop, Distributive and Allied Workers*) *syndicat du commerce de détail et de la distribution*

USDI N ABBR = **United States Department of the Interior**

★**use** N [ju:s] emploi *m*, utilisation *f*; usage *m*; (*usefulness*) utilité *f*; **in ~** en usage; **out of ~** hors d'usage; **to be of ~** servir, être utile; **to make ~ of sth** utiliser qch; **ready for ~** prêt à l'emploi; **it's no ~** ça ne sert à rien; **to have the ~ of** avoir l'usage de ▶ AUX VB [ju:s] (*in past only*): **she used to do it** elle le faisait (autrefois), elle avait coutume de le faire; **I used not to** *or* **I didn't ~ to worry so much** je ne m'inquiétais pas autant avant ▶ VT [ju:z] (*utilize*) se servir de, utiliser, employer; **what's this used for?** à quoi est-ce que ça sert ?
▶ **use up** VT [ju:z-] finir, épuiser; (*food*) consommer

> Translate *use* as in *make use of* by **utiliser**. *You can use my dictionary.* **Tu peux utiliser mon dictionnaire**. The verb **user** means *to wear out*.

used[1] [ju:zd] ADJ (*car*) d'occasion

used[2] [ju:st] ADJ: **to be ~ to** avoir l'habitude de, être habitué(e) à; **to get ~ to** s'habituer à ▶ AUX VB *see* **use**

★**useful** ['ju:sful] ADJ utile; **to come in ~** être utile

usefully ['ju:sfulɪ] ADV utilement

usefulness ['ju:sfəlnɪs] N utilité *f*

★**useless** ['ju:slɪs] ADJ inutile; (*inf: person*) nul(le)

★**user** ['ju:zə^r] N utilisateur(-trice), usager *m*

user-friendly ['ju:zə'frɛndlɪ] ADJ convivial(e), facile d'emploi

username ['ju:zəneɪm] N (*Comput*) nom *m* d'utilisateur

USES N ABBR = **United States Employment Service**

usher ['ʌʃə^r] N placeur *m* ▶ VT: **to ~ sb in** faire entrer qn

usherette [ʌʃə'rɛt] N (*in cinema*) ouvreuse *f*

USM N ABBR = **United States Mail**; **United States Mint**

USN N ABBR = **United States Navy**

USP N ABBR = **unique selling proposition**

USPHS N ABBR = **United States Public Health Service**

USPO N ABBR = **United States Post Office**

USS ABBR = **United States Ship**; **United States Steamer**

USSR N ABBR = **Union of Soviet Socialist Republics**

usu. ABBR = **usually**

★**usual** ['ju:ʒuəl] ADJ habituel(le); **as ~** comme d'habitude

★**usually** ['ju:ʒuəlɪ] ADV d'habitude, d'ordinaire

usurer ['ju:ʒərə^r] N usurier(-ière)

usurp [ju:'zə:p] VT usurper

UT ABBR (US) = **Utah**

ute [ju:t] N (AUSTRALIA, NEW ZEALAND) pick-up *m inv*

utensil [ju:'tɛnsl] N ustensile *m*; **kitchen utensils** batterie *f* de cuisine

uterus ['ju:tərəs] N utérus *m*

utilitarian [ju:tɪlɪ'tɛərɪən] ADJ utilitaire

utility [ju:'tɪlɪtɪ] N utilité *f*; (*also:* **public utility**) service public

utility room N buanderie *f*

utilization [ju:tɪlaɪ'zeɪʃən] N utilisation *f*

utilize ['ju:tɪlaɪz] VT utiliser; (*make good use of*) exploiter

utmost ['ʌtməust] ADJ extrême, le (la) plus

grand(e); **of the ~ importance** d'une importance capitale, de la plus haute importance ▸ N: **to do one's ~** faire tout son possible

utopia [juːˈtəupiə] N utopie *f*

utter [ˈʌtəʳ] ADJ total(e), complet(-ète) ▸ VT prononcer, proférer; (*sounds*) émettre

utterance [ˈʌtrns] N paroles *fpl*

utterly [ˈʌtəlɪ] ADV complètement, totalement

U-turn [ˈjuːˈtəːn] N demi-tour *m*; (*fig*) volte-face *f inv*

UV ADJ (= *ultraviolet*) ultraviolet *m*

Uzbekistan [ʌzbɛkɪˈstɑːn] N Ouzbékistan *m*

u

Vv

V, v [viː] N (*letter*) V, v *m*; **V for Victor** V comme Victor

v. ABBR = **verse**; (= *vide*) v.; (= *versus*) vs; (= *volt*) V

VA, Va. ABBR (*US*) = **Virginia**

vac [væk] N ABBR (*BRIT inf*) = **vacation**

vacancy [ˈveɪkənsɪ] N (*job*) poste vacant; (*room*) chambre *f* disponible; **"no vacancies"** « complet »

vacant [ˈveɪkənt] ADJ (*post*) vacant(e); (*seat etc*) libre, disponible; (*expression*) distrait(e)

vacant lot N terrain inoccupé; (*for sale*) terrain à vendre

vacate [vəˈkeɪt] VT quitter

vacation [vəˈkeɪʃən] N (*esp US*) vacances *fpl*; **to take a ~** prendre des vacances; **on ~** en vacances

vacation course N cours *mpl* de vacances

vacationer [vəˈkeɪʃənəʳ], (*US*) **vacationist** [vəˈkeɪʃənɪst] N vacancier(-ière)

vaccinate [ˈvæksɪneɪt] VT vacciner

vaccination [væksɪˈneɪʃən] N vaccination *f*

vaccine [ˈvæksiːn] N vaccin *m*

vacuous [ˈvækjuəs] ADJ inepte

vacuum [ˈvækjum] N vide *m*

vacuum bottle N (*US*) = **vacuum flask**

vacuum cleaner N aspirateur *m*

vacuum flask N (*BRIT*) bouteille *f* thermos®

vacuum-packed [ˈvækjumpækt] ADJ emballé(e) sous vide

vagabond [ˈvægəbɔnd] N vagabond(e); (*tramp*) chemineau *m*, clochard(e)

vagary [ˈveɪgərɪ] N caprice *m*

vagina [vəˈdʒaɪnə] N vagin *m*

vaginal [vəˈdʒaɪnl] ADJ vaginal(e)

vagrancy [ˈveɪgrənsɪ] N vagabondage *m*

vagrant [ˈveɪgrənt] N vagabond(e), mendiant(e)

vague [veɪg] ADJ vague, imprécis(e); (*blurred: photo, memory*) flou(e); **I haven't the vaguest idea** je n'en ai pas la moindre idée

vaguely [ˈveɪglɪ] ADV vaguement

vain [veɪn] ADJ (*useless*) vain(e); (*conceited*) vaniteux(-euse); **in ~** en vain

valance [ˈvæləns] N (*of bed*) tour *m* de lit

valedictory [vælɪˈdɪktərɪ] ADJ d'adieu

valentine [ˈvæləntaɪn] N (*also:* **valentine card**) carte *f* de la Saint-Valentin

Valentine's Day [ˈvæləntaɪnz-] N Saint-Valentin *f*

valet [ˈvælɪt] N valet *m* de chambre

valet parking [ˈvælɪ-] N parcage *m* par les soins du personnel (de l'hôtel *etc*)

valet service [ˈvælɪ-] N (*for clothes*) pressing *m*; (*for car*) nettoyage complet

valiant [ˈvælɪənt] ADJ vaillant(e), courageux(-euse)

valiantly [ˈvælɪəntlɪ] ADV vaillamment

valid [ˈvælɪd] ADJ (*document*) valide, valable; (*excuse*) valable

validate [ˈvælɪdeɪt] VT (*contract, document*) valider; (*argument, claim*) prouver la justesse de, confirmer

validation [vælɪˈdeɪʃən] N validation *f*

validity [vəˈlɪdɪtɪ] N validité *f*

valise [vəˈliːz] N sac *m* de voyage

★**valley** [ˈvælɪ] N vallée *f*

valour, (*US*) **valor** [ˈvæləʳ] N courage *m*

★**valuable** [ˈvæljuəbl] ADJ (*jewel*) de grande valeur; (*time, help*) précieux(-euse)

valuables [ˈvæljuəblz] NPL objets *mpl* de valeur

valuation [væljuˈeɪʃən] N évaluation *f*, expertise *f*

★**value** [ˈvæljuː] N valeur *f*; **you get good ~ (for money) in that shop** vous en avez pour votre argent dans ce magasin; **to lose (in) ~** (*currency*) baisser; (*property*) se déprécier; **to gain (in) ~** (*currency*) monter; (*property*) prendre de la valeur; **to be of great ~ to sb** (*fig*) être très utile à qn ▸ VT (*fix price*) évaluer, expertiser; (*appreciate*) apprécier; (*cherish*) tenir à ■ **values** NPL (*principles*) valeurs *fpl*

value added tax [-ˈædɪd-] N (*BRIT*) taxe *f* à la valeur ajoutée

valued [ˈvæljuːd] ADJ (*appreciated*) estimé(e)

valuer [ˈvæljuəʳ] N expert *m* (en estimations)

valve [vælv] N (*in machine*) soupape *f*; (*on tyre*) valve *f*; (*in radio*) lampe *f*; (*Med*) valve, valvule *f*

vampire [ˈvæmpaɪəʳ] N vampire *m*

★**van** [væn] N (*Aut*) camionnette *f*; (*BRIT Rail*) fourgon *m*

V and A N ABBR (*BRIT*) = **Victoria and Albert Museum**

vandal [ˈvændl] N vandale *mf*

vandalism [ˈvændəlɪzəm] N vandalisme *m*

vandalize [ˈvændəlaɪz] VT saccager

vanguard [ˈvængɑːd] N avant-garde *m*

vanilla [vəˈnɪlə] N vanille *f* ▸ CPD (*ice cream*) à la vanille

vanish [ˈvænɪʃ] VI disparaître

vanity [ˈvænɪtɪ] N vanité *f*

vanity case N sac *m* de toilette

vantage ['vɑːntɪdʒ] N: **~ point** bonne position
Vanuatu ['vænuːætuː] N Vanuatu *m*
vape [veɪp] VT, VI vapoter
vaper ['veɪpəʳ] N vapoteur(-euse) *m/f*
vaping ['veɪpɪŋ] N vapotage *m*, vape *f*
vaporize ['veɪpəraɪz] VT vaporiser ▸VI se vaporiser
vapour, (*US*) **vapor** ['veɪpəʳ] N vapeur *f*; (*on window*) buée *f*
variable ['vɛərɪəbl] ADJ variable; (*mood*) changeant(e) ▸N variable *f*
variance ['vɛərɪəns] N: **to be at ~ (with)** être en désaccord (avec); (*facts*) être en contradiction (avec)
variant ['vɛərɪənt] N variante *f*
variation [vɛərɪ'eɪʃən] N variation *f*; (*in opinion*) changement *m*
varicose ['værɪkəus] ADJ: **~ veins** varices *fpl*
varied ['vɛərɪd] ADJ varié(e), divers(e)
★**variety** [və'raɪətɪ] N variété *f*; (*quantity*) nombre *m*, quantité *f*; **a wide ~ of ...** un grand nombre de ...; **for a ~ of reasons** pour diverses raisons
variety show N (spectacle *m* de) variétés *fpl*
★**various** ['vɛərɪəs] ADJ divers(e), différent(e); (*several*) divers, plusieurs; **at ~ times** (*different*) en diverses occasions; (*several*) à plusieurs reprises
varnish ['vɑːnɪʃ] N vernis *m*; (*for nails*) vernis (à ongles) ▸VT vernir; **to ~ one's nails** se vernir les ongles
vary ['vɛərɪ] VT, VI varier, changer; **to ~ with** *or* **according to** varier selon
varying ['vɛərɪɪŋ] ADJ variable
vase [vɑːz] N vase *m*
vasectomy [væ'sɛktəmɪ] N vasectomie *f*
Vaseline® ['væsɪliːn] N vaseline *f*
vast [vɑːst] ADJ vaste, immense; (*amount, success*) énorme
vastly ['vɑːstlɪ] ADV infiniment, extrêmement
vastness ['vɑːstnɪs] N immensité *f*
VAT [væt] N ABBR (BRIT: = *value added tax*) TVA *f*
vat [væt] N cuve *f*
Vatican ['vætɪkən] N: **the ~** le Vatican
vatman ['vætmæn] N (*irreg*) (BRIT *inf*) contrôleur *m* de la TVA
vaudeville ['vɔːdəvɪl, 'vəudəvɪl] N (*esp US*) vaudeville *m*
vault [vɔːlt] N (*of roof*) voûte *f*; (*tomb*) caveau *m*; (*in bank*) salle *f* des coffres; chambre forte; (*jump*) saut *m* ▸VT (*also*: **vault over**) sauter (d'un bond)
vaunted ['vɔːntɪd] ADJ: **much-vaunted** tant célébré(e)
VC N ABBR = **vice-chairman**; (BRIT: = *Victoria Cross*) *distinction militaire*
VCR N ABBR = **video cassette recorder**
VD N ABBR = **venereal disease**
VDU N ABBR = **visual display unit**
veal [viːl] N veau *m*
veer [vɪəʳ] VI tourner; (*car, ship*) virer
veg. [vɛdʒ] N ABBR (BRIT *inf*) = **vegetable**; **vegetables**
vegan ['viːgən] N végétalien(ne)
vegeburger ['vɛdʒɪbəːgəʳ] N burger végétarien
★**vegetable** ['vɛdʒtəbl] N légume *m* ▸ADJ végétal(e)
vegetable garden N (jardin *m*) potager *m*
★**vegetarian** [vɛdʒɪ'tɛərɪən] ADJ, N végétarien(ne); **do you have any ~ dishes?** avez-vous des plats végétariens ?
vegetate ['vɛdʒɪteɪt] VI végéter
vegetation [vɛdʒɪ'teɪʃən] N végétation *f*
vegetative ['vɛdʒɪtətɪv] ADJ (*lit*) végétal(e); (*fig*) végétatif(-ive)
veggieburger ['vɛdʒɪbəːgəʳ] N = **vegeburger**
vehemence ['viːɪməns] N véhémence *f*, violence *f*
vehement ['viːɪmənt] ADJ violent(e), impétueux(-euse); (*impassioned*) ardent(e)
★**vehicle** ['viːɪkl] N véhicule *m*
vehicular [vɪ'hɪkjuləʳ] ADJ: **"no ~ traffic"** « interdit à tout véhicule »
veil [veɪl] N voile *m*; **under a ~ of secrecy** (*fig*) dans le plus grand secret ▸VT voiler
veiled [veɪld] ADJ voilé(e)
vein [veɪn] N veine *f*; (*on leaf*) nervure *f*; (*fig: mood*) esprit *m*
Velcro® ['vɛlkrəu] N velcro® *m*
vellum ['vɛləm] N (*writing paper*) vélin *m*
velocity [vɪ'lɔsɪtɪ] N vitesse *f*, vélocité *f*
velour, velours [və'luəʳ] N velours *m*
velvet ['vɛlvɪt] N velours *m*
vendetta [vɛn'dɛtə] N vendetta *f*
vending machine ['vɛndɪŋ-] N distributeur *m* automatique
vendor ['vɛndəʳ] N vendeur(-euse); **street ~** marchand ambulant
veneer [və'nɪəʳ] N placage *m* de bois; (*fig*) vernis *m*
venerable ['vɛnərəbl] ADJ vénérable
venereal [vɪ'nɪərɪəl] ADJ: **~ disease** maladie vénérienne
Venetian blind [vɪ'niːʃən-] N store vénitien
Venezuela [vɛnɛ'zweɪlə] N Venezuela *m*
Venezuelan [vɛnɛ'zweɪlən] ADJ vénézuélien(ne) ▸N Vénézuélien(ne)
vengeance ['vɛndʒəns] N vengeance *f*; **with a ~** (*fig*) vraiment, pour de bon
vengeful ['vɛndʒful] ADJ vengeur(-geresse)
Venice ['vɛnɪs] N Venise
venison ['vɛnɪsn] N venaison *f*
venom ['vɛnəm] N venin *m*
venomous ['vɛnəməs] ADJ venimeux(-euse)
vent [vɛnt] N conduit *m* d'aération; (*in dress, jacket*) fente *f* ▸VT (*fig: one's feelings*) donner libre cours à
ventilate ['vɛntɪleɪt] VT (*room*) ventiler, aérer
ventilation [vɛntɪ'leɪʃən] N ventilation *f*, aération *f*
ventilation shaft N conduit *m* de ventilation *or* d'aération
ventilator ['vɛntɪleɪtəʳ] N ventilateur *m*
ventriloquist [vɛn'trɪləkwɪst] N ventriloque *mf*
venture ['vɛntʃəʳ] N entreprise *f*; **a business ~** une entreprise commerciale ▸VT risquer, hasarder; **to ~ to do sth** se risquer à faire qch ▸VI s'aventurer, se risquer

V

venture capital N capital-risque *m*
venue [ˈvɛnjuː] N lieu *m*; (*of conference etc*) lieu de la réunion (*or* manifestation *etc*); (*of match*) lieu de la rencontre
Venus [ˈviːnəs] N (*planet*) Vénus *f*
veracity [vəˈræsɪtɪ] N véracité *f*
veranda, verandah [vəˈrændə] N véranda *f*
verb [vəːb] N verbe *m*
verbal [ˈvəːbl] ADJ verbal(e); (*translation*) littéral(e)
verbalize [ˈvəːbəlaɪz] VT verbaliser
verbally [ˈvəːbəlɪ] ADV verbalement
verbatim [vəːˈbeɪtɪm] ADJ, ADV mot pour mot
verbose [vəːˈbəus] ADJ verbeux(-euse)
verdant [ˈvəːdənt] ADJ (*literary*) verdoyant(e)
★**verdict** [ˈvəːdɪkt] N verdict *m*; **~ of guilty/not guilty** verdict de culpabilité/de non-culpabilité
verge [vəːdʒ] N bord *m*; **"soft verges"** (BRIT) « accotements non stabilisés »; **on the ~ of doing** sur le point de faire
▸ **verge on** VT FUS approcher de
verger [ˈvəːdʒəʳ] N (*Rel*) bedeau *m*
verifiable [vɛrɪˈfaɪəbl] ADJ vérifiable
verification [vɛrɪfɪˈkeɪʃən] N vérification *f*
verify [ˈvɛrɪfaɪ] VT vérifier
veritable [ˈvɛrɪtəbl] ADJ véritable
vermin [ˈvəːmɪn] NPL animaux *mpl* nuisibles; (*insects*) vermine *f*
vermouth [ˈvəːməθ] N vermouth *m*
vernacular [vəˈnækjuləʳ] N langue *f* vernaculaire, dialecte *m*
verruca [vəˈruːkə] N (BRIT) verrue *f* plantaire
versatile [ˈvəːsətaɪl] ADJ polyvalent(e)
versatility [vəːsəˈtɪlɪtɪ] N polyvalence *f*
verse [vəːs] N vers *mpl*; (*stanza*) strophe *f*; (*in Bible*) verset *m*; **in ~** en vers
versed [vəːst] ADJ: **~ in sth** versé(e) en qch; **to be well ~ in sth** être (très) versé(e) en qch
version [ˈvəːʃən] N version *f*
versus [ˈvəːsəs] PREP contre
vertebra [ˈvəːtɪbrə] (*pl* **vertebrae** [-briː]) N vertèbre *f*
vertebrate [ˈvəːtɪbrɪt] N vertébré *m*
vertical [ˈvəːtɪkl] ADJ vertical(e) ▸ N verticale *f*
vertically [ˈvəːtɪklɪ] ADV verticalement
vertiginous [vəːˈtɪdʒɪnəs] ADJ (*literary*) vertigineux(-euse)
vertigo [ˈvəːtɪgəu] N vertige *m*; **to suffer from ~** avoir des vertiges
verve [vəːv] N brio *m*; enthousiasme *m*
★**very** [ˈvɛrɪ] ADV très; **~ well** très bien; **~ little** très peu; **~ much** beaucoup; **the ~ last** le tout dernier; **at the ~ least** au moins ▸ ADJ: **the ~ book which** le livre même que; **the ~ thought (of it) …** rien que d'y penser …; **at the ~ end** tout à la fin
vespers [ˈvɛspəz] NPL vêpres *fpl*
vessel [ˈvɛsl] N (*Anat, Naut*) vaisseau *m*; (*container*) récipient *m*; *see also* **blood vessel**
vest [vɛst] N (BRIT: *underwear*) tricot *m* de corps; (*US: waistcoat*) gilet *m* ▸ VT: **to ~ sb with sth, to ~ sth in sb** investir qn de qch
vested interest N: **to have a ~ in doing** avoir tout intérêt à faire ■ **vested interests** NPL (*Comm*) droits acquis
vestibule [ˈvɛstɪbjuːl] N vestibule *m*
vestige [ˈvɛstɪdʒ] N vestige *m*
vestry [ˈvɛstrɪ] N sacristie *f*
Vesuvius [vɪˈsuːvɪəs] N Vésuve *m*
vet [vɛt] N ABBR (BRIT: = *veterinary surgeon*) vétérinaire *mf*; (*US*: = *veteran*) ancien(ne) combattant(e) ▸ VT examiner minutieusement; (*text*) revoir; (*candidate*) se renseigner soigneusement sur, soumettre à une enquête approfondie
veteran [ˈvɛtərn] N vétéran *m*; (*also:* **war veteran**) ancien combattant ▸ ADJ: **she's a ~ campaigner for …** cela fait très longtemps qu'elle lutte pour …
veteran car N voiture *f* d'époque
veterinarian [vɛtrɪˈnɛərɪən] N (*US*) = **veterinary surgeon**
veterinary [ˈvɛtrɪnərɪ] ADJ vétérinaire
veterinary surgeon (BRIT) N vétérinaire *mf*
veto [ˈviːtəu] (*pl* **vetoes**) N veto *m*; **to put a ~ on** mettre (*or* opposer) son veto à ▸ VT opposer son veto à
vetting [ˈvɛtɪŋ] N: **positive ~** enquête *f* de sécurité
vex [vɛks] VT fâcher, contrarier
vexed [vɛkst] ADJ (*question*) controversé(e)
VFD N ABBR (*US*) = **voluntary fire department**
VG N ABBR (BRIT *Scol etc*: = *very good*) tb (= *très bien*)
VHF ABBR (= *very high frequency*) VHF
VI ABBR (*US*) = **Virgin Islands**
★**via** [ˈvaɪə, ˈviːə] PREP par, via
viability [vaɪəˈbɪlɪtɪ] N viabilité *f*
viable [ˈvaɪəbl] ADJ viable
viaduct [ˈvaɪədʌkt] N viaduc *m*
vial [ˈvaɪəl] N fiole *f*
vibes [vaɪbz] NPL (*inf*): **I get good/bad ~ about it** je le sens bien/ne le sens pas; **there are good/bad ~ between us** entre nous le courant passe bien/ne passe pas
vibrant [ˈvaɪbrənt] ADJ (*sound, colour*) vibrant(e)
vibraphone [ˈvaɪbrəfəun] N vibraphone *m*
vibrate [vaɪˈbreɪt] VI: **to ~ (with)** vibrer (de); (*resound*) retentir (de)
vibration [vaɪˈbreɪʃən] N vibration *f*
vibrator [vaɪˈbreɪtəʳ] N vibromasseur *m*
vicar [ˈvɪkəʳ] N pasteur *m* (*de l'Église anglicane*)
vicarage [ˈvɪkərɪdʒ] N presbytère *m*
vicarious [vɪˈkɛərɪəs] ADJ (*pleasure, experience*) par procuration
vicariously [vɪˈkɛərɪəslɪ] ADV par procuration
★**vice** [vaɪs] N (*evil*) vice *m*; (*Tech*) étau *m*
vice- [vaɪs] PREFIX vice-
vice-chairman [vaɪsˈtʃɛəmən] N (*irreg*) vice-président(e)
vice-chancellor [vaɪsˈtʃɑːnsələʳ] N (BRIT) ≈ président(e) d'université
vice-president [vaɪsˈprɛzɪdənt] N vice-président(e)
viceroy [ˈvaɪsrɔɪ] N vice-roi *m*
vice squad N ≈ brigade mondaine
vice versa [ˈvaɪsɪˈvəːsə] ADV vice versa

vicinity [vɪ'sɪnɪtɪ] N environs *mpl*, alentours *mpl*
vicious ['vɪʃəs] ADJ (*attack, murder, blow*) brutal(e); (*dog*) méchant(e), dangereux(-euse); (*remark, letter*) acerbe; (*lie*) cruel(le); **a ~ circle** un cercle vicieux
viciously ['vɪʃəslɪ] ADV (*attack, beat*) brutalement; (*say*) d'un ton acerbe
viciousness ['vɪʃəsnɪs] N méchanceté *f*, cruauté *f*; brutalité *f*
vicissitudes [vɪ'sɪsɪtju:dz] NPL vicissitudes *fpl*
★**victim** ['vɪktɪm] N victime *f*; **to be the ~ of** être victime de
victimization [vɪktɪmaɪ'zeɪʃən] N brimades *fpl*; représailles *fpl*
victimize ['vɪktɪmaɪz] VT brimer; exercer des représailles sur
victor ['vɪktə^r] N vainqueur *m*
Victorian [vɪk'tɔ:rɪən] ADJ victorien(ne)
victorious [vɪk'tɔ:rɪəs] ADJ victorieux(-euse)
★**victory** ['vɪktərɪ] N victoire *f*; **to win a ~ over sb** remporter une victoire sur qn
★**video** ['vɪdɪəu] N (*video film*) vidéo *f*; (*also:* **video cassette**) vidéocassette *f*; (*also:* **video cassette recorder**) magnétoscope *m* ▸ VT (*with recorder*) enregistrer; (*with camera*) filmer ▸ CPD vidéo *inv*
videocam ['vɪdɪəukæm] N (*also:* **video camera**) caméra *f* vidéo
video cassette N vidéocassette *f*
video cassette recorder N = **video recorder**
videodisc ['vɪdɪəudɪsk] N vidéodisque *m*
video game N jeu *m* vidéo *inv*
video nasty N *vidéo à caractère violent ou pornographique*
videophone ['vɪdɪəufəun] N vidéophone *m*, visiophone *m*
video recorder N magnétoscope *m*
video recording N enregistrement *m* (en) vidéo *inv*
video shop N vidéoclub *m*
video tape N bande *f* vidéo *inv*; (*cassette*) vidéocassette *f*
video wall N mur *m* d'images vidéo
vie [vaɪ] VI: **to ~ with** lutter avec, rivaliser avec
Vienna [vɪ'ɛnə] N Vienne
Vietnam, Viet Nam ['vjɛt'næm] N Viêt-nam *m*, Vietnam *m*
Vietnamese [vjɛtnə'mi:z] ADJ vietnamien(ne) ▸ N (*pl inv*) Vietnamien(ne); (*Ling*) vietnamien *m*
★**view** [vju:] N vue *f*; (*opinion*) avis *m*, vue; **on ~** (*in museum etc*) exposé(e); **in full ~ of sb** sous les yeux de qn; **to be within ~ (of sth)** être à portée de vue (de qch); **an overall ~ of the situation** une vue d'ensemble de la situation; **in my ~** à mon avis; **in ~ of the fact that** étant donné que; **with a ~ to doing sth** dans l'intention de faire qch ▸ VT voir, regarder; (*situation*) considérer; (*house*) visiter
viewdata ['vju:deɪtə] N (BRIT) télétexte *m* (*version téléphonique*)
★**viewer** ['vju:ə^r] N (*viewfinder*) viseur *m*; (*small projector*) visionneuse *f*; (TV) téléspectateur(-trice)
viewfinder ['vju:faɪndə^r] N viseur *m*
viewpoint ['vju:pɔɪnt] N point *m* de vue
vigil ['vɪdʒɪl] N veille *f*; **to keep ~** veiller
vigilance ['vɪdʒɪləns] N vigilance *f*
vigilant ['vɪdʒɪlənt] ADJ vigilant(e)
vigilante [vɪdʒɪ'læntɪ] N *justicier ou membre d'un groupe d'autodéfense*
vignette [vɪ'njɛt] N (*résumé*) instantané *m*
vigorous ['vɪgərəs] ADJ vigoureux(-euse)
vigour, (US) **vigor** ['vɪgə^r] N vigueur *f*
Viking ['vaɪkɪŋ] N Viking *m* ▸ CPD viking *inv*
vile [vaɪl] ADJ (*action*) vil(e); (*smell, food*) abominable; (*temper*) massacrant(e)
vilify ['vɪlɪfaɪ] VT calomnier, vilipender
villa ['vɪlə] N villa *f*
★**village** ['vɪlɪdʒ] N village *m*
villager ['vɪlɪdʒə^r] N villageois(e)
villain ['vɪlən] N (*scoundrel*) scélérat *m*; (BRIT: *criminal*) bandit *m*; (*in novel etc*) traître *m*
villainous ['vɪlənəs] ADJ sans scrupules
VIN N ABBR (US) = **vehicle identification number**
vinaigrette [vɪneɪ'grɛt] N vinaigrette *f*
vindicate ['vɪndɪkeɪt] VT défendre avec succès; justifier
vindication [vɪndɪ'keɪʃən] N: **in ~ of** pour justifier
vindictive [vɪn'dɪktɪv] ADJ vindicatif(-ive), rancunier(-ière)
vindictiveness [vɪn'dɪktɪvnɪs] N: **out of ~** par rancune
vine [vaɪn] N vigne *f*; (*climbing plant*) plante grimpante
★**vinegar** ['vɪnɪgə^r] N vinaigre *m*
vine grower N viticulteur *m*
vine-growing ['vaɪngrəuɪŋ] ADJ viticole ▸ N viticulture *f*
vineyard ['vɪnjɑ:d] N vignoble *m*
vintage ['vɪntɪdʒ] N (*year*) année *f*, millésime *m*; **the 1970 ~** le millésime 1970 ▸ CPD (*car*) d'époque; (*wine*) de grand cru
vinyl ['vaɪnl] N vinyle *m*
viola [vɪ'əulə] N alto *m*
violate ['vaɪəleɪt] VT violer
violation [vaɪə'leɪʃən] N violation *f*; **in ~ of** (*rule, law*) en infraction à, en violation de
★**violence** ['vaɪələns] N violence *f*; (*Pol etc*) incidents violents
★**violent** ['vaɪələnt] ADJ violent(e); **a ~ dislike of sb/sth** une aversion profonde pour qn/qch
violently ['vaɪələntlɪ] ADV violemment; (*ill, angry*) terriblement
violet ['vaɪələt] ADJ (*colour*) violet(te) ▸ N (*plant*) violette *f*
★**violin** [vaɪə'lɪn] N violon *m*
violinist [vaɪə'lɪnɪst] N violoniste *mf*
VIP N ABBR (= *very important person*) VIP *m*
viper ['vaɪpə^r] N vipère *f*
viral ['vaɪərəl] ADJ (*also Comput*) viral(e)
virgin ['və:dʒɪn] N vierge *f*; **she is a ~** elle est vierge; **the Blessed V~** la Sainte Vierge ▸ ADJ vierge
virginity [və:'dʒɪnɪtɪ] N virginité *f*
Virgo ['və:gəu] N la Vierge; **to be ~** être de la Vierge

virile ['vɪraɪl] ADJ viril(e)
virility [vɪ'rɪlɪtɪ] N virilité *f*
virtual ['vəːtjuəl] ADJ (*Comput, Physics*) virtuel(le); (*in effect*): **it's a ~ impossibility** c'est quasiment impossible; **the ~ leader** le chef dans la pratique
virtually ['vəːtjuəlɪ] ADV (*almost*) pratiquement; **it is ~ impossible** c'est quasiment impossible
virtual reality N (*Comput*) réalité virtuelle
virtue ['vəːtjuː] N vertu *f*; (*advantage*) mérite *m*, avantage *m*; **by ~ of** en vertu *or* raison de
virtuosity [vəːtju'ɔsɪtɪ] N virtuosité *f*
virtuoso [vəːtju'əuzəu] N virtuose *mf*
virtuous ['vəːtjuəs] ADJ vertueux(-euse)
virulent ['vɪrulənt] ADJ virulent(e)
★**virus** ['vaɪərəs] N (*Med, Comput*) virus *m*
visa ['viːzə] N visa *m*
vis-à-vis [viːzə'viː] PREP vis-à-vis de
visceral ['vɪsərəl] ADJ viscéral(e)
viscount ['vaɪkaunt] N vicomte *m*
viscous ['vɪskəs] ADJ visqueux(-euse), gluant(e)
vise [vaɪs] N (*US Tech*) = **vice**
visibility [vɪzɪ'bɪlɪtɪ] N visibilité *f*
visible ['vɪzəbl] ADJ visible; **~ exports/imports** exportations *fpl*/importations *fpl* visibles
visibly ['vɪzəblɪ] ADV visiblement
vision ['vɪʒən] N (*sight*) vue *f*, vision *f*; (*foresight, in dream*) vision
visionary ['vɪʒənrɪ] N visionnaire *mf*
★**visit** ['vɪzɪt] N visite *f*; (*stay*) séjour *m*; **on a private/official ~** en visite privée/officielle ▶ VT (*person: US: also:* **visit with**) rendre visite à; (*place*) visiter
visiting ['vɪzɪtɪŋ] ADJ (*speaker, team*) invité(e), de l'extérieur
visiting card N carte *f* de visite
visiting hours NPL heures *fpl* de visite
★**visitor** ['vɪzɪtəʳ] N visiteur(-euse); (*to one's house*) invité(e); (*in hotel*) client(e)
visitor centre, (*US*) **visitor center** N hall *m or* centre *m* d'accueil
visitors' book N livre *m* d'or; (*in hotel*) registre *m*
visor ['vaɪzəʳ] N visière *f*
vista ['vɪstə] N vue *f*, perspective *f*
visual ['vɪzjuəl] ADJ visuel(le)
visual aid N support visuel (pour l'enseignement)
visual arts NPL arts *mpl* plastiques
visual display unit N console *f* de visualisation, visuel *m*
visualization [vɪzjuəlaɪ'zeɪʃən] N visualisation *f*
visualize ['vɪzjuəlaɪz] VT (*picture*) visualiser; (*imagine*) s'imaginer
visually ['vɪzjuəlɪ] ADV visuellement
visually-impaired ['vɪzjuəlɪɪm'pɛəd] ADJ malvoyant(e)
★**vital** ['vaɪtl] ADJ vital(e); **of ~ importance (to sb/sth)** d'une importance capitale (pour qn/qch)
vitality [vaɪ'tælɪtɪ] N vitalité *f*
vitally ['vaɪtəlɪ] ADV extrêmement
vital statistics NPL (*of population*) statistiques *fpl* démographiques; (*inf: woman's*) mensurations *fpl*
★**vitamin** ['vɪtəmɪn] N vitamine *f*
vitiate ['vɪʃɪeɪt] VT vicier
vitreous ['vɪtrɪəs] ADJ (*china*) vitreux(-euse); (*enamel*) vitrifié(e)
vitriol ['vɪtrɪəl] N attaques *fpl* au vitriol
vitriolic [vɪtrɪ'ɔlɪk] ADJ (*fig*) venimeux(-euse)
viva ['vaɪvə] N (*also:* **viva voce**) (examen) oral
vivacious [vɪ'veɪʃəs] ADJ animé(e), qui a de la vivacité
vivacity [vɪ'væsɪtɪ] N vivacité *f*
vivid ['vɪvɪd] ADJ (*account*) frappant(e), vivant(e); (*light, imagination*) vif (vive)
vividly ['vɪvɪdlɪ] ADV (*describe*) d'une manière vivante; (*remember*) de façon précise
vivisection [vɪvɪ'sɛkʃən] N vivisection *f*
vixen ['vɪksn] N renarde *f*; (*pej: woman*) mégère *f*
viz [vɪz] ABBR (= *videlicet: namely*) à savoir, c. à d.
VLF ABBR = **very low frequency**
vlog [vlɔg] N blog *m* vidéo
vlogger ['vlɔgəʳ] N vidéo-blogueur(-euse)
vlogging ['vlɔgɪŋ] N vidéo-blogging *m*
V-neck ['viːnɛk] N décolleté *m* en V
VOA N ABBR (= *Voice of America*) voix *f* de l'Amérique (*émissions de radio à destination de l'étranger*)
vocabulary [vəu'kæbjulərɪ] N vocabulaire *m*
vocal ['vəukl] ADJ vocal(e); (*articulate*) qui n'hésite pas à s'exprimer, qui sait faire entendre ses opinions ■ **vocals** NPL voix *fpl*
vocal cords NPL cordes vocales
vocalist ['vəukəlɪst] N chanteur(-euse)
vocation [vəu'keɪʃən] N vocation *f*
vocational [vəu'keɪʃənl] ADJ professionnel(le); **~ guidance/training** orientation/formation professionnelle
vociferous [və'sɪfərəs] ADJ bruyant(e)
vodka ['vɔdkə] N vodka *f*
vogue [vəug] N mode *f*; (*popularity*) vogue *f*; **to be in ~** être en vogue *or* à la mode
★**voice** [vɔɪs] N voix *f*; (*opinion*) avis *m*; **in a loud/soft ~** à voix haute/basse; **to give ~ to** exprimer ▶ VT (*opinion*) exprimer, formuler
voice mail N (*system*) messagerie *f* vocale, boîte *f* vocale; (*device*) répondeur *m*; (*message*) message *m* vocal
voice-over ['vɔɪsəuvəʳ] N voix off *f*
void [vɔɪd] N vide *m* ▶ ADJ (*invalid*) nul(le); (*empty*): **~ of** vide de, dépourvu(e) de
voile [vɔɪl] N voile *m* (*tissu*)
vol. ABBR (= *volume*) vol
volatile ['vɔlətaɪl] ADJ volatil(e); (*person*) d'humeur volatile
volatility [vɔlə'tɪlɪtɪ] N (*of situation, substance*) volatilité *f*; (*of person, temper*) instabilité *f*
volcanic [vɔl'kænɪk] ADJ volcanique
volcano [vɔl'keɪnəu] (*pl* **volcanoes**) N volcan *m*
volition [və'lɪʃən] N: **of one's own ~** de son propre gré
volley ['vɔlɪ] N (*of gunfire*) salve *f*; (*of stones etc*) pluie *f*, volée *f*; (*Tennis etc*) volée
volleyball ['vɔlɪbɔːl] N volley(-ball) *m*
volt [vəult] N volt *m*

voltage ['vəultɪdʒ] N tension *f*, voltage *m*; **high/low ~** haute/basse tension
voluble ['vɔljubl] ADJ volubile
volume ['vɔlju:m] N volume *m*; (*of tank*) capacité *f*; **~ one/two** (*of book*) tome un/deux; **his expression spoke volumes** son expression en disait long
volume control N (*Radio, TV*) bouton *m* de réglage du volume
volume discount N (*Comm*) remise *f* sur la quantité
voluminous [və'lu:mɪnəs] ADJ volumineux(-euse)
voluntarily ['vɔləntrɪlɪ] ADV volontairement; bénévolement
★**voluntary** ['vɔləntərɪ] ADJ volontaire; (*unpaid*) bénévole
voluntary liquidation N (*Comm*) dépôt *m* de bilan
voluntary redundancy N (BRIT) départ *m* volontaire (*en cas de licenciements*)
★**volunteer** [vɔlən'tɪə^r] N volontaire *mf* ▶VT (*information*) donner spontanément; **to ~ to do** se proposer pour faire ▶VI (*Mil*) s'engager comme volontaire
voluptuous [və'lʌptjuəs] ADJ voluptueux(-euse)
vomit ['vɔmɪt] N vomissure *f* ▶VT, VI vomir
voodoo ['vu:du:] N vaudou *m*
voracious [və'reɪʃəs] ADJ vorace; (*reader*) avide
★**vote** [vəut] N vote *m*, suffrage *m*; (*votes cast*) voix *f*, vote; (*franchise*) droit *m* de vote; **to put sth to the ~, to take a ~ on sth** mettre qch aux voix, procéder à un vote sur qch; **~ for** *or* **in favour of/against** vote pour/contre; **~ of censure** motion *f* de censure; **~ of thanks** discours *m* de remerciement ▶VT (*bill*) voter; (*chairman*) élire; (*propose*): **to ~ that** proposer que + *sub*; **to ~ to do sth** voter en faveur de faire qch ▶VI voter
voter ['vəutə^r] N électeur(-trice)
voting ['vəutɪŋ] N scrutin *m*, vote *m*
voting paper N (BRIT) bulletin *m* de vote
voting right N droit *m* de vote
votive ['vəutɪv] ADJ votif(-ive)
vouch [vautʃ]: **to ~ for** *vt fus* se porter garant de
voucher ['vautʃə^r] N (*for meal, petrol, gift*) bon *m*; (*receipt*) reçu *m*; **travel ~** bon de transport
vow [vau] N vœu *m*, serment *m*; **to take** *or* **make a ~ to do sth** faire le vœu de faire qch ▶VI jurer
vowel ['vauəl] N voyelle *f*
voyage ['vɔɪɪdʒ] N voyage *m* par mer, traversée *f*; (*by spacecraft*) voyage
voyeur [vwɑ:'jə:^r] N voyeur *m*
voyeurism ['vwaɪərɪzəm] N voyeurisme *m*
voyeuristic [vwaɪə'rɪstɪk] ADJ voyeuriste
VP N ABBR = **vice-president**
vs ABBR (= *versus*) vs
VSO N ABBR (BRIT: = *Voluntary Service Overseas*) ≈ coopération civile
VT, Vt. ABBR (US) = **Vermont**
vulgar ['vʌlgə^r] ADJ vulgaire
vulgarity [vʌl'gærɪtɪ] N vulgarité *f*
vulnerability [vʌlnərə'bɪlɪtɪ] N vulnérabilité *f*
vulnerable ['vʌlnərəbl] ADJ vulnérable
vulture ['vʌltʃə^r] N vautour *m*
vulva ['vʌlvə] N vulve *f*

V

Ww

W¹, w ['dʌblju:] N (*letter*) W, w *m*; **W for William** W comme William

W² ABBR (= *west*) O; (*Elec*: = *watt*) W

WA ABBR (*US*) = **Washington**

wacky ['wækɪ] ADJ (*inf*: *person, idea*) farfelu(e); (: *film, show, humour*) délirant(e)

wad [wɔd] N (*of cotton wool, paper*) tampon *m*; (*of banknotes etc*) liasse *f*

wadding ['wɔdɪŋ] N rembourrage *m*

waddle ['wɔdl] VI se dandiner

wade [weɪd] VI: **to ~ through** marcher dans, patauger dans; (*fig*: *book*) venir à bout de ▸ VT passer à gué

wafer ['weɪfəʳ] N (*Culin*) gaufrette *f*; (*Rel*) pain *m* d'hostie; (*Comput*) tranche *f* (de silicium)

wafer-thin ['weɪfə'θɪn] ADJ ultra-mince, mince comme du papier à cigarette

waffle ['wɔfl] N (*Culin*) gaufre *f*; (*inf*) rabâchage *m*; remplissage *m* ▸ VI parler pour ne rien dire; faire du remplissage

waffle iron N gaufrier *m*

waft [wɔft] VT porter ▸ VI flotter

wag [wæg] VT agiter, remuer; **the dog wagged its tail** le chien a remué la queue ▸ VI remuer

★**wage** [weɪdʒ] N (*also*: **wages**) salaire *m*, paye *f*; **a day's wages** un jour de salaire ▸ VT: **to ~ war** faire la guerre

wage claim N demande *f* d'augmentation de salaire

wage differential N éventail *m* des salaires

wage earner [-əːnəʳ] N salarié(e); (*breadwinner*) soutien *m* de famille

wage freeze N blocage *m* des salaires

wage packet N (BRIT) (enveloppe *f* de) paye *f*

wager ['weɪdʒəʳ] N pari *m* ▸ VT parier

waggle ['wægl] VT, VI remuer

wagon, waggon ['wægən] N (*horse-drawn*) chariot *m*; (BRIT *Rail*) wagon *m* (de marchandises)

waif [weɪf] N gamin(e) des rues

wail [weɪl] N gémissement *m*; (*of siren*) hurlement *m* ▸ VI gémir; (*siren*) hurler

waist [weɪst] N taille *f*, ceinture *f*

waistband ['weɪstbænd] N taille *f*; **with an elasticated ~** à taille élastique

waistcoat ['weɪskəut] N (BRIT) gilet *m*

waistline ['weɪstlaɪn] N (tour *m* de) taille *f*

★**wait** [weɪt] N attente *f*; **to lie in ~ for** guetter ▸ VI attendre; **to ~ for sb/sth** attendre qn/qch; **to keep sb waiting** faire attendre qn; **~ for me, please** attendez-moi, s'il vous plaît; **~ a minute!** un instant !; **"repairs while you ~"** « réparations minute »; **I can't ~ to ...** (*fig*) je meurs d'envie de ...

▸ **wait behind** VI rester (à attendre)

▸ **wait on** VT FUS servir

▸ **wait up** VI attendre, ne pas se coucher; **don't ~ up for me** ne m'attendez pas pour aller vous coucher

★**waiter** ['weɪtəʳ] N garçon *m* (de café), serveur *m*

waiting ['weɪtɪŋ] N: **"no ~"** (BRIT *Aut*) « stationnement interdit »

waiting list N liste *f* d'attente

waiting room N salle *f* d'attente

★**waitress** ['weɪtrɪs] N serveuse *f*

waive [weɪv] VT renoncer à, abandonner

waiver ['weɪvəʳ] N dispense *f*

wake [weɪk] (*pt* **woke** [wəuk] *or* **waked** [weɪkt], *pp* **woken** ['wəukn] *or* **waked** [weɪkt]) VT (*also*: **wake up**) réveiller ▸ VI (*also*: **wake up**) se réveiller; **to ~ up to sth** (*fig*) se rendre compte de qch ▸ N (*for dead person*) veillée *f* mortuaire; (*Naut*) sillage *m*; **in the ~ of** (*fig*) à la suite de; **to follow in sb's ~** (*fig*) marcher sur les traces de qn

wakeboard ['weɪkbɔːd] N wakeboard *m* ▸ VI faire du wakeboard

waken ['weɪkn] VT, VI = **wake**

★**Wales** [weɪlz] N pays *m* de Galles; **the Prince of ~** le prince de Galles; **the National Assembly for ~** *le Parlement gallois*

> La **National Assembly for Wales** a été créée en 1998, la majorité de l'électorat gallois s'étant déclaré favorable à la décentralisation lors d'un référendum organisé l'année précédente. Elle diffère du parlement écossais en ce que celui-ci possède un pouvoir législatif considérable dans ses domaines de responsabilité ainsi qu'en matière fiscale, tandis que l'assemblée galloise a un pouvoir législatif plus limité et n'est pas autorisée à lever les impôts. Composée de 60 députés, les *AMs* (*Assembly Members*), qui sont élus pour quatre ans, elle est placée sous l'autorité du *First Minister*.

★**walk** [wɔːk] N promenade *f*; (*short*) petit tour; (*gait*) démarche *f*; (*path*) chemin *m*; (*in park etc*) allée *f*; (*pace*): **at a quick ~** d'un pas rapide; **10 minutes' ~ from** à 10 minutes de marche de; **to go for a ~**

se promener; faire un tour; **from all walks of life** de toutes conditions sociales ▶ VI marcher; (*for pleasure, exercise*) se promener ▶ VT (*distance*) faire à pied; (*dog*) promener; **I'll ~ you home** je vais vous raccompagner chez vous
▶ **walk out** VI (*go out*) sortir; (*as protest*) partir (en signe de protestation); (*strike*) se mettre en grève; **to ~ out on sb** quitter qn

walkabout [ˈwɔːkəbaut] N: **to go (on a) ~** (VIP) prendre un bain de foule

walker [ˈwɔːkəʳ] N (*person*) marcheur(-euse)

walkie-talkie [ˈwɔːkɪˈtɔːkɪ] N talkie-walkie *m*

walking [ˈwɔːkɪŋ] N marche *f* à pied; **it's within ~ distance** on peut y aller à pied

walking holiday N vacances passées à faire de la randonnée

walking shoes NPL chaussures *fpl* de marche

walking stick N canne *f*

walk-on [ˈwɔːkɔn] ADJ (*Theat: part*) de figurant(e)

walkout [ˈwɔːkaut] N (*of workers*) grève-surprise *f*

walkover [ˈwɔːkəuvəʳ] N (*inf*) victoire *f or* examen *m etc* facile

walkway [ˈwɔːkweɪ] N promenade *f*, cheminement piéton

★**wall** [wɔːl] N mur *m*; (*of tunnel, cave*) paroi *f*; **to go to the ~** (*fig: firm etc*) faire faillite
▶ **wall in** VT (*garden etc*) entourer d'un mur

wallaby [ˈwɔləbɪ] N wallaby *m*

wall cupboard N placard mural

walled [wɔːld] ADJ (*city*) fortifié(e)

wallet [ˈwɔlɪt] N portefeuille *m*; **I can't find my ~** je ne retrouve plus mon portefeuille

wallflower [ˈwɔːlflauəʳ] N giroflée *f*; **to be a ~** (*fig*) faire tapisserie

wall hanging N tenture (murale), tapisserie *f*

wallop [ˈwɔləp] VT (BRIT *inf*) taper sur, cogner

wallow [ˈwɔləu] VI se vautrer; **to ~ in one's grief** se complaire à sa douleur

wallpaper [ˈwɔːlpeɪpəʳ] N papier peint ▶ VT tapisser

wall-to-wall [ˈwɔːltəˈwɔːl] ADJ: **~ carpeting** moquette *f*

walnut [ˈwɔːlnʌt] N noix *f*; (*tree, wood*) noyer *m*

walrus [ˈwɔːlrəs] (*pl* **~** *or* **walruses**) N morse *m*

waltz [wɔːlts] N valse *f* ▶ VI valser

wan [wɔn] ADJ pâle; triste

wand [wɔnd] N (*also:* **magic wand**) baguette *f* (magique)

wander [ˈwɔndəʳ] VI (*person*) errer, aller sans but; (*thoughts*) vagabonder; (*river*) serpenter ▶ VT errer dans

wanderer [ˈwɔndərəʳ] N vagabond(e)

wandering [ˈwɔndrɪŋ] ADJ (*tribe*) nomade; (*minstrel, actor*) ambulant(e)

wanderings [ˈwɔndrɪŋz] NPL errances *fpl*

wanderlust [ˈwɔndəlʌst] N soif *f* de voyages

wane [weɪn] VI (*moon*) décroître; (*reputation*) décliner

wangle [ˈwæŋgl] (BRIT *inf*) VT se débrouiller pour avoir; carotter ▶ N combine *f*, magouille *f*

wanker [ˈwæŋkəʳ] N (!) branleur *m* (!)

wanna [ˈwɔnə] MODAL AUX VB (*inf: want to*): **I ~ go** je veux y aller; **they don't ~ do it** ils veulent pas le faire

wannabe [ˈwɔnəbiː] ADJ (*inf*) aspirant(e); **a ~ actor** un aspirant acteur

★**want** [wɔnt] VT vouloir; (*need*) avoir besoin de; (*lack*) manquer de; **to ~ to do** vouloir faire; **to ~ sb to do** vouloir que qn fasse; **you're wanted on the phone** on vous demande au téléphone; **"cook wanted"** « on demande un cuisinier » ▶ N (*poverty*) pauvreté *f*, besoin *m*; **for ~ of** par manque de, faute de ■ **wants** NPL (*needs*) besoins *mpl*
▶ **want in** VI (*inf*) vouloir en être; **to ~ in on sth** vouloir être de qch
▶ **want out** VI (*inf*) vouloir laisser tomber; **to ~ out of sth** vouloir sortir de qch

want ads NPL (US) petites annonces

wanted [ˈwɔntɪd] ADJ (*criminal*) recherché(e) par la police

wanting [ˈwɔntɪŋ] ADJ: **to be ~ (in)** manquer (de); **to be found ~** ne pas être à la hauteur

wanton [ˈwɔntn] ADJ capricieux(-euse), dévergondé(e)

WAP [wæp] N ABBR (= *wireless application protocol*) WAP *m*

★**war** [wɔːʳ] N guerre *f*; **to go to ~** se mettre en guerre; **to make ~ (on)** faire la guerre (à)

warble [ˈwɔːbl] N (*of bird*) gazouillis *m* ▶ VI gazouiller

warbler [ˈwɔːbləʳ] N pinson *m*

war cry N cri *m* de guerre

ward [wɔːd] N (*in hospital*) salle *f*; (*Pol*) section électorale; (*Law: child: also:* **ward of court**) pupille *mf*
▶ **ward off** VT parer, éviter

warden [ˈwɔːdn] N (BRIT: *of institution*) directeur(-trice); (*of park, game reserve*) gardien(ne); (BRIT: *also:* **traffic warden**) contractuel(le); (*of youth hostel*) responsable *mf*

warder [ˈwɔːdəʳ] N (BRIT) gardien *m* de prison

wardrobe [ˈwɔːdrəub] N (*cupboard*) armoire *f*; (*clothes*) garde-robe *f*; (*Theat*) costumes *mpl*

warehouse [ˈwɛəhaus] N entrepôt *m*

warehousing [ˈwɛəhauzɪŋ] N entreposage *m*

wares [wɛəz] NPL marchandises *fpl*

warfare [ˈwɔːfɛəʳ] N guerre *f*

war game N jeu *m* de stratégie militaire

warhead [ˈwɔːhɛd] N (*Mil*) ogive *f*

warily [ˈwɛərɪlɪ] ADV avec prudence, avec précaution

warlike [ˈwɔːlaɪk] ADJ guerrier(-ière)

★**warm** [wɔːm] ADJ chaud(e); (*person, thanks, welcome, applause*) chaleureux(-euse); (*supporter*) ardent(e), enthousiaste; **it's ~** il fait chaud; **I'm ~** j'ai chaud; **to keep sth ~** tenir qch au chaud; **with my warmest thanks/congratulations** avec mes remerciements/mes félicitations les plus sincères
▶ **warm to** VT FUS apprendre à apprécier
▶ **warm up** VI (*person, room*) se réchauffer; (*water*) chauffer; (*athlete, discussion*) s'échauffer ▶ VT (*food*) (faire) réchauffer; (*water*) (faire) chauffer; (*engine*) faire chauffer

warm-blooded [ˈwɔːmˈblʌdɪd] ADJ (*Zool*) à sang chaud

war memorial N monument *m* aux morts

warm-hearted [wɔːmˈhɑːtɪd] ADJ affectueux(-euse)

warmly [ˈwɔːmlɪ] ADV (*dress*) chaudement; (*thank, welcome*) chaleureusement

warmonger ['wɔ:mʌŋgəʳ] N belliciste *mf*
warmongering ['wɔ:mʌŋgrɪŋ] N propagande *f* belliciste, bellicisme *m*
warmth [wɔ:mθ] N chaleur *f*
warm-up ['wɔ:mʌp] N (*Sport*) période *f* d'échauffement
★**warn** [wɔ:n] VT avertir, prévenir; **to ~ sb (not) to do** conseiller à qn de (ne pas) faire
warning ['wɔ:nɪŋ] N avertissement *m*; (*notice*) avis *m*; (*signal*) avertisseur *m*; **without (any) ~** (*suddenly*) inopinément; (*without notifying*) sans prévenir; **gale ~** (*Meteorology*) avis de grand vent
warning light N avertisseur lumineux
warning triangle N (*Aut*) triangle *m* de présignalisation
warp [wɔ:p] N (*Textiles*) chaîne *f* ▸ VI (*wood*) travailler, se voiler *or* gauchir ▸ VT voiler; (*fig*) pervertir
warpath ['wɔ:pɑ:θ] N: **to be on the ~** (*fig*) être sur le sentier de la guerre
warped [wɔ:pt] ADJ (*wood*) gauchi(e); (*fig*) perverti(e)
warplane ['wɔ:pleɪn] N avion *m* de guerre
warrant ['wɔrnt] N (*guarantee*) garantie *f*; (*Law: to arrest*) mandat *m* d'arrêt; (*: to search*) mandat de perquisition ▸ VT (*justify, merit*) justifier
warrant officer N (*Mil*) adjudant *m*; (*Naut*) premier-maître *m*
warranty ['wɔrəntɪ] N garantie *f*; **under ~** (*Comm*) sous garantie
warren ['wɔrən] N (*of rabbits*) terriers *mpl*, garenne *f*
warring ['wɔ:rɪŋ] ADJ (*nations*) en guerre; (*interests etc*) contradictoire, opposé(e)
warrior ['wɔrɪəʳ] N guerrier(-ière)
Warsaw ['wɔ:sɔ:] N Varsovie
warship ['wɔ:ʃɪp] N navire *m* de guerre
wart [wɔ:t] N verrue *f*
wartime ['wɔ:taɪm] N: **in ~** en temps de guerre
wary ['wɛərɪ] ADJ prudent(e); **to be ~ about** *or* **of doing sth** hésiter beaucoup à faire qch
was [wɔz] PT *of* **be**
★**wash** [wɔʃ] VT laver; (*sweep, carry: sea etc*) emporter, entraîner; (*: ashore*) rejeter; **he was washed overboard** il a été emporté par une vague ▸ VI se laver; (*sea*): **to ~ over/against sth** inonder/baigner qch ▸ N (*paint*) badigeon *m*; (*clothes*) lessive *f*; (*washing programme*) lavage *m*; (*of ship*) sillage *m*; **to give sth a ~** laver qch; **to have a ~** se laver, faire sa toilette
▸ **wash away** VT (*stain*) enlever au lavage; (*subj: river etc*) emporter
▸ **wash down** VT laver; laver à grande eau
▸ **wash off** VI partir au lavage
▸ **wash up** VI (Brit) faire la vaisselle; (*US: have a wash*) se débarbouiller
washable ['wɔʃəbl] ADJ lavable
washbasin ['wɔʃbeɪsn] N lavabo *m*
washcloth ['wɔʃklɔθ] N (*US*) gant *m* de toilette
washed out [wɔʃt'aut] ADJ (*colour*) délavé(e); (*person*) vanné(e)
washed up [wɔʃt'ʌp] ADJ (*inf*) fini(e)
washer ['wɔʃəʳ] N (*Tech*) rondelle *f*, joint *m*
washing ['wɔʃɪŋ] N (Brit: *linen etc: dirty*) linge *m*; (*: clean*) lessive *f*
washing line N (Brit) corde *f* à linge
washing machine N machine *f* à laver
washing powder N (Brit) lessive *f* (en poudre)
Washington ['wɔʃɪŋtən] N (*city, state*) Washington *m*
★**washing-up** [wɔʃɪŋ'ʌp] N (Brit) vaisselle *f*
washing-up liquid N (Brit) produit *m* pour la vaisselle
wash-out ['wɔʃaut] N (*inf*) désastre *m*
washroom ['wɔʃrum] N (*US*) toilettes *fpl*
wasn't ['wɔznt] = **was not**
Wasp, WASP [wɔsp] N ABBR (*US inf: = White Anglo-Saxon Protestant*) *surnom, souvent péjoratif, donné à l'américain de souche anglo-saxonne, aisé et de tendance conservatrice*
wasp [wɔsp] N guêpe *f*
waspish ['wɔspɪʃ] ADJ irritable
wastage ['weɪstɪdʒ] N gaspillage *m*; (*in manufacturing, transport etc*) déchet *m*
★**waste** [weɪst] N gaspillage *m*; (*of time*) perte *f*; (*rubbish*) déchets *mpl*; (*also:* **household waste**) ordures *fpl*; **it's a ~ of money** c'est de l'argent jeté en l'air; **to go to ~** être gaspillé(e) ▸ ADJ (*energy, heat*) perdu(e); (*food*) inutilisé(e); (*land, ground: in city*) à l'abandon; (*: in country*) inculte, en friche; (*leftover*): **~ material** déchets; **to lay ~** (*destroy*) dévaster ▸ VT gaspiller; (*time, opportunity*) perdre ■ **wastes** NPL étendue *f* désertique
▸ **waste away** VI dépérir
wastebasket ['weɪstbɑ:skɪt] N = **wastepaper basket**
waste disposal, waste disposal unit N (Brit) broyeur *m* d'ordures
wasteful ['weɪstful] ADJ gaspilleur(-euse); (*process*) peu économique
waste ground N (Brit) terrain *m* vague
wasteland ['weɪstlənd] N terres *fpl* à l'abandon; (*in town*) terrain(s) *m(pl)* vague(s)
wastepaper basket ['weɪstpeɪpə-] N corbeille *f* à papier
waste pipe N (tuyau *m* de) vidange *f*
waste products NPL (*Industry*) déchets *mpl* (de fabrication)
waster ['weɪstəʳ] N (*pej*) bon(ne) à rien
★**watch** [wɔtʃ] N montre *f*; (*act of watching*) surveillance *f*; (*guard: Mil*) sentinelle *f*; (*: Naut*) homme *m* de quart; (*Naut: spell of duty*) quart *m*; **to keep a close ~ on sb/sth** surveiller qn/qch de près; **to keep ~** faire le guet ▸ VT (*look at*) observer; (*: match, programme*) regarder; (*spy on, guard*) surveiller; (*be careful of*) faire attention à; **~ what you're doing** fais attention à ce que tu fais ▸ VI regarder; (*keep guard*) monter la garde
▸ **watch out** VI faire attention
watchband ['wɔtʃbænd] N (*US*) bracelet *m* de montre
watchdog ['wɔtʃdɔg] N chien *m* de garde; (*fig*) gardien(ne)
watchful ['wɔtʃful] ADJ attentif(-ive), vigilant(e)
watchmaker ['wɔtʃmeɪkəʳ] N horloger(-ère)
watchman ['wɔtʃmən] N (*irreg*) gardien *m*; (*also:* **night watchman**) veilleur *m* de nuit
watch stem N (*US*) remontoir *m*

watch strap [ˈwɔtʃstræp] N bracelet *m* de montre
watchtower [ˈwɔtʃtauəʳ] N tour *f* de guet
watchword [ˈwɔtʃwəːd] N mot *m* de passe
★**water** [ˈwɔːtəʳ] N eau *f*; **a drink of ~** un verre d'eau; **in British waters** dans les eaux territoriales britanniques; **to pass ~** uriner ▶ VT (*plant, garden*) arroser ▶ VI (*eyes*) larmoyer; **to make sb's mouth ~** mettre l'eau à la bouche de qn
▶ **water down** VT (*milk etc*) couper avec de l'eau; (*fig: story*) édulcorer
waterboarding [ˈwɔːtəbɔːdɪŋ] N *torture par simulacre de noyade*
water closet N (BRIT) w.-c. *mpl*, waters *mpl*
watercolour, (US) **watercolor** N [ˈwɔːtəkʌləʳ] aquarelle *f* ■ **watercolours** NPL couleurs *fpl* pour aquarelle
water-cooled [ˈwɔːtəkuːld] ADJ à refroidissement par eau
watercourse [ˈwɔːtəkɔːs] N cours *m* d'eau
watercress [ˈwɔːtəkrɛs] N cresson *m* (de fontaine)
waterfall [ˈwɔːtəfɔːl] N chute *f* d'eau
waterfowl [ˈwɔːtəfaul] N gibier *m* d'eau
waterfront [ˈwɔːtəfrʌnt] N (*seafront*) front *m* de mer; (*at docks*) quais *mpl*
water heater N chauffe-eau *m*
water hole N mare *f*
water ice N (BRIT) sorbet *m*
watering can [ˈwɔːtərɪŋ-] N arrosoir *m*
water level N niveau *m* de l'eau; (*of flood*) niveau des eaux
water lily N nénuphar *m*
waterline [ˈwɔːtəlaɪn] N (*Naut*) ligne *f* de flottaison
waterlogged [ˈwɔːtəlɔgd] ADJ détrempé(e); imbibé(e) d'eau
water main N canalisation *f* d'eau
watermark [ˈwɔːtəmɑːk] N (*on paper*) filigrane *m*
watermelon [ˈwɔːtəmɛlən] N pastèque *f*
watermill [ˈwɔːtəmɪl] N moulin *m* à eau
water polo N water-polo *m*
waterproof [ˈwɔːtəpruːf] ADJ imperméable
water-repellent [ˈwɔːtərɪˈpɛlnt] ADJ hydrofuge
watershed [ˈwɔːtəʃɛd] N (*Geo*) ligne *f* de partage des eaux; (*fig*) moment *m* critique, point décisif
waterside [ˈwɔːtəsaɪd] N bord *m* de l'eau ▶ CPD (*hotel, restaurant*) au bord de l'eau
water-skiing [ˈwɔːtəskiːɪŋ] N ski *m* nautique
water softener N adoucisseur *m* d'eau
water tank N réservoir *m* d'eau
watertight [ˈwɔːtətaɪt] ADJ étanche
water vapour N vapeur *f* d'eau
waterway [ˈwɔːtəweɪ] N cours *m* d'eau navigable
waterworks [ˈwɔːtəwəːks] NPL station *f* hydraulique
watery [ˈwɔːtərɪ] ADJ (*colour*) délavé(e); (*coffee*) trop faible
watt [wɔt] N watt *m*
wattage [ˈwɔtɪdʒ] N puissance *f or* consommation *f* en watts
wattle [ˈwɔtl] N clayonnage *m*
★**wave** [weɪv] N vague *f*; (*of hand*) geste *m*, signe *m*; (*Radio*) onde *f*; (*in hair*) ondulation *f*; (*fig: of enthusiasm, strikes etc*) vague; **short/medium ~** (*Radio*) ondes courtes/moyennes; **long ~** (*Radio*) grandes ondes; **the new ~** (*Cine, Mus*) la nouvelle vague ▶ VI faire signe de la main; (*flag*) flotter au vent; (*grass*) ondoyer ▶ VT (*handkerchief*) agiter; (*stick*) brandir; (*hair*) onduler; **to ~ goodbye to sb** dire au revoir de la main à qn
▶ **wave aside, wave away** VT (*fig: suggestion, objection*) rejeter, repousser; (*: doubts*) chasser; (*person*): **to ~ sb aside** faire signe à qn de s'écarter
waveband [ˈweɪvbænd] N bande *f* de fréquences
wavelength [ˈweɪvlɛŋθ] N longueur *f* d'ondes
waver [ˈweɪvəʳ] VI vaciller; (*voice*) trembler; (*person*) hésiter
wavy [ˈweɪvɪ] ADJ (*hair, surface*) ondulé(e); (*line*) onduleux(-euse)
wax [wæks] N cire *f*; (*for skis*) fart *m* ▶ VT cirer; (*car*) lustrer; (*skis*) farter ▶ VI (*moon*) croître
waxworks [ˈwækswəːks] NPL personnages *mpl* de cire; musée *m* de cire
★**way** [weɪ] N chemin *m*, voie *f*; (*path, access*) passage *m*; (*distance*) distance *f*; (*direction*) chemin, direction *f*; (*manner*) façon *f*, manière *f*; (*habit*) habitude *f*, façon; (*condition*) état *m*; **which ~? — this ~/that ~** par où *or* de quel côté ? — par ici/par là; **to crawl one's ~ to ...** ramper jusqu'à ...; **to lie one's ~ out of it** s'en sortir par un mensonge; **to lose one's ~** perdre son chemin; **on the ~ (to)** en route (pour); **to be on one's ~** être en route; **to be in the ~** bloquer le passage; (*fig*) gêner; **to keep out of sb's ~** éviter qn; **it's a long ~ away** c'est loin d'ici; **the village is rather out of the ~** le village est plutôt à l'écart *or* isolé; **to go out of one's ~ to do** (*fig*) se donner beaucoup de mal pour faire; **to be under ~** (*work, project*) être en cours; **to make ~ (for sb/sth)** faire place (à qn/qch), s'écarter pour laisser passer (qn/qch); **to get one's own ~** arriver à ses fins; **put it the right ~ up** (BRIT) mettez-le dans le bon sens; **to be the wrong ~ round** être à l'envers, ne pas être dans le bon sens; **he's in a bad ~** il va mal; **in a ~** dans un sens; **by the ~** à propos; **in some ways** à certains égards; d'un côté; **in the ~ of** en fait de, comme; **by ~ of** (*through*) en passant par, via; (*as a sort of*) en guise de; **"~ in"** (BRIT) « entrée »; **"~ out"** (BRIT) « sortie »; **the ~ back** le chemin du retour; **this ~ and that** par-ci par-là; **"give ~"** (BRIT *Aut*) « cédez la priorité »; **no ~!** (*inf*) pas question !
waybill [ˈweɪbɪl] N (*Comm*) récépissé *m*
waylay [weɪˈleɪ] VT (*irreg: like* **lay**) attaquer; (*fig*): **I got waylaid** quelqu'un m'a accroché
wayside [ˈweɪsaɪd] N bord *m* de la route; **to fall by the ~** (*fig*) abandonner; (*morally*) quitter le droit chemin
way station N (*US: Rail*) petite gare; (*: fig*) étape *f*
wayward [ˈweɪwəd] ADJ capricieux(-euse), entêté(e)
W.C. N ABBR (BRIT: = *water closet*) w.-c. *mpl*, waters *mpl*
WCC N ABBR (= *World Council of Churches*) COE *m* (*Conseil œcuménique des Églises*)
★**we** [wiː] PL PRON nous

> In informal French **on** is often used to mean *we*.
> *We're going on holiday tomorrow.* **On part en vacances demain**.

W

★**weak** [wi:k] ADJ faible; (*health*) fragile; (*beam etc*) peu solide; (*tea, coffee*) léger(-ère); **to grow ~** *or* **weaker** s'affaiblir, faiblir

weaken ['wi:kn] VI faiblir ▸ VT affaiblir

weak-kneed ['wi:k'ni:d] ADJ (*fig*) lâche, faible

weakling ['wi:klɪŋ] N gringalet *m*; faible *mf*

weakly ['wi:klɪ] ADJ chétif(-ive) ▸ ADV faiblement

weakness ['wi:knɪs] N faiblesse *f*; (*fault*) point *m* faible

wealth [wɛlθ] N (*money, resources*) richesse(s) *f(pl)*; (*of details*) profusion *f*

wealth tax N impôt *m* sur la fortune

wealthy ['wɛlθɪ] ADJ riche

wean [wi:n] VT sevrer

★**weapon** ['wɛpən] N arme *f*; **weapons of mass destruction** armes *fpl* de destruction massive

weaponry ['wɛpənrɪ] N armes *fpl*

★**wear** [wɛəʳ] (*pt* **wore** [wɔ:ʳ], *pp* **worn** [wɔ:n]) N (*use*) usage *m*; (*deterioration through use*) usure *f*; **sportswear/babywear** vêtements *mpl* de sport/pour bébés; **evening ~** tenue *f* de soirée; **~ and tear** usure *f* ▸ VT (*clothes*) porter; (*put on*) mettre; (*beard etc*) avoir; (*damage: through use*) user; **to ~ a hole in sth** faire (à la longue) un trou dans qch ▸ VI (*last*) faire de l'usage; (*rub etc through*) s'user

▸ **wear away** [wɛəʳ ə'weɪ] VT user, ronger ▸ VI s'user, être rongé(e)

▸ **wear down** [wɛəʳ daun] VT user; (*strength*) épuiser

▸ **wear off** [wɛəʳ ɔf] VI disparaître

▸ **wear on** [wɛəʳ ɔn] VI se poursuivre; passer

▸ **wear out** [wɛəʳ aut] VT user; (*person, strength*) épuiser

wearable ['wɛərəbl] ADJ mettable

wearer ['wɛərəʳ] N porteur(-euse); **contact lens wearers** les porteurs de lentilles de contact

wearily ['wɪərɪlɪ] ADV avec lassitude

weariness ['wɪərɪnɪs] N épuisement *m*, lassitude *f*

wearisome ['wɪərɪsəm] ADJ (*tiring*) fatigant(e); (*boring*) ennuyeux(-euse)

weary ['wɪərɪ] ADJ (*tired*) épuisé(e); (*dispirited*) las (lasse); abattu(e) ▸ VT lasser ▸ VI: **to ~ of** se lasser de

weasel ['wi:zl] N (*Zool*) belette *f*

★**weather** ['wɛðəʳ] N temps *m*; **what's the ~ like?** quel temps fait-il ?; **under the ~** (*fig: ill*) mal fichu(e) ▸ VT (*wood*) faire mûrir; (*storm, lit, fig*) essuyer; (*crisis*) survivre à

weather-beaten ['wɛðəbi:tn] ADJ (*person*) hâlé(e); (*building*) dégradé(e) par les intempéries

★**weather forecast** N prévisions *fpl* météorologiques, météo *f*

weatherman ['wɛðəmæn] N (*irreg*) météorologue *m*

weatherproof ['wɛðəpru:f] ADJ (*garment*) imperméable; (*building*) étanche

weather report N bulletin *m* météo, météo *f*

weather vane [-veɪn] N girouette *f*

weave [wi:v] (*pt* **wove** [wəuv], *pp* **woven** ['wəuvn]) VT (*cloth*) tisser; (*basket*) tresser ▸ VI (*pt, pp* **weaved** [wi:vd]) (*fig: move in and out*) se faufiler

weaver ['wi:vəʳ] N tisserand(e)

weaving ['wi:vɪŋ] N tissage *m*

web [wɛb] N (*of spider*) toile *f*; (*on duck's foot*) palmure *f*; (*fig*) tissu *m*; (*Comput*): **the (World-Wide) W~** le Web

web address N adresse *f* Web

webbed [wɛbd] ADJ (*foot*) palmé(e)

webbing ['wɛbɪŋ] N (*on chair*) sangles *fpl*

★**webcam** ['wɛbkæm] N webcam *f*

webcast ['wɛbkɑ:st] N webdiffusion *f*

webinar ['wɛbɪnɑ:ʳ] N (*Comput*) séminaire *m* en ligne, webinaire *m*

weblog ['wɛblɔg] N blog *m*, blogue *m*

webmail ['wɛbmeɪl] N webmail *m*

webmaster ['wɛbmɑ:stəʳ] N webmestre *mf*

web page N page *f* Web

★**website** ['wɛbsaɪt] N site *m* Web

wed [wɛd] (*pt, pp* **wedded** ['wɛdɪd]) VT épouser ▸ VI se marier ▸ N: **the newly-weds** les jeunes mariés *mpl*

Wed. ABBR (= *Wednesday*) me.

we'd [wi:d] = **we had**; **we would**

wedded ['wɛdɪd] PT, PP *of* **wed**

★**wedding** ['wɛdɪŋ] N mariage *m*

wedding anniversary N anniversaire *m* de mariage; **silver/golden ~** noces *fpl* d'argent/d'or

wedding day N jour *m* du mariage

wedding dress N robe *f* de mariée

wedding present N cadeau *m* de mariage

wedding ring N alliance *f*

wedge [wɛdʒ] N (*of wood etc*) coin *m*; (*under door etc*) cale *f*; (*of cake*) part *f* ▸ VT (*fix*) caler; (*push*) enfoncer, coincer

wedge-heeled shoes ['wɛdʒhi:ld-], **wedges** ['wɛdʒɪz] NPL chaussures *fpl* à semelles compensées

wedlock ['wɛdlɔk] N (union *f* du) mariage *m*

★**Wednesday** ['wɛdnzdɪ] N mercredi *m*; *see also* **Tuesday**

wee [wi:] ADJ (SCOTTISH) petit(e); tout(e) petit(e)

weed [wi:d] N mauvaise herbe ▸ VT désherber

▸ **weed out** VT éliminer

weeding ['wi:dɪŋ] N désherbage *m*

weedkiller ['wi:dkɪləʳ] N désherbant *m*

weedy ['wi:dɪ] ADJ (*man*) gringalet

★**week** [wi:k] N semaine *f*; **once/twice a ~** une fois/deux fois par semaine; **in two weeks' time** dans quinze jours; **a ~ today/on Tuesday** aujourd'hui/mardi en huit

weekday ['wi:kdeɪ] N jour *m* de semaine; (*Comm*) jour ouvrable; **on weekdays** en semaine

★**weekend** [wi:k'ɛnd] N week-end *m*

weekend case N sac *m* de voyage

weekly ['wi:klɪ] ADV une fois par semaine, chaque semaine ▸ ADJ, N hebdomadaire *m*

weeknight ['wi:knaɪt] N soir *m* de semaine

weep [wi:p] (*pt, pp* **wept** [wɛpt]) VI (*person*) pleurer; (*Med: wound etc*) suinter

weeping willow ['wi:pɪŋ-] N saule pleureur

weepy ['wi:pɪ] N (*inf: film*) mélo *m*

weft [wɛft] N (*Textiles*) trame *f*

★**weigh** [weɪ] VT, VI peser; **to ~ anchor** lever l'ancre; **to ~ the pros and cons** peser le pour et le contre

▸ **weigh down** VT (*branch*) faire plier; (*fig: with worry*) accabler

▸ **weigh on** VT FUS (*problem, worry*) peser à; **to ~ on sb's mind** peser à qn

▶ **weigh out** VT (*goods*) peser
▶ **weigh up** VT examiner

weighbridge ['weɪbrɪdʒ] N pont-bascule *m*

weighing machine ['weɪɪŋ-] N balance *f*, bascule *f*

★**weight** [weɪt] N poids *m*; **sold by ~** vendu au poids; **to put on/lose ~** grossir/maigrir; **weights and measures** poids et mesures ▶ VT alourdir; (*fig: factor*) pondérer
▶ **weight down** VT maintenir en place

weighted ['weɪtɪd] ADJ (*biased*) biaisé(e); **to be (heavily) ~ in favour of sth/sb** être (fortement) biaisé(e) en faveur de qch/qn; **to be ~ against sth/sb** être biaisé en défaveur de qch/qn

weighting ['weɪtɪŋ] N: **~ allowance** indemnité *f* de résidence

weightlessness ['weɪtlɪsnɪs] N apesanteur *f*

weightlifter ['weɪtlɪftəʳ] N haltérophile *m*

weightlifting ['weɪtlɪftɪŋ] N haltérophilie *f*

weight training N musculation *f*

weighty ['weɪtɪ] ADJ lourd(e)

weir [wɪəʳ] N barrage *m*

weird [wɪəd] ADJ bizarre; (*eerie*) surnaturel(le)

weirdo ['wɪədəu] N (*inf*) type *m* bizarre

★**welcome** ['wɛlkəm] ADJ bienvenu(e); **to be ~** être le (la) bienvenu(e); **to make sb ~** faire bon accueil à qn; **you're ~ to try** vous pouvez essayer si vous voulez; **you're ~!** (*after thanks*) de rien, il n'y a pas de quoi ▶ N accueil *m* ▶ VT accueillir; (*also:* **bid welcome**) souhaiter la bienvenue à; (*be glad of*) se réjouir de

welcoming ['wɛlkəmɪŋ] ADJ accueillant(e); (*speech*) d'accueil

weld [wɛld] N soudure *f* ▶ VT souder

welder ['wɛldəʳ] N (*person*) soudeur *m*

welding ['wɛldɪŋ] N soudure *f* (autogène)

welfare ['wɛlfɛəʳ] N (*wellbeing*) bien-être *m*; (*social aid*) assistance sociale

welfare state N État-providence *m*

welfare work N travail social

★**well** [wɛl] N puits *m* ▶ ADV bien; **~ done!** bravo !; **to do ~** bien réussir; (*business*) prospérer; **to think ~ of sb** penser du bien de qn; **as ~** (*in addition*) aussi, également; **you might as ~ tell me** tu ferais aussi bien de me le dire; **as ~ as** aussi bien que *or* de; en plus de ▶ ADJ: **to be ~** aller bien; **I don't feel ~** je ne me sens pas bien; **get ~ soon!** remets-toi vite ! ▶ EXCL eh bien !; (*relief also*) bon !; (*resignation*) enfin !; **~, as I was saying ...** donc, comme je disais ...
▶ **well up** VI (*tears, emotions*) monter

we'll [wi:l] = **we will; we shall**

well-advised [wɛləd'vaɪzd] ADJ (*action, decision*) sage; **sb would be ~ to do sth** qn serait bien avisé(e) de faire qch

well-balanced [wɛl'bælənst] ADJ équilibré(e); **a ~ diet** une alimentation équilibrée

well-behaved ['wɛlbɪ'heɪvd] ADJ sage, obéissant(e)

well-being ['wɛl'bi:ɪŋ] N bien-être *m*

well-bred ['wɛl'brɛd] ADJ bien élevé(e)

well-built ['wɛl'bɪlt] ADJ (*house*) bien construit(e); (*person*) bien bâti(e)

well-chosen ['wɛl'tʃəuzn] ADJ (*remarks, words*) bien choisi(e), pertinent(e)

well-deserved ['wɛldɪ'zə:vd] ADJ (bien) mérité(e)

well-developed ['wɛldɪ'vɛləpt] ADJ (*girl*) bien fait(e)

well-disposed ['wɛldɪs'pəuzd] ADJ: **~ to(wards)** bien disposé(e) envers

well-dressed ['wɛl'drɛst] ADJ bien habillé(e), bien vêtu(e)

well-earned ['wɛl'ə:nd] ADJ (*rest*) bien mérité(e)

well-established [wɛlɪ'stæblɪʃt] ADJ bien établi(e)

well-groomed ['wɛl'gru:md] ADJ très soigné(e)

well-heeled ['wɛl'hi:ld] ADJ (*inf: wealthy*) fortuné(e), riche

wellies ['welɪz] NPL (BRIT *inf*) = **wellingtons**

well-informed ['wɛlɪn'fɔ:md] ADJ (*having knowledge of sth*) bien renseigné(e); (*having general knowledge*) cultivé(e)

Wellington ['wɛlɪŋtən] N Wellington

wellingtons ['wɛlɪŋtənz] NPL (*also:* **wellington boots**) bottes *fpl* en caoutchouc

well-kept ['wɛl'kɛpt] ADJ (*house, grounds*) bien tenu(e), bien entretenu(e); (*secret*) bien gardé(e); (*hair, hands*) soigné(e)

★**well-known** ['wɛl'nəun] ADJ (*person*) bien connu(e)

well-mannered ['wɛl'mænəd] ADJ bien élevé(e)

well-meaning ['wɛl'mi:nɪŋ] ADJ bien intentionné(e)

wellness ['wɛlnɪs] N bien-être *m*

well-nigh ['wɛl'naɪ] ADV: **~ impossible** pratiquement impossible

well-off ['wɛl'ɔf] ADJ aisé(e), assez riche

well-paid ['wel'peɪd] ADJ bien payé(e)

well-read ['wɛl'rɛd] ADJ cultivé(e)

well-spoken ['wɛl'spəukn] ADJ (*person*) qui parle bien; (*words*) bien choisi(e)

well-stocked ['wɛl'stɔkt] ADJ bien approvisionné(e)

well-timed ['wɛl'taɪmd] ADJ opportun(e)

well-to-do ['wɛltə'du:] ADJ aisé(e), assez riche

well-travelled, (US) **well-traveled** [wɛl'trævld] ADJ: **to be ~** avoir voyagé

well-versed [wɛl'və:st] ADJ: **to be well versed in sth** être très versé(e) en qch

well-wisher ['wɛlwɪʃəʳ] N ami(e), admirateur(-trice); **scores of well-wishers had gathered** de nombreux amis et admirateurs s'étaient rassemblés; **letters from well-wishers** des lettres d'encouragement

well-woman clinic ['wɛlwumən-] N *centre prophylactique et thérapeutique pour femmes*

★**Welsh** [wɛlʃ] ADJ gallois(e) ▶ N (*Ling*) gallois *m*
■ **the Welsh** NPL (*people*) les Gallois *mpl*

Welsh Assembly N Parlement gallois

★**Welshman** ['wɛlʃmən] N (*irreg*) Gallois *m*

Welsh rarebit N croûte *f* au fromage

★**Welshwoman** ['wɛlʃwumən] N (*irreg*) Galloise *f*

welter ['wɛltəʳ] N fatras *m*

went [wɛnt] PT *of* **go**

wept [wɛpt] PT, PP *of* **weep**
were [wəːʳ] PT *of* **be**
we're [wɪəʳ] = **we are**
weren't [wəːnt] = **were not**
werewolf [ˈwɪəwulf] (*pl* **werewolves** [-wulvz]) N loup-garou *m*
★**west** [wɛst] N ouest *m*; **the W~** l'Occident *m*, l'Ouest ▸ ADJ (*wind*) d'ouest; (*side*) ouest *inv* ▸ ADV à *or* vers l'ouest
westbound [ˈwɛstbaund] ADJ en direction de l'ouest; (*carriageway*) ouest *inv*
West Country N: **the ~** le sud-ouest de l'Angleterre
westerly [ˈwɛstəlɪ] ADJ (*situation*) à l'ouest; (*wind*) d'ouest
★**western** [ˈwɛstən] ADJ occidental(e), de *or* à l'ouest ▸ N (*Cine*) western *m*
westerner [ˈwɛstənəʳ] N occidental(e)
westernized [ˈwɛstənaɪzd] ADJ occidentalisé(e)
West German (*formerly*) ADJ ouest-allemand(e) ▸ N Allemand(e) de l'Ouest
West Germany N (*formerly*) Allemagne *f* de l'Ouest
West Indian ADJ antillais(e) ▸ N Antillais(e)
West Indies [-ˈɪndɪz] NPL Antilles *fpl*
Westminster [ˈwɛstmɪnstəʳ] N (BRIT *Parliament*) Westminster *m*
westward [ˈwɛstwəd], **westwards** [ˈwɛstwədz] ADV vers l'ouest
★**wet** [wɛt] ADJ mouillé(e); (*damp*) humide; (*soaked*: *also*: **wet through**) trempé(e); (*rainy*) pluvieux(-euse); **to get ~** se mouiller; **"~ paint"** « attention peinture fraîche » ▸ VT: **to ~ one's pants** *or* **o.s.** mouiller sa culotte, faire pipi dans sa culotte
wet blanket N (*fig*) rabat-joie *m inv*
wetness [ˈwɛtnɪs] N humidité *f*
wetsuit [ˈwɛtsuːt] N combinaison *f* de plongée
we've [wiːv] = **we have**
whack [wæk] VT donner un grand coup à
whacked [wækt] ADJ (BRIT *inf*: *tired*) crevé(e)
whacking [ˈwækɪŋ] ADJ (BRIT *inf*: *enormous*) un (une) vache de *before noun* (*inf*) ▸ ADV vachement (*inf*); **a ~ great hole** un trou vachement gros
whale [weɪl] N (*Zool*) baleine *f*
whaler [ˈweɪləʳ] N (*ship*) baleinier *m*
whaling [ˈweɪlɪŋ] N pêche *f* à la baleine
wharf [wɔːf] (*pl* **wharves** [wɔːvz]) N quai *m*

what [wɔt]

ADJ **1** (*in questions*) quel(le); **what size is he?** quelle taille fait-il ?; **what colour is it?** de quelle couleur est-ce ?; **what books do you need?** quels livres vous faut-il ?
2 (*in exclamations*): **what a mess!** quel désordre !; **what a fool I am!** que je suis bête !
▸ PRON **1** (*interrogative*) que; de/à/en *etc* quoi; **what are you doing?** que faites-vous ?, qu'est-ce que vous faites ?; **what is happening?** qu'est-ce qui se passe ?, que se passe-t-il ?; **what are you talking about?** de quoi parlez-vous ?; **what are you thinking about?** à quoi pensez-vous ?; **what is it called?** comment est-ce que ça s'appelle ?; **what about me?** et moi ?; **what about doing ...?** et si on faisait ... ?
2 (*relative*: *subject*) ce qui; (: *direct object*) ce que; (: *indirect object*) ce à quoi, ce dont; **I saw what you did/was on the table** j'ai vu ce que vous avez fait/ce qui était sur la table; **tell me what you remember** dites-moi ce dont vous vous souvenez; **what I want is a cup of tea** ce que je veux, c'est une tasse de thé
▸ EXCL (*disbelieving*) quoi !, comment !

whatever [wɔtˈɛvəʳ] ADJ: **take ~ book you prefer** prenez le livre que vous préférez, peu importe lequel; **~ book you take** quel que soit le livre que vous preniez ▸ PRON: **do ~ is necessary** faites (tout) ce qui est nécessaire; **~ happens** quoi qu'il arrive ▸ ADV (*also*: **whatsoever**): **no reason ~** pas la moindre raison; **nothing ~** rien du tout
whatsoever [wɔtsəuˈɛvəʳ] ADJ *see* **whatever**
wheat [wiːt] N blé *m*, froment *m*
wheatgerm [ˈwiːtdʒəːm] N germe *m* de blé
wheatmeal [ˈwiːtmiːl] N farine bise
wheedle [ˈwiːdl] VT: **to ~ sb into doing sth** cajoler *or* enjôler qn pour qu'il fasse qch; **to ~ sth out of sb** obtenir qch de qn par des cajoleries
★**wheel** [wiːl] N roue *f*; (*Aut*: *also*: **steering wheel**) volant *m*; (*Naut*) gouvernail *m* ▸ VT (*pram etc*) pousser, rouler ▸ VI (*birds*) tournoyer; (*also*: **wheel round**: *person*) se retourner, faire volte-face
wheelbarrow [ˈwiːlbærəu] N brouette *f*
wheelbase [ˈwiːlbeɪs] N empattement *m*
wheelchair [ˈwiːltʃɛəʳ] N fauteuil roulant
wheel clamp N (*Aut*) sabot *m* (de Denver)
wheeler-dealer [ˈwiːləˈdiːləʳ] N (*pej*) combinard(e), affairiste *mf*
wheelie-bin [ˈwiːlɪbɪn] N (BRIT) poubelle *f* à roulettes
wheeling [ˈwiːlɪŋ] N: **~ and dealing** (*pej*) manigances *fpl*, magouilles *fpl*
wheeze [wiːz] N respiration bruyante (*d'asthmatique*) ▸ VI respirer bruyamment
wheezy [ˈwiːzɪ] ADJ sifflant(e)

when [wen]

ADV quand; **when did he go?** quand est-ce qu'il est parti ?
▸ CONJ **1** (*at, during, after the time that*) quand, lorsque; **she was reading when I came in** elle lisait quand *or* lorsque je suis entré
2 (*on, at which*): **on the day when I met him** le jour où je l'ai rencontré
3 (*whereas*) alors que; **I thought I was wrong when in fact I was right** j'ai cru que j'avais tort alors qu'en fait j'avais raison

In English the present tense follows *when* in statements about the future. In French the future tense must be used: *when I win the lottery* **quand je gagnerai à la loterie**.

whenever [wɛnˈɛvəʳ] ADV quand donc ▸ CONJ quand; (*every time that*) chaque fois que; **I go ~ I can** j'y vais quand *or* chaque fois que je le peux

★**where** [wɛəʳ] ADV, CONJ où; **this is ~** c'est là que; **~ are you from?** d'où venez vous ?

> Remember to spell **où** with an accent: *Where are you?* **Où es-tu ?** The word **ou** means *or*.

whereabouts [ˈwɛərəbauts] ADV où donc ▸ N: **nobody knows his ~** personne ne sait où il se trouve

whereas [wɛərˈæz] CONJ alors que

whereby [wɛəˈbaɪ] ADV (*formal*) par lequel (*or* laquelle *etc*)

whereupon [wɛərəˈpɔn] ADV sur quoi, et sur ce

wherever [wɛərˈɛvəʳ] ADV où donc ▸ CONJ où que + *sub*; **sit ~ you like** asseyez-vous (là) où vous voulez

wherewithal [ˈwɛəwɪðɔːl] N: **the ~ (to do sth)** les moyens *mpl* (de faire qch)

whet [wɛt] VT aiguiser

★**whether** [ˈwɛðəʳ] CONJ si; **I don't know ~ to accept or not** je ne sais pas si je dois accepter ou non; **it's doubtful ~** il est peu probable que + *sub*; **~ you go or not** que vous y alliez ou non

whey [weɪ] N petit-lait *m*

which [wɪtʃ]

ADJ **1** (*interrogative: direct, indirect*) quel(le); **which picture do you want?** quel tableau voulez-vous ?; **which one?** lequel (laquelle) ?
2: **in which case** auquel cas; **we got there at 8pm, by which time the cinema was full** quand nous sommes arrivés à 20h, le cinéma était complet
▸ PRON **1** (*interrogative*) lequel (laquelle), lesquels (lesquelles) *pl*; **I don't mind which** peu importe lequel; **which (of these) are yours?** lesquels sont à vous ?; **tell me which you want** dites-moi lesquels *or* ceux que vous voulez
2 (*relative: subject*) qui; (*: object*) que; sur/vers *etc* lequel (laquelle) (*NB : à + lequel =* **auquel**; *de + lequel =* **duquel**); **the apple which you ate/which is on the table** la pomme que vous avez mangée/qui est sur la table; **the chair on which you are sitting** la chaise sur laquelle vous êtes assis; **the book of which you spoke** le livre dont vous avez parlé; **he said he knew, which is true/I was afraid of** il a dit qu'il le savait, ce qui est vrai/ce que je craignais; **after which** après quoi

whichever [wɪtʃˈɛvəʳ] ADJ: **take ~ book you prefer** prenez le livre que vous préférez, peu importe lequel; **~ book you take** quel que soit le livre que vous preniez; **~ way you** de quelque façon que vous + *sub*

whiff [wɪf] N bouffée *f*; **to catch a ~ of sth** sentir l'odeur de qch

★**while** [waɪl] N moment *m*; **for a ~** pendant quelque temps; **in a ~** dans un moment; **all the ~** pendant tout ce temps-là; **we'll make it worth your ~** nous vous récompenserons de votre peine ▸ CONJ pendant que; (*as long as*) tant que; (*as, whereas*) alors que; (*though*) bien que + *sub*, quoique + *sub*
▸ **while away** VT (*time*) (faire) passer

whilst [waɪlst] CONJ = **while**

whim [wɪm] N caprice *m*

whimper [ˈwɪmpəʳ] N geignement *m* ▸ VI geindre

whimsical [ˈwɪmzɪkl] ADJ (*person*) capricieux(-euse); (*look*) étrange

whimsy [wɪmzɪ] N fantaisie *f*

whine [waɪn] N gémissement *m*; (*of engine, siren*) plainte stridente ▸ VI gémir, geindre, pleurnicher; (*dog, engine, siren*) gémir

whinge [wɪndʒ] VI (BRIT *inf*) râler; **to ~ about sth** râler à propos de qch

★**whip** [wɪp] N fouet *m*; (*for riding*) cravache *f*; (*Pol: person*) chef *m* de file (*assurant la discipline dans son groupe parlementaire*) ▸ VT fouetter; (*snatch*) enlever (*or* sortir) brusquement
▸ **whip up** VT (*cream*) fouetter; (*inf: meal*) préparer en vitesse; (*stir up: support*) stimuler; (*: feeling*) attiser, aviver

whiplash [ˈwɪplæʃ] N (*Med: also:* **whiplash injury**) coup *m* du lapin

whipped cream [wɪpt-] N crème fouettée

whipping boy [ˈwɪpɪŋ-] N (*fig*) bouc *m* émissaire

whip-round [ˈwɪpraund] N (BRIT) collecte *f*

whirl [wəːl] N tourbillon *m* ▸ VI tourbillonner; (*dancers*) tournoyer ▸ VT faire tourbillonner; faire tournoyer

whirlpool [ˈwəːlpuːl] N tourbillon *m*

whirlwind [ˈwəːlwɪnd] N tornade *f*

whirr [wəːʳ] VI vrombir

whirring [ˈwəːrɪŋ] N vrombissement *m*

whisk [wɪsk] N (*Culin*) fouet *m* ▸ VT (*eggs*) fouetter, battre; **to ~ sb away** *or* **off** emmener qn rapidement

whiskers [ˈwɪskəz] NPL (*of animal*) moustaches *fpl*; (*of man*) favoris *mpl*

whisky, (IRISH, US) **whiskey** [ˈwɪskɪ] N whisky *m*

★**whisper** [ˈwɪspəʳ] N chuchotement *m*; (*fig: of leaves*) bruissement *m*; (*rumour*) rumeur *f* ▸ VT, VI chuchoter

whispering [ˈwɪspərɪŋ] N chuchotement(s) *m(pl)*

whist [wɪst] N (BRIT) whist *m*

whistle [ˈwɪsl] N (*sound*) sifflement *m*; (*object*) sifflet *m* ▸ VI siffler ▸ VT siffler, siffloter

whistleblower [ˈwɪslbləuəʳ] N lanceur(-euse) d'alerte

whistleblowing [ˈwɪslbləuɪŋ] N dénonciation *f*

whistle-stop [ˈwɪslstɔp] ADJ: **to make a ~ tour of** (*Pol*) faire la tournée électorale des petits patelins de

Whit [wɪt] N la Pentecôte

★**white** [waɪt] ADJ blanc (blanche); (*with fear*) blême; **to turn** *or* **go ~** (*person*) pâlir, blêmir; (*hair*) blanchir ▸ N blanc *m*; (*person*) blanc (blanche); **the whites** (*washing*) le linge blanc; **tennis whites** tenue *f* de tennis

whitebait [ˈwaɪtbeɪt] N blanchaille *f*

whiteboard [ˈwaɪtbɔːd] N tableau *m* blanc; **interactive ~** tableau (blanc) interactif

white coffee N (BRIT) café *m* au lait, (café) crème *m*

white-collar worker [ˈwaɪtkɔlə-] N employé(e) de bureau

white elephant N (*fig*) objet dispendieux et superflu

white goods NPL (*appliances*) (gros) électroménager *m*; (*linen etc*) linge *m* de maison

W

Whitehall ['waɪthɔːl] N (*place*) *à Londres, quartier gouvernemental*; (*government*) le gouvernement britannique
white-hot [waɪt'hɔt] ADJ (*metal*) incandescent(e)
White House N (*US*): **the ~** la Maison-Blanche
white lie N pieux mensonge
whiteness ['waɪtnɪs] N blancheur *f*
white noise N son *m* blanc
whiteout ['waɪtaut] N jour blanc
white paper N (*Pol*) livre blanc
whitewash ['waɪtwɔʃ] N (*paint*) lait *m* de chaux ▸ VT blanchir à la chaux; (*fig*) blanchir
whiting ['waɪtɪŋ] N (*pl inv: fish*) merlan *m*
Whit Monday N le lundi de Pentecôte
Whitsun ['wɪtsn] N la Pentecôte
whittle ['wɪtl] VT: **to ~ away, to ~ down** (*costs*) réduire, rogner
whizz [wɪz] VI aller (*or* passer) à toute vitesse
whizz kid N (*inf*) petit prodige
WHO N ABBR (= *World Health Organization*) OMS *f* (*Organisation mondiale de la Santé*)
★**who** [huː] PRON qui
whodunit, whodunnit [huː'dʌnɪt] N (*inf: book, film*) polar *m* (*inf*)
whoever [huː'ɛvəʳ] PRON: **~ finds it** celui (celle) qui le trouve(, qui que ce soit), quiconque le trouve; **ask ~ you like** demandez à qui vous voulez; **~ he marries** qui que ce soit *or* quelle que soit la personne qu'il épouse; **~ told you that?** qui a bien pu vous dire ça ?, qui donc vous a dit ça ?
★**whole** [həul] ADJ (*complete*) entier(-ière), tout(e); (*not broken*) intact(e), complet(-ète); **the ~ lot (of it)** tout; **the ~ lot (of them)** tous (sans exception) ▸ N (*entire unit*) tout *m*; (*all*): **the ~ of** la totalité de, tout(e) le (la); **the ~ of the time** tout le temps; **the ~ of the town** la ville tout entière; **on the ~, as a ~** dans l'ensemble
wholefood ['həulfuːd] N, **wholefoods** ['həulfuːdz] NPL aliments complets
wholegrains ['həulgreɪnz] NPL céréales *fpl* complètes
wholehearted [həul'hɑːtɪd] ADJ sans réserve(s), sincère
wholeheartedly [həul'hɑːtɪdlɪ] ADV sans réserve; **to agree ~** être entièrement d'accord
wholemeal ['həulmiːl] ADJ (BRIT: *flour, bread*) complet(-ète)
whole note N (*US*) ronde *f*
wholesale ['həulseɪl] N (vente *f* en) gros *m* ▸ ADJ (*price*) de gros; (*destruction*) systématique
wholesaler ['həulseɪləʳ] N grossiste *mf*
wholesome ['həulsəm] ADJ sain(e); (*advice*) salutaire
wholewheat ['həulwiːt] ADJ = **wholemeal**
wholly ['həulɪ] ADV entièrement, tout à fait

whom [huːm]

PRON **1** (*interrogative*) qui; **whom did you see?** qui avez-vous vu ?; **to whom did you give it?** à qui l'avez-vous donné ?
2 (*relative*) que; à/de *etc* qui; **the man whom I saw/to whom I spoke** l'homme que j'ai vu/à qui j'ai parlé

whoop [wuːp] VI: **to ~ with delight** pousser des cris de joie ▸ N cri *m* de joie
whooping cough ['huːpɪŋ-] N coqueluche *f*
whoops [wuːps] EXCL (*also:* **whoops-a-daisy**) oups !, houp-là !
whoosh [wuʃ] VI (*inf*): **the skiers whooshed past** les skieurs passèrent dans un glissement rapide
whopper ['wɔpəʳ] N (*inf: lie*) gros bobard; (*: large thing*) monstre *m*, phénomène *m*
whopping ['wɔpɪŋ] ADJ (*inf: big*) énorme
whore [hɔːʳ] N (*!*) putain *f* (*inf*)

whose [huːz]

ADJ **1** (*possessive: interrogative*): **whose book is this?, whose is this book?** à qui est ce livre ?; **whose pencil have you taken?** à qui est le crayon que vous avez pris ?, c'est le crayon de qui que vous avez pris ?; **whose daughter are you?** de qui êtes-vous la fille ?
2 (*possessive: relative*): **the man whose son you rescued** l'homme dont *or* de qui vous avez sauvé le fils; **the girl whose sister you were speaking to** la fille à la sœur de qui *or* de laquelle vous parliez; **the woman whose car was stolen** la femme dont la voiture a été volée
▸ PRON à qui; **whose is this?** à qui est ceci ?; **I know whose it is** je sais à qui c'est

Who's Who ['huːz'huː] N ≈ Bottin Mondain

why [waɪ]

ADV pourquoi; **why is he late?** pourquoi est-il en retard ?; **why not?** pourquoi pas ?
▸ CONJ: **I wonder why he said that** je me demande pourquoi il a dit ça; **that's not why I'm here** ce n'est pas pour ça que je suis là; **the reason why** la raison pour laquelle
▸ EXCL eh bien !, tiens !; **why, it's you!** tiens, c'est vous !; **why, that's impossible!** voyons, c'est impossible !

whyever [waɪ'ɛvəʳ] ADV pourquoi donc, mais pourquoi
WI N ABBR (BRIT: = *Women's Institute*) *amicale de femmes au foyer* ▸ ABBR (*Geo*) = **West Indies**; (*US*) = **Wisconsin**
wick [wɪk] N mèche *f* (*de bougie*)
★**wicked** ['wɪkɪd] ADJ méchant(e); (*mischievous: grin, look*) espiègle, malicieux(-euse); (*crime*) pervers(e); (*terrible: prices, weather*) épouvantable; (*inf: very good*) génial(e) (*inf*)
wicker ['wɪkəʳ] N osier *m*; (*also:* **wickerwork**) vannerie *f*
wicket ['wɪkɪt] N (*Cricket: stumps*) guichet *m*; (*: grass area*) espace compris entre les deux guichets
wicket keeper N (*Cricket*) gardien *m* de guichet
★**wide** [waɪd] ADJ large; (*area, knowledge*) vaste, très étendu(e); (*choice*) grand(e); **it is 3 metres ~** cela fait 3 mètres de large ▸ ADV: **to open ~** ouvrir tout grand; **to shoot ~** tirer à côté
wide-angle lens ['waɪdæŋgl-] N objectif *m* grand-angulaire
wide-awake [waɪdə'weɪk] ADJ bien éveillé(e)
wide-eyed [waɪd'aɪd] ADJ aux yeux écarquillés; (*fig*) naïf(-ïve), crédule

widely ['waɪdlɪ] ADV (*different*) radicalement; (*spaced*) sur une grande étendue; (*believed*) généralement; (*travel*) beaucoup; **to be ~ read** (*author*) être beaucoup lu(e); (*reader*) avoir beaucoup lu, être cultivé(e)

widen ['waɪdn] VT élargir ▶ VI s'élargir

wideness ['waɪdnɪs] N largeur *f*

wide open ADJ grand(e) ouvert(e)

wide-ranging [waɪd'reɪndʒɪŋ] ADJ (*survey, report*) vaste; (*interests*) divers(e)

widespread ['waɪdsprɛd] ADJ (*belief etc*) très répandu(e)

widget ['wɪdʒɪt] N (*Comput*) widget *m*

widow ['wɪdəu] N veuve *f*

widowed ['wɪdəud] ADJ (qui est devenu(e)) veuf (veuve)

widower ['wɪdəuəʳ] N veuf *m*

width [wɪdθ] N largeur *f*; **it's 7 metres in ~** cela fait 7 mètres de large

widthways ['wɪdθweɪz] ADV en largeur

wield [wi:ld] VT (*sword*) manier; (*power*) exercer

★**wife** [waɪf] (*pl* **wives** [waɪvz]) N femme *f*, épouse *f*

Wi-Fi ['waɪfaɪ] N wifi *m* ▶ N ABBR (= *wireless fidelity*) WiFi *m* ▶ ADJ (*hot spot, network*) WiFi *inv*

wig [wɪg] N perruque *f*

wigging ['wɪgɪŋ] N (BRIT *inf*) savon *m*, engueulade *f*

wiggle ['wɪgl] VT agiter, remuer ▶ VI (*loose screw etc*) branler; (*worm*) se tortiller

wiggly ['wɪglɪ] ADJ (*line*) ondulé(e)

wiki ['wɪkɪ] N (*Internet*) wiki *m*

★**wild** [waɪld] ADJ sauvage; (*sea*) déchaîné(e); (*idea, life*) fou (folle); (*behaviour*) déchaîné(e), extravagant(e); (*inf: angry*) hors de soi, furieux(-euse); (*: enthusiastic*): **to be ~ about** être fou (folle) *or* dingue de ▶ N: **the ~** la nature ■ **wilds** NPL régions *fpl* sauvages

wild card N (*Comput*) caractère *m* de remplacement

wildcat ['waɪldkæt] N chat *m* sauvage

wildcat strike N grève *f* sauvage

wilderness ['wɪldənɪs] N désert *m*, région *f* sauvage

wildfire ['waɪldfaɪəʳ] N: **to spread like ~** se répandre comme une traînée de poudre

wild-goose chase [waɪld'gu:s-] N (*fig*) fausse piste

wildlife ['waɪldlaɪf] N faune *f* (et flore *f*)

wildly ['waɪldlɪ] ADV (*behave*) de manière déchaînée; (*applaud*) frénétiquement; (*hit, guess*) au hasard; (*happy*) follement

wiles [waɪlz] NPL ruses *fpl*, artifices *mpl*

wilful, (US) **willful** ['wɪlful] ADJ (*person*) obstiné(e); (*action*) délibéré(e); (*crime*) prémédité(e)

will [wɪl]

AUX VB **1** (*forming future tense*): **I will finish it tomorrow** je le finirai demain; **I will have finished it by tomorrow** je l'aurai fini d'ici demain; **will you do it? — yes I will/no I won't** le ferez-vous ? — oui/non; **you won't lose it, will you?** vous ne le perdrez pas, n'est-ce pas ?

2 (*in conjectures, predictions*): **he will** *or* **he'll be there by now** il doit être arrivé à l'heure qu'il est; **that will be the postman** ça doit être le facteur

3 (*in commands, requests, offers*): **will you be quiet!** voulez-vous bien vous taire !; **will you help me?** est-ce que vous pouvez m'aider ?; **will you have a cup of tea?** voulez-vous une tasse de thé ?; **I won't put up with it!** je ne le tolérerai pas !

▶ VT (*pt, pp* **willed**): **to will sb to do** souhaiter ardemment que qn fasse; **he willed himself to go on** par un suprême effort de volonté, il continua

▶ N **1** volonté *f*; **to do sth of one's own free will** faire qch de son propre gré; **against one's will** à contre-cœur

2 (*document*) testament *m*

willful ['wɪlful] ADJ (US) = **wilful**

★**willing** ['wɪlɪŋ] ADJ de bonne volonté, serviable; **he's ~ to do it** il est disposé à le faire, il veut bien le faire ▶ N: **to show ~** faire preuve de bonne volonté

willingly ['wɪlɪŋlɪ] ADV volontiers

willingness ['wɪlɪŋnɪs] N bonne volonté

will-o'-the-wisp ['wɪləðə'wɪsp] N (*also fig*) feu follet *m*

willow ['wɪləu] N saule *m*

willpower ['wɪl'pauəʳ] N volonté *f*

willy ['wɪlɪ] N (BRIT *inf: penis*) quéquette *f* (*inf*); **to give sb the willies** (*inf*) foutre la trouille à qn (*inf*)

willy-nilly ['wɪlɪ'nɪlɪ] ADV (*inf*) bon gré mal gré

wilt [wɪlt] VI dépérir

wily ['waɪlɪ] ADJ rusé(e)

wimp [wɪmp] N (*inf*) mauviette *f*

★**win** [wɪn] (*pt, pp* **won** [wʌn]) N (*in sports etc*) victoire *f* ▶ VT (*battle, money*) gagner; (*prize, contract*) remporter; (*popularity*) acquérir ▶ VI gagner

▶ **win over** [wɪn 'əuvəʳ] VT convaincre

▶ **win round** [wɪn raund] VT gagner, se concilier

wince [wɪns] N tressaillement *m* ▶ VI tressaillir

winch [wɪntʃ] N treuil *m*

Winchester disk ['wɪntʃɪstə-] N (*Comput*) disque *m* Winchester

★**wind¹** [wɪnd] N (*also Med*) vent *m*; (*breath*) souffle *m*; **the ~(s)** (*Mus*) les instruments *mpl* à vent; **into** *or* **against the ~** contre le vent; **to get ~ of sth** (*fig*) avoir vent de qch; **to break ~** avoir des gaz ▶ VT (*take breath away*) couper le souffle à

wind² [waɪnd] (*pt, pp* **wound** [waund]) VT enrouler; (*wrap*) envelopper; (*clock, toy*) remonter ▶ VI (*road, river*) serpenter

▶ **wind down** [waɪnd daun] VT (*car window*) baisser; (*fig: production, business*) réduire progressivement

▶ **wind up** [waɪnd ʌp] VT (*clock*) remonter; (*debate*) terminer, clôturer

windbreak ['wɪndbreɪk] N brise-vent *m inv*

windcheater ['wɪndtʃi:təʳ], (US) **windbreaker** ['wɪndbreɪkəʳ] N anorak *m*

winder ['waɪndəʳ] N (BRIT: *on watch*) remontoir *m*

windfall ['wɪndfɔ:l] N coup *m* de chance

wind farm N ferme *f* éolienne

winding ['waɪndɪŋ] ADJ (*road*) sinueux(-euse); (*staircase*) tournant(e)

W

wind instrument N (*Mus*) instrument *m* à vent
windmill ['wɪndmɪl] N moulin *m* à vent
★**window** ['wɪndəu] N fenêtre *f*; (*in car, train: also:* **windowpane**) vitre *f*; (*in shop etc*) vitrine *f*
window box N jardinière *f*
window cleaner N (*person*) laveur(-euse) de vitres
window dressing N arrangement *m* de la vitrine
window envelope N enveloppe *f* à fenêtre
window frame N châssis *m* de fenêtre
window ledge N rebord *m* de la fenêtre
window pane N vitre *f*, carreau *m*
window seat N (*on plane*) place *f* côté hublot
window-shopping ['wɪndəuʃɔpɪŋ] N: **to go ~** faire du lèche-vitrines
windowsill ['wɪndəusɪl] N (*inside*) appui *m* de la fenêtre; (*outside*) rebord *m* de la fenêtre
windpipe ['wɪndpaɪp] N gosier *m*
wind power N énergie éolienne
windscreen ['wɪndskri:n] N (Brit) pare-brise *m inv*
windscreen washer, (*US*) **windshield washer** N lave-glace *m inv*
windscreen wiper, (*US*) **windshield wiper** [-waɪpə^r] N essuie-glace *m inv*
windshield ['wɪndʃi:ld] N (*US*) = **windscreen**
windsurfing ['wɪndsə:fɪŋ] N planche *f* à voile
windswept ['wɪndswɛpt] ADJ balayé(e) par le vent
wind tunnel N soufflerie *f*
wind turbine N éolienne *f*
windy ['wɪndɪ] ADJ (*day*) de vent, venteux(-euse); (*place, weather*) venteux; **it's ~** il y a du vent
★**wine** [waɪn] N vin *m* ▸ VT: **to ~ and dine sb** offrir un dîner bien arrosé à qn
wine bar N bar *m* à vin
wine cellar N cave *f* à vins
wine glass N verre *m* à vin
wine list N carte *f* des vins
wine merchant N marchand(e) de vins
winery ['waɪnərɪ] (*US*) N cave *f* de vinification, vinerie *f*
wine tasting [-teɪstɪŋ] N dégustation *f* (de vins)
wine waiter N sommelier *m*
★**wing** [wɪŋ] N aile *f*; (*in air force*) groupe *m* d'escadrilles ■ **wings** NPL (*Theat*) coulisses *fpl*
winger ['wɪŋə^r] N (*Sport*) ailier *m*
wing mirror N (Brit) rétroviseur latéral
wing nut N papillon *m*, écrou *m* à ailettes
wingspan ['wɪŋspæn], **wingspread** ['wɪŋsprɛd] N envergure *f*
wink [wɪŋk] N clin *m* d'œil ▸ VI faire un clin d'œil; (*blink*) cligner des yeux
winkle [wɪŋkl] N bigorneau *m*
★**winner** ['wɪnə^r] N gagnant(e)
★**winning** ['wɪnɪŋ] ADJ (*team*) gagnant(e); (*goal*) décisif(-ive); (*charming*) charmeur(-euse)
winning post N poteau *m* d'arrivée
winnings ['wɪnɪŋz] NPL gains *mpl*
winsome ['wɪnsəm] ADJ avenant(e), engageant(e)
★**winter** ['wɪntə^r] N hiver *m*; **in ~** en hiver ▸ VI hiverner
winter sports NPL sports *mpl* d'hiver
wintertime ['wɪntətaɪm] N hiver *m*
wintry ['wɪntrɪ] ADJ hivernal(e)
★**wipe** [waɪp] N coup *m* de torchon (*or* de chiffon *or* d'éponge); **to give sth a ~** donner un coup de torchon/de chiffon/d'éponge à qch ▸ VT essuyer; (*erase: tape*) effacer; **to ~ one's nose** se moucher
▸ **wipe off** VT essuyer
▸ **wipe out** VT (*debt*) éteindre, amortir; (*memory*) effacer; (*destroy*) anéantir
▸ **wipe up** VT essuyer
wiper ['waɪpə^r] N essuie-glace *m*
★**wire** ['waɪə^r] N fil *m* (de fer); (*Elec*) fil électrique; (*Tel*) télégramme *m* ▸ VT (*fence*) grillager; (*house*) faire l'installation électrique de; (*also:* **wire up**) brancher; (*person: send telegram to*) télégraphier à
wire brush N brosse *f* métallique
wire cutters [-kʌtəz] NPL cisaille *f*
wireless ['waɪəlɪs] ADJ sans fil ▸ N (Brit) télégraphie *f* sans fil; (*set*) T.S.F. *f*
wireless technology N technologie *f* sans fil
wire netting N treillis *m* métallique, grillage *m*
wire service N (*US*) revue *f* de presse (*par téléscripteur*)
wire-tapping ['waɪə'tæpɪŋ] N écoute *f* téléphonique
wiring ['waɪərɪŋ] N (*Elec*) installation *f* électrique
wiry ['waɪərɪ] ADJ noueux(-euse), nerveux(-euse)
wisdom ['wɪzdəm] N sagesse *f*; (*of action*) prudence *f*
wisdom tooth N dent *f* de sagesse
★**wise** [waɪz] ADJ sage, prudent(e); (*remark*) judicieux(-euse); **I'm none the wiser** je ne suis pas plus avancé(e) pour autant
▸ **wise up** VI (*inf*): **to ~ up to** commencer à se rendre compte de
...wise [waɪz] SUFFIX: **timewise** en ce qui concerne le temps, question temps
wisecrack ['waɪzkræk] N (*inf*) vanne *f* (*inf*)
★**wisecracking** ['waɪzkrækɪŋ] ADJ vanneur(-euse) **wish** [wɪʃ] N (*desire*) désir *m*; (*specific desire*) souhait *m*, vœu *m*; **best wishes** (*on birthday etc*) meilleurs vœux; **with best wishes** (*in letter*) bien amicalement; **give her my best wishes** faites-lui mes amitiés ▸ VT souhaiter, désirer, vouloir; **to ~ sb goodbye** dire au revoir à qn; **he wished me well** il m'a souhaité bonne chance; **to ~ to do/sb to do** désirer *or* vouloir faire/que qn fasse; **to ~ sth on sb** souhaiter qch à qn ▸ VI: **to ~ for** souhaiter
wishbone ['wɪʃbəun] N fourchette *f*
wishful ['wɪʃful] ADJ: **it's ~ thinking** c'est prendre ses désirs pour des réalités
wishy-washy ['wɪʃɪ'wɔʃɪ] ADJ (*inf: person*) qui manque de caractère, falot(e); (*: ideas, thinking*) faiblard(e)
wisp [wɪsp] N fine mèche (*de cheveux*); (*of smoke*) mince volute *f*; **a ~ of straw** un fétu de paille
wistful ['wɪstful] ADJ mélancolique
wit [wɪt] N (*also:* **wits**: *intelligence*) intelligence *f*, esprit *m*; (*presence of mind*) présence *f* d'esprit; (*wittiness*) esprit; (*person*) homme/femme d'esprit; **to be at one's wits' end** (*fig*) ne plus savoir que faire; **to have one's wits about one** avoir toute sa présence d'esprit, ne pas perdre la tête; **to ~** *adv* à savoir

witch [wɪtʃ] N sorcière *f*
witchcraft ['wɪtʃkrɑːft] N sorcellerie *f*
witch doctor N sorcier *m*
witch-hunt ['wɪtʃhʌnt] N chasse *f* aux sorcières

with [wɪð, wɪθ]

PREP **1** (*in the company of*) avec; (: *at the home of*) chez; **we stayed with friends** nous avons logé chez des amis; **I'll be with you in a minute** je suis à vous dans un instant
2 (*descriptive*): **a room with a view** une chambre avec vue; **the man with the grey hat/blue eyes** l'homme au chapeau gris/aux yeux bleus
3 (*indicating manner, means, cause*): **with tears in her eyes** les larmes aux yeux; **to walk with a stick** marcher avec une canne; **red with anger** rouge de colère; **to shake with fear** trembler de peur; **to fill sth with water** remplir qch d'eau
4 (*in phrases*): **I'm with you** (*I understand*) je vous suis; **to be with it** (*inf: up-to-date*) être dans le vent

withdraw [wɪθ'drɔː] VT (*irreg: like* **draw**) retirer ▸ VI se retirer; (*go back on promise*) se rétracter; **to ~ into o.s.** se replier sur soi-même
withdrawal [wɪθ'drɔːəl] N retrait *m*; (*Med*) état *m* de manque
withdrawal symptoms NPL: **to have ~** être en état de manque, présenter les symptômes de sevrage
withdrawn [wɪθ'drɔːn] PP *of* **withdraw** ▸ ADJ (*person*) renfermé(e)
withdrew [wɪθ'druː] PT *of* **withdraw**
wither ['wɪðə^r] VI se faner
withered ['wɪðəd] ADJ fané(e), flétri(e); (*limb*) atrophié(e)
withering ['wɪðərɪŋ] ADJ (*look, attack*) cinglant(e)
withhold [wɪθ'həuld] VT (*irreg: like* **hold**) (*money*) retenir; (*decision*) remettre; **to ~ (from)** (*permission*) refuser (à); (*information*) cacher (à)
★**within** [wɪð'ɪn] PREP à l'intérieur de; **~ his reach** à sa portée; **~ sight of** en vue de; **~ a mile of** à moins d'un mille de; **~ the week** avant la fin de la semaine; **~ an hour from now** d'ici une heure; **to be ~ the law** être légal(e) *or* dans les limites de la légalité ▸ ADV à l'intérieur
★**without** [wɪ'ðaut] PREP sans; **~ a coat** sans manteau; **~ speaking** sans parler; **~ anybody knowing** sans que personne le sache; **to go** *or* **do ~ sth** se passer de qch
withstand [wɪθ'stænd] VT (*irreg: like* **stand**) résister à
witness ['wɪtnɪs] N (*person*) témoin *m*; (*evidence*) témoignage *m*; **to bear ~ to sth** témoigner de qch; **~ for the prosecution/defence** témoin à charge/à décharge ▸ VT (*event*) être témoin de; (*document*) attester l'authenticité de ▸ VI: **to ~ to sth/having seen sth** témoigner de qch/d'avoir vu qch
witness box, (*US*) **witness stand** N barre *f* des témoins
witticism ['wɪtɪsɪzəm] N mot *m* d'esprit
witty ['wɪtɪ] ADJ spirituel(le), plein(e) d'esprit
wives [waɪvz] NPL *of* **wife**

wizard ['wɪzəd] N magicien *m*
wizened ['wɪznd] ADJ ratatiné(e)
wk ABBR = **week**
WMD ABBR (= *weapons of mass destruction*) armes *fpl* de destruction massive
WO N ABBR = **warrant officer**
wobble ['wɔbl] VI trembler; (*chair*) branler
wobbly ['wɔblɪ] ADJ tremblant(e), branlant(e)
woe [wəu] N malheur *m*
woeful ['wəuful] ADJ (*sad*) malheureux(-euse); (*terrible*) affligeant(e)
wok [wɔk] N wok *m*
woke [wəuk] PT *of* **wake**
woken ['wəukn] PP *of* **wake**
wolf [wulf] (*pl* **wolves** [wulvz]) N loup *m*
★**woman** ['wumən] (*pl* **women** ['wɪmɪn]) N femme *f*; **young ~** jeune femme; **women's page** (*Press*) page *f* des lectrices ▸ CPD: **~ doctor** femme *f* médecin; **~ friend** amie *f*; **~ teacher** professeur *m* femme
womanhood ['wumənhud] N (*being a woman*) vie *f* de femme; (*women*) femmes *fpl*
womanize ['wumənaɪz] VI courir le jupon
womanizer ['wumənaɪzə^r] N coureur *m* de jupons
womanly ['wumənlɪ] ADJ féminin(e)
womb [wuːm] N (*Anat*) utérus *m*
women ['wɪmɪn] NPL *of* **woman**
womenfolk ['wɪmɪnfəuk] NPL femmes *fpl*
won [wʌn] PT, PP *of* **win**
★**wonder** ['wʌndə^r] N merveille *f*, miracle *m*; (*feeling*) émerveillement *m*; **it's no ~ that** il n'est pas étonnant que + *sub* ▸ VT: **to ~ whether/why** se demander si/pourquoi ▸ VI: **to ~ at** (*surprise*) s'étonner de; (*admiration*) s'émerveiller de; **to ~ about** songer à
★**wonderful** ['wʌndəful] ADJ merveilleux(-euse)
wonderfully ['wʌndəfəlɪ] ADV (+ *adj*) merveilleusement; (+ *vb*) à merveille
wonky ['wɔŋkɪ] ADJ (BRIT *inf*) qui ne va *or* ne marche pas très bien
wont [wəunt] N: **as is his/her ~** comme de coutume
won't [wəunt] = **will not**
woo [wuː] VT (*woman*) faire la cour à
★**wood** [wud] N (*timber, forest*) bois *m* ▸ CPD de bois, en bois
wood carving N sculpture *f* en *or* sur bois
wooded ['wudɪd] ADJ boisé(e)
★**wooden** ['wudn] ADJ en bois; (*fig: actor*) raide; (*: performance*) qui manque de naturel
woodland ['wudlənd] N forêt *f*, région boisée
woodpecker ['wudpɛkə^r] N pic *m* (*oiseau*)
wood pigeon N ramier *m*
woodshed ['wudʃɛd] N hangar *m* à bois
woodwind ['wudwɪnd] N (*Mus*) bois *m*; **the ~** les bois *mpl*
woodwork ['wudwəːk] N menuiserie *f*
woodworm ['wudwəːm] N ver *m* du bois; **the table has got ~** la table est piquée des vers
woof [wuf] N (*of dog*) aboiement *m* ▸ VI aboyer ▸ EXCL: **~, ~!** oua, oua !

W

wool [wul] N laine *f*; **to pull the ~ over sb's eyes** (*fig*) en faire accroire à qn

woollen, (*US*) **woolen** ['wulən] ADJ de *or* en laine; (*industry*) lainier(-ière) ▸ N: **woollens** lainages *mpl*

woolly, (*US*) **wooly** ['wulɪ] ADJ laineux(-euse); (*fig: ideas*) confus(e)

woozy ['wu:zɪ] ADJ (*inf*) dans les vapes (*inf*)

★**word** [wə:d] N mot *m*; (*spoken*) mot, parole *f*; (*promise*) parole; (*news*) nouvelles *fpl*; **~ for ~** (*repeat*) mot pour mot; (*translate*) mot à mot; **what's the ~ for "pen" in French?** comment dit-on « pen » en français ?; **to put sth into words** exprimer qch; **in other words** en d'autres termes; **to have a ~ with sb** toucher un mot à qn; **to have words with sb** (*quarrel with*) avoir des mots avec qn; **to break/keep one's ~** manquer à sa parole/tenir (sa) parole; **I'll take your ~ for it** je vous crois sur parole; **to send ~ of** prévenir de; **to leave ~ (with sb/for sb) that ...** laisser un mot (à qn/pour qn) disant que ... ▸ VT rédiger, formuler

wording ['wə:dɪŋ] N termes *mpl*, langage *m*; (*of document*) libellé *m*

word of mouth N: **by** *or* **through ~** de bouche à oreille

word-perfect ['wə:d'pə:fɪkt] ADJ: **he was ~ (in his speech** *etc*), **his speech** *etc* **was ~** il savait son discours *etc* sur le bout du doigt

wordplay ['wə:dpleɪ] N jeu *m* de mot(s)

word processing N traitement *m* de texte

word processor [-prəusɛsə^r] N machine *f* de traitement de texte

wordwrap ['wə:dræp] N (*Comput*) retour *m* (automatique) à la ligne

wordy ['wə:dɪ] ADJ verbeux(-euse)

wore [wɔ:^r] PT *of* **wear**

★**work** [wə:k] N travail *m*; (*Art, Literature*) œuvre *f*; **to go to ~** aller travailler; **to set to ~, to start ~** se mettre à l'œuvre; **to be at ~ (on sth)** travailler (sur qch); **to be out of ~** être au chômage *or* sans emploi ▸ VI travailler; (*mechanism*) marcher, fonctionner; (*plan etc*) marcher; (*medicine*) agir; **how does this ~?** comment est-ce que ça marche ?; **the TV isn't working** la télévision est en panne *or* ne marche pas; **to ~ hard** travailler dur; **to ~ loose** se défaire, se desserrer ▸ VT (*clay, wood etc*) travailler; (*mine etc*) exploiter; (*machine*) faire marcher *or* fonctionner; (*miracles etc*) faire ■ **works** *n* (*Brit: factory*) usine *f*; *npl* (*of clock, machine*) mécanisme *m*; **road works** travaux *mpl* (d'entretien des routes)

▸ **work off** VT (*energy*) dépenser son trop plein de; (*stress, anger, frustration*) évacuer; (*debt*) travailler pour payer

▸ **work on** VT FUS travailler à; (*principle*) se baser sur

▸ **work out** VI (*plans etc*) marcher; (*Sport*) s'entraîner; **it works out at £100** ça fait 100 livres ▸ VT (*problem*) résoudre; (*plan*) élaborer

▸ **work towards** VT FUS (*solution, agreement*) travailler à

▸ **work up** VT: **to get worked up** se mettre dans tous ses états

workable ['wə:kəbl] ADJ (*solution*) réalisable

workaholic [wə:kə'hɔlɪk] N bourreau *m* de travail

workbench ['wə:kbɛntʃ] N établi *m*

workbook ['wə:kbuk] N cahier *m* d'exercices

workday ['wə:kdeɪ] N (*weekday*) jour *m* de travail; (*esp US: day of work*) journée *f* de travail

worked up [wə:kt-] ADJ: **to get ~** se mettre dans tous ses états

★**worker** ['wə:kə^r] N travailleur(-euse), ouvrier(-ière); **office ~** employé(e) de bureau

work experience N stage *m*

workforce ['wə:kfɔ:s] N main-d'œuvre *f*

work-in ['wə:kɪn] N (*Brit*) occupation *f* d'usine *etc* (*sans arrêt de la production*)

working ['wə:kɪŋ] ADJ (*day, tools etc, conditions*) de travail; (*wife*) qui travaille; (*partner, population*) actif(-ive); **in ~ order** en état de marche; **a ~ knowledge of English** une connaissance toute pratique de l'anglais

working capital N (*Comm*) fonds *mpl* de roulement

working class N classe ouvrière ▸ ADJ: **working-class** ouvrier(-ière), de la classe ouvrière

working man N (*irreg*) travailleur *m*

working party N (*Brit*) groupe *m* de travail

working week N semaine *f* de travail

work-in-progress ['wə:kɪn'prəugrɛs] N (*Comm*) en-cours *m inv*; (: *value*) valeur *f* des en-cours

workload ['wə:kləud] N charge *f* de travail

workman ['wə:kmən] N (*irreg*) ouvrier *m*

workmanship ['wə:kmənʃɪp] N métier *m*, habileté *f*; facture *f*

workmate ['wə:kmeɪt] N collègue *mf*

work of art N œuvre *f* d'art

workout ['wə:kaut] N (*Sport*) séance *f* d'entraînement

work permit N permis *m* de travail

workplace ['wə:kpleɪs] N lieu *m* de travail

works council N comité *m* d'entreprise

worksheet ['wə:kʃi:t] N (*Scol*) feuille *f* d'exercices; (*Comput*) feuille de programmation

workshop ['wə:kʃɔp] N atelier *m*

work station N poste *m* de travail

work study N étude *f* du travail

work surface N plan *m* de travail

worktop ['wə:ktɔp] N plan *m* de travail

work-to-rule ['wə:ktə'ru:l] N (*Brit*) grève *f* du zèle

workwear ['wə:kwɛə^r] N vêtements *mpl* professionnels *or* de travail

★**world** [wə:ld] N monde *m*; **all over the ~** dans le monde entier, partout dans le monde; **to think the ~ of sb** (*fig*) ne jurer que par qn; **what in the ~ is he doing?** qu'est-ce qu'il peut bien être en train de faire ?; **to do sb a ~ of good** faire le plus grand bien à qn; **W~ War One/Two, the First/Second W~ War** la Première/Deuxième Guerre mondiale; **out of this ~** *adj* extraordinaire ▸ CPD (*champion*) du monde; (*power, war*) mondial(e)

World Cup N: **the ~** (*Sport*) la Coupe du monde

world-famous [wə:ld'feɪməs] ADJ de renommée mondiale

worldly ['wə:ldlɪ] ADJ de ce monde

world music N world music *f*

World Series N: **the ~** (*US Baseball*) le championnat national de baseball

world-wide ['wə:ld'waɪd] ADJ universel(le) ▸ ADV dans le monde entier

World-Wide Web N: **the ~** le Web

worm [wə:m] N (*also:* **earthworm**) ver *m*

worn [wɔ:n] PP *of* **wear** ▸ ADJ usé(e)

worn-out ['wɔ:naut] ADJ (*object*) complètement usé(e); (*person*) épuisé(e)

★**worried** ['wʌrɪd] ADJ inquiet(-ète); **to be ~ about sth** être inquiet au sujet de qch

worrier ['wʌrɪəʳ] N inquiet(-ète)

worrisome ['wʌrɪsəm] ADJ inquiétant(e)

★**worry** ['wʌrɪ] N souci *m* ▸ VT inquiéter ▸ VI s'inquiéter, se faire du souci; **to ~ about** *or* **over sth/sb** se faire du souci pour *or* à propos de qch/qn

worrying ['wʌrɪɪŋ] ADJ inquiétant(e)

★**worse** [wə:s] ADJ pire, plus mauvais(e); **to get ~** (*condition, situation*) empirer, se dégrader ▸ ADV plus mal ▸ N pire *m*; **a change for the ~** une détérioration; **he is none the ~ for it** il ne s'en porte pas plus mal; **so much the ~ for you!** tant pis pour vous !

worsen ['wə:sn] VT, VI empirer

worse off ADJ moins à l'aise financièrement; (*fig*): **you'll be ~ this way** ça ira moins bien de cette façon; **he is now ~ than before** il se retrouve dans une situation pire qu'auparavant

worship ['wə:ʃɪp] N culte *m*; **Your W~** (BRIT: *to mayor*) Monsieur le Maire (: *to judge*) Monsieur le Juge ▸ VT (*God*) rendre un culte à; (*person*) adorer

worshipper ['wə:ʃɪpəʳ] N adorateur(-trice); (*in church*) fidèle *mf*

★**worst** [wə:st] ADJ le (la) pire, le (la) plus mauvais(e) ▸ ADV le plus mal ▸ N pire *m*; **at ~** au pis aller; **if the ~ comes to the ~** si le pire doit arriver

worst-case ['wə:stkeɪs] ADJ: **the ~ scenario** le pire scénario *or* cas de figure

worsted ['wustɪd] N: **(wool) ~** laine peignée

★**worth** [wə:θ] N valeur *f*; **two pounds' ~ of apples** (pour) deux livres de pommes ▸ ADJ: **to be ~** valoir; **how much is it ~?** ça vaut combien ?; **it's ~ it** cela en vaut la peine, ça vaut la peine; **it is ~ one's while (to do)** ça vaut la peine (de faire)

worthless ['wə:θlɪs] ADJ qui ne vaut rien

worthwhile ['wə:θ'waɪl] ADJ (*activity*) qui en vaut la peine; (*cause*) louable; **a ~ book** un livre qui vaut la peine d'être lu

worthy ['wə:ðɪ] ADJ (*person*) digne; (*motive*) louable; **~ of** digne de

would [wud]

AUX VB **1** (*conditional tense*): **if you asked him he would do it** si vous le lui demandiez, il le ferait; **if you had asked him he would have done it** si vous le lui aviez demandé, il l'aurait fait

2 (*in offers, invitations, requests*): **would you like a biscuit?** voulez-vous un biscuit ?; **would you close the door please?** voulez-vous fermer la porte, s'il vous plaît ?

3 (*in indirect speech*): **I said I would do it** j'ai dit que je le ferais

4 (*emphatic*): **it WOULD have to snow today!** naturellement il neige aujourd'hui !, il fallait qu'il neige aujourd'hui !

5 (*insistence*): **she wouldn't do it** elle n'a pas voulu *or* elle a refusé de le faire

6 (*conjecture*): **it would have been midnight** il devait être minuit; **it would seem so** on dirait bien

7 (*indicating habit*): **he would go there on Mondays** il y allait le lundi

would-be ['wudbi:] ADJ (*pej*) soi-disant

wouldn't ['wudnt] = **would not**

★**wound**[1] [wu:nd] N blessure *f* ▸ VT blesser; **wounded in the leg** blessé à la jambe

wound[2] [waund] PT, PP *of* **wind**[2]

wove [wəuv] PT *of* **weave**

woven ['wəuvn] PP *of* **weave**

wow [wau] (*inf*) EXCL ouah ▸ VT enthousiasmer

WP N ABBR = **word processing; word processor** ▸ ABBR (BRIT *inf*) = **weather permitting**

wpm ABBR (= *words per minute*) mots/minute

wrangle ['ræŋgl] N dispute *f* ▸ VI se disputer

★**wrap** [ræp] N (*stole*) écharpe *f*; (*cape*) pèlerine *f*; **under wraps** (*fig: plan, scheme*) secret(-ète) ▸ VT (*also:* **wrap up**) envelopper; (: *parcel*) emballer; (*wind*) enrouler

wrapper ['ræpəʳ] N (*on chocolate etc*) papier *m*; (BRIT: *of book*) couverture *f*

wrapping ['ræpɪŋ] N (*of sweet, chocolate*) papier *m*; (*of parcel*) emballage *m*

wrapping paper N papier *m* d'emballage; (*for gift*) papier cadeau

wrath [rɔθ] N courroux *m*

wreak [ri:k] VT (*destruction*) entraîner; **to ~ havoc** faire des ravages; **to ~ vengeance on** se venger de, exercer sa vengeance sur

wreath [ri:θ] N couronne *f*

wreck [rɛk] N (*sea disaster*) naufrage *m*; (*ship*) épave *f*; (*vehicle*) véhicule accidentée; (*inf: person*) loque (humaine) ▸ VT démolir; (*ship*) provoquer le naufrage de; (*fig*) briser, ruiner

wreckage ['rɛkɪdʒ] N débris *mpl*; (*of building*) décombres *mpl*; (*of ship*) naufrage *m*

wrecker ['rɛkəʳ] N (*US: breakdown van*) dépanneuse *f*

WREN [rɛn] N ABBR (BRIT) *membre du WRNS*

wren [rɛn] N (*Zool*) troglodyte *m*

wrench [rɛntʃ] N (*Tech*) clé *f* (à écrous); (*tug*) violent mouvement de torsion; (*fig*) déchirement *m* ▸ VT tirer violemment sur, tordre; **to ~ sth from** arracher qch (violemment) à *or* de

wrest [rɛst] VT: **to ~ sth from sb** arracher *or* ravir qch à qn

wrestle ['rɛsl] VI: **to ~ (with sb)** lutter (avec qn); **to ~ with** (*fig*) se débattre avec, lutter contre

wrestler ['rɛsləʳ] N lutteur(-euse)

wrestling ['rɛslɪŋ] N lutte *f*; (BRIT: *also:* **all-in wrestling**) catch *m*

wrestling match N rencontre *f* de lutte (*or* de catch)

wretch [rɛtʃ] N pauvre malheureux(-euse); **little ~!** (*often humorous*) petit(e) misérable !

wretched ['rɛtʃɪd] ADJ misérable; (*inf*) maudit(e) (*inf*)

wriggle ['rɪgl] N tortillement *m* ▸ VI (*also:* **wriggle about**) se tortiller

wring [rɪŋ] (*pt, pp* **wrung** [rʌŋ]) VT tordre; (*wet clothes*) essorer; (*fig*): **to ~ sth out of** arracher qch à

W

wringer ['rɪŋəʳ] N essoreuse *f*

wringing ['rɪŋɪŋ] ADJ (*also:* **wringing wet**) tout mouillé(e), trempé(e)

wrinkle ['rɪŋkl] N (*on skin*) ride *f*; (*on paper etc*) pli *m* ▸ VT rider, plisser ▸ VI se plisser

wrinkled ['rɪŋkld], **wrinkly** ['rɪŋklɪ] ADJ (*fabric, paper*) froissé(e), plissé(e); (*surface*) plissé; (*skin*) ridé(e), plissé

wrist [rɪst] N poignet *m*

wristband ['rɪstbænd] N (BRIT: *of shirt*) poignet *m*; (: *of watch*) bracelet *m*

wrist watch N montre-bracelet *f*

writ [rɪt] N acte *m* judiciaire; **to issue a ~ against sb, to serve a ~ on sb** assigner qn en justice

writable ['raɪtəbl] ADJ (*CD, DVD*) inscriptible

★**write** [raɪt] (*pt* **wrote** [rəut], *pp* **written** ['rɪtn]) VT, VI écrire; (*prescription*) rédiger; **to ~ sb a letter** écrire une lettre à qn

▸ **write away** [raɪt ə'weɪ] VI: **to ~ away for** (*information*) (écrire pour) demander; (*goods*) (écrire pour) commander

▸ **write down** [raɪt daun] VT noter; (*put in writing*) mettre par écrit

▸ **write in** [raɪt ɪn] VI écrire une lettre; **you should ~ in and complain** vous devriez écrire une lettre de réclamation

▸ **write off** [raɪt ɔf] VT (*debt*) passer aux profits et pertes; (*project*) mettre une croix sur; (*depreciate*) amortir; (*smash up: car etc*) démolir complètement

▸ **write out** [raɪt aut] VT écrire; (*copy*) recopier

▸ **write up** [raɪt ʌp] VT rédiger

write-off ['raɪtɔf] N perte totale; **the car is a ~** la voiture est bonne pour la casse

write-protect ['raɪtprə'tɛkt] VT (*Comput*) protéger contre l'écriture

★**writer** ['raɪtəʳ] N auteur *m*, écrivain *m*

write-up ['raɪtʌp] N (*review*) critique *f*

writhe [raɪð] VI se tordre

★**writing** ['raɪtɪŋ] N écriture *f*; (*of author*) œuvres *fpl*; **in ~** par écrit; **in my own ~** écrit(e) de ma main

writing case N nécessaire *m* de correspondance

writing desk N secrétaire *m*

writing paper N papier *m* à lettres

★**written** ['rɪtn] PP *of* **write**

★**wrong** [rɔŋ] ADJ (*incorrect*) faux (fausse); (*incorrectly chosen: number, road etc*) mauvais(e); (*not suitable*) qui ne convient pas; (*wicked*) mal; (*unfair*) injuste; **to be ~** (*answer*) être faux (fausse); (*in doing/saying*) avoir tort (de dire/faire); **you are ~ to do it** tu as tort de le faire; **it's ~ to steal, stealing is ~** c'est mal de voler; **you are ~ about that, you've got it ~** tu te trompes; **what's ~?** qu'est-ce qui ne va pas ?; **there's nothing ~** tout va bien; **what's ~ with the car?** qu'est-ce qu'elle a, la voiture ?; **I took a ~ turning** je me suis trompé de route ▸ ADV mal; **to go ~** (*person*) se tromper; (*plan*) mal tourner; (*machine*) se détraquer ▸ N tort *m*; **to be in the ~** avoir tort ▸ VT faire du tort à, léser

wrongdoer ['rɔŋdu:əʳ] N malfaiteur *m*

wrong-foot [rɔŋ'fut] VT (*Sport*) prendre à contre-pied; (*fig*) prendre au dépourvu

wrongful ['rɔŋful] ADJ injustifié(e); **~ dismissal** (*Industry*) licenciement abusif

wrongly ['rɔŋlɪ] ADV à tort; (*answer, do, count*) mal, incorrectement; (*treat*) injustement

wrong number N (*Tel*): **you have the ~** vous vous êtes trompé de numéro

wrong side N (*of cloth*) envers *m*

wrote [rəut] PT *of* **write**

wrought [rɔ:t] ADJ: **~ iron** fer forgé

wrung [rʌŋ] PT, PP *of* **wring**

WRVS N ABBR (BRIT: = *Women's Royal Voluntary Service*) *auxiliaires féminines bénévoles au service de la collectivité*

wry [raɪ] ADJ désabusé(e)

wt. ABBR (= *weight*) pds.

WTO N (= *World Trade Organisation*) OMC *f* (= *Organisation mondiale du commerce*)

WV, W. Va. ABBR (*US*) = **West Virginia**

WWW N ABBR = **World-Wide Web**

WY, Wyo. ABBR (*US*) = **Wyoming**

WYSIWYG ['wɪzɪwɪg] ABBR (*Comput:* = *what you see is what you get*) ce que vous voyez est ce que vous aurez

Xx

X, x [ɛks] N (*letter*) X, x *m*; (BRIT *Cine*: *formerly*) film interdit aux moins de 18 ans; **X for Xmas** X comme Xavier

xenophobia [zɛnə'fəubiə] N xénophobie *f*

xenophobic [zɛnə'fəubɪk] ADJ xénophobe

Xerox® ['zɪərɔks] N (*also*: **Xerox machine**) photocopieuse *f*; (*photocopy*) photocopie *f* ▶ VT photocopier

XL ABBR (= *extra large*) XL

Xmas ['ɛksməs] N ABBR = **Christmas**

X-rated ['ɛks'reɪtɪd] ADJ (*US*: *film*) interdit(e) aux moins de 18 ans

X-ray ['ɛksreɪ] N (*ray*) rayon *m* X; (*photograph*) radio(graphie) *f* ▶ VT radiographier

xylophone ['zaɪləfəun] N xylophone *m*

Yy

Y, y [waɪ] N (*letter*) Y, y *m*; **Y for Yellow**, (*US*) **Y for Yoke** Y comme Yvonne

★**yacht** [jɔt] N voilier *m*; (*motor, luxury yacht*) yacht *m*

yachting [ˈjɔtɪŋ] N yachting *m*, navigation *f* de plaisance

yachtsman [ˈjɔtsmən] N (*irreg*) yacht(s)man *m*

yam [jæm] N igname *f*.

Yank [jæŋk], **Yankee** [ˈjæŋkɪ] N (*pej*) Amerloque *mf*, Ricain(e)

yank [jæŋk] VT tirer d'un coup sec

yap [jæp] VI (*dog*) japper

★**yard** [jɑːd] N (*of house etc*) cour *f*; (*US: garden*) jardin *m*; (*measure*) yard *m* (= 914 *mm*); **builder's ~** chantier *m*

yard sale N (*US*) brocante *f* (dans son propre jardin)

yardstick [ˈjɑːdstɪk] N (*fig*) mesure *f*, critère *m*

yarn [jɑːn] N fil *m*; (*tale*) longue histoire

yawn [jɔːn] N bâillement *m* ▶ VI bâiller

yawning [ˈjɔːnɪŋ] ADJ (*gap*) béant(e)

yd. ABBR = **yard; yards**

yeah [jɛə] ADV (*inf*) ouais

★**year** [jɪəʳ] N an *m*, année *f*; (*Scol etc*) année; **every ~** tous les ans, chaque année; **this ~** cette année; **a** *or* **per ~** par an; **~ in, ~ out** année après année; **to be 8 years old** avoir 8 ans; **an eight-year-old child** un enfant de huit ans

yearbook [ˈjɪəbuk] N annuaire *m*

yearly [ˈjɪəlɪ] ADJ annuel(le) ▶ ADV annuellement; **twice ~** deux fois par an

yearn [jəːn] VI: **to ~ for sth/to do** aspirer à qch/à faire

yearning [ˈjəːnɪŋ] N désir ardent, envie *f*

yeast [jiːst] N levure *f*

yell [jɛl] N hurlement *m*, cri *m* ▶ VI hurler

★**yellow** [ˈjɛləu] ADJ, N jaune *m*

yellow fever N fièvre *f* jaune

yellowish [ˈjɛləuɪʃ] ADJ qui tire sur le jaune, jaunâtre (*pej*)

Yellow Pages® NPL (*Tel*) pages *fpl* jaunes

Yellow Sea N: **the ~** la mer Jaune

yelp [jɛlp] N jappement *m*; glapissement *m* ▶ VI japper; glapir

Yemen [ˈjɛmən] N Yémen *m*

Yemeni [ˈjɛmənɪ] ADJ yéménite ▶ N Yéménite *mf*

yen [jɛn] N (*currency*) yen *m*; (*craving*): **~ for/to do** grande envie de/de faire

yeoman [ˈjəumən] N (*irreg*): **Y~ of the Guard** hallebardier *m* de la garde royale

★**yes** [jɛs] ADV oui; (*answering negative question*) si; **to say ~ (to)** dire oui (à) ▶ N oui *m*

★**yesterday** [ˈjɛstədɪ] ADV, N hier *m*; **~ morning/evening** hier matin/soir; **the day before ~** avant-hier; **all day ~** toute la journée d'hier

★**yet** [jɛt] ADV encore; (*in questions*) déjà; **it is not finished ~** ce n'est pas encore fini *or* toujours pas fini; **must you go just ~?** dois-tu déjà partir ?; **have you eaten ~?** vous avez déjà mangé ?; **the best ~** le meilleur jusqu'ici *or* jusque-là; **as ~** jusqu'ici, encore; **a few days ~** encore quelques jours; **~ again** une fois de plus ▶ CONJ pourtant, néanmoins

yew [juː] N if *m*

Y-fronts® [ˈwaɪfrʌnts] NPL (*BRIT*) slip *m* kangourou

YHA N ABBR (*BRIT*) = **Youth Hostels Association**

Yiddish [ˈjɪdɪʃ] N yiddish *m*

yield [jiːld] N production *f*, rendement *m*; (*Finance*) rapport *m*; **a ~ of 5%** un rendement de 5% ▶ VT produire, rendre, rapporter; (*surrender*) céder ▶ VI céder; (*US Aut*) céder la priorité

yikes [ˈjaiks] EXCL (*inf: esp hum*) la vache !

YMCA N ABBR (= *Young Men's Christian Association*) ≈ union chrétienne de jeunes gens (UCJG)

yob [jɔb], **yobbo** [ˈjɔbəu] N (*BRIT pej*) loubar(d) *m* (*inf*)

yodel [ˈjəudl] VI faire des tyroliennes, jodler

yoga [ˈjəugə] N yoga *m*

★**yoghurt, yogurt** [ˈjɔgət] N yaourt *m*

yoke [jəuk] N joug *m* ▶ VT (*also:* **yoke together**: *oxen*) accoupler

yolk [jəuk] N jaune *m* (d'œuf)

Yom Kippur [jɔmkɪˈpuəʳ] N Yom Kippour *m inv*

yonder [ˈjɔndəʳ] ADV là(-bas)

yonks [jɔŋks] NPL (*inf*): **for ~** très longtemps; **we've been here for ~** ça fait une éternité qu'on est ici; **we were there for ~** on est resté là pendant des lustres

you [juː]

PRON **1** (*subject*) tu; (: *polite form*) vous; (: *plural*) vous; **you are very kind** vous êtes très gentil; **you French enjoy your food** vous autres Français, vous aimez bien manger; **you and I will go** toi et moi *or* vous et moi, nous irons; **there you are!** vous voilà !

2 (*object: direct, indirect*) te, t' + *vowel*; vous; **I know you** je te *or* vous connais; **I gave it to you** je te l'ai donné, je vous l'ai donné
3 (*stressed*) toi; vous; **I told YOU to do it** c'est à toi *or* vous que j'ai dit de le faire
4 (*after prep, in comparisons*) toi; vous; **it's for you** c'est pour toi *or* vous; **she's younger than you** elle est plus jeune que toi *or* vous
5 (*impersonal: one*) on; **fresh air does you good** l'air frais fait du bien; **you never know** on ne sait jamais; **you can't do that!** ça ne se fait pas !

Only use **tu** when speaking to a child, or someone with whom you're on informal terms. If in doubt, use **vous**.

you'd [ju:d] = **you had; you would**
you'll [ju:l] = **you will; you shall**
★**young** [jʌŋ] ADJ jeune; **a ~ man** un jeune homme; **a ~ lady** (*unmarried*) une jeune fille, une demoiselle; (*married*) une jeune femme *or* dame; **my younger brother** mon frère cadet; **the younger generation** la jeune génération ▶ NPL (*of animal*) petits *mpl*; **the ~** (*people*) les jeunes, la jeunesse
younger [jʌŋgəʳ] ADJ (*brother etc*) cadet(te)
youngish ['jʌŋɪʃ] ADJ assez jeune
youngster [''jʌŋstəʳ] N jeune *mf*; (*child*) enfant *mf*
★**your** [jɔ:ʳ] ADJ ton (ta), tes *pl*; (*polite form, pl*) votre, vos *pl*; *see also* **my**
you're [juəʳ] = **you are**
★**yours** [jɔ:z] PRON le (la) tien(ne), les tiens (tiennes); (*polite form, pl*) le (la) vôtre, les vôtres; **is it ~?** c'est à toi (*or* à vous) ?; **a friend of ~** un(e) de tes (*or* de vos) amis; *see also* **faithfully**; **mine¹**; **sincerely**
★**yourself** [jɔ:'sɛlf] PRON (*reflexive*) te; (*: polite form*) vous; (*after prep*) toi; vous; (*emphatic*) toi-même; vous-même; **you ~ told me** c'est vous qui me l'avez dit, vous me l'avez dit vous-même; *see also* **oneself**
★**yourselves** [jɔ:'sɛlvz] PL PRON vous; (*emphatic*) vous-mêmes; *see also* **oneself**
youth [ju:θ] N jeunesse *f*; (*pl* **youths** [ju:ðz]) (*young man*) jeune homme *m*; **in my ~** dans ma jeunesse, quand j'étais jeune
youth centre, (*US*) **youth center** N centre *m* de loisirs (*pour les jeunes*)
youth club N centre *m* de jeunes
youthful ['ju:θful] ADJ jeune; (*enthusiasm etc*) juvénile; (*misdemeanour*) de jeunesse
youthfulness ['ju:θfəlnɪs] N jeunesse *f*
youth hostel N auberge *f* de jeunesse
youth movement N mouvement *m* de jeunes
you've [ju:v] = **you have**
yowl [jaul] N hurlement *m*; miaulement *m* ▶ VI hurler; miauler
yo-yo ['jəujəu] N Yo-Yo *m inv*
YT ABBR (*CANADA*) = **Yukon Territory**
yuan [ju:'æn] N yuan *m*
Yugoslav ['ju:gəuslɑ:v] (*formerly*) ADJ yougoslave ▶ N Yougoslave *mf*
Yugoslavia [ju:gəu'slɑ:vɪə] N (*formerly*) Yougoslavie *f*
Yugoslavian [ju:gəu'slɑ:vɪən] ADJ (*formerly*) yougoslave
yummy ['jʌmɪ] ADJ (*inf*) délicieux(-euse); **it smells ~** ça sent super bon
yuppie ['jʌpɪ] N (*inf*) yuppie *mf*
YWCA N ABBR (= *Young Women's Christian Association*) union chrétienne féminine

Y

Zz

Z, z [zɛd, (*US*) ziː] N (*letter*) Z, z *m*; **Z for Zebra** Z comme Zoé
Zaïre [zɑːˈiːəʳ] N Zaïre *m*
Zambia [ˈzæmbɪə] N Zambie *f*
Zambian [ˈzæmbɪən] ADJ zambien(ne) ▸N Zambien(ne)
zany [ˈzeɪnɪ] ADJ farfelu(e), loufoque
zap [zæp] VT (*Comput*) effacer
zeal [ziːl] N (*revolutionary etc*) ferveur *f*; (*keenness*) ardeur *f*, zèle *m*
zealot [ˈzɛlət] N fanatique *mf*
zealous [ˈzɛləs] ADJ fervent(e); ardent(e), zélé(e)
zebra [ˈziːbrə] N zèbre *m*
zebra crossing N (Brit) passage clouté *or* pour piétons
zeitgeist [ˈzaɪtgaɪst] N air *m* du temps
zenith [ˈzɛnɪθ] N (*Astronomy*) zénith *m*; (*fig*) zénith, apogée *m*
★**zero** [ˈzɪərəu] N zéro *m*; **5° below ~** 5 degrés au-dessous de zéro ▸VI: **to ~ in on** (*target*) se diriger droit sur
zero hour N l'heure *f* H
zero-hour contract N contrat *m* zéro heure
zero option N (*Pol*): **the ~** l'option *f* zéro
zero-rated [ˈziərəureɪtɪd] ADJ (Brit) exonéré(e) de TVA
zest [zɛst] N entrain *m*, élan *m*; (*of lemon etc*) zeste *m*
zigzag [ˈzɪgzæg] N zigzag *m* ▸VI zigzaguer, faire des zigzags
Zimbabwe [zɪmˈbɑːbwɪ] N Zimbabwe *m*
Zimbabwean [zɪmˈbɑːbwɪən] ADJ zimbabwéen(ne) ▸N Zimbabwéen(ne)
Zimmer® [ˈzɪməʳ] N (*also:* **Zimmer frame**) déambulateur *m*
zinc [zɪŋk] N zinc *m*
Zionism [ˈzaɪənɪzəm] N sionisme *m*
Zionist [ˈzaɪənɪst] ADJ sioniste ▸N Sioniste *mf*
zip [zɪp] N (*also:* **zip fastener**) fermeture *f* éclair® *or* à glissière; (*energy*) entrain *m* ▸VT (*Comput: file*) zipper; (*also:* **zip up**) fermer (avec une fermeture éclair®)
zip code N (*US*) code postal
zip file N (*Comput*) fichier *m* zip *inv*
zipper [ˈzɪpəʳ] N (*US*) = **zip**
zit [zɪt] N (*inf*) bouton *m*
zither [ˈzɪðəʳ] N cithare *f*
zodiac [ˈzəudɪæk] N zodiaque *m*
zombie [ˈzɔmbɪ] N (*fig*): **like a ~** avec l'air d'un zombie, comme un automate
★**zone** [zəun] N zone *f*
★**zoo** [zuː] N zoo *m*
zoological [zuəˈlɔdʒɪkl] ADJ zoologique
zoologist [zuˈɔlədʒɪst] N zoologiste *mf*
zoology [zuːˈɔlədʒɪ] N zoologie *f*
zoom [zuːm] VI: **to ~ past** passer en trombe; **to ~ in (on sb/sth)** (*Phot, Cine*) zoomer (sur qn/qch)
zoom lens N zoom *m*, objectif *m* à focale variable
zucchini [zuːˈkiːnɪ] N (*US*) courgette *f*
Zulu [ˈzuːluː] ADJ zoulou ▸N Zoulou *mf*
Zumba® [ˈzumbə] N zumba® *f*
Zürich [ˈzjuərɪk] N Zurich

N° projet : 10291905/10291906 - Dépôt légal : Mai 2022
Achevé d'imprimer en Italie en mars 2023 par L.E.G.O. S.p. A., Lavis (TN)

Le Robert & Collins

LES EXPERTS DE LA LANGUE VIVANTE

Également disponibles :

Le dictionnaire d'anglais *Le Grand Robert & Collins*
en version numérique

Le dictionnaire d'anglais *Le Robert & Collins*

Les dictionnaires Maxi et Maxi +
anglais, espagnol, allemand et italien

Les dictionnaires poche et poche +
anglais, espagnol, allemand et italien

Les dictionnaires Mini et Mini +
anglais, espagnol, allemand

Les dictionnaires Collège
anglais, espagnol, allemand

Les dictionnaires visuels
anglais, français, espagnol, arabe, chinois, japonais, coréen

www.lerobert.com